Herausgegeben von

Prof. Dr. Andreas Fischer-Lescano,
Universität Bremen

Professor Matthias Stauch,
Staatsrat a. D.

Rechtsanwalt Dr. Peter Schütte

NomosGesetze

Prof. Dr. Andreas Fischer-Lescano
Prof. Matthias Stauch
Dr. Peter Schütte

Landesrecht Bremen

21. Auflage

Stand: 15. Februar 2019

Die Deutsche Nationalbibliothek verzeichnet diese Publikation in der Deutschen Nationalbibliografie; detaillierte bibliografische Daten sind im Internet über http://dnb.d-nb.de abrufbar.

ISBN 978-3-8487-5791-6

21. Auflage 2019
© Nomos Verlagsgesellschaft, Baden-Baden 2019. Gedruckt in Deutschland. Alle Rechte, auch die des Nachdrucks von Auszügen, der fotomechanischen Wiedergabe und der Übersetzung, vorbehalten.

Vorwort

Die inzwischen in 21. Auflage erscheinende Sammlung präsentiert die zentralen Normen der Freien Hansestadt Bremen. Sie soll den Studierenden sowie der öffentlichen Verwaltung, den Gerichten, der Rechtsanwaltschaft, Verbänden und sonstigen Rechtsuchenden den Zugang zu häufig genutzten und besonders bedeutsamen Gesetzen und Verordnungen erleichtern.

Die Neuauflage befindet sich auf dem Stand der Gesetzgebung vom 15. Februar 2019. Wir konnten – abgesehen von den Aktualisierungen der bereits zuvor abgedruckten Rechtstexte und der Ersetzung des Bremischen Datenschutzgesetzes durch das Bremische Ausführungsgesetz zur EU-Datenschutz-Grundverordnung – darauf verzichten, weitere Gesetze und Verordnungen in die Sammlung aufzunehmen.

Leserinnen und Leser, die Gesetzestexte suchen, die nicht in die Sammlung aufgenommen werden konnten, seien auf das Gesetzes-, Verordnungs- und Verwaltungsvorschriftenportal der Freien Hansestadt Bremen verwiesen. Dort finden Sie neben einer umfassenden Sammlung von Gesetzen und Verordnungen aus Bremen und Bremerhaven auch das Binnenrecht der bremischen Verwaltung.

Für die Aktualisierung des Sachregisters und die stets sehr zuverlässige Förderung des Projekts danken wir der Nomos Verlagsgesellschaft.

Bremen, im März 2019

Andreas Fischer-Lescano
Matthias Stauch
Peter Schütte

Inhalt

I. Staat und Verfassung

10	Landesverfassung	LV	11
11	Gesetz über die Deputationen	DepG	35
12	Gesetz über den Staatsgerichtshof	StGHG	38
13	Wahlgesetz	BremWahlG	44
14	Volksentscheidgesetz	VolksentscheidG	65
15	Verkündungsgesetz	VerkündungsG	73
16	Bekanntmachungsgesetz	BremBekG	75
17	Rechtsbereinigungsgesetz	BremBerG	77

II. Verwaltung

20	Verwaltungsverfahrensgesetz	BremVwVfG	79
21	Verwaltungszustellungsgesetz	BremVwZG	112
22	Verwaltungsvollstreckungsgesetz	BremVwVG	113
23	Gesetz über die Vollstreckung von Geldforderungen im Verwaltungswege	BremGVG	116
24	Gebühren- und Beitragsgesetz	BremGebBeitrG	119
25	Beamtengesetz	BremBG	130
26	Personalvertretungsgesetz	BremPersVG	179
27	Landesgleichstellungsgesetz	LandesgleichstellungsG	198
27a	Gesetz über die Errichtung der Bremischen Zentralstelle für die Verwirklichung der Gleichberechtigung der Frau	G Zentralstelle Gleichberechtigung	204
28	Informationsfreiheitsgesetz	BremIFG	205
29	Ausführungsgesetz zur EU-Datenschutz-Grundverordnung	BremDSGVOAG	211

III. Kommunalrecht

30	Gesetz über Rechtsetzungsbefugnisse der Gemeinden	G Rechtsetzungsbefugnisse der Gemeinden	221

Inhalt

31	Ausführungsgesetz zu Artikel 145 Absatz 1 der Landesverfassung	AG Art. 145 Abs. 1 LV	223
32	Ortsgesetz über Beiräte und Ortsämter	OBG	224
33	Verfassung für die Stadt Bremerhaven	VerfBrhv	237

IV. Öffentliche Sicherheit und Ordnung

40	Polizeigesetz	BremPolG	254
41	Ortsgesetz über die öffentliche Ordnung	ÖffOrdG	287
42	Ortsgesetz über die öffentliche Ordnung in der Stadt Bremerhaven	ÖffOOGBrhv	290
43	Ausführungsgesetz zum Bundesmeldegesetz	BremAGBMG	293
44	Gesetz über Hilfen und Schutzmaßnahmen bei psychischen Krankheiten	PsychKG	296
45	Bremisches Hilfeleistungsgesetz	BremHilfeG	313
46	Verordnung über die Ermittlungspersonen der Staatsanwaltschaft	StaErmPVO	339
47	Nichtraucherschutzgesetz	BremNiSchG	342
48	VO über die Zuständigkeit der Verwaltungsbehörden nach dem Versammlungsgesetz	VersammlG-ZustVO	345

V. Umweltschutz

50	Bodenschutzgesetz	BremBodSchG	346
51	Wassergesetz	BremWG	352
52	Naturschutzgesetz	BremNatG	383
53	Klimaschutz- und Energiegesetz	BremKEG	402
54	Umweltinformationsgesetz	BremUIG	408
55	Bremisches Immissionsschutzgesetz	BrImSchG	411
56	Ausführungsgesetz zum Kreislaufwirtschafts- und Abfallgesetz	BremAGKrW-/AbfG	413
57	Umweltverträglichkeitsprüfungsgesetz	BremUVPG	419

VI. Wirtschaft

60	Gaststättengesetz	BremGastG	423
60a	Gaststättenverordnung	BremGastV	428
61	Ladenschlussgesetz	LadenschlussG	430
62	Gesetz über die Sonn- und Feiertage	Sonn- und FeiertagsG	435

| 63 | Mindestlohngesetz | MindestlohnG | 439 |
| 64 | Spielhallengesetz | BremSpielhG | 441 |

VII. Bau- und Straßenwesen, öffentliche Sachen

70	Landesbauordnung	BremLBO	447
71	Denkmalschutzgesetz	BremDSchG	495
72	Enteignungsgesetz	EnteignungsG	502
73	Landesstraßengesetz	BremLStrG	504
74	Gesetz zu dem Staatsvertrag zwischen dem Land Niedersachsen und der Freien Hansestadt Bremen zu einer grenzüberschreitenden Raumordnung und Landesentwicklung	BremRoLeStVG-Nds	523

VIII. Haushalt und Finanzen

80	Abgabengesetz	BremAbgabenG	527
81	Landeshaushaltsordnung	LHO	529
82	Sondervermögensgesetz	BremSVG	554
83	Tariftreue- und Vergabegesetz	BremTtVG	565
84	Gesetz zur Übertragung von Aufgaben staatlicher Förderung auf juristische Personen des privaten Rechts	AufgÜG	573

IX. Kultur

90	Schulgesetz	BremSchulG	577
91	Schulverwaltungsgesetz	BremSchVwG	603
92	Hochschulgesetz	BremHG	630
93	Pressegesetz	PresseG	684
94	Radio-Bremen-Gesetz	RBG	690
95	Landesmediengesetz	BremLMG	706

X. Rechtspflege und Juristenausbildung

100	Gesetz zur Ausführung des Gerichtsverfassungsgesetzes	AGGVG	734
101	Gesetz zur Ausführung der Zivilprozeßordnung, der Insolvenzordnung und des Zwangsversteigerungsgesetzes	AGZPO	742
102	Gesetz zur Ausführung der Insolvenzordnung	AGInsO	743
103	Gesetz zur Ausführung der Verwaltungsgerichtsordnung	AGVwGO	745

Inhalt

104	Justizkostengesetz	BremJustiz-kostenG	748
105	Ausführungsgesetz zum Bürgerlichen Gesetzbuch	AGBGB	752
106	Ausführungsgesetz zum Personenstandsgesetz	BremAGPStG	757
107	Verordnung über den elektronischen Rechtsverkehr im Land Bremen	ERVVO	758
108	Gesetz über die Juristenausbildung und die erste juristische Prüfung	JAPG	761

XI. Strafvollzugsrecht

111	Bremisches Strafvollzugsgesetz	BremStVollzG	777
112	Jugendstrafvollzugsgesetz	BremJStVollzG	809
113	Bremisches Gesetz über den Vollzug der Untersuchungshaft	BremUVollzG	835
	Schaubild: Verwaltungsgliederungsplan	Schaubild	860
	Register		863

LANDESVERFASSUNG
der
FREIEN HANSESTADT BREMEN

Vom 21. Oktober 1947 (Brem.GBl. S. 251)
(100-a-1)
zuletzt geändert durch Art. 1 d. G vom 2. Oktober 2018 (Brem.GBl. S. 433)

Erschüttert von der Vernichtung, die die autoritäre Regierung der Nationalsozialisten unter Mißachtung der persönlichen Freiheit und der Würde des Menschen in der jahrhundertealten Freien Hansestadt Bremen verursacht hat, sind die Bürger dieses Landes willens, eine Ordnung des gesellschaftlichen Lebens zu schaffen, in der die soziale Gerechtigkeit, die Menschlichkeit und der Friede gepflegt werden, in der der wirtschaftlich Schwache vor Ausbeutung geschützt und allen Arbeitswilligen ein menschenwürdiges Dasein gesichert wird.

Erster Hauptteil
Grundrechte und Grundpflichten

Artikel 1
Gesetzgebung, Verwaltung und Rechtsprechung sind an die Gebote der Sittlichkeit und Menschlichkeit gebunden.

Artikel 2
(1) Alle Menschen sind vor dem Gesetz gleich und haben das Recht auf gleiche wirtschaftliche und kulturelle Entwicklungsmöglichkeiten.
(2) Niemand darf wegen seines Geschlechts, seiner Abstammung, seiner Rasse, seiner Sprache, seiner Heimat und Herkunft, seines Glaubens, seiner sozialen Stellung, seiner sexuellen Identität, seiner religiösen und politischen Anschauungen bevorzugt oder benachteiligt werden.
(3) [1]Niemand darf wegen seiner Behinderung benachteiligt werden. [2]Menschen mit Behinderungen stehen unter dem besonderen Schutz des Staates. [3]Der Staat fördert ihre gleichwertige Teilnahme am Leben in der Gemeinschaft und wirkt auf die Beseitigung bestehender Nachteile hin.
(4) [1]Frauen und Männer sind gleichberechtigt. [2]Das Land, die Stadtgemeinden und die anderen Träger der öffentlichen Verwaltung sind verpflichtet, für die gleichberechtigte Teilhabe der Geschlechter in Staat und Gesellschaft durch wirksame Maßnahmen zu sorgen. [3]Es ist darauf hinzuwirken, daß Frauen und Männer in Gremien des öffentlichen Rechts zu gleichen Teilen vertreten sind.

Artikel 3
(1) [1]Alle Menschen sind frei. [2]Ihre Handlungen dürfen nicht die Rechte anderer verletzen oder gegen das Gemeinwohl verstoßen.
(2) Die Freiheit kann nur durch Gesetz eingeschränkt werden, wenn die öffentliche Sicherheit, Sittlichkeit, Gesundheit oder Wohlfahrt es erfordert.
(3) Niemand darf zu einer Handlung, Duldung oder Unterlassung gezwungen werden, wenn nicht ein Gesetz oder eine auf Gesetz beruhende Bestimmung dies verlangt oder zuläßt.

Artikel 4
[1]Glaube, Gewissen und Überzeugung sind frei. [2]Die ungehinderte Ausübung der Religion wird gewährleistet.

Artikel 5
(1) Die Würde der menschlichen Persönlichkeit wird anerkannt und vom Staate geachtet.
(2) Die Unverletzlichkeit der Person wird gewährleistet.
(3) Niemand darf verfolgt, festgenommen oder in Haft gehalten werden außer in den Fällen, die das Gesetz bestimmt, und nur in den von ihm vorgeschriebenen Formen.
(4) [1]Jeder Festgenommene ist unverzüglich, spätestens am nächsten Tage, seinem Richter zuzuführen, der ihn zu vernehmen und über seine Freilassung oder Verhaftung zu entscheiden hat. [2]Solange der Beschuldigte sich in Untersuchungshaft befindet, ist jederzeit von Amts wegen darauf zu achten, ob die Fortdauer der Haft zulässig und notwendig ist. [3]Das Gericht muß in Zwischenräumen von zwei

Monaten von Amts wegen nachprüfen, ob die Fortdauer der Haft gerechtfertigt ist. [4]Der Grund der Verhaftung ist dem Beschuldigten sofort, auf sein Verlangen auch seinen nächsten Angehörigen von Amts wegen mitzuteilen.

(5) [1]Jede Härte und jeder Zwang, der zur Ergreifung einer Person oder zur Aufrechterhaltung der Haft nicht notwendig ist, ist verboten. [2]Ebenso ist jeder körperliche oder geistige Zwang während des Verhörs unzulässig.

(6) Der Beschuldigte kann sich in jeder Lage des Verfahrens des Beistandes eines Verteidigers bedienen.

(7) Wer Maßnahmen anordnet oder ausführt, die die Bestimmungen dieses Artikels verletzen, ist persönlich dafür verantwortlich.

Artikel 6
(1) Niemand darf seinem gesetzlichen Richter entzogen werden.
(2) Ausnahmegerichte und Sonderstrafgerichte sind unzulässig.
(3) Ein Beschuldigter gilt so lange als nichtschuldig, als er nicht von einem ordentlichen Gericht verurteilt worden ist.

Artikel 7
(1) [1]Eine Handlung kann nur dann mit Strafe belegt werden, wenn die Strafbarkeit gesetzlich bestimmt war, bevor die Handlung begangen wurde. [2]Gilt zur Zeit der gerichtlichen Entscheidung ein milderes Gesetz als zur Zeit der Tat, so ist das mildere Gesetz anzuwenden.
(2) Niemand darf wegen derselben Tat mehr als einmal gerichtlich bestraft werden.
(3) Eine strafrechtliche Sippenhaftung ist unzulässig.

Artikel 8
(1) Jeder hat die sittliche Pflicht zu arbeiten und ein Recht auf Arbeit.
(2) Jeder hat das Recht, seinen Beruf frei zu wählen.

Artikel 9
[1]Jeder hat die Pflicht der Treue gegen Volk und Verfassung. [2]Er hat die Pflicht, am öffentlichen Leben Anteil zu nehmen und seine Kräfte zum Wohle der Allgemeinheit einzusetzen. [3]Er ist nach Maßgabe der Gesetze verpflichtet, Ehrenämter anzunehmen.

Artikel 10
Bei Unglücksfällen, Notständen und Naturkatastrophen besteht eine allgemeine Verpflichtung zu gegenseitiger Hilfeleistung.

Artikel 11
(1) Die Kunst, die Wissenschaft und ihre Lehre sind frei.
(2) Der Staat gewährt ihnen Schutz und nimmt an ihrer Pflege teil.
(3) Der Staat schützt und fördert das kulturelle Leben.

Artikel 11a
(1) [1]Staat, Gemeinden und Körperschaften des öffentlichen Rechts tragen Verantwortung für die natürlichen Lebensgrundlagen. [2]Daher gehört es auch zu ihren vorrangigen Aufgaben, Boden, Wasser und Luft zu schützen, mit Naturgütern und Energie sparsam umzugehen sowie die heimischen Tier- und Pflanzenarten und ihre natürliche Umgebung zu schonen und zu erhalten.
(2) Schäden im Naturhaushalt sind zu beheben oder auszugleichen.

Artikel 11b
[1]Tiere werden als Lebewesen und Mitgeschöpfe geachtet. [2]Sie werden vor nicht artgemäßer Haltung und vermeidbarem Leiden geschützt.

Artikel 12
(1) Der Mensch steht höher als Technik und Maschine.
(2) Zum Schutz der menschlichen Persönlichkeit und des menschlichen Zusammenlebens kann durch Gesetz die Benutzung wissenschaftlicher Erfindungen und technischer Einrichtungen unter staatliche Aufsicht und Lenkung gestellt sowie beschränkt und untersagt werden.
(3) [1]Jeder hat das Recht auf Schutz seiner personenbezogenen Daten. [2]Einschränkungen dieses Rechts sind nur im überwiegenden Interesse der Allgemeinheit oder eines Dritten durch Gesetz oder aufgrund eines Gesetzes zulässig.

(4) Jeder hat nach Maßgabe der Gesetze ein Recht auf Auskunft darüber, welche Informationen über ihn in Akten und Dateien gespeichert sind, und auf Einsicht in ihn betreffende Akten und Dateien.

(5) Der Schutz der personenbezogenen Daten ist auch bei Stellen außerhalb des öffentlichen Bereichs zu gewährleisten, soweit diese Aufgaben der öffentlichen Verwaltung wahrnehmen.

Artikel 13
(1) ¹Eigentum verpflichtet gegenüber der Gemeinschaft. ²Sein Gebrauch darf dem Gemeinwohl nicht zuwiderlaufen. ³Unter diesen Voraussetzungen werden Eigentum und Erbrecht gewährleistet.

(2) Eigentum darf nur zu Zwecken des Gemeinwohls, auf gesetzlicher Grundlage und, vorbehaltlich der Bestimmung des Artikels 44, nur gegen angemessene Entschädigung entzogen werden.

Artikel 14
(1) ¹Jeder Bewohner der Freien Hansestadt Bremen hat Anspruch auf eine angemessene Wohnung. ²Es ist Aufgabe des Staates und der Gemeinden, die Verwirklichung dieses Anspruches zu fördern.

(2) ¹Die Wohnung ist unverletzlich. ²Zur Bekämpfung von Seuchengefahr und zum Schutz gefährdeter Jugendlicher können die Verwaltungsbehörden durch Gesetz zu Eingriffen und zu Einschränkungen ermächtigt werden.

(3) ¹Durchsuchungen sind nur in den vom Gesetz vorgesehenen Fällen und Formen zulässig. ²Die Anordnung von Durchsuchungen steht dem Richter und nur bei Gefahr im Verzuge oder bei Verfolgung auf frischer Tat auch der Staatsanwaltschaft oder ihren Hilfsbeamten zu; eine von der Staatsanwaltschaft oder ihren Hilfsbeamten angeordnete Durchsuchung bedarf jedoch der nachträglichen Genehmigung des Richters.

Artikel 15
(1) ¹Jeder hat das Recht, im Rahmen der verfassungsmäßigen Grundrechte seine Meinung frei und öffentlich durch Wort, Schrift, Druck, Bild oder in sonstiger Weise zu äußern. ²Diese Freiheit darf auch durch ein Dienstverhältnis nicht beschränkt werden. ³Niemandem darf ein Nachteil widerfahren, wenn er von diesem Recht Gebrauch macht.

(2) Eine Zensur ist unstatthaft.

(3) Wer gesetzliche Bestimmungen zum Schutze der Jugend verletzt, kann sich nicht auf das Recht der freien Meinungsäußerung berufen.

(4) ¹Das Postgeheimnis ist unverletzlich. ²Eine Ausnahme ist nur in einem Strafverfahren, in den vom Gesetz vorgeschriebenen Fällen und Formen und aufgrund einer richterlichen Anordnung zulässig. ³Bei Gefahr im Verzuge können auch die Staatsanwaltschaft und ihre Hilfsbeamten eine Beschlagnahme von Postsachen anordnen.

(5) Das Recht, sich über die Meinung anderer zu unterrichten, insbesondere durch den Bezug von Druckerzeugnissen und durch den Rundfunk, darf nicht eingeschränkt werden.

Artikel 16
(1) Das Recht, sich friedlich und unbewaffnet zu versammeln, ohne daß es einer Anmeldung oder Erlaubnis bedürfte, steht allen Bewohnern der Freien Hansestadt Bremen zu.

(2) ¹Versammlungen unter freiem Himmel können durch Gesetz anmeldepflichtig gemacht werden. ²Bei unmittelbarer Gefährdung der öffentlichen Sicherheit können sie durch die Landesregierung verboten werden.

Artikel 17
(1) Das Recht, sich zu gesetzlich zulässigen Zwecken zu Vereinen oder Gesellschaften zusammenzuschließen, steht allen Bewohnern der Freien Hansestadt Bremen zu.

(2) Durch Gesetz sind Vereinigungen zu verbieten, die die Demokratie oder eine Völkerverständigung gefährden.

Artikel 18
Das Recht der Freizügigkeit und der Auswanderung ins Ausland steht jedem Bewohner der Freien Hansestadt Bremen zu.

Artikel 19
Wenn die in der Verfassung festgelegten Menschenrechte durch die öffentliche Gewalt verfassungswidrig angetastet werden, ist Widerstand jedermanns Recht und Pflicht.

Artikel 20
(1) Verfassungsänderungen, die die in diesem Abschnitt enthaltenen Grundgedanken der allgemeinen Menschenrechte verletzen, sind unzulässig.
(2) Die Grundrechte und Grundpflichten binden den Gesetzgeber, den Verwaltungsbeamten und den Richter unmittelbar.
(3) Artikel 1 und Artikel 20 sind unabänderlich.

Zweiter Hauptteil
Ordnung des sozialen Lebens

1. Abschnitt
Die Familie

Artikel 21
(1) Ehe und Familie bilden die Grundlage des Gemeinschaftslebens und haben darum Anspruch auf den Schutz und die Förderung des Staates.
(2) Die eingetragene Lebenspartnerschaft ist der Ehe in diesem Sinne gleichgestellt.

Artikel 22
(1) Mann und Frau haben in der Ehe die gleichen bürgerlichen Rechte und Pflichten.
(2) Die häusliche Arbeit und die Kindererziehung werden der Erwerbstätigkeit gleichgesetzt.

Artikel 23
(1) [1]Die Eltern haben das Recht und die Pflicht, ihre Kinder zu aufrechten und lebenstüchtigen Menschen zu erziehen. [2]Staat und Gemeinde leisten ihnen hierbei die nötige Hilfe.
(2) In persönlichen Erziehungsfragen ist der Wille der Eltern maßgebend.
(3) Das Erziehungsrecht kann den Eltern nur durch Richterspruch nach Maßgabe des Gesetzes entzogen werden.

Artikel 24
Eheliche und uneheliche Kinder haben den gleichen Anspruch auf Förderung und werden im beruflichen und öffentlichen Leben gleich behandelt.

Artikel 25
(1) [1]Jedes Kind hat ein Recht auf Entwicklung und Entfaltung seiner Persönlichkeit, auf gewaltfreie Erziehung und den besonderen Schutz vor Gewalt, Vernachlässigung und Ausbeutung. [2]Die staatliche Gemeinschaft achtet, schützt und fördert die Rechte des Kindes und trägt Sorge für kindgerechte Lebensbedingungen.
(2) Es ist Aufgabe des Staates, die Jugend vor Ausbeutung und vor körperlicher, geistiger und sittlicher Verwahrlosung zu schützen.
(3) Fürsorgemaßnahmen, die auf Zwang beruhen, bedürfen der gesetzlichen Grundlage.

2. Abschnitt
Erziehung und Unterricht

Artikel 26
Die Erziehung und Bildung der Jugend hat im wesentlichen folgende Aufgaben:
1. Die Erziehung zu einer Gemeinschaftsgesinnung, die auf der Achtung vor der Würde jedes Menschen und auf dem Willen zu sozialer Gerechtigkeit und politischer Verantwortung beruht, zur Sachlichkeit und Duldsamkeit gegenüber den Meinungen anderer führt und zur friedlichen Zusammenarbeit mit anderen Menschen und Völkern aufruft.
2. Die Erziehung zu einem Arbeitswillen, der sich dem allgemeinen Wohl einordnet, sowie die Ausrüstung mit den für den Eintritt ins Berufsleben erforderlichen Kenntnissen und Fähigkeiten.
3. Die Erziehung zum eigenen Denken, zur Achtung vor der Wahrheit, zum Mut, sie zu bekennen und das als richtig und notwendig Erkannte zu tun.
4. Die Erziehung zur Teilnahme am kulturellen Leben des eigenen Volkes und fremder Völker.
5. Die Erziehung zum Verantwortungsbewußtsein für Natur und Umwelt.

Artikel 27
(1) Jeder hat nach Maßgabe seiner Begabung das gleiche Recht auf Bildung.

(2) Dies Recht wird durch öffentliche Einrichtungen gesichert.

Artikel 28
Das Schulwesen steht unter der Aufsicht des Staates.

Artikel 29
[1]Privatschulen können aufgrund staatlicher Genehmigung errichtet und unter Beobachtung der vom Gesetz gestellten Bedingungen betrieben werden. [2]Das Nähere bestimmt das Gesetz unter Berücksichtigung des Willens der Erziehungsberechtigten.

Artikel 30
(1) Es besteht allgemeine Schulpflicht.
(2) Das Nähere bestimmt das Gesetz.

Artikel 31
(1) Das öffentliche Schulwesen ist organisch auszugestalten.
(2) Der Unterricht ist an allen öffentlichen Schulen unentgeltlich.
(3) Lehr- und Lernmittel werden unentgeltlich bereitgestellt.
(4) [1]Minderbemittelten ist bei entsprechender Begabung der über die allgemeine Schulpflicht hinausgehende Besuch der höheren Schule, der Fachschule oder der Hochschule durch Beihilfen und andere Maßnahmen zu ermöglichen. [2]Das Nähere regelt das Gesetz.

Artikel 32
(1) Die allgemeinbildenden öffentlichen Schulen sind Gemeinschaftsschulen mit bekenntnismäßig nicht gebundenem Unterricht in Biblischer Geschichte auf allgemein christlicher Grundlage.
(2) [1]Unterricht in Biblischer Geschichte wird nur von Lehrern erteilt, die sich dazu bereit erklärt haben. [2]Über die Teilnahme der Kinder an diesem Unterricht entscheiden die Erziehungsberechtigten.
(3) Kirchen, Religions- und Weltanschauungsgemeinschaften haben das Recht, außerhalb der Schulzeit in ihrem Bekenntnis oder in ihrer Weltanschauung diejenigen Kinder zu unterweisen, deren Erziehungsberechtigte dies wünschen.

Artikel 33
[1]In allen Schulen herrscht der Grundsatz der Duldsamkeit. [2]Der Lehrer hat in jedem Fach auf die religiösen und weltanschaulichen Empfindungen aller Schüler Rücksicht zu nehmen.

Artikel 34
[1]Die Hochschulen sind in der Regel staatlich. [2]Sie können auch in Gemeinschaft mit anderen Ländern oder als Zweig einer Hochschule eines anderen Landes errichtet und unterhalten werden.

Artikel 35
Allen Erwachsenen ist durch öffentliche Einrichtungen die Möglichkeit zur Weiterbildung zu geben.

Artikel 36
Der Staat gewährt den Jugendorganisationen Schutz und Förderung.

Artikel 36a
Der Staat pflegt und fördert den Sport.

3. Abschnitt
Arbeit und Wirtschaft

Artikel 37
(1) Die Arbeit steht unter dem besonderen Schutz des Staates.
(2) Jede Arbeit hat den gleichen sittlichen Wert.

Artikel 38
(1) Die Wirtschaft hat dem Wohle des ganzen Volkes und der Befriedigung seines Bedarfs zu dienen.
(2) Die Wirtschaft der Freien Hansestadt Bremen ist ein Glied der einheitlichen deutschen Wirtschaft und hat in ihrem Rahmen die besondere Aufgabe, Seehandel, Seeschiffahrt und Seefischerei zu pflegen.

Artikel 39
(1) Der Staat hat die Pflicht, die Wirtschaft zu fördern, eine sinnvolle Lenkung der Erzeugung, der Verarbeitung und des Warenverkehrs durch Gesetz zu schaffen, jedermann einen gerechten Anteil an dem wirtschaftlichen Ertrag aller Arbeit zu sichern und ihn vor Ausbeutung zu schützen.
(2) Im Rahmen der hierdurch gezogenen Grenzen ist die wirtschaftliche Betätigung frei.

Artikel 40
(1) Selbständige Klein- und Mittelbetriebe in Landwirtschaft, Industrie, Handwerk, Handel und Schiffahrt sind durch Gesetzgebung und Verwaltung zu schützen und zu fördern.
(2) Genossenschaften aller Art und gemeinnützige Unternehmen sind als Form der Gemeinwirtschaft zu fördern.

Artikel 41
(1) [1]Die Aufrechterhaltung oder Bildung aller die Freiheit des Wettbewerbs beschränkenden privaten Zusammenschlüsse in der Art von Monopolen, Konzernen, Trusts, Kartellen und Syndikaten ist in der Freien Hansestadt Bremen untersagt. [2]Unternehmen, die solchen Zusammenschlüssen angehören, haben mit Inkrafttreten dieser Verfassung daraus auszuscheiden.
(2) Durch Gesetz können Ausnahmen zugelassen werden.

Artikel 42
I. Durch Gesetz sind in Gemeineigentum zu überführen:
   a) Unternehmen, die den im Artikel 41 bezeichneten Zusammenschlüssen angehört haben und auch nach ihrem Ausscheiden aus diesen Zusammenschlüssen noch eine Macht innerhalb der deutschen Wirtschaft verkörpern, die die Gefahr eines politischen, wirtschaftlichen oder sozialen Mißbrauchs in sich schließt.
   b) Unternehmen, deren Wirtschaftszweck besser in gemeinwirtschaftlicher Form erreicht werden kann.
II. Durch Gesetz können in Gemeineigentum überführt werden:
   a) Unternehmen, die eine nicht auf eigener technischer Leistung beruhende Monopolstellung innerhalb der deutschen Wirtschaft einnehmen.
   b) Die mit öffentlichen Mitteln für Rüstungszwecke geschaffenen Betriebe und die daraus entstandenen neuen Unternehmen.
   c) Unternehmen, die volkswirtschaftlich notwendig sind, aber nur durch laufende staatliche Kredite, Subventionen oder Garantien bestehen können.
   d) Unternehmen, die aus eigensüchtigen Beweggründen volkswirtschaftlich notwendige Güter verschwenden oder die sich beharrlich den Grundsätzen der sozialen Wirtschaftsverfassung widersetzen.
III. Ob diese Voraussetzungen vorliegen und welche Unternehmen davon betroffen werden, ist in jedem Falle durch Gesetz zu bestimmen.
IV. Eine Veräußerung von Unternehmen der Freien Hansestadt Bremen, auf die die öffentliche Hand aufgrund Eigentum, finanzieller Beteiligung, Satzung oder sonstiger Bestimmungen, die die Tätigkeit des Unternehmens regeln, unmittelbar oder mittelbar einen beherrschenden Einfluss ausüben kann und die
   a) Verkehrsleistungen oder Leistungen der Abfall- oder Abwasserentsorgung oder der Energie- oder Wasserversorgung für die Allgemeinheit erbringen,
   b) wesentliche Beiträge zur wirtschaftlichen, verkehrlichen oder kulturellen Infrastruktur leisten,
   c) geeignet sind, die Verwirklichung des Anspruchs aus Artikel 14 Absatz 1 zu fördern oder
   d) der allgemeinen Versorgung der Bevölkerung mit Krankenhäusern dienen,
ist nur aufgrund eines Gesetzes möglich. Ein solches Gesetz tritt nicht vor Ablauf von drei Monaten nach seiner Verkündung in Kraft. Als Veräußerung gilt jedes Rechtsgeschäft, welches den beherrschenden Einfluss der Freien Hansestadt Bremen oder der Stadtgemeinde Bremen beseitigt. Auf kleine Kapitalgesellschaften und auf Kredit- und Finanzdienstleistungsinstitute findet diese Vorschrift keine Anwendung. Gleiches gilt, wenn die Veräußerung bei Entstehen der Beherrschung beabsichtigt war und zeitnah erfolgt.

Artikel 43

[1]Die Überführung in Gemeineigentum bedeutet, daß das Eigentum des Unternehmens entweder in das Eigentum des Landes Bremen oder nach der Belegenheit in das Eigentum der Stadtgemeinde Bremen oder der Stadtgemeinde Bremerhaven oder in das Eigentum eines besonderen gemeinnützigen Rechtsträgers überführt oder mehreren von ihnen anteilmäßig übertragen wird. [2]Die Verwaltung des in Gemeineigentum überführten Betriebes ist unter Wahrung der im Wirtschaftsleben erforderlichen Entschlußkraft und selbständigen Betätigung der Leitung so zu gestalten, daß eine höchste Leistungsfähigkeit erzielt wird. [3]Das Nähere regelt das Gesetz.

Artikel 44

[1]Bei der Festsetzung der angemessenen Entschädigung für Unternehmen, die in Gemeineigentum überführt werden, ist zu berücksichtigen, ob und in welchem Umfange die Unternehmen auf Kosten der Allgemeinheit, insbesondere aus Kriegsgewinnen entstanden oder erweitert sind. [2]Insoweit ist eine Entschädigung zu versagen.

Artikel 45

1. Der Staat übt eine Aufsicht darüber aus, wie der Grundbesitz verteilt ist und wie er genutzt wird. Er hat das Fortbestehen und die Neubildung von übermäßig großem Grundbesitz zu verhindern.
2. Enteignet werden kann Grundbesitz auf gesetzlicher Grundlage,
   - a) soweit er eine bestimmte, vom Gesetz vorgeschriebene Größe übersteigt,
   - b) soweit sein Erwerb zur Befriedigung des Wohnungsbedürfnisses, zur Förderung der Siedlung und Urbarmachung oder zur Hebung der Landwirtschaft nötig ist,
   - c) soweit sein Erwerb zur Schaffung lebensnotwendiger Anlagen wirtschaftlicher und sozialer Art erforderlich ist.
3. Eine Umlegung von Grundstücken ist nach näherer gesetzlicher Regelung vorzunehmen,
   - a) zur Herbeiführung einer besseren wirtschaftlichen Nutzung getrennt liegender landwirtschaftlicher Grundstücke,
   - b) zur Durchführung einer Stadt- oder Landesplanung, insbesondere auch in kriegszerstörten Gebieten sowie zur Erschließung von Baugelände und zur Herbeiführung einer zweckmäßigen Gestaltung von Baugrundstücken.

   Durch Gesetz kann vorgeschrieben werden, daß zu öffentlichen Zwecken, insbesondere für Straßen, Plätze, Grün- und Erholungsflächen, Wasserzüge und ähnliche öffentliche Einrichtungen, Grundflächen der Umlegungsmasse ohne Entschädigung in das Eigentum des Staates oder der Gemeinde übergehen.
4. Grundbesitz ist der Spekulation zu entziehen. Steigerungen des Bodenwertes, die ohne besonderen Arbeits- oder Kapitalaufwand des Eigentümers entstehen, sind für die Allgemeinheit nutzbar zu machen.
5. Bei Grundbesitz, der landwirtschaftlichen, forstwirtschaftlichen oder gartenwirtschaftlichen Zwecken dient, sind durch Gesetz Maßnahmen zu treffen, daß der Grundbesitz ordnungsmäßig bewirtschaftet wird. Das Gesetz kann vorsehen, daß ein Grundstück, das trotz behördlicher Anmahnung nicht ordnungsmäßig bewirtschaftet wird, von einem Treuhänder verwaltet oder einem anderen zur Nutzung auf Zeit übertragen, in besonderen Fällen auch enteignet wird.

Artikel 46 (aufgehoben)

Artikel 47

(1) Alle Personen in Betrieben und Behörden erhalten gemeinsame Betriebsvertretungen, die in allgemeiner, gleicher, geheimer und unmittelbarer Wahl von den Arbeitnehmern zu wählen sind.
(2) Die Betriebsvertretungen sind dazu berufen, im Benehmen mit den Gewerkschaften gleichberechtigt mit den Unternehmern in wirtschaftlichen, sozialen und personellen Fragen des Betriebes mitzubestimmen.
(3) [1]Das hierfür geltende Recht wird das Gesetz über die Betriebsvertretungen unter Beachtung des Grundsatzes schaffen, daß zentrales Recht Landesrecht bricht. [2]In dem Gesetz sind die öffentlich-rechtlichen Befugnisse der zuständigen Stellen des Landes und der Gemeinden sowie die parlamentarische Verantwortlichkeit bei den Behörden und bei den Betrieben, die in öffentlicher Hand sind, zu wahren.

Artikel 48
[1]Arbeitnehmer und Unternehmer haben die Freiheit, sich zu vereinigen, um die Arbeits- und Wirtschaftsbedingungen zu gestalten. [2]Niemand darf gehindert oder gezwungen werden, Mitglied einer solchen Vereinigung zu werden.

Artikel 49
(1) Die menschliche Arbeitskraft genießt den besonderen Schutz des Staates.
(2) Der Staat ist verpflichtet, geeignete Maßnahmen zu treffen, daß jeder, der auf Arbeit angewiesen ist, durch Arbeit seinen Lebensunterhalt erwerben kann.
(3) Wer ohne Schuld arbeitslos ist, hat Anspruch auf Unterhalt für sich und seine unterhaltsberechtigten Angehörigen.

Artikel 50
(1) Für alle Personen in Betrieben und Behörden ist ein neues soziales Arbeitsrecht zu schaffen.
(2) [1]Im Rahmen dieses Arbeitsrechts können Gesamtvereinbarungen nur zwischen den Vereinigungen der Arbeitnehmer und Unternehmer oder ihren Vertretungen abgeschlossen werden. [2]Sie schaffen verbindliches Recht, das grundsätzlich nur zugunsten der Arbeitnehmer abbedungen werden kann.

Artikel 51
(1) [1]Das Schlichtungswesen wird gesetzlich geregelt. [2]Die zuständigen staatlichen Schlichtungsstellen haben die Aufgabe, eine Verständigung zwischen den Beteiligten zu fördern und auf Antrag einer oder beider Parteien oder auf Antrag des Senats Schiedssprüche zu fällen.
(2) Die Schiedssprüche können aus Gründen des Gemeinwohls für verbindlich oder allgemein verbindlich erklärt werden.
(3) Das Streikrecht der wirtschaftlichen Vereinigungen wird anerkannt.

Artikel 52
(1) [1]Die Arbeitsbedingungen müssen die Gesundheit, die Menschenwürde, das Familienleben und die wirtschaftlichen und kulturellen Bedürfnisse des Arbeitnehmers sichern. [2]Sie haben insbesondere die leibliche, geistige und sittliche Entwicklung der Jugendlichen zu fördern.
(2) Kinderarbeit ist verboten.

Artikel 53
(1) Bei gleicher Arbeit haben Jugendliche und Frauen Anspruch auf den gleichen Lohn, wie ihn die Männer erhalten.
(2) Der Frau steht bei gleicher Eignung ein gleichwertiger Arbeitsplatz zu.

Artikel 54
Durch Gesetz sind Einrichtungen zum Schutz der Mütter und Kinder zu schaffen und die Gewähr, daß die Frau ihre Aufgabe im Beruf und als Bürgerin mit ihren Pflichten als Frau und Mutter vereinen kann.

Artikel 55
(1) Der 1. Mai ist gesetzlicher Feiertag als Bekenntnis zu sozialer Gerechtigkeit und Freiheit, zu Frieden und Völkerverständigung.
(2) Der Achtstundentag ist der gesetzliche Arbeitstag.
(3) Alle Sonn- und gesetzlichen Feiertage sind arbeitsfrei.
(4) Ausnahmen können durch Gesetz oder Gesamtvereinbarungen zugelassen werden, wenn die Art der Arbeit oder das Gemeinwohl es erfordern.
(5) Das Arbeitsentgelt für die in die Arbeitszeit fallenden gesetzlichen Feiertage wird weiter gezahlt.

Artikel 56
(1) [1]Jeder Arbeitende hat Anspruch auf einen bezahlten, zusammenhängenden Urlaub von mindestens 12 Arbeitstagen im Jahr. [2]Dieser Anspruch ist unabdingbar und kann auch nicht abgegolten werden.
(2) Näheres wird durch Gesetz oder Vereinbarungen der beteiligten Stellen geregelt.

Artikel 57
(1) Es ist eine das gesamte Volk verbindende Sozialversicherung zu schaffen.
(2) Die Sozialversicherung hat die Aufgabe, den Gesundheitszustand des Volkes, auch durch vorbeugende Maßnahmen, zu heben, Kranken, Schwangeren und Wöchnerinnen jede erforderliche Hilfe

zu leisten und eine ausreichende Versorgung für Erwerbsbeschränkte, Erwerbsunfähige und Hinterbliebene sowie im Alter zu sichern.
(3) Leistungen sind in einer Höhe zu gewähren, die den notwendigen Lebensunterhalt sichern.
(4) ¹Die Sozialversicherung ist sinnvoll aufzubauen. ²Die Selbstverwaltung der Versicherten wird anerkannt. ³Ihre Organe werden in allgemeiner, gleicher und geheimer Wahl gewählt.
(5) Das Nähere bestimmt das Gesetz.

Artikel 58
(1) Wer nicht in der Lage ist, für sich und seine unterhaltsberechtigten Angehörigen den notwendigen Lebensunterhalt zu erwerben, erhält ihn aus öffentlichen Mitteln, wenn er ihn nicht aus vorhandenem Vermögen bestreiten kann oder einen gesetzlichen oder anderweitigen Anspruch auf Lebensunterhalt hat.
(2) Durch den Bezug von Unterstützung aus öffentlichen Mitteln dürfen staatsbürgerliche Rechte nicht beeinträchtigt werden.

4. Abschnitt
Kirchen und Religionsgesellschaften

Artikel 59
(1) Die Kirchen und Religionsgesellschaften sind vom Staate getrennt.
(2) ¹Jede Kirche, Religions- und Weltanschauungsgemeinschaft ordnet und verwaltet ihre sämtlichen Angelegenheiten selber im Rahmen der für alle geltenden Gesetze. ²Sie verleiht ihre Ämter ohne Mitwirkung des Staates oder der bürgerlichen Gemeinde.

Artikel 60
(1) Die Freiheit der Vereinigung zu Religions- und Weltanschauungsgemeinschaften wird gewährleistet.
(2) Niemand darf gezwungen oder gehindert werden, an einer kirchlichen Handlung oder Feierlichkeit oder religiösen Übung teilzunehmen oder eine religiöse Eidesformel zu benutzen.

Artikel 61
¹Kirchen, Religions- und Weltanschauungsgemeinschaften bleiben Körperschaften des öffentlichen Rechts, soweit sie es bisher waren. ²Anderen Religions- oder Weltanschauungsgemeinschaften kann die gleiche Rechtsstellung verliehen werden, wenn sie durch ihre Verfassung und die Zahl ihrer Mitglieder die Gewähr der Dauer bieten. ³Das Nähere regelt ein Gesetz.

Artikel 62
¹Soweit in öffentlichen Krankenhäusern, Strafanstalten oder sonstigen öffentlichen Anstalten der Wunsch nach Gottesdienst und Seelsorge geäußert wird, sind die Kirchen, Religions- und Weltanschauungsgemeinschaften zuzulassen. ²Dabei hat jede Art von Nötigung zur Teilnahme zu unterbleiben.

Artikel 63
Die von den anerkannten Religions- und Weltanschauungsgemeinschaften oder ihren Organisationen unterhaltenen Krankenhäuser, Schulen, Fürsorgeanstalten und ähnlichen Häuser gelten als gemeinnützige Einrichtungen.

Dritter Hauptteil
Aufbau und Aufgaben des Staates

1. Abschnitt
Allgemeines

Artikel 64
Der bremische Staat führt den Namen »Freie Hansestadt Bremen« und ist ein Glied der deutschen Republik und Europas.

Artikel 65
(1) Die Freie Hansestadt Bremen bekennt sich zu Demokratie, sozialer Gerechtigkeit, Freiheit, Schutz der natürlichen Umwelt, Frieden und Völkerverständigung.

(2) Sie fördert die grenzüberschreitende regionale Zusammenarbeit, die auf den Aufbau nachbarschaftlicher Beziehungen, auf das Zusammenwachsen Europas und auf die friedliche Entwicklung der Welt gerichtet ist.
(3) Die Freie Hansestadt Bremen bekennt sich zum Zusammenhalt der Gemeinden des Landes und wirkt auf gleichwertige Lebensverhältnisse hin.

Artikel 66
(1) Die Staatsgewalt geht vom Volke aus.
(2) Sie wird nach Maßgabe dieser Verfassung und der aufgrund der Verfassung erlassenen Gesetze ausgeübt:
a) unmittelbar durch die Gesamtheit der stimmberechtigten Bewohner des bremischen Staatsgebietes, die ihren Willen durch Abstimmung (Volksentscheid) und durch Wahl zur Volksvertretung (Landtag) äußert;
b) mittelbar durch den Landtag (Bürgerschaft) und die Landesregierung (Senat).

Artikel 67
(1) Die gesetzgebende Gewalt steht ausschließlich dem Volk (Volksentscheid) und der Bürgerschaft zu.
(2) Die vollziehende Gewalt liegt in den Händen des Senats und der nachgeordneten Vollzugsbehörden.
(3) Die richterliche Gewalt wird durch unabhängige Richter ausgeübt.

Artikel 68
Die Freie Hansestadt Bremen führt ihre bisherigen Wappen und Flaggen.

2. Abschnitt
Volksentscheid, Landtag und Landesregierung
I. Der Volksentscheid

Artikel 69
(1) Beim Volksentscheid ist stimmberechtigt, wer zur Bürgerschaft wahlberechtigt ist.
(2) Die Abstimmung ist allgemein, gleich, unmittelbar, frei und geheim; sie kann nur bejahend oder verneinend lauten.
(3) Der Abstimmungstag muß ein Sonntag oder gesetzlicher Feiertag sein.

Artikel 70
(1) Der Volksentscheid findet statt:
a) wenn die Bürgerschaft mit der Mehrheit ihrer Mitglieder eine Verfassungsänderung dem Volksentscheid unterbreitet;
b) wenn die Bürgerschaft eine andere zu ihrer Zuständigkeit gehörende Frage dem Volksentscheid unterbreitet;
c) wenn ein Fünftel der Stimmberechtigten die vorzeitige Beendigung der Wahlperiode verlangt;
d) wenn ein Zwanzigstel der Stimmberechtigten das Begehren auf Beschlußfassung über einen Gesetzentwurf stellt. Soll die Verfassung geändert werden, muß ein Zehntel der Stimmberechtigten das Begehren unterstützen. Der Gesetzentwurf ist vom Senat unter Darlegung seiner Stellungnahme der Bürgerschaft zu unterbreiten. Der Volksentscheid findet nicht statt, wenn der begehrte Gesetzentwurf in der Bürgerschaft unverändert angenommen worden ist oder wenn die Vertrauenspersonen keinen Antrag auf Durchführung des Volksentscheids gestellt haben. Wird der begehrte Gesetzentwurf in veränderter, jedoch dem Anliegen des Volksbegehrens nicht widersprechender Weise angenommen, so stellt die Bürgerschaft auf Antrag der Vertrauenspersonen die Erledigung des Volksbegehrens fest. Ist das Gesetz durch Volksentscheid abgelehnt, so ist ein erneutes Volksbegehren auf Vorlegung desselben Gesetzentwurfes erst zulässig, nachdem inzwischen die Bürgerschaft neu gewählt ist.
(2) [1]Ein Volksentscheid ist außerdem im Fall des Artikels 42 Absatz 4 über ein von der Bürgerschaft beschlossenes Gesetz durchzuführen, wenn
a) die Bürgerschaft das Gesetz mit weniger als zwei Dritteln ihrer Mitglieder beschlossen hat,
b) ein Viertel der Mitglieder der Bürgerschaft die Durchführung eines Volksentscheids beantragt oder

c) ein Zwanzigstel der Stimmberechtigten die Durchführung eines Volksentscheides begehrt.
²In diesen Fällen tritt das Gesetz nur bei einem zustimmenden Volksentscheid in Kraft.
(3) ¹Ein Volksentscheid nach Absatz 1 über den laufenden Haushaltsplan, über Bezüge oder Entgelte öffentlich Bediensteter oder vergleichbarer Personen und über Steuern, Abgaben, Beiträge und Gebühren sowie über Einzelheiten solcher Gesetzesvorlagen ist unzulässig. ²Finanzwirksame Volksentscheide mit Wirkung für zukünftige Haushaltspläne sind zulässig, soweit diese die Struktur eines zukünftigen Haushalts nicht wesentlich verändern, den verfassungsrechtlichen Regelungen des Haushaltsrechts, welchen auch die Bürgerschaft für die Aufstellung des Haushaltsplans unterliegt, entsprechen und zur Gegenfinanzierung keine Haushaltspositionen herangezogen werden, die gesetzlich, vertraglich oder auf andere Weise rechtlich gebunden sind.

Artikel 71
(1) Soll durch Volksentscheid ein Gesetz erlassen, abgeändert oder aufgehoben werden, so hat der Beschluß über die Herbeiführung eines Volksentscheides oder das Volksbegehren gleichzeitig einen ausgearbeiteten Gesetzentwurf mit Begründung zu enthalten.
(2) ¹Finanzwirksame Volksentscheide mit Wirkung für zukünftige Haushalte haben einen Finanzierungsvorschlag zu enthalten. ²Diese Gegenfinanzierung ist in Anlehnung an die allgemeinen Regelungen des Haushaltsrechts darzustellen und dem Gesetzentwurf beizufügen.

Artikel 72
(1) Ein Gesetzentwurf oder eine andere Vorlage nach Artikel 70 ist durch Volksentscheid angenommen, wenn die Mehrheit derjenigen, die ihre Stimme abgegeben haben, jedoch mindestens ein Fünftel der Stimmberechtigten, zugestimmt hat.
(2) Bei Verfassungsänderungen aufgrund eines Volkbegehrens müssen zwei Fünftel der Stimmberechtigten für das Volksbegehren stimmen.

Artikel 73
(1) Der Senat hat die durch Volksentscheid beschlossenen Gesetze innerhalb von zwei Wochen nach Feststellung des Abstimmungsergebnisses auszufertigen und im Bremischen Gesetzblatt zu verkünden.
(2) Ein durch Volksentscheid beschlossenes Gesetz kann während einer laufenden Wahlperiode innerhalb von zwei Jahren nach Inkrafttreten nur geändert oder aufgehoben werden
1. durch einen Volksentscheid nach Artikel 70 Absatz 1 Buchstabe b oder d,
2. durch die Bürgerschaft mit verfassungsändernder Mehrheit.

Artikel 74
Das Verfahren beim Volksentscheid regelt ein besonderes Gesetz.

II. Der Landtag (Bürgerschaft)

Artikel 75
(1) ¹Die Mitglieder der Bürgerschaft werden in den Wahlbereichen Bremen und Bremerhaven auf vier Jahre in allgemeiner, gleicher, unmittelbarer, freier und geheimer Wahl gewählt. ²Das Nähere, insbesondere über Wahlberechtigung und Wählbarkeit, bestimmt das Wahlgesetz.
(2) Die Zahl der Mitglieder der Bürgerschaft wird durch Gesetz festgelegt.
(3) Auf Wahlvorschläge, für die weniger als fünf vom Hundert der Stimmen im Wahlbereich Bremen bzw. im Wahlbereich Bremerhaven abgegeben werden, entfallen keine Sitze.
(4) Gewählt wird innerhalb des letzten Monats der Wahlperiode der vorhergehenden Bürgerschaft, soweit die Verfassung nichts anderes bestimmt.
(5) Der Wahltag muß ein Sonntag oder allgemeiner öffentlicher Ruhetag sein.

Artikel 76
(1) Die Wahlperiode kann vorzeitig beendet werden:
a) durch Beschluß der Bürgerschaft. Der Antrag muß von wenigstens einem Drittel der gesetzlichen Mitgliederzahl gestellt und mindestens zwei Wochen vor der Sitzung, auf deren Tagesordnung er gebracht wird, allen Abgeordneten und dem Senat mitgeteilt werden. Der Beschluß bedarf der Zustimmung von mindestens zwei Dritteln der Mitglieder der Bürgerschaft;
b) durch Volksentscheid, wenn ein Fünftel der Stimmberechtigten es verlangt (Volksbegehren).

(2) Durch Volksentscheid kann die Wahlperiode nur vorzeitig beendet werden, wenn die Mehrheit der Stimmberechtigten zustimmt.
(3) Die Neuwahl findet spätestens an dem Sonntag oder gesetzlichen Feiertag statt, der auf den siebzigsten Tag nach der Entscheidung über die vorzeitige Beendigung der Wahlperiode folgt.

Artikel 77
(1) ¹Fraktionen bestehen aus Mitgliedern der Bürgerschaft und werden von diesen in Ausübung des freien Mandats gebildet. ²Das Nähere regelt die Geschäftsordnung.
(2) ¹Fraktionen wirken mit eigenen Rechten und Pflichten als selbständige und unabhängige Gliederungen an der Arbeit der Bürgerschaft mit. ²Das Nähere, insbesondere die Ausstattung und Rechnungslegung, regelt ein Gesetz.
(3) Ein Fraktionszwang ist unzulässig.

Artikel 78
(1) Das Recht auf Bildung und Ausübung parlamentarischer Opposition wird gewährleistet.
(2) Oppositionsfraktionen haben das Recht auf politische Chancengleichheit sowie Anspruch auf eine zur Erfüllung ihrer besonderen Aufgaben erforderliche Ausstattung.

Artikel 79
(1) Der Senat ist verpflichtet, die Bürgerschaft oder die zuständigen Ausschüsse oder Deputationen über die Vorbereitung von Gesetzen sowie über Grundsatzfragen der Landesplanung, der Standortplanung und der Durchführung von Großvorhaben frühzeitig und vollständig zu unterrichten.
(2) ¹Der Senat unterrichtet zum frühestmöglichen Zeitpunkt die Bürgerschaft vollständig über alle Vorhaben im Rahmen der Zusammenarbeit mit dem Bund, den Ländern, der Europäischen Union und anderen Staaten, die für das Land von herausragender politischer Bedeutung sind, wesentliche Interessen des Landes berühren oder erhebliche finanzielle Auswirkungen haben. ²Dies gilt insbesondere bei Vorhaben, die die Gesetzgebungszuständigkeit der Bürgerschaft wesentlich berühren oder die Übertragung von Hoheitsrechten des Landes auf die Europäische Union beinhalten.
(3) ¹In den Fällen des Absatzes 2 gibt der Senat der Bürgerschaft frühzeitig die Gelegenheit zur Stellungnahme und berücksichtigt diese. ²Weicht der Senat in seinem Stimmverhalten im Bundesrat von einer Stellungnahme der Bürgerschaft ab, so hat er seine Entscheidung gegenüber der Bürgerschaft zu begründen.

Artikel 80
¹Die Mitgliedschaft in der Bürgerschaft erlischt durch Verzicht oder durch Wegfall einer für die Wählbarkeit maßgebenden Voraussetzung. ²Der Verzicht ist dem Präsidenten der Bürgerschaft schriftlich mitzuteilen; er ist unwiderruflich.

Artikel 81
¹Die Bürgerschaft tritt innerhalb eines Monats nach Ablauf der Wahlperiode der vorhergehenden Bürgerschaft zusammen. ²Sie wird erstmalig von dem Vorstand der vorhergehenden Bürgerschaft einberufen.

Artikel 82
(1) ¹Niemand darf bei der Übernahme oder Ausübung eines Mandats behindert oder benachteiligt werden. ²Kündigung oder Entlassung aus einem Arbeits- oder Dienstverhältnis und Benachteiligungen am Arbeitsplatz aus diesen Gründen sind unzulässig.
(2) ¹Die Mitglieder der Bürgerschaft haben Anspruch auf ein angemessenes Entgelt. ²Die Höhe des Entgelts wird jährlich nach Maßgabe der Veränderung der Einkommens- und Kostenentwicklung in der Freien Hansestadt Bremen angepasst.
(3) Das Nähere regelt ein Gesetz.

Artikel 83
(1) ¹Die Mitglieder der Bürgerschaft sind Vertreter der ganzen bremischen Bevölkerung. ²Sie sind verpflichtet, die Gesetze zu beachten und haben eine besondere Treuepflicht gegenüber der Freien Hansestadt Bremen. ³Im übrigen sind sie nur ihrem Gewissen unterworfen und an Aufträge und Weisungen nicht gebunden.
(2) Sie sind verpflichtet, alle ihnen in ihrer Eigenschaft als Mitglieder der Bürgerschaft bekanntwerdenden vertraulichen Schriftstücke, Drucksachen, Verhandlungen der Bürgerschaft und ihrer Ausschüsse sowie der Behörden geheimzuhalten.

Artikel 84 (aufgehoben)
Artikel 85
(1) ¹Ein Mitglied der Bürgerschaft, das sein Amt ausnutzt, um sich oder anderen persönliche Vorteile zu verschaffen, oder das sich beharrlich weigert, die ihm als Bürgerschaftsmitglied obliegenden Geschäfte zu erfüllen, oder das der Pflicht der Verschwiegenheit zuwiderhandelt, kann durch Beschluß der Bürgerschaft ausgeschlossen werden. ²Ein Antrag auf Ausschließung muß von mindestens einem Viertel der gesetzlichen Mitgliederzahl der Bürgerschaft ausgehen; er ist an den Geschäftsordnungsausschuß zur Untersuchung und Berichterstattung zu verweisen. ³Der Betroffene kann nach Berichterstattung des Geschäftsordnungsausschusses in der Versammlung selbst oder durch ein anderes Mitglied Erklärungen abgeben. ⁴Zur Beschlußfassung bedarf es einer Mehrheit von drei Vierteln der gesetzlichen Zahl der Mitglieder oder, falls weniger, jedoch mindestens die Hälfte der gesetzlichen Mitgliederzahl anwesend sind, der Einstimmigkeit.
(2) Bei grober Ungebühr oder wiederholten Zuwiderhandlungen gegen die zur Aufrechterhaltung der Ordnung gegebenen Vorschriften kann ein Mitglied der Bürgerschaft von einer oder mehreren, höchstens drei Sitzungen durch Beschluß der Bürgerschaft ausgeschlossen werden.

Artikel 86
¹Die Bürgerschaft wählt für ihre Wahlperiode ihren Präsidenten, die Vizepräsidenten und die Schriftführer. ²Sie bilden den Vorstand.

Artikel 87
(1) Anträge auf Beratung und Beschlußfassung über einen Gegenstand können, sofern sie nicht vom Senat ausgehen, nur aus der Mitte der Bürgerschaft oder von Bürgern gestellt werden.
(2) ¹Bürgeranträge müssen von mindestens 5 000 Einwohnern unterzeichnet sein, die das 16. Lebensjahr vollendet haben. ²Nach Maßgabe eines Gesetzes kann an die Stelle der Unterzeichnung die Unterstützung im Wege elektronischer Kommunikation treten. ³Anträge zum Haushalt, zu Dienst- und Versorgungsbezügen, Abgaben und Personalentscheidungen sind nicht zulässig. ⁴Das Nähere regelt ein Gesetz.

Artikel 88
(1) Die Bürgerschaft hält ordentliche Sitzungen in den in der Geschäftsordnung festgelegten Zeitabständen ab, die jedoch in der Regel nicht länger als ein Monat sein dürfen.
(2) Der Vorstand hat eine außerordentliche Versammlung einzuberufen, wenn die Bürgerschaft es beschließt, wenn der Senat es unter Mitteilung des zu beratenden Gegenstandes für erforderlich hält, oder wenn wenigstens ein Viertel der gesetzlichen Mitgliederzahl der Bürgerschaft schriftlich darauf anträgt.

Artikel 89
(1) ¹Zur Beschlußfähigkeit der Bürgerschaft ist eine Teilnahme der Hälfte ihrer Mitglieder erforderlich. ²Jedoch sind alle Beschlüsse gültig, die gefaßt sind, ohne daß die Beschlußfähigkeit angezweifelt worden ist.
(2) ¹Ausnahmsweise kann auch bei Anwesenheit einer geringeren Zahl von Mitgliedern ein Beschluß gültig gefaßt werden, wenn die Dringlichkeit des Gegenstandes keinen Aufschub gestattet und dies bei der Ladung zu der Versammlung ausdrücklich angezeigt worden ist. ²Ebenso ist zu verfahren, wenn der Senat beantragt, daß wegen Dringlichkeit des Gegenstandes diese Ausnahme eintritt.

Artikel 90
¹Die Bürgerschaft faßt ihre Beschlüsse mit der Mehrheit der abgegebenen Stimmen, soweit die Verfassung nichts anderes bestimmt. ²Für die von der Bürgerschaft vorzunehmenden Wahlen können durch Gesetz oder Geschäftsordnung Ausnahmen zugelassen werden.

Artikel 91
(1) Die Sitzungen der Bürgerschaft sind öffentlich.
(2) ¹Auf Antrag von einem Drittel der Mitglieder der Bürgerschaft oder auf Antrag des Senats kann die Öffentlichkeit mit Zweidrittelmehrheit der anwesenden Abgeordneten ausgeschlossen werden. ²Über den Antrag wird in nichtöffentlicher Sitzung entschieden.

Artikel 92
(1) Der Präsident der Bürgerschaft eröffnet, leitet und schließt die Beratungen.

(2) ¹Ihm liegt die Aufrechterhaltung der Ruhe und Ordnung sowohl in der Versammlung selbst als auch unter den Zuhörern ob. ²Wird die Ruhe durch die Zuhörer gestört, so kann er ihre Entfernung veranlassen.
(3) Der Präsident der Bürgerschaft verfügt über die Einnahmen und Ausgaben der Bürgerschaft nach Maßgabe des Haushalts und vertritt die Freie Hansestadt Bremen in allen Rechtsgeschäften und Rechtsstreitigkeiten der Bürgerschaft.
(4) ¹Der Vorstand der Bremischen Bürgerschaft ist Dienstvorgesetzter aller im Dienste der Bremischen Bürgerschaft stehenden Personen, er stellt sie ein und entläßt sie. ²Dabei hat er den Stellenplan zu beachten.

Artikel 93
Wegen wahrheitsgetreuer Berichte über die Verhandlungen in den öffentlichen Sitzungen der Bürgerschaft kann niemand zur Verantwortung gezogen werden.

Artikel 94
Kein Mitglied der Bürgerschaft darf zu irgendeiner Zeit wegen seiner Abstimmung oder wegen der in Ausübung seiner Abgeordnetentätigkeit getanen Äußerungen gerichtlich oder dienstlich verfolgt oder sonst außerhalb der Bürgerschaft zur Verantwortung gezogen werden.

Artikel 95
(1) Abgeordnete dürfen ohne Einwilligung der Bürgerschaft während der Dauer ihres Mandats nicht verhaftet oder sonstigen ihre Freiheit und die Ausübung ihres Mandats beschränkenden Maßnahmen unterworfen werden, es sei denn, sie werden bei der Ausübung einer Straftat oder spätestens im Laufe des folgenden Tages festgenommen.
(2) ¹Eine Ermittlungsmaßnahme, die sich gegen einen Abgeordneten richtet und voraussichtlich Erkenntnisse erbringen würde, über die dieser als Berufsgeheimnisträger das Zeugnis verweigern dürfte, ist unzulässig. ²Dennoch erlangte Erkenntnisse dürfen nicht verwendet werden.
(3) Die nach Absatz 1 erforderliche Einwilligung erteilt der Verfassungs- und Geschäftsordnungsausschuss mit der Mehrheit von drei Vierteln seiner Mitglieder.
(4) Das Nähere regelt die Geschäftsordnung.

Artikel 96
(1) ¹Die Mitglieder der Bürgerschaft sind berechtigt, über Personen, die ihnen in ihrer Eigenschaft als Abgeordneten Tatsachen anvertrauen, oder denen sie in Ausübung ihres Abgeordnetenberufes solche anvertraut haben, sowie über diese Tatsachen selbst das Zeugnis zu verweigern. ²Auch in Beziehung auf Beschlagnahme von Schriftstücken stehen sie den Personen gleich, die ein gesetzliches Zeugnisverweigerungsrecht haben.
(2) Eine Durchsuchung oder Beschlagnahme darf in den Räumen der Bürgerschaft und der Fraktionen nur mit Zustimmung des Präsidenten der Bürgerschaft vorgenommen werden.

Artikel 97
(1) Die Vereinbarkeit der Mitgliedschaft in der Bürgerschaft mit einer Berufstätigkeit ist gewährleistet, sofern nicht eine Unvereinbarkeit von Amt und Mandat besteht.
(2) ¹Die Mitglieder der Bürgerschaft üben ihre Abgeordnetentätigkeit mindestens mit der Hälfte der üblichen wöchentlichen Arbeitszeit aus. ²Die dafür erforderliche Arbeits- oder Dienstbefreiung ist zu gewähren.
(3) Die Mitglieder der Bürgerschaft haben die ihnen obliegenden Aufgaben und Pflichten gewissenhaft zu erfüllen.
(4) Das Nähere regelt ein Gesetz.

Artikel 98
(1) Dem Senat sind Zeit und Tagesordnung jeder Bürgerschaftssitzung und tunlichst auch aller Ausschußsitzungen rechtzeitig vorher mitzuteilen.
(2) Die Bürgerschaft kann bei einzelnen Verhandlungsgegenständen die Anwesenheit von Vertretern des Senats verlangen.
(3) ¹Die Mitglieder des Senats und die vom Senat bestellten Vertreter haben zu den Sitzungen der Bürgerschaft und ihrer Ausschüsse Zutritt. ²Das gilt nicht für Untersuchungsausschüsse.

Artikel 99

(1) ¹Jedes Mitglied der Bürgerschaft hat das Recht, Einsicht in Akten und sonstige amtliche Unterlagen der Verwaltung zu nehmen. ²Auf seine Anforderung erfolgt die Akteneinsicht in den Räumen der Bürgerschaft.

(2) ¹Die Vorlage der Akten und sonstigen amtlichen Unterlagen hat unverzüglich und vollständig zu erfolgen. ²Der Senat darf den Mitgliedern der Bürgerschaft Kopien amtlicher Unterlagen der Verwaltung in schriftlicher und elektronischer Form zur Einsicht überlassen.

(3) ¹Die Einsichtnahme darf nur abgelehnt werden, wenn überwiegende schutzwürdige Belange des Betroffenen entgegenstehen oder öffentliche Interessen einschließlich des Kernbereichs exekutiver Eigenverantwortung eine Geheimhaltung zwingend erfordern. ²Die Entscheidung ist dem Mitglied der Bürgerschaft schriftlich mitzuteilen und zu begründen.

(4) Ist das Mitglied der Bürgerschaft in dem jeweiligen Verwaltungszweig einschließlich der diesem Verwaltungszweig zugeordneten Einrichtungen beschäftigt oder liegen begründete Anhaltspunkte dafür vor, dass es sich durch die Akteneinsicht einen persönlichen Vorteil verschaffen könnte oder die Akteneinsicht in sonstiger Weise für seine berufliche Tätigkeit nützlich sein könnte, entscheidet der Geschäftsordnungsausschuss darüber, ob und wie die Akteneinsicht durchgeführt wird.

(5) Die gesetzliche Einräumung weitergehender Rechte für Ausschüsse, deren Befugnisse gesetzlich geregelt sind, bleibt unberührt.

Artikel 100

(1) ¹Mitglieder der Bürgerschaft können in Fraktionsstärke an den Senat Anfragen in öffentlichen Angelegenheiten richten. ²Die Geschäftsordnung kann vorsehen, daß dieses Recht einzelnen Mitgliedern der Bürgerschaft zusteht.

(2) Sieht die Geschäftsordnung Aussprachen über Anfragen vor, so findet eine Aussprache statt, wenn Mitglieder der Bürgerschaft dies in Fraktionsstärke verlangen.

Artikel 101

(1) Die Bürgerschaft beschließt, abgesehen von den ihr durch diese Verfassung zugewiesenen sonstigen Aufgaben, insbesondere über
1. Erlaß, Änderung und Aufhebung von Gesetzen,
2. Festsetzung von Abgaben und Tarifen,
3. Übernahme neuer Aufgaben, für die eine gesetzliche Verpflichtung nicht besteht, besonders vor Errichtung und Erweiterung von öffentlichen Einrichtungen, Betrieben und wirtschaftlichen Unternehmen sowie vor Beteiligung an solchen Unternehmen,
4. Umwandlung der Rechtsform von Eigenbetrieben oder Unternehmen, an denen die Freie Hansestadt Bremen maßgebend beteiligt ist,
5. Bewilligung über- und außerplanmäßiger Ausgaben sowie Genehmigung von Anordnungen, durch die Verbindlichkeiten der Freien Hansestadt Bremen entstehen können, für die keine Mittel im Haushaltsplan vorgesehen sind,
6. Verfügung über Vermögen der Freien Hansestadt Bremen, besonders Erwerb, Veräußerung und Belastung von Grundstücken, Schenkungen und Darlehnshingaben, soweit es sich nicht um Geschäfte der laufenden Verwaltung handelt,
7. Verzicht auf Ansprüche der Freien Hansestadt Bremen und Abschluß von Vergleichen, soweit es sich nicht um Geschäfte der laufenden Verwaltung handelt.

(2) ¹Anordnungen, die der Gesetzesform bedürfen, können, wenn außerordentliche Umstände ein sofortiges Eingreifen erfordern, durch Verordnung des Senats getroffen werden. ²Die Verordnung darf keine Änderung der Verfassung enthalten; sie ist sofort der Bürgerschaft zur Bestätigung vorzulegen, und wenn die Bestätigung versagt wird, unverzüglich wieder aufzuheben.

(3) Das Nähere über die Rechte der Bürgerschaft bei der Benennung von Mitgliedern in europäischen Organen regelt das Gesetz.

(4) ¹Die Bürgerschaft wählt die Betriebsausschüsse der Eigenbetriebe. ²Das Nähere regelt das Gesetz.

Artikel 102

Die Bürgerschaft darf keine Ausgabe oder Belastung beschließen, ohne daß ihre Deckung sichergestellt ist.

Artikel 103
Von allen Beschlüssen der Bürgerschaft wird dem Senat eine amtliche Ausfertigung zugestellt.
Artikel 104 (aufgehoben)
Artikel 105
(1) ¹Die Bürgerschaft wählt einen Geschäftsordnungsausschuß, einen Haushalts- und Finanzausschuß und für die verschiedenen Zweige ihrer Aufgaben ständige und nichtständige Ausschüsse. ²Im Geschäftsordnungsausschuß hat der Präsident der Bürgerschaft oder sein Stellvertreter den Vorsitz.
(2) ¹Bei der Zusammensetzung der Ausschüsse sind in der Regel die Fraktionen der Bürgerschaft nach ihrer Stärke zu berücksichtigen. ²Ändert sich die Zusammensetzung der Fraktionen, so sind auf Antrag einer Fraktion Neuwahlen für die Stellen der Ausschüsse vorzunehmen, die von der Änderung betroffen werden.
(3) Die Bürgerschaft kann ihr zustehende Befugnisse, mit Ausnahme endgültiger Gesetzgebung, an die ständigen Ausschüsse übertragen.
(4) ¹Ausschussmitglieder können jederzeit die Einrichtungen des Aufgabenbereichs, für den der Ausschuss zuständig ist, besichtigen und in der Verwaltung dieses Bereichs Auskunft für die Ausschussarbeit einholen. ²Auf Verlangen von einem Viertel der Ausschussmitglieder hat das zuständige Mitglied des Senats dem Ausschuss die notwendigen Informationen zu übermitteln. ³Die Erteilung von Auskünften oder Übermittlung von Informationen darf nur abgelehnt werden, wenn überwiegende schutzwürdige Belange des Betroffenen entgegenstehen oder öffentliche Interessen einschließlich des Kernbereichs exekutiver Eigenverantwortung eine Geheimhaltung zwingend erfordern. ⁴Die Entscheidung ist bei Auskünften dem Abgeordneten und bei der Übermittlung von Informationen dem Ausschuss schriftlich mitzuteilen und zu begründen. ⁵Die Auskunftserteilung und Informationsübermittlung müssen unverzüglich und vollständig erfolgen. ⁶Ein Ausschuss kann verlangen, dass das zuständige Mitglied des Senats oder sein Vertreter im Amt vor dem Ausschuss erscheint und Auskunft erteilt.
(5) ¹Die Bürgerschaft hat das Recht und auf Antrag eines Viertels ihrer Mitglieder die Pflicht, parlamentarische Untersuchungsausschüsse einzusetzen. ²Diese Ausschüsse und die von ihnen ersuchten Behörden können in entsprechender Anwendung der Strafprozeßordnung alle erforderlichen Beweise erheben, auch Zeugen und Sachverständige vorladen, vernehmen, vereidigen und das Zeugniszwangsverfahren gegen sie durchführen. ³Das Brief-, Post-, Telegraphen- und Fernsprechgeheimnis bleibt jedoch unberührt. ⁴Die Gerichts- und Verwaltungsbehörden sind verpflichtet, dem Ersuchen dieser Ausschüsse auf Beweiserhebung Folge zu leisten. ⁵Die Akten der Behörden sind ihnen auf Verlangen vorzulegen. ⁶Der Senat stellt den Untersuchungsausschüssen auf Ersuchen das zu ihrer Unterstützung erforderliche Personal zur Verfügung. ⁷Die Untersuchungsausschüsse haben das Recht, das Personal im Einvernehmen mit dem Senat auszuwählen.
(6) ¹Die Bürgerschaft wählt einen Petitionsausschuß, dem die Behandlung der einzeln oder in Gemeinschaft an die Bürgerschaft gerichteten Bitten, Anregungen und Beschwerden obliegt. ²Das zuständige Mitglied des Senats ist verpflichtet, dem Petitionsausschuß auf Verlangen seiner Mitglieder Akten vorzulegen, Zutritt zu den von ihm verwalteten öffentlichen Einrichtungen zu gewähren, alle erforderlichen Auskünfte zu erteilen und Amtshilfe zu leisten. ³Das Nähere regelt ein Gesetz.
(7) Die Bürgerschaft wählt einen Ausschuß für Angelegenheiten der Häfen im Lande Bremen.
(8) ¹Auf Verlangen eines Viertels der Mitglieder des jeweils zuständigen Ausschusses haben die auf Veranlassung der Freien Hansestadt Bremen gewählten und entsandten Mitglieder der Aufsichts- oder der sonstigen zur Kontrolle der Geschäftsführung berufenen Organe einer juristischen Person des öffentlichen Rechts oder einer juristischen Person des Privatrechts, die unter beherrschendem Einfluss der Freien Hansestadt Bremen steht, Auskünfte zu erteilen und notwendige Informationen zu übermitteln. ²Der Schutz vertraulicher oder geheimhaltungsbedürftiger Angaben, namentlich der Betriebs- und Geschäftsgeheimnisse, ist durch den Ausschuss sicherzustellen.

Artikel 106
Die näheren Vorschriften über den Geschäftsgang der Bürgerschaft bleiben der Geschäftsordnung vorbehalten, die von der Bürgerschaft nach Maßgabe der Verfassung und der Gesetze festgestellt wird.

III. Die Landesregierung (Senat)

Artikel 107

(1) ¹Die Landesregierung besteht aus einem Senat. ²Ihm gehören Senatoren an, deren Zahl durch Gesetz bestimmt wird. ³Zu weiteren Mitgliedern des Senats können Staatsräte, deren Zahl ein Drittel der Zahl der Senatoren nicht übersteigen darf, gewählt werden. ⁴Diese weiteren Mitglieder stehen für die Dauer ihrer Mitgliedschaft im Senat in einem öffentlich-rechtlichen Amtsverhältnis; das Nähere regelt ein Gesetz.

(2) ¹Die Senatsmitglieder werden von der Bürgerschaft mit der Mehrheit der abgegebenen Stimmen für die Dauer der Wahlperiode der Bürgerschaft gewählt. ²Dabei wird zunächst der Präsident des Senats in einem gesonderten Wahlgang gewählt. ³Staatsräte als weitere Mitglieder werden auf Vorschlag des Senats gewählt.

(3) Bis zur Wahl eines Senats durch die neue Bürgerschaft führt der bisherige Senat die Geschäfte weiter.

(4) ¹Gewählt werden kann, wer in die Bürgerschaft wählbar ist. ²Er braucht weder seine Wohnung noch seinen Aufenthalt in der Freien Hansestadt Bremen gehabt zu haben.

(5) Wiederwahl der Mitglieder des Senats ist zulässig.

(6) Der Gewählte ist zur Annahme der Wahl nicht verpflichtet; auch steht ihm der Austritt aus dem Senat jederzeit frei.

Artikel 108

(1) Die Senatsmitglieder können nicht gleichzeitig der Bürgerschaft angehören.

(2) ¹Ist ein Bürgerschaftsmitglied in den Senat gewählt und daraufhin gemäß Absatz 1 dieses Artikels aus der Bürgerschaft ausgetreten, so hat es, wenn es von dem Amt eines Senatsmitgliedes zurücktritt, das Recht, wieder in die Bürgerschaft als Mitglied einzutreten; wer an seiner Stelle aus der Bürgerschaft auszuscheiden hat, bestimmt das Wahlgesetz. ²Das gleiche gilt, wenn ein Senatsmitglied in die Bürgerschaft gewählt, aber mit Rücksicht auf diesen Artikel nicht in die Bürgerschaft eingetreten ist, für den Fall seines späteren Rücktritts von dem Amte eines Senatsmitgliedes.

Artikel 109

Beim Amtsantritt leisten die Mitglieder des Senats vor der Bürgerschaft den Eid auf die Verfassung.

Artikel 110

(1) Der Senat oder ein Mitglied des Senats hat zurückzutreten, wenn die Bürgerschaft ihm durch ausdrücklichen Beschluß ihr Vertrauen entzieht.

(2) Ein Antrag, dem Senat oder einem Mitgliede des Senats das Vertrauen zu entziehen, muß von mindestens einem Viertel der gesetzlichen Mitgliederzahl der Bürgerschaft gestellt und mindestens eine Woche vor der Sitzung, auf deren Tagesordnung er gebracht wird, allen Bürgerschaftsmitgliedern und dem Senat mitgeteilt werden.

(3) ¹Der Beschluss auf Entziehung des Vertrauens kommt nur zustande, wenn die Mehrheit der gesetzlichen Mitgliederzahl zustimmt. ²Er wird für Senatoren rechtswirksam, wenn die Bürgerschaft einen neuen Senat oder ein neues Mitglied des Senats gewählt oder ein Gesetz beschlossen hat, durch das die Zahl der Mitglieder entsprechend herabgesetzt wird. ³Satz 2 gilt nicht für die weiteren Mitglieder des Senats.

(4) Wenn sich ein Mitglied des Senats beharrlich weigert, den ihm gesetzlich oder nach der Geschäftsordnung obliegenden Verbindlichkeiten nachzukommen oder der Pflicht zur Geheimhaltung zuwiderhandelt oder die dem Senat oder seiner Stellung schuldige Achtung gröblich verletzt, so kann ihm auf Antrag des Senats durch Beschluß der Bürgerschaft die Mitgliedschaft im Senat entzogen werden.

Artikel 111

(1) Die Mitglieder des Senats können wegen vorsätzlicher Verletzung der Verfassung auf Beschluß der Bürgerschaft vor dem Staatsgerichtshof angeklagt werden.

(2) Der Beschluß kommt nur zustande, wenn zwei Drittel der gesetzlichen Mitgliederzahl der Bürgerschaft anwesend sind und wenigstens zwei Drittel der Anwesenden, mindestens aber die Mehrheit der gesetzlichen Mitgliederzahl zustimmen.

Artikel 112
(1) ¹Die Mitglieder des Senats führen die Amtsbezeichnung »Senator«. ²Die weiteren Mitglieder des Senats führen die Amtsbezeichnung »Staatsrat«.
(2) ¹Sie erhalten eine von der Bürgerschaft festgesetzte Vergütung. ²Übergangsgeld, Ruhegeld und Hinterbliebenenversorgung können durch Gesetz vorgesehen werden.

Artikel 113
(1) ¹Mit dem Amt eines Senatsmitgliedes ist die Ausübung eines anderen öffentlichen Amtes oder einer anderen Berufstätigkeit in der Regel unvereinbar. ²Der Senat kann Senatsmitgliedern die Beibehaltung ihrer Berufstätigkeit gestatten.
(2) ¹Die Wahl in den Vorstand, Verwaltungsrat oder Aufsichtsrat industrieller oder ähnlicher den Gelderwerb bezweckender Unternehmungen dürfen Senatsmitglieder nur mit besonderer Genehmigung des Senats annehmen. ²Einer solchen Genehmigung bedarf es auch, wenn sie nach ihrem Eintritt in den Senat in dem Vorstand, Verwaltungsrat oder Aufsichtsrat einer der erwähnten Unternehmungen bleiben wollen. ³Die erteilte Genehmigung ist dem Präsidenten der Bürgerschaft anzuzeigen.

Artikel 114
Der Präsident des Senats und ein weiterer vom Senat zu wählender Senator sind Bürgermeister.

Artikel 115
(1) Der Präsident des Senats wird zunächst durch den anderen Bürgermeister und erforderlichenfalls durch ein anderes, von ihm dazu bestimmtes Mitglied des Senats vertreten.
(2) Der Präsident des Senats hat die Leitung der Geschäfte des Senats; er hat für den ordnungsmäßigen Geschäftsgang Sorge zu tragen sowie für die gehörige Ausführung der von den einzelnen Mitgliedern des Senats wahrzunehmenden Geschäfte.
(3) Von allen an ihn für den Senat gelangenden Eingaben muß er dem Senat in der nächsten Versammlung Mitteilung machen.

Artikel 116
Jedes Mitglied des Senats hat das Recht, die Beratung und Beschlußfassung über einen Gegenstand zu beantragen.

Artikel 117
(1) ¹Zu einem Beschluss des Senats ist einfache Stimmenmehrheit erforderlich. ²Staatsräte, die als weitere Mitglieder in den Senat gewählt sind, sind bei Abstimmungen an Weisungen des Senators, dem sie zugeordnet sind, nicht gebunden. ³Bei Stimmengleichheit entscheidet die Stimme des Präsidenten. ⁴Die Sitzungen sind nicht öffentlich.
(2) Bei Beratung und Entscheidung über Beschwerden, die beim Senat über Verfügungen oder Unterlassungen der mit einzelnen Geschäftszweigen beauftragten Mitglieder erhoben werden, dürfen die dabei beteiligten Mitglieder nicht zugegen sein.

Artikel 118
(1) ¹Der Senat führt die Verwaltung nach den Gesetzen und den von der Bürgerschaft gegebenen Richtlinien. ²Er vertritt die Freie Hansestadt Bremen nach außen. ³Zur Abgabe von rechtsverbindlichen Erklärungen für die Freie Hansestadt Bremen ist der Präsident des Senats oder sein Stellvertreter ermächtigt.
(2) ¹Soweit die Verfassung nichts anderes bestimmt, ist der Senat Dienstvorgesetzter aller im Dienste der Freien Hansestadt Bremen stehenden Personen, er stellt sie ein und entläßt sie. ²Dabei hat er den Stellenplan zu beachten. ³Durch Gesetz kann bestimmt werden, daß der Ernennung von Personen, die Kontrollaufgaben gegenüber der vollziehenden Gewalt wahrnehmen, dabei sachlich unabhängig und nur dem Gesetz unterworfen sind und über ihre Tätigkeit der Bürgerschaft Bericht zu erstatten haben, eine Wahl in der Bürgerschaft vorangeht.
(3) Der Senat kann seine Befugnisse nach Absatz 1 und 2 ganz oder teilweise übertragen.
(4) Zur Übernahme des ihm übertragenen Geschäfts ist regelmäßig jedes Mitglied verpflichtet.
(5) Bei Verhinderung einzelner Mitglieder ist eine Vertretung durch andere Mitglieder des Senats zulässig.

Artikel 119
¹Der Senat darf keine Beschlüsse der Bürgerschaft ausführen, die mit den Gesetzen nicht im Einklang stehen. ²Er darf auch keine Ausgaben anordnen oder irgendwelche Belastungen für die Freie Hansestadt Bremen übernehmen, für die eine ordnungsmäßige Deckung nicht vorhanden ist.

Artikel 120
¹Die Senatoren tragen nach einer vom Senat zu beschließenden Geschäftsverteilung die Verantwortung für die einzelnen Verwaltungsbehörden und Ämter. ²Sie sind innerhalb ihres Geschäftsbereichs befugt, die Freie Hansestadt Bremen zu vertreten. ³Sie haben dem Senat zur Beschlußfassung zu unterbreiten:
1. alle an die Bürgerschaft zu richtenden Anträge des Senats,
2. Angelegenheiten, für die Verfassung oder Gesetze die Entscheidung des Präsidenten des Senats oder des Senats vorschreiben,
3. Angelegenheiten, die für die gesamte Verwaltung von Bedeutung sind,
4. Meinungsverschiedenheiten über Fragen, die den Geschäftsbereich mehrerer Verwaltungsbehörden oder Ämter berühren.

Artikel 121
(1) ¹Der Senat übt das Recht der Begnadigung aus. ²Er kann die Befugnis auf andere Stellen übertragen.
(2) (aufgehoben)
(3) ¹Allgemeine Straferlasse und die Niederschlagung einer bestimmten Art gerichtlich anhängiger Strafsachen bedürfen eines Gesetzes. ²Die Niederschlagung einer einzelnen gerichtlich anhängigen Strafsache ist unzulässig.

3. Abschnitt
Rechtssetzung

Artikel 122
¹Die allgemein anerkannten Regeln des Völkerrechts sind Bestandteile des Landesrechts. ²Sie sind für den Staat und für den einzelnen Staatsbürger verbindlich.

Artikel 123
(1) Die Gesetzesvorlagen werden durch Volksbegehren, Bürgerantrag, vom Senat oder aus der Mitte der Bürgerschaft eingebracht.
(2) Die von der Bürgerschaft oder durch Volksentscheid beschlossenen Gesetze werden dem Senat zur Ausfertigung und Verkündung zugestellt.
(3) Der Senat hat die verfassungsmäßig zustande gekommenen Gesetze innerhalb eines Monats auszufertigen und im Bremischen Gesetzblatt zu verkünden.
(4) Das Bremische Gesetzblatt kann nach Maßgabe eines Gesetzes auch in elektronischer Form geführt werden.

Artikel 124
Der Senat erläßt die zur Ausführung eines Gesetzes erforderlichen Rechts- und Verwaltungsverordnungen, soweit durch Gesetz nichts anderes bestimmt ist.

Artikel 125
(1) Eine Verfassungsänderung kann nur in der Form erfolgen, daß eine Änderung des Wortlauts der Verfassung oder ein Zusatzartikel zur Verfassung beschlossen wird.
(2) ¹Bei einer Verfassungsänderung haben drei Lesungen an verschiedenen Tagen stattzufinden. ²Die Bürgerschaft hat den Antrag auf Verfassungsänderung nach der ersten Lesung an einen nichtständigen Ausschuß im Sinne des Artikels 105 dieser Verfassung zu verweisen. ³Nach Eingang des Berichtes dieses Ausschusses haben zwei weitere Lesungen an verschiedenen Tagen stattzufinden.
(3) Ein Beschluß auf Abänderung der Verfassung kommt außer durch Volksentscheid nur zustande, wenn die Bürgerschaft mit der Mehrheit von zwei Dritteln ihrer Mitglieder zustimmt.
(4) Eine Änderung dieser Landesverfassung, durch welche die in den Artikeln 143, 144, 145 Abs. 1 und 147 niedergelegten Grundsätze und die Einteilung des Wahlgebiets in die Wahlbereiche Bremen und Bremerhaven (Art. 75) berührt werden, ist nur durch Volksentscheid oder einstimmigen Beschluß der Bürgerschaft zulässig.

Artikel 126
Gesetze und Verordnungen treten, soweit sie nichts anderes bestimmen, mit dem auf ihre Verkündung folgenden Tage in Kraft.

4. Abschnitt
Verwaltung

Artikel 127
Die Verwaltungsbehörden und Ämter werden nach Richtlinien und Weisungen des zuständigen Senators von fachlich geeigneten Personen geleitet.

Artikel 128
(1) Die öffentlichen Ämter sind allen Staatsbürgern zugänglich.
(2) Für die Anstellung und Beförderung entscheiden ausschließlich Eignung und Befähigung nach Maßgabe der Gesetze.

Artikel 129
(1) ¹Für Angelegenheiten der verschiedenen Verwaltungszweige kann die Bürgerschaft Deputationen einsetzen. ²In die Deputationen können auch Personen gewählt werden, die der Bürgerschaft nicht angehören. ³Das Nähere wird durch ein Deputationsgesetz bestimmt.
(2) ¹Artikel 99 und Artikel 105 Absatz 2 bis 4 und 8 gelten entsprechend. ²Den nicht der Bürgerschaft angehörenden Mitgliedern der Deputationen stehen die Rechte aus Artikel 99 nur hinsichtlich des Verwaltungszweiges für den die Deputation zuständig ist, zu.

Artikel 130
¹Das am Tage der Eingliederung Bremerhavens in das Land Bremen vorhandene Vermögen der Freien Hansestadt Bremen gilt als Vermögen der Stadtgemeinde Bremen. ²Das bisherige Vermögen der Stadtgemeinde Bremerhaven bleibt Vermögen Bremerhavens.

Artikel 131
(1) Der Beginn und das Ende des Rechnungsjahres werden durch Gesetz festgelegt.
(2) ¹Der Haushaltsplan wird für ein oder zwei Rechnungsjahre, nach Jahren getrennt, vor Beginn des ersten Rechnungsjahres durch das Haushaltsgesetz festgestellt. ²Er enthält die Festsetzung
1. der veranschlagten Einnahmen und Ausgaben im Haushaltsplan,
2. der Steuersätze, soweit sie für jedes Rechnungsjahr festzusetzen sind,
3. des Höchstbetrages der Kassenkredite.

Artikel 131a
(1) Einnahmen und Ausgaben sind grundsätzlich ohne Einnahmen aus Krediten auszugleichen.
(2) Bei einer von der Normallage abweichenden konjunkturellen Entwicklung sind die Auswirkungen auf den Haushalt im Auf- und Abschwung symmetrisch zu berücksichtigen.
(3) ¹Im Falle von Naturkatastrophen oder außergewöhnlichen Notsituationen, die sich der Kontrolle des Staates entziehen und die staatliche Finanzlage erheblich beeinträchtigen, kann von den Vorgaben der Absätze 1 und 2 aufgrund eines Beschlusses der Mehrheit der Mitglieder der Bürgerschaft abgewichen werden. ²Im Falle der Abweichung von den Vorgaben des Absatzes 1 ist der Beschluss mit einer Tilgungsregelung zu verbinden.
(4) Die Aufnahme von Krediten sowie die Übernahme von Bürgschaften, Garantien oder sonstigen Gewährleistungen, die zu Ausgaben in künftigen Rechnungsjahren führen können, bedürfen einer der Höhe nach bestimmbaren Ermächtigung durch Gesetz.
(5) Einnahmen aus Krediten im Sinne von Absatz 1 entstehen dem Land auch dann, wenn Kredite von juristischen Personen, auf die das Land aufgrund Eigentums, finanzieller Beteiligung, Satzung oder sonstiger Bestimmungen, die die Tätigkeit des Unternehmens regeln, unmittelbar oder mittelbar einen beherrschenden Einfluss ausüben kann, im Auftrag des Landes und zur Finanzierung staatlicher Aufgaben aufgenommen werden und wenn die daraus folgenden Zinsen und Tilgungen aus dem Landeshaushalt zu erbringen sind.
(6) Näheres, insbesondere die Bereinigung der Einnahmen und Ausgaben um finanzielle Transaktionen und das Verfahren zur Berechnung der Vorgaben der Absätze 1 und 2 unter Berücksichtigung der konjunkturellen Entwicklung auf der Grundlage eines Konjunkturbereinigungsverfahrens sowie die Kontrolle und den Ausgleich von Abweichungen von diesen Vorgaben, regelt ein Gesetz.

Artikel 131b
Bis zum Ablauf des Haushaltsjahres 2019 sind Abweichungen von Artikel 131a Absatz 1 im Rahmen der gemäß Artikel 143d Absatz 2 Grundgesetz übernommenen Konsolidierungsverpflichtung zulässig.

Artikel 131c
¹Zur Erfüllung der Verpflichtung gemäß Artikel 131a Absatz 1 und Artikel 131b wirken Bürgerschaft und Senat auf eine aufgabengerechte Finanzausstattung des Landes hin. ²Der Senat ist verpflichtet, bei seiner Mitwirkung an der Bundesgesetzgebung und in Angelegenheiten der Europäischen Union sein Handeln am Ziel der Einnahmensicherung und der aufgabengerechten Finanzausstattung des Landes und seiner Gemeinden auszurichten.

Artikel 132
¹Das Haushaltsgesetz bildet die Grundlage für die Verwaltung aller Einnahmen und Ausgaben. ²Der Senat hat die Verwaltung nach dem Haushaltsgesetz zu führen. ³Er darf die Haushaltsmittel nur insoweit und nicht eher in Anspruch nehmen, als es bei einer wirtschaftlichen und sparsamen Verwaltung erforderlich ist.

Artikel 132a
(1) Ist bis zum Schluß eines Rechnungsjahres der Haushaltsplan für das folgende Jahr nicht durch Gesetz festgestellt, so ist bis zu seinem Inkrafttreten der Senat ermächtigt, alle Ausgaben zu leisten, die nötig sind,
a) um gesetzlich bestehende Einrichtungen zu erhalten und gesetzlich beschlossene Maßnahmen durchzuführen,
b) um rechtlich begründete Verpflichtungen der Freien Hansestadt Bremen zu erfüllen,
c) um Bauten, Beschaffungen und sonstigen Leistungen fortzusetzen oder Beihilfen für diese Zwecke weiter zu gewähren, sofern durch den Haushaltsplan eines Vorjahres bereits Beträge bewilligt worden sind.
(2) Soweit nicht auf besonderem Gesetz beruhende Einnahmen aus Steuern, Abgaben und sonstigen Quellen die Ausgaben unter Absatz 1 decken, darf der Senat die zur Aufrechterhaltung der Wirtschaftsführung erforderlichen Mittel im Wege des Kredits flüssig machen.

Artikel 133
Der Senat hat über die Einnahmen und Ausgaben des Rechnungsjahres der Bürgerschaft in dem folgenden Rechnungsjahr Rechnung zu legen.

Artikel 133a
(1) Der Rechnungshof prüft die Rechnung sowie die Ordnungsmäßigkeit und Wirtschaftlichkeit der Haushalts- und Wirtschaftsführung.
(2) Die Mitglieder des Rechnungshofs sind unabhängig und nur dem Gesetz unterworfen.
(3) Sie werden von der Bürgerschaft gewählt und sind vom Senat zu ernennen.
(4) Das Nähere wird durch Gesetz geregelt.

5. Abschnitt
Rechtspflege

Artikel 134
Die Rechtspflege ist nach Reichs- und Landesrecht im Geiste der Menschenrechte und sozialer Gerechtigkeit auszuüben.

Artikel 135
(1) Die richterliche Gewalt wird durch unabhängige, nur dem Gesetz unterworfene Gerichte ausgeübt.
(2) ¹An der Rechtspflege sind Männer und Frauen aus dem Volk zu beteiligen. ²Ihre Zuziehung und die Art ihrer Auswahl wird durch Gesetz geregelt.

Artikel 136
(1) ¹Die rechtsgelehrten Mitglieder der Gerichte werden von einem Ausschuß gewählt, der aus 3 Mitgliedern des Senats, 5 Mitgliedern der Bürgerschaft und 3 Richtern gebildet wird. ²Das Nähere bestimmt das Gesetz.

(2) Die rechtsgelehrten Richter werden auf Lebenszeit berufen, wenn sie nach ihrer Persönlichkeit und ihrer bisherigen juristischen Tätigkeit die Gewähr dafür bieten, daß sie ihr Amt im Geiste der Menschenrechte, wie sie in der Verfassung niedergelegt sind, und der sozialen Gerechtigkeit ausüben werden.

(3) [1]Erfüllt ein Richter nach seiner Berufung auf Lebenszeit diese Bedingung nicht, so kann ihn das Bundesverfassungsgericht auf Antrag der Bürgerschaft oder des Senats seines Amtes für verlustig erklären und zugleich bestimmen, ob er in ein anderes Amt oder in den Ruhestand zu versetzen oder zu entlassen ist. [2]Der Antrag kann auch von dem Justizsenator im Einvernehmen mit dem Richterwahlausschuß gestellt werden. [3]Während des Verfahrens ruht die Amtstätigkeit des Richters.

Artikel 137
(1) [1]Richter können wider ihren Willen auch sonst nur kraft richterlicher Entscheidung und nur aus den Gründen und unter den Formen, die die Gesetze bestimmen, dauernd oder zeitweise ihres Amtes enthoben oder an eine andere Stelle oder in den Ruhestand versetzt werden. [2]Die Gesetzgebung kann Altersgrenzen festsetzen, bei deren Erreichung Richter in den Ruhestand treten.
(2) Die vorläufige Amtsenthebung, die kraft Gesetzes eintritt, wird hierdurch nicht berührt.
(3) Bei einer Veränderung in der Einrichtung der Gerichte oder ihrer Bezirke können unfreiwillige Versetzungen an ein anderes Gericht oder Entfernung vom Amte unter Belassung des vollen Gehalts durch die Justizverwaltung verfügt werden.

Artikel 138
(1) Richter, die vorsätzlich ihre Pflicht, das Recht zu finden, verletzt haben, können auf Antrag der Bürgerschaft oder des Senats vor das Bundesverfassungsgericht gezogen werden, wenn dies zum Schutze der Verfassung oder ihres Geistes gegen Mißbrauch der richterlichen Gewalt erforderlich erscheint.
(2) Das Bundesverfassungsgericht kann in solchen Fällen auf Amtsverlust erkennen und zugleich bestimmen, ob ein solcher Richter in ein anderes Amt oder in den Ruhestand zu versetzen oder zu entlassen ist.

Artikel 139
(1) Es wird ein Staatsgerichtshof errichtet.
(2) Der Staatsgerichtshof besteht, sofern er nicht gemeinsam mit anderen deutschen Ländern oder gemeinsam für alle deutschen Länder eingerichtet wird, aus dem Präsidenten des Oberverwaltungsgerichts oder seinem Stellvertreter sowie aus sechs gewählten Mitgliedern, von denen zwei rechtsgelehrte bremische Richter sein müssen.
(3) [1]Die gewählten Mitglieder werden von der Bürgerschaft unverzüglich nach ihrem ersten Zusammentritt für die Dauer ihrer Wahlperiode gewählt und bleiben im Amt, bis die nächste Bürgerschaft die Neuwahl vorgenommen hat. [2]Bei der Wahl soll die Stärke der Fraktionen nach Möglichkeit berücksichtigt werden. [3]Die gewählten Mitglieder dürfen nicht Mitglieder des Senats oder der Bürgerschaft sein. [4]Wiederwahl ist zulässig.

Artikel 140
(1) [1]Der Staatsgerichtshof ist zuständig für die Entscheidung von Zweifelsfragen über die Auslegung der Verfassung und andere staatsrechtliche Fragen, die ihm der Senat, die Bürgerschaft oder ein Fünftel der gesetzlichen Mitgliederzahl der Bürgerschaft oder eine öffentlich-rechtliche Körperschaft des Landes Bremen vorlegt. [2]Bei Organstreitigkeiten sind antragsberechtigt Verfassungsorgane oder Teile von ihnen, die durch diese Verfassung oder die Geschäftsordnung der Bürgerschaft mit eigenen Rechten ausgestattet sind.
(2) Der Staatsgerichtshof ist ferner zuständig in den anderen durch Verfassung oder Gesetz vorgesehenen Fällen.

Artikel 141
[1]Zum Schutze des einzelnen gegen Anordnungen und Verfügungen oder pflichtwidrige Unterlassungen der Verwaltungsbehörden steht der Rechtsweg an die ordentlichen Gerichte oder Verwaltungsgerichte offen. [2]Diese sind befugt, bei ihren Entscheidungen die Gesetzmäßigkeit von Rechtsverordnungen, behördlichen Verfügungen und Verwaltungsmaßnahmen zu prüfen.

Artikel 142
[1]Gelangt ein Gericht bei der Anwendung eines Gesetzes, auf dessen Gültigkeit es bei der Entscheidung ankommt, zu der Überzeugung, daß das Gesetz mit dieser Verfassung nicht vereinbar sei, so führt es eine Entscheidung des Staatsgerichtshofs herbei. [2]Dessen Entscheidung ist im Gesetzblatt der Freien Hansestadt Bremen zu veröffentlichen und hat Gesetzeskraft.

6. Abschnitt
Gemeinden

Artikel 143
(1) Die Stadt Bremen und die Stadt Bremerhaven bilden jede für sich eine Gemeinde des bremischen Staates.
(2) Die Freie Hansestadt Bremen bildet einen aus den Gemeinden Bremen und Bremerhaven zusammengesetzten Gemeindeverband höherer Ordnung.

Artikel 144
[1]Die Gemeinden sind Gebietskörperschaften des öffentlichen Rechts. [2]Sie haben das Recht auf eine selbständige Gemeindeverfassung und innerhalb der Schranken der Gesetze das Recht der Selbstverwaltung.

Artikel 145
(1) [1]Die Verfassungen der Gemeinden werden von den Gemeinden selbst festgestellt. [2]Durch Gesetz können dafür Grundsätze bestimmt werden.
(2) Die Gemeinden können für die Verwaltung örtlicher Angelegenheiten bestimmter Stadtteile, insbesondere der stadtbremischen Außenbezirke, durch Gemeindegesetz örtlich gewählte Bezirksvertretungen einrichten.

Artikel 146
(1) [1]Für das Finanzwesen der Gemeinden gelten die Bestimmungen der Artikel 102, 131, 131a, 131b, 132, 132a und 133 entsprechend. [2]Zur Erfüllung der Verpflichtung gemäß Artikel 131a Absatz 1 und Artikel 131b wirken die Gemeinden im Rahmen ihrer Selbstverwaltung auf ihre aufgabengerechte Finanzausstattung hin.
(2) [1]Das Land gewährleistet der Stadt Bremen und der Stadt Bremerhaven zur Erfüllung ihrer Aufgaben im Rahmen seiner finanziellen Leistungsfähigkeit eine angemessene Finanzausstattung. [2]Überträgt das Land der Stadt Bremen und der Stadt Bremerhaven Aufgaben oder stellt es besondere Anforderungen an die Erfüllung bestehender oder neuer Aufgaben, hat es gleichzeitig Bestimmungen über die Deckung der Kosten zu treffen. [3]Führt die Wahrnehmung dieser Aufgaben zu einer Mehrbelastung der Gemeinden, ist ein finanzieller Ausgleich zu schaffen. [4]Das Nähere regelt ein Gesetz.

Artikel 147
(1) Der Senat hat die Aufsicht über die Gemeinden.
(2) Die Aufsicht beschränkt sich auf die Gesetzmäßigkeit der Verwaltung.

Artikel 148
(1) [1]Sofern nicht die Stadtgemeinde Bremen gemäß Artikel 145 durch Gesetz etwas anderes bestimmt, sind die Stadtbürgerschaft und der Senat die gesetzlichen Organe der Stadtgemeinde Bremen. [2]Auf die Verwaltung der Stadtgemeinde Bremen sind in diesem Falle die Bestimmungen dieser Verfassung über Volksentscheid, Bürgerschaft und Senat sowie der Artikel 42 Absatz 4 entsprechend anzuwenden, Artikel 87 Absatz 2 Satz 1 mit der Maßgabe, dass an die Stelle der Zahl 5 000 die Zahl 4 000 tritt. [3]Die Stadtbürgerschaft besteht aus den von den stadtbremischen Wählern mit der Wahl zur Bürgerschaft im Wahlbereich Bremen gewählten Vertretern.
(2) [1]Der Präsident der Bürgerschaft ist, sofern die Stadtbürgerschaft nicht etwas anderes beschließt, zugleich Präsident der Stadtbürgerschaft. [2]Seine Befugnisse in der Stadtbürgerschaft beschränken sich jedoch, wenn er nicht von den stadtbremischen Wählern in die Bürgerschaft gewählt ist, lediglich auf die Führung der Präsidialgeschäfte. [3]Dasselbe gilt entsprechend von den übrigen Mitgliedern des Vorstandes.

Artikel 149
Durch Gesetz kann bestimmt werden, daß einzelne Verwaltungszweige einer Gemeinde von staatlichen Behörden oder einzelne Verwaltungszweige des Staates von Behörden einer Gemeinde wahrzunehmen sind, und ob dafür eine Vergütung zu zahlen ist.

Übergangs- und Schlußbestimmungen

Artikel 150
(1) Wenn in Gesetzen und Verordnungen vom geltenden Reichsrecht abgewichen werden soll, kommt ein entsprechender Beschluß der Bürgerschaft nur zustande, wenn zwei Drittel der gesetzlichen Mitgliederzahl der Bürgerschaft anwesend sind und wenigstens zwei Drittel der Anwesenden, mindestens aber die Mehrheit der gesetzlichen Mitgliederzahl zustimmen.
(2) Dieser Artikel gilt bis zum Inkrafttreten einer Verfassung der deutschen Republik.

Artikel 151
Der Senat wird ermächtigt, mit Zustimmung der Bürgerschaft für die Übergangszeit, solange keine deutsche Zentralregierung vorhanden ist, an zonale oder überzonale Organisationen Zuständigkeiten der Freien Hansestadt Bremen, insbesondere auf dem Gebiete der auswärtigen Beziehungen, der Wirtschaft, der Ernährung, des Finanzwesens und des Verkehrs zu übertragen.

Artikel 152
Bestimmungen dieser Verfassung, die der künftigen deutschen Verfassung widersprechen, treten außer Kraft, sobald diese rechtswirksam wird.

Artikel 153
(1) Gesetze, die aus Anlaß der gegenwärtigen Notlage ergangen sind oder noch ergehen werden, können unerläßliche Eingriffe in das Grundrecht der Freizügigkeit, der Freiheit der Berufswahl und der Wohnungsfreiheit zulassen.
(2) [1]Dieser Artikel tritt mit dem 31. Dezember 1949 außer Kraft. [2]Die Bürgerschaft kann diese Frist durch Gesetz verlängern, wenn die Mehrheit ihrer gesetzlichen Mitgliederzahl zustimmt.

Artikel 154
(1) Zur Befreiung des deutschen Volkes vom Nationalsozialismus und Militarismus und zur Beseitigung ihrer Folgen werden während einer Übergangszeit durch Gesetz Rechtsvorschriften erlassen, die von den Bestimmungen der Verfassung abweichen.
(2) [1]Dieser Artikel tritt mit dem 31. Dezember 1948 außer Kraft. [2]Die Bürgerschaft kann diese Frist durch Gesetz verlängern, wenn die Mehrheit ihrer gesetzlichen Mitgliederzahl zustimmt.

Artikel 154a
[1]Abweichend von Artikel 82 Absatz 2 Satz 2 verändert sich die Höhe des Entgeltes der Abgeordneten vom 1. Juli 2013 bis zum 30. Juni 2015 nicht. [2]Bei der nächsten Veränderung wird die 2012 wirksam gewordene Festlegung des Entgeltes und die Einkommens- und Kostenentwicklung in der Freien Hansestadt Bremen im letzten dieser Veränderung vorausgehenden Jahr zugrunde gelegt.

Artikel 155
(1) Diese Verfassung ist nach ihrer Annahme durch Volksentscheid vom Senat unverzüglich im Bremischen Gesetzblatt zu verkünden und tritt mit dem auf ihre Verkündung folgenden Tage in Kraft.
(2) Mit dem gleichen Tage treten alle der Verfassung entgegenstehenden Gesetze außer Kraft.

Diese Verfassung ist von der Bürgerschaft am 15. September 1947 beschlossen und durch Volksabstimmung am 12. Oktober 1947 angenommen worden. Sie wird hiermit vom Senat verkündet.

Gesetz über die Deputationen

Vom 30. Juni 2011 (Brem.GBl. S. 383)
(1100-b-1)
zuletzt geändert durch G vom 2. Oktober 2018 (Brem.GBl. S. 436)

Der Senat verkündet das nachstehende, von der Bürgerschaft (Landtag) beschlossene Gesetz:

§ 1 Einsetzung

¹Die Bürgerschaft (Landtag) und die Stadtbürgerschaft können für einzelne Zweige der Verwaltung nach Artikel 129 Absatz 1 der Landesverfassung staatliche beziehungsweise städtische Deputationen einsetzen. ²Die Zuständigkeit der Deputationen soll sich an der Geschäftsverteilung des Senats orientieren.

§ 2 Aufgaben

(1) ¹Deputationen beraten und beschließen vorbehaltlich der Bestimmung des Artikels 67 Absatz 2 der Landesverfassung über die Angelegenheiten ihres Verwaltungszweiges. ²Sie wirken beratend an der Aufstellung des Haushaltsplans für ihren Verwaltungszweig mit. ³Zu den Angelegenheiten des Verwaltungszweiges gehören insbesondere auch wesentliche Änderungen in der behördlichen Organisation ihres Verwaltungszweiges. ⁴Das für den Verwaltungszweig der Deputation zuständige Senatsmitglied kann der Deputation jederzeit Vorlagen zuleiten und zur Beschlussfassung vorlegen.

(2) ¹Die Deputationen beraten und beschließen über ihnen von der Bürgerschaft erteilte Aufträge. ²Die Bürgerschaft kann den Deputationen widerruflich Angelegenheiten zur Beratung und Berichterstattung überweisen oder Angelegenheiten zur abschließenden Entscheidung übertragen.

(3) ¹In den Fällen des Absatzes 1 berichten die Deputationen dem Senat, in den Fällen des Absatzes 2 der Bürgerschaft unmittelbar. ²Die Deputationen können sich innerhalb ihrer Aufgaben auch aus eigener Initiative mit einer Angelegenheit befassen und der Bürgerschaft oder dem Senat berichten.

§ 3 Mitglieder

(1) ¹Die Deputationen bestehen aus, für die Dauer der Wahlperiode, von der Bürgerschaft (Landtag) in die staatlichen und von der Stadtbürgerschaft in die städtischen Deputationen gewählten Mitgliedern sowie dem nach der Geschäftsverteilung des Senats für den jeweiligen Verwaltungszweig zuständigen Senatsmitglied. ²Beschäftigte des Verwaltungszweiges, für den die Deputation zuständig ist, einschließlich der diesem Verwaltungszweig zugeordneten Einrichtungen, können nicht in diese Deputation gewählt werden; dies gilt nicht für gemäß § 29 Satz 2 des Bremischen Abgeordnetengesetzes beurlaubte Beschäftigte.

(2) ¹Die Bürgerschaft kann auch Personen, die der Bürgerschaft nicht angehören, zu Mitgliedern der Deputationen wählen, sofern sie in die Bürgerschaft wählbar sind, ausgenommen sie haben ein nach § 28 Absatz 1 Satz 1 des Bremischen Abgeordnetengesetzes mit der Mitgliedschaft in der Bürgerschaft unvereinbares Amt inne. ²Umstände, die eine Nichtwählbarkeit nach Satz 1 begründen können, sind der Präsidentin oder dem Präsidenten der Bürgerschaft unverzüglich anzuzeigen.

(3) Die Zahl der Mitglieder der Deputationen legt die Bürgerschaft fest.

(4) Die Bürgerschaft hat die Wahl bei Beginn einer neuen Wahlperiode unverzüglich vorzunehmen.

(5) ¹Für das Vorschlagsrecht zur Wahl der Mitglieder in die Deputationen sind in der Regel die Fraktionen der Bürgerschaft nach ihrer Stärke zu berücksichtigen. ²Ändert sich die Zusammensetzung der Fraktionen, so sind auf Antrag einer Fraktion Neuwahlen für die Stellen der Deputationen vorzunehmen, die von der Änderung betroffen sind. ³Fraktionen, die in einer Deputation nicht vertreten sind, können ein Mitglied ihrer Fraktion ohne Stimmrecht entsenden.

§ 4 Ende der Mitgliedschaft

(1) Die bisherigen Mitglieder der Deputationen wirken bis zur neuen Wahl weiter.

(2) ¹Die von der Bürgerschaft gewählten Mitglieder können jederzeit durch die Bürgerschaft abberufen werden oder auf ihre Mitgliedschaft durch unwiderrufliche Erklärung gegenüber der Präsidentin oder dem Präsidenten der Bürgerschaft verzichten. ²Die Mitgliedschaft endet darüber hinaus, wenn

1. das Mitglied sein Mandat in der Bürgerschaft verloren hat, sofern es nicht nach § 3 Absatz 2 erneut gewählt wird,

2. die Deputation durch die Bürgerschaft aufgelöst wird,
3. die Deputation durch die Bürgerschaft mit einer anderen Deputation zusammengelegt wird für die Mitglieder beider Deputationen oder
4. das Mitglied nach § 3 Absatz 1 Satz 2 oder Absatz 2 nicht mehr Mitglied der Deputation sein darf.

(3) In den Fällen des Absatzes 2 stellt die Präsidentin oder der Präsident der Bürgerschaft das Ende der Mitgliedschaft in der Deputation fest.

§ 5 Rechte und Pflichten der Mitglieder

[1]Für die von der Bürgerschaft gewählten Mitglieder der Deputationen gelten Artikel 83, 99 sowie Artikel 105 Absatz 4 und 8 der Landesverfassung, § 2 Absatz 1 Satz 1, Absatz 2 bis 4 Satz 1 und 2 und Absatz 5 sowie § 10 und § 46b des Bremischen Abgeordnetengesetzes sowie die Verhaltensregeln für Abgeordnete (Anlage zur Geschäftsordnung der Bremischen Bürgerschaft) entsprechend; für die von der Stadtbürgerschaft gewählten Mitglieder gilt darüber hinaus das Ausführungsgesetz zu Artikel 145 Absatz 1 der Landesverfassung entsprechend. [2]Den nicht der Bürgerschaft angehörenden Mitgliedern der Deputationen stehen die Rechte aus Artikel 99 nur hinsichtlich des Verwaltungszweiges für den die Deputation zuständig ist, zu.

§ 6 Arbeitsweise

(1) Die Deputation wählt aus den von der Bürgerschaft gewählten Mitgliedern eine Sprecherin oder einen Sprecher und eine stellvertretende Sprecherin oder einen stellvertretenden Sprecher.

(2) [1]Ist ein von der Bürgerschaft gewähltes Deputationsmitglied verhindert, kann es sich durch jedes andere Mitglied der Bürgerschaft sowie durch nach § 3 Absatz 2 gewählte Personen vertreten lassen. [2]Ist das für den Verwaltungszweig zuständige Senatsmitglied verhindert, kann durch ein anderes Senatsmitglied oder seine Vertreterin oder seinen Vertreter im Amt vertreten werden.

(3) [1]Den Vorsitz der Deputation hat die Sprecherin oder der Sprecher nach Absatz 1. [2]Bei Abwesenheit der Sprecherin oder des Sprechers leitet die stellvertretende Sprecherin oder der stellvertretende Sprecher die Sitzung. [3]Die Sprecherin oder der Sprecher beruft die Deputation ein. [4]Die Deputation ist auf Verlangen eines Viertels der von der Bürgerschaft gewählten Mitglieder oder des für den Verwaltungszweig der Deputation zuständigen Senatsmitglieds einzuberufen. [5]Mit der Einladung schlägt die Sprecherin oder der Sprecher die Zuordnung der zu behandelnden Tagesordnungspunkte zum öffentlichen und nicht öffentlichen Sitzungsteil der Deputation zur Beschlussfassung vor. [6]Die Sprecherin oder der Sprecher hat diejenigen Vorlagen auf den Tagesordnungsvorschlag aufzunehmen und zur Beschlussfassung vorzulegen, die vom zuständigen Senatsmitglied gemäß § 2 Absatz 1 Satz 4 zugeleitet werden.

(4) [1]Die Deputationen können bei Bedarf Deputationsausschüsse einsetzen. [2]Jedes Mitglied eines Deputationsausschusses hat das Recht, bei Meinungsverschiedenheiten die Entscheidung der Deputation zu verlangen.

(5) Berät die Deputation über Meinungsverschiedenheiten zwischen Behörden und Beiräten, sind die Deputationen verpflichtet, einen Vertreter des Beirats hinzuzuziehen.

(6) [1]Für die Einberufung, Durchführung und Protokollierung der Sitzung wird bei dem Verwaltungszweig eine Geschäftsstelle ausgewiesen. [2]Das für den Verwaltungszweig zuständige Mitglied des Senats stellt sicher, dass die Sprecherin oder der Sprecher ihre oder seine Vorsitzfunktion ausüben kann.

(7) Soweit für die Einbringung, Verteilung oder Vorlage von Dokumenten Schriftform vorgesehen ist, genügt dieser Form die jeweilige in der Geschäftsordnung der Bürgerschaft vorgesehene Verbreitungsform.

(8) Im Übrigen gelten die Vorschriften der Geschäftsordnung der Bürgerschaft, insbesondere über die Ausschüsse, entsprechend.

§ 7 Aufwandsentschädigung

[1]Die nicht der Bürgerschaft angehörenden Mitglieder der Deputationen, ausgenommen Vertreter des Senats, erhalten zur Abgeltung ihres gesamten mit der Tätigkeit in der Deputation verbundenen Aufwands vom Ersten des Monats, in dem sie in die Deputation gewählt werden, bis zum Ende des Monats, in dem sie aus der Deputation ausscheiden, eine monatliche Aufwandsentschädigung in Höhe von 430 Euro, die monatlich im Voraus gezahlt wird. [2]Die Aufwandsentschädigung wird nicht gezahlt, wenn für den gleichen Zeitraum ein Anspruch auf Entschädigung nach § 5 des Bremischen Abgeordnetengesetzes besteht.

§ 8 Inkrafttreten, Außerkrafttreten
(1) Das Gesetz tritt mit Wirkung vom 1. Juli 2011 in Kraft.
(2) Gleichzeitig treten das Gesetz über die Deputationen in der Fassung der Bekanntmachung vom 20. Januar 1972 (Brem.GBl. S. 7 – 1100-b-1), das zuletzt durch Gesetz vom 31. August 2010 (Brem.GBl. S. 464) geändert worden ist, sowie das Gesetz über die Entschädigung der nicht der Bürgerschaft angehörenden Mitglieder von Deputationen vom 17. Dezember 1968 (Brem.GBl. S. 236 – 1100-b-2), das zuletzt durch Artikel 4 des Gesetzes vom 23. März 2010 (Brem.GBl. S. 277) geändert worden ist, außer Kraft.

12 StGHG §§ 1–4

Gesetz über den Staatsgerichtshof
Vom 18. Juni 1996 (Brem.GBl. S. 179)
(1102-a-1)
geändert durch G vom 12. April 2011 (Brem.GBl. S. 251)

Der Senat verkündet das nachstehende von der Bürgerschaft (Landtag) beschlossene Gesetz:

Teil 1
Verfassung und Zuständigkeit des Staatsgerichtshofs

§ 1
Der Staatsgerichtshof ist ein gegenüber den anderen Verfassungsorganen der Freien Hansestadt Bremen selbständiger und unabhängiger Gerichtshof.

§ 2
(1) Der Staatsgerichtshof besteht aus dem Präsidenten des Oberverwaltungsgerichts und sechs gewählten Mitgliedern, von denen zwei rechtsgelehrte bremische Richter sein müssen.
(2) [1]Die sechs zu wählenden Mitglieder werden von der Bürgerschaft unverzüglich nach ihrem ersten Zusammentritt für die Dauer ihrer Wahlperiode gewählt. [2]Sie bleiben im Amt, bis die nächste Bürgerschaft die Neuwahl vorgenommen hat. [3]Scheidet ein gewähltes Mitglied aus, so ist unverzüglich ein anderes Mitglied zu wählen. [4]Bei den Wahlen soll die Stärke der Parteien nach Möglichkeit berücksichtigt werden.
(3) [1]Der Präsident des Oberverwaltungsgerichts wird zunächst von dem Vizepräsidenten dieses Gerichts vertreten. [2]Die Bürgerschaft wählt einen weiteren Stellvertreter aus dem Kreis der rechtsgelehrten bremischen Richter. [3]Für jedes gewählte Mitglied des Staatsgerichtshofs wählt die Bürgerschaft zwei Stellvertreter, deren Reihenfolge in der Stellvertretung bei der Wahl festgelegt wird. [4]Absatz 2 gilt für die Stellvertreter der gewählten Mitglieder entsprechend.
(4) Der Präsident und der Vizepräsident des Oberverwaltungsgerichts scheiden mit der Beendigung ihres Hauptamtes als Mitglied und stellvertretendes Mitglied des Staatsgerichtshofs aus.
(5) Die Wiederwahl der zu wählenden Mitglieder des Staatsgerichtshofs ist zulässig.
(6) Die Mitgliedschaft im Staatsgerichtshof ist ein Ehrenamt.

§ 3
(1) Mitglied oder stellvertretendes Mitglied des Staatsgerichtshofs kann nur werden, wer die Gewähr bietet, sich jederzeit für die demokratische Staatsform im Sinne der Landesverfassung der Freien Hansestadt Bremen und des Grundgesetzes für die Bundesrepublik Deutschland einzusetzen.
(2) [1]Als Mitglied oder stellvertretendes Mitglied des Staatsgerichtshofs ist nur wählbar, wer das 35. Lebensjahr vollendet hat und in den Bundestag wählbar ist. [2]Mitglieder einer gesetzgebenden Körperschaft oder einer Regierung können nicht Mitglied des Staatsgerichtshofs sein. [3]Das gleiche gilt für Angehörige des öffentlichen Dienstes mit Ausnahme der Richter und der Professoren an einer deutschen Hochschule.
(3) Die vier Mitglieder des Staatsgerichtshofs, die nicht rechtsgelehrte bremische Richter zu sein brauchen, müssen sich durch Kenntnis im öffentlichen Recht auszeichnen und im öffentlichen Leben erfahren sein.

§ 4
(1) [1]Die Mitglieder des Staatsgerichtshofs werden vom Präsidenten der Bürgerschaft vor versammelter Bürgerschaft vereidigt. [2]Stellvertretende Mitglieder werden vom Präsidenten des Staatsgerichtshofs zu Beginn der Sitzung vereidigt, in der sie ihr Richteramt am Staatsgerichtshof zum erstenmal ausüben.
(2) Der Eid der Mitglieder des Staatsgerichtshofs und ihrer Stellvertreter hat folgenden Wortlaut: »Ich schwöre, daß ich als gerechter Richter allezeit die Landesverfassung der Freien Hansestadt Bremen, das Grundgesetz für die Bundesrepublik Deutschland und die Gesetze getreulich wahren und meine richterlichen Pflichten gewissenhaft erfüllen werde.«
(3) Wird der Eid durch ein weibliches Mitglied des Staatsgerichtshofs geleistet, so treten an die Stelle der Worte »als gerechter Richter« die Worte »als gerechte Richterin«.

(4) Der Eid kann mit religiöser Beteuerungsformel geleistet werden.

§ 5
¹Der Präsident des Staatsgerichtshofs und sein Stellvertreter werden von den Mitgliedern des Staatsgerichtshofs aus ihrer Mitte in geheimer Abstimmung mit absoluter Mehrheit für die Dauer der Wahlperiode gewählt. ²Sie bleiben im Amt, bis die nächste Bürgerschaft eine Neuwahl der Mitglieder des Staatsgerichtshofs vorgenommen hat. ³Scheidet der Präsident oder sein Stellvertreter aus, so ist der Nachfolger zu wählen, sobald die Bürgerschaft ein neues Mitglied des Staatsgerichtshofs gewählt hat.

§ 6
(1) Die Mitglieder des Staatsgerichtshofs erhalten für die Dauer ihrer Tätigkeit eine monatliche Aufwandsentschädigung in folgender Höhe:
1. der Präsident des Staatsgerichtshofs   1 450 DM,
2. sein Stellvertreter   1 080 DM,
3. die übrigen Mitglieder   725 DM.

(2) Stellvertretende Mitglieder erhalten, wenn sie an einer Beratung des Staatsgerichtshofs teilnehmen, eine Aufwandsentschädigung für den Monat, in dem die Beratung anfällt.
(3) Reisekosten werden nach Maßgabe des Bremischen Reisekostengesetzes erstattet.

§ 7
(1) Der Staatsgerichtshof nimmt die Einrichtungen der bremischen Gerichte in Anspruch.
(2) Geschäftsstelle des Staatsgerichtshofs ist die Geschäftsstelle des Oberverwaltungsgerichts.
(3) Das Oberverwaltungsgericht nimmt nach den Weisungen des Präsidenten des Staatsgerichtshofs die Aufgaben wahr, die diesem bei der Aufstellung und dem Vollzug des Haushaltsplans obliegen.

§ 8
(1) Der Staatsgerichtshof führt ein Siegel mit dem großen Landeswappen und der Umschrift »Staatsgerichtshof der Freien Hansestadt Bremen«.
(2) ¹Der Staatsgerichtshof gibt sich eine Geschäftsordnung. ²Sie ist im Amtsblatt der Freien Hansestadt Bremen bekanntzumachen.

§ 9
Alle bremischen Gerichte und Verwaltungsbehörden leisten dem Staatsgerichtshof Rechts- und Amtshilfe.

§ 10
Der Staatsgerichtshof ist zuständig zur Verhandlung und Entscheidung
1. über Anklagen der Bürgerschaft gegen Mitglieder des Senats wegen vorsätzlicher Verletzung der Verfassung (Artikel 111 der Landesverfassung),
2. von Zweifelsfragen über die Auslegung der Verfassung und andere staatsrechtliche Fragen (Artikel 140 Abs. 1 der Landesverfassung),
3. über die Vereinbarkeit eines Landesgesetzes mit der Landesverfassung (Artikel 142 der Landesverfassung),
4. in den anderen durch Verfassung oder Gesetz vorgesehenen Fällen.

Teil 2
Allgemeine Verfahrensvorschriften

§ 11
(1) ¹Die Entscheidungen des Staatsgerichtshofs binden die Verfassungsorgane der Freien Hansestadt Bremen sowie alle Gerichte und Behörden. ²Die Entscheidungsformel ist im Gesetzblatt der Freien Hansestadt Bremen bekanntzumachen, sofern dieses Gesetz nichts anderes bestimmt.
(2) ¹Trifft der Staatsgerichtshof in den Fällen der Artikel 140 und 142 der Landesverfassung im Wege der Normenkontrolle eine Entscheidung über die Vereinbarkeit oder Unvereinbarkeit einer Norm mit der Landesverfassung, so hat seine Entscheidung Gesetzeskraft. ²Dies stellt der Staatsgerichtshof in der Entscheidung fest.
(3) Die Entscheidungen des Staatsgerichtshofs vollzieht der Senat, soweit nicht der Staatsgerichtshof in seiner Entscheidung etwas anderes bestimmt.
(4) § 79 des Gesetzes über das Bundesverfassungsgericht ist entsprechend anzuwenden.

§ 12
(1) Soweit dieses Gesetz nichts anderes bestimmt, sind auf das Verfahren des Staatsgerichtshofs die allgemeinen Verfahrensvorschriften des Gesetzes über das Bundesverfassungsgericht entsprechend anzuwenden.
(2) Für die Vernehmung von Zeugen und Sachverständigen gelten in dem Verfahren nach Artikel 111 der Landesverfassung die Vorschriften der Strafprozeßordnung entsprechend.

§ 13
[1]Hat der Staatsgerichtshof die Ablehnung oder Selbstablehnung eines seiner Mitglieder für begründet erklärt oder ist ein Mitglied von der Ausübung des Richteramtes im Einzelfall ausgeschlossen, wirkt sein Stellvertreter mit. [2]Das gleiche gilt bei Verhinderung eines Mitglieds und im Falle einer Vakanz.

§ 14
(1) [1]Die Beteiligten können sich in jeder Lage des Verfahrens durch einen Rechtsanwalt oder eine Rechtsanwältin oder eine Rechtslehrerin oder einen Rechtslehrer an einer staatlichen oder staatlich anerkannten Hochschule eines Mitgliedstaates der Europäischen Union, eines anderen Vertragsstaates des Abkommens über den Europäischen Wirtschaftsraum oder der Schweiz, die oder der die Befähigung zum Richteramt besitzt, vertreten lassen. [2]Sie können sich weiter durch ihre Beamten vertreten lassen, soweit diese die Befähigung zum Richteramt besitzen. [3]Die Bürgerschaft und Teile von ihr, die durch die Landesverfassung oder die Geschäftsordnung der Bürgerschaft mit eigenen Rechten ausgestattet sind, können sich durch ihre Mitglieder vertreten lassen. [4]Der Staatsgerichtshof kann auch andere Personen als Beistand eines Beteiligten zulassen.
(2) [1]Der Senator für Justiz und Verfassung ist von jedem Verfahren und von jedem Termin zu benachrichtigen. [2]Schriftsätze sind ihm zuzuleiten. [3]Er kann an der Verhandlung teilnehmen oder einen Vertreter entsenden. [4]Das gleiche gilt in Ansehung des Präsidenten der Bürgerschaft, sofern die Bürgerschaft nicht Beteiligte des Verfahrens ist.

§ 15
(1) [1]Anträge, die das Verfahren einleiten, sind schriftlich beim Staatsgerichtshof einzureichen. [2]Sie sind zu begründen. [3]Die erforderlichen Beweismittel sind anzugeben.
(2) [1]Der Präsident stellt den Antrag den übrigen Beteiligten zu. [2]Er fordert sie auf, sich binnen einer bestimmten Frist zu äußern. [3]Er kann jedem Beteiligten aufgeben, binnen einer bestimmten Frist die erforderliche Zahl von Abschriften seiner Schriftsätze für das Gericht und die übrigen Beteiligten einzureichen.

§ 16
[1]Der Staatsgerichtshof entscheidet aufgrund mündlicher Verhandlung, soweit nichts anderes bestimmt ist. [2]Er kann ohne mündliche Verhandlung entscheiden, wenn die Beteiligten ausdrücklich auf sie verzichten. [3]Über die mündliche Verhandlung wird ein Protokoll geführt; hierfür finden die Vorschriften der Zivilprozeßordnung entsprechende Anwendung. [4]Der Präsident kann bestimmen, daß die mündliche Verhandlung in einer Tonbandaufnahme festgehalten wird.

§ 17
(1) [1]Der Staatsgerichtshof entscheidet in geheimer Beratung nach seiner freien, aus dem Inhalt der Verhandlung und dem Ergebnis der Beweisaufnahme geschöpften Überzeugung. [2]Die Entscheidung ist schriftlich abzufassen, zu begründen und von den Richtern, die mitgewirkt haben, zu unterzeichnen. [3]Sie ist sodann, wenn eine mündliche Verhandlung stattgefunden hat, öffentlich zu verkünden.
(2) [1]Zwischen dem Abschluß der mündlichen Verhandlung und der Verkündung der Entscheidung sollen nicht mehr als sechs Wochen liegen. [2]Die Verkündung erfolgt durch Verlesung der Entscheidungsformel. [3]Die Entscheidungsgründe können ganz oder teilweise verlesen werden. [4]Bei der Verkündung der Entscheidung genügt die Anwesenheit von drei Mitgliedern des Staatsgerichtshofs.
(3) [1]Der Staatsgerichtshof kann in seiner Entscheidung das Stimmenverhältnis mitteilen. [2]Ein Richter kann seine in der Beratung vertretene abweichende Meinung zu der Entscheidung oder zu deren Begründung in einem Sondervotum niederlegen; das Sondervotum ist der Entscheidung anzuschließen.
(4) Alle Entscheidungen sind den Beteiligten bekanntzugeben.

§ 18

(1) Der Staatsgerichtshof kann eine einstweilige Anordnung treffen, wenn dies zur Abwehr schwerer Nachteile, zur Verhinderung drohender Gewalt oder aus einem anderen wichtigen Grunde zum gemeinen Wohl dringend geboten ist.
(2) [1]Die einstweilige Anordnung kann ohne mündliche Verhandlung ergehen. [2]Der Staatsgerichtshof kann bei besonderer Dringlichkeit davon absehen, den am Verfahren Beteiligten Gelegenheit zur Stellungnahme zu geben.
(3) Im Verfahren über die einstweilige Anordnung ist der Staatsgerichtshof beschlußfähig, wenn mindestens drei Richter mitwirken.
(4) [1]Wird die einstweilige Anordnung durch Beschluß erlassen oder abgelehnt oder ist die Entscheidung mit verminderter Richterzahl getroffen worden, so kann binnen eines Monats Widerspruch erhoben werden. [2]Über den Widerspruch entscheidet der Staatsgerichtshof nach mündlicher Verhandlung, die binnen zwei Wochen nach Eingang des Widerspruchs stattfindet.
(5) [1]Der Widerspruch gegen die einstweilige Anordnung hat keine aufschiebende Wirkung. [2]Der Staatsgerichtshof kann die Vollziehung der einstweiligen Anordnung aussetzen.

§ 19

(1) [1]Das Verfahren vor dem Staatsgerichtshof ist gebührenfrei. [2]Auslagen werden nicht erstattet. [3]Auf Antrag kann der Staatsgerichtshof anordnen, daß Beteiligten die notwendigen Auslagen zu erstatten sind.
(2) Erweist sich ein Antrag nach Artikel 111 der Landesverfassung als unzulässig oder unbegründet, so sind dem angeklagten Mitglied des Senats die notwendigen Auslagen einschließlich der Kosten der Verteidigung zu ersetzen.

Teil 3
Besondere Verfahrensvorschriften

Abschnitt 1
Verfahren nach Artikel 111 der Landesverfassung

§ 20

[1]Die Anklage gegen ein Mitglied des Senats wird durch Einreichung einer Anklageschrift beim Staatsgerichtshof erhoben. [2]Die Anklageschrift muß die Handlung oder Unterlassung, wegen der die Anklage erhoben wird, die Beweismittel und die Bestimmung der Landesverfassung, die verletzt sein soll, bezeichnen. [3]Sie muß die Feststellung enthalten, daß der Beschluß der Bürgerschaft auf die in Artikel 111 der Landesverfassung bezeichnete Weise zustandegekommen ist.

§ 21

Die Anklage kann nur binnen drei Monaten, nachdem der ihr zugrundeliegende Sachverhalt der Bürgerschaft bekanntgeworden ist, erhoben werden.

§ 22

[1]Der Staatsgerichtshof entscheidet aufgrund mündlicher Verhandlung. [2]Das angeklagte Mitglied des Senats ist zu laden. [3]Dabei ist es darauf hinzuweisen, daß ohne es verhandelt wird, wenn es unentschuldigt ausbleibt oder ohne ausreichenden Grund sich vorzeitig entfernt.

§ 23

(1) [1]In der Verhandlung trägt der Beauftragte der Bürgerschaft die Anklage vor. [2]Danach erhält das angeklagte Mitglied des Senats Gelegenheit, sich zur Anklage zu erklären. [3]Hierauf findet die Beweiserhebung statt. [4]Zum Schluß werden der Beauftragte der Bürgerschaft mit seinem Antrag und das angeklagte Mitglied des Senats mit seiner Verteidigung gehört. [5]Das angeklagte Mitglied des Senats hat das letzte Wort.
(2) Der Staatsgerichtshof stellt in seinem Urteil fest, ob das Mitglied des Senats einer vorsätzlichen Verletzung der Verfassung schuldig ist.
(3) Eine Ausfertigung des Urteils samt Gründen ist der Bürgerschaft zu übersenden.

Abschnitt 2
Verfahren in den Fällen des Artikels 140 Abs. 1 der Landesverfassung

§ 24
(1) Soweit es sich nicht um Organstreitigkeiten handelt, können Antragsteller und Beteiligte nur sein der Senat, die Bürgerschaft, ein Fünftel der gesetzlichen Mitgliederzahl der Bürgerschaft oder eine öffentlich-rechtliche Körperschaft des Landes Bremen.
(2) [1]Der Antrag hat darzulegen, auf welche Vorschrift der Landesverfassung sich die Zweifel beziehen und aus welchen Gründen die Auslegung zweifelhaft erscheint. [2]Er soll sich dazu äußern, wie die Verfassung nach Auffassung des Antragstellers auszulegen ist.
(3) [1]Wird die Beantwortung einer anderen staatsrechtlichen Frage begehrt, so muß der Antrag die aufgeworfene Frage bezeichnen. [2]Er soll die zu ihrer Beantwortung erheblichen Vorschriften und Gesichtspunkte benennen. [3]Er soll dartun, wie die Frage nach Auffassung des Antragstellers zu beantworten ist.
(4) [1]Die Antragsschrift ist den nach dem Gegenstand des Antrages Beteiligten zuzustellen. [2]Sie haben das Recht, schriftlich Stellung zu nehmen und sich in der mündlichen Verhandlung zu äußern.

§ 25
(1) Bei Organstreitigkeiten sind antragsberechtigt Verfassungsorgane oder Teile von ihnen, die durch die Landesverfassung oder die Geschäftsordnung der Bürgerschaft mit eigenen Rechten ausgestattet sind.
(2) [1]Der Antrag ist nur zulässig, wenn der Antragsteller geltend macht, daß er oder das Organ, dem er angehört, durch eine Maßnahme oder Unterlassung des Antragsgegners in seinen ihm durch die Landesverfassung übertragenen Rechten und Pflichten verletzt oder unmittelbar gefährdet ist. [2]Der Antrag hat die Bestimmung der Landesverfassung zu bezeichnen, gegen die durch die beanstandete Maßnahme oder Unterlassung des Antragsgegners verstoßen wird.
(3) Der Antrag muß binnen drei Monaten, nachdem die beanstandete Maßnahme oder Unterlassung dem Antragsteller bekanntgeworden ist, gestellt werden.

§ 26
Antragsberechtigte, die nicht Beteiligte sind, können einem Beteiligten in jeder Lage des Verfahrens beitreten.

§ 27
[1]In den Fällen des § 25 stellt der Staatsgerichtshof in seiner Entscheidung fest, ob die beanstandete Maßnahme oder Unterlassung des Antragsgegners gegen eine Bestimmung der Landesverfassung verstößt. [2]Die Bestimmung ist zu bezeichnen. [3]Der Staatsgerichtshof kann in der Entscheidungsformel zugleich eine für die Auslegung der Bestimmung der Landesverfassung erhebliche Rechtsfrage entscheiden, von der die Feststellung nach Satz 1 abhängt.

Abschnitt 3
Verfahren nach Artikel 142 der Landesverfassung

§ 28
(1) Gelangt ein Gericht bei der Anwendung eines Gesetzes, auf dessen Gültigkeit es bei der Entscheidung ankommt, zu der Überzeugung, daß das Gesetz mit der Landesverfassung nicht vereinbar sei, so setzt es sein Verfahren aus und führt eine Entscheidung des Staatsgerichtshofs herbei.
(2) [1]Das Gericht hat in seinem Vorlagebeschluß anzugeben, inwiefern seine Entscheidung von der Gültigkeit der Rechtsvorschrift abhängig ist und mit welcher Vorschrift der Landesverfassung sie unvereinbar ist. [2]Die Akten sind beizufügen.

§ 29
(1) Der Staatsgerichtshof entscheidet nur über die Rechtsfrage.
(2) [1]Der Staatsgerichtshof gibt dem Senat und der Bürgerschaft Gelegenheit zur Äußerung binnen einer von ihm zu bestimmenden Frist. [2]Senat und Bürgerschaft können dem Verfahren beitreten.
(3) [1]Der Staatsgerichtshof gibt auch den Beteiligten des Verfahrens vor dem Gericht, das den Antrag gestellt hat, Gelegenheit zur Äußerung. [2]Er lädt sie zur mündlichen Verhandlung und erteilt den anwesenden Prozeßbevollmächtigten das Wort.

(4) ¹Der Staatsgerichtshof kann die obersten Landesgerichte um die Mitteilung ersuchen, wie und aufgrund welcher Erwägungen sie die Landesverfassung in der streitigen Frage bisher ausgelegt haben, ob und wie sie die in ihrer Gültigkeit streitige Rechtsvorschrift in ihrer Rechtsprechung angewandt haben und welche damit zusammenhängenden Rechtsfragen zur Entscheidung anstehen. ²Er kann sie ferner ersuchen, ihre Erwägungen zu einer für die Entscheidung erheblichen Rechtsfrage darzulegen.

Abschnitt 4
Verfahren über Beschwerden gegen Entscheidungen des Wahlprüfungsgerichts nach dem Bremischen Wahlgesetz und dem Gesetz über das Verfahren beim Volksentscheid

§ 30
(1) Die Beschwerde kann nur darauf gestützt werden, daß die Entscheidung des Wahlprüfungsgerichts das Grundgesetz, die Landesverfassung oder das Bremische Wahlgesetz oder das Gesetz über das Verfahren beim Volksentscheid verletzt habe.
(2) ¹Der Staatsgerichtshof kann von einer mündlichen Verhandlung absehen, wenn von ihr eine weitere Förderung des Verfahrens nicht zu erwarten ist. ²Vor dieser Entscheidung setzt er die Beteiligten von dieser Absicht in Kenntnis und gibt ihnen Gelegenheit zur Stellungnahme.

Abschnitt 5
Verfahren nach § 12 Abs. 2 des Gesetzes über das Verfahren beim Volksentscheid

§ 31
(1) ¹Hält der Senat die gesetzlichen Voraussetzungen für die Zulassung eines Volksbegehrens nicht für gegeben, so führt er die Entscheidung des Staatsgerichtshofs darüber herbei. ²Er hat in seinem Antrag an den Staatsgerichtshof die Gründe darzulegen, aus denen er das Volksbegehren für nicht zulässig hält.
(2) Der Staatsgerichtshof stellt in seiner Entscheidung fest, ob die gesetzlichen Voraussetzungen für die Zulassung des Volksbegehrens gegeben sind.
(3) Der Senat macht die Entscheidungsformel im Amtsblatt der Freien Hansestadt Bremen bekannt.

Abschnitt 6
Verfahren nach § 4 des Gesetzes über das Verfahren beim Bürgerantrag

§ 32
(1) Hat der Präsident der Bürgerschaft einen Bürgerantrag zurückgewiesen, weil dieser offensichtlich unzulässig sei (§ 4 Abs. 1 des Gesetzes über das Verfahren beim Bürgerantrag), so kann der Antrag an den Staatsgerichtshof nur auf die Behauptung gestützt werden, daß der Bürgerantrag nicht offensichtlich unzulässig sei.
(2) Hat der Präsident der Bürgerschaft einen Bürgerantrag als unzulässig bezeichnet, weil der Bürgerantrag nicht von der erforderlichen Zahl von Einwohnern des Landes Bremen oder von Einwohnern der Stadtgemeinde Bremen unterschrieben sei, so kann der Antrag an den Staatsgerichtshof nur auf die Behauptung gestützt werden, der Präsident der Bürgerschaft habe die Zahl der erforderlichen gültigen Eintragungen für das Zustandekommen des Bürgerantrages unzutreffend festgestellt.
(3) Die Entscheidung des Staatsgerichtshofs ist vom Senat im Amtsblatt der Freien Hansestadt Bremen zu veröffentlichen.

Teil 4
Änderung von Gesetzen, Schlußbestimmungen

§ 33 (Änderungsvorschrift)
§ 34 (Änderungsvorschrift)
§ 35
¹Dieses Gesetz tritt am Tage nach seiner Verkündung in Kraft. ²Gleichzeitig tritt das Gesetz über den Staatsgerichtshof in der Fassung der Bekanntmachung vom 24. April 1956 (SaBremR 1102-a-1), zuletzt geändert durch Gesetz vom 7. August 1978 (Brem.GBl. S. 191), außer Kraft.

Bremisches Wahlgesetz (BremWahlG)

In der Fassung der Bekanntmachung vom 23. Mai 1990*) (Brem.GBl. S. 321)
(111-a-1)
zuletzt geändert durch Art. 1 d. G vom 4. September 2018 (Brem.GBl. S. 411)

Inhaltsübersicht

Erster Teil
Wahl der Bürgerschaft

Erster Abschnitt
Wahlrecht und Wählbarkeit

- § 1 Wahlrecht
- § 2 Ausschluß vom Wahlrecht
- § 3 Ausübung des Wahlrechts
- § 4 Wählbarkeit

Zweiter Abschnitt
Wahlsystem

- § 5 Zahl der Bürgerschaftsmitglieder und Wahlbereichseinteilung
- § 6 Stimmen
- § 7 Wahlsystem
- § 8 Verbindungsverbot für Wahlvorschläge

Dritter Abschnitt
Wahlbezirke und Wahlorgane

- § 9 Wahlbezirke
- § 10 Gliederung der Wahlorgane
- § 11 Bildung der Wahlorgane
- § 12 Tätigkeit der Wahlausschüsse und Wahlvorstände
- § 13 Ehrenämter

Vierter Abschnitt
Vorbereitung der Wahl

- § 14 Wahltag
- § 15 Wählerverzeichnis und Wahlschein
- § 16 Beteiligungsanzeige
- § 17 Einreichung der Wahlvorschläge
- § 18 Inhalt und Form der Wahlvorschläge
- § 19 Aufstellung der Wahlvorschläge
- § 20 Vertrauenspersonen
- § 21 Zurücknahme von Wahlvorschlägen
- § 22 Beseitigung von Mängeln
- § 23 Zulassung von Wahlvorschlägen
- § 24 Bekanntgabe der Wahlvorschläge
- § 25 Stimmzettel

Fünfter Abschnitt
Wahlhandlung

- § 26 Öffentlichkeit der Wahlhandlung und Wahrung des Wahlgeheimnisses
- § 27 Unzulässige Wahlpropaganda und Unterschriftensammlung, unzulässige Veröffentlichung von Wählerbefragungen
- § 28 Stimmabgabe
- § 29 Briefwahl

Sechster Abschnitt
Feststellung des Wahlergebnisses

- § 30 Feststellung des Wahlergebnisses
- § 30a Einsatz elektronischer Datenverarbeitung
- § 31 Ungültige Stimmabgabe, Zurückweisung von Wahlbriefen, Auslegungsregeln
- § 32 Entscheidung des Wahlvorstandes

Siebter Abschnitt
Erwerb und Verlust der Mitgliedschaft in der Bürgerschaft

- § 33 Erwerb der Mitgliedschaft in der Bürgerschaft
- § 34 Verlust der Mitgliedschaft in der Bürgerschaft
- § 35 Folge eines Parteienverbotes
- § 36 Berufung von Listennachfolgern
- § 36a Erwerb und Verlust der Mitgliedschaft in der Stadtbürgerschaft
- § 36b Berechnung der Listennachfolge

Achter Abschnitt
Wahlprüfung, Nachwahlen und Wiederholungswahlen

- § 37 Wahlprüfungsgericht
- § 38 Verfahren
- § 39 Beschwerde
- § 40 Nachwahlen
- § 41 Wiederholungswahlen

---

*) Neubekanntmachung des Bremischen Wahlgesetzes vom 22. April 1955 (Brem.GBl. S. 63).

Zweiter Teil
Wahl der Stadtverordnetenversammlung der Stadt Bremerhaven

§ 42 Anwendung des Wahlgesetzes
§ 43 Wahlrecht und Wählbarkeit
§ 44 Wahltag
§ 45 Beteiligungsanzeige, Wahlvorschläge
§ 46 Unvereinbarkeit
§ 47 Wahlprüfung

Dritter Teil
Wahl der Beiräte im Gebiet der Stadt Bremen

§ 48 Anwendung des Wahlgesetzes
§ 49 Wahlrecht, Wählbarkeit und Verlust der Mitgliedschaft
§ 50 Wahltag
§ 51 Beteiligungsanzeige, Wahlvorschläge
§ 52 Unvereinbarkeit
§ 53 Wahlprüfung

Vierter Teil
Schlußbestimmungen

§ 54 Anfechtung
§ 55 Fristen, Termine und Form
§ 56 Wahlkosten
§ 57 Wahlstatistik
§ 57a Beschränkung von Rechten der betroffenen Person nach der Verordnung (EU) 2016/679
§ 58 Landeswahlordnung
§ 59 Vorzeitige Beendigung der Wahlperiode der Bürgerschaft
§ 60 Auswirkungen einer vorzeitigen Beendigung der Wahlperiode der Bürgerschaft auf die Wahl zur Stadtverordnetenversammlung

Erster Teil
Wahl der Bürgerschaft

Erster Abschnitt
Wahlrecht und Wählbarkeit

§ 1 Wahlrecht

(1) Wahlberechtigt sind alle Deutschen im Sinne des Artikels 116 Abs. 1 des Grundgesetzes, die am Wahltage
1. das 16. Lebensjahr vollendet haben,
2. seit mindestens drei Monaten im Gebiet der Freien Hansestadt Bremen eine Wohnung innehaben oder, sofern sie eine Wohnung in der Bundesrepublik Deutschland nicht innehaben, sich sonst gewöhnlich aufhalten,
3. nicht nach § 2 vom Wahlrecht ausgeschlossen sind.

(1a) ¹Unter den gleichen Voraussetzungen wie Deutsche können auch Staatsangehörige der übrigen Mitgliedstaaten der Europäischen Gemeinschaft (Unionsbürger) an der Wahl zur Bürgerschaft im Wahlbereich Bremen teilnehmen. ²Ihr Wahlrecht gilt jedoch ausschließlich für die Zusammensetzung der Stadtbürgerschaft.

(2) Bei Inhabern von mehreren Wohnungen ist die Hauptwohnung maßgeblich.

(3) Sofern sie in der Bundesrepublik Deutschland keine Wohnung innehaben, gilt als Wohnung im Sinne des Absatzes 1 Nr. 2
1. für Seeleute und für die Angehörigen ihres Hausstandes das von ihnen bezogene Schiff, wenn dieses die Bundesflagge zu führen berechtigt ist und der Sitz des Reeders im Gebiet der Freien Hansestadt Bremen liegt,
2. für Binnenschiffer und für die Angehörigen ihres Hausstandes das von ihnen bezogene Schiff, wenn dieses in einem Schiffsregister in der Bundesrepublik Deutschland eingetragen ist und der Heimatort des Schiffes im Gebiet der Freien Hansestadt Bremen liegt,
3. für im Vollzug gerichtlich angeordneter Freiheitsentziehung befindliche Personen sowie für andere Untergebrachte die Anstalt oder die entsprechende Einrichtung.

(4) Bei der Berechnung der Dreimonatsfrist nach Absatz 1 Nr. 2 ist der Tag der Wohnungs- oder Aufenthaltsnahme in die Frist einzubeziehen.

§ 2 Ausschluss vom Wahlrecht

Ausgeschlossen vom Wahlrecht ist, wer infolge Richterspruchs das Wahlrecht nicht besitzt.

§ 3 Ausübung des Wahlrechts

(1) Wählen kann nur, wer in ein Wählerverzeichnis eingetragen ist oder einen Wahlschein hat.

(2) ¹Wer im Wählerverzeichnis eingetragen ist, kann nur in dem Wahlbezirk wählen, in dessen Wählerverzeichnis er geführt wird. ²Inhaber von Wahlscheinen können an der Wahl des Wahlbereichs durch Stimmabgabe in ihrem Wahlbezirk oder durch Briefwahl teilnehmen.
(3) Jeder Wahlberechtigte kann sein Wahlrecht nur einmal und nur persönlich ausüben.

§ 4 Wählbarkeit
(1) Wählbar ist jeder nach § 1 Abs. 1 Wahlberechtigte, der am Wahltage das 18. Lebensjahr vollendet hat.
(2) Ein nach § 1 Abs. 1a Wahlberechtigter ist ausschließlich zur Stadtbürgerschaft wählbar.
(3) Nicht wählbar ist, wer am Wahltage infolge Richterspruchs die Wählbarkeit oder die Fähigkeit zur Bekleidung öffentlicher Ämter nicht besitzt.

Zweiter Abschnitt
Wahlsystem

§ 5 Zahl der Bürgerschaftsmitglieder und Wahlbereichseinteilung
(1) Die Bürgerschaft (Landtag) besteht aus 84 Mitgliedern, die in allgemeiner, unmittelbarer, freier, gleicher und geheimer Wahl auf die Dauer von vier Jahren gewählt werden. Von diesen sind 69 Mitglieder im Wahlbereich Bremen, 15 Mitglieder im Wahlbereich Bremerhaven zu wählen.
(2) Der Wahlbereich Bremen umfaßt das Gebiet der Stadtgemeinde Bremen, der Wahlbereich Bremerhaven das der Stadtgemeinde Bremerhaven.
(3) Die Stadtbürgerschaft setzt sich aus den im Wahlbereich Bremen von den Wahlberechtigten nach § 1 Abs. 1 und 1a gewählten Mitgliedern zusammen.

§ 6 Stimmen
(1) ¹Jeder Wahlberechtigte hat fünf Stimmen. ²Die Stimmen können nach Maßgabe der folgenden Absätze beliebig für die Wahlvorschläge und die in ihnen benannten Bewerber abgegeben werden.
(2) Im Rahmen der zur Verfügung stehenden Stimmenzahl können für einen Bewerber bis zu fünf Stimmen abgegeben werden (kumulieren).
(3) Die Stimmen können für Bewerber aus unterschiedlichen Wahlvorschlägen abgegeben werden (panaschieren).
(4) ¹Statt oder neben der Kennzeichnung einzelner Bewerber können Stimmen für Wahlvorschläge in ihrer Gesamtheit abgegeben werden (Listenwahl). ²Auch diese Stimmen können kumuliert und panaschiert werden.
(5) Stimmen, die auf nach § 4 Absatz 2 zur Stadtbürgerschaft wählbare Unionsbürger entfallen, werden für die Zusammensetzung der Bürgerschaft der nach § 7 Absatz 3 ermittelten Stimmenzahl des Wahlvorschlages zugerechnet, auf dem der Unionsbürger benannt ist.

§ 7 Wahlsystem
(1) Gewählt wird nach den Grundsätzen einer mit der Personenwahl verbundenen Verhältniswahl aufgrund von Listenwahlvorschlägen von Parteien und Wählervereinigungen.
(2) ¹Für jeden Wahlbereich sind selbständige Wahlvorschläge aufzustellen. ²Eine Partei oder Wählervereinigung kann in jedem Wahlbereich nur einen Wahlvorschlag einreichen.
(3) Die Zahl der auf einen Wahlvorschlag entfallenden Stimmen ergibt sich aus der Summe der Stimmen, die auf den Wahlvorschlag in seiner Gesamtheit und seine Bewerber entfallen.
(4) ¹Die Verteilung der im Wahlbereich zu vergebenden Sitze auf die Parteien und Wählervereinigungen erfolgt im Verhältnis der gültigen Stimmen, die im Wahlbereich auf jeden einzelnen Wahlvorschlag entfallen, aufgrund des Verfahrens nach Sainte Laguë/Schepers. ²Für jeden Wahlvorschlag wird nach der Reihenfolge der Höchstzahlen, die sich durch Teilung der gültigen Stimmen durch 1, 3, 5, 7 usw. ergibt, festgestellt, wie viele Sitze auf ihn entfallen. ³Über die Zuteilung des letzten Sitzes entscheidet bei gleicher Höchstzahl das vom Wahlbereichsleiter zu ziehende Los.
(5) ¹Für jeden Wahlvorschlag wird im Verhältnis der Stimmen, die auf den Wahlvorschlag in seiner Gesamtheit einerseits und auf seine Bewerber andererseits entfallen, festgestellt, wie viele Sitze nach Listenwahl und wie viele Sitze nach Personenwahl zu vergeben sind. ²Absatz 4 Sätze 2 und 3 gelten entsprechend.
(6) ¹Die auf einen Wahlvorschlag nach Personenwahl zu vergebenden Sitze werden den Bewerbern mit den höchsten Stimmenzahlen zugeteilt; bei Stimmengleichheit entscheidet die Reihenfolge der

Benennung im Wahlvorschlag. ²Die übrigen Sitze werden den noch nicht nach Satz 1 berücksichtigten Bewerbern in der Reihenfolge zugeteilt, in der sie im Wahlvorschlag benannt sind. ³Entfallen auf einen Wahlvorschlag mehr Sitze, als Bewerber genannt sind, so bleiben diese Sitze unbesetzt. ⁴§ 35 Absatz 3 gilt entsprechend.

(7) Bei Verteilung der Sitze werden nur Wahlvorschläge von solchen Parteien oder Wählervereinigungen berücksichtigt, die mindestens fünf vom Hundert der im Wahlbereich, für den der Wahlvorschlag eingereicht ist, abgegebenen gültigen Stimmen errungen haben.

§.8 Verbindungsverbot für Wahlvorschläge
Die Verbindung mehrerer Wahlvorschläge ist nicht gestattet.

Dritter Abschnitt
Wahlbezirke und Wahlorgane

§ 9 Wahlbezirke
Für die Stimmabgabe wird jeder Wahlbereich in Wahlbezirke aufgeteilt.

§ 10 Gliederung der Wahlorgane
(1) Wahlorgane sind
1. der Landeswahlleiter und der Landeswahlausschuß für das Gebiet der Freien Hansestadt Bremen,
2. ein Wahlbereichsleiter und ein Wahlbereichsausschuß für jeden Wahlbereich,
3. Wahlvorsteher und Wahlvorstände nach Maßgabe der folgenden Absätze.

(2) ¹Für jeden Wahlbezirk werden ein Wahlvorsteher und ein Wahlvorstand für die Wahlhandlung gebildet (Urnenwahlvorstand). ²Für die Stimmabgabe in Einrichtungen soll die Gemeindebehörde bewegliche Urnenwahlvorstände nach Maßgabe der Landeswahlordnung bilden.

(3) ¹Für jeden Wahlbereich wird mindestens ein Wahlvorsteher und ein Wahlvorstand zur Feststellung des Briefwahlergebnisses gebildet (Briefwahlvorstand). ²Die Gemeindebehörde bestimmt, wie viele Briefwahlvorstände gebildet werden.

(4) ¹Die Gemeindebehörde bestimmt weitere Wahlvorstände zur Ermittlung der Wahlergebnisse einzelner oder mehrerer Wahlbezirke und Briefwahlbezirke (Auszählwahlvorstände). ²Ein besonderer Auszählwahlvorstand wird zur Feststellung des Wahlergebnisses gemäß § 30 Absatz 2a Satz 2 gebildet.

§ 11 Bildung der Wahlorgane
(1) ¹Der Landeswahlleiter und sein Stellvertreter werden vom Senat ernannt. ²Die Wahlbereichsleiter und ihre Stellvertreter werden vom Senator für Inneres ernannt. ³Die Wahlvorstände werden von der Gemeindebehörde berufen.

(2) ¹Die Wahlausschüsse bestehen aus dem Wahlleiter als Vorsitzendem und sechs von ihm berufenen Wahlberechtigten als Beisitzern. ²Die Wahlvorstände bestehen aus dem Wahlvorsteher als Vorsitzendem, seinem Stellvertreter und weiteren Wahlberechtigten als Beisitzern. ³Bei der Feststellung des Wahlergebnisses nach § 30 Absatz 1 bis 2a können die in den Auszählwahlvorstand berufenen Personen durch andere Personen ersetzt werden.

(3) Bei der Berufung der Beisitzer sind die in dem jeweiligen Gebiet vertretenen Parteien und Wählervereinigungen nach Möglichkeit zu berücksichtigen.

(4) ¹Niemand darf in mehr als einem Wahlorgan Mitglied sein; in einen Auszählwahlvorstand darf auch berufen werden, wer zuvor Mitglied in einem Urnen- oder Briefwahlvorstand oder in einem anderen Auszählwahlvorstand war. ²Wahlbewerber, Vertrauenspersonen für Wahlvorschläge und stellvertretende Vertrauenspersonen dürfen nicht zu Mitgliedern eines Wahlorgans bestellt werden.

(5) ¹Die Gemeindebehörde ist befugt, personenbezogene Daten von Personen zum Zweck ihrer Berufung zu Mitgliedern von Wahlvorständen zu verarbeiten. ²Zu diesem Zweck dürfen personenbezogene Daten von Wahlberechtigten, die zur Tätigkeit in Wahlvorständen geeignet sind, auch für künftige Wahlen verarbeitet werden, sofern der Betroffene der Verarbeitung nicht widersprochen hat. ³Der Betroffene ist über das Widerspruchsrecht zu unterrichten. ⁴Im Einzelnen dürfen folgende Daten verarbeitet werden: Name, Vorname, Geburtsdatum, Anschrift, Telefonnummern, Zahl der Berufungen zu einem Mitglied der Wahlvorstände und die dabei ausgeübte Funktion.

(6) ¹Auf Ersuchen der Gemeindebehörde sind zur Sicherstellung der Wahldurchführung die Behörden des Landes, der Stadtgemeinden und der sonstigen der Aufsicht des Landes unterstehenden juris-

tischen Personen des öffentlichen Rechts verpflichtet, aus dem Kreis ihrer Bediensteten unter Angabe von Name, Vorname, Geburtsdatum und Anschrift Personen zum Zweck der Berufung als Mitglieder der Wahlvorstände zu benennen. ²Die ersuchte Stelle hat die Betroffenen über die übermittelten Daten und den Empfänger zu benachrichtigen.

§ 12 Tätigkeit der Wahlausschüsse und Wahlvorstände
(1) ¹Die Wahlausschüsse und Wahlvorstände verhandeln, beraten und entscheiden in öffentlicher Sitzung. ²Der Wahlvorstand kann Personen, die die Ordnung und Ruhe stören, aus dem Wahl- oder Auszählungsraum verweisen. ³Bei den Abstimmungen entscheidet Stimmenmehrheit; bei Stimmengleichheit gibt die Stimme des Vorsitzenden den Ausschlag.
(2) Die Mitglieder der Wahlorgane, ihre Stellvertreter und die Schriftführer sind zur unparteiischen Wahrnehmung ihres Amtes und zur Verschwiegenheit über die ihnen bei ihrer amtlichen Tätigkeit bekanntgewordenen Angelegenheiten verpflichtet.

§ 13 Ehrenämter
(1) ¹Die Beisitzer der Wahlausschüsse und die Mitglieder der Wahlvorstände üben ihre Tätigkeit ehrenamtlich aus. ²Zur Übernahme dieses Ehrenamtes ist jeder Wahlberechtigte verpflichtet. ³Das Ehrenamt darf nur aus wichtigem Grunde abgelehnt werden.
(2) ¹Wer ohne wichtigen Grund ein Wahlehrenamt ablehnt oder sich ohne genügende Entschuldigung den Pflichten eines solchen entzieht, handelt ordnungswidrig. ²Die Ordnungswidrigkeit kann mit einer Geldbuße geahndet werden.
(3) Sachlich zuständige Verwaltungsbehörde für die Verfolgung und Ahndung der Ordnungswidrigkeit ist die Ortspolizeibehörde.

Vierter Abschnitt
Vorbereitung der Wahl

§ 14 Wahltag
¹Der Wahltag muß innerhalb des letzten Monats der laufenden Wahlperiode der Bürgerschaft liegen und wird spätestens neun Monate vor Ablauf der Wahlperiode durch Beschluß der Bürgerschaft festgesetzt. ²Wahltag muß ein Sonntag oder gesetzlicher Feiertag sein. ³Der Präsident der Bürgerschaft macht den Wahltag öffentlich bekannt.

§ 15 Wählerverzeichnis und Wahlschein
(1) ¹Die Gemeindebehörde führt für jeden Wahlbezirk ein Verzeichnis der Wahlberechtigten nach Familiennamen und Vornamen, Geburtsdatum und Wohnung. ²Dieses kann auch automatisiert geführt werden. ³Die dafür erforderlichen Daten können im automatisierten Abrufverfahren bei der Meldebehörde erhoben werden. ⁴Jeder Wahlberechtigte hat das Recht, an den Werktagen vom 20. bis zum 16. Tag vor der Wahl während der allgemeinen Öffnungszeiten die Richtigkeit oder Vollständigkeit der zu seiner Person im Wählerverzeichnis eingetragenen Daten zu überprüfen. ⁵Zur Überprüfung der Richtigkeit oder Vollständigkeit der Daten von anderen im Wählerverzeichnis eingetragenen Personen haben Wahlberechtigte während des in Satz 4 genannten Zeitraumes nur dann ein Recht auf Einsicht in das Wählerverzeichnis, wenn sie Tatsachen glaubhaft machen, aus denen sich eine Unrichtigkeit oder Unvollständigkeit des Wählerverzeichnisses ergeben kann. ⁶Das Recht zur Überprüfung gemäß Satz 5 besteht nicht hinsichtlich der Daten von Wahlberechtigten, für die im Melderegister ein Sperrvermerk nach § 32 Absatz 5 des Meldegesetzes eingetragen ist.
(2) Ein Wahlberechtigter, der im Wählerverzeichnis eingetragen ist, oder der aus einem von ihm nicht zu vertretenden Grunde in das Wählerverzeichnis nicht aufgenommen worden ist, erhält auf Antrag einen Wahlschein.

§ 16 Beteiligungsanzeige
(1) ¹Parteien und Wählervereinigungen, die im Deutschen Bundestag oder in der Bürgerschaft seit deren letzter Wahl nicht aufgrund eigener Wahlvorschläge ununterbrochen vertreten waren, können als solche einen Wahlvorschlag nur einreichen, wenn sie spätestens am 97. Tage vor der Wahl bis 18:00 Uhr dem Landeswahlleiter ihre Beteiligung an der Wahl schriftlich angezeigt haben und der Landeswahlausschuß ihre Eigenschaft als Partei oder Wählervereinigung festgestellt hat. ²In der Anzeige ist anzugeben, unter welchem Namen und, sofern sie eine solche verwenden, unter welcher Kurzbezeichnung sich die Partei oder Wählervereinigung an der Wahl beteiligen will. ³Die Anzeige

muß von mindestens drei Mitgliedern des Landesvorstandes, darunter dem Vorsitzenden oder seinem Stellvertreter, persönlich und handschriftlich unterzeichnet sein. [4]Hat eine Partei oder Wählervereinigung keinen Landesverband, so treten an die Stelle des Landesvorstandes die Vorstände der nächstniedrigen Gebietsverbände der Partei oder Wählervereinigung im Gebiet der Freien Hansestadt Bremen. [5]Der Anzeige einer Partei sind die schriftliche Satzung und das schriftliche Programm sowie ein Nachweis über die satzungsgemäße Bestellung des Vorstandes beizufügen, der Anzeige einer Wählervereinigung der Nachweis eines nachdemokratischen Grundsätzen bestellten Vorstandes und eine schriftliche Satzung. [6]Der Anzeige einer Partei sollen Nachweise über die Parteieigenschaft nach § 2 Absatz 1 Satz 1 des Parteiengesetzes beigefügt werden.

(2) [1]Der Landeswahlleiter hat die Anzeige nach Absatz 1 unverzüglich nach Eingang zu prüfen. [2]Stellt er dabei Mängel fest, so benachrichtigt er sofort den Vorstand und fordert ihn auf, behebbare Mängel rechtzeitig zu beseitigen. [3]Nach Ablauf der Anzeigefrist können nur noch Mängel an sich gültiger Anzeigen behoben werden. [4]Eine gültige Anzeige liegt nicht vor, wenn
1. die Form oder Frist des Absatzes 1 Satz 1 nicht gewahrt ist,
2. die Angabe von Namen und Kurzbezeichnung (Absatz 1 Satz 2) fehlt,
3. die nach Absatz 1 erforderlichen gültigen Unterschriften und die der Anzeige beizufügenden Anlagen fehlen, es sei denn, diese Anlagen können infolge von Umständen, die die Partei oder Wählervereinigung nicht zu vertreten hat, nicht rechtzeitig vorgelegt werden, oder
4. die Vorstandsmitglieder mangelhaft bezeichnet sind, so daß ihre Person nicht feststeht.

[5]Nach der Entscheidung über die Feststellung der Eigenschaft als Partei oder Wählervereinigung ist jede Mängelbeseitigung ausgeschlossen. [6]Gegen Verfügungen des Landeswahlleiters im Mängelbeseitigungsverfahren kann der Vorstand den Landeswahlausschuß anrufen.

(3) Der Landeswahlausschuß stellt spätestens am 79. Tage vor der Wahl für alle Wahlorgane verbindlich fest,
1. welche Parteien und Wählervereinigungen im Deutschen Bundestag oder in der Bürgerschaft seit deren letzter Wahl aufgrund eigener Wahlvorschläge ununterbrochen vertreten waren,
2. welche Vereinigungen, die nach Absatz 1 ihre Beteiligung angezeigt haben, für die Wahl als Parteien oder als Wählervereinigungen anzuerkennen sind.

(4) [1]Die Feststellung des Landeswahlausschusses ist vom Landeswahlleiter in der Sitzung des Landeswahlausschusses bekanntzugeben. [2]Sie ist öffentlich bekanntzumachen.

§ 17 Einreichung der Wahlvorschläge
Die Wahlvorschläge sind dem Wahlbereichsleiter spätestens am 69. Tage vor der Wahl bis 18 Uhr schriftlich einzureichen.

§ 18 Inhalt und Form der Wahlvorschläge
(1) [1]Die Namen der Bewerber müssen im Wahlvorschlag in erkennbarer Reihenfolge aufgeführt sein. [2]Jeder Bewerber kann nur in einem Wahlvorschlag benannt werden. [3]Als Bewerber kann nur vorgeschlagen werden, wer seine Zustimmung dazu schriftlich erteilt hat; die Zustimmung ist unwiderruflich. [4]Dem Wahlvorschlag ist eine Bescheinigung der Gemeindebehörde über die Wählbarkeit des Bewerbers beizufügen. [5]In einem Wahlvorschlag können höchstens so viele Bewerber benannt werden, wie im jeweiligen Wahlbereich Sitze zu vergeben sind.

(2) [1]Jeder Wahlvorschlag muß von dem Vorstand des Landesverbandes oder, wenn ein Landesverband nicht besteht, von den Vorständen der nächstniedrigen Gebietsverbände der Partei oder Wählervereinigung im Gebiet der Freien Hansestadt Bremen persönlich und handschriftlich unterzeichnet sein. [2]Wahlvorschläge der in § 16 Abs. 3 Nr. 2 genannten Parteien und Wählervereinigungen müssen außerdem von 1 vom Tausend der Wahlberechtigten des Wahlbereichs persönlich und handschriftlich unterzeichnet sein; die Wahlberechtigung muß im Zeitpunkt der Unterzeichnung gegeben sein und ist bei Einreichung der Wahlvorschläge durch eine Bescheinigung der Gemeindebehörde nachzuweisen. [3]Die Bescheinigung des Wahlrechts kann mit Einwilligung des Unterzeichners vom Wahlvorschlagsträger bei der Gemeindebehörde eingeholt werden.

(3) Die Wahlvorschläge müssen den Namen der einreichenden Partei oder Wählervereinigung und, sofern sie eine Kurzbezeichnung verwendet, auch diese enthalten.

§ 19 Aufstellung der Wahlvorschläge

(1) [1]Als Bewerber einer Partei kann in einem Wahlvorschlag nur benannt werden, wer nicht Mitglied einer anderen Partei ist und in einer Mitgliederversammlung zur Wahl der Bewerber oder in einer besonderen oder allgemeinen Vertreterversammlung hierzu gewählt worden ist. [2]Mitgliederversammlung zur Wahl der Bewerber ist eine Versammlung der im Zeitpunkt ihres Zusammentritts im Wahlbereich zur Bürgerschaft wahlberechtigten Mitglieder der Partei. [3]Besondere Vertreterversammlung ist eine Versammlung der von einer derartigen Mitgliederversammlung aus ihrer Mitte gewählten Vertreter. [4]Allgemeine Vertreterversammlung ist eine nach der Satzung der Partei (§ 6 des Parteigesetzes) allgemein für bevorstehende Wahlen von einer derartigen Mitgliederversammlung aus ihrer Mitte bestellte Versammlung.

(1a) [1]Im Wahlvorschlag zur Bürgerschaft im Wahlbereich Bremen können auch nach § 4 Abs. 2 zur Stadtbürgerschaft wählbare Unionsbürger aufgestellt werden. [2]In den Mitglieder- oder Vertreterversammlungen nach Absatz 1 sind Unionsbürger nur wahlberechtigt, soweit der Wahlvorschlag ausschließlich für die Zusammensetzung der Stadtbürgerschaft gilt.

(2) Die Bewerber können auch in einer gemeinsamen Mitglieder- oder Vertreterversammlung im Gebiet der Freien Hansestadt Bremen gewählt werden.

(3) [1]Die Bewerber und die Vertreter für die Vertreterversammlungen sind in geheimer Wahl zu wählen. [2]Jeder stimmberechtigte Teilnehmer der Versammlung ist hierbei vorschlagsberechtigt. [3]Den Bewerbern ist Gelegenheit zu geben, sich und ihr Programm der Versammlung in angemessener Zeit vorzustellen. [4]Die Wahlen dürfen nicht früher als 15 Monate vor Ablauf der Bürgerschaft stattfinden.

(4) [1]Der Landesvorstand der Partei oder, wenn ein Landesverband nicht besteht, die Vorstände der nächstniedrigen Gebietsverbände im Gebiet der Freien Hansestadt Bremen oder ein anderes in der Parteisatzung hierfür vorgesehenes Organ kann gegen den Beschluß einer Mitglieder- oder Vertreterversammlung Einspruch erheben. [2]Auf einen solchen Einspruch ist die Abstimmung zu wiederholen. [3]Ihr Ergebnis ist endgültig.

(5) Das Nähere über die Wahl der Vertreter für die Vertreterversammlung, über die Einberufung und die Beschlußfähigkeit der Mitglieder- und Vertreterversammlung sowie über das Verfahren für die Wahl der Bewerber regeln die Parteien durch ihre Satzung.

(6) [1]Eine Ausfertigung der Niederschrift über die Wahl der Bewerber mit Angaben über Ort und Zeit der Versammlung, Form der Einladung, Zahl der erschienenen wahlberechtigten Mitglieder oder Vertreter und Ergebnis der geheimen Abstimmung ist mit dem Wahlvorschlag einzureichen. [2]Hierbei haben der Leiter der Versammlung und zwei weitere von dieser bestimmte Teilnehmer gegenüber dem Wahlbereichsleiter an Eides Statt zu versichern, dass die Anforderungen gemäß Absatz 3 Satz 1 bis 3 beachtet worden sind und die Festlegung der Reihenfolge der Bewerber in geheimer Abstimmung erfolgt ist. [3]Der Wahlbereichsleiter ist zur Abnahme einer solchen Versicherung an Eides Statt zuständig; er gilt als Behörde im Sinne des § 156 des Strafgesetzbuches.

(7) Für Wahlvorschläge von Wählervereinigungen gelten die Absätze 1 bis 6 entsprechend.

§ 20 Vertrauenspersonen

(1) [1]In jedem Wahlvorschlag sollen eine Vertrauensperson und eine stellvertretende Vertrauensperson bezeichnet werden. [2]Fehlt diese Bezeichnung, so gilt die Person, die als erste unterzeichnet hat, als Vertrauensperson, und diejenige, die als zweite unterzeichnet hat, als stellvertretende Vertrauensperson.

(2) Soweit in diesem Gesetz nichts anderes bestimmt ist, sind nur die Vertrauensperson und die stellvertretende Vertrauensperson, jede für sich, berechtigt, verbindliche Erklärungen zum Wahlvorschlag abzugeben und entgegenzunehmen.

(3) Die Vertrauensperson und die stellvertretende Vertrauensperson können durch schriftliche Erklärung der Mehrheit der Unterzeichner des Wahlvorschlages an den Wahlbereichsleiter abberufen und durch andere ersetzt werden.

§ 21 Zurücknahme von Wahlvorschlägen

Durch gemeinsame schriftliche Erklärung der Vertrauensperson und der stellvertretenden Vertrauensperson können ein Wahlvorschlag zurückgenommen oder einzelne Bewerber zurückgezogen werden, solange nicht über die Zulassung des Wahlvorschlages entschieden ist.

§ 22 Beseitigung von Mängeln

(1) ¹Der Wahlbereichsleiter hat die Wahlvorschläge unverzüglich nach Eingang zu prüfen. ²Stellt er dabei Mängel fest, so benachrichtigt er sofort die Vertrauensperson und fordert sie auf, behebbare Mängel rechtzeitig zu beseitigen.

(2) ¹Nach Ablauf der Einreichungsfrist können nur noch Mängel an sich gültiger Wahlvorschläge behoben werden. ²Ein gültiger Wahlvorschlag liegt nicht vor, wenn
1. die Form oder Frist des § 17 nicht gewahrt ist,
2. die nach § 18 Abs. 2 erforderlichen gültigen Unterschriften mit dem Nachweis der Wahlberechtigung der Unterzeichner fehlen, es sei denn, der Nachweis kann infolge von Umständen, die der Wahlvorschlagsberechtigte nicht zu vertreten hat, nicht rechtzeitig erbracht werden,
3. die Angabe von Namen und Kurzbezeichnung (§ 18 Abs. 3) fehlt,
4. die nach § 16 Abs. 1 erforderliche Feststellung der Eigenschaft als Partei oder Wählervereinigung abgelehnt ist,
5. die Nachweise des § 19 nicht erbracht sind,
6. die Bewerber mangelhaft bezeichnet sind, so daß ihre Person nicht feststeht, oder
7. die Zustimmungserklärungen der Bewerber fehlen.

(3) Nach der Entscheidung über die Zulassung des Wahlvorschlages (§ 23 Abs. 1 Satz 1) ist jede Mängelbeseitigung ausgeschlossen.

(4) Gegen Verfügungen des Wahlbereichsleiters im Mängelbeseitigungsverfahren kann die Vertrauensperson den Wahlbereichsausschuß anrufen.

§ 23 Zulassung von Wahlvorschlägen

(1) ¹Der Wahlbereichsausschuß entscheidet am 58. Tage vor der Wahl über die Zulassung der Wahlvorschläge. ²Er hat Wahlvorschläge zurückzuweisen, wenn sie verspätet eingereicht sind oder den Anforderungen nicht entsprechen, die durch dieses Gesetz oder die Landeswahlordnung aufgestellt sind, es sei denn, daß in diesen Vorschriften etwas anderes bestimmt ist. ³Sind die Anforderungen nur hinsichtlich einzelner Bewerber nicht erfüllt, so werden ihre Namen aus dem Wahlvorschlag gestrichen. ⁴Die Entscheidung ist in der Sitzung des Wahlbereichsausschusses bekanntzugeben.

(2) ¹Wird ein Wahlvorschlag ganz oder teilweise zurückgewiesen, so kann binnen drei Tagen nach Bekanntgabe der Entscheidung Beschwerde an den Landeswahlausschuß eingelegt werden. ²Beschwerdeberechtigt sind die Vertrauensperson des Wahlvorschlages sowie der Wahlbereichsleiter. ³Der Wahlbereichsleiter kann auch gegen eine Entscheidung, durch die ein Wahlvorschlag zugelassen wird, Beschwerde erheben. ⁴In der Beschwerdeverhandlung sind die erschienenen Beteiligten zu hören. ⁵Die Entscheidung über die Beschwerde muß spätestens am 52. Tage vor der Wahl getroffen werden.

§ 24 Bekanntgabe der Wahlvorschläge

(1) Der Wahlbereichsleiter macht die zugelassenen Wahlvorschläge spätestens am 27. Tage vor der Wahl öffentlich bekannt und teilt sie gleichzeitig dem Landeswahlleiter mit.

(2) ¹Die Reihenfolge der Wahlvorschläge in der Bekanntmachung richtet sich bei Parteien und Wählervereinigungen, nach der Zahl der Stimmen, die sie bei der letzten Wahl zur Bürgerschaft im Gebiet der Freien Hansestadt Bremen erhalten haben. ²Die übrigen Wahlvorschläge schließen sich in alphabetischer Reihenfolge der Namen der Parteien und Wählervereinigungen an. ³Für Parteien und Wählervereinigungen, die nicht in jedem Wahlbereich an der Wahl teilnehmen, fallen die Wahlvorschlagsnummern in dem Wahlbereich aus, für den ein Wahlvorschlag nicht eingereicht oder nicht zugelassen worden ist.

§ 25 Stimmzettel

(1) Die Stimmzettel und die zugehörigen Umschläge für die Briefwahl (§ 29 Absatz 1) werden amtlich hergestellt.

(2) ¹Der Stimmzettel enthält die Namen der Parteien und Wählervereinigungen und, sofern sie eine Kurzbezeichnung verwenden, auch diese sowie Vor- und Familiennamen, Stadt- oder Ortsteil der Hauptwohnung, Geburtsjahr und Beruf der Bewerber der zugelassenen Wahlvorschläge. ²Bewerber, die im Wahlbereich Bremen als Unionsbürger nur für die Stadtbürgerschaft kandidieren, sind besonders zu kennzeichnen. ³Die Reihenfolge der Wahlvorschläge bestimmt sich nach § 24 Abs. 2.

13 BremWahlG §§ 26–29

(3) Der Stimmzettel enthält jeweils außerdem fünf Felder zur Stimmabgabe
1. für jeden Wahlvorschlag in seiner Gesamtheit (Listenwahl),
2. für jeden Bewerber im Wahlvorschlag (Personenwahl).

Fünfter Abschnitt
Wahlhandlung
§ 26 Öffentlichkeit der Wahlhandlung und Wahrung des Wahlgeheimnisses
(1) Die Wahlhandlung ist öffentlich.
(2) ¹Es sind Vorkehrungen dafür zu treffen, daß der Wähler den Stimmzettel unbeobachtet kennzeichnen und falten kann. ²Für die Aufnahme der Stimmzettel sind Wahlurnen zu verwenden, die die Wahrung des Wahlgeheimnisses sicherstellen.
(3) Ein Wähler, der des Lesens unkundig ist oder der wegen einer körperlichen Beeinträchtigung gehindert ist, den Stimmzettel zu kennzeichnen, zu falten oder selbst in die Wahlurne zu werfen, kann sich der Hilfe einer anderen Person bedienen.

§ 27 Unzulässige Wahlpropaganda und Unterschriftensammlung, unzulässige Veröffentlichung von Wählerbefragungen
(1) Vor und in dem Gebäude, in dem sich der Wahlraum befindet, ist jede Beeinflussung der Wähler durch Wort, Ton, Schrift oder Bild sowie jede Unterschriftensammlung während der Wahlzeit verboten.
(2) Die Veröffentlichung von Ergebnissen von Wählerbefragungen nach der Stimmabgabe über den Inhalt der Wahlentscheidung ist vor Ablauf der Wahlzeit unzulässig.
(3) ¹Wer Ergebnisse von Wählerbefragungen nach der Stimmabgabe über den Inhalt der Wahlentscheidung vor Ablauf der Wahlzeit veröffentlicht, handelt ordnungswidrig. ²Die Ordnungswidrigkeit kann mit einer Geldbuße bis zu 50 000 Euro geahndet werden.
(4) Sachlich zuständige Verwaltungsbehörde für die Verfolgung und Ahndung der Ordnungswidrigkeit ist die Ortspolizeibehörde.

§ 28 Stimmabgabe
(1) Gewählt wird mit amtlichen Stimmzetteln.
(2) ¹Der Wähler gibt seine Stimmen in der Weise ab, daß er durch auf den Stimmzettel gesetzte Kreuze oder auf andere Weise eindeutig kenntlich macht, welchen Wahlvorschlägen und Bewerbern sie gelten sollen. ²Der Wähler faltet daraufhin den Stimmzettel in der Weise, dass seine Stimmabgabe nicht erkennbar ist, und wirft ihn in die Wahlurne.

§ 29 Briefwahl
(1) ¹Bei der Briefwahl hat der Wähler der Gemeindebehörde, die den Wahlschein ausgestellt hat, im verschlossenen Wahlbriefumschlag
1. seinen Wahlschein,
2. in einem besonders verschlossenen Stimmzettelumschlag seinen Stimmzettel
so rechtzeitig zu übersenden, daß der Wahlbrief spätestens am Wahltage bis 18 Uhr eingeht. ²§ 26 Abs. 3 gilt entsprechend.
(2) ¹Auf dem Wahlschein hat der Wähler oder die Hilfsperson gegenüber der Gemeindebehörde an Eides Statt zu versichern, daß der Stimmzettel persönlich oder gemäß dem erklärten Willen des Wählers gekennzeichnet worden ist. ²Die Gemeindebehörde ist zur Abnahme einer solchen Versicherung an Eides Statt zuständig.
(3) ¹Wahlbriefe können innerhalb des Bundesgebietes bei einem oder mehreren vor der Wahl amtlich bekannt gemachten Postunternehmen als Briefsendungen ohne besondere Versendungsform unentgeltlich eingeliefert werden, wenn sie sich in amtlichen Wahlbriefumschlägen befinden. ²Bei Inanspruchnahme einer besonderen Versendungsform hat der Absender den das jeweils für die Briefbeförderung gültige Leistungsentgelt übersteigenden Betrag zu tragen.

Sechster Abschnitt
Feststellung des Wahlergebnisses

§ 30 Feststellung des Wahlergebnisses

(1) Nach Beendigung der Wahlhandlung stellt der Auszählwahlvorstand für den Wahlbezirk folgende Stimmenzahlen in öffentlicher Auszählung fest:
1. Zahl der für jeden Wahlvorschlag in seiner Gesamtheit (§ 25 Absatz 3 Nummer 1) abgegebenen Stimmen,
2. Zahl der für jeden Bewerber im Wahlvorschlag (§ 25 Absatz 3 Nummer 2) abgegebenen Stimmen,
3. Gesamtzahl der für jeden Wahlvorschlag und seine Bewerber abgegebenen Stimmen (Summe der Stimmenzahlen nach den Nummern 1 und 2).

(2) Der für die Briefwahl eingesetzte Auszählwahlvorstand stellt die Stimmenzahlen für den Briefwahlbezirk in der Aufgliederung nach Absatz 1 Nummer 1 bis 3 fest.

(2a) [1]Die Feststellungen nach Absatz 1 und 2 beschränken sich auf die Stimmabgabe der deutschen Wähler. [2]Ein besonderer Wahlvorstand stellt insgesamt die Stimmenzahlen von Unionsbürgern im Wahlbereich Bremen in der Aufgliederung nach Absatz 1 Nummer 1 bis 3 fest.

(3) Der Wahlbereichsausschuss stellt als Wahlergebnis im Wahlbereich für die Bürgerschaft fest:
1. Zahl der für jeden Wahlvorschlag in seiner Gesamtheit abgegebenen Stimmen,
2. Zahl der für jeden Bewerber im Wahlvorschlag abgegebenen Stimmen,
3. Zahl der für alle Bewerber eines Wahlvorschlages abgegebenen Stimmen (Summe der Stimmenzahl nach Nummer 2),
4. Gesamtzahl der für jeden Wahlvorschlag und seine Bewerber abgegebenen Stimmen (Summe der Stimmenzahlen nach den Nummern 1 und 3),
5. welche Bewerber in die Bürgerschaft gewählt sind.

(3a) Der Wahlbereichsausschuss Bremen stellt außerdem fest:
1. Gesamtzahl der Stimmen im Wahlbereich Bremen unter Einschluss der von Unionsbürgern abgegebenen Stimmen in der Aufgliederung nach Absatz 3 Nummer 1 bis 4,
2. welche Bewerber abweichend von Absatz 3 Nummer 5 in die Stadtbürgerschaft gewählt sind.

(4) Nach Überprüfung stellt der Landeswahlausschuss das endgültige Wahlergebnis im Lande fest.

(5) Der Landeswahlleiter benachrichtigt alsdann die Gewählten und fordert sie auf, binnen einer Woche nach Zustellung schriftlich zu erklären, ob sie die Wahl annehmen.

(6) Das endgültige Ergebnis der Wahl wird vom Landeswahlleiter öffentlich bekanntgemacht.

§ 30a Einsatz elektronischer Datenverarbeitung

[1]Die Ermittlung des Wahlergebnisses inklusive der Stimmauszählung im Auszählwahlvorstand kann unter Einsatz elektronischer Datenverarbeitung erfolgen. [2]Dabei muss technisch gewährleistet sein, dass die Stimmen unverfälscht erfasst werden und das Wahlergebnis in öffentlich nachvollziehbarer Weise korrekt ermittelt wird. [3]Die eingesetzte Software muss für die Verwendung bei Wahlen in der Freien Hansestadt Bremen zugelassen sein. [4]Über die Zulassung entscheidet der Landeswahlleiter.

§ 31 Ungültige Stimmabgabe, Zurückweisung von Wahlbriefen, Auslegungsregeln

(1) [1]Ein Stimmzettel ist ungültig, wenn er
1. nicht amtlich hergestellt ist oder für einen anderen Wahlbereich gültig ist,
2. keine Kennzeichnung enthält,
3. den Willen des Wählers nicht zweifelsfrei erkennen lässt und nicht wenigstens eine gültige Stimme enthält,
4. einen Zusatz oder Vorbehalt enthält,
5. mehr als fünf Stimmen enthält.

[2]Enthält ein Stimmzettel weniger als fünf Stimmen, so berührt dies nicht die Gültigkeit der abgegebenen Stimmen. [3]Auf einem gültigen Stimmzettel ist eine einzelne Stimme ungültig, wenn der Wählerwille nicht eindeutig erkennbar ist; die Gültigkeit der übrigen Stimmen bleibt unberührt.

(2) Mehrere in einem Stimmzettelumschlag enthaltene Stimmzettel gelten als ein Stimmzettel, wenn sie gleichlauten oder nur einer von ihnen gekennzeichnet ist; sonst zählen sie als ein ungültiger Stimmzettel.

(3) Ist der Stimmzettelumschlag leer abgegeben worden, so gilt dies als ungültiger Stimmzettel.

(4) ¹Bei der Briefwahl sind Wahlbriefe zurückzuweisen, wenn
1. der Wahlbrief nicht rechtzeitig eingegangen ist,
2. dem Wahlbriefumschlag kein oder kein gültiger Wahlschein beiliegt,
3. dem Wahlbriefumschlag kein Stimmzettelumschlag beigefügt ist,
4. weder der Wahlbriefumschlag noch der Stimmzettelumschlag verschlossen ist,
5. der Wahlbriefumschlag mehrere Stimmzettelumschläge, aber nicht eine gleiche Anzahl gültiger und mit der vorgeschriebenen Versicherung an Eides statt versehener Wahlscheine enthält,
6. der Wähler oder die Hilfsperson die vorgeschriebene Versicherung an Eides statt zur Briefwahl auf dem Wahlschein nicht unterschrieben hat,
7. kein amtlicher Stimmzettelumschlag benutzt worden ist,
8. ein Stimmzettelumschlag benutzt worden ist, der offensichtlich in einer das Wahlgeheimnis gefährdenden Weise von den übrigen abweicht oder einen deutlich fühlbaren Gegenstand enthält.
²Die Einsender solcher Wahlbriefe werden nicht als Wähler gezählt; ihre Stimmen gelten als nicht abgegeben.
(5) Die Stimmabgabe eines Wählers, der an der Briefwahl teilgenommen hat, wird nicht dadurch ungültig, dass er vor dem oder am Wahltage stirbt oder sein Wahlrecht verliert.

§ 32 Entscheidung des Wahlvorstandes
¹Der Auszählwahlvorstand entscheidet über die Gültigkeit der abgegebenen Stimmen und über alle bei der Wahlhandlung und bei der Ermittlung des Wahlergebnisses sich ergebenden Anstände. ²Der Wahlbereichsausschuß hat das Recht der Nachprüfung.

Siebter Abschnitt
Erwerb und Verlust der Mitgliedschaft in der Bürgerschaft

§ 33 Erwerb der Mitgliedschaft in der Bürgerschaft
(1) ¹Ein gewählter Bewerber erwirbt die Mitgliedschaft in der Bürgerschaft mit dem frist- und formgerechten Eingang der auf die Benachrichtigung nach § 30 Abs. 5 erfolgenden Annahmeerklärung beim Landeswahlleiter, jedoch nicht vor Ablauf der Wahlperiode der letzten Bürgerschaft und in den Fällen einer Nachfolge (§ 36) oder einer Wiederholungswahl (§ 41 Absatz 4) nicht vor Ausscheiden des nach dem ursprünglichen Wahlergebnis gewählten Abgeordneten. ²Gibt der Gewählte bis zum Ablauf der gesetzlichen Frist keine oder keine formgerechte Erklärung ab, so gilt die Wahl zu diesem Zeitpunkt als angenommen. ³Eine Erklärung unter Vorbehalt gilt als Ablehnung.
(2) Annahme- und Ablehnungserklärung können nicht widerrufen werden.

§ 34 Verlust der Mitgliedschaft in der Bürgerschaft
(1) Ein Mitglied der Bürgerschaft verliert seinen Sitz
1. durch Tod,
2. durch Verzicht,
3. durch Wegfall einer Voraussetzung seiner jederzeitigen Wählbarkeit,
4. bei Ungültigkeit seiner Wahl oder sonstigem Ausscheiden aufgrund eines Wahlprüfungsverfahrens,
5. durch eine nachträglich festgestellte Änderung des Wahlergebnisses, soweit hierdurch seine Mitgliedschaft berührt wird.
(2) Der Verzicht ist nur wirksam, wenn er dem Präsidenten der Bürgerschaft schriftlich erklärt wird; er kann nicht widerrufen werden.
(3) Die Feststellung des Verlustes der Mitgliedschaft nach Absatz 1 trifft
1. im Falle der Nummern 1 und 2 der Präsident der Bürgerschaft; das gilt auch im Falle der Nummer 3, soweit eine Feststellung durch gerichtliche Entscheidung und im Falle der Nummer 5, soweit eine nachträglich festgestellte Änderung des Wahlergebnisses aufgrund einer Wiederholungswahl (§ 41 Absatz 4) vorliegt,
2. in allen übrigen Fällen das Wahlprüfungsgericht.
(4) Das Mitglied scheidet aus der Bürgerschaft mit der Rechtskraft der Entscheidung des Wahlprüfungsgerichts, sonst mit der Feststellung des Präsidenten der Bürgerschaft aus.

§ 35 Folge eines Parteienverbotes
(1) Wird eine Partei oder die Teilorganisation einer Partei durch das Bundesverfassungsgericht nach Artikel 21 Abs. 2 des Grundgesetzes für verfassungswidrig erklärt, so verlieren die Mitglieder der

Bürgerschaft ihren Sitz und die Listennachfolger ihre Anwartschaft, sofern sie dieser Partei oder Teilorganisation in der Zeit zwischen der Antragstellung und der Verkündung der Entscheidung angehört haben.

(2) ¹Soweit Mitglieder nach Absatz 1 ihren Sitz verloren haben, bleiben die Sitze unbesetzt. ²Dies gilt nicht, wenn die ausgeschiedenen Mitglieder aufgrund eines Wahlvorschlages einer nicht für verfassungswidrig erklärten Partei gewählt waren. ³In diesem Falle werden die Sitze nach §§ 36 Abs. 1 und 36b Abs. 1 aus diesem Wahlvorschlag besetzt.

(3) ¹Im Falle des Absatzes 2 Satz 1 verringert sich die gesetzliche Mitgliederzahl der Bürgerschaft für den verbleibenden Teil der Wahlperiode entsprechend. ²Eine Neuverteilung der verbleibenden Sitze findet nicht statt.

(4) ¹Den Verlust der Mitgliedschaft nach Absatz 1 stellt der Vorstand der Bürgerschaft fest. ²§ 34 Abs. 4 gilt entsprechend.

(5) ¹Absätze 1 bis 4 gelten entsprechend, wenn eine Wählervereinigung nach Artikel 9 Abs. 2 des Grundgesetzes verboten wird. ²Der Sitz geht mit dem Eintritt der Unanfechtbarkeit der Entscheidung für die Mitglieder verloren, die der Wählervereinigung zu irgendeiner Zeit zwischen Zustellung der Entscheidung und dem Eintritt der Unanfechtbarkeit derselben angehört haben.

§ 36 Berufung von Listennachfolgern

(1) ¹Wenn ein gewählter Bewerber stirbt oder die Annahme seiner Wahl ablehnt oder wenn ein Mitglied der Bürgerschaft stirbt oder sonst aus der Bürgerschaft ausscheidet, so wird der Sitz nach § 36b Abs. 1 aus dem Wahlvorschlag besetzt, aufgrund dessen der Ausgeschiedene gewählt war. ²Bei Verzicht des oder der zunächst zu Berufenden oder wenn bei dem oder der zu Berufenden zum Zeitpunkt des Ausscheidens des ausgeschiedenen Mitglieds der Bürgerschaft die Voraussetzungen der Wählbarkeit nicht erfüllt sind, ist der nach Neuberechnung nach § 36b Abs. 1 nächstfolgende Bewerber des Wahlvorschlages zu berufen. ³Der Verzicht nach Satz 2 ist endgültig. ⁴Ist der Wahlvorschlag erschöpft, so bleibt der Sitz unbesetzt; § 35 Abs. 3 gilt entsprechend. ⁵Die Feststellung, wer nach den Sätzen 1 bis 2 als Listennachfolger eintritt, trifft der Landeswahlleiter. ⁶§ 30 Abs. 5 und § 33 gelten entsprechend.

(2) ¹Absatz 1 findet auch Anwendung, wenn ein Mitglied der Bürgerschaft in den Senat gewählt wird. ²Der Verlust des Sitzes in der Bürgerschaft tritt mit der Annahme der Wahl in den Senat ein.

(3) ¹Die Geltendmachung des Rechts aus Artikel 108 Abs. 2 der Landesverfassung oder der Verzicht darauf ist dem Präsidenten der Bürgerschaft binnen eines Monats nachdem Rücktritt aus dem Senat schriftlich zu erklären. ²Gibt das ausgeschiedene Mitglied des Senats eine Erklärung nicht oder unter Vorbehalt ab, so gilt das als Verzicht. ³Erklärung und Verzicht können nicht widerrufen werden. ⁴Das ausgeschiedene Mitglied des Senats tritt in die Bürgerschaft am Tage nach dem Eingang seiner Erklärung beim Präsidenten der Bürgerschaft ein. ⁵An seiner Stelle scheidet das nach § 36b Abs. 2 festgestellte Mitglied der Bürgerschaft aus, das über den Wahlvorschlag, aufgrund dessen das aus dem Senat ausgeschiedene Mitglied gewählt war, seinen Sitz erlangt hat. ⁶Die Feststellung, ob das ausgeschiedene Mitglied des Senats wieder in die Bürgerschaft eingetreten ist, und wer an seiner Stelle aus der Bürgerschaft ausscheidet, trifft der Präsident der Bürgerschaft.

(4) Der Präsident der Bürgerschaft und der Landeswahlleiter machen ihre Feststellungen nach den Absätzen 1 und 3 öffentlich bekannt und benachrichtigen die Betroffenen.

§ 36a Erwerb und Verlust der Mitgliedschaft in der Stadtbürgerschaft

(1) ¹Wenn ein gewählter Unionsbürger stirbt oder die Annahme seiner Wahl ablehnt oder wenn er nachträglich aus der Stadtbürgerschaft ausscheidet, so wird der Sitz nach § 36b Abs. 1 aus dem Wahlvorschlag besetzt, aufgrund dessen der Ausgeschiedene gewählt war. ²Ist der hiernach zu berufende Bewerber ein noch nicht für die Stadtbürgerschaft berücksichtigtes Bürgerschaftsmitglied, so wird der Sitz unter Verzicht auf das Verfahren nach § 30 Abs. 5 und § 33 mit diesem besetzt. ³Die Feststellung, welches Bürgerschaftsmitglied im Falle des Satzes 2 in die Stadtbürgerschaft eingetreten ist, trifft der Landeswahlleiter.

(2) Im übrigen gelten für den Erwerb und Verlust einer ausschließlichen Mitgliedschaft in der Stadtbürgerschaft die §§ 33 bis 36 Abs. 1 und 4 entsprechend.

§ 36b Berechnung der Listennachfolge
(1) ¹Ein Listennachfolger nach §§ 35 bis 36a wird durch eine Neuberechnung der Verteilung nach § 7 Abs. 6 festgestellt. ²Dabei bleiben diejenigen Bewerber unberücksichtigt, die verstorben sind, die Annahme der Wahl abgelehnt haben, in den Senat gewählt sind oder nach §§ 34 und 35 ihren Sitz verloren haben. ³Bei nach Listenwahl zu vergebenden Sitzen bleiben zudem diejenigen Listenbewerber unberücksichtigt, die bisher nicht Mitglied der Bürgerschaft sind und seit dem Zeitpunkt der Aufstellung des Wahlvorschlages aus dieser Partei oder Wählervereinigung ausgeschieden sind.
(2) Welches Mitglied der Bürgerschaft nach § 36 Abs. 3 Satz 5 ausscheidet, wird durch Neuberechnung nach Absatz 1 unter Berücksichtigung des aus dem Senat ausgeschiedenen Mitglieds festgestellt.

Achter Abschnitt
Wahlprüfung, Nachwahlen und Wiederholungswahlen

§ 37 Wahlprüfungsgericht
(1) ¹Über die Gültigkeit der Wahl oder von Teilen der Wahl, über den Verlust der Mitgliedschaft nach § 34 Abs. 3 Nr. 2 sowie über die Rechtmäßigkeit der Feststellungen des Vorstandes der Bürgerschaft, des Präsidenten der Bürgerschaft und des Landeswahlleiters nach §§ 34 bis 36a entscheidet ein Wahlprüfungsgericht. ²Es besteht aus dem Präsidenten und dem Vizepräsidenten des Verwaltungsgerichts, bei ihrer Verhinderung aus den jeweils nächst dienstälteren Berufsrichtern des Verwaltungsgerichts sowie aus fünf Mitgliedern der Bürgerschaft. ³Die Mitglieder der Bürgerschaft und ihre Stellvertreter sind von dieser unter Berücksichtigung der Stärke der Parteien und Wählervereinigungen, wie diese in der Bürgerschaft vertreten sind, in ihrer ersten Sitzung zu wählen. ⁴Vorsitzender des Wahlprüfungsgerichts ist der Präsident des Verwaltungsgerichts, sein Stellvertreter ist der Vizepräsident und, falls dieser verhindert ist, der jeweils nächst dienstältere Berufsrichter.
(2) ¹Das Amt eines Mitgliedes des Wahlprüfungsgerichts ist ein Ehrenamt. ²Die Mitglieder des Wahlprüfungsgerichts erhalten ihre notwendigen Barauslagen und etwaige Erwerbsausfälle ersetzt.

§ 38 Verfahren
(1) ¹Die Prüfung erfolgt nur auf Einspruch. ²Den Einspruch kann jeder Wahlberechtigte, jede an der Wahl beteiligte Partei und Wählervereinigung sowie jede sonstige Gruppe von Wahlberechtigten und in amtlicher Eigenschaft der Landeswahlleiter und der Präsident der Bürgerschaft einlegen. ³Gegen Feststellungen des Vorstandes der Bürgerschaft, des Präsidenten der Bürgerschaft und des Landeswahlleiters nach §§ 34 bis 36a kann nur der Betroffene Einspruch einlegen. ⁴Gegen die Feststellung des Verlustes der Mitgliedschaft durch das Wahlprüfungsgericht nach § 34 Absatz 3 Nummer 2 ist ein Einspruch nicht statthaft, sie kann ausschließlich mit der Beschwerde nach § 39 angefochten werden.
(2) ¹Der Einspruch ist innerhalb eines Monats nach Bekanntmachung des endgültigen Wahlergebnisses beim Landeswahlleiter schriftlich einzulegen und zu begründen; für den Präsidenten der Bürgerschaft beginnt die Frist mit seiner Wahl zum Präsidenten. ²Der Landeswahlleiter reicht seinen Einspruch unmittelbar beim Wahlprüfungsgericht ein. ³Im Falle des Absatzes 1 Satz 3 beginnt die Frist mit der Zustellung der Feststellung. ⁴Werden dem Präsidenten der Bürgerschaft nach Ablauf der in Satz 1 gesetzten Frist in amtlicher Eigenschaft Umstände bekannt, die einen Wahlmangel begründen könnten, kann er innerhalb eines Monats nach Bekanntwerden dieser Umstände Einspruch einlegen. ⁵Satz 4 gilt entsprechend, wenn über den nachträglichen Verlust der Wählbarkeit nach § 34 Absatz 1 Nummer 3 im Wahlprüfungsverfahren zu entscheiden ist.
(3) Der Landeswahlleiter hat den Einspruch mit seiner Äußerung dem Wahlprüfungsgericht unverzüglich vorzulegen.
(4) ¹Auf das Verfahren vor dem Wahlprüfungsgericht finden die Vorschriften über das Verfahren bei den Verwaltungsgerichten in ihrer jeweils geltenden Fassung entsprechend Anwendung. ²Das Wahlprüfungsgericht erforscht den Sachverhalt im Rahmen des durch den Einspruch bestimmten Anfechtungsgegenstandes von Amts wegen. ³Ein Abgeordneter, dessen Verlust der Mitgliedschaft das Wahlprüfungsgericht nach § 34 Absatz 3 Nummer 2 bei einem Erfolg des Einspruchs feststellen würde, sowie die Partei oder Wählervereinigung, aus deren Wahlvorschlag dieser Abgeordnete gewählt wurde, sind beizuladen. ⁴Die Entscheidung ergeht in Form eines Beschlusses; sie wird mit der Rechtskraft wirksam.
(5) ¹Das Verfahren vor dem Wahlprüfungsgericht und den von ihm ersuchten und beauftragten Stellen ist gebührenfrei. ²Die Auslagen der Beteiligten werden nicht erstattet.

§ 39 Beschwerde

(1) ¹Gegen die Entscheidung des Wahlprüfungsgerichts kann innerhalb von zwei Wochen nach Zustellung des Beschlusses mittels schriftlicher Beschwerde der Staatsgerichtshof angerufen werden. ²Beschwerdeberechtigt sind
1. der Einspruchsführer, dessen Einspruch zurückgewiesen worden ist,
2. der Landeswahlleiter,
3. der Präsident der Bremischen Bürgerschaft und
4. der Abgeordnete, dessen Verlust der Mitgliedschaft das Wahlprüfungsgericht nach § 34 Absatz 3 Nummer 2 festgestellt hat, sowie die Partei oder Wählervereinigung, aus deren Wahlvorschlag dieser Abgeordnete gewählt wurde.

³Die Beschwerde ist innerhalb von zwei Monaten nach Zustellung des Beschlusses schriftlich zu begründen, die Begründungsfrist kann durch den Staatsgerichtshof verlängert werden. ⁴Im Übrigen gelten die Vorschriften des Gesetzes über den Staatsgerichtshof.

(2) Die Beschwerde kann nur darauf gestützt werden, dass die Entscheidung das Grundgesetz, die Landesverfassung oder dieses Gesetz verletzt habe.

§ 40 Nachwahlen

(1) ¹Eine Nachwahl findet statt, wenn in einem Wahlbereich oder in einem Wahlbezirk die Wahl nicht durchgeführt worden ist; sie muß spätestens drei Wochen nach dem Tage der ausgefallenen Wahl stattfinden. ²Den Tag der Nachwahl bestimmt der Landeswahlleiter.

(2) Die Nachwahl findet auf denselben Grundlagen und nach denselben Vorschriften wie die ausgefallene Wahl statt.

§ 41 Wiederholungswahlen

(1) Wird im Wahlprüfungsverfahren die Wahl ganz oder teilweise für ungültig erklärt, so ist sie nach Maßgabe der Entscheidung zu wiederholen.

(2) Bei der Wiederholungswahl wird vorbehaltlich einer anderen Entscheidung im Wahlprüfungsverfahren nach denselben Wahlvorschlägen und, wenn seit der Hauptwahl noch nicht sechs Monate vergangen sind, aufgrund derselben Wählerverzeichnisse gewählt, wie bei der für ungültig erklärten Wahl.

(3) ¹Die Wiederholungswahl muß spätestens drei Monate nach Rechtskraft der Entscheidung stattfinden, durch die Wahl für ungültig erklärt worden ist. ²Ist die Wahl nur teilweise für ungültig erklärt worden, so unterbleibt die Wiederholungswahl, wenn feststeht, daß innerhalb von sechs Monaten eine neue Bürgerschaft gewählt wird. ³Den Tag der Wiederholungswahl bestimmt der Senat.

(4) Aufgrund der Wiederholungswahl wird das Wahlergebnis neu festgestellt.

Zweiter Teil
Wahl der Stadtverordnetenversammlung der Stadt Bremerhaven

§ 42 Anwendung des Wahlgesetzes

(1) Auf die Wahl zur Stadtverordnetenversammlung der Stadt Bremerhaven finden die Vorschriften des Ersten Teils dieses Gesetzes nach Maßgabe der Absätze 2 bis 4 entsprechende Anwendung, soweit nicht in den §§ 43 bis 47 etwas anderes bestimmt ist.

(2) Es treten an die Stelle
1. des Gebietes der Freien Hansestadt Bremen und der Wahlbereiche — das Gebiet der Stadt Bremerhaven, ausgenommen in § 1;
2. des Landeswahlleiters — der Stadtwahlleiter, ausgenommen in § 10 Abs. 1 Nr. 1, § 16 Abs. 1, 2 und 4, § 24 Abs. 1, § 30a und § 40;
3. der Wahlbereichsleiter und der Wahlbereichsausschüsse — der Stadtwahlleiter und der Stadtwahlausschuß;
4. der Bürgerschaft — die Stadtverordnetenversammlung;
5. des Präsidenten der Bürgerschaft — der Stadtverordnetenvorsteher;
6. des Senats — der Magistrat.

(3) ¹§ 1 Abs. 1a, § 6 Abs. 5, § 7 Abs. 7, § 11 Absatz 1 Satz 2, § 19 Abs. 1a, § 30 Abs. 2a und 3a sowie § 36a finden keine Anwendung. ²Von § 5 gelten nur die Grundsätze der allgemeinen, unmittel-

baren, freien, gleichen und geheimen Wahl sowie die Bestimmung über die Dauer der Wahlperiode. [3]Erhält bei der Verteilung der Sitze nach § 7 Absatz 4 ein Wahlvorschlag, auf den mehr als die Hälfte der Gesamtzahl der gültigen Stimmen entfallen ist, nicht mehr als die Hälfte der Sitze, werden ihm weitere Sitze zugeteilt, bis auf ihn mehr als die Hälfte der Sitze entfallen. [4]In einem solchen Falle erhöht sich die Gesamtzahl der Sitze um die Unterschiedszahl.

(4) In § 36 Abs. 3 tritt an die Stelle der Vorschrift des Artikels 108 Abs. 2 der Landesverfassung die Bestimmung in § 46 Abs. 2 dieses Gesetzes.

§ 43 Wahlrecht und Wählbarkeit

(1) Wahlberechtigt sind alle Deutschen im Sinne des Artikels 116 Abs. 1 des Grundgesetzes, die im Wahlbereich Bremerhaven zur Bürgerschaft wahlberechtigt sind.

(2) Wahlberechtigt sind unter den übrigen Wahlrechtsvoraussetzungen des Absatzes 1 auch Staatsangehörige der übrigen Mitgliedstaaten der Europäischen Gemeinschaft (Unionsbürger).

(3) [1]Wählbar ist jeder Wahlberechtigte, der am Wahltage das 18. Lebensjahr vollendet hat und seit mindestens drei Monaten im Gebiet der Stadt Bremerhaven eine Wohnung innehat oder, sofern er eine Wohnung in der Bundesrepublik Deutschland nicht innehat, sich sonst gewöhnlich aufhält. [2]§ 1 Abs. 2 bis 4 und § 4 Abs. 3 gelten entsprechend.

§ 44 Wahltag

[1]Die Wahl zur Stadtverordnetenversammlung findet am Tage der Wahl zur Bürgerschaft statt. [2]§ 60 bleibt unberührt.

§ 45 Beteiligungsanzeige, Wahlvorschläge

(1) [1]Die Beteiligungsanzeige nach § 16 Abs. 1 Satz 3 muß von dem für das Gebiet der Stadt Bremerhaven satzungsmäßig zuständigen Vorstand unterzeichnet sein. [2]Der Fortfall der Anzeigepflicht und die Feststellung des Landeswahlausschusses nach § 16 Abs. 3 Nr. 1 erstrecken sich auch auf Parteien und Wählervereinigungen, die nur in der Stadtverordnetenversammlung seit deren letzter Wahl aufgrund eigener Wahlvorschläge ununterbrochen vertreten waren. [3]Im übrigen bedarf es einer besonderen Anzeige nach § 16 Abs. 1 für die Wahl zur Stadtverordnetenversammlung nicht, wenn die Partei oder Wählervereinigung ihre Beteiligung an der Wahl zur Bürgerschaft form- und fristgerecht angezeigt hat.

(2) Die Unterzeichnung der Wahlvorschläge nach § 18 Abs. 2 Satz 1 muß durch den für das Gebiet der Stadt Bremerhaven satzungsmäßig zuständigen Vorstand erfolgen.

(3) [1]Die Reihenfolge der Wahlvorschläge in der Bekanntmachung nach § 24 Abs. 2 und auf dem Stimmzettel nach § 25 richtet sich nach der Reihenfolge, die sich für die Wahl zur Bürgerschaft ergibt; dabei fallen die Wahlvorschlagsnummern derjenigen Parteien und Wählervereinigungen aus, für die zur Wahl der Stadtverordnetenversammlung ein Wahlvorschlag nicht eingereicht oder nicht zugelassen worden ist. [2]Wahlvorschläge von Parteien und Wählervereinigungen, die an der Wahl zur Bürgerschaft nicht teilnehmen, werden nach den übrigen Wahlvorschlägen in alphabetischer Reihenfolge aufgeführt.

(4) [1]Wahlvorschläge können auch von Einzelbewerbern eingereicht werden. [2]Für sie gelten die Vorschriften dieses Gesetzes über Parteien und Wählervereinigungen entsprechend, soweit in diesem Absatz nicht anderes bestimmt ist. [3]An die Stelle von Vertrauenspersonen und Vorständen tritt jeweils der Einzelbewerber selbst. [4]An die Stelle der Kurzbezeichnung tritt ein Kennwort. [5]Für Einzelbewerber entfällt die Unterscheidung zwischen Listen- und Personenwahl. [6]§ 19, § 20 Absätze 1 und 3 sowie § 25 Abs. 3 Nr. 1 finden keine Anwendung.

§ 46 Unvereinbarkeit

(1) [1]Mitglieder der Stadtverordnetenversammlung können nicht sein
1. Mitglieder des Magistrats,
2. Beamte mit Dienstbezügen der Stadt Bremerhaven,
3. Beamte mit Dienstbezügen der Freien Hansestadt Bremen, die vorbereitend oder entscheidend unmittelbar Aufgaben der Kommunal- oder Fachaufsicht über die Stadt Bremerhaven wahrnehmen,
4. leitende Angestellte der Weser-Elbe-Sparkasse oder einer juristischen Person des privaten Rechts, an der die Stadt Bremerhaven mit mehr als 50 v. H. am Kapital oder Stimmrecht beteiligt ist oder mehr als 50 v. H. des Stiftungsvermögens bereitgestellt hat. Leitender Angestellter ist, wer allein oder mit anderen ständig berechtigt ist, die juristische Person zu vertreten.

²Satz 1 Nr. 2 und 3 gilt für Angestellte entsprechend.

(2) ¹Wird ein Mitglied der Stadtverordnetenversammlung Mitglied des Magistrats, das nach Absatz 1 Satz 1 Nr. 1 an der gleichzeitigen Zugehörigkeit zur Stadtverordnetenversammlung gehindert ist, so scheidet es nach § 36 Abs. 2 Satz 2 aus der Stadtverordnetenversammlung aus; jedoch hat es das Recht, wieder in die Stadtverordnetenversammlung einzutreten, wenn es aus dem Magistrat ausscheidet. ²Das gleiche gilt, wenn ein Mitglied des Magistrats in die Stadtverordnetenversammlung gewählt, aber mit Rücksicht auf Satz 1 nicht in die Stadtverordnetenversammlung eingetreten ist, für den Fall seines späteren Ausscheidens aus dem Magistrat.

(3) ¹Wird ein Beamter oder Angestellter gewählt, der nach Absatz 1 Satz 1 Nr. 2 bis 4 an der gleichzeitigen Zugehörigkeit zur Stadtverordnetenversammlung gehindert ist, so kann er die Wahl nur annehmen, wenn er dem Stadtwahlleiter nachweist, daß er die zur Beendigung des Beamten- oder Angestelltenverhältnisses erforderliche Erklärung abgegeben hat. ²Weist er das vor Ablauf der Frist zur Annahme der Wahl nicht nach, so gilt die Wahl als abgelehnt. ³Die Beendigung des Beamten- oder Angestelltenverhältnisses ist dem Stadtverordnetenvorsteher spätestens vier Monate nach Annahme der Wahl nachzuweisen. ⁴Wird dieser Nachweis nicht geführt, scheidet das Mitglied mit Ablauf der Frist aus der Stadtverordnetenversammlung aus. ⁵Die Sätze 1 bis 4 gelten entsprechend, wenn ein Bewerber in die Stadtverordnetenversammlung nachrückt. ⁶Stellt der Stadtwahlleiter nachträglich fest, daß ein Beamter oder Angestellter die Wahl angenommen hat, obwohl er nach Absatz 1 Satz 1 Nr. 2 bis 4 an der gleichzeitigen Zugehörigkeit zur Stadtverordnetenversammlung gehindert war, und weist das Mitglied nicht innerhalb einer Frist von einem Monat nach Zustellung der nachträglichen Feststellung dem Stadtwahlleiter die Beendigung seines Beamten- oder Angestelltenverhältnisses nach, so scheidet es mit Ablauf der Frist aus der Stadtverordnetenversammlung aus.

(4) Wird ein Mitglied der Stadtverordnetenversammlung Beamter oder Angestellter, der nach Absatz 1 Satz 1 Nr. 2 bis 4 an der gleichzeitigen Zugehörigkeit zur Stadtverordnetenversammlung gehindert ist, so scheidet es mit seiner Einstellung aus der Stadtverordnetenversammlung aus.

(5) Die Feststellung des Verlustes der Mitgliedschaft trifft
1. in den Fällen des Absatzes 3 Satz 4 und des Absatzes 4 der Stadtverordnetenvorsteher,
2. im Falle des Absatzes 3 Satz 6 der Stadtwahlleiter.

§ 47 Wahlprüfung

(1) ¹Über die Gültigkeit der Wahl oder von Teilen der Wahl, über den Verlust der Mitgliedschaft nach § 34 Absatz 3 Nummer 2 und über die Rechtmäßigkeit der Feststellungen des Vorstandes und des Vorstehers der Stadtverordnetenversammlung sowie des Stadtwahlleiters nach §§ 34 bis 36 und 46 Absatz 5 entscheidet das Wahlprüfungsgericht. ²An die Stelle der fünf Mitglieder der Bürgerschaft treten fünf Mitglieder der Stadtverordnetenversammlung. ³Diese und ihre Stellvertreter werden von der Stadtverordnetenversammlung in entsprechender Anwendung des § 37 Absatz 1 Satz 3 gewählt.

(2) ¹Die Prüfung erfolgt nur auf Einspruch. ²Den Einspruch kann jeder Wahlberechtigte, jede an der Wahl beteiligte Partei und Wählervereinigung sowie jede sonstige Gruppe von Wahlberechtigten und in amtlicher Eigenschaft der Stadtwahlleiter sowie der Landeswahlleiter einlegen. ³Gegen Feststellungen des Vorstandes und des Vorstehers der Stadtverordnetenversammlung sowie des Stadtwahlleiters nach §§ 34 bis 36 und 46 Abs. 5 kann nur der Betroffene Einspruch einlegen.

(3) ¹Der Einspruch ist innerhalb eines Monats nach Bekanntmachung des endgültigen Wahlergebnisses beim Stadtwahlleiter schriftlich einzulegen und zu begründen. ²Der Stadtwahlleiter reicht seinen Einspruch unmittelbar beim Wahlprüfungsgericht ein. ³In den Fällen des Absatzes 2 Satz 3 beginnt die Frist mit der Zustellung der Feststellung. ⁴Werden dem Stadtwahlleiter oder dem Landeswahlleiter nach Ablauf der in Satz 1 gesetzten Frist in amtlicher Eigenschaft Umstände bekannt, die einen Wahlmangel begründen könnten, können sie innerhalb eines Monats nach Bekanntwerden dieser Umstände Einspruch einlegen. ⁵Satz 4 gilt entsprechend, wenn über den nachträglichen Verlust der Wählbarkeit nach § 34 Abs. 1 Nr. 3 im Wahlprüfungsverfahren zu entscheiden ist.

(4) ¹Auf das Verfahren findet § 38 Absatz 3 bis 5 sowie § 39 entsprechende Anwendung. ²Zur Einlegung der Beschwerde gegen die Entscheidung des Wahlprüfungsgerichts berechtigt sind:
1. der Einspruchsführer, dessen Einspruch zurückgewiesen worden ist,
2. der Stadtwahlleiter,
3. der Landeswahlleiter und

4. das Mitglied der Stadtverordnetenversammlung, dessen Verlust der Mitgliedschaft das Wahlprüfungsgericht nach § 34 Absatz 3 Nummer 2 festgestellt hat, sowie die Partei oder Wählervereinigung, aus deren Wahlvorschlag das Mitglied gewählt wurde.

Dritter Teil
Wahl der Beiräte im Gebiet der Stadt Bremen
§ 48 Anwendung des Wahlgesetzes
(1) Auf die Wahl der Beiräte im Gebiet der Stadt Bremen finden die Vorschriften des Ersten Teils dieses Gesetzes nach Maßgabe der Absätze 2 bis 4 entsprechende Anwendung, soweit nicht in den §§ 49 bis 53 etwas anderes bestimmt ist.
(2) Es treten an die Stelle

1.	des Gebietes der Freien Hansestadt Bremen	das Gebiet aller Beiratsbereiche, in § 19 Abs. 2 der für mehrere Beiratsbereiche satzungsmäßig zuständige unterste Gebietsverband;
2.	des Wahlbereichs	der Beiratsbereich, in § 10 Abs. 1 Nr. 2 alle Beiratsbereiche;
3.	des Landeswahlleiters	der Leiter des Wahlbereichs Bremen, ausgenommen in § 10 Abs. 1 Nr. 1, § 16 Abs. 1, 2 und 4, § 30a sowie § 40;
4.	der Bürgerschaft und des Wahlprüfungsgerichts	der Beirat;
5.	des Vorstandes und des Präsidenten der Bürgerschaft	der Ortsamtsleiter.

(3) [1]§ 1 Abs. 1a, §§ 5, 6 Abs. 5, § 7 Abs. 7, § 19 Abs. 1a, § 30 Abs. 2a und 3a, § 36 Abs. 2 und 3 sowie § 36a finden keine Anwendung. [2]Erhält bei der Verteilung der Sitze nach § 7 Absatz 4 ein Wahlvorschlag, auf den mehr als die Hälfte der Gesamtzahl der gültigen Stimmen entfallen ist, nicht mehr als die Hälfte der Sitze, werden ihm weitere Sitze zugeteilt, bis auf ihn mehr als die Hälfte der Sitze entfallen. [3]In einem solchen Falle erhöht sich die Gesamtzahl der Sitze um die Unterschiedszahl.

§ 49 Wahlrecht, Wählbarkeit und Verlust der Mitgliedschaft
Das Ortsgesetz über Beiräte und Ortsämter kann die Wahlberechtigung, die Wählbarkeit und den Verlust der Mitgliedschaft im Beirat regeln.

§ 50 Wahltag
Die Wahl der Beiräte findet am Tage der Wahl zur Bürgerschaft statt.

§ 51 Beteiligungsanzeige, Wahlvorschläge
(1) [1]Die Beteiligungsanzeige nach § 16 Abs. 1 Satz 3 muß von dem für das Gebiet der Stadt Bremen satzungsmäßig zuständigen Vorstand unterzeichnet sein. [2]Der Fortfall der Anzeigepflicht und die Feststellung des Landeswahlausschusses nach § 16 Abs. 3 Nr. 1 erstrecken sich auch auf Parteien und Wählervereinigungen, die nur in Beiräten seit derer letzter Wahl aufgrund eigener Wahlvorschläge ununterbrochen vertreten waren. [3]Im übrigen bedarf es einer besonderen Anzeige nach § 16 Abs. 1 für die Wahl der Beiräte nicht, wenn die Partei oder Wählervereinigung ihre Beteiligung an der Wahl zur Bürgerschaft form- und fristgerecht angezeigt hat.
(2) [1]Jeder Wahlvorschlag muß von dem für das Gebiet der Stadt Bremen satzungsmäßig zuständigen Vorstand persönlich und handschriftlich unterzeichnet sein. [2]Wahlvorschläge der in § 16 Abs. 3 Nr. 2 genannten Parteien und Wählervereinigungen müssen außerdem von zweimal so viel Wahlberechtigten des jeweiligen Beiratsbereichs persönlich und handschriftlich unterzeichnet sein, wie Mitglieder des Beirats zu wählen sind.
(3) [1]Die Reihenfolge der Wahlvorschläge in den Bekanntmachungen nach § 24 Abs. 2 und auf den Stimmzetteln nach § 25 richtet sich nach der Reihenfolge, die sich für die Wahl zur Bürgerschaft ergibt; dabei fallen die Wahlvorschlagsnummern derjenigen Parteien und Wählervereinigungen aus, für die im Beiratsbereich ein Wahlvorschlag nicht eingereicht oder nicht zugelassen worden ist. [2]Wahlvorschläge von Parteien und Wählervereinigungen, die an der Wahl der Bürgerschaft nicht teilnehmen, werden nach den übrigen Wahlvorschlägen in alphabetischer Reihenfolge aufgeführt; § 24 Abs. 2 Satz 3 gilt entsprechend.

(4) ¹Wahlvorschläge können auch von Einzelbewerbern eingereicht werden. ²§ 45 Abs. 4 gilt entsprechend.

§ 52 Unvereinbarkeit
(1) ¹Mitglieder des Beirats können nicht sein
1. Mitglieder der Bürgerschaft oder Stadtbürgerschaft,
2. der Leiter des jeweiligen Ortsamtes,
3. Beamte mit Dienstbezügen, die beim jeweiligen Ortsamt beschäftigt sind,
4. Beamte mit Dienstbezügen, die bei der Aufsichtsbehörde für die Ortsämter unmittelbar Aufgaben der Dienst-, Rechts- oder Fachaufsicht über die Ortsämter wahrnehmen.

²Satz 1 Nr. 3 und 4 gilt für Angestellte entsprechend.
(2) ¹Der Ortsamtsleiter hat das Mandat für erloschen zu erklären, wenn
1. ein in den Beirat gewählter Bewerber, der seine Wahl zum Beirat angenommen hat, oder ein Mitglied des Beirats in die Bürgerschaft gewählt worden ist und die Wahl zur Bürgerschaft angenommen hat, oder
2. ein in die Bürgerschaft gewählter Bewerber, der seine Wahl zur Bürgerschaft angenommen hat, oder ein Mitglied der Bürgerschaft in den Beirat gewählt worden ist und die Wahl zum Beirat angenommen hat.

²Satz 1 gilt nicht, wenn das Beiratsmitglied sein Mandat niederlegt oder die Mitgliedschaft in der Bürgerschaft vor Beginn der Mitgliedschaft im Beirat endet. ³Im übrigen gelten die Sätze 1 und 2 bei Annahme einer Wahl zur Stadtbürgerschaft oder ausschließlicher Mitgliedschaft in der Stadtbürgerschaft entsprechend.
(3) Wird der Leiter des Ortsamtes oder ein Beamter oder Angestellter gewählt, der nach Absatz 1 Satz 1 Nr. 2 bis 4 an der gleichzeitigen Zugehörigkeit zum Beirat gehindert ist, so findet § 46 Abs. 3 bis 5 entsprechende Anwendung; dabei treten an die Stelle der Stadtverordnetenversammlung der Beirat sowie an die Stelle des Stadtwahlleiters und des Stadtverordnetenvorstehers der Leiter des Wahlbereichs Bremen.

§ 53 Wahlprüfung
(1) Über die Gültigkeit der Wahl oder von Teilen der Wahl, über den Verlust der Mitgliedschaft nach § 34 Absatz 3 Nummer 2 und über die Rechtmäßigkeit der Feststellungen des Ortsamtsleiters und des Leiters des Wahlbereichs Bremen nach §§ 34 bis 36 und 52 Absatz 3 entscheidet der Beirat.
(2) ¹Die Prüfung erfolgt nur auf Einspruch. ²Den Einspruch kann jeder Wahlberechtigte, jede an der Wahl beteiligte Partei und Wählervereinigung sowie jede sonstige Gruppe von Wahlberechtigten und in amtlicher Eigenschaft der Leiter des Wahlbereichs Bremen sowie der Landeswahlleiter einlegen. ³Gegen Feststellungen des Ortsamtsleiters und des Leiters des Wahlbereichs Bremen nach §§ 34 bis 36 und 52 Absatz 3 kann nur der Betroffene Einspruch einlegen.
(3) ¹Der Einspruch ist innerhalb eines Monats nach Bekanntmachung des endgültigen Wahlergebnisses beim Leiter des Wahlbereichs Bremen schriftlich einzulegen und zu begründen. ²Der Leiter des Wahlbereichs Bremen reicht seinen Einspruch unmittelbar beim Beirat ein. ³In den Fällen des Absatzes 2 Satz 3 beginnt die Frist mit der Zustellung der Feststellung. ⁴Werden dem Leiter des Wahlbereichs Bremen oder dem Landeswahlleiter nach Ablauf der in Satz 1 gesetzten Frist in amtlicher Eigenschaft Umstände bekannt, die einen Wahlmangel begründen könnten, so können sie innerhalb eines Monats nach Bekanntwerden dieser Umstände Einspruch einlegen. ⁵Satz 4 gilt entsprechend, wenn über den nachträglichen Verlust der Wählbarkeit nach § 34 Absatz 1 Nummer 3 im Wahlprüfungsverfahren zu entscheiden ist.
(4) ¹Der Leiter des Wahlbereichs Bremen hat den Einspruch mit seiner Äußerung dem neugewählten Beirat unverzüglich vorzulegen. ²Dieser entscheidet nach Vorprüfung durch einen Ausschuss unverzüglich über die Einsprüche und insoweit über die Gültigkeit der Wahl. ³Die Mitglieder des Beirats sind auch dann nicht gehindert, an der Entscheidung mitzuwirken, wenn sich die Feststellung im Einzelfalle auf ihre Wahl erstreckt.
(5) Der Beschluss des Beirats ist dem Leiter des Wahlbereichs Bremen, dem Landeswahlleiter, demjenigen, der Einspruch erhoben hat, und dem Mitglied des Beirats, soweit hierdurch seine Mitgliedschaft berührt wird, mit Begründung und Rechtsbehelfsbelehrung zuzustellen.
(6) ¹Gegen den Beschluss des Beirats kann binnen eines Monats nach Zustellung Klage vor dem Verwaltungsgericht erhoben werden. ²Der Leiter des Wahlbereichs Bremen und der Landeswahlleiter

sind auch dann klageberechtigt, wenn der Einspruch nicht von ihnen erhoben worden ist. ³Ein Vorverfahren nach dem 8. ⁴Abschnitt der Verwaltungsgerichtsordnung findet nicht statt.

Vierter Teil
Schlußbestimmungen

§ 54 Anfechtung
Entscheidungen und Maßnahmen, die sich unmittelbar auf das Wahlverfahren beziehen, können nur mit den in diesem Gesetz und in der Landeswahlordnung vorgesehenen Rechtsbehelfen angefochten werden.

§ 55 Fristen, Termine und Form
(1) ¹Die in diesem Gesetz und der Landeswahlordnung vorgesehenen Fristen und Termine verlängern oder ändern sich nicht dadurch, daß der letzte Tag der Frist oder ein Termin auf einen Sonnabend, Sonntag oder einen staatlich anerkannten allgemeinen Feiertag fällt. ²Dies gilt nicht für § 38 Abs. 2, § 39 Abs. 1 sowie § 47 Absatz 3 sowie § 53 Absatz 3 und 6.
(2) Eine Wiedereinsetzung in den vorigen Stand findet nicht statt.
(3) Soweit in diesem Gesetz oder in der Landeswahlordnung nichts anderes bestimmt ist, müssen vorgeschriebene Erklärungen persönlich und handschriftlich unterzeichnet sein und bei der zuständigen Stelle im Original vorliegen.

§ 56 Wahlkosten
(1) ¹Die Kosten der Wahl der Bürgerschaft trägt die Freie Hansestadt Bremen; sie erstattet der Stadt Bremerhaven die durch die Wahl veranlaßten notwendigen Ausgaben aufgrund einer vom Landeswahlleiter genehmigten Kostenaufstellung. ²Bei der Erstattung werden laufende persönliche und sachliche Kosten und Kosten für die Benutzung von Räumen und Einrichtungen der Stadt Bremerhaven nicht berücksichtigt.
(2) Die Kosten der Wahl der Stadtverordnetenversammlung der Stadt Bremerhaven trägt die Stadt Bremerhaven.
(3) Die Kosten der Wahl der Beiräte im Gebiet der Stadt Bremen trägt die Stadt Bremen.

§ 57 Wahlstatistik
(1) Das Ergebnis der Wahlen ist statistisch zu bearbeiten.
(2) ¹Für die Wahlen zur Bürgerschaft kann der Landeswahlleiter bestimmen, daß in den von ihm im Einvernehmen mit dem Statistischen Landesamt zu benennenden Wahlbezirken auch Statistiken über Geschlechts- und Altersgliederung der Wahlberechtigten und Wähler unter Berücksichtigung der Stimmabgabe für die einzelnen Wahlvorschläge zu erstellen sind. ²Die Trennung der Wahl nach Altersgruppen und Geschlechtern ist nur zulässig, wenn die Stimmabgabe der einzelnen Wähler dadurch nicht erkennbar wird.

§ 57a Beschränkung von Rechten der betroffenen Person nach der Verordnung (EU) 2016/679
¹Zum Schutze der fristgemäßen Durchführung der Wahl bestehen die Rechte nach den Artikeln 16 und 18 der Verordnung (EU) 2016/679 des Europäischen Parlaments und des Rates vom 27. April 2016 zum Schutz natürlicher Personen bei der Verarbeitung personenbezogener Daten, zum freien Datenverkehr und zur Aufhebung der Richtlinie 95/46/EG (Datenschutz-Grundverordnung) (ABl. L 119 vom 4.5.2016, S. 1; L 314 vom 22.11.2016, S. 72) nicht,
1. soweit es personenbezogene Daten in Wahlvorschlägen betrifft, im Zeitraum vom Ablauf der Frist für die Einreichung der Wahlvorschläge (§ 17) bis zum Ablauf des Wahltages,
2. soweit es personenbezogene Daten im Wählerverzeichnis betrifft, im Zeitraum vom Beginn der Eintragung der Wahlberechtigten in das Wählerverzeichnis bis zum Ablauf des Wahltages.

²Macht eine betroffene Person in den Fällen des Satzes 1 ein Verlangen nach Artikel 16 oder Artikel 18 der Verordnung (EU) 2016/679 geltend, ist sie über die durch Satz 1 erfolgte Beschränkung ihres Rechts zu unterrichten
1. soweit es Daten in Wahlvorschlägen betrifft, durch den Wahlbereichsleiter,
2. soweit es Daten im Wählerverzeichnis betrifft, durch die Gemeindebehörde.

³Bei der Wahl zur Stadtverordnetenversammlung tritt in Satz 2 Nummer 1 an die Stelle des Wahlbereichsleiters der Stadtwahlleiter.

§ 58 Landeswahlordnung
¹Der Senator für Inneres erläßt die zur Durchführung dieses Gesetzes erforderliche Landeswahlordnung. ²Er trifft darin insbesondere Rechtsvorschriften über
1. die Bestellung der Wahlleiter, die Besetzung und Bestellung der Wahlvorstände, die Bildung der Wahlausschüsse sowie über die Tätigkeit, Beschlußfähigkeit und das Verfahren der Wahlorgane,
2. die Berufung in ein Wahlehrenamt und den Ersatz von Auslagen für Inhaber von Wahlehrenämtern,
3. die Bildung von Wahlbezirken und ihre Bekanntmachung,
4. die einzelnen Voraussetzungen für die Aufnahme in das Wählerverzeichnis, dessen Führung, Berichtigung und Abschluss, über die Einsicht in das Wählerverzeichnis, über den Einspruch und die Beschwerde gegen das Wählerverzeichnis sowie über die Benachrichtigung der Wahlberechtigten,
5. die einzelnen Voraussetzungen für die Erteilung von Wahlscheinen, deren Ausstellung, über den Einspruch und die Beschwerde gegen die Ablehnung von Wahlscheinen,
6. Einreichung, Inhalt und Form der Wahlvorschläge sowie der dazugehörigen Unterlagen, über ihre Prüfung, ihre Zulassung und Bekanntgabe sowie über die Beseitigung von Mängeln und die Beschwerde gegen Entscheidungen der Wahlausschüsse,
7. Form und Inhalt des Stimmzettels und über den Stimmzettelumschlag,
8. die Bereitstellung, Einrichtung und Bekanntgabe der Wahlräume sowie über Wahlschutzvorrichtungen und Wahlzellen,
9. die Stimmabgabe, auch soweit besondere Verhältnisse besondere Regelungen erfordern.
10. die Wahlzeit,
11. die Briefwahl,
12. die Abgabe und Aufnahme von Versicherungen an Eides statt,
13. die Wahl in Kranken- und Pflegeanstalten, Justizvollzugsanstalten und Gemeinschaftsunterkünften,
14. die Software-Zulassung und Stimmauszählung nach Maßgabe von § 30a, die Feststellung der Wahlergebnisse, ihre Weitermeldung und Bekanntgabe sowie die Benachrichtigung der Gewählten,
15. die Durchführung von Nachwahlen und Wiederholungswahlen sowie die Berufung von Listennachfolgern,
16. die Sicherung der Wählerverzeichnisse und die Vernichtung von Wahlunterlagen,
17. die statistische Aufbereitung des Wahlergebnisses sowie die getrennte Durchführung der Wahl nach Geschlechtern und Altersgruppen für Zwecke der Statistik,
18. das Verfahren nach § 16,
19. die Veröffentlichung von Bekanntmachungen, in welchem Umfang amtliche Vordrucke zu verwenden und Vordrucke von Amts wegen zu beschaffen sind,
20. die gemeinsame Durchführung der Bürgerschaftswahl mit anderen Wahlen oder Abstimmungen, um insbesondere die gemeinsame Nutzung der Wahlunterlagen und die Zusammenarbeit der Wahlorgane sicherzustellen.

§ 59 Vorzeitige Beendigung der Wahlperiode der Bürgerschaft
Im Falle einer vorzeitigen Beendigung der Wahlperiode der Bürgerschaft gelten die Vorschriften dieses Gesetzes mit folgenden Maßgaben:
1. Der Wahltag muß innerhalb der Frist zur Neuwahl nach Artikel 76 Abs. 3 der Landesverfassung liegen und wird unverzüglich nach dem in Artikel 76 Abs. 1 der Landesverfassung genannten Ereignis durch Beschluß der Bürgerschaft festgesetzt. Dabei sind die in Nummer 2 gesetzten Fristen zu beachten.
2. Die Fristen in den nachstehend genannten Bestimmungen werden wie folgt abgekürzt:
    a) In § 16 tritt
        aa) in Absatz 1 Satz 1 an Stelle des 97. Tages der 54. Tag,
        bb) in Absatz 3 an Stelle des 79. Tages der 44. Tag.
    b) In § 17 tritt an Stelle des 69. Tages der 34. Tag.
    c) In § 23 tritt
        aa) in Absatz 1 Satz 1 an Stelle des 58. Tages der 30. Tag,

bb) in Absatz 2 Satz 5 an Stelle des 52. Tages der 24. Tag.
d) In § 24 Absatz 1 tritt an Stelle des 27. Tages der 20. Tag.
3. Die Aufstellungsfristen nach § 19 Abs. 3 Satz 4 finden keine Anwendung.

§ 60 Auswirkungen einer vorzeitigen Beendigung der Wahlperiode der Bürgerschaft auf die Wahl zur Stadtverordnetenversammlung

(1) ¹Im Falle einer vorzeitigen Beendigung der Wahlperiode der Bürgerschaft nach Artikel 76 der Landesverfassung kann die Stadtverordnetenversammlung ihre Wahlperiode zur Aufrechterhaltung der Übereinstimmung der Wahlperioden von Bürgerschaft und Stadtverordnetenversammlung und der Wahltage durch Beschluß vorzeitig beenden. ²Der Antrag muß von wenigstens einem Drittel der gesetzlichen Mitgliederzahl der Stadtverordnetenversammlung gestellt und mindestens eine Woche vor der Sitzung, auf deren Tagesordnung er gebracht wird allen Stadtverordneten und dem Magistrat mitgeteilt werden. ³Der Beschluß bedarf der Zustimmung von mindestens zwei Dritteln der Mitglieder der Stadtverordnetenversammlung. ⁴Beschließt die Stadtverordnetenversammlung die vorzeitige Beendigung der Wahlperiode, gilt § 59 Nr. 2 und 3 entsprechend.

(2) Macht die Stadtverordnetenversammlung von der Möglichkeit nach Absatz 1 innerhalb von 10 Tagen nach der Entscheidung der Bürgerschaft über eine vorzeitige Beendigung der Wahlperiode keinen Gebrauch, finden bis zu einer Wiederherstellung der Übereinstimmung der Wahlperioden von Bürgerschaft und Stadtverordnetenversammlung und der Wahltage für die Wahl der Stadtverordnetenversammlung die Vorschriften des Zweiten Teils dieses Gesetzes Anwendung mit folgenden Maßgaben:
1. Abweichend von § 42 Abs. 2 Nr. 1 tritt auch in § 1 an die Stelle des Gebietes der Freien Hansestadt Bremen und der Wahlbereiche das Gebiet der Stadt Bremerhaven;
2. abweichend von § 42 Abs. 2 Nr. 2 tritt auch in § 24 Abs. 1 und § 40 an die Stelle des Landeswahlleiters der Stadtwahlleiter;
3. §§ 43, 44 Satz 1 und § 45 Abs. 1 Satz 3 und Abs. 3 finden keine Anwendung.
4. Wahlberechtigt sind unter den übrigen Wahlrechtsvoraussetzungen des § 42 in Verbindung mit § 1 auch Staatsangehörige der übrigen Mitgliedstaaten der Europäischen Gemeinschaft (Unionsbürger).

(3) ¹Im Fall von Absatz 2 behält die Stadtverordnetenversammlung das Recht, ihre Wahlperiode zu einem späteren Zeitpunkt zur Wiederherstellung der Übereinstimmung der Wahlperioden von Bürgerschaft und Stadtverordnetenversammlung und der Wahltage durch Beschluß vorzeitig zu beenden. ²Dabei sind die Fristen nach §§ 16, 17, 23 und 24 des Bremischen Wahlgesetzes zu beachten. ³Absatz 1 Satz 1 bis 3 findet entsprechend Anwendung mit der Maßgabe, daß der Antrag auf vorzeitige Beendigung der Wahlperiode mindestens zwei Wochen vor der Sitzung, auf deren Tagesordnung er gebracht wird, allen Stadtverordneten und dem Magistrat mitgeteilt wird. ⁴Beschließt die Stadtverordnetenversammlung die vorzeitige Beendigung der Wahlperiode, endet diese mit der Wahlperiode der Bürgerschaft.

Gesetz
über das Verfahren beim Volksentscheid

Vom 27. Februar 1996 (Brem.GBl. S. 41)
(112-a-1)
zuletzt geändert durch Art. 2 d. G vom 4. September 2018 (Brem.GBl. S. 411, 414)

Der Senat verkündet das nachstehende von der Bürgerschaft (Landtag) beschlossene Gesetz:

Inhaltsübersicht

Erster Teil
Verfahren beim Volksbegehren und Volksentscheid im Land

Erster Abschnitt
Volksentscheid

§ 1	Voraussetzungen
§ 2	Abstimmungstag, Bekanntmachung
§ 3	Stimmrechtsgrundsätze, Stimmzettel
§ 4	Ungültige Stimmen
§ 5	Feststellung des Abstimmungsergebnisses
§ 6	Ergebnis des Volksentscheides
§ 7	Ausfertigung und Verkündung der Gesetze, Rechtsfolgen

Zweiter Abschnitt
Volksbegehren

§ 8	Gegenstand
§ 8a	Beratung
§ 9	Unzulässige Volksbegehren
§ 10	Zulassungsantrag
§ 11	Änderung und Rücknahme des Zulassungsantrages
§ 12	Entscheidung über den Zulassungsantrag
§ 13	Bekanntmachung, Beginn der Eintragungsfrist
§ 14	Unterschriftsbogen
§ 15	Eintragungsberechtigung
§ 16	Eintragung in die Unterschriftsbogen
§ 17	Ungültige Eintragungen
§ 18	Einreichung und Auswertung der Unterschriftsbogen
§ 19	Feststellung des Eintragungsergebnisses
§ 20	Anfechtung
§ 21	Behandlung in der Bürgerschaft

Zweiter Teil
Verfahren beim Volksbegehren und Volksentscheid in der Stadtgemeinde Bremen

§ 22	Anwendung des Gesetzes
§ 23	Voraussetzungen
§ 24	Unzulässige Volksbegehren
§ 25	Eintragungs- und Stimmberechtigung
§ 26	Anfechtung

Dritter Teil
Schlußbestimmungen

§ 27	Anwendung des Wahlrechts, Durchführungsvorschriften, Kosten
§ 28	Datenschutz
§ 29	Inkrafttreten

Anlagen:

Anlage 1
(zu § 10 Abs. 2 Nr. 2)
Antrag auf Zulassung eines Volksbegehrens

Anlage 2
(zu § 14 Abs. 2)
Unterschriftsbogen für das zugelassene Volksbegehren

Erster Teil
Verfahren beim Volksbegehren und Volksentscheid im Land

Erster Abschnitt
Volksentscheid

§ 1 Voraussetzungen

Ein Volksentscheid findet statt,
1. wenn die Bürgerschaft mit der Mehrheit ihrer Mitglieder eine Verfassungsänderung dem Volksentscheid unterbreitet (Artikel 70 Abs. 1 Buchstabe a der Landesverfassung),
2. wenn die Bürgerschaft eine andere zu ihrer Zuständigkeit gehörende Frage dem Volksentscheid unterbreitet (Artikel 70 Abs. 1 Buchstabe b der Landesverfassung),

3. wenn ein Fünftel der Stimmberechtigten die vorzeitige Beendigung der Wahlperiode der Bürgerschaft verlangt (Artikel 70 Abs. 1 Buchstabe c der Landesverfassung),
4. wenn ein Zwanzigstel der Stimmberechtigten das Begehren auf Beschlußfassung über einen Gesetzentwurf stellt, es sei denn, die Vertrauenspersonen haben keinen Antrag auf Durchführung des Volksentscheids gestellt, oder der begehrte Gesetzentwurf ist in der Bürgerschaft unverändert angenommen worden oder in veränderter, jedoch dem Anliegen des Volksbegehrens nicht widersprechender Weise angenommen und die Erledigung des Volksbegehrens auf Antrag der Vertrauenspersonen von der Bürgerschaft festgestellt worden. Soll die Verfassung geändert werden, muss ein Zentel der Stimmberechtigten das Begehren unterstützen (Artikel 70 Abs. 1 Buchstabe d der Landesverfassung).

§ 2 Abstimmungstag, Bekanntmachung

(1) ^{1}Der Volksentscheid findet vier Monate nach Eintritt der Voraussetzungen, die ihn erforderlich machen (§ 1), an dem folgenden Sonntag oder gesetzlichen Feiertag statt. ^{2}Liegt dieser Termin in einem Zeitraum von fünf Monaten vor oder einem Monat nach einer Wahl zur Bürgerschaft, zum Deutschen Bundestag oder zum Europäischen Parlament, so findet der Volksentscheid am Tag dieser Wahl statt, wenn die Antragsteller dies beantragen.

(2) ^{1}Der Senat bestimmt als Tag des Volksentscheides einen Sonntag oder gesetzlichen Feiertag und macht ihn mit dem Gegenstand des Volksentscheides und mit dem Muster des Stimmzettels im Amtsblatt der Freien Hansestadt Bremen bekannt. ^{2}Vorher sind die Vertrauenspersonen zum Abstimmungstag zu hören. ^{3}Sofern die Bürgerschaft einen eigenen Gesetzentwurf zum Gegenstand des Volksentscheids vorlegt, ist dieser mit Begründung in die Bekanntmachung aufzunehmen.

(3) ^{1}Die Stimmberechtigten erhalten von der Gemeindebehörde vor der Abstimmung ein von der Bürgerschaft erstelltes Informationsheft, in dem die Bürgerschaft und die Initiatoren des Volksbegehrens in gleichem Umfang Stellung nehmen. ^{2}Die Bürgerschaft nimmt als Ganze oder nach Fraktionen getrennt Stellung. ^{3}Der Anteil der Stellungnahmen der Fraktionen an der gesamten Stellungnahme der Bürgerschaft entspricht der Sitzverteilung der Fraktionen in der Bürgerschaft.

(4) Die dem Volksentscheid vorzulegende Frage ist so zu stellen, daß sie mit »Ja« oder »Nein« beantwortet werden kann.

§ 3 Stimmrechtsgrundsätze, Stimmzettel

(1) ^{1}Die Abstimmung ist allgemein, gleich, unmittelbar, frei und geheim. ^{2}Sie kann nur bejahend oder verneinend lauten.

(2) ^{1}Die Stimmzettel werden amtlich und für jede Frage oder für jeden Gesetzentwurf getrennt hergestellt. ^{2}Jeder Stimmzettel lautet auf »Ja« und »Nein«.

(3) ^{1}Der Stimmzettel hat den zur Abstimmung vorgelegten Gegenstand des Volksentscheides zu enthalten. ^{2}Vom Abdruck umfangreicher Gesetzentwürfe kann abgesehen werden; der Gesetzentwurf ist dann den Stimmberechtigten von der Gemeindebehörde vor der Abstimmung zu übermitteln.

(4) ^{1}Stehen mehrere Gesetzentwürfe, die alle den gleichen Gegenstand betreffen, zur Abstimmung, so sind sie auf einem Stimmzettel gemeinsam aufzuführen. ^{2}Ihre Reihenfolge richtet sich nach der vom Landeswahlausschuss festgestellten Zahl der insgesamt abgegebenen Eintragungen zum jeweils zugrunde liegenden Volksbegehren. ^{3}Hat die Bürgerschaft einen eigenen Gesetzentwurf zur Abstimmung vorgelegt, so wird dieser nach den mit dem Volksbegehren gestellten Gesetzentwürfen aufgeführt. ^{4}§ 2 Absatz 4 ist für jeden dieser Gesetzentwürfe anzuwenden. ^{5}Die abstimmende Person kann zu jedem einzelnen Gesetzentwurf kenntlich machen, ob sie ihn dem geltenden Recht vorzieht (Ja-Stimme) oder nicht (Nein-Stimme). ^{6}Zusätzlich kann sie kenntlich machen, welchen der Gesetzentwürfe sie vorzieht für den Fall, dass zwei oder mehr Gesetzentwürfe jeweils die erforderliche Zustimmung erreichen (Stichfrage).

(5) Jeder Stimmberechtigte hat so viele Stimmen wie Fragen oder Gesetzentwürfe zur Abstimmung gestellt sind.

§ 4 Ungültige Stimmen

(1) Ungültig sind Stimmen, wenn der Stimmzettel
1. nicht amtlich hergestellt ist,
2. die Kennzeichnung der gestellten Frage zugleich mit »Ja« und »Nein« enthält,
3. eine Kennzeichnung der gestellten Frage weder mit »Ja« noch mit »Nein« enthält,

4. den Willen des Wählers nicht zweifelsfrei erkennen läßt,
5. einen Zusatz oder Vorbehalt enthält.
(2) Mehrere Stimmzettel zur selben Frage in einem Stimmzettelumschlag gelten als ein Stimmzettel, wenn die Stimmabgabe auf ihnen gleich lautet oder nur einer von ihnen gekennzeichnet ist; sonst gelten sie als ungültiger Stimmzettel.
(3) Im übrigen gilt § 31 Abs. 3 bis 5 des Bremischen Wahlgesetzes entsprechend.

§ 5 Feststellung des Abstimmungsergebnisses
(1) ¹Der Landeswahlausschuß stellt das Ergebnis der Abstimmung fest. ²Der Landeswahlleiter veröffentlicht es unverzüglich im Amtsblatt der Freien Hansestadt Bremen.
(2) Ein Einspruch gegen die Gültigkeit der Abstimmung hat keine aufschiebende Wirkung.

§ 6 Ergebnis des Volksentscheides
(1) ¹Ein Gesetzentwurf oder eine andere Vorlage nach Artikel 70 der Landesverfassung ist durch Volksentscheid angenommen, wenn die Mehrheit der abgegebenen Stimmen für den Gesetzentwurf oder die andere Vorlage auf »Ja« lautet. ²Dies gilt jedoch nur, wenn mindestens ein Fünftel der Stimmberechtigten zugestimmt hat. ³Einem verfassungsändernden Gesetz, das aufgrund eines Volksbegehrens zum Volksentscheid kommt, müssen zwei Fünftel der Stimmberechtigten zustimmen. ⁴Einer vorzeitigen Beendigung der Wahlperiode der Bürgerschaft muss mehr als die Hälfte der Stimmberechtigten zustimmen.
(2) ¹Hat von mehreren zur Abstimmung stehenden Gesetzentwürfen nur ein Gesetzentwurf die erforderliche Zustimmung erreicht, so ist dieser Gesetzentwurf angenommen. ²Haben zwei oder mehr Gesetzentwürfe die erforderliche Zustimmung erreicht, so ist von diesen der Gesetzentwurf angenommen, der bei der Stichfrage die Mehrheit der gültigen Stimmen enthält. ³Ergibt sich bei der Stichfrage Stimmengleichheit, so ist der Gesetzentwurf angenommen, der die meisten gültigen Ja-Stimmen erhalten hat. ⁴Ist die Zahl der gültigen Ja-Stimmen für mehrere Gesetzentwürfe gleich, so ist derjenige angenommen, der nach Abzug der auf ihn entfallenen Nein-Stimmen die größte Zahl der Ja-Stimmen auf sich vereinigt.

§ 7 Ausfertigung und Verkündung der Gesetze, Rechtsfolgen
(1) Ein durch Volksentscheid beschlossenes Gesetz ist vom Senat binnen zwei Wochen nach Feststellung des Abstimmungsergebnisses durch den Landeswahlausschuß auszufertigen und im Gesetzblatt der Freien Hansestadt Bremen zu verkünden.
(2) Hat die Bürgerschaft nach Eingang des Zulassungsantrages beim Landeswahlleiter den begehrten Gesetzentwurf mit Änderungen oder zum gleichen Gegenstand ein abweichendes Gesetz beschlossen, so tritt das durch Volksentscheid beschlossene Gesetz am Tage seines Inkrafttretens an die Stelle dieses Gesetzes.

Zweiter Abschnitt
Volksbegehren

§ 8 Gegenstand
(1) Ein Volksbegehren kann auf Erlaß, Aufhebung oder Änderung eines Gesetzes gerichtet sein.
(2) Ein Volksbegehren kann auch auf die vorzeitige Beendigung der Wahlperiode der Bürgerschaft gerichtet sein.
(3) Volksbegehren unterliegen dem in diesem Gesetz geregelten Zulassungs- und Eintragungsverfahren.

§ 8a Beratung
¹Die Initiatoren eines Volksbegehrens können sich durch die Bürgerschaft beraten lassen. ²Die Beratung, zu der auch der Senat hinzugezogen wird, soll verfassungs-, haushalts- und verfahrensrechtliche Voraussetzungen und Fragen umfassen. ³Gebühren und Auslagen werden nicht erhoben.

§ 9 Unzulässige Volksbegehren
¹Ein Volksbegehren ist unzulässig
1. über den laufenden Haushaltsplan, über Bezüge oder Entgelte öffentlich Bediensteter oder vergleichbarer Personen und über Steuern, Abgaben, Beiträge und Gebühren sowie über Einzelheiten solcher Gesetzesvorlagen (Artikel 70 Absatz 2 Satz 1 der Landesverfassung),
2. wenn der Gesetzentwurf

a) mit der Landesverfassung, bei verfassungsändernden Gesetzen mit Artikel 1 oder 20 der Landesverfassung, oder
b) mit geltendem Bundesrecht unvereinbar ist,
3. wenn der vorgelegte Gesetzentwurf bereits durch Volksentscheid abgelehnt und die Bürgerschaft inzwischen noch nicht neu gewählt worden ist (Artikel 70 Abs. 1 letzter Satz der Landesverfassung).
²Finanzwirksame Volksbegehren mit Wirkung für zukünftige Haushaltspläne sind zulässig, soweit diese die Struktur eines zukünftigen Haushalts nicht wesentlich verändern, den verfassungsrechtlichen Regelungen des Haushaltsrechts, welchen auch die Bürgerschaft für die Aufstellung des Haushaltsplans unterliegt, entsprechen und zur Gegenfinanzierung keine Haushaltspositionen herangezogen werden, die gesetzlich, vertraglich oder auf andere Weise rechtlich gebunden sind (Artikel 70 Absatz 2 Satz 2 der Landesverfassung).

§ 10 Zulassungsantrag
(1) Der Antrag auf Zulassung eines Volksbegehrens ist schriftlich beim Landeswahlleiter einzureichen.
(2) Der Antrag muß
1. im Falle des § 8 Abs. 1 einen ausgearbeiteten Gesetzentwurf enthalten, der durch Gründe erläutert ist, der den Bestimmungen des Artikels 71 Absatz 2 der Landesverfassung entsprechen muss, soweit es sich um finanzwirksame Volksbegehren handelt, und der den Bestimmungen des Artikels 125 Abs. 1 der Landesverfassung entsprechen muß, wenn durch ihn die Landesverfassung geändert werden soll,
2. von mindestens fünftausend Stimmberechtigten persönlich und handschriftlich unterzeichnet sein; neben der Unterschrift sind Familienname, Vorname, Geburtstag und Anschrift (Hauptwohnung) anzugeben. Jede Unterstützungsliste muß nach dem Muster der Anlage 1 hergestellt und das Stimmrecht der Unterzeichner durch eine Bestätigung nachgewiesen sein, die von der Gemeindebehörde unentgeltlich auf den Unterstützungslisten erteilt wird;
3. eine Vertrauensperson und zwei stellvertretende Vertrauenspersonen benennen, die stimmberechtigt sind. Sie sind, soweit nicht ausdrücklich etwas anderes bestimmt ist, jede für sich berechtigt, verbindliche Erklärungen zum Antrag abzugeben und entgegenzunehmen.

(3) Unterschriften eines Bürgerantrags zum gleichen Gegenstand sind, sofern sie den Erfordernissen des Absatzes 2 entsprechen, auf Antrag der Vertrauenspersonen auf das Volksbegehren anzurechnen.
(4) Das Stimmrecht der Unterzeichner muß am Tage der Prüfung der Unterstützungsliste durch die Gemeindebehörde bestanden haben.
(5) ¹Ungültig sind Eintragungen, die den Erfordernissen des Absatzes 2 Nr. 2 nicht entsprechen; sie sind bei der Bestätigung des Stimmrechts der Unterzeichner nicht zu berücksichtigen. ²Ist eine Eintragung im Hinblick auf die Angabe von Familienname, Vorname, Geburtstag oder Anschrift nicht eindeutig, so führt dies abweichend von Satz 1 nicht zu ihrer Ungültigkeit, wenn die Gemeindebehörde die Eintragung anhand des Melderegisters eindeutig einer Person zuordnen kann. ³Die Gemeindebehörde kann die Prüfung der Unterstützungslisten abbrechen, wenn sie festgestellt hat, daß die erforderliche Zahl von Unterstützungsunterschriften erreicht ist.
(6) Der Landeswahlleiter prüft, ob dem Zulassungsantrag die erforderliche Zahl bestätigter Unterstützungsunterschriften beigefügt ist, und leitet ihn mit dem Ergebnis seiner Prüfung dem Senat zu.

§ 11 Änderung und Rücknahme des Zulassungsantrages
(1) ¹Der Zulassungsantrag kann durch gemeinsame schriftliche Erklärung der Vertrauensperson und einer stellvertretenden Vertrauensperson gegenüber dem Landeswahlleiter bis zur Entscheidung über die Zulassung geändert oder zurückgenommen werden. ²Mängel des Zulassungsantrages können nur solange behoben werden, als nicht über seine Zulassung entschieden ist.
(2) Der Antrag gilt als zurückgezogen, wenn bis zur Entscheidung über die Zulassung so viele Unterzeichner des Antrages ihre Unterschriften durch schriftliche Erklärung gegenüber dem Landeswahlleiter zurückziehen, daß die Zahl der verbleibenden Unterzeichner hinter der Mindestzahl des § 10 Abs. 2 Nr. 2 zurückbleibt.

§ 12 Entscheidung über den Zulassungsantrag

(1) ¹Über den Antrag auf Zulassung entscheidet der Senat. ²Entscheidet der Senat vorbehaltlich des Absatzes 2 nicht innerhalb von zwei Monaten nach Eingang des Antrages beim Landeswahlleiter, so gilt der Antrag als zugelassen.

(2) Hält der Senat die gesetzlichen Voraussetzungen für die Zulassung nach §§ 9 oder 10 Abs. 2 Nr. 1 nicht für gegeben, so führt er die Entscheidung des Staatsgerichtshofs darüber herbei (Artikel 140 der Landesverfassung).

(3) Der Senat teilt seine Entscheidung unverzüglich der Vertrauensperson mit.

(4) ¹Hat der Senat den Antrag abgelehnt, weil die nach § 10 Abs. 2 Nr. 2 erforderlichen gültigen Unterschriften mit dem Nachweis des Stimmrechts der Unterzeichner fehlen, so kann die Vertrauensperson das Wahlprüfungsgericht anrufen. ²Der Einspruch ist innerhalb eines Monats nach Zustellung der Entscheidung beim Landeswahlleiter schriftlich einzulegen und zu begründen. ³Der Einspruch kann nur auf die Behauptung gestützt werden, daß die erforderliche Zahl gültiger Unterschriften erreicht sei.

§ 13 Bekanntmachung, Beginn der Eintragungsfrist

¹Wird dem Zulassungsantrag stattgegeben, so hat der Landeswahlleiter die Zulassung des Volksbegehrens im Amtsblatt der Freien Hansestadt Bremen öffentlich bekanntzumachen. ²Die Bekanntmachung muß enthalten

1. den vollständigen Wortlaut des zugelassenen Volksbegehrens,
2. die Namen und Anschriften der Vertrauenspersonen,
3. das Ende der Frist zur Einreichung der Unterschriftsbogen,
4. die Zahl der erforderlichen Eintragungen für das Zustandekommen des Volksbegehrens.

§ 14 Unterschriftsbogen

(1) ¹Die Unterstützung des zugelassenen Volksbegehrens erfolgt durch Eintragung in Unterschriftsbogen. ²Die Beschaffung der Unterschriftsbogen ist Sache derjenigen, die das Volksbegehren beantragen.

(2) ¹Jeder Unterschriftsbogen muß nach dem Muster der Anlage 2 hergestellt sein und den vollständigen Wortlaut des zugelassenen Volksbegehrens sowie Namen und Anschriften der Vertrauensperson und der stellvertretenden Vertrauensperson enthalten. ²Werden mehrere Bogen zu einem Heft zusammengefaßt, genügt es, wenn die in Satz 1 bezeichneten Angaben einmal am Anfang stehen. ³Die Unterschriften sind innerhalb eines Bogens oder Heftes fortlaufend zu numerieren.

(3) Auf den Unterschriftsbogen dürfen sich jeweils nur Personen, die in derselben Stadtgemeinde ihre Hauptwohnung haben, eintragen.

§ 15 Eintragungsberechtigung

¹Eintragungsberechtigt ist, wer zur Bürgerschaft wahlberechtigt ist. ²Die Eintragungsberechtigung muß am Tage der Einreichung der Unterschriftsbogen bei der in § 18 Abs. 1 genannten Gemeindebehörde bestanden haben.

§ 16 Eintragung in die Unterschriftsbogen

(1) ¹Eintragungsberechtigte, die das zugelassene Volksbegehren unterstützen wollen, tragen sich in die Unterschriftsbogen mit ihrer eigenhändigen Unterschrift ein. ²Neben der Unterschrift sind Familienname, Vorname, Geburtstag und Anschrift (Hauptwohnung) anzugeben. ³Jeder Eintragungsberechtigte kann sich nur einmal eintragen.

(2) ¹Das Sammeln von Unterschriften in den Eingangsbereichen öffentlicher Bibliotheken, Volkshochschulen und sonstigen Einrichtungen der Erwachsenenbildung, Bürgerhäusern sowie der öffentlichen Museen ist gestattet, sofern der Einrichtungsleiter seine Einwilligung erteilt hat. ²Die Einwilligung kann verweigert oder die Genehmigung entzogen werden, wenn der normale Geschäftsbetrieb durch die Sammlung beeinträchtigt wird.

(3) Eine Eintragung kann nicht zurückgenommen werden.

§ 17 Ungültige Eintragungen

(1) Ungültig sind Eintragungen, die
1. den Erfordernissen des § 16 Abs. 1 nicht entsprechen,
2. sich auf Personen beziehen, die am Tage der Einreichung der Unterschriftsbogen nicht eintragungsberechtigt waren,

3. sich auf Personen beziehen, die ihre Hauptwohnung nicht in der Stadtgemeinde haben, bei der der Unterschriftsbogen eingereicht wird,
4. nicht in ordnungsmäßigen oder fristgerecht eingereichten Unterschriftsbogen vorgenommen worden sind.

(2) Ist eine Eintragung im Hinblick auf die Angabe von Familienname, Vorname, Geburtstag oder Anschrift nicht eindeutig, so führt dies abweichend von Absatz 1 Nummer 1 nicht zu ihrer Ungültigkeit, wenn die Gemeindebehörde die Eintragung anhand des Melderegisters eindeutig einer Person zuordnen kann.

§ 18 Einreichung und Auswertung der Unterschriftsbogen

(1) Die Unterschriftsbogen sind spätestens drei Monate nach der Bekanntmachung der Zulassung des Volksbegehrens bei der Gemeindebehörde der Stadtgemeinde einzureichen, in der die eingetragenen Personen ihre Hauptwohnung haben.

(2) ¹Die Unterschriftsbogen sind fortlaufend zu numerieren und mit einer Zusammenstellung einzureichen, in der die laufenden Nummern der Bogen und für jeden Bogen die Zahl der abgegebenen Unterschriften einzutragen sind. ²Die Zahl dieser Unterschriften ist aufzurechnen.

(3) Nach der Einreichung der Unterschriftsbogen mit der dazugehörigen Zusammenstellung können Unterschriften nicht mehr nachgereicht werden.

(4) ¹Die Gemeindebehörden prüfen, ob die erforderliche Zahl gültiger Eintragungen für das Zustandekommen des Volksbegehrens erreicht ist. ²Die Prüfung ist zügig durchzuführen; sie kann in Form von Stichproben durchgeführt werden. ³Die Prüfung kann abgebrochen werden, wenn aufgrund der Stichproben erwartet werden kann, daß die erforderliche Zahl erreicht ist. ⁴In diesen Fällen wird vermutet, daß das Volksbegehren ausreichend unterstützt ist. ⁵Die Gemeindebehörden leiten das Ergebnis ihrer Prüfung mit den Unterschriftsbogen unverzüglich dem Landeswahlleiter zu.

§ 19 Feststellung des Eintragungsergebnisses

(1) ¹Der Landeswahlausschuß stellt fest, ob das Volksbegehren wirksam zustande gekommen ist. ²Der Landeswahlleiter macht das Ergebnis im Amtsblatt der Freien Hansestadt Bremen bekannt und stellt es der Vertrauensperson zu.

(2) Das Volksbegehren ist zustande gekommen, wenn ihm mindestens ein Zwanzigstel der Stimmberechtigten zugestimmt hat.

(3) Soll die Verfassung geändert werden, muss mindestens ein Zehntel der Stimmberechtigten das Begehren unterstützt haben.

(4) Soll die Wahlperiode der Bürgerschaft vorzeitig beendet werden, muss mindestens ein Fünftel der Stimmberechtigten das Begehren unterstützt haben.

(5) Als Zahl der Stimmberechtigten gilt die bei der letzten Bürgerschaftswahl im Lande amtlich festgestellte Zahl der Wahlberechtigten.

§ 20 Anfechtung

¹Erklärt der Landeswahlausschuß das Volksbegehren für nicht rechtswirksam zustande gekommen, so kann die Vertrauensperson das Wahlprüfungsgericht anrufen. ²Der Einspruch ist innerhalb eines Monats nach Zustellung der Entscheidung beim Landeswahlleiter schriftlich einzulegen und zu begründen. ³Der Einspruch kann nur auf die Behauptung gestützt werden, daß die erforderliche Zahl gültiger Eintragungen für das Zustandekommen des Volksbegehrens erreicht sei.

§ 21 Behandlung in der Bürgerschaft

(1) ¹Ist das Volksbegehren zustande gekommen, so hat der Senat binnen zwei Wochen nach Bekanntmachung des Ergebnisses im Amtsblatt der Freien Hansestadt Bremen den dem Volksbegehren zugrunde liegenden Gesetzentwurf mit seiner Stellungnahme der Bürgerschaft zuzuleiten. ²Im Falle des § 8 Abs. 2 teilt der Senat das zustande gekommene Volksbegehren der Bürgerschaft mit.

(2) Nimmt die Bürgerschaft den Gesetzentwurf binnen vier Monaten seit dessen Eingang nicht unverändert an, so gilt das vorbehaltlich des Absatzes 3 als Ablehnung.

(3) ¹Die Bürgerschaft kann den Gesetzentwurf in veränderter, jedoch dem Anliegen des Volksbegehrens nicht widersprechender Weise annehmen und die Erledigung des Volksbegehrens auf Antrag der Vertrauenspersonen feststellen. ²Der Beschluss ist den Vertrauenspersonen und dem Senat zuzustellen.

(4) ¹Der Antrag auf Durchführung des Volksentscheids ist durch zwei Vertrauenspersonen innerhalb von einem Monat nach Ablauf der Frist nach Absatz 2 an den Senat zu richten. ²Der Senat teilt der Bürgerschaft den Antrag unverzüglich mit. ³Nach Ablauf der Frist findet der Volksentscheid nicht statt (Artikel 70 Absatz 1 Buchstabe d Satz 4 der Landesverfassung).
(5) ¹Die in Absatz 2 genannte Frist läuft für zwei Monate nicht, wenn die Bürgerschaft dies auf Vorschlag der Vertrauensleute beschließt. ²Der Vorschlag ist durch zwei Vertrauenspersonen schriftlich an die Präsidentin oder den Präsidenten der Bürgerschaft zu richten.

Zweiter Teil
Verfahren beim Volksbegehren und Volksentscheid in der Stadtgemeinde Bremen

§ 22 Anwendung des Gesetzes
(1) Auf das Verfahren beim Volksbegehren und Volksentscheid in der Stadtgemeinde Bremen finden die Vorschriften des Ersten Teils dieses Gesetzes nach Maßgabe der Absätze 2 bis 5 entsprechende Anwendung, soweit nicht in den §§ 23 bis 26 etwas anderes bestimmt ist.
(2) Es treten an die Stelle
1. des Landeswahlleiters der Wahlbereichsleiter Bremen,
2. des Landeswahlausschusses der Wahlbereichsausschuß Bremen.
(3) § 6 Abs. 1 Satz 3, § 8 Abs. 2 und § 19 Absatz 3 und 4 finden keine Anwendung.
(4) In § 10 Abs. 2 Nr. 2 tritt an die Stelle der Zahl von fünftausend Stimmberechtigten die Zahl von viertausend Stimmberechtigten.
(5) In § 19 Absatz 5 tritt an die Stelle der Zahl der Wahlberechtigten im Lande die bei der letzten Bürgerschaftswahl im Wahlbereich Bremen amtlich festgestellte Zahl der Wahlberechtigten zur Stadtbürgerschaft.

§ 23 Voraussetzungen
Ein Volksentscheid findet statt,
1. wenn die Stadtbürgerschaft eine zu ihrer Zuständigkeit gehörende Frage dem Volksentscheid unterbreitet (Artikel 148 Abs. 1 Satz 2 in Verbindung mit Artikel 70 Abs. 1 Buchstabe b der Landesverfassung),
2. wenn ein Zwanzigstel der Stimmberechtigten das Begehren auf Beschlußfassung über einen Ortsgesetzentwurf stellt, es sei denn, die Vertrauenspersonen haben keinen Antrag auf Durchführung des Volksentscheids gestellt, oder der begehrte Ortsgesetzentwurf ist in der Stadtbürgerschaft unverändert angenommen worden oder in veränderter, jedoch dem Anliegen des Volksbegehrens nicht widersprechender Weise angenommen und die Erledigung des Volksbegehrens auf Antrag der Vertrauenspersonen von der Stadtbürgerschaft festgestellt worden (Artikel 148 Abs. 1 Satz 2 in Verbindung mit Artikel 70 Abs. 1 Buchstabe d der Landesverfassung).

§ 24 Unzulässige Volksbegehren
¹Ein Volksbegehren ist unzulässig, wenn der Ortsgesetzentwurf mit geltendem Landes- oder Bundesrecht unvereinbar ist. ²§ 9 Satz 1 Nummer 1 und 3 sowie Satz 2 bleiben unberührt.

§ 25 Eintragungs- und Stimmberechtigung
(1) ¹Eintragungs- und stimmberechtigt sind alle im Wahlbereich Bremen zur Bürgerschaft Wahlberechtigten. ²§ 15 Satz 2 bleibt unberührt.
(2) Unter den übrigen Voraussetzungen der Wahlberechtigung sind eintragungs- und stimmberechtigt auch Staatsangehörige der übrigen Mitgliedstaaten der Europäischen Gemeinschaft (Unionsbürger).

§ 26 Anfechtung
(1) Über die Gültigkeit des Volksentscheides oder von Teilen des Volksentscheides, über die Rechtmäßigkeit der Feststellungen des Senats nach § 12 Abs. 4 und des Wahlbereichsausschusses Bremen nach § 20 entscheidet die Stadtbürgerschaft.
(2) ¹Die Prüfung erfolgt nur auf Einspruch. ²Den Einspruch kann jeder Stimmberechtigte und in amtlicher Eigenschaft der Wahlbereichsleiter Bremen sowie der Präsident der Bürgerschaft einlegen. ³Gegen die Feststellungen des Senats nach § 12 Abs. 4 und des Wahlbereichsausschusses Bremen nach § 20 kann nur die Vertrauensperson Einspruch einlegen.

(3) [1]Der Einspruch ist innerhalb eines Monats nach Bekanntmachung des endgültigen Abstimmungsergebnisses beim Wahlbereichsleiter Bremen schriftlich einzulegen und zu begründen. [2]Der Wahlbereichsleiter Bremen reicht seinen Einspruch unmittelbar bei der Stadtbürgerschaft ein. [3]In den Fällen des Absatzes 2 Satz 3 beginnt die Frist mit der Zustellung der Feststellung.
(4) [1]Der Wahlbereichsleiter Bremen hat den Einspruch mit seiner Äußerung der Stadtbürgerschaft unverzüglich vorzulegen. [2]Diese entscheidet nach Vorprüfung durch einen Ausschuß unverzüglich über die Einsprüche und insoweit über die Gültigkeit des Volksentscheides.
(5) Der Beschluß der Stadtbürgerschaft ist dem Wahlbereichsleiter Bremen und demjenigen, der Einspruch erhoben hat, mit Begründung und Rechtsbehelfsbelehrung zuzustellen.
(6) [1]Gegen den Beschluß der Stadtbürgerschaft kann innerhalb eines Monats nach Zustellung Klage vor dem Verwaltungsgericht erhoben werden. [2]Der Wahlbereichsleiter Bremen ist auch dann klageberechtigt, wenn der Einspruch nicht von ihm erhoben worden ist. [3]Ein Vorverfahren nach dem 8. Abschnitt der Verwaltungsgerichtsordnung findet nicht statt.

Dritter Teil
Schlußbestimmungen

§ 27 Anwendung des Wahlrechts, Durchführungsvorschriften, Kosten
(1) Soweit in diesem Gesetz nichts anderes bestimmt ist, gelten für das Volksbegehren und den Volksentscheid die Vorschriften des Bremischen Wahlgesetzes über
1. das Wahlrecht (§§ 1 und 2),
2. die Ausübung des Wahlrechts (§ 3),
3. die Wahlbezirke und Wahlorgane (§§ 9 bis 13),
4. die Vorbereitung der Wahl (§ 15),
5. die Vertrauenspersonen (§ 20),
6. die Wahlhandlung (§§ 26 bis 29),
7. die Feststellung des Wahlergebnisses (§§ 30 bis 32),
8. die Wahlprüfung, Nachwahlen und Wiederholungswahlen (§§ 37 bis 41),
9. die Anfechtung, Fristen und Termine, Wahlkosten (§§ 54 bis 56) sowie die hierzu ergangenen Durchführungsvorschriften entsprechend.

(2) [1]Wird der Volksentscheid mit einer Wahl zum Deutschen Bundestag oder zum Europäischen Parlament gemeinsam durchgeführt, treten an die Stelle der in Absatz 1 Nummer 2 bis 7 bezeichneten Vorschriften des Bremischen Wahlgesetzes die entsprechenden Vorschriften des Bundeswahlgesetzes oder Europawahlgesetzes sowie die hierzu ergangenen Durchführungsvorschriften. [2]Satz 1 findet keine Anwendung, wenn der Volksentscheid zudem gemeinsam mit der Wahl zur Bürgerschaft stattfindet.
(3) Der Senator für Inneres erläßt die zur gemeinsamen Durchführung des Volksentscheides und einer Wahl zum Deutschen Bundestag oder zum Europäischen Parlament erforderlichen Rechtsvorschriften.
(4) Die Kosten des Zulassungsantrages und die Kosten der Unterschriftsbogen für das Volksbegehren fallen den Antragstellern zur Last.

§ 28 Datenschutz
[1]Personenbezogene Daten, die auf der Grundlage dieses Gesetzes erhoben werden, dürfen nur für die Durchführung des jeweiligen Volksbegehrens genutzt werden. [2]Werden sie für das Verfahren nicht mehr benötigt, sind sie zu vernichten.

§ 29 Inkrafttreten
(1) Dieses Gesetz tritt am Tage nach seiner Verkündung in Kraft.
(2) Gleichzeitig tritt das Gesetz über das Verfahren beim Volksentscheid vom 1. April 1969 (Brem.GBl. S. 39 – 112-a-1), zuletzt geändert durch Gesetz vom 5. Juli 1994 (Brem.GBl. S. 200), außer Kraft.

Anlagen
(hier nicht abgedruckt)

Bremisches Gesetz über die Verkündung von Gesetzen, Rechtsverordnungen und anderen Vorschriften (Bremisches Verkündungsgesetz)

Vom 18. September 2012 (Brem.GBl. S. 409)
(114-a-2)

Der Senat verkündet das nachstehende, von der Bürgerschaft (Landtag) beschlossene Gesetz:

§ 1 Verkündung von Gesetzen, Rechtsverordnungen und anderen Vorschriften
(1) Gesetze werden im Gesetzblatt der Freien Hansestadt Bremen verkündet.
(2) Rechtsverordnungen des Landes und der Gemeinden werden im Gesetzblatt verkündet, wenn das ermächtigende Gesetz nicht eine Verkündung im Amtsblatt der Freien Hansestadt Bremen festlegt.
(3) Ortsgesetze der Gemeinden werden im Gesetzblatt verkündet.
(4) Satzungen und andere Rechtsvorschriften der sonstigen unter der Aufsicht des Landes stehenden juristischen Personen des öffentlichen Rechts werden, wenn ihre Veröffentlichung gesetzlich vorgeschrieben ist, im Amtsblatt verkündet.

§ 2 Bekanntmachungen
(1) Ortsgesetze nach dem Baugesetzbuch werden für die Stadtgemeinde Bremen vom Senat und für die Stadtgemeinde Bremerhaven vom Magistrat im Amtsblatt bekannt gemacht.
(2) Die Regelungen über die Bekanntmachung weiterer Gegenstände im Gesetzblatt und im Amtsblatt durch Gesetz bleiben unberührt.

§ 3 Verkündungsersatz bei Vorschriftenteilen
Bilden Pläne, Karten oder Zeichnungen Inhalt oder Teil eines Gesetzes, einer Rechtsverordnung oder eines Ortsgesetzes, so kann ihre Verkündung im Gesetzblatt oder im Amtsblatt dadurch ersetzt werden, dass das dem Beschluss des Rechtssetzungsorgans zugrunde gelegte Exemplar bei der federführenden Behörde zur kostenfreien Einsicht niedergelegt und hierauf in der Vorschrift hingewiesen wird.

§ 4 Verkündung von Änderungs- und Aufhebungsvorschriften
Soweit Vorschriften, die im Amtsblatt verkündet werden, Vorschriften aufheben oder abändern, die im Gesetzblatt verkündet worden sind, ist im Gesetzblatt auf die Verkündung dieser Vorschriften unter Angabe der Stelle ihrer Veröffentlichung und des Tages ihres Inkrafttretens hinzuweisen.

§ 5 Elektronische Form des Gesetzblatts und des Amtsblatts
[1]Das Gesetzblatt und das Amtsblatt werden in elektronischer Form geführt. [2]Sie werden im Internet unter den Adressen

»www.gesetzblatt.bremen.de« und
»www.amtsblatt.bremen.de«

vollständig und dauerhaft zum Abruf bereitgehalten.

§ 6 Zugang zum Gesetzblatt und zum Amtsblatt
(1) [1]Das Gesetzblatt und das Amtsblatt sind im Internet jederzeit frei zugänglich. [2]Sie können unentgeltlich gespeichert und ausgedruckt werden.
(2) [1]Bei den Amtsgerichten, den Ortsämtern und dem Magistrat der Stadt Bremerhaven können die elektronisch erschienenen Ausgaben des Gesetzblatts und des Amtsblatts eingesehen werden. [2]Dies gilt nicht für die Vorschriftenteile, für die gemäß § 3 von einem Verkündungsersatz Gebrauch gemacht wurde. [3]Auf Verlangen werden gegen Erstattung der Kosten einzelne Ausdrucke oder Kopien angefertigt.
(3) [1]Ausdrucke oder Kopien des Gesetzblatts und des Amtsblatts können gegen Erstattung der Kosten bei der Senatskanzlei oder einer von ihr benannten Stelle bezogen werden. [2]Auf die Bezugsmöglichkeit ist im Gesetzblatt und im Amtsblatt deutlich hinzuweisen.
(4) Im Gesetzblatt und im Amtsblatt ist ein kostenfreier Dienst anzugeben, der Interessierte über neu erscheinende Ausgaben elektronisch informiert.

§ 7 Sicherstellung der Echtheit des Gesetzblatts und des Amtsblatts

(1) ¹Die Ausgaben des Gesetzblatts und des Amtsblatts werden in einem dauerhaft verfügbaren und lesbaren Format erstellt. ²Nachträgliche inhaltliche Veränderungen der einzelnen Ausgaben sind unzulässig. ³Durch technische Vorkehrungen ist sicherzustellen, dass die Authentizität und Integrität der Dokumente erkennbar und überprüfbar sind. ⁴§ 17 der Signaturverordnung gilt entsprechend.

(2) ¹Die veröffentlichten Gesetz- und Amtsblätter sind unverzüglich in einem gesonderten, nicht für die Allgemeinheit zugänglichen informationstechnischen System dauerhaft zu speichern. ²Der Verkündungs- oder Bekanntmachungszeitpunkt ist zu dokumentieren.

(3) ¹Von jeder Ausgabe des Gesetzblatts und des Amtsblatts sind drei beglaubigte Ausdrucke zu erstellen. ²Diese beglaubigten Ausdrucke sind im Staatsarchiv Bremen, beim Magistrat der Stadt Bremerhaven und in der Senatskanzlei zu archivieren.

§ 8 Verkündung und Bekanntmachung im Störungsfall

(1) ¹Ist die elektronische Bereitstellung der Gesetz- und Amtsblätter nicht nur vorübergehend unmöglich (Störungsfall), sind sie auf andere dauerhaft allgemein zugängliche Weise zu veröffentlichen und zu verbreiten. ²Dies kann in gedruckter Form erfolgen.

(2) Art und der Ort der Verkündung oder der Bekanntmachung nach Absatz 1 sind unverzüglich durch geeignete Informationsmittel bekannt zu machen.

(3) ¹Vorschriften sind unter Hinweis auf die Fundstelle der Verkündung nach Absatz 1 in die nächste elektronische Ausgabe des Gesetz- oder Amtsblatts als nicht amtliche Fassung aufzunehmen. ²Auf Bekanntmachungen nach Absatz 1 ist in der nächsten elektronischen Ausgabe des Gesetz- oder Amtsblatts in geeigneter Weise hinzuweisen.

§ 9 Inkrafttreten, Außerkrafttreten

(1) Dieses Gesetz tritt am 31. Dezember 2012 in Kraft.

(2) Gleichzeitig tritt das Gesetz über die Verkündung von Rechtsverordnungen und anderen Vorschriften vom 15. Dezember 1964 (Brem.GBl. S. 197 – 114-a-2), das zuletzt durch Artikel 1 Absatz 3 des Gesetzes vom 24. November 2009 (Brem.GBl. S. 517) geändert worden ist, außer Kraft.

Bremisches Gesetz
über die Veröffentlichung amtlicher Bekanntmachungen
(Bremisches Bekanntmachungsgesetz)

Vom 25. November 2014 (Brem.GBl. S. 551)
(114-a-1)
geändert durch Art. 3 des G vom 31. Januar 2017 (Brem.GBl. S. 71)

§ 1 Anwendungsbereich; besondere Formen der Bekanntmachung
(1) Das Verfahren und die Form für amtliche Bekanntmachungen des Landes, der Stadtgemeinden und der sonstigen unter der Aufsicht des Landes stehenden juristischen Personen des öffentlichen Rechts richten sich nach den Vorschriften dieses Gesetzes.
(2) ¹Die §§ 2 bis 5 gelten nicht, soweit Vorschriften des Bundes- oder Landesrechts abweichende Formen oder Verfahren der Bekanntmachung vorschreiben. ²Schreiben bundes- oder landesrechtliche Vorschriften eine Bekanntmachung in Tageszeitungen vor, erfolgt diese in den in § 4 genannten Tageszeitungen. ³Die zusätzliche Veröffentlichung im Internet richtet sich nach § 27a des Bremischen Verwaltungsverfahrensgesetzes.

§ 2 Form der Bekanntmachung
¹Amtliche Bekanntmachungen erfolgen durch Bereitstellung im Internet (§ 3). ²Zusätzlich ist in der Tageszeitung ein Hinweis auf die Bekanntmachung oder deren vollständiger Text nachrichtlich zu veröffentlichen (§ 4).

§ 3 Bekanntmachung im Internet
(1) ¹Amtliche Bekanntmachungen, die sich auf das Gebiet beider Stadtgemeinden erstrecken, sind für mindestens ein Jahr im Internet unter den Adressen »www.amtliche-bekanntmachungen.bremen.de« und »www.amtliche-bekanntmachungen.bremerhaven.de« in einem lesbaren Format vollständig zum Abruf bereitzuhalten. ²Erstreckt sich die Bekanntmachung nur auf das Gebiet einer Stadtgemeinde genügt die Bereithaltung unter der in Satz 1 genannten Adresse, die sich auf diese Stadtgemeinde bezieht. ³Können einzelne Unterlagen der Bekanntmachung nicht elektronisch angeboten werden, ist ein Verweis auf die Möglichkeit der Einsichtnahme nach § 5 anzufügen.
(2) ¹Die in Absatz 1 genannten Internetseiten sind ausschließlich in Verantwortung des Landes oder der Stadtgemeinden zu betreiben. ²Diese dürfen sich zur Einrichtung und Pflege der Internetseiten eines Dritten bedienen.
(3) ¹Die Bekanntmachungen sind im Internet jederzeit frei zugänglich. ²Sie können unentgeltlich gespeichert und ausgedruckt werden.
(4) Der Bereitstellungszeitpunkt ist zu dokumentieren und im Internet anzugeben.

§ 4 Nachrichtliche Veröffentlichung in der Tageszeitung
(1) ¹Die nachrichtliche Veröffentlichung eines Hinweises auf die Bekanntmachung oder des vollständigen Textes der Bekanntmachung in der Tageszeitung erfolgt für Bekanntmachungen, die sich auf das Gebiet der Stadtgemeinde Bremen erstrecken, in der Tageszeitung »Weser-Kurier« und für Bekanntmachungen, die sich auf das Gebiet der Stadtgemeinde Bremerhaven erstrecken in der Tageszeitung »Nordsee-Zeitung«. ²Erstreckt sich die Bekanntmachung auf das Gebiet beider Stadtgemeinden, erfolgt die Veröffentlichung in beiden Tageszeitungen.
(2) Der Hinweis muss die Internetadresse, unter der die Bekanntmachung bereitgestellt wurde, das Datum der Bereitstellung und den Gegenstand der Bekanntmachung angeben sowie über die Möglichkeit der Einsichtnahme nach § 5 informieren.
(3) Die im Internet bereitgestellten Inhalte sind maßgeblich.

§ 5 Einsichtnahme
¹Die amtlichen Bekanntmachungen können
1. in der Stadtgemeinde Bremen in den Ortsämtern und im Bürgeramt
2. in der Stadtgemeinde Bremerhaven beim Magistrat

während der üblichen Dienstzeiten kostenfrei eingesehen werden. ²Erstreckt sich die Bekanntmachung nur auf das Gebiet einer Stadtgemeinde, muss die Möglichkeit der Einsichtnahme nur in dieser Stadtgemeinde gewährt werden. ³Auf Verlangen werden gegen Erstattung der Kosten einzelne Ausdrucke oder Kopien angefertigt. ⁴Eine Bekanntmachung ist solange zur Einsichtnahme vorzuhalten, wie sie im Internet zum Abruf bereit steht.

§ 6 Vollzug der Bekanntmachung

(1) ¹Die amtliche Bekanntmachung ist mit Ablauf des Tages, an dem sie im Internet verfügbar ist, vollzogen. ²Ist eine Bekanntmachung unter beiden in § 3 Absatz 1 genannten Adressen erforderlich, ist die Bekanntmachung mit Ablauf des Tages der späteren Bereitstellung vollzogen.

(2) Schreiben bundes- oder landesrechtliche Vorschriften eine Bekanntmachung in Tageszeitungen vor, ist die Bekanntmachung mit Ablauf des Erscheinungstages der Tageszeitung, bei mehreren Tageszeitungen mit dem Ablauf des Erscheinungstages der zuletzt erschienenen Tageszeitung, vollzogen.

Bremisches Rechtsbereinigungsgesetz (BremBerG)

Vom 12. Mai 1964 (Brem.GBl. S. 53)
(114-b-1)
geändert durch Geschäftsverteilung des Senats vom 15. Oktober 1987, vergleiche Bekanntmachung vom 16. August 1988 (Brem.GBl. S. 223)

Nachstehend werden folgende von Bürgerschaft (Landtag), Stadtbürgerschaft, Senat und Senatoren je für ihren Zuständigkeitsbereich beschlossene Vorschriften verkündet:

§ 1
Die vom Senat vorgenommene Sammlung des bremischen Rechts (SaBremR) erscheint als Sonderband des Bremischen Gesetzblattes.

§ 2
(1) Alle bis zum 31. März 1963 im Bremischen Gesetzblatt verkündeten Rechtsvorschriften des Landes und der Stadtgemeinde Bremen, die nicht in die Sammlung aufgenommen worden sind, treten spätestens am 30. Juni 1964 außer Kraft.
(2) Als in die Sammlung aufgenommen gelten auch Rechtsvorschriften, die nur mit Überschrift, Datum und Fundstelle, und Anlagen zu Rechtsvorschriften, die nur mit ihrer Überschrift aufgeführt werden.
(3) Ist eine Rechtsvorschrift in einer Neufassung aufgenommen worden, die aufgrund einer Ermächtigung bekanntgemacht worden ist, so gelten die der Neufassung zugrundeliegenden Rechtsvorschriften als in die Sammlung aufgenommen.

§ 3
Ausgenommen von der Aufhebung (§ 2 Absatz 1) sind:
1. Die Landesverfassung der Freien Hansestadt Bremen vom 21. Oktober 1947 (Brem.GBl. S. 251),
2. Staatsverträge und Abkommen und die zu ihrer Inkraftsetzung erlassenen Vorschriften,
3. Haushaltsgesetze,
4. Satzungen öffentlich-rechtlicher Körperschaften, Anstalten und Stiftungen,
5. Vorschriften, durch die reichsrechtliche Vorschriften, die als bremisches Landesrecht fortgelten, abgeändert worden sind.

§ 4
[1]Die in der Sammlung fettgedruckten Teile von Vorschriften treten an die Stelle des bisherigen Wortlauts. [2]Insoweit werden die Vorschriften geändert. [3]Das gilt nicht für fettgedruckte Teile von Vorschriften, die nach dem 31. März 1963 geändert worden sind.

§ 5
Durch die Aufnahme in die Sammlung wird eine ungültige Vorschrift nicht gültig, eine Verwaltungsvorschrift nicht Rechtsvorschrift.

§ 6
Nicht in die Sammlung aufgenommene Vorschriften bleiben auf Rechtsverhältnisse und Tatbestände anwendbar, die während der Geltung der Vorschriften ganz oder zum Teil bestanden haben oder entstanden sind.

§ 7
[1]Soweit die Geschäftsverteilung des Senats nach dem 31. März 1963 geändert worden ist oder in Zukunft geändert werden wird, gehen die in Gesetzen und Verordnungen dem bisher zuständigen Senator zugewiesenen Zuständigkeiten auf den nach der Änderung der Geschäftsverteilung zuständigen Senator über. [2]Der Senat hat die Änderung, den Zeitpunkt des Überganges der Zuständigkeiten und die von der Änderung betroffenen Rechtsvorschriften im Gesetzblatt bekanntzumachen.

§ 8
Der Senator für Justiz und Verfassung wird ermächtigt, die bereinigte Sammlung des bremischen Rechts in Lose-Blatt-Form fortzuführen, laufend zu ergänzen und Änderungsvorschriften und nach

§ 7 Satz 2 bekanntgemachte Änderungen von Zuständigkeitsvorschriften in den Text der geänderten Vorschriften einzuarbeiten.

§ 9
Dieses Gesetz tritt am 30. Juni 1964 in Kraft.

Der Senat

Der Präsident des Senats
Der Senator für Inneres
Der Senator für Justiz und Verfassung
Der Senator für das Bildungswesen
Der Senator für Arbeit, Frauen, Gesundheit, Jugend und Soziales
Der Senator für Wohlfahrt und Jugend

Der Senator für das Gesundheitswesen
Der Senator für Bau und Umwelt
Der Senator für Wirtschaft und Außenhandel
Der Senator für Häfen, Schiffahrt und Verkehr
Der Senator für die Finanzen

Bremisches Verwaltungsverfahrensgesetz (BremVwVfG)

In der Fassung der Bekanntmachung vom 9. Mai 2003*) (Brem.GBl. S. 219)
(202-a-3)
zuletzt geändert durch G vom 27. Januar 2015 (Brem.GBl. S. 15)

Inhaltsübersicht

Teil I
Anwendungsbereich, örtliche Zuständigkeit, elektronische Kommunikation, Amtshilfe, europäische Verwaltungszusammenarbeit

Abschnitt 1
Anwendungsbereich, örtliche Zuständigkeit, elektronische Kommunikation

§ 1	Anwendungsbereich
§ 2	Ausnahmen vom Anwendungsbereich
§ 3	Örtliche Zuständigkeit
§ 3a	Elektronische Kommunikation

Abschnitt 2
Amtshilfe

§ 4	Amtshilfepflicht
§ 5	Voraussetzungen und Grenzen der Amtshilfe
§ 6	Auswahl der Behörde
§ 7	Durchführung der Amtshilfe
§ 8	Kosten der Amtshilfe

Abschnitt 3
Europäische Verwaltungszusammenarbeit

§ 8a	Grundsätze der Hilfeleistung
§ 8b	Form und Behandlung der Ersuchen
§ 8c	Kosten der Hilfeleistung
§ 8d	Mitteilungen von Amts wegen
§ 8e	Anwendbarkeit

Teil II
Allgemeine Vorschriften über das Verwaltungsverfahren

Abschnitt 1
Verfahrensgrundsätze

§ 9	Begriff des Verwaltungsverfahrens
§ 10	Nichtförmlichkeit des Verwaltungsverfahrens
§ 11	Beteiligungsfähigkeit
§ 12	Handlungsfähigkeit
§ 13	Beteiligte
§ 14	Bevollmächtigte und Beistände
§ 15	Bestellung eines Empfangsbevollmächtigten
§ 16	Bestellung eines Vertreters von Amts wegen
§ 17	Vertreter bei gleichförmigen Eingaben
§ 18	Vertreter für Beteiligte bei gleichem Interesse
§ 19	Gemeinsame Vorschriften für Vertreter bei gleichförmigen Eingaben und bei gleichem Interesse
§ 20	Ausgeschlossene Personen
§ 21	Besorgnis der Befangenheit
§ 22	Beginn des Verfahrens
§ 23	Amtssprache
§ 24	Untersuchungsgrundsatz
§ 25	Beratung, Auskunft, frühe Öffentlichkeitsbeteiligung
§ 26	Beweismittel
§ 27	Versicherung an Eides statt
§ 27a	Öffentliche Bekanntmachung im Internet
§ 28	Anhörung Beteiligter
§ 29	Akteneinsicht durch Beteiligte
§ 30	Geheimhaltung

Abschnitt 2
Fristen, Termine, Wiedereinsetzung

§ 31	Fristen und Termine
§ 32	Wiedereinsetzung in den vorigen Stand

Abschnitt 3
Amtliche Beglaubigung

§ 33	Beglaubigung von Dokumenten
§ 34	Beglaubigung von Unterschriften

Teil III
Verwaltungsakt

Abschnitt 1
Zustandekommen des Verwaltungsaktes

§ 35	Begriff des Verwaltungsaktes
§ 36	Nebenbestimmungen zum Verwaltungsakt
§ 37	Bestimmtheit und Form des Verwaltungsaktes; Rechtsbehelfsbelehrung
§ 38	Zusicherung
§ 39	Begründung des Verwaltungsaktes
§ 40	Ermessen

---

*) Neubekanntmachung des Bremischen Verwaltungsverfahrensgesetzes vom 15. November 1976 (Brem.GBl. S. 243).

§ 41	Bekanntgabe des Verwaltungsaktes
§ 42	Offenbare Unrichtigkeiten im Verwaltungsakt
§ 42a	Genehmigungsfiktion

Abschnitt 2
Bestandskraft des Verwaltungsaktes

§ 43	Wirksamkeit des Verwaltungsaktes
§ 44	Nichtigkeit des Verwaltungsaktes
§ 45	Heilung von Verfahrens- und Formfehlern
§ 46	Folgen von Verfahrens- und Formfehlern
§ 47	Umdeutung eines fehlerhaften Verwaltungsaktes
§ 48	Rücknahme eines rechtswidrigen Verwaltungsaktes
§ 49	Widerruf eines rechtmäßigen Verwaltungsaktes
§ 49a	Erstattung, Verzinsung
§ 50	Rücknahme und Widerruf im Rechtsbehelfsverfahren
§ 51	Wiederaufgreifen des Verfahrens
§ 52	Rückgabe von Urkunden und Sachen

Abschnitt 3
Verjährungsrechtliche Wirkungen des Verwaltungsaktes

| § 53 | Hemmung der Verjährung durch Verwaltungsakt |

Teil IV
Öffentlich-rechtlicher Vertrag

§ 54	Zulässigkeit des öffentlich-rechtlichen Vertrags
§ 55	Vergleichsvertrag
§ 56	Austauschvertrag
§ 57	Schriftform
§ 58	Zustimmung von Dritten und Behörden
§ 59	Nichtigkeit des öffentlich-rechtlichen Vertrags
§ 60	Anpassung und Kündigung in besonderen Fällen
§ 61	Unterwerfung unter die sofortige Vollstreckung
§ 62	Ergänzende Anwendung von Vorschriften

Teil V
Besondere Verfahrensarten

Abschnitt 1
Förmliches Verwaltungsverfahren

§ 63	Anwendung der Vorschriften über das förmliche Verwaltungsverfahren
§ 64	Form des Antrags
§ 65	Mitwirkung von Zeugen und Sachverständigen
§ 66	Verpflichtung zur Anhörung von Beteiligten
§ 67	Erfordernis der mündlichen Verhandlung
§ 68	Verlauf der mündlichen Verhandlung
§ 69	Entscheidung
§ 70	Anfechtung der Entscheidung
§ 71	Besondere Vorschriften für das förmliche Verfahren vor Ausschüssen

Abschnitt 1a
Verfahren über eine einheitliche Stelle

§ 71a	Anwendbarkeit
§ 71b	Verfahren
§ 71c	Informationspflichten
§ 71d	Gegenseitige Unterstützung
§ 71e	Elektronisches Verfahren

Abschnitt 2
Planfeststellungsverfahren

§ 72	Anwendung der Vorschriften über das Planfeststellungsverfahren
§ 73	Anhörungsverfahren
§ 74	Planfeststellungsbeschluss, Plangenehmigung
§ 75	Rechtswirkungen der Planfeststellung
§ 76	Planänderungen vor Fertigstellung des Vorhabens
§ 77	Aufhebung des Planfeststellungsbeschlusses
§ 78	Zusammentreffen mehrerer Vorhaben

Teil VI
Rechtsbehelfsverfahren

| § 79 | Rechtsbehelfe gegen Verwaltungsakte |
| § 80 | Erstattung von Kosten im Vorverfahren |

Teil VII
Ehrenamtliche Tätigkeit, Ausschüsse

Abschnitt 1
Ehrenamtliche Tätigkeit

§ 81	Anwendung der Vorschriften über die ehrenamtliche Tätigkeit
§ 82	Pflicht zu ehrenamtlicher Tätigkeit
§ 83	Ausübung ehrenamtlicher Tätigkeit
§ 84	Verschwiegenheitspflicht
§ 85	Entschädigung
§ 86	Abberufung
§ 87	Ordnungswidrigkeiten

Abschnitt 2
Ausschüsse

§ 88	Anwendung der Vorschriften über Ausschüsse
§ 89	Ordnung in den Sitzungen
§ 90	Beschlussfähigkeit
§ 91	Beschlussfassung
§ 92	Wahlen durch Ausschüsse
§ 93	Niederschrift

Teil VIII
Schlussvorschriften

§ 94 (Leerparagraph)
§ 95 Sonderregelung für Verteidigungsangelegenheiten
§ 96 Überleitung von Verfahren
§ 97 Außerkrafttreten landesrechtlicher Vorschriften
§ 98 Übergangsvorschrift zu § 53
§ 99 (Inkrafttreten)

Teil I
Anwendungsbereich, örtliche Zuständigkeit, elektronische Kommunikation, Amtshilfe, europäische Verwaltungszusammenarbeit

Abschnitt 1
Anwendungsbereich, örtliche Zuständigkeit, elektronische Kommunikation

§ 1 Anwendungsbereich
(1) Dieses Gesetz gilt für die öffentlich-rechtliche Verwaltungstätigkeit der Behörden des Landes, der Gemeinden und der sonstigen der Aufsicht des Landes unterstehenden juristischen Personen des öffentlichen Rechts.
(2) Behörde im Sinne dieses Gesetzes ist jede Stelle, die Aufgaben der öffentlichen Verwaltung wahrnimmt.

§ 2 Ausnahmen vom Anwendungsbereich
(1) Dieses Gesetz gilt nicht für die Tätigkeit
1. der Kirchen, der Religionsgesellschaften und Weltanschauungsgemeinschaften sowie ihrer Verbände und Einrichtungen,
2. von Radio Bremen.

(2) Dieses Gesetz gilt ferner nicht für
1. Verfahren, soweit für sie die Abgabenordnung anzuwenden ist,
2. die Strafverfolgung, die Verfolgung und Ahndung von Ordnungswidrigkeiten, die Rechtshilfe für das Ausland in Straf- und Zivilsachen und, unbeschadet des § 80 Abs. 4, für Maßnahmen des Richterdienstrechts,
3. Verfahren nach dem Sozialgesetzbuch,
4. das Recht des Lastenausgleichs,
5. das Recht der Wiedergutmachung,
6. das Wahlrecht nach dem Bremischen Wahlgesetz sowie nach den Vorschriften für die Wahlen der Vertretungsorgane von Körperschaften des öffentlichen Rechts, die der Aufsicht des Landes unterstehen,
7. Verfahren nach dem Gesetz über die Gutachterstelle für die freiwillige Kastration und andere Behandlungsmethoden,
8. Verfahren nach dem Gesetz über Hilfen und Schutzmaßnahmen bei psychischen Krankheiten.

(3) Für die Tätigkeit
1. der Gerichtsverwaltungen und der Behörden der Justizverwaltung, einschließlich der ihrer Aufsicht unterliegenden Körperschaften des öffentlichen Rechts, gilt dieses Gesetz nur, soweit die Tätigkeit der Nachprüfung durch die Gerichte der Verwaltungsgerichtsbarkeit oder durch die in verwaltungsrechtlichen Anwalts-, Patentanwalts- und Notarsachen zuständigen Gerichte unterliegt;
2. der Behörden bei Leistungs-, Eignungs- und ähnlichen Prüfungen von Personen gelten nur die §§ 3a bis 13, 20 bis 27, 29 bis 38, 40 bis 52, 79, 80 und 96;
3. der Schulen gelten nur die §§ 3a bis 13, 20 bis 52, 79, 80 und 96. Für die Ausstellung von Zeugnissen gilt § 37 Absatz 6 nicht. Die §§ 20 und 21 gelten nur bei Prüfungen. Die §§ 28 und 39 gelten, soweit die Entscheidung nicht auf Leistungsbeurteilungen beruht;
4. der Hochschulen, des Senats und des zuständigen Senators im Berufungsverfahren zur Besetzung von Stellen für wissenschaftliches und künstlerisches Personal gelten nicht die §§ 28 und 39. § 29 gilt mit der Einschränkung, dass sich das Recht auf Akteneinsicht nicht auf die Gutachten von Professoren oder anderen Sachverständigen über die Eignung der von der Hochschule vorgeschlagenen oder eingestellten Bewerber bezieht; dies gilt auch für solche Akteteile, in denen der Inhalt

der Gutachten ganz oder teilweise wiedergegeben wird; für die Hochschulen findet § 37 Absatz 6 bei der Ausstellung von Zeugnissen keine Anwendung;
5. der Behörden
nach der Bremischen Landesbauordnung,
dem Bremischen Wassergesetz,
dem Enteignungsgesetz für die Freie Hansestadt Bremen,
dem Gesetz über die Landesvermessung und das Liegenschaftskataster (Vermessungs- und Katastergesetz),
dem Bremischen Ausführungsgesetz zum Kreislaufwirtschafts- und Abfallgesetz,
dem Bremischen Bodenschutzgesetz
und im Bereich des öffentlich-rechtlich geregelten Dienstrechts gilt dieses Gesetz nur, soweit nicht Rechtsvorschriften inhaltsgleiche oder entgegenstehende Bestimmungen enthalten. Absatz 2 Nr. 2 letzter Satzteil bleibt unberührt.

§ 3 Örtliche Zuständigkeit

(1) Örtlich zuständig ist, soweit Rechtsvorschriften nichts Abweichendes bestimmen,
1. in Angelegenheiten, die sich auf unbewegliches Vermögen oder ein ortsgebundenes Recht oder Rechtsverhältnis beziehen, die Behörde, in deren Bezirk das Vermögen oder der Ort liegt;
2. in Angelegenheiten, die sich auf den Betrieb eines Unternehmens oder einer seiner Betriebsstätten, auf die Ausübung eines Berufs oder auf eine andere dauernde Tätigkeit beziehen, die Behörde, in deren Bezirk das Unternehmen oder die Betriebsstätte betrieben oder der Beruf oder die Tätigkeit ausgeübt wird oder werden soll;
3. in anderen Angelegenheiten, die
   a) eine natürliche Person betreffen, die Behörde, in deren Bezirk die natürliche Person ihren gewöhnlichen Aufenthalt hat oder zuletzt hatte,
   b) eine juristische Person oder eine Vereinigung betreffen, die Behörde, in deren Bezirk die juristische Person oder die Vereinigung ihren Sitz hat oder zuletzt hatte;
4. in Angelegenheiten, in denen sich die Zuständigkeit nicht aus den Nummern 1 bis 3 ergibt, die Behörde, in deren Bezirk der Anlass für die Amtshandlung hervortritt.

(2) [1]Sind nach Absatz 1 mehrere Behörden zuständig, so entscheidet die Behörde, die zuerst mit der Sache befasst worden ist, es sei denn, die gemeinsame fachlich zuständige Aufsichtsbehörde bestimmt, dass eine andere örtlich zuständige Behörde zu entscheiden hat. [2]Sie kann in den Fällen, in denen eine gleiche Angelegenheit sich auf mehrere Betriebsstätten eines Betriebs oder Unternehmens bezieht, eine der nach Absatz 1 Nr. 2 zuständigen Behörden als gemeinsame zuständige Behörde bestimmen, wenn dies unter Wahrung der Interessen der Beteiligten zur einheitlichen Entscheidung geboten ist. [3]Diese Aufsichtsbehörde entscheidet ferner über die örtliche Zuständigkeit, wenn sich mehrere Behörden für zuständig oder für unzuständig halten oder wenn die Zuständigkeit aus anderen Gründen zweifelhaft ist. [4]Fehlt eine gemeinsame Aufsichtsbehörde, so treffen die fachlich zuständigen Aufsichtsbehörden die Entscheidung gemeinsam.

(3) Ändern sich im Lauf des Verwaltungsverfahrens die die Zuständigkeit begründenden Umstände, so kann die bisher zuständige Behörde das Verwaltungsverfahren fortführen, wenn dies unter Wahrung der Interessen der Beteiligten der einfachen und zweckmäßigen Durchführung des Verfahrens dient und die nunmehr zuständige Behörde zustimmt.

(4) [1]Bei Gefahr im Verzug ist für unaufschiebbare Maßnahmen jede Behörde örtlich zuständig, in deren Bezirk der Anlass für die Amtshandlung hervortritt. [2]Die nach Absatz 1 Nr. 1 bis 3 örtlich zuständige Behörde ist unverzüglich zu unterrichten.

§ 3a Elektronische Kommunikation

(1) Die Übermittlung elektronischer Dokumente ist zulässig, soweit der Empfänger hierfür einen Zugang eröffnet.

(2) [1]Eine durch Rechtsvorschrift angeordnete Schriftform kann, soweit nicht durch Rechtsvorschrift etwas anderes bestimmt ist, durch die elektronische Form ersetzt werden. [2]Der elektronischen Form genügt ein elektronisches Dokument, das mit einer qualifizierten elektronischen Signatur nach dem Signaturgesetz versehen ist. [3]Die Signierung mit einem Pseudonym, das die Identifizierung der Person

des Signaturschlüsselinhabers nicht unmittelbar durch die Behörde ermöglicht, ist nicht zulässig. ⁴Die Schriftform kann auch ersetzt werden
1. durch unmittelbare Abgabe der Erklärung in einem elektronischen Formular, das von der Behörde in einem Eingabegerät oder über öffentlich zugängliche Netze zur Verfügung gestellt wird;
2. bei Anträgen und Anzeigen durch Versendung eines elektronischen Dokuments an die Behörde mit der Versandart nach § 5 Absatz 5 des De-Mail-Gesetzes;
3. bei elektronischen Verwaltungsakten oder sonstigen elektronischen Dokumenten der Behörden durch Versendung einer De-Mail-Nachricht nach § 5 Absatz 5 des De-Mail-Gesetzes, bei der die Bestätigung des akkreditierten Diensteanbieters die erlassende Behörde als Nutzer des De-Mail-Kontos erkennen lässt;
4. durch sonstige sichere Verfahren, die durch Rechtsverordnung der Senatorin für Finanzen festgelegt werden, welche den Datenübermittler (Absender der Daten) authentifizieren und die Integrität des elektronisch übermittelten Datensatzes sowie die Barrierefreiheit gewährleisten.

⁵In den Fällen des Satzes 4 Nummer 1 muss bei einer Eingabe über öffentlich zugängliche Netze ein sicherer Identitätsnachweis nach § 18 des Personalausweisgesetzes oder nach § 78 Absatz 5 des Aufenthaltsgesetzes erfolgen.

(3) ¹Ist ein der Behörde übermitteltes elektronisches Dokument für sie zur Bearbeitung nicht geeignet, teilt sie dies dem Absender unter Angabe der für sie geltenden technischen Rahmenbedingungen unverzüglich mit. ²Macht ein Empfänger geltend, er könne das von der Behörde übermittelte elektronische Dokument nicht bearbeiten, hat sie es ihm erneut in einem geeigneten elektronischen Format oder als Schriftstück zu übermitteln.

Abschnitt 2
Amtshilfe

§ 4 Amtshilfepflicht
(1) Jede Behörde leistet anderen Behörden auf Ersuchen ergänzende Hilfe (Amtshilfe).
(2) Amtshilfe liegt nicht vor, wenn
1. Behörden einander innerhalb eines bestehenden Weisungsverhältnisses Hilfe leisten;
2. die Hilfeleistung in Handlungen besteht, die der ersuchten Behörde als eigene Aufgabe obliegen.

§ 5 Voraussetzungen und Grenzen der Amtshilfe
(1) Eine Behörde kann um Amtshilfe insbesondere dann ersuchen, wenn sie
1. aus rechtlichen Gründen die Amtshandlung nicht selbst vornehmen kann;
2. aus tatsächlichen Gründen, besonders weil die zur Vornahme der Amtshandlung erforderlichen Dienstkräfte oder Einrichtungen fehlen, die Amtshandlung nicht selbst vornehmen kann;
3. zur Durchführung ihrer Aufgaben auf die Kenntnis von Tatsachen angewiesen ist, die ihr unbekannt sind und die sie selbst nicht ermitteln kann;
4. zur Durchführung ihrer Aufgaben Urkunden oder sonstige Beweismittel benötigt, die sich im Besitz der ersuchten Behörde befinden;
5. die Amtshandlung nur mit wesentlich größerem Aufwand vornehmen könnte als die ersuchte Behörde.

(2) ¹Die ersuchte Behörde darf Hilfe nicht leisten, wenn
1. sie hierzu aus rechtlichen Gründen nicht in der Lage ist;
2. durch die Hilfeleistung dem Wohl des Bundes oder eines Landes erhebliche Nachteile bereitet würden.

²Die ersuchte Behörde ist insbesondere zur Vorlage von Urkunden oder Akten sowie zur Erteilung von Auskünften nicht verpflichtet, wenn die Vorgänge nach einem Gesetz oder ihrem Wesen nach geheimgehalten werden müssen.

(3) Die ersuchte Behörde braucht Hilfe nicht zu leisten, wenn
1. eine andere Behörde die Hilfe wesentlich einfacher oder mit wesentlich geringerem Aufwand leisten kann;
2. sie die Hilfe nur mit unverhältnismäßig großem Aufwand leisten könnte;
3. sie unter Berücksichtigung der Aufgaben der ersuchenden Behörde durch die Hilfeleistung die Erfüllung ihrer eigenen Aufgaben ernstlich gefährden würde.

(4) Die ersuchte Behörde darf die Hilfe nicht deshalb verweigern, weil sie das Ersuchen aus anderen als den in Absatz 3 genannten Gründen oder weil sie die mit der Amtshilfe zu verwirklichende Maßnahme für unzweckmäßig hält.
(5) [1]Hält die ersuchte Behörde sich zur Hilfe nicht für verpflichtet, so teilt sie der ersuchenden Behörde ihre Auffassung mit. [2]Besteht diese auf der Amtshilfe, so entscheidet über die Verpflichtung zur Amtshilfe die gemeinsame fachlich zuständige Aufsichtsbehörde oder, sofern eine solche nicht besteht, die für die ersuchte Behörde fachlich zuständige Aufsichtsbehörde.

§ 6 Auswahl der Behörde
Kommen für die Amtshilfe mehrere Behörden in Betracht, so soll nach Möglichkeit eine Behörde der untersten Verwaltungsstufe des Verwaltungszweigs ersucht werden, dem die ersuchende Behörde angehört.

§ 7 Durchführung der Amtshilfe
(1) Die Zulässigkeit der Maßnahme, die durch die Amtshilfe verwirklicht werden soll, richtet sich nach dem für die ersuchende Behörde, die Durchführung der Amtshilfe nach dem für die ersuchte Behörde geltenden Recht.
(2) [1]Die ersuchende Behörde trägt gegenüber der ersuchten Behörde die Verantwortung für die Rechtmäßigkeit der zu treffenden Maßnahme. [2]Die ersuchte Behörde ist für die Durchführung der Amtshilfe verantwortlich.

§ 8 Kosten der Amtshilfe
(1) [1]Die ersuchende Behörde hat der ersuchten Behörde für die Amtshilfe keine Verwaltungsgebühr zu entrichten. [2]Auslagen hat sie der ersuchten Behörde auf Anforderung zu erstatten, wenn sie im Einzelfall 35 Euro übersteigen. [3]Leisten Behörden desselben Rechtsträgers einander Amtshilfe, so werden die Auslagen nicht erstattet.
(2) Nimmt die ersuchte Behörde zur Durchführung der Amtshilfe eine kostenpflichtige Amtshandlung vor, so stehen ihr die von einem Dritten hierfür geschuldeten Kosten (Verwaltungsgebühren, Benutzungsgebühren und Auslagen) zu.

Abschnitt 3
Europäische Verwaltungszusammenarbeit

§ 8a Grundsätze der Hilfeleistung
(1) Jede Behörde leistet Behörden anderer Mitgliedstaaten der Europäischen Union auf Ersuchen Hilfe, soweit dies nach Maßgabe von Rechtsakten der Europäischen Gemeinschaft geboten ist.
(2) [1]Behörden anderer Mitgliedstaaten der Europäischen Union können um Hilfe ersucht werden, soweit dies nach Maßgabe von Rechtsakten der Europäischen Gemeinschaft zugelassen ist. [2]Um Hilfe ist zu ersuchen, soweit dies nach Maßgabe von Rechtsakten der Europäischen Gemeinschaft geboten ist.
(3) Die §§ 5, 7 und 8 Absatz 2 sind entsprechend anzuwenden, soweit Rechtsakte der Europäischen Gemeinschaft nicht entgegenstehen.

§ 8b Form und Behandlung der Ersuchen
(1) [1]Ersuchen sind in deutscher Sprache an Behörden anderer Mitgliedstaaten der Europäischen Union zu richten; soweit erforderlich, ist eine Übersetzung beizufügen. [2]Die Ersuchen sind gemäß den gemeinschaftsrechtlichen Vorgaben und unter Angabe des maßgeblichen Rechtsakts zu begründen.
(2) [1]Ersuchen von Behörden anderer Mitgliedstaaten der Europäischen Union dürfen nur erledigt werden, wenn sich ihr Inhalt in deutscher Sprache aus den Akten ergibt. [2]Soweit erforderlich, soll bei Ersuchen in einer anderen Sprache von der ersuchenden Behörde eine Übersetzung verlangt werden.
(3) Ersuchen von Behörden anderer Mitgliedstaaten der Europäischen Union können abgelehnt werden, wenn sie nicht ordnungsgemäß und unter Angabe des maßgeblichen Rechtsakts begründet sind und die erforderliche Begründung nach Aufforderung nicht nachgereicht wird.
(4) [1]Einrichtungen und Hilfsmittel der Kommission zur Behandlung von Ersuchen sollen genutzt werden. [2]Informationen sollen elektronisch übermittelt werden.

§ 8c Kosten der Hilfeleistung
Ersuchende Behörden anderer Mitgliedstaaten der Europäischen Union haben Verwaltungsgebühren oder Auslagen nur zu erstatten, soweit dies nach Maßgabe von Rechtsakten der Europäischen Gemeinschaft verlangt werden kann.

§ 8d Mitteilungen von Amts wegen
(1) ¹Die zuständige Behörde teilt den Behörden anderer Mitgliedstaaten der Europäischen Union und der Kommission Angaben über Sachverhalte und Personen mit, soweit dies nach Maßgabe von Rechtsakten der Europäischen Gemeinschaft geboten ist. ²Dabei sollen die hierzu eingerichteten Informationsnetze genutzt werden.
(2) Übermittelt eine Behörde Angaben nach Absatz 1 an die Behörde eines anderen Mitgliedstaats der Europäischen Union, unterrichtet sie den Betroffenen über die Tatsache der Übermittlung, soweit Rechtsakte der Europäischen Gemeinschaft dies vorsehen; dabei ist auf die Art der Angaben sowie auf die Zweckbestimmung und die Rechtsgrundlage der Übermittlung hinzuweisen.

§ 8e Anwendbarkeit
¹Die Regelungen dieses Abschnitts sind mit Inkrafttreten des jeweiligen Rechtsaktes der Europäischen Gemeinschaft, wenn dieser unmittelbare Wirkung entfaltet, im Übrigen mit Ablauf der jeweiligen Umsetzungsfrist anzuwenden. ²Sie gelten auch im Verhältnis zu den anderen Vertragsstaaten des Abkommens über den Europäischen Wirtschaftsraum, soweit Rechtsakte der Europäischen Gemeinschaft auch auf diese Staaten anzuwenden sind.

Teil II
Allgemeine Vorschriften über das Verwaltungsverfahren

Abschnitt 1
Verfahrensgrundsätze

§ 9 Begriff des Verwaltungsverfahrens
Das Verwaltungsverfahren im Sinne dieses Gesetzes ist die nach außen wirkende Tätigkeit der Behörden, die auf die Prüfung der Voraussetzungen, die Vorbereitung und den Erlass eines Verwaltungsaktes oder auf den Abschluss eines öffentlich-rechtlichen Vertrags gerichtet ist; es schließt den Erlass des Verwaltungsaktes oder den Abschluss des öffentlich-rechtlichen Vertrags ein.

§ 10 Nichtförmlichkeit des Verwaltungsverfahrens
¹Das Verwaltungsverfahren ist an bestimmte Formen nicht gebunden, soweit keine besonderen Rechtsvorschriften für die Form des Verfahrens bestehen. ²Es ist einfach, zweckmäßig und zügig durchzuführen.

§ 11 Beteiligungsfähigkeit
Fähig, am Verfahren beteiligt zu sein, sind
1. natürliche und juristische Personen,
2. Vereinigungen, soweit ihnen ein Recht zustehen kann,
3. Behörden.

§ 12 Handlungsfähigkeit
(1) Fähig zur Vornahme von Verfahrenshandlungen sind
1. natürliche Personen, die nach bürgerlichem Recht geschäftsfähig sind,
2. natürliche Personen, die nach bürgerlichem Recht in der Geschäftsfähigkeit beschränkt sind, soweit sie für den Gegenstand des Verfahrens durch Vorschriften des bürgerlichen Rechts als geschäftsfähig oder durch Vorschriften des öffentlichen Rechts als handlungsfähig anerkannt sind,
3. juristische Personen und Vereinigungen (§ 11 Nr. 2) durch ihre gesetzlichen Vertreter oder durch besonders Beauftragte,
4. Behörden durch ihre Leiter, deren Vertreter oder Beauftragte.
(2) Betrifft ein Einwilligungsvorbehalt nach § 1903 des Bürgerlichen Gesetzbuchs den Gegenstand des Verfahrens, so ist ein geschäftsfähiger Betreuter nur insoweit zur Vornahme von Verfahrenshandlungen fähig, als er nach den Vorschriften des bürgerlichen Rechts ohne Einwilligung des Betreuers handeln kann oder durch Vorschriften des öffentlichen Rechts als handlungsfähig anerkannt ist.
(3) Die §§ 53 und 55 der Zivilprozessordnung gelten entsprechend.

§ 13 Beteiligte
(1) Beteiligte sind
1. Antragsteller und Antragsgegner,
2. diejenigen, an die die Behörde den Verwaltungsakt richten will oder gerichtet hat,
3. diejenigen, mit denen die Behörde einen öffentlich-rechtlichen Vertrag schließen will oder geschlossen hat,
4. diejenigen, die nach Absatz 2 von der Behörde zu dem Verfahren hinzugezogen worden sind.

(2) [1]Die Behörde kann von Amts wegen oder auf Antrag diejenigen, deren rechtliche Interessen durch den Ausgang des Verfahrens berührt werden können, als Beteiligte hinzuziehen. [2]Hat der Ausgang des Verfahrens rechtsgestaltende Wirkung für einen Dritten, so ist dieser auf Antrag als Beteiligter zu dem Verfahren hinzuzuziehen; soweit er der Behörde bekannt ist, hat diese ihn von der Einleitung des Verfahrens zu benachrichtigen.

(3) Wer anzuhören ist, ohne dass die Voraussetzungen des Absatzes 1 vorliegen, wird dadurch nicht Beteiligter.

§ 14 Bevollmächtigte und Beistände
(1) [1]Ein Beteiligter kann sich durch einen Bevollmächtigten vertreten lassen. [2]Die Vollmacht ermächtigt zu allen das Verwaltungsverfahren betreffenden Verfahrenshandlungen, sofern sich aus ihrem Inhalt nicht etwas anderes ergibt. [3]Der Bevollmächtigte hat auf Verlangen seine Vollmacht schriftlich nachzuweisen. [4]Ein Widerruf der Vollmacht wird der Behörde gegenüber erst wirksam, wenn er ihr zugeht.

(2) Die Vollmacht wird weder durch den Tod des Vollmachtgebers noch durch eine Veränderung in seiner Handlungsfähigkeit oder seiner gesetzlichen Vertretung aufgehoben; der Bevollmächtigte hat jedoch, wenn er für den Rechtsnachfolger im Verwaltungsverfahren auftritt, dessen Vollmacht auf Verlangen schriftlich beizubringen.

(3) [1]Ist für das Verfahren ein Bevollmächtigter bestellt, so soll sich die Behörde an ihn wenden. [2]Sie kann sich an den Beteiligten selbst wenden, soweit er zur Mitwirkung verpflichtet ist. [3]Wendet sich die Behörde an den Beteiligten, so soll der Bevollmächtigte verständigt werden. [4]Vorschriften über die Zustellung an Bevollmächtigte bleiben unberührt.

(4) [1]Ein Beteiligter kann zu Verhandlungen und Besprechungen mit einem Beistand erscheinen. [2]Das von dem Beistand Vorgetragene gilt als von dem Beteiligten vorgebracht, soweit dieser nicht unverzüglich widerspricht.

(5) Bevollmächtigte und Beistände sind zurückzuweisen, wenn sie entgegen § 3 des Rechtsdienstleistungsgesetzes Rechtsdienstleistungen erbringen.

(6) [1]Bevollmächtigte und Beistände können vom Vortrag zurückgewiesen werden, wenn sie hierzu ungeeignet sind; vom mündlichen Vortrag können sie nur zurückgewiesen werden, wenn sie zum sachgemäßen Vortrag nicht fähig sind. [2]Nicht zurückgewiesen werden können Personen, die nach § 67 Abs. 2 Satz 1 und 2 Nr. 3 bis 7 der Verwaltungsgerichtsordnung zur Vertretung im verwaltungsgerichtlichen Verfahren befugt sind.

(7) [1]Die Zurückweisung nach den Absätzen 5 und 6 ist auch dem Beteiligten, dessen Bevollmächtigter oder Beistand zurückgewiesen wird, mitzuteilen. [2]Verfahrenshandlungen des zurückgewiesenen Bevollmächtigten oder Beistands, die dieser nach der Zurückweisung vornimmt, sind unwirksam.

§ 15 Bestellung eines Empfangsbevollmächtigten
[1]Ein Beteiligter ohne Wohnsitz oder gewöhnlichen Aufenthalt, Sitz oder Geschäftsleitung im Inland hat der Behörde auf Verlangen innerhalb einer angemessenen Frist einen Empfangsbevollmächtigten im Inland zu benennen. [2]Unterlässt er dies, gilt ein an ihn gerichtetes Schriftstück am siebenten Tage nach der Aufgabe zur Post und ein elektronisch übermitteltes Dokument am dritten Tage nach der Absendung als zugegangen. [3]Dies gilt nicht, wenn feststeht, dass das Dokument den Empfänger nicht oder zu einem späteren Zeitpunkt erreicht hat. [4]Auf die Rechtsfolgen der Unterlassung ist der Beteiligte hinzuweisen.

§ 16 Bestellung eines Vertreters von Amts wegen
(1) Ist ein Vertreter nicht vorhanden, so hat das Betreuungsgericht, für einen minderjährigen Beteiligten das Familiengericht auf Ersuchen der Behörde einen geeigneten Vertreter zu bestellen
1. für einen Beteiligten, dessen Person unbekannt ist;

2. für einen abwesenden Beteiligten, dessen Aufenthalt unbekannt ist oder der an der Besorgung seiner Angelegenheiten verhindert ist;
3. für einen Beteiligten ohne Aufenthalt im Inland, wenn er der Aufforderung der Behörde, einen Vertreter zu bestellen, innerhalb der ihm gesetzten Frist nicht nachgekommen ist;
4. für einen Beteiligten, der infolge einer psychischen Krankheit oder körperlichen, geistigen oder seelischen Behinderung nicht in der Lage ist, in dem Verwaltungsverfahren selbst tätig zu werden;
5. bei herrenlosen Sachen, auf die sich das Verfahren bezieht, zur Wahrung der sich in Bezug auf die Sache ergebenden Rechte und Pflichten.

(2) Für die Bestellung des Vertreters ist in den Fällen des Absatzes 1 Nr. 4 das Gericht zuständig, in dessen Bezirk der Beteiligte seinen gewöhnlichen Aufenthalt hat; im Übrigen ist das Gericht zuständig, in dessen Bezirk die ersuchende Behörde ihren Sitz hat.

(3) [1]Der Vertreter hat gegen den Rechtsträger der Behörde, die um seine Bestellung ersucht hat, Anspruch auf eine angemessene Vergütung und auf die Erstattung seiner baren Auslagen. [2]Die Behörde kann von dem Vertretenen Ersatz ihrer Aufwendungen verlangen. [3]Sie bestimmt die Vergütung und stellt die Auslagen und Aufwendungen fest.

(4) Im Übrigen gelten für die Bestellung und für das Amt des Vertreters in den Fällen des Absatzes 1 Nr. 4 die Vorschriften über die Betreuung, in den übrigen Fällen die Vorschriften über die Pflegschaft entsprechend.

§ 17 Vertreter bei gleichförmigen Eingaben

(1) [1]Bei Anträgen und Eingaben, die in einem Verwaltungsverfahren von mehr als 50 Personen auf Unterschriftslisten unterzeichnet oder in Form vervielfältigter gleich lautender Texte eingereicht worden sind (gleichförmige Eingaben), gilt für das Verfahren derjenige Unterzeichner als Vertreter der übrigen Unterzeichner, der darin mit seinem Namen, seinem Beruf und seiner Anschrift als Vertreter bezeichnet ist, soweit er nicht von ihnen als Bevollmächtigter bestellt worden ist. [2]Vertreter kann nur eine natürliche Person sein.

(2) [1]Die Behörde kann gleichförmige Eingaben, die die Angaben nach Absatz 1 Satz 1 nicht deutlich sichtbar auf jeder mit einer Unterschrift versehenen Seite enthalten oder dem Erfordernis des Absatzes 1 Satz 2 nicht entsprechen, unberücksichtigt lassen. [2]Will die Behörde so verfahren, so hat sie dies durch ortsübliche Bekanntmachung mitzuteilen. [3]Die Behörde kann ferner gleichförmige Eingaben insoweit unberücksichtigt lassen, als Unterzeichner ihren Namen oder ihre Anschrift nicht oder unleserlich angegeben haben.

(3) [1]Die Vertretungsmacht erlischt, sobald der Vertreter oder der Vertretene dies der Behörde schriftlich erklärt; der Vertreter kann eine solche Erklärung nur hinsichtlich aller Vertretenen abgeben. [2]Gibt der Vertretene eine solche Erklärung ab, so soll er der Behörde zugleich mitteilen, ob er seine Eingabe aufrechterhält und ob er einen Bevollmächtigten bestellt hat.

(4) [1]Endet die Vertretungsmacht des Vertreters, so kann die Behörde die nicht mehr Vertretenen auffordern, innerhalb einer angemessenen Frist einen gemeinsamen Vertreter zu bestellen. [2]Sind mehr als 50 Personen aufzufordern, so kann die Behörde die Aufforderung ortsüblich bekannt machen. [3]Wird der Aufforderung nicht fristgemäß entsprochen, so kann die Behörde von Amts wegen einen gemeinsamen Vertreter bestellen.

§ 18 Vertreter für Beteiligte bei gleichem Interesse

(1) [1]Sind an einem Verwaltungsverfahren mehr als 50 Personen im gleichen Interesse beteiligt, ohne vertreten zu sein, so kann die Behörde sie auffordern, innerhalb einer angemessenen Frist einen gemeinsamen Vertreter zu bestellen, wenn sonst die ordnungsmäßige Durchführung des Verwaltungsverfahrens beeinträchtigt wäre. [2]Kommen sie der Aufforderung nicht fristgemäß nach, so kann die Behörde von Amts wegen einen gemeinsamen Vertreter bestellen. [3]Vertreter kann nur eine natürliche Person sein.

(2) [1]Die Vertretungsmacht erlischt, sobald der Vertreter oder der Vertretene dies der Behörde schriftlich erklärt; der Vertreter kann eine solche Erklärung nur hinsichtlich aller Vertretenen abgeben. [2]Gibt der Vertretene eine solche Erklärung ab, so soll er der Behörde zugleich mitteilen, ob er seine Eingabe aufrechterhält und ob er einen Bevollmächtigten bestellt hat.

§ 19 Gemeinsame Vorschriften für Vertreter bei gleichförmigen Eingaben und bei gleichem Interesse

(1) ¹Der Vertreter hat die Interessen der Vertretenen sorgfältig wahrzunehmen. ²Er kann alle das Verwaltungsverfahren betreffenden Verfahrenshandlungen vornehmen. ³An Weisungen ist er nicht gebunden.
(2) § 14 Abs. 5 bis 7 gilt entsprechend.
(3) ¹Der von der Behörde bestellte Vertreter hat gegen deren Rechtsträger Anspruch auf angemessene Vergütung und auf Erstattung seiner baren Auslagen. ²Die Behörde kann von den Vertretenen zu gleichen Anteilen Ersatz ihrer Aufwendungen verlangen. ³Sie bestimmt die Vergütung und stellt die Auslagen und Aufwendungen fest.

§ 20 Ausgeschlossene Personen

(1) ¹In einem Verwaltungsverfahren darf für eine Behörde nicht tätig werden,
1. wer selbst Beteiligter ist;
2. wer Angehöriger eines Beteiligten ist;
3. wer einen Beteiligten kraft Gesetzes oder Vollmacht allgemein oder in diesem Verwaltungsverfahren vertritt;
4. wer Angehöriger einer Person ist, die einen Beteiligten in diesem Verfahren vertritt;
5. wer bei einem Beteiligten gegen Entgelt beschäftigt ist oder bei ihm als Mitglied des Vorstands, des Aufsichtsrates oder eines gleichartigen Organs tätig ist; dies gilt nicht für den, dessen Anstellungskörperschaft Beteiligte ist;
6. wer außerhalb seiner amtlichen Eigenschaft in der Angelegenheit ein Gutachten abgegeben hat oder sonst tätig geworden ist.

²Dem Beteiligten steht gleich, wer durch die Tätigkeit oder durch die Entscheidung einen unmittelbaren Vorteil oder Nachteil erlangen kann. ³Dies gilt nicht, wenn der Vor- oder Nachteil nur darauf beruht, dass jemand einer Berufs- oder Bevölkerungsgruppe angehört, deren gemeinsame Interessen durch die Angelegenheit berührt werden.
(2) Absatz 1 gilt nicht für Wahlen zu einer ehrenamtlichen Tätigkeit und für die Abberufung von ehrenamtlich Tätigen.
(3) Wer nach Absatz 1 ausgeschlossen ist, darf bei Gefahr im Verzug unaufschiebbare Maßnahmen treffen.
(4) ¹Hält sich ein Mitglied eines Ausschusses (§ 88) für ausgeschlossen oder bestehen Zweifel, ob die Voraussetzungen des Absatzes 1 gegeben sind, ist dies dem Vorsitzenden des Ausschusses mitzuteilen. ²Der Ausschuss entscheidet über den Ausschluss. ³Der Betroffene darf an dieser Entscheidung nicht mitwirken. ⁴Das ausgeschlossene Mitglied darf bei der weiteren Beratung und Beschlussfassung nicht zugegen sein.
(5) ¹Angehörige im Sinne des Absatzes 1 Nr. 2 und 4 sind:
1. der Verlobte,
2. der Ehegatte oder eingetragene Lebenspartnerinnen/Lebenspartner,
3. Verwandte und Verschwägerte gerader Linie,
4. Geschwister,
5. Kinder der Geschwister,
6. Ehegatten der Geschwister und Geschwister der Ehegatten,
6a) eingetragene Lebenspartnerinnen/Lebenspartner der Geschwister und Geschwister der eingetragenen Lebenspartnerinnen/Lebenspartner,
7. Geschwister der Eltern,
8. Personen, die durch ein auf längere Dauer angelegtes Pflegeverhältnis mit häuslicher Gemeinschaft wie Eltern und Kind miteinander verbunden sind (Pflegeeltern und Pflegekinder).

²Angehörige sind die in Satz 1 aufgeführten Personen auch dann, wenn
1. in den Fällen der Nummern 2, 3, 6 und 6a die die Beziehung begründende Ehe oder eingetragene Lebenspartnerschaft nicht mehr besteht;
2. in den Fällen der Nummern 3 bis 7 die Verwandtschaft oder Schwägerschaft durch Annahme als Kind erloschen ist;
3. im Falle der Nummer 8 die häusliche Gemeinschaft nicht mehr besteht, sofern die Personen weiterhin wie Eltern und Kind miteinander verbunden sind.

§ 21 Besorgnis der Befangenheit
(1) ¹Liegt ein Grund vor, der geeignet ist, Misstrauen gegen eine unparteiische Amtsausübung zu rechtfertigen, oder wird von einem Beteiligten das Vorliegen eines solchen Grundes behauptet, so hat, wer in einem Verwaltungsverfahren für eine Behörde tätig werden soll, den Leiter der Behörde oder den von diesem Beauftragten zu unterrichten und sich auf dessen Anordnung der Mitwirkung zu enthalten. ²Betrifft die Besorgnis der Befangenheit den Leiter der Behörde, so trifft diese Anordnung die Aufsichtsbehörde, sofern sich der Behördenleiter nicht selbst einer Mitwirkung enthält.
(2) Für Mitglieder eines Ausschusses (§ 88) gilt § 20 Abs. 4 entsprechend.

§ 22 Beginn des Verfahrens
¹Die Behörde entscheidet nach pflichtgemäßem Ermessen, ob und wann sie ein Verwaltungsverfahren durchführt. ²Dies gilt nicht, wenn die Behörde aufgrund von Rechtsvorschriften
1. von Amts wegen oder auf Antrag tätig werden muss;
2. nur auf Antrag tätig werden darf und ein Antrag nicht vorliegt.

§ 23 Amtssprache
(1) Die Amtssprache ist deutsch.
(2) ¹Werden bei einer Behörde in einer fremden Sprache Anträge gestellt oder Eingaben, Belege, Urkunden oder sonstige Dokumente vorgelegt, soll die Behörde unverzüglich die Vorlage einer Übersetzung verlangen. ²In begründeten Fällen kann die Vorlage einer beglaubigten oder von einem öffentlich bestellten oder beeidigten Dolmetscher oder Übersetzer angefertigten Übersetzung verlangt werden. ³Wird die verlangte Übersetzung nicht unverzüglich vorgelegt, so kann die Behörde auf Kosten des Beteiligten selbst eine Übersetzung beschaffen. ⁴Hat die Behörde Dolmetscher oder Übersetzer herangezogen, erhalten diese in entsprechender Anwendung des Justizvergütungs- und -entschädigungsgesetzes eine Vergütung.
(3) Soll durch eine Anzeige, einen Antrag oder die Abgabe einer Willenserklärung eine Frist in Lauf gesetzt werden, innerhalb deren die Behörde in einer bestimmten Weise tätig werden muss, und gehen diese in einer fremden Sprache ein, so beginnt der Lauf der Frist erst mit dem Zeitpunkt, in dem der Behörde eine Übersetzung vorliegt.
(4) ¹Soll durch eine Anzeige, einen Antrag oder eine Willenserklärung, die in fremder Sprache eingehen, zugunsten eines Beteiligten eine Frist gegenüber der Behörde gewahrt, ein öffentlich-rechtlicher Anspruch geltend gemacht oder eine Leistung begehrt werden, so gelten die Anzeige, der Antrag oder die Willenserklärung als zum Zeitpunkt des Eingangs bei der Behörde abgegeben, wenn auf Verlangen der Behörde innerhalb einer von dieser zu setzenden angemessenen Frist eine Übersetzung vorgelegt wird. ²Andernfalls ist der Zeitpunkt des Eingangs der Übersetzung maßgebend, soweit sich nicht aus zwischenstaatlichen Vereinbarungen etwas anderes ergibt. ³Auf diese Rechtsfolge ist bei der Fristsetzung hinzuweisen.

§ 24 Untersuchungsgrundsatz
(1) ¹Die Behörde ermittelt den Sachverhalt von Amts wegen. ²Sie bestimmt Art und Umfang der Ermittlungen; an das Vorbringen und an die Beweisanträge der Beteiligten ist sie nicht gebunden.
(2) Die Behörde hat alle für den Einzelfall bedeutsamen, auch die für die Beteiligten günstigen Umstände zu berücksichtigen.
(3) Die Behörde darf die Entgegennahme von Erklärungen oder Anträgen, die in ihren Zuständigkeitsbereich fallen, nicht deshalb verweigern, weil sie die Erklärung oder den Antrag in der Sache für unzulässig oder unbegründet hält.

§ 25 Beratung, Auskunft, frühe Öffentlichkeitsbeteiligung
(1) ¹Die Behörde soll die Abgabe von Erklärungen, die Stellung von Anträgen oder die Berichtigung von Erklärungen oder Anträgen anregen, wenn diese offensichtlich nur versehentlich oder aus Unkenntnis unterblieben oder unrichtig abgegeben oder gestellt worden sind. ²Sie erteilt, soweit erforderlich, Auskunft über die den Beteiligten im Verwaltungsverfahren zustehenden Rechte und die ihnen obliegenden Pflichten.
(2) ¹Die Behörde erörtert, soweit erforderlich, bereits vor Stellung eines Antrags mit dem zukünftigen Antragsteller, welche Nachweise und Unterlagen von ihm zu erbringen sind und in welcher Weise das Verfahren beschleunigt werden kann. ²Soweit es der Verfahrensbeschleunigung dient, soll sie dem

Antragsteller nach Eingang des Antrags unverzüglich Auskunft über die voraussichtliche Verfahrensdauer und die Vollständigkeit der Antragsunterlagen geben.
(3) [1]Die Behörde wirkt darauf hin, dass der Träger bei der Planung von Vorhaben, die nicht nur unwesentliche Auswirkungen auf die Belange einer größeren Zahl von Dritten haben können, die betroffene Öffentlichkeit frühzeitig über die Ziele des Vorhabens, die Mittel, es zu verwirklichen, und die voraussichtlichen Auswirkungen des Vorhabens unterrichtet (frühe Öffentlichkeitsbeteiligung). [2]Die frühe Öffentlichkeitsbeteiligung soll möglichst bereits vor Stellung eines Antrags stattfinden. [3]Der betroffenen Öffentlichkeit soll Gelegenheit zur Äußerung und zur Erörterung gegeben werden. [4]Das Ergebnis der vor Antragstellung durchgeführten frühen Öffentlichkeitsbeteiligung soll der betroffenen Öffentlichkeit und der Behörde spätestens mit der Antragstellung, im Übrigen unverzüglich mitgeteilt werden. [5]Satz 1 gilt nicht, soweit die betroffene Öffentlichkeit bereits nach anderen Rechtsvorschriften vor der Antragstellung zu beteiligen ist. [6]Beteiligungsrechte nach anderen Rechtsvorschriften bleiben unberührt.

§ 26 Beweismittel
(1) [1]Die Behörde bedient sich der Beweismittel, die sie nach pflichtgemäßem Ermessen zur Ermittlung des Sachverhalts für erforderlich hält. [2]Sie kann insbesondere
1. Auskünfte jeder Art einholen,
2. Beteiligte anhören, Zeugen und Sachverständige vernehmen oder die schriftliche oder elektronische Äußerung von Beteiligten, Sachverständigen und Zeugen einholen,
3. Urkunden und Akten beiziehen,
4. den Augenschein einnehmen.

(2) [1]Die Beteiligten sollen bei der Ermittlung des Sachverhalts mitwirken. [2]Sie sollen insbesondere ihnen bekannte Tatsachen und Beweismittel angeben. [3]Eine weitergehende Pflicht, bei der Ermittlung des Sachverhalts mitzuwirken, insbesondere eine Pflicht zum persönlichen Erscheinen oder zur Aussage, besteht nur, soweit sie durch Rechtsvorschrift besonders vorgesehen ist.
(3) [1]Für Zeugen und Sachverständige besteht eine Pflicht zur Aussage oder zur Erstattung von Gutachten, wenn sie durch Rechtsvorschrift vorgesehen ist. [2]Falls die Behörde Zeugen und Sachverständige herangezogen hat, erhalten sie auf Antrag in entsprechender Anwendung des Justizvergütungs- und -entschädigungsgesetzes eine Entschädigung oder Vergütung.

§ 27 Versicherung an Eides statt
(1) [1]Die Behörde darf bei der Ermittlung des Sachverhalts eine Versicherung an Eides statt nur verlangen und abnehmen, wenn die Abnahme der Versicherung über den betreffenden Gegenstand und in dem betreffenden Verfahren durch Gesetz oder Rechtsverordnung vorgesehen und die Behörde durch Rechtsvorschrift für zuständig erklärt worden ist. [2]Eine Versicherung an Eides statt soll nur gefordert werden, wenn andere Mittel zur Erforschung der Wahrheit nicht vorhanden sind, zu keinem Ergebnis geführt haben oder einen unverhältnismäßigen Aufwand erfordern. [3]Von eidesunfähigen Personen im Sinne des § 393 der Zivilprozessordnung darf eine eidesstattliche Versicherung nicht verlangt werden.
(2) [1]Wird die Versicherung an Eides statt von einer Behörde zur Niederschrift aufgenommen, so sind zur Aufnahme nur der Behördenleiter, sein allgemeiner Vertreter sowie Angehörige des öffentlichen Dienstes befugt, welche die Befähigung zum Richteramt haben oder die Voraussetzungen des § 110 Satz 1 des Deutschen Richtergesetzes erfüllen. [2]Andere Angehörige des öffentlichen Dienstes kann der Behördenleiter oder sein allgemeiner Vertreter hierzu allgemein oder im Einzelfall schriftlich ermächtigen.
(3) Die Versicherung besteht darin, dass der Versichernde die Richtigkeit seiner Erklärung über den betreffenden Gegenstand bestätigt und erklärt: »Ich versichere an Eides statt, dass ich nach bestem Wissen die reine Wahrheit gesagt und nichts verschwiegen habe.« Bevollmächtigte und Beistände sind berechtigt, an der Aufnahme der Versicherung an Eides statt teilzunehmen.
(4) [1]Vor der Aufnahme der Versicherung an Eides statt ist der Versichernde über die Bedeutung der eidesstattlichen Versicherung und die strafrechtlichen Folgen einer unrichtigen oder unvollständigen eidesstattlichen Versicherung zu belehren. [2]Die Belehrung ist in der Niederschrift zu vermerken.
(5) [1]Die Niederschrift hat ferner die Namen der anwesenden Personen sowie den Ort und den Tag der Niederschrift zu enthalten. [2]Die Niederschrift ist demjenigen, der die eidesstattliche Versicherung abgibt, zur Genehmigung vorzulesen oder auf Verlangen zur Durchsicht vorzulegen. [3]Die erteilte

Genehmigung ist zu vermerken und von dem Versichernden zu unterschreiben. [4]Die Niederschrift ist sodann von demjenigen, der die Versicherung an Eides statt aufgenommen hat, sowie von dem Schriftführer zu unterschreiben.

§ 27a Öffentliche Bekanntmachung im Internet
(1) [1]Ist durch Rechtsvorschrift eine öffentliche oder ortsübliche Bekanntmachung angeordnet, soll die Behörde deren Inhalt zusätzlich im Internet veröffentlichen. [2]Dies wird dadurch bewirkt, dass der Inhalt der Bekanntmachung auf einer Internetseite der Behörde oder ihres Verwaltungsträgers zugänglich gemacht wird. [3]Bezieht sich die Bekanntmachung auf zur Einsicht auszulegende Unterlagen, sollen auch diese über das Internet zugänglich gemacht werden. [4]Soweit durch Rechtsvorschrift nichts anderes geregelt ist, ist der Inhalt der zur Einsicht ausgelegten Unterlagen maßgeblich.
(2) In der öffentlichen oder ortsüblichen Bekanntmachung ist die Internetseite anzugeben.
(3) Die Vorschriften des Bremischen Bekanntmachungsgesetzes über amtliche Bekanntmachungen im Internet bleiben unberührt.

§ 28 Anhörung Beteiligter
(1) Bevor ein Verwaltungsakt erlassen wird, der in Rechte eines Beteiligten eingreift, ist diesem Gelegenheit zu geben, sich zu den für die Entscheidung erheblichen Tatsachen zu äußern.
(2) Von der Anhörung kann abgesehen werden, wenn sie nach den Umständen des Einzelfalls nicht geboten ist, insbesondere wenn
1. eine sofortige Entscheidung wegen Gefahr im Verzug oder im öffentlichen Interesse notwendig erscheint;
2. durch die Anhörung die Einhaltung einer für die Entscheidung maßgeblichen Frist in Frage gestellt würde;
3. von den tatsächlichen Angaben eines Beteiligten, die dieser in einem Antrag oder einer Erklärung gemacht hat, nicht zu seinen Ungunsten abgewichen werden soll;
4. die Behörde eine Allgemeinverfügung oder gleichartige Verwaltungsakte in größerer Zahl oder Verwaltungsakte mit Hilfe automatischer Einrichtungen erlassen will;
5. Maßnahmen in der Verwaltungsvollstreckung getroffen werden sollen.
(3) Eine Anhörung unterbleibt, wenn ihr ein zwingendes öffentliches Interesse entgegensteht.

§ 29 Akteneinsicht durch Beteiligte
(1) [1]Die Behörde hat den Beteiligten Einsicht in die das Verfahren betreffenden Akten zu gestatten, soweit deren Kenntnis zur Geltendmachung oder Verteidigung ihrer rechtlichen Interessen erforderlich ist. [2]Satz 1 gilt bis zum Abschluss des Verwaltungsverfahrens nicht für Entwürfe zu Entscheidungen sowie die Arbeiten zu ihrer unmittelbaren Vorbereitung. [3]Soweit nach den §§ 17 und 18 eine Vertretung stattfindet, haben nur die Vertreter Anspruch auf Akteneinsicht.
(2) Die Behörde ist zur Gestattung der Akteneinsicht nicht verpflichtet, soweit durch sie die ordnungsgemäße Erfüllung der Aufgaben der Behörde beeinträchtigt, das Bekanntwerden des Inhalts der Akten dem Wohl des Bundes oder eines Landes Nachteile bereiten würde oder soweit die Vorgänge nach einem Gesetz oder ihrem Wesen nach, namentlich wegen der berechtigten Interessen der Beteiligten oder dritter Personen, geheim gehalten werden müssen.
(3) [1]Die Akteneinsicht erfolgt bei der Behörde, die die Akten führt. [2]Im Einzelfall kann die Einsicht auch bei einer anderen Behörde oder bei einer diplomatischen oder berufskonsularischen Vertretung der Bundesrepublik Deutschland im Ausland erfolgen; weitere Ausnahmen kann die Behörde, die die Akten führt, gestatten. [3]Organen der Rechtspflege sollen gegen eine entsprechende Kostenübernahmeerklärung die Akten auf ihren Antrag zur Einsicht vorübergehend in ihre Büroräume herausgegeben werden.

§ 30 Geheimhaltung
Die Beteiligten haben Anspruch darauf, dass ihre Geheimnisse, insbesondere die zum persönlichen Lebensbereich gehörenden Geheimnisse sowie die Betriebs- und Geschäftsgeheimnisse, von der Behörde nicht unbefugt offenbart werden.

Abschnitt 2
Fristen, Termine, Wiedereinsetzung

§ 31 Fristen und Termine
(1) Für die Berechnung von Fristen und für die Bestimmung von Terminen gelten die §§ 187 bis 193 des Bürgerlichen Gesetzbuchs entsprechend, soweit nicht durch die Absätze 2 bis 5 etwas anderes bestimmt ist.

(2) Der Lauf einer Frist, die von einer Behörde gesetzt wird, beginnt mit dem Tag, der auf die Bekanntgabe der Frist folgt, außer wenn dem Betroffenen etwas anderes mitgeteilt wird.

(3) [1]Fällt das Ende einer Frist auf einen Sonntag, einen gesetzlichen Feiertag oder einen Sonnabend, so endet die Frist mit dem Ablauf des nächstfolgenden Werktags. [2]Dies gilt nicht, wenn dem Betroffenen unter Hinweis auf diese Vorschrift ein bestimmter Tag als Ende der Frist mitgeteilt worden ist.

(4) Hat eine Behörde Leistungen nur für einen bestimmten Zeitraum zu erbringen, so endet dieser Zeitraum auch dann mit dem Ablauf seines letzten Tages, wenn dieser auf einen Sonntag, einen gesetzlichen Feiertag oder einen Sonnabend fällt.

(5) Der von einer Behörde gesetzte Termin ist auch dann einzuhalten, wenn er auf einen Sonntag, gesetzlichen Feiertag oder Sonnabend fällt.

(6) Ist eine Frist nach Stunden bestimmt, so werden Sonntage, gesetzliche Feiertage oder Sonnabende mitgerechnet.

(7) [1]Fristen, die von einer Behörde gesetzt sind, können verlängert werden. [2]Sind solche Fristen bereits abgelaufen, so können sie rückwirkend verlängert werden, insbesondere wenn es unbillig wäre, die durch den Fristablauf eingetretenen Rechtsfolgen bestehen zu lassen. [3]Die Behörde kann die Verlängerung der Frist nach § 36 mit einer Nebenbestimmung verbinden.

§ 32 Wiedereinsetzung in den vorigen Stand
(1) [1]War jemand ohne Verschulden verhindert, eine gesetzliche Frist einzuhalten, so ist ihm auf Antrag Wiedereinsetzung in den vorigen Stand zu gewähren. [2]Das Verschulden eines Vertreters ist dem Vertretenen zuzurechnen.

(2) [1]Der Antrag ist innerhalb von zwei Wochen nach Wegfall des Hindernisses zu stellen. [2]Die Tatsachen zur Begründung des Antrags sind bei der Antragstellung oder im Verfahren über den Antrag glaubhaft zu machen. [3]Innerhalb der Antragsfrist ist die versäumte Handlung nachzuholen. [4]Ist dies geschehen, so kann Wiedereinsetzung auch ohne Antrag gewährt werden.

(3) Nach einem Jahr seit dem Ende der versäumten Frist kann die Wiedereinsetzung nicht mehr beantragt oder die versäumte Handlung nicht mehr nachgeholt werden, außer wenn dies vor Ablauf der Jahresfrist infolge höherer Gewalt unmöglich war.

(4) Über den Antrag auf Wiedereinsetzung entscheidet die Behörde, die über die versäumte Handlung zu befinden hat.

(5) Die Wiedereinsetzung ist unzulässig, wenn sich aus einer Rechtsvorschrift ergibt, dass sie ausgeschlossen ist.

Abschnitt 3
Amtliche Beglaubigung

§ 33 Beglaubigung von Dokumenten
(1) [1]Jede Behörde ist befugt, Abschriften von Urkunden, die sie selbst ausgestellt hat, zu beglaubigen. [2]Darüber hinaus sind die vom Senat durch Rechtsverordnung bestimmten Behörden befugt, Abschriften zu beglaubigen, wenn die Urschrift von einer Behörde ausgestellt ist oder die Abschrift zur Vorlage bei einer Behörde benötigt wird, sofern nicht durch Rechtsvorschrift die Erteilung beglaubigter Abschriften aus amtlichen Registern und Archiven anderen Behörden ausschließlich vorbehalten ist.

(2) Abschriften dürfen nicht beglaubigt werden, wenn Umstände zu der Annahme berechtigen, dass der ursprüngliche Inhalt des Schriftstücks, dessen Abschrift beglaubigt werden soll, geändert worden ist, insbesondere wenn dieses Schriftstück Lücken, Durchstreichungen, Einschaltungen, Änderungen, unleserliche Wörter, Zahlen oder Zeichen, Spuren der Beseitigung von Wörtern, Zahlen und Zeichen enthält oder wenn der Zusammenhang eines aus mehreren Blättern bestehenden Schriftstücks aufgehoben ist.

(3) ¹Eine Abschrift wird beglaubigt durch einen Beglaubigungsvermerk, der unter die Abschrift zu setzen ist. ²Der Vermerk muss enthalten
1. die genaue Bezeichnung des Schriftstücks, dessen Abschrift beglaubigt wird,
2. die Feststellung, dass die beglaubigte Abschrift mit dem vorgelegten Schriftstück übereinstimmt,
3. den Hinweis, dass die beglaubigte Abschrift nur zur Vorlage bei der angegebenen Behörde erteilt wird, wenn die Urschrift nicht von einer Behörde ausgestellt worden ist,
4. den Ort und den Tag der Beglaubigung, die Unterschrift des für die Beglaubigung zuständigen Bediensteten und das Dienstsiegel.
(4) Die Absätze 1 bis 3 gelten entsprechend für die Beglaubigung von
1. Ablichtungen, Lichtdrucken und ähnlichen in technischen Verfahren hergestellten Vervielfältigungen,
2. auf fototechnischem Wege von Schriftstücken hergestellten Negativen, die bei einer Behörde aufbewahrt werden,
3. Ausdrucken elektronischer Dokumente,
4. elektronischen Dokumenten,
   a) die zur Abbildung eines Schriftstücks hergestellt wurden,
   b) die ein anderes technisches Format als das mit einer qualifizierten elektronischen Signatur verbundene Ausgangsdokument erhalten haben.
(5) ¹Der Beglaubigungsvermerk muss zusätzlich zu den Angaben nach Absatz 3 Satz 2 bei der Beglaubigung
1. des Ausdrucks eines elektronischen Dokuments, das mit einer qualifizierten elektronischen Signatur verbunden ist, die Feststellungen enthalten,
   a) wen die Signaturprüfung als Inhaber der Signatur ausweist,
   b) welchen Zeitpunkt die Signaturprüfung für die Anbringung der Signatur ausweist und
   c) welche Zertifikate mit welchen Daten dieser Signatur zugrunde lagen;
2. eines elektronischen Dokuments den Namen des für die Beglaubigung zuständigen Bediensteten und die Bezeichnung der Behörde, die die Beglaubigung vornimmt, enthalten; die Unterschrift des für die Beglaubigung zuständigen Bediensteten und das Dienstsiegel nach Absatz 3 Satz 2 Nr. 4 werden durch eine dauerhaft überprüfbare qualifizierte elektronische Signatur ersetzt.
²Wird ein elektronisches Dokument, das ein anderes technisches Format als das mit einer qualifizierten elektronischen Signatur verbundene Ausgangsdokument erhalten hat, nach Satz 1 Nr. 2 beglaubigt, muss der Beglaubigungsvermerk zusätzlich die Feststellungen nach Satz 1 Nr. 1 für das Ausgangsdokument enthalten.
(6) Die nach Absatz 4 hergestellten Dokumente stehen, sofern sie beglaubigt sind, beglaubigten Abschriften gleich.
(7) Jede Behörde soll von Urkunden, die sie selbst ausgestellt hat, auf Verlangen ein elektronisches Dokument nach Absatz 4 Nummer 4 Buchstabe a oder eine elektronische Abschrift fertigen und beglaubigen.

§ 34 Beglaubigung von Unterschriften

(1) ¹Die vom Senat durch Rechtsverordnung bestimmten Behörden sind befugt, Unterschriften zu beglaubigen, wenn das unterzeichnete Schriftstück zur Vorlage bei einer Behörde oder bei einer sonstigen Stelle, der aufgrund einer Rechtsvorschrift das unterzeichnete Schriftstück vorzulegen ist, benötigt wird. ²Dies gilt nicht für
1. Unterschriften ohne zugehörigen Text,
2. Unterschriften, die der öffentlichen Beglaubigung (§ 129 des Bürgerlichen Gesetzbuchs) bedürfen.
(2) Eine Unterschrift soll nur beglaubigt werden, wenn sie in Gegenwart des beglaubigenden Bediensteten vollzogen oder anerkannt wird.
(3) ¹Der Beglaubigungsvermerk ist unmittelbar bei der Unterschrift, die beglaubigt werden soll, anzubringen. ²Er muss enthalten
1. die Bestätigung, dass die Unterschrift echt ist,
2. die genaue Bezeichnung desjenigen, dessen Unterschrift beglaubigt wird, sowie die Angabe, ob sich der für die Beglaubigung zuständige Bedienstete Gewissheit über diese Person verschafft hat und ob die Unterschrift in seiner Gegenwart vollzogen oder anerkannt worden ist,

3. den Hinweis, dass die Beglaubigung nur zur Vorlage bei der angegebenen Behörde oder Stelle bestimmt ist,
4. den Ort und den Tag der Beglaubigung, die Unterschrift des für die Beglaubigung zuständigen Bediensteten und das Dienstsiegel.
(4) Die Absätze 1 bis 3 gelten für die Beglaubigung von Handzeichen entsprechend.

Teil III
Verwaltungsakt

Abschnitt 1
Zustandekommen des Verwaltungsaktes

§ 35 Begriff des Verwaltungsaktes
[1]Verwaltungsakt ist jede Verfügung, Entscheidung oder andere hoheitliche Maßnahme, die eine Behörde zur Regelung eines Einzelfalls auf dem Gebiet des öffentlichen Rechts trifft und die auf unmittelbare Rechtswirkung nach außen gerichtet ist. [2]Allgemeinverfügung ist ein Verwaltungsakt, der sich an einen nach allgemeinen Merkmalen bestimmten oder bestimmbaren Personenkreis richtet oder die öffentlich-rechtliche Eigenschaft einer Sache oder ihre Benutzung durch die Allgemeinheit betrifft.

§ 36 Nebenbestimmungen zum Verwaltungsakt
(1) Ein Verwaltungsakt, auf den ein Anspruch besteht, darf mit einer Nebenbestimmung nur versehen werden, wenn sie durch Rechtsvorschrift zugelassen ist oder wenn sie sicherstellen soll, dass die gesetzlichen Voraussetzungen des Verwaltungsaktes erfüllt werden.
(2) Unbeschadet des Absatzes 1 darf ein Verwaltungsakt nach pflichtgemäßem Ermessen erlassen werden mit
1. einer Bestimmung, nach der eine Vergünstigung oder Belastung zu einem bestimmten Zeitpunkt beginnt, endet oder für einen bestimmten Zeitraum gilt (Befristung);
2. einer Bestimmung, nach der der Eintritt oder der Wegfall einer Vergünstigung oder einer Belastung von dem ungewissen Eintritt eines zukünftigen Ereignisses abhängt (Bedingung);
3. einem Vorbehalt des Widerrufs
oder verbunden werden mit
4. einer Bestimmung, durch die dem Begünstigten ein Tun, Dulden oder Unterlassen vorgeschrieben wird (Auflage);
5. einem Vorbehalt der nachträglichen Aufnahme, Änderung oder Ergänzung einer Auflage.
(3) Eine Nebenbestimmung darf dem Zweck des Verwaltungsaktes nicht zuwiderlaufen.

§ 37 Bestimmtheit und Form des Verwaltungsaktes; Rechtsbehelfsbelehrung
(1) Ein Verwaltungsakt muss inhaltlich hinreichend bestimmt sein.
(2) [1]Ein Verwaltungsakt kann schriftlich, elektronisch, mündlich oder in anderer Weise erlassen werden. [2]Ein mündlicher Verwaltungsakt ist schriftlich oder elektronisch zu bestätigen, wenn hieran ein berechtigtes Interesse besteht und der Betroffene dies unverzüglich verlangt. [3]Ein elektronischer Verwaltungsakt ist unter denselben Voraussetzungen schriftlich zu bestätigen; § 3a Abs. 2 findet insoweit keine Anwendung.
(3) [1]Ein schriftlicher oder elektronischer Verwaltungsakt muss die erlassende Behörde erkennen lassen und die Unterschrift oder die Namenswiedergabe des Behördenleiters, seines Vertreters oder seines Beauftragten enthalten. [2]Wird für einen Verwaltungsakt, für den durch Rechtsvorschrift die Schriftform angeordnet ist, die elektronische Form verwendet, muss auch das der Signatur zugrunde liegende qualifizierte Zertifikat oder ein zugehöriges qualifiziertes Attributzertifikat die erlassende Behörde erkennen lassen. [3]Im Fall des § 3a Absatz 2 Satz 4 Nummer 3 muss die Bestätigung nach § 5 Absatz 5 des De-Mail-Gesetzes die erlassende Behörde als Nutzer des De-Mail-Kontos erkennen lassen.
(4) Für einen Verwaltungsakt kann für die nach § 3a Abs. 2 erforderliche Signatur durch Rechtsvorschrift die dauerhafte Überprüfbarkeit vorgeschrieben werden.
(5) [1]Bei einem schriftlichen Verwaltungsakt, der mit Hilfe automatischer Einrichtungen erlassen wird, können abweichend von Absatz 3 Unterschrift und Namenswiedergabe fehlen. [2]Zur Inhaltsangabe können Schlüsselzeichen verwendet werden, wenn derjenige, für den der Verwaltungsakt be-

stimmt ist oder der von ihm betroffen wird, aufgrund der dazu gegebenen Erläuterungen den Inhalt des Verwaltungsaktes eindeutig erkennen kann.

(6) ¹Einem schriftlichen oder elektronischen Verwaltungsakt, der der Anfechtung unterliegt, ist eine Erklärung beizufügen, durch die der Beteiligte über den Rechtsbehelf, der gegen den Verwaltungsakt gegeben ist, über die Behörde oder das Gericht, bei denen der Rechtsbehelf einzulegen ist, den Sitz und über die einzuhaltende Frist belehrt wird (Rechtsbehelfsbelehrung). ²Die Rechtsbehelfsbelehrung ist auch der schriftlichen oder elektronischen Bestätigung eines Verwaltungsaktes und der Bescheinigung nach § 42a Absatz 3 beizufügen.

§ 38 Zusicherung

(1) ¹Eine von der zuständigen Behörde erteilte Zusage, einen bestimmten Verwaltungsakt später zu erlassen oder zu unterlassen (Zusicherung), bedarf zu ihrer Wirksamkeit der schriftlichen Form. ²Ist vor dem Erlass des zugesicherten Verwaltungsaktes die Anhörung Beteiligter oder die Mitwirkung einer anderen Behörde oder eines Ausschusses aufgrund einer Rechtsvorschrift erforderlich, so darf die Zusicherung erst nach Anhörung der Beteiligten oder nach Mitwirkung dieser Behörde oder des Ausschusses gegeben werden.

(2) Auf die Unwirksamkeit der Zusicherung finden, unbeschadet des Absatzes 1 Satz 1, § 44, auf die Heilung von Mängeln bei der Anhörung Beteiligter und der Mitwirkung anderer Behörden oder Ausschüsse § 45 Abs. 1 Nr. 3 bis 5 sowie Abs. 2, auf die Rücknahme § 48, auf den Widerruf, unbeschadet des Absatzes 3, § 49 entsprechende Anwendung.

(3) Ändert sich nach Abgabe der Zusicherung die Sach- oder Rechtslage derart, dass die Behörde bei Kenntnis der nachträglich eingetretenen Änderung die Zusicherung nicht gegeben hätte oder aus rechtlichen Gründen nicht hätte geben dürfen, ist die Behörde an die Zusicherung nicht mehr gebunden.

§ 39 Begründung des Verwaltungsaktes

(1) ¹Ein schriftlicher oder elektronischer sowie ein schriftlich oder elektronisch bestätigter Verwaltungsakt ist mit einer Begründung zu versehen. ²In der Begründung sind die wesentlichen tatsächlichen und rechtlichen Gründe mitzuteilen, die die Behörde zu ihrer Entscheidung bewogen haben. ³Die Begründung von Ermessensentscheidungen soll auch die Gesichtspunkte erkennen lassen, von denen die Behörde bei der Ausübung ihres Ermessens ausgegangen ist.

(2) Einer Begründung bedarf es nicht,
1. soweit die Behörde einem Antrag entspricht oder einer Erklärung folgt und der Verwaltungsakt nicht in Rechte eines anderen eingreift;
2. soweit demjenigen, für den der Verwaltungsakt bestimmt ist oder der von ihm betroffen wird, die Auffassung der Behörde über die Sach- und Rechtslage bereits bekannt oder auch ohne Begründung für ihn ohne weiteres erkennbar ist;
3. wenn die Behörde gleichartige Verwaltungsakte in größerer Zahl oder Verwaltungsakte mit Hilfe automatischer Einrichtungen erlässt und die Begründung nach den Umständen des Einzelfalls nicht geboten ist;
4. wenn sich dies aus einer Rechtsvorschrift ergibt;
5. wenn eine Allgemeinverfügung öffentlich bekannt gegeben wird.

§ 40 Ermessen

Ist die Behörde ermächtigt, nach ihrem Ermessen zu handeln, hat sie ihr Ermessen entsprechend dem Zweck der Ermächtigung auszuüben und die gesetzlichen Grenzen des Ermessens einzuhalten.

§ 41 Bekanntgabe des Verwaltungsaktes

(1) ¹Ein Verwaltungsakt ist demjenigen Beteiligten bekannt zu geben, für den er bestimmt ist oder der von ihm betroffen wird. ²Ist ein Bevollmächtigter bestellt, so kann die Bekanntgabe ihm gegenüber vorgenommen werden.

(2) ¹Ein schriftlicher Verwaltungsakt, der im Inland durch die Post übermittelt wird, gilt am dritten Tag nach der Aufgabe zur Post als bekannt gegeben. ²Ein Verwaltungsakt, der im Inland oder in das Ausland elektronisch übermittelt wird, gilt am dritten Tag nach der Absendung als bekannt gegeben. ³Dies gilt nicht, wenn der Verwaltungsakt nicht oder zu einem späteren Zeitpunkt zugegangen ist; im Zweifel hat die Behörde den Zugang des Verwaltungsaktes und den Zeitpunkt des Zugangs nachzuweisen.

(3) ¹Ein Verwaltungsakt darf öffentlich bekannt gegeben werden, wenn dies durch Rechtsvorschrift zugelassen ist. ²Eine Allgemeinverfügung darf auch dann öffentlich bekannt gegeben werden, wenn eine Bekanntgabe an die Beteiligten untunlich ist.

(4) ¹Die öffentliche Bekanntgabe eines schriftlichen oder elektronischen Verwaltungsaktes wird dadurch bewirkt, dass sein verfügender Teil ortsüblich bekannt gemacht wird. ²In der ortsüblichen Bekanntmachung ist anzugeben, wo der Verwaltungsakt und seine Begründung eingesehen werden können. ³Der Verwaltungsakt gilt zwei Wochen nach der ortsüblichen Bekanntmachung als bekannt gegeben. ⁴In einer Allgemeinverfügung kann ein hiervon abweichender Tag, jedoch frühestens der auf die Bekanntmachung folgende Tag bestimmt werden.

(5) Vorschriften über die Bekanntgabe eines Verwaltungsaktes mittels Zustellung bleiben unberührt.

§ 42 Offenbare Unrichtigkeiten im Verwaltungsakt

¹Die Behörde kann Schreibfehler, Rechenfehler und ähnliche offenbare Unrichtigkeiten in einem Verwaltungsakt jederzeit berichtigen. ²Bei berechtigtem Interesse des Beteiligten ist zu berichtigen. ³Die Behörde ist berechtigt, die Vorlage des Dokuments zu verlangen, das berichtigt werden soll.

§ 42a Genehmigungsfiktion

(1) ¹Eine beantragte Genehmigung gilt nach Ablauf einer für die Entscheidung festgelegten Frist als erteilt (Genehmigungsfiktion), wenn dies durch Rechtsvorschrift angeordnet und der Antrag hinreichend bestimmt ist. ²Die Vorschriften über die Bestandskraft von Verwaltungsakten und über das Rechtsbehelfsverfahren gelten entsprechend.

(2) ¹Die Frist nach Absatz 1 Satz 1 beträgt drei Monate, soweit durch Rechtsvorschrift nichts Abweichendes bestimmt ist. ²Die Frist beginnt mit Eingang der vollständigen Unterlagen. ³Sie kann einmal angemessen verlängert werden, wenn dies wegen der Schwierigkeit der Angelegenheit gerechtfertigt ist. ⁴Die Fristverlängerung ist zu begründen und rechtzeitig mitzuteilen.

(3) Auf Verlangen ist demjenigen, dem der Verwaltungsakt nach § 41 Abs. 1 hätte bekannt gegeben werden müssen, der Eintritt der Genehmigungsfiktion schriftlich zu bescheinigen.

Abschnitt 2
Bestandskraft des Verwaltungsaktes

§ 43 Wirksamkeit des Verwaltungsaktes

(1) ¹Ein Verwaltungsakt wird gegenüber demjenigen, für den er bestimmt ist oder der von ihm betroffen wird, in dem Zeitpunkt wirksam, in dem er ihm bekannt gegeben wird. ²Der Verwaltungsakt wird mit dem Inhalt wirksam, mit dem er bekannt gegeben wird.

(2) Ein Verwaltungsakt bleibt wirksam, solange und soweit er nicht zurückgenommen, widerrufen, anderweitig aufgehoben oder durch Zeitablauf oder auf andere Weise erledigt ist.

(3) Ein nichtiger Verwaltungsakt ist unwirksam.

§ 44 Nichtigkeit des Verwaltungsaktes

(1) Ein Verwaltungsakt ist nichtig, soweit er an einem besonders schwerwiegenden Fehler leidet und dies bei verständiger Würdigung aller in Betracht kommenden Umstände offensichtlich ist.

(2) Ohne Rücksicht auf das Vorliegen der Voraussetzungen des Absatzes 1 ist ein Verwaltungsakt nichtig,
1. der schriftlich oder elektronisch erlassen worden ist, die erlassende Behörde aber nicht erkennen lässt;
2. der nach einer Rechtsvorschrift nur durch die Aushändigung einer Urkunde erlassen werden kann, aber dieser Form nicht genügt;
3. den eine Behörde außerhalb ihrer durch § 3 Abs. 1 Nr. 1 begründeten Zuständigkeit erlassen hat, ohne dazu ermächtigt zu sein;
4. den aus tatsächlichen Gründen niemand ausführen kann;
5. der die Begehung einer rechtswidrigen Tat verlangt, die einen Straf- oder Bußgeldtatbestand verwirklicht;
6. der gegen die guten Sitten verstößt.

(3) Ein Verwaltungsakt ist nicht schon deshalb nichtig, weil
1. Vorschriften über die örtliche Zuständigkeit nicht eingehalten worden sind, außer wenn ein Fall des Absatzes 2 Nr. 3 vorliegt;

2. eine nach § 20 Abs. 1 Satz 1 Nr. 2 bis 6 ausgeschlossene Person mitgewirkt hat;
3. ein durch Rechtsvorschrift zur Mitwirkung berufener Ausschuss den für den Erlass des Verwaltungsaktes vorgeschriebenen Beschluss nicht gefasst hat oder nicht beschlussfähig war;
4. die nach einer Rechtsvorschrift erforderliche Mitwirkung einer anderen Behörde unterblieben ist.

(4) Betrifft die Nichtigkeit nur einen Teil des Verwaltungsaktes, so ist er im Ganzen nichtig, wenn der nichtige Teil so wesentlich ist, dass die Behörde den Verwaltungsakt ohne den nichtigen Teil nicht erlassen hätte.

(5) Die Behörde kann die Nichtigkeit jederzeit von Amts wegen feststellen; auf Antrag ist sie festzustellen, wenn der Antragsteller hieran ein berechtigtes Interesse hat.

§ 45 Heilung von Verfahrens- und Formfehlern

(1) Eine Verletzung von Verfahrens- oder Formvorschriften, die nicht den Verwaltungsakt nach § 44 nichtig macht, ist unbeachtlich, wenn
1. der für den Erlass des Verwaltungsaktes erforderliche Antrag nachträglich gestellt wird;
2. die erforderliche Begründung nachträglich gegeben wird;
3. die erforderliche Anhörung eines Beteiligten nachgeholt wird;
4. der Beschluss eines Ausschusses, dessen Mitwirkung für den Erlass des Verwaltungsaktes erforderlich ist, nachträglich gefasst wird;
5. die erforderliche Mitwirkung einer anderen Behörde nachgeholt wird.

(2) Handlungen nach Absatz 1 können bis zum Abschluss der letzten Tatsacheninstanz eines verwaltungsgerichtlichen Verfahrens nachgeholt werden.

(3) [1]Fehlt einem Verwaltungsakt die erforderliche Begründung oder ist die erforderliche Anhörung eines Beteiligten vor Erlass des Verwaltungsaktes unterblieben und ist dadurch die rechtzeitige Anfechtung des Verwaltungsaktes versäumt worden, so gilt die Versäumung der Rechtsbehelfsfrist als nicht verschuldet. [2]Das für die Wiedereinsetzungsfrist nach § 32 Abs. 2 maßgebende Ereignis tritt im Zeitpunkt der Nachholung der unterlassenen Verfahrenshandlung ein.

§ 46 Folgen von Verfahrens- und Formfehlern

Die Aufhebung eines Verwaltungsaktes, der nicht nach § 44 nichtig ist, kann nicht allein deshalb beansprucht werden, weil er unter Verletzung von Vorschriften über das Verfahren, die Form oder die örtliche Zuständigkeit zustande gekommen ist, wenn offensichtlich ist, dass die Verletzung die Entscheidung in der Sache nicht beeinflusst hat.

§ 47 Umdeutung eines fehlerhaften Verwaltungsaktes

(1) Ein fehlerhafter Verwaltungsakt kann in einen anderen Verwaltungsakt umgedeutet werden, wenn er auf das gleiche Ziel gerichtet ist, von der erlassenden Behörde in der geschehenen Verfahrensweise und Form rechtmäßig hätte erlassen werden können und wenn die Voraussetzungen für dessen Erlass erfüllt sind.

(2) [1]Absatz 1 gilt nicht, wenn der Verwaltungsakt, in den der fehlerhafte Verwaltungsakt umzudeuten wäre, der erkennbaren Absicht der erlassenden Behörde widerspräche oder seine Rechtsfolgen für den Betroffenen ungünstiger wären als die des fehlerhaften Verwaltungsaktes. [2]Eine Umdeutung ist ferner unzulässig, wenn der fehlerhafte Verwaltungsakt nicht zurückgenommen werden dürfte.

(3) Eine Entscheidung, die nur als gesetzlich gebundene Entscheidung ergehen kann, kann nicht in eine Ermessensentscheidung umgedeutet werden.

(4) § 28 ist entsprechend anzuwenden.

§ 48 Rücknahme eines rechtswidrigen Verwaltungsaktes

(1) [1]Ein rechtswidriger Verwaltungsakt kann, auch nachdem er unanfechtbar geworden ist, ganz oder teilweise mit Wirkung für die Zukunft oder für die Vergangenheit zurückgenommen werden. [2]Ein Verwaltungsakt, der ein Recht oder einen rechtlich erheblichen Vorteil begründet oder bestätigt hat (begünstigender Verwaltungsakt), darf nur unter den Einschränkungen der Absätze 2 bis 4 zurückgenommen werden.

(2) [1]Ein rechtswidriger Verwaltungsakt, der eine einmalige oder laufende Geldleistung oder teilbare Sachleistung gewährt oder hierfür Voraussetzung ist, darf nicht zurückgenommen werden, soweit der Begünstigte auf den Bestand des Verwaltungsaktes vertraut hat und sein Vertrauen unter Abwägung mit dem öffentlichen Interesse an einer Rücknahme schutzwürdig ist. [2]Das Vertrauen ist in der Regel schutzwürdig, wenn der Begünstigte gewährte Leistungen verbraucht oder eine Vermögensdisposition

getroffen hat, die er nicht mehr oder nur unter unzumutbaren Nachteilen rückgängig machen kann.
³Auf Vertrauen kann sich der Begünstigte nicht berufen, wenn er
1. den Verwaltungsakt durch arglistige Täuschung, Drohung oder Bestechung erwirkt hat;
2. den Verwaltungsakt durch Angaben erwirkt hat, die in wesentlicher Beziehung unrichtig oder unvollständig waren;
3. die Rechtswidrigkeit des Verwaltungsaktes kannte oder infolge grober Fahrlässigkeit nicht kannte.
⁴In den Fällen des Satzes 3 wird der Verwaltungsakt in der Regel mit Wirkung für die Vergangenheit zurückgenommen.
(3) ¹Wird ein rechtswidriger Verwaltungsakt, der nicht unter Absatz 2 fällt, zurückgenommen, so hat die Behörde dem Betroffenen auf Antrag den Vermögensnachteil auszugleichen, den dieser dadurch erleidet, dass er auf den Bestand des Verwaltungsaktes vertraut hat, soweit sein Vertrauen unter Abwägung mit dem öffentlichen Interesse schutzwürdig ist. ²Absatz 2 Satz 3 ist anzuwenden. ³Der Vermögensnachteil ist jedoch nicht über den Betrag des Interesses hinaus zu ersetzen, das der Betroffene an dem Bestand des Verwaltungsaktes hat. ⁴Der auszugleichende Vermögensnachteil wird durch die Behörde festgesetzt. ⁵Der Anspruch kann nur innerhalb eines Jahres geltend gemacht werden; die Frist beginnt, sobald die Behörde den Betroffenen auf sie hingewiesen hat.
(4) ¹Erhält die Behörde von Tatsachen Kenntnis, welche die Rücknahme eines rechtswidrigen Verwaltungsaktes rechtfertigen, so ist die Rücknahme nur innerhalb eines Jahres seit dem Zeitpunkt der Kenntnisnahme zulässig. ²Dies gilt nicht im Falle des Absatzes 2 Satz 3 Nr. 1.
(5) Über die Rücknahme entscheidet nach Unanfechtbarkeit des Verwaltungsaktes die nach § 3 zuständige Behörde; dies gilt auch dann, wenn der zurückzunehmende Verwaltungsakt von einer anderen Behörde erlassen worden ist.

§ 49 Widerruf eines rechtmäßigen Verwaltungsaktes

(1) Ein rechtmäßiger nicht begünstigender Verwaltungsakt kann, auch nachdem er unanfechtbar geworden ist, ganz oder teilweise mit Wirkung für die Zukunft widerrufen werden, außer wenn ein Verwaltungsakt gleichen Inhalts erneut erlassen werden müsste oder aus anderen Gründen ein Widerruf unzulässig ist.
(2) ¹Ein rechtmäßiger begünstigender Verwaltungsakt darf, auch nachdem er unanfechtbar geworden ist, ganz oder teilweise mit Wirkung für die Zukunft nur widerrufen werden,
1. wenn der Widerruf durch Rechtsvorschrift zugelassen oder im Verwaltungsakt vorbehalten ist;
2. wenn mit dem Verwaltungsakt eine Auflage verbunden ist und der Begünstigte diese nicht oder nicht innerhalb einer ihm gesetzten Frist erfüllt hat;
3. wenn die Behörde aufgrund nachträglich eingetretener Tatsachen berechtigt wäre, den Verwaltungsakt nicht zu erlassen, und wenn ohne den Widerruf das öffentliche Interesse gefährdet würde;
4. wenn die Behörde aufgrund einer geänderten Rechtsvorschrift berechtigt wäre, den Verwaltungsakt nicht zu erlassen, soweit der Begünstigte von der Vergünstigung noch keinen Gebrauch gemacht oder aufgrund des Verwaltungsaktes noch keine Leistungen empfangen hat, und wenn ohne den Widerruf das öffentliche Interesse gefährdet würde;
5. um schwere Nachteile für das Gemeinwohl zu verhüten oder zu beseitigen.
²§ 48 Abs. 4 gilt entsprechend.
(3) ¹Ein rechtmäßiger Verwaltungsakt, der eine einmalige oder laufende Geldleistung oder teilbare Sachleistung zur Erfüllung eines bestimmten Zwecks gewährt oder hierfür Voraussetzung ist, kann, auch nachdem er unanfechtbar geworden ist, ganz oder teilweise auch mit Wirkung für die Vergangenheit widerrufen werden,
1. wenn die Leistung nicht, nicht alsbald nach der Erbringung oder nicht mehr für den in dem Verwaltungsakt bestimmten Zweck verwendet wird;
2. wenn mit dem Verwaltungsakt eine Auflage verbunden ist und der Begünstigte diese nicht oder nicht innerhalb einer ihm gesetzten Frist erfüllt hat.
²§ 48 Abs. 4 gilt entsprechend.
(4) Der widerrufene Verwaltungsakt wird mit dem Wirksamwerden des Widerrufs unwirksam, wenn die Behörde keinen anderen Zeitpunkt bestimmt.
(5) Über den Widerruf entscheidet nach Unanfechtbarkeit des Verwaltungsaktes die nach § 3 zuständige Behörde; dies gilt auch dann, wenn der zu widerrufende Verwaltungsakt von einer anderen Behörde erlassen worden ist.

(6) ¹Wird ein begünstigender Verwaltungsakt in den Fällen des Absatzes 2 Nr. 3 bis 5 widerrufen, so hat die Behörde den Betroffenen auf Antrag für den Vermögensnachteil zu entschädigen, den dieser dadurch erleidet, dass er auf den Bestand des Verwaltungsaktes vertraut hat, soweit sein Vertrauen schutzwürdig ist. ²§ 48 Abs. 3 Satz 3 bis 5 gilt entsprechend. ³Für Streitigkeiten über die Entschädigung ist der ordentliche Rechtsweg gegeben.

§ 49a Erstattung, Verzinsung

(1) ¹Soweit ein Verwaltungsakt mit Wirkung für die Vergangenheit zurückgenommen oder widerrufen worden oder infolge Eintritts einer auflösenden Bedingung unwirksam geworden ist, sind bereits erbrachte Leistungen zu erstatten. ²Die zu erstattende Leistung ist durch schriftlichen Verwaltungsakt festzusetzen.
(2) ¹Für den Umfang der Erstattung mit Ausnahme der Verzinsung gelten die Vorschriften des Bürgerlichen Gesetzbuchs über die Herausgabe einer ungerechtfertigten Bereicherung entsprechend. ²Auf den Wegfall der Bereicherung kann sich der Begünstigte nicht berufen, soweit er die Umstände kannte oder infolge grober Fahrlässigkeit nicht kannte, die zur Rücknahme, zum Widerruf oder zur Unwirksamkeit des Verwaltungsaktes geführt haben.
(3) ¹Der zu erstattende Betrag ist vom Eintritt der Unwirksamkeit des Verwaltungsaktes an mit fünf Prozentpunkten über dem Basiszinssatz jährlich zu verzinsen. ²Von der Geltendmachung des Zinsanspruchs kann insbesondere dann abgesehen werden, wenn der Begünstigte die Umstände, die zur Rücknahme, zum Widerruf oder zur Unwirksamkeit des Verwaltungsaktes geführt haben, nicht zu vertreten hat und den zu erstattenden Betrag innerhalb der von der Behörde festgesetzten Frist leistet.
(4) ¹Wird eine Leistung nicht alsbald nach der Auszahlung für den bestimmten Zweck verwendet, so können für die Zeit bis zur zweckentsprechenden Verwendung Zinsen nach Absatz 3 Satz 1 verlangt werden. ²Entsprechendes gilt, soweit eine Leistung in Anspruch genommen wird, obwohl andere Mittel anteilig oder vorrangig einzusetzen sind. ³§ 49 Abs. 3 Satz 1 Nr. 1 bleibt unberührt.

§ 50 Rücknahme und Widerruf im Rechtsbehelfsverfahren

§ 48 Abs. 1 Satz 2, Abs. 2 bis 4 sowie § 49 Abs. 2 bis 4 und 6 gelten nicht, wenn ein begünstigender Verwaltungsakt, der von einem Dritten angefochten worden ist, während des Vorverfahrens oder während des verwaltungsgerichtlichen Verfahrens aufgehoben wird, soweit dadurch dem Widerspruch oder der Klage abgeholfen wird.

§ 51 Wiederaufgreifen des Verfahrens

(1) Die Behörde hat auf Antrag des Betroffenen über die Aufhebung oder Änderung eines unanfechtbaren Verwaltungsaktes zu entscheiden, wenn
1. sich die dem Verwaltungsakt zugrunde liegende Sach- oder Rechtslage nachträglich zugunsten des Betroffenen geändert hat;
2. neue Beweismittel vorliegen, die eine dem Betroffenen günstigere Entscheidung herbeigeführt haben würden;
3. Wiederaufnahmegründe entsprechend § 580 der Zivilprozessordnung gegeben sind.

(2) Der Antrag ist nur zulässig, wenn der Betroffene ohne grobes Verschulden außerstande war, den Grund für das Wiederaufgreifen in dem früheren Verfahren, insbesondere durch Rechtsbehelf, geltend zu machen.
(3) ¹Der Antrag muss binnen drei Monaten gestellt werden. ²Die Frist beginnt mit dem Tage, an dem der Betroffene von dem Grund für das Wiederaufgreifen Kenntnis erhalten hat.
(4) Über den Antrag entscheidet die nach § 3 zuständige Behörde; dies gilt auch dann, wenn der Verwaltungsakt, dessen Aufhebung oder Änderung begehrt wird, von einer anderen Behörde erlassen worden ist.
(5) Die Vorschriften des § 48 Abs. 1 Satz 1 und des § 49 Abs. 1 bleiben unberührt.

§ 52 Rückgabe von Urkunden und Sachen

¹Ist ein Verwaltungsakt unanfechtbar widerrufen oder zurückgenommen oder ist seine Wirksamkeit aus einem anderen Grund nicht oder nicht mehr gegeben, so kann die Behörde die aufgrund dieses Verwaltungsaktes erteilten Urkunden oder Sachen, die zum Nachweis der Rechte aus dem Verwaltungsakt oder zu deren Ausübung bestimmt sind, zurückfordern. ²Der Inhaber und, sofern er nicht der Besitzer ist, auch der Besitzer dieser Urkunden oder Sachen sind zu ihrer Herausgabe verpflichtet. ³Der Inhaber oder der Besitzer kann jedoch verlangen, dass ihm die Urkunden oder Sachen wieder

ausgehändigt werden, nachdem sie von der Behörde als ungültig gekennzeichnet sind; dies gilt nicht bei Sachen, bei denen eine solche Kennzeichnung nicht oder nicht mit der erforderlichen Offensichtlichkeit oder Dauerhaftigkeit möglich ist.

Abschnitt 3
Verjährungsrechtliche Wirkungen des Verwaltungsaktes

§ 53 Hemmung der Verjährung durch Verwaltungsakt
(1) [1]Ein Verwaltungsakt, der zur Feststellung oder Durchsetzung des Anspruchs eines öffentlich-rechtlichen Rechtsträgers erlassen wird, hemmt die Verjährung dieses Anspruchs. [2]Die Hemmung endet mit Eintritt der Unanfechtbarkeit des Verwaltungsaktes oder sechs Monate nach seiner anderweitigen Erledigung.
(2) [1]Ist ein Verwaltungsakt im Sinne des Absatzes 1 unanfechtbar geworden, beträgt die Verjährungsfrist 30 Jahre. [2]Soweit der Verwaltungsakt einen Anspruch auf künftig fällig werdende regelmäßig wiederkehrende Leistungen zum Inhalt hat, bleibt es bei der für diesen Anspruch geltenden Verjährungsfrist.

Teil IV
Öffentlich-rechtlicher Vertrag

§ 54 Zulässigkeit des öffentlich-rechtlichen Vertrags
[1]Ein Rechtsverhältnis auf dem Gebiet des öffentlichen Rechts kann durch Vertrag begründet, geändert oder aufgehoben werden (öffentlich-rechtlicher Vertrag), soweit Rechtsvorschriften nicht entgegenstehen. [2]Insbesondere kann die Behörde, anstatt einen Verwaltungsakt zu erlassen, einen öffentlich-rechtlichen Vertrag mit demjenigen schließen, an den sie sonst den Verwaltungsakt richten würde.

§ 55 Vergleichsvertrag
Ein öffentlich-rechtlicher Vertrag im Sinne des § 54 Satz 2, durch den eine bei verständiger Würdigung des Sachverhalts oder der Rechtslage bestehende Ungewissheit durch gegenseitiges Nachgeben beseitigt wird (Vergleich), kann geschlossen werden, wenn die Behörde den Abschluss des Vergleichs zur Beseitigung der Ungewissheit nach pflichtgemäßem Ermessen für zweckmäßig hält.

§ 56 Austauschvertrag
(1) [1]Ein öffentlich-rechtlicher Vertrag im Sinne des § 54 Satz 2, in dem sich der Vertragspartner der Behörde zu einer Gegenleistung verpflichtet, kann geschlossen werden, wenn die Gegenleistung für einen bestimmten Zweck im Vertrag vereinbart wird und der Behörde zur Erfüllung ihrer öffentlichen Aufgaben dient. [2]Die Gegenleistung muss den gesamten Umständen nach angemessen sein und im sachlichen Zusammenhang mit der vertraglichen Leistung der Behörde stehen.
(2) Besteht auf die Leistung der Behörde ein Anspruch, so kann nur eine solche Gegenleistung vereinbart werden, die bei Erlass eines Verwaltungsaktes Inhalt einer Nebenbestimmung nach § 36 sein könnte.

§ 57 Schriftform
Ein öffentlich-rechtlicher Vertrag ist schriftlich zu schließen, soweit nicht durch Rechtsvorschrift eine andere Form vorgeschrieben ist.

§ 58 Zustimmung von Dritten und Behörden
(1) Ein öffentlich-rechtlicher Vertrag, der in Rechte eines Dritten eingreift, wird erst wirksam, wenn der Dritte schriftlich zustimmt.
(2) Wird anstatt eines Verwaltungsaktes, bei dessen Erlass nach einer Rechtsvorschrift die Genehmigung, die Zustimmung oder das Einvernehmen einer anderen Behörde erforderlich ist, ein Vertrag geschlossen, so wird dieser erst wirksam, nachdem die andere Behörde in der vorgeschriebenen Form mitgewirkt hat.

§ 59 Nichtigkeit des öffentlich-rechtlichen Vertrags
(1) Ein öffentlich-rechtlicher Vertrag ist nichtig, wenn sich die Nichtigkeit aus der entsprechenden Anwendung von Vorschriften des Bürgerlichen Gesetzbuchs ergibt.
(2) Ein Vertrag im Sinne des § 54 Satz 2 ist ferner nichtig, wenn
1. ein Verwaltungsakt mit entsprechendem Inhalt nichtig wäre;

2. ein Verwaltungsakt mit entsprechendem Inhalt nicht nur wegen eines Verfahrens- oder Formfehlers im Sinne des § 46 rechtswidrig wäre und dies den Vertragschließenden bekannt war;
3. die Voraussetzungen zum Abschluss eines Vergleichsvertrags nicht vorlagen und ein Verwaltungsakt mit entsprechendem Inhalt nicht nur wegen eines Verfahrens- oder Formfehlers im Sinne des § 46 rechtswidrig wäre;
4. sich die Behörde eine nach § 56 unzulässige Gegenleistung versprechen lässt.

(3) Betrifft die Nichtigkeit nur einen Teil des Vertrags, so ist er im Ganzen nichtig, wenn nicht anzunehmen ist, dass er auch ohne den nichtigen Teil geschlossen worden wäre.

§ 60 Anpassung und Kündigung in besonderen Fällen
(1) [1]Haben die Verhältnisse, die für die Festsetzung des Vertragsinhalts maßgebend gewesen sind, sich seit Abschluss des Vertrags so wesentlich geändert, dass einer Vertragspartei das Festhalten an der ursprünglichen vertraglichen Regelung nicht zuzumuten ist, so kann diese Vertragspartei eine Anpassung des Vertragsinhalts an die geänderten Verhältnisse verlangen oder, sofern eine Anpassung nicht möglich oder einer Vertragspartei nicht zuzumuten ist, den Vertrag kündigen. [2]Die Behörde kann den Vertrag auch kündigen, um schwere Nachteile für das Gemeinwohl zu verhüten oder zu beseitigen.
(2) [1]Die Kündigung bedarf der Schriftform, soweit nicht durch Rechtsvorschrift eine andere Form vorgeschrieben ist. [2]Sie soll begründet werden.

§ 61 Unterwerfung unter die sofortige Vollstreckung
(1) [1]Jeder Vertragschließende kann sich der sofortigen Vollstreckung aus einem öffentlich-rechtlichen Vertrag im Sinne des § 54 Satz 2 unterwerfen. [2]Die Behörde muss hierbei von dem Behördenleiter, seinem allgemeinen Vertreter oder einem Angehörigen des öffentlichen Dienstes, der die Befähigung zum Richteramt hat oder die Voraussetzungen des § 110 Satz 1 des Deutschen Richtergesetzes erfüllt, vertreten werden.
(2) [1]Auf öffentlich-rechtliche Verträge im Sinne des Absatzes 1 Satz 1 sind das Gesetz über das Verfahren zur Erzwingung von Handlungen, Duldungen oder Unterlassungen (Bremisches Verwaltungsvollstreckungsgesetz) und das Gesetz über das Verwaltungszwangsverfahren zur Beitreibung von Geldbeträgen entsprechend anzuwenden. [2]Will eine natürliche oder juristische Person des Privatrechts oder eine nichtrechtsfähige Vereinigung die Vollstreckung wegen einer Geldforderung betreiben, so ist § 170 Abs. 1 bis 3 der Verwaltungsgerichtsordnung entsprechend anzuwenden. [3]Richtet sich die Vollstreckung wegen der Erzwingung einer Handlung, Duldung oder Unterlassung gegen eine Behörde, so ist § 172 der Verwaltungsgerichtsordnung entsprechend anzuwenden.

§ 62 Ergänzende Anwendung von Vorschriften
[1]Soweit sich aus den §§ 54 bis 61 nichts Abweichendes ergibt, gelten die übrigen Vorschriften dieses Gesetzes. [2]Ergänzend gelten die Vorschriften des Bürgerlichen Gesetzbuchs entsprechend.

Teil V
Besondere Verfahrensarten

Abschnitt 1
Förmliches Verwaltungsverfahren

§ 63 Anwendung der Vorschriften über das förmliche Verwaltungsverfahren
(1) Das förmliche Verwaltungsverfahren nach diesem Gesetz findet statt, wenn es durch Rechtsvorschrift angeordnet ist.
(2) Für das förmliche Verwaltungsverfahren gelten die §§ 64 bis 71 und, soweit sich aus ihnen nichts Abweichendes ergibt, die übrigen Vorschriften dieses Gesetzes.
(3) [1]Die Mitteilung nach § 17 Abs. 2 Satz 2 und die Aufforderung nach § 17 Abs. 4 Satz 2 sind im förmlichen Verwaltungsverfahren öffentlich bekannt zu machen. [2]Die öffentliche Bekanntmachung wird dadurch bewirkt, dass die Behörde die Mitteilung oder die Aufforderung in ihrem amtlichen Veröffentlichungsblatt und außerdem in örtlichen Tageszeitungen, die in dem Bereich verbreitet sind, in dem sich die Entscheidung voraussichtlich auswirken wird, bekannt macht.

§ 64 Form des Antrags
Setzt das förmliche Verwaltungsverfahren einen Antrag voraus, so ist er schriftlich oder zur Niederschrift bei der Behörde zu stellen.

§ 65 Mitwirkung von Zeugen und Sachverständigen
(1) [1]Im förmlichen Verwaltungsverfahren sind Zeugen zur Aussage und Sachverständige zur Erstattung von Gutachten verpflichtet. [2]Die Vorschriften der Zivilprozessordnung über die Pflicht, als Zeuge auszusagen oder als Sachverständiger ein Gutachten zu erstatten, über die Ablehnung von Sachverständigen sowie über die Vernehmung von Angehörigen des öffentlichen Dienstes als Zeugen oder Sachverständige gelten entsprechend.

(2) [1]Verweigern Zeugen oder Sachverständige ohne Vorliegen eines der in den §§ 376, 383 bis 385 und 408 der Zivilprozessordnung bezeichneten Gründe die Aussage oder die Erstattung des Gutachtens, so kann die Behörde das für den Wohnsitz oder den Aufenthaltsort des Zeugen oder des Sachverständigen zuständige Verwaltungsgericht um die Vernehmung ersuchen. [2]Befindet sich der Wohnsitz oder der Aufenthaltsort des Zeugen oder des Sachverständigen nicht am Sitz eines Verwaltungsgerichts oder einer besonders errichteten Kammer, so kann auch das zuständige Amtsgericht um die Vernehmung ersucht werden. [3]In dem Ersuchen hat die Behörde den Gegenstand der Vernehmung darzulegen sowie die Namen und Anschriften der Beteiligten anzugeben. [4]Das Gericht hat die Beteiligten von den Beweisterminen zu benachrichtigen.

(3) Hält die Behörde mit Rücksicht auf die Bedeutung der Aussage eines Zeugen oder des Gutachtens eines Sachverständigen oder zur Herbeiführung einer wahrheitsgemäßen Aussage die Beeidigung für geboten, so kann sie das nach Absatz 2 zuständige Gericht um die eidliche Vernehmung ersuchen.

(4) Das Gericht entscheidet über die Rechtmäßigkeit einer Verweigerung des Zeugnisses, des Gutachtens oder der Eidesleistung.

(5) Ein Ersuchen nach Absatz 2 oder 3 an das Gericht darf nur von dem Behördenleiter, seinem allgemeinen Vertreter oder einem Angehörigen des öffentlichen Dienstes gestellt werden, der die Befähigung zum Richteramt hat oder die Voraussetzungen des § 110 Satz 1 des Deutschen Richtergesetzes erfüllt.

(6) § 180 der Verwaltungsgerichtsordnung findet entsprechende Anwendung.

§ 66 Verpflichtung zur Anhörung von Beteiligten
(1) Im förmlichen Verwaltungsverfahren ist den Beteiligten Gelegenheit zu geben, sich vor der Entscheidung zu äußern.

(2) Den Beteiligten ist Gelegenheit zu geben, der Vernehmung von Zeugen und Sachverständigen und der Einnahme des Augenscheins beizuwohnen und hierbei sachdienliche Fragen zu stellen; ein schriftlich oder elektronisch vorliegendes Gutachten soll ihnen zugänglich gemacht werden.

§ 67 Erfordernis der mündlichen Verhandlung
(1) [1]Die Behörde entscheidet nach mündlicher Verhandlung. [2]Hierzu sind die Beteiligten mit angemessener Frist schriftlich zu laden. [3]Bei der Ladung ist darauf hinzuweisen, dass bei Ausbleiben eines Beteiligten auch ohne ihn verhandelt und entschieden werden kann. [4]Sind mehr als 50 Ladungen vorzunehmen, so können sie durch öffentliche Bekanntmachung ersetzt werden. [5]Die öffentliche Bekanntmachung wird dadurch bewirkt, dass der Verhandlungstermin mindestens zwei Wochen vorher im amtlichen Veröffentlichungsblatt der Behörde und außerdem in örtlichen Tageszeitungen, die in dem Bereich verbreitet sind, in dem sich die Entscheidung voraussichtlich auswirken wird, mit dem Hinweis nach Satz 3 bekannt gemacht wird. [6]Maßgebend für die Frist nach Satz 5 ist die Bekanntgabe im amtlichen Veröffentlichungsblatt.

(2) Die Behörde kann ohne mündliche Verhandlung entscheiden, wenn
1. einem Antrag im Einvernehmen mit allen Beteiligten in vollem Umfang entsprochen wird;
2. kein Beteiligter innerhalb einer hierfür gesetzten Frist Einwendungen gegen die vorgesehene Maßnahme erhoben hat;
3. die Behörde den Beteiligten mitgeteilt hat, dass sie beabsichtige, ohne mündliche Verhandlung zu entscheiden, und kein Beteiligter innerhalb einer hierfür gesetzten Frist Einwendungen dagegen erhoben hat;
4. alle Beteiligten auf sie verzichtet haben;
5. wegen Gefahr im Verzug eine sofortige Entscheidung notwendig ist.

(3) Die Behörde soll das Verfahren so fördern, dass es möglichst in einem Verhandlungstermin erledigt werden kann.

§ 68 Verlauf der mündlichen Verhandlung
(1) ¹Die mündliche Verhandlung ist nicht öffentlich. ²An ihr können Vertreter der Aufsichtsbehörden und Personen, die bei der Behörde zur Ausbildung beschäftigt sind, teilnehmen. ³Anderen Personen kann der Verhandlungsleiter die Anwesenheit gestatten, wenn kein Beteiligter widerspricht.
(2) ¹Der Verhandlungsleiter hat die Sache mit den Beteiligten zu erörtern. ²Er hat darauf hinzuwirken, dass unklare Anträge erläutert, sachdienliche Anträge gestellt, ungenügende Angaben ergänzt sowie alle für die Feststellung des Sachverhalts wesentlichen Erklärungen abgegeben werden.
(3) ¹Der Verhandlungsleiter ist für die Ordnung verantwortlich. ²Er kann Personen, die seine Anordnungen nicht befolgen, entfernen lassen. ³Die Verhandlung kann ohne diese Personen fortgesetzt werden.
(4) ¹Über die mündliche Verhandlung ist eine Niederschrift zu fertigen. ²Die Niederschrift muss Angaben enthalten über
1. den Ort und den Tag der Verhandlung,
2. die Namen des Verhandlungsleiters, der erschienenen Beteiligten, Zeugen und Sachverständigen,
3. den behandelten Verfahrensgegenstand und die gestellten Anträge,
4. den wesentlichen Inhalt der Aussagen der Zeugen und Sachverständigen,
5. das Ergebnis eines Augenscheins.

³Die Niederschrift ist von dem Verhandlungsleiter und, soweit ein Schriftführer hinzugezogen worden ist, auch von diesem zu unterzeichnen. ⁴Der Aufnahme in die Verhandlungsniederschrift steht die Aufnahme in eine Schrift gleich, die ihr als Anlage beigefügt und als solche bezeichnet ist; auf die Anlage ist in der Verhandlungsniederschrift hinzuweisen.

§ 69 Entscheidung
(1) Die Behörde entscheidet unter Würdigung des Gesamtergebnisses des Verfahrens.
(2) ¹Verwaltungsakte, die das förmliche Verfahren abschließen, sind schriftlich zu erlassen, schriftlich zu begründen und den Beteiligten zuzustellen; in den Fällen des § 39 Abs. 2 Nr. 1 und 3 bedarf es einer Begründung nicht. ²Ein elektronischer Verwaltungsakt nach Satz 1 ist mit einer dauerhaft überprüfbaren qualifizierten elektronischen Signatur zu versehen. ³Sind mehr als 50 Zustellungen vorzunehmen, so können sie durch öffentliche Bekanntmachung ersetzt werden. ⁴Die öffentliche Bekanntmachung wird dadurch bewirkt, dass der verfügende Teil des Verwaltungsaktes und die Rechtsbehelfsbelehrung im amtlichen Veröffentlichungsblatt der Behörde und außerdem in örtlichen Tageszeitungen bekannt gemacht werden, die in dem Bereich verbreitet sind, in dem sich die Entscheidung voraussichtlich auswirken wird. ⁵Der Verwaltungsakt gilt mit dem Tage als zugestellt, an dem seit dem Tage der Bekanntmachung in dem amtlichen Veröffentlichungsblatt zwei Wochen verstrichen sind; hierauf ist in der Bekanntmachung hinzuweisen. ⁶Nach der öffentlichen Bekanntmachung kann der Verwaltungsakt bis zum Ablauf der Rechtsbehelfsfrist von den Beteiligten schriftlich oder elektronisch angefordert werden; hierauf ist in der Bekanntmachung gleichfalls hinzuweisen.
(3) ¹Wird das förmliche Verwaltungsverfahren auf andere Weise abgeschlossen, so sind die Beteiligten hiervon zu benachrichtigen. ²Sind mehr als 50 Benachrichtigungen vorzunehmen, so können sie durch öffentliche Bekanntmachung ersetzt werden; Absatz 2 Satz 4 gilt entsprechend.

§ 70 Anfechtung der Entscheidung
Vor Erhebung einer verwaltungsgerichtlichen Klage, die einen im förmlichen Verwaltungsverfahren erlassenen Verwaltungsakt zum Gegenstand hat, bedarf es keiner Nachprüfung in einem Vorverfahren.

§ 71 Besondere Vorschriften für das förmliche Verfahren vor Ausschüssen
(1) ¹Findet das förmliche Verwaltungsverfahren vor einem Ausschuss (§ 88) statt, so hat jedes Mitglied das Recht, sachdienliche Fragen zu stellen. ²Wird eine Frage von einem Beteiligten beanstandet, so entscheidet der Ausschuss über ihre Zulässigkeit.
(2) ¹Bei der Beratung und Abstimmung dürfen nur Ausschussmitglieder zugegen sein, die an der mündlichen Verhandlung teilgenommen haben. ²Ferner dürfen Personen zugegen sein, die bei der Behörde, bei der der Ausschuss gebildet ist, zur Ausbildung beschäftigt sind, soweit der Vorsitzende ihre Anwesenheit gestattet. ³Die Abstimmungsergebnisse sind festzuhalten.

(3) ¹Jeder Beteiligte kann ein Mitglied des Ausschusses ablehnen, das in diesem Verwaltungsverfahren nicht tätig werden darf (§ 20) oder bei dem die Besorgnis der Befangenheit besteht (§ 21). ²Eine Ablehnung vor der mündlichen Verhandlung ist schriftlich oder zur Niederschrift zu erklären. ³Die Erklärung ist unzulässig, wenn sich der Beteiligte, ohne den ihm bekannten Ablehnungsgrund geltend zu machen, in die mündliche Verhandlung eingelassen hat. ⁴Für die Entscheidung über die Ablehnung gilt § 20 Abs. 4 Satz 2 bis 4.

Abschnitt 1a
Verfahren über eine einheitliche Stelle

§ 71a Anwendbarkeit

(1) Ist durch Rechtsvorschrift angeordnet, dass ein Verwaltungsverfahren über eine einheitliche Stelle abgewickelt werden kann, so gelten die Vorschriften dieses Abschnitts und, soweit sich aus ihnen nichts Abweichendes ergibt, die übrigen Vorschriften dieses Gesetzes.

(2) Der zuständigen Behörde obliegen die Pflichten aus § 71b Abs. 3, 4 und 6, § 71c Abs. 2 und § 71e auch dann, wenn sich der Antragsteller oder Anzeigepflichtige unmittelbar an die zuständige Behörde wendet.

§ 71b Verfahren

(1) Die einheitliche Stelle nimmt Anzeigen, Anträge, Willenserklärungen und Unterlagen entgegen und leitet sie unverzüglich an die zuständigen Behörden weiter.

(2) ¹Anzeigen, Anträge, Willenserklärungen und Unterlagen gelten am dritten Tag nach Eingang bei der einheitlichen Stelle als bei der zuständigen Behörde eingegangen. ²Fristen werden mit Eingang bei der einheitlichen Stelle gewahrt.

(3) ¹Soll durch die Anzeige, den Antrag oder die Abgabe einer Willenserklärung eine Frist in Lauf gesetzt werden, innerhalb derer die zuständige Behörde tätig werden muss, stellt die zuständige Behörde eine Empfangsbestätigung aus. ²In der Empfangsbestätigung ist das Datum des Eingangs bei der einheitlichen Stelle mitzuteilen und auf die Frist, die Voraussetzungen für den Beginn des Fristlaufs und auf eine an den Fristablauf geknüpfte Rechtsfolge sowie auf die verfügbaren Rechtsbehelfe hinzuweisen.

(4) ¹Ist die Anzeige oder der Antrag unvollständig, teilt die zuständige Behörde unverzüglich mit, welche Unterlagen nachzureichen sind. ²Die Mitteilung enthält den Hinweis, dass der Lauf der Frist nach Absatz 3 erst mit Eingang der vollständigen Unterlagen beginnt. ³Das Datum des Eingangs der nachgereichten Unterlagen bei der einheitlichen Stelle ist mitzuteilen.

(5) ¹Soweit die einheitliche Stelle zur Verfahrensabwicklung in Anspruch genommen wird, sollen Mitteilungen der zuständigen Behörde an den Antragsteller oder Anzeigepflichtigen über sie weitergegeben werden. ²Verwaltungsakte werden auf Verlangen desjenigen, an den sich der Verwaltungsakt richtet, von der zuständigen Behörde unmittelbar bekannt gegeben.

(6) ¹Ein schriftlicher Verwaltungsakt, der durch die Post in das Ausland übermittelt wird, gilt einen Monat nach Aufgabe zur Post als bekannt gegeben. ²§ 41 Abs. 2 Satz 3 gilt entsprechend. ³Von dem Antragsteller oder Anzeigepflichtigen kann nicht nach § 15 verlangt werden, einen Empfangsbevollmächtigten zu bestellen.

§ 71c Informationspflichten

(1) ¹Die einheitliche Stelle erteilt auf Anfrage unverzüglich Auskunft über die maßgeblichen Vorschriften, die zuständigen Behörden, den Zugang zu den öffentlichen Registern und Datenbanken, die zustehenden Verfahrensrechte und die Einrichtungen, die den Antragsteller oder Anzeigepflichtigen bei der Aufnahme oder Ausübung seiner Tätigkeit unterstützen. ²Sie teilt unverzüglich mit, wenn eine Anfrage zu unbestimmt ist.

(2) ¹Die zuständigen Behörden erteilen auf Anfrage unverzüglich Auskunft über die maßgeblichen Vorschriften und deren gewöhnliche Auslegung. ²Nach § 25 erforderliche Anregungen und Auskünfte werden unverzüglich gegeben.

§ 71d Gegenseitige Unterstützung

¹Die einheitliche Stelle und die zuständigen Behörden wirken gemeinsam auf eine ordnungsgemäße und zügige Verfahrensabwicklung hin; die Pflicht zur Unterstützung besteht auch gegenüber einheitlichen Stellen oder sonstigen Behörden des Bundes oder anderer Länder. ²Die zuständigen Behörden

stellen der einheitlichen Stelle insbesondere die erforderlichen Informationen zum Verfahrensstand zur Verfügung.

§ 71e Elektronisches Verfahren
[1]Das Verfahren nach diesem Abschnitt wird auf Verlangen in elektronischer Form abgewickelt. [2]§ 3a Abs. 2 Satz 2 und 3 und Abs. 3 bleibt unberührt.

Abschnitt 2
Planfeststellungsverfahren

§ 72 Anwendung der Vorschriften über das Planfeststellungsverfahren
(1) Ist ein Planfeststellungsverfahren durch Rechtsvorschrift angeordnet, so gelten hierfür die §§ 73 bis 78 und, soweit sich aus ihnen nichts Abweichendes ergibt, die übrigen Vorschriften dieses Gesetzes; die §§ 51 und 71a bis 71e sind nicht anzuwenden, § 29 ist mit der Maßgabe anzuwenden, dass Akteneinsicht nach pflichtgemäßem Ermessen zu gewähren ist.

(2) [1]Die Mitteilung nach § 17 Abs. 2 Satz 2 und die Aufforderung nach § 17 Abs. 4 Satz 2 sind im Planfeststellungsverfahren öffentlich bekannt zu machen. [2]Die öffentliche Bekanntmachung wird dadurch bewirkt, dass die Behörde die Mitteilung oder die Aufforderung in ihrem amtlichen Veröffentlichungsblatt und außerdem in örtlichen Tageszeitungen, die in dem Bereich verbreitet sind, in dem sich das Vorhaben voraussichtlich auswirken wird, bekannt macht.

§ 73 Anhörungsverfahren
(1) [1]Der Träger des Vorhabens hat den Plan der Anhörungsbehörde zur Durchführung des Anhörungsverfahrens einzureichen. [2]Der Plan besteht aus den Zeichnungen und Erläuterungen, die das Vorhaben, seinen Anlass und die von dem Vorhaben betroffenen Grundstücke und Anlagen erkennen lassen.

(2) Innerhalb eines Monats nach Zugang des vollständigen Plans fordert die Anhörungsbehörde die Behörden, deren Aufgabenbereich durch das Vorhaben berührt wird, zur Stellungnahme auf und veranlasst, dass der Plan in den Gemeinden, in denen sich das Vorhaben voraussichtlich auswirken wird, ausgelegt wird.

(3) [1]Die Gemeinden nach Absatz 2 haben den Plan innerhalb von drei Wochen nach Zugang für die Dauer eines Monats zur Einsicht auszulegen. [2]Auf eine Auslegung kann verzichtet werden, wenn der Kreis der Betroffenen und der Vereinigungen nach Absatz 4 Satz 5 bekannt sind und ihnen innerhalb angemessener Frist Gelegenheit gegeben wird, den Plan einzusehen.

(3a) [1]Die Behörden nach Absatz 2 haben ihre Stellungnahme innerhalb einer von der Anhörungsbehörde zu setzenden Frist abzugeben, die drei Monate nicht überschreiten darf. [2]Stellungnahmen, die nach Ablauf der Frist nach Satz 1 eingehen, sind zu berücksichtigen, wenn der Planfeststellungsbehörde die vorgebrachten Belange bekannt sind oder hätten bekannt sein müssen oder für die Rechtmäßigkeit der Entscheidung von Bedeutung sind; im Übrigen können sie berücksichtigt werden.

(4) [1]Jeder, dessen Belange durch das Vorhaben berührt werden, kann bis zwei Wochen nach Ablauf der Auslegungsfrist schriftlich oder zur Niederschrift bei der Anhörungsbehörde oder bei der Gemeinde Einwendungen gegen den Plan erheben. [2]Im Falle des Absatzes 3 Satz 2 bestimmt die Anhörungsbehörde die Einwendungsfrist. [3]Mit Ablauf der Einwendungsfrist sind alle Einwendungen ausgeschlossen, die nicht auf besonderen privatrechtlichen Titeln beruhen. [4]Hierauf ist in der Bekanntmachung der Auslegung oder bei der Bekanntgabe der Einwendungsfrist hinzuweisen. [5]Vereinigungen, die auf Grund einer Anerkennung nach anderen Rechtsvorschriften befugt sind, Rechtsbehelfe nach der Verwaltungsgerichtsordnung gegen die Entscheidung nach § 74 einzulegen, können innerhalb der Frist nach Satz 1 Stellungnahmen zu dem Plan abgeben. [6]Die Sätze 2 bis 4 gelten entsprechend.

(5) [1]Die Gemeinden, in denen der Plan auszulegen ist, haben die Auslegung vorher ortsüblich bekannt zu machen. [2]In der Bekanntmachung ist darauf hinzuweisen,
1. wo und in welchem Zeitraum der Plan zur Einsicht ausgelegt ist;
2. dass etwaige Einwendungen oder Stellungnahmen von Vereinigungen nach Absatz 4 Satz 5 bei den in der Bekanntmachung zu bezeichnenden Stellen innerhalb der Einwendungsfrist vorzubringen sind;
3. dass bei Ausbleiben eines Beteiligten in dem Erörterungstermin auch ohne ihn verhandelt werden kann;

4. dass
   a) die Personen, die Einwendungen erhoben haben, oder die Vereinigungen, die Stellungnahmen abgegeben haben, von dem Erörterungstermin durch öffentliche Bekanntmachung benachrichtigt werden können,
   b) die Zustellung der Entscheidung über die Einwendungen durch öffentliche Bekanntmachung ersetzt werden kann,

   wenn mehr als 50 Benachrichtigungen oder Zustellungen vorzunehmen sind.

[3]Nicht ortsansässige Betroffene, deren Person und Aufenthalt bekannt sind oder sich innerhalb angemessener Frist ermitteln lassen, sollen auf Veranlassung der Anhörungsbehörde von der Auslegung mit dem Hinweis nach Satz 2 benachrichtigt werden.

(6) [1]Nach Ablauf der Einwendungsfrist hat die Anhörungsbehörde die rechtzeitig gegen den Plan erhobenen Einwendungen, die rechtzeitig abgegebenen Stellungnahmen von Vereinigungen nach Absatz 4 Satz 5 sowie die Stellungnahmen der Behörden zu dem Plan mit dem Träger des Vorhabens, den Behörden, den Betroffenen sowie denjenigen, die Einwendungen erhoben oder Stellungnahmen abgegeben haben, zu erörtern. [2]Der Erörterungstermin ist mindestens eine Woche vorher ortsüblich bekannt zu machen. [3]Die Behörden, der Träger des Vorhabens und diejenigen, die Einwendungen erhoben oder Stellungnahmen abgegeben haben, sind von dem Erörterungstermin zu benachrichtigen. [4]Sind außer der Benachrichtigung der Behörden und des Trägers des Vorhabens mehr als 50 Benachrichtigungen vorzunehmen, so können diese Benachrichtigungen durch öffentliche Bekanntmachung ersetzt werden. [5]Die öffentliche Bekanntmachung wird dadurch bewirkt, dass abweichend von Satz 2 der Erörterungstermin im amtlichen Veröffentlichungsblatt der Anhörungsbehörde und außerdem in örtlichen Tageszeitungen bekannt gemacht wird, die in dem Bereich verbreitet sind, in dem sich das Vorhaben voraussichtlich auswirken wird; maßgebend für die Frist nach Satz 2 ist die Bekanntgabe im amtlichen Veröffentlichungsblatt. [6]Im Übrigen gelten für die Erörterung die Vorschriften über die mündliche Verhandlung im förmlichen Verwaltungsverfahren (§ 67 Abs. 1 Satz 3, Abs. 2 Nr. 1 und 4 und Abs. 3, § 68) entsprechend. [7]Die Anhörungsbehörde schließt die Erörterung innerhalb von drei Monaten nach Ablauf der Einwendungsfrist ab.

(7) Abweichend von den Vorschriften des Absatzes 6 Satz 2 bis 5 kann der Erörterungstermin bereits in der Bekanntmachung nach Absatz 5 Satz 2 bestimmt werden.

(8) [1]Soll ein ausgelegter Plan geändert werden und werden dadurch der Aufgabenbereich einer Behörde oder einer Vereinigung nach Absatz 4 Satz 5 oder Belange Dritter erstmals oder stärker als bisher berührt, so ist diesen die Änderung mitzuteilen und ihnen Gelegenheit zu Stellungnahmen und Einwendungen innerhalb von zwei Wochen zu geben; Absatz 4 Satz 3 bis 6 gilt entsprechend. [2]Wird sich die Änderung voraussichtlich auf das Gebiet einer anderen Gemeinde auswirken, so ist der geänderte Plan in dieser Gemeinde auszulegen; die Absätze 2 bis 6 gelten entsprechend.

(9) Die Anhörungsbehörde gibt zum Ergebnis des Anhörungsverfahrens eine Stellungnahme ab und leitet diese der Planfeststellungsbehörde innerhalb eines Monats nach Abschluss der Erörterung mit dem Plan, den Stellungnahmen der Behörden und der Vereinigungen nach Absatz 4 Satz 5 sowie den nicht erledigten Einwendungen zu.

§ 74 Planfeststellungsbeschluss, Plangenehmigung

(1) [1]Die Planfeststellungsbehörde stellt den Plan fest (Planfeststellungsbeschluss). [2]Die Vorschriften über die Entscheidung und die Anfechtung der Entscheidung im förmlichen Verwaltungsverfahren (§§ 69 und 70) sind anzuwenden.

(2) [1]Im Planfeststellungsbeschluss entscheidet die Planfeststellungsbehörde über die Einwendungen, über die bei der Erörterung vor der Anhörungsbehörde keine Einigung erzielt worden ist. [2]Sie hat dem Träger des Vorhabens Vorkehrungen oder die Errichtung und Unterhaltung von Anlagen aufzuerlegen, die zum Wohl der Allgemeinheit oder zur Vermeidung nachteiliger Wirkungen auf Rechte anderer erforderlich sind. [3]Sind solche Vorkehrungen oder Anlagen untunlich oder mit dem Vorhaben unvereinbar, so hat der Betroffene Anspruch auf angemessene Entschädigung in Geld.

(3) Soweit eine abschließende Entscheidung noch nicht möglich ist, ist diese im Planfeststellungsbeschluss vorzubehalten; dem Träger des Vorhabens ist dabei aufzugeben, noch fehlende oder von der Planfeststellungsbehörde bestimmte Unterlagen rechtzeitig vorzulegen.

(4) [1]Der Planfeststellungsbeschluss ist dem Träger des Vorhabens, denjenigen, über deren Einwendungen entschieden worden ist, und den Vereinigungen, über deren Stellungnahmen entschieden wor-

den ist, zuzustellen. ²Eine Ausfertigung des Beschlusses ist mit einer Rechtsbehelfsbelehrung und einer Ausfertigung des festgestellten Plans in den Gemeinden zwei Wochen zur Einsicht auszulegen; der Ort und die Zeit der Auslegung sind ortsüblich bekannt zu machen. ³Mit dem Ende der Auslegungsfrist gilt der Beschluss gegenüber den übrigen Betroffenen als zugestellt; darauf ist in der Bekanntmachung hinzuweisen.

(5) ¹Sind außer an den Träger des Vorhabens mehr als 50 Zustellungen nach Absatz 4 vorzunehmen, so können diese Zustellungen durch öffentliche Bekanntmachung ersetzt werden. ²Die öffentliche Bekanntmachung wird dadurch bewirkt, dass der verfügende Teil des Planfeststellungsbeschlusses, die Rechtsbehelfsbelehrung und ein Hinweis auf die Auslegung nach Absatz 4 Satz 2 im amtlichen Veröffentlichungsblatt der zuständigen Behörde und außerdem in örtlichen Tageszeitungen bekannt gemacht werden, die in dem Bereich verbreitet sind, in dem sich das Vorhaben voraussichtlich auswirken wird; auf Auflagen ist hinzuweisen. ³Mit dem Ende der Auslegungsfrist gilt der Beschluss den Betroffenen und denjenigen gegenüber, die Einwendungen erhoben haben, als zugestellt; hierauf ist in der Bekanntmachung hinzuweisen. ⁴Nach der öffentlichen Bekanntmachung kann der Planfeststellungsbeschluss bis zum Ablauf der Rechtsbehelfsfrist von den Betroffenen und von denjenigen, die Einwendungen erhoben haben, schriftlich angefordert werden; hierauf ist in der Bekanntmachung gleichfalls hinzuweisen.

(6) ¹An Stelle eines Planfeststellungsbeschlusses kann eine Plangenehmigung erteilt werden, wenn
1. Rechte anderer nicht oder nur unwesentlich beeinträchtigt werden oder die Betroffenen sich mit der Inanspruchnahme ihres Eigentums oder eines anderen Rechts schriftlich einverstanden erklärt haben,
2. mit den Trägern öffentlicher Belange, deren Aufgabenbereich berührt wird, das Benehmen hergestellt worden ist und
3. nicht andere Rechtsvorschriften eine Öffentlichkeitsbeteiligung vorschreiben, die den Anforderungen des § 73 Absatz 3 Satz 1 und Absatz 4 bis 7 entsprechen muss.

²Die Plangenehmigung hat die Rechtswirkungen der Planfeststellung; auf ihre Erteilung sind die Vorschriften über das Planfeststellungsverfahren nicht anzuwenden; davon ausgenommen sind Absatz 4 Satz 1 und Absatz 5, die entsprechend anzuwenden sind. ³Vor Erhebung einer verwaltungsgerichtlichen Klage bedarf es keiner Nachprüfung in einem Vorverfahren. ⁴§ 75 Abs. 4 gilt entsprechend.

(7) ¹Planfeststellung und Plangenehmigung entfallen in Fällen von unwesentlicher Bedeutung. ²Diese liegen vor, wenn
1. andere öffentliche Belange nicht berührt sind oder die erforderlichen behördlichen Entscheidungen vorliegen und sie dem Plan nicht entgegenstehen,
2. Rechte anderer nicht beeinflusst werden oder mit den vom Plan Betroffenen entsprechende Vereinbarungen getroffen worden sind und
3. nicht andere Rechtsvorschriften eine Öffentlichkeitsbeteiligung vorschreiben, die den Anforderungen des § 73 Absatz 3 Satz 1 und Absatz 4 bis 7 entsprechen muss.

§ 75 Rechtswirkungen der Planfeststellung

(1) ¹Durch die Planfeststellung wird die Zulässigkeit des Vorhabens einschließlich der notwendigen Folgemaßnahmen an anderen Anlagen im Hinblick auf alle von ihm berührten öffentlichen Belange festgestellt; neben der Planfeststellung sind andere behördliche Entscheidungen nach Landes- oder Bundesrecht, insbesondere öffentlich-rechtliche Genehmigungen, Verleihungen, Erlaubnisse, Bewilligungen, Zustimmungen und Planfeststellungen nicht erforderlich. ²Durch die Planfeststellung werden alle öffentlich-rechtlichen Beziehungen zwischen dem Träger des Vorhabens und den durch den Plan Betroffenen rechtsgestaltend geregelt.

(1a) ¹Mängel bei der Abwägung der von dem Vorhaben berührten öffentlichen und privaten Belange sind nur erheblich, wenn sie offensichtlich und auf das Abwägungsergebnis von Einfluss gewesen sind. ²Erhebliche Mängel bei der Abwägung oder eine Verletzung von Verfahrens- oder Formvorschriften führen nur dann zur Aufhebung des Planfeststellungsbeschlusses oder der Plangenehmigung, wenn sie nicht durch Planergänzung oder durch ein ergänzendes Verfahren behoben werden können; die §§ 45 und 46 bleiben unberührt.

(2) ¹Ist der Planfeststellungsbeschluss unanfechtbar geworden, so sind Ansprüche auf Unterlassung des Vorhabens, auf Beseitigung oder Änderung der Anlagen oder auf Unterlassung ihrer Benutzung ausgeschlossen. ²Treten nicht voraussehbare Wirkungen des Vorhabens oder der dem festgestellten

Plan entsprechenden Anlagen auf das Recht eines anderen erst nach Unanfechtbarkeit des Plans auf, so kann der Betroffene Vorkehrungen oder die Errichtung und Unterhaltung von Anlagen verlangen, welche die nachteiligen Wirkungen ausschließen. [3]Sie sind dem Träger des Vorhabens durch Beschluss der Planfeststellungsbehörde aufzuerlegen. [4]Sind solche Vorkehrungen oder Anlagen untunlich oder mit dem Vorhaben unvereinbar, so richtet sich der Anspruch auf angemessene Entschädigung in Geld. [5]Werden Vorkehrungen oder Anlagen im Sinne des Satzes 2 notwendig, weil nach Abschluss des Planfeststellungsverfahrens auf einem benachbarten Grundstück Veränderungen eingetreten sind, so hat die hierdurch entstehenden Kosten der Eigentümer des benachbarten Grundstücks zu tragen, es sei denn, dass die Veränderungen durch natürliche Ereignisse oder höhere Gewalt verursacht worden sind; Satz 4 ist nicht anzuwenden.

(3) [1]Anträge, mit denen Ansprüche auf Herstellung von Einrichtungen oder auf angemessene Entschädigung nach Absatz 2 Satz 2 und 4 geltend gemacht werden, sind schriftlich an die Planfeststellungsbehörde zu richten. [2]Sie sind nur innerhalb von drei Jahren nach dem Zeitpunkt zulässig, zu dem der Betroffene von den nachteiligen Wirkungen des dem unanfechtbar festgestellten Plan entsprechenden Vorhabens oder der Anlage Kenntnis erhalten hat; sie sind ausgeschlossen, wenn nach Herstellung des dem Plan entsprechenden Zustands 30 Jahre verstrichen sind.

(4) [1]Wird mit der Durchführung des Plans nicht innerhalb von fünf Jahren nach Eintritt der Unanfechtbarkeit begonnen, so tritt er außer Kraft. [2]Als Beginn der Durchführung des Plans gilt jede erstmals nach außen erkennbare Tätigkeit von mehr als nur geringfügiger Bedeutung zur plangemäßen Verwirklichung des Vorhabens; eine spätere Unterbrechung der Verwirklichung des Vorhabens berührt den Beginn der Durchführung nicht.

§ 76 Planänderungen vor Fertigstellung des Vorhabens
(1) Soll vor Fertigstellung des Vorhabens der festgestellte Plan geändert werden, bedarf es eines neuen Planfeststellungsverfahrens.

(2) Bei Planänderungen von unwesentlicher Bedeutung kann die Planfeststellungsbehörde von einem neuen Planfeststellungsverfahren absehen, wenn die Belange anderer nicht berührt werden oder wenn die Betroffenen der Änderung zugestimmt haben.

(3) Führt die Planfeststellungsbehörde in den Fällen des Absatzes 2 oder in anderen Fällen einer Planänderung von unwesentlicher Bedeutung ein Planfeststellungsverfahren durch, so bedarf es keines Anhörungsverfahrens und keiner öffentlichen Bekanntgabe des Planfeststellungsbeschlusses.

§ 77 Aufhebung des Planfeststellungsbeschlusses
[1]Wird ein Vorhaben, mit dessen Durchführung begonnen worden ist, endgültig aufgegeben, so hat die Planfeststellungsbehörde den Planfeststellungsbeschluss aufzuheben. [2]In dem Aufhebungsbeschluss sind dem Träger des Vorhabens die Wiederherstellung des früheren Zustands oder geeignete andere Maßnahmen aufzuerlegen, soweit dies zum Wohl der Allgemeinheit oder zur Vermeidung nachteiliger Wirkungen auf Rechte anderer erforderlich ist. [3]Werden solche Maßnahmen notwendig, weil nach Abschluss des Planfeststellungsverfahrens auf einem benachbarten Grundstück Veränderungen eingetreten sind, so kann der Träger des Vorhabens durch Beschluss der Planfeststellungsbehörde zu geeigneten Vorkehrungen verpflichtet werden; die hierdurch entstehenden Kosten hat jedoch der Eigentümer des benachbarten Grundstücks zu tragen, es sei denn, dass die Veränderungen durch natürliche Ereignisse oder höhere Gewalt verursacht worden sind.

§ 78 Zusammentreffen mehrerer Vorhaben
(1) Treffen mehrere selbständige Vorhaben, für deren Durchführung Planfeststellungsverfahren vorgeschrieben sind, derart zusammen, dass für diese Vorhaben oder für Teile von ihnen nur eine einheitliche Entscheidung möglich ist, so findet für diese Vorhaben oder für deren Teile nur ein Planfeststellungsverfahren statt.

(2) [1]Zuständigkeiten und Verfahren richten sich nach den Rechtsvorschriften über das Planfeststellungsverfahren, das für diejenige Anlage vorgeschrieben ist, die einen größeren Kreis öffentlich-rechtlicher Beziehungen berührt. [2]Bestehen Zweifel, welche Rechtsvorschrift anzuwenden ist, so entscheidet, falls nach den in Betracht kommenden Rechtsvorschriften mehrere Behörden aus dem Geschäftsbereich eines Senators zuständig sind, der Senator; gehören die Behörden zu den Geschäftsbereichen mehrerer Senatoren, so entscheidet der Senat. [3]Bestehen Zweifel, welche Rechtsvorschrift anzuwenden ist, und sind nach den in Betracht kommenden Rechtsvorschriften eine Bundesbehörde und eine

Teil VI
Rechtsbehelfsverfahren

§ 79 Rechtsbehelfe gegen Verwaltungsakte
Für förmliche Rechtsbehelfe gegen Verwaltungsakte gelten die Verwaltungsgerichtsordnung und die zu ihrer Ausführung ergangenen Rechtsvorschriften, soweit nicht durch Gesetz etwas anderes bestimmt ist; im Übrigen gelten die Vorschriften dieses Gesetzes.

§ 80 Erstattung von Kosten im Vorverfahren
(1) ¹Soweit der Widerspruch erfolgreich ist, hat der Rechtsträger, dessen Behörde den angefochtenen Verwaltungsakt erlassen hat, demjenigen, der Widerspruch erhoben hat, die zur zweckentsprechenden Rechtsverfolgung oder Rechtsverteidigung notwendigen Aufwendungen zu erstatten. ²Dies gilt auch, wenn der Widerspruch nur deshalb keinen Erfolg hat, weil die Verletzung einer Verfahrens- oder Formvorschrift nach § 45 unbeachtlich ist. ³Soweit der Widerspruch erfolglos geblieben ist, hat derjenige, der den Widerspruch eingelegt hat, die zur zweckentsprechenden Rechtsverfolgung oder Rechtsverteidigung notwendigen Aufwendungen der Behörde, die den angefochtenen Verwaltungsakt erlassen hat, zu erstatten; dies gilt nicht, wenn der Widerspruch gegen einen Verwaltungsakt eingelegt wird, der im Rahmen
1. eines bestehenden oder früheren öffentlich-rechtlichen Dienst- oder Amtsverhältnisses oder
2. einer bestehenden oder früheren gesetzlichen Dienstpflicht oder einer Tätigkeit, die an Stelle der gesetzlichen Dienstpflicht geleistet werden kann,

erlassen wurde. ⁴Aufwendungen, die durch das Verschulden eines Erstattungsberechtigten entstanden sind, hat dieser selbst zu tragen; das Verschulden eines Vertreters ist dem Vertretenen zuzurechnen.
(2) Die Gebühren und Auslagen eines Rechtsanwalts oder eines sonstigen Bevollmächtigten im Vorverfahren sind erstattungsfähig, wenn die Zuziehung eines Bevollmächtigten notwendig war.
(3) ¹Die Behörde, die die Kostenentscheidung getroffen hat, setzt auf Antrag den Betrag der zu erstattenden Aufwendungen fest; hat ein Ausschuss oder Beirat (§ 73 Abs. 2 der Verwaltungsgerichtsordnung) die Kostenentscheidung getroffen, so obliegt die Kostenfestsetzung der Behörde, bei der der Ausschuss oder Beirat gebildet ist. ²Die Kostenentscheidung bestimmt auch, ob die Zuziehung eines Rechtsanwalts oder eines sonstigen Bevollmächtigten notwendig war.
(4) Die Absätze 1 bis 3 gelten auch für Vorverfahren bei Maßnahmen des Richterdienstrechts.

Teil VII
Ehrenamtliche Tätigkeit, Ausschüsse

Abschnitt 1
Ehrenamtliche Tätigkeit

§ 81 Anwendung der Vorschriften über die ehrenamtliche Tätigkeit
Für die ehrenamtliche Tätigkeit im Verwaltungsverfahren gelten die §§ 82 bis 87, soweit Rechtsvorschriften nichts Abweichendes bestimmen.

§ 82 Pflicht zu ehrenamtlicher Tätigkeit
Eine Pflicht zur Übernahme ehrenamtlicher Tätigkeit besteht nur, wenn sie durch Rechtsvorschrift vorgesehen ist.

§ 83 Ausübung ehrenamtlicher Tätigkeit
(1) Der ehrenamtlich Tätige hat seine Tätigkeit gewissenhaft und unparteiisch auszuüben.
(2) ¹Bei Übernahme seiner Aufgaben ist er zur gewissenhaften und unparteiischen Tätigkeit und zur Verschwiegenheit besonders zu verpflichten. ²Die Verpflichtung ist aktenkundig zu machen.

§ 84 Verschwiegenheitspflicht
(1) ¹Der ehrenamtlich Tätige hat, auch nach Beendigung seiner ehrenamtlichen Tätigkeit, über die ihm dabei bekannt gewordenen Angelegenheiten Verschwiegenheit zu wahren. ²Dies gilt nicht für

Mitteilungen im dienstlichen Verkehr oder über Tatsachen, die offenkundig sind oder ihrer Bedeutung nach keiner Geheimhaltung bedürfen.
(2) Der ehrenamtlich Tätige darf ohne Genehmigung über Angelegenheiten, über die er Verschwiegenheit zu wahren hat, weder vor Gericht noch außergerichtlich aussagen oder Erklärungen abgeben.
(3) Die Genehmigung, als Zeuge auszusagen, darf nur versagt werden, wenn die Aussage dem Wohl des Bundes oder eines Landes Nachteile bereiten oder die Erfüllung öffentlicher Aufgaben ernstlich gefährden oder erheblich erschweren würde.
(4) [1]Ist der ehrenamtlich Tätige Beteiligter in einem gerichtlichen Verfahren oder soll sein Vorbringen der Wahrnehmung seiner berechtigten Interessen dienen, so darf die Genehmigung auch dann, wenn die Voraussetzungen des Absatzes 3 erfüllt sind, nur versagt werden, wenn ein zwingendes öffentliches Interesse dies erfordert. [2]Wird sie versagt, so ist dem ehrenamtlich Tätigen der Schutz zu gewähren, den die öffentlichen Interessen zulassen.
(5) Die Genehmigung nach den Absätzen 2 bis 4 erteilt die fachlich zuständige Aufsichtsbehörde der Stelle, die den ehrenamtlich Tätigen berufen hat.

§ 85 Entschädigung
Der ehrenamtlich Tätige hat Anspruch auf Ersatz seiner notwendigen Auslagen und seines Verdienstausfalls.

§ 86 Abberufung
[1]Personen, die zu ehrenamtlicher Tätigkeit herangezogen worden sind, können von der Stelle, die sie berufen hat, abberufen werden, wenn ein wichtiger Grund vorliegt. [2]Ein wichtiger Grund liegt insbesondere vor, wenn der ehrenamtlich Tätige
1. seine Pflicht gröblich verletzt oder sich als unwürdig erwiesen hat,
2. seine Tätigkeit nicht mehr ordnungsgemäß ausüben kann.

§ 87 Ordnungswidrigkeiten
(1) Ordnungswidrig handelt, wer
1. eine ehrenamtliche Tätigkeit nicht übernimmt, obwohl er zur Übernahme verpflichtet ist,
2. eine ehrenamtliche Tätigkeit, zu deren Übernahme er verpflichtet war, ohne anerkennenswerten Grund niederlegt.
(2) Die Ordnungswidrigkeit kann mit einer Geldbuße geahndet werden.

Abschnitt 2
Ausschüsse

§ 88 Anwendung der Vorschriften über Ausschüsse
Für Ausschüsse, Beiräte und andere kollegiale Einrichtungen (Ausschüsse) gelten, wenn sie in einem Verwaltungsverfahren tätig werden, die §§ 89 bis 93, soweit Rechtsvorschriften nichts Abweichendes bestimmen.

§ 89 Ordnung in den Sitzungen
Der Vorsitzende eröffnet, leitet und schließt die Sitzungen; er ist für die Ordnung verantwortlich.

§ 90 Beschlussfähigkeit
(1) [1]Ausschüsse sind beschlussfähig, wenn alle Mitglieder geladen und mehr als die Hälfte, mindestens aber drei der stimmberechtigten Mitglieder anwesend sind. [2]Beschlüsse können auch im schriftlichen Verfahren gefasst werden, wenn kein Mitglied widerspricht.
(2) Ist eine Angelegenheit wegen Beschlussunfähigkeit zurückgestellt worden und wird der Ausschuss zur Behandlung desselben Gegenstands erneut geladen, so ist er ohne Rücksicht auf die Zahl der Erschienenen beschlussfähig, wenn darauf in dieser Ladung hingewiesen worden ist.

§ 91 Beschlussfassung
[1]Beschlüsse werden mit Stimmenmehrheit gefasst. [2]Bei Stimmengleichheit entscheidet die Stimme des Vorsitzenden, wenn er stimmberechtigt ist; sonst gilt Stimmengleichheit als Ablehnung.

§ 92 Wahlen durch Ausschüsse
(1) [1]Gewählt wird, wenn kein Mitglied des Ausschusses widerspricht, durch Zuruf oder Zeichen, sonst durch Stimmzettel. [2]Auf Verlangen eines Mitglieds ist geheim zu wählen.
(2) [1]Gewählt ist, wer von den abgegebenen Stimmen die meisten erhalten hat. [2]Bei Stimmengleichheit entscheidet das vom Leiter der Wahl zu ziehende Los.

(3) ¹Sind mehrere gleichartige Wahlstellen zu besetzen, so ist nach dem Höchstzahlverfahren d'Hondt zu wählen, außer wenn einstimmig etwas anderes beschlossen worden ist. ²Über die Zuteilung der letzten Wahlstelle entscheidet bei gleicher Höchstzahl das vom Leiter der Wahl zu ziehende Los.

§ 93 Niederschrift

¹Über die Sitzung ist eine Niederschrift zu fertigen. ²Die Niederschrift muss Angaben enthalten über
1. den Ort und den Tag der Sitzung,
2. die Namen des Vorsitzenden und der anwesenden Ausschussmitglieder,
3. den behandelten Gegenstand und die gestellten Anträge,
4. die gefassten Beschlüsse,
5. das Ergebnis von Wahlen.

³Die Niederschrift ist von dem Vorsitzenden und, soweit ein Schriftführer hinzugezogen worden ist, auch von diesem zu unterzeichnen.

§ 94 (Leerparagraph)

§ 95 Sonderregelung für Verteidigungsangelegenheiten

¹Nach Feststellung des Verteidigungsfalles oder des Spannungsfalles kann in Verteidigungsangelegenheiten von der Anhörung Beteiligter (§ 28 Abs. 1), von der schriftlichen Bestätigung (§ 37 Abs. 2 Satz 2) und von der schriftlichen Begründung eines Verwaltungsaktes (§ 39 Abs. 1) abgesehen werden; in diesen Fällen gilt ein Verwaltungsakt abweichend von § 41 Abs. 4 Satz 3 mit dem auf die Bekanntmachung folgenden Tag als bekannt gegeben. ²Dasselbe gilt für die sonstigen gemäß Artikel 80a des Grundgesetzes anzuwendenden Rechtsvorschriften.

Teil VIII
Schlussvorschriften

§ 96 Überleitung von Verfahren

(1) Bereits begonnene Verfahren sind nach den Vorschriften dieses Gesetzes zu Ende zu führen.

(2) Die Zulässigkeit eines Rechtsbehelfs gegen die vor Inkrafttreten dieses Gesetzes ergangenen Entscheidungen richtet sich nach den bisher geltenden Vorschriften.

(3) Fristen, deren Lauf vor Inkrafttreten dieses Gesetzes begonnen hat, werden nach den bisher geltenden Rechtsvorschriften berechnet.

(4) Für die Erstattung von Kosten im Vorverfahren gelten die Vorschriften dieses Gesetzes, wenn das Vorverfahren vor Inkrafttreten dieses Gesetzes noch nicht abgeschlossen worden ist.

§ 97 (Außerkrafttreten landesrechtlicher Vorschriften)

§ 98 Übergangsvorschriften zu § 53

Artikel 229 § 6 Abs. 1 bis 4 des Einführungsgesetzes zum Bürgerlichen Gesetzbuche gilt entsprechend bei der Anwendung des § 53 in der seit dem 17. April 2003 geltenden Fassung.

Bremisches Verwaltungszustellungsgesetz (BremVwZG)

Vom 26. Januar 2006 (Brem.GBl. S. 49)
(202-a-2)

Der Senat verkündet das nachstehende von der Bürgerschaft (Landtag) beschlossene Gesetz:

§ 1 Anwendung des Verwaltungszustellungsgesetzes

(1) Auf das Zustellungsverfahren der Behörden des Landes, der Gemeinden und der sonstigen der Aufsicht des Landes unterstehenden Körperschaften, Anstalten und Stiftungen des öffentlichen Rechts finden die Vorschriften des Verwaltungszustellungsgesetzes vom 12. August 2005 (BGBl. I S. 2354) in der jeweils geltenden Fassung entsprechende Anwendung.

(2) Auf die Zustellungen im Verwaltungsverfahren der Gerichte und der Justizbehörden finden die für die gerichtliche Zustellung geltenden Vorschriften entsprechende Anwendung.

§ 2 In-Kraft-Treten; Außer-Kraft-Treten

(1) Dieses Gesetz tritt am 1. Februar 2006 in Kraft.

(2) Gleichzeitig tritt das Bremische Verwaltungszustellungsgesetz vom 14. September 1954 (SaBremR 202-a-2), zuletzt geändert durch Artikel 3 des Gesetzes vom 20. Dezember 1976 (Brem.GBl. S. 334), außer Kraft.

Gesetz
über das Verfahren zur Erzwingung von Handlungen, Duldungen oder Unterlassungen
(Bremisches Verwaltungsvollstreckungsgesetz – BremVwVG –)

In der Fassung der Bekanntmachung vom 1. April 1960*) (Brem.GBl. S. 37) zuletzt geändert durch G vom 30. August 2016 (Brem.GBl. S. 510) (202-a-1)

§ 1 Geltungsbereich

(1) Für das Verfahren vor den Verwaltungsbehörden des Landes, der Gemeinden und der unter der Aufsicht des Landes stehenden Körperschaften, Anstalten und Stiftungen des öffentlichen Rechts gelten die nachstehenden Vorschriften, soweit nicht bundesrechtlich etwas anderes bestimmt ist.

(2) Dieses Gesetz gilt nicht für Maßnahmen von Religions- und Weltanschauungsgemeinschaften, von Behörden und Beamten, die diese als Hilfsbeamte der Staatsanwaltschaft treffen, sowie für Maßnahmen der Justiz- und Vollzugsbehörden, gegen die nach § 23 des Einführungsgesetzes zum Gerichtsverfassungsgesetz der Antrag auf Entscheidung der ordentlichen Gerichte zulässig ist.

§§ 2 bis 10 (aufgehoben)

§ 11 Zulässigkeit des Verwaltungszwanges

(1) ¹Die Verwaltungsbehörden können durch schriftlichen Verwaltungsakt Personen zwingen, etwas zu tun, zu lassen oder zu dulden, wozu diese kraft öffentlichen Rechts, insbesondere kraft Gesetzes, kraft Verordnung oder kraft eines schriftlichen Vergleichs oder eines schriftlichen Anerkenntnisses gegenüber einer Behörde verpflichtet sind. ²Der Verwaltungsakt kann mit den Zwangsmitteln nach § 13 durchgesetzt werden, wenn er unanfechtbar ist oder wenn sein sofortiger Vollzug angeordnet oder wenn dem Rechtsmittel keine aufschiebende Wirkung beigelegt ist.

(2) ¹Der Verwaltungszwang kann ohne vorausgehenden Verwaltungsakt angewendet werden, wenn dies zur Verhinderung einer rechtswidrigen Tat, die einen Straf- oder Bußgeldtatbestand verwirklicht, oder zur Abwendung einer drohenden Gefahr geboten erscheint und die Behörde hierbei innerhalb ihrer gesetzlichen Befugnisse handelt. ²Dem Betroffenen ist die unmittelbare Anwendung von Verwaltungszwang unverzüglich bekanntzugeben, soweit sie ihm nicht bereits durch die Ausführung bekanntgeworden ist.

§ 12 Vollzugsbehörden

(1) ¹Ein Verwaltungsakt wird von der Behörde vollzogen, die ihn erlassen hat. ²Sie vollzieht auch den Widerspruchsbescheid.

(2) Eine untere Verwaltungsbehörde kann für den Einzelfall und allgemein mit dem Vollzug beauftragt werden.

§ 13 Zwangsmittel

(1) Zwangsmittel sind:
1. Zwangsgeld (§ 14),
2. Ersatzvornahme (§ 15),
3. unmittelbarer Zwang (§ 16).

(2) ¹Das Zwangsmittel muß in einem angemessenen Verhältnis zu seinem Zweck stehen. ²Dabei ist das Zwangsmittel möglichst so zu bestimmen, daß der Betroffene und die Allgemeinheit am wenigsten beeinträchtigt werden.

§ 14 Zwangsgeld

(1) Zwangsgeld ist in allen Fällen des § 11 Absatz 1 zulässig.

(2) ¹Die Höhe des Zwangsgeldes beträgt mindestens 5 Euro und höchstens 50 000 Euro. ²Bei der Bemessung des Zwangsgeldes ist auch die wirtschaftliche Interesse des Pflichtigen an der Nichtbefolgung des Verwaltungsaktes zu berücksichtigen.

---

*) Neubekanntmachung des Bremischen Verwaltungsvollstreckungsgesetzes vom 11. April 1934 (Brem.GBl. S. 132).

22 BremVwVG §§ 15–20

§ 15 Ersatzvornahme

Wird die Verpflichtung, eine Handlung vorzunehmen, deren Vornahme durch einen anderen möglich ist (vertretbare Handlung), nicht erfüllt, so kann die Vollzugsbehörde die Handlung auf Kosten des Pflichtigen selbst ausführen oder durch einen Dritten ausführen lassen.

§ 16 Unmittelbarer Zwang

Führt die Zwangsgeld nicht zum Ziel oder ist es untunlich, so kann die Vollzugsbehörde den Pflichtigen zur Handlung, Duldung oder Unterlassung mit Gewalt zwingen.

§ 17 Androhung der Zwangsmittel

(1) ¹Die Zwangsmittel müssen, wenn sie nicht sofort angewendet werden können (§ 11 Absatz 2), angedroht werden. ²Die Androhung bedarf der Schriftform. ³Für die Erfüllung der Verpflichtung ist eine Frist oder ein Termin zu bestimmen. ⁴Fristen und Termine sind so zu bemessen, daß der Vollzug dem Pflichtigen billigerweise zugemutet werden kann.

(2) ¹Die Androhung kann mit dem Verwaltungsakt verbunden werden, durch den die Handlung, Duldung oder Unterlassung aufgegeben wird. ²Sie soll mit ihm verbunden werden, wenn der sofortige Vollzug angeordnet oder den Rechtsbehelfen keine aufschiebende Wirkung beigelegt ist.

(3) ¹Die Androhung muß sich auf ein bestimmtes Zwangsmittel beziehen. ²Unzulässig ist die gleichzeitige Androhung mehrerer Zwangsmittel und die Androhung, mit der sich die Vollzugsbehörde die Wahl zwischen mehreren Zwangsmitteln vorbehält.

(4) Der Betrag des Zwangsgeldes ist in bestimmter Höhe anzudrohen.

(5) ¹Soll die Handlung auf Kosten des Pflichtigen (Ersatzvornahme) ausgeführt werden, so ist in der Androhung der Kostenbetrag vorläufig zu veranschlagen. ²Das Recht auf Nachforderung bleibt unberührt, wenn die Ersatzvornahme einen höheren Kostenaufwand verursacht.

(6) ¹Die Zwangsmittel können auch neben einer Strafe oder Geldbuße angedroht und soooft wiederholt und hierbei jeweils erhöht oder gewechselt werden, bis die Verpflichtung erfüllt ist. ²Bei Verwaltungsakten, die Duldungen oder Unterlassen verlangen, kann das Zwangsmittel für jeden Fall der Zuwiderhandlung angedroht werden; Absatz 1 Sätze 3 und 4 findet keine Anwendung.

(7) ¹Die Androhung ist zuzustellen. ²Dies gilt auch dann, wenn sie mit dem zugrunde liegenden Verwaltungsakt verbunden ist und für ihn keine Zustellung vorgeschrieben ist.

§ 18 Festsetzung des Zwangsgeldes

(1) Wird die Verpflichtung innerhalb der Frist, die in der Androhung bestimmt ist, nicht erfüllt, oder hat der Pflichtige der Verpflichtung, eine Handlung zu dulden oder zu unterlassen, oder der Verpflichtung zu einem wiederholten Handeln zuwidergehandelt, so setzt die Vollzugsbehörde das angedrohte Zwangsgeld fest.

(2) Die Festsetzung ist zuzustellen.

§ 19 Anwendung der Zwangsmittel

(1) Ist die Festsetzung eines Zwangsgeldes oder die Androhung der Ersatzvornahme oder des unmittelbaren Zwanges unanfechtbar geworden, oder ist ihr sofortiger Vollzug angeordnet, oder hat das Rechtsmittel keine aufschiebende Wirkung, so wird

1. das festgesetzte Zwangsgeld eingezogen,
2. die Ersatzvornahme oder der unmittelbare Zwang der Androhung gemäß angewendet.

(3) Leistet der Pflichtige bei der Ersatzvornahme Widerstand, so kann dieser mit Gewalt gebrochen werden.

(3) Wird die Handlung auf Kosten des Pflichtigen im Wege der Ersatzvornahme durchgeführt (§ 15), so setzt die Vollzugsbehörde die ihr daraus entstandenen notwendigen besonderen Aufwendungen (Kosten) gegenüber dem Pflichtigen fest.

(4) Das festgesetzte Zwangsgeld sowie die festgesetzten Kosten für die Ersatzvornahme werden im Verwaltungszwangsverfahren beigetrieben.

(5) Der Vollzug eines Zwangsmittels ist einzustellen, sobald sein Zweck erreicht ist.

§ 20 Ersatzzwangshaft

(1) Ist die Beitreibung des Zwangsgeldes ohne Erfolg versucht worden oder steht fest, daß sie keinen Erfolg haben wird, so kann die Vollzugsbehörde Ersatzzwangshaft anordnen, wenn bei der Androhung des Zwangsgeldes hierauf hingewiesen worden ist.

(2) Die Ersatzzwangshaft beträgt mindestens einen Tag, höchstens zwei Wochen.
(3) ¹Die Anordnung der Ersatzzwangshaft bedarf der Bestätigung durch das Verwaltungsgericht. ²Das Gericht entscheidet nach Anhörung des Betroffenen durch Beschluß.
(4) ¹Die Ersatzzwangshaft ist, nachdem ihre Festsetzung unanfechtbar geworden ist, auf Antrag der Vollzugsbehörde von der Justizverwaltung nach den Bestimmungen der §§ 802g, 802h und 802j Absatz 2 der Zivilprozeßordnung zu vollstrecken. ²Der Betroffene kann die Vollstreckung jederzeit dadurch abwenden, daß er den noch zu zahlenden Betrag des Zwangsgeldes entrichtet. ³§ 19 Absatz 5 gilt entsprechend.

§ 21 Einschränkung von Grundrechten
Durch die Vorschriften dieses Gesetzes werden eingeschränkt:
1. das Recht auf körperliche Unversehrtheit (Art. 2 Abs. 2 Satz 1 des Grundgesetzes),
2. die Freiheit der Person (Art. 2 Abs. 2 Satz 2 des Grundgesetzes),
3. die Unverletzlichkeit der Wohnung (Art. 13 des Grundgesetzes).

Bremisches Gesetz
über die Vollstreckung von Geldforderungen im Verwaltungswege

Vom 29. September 2015 (Brem.GBl. S. 448)
(202-b-2)

Der Senat verkündet das nachstehende, von der Bürgerschaft (Landtag) beschlossene Gesetz:

§ 1 Vollstreckbare Geldforderungen
(1) Nach den Bestimmungen dieses Gesetzes wird wegen
1. öffentlich-rechtlicher Geldforderungen des Landes, der Gemeinden und der sonstigen der Aufsicht des Landes unterstehenden juristischen Personen des öffentlichen Rechts,
2. Geldforderungen, deren Beitreibung im Verwaltungsvollstreckungsverfahren durch andere Gesetze zugelassen ist,

im Verwaltungswege vollstreckt, soweit gesetzlich nicht etwas anderes bestimmt ist.

(2) Nach den Bestimmungen dieses Gesetzes können auf Ersuchen des Gläubigers auch privatrechtliche Geldforderungen des Landes, der Gemeinden und der sonstigen der Aufsicht des Landes unterstehenden juristischen Personen des öffentlichen Rechts, deren Ausgaben ganz oder zum überwiegenden Teil aufgrund gesetzlicher Verpflichtungen aus dem Haushalt des Landes oder der Gemeinden getragen werden, aus
1. der Inanspruchnahme öffentlicher Einrichtungen,
2. der Nutzung öffentlichen Vermögens oder dem Erwerb von Früchten des öffentlichen Vermögens, soweit es sich nicht um erwerbswirtschaftliche Tätigkeit handelt,
3. den Aufwendungen öffentlicher Mittel für öffentlich geförderte, insbesondere soziale Zwecke,

im Verwaltungswege vollstreckt werden.

(3) [1]Die Vollstreckung der in Absatz 2 genannten Geldforderungen ist einzustellen, wenn der Vollstreckungsschuldner Einwendungen gegen diese Forderung bei der Vollstreckungsbehörde schriftlich oder zu Protokoll erhebt. [2]Der Vollstreckungsschuldner ist über dieses Recht zu belehren. [3]Der Vollstreckungsgläubiger ist von den Einwendungen unverzüglich zu benachrichtigen.

(4) [1]Erhebt der Vollstreckungsgläubiger aufgrund der Einwendungen des Vollstreckungsschuldners wegen der Forderung Zivilklage oder beantragt er einen Mahnbescheid, so sind die bereits getroffenen Vollstreckungsmaßnahmen aufzuheben. [2]Das gleiche gilt, wenn der Vollstreckungsgläubiger nicht innerhalb eines Monats nachweist, dass er wegen dieser Forderung Zivilklage erhoben oder einen Mahnbescheid beantragt hat. [3]Die Frist beginnt, sobald der Vollstreckungsgläubiger von den Einwendungen des Vollstreckungsschuldners Kenntnis erlangt.

(5) Ist die Vollstreckung nach Absatz 3 eingestellt worden, so kann sie nach diesem Gesetz nicht fortgesetzt werden.

§ 2 Anwendung von Bundesrecht
(1) Für das Vollstreckungsverfahren, die Kosten der Vollstreckung und das außergerichtliche Rechtsbehelfsverfahren gelten die §§ 77, 93, 97, 249 bis 251, 254 bis 258, 260, 262 bis 267, 281 bis 327, 337 Absatz 1, §§ 338 bis 351 und 354 bis 367 der Abgabenordnung in der jeweils geltenden Fassung sinngemäß, soweit in diesem oder anderen Gesetzen nicht etwas anderes bestimmt ist.

(2) Bei Anwendung der in Absatz 1 genannten Vorschriften tritt
1. in dem Fall des § 5 Nummer 2 an die Stelle der Finanzbehörden der Magistrat,
2. für die in § 1 Absatz 2 genannten Forderungen an die Stelle des Verwaltungsaktes die Zahlungsaufforderung.

§ 3 Vollstreckungsschuldner
(1) Als Vollstreckungsschuldner kann in Anspruch genommen werden,
1. wer eine Leistung als Selbstschuldner schuldet,
2. wer für die Leistung, die ein Anderer schuldet, persönlich haftet.

(2) Wer zur Duldung der Vollstreckung verpflichtet ist, wird dem Vollstreckungsschuldner gleichgestellt, soweit die Duldungspflicht reicht.

§ 4 Vollstreckungsgläubiger
Im Vollstreckungsverfahren gilt als Gläubiger der zu vollstreckenden Ansprüche bei der Vollstreckung
1. wegen Geldforderungen im Sinne von § 1 Absatz 1 die Körperschaft, der die Vollstreckungsbehörde angehört,
2. von Geldforderungen im Sinne von § 1 Absatz 2 der Gläubiger der Forderung.

§ 5 Vollstreckungsbehörden
(1) Vollstreckungsbehörden sind:
1. für das Land und die Stadtgemeinde Bremen und für die sonstigen der Aufsicht des Landes unterstehenden juristischen Personen des öffentlichen Rechts die Landesfinanzbehörden,
2. für die Stadtgemeinde Bremerhaven der Magistrat.

(2) Der Senator für Finanzen wird ermächtigt, durch Rechtsverordnung die Zuständigkeit der Landesfinanzbehörden nach Absatz 1 Nummer 1 zu regeln.

§ 6 Mahnung
(1) ¹Der Vollstreckungsschuldner soll in der Regel vor Beginn der Vollstreckung gemahnt werden. ²Dabei ist auf die Möglichkeit der Vollstreckung hinzuweisen.
(2) ¹Einer Mahnung bedarf es nicht, wenn dadurch der Zweck der Vollstreckung gefährdet würde oder wenn Zwangsgeld, Kosten einer Ersatzvornahme, Kosten der Vollstreckung sowie Nebenforderungen beigetrieben werden sollen. ²Einer Mahnung bedarf es ferner nicht, wenn der Vollstreckungsschuldner vor Eintritt der Fälligkeit an die Zahlung erinnert wird. ³An die Zahlung kann auch durch öffentliche Bekanntmachung allgemein erinnert werden. ⁴Die Sätze 1 bis 3 gelten nicht für Forderungen gemäß § 1 Absatz 2.
(3) Für die Mahnung werden nach näherer Bestimmung durch das Bremische Gebühren- und Beitragsgesetz in Verbindung mit der Kostenverordnung der Finanz- und Steuerverwaltung Kosten erhoben.

§ 7 Pfändung und Einziehung einer Geldforderung
(1) Bei der Pfändung und Einziehung einer Geldforderung können die Vollstreckungsbehörden die entsprechenden Verwaltungsakte ohne Rücksicht auf den Wohnsitz, Sitz oder gewöhnlichen Aufenthalt des Schuldners und des Drittschuldners selbst erlassen und ihre Zustellung bewirken.
(2) Absatz 1 gilt entsprechend, wenn
1. die Vollstreckungsbehörde ihren Sitz außerhalb des Landes, jedoch innerhalb der Bundesrepublik Deutschland hat, oder
2. der Vollstreckungsschuldner oder der Drittschuldner seinen Wohnsitz, Sitz oder gewöhnlichen Aufenthalt außerhalb des Landes, jedoch innerhalb der Bundesrepublik Deutschland hat und das dort geltende Recht dies zulässt.

§ 8 Amtshilfe zwischen Vollstreckungsbehörden
Die Vollstreckungsbehörden leisten anderen Vollstreckungsbehörden Amtshilfe.

§ 9 Vollstreckungshilfe
(1) Die Vollstreckungsbehörden leisten Vollstreckungshilfe, wenn ein Verwaltungsträger, der selbst nicht Vollstreckungsbehörde ist, darum ersucht.
(2) Der ersuchende Gläubiger ist dafür verantwortlich und hat der Vollstreckungsbehörde zu bestätigen, dass die Voraussetzungen für die Vollstreckung der Forderung vorliegen.

§ 10 Kosten der Vollstreckung
(1) ¹Für Amtshandlungen nach diesem Gesetz werden Kosten (Gebühren und Auslagen) nach Maßgabe der Abgabenordnung erhoben. ²§ 6 Absatz 3 bleibt unberührt.
(2) Schuldner der Kosten ist der Vollstreckungsschuldner.

§ 11 Erstattungspflicht von Kosten und nicht gedecktem Verwaltungsaufwand
(1) ¹Vollstreckungsbehörden können von den Gläubigern der Forderung die Erstattung der nicht beigetriebenen Kosten der Vollstreckung und des für die Vollstreckung erforderlichen durch Zahlung des Schuldners nicht gedeckten Verwaltungsaufwandes einschließlich der Auslagen verlangen. ²§ 4 Nummer 1 gilt nicht.
(2) Eine Erstattung nicht beigetriebener Kosten der Vollstreckung und des nicht gedeckten Verwaltungsaufwandes wird nicht verlangt für die Vollstreckung von öffentlich-rechtlichen Geldforderungen des Landes, der Gemeinden und der sonstigen der Aufsicht des Landes unterstehenden juristischen

Personen des öffentlichen Rechts, deren Ausgaben ganz oder zum überwiegenden Teil aufgrund gesetzlicher Verpflichtungen aus dem Haushalt des Landes oder der Gemeinden getragen werden.
(3) ¹Erfolgt die Tätigkeit auf Ersuchen einer anderen Vollstreckungsbehörde (Amtshilfe nach § 8), sind uneinbringliche Gebühren nur zu erstatten, wenn das Recht der ersuchenden Behörde keine Kostenfreiheit gewährleistet. ²Auslagen sind zu erstatten, wenn sie im Einzelfall 35 Euro übersteigen.
(4) ¹Der Senat wird ermächtigt, durch Rechtsverordnungen oder den Abschluss von Einzelverträgen mit einem Gläubiger die Erstattung von Kosten und nicht gedecktem Verwaltungsaufwand näher zu regeln. ²Darin kann bestimmt werden, dass der durch die Kosten gemäß § 10 nicht gedeckte Verwaltungsaufwand ganz oder teilweise in Pauschalsätzen zu erstatten ist.

§ 12 Rechtsweg
Für Streitigkeiten aus Vollstreckungsmaßnahmen wegen Geldforderungen gemäß § 1 Absatz 1 ist der Finanzrechtsweg, wegen Geldforderungen gemäß § 1 Absatz 2 der Rechtsweg vor den ordentlichen Gerichten gegeben.

§ 13 Einschränkung von Grundrechten
Durch Maßnahmen aufgrund dieses Gesetzes können das Recht auf körperliche Unversehrtheit (Artikel 2 Absatz 2 Satz 1 des Grundgesetzes), die Freiheit der Person (Artikel 2 Absatz 2 Satz 2 des Grundgesetzes) und die Unverletzlichkeit der Wohnung (Artikel 13 Absatz 1 des Grundgesetzes) eingeschränkt werden.

§ 14 Verwaltungsvorschriften
Der Senator für Finanzen erlässt die zur Durchführung dieses Gesetzes erforderlichen Verwaltungsvorschriften.

§ 15 Überleitungsvorschrift
Vollstreckungsverfahren, die am 6. Oktober 2015 noch nicht abgeschlossen sind, richten sich nach den bisher geltenden Vorschriften.

§ 16 Inkrafttreten
(1) Dieses Gesetz tritt am Tag nach seiner Verkündung in Kraft.
(2) Gleichzeitig tritt das Bremische Gesetz über die Vollstreckung von Geldforderungen im Verwaltungswege vom 15. Dezember 1981 (Brem.GBl. S. 283 – 202-b-2), das zuletzt durch Gesetz vom 24. September 1984 (Brem.GBl. S. 231) geändert worden ist, außer Kraft.

Bremisches Gebühren- und Beitragsgesetz (BremGebBeitrG)

Vom 16. Juli 1979 (Brem.GBl. S. 279)
(203-b-1)
zuletzt geändert durch Art. 1 des G vom 26. September 2017 (Brem.GBl. S. 394)

Der Senat verkündet das nachstehende, von der Bürgerschaft (Landtag) beschlossene Gesetz:

Inhaltsübersicht

1. Abschnitt
Allgemeine Vorschriften

- § 1 Geltungsbereich des Gesetzes
- § 2 Ausnahmen vom Geltungsbereich
- § 3 Rechtsgrundlagen

2. Abschnitt
Vorschriften über Kosten

- § 4 Verwaltungsgebühren
- § 5 Gebührenberechnung
- § 6 Sachliche Gebührenfreiheit
- § 7 Persönliche Gebührenfreiheit
- § 8 Verwaltungsgebühr in Rechtsbehelfsverfahren
- § 9 Gebühren in besonderen Fällen
- § 10 Schuldhaft verursachte Kosten
- § 11 Auslagen
- § 12 Benutzungsgebühren
- § 12a Kostenersatz für Anschlußkanäle
- § 13 Kostenschuldner
- § 14 Entstehung der Kostenschuld
- § 15 Fälligkeit der Kostenschuld
- § 16 Vorauszahlungen
- § 16a Verfahrensvorschriften

3. Abschnitt
Vorschriften über Beiträge

- § 17 Beiträge
- § 18 Entstehung der Beitragspflicht
- § 19 Fälligkeit des Beitrages
- § 20 Vorausleistung von Beiträgen
- § 21 Sicherung von Beitragsforderungen

4. Abschnitt
Vorschriften über Kosten und Beiträge

- § 22 Entscheidung über Kosten und Beiträge
- § 22a Beleihungen
- § 23 Säumnis
- § 23a Zinsen bei Aussetzung der Vollziehung
- § 24 Stundung
- § 25 Erlaß
- § 26 Rückzahlung und Verrechnung
- § 26a Beitragsrückerstattung
- § 27 Verjährung
- § 28 Vollstreckung

5. Abschnitt
Schlußvorschriften

- § 29 Außerkrafttreten von Vorschriften
- § 30 (Änderungsvorschriften)
- § 31 Überleitungsvorschriften
- § 32 Inkrafttreten

1. Abschnitt
Allgemeine Vorschriften

§ 1 Geltungsbereich des Gesetzes

(1) ¹Die Behörden des Landes und der Gemeinden erheben nach den Bestimmungen dieses Gesetzes Kosten (Verwaltungsgebühren, Benutzungsgebühren und Auslagen). ²Behörde ist jede Stelle im Sinne von § 1 Abs. 2 des Bremischen Verwaltungsverfahrensgesetzes.
(2) Die Gemeinden können außer Kosten nach Absatz 1 Beiträge erheben.
(3) Die Bestimmungen der §§ 22 bis 28 gelten auch für andere Abgaben, die von den Behörden des Landes und der Gemeinden aufgrund anderer Gesetze erhoben werden, soweit diese keine inhaltsgleichen oder entgegenstehenden Bestimmungen enthalten.
(4) Für Kosten, Beiträge und andere Abgaben der sonstigen der Aufsicht des Landes unterstehenden juristischen Personen des öffentlichen Rechts gilt dieses Gesetz insoweit, als es durch Rechtsvorschrift vorgesehen ist.

§ 2 Ausnahmen vom Geltungsbereich

(1) Dieses Gesetz gilt nicht
1. für Kosten, soweit sie durch ein Gesetz oder aufgrund eines Gesetzes geregelt sind,
2. für Kosten der Gerichtsverwaltungen und der Behörden der Justizverwaltung einschließlich der ihrer Aufsicht unterliegenden Körperschaften des öffentlichen Rechts, soweit nicht die kostenpflichtige Tätigkeit der Nachprüfung im Verfahren vor den Gerichten der Verwaltungsgerichtsbarkeit unterliegt.

(2) [1]Die Bestimmungen dieses Gesetzes gelten ferner nicht, soweit Satz 3 nicht etwas anderes bestimmt, für die Erhebung von Gebühren für die Benutzung der Häfen und ihrer Verkehrseinrichtungen im Geltungsbereich des Bremischen Hafenbetriebsgesetzes in seiner jeweils geltenden Fassung. [2]Insoweit gelten die bisher erlassenen Vorschriften einschließlich der zu ihnen erlassenen Durchführungsbestimmungen und Gebührenordnungen weiter. [3]Die Vorschriften dieses Gesetzes sind jedoch ergänzend heranzuziehen. [4]Soweit in den gemäß Satz 2 weiter geltenden Vorschriften Ermächtigungen zum Erlaß von Gebührenordnungen und Durchführungsbestimmungen enthalten sind, werden sie von den zuständigen Senatoren ausgeübt.

(3) Von den Vorschriften dieses Gesetzes bleiben die landesrechtlichen Vorschriften über die Kosten im Verwaltungszwangsverfahren zur Beitreibung von Geldbeträgen unberührt.

§ 3 Rechtsgrundlagen

(1) Der Senat wird ermächtigt, die Kostentatbestände und die Kostensätze im Rahmen der §§ 4 und 12 für das Land mit Zustimmung des Haushalts- und Finanzausschusses durch Rechtsverordnung festzusetzen.

(2) [1]Der Senat kann die Ermächtigung nach Absatz 1 durch Rechtsverordnung auf einzelne Mitglieder des Senats für deren Geschäftsbereiche übertragen. [2]Diese Ermächtigung beschränkt sich auf Änderungen
1. zur Anpassung von Kostentatbeständen oder Kostensätzen an die Kostenentwicklung,
2. zur Anpassung als Folge von neuen oder geänderten Untersuchungsmethoden oder technischen Anforderungen.

[3]An die Stelle des Haushalts- und Finanzausschusses tritt die für den Verwaltungszweig zuständige Deputation.

(3) [1]Die Kostentatbestände und die Kostensätze im Rahmen der §§ 4 und 12 setzt für die Stadtgemeinde Bremen die Stadtbürgerschaft fest. [2]Für die Stadtgemeinde Bremerhaven richtet sich die Zuständigkeit für den Erlass der Kostenordnungen nach den Vorschriften der Stadtverfassung. [3]Die in Rechtsverordnungen nach den Absätzen 1 und 2 enthaltenen Kostentatbestände und Kostensätze für Selbstverwaltungsangelegenheiten der Gemeinden gelten nur, sofern nicht die Gemeinden hierüber eigene Bestimmungen getroffen haben. [4]Die Gemeinden können in Angelegenheiten, die sie im Auftrage des Landes wahrnehmen, Kostenordnungen erlassen, soweit durch Landesrecht keine Kosten festgelegt sind.

(4) Die Zuständigkeitsregelungen der Absätze 1 bis 3 gelten auch für Bestimmungen über den damit in Verbindung stehenden Ersatz für Aufwendungen nach § 11 Abs. 2.

(5) Die im 2. Abschnitt niedergelegten Grundsätze sind zu beachten.

(6) [1]Die Erhebung von Beiträgen ist, soweit Gesetze nicht etwas anderes bestimmen, nur zulässig aufgrund von Ortsgesetzen. [2]Die Ortsgesetze müssen den Kreis der Beitragsschuldner, den Beitrag begründenden Maßstab und den Beitragssatz sowie den Zeitpunkt seiner Fälligkeit angeben. [3]Die Zuständigkeit für den Erlass der Ortsgesetze richtet sich nach Absatz 3.

(7) [1]Wird im Verwaltungsgerichtsverfahren eine Abgabenordnung einer Gemeinde (Gebühren- oder Beitragsordnung) für ungültig erklärt, so kann eine neue Ordnung, die die gleiche oder eine gleichartige Abgabe regelt, rückwirkend in Kraft gesetzt werden. [2]Die Rückwirkung erstreckt sich auf die Zeit seit dem Inkrafttreten der für ungültig erklärten Ordnung und auf die Bestimmungen der neuen Ordnung, durch welche die Abgabepflichten nicht ungünstiger gestellt werden, als nach der für ungültig erklärten Abgabenordnung beabsichtigt war. [3]Sie erstreckt sich nicht auf die für unanfechtbar gewordenen Fälle nach der für ungültig erklärten Abgabenordnung.

2. Abschnitt
Vorschriften über Kosten

§ 4 Verwaltungsgebühren

(1) Verwaltungsgebühren werden für die Vornahme von Amtshandlungen erhoben, die
1. auf Antrag oder auf Veranlassung der Beteiligten vorgenommen werden oder
2. aufgrund gesetzlicher Ermächtigung im Interesse eines einzelnen vorgenommen werden oder
3. einer durch Gesetz oder aufgrund eines Gesetzes angeordneten oder durch Satzung einer juristischen Person des privaten oder des öffentlichen Rechts anerkannten besonderen Überwachung oder Beaufsichtigung dienen.

(2) ^{1}Die Gebühren sind so zu bemessen, daß zwischen der den Verwaltungsaufwand berücksichtigenden Höhe der Gebühr einerseits und der Bedeutung, dem wirtschaftlichen Wert oder dem sonstigen Nutzen der Amtshandlung andererseits ein angemessenes Verhältnis besteht. ^{2}Das gilt auch für die Festlegung und Ausfüllung von Rahmensätzen.

(3) Die Gebühren sind durch feste Sätze, nach dem Wert des Gegenstandes, nach dem Zeitaufwand für die Amtshandlung oder durch Rahmensätze zu bestimmen.

(4) ^{1}Eine Gebühr wird von Veranstaltern oder Veranstalterinnen erhoben, die eine gewinnorientierte Veranstaltung durchführen, an der voraussichtlich mehr als 5 000 Personen zeitgleich teilnehmen werden, wenn wegen erfahrungsgemäß zu erwartender Gewalthandlungen vor, während oder nach der Veranstaltung am Veranstaltungsort, an den Zugangs- oder Abgangswegen oder sonst im räumlichen Umfeld der Einsatz von zusätzlichen Polizeikräften vorhersehbar erforderlich wird. ^{2}Die Gebühr ist nach dem Mehraufwand zu berechnen, der aufgrund der zusätzlichen Bereitstellung von Polizeikräften entsteht. ^{3}Der Veranstalter oder die Veranstalterin ist vor der Veranstaltung über die voraussichtliche Gebührenpflicht zu unterrichten. ^{4}Die Gebühr kann nach den tatsächlichen Mehrkosten oder als Pauschalgebühr berechnet werden.

§ 5 Gebührenberechnung

(1) Werden Kosten nach Zeitaufwand berechnet, so sind
1. bei Kosten nach Stundensätzen bei angebrochenen Stunden für einen Zeitaufwand von
   weniger als 16 Minuten 25 v. H.,
   weniger als 31 Minuten 50 v. H.,
   weniger als 46 Minuten 75 v. H.,
   des maßgebenden festgesetzten Stundensatzes,
2. bei Kosten nach Tagessätzen (Arbeitstag mit acht Stunden Arbeitszeit) bei angebrochenen Tagen je angefangene 60 Minuten 12,5 v. H. des maßgebenden Tagessatzes,
3. bei Kosten nach Tagessätzen (24 Stunden) bei angebrochenen Tagen je angefangene 60 Minuten vier v. H. des maßgebenden Tagessatzes zu berechnen, soweit in der jeweiligen Kostenordnung keine andere Berechnung vorgesehen ist.

(2) Ist eine Gebühr nach dem Wert des Gegenstandes zu berechnen, so ist der Wert zum Zeitpunkt der Beendigung der Amtshandlung maßgebend, soweit die Gebührenordnung nicht etwas anderes bestimmt.

(3) ^{1}Die Gebühr für regelmäßig wiederkehrende Amtshandlungen, Benutzungen und Leistungen kann unter Zugrundelegung der maßgeblichen Gebührenordnung und der Grundsätze der §§ 4 und 12 auf Antrag für einen im voraus bestimmten Zeitraum, jedoch nicht länger als ein Jahr, mit einem Pauschbetrag berechnet werden. ^{2}Entsprechendes gilt für Auslagen.

§ 6 Sachliche Gebührenfreiheit

(1) Gebührenfrei sind:
1. Maßnahmen der Rechts- und Fachaufsicht gegenüber juristischen Personen des öffentlichen Rechts,
2. Überwachungsmaßnahmen aufgrund eines Verdachts oder einer Beschwerde, wenn die Überwachungsmaßnahme nicht zu einer Beanstandung geführt hat,
3. a) mündliche Auskünfte,
   b) einfache schriftliche Auskünfte; dies gilt nicht für Auskünfte aus Registern und Dateien,
4. Entscheidungen über die Stundung, den Erlaß oder die Erstattung öffentlicher Geldforderungen,
5. die Erteilung von Abgabebescheiden,

6. Entscheidungen über die Festsetzung von Entschädigungen aus öffentlichen Mitteln,
7. Entscheidungen über die Festsetzung der in einem Vorverfahren nach § 68 der Verwaltungsgerichtsordnung zur zweckentsprechenden Rechtsverfolgung oder -verteidigung notwendigen Aufwendungen,
8. Entscheidungen über Anträge auf Unterstützungen, Beihilfen, Zuschüsse, Stipendien und ähnliche Vergünstigungen,
9. Entscheidungen über die Erteilung von Bescheinigungen zur Bewilligung von Prozeßkostenhilfe,
10. Amtshandlungen in Gnadensachen,
11. Amtshandlungen, die sich aus einem bestehenden oder früheren Dienst- oder sonstigen öffentlich-rechtlichen Amtsverhältnis ergeben, einschließlich eines Widerspruchsverfahrens,
12. Entscheidungen über Gegenvorstellungen und Aufsichtsbeschwerden,
13. Amtshandlungen in Angelegenheiten des Wahlrechts, des Volksbegehrens und des Volksentscheids,
14. Entscheidungen über die Anordnung der sofortigen Vollziehung nach §§ 80, 80a der Verwaltungsgerichtsordnung und die Aussetzung der Vollziehung.
(2) Abweichende gesetzliche Vorschriften bleiben unberührt.
(3) Soweit in Absatz 1 oder in anderen Rechtsvorschriften nichts anderes bestimmt ist, wird die Zurückweisung oder die Rücknahme eines Widerspruchs von der Gebührenfreiheit nicht erfaßt.

§ 7 Persönliche Gebührenfreiheit
(1) Von der Zahlung der Gebühren für Amtshandlungen sind befreit:
1. die Bundesrepublik Deutschland,
2. die anderen Länder,
3. die folgenden Religionsgemeinschaften:
   a) die Bremische Evangelische Kirche, die Evangelisch-lutherische Landeskirche Hannovers, die Evangelisch-reformierte Kirche (Synode ev.-ref. Kirchen in Bayern und Nordwestdeutschland), ihre Gemeinden, sowie ihre öffentlich-rechtlichen Verbände, Anstalten und Stiftungen,
   b) die Katholische Kirche, ihre Ordensgemeinschaften und Kirchengemeinden sowie ihre öffentlich-rechtlichen Verbände, Anstalten und Stiftungen,
   c) die Jüdische Gemeinde im Lande Bremen,
   d) die Schura – Islamische Religionsgemeinschaft Bremen e. V., der DITIB – Landesverband der Islamischen Religionsgemeinschaften Niedersachsen und Bremen e. V., der Verband der Islamischen Kulturzentren e. V. sowie ihre Moscheegemeinden sowie ihre öffentlich-rechtlichen Verbände, Anstalten und Stiftungen,
   e) der Alevitische Gemeinde Deutschland e. V., der Alevitische Gemeinde in Bremen und Umgebung e. V., der Alevitisches Kulturzentrum in Bremen und Umgebung e. V. und der Alevitische Kulturverein in Bremerhaven und Umgebung e. V. sowie ihre Cem-Häuser sowie ihre öffentlich-rechtlichen Verbände, Anstalten und Stiftungen.
(2) Die Gebührenfreiheit tritt nicht ein, wenn
1. die in Absatz 1 Genannten berechtigt sind, die Gebühren einem Dritten aufzuerlegen oder sonst auf Dritte umzulegen,
2. die Amtshandlung ein wirtschaftliches Unternehmen, Betriebe, Sondervermögen oder Zuwendungsempfänger im Sinne von § 26 der Landeshaushaltsordnung der in Absatz 1 Genannten betrifft oder
3. die Amtshandlungen auch von Personen des Privatrechts (beliehene Unternehmen) erbracht werden.
(3) Zur Zahlung von Gebühren bleiben die in Absatz 1 genannten Rechtsträger für Amtshandlungen folgender Behörden, Betriebe und Einrichtungen oder ihren Nachfolgeeinrichtungen verpflichtet, auch wenn es sich um Maßnahmen im Wege der Amtshilfe handelt:
1. Betriebe, Sondervermögen und Zuwendungsempfänger nach § 26 der Landeshaushaltsordnung,
2. Landesuntersuchungsamt für Chemie, Hygiene und Veterinärmedizin,
3. Lebensmittelüberwachungs-, Tierschutz- und Veterinärdienst des Landes Bremen,
4. Meßstellen für Radioaktivität,

5. Gutachterausschüsse für die Ermittlung von Grundstückswerten,
6. Landesamt GeoInformation und das Vermessungs- und Katasteramt Bremerhaven.

(4) ¹Weitere persönliche Gebührenbefreiungstatbestände sind unzulässig. ²Die Stadtgemeinden werden ermächtigt, durch Ortsgesetz persönliche Gebührennachlaßtatbestände in Höhe von bis zu 50 Prozent einzuführen, soweit dies zur Erfüllung eines im öffentlichen Interesse liegenden Zwecks ausnahmsweise erforderlich ist.

(5) Die durch die Gewährung der gesetzlichen persönlichen Gebührenbefreiung eintretenden Einnahmeausfälle sind jährlich bekannt zu machen.

§ 8 Verwaltungsgebühr in Rechtsbehelfsverfahren

(1) ¹Wird in einem Rechtsbehelfsverfahren der Rechtsbehelf zurückgewiesen, so sind für den Erlaß des Rechtsbehelfsbescheides Gebühren und Auslagen zu erheben. ²Richtet sich der Rechtsbehelf gegen eine gebührenpflichtige Sachentscheidung, so soll die Gebühr 75 v. H. der Gebühr für die angefochtene oder beantragte Amtshandlung betragen. ³Bei einem Rechtsbehelf nur gegen einen Teil der Entscheidung oder bei einem Teilerfolg des Rechtsbehelfs ermäßigt sich die Gebühr entsprechend. ⁴In Gebührenordnungen können Mindest- und Höchstgebühren für die Gebührenberechnung nach Sätzen 2 und 3 festgesetzt werden.

(2) ¹Ist in einer Gebührenordnung eine Mindestgebühr festgesetzt, so gilt die Mindestgebühr auch dann, wenn ein Rechtsbehelf sich gegen eine gebührenfreie Sachentscheidung richtet. ²Eine höhere als die Mindestgebühr nach Satz 1 kann festgesetzt werden, wenn das Rechtsbehelfsverfahren einen außerordentlich hohen Verwaltungsaufwand verursacht.

(3) Wird der Rechtsbehelf ausschließlich wegen Fristversäumung oder Unzuständigkeit der Behörde als unzulässig abgewiesen oder nur deshalb abgewiesen, weil ein Verfahrens- oder Formfehler gemäß § 45 des Bremischen Verwaltungsverfahrensgesetz geheilt worden ist, wird keine Gebühr erhoben.

§ 9 Gebühren in besonderen Fällen

(1) Wird ein Antrag ausschließlich wegen Unzuständigkeit der Behörde abgelehnt, so wird keine Gebühr erhoben.

(2) ¹Wird ein Antrag auf Vornahme einer Amtshandlung zurückgenommen oder erledigt er sich auf andere Weise, nachdem mit der sachlichen Bearbeitung begonnen, die Amtshandlung aber noch nicht beendet ist, oder wird ein Antrag aus anderen Gründen als wegen Unzuständigkeit abgelehnt, oder wird eine Amtshandlung zurückgenommen oder widerrufen, so ermäßigt sich die vorgesehene Gebühr um ein Viertel; sie kann bis zu einem Viertel der vorgesehenen Gebühr ermäßigt werden. ²Bei der Zurücknahme eines Rechtsbehelfs kann die Gebühr für das Rechtsbehelfsverfahren ganz außer Ansatz bleiben. ³In Gebührenordnungen können abweichend von den Sätzen 1 und 2 besondere Gebühren oder Gebührenfreiheit bestimmt werden.

§ 10 Schuldhaft verursachte Kosten

Wird eine kostenpflichtige Sachentscheidung im Rechtsbehelfsverfahren aufgehoben, so können die durch das Verschulden des Kostenpflichtigen für den Erlaß der ursprünglichen Sachentscheidung entstandenen Kosten diesem auferlegt werden.

§ 11 Auslagen

(1) ¹Entstehen bei der Vorbereitung oder bei der Vornahme einer Amtshandlung besondere Auflagen, so sind sie zu erstatten, auch wenn die Amtshandlung selbst gebührenfrei oder die Verwaltungsgebühr erlassen ist. ²Diese Auslagen sind insbesondere:
1. bare Aufwendungen, die aufgrund eines besonderen Verlangens eines Kostenschuldners entstehen;
2. Entschädigungen für Zeugen und Sachverständige;
3. Aufwendungen für öffentliche Bekanntmachungen;
4. Beträge, die anderen in- oder ausländischen Behörden, öffentlichen Einrichtungen oder Beamten zustehen, und zwar auch dann, wenn aus Gründen der Gegenseitigkeit, der Verwaltungsvereinfachung und dergleichen an die Behörden, Einrichtungen oder Beamten keine Zahlungen zu leisten sind.

(2) In Gebührenordnungen (§ 3) kann bestimmt werden, daß Ersatz auch für andere Aufwendungen zu leisten ist.

§ 12 Benutzungsgebühren

(1) ¹Benutzungsgebühren werden als Gegenleistung für die Benutzung öffentlicher Anstalten, Einrichtungen oder Anlagen sowie für damit im Zusammenhang stehende Leistungen erhoben. ²Soweit die Benutzung eine Verwaltungstätigkeit voraussetzt oder hiermit verbunden ist, wird diese mit der Benutzungsgebühr abgegolten. ³Die Möglichkeit der Vereinbarung privatrechtlicher Entgelte bleibt unberührt, sofern Benutzungsgebühren nicht festgesetzt sind.

(2) ¹Benutzungsgebühren sollen nach dem wirtschaftlichen Wert der Benutzung oder Leistung bemessen werden. ²Bei Anstalten, Einrichtungen oder Anlagen, die überwiegend dem Vorteil einzelner Personen oder Personengruppen dienen, soll das Gebührenaufkommen die nach betriebswirtschaftlichen Grundsätzen ansatzfähigen Kosten decken.

(3) ¹Zu den Kosten im Sinne von Absatz 2 gehören auch Entgelte für in Anspruch genommene Fremdleistungen, Abschreibungen, die nach der mutmaßlichen Nutzungsdauer gleichmäßig zu bemessen sind, sowie eine angemessene Verzinsung des aufgewandten Kapitals. ²Die Verzinsung des aufgewandten Kapitals erhält bei Eigenbetrieben nach § 26 Abs. 2 der Landeshaushaltsordnung auch die Verzinsung des Stammkapitals. ³Abschreibungen sind von den Anschaffungs- oder Herstellungskosten oder von den Wiederbeschaffungswerten zum Zeitpunkt der Wertermittlung (Wiederbeschaffungszeitwert) vorzunehmen. ⁴Bei der Verzinsung des Anlagekapitals bleibt der aus Beiträgen und Zuschüssen Dritter aufgebrachte Kapitalanteil außer Betracht.

(4) ¹Der Gebührenberechnung kann ein Kalkulationszeitraum zugrundegelegt werden, der drei Jahre nicht übersteigen soll. ²Weichen am Ende eines Kalkulationszeitraums die tatsächlichen von den kalkulierten Kosten ab, so sind Kostenüberdeckungen innerhalb der nächsten drei Jahre auszugleichen; Kostenunterdeckungen sollen innerhalb dieses Zeitraums ausgeglichen werden.

(5) ¹Die Gebühren sind nach dem Ausmaß zu bemessen, in dem die Gebührenschuldner die öffentliche Einrichtung benutzen. ²Die Erhebung von Grundgebühren und Zusatzgebühren sowie von Mindestgebühren ist zulässig.

(6) ¹Die Gemeinden können durch Ortsgesetz bestimmen, dass der zuständige Wasserversorgungsbetrieb verpflichtet ist, der für die Abwasserbeseitigung zuständigen Behörde die für die Festsetzung von Benutzungsgebühren erforderlichen Auskünfte zu erteilen. ²Ein angemessener Ersatz des Aufwandes ist zu regeln.

§ 12a Kostenersatz für Anschlußkanäle

(1) ¹Die Gemeinden können bestimmen, daß ihnen der Aufwand für die Herstellung, Erneuerung, Veränderung und Beseitigung sowie die Kosten für die Unterhaltung eines Anschlußkanals an Abwasserbeseitigungsanlagen ersetzt werden. ²Der Aufwand und die Kosten können in der tatsächlich geleisteten Höhe oder nach Einheitssätzen, denen die der Gemeinde für Anschlüsse der gleichen Art üblicherweise durchschnittlich erwachsenen Aufwendungen und Kosten zugrunde zu legen sind, ermittelt werden. ³Die Satzung kann bestimmen, daß dabei Abwasserbeseitigungsanlagen, die nicht in der Mitte der Straße verlaufen, als in der Straßenmitte verlaufend gelten.

(2) ¹Der Ersatzanspruch entsteht mit der endgültigen Herstellung der Anschlußleitung, im übrigen mit der Beendigung der Maßnahme. ²Für den Anspruch gelten die Vorschriften dieses Gesetzes entsprechend.

(3) Die Gemeinden können bestimmen, daß die Anschlußkanäle zu der öffentlichen Einrichtung oder Anlage im Sinne des § 12 Abs. 1 und des § 17 Abs. 2 Satz 1 gehören.

§ 13 Kostenschuldner

(1) Schuldner einer Verwaltungsgebühr oder von Auslagen ist derjenige, der die Amtshandlung selbst oder durch Dritte, deren Handeln ihm zuzurechnen ist, beantragt oder veranlaßt hat, oder in dessen Interesse sie vorgenommen wird, oder der einer besonderen Überwachung oder Beaufsichtigung unterliegt.

(2) ¹Sofern nicht ausdrücklich etwas anders bestimmt ist, ist derjenige Schuldner einer Benutzungsgebühr, der die Benutzung oder die Leistung der Verwaltung selbst oder durch Dritte, deren Handeln ihm zuzurechnen ist, beantragt oder veranlaßt hat oder dem die Benutzung oder Leistung der Verwaltung zugute kommt. ²Näheres kann durch Gebührenordnung bestimmt werden.

(3) ¹Kostenschuldner ist ferner, wer die Zahlung durch Erklärung gegenüber der Behörde übernommen hat oder wer für die Gebührenschuld eines anderen kraft Gesetzes haftet. ²Zur Zahlung von Kosten sind neben einem Minderjährigen seine Eltern verpflichtet.

(4) Mehrere Kostenschuldner haften als Gesamtschuldner, soweit nicht in Rechtsvorschriften etwas anderes bestimmt ist.

§ 14 Entstehung der Kostenschuld
Der Anspruch entsteht, soweit nicht etwas anderes bestimmt ist,
1. bei Verwaltungsgebühren mit der Vollendung der gebührenpflichtigen Amtshandlung, im Falle der Zurücknahme eines Antrages mit der Zurücknahme,
2. bei Benutzungsgebühren mit der Benutzung oder Leistung oder, wenn für die Benutzung eine Erlaubnis erforderlich ist, mit der Erteilung der Erlaubnis,
3. bei Erhebung von Auslagen mit der Entstehung der Auslagen.

§ 15 Fälligkeit der Kostenschuld
(1) Kosten werden mit der Bekanntgabe der Festsetzung fällig.
(2) In den Gebührenordnungen kann ein anderer Fälligkeitszeitpunkt bestimmt werden.

§ 16 Vorauszahlungen
(1) Die kostenpflichtige Amtshandlung, Benutzung oder Leistung kann von der Zahlung eines Vorschusses bis zur Höhe der voraussichtlich entstehenden Kosten abhängig gemacht werden.
(2) Die Durchführung eines Rechtsbehelfsverfahrens kann nur zur Deckung voraussichtlich entstehender Auslagen bis zu deren Höhe von der Zahlung eines Vorschusses abhängig gemacht werden.

§ 16a Verfahrensvorschriften
(1) Wird in einer Kostenverordnung auf Rechts- oder Verwaltungsvorschriften verwiesen, so sind diese in ihrem jeweils geltenden Wortlaut oder die an ihre Stelle tretenden Bestimmungen anzuwenden.
(2) Für die Festsetzung, Erhebung, Nachforderung oder Erstattung von Kleinbeträgen gelten die Verwaltungsvorschriften zur Landeshaushaltsordnung der Freien Hansestadt Bremen zu § 59 entsprechend.
(3) Werden Kosten nach dem Wert eines Gegenstandes festgelegt, so ist der Kostenrechnung der Wert einschließlich der nach dem jeweils geltenden Umsatzsteuergesetz zu zahlenden Umsatzsteuer (Mehrwertsteuer) zugrunde zu legen, soweit in der jeweiligen Kostenordnung keine andere Berechnung vorgesehen ist.
(4) Den einzelnen Kosten ist die nach dem jeweils geltenden Umsatzsteuergesetz zu zahlende Umsatzsteuer hinzuzurechnen, sofern die Einnahme der Umsatzsteuer unterliegt, soweit in der jeweiligen Kostenordnung keine andere Berechnung vorgesehen ist.

3. Abschnitt
Vorschriften über Beiträge

§ 17 Beiträge
(1) [1]Die Gemeinden können Beiträge erheben. [2]Beim Bau von Straßen, Wegen und Plätzen, die dem öffentlichen Verkehr gewidmet sind, sollen Beiträge erhoben werden, soweit nicht das Bundesbaugesetz anzuwenden ist.
(2) [1]Beiträge sind Geldleistungen, die dem Ersatz des Aufwandes für die Herstellung, Anschaffung, Erweiterung und Verbesserung öffentlicher Einrichtungen und Anlagen im Sinne des § 12 Abs. 1, jedoch ohne die laufende Unterhaltung und Instandsetzung, dienen. [2]Sie werden von den Grundstückseigentümern als Gegenleistung dafür erhoben, daß ihnen durch die Möglichkeit der Inanspruchnahme der Einrichtungen und Anlagen wirtschaftliche Vorteile geboten werden. [3]Ist das Grundstück mit einem Erbbaurecht belastet, so tritt an die Stelle des Eigentümers der Erbbauberechtigte.
(3) Beiträge können auch für Teile einer Einrichtung oder Anlage erhoben werden (Kostenspaltung).
(4) [1]Der Aufwand umfaßt auch den Wert, den die von der Gemeinde für die Einrichtung oder Anlage bereitgestellten eigenen Grundstücke bei Beginn der Maßnahme haben. [2]Er kann nach den tatsächlichen Aufwendungen oder nach Einheitssätzen, denen die der Gemeinde für gleichartige Einrichtungen oder Anlagen üblicherweise durchschnittlich erwachsenden Aufwendungen zugrundezulegen sind, ermittelt werden. [3]Bei leitungsgebundenen Einrichtungen oder Anlagen, die der Versorgung oder der Abwasserbeseitigung dienen, kann der durchschnittliche Aufwand für die gesamte Einrichtung oder Anlage veranschlagt und zugrundegelegt werden. [4]Wenn die Einrichtungen oder Anlagen erfahrungsgemäß auch von der Allgemeinheit oder von der Gemeinde selbst in Anspruch genommen werden,

bleibt bei der Ermittlung des Aufwandes ein dem wirtschaftlichen Vorteil der Allgemeinheit oder der Gemeinde entsprechender Betrag außer Ansatz. ⁵Zuwendungen Dritter sind, sofern der Zuwendende nicht etwas anderes bestimmt hat, zunächst zur Deckung dieses Betrages und nur, soweit sie diesen übersteigen, zur Deckung des übrigen Aufwandes zu verwenden.

(5) Der Aufwand kann auch für Abschnitte einer Einrichtung oder Anlage, wenn diese selbständig in Anspruch genommen werden können, ermittelt werden.

(6) ¹Die Beiträge sind nach den Vorteilen zu bemessen. ²Dabei können Gruppen von Beitragspflichtigen mit annähernd gleichen Vorteilen zusammengefaßt werden.

§ 18 Entstehung der Beitragspflicht

(1) Die Beitragspflicht entsteht mit der endgültigen Herstellung der Einrichtung oder Anlage, in den Fällen des § 17 Abs. 3 mit der Beendigung der Teilmaßnahme und in den Fällen des § 17 Abs. 5 mit der endgültigen Herstellung des Abschnitts.

(2) In den Beitragssatzungen kann ein späterer Zeitpunkt der Entstehung bestimmt werden.

§ 19 Fälligkeit des Beitrages

Der Beitrag wird einen Monat nach der Bekanntgabe des Beitragsbescheides fällig.

§ 20 Vorausleistung von Beiträgen

Auf die künftige Beitragsschuld können angemessene Vorausleistungen verlangt werden, sobald die alsbaldige Durchführung der Maßnahme nach § 17 Abs. 2 Satz 1 und Abs. 5 gesichert ist.

§ 21 Sicherung von Beitragsforderungen

Der Beitrag ruht als öffentliche Last auf dem Grundstück, im Falle des § 17 Abs. 2 Satz 3 auf dem Erbbaurecht.

4. Abschnitt
Vorschriften über Kosten und Beiträge

§ 22 Entscheidung über Kosten und Beiträge

(1) ¹Kosten und Beiträge werden von Amts wegen festgesetzt. ²Eine Entscheidung über Kosten soll, soweit möglich, zusammen mit der Sachentscheidung ergehen. ³Aus der schriftlichen oder schriftlich bestätigten Entscheidung über Kosten oder Beiträge müssen mindestens hervorgehen
1. die erhebende Behörde,
2. der Schuldner der Kosten oder Beiträge,
3. die kostenpflichtige Amtshandlung oder beitragspflichtige Einrichtung,
4. die zu zahlenden Beträge,
5. wo, wann und wie die festgesetzten Beträge zu zahlen sind,
6. die Rechtsgrundlage für die Erhebung der Kosten und Beiträge sowie deren Berechnung.

⁴Ergeht eine Entscheidung über Kosten mündlich oder in sonstiger Weise, so genügt es, wenn sich die Angaben zu Nummern 1 bis 5 aus den Umständen ergeben; die Angaben zu Nummer 6 können entfallen. ⁵Die mündliche Entscheidung ist auf Antrag schriftlich zu bestätigen. ⁶Entscheidungen über Beiträge bedürfen der Schriftform. ⁷Für Entscheidungen über Beiträge, die in elektronischer Form erteilt werden, gilt § 37 Abs. 3 Satz 2 des Bremischen Verwaltungsverfahrensgesetzes nicht.

(2) ¹Kosten, die bei richtiger Behandlung der Sache durch die Behörde nicht entstanden wären, werden nicht erhoben. ²Das gleiche gilt für Auslagen, die durch eine von Amts wegen veranlaßte Verlegung eines Termins oder Vertagung einer Verhandlung entstanden sind.

(3) Eine Gebühr für die Entscheidung über Kosten oder Beiträge wird nur erhoben, wenn dies durch Gesetz vorgesehen ist.

§ 22a Beleihung

(1) Die Gemeinden werden ermächtigt, Dritte auf deren Antrag durch Verwaltungsakt oder öffentlich-rechtlichen Vertrag und widerruflich ganz oder teilweise mit der Erhebung von Benutzungsgebühren und Beiträgen im eigenen Namen und in den Handlungsformen des öffentlichen Rechts im Bereich der Abwasserbeseitigung und Abfallentsorgung zu beleihen.

(2) Die Beleihung nach Absatz 1 ist nur zulässig, wenn
1. der Antragsteller zuverlässig ist,
2. der Antragsteller in geordneten Vermögensverhältnissen steht,
3. die Erfüllung der übertragenen Pflichten dauerhaft sichergestellt ist und

4. der Übertragung keine überwiegenden öffentlichen Interessen entgegenstehen.
(3) Der Beliehene unterliegt der Rechts- und Fachaufsicht der Gemeinde.

§ 23 Säumnis
(1) Werden bis zum Ablauf des Fälligkeitstages Kosten oder Beiträge nicht entrichtet, so ist für jeden angefangenen Monat der Säumnis ein Säumniszuschlag von eins vom Hundert des rückständigen auf den nächsten durch fünfzig Euro teilbaren nach unten abgerundeten Betrages zu entrichten.
(2) Absatz 1 gilt nicht bei Säumniszuschlägen und Stundungszinsen, die nicht rechtzeitig entrichtet werden.
(3) Ein Säumniszuschlag wird bei einer Säumnis bis zu fünf Tagen nicht erhoben.
(4) [1]In den Fällen der Gesamtschuld entstehen Säumniszuschläge gegenüber jedem säumigen Gesamtschuldner. [2]Insgesamt ist jedoch kein höherer Säumniszuschlag zu entrichten als verwirkt worden wäre, wenn die Säumnis nur bei einem Gesamtschuldner aufgetreten wäre.
(5) Als Tag, an dem eine Zahlung entrichtet worden ist, gilt
1. bei Überweisung oder Einzahlung auf ein Konto der Tag der Gutschrift auf dem Giro- oder Postgirokonto der zuständigen Kasse,
2. bei Übergabe oder Übersendung von Zahlungsmitteln der Tag des Eingangs bei der zuständigen Kasse oder Zahlstelle.

§ 23a Zinsen bei Aussetzung der Vollziehung
(1) [1]Soweit ein Widerspruch oder eine Anfechtungsklage gegen eine Kosten- oder Beitragsentscheidung oder einen Verwaltungsakt, der eine Kosten- oder Beitragsentscheidung aufhebt oder ändert, endgültig keinen Erfolg gehabt hat, ist der geschuldete Betrag, hinsichtlich dessen die Vollziehung des angefochtenen Verwaltungsaktes oder eines Folgebescheides ausgesetzt wurde, zu verzinsen. [2]Satz 1 gilt bei einer Anfechtungsklage gegen einen Widerspruchsbescheid, der einen der vorgenannten Verwaltungsakte betrifft, entsprechend.
(2) [1]Zinsen werden erhoben vom Tag der Erhebung des Widerspruchs bei der zuständigen Behörde oder vom Tag der Rechtshängigkeit beim Gericht an bis zum Tag, an dem die Aussetzung der Vollziehung endet. [2]Ist die Vollziehung erst nach der Erhebung des Widerspruchs oder erst nach der Rechtshängigkeit ausgesetzt worden, so beginnt die Verzinsung mit dem Tag der Aussetzung der Vollziehung. [3]Die Zinsen betragen für jeden vollen Monat des Zeitraums nach Sätzen 1 und 2 einhalb vom Hundert des geschuldeten Betrages.

§ 24 Stundung
(1) Kosten, Beiträge und sonstige Geldleistungen können ganz oder teilweise gestundet werden, wenn die Einziehung bei Fälligkeit eine erhebliche Härte für den Schuldner bedeuten würde und der Anspruch durch die Stundung nicht gefährdet erscheint.
(2) [1]Für die Dauer der Stundung werden Zinsen erhoben. [2]Die Zinsen betragen für jeden vollen Monat einhalb vom Hundert des geschuldeten Betrages.
(3) Absatz 2 findet keine Anwendung, wenn Säumniszuschläge, Zinsen bei Aussetzung der Vollziehung oder Stundungszinsen gestundet werden.

§ 25 Erlaß
(1) [1]Aus Gründen der Billigkeit können Kosten und Beiträge sowie Säumniszuschläge, Zinsen bei Aussetzung der Vollziehung und Stundungszinsen ganz oder teilweise erlassen werden. [2]Unter den gleichen Voraussetzungen kann die Festsetzung von Kosten oder Beiträgen unterbleiben oder in ermäßigter Höhe erfolgen; auch können bereits entrichtete Kosten oder Beiträge in besonderen Fällen ganz oder teilweise erstattet werden. [3]Die Vorschriften der Landeshaushaltsordnung und die dazu erlassenen Verwaltungsvorschriften über den Erlaß von Ansprüchen sind ergänzend anzuwenden.
(2) In Gebühren- und Beitragsordnungen können in Ergänzung zu Absatz 1 besondere Bestimmungen über den Erlaß von Ansprüchen getroffen werden.

§ 26 Rückzahlung und Verrechnung
(1) Zu Unrecht erhobene Kosten und Beiträge sind zurückzuzahlen, soweit die Abgabenentscheidung noch nicht unanfechtbar geworden ist.
(2) Wird durch Rechtsbehelfsentscheidung oder durch gerichtliches Urteil die Pflicht zur Vornahme einer Amtshandlung festgestellt, so sind die bereits gezahlten Verwaltungsgebühren auf die bei der Vornahme der beantragten Amtshandlung entstehenden Gebühren anzurechnen.

(3) ¹Wird eine antragsgemäß vorgenommene Amtshandlung im Rechtsbehelfsverfahren oder durch gerichtliches Urteil aufgehoben, so ist eine bereits gezahlte Verwaltungsgebühr nur insoweit zurückzuzahlen, als sie die für eine Ablehnung des Antrages zu entrichtende Gebühr übersteigt. ²Die Rückzahlung ist ausgeschlossen, wenn der Antragsteller die Amtshandlung durch Angaben veranlaßt hat, die in wesentlicher Beziehung unrichtig oder unvollständig waren.

(4) Der Rückzahlungsanspruch erlischt, wenn er nicht innerhalb von vier Jahren, seitdem die Rückzahlungspflicht feststeht, schriftlich geltend gemacht wird, spätestens jedoch mit dem Ablauf des fünften Jahres nach der Entrichtung des zurückzuzahlenden Betrages.

§ 26a Beitragsrückerstattung

In Ortsgesetzen nach § 3 Absatz 6 können besondere Bestimmungen über die Rückerstattung von Beiträgen für den Fall der Nichtbereitstellung der Leistung für den Beitragsschuldner getroffen werden.

§ 27 Verjährung

(1) ¹Eine Festsetzung der Ansprüche nach diesem Gesetz sowie die Aufhebung und Änderung sind nicht mehr zulässig, wenn die Festsetzungsfrist abgelaufen ist. ²Die Festsetzungsfrist beträgt vier Jahre; sie beginnt mit Ablauf des Kalenderjahres, in dem der Anspruch entstanden ist. ³Ist aufgrund gesetzlicher oder ortsrechtlicher Vorschriften eine Erklärung oder eine Anmeldung einzureichen oder eine Anzeige zu erstatten, so beginnt die Festsetzungsfrist mit Ablauf des Kalenderjahres, in dem die Erklärung, die Anmeldung oder die Anzeige eingereicht wird, spätestens jedoch mit Ablauf des dritten Kalenderjahres, das auf das Kalenderjahr folgt, in dem der Anspruch entstanden ist, es sei denn, daß die Festsetzungsfrist nach Satz 2 später beginnt. ⁴Wird vor Ablauf der Frist ein Antrag auf Festsetzung, Aufhebung oder Änderung eines Anspruchs gestellt, so läuft die Frist insoweit nicht ab, bevor über den Antrag unanfechtbar entschieden ist.

(2) ¹Ein festgesetzter Anspruch erlischt durch Verjährung; die Verjährungsfrist beträgt fünf Jahre. ²Die Verjährung beginnt mit Ablauf des Kalenderjahres, in dem der Anspruch erstmals fällig geworden ist; sie beginnt jedoch nicht vor Ablauf des Kalenderjahres, in dem die Festsetzung oder die Aufhebung oder Änderung der Festsetzung des Anspruchs wirksam geworden ist.

(3) Die Verjährung ist gehemmt, solange der Anspruch innerhalb der letzten sechs Monate der Verjährungsfrist wegen höherer Gewalt nicht verfolgt werden kann.

(4) ¹Die Verjährung wird unterbrochen durch schriftliche Geltendmachung des Zahlungsanspruchs, durch Stundung, durch Aussetzung der Vollziehung, durch Sicherheitsleistung, durch Vollstreckungsaufschub, durch eine Vollstreckungsmaßnahme, durch Anmeldung im Insolvenzverfahren oder durch Ermittlungen der für die Erhebung oder Beitreibung der Beträge zuständigen Behörde nach dem Wohnsitz oder dem Aufenthaltsort des Zahlungspflichtigen. ²Die Unterbrechung der Verjährung durch Stundung, durch Aussetzung der Vollziehung, durch Sicherheitsleistung, durch Vollstreckungsaufschub, durch eine Vollstreckungsmaßnahme, die zu einem Pfändungspfandrecht, einer Sicherungshypothek oder einem sonstigen Vorzugsrecht auf Befriedigung führt, oder durch Anmeldung im Konkurs dauert fort, bis die Stundung, die Aussetzung der Vollziehung oder der Vollstreckungsaufschub abgelaufen, die Sicherheit, das Pfändungspfandrecht, die Sicherungshypothek oder ein sonstiges Vorzugsrecht auf Befriedigung erloschen oder das Insolvenzverfahren beendet worden ist. ³Die Verjährung wird nur in Höhe des Betrages unterbrochen, auf den sich die Unterbrechungshandlung bezieht.

(5) Mit Ablauf des Kalenderjahres, in dem die Unterbrechung endet, beginnt eine neue Verjährungsfrist.

(6) Ist der Anspruch gegen den Schuldner verjährt, so ist auch derjenige von der Haftung befreit, der neben ihm haftet, es sei denn, daß der Haftende vor der Verjährung des Anspruchs gegen den Schuldner in Anspruch genommen worden ist.

§ 28 Vollstreckung

Abgaben im Sinne dieses Gesetzes sowie anstelle von Benutzungsgebühren vereinbarte Entgelte werden im Verwaltungszwangsverfahren beigetrieben.

5. Abschnitt
Schlußvorschriften
§ 29 Außerkrafttreten von Vorschriften
Mit dem Inkrafttreten dieses Gesetzes treten außer Kraft:
1. das Bremische Gebührengesetz vom 13. Oktober 1964 (Brem.GBl. S. 123 – 203-b-1) in der Fassung der Änderung durch das Bremische Verwaltungsverfahrensgesetz vom 15. November 1976 (Brem.GBl. S. 243),
2. das Gesetz über die Verjährung von öffentlich-rechtlichen Beitragsforderungen vom 21. September 1971 (Brem.GBl. S. 205 – 60-a-2),
3. die Verordnung über die Gewährung der persönlichen Gebührenfreiheit an Gebietskörperschaften und andere juristische Personen des öffentlichen Rechts vom 6. April 1971 (Brem.GBl. S. 84 – 203-c-1) in der Fassung der Verordnung vom 17. Dezember 1974 (Brem.GBl. S. 423).

§ 30 (Änderungsvorschriften)

§ 31 Überleitungsvorschriften
(1) [1]Die aufgrund des bisher geltenden Rechts erlassenen Abgabengesetze, Abgabensatzungen und sonstigen abgabenrechtlichen Vorschriften bleiben in Kraft, soweit sie diesem Gesetz nicht widersprechen. [2]Sie sind in ihrem Wortlaut bis zum 30. Juni 1980 den Vorschriften dieses Gesetzes anzupassen.
(2) Abgaben im Sinne dieses Gesetzes, die bei Inkrafttreten dieses Gesetzes entstanden sind, werden nach dem bisherigen Recht erhoben.
(3) Abweichend von § 3 Abs. 1 gilt die Ermächtigung des § 3 Abs. 2 für Kostentatbestände und Kostensätze, die keine allgemeinen, verwaltungsübergreifenden Kosten enthalten und die bereits in der Bremischen Kostenordnung mit der Anlage zu § 1 »Kostenverzeichnis« vom 8. September 1992 (Brem.GBl. S. 313 – 203-b-2), zuletzt geändert durch Gesetz vom 18. Dezember 2001 (Brem.GBl. S. 537), vorhanden sind, wenn sie von dort unverändert oder nur aus den in § 3 Abs. 2 Satz 2 genannten Gründen geändert übernommen werden.

§ 32 Inkrafttreten
Dieses Gesetz tritt am 1. August 1979 in Kraft.

25 BremBG

Bremisches Beamtengesetz (BremBG)

Vom 22. Dezember 2009 (Brem.GBl. 2010 S. 17[1])
(2040-a-1)
zuletzt geändert durch G vom 7. Juni 2018 (Brem.GBl. S. 255)

Inhaltsübersicht

Abschnitt 1
Allgemeine Vorschriften

- § 1 Geltungsbereich
- § 2 Verleihung der Dienstherrnfähigkeit durch Satzung (§ 2 des Beamtenstatusgesetzes)
- § 3 Oberste Dienstbehörden, Dienstvorgesetzte und Vorgesetzte

Abschnitt 2
Beamtenverhältnis

- § 4 Vorbereitungsdienst
- § 5 Beamtinnen und Beamte auf Probe in Ämtern mit leitender Funktion (§§ 4, 22 des Beamtenstatusgesetzes)
- § 6 Ehrenbeamtinnen und Ehrenbeamte (§ 5 des Beamtenstatusgesetzes)
- § 7 Beamtinnen und Beamte auf Zeit (§ 6 des Beamtenstatusgesetzes)
- § 8 Zulassung von Ausnahmen für die Berufung in das Beamtenverhältnis (§ 7 des Beamtenstatusgesetzes)
- § 9 Zuständigkeit für die Ernennung, Wirkung der Ernennung (§ 8 des Beamtenstatusgesetzes)
- § 10 Stellenausschreibung, Feststellung der gesundheitlichen Eignung (§ 9 des Beamtenstatusgesetzes)
- § 11 Feststellung der Nichtigkeit der Ernennung, Verbot der Führung der Dienstgeschäfte (§ 11 des Beamtenstatusgesetzes)
- § 12 Rücknahme der Ernennung (§ 12 des Beamtenstatusgesetzes)

Abschnitt 3
Laufbahnen

- § 13 Laufbahn
- § 14 Zugangsvoraussetzungen zu den Laufbahnen
- § 15 Im Bereich eines anderen Dienstherrn erworbene Laufbahnbefähigung
- § 16 Erwerb der Laufbahnbefähigung aufgrund des Gemeinschaftsrechts; Verwaltungszusammenarbeit
- § 17 Andere Bewerberinnen und Bewerber
- § 18 Einstellung
- § 19 Probezeit
- § 20 Beförderung
- § 21 Aufstieg
- § 22 Fortbildung
- § 23 Benachteiligungsverbot, Nachteilsausgleich
- § 24 Laufbahnwechsel
- § 25 Laufbahnverordnungen
- § 26 Ausbildungs- und Prüfungsordnungen

Abschnitt 4
Landesinterne Abordnung und Versetzung

- § 27 Grundsatz (§ 13 des Beamtenstatusgesetzes)
- § 28 Abordnung
- § 29 Versetzung

Abschnitt 5
Beendigung des Beamtenverhältnisses

Unterabschnitt 1
Entlassung und Verlust der Beamtenrechte

- § 30 Entlassung kraft Gesetzes (§ 22 des Beamtenstatusgesetzes)
- § 31 Entlassung durch Verwaltungsakt (§ 23 des Beamtenstatusgesetzes)
- § 32 Zuständigkeit für die Entlassung, Wirkung der Entlassung
- § 33 Wirkung des Verlustes der Beamtenrechte und eines Wiederaufnahmeverfahrens (§ 24 des Beamtenstatusgesetzes)
- § 34 Gnadenrecht

Unterabschnitt 2
Ruhestand und einstweiliger Ruhestand

- § 35 Ruhestand wegen Erreichens der Altersgrenze (§ 25 des Beamtenstatusgesetzes)
- § 36 Ruhestand auf Antrag
- § 37 Einstweiliger Ruhestand von politischen Beamtinnen und Beamten (§ 30 des Beamtenstatusgesetzes)

---

[1]) Verkündet als Art. 1 d. G v. 22. 12. 2009, 2010 S. 17.

§ 38	Einstweiliger Ruhestand bei Umbildung von Körperschaften (§ 18 des Beamtenstatusgesetzes)			

§ 38 Einstweiliger Ruhestand bei Umbildung von Körperschaften (§ 18 des Beamtenstatusgesetzes)
§ 39 Einstweiliger Ruhestand bei Umbildung und Auflösung von Behörden (§ 31 des Beamtenstatusgesetzes)
§ 40 Beginn des einstweiligen Ruhestandes

Unterabschnitt 3
Dienstunfähigkeit

§ 41 Verfahren zur Feststellung der Dienstunfähigkeit (§ 26 des Beamtenstatusgesetzes)
§ 42 Ruhestand bei Beamtenverhältnis auf Probe (§ 28 des Beamtenstatusgesetzes)
§ 43 Wiederherstellung der Dienstfähigkeit (§ 29 des Beamtenstatusgesetzes)
§ 44 Ärztliche Untersuchung

Unterabschnitt 4
Gemeinsame Bestimmungen

§ 45 Beginn des Ruhestandes, Zuständigkeit für die Versetzung in den Ruhestand

Abschnitt 6
Rechtliche Stellung im Beamtenverhältnis

Unterabschnitt 1
Allgemeines

§ 46 Verschwiegenheitspflicht, Aussagegenehmigung (§ 37 des Beamtenstatusgesetzes)
§ 47 Diensteid (§ 38 des Beamtenstatusgesetzes)
§ 48 Verbot der Führung der Dienstgeschäfte (§ 39 des Beamtenstatusgesetzes)
§ 49 Verbot der Annahme von Belohnungen und Geschenken (§ 42 des Beamtenstatusgesetzes)
§ 50 Dienstvergehen von Ruhestandsbeamtinnen und Ruhestandsbeamten (§ 47 des Beamtenstatusgesetzes)
§ 51 Schadensersatz (§ 48 des Beamtenstatusgesetzes)
§ 52 Übergang von Schadensersatzansprüchen
§ 53 Ausschluss und Befreiung von Amtshandlungen
§ 54 Wohnungswahl, Dienstwohnung, dienstlicher Wohnsitz
§ 55 Aufenthalt in erreichbarer Nähe
§ 56 Dienstkleidungsvorschriften
§ 57 Amtsbezeichnung
§ 58 Dienstjubiläen
§ 59 Dienstliche Beurteilung, Dienstzeugnis

Unterabschnitt 2
Arbeitszeit und Urlaub

§ 60 Regelmäßige Arbeitszeit, Bereitschaftsdienst, Mehrarbeit
§ 61 Teilzeitbeschäftigung (§ 43 des Beamtenstatusgesetzes)
§ 62 Teilzeitbeschäftigung und Beurlaubung aus familiären Gründen
§ 62a Pflegezeit
§ 62b Familienpflegezeit
§ 63 Altersteilzeit
§ 64 Urlaub ohne Dienstbezüge
§ 65 Höchstdauer von Beurlaubung und unterhälftiger Teilzeit; Bewilligungszeitraum
§ 66 Hinweispflicht und Benachteiligungsverbot
§ 67 Fernbleiben vom Dienst, Erkrankung
§ 68 Urlaub (§ 44 des Beamtenstatusgesetzes)
§ 69 Mandatsurlaub

Unterabschnitt 3
Nebentätigkeit und Tätigkeit nach Beendigung des Beamtenverhältnisses

§ 70 Nebentätigkeit
§ 71 Pflicht zur Übernahme einer Nebentätigkeit
§ 72 Anzeigefreie Nebentätigkeiten (§ 40 des Beamtenstatusgesetzes)
§ 73 Verbot einer Nebentätigkeit
§ 74 Ausübung von Nebentätigkeiten
§ 75 Verfahren
§ 76 Rückgriffsanspruch der Beamtin und des Beamten
§ 77 Erlöschen der mit dem Hauptamt verbundenen Nebentätigkeiten
§ 78 Verordnungsermächtigung
§ 79 Tätigkeit nach Beendigung des Beamtenverhältnisses (§ 41 des Beamtenstatusgesetzes)

Unterabschnitt 4
Fürsorge

§ 80 Beihilfe in Krankheits-, Pflege- und Geburtsfällen
§ 81 Mutterschutz, Elternzeit (§ 46 des Beamtenstatusgesetzes)
§ 82 Arbeitsschutz
§ 83 Ersatz von Sachschäden
§ 83a Erfüllungsübernahme bei Schmerzensgeldansprüchen
§ 84 Reise- und Umzugskosten

Unterabschnitt 5
Personalakten (§ 50 des Beamtenstatusgesetzes)

§ 85 Inhalt der Personalakten sowie Zugang zu Personalakten
§ 86 Beihilfeunterlagen
§ 87 Anhörung
§ 88 Einsichtnahme in Personalakten

§		
§ 89	Vorlage von Personalakten und Auskunft aus Personalakten	
§ 90	Entfernung von Unterlagen aus Personalakten	
§ 91	Aufbewahrungsfristen	
§ 92	Automatisierte Verarbeitung von Personalakten	
§ 92a	Übertragung von Aufgaben der Personalverwaltung	

Abschnitt 7
Beteiligung der Spitzenorganisationen

§ 93 Beteiligung der Spitzenorganisationen der Gewerkschaften und Berufsverbände (§ 53 des Beamtenstatusgesetzes)

Abschnitt 8
Landesbeamtenausschuss

§ 94 Aufgaben des Landesbeamtenausschusses
§ 95 Mitglieder
§ 96 Rechtsstellung der Mitglieder
§ 97 Geschäftsordnung und Verfahren
§ 98 Beschlüsse
§ 99 Beweiserhebung, Amtshilfe
§ 100 Geschäftsstelle

Abschnitt 9
Beschwerdeweg und Rechtsschutz

§ 101 Anträge und Beschwerden
§ 102 Verwaltungsrechtsweg (§ 54 des Beamtenstatusgesetzes)
§ 103 Vertretung des Dienstherrn
§ 104 Zustellung von Verfügungen und Entscheidungen

Abschnitt 10
Besondere Vorschriften für einzelne Beamtengruppen

§ 105 Allgemeines

Unterabschnitt 1
Bürgerschaft

§ 106 Beamtinnen und Beamte bei der Bürgerschaft

Unterabschnitt 2
Polizeivollzug

§ 107 Laufbahnen der Polizeivollzugsbeamtinnen und -beamten
§ 108 Altersgrenze
§ 109 Polizeidienstunfähigkeit
§ 110 Gemeinschaftsunterkunft
§ 111 Heilfürsorge
§ 112 Verbot der politischen Betätigung in Uniform

Unterabschnitt 3
Feuerwehr

§ 113 Beamtinnen und Beamte der Berufsfeuerwehr

Unterabschnitt 4
Justizvollzug

§ 114 Beamtinnen und Beamte des Justizvollzugs

Unterabschnitt 5
Hochschulen

§ 115 Beamtinnen und Beamte an Hochschulen
§ 116 Professorinnen und Professoren
§ 117 Juniorprofessorinnen und Juniorprofessoren
§ 118 Wissenschaftliche und künstlerische Mitarbeiterinnen und Mitarbeiter
§ 118a Lektorinnen und Lektoren
§ 119 Dienstrechtliche Sonderregelungen für das beamtete wissenschaftliche und künstlerische Personal an Hochschulen
§ 120 Rektorinnen und Rektoren, Konrektorinnen und Konrektoren
§ 121 Kanzlerinnen und Kanzler

Unterabschnitt 6
Schulen

§ 122 Beamtinnen und Beamte im Schuldienst

Unterabschnitt 7
Rechnungshof der Freien Hansestadt Bremen

§ 123 Mitglieder des Rechnungshofs der Freien Hansestadt Bremen

Abschnitt 11
Übergangs- und Schlussvorschriften

§ 124 Verwaltungsvorschriften
§ 125 Übergangsregelungen für Beamtinnen und Beamte auf Probe
§ 126 Übergangsregelung für Beamtinnen und Beamte auf Zeit in Führungsfunktionen
§ 127 Überleitung der am 31. Januar 2010 vorhandenen Laufbahnen und Laufbahnbefähigungen

§ 128	Fortgeltung von Recht; Übergangsregelung für vorhandene Regelungen über Laufbahngruppen, Fachrichtungen oder Laufbahnen	§ 130a	Übergangsregelung für Ortsamtleiterinnen und Ortsamtsleiter
		§ 130b	Übergangsregelung für Anträge auf Ruhestandsaufschub im Schuldienst
§ 129	Übergangsregelung für angezeigte oder genehmigte Nebentätigkeiten	§ 131	Entpflichtung
		§ 132	Übergangsvorschriften für Beamtinnen und Beamte an Hochschulen
§ 130	Übergangsregelung für bisherige ordentliche Mitglieder der Unabhängigen Stelle		

Abschnitt 1
Allgemeine Vorschriften

§ 1 Geltungsbereich

(1) Dieses Gesetz gilt neben dem Beamtenstatusgesetz vom 17. Juni 2008 (BGBl. I S. 1010) in der jeweils geltenden Fassung, soweit im Einzelnen nichts anderes bestimmt ist, für die Beamtinnen und Beamten
1. des Landes Bremen,
2. der Stadtgemeinden Bremen und Bremerhaven sowie
3. der sonstigen der Aufsicht des Landes unterstehenden Körperschaften, Anstalten und Stiftungen des öffentlichen Rechts.

(2) ¹Dieses Gesetz gilt nicht für die öffentlich-rechtlichen Religionsgesellschaften und ihre Verbände. ²Diesen bleibt es überlassen, die Rechtsverhältnisse ihrer Beamtinnen und Beamten sowie Seelsorgerinnen und Seelsorger entsprechend zu regeln.

§ 2 Verleihung der Dienstherrnfähigkeit durch Satzung (§ 2 des Beamtenstatusgesetzes)

Soweit die Dienstherrnfähigkeit durch Satzung verliehen wird, bedarf diese der Genehmigung des Senats.

§ 3 Oberste Dienstbehörden, Dienstvorgesetzte und Vorgesetzte

(1) ¹Oberste Dienstbehörde ist die oberste Behörde des Dienstherrn, in deren Dienstbereich die Beamtin oder der Beamte ein Amt bekleidet. ²Für das Land und die Stadtgemeinde Bremen ist dies der Senat der Freien Hansestadt Bremen, für die Stadtgemeinde Bremerhaven der Magistrat der Stadt Bremerhaven. ³Für die Körperschaften, Anstalten und Stiftungen des öffentlichen Rechts wird die oberste Dienstbehörde durch Gesetz, Rechtsverordnung oder Satzung bestimmt; ist eine solche Bestimmung nicht getroffen, so ist oberste Dienstbehörde der Senat der Freien Hansestadt Bremen; für Körperschaften, Anstalten und Stiftungen des öffentlichen Rechts, die durch Satzung des Magistrats der Stadt Bremerhaven gegründet worden sind, ist mangels einer solchen Bestimmung oberste Dienstbehörde der Magistrat der Stadt Bremerhaven. ⁴Die oberste Dienstbehörde kann die Ausübung ihrer Befugnisse auf andere Behörden übertragen.

(2) Dienstvorgesetzte oder Dienstvorgesetzter ist, wer für beamtenrechtliche Entscheidungen über die persönlichen Angelegenheiten der Beamtin oder des Beamten zuständig ist.

(3) Vorgesetzte oder Vorgesetzter ist, wer der Beamtin oder dem Beamten für die dienstliche Tätigkeit Weisungen erteilen darf.

(4) ¹Wer Dienstvorgesetzte oder Dienstvorgesetzter und wer Vorgesetzte oder Vorgesetzter ist, richtet sich nach dem Aufbau der öffentlichen Verwaltung. ²Ist eine Dienstvorgesetzte oder ein Dienstvorgesetzter nicht vorhanden und ist nicht gesetzlich geregelt, wer diese Aufgaben wahrnimmt, so bestimmt für die Beamtinnen und Beamten der Stadtgemeinde Bremerhaven der Magistrat der Stadt Bremerhaven, im Übrigen der Senat, wer für die beamtenrechtlichen Entscheidungen in Bezug auf die Beamtin oder den Beamten zuständig ist. ³Nach Beendigung des Beamtenverhältnisses nimmt die Behörde, bei der die Beamtin oder der Beamte zuletzt beschäftigt war, die Aufgabe der oder des Dienstvorgesetzten wahr.

(5) Die oberste Dienstbehörde kann Zuständigkeiten der oder des Dienstvorgesetzten auch teilweise auf andere Behörden übertragen.

Abschnitt 2
Beamtenverhältnis
§ 4 Vorbereitungsdienst
(1) Der Vorbereitungsdienst wird im Beamtenverhältnis auf Widerruf abgeleistet.
(2) [1]Der Senat wird ermächtigt, durch Rechtsverordnung zu bestimmen, dass der Vorbereitungsdienst abweichend von Absatz 1 in einem öffentlich-rechtlichen Ausbildungsverhältnis außerhalb eines Beamtenverhältnisses abgeleistet wird. [2]Soweit eine Rechtsverordnung nach Satz 1 nichts anderes bestimmt, sind auf die Auszubildenden mit Ausnahme von § 7 Absatz 1 Nummer 2 und § 33 Absatz 1 Satz 3 und § 38 des Beamtenstatusgesetzes sowie des § 47 die für Beamtinnen und Beamte auf Widerruf im Vorbereitungsdienst geltenden Vorschriften entsprechend anzuwenden. [3]Wer sich gegen die freiheitliche demokratische Grundordnung im Sinne des Grundgesetzes betätigt, darf nicht in den Vorbereitungsdienst in einem öffentlich-rechtlichen Ausbildungsverhältnis aufgenommen werden. [4]Anstelle des Diensteides ist eine Verpflichtungserklärung nach dem Verpflichtungsgesetz abzugeben.

§ 5 Beamtinnen und Beamte auf Probe in Ämtern mit leitender Funktion (§§ 4, 22 des Beamtenstatusgesetzes)
(1) [1]Ein Amt mit leitender Funktion wird zunächst unter Berufung in das Beamtenverhältnis auf Probe übertragen. [2]Die regelmäßige Probezeit dauert zwei Jahre. [3]Zeiten, in denen der Beamtin oder dem Beamten die leitende Funktion bereits übertragen worden ist, können auf die Probezeit angerechnet werden. [4]Die Probezeit kann bei besonderer Bewährung, auch neben einer Anrechnung nach Satz 3, verkürzt werden, jedoch insgesamt nicht auf weniger als ein Jahr. [5]Eine Verlängerung der Probezeit ist nicht zulässig.
(2) [1]Ämter mit leitender Funktion im Sinne des Absatzes 1 sind die der Besoldungsordnung B angehörenden Ämter mit leitender Funktion, die mindestens der Besoldungsgruppe A 16 angehörenden Ämter der Leiterinnen und Leiter von nachgeordneten Behörden und die Ämter aller Leiterinnen und Leiter von öffentlichen Schulen. [2]Ausgenommen sind die Ämter als Mitglieder des Rechnungshofs der Freien Hansestadt Bremen, bei der Verwaltung der Bremischen Bürgerschaft, die aufgrund anderer gesetzlicher Vorschriften im Beamtenverhältnis auf Zeit übertragen werden und die in §§ 37 und 106 Absatz 2 genannten Ämter.
(3) [1]In ein Amt mit leitender Funktion darf nur berufen werden, wer
1. sich in einem Beamtenverhältnis auf Lebenszeit oder einem Richterverhältnis auf Lebenszeit befindet und
2. in dieses Amt auch als Beamtin oder Beamter auf Lebenszeit berufen werden könnte.

[2]Der Landesbeamtenausschuss kann Ausnahmen von Satz 1 zulassen.
(4) [1]Das Beamtenverhältnis auf Lebenszeit oder das Richterverhältnis auf Lebenszeit besteht bei demselben Dienstherrn neben dem Beamtenverhältnis auf Probe fort. [2]Vom Tage der Ernennung an ruhen für die Dauer der Probezeit die Rechte und Pflichten aus dem Amt, das der Beamtin oder dem Beamten zuletzt im Beamtenverhältnis auf Lebenszeit oder im Richterverhältnis auf Lebenszeit übertragen worden ist, mit Ausnahme der Pflicht zur Amtsverschwiegenheit und des Verbotes der Annahme von Belohnungen und Geschenken.
(5) [1]Wird die Beamtin oder der Beamte während der Probezeit in ein anderes Amt mit leitender Funktion versetzt oder umgesetzt, das in dieselbe Besoldungsgruppe eingestuft ist wie das zuletzt übertragene Amt mit leitender Funktion, so läuft die Probezeit weiter. [2]Wird der Beamtin oder dem Beamten ein höher eingestuftes Amt mit leitender Funktion übertragen, so beginnt eine erneute Probezeit.
(6) [1]Mit dem erfolgreichen Abschluss der Probezeit ist der Beamtin oder dem Beamten das Amt mit leitender Funktion auf Dauer im Beamtenverhältnis auf Lebenszeit zu übertragen. [2]Einer Richterin oder einem Richter darf das Amt mit leitender Funktion auf Dauer im Beamtenverhältnis auf Lebenszeit beim gleichen Dienstherrn nur übertragen werden, wenn sie oder er die Entlassung aus dem Richterverhältnis schriftlich verlangt. [3]Wird nach Ablauf der Probezeit das Amt mit leitender Funktion nicht auf Dauer übertragen, so endet der Anspruch auf Besoldung aus diesem Amt. [4]Auch weitere Ansprüche aus diesem Amt bestehen nicht.
(7) Wird das Amt mit leitender Funktion nicht auf Dauer übertragen, so ist eine erneute Verleihung dieses Amtes unter Berufung in ein Beamtenverhältnis auf Probe erst nach Ablauf eines Jahres zulässig.

§ 6 Ehrenbeamtinnen und Ehrenbeamte (§ 5 des Beamtenstatusgesetzes)

(1) Für Ehrenbeamtinnen und Ehrenbeamte gelten das Beamtenstatusgesetz und dieses Gesetz nach Maßgabe der Absätze 2 bis 4.

(2) ¹Die Ernennung eines ehrenamtlichen Magistratsmitgliedes der Stadtgemeinde Bremerhaven setzt seine Wahl durch die Stadtverordnetenversammlung voraus. ²§ 7 Absatz 5 gilt entsprechend.

(3) ¹Nach Erreichen der Altersgrenze nach § 35 Absatz 1 Satz 1 können Ehrenbeamtinnen und Ehrenbeamte verabschiedet werden. ²Sie sind zu verabschieden, wenn sie dienstunfähig sind oder als dienstunfähig angesehen werden können. ³Das Ehrenbeamtenverhältnis endet auch ohne Verabschiedung durch Zeitablauf, wenn es für eine bestimmte Amtszeit begründet worden ist. ⁴Es endet ferner durch Abberufung, wenn diese durch Rechtsvorschrift zugelassen ist.

(4) Auf Ehrenbeamtinnen und Ehrenbeamte sind die Vorschriften über das Erlöschen privatrechtlicher Arbeitsverhältnisse (§ 9 Absatz 5), die Laufbahnen (§§ 13 bis 26), die Abordnung und Versetzung (§§ 14 und 15 des Beamtenstatusgesetzes, §§ 27 bis 29), die Entlassung bei Berufung nach Erreichen der Altersgrenze (§ 23 Absatz 1 Satz 1 Nummer 5 des Beamtenstatusgesetzes), die Nebentätigkeiten (§ 40 des Beamtenstatusgesetzes, §§ 70 bis 79), die Arbeitszeit (§ 60), die Wohnung (§ 54) und den Arbeitsschutz (§ 82) nicht anzuwenden.

(5) Die Unfallfürsorge für Ehrenbeamtinnen und Ehrenbeamte und ihre Hinterbliebenen richtet sich nach § 80 des Bremischen Beamtenversorgungsgesetzes.

(6) Im Übrigen regeln sich die Rechtsverhältnisse nach den für die Ehrenbeamtinnen und Ehrenbeamten geltenden besonderen Rechtsvorschriften.

§ 7 Beamtinnen und Beamte auf Zeit (§ 6 des Beamtenstatusgesetzes)

(1) ¹In das Beamtenverhältnis auf Zeit werden berufen:
1. für die Dauer von zwölf Jahren die oder der Landesbeauftragte für die Verwirklichung der Gleichberechtigung der Frau,
2. für die Dauer von zehn Jahren die hauptamtlichen Ortsamtsleiterinnen oder Ortsamtsleiter bei den bremischen Ortsämtern,
3. für die Dauer von acht Jahren die oder der Landesbeauftragte für den Datenschutz,
4. für die Dauer von sechs Jahren die hauptamtlichen Magistratsmitglieder der Stadtgemeinde Bremerhaven,
5. für die Dauer von sechs Jahren die oder der Landesbehindertenbeauftragte.

²Die Ernennung eines hauptamtlichen Magistratsmitgliedes setzt seine Wahl durch die Stadtverordnetenversammlung, die Ernennung einer hauptamtlichen Ortsamtsleiterin oder eines hauptamtlichen Ortsamtsleiters setzt ihre oder seine Wahl durch die Stadtbürgerschaft voraus. ³Die Stadtbürgerschaft kann die Befugnis zur Wahl der Ortsamtsleiterinnen und Ortsamtsleiter durch Ortsgesetz auf den örtlich zuständigen Beirat oder die örtlich zuständigen Beiräte übertragen. ⁴Für Beamtinnen und Beamte auf Zeit finden die Vorschriften über die Laufbahnen keine Anwendung.

(2) ¹Soweit durch Gesetz nichts anderes bestimmt ist, ist die Beamtin oder der Beamte auf Zeit verpflichtet, nach Ablauf der Amtszeit das Amt weiterzuführen, wenn sie oder er unter mindestens gleich günstigen Bedingungen für wenigstens die gleiche Zeit wieder in dasselbe Amt berufen werden soll. ²Kommt die Beamtin oder der Beamte auf Zeit dieser Verpflichtung nicht nach, so ist sie oder er mit Ablauf der Amtszeit aus dem Beamtenverhältnis entlassen. ³Wird die Beamtin oder der Beamte auf Zeit im Anschluss an ihre oder seine Amtszeit erneut in dasselbe Amt für eine weitere Amtszeit berufen, so gilt das Beamtenverhältnis als nicht unterbrochen.

(3) ¹Soweit durch Gesetz nichts anderes bestimmt ist, tritt die Beamtin oder der Beamte auf Zeit vor Erreichen der Altersgrenze mit Ablauf der Zeit, für die sie oder er ernannt ist, in den Ruhestand, wenn sie oder er nicht entlassen oder im Anschluss an ihre oder seine Amtszeit für eine weitere Amtszeit erneut in dasselbe oder ein höherwertiges Amt berufen wird. ²Eine Beamtin oder ein Beamter auf Zeit im einstweiligen Ruhestand befindet sich mit Ablauf der Amtszeit dauernd im Ruhestand.

(4) ¹Ruhen die Rechte und Pflichten einer Beamtin oder eines Beamten im Sinne des Absatzes 1 Satz 1 aufgrund des Bremischen Abgeordnetengesetzes, so wird eine Nachfolgerin oder ein Nachfolger nur für die Dauer der Wahlperiode in das Beamtenverhältnis auf Zeit berufen. ²Für die Nachfolgerin oder den Nachfolger findet Absatz 3 Satz 1 keine Anwendung.

(5) ¹Die hauptamtlichen Magistratsmitglieder können vor Ablauf ihrer Amtszeit durch die Stadtverordnetenversammlung abberufen werden. ²Der Beschluss über die Abberufung bedarf der Mehrheit

von zwei Dritteln der Mitglieder der Stadtverordnetenversammlung in zwei Sitzungen. ³Die Abberufung wird wirksam mit der Mitteilung des Beschlusses durch die oberste Dienstbehörde; sie steht der Berufung eines neuen Magistratsmitgliedes nicht entgegen. ⁴Mit ihrer Abberufung treten die hauptamtlichen Magistratsmitglieder in den einstweiligen Ruhestand.

(6) ¹Die hauptamtlichen Ortsamtsleiterinnen oder Ortsamtsleiter können vor Ablauf der Amtszeit abgewählt werden. ²Der Beschluss über die Abwahl bedarf der Mehrheit von mindestens drei Vierteln der Mitglieder der Stadtbürgerschaft, soweit die Stadtbürgerschaft ihre Befugnis zur Wahl der Ortsamtsleiterinnen oder Ortsamtsleiter nach Absatz 1 auf den örtlich zuständigen Beirat oder die örtlich zuständigen Beiräte übertragen hat, von drei Vierteln der Beiratsmitglieder in zwei Sitzungen. ³Die näheren Voraussetzungen regelt ein Ortsgesetz. ⁴Die Abwahl wird mit der Mitteilung des Beschlusses durch die oberste Dienstbehörde wirksam. ⁵Mit Wirksamkeit der Abwahl treten die Ortsamtsleiterinnen oder Ortsamtsleiter in den einstweiligen Ruhestand.

(7) Ein Beamtenverhältnis auf Zeit kann nicht in ein solches auf Lebenszeit umgewandelt werden, ein Beamtenverhältnis auf Lebenszeit kann nicht in ein solches auf Zeit umgewandelt werden.

§ 8 Zulassung von Ausnahmen für die Berufung in das Beamtenverhältnis (§ 7 des Beamtenstatusgesetzes)

Ausnahmen nach § 7 Absatz 3 des Beamtenstatusgesetzes kann der Senat erteilen.

§ 9 Zuständigkeit für die Ernennung, Wirkung der Ernennung (§ 8 des Beamtenstatusgesetzes)

(1) ¹Die Beamtinnen und Beamten des Landes und der Stadtgemeinde Bremen werden, soweit verfassungsrechtlich nichts anderes bestimmt ist, vom Senat ernannt. ²Die Beamtinnen und Beamten der Stadtgemeinde Bremerhaven werden vom Magistrat der Stadt Bremerhaven ernannt.

(2) Die Beamtinnen und Beamten der der Aufsicht des Landes oder der Stadtgemeinden unterstehenden Körperschaften, Anstalten und Stiftungen des öffentlichen Rechts werden von der obersten Dienstbehörde ernannt, soweit durch Gesetz, Rechtsverordnung oder Satzung nichts anderes bestimmt ist.

(3) Einer Ernennung bedarf es außer in den Fällen des § 8 Absatz 1 Nummer 1 bis 3 des Beamtenstatusgesetzes zur Verleihung eines anderen Amtes mit anderer Amtsbezeichnung beim Wechsel der Laufbahngruppe.

(4) Die Ernennung wird mit dem Tage der Aushändigung der Ernennungsurkunde wirksam, wenn nicht in der Urkunde ausdrücklich ein späterer Tag bestimmt ist.

(5) ¹Mit der Begründung des Beamtenverhältnisses erlischt ein privatrechtliches Arbeitsverhältnis zum Dienstherrn. ²Es lebt auch im Fall der Nichtigkeit oder der Rücknahme dieser Ernennung nicht wieder auf.

§ 10 Stellenausschreibung, Feststellung der gesundheitlichen Eignung (§ 9 des Beamtenstatusgesetzes)

(1) Freie öffentliche Ämter sind auszuschreiben.

(2) ¹Durch die Ausschreibung ist sicherzustellen, dass der Kreis der möglichen Bewerberinnen und Bewerber erreicht werden kann; dabei ist die räumliche Ausdehnung des maßgeblichen Stellenmarktes zu berücksichtigen. ²Ämter, die eine Amtsleitung, Abteilungsleitung oder eine Referatsleitung zum Gegenstand haben, sowie die zweiten Einstiegsämter der Laufbahngruppe 2 der Besoldungsordnung A und vergleichbare Ämter anderer Besoldungsordnungen sollen überregional ausgeschrieben werden.

(3) Ausgenommen von der Ausschreibungspflicht sind Ämter,
1. deren Besetzung zur Erfüllung einer gesetzlichen oder tarifvertraglichen Verpflichtung oder aufgrund eines Angebots nach § 85a des Bremischen Hochschulgesetzes erforderlich ist,
2. deren Besetzung zur Umwandlung eines Beamtenverhältnisses auf Widerruf in ein Beamtenverhältnis auf Probe nach Erwerb der Laufbahnbefähigung in einer bedarfsbezogenen Ausbildung erforderlich ist,
3. deren Besetzung in Fällen der Veränderung der bestehenden Verwaltungsorganisation, insbesondere der Zusammenlegung oder Umwandlung von Dienststellen, für die Umsetzung oder Versetzung der hiervon betroffenen Beschäftigten erforderlich ist,
4. wenn sie befristet für eine Dauer von längstens zwölf Monaten geschaffen worden sind oder wenn sie befristet für längstens diesen Zeitraum besetzt werden sollen,

5. die im Rahmen der Forschung mit Mitteln Dritter aus diesen Mitteln finanziert werden und nach den Bedingungen der Mittelgeberin oder des Mittelgebers mit einer von dieser oder diesem bestimmten Person zu besetzen sind.

(4) Die Ausschreibungspflicht gilt nicht bei Einstellungen für eine Ausbildung, die Voraussetzung auch für die Ausübung eines Berufes außerhalb des öffentlichen Dienstes ist.

(5) Von der Ausschreibungspflicht kann abgesehen werden für die Ämter
1. einer Staatsrätin oder eines Staatsrates,
2. einer Direktorin oder eines Direktors bei der Bürgerschaft,
3. einer Sprecherin oder eines Sprechers des Senats oder des Magistrats der Stadt Bremerhaven,
4. der persönlichen Referentinnen oder Referenten und Pressereferentinnen oder Pressereferenten der Senatorinnen oder Senatoren,
5. der Angestellten im Vorzimmer der Senatorinnen oder Senatoren und der hauptamtlichen Magistratsmitglieder,
6. eines hauptamtlichen Magistratsmitglieds, wenn die Stadtverordnetenversammlung mit der Mehrheit ihrer Mitglieder dies beschließt, weil sie beabsichtigt, die bisherige Stelleninhaberin oder den bisherigen Stelleninhaber zu wählen.

(6) Das Nähere zu Inhalt und Durchführung der Ausschreibung wird von der obersten Dienstbehörde durch Verwaltungsvorschrift bestimmt.

(7) Die Absätze 1 bis 6 gelten entsprechend für öffentliche Ämter, deren Inhaberinnen oder Inhaber nicht in ein Beamtenverhältnis berufen werden.

(8) Die gesundheitliche Eignung für die Berufung in ein Beamtenverhältnis auf Lebenszeit, in ein Beamtenverhältnis auf Zeit oder in ein anderes Beamten- oder Beschäftigungsverhältnis mit dem Ziel der späteren Verwendung im Beamtenverhältnis auf Lebenszeit ist aufgrund eines ärztlichen Gutachtens (§ 44) festzustellen.

(9) Die Regelung über genetische Untersuchungen und Analysen vor und nach Begründung des Beschäftigungsverhältnisses nach § 19 des Gendiagnostikgesetzes gilt entsprechend.

§ 11 Feststellung der Nichtigkeit der Ernennung, Verbot der Führung der Dienstgeschäfte (§ 11 des Beamtenstatusgesetzes)

(1) ¹Die Nichtigkeit der Ernennung wird von der obersten Dienstbehörde festgestellt. ²Die Feststellung der Nichtigkeit ist der Beamtin oder dem Beamten oder den versorgungsberechtigten Hinterbliebenen schriftlich bekannt zu geben.

(2) ¹Sobald der Grund für die Nichtigkeit bekannt wird, kann der Ernannten oder dem Ernannten jede weitere Führung der Dienstgeschäfte verboten werden; im Falle des § 8 Absatz 1 Nummer 1 des Beamtenstatusgesetzes ist sie zu verbieten. ²Das Verbot der Amtsführung kann erst ausgesprochen werden, wenn im Fall
1. des § 11 Absatz 1 Nummer 1 des Beamtenstatusgesetzes die schriftliche Bestätigung der Wirksamkeit der Ernennung,
2. des § 11 Absatz 1 Nummer 2 des Beamtenstatusgesetzes die Bestätigung der Ernennung oder
3. des § 11 Absatz 1 Nummer 3 Buchstabe a des Beamtenstatusgesetzes die Zulassung einer Ausnahme

abgelehnt worden ist.

(3) Die bis zu dem Verbot der Führung der Dienstgeschäfte vorgenommenen Amtshandlungen der Ernannten oder des Ernannten sind in gleicher Weise gültig, wie wenn die Ernennung wirksam gewesen wäre.

(4) Die der Ernannten oder dem Ernannten gewährten Leistungen können belassen werden.

§ 12 Rücknahme der Ernennung (§ 12 des Beamtenstatusgesetzes)

(1) ¹Die Rücknahme der Ernennung wird von der obersten Dienstbehörde erklärt und ist der Beamtin oder dem Beamten schriftlich bekannt zu geben. ²In den Fällen des § 12 Absatz 1 Nummer 3 und 4 des Beamtenstatusgesetzes muss die Rücknahme innerhalb einer Frist von sechs Monaten erfolgen; sie beginnt, wenn die oberste Dienstbehörde Kenntnis von der Ablehnung der nachträglichen Erteilung einer Ausnahme durch die nach § 8 zuständige Stelle oder der Ablehnung der Nachholung der Mitwirkung durch den Landesbeamtenausschuss oder die Aufsichtsbehörde hat. ³Die Rücknahme der Ernennung ist auch nach Beendigung des Beamtenverhältnisses zulässig.

(2) § 11 Absatz 3 und 4 gilt entsprechend.

Abschnitt 3
Laufbahnen

§ 13 Laufbahn
(1) Eine Laufbahn umfasst alle Ämter, die derselben Fachrichtung und derselben Laufbahngruppe angehören.
(2) Es gibt folgende Fachrichtungen:
1. Justiz
2. Polizei
3. Feuerwehr
4. Steuerverwaltung
5. Bildung
6. Gesundheits- und soziale Dienste
7. Agrar- und umweltbezogene Dienste
8. Technische Dienste
9. Wissenschaftliche Dienste
10. Allgemeine Dienste

(3) ¹Die Zugehörigkeit zur Laufbahngruppe richtet sich nach der für die Laufbahn erforderlichen Vor- und Ausbildung (§ 14). ²Zur Laufbahngruppe 2 gehören alle Laufbahnen, die einen Hochschulabschluss oder einen gleichwertigen Bildungsstand voraussetzen. ³Zur Laufbahngruppe 1 gehören alle übrigen Laufbahnen. ⁴Innerhalb der Laufbahngruppen kann abhängig von der Vor- und Ausbildung nach Einstiegsämtern unterschieden werden.
(4) ¹Soweit zwingend erforderlich, kann die oberste Dienstbehörde innerhalb einer Laufbahn fachspezifisch ausgerichtete Laufbahnzweige bilden. ²Laufbahnzweige sind Ämter einer Laufbahn, die aufgrund einer gleichen Qualifikation zusammengefasst werden. ³Die Laufbahnbefähigung wird durch die Einrichtung eines Laufbahnzweiges nicht eingeschränkt.

§ 14 Zugangsvoraussetzungen zu den Laufbahnen
(1) Für den Zugang zu Laufbahnen der Laufbahngruppe 1 sind für das erste Einstiegsamt mindestens zu fordern
1. als Bildungsvoraussetzung die einfache Berufsbildungsreife oder ein als gleichwertig anerkannter Bildungsstand und
2. als sonstige Voraussetzung ein abgeschlossener Vorbereitungsdienst oder eine abgeschlossene Berufsausbildung.

(2) Für den Zugang zu Laufbahnen der Laufbahngruppe 1 sind für das zweite Einstiegsamt mindestens zu fordern
1. als Bildungsvoraussetzung
   a) den Mittleren Schulabschluss oder
   b) die einfache Berufsbildungsreife und eine abgeschlossene Berufsausbildung oder
   c) die einfache Berufsbildungsreife und eine Ausbildung in einem öffentlich-rechtlichen Ausbildungsverhältnis oder
   d) ein als gleichwertig anerkannter Bildungsstand und
2. als sonstige Voraussetzung
   a) eine abgeschlossene Berufsausbildung und eine hauptberufliche Tätigkeit oder
   b) ein mit einer Laufbahnprüfung abgeschlossener Vorbereitungsdienst oder eine inhaltlich dessen Anforderungen entsprechende abgeschlossene berufliche Ausbildung oder Fortbildung.

(3) ¹Für den Zugang zu Laufbahnen der Laufbahngruppe 2 sind für das erste Einstiegsamt mindestens zu fordern
1. als Bildungsvoraussetzung ein mit einem Bachelorgrad abgeschlossenes Hochschulstudium oder ein gleichwertiger Abschluss und
2. als sonstige Voraussetzung eine geeignete hauptberufliche Tätigkeit oder ein mit einer Prüfung abgeschlossener Vorbereitungsdienst.

²Die Voraussetzungen nach Satz 1 Nummer 2 entfallen, wenn das Hochschulstudium als unmittelbar für die Laufbahn qualifizierend anerkannt wird. ³Die Anerkennung setzt voraus, dass durch das Hochschulstudium die wissenschaftlichen Erkenntnisse und Methoden sowie die berufspraktischen Fähigkeiten und Kenntnisse vermittelt werden, die zur Erfüllung der Aufgaben in der Laufbahn erforderlich

sind; dabei kann der Zugang zur Laufbahn davon abhängig gemacht werden, dass die erforderlichen berufspraktischen Fähigkeiten und Kenntnisse in einer das Hochschulstudium ergänzenden auf bis zu sechs Monate zu bemessenden Einführung in die Laufbahnaufgaben vermittelt werden. [4]Wenn der Abschluss nach Satz 1 Nummer 1 innerhalb eines Vorbereitungsdienstes nach Satz 1 Nummer 2 erworben wurde, so genügt als Bildungsvoraussetzung eine Hochschulzugangsberechtigung.

(4) [1]Für den Zugang zu Laufbahnen der Laufbahngruppe 2 sind für das zweite Einstiegsamt mindestens zu fordern
1. als Bildungsvoraussetzung ein mit einem Mastergrad oder einem gleichwertigen Abschluss abgeschlossenes Hochschulstudium und
2. als sonstige Voraussetzung eine geeignete hauptberufliche Tätigkeit oder ein mit einer Prüfung abgeschlossener Vorbereitungsdienst.

[2]Absatz 3 Satz 2 und 3 gilt entsprechend.

§ 15 Im Bereich eines anderen Dienstherrn erworbene Laufbahnbefähigung
(1) Bewerberinnen und Bewerber, die die Laufbahnbefähigung bei einem anderen Dienstherrn außerhalb des Geltungsbereiches dieses Gesetzes erworben haben, besitzen, soweit erforderlich nach Durchführung von Maßnahmen nach § 24 Absatz 2 Satz 1, auch die Befähigung für eine Laufbahn nach diesem Gesetz.

(2) Abweichend von Absatz 1 haben Bewerberinnen und Bewerber, die nicht in ein Beamtenverhältnis berufen worden sind, die Laufbahnbefähigung für eine Laufbahn nach diesem Gesetz nur dann, wenn die Laufbahnvorschriften dies bestimmen.

§ 16 Erwerb der Laufbahnbefähigung aufgrund des Gemeinschaftsrechts; Verwaltungszusammenarbeit
(1) [1]Die Laufbahnbefähigung kann auch aufgrund der Richtlinie 2005/36/EG des Europäischen Parlaments und des Rates vom 7. September 2005 über die Anerkennung von Berufsqualifikationen (ABl. L 255 vom 30. September 2005, S. 22; L 271 vom 16. Oktober 2007, S. 18; L 93 vom 4. April 2008, S. 28; L 33 vom 3. Februar 2009, S. 49), die zuletzt durch die Richtlinie 2013/55/EU (ABl. L 354 vom 28. Dezember 2013, S. 132; L 268 vom 15. Oktober 2015 S. 35) geändert worden ist, erworben werden. [2]Das Nähere, insbesondere das Anerkennungsverfahren, die Ausgleichsmaßnahmen sowie die Verwaltungszusammenarbeit regelt der Senat durch Rechtsverordnung.

(2) [1]Die deutsche Sprache muss in dem für die Wahrnehmung der Aufgaben der Laufbahn erforderlichen Maß beherrscht werden. [2]Sprachkenntnisse können überprüft werden, wenn erhebliche und konkrete Zweifel daran bestehen, dass sie für die berufliche Tätigkeit ausreichen. [3]Eine Überprüfung darf erst nach Anerkennung der Berufsqualifikation vorgenommen werden und muss in angemessenem Verhältnis zur auszuübenden Tätigkeit stehen.

(3) Das Bremische Berufsqualifikationsfeststellungsgesetz ist mit Ausnahme des § 17 nicht anzuwenden.

§ 17 Andere Bewerberinnen und Bewerber
(1) [1]In das Beamtenverhältnis kann auch eingestellt werden, wer, ohne die Zugangsvoraussetzungen zu erfüllen, die Befähigung für die Laufbahn durch Lebens- und Berufserfahrung innerhalb oder außerhalb des öffentlichen Dienstes erworben hat (andere Bewerberin oder anderer Bewerber). [2]Dies gilt nicht, wenn eine bestimmte Vorbildung, Ausbildung oder Prüfung durch fachgesetzliche Regelung vorgeschrieben oder nach der Eigenart der Laufbahnaufgaben erforderlich ist.

(2) Die Befähigung von anderen Bewerberinnen und anderen Bewerbern ist durch den Landesbeamtenausschuss festzustellen.

§ 18 Einstellung
[1]Eine Ernennung unter Begründung eines Beamtenverhältnisses (Einstellung) ist im Beamtenverhältnis auf Probe oder auf Lebenszeit nur in einem Einstiegsamt zulässig. [2]Abweichend von Satz 1 kann
1. bei beruflichen Erfahrungen oder sonstigen Qualifikationen, die zusätzlich zu den in § 14 geregelten Zugangsvoraussetzungen erworben wurden, wenn die Laufbahnvorschriften dies bestimmen,
2. für Beamtinnen und Beamte im Sinne des § 37, die Direktorin oder den Direktor bei der Bürgerschaft sowie die Mitglieder des Rechnungshofs der Freien Hansestadt Bremen oder
3. bei Zulassung einer Ausnahme durch den Landesbeamtenausschuss

auch eine Einstellung in einem höheren Amt vorgenommen werden.

§ 19 Probezeit

(1) Probezeit ist die Zeit im Beamtenverhältnis auf Probe, während der sich die Beamtinnen und Beamten nach Erwerb der Befähigung für die Laufbahn bewähren sollen.

(2) [1]Die regelmäßige Probezeit dauert in allen Laufbahnen drei Jahre. [2]Zeiten hauptberuflicher Tätigkeit innerhalb oder außerhalb des öffentlichen Dienstes können auf die Probezeit angerechnet werden, soweit die Tätigkeit nach Art und Bedeutung der Tätigkeit in der Laufbahn gleichwertig ist. [3]Die Mindestprobezeit beträgt in der Laufbahngruppe 1 sechs Monate und in der Laufbahngruppe 2 ein Jahr. [4]Die Mindestprobezeit kann unterschritten werden, wenn die anrechenbaren Zeiten im Beamtenverhältnis mit Dienstbezügen abgeleistet worden sind.

(3) [1]Eignung, Befähigung und fachliche Leistung der Beamtin oder des Beamten sind unter Anlegung eines strengen Maßstabs wiederholt zu bewerten. [2]Bei Entlassung wegen mangelnder Bewährung oder Verkürzung der Probezeit ist eine Bewertung ausreichend.

(4) Die Probezeit kann bis zu einer Höchstdauer von fünf Jahren verlängert werden.

(5) Die Beamtinnen und Beamten, die nach §§ 37 oder 106 Absatz 2 in den einstweiligen Ruhestand versetzt werden können, leisten keine Probezeit.

§ 20 Beförderung

(1) Beförderung ist eine Ernennung, durch die der Beamtin oder dem Beamten ein anderes Amt mit höherem Endgrundgehalt verliehen wird.

(2) [1]Eine Beförderung ist nicht zulässig
1. während der Probezeit,
2. vor Ablauf eines Jahres seit Beendigung der Probezeit, es sei denn, die Beamtin oder der Beamte hat während der Probezeit hervorragende Leistungen gezeigt,
3. vor Feststellung der Eignung für das höhere Amt durch Erprobung in einer Erprobungszeit von mindestens sechs Monaten Dauer; dies gilt nicht für die Beamtinnen und Beamten nach den §§ 7, 37 und 106 Absatz 2 sowie die Mitglieder des Rechnungshofs der Freien Hansestadt Bremen,
4. vor Ablauf eines Jahres seit der letzten Beförderung, es sei denn, dass das derzeitige Amt nicht durchlaufen zu werden braucht.

[2]Ämter, die regelmäßig zu durchlaufen sind, dürfen nicht übersprungen werden.

(3) Der Landesbeamtenausschuss kann Ausnahmen von Absatz 2 zulassen.

§ 21 Aufstieg

[1]Beamtinnen und Beamte mit der Befähigung für eine Laufbahn der Laufbahngruppe 1 können auch ohne Erfüllung der für die Laufbahn vorgeschriebenen Zugangsvoraussetzungen durch Aufstieg eine Befähigung für eine Laufbahn der Laufbahngruppe 2 erwerben. [2]Für den Aufstieg soll die Ablegung einer Prüfung verlangt werden; die Laufbahnvorschriften können Ausnahmen bestimmen. [3]Wird die Ablegung einer Prüfung allgemein oder im Einzelfall nicht verlangt, so stellt die Ernennungsbehörde die Befähigung für die Laufbahn der Laufbahngruppe 2 fest, nachdem die Beamtin oder der Beamte das vorgeschriebene Aufstiegsverfahren erfolgreich durchlaufen hat. [4]Nach Maßgabe der Laufbahnvorschriften kann auch eine auf Ämter oder Verwendungsbereiche eingeschränkte Befähigung erworben werden.

§ 22 Fortbildung

[1]Die berufliche Entwicklung in der Laufbahn und der Aufstieg setzen die erforderliche Fortbildung voraus. [2]Die Beamtinnen und Beamten sind verpflichtet, an dienstlicher Fortbildung teilzunehmen und sich darüber hinaus selbst fortzubilden. [3]Der Dienstherr hat durch geeignete Maßnahmen für die Fortbildung der Beamtinnen und Beamten zu sorgen.

§ 23 Benachteiligungsverbot, Nachteilsausgleich

(1) Schwangerschaft, Mutterschutz, Elternzeit und die Betreuung von Kindern oder die Pflege einer oder eines nach ärztlichem Gutachten pflegebedürftigen Angehörigen dürfen sich bei der Einstellung und der beruflichen Entwicklung nach Maßgabe der Absätze 2 und 3 nicht nachteilig auswirken.

(2) [1]Haben sich die Anforderungen an die fachliche Eignung einer Bewerberin oder eines Bewerbers für die Einstellung in den öffentlichen Dienst in der Zeit erhöht, in der sich ihre oder seine Bewerbung um Einstellung infolge der Geburt oder Betreuung eines Kindes verzögert hat, und hat sie oder er sich innerhalb von drei Jahren nach der Geburt dieses Kindes beworben, so ist der Grad ihrer oder seiner fachlichen Eignung nach den Anforderungen zu prüfen, die zu dem Zeitpunkt bestanden haben, zu

dem sie oder er sich ohne die Geburt des Kindes hätte bewerben können. ²Für die Berechnung des Zeitraums der Verzögerung sind die Fristen nach § 4 Absatz 1 des Bundeselterngeld- und Elternzeitgesetzes sowie nach § 3 Absatz 2 des Mutterschutzgesetzes zugrunde zu legen. ³Die Sätze 1 und 2 gelten entsprechend für die Verzögerung der Einstellung wegen der tatsächlichen Pflege einer oder eines nach ärztlichem Gutachten pflegebedürftigen sonstigen Angehörigen.

(3) ¹Zum Ausgleich beruflicher Verzögerungen infolge
1. der Geburt oder der tatsächlichen Betreuung oder Pflege eines Kindes unter achtzehn Jahren oder
2. der tatsächlichen Pflege einer oder eines nach ärztlichem Gutachten pflegebedürftigen sonstigen Angehörigen

kann die Beamtin oder der Beamte ohne Mitwirkung des Landesbeamtenausschusses abweichend von § 20 Absatz 2 Satz 1 während der Probezeit und vor Ablauf eines Jahres seit Beendigung der Probezeit befördert werden. ²Das Ableisten der vorgeschriebenen Probezeit bleibt unberührt.

(4) Die Absätze 2 und 3 sind in den Fällen des Nachteilsausgleichs für ehemalige Soldaten nach dem Arbeitsplatzschutzgesetz und dem Soldatenversorgungsgesetz sowie für ehemalige Zivildienstleistende nach dem Zivildienstgesetz und Entwicklungshelfer nach dem Entwicklungshelfergesetz entsprechend anzuwenden.

(5) Das arbeitsrechtliche Benachteiligungsverbot nach § 21 des Gendiagnostikgesetzes gilt entsprechend.

§ 24 Laufbahnwechsel
(1) Ein Wechsel von einer Laufbahn in eine andere Laufbahn derselben Laufbahngruppe ist zulässig, wenn die Beamtin oder der Beamte die Befähigung für die neue Laufbahn besitzt.

(2) ¹Besitzt die Beamtin oder der Beamte nicht die Befähigung für die neue Laufbahn, so ist ein Laufbahnwechsel zulässig, wenn die für die Wahrnehmung der Aufgaben der Laufbahn erforderlichen Kenntnisse und Fähigkeiten
1. durch Unterweisung oder andere Qualifizierungsmaßnahmen, die allgemein oder einzelfallbezogen zu bestimmen sind, oder
2. aufgrund der Wahrnehmung von Tätigkeiten, die mit den Aufgaben der neuen Laufbahn vergleichbar sind,

erworben worden sind oder werden können. ²Über die Anerkennung der Befähigung entscheidet die oberste Dienstbehörde. ³Ist eine bestimmte Vorbildung oder Ausbildung durch besondere gesetzliche Regelung vorgeschrieben oder eine besondere Vorbildung oder Fachausbildung nach der Eigenart der neuen Aufgaben zwingend erforderlich, so ist ein Wechsel nur durch entsprechende Maßnahmen zum Erwerb der Befähigung für die neue Laufbahn zulässig.

§ 25 Laufbahnverordnungen
Der Senat regelt unter Berücksichtigung der §§ 13 bis 24 durch Rechtsverordnung die nähere Ausgestaltung der Laufbahnen, insbesondere
1. die Gestaltung der Laufbahnen und die regelmäßig zu durchlaufenden Ämter (§ 13),
2. der Erwerb der Laufbahnbefähigung (§§ 14 bis 17); dabei sind auch die Mindestdauer eines Vorbereitungsdienstes und einer hauptberuflichen Tätigkeit zu regeln,
3. die Durchführung von Prüfungen, einschließlich der Prüfungsnote,
4. Voraussetzungen für die Einstellung in einem höheren Amt als einem Einstiegsamt (§ 18 Satz 2 Nummer 1),
5. die Probezeit, insbesondere ihre Verlängerung und Anrechnung von Zeiten hauptberuflicher Tätigkeit auf die Probezeit (§ 19),
6. die Voraussetzungen und das Verfahren für Beförderungen und den Aufstieg (§§ 20, 21),
7. Voraussetzungen für den Laufbahnwechsel (§ 24),
8. Grundsätze der Fortbildung (§ 22),
9. Einzelheiten des Nachteilsausgleichs (§ 23),
10. Ausgleichsmaßnahmen zugunsten von schwerbehinderten Menschen.

§ 26 Ausbildungs- und Prüfungsordnungen
¹Der Senat trifft durch Rechtsverordnung Vorschriften über die Ausbildung und Prüfung. ²Dabei sollen, unter Berücksichtigung der Regelungen der Laufbahnverordnung, insbesondere geregelt werden
1. die Voraussetzungen für die Zulassung zur Ausbildung,

2. die Ausgestaltung der Ausbildung, einschließlich der theoretischen und praktischen Ausbildung,
3. die Anrechnung von Zeiten einer für die Ausbildung förderlichen berufspraktischen Tätigkeit sowie sonstiger Zeiten auf die Dauer der Ausbildung,
4. Vorschriften über Zwischenprüfungen,
5. die Durchführung von Prüfungen, einschließlich der Prüfungsnoten,
6. die Wiederholung von Prüfungen und Prüfungsteilen sowie die Rechtsfolgen bei endgültigem Nichtbestehen der Prüfung,
7. die Folgen von Versäumnissen und Unregelmäßigkeiten,
8. das Rechtsverhältnis der oder des Betroffenen während der Ausbildung.

Abschnitt 4
Landesinterne Abordnung und Versetzung

§ 27 Grundsatz (§ 13 des Beamtenstatusgesetzes)
(1) Die Vorschriften des nachfolgenden Abschnitts gelten für Abordnungen und Versetzungen zwischen den und innerhalb der in § 1 genannten Dienstherren.
(2) [1]Die Abordnung und die Versetzung werden von der abgebenden Stelle verfügt. [2]Ist mit der Abordnung oder Versetzung ein Wechsel des Dienstherrn verbunden, darf sie nur im schriftlichen Einverständnis mit der aufnehmenden Stelle verfügt werden.
(3) Auf landesinterne Körperschaftsumbildungen sind die §§ 16 bis 19 des Beamtenstatusgesetzes entsprechend anzuwenden, soweit gesetzlich nichts anderes bestimmt ist.

§ 28 Abordnung
(1) Beamtinnen und Beamte können aus dienstlichen Gründen vorübergehend ganz oder teilweise zu einer ihrem Amt entsprechenden Tätigkeit an eine andere Dienststelle desselben oder eines anderen Dienstherrn abgeordnet werden.
(2) [1]Aus dienstlichen Gründen ist eine Abordnung vorübergehend ganz oder teilweise auch zu einer nicht dem Amt entsprechenden Tätigkeit zulässig, wenn der Beamtin oder dem Beamten die Wahrnehmung der neuen Tätigkeit aufgrund der Vorbildung oder Berufsausbildung zuzumuten ist. [2]Dabei ist auch die Abordnung zu einer Tätigkeit, die nicht einem Amt mit demselben Endgrundgehalt entspricht, zulässig. [3]Die Abordnung nach den Sätzen 1 und 2 bedarf der Zustimmung der Beamtin oder des Beamten, wenn sie die Dauer von zwei Jahren übersteigt.
(3) [1]Die Abordnung zu einem anderen Dienstherrn bedarf der Zustimmung der Beamtin oder des Beamten. [2]Abweichend von Satz 1 ist die Abordnung auch ohne diese Zustimmung zulässig, wenn die neue Tätigkeit einem Amt mit demselben Endgrundgehalt entspricht und die Abordnung die Dauer von fünf Jahren nicht übersteigt.
(4) [1]Werden Beamtinnen oder Beamte zu einem anderen Dienstherrn abgeordnet, finden auf sie, soweit zwischen den Dienstherren nicht anderes vereinbart ist, die für den Bereich des aufnehmenden Dienstherrn geltenden Vorschriften über die Pflichten und Rechte der Beamtinnen und Beamten mit Ausnahme der Regelungen über Amtsbezeichnung, Besoldung, Krankenfürsorge und Versorgung entsprechende Anwendung. [2]Zur Zahlung der ihnen zustehenden Leistungen ist auch der Dienstherr verpflichtet, zu dem sie abgeordnet sind.

§ 29 Versetzung
(1) Beamtinnen und Beamte können auf ihren Antrag oder aus dienstlichen Gründen in ein Amt einer Laufbahn versetzt werden, für die sie die Befähigung besitzen.
(2) [1]Aus dienstlichen Gründen können Beamtinnen und Beamte auch ohne ihre Zustimmung in ein Amt mit mindestens demselben Endgrundgehalt der bisherigen Laufbahn oder einer anderen Laufbahn, auch im Bereich eines anderen Dienstherrn, versetzt werden. [2]Stellenzulagen gelten hierbei nicht als Bestandteile des Endgrundgehalts. [3]Besitzen die Beamtinnen und Beamten nicht die Befähigung für die andere Laufbahn, sind sie verpflichtet, an Maßnahmen für den Erwerb der neuen Befähigung teilzunehmen.
(3) [1]Bei der Auflösung oder einer wesentlichen Änderung des Aufbaus oder der Aufgaben einer Behörde oder bei der Verschmelzung von Behörden können Beamtinnen und Beamte, deren Aufgabengebiete davon berührt sind, auch ohne ihre Zustimmung in ein anderes Amt derselben oder einer anderen Laufbahn mit geringerem Endgrundgehalt im Bereich desselben Dienstherrn versetzt werden, wenn eine dem bisherigen Amt entsprechende Verwendung nicht möglich ist. [2]Das Endgrundgehalt muss

mindestens dem des Amtes entsprechen, das die Beamtin oder der Beamte vor dem bisherigen Amt innehatte. ³Absatz 2 Satz 2 und 3 ist anzuwenden.
(4) Wird die Beamtin oder der Beamte in ein Amt eines anderen Dienstherrn versetzt, wird das Beamtenverhältnis mit dem neuen Dienstherrn fortgesetzt.

Abschnitt 5
Beendigung des Beamtenverhältnisses

Unterabschnitt 1
Entlassung und Verlust der Beamtenrechte

§ 30 Entlassung kraft Gesetzes (§ 22 des Beamtenstatusgesetzes)
(1) Die oberste Dienstbehörde entscheidet darüber, ob die Voraussetzungen des § 22 Absatz 1, 2 oder 3 des Beamtenstatusgesetzes vorliegen und stellt den Tag der Beendigung des Beamtenverhältnisses fest.
(2) Für die Anordnung der Fortdauer des Beamtenverhältnisses nach § 22 Absatz 2 des Beamtenstatusgesetzes ist die oberste Dienstbehörde zuständig.
(3) Im Falle des § 22 Absatz 3 des Beamtenstatusgesetzes kann die oberste Dienstbehörde die Fortdauer des Beamtenverhältnisses neben dem Beamtenverhältnis auf Zeit anordnen.
(4) ¹Beamtinnen und Beamte auf Widerruf im Vorbereitungsdienst sind mit dem Ablauf des Tages aus dem Beamtenverhältnis entlassen, an dem ihnen
1. das Bestehen der den Vorbereitungsdienst abschließenden Prüfung oder im Falle des § 14 Absatz 1 Nummer 2 die Feststellung, dass das Ziel des Vorbereitungsdienstes erreicht wurde oder
2. das endgültige Nichtbestehen der den Vorbereitungsdienst abschließenden Prüfung oder vorgeschriebenen Zwischenprüfung oder im Falle des § 14 Absatz 1 Nummer 2 die Feststellung, dass das Ziel des Vorbereitungsdienstes nicht erreicht wurde,

bekannt gegeben worden ist. ²Im Fall von Satz 1 Nummer 1 endet das Beamtenverhältnis jedoch frühestens nach Ablauf der für den Vorbereitungsdienst im Allgemeinen oder im Einzelfall festgesetzten Zeit. ³Der Senat kann durch Rechtsverordnung vorsehen, dass das Beamtenverhältnis trotz Vorliegens der Voraussetzungen nach Satz 1 Nummer 1 fortgesetzt wird.

§ 31 Entlassung durch Verwaltungsakt (§ 23 des Beamtenstatusgesetzes)
(1) ¹Das Verlangen nach § 23 Absatz 1 Satz 1 Nummer 4 des Beamtenstatusgesetzes muss der Dienstvorgesetzten oder dem Dienstvorgesetzten gegenüber erklärt werden. ²Die Erklärung kann, solange die Entlassungsverfügung noch nicht zugegangen ist, innerhalb von zwei Wochen nach Zugang bei der Dienstvorgesetzten oder dem Dienstvorgesetzten, mit Zustimmung der Entlassungsbehörde auch nach Ablauf dieser Frist, zurückgenommen werden. ³Die Entlassung ist für den beantragten Zeitpunkt zu verfügen. ⁴Sie kann jedoch solange hinausgeschoben werden, bis die Beamtinnen und Beamten ihre Amtsgeschäfte ordnungsgemäß erledigt haben, längstens drei Monate, bei Schulleiterinnen und Schulleitern sowie Lehrerinnen und Lehrern an öffentlichen Schulen bis zum Ende des laufenden Schulhalbjahres, bei dem beamteten wissenschaftlichen und künstlerischen Personal an Hochschulen bis zum Ende des Semesters oder Trimesters.
(2) ¹Die Frist für die Entlassung nach § 23 Absatz 3 des Beamtenstatusgesetzes beträgt bei einer Beschäftigungszeit
1. bis zu drei Monaten zwei Wochen zum Monatsende,
2. von mehr als drei Monaten sechs Wochen zum Ende eines Kalendervierteljahres.
²Als Beschäftigungszeit gilt die Zeit ununterbrochener Tätigkeit im Beamtenverhältnis auf Probe bei demselben Dienstherrn.
(3) ¹Im Fall des § 23 Absatz 3 Satz 1 Nummer 1 des Beamtenstatusgesetzes ist vor der Entlassung der Sachverhalt aufzuklären; die §§ 21 bis 29 des Bremischen Disziplinargesetzes gelten entsprechend. ²Die Entlassung kann ohne Einhaltung einer Frist erfolgen.
(4) Sind Beamtinnen und Beamte nach § 23 Absatz 3 Satz 1 Nummer 3 des Beamtenstatusgesetzes entlassen worden, sind sie auf ihre Bewerbung bei gleichwertiger Eignung, Befähigung und fachlicher Leistung vorrangig zu berücksichtigen.
(5) Für Beamtinnen und Beamte auf Widerruf ist Absatz 3 anzuwenden.

§ 32 Zuständigkeit für die Entlassung, Wirkung der Entlassung
(1) ¹Die Entlassung nach § 23 des Beamtenstatusgesetzes wird von der Stelle schriftlich verfügt, die für die Ernennung zuständig wäre. ²Soweit durch Gesetz, Rechtsverordnung oder Satzung nichts anderes bestimmt ist, tritt die Entlassung im Falle des § 23 Absatz 1 Satz 1 Nummer 1 des Beamtenstatusgesetzes mit der Zustellung, im Übrigen mit dem Ende des Monats ein, der auf den Monat folgt, in dem der Beamtin oder dem Beamten die Entlassungsverfügung zugeht.
(2) ¹Nach der Entlassung haben frühere Beamtinnen und frühere Beamte keinen Anspruch auf Leistungen des früheren Dienstherrn, soweit gesetzlich nichts anderes bestimmt ist. ²Sie dürfen die Amtsbezeichnung und die im Zusammenhang mit dem Amt verliehenen Titel nur führen, wenn ihnen die Erlaubnis nach § 57 Absatz 4 erteilt worden ist.

§ 33 Wirkung des Verlustes der Beamtenrechte und eines Wiederaufnahmeverfahrens (§ 24 des Beamtenstatusgesetzes)
(1) ¹Endet das Beamtenverhältnis nach § 24 Absatz 1 des Beamtenstatusgesetzes, so haben frühere Beamtinnen oder frühere Beamte keinen Anspruch auf Leistungen des früheren Dienstherrn, soweit gesetzlich nichts anderes bestimmt ist. ²Sie dürfen die Amtsbezeichnung und die im Zusammenhang mit dem Amt verliehenen Titel nicht führen.
(2) ¹Wird eine Entscheidung, durch die der Verlust der Beamtenrechte bewirkt worden ist, im Wiederaufnahmeverfahren durch eine Entscheidung ersetzt, die diese Wirkung nicht hat, so hat die Beamtin oder der Beamte, sofern sie oder er die Altersgrenze noch nicht erreicht hat und noch dienstfähig ist, Anspruch auf Übertragung eines Amtes derselben oder einer vergleichbaren Laufbahn wie das bisherige Amt und mit mindestens demselben Endgrundgehalt. ²Bis zur Übertragung des neuen Amtes erhält sie oder er, auch für die zurückliegende Zeit, die Leistungen des Dienstherrn, die ihr oder ihm aus dem bisherigen Amt zugestanden hätten. ³Satz 1 und 2 gelten entsprechend für Beamtinnen und Beamte auf Zeit, auf Probe und auf Widerruf; für Beamtinnen und Beamte auf Zeit jedoch nur insoweit, als ihre Amtszeit noch nicht abgelaufen ist. ⁴Ist das frühere Amt einer Beamtin oder eines Beamten auf Zeit inzwischen neu besetzt, so hat sie oder er für die restliche Dauer der Amtszeit Anspruch auf rechtsgleiche Verwendung in einem anderen Amt; steht ein solches Amt nicht zur Verfügung, stehen ihr oder ihm nur die in Satz 2 geregelten Ansprüche zu.
(3) ¹Ist aufgrund des im Wiederaufnahmeverfahren festgestellten Sachverhalts oder aufgrund eines rechtskräftigen Strafurteils, das nach der früheren Entscheidung ergangen ist, ein Disziplinarverfahren mit dem Ziel der Entfernung aus dem Beamtenverhältnis eingeleitet worden, so verlieren Beamtinnen und Beamte die ihnen zustehenden Ansprüche, wenn auf Entfernung aus dem Beamtenverhältnis erkannt wird; bis zur rechtskräftigen Entscheidung können die Ansprüche nicht geltend gemacht werden. ²Satz 1 gilt entsprechend in Fällen der Entlassung von Beamtinnen auf Probe oder auf Widerruf sowie von Beamten auf Probe oder auf Widerruf wegen eines Verhaltens der in § 23 Absatz 3 Satz 1 Nummer 1 des Beamtenstatusgesetzes bezeichneten Art.
(4) Beamtinnen und Beamte müssen sich auf die ihnen im Falle des § 24 Absatz 2 des Beamtenstatusgesetzes zustehenden Dienstbezüge ein anderes Arbeitseinkommen oder einen Unterhaltsbeitrag anrechnen lassen; sie sind zur Auskunft hierüber verpflichtet.

§ 34 Gnadenrecht
Dem Senat steht hinsichtlich des Verlustes der Beamtenrechte (§ 24 des Beamtenstatusgesetzes) das Gnadenrecht zu.

Unterabschnitt 2
Ruhestand und einstweiliger Ruhestand

§ 35 Ruhestand wegen Erreichens der Altersgrenze (§ 25 des Beamtenstatusgesetzes)
(1) ¹Für Beamtinnen und Beamte bildet die Vollendung des 67. Lebensjahres die Altersgrenze. ²Für einzelne Beamtengruppen kann gesetzlich eine andere Altersgrenze bestimmt werden. ³Beamtinnen auf Lebenszeit und auf Zeit sowie Beamte auf Lebenszeit und auf Zeit treten mit dem Ende des Monats in den Ruhestand, in dem sie die Altersgrenze erreichen. ⁴Abweichend hiervon treten Schulleiterinnen und Schulleiter sowie Lehrerinnen und Lehrer an öffentlichen Schulen mit Ablauf des letzten Monats des Schulhalbjahres, das beamtete wissenschaftliche und künstlerische Personal an Hochschulen mit Ablauf des letzten Monats des Semesters oder Trimesters, in welchem die Altersgrenze erreicht wird, in den Ruhestand.

(2) ¹Beamtinnen und Beamte, die vor dem 1. Januar 1947 geboren sind, erreichen die Altersgrenze mit Vollendung des 65. Lebensjahres. ²Für Beamtinnen und Beamte, die nach dem 31. Dezember 1946 geboren sind, wird die Altersgrenze wie folgt angehoben:

Geburtsjahr	Anhebung um Monate	auf Alter	
		Jahr	Monat
1947	1	65	1
1948	2	65	2
1949	3	65	3
1950	4	65	4
1951	5	65	5
1952	6	65	6
1953	7	65	7
1954	8	65	8
1955	9	65	9
1956	10	65	10
1957	11	65	11
1958	12	66	0
1959	14	66	2
1960	16	66	4
1961	18	66	6
1962	20	66	8
1963	22	66	10

(3) ¹Beamtinnen und Beamte, denen vor dem 1. Januar 2012 eine Altersteilzeitbeschäftigung bewilligt worden ist, erreichen die Altersgrenze mit Vollendung des 65. Lebensjahres. ²Dies gilt auch in den Fällen, in denen nach § 71e Absatz 1 Nummer 2 des Bremischen Beamtengesetzes in der bis zum 31. Januar 2010 geltenden Fassung oder nach § 64 Absatz 1 Nummer 2 dieses Gesetzes Urlaub bis zum Beginn des Ruhestands bewilligt worden ist.
(4) ¹Die oberste Dienstbehörde kann den Eintritt in den Ruhestand um bis zu drei Jahre hinausschieben
1. aus dienstlichen Gründen mit Zustimmung der Beamtin oder des Beamten; die Beamtin oder der Beamte kann jederzeit verlangen, unter Einhaltung einer Frist von sechs Wochen zum Ende eines Kalendervierteljahres in den Ruhestand versetzt zu werden,
2. auf Antrag der Beamtin oder des Beamten, wenn dienstliche Interessen nicht entgegenstehen; der Antrag ist spätestens sechs Monate vor dem Eintritt in den Ruhestand, weitere Anträge spätestens sechs Monate vor Ablauf des beantragten Zeitraums zu stellen.
²Absatz 1 Satz 4 gilt entsprechend.
(5) In den Senat gewählte Beamtinnen oder Beamte treten mit Antritt des Senatsamtes in den Ruhestand.
(6) ¹Die Rechte und Pflichten aus dem Beamtenverhältnis einer Beamtin, der das Amt einer Staatsrätin oder eines Beamten, dem das Amt eines Staatsrates übertragen ist und die oder der aus diesem Amt zum weiteren Mitglied des Senats gewählt worden ist, ruhen für die Dauer der Mitgliedschaft im Senat. ²Dies gilt nicht für die Pflicht zur Amtsverschwiegenheit und das Verbot der Annahme von Belohnungen und Geschenken.

§ 36 Ruhestand auf Antrag

(1) Beamtinnen und Beamte auf Lebenszeit können auf Antrag in den Ruhestand versetzt werden, wenn sie das 63. Lebensjahr vollendet haben.
(2) Beamtinnen auf Lebenszeit und Beamte auf Lebenszeit, die schwerbehindert im Sinne des § 2 Absatz 2 des Neunten Buches Sozialgesetzbuch sind, können auf Antrag in den Ruhestand versetzt werden, wenn sie das 60. Lebensjahr vollendet haben.
(3) § 35 Absatz 1 Satz 4 gilt in den Fällen der Absätze 1 und 2 entsprechend.

§ 37 Einstweiliger Ruhestand von politischen Beamtinnen und Beamten (§ 30 des Beamtenstatusgesetzes)

Der Senat kann Beamtinnen und Beamte in den einstweiligen Ruhestand versetzen, wenn ihnen eines der folgenden Ämter übertragen worden ist:
1. Staatsrätin oder Staatsrat,
2. Sprecherin oder Sprecher des Senats.

§ 38 Einstweiliger Ruhestand bei Umbildung von Körperschaften (§ 18 des Beamtenstatusgesetzes)

Die Frist, innerhalb derer Beamtinnen und Beamte nach § 18 Absatz 2 Satz 1 des Beamtenstatusgesetzes in den einstweiligen Ruhestand versetzt werden können, beträgt ein Jahr.

§ 39 Einstweiliger Ruhestand bei Umbildung und Auflösung von Behörden (§ 31 des Beamtenstatusgesetzes)

¹Die Versetzung in den einstweiligen Ruhestand nach § 31 Absatz 1 des Beamtenstatusgesetzes ist nur zulässig, soweit aus Anlass der Auflösung oder Umbildung Planstellen eingespart werden. ²Die Versetzung in den einstweiligen Ruhestand kann nur innerhalb einer Frist von einem Jahr nach Auflösung oder Umbildung der Behörde ausgesprochen werden.

§ 40 Beginn des einstweiligen Ruhestandes

¹Der einstweilige Ruhestand beginnt mit dem Zeitpunkt, in dem die Versetzung in den Ruhestand der Beamtin oder dem Beamten bekannt gegeben wird. ²Ein späterer Zeitpunkt kann festgesetzt werden; in diesem Fall beginnt der einstweilige Ruhestand spätestens mit dem Ende der drei Monate, die auf den Monat der Bekanntgabe folgen. ³Die Verfügung kann bis zum Beginn des einstweiligen Ruhestandes zurückgenommen werden.

Unterabschnitt 3
Dienstunfähigkeit

§ 41 Verfahren zur Feststellung der Dienstunfähigkeit (§ 26 des Beamtenstatusgesetzes)

(1) ¹Bestehen Zweifel an der Dienstfähigkeit der Beamtin oder des Beamten, so ist sie oder er verpflichtet, sich nach Weisung der oder des Dienstvorgesetzten ärztlich untersuchen und, falls die Ärztin oder der Arzt es für erforderlich hält, auch beobachten zu lassen. ²Kommt die Beamtin oder der Beamte trotz wiederholter schriftlicher Weisung ohne hinreichenden Grund dieser Verpflichtung nicht nach, kann sie oder er so behandelt werden, als ob Dienstunfähigkeit vorläge.
(2) Die Frist nach § 26 Absatz 1 Satz 2 des Beamtenstatusgesetzes beträgt sechs Monate.
(3) ¹Stellt die oder der Dienstvorgesetzte aufgrund des ärztlichen Gutachtens (§ 44) die Dienstunfähigkeit der Beamtin oder des Beamten fest, entscheidet die nach § 45 zuständige Behörde über die Versetzung in den Ruhestand. ²Die über die Versetzung in den Ruhestand entscheidende Behörde ist an die Erklärung der oder des Dienstvorgesetzten nicht gebunden; sie kann auch andere Beweise erheben.
(4) Werden Rechtsbehelfe gegen die Verfügung über die Versetzung in den Ruhestand eingelegt, so werden mit Beginn des auf die Zustellung der Verfügung folgenden Monats die Dienstbezüge einbehalten, die das Ruhegehalt übersteigen.
(5) ¹Die Feststellung der begrenzten Dienstfähigkeit nach § 27 Absatz 1 des Beamtenstatusgesetzes wird, soweit gesetzlich nichts anderes bestimmt ist, von der Stelle getroffen, die für die Versetzung in den Ruhestand zuständig wäre. ²Für das Verfahren zur Feststellung der begrenzten Dienstfähigkeit gelten die Vorschriften über die Feststellung der Dienstunfähigkeit entsprechend.

§ 42 Ruhestand bei Beamtenverhältnis auf Probe (§ 28 des Beamtenstatusgesetzes)
Die Entscheidung über die Versetzung in den Ruhestand von Beamtinnen und Beamten, die sich im Beamtenverhältnis auf Probe befinden, trifft die oberste Dienstbehörde.

§ 43 Wiederherstellung der Dienstfähigkeit (§ 29 des Beamtenstatusgesetzes)
(1) Die Frist, innerhalb derer Ruhestandsbeamtinnen oder Ruhestandsbeamte bei wiederhergestellter Dienstfähigkeit die erneute Berufung in das Beamtenverhältnis verlangen können (§ 29 Absatz 1 des Beamtenstatusgesetzes), beträgt fünf Jahre.
(2) Kommt die Beamtin oder der Beamte trotz wiederholter schriftlicher Weisung ohne hinreichenden Grund der Verpflichtung nach § 29 Absatz 5 Satz 1 des Beamtenstatusgesetzes nicht nach, kann sie oder er so behandelt werden, als ob Dienstfähigkeit vorläge.

§ 44 Ärztliche Untersuchung
(1) Die ärztliche Untersuchung wird von Amtsärztinnen und Amtsärzten, beamteten Ärztinnen oder Ärzten oder sonstigen von der obersten Dienstbehörde bestimmten Ärztinnen oder Ärzten durchgeführt.
(2) [1]Die Ärztin oder der Arzt teilt der oder dem Dienstvorgesetzten in einem ärztlichen Gutachten die tragenden Feststellungen und Gründe des Ergebnisses der ärztlichen Untersuchung mit, soweit deren Kenntnis unter Beachtung des Grundsatzes der Verhältnismäßigkeit für die zu treffende Entscheidung erforderlich ist. [2]Das ärztliche Gutachten ist in einem versiegelten und verschlossenen Umschlag zu übersenden. [3]Es ist versiegelt zur Personalakte zu nehmen. [4]Die übermittelten Daten dürfen nur für die zu treffende Entscheidung verarbeitet oder genutzt werden.
(3) [1]Zu Beginn der Untersuchung ist die Beamtin oder der Beamte auf deren Zweck und die Übermittlungsbefugnis an die Behörde hinzuweisen. [2]Die Ärztin oder der Arzt übermittelt der Beamtin oder dem Beamten oder, soweit dem ärztliche Gründe entgegenstehen, einer zu ihrer oder seiner Vertretung befugten Person eine Kopie der auf Grund dieser Vorschrift an die Behörde erteilten Auskünfte.

Unterabschnitt 4
Gemeinsame Bestimmungen

§ 45 Beginn des Ruhestandes, Zuständigkeit für die Versetzung in den Ruhestand
(1) Der Eintritt oder die Versetzung in den Ruhestand setzt, soweit gesetzlich nichts anderes bestimmt ist, eine Wartezeit von fünf Jahren nach Maßgabe des Beamtenversorgungsrechts voraus.
(2) [1]Die Versetzung in den Ruhestand wird, soweit durch Gesetz, Rechtsverordnung oder Satzung nichts anderes bestimmt ist, von der Stelle verfügt, die für die Ernennung der Beamtin oder des Beamten zuständig wäre. [2]Die Verfügung ist der Beamtin oder dem Beamten schriftlich zuzustellen; sie kann bis zum Beginn des Ruhestands zurückgenommen werden.
(3) [1]Der Ruhestand beginnt, soweit gesetzlich nichts anderes bestimmt ist, mit dem Ende des Monats, in dem die Verfügung über die Versetzung in den Ruhestand der Beamtin oder dem Beamten zugestellt worden ist. [2]Auf Antrag oder mit ausdrücklicher Zustimmung der Beamtin oder des Beamten kann ein anderer Zeitpunkt festgesetzt werden.

Abschnitt 6
Rechtliche Stellung im Beamtenverhältnis

Unterabschnitt 1
Allgemeines

§ 46 Verschwiegenheitspflicht, Aussagegenehmigung (§ 37 des Beamtenstatusgesetzes)
(1) Die Genehmigung nach § 37 Absatz 3 des Beamtenstatusgesetzes erteilt die oder der Dienstvorgesetzte oder, wenn das Beamtenverhältnis beendet ist, die oder der letzte Dienstvorgesetzte.
(2) [1]Sind Aufzeichnungen (§ 37 Absatz 6 des Beamtenstatusgesetzes) auf Bild-, Ton- oder Datenträgern gespeichert, die körperlich nicht herausgegeben werden können oder bei denen eine Herausgabe nicht zumutbar ist, so sind diese Aufzeichnungen auf Verlangen dem Dienstherrn zu übermitteln und zu löschen. [2]Die Beamtin oder der Beamte hat auf Verlangen über die nach Satz 1 zu löschenden Aufzeichnungen Auskunft zu geben.

§ 47 Diensteid (§ 38 des Beamtenstatusgesetzes)

(1) ¹Die Beamtin oder der Beamte hat folgenden Diensteid zu leisten:
²»Ich schwöre, das Grundgesetz für die Bundesrepublik Deutschland, die Landesverfassung der Freien Hansestadt Bremen und alle in der Bundesrepublik Deutschland geltenden Gesetze zu wahren und meine Amtspflichten gewissenhaft zu erfüllen, so wahr mir Gott helfe.«
(2) Der Eid kann auch ohne die Worte »so wahr mir Gott helfe« geleistet werden.
(3) Erklärt eine Beamtin oder ein Beamter, dass sie oder er aus Glaubens- oder Gewissensgründen keinen Eid leisten wolle, kann sie oder er anstelle der Worte »Ich schwöre« eine andere Beteuerungsformel sprechen.
(4) ¹In den Fällen, in denen nach § 7 Absatz 3 des Beamtenstatusgesetzes eine Ausnahme von § 7 Absatz 1 Nummer 1 des Beamtenstatusgesetzes zugelassen worden ist, kann von einer Eidesleistung abgesehen werden. ²Die Beamtin oder der Beamte hat stattdessen zu geloben, dass sie ihre oder er seine Amtspflichten gewissenhaft erfüllen wird.

§ 48 Verbot der Führung der Dienstgeschäfte (§ 39 des Beamtenstatusgesetzes)

¹Wird einer Beamtin oder einem Beamten die Führung ihrer oder seiner Dienstgeschäfte verboten, so können ihr oder ihm auch das Tragen der Dienstkleidung und Ausrüstung, der Aufenthalt in den Diensträumen oder in den dienstlichen Unterkünften und die Führung der dienstlichen Ausweise und Abzeichen untersagt werden. ²Die Beamtin oder der Beamte hat dienstlich empfangene Sachen auf Verlangen herauszugeben.

§ 49 Verbot der Annahme von Belohnungen und Geschenken (§ 42 des Beamtenstatusgesetzes)

(1) ¹Die Zustimmung nach § 42 Absatz 1 des Beamtenstatusgesetzes erteilt die oberste Dienstbehörde oder die letzte oberste Dienstbehörde. ²Die Befugnis kann auf andere Stellen übertragen werden.
(2) ¹Für den Umfang des Herausgabeanspruchs nach § 42 Absatz 2 des Beamtenstatusgesetzes gelten die Vorschriften des Bürgerlichen Gesetzbuches über die Herausgabe einer ungerechtfertigten Bereicherung entsprechend. ²Die Herausgabepflicht nach Satz 1 umfasst auch die Pflicht, dem Dienstherrn Auskunft über Art, Umfang und Verbleib des Erlangten zu geben.
(3) Beamtinnen und Beamte dürfen Titel, Orden und Ehrenzeichen von einem ausländischen Staatsoberhaupt oder einer ausländischen Regierung nur mit Genehmigung der Präsidentin oder des Präsidenten des Senats annehmen.

§ 50 Dienstvergehen von Ruhestandsbeamtinnen und Ruhestandsbeamten (§ 47 des Beamtenstatusgesetzes)

Bei Ruhestandsbeamtinnen und Ruhestandsbeamten oder früheren Beamtinnen und Beamten mit Versorgungsbezügen gilt es als Dienstvergehen auch, wenn sie
1. entgegen § 29 Absatz 2 oder 3 oder entgegen § 30 Absatz 3 in Verbindung mit § 29 Absatz 2 des Beamtenstatusgesetzes einer erneuten Berufung in das Beamtenverhältnis schuldhaft nicht nachkommen oder
2. ihre Verpflichtung nach § 29 Absatz 4 oder Absatz 5 Satz 1 des Beamtenstatusgesetzes verletzen.

§ 51 Schadensersatz (§ 48 des Beamtenstatusgesetzes)

(1) Hat der Dienstherr Dritten Schadensersatz geleistet, gilt als Zeitpunkt, in dem der Dienstherr Kenntnis im Sinne der Verjährungsvorschriften des Bürgerlichen Gesetzbuchs erlangt, der Zeitpunkt, in dem der Ersatzanspruch gegenüber dem Dritten vom Dienstherrn anerkannt oder dem Dienstherrn gegenüber rechtskräftig festgestellt wird.
(2) Leistet die Beamtin oder der Beamte dem Dienstherrn Ersatz und hat dieser einen Ersatzanspruch gegen einen Dritten, so geht der Ersatzanspruch auf die Beamtin oder den Beamten über.

§ 52 Übergang von Schadensersatzansprüchen

¹Werden Beamtinnen oder Beamte oder Versorgungsberechtigte oder deren Angehörige verletzt oder getötet, so geht ein gesetzlicher Schadenersatzanspruch, der diesen Personen infolge der Körperverletzung oder der Tötung gegen einen Dritten zusteht, insoweit auf den Dienstherrn über, als dieser
1. während einer auf der Körperverletzung beruhenden Aufhebung der Dienstfähigkeit oder
2. infolge der Körperverletzung oder Tötung

zur Gewährung von Leistungen verpflichtet ist. ²Ist eine Versorgungskasse zur Gewährung der Versorgung verpflichtet, so geht der Anspruch auf sie über. ³Übergegangene Ansprüche dürfen nicht zum Nachteil der Verletzten oder Hinterbliebenen geltend gemacht werden.

§ 53 Ausschluss und Befreiung von Amtshandlungen
¹§§ 20 und 21 des Bremischen Verwaltungsverfahrensgesetzes gelten entsprechend für dienstliche Tätigkeiten außerhalb eines Verwaltungsverfahrens. ²Satz 1 gilt nicht für Personen, die einem der in § 20 Absatz 1 Satz 1 Nummer 5 des Bremischen Verwaltungsverfahrensgesetzes genannten Organe in amtlicher Eigenschaft angehören.

§ 54 Wohnungswahl, Dienstwohnung
(1) Beamtinnen oder Beamte haben ihre Wohnung so zu nehmen, dass sie in der ordnungsgemäßen Wahrnehmung ihrer Dienstgeschäfte nicht beeinträchtigt werden.
(2) Wenn die dienstlichen Verhältnisse es erfordern, kann die oder der Dienstvorgesetzte die Beamtin oder den Beamten anweisen, die Wohnung innerhalb bestimmter Entfernung von der Dienststelle zu nehmen oder eine Dienstwohnung zu beziehen.
(3) ¹Dienstlicher Wohnsitz der Beamtin oder des Beamten ist der Ort, an dem die Behörde oder ständige Dienststelle ihren Sitz hat. ²Die oberste Dienstbehörde kann als dienstlichen Wohnsitz anweisen
1. den Ort, der Mittelpunkt der dienstlichen Tätigkeit der Beamtin oder des Beamten ist oder
2. den Ort, in dem die Beamtin oder der Beamte mit Zustimmung der vorgesetzten Dienststelle wohnt.

§ 55 Aufenthalt in erreichbarer Nähe
Wenn und solange besondere dienstliche Verhältnisse es dringend erfordern, kann die Beamtin oder der Beamte angewiesen werden, sich während der dienstfreien Zeit in erreichbarer Nähe ihres oder seines Dienstortes aufzuhalten.

§ 56 Dienstkleidungsvorschriften
(1) Beamtinnen und Beamte sind verpflichtet, Dienst- oder Schutzkleidung oder eine Ausrüstung zu tragen, wenn dies bei der Ausübung des Dienstes üblich oder erforderlich ist.
(2) Die zum Tragen von Dienst- oder Schutzkleidung oder Ausrüstung verpflichteten Beamtinnen und Beamten erhalten die Bekleidung und Ausrüstung, die die besondere Art ihres Dienstes erfordert, unentgeltlich.
(3) Das Nähere regelt die oberste Dienstbehörde.

§ 57 Amtsbezeichnung
(1) Der Senat setzt die Amtsbezeichnungen der Beamtinnen und Beamten fest, soweit gesetzlich nichts anderes bestimmt ist.
(2) ¹Beamtinnen und Beamte führen im Dienst die Amtsbezeichnung des ihnen übertragenen Amtes. ²Sie dürfen sie auch außerhalb des Dienstes führen. ³Nach dem Wechsel in ein anderes Amt dürfen sie die bisherige Amtsbezeichnung nicht mehr führen. ⁴Ist das neue Amt mit einem niedrigeren Grundgehalt verbunden, darf neben der neuen Amtsbezeichnung die des früheren Amtes mit dem Zusatz »außer Dienst« oder »a. D.« geführt werden.
(3) ¹Ruhestandsbeamtinnen und Ruhestandsbeamte dürfen die ihnen bei der Versetzung in den Ruhestand zustehende Amtsbezeichnung mit dem Zusatz »außer Dienst« oder »a. D.« und die im Zusammenhang mit dem Amt verliehenen Titel weiter führen. ²Ändert sich die Bezeichnung des früheren Amtes, so darf die geänderte Amtsbezeichnung geführt werden.
(4) ¹Einer entlassenen Beamtin oder einem entlassenen Beamten kann die für sie oder ihn zuletzt zuständige oberste Dienstbehörde die Erlaubnis erteilen, die Amtsbezeichnung mit dem Zusatz »außer Dienst« oder »a. D.« sowie die im Zusammenhang mit dem Amt verliehenen Titel zu führen. ²Die Erlaubnis kann widerrufen werden, wenn die frühere Beamtin oder der frühere Beamte sich ihrer als nicht würdig erweist.

§ 58 Dienstjubiläen
¹Beamtinnen und Beamte werden bei Dienstjubiläen geehrt. ²Ihnen kann eine Jubiläumszuwendung gewährt werden. ³Das Nähere regelt der Senat durch Rechtsverordnung.

§ 59 Dienstliche Beurteilung, Dienstzeugnis
(1) ¹Eignung, Befähigung und fachliche Leistung der Beamtinnen und Beamten sind vor einer Beförderung, und wenn es die dienstlichen oder persönlichen Verhältnisse erfordern, zu beurteilen. ²Zur

Vorbereitung personeller Einzelmaßnahmen können auch andere Instrumente der Bewertung von Eignung und Befähigung neben die dienstlichen Beurteilung treten.
(2) ¹Das Nähere, insbesondere die Grundsätze der Beurteilung und das Verfahren, regelt der Senat durch Rechtsverordnung. ²Dabei können auch Ausnahmen für bestimmte Gruppen von Beamtinnen und Beamten zugelassen und Verfahren zur Einschätzung von Vorgesetzten durch ihre Mitarbeiterinnen und Mitarbeiter vorgesehen werden. ³Im Übrigen bestimmt die oberste Dienstbehörde die Einzelheiten der Beurteilung für ihren Dienstbereich.
(3) ¹Beamtinnen und Beamten wird auf Antrag ein Dienstzeugnis über Art und Dauer der bekleideten Ämter erteilt, wenn sie daran ein berechtigtes Interesse haben oder das Beamtenverhältnis beendet ist. ²Das Dienstzeugnis muss auf Verlangen auch über die ausgeübte Tätigkeit und die erbrachten Leistungen Auskunft geben.

Unterabschnitt 2
Arbeitszeit und Urlaub

§ 60 Regelmäßige Arbeitszeit, Bereitschaftsdienst, Mehrarbeit
(1) Die regelmäßige Arbeitszeit darf wöchentlich im Durchschnitt 40 Stunden nicht überschreiten.
(2) ¹Soweit der Dienst in Bereitschaft besteht, kann die regelmäßige Arbeitszeit entsprechend den dienstlichen Bedürfnissen angemessen verlängert werden. ²Sie soll grundsätzlich wöchentlich im Durchschnitt 48 Stunden nicht überschreiten.
(3) ¹Beamtinnen und Beamte sind verpflichtet, ohne Entschädigung über ihre individuelle wöchentliche Arbeitszeit hinaus Dienst zu tun, wenn zwingende dienstliche Verhältnisse dies erfordern und sich die Mehrarbeit auf Ausnahmefälle beschränkt. ²Werden sie durch eine dienstlich angeordnete oder genehmigte Mehrarbeit im Umfang von mehr als einem Achtel der individuellen durchschnittlichen wöchentlichen Arbeitszeit im Monat beansprucht, ist ihnen innerhalb eines Jahres für die über die regelmäßige Arbeitszeit hinaus geleistete Mehrarbeit entsprechende Dienstbefreiung zu gewähren. ³Ist die Dienstbefreiung aus zwingenden dienstlichen Gründen nicht möglich, können an ihrer Stelle Beamtinnen und Beamte in Besoldungsgruppen mit aufsteigenden Gehältern eine Mehrarbeitsvergütung erhalten.
(4) Das Nähere, insbesondere zur Dauer der Arbeitszeit, zu Möglichkeiten ihrer flexiblen Ausgestaltung, Verteilung und Bezugszeiträumen, einschließlich Pausen und Ruhezeiten, regelt der Senat durch Rechtsverordnung.

§ 61 Teilzeitbeschäftigung (§ 43 des Beamtenstatusgesetzes)
(1) Beamtinnen und Beamten mit Dienstbezügen kann auf Antrag Teilzeitbeschäftigung mit mindestens der Hälfte der regelmäßigen Arbeitszeit bewilligt werden, soweit dienstliche Belange nicht entgegenstehen.
(2) Während der Teilzeitbeschäftigung nach Absatz 1 dürfen entgeltliche Tätigkeiten nur in dem Umfang ausgeübt werden, wie es Vollzeitbeschäftigten gestattet ist.
(3) ¹Die oder der Dienstvorgesetzte kann nachträglich die Dauer der Teilzeitbeschäftigung beschränken oder den Umfang der zu leistenden Arbeitszeit erhöhen, soweit zwingende dienstliche Belange dies erfordern. ²Sie oder er soll eine Änderung des Umfangs der Teilzeitbeschäftigung oder den Übergang zur Vollzeitbeschäftigung zulassen, wenn der Beamtin oder dem Beamten die Teilzeitbeschäftigung im bisherigen Umfang nicht mehr zugemutet werden kann und dienstliche Belange nicht entgegenstehen.

§ 62 Teilzeitbeschäftigung und Beurlaubung aus familiären Gründen
(1) ¹Beamtinnen und Beamten mit Dienstbezügen, die ein Kind unter 18 Jahren oder eine sonstige Angehörige oder einen sonstigen Angehörigen, die oder der nach ärztlichem Gutachten pflegebedürftig ist, tatsächlich betreuen oder pflegen, ist auf Antrag
1. Teilzeitbeschäftigung mit mindestens einem Viertel der regelmäßigen Arbeitszeit oder
2. Urlaub ohne Dienstbezüge
zu bewilligen, wenn zwingende dienstliche Belange nicht entgegenstehen.
²Beamtinnen und Beamten auf Widerruf im Vorbereitungsdienst ist auf Antrag aus den in Satz 1 genannten Gründen Teilzeitbeschäftigung mit mindestens der Hälfte der regelmäßigen Arbeitszeit zu bewilligen, soweit dies nach der Struktur der Ausbildung möglich ist und dienstliche Gründe nicht entgegenstehen.

(2) Während einer Freistellung vom Dienst nach Absatz 1 dürfen nur solche Nebentätigkeiten ausgeübt werden, die dem Zweck der Freistellung nicht zuwiderlaufen.
(3) § 61 Absatz 3 Satz 2 gilt entsprechend.
(4) Der Dienstherr hat durch geeignete Maßnahmen den aus familiären Gründen Beurlaubten die Verbindung zum Beruf und den beruflichen Wiedereinstieg zu erleichtern.

§ 62a Pflegezeit
(1) [1]Beamtinnen und Beamten, die
1. pflegebedürftige nahe Angehörige im Sinne des § 7 Absatz 3 und 4 des Pflegezeitgesetzes in häuslicher Umgebung pflegen oder
2. minderjährige pflegebedürftige nahe Angehörige in häuslicher oder außerhäuslicher Umgebung betreuen oder
3. nahe Angehörige begleiten, die an einer Erkrankung leiden, die fortschreitend verläuft und bereits ein weit fortgeschrittenes Stadium erreicht hat, bei der eine Heilung ausgeschlossen und eine palliativmedizinische Behandlung notwendig ist und die eine begrenzte Lebenserwartung von Wochen oder wenigen Monaten erwarten lässt,

ist auf Antrag Urlaub ohne Dienstbezüge oder Teilzeitbeschäftigung zu bewilligen (Pflegezeit). [2]Für Beamtinnen und Beamte auf Widerruf im Vorbereitungsdienst findet § 62 Absatz 1 Satz 2 entsprechend Anwendung. [3]Wird Teilzeitbeschäftigung in Anspruch genommen, ist den Wünschen der Beamtin oder des Beamten hinsichtlich der Verteilung der Arbeitszeit zu entsprechen, soweit keine zwingenden dienstlichen Gründe dagegen stehen. [4]Die Pflegebedürftigkeit der oder des nahen Angehörigen und die Erforderlichkeit der Maßnahmen nach Satz 1 sind durch Vorlage einer Bescheinigung der Pflegekasse oder privaten Pflegeversicherung oder durch ein ärztliches Gutachten nachzuweisen.
(2) [1]Die Pflegezeit nach Absatz 1 soll spätestens zehn Arbeitstage vor ihrem Beginn schriftlich beantragt werden. [2]Gleichzeitig ist zu erklären, für welchen Zeitraum und in welchem Umfang die Freistellung vom Dienst in Anspruch genommen werden soll. [3]Bei Inanspruchnahme einer teilweisen Freistellung vom Dienst ist die gewünschte Verteilung der Arbeitszeit anzugeben. [4]Wird Pflegezeit nach einer Familienpflegezeit nach § 62b für die Pflege oder Betreuung derselben oder desselben pflegebedürftigen nahen Angehörigen in Anspruch genommen, muss sie sich unmittelbar an die Familienpflegezeit anschließen und ist abweichend von Satz 1 spätestens acht Wochen vor Beginn der Pflegezeit zu beantragen.
(3) [1]Die Pflegezeit beträgt für jede nahe Angehörige oder jeden nahen Angehörigen in den Fällen von Absatz 1 Satz 1 Nummer 1 und 2 längstens sechs Monate, in Fällen des Absatzes 1 Satz 1 Nummer 3 längstens drei Monate (Höchstdauer). [2]Für einen kürzeren Zeitraum in Anspruch genommene Pflegezeit kann mit Zustimmung der oder des Dienstvorgesetzten bis zur Höchstdauer verlängert werden. [3]Der Zustimmung bedarf es nicht, wenn ein vorgesehener Wechsel in der Person der oder des Pflegenden aus einem wichtigen Grund nicht erfolgen kann. [4]Pflegezeit und Familienpflegezeit nach § 62b dürfen insgesamt eine Dauer von 24 Monaten je pflegebedürftiger naher Angehöriger oder pflegebedürftigem nahen Angehörigen nicht überschreiten.
(4) [1]Ist die oder der nahe Angehörige nicht mehr pflegebedürftig oder die häusliche Pflege unmöglich oder unzumutbar, so ist die Bewilligung der Pflegezeit mit Ablauf von vier Wochen nach Eintritt oder Kenntnis der veränderten Umstände zu widerrufen. [2]Die oder der Dienstvorgesetzte ist über die veränderten Umstände unverzüglich zu unterrichten. [3]Im Übrigen bedarf eine vorzeitige Beendigung der Pflegezeit ihrer oder seiner Zustimmung.

§ 62b Familienpflegezeit
(1) [1]Beamtinnen und Beamten ist, wenn zwingende dienstliche Belange nicht entgegenstehen, auf Antrag für die Dauer von längstens 24 Monaten Teilzeitbeschäftigung im Umfang von durchschnittlich mindestens 15 Stunden je Woche als Familienpflegezeit
1. zur Pflege einer oder eines pflegebedürftigen nahen Angehörigen im Sinne des § 7 Absatz 3 und 4 des Pflegezeitgesetzes in häuslicher Umgebung oder
2. zur Betreuung einer oder eines minderjährigen pflegebedürftigen nahen Angehörigen in häuslicher oder außerhäuslicher Umgebung

zu bewilligen. [2]Für Beamtinnen und Beamte auf Widerruf im Vorbereitungsdienst findet § 62 Absatz 1 Satz 2 entsprechend Anwendung. [3]§ 62a Absatz 1 Satz 4 gilt entsprechend.

(2) ¹Die Familienpflegezeit soll spätestens acht Wochen vor ihrem Beginn schriftlich beantragt werden. ²Im Übrigen gilt § 62a Absatz 2 Satz 2 bis 4 entsprechend.
(3) ¹Ist die Familienpflegezeit für weniger als 24 Monate bewilligt worden, kann sie mit Zustimmung der oder des Dienstvorgesetzten nachträglich bis zur Dauer von 24 Monaten verlängert werden, wenn die Voraussetzungen des Absatzes 1 vorliegen. ²§ 62a Absatz 3 Satz 3 und 4 gilt entsprechend.
(4) ¹Liegen die Voraussetzungen des Absatzes 1 für die Bewilligung der Familienpflegezeit nicht mehr vor, so ist die Bewilligung mit Ablauf des Kalendermonats, der auf den Wegfall der Voraussetzungen folgt, zu widerrufen. ²Die Beamtin oder der Beamte ist verpflichtet, jede Änderung der Tatsachen mitzuteilen, die für die Bewilligung maßgeblich sind. ³Ist der Beamtin oder dem Beamten die Teilzeitbeschäftigung im bisherigen Umfang nicht mehr zumutbar, ist die Bewilligung zu widerrufen, wenn dringende dienstliche Belange nicht entgegenstehen. ⁴Im Übrigen bedarf eine vorzeitige Beendigung der Familienpflegezeit der Zustimmung der oder des Dienstvorgesetzten.

§ 63 Altersteilzeit

(1) ¹Beamtinnen und Beamten mit Dienstbezügen kann auf Antrag, der sich auf die Zeit bis zum Beginn des Ruhestands erstrecken muss, Teilzeitbeschäftigung als Altersteilzeit mit 60 vom Hundert der bisherigen Arbeitszeit, höchstens 60 vom Hundert der in den letzten zwei Jahren vor Beginn der Altersteilzeit durchschnittlich zu leistenden Arbeitszeit, bewilligt werden, wenn
1. sie das 60. Lebensjahr vollendet haben,
2. sie in den letzten fünf Jahren vor Beginn der Altersteilzeit drei Jahre mindestens teilzeitbeschäftigt waren und
3. dringende dienstliche Belange nicht entgegenstehen.

²Schwerbehinderten Beamtinnen und Beamten im Sinne von § 2 Absatz 2 des Neunten Buches Sozialgesetzbuch kann abweichend von Nummer 1 Altersteilzeit schon ab Vollendung des 58. Lebensjahres bewilligt werden.
(2) Die Gewährung von Altersteilzeit dient allein öffentlichen Interessen.
(3) ¹Altersteilzeit kann auch in der Weise bewilligt werden, dass Beamtinnen und Beamte die bis zum Beginn des Ruhestandes zu erbringende Dienstleistung vollständig vorab leisten und anschließend voll vom Dienst freigestellt werden (Blockmodell). ²Die oberste Dienstbehörde kann allgemein oder für bestimmte Verwaltungsbereiche oder Beamtengruppen vorschreiben, dass Altersteilzeit nur im Blockmodell bewilligt werden darf. ³Altersteilzeit mit weniger als der Hälfte der regelmäßigen Arbeitszeit soll nur im Blockmodell bewilligt werden; dabei müssen die Beamtinnen und Beamten in der Phase der vorab zu erbringenden Dienstleistung mit mindestens der Hälfte der regelmäßigen Arbeitszeit Dienst leisten, dabei bleiben geringfügige Unterschreitungen des notwendigen Umfangs der Arbeitszeit außer Betracht.
(4) § 61 Absatz 2 gilt entsprechend.

§ 64 Urlaub ohne Dienstbezüge

(1) Beamtinnen und Beamten mit Dienstbezügen kann
1. auf Antrag Urlaub ohne Dienstbezüge bis zur Dauer von insgesamt sechs Jahren,
2. nach Vollendung des 50. Lebensjahres auf Antrag, der sich auf die Zeit bis zum Beginn des Ruhestandes erstrecken muss, Urlaub ohne Dienstbezüge

bewilligt werden, wenn dienstliche Belange nicht entgegenstehen.
(2) § 61 Absatz 2 und 3 Satz 2 gilt entsprechend.

§ 65 Höchstdauer von Beurlaubung und unterhälftiger Teilzeit; Bewilligungszeitraum

(1) ¹Teilzeitbeschäftigung mit weniger als der Hälfte der regelmäßigen Arbeitszeit nach § 62 Absatz 1 Satz 1 Nummer 1 (unterhälftige Teilzeitbeschäftigung), Urlaub nach § 62 Absatz 1 Satz 1 Nummer 2 und Urlaub nach § 64 Absatz 1 dürfen insgesamt die Dauer von 15 Jahren nicht überschreiten. ²Dabei bleibt eine unterhälftige Teilzeitbeschäftigung während der Elternzeit unberücksichtigt. ³Satz 1 findet bei Urlaub nach § 64 Absatz 1 Nummer 2 keine Anwendung, wenn es der Beamtin oder dem Beamten nicht mehr zuzumuten ist, zur Voll- oder Teilzeitbeschäftigung zurückzukehren.
(2) Der Bewilligungszeitraum kann bei Schulleiterinnen und Schulleitern sowie Lehrerinnen und Lehrern an öffentlichen Schulen bis zum Ende des laufenden Schulhalbjahres, bei beamtetem wissenschaftlichem und künstlerischem Personal an Hochschulen bis zum Ende des laufenden Semesters oder Trimesters ausgedehnt werden.

§ 66 Hinweispflicht und Benachteiligungsverbot

(1) Wird eine Reduzierung der Arbeitszeit oder eine langfristige Beurlaubung nach § 61, § 62 bis § 62b oder § 64 beantragt oder verfügt, ist die Beamtin oder der Beamte auf die Folgen reduzierter Arbeitszeit oder langfristiger Beurlaubungen schriftlich hinzuweisen, insbesondere auf die Folgen für Ansprüche aufgrund beamtenrechtlicher Regelungen.

(2) [1]Die Reduzierung der Arbeitszeit nach den §§ 61, 62 bis § 62b und 64 darf das berufliche Fortkommen nicht beeinträchtigen. [2]Eine unterschiedliche Behandlung von Beamtinnen und Beamten mit reduzierter Arbeitszeit gegenüber Beamtinnen und Beamten mit regelmäßiger Arbeitszeit ist nur zulässig, wenn zwingende sachliche Gründe dies rechtfertigen.

§ 67 Fernbleiben vom Dienst, Erkrankung

(1) Beamtinnen oder Beamte dürfen dem Dienst nicht ohne Genehmigung ihrer oder ihres Dienstvorgesetzten fernbleiben, es sei denn, dass sie wegen Krankheit oder aus anderen Gründen oder durch eine vorhergehende gesetzliche Verpflichtung gehindert sind, ihre Dienstpflichten zu erfüllen.

(2) [1]Dienstunfähigkeit infolge Krankheit ist unverzüglich unter Angabe ihrer voraussichtlichen Dauer anzuzeigen und auf Verlangen nachzuweisen. [2]Beamtinnen oder Beamte sind verpflichtet, sich auf Weisung der oder des Dienstvorgesetzten durch eine von der Behörde bestimmte Ärztin oder einen von der Behörde bestimmten Arzt untersuchen zu lassen.

§ 68 Urlaub (§ 44 des Beamtenstatusgesetzes)

(1) Der Senat regelt durch Rechtsverordnung Einzelheiten der Gewährung von Erholungsurlaub und Bildungsurlaub, insbesondere deren Dauer, die Gewährung von Zusatzurlaub, die Voraussetzungen für die Urlaubsgewährung, die Voraussetzungen für die Abgeltung nicht genommenen Erholungsurlaubs und das Verfahren.

(2) [1]Den Beamtinnen und Beamten kann Urlaub aus anderen Anlässen (Sonderurlaub) gewährt werden. [2]Der Senat regelt durch Rechtsverordnung Einzelheiten der Gewährung von Sonderurlaub, insbesondere die Voraussetzungen und die Dauer des Sonderurlaubs, das Verfahren sowie ob und inwieweit die Dienstbezüge während eines Sonderurlaubs zu belassen sind.

§ 69 Mandatsurlaub

[1]Für die Tätigkeit als Mitglied einer kommunalen Vertretung oder eines nach Kommunalverfassungsrecht gebildeten Ausschusses oder vergleichbaren Einrichtungen in Gemeindebezirken ist der Beamtin oder dem Beamten der erforderliche Urlaub unter Weitergewährung der Bezüge zu erteilen. [2]Dies gilt auch für die von einer kommunalen Vertretung berufenen Mitglieder von Ausschüssen, die aufgrund besonderer Rechtsvorschriften gebildet worden sind.

Unterabschnitt 3
Nebentätigkeit und Tätigkeit nach Beendigung des Beamtenverhältnisses

§ 70 Nebentätigkeit

(1) Nebentätigkeit ist die Wahrnehmung eines Nebenamtes oder einer Nebenbeschäftigung.

(2) Nebenamt ist ein nicht zu einem Hauptamt gehörender Kreis von Aufgaben, der aufgrund eines öffentlich-rechtlichen Dienst- oder Amtsverhältnisses wahrgenommen wird.

(3) Nebenbeschäftigung ist jede sonstige, nicht zu einem Hauptamt gehörende Tätigkeit innerhalb oder außerhalb des öffentlichen Dienstes.

(4) [1]Als Nebentätigkeit gilt nicht die Wahrnehmung öffentlicher Ehrenämter sowie einer unentgeltlichen Vormundschaft, Betreuung oder Pflegschaft eines Angehörigen. [2]Die Übernahme eines öffentlichen Ehrenamtes ist vorher schriftlich mitzuteilen.

§ 71 Pflicht zur Übernahme einer Nebentätigkeit

Beamtinnen und Beamte sind verpflichtet, auf schriftliches Verlangen ihrer oder ihres Dienstvorgesetzten
1. eine Nebentätigkeit im öffentlichen Dienst,
2. eine Nebentätigkeit im Vorstand, Aufsichtsrat, Verwaltungsrat oder in einem sonstigen Organ einer Gesellschaft, Genossenschaft oder eines in einer anderen Rechtsform betriebenen Unternehmens, wenn dies im öffentlichen Interesse liegt,

zu übernehmen und fortzuführen, sofern diese Tätigkeit ihrer Vorbildung oder Berufsausbildung entspricht und sie nicht über Gebühr in Anspruch nimmt.

§ 72 Anzeigefreie Nebentätigkeiten (§ 40 des Beamtenstatusgesetzes)

(1) Der Anzeigepflicht nach § 40 Satz 1 des Beamtenstatusgesetzes unterliegen nicht
1. Nebentätigkeiten, zu deren Übernahme die Beamtin oder der Beamte nach § 71 verpflichtet ist,
2. die Verwaltung eigenen oder der Nutznießung der Beamtin oder des Beamten unterliegenden Vermögens,
3. die Tätigkeit zur Wahrung von Berufsinteressen in Gewerkschaften und Berufsverbänden oder in Organen von Selbsthilfeeinrichtungen der Beamtinnen und Beamten und
4. unentgeltliche Nebentätigkeiten.

(2) Folgende Tätigkeiten sind anzeigepflichtig, auch wenn sie unentgeltlich ausgeübt werden:
1. Wahrnehmung eines nicht unter Absatz 1 Nummer 1 fallenden Nebenamtes,
2. Übernahme einer Testamentsvollstreckung oder einer anderen als in § 70 Absatz 4 genannten Vormundschaft, Betreuung oder Pflegschaft,
3. gewerbliche oder freiberufliche Tätigkeiten oder die Mitarbeit bei einer dieser Tätigkeiten,
4. Eintritt in ein Organ eines Unternehmens mit Ausnahme einer Genossenschaft.

(3) Die oder der Dienstvorgesetzte kann aus begründetem Anlass verlangen, dass die Beamtin oder der Beamte über eine von ihr oder ihm ausgeübte anzeigefreie Nebentätigkeit, insbesondere über deren Art und Umfang sowie über die Entgelte und geldwerten Vorteile hieraus, schriftlich Auskunft erteilt.

§ 73 Verbot einer Nebentätigkeit

(1) ¹Soweit die Nebentätigkeit geeignet ist, dienstliche Interessen zu beeinträchtigen, ist ihre Übernahme einzuschränken oder ganz oder teilweise zu untersagen. ²Dies ist insbesondere der Fall, wenn die Nebentätigkeit
1. nach Art und Umfang die Arbeitskraft so stark in Anspruch nimmt, dass die ordnungsgemäße Erfüllung der dienstlichen Pflichten behindert werden kann,
2. die Beamtin oder den Beamten in einen Widerstreit mit den dienstlichen Pflichten bringen kann,
3. in einer Angelegenheit ausgeübt wird, in der die Behörde, der die Beamtin oder der Beamte angehört, tätig wird oder tätig werden kann,
4. die Unparteilichkeit oder Unbefangenheit der Beamtin oder des Beamten beeinflussen kann,
5. zu einer wesentlichen Einschränkung der künftigen dienstlichen Verwendbarkeit der Beamtin oder des Beamten führen kann,
6. dem Ansehen der öffentlichen Verwaltung abträglich sein kann.

³Die Voraussetzung des Satzes 2 Nummer 1 gilt in der Regel als erfüllt, wenn die zeitliche Beanspruchung durch eine oder mehrere Nebentätigkeiten acht Stunden in der Woche, bei Lehrtätigkeit fünf Wochenstunden überschreitet.

(2) Schriftstellerische, wissenschaftliche oder künstlerische Tätigkeiten oder Vortragstätigkeiten sowie die mit Lehr- oder Forschungsaufgaben zusammenhängende selbstständige Gutachtertätigkeit von beamtetem wissenschaftlichem und künstlerischem Personal an Hochschulen sind nur einzuschränken oder ganz oder teilweise zu untersagen, wenn die konkrete Gefahr besteht, dass bei ihrer Ausübung dienstliche Pflichten verletzt werden.

(3) Nach ihrer Übernahme ist eine Nebentätigkeit einzuschränken oder ganz oder teilweise zu untersagen, soweit bei ihrer Übernahme oder Ausübung dienstliche Pflichten verletzt werden.

§ 74 Ausübung von Nebentätigkeiten

(1) ¹Die Beamtin oder der Beamte darf Nebentätigkeiten nur außerhalb der Arbeitszeit ausüben, es sei denn, sie oder er hat sie auf Verlangen, Vorschlag oder Veranlassung der oder des Dienstvorgesetzten übernommen oder die oder der Dienstvorgesetzte hat ein dienstliches Interesse an der Übernahme der Nebentätigkeit durch die Beamtin oder den Beamten anerkannt. ²Ausnahmen dürfen nur in besonders begründeten Fällen, insbesondere im öffentlichen Interesse, zugelassen werden, wenn dienstliche Gründe nicht entgegenstehen und die versäumte Arbeitszeit vor- oder nachgeleistet wird.

(2) ¹Bei der Ausübung von Nebentätigkeiten dürfen Einrichtungen, Personal oder Material des Dienstherrn nur bei Vorliegen eines öffentlichen oder wissenschaftlichen Interesses mit dessen Genehmigung und gegen Entrichtung eines angemessenen Entgelts in Anspruch genommen werden. ²Das Entgelt ist nach den dem Dienstherrn entstehenden Kosten zu bemessen und muss den besonderen Vorteil berücksichtigen, der der Beamtin oder dem Beamten durch die Inanspruchnahme entsteht.

§ 75 Verfahren

¹Anzeigen, Anträge und Entscheidungen, die die Übernahme und Ausübung einer Nebentätigkeit betreffen, bedürfen der Schriftform. ²Die Übernahme soll mindestens einen Monat vorher angezeigt werden. ³Die Beamtin oder der Beamte hat dabei die für die Entscheidung erforderlichen Nachweise, insbesondere über Art und Umfang der Nebentätigkeit sowie die Entgelte und geldwerten Vorteile hieraus, zu führen; jede Änderung ist unverzüglich schriftlich anzuzeigen.

§ 76 Rückgriffsanspruch der Beamtin und des Beamten

¹Beamtinnen und Beamte, die aus einer auf Verlangen, Vorschlag oder Veranlassung der oder des Dienstvorgesetzten ausgeübten Tätigkeit im Vorstand, Aufsichtsrat, Verwaltungsrat oder in einem sonstigen Organ einer Gesellschaft, Genossenschaft oder eines in einer anderen Rechtsform betriebenen Unternehmens haftbar gemacht werden, haben gegen den Dienstherrn Anspruch auf Ersatz des ihnen entstandenen Schadens. ²Ist der Schaden vorsätzlich oder grob fahrlässig herbeigeführt worden, ist der Dienstherr nur dann ersatzpflichtig, wenn die Beamtin oder der Beamte auf Verlangen einer oder eines Vorgesetzten gehandelt hat.

§ 77 Erlöschen der mit dem Hauptamt verbundenen Nebentätigkeiten

Endet das Beamtenverhältnis, so enden, wenn im Einzelfall nichts anderes bestimmt wird, auch die Nebenämter und Nebenbeschäftigungen, die im Zusammenhang mit dem Hauptamt übertragen worden sind oder die auf Verlangen, Vorschlag oder Veranlassung der oder des Dienstvorgesetzten übernommen worden sind.

§ 78 Verordnungsermächtigung

¹Die zur Ausführung der §§ 70 bis 77 notwendigen Vorschriften über die Nebentätigkeit der Beamtinnen und Beamten erlässt der Senat durch Rechtsverordnung. ²In ihr kann insbesondere bestimmt werden,
1. welche Tätigkeiten als öffentlicher Dienst im Sinne dieser Vorschriften anzusehen sind oder ihm gleichstehen,
2. welche Tätigkeiten als öffentliche Ehrenämter im Sinne des § 70 Absatz 4 anzusehen sind,
3. wann eine Tätigkeit als unentgeltlich im Sinne des § 72 Absatz 1 Nummer 4 anzusehen ist,
4. ob und inwieweit eine im öffentlichen Dienst ausgeübte oder auf Verlangen, Vorschlag oder Veranlassung der oder des Dienstvorgesetzten übernommene Nebentätigkeit vergütet wird oder eine erhaltene Vergütung abzuführen ist,
5. unter welchen Voraussetzungen die Beamtin oder der Beamte bei der Ausübung einer Nebentätigkeit Einrichtungen, Personal oder Material des Dienstherrn in Anspruch nehmen darf und in welcher Höhe hierfür ein Entgelt an den Dienstherrn zu entrichten ist; das Entgelt kann pauschaliert und in einem Hundertsatz des aus der Nebentätigkeit erzielten Bruttoeinkommens festgelegt werden und bei unentgeltlich ausgeübter Nebentätigkeit entfallen,
6. dass die Beamtin oder der Beamte verpflichtet werden kann, nach Ablauf eines jeden Kalenderjahres der oder dem Dienstvorgesetzten die ihr oder ihm zugeflossenen Entgelte und geldwerten Vorteile aus Nebentätigkeiten anzugeben.

§ 79 Tätigkeit nach Beendigung des Beamtenverhältnisses (§ 41 des Beamtenstatusgesetzes)

(1) ¹Die Anzeigepflicht für die Aufnahme einer Tätigkeit nach § 41 Satz 1 des Beamtenstatusgesetzes besteht für Ruhestandsbeamtinnen und Ruhestandsbeamte oder frühere Beamtinnen und Beamte mit Versorgungsbezügen für einen Zeitraum von fünf Jahren nach Beendigung des Beamtenverhältnisses (Karenzfrist), soweit es sich um eine Erwerbstätigkeit oder sonstige Beschäftigung handelt, die mit der dienstlichen Tätigkeit in den letzten fünf Jahren vor Beendigung des Beamtenverhältnisses im Zusammenhang steht. ²Satz 1 gilt für Ruhestandsbeamtinnen und Ruhestandsbeamte, die mit Erreichen der Regelaltersgrenze oder zu einem späteren Zeitpunkt in den Ruhestand treten, mit der Maßgabe, dass an die Stelle der fünfjährigen eine dreijährige Karenzfrist tritt. ³Die Anzeige hat gegenüber der oder dem letzten Dienstvorgesetzten zu erfolgen.

(2) Das Verbot nach § 41 Satz 2 des Beamtenstatusgesetzes wird durch die letzte Dienstvorgesetzte oder den letzten Dienstvorgesetzten ausgesprochen.

Unterabschnitt 4
Fürsorge
§ 80 Beihilfe in Krankheits-, Pflege- und Geburtsfällen

(1) Beamtinnen, Beamte, Ruhestandsbeamtinnen und Ruhestandsbeamte sowie ihre versorgungsberechtigten Hinterbliebenen erhalten zu Aufwendungen in Krankheits-, Pflege- und Geburtsfällen Beihilfen.

(2) [1]Beihilfefähig sind grundsätzlich nur notwendige und wirtschaftlich angemessene Aufwendungen
1. in Krankheits- und Pflegefällen,
2. zur Vorbeugung und Behandlung von Krankheiten und Behinderungen,
3. in Geburtsfällen, der Empfängnisregelung, bei künstlicher Befruchtung sowie in Ausnahmefällen bei Schwangerschaftsabbruch und Sterilisation,
4. zur Früherkennung von Krankheiten und Schutzimpfungen.

[2]Beihilfefähig sind grundsätzlich nur Maßnahmen, die medizinisch notwendig und in ihrer Wirksamkeit nachgewiesen sind, bei denen die Leistungserbringung nach einer wissenschaftlich allgemein anerkannten Methode erfolgt. [3]Daneben kann die Beihilfefähigkeit vom Vorliegen bestimmter medizinischer Indikationen abhängig gemacht werden. [4]Nicht beihilfefähig sind die Aufwendungen für Wahlleistungen bei stationärer Behandlung im Krankenhaus und Leistungen für Heilpraktiker. [5]Gleiches gilt für Sach- und Dienstleistungen, gesetzlich vorgesehene Zuzahlungen und Kostenanteile und für Aufwendungen, die die gesetzliche Krankenversicherung nicht erstattet, weil der gesetzlich Versicherte einen Wahltarif in Anspruch nimmt.

(3) [1]Beihilfe wird als Ergänzung der aus den laufenden Bezügen zu bestreitenden Eigenvorsorge gewährt. [2]Beihilfe darf zusammen mit den von dritter Seite aus demselben Anlass gewährten Leistungen die dem Grunde nach beihilfefähigen Aufwendungen nicht übersteigen. [3]Die Beihilfe und die beihilfefähigen Aufwendungen können durch den Abzug von Eigenbehalten gemindert werden. [4]Abweichend von Satz 1 besteht die Beihilfeberechtigung auch in Fällen der Beurlaubung ohne Dienstbezüge zur Pflege, Betreuung oder Begleitung naher Angehöriger nach § 62a Absatz 1.

(4) Das Nähere, insbesondere die Abgrenzung des anspruchsberechtigten Personenkreises, die Voraussetzungen und deren Höhe, die Höchstbeträge und das Verfahren für die Gewährung von Beihilfen sowie den völligen oder teilweisen Ausschluss von Behandlungsmethoden, Arznei-, Heil- und Hilfsmitteln, regelt der Senat durch Rechtsverordnung.

§ 81 Mutterschutz, Elternzeit (§ 46 des Beamtenstatusgesetzes)
Der Senat regelt durch Rechtsverordnung die der Eigenart des öffentlichen Dienstes entsprechende Anwendung der Vorschriften
1. des Mutterschutzgesetzes auf Beamtinnen,
2. des Bundeselterngeld- und Elternzeitgesetzes auf Beamtinnen und Beamte.

§ 82 Arbeitsschutz

(1) Die aufgrund der §§ 18 und 19 des Arbeitsschutzgesetzes vom 7. August 1996 (BGBl. I S. 1246), zuletzt geändert durch Gesetz vom 30. Juli 2004 (BGBl. I S. 1950), erlassenen Rechtsverordnungen der Bundesregierung gelten für die Beamtinnen und Beamten entsprechend.

(2) [1]Soweit öffentliche Belange dies zwingend erfordern, insbesondere zur Aufrechterhaltung oder Wiederherstellung der öffentlichen Sicherheit, kann der Senat durch Rechtsverordnung für bestimmte Tätigkeiten des öffentlichen Dienstes, insbesondere bei der Polizei, der Feuerwehr oder den Zivil- und Katastrophenschutzdiensten, bestimmen, dass die Vorschriften des Arbeitsschutzgesetzes ganz oder zum Teil nicht anzuwenden sind. [2]In der Rechtsverordnung ist festzulegen, wie die Sicherheit und der Gesundheitsschutz bei der Arbeit unter Berücksichtigung der Ziele des Arbeitsschutzgesetzes auf andere Weise gewährleistet werden.

(3) [1]Das Jugendarbeitsschutzgesetz gilt für jugendliche Beamtinnen und Beamte entsprechend. [2]Soweit die Eigenart des Polizeivollzugsdienstes und die Belange der inneren Sicherheit es erfordern, kann der Senat durch Rechtsverordnung Ausnahmen von den Vorschriften des Jugendarbeitsschutzgesetzes für jugendliche Polizeivollzugsbeamtinnen und Polizeivollzugsbeamte bestimmen.

(4) Die Regelung über genetische Untersuchungen und Analysen zum Arbeitsschutz nach § 20 Absatz 1, 2 und 4 des Gendiagnostikgesetzes gilt entsprechend.

§ 83 Ersatz von Sachschäden

(1) ¹Sind in Ausübung oder infolge des Dienstes, ohne dass ein Dienstunfall eingetreten ist, Kleidungsstücke oder sonstige Gegenstände, die üblicherweise zur Wahrnehmung des Dienstes mitgeführt werden, beschädigt oder zerstört worden oder abhanden gekommen, kann der Beamtin oder dem Beamten Ersatz geleistet werden. ²Dies gilt nicht, wenn die Beamtin oder der Beamte den Schaden vorsätzlich oder grob fahrlässig herbeigeführt hat.

(2) ¹Sind durch Gewaltakte Dritter, die im Hinblick auf das pflichtgemäße dienstliche Verhalten von Beamtinnen und Beamten oder wegen ihrer Eigenschaft als Beamtinnen und Beamte begangen worden sind, Gegenstände beschädigt oder zerstört worden, die ihnen, ihren Familienangehörigen oder in häuslicher Gemeinschaft lebenden Personen gehören, oder sind ihnen dadurch sonstige, nicht unerhebliche Vermögensschäden zugefügt worden, so können zum Ausgleich einer hierdurch verursachten, außergewöhnlichen wirtschaftlichen Belastung Leistungen gewährt werden. ²Gleiches gilt in den Fällen, in denen sich der Gewaltakt gegen den Dienstherrn richtet und ein Zusammenhang zum Dienst besteht.

(3) ¹Anträge auf Leistungen nach Absatz 1 und 2 sind innerhalb von drei Monaten nach Eintritt des Schadens schriftlich zu stellen. ²Die Leistungen werden nur gewährt, soweit der Beamtin oder dem Beamten der Schaden nicht auf andere Weise ersetzt werden kann. ³Hat der Dienstherr Leistungen gewährt, so gehen gesetzliche Schadenersatzansprüche der Beamtin oder des Beamten gegen Dritte insoweit auf den Dienstherrn über. ⁴Übergegangene Ansprüche dürfen nicht zum Nachteil des Geschädigten geltend gemacht werden.

(4) Die oberste Dienstbehörde erlässt Verwaltungsvorschriften über die Erstattung von Sachschäden.

§ 83a Erfüllungsübernahme bei Schmerzensgeldansprüchen

(1) ¹Hat eine Beamtin oder ein Beamter wegen eines tätlichen rechtswidrigen Angriffs, den sie oder er in Ausübung des Dienstes oder außerhalb des Dienstes in Bezug auf ihre oder seine dienstliche Stellung erleidet, einen durch rechtskräftiges Urteil eines deutschen Gerichts festgestellten Anspruch auf Ersatz eines immateriellen Schadens nach § 253 Absatz 2 des Bürgerlichen Gesetzbuchs (Schmerzensgeld) in Höhe von mindestens 250 Euro gegen einen Dritten erlangt, kann der Dienstherr auf Antrag die Erfüllung dieses Anspruchs bis zur Höhe des titulierten Anspruchs übernehmen, wenn und soweit die Vollstreckung innerhalb eines Jahres nach Erteilung des Vollstreckungsauftrages durch die Beamtin oder den Beamten erfolglos geblieben ist. ²Dies gilt nicht für Schmerzensgeldansprüche, die im Wege des Urkundenprozesses nach den §§ 592 bis 600 der Zivilprozessordnung festgestellt worden sind. ³Ein nicht oder nicht mehr widerruflicher Vergleich nach § 794 Absatz 1 Nummer 1 der Zivilprozessordnung steht einem rechtskräftigen Urteil gleich, wenn er der Höhe nach angemessen ist.

(2) Der Dienstherr soll die Erfüllungsübernahme verweigern, wenn auf Grund desselben Sachverhalts ein Anspruch auf Unfallausgleich nach § 39 des Bremischen Beamtenversorgungsgesetzes oder auf eine einmalige Unfallentschädigung nach § 48 des Bremischen Beamtenversorgungsgesetzes besteht.

(3) ¹Die Übernahme der Erfüllung ist innerhalb einer Ausschlussfrist von zwei Jahren nach Wirksamkeit des Vollstreckungstitels schriftlich unter Vorlage des Titels und des Nachweises des Vollstreckungsversuchs zu beantragen. ²Die Entscheidung trifft die oberste Dienstbehörde. ³Soweit der Dienstherr die Erfüllung übernommen hat, gehen die Ansprüche gegen Dritte auf ihn über. ⁴Der Übergang der Ansprüche kann nicht zum Nachteil der oder des Geschädigten geltend gemacht werden.

(4) ¹Wenn der Dienstherr auf Grund desselben tätlichen rechtswidrigen Angriffs einen Vollstreckungstitel über einen nach § 52 übergegangenen Anspruch auf Schadensersatz gegenüber demselben Dritten erlangt, kann er auf schriftlichen Antrag auch das Vollstreckungsverfahren für die Beamtin oder den Beamten aus einem nach Absatz 1 titulierten Anspruch übernehmen. ²Dem Antrag sind eine vollstreckbare Ausfertigung des Vollstreckungstitels sowie eine öffentlich beglaubigte Abtretungserklärung über den titulierten Anspruch nach § 727 Absatz 1 der Zivilprozessordnung beizufügen. ³Soweit die Vollstreckung erfolgreich ist, erhält die Beamtin oder der Beamte das Schmerzensgeld. ⁴Anderenfalls finden die Absätze 1 bis 3 Anwendung.

(5) Für einen Vollstreckungstitel im Sinne des Absatzes 1, der vor dem 1. September 2017 erlangt wurde und bei dem der Eintritt der Rechtskraft oder der Unwiderruflichkeit nicht länger als drei Jahre

zurückliegt, kann der Antrag innerhalb einer Ausschlussfrist von einem Jahr ab dem 1. September 2017 gestellt werden.

§ 84 Reise- und Umzugskosten
Reise- und Umzugskostenvergütungen der Beamtinnen und Beamten werden durch Gesetz geregelt.

Unterabschnitt 5
Personalakten (§ 50 des Beamtenstatusgesetzes)

§ 85 Inhalt der Personalakten sowie Zugang zu Personalakten
(1) Der Dienstherr darf personenbezogene Daten über Bewerberinnen und Bewerber, Beamtinnen und Beamte sowie ehemalige Beamtinnen und Beamte nur erheben, soweit dies zur Begründung, Durchführung, Beendigung oder Abwicklung des Dienstverhältnisses oder zur Durchführung organisatorischer, personeller und sozialer Maßnahmen, insbesondere auch zu Zwecken der Personalplanung und des Personaleinsatzes, erforderlich ist und dadurch schutzwürdige Belange der oder des Betroffenen nicht beeinträchtigt werden oder eine Rechtsvorschrift dies erlaubt.
(2) [1]Andere Unterlagen als Personalaktendaten dürfen in die Personalakte nicht aufgenommen werden. [2]Die Akte kann in Teilen oder vollständig elektronisch geführt werden. [3]Nicht Bestandteil der Personalakte sind Unterlagen, die besonderen, von der Person und dem Dienstverhältnis sachlich zu trennenden Zwecken dienen, insbesondere Vorgänge, die von Behörden im Rahmen der Aufsicht oder zur Rechnungsprüfung angelegt werden, Prüfungs-, Sicherheits- und Kindergeldakten sowie Unterlagen über ärztliche und psychologische Untersuchungen, Behandlungen und Tests mit Ausnahme deren Ergebnisse. [4]Kindergeldakten können mit Besoldungs- und Versorgungsakten verbunden geführt werden, wenn diese von der übrigen Personalakte getrennt sind und von einer von der Personalverwaltung getrennten Organisationseinheit bearbeitet werden.
(3) [1]Die Personalakte kann nach sachlichen Gesichtspunkten in Grundakte und Teilakten gegliedert werden. [2]Teilakten können bei der für den betreffenden Aufgabenbereich zuständigen Organisationseinheit geführt werden. [3]Nebenakten (Unterlagen, die sich auch in der Grundakte oder in Teilakten befinden) dürfen nur geführt werden, wenn die personalverwaltende Organisationseinheit nicht zugleich Beschäftigungsdienststelle ist oder wenn mehrere personalverwaltende Organisationseinheiten für die Beamtin oder den Beamten zuständig sind; sie dürfen nur solche Unterlagen enthalten, deren Kenntnis zur rechtmäßigen Aufgabenerledigung der betreffenden Behörde erforderlich ist. [4]In die Grundakte ist ein vollständiges Verzeichnis aller Teil- und Nebenakten aufzunehmen. [5]Wird die Personalakte nicht vollständig in Schriftform oder vollständig elektronisch geführt, ist schriftlich festzulegen, welche Teile in welcher Form geführt werden.
(4) Zugang zur Personalakte dürfen nur Beschäftigte haben, die mit der Bearbeitung von Personalangelegenheiten beauftragt sind, und nur soweit dies zu Zwecken der Personalverwaltung oder der Personalwirtschaft erforderlich ist.
(5) [1]Auf Verlangen ist der oder dem behördlichen Datenschutzbeauftragten nach § 7a des Bremischen Datenschutzgesetzes Zugang zur Personalakte zu gewähren. [2]Zugang haben ferner die mit Angelegenheiten der Innenrevision beauftragten Beschäftigten, soweit sie zur Durchführung ihrer Aufgaben erforderlichen Erkenntnisse nur auf diesem Weg und nicht durch Auskunft aus der Personalakte gewinnen können. [3]Jede Einsichtnahme nach Satz 2 ist aktenkundig zu machen.
(6) [1]Eine Verwendung für andere Zwecke als die der Personalverwaltung und Personalwirtschaft liegt nicht vor, wenn Personalaktendaten ausschließlich für Zwecke der Datenschutzkontrolle verwendet werden. [2]Gleiches gilt, soweit im Rahmen der Datensicherung oder der Sicherung des ordnungsgemäßen Betriebes einer Datenverarbeitungsanlage eine nach dem Stand der Technik nicht oder nur mit unverhältnismäßigem Aufwand zu vermeidende Kenntnisnahme von Personalaktendaten erfolgt.
(7) Die oberste Dienstbehörde kann abweichend von Absatz 4 einer anderen Stelle die Verarbeitung von personenbezogenen Daten im Auftrag übertragen; im Übrigen gilt § 9 des Bremischen Datenschutzgesetzes.
(8) Die oberste Dienstbehörde erlässt Verwaltungsvorschriften über die Erhebung von Personalaktendaten und die Führung der Personalakten.

§ 86 Beihilfeunterlagen
[1]Unterlagen über Beihilfen sind stets als Teilakte zu führen. [2]Diese ist von der übrigen Personalakte getrennt aufzubewahren. [3]Sie soll in einer von der übrigen Personalverwaltung getrennten Organi-

sationseinheit bearbeitet werden; Zugang sollen nur Beschäftigte dieser Organisationseinheit haben.
[4]Die Beihilfeakte darf für andere als für Beihilfezwecke nur verwendet oder weitergegeben werden, wenn die oder der Beihilfeberechtigte und die bei der Beihilfegewährung berücksichtigten Angehörigen im Einzelfall einwilligen, die Einleitung oder Durchführung eines im Zusammenhang mit einem Beihilfeantrag stehenden behördlichen oder gerichtlichen Verfahrens dies erfordert oder soweit es zur Abwehr erheblicher Nachteile für das Gemeinwohl, einer sonst unmittelbar drohenden Gefahr für die öffentliche Sicherheit oder einer schwerwiegenden Beeinträchtigung der Rechte einer anderen Person erforderlich ist. [5]Als Beihilfezweck nach Satz 4 gilt auch die Geltendmachung eines Anspruchs auf Abschläge nach § 1 des Gesetzes über Rabatte für Arzneimittel vom 22. Dezember 2010 (BGBl. I S. 2262, 2275). [6]Die Organisationseinheit darf Beihilfeunterlagen zu diesem Zweck speichern, verwenden oder nach § 3 des Gesetzes weitergeben. [7]Die Sätze 1 bis 6 gelten entsprechend für Unterlagen über Heilfürsorge und Heilverfahren.

§ 87 Anhörung
[1]Beamtinnen und Beamte sind zu Beschwerden, Behauptungen und Bewertungen, die für sie ungünstig sind oder ihnen nachteilig werden können, vor deren Aufnahme in die Personalakte zu hören, soweit die Anhörung nicht nach anderen Rechtsvorschriften erfolgt. [2]Die Äußerung der Beamtinnen und Beamten ist zur Personalakte zu nehmen.

§ 88 Einsichtnahme in Personalakten
(1) Beamtinnen und Beamte haben, auch nach Beendigung des Beamtenverhältnisses, ein Recht auf Einsicht in ihre vollständige Personalakte.
(2) [1]Bevollmächtigten der Beamtinnen und Beamten ist Einsicht zu gewähren, soweit dienstliche Gründe nicht entgegenstehen. [2]Dies gilt auch für Hinterbliebene und deren Bevollmächtigte, wenn ein berechtigtes Interesse glaubhaft gemacht wird. [3]Für Auskünfte aus der Personalakte gelten die Sätze 1 und 2 entsprechend.
(3) [1]Die personalaktenführende Behörde bestimmt, wo die Einsicht gewährt wird. [2]Soweit dienstliche Gründe nicht entgegenstehen, können Auszüge, Abschriften, Ablichtungen, Ausdrucke oder elektronische Kopien gefertigt werden.
(4) [1]Beamtinnen und Beamte haben ein Recht auf Einsicht auch in andere Akten, die personenbezogene Daten über sie enthalten und für ihr Dienstverhältnis verarbeitet werden, soweit gesetzlich nichts anderes bestimmt ist; dies gilt nicht für Sicherheitsakten. [2]Die Einsichtnahme ist unzulässig, wenn die Daten der Betroffenen mit Daten Dritter oder geheimhaltungsbedürftigen nicht personenbezogenen Daten derart verbunden sind, dass ihre Trennung nicht oder nur mit unverhältnismäßig großem Aufwand möglich ist. [3]In diesem Fall ist den Beamtinnen und Beamten Auskunft zu erteilen.

§ 89 Vorlage von Personalakten und Auskunft aus Personalakten
(1) [1]Ohne Einwilligung der Beamtin oder des Beamten ist es zulässig, die Personalakte für Zwecke der Personalverwaltung oder Personalwirtschaft der obersten Dienstbehörde, dem Richterwahlausschuss und dem Landesbeamtenausschuss oder einer im Rahmen der Dienstaufsicht weisungsbefugten Behörde vorzulegen. [2]Das Gleiche gilt für andere Behörden desselben oder eines anderen Dienstherrn, soweit diese an einer Personalentscheidung mitwirken. [3]Ärztinnen und Ärzten sowie Psychologinnen und Psychologen, die im Auftrag der personalverwaltenden Behörde ein Gutachten erstellen oder einen entsprechenden Test durchführen, darf die Personalakte ebenfalls ohne Einwilligung vorgelegt werden. [4]Für Auskünfte aus der Personalakte gelten die Sätze 1 bis 3 entsprechend. [5]Soweit eine Auskunft ausreicht, ist von einer Vorlage abzusehen.
(2) Personenbezogene Daten aus der Personalakte dürfen auch ohne Einwilligung der Betroffenen genutzt oder an eine andere Behörde oder beauftragte Stelle weitergegeben werden, soweit sie für die Festsetzung und Berechnung der Besoldung, Versorgung, Beihilfe oder für die Prüfung der Kindergeldberechtigung erforderlich sind.
(3) [1]Auskünfte an Dritte dürfen nur mit Einwilligung der Beamtin oder des Beamten erteilt werden, es sei denn, dass die Abwehr einer erheblichen Beeinträchtigung des Gemeinwohls oder der Schutz berechtigter höherwertiger Interessen des Dritten die Auskunftserteilung zwingend erfordert. [2]Inhalt und Empfängerin oder Empfänger der Auskunft sind der Beamtin oder dem Beamten schriftlich mitzuteilen.

(4) ¹Zur Erfüllung von Mitteilungs- und Meldepflichten im Rahmen der europäischen Verwaltungszusammenarbeit nach den §§ 8a bis 8e des Bremischen Verwaltungsverfahrensgesetzes dürfen den zuständigen Behörden der Mitgliedstaaten der Europäischen Union die dafür erforderlichen Personalaktendaten im Wege der Auskunft ohne Einwilligung der Beamtin oder des Beamten offenbart werden. ²§ 8d Absatz 2 des Bremischen Verwaltungsverfahrensgesetzes gilt entsprechend.
(5) Vorlage und Auskunft sind auf den jeweils erforderlichen Umfang zu beschränken.

§ 90 Entfernung von Unterlagen aus Personalakten

(1) ¹Unterlagen über Beschwerden, Behauptungen und Bewertungen, auf die § 16 Absatz 3 und 4 Satz 1 des Bremischen Disziplinargesetzes keine Anwendung findet, sind,
1. falls sie sich als unbegründet oder falsch erwiesen haben, mit Zustimmung der Beamtin oder des Beamten unverzüglich aus der Personalakte zu entfernen und zu vernichten,
2. falls sie für Beamtinnen oder Beamte ungünstig sind oder ihnen nachteilig werden können, auf ihren Antrag nach zwei Jahren zu entfernen und zu vernichten; dies gilt nicht für dienstliche Beurteilungen.

²Die Frist nach Satz 1 Nummer 2 wird durch erneute Sachverhalte im Sinne dieser Vorschrift oder durch die Einleitung eines Straf- oder Disziplinarverfahrens unterbrochen. ³Stellt sich der erneute Vorwurf als unbegründet oder falsch heraus, gilt die Frist als nicht unterbrochen.
(2) ¹Mitteilungen in Strafsachen, soweit sie nicht Bestandteil einer Disziplinarakte sind, sowie Auskünfte aus dem Bundeszentralregister sind mit Zustimmung der Beamtin oder des Beamten nach drei Jahren zu entfernen und zu vernichten. ²Absatz 1 Satz 2 und 3 gilt entsprechend.

§ 91 Aufbewahrungsfristen

(1) ¹Personalakten sind nach ihrem Abschluss von der personalaktenführenden Behörde fünf Jahre aufzubewahren. ²Personalakten sind abgeschlossen,
1. wenn die Beamtin oder der Beamte nach Ablauf des Vorbereitungsdienstes aus dem Beamtenverhältnis auf Widerruf ausgeschieden ist,
2. wenn die Beamtin oder der Beamte ohne versorgungsberechtigte Hinterbliebene verstorben ist, mit Ablauf des Todesjahres,
3. wenn Versorgungsansprüche bestehen, mit Ablauf des Kalenderjahres, in dem die Versorgungspflicht erlischt,
4. wenn keine Versorgungsansprüche bestehen, mit Ablauf des Jahres der Vollendung der Regelaltersgrenze, in den Fällen des § 24 des Beamtenstatusgesetzes und § 10 des Bremischen Disziplinargesetzes jedoch erst, wenn mögliche Versorgungsempfängerinnen oder Versorgungsempfänger nicht mehr vorhanden sind.

(2) ¹Zahlungsbegründende Unterlagen über Beihilfen, freie Heilfürsorge, Heilverfahren, Vorschüsse, Abtretungen, Pfändungen, Erkrankungen, Umzugs- und Reisekosten sind fünf Jahre, Unterlagen über Erholungsurlaub sind drei Jahre nach Ablauf des Jahres, in dem die Bearbeitung des einzelnen Vorgangs abgeschlossen wurde, aufzubewahren. ²Unterlagen, aus denen die Art einer Erkrankung ersichtlich ist, sind unverzüglich zurückzugeben oder zu vernichten, wenn sie für den Zweck, zu dem sie vorgelegt worden sind, nicht mehr benötigt werden. ³Über den aus Satz 2 folgenden Zeitpunkt hinaus dürfen Unterlagen über die Verordnung von Arzneimitteln für den in § 86 Satz 5 genannten Zweck weitere zwölf Monate aufbewahrt werden.
(3) Versorgungsakten sind fünf Jahre nach Ablauf des Jahres, in dem die letzte Versorgungszahlung geleistet worden ist, aufzubewahren; besteht die Möglichkeit eines Wiederauflebens des Anspruchs, sind die Akten 30 Jahre aufzubewahren.
(4) Die Personalakten und sonstige Personalunterlagen werden nach Ablauf der Aufbewahrungszeit vernichtet, sofern sie nicht vom zuständigen Archiv übernommen werden.

§ 92 Automatisierte Verarbeitung von Personalakten

(1) ¹Personalaktendaten dürfen in automatisierten Verfahren nur für Zwecke der Personalverwaltung oder der Personalwirtschaft verarbeitet werden. ²Ihre Übermittlung ist nur nach Maßgabe des § 89 zulässig. ³Ein automatisierter Datenabruf durch andere als die von Satz 2 erfassten Behörden ist unzulässig, soweit nicht durch besondere Rechtsvorschrift etwas anderes bestimmt ist.

(2) Personalaktendaten im Sinne des § 86 dürfen automatisiert nur im Rahmen ihrer Zweckbestimmung und nur von den übrigen Personaldateien technisch und organisatorisch getrennt verarbeitet und genutzt werden.
(3) Von den Unterlagen über medizinische oder psychologische Untersuchungen und Tests dürfen im Rahmen der Personalverwaltung nur die Ergebnisse automatisiert verarbeitet oder genutzt werden, soweit sie die Eignung betreffen und ihre Verarbeitung oder Nutzung dem Schutz der Beamtin oder des Beamten dient.
(4) Beamtenrechtliche Entscheidungen dürfen nicht ausschließlich auf Informationen und Erkenntnisse gestützt werden, die unmittelbar durch automatisierte Verarbeitung personenbezogener Daten gewonnen werden.
(5) [1]Bei erstmaliger Speicherung ist den Betroffenen die Art der über sie gemäß Absatz 1 gespeicherten Daten mitzuteilen, bei wesentlichen Änderungen sind sie zu benachrichtigen. [2]Ferner sind die Verarbeitungs- und Nutzungsformen automatisierter Personalverwaltungsverfahren zu dokumentieren und einschließlich des jeweiligen Verwendungszweckes sowie der regelmäßigen Empfänger und des Inhalts automatisierter Datenübermittlung allgemein bekannt zu geben.

§ 92a Übertragung von Aufgaben der Personalverwaltung

(1) [1]Der Dienstherr kann Aufgaben der Personalverwaltung zur Durchführung auf eine personalverwaltende Stelle eines anderen Dienstherrn im Geltungsbereich dieses Gesetzes übertragen. [2]Die Aufgabenübertragung kann sich auch auf die Durchführung von Widerspruchsverfahren und die Vertretung des Dienstherrn in gerichtlichen Verfahren erstrecken. [3]Der Dienstherr darf die zur Aufgabenerfüllung erforderlichen Personalaktendaten an die personalverwaltende Stelle übermitteln.
(2) Die mit der Durchführung beauftragte personalverwaltende Stelle handelt in Vertretung des die Aufgabe übertragenden Dienstherrn.
(3) In der Verwaltungsvereinbarung über die Übertragung der Aufgaben ist sicherzustellen, dass dem abgebenden Dienstherrn ausreichende Einwirkungs- und Steuerungsmöglichkeiten gegenüber der personalverwaltenden Dienststelle des anderen Dienstherrn eingeräumt werden.

Abschnitt 7
Beteiligung der Spitzenorganisationen

§ 93 Beteiligung der Spitzenorganisationen der Gewerkschaften und Berufsverbände (§ 53 des Beamtenstatusgesetzes)

(1) [1]Die Spitzenorganisationen der zuständigen Gewerkschaften und der Berufsverbände sind bei der Vorbereitung allgemeiner Regelungen der beamtenrechtlichen Verhältnisse zu beteiligen. [2]Ziel der Beteiligung ist eine sachgerechte Einigung.
(2) [1]Die Senatorin oder der Senator für Finanzen und die Spitzenorganisationen der Gewerkschaften und Berufsverbände kommen regelmäßig zu Gesprächen über allgemeine und grundsätzliche Fragen des Beamtenrechts zusammen. [2]Darüber hinaus werden aus besonderem Anlass weitere Gespräche vereinbart. [3]Für die Teilnahme an diesen Gesprächen ist den Beamtinnen und Beamten die erforderliche Dienstbefreiung unter Belassung der Bezüge zu gewähren.
(3) [1]Die Entwürfe allgemeiner beamtenrechtlicher Regelungen werden den Spitzenorganisationen mit einer angemessenen Frist zur Stellungnahme zugeleitet. [2]Daneben findet eine mündliche Erörterung statt, wenn nicht im beiderseitigen Einverständnis darauf verzichtet wird. [3]Absatz 2 Satz 3 findet Anwendung. [4]Vorschläge der Spitzenorganisationen, die in Senatsvorlagen keine Berücksichtigung gefunden haben, werden dem Senat in der Vorlage unter Angabe der Gründe mitgeteilt. [5]Vorschläge der Spitzenorganisationen, die in Gesetzentwürfen keine Berücksichtigung gefunden haben, werden der Bremischen Bürgerschaft in der Vorlage unter Angabe der Gründe mitgeteilt.
(4) Das Beteiligungsverfahren kann durch Vereinbarung zwischen Senat und Spitzenorganisationen ausgestaltet werden.

Abschnitt 8
Landesbeamtenausschuss

§ 94 Aufgaben des Landesbeamtenausschusses

[1]Der Landesbeamtenausschuss wirkt im Rahmen der ihm durch Gesetz oder Rechtsverordnung übertragenen Aufgaben an Personalentscheidungen mit dem Ziel mit, die einheitliche Durchführung der

beamtenrechtlichen Vorschriften sicherzustellen. ²Er übt seine Tätigkeit unabhängig und in eigener Verantwortung aus.

§ 95 Mitglieder
(1) Der Landesbeamtenausschuss besteht aus sechs ordentlichen und sechs stellvertretenden Mitgliedern.
(2) ¹Alle ordentlichen und stellvertretenden Mitglieder müssen Beamtinnen oder Beamte auf Lebenszeit oder Beamtinnen oder Beamte auf Zeit bei einem der in § 1 genannten Dienstherren sein. ²Ständiges ordentliches Mitglied ist die Präsidentin oder der Präsident des Rechnungshofs der Freien Hansestadt Bremen als Vorsitzende oder Vorsitzender. ³Sie oder er wird durch die Vertreterin oder den Vertreter im Hauptamt vertreten. ⁴Die nicht ständigen ordentlichen und stellvertretenden Mitglieder werden für die Dauer von fünf Jahren vom Senat bestellt. ⁵Nach Ablauf ihrer Amtszeit setzen sie ihre Tätigkeit bis zur Neubestellung der Mitglieder fort.
(3) ¹Ordentliche Mitglieder sind zwei Beamtinnen oder Beamte der Laufbahngruppe 2. ²Sie werden durch Beamtinnen oder Beamte der Laufbahngruppe 2 vertreten. ³Eines der ordentlichen Mitglieder und eines der stellvertretenden Mitglieder werden auf Vorschlag des Magistrats der Stadtgemeinde Bremerhaven bestellt.
(4) Die weiteren drei ordentlichen Mitglieder und ihre Stellvertreterinnen oder Stellvertreter werden aufgrund von Vorschlägen der Spitzenorganisationen der Gewerkschaften im Lande Bremen bestellt, wobei ein Mitglied Beamtin oder Beamter der Stadtgemeinde Bremerhaven sein soll.

§ 96 Rechtsstellung der Mitglieder
(1) ¹Die Mitglieder des Landesbeamtenausschusses sind unabhängig und nur dem Gesetz unterworfen. ²Sie üben ihre Tätigkeit innerhalb dieser Schranken in eigener Verantwortung aus.
(2) Die Mitglieder dürfen wegen ihrer Tätigkeit nicht dienstlich gemaßregelt, benachteiligt oder bevorzugt werden.
(3) ¹Die Mitgliedschaft im Landesbeamtenausschuss endet
1. durch Zeitablauf,
2. auf Antrag eines berufenen Mitglieds, wenn hierfür wichtige Gründe vorliegen,
3. wenn eine der Voraussetzungen fortfällt, unter denen das Mitglied berufen worden ist oder
4. wenn das Mitglied in einem Strafverfahren rechtskräftig zu einer Freiheitsstrafe verurteilt wurde oder in einem Disziplinarverfahren eine Disziplinarmaßnahme, die über einen Verweis hinausgeht, gegen das Mitglied unanfechtbar ausgesprochen worden ist. Die Mitwirkung im Landesbeamtenausschuss ruht während der Dauer eines Disziplinarverfahrens.

²§ 39 des Beamtenstatusgesetzes findet keine Anwendung.

§ 97 Geschäftsordnung und Verfahren
(1) Der Landesbeamtenausschuss gibt sich eine Geschäftsordnung.
(2) Die Sitzungen des Landesbeamtenausschusses sind nicht öffentlich.

§ 98 Beschlüsse
(1) Soweit dem Landesbeamtenausschuss eine Entscheidungsbefugnis eingeräumt ist, binden seine Beschlüsse die beteiligten Verwaltungen.
(2) ¹Beschlüsse werden mit Stimmenmehrheit gefasst; zur Beschlussfähigkeit ist die Anwesenheit von mindestens vier Mitgliedern erforderlich. ²Bei Stimmengleichheit entscheidet die Stimme der oder des Vorsitzenden.
(3) Der Landesbeamtenausschuss hat das Recht, Beschlüsse von allgemeiner Bedeutung zu veröffentlichen.

§ 99 Beweiserhebung, Amtshilfe
(1) Der Landesbeamtenausschuss kann zur Durchführung seiner Aufgaben in entsprechender Anwendung der Vorschriften der Verwaltungsgerichtsordnung Beweise erheben.
(2) Alle Dienststellen haben dem Landesbeamtenausschuss unentgeltlich Amtshilfe zu leisten und auf Verlangen Auskünfte zu erteilen sowie Akten vorzulegen, wenn dies zur Durchführung seiner Aufgaben erforderlich ist.

§ 100 Geschäftsstelle
Bei der Senatorin oder dem Senator für Finanzen wird eine Geschäftsstelle eingerichtet, die die Verhandlungen des Landesbeamtenausschusses vorbereitet und seine Beschlüsse ausführt.

Abschnitt 9
Beschwerdeweg und Rechtsschutz

§ 101 Anträge und Beschwerden
(1) ¹Beamtinnen und Beamte können Anträge und Beschwerden vorbringen; hierbei haben sie den Dienstweg einzuhalten. ²Der Beschwerdeweg bis zur obersten Dienstbehörde steht offen.

(2) Richtet sich die Beschwerde gegen die unmittelbare Vorgesetzte oder Dienstvorgesetzte oder den unmittelbaren Vorgesetzten oder Dienstvorgesetzten, so kann sie bei der nächsthöheren Vorgesetzten oder Dienstvorgesetzten oder dem nächsthöheren Vorgesetzten oder Dienstvorgesetzten unmittelbar eingereicht werden.

§ 102 Verwaltungsrechtsweg (§ 54 des Beamtenstatusgesetzes)
(1) Vor Erhebung einer Klage gegen eine Maßnahme, die vom Senat getroffen worden ist, findet ein Vorverfahren nicht statt.

(2) Widerspruch und Anfechtungsklage gegen eine Abordnung (§ 28) oder Versetzung (§ 29) haben keine aufschiebende Wirkung.

§ 103 Vertretung des Dienstherrn
(1) Bei Klagen aus dem Beamtenverhältnis wird der Dienstherr durch die oberste Dienstbehörde vertreten, der die Beamtin oder der Beamte untersteht oder bei der Beendigung des Beamtenverhältnisses unterstanden hat.

(2) Besteht die oberste Dienstbehörde nicht mehr und ist eine andere Dienstbehörde nicht bestimmt, tritt an ihre Stelle die Senatorin oder der Senator für Finanzen.

§ 104 Zustellung von Verfügungen und Entscheidungen
Verfügungen oder Entscheidungen, die Beamtinnen und Beamten oder Versorgungsberechtigten nach den Vorschriften dieses Gesetzes bekannt zu geben sind, sind zuzustellen, wenn durch sie eine Frist in Lauf gesetzt wird oder Rechte der Beamtinnen und Beamten oder Versorgungsberechtigten durch sie berührt werden.

Abschnitt 10
Besondere Vorschriften für einzelne Beamtengruppen

§ 105 Allgemeines
Für die in diesem Abschnitt genannten Beamtengruppen gelten die Vorschriften dieses Gesetzes nach Maßgabe der folgenden Bestimmungen.

Unterabschnitt 1
Bürgerschaft

§ 106 Beamtinnen und Beamte bei der Bürgerschaft
(1) ¹Die Beamtinnen und Beamten der Bremischen Bürgerschaft sind Landesbeamtinnen und Landesbeamte. ²Ihre Ernennung, Entlassung und Zurruhesetzung werden durch den Vorstand der Bremischen Bürgerschaft vorgenommen, der zugleich oberste Dienstbehörde für diese Beamtinnen und Beamten ist.

(2) ¹Die auf Vorschlag des Präsidenten oder der Präsidentin der Bremischen Bürgerschaft erfolgende Ernennung einer Bürgerschaftsdirektorin oder eines Bürgerschaftsdirektors durch den Vorstand der Bremischen Bürgerschaft bedarf einer Mehrheit von drei Vierteln seiner Mitglieder. ²Der Vorstand der Bremischen Bürgerschaft kann die Direktorin oder den Direktor bei der Bürgerschaft in den einstweiligen Ruhestand versetzen.

Unterabschnitt 2
Polizeivollzug

§ 107 Laufbahnen der Polizeivollzugsbeamtinnen und -beamten
In den Vorschriften über die Laufbahnen der Fachrichtung Polizei kann von den Vorschriften der §§ 14 und 21 abgewichen werden, soweit die besonderen Verhältnisse des Polizeivollzugsdienstes dies erfordern.

§ 108 Altersgrenze
(1) Die Altersgrenze für die Polizeivollzugsbeamtinnen und Polizeivollzugsbeamten bildet die Vollendung des 62. Lebensjahres.
(2) [1]Polizeivollzugsbeamtinnen und Polizeivollzugsbeamte auf Lebenszeit, die vor dem 1. Januar 1953 geboren sind, erreichen die Altersgrenze mit Vollendung des 60. Lebensjahres. [2]Für Polizeivollzugsbeamtinnen und Polizeivollzugsbeamte auf Lebenszeit, die nach dem 31. Dezember 1952 geboren sind, wird die Altersgrenze wie folgt angehoben:

Geburtsjahr	Anhebung um Monate	auf Alter	
		Jahr	Monat
1953	4	60	4
1954	8	60	8
1955	12	61	0
1956	16	61	4
1957	20	61	8

[3]§ 35 Absatz 3 gilt entsprechend mit der Maßgabe, dass an die Stelle des 65. Lebensjahres das 60. Lebensjahr tritt.
(3) [1]§ 35 Absatz 4 Satz 1 Nummer 2 gilt mit der Maßgabe, dass der Ruhestand um bis zu fünf Jahre hinausgeschoben werden kann, wobei bei der erstmaligen Antragstellung der Zeitraum ein Jahr oder zwei Jahre, bei einer weiteren Antragstellung der Zeitraum ein Jahr, zwei Jahre oder drei Jahre betragen kann. [2]Die Gewährung von Altersteilzeit (§ 63) ist ausgeschlossen.

§ 109 Polizeidienstunfähigkeit
Die Polizeivollzugsbeamtin oder der Polizeivollzugsbeamte ist dienstunfähig, wenn sie oder er den besonderen gesundheitlichen Anforderungen des Polizeivollzugsdienstes nicht mehr genügt und nicht zu erwarten ist, dass sie ihre oder er seine volle Verwendungsfähigkeit innerhalb von zwei Jahren wiedererlangt (Polizeidienstunfähigkeit), es sei denn, die auszuübende Funktion erfordert bei Beamtinnen oder Beamten auf Lebenszeit diese besonderen gesundheitlichen Anforderungen auf Dauer nicht mehr uneingeschränkt.

§ 110 Gemeinschaftsunterkunft
(1) Die Polizeivollzugsbeamtin oder der Polizeivollzugsbeamte ist auf Anordnung der oder des Dienstvorgesetzten verpflichtet, in einer Gemeinschaftsunterkunft zu wohnen und an einer Gemeinschaftsverpflegung teilzunehmen.
(2) [1]Die Verpflichtung nach Absatz 1 kann einer Polizeivollzugsbeamtin oder einem Polizeivollzugsbeamten, die Beamtin oder Beamter auf Lebenszeit ist, nur für besondere Einsätze oder Lehrgänge oder für seine Aus- oder Weiterbildung auferlegt werden. [2]Für die übrigen Polizeivollzugsbeamtinnen und Polizeivollzugsbeamten können unter den Voraussetzungen des § 62 Absatz 1 Ausnahmen von Absatz 1 zugelassen werden.

§ 111 Heilfürsorge
[1]Polizeivollzugsbeamtinnen und Polizeivollzugsbeamten kann über die Unfallfürsorgebestimmungen hinaus Heilfürsorge gewährt werden. [2]Das Nähere, insbesondere den Umfang der freien Heilfürsorge, regelt die oberste Dienstbehörde durch Rechtsverordnung.

§ 112 Verbot der politischen Betätigung in Uniform
[1]Die Polizeivollzugsbeamtin oder der Polizeivollzugsbeamte darf sich in der Öffentlichkeit in Dienstkleidung nicht politisch betätigen. [2]Das gilt nicht für die Ausübung des Wahlrechts.

Unterabschnitt 3
Feuerwehr
§ 113 (Beamtinnen und Beamte der Berufsfeuerwehr)
(1) Für die Beamtinnen und Beamten der Berufsfeuerwehren gelten die Vorschriften des Unterabschnitts 2 dieses Abschnitts entsprechend mit Ausnahme des § 108 Absatz 3 und der §§ 110 und 112; an die Stelle der Polizeivollzugsdienstunfähigkeit tritt die Feuerwehrdienstunfähigkeit.
(2) Wird der Eintritt in den Ruhestand nach § 35 Absatz 4 hinausgeschoben, ist die Gewährung von Altersteilzeit nach § 63 ausgeschlossen.
(3) Für Beamtinnen und Beamte der Berufsfeuerwehren der Laufbahngruppe 1 bildet die Vollendung des 60. Lebensjahres die Altersgrenze.

Unterabschnitt 4
Justizvollzug
§ 114 Beamtinnen und Beamte des Justizvollzugs
(1) Für Beamtinnen und Beamte des allgemeinen Vollzugs- und Werkdienstes der Laufbahngruppe 1 sowie des Justizvollzugsdienstes der Laufbahngruppe 2 mit dem ersten Einsstiegsamt, einschließlich der Besoldungsgruppe A 13, bildet die Altersgrenze die Vollendung des 62. Lebensjahres.
(2) [1]Beamtinnen und Beamte im Sinne des Absatzes 1, die vor dem 1. Januar 1953 geboren sind, erreichen die Altersgrenze mit Vollendung des 60. Lebensjahres. [2]Für Beamtinnen und Beamte im Sinne des Absatzes 1, die nach dem 31. Dezember 1952 geboren sind, wird die Altersgrenze wie folgt angehoben:

Geburtsjahr	Anhebung um Monate	auf Alter	
		Jahr	Monat
1953	4	60	4
1954	8	60	8
1955	12	61	0
1956	16	61	4
1957	20	61	8

[3]§ 35 Absatz 3 gilt entsprechend mit der Maßgabe, dass an die Stelle des 65. Lebensjahres das 60. Lebensjahr tritt.
(3) § 113 Absatz 2 gilt entsprechend.
(4) [1]§ 109 gilt entsprechend; an die Stelle der Polizeidienstunfähigkeit tritt die Justizvollzugsdienstunfähigkeit. [2]Die besonderen gesundheitlichen Anforderungen an den Justizvollzugsdienst sind durch die oberste Dienstbehörde zu bestimmen.

Unterabschnitt 5
Hochschulen
§ 115 Beamtinnen und Beamte an Hochschulen
Auf Beamtinnen und Beamte an Hochschulen finden die allgemeinen Vorschriften dieses Gesetzes Anwendung, soweit in diesem Abschnitt, im Bremischen Hochschulgesetz oder im Bremischen Gesetz über die Hochschule für Öffentliche Verwaltung nichts anderes bestimmt ist.
§ 116 Professorinnen und Professoren
(1) Professorinnen und Professoren werden, soweit sie in das Beamtenverhältnis berufen werden, zu Beamtinnen oder Beamten auf Zeit oder auf Lebenszeit ernannt.
(2) [1]Professorinnen und Professoren können in das Beamtenverhältnis auf Zeit berufen werden zur Deckung eines vorübergehenden Lehrbedarfs, unter den Voraussetzungen des § 18 Absatz 10 des Bremischen Hochschulgesetzes bei Berufung auf eine erste Professorenstelle oder aus sonstigen im Interesse der Hochschule liegenden Gründen, die eine Befristung nahelegen. [2]Die Dauer des Beamtenverhältnisses darf fünf Jahre nicht übersteigen. [3]Im Fall einer Professur nach § 18a Absatz 1 Satz 1 des

Bremischen Hochschulgesetzes darf die Dauer des Beamtenverhältnisses auf Zeit sechs Jahre nicht übersteigen. ⁴Eine Verlängerung ist abgesehen von den Fällen des § 119 Absatz 3 und 4 dieses Gesetzes sowie des § 21c Satz 2 des Bremischen Hochschulgesetzes nicht zulässig; dies gilt auch für eine erneute Berufung in ein Beamtenverhältnis auf Zeit. ⁵Jedoch ist die Verlängerung bis höchstens zum Erreichen des in Satz 2 genannten Zeitraumes möglich, wenn die Zeitdauer des Beamtenverhältnisses auf weniger als fünf Jahre festgesetzt worden ist und die für die Begründung des Beamtenverhältnisses nach Satz 1 maßgebenden Gründe weiterhin bestehen; § 119 Absatz 3 und 4 dieses Gesetzes und § 21c Satz 2 des Bremischen Hochschulgesetzes bleiben unberührt.

(3) Einstellungsvoraussetzungen sind neben den allgemeinen Voraussetzungen mindestens
1. ein abgeschlossenes Hochschulstudium,
2. pädagogische Eignung,
3. eine in der Regel einjährige Erfahrung in der Lehre an einer Hochschule sowie die Bereitschaft zur hochschuldidaktischen Fortbildung,
4. besondere Befähigung zu wissenschaftlicher Arbeit, die in der Regel durch die Qualität einer Promotion nachgewiesen wird, oder besondere Befähigung zu künstlerischer Arbeit und
5. darüber hinaus je nach den Anforderungen der Stelle
   a) zusätzliche wissenschaftliche oder zusätzliche künstlerische Leistungen oder
   b) besondere Leistungen bei der Anwendung oder Entwicklung wissenschaftlicher Erkenntnisse und Methoden in einer mindestens fünfjährigen beruflichen Praxis, von der mindestens drei Jahre außerhalb des Hochschulbereichs ausgeübt worden sein müssen.

(4) ¹Die zusätzlichen wissenschaftlichen Leistungen nach Absatz 3 Nummer 5 Buchstabe a müssen habilitationsadäquat sein und werden in der Regel im Rahmen einer Juniorprofessur, eines erfolgreichen Begutachtungsverfahrens und im Übrigen insbesondere im Rahmen einer Tätigkeit als wissenschaftliche Mitarbeiterin oder wissenschaftlicher Mitarbeiter, als Lektorin oder Lektor im Sinne von § 24 des Bremischen Hochschulgesetzes an einer Hochschule oder einer außeruniversitären Forschungseinrichtung oder im Rahmen einer wissenschaftlichen Tätigkeit in der Wirtschaft oder in einem anderen gesellschaftlichen Bereich im In- oder Ausland erbracht. ²Satz 1 gilt nur bei der Berufung in ein erstes Professorinnen- oder Professorenamt. ³Die zusätzlichen wissenschaftlichen Leistungen nach Absatz 3 Nummer 5 Buchstabe a können auch Gegenstand eines Prüfungsverfahrens sein (Habilitationsverfahren). ⁴Die Qualität der für die Besetzung einer Professur erforderlichen zusätzlichen wissenschaftlichen Leistungen wird umfassend in Berufungsverfahren bewertet.

(5) ¹Auf eine Stelle, deren Funktionsbeschreibung die Wahrnehmung erziehungswissenschaftlicher oder fachdidaktischer Aufgaben in der Lehrerbildung vorsieht, soll nur berufen werden, wer eine dreijährige Schulpraxis nachweist. ²Professorinnen und Professoren an Fachhochschulen müssen die Einstellungsvoraussetzungen nach Absatz 3 Nummer 5 Buchstabe b erfüllen; in besonders begründeten Ausnahmefällen können solche Professorinnen und Professoren berufen werden, wenn sie die Einstellungsvoraussetzungen nach Absatz 3 Nummer 5 Buchstabe a erfüllen.

(6) Soweit es der Eigenart des Faches und den Anforderungen der Stelle entspricht, kann abweichend von Absatz 3 Nummer 1 bis 5 und den Absätzen 4 und 5 als Professorin oder Professor auch eingestellt werden, wer hervorragende fachbezogene Leistungen in der künstlerischen Praxis und pädagogische Eignung nachweist.

§ 117 Juniorprofessorinnen und Juniorprofessoren

(1) ¹Juniorprofessorinnen und Juniorprofessoren werden, soweit sie in das Beamtenverhältnis berufen werden, für die Dauer von drei Jahren zu Beamtinnen und Beamten auf Zeit ernannt. ²Das Beamtenverhältnis der Juniorprofessorinnen und Juniorprofessoren soll mit ihrer Zustimmung im Laufe des dritten Jahres um weitere drei Jahre verlängert werden, wenn sie sich als Hochschullehrerinnen oder Hochschullehrer bewährt haben; anderenfalls kann das Beamtenverhältnis mit Zustimmung der Juniorprofessorin oder des Juniorprofessors um bis zu einem Jahr verlängert werden. ³Eine weitere Verlängerung ist abgesehen von den Fällen des § 119 Absatz 3 und 4 dieses Gesetzes sowie des § 21c Satz 2 des Bremischen Hochschulgesetzes nicht zulässig; dies gilt auch für eine erneute Einstellung als Juniorprofessorin oder Juniorprofessor.

(2) ¹Einstellungsvoraussetzung für Juniorprofessorinnen und Juniorprofessoren sind neben den allgemeinen dienstrechtlichen Voraussetzungen
1. ein abgeschlossenes Hochschulstudium,

2. pädagogische Eignung,
3. besondere Befähigung zu wissenschaftlicher Arbeit, die in der Regel durch die herausragende Qualität einer Promotion nachgewiesen wird.

²§ 116 Absatz 5 Satz 1 gilt entsprechend. ³Sofern vor oder nach der Promotion eine Beschäftigung als wissenschaftliche Mitarbeiterin oder wissenschaftlicher Mitarbeiter oder wissenschaftliche Hilfskraft oder nach der Promotion eine Beschäftigung als Lektorin oder als Lektor erfolgt ist, sollen Promotions- und Beschäftigungsphase zusammen nicht mehr als sechs Jahre betragen haben. ⁴Verlängerungen entsprechend der Regelung des § 119 Absatz 3 Nummer 1, 2, 4 und 5 dieses Gesetzes sowie des § 21c Satz 2 des Bremischen Hochschulgesetzes bleiben hierbei außer Betracht. ⁵Auf die zulässige Befristungsdauer nach den Sätzen 3 und 4 sind alle befristeten Beschäftigungsverhältnisse mit mehr als einem Viertel der regelmäßigen Arbeitszeit, die mit einer deutschen Hochschule oder einer staatlichen oder maßgeblich staatlich geförderten Forschungseinrichtung geschlossen wurden, sowie entsprechende Beamtenverhältnisse auf Zeit anzurechnen. ⁶Das gilt auch für Privatdienstverträge, die von einem Mitglied einer Hochschule, das Aufgaben seiner Hochschule selbständig wahrnimmt, zur Unterstützung bei der Erfüllung dieser Aufgaben mit aus Mitteln Dritter vergüteten wissenschaftlichen oder künstlerischen Mitarbeiterinnen oder Mitarbeitern, Lektorinnen oder Lektoren oder Hilfskräften befristet abgeschlossen wurden.

§ 118 Wissenschaftliche und künstlerische Mitarbeiterinnen und Mitarbeiter

(1) ¹Wissenschaftliche und künstlerische Mitarbeiterinnen und Mitarbeiter mit dem Ziel der Qualifizierung nach § 23 des Bremischen Hochschulgesetzes werden, soweit sie in das Beamtenverhältnis berufen werden, auf Zeit eingestellt. ²Die Dauer des Beamtenverhältnisses darf sechs Jahre vor der Promotion und sechs Jahre nach der Promotion nicht übersteigen.

(2) ¹Wissenschaftliche Mitarbeiterinnen und Mitarbeiter in der Dienstleistung nach § 23a des Bremischen Hochschulgesetzes werden, soweit sie in das Beamtenverhältnis auf Zeit berufen werden, für die Dauer von zwei Jahren ernannt. ²Bei Bewährung ist eine zweimalige Verlängerung von jeweils zwei Jahren möglich. ³Sie können zu Beamtinnen oder Beamten auf Lebenszeit ernannt werden, wenn die von ihnen erbrachten wissenschaftlichen Dienstleistungen dauerhaft erforderlich sind.

(3) ¹Einstellungsvoraussetzung für wissenschaftliche Mitarbeiterinnen und Mitarbeiter ist neben den allgemeinen Voraussetzungen in der Regel ein abgeschlossenes, zur Promotion berechtigendes Hochschulstudium. ²Für wissenschaftliche Mitarbeiterinnen und Mitarbeiter mit dem Ziel der weiteren wissenschaftlichen Qualifizierung in der Postdoc-Phase ist die Einstellungsvoraussetzung eine abgeschlossene Promotion.

(4) ¹Absatz 2 Satz 1 gilt entsprechend für die Einstellung künstlerischer Mitarbeiterinnen und Mitarbeiter. ²Die künstlerische Befähigung kann durch ein abgeschlossenes Hochschulstudium oder durch eine mehrjährige künstlerische Berufstätigkeit nachgewiesen werden. ³Bei Vorliegen eines besonderen dienstlichen Interesses können künstlerische Mitarbeiterinnen und Mitarbeiter zu Beamtinnen oder Beamten auf Lebenszeit ernannt werden.

§ 118a Lektorinnen und Lektoren

(1) ¹Lektorinnen und Lektoren werden, soweit sie in das Beamtenverhältnis auf Zeit berufen werden, für die Dauer von zwei Jahren ernannt. ²Bei Bewährung ist eine zweimalige Verlängerung von jeweils zwei Jahren möglich. ³Sie können bei Bewährung und dem Vorliegen eines dienstlichen Interesses und bei Vorliegen der allgemeinen beamtenrechtlichen Voraussetzungen zu Beamtinnen oder Beamten auf Lebenszeit ernannt werden, ohne zunächst zu Beamtinnen und Beamten auf Zeit ernannt worden zu sein.

(2) Einstellungsvoraussetzung für Lektorinnen und Lektoren ist neben den allgemeinen Voraussetzungen in der Regel ein abgeschlossenes Hochschulstudium und eine Promotion.

§ 119 Dienstrechtliche Sonderregelungen für das beamtete wissenschaftliche und künstlerische Personal an Hochschulen

(1) ¹Für Hochschullehrerinnen und Hochschullehrer (Professorinnen und Professoren sowie Juniorprofessorinnen und Juniorprofessoren) finden die Vorschriften über die Laufbahnen und den einstweiligen Ruhestand keine Anwendung. ²Professorinnen und Professoren auf Zeit sowie Lektorinnen und Lektoren auf Zeit, Juniorprofessorinnen und Juniorprofessoren sowie wissenschaftliche und künstlerische Mitarbeiterinnen und Mitarbeiter auf Zeit sind mit Ablauf ihrer Amtszeit entlassen; ein Eintritt

in den Ruhestand ist ausgeschlossen. ³Die §§ 60, 63 und 67 sind auf Hochschullehrerinnen und Hochschullehrer nicht anzuwenden; erfordert jedoch der Aufgabenbereich einer Hochschuleinrichtung eine regelmäßige oder planmäßige Anwesenheit, kann § 60 für bestimmte Beamtinnen und Beamten für anwendbar erklärt werden; die Vorschriften über den Verlust der Bezüge wegen nicht genehmigten schuldhaften Fernbleibens vom Dienst sind anzuwenden. ⁴Die Beamtinnen und Beamten müssen ihren Erholungsurlaub in der veranstaltungsfreien Zeit nehmen.

(2) ¹Hochschullehrerinnen und Hochschullehrer können nur mit ihrer Zustimmung abgeordnet oder versetzt werden. ²Abordnungen und Versetzungen in ein gleichwertiges Amt an einer anderen Hochschule oder einer gemeinsamen Teilkörperschaft nach § 13a Absatz 3 des Bremischen Hochschulgesetzes sind auch ohne Zustimmung der Beamtin oder des Beamten zulässig, wenn die Hochschule oder Hochschuleinrichtung, an der die Hochschullehrerin oder der Hochschullehrer tätig ist, aufgelöst oder mit einer anderen Hochschule zusammengeschlossen wird oder eine gemeinsame Teilkörperschaft nach § 13a Absatz 3 des Bremischen Hochschulgesetzes gebildet wird. ³Hochschullehrerinnen und Hochschullehrer können auch verpflichtet werden, ihre Lehr- und Prüfungsverpflichtung an einer anderen Hochschule oder einer gemeinsamen Teilkörperschaft nach § 13a Absatz 3 des Bremischen Hochschulgesetzes zu erbringen, wenn dies im Rahmen des Zusammenwirkens, der Zusammenarbeit oder der Bildung einer Teilkörperschaft nach den §§ 12, 13 oder 13a Absatz 3 des Bremischen Hochschulgesetzes zur Gewährleistung eines gemeinsam veranstalteten Lehrangebots erforderlich ist oder an ihrer Hochschule ein ihrer Lehrverpflichtung entsprechender Lehrbedarf nicht besteht. ⁴Die Sätze 2 und 3 gelten für das übrige wissenschaftliche und künstlerische Personal entsprechend. ⁵Vor Maßnahmen nach den Sätzen 2 und 3 sind die Betroffenen und die beteiligten Hochschulen zu hören.

(3) ¹Das Dienstverhältnis von Professorinnen und Professoren auf Zeit, von Juniorprofessorinnen und Juniorprofessoren, von Lektorinnen und Lektoren auf Zeit oder von wissenschaftlichen oder künstlerischen Mitarbeiterinnen und Mitarbeitern auf Zeit ist, sofern dienstliche Gründe nicht entgegenstehen, auf Antrag der Beamtin oder des Beamten aus den in Satz 2 genannten Gründen zu verlängern. ²Gründe für eine Verlängerung sind:
1. Beurlaubung nach § 62 Absatz 1 Nummer 2 und § 64,
2. Beurlaubung nach § 69 Absatz 2,
3. Beurlaubung für eine wissenschaftliche oder künstlerische Tätigkeit oder eine außerhalb des Hochschulbereichs oder im Ausland durchgeführte wissenschaftliche, künstlerische oder berufliche Aus-, Fort- oder Weiterbildung,
4. freiwilliger Wehrdienst oder Bundesfreiwilligendienst oder
5. Inanspruchnahme von Elternzeit nach der Bremischen Elternzeitverordnung oder Beschäftigungsverbot nach der Bremischen Mutterschutzverordnung in dem Umfang, in dem eine Erwerbstätigkeit nicht erfolgt ist, oder im Rahmen einer Förderung aus einem überregionalen Förderprogramm statt der Elternzeit eine Verlängerung der Qualifizierungsphase um ein Jahr pro Kind und höchstens insgesamt 2 Jahre bei zwei und mehr Kindern ab der Geburt oder Adoption in Anspruch genommen wird.

(4) ¹Absatz 3 Satz 1 gilt entsprechend im Falle einer
1. Teilzeitbeschäftigung,
2. Ermäßigung der Arbeitszeit nach § 69 Absatz 2 oder
3. Freistellung zur Wahrnehmung von Aufgaben in einer Personal- oder Schwerbehindertenvertretung oder zur Wahrnehmung von Aufgaben nach § 6 des Bremischen Hochschulgesetzes oder § 13 des Landesgleichstellungsgesetzes,

wenn die Ermäßigung mindestens ein Fünftel der regelmäßigen Arbeitszeit betrug. ²Eine Verlängerung darf den Umfang der Beurlaubung, Freistellung oder Ermäßigung der Arbeitszeit und in den Fällen des Absatzes 3 Satz 2 Nummer 1 bis 3 und des Satzes 1 die Dauer von jeweils zwei Jahren nicht überschreiten. ³Mehrere Verlängerungen nach Absatz 3 Satz 2 Nummer 1 bis 4 und Satz 1 dürfen insgesamt die Dauer von drei Jahren nicht überschreiten. ⁴Verlängerungen nach Absatz 3 Satz 2 Nummer 5 dürfen, auch wenn sie mit anderen Verlängerungen zusammentreffen, insgesamt vier Jahre nicht überschreiten.

§ 120 Rektorinnen und Rektoren, Konrektorinnen und Konrektoren

(1) ¹Die Rektorinnen und Rektoren der Universität und der Hochschule Bremen werden für die Dauer ihrer Bestellung zu Beamtinnen oder Beamten auf Zeit ernannt. ²§ 7 Absatz 1 Satz 3 gilt ent-

sprechend. ³Soweit die Rektorinnen und Rektoren der Hochschule Bremerhaven oder der Hochschule für Künste oder die Konrektorinnen und Konrektoren der Hochschulen ihr Amt hauptberuflich ausüben, gelten die Sätze 1 und 2 entsprechend.
(2) ¹Rektorinnen und Rektoren sowie Konrektorinnen und Konrektoren treten mit Ablauf der Amtszeit oder mit Erreichen der Altersgrenze in den Ruhestand, wenn sie
1. insgesamt eine mindestens zehnjährige Dienstzeit in einem Beamtenverhältnis mit Dienstbezügen zurückgelegt haben oder
2. aus einem Beamtenverhältnis auf Lebenszeit zu Beamtinnen und Beamten auf Zeit ernannt worden sind und sie nicht auf ihren Antrag unter Verleihung eines Amtes, das dem vor Beginn ihrer Amtszeit als Rektorinnen und Rektoren oder Konrektorinnen und Konrektoren innegehabten Amt gleichwertig ist, in das Beamtenverhältnis auf Lebenszeit zurückgeführt werden.
²Der Eintritt in den Ruhestand bei Erreichen der Altersgrenze erfolgt mit Ablauf des letzten Monats des Semesters oder Trimesters, in dem die Altersgrenze erreicht wird; eine beantragte Entlassung aus dem Beamtenverhältnis kann bis zum Ende des Semesters oder Trimesters hinausgeschoben werden. ³Rektorinnen und Rektoren oder Konrektorinnen und Konrektoren, die die Voraussetzungen für den Eintritt in den Ruhestand nicht erfüllen, sind mit Ablauf der Amtszeit entlassen, sofern nicht eine erneute Berufung zur Rektorin oder zum Rektor oder zur Konrektorin oder zum Konrektor erfolgt.
(3) ¹Der Eintritt in den Ruhestand (Absatz 2 Satz 1) kann unter den Voraussetzungen des § 35 Absatz 4 bis zum Ablauf des letzten Monats des Semesters oder Trimesters, in dem das 68. Lebensjahr vollendet wird, längstens jedoch bis zum Ablauf der Amtszeit hinausgeschoben werden. ²Der Antrag ist ein Jahr vor Erreichen der gesetzlichen Altersgrenze zu stellen. ³Soweit die maßgebliche Altersgrenze bei Dienstantritt bereits vollendet ist, ist der Antrag nach Satz 1 bis zum Dienstantritt zu stellen.

§ 121 Kanzlerinnen und Kanzler
(1) ¹Die Kanzlerinnen und Kanzler der Hochschulen werden in das Beamtenverhältnis auf Zeit für die Dauer von acht Jahren berufen. ²§ 7 Absatz 1 Satz 4 und § 120 Absatz 2 und 3 gelten entsprechend.
(2) Kanzlerinnen und Kanzler können bei Vorliegen eines besonderen dienstlichen Interesses zu Beamtinnen oder Beamten auf Lebenszeit ernannt werden.

Unterabschnitt 6
Schulen
§ 122 Beamtinnen und Beamte im Schuldienst
(1) In den Vorschriften über die Laufbahnen der Fachrichtung Bildung kann von den Vorschriften des § 13 Absatz 3 Satz 2 und des § 14 abgewichen werden, soweit die besonderen Verhältnisse des Schuldienstes dies erfordern.
(2) Abweichend von § 26 wird die Senatorin für Kinder und Bildung ermächtigt, die Ausbildungs- und Prüfungsordnungen für die Lehrämter an öffentlichen Schulen zu erlassen.
(3) § 35 Absatz 4 Satz 1 Nummer 2 gilt für Schulleiterinnen und Schulleiter und für Lehrerinnen und Lehrer mit der Maßgabe, dass der Ruhestand um bis zu fünf Jahre hinausgeschoben werden kann, wobei der beantragte Zeitraum jeweils höchstens drei Jahre betragen darf.

Unterabschnitt 7
Rechnungshof der Freien Hansestadt Bremen
§ 123 Mitglieder des Rechnungshofs der Freien Hansestadt Bremen
Für die Mitglieder des Rechnungshofs der Freien Hansestadt Bremen gilt dieses Gesetz, soweit im Gesetz über die Rechnungsprüfung in der Freien Hansestadt Bremen nichts Abweichendes bestimmt ist.

Abschnitt 11
Übergangs- und Schlussvorschriften
§ 124 Verwaltungsvorschriften
Der Senat kann zur Durchführung dieses Gesetzes allgemeine Verwaltungsvorschriften erlassen, soweit dieses Gesetz nichts anderes bestimmt.

§ 125 Übergangsregelungen für Beamtinnen und Beamte auf Probe
(1) Beamtinnen und Beamte, die sich zum Zeitpunkt des Inkrafttretens dieses Gesetzes im Beamtenverhältnis auf Probe befinden, sind zu Beamtinnen und Beamten auf Lebenszeit zu ernennen,
1. wenn sie die Probezeit erfolgreich abgeschlossen haben und
2. seit der Berufung in das Beamtenverhältnis auf Probe mindestens drei Jahre vergangen sind oder wenn sie das 27. Lebensjahr vollendet haben; § 19 Absatz 2 Satz 3 gilt entsprechend.
(2) Die Dauer der Probezeit bestimmt sich nach den vor Inkrafttreten dieses Gesetzes geltenden Vorschriften.

§ 126 Übergangsregelung für Beamtinnen und Beamte auf Zeit in Führungsfunktionen
¹Beamtinnen und Beamten, denen nach § 25a des Bremischen Beamtengesetzes in der bis zum 3. April 2009 geltenden Fassung ein Amt in leitender Funktion im Beamtenverhältnis auf Zeit übertragen worden ist und die zum Zeitpunkt des Inkrafttretens dieses Gesetzes dieses Amt noch innehaben, ist dieses Amt im Beamtenverhältnis auf Lebenszeit zu verleihen, wenn sie das Amt mindestens zwei Jahre ausgeübt und sich bewährt haben. ²Kann die Bewährung nicht festgestellt werden, sind die Beamtinnen und Beamten mit Ablauf der Amtszeit aus dem Beamtenverhältnis auf Zeit entlassen.

§ 127 Überleitung der am 31. Januar 2010 vorhandenen Laufbahnen und Laufbahnbefähigungen
(1) ¹Die am 31. Januar 2010 eingerichteten Laufbahnen werden nach Maßgabe der Überleitungsübersicht (Anlage) in die neuen Laufbahnen übergeleitet. ²Die Zuordnung der Laufbahngruppen erfolgt gemäß § 16 des Bremischen Besoldungsgesetzes in der bis zum Ablauf des 31. Dezember 2016 geltenden Fassung.
(2) ¹Beamtinnen und Beamte sowie Bewerberinnen und Bewerber, die die Laufbahnbefähigung im Geltungsbereich dieses Gesetzes vor dem 1. Februar 2010 erworben haben, besitzen die Befähigung für eine Laufbahn nach § 13 in der ab 1. Februar 2010 geltenden Fassung. ²Die Zuordnung der Laufbahnbefähigungen ergibt sich aus der Überleitungsübersicht (Anlage).

§ 128 Fortgeltung von Recht; Übergangsregelung für vorhandene Regelungen über Laufbahngruppen, Fachrichtungen oder Laufbahnen
(1) ¹Die Laufbahn-, Ausbildungs- und Prüfungsordnungen, die aufgrund von § 17 des Bremischen Beamtengesetzes in der bis zum 31. Januar 2010 geltenden Fassung erlassen worden sind, gelten fort. ²Ermöglichen die nach Satz 1 fortgeltenden Laufbahn-, Ausbildungs- und Prüfungsordnungen oder die Vorschriften des Bundesrechts über die einheitliche Ausbildung der Beamtinnen und Beamten bei den Finanzbehörden den Erwerb einer Befähigung für eine am 31. Januar 2010 bestehende Laufbahn, so tritt an die Stelle dieser Befähigung die Befähigung für die Laufbahn, in die die bisherige Laufbahn nach § 127 übergeleitet worden ist.
(2) ¹Soweit in landesrechtlichen Vorschriften auf eine Laufbahn, Fachrichtung oder Laufbahngruppe nach § 17 des Bremischen Beamtengesetzes in der bis zum 31. Januar 2010 geltenden Fassung Bezug genommen wird, gilt die Zuordnung nach § 127 entsprechend. ²Dies gilt bei der Anwendung von Bundesrecht sinngemäß.

§ 129 Übergangsregelung für angezeigte oder genehmigte Nebentätigkeiten
Eine Nebentätigkeit, die nach dem am 31. Januar 2010 geltenden Nebentätigkeitsrecht angezeigt oder genehmigt worden ist, gilt als nach § 40 des Beamtenstatusgesetzes angezeigt.

§ 130 Übergangsregelung für bisherige ordentliche Mitglieder der Unabhängigen Stelle
Die aufgrund des § 23 Absatz 4 und 5 des Bremischen Beamtengesetzes in der bis zum 31. Januar 2010 geltenden Fassung bestellten Mitglieder und stellvertretenden Mitglieder der Unabhängigen Stelle führen ihr Amt als Mitglieder des Landesbeamtenausschusses bis zur Neubenennung seiner Mitglieder durch den Senat (§ 95) fort.

§ 130a Übergangsregelung für Ortsamtleiterinnen und Ortsamtsleiter
¹Auf die sich am 30. April 2016 im Amt befindenden Ortsamtleiterinnen und Ortsamtleiter ist § 7 Absatz 6 nicht anzuwenden. ²Werden diese Personen wieder als Ortsamtleiterin oder Ortsamtleiter gewählt, ist § 7 Absatz 6 auch in der neuen Amtsperiode nicht auf sie anzuwenden.

§ 130b Übergangsregelung für Anträge auf Ruhestandsaufschub im Schuldienst
Schulleiterinnen und Schulleiter und Lehrerinnen und Lehrer, deren Ruhestandseintritt aufgrund von § 35 Absatz 4 Satz 1 am 7. Juni 2018 bereits um drei Jahre hinausgeschoben wurde, müssen einen

darauffolgenden Antrag abweichend von § 35 Absatz 4 Satz 1 Nummer 2 spätestens vier Wochen vor Eintritt in den Ruhestand stellen.

§ 131 Entpflichtung
(1) ¹Das Recht der am 14. November 1977 vorhandenen Professorinnen und Professoren, nach § 165h Absatz 1 Satz 1 und 2 des Bremischen Beamtengesetzes in der bis zum 14. November 1977 geltenden Fassung nach Erreichen der Altersgrenze von ihren amtlichen Pflichten entbunden zu werden (Entpflichtung), bleibt unberührt. ²Dies gilt entsprechend für Professorinnen und Professoren, die zum Zwecke ihrer Verwendung als Professorin oder Professor im Dienst der Freien Hansestadt Bremen aus einem entsprechenden Amt im Bereich eines anderen Dienstherrn ausgeschieden sind und als Inhaber dieses Amtes das Recht auf Entpflichtung hatten.

(2) ¹In den Fällen des Absatzes 1 sind die Professorinnen und Professoren mit Ablauf des Semesters, in dem sie das 68. Lebensjahr vollenden, von ihren amtlichen Pflichten entbunden. ²Durch diese Entpflichtung wird ihre beamtenrechtliche Stellung nicht berührt. ³Sie erhalten vom Wirksamwerden der Entpflichtung an Dienstbezüge auf der Grundlage des am 14. November 1977 geltenden Beamten- und Besoldungsrechts.

(3) ¹Die Absätze 1 und 2 finden auf Antrag der Professorin oder des Professors keine Anwendung. ²Der Antrag kann nur gestellt werden, solange die Professorin oder der Professor noch nicht entpflichtet ist.

§ 132 Übergangsvorschriften für Beamtinnen und Beamte an Hochschulen
(1) ¹Für die am 1. Juni 2003 bestehenden Beamtenverhältnisse der wissenschaftlichen und künstlerischen Assistentinnen, Assistenten, Oberassistentinnen, Oberassistenten, Oberingenieurinnen und Oberingenieure sowie der Hochschuldozentinnen und Hochschuldozenten gelten die §§ 165e, 165f und 165g des Bremischen Beamtengesetzes in der bis zum 31. Mai 2003 geltenden Fassung. ²§ 119 ist anzuwenden.

(2) Auf die sich am 1. Juni 2003 im Amt befindenden Kanzler der Universität Bremen und der Hochschule Bremen findet der § 121 Anwendung, wenn ihnen auf ihren Antrag anstelle des innegehabten Amtes ein in der Bundesbesoldungsordnung W geregeltes Kanzleramt übertragen wird.

(3) Für Professorinnen und Professoren der Bundesbesoldungsordnung C findet die Übergangsvorschrift in § 76 des Bremischen Besoldungsgesetzes Anwendung.

25 BremBG Anlage

Anlage zu § 127

Spalte 1	Spalte 2 bisherige Laufbahn		Spalte 3 neue Laufbahn	
Lfd. Nr.	Laufbahn	gegebenenfalls Fachrichtung	Fachrichtung	Laufbahngruppe
1.	Einfacher Justizdienst		Justiz	1
2.	Mittlerer Justizdienst		Justiz	1
3.	Mittlerer Justizdienst	Arbeitsgerichtsbarkeit	Justiz	1
4.	Mittlerer Justizdienst	Sozialgerichtsbarkeit	Justiz	1
5.	Mittlerer Justizdienst	Verwaltungsgerichtsbarkeit	Justiz	1
6.	Gehobener Justizdienst		Justiz	2
7.	Gehobener Justizdienst	Arbeitsgerichtsbarkeit	Justiz	2
8.	Gehobener Justizdienst	Finanzgerichtsbarkeit	Justiz	2
9.	Gehobener Justizdienst	Sozialgerichtsbarkeit	Justiz	2
10.	Gehobener Justizdienst	Verwaltungsgerichtsbarkeit	Justiz	2
11.	Höherer Justizdienst		Justiz	2
12.	Einfacher Justizvollzugsdienst		Justiz	1
13.	Mittlerer Allgemeiner Vollzugsdienst		Justiz	1
14.	Gehobener Vollzugs- und Verwaltungsdienst		Justiz	2
15.	Mittlerer Werkdienst	Justizvollzug	Justiz	1
16.	Gehobener Werkdienst	Justizvollzug	Justiz	2
17.	Mittlerer Polizeivollzugsdienst		Polizei	1
18.	Gehobener Polizeivollzugsdienst		Polizei	2
19.	Gehobener Polizeivollzugsdienst	Kriminalpolizei	Polizei	2
20.	Höherer Polizeivollzugsdienst		Polizei	2
21.	Höherer Polizeivollzugsdienst	Kriminalpolizei	Polizei	2
22.	Mittlerer feuerwehrtechnischer Dienst		Feuerwehr	1

Spalte 1	Spalte 2 bisherige Laufbahn		Spalte 3 neue Laufbahn	
Lfd. Nr.	Laufbahn	gegebenenfalls Fachrichtung	Fachrichtung	Laufbahngruppe
23.	Gehobener feuerwehrtechnischer Dienst		Feuerwehr	2
24.	Höherer feuerwehrtechnischer Dienst		Feuerwehr	2
25.	Mittlerer Steuerdienst		Steuerverwaltung	1
26.	Gehobener Steuerdienst		Steuerverwaltung	2
27.	Gehobener Schuldienst		Bildung	2
28.	Gehobener Schuldienst	Jugendleiter	Bildung	2
29.	Gehobener Schuldienst	Technischer Lehrer	Bildung	2
30.	Gehobener Schuldienst	Fachlehrer	Bildung	2
31.	Gehobener Schuldienst	Lehrer	Bildung	2
32.	Gehobener Schuldienst	Sonderschullehrer	Bildung	2
33.	Gehobener Schuldienst	Lehrer für die Primarstufe und für die Sekundarstufe I	Bildung	2
34.	Gehobener Schuldienst	Lehrer für die Primarstufe	Bildung	2
35.	Gehobener Schuldienst	Lehrer für die Sekundarstufe I	Bildung	2
36.	Gehobener Schuldienst	Fachleiter am Landesinstitut für Schule	Bildung	2
37.	Gehobener Dienst als Oberlehrer im Justizvollzugsdienst		Bildung	2
38.	Gehobener Dienst als Rektor im Justizvollzugsdienst		Bildung	2
39.	Gehobener Dienst als Oberlehrer im Justizvollzugsdienst		Bildung	2
40.	Gehobener Dienst als Rektor im Justizvollzugsdienst		Bildung	2
41.	Höherer Schuldienst		Bildung	2
42.	Höherer Schuldienst	Studienrat	Bildung	2

25 BremBG Anlage

Spalte 1	Spalte 2 bisherige Laufbahn		Spalte 3 neue Laufbahn	
Lfd. Nr.	Laufbahn	gegebenenfalls Fachrichtung	Fachrichtung	Laufbahngruppe
43.	Höherer Schuldienst	Lehrer für die Sekundarstufe II	Bildung	2
44.	Höherer Schuldienst	Lehrer für Sonderpädagogik	Bildung	2
45.	Höherer Schuldienst	Fachleiter am Landesinstitut für Schule	Bildung	2
46.	Gehobener Schulaufsichtsdienst		Bildung	2
47.	Höherer Schulaufsichtsdienst		Bildung	2
48.	Gehobener Pädagogischer Verwaltungsdienst	Schulverwaltungsdienst	Bildung	2
49.	Höherer Pädagogischer Verwaltungsdienst	Schulverwaltungsdienst	Bildung	2
50.	Gehobener Pädagogischer Verwaltungsdienst	in der Wissenschaftsverwaltung	Bildung	2
51.	Höherer Pädagogischer Verwaltungsdienst	in der Wissenschaftsverwaltung	Bildung	2
52.	Gehobener Pädagogischer Verwaltungsdienst	in der Kulturverwaltung	Bildung	2
53.	Höherer Pädagogischer Verwaltungsdienst	in der Kulturverwaltung	Bildung	2
54.	Gehobener Pädagogischer Verwaltungsdienst	in der Sozialverwaltung	Bildung	2
55.	Höherer Pädagogischer Verwaltungsdienst	in der Sozialverwaltung	Bildung	2
56.	Gehobener Pädagogischer Verwaltungsdienst	in außerschulischen Bildungseinrichtungen	Bildung	2
57.	Höherer Pädagogischer Verwaltungsdienst	in außerschulischen Bildungseinrichtungen	Bildung	2
58.	Höherer Dienst als Direktor der Verwaltungsschule		Bildung	2
59.	Mittlerer Dienst in der Gesundheitsverwaltung		Gesundheits- und soziale Dienste	1
60.	Höherer Dienst in der Gesundheitsverwaltung		Gesundheits- und soziale Dienste	2

Anlage BremBG 25

Spalte 1	Spalte 2 bisherige Laufbahn		Spalte 3 neue Laufbahn	
Lfd. Nr.	Laufbahn	gegebenenfalls Fachrichtung	Fachrichtung	Laufbahngruppe
61.	Mittlerer Krankenpflegedienst		Gesundheits- und soziale Dienste	1
62.	Höherer Krankenpflegedienst		Gesundheits- und soziale Dienste	2
63.	Gehobener Sozialdienst		Gesundheits- und soziale Dienste	2
64.	Höherer psychologischer Dienst		Gesundheits- und soziale Dienste	2
65.	Höherer Dienst als Pfarrer		Gesundheits- und soziale Dienste	2
66.	Höherer Dienst im Veterinärwesen		Gesundheits- und soziale Dienste	2
67.	Höherer Dienst des Hygiene-Instituts		Gesundheits- und soziale Dienste	2
68.	Gehobener Dienst als Weinamtmann		Gesundheits- und soziale Dienste	2
69.	Höherer Landwirtschaftlicher Dienst		Agrar- und umweltbezogene Dienste	2
70.	Mittlerer technischer Dienst	Technischer Dienst	Technische Dienste	1
71.	Mittlerer technischer Dienst	Bautechnischer Dienst	Technische Dienste	1
72.	Mittlerer technischer Dienst	Eichtechnischer Dienst	Technische Dienste	1
73.	Mittlerer technischer Dienst	Fernmeldetechnischer Dienst	Technische Dienste	1
74.	Mittlerer technischer Dienst	Gewerbeaufsichtsdienst	Technische Dienste	1
75.	Mittlerer technischer Dienst	Vermessungstechnischer Dienst	Technische Dienste	1
76.	Mittlerer technischer Dienst	Werkdienst	Technische Dienste	1
77.	Gehobener technischer Dienst	Technischer Dienst	Technische Dienste	2
78.	Gehobener technischer Dienst	Bautechnischer Dienst	Technische Dienste	2

25 BremBG Anlage

Spalte 1	Spalte 2 bisherige Laufbahn		Spalte 3 neue Laufbahn	
Lfd. Nr.	Laufbahn	gegebenenfalls Fachrichtung	Fachrichtung	Laufbahngruppe
79.	Gehobener technischer Dienst	Eichtechnischer Dienst	Technische Dienste	2
80.	Gehobener technischer Dienst	Fernmeldetechnischer Dienst	Technische Dienste	2
81.	Gehobener technischer Dienst	Gartenbautechnischer Dienst	Technische Dienste	2
82.	Gehobener technischer Dienst	Gewerbeaufsichtsdienst	Technische Dienste	2
83.	Gehobener technischer Dienst	Vermessungstechnischer Dienst	Technische Dienste	2
84.	Höherer technischer Dienst	Bautechnischer Dienst	Technische Dienste	2
85.	Höherer technischer Dienst	Eichtechnischer Dienst	Technische Dienste	2
86.	Höherer technischer Dienst	Gartenbautechnischer Dienst	Technische Dienste	2
87.	Höherer technischer Dienst	Gewerbeaufsichtsdienst	Technische Dienste	2
88.	Höherer technischer Dienst	Vermessungstechnischer Dienst	Technische Dienste	2
89.	Gehobener nautischer Dienst		Technische Dienste	2
90.	Höherer nautischer Dienst		Technische Dienste	2
91.	Höherer Dienst als wissenschaftlicher oder künstlerischer Mitarbeiter an einer Hochschule		Wissenschaftliche Dienste	2
92.	Gehobener Dienst als Funklehrer		Wissenschaftliche Dienste	2
93.	Gehobener Pädagogischer Verwaltungsdienst	in der Hochschule	Wissenschaftliche Dienste	2
94.	Höherer Pädagogischer Verwaltungsdienst	in der Hochschule	Wissenschaftliche Dienste	2
95.	Gehobener Bibliotheksdienst		Wissenschaftliche Dienste	2

Anlage BremBG 25

Spalte 1	Spalte 2 bisherige Laufbahn		Spalte 3 neue Laufbahn	
Lfd. Nr.	Laufbahn	gegebenenfalls Fachrichtung	Fachrichtung	Laufbahngruppe
96.	Höherer Bibliotheksdienst		Wissenschaftliche Dienste	2
97.	Höherer Dienst als Direktor der Staats- und Universitätsbibliothek		Wissenschaftliche Dienste	2
98.	Höherer chemischer Dienst		Wissenschaftliche Dienste	2
99.	Höherer pharmazeutischer Dienst		Wissenschaftliche Dienste	2
100.	Höherer biologischer Dienst		Wissenschaftliche Dienste	2
101.	Höherer Dienst am Alfred-Wegener-Institut für Polarforschung		Wissenschaftliche Dienste	2
102.	Höherer Dienst der Kustoden		Wissenschaftliche Dienste	2
103.	Einfacher allgemeiner Verwaltungsdienst		Allgemeine Dienste	1
104.	Mittlerer allgemeiner Verwaltungsdienst		Allgemeine Dienste	1
105.	Gehobener allgemeiner Verwaltungsdienst		Allgemeine Dienste	2
106.	Höherer allgemeiner Verwaltungsdienst		Allgemeine Dienste	2
107.	Gehobener Archivdienst		Allgemeine Dienste	2
108.	Höherer Archivdienst		Allgemeine Dienste	2
109.	Mittlerer Aufsichtsdienst		Allgemeine Dienste	1
110.	Mittlerer Ermittlungs- und Vollziehungsdienst		Allgemeine Dienste	1
111.	Mittlerer Wirtschaftsdienst		Allgemeine Dienste	1
112.	Gehobener Betriebsdienst		Allgemeine Dienste	2

25 BremBG Anlage

Spalte 1	Spalte 2 bisherige Laufbahn		Spalte 3 neue Laufbahn	
Lfd. Nr.	Laufbahn	gegebenenfalls Fachrichtung	Fachrichtung	Laufbahn-gruppe
113.	Mittlerer Dienst beim Landesamt für Verfassungsschutz		Allgemeine Dienste	1
114.	Gehobener Dienst beim Landesamt für Verfassungsschutz		Allgemeine Dienste	2
115.	Höherer Dienst als Direktor der Ortspolizeibehörde Bremerhaven oder als Polizeipräsident		Allgemeine Dienste	2
116.	Gehobener Rechnungsprüfungsdienst		Allgemeine Dienste	2
117.	Höherer Rechnungsprüfungsdienst		Allgemeine Dienste	2

Bremisches Personalvertretungsgesetz

Vom 5. März 1974 (Brem.GBl. S. 131)
(2044-a-1)
zuletzt geändert durch Art. 8 des G vom 16. Mai 2017 (Brem.GBl. S. 225, 249)

Der Senat verkündet das nachstehende von der Bürgerschaft (Landtag) in Ausführung des Artikels 47 der Landesverfassung der Freien Hansestadt Bremen beschlossene Gesetz:

Übersicht

	§§		§§
Erstes Kapitel		Dritter Abschnitt:	
Allgemeine Vorschriften	1–8	**Mitbestimmung in sozialen Angelegenheiten**	63–64
Zweites Kapitel			
Der Personalrat		Vierter Abschnitt:	
Erster Abschnitt:		**Mitbestimmung in personellen Angelegenheiten**	65
Wahl und Zusammensetzung	9–22b		
Zweiter Abschnitt:		Fünfter Abschnitt:	
Amtszeit	23–29	**Mitbestimmung in organisatorischen Angelegenheiten**	66–67
Dritter Abschnitt:			
Geschäftsführung	30–42	Sechster Abschnitt:	
Drittes Kapitel		**Vertreter der Bediensteten in Verwaltungsräten**	68
Personalversammlung	43–47		
Viertes Kapitel		Sechstes Kapitel	
Gesamtpersonalrat	48–51	**Strafvorschriften**	69
Fünftes Kapitel		Siebentes Kapitel	
Mitbestimmung des Personalrates		**Gerichtliche Entscheidungen**	70–71
Erster Abschnitt:		Achtes Kapitel	
Allgemeines	52–57	**Ergänzende Vorschriften**	72
Zweiter Abschnitt:			
Form und Durchführung der Mitbestimmung	58–62	Neuntes Kapitel	
		Schlußvorschriften	73–74

Erstes Kapitel
Allgemeine Vorschriften

§ 1 Geltungsbereich
In den Verwaltungen des Landes Bremen und der Stadtgemeinden Bremen und Bremerhaven und den sonstigen nicht bundesunmittelbaren Körperschaften, Anstalten und Stiftungen des öffentlichen Rechts im Lande Bremen sowie den Gerichten des Landes Bremen werden Personalvertretungen gebildet.

§ 2 Gewerkschaften und Vereinigungen von Arbeitgebern
Die Aufgaben der Gewerkschaften und der Vereinigungen der Arbeitgeber werden durch dieses Gesetz nicht berührt.

§ 3 Bedienstete
(1) [1]Bedienstete im Sinne dieses Gesetzes sind die Beamten und Arbeiternehmer einschließlich der zu ihrer Berufsausbildung Beschäftigten. [2]Richter sind nicht Bedienstete im Sinne dieses Gesetzes.
(2) Die Beamten und die Arbeitnehmer bilden je eine Gruppe.

§ 4 Beamte
[1]Wer Beamter ist, richtet sich nach dem Beamtengesetz. [2]Als Beamte im Sinne dieses Gesetzes gelten auch Personen, die sich in der Ausbildung zum Beamten- oder Richterberuf befinden sowie Richterinnen und Richter, die außerhalb eines Gerichts tätig sind.

§ 5 Arbeitnehmer
¹Arbeitnehmer im Sinne dieses Gesetzes sind Bedienstete, die nach ihrem Arbeitsvertrag als Arbeitnehmer beschäftigt werden. ²Als Arbeitnehmer gelten auch Bedienstete, die sich in einer beruflichen Ausbildung außerhalb eines Beamtenverhältnisses oder eines anderen öffentlich-rechtlichen Ausbildungsverhältnisses befinden.

§ 6 (aufgehoben)

§ 7 Dienststellen
(1) ¹Dienststellen im Sinne dieses Gesetzes sind
a) die einzelnen Behörden und Betriebe der in § 1 genannten Verwaltungen und Gerichte und
b) die in § 1 genannten Körperschaften, Anstalten und Stiftungen des öffentlichen Rechts.
²Hat eine der in b) genannten Einrichtungen keine eigene Personalhoheit oder ist diese eingeschränkt, so gilt diese Dienststelle im Sinne dieses Gesetzes gleichzeitig als Dienststelle des Trägers der Personalhoheit. ³Der Personalrat der Einrichtung ist insoweit gleichzeitig Personalrat dieser Dienststelle.
(2) ¹Auf Antrag des Gesamtpersonalrats können Bestandteile einer Dienststelle oder mehrerer Dienststellen, mehrere Dienststellen oder Gruppen von Bediensteten von der obersten Dienstbehörde bzw. dem obersten Organ der in Absatz 1 Buchstabe b) genannten Dienststellen zu Dienststellen im Sinne von Absatz 1 erklärt werden. ²Bei den Körperschaften, Anstalten und Stiftungen des öffentlichen Rechts tritt an die Stelle des Gesamtpersonalrats der zuständige Personalrat, soweit kein Gesamtpersonalrat besteht. ³Im Falle der Nichteinigung entscheidet die Einigungsstelle.

§ 8 Leiter oder Leitung der Dienststelle
Für die Dienststelle handelt ihr Leiter oder sein ständiger Vertreter, gegebenenfalls das für die Leitung zuständige Organ.

Zweites Kapitel
Der Personalrat

Erster Abschnitt
Wahl und Zusammensetzung

§ 9 Aktives Wahlrecht
(1) Wahlberechtigt sind alle Bediensteten, die am Wahltage das 18. Lebensjahr vollendet haben, es sei denn, daß sie infolge strafgerichtlicher Verurteilung das Recht, in öffentlichen Angelegenheiten zu wählen oder zu stimmen, nicht besitzen.
(2) Als Bediensteter im Sinne von Absatz 1 gilt auch derjenige, der in der Dienststelle weisungsgebunden beschäftigt wird, selbst wenn dessen Arbeits- oder Dienstverhältnis zu einem fremden Arbeitgeber oder Dienstherrn besteht.
(3) ¹Wer zu einer Dienststelle abgeordnet ist, wird in ihr wahlberechtigt, sobald die Abordnung länger als drei Monate gedauert hat. ²Im gleichen Zeitpunkt verliert er das Wahlrecht bei der alten Dienststelle. ³Satz 2 gilt nicht bei Abordnung zu einem Lehrgang.
(4) Die Wahlberechtigung wird nicht dadurch unterbrochen, daß der Bedienstete bei einem fremden Arbeitgeber oder Dienstherrn beschäftigt wird.
(5) ¹Die in der Berufsausbildung befindlichen Bediensteten sind unbeschadet des § 22a nur bei ihrer Beschäftigungsbehörde wahlberechtigt. ²Während der Zeit einer ausschließlich theoretischen Ausbildung sind die Auszubildenden in den Ausbildungsdienststellen wahlberechtigt, denen sie vor Beginn der theoretischen Ausbildung zugewiesen waren.
Rechtspraktikanten nach dem Bremischen Juristenausbildungsgesetz sind während ihrer Ausbildung nur zum Ausbildungspersonalrat und zum Gesamtpersonalrat wahlberechtigt.

§ 10 Passives Wahlrecht
(1) Wählbar sind alle Wahlberechtigten, die am Wahltage seit sechs Monaten der Dienststelle angehören oder seit einem Jahr in öffentlichen Verwaltungen oder von diesen geführten Betrieben beschäftigt sind.
(2) Nicht wählbar ist, wer infolge strafgerichtlicher Verurteilung die Fähigkeit, Rechte aus öffentlichen Wahlen zu erlangen, nicht besitzt.
(3) Nicht wählbar sind unbeschadet des § 22a die in § 9 Abs. 5 genannten Personen.

(4) Nicht wählbar sind der Leiter der Dienststelle, sein ständiger Vertreter, die Mitglieder des für die Leitung der Dienststelle zuständigen Organs sowie Bedienstete, die zu selbständigen Entscheidungen in Personalangelegenheiten der Dienststelle befugt sind.

§ 11 Ausnahmen
(1) Besteht die Dienststelle weniger als ein Jahr, so brauchen für die Wählbarkeit die Voraussetzungen des § 10 Abs. 1 nicht erfüllt zu sein.
(2) Die Voraussetzungen des § 10 Abs. 1 entfallen, wenn nicht mindestens fünfmal soviel wählbare Bedienstete jeder Gruppe vorhanden wären, als nach §§ 12 und 13 zu wählen sind.

§ 12 Mitgliederzahl
(1) In allen Dienststellen, die in der Regel mindestens fünf Wahlberechtigte beschäftigen, von denen drei wählbar sind, werden Personalräte gebildet.
(2) Dienststellen mit in der Regel weniger als fünf Bediensteten werden von dem den Geschäftsbereich führenden Senator in Übereinstimmung mit dem Gesamtpersonalrat einer anderen Dienststelle zugeteilt.
(3) ¹Der Personalrat besteht in Dienststellen mit in der Regel
5 bis 20 wahlberechtigten Bediensteten aus einer Person,
21 bis 50 Bediensteten aus drei Mitgliedern,
51 bis 150 Bediensteten aus fünf Mitgliedern,
151 bis 300 Bediensteten aus sieben Mitgliedern,
301 bis 600 Bediensteten aus neun Mitgliedern,
601 bis 1000 Bediensteten aus elf Mitgliedern,
1001 bis 1500 Bediensteten aus dreizehn Mitgliedern,
1501 bis 2000 Bediensteten aus fünfzehn Mitgliedern.
²Die Zahl der Mitglieder erhöht sich in Dienststellen mit 2001 Bediensteten und mehr für jeweils 1000 Bedienstete um zwei Mitglieder bis zur Höchstzahl von fünfundzwanzig Mitgliedern.

§ 13 Gruppenvertretung
(1) ¹Sind in der Dienststelle Angehörige beider Gruppen beschäftigt, so muß jede Gruppe entsprechend ihrer Stärke im Personalrat vertreten sein, wenn dieser aus mindestens drei Mitgliedern besteht. ²Bei gleicher Stärke der Gruppen entscheidet das Los. ³Macht eine Gruppe von ihrem Recht, im Personalrat vertreten zu sein, keinen Gebrauch, so verliert sie ihren Anspruch auf Vertretung.
(2) Der Wahlvorstand errechnet die Verteilung der Sitze auf die Gruppe nach dem Proportionalverfahren nach Hare/Niemeyer.
(3) Eine Gruppe erhält mindestens bei weniger als 51 Gruppenangehörigen einen Vertreter,
bei 51 bis 200 Gruppenangehörigen zwei Vertreter,
bei 201 bis 600 Gruppenangehörigen drei Vertreter,
bei 601 bis 1000 Gruppenangehörigen vier Vertreter
und bei 1001 und mehr Gruppenangehörigen fünf Vertreter.
(4) Eine Gruppe, der in der Regel nicht mehr als fünf Bedienstete angehören, erhält nur dann eine Vertretung, wenn sie mindestens ein Zwanzigstel der Bediensteten der Dienststelle umfaßt.
(5) Die Geschlechter sollen im Personalrat entsprechend dem Zahlenverhältnis vertreten sein.

§ 14 Abweichende Sitzverteilung
(1) Die Verteilung der Mitglieder des Personalrates auf die Gruppen kann abweichend von § 13 geordnet werden, wenn jede Gruppe dies vor der Neuwahl in getrennter geheimer Abstimmung beschließt.
(2) ¹Jede Gruppe kann auch Angehörige der anderen Gruppen wählen. ²In diesem Falle gelten die Gewählten insoweit als Angehörige der Gruppe, die sie gewählt hat.

§ 15 Wahlgrundsätze und Wahlvorschläge
(1) Der Personalrat wird in geheimer und unmittelbarer Wahl gewählt.
(2) ¹Besteht der Personalrat aus mehr als einer Person, so wählen die Beamten und Arbeitnehmer ihre Vertreter (§ 13) je in getrennten Wahlgängen; es sei denn, dass eine Gruppe nach § 13 Abs. 4 Satz 1 keine Vertretung erhält oder die wahlberechtigten Angehörigen jeder Gruppe vor der Neuwahl in getrennten geheimen Abstimmungen die gemeinsame Wahl beschließen. ²Der Beschluß bedarf der Mehrheit der Stimmen aller Wahlberechtigten jeder Gruppe.

(3) [1]Die Wahl wird nach den Grundsätzen der Verhältniswahl (Hare/Niemeyer) durchgeführt. [2]Wird nur ein Wahlvorschlag eingereicht, so findet die Mehrheitswahl statt. [3]In Dienststellen, deren Personalrat aus einer Person besteht, wird dieser mit einfacher Stimmenmehrheit gewählt. [4]Das gleiche gilt für Gruppen, denen nur ein Vertreter im Personalrat zusteht.
(4) [1]Zur Wahl des Personalrates können die wahlberechtigten Bediensteten Wahlvorschläge machen. [2]Jeder Wahlvorschlag muß von einem Zwanzigstel der wahlberechtigten Gruppenangehörigen, jedoch mindestens von drei Wahlberechtigten, unterzeichnet sein. [3]In jedem Fall genügt die Unterzeichnung durch fünfzig wahlberechtigte Gruppenangehörige.
(5) [1]Ist die gemeinsame Wahl beschlossen worden, so muß jeder Wahlvorschlag von einem Zwanzigstel der wahlberechtigten Bediensteten unterzeichnet sein. [2]Absatz 4 Sätze 2 und 3 gilt entsprechend.
(6) Jeder Bedienstete kann nur auf einem Wahlvorschlag benannt werden.

§ 16 Bildung des Wahlvorstands, wenn ein Personalrat besteht
(1) [1]Spätestens sechs Wochen vor Ablauf seiner Amtszeit bestellt der Personalrat drei Wahlberechtigte als Wahlvorstand und einen von ihnen als Vorsitzenden. [2]Sind in der Dienststelle Angehörige beider Gruppen beschäftigt, so muß jede Gruppe im Wahlvorstand vertreten sein, soweit sie nicht auf eine Vertretung verzichtet.
(2) [1]Besteht vier Wochen vor Ablauf der Amtszeit kein Wahlvorstand, so beruft der Leiter der Dienststelle auf Antrag von mindestens drei Wahlberechtigten oder einer in der Dienststelle vertretenen Gewerkschaft eine Personalversammlung zur Wahl des Wahlvorstandes ein. [2]Absatz 1 gilt entsprechend. [3]Die Personalversammlung wählt sich einen Versammlungsleiter.
(3) Für jedes Mitglied des Wahlvorstandes soll mindestens ein Vertreter bestellt werden.

§ 17 Wahl des Wahlvorstands, wenn kein Personalrat besteht
[1]Besteht in einer Dienststelle, die die Voraussetzungen des § 12 erfüllt, kein Personalrat, so beruft der Leiter der Dienststelle eine Personalversammlung zur Wahl des Wahlvorstandes ein. [2]§ 16 Abs. 2 Satz 3 gilt entsprechend.

§ 18 Bestellung des Wahlvorstandes durch die Dienststelle
Findet eine Personalversammlung (§ 16 Abs. 2, § 17) nicht statt oder wählt die Personalversammlung keinen Wahlvorstand, so bestellt ihn der Leiter der Dienststelle auf Antrag von mindestens drei Wahlberechtigten oder einer in der Dienststelle vertretenen Gewerkschaft.

§ 19 Aufgaben des Wahlvorstandes
[1]Der Wahlvorstand hat die Wahl unverzüglich einzuleiten; sie soll spätestens nach sechs Wochen stattfinden. [2]Kommt der Wahlvorstand dieser Verpflichtung nicht nach, so beruft der Leiter der Dienststelle auf Antrag von mindestens drei Wahlberechtigten oder einer in der Dienststelle vertretenen Gewerkschaft eine Personalversammlung zur Wahl eines neuen Wahlvorstandes ein. [3]§ 16 Abs. 2 Satz 3 und § 18 gelten entsprechend.

§ 20 Schutz der Wahl und Wahlkosten
(1) [1]Niemand darf die Wahl des Personalrats behindern oder in einer gegen die guten Sitten verstoßenden Weise beeinflussen. [2]Insbesondere darf kein Wahlberechtigter in der Ausübung des aktiven und passiven Wahlrechtes beschränkt werden.
(2) [1]Mitglieder des Wahlvorstandes und Wahlbewerber dürfen gegen ihren Willen nur versetzt oder abgeordnet werden, wenn dies auch unter Berücksichtigung der Mitgliedschaft im Wahlvorstand oder der Bewerbung aus wichtigen dienstlichen Gründen unvermeidbar ist und der Personalrat zustimmt. [2]Für Mitglieder des Wahlvorstandes und Wahlbewerber, die in einem Arbeitsverhältnis stehen, gelten die §§ 15 und 16 des Kündigungsschutzgesetzes entsprechend.
(3) [1]Die Kosten der Wahl trägt die Dienststelle. [2]Notwendige Versäumnis von Arbeitszeit als Folge der Ausübung des Wahlrechts oder der Aufstellung zur Wahl, der Teilnahme an den in den §§ 16 bis 19 genannten Personalversammlungen oder der Betätigung im Wahlvorstand hat keine Minderung der Dienstbezüge, des Arbeitsentgelts oder sonstiger Vergütung zur Folge.

§ 21 Anfechtung der Wahl
Mindestens drei Wahlberechtigte, jede in der Dienststelle vertretene Gewerkschaft oder der Leiter der Dienststelle können binnen einer Frist von 14 Tagen, vom Tage der Bekanntgabe des Wahlergebnisses angerechnet, die Wahl beim Verwaltungsgericht anfechten, wenn gegen wesentliche Vorschriften über

das Wahlrecht, die Wählbarkeit oder das Wahlverfahren verstoßen worden und eine Berichtigung nicht erfolgt ist, es sei denn, daß durch den Verstoß das Wahlergebnis nicht geändert oder beeinflußt werden konnte.

§ 22 Jugend- und Auszubildendenvertretung

(1) Die unter 18 Jahre alten Bediensteten und die Auszubildenden der in § 7 genannten Dienststellen des Landes und der Stadtgemeinde Bremen wählen drei, die der in § 7 genannten Dienststellen der Stadtgemeinde Bremerhaven zwei Jugend- und Auszubildendenvertreter zu ihrem Gesamtpersonalrat.
(2) [1]Bedienstete unter 18 Jahren und Auszubildende, die ständig in einer der in § 7 genannten Dienststellen beschäftigt sind, wählen in Dienststellen, in denen mindestens fünf Jugendliche und Auszubildende ständig beschäftigt sind, eine Jugend- und Auszubildendenvertretung für diese Dienststelle. [2]Die Jugend- und Auszubildendenvertretung besteht in Dienststellen mit fünf bis zwanzig Wahlberechtigten aus einem und darüber hinaus aus zwei Jugend- und Auszubildendenvertretern.
(3) [1]Die Jugend- und Auszubildendenvertretung nach Absatz 1 und 2 sind zusätzliche Mitglieder des Gesamtpersonalrats oder des Personalrats. [2]Sie nehmen an jeder Sitzung der Personalvertretung teil. [3]In Angelegenheiten der Jugendlichen und Auszubildenden haben sie volles Stimmrecht, im Übrigen nur beratende Stimme.
(4) [1]Als Jugend- und Auszubildendenvertreter können Bedienstete bis zum vollendeten 27. Lebensjahr und Auszubildende gewählt werden. [2]Die Mitgliedschaft endet bei Mitgliedern, die keine Auszubildenden sind, mit der Wahlperiode, in die die Vollendung des 27. Lebensjahres fällt. [3]Bei Mitgliedern, die Auszubildende sind, endet sie mit der Wahlperiode, in der das 27. Lebensjahr vollendet und die Ausbildung beendet ist.
(5) Der Wahlvorstand und sein Vorsitzender werden bestimmt
a) in den Fällen des Absatzes 1 vom jeweiligen Gesamtpersonalrat und
b) in den Fällen des Absatzes 2 vom jeweiligen Personalrat.
(6) Die Bestimmungen des § 15 Absatz 1, 3, 5 und 6 und der §§ 20 bis 21 finden entsprechende Anwendung.

§ 22a Ausbildungspersonalrat

(1) Bedienstete, die sich in der Berufsausbildung (§ 4 Satz 2, § 5 Satz 2) befinden, sind unbeschadet ihrer sonstigen Wahl- oder Wählbarkeitsrechte wahlberechtigt und wählbar zu einem Ausbildungspersonalrat.
(2) Ausbildungspersonalräte werden gebildet bei den in § 7 genannten Dienststellen, die für die Durchführung der Berufsausbildung zuständig sind, soweit die Zahl der in der Berufsausbildung Befindlichen mindestens fünf Personen beträgt.
(3) [1]Für die Zahl der in die Ausbildungspersonalräte zu wählenden Mitglieder findet § 12 Abs. 3 entsprechende Anwendung. [2]Die Amtszeit des Ausbildungspersonalrates beträgt zwei Jahre. [3]Die Mitgliedschaft endet mit dem Ablauf der Amtszeit; bei Mitgliedern, die sich in einem längstens achtzehn Monate andauernden Ausbildungsgang befinden, endet die Mitgliedschaft mit der Beendigung des Ausbildungsverhältnisses. [4]Die sonstigen Vorschriften über die Amtszeit und die Vorschriften über die Geschäftsführung finden mit Ausnahme des § 39 Abs. 7 und 8 entsprechende Anwendung.
(4) [1]Für die Wahl gelten § 15 Abs. 1, 3, 4 und 6 sowie die §§ 20 und 21 entsprechend. [2]Den Wahlvorstand und seinen Vorsitzer bestimmt der zuständige Gesamtpersonalrat. [3]Er kann dieses Recht auf den örtlichen Personalrat übertragen. [4]Für die Körperschaften, Anstalten und Stiftungen des öffentlichen Rechts tritt an die Stelle des Gesamtpersonalrats der jeweils zuständige Personalrat.
(5) [1]Die Vorschriften über die Personalversammlung finden sinngemäße Anwendung. [2]Der Vorstand des Gesamtpersonalrats oder des örtlich zuständigen Personalrats kann an den Versammlungen teilnehmen, sofern es der Ausbildungspersonalrat wünscht.
(6) [1]Der Ausbildungspersonalrat hat in allen Fragen, die die Durchführung der Berufsausbildung des zu ihm wahlberechtigten Personenkreises betreffen, gegenüber der zur Entscheidung befugten Stelle mitzubestimmen. [2]Das gilt nicht für Leistungsbeurteilungen und Benotungen, bei der Beratung von Streitfällen ist der Ausbildungspersonalrat zu beteiligen. [3]Der Ausbildungspersonalrat nimmt, soweit nicht die Zuständigkeit des Gesamtpersonalrats gegeben ist, die Rechte aus § 54 Abs. 4 wahr.
(7) [1]Der Ausbildungspersonalrat kann im Einzelfall beschließen, daß seine Befugnisse auf die zuständige Personalvertretung übergehen. [2]Für den Fall der Funktionsunfähigkeit eines Ausbildungsper-

sonalrats und im Falle der Nichtbildung gehen die Rechte im Sinne von Absatz 6 auf die zuständige Personalvertretung über.

(8) ¹Gesamtregelungen über die Durchführung der Berufsausbildung unterliegen der Mitbestimmung des Gesamtpersonalrats bzw. des zuständigen Personalrats. ²Dieser hat bei seinen Beratungen den zuständigen Ausbildungspersonalrat zu beteiligen.

§ 22b Vertretung der Teilnehmer an Maßnahmen der Aus-, Fort- und Weiterbildung an schulischen Einrichtungen

(1) Der Senat regelt durch Rechtsverordnung die Errichtung von Vertretungen der Bediensteten, die an Maßnahmen der Aus-, Fort- und Weiterbildung an schulischen Einrichtungen teilnehmen.

(2) ¹Diese Vertretungen haben in allen Fragen, die die Durchführung der Maßnahme betreffen, gegenüber der Stelle mitzubestimmen, die die Maßnahme durchführt. ²Dies gilt nicht für Leistungsbeurteilungen und Benotungen. ³Bei der Beratung von Streitfällen ist die Vertretung zu beteiligen.

Zweiter Abschnitt
Amtszeit

§ 23 Dauer

(1) ¹Die Amtszeit des Personalrats beträgt 4 Jahre. ²Sie beginnt jeweils am 16. April des Jahres, in dem die regelmäßigen Wahlen stattfinden.

(2) Die Wahl der Personalräte soll in der letzten Woche des Monats März des Wahljahres stattfinden.

(3) Hat eine Personalratswahl außerhalb der in Absatz 2 genannten Zeitspanne stattgefunden, so ist der Personalrat in der auf die Wahl folgenden nächsten regelmäßigen Zeitspanne neu zu wählen.

Hat die Amtszeit des Personalrats zum Beginn der in Absatz 2 genannten Zeitspanne noch nicht ein Jahr betragen, so ist der Personalrat in der übernächsten regelmäßigen Zeitspanne neu zu wählen.

§ 24 Neuwahl

(1) Der Personalrat ist neu zu wählen, wenn
a) mit Ablauf von achtzehn Monaten, vom Tage der Wahl gerechnet, die Zahl der regelmäßig Beschäftigten um die Hälfte, mindestens aber um 50 gestiegen oder gesunken ist oder
b) die Gesamtzahl der Mitglieder des Personalrates auch nach Eintreten sämtlicher Ersatzmitglieder der jeweiligen Gruppe um mehr als ein Viertel der vorgeschriebenen Zahl gesunken ist oder
c) der Personalrat mit der Mehrheit seiner Mitglieder seinen Rücktritt beschlossen hat oder
d) der Personalrat durch gerichtliche Entscheidung aufgelöst ist.

(2) In den Fällen des Absatzes 1 Buchstaben a) bis c) führt der Personalrat die Geschäfte weiter, bis der neue Personalrat gewählt ist.

§ 25 Abberufung und Ausschluß

(1) ¹Auf Antrag eines Viertels der Wahlberechtigten, des Leiters der Dienststelle oder einer in der Dienststelle vertretenen Gewerkschaft kann das Verwaltungsgericht den Ausschluß eines Mitgliedes aus dem Personalrat oder die Auflösung des Personalrates wegen grober Vernachlässigung seiner gesetzlichen Befugnisse oder wegen grober Verletzung seiner gesetzlichen Pflichten beschließen. ²Der Personalrat kann aus den gleichen Gründen den Ausschluß eines Mitgliedes beantragen.

(2) ¹Ist der Personalrat aufgelöst, setzt der vorsitzende Richter der Fachkammer für Personalvertretungssachen beim Verwaltungsgericht einen Wahlvorstand ein. ²Dieser hat unverzüglich eine Neuwahl einzuleiten. ³Bis zur Neuwahl nimmt der Wahlvorstand die dem Personalrat nach diesem Gesetz zustehenden Befugnisse und Pflichten wahr.

§ 26 Erlöschen der Mitgliedschaft

(1) Die Mitgliedschaft im Personalrat erlischt durch
a) Ablauf der Wahlzeit,
b) Niederlegung des Amtes,
c) Beendigung des Dienstverhältnisses,
d) Ausscheiden aus der Dienststelle,
e) Verlust der Wählbarkeit,
f) gerichtliche Entscheidung nach § 25 Abs. 1,
g) Feststellung nach Ablauf der in § 21 bezeichneten Frist, daß der Gewählte nicht wählbar war.

(2) Die Mitgliedschaft eines Personalratsmitgliedes wird durch einen Wechsel der Gruppenzugehörigkeit nicht berührt; er bleibt Vertreter der Gruppe, für die er gewählt ist, das gilt sinngemäß auch für die Ersatzmitglieder.

§ 27 Ruhen der Mitgliedschaft
[1]Die Mitgliedschaft eines Beamten im Personalrat ruht, solange ihm die Führung der Dienstgeschäfte verboten oder er wegen eines gegen ihn schwebenden Disziplinarverfahrens vorläufig des Dienstes enthoben ist. [2]Die Mitgliedschaft im Personalrat ruht während der Fremdbeschäftigung im Sinne von § 9 Abs. 4.

§ 28 Ersatzmitglieder
(1) [1]Scheidet ein Mitglied aus dem Personalrat aus, so tritt ein Ersatzmitglied ein. [2]Das gleiche gilt, wenn ein Mitglied des Personalrates verhindert ist.
(2) [1]Die Ersatzmitglieder werden der Reihe nach aus den nicht gewählten Bediensteten derjenigen Vorschlagslisten entnommen, denen die zu ersetzenden Mitglieder angehören. [2]Ist das ausgeschiedene oder verhinderte Mitglied mit einfacher Stimmenmehrheit gewählt, so tritt der nicht gewählte Bedienstete mit der nächsthöheren Stimmzahl als Ersatzmitglied ein.
(3) Im Falle des § 24 Abs. 1 Buchstabe d) treten Ersatzmitglieder nicht ein.

§ 29 Entsprechende Geltung für Jugend- und Auszubildendenvertreter
Für die Jugend- und Auszubildendenvertreter (§ 22) gelten die Vorschriften dieses Abschnittes mit Ausnahme des § 24 Abs. 1 Buchstabe a) sinngemäß.

Dritter Abschnitt
Geschäftsführung

§ 30 Vorstand und Vorsitz
(1) [1]Der Personalrat bildet aus seiner Mitte den Vorstand. [2]Diesem muß ein Mitglied jeder im Personalrat vertretenen Gruppe angehören, soweit sie nicht auf eine Vertretung verzichtet. [3]Die Vertreter jeder Gruppe wählen das auf sie entfallende Vorstandsmitglied. [4]Der Vorstand führt die laufenden Geschäfte.
(2) [1]Der Personalrat bestimmt mit einfacher Mehrheit, welches Mitglied den Vorsitz übernimmt. [2]Ist der Vorsitzende nicht schon nach Absatz 1 in den Vorstand gewählt, so besteht der Vorstand aus einer Person mehr als Gruppen im Personalrat vertreten sind. [3]Der Personalrat bestimmt die Vertretung des Vorsitzenden durch seine Stellvertreter.
(3) Der Vorsitzende vertritt den Personalrat im Rahmen der von diesem gefaßten Beschlüsse.

§ 31 Wahl des Vorstands und Anberaumung von Sitzungen
(1) Spätestens eine Woche nach dem Wahltage hat der Wahlvorstand die Mitglieder des Personalrates zur Vornahme der nach dem § 30 vorgeschriebenen Wahl einzuberufen.
(2) [1]Die weiteren Sitzungen beraumt der Vorsitzende des Personalrates an. [2]Er setzt die Tagesordnung fest und leitet die Verhandlung. [3]Der Vorsitzende hat die Mitglieder bzw. die Ersatzmitglieder des Personalrates zu den Sitzungen rechtzeitig unter Mitteilung der Tagesordnung zu laden.
(3) Auf Antrag eines Viertels der Mitglieder des Personalrates, einer im Personalrat vertretenen Gewerkschaft oder des Leiters der Dienststelle hat der Vorsitzende eine Sitzung anzuberaumen und den Gegenstand, dessen Beratung beantragt ist, auf die Tagesordnung zu setzen.
(4) Der Leiter der Dienststelle nimmt an den Sitzungen, die auf sein Verlangen anberaumt sind, und an den Sitzungen, zu denen er ausdrücklich eingeladen ist, teil.

§ 32 Teilnahme an den Sitzungen
(1) [1]Die Sitzungen des Personalrates sind nicht öffentlich, sie finden in der Regel während der Arbeitszeit statt. [2]Der Personalrat hat bei der Anberaumung seiner Sitzungen auf die dienstlichen Erfordernisse Rücksicht zu nehmen. [3]Der Leiter der Dienststelle ist vom Zeitpunkt der Sitzung vorher zu verständigen.
(2) Die Vertrauensperson der schwerbehinderten Mitarbeiter und Mitarbeiterinnen und die Frauenbeauftragte können mit beratender Stimme an den Sitzungen des Personalrats teilnehmen.
(3) Auf Beschluß des Personalrats können sachkundige Personen zu den Sitzungen hinzugezogen werden.

(4) Sind an einer Angelegenheit sowohl der Personalrat als auch der Richterrat beteiligt, so teilt der Vorsitzende dem Richterrat den entsprechenden Teil der Tagesordnung mit und gibt ihm Gelegenheit, Mitglieder in die Sitzung des Personalrats zu entsenden (§ 23 des Bremischen Richtergesetzes).
(5) Auf Antrag des Richterrats oder des Leiters der Dienststelle hat der Vorsitzende des Personalrats eine Sitzung anzuberaumen und die gemeinsame Angelegenheit, deren Beratung beantragt ist, auf die Tagesordnung zu setzen.

§ 33 Teilnahme von Beauftragten der Gewerkschaften an den Sitzungen
Auf Antrag von einem Viertel der Mitglieder oder der Mehrheit einer Gruppe des Personalrats kann ein Beauftragter einer im Personalrat vertretenen Gewerkschaft an den Sitzungen beratend teilnehmen; in diesen Fällen sind der Zeitpunkt der Sitzung und die Tagesordnung der Gewerkschaft rechtzeitig mitzuteilen.

§ 34 Beschlußfassung
(1) ¹Die Beschlüsse des Personalrates werden mit einfacher Stimmenmehrheit der anwesenden Mitglieder gefaßt. ²Bei Stimmengleichheit ist ein Antrag abgelehnt.
(2) Der Personalrat ist nur beschlußfähig, wenn mindestens die Hälfte seiner Mitglieder anwesend ist.

§ 35 Gemeinsame und Gruppenangelegenheiten
(1) Über die gemeinsamen Angelegenheiten der Beamten und Arbeitnehmer wird vom Personalrat gemeinsam beraten und beschlossen.
(2) ¹Über Angelegenheiten, die nur die Angehörigen einer Gruppe betreffen, kann der Personalrat nicht gegen den Willen dieser Gruppe beschließen. ²In diesem Falle bindet die Entscheidung der Mehrheit der Gruppenvertreter den Personalrat in seiner Beschlußfassung.
(3) (aufgehoben)

§ 36 Aussetzung von Beschlüssen
(1) ¹Erachtet die Mehrheit der Vertreter einer Gruppe einen Beschluß des Personalrates als eine erhebliche Beeinträchtigung wichtiger Interessen der durch sie vertretenen Bediensteten, so ist auf ihren Antrag der Beschluß auf die Dauer von einer Woche auszusetzen. ²In dieser Frist soll, gegebenenfalls mit Hilfe der Gewerkschaften, eine Verständigung versucht werden.
(2) ¹Nach Ablauf der Frist ist über die Angelegenheit neu zu beschließen. ²Wird der erste Beschluß bestätigt, so kann der Antrag auf Aussetzung nicht wiederholt werden.

§ 37 Sitzungsniederschrift
(1) ¹Über jede Verhandlung des Personalrates ist eine Niederschrift aufzunehmen, die mindestens den Wortlaut der Beschlüsse und die Stimmenmehrheit, mit der sie gefaßt sind, enthält. ²Die Niederschrift ist vom Vorsitzenden und einem weiteren Mitglied zu unterzeichnen. ³Der Niederschrift ist eine Anwesenheitsliste beizufügen, in die sich jeder Teilnehmer eigenhändig einzutragen hat.
(2) Hat der Leiter der Dienststelle oder ein Beauftragter der im Personalrat vertretenen Gewerkschaften teilgenommen, so ist ihm der entsprechende Teil der Niederschrift in Abschrift zuzuleiten.

§ 38 Geschäftsordnung
Sonstige Bestimmungen über die Geschäftsführung können in einer Geschäftsordnung getroffen werden, die sich der Personalrat selbst gibt.

§ 39 Ehrenamt, Schutz vor Benachteiligung, Dienstbefreiung und Freistellung
(1) ¹Die Mitglieder des Personalrats führen ihr Amt unentgeltlich als Ehrenamt. ²Ihre Tätigkeit darf nicht zur Benachteiligung im beruflichen Aufstieg führen.
(2) ¹Versäumnis von Arbeitszeit, die zur ordnungsgemäßen Durchführung der Aufgaben des Personalrats erforderlich ist, hat keine Minderung der Dienstbezüge oder des Arbeitsentgeltes zur Folge. ²Zum Ausgleich für Personalratstätigkeit, die außerhalb der Arbeitszeit durchzuführen ist, hat das Personalratsmitglied Anspruch auf entsprechende Arbeitsbefreiung unter Fortzahlung des Arbeitsentgeltes oder der Dienstbezüge. ³Die Arbeitsbefreiung ist vor Ablauf eines Monats zu gewähren; ist dies aus dienstlichen Gründen nicht möglich, so ist die aufgewendete Zeit wie Mehrarbeit zu vergüten.
(3) ¹Das Arbeitsentgelt oder die Dienstbezüge von Mitgliedern des Personalrats dürfen einschließlich eines Zeitraums von einem Jahr nach Beendigung der Amtszeit nicht geringer bemessen werden als das Arbeitsentgelt oder die Dienstbezüge vergleichbarer Bediensteter mit üblicher beruflicher Entwicklung. ²Dies gilt auch für allgemeine Zuwendungen.

(4) Soweit nicht zwingende dienstliche Notwendigkeiten entgegenstehen, dürfen Mitglieder des Personalrates einschließlich eines Zeitraums von einem Jahr nach Beendigung der Amtszeit nur mit Tätigkeiten beschäftigt werden, die den Tätigkeiten der in Absatz 3 genannten Bediensteten gleichwertig sind.

(5) [1]Absatz 2 gilt entsprechend für die Teilnahme an Schulungs- und Bildungsveranstaltungen, soweit diese Kenntnisse vermitteln, die für die Arbeit des Personalrats erforderlich sind. [2]Der Personalrat hat bei der Festlegung der zeitlichen Lage der Teilnahme an Schulungs- und Bildungsveranstaltungen die dienstlichen Notwendigkeiten zu berücksichtigen. [3]Er hat der Dienststelle die Teilnahme und die zeitliche Lage der Schulungs- und Bildungsveranstaltung rechtzeitig bekanntzugeben. [4]Hält die Dienststelle die dienstlichen Notwendigkeiten für nicht ausreichend berücksichtigt, so entscheidet die Einigungsstelle verbindlich.

(6) [1]Unbeschadet der Vorschriften des Absatzes 5 und des Abschnitts III der Verordnung über den Urlaub für Beamte und Richter vom 18. Mai 1971 (Brem.GBl. S. 135 – 2040-a-7) hat jedes Mitglied des Personalrats während seiner regelmäßigen Amtszeit Anspruch auf bezahlte Freistellung für insgesamt vier Wochen zur Teilnahme an Schulungs- und Bildungsveranstaltungen. [2]Der Anspruch nach Satz 1 erhöht sich für Bedienstete, die erstmals das Amt eines Personalratsmitgliedes übernehmen und auch nicht zuvor Jugend- und Auszubildendenvertreter waren, auf fünf Wochen. [3]Absatz 5 Sätze 2 bis 4 finden Anwendung.

(7) [1]Der Personalrat hat das Recht, Mitglieder freizustellen in Dienststellen mit in der Regel

300 bis 600 Bediensteten	1 Mitglied
601 bis 1000 Bediensteten	2 Mitglieder
1001 bis 2000 Bediensteten	3 Mitglieder
bis 10 000 Bediensteten je weitere angefangene 1000 Bedienstete	1 weiteres Mitglied
über 10 000 Bediensteten je weitere angefangene 2000 Bedienstete	1 weiteres Mitglied.

[2]Der Dienststelle sind die Namen der freigestellten Personalratsmitglieder unverzüglich bekanntzugeben.

(8) [1]Darüber hinaus kann der Personalrat im Einvernehmen mit der Dienststelle, wenn und soweit es nach Art und Umfang der Dienststelle zur ordnungsgemäßen Durchführung seiner Aufgaben erforderlich ist, weitere Personalratsmitglieder ganz oder teilweise von ihrer beruflichen Tätigkeit freistellen. [2]Soweit es sich um Dienststellen unter 300 Bediensteten handelt, können neben Freistellungen ebenfalls Teilfreistellungen beschlossen werden. [3]Im Falle der Nichteinigung entscheidet die Einigungsstelle verbindlich.

(9) [1]Freigestellte Personalräte haben einen Anspruch darauf, daß ihnen nach Ablauf der Freistellung mindestens ihre alte Dienststellung wieder übertragen wird. [2]Die Freistellung darf nicht zur Benachteiligung im beruflichen Aufstieg führen.

§ 40 Sprechstunden

(1) Der Personalrat kann während der Arbeitszeit Sprechstunden einrichten.

(2) Versäumnis von Arbeitszeit, die zum Besuch der Sprechstunden oder durch sonstige Inanspruchnahme des Personalrats erforderlich sind, berechtigen nicht zur Minderung der Dienstbezüge oder des Arbeitsentgeltes der Bediensteten.

§ 41 Kosten und Geschäftsbetrieb

(1) [1]Die durch die Tätigkeit des Personalrats entstehenden Kosten trägt die Dienststelle. [2]Dazu gehören auch die Kosten, die durch die Teilnahme im Sinne von § 39 Abs. 5 und 6 entstehen.

(2) Für die Sitzungen, die Sprechstunden und die laufende Geschäftsführung hat die Dienststelle in erforderlichem Umfang Räume, sachliche Mittel und Büropersonal zur Verfügung zu stellen.

(3) Für Dienstreisen von Angehörigen der Personalräte werden Reisekosten nach den Vorschriften über Reisekostenvergütung der Beamten gezahlt.

§ 42 Umlageverbot

Der Personalrat darf für seine Zwecke von den Bediensteten keine Beiträge erheben oder annehmen.

Drittes Kapitel
Personalversammlung

§ 43 Zusammensetzung
(1) [1]Die Personalversammlung besteht aus den Bediensteten der Dienststelle. [2]Sie wird vom Vorsitzenden des Personalrats geleitet. [3]Der Vorsitzende kann sich durch ein vom Personalrat zu bestimmendes anderes Mitglied vertreten lassen. [4]Die Personalversammlung ist nicht öffentlich.
(2) Kann nach den dienstlichen Verhältnissen eine gemeinsame Versammlung aller Bediensteten nicht stattfinden, so sind Teilversammlungen abzuhalten.
(3) Darüber hinaus kann der Personalrat jederzeit Teilversammlungen durchführen, wenn von der Tagesordnung nur ein bestimmter Personenkreis betroffen wird.

§ 44 Einberufung
(1) Der Personalrat hat einmal in jedem Kalenderhalbjahr eine Personalversammlung einzuberufen und in ihr einen Tätigkeitsbericht zu erstatten.
(2) Der Personalrat ist berechtigt und auf Wunsch des Leiters der Dienststelle oder eines Viertels der wahlberechtigten Bediensteten verpflichtet, eine Personalversammlung einzuberufen und den Gegenstand, dessen Beratung beantragt ist, auf die Tagesordnung zu setzen.

§ 45 Zeitpunkt und Teilnahme
[1]Personalversammlungen finden während der Arbeitszeit statt, soweit nicht die dienstlichen Verhältnisse eine andere Regelung erfordern. [2]Die Teilnahme an der Personalversammlung hat keine Minderung der Dienstbezüge oder des Arbeitsentgelts zur Folge. [3]Findet die Versammlung außerhalb der regelmäßigen Arbeitszeit statt oder dauert sie über das Ende der Arbeitszeit hinaus, ist als Ausgleich in entsprechendem Umfang Dienst- oder Arbeitsbefreiung oder Vergütung zu gewähren. [4]Entstandene Fahrtkosten für die Benutzung öffentlicher Verkehrsmittel werden erstattet.

§ 46 Befugnisse
[1]Die Personalversammlung kann dem Personalrat Anträge unterbreiten und zu seinen Beschlüssen Stellung nehmen. [2]Sie darf nur Angelegenheiten behandeln, die zur Zuständigkeit des Personalrates gehören oder die beamten- und tarifpolitischer, sozialpolitischer oder wirtschaftspolitischer Art sind.

§ 47 Teilnahme von Beauftragten der Gewerkschaften sowie des Leiters der Dienststelle
(1) An den Personalversammlungen kann ein Beauftragter der unter den Bediensteten der Dienststelle vertretenen Gewerkschaft beratend teilnehmen.
(2) Der Leiter der Dienststelle nimmt an den Versammlungen, die auf seinen Wunsch einberufen sind oder zu denen er ausdrücklich eingeladen ist, teil.

Viertes Kapitel
Gesamtpersonalrat

§ 48 Bildung
(1) [1]Für das Land und die Stadtgemeinde Bremen wird ein Gesamtpersonalrat gebildet. [2]Das gleiche gilt für die Stadtgemeinde Bremerhaven.
(2) Der Gesamtpersonalrat besteht
a) für das Land und die Stadtgemeinde Bremen aus 25 Mitgliedern,
b) für die Stadtgemeinde Bremerhaven aus 15 Mitgliedern.
(3) [1]Die §§ 9 bis 11, § 13 Abs. 1, 2 und 5, §§ 14 bis 17 und 19 bis 21 gelten entsprechend. [2]Eine Personalversammlung zur Bestellung des Gesamtwahlvorstandes findet nicht statt. [3]An ihrer Stelle wird die Befugnis zur Bestellung des Wahlvorstandes nach § 16 Abs. 2 und §§ 17 und 19 ausgeübt
a) für den für das Land und die Stadtgemeinde Bremen zu errichtenden Gesamtpersonalrat durch den leitenden Beamten des Senators für Finanzen,
b) für den für die Stadtgemeinde Bremerhaven zu errichtenden Gesamtpersonalrat durch den Oberbürgermeister.
(4) Werden die Personalräte bei den einzelnen Dienststellen und der Gesamtpersonalrat gleichzeitig gewählt, so führen die bei den Dienststellen bestehenden Wahlvorstände die Wahlen im Auftrage des Wahlvorstandes für den Gesamtpersonalrat durch; andernfalls bestellen auf sein Ersuchen die Personalräte oder, wenn solche nicht bestehen, die Leiter der Dienststellen die örtlichen Wahlvorstände für die Wahl des Gesamtpersonalrates.

(5) In dem Gesamtpersonalrat erhält jede Gruppe mindestens zwei Vertreter.
(6) ¹In Körperschaften, Anstalten und Stiftungen des öffentlichen Rechts wird ein Gesamtpersonalrat gebildet, wenn von der Möglichkeit des § 7 Abs. 2 Gebrauch gemacht wird. ²Die Mitgliederzahl richtet sich nach § 12 Abs. 3. ³Die §§ 9 bis 11, § 13 Abs. 1 bis 3 und 5, §§ 14 bis 16 und §§ 19 bis 21 gelten entsprechend. ⁴§ 17 gilt mit der Maßgabe, daß der Dienststellenleiter den Wahlvorstand bestellt. ⁵§ 22 gilt mit der Maßgabe, daß zwei Jugend- und Auszubildendenvertreter zu wählen sind.

§ 49 Vorstand und Vorsitz, Amtszeit und Geschäftsführung
(1) ¹Der Gesamtpersonalrat wählt aus seiner Mitte einen Vorstand, der aus dem Vorsitzenden, dem stellvertretenden Vorsitzenden und je einem Mitglied der beiden Gruppen, soweit sie nicht auf eine Vertretung verzichten, besteht. ²Die vier Vorstandsmitglieder werden vom Gesamtpersonalrat mit einfacher Mehrheit gewählt.
(2) Für die Amtszeit und Geschäftsführung des Gesamtpersonalrates gelten die §§ 23 bis 28, 31 bis 34 und 37 bis 42 entsprechend.

§ 50 Zuständigkeit
(1) Der Gesamtpersonalrat hat im Rahmen der Bestimmungen des fünften Kapitels zu beraten und zu beschließen, wenn von einer Angelegenheit mehrere Dienststellen betroffen sind oder eine Dienststelle ohne Personalrat ist.
Werden mehrere Dienststellen eines senatorischen Bereichs betroffen, so gilt dies nur, wenn ein Personalrat zu der beantragten Maßnahme seine Zustimmung versagt oder in einer Dienststelle kein Personalrat besteht.
Gleiches gilt für Abordnungen und Versetzungen, auch wenn sie über einen senatorischen Bereich hinausgehen.
Das Antragsrecht des Gesamtpersonalrats nach § 58 Abs. 4 für alle Angelegenheiten im Sinne von Satz 1 wird durch die Sätze 2 und 3 nicht berührt.
Die Zuständigkeit des Gesamtpersonalrats ist nicht gegeben, wenn bei Vorbereitung allgemeiner Regelungen der beamtenrechtlichen Verhältnisse die Spitzenverbände gemäß § 93 des Bremischen Beamtengesetzes zu beteiligen sind.
(2) ¹Werden in den Fällen des Absatzes 1 Belange der Bediensteten der Verwaltungen des Landes oder der Stadtgemeinde Bremen und der Stadtgemeinde Bremerhaven gleichzeitig berührt, so beraten und beschließen der Gesamtpersonalrat des Landes und der Stadtgemeinde Bremen und der Stadtgemeinde Bremerhaven gemeinsam. ²Die Geschäftsführung obliegt in diesen Angelegenheiten dem Vorstand, die Leitung der gemeinsamen Sitzung dem Vorsitzenden des Gesamtpersonalrats des Landes und der Stadtgemeinde Bremen.

§ 51 Versammlung der Vertreter der Personalräte
¹Der Gesamtpersonalrat hat vierteljährlich eine Versammlung einzuberufen, zu der die Personalräte je einen Vertreter entsenden. ²In dieser Versammlung erstattet der Gesamtpersonalrat einen Tätigkeitsbericht. ³§ 46 gilt entsprechend.

Fünftes Kapitel
Mitbestimmung des Personalrates

Erster Abschnitt
Allgemeines

§ 52 Gleichberechtigte Mitbestimmung und Grundsätze für die Zusammenarbeit
(1) ¹Der Personalrat hat die Aufgabe, für alle in der Dienststelle weisungsgebunden tätigen Personen in allen sozialen, personellen und organisatorischen Angelegenheiten gleichberechtigt gemäß den Bestimmungen der §§ 58 bis 62 mitzubestimmen. ²Er hat diese Aufgabe in enger Zusammenarbeit mit den Gewerkschaften als berufenen Vertretungen der Interessen der Bediensteten zu erfüllen.
(2) ¹Dienststelle und Personalrat haben alles zu unterlassen, was geeignet ist, die Arbeit und den Frieden der Dienststelle zu gefährden. ²Insbesondere dürfen Dienststelle und Personalrat keine Maßnahmen des Arbeitskampfes gegeneinander durchführen. ³Arbeitskämpfe tariffähiger Parteien werden hierdurch nicht berührt.
(3) Der Leiter der Dienststelle und der Personalrat sollen einmal im Monat zu Besprechungen zusammentreten.

§ 53 Persönlichkeitsrechte des Bediensteten

(1) ¹Die Dienststelle hat den Bediensteten über dessen Aufgaben und Verantwortung sowie über die Art seiner Tätigkeit und seine Einordnung in den Arbeitsablauf der Dienststelle zu unterrichten. ²Sie hat den Bediensteten vor Beginn der Beschäftigung über die Unfall- und Gesundheitsgefahren, denen dieser bei der Beschäftigung ausgesetzt ist, sowie über die Maßnahmen und Einrichtungen zur Abwendung dieser Gefahren zu unterrichten. ³Über Veränderungen in seinem Arbeitsbereich ist der Bedienstete rechtzeitig zu unterrichten.

(2) ¹Der Bedienstete hat das Recht, in allen seine Person betreffenden sozialen, personellen und organisatorischen Angelegenheiten und zu allen seine Person betreffenden Maßnahmen der Dienststelle eine Erörterung zu verlangen. ²Die Erörterung erfolgt in einer gemeinsamen Sitzung von Dienststelle und Personalrat. ³§ 31 Abs. 4 gilt entsprechend.

(3) ¹Dienststelle und Personalrat haben darüber zu wachen, daß alle in der Dienststelle tätigen Personen nach Recht und Billigkeit behandelt werden, insbesondere, daß jede unterschiedliche Behandlung von Personen wegen ihrer Abstammung, Religion, Nationalität, Herkunft, politischen oder gewerkschaftlichen Betätigung oder Einstellung oder wegen ihres Geschlechtes unterbleibt. ²Der Leiter der Dienststelle und die Personalvertretung dürfen sich in der Dienststelle nicht parteipolitisch betätigen.

(4) ¹Der Personalrat hat sich für die Wahrung der Vereinigungsfreiheit der Bediensteten einzusetzen. ²Bedienstete, die im Rahmen dieses Gesetzes Aufgaben übernehmen, können in der Dienststelle als Gewerkschaftsmitglieder im Rahmen der Aufgaben ihrer Gewerkschaft tätig werden. ³Gleiches gilt für die parteipolitische Betätigung im Rahmen der im öffentlichen Dienst geltenden Grundsätze und Bestimmungen.

§ 54 Allgemeine Aufgaben des Personalrats

(1) Der Personalrat hat folgende allgemeine Aufgaben:
a) Maßnahmen, die der Dienststelle und ihren Angehörigen dienen, zu beantragen,
b) darüber zu wachen, daß die zugunsten der Bediensteten geltenden Gesetze, Verordnungen, Tarifverträge, Dienstvereinbarungen und Verwaltungsanordnungen durchgeführt werden,
c) Beschwerden von Bediensteten entgegenzunehmen, und, falls sie berechtigt erscheinen, auf ihre Abhilfe hinzuwirken,
d) die Eingliederung schwerbehinderter Menschen und sonstiger schutzbedürftiger Personen in die Dienststelle zu fördern.

(2) ¹Werden gegen einen Beamten Beschuldigungen erhoben, die zu disziplinarrechtlichen Ermittlungen führen, ist dem Personalrat davon Kenntnis zu geben. ²Vor jeder weiteren Maßnahme im Disziplinarverfahren hat der Personalrat Stellung zu nehmen.

(3) ¹Dem Personalrat sind auf Verlangen die zur Durchführung seiner Aufgaben erforderlichen Unterlagen vorzulegen; hierzu gehören alle Bewerbungsunterlagen. ²Bei der Vorstellung von Bewerbern ist ein Vertreter des Personalrats hinzuzuziehen. ³Der Personalrat kann Bewerber anhören. ⁴Personalakten dürfen ihm nur mit Zustimmung des Bediensteten vorgelegt werden.

(4) ¹Zu Prüfungen von Bediensteten im Bereich einer Dienststelle kann der für diesen Bereich zuständige Personalrat ein Mitglied entsenden, das bei der abschließenden Entscheidung beratend mitwirkt. ²Soweit es sich um Prüfungen handelt, die über den allgemeinen Rahmen der Dienststelle hinausgehen, ist die Zuständigkeit des Gesamtpersonalrats gegeben.

§ 55 Verwaltungsanordnungen

Will eine Dienststelle oder eine dazu befugte Stelle Verwaltungsanordnungen für innerdienstliche Angelegenheiten im Rahmen dieses Gesetzes erlassen, sind die Entwürfe der zuständigen Personalvertretung rechtzeitig mitzuteilen und mit ihr zu beraten.

§ 56 Behinderungsverbot und Kündigungsschutz

(1) Die Mitglieder des Personalrates dürfen in der Ausübung ihrer Befugnisse nicht behindert und wegen ihrer Tätigkeit nicht benachteiligt oder begünstigt werden.

(2) ¹Für die Mitglieder des Personalrates, die im Arbeitsverhältnis stehen, gelten die §§ 15 und 16 des Kündigungsschutzgesetzes entsprechend. ²Mitglieder des Personalrates dürfen gegen ihren Willen nur versetzt oder abgeordnet werden, wenn dies auch unter Berücksichtigung der Mitgliedschaft im Personalrat aus wichtigen dienstlichen Gründen unvermeidbar ist und der Personalrat zustimmt.

§ 57 Schweigepflicht

(1) ¹Die Mitglieder und Ersatzmitglieder des Personalrates haben auch nach dem Ausscheiden aus dem Personalrat oder aus der Dienststelle über dienstliche Angelegenheiten oder Tatsachen, die ihnen aufgrund ihrer Zugehörigkeit zum Personalrat bekanntgeworden sind, Stillschweigen zu bewahren. ²Diese Schweigepflicht gilt nicht gegenüber den übrigen Mitgliedern des Personalrates. ³Sie entfällt ferner gegenüber der vorgesetzten Dienststelle, wenn der Personalrat diese im Rahmen ihrer Befugnisse anruft; das gleiche gilt für die Anrufung des Gesamtpersonalrates.

(2) Die Schweigepflicht besteht nicht für Angelegenheiten oder Tatsachen, die offenkundig sind oder ihrer Bedeutung nach keiner Geheimhaltung bedürfen.

(3) Die Schweigepflicht besteht auch für die in den §§ 32 und 33 genannten Personen.

Zweiter Abschnitt
Form und Durchführung der Mitbestimmung

§ 58 Verfahren

(1) ¹Über eine beabsichtigte Maßnahme, die der Mitbestimmung des Personalrats unterliegt, unterrichtet der Leiter der Dienststelle den Personalrat und beantragt schriftlich seine Zustimmung; der Personalrat kann mündliche Erörterung der Angelegenheit mit der Dienststelle verlangen. ²Der Beschluß des Personalrats ist dem Leiter der Dienststelle innerhalb von zwei Wochen mitzuteilen. ³In dringenden Fällen kann der Leiter der Dienststelle diese Frist auf eine Woche abkürzen. ⁴Die Maßnahme gilt als gebilligt, wenn nicht der Personalrat innerhalb der genannten Frist die Zustimmung unter Angabe der Gründe schriftlich verweigert; es sei denn, daß er bei Vorliegen der Voraussetzungen des § 36 auf eine notwendig werdende Fristverlängerung um eine Woche hinweist. ⁵Im Falle der Einigung hat die Dienststelle die beantragte Maßnahme durchzuführen.

(2) Will eine sonst zur Entscheidung befugte Stelle eine nach den Absätzen 1 oder 4 erfolgte Einigung aufheben, beantragt sie unverzüglich die Zustimmung des Personalrats zur Aufhebung der Einigung.
Absatz 1 gilt sinngemäß mit der Maßgabe, daß an die Stelle des Leiters der Dienststelle die zur Entscheidung befugte Stelle tritt.

(3) ¹Der Leiter der Dienststelle kann bei Maßnahmen, die der Natur der Sache nach keinen Aufschub dulden, bis zur endgültigen Entscheidung vorläufige Regelungen treffen. ²Diese sind den Betroffenen gegenüber als solche zu bezeichnen. ³Schäden dürfen dadurch nicht entstehen bzw. sind auszugleichen. ⁴Der Personalrat ist von der vorläufigen Regelung unverzüglich zu benachrichtigen.

(4) Beantragt der Personalrat eine Maßnahme, die seiner Mitbestimmung unterliegt, so hat er sie schriftlich dem Leiter der Dienststelle vorzuschlagen.
¹Der Antrag gilt als gebilligt, wenn die Dienststelle nicht innerhalb eines Monats unter Bekanntgabe der Gründe dem Antrag schriftlich widerspricht. ²Absatz 1 letzter Satz gilt entsprechend.

(5) In Körperschaften, Anstalten und Stiftungen des öffentlichen Rechts haben die kraft Gesetz oder Satzung zur Entscheidung befugten Stellen die bei ihnen anstehenden Angelegenheiten, die in die Zuständigkeit der Personalvertretung fallen, auf Verlangen mit dieser zu erörtern.

§ 59 Schlichtungsstelle

(1) Kommt es in einer Angelegenheit, die der Mitbestimmung unterliegt, zwischen dem Personalrat und dem Leiter der Dienststelle oder der sonst zur Entscheidung befugten Stelle im Sinne von § 58 Abs. 2 zu keiner Einigung und wird von einem der Beteiligten Nichteinigung festgestellt, so kann zur Schlichtung der Meinungsverschiedenheiten binnen einer Frist von zwei Wochen nach Feststellung der Nichteinigung die Schlichtungsstelle schriftlich unter Darlegung von Gründen angerufen werden.

(2) Die Schlichtungsstellen werden jeweils für den Einzelfall bei dem für die Dienststelle zuständigen Senator gebildet.

(3) ¹Die Schlichtungsstellen sind paritätisch besetzt. ²Sie bestehen aus dem zuständigen Senator und zwei weiteren von ihm zu benennenden Beisitzern sowie drei Beisitzern, die der Personalrat benennt.

(4) ¹Den Vorsitz führt der zuständige Senator. ²Er bestimmt Ort und Stunde der Sitzung; sie findet innerhalb eines Monats nach Anrufung der Schlichtungsstelle statt.

(5) ¹In personellen Angelegenheiten der Beamten und in organisatorischen Angelegenheiten gilt die Einigung als Empfehlung für den Senat. ²In allen anderen Fällen ist die Einigung bindend. ³Die Dienststelle hat die beschlossene Maßnahme durchzuführen.

(6) ¹Stellt während der Verhandlung vor der Schlichtungsstelle einer der Beteiligten Nichteinigung fest, so kann von den Beteiligten innerhalb von zwei Wochen die Einberufung der Einigungsstelle (§ 60) verlangt werden. ²Das Verlangen muß schriftlich unter Angaben von Gründen erklärt werden.

(7) ¹Der Anrufung der Schlichtungsstelle bedarf es nicht in den Fällen der Nichteinigung innerhalb der Stadtgemeinde Bremerhaven, der Senatskanzlei, des Senators für Finanzen, dem Rechenzentrum der Bremischen Verwaltung, den senatorischen Dienststellen, dem Rechnungshof der Freien Hansestadt Bremen und der Verwaltung der Bremischen Bürgerschaft. ²Entsprechendes gilt für die in § 7 Abs. 1 Buchstabe b) genannten Dienststellen sowie in den Fällen des § 50. ³In diesen Fällen ist die sofortige Anrufung der Einigungsstelle zulässig. ⁴Absatz 1 gilt sinngemäß.

§ 60 Einigungsstelle

(1) Bei jedem der in § 1 genannten Dienstherren (öffentliche Arbeitgeber) wird für den jeweiligen Einzelfall eine Einigungsstelle gebildet.

(2) ¹Die Einigungsstelle besteht aus je drei Beisitzern, die von den in § 1 genannten Dienstherren (öffentliche Arbeitgeber) und den Gesamtpersonalräten bzw. den Personalräten der in § 1 genannten Körperschaften, Anstalten und Stiftungen des öffentlichen Rechts benannt werden sowie einem unparteiischen Vorsitzenden, auf dessen Person sich beide Seiten einigen. ²Im Bereich der Stadtverwaltung Bremerhaven müssen die vom Dienstherrn benannten Beisitzer Mitglieder des Magistrats sein. ³Kommt innerhalb von zwei Wochen nach Anrufung der Einigungsstelle eine Einigung über die Person des Vorsitzenden nicht zustande, so bestellt ihn der Präsident der Bremischen Bürgerschaft.

(3) ¹Der Vorsitzende veranlaßt die Benennung der Beisitzer. ²Die Gesamtpersonalräte sollen einen der von ihnen zu benennenden Beisitzer aus dem Personalrat der betroffenen Dienststelle benennen. ³Der Vorsitzende bestimmt Ort und Stunde der Sitzung. ⁴Sie findet innerhalb von einem Monat nach Bestellung des Vorsitzenden statt.

§ 61 Verfahren vor der Einigungsstelle

(1) Die Verhandlungen vor den Einigungsstellen sind nicht öffentlich.

(2) ¹Die Beteiligten können ihre Auffassung in der mündlichen Verhandlung vor der Einigungsstelle vortragen. ²Dabei kann der Vertreter der Personalvertretung einen Beauftragten der Gewerkschaften beratend hinzuziehen. ³Die Beteiligten sind unter Angabe des Beratungspunktes zu der Verhandlung der Einigungsstelle schriftlich einzuladen. ⁴Nach Darlegung ihrer Auffassung nehmen sie und der Vertreter der Gewerkschaften an den Beratungen nicht mehr teil.

(3) Die Einigungsstellen entscheiden durch Beschluß mit Stimmenmehrheit.

(4) ¹Die Beschlüsse der Einigungsstelle werden den Beteiligten und der obersten Dienstbehörde schriftlich mit Gründen mitgeteilt. ²Sie sind bindend. ³In personellen Angelegenheiten der Beamten und in organisatorischen Angelegenheiten bleibt das Recht des Vorstands der Bürgerschaft, des Senats, des Magistrats der Stadtgemeinde Bremerhaven oder des obersten Organs einer Körperschaft, Anstalt oder Stiftung des öffentlichen Rechts, eine endgültige Entscheidung zu treffen, unberührt. ⁴Auf Antrag eines am Verfahren nach Satz 3 beteiligten Personalrats haben die in Satz 3 genannten Stellen binnen zwei Monaten nach Zugang des Beschlusses der Einigungsstelle endgültig zu entscheiden.

(5) Für die Mitglieder der Einigungsstellen gilt § 57 entsprechend.

(6) Die Kosten für die Einigungsstellen hat die Verwaltung zu tragen.

§ 62 Dienstvereinbarungen

(1) ¹Soweit Arbeitsentgelte und sonstige Arbeitsbedingungen üblicherweise durch Tarifvertrag geregelt werden, sind Dienstvereinbarungen nicht zulässig. ²Dies gilt nicht, wenn ein Tarifvertrag den Abschluß ergänzender Dienstvereinbarungen ausdrücklich zuläßt.

(2) Die Dienstvereinbarung bedarf der Schriftform, sie ist von der Dienststelle an geeigneter Stelle auszulegen.

(3) ¹Die Dienstvereinbarungen gelten unmittelbar und zwingend. ²Werden Bediensteten durch Dienstvereinbarungen Rechte eingeräumt, so ist ein Verzicht auf sie nur mit Zustimmung des Personalrats zulässig. ³Die Verwirkung dieser Rechte ist ausgeschlossen. ⁴Ausschlußfristen für ihre Geltendmachung sind nur insoweit zulässig, als sie in einem Tarifvertrag oder einer Dienstvereinbarung vereinbart wurden; dasselbe gilt für die Abkürzung der Verjährungsfristen.

(4) Dienstvereinbarungen können, soweit nichts anderes vereinbart ist, mit einer Frist von drei Monaten gekündigt werden.
(5) Nach Ablauf einer Dienstvereinbarung gelten ihre Regelungen in Angelegenheiten, in denen ein Spruch der Einigungsstelle die Einigung zwischen Dienststelle und Personalrat ersetzen kann, weiter, bis sie durch eine andere Abmachung ersetzt werden.

Dritter Abschnitt
Mitbestimmung in sozialen Angelegenheiten
§ 63 Beispiele für Mitbestimmung in sozialen Angelegenheiten
(1) In sozialen Angelegenheiten erstreckt sich das Recht der Mitbestimmung des Personalrates, soweit eine gesetzliche oder tarifliche Regelung nicht besteht oder die Zuständigkeit des Gesamtpersonalrates nicht gegeben ist, insbesondere auf
a) Gewährung von Unterstützungen und entsprechenden sozialen Zuwendungen,
b) Maßnahmen zur Hebung der Arbeitsleistung und zur Erleichterung des Arbeitsablaufs,
c) Zuteilung von Wohnungen, soweit die Dienststelle über sie verfügt,
d) Maßnahmen zur Verhütung von Dienst- und Arbeitsunfällen und sonstigen Gesundheitsschädigungen,
e) Aufstellung von allgemeinen Vorschriften, durch welche der Betrieb der Dienststelle geregelt werden soll, soweit hierdurch die persönlichen Verhältnisse der Bediensteten berührt werden,
f) Festsetzung der Arbeitszeit, insbesondere bei Verlängerung oder Verkürzung der regelmäßigen Arbeitszeit, sowie Festsetzung von Überstunden, soweit sie nicht zur Beseitigung von Notständen dringend erforderlich sind,
g) Zeit und Ort der Auszahlung der Dienstbezüge und Arbeitsentgelte,
h) Aufstellung des Urlaubsplanes,
i) Fragen der Fortbildung der Bediensteten,
k) Durchführung der Berufsausbildung der Bediensteten, soweit nicht die Zuständigkeit des Ausbildungspersonalrats gemäß § 22a Abs. 6 gegeben ist,
l) Errichtung und Verwaltung von Wohlfahrtseinrichtungen ohne Rücksicht auf ihre Rechtsform,
m) Aufstellung von Sozialplänen.
(2) Durch die Aufzählung der in Absatz 1 genannten Beispiele wird die Allzuständigkeit des Personalrats nach § 52 Abs. 1 Satz 1 nicht berührt.

§ 64 Unfall- und Gesundheitsgefahren, Arbeitsschutz
(1) Der Personalrat hat auf die Verhütung von Unfall- und Gesundheitsgefahren zu achten, die für den Arbeitsschutz zuständigen Stellen durch Anregung, Beratung und Auskunft zu unterstützen und sich für die Durchführung des Arbeitsschutzes einzusetzen.
(2) Der Personalrat ist zuzuziehen bei Einführung und Prüfung von Arbeitsschutzeinrichtungen und bei Unfalluntersuchungen, die von der Dienststelle oder den in Absatz 1 genannten Stellen vorgenommen werden.

Vierter Abschnitt
Mitbestimmung in personellen Angelegenheiten
§ 65 Beispiele für Mitbestimmung in personellen Angelegenheiten
(1) In personellen Angelegenheiten erstreckt sich das Recht der Mitbestimmung des Personalrates, soweit nicht die in § 63 Satz 1 angeführten Einschränkungen gegeben sind, insbesondere auf
a) Einstellung, Anstellung und Beförderung von Beamten,
b) Entlassung von Beamten auf Probe oder auf Widerruf,
c) Einstellungen, Höhergruppierung und Übertragung einer höherzubewertenden Tätigkeit, Rückgruppierung und Übertragung einer niedriger zu bewertenden Tätigkeit und Kündigung von Arbeitnehmern,
d) Versetzung und Abordnung,
e) Weiterbeschäftigung über die Altersgrenze hinaus.
(2) In den Ausnahmefällen des § 66 Abs. 1 Buchstabe d) sowie bei Beamten nach §§ 37 und 106 Absatz 2 des Bremischen Beamtengesetzes entfällt das Mitbestimmungsrecht des Personalrats.

(3) Durch die Aufzählung der in Absatz 1 genannten Beispiele wird die Allzuständigkeit des Personalrats nach § 52 Abs. 1 Satz 1 nicht berührt.

Fünfter Abschnitt
Mitbestimmung in organisatorischen Angelegenheiten
§ 66 Beispiele für Mitbestimmung in organisatorischen Angelegenheiten
(1) In organisatorischen Angelegenheiten erstreckt sich das Recht der Mitbestimmung des Personalrats, soweit nicht die in § 63 Satz 1 angeführten Einschränkungen gegeben sind, insbesondere auf
a) Auflösung, Einschränkung, Verlegung oder Zusammenlegung von Dienststellen, Behörden oder Betrieben oder wesentlicher Teile von ihnen,
b) Einführung neuer Arbeitsmethoden,
c) Erstellung und Änderung von Organisationsplänen,
d) Bestellung oder Abberufung des Leiters der Dienststelle, seines ständigen Vertreters oder der Mitglieder des für die Leitung zuständigen Organs, soweit dafür nicht eine besondere rechtliche Regelung Anwendung findet.
(2) ¹Dabei sollen die gesicherten arbeitswissenschaftlichen Erkenntnisse über die menschengerechte Gestaltung der Arbeit berücksichtigt werden. ²Der Personalrat ist schon im Planungsstadium zu beteiligen.
(3) Durch die Aufzählung der in Absatz 1 genannten Beispiele wird die Allzuständigkeit des Personalrats nach § 52 Abs. 1 Satz 1 nicht berührt.

§ 67 Beteiligung bei der Aufstellung von Haushaltsplänen und Personalprogrammen
(1) ¹Zur Ausübung des Mitbestimmungsrechts bei der Aufstellung von Stellenplan-Entwürfen der Dienststelle werden diese vom Leiter der Dienststelle dem Personalrat zur Stellungnahme zugeleitet. ²Gleiches gilt für Haushaltspositionen, die Bereiche berühren, die der Mitbestimmung des Personalrats unterliegen. ³Der Personalrat kann mündliche Erörterung verlangen.
(2) Ergibt sich keine Übereinstimmung, so hat der Leiter der Dienststelle den Vorentwurf zum Haushaltsplan zusammen mit der abweichenden Stellungnahme des Personalrats weiterzugeben.
(3) Bei der Beratung in der Deputation haben zwei Mitglieder des Personalrats das Recht, die Ansicht des Personalrats mündlich vorzutragen.
(4) ¹Soweit die Dienststelle zu Personalprogrammen Stellungnahmen abzugeben hat, ist dem Personalrat Gelegenheit zur Stellungnahme zu geben. ²Der Personalrat kann Erörterung mit der Dienststelle verlangen.
(5) Auf die Stadtgemeinde Bremerhaven und die Körperschaften, Anstalten und Stiftungen des öffentlichen Rechts finden die Absätze 1 bis 4 sinngemäße Anwendung.

Sechster Abschnitt
Vertreter der Bediensteten in Verwaltungsräten
§ 68 Vertreter der Bediensteten in Verwaltungsräten bei Körperschaften, Anstalten und Stiftungen des öffentlichen Rechts, die überwiegend wirtschaftliche Aufgaben erfüllen
(1) ¹In den der Aufsicht des Landes unterstehenden Körperschaften, Anstalten und Stiftungen des öffentlichen Rechts, die überwiegend wirtschaftliche Aufgaben erfüllen, für die ein Verwaltungsrat oder ein entsprechendes Organ besteht, müssen dem Verwaltungsrat oder dem entsprechenden Organ sowie deren Ausschüssen auch Vertreter der Bediensteten angehören. ²Die Zahl der hiernach hinzutretenden Vertreter der Bediensteten beträgt die Hälfte der Mitgliederzahl, die für das Gremium nach den gesetzlichen Vorschriften oder der Satzung vorgesehen ist. ³Beträgt die Zahl der Vertreter der Bediensteten eins oder zwei, so müssen diese selbst Bedienstete der Einrichtung sein. ⁴Beträgt die Zahl der Vertreter mehr als zwei, so müssen von je drei Vertretern der ersten beiden selbst Bedienstete der Einrichtung sein; der dritte Vertreter darf vorbehaltlich des Absatzes 4 Nr. 2 nicht Bediensteter der Einrichtung sein.
(2) ¹Der Verwaltungsrat oder das entsprechende Organ sowie deren Ausschüsse können Beschlüsse, die die personellen und sozialen Angelegenheiten der Bediensteten berühren, nicht gegen die Mehrheit der Stimmen der Vertreter der Bediensteten fassen; die Berufung von Vorstandsmitgliedern wird hiervon nicht berührt. ²Die Zuständigkeit für die Bearbeitung von personellen und sozialen Angelegenheiten der Bediensteten sowie die Entscheidungsbefugnis in diesen Angelegenheiten ist einem

Vorstandsmitglied vom Verwaltungsrat oder dem entsprechenden Organ zu übertragen. ³Die Übertragung kann nicht gegen die Stimmen der Mehrheit der Vertreter der Bediensteten geschehen.

(3) Die Vertreter der Bediensteten haben die gleichen Rechte und Pflichten wie die sonstigen Mitglieder, soweit nachstehend nichts Besonderes bestimmt ist.

(4) Die nach § 9 wahlberechtigten Bediensteten der Einrichtung wählen je gesondert
1. die Vertreter, die Bedienstete der Einrichtung sein müssen,
2. die Vertreter, die vorbehaltlich des Absatzes 5 Nr. 2 nicht Bedienstete der Einrichtung sein dürfen, für die Amtszeit, die in den sondergesetzlichen Vorschriften oder in der Satzung für die sonstigen Mitglieder des Gremiums bestimmt ist.

(5) Wählbar sind
1. als Vertreter im Sinne des Absatzes 4 Nr. 1
   alle Bediensteten, die am Wahltage nach den §§ 10 und 11 zum Personalrat wählbar sind,
2. als Vertreter im Sinne des Absatzes 4 Nr. 2,
a) wenn mindestens eine Gewerkschaft von ihrem Wahlvorschlagsrecht (Absatz 7 Satz 2) Gebrauch macht,
   alle Personen, die nicht Bedienstete der Einrichtung sind und das Alter erreicht haben, mit dem die Volljährigkeit eintritt, es sei denn, daß sie infolge strafgerichtlicher Verurteilung die Fähigkeit, Rechte aus öffentlichen Wahlen zu erlangen, nicht besitzen,
b) wenn das Wahlvorschlagsrecht den wahlberechtigten Bediensteten zusteht (Absatz 7 Satz 3),
   alle Personen, die das Alter erreicht haben, mit dem die Volljährigkeit eintritt, es sei denn, daß sie infolge strafgerichtlicher Verurteilung die Fähigkeit, Rechte aus öffentlichen Wahlen zu erlangen, nicht besitzen.

(6) ¹Der Wahlvorstand für die Wahl der Vertreter der Bediensteten besteht aus drei wahlberechtigten Bediensteten, und zwar aus einem Vorsitzenden sowie zwei weiteren Mitgliedern. ²Für jedes Mitglied soll ein Ersatzmitglied berufen werden. ³Spätestens sechs Wochen vor Ablauf der Amtszeit, die in den sondergesetzlichen Vorschriften oder in der Satzung für die Mitglieder des Gremiums bestimmt ist, bestellt die Einrichtung auf Antrag von mindestens drei Wahlberechtigten oder einer Gewerkschaft, der mindestens ein wahlberechtigter Bediensteter angehört, den Wahlvorstand. ⁴Dieser hat die Wahl unverzüglich einzuleiten; sie soll spätestens sechs Wochen nach der Bestellung des Wahlvorstandes stattfinden. ⁵Kommt der Wahlvorstand dieser Verpflichtung nicht nach, so bestellt die Einrichtung auf Antrag der in Satz 3 Genannten einen neuen Wahlvorstand.

(7) ¹Für die Wahl der Vertreter im Sinne des Absatzes 4 Nr. 1 gelten § 15 Abs. 4 und 5 sinngemäß. ²Für die Wahl der Vertreter im Sinne des Absatzes 4 Nr. 2 kann jede Gewerkschaft, der mindestens ein wahlberechtigter Bediensteter angehört, Wahlvorschläge machen. ³Macht keine Gewerkschaft von ihrem Vorschlagsrecht Gebrauch oder steht keiner Gewerkschaft das Vorschlagsrecht zu, geht das Vorschlagsrecht für die Vertreter im Sinne des Absatzes 4 Nr. 2 auf die Bediensteten über. ⁴§ 15 Abs. 4 und 5 gelten sinngemäß.

(8) ¹Machen die Bediensteten von ihrem Recht, in dem Gremium vertreten zu sein, keinen oder nicht in vollem Umfang Gebrauch, so verlieren sie insoweit ihren Anspruch auf Vertretung bis zur nächsten Wahl der Mitglieder des Gremiums. ²Die Wirksamkeit der Beschlüsse des Gremiums wird hierdurch nicht berührt. ³Scheidet ein Vertreter aus, ohne daß ein Ersatzmitglied vorhanden ist, so ist eine Nachwahl durchzuführen.

(9) Es gelten entsprechend
1. für die Wahl der Vertreter § 15 Abs. 1, Abs. 3 Satz 1 bis 3 und Abs. 6, die §§ 20 und 21,
2. für das Erlöschen der Mitgliedschaft in dem Gremium bei Vertretern im Sinne des Absatzes 4 Nr. 1, § 26 mit Ausnahme des Buchstabens f),
3. für das Ruhen der Mitgliedschaft in dem Gremium bei Vertretern, die Bedienstete der Einrichtung sind, § 27,
4. für den Eintritt von Ersatzmitgliedern § 28, dessen Absatz 1 Satz 2 jedoch nur dann, wenn eine Stellvertretung nach den sondergesetzlichen Vorschriften oder der Satzung nicht ausgeschlossen ist,
5. für den Schutz der Vertreter § 56 Abs. 1, soweit sie Bedienstete der Einrichtung sind, auch Absatz 2.

Die Mitgliedschaft eines Vertreters im Sinne des Absatzes 4 Nr. 2 erlischt im Gremium, wenn er in ein Dienstverhältnis zur Einrichtung tritt.
(10) Ist eine Wahl der Vertreter der Bediensteten mit Erfolg angefochten, so nehmen die Mitglieder des Personalrats, höchstens jedoch soviel Mitglieder, wie Vertreter der Bediensteten gewählt waren, deren Befugnisse bis zur Neuwahl, längstens bis zur Dauer von drei Monaten wahr.
[1]Sind im Personalrat Gruppen vertreten, so sind diese Gruppen entsprechend ihrer Stärke nach den Grundsätzen der Verhältniswahl zu berücksichtigen. [2]Der Personalrat ermittelt die Mitglieder nach der Reihenfolge, in der sie in den Personalrat gewählt sind. [3]§ 28 gilt entsprechend.

Sechstes Kapitel
Strafvorschriften
§ 69 (aufgehoben)

Siebentes Kapitel
Gerichtliche Entscheidungen
§ 70 Zuständigkeit der Verwaltungsgerichte
(1) Die Verwaltungsgerichte entscheiden außer in den Fällen der §§ 21 und 25 über
a) Wahlberechtigung und Wählbarkeit,
b) Wahl und Amtszeit der Personalvertretungen und der in § 22 genannten Jugend- und Auszubildendenvertreter sowie Zusammensetzungen der Personalvertretungen,
c) Zuständigkeit und Geschäftsführung der Personalvertretungen.
(2) Die Vorschriften des Arbeitsgerichtsgesetzes über das Beschlußverfahren gelten entsprechend.

§ 70a Rechtsschutz bei überlangen Gerichtsverfahren
[1]Die Verwaltungsgerichte entscheiden über Ansprüche nach dem Siebzehnten Titel des Gerichtsverfassungsgesetzes. [2]Diese Vorschriften sind mit der Maßgabe entsprechend anzuwenden, dass an die Stelle des Oberlandesgerichts das Oberverwaltungsgericht, an die Stelle des Bundesgerichtshofs das Bundesverwaltungsgericht und an die Stelle der Zivilprozessordnung das Arbeitsgerichtsgesetz tritt.

§ 71 Fachkammer und Fachsenat
(1) Für die nach diesem Gesetz zu treffenden Entscheidungen sind beim Verwaltungsgericht eine Fachkammer und beim Oberverwaltungsgericht ein Fachsenat zu bilden.
(2) [1]Die Fachkammer (der Fachsenat) besteht aus einem Vorsitzenden und ehrenamtlichen Beisitzern. [2]Sie werden durch den Senat berufen, und zwar je zur Hälfte auf Vorschlag
a) der unter den Bediensteten vertretenen Gewerkschaften und
b) der in § 1 genannten Verwaltungen und Gerichte. Für die Behörden des Landes und der Stadtgemeinde Bremen sowie der Gerichte übt das Vorschlagsrecht der Senator für Finanzen unter Beteiligung der senatorischen Dienststellen aus.
Für die Berufung und Stellung der Beisitzer und ihre Heranziehung zu den Sitzungen gelten die Vorschriften des Arbeitsgerichtsgesetzes über ehrenamtliche Richter entsprechend.
(3) [1]Die Fachkammer (der Fachsenat) wird tätig in der Besetzung mit einem Vorsitzenden und je zwei nach Absatz 2 Buchstaben a) und b) berufenen Beisitzern. [2]Die nach Absatz 2 Buchstabe a) berufenen Beisitzer dürfen nicht der gleichen Gruppe angehören.

Achtes Kapitel
Egänzende Vorschriften
§ 72 Wahlordnung
Zur Regelung der in den §§ 9 bis 20, 22, 48 und 68 bezeichneten Wahlen erläßt der Senat durch Rechtsverordnung Vorschriften über
a) die Vorbereitung der Wahl, insbesondere die Aufstellung der Wählerlisten und die Errechnung der Vertreterzahl,
b) die Frist für die Einsichtnahme in die Wählerlisten und die Erhebung von Einsprüchen,
c) die Vorschlagsliste und die Frist für ihre Einreichung,
d) das Wahlausschreiben und die Fristen für seine Bekanntmachung,
e) die Stimmabgabe,

f) die Feststellung des Wahlergebnisses und die Fristen für seine Bekanntmachung,
g) die Aufbewahrung der Wahlakten.

Neuntes Kapitel
Schlußvorschriften

§ 73 Geltung von Vorschriften über Betriebsräte
[1]Vorschriften in anderen Gesetzen, die den Betriebsräten Befugnisse oder Pflichten übertragen, gelten entsprechend für die nach diesem Gesetz zu errichtenden Personalvertretungen. [2]Dies gilt nicht für Vorschriften, welche die Betriebsverfassung oder die Mitbestimmung regeln.

§ 73a Übergangsregelung
Freigestellte Personalratsmitglieder in Dienststellen mit in der Regel 200 bis 299 oder 501 bis 600 Bediensteten, deren Freistellung auf einem Beschluss des Personalrates nach § 39 Abs. 7 in der am 31. Juli 2006 geltenden Fassung beruht, bleiben bis zum Ablauf der Amtszeit des Personalrats freigestellt.

§ 73b Übergangsvorschrift für am 2. November 2007 bestehende oder nach dem Bremischen Personalvertretungsgesetz in der bis 2. November 2007 geltenden Fassung neu gewählte Personalräte
(1) [1]Die Amtszeit der am 2. November 2007 bestehenden oder nach Absatz 2 neu gewählten Personalräte bleibt unberührt. [2]Für ihre Geschäftsführung gilt das Bremische Personalvertretungsgesetz in der ab 3. November 2007 geltenden Fassung mit folgenden Maßgaben:
1. Die Rechtsstellung der Vertreter der bisherigen Gruppen der Angestellten und der Arbeiter im Vorstand bleibt unberührt. Sie vertreten gemeinsam die neue Gruppe der Arbeitnehmer im Vorstand.
2. In Angelegenheiten, die lediglich die Gruppe der Arbeitnehmer betreffen, beschließen in den Fällen des § 35 Abs. 2 die Vertreter der bisherigen Gruppen der Angestellten und der Arbeiter im Personalrat gemeinsam.
3. Für Anträge auf Aussetzung eines Beschlusses nach § 36 Abs. 1 Satz 1 wegen der Erachtung einer erheblichen Beeinträchtigung wichtiger Interessen der Gruppe der Arbeitnehmer ist die Mehrheit der Vertreter der bisherigen Gruppen der Angestellten und der Arbeiter im Personalrat erforderlich.

(2) Für die Durchführung von Wahlen, für die der Wahlvorstand vor dem 3. November 2007 bestellt wurde, ist das Bremische Personalvertretungsgesetz in der bis 2. November 2007 geltenden Fassung anzuwenden.

§ 73c Übergangsregelung für Jugendvertreter und Ausbildungspersonalräte
(1) [1]Die Amtszeit der am 23. Dezember 2014 bestehenden Jugendvertretungen bleibt unberührt. [2]Die zu diesem Zeitpunkt im Amt befindlichen Jugendvertreter nehmen ihr Amt bis zur Neuwahl von Jugend- und Auszubildendenvertretern war, dabei ist § 22 in der bis zum Ablauf des 22. Dezember 2014 geltenden Fassung anzuwenden.
(2) Die Amtszeit der am 23. Dezember 2014 bestehenden Ausbildungspersonalräte bleibt unberührt.

§ 74 Inkrafttreten
(1) Dieses Gesetz tritt am Tage nach seiner Verkündung in Kraft.
(2) Das Bremische Personalvertretungsgesetz in der Fassung vom 11. November 1969 (Brem.GBl. S. 143), zuletzt geändert durch das Gesetz zur Änderung des Bremischen Personalvertretungsgesetzes vom 3. Juli 1973 (Brem.GBl. S. 173), tritt gleichzeitig außer Kraft.
(3) Das erste Wahljahr im Sinne des § 23 Abs. 2 ist das Jahr 1976.

Gesetz zur Gleichstellung von Frau und Mann im öffentlichen Dienst des Landes Bremen (Landesgleichstellungsgesetz)

Vom 20. November 1990 (Brem.GBl. S. 433)
(2046-a-1)
zuletzt geändert durch Art. 9 des G vom 16. Mai 2017 (Brem.GBl. S. 225, 249)

Der Senat verkündet das nachstehende von der Bürgerschaft (Landtag) beschlossene Gesetz:
Artikel 1

Abschnitt I
Allgemeine Vorschriften

§ 1 Ziel des Gesetzes
Zur Verwirklichung der Gleichstellung von Frauen und Männern werden Frauen im bremischen öffentlichen Dienst nach Maßgabe dieses Gesetzes gefördert.

§ 2 Geltungsbereich
Dieses Gesetz gilt für die Verwaltungen des Landes Bremen und der Stadtgemeinde Bremen und Bremerhaven und die sonstigen nicht bundesunmittelbaren Körperschaften, Anstalten und Stiftungen des öffentlichen Rechts im Lande Bremen sowie die Gerichte des Landes Bremen.

Abschnitt II
Quotierung

§ 3 Ausbildungsplatzquoten
(1) Bei der Vergabe von Ausbildungsplätzen sind Frauen mindestens zur Hälfte je Ausbildungsgang zu berücksichtigen.
(2) Bei der Besetzung von Ausbildungsplätzen für Berufe, die auch außerhalb des öffentlichen Dienstes ausgeübt werden und für die nur innerhalb des öffentlichen Dienstes ausgebildet wird, findet eine vorrangige Berücksichtigung von Bewerberinnen nicht statt.

§ 4 Einstellung, Übertragung eines Dienstpostens und Beförderung
(1) Bei der Einstellung, einschließlich der Begründung eines Beamten- und Richterverhältnisses, die nicht zum Zwecke der Ausbildung erfolgt, sind Frauen bei gleicher Qualifikation wie ihre männlichen Mitbewerber in den Bereichen vorrangig zu berücksichtigen, in denen sie unterrepräsentiert sind, sofern nicht in der Person eines Mitbewerbers liegende Gründe überwiegen.
(2) ¹Bei der Übertragung einer Tätigkeit in einer höheren Entgelt- und Besoldungsgruppe sind Frauen bei gleicher Qualifikation wie ihre männlichen Mitbewerber vorrangig zu berücksichtigen, wenn sie unterrepräsentiert sind, sofern nicht in der Person eines Mitbewerbers liegende Gründe überwiegen. ²Das gilt auch bei der Übertragung eines anderen Dienstpostens und bei Beförderung.
(3) Unbeschadet dienstrechtlicher Regelungen dürfen bei Bewerbungen um eine andere Stelle den Bediensteten keine Nachteile aus einer Beurlaubung, Ermäßigung der Arbeitszeit oder Teilzeitbeschäftigung erwachsen.
(4) ¹Die Qualifikation ist ausschließlich an den Anforderungen des Berufes, der zu besetzenden Stelle oder der Laufbahn zu messen. ²Spezifische, zum Beispiel durch Familienarbeit, durch soziales Engagement oder ehrenamtliche Tätigkeit erworbene Erfahrungen und Fähigkeiten sind Teil der Qualifikation im Sinne des Absatzes 1 und 2, wenn sie bei der Ausübung der jeweiligen Tätigkeit dienlich sind.
(5) ¹Eine Unterrepräsentation liegt vor, wenn in den einzelnen Entgeltgruppen der jeweiligen Personalgruppe einer Dienststelle nicht mindestens zur Hälfte Frauen vertreten sind. ²Dies gilt auch für die nach dem Geschäftsverteilungsplan vorgesehenen Funktionsebenen.

§ 5 Benennung und Entsendung

Bei Benennungen für und Entsendungen in Gremien, öffentliche Ämter, Delegationen, Kommissionen, Konferenzen, repräsentative Funktionen, Veranstaltungen und Personalauswahlgremien sollen Frauen zur Hälfte berücksichtigt werden.

Abschnitt III
Fördermaßnahmen

§ 6 Frauenförderpläne

(1) [1]Die Behörden und Dienststellen haben für ihren Bereich geeignete Maßnahmen zu ergreifen, um Frauen gezielt zu fördern. [2]Es sind in jeder Dienststelle Daten zur Erstellung einer Analyse über die Beschäftigungsstruktur zu erheben. [3]Die Analyse ist jährlich fortzuschreiben. [4]Zum Abbau der Unterrepräsentation der Frauen sind Frauenförderpläne in den Dienststellen aufzustellen, die Zielvorgaben und einen Zeitrahmen enthalten sollen. [5]Für die Erstellung der Analyse sind die diesem Gesetz als Anlage beigefügten Vorgaben für die Datenerhebung maßgebend.

(2) Wenn Aufgaben des Personalwesens, insbesondere Personalentwicklungsplanung, -förderung, -einsatz, Ausbildung und berufliche Weiterbildung zentral von einer Behörde für mehrere Behörden wahrgenommen werden, erstellt diese, gegebenenfalls in Abstimmung mit der abgebenden Behörde, einen behörden- und dienststellenübergreifenden Frauenförderplan nach Absatz 1.

(3) Die Frauenförderpläne nach Absatz 2 sind der Zentralstelle für die Verwirklichung der Gleichberechtigung der Frau zur Stellungnahme vorzulegen.

§ 7 Stellenausschreibungen

(1) [1]Stellenausschreibungen müssen in weiblicher und männlicher Form der Stellenbezeichnung erfolgen. [2]In Bereichen, in denen Frauen unterrepräsentiert sind, ist der Ausschreibungstext so zu gestalten, daß Frauen aufgefordert werden, sich zu bewerben. [3]Dabei ist auf die Zielsetzung dieses Gesetzes, die Unterrepräsentation der Frauen zu beseitigen, hinzuweisen.

(2) Absatz 1 gilt auch für Ausschreibungen von Ausbildungsplätzen.

(3) Stellenausschreibungen müssen mit den Anforderungen der zu besetzenden Stelle übereinstimmen.

(4) Fragen nach einer bestehenden Schwangerschaft sind im Einstellungsverfahren unzulässig.

§ 8 Familiengerechte Arbeitsplatzgestaltung

(1) [1]Grundsätzlich sind Vollzeitarbeitsplätze zur Verfügung zu stellen. [2]Im übrigen sind Arbeitsplätze so zu gestalten, daß sie auch vorübergehend in der Form der Teilzeitbeschäftigung oder bei Ermäßigung der Arbeitszeit wahrgenommen werden können. [3]Dies gilt insbesondere auch auf der Funktionsebene des gehobenen und höheren Dienstes sowie für entsprechende Positionen bei Arbeitnehmerinnen und Arbeitnehmern.

(2) [1]Die Regelung des § 62 des Bremischen Beamtengesetzes gilt auch für Arbeitnehmerinnen und Arbeitnehmer im Geltungsbereich dieses Gesetzes (§ 2). [2]In einem Tarifvertrag zugunsten der Arbeitnehmerinnen und Arbeitnehmer getroffene Regelungen bleiben unberührt.

(3) Dem Wunsch von Teilzeitbeschäftigten nach Aufstockung ihrer wöchentlichen Arbeitszeit ist im Rahmen der stellenplanmäßigen Möglichkeiten zu entsprechen.

§ 9 Fort- und Weiterbildung

(1) [1]In die Fort- und Weiterbildungsangebote ist die Thematik »Gleichberechtigung von Mann und Frau« aufzunehmen. [2]Das gilt insbesondere für solche Bildungsveranstaltungen, die auf die Übernahme von Vorgesetztenpositionen vorbereiten.

(2) Frauen sind vermehrt als Leiterinnen und Referentinnen von Fortbildungsveranstaltungen einzusetzen.

(3) Es sind Veranstaltungen anzubieten, die gezielt der Fort- und Weiterbildung von Frauen dienen, insbesondere auch solche, die Frauen auf die Übernahme höherwertiger Stellen vorbereiten.

(4) [1]Fort- und Weiterbildungsangebote sind so zu gestalten, daß Frauen besonders zur Teilnahme motiviert werden. [2]Die Veranstaltungen sind so zu planen, daß Bedienstete mit Familienarbeit an ihnen teilnehmen können.

§ 10 Berufstätigkeitsunterbrechung

(1) ¹Beurlaubten Bediensteten ist die Möglichkeit zu eröffnen, Kontakte zum Beruf aufrechtzuerhalten. ²Ihnen sollen zeitlich befristete Beschäftigungsmöglichkeiten (Aushilfen, Urlaubs- und Krankheitsvertretungen) angeboten werden.

(2) ¹Fortbildungsveranstaltungen sind für beurlaubte Bedienstete kostenfrei zu öffnen. ²Auch die beurlaubten Bediensteten sind regelmäßig über das Fortbildungsangebot zu informieren.

(3) Für beurlaubte Bedienstete sind besondere Fortbildungsveranstaltungen anzubieten, die geeignet sind, einen Wiedereinstieg in den Beruf zu erleichtern.

(4) ¹Die Forbildungsveranstaltungen nach Absatz 2 und 3 sind dienstliche Veranstaltungen. ²Besoldung oder Arbeitsentgelt werden den beurlaubten Bediensteten aus Anlaß der Teilnahme jedoch nicht gewährt; eine Anrechnung auf die ruhegehaltsfähige Dienstzeit erfolgt nicht.

Abschnitt IV
Frauenbeauftragte

§ 11 Wahl

(1) ¹Ist in einer Dienststelle ein Personalrat zu wählen, wird eine Frauenbeauftragte und ihre Stellvertreterin gewählt. ²Ist ein Richterrat zu wählen, wird für den richterlichen Bereich eine Frauenbeauftragte und ihre Stellvertreterin gewählt.

(2) Wahlberechtigt sind die Frauen, die nach dem Bremischen Personalvertretungsgesetz oder nach dem Bremischen Richtergesetz für die Wahl des Personalrates oder des Richterrates wahlberechtigt sind.

(3) Wählbar sind die Frauen, die nach dem Bremischen Personalvertretungsgesetz oder dem Bremischen Richtergesetz für die Wahl des Personalrates oder Richterrates wählbar sind.

(4) ¹Die Wahlen finden alle vier Jahre zeitgleich mit den Personalratswahlen oder Richterratswahlen statt. ²Außerhalb des regelmäßigen Wahlzeitraumes finden die Wahlen statt, wenn
1. das Amt der Frauenbeauftragten vorzeitig erlischt und keine Stellvertreterin nachrückt,
2. die Wahl mit Erfolg angefochten worden ist oder
3. eine Frauenbeauftragte noch nicht gewählt ist.

³Hat eine Wahl außerhalb des regelmäßigen Wahlzeitraumes stattgefunden, ist die Frauenbeauftragte im nächsten regelmäßigen Wahlzeitraum neu zu wählen. ⁴Ist die Frauenbeauftragte zu Beginn des nächsten regelmäßigen Wahlzeitraumes noch nicht ein Jahr im Amt, findet die Neuwahl im übernächsten Wahlzeitraum statt.

(5) ¹Die Frauenbeauftragte und ihre Stellvertreterin werden in geheimer und unmittelbarer Wahl nach den Grundsätzen der Mehrheitswahl gewählt. ²Im übrigen sind die Vorschriften über die Wahlvorschläge, die Bestellung des Wahlvorstandes durch die Dienststelle, die Aufgaben des Wahlvorstandes, den Schutz der Wahl, die Wahlkosten und die Wahlanfechtung für die Wahl des Personalrates oder Richterrates in ihrer jeweils geltenden Fassung sinngemäß anzuwenden.

(6) ¹Die Kandidatin, auf die die meisten Stimmen entfallen sind, ist als Frauenbeauftragte gewählt. ²Stellvertreterin ist die Kandidatin mit der zweithöchsten Stimmenzahl.

(7) Der Senat wird ermächtigt, durch Rechtsverordnung eine Regelung über die Vorbereitung und Durchführung der Wahl der Frauenbeauftragten und ihrer Stellvertreterin zu erlassen.

§ 12 Amtszeit

¹Die regelmäßige Amtszeit der Frauenbeauftragten beträgt vier Jahre. ²Die Amtszeit beginnt mit der Bekanntgabe des Wahlergebnisses oder, wenn die Amtszeit der bisherigen Frauenbeauftragten noch nicht beendet ist, mit deren Ablauf. ³Sie endet spätestens am 15. April des Jahres, in dem nach § 11 Abs. 4 Satz 1 die regelmäßigen Wahlen oder nach § 11 Abs. 4 Satz 3 oder 4 die Neuwahlen stattfinden. ⁴Das Amt erlischt vorzeitig, wenn die Frauenbeauftragte es niederlegt, aus dem Beschäftigungsverhältnis oder aus der Dienststelle ausscheidet oder die Wählbarkeit verliert. ⁵Die Stellvertreterin rückt für den Rest der Amtszeit nach. ⁶Die Sätze 3 und 4 gelten für das Amt der Stellvertreterin entsprechend. ⁷Ist die Liste erschöpft, bleibt das Amt unbesetzt.

§ 13 Aufgaben der Frauenbeauftragten

(1) ¹Die Frauenbeauftragte hat die Aufgabe, den Vollzug dieses Gesetzes in der Dienststelle zu fördern. ²Im Rahmen dieser Aufgabe ist sie von der Dienststellenleitung sowohl an der Planung als auch bei der Entscheidung der Dienststelleitung, insbesondere bei personellen, sozialen und organisa-

torischen Maßnahmen, mitberatend zu beteiligen. [3]Das gilt auch bei Vorstellungsgesprächen. [4]Zur Erfüllung dieser Aufgaben ist der Frauenbeauftragten Einsicht in Akten, Planungs- und Bewerbungsunterlagen zu gewähren. [5]Personalakten darf die Beauftragte nur mit Zustimmung der betroffenen Beschäftigten einsehen. [6]An der Aufstellung des Frauenförderplanes ist sie zu beteiligen.

(2) [1]Hält die Frauenbeauftragte eine beabsichtigte Maßnahme nach Absatz 1 oder eine Personalentscheidung im Sinne der §§ 3 und 4 oder eine Entscheidung über die Zulassung zu Fort- und Weiterbildungsveranstaltungen, Aufstiegslehrgängen, Arbeitszeitreduzierung oder Beurlaubung für unvereinbar mit den Bestimmungen dieses Gesetzes, so kann sie binnen einer Woche nach ihrer Unterrichtung widersprechen. [2]Das gilt auch, wenn sie sich in ihren Rechten nach den Absätzen 7, 8 oder 9 oder nach § 14 verletzt sieht. [3]Über diesen Widerspruch entscheidet, auch bei Maßnahmen nachgeordneter Dienststellen, die zuständige Senatorin oder der zuständige Senator. [4]Beabsichtigt das zuständige Senatsmitglied dem Widerspruch nicht abzuhelfen, ist dieses gegenüber der Landesbeauftragten für die Verwirklichung der Gleichberechtigung der Frau schriftlich zu begründen. [5]Diese kann sich binnen zwei Wochen äußern. [6]Danach kann die Maßnahme der zuständigen Personalvertretung nach § 58 des Bremischen Personalvertretungsgesetzes vorgelegt werden.

(3) [1]Beantragt der Personalrat eine Maßnahme, wie sie im vorstehenden Absatz benannt ist, nach § 58 Abs. 4 des Bremischen Personalvertretungsgesetzes, so hat die Dienststellenleitung die Frauenbeauftragte unverzüglich zu unterrichten. [2]Die Frauenbeauftragte kann der beantragten Maßnahme binnen einer Woche der Dienststellenleitung gegenüber widersprechen. [3]Schließt sich die Dienststellenleitung den Bedenken der Frauenbeauftragten nicht an, so gilt für die Entscheidung der Dienststellenleitung das im Absatz 2 geregelte Verfahren entsprechend. [4]Läßt sich eine Entscheidung der zuständigen Senatorin oder des zuständigen Senators innerhalb der Frist des § 58 Abs. 4 Satz 2 Bremisches Personalvertretungsgesetz unter Darlegung der Bedenken der Frauenbeauftragten nicht herbeiführen, so ist dem Antrag des Personalrates von seiten der Dienststelle zu widersprechen. [5]Das weitere Verfahren ergibt sich aus den §§ 59, 60 ff. des Bremischen Personalvertretungsgesetzes.

(4) Bei der Stadtgemeinde Bremerhaven tritt an die Stelle der Senatorin oder des Senators die Oberbürgermeisterin oder der Oberbürgermeister, bei der Bremischen Bürgerschaft der Vorstand, bei den sonstigen Körperschaften, Anstalten und Stiftungen das zuständige Vertretungsorgan.

(5) [1]Bei Maßnahmen, die der Natur der Sache nach keinen Aufschub dulden, kann die Dienststellenleitung bis zur endgültigen Entscheidung vorläufige Regelungen treffen. [2]Diese sind der Frauenbeauftragten gegenüber als solche zu bezeichnen. [3]Die Frauenbeauftragte ist von der vorläufigen Regelung unverzüglich zu benachrichtigen.

(6) [1]Die Frauenbeauftragte ist verpflichtet, mit den Personalräten in Angelegenheiten, die die Zielvorstellungen dieses Gesetzes betreffen, eng zusammenzuarbeiten. [2]Die Frauenbeauftragte hat das Recht, an allen Sitzungen des Personalrates mit beratender Stimme teilzunehmen.

(7) Die Frauenbeauftragte hat das Recht, in regelmäßigen Abständen Einladungen der Zentralstelle für die Verwirklichung der Gleichberechtigung der Frau zu folgen, um gemeinsame Belange zu koordinieren.

(8) Die Frauenbeauftragte ist berechtigt, Sprechstunden abzuhalten, die Beschäftigten zu unterrichten und zu beraten sowie Wünsche, Anregungen und Beschwerden entgegenzunehmen.

(9) [1]Die Frauenbeauftragte hat das Recht, mindestens einmal im Kalenderjahr eine Versammlung der in der Dienststelle beschäftigten Frauen durchzuführen. [2]Die für die Personalversammlung geltenden Vorschriften des Bremischen Personalvertretungsgesetzes sind entsprechend anzuwenden.

(10) [1]Im Einvernehmen mit der stellvertretenden Frauenbeauftragten kann die Frauenbeauftragte dieser Aufgaben zur eigenständigen Wahrnehmung übertragen. [2]Dies ist der Dienststellenleitung zur Kenntnis zu geben.

§ 13a Beteiligung der Frauenbeauftragten in Disziplinarverfahren
[1]Werden gegen eine Beamtin oder einen Beamten Beschuldigungen erhoben, die zu disziplinarrechtlichen Ermittlungen führen, ist der Frauenbeauftragten davon Kenntnis zu geben. [2]Vor jeder weiteren Maßnahme im Disziplinarverfahren hat die Frauenbeauftragte Stellung zu nehmen.

§ 14 Kosten der Tätigkeit der Frauenbeauftragten
(1) Die durch die Tätigkeit der Frauenbeauftragten entstehenden Kosten trägt die Dienststelle.
(2) Die Dienststelle hat der Frauenbeauftragten in dem zur Wahrnehmung ihrer Aufgaben notwendigen Umfange Räume, sachliche Mittel und Büropersonal bereitzustellen.

§ 14a Rechtsschutz

(1) ¹Bleibt in den Fällen des § 13 Absatz 2 ein Widerspruch wegen Nichtbeteiligung erfolglos, kann die Frauenbeauftragte binnen eines Monats das Verwaltungsgericht anrufen. ²Das gilt auch, wenn einem Widerspruch wegen Verletzung ihrer Rechte nach § 13 Absatz 7 bis 9, § 13a oder § 14 nicht abgeholfen wird.

(2) ¹Ist über den Widerspruch ohne zureichenden Grund nicht in angemessener Frist sachlich entschieden, so ist die Anrufung abweichend von Absatz 1 zulässig. ²§ 75 Satz 2 bis 4 der Verwaltungsgerichtsordnung gilt entsprechend.

(3) Die Anrufung des Gerichts kann nur darauf gestützt werden, dass die Dienststellenleitung die Rechte der Frauenbeauftragten verletzt hat.

(4) Die Klage hat keine aufschiebende Wirkung.

(5) Die Dienststelle trägt die der Frauenbeauftragten entstehenden Kosten.

§ 15 Persönliche Rechte und Pflichten der Frauenbeauftragten

(1) Die Frauenbeauftragte führt ihr Amt unentgeltlich als Ehrenamt.

(2) Sie darf in Ausübung ihres Amtes nicht behindert und wegen ihres Amtes nicht benachteiligt oder begünstigt werden; dies gilt auch für ihre berufliche Entwicklung.

(3) Sie besitzt die gleiche persönliche Rechtsstellung, insbesondere den gleichen Kündigungs-, Versetzungs- und Abordnungsschutz, wie ein Mitglied des Personalrates oder Richterrates, die Stellvertreterin wie ein stellvertretender Personalrat.

(4) ¹Die Frauenbeauftragte ist ohne Minderung der Bezüge oder des Arbeitsentgelts von der dienstlichen Tätigkeit zu befreien, soweit es nach Art und Umfang der Dienststelle zur Wahrnehmung ihrer Aufgaben notwendig ist. ²Satz 1 gilt entsprechend für die Teilnahme an Schulungs- und Bildungsveranstaltungen, soweit diese Kenntnisse vermitteln, die für die Arbeit der Frauenbeauftragten erforderlich sind. ³Wird die Frauenbeauftragte durch die Wahrnehmung ihrer Aufgaben über die regelmäßige Arbeitszeit hinaus beansprucht, gilt die Mehrbeanspruchung als Leistung von Mehrarbeit oder Überstunden.

(5) ¹Die Frauenbeauftragte und ihre Stellvertreterin sind verpflichtet, über die persönlichen Verhältnisse von Beschäftigten, die ihnen aufgrund ihres Amtes bekannt geworden sind, sowie bei Angelegenheiten, die ihrer Bedeutung oder ihrem Inhalt nach einer vertraulichen Behandlung bedürfen, auch nach dem Erlöschen des Amtes Stillschweigen zu bewahren. ²Die Verpflichtung besteht bei Einwilligung der Beschäftigten nicht gegenüber der Dienststelle und dem Personalrat oder dem Richterrat.

§ 16 Berichtspflicht

(1) Der Senat berichtet der Bürgerschaft im Abstand von zwei Jahren über die Durchführung dieses Gesetzes.

(2) Der Bericht wird auf der Grundlage der Analyse der Dienststellen erstellt und gibt Auskunft über die bisherigen und geplanten Maßnahmen zur Durchführung dieses Gesetzes.

(3) ¹Die Bremische Zentralstelle für die Verwirklichung der Gleichberechtigung der Frau kann eine Stellungnahme zu dem Bericht abgeben. ²Die Stellungnahme ist mit dem Bericht des Senats an die Bürgerschaft weiterzuleiten.

§ 17 Leistungsbeurteilung

Im öffentlichen Dienst sind Erfolge und Mißerfolge bei der Umsetzung dieses Gesetzes im Rahmen der Leistungsbeurteilung der in den Dienststellen für die Umsetzung dieses Gesetzes verantwortlichen leitenden Personen zu berücksichtigen.

§ 18 Übergangsvorschriften

(1) Die Frauenbeauftragte und ihre Stellvertreterin werden erstmals spätestens ein halbes Jahr nach Inkrafttreten dieses Gesetzes gewählt.

(2) ¹Die erste Analyse nach § 6 Abs. 1 ist mit Stichtag vom 1. des 3. ²Monats nach Inkrafttreten dieses Gesetzes zu erstellen.

Artikel 2 bis 7 (Änderungsvorschriften)
Artikel 8 Inkrafttreten
Dieses Gesetz tritt am Tage nach seiner Verkündung in Kraft.

Anlage zu Artikel 1 § 6 des Gesetzes zur Gleichstellung von Frau und Mann im Öffentlichen Dienst des Landes Bremen

Zur Erstellung der Analyse nach § 6 Abs. 1 sind folgende Daten zu erheben:
1. Die Zahl der in einer Dienststelle beschäftigten Männer und Frauen der jeweiligen Personalgruppe, getrennt nach Entgelt- und Besoldungsgruppe.
2. Die Zahl der mit Teilzeitbeschäftigten besetzten Stellen, getrennt nach Geschlecht, Personalgruppe, Entgelt- und Besoldungsgruppe.
3. Zahl der beantragten und abgelehnten Anträge auf Arbeitszeitreduzierungen und Aufstockung der Arbeitszeit, getrennt nach Geschlecht, Personalgruppe, Entgelt- und Besoldungsgruppe, Art des personellen Ausgleichs.
4. Bei Stellenbesetzungen Angaben zur
   – Entgelt- und Besoldungsgruppe,
   – Personalgruppe,
   – bisherige Besetzung mit Ganztags- oder Teilzeitkraft, getrennt nach Geschlechtern,
   – Ausschreibung (ob sie als Vollzeit- oder Teilzeitstelle, ob sie in der betreffenden Behörde oder Dienststelle, ob sie im Amtsblatt oder extern oder ob keine Ausschreibung erfolgte),
   – Anzahl der Bewerbungen getrennt nach Geschlechtern,
   – Besetzung durch Einstellung, Umsetzung, Versetzung mit Vollzeit- oder Teilzeitkraft, nach Geschlecht getrennt,
   – Befristung.
5. Bei Umsetzung Angaben zur bisherigen Entgelt- und Besoldungsgruppe, Personalgruppe, Teilzeit-, Vollzeitbeschäftigung.
6. Zahl der Auszubildenden, getrennt nach Geschlecht und Personalgruppe.
7. Zahl der beförderten oder höhergruppierten Männer und Frauen, getrennt nach Personalgruppe, Entgelt- und Besoldungsgruppe und gesonderter Ausweisung der Beförderungen, die einen Aufstieg in die nächsthöhere Laufbahngruppe darstellen.
8. – Zahl der Bediensteten, die an Veranstaltungen der Fort- und Weiterbildung teilgenommen haben, getrennt nach Veranstaltungsart und Geschlecht,
   – Zahl der jeweils gestellten und genehmigten Anträge.
9. Entsendung in Gremien
   – Zahl der Benennungen und Entsendungen nach Geschlechtern getrennt.

Gesetz
über die Errichtung der Bremischen Zentralstelle für die Verwirklichung der Gleichberechtigung der Frau

Vom 16. Dezember 1980 (Brem.GBl. S. 399)
(27-a-1)
zuletzt geändert durch G vom 15. November 2011 (Brem.GBl. S. 435)

Der Senat verkündet das nachstehende von der Bürgerschaft (Landtag) beschlossene Gesetz:

§ 1 Bremische Zentralstelle für die Verwirklichung der Gleichberechtigung der Frau
(1) Die Bremische Zentralstelle für die Verwirklichung der Gleichberechtigung der Frau (Zentralstelle) wird als Landesbehörde errichtet und von der Landesbeauftragten geleitet.
(2) Die Landesbeauftragte wird auf Vorschlag des Senats von der Bürgerschaft (Landtag) gewählt und vom Senat ernannt.

§ 2 Aufgaben und Befugnisse der Zentralstelle
(1) [1]Die Zentralstelle hat die Aufgabe, im Lande Bremen darüber zu wachen und darauf hinzuwirken, daß das verfassungsrechtliche Gebot der Gleichberechtigung der Frau in Arbeitswelt, Bildung und Gesellschaft erfüllt wird. [2]Dies erfolgt insbesondere durch:
1. Anregungen und Vorschläge zu Entwürfen sowie Prüfung von Gesetzen, Verordnungen und Maßnahmen des Senats wie des Bundes, an denen der Senat mitwirkt, soweit diese Auswirkungen auf die Verwirklichung der Gleichberechtigung der Frau haben.
2. Zusammenarbeit mit gesellschaftlich relevanten Frauenorganisationen, Frauenbewegungen, Gewerkschaften und sonstigen Organisationen und Verbänden, die mit Frauenfragen und Frauenproblemen befaßt sind.
3. Erfahrungsaustausch und Zusammenarbeit mit entsprechenden Stellen des Bundes und der Länder.
4. Öffentlichkeitsarbeit entsprechend den Aufgaben des Gesetzes im Zusammenwirken mit der Pressestelle des Senats.

(2) [1]Die Zentralstelle nimmt Anregungen, Fragen und Beschwerden zu Problemen der Gleichberechtigung und Gleichstellung der Frau entgegen. [2]Sie ist berechtigt, sich über die Beantwortung und Erledigung von Beschwerden unterrichten zu lassen.
(3) [1]Die Zentralstelle ist berechtigt, alle für die Aufgaben der Zentralstelle bedeutsamen Informationen von Behörden des Landes und der Stadtgemeinden Bremen und Bremerhaven, bei letzterer im Rahmen der Aufsicht des Landes, einzuholen, und Einsicht in Unterlagen und Akten zu nehmen, die im Zusammenhang mit den Aufgaben der Zentralstelle stehen. [2]Gegenüber sonstigen der Aufsicht des Landes Bremen unterstehenden juristischen Personen des öffentlichen Rechts ist die Zentralstelle berechtigt, im Rahmen ihrer Aufgabenstellung planungsrelevante Daten einzuholen.
(4) [1]Die Zentralstelle berichtet alle zwei Jahre dem Senat über ihre Arbeit; der Senat leitet den Bericht an die Bürgerschaft (Landtag). [2]In der Aussprache über den Tätigkeitsbericht kann die Bürgerschaft (Landtag) der beauftragten Person Gelegenheit zur Vorstellung des Tätigkeitsberichts geben.

§ 3 Zusammenarbeit mit bremischen Behörden
(1) Die Zentralstelle ist über Maßnahmen, die Auswirkungen auf das Gebiet der Gleichberechtigung und Gleichstellung der Frau haben, von allen Behörden bereits im Planungsstadium zu unterrichten.
(2) [1]Werden aufgrund der Anregungen oder Vorschläge der Zentralstelle Vorhaben erarbeitet, so ist die Zentralstelle fortlaufend zu beteiligen. [2]Sie ist insoweit zur Teilnahme an den Sitzungen der zuständigen Deputationen verpflichtet.

§ 4 Personal- und Sachmittel
(1) Die Personal- und Sachausstattung der Zentralstelle ist im Einzelplan in einem eigenen Kapitel auszuweisen.
(2) Für bestimmte Einzelfragen kann die Zentralstelle auch Dritte mit der Mitarbeit betrauen.

§§ 5 und 6 (Änderungsvorschriften)

§ 7 Inkrafttreten
Dieses Gesetz tritt am 1. Januar 1981 in Kraft.

Gesetz
über die Freiheit des Zugangs zu Informationen für das Land Bremen (Bremer Informationsfreiheitsgesetz – BremIFG)

Vom 16. Mai 2006 (Brem.GBl. S. 263)
(206-k-1)
zuletzt geändert durch G vom 28. April 2015 (Brem.GBl. S. 274)

Der Senat verkündet das nachstehende von der Bürgerschaft (Landtag) beschlossene Gesetz:

Inhaltsverzeichnis

§	
§ 1	Grundsatz
§ 2	Begriffsbestimmungen
§ 3	Schutz von besonderen öffentlichen Belangen
§ 4	Schutz des behördlichen Entscheidungsprozesses
§ 5	Schutz personenbezogener Daten
§ 6	Schutz des geistigen Eigentums und von Betriebs- oder Geschäftsgeheimnissen
§ 6a	Verträge der Daseinsvorsorge
§ 6b	Vergütungsverträge für die Erstellung von Gutachten ab einem Gegenstandswert von 5 000 Euro und sonstige Verträge ab einem Gegenstandswert von 50 000 Euro
§ 7	Antrag und Verfahren
§ 8	Verfahren bei Beteiligung Dritter
§ 9	Ablehnung des Antrags
§ 10	Kosten
§ 11	Veröffentlichungspflichten
§ 11a	Nutzung
§ 12	Berichtspflicht
§ 13	Landesbeauftragte oder Landesbeauftragter für Informationsfreiheit
§ 14	Inkrafttreten

§ 1 Grundsatz

(1) ¹Jeder hat nach Maßgabe dieses Gesetzes gegenüber den Behörden des Landes, der Gemeinden und der sonstigen der Aufsicht des Landes unterstehenden juristischen Personen des öffentlichen Rechts und deren Vereinigungen einen Anspruch auf Zugang zu amtlichen Informationen und auf Veröffentlichung der Informationen nach § 11 dieses Gesetzes. ²Für sonstige Organe und Einrichtungen des Landes und der Gemeinden gilt dieses Gesetz, soweit sie öffentlich-rechtliche Verwaltungsaufgaben wahrnehmen. ³Einer Behörde im Sinne dieser Vorschrift steht eine natürliche Person oder juristische Person des Privatrechts gleich, soweit eine Behörde sich dieser Person zur Erfüllung ihrer öffentlich-rechtlichen Aufgaben bedient.
(1a) Für die staatlichen Universitäten und Hochschulen in Bremen gelten für die Veröffentlichung von Verträgen und Daten über Drittmittelforschung die Regelungen des Bremischen Hochschulgesetzes.
(2) ¹Die Behörde kann entweder Auskunft erteilen, Akteneinsicht gewähren oder Informationen in sonstiger Weise zur Verfügung stellen. ²Begehrt die antragstellende Person eine bestimmte Art des Informationszugangs, so darf dieser nur aus wichtigem Grund auf andere Art gewährt werden. ³Als wichtiger Grund gilt insbesondere ein deutlich höherer Verwaltungsaufwand. ⁴Satz 3 gilt nicht für Anträge auf Bereitstellung von Informationen in weiterverarbeitbaren Formen sowie maschinenlesbaren Formaten, soweit diese Informationen nach dem 31. Dezember 2016 entstehen. ⁵Auf Antrag ist der Informationszugang für behinderte Personen in einer für sie wahrnehmbaren Form zu ermöglichen. ⁶Für blinde und sehbehinderte Menschen erfolgt dies nach Maßgabe der Bremischen Verordnung über barrierefreie Dokumente.
(2a) ¹Das Recht auf Zugang zu amtlichen Informationen kann nicht durch Rechtsgeschäft ausgeschlossen oder beschränkt werden. ²Öffentliche Stellen haben ihre Vertragspartner vor Vertragsschluss auf die Veröffentlichungspflicht nach diesem Gesetz hinzuweisen.
(3) Sofern der Zugang zu amtlichen Informationen in anderen Rechtsvorschriften abschließend geregelt ist, gehen diese mit Ausnahme von § 29 des Bremischen Verwaltungsverfahrensgesetzes den Regelungen dieses Gesetzes vor.

§ 2 Begriffsbestimmungen
Im Sinne dieses Gesetzes ist
1. amtliche Information jede amtlichen Zwecken dienende Aufzeichnung, unabhängig von der Art ihrer Speicherung; Entwürfe und Notizen, die nicht Bestandteil eines Vorgangs werden sollen, gehören nicht dazu;
2. Dritter jeder, über den personenbezogene Daten oder sonstige Informationen vorliegen.

§ 3 Schutz von besonderen öffentlichen Belangen
Der Anspruch auf Informationszugang besteht nicht,
1. wenn und solange das Bekanntwerden der Information nachteilige Auswirkungen haben kann auf
    a) internationale Beziehungen, Beziehungen zum Bund oder zu einem Land,
    b) Kontroll- oder Aufsichtsaufgaben der Finanz-, Wettbewerbs- und Regulierungsbehörden,
    c) Angelegenheiten der externen Finanzkontrolle,
    d) die Durchführung eines laufenden Gerichtsverfahrens, den Anspruch einer Person auf ein faires Verfahren, die Durchführung strafrechtlicher, ordnungswidrigkeitsrechtlicher oder disziplinarischer Ermittlungen oder die Strafvollstreckung,
2. wenn und solange das Bekanntwerden der Information die äußere oder die öffentliche Sicherheit gefährden kann,
3. wenn und solange die notwendige Vertraulichkeit internationaler Verhandlungen beeinträchtigt wird,
4. wenn und solange die Information einer durch Rechtsvorschrift oder durch die Verschlusssachenanweisung für das Land Bremen geregelten Geheimhaltungs- oder Vertraulichkeitspflicht oder einem Berufs- oder besonderen Amtsgeheimnis unterliegt,
5. hinsichtlich vorübergehend beigezogener Information einer anderen öffentlichen Stelle, die nicht Bestandteil der eigenen Vorgänge werden soll,
6. wenn und solange das Bekanntwerden der Information geeignet wäre, fiskalische Interessen des Landes, der Gemeinden oder der sonstigen der Aufsicht des Landes unterstehenden juristischen Personen des öffentlichen Rechts im Wirtschaftsverkehr zu beeinträchtigen,
7. bei vertraulich erhobener oder übermittelter Information, soweit das Interesse des Dritten an einer vertraulichen Behandlung im Zeitpunkt des Antrags auf Informationszugang noch fortbesteht,
8. gegenüber dem Landesamt für Verfassungsschutz und den sonstigen öffentlichen Stellen des Landes, die Aufgaben im Sinne des § 10 Nr. 3 des Sicherheitsüberprüfungsgesetzes wahrnehmen,
9. gegenüber Radio Bremen in Bezug auf journalistisch-redaktionelle Informationen.

§ 4 Schutz des behördlichen Entscheidungsprozesses
(1) ¹Der Antrag auf Informationszugang soll abgelehnt werden für Entwürfe zu Entscheidungen sowie Arbeiten und Beschlüsse zu ihrer unmittelbaren Vorbereitung, soweit und solange durch die vorzeitige Bekanntgabe der Informationen der Erfolg der Entscheidung oder bevorstehender behördlicher Maßnahmen vereitelt würde. ²Nicht der unmittelbaren Entscheidungsvorbereitung nach Satz 1 dienen regelmäßig Ergebnisse der Beweiserhebung und Gutachten oder Stellungnahmen Dritter.
(2) Die antragstellende Person soll über den Abschluss des jeweiligen Verfahrens informiert werden.

§ 5 Schutz personenbezogener Daten
(1) ¹Zugang zu personenbezogenen Daten darf nur gewährt werden, soweit das Informationsinteresse der antragstellenden Person oder der Allgemeinheit das schutzwürdige Interesse des Dritten am Ausschluss des Informationszugangs überwiegt oder der Dritte eingewilligt hat. ²Besondere Arten personenbezogener Daten im Sinne des § 2 Abs. 6 des Bremischen Datenschutzgesetzes dürfen nur übermittelt werden, wenn der Dritte ausdrücklich eingewilligt hat.
(2) Das Informationsinteresse der antragstellenden Person oder der Allgemeinheit überwiegt nicht bei Informationen aus Unterlagen, soweit sie mit dem Dienst- oder Amtsverhältnis oder einem Mandat des Dritten in Zusammenhang stehen, insbesondere aus Personalakten.
(3) Das Informationsinteresse der antragstellenden Person oder der Allgemeinheit überwiegt das schutzwürdige Interesse des Dritten am Ausschluss des Informationszugangs in der Regel dann, wenn sich die Angabe auf Name, Titel, akademischen Grad, Berufs- und Funktionsbezeichnung, Büroanschrift und Telekommunikationsnummer beschränkt und der Dritte als Gutachter, Sachverständiger oder in vergleichbarer Weise eine Stellungnahme in einem Verfahren abgegeben hat.

(4) Name, Titel, akademischer Grad, Berufs- und Funktionsbezeichnung, Büroanschrift und Telekommunikationsnummer von Bearbeitern sind vom Informationszugang nicht ausgeschlossen, soweit sie Ausdruck und Folge der amtlichen Tätigkeit sind und kein Ausnahmetatbestand erfüllt ist.

§ 6 Schutz des geistigen Eigentums und von Betriebs- oder Geschäftsgeheimnissen

(1) ¹Der Anspruch auf Informationszugang besteht nicht, soweit der Schutz geistigen Eigentums entgegensteht. ²Zugang zu Betriebs- oder Geschäftsgeheimnissen darf nur gewährt werden, soweit der oder die Betroffene eingewilligt hat oder das Informationsinteresse der antragstellenden Person oder der Allgemeinheit die schutzwürdigen Belange des oder der Betroffenen überwiegt.

(2) ¹Betriebs- und Geschäftsgeheimnisse sind alle auf ein Unternehmen bezogene Tatsachen, Umstände und Vorgänge, die nicht offenkundig, sondern nur einem begrenzten Personenkreis zugänglich sind und an deren Nichtverbreitung der Rechtsträger ein berechtigtes Interesse hat. ²Ein berechtigtes Interesse liegt vor, wenn das Bekanntwerden einer Tatsache geeignet ist, die Wettbewerbsposition eines Konkurrenten zu fördern oder die Stellung des eigenen Betriebs im Wettbewerb zu schmälern oder wenn es geeignet ist, dem Geheimnisträger wirtschaftlichen Schaden zuzufügen.

(3) ¹Bei Angaben gegenüber informationspflichtigen Stellen gemäß § 1 Absatz 1 sind Betriebs- und Geschäftsgeheimnisse zu kennzeichnen. ²Das Geheimhaltungsinteresse ist darzulegen und zu begründen. ³Bei der Veröffentlichung nach § 11 oder der Informationsgewährung auf Antrag gemäß § 1 Absatz 2 sind die geheimhaltungsbedürftigen Teile der Angaben unkenntlich zu machen oder abzutrennen. ⁴Der Umfang der abgetrennten oder unkenntlich gemachten Teile ist unter Hinweis auf das Vorliegen eines Betriebs- oder Geschäftsgeheimnisses zu vermerken. ⁵Soll auf Antrag Zugang zu Betriebs- oder Geschäftsgeheimnissen gewährt werden, so hat die informationspflichtige Stelle der oder dem Betroffenen vorher gemäß § 8 Absatz 1 Gelegenheit zur Stellungnahme zu geben.

§ 6a Verträge der Daseinsvorsorge

(1) ¹Hat der Antrag auf Informationszugang einen Vertrag der Daseinsvorsorge zum Gegenstand, findet § 6 Absatz 1 Satz 2 mit der Maßgabe Anwendung, dass das Informationsinteresse der antragstellenden Person oder der Allgemeinheit die schutzwürdigen Belange des oder der Betroffenen in der Regel überwiegt, wenn der oder die Betroffene im Geltungsbereich dieses Gesetzes keinem wesentlichen Wettbewerb ausgesetzt ist oder wenn der oder dem Betroffenen durch die Offenbarung der Betriebs- oder Geschäftsgeheimnisse kein wesentlicher wirtschaftlicher Schaden entstehen würde. ²Im Übrigen bleiben die §§ 3 bis 6 unberührt.

(2) ¹Ein Vertrag der Daseinsvorsorge ist ein Vertrag, den eine Stelle im Sinne von § 1 Absatz 1 abschließt und mit dem die Beteiligung an einem Unternehmen der Daseinsvorsorge übertragen wird, der Leistungen der Daseinsvorsorge zum Gegenstand hat oder mit dem das Recht an einer Sache zur dauerhaften Einbringung von Leistungen der Daseinsvorsorge übertragen wird. ²Zur Daseinsvorsorge gehören insbesondere die Wasserversorgung und die Abwasserentsorgung, die Abfallentsorgung, der öffentliche Personennahverkehr, die Energieversorgung, die Wohnungswirtschaft, die stationäre Krankenversorgung und die Datenverarbeitung für hoheitliche Tätigkeiten.

(3) ¹Wird ein Antrag auf Zugang zu amtlichen Informationen bezogen auf einen Vertrag der Daseinsvorsorge gestellt, der vor dem 12. März 2011 geschlossen wurde, und stehen der Gewährung des Zugangs Bestimmungen des Vertrages entgegen, so hat die Stelle im Sinne von § 1 Absatz 1 den Vertragspartner zu Nachverhandlungen und zu Anpassung des Vertrages aufzufordern. ²Kann innerhalb eines Zeitraums von sechs Monaten nach Zugang der Aufforderung zur Nachverhandlung keine Einigung erzielt werden, so wird der Zugang zu amtlichen Informationen gewährt, wenn das Informationsinteresse das Geheimhaltungsinteresse erheblich überwiegt. ³Der Abwägungsmaßstab des Absatzes 1 ist zu berücksichtigen. ⁴Die §§ 7 und 8 bleiben unberührt.

§ 6b Vergütungsverträge für die Erstellung von Gutachten ab einem Gegenstandswert von 5 000 Euro und sonstige Verträge ab einem Gegenstandswert von 50 000 Euro

(1) ¹Hat der Antrag auf Informationszugang einen Vergütungsvertrag für die Erstellung von Gutachten ab einem Gegenstandswert von 5 000 Euro oder einen sonstigen Vertrag ab einem Gegenstandswert von 50 000 Euro zum Gegenstand, findet § 6 Absatz 1 Satz 2 mit der Maßgabe Anwendung, dass das Informationsinteresse der antragstellenden Person oder der Allgemeinheit die schutzwürdigen Belange des oder der Betroffenen in der Regel überwiegt, wenn der oder dem Betroffenen durch die Offenbarung der Betriebs- oder Geschäftsgeheimnisse kein wesentlicher wirtschaftlicher Schaden

entstehen würde. ²Wurden innerhalb eines Kalenderjahres zwischen denselben Vertragspartnern Verträge mit einem Gegenstandswert von insgesamt mehr als 50 000 Euro abgeschlossen, findet Satz 1 ebenfalls Anwendung. ³Im Übrigen bleiben die §§ 3 bis 6 unberührt.
(2) § 6a Absatz 3 gilt entsprechend.

§ 7 Antrag und Verfahren

(1) ¹Der Zugang zu amtlichen Informationen wird auf formlosen Antrag gewährt. ²Der Antrag muss hinreichend bestimmt sein. ³Die Behörde kann verlangen, dass die antragstellende Person ihre Identität nachweist.
(2) ¹Über den Antrag auf Informationszugang entscheidet die Stelle, die zur Verfügung über die begehrten Informationen berechtigt ist. ²Im Falle des § 1 Abs. 1 Satz 3 ist der Antrag an die Behörde zu richten, die sich der natürlichen oder juristischen Person des Privatrechts zur Erfüllung ihrer öffentlich-rechtlichen Aufgaben bedient. ³Betrifft der Antrag Daten Dritter im Sinne von § 5 Abs. 1 und 2 oder § 6, muss er begründet werden. ⁴Bei gleichförmigen Anträgen von mehr als 50 Personen gelten die §§ 17 bis 19 des Bremischen Verwaltungsverfahrensgesetzes entsprechend.
(3) ¹Besteht ein Anspruch auf Informationszugang zum Teil, ist dem Antrag in dem Umfang stattzugeben, in dem der Informationszugang ohne Preisgabe der geheimhaltungsbedürftigen Informationen oder ohne unverhältnismäßigen Verwaltungsaufwand möglich ist. ²Entsprechendes gilt, wenn sich die antragstellende Person in den Fällen, in denen Belange Dritter berührt sind, mit einer Unkenntlichmachung der diesbezüglichen Informationen einverstanden erklärt.
(4) ¹Auskünfte können mündlich, schriftlich oder elektronisch erteilt werden. ²Die Behörde ist nicht verpflichtet, die inhaltliche Richtigkeit der Information zu prüfen.
(5) ¹Im Fall der Einsichtnahme in amtliche Informationen kann sich die antragstellende Person Notizen machen oder Ablichtungen und Ausdrucke fertigen lassen. ²§ 6 Satz 1 bleibt unberührt.
(6) ¹Die Information ist der antragstellenden Person unter Berücksichtigung etwaiger von ihr angegebener Zeitpunkte unverzüglich, spätestens jedoch mit Ablauf der Frist nach Satz 2 Nr. 1 oder Nr. 2 zugänglich zu machen. ²Die Frist beginnt mit Eingang des Antrags bei der Behörde, die über die Informationen verfügt und endet
1. mit Ablauf eines Monats oder
2. soweit die Informationen derart umfangreich und komplex sind, dass die in Nummer 1 genannte Frist nicht eingehalten werden kann, mit Ablauf von zwei Monaten.
³§ 8 bleibt unberührt.

§ 8 Verfahren bei Beteiligung Dritter

(1) Die Behörde gibt einem Dritten, dessen Belange durch den Antrag auf Informationszugang berührt sind, schriftlich Gelegenheit zur Stellungnahme innerhalb eines Monats, sofern Anhaltspunkte dafür vorliegen, dass er ein schutzwürdiges Interesse am Ausschluss des Informationszugangs haben kann.
(2) ¹Die dem Antrag auf Informationszugang stattgebende Entscheidung nach § 7 Absatz 2 Satz 1 ergeht schriftlich und ist auch dem Dritten bekannt zu geben. ²Der Informationszugang darf erst erfolgen, wenn die Entscheidung dem Dritten gegenüber bestandskräftig ist oder die sofortige Vollziehung angeordnet worden ist und seit der Bekanntgabe der Anordnung an den Dritten zwei Wochen verstrichen sind.

§ 9 Ablehnung des Antrags

(1) ¹Wird der Antrag ganz oder teilweise abgelehnt, ergeht eine schriftliche Entscheidung, die innerhalb der Fristen nach § 7 Absatz 6 Satz 2 und 3 bekannt zu geben ist. ²Die Entscheidung ist zu begründen. ³Im Falle eines mündlichen Antrags gilt Satz 1 nur auf ausdrückliches Verlangen der antragstellenden Person. ⁴Wird der Antrag ganz oder teilweise abgelehnt, ist die antragstellende Person auf ihr Recht nach § 13 Absatz 1 hinzuweisen.
(2) Soweit die Behörde den Antrag ganz oder teilweise ablehnt, hat sie mitzuteilen, ob und wann der Informationszugang ganz oder teilweise zu einem späteren Zeitpunkt voraussichtlich möglich ist.
(3) Der Antrag kann abgelehnt werden, wenn die antragstellende Person bereits über die begehrten Informationen verfügt oder sich diese in zumutbarer Weise aus allgemein zugänglichen Quellen beschaffen kann.

§ 10 Kosten

(1) ¹Wird einem Antrag nach § 7 stattgegeben, werden für Amtshandlungen nach diesem Gesetz Gebühren nach Maßgabe einer Gebührenordnung erhoben. ²Dies gilt nicht für Handlungen gegenüber Beteiligten im Sinne des Bremischen Verwaltungsverfahrensgesetzes.

(2) ¹Die Bereitstellung von Informationen darf nicht an im Voraus zu zahlende Gebühren gebunden sein. ²Gebühren dürfen nicht erhoben werden, wenn der Antrag auf Zugang abgelehnt worden ist.

(3) Auslagen der öffentlichen Stellen sind in jedem Fall durch die antragstellende Person zu erstatten; diese dürfen die tatsächlichen Kosten nicht übersteigen.

(4) ¹Der Senat wird ermächtigt, im Einvernehmen mit dem Haushalts- und Finanzausschuss die Zuständigkeit für die Erhebung der Kosten (Gebühren und Auslagen), die Kostentatbestände und die Kostensätze durch Rechtsverordnung zu bestimmen. ²Die Bestimmungen des Bremischen Gebühren- und Beitragsgesetzes bleiben im Übrigen unberührt.

§ 11 Veröffentlichungspflichten

(1) Die Behörden haben Verzeichnisse zu führen, aus denen sich die vorhandenen Informationssammlungen und -zwecke erkennen lassen.

(2) Organisations-, Geschäftsverteilungs- und Aktenpläne ohne Angabe personenbezogener Daten sind nach Maßgabe dieses Gesetzes unverzüglich allgemein zugänglich zu machen.

(3) ¹Jede öffentliche Stelle hat insbesondere die von ihr nach In-Kraft-Treten dieses Gesetzes erlassenen oder geänderten Verwaltungsvorschriften von allgemeinem Interesse unverzüglich zu veröffentlichen. ²Die Veröffentlichung unterbleibt, soweit ein Antrag auf Informationszugang nach diesem Gesetz abzulehnen wäre.

(4) ¹Die Behörden haben die in den Absätzen 1, 2 und 3 genannten Pläne, Verzeichnisse und Verwaltungsvorschriften sowie weitere geeignete Informationen ohne Angaben von personenbezogenen Daten und Geschäfts- und Betriebsgeheimnissen in elektronischer Form unverzüglich allgemein zugänglich zu machen und unverzüglich an das elektronische Informationsregister nach Absatz 5 zu melden. ²Weitere geeignete Informationen sind insbesondere

1. Handlungsempfehlungen,
2. Statistiken, Gutachten, Berichte,
3. Broschüren,
4. Haushaltspläne, Stellenpläne und Bewirtschaftungspläne,
5. Studien, Subventions- und Zuwendungsvergaben,
6. die wesentlichen Regelungen erteilter Baugenehmigungen und -vorbescheide gemäß der Baugenehmigungsstatistik sowie die Flurstücknummer, mit Ausnahme von reiner Wohnbebauung mit maximal fünf Wohneinheiten,
7. Verbraucherinformationen nach dem Gesetz zur Verbesserung der gesundheitsbezogenen Verbraucherinformation,
8. bei den Behörden vorhandene gerichtliche Entscheidungen,
9. Informationen, zu denen bereits nach diesem Gesetz Zugang gewährt worden ist,
10. Senatsvorlagen nach Beschlussfassung und Mitteilungen an die Bürgerschaft,
11. Unterlagen, Protokolle und Beschlüsse öffentlicher Sitzungen,
12. Entgeltvereinbarungen sowie
13. wesentliche Unternehmensdaten städtischer Beteiligungen einschließlich einer Darstellung der jährlichen Vergütungen und Nebenleistungen für die Leitungsebene.

(4a) ¹Absatz 4 Satz 1 gilt auch für Verträge der Daseinsvorsorge, die ab dem 12. März 2011 geschlossen werden sowie für Vergütungsverträge für die Erstellung von Gutachten ab einem Gegenstandswert von 5 000 Euro und für sonstige Verträge ab einem Gegenstandswert von 50 000 Euro, die ab dem 5. Mai 2015 geschlossen werden. ²Wurden zwischen denselben Vertragspartnern innerhalb eines Kalenderjahres Vergütungsverträge mit einem Gegenstandswert von insgesamt mehr als 50 000 Euro abgeschlossen, findet ebenfalls Absatz 4 Satz 1 Anwendung. ³Hierauf weist die Stelle im Sinne von § 1 Absatz 1 vor Abschluss des Vertrages hin. ⁴Die Veröffentlichung unterbleibt, soweit ein Antrag auf Informationszugang nach diesem Gesetz abzulehnen wäre.

(5) ¹Die Behörden und öffentlichen Stellen haben alle in Schriftform oder in elektronischer Form an sie gerichteten Anträge auf Informationszugang unverzüglich zu veröffentlichen und dem zentralen Informationsregister nach Absatz 6 zu melden. ²Absatz 4 Satz 1 gilt entsprechend.

(6) ¹Die Freie Hansestadt Bremen richtet ein zentrales elektronisches Informationsregister ein, um das Auffinden der Informationen zu erleichtern. ²Die öffentlichen Stellen sind verpflichtet, die in den Absätzen 1 bis 4 genannten Informationen dort mit einheitlichen Metadaten zu registrieren und dafür die organisatorischen Voraussetzungen zu schaffen.
(7) Dem zentralen Informationsregister gemeldete Informationen werden unverzüglich in diesem veröffentlicht.
(8) Einzelheiten, insbesondere die organisatorischen Zuständigkeiten und Pflichten der einzelnen Behörden zur Erfüllung der Pflichten nach Absatz 4 regelt der Senat innerhalb eines Jahres nach dem 5. Mai 2015 durch Rechtsverordnung.

§ 11a Nutzung
¹Die Nutzung der allgemein zugänglichen Informationen ist frei, sofern höherrangiges Recht oder spezialgesetzliche Regelungen nichts anderes bestimmen. ²Das gilt auch für im behördlichen Auftrag erstellte Gutachten, Studien und andere Dokumente, die in die Entscheidungen der Behörden einfließen oder ihrer Vorbereitung dienen. ³Nutzungsrechte sind bei der Beschaffung von Informationen abzubedingen, soweit sie einer freien Nutzung entgegenstehen können.

§ 12 Berichtspflicht
¹Der Senat berichtet der Bürgerschaft jährlich über die Veröffentlichungen nach § 11. ²Der Senat regelt Inhalt und Erstellung dieses Berichts innerhalb eines Jahres nach dem 5. Mai 2015 durch Rechtsverordnung.

§ 13 Landesbeauftragte oder Landesbeauftragter für die Informationsfreiheit
(1) Jeder kann die Landesbeauftragte oder den Landesbeauftragten für die Informationsfreiheit anrufen, wenn er sein Recht auf Informationszugang nach diesem Gesetz als verletzt ansieht.
(2) Die Aufgabe der oder des Landesbeauftragten für die Informationsfreiheit wird von der oder dem Landesbeauftragten für den Datenschutz wahrgenommen.
(3) Die Bestimmungen des Bremischen Datenschutzgesetzes (§§ 25 bis 33) gelten entsprechend.

§ 14 Inkrafttreten
Dieses Gesetz tritt am ersten Tag des dritten auf die Verkündung folgenden Monats in Kraft.

Bremisches Ausführungsgesetz zur EU-Datenschutz-Grundverordnung (BremDSGVOAG)

Vom 8. Mai 2018 (Brem.GBl. S. 131)
(206-a-1)

Der Senat verkündet das nachstehende, von der Bürgerschaft (Landtag) beschlossene Gesetz:

Inhaltsübersicht

Abschnitt 1
Allgemeine Bestimmungen

- § 1 Zweck
- § 2 Anwendungsbereich

Abschnitt 2
Grundsätze der Verarbeitung personenbezogener Daten

- § 3 Zulässigkeit der Verarbeitung personenbezogener Daten
- § 4 Verarbeitung personenbezogener Daten zu anderen Zwecken
- § 5 Erhebung personenbezogener Daten bei einer nicht-öffentlichen Stelle
- § 6 Verantwortlicher bei der Übermittlung personenbezogener Daten
- § 7 Abrufverfahren und gemeinsame Verfahren

Abschnitt 3
Rechte der betroffenen Person

- § 8 Beschränkung der Informationspflicht
- § 9 Beschränkung des Auskunftsrechts
- § 10 Benachrichtigung der von einer Verletzung des Schutzes personenbezogener Daten betroffenen Person

Abschnitt 4
Besondere Verarbeitungssituationen

- § 11 Verarbeitung besonderer Kategorien personenbezogener Daten
- § 12 Datenverarbeitung im Beschäftigungskontext
- § 13 Verarbeitung besonderer Kategorien personenbezogener Daten zu wissenschaftlichen oder historischen Forschungszwecken oder zu statistischen Zwecken
- § 14 Sonderbestimmung für Radio Bremen
- § 15 Videoüberwachung

Abschnitt 5
Die oder der Landesbeauftragte für Datenschutz und Informationsfreiheit

- § 16 Errichtung
- § 17 Unabhängigkeit
- § 18 Ernennung und Amtszeit
- § 19 Amtsverhältnis
- § 20 Rechte und Pflichten
- § 21 Aufgaben und Befugnisse
- § 22 Tätigkeitsbericht

Abschnitt 6
Sanktionen, Übergangsvorschrift, Inkrafttreten

- § 23 Ordnungswidrigkeiten
- § 24 Strafvorschrift
- § 25 Übergangsvorschrift
- § 26 Inkrafttreten, Außerkrafttreten

Abschnitt 1
Allgemeine Bestimmungen

§ 1 Zweck
Dieses Gesetz trifft ergänzende Regelungen zur Durchführung der Verordnung (EU) 2016/679 des Europäischen Parlaments und des Rates vom 27. April 2016 zum Schutz natürlicher Personen bei der Verarbeitung personenbezogener Daten, zum freien Datenverkehr und zur Aufhebung der Richtlinie 95/46/EG (Datenschutz-Grundverordnung) (ABl. L 119 vom 4.5.2016, S. 1, L 314 vom 22.11.2016, S. 72).

§ 2 Anwendungsbereich

(1) ¹Dieses Gesetz gilt für die Verarbeitung personenbezogener Daten im Anwendungsbereich der Verordnung (EU) 2016/679 durch öffentliche Stellen. ²Öffentliche Stellen im Sinne dieses Gesetzes sind die Behörden, die Organe der Rechtspflege und andere öffentlich-rechtlich organisierte Einrichtungen des Landes, einer Gemeinde oder sonstiger der Aufsicht des Landes unterstehender juristischer Personen des öffentlichen Rechts sowie deren Vereinigungen ungeachtet ihrer Rechtsform.

(2) ¹Nimmt eine nicht-öffentliche Stelle Aufgaben der öffentlichen Verwaltung wahr, ist sie insoweit öffentliche Stelle im Sinne dieses Gesetzes. ²Nicht-öffentliche Stellen sind natürliche und juristische Personen, Gesellschaften und andere Personenvereinigungen des privaten Rechts.

(3) Öffentliche Stellen gelten als nicht-öffentliche Stellen, soweit sie als öffentlich-rechtliche Unternehmen am Wettbewerb teilnehmen.

(4) Die Bürgerschaft (Landtag), ihre Mitglieder, ihre Gremien, die von ihnen gewählten Mitglieder der staatlichen Deputationen, die Fraktionen und Gruppen unterliegen nicht den Bestimmungen dieses Gesetzes, soweit sie in Wahrnehmung verfassungsmäßiger Aufgaben personenbezogene Daten verarbeiten und eine Datenschutzordnung der Bürgerschaft (Landtag) besteht.

(5) Soweit Radio Bremen personenbezogene Daten zu journalistischen Zwecken verarbeitet, gilt nur § 14.

(6) ¹Soweit die Verarbeitung personenbezogener Daten durch öffentliche Stellen nicht in den sachlichen Anwendungsbereich der Verordnung (EU) 2016/679 fällt, ist diese einschließlich der in diesem Gesetz geregelten Ausführungsbestimmungen entsprechend anzuwenden, es sei denn, dieses Gesetz oder andere Rechtsvorschriften enthalten abweichende Regelungen. ²Dies gilt nicht für die Verarbeitung personenbezogener Daten durch öffentliche Stellen im Rahmen von in den Anwendungsbereich der Richtlinie (EU) 2016/680 des Europäischen Parlaments und des Rates vom 27. April 2016 zum Schutz natürlicher Personen bei der Verarbeitung personenbezogener Daten durch die zuständigen Behörden zum Zwecke der Verhütung, Ermittlung, Aufdeckung oder Verfolgung von Straftaten oder der Strafvollstreckung sowie zum freien Datenverkehr und zur Aufhebung des Rahmenbeschlusses 2008/977/JI des Rates (ABl. Nr. L 119 S. 89) fallenden Tätigkeiten.

(7) ¹Andere Rechtsvorschriften des Landes über die Verarbeitung personenbezogener Daten gehen den Vorschriften dieses Gesetzes vor. ²Regeln sie einen Sachverhalt, für den dieses Gesetz gilt, nicht oder nicht abschließend, finden insoweit die Vorschriften dieses Gesetzes Anwendung. ³Die Vorschriften dieses Gesetzes gehen denen des Bremischen Verwaltungsverfahrensgesetzes vor, soweit bei der Ermittlung des Sachverhalts personenbezogene Daten verarbeitet werden.

Abschnitt 2
Grundsätze der Verarbeitung personenbezogener Daten

§ 3 Zulässigkeit der Verarbeitung personenbezogener Daten

(1) Die Verarbeitung personenbezogener Daten durch öffentliche Stellen ist zulässig, soweit sie
1. zur Erfüllung einer rechtlichen Verpflichtung, der der Verantwortliche unterliegt, oder
2. zur Erfüllung der dem Verantwortlichen durch Rechtsvorschrift übertragenen Aufgaben oder in Ausübung öffentlicher Gewalt, die dem Verantwortlichen durch Rechtsvorschrift übertragen wurde,

erforderlich ist.

(2) ¹Die Verarbeitung personenbezogener Daten ist zulässig zu Zwecken der Wahrnehmung von Aufsichts- und Kontrollbefugnissen, der Rechnungsprüfung, der Durchführung von Organisationsuntersuchungen sowie der Prüfung und Wartung von automatisierten Verfahren. ²Die Verarbeitung personenbezogener Daten zu Aus-, Fortbildungs- und Prüfungszwecken ist zulässig, soweit nicht schutzwürdige Interessen der betroffenen Person entgegenstehen.

§ 4 Verarbeitung personenbezogener Daten zu anderen Zwecken

(1) Die Verarbeitung personenbezogener Daten zu einem anderen Zweck als zu demjenigen, zu dem die personenbezogenen Daten ursprünglich erhoben wurden, ist im Rahmen der Aufgabenerfüllung des Verantwortlichen zulässig, wenn
1. es zur Abwehr erheblicher Nachteile für das Gemeinwohl oder einer sonst unmittelbar drohenden Gefahr für die öffentliche Sicherheit, die Verteidigung oder die nationale Sicherheit, zur Wahrung

erheblicher Belange des Gemeinwohls oder zur Sicherung des Steuer- und Zollaufkommens erforderlich ist,
2. es zur Abwehr einer schwerwiegenden Beeinträchtigung der Rechte einer anderen oder der betroffenen Person erforderlich ist,
3. sie zur Verfolgung von Straftaten oder Ordnungswidrigkeiten, zur Vollstreckung oder zum Vollzug von Strafen oder Maßnahmen gemäß § 11 Absatz 1 Nummer 8 des Strafgesetzbuchs oder von Erziehungsmaßregeln oder Zuchtmitteln im Sinne des Jugendgerichtsgesetzes oder zur Vollstreckung von Geldbußen erforderlich ist,
4. es erforderlich ist, Angaben der betroffenen Person zu überprüfen, weil tatsächliche Anhaltspunkte für deren Unrichtigkeit bestehen,
5. die Einholung der Einwilligung der betroffenen Person nicht möglich ist oder mit unverhältnismäßig hohem Aufwand verbunden wäre, aber offensichtlich ist, dass die Verarbeitung der personenbezogenen Daten in ihrem Interesse liegt und sie in Kenntnis des anderen Zwecks ihre Einwilligung erteilen würde oder
6. es zur Bearbeitung eines von der betroffenen Person gestellten Antrags erforderlich ist.

(2) Die Verarbeitung besonderer Kategorien personenbezogener Daten im Sinne des Artikels 9 Absatz 1 der Verordnung (EU) 2016/679 in der jeweils geltenden Fassung zu einem anderen Zweck als zu demjenigen, zu dem die personenbezogenen Daten erhoben wurden, ist im Rahmen der Aufgabenerfüllung des Verantwortlichen zulässig, wenn die Voraussetzungen des Absatzes 1 und ein Ausnahmetatbestand nach Artikel 9 Absatz 2 der Verordnung (EU) 2016/679 in der jeweils geltenden Fassung oder nach § 11 Absatz 1 vorliegen.

(3) Unterliegen personenbezogene Daten, die von einer zur Verschwiegenheit verpflichteten Person oder Stelle übermittelt worden sind, einem Berufsgeheimnis, ist ihre Verarbeitung zu einem anderen Zweck im Sinne der Absätze 1 und 2 nicht zulässig, außer die zur Verschwiegenheit verpflichtete Person oder Stelle hat eingewilligt.

(4) [1]Sind mit personenbezogenen Daten weitere personenbezogene Daten der betroffenen Person oder Dritter derart verbunden, dass ihre Trennung nach erforderlichen und nicht erforderlichen Daten nicht oder nur mit unvertretbarem Aufwand möglich ist, so ist die Übermittlung auch der nicht zu der Aufgabenerfüllung erforderlichen personenbezogenen Daten an öffentliche Stellen zulässig, soweit nicht berechtigte Interessen der betroffenen Person oder Dritter an deren Geheimhaltung offensichtlich überwiegen. [2]Eine weitere Verarbeitung dieser Daten ist unzulässig.

(5) [1]Eine Information der betroffenen Person über die Verarbeitung personenbezogener Daten nach Absatz 1 Nummer 1 und 3 erfolgt abweichend von Artikel 13 Absatz 3 und Artikel 14 Absatz 4 der Verordnung (EU) 2016/679 in der jeweils geltenden Fassung nicht, soweit und solange hierdurch der Zweck der Verarbeitung gefährdet würde. [2]Der Verantwortliche dokumentiert, aus welchen Gründen er von einer Information abgesehen hat.

§ 5 Erhebung personenbezogener Daten bei einer nicht-öffentlichen Stelle
[1]Werden personenbezogene Daten bei einer nicht-öffentlichen Stelle erhoben, ist diese auf Verlangen über den Erhebungszweck zu unterrichten, soweit dadurch berechtigte Interessen der betroffenen Person nicht beeinträchtigt werden. [2]Werden die personenbezogenen Daten aufgrund einer Rechtsvorschrift erhoben, die zur Auskunft verpflichtet, ist auf die Auskunftspflicht, sonst auf die Freiwilligkeit der Angaben hinzuweisen.

§ 6 Verantwortlicher bei der Übermittlung personenbezogener Daten
(1) [1]Die übermittelnde Stelle ist der Verantwortliche bei der Übermittlung personenbezogener Daten, außer die Übermittlung erfolgt aufgrund des Ersuchens einer öffentlichen Stelle. [2]Die übermittelnde Stelle prüft in diesem Fall nur, ob das Übermittlungsersuchen im Rahmen der Aufgaben der ersuchenden Stelle liegt, außer es besteht besonderer Anlass zur Prüfung der Zulässigkeit der Übermittlung. [3]Die ersuchende Stelle hat die für diese Prüfung erforderlichen Angaben zu machen.

(2) Die ersuchende Stelle ist der Verantwortliche, wenn die Übermittlung aufgrund ihres Ersuchens erfolgt.

(3) Die abrufende Stelle ist der Verantwortliche, wenn die Übermittlung durch automatisierten Abruf erfolgt.

§ 7 Abrufverfahren und gemeinsame Verfahren

(1) ¹Ein automatisiertes Verfahren, das die Übermittlung personenbezogener Daten durch Abruf (Abrufverfahren) oder mehreren Verantwortlichen gemeinsam die Verarbeitung personenbezogener Daten aus einem Datenbestand (gemeinsames Verfahren) ermöglicht, darf eingerichtet werden, soweit dies unter Berücksichtigung der schutzwürdigen Interessen der betroffenen Person und der Aufgaben der beteiligten Stellen angemessen ist. ²Die beteiligten Stellen treffen als gemeinsam Verantwortliche eine Vereinbarung gemäß Artikel 26 Absatz 1 der Verordnung (EU) 2016/679 in der jeweils geltenden Fassung.

(2) Für Abrufverfahren im Sinne des Absatzes 1 Satz 1 gilt § 6 Absatz 3.

(3) Absatz 1 und 2 gelten nicht für Datenbestände, die jeder Person ohne oder nach Zulassung zur Benutzung offen stehen oder deren Veröffentlichung zulässig wäre.

Abschnitt 3
Rechte der betroffenen Person

§ 8 Beschränkung der Informationspflicht

(1) Eine Information der betroffenen Person nach Artikel 14 Absatz 1 und 2 der Verordnung (EU) 2016/679 in der jeweils geltenden Fassung erfolgt ergänzend zu den in Artikel 14 Absatz 5 der Verordnung (EU) 2016/679 in der jeweils geltenden Fassung genannten Ausnahmen nicht, soweit und solange
1. die Information die öffentliche Sicherheit gefährden oder sonst dem Wohl des Bundes oder eines Landes nicht unerhebliche Nachteile bereiten würde,
2. die Information den Erfolg der Verfolgung von Straftaten oder Ordnungswidrigkeiten gefährden würde oder
3. die personenbezogenen Daten oder die Tatsache ihrer Verarbeitung nach einer Rechtsvorschrift oder wegen der überwiegenden Rechte und Freiheiten anderer Personen geheim zu halten sind.

(2) Der Verantwortliche dokumentiert in den Fällen des Absatzes 1, aus welchen Gründen er von einer Information der betroffenen Person abgesehen hat.

§ 9 Beschränkung des Auskunftsrechts

(1) ¹Eine Auskunft nach Artikel 15 der Verordnung (EU) 2016/679 in der jeweils geltenden Fassung unterbleibt, soweit und solange
1. die Auskunft die öffentliche Sicherheit gefährden oder sonst dem Wohl des Bundes oder eines Landes nicht unerhebliche Nachteile bereiten würde,
2. die Auskunft den Erfolg der Verfolgung von Straftaten oder Ordnungswidrigkeiten gefährden würde oder
3. die personenbezogenen Daten oder die Tatsache ihrer Verarbeitung nach einer Rechtsvorschrift oder wegen der überwiegenden Rechte und Freiheiten anderer Personen geheim zu halten sind.

²Die betroffene Person hat kein Recht auf Auskunft über personenbezogene Daten, die ausschließlich zu Zwecken der Datensicherung oder der Datenschutzkontrolle gespeichert sind und deren Verarbeitung zu anderen Zwecken durch geeignete technische und organisatorische Maßnahmen ausgeschlossen ist, es sei denn, die betroffene Person legt ein besonderes berechtigtes Interesse an der Kenntnis dieser Daten dar.

(2) ¹Bezieht sich die Auskunft auf die Übermittlung personenbezogener Daten an öffentliche Stellen der Gerichte, der Staatsanwaltschaft, der Polizei und andere für die Verfolgung von Straftaten zuständige öffentliche Stellen, an öffentliche Stellen des Verfassungsschutzes, des Militärischen Abschirmdienstes und, soweit die Sicherheit des Bundes berührt wird, an andere öffentliche Stellen des Bundesministeriums der Verteidigung, so ist diesen vorab Gelegenheit zur Stellungnahme zu geben. ²Gleiches gilt für die Übermittlung personenbezogener Daten von diesen öffentlichen Stellen.

(3) ¹Die Ablehnung der Auskunft bedarf abweichend von Artikel 12 Absatz 4 der Verordnung (EU) 2016/679 in der jeweils geltenden Fassung keiner Begründung, soweit durch die Begründung der Zweck der Ablehnung gefährdet würde. ²In diesem Fall sind die Gründe für die Ablehnung der Auskunft durch den Verantwortlichen zu dokumentieren. ³Die betroffene Person ist auf die Möglichkeit der Beschwerde bei der oder dem Landesbeauftragten für Datenschutz und Informationsfreiheit hinzuweisen. ⁴Auf Verlangen der betroffenen Person ist die Auskunft der oder dem Landesbeauftragten für Datenschutz und Informationsfreiheit zu erteilen. ⁵Die Mitteilung der oder des Landesbeauftragten

für Datenschutz und Informationsfreiheit an die betroffene Person darf keine Rückschlüsse auf den Erkenntnisstand des Verantwortlichen zulassen, sofern dieser nicht einer weitergehenden Auskunft zugestimmt hat.

§ 10 Benachrichtigung der von einer Verletzung des Schutzes personenbezogener Daten betroffenen Person

(1) Eine Benachrichtigung der betroffenen Person nach Artikel 34 Absatz 1 der Verordnung (EU) 2016/679 in der jeweils geltenden Fassung erfolgt ergänzend zu den in Artikel 34 Absatz 3 der Verordnung (EU) 2016/679 in der jeweils geltenden Fassung genannten Ausnahmen nicht, soweit und solange
1. die Benachrichtigung die öffentliche Sicherheit gefährden oder sonst dem Wohl des Bundes oder eines Landes nicht unerhebliche Nachteile bereiten würde,
2. die Benachrichtigung den Erfolg der Verfolgung von Straftaten oder Ordnungswidrigkeiten gefährden würde,
3. die personenbezogenen Daten oder die Tatsache ihrer Verarbeitung nach einer Rechtsvorschrift oder wegen der überwiegenden Rechte und Freiheiten anderer Personen geheim zu halten sind oder
4. die Benachrichtigung die Sicherheit von informationstechnischen Systemen gefährden würde.

(2) Der Verantwortliche dokumentiert in den Fällen des Absatzes 1, aus welchen Gründen er von einer Benachrichtigung der betroffenen Person abgesehen hat.

Abschnitt 4
Besondere Verarbeitungssituationen

§ 11 Verarbeitung besonderer Kategorien personenbezogener Daten

(1) Die Verarbeitung besonderer Kategorien personenbezogener Daten im Sinne des Artikels 9 Absatz 1 der Verordnung (EU) 2016/679 in der jeweils geltenden Fassung ist abweichend von Artikel 9 Absatz 1 der Verordnung (EU) 2016/679 in der jeweils geltenden Fassung zulässig, soweit sie
1. erforderlich ist, damit der Verantwortliche oder die betroffene Person die ihm beziehungsweise ihr aus dem Recht der sozialen Sicherheit und des Sozialschutzes erwachsenden Rechte ausüben und seinen beziehungsweise ihren diesbezüglichen Pflichten nachkommen kann,
2. aus Gründen eines erheblichen öffentlichen Interesses zwingend erforderlich ist und soweit die Interessen des Verantwortlichen an der Datenverarbeitung die Interessen der betroffenen Person überwiegen,
3. für Zwecke der Gesundheitsvorsorge, für die medizinische Diagnostik, die Versorgung oder Behandlung im Gesundheitsbereich oder für die Verwaltung von Diensten im Gesundheitsbereich erforderlich ist und diese Daten von ärztlichem Personal oder durch sonstige Personen, die einer entsprechenden Geheimhaltungspflicht unterliegen, oder unter deren Verantwortung verarbeitet werden.

(2) ¹In den Fällen des Absatzes 1 und in den weiteren Fällen der Verarbeitung besonderer Kategorien personenbezogener Daten gemäß dieses Abschnitts sind angemessene und spezifische Maßnahmen zur Wahrung der Grundrechte, Freiheiten und Interessen der betroffenen Person vorzusehen. ²Unter Berücksichtigung des Stands der Technik und der Art, des Umfangs, der Umstände und der Zwecke der Verarbeitung sowie der unterschiedlichen Eintrittswahrscheinlichkeit und Schwere der mit der Verarbeitung verbundenen Risiken für die Rechte und Freiheiten natürlicher Personen können dazu insbesondere gehören:
1. geeignete technische und organisatorische Maßnahmen, um sicherzustellen, dass die Verarbeitung gemäß der Verordnung (EU) 2016/679 in der jeweils geltenden Fassung erfolgt,
2. Maßnahmen, die gewährleisten, dass nachträglich überprüft und festgestellt werden kann, ob und von wem personenbezogene Daten eingegeben, verändert oder entfernt worden sind,
3. Sensibilisierung der an den Verarbeitungsvorgängen Beteiligten,
4. Beschränkung des Zugangs zu den personenbezogenen Daten innerhalb der verantwortlichen Stelle und von Auftragsverarbeitern,
5. Pseudonymisierung personenbezogener Daten,
6. Verschlüsselung personenbezogener Daten,

7. Sicherstellung der Fähigkeit, Vertraulichkeit, Integrität, Verfügbarkeit und Belastbarkeit der Systeme und Dienste im Zusammenhang mit der Verarbeitung personenbezogener Daten, einschließlich der Fähigkeit, die Verfügbarkeit und den Zugang bei einem physischen oder technischen Zwischenfall wiederherzustellen,
8. zur Gewährleistung der Sicherheit der Verarbeitung die Einrichtung eines Verfahrens zur regelmäßigen Überprüfung, Bewertung und Evaluierung der Wirksamkeit der technischen und organisatorischen Maßnahmen,
9. spezifische Verfahrensregelungen, die im Fall einer Übermittlung oder Verarbeitung für andere Zwecke die Einhaltung der Vorgaben dieses Gesetzes sowie der Verordnung (EU) 2016/679 in der jeweils geltenden Fassung sicherstellen.

[3]Der Verantwortliche und der Auftragsverarbeiter sollen insbesondere die Maßnahmen gemäß Nummer 1, 4, 7, 8 und 9 treffen.

§ 12 Datenverarbeitung im Beschäftigungskontext
Öffentliche Stellen dürfen personenbezogene Daten über Bewerberinnen, Bewerber, Bedienstete und ehemalige Bedienstete nur nach Maßgabe der §§ 85 bis 92 des Bremischen Beamtengesetzes verarbeiten.

§ 13 Verarbeitung besonderer Kategorien personenbezogener Daten zu wissenschaftlichen oder historischen Forschungszwecken oder zu statistischen Zwecken
(1) Die Verarbeitung besonderer Kategorien personenbezogener Daten im Sinne des Artikels 9 Absatz 1 der Verordnung (EU) 2016/679 in der jeweils geltenden Fassung für wissenschaftliche oder historische Forschungszwecke oder für statistische Zwecke ist abweichend von Artikel 9 Absatz 1 der Verordnung (EU) 2016/679 in der jeweils geltenden Fassung durch Hochschulen und andere mit wissenschaftlicher Forschung beauftragte öffentliche Stellen für Forschungsvorhaben auch ohne Einwilligung zulässig, soweit die Verarbeitung zu diesen Zwecken erforderlich ist und die Interessen des Verantwortlichen an der Verarbeitung die Interessen der betroffenen Person am Unterbleiben der Verarbeitung erheblich überwiegen.
(2) [1]Der Verantwortliche sieht angemessene und spezifische Maßnahmen zur Wahrung der Grundrechte und Interessen der betroffenen Person gemäß § 11 Absatz 2 vor. [2]Sofern und sobald die wissenschaftlichen oder historischen Forschungszwecke oder die statistischen Zwecke ermöglichen, sind die zu diesen Zwecken verarbeiteten besonderen Kategorien personenbezogener Daten im Sinne des Artikels 9 Absatz 1 der Verordnung (EU) 2016/679 in der jeweils geltenden Fassung zu anonymisieren. [3]Sofern dies nicht sofort der Fall ist, sind die Merkmale, mit denen Einzelangaben über persönliche oder sachliche Verhältnisse einer bestimmten oder bestimmbaren Person zugeordnet werden können, gesondert zu speichern, soweit es der Forschungs- oder Statistikzweck erlaubt. [4]Sie dürfen mit den Einzelangaben nur zusammengeführt werden, soweit der Forschungs- oder Statistikzweck dies erfordert. [5]Die Merkmale sind zu löschen, sobald dies nach dem Forschungs- oder Statistikzweck möglich ist.
(3) [1]Das Recht auf Auskunft nach Artikel 15 der Verordnung (EU) 2016/679, auf Berichtigung nach Artikel 16 der Verordnung (EU) 2016/679, auf Einschränkung der Verarbeitung nach Artikel 18 der Verordnung (EU) 2016/679 und auf Widerspruch nach Artikel 21 der Verordnung (EU) 2016/679, sämtlich in der jeweils geltenden Fassung, besteht nicht, soweit die Wahrnehmung dieser Rechte voraussichtlich die Verwirklichung der Forschungs- oder Statistikzwecke unmöglich macht oder ernsthaft beeinträchtigt und die Beschränkung der Rechte für die Erfüllung der Forschungs- oder Statistikzwecke notwendig ist. [2]Das Recht auf Auskunft nach Artikel 15 der Verordnung (EU) 2016 in der jeweils geltenden Fassung besteht darüber hinaus nicht, wenn die Daten für Zwecke der wissenschaftlichen Forschung erforderlich sind und die Auskunftserteilung einen unverhältnismäßigen Aufwand erfordern würde.
(4) Der Verantwortliche darf personenbezogene Daten nur veröffentlichen, wenn die betroffene Person eingewilligt hat oder die Veröffentlichung für die Darstellung von Forschungsergebnissen über Ereignisse der Zeitgeschichte unerlässlich ist.

§ 14 Sonderbestimmung für Radio Bremen
[1]Der Rundfunkrat von Radio Bremen bestellt eine Beauftragte oder einen Beauftragten der Anstalt für den Datenschutz. [2]Diese oder dieser ist in der Ausübung ihres oder seines Amtes unabhängig

und nur dem Gesetz unterworfen; im Übrigen untersteht sie oder er der Dienstaufsicht des Verwaltungsrates. ³Die oder der Beauftragte für den Datenschutz überwacht die Einhaltung der Vorschriften über den Datenschutz, soweit Radio Bremen personenbezogene Daten zu journalistischen Zwecken verarbeitet. ⁴An sie oder ihn kann sich jede Person wenden, wenn sie annimmt, bei der Verarbeitung personenbezogener Daten zu journalistischen Zwecken in ihren Rechten verletzt worden zu sein. ⁵Die oder der Beauftragte für den Datenschutz kann mit Zustimmung des Rundfunkrates andere Aufgaben und Pflichten, auch die des Datenschutzbeauftragten, innerhalb der Anstalt übernehmen; Satz 2 findet insoweit keine Anwendung. ⁶Der Rundfunkrat darf seine Zustimmung nur erteilen, wenn die der oder dem Beauftragten für den Datenschutz übertragenen Aufgaben und Pflichten nicht zu einem Interessenkonflikt führen. ⁷Beanstandungen richtet die oder der Beauftragte für den Datenschutz an die Intendantin oder den Intendanten und unterrichtet gleichzeitig den Rundfunkrat. ⁸Die oder der Beauftragte für den Datenschutz erstattet dem Rundfunkrat jährlich einen Bericht über seine Tätigkeit.

§ 15 Videoüberwachung

(1) Die Beobachtung öffentlich zugänglicher Bereiche mit optisch-elektronischen Einrichtungen (Videoüberwachung) ist nur zulässig, soweit sie zur Wahrnehmung einer im öffentlichen Interesse liegenden Aufgabe oder in Ausübung öffentlicher Gewalt, die dem Verantwortlichen übertragen wurde, zum Schutz von Personen, Eigentum oder Besitz oder zur Kontrolle von Zugangsberechtigungen erforderlich ist und keine Anhaltspunkte bestehen, dass schutzwürdige Interessen betroffener Personen überwiegen.

(2) Der Umstand der Videoüberwachung, die Angaben nach Artikel 13 Absatz 1 Buchstabe a bis c der Verordnung (EU) 2016/679 in der jeweils geltenden Fassung sowie die Möglichkeit, beim Verantwortlichen die weiteren Informationen nach Artikel 13 der Verordnung (EU) 2016/679 in der jeweils geltenden Fassung zu erhalten, sind durch geeignete Maßnahmen erkennbar zu machen.

(3) ¹Die Verarbeitung von nach Absatz 1 erhobenen personenbezogenen Daten ist zulässig, wenn sie zum Erreichen des mit der Videoüberwachung verfolgten Zwecks erforderlich ist und keine Anhaltspunkte bestehen, dass schutzwürdige Interessen der betroffenen Personen überwiegen. ²Für einen anderen Zweck dürfen sie nur weiterverarbeitet werden, soweit dies zur Abwehr von Gefahren für die öffentliche Sicherheit sowie zur Verfolgung von Straftaten und Ordnungswidrigkeiten erforderlich ist.

(4) ¹Werden durch Videoüberwachung erhobene Daten einer bestimmten Person zugeordnet, ist die betroffene Person gemäß Artikel 13 und 14 der Verordnung (EU) 2016/679 in der jeweils geltenden Fassung zu informieren. ²Die Pflicht zur Information der betroffenen Person besteht ergänzend zu der in Artikel 13 Absatz 4 der Verordnung (EU) 2016/679 in der jeweils geltenden Fassung und ergänzend zu den in Artikel 14 Absatz 5 der Verordnung (EU) 2016/679 in der jeweils geltenden Fassung genannten Ausnahmen nicht, soweit und solange die Information die öffentliche Sicherheit oder die Verfolgung von Straftaten oder Ordnungswidrigkeiten gefährden würde. ³§ 8 Absatz 2 gilt entsprechend.

(5) ¹Die nach Absatz 1 erhobenen Daten sind unverzüglich zu löschen, wenn sie zur Erreichung des Zwecks nicht mehr erforderlich sind oder schutzwürdige Interessen der betroffenen Person einer weiteren Speicherung entgegenstehen. ²Dies gilt nicht, wenn sie zur Abwehr von Gefahren für die öffentliche Sicherheit oder zur Verfolgung von Straftaten oder Ordnungswidrigkeiten erforderlich sind.

Abschnitt 5
Die oder der Landesbeauftragte für Datenschutz und Informationsfreiheit

§ 16 Errichtung

(1) Die oder der Landesbeauftragte für Datenschutz und Informationsfreiheit (die oder der Landesbeauftragte) ist eine dem Senat gegenüber selbständige, nur dem Gesetz unterworfene oberste Landesbehörde.

(2) ¹Der oder dem Landesbeauftragten ist die für die Erfüllung der Aufgaben notwendige Personal- und Sachausstattung zur Verfügung zu stellen. ²Die Personal- und Sachausstattung der oder des Landesbeauftragten ist im Einzelplan in einem eigenen Kapitel auszuweisen.

(3) ¹Die Stellen bei der oder dem Landesbeauftragten werden auf ihren oder seinen Vorschlag besetzt. ²Die oder der Landesbeauftragte ist oberste Dienstbehörde und Dienstvorgesetzte oder Dienstvorgesetzter der bei ihr oder ihm tätigen Beschäftigten, an deren oder dessen Weisungen sie aus-

schließlich gebunden sind. ³Versetzungen, Abordnungen und Zuweisungen dürfen nur mit ihrer oder seiner Zustimmung erfolgen.
(4) ¹Die oder der Landesbeauftragte bestellt aus dem Kreis der bei ihr oder ihm tätigen Beschäftigten eine Vertreterin oder einen Vertreter. ²Diese oder dieser nimmt die Geschäfte wahr, wenn die oder der Landesbeauftragte an der Ausübung ihres oder seines Amtes verhindert ist oder das Amtsverhältnis endet.

§ 17 Unabhängigkeit
(1) ¹Die oder der Landesbeauftragte handelt in Ausübung ihres oder seines Amtes unabhängig und ist nur dem Gesetz unterworfen. ²Sie oder er unterliegt bei der Erfüllung ihrer oder seiner Aufgaben und der Ausübung ihrer oder seiner Befugnisse weder direkter noch indirekter Beeinflussung von außen und ersucht weder um Weisungen noch nimmt sie oder er Weisungen entgegen.
(2) Die oder der Landesbeauftragte unterliegt der Rechnungsprüfung durch den Landesrechnungshof, soweit hierdurch ihre oder seine Unabhängigkeit nicht beeinträchtigt wird.

§ 18 Ernennung und Amtszeit
(1) ¹Die oder der Landesbeauftragte wird von der Bürgerschaft (Landtag) mit der Mehrheit ihrer Mitglieder gewählt. ²Die oder der Gewählte ist von der Präsidentin oder dem Präsidenten der Bürgerschaft (Landtag) zu ernennen.
(2) Die oder der Landesbeauftragte muss die Befähigung zum Richteramt haben oder die Zugangsvoraussetzungen für die Laufbahnen der Laufbahngruppe 2 mit Zugang zum zweiten Einstiegsamt nach § 14 des Bremischen Beamtengesetzes erfüllen und über die für die Erfüllung ihrer oder seiner Aufgaben und Ausübung ihrer oder seiner Befugnisse erforderliche Qualifikation, Erfahrung und Sachkunde insbesondere im Bereich des Schutzes personenbezogener Daten verfügen.
(3) ¹Die oder der Landesbeauftragte leistet vor der Präsidentin oder dem Präsidenten der Bürgerschaft (Landtag) folgenden Eid:
»Ich schwöre, das Grundgesetz für die Bundesrepublik Deutschland, die Landesverfassung der Freien Hansestadt Bremen und alle in der Bundesrepublik Deutschland geltenden Gesetze zu wahren und die Pflichten meines Amtes gewissenhaft zu erfüllen.«
²Der Eid kann mit der Beteuerung »So wahr mir Gott helfe« geleistet werden.
(4) ¹Die Amtszeit der oder des Landesbeauftragten beträgt acht Jahre. ²Die Wiederwahl ist zulässig.

§ 19 Amtsverhältnis
(1) Die oder der Landesbeauftragte steht nach Maßgabe dieses Gesetzes in einem öffentlich-rechtlichen Amtsverhältnis zur Freien Hansestadt Bremen.
(2) ¹Das Amtsverhältnis beginnt mit der Aushändigung der Ernennungsurkunde. ²Es endet mit Ablauf der Amtszeit, der Entlassung auf eigenen Antrag oder durch eine Amtsenthebung. ³Eine Entlassung auf eigenen Antrag und die Amtsenthebung werden mit der Aushändigung der Entlassungsurkunde wirksam. ⁴Die Entscheidung über die Amtsenthebung gemäß Artikel 53 Absatz 4 der Verordnung (EU) 2016/679 in der jeweils geltenden Fassung trifft die Bürgerschaft (Landtag) mit einer Mehrheit von zwei Dritteln ihrer Mitglieder. ⁵Ein Beamtenverhältnis auf Lebenszeit oder ein Richterverhältnis auf Lebenszeit besteht bei demselben Dienstherrn neben dem Amtsverhältnis als Landesbeauftragte oder Landesbeauftragter fort. ⁶Vom Tage der Ernennung an ruhen für die Dauer des Amtsverhältnisses die Rechte und Pflichten aus dem Amt, das der Beamtin oder dem Beamten zuletzt im Beamtenverhältnis auf Lebenszeit oder im Richterverhältnis auf Lebenszeit übertragen worden ist mit Ausnahme der Pflicht zur Amtsverschwiegenheit und des Verbotes der Annahme von Belohnungen und Geschenken.
(3) ¹Die oder der Landesbeauftragte erhält Amtsbezüge entsprechend des Grundgehaltsbetrages der Besoldungsgruppe B 3 der Besoldungsordnungen A und B des Bremischen Besoldungsgesetzes. ²Die für die bremischen Beamtinnen und Beamten geltenden Bestimmungen über Beihilfen in Krankheits-, Pflege- und Geburtsfällen, Dienstwohnungen, Reisekosten, Umzugskosten und Mutterschutz finden auf das Amtsverhältnis der oder des Landesbeauftragten entsprechende Anwendung. ³§§ 2 bis 4, 9 bis 18, 34 bis 36, 65, 66 des Bremischen Besoldungsgesetzes sind entsprechend anzuwenden. ⁴Für Zeiten des Amtsverhältnisses gilt § 78 des Bremischen Beamtenversorgungsgesetzes entsprechend.

§ 20 Rechte und Pflichten

(1) ¹Die oder der Landesbeauftragte sieht von allen mit den Aufgaben ihres oder seines Amtes nicht zu vereinbarenden Handlungen ab und übt während ihrer oder seiner Amtszeit keine andere mit ihrem oder seinem Amt nicht zu vereinbarende entgeltliche oder unentgeltliche Tätigkeit aus. ²Insbesondere darf die oder der Landesbeauftragte neben ihrem oder seinem Amt kein anderes besoldetes Amt, kein Gewerbe und keinen Beruf ausüben und weder der Leitung, dem Aufsichtsrat oder dem Verwaltungsrat eines auf Erwerb gerichteten Unternehmens noch einer Regierung oder einer gesetzgebenden Körperschaft des Bundes oder eines Landes angehören. ³Sie oder er darf nicht gegen Entgelt außergerichtliche Gutachten abgeben.

(2) ¹Die oder der Landesbeauftragte hat der Präsidentin oder dem Präsidenten der Bürgerschaft (Landtag) Mitteilung über Geschenke zu machen, die sie oder er in Bezug auf das Amt erhält. ²Die Präsidentin oder der Präsident der Bürgerschaft (Landtag) entscheidet über die Verwendung der Geschenke.

(3) ¹Die oder der Landesbeauftragte ist, auch nach Beendigung ihres oder seines Amtsverhältnisses, verpflichtet, über die ihr oder ihm amtlich bekanntgewordenen Angelegenheiten Verschwiegenheit zu bewahren. ²Dies gilt nicht für Mitteilungen im dienstlichen Verkehr oder über Tatsachen, die offenkundig sind oder ihrer Bedeutung nach keiner Geheimhaltung bedürfen. ³Die oder der Landesbeauftragte entscheidet nach pflichtgemäßem Ermessen, ob und inwieweit sie oder er über solche Angelegenheiten vor Gericht oder außergerichtlich aussagt oder Erklärungen abgibt; wenn sie oder er nicht mehr im Amt ist, ist die Genehmigung der oder des amtierenden Landesbeauftragten erforderlich. ⁴Unberührt bleibt die gesetzlich begründete Pflicht, Straftaten anzuzeigen und bei einer Gefährdung der freiheitlich demokratischen Grundordnung für deren Erhalt einzutreten.

§ 21 Aufgaben und Befugnisse

(1) ¹Die oder der Landesbeauftragte ist Aufsichtsbehörde im Sinne des Artikels 51 Absatz 1 der Verordnung (EU) 2016/679 in der jeweils geltenden Fassung. ²Sie oder er überwacht die Anwendung der Vorschriften über den Datenschutz bei den öffentlichen Stellen im Anwendungsbereich dieses Gesetzes.

(2) Die oder der Landesbeauftragte ist zuständige Aufsichtsbehörde gemäß § 40 des Bundesdatenschutzgesetzes für die Überwachung der Anwendung der Vorschriften über den Datenschutz bei den nicht-öffentlichen Stellen in der Freien Hansestadt Bremen.

(3) ¹Die Aufgaben der oder des Landesbeauftragten ergeben sich aus der Verordnung (EU) 2016/679 in der jeweils geltenden Fassung, insbesondere aus Artikel 57 der Verordnung (EU) 2016/679. ²Daneben hat die oder der Landesbeauftragte folgende Aufgaben:

1. Die oder der Landesbeauftragte soll zu den Auswirkungen des Einsatzes neuer Informationstechniken auf den Datenschutz Stellung nehmen. Sie oder er ist rechtzeitig über Planungen zum Aufbau automatisierter Informationssysteme und deren wesentlicher Änderung zu unterrichten, sofern in den Systemen personenbezogene Daten verarbeitet werden.
2. Die oder der Landesbeauftragte soll Stellung nehmen zu Rechts- und Verwaltungsvorschriften, die die Verarbeitung personenbezogener Daten betreffen. Sie oder er ist rechtzeitig über die entsprechenden Entwürfe zu unterrichten.
3. Die oder der Landesbeauftragte kann von der Bürgerschaft (Landtag) und dem Senat mit der Erstattung von Gutachten oder der Durchführung von Untersuchungen in Datenschutzfragen betraut werden. Entsprechendes gilt, wenn der Magistrat der Stadt Bremerhaven dies beim Senat beantragt. § 22 Satz 2 gilt sinngemäß.

(4) Die oder der Landesbeauftragte ist als Aufsichtsbehörde gemäß Absatz 1 und 2 zuständig für die Verfolgung und Ahndung von Ordnungswidrigkeiten nach der Verordnung (EU) 2016/679 in der jeweils geltenden Fassung, diesem Gesetz und dem Bundesdatenschutzgesetz.

(5) ¹Die weiteren Befugnisse der oder des Landesbeauftragten ergeben sich aus der Verordnung (EU) 2016/679 in der jeweils geltenden Fassung, insbesondere aus Artikel 58 der Verordnung (EU) 2016/679. ²Die öffentlichen Stellen sind verpflichtet, die oder den Landesbeauftragten bei der Erfüllung ihrer oder seiner Aufgaben zu unterstützen. ³Die oder der Landesbeauftragte kann

1. von den öffentlichen Stellen Auskunft zu den Fragen sowie Einsicht in die Unterlagen und Akten verlangen, die im Zusammenhang mit der Verarbeitung personenbezogener Daten stehen, namentlich in die gespeicherten Daten, die Datenverarbeitungsprogramme und die Programmunterlagen,

2. von den öffentlichen Stellen nach festgelegten Vorgaben strukturierte Auswertungen aus automatisierten Informationssystemen verlangen, soweit dies die bei den jeweiligen öffentlichen Stellen bestehenden technischen Möglichkeiten zulassen,
3. die öffentlichen Stellen jederzeit unangemeldet aufsuchen, ihre Dienst- und Geschäftsräume betreten und Zugang zu allen Datenverarbeitungsanlagen und -geräten verlangen.

§ 22 Tätigkeitsbericht

[1]Die Präsidentin oder der Präsident des Senats führt eine Stellungnahme des Senats zu dem Tätigkeitsbericht der oder des Landesbeauftragten gemäß Artikel 59 der Verordnung (EU) 2016/679 in der jeweils geltenden Fassung herbei und legt diese der Bürgerschaft (Landtag) innerhalb von sechs Monaten vor. [2]In der Aussprache über den Tätigkeitsbericht kann die Bürgerschaft (Landtag) der oder dem Landesbeauftragten Gelegenheit zur Vorstellung des Tätigkeitsberichts geben.

Abschnitt 6
Sanktionen, Übergangsvorschrift, Inkrafttreten

§ 23 Ordnungswidrigkeiten

(1) Ordnungswidrig handelt, wer entgegen den Vorschriften der Verordnung (EU) 2016/679 in der jeweils geltenden Fassung, dieses Gesetzes oder einer anderen Rechtsvorschrift über den Schutz personenbezogener Daten personenbezogene Daten, die nicht offenkundig sind, verarbeitet oder durch unrichtige Angaben erschleicht.
(2) Die Ordnungswidrigkeit kann mit einer Geldbuße bis zu fünfundzwanzigtausend Euro geahndet werden.
(3) Gegen öffentliche Stellen im Sinne des § 2 Absatz 1 werden keine Geldbußen verhängt.

§ 24 Strafvorschrift

(1) Wer gegen Entgelt oder in der Absicht, sich oder einen anderen zu bereichern oder einen anderen zu schädigen, eine der in § 23 Absatz 1 genannten Handlungen begeht, wird mit Freiheitsstrafe bis zu zwei Jahren oder mit Geldstrafe bestraft.
(2) Der Versuch ist strafbar.
(3) [1]Die Tat wird nur auf Antrag verfolgt. [2]Antragsberechtigt sind die betroffene Person, der Verantwortliche, der Auftragsverarbeiter und die oder der Landesbeauftragte für den Datenschutz.

§ 25 Übergangsvorschrift

[1]Die oder der zum Zeitpunkt des Inkrafttretens dieses Gesetzes im Amt befindliche Landesbeauftragte für Datenschutz und Informationsfreiheit gilt als nach § 18 Absatz 1 gewählt und ernannt. [2]Die Amtszeit endet abweichend von § 18 Absatz 4 Satz 1 am 23. Juni 2025.

§ 26 Inkrafttreten, Außerkrafttreten

[1]Dieses Gesetz tritt am 25. Mai 2018 in Kraft. [2]Gleichzeitig tritt das Bremische Datenschutzgesetz vom 4. März 2003 (Brem.GBl. 2003, S. 85), das zuletzt durch Gesetz vom 25. Juni 2013 (Brem.GBl. 2013, S. 351) geändert worden ist, außer Kraft.

Gesetz über Rechtsetzungsbefugnisse der Gemeinden

Vom 16. Juni 1964 (Brem.GBl. S. 59)
(2012-a-1)
zuletzt geändert durch Art. 3 des G vom 14. November 2017 (Brem.GBl. S. 488)

Der Senat verkündet das nachstehende von der Bürgerschaft (Landtag) beschlossene Gesetz:

§ 1 Anschluß- und Benutzungszwang
(1) ¹Die Gemeinden können für die Grundstücke ihres Gebietes den Anschluß an Wasserleitung, Abwasserbeseitigung, Müllabfuhr, Straßenreinigung und ähnliche der Volksgesundheit dienende Einrichtungen (Anschlußzwang) und die Benutzung dieser Einrichtungen, der öffentlichen Begräbnisplätze, Bestattungseinrichtungen und Schlachthöfe (Benutzungszwang) durch Ortsgesetz vorschreiben, wenn sie ein öffentliches Bedürfnis dafür feststellen. ²Das Ortsgesetz kann Ausnahmen vom Anschluß- und Benutzungszwang zulassen. ³Es kann den Zwang auch auf bestimmte Teile des Gemeindegebietes und auf bestimmte Gruppen von Grundstücken oder Personen beschränken.

(2) ¹Absatz 1 gilt entsprechend für den Anschluß von Grundstücken an Einrichtungen zur Versorgung mit Fernwärme oder bestimmten Energiearten für Heizungszwecke und für die Benutzung dieser Einrichtungen. ²Von dem Anschluß- und Benutzungszwang können Ausnahmen auch für den Fall zugelassen werden, daß bereits immissionsarme Wärmeversorgungseinrichtungen betrieben werden oder wenn der Anschluß- und Benutzungszwang zu einer offenbar nicht beabsichtigten Härte führen würde.

§ 2 Naturaldienste
(1) Die Gemeinden können durch Ortsgesetze Gemeindedienste (Naturaldienste) zur Erfüllung gemeindlicher Aufgaben für beschränkte Zeit oder im Rahmen des Herkömmlichen unter angemessener Berücksichtigung der persönlichen Verhältnisse der pflichtigen Einwohner anordnen.

(2) Zu Leistungen nach Absatz 1 mit Ausnahme von persönlichen Diensten können auch juristische Personen und Personenvereinigungen sowie solche Personen herangezogen werden, die nicht in der Gemeinde wohnen, in ihr jedoch Grundbesitz haben oder ein Gewerbe betreiben.

§ 3 Ehrenamtliche Tätigkeit
Die Gemeinden können durch Ortsgesetz die Pflicht der Gemeindeeinwohner zur Übernahme von gemeindlichen Ehrenämtern oder zur ehrenamtlichen Tätigkeit in der Gemeinde regeln.

§ 3a Beeinträchtigungen
Die Gemeinden können, sofern nicht Bundes- oder Landesrecht dem entgegensteht, durch Ortsgesetz Gebote oder Verbote zur Vermeidung von Beeinträchtigungen durch
1. Lärm,
2. Gerüche,
3. Verschmutzung von Sachen, die dem öffentlichen Nutzen dienen,
4. Tierhaltung,
5. Abbrennen von Feuern,
6. aggressives Betteln oder Mißbrauch von Kindern zum Betteln,
7. Konsum von Betäubungsmitteln auf öffentlichen Flächen,
8. dauerhaftes Lagern auf öffentlichen Flächen zum Zwecke des Alkoholkonsums, soweit dadurch die Nutzung der Flächen durch andere unzumutbar eingeschränkt wird,

erlassen.

§ 4 Ortsgesetze für bestimmte Angelegenheiten
Die Gemeinden können durch Ortsgesetz
1. die Kennzeichnung von Wegen und Gärten in Kleingartengebieten sowie
2. die Ordnung und das Verhalten auf Volksfesten

regeln.

§ 4a Nutzung von Grundstücken
Die Gemeinden können durch Ortsgesetz die vorübergehende Nutzung von innerhalb der Gemeinde gelegenen Flächen auf Grundstücken im Alleineigentum von Unternehmen des Landes zu sozialen, karitativen oder kulturellen Zwecken regeln.

§ 5 Weitergeltung bestehender Bestimmungen
Das bisherige Ortsrecht auf den in §§ 1 bis 3 geregelten Sachgebieten gilt als aufgrund dieses Gesetzes erlassen weiter.

§ 6 Inkrafttreten, Außerkrafttreten
Dieses Gesetz tritt einen Tag nach seiner Verkündung in Kraft.

Ausführungsgesetz
zu Artikel 145 Absatz 1 der Landesverfassung[1)]

Vom 23. März 2010 (Brem.GBl. S. 277)
(100-a-2)
zuletzt geändert durch G vom 1. April 2014 (Brem.GBl. S. 243)

§ 1 Mitwirkungsverbote

(1) [1]Ein Mitglied der kommunalen Vertretungskörperschaft der Stadtgemeinde Bremen oder der Stadtgemeinde Bremerhaven darf nicht an Entscheidungen der kommunalen Vertretungskörperschaft mitwirken, die ihm selbst, seinem Ehegatten oder eingetragenen Lebenspartner, seinem Verwandten bis zum dritten oder Verschwägerten bis zum zweiten Grade oder einer von ihm kraft Gesetzes oder Vollmacht vertretenen Person unmittelbaren Vorteil oder Nachteil bringen können. [2]Dieses Verbot erstreckt sich auch auf die der Entscheidung vorausgehende Beratung. [3]Als unmittelbar gilt nur derjenige Vorteil oder Nachteil, der sich aus der Entscheidung selbst ergibt, ohne dass, abgesehen von der Ausführung von Beschlüssen, weitere Ereignisse eintreten oder Maßnahmen getroffen werden müssen.

(2) Das Mitwirkungsverbot gilt auch, wenn das Mitglied der kommunalen Vertretungskörperschaft
1. bei einer natürlichen Person, einer juristischen Person oder einer Vereinigung, der die Entscheidung einen unmittelbaren Vorteil oder Nachteil bringen kann, gegen Entgelt beschäftigt ist und nach den tatsächlichen Umständen, insbesondere der Art seiner Beschäftigung, ein Interessenwiderstreit anzunehmen ist,
2. Mitglied des Vorstandes, des Aufsichtsrates oder eines gleichartigen Organs einer juristischen Person oder einer Vereinigung ist, der die Entscheidung einen unmittelbaren Vorteil oder Nachteil bringen kann, es sei denn, er gehört den genannten Organen als Vertreter oder auf Vorschlag der Stadtgemeinde an,
3. in der Angelegenheit in anderer als öffentlicher Eigenschaft Gutachten abgegeben hat oder sonst tätig geworden ist.

(3) Die Mitwirkungsverbote der Absätze 1 und 2 gelten nicht,
1. wenn der Vorteil oder Nachteil nur darauf beruht, dass jemand einer Berufs- oder Bevölkerungsgruppe angehört, deren gemeinsame Interessen durch die Angelegenheit berührt werden,
2. bei Wahlen oder Personalvorschlägen zur Vertretung der Stadtgemeinde in einem Vorstand, einem Aufsichtsrat oder eines gleichartigen Organs einer juristischen Person oder einer Vereinigung,
3. bei Entscheidungen über den Haushalt, über die generelle Festlegung von Bezügen oder Entgelten öffentlich Bediensteter oder vergleichbarer Personen und über Steuern, Abgaben, Beiträge und Gebühren.

(4) Darüber, ob die Voraussetzungen der Absätze 1 und 2 vorliegen, entscheidet der jeweilige Vorstand der kommunalen Vertretungskörperschaft.

(5) Wer an der Beratung nicht teilnehmen darf, muss den Beratungsraum verlassen.

§ 2 Schutz der Mandats- und Amtsausübung

Die Gemeinden können zum Schutz der Mandats- oder Amtsausübung in den kommunalen Vertretungskörperschaften, im Magistrat der Stadt Bremerhaven und in den Beiräten der Stadt Bremen Ortsgesetze mit Auswirkungen auf das Dienst- und Arbeitsverhältnis erlassen.

---

1) Verkündet als Art. 2 d. G v. 23. 3. 2010 (Brem.GBl. S. 277); lt. Bek. v. 21. 6. 2011 (Brem.GBl. S. 385).

Ortsgesetz über Beiräte und Ortsämter

Vom 2. Februar 2010 (Brem.GBl. S. 130)
(2011-b-1)
zuletzt geändert durch OrtsG. v. 18. Dezember 2018 (Brem.GBl. S. 596)

Der Senat verkündet das nachstehende, von der Stadtbürgerschaft beschlossene Ortsgesetz:

Inhaltsübersicht

Abschnitt 1
Beiräte

- § 1 Bildung der Beiräte
- § 2 Wahlgrundsätze
- § 3 Wahlberechtigung
- § 4 Wählbarkeit

Abschnitt 2
Aufgaben und Rechte der Beiräte

- § 5 Aufgaben der Beiräte
- § 6 Bürger-, Jugend- und Seniorenbeteiligung
- § 7 Informationsrechte des Beirates
- § 8 Maßnahmen und Planungen
- § 9 Beteiligungsrechte des Beirates
- § 10 Entscheidungs- und Zustimmungsrechte des Beirates
- § 11 Entscheidungen bei unterschiedlichen Auffassungen

Abschnitt 3
Arbeitsweise der Beiräte

- § 12 Geschäftsordnung
- § 13 Einberufung
- § 14 Sitzungen des Beirates
- § 15 Beschlussfähigkeit
- § 16 Beschlussfassung
- § 17 Wahlen durch Beiräte

Abschnitt 4
Beiratsmitglieder

- § 18 Stellung der Beiratsmitglieder
- § 19 Verschwiegenheitspflicht
- § 20 Mitwirkungsverbot
- § 21 Verpflichtung
- § 22 Ende der Mitgliedschaft

Abschnitt 5
Ausschüsse und beiratsübergreifende Zusammenarbeit

- § 23 Bildung von Ausschüssen
- § 24 Beiratsübergreifende Zusammenarbeit
- § 25 Sitzungen der Ausschüsse

Abschnitt 6
Beiratssprecherin oder Beiratssprecher

- § 26 Beiratssprecherin oder Beiratssprecher

Abschnitt 7
Ortsämter, Ortsamtsleitung

- § 27 Ortsämter
- § 28 Örtliche Zuständigkeit
- § 29 Aufgaben der Ortsämter
- § 30 Aufgabenübertragung
- § 31 Unterrichtungs- und Beteiligungspflicht der zuständigen Stellen
- § 32 Mitwirkung an der Haushaltsaufstellung und Ausführung
- § 33 Beteiligung mehrerer Ortsämter
- § 34 Aufsichtsbehörde
- § 35 Ortsamtsleitung
- § 36 Ehrenamtliche Ortsamtsleiterinnen und Ortsamtsleiter

Abschnitt 8
Schlussbestimmungen

- § 37 Richtlinien und Verwaltungsvorschriften
- § 37a Übergangsregelungen
- § 38 Inkrafttreten, Außerkrafttreten

Abschnitt 1
Beiräte

§ 1 Bildung der Beiräte
(1) Für folgende Stadt- und Ortsteile sind Beiräte zu wählen:
1. Ortsteil Blockland
2. Stadtteil Blumenthal
3. Ortsteil Borgfeld
4. Stadtteil Burglesum

5. Stadtteil Findorff
6. Stadtteil Gröpelingen, Ortsteil Industriehäfen
7. Stadtteil Hemelingen
8. Stadtteil Horn-Lehe
9. Stadtteil Huchting
10. Stadtteil Mitte
11. Stadtteil Neustadt
12. Stadtteil Oberneuland
13. Stadtteil Obervieland
14. Stadtteil Östliche Vorstadt
15. Stadtteil Osterholz
16. Stadtteil Schwachhausen
17. Ortsteil Seehausen
18. Ortsteil Strom
19. Stadtteil Vahr
20. Stadtteil Vegesack
21. Stadtteil Walle
22. Stadtteil Woltmershausen, Ortsteile Hohentorshafen und Neustädter Hafen.

(2) [1]Die Zahl der zu wählenden Mitglieder eines Beirates richtet sich nach der Einwohnerzahl des Beiratsbereiches:
1. bis 2 000 Einwohner: 7 Mitglieder
2. von 2 001 bis 5 000 Einwohner: 9 Mitglieder
3. von 5 001 bis 9 000 Einwohner: 11 Mitglieder
4. von 9 001 bis 18 000 Einwohner: 13 Mitglieder
5. von 18 001 bis 27 000 Einwohner: 15 Mitglieder
6. von 27 001 bis 36 000 Einwohner: 17 Mitglieder
7. ab 36 001 Einwohner: 19 Mitglieder.

[2]Maßgeblich für die Anzahl der Beiratsmitglieder ist die Einwohnerzahl der amtlichen Bevölkerungsstatistik am 31. Dezember des vorletzten Jahres vor Ablauf der Wahlperiode. [3]Endet die Wahlperiode der Bürgerschaft vorzeitig, ist die Einwohnerzahl der amtlichen Bevölkerungsstatistik maßgeblich, die am Tag der Entscheidung über das vorzeitige Ende der Wahlperiode vorliegt.

§ 2 Wahlgrundsätze
Die Beiratsmitglieder werden in allgemeiner, unmittelbarer, freier, gleicher und geheimer Wahl für die Dauer der Wahlperiode der Bürgerschaft gewählt.

§ 3 Wahlberechtigung
Wahlberechtigt sind alle Deutschen sowie Unionsbürgerinnen und Unionsbürger, die im Beiratsbereich gemäß § 1 des Bremischen Wahlgesetzes an der Wahl zur Stadtbürgerschaft teilnehmen können.

§ 4 Wählbarkeit
[1]Wählbar zum Beirat ist jede nach § 3 wahlberechtigte Person, die am Wahltage das 18. Lebensjahr vollendet hat und seit mindestens drei Monaten im jeweiligen Beiratsbereich eine Wohnung innehat oder, sofern sie eine Wohnung in der Bundesrepublik Deutschland nicht innehat, sich sonst gewöhnlich aufhält. [2]Die Bestimmungen des Bremischen Wahlgesetzes über die Wohnung, die Berechnung der Fristen und den Ausschluss von der Wählbarkeit gelten entsprechend.

Abschnitt 2
Aufgaben und Rechte der Beiräte

§ 5 Aufgaben der Beiräte
(1) Der Beirat berät und beschließt über die örtlichen Angelegenheiten von öffentlichem Interesse.
(2) [1]Die zuständigen Stellen berücksichtigen die Beschlüsse des Beirates nach Maßgabe dieses Ortsgesetzes und beziehen den Beirat frühzeitig in ihre Tätigkeit ein. [2]Die fachlich zuständigen senatorischen Behörden stellen sicher, dass die zuständigen Stellen innerhalb ihres Verantwortungsbereiches die Pflichten nach diesem Ortsgesetz wahrnehmen. [3]Die fachlich zuständigen senatorischen Behörden haben dem Beirat über die Ortsamtsleitung nach Eingang des Beiratsbeschlusses innerhalb von sechs

Werktagen eine Eingangsbestätigung und innerhalb von sechs Wochen eine Stellungnahme zu der Angelegenheit zu übersenden. [4]Die Frist zur Stellungnahme kann im Einvernehmen mit dem Beirat verlängert werden.

(3) Zuständige Stellen sind die Behörden, die Eigenbetriebe und die sonstigen öffentlichen Stellen der Stadtgemeinde Bremen, die der Aufsicht der Stadtgemeinde Bremen unterstehenden juristischen Personen des öffentlichen Rechts sowie die Unternehmen in der Rechtsform des privaten Rechts, an denen die Stadtgemeinde Bremen mit Mehrheit beteiligt ist.

(4) [1]Die Vorschriften dieses Ortsgesetzes finden ihre Begrenzung in höherrangigem Recht und den daraus gegebenen Zuständigkeiten. [2]Bei Meinungsverschiedenheiten über die Rechte des Beirates oder deren Versagung vermittelt die Aufsichtsbehörde unter Wahrung der Ressortverantwortung zwischen dem Beirat und der fachlich zuständigen senatorischen Behörde.

(5) Der Beirat wirkt gemeinsam mit dem Ortsamt darauf hin, dass seine Maßnahmen, Planungen, Stellungnahmen und Beschlüsse sowohl geschlechtergerecht und im Hinblick auf die Auswirkungen transparent sind als auch die Herstellung von Barrierefreiheit fördern.

§ 6 Bürger-, Jugend- und Seniorenbeteiligung

(1) [1]Der Beirat gewährleistet die Bürgerbeteiligung im Beiratsbereich und regt sie an. [2]Insbesondere kann der Beirat, auch gemeinsam mit anderen Beiräten,
1. Stadtteilforen und Einwohnerversammlungen veranstalten,
2. Moderations-, Mediations- und Schlichtungsverfahren anregen,
3. Kinder und Jugendliche an Entscheidungsprozessen beteiligen.

(2) [1]Der Beirat berät und beschließt über die aus der Bevölkerung kommenden Wünsche, Anregungen und Beschwerden, soweit sie sich auf den Beiratsbereich beziehen. [2]Das Ortsamt gibt den Beschluss bekannt.

(3) [1]Der Beirat fördert und unterstützt das kommunalpolitische Engagement von Jugendlichen im Beiratsbereich. [2]Der Beirat kann einen Jugendbeirat gründen, dem Jugendliche aus dem Beiratsbereich angehören. [3]Die Jugendbeiräte sollen zu gleichen Teilen aus Mädchen und Jungen bestehen. [4]Über die Einzelheiten der Einsetzung und der Aufgaben entscheidet der Beirat durch Beschluss. [5]Die Geschäftsführung obliegt dem Ortsamt. [6]Sie kann vom Beirat an einen Dritten übertragen werden. [7]Die Geschäftsordnung des Beirates kann den Mitgliedern des Jugendbeirates das Rede- und Antragsrecht für die Sitzungen des Beirates gewähren.

(4) [1]Einwohnerinnen und Einwohner, die das 14. Lebensjahr vollendet haben, können in beiratsbezogenen Angelegenheiten Anträge an den Beirat stellen, soweit sie in die Veröffentlichung ihres Namens und ihres Vornamens ausdrücklich einwilligen. [2]Die Einwilligung kann jederzeit widerrufen werden. [3]Der Widerruf gilt als Rücknahme des Antrags. [4]Im Falle eines Widerrufs sollten Name und Vorname des Antragstellers oder der Antragstellerin in bereits veröffentlichten Bürgeranträgen nachträglich unkenntlich gemacht werden, soweit dies möglich ist. [5]Der Beirat oder ein Ausschuss des Beirats berät die Anträge binnen sechs Wochen. [6]Das Ortsamt teilt das Beratungsergebnis der Antragstellerin oder dem Antragsteller unverzüglich schriftlich mit.

(5) [1]Der Beirat soll die im Beiratsbereich arbeitenden Institutionen, Vereine, Initiativen und alle anderen demokratischen Vereinigungen im Sinne eines Interessenausgleichs unterstützen. [2]Die Delegierten der Seniorenvertretung sind in Angelegenheiten, die über das gewohnte Maß hinaus seniorenpolitisch Bedeutung haben, im Beirat oder in einem Ausschuss des Beirates zu hören.

§ 7 Informationsrechte des Beirates

(1) [1]Der Beirat wird auf Antrag mindestens eines Viertels seiner gesetzlichen Mitglieder zu Sachthemen mit Bezug auf den Beiratsbereich
1. über das Ortsamt Anfragen an die fachlich zuständigen senatorischen Behörden richten oder
2. über die fachlich zuständige senatorische Behörde einzuladende Vertreterinnen oder Vertreter der zuständigen Stellen oder Sachverständige in einer Beiratssitzung anhören.

[2]Die Anfragen sind unverändert und unmittelbar weiterzuleiten. [3]Die zuständigen Stellen sind über die fachlich zuständige senatorische Behörde zur Auskunft verpflichtet. [4]Im Falle der Nummer 1 ist die Auskunft innerhalb eines Monats zu erteilen; die Frist kann im Einvernehmen mit dem Beirat verlängert werden. [5]Im Falle der Nummer 2 sind die zuständigen Stellen verpflichtet, in Absprache mit dem Beirat oder Ortsamt, eine Vertreterin oder einen Vertreter in die Sitzung des Beirates zu entsenden. [6]Die Einladung zur Anhörung ist mindestens 3 Wochen vor der Beiratssitzung der fachlich

zuständigen senatorischen Behörde zu übersenden. [7]In der Einladung sind die Sachthemen, zu denen die Anhörung erfolgen soll, hinreichend konkret zu benennen.

(2) [1]Ein Informationszugang des Beirates kann nur ausgeschlossen werden, wenn und soweit gesetzliche Gründe, schutzwürdige Belange Betroffener oder zwingende öffentliche Belange dem entgegenstehen. [2]Werden Belange eines Dritten durch den Antrag auf Informationszugang berührt, wird § 8 Absatz 1 des Bremer Informationsfreiheitsgesetzes angewandt. [3]Eine Informationsversagung ist zu begründen.

(2a) [1]Jedes Beiratsmitglied ist berechtigt, Anfragen zu Anträgen von Einwohnerinnen und Einwohnern im Sinne von § 6 Absatz 4 über das Ortsamt an die Antragstellenden zu richten. [2]Die Anfragen sind unverändert und unmittelbar weiterzuleiten. [3]Mit Zustimmung des Antragstellenden dürfen dessen Kontaktdaten durch das Ortsamt an Beiratsmitglieder übermittelt werden.

(3) [1]Der Beirat wird auf Antrag eines Viertels seiner gesetzlichen Mitglieder Einsicht in die beim Ortsamt befindlichen Akten nehmen. [2]Das Recht des Beirates auf Akteneinsicht übt die Sprecherin oder der Sprecher oder die Stellvertreterin oder der Stellvertreter aus. [3]Zusätzlich kann ein von den Antragstellern benanntes Mitglied des Beirates hinzugezogen werden. [4]Bei Meinungsverschiedenheiten über das Recht auf Akteneinsicht entscheidet die Aufsichtsbehörde.

(4) [1]Der Beirat kann durch Beschluss rechtliche Beratung über seine Aufgaben und Rechte durch den Senator oder die Senatorin für Justiz und Verfassung in Anspruch nehmen. [2]Die Beratungsanfrage wird vom Ortsamt über die Aufsichtsbehörde dem Senator oder der Senatorin für Justiz und Verfassung schriftlich übermittelt; beim Ortsamt vorhandene Unterlagen über den Sachverhalt, auf den sich die Beratungsanfrage bezieht, sind beizufügen. [3]Der Senator oder die Senatorin für Justiz und Verfassung ist zur Auskunft verpflichtet, sofern es sich um eine konkrete Fragestellung handelt und die Beantwortung für die Ausübung der Beteiligungs-, Entscheidungs- und Zustimmungsrechte des Beirats erforderlich ist. [4]Die Antwort wird vom Senator oder der Senatorin für Justiz und Verfassung über die Aufsichtsbehörde dem Ortsamt und der fachlich zuständigen senatorischen Behörde schriftlich übermittelt. [5]Mit einer Mehrheit von drei Vierteln seiner gesetzlichen Mitglieder kann der Beirat beschließen, dass eine solche Rechtsberatung durch eine Rechtsanwältin oder einen Rechtsanwalt erfolgen soll, soweit er gleichzeitig aus den ihm zugewiesenen Globalmitteln eine Kostendeckung darstellt und beschließt.

§ 8 Maßnahmen und Planungen

(1) [1]Der Beirat beschließt die Durchführung von Planungskonferenzen. [2]Auf diesen stellen die fachlich zuständigen senatorischen Behörden gemeinsam ihre Planung für den Beiratsbereich rechtzeitig vor. [3]Eine Planungskonferenz soll mindestens einmal pro Wahlperiode und in der Regel außerhalb von regulären Beirats- oder Ausschusssitzungen stattfinden. [4]Auf Planungskonferenzen sind die Regelungen, die für Beiratssitzungen gelten, entsprechend anzuwenden. [5]Die fachlich zuständigen senatorischen Behörden sind zur Teilnahme nach Terminabsprache verpflichtet. [6]Für mehrere Beiratsbereiche können gemeinsame Planungskonferenzen durchgeführt werden. [7]Die Einladung zur Planungskonferenz ist mindestens 4 Wochen vor der Planungskonferenz der fachlich zuständigen senatorischen Behörde zu übersenden. [8]In der Einladung sind die Sachthemen, zu denen die Anhörung erfolgen soll, hinreichend konkret zu benennen.

(2) [1]Der Beirat hat das Recht, eigene Planungsabsichten zu erarbeiten sowie die Reihenfolge der Bearbeitung von Bauleitplänen und die Aufstellung von Stadtteilkonzepten vorzuschlagen. [2]Er kann diese Überlegungen über die zuständigen Stellen den Deputationen vorlegen. [3]Der Beirat kann eigene Gutachten und Planungen in Auftrag geben, soweit seine Mittel dies zulassen.

(3) Der Beirat wirkt an Konzepten für Freiflächen zu gastronomischen Zwecken mit und kann Ortsgesetze für solche Nutzungen vorschlagen.

(4) [1]Der Beirat hat das Recht, Anträge zur Haushaltsaufstellung, insbesondere zu selbst entwickelten Vorhaben und Projekten, bei der fachlich zuständigen senatorischen Behörde zu stellen. [2]Anträge zur Haushaltsaufstellung sind im Titel vom Beirat als solche zu kennzeichnen. [3]Über diese Anträge berichtet die fachlich zuständige senatorische Behörde in einer Sitzung vor den Haushaltsberatungen in der zuständigen Deputation. [4]Die fachlich zuständigen Ausschüsse und die Haushalts- und Finanzausschüsse sind rechtzeitig zu informieren. [5]Näheres regeln die jeweiligen von der Senatorin oder dem Senator für Finanzen erlassenen Richtlinien zur Aufstellung der Haushalte.

§ 9 Beteiligungsrechte des Beirates

(1) ¹Der Beirat berät und beschließt über die von den zuständigen Stellen gemäß § 31 erbetenen Stellungnahmen. ²Dies gilt insbesondere für folgende Angelegenheiten:
1. Aufstellung, Änderung und Aufhebung des Flächennutzungsplanes, von Bebauungsplänen und Veränderungssperren und sonstigen Stadt- und Entwicklungsplänen;
2. Festlegung von Sanierungs- und Untersuchungsgebieten;
3. Erteilung von Baugenehmigungen; Genehmigungsfreistellungen sind dem Beirat zur Kenntnis zu geben, ebenso wie Gestattungen von Abweichungen von den Vorschriften der Bremischen Landesbauordnung zur Herstellung der Barrierefreiheit;
4. Erteilung des Einvernehmens der Gemeinde nach § 36 Absatz 1 Satz 2 des Baugesetzbuchs;
5. Planung, Errichtung, Übernahme, wesentliche Änderung, Aufhebung sowie Nutzungsänderung von öffentlichen Einrichtungen;
6. Vermietung, Ankauf, Verkauf, wesentliche Umnutzung und Zwischennutzung von öffentlichen Flächen und Gebäuden; die Grundzüge der vorgesehenen Planungen sind dem Beirat vorzulegen;
7. sozial-, kultur-, bildungs-, gesundheits- und umweltpolitische Maßnahmen;
8. Maßnahmen zur Grundstücksentsorgung und -entwässerung;
9. Vergabe von öffentlichen stadtteilbezogenen Zuwendungen;
10. Änderung der stadtbremischen Verwaltungsbezirke;
11. Entwicklung der Schulen und Kindertagesbetreuung im Stadtteil;
12. Aufstellung von Mobilfunkanlagen auf öffentlichen Gebäuden und Flächen im Stadtteil;
13. Ausbau und Umbau von Straßen, Wegen, Plätzen, Grün- und Parkanlagen.

(2) Der Beirat berät und beschließt ferner über die von Bundes- oder Landesbehörden oder sonstigen Stellen erbetenen Stellungnahmen, insbesondere in folgenden Fällen:
1. Aufstellung, Änderung und Aufhebung des Landschaftsprogramms und Durchführung von Planfeststellungsverfahren;
2. Angelegenheiten des Denkmalschutzes und der Denkmalpflege.

(3) Der Beirat kann die Ehrung von Bürgerinnen und Bürgern vorschlagen.

§ 10 Entscheidungs- und Zustimmungsrechte des Beirates

(1) Der Beirat entscheidet über
1. die Verwendung der Globalmittel für orts- und stadtteilbezogene Maßnahmen gemäß § 32 Absatz 3;
2. den Standort für die Aufstellung von Kunstwerken im öffentlichen Raum;
3. verkehrslenkende, -beschränkende und -beruhigende Maßnahmen, soweit diese stadtteilbezogen sind; dazu sind Richtlinien durch die fachlich zuständige senatorische Behörde im Einvernehmen mit der Aufsichtsbehörde zu erlassen;
4. die Organisation und Durchführung von Gemeinschaftsveranstaltungen im Stadtteil;
5. die Planung und Durchführung eigener stadtteilorientierter sozial-, kultur- und umweltpolitischer Projekte;
6. den Abschluss und die Pflege von stadtteilorientierten Partnerschaften, soweit gesamtstädtische Interessen nicht entgegenstehen;
7. Ausbau, Umbau, wesentliche Um- und Zwischennutzung und Benennung von öffentlichen Wegen, Plätzen, Grün- und Parkanlagen, soweit diese stadtteilbezogen sind;
8. über die Benennung von Straßen, unter besonderer Beachtung der Verpflichtung des § 37 Absatz 1 Satz 4 des Bremischen Landesstraßengesetzes in Bezug auf die Regionalsprache Niederdeutsch, und von öffentlichen Gebäuden, sofern sie stadtteilbezogen ist;
9. die Schwerpunktsetzung von besonderen Reinigungsaktionen im Stadtteil;
10. den Standort von Wertstoffsammelplätzen auf öffentlichen Flächen.

(2) Im Einvernehmen mit der zuständigen Stelle entscheidet der Beirat über
1. Planungen für Mittel der Kinder- und Jugendförderung;
2. Planungen für Einrichtung, Fortbestand, Unterhaltung und Sanierung von öffentlichen Kinderspielplätzen;
3. Planungen für den Mitteleinsatz zur Unterhaltung von stadtteilbezogenen Grün- und Parkanlagen einschließlich der darin befindlichen Wege und Plätze, mit Ausnahme von Maßnahmen zur Verkehrssicherung;

4. die öffentliche Nutzung von Freiflächen der Kinder-, Jugend- und Bildungseinrichtungen im Stadtteil außerhalb ihrer Betriebszeiten im Einvernehmen mit dem Träger der betroffenen Einrichtung.

(3) ¹Der Beirat entscheidet über die Verwendung von stadtteilbezogenen Mitteln in den Stadtteilbudgets gemäß § 32 Absatz 4 nach Maßgabe des Haushaltsplanes. ²Die Entscheidungshoheit für Stadtteilbudgets bezieht sich auf die in Absatz 1 Nummer 2 bis 10 genannten Maßnahmen. ³Daneben sind Anträge auf Finanzierung von verkehrlichen Investitionsmaßnahmen im Beiratsbereich, wie beispielsweise die Sanierung von Geh- und Radwegen, aus dem bei dem Senator für Umwelt, Bau und Verkehr eingerichteten Stadtteilbudget zulässig.

§ 11 Entscheidung bei unterschiedlichen Auffassungen

(1) ¹Stimmt im Falle des § 9 Absatz 1 eine zuständige Stelle der Stellungnahme des Beirates nicht zu oder wird im Falle des § 10 Absatz 2 kein Einvernehmen erzielt, so wird auf Verlangen des Beirates der Beratungsgegenstand innerhalb eines Monats auf die Tagesordnung der nächsten Beiratssitzung gesetzt, um das Einvernehmen herzustellen. ²Wird das Einvernehmen nicht hergestellt, legt die zuständige Stelle vorbehaltlich der Bestimmung des Artikels 67 Absatz 2 der Landesverfassung die Angelegenheit mit vollständigem Beschluss des Beirates der zuständigen Deputation vor. ³Diese berät und beschließt innerhalb von zwei Monaten über die Angelegenheit, wenn der Beirat dies bei seiner Beschlussfassung beantragt.

(2) ¹Der Beirat und die zuständige Stelle sind von der Deputation zu hören. ²Das Ortsamt soll an der Beratung teilnehmen.

(3) Nach Abschluss des Verfahrens nach Absatz 1 entscheidet auf Antrag des Beirates in den Fällen des § 9 Absatz 1 Nummer 1, 2 und 10 sowie § 10 Absatz 2 Nummer 1 bis 3 die Stadtbürgerschaft.

(4) Der Beirat kann im Übrigen eine Angelegenheit nach § 9 Absatz 1 oder § 10 Absatz 2 zum Anlass nehmen, eine Beratung in der Stadtbürgerschaft zu beantragen.

(5) ¹Bei unterschiedlichen Auffassungen von Beirat und zuständiger Stelle darüber, ob es sich tatsächlich um den Fall eines Entscheidungsrechts eines Beirats nach § 10 Absatz 1 handelt, entscheidet darüber die fachlich zuständige Deputation. ²Durch die Entscheidung der Deputation wird der Rechtsweg weder beeinträchtigt noch ausgeschlossen.

Abschnitt 3
Arbeitsweise der Beiräte

§ 12 Geschäftsordnung

¹Der Beirat beschließt zu Beginn seiner Wahlperiode eine Geschäftsordnung und veröffentlicht diese in geeigneter Weise; die von der Aufsichtsbehörde erlassenen Richtlinien sind einzuhalten. ²Der Beirat kann die Geschäftsordnung im Laufe der Wahlperiode durch Beschluss ändern.

§ 13 Einberufung

(1) Zu einer Sitzung des Beirates lädt die Ortsamtsleitung in Absprache mit der Sprecherin oder dem Sprecher ein.

(2) Auf Antrag von einem Viertel der Beiratsmitglieder muss eine Beiratssitzung innerhalb von zwei Wochen stattfinden.

(3) Die erste Sitzung muss innerhalb von zwei Monaten nach Ablauf der Wahlperiode des vorhergehenden Beirates außerhalb der Schulferien stattfinden.

§ 14 Sitzungen des Beirates

(1) ¹Die Sitzungen des Beirates sind öffentlich und finden in barrierefreien Räumen statt. ²Liegen zwingende Gründe vor, kann der Beirat in Einzelfällen abweichend beschließen.

(2) ¹Der Beirat ist berechtigt, die öffentlichen Sitzungen zu unterbrechen und nicht öffentlich fortzusetzen oder eine nicht öffentliche Sitzung anzuberaumen, wenn es ein Beiratsmitglied oder die Ortsamtsleitung beantragt. ²Über diesen Antrag entscheidet der Beirat unter Ausschluss der Öffentlichkeit.

(3) ¹Vorgänge, die vertrauliche Informationen, insbesondere personenbezogene Daten sowie Betriebs- und Geschäftsgeheimnisse enthalten oder öffentliche Belange betreffen, die eine vertrauliche Behandlung zwingend erfordern, sind in nicht öffentlicher Sitzung zu behandeln. ²In öffentlichen Sitzungen des Beirates dürfen Beiratsmitglieder, Behördenvertreterinnen und Behördenvertreter und

Sachverständige personenbezogene Daten nur in einer Form bekannt geben, die der anwesenden Öffentlichkeit keine Zuordnung zu einer bestimmten oder bestimmbaren natürlichen Person ermöglicht, es sei denn, die betroffene Person hat in die Bekanntgabe eingewilligt. [3]Abweichend hiervon können bei der Behandlung von Bauverfahren von besonderem öffentlichem Interesse in öffentlichen Sitzungen Angaben zur Lage von Grundstücken und Bauvorhaben, wie die Flurstücksbezeichnung oder die Adresse, gemacht werden, wenn dies für die Erörterung der Angelegenheit notwendig ist und hierdurch keine erhebliche Gefahr für die öffentliche Sicherheit droht. [4]Unter den gleichen Voraussetzungen können Name, Titel, akademischer Grad, Berufs- und Funktionsbezeichnung sowie Büroanschrift von Personen, die an einem Bauverfahren ausschließlich in dienstlicher oder beruflicher Funktion beteiligt sind, genannt werden.

(4) [1]Die Ortsamtsleitung oder die Vertretung der Ortsamtsleitung leitet die Sitzungen. [2]Sie hat kein Stimmrecht. [3]Im Verhinderungsfall kann auf Beschluss des Beirats die Beiratssprecherin oder der Beiratssprecher die Sitzungen leiten. [4]Sind auch diese verhindert, kann die stellvertretende Beiratssprecherin oder der stellvertretende Beiratssprecher die Sitzungen leiten. [5]Die Beiratssprecherin oder der Beiratssprecher sowie die stellvertretende Beiratssprecherin oder der stellvertretende Beiratssprecher behalten das Stimmrecht.

(5) [1]Ton- und Bildübertragungen sowie Ton- und Bildaufzeichnungen in öffentlichen Sitzungen durch Presse, Rundfunk und ähnliche Medien sind zulässig. [2]Gleiches gilt für vom Beirat selbst veranlasste Ton- und Bildübertragungen sowie Ton- und Bildaufzeichnungen in öffentlichen Sitzungen. [3]Alle Aufnahmen sind vor Aufnahmebeginn anzukündigen. [4]Ton- und Bildübertragungen sowie Ton- und Bildaufzeichnungen sind dann nicht zulässig, wenn die Mehrheit der anwesenden Mitglieder eines Beirats entsprechend beschließt.

§ 15 Beschlussfähigkeit

(1) [1]Die Sitzungsleitung stellt die Beschlussfähigkeit zu Beginn der Sitzung fest. [2]Der Beirat ist beschlussfähig, wenn alle Mitglieder geladen und mehr als die Hälfte der stimmberechtigten Mitglieder anwesend sind. [3]Beschlüsse sind auch dann gültig, wenn sie gefasst werden, ohne dass die Beschlussfähigkeit vorher angezweifelt wurde.

(2) Ist eine Angelegenheit wegen Beschlussunfähigkeit zurückgestellt worden und wird der Beirat zur Behandlung desselben Gegenstandes erneut geladen, so ist er ohne Rücksicht auf die Zahl der Erschienenen beschlussfähig, wenn darauf in dieser Einladung hingewiesen worden ist.

§ 16 Beschlussfassung

(1) [1]Beschlüsse werden mit Stimmenmehrheit gefasst. [2]Stimmengleichheit gilt als Ablehnung. [3]Bei der Berechnung der Stimmenmehrheit zählen nur Ja- und Nein-Stimmen.

(2) [1]Beschlüsse der Beiräte sind durch das Ortsamt bekannt zu geben und den zuständigen Stellen über die fachlich zuständigen senatorischen Behörden zu übermitteln. [2]Beiratsbeschlüsse, die aus einer Planungskonferenz stammen, werden zusätzlich an den zuständigen Ausschuss der Stadtbürgerschaft oder an die zuständige Deputation zur Kenntnis übermittelt.

(3) Die §§ 5 bis 11 finden in den Beiratsbereichen mit Hafengebieten keine Anwendung auf ausschließlich das Hafengebiet betreffende Angelegenheiten.

(4) [1]Beschlüsse des Beirates, die gegen geltendes Recht verstoßen, sind von der Ortsamtsleitung binnen zwei Wochen schriftlich zu beanstanden. [2]Zu dieser Beanstandung ist eine Rechtsauskunft bei der Aufsichtsbehörde einzuholen. [3]Die Beanstandung hat aufschiebende Wirkung. [4]Über die strittige Angelegenheit ist in einer neuen Sitzung des Beirates zu beraten. [5]Ist der Beirat nicht bereit, seinen Beschluss zu ändern, hat die Ortsamtsleitung diesen Beschluss innerhalb einer Woche der Aufsichtsbehörde vorzulegen; diese führt eine Entscheidung des Senats herbei.

§ 17 Wahlen durch Beiräte

(1) [1]Gewählt wird, wenn kein Mitglied des Beirates widerspricht, durch Zuruf oder Zeichen, sonst durch Stimmzettel. [2]Auf Verlangen eines Mitglieds ist geheim zu wählen.

(2) [1]Gewählt ist, wer von den abgegebenen Stimmen die meisten erhalten hat. [2]Bei Stimmengleichheit entscheidet das von der Ortsamtsleitung zu ziehende Los.

(3) [1]Sind mehrere gleichartige Wahlstellen zu besetzen, so ist nach dem Verfahren nach Sainte Laguë/Schepers aufgrund der für die Parteien und Wählervereinigungen, Einzelbewerberinnen und Einzelbewerber im Beiratsbereich abgegebenen Stimmen zu wählen, außer wenn einstimmig etwas

anderes beschlossen worden ist. ²Über die Zuteilung der letzten Wahlstelle entscheidet bei gleicher Höchstzahl das von der Ortsamtsleitung zu ziehende Los.

(4) ¹Der Beirat wählt die Beiratssprecherin oder den Beiratssprecher in geheimer Wahl. ²Gewählt ist, wer die Mehrheit der abgegebenen Stimmen erhalten hat. ³Kann sich in zwei Wahlgängen niemand durchsetzen, wird der Wahlvorgang unterbrochen und auf einer folgenden Beiratssitzung frühestens nach zwei Wochen und spätestens nach vier Wochen mit einem letzten Wahlgang fortgesetzt. ⁴In diesem dritten Wahlgang stehen nur noch die beiden Kandidierenden zur Wahl, die im zweiten Wahlgang die meisten Stimmen erhalten haben; haben im zweiten Wahlgang mehrere Kandidierende die zweitmeiste Anzahl von Stimmen erhalten, stehen im dritten Wahlgang ausnahmsweise mehr als zwei Kandidierende zur Wahl, nämlich die mit den meisten und den zweitmeisten Stimmen. ⁵In der Stichwahl ist gewählt, wer die meisten Stimmen erhalten hat. ⁶Bei Stimmengleichheit entscheidet das durch die Ortsamtsleitung zu ziehende Los zwischen den Kandidierenden, die in der Stichwahl gleich viele Stimmen erhalten haben. ⁷Die Wahl der stellvertretenden Beiratssprecherin oder des stellvertretenden Beiratssprechers erfolgt entsprechend den Sätzen 1 bis 6. ⁸Eine Abwahl erfolgt durch eine Neuwahl.

(5) ¹Sind Parteien und Wählervereinigungen beispielsweise durch Austritt des Beiratsmitgliedes aus seiner Partei oder Wählervereinigung nicht mehr im Beirat vertreten, entfällt die Entsendung von Vertreterinnen und Vertretern dieser Parteien und Wählervereinigungen auf Wahlstellen. ²Diese sind entsprechend der Zusammensetzung des Beirates neu zu besetzen. ³Satz 1 gilt auch für Übertritte von Beiratsmitgliedern zu Parteien, die nicht zur Beiratswahl angetreten sind.

Abschnitt 4
Beiratsmitglieder

§ 18 Stellung der Beiratsmitglieder

(1) ¹Die Beiratsmitglieder sind an Aufträge nicht gebunden. ²Sie haben sich bei ihrer Tätigkeit durch ihre freie, nur durch das Allgemeinwohl bestimmte Überzeugung leiten zu lassen.

(2) ¹Die Beiratsmitglieder üben ihre Tätigkeit ehrenamtlich aus. ²Steht das Beiratsmitglied in einem Dienst- oder Arbeitsverhältnis, so ist ihm die für seine Tätigkeit notwendige freie Zeit zu gewähren. ³Die Beiratsmitglieder dürfen in der Übernahme und Ausübung ihres öffentlichen Ehrenamtes nicht beschränkt oder benachteiligt werden.

(3) ¹Die Beiratsmitglieder haben Anspruch auf Sitzungsgeld oder Ersatz ihrer notwendigen Auslagen und ihres Verdienstausfalls. ²Voraussetzung und Höhe regelt der Senat.

(4) ¹Ortsämter können Namen, die Erreichbarkeit sowie eine etwaige Funktion im Beirat von Beirats- und Ausschussmitgliedern veröffentlichen. ²Sofern das jeweilige Beirats- oder Ausschussmitglied eingewilligt hat, gilt dies auch für Fotos.

§ 19 Verschwiegenheitspflicht

(1) ¹Das Beiratsmitglied hat, auch nach der Beendigung seiner Tätigkeit, über die ihm bekannt gewordenen Angelegenheiten Verschwiegenheit zu wahren. ²Dies gilt nicht für Mitteilungen im dienstlichen Verkehr oder für Tatsachen, die offenkundig sind oder ihrer Bedeutung nach keiner Geheimhaltung bedürfen.

(2) Das Beiratsmitglied darf ohne Genehmigung über Angelegenheiten, über die es Verschwiegenheit zu wahren hat, weder vor Gericht noch außergerichtlich aussagen oder Erklärungen abgeben.

(3) Die Genehmigung, als Zeugin oder Zeuge auszusagen, darf nur versagt werden, wenn die Aussage dem Wohl des Landes oder der Stadtgemeinde Bremen Nachteile bereiten oder die Erfüllung öffentlicher Aufgaben ernstlich gefährden oder erheblich erschweren würde.

(4) ¹Ist das Beiratsmitglied Beteiligte oder Beteiligter in einem gerichtlichen Verfahren oder soll ein Vorbringen der Wahrnehmung ihrer oder seiner berechtigten Interessen dienen, so darf die Genehmigung auch dann, wenn die Voraussetzungen des Absatzes 3 erfüllt sind, nur versagt werden, wenn ein zwingendes öffentliches Interesse dies erfordert. ²Wird sie versagt, so ist dem Beiratsmitglied der Schutz zu gewähren, den die öffentlichen Interessen zulassen.

(5) Die Genehmigung entspricht der Absätze 2 bis 4 erteilt die Aufsichtsbehörde.

§ 20 Mitwirkungsverbot

(1) ¹Ein Beiratsmitglied darf nicht an Entscheidungen mitwirken, die ihm selbst, seiner Ehegattin oder seinem Ehegatten oder seiner eingetragenen Lebenspartnerin oder seinem eingetragenen Lebenspartner, seinem Verwandten bis zum dritten oder Verschwägerten bis zum zweiten Grade oder einer

von ihm kraft Gesetzes oder Vollmacht vertretenen Person unmittelbaren Vorteil oder Nachteil bringen können. ²Dieses Verbot erstreckt sich auch auf die der Entscheidung vorausgehende Beratung. ³Als unmittelbar gilt nur derjenige Vorteil oder Nachteil, der sich aus der Entscheidung selbst ergibt, ohne dass, abgesehen von der Ausführung von Beschlüssen, weitere Ereignisse eintreten oder Maßnahmen getroffen werden müssen.

(2) Das Mitwirkungsverbot gilt auch, wenn das Beiratsmitglied
1. bei einer natürlichen Person, einer juristischen Person oder einer Vereinigung, der die Entscheidung einen unmittelbaren Vorteil oder Nachteil bringen kann, gegen Entgelt beschäftigt ist und nach den tatsächlichen Umständen, insbesondere der Art seiner Beschäftigung, ein Interessenwiderstreit anzunehmen ist,
2. Mitglied des Vorstandes, des Aufsichtsrates oder eines gleichartigen Organs einer juristischen Person oder einer Vereinigung ist, der die Entscheidung einen unmittelbaren Vorteil oder Nachteil bringen kann, es sei denn, er gehört den genannten Organen als Vertreter oder auf Vorschlag der Stadtgemeinde an,
3. in der Angelegenheit in anderer als öffentlicher Eigenschaft Gutachten abgegeben hat oder sonst tätig geworden ist.

(3) Die Mitwirkungsverbote der Absätze 1 und 2 gelten nicht,
1. wenn der Vorteil oder Nachteil nur darauf beruht, dass jemand einer Berufs- oder Bevölkerungsgruppe angehört, deren gemeinsame Interessen durch die Angelegenheit berührt werden,
2. bei Wahlen in unbesoldete Stellen, die vom Beirat aus seiner Mitte vorgenommen werden.

(4) ¹Wer annehmen muss, nach Absatz 1 oder 2 an der Beratung und Entscheidung gehindert zu sein, hat dies der Ortsamtsleitung mitzuteilen. ²Ob ein Mitwirkungsverbot besteht, entscheidet der Beirat.

(5) ¹Wer nach Absatz 1 oder 2 gehindert ist, an der Beratung und Entscheidung einer Angelegenheit mitzuwirken, hat den Beratungsraum zu verlassen. ²Dies gilt auch für die Entscheidung nach Absatz 4 Satz 2. ³Bei einer öffentlichen Sitzung ist sie oder er berechtigt, sich in dem für Zuschauerinnen und Zuschauer bestimmten Teil des Raumes aufzuhalten.

§ 21 Verpflichtung

¹Zu Beginn seiner ersten Sitzung ist jedes Beiratsmitglied von der Ortsamtsleitung zur gewissenhaften Tätigkeit und zur Verschwiegenheit besonders zu verpflichten. ²Das Beiratsmitglied ist auf die strafrechtlichen Folgen einer Verletzung der Verschwiegenheitspflicht hinzuweisen. ³Die Verpflichtung ist aktenkundig zu machen.

§ 22 Ende der Mitgliedschaft

(1) ¹Die Mitgliedschaft im Beirat endet
1. nach vier Monaten, nachdem das Beiratsmitglied seine Hauptwohnung in einen anderen Beiratsbereich verlegt hat,
2. an dem Tag, an dem das Beiratsmitglied seine Hauptwohnung außerhalb der Stadtgemeinde Bremen bezieht.

²Die Mitgliedschaft im Beirat endet nicht, wenn die Hauptwohnung in Folge einer Änderung der Grenzen des Beiratsbereichs nach § 28 nicht mehr im Beiratsbereich liegt.

(2) Im Übrigen gelten die Bestimmungen des Bremischen Wahlgesetzes entsprechend.

Abschnitt 5
Ausschüsse und beiratsübergreifende Zusammenarbeit

§ 23 Bildung von Ausschüssen

(1) ¹Der Beirat kann für bestimmte Aufgaben ständige und nicht ständige Ausschüsse wählen, die aus drei bis sieben Mitgliedern bestehen. ²Ausschüsse können jederzeit vom Beirat aufgelöst und neu gebildet werden.

(2) ¹Der Beirat kann bestimmte Angelegenheiten Ausschüssen zeitlich begrenzt und widerruflich zur endgültigen Beschlussfassung übertragen. ²Er kann die Entscheidung im Einzelfall jederzeit an sich ziehen oder Entscheidungen von Ausschüssen revidieren.

(3) ¹Neben den Ausschüssen nach Absatz 1 kann der Beirat für bestimmte Aufgaben auch Ausschüsse einrichten, in die neben den Beiratsmitgliedern Vertreterinnen oder Vertreter von Einrichtungen im Stadt- oder Ortsteil mit Rederecht entsandt werden. ²Der Beirat bestimmt die Zahl der Mitglieder, die Beiratsvertreterinnen oder Beiratsvertreter und die entsendungsberechtigten Einrichtungen.

(4) ¹In die Ausschüsse können neben Beiratsmitgliedern auch Personen als Mitglieder entsandt werden, die in den Beirat wählbar sind, diesem aber nicht angehören. ²In den Ausschüssen darf die Zahl dieser Mitglieder die Zahl der Mitglieder aus dem Beirat nicht übersteigen. ³Das Vorschlagsrecht steht den Parteien und Wählervereinigungen, Einzelbewerberinnen und Einzelbewerber in der Reihenfolge der Höchstzahlen zu, die sich bei der Sitzverteilung nach § 17 Absatz 3 ergeben. ⁴Die Sätze 1 bis 3 gelten nicht für die Besetzung eines Sprecher- oder Koordinierungsausschusses. ⁵Das Nähere regelt die Geschäftsordnung des Beirates.

(5) ¹Parteien und Wählervereinigungen sowie Einzelbewerberinnen und Einzelbewerber, auf die bei der Sitzverteilung nach § 17 Absatz 3 in einem Ausschuss kein Sitz entfallen ist, haben das Recht, eine Vertreterin oder einen Vertreter mit beratender Stimme in den Ausschuss zu entsenden; Absatz 4 Satz 1 gilt entsprechend. ²Sind diese Parteien und Wählervereinigungen nicht mehr im Beirat vertreten, entfällt die in Satz 1 genannte Entsendungen in die Ausschüsse.

(6) ¹§§ 18 bis 22 gelten für die Mitglieder von Ausschüssen und für die Vertreterinnen oder Vertreter nach Absatz 4 und Absatz 5 entsprechend. ²Scheidet ein Mitglied aus einem Ausschuss aus, so erfolgt eine Ersatzwahl gemäß § 17 Absatz 3.

§ 24 Beiratsübergreifende Zusammenarbeit

(1) ¹Beiräte können im gegenseitigen Einvernehmen nicht ständig tagende Regionalausschüsse einsetzen, wenn Angelegenheiten mehrere Beiratsbereiche betreffen. ²Welchem Ortsamt die Geschäftsführung obliegt, bestimmen die betroffenen Beiräte im Einvernehmen.

(2) ¹Die Beiräte bilden mit einfacher Mehrheit eine Beirätekonferenz zur Koordinierung der Interessen aller Beiräte. ²Die Beirätekonferenz gibt sich eine Geschäftsordnung.

(3) Für die Sitzungen der Regionalausschüsse und der Beirätekonferenz gilt § 14 Absatz 1 bis 3 entsprechend.

§ 25 Sitzungen der Ausschüsse

(1) ¹Die Ausschusssitzungen sind öffentlich. ²§ 14 Absatz 1, 2, 3 und 5, §§ 15 und 16 sind entsprechend anzuwenden. ³Die Sitzungen des Sprecher- und Koordinierungsausschusses sind nichtöffentlich.

(2) ¹Jeder Ausschuss wählt aus seiner Mitte eine Sprecherin oder einen Sprecher und eine Stellvertreterin oder einen Stellvertreter. ²Die Verteilung dieser Funktionen erfolgt nach dem Verfahren nach Sainte Laguë/Schepers auf alle im Beirat vertretenen Parteien und Wählervereinigungen, Einzelbewerberinnen und Einzelbewerber.

(3) ¹Die Ortsamtsleitung oder die Vertretung der Ortsamtsleitung leitet die Sitzungen. ²Sie hat kein Stimmrecht. ³Im Verhinderungsfall kann auf Beschluss des Ausschusses die Ausschusssprecherin oder der Ausschusssprecher die Sitzungen leiten. ⁴Die Ausschusssprecherin oder der Ausschusssprecher behält das Stimmrecht.

Abschnitt 6
Beiratssprecherin oder Beiratssprecher

§ 26 Beiratssprecherin oder Beiratssprecher

(1) Der Beirat wählt aus seiner Mitte eine Sprecherin oder einen Sprecher und eine Stellvertreterin oder eine Stellvertreter gemäß § 17 Absatz 4.

(2) Die Sprecherin oder der Sprecher vertritt den Beirat in der Öffentlichkeit, gegenüber parlamentarischen Gremien, Deputationen und zuständigen Stellen.

(3) Die Sprecherin oder der Sprecher gibt die Informationen, die sie oder er in Wahrnehmung ihrer oder seiner Funktion erhält, unverzüglich an den Beirat weiter.

(4) Die Sprecherin oder der Sprecher des Beirates hat Anspruch auf eine angemessene Dienst- und Arbeitsbefreiung, § 18 Absatz 2 gilt entsprechend.

Abschnitt 7
Ortsämter, Ortsamtsleitung

§ 27 Ortsämter

(1) Für folgende Stadt- und Ortsteile ist jeweils ein gemeinsames Ortsamt einzurichten:
1. Stadtteile Findorff, Gröpelingen, Walle, Ortsteil Industriehäfen (Ortsamt West);
2. Stadtteile Mitte und Östliche Vorstadt (Ortsamt Mitte/Östliche Vorstadt);

3. Stadtteile Neustadt, Woltmershausen, Ortsteile Hohentorshafen und Neustädter Hafen (Ortsamt Neustadt/Woltmershausen);
4. Stadtteile Schwachhausen und Vahr (Ortsamt Schwachhausen/Vahr).

(2) Für die übrigen in § 1 genannten Stadt- und Ortsteile sind eigene Ortsämter einzurichten.

§ 28 Örtliche Zuständigkeit
[1]Der örtliche Zuständigkeitsbereich der einzelnen Beiräte und Ortsämter richtet sich nach der stadtbremischen Verwaltungsbezirkseinteilung. [2]Diese wird durch Ortsgesetz geregelt.

§ 29 Aufgaben der Ortsämter
(1) Die Ortsämter haben die Aufgabe, die bei ihnen wirkenden Beiräte bei der Erfüllung ihrer Aufgaben zu unterstützen und ihre Beschlüsse bei den zuständigen Stellen zu vertreten.
(2) Die Ortsämter sind verpflichtet, den gegenseitigen Kontakt zwischen den Einwohnerinnen und Einwohnern, Beiräten und zuständigen Stellen zu fördern.
(3) [1]Die Ortsämter sind gehalten, bei allen Angelegenheiten von öffentlichem Interesse tätig zu werden. [2]Wünsche, Hinweise und Beschwerden aus der Bevölkerung sind zu berücksichtigen. [3]Der Beirat ist darüber zu informieren. [4]Bei der Einleitung der erforderlichen Schritte haben die Ortsämter die Beschlüsse der Beiräte und ihrer Ausschüsse zu vertreten und zu beachten.
(4) Die Ortsämter stellen den Beiratsmitgliedern die ihnen vorliegenden Unterlagen für die Vorbereitung von Sitzungen rechtzeitig zur Verfügung und erarbeiten gegebenenfalls auch Vorlagen mit Beschlussempfehlungen, wenn dies vom Beirat gewünscht wird.
(5) Die Ortsämter haben im Rahmen des Stadtteilmanagements insbesondere die Aufgabe, Maßnahmen und Planungen im Beiratsbereich nach § 8 zusammenzuführen und eine Koordination dieser Maßnahmen und der Maßnahmen der zuständigen Stellen anzuregen.
(6) Die Ortsämter sollen bei Bedarf Moderations-, Mediations- und Schlichtungsverfahren im Stadtteil durchführen.
(7) Über die Umsetzung und das Ergebnis eines Beiratsbeschlusses hat das Ortsamt den Beirat rechtzeitig zu informieren.

§ 30 Aufgabenübertragung
(1) Den Ortsämtern können durch Ortsgesetz Aufgaben übertragen werden.
(2) Die Ämter der Bauverwaltung unterhalten für den Stadtbezirk Bremen-Nord Außenstellen, die im Bauamt Bremen-Nord zusammengefasst sind.
(3) Für das stadtbremische Überseehafengebiet Bremerhaven nimmt das Hansestadt Bremische Hafenamt, Bezirk Bremerhaven, Anträge entgegen, leitet sie an die zuständige Behörde weiter und stellt Kontakte her, die die Zuständigkeit stadtbremischer Dienststellen betreffen.

§ 31 Unterrichtungs- und Beteiligungspflicht der zuständigen Stellen
(1) [1]Soweit die zuständigen Stellen selbst oder durch Dritte öffentliche Aufgaben wahrnehmen, holen sie bei örtlichen Angelegenheiten von öffentlichem Interesse rechtzeitig über das Ortsamt eine Stellungnahme des Beirates ein. [2]Die erforderlichen Akten sind dem Ortsamt zu überlassen. [3]§ 7 Absatz 2 gilt entsprechend. [4]Planungsabsichten und -inhalte sowie Ergebnisse von Untersuchungen sind zum frühestmöglichen Zeitpunkt mitzuteilen.
(2) Die zuständigen Stellen holen bei Maßnahmen im Hafengebiet, die sich auf die anliegenden Beiratsbereiche auswirken können, Stellungnahmen der zuständigen Beiräte ein.

§ 32 Mitwirkung an der Haushaltsaufstellung und Ausführung
(1) Die Ortsämter wirken an der Aufstellung und Ausführung der Haushaltsvoranschläge mit, indem sie aufgrund von Beschlüssen der Beiräte Anträge nach § 8 Absatz 4 über die Aufsichtsbehörde bei der fachlich zuständigen senatorischen Behörde stellen.
(2) [1]Die fachlich zuständige senatorische Behörde leitet den Antrag der zuständigen Deputation und den parlamentarischen Ausschüssen mit einer Stellungnahme zu. [2]Das Ergebnis der Beratungen in der Deputation und den parlamentarischen Ausschüssen ist dem Ortsamt mitzuteilen. [3]Bei Ablehnung sind die Gründe unverzüglich bekannt zu geben.
(3) Im Haushaltsplan der Stadtgemeinde Bremen sind Globalmittel für orts- und stadtteilbezogene Maßnahmen zu veranschlagen.
(4) [1]In einem oder in mehreren Einzelplänen der Ressorts werden die stadtteilbezogenen Mittel (Stadtteilbudgets) ausgewiesen, über die die Beiräte gemäß § 10 Absatz 3 entscheiden. [2]Stadtteilbud-

gets können nur für Maßnahmen nach § 10 Absatz 1 Nummer 2 bis 10 eingerichtet werden. ³§ 10 Absatz 3 Satz 3 ist zu berücksichtigen.

§ 33 Beteiligung mehrerer Ortsämter
(1) Für Angelegenheiten, an denen mehrere Ortsämter beteiligt sind, ist das Ortsamt federführend, welches für den größten Anteil dieser Angelegenheiten zuständig ist.
(2) Falls unter den beteiligten Ortsämtern keine Einigung erzielt werden kann, bestimmt die Aufsichtsbehörde, welches Ortsamt federführend ist.

§ 34 Aufsichtsbehörde
(1) Aufsichtsbehörde für die Ortsämter ist die Senatskanzlei.
(2) ¹Die Aufsichtsbehörde hat die Ortsämter bei der Erfüllung ihrer Aufgaben zu unterstützen. ²Sie achtet auf die Einhaltung des geltenden Rechts.
(3) Zur Wahrung der Belange der Ortsämter und Beiräte ist die Aufsichtsbehörde berechtigt, sich jederzeit bei den zuständigen Stellen über die Angelegenheiten der Ortsämter und Beiräte unterrichten zu lassen und sich an ihrer Beratung zu beteiligen.

§ 35 Ortsamtsleitung
(1) Die Ortsamtsleitung führt die Bezeichnung »Ortsamtsleiterin« oder »Ortsamtsleiter«.
(2) ¹Der Beirat wählt die Ortsamtsleitung in geheimer Wahl. ²Gewählt ist, wer die Mehrheit der abgegebenen Stimmen erhalten hat. ³Kann sich in drei Wahlgängen niemand durchsetzen, wird das Besetzungsverfahren abgebrochen. ⁴Ein neues Besetzungsverfahren ist unverzüglich einzuleiten. ⁵Der Senat beruft die Ortsamtsleitung als haupt- oder ehrenamtliche Ortsamtsleitung. ⁶Ehrenamtliche Ortsamtsleitungen werden für die Dauer der Wahlzeit des Beirats berufen; nach deren Ablauf üben sie ihre Tätigkeit bis zur Berufung einer nachfolgenden Ortsamtsleitung aus.
(3) Die Wahl durch die Beiräte der in § 27 Absatz 1 genannten Ortsämter ist in einer gemeinsamen Sitzung vorzunehmen; die Wahl hat gemeinsam zu erfolgen.
(4) ¹Die Ortsamtsleitung kann vor Ablauf der Amtszeit abgewählt werden. ²Der Beschluss über die Abwahl bedarf der Mehrheit von mindestens drei Vierteln der gewählten Beiratsmitglieder in zwei Sitzungen. ³Zwischen den Sitzungen müssen mindestens 21 Tage liegen. ⁴Die Ladungsfrist für beide Sitzungen beträgt 14 Tage. ⁵Zwischen den Sitzungen ist eine Anhörung der Ortsamtsleitung durch den Beirat durchzuführen. ⁶Diese kann im gegenseitigen Einvernehmen auch schriftlich durchgeführt werden. ⁷Die Abwahl wird mit der Mitteilung des Beschlusses durch die oberste Dienstbehörde wirksam. ⁸Absatz 3 gilt entsprechend mit der Maßgabe, dass die Abwahl einer Mehrheit von mindestens drei Vierteln der Gesamtzahl der gewählten Mitglieder aller betroffenen Beiräte bedarf. ⁹Die Rechtsfolge des § 7 Absatz 6 Satz 5 des Bremischen Beamtengesetzes gilt nur für hauptamtliche Ortsamtsleitungen.

§ 36 Ehrenamtliche Ortsamtsleiterinnen und Ortsamtsleiter
(1) Die Ortsamtsleiterinnen und Ortsamtsleiter der für die Beiratsbereiche nach § 1 Absatz 1 Nummer 1, 3, 17 und 18 gebildeten Ortsämter sind ehrenamtlich tätig.
(2) ¹Ehrenamtliche Ortsamtsleiterinnen und Ortsamtsleiter erhalten eine monatliche Aufwandsentschädigung. ²Das Nähere regelt der Senat.

Abschnitt 8
Schlussbestimmungen

§ 37 Richtlinien und Verwaltungsvorschriften
(1) Die Aufsichtsbehörde kann im Einvernehmen mit der fachlich zuständigen senatorischen Behörde allgemeine Verwaltungsvorschriften zur Ausführung dieses Ortsgesetzes erlassen.
(2) Richtlinien und Verwaltungsvorschriften, die die Zusammenarbeit der fachlich zuständigen senatorischen Behörden mit den Ortsämtern und Beiräten betreffen, erlässt die fachlich zuständige senatorische Behörde unter der Beteiligung der Beiräte und der Aufsichtsbehörde.

§ 37a Übergangsregelungen
(1) § 17 Absatz 5 findet erstmalig auf die Wahlen der Beiräte Anwendung, die nach dem 20. Dezember 2018 gleichzeitig mit der nächsten Wahl zur Stadtbürgerschaft durchzuführen sind.
(2) § 36 Absatz 1 wird erstmalig auf die Wahlen der ehrenamtlichen Ortsamtsleitungen, die nach dem 20. Dezember 2018 mit der nächsten Wahl zur Stadtbürgerschaft durchzuführen ist, angewendet.

(3) Auf die ehrenamtliche Ortsamtsleitung für den Beiratsbereich nach § 1 Absatz 1 Nummer 12, die sich am 20. Dezember 2018 im Amt befindet, ist § 36 Absatz 1 des Ortsgesetzes über Beiräte und Ortsämter vom 2. Februar 2010 (Brem.GBl. S. 130), das zuletzt durch Ortsgesetz vom 14. November 2017 (Brem.GBl. S. 469) geändert worden ist, bis zum Ende ihrer Amtsperiode weiter anzuwenden.

§ 38 Inkrafttreten, Außerkrafttreten
(1) Dieses Ortsgesetz tritt am Tage nach seiner Verkündung in Kraft.
(2) Gleichzeitig tritt das Ortsgesetz über Beiräte und Ortsämter vom 20. Juni 1989 (Brem.GBl. S. 241 – 2011-b-1), das zuletzt durch Ortsgesetz vom 10. Juli 2007 (Brem.GBl. S. 416) geändert worden ist, außer Kraft.

Verfassung für die Stadt Bremerhaven (VerfBrhv)

Vom 3. Dezember 2015 (Brem.GBl. S. 670)

Nichtamtliche Inhaltsübersicht

**Teil 1
Grundlagen der Stadtverfassung**

§ 1	Rechtsstellung der Stadt
§ 2	Wirkungskreis
§ 3	Ortsrecht
§ 4	Einwohnerinnen und Einwohner, Bürgerinnen und Bürger
§ 5	Organe
§ 6	Vermögen und Einkünfte
§ 7	Hoheitszeichen der Stadt
§ 8	Stadtgebiet

**Teil 2
Rechte und Pflichten der Einwohnerinnen und Einwohner, Bürgerinnen und Bürger**

§ 9	Wahlrecht
§ 10	Amtsverschwiegenheit
§ 11	Mitwirkungsverbote
§ 12	Treuepflicht
§ 13	Ersatz von Auslagen
§ 14	Ehrenbürgerrecht, Ehrenbezeichnung
§ 15	Einwohnerantrag
§ 16	Bürgerbegehren
§ 17	Bürgerentscheid
§ 18	Beteiligung von Kindern und Jugendlichen
§ 19	Petitionen
§ 20	Teilnahme an öffentlichen Einrichtungen, Gemeindelasten
§ 21	Anschluss- und Benutzungszwang

**Teil 3
Verwaltung der Stadt**

Abschnitt 1
Stadtverordnetenversammlung

§ 22	Zusammensetzung
§ 23	Zuständigkeit, Akteneinsicht
§ 24	Teilnahme des Magistrats an den Sitzungen
§ 25	Unabhängigkeit
§ 26	Fraktionen
§ 27	Vorstand
§ 28	Verpflichtung
§ 29	Anhörung
§ 30	Einberufung
§ 31	Öffentlichkeit der Sitzung
§ 32	Beschlussfähigkeit
§ 33	Abstimmungen
§ 34	Wahlen
§ 35	Stimmenauszählung
§ 36	Aufgaben der Stadtverordnetenvorsteherin, des Stadtverordnetenvorstehers
§ 37	Niederschrift
§ 38	Sitzungsordnung
§ 39	Beanstandung von Beschlüssen
§ 40	Ausführung der Beschlüsse
§ 41	Ausschüsse
§ 42	Art und Zahl der Ausschüsse
§ 43	Pflichtausschüsse
§ 44	Geschäftsordnung der Ausschüsse
§ 45	Weiterführung der Geschäfte

Abschnitt 2
Magistrat

§ 46	Zusammensetzung
§ 47	Wahl des Magistrats
§ 48	Voraussetzungen für die Wahl der Magistratsmitglieder
§ 49	Entzug des Vertrauens
§ 50	Aufgaben des Magistrats
§ 51	Geschäftsführung des Magistrats
§ 52	Aufgaben der Oberbürgermeisterin, des Oberbürgermeisters
§ 53	Jahresbericht
§ 54	Erklärungen
§ 55	Widerspruch gegen Beschlüsse des Magistrats

Abschnitt 3
Verwaltung von Sondervermögen

§ 56	Eigenbetriebe

**Teil 4
Stadtwirtschaft**

Abschnitt 1
Stadtvermögen

§ 57	Verwaltungsgrundsätze
§ 58	Vermögenserwerb
§ 59	Vermögensveräußerung
§ 60	Verwendung des Erlöses

Abschnitt 2
Wirtschaftliche Betätigung

§ 61	Vertretung in wirtschaftlichen Unternehmen
§ 62	Kreditaufnahmen durch wirtschaftliche Unternehmen, an denen die Stadt beteiligt ist

Abschnitt 3
Schulden

§ 63   Aufnahme von Darlehen

Abschnitt 4
Haushalt

§ 64   Haushaltssatzung
§ 65   Haushaltsplan
§ 66   Genehmigung und Bekanntmachung

Abschnitt 5
Rechnungsprüfung

§ 67   Prüfung der Haushaltsrechnung und der Vermögensrechnung
§ 68   Weiterleitung an den Finanzausschuss
§ 69   Übergeordnete Prüfung

§ 70   Entlastung
§ 71   Veröffentlichungen
§ 72   Rechnungsprüfungsamt
§ 73   Aufgaben des Rechnungsprüfungsamtes

Teil 5
Aufsicht

§ 74   Aufsichtsbehörde
§ 75   Information
§ 76   Beanstandung
§ 77   Anordnung
§ 78   Ersatzvornahme
§ 79   Bestellung von Beauftragten

Teil 6
Schlussvorschriften

§ 80   Inkrafttreten, Außerkrafttreten

Der Magistrat verkündet das nachstehende, von der Stadtverordnetenversammlung beschlossene und vom Senat der Freien Hansestadt Bremen genehmigte Ortsgesetz:

Teil 1
Grundlagen der Stadtverfassung

§ 1 Rechtsstellung der Stadt
Die Stadt Bremerhaven ist eine Gebietskörperschaft des öffentlichen Rechts.

§ 2 Wirkungskreis
Die Stadt verwaltet in ihrem Gebiet alle kommunalen öffentlichen Aufgaben unter eigener Verantwortung als Selbstverwaltungsangelegenheiten, soweit nichts anderes bestimmt ist.

§ 3 Ortsrecht
(1) [1]Die Stadt regelt ihre Selbstverwaltungsangelegenheiten im Rahmen der Gesetze durch Ortsgesetze. [2]Die Änderung der Stadtverfassung bedarf der Zustimmung von zwei Dritteln der Mitglieder der Stadtverordnetenversammlung und der Genehmigung des Senats der Freien Hansestadt Bremen.
(2) [1]Ortsgesetze sind im Gesetzblatt der Freien Hansestadt Bremen oder im Amtsblatt der Freien Hansestadt Bremen zu verkünden. [2]Sie treten, soweit nichts anderes bestimmt ist, am Tage nach der Verkündung in Kraft.
(3) Die Veröffentlichung amtlicher Bekanntmachungen der Stadt Bremerhaven regelt ein Landesgesetz.

§ 4 Einwohnerinnen und Einwohner, Bürgerinnen und Bürger
(1) Einwohnerin oder Einwohner der Stadt ist, wer in der Stadt wohnt.
(2) Bürgerinnen und Bürger der Stadt sind die zur Wahl der Stadtverordnetenversammlung wahlberechtigten Einwohnerinnen und Einwohner.

§ 5 Organe
Organe der Stadt sind die Stadtverordnetenversammlung und der Magistrat.

§ 6 Vermögen und Einkünfte
[1]Die Stadtverordnetenversammlung und der Magistrat haben das Vermögen und die Einkünfte der Stadt so zu verwalten, dass unter Rücksichtnahme auf die wirtschaftlichen Kräfte der Abgabepflichtigen die Stadtfinanzen gesund bleiben. [2]Sie haben unter Beachtung dieses Grundsatzes dafür zu sorgen, dass mindestens die Veranstaltungen und Einrichtungen getroffen werden, die für die sozialen und kulturellen Bedürfnisse unentbehrlich sind.

§ 7 Hoheitszeichen der Stadt
(1) [1]Die Stadt führt ein Wappen und eine Stadtflagge. [2]Die Einführung eines neuen Wappens und einer Flagge sowie deren Änderung bedarf der Genehmigung des Senats.
(2) Die Stadt führt ein Dienstsiegel mit dem Stadtwappen.

§ 8 Stadtgebiet
(1) ¹Zum Stadtgebiet gehören alle Grundstücke, Fluss- und Hafenanlagen der ehemaligen Stadt Wesermünde unter Berücksichtigung der gemäß Absatz 2 erfolgten Änderungen. ²Gemeindeverwaltungsmäßig wird die Stadt Bremerhaven im Gebiet des stadtbremischen Überseehafens aufgrund eines Vertrages zwischen den Städten Bremen und Bremerhaven zuständig.
(2) Eine Veränderung des Stadtgebietes kann nur durch Landesgesetz nach erfolgter Zustimmung der Stadtverordnetenversammlung vorgenommen werden.

Teil 2
Rechte und Pflichten der Einwohnerinnen und Einwohner, Bürgerinnen und Bürger

§ 9 Wahlrecht
Die Bürgerinnen und Bürger der Stadt wählen die Stadtverordnetenversammlung nach Maßgabe der wahlrechtlichen Vorschriften.

§ 10 Amtsverschwiegenheit
¹Mitglieder der Stadtverordnetenversammlung und ehrenamtlich Tätige sind wie städtische Beamtinnen und Beamte zur Verschwiegenheit verpflichtet. ²Sie dürfen die Kenntnis von Angelegenheiten, über die sie verschwiegen zu sein haben, nicht unbefugt verwerten. ³Dies gilt auch dann, wenn das Mandat erloschen oder das Amt beendet ist.

§ 11 Mitwirkungsverbote
(1) ¹Mitglieder der Stadtverordnetenversammlung oder des Magistrats, Ehrenbeamtinnen oder Ehrenbeamte oder sonst ehrenamtlich Tätige dürfen nicht an einer Entscheidung mitwirken, die einen unmittelbaren Vorteil oder Nachteil für folgende Personen bringen kann:
1. sie selbst,
2. ihre Ehegattin, ihren Ehegatten, ihre Lebenspartnerin oder ihren Lebenspartner,
3. ihre Verwandten bis zum dritten oder ihre Verschwägerten bis zum zweiten Grad oder
4. eine von ihnen kraft Gesetzes oder Vollmacht vertretene Person.

²Dieses Verbot erstreckt sich auch auf die der Entscheidung vorausgehende Beratung. ³Als unmittelbar gilt nur derjenige Vorteil oder Nachteil, der sich aus der Entscheidung selbst ergibt, ohne dass, abgesehen von der Ausführung von Beschlüssen, weitere Ereignisse eintreten oder Maßnahmen getroffen werden müssen.

(2) Das Mitwirkungsverbot gilt auch, wenn das Mitglied der Stadtverordnetenversammlung, das Magistratsmitglied, die Ehrenbeamtin oder der Ehrenbeamte oder die sonst ehrenamtlich tätige Person
1. bei einer natürlichen Person, einer juristischen Person oder einer Vereinigung, der die Entscheidung einen unmittelbaren Vorteil oder Nachteil bringen kann, gegen Entgelt beschäftigt ist und nach den tatsächlichen Umständen, insbesondere der Art ihrer oder seiner Beschäftigung, ein Interessenwiderstreit anzunehmen ist,
2. Mitglied des Vorstandes, des Aufsichtsrates oder eines gleichartigen Organs einer juristischen Person oder einer Vereinigung ist, der die Entscheidung einen unmittelbaren Vorteil oder Nachteil bringen kann, es sei denn, die Person gehört den genannten Organen als Vertreterin oder Vertreter oder auf Vorschlag der Stadt an,
3. in der Angelegenheit in anderer als öffentlicher Eigenschaft Gutachten abgegeben hat oder sonst tätig geworden ist.

(3) Die Mitwirkungsverbote der Absätze 1 und 2 gelten nicht,
1. wenn der Vorteil oder Nachteil nur darauf beruht, dass jemand einer Berufs- oder Bevölkerungsgruppe angehört, deren gemeinsame Interessen durch die Angelegenheit berührt werden,
2. bei Wahlen,
3. bei Personalvorschlägen zur Vertretung der Stadt in einem Vorstand, einem Aufsichtsrat oder einem gleichartigen Organ einer juristischen Person oder einer Vereinigung,
4. bei Entscheidungen über den Haushalt, über die generelle Festlegung von Bezügen oder Entgelten öffentlich Bediensteter oder vergleichbarer Personen und über Steuern, Abgaben, Beiträge und Gebühren.

(4) Darüber, ob die Voraussetzungen der Absätze 1 und 2 vorliegen, entscheidet bei einem Mitglied der Stadtverordnetenversammlung der Vorstand der Stadtverordnetenversammlung, ansonsten der Magistrat.

(5) Wer an der Beratung nicht teilnehmen darf, muss den Beratungsraum verlassen.

§ 12 Treuepflicht

[1]Ehrenbeamtinnen und Ehrenbeamte haben eine Treuepflicht gegenüber der Stadt. [2]Sie dürfen Ansprüche Dritter gegen die Stadt nicht geltend machen, es sei denn, es handelt sich um einen Fall der gesetzlichen Vertretung. [3]Dies gilt auch für Mitglieder der Stadtverordnetenversammlung und andere ehrenamtlich Tätige, wenn der Auftrag mit den Aufgaben ihrer Tätigkeit in Zusammenhang steht. [4]Ob die Voraussetzungen dieser Vorschrift vorliegen, entscheidet das Organ, dem die oder der Betroffene angehört oder für das die Tätigkeit ausgeübt wird.

§ 13 Ersatz von Auslagen

(1) [1]Mitglieder der Stadtverordnetenversammlung, ehrenamtliche Mitglieder des Magistrats und andere ehrenamtlich Tätige haben einen Anspruch auf Erstattung von Erwerbsausfall und notwendigen Barauslagen. [2]Für den mit der Wahrnehmung ihrer Aufgaben verbundenen Aufwand erhalten sie eine Entschädigung. [3]Die Stadtverordnetenversammlung kann Durchschnittssätze festlegen. [4]Das Nähere regelt ein Ortsgesetz.

(2) Die Ansprüche auf diese Bezüge sind nicht übertragbar.

§ 14 Ehrenbürgerrecht, Ehrenbezeichnung

(1) Auf Beschluss der Stadtverordnetenversammlung kann Personen, die sich besonders verdient gemacht haben, das Ehrenbürgerrecht verliehen werden.

(2) [1]Zur oder zum Stadtältesten wird ernannt, wer mindestens fünf volle Wahlperioden der Stadtverordnetenversammlung oder dem Magistrat ehrenamtlich angehört und die Tätigkeit ohne Tadel ausgeübt hat. [2]Mit der Ernennung kann ein Ehrensold gewährt werden. [3]Der Ehrensold in der für die 16. Wahlperiode geltenden Höhe wird bei Erfüllung der Voraussetzungen des Satzes 1 zum Ende der 16. Wahlperiode in voller Höhe gewährt. [4]Bei Erfüllung der Voraussetzungen zum Ablauf der 17. Wahlperiode wird der Ehrensold zu zwei Dritteln, zum Ablauf der 18. Wahlperiode zu fünfzig vom Hundert gewährt. [5]Zeiten, die nach Ablauf der 18. Wahlperiode liegen, finden für die Gewährung eines Ehrensoldes keine Berücksichtigung. [6]Der Beschluss nach Satz 1 darf erst gefasst werden, wenn das Mandat erloschen oder das Amt beendet ist.

(3) [1]Das Ehrenbürgerrecht, die Ehrenbezeichnung und der Ehrensold können wegen unwürdigen Verhaltens entzogen werden. [2]Ehrenbezeichnung und Ehrensold ruhen, wenn eine ernannte Person wieder als Mitglied der Stadtverordnetenversammlung, Ehrenbeamtin oder Ehrenbeamter oder als Mitglied einer Deputation tätig wird.

§ 15 Einwohnerantrag

(1) [1]Einwohnerinnen und Einwohner, die das 16. Lebensjahr vollendet haben, können beantragen, dass die Stadtverordnetenversammlung bestimmte ihr obliegende Selbstverwaltungsangelegenheiten berät und entscheidet (Einwohnerantrag). [2]Dem Antrag braucht nicht entsprochen zu werden, wenn in derselben Angelegenheit innerhalb der letzten zwölf Monate bereits ein zulässiger Einwohnerantrag gestellt wurde und sich die Sach- oder Rechtslage nicht wesentlich geändert hat.

(2) [1]Der Antrag muss schriftlich eingereicht werden; die elektronische Form ist ausgeschlossen. [2]Er muss ein bestimmtes Begehren mit Begründung enthalten. [3]Der Antrag muss bis zu drei Personen benennen, die berechtigt sind, die antragstellenden Personen zu vertreten.

(3) Der Einwohnerantrag muss von mindestens 1 vom Hundert der Einwohnerinnen und Einwohner der Stadt unterzeichnet sein.

(4) [1]Über die Zulässigkeit des Einwohnerantrages entscheidet der Verfassungs- und Geschäftsordnungsausschuss innerhalb eines Monats nach Eingang bei der Stadtverordnetenvorsteherin oder dem Stadtverordnetenvorsteher. [2]Ist der Einwohnerantrag zulässig, hat die Stadtverordnetenversammlung in der Sitzung, die der Sitzung über die Zulässigkeitsfeststellung folgt, zu beraten und zu entscheiden. [3]Die Stadtverordnetenversammlung hat die nach Absatz 2 Satz 3 benannten Personen in dieser Sitzung zu hören. [4]Die Entscheidung der Stadtverordnetenversammlung ist mit den sie tragenden wesentlichen Gründen amtlich bekannt zu machen.

(5) Die näheren Bestimmungen über die Durchführung des Einwohnerantrages regelt ein Ortsgesetz.

§ 16 Bürgerbegehren

(1) ¹Die Bürgerinnen und Bürger der Stadt können beantragen (Bürgerbegehren), dass sie an Stelle der Stadtverordnetenversammlung über eine Selbstverwaltungsangelegenheit der Stadt entscheiden (Bürgerentscheid). ²§ 17 Absatz 3 gilt entsprechend.

(2) ¹Ein Bürgerbegehren darf nur Angelegenheiten zum Gegenstand haben, über die innerhalb der letzten zwei Jahre nicht bereits ein Bürgerentscheid aufgrund eines Bürgerbegehrens durchgeführt worden ist. ²Die Frist nach Satz 1 endet vorher mit dem Ablauf der laufenden Wahlperiode der Stadtverordnetenversammlung. ³Richtet sich das Bürgerbegehren gegen einen Beschluss der Stadtverordnetenversammlung, muss es innerhalb von drei Monaten nach der Beschlussfassung eingereicht sein.

(3) ¹Das Bürgerbegehren muss schriftlich bei der Stadtverordnetenvorsteherin oder dem Stadtverordnetenvorsteher eingereicht werden; die elektronische Form ist ausgeschlossen. ²Es muss die zur Entscheidung zu bringende Frage, eine Begründung sowie einen nach den gesetzlichen Bestimmungen durchführbaren Vorschlag für die Deckung der Kosten der verlangten Maßnahme enthalten. ³Das Bürgerbegehren muss bis zu drei Personen benennen, die berechtigt sind, die antragstellenden Personen zu vertreten.

(4) Das Bürgerbegehren muss von mindestens 5 vom Hundert der Bürgerinnen und Bürger der Stadt unterzeichnet sein.

(5) ¹Über die Zulässigkeit eines Bürgerbegehrens entscheidet die Stadtverordnetenversammlung innerhalb von drei Monaten nach Eingang bei der Stadtverordnetenvorsteherin oder dem Stadtverordnetenvorsteher. ²Die Stadtverordnetenversammlung hat die nach Absatz 3 Satz 3 benannten Personen in dieser Sitzung zu hören. ³Der Bürgerentscheid entfällt, wenn die Stadtverordnetenversammlung die Durchführung der mit dem Bürgerbegehren verlangten Maßnahme beschließt.

(6) Ist die Zulässigkeit des Bürgerbegehrens festgestellt, darf bis zur Feststellung des Ergebnisses des Bürgerentscheids eine dem Begehren entgegenstehende Entscheidung der Organe der Stadt nicht mehr getroffen oder mit dem Vollzug einer derartigen Entscheidung nicht mehr begonnen werden, es sei denn, zu diesem Zeitpunkt haben rechtliche Verpflichtungen der Stadt hierzu bestanden.

(7) Die näheren Bestimmungen über die Durchführung eines Bürgerbegehrens trifft ein Ortsgesetz.

§ 17 Bürgerentscheid

(1) Ein Bürgerentscheid in Selbstverwaltungsangelegenheiten findet statt, wenn die Stadtverordnetenversammlung dieses mit einer Mehrheit von zwei Dritteln ihrer Mitglieder beschließt oder wenn ein Bürgerbegehren Erfolg hat (§ 16).

(2) ¹Ein Bürgerentscheid ist außerdem im Fall des § 59 Absatz 2 über ein von der Stadtverordnetenversammlung beschlossenes Ortsgesetz durchzuführen, wenn
1. die Stadtverordnetenversammlung das Ortsgesetz mit weniger als zwei Dritteln ihrer Mitglieder beschlossen hat,
2. ein Viertel der Mitglieder der Stadtverordnetenversammlung die Durchführung eines Bürgerentscheids beantragt oder
3. 5 vom Hundert der Stimmberechtigten die Durchführung eines Bürgerentscheids begehrt. § 16 Absatz 2 Satz 3 gilt entsprechend.

²In diesen Fällen tritt das Ortsgesetz nur bei einem zustimmenden Bürgerentscheid in Kraft.

(3) Ein Bürgerentscheid findet nicht statt über:
1. Angelegenheiten, für die die Stadtverordnetenversammlung keine Zuständigkeit besitzt,
2. folgende Ortsgesetze:
    a) die Verfassung für die Stadt Bremerhaven,
    b) das Entschädigungsortsgesetz,
    c) das Ortsgesetz über die Zahl der Mitglieder des Magistrats in der Stadt Bremerhaven,
    d) die Satzung des Rates der ausländischen Mitbürgerinnen und Mitbürger für die Stadt Bremerhaven,
    e) die Wahlordnung für den Rat der ausländischen Mitbürgerinnen und Mitbürger für die Stadt Bremerhaven,
3. Fragen der inneren Organisation der Verwaltung der Stadt,

4. die Rechtsverhältnisse der Mitglieder der Stadtverordnetenversammlung, des Magistrats und der Bediensteten der Stadt,
5. die Haushaltssatzung und den Haushaltsplan mit den Anlagen (einschließlich der Wirtschaftspläne der Eigenbetriebe) und die öffentlichen Abgaben und privatrechtlichen Entgelte,
6. die Feststellung der Haushaltsrechnung der Stadt und die Jahresabschlüsse der Eigenbetriebe sowie die Entlastung des Magistrats,
7. Entscheidungen über Rechtsmittel und Rechtsstreitigkeiten.

(4) Wird ein Bürgerentscheid durchgeführt, muss den Bürgerinnen und Bürgern die von den Organen der Stadt vertretene Auffassung dargelegt werden.

(5) ¹Bei einem Bürgerentscheid ist die gestellte Frage in dem Sinne entschieden, in dem sie von der Mehrheit der gültigen Stimmen beantwortet wurde, sofern diese Mehrheit mindestens 20 vom Hundert der Stimmberechtigten beträgt. ²Bei Stimmengleichheit gilt die Frage als mit Nein beantwortet. ³Ist die nach Satz 1 erforderliche Mehrheit nicht erreicht worden, hat die Stadtverordnetenversammlung die Angelegenheit zu entscheiden.

(6) ¹Der Bürgerentscheid hat die Wirkung eines endgültigen Beschlusses der Stadtverordnetenversammlung. ²Er kann innerhalb von zwei Jahren nur durch einen neuen Bürgerentscheid abgeändert werden.

(7) Die näheren Bestimmungen zu Absatz 4 und über die Durchführung eines Bürgerentscheids trifft ein Ortsgesetz.

§ 18 Beteiligung von Kindern und Jugendlichen
Kinder und Jugendliche müssen bei Planungen und Vorhaben der Stadt, die ihre Interessen berühren, in angemessener Weise über die in dieser Verfassung vorgesehene Beteiligung der Einwohnerinnen und Einwohner hinaus beteiligt werden.

§ 19 Petitionen
(1) ¹Jede Person hat das Recht, sich einzeln oder in Gemeinschaft mit anderen in Angelegenheiten der Stadt mit Bitten, Beschwerden, Anregungen und Kritik (Petitionen) an die Stadtverordnetenversammlung zu wenden. ²Die Zuständigkeiten des Magistrats werden hierdurch nicht berührt. ³Zur Vorbereitung ihrer Entscheidungen bildet die Stadtverordnetenversammlung einen Petitionsausschuss.

(2) Die näheren Bestimmungen trifft ein Ortsgesetz.

§ 20 Teilnahme an öffentlichen Einrichtungen, Gemeindelasten
(1) Die Einwohnerinnen und Einwohner der Stadt sind im Rahmen der bestehenden Vorschriften berechtigt, die öffentlichen Einrichtungen der Stadt zu benutzen, und verpflichtet, die städtischen Lasten zu tragen.

(2) Grundbesitzende und Gewerbetreibende, die nicht in der Stadt wohnen, sind berechtigt, die öffentlichen Einrichtungen zu benutzen, die in der Stadt für Grundbesitzende und Gewerbetreibende bestehen, und verpflichtet, für ihren Grundbesitz oder Gewerbebetrieb im Stadtgebiet die städtischen Lasten mitzutragen.

(3) Diese Vorschriften gelten entsprechend für juristische Personen und Vereinigungen.

§ 21 Anschluss- und Benutzungszwang
(1) ¹Die Stadt unterhält in den Grenzen ihrer Leistungsfähigkeit die für ihre Einwohnerinnen und Einwohner erforderlichen öffentlichen Einrichtungen. ²Sie kann bei öffentlichem Bedürfnis durch Ortsgesetze für die Grundstücke ihres Gebietes den Anschluss an Wasserleitung, Abfall- und Abwasserentsorgung, Straßenreinigung und ähnliche der Volksgesundheit dienende Einrichtungen (Anschlusszwang) und die Benutzung dieser Einrichtungen, der öffentlichen Begräbnisplätze und Bestattungseinrichtungen (Benutzungszwang) vorschreiben.

(2) ¹Die Ortsgesetze können Ausnahmen vom Anschluss- und Benutzungszwang zulassen. ²Sie können den Zwang auf bestimmte Teile des Stadtgebietes und auf bestimmte Gruppen von Grundstücken oder Personen beschränken.

Teil 3
Verwaltung der Stadt

Abschnitt 1
Stadtverordnetenversammlung

§ 22 Zusammensetzung
Die Stadtverordnetenversammlung besteht aus 48 Stadtverordneten.

§ 23 Zuständigkeit, Akteneinsicht
(1) Die Stadtverordnetenversammlung beschließt über die Angelegenheiten der Stadt, soweit sich aus dieser Verfassung nichts anderes ergibt.
(2) Die Stadtverordnetenversammlung kann die Beschlussfassung über folgende Angelegenheiten nicht übertragen:
1. die allgemeinen Grundsätze, nach denen die Verwaltung geführt werden soll,
2. die aufgrund von Rechtsvorschriften von der Stadtverordnetenversammlung vorzunehmenden Wahlen,
3. die Bildung der Ausschüsse sowie die Wahl der Magistratsmitglieder und der zu wählenden Mitglieder des Stiftungsrats der Sparkassenstiftung Bremerhaven,
4. die Aufstellung von allgemeinen Grundsätzen für die Einstellung, Beförderung, Entlassung und Besoldung der städtischen Bediensteten,
5. den Erlass von Ortsgesetzen,
6. die Zustimmung zur Änderung des Stadtgebietes,
7. Verleihung und Entzug von Ehrenbürgerrechten und Ehrenbezeichnungen,
8. den Erlass der Haushaltssatzung, die Feststellung des Haushaltsplanes nebst Anlagen und des Stellenplanes sowie die Entlastung des Magistrats aus der Haushaltsrechnung,
9. die Festsetzung von öffentlichen Abgaben und Tarifen,
10. Verfügungen über das Vermögen der Stadt, ausgenommen Geschäfte der laufenden Verwaltung sowie Geschäfte, für die durch Ortsgesetz abweichende Regelungen getroffen werden,
11. die Errichtung, Erweiterung, Übernahme und Veräußerung von öffentlichen Einrichtungen und wirtschaftlichen Unternehmen sowie die Beteiligung an diesen,
12. die Umwandlung der Rechtsform von Eigenbetrieben oder wirtschaftlichen Unternehmen, an denen die Stadt beteiligt ist,
13. die Aufnahme von Darlehen, die Übernahme von Bürgschaften, den Abschluss von Gewährverträgen und die Bestellung anderer Sicherheiten für Dritte sowie solche Rechtsgeschäfte, die den vorgenannten wirtschaftlich gleichkommen,
14. die Genehmigung der Verträge von Mitgliedern des Magistrats oder von Mitgliedern der Stadtverordnetenversammlung mit der Stadt, es sei denn, dass es sich um Verträge nach feststehendem Tarif oder um Geschäfte der laufenden Verwaltung handelt, die für die Stadt unerheblich sind,
15. die Führung eines Rechtsstreites von größerer Bedeutung und den Abschluss von Vergleichen, soweit es sich nicht um Geschäfte der laufenden Verwaltung handelt,
16. die Übernahme neuer Aufgaben, für die keine gesetzliche Verpflichtung besteht,
17. den Vorschlag zur Bestellung der Leiterin oder des Leiters des Rechnungsprüfungsamtes.
(3) Die Stadtverordnetenversammlung kann Angelegenheiten, deren Beschlussfassung sie auf Ausschüsse übertragen hat, jederzeit an sich ziehen.
(4) ¹Die Stadtverordnetenversammlung überwacht die Amtsführung des Magistrats. ²Sie ist berechtigt, sich von der Durchführung ihrer Beschlüsse und der Bewirtschaftung der städtischen Einnahmen zu überzeugen. ³Sie kann zu diesem Zweck von dem Magistrat Einsicht in die Akten durch einen von ihr bestimmten Ausschuss fordern. ⁴Außerdem können die Stadtverordnetenvorsteherin oder der Stadtverordnetenvorsteher und jedes Mitglied der Stadtverordnetenversammlung vom Magistrat Akteneinsicht verlangen. ⁵Hat der Magistrat im Einzelfall hiergegen Bedenken, so entscheidet die Stadtverordnetenversammlung.

§ 24 Teilnahme des Magistrats an den Sitzungen
¹Der Magistrat nimmt an den Sitzungen der Stadtverordnetenversammlung teil. ²Die Mitglieder des Magistrats müssen in der Regel außerhalb der Redeliste zu dem Gegenstand der Verhandlung ge-

hört werden. ³Der Magistrat ist verpflichtet, der Stadtverordnetenversammlung auf Anforderung Auskünfte zu den Beratungsgegenständen zu erteilen.

§ 25 Unabhängigkeit
(1) ¹Die Mitglieder der Stadtverordnetenversammlung dürfen sich bei ihrer Tätigkeit ausschließlich durch ihre freie, nur durch Rücksicht auf das öffentliche Wohl bestimmte Überzeugung leiten lassen. ²Sie sind an Verpflichtungen, durch die die Freiheit ihrer Entschließung beschränkt wird, nicht gebunden.
(2) ¹Niemand darf gehindert werden, sich um ein Mandat in der Stadtverordnetenversammlung zu bewerben, es zu übernehmen oder auszuüben. ²Benachteiligungen am Arbeitsplatz wegen der Bewerbung um ein Mandat sowie der Annahme der Ausübung eines Mandats sind unzulässig. ³Eine Kündigung oder Entlassung wegen der Bewerbung, der Annahme oder Ausübung des Mandats ist unzulässig. ⁴Eine Kündigung ist im Übrigen nur aus wichtigem Grund zulässig. ⁵Der Kündigungsschutz beginnt mit der Aufstellung der Bewerberin oder des Bewerbers durch das dafür zuständige Organ der Partei oder Wählervereinigung. ⁶Für Einzelbewerberinnen oder Einzelbewerber beginnt der Kündigungsschutz mit Zulassung des Wahlvorschlags durch den Stadtwahlausschuss. ⁷Er gilt ein Jahr nach dem Wahltag oder nach Beendigung des Mandats fort.
(3) ¹Soweit zur ordnungsgemäßen Durchführung der Aufgaben eines Mitglieds der Stadtverordnetenversammlung eine Arbeitsbefreiung erforderlich ist, ist es in entsprechendem Umfang von seiner Verpflichtung zur Arbeitsleistung befreit. ²Einer Zustimmung der Arbeitgeberin oder des Arbeitgebers zur Arbeitsbefreiung bedarf es nicht.

§ 26 Fraktionen
(1) ¹Mitglieder der Stadtverordnetenversammlung können sich zu Fraktionen zusammenschließen. ²Das Nähere regelt die Geschäftsordnung der Stadtverordnetenversammlung.
(2) ¹Die Fraktionen wirken an der Erfüllung der Aufgaben der Stadtverordnetenversammlung mit. ²Sie koordinieren und erleichtern deren Arbeit nach innen und außen. ³Sie können die Öffentlichkeit über ihre Tätigkeit unterrichten.
(3) ¹Die innere Ordnung von Fraktionen muss demokratischen und rechtsstaatlichen Grundsätzen entsprechen. ²Sie geben sich eine Geschäftsordnung, die bei der Stadtverordnetenvorsteherin oder dem Stadtverordnetenvorsteher zu hinterlegen ist.
(4) ¹Die Fraktionen haben zur Erfüllung ihrer Aufgaben Anspruch auf Geldleistungen aus dem Haushalt der Stadt. ²Das Nähere regelt ein Ortsgesetz.
(5) Diese Vorschriften gelten entsprechend für Gruppen.

§ 27 Vorstand
(1) ¹Die Stadtverordnetenversammlung wählt in der ersten Sitzung nach der Wahl die Stadtverordnetenvorsteherin oder den Stadtverordnetenvorsteher. ²Die Wahl wird von dem ältesten anwesenden und hierzu bereiten Mitglied geleitet. ³Die Stadtverordnetenversammlung wählt in der gleichen Sitzung ferner eine erste Beisitzerin oder einen ersten Beisitzer und weitere Beisitzende. ⁴Stadtverordnetenvorsteherin oder Stadtverordnetenvorsteher, Beisitzerinnen und Beisitzer bilden den Vorstand. ⁵Der ersten Beisitzerin oder dem ersten Beisitzer obliegt die Vertretung der Stadtverordnetenvorsteherin oder des Stadtverordnetenvorstehers.
(2) ¹Bei der Zusammensetzung des Vorstandes sind die Fraktionen der Stadtverordnetenversammlung nach ihrer Stärke zu berücksichtigen. ²Ändert sich während der Wahlperiode das Stärkeverhältnis der Fraktionen zueinander, so sind auf Antrag einer Fraktion Neuwahlen für die Stellen des Vorstandes vorzunehmen, die von der Änderung betroffen werden.
(3) Näheres regelt die Geschäftsordnung der Stadtverordnetenversammlung.

§ 28 Verpflichtung
Die Stadtverordnetenvorsteherin oder der Stadtverordnetenvorsteher wird von dem ältesten Mitglied der Stadtverordnetenversammlung, das die Wahl geleitet hat, die übrigen Mitglieder werden von der Stadtverordnetenvorsteherin oder dem Stadtverordnetenvorsteher eingeführt und durch Handschlag auf die gewissenhafte Erfüllung ihrer Obliegenheiten verpflichtet.

§ 29 Anhörung
(1) Die Stadtverordnetenversammlung kann beschließen, anwesende Sachverständige zum Gegenstand der Beratung anzuhören.

(2) Die Stadtverordnetenversammlung kann mit einer Mehrheit von zwei Dritteln ihrer Mitglieder beschließen, anwesende Einwohnerinnen und Einwohner einschließlich der nach § 11 von der Mitwirkung ausgeschlossenen Personen zum Gegenstand der Beratung zu hören.
(3) Das Nähere regelt die Geschäftsordnung.

§ 30 Einberufung

(1) [1]Die Stadtverordnetenversammlung wird von der Stadtverordnetenvorsteherin oder dem Stadtverordnetenvorsteher einberufen. [2]Die erste Sitzung muss innerhalb eines Monats nach Ablauf der Wahlperiode der vorhergehenden Stadtverordnetenversammlung stattfinden.
(2) [1]Die Stadtverordnetenvorsteherin oder der Stadtverordnetenvorsteher muss die Stadtverordnetenversammlung unverzüglich einberufen, wenn es von einem Viertel der Mitglieder der Stadtverordnetenversammlung oder vom Magistrat unter Angabe der zur Beratung zu stellenden Gegenstände beantragt wird. [2]Im Übrigen ist die Stadtverordnetenversammlung einzuberufen, so oft die Geschäftslage es erfordert.
(3) Die Tagesordnung wird von der Stadtverordnetenvorsteherin oder dem Stadtverordnetenvorsteher nach Beratung mit der Oberbürgermeisterin oder dem Oberbürgermeister festgelegt.
(4) Zeit, Ort und Tagesordnung der Sitzung sind am Tage nach erfolgter Ladung der Mitglieder der Stadtverordnetenversammlung amtlich bekannt zu machen.

§ 31 Öffentlichkeit der Sitzung

[1]Die Sitzungen der Stadtverordnetenversammlung sind öffentlich, soweit nicht das öffentliche Wohl oder berechtigte Interessen Einzelner den Ausschluss der Öffentlichkeit erfordern. [2]Über einen Antrag auf Ausschluss der Öffentlichkeit wird in nicht öffentlicher Sitzung beraten und entschieden; wenn keine Beratung erforderlich ist, kann in öffentlicher Sitzung entschieden werden.

§ 32 Beschlussfähigkeit

(1) Zur Beschlussfassung und Vornahme von Wahlen durch die Stadtverordnetenversammlung ist die Anwesenheit von mehr als der Hälfte der Mitglieder der Stadtverordnetenversammlung erforderlich, jedoch sind alle Beschlüsse gültig, die gefasst sind, ohne dass die Beschlussfähigkeit angezweifelt worden ist.
(2) [1]Wird die Stadtverordnetenversammlung zum zweiten Mal zur Verhandlung über denselben Gegenstand zusammengerufen, so kann ausnahmsweise auch bei Anwesenheit einer geringeren Zahl von Mitgliedern ein gültiger Beschluss gefasst werden, wenn die Dringlichkeit des Gegenstandes keinen Aufschub gestattet und dieses bei der Ladung zur Versammlung ausdrücklich angezeigt worden ist. [2]Ebenso ist zu verfahren, wenn der Magistrat beantragt, dass wegen der Dringlichkeit des Gegenstandes diese Ausnahme eintritt.

§ 33 Abstimmungen

[1]Beschlüsse werden, soweit durch Rechtsvorschrift, durch diese Verfassung oder durch die Geschäftsordnung nichts anderes bestimmt ist, mit Stimmenmehrheit gefasst. [2]Bei Stimmengleichheit ist ein Antrag abgelehnt. [3]Das Nähere regelt die Geschäftsordnung. [4]Es wird in der Regel offen abgestimmt.

§ 34 Wahlen

(1) Wahlen werden, wenn niemand widerspricht, in offener Abstimmung, sonst durch Abgabe von Stimmzetteln vollzogen.
(2) [1]Sofern durch diese Verfassung oder durch Rechtsvorschrift nichts anderes bestimmt ist, ist diejenige Person gewählt, für die mehr als die Hälfte der gültigen Stimmen abgegeben worden ist. [2]Wird dieses Ergebnis im ersten Wahlgang nicht erreicht, so findet eine engere Wahl zwischen den beiden Personen statt, die im ersten Wahlgang die höchsten Stimmzahlen erhalten haben. [3]Bei Stimmengleichheit entscheidet das Los, das die Stadtverordnetenvorsteherin oder der Stadtverordnetenvorsteher zieht. [4]Sind für die Wahl die Grundsätze des Verhältniswahlrechts maßgeblich, findet auf die Auszählung das Höchstzahlverfahren nach d'Hondt Anwendung. [5]Bei gleichen Höchstzahlen entscheidet das von der Stadtverordnetenvorsteherin oder dem Stadtverordnetenvorsteher zu ziehende Los.

§ 35 Stimmenauszählung

Bei Wahlen und Abstimmungen zählen Stimmenthaltungen und ungültige Stimmen zur Berechnung der Mehrheit nicht mit.

§ 36 Aufgaben der Stadtverordnetenvorsteherin, des Stadtverordnetenvorstehers
[1]Die Stadtverordnetenvorsteherin oder der Stadtverordnetenvorsteher repräsentiert die Stadtverordnetenversammlung. [2]Sie oder er leitet die Stadtverordnetenversammlung, handhabt die Ordnung in den Sitzungen und übt das Hausrecht aus. [3]Des Weiteren führt sie oder er die Beschlüsse der Stadtverordnetenversammlung aus, welche die innere Ordnung der Stadtverordnetenversammlung betreffen. [4]Die Stadtverordnetenvorsteherin oder der Stadtverordnetenvorsteher vertritt die Stadtverordnetenversammlung gerichtlich und außergerichtlich.

§ 37 Niederschrift
(1) [1]Über den wesentlichen Inhalt der Verhandlungen der Stadtverordnetenversammlung ist eine Niederschrift zu fertigen. [2]Aus ihr muss ersichtlich sein, wer in der Sitzung anwesend war, welche Gegenstände behandelt, welche Beschlüsse gefasst und welche Wahlen durchgeführt worden sind. [3]Die Abstimmungs- und Wahlergebnisse sind festzuhalten. [4]Die Schriftführung obliegt der Leiterin oder dem Leiter des Büros der Stadtverordnetenversammlung.

(2) Die Niederschrift ist von der Stadtverordnetenversammlung zu genehmigen, der Stadtverordnetenvorsteherin oder dem Stadtverordnetenvorsteher, einem Mitglied der Stadtverordnetenversammlung und der Schriftführerin oder dem Schriftführer zu unterschreiben.

(3) Die Beschlüsse der Stadtverordnetenversammlung sind dem Magistrat schriftlich mitzuteilen.

(4) Durch die Geschäftsordnung können Abweichungen von Absatz 1 Satz 1 festgelegt werden.

§ 38 Sitzungsordnung
(1) Die Stadtverordnetenversammlung regelt ihre inneren Angelegenheiten wie die Aufrechterhaltung der Ordnung, die Form der Ladung, die Ladungsfristen, die Sitz- und Abstimmungsordnung, den Geschäftsgang durch eine Geschäftsordnung.

(2) [1]Bei grober Ungebühr oder wiederholten Zuwiderhandlungen gegen die zur Aufrechterhaltung der Ordnung gegebenen Vorschriften kann ein Mitglied der Stadtverordnetenversammlung von einer oder mehreren, höchstens aber drei Sitzungen ausgeschlossen werden. [2]Die Stadtverordnetenvorsteherin oder der Stadtverordnetenvorsteher kann den sofortigen Ausschluss des Mitglieds vorläufig vornehmen und durchführen. [3]Die Maßnahme bedarf nach ihrer Durchführung der Bestätigung durch die Stadtverordnetenversammlung.

§ 39 Beanstandung von Beschlüssen
(1) [1]Verletzt ein Beschluss der Stadtverordnetenversammlung das Recht, so hat der Magistrat dem Beschluss zu widersprechen. [2]Der Widerspruch muss innerhalb eines Monats schriftlich eingelegt und begründet werden. [3]Er hat aufschiebende Wirkung. [4]Die Stadtverordnetenversammlung soll über die Angelegenheit in der nächsten Sitzung beschließen.

(2) [1]Verletzt auch der neue Beschluss das Recht, so muss der Magistrat ihn beanstanden. [2]Die Beanstandung ist schriftlich in Form einer begründeten Darlegung der Stadtverordnetenversammlung innerhalb eines Monats mitzuteilen. [3]Sie hat aufschiebende Wirkung.

(3) [1]Verletzt der Beschluss eines Ausschusses das Recht oder überschreitet er die ihm übertragenen Befugnisse, so hat der Magistrat innerhalb eines Monats unter Darlegung der Gründe die Entscheidung der Stadtverordnetenversammlung zu beantragen. [2]Der Antrag hat aufschiebende Wirkung.

§ 40 Ausführung der Beschlüsse
(1) Beschlüsse der Stadtverordnetenversammlung sind vom Magistrat auszuführen.

(2) [1]Beschlüsse, die
1. die Durchführung der Geschäftsordnung,
2. die Geltendmachung von Ansprüchen der Stadt gegen den Magistrat,
3. die Amtsführung des Magistrats

betreffen, führt die Stadtverordnetenversammlung selbst aus. [2]Sie kann zu diesem Zweck eine besonders bevollmächtigte Person wählen.

§ 41 Ausschüsse
(1) Die Stadtverordnetenversammlung kann zur Vorbereitung ihrer Beschlüsse sowie zur Verwaltung bestimmter Geschäftsbereiche oder zur Erledigung einzelner Angelegenheiten oder bestimmter Arten von Angelegenheiten Ausschüsse bestellen.

(2) ¹Die Stadtverordnetenversammlung ist berechtigt, die Ausschussbeschlüsse aufzuheben oder abzuändern, sofern der Magistrat oder ein Drittel der Ausschussmitglieder dies beantragen. ²Derartige Anträge haben aufschiebende Wirkung.

(3) ¹Die Ausschüsse werden in der Weise gebildet, dass die Sitze auf die Vorschläge der Fraktionen und Gruppen der Stadtverordnetenversammlung nach der Reihenfolge der Höchstzahlen (d'Hondt) verteilt werden. ²Die sich hiernach ergebende Sitzverteilung stellt die Stadtverordnetenversammlung durch Beschluss fest. ³Ausschüsse können jederzeit von der Stadtverordnetenversammlung aufgelöst und neu gebildet werden. ⁴Sie müssen neu gebildet werden, wenn ihre Zusammensetzung nicht mehr dem Verhältnis der Stärke der Fraktionen und Gruppen der Stadtverordnetenversammlung entspricht und ein Antrag auf Neubildung gestellt wird.

(4) ¹Die Ausschüsse bestehen aus dem zuständigen Magistratsmitglied, das den Vorsitz führt, aber kein Stimmrecht besitzt, und mindestens zehn Mitgliedern der Stadtverordnetenversammlung. ²Jedes Mitglied der Stadtverordnetenversammlung kann sich von einem anderen Mitglied vertreten lassen. ³Die Ausschüsse können Angehörige derjenigen Bevölkerungsgruppen, die von ihren Entscheidungen vorwiegend betroffen werden, und Dritte bei ihren Beratungen hinzuziehen. ⁴Das Nähere regelt die Geschäftsordnung der Stadtverordnetenversammlung.

(5) ¹Die Sitzungen der Ausschüsse sind in der Regel öffentlich. ²Das Nähere regelt die Geschäftsordnung der Stadtverordnetenversammlung.

(6) Auf Ausschüsse, die aufgrund besonderer Rechtsvorschriften gebildet werden, finden die vorstehenden Bestimmungen Anwendung, soweit die besonderen Vorschriften nichts anderes bestimmen.

§ 42 Art und Zahl der Ausschüsse
Art und Zahl der zu bildenden Ausschüsse werden in der Geschäftsordnung oder durch ein Ortsgesetz geregelt.

§ 43 Pflichtausschüsse
(1) Es ist ein Verfassungs- und Geschäftsordnungsausschuss sowie ein Finanzausschuss zu bilden.
(2) ¹Den Vorsitz im Verfassungs- und Geschäftsordnungsausschuss führt die Stadtverordnetenvorsteherin oder der Stadtverordnetenvorsteher, bei ihrer oder seiner Verhinderung nach der Reihenfolge nach ein Mitglied des Vorstands. ²Die Mitglieder des Vorstands müssen dem Ausschuss als ständige Mitglieder angehören.

§ 44 Geschäftsordnung der Ausschüsse
Für das Verfahren in den Ausschüssen gelten die Bestimmungen der Geschäftsordnung der Stadtverordnetenversammlung sinngemäß.

§ 45 Weiterführung der Geschäfte
(1) Bis zum Zusammentreten der neu gewählten Stadtverordnetenversammlung führt die bisherige Stadtverordnetenversammlung die Geschäfte weiter.
(2) Die Ausschüsse üben ihre Tätigkeiten über das Ende der Wahlperiode bis zur Bildung neuer Ausschüsse durch die neu gewählte Stadtverordnetenversammlung aus.

Abschnitt 2
Magistrat

§ 46 Zusammensetzung
(1) ¹Der Magistrat besteht aus
1. der Oberbürgermeisterin oder dem Oberbürgermeister,
2. der Bürgermeisterin oder dem Bürgermeister und
3. weiteren hauptamtlichen und ehrenamtlichen Mitgliedern (Stadträtinnen und Stadträte).

²Die Zahl der ehrenamtlichen Mitglieder des Magistrats muss die der hauptamtlichen übersteigen.
(2) Dem Magistrat muss ein hauptamtliches Mitglied angehören, das die Befähigung zum Richteramt hat.
(3) Die Zahl der Magistratsmitglieder wird durch Ortsgesetz festgesetzt.

§ 47 Wahl des Magistrats
(1) ¹Die Stadtverordnetenversammlung wählt die hauptamtlichen Mitglieder des Magistrats auf sechs Jahre. ²Sie sind in ein Beamtenverhältnis auf Zeit im Sinne des Bremischen Beamtengesetzes

zu berufen. ³Eine Wiederwahl ist frühestens sechs Monate vor Ablauf der Amtszeit zulässig; sie muss spätestens drei Monate vor Ablauf der Amtszeit vorgenommen werden.
(2) ¹Die ehrenamtlichen Mitglieder des Magistrats werden von der Stadtverordnetenversammlung für die Dauer ihrer Wahlperiode gewählt. ²Bei der Wahl sind die Vorschläge der Fraktionen und Gruppen im Verhältnis ihrer Sitze in der Stadtverordnetenversammlung (d'Hondt) zu berücksichtigen. ³Maßgebend ist die Stärke der Fraktionen und Gruppen in der ersten Sitzung einer Wahlperiode. ⁴Scheidet ein ehrenamtliches Magistratsmitglied aus dem Magistrat aus, so findet eine Ersatzwahl statt. ⁵Satz 3 gilt entsprechend; vorschlagsberechtigt ist die Fraktion oder Gruppe, auf deren Vorschlag das ausscheidende Magistratsmitglied gewählt wurde.
(3) Für die ehrenamtlichen Mitglieder des Magistrats gilt § 25 Absatz 2 und 3 entsprechend.
(4) Ehrenamtliche Mitglieder des Magistrats üben ihre Tätigkeit nach Ablauf der Wahlperiode der Stadtverordnetenversammlung bis zum Amtsantritt ihrer Nachfolgerinnen und Nachfolger aus.

§ 48 Voraussetzungen für die Wahl der Magistratsmitglieder
(1) ¹Zum Mitglied des Magistrats kann gewählt werden, wer zur Stadtverordnetenversammlung wählbar ist. ²Für hauptamtliche Magistratsmitglieder sind Wohnsitz oder dauernder Aufenthalt in der Stadt jedoch nicht Voraussetzung der Wählbarkeit. ³Wer gegen Entgelt im Dienste der Stadt oder einer Gesellschaft steht, an der die Stadt mit mehr als 50 vom Hundert beteiligt ist, kann nicht Mitglied des Magistrats sein.
(2) Zum Mitglied des Magistrats kann nicht gewählt werden, wer mit einem anderen Mitglied des Magistrats verheiratet ist oder in eingetragener Lebenspartnerschaft lebt oder bis zum dritten Grade verwandt oder bis zum zweiten Grade verschwägert ist.
(3) Die Mitglieder des Magistrats werden von der Stadtverordnetenvorsteherin oder dem Stadtverordnetenvorsteher vereidigt und in ihr Amt eingeführt.

§ 49 Entzug des Vertrauens
(1) ¹Die Stadtverordnetenversammlung kann ein hauptamtliches Magistratsmitglied vor Ablauf seiner Amtszeit abberufen. ²Der Beschluss bedarf der Mehrheit von zwei Dritteln der Mitglieder der Stadtverordnetenversammlung in zwei Sitzungen. ³Zwischen den Sitzungen der Stadtverordnetenversammlung muss mindestens ein Zeitraum von vier Wochen liegen.
(2) Gleiches gilt für ehrenamtliche Magistratsmitglieder mit der Maßgabe, dass der Antrag von der Fraktion oder Gruppe zu stellen ist, auf deren Vorschlag das ehrenamtliche Magistratsmitglied in den Magistrat gewählt wurde.
(3) Die an ein abberufenes hauptamtliches Magistratsmitglied zu zahlende Versorgung steht der Berufung eines neuen Magistratsmitgliedes nicht entgegen.

§ 50 Aufgaben des Magistrats
(1) ¹Der Magistrat ist die Verwaltungsbehörde der Stadt. ²Er besorgt nach den Beschlüssen der Stadtverordnetenversammlung und im Rahmen der bereitgestellten Mittel die laufende Verwaltung der Stadt. ³Er hat insbesondere
1. das geltende Recht und die in Auftragsangelegenheiten oder seitens des Senats der Freien Hansestadt Bremen als Aufsichtsbehörde ergehenden Weisungen durchzuführen,
2. die Beschlüsse der Stadtverordnetenversammlung vorzubereiten und durchzuführen,
3. die öffentlichen Einrichtungen und Betriebe der Stadt sowie das sonstige Vermögen der Stadt zu verwalten und ihre Rechte zu wahren,
4. die Einkünfte der Stadt zu bewirtschaften, die auf dem Haushaltsplan und den besonderen Beschlüssen der Stadtverordnetenversammlung beruhenden Einnahmen und Ausgaben anzuweisen und das Kassen- und Rechnungswesen zu überwachen,
5. die städtischen Abgaben nach den Gesetzen und Beschlüssen der Stadtverordnetenversammlung einzuziehen,
6. die städtischen Bediensteten anzustellen, zu befördern und zu entlassen (vorbehaltlich der Bestimmungen des § 72). Der Stellenplan und die von der Stadtverordnetenversammlung gegebenen Richtlinien sind dabei einzuhalten,
7. die Stadt in Rechtsgeschäften und in Prozessen zu vertreten und die städtischen Urkunden zu vollziehen.

(2) Der Magistrat ist Dienstbehörde und oberste Dienstbehörde sowie Einleitungsbehörde im Sinne des Dienststrafrechts.

§ 51 Geschäftsführung des Magistrats
(1) ¹Die Geschäftsführung des Magistrats ist eine kollegiale. ²Die Sitzungen des Magistrats sind nicht öffentlich. ³Der Magistrat kann nur beschließen, wenn mindestens die Hälfte seiner Mitglieder anwesend ist.
(2) ¹Die Beschlüsse werden mit Stimmenmehrheit gefasst. ²Bei Stimmengleichheit ist die Stimme der oder des Vorsitzenden entscheidend.
(3) Den Vorsitz führt die Oberbürgermeisterin oder der Oberbürgermeister.
(4) Im Übrigen wird die Geschäftsführung des Magistrats durch eine Geschäftsordnung geregelt.

§ 52 Aufgaben der Oberbürgermeisterin, des Oberbürgermeisters
(1) Die Oberbürgermeisterin oder der Oberbürgermeister leitet und beaufsichtigt den Geschäftsgang der Verwaltung.
(2) ¹Die Oberbürgermeisterin oder der Oberbürgermeister kann in dringenden Fällen, wenn die vorherige Entscheidung des Magistrats nicht mehr eingeholt werden kann, die erforderlichen Maßnahmen anordnen. ²Sie oder er hat dem Magistrat hierüber in der nächsten Sitzung zu berichten und seine Bestätigung einzuholen.
(3) ¹Die Oberbürgermeisterin oder der Oberbürgermeister ist Dienstvorgesetze oder Dienstvorgesetzter der städtischen Bediensteten. ²Für die Magistratsmitglieder ist Dienstvorgesetzter der Magistrat.
(4) Bei Verhinderung der Oberbürgermeisterin oder des Oberbürgermeisters übernimmt die Bürgermeisterin oder der Bürgermeister die Aufgaben, die der Oberbürgermeisterin oder dem Oberbürgermeister durch diese Verfassung zugewiesen sind.

§ 53 Jahresbericht
Der Magistrat hat jährlich vor der Festsetzung der Haushaltssatzung in öffentlicher Sitzung der Stadtverordnetenversammlung über die Verwaltung und den Stand der Stadtangelegenheiten zu berichten.

§ 54 Erklärungen
(1) ¹Erklärungen der Stadt werden von der Oberbürgermeisterin oder dem Oberbürgermeister, innerhalb der einzelnen Geschäftsbereiche durch das zuständige Magistratsmitglied, abgegeben. ²Der Magistrat kann auch andere städtische Bedienstete mit der Abgabe von Erklärungen beauftragen.
(2) ¹Erklärungen, durch die die Stadt verpflichtet werden soll, bedürfen der Schriftform. ²Sie sind nur rechtsverbindlich, wenn sie von der Oberbürgermeisterin oder dem Oberbürgermeister oder im Rahmen seines Geschäftsbereiches von einem anderen Mitglied des Magistrats handschriftlich unter der Bezeichnung des Magistrats vollzogen sind. ³Dies gilt nicht für die Geschäfte der laufenden Verwaltung, die für die Stadt nicht von erheblicher Bedeutung sind, sowie für Erklärungen, die eine für das Geschäft oder für den Kreis von Geschäften ausdrücklich bevollmächtigte Person abgibt, wenn die Vollmacht in der Form nach Satz 1 und 2 erteilt ist.

§ 55 Widerspruch gegen Beschlüsse des Magistrats
¹Die Oberbürgermeisterin oder der Oberbürgermeister muss einem Beschluss des Magistrats widersprechen, wenn der Beschluss nach ihrer oder seiner Auffassung das Recht verletzt. ²Der Widerspruch ist schriftlich zu begründen, er hat aufschiebende Wirkung. ³Über die strittige Angelegenheit ist in einer neuen Sitzung des Magistrats nochmals zu beschließen. ⁴Findet die Angelegenheit auf diese Weise nicht ihre Erledigung, so hat die Oberbürgermeisterin oder der Oberbürgermeister die Entscheidung des Senats der Freien Hansestadt Bremen anzurufen.

Abschnitt 3
Verwaltung von Sondervermögen

§ 56 Eigenbetriebe
(1) Eigenbetriebe als organisatorisch und wirtschaftlich selbstständige Einrichtungen der Stadt ohne eigene Rechtspersönlichkeit werden in ihrem jeweiligen Aufgabenbereich vom Leitungsorgan selbstständig und eigenverantwortlich nach wirtschaftlichen Gesichtspunkten geführt.
(2) Dem Leitungsorgan kann die außergerichtliche Vertretung der Stadt in den Angelegenheiten, die der Entscheidung des Betriebes unterliegen, die Entscheidung über Einstellung, Eingruppierung

und Entlassung der Beschäftigten sowie über deren sonstige Personalangelegenheiten und das Recht übertragen werden, Betriebsangehörige in einzelnen Angelegenheiten oder bestimmten Sachgebieten mit der Vertretung zu beauftragen.
(3) Das Nähere wird durch Ortsgesetz geregelt.

Teil 4
Stadtwirtschaft

Abschnitt 1
Stadtvermögen

§ 57 Verwaltungsgrundsätze
(1) Das Vermögen ist pfleglich und wirtschaftlich zu verwalten.
(2) Über das Vermögen und die Schulden ist ein Nachweis zu führen.

§ 58 Vermögenserwerb
Die Stadt soll Vermögensgegenstände nur erwerben, soweit sie zur Erfüllung ihrer Aufgaben in absehbarer Zeit erforderlich sind.

§ 59 Vermögensveräußerung
(1) Vermögensgegenstände dürfen nur veräußert werden, wenn sie zur Erfüllung der Aufgaben der Stadt in absehbarer Zeit nicht benötigt werden.
(2) ¹Eine Veräußerung von Unternehmen der Stadt, auf die die öffentliche Hand aufgrund Eigentum, finanzieller Beteiligung, Satzung oder sonstiger Bestimmungen, die die Tätigkeit des Unternehmens regeln, unmittelbar oder mittelbar einen beherrschenden Einfluss ausüben kann und die
1. Verkehrsleistungen oder Leistungen der Abfall- oder Abwasserentsorgung oder der Energie- oder Wasserversorgung für die Allgemeinheit erbringen,
2. wesentliche Beiträge zur wirtschaftlichen, verkehrlichen oder kulturellen Infrastruktur leisten,
3. geeignet sind, die Verwirklichung des Anspruchs auf eine angemessene Wohnung nach Artikel 14 Absatz 1 der Landesverfassung zu fördern oder
4. der allgemeinen Versorgung der Bevölkerung mit Krankenhäusern dienen,

ist nur aufgrund eines Ortsgesetzes möglich. ²Ein solches Ortsgesetz tritt nicht vor Ablauf von drei Monaten nach seiner Verkündung in Kraft. ³Als Veräußerung gilt jedes Rechtsgeschäft, welches den beherrschenden Einfluss der Stadt beseitigt. ⁴Auf kleine Kapitalgesellschaften und auf Kredit- und Finanzdienstleistungsinstitute findet diese Vorschrift keine Anwendung. ⁵Gleiches gilt, wenn die Veräußerung bei Entstehen der Beherrschung beabsichtigt war und zeitnah erfolgt.

§ 60 Verwendung des Erlöses
¹Der Erlös aus der Veräußerung von Vermögensgegenständen ist dem Vermögen zur Erhaltung seines Wertes zuzuführen oder zur außerordentlichen Tilgung von Darlehen zu verwenden. ²Ausnahmsweise darf er zur Verminderung des Darlehensbedarfs zur Deckung von Fehlbeträgen aus Vorjahren verwendet werden, wenn dies nach den Grundsätzen einer ordentlichen Finanzwirtschaft vertretbar ist.

Abschnitt 2
Wirtschaftliche Betätigung

§ 61 Vertretung in wirtschaftlichen Unternehmen
(1) ¹Der Magistrat vertritt die Stadt in der Gesellschafterversammlung oder in dem diesem gleichgestellten Organ der Unternehmen, an denen die Stadt beteiligt ist. ²Bestellt der Magistrat städtische Bedienstete als Vertretung, so sind sie an seine Weisungen gebunden.
(2) ¹In Aufsichtsräte oder ähnliche Organe von Unternehmen, an denen die Stadt beteiligt ist, sind Mitglieder der Stadtverordnetenversammlung und des Magistrats zu entsenden; für den Magistrat können, soweit dieser entsendungsbefugt ist, städtische Bedienstete bestimmt werden. ²Entsprechendes gilt, wenn der Stadt das Recht eingeräumt ist, Mitglieder des Aufsichtsrates oder eines ähnlichen Organs von Unternehmen zu bestellen. ³Soweit die Gesetze nichts anderes bestimmen, sind die von der Stadtverordnetenversammlung Entsandten an die Weisungen der Stadtverordnetenversammlung und die vom Magistrat Entsandten an die Weisungen des Magistrats gebunden.

(3) ¹Werden Vertreterinnen oder Vertreter der Stadt aus dieser Tätigkeit haftbar gemacht, so hat ihnen die Stadt den Schaden zu ersetzen, es sei denn, dass sie ihn vorsätzlich oder grob fahrlässig herbeigeführt haben. ²Auch in diesem Fall ist die Stadt schadensersatzpflichtig, wenn diese Personen nach Weisung der Stadt gehandelt haben.

§ 62 Kreditaufnahmen durch wirtschaftliche Unternehmen, an denen die Stadt beteiligt ist
(1) Vertreterinnen oder Vertreter der Stadt in dem Vorstand, dem Aufsichtsrat oder einem sonstigen Organ einer Gesellschaft, an der die Stadt mit mehr als 75 vom Hundert beteiligt ist, dürfen der Aufnahme von Darlehen und Kassenkrediten nur mit Genehmigung der Stadtverordnetenversammlung zustimmen.
(2) Absatz 1 ist entsprechend anzuwenden, wenn ein Unternehmen an dem die Stadt mit mehr als 75 vom Hundert beteiligt ist, sich an einem anderen Unternehmen beteiligen will.

Abschnitt 3
Schulden

§ 63 Aufnahme von Darlehen
(1) ¹Die Stadt darf Darlehen nur zur Bestreitung eines unabweisbaren Bedarfs und nur insoweit aufnehmen, als sie zu seiner anderweitigen Deckung nicht in der Lage ist. ²Kann der Aufwand für die Verzinsung und Tilgung voraussichtlich nicht durch Mehreinnahmen oder durch Ausgabeersparnisse, die sich aus der Verwendung der Darlehensmittel ergeben, dauernd ausgeglichen werden, so muss die Stadt nachweisen, dass die Verzinsungs- und Tilgungsverpflichtungen mit ihrer dauernden Leistungsfähigkeit im Einklang stehen. ³Der Nachweis gilt in der Regel als erbracht, wenn die Stadt vor Aufnahme des Darlehens bereits einen wesentlichen Betrag für den Darlehenszweck angesammelt hat.
(2) Die Stadt darf ein Darlehen, das sie bis zur Fälligkeit nicht zurückzahlen kann, nur aufnehmen, wenn es sich als Vorwegnahme eines langfristigen Darlehens darstellt, das für den gleichen Zweck rechtlich und tatsächlich gesichert ist oder wenn ein zur Abdeckung des Darlehens ausreichender Erlös aus der Veräußerung von Stadtvermögen bis zur Fälligkeit bestimmt eingeht.

Abschnitt 4
Haushalt

§ 64 Haushaltssatzung
(1) ¹Vor Beginn jeden Rechnungsjahres hat die Stadtverordnetenversammlung den Haushaltsplan durch Ortsgesetz (Haushaltssatzung) festzustellen. ²Die Haushaltssatzung enthält die Festsetzung
1. der zu erwartenden Einnahmen und der voraussichtlich zu leistenden Ausgaben und der voraussichtlich benötigten Verpflichtungsermächtigungen,
2. der Steuersätze (Hebesätze), soweit sie für jedes Rechnungsjahr festzusetzen sind,
3. des Höchstbetrages der Kassenkredite,
4. des Gesamtbetrages der Darlehen.

(2) Die Haushaltssatzung ist in der Regel so rechtzeitig zu verabschieden, dass sie nach Möglichkeit sechs Wochen vor Beginn des Rechnungsjahres dem Senat vorgelegt werden kann.

§ 65 Haushaltsplan
(1) Der im Rahmen der Haushaltssatzung zu beschließende Haushaltsplan muss alle voraussehbaren Einnahmen und Ausgaben des kommenden Rechnungsjahres enthalten.
(2) Die Stadtverordnetenversammlung ist dafür verantwortlich, dass
1. der Haushaltsplan die Mittel bereitstellt, die erforderlich sind, um die der Stadt obliegenden Aufgaben ausreichend zu erfüllen,
2. der Haushaltsplan unter Berücksichtigung etwaiger Fehlbeträge aus Vorjahren ausgeglichen ist.

§ 66 Genehmigung und Bekanntmachung
Die Haushaltssatzung ist nach der Genehmigung durch den Senat mit dem Gesamtplan im Gesetzblatt der Freien Hansestadt Bremen zu verkünden.

Abschnitt 5
Rechnungsprüfung
§ 67 Prüfung der Haushaltsrechnung und der Vermögensrechnung
(1) Der Magistrat leitet die Haushaltsrechnung innerhalb von neun Monaten nach Ende des Haushaltsjahres zunächst dem Rechnungsprüfungsamt zur Prüfung zu.
(2) Die Prüfung erstreckt sich auf die Einhaltung der für die Haushalts- und Wirtschaftsführung geltenden Vorschriften und Grundsätze, insbesondere darauf, ob
1. die Haushaltssatzung und der Haushaltsplan eingehalten worden sind,
2. die Einnahmen und Ausgaben begründet und belegt sind und die Haushaltsrechnung und der Vermögensnachweis ordnungsgemäß aufgestellt sind,
3. wirtschaftlich und sparsam verfahren wird,
4. die Aufgabe mit geringerem Personal- oder Sachaufwand oder auf andere Weise wirksam erfüllt werden kann.
(3) [1]Das Rechnungsprüfungsamt führt die Prüfung innerhalb von sechs Monaten nach Zuleitung der Haushaltsrechnung durch. [2]Die Ergebnisse werden in einem Schlussbericht zusammengefasst. [3]Der Schlussbericht ist unverzüglich dem Magistrat vorzulegen.

§ 68 Weiterleitung an den Finanzausschuss
Nach Vorliegen des Schlussberichts des Rechnungsprüfungsamtes leitet der Magistrat die Haushaltsrechnung und den Schlussbericht einschließlich dazu ergangener Stellungnahmen dem Finanzausschuss zur Beratung zu.

§ 69 Übergeordnete Prüfung
Nach der Befassung im Finanzausschuss leitet der Magistrat die Haushaltsrechnung zusammen mit dem Schlussbericht des Rechnungsprüfungsamtes sowie den weiteren Unterlagen der nach Landesrecht für die Durchführung der überörtlichen Gemeindeprüfung zuständigen Stelle zu.

§ 70 Entlastung
(1) [1]Nach Vorliegen der Berichte nach §§ 67 bis 69 leitet der Magistrat die Haushaltsrechnung und die Berichte dem Finanzausschuss zu. [2]Dieser prüft die Haushaltsrechnung, berät sie gemeinsam mit den Berichten nach §§ 67 und 69 und erstellt einen Schlussbericht. [3]Nach Abschluss dieser Prüfung leitet der Magistrat die Haushaltsrechnung und die Schlussberichte der Stadtverordnetenversammlung zu.
(2) In der Sitzung der Stadtverordnetenversammlung, in der über die Entlastung des Magistrats entschieden werden soll, berichtet ein Mitglied des Finanzausschusses über das Ergebnis der Prüfungen.
(3) Die Stadtverordnetenversammlung kann die Entlastung vorbehaltlos oder mit Einschränkungen aussprechen oder unter Angabe der Gründe die Entlastung versagen.

§ 71 Veröffentlichungen
[1]Die Haushaltsrechnung, die Berichte nach §§ 67, 69 und 70 Absatz 1, die Beschlüsse und weiteren Unterlagen sind in geeigneter Weise zu veröffentlichen. [2]In öffentlicher Sitzung zu behandelnde Schlussberichte, Beschlüsse und die weiteren Unterlagen sind unter Berücksichtigung der Regelungen der §§ 3, 5 bis 6a des Bremer Informationsfreiheitsgesetzes zu verfassen.

§ 72 Rechnungsprüfungsamt
(1) Das Rechnungsprüfungsamt ist der Stadtverordnetenversammlung gegenüber unmittelbar verantwortlich und ihr unmittelbar unterstellt.
(2) [1]Die Bediensteten des Rechnungsprüfungsamtes werden vom Magistrat auf Vorschlag der Stadtverordnetenversammlung bestellt, befördert und entlassen. [2]Sie dürfen eine andere Stellung in der Stadt nur innehaben, wenn dies mit der Unabhängigkeit und den Aufgaben des Rechnungsprüfungsamtes vereinbar ist.
(3) [1]Die Leiterin oder der Leiter des Rechnungsprüfungsamtes muss eine gründliche Erfahrung im Kommunalwesen, insbesondere auf dem Gebiet des gemeindlichen Haushalts-, Kassen- und Rechnungswesens besitzen. [2]Die Bediensteten des Rechnungsprüfungsamtes dürfen mit der Stadtverordnetenvorsteherin oder dem Stadtverordnetenvorsteher, mit den Mitgliedern des Magistrats oder mit der Kassenleitung weder bis zum dritten Grade verwandt, noch bis zum zweiten Grade verschwägert oder durch Ehe oder eingetragene Lebenspartnerschaft verbunden sein.

(4) Die Bediensteten des Rechnungsprüfungsamtes dürfen Zahlungen weder anordnen noch durchführen.

§ 73 Aufgaben des Rechnungsprüfungsamtes
(1) ¹Das Rechnungsprüfungsamt hat die Rechnungen, das Vermögen und die Schulden, die Verwahrungen und die Vorschüsse, die Wirtschaftsführung der wirtschaftlichen Unternehmen und die Betätigung der Stadt als Gesellschafter oder Aktionär in Unternehmen mit eigener Rechtspersönlichkeit zu prüfen. ²Das Nähere regelt ein Ortsgesetz (Rechnungsprüfungsordnung).
(2) Die Stadtverordnetenversammlung kann dem Rechnungsprüfungsamt weitere Aufgaben übertragen.
(3) ¹Stadtverordnetenvorsteherin oder Stadtverordnetenvorsteher und Oberbürgermeisterin oder Oberbürgermeister können dem Rechnungsprüfungsamt Aufträge erteilen. ²Der Verfassungs- und Geschäftsordnungsausschuss ist unverzüglich zu unterrichten.

Teil 5
Aufsicht

§ 74 Aufsichtsbehörde
Der Senat der Freien Hansestadt Bremen übt als Landesregierung die Aufsicht darüber aus, dass die Stadt im Einklang mit den Gesetzen verwaltet wird.

§ 75 Information
Der Senat kann sich jederzeit über die Angelegenheiten der Stadt unterrichten.

§ 76 Beanstandung
¹Der Senat kann den Magistrat anweisen, Beschlüsse und Anordnungen der Stadtverordnetenversammlung, die das bestehende Recht verletzen, zu beanstanden. ²Er kann ferner die Oberbürgermeisterin oder den Oberbürgermeister anweisen, Beschlüsse und Anordnungen des Magistrats unter der gleichen Voraussetzung zu beanstanden.

§ 77 Anordnung
Unterlässt es die Stadt, Beschlüsse zu fassen oder Anordnungen zu treffen, die zur Erfüllung einer der Stadt gesetzlich obliegenden Verpflichtung erforderlich sind, so kann der Senat nach Ablauf der von ihm gestellten Frist anstelle der Stadt das Erforderliche anordnen.

§ 78 Ersatzvornahme
Kommt die Stadt einer Anordnung des Senats nicht innerhalb der bestimmten Zeit nach, so kann der Senat die Anordnungen anstelle und auf Kosten der Stadt selbst durchführen oder die Durchführung einem Dritten übertragen.

§ 79 Bestellung von Beauftragten
¹Wenn und solange der geordnete Gang der Verwaltung der Stadt es erfordert und die Befugnisse des Senats nach §§ 75 bis 77 nicht ausreichen, so kann der Senat eine Beauftragte oder einen Beauftragten bestellen, die oder der alle oder einzelne Aufgaben der Stadt auf Kosten der Stadt wahrnimmt. ²Beauftragte haben die Stellung eines Organes der Stadt.

Teil 6
Schlussvorschriften

§ 80 Inkrafttreten, Außerkrafttreten
¹Diese Verfassung tritt am 1. Januar 2016 in Kraft. ²Gleichzeitig tritt die Verfassung für die Stadt Bremerhaven in der Fassung der Bekanntmachung vom 13. Oktober 1971 (Brem.GBl. S. 243), die zuletzt durch Ortsgesetz vom 12. Februar 2015 (Brem.GBl. S. 193) geändert worden ist, außer Kraft.

Bremisches Polizeigesetz (BremPolG)

In der Fassung der Bekanntmachung vom 6. Dezember 2001*) (Brem.GBl. S. 441)
(205-a-1)
zuletzt geändert durch G vom 14. November 2017 (Brem.GBl. S. 565)

Inhaltsübersicht

Erster Teil:
Das Recht der Polizei

1. Abschnitt:
Aufgaben und allgemeine Vorschriften

§ 1	Aufgaben der Polizei
§ 2	Begriffsbestimmungen
§ 3	Grundsatz der Verhältnismäßigkeit
§ 4	Ermessen, Wahl der Mittel
§ 5	Verantwortlichkeit für das Verhalten von Personen
§ 6	Verantwortlichkeit für den Zustand von Sachen
§ 7	Inanspruchnahme nicht verantwortlicher Personen
§ 8	Verantwortlichkeit nach anderen Vorschriften
§ 9	Einschränkung von Grundrechten

2. Abschnitt:
Befugnisse

1. Unterabschnitt:
Allgemeine und besondere Befugnisse der Polizei

§ 10	Allgemeine Befugnisse
§ 11	Identitätsfeststellung, Prüfung von Berechtigungsscheinen
§ 11a	Kontrollstellen
§ 11b	Erkennungsdienstliche Maßnahmen
§ 12	Vorladung
§ 13	Befragung und Auskunftspflicht
§ 14	Platzverweisung
§ 14a	Wohnungsverweisung und Rückkehrverbot zum Schutz vor häuslicher Gewalt
§ 15	Gewahrsam
§ 16	Richterliche Entscheidung
§ 17	Rechte bei Freiheitsentziehungen
§ 18	Dauer der Freiheitsentziehung
§ 19	Durchsuchung von Personen
§ 20	Durchsuchung von Sachen
§ 21	Betreten und Durchsuchung von Wohnungen
§ 22	Verfahren beim Betreten und bei der Durchsuchung von Wohnungen
§ 23	Sicherstellung
§ 24	Durchführung der Sicherstellung
§ 25	Verwertung, Einziehung, Vernichtung
§ 26	Herausgabe sichergestellter Sachen oder des Erlöses
§ 26a	Sicherstellung privater Grundstücke, Gebäude oder Gebäude- oder Grundstücksteile zur Flüchtlingsunterbringung

2. Unterabschnitt:
Befugnisse zur Informationsverarbeitung

§ 27	Grundsätze der Datenerhebung
§ 28	Datenerhebung
§ 29	Datenerhebung bei öffentlichen Veranstaltungen und Ansammlungen, an besonders gefährdeten Objekten und im öffentlichen Verkehrsraum
§ 30	Datenerhebung mit besonderen Mitteln und Methoden
§ 31	Polizeiliche Beobachtung
§ 32	Datenerhebung durch Observation
§ 33	Datenerhebung durch den verdeckten Einsatz technischer Mittel
§ 34	Datenerhebung durch Vertrauenspersonen
§ 35	Datenerhebung durch den Einsatz verdeckt ermittelnder Personen
§ 36	Parlamentarische Kontrolle
§ 36a	Speicherung, Veränderung und Nutzung personenbezogener Daten, Zweckbindung
§ 36b	Speicherung, Veränderung und Nutzung personenbezogener Daten zu anderen Zwecken
§ 36c	Allgemeine Regeln der Datenübermittlung
§ 36d	Datenübermittlung innerhalb der Polizei
§ 36e	Automatisiertes Abrufverfahren
§ 36f	Datenübermittlung an andere öffentliche Stellen, an ausländische öffentliche Stellen sowie an über- und zwischenstaatliche Stellen

---

*) Neubekanntmachung des Bremischen Poizeigesetzes vom 21. März 1983 (Brem.GBl. S. 141, 301).

§ 36g	Datenübermittlung an Personen oder Stellen außerhalb des öffentlichen Bereichs, Bekanntgabe an die Öffentlichkeit		Zweiter Teil: **Organisation der Polizei**

§ 36g Datenübermittlung an Personen oder Stellen außerhalb des öffentlichen Bereichs, Bekanntgabe an die Öffentlichkeit
§ 36h Datenabgleich
§ 36i Datenabgleich mit anderen Dateien
§ 36j Dateibeschreibung
§ 36k Berichtigung, Löschung und Sperrung von Daten

3. Abschnitt:
Vollzugshilfe

§ 37 Vollzugshilfe
§ 38 Verfahren
§ 39 Vollzugshilfe bei Freiheitsentziehungen

4. Abschnitt:
Zwang

§ 40 Allgemeines
§ 41 Unmittelbarer Zwang
§ 42 Handeln auf Anordnung
§ 43 Hilfeleistung für Verletzte
§ 44 Androhung unmittelbaren Zwangs
§ 45 Fesselung von Personen
§ 46 Allgemeine Vorschriften für den Schusswaffengebrauch
§ 47 Schusswaffengebrauch gegen Personen

5. Abschnitt:
Polizeiverordnungen

§ 48 Begriff
§ 49 Zuständigkeit
§ 50 Vorlagepflicht – Zustimmungserfordernis
§ 51 Selbsteintrittsrecht der Fachaufsichtsbehörde
§ 52 Inhaltliche Grenzen
§ 53 Formerfordernisse
§ 54 Bußgeldvorschrift
§ 55 Geltungsdauer von Polizeiverordnungen

6. Abschnitt:
Schadensausgleich, Erstattungs- und Ersatzansprüche

§ 56 Zum Schadensausgleich verpflichtende Tatbestände
§ 57 Schadensausgleich bei Vermögensschäden und bei Freiheitsentziehung
§ 58 Schadensausgleich bei Gesundheitsschäden
§ 59 Verjährung des Ausgleichsanspruchs
§ 60 Ausgleichspflichtiger; Erstattungsansprüche
§ 61 Rückgriff gegen den Verantwortlichen
§ 62 Rechtsweg

Zweiter Teil:
Organisation der Polizei

1. Abschnitt:
Polizeihoheit und Aufgabenverteilung

§ 63 Träger der Polizeihoheit
§ 64 Wahrnehmung polizeilicher Aufgaben

2. Abschnitt:
Polizeibehörden

§ 65 Allgemeine Polizeibehörden
§ 66 Sonderpolizeibehörden
§ 67 Gliederung der allgemeinen Polizeibehörden
§ 67a Kommunaler Ordnungsdienst
§ 68 Aufsicht über die Polizeibehörden
§ 69 Weisungsrecht, Selbsteintritt, Unterrichtungspflicht

3. Abschnitt:
Polizeivollzugsdienst

§ 70 Polizeivollzugsdienst des Landes
§ 71 Aufgaben der Polizei Bremen
§ 72 Aufgaben des Landeskriminalamts
§ 73 Vollzugspolizeiliche Aufgaben des Senators für Inneres
§ 74 Polizeivollzugsdienst der Stadtgemeinde Bremerhaven
§ 75 Unterstützung und gemeinsamer Einsatz
§ 76 Hilfspolizeibeamte
§ 77 Aufsicht über den Polizeivollzugsdienst

4. Abschnitt:
Zuständigkeiten

§ 78 Örtliche Zuständigkeit
§ 79 Sachliche Zuständigkeit
§ 80 Außerordentliche sachliche Zuständigkeit
§ 81 Amtshandlungen von Polizeivollzugsbeamten anderer Länder und des Bundes
§ 82 Amtshandlungen von bremischen Polizeivollzugsbeamten außerhalb des Zuständigkeitsbereichs des Landes Bremen

Dritter Teil:
Die Kosten der Polizei

§ 83 Kosten

Vierter Teil:
Übergangs- und Schlussbestimmungen

§ 84 Überleitung der Zuständigkeiten
§ 85 Weitergeltung von Polizeiverordnungen und anderen Rechtsvorschriften
§ 86 Anwendung unmittelbaren Zwanges durch Nichtpolizeibehörden
§ 87 Änderung von Landesgesetzen
§ 87a Übergangsvorschrift
§ 88 Inkrafttreten

Erster Teil
Das Recht der Polizei

1. Abschnitt
Aufgaben und allgemeine Vorschriften

§ 1 Aufgaben der Polizei

(1) ¹Die Polizei hat die Aufgabe, Gefahren für die öffentliche Sicherheit abzuwehren. ²Sie trifft dazu auch Vorbereitungen, um künftige Gefahren abwehren zu können. ³Die Abwehr von Gefahren für die öffentliche Sicherheit umfasst auch die Verhütung von Straftaten.

(2) Der Schutz privater Rechte obliegt der Polizei nach diesem Gesetz nur dann, wenn gerichtlicher Schutz nicht rechtzeitig zu erlangen ist und ohne polizeiliche Hilfe die Verwirklichung des Rechts vereitelt oder wesentlich erschwert werden würde.

(3) Der Polizeivollzugsdienst leistet anderen Behörden Vollzugshilfe (§§ 37 bis 39).

(4) Die Polizei hat ferner die Aufgaben zu erfüllen, die ihr durch andere Rechtsvorschriften übertragen worden sind.

§ 2 Begriffsbestimmungen

Im Sinne dieses Gesetzes ist

1. Polizei:
   die Verwaltungsbehörden, soweit ihnen Aufgaben der Gefahrenabwehr übertragen worden sind (Polizeibehörden), sowie Behörden (§ 70), Dienststellen (§ 64 Abs. 2) und Beamte der Vollzugspolizei (Polizeivollzugsdienst), ferner Hilfspolizeibeamte (§ 76);
2. Öffentliche Sicherheit:
   die Unverletzlichkeit der Rechtsordnung, der subjektiven Rechte und Rechtsgüter des einzelnen sowie der Einrichtungen und Veranstaltungen des Staates oder sonstiger Träger der Hoheitsgewalt;
3. a) Gefahr:
      eine Sachlage, bei der im einzelnen Falle die hinreichende Wahrscheinlichkeit besteht, dass in absehbarer Zeit ein Schaden für die öffentliche Sicherheit eintreten wird;
   b) gegenwärtige Gefahr:
      eine Sachlage, bei der die Einwirkung des schädigenden Ereignisses bereits begonnen hat oder bei der diese Einwirkung unmittelbar oder in allernächster Zeit mit einer an Sicherheit grenzenden Wahrscheinlichkeit bevorsteht;
   c) erhebliche Gefahr:
      eine Gefahr für ein bedeutsames Rechtsgut, wie Bestand des Staates, Leben, Gesundheit, Freiheit oder nicht unwesentliche Vermögenswerte;
   d) Gefahr für Leib oder Leben:
      eine Sachlage, bei der eine nicht nur leichte Körperverletzung oder der Tod einzutreten droht;
4. Straftat:
   eine rechtswidrige Tat, die den objektiven Tatbestand eines Strafgesetzes verwirklicht.
5. Straftat von erheblicher Bedeutung:
   a) ein Verbrechen, mit Ausnahme einer Straftat nach den §§ 154 und 155 des Strafgesetzbuchs,
   b) die in § 138 des Strafgesetzbuches genannten Vergehen, sowie Vergehen nach den §§ 85 bis 89, 98, 99, 129, 130, 174 bis 176 des Strafgesetzbuchs und
   c) gewerbs- oder bandenmäßig begangene Vergehen nach
      aa) den §§ 243, 244, 253, 260, 263, 263a, 266, 291 des Strafgesetzbuchs,
      bb) § 52 Abs. 1 und 3 des Waffengesetzes,
      cc) § 29 Abs. 3 Satz 2 Nr. 1 des Betäubungsmittelgesetzes,
      dd) § 96 des Aufenthaltsgesetzes.
6. Kontakt- oder Begleitperson:
   eine Person, die mit einer anderen Person, von der Tatsachen die Annahme rechtfertigen, dass diese eine Straftat von erheblicher Bedeutung begehen wird, in einer Weise in Verbindung steht, die erwarten lässt, dass durch sie Hinweise über die angenommene Straftat gewonnen werden können.

§ 3 Grundsatz der Verhältnismäßigkeit
(1) Von mehreren möglichen und geeigneten Maßnahmen hat die Polizei diejenige zu treffen, die den Einzelnen und die Allgemeinheit voraussichtlich am wenigsten beeinträchtigt.
(2) Eine Maßnahme darf nicht zu einem Nachteil führen, der zu dem erstrebten Erfolg erkennbar außer Verhältnis steht.
(3) Die Maßnahme ist nur solange zulässig, bis ihr Zweck erreicht ist oder sich zeigt, dass er nicht erreicht werden kann.

§ 4 Ermessen, Wahl der Mittel
(1) Die Polizei trifft ihre Maßnahmen nach pflichtgemäßem Ermessen.
(2) ¹Kommen zur Abwehr einer Gefahr mehrere Mittel in Betracht, so genügt es, wenn eines davon bestimmt wird. ²Dem Betroffenen ist auf Antrag zu gestatten, ein anderes ebenso wirksames Mittel anzuwenden, sofern die Allgemeinheit dadurch nicht stärker beeinträchtigt wird.

§ 5 Verantwortlichkeit für das Verhalten von Personen
(1) Verursacht eine Person eine Gefahr, so sind die Maßnahmen gegen sie zu richten.
(2) Ist die Person noch nicht 14 Jahr alt oder ist für sie ein Betreuer bestellt, so dürfen Maßnahmen auch gegen die Person gerichtet werden, die zur Aufsicht über sie verpflichtet ist.
(3) Verursacht eine Person, die zu einer Verrichtung bestellt ist, die Gefahr in Ausführung der Verrichtung, so dürfen Maßnahmen auch gegen die Personen gerichtet werden, welche die andere zu der Verrichtung bestellt hat.

§ 6 Verantwortlichkeit für den Zustand von Sachen
(1) Geht von einer Sache eine Gefahr aus, so sind die Maßnahmen gegen den Inhaber der tatsächlichen Gewalt zu richten.
(2) ¹Maßnahmen dürfen auch gegen den Eigentümer oder einen anderen Berechtigten gerichtet werden. ²Das gilt nicht, wenn der Inhaber der tatsächlichen Gewalt diese ohne Willen des Eigentümers oder Berechtigten ausübt.
(3) Geht die Gefahr von einer herrenlosen Sache aus, so dürfen die Maßnahmen gegen die Person gerichtet werden, die das Eigentum an der Sache aufgegeben hat.

§ 7 Inanspruchnahme nicht verantwortlicher Personen
(1) Die Polizei darf Maßnahmen gegen andere Personen als die nach den §§ 5 oder 6 Verantwortlichen richten, wenn
1. eine gegenwärtige erhebliche Gefahr abzuwehren ist,
2. Maßnahmen gegen die nach den §§ 5 oder 6 Verantwortlichen nicht oder nicht rechtzeitig möglich sind oder keinen Erfolg versprechen,
3. die Polizei die Gefahr nicht oder nicht rechtzeitig selbst oder durch Beauftragte abwehren kann und
4. die Personen ohne erhebliche eigene Gefährdung und ohne Verletzung höherwertiger Pflichten in Anspruch genommen werden können.

(2) Die Maßnahmen nach Absatz 1 dürfen nur aufrecht erhalten werden, solange die Abwehr der Gefahr nicht auf andere Weise möglich ist.

§ 8 Verantwortlichkeit nach anderen Vorschriften
Soweit die §§ 10 bis 35 Maßnahmen auch gegen andere Personen zulassen, werden die §§ 5 bis 7 nicht angewandt.

§ 9 Einschränkung von Grundrechten
Durch dieses Gesetz werden die Grundrechte auf
– Körperliche Unversehrtheit
  (Artikel 2 Abs. 2 Satz 1 des Grundgesetzes)
– Freiheit der Person
  (Artikel 2 Abs. 2 Satz 2 des Grundgesetzes)
– Freizügigkeit
  (Artikel 11 des Grundgesetzes)
– Unverletzlichkeit der Wohnung
  (Artikel 13 des Grundgesetzes)
eingeschränkt.

2. Abschnitt
Befugnisse
1. Unterabschnitt
Allgemeine und besondere Befugnisse der Polizei

§ 10 Allgemeine Befugnisse

(1) ¹Die Polizei darf die notwendigen Maßnahmen treffen, um eine im einzelnen Fall bestehende Gefahr für die öffentliche Sicherheit abzuwehren, soweit nicht die §§ 11 bis 35 die Befugnisse der Polizei besonders regeln. ²Die Beschränkung auf die im einzelnen Falle bestehende Gefahr gilt nicht für den Erlass von Polizeiverordnungen.

(2) ¹Zur Erfüllung der Aufgaben, die der Polizei durch andere Rechtsvorschriften übertragen sind, hat sie die dort vorgesehenen Befugnisse. ²Soweit solche Rechtsvorschriften für ihren Anwendungsbereich Befugnisse der Polizei nicht oder nicht abschließend regeln, hat sie die Befugnisse, die ihr nach diesem Gesetz zustehen.

(3) Die zivil- und strafrechtlichen Vorschriften über Notwehr, Nothilfe oder Notstand begründen keine polizeilichen Befugnisse.

§ 11 Identitätsfeststellung, Prüfung von Berechtigungsscheinen

(1) Die Polizei darf die Identität einer Person feststellen
1. zur Abwehr einer Gefahr,
2. wenn die Person an einem Ort angetroffen wird, von dem aufgrund tatsächlicher Anhaltspunkte erfahrungsgemäß anzunehmen ist, dass
    a) dort Straftaten von erheblicher Bedeutung verabredet, vorbereitet oder verübt werden oder
    b) sich dort Straftäter verbergen und diese Maßnahme zur Verhütung von Straftaten geboten erscheint,
3. die an einer Kontrollstelle (§ 11a) angetroffen wird,
4. wenn sie in einer Verkehrs- oder Versorgungsanlage oder -einrichtung, einem öffentlichen Verkehrsmittel, Amtsgebäude oder einer anderen besonders gefährdeten Einrichtung oder Anlage oder in unmittelbarer Nähe hiervon angetroffen wird und Tatsachen die Annahme rechtfertigen, dass in oder an Objekten dieser Art Straftaten begangen werden sollen, durch die in oder an diesem Objekt befindliche Personen oder diese Objekte selbst unmittelbar gefährdet sind und dies aufgrund der Gefährdungslage oder auf Grund von auf die Person bezogenen Anhaltspunkten erforderlich ist.

(2) ¹Zur Feststellung der Identität darf die Polizei die erforderlichen Maßnahmen treffen. ²Sie darf insbesondere
1. den Betroffenen anhalten,
2. den Ort der Kontrolle absperren,
3. den Betroffenen nach seinen Personalien befragen,
4. verlangen, dass der Betroffene mitgeführte Ausweispapiere aushändigt,
5. den Betroffenen festhalten,
6. den Betroffenen und die von ihm mitgeführten Sachen nach Gegenständen durchsuchen, die zur Identitätsfeststellung dienen,
7. erkennungsdienstliche Maßnahmen anordnen,
8. den Betroffenen zur Dienststelle bringen.

(3) Wird eine Person angehalten und kann ein Datenabgleich nach § 36h nicht bis zum Abschluss der Identitätsfeststellung vorgenommen werden, so darf die Person weiterhin für den Zeitraum festgehalten werden, der für die unverzügliche Durchführung eines Datenabgleichs notwendig ist.

(4) ¹Maßnahmen nach Absatz 2 Nr. 5 bis 8 darf die Polizei nur durchführen, wenn die Identität auf andere Weise nicht oder nur unter unverhältnismäßigen Schwierigkeiten festgestellt werden kann. ²Gegen eine Person, die nicht nach den §§ 5 und 6 verantwortlich ist, dürfen Maßnahmen nach Absatz 2 Nr. 7 und 8 gegen ihren Willen nicht durchgeführt werden, es sei denn, dass sie Angaben über die Identität verweigert oder bestimmte Tatsachen den Verdacht einer Täuschung über die Identität begründen.

(5) Die Polizei darf verlangen, dass ein Berechtigungsschein zur Prüfung ausgehändigt wird, wenn der Betroffene aufgrund einer Rechtsvorschrift dazu verpflichtet ist, ihn mitzuführen.

§ 11a Kontrollstellen

(1) Kontrollstellen dürfen durch den Polizeivollzugsdienst auf öffentlichen Straßen oder Plätzen oder an anderen öffentlich zugänglichen Orten nur eingerichtet werden, wenn Tatsachen die Annahme rechtfertigen, dass
1. eine Straftat von erheblicher Bedeutung,
2. eine Straftat nach den §§ 125 oder 125a des Strafgesetzbuchs,
3. eine Straftat nach § 27 des Versammlungsgesetzes

begangen werden soll und die Kontrollstellen zur Verhütung einer der vorgenannten Straftaten erforderlich sind.

(2) Die Einrichtung einer Kontrollstelle bedarf der Anordnung durch die Behördenleitung; § 30 gilt entsprechend.

(3) ¹Die an einer Kontrollstelle erhobenen personenbezogenen Daten sind, wenn sie zur Verhütung einer der vorgenannten Straftaten nicht erforderlich sind, unverzüglich, spätestens aber nach einem Monat zu löschen. ²Dies gilt nicht, soweit die Daten zur Verfolgung einer Straftat oder einer nicht nur geringfügigen Ordnungswidrigkeit benötigt werden.

§ 11b Erkennungsdienstliche Maßnahmen

(1) Die Polizei darf erkennungsdienstliche Maßnahmen vornehmen
1. zur Identitätsfeststellung nach § 11, soweit die Identität nicht auf andere Weise festgestellt werden kann oder
2. soweit dies zur Verhütung von Straftaten erforderlich ist, weil die betroffene Person verdächtig ist, eine Tat begangen zu haben, die mit Strafe bedroht ist, und wegen der Art und Ausführung der Tat die Gefahr der Wiederholung besteht.

(2) ¹Ist die Identität nach Absatz 1 Nr. 1 festgestellt und die weitere Aufbewahrung der im Zusammenhang mit der Feststellung angefallenen erkennungsdienstlichen Unterlagen auch nach Absatz 1 Nr. 2 nicht erforderlich oder sind die Voraussetzungen nach Absatz 1 Nr. 2 entfallen, so sind die erkennungsdienstlichen Unterlagen zu vernichten und die personenbezogenen Daten zu löschen, es sei denn, dass eine Rechtsvorschrift die weitere Aufbewahrung oder Speicherung zulässt. ²Sind die personenbezogenen Daten oder Unterlagen an andere Stellen übermittelt worden, so sind diese über die Löschung oder Vernichtung zu unterrichten.

(3) Erkennungsdienstliche Maßnahmen sind:
1. die Abnahme von Finger- und Handflächenabdrücken,
2. die Aufnahme von Lichtbildern,
3. die Feststellung äußerer körperlicher Merkmale,
4. Messungen und
5. andere vergleichbare Maßnahmen.

§ 12 Vorladung

(1) Die Polizei darf eine Person schriftlich oder mündlich vorladen, wenn
1. Tatsachen die Annahme rechtfertigen, dass die Person sachdienliche Angaben zur Aufklärung des Sachverhalts in einer bestimmten polizeilichen Angelegenheit machen kann oder
2. das zur Durchführung erkennungsdienstlicher Maßnahmen (§ 11a) erforderlich ist.

(2) ¹Bei der Vorladung soll deren Grund angegeben werden. ²Die Festsetzung des Zeitpunkts soll auf den Beruf und die sonstigen Lebensverhältnisse des Betroffenen Rücksicht nehmen.

(3) Die Polizei darf die Vorladung nicht mit Zwangsmitteln durchsetzen, es sei denn, dass der Betroffene zum Zwecke der Identitätsfeststellung gemäß § 11 Abs. 2 Nr. 8 zur Dienststelle gebracht werden darf oder dass dies zur Durchführung erkennungsdienstlicher Maßnahmen erforderlich ist.

(4) Für die Entschädigung oder Vergütung von Personen, die auf Vorladung als Zeugen erscheinen oder die als Sachverständige herangezogen werden, gilt das Justizvergütungs- und -entschädigungsgesetz entsprechend.

§ 13 Befragung und Auskunftspflicht

(1) Die Polizei darf jede Person befragen, von der Angaben zur Aufklärung eines Sachverhalts in einer bestimmten polizeilichen Angelegenheit erwartet werden können.

(2) ¹Die befragte Person ist zur Auskunft über Familienname, Vorname, Tag und Ort der Geburt, Anschrift der Hauptwohnung und Staatsangehörigkeit verpflichtet, wenn dies für die Erfüllung der

Aufgabe erforderlich ist. ²Eine weitere Auskunftspflicht besteht nur für die nach den §§ 5 und 6 Verantwortlichen und unter den Voraussetzungen des § 7 für die dort genannten Personen sowie für Personen, für die gesetzliche Handlungspflichten bestehen.
(3) Für die Dauer der Befragung darf die Person angehalten werden.
(4) ¹Die Polizei darf bei der Befragung einer Person keinen Zwang anwenden, um eine Aussage herbeizuführen. ²Im Übrigen gelten die §§ 68a und 136a der Strafprozessordnung entsprechend.
(5) ¹Der Polizeivollzugsdienst darf jede in einem bestimmten Gebiet im öffentlichen Verkehrsraum angetroffene Person kurzzeitig anhalten, befragen und verlangen, dass mitgeführte Ausweispapiere zur Prüfung ausgehändigt werden, sowie mitgeführte Sachen in Augenschein nehmen, soweit auf Grund von bestimmten Lageerkenntnissen anzunehmen ist, dass in diesem Gebiet Straftaten von erheblicher Bedeutung in organisierter Form begangen werden sollen und diese Maßnahme zur Verhütung der Straftaten erforderlich ist. ²§ 30 gilt entsprechend.

§ 14 Platzverweisung

(1) ¹Die Polizei darf jede Person vorübergehend von einem Ort verweisen oder ihr vorübergehend das Betreten eines Ortes verbieten, soweit dies zur Abwehr einer Gefahr erforderlich ist. ²Die Platzverweisung darf ferner gegen eine Person angeordnet werden, die den Einsatz der Feuerwehr oder von Hilfs- und Rettungsdiensten behindert.
(2) ¹Rechtfertigen Tatsachen die Annahme, dass eine Person in einem bestimmten örtlichen Bereich eine Straftat begehen wird, so kann ihr für eine bestimmte Zeit verboten werden, diesen Bereich zu betreten oder sich dort aufzuhalten, es sei denn, sie hat dort ihre Wohnung oder sie ist aus einem vergleichbar wichtigen Grund auf das Betreten des Bereichs angewiesen. ²Örtlicher Bereich im Sinne des Satzes 1 ist ein Ort oder ein Gebiet innerhalb der Gemeinde oder das gesamte Gemeindegebiet. ³Die Platzverweisung nach Satz 1 ist zeitlich und örtlich auf den zur Verhütung der Straftat erforderlichen Umfang zu beschränken; soweit im Einzelfall ein besonderes Bedürfnis geltend gemacht wird, kann eine Ausnahme von dem Verbot nach Satz 1 zugelassen werden. ⁴Die Vorschriften des Versammlungsgesetzes bleiben unberührt.

§ 14a Wohnungsverweisung und Rückkehrverbot zum Schutz vor häuslicher Gewalt

(1) ¹Der Polizeivollzugsdienst darf eine Person (betroffene Person) zur Abwehr einer von ihr ausgehenden gegenwärtigen Gefahr für Leib, Leben oder Freiheit einer anderen Person aus einer Wohnung, in der die gefährdete Person wohnt, sowie aus deren unmittelbarer Umgebung verweisen und ihr die Rückkehr in diesen Bereich untersagen. ²Die Maßnahmen nach Satz 1 können auf Wohn- und Nebenräume beschränkt werden. ³Der räumliche Bereich, auf den sich Wohnungsverweisung und Rückkehrverbot beziehen, ist nach dem Erfordernis eines wirkungsvollen Schutzes der gefährdeten Person zu bestimmen und genau zu bezeichnen. ⁴Die Möglichkeit ergänzender Maßnahmen, insbesondere nach § 14, bleibt unberührt.
(2) Der betroffenen Person ist Gelegenheit zu geben, dringend benötigte Gegenstände des persönlichen Bedarfs mitzunehmen.
(3) Die betroffene Person ist verpflichtet, dem Polizeivollzugsdienst unverzüglich eine Anschrift oder eine zustellungsbevollmächtigte Person bekannt zu geben.
(4) ¹Wohnungsverweisung, Rückkehrverbot und ergänzende Maßnahmen nach § 14 enden außer in den Fällen des Satzes 2 mit Ablauf des zehnten Tages nach ihrer Anordnung, soweit nicht der Polizeivollzugsdienst im Einzelfall eine kürzere Geltungsdauer festlegt. ²Stellt die gefährdete Person während der in Satz 1 bestimmten Dauer der Maßnahmen nach Absatz 1 einen Antrag auf zivilrechtlichen Schutz vor Gewalt oder Nachstellungen mit dem Ziel des Erlasses einer einstweiligen Anordnung, enden die Maßnahmen mit dem Tag der gerichtlichen Entscheidung, spätestens jedoch mit Ablauf des zehnten Tages nach dem Ende der nach Satz 1 bestimmten Dauer.
(5) Das Gericht teilt dem Polizeivollzugsdienst auf Anfrage mit, ob und zu welchem Zeitpunkt ein Antrag nach Absatz 4 Satz 2 gestellt worden ist.

§ 15 Gewahrsam

(1) ¹Die Polizei darf eine Person in Gewahrsam nehmen, wenn dies unerläßlich ist
1. zum Schutz der Person gegen eine ihr drohende Gefahr für Leib und Leben, weil die Person sich erkennbar in einem die freie Willensbestimmung ausschließenden Zustand oder sonst in hilfloser Lage befindet oder sich töten will,

2. zur Verhinderung der unmittelbar bevorstehenden Begehung oder Fortsetzung einer Straftat oder einer Ordnungswidrigkeit von erheblicher Gefahr,
3. zur Durchsetzung einer Platzverweisung,
   a) deren Nichtbefolgung eine erhebliche Gefahr zur Folge hätte oder
   b) soweit die Person, gegen die sich die Platzverweisung richtet, die Gefahr verursacht.
4. zur Durchsetzung einer Wohnungsverweisung oder eines Rückkehrverbots nach § 14a.

²Die Ingewahrsamnahme ist weiterhin zulässig zum Zwecke der Vorführung gemäß den §§ 229, 230 Abs. 3 des Bürgerlichen Gesetzbuches.

(2) Die Polizei darf Minderjährige, die sich der Obhut von Sorgeberechtigten entzogen haben, in Gewahrsam nehmen, um sie den Sorgeberechtigten oder dem Jugendamt zuzuführen.

(3) Die Polizei darf eine Person, die aus dem Vollzug einer durch richterliche Entscheidung verhängten Maßnahme einer Freiheitsentziehung entwichen ist oder die sich sonst ohne Erlaubnis außerhalb der Einrichtung aufhält, in der diese Maßnahme vollzogen wird, in Gewahrsam nehmen und in die Einrichtung zurückbringen.

(4) ¹Die in Gewahrsam genommene Person ist, soweit möglich, von anderen gesondert und nicht in demselben Raum mit Straf- oder Untersuchungsgefangenen unterzubringen. ²Ihr dürfen nur solche Beschränkungen auferlegt werden, die der Zweck der Freiheitsentziehung oder die Ordnung im Gewahrsam erfordert.

§ 16 Richterliche Entscheidung

(1) Wird eine Person aufgrund von § 11 Abs. 2 Nr. 5 oder 8 oder von § 12 Abs. 3 festgehalten oder zur Dienststelle gebracht oder aufgrund § 15 Abs. 1 und 2 in Gewahrsam genommen, so hat die Polizei unverzüglich eine richterliche Entscheidung über Zulässigkeit und Fortdauer der Freiheitsentziehung herbeizuführen.

(2) Eine richterliche Entscheidung braucht nicht herbeigeführt zu werden, wenn anzunehmen ist, dass sie erst nach Wegfall des Grundes der polizeilichen Maßnahme ergehen wird.

(3) ¹Für die Entscheidung nach Absatz 1 ist das Amtsgericht zuständig, in dessen Bezirk die Person festgehalten, zur Dienststelle gebracht oder in Gewahrsam genommen wird. ²Das Verfahren richtet sich nach den Vorschriften des Gesetzes über das Verfahren in Familiensachen und in den Angelegenheiten der freiwilligen Gerichtsbarkeit.

§ 17 Rechte bei Freiheitsentziehungen

(1) ¹Bei Maßnahmen nach § 11 Abs. 2 Nr. 5 und 8, § 12 Abs. 3 oder § 15 ist der betroffenen Person unverzüglich der Grund der Freiheitsentziehung bekanntzugeben. ²Sie ist darüber zu belehren, dass sie sich zur Sache nicht zu äußern braucht. ³Ferner ist sie über die zulässigen Rechtsbehelfe zu belehren.

(2) ¹Der betroffenen Person ist unverzüglich Gelegenheit zu geben, Angehörige oder eine andere Person ihres Vertrauens oder einen Rechtsanwalt zu benachrichtigen und hinzuzuziehen. ²Die Benachrichtigung unterbleibt, wenn dies zur Verhütung von Straftaten erforderlich ist. ³Unberührt bleibt die Benachrichtigungspflicht bei einer richterlichen Freiheitsentziehung.

(3) ¹Die Polizei hat die Benachrichtigung zu übernehmen, wenn die betroffene Person nicht dazu in der Lage ist, von ihrem Recht nach Absatz 2 Gebrauch zu machen, und die Benachrichtigung ihrem mutmaßlichen Willen nicht widerspricht. ²Ist die Person minderjährig oder ist für sie ein Betreuer bestellt, so ist unverzüglich derjenige zu benachrichtigen, dem die Sorge für die Person oder die Betreuung der Person obliegt.

§ 18 Dauer der Freiheitsentziehung

(1) Die festgehaltene oder in Gewahrsam befindliche Person ist zu entlassen,
1. sobald der Grund für die Freiheitsentziehung weggefallen ist,
2. wenn die Fortdauer der Freiheitsentziehung unverhältnismäßig ist,
3. wenn die Fortdauer der Freiheitsentziehung durch richterliche Entscheidung für unzulässig erklärt wird,

in jedem Falle spätestens bis zum Ende des Tages nach dem Tage des Eingreifens, wenn nicht vorher die Fortdauer der Freiheitsentziehung richterlich angeordnet worden ist.

(2) Eine Freiheitsentziehung zum Zwecke der Feststellung der Identität darf die Dauer von insgesamt 12 Stunden nicht überschreiten.

§ 19 Durchsuchung von Personen
(1) ¹Die Polizei darf eine Person durchsuchen, wenn
1. sie in Gewahrsam genommen wird,
2. Tatsachen die Annahme rechtfertigen, dass Sachen vorgefunden werden, die gemäß § 23 sichergestellt werden dürfen,
3. sie sich in einem die freie Willensbestimmung ausschließenden Zustand oder sonst in hilfloser Lage befindet,
4. sie an einem in § 11 Abs. 1 Nr. 2 genannten Ort angetroffen wird,
5. sie sich in einem Objekt im Sinne des § 11 Abs. 1 Nr. 4 oder in dessen unmittelbarer Nähe aufhält und die weiteren Voraussetzungen dieser Vorschrift erfüllt sind.

²§ 11 Abs. 2 Nr. 6 bleibt unberührt.

(2) ¹Durchsuchung ist das Suchen nach Sachen oder Spuren in oder an der Kleidung des Betroffenen, an seiner Körperoberfläche oder in den ohne Hilfsmittel einsehbaren Körperöffnungen oder Körperhöhlen. ²Erfordert die Durchsuchung zwingend, dass sich der Betroffene ganz oder teilweise entkleidet, so darf dies von ihm verlangt und gegen seinen Willen durchgeführt werden.

(3) Der Polizeivollzugsdienst darf eine Person, deren Identität nach diesem Gesetz oder anderen Rechtsvorschriften festgestellt werden soll, nach Waffen, anderen gefährlichen Werkzeugen und Explosivmitteln durchsuchen, wenn dies nach den Umständen zum Schutz des Beamten oder eines Dritten gegen eine Gefahr für Leib oder Leben erforderlich ist.

(4) ¹Frauen dürfen nur von Frauen, Männer nur von Männern durchsucht werden. ²Das gilt nicht, wenn die Durchsuchung von einem Arzt oder einer Ärztin vorgenommen wird, oder die sofortige Durchsuchung zur Abwehr einer Gefahr für Leib oder Leben erforderlich ist.

§ 20 Durchsuchung von Sachen
(1) Die Polizei darf eine Sache durchsuchen, wenn
1. sie von einer Person mitgeführt wird, die nach § 19 durchsucht werden darf,
2. Tatsachen die Annahme rechtfertigen, dass sich in ihr eine Person befindet, die
   a) in Gewahrsam genommen werden darf,
   b) widerrechtlich festgehalten wird,
   c) hilflos ist oder
   d) nach § 19 durchsucht werden darf,
3. Tatsachen die Annahme rechtfertigen, dass sich in ihr oder an ihr eine andere Sache befindet, die sichergestellt werden darf,
4. es sich um ein Fahrzeug handelt, in dem sich eine Person befindet, deren Identität nach § 11 Abs. 1 Nr. 3 festgestellt werden darf; die Durchsuchung darf sich auch auf die in dem Fahrzeug enthaltenen Sachen erstrecken.

(2) ¹Bei der Durchsuchung von Sachen hat der Inhaber der tatsächlichen Gewalt das Recht, anwesend zu sein. ²Ist er abwesend, so soll sein Vertreter, ein erwachsener Angehöriger, eine Person seines Vertrauens oder eine andere Person hinzugezogen werden. ³Dem Inhaber der tatsächlichen Gewalt oder der statt seiner anwesenden Person ist auf Verlangen unverzüglich eine Bescheinigung über die Durchsuchung und ihren Grund auszustellen.

§ 21 Betreten und Durchsuchen von Wohnungen
(1) ¹Die Polizei darf eine Wohnung ohne Einwilligung des Inhabers betreten und durchsuchen, wenn
1. Tatsachen die Annahme rechtfertigen, dass sich in ihr eine Person befindet, die nach § 12 Abs. 3 vorgeführt oder nach § 15 oder § 82 Abs. 4 des Aufenthaltsgesetzes in Gewahrsam genommen werden darf,
2. Tatsachen die Annahme rechtfertigen, dass sich in ihr eine Sache befindet, die nach § 23 Nr. 2 sichergestellt werden darf,
3. dies zur Abwehr einer gegenwärtigen erheblichen Gefahr erforderlich ist oder
4. von der Wohnung Emissionen ausgehen, die nach Art, Ausmaß oder Dauer geeignet sind, die Gesundheit in der Nachbarschaft wohnender Personen zu beschädigen.

²Die Wohnung umfasst die Wohn- und Nebenräume, Arbeits-, Betriebs- und Geschäftsräume sowie anderes befriedetes Besitztum.

(2) ¹Während der Nachtzeit (§ 104 Abs. 3 der Strafprozessordnung) darf eine Wohnung nur zur Abwehr einer gegenwärtigen Gefahr für Leib, Leben oder Freiheit einer Person oder für Sachen von

bedeutendem Wert betreten und durchsucht werden. ²Dies gilt nicht, wenn von der Wohnung eine erhebliche, die Gesundheit Dritter beeinträchtigende Störung ausgeht.
(3) Die Polizei darf eine Wohnung zur Verhütung dringender Gefahren (Artikel 13 Abs. 7 des Grundgesetzes) jederzeit betreten, wenn Tatsachen die Annahme rechtfertigen, dass dort
1. bestimmte Personen oder Personengruppen Straftaten von erheblicher Bedeutung verabreden, vorbereiten, verüben oder
2. zu Freiheitsentzug verurteilte Straftäter sich aufhalten, die sich der Strafvollstreckung entziehen.
(4) Arbeits-, Betriebs- oder Geschäftsräume sowie andere Räume und Grundstücke, die öffentlich zugänglich sind oder zugänglich waren und den Anwesenden zum weiteren Aufenthalt zur Verfügung stehen, dürfen zum Zwecke der Gefahrenabwehr (§ 1 Abs. 1) während der Arbeits-, Geschäfts- oder Aufenthaltszeit betreten werden.

§ 22 Verfahren beim Betreten und bei der Durchsuchung von Wohnungen
(1) ¹Wohnungen dürfen, außer bei Gefahr im Verzug, nur aufgrund richterlicher Anordnung durchsucht werden. ²Für die Anordnung ist das Amtsgericht zuständig, in dessen Bezirk die Wohnung liegt. ³Für das Verfahren gelten die Vorschriften des Gesetzes über das Verfahren in Familiensachen und in den Angelegenheiten der freiwilligen Gerichtsbarkeit entsprechend.
(2) ¹Bei dem Betreten oder der Durchsuchung einer Wohnung hat deren Inhaber das Recht, anwesend zu sein. ²Ist er abwesend, so soll ein Vertreter, ein erwachsener Angehöriger, eine Person seines Vertrauens oder eine andere Person hinzugezogen werden.
(3) Dem Wohnungsinhaber oder seinem Vertreter ist der Grund des Betretens oder der Durchsuchung unverzüglich bekanntzugeben, soweit dadurch der Zweck der Maßnahme nicht gefährdet wird.
(4) ¹Über das Betreten oder die Durchsuchung ist eine Niederschrift anzufertigen. ²Sie muss Grund, Zeit und Ort der Maßnahme, deren Ergebnis sowie die verantwortliche Dienststelle angeben. ³Die Niederschrift ist von einem ausführenden Beamten und dem Wohnungsinhaber oder der zugezogenen Person zu unterzeichnen. ⁴Wird die Unterschrift verweigert, so ist hierüber ein Vermerk aufzunehmen. ⁵Dem Wohnungsinhaber oder seinem Vertreter ist eine Abschrift der Niederschrift auszuhändigen.
(5) Ist die Anfertigung der Niederschrift oder die Aushändigung einer Abschrift nach den besonderen Umständen des Falles nicht möglich oder würde sie den Zweck der Maßnahme gefährden, so sind dem Betroffenen lediglich das Betreten oder die Durchsuchung unter Angabe der verantwortlichen Dienststelle, der Zeit und des Ortes schriftlich zu bestätigen.
(6) Die Vorschriften der Absätze 2 bis 5 sind auf das Betreten gemäß § 21 Abs. 4 nicht anzuwenden.

§ 23 Sicherstellung
Die Polizei darf eine Sache sicherstellen, wenn dies erforderlich ist, um
1. den Eigentümer oder den rechtmäßigen Inhaber der tatsächlichen Gewalt vor Verlust oder Beschädigung der Sache zu schützen,
2. eine gegenwärtige Gefahr abzuwehren, oder
3. ihre Verwendung durch eine festgehaltene Person zu Angriffen auf Personen, zu Selbstverletzungen, zur Flucht oder zu Sachbeschädigungen zu verhindern.

§ 24 Durchführung der Sicherstellung
(1) ¹Sichergestellte Sachen sind in Verwahrung zu nehmen. ²Lässt die Beschaffenheit der Sachen das nicht zu oder erscheint die Verwahrung bei der Polizei unzweckmäßig, so sind die Sachen auf andere geeignete Weise aufzubewahren oder zu sichern.
(2) ¹Dem Betroffenen ist eine Bescheinigung auszustellen, die den Grund der Sicherstellung angibt und die sichergestellten Sachen bezeichnet. ²Kann nach den Umständen des Falles eine Bescheinigung nicht ausgestellt werden, so ist über die Sicherstellung eine Niederschrift aufzunehmen, die auch erkennen lässt, warum eine Bescheinigung nicht ausgestellt worden ist. ³Der Eigentümer oder der rechtmäßige Inhaber der tatsächlichen Gewalt ist unverzüglich zu unterrichten.
(3) ¹Wird eine sichergestellte Sache verwahrt, so hat die Polizei nach Möglichkeit Wertminderungen vorzubeugen. ²Das gilt nicht, wenn die Sache auf Verlangen des Berechtigten durch einen Dritten verwahrt wird.

§ 25 Verwertung, Einziehung, Vernichtung
(1) Die Verwertung einer sichergestellten Sache ist zulässig, wenn
1. ihr Verderb oder eine wesentliche Wertminderung droht,

2. ihre Verwahrung, Pflege oder Erhaltung mit unverhältnismäßig hohen Kosten oder Schwierigkeiten verbunden ist,
3. sie infolge ihrer Beschaffenheit nicht so verwahrt werden kann, dass weitere Gefahren für die öffentliche Sicherheit ausgeschlossen sind,
4. sie nach einer Frist von 1 Jahr nicht an einen Berechtigten herausgegeben werden kann, ohne dass die Voraussetzungen der Sicherstellung erneut eintreten würden oder
5. der Berechtigte sie nicht innerhalb einer ausreichend bemessenen Frist abholt, obwohl ihm eine Mitteilung über die Frist mit dem Hinweis zugestellt worden ist, dass die Sache verwertet wird, wenn sie nicht innerhalb der Frist abgeholt wird.

(2) ¹Der Betroffene, der Eigentümer oder andere Personen, denen ein Recht an der Sache zusteht, sollen vor der Verwertung gehört werden. ²Die Anordnung sowie Zeit und Ort der Verwertung sind ihnen mitzuteilen, soweit die Umstände und der Zweck der Maßnahmen es erlauben.

(3) ¹Die Sache wird durch öffentliche Versteigerung verwertet; § 979 Abs. 1 des Bürgerlichen Gesetzbuches gilt entsprechend. ²Bleibt die Versteigerung erfolglos, erscheint sie von vornherein aussichtslos oder den die Kosten der Versteigerung voraussichtlich den zu erwartenden Erlös übersteigen, so kann die Sache freihändig verkauft werden. ³Der Erlös tritt an die Stelle der verwerteten Sache. ⁴Lässt sich innerhalb angemessener Frist kein Käufer finden, so kann die Sache einem gemeinnützigen Zweck zugeführt werden.

(4) ¹Sichergestellte Sachen dürfen unbrauchbar gemacht, vernichtet oder eingezogen werden, wenn
1. im Falle einer Verwertung die Gründe, die zu ihrer Sicherstellung berechtigten, fortbestehen oder Sicherstellungsgründe erneut entstehen würden oder
2. die Verwertung aus anderen Gründen nicht möglich ist.

²Abs. 2 gilt entsprechend.

§ 26 Herausgabe sichergestellter Sachen oder des Erlöses

(1) ¹Sobald die Voraussetzungen für die Sicherstellung weggefallen sind, sind die Sachen an denjenigen herauszugeben, bei dem sie sichergestellt worden sind. ²Ist die Herausgabe an ihn nicht möglich, so dürfen sie an einen anderen herausgegeben werden, der seine Berechtigung glaubhaft macht. ³Die Herausgabe ist ausgeschlossen, wenn dadurch erneut die Voraussetzungen für eine Sicherstellung eintreten würden.

(2) ¹Sind die Sachen verwertet worden, so ist der Erlös herauszugeben. ²Ist ein Berechtigter nicht vorhanden oder nicht zu ermitteln, so ist der Erlös nach den Vorschriften des Bürgerlichen Gesetzbuches zu hinterlegen. ³Der Anspruch auf Herausgabe des Erlöses erlischt 3 Jahre nach Ablauf des Jahres, in dem die Sache verwertet worden ist.

(3) ¹Die Kosten der Sicherstellung einschließlich der Kosten der Verwertung, Unbrauchbarmachung oder Vernichtung sichergestellter Sachen fallen den nach §§ 5 oder 6 Verantwortlichen zur Last. ²Mehrere Verantwortliche haften gesamtschuldnerisch. ³Die Herausgabe der Sachen kann von der Zahlung der Kosten oder der voraussichtlichen Kosten abhängig gemacht werden. ⁴Ein Dritter, dem die Verwahrung übertragen worden ist, kann ermächtigt werden, Zahlungen der voraussichtlichen Kosten für die Polizei in Empfang zu nehmen. ⁵Ist eine Sache verwertet worden, so können die Kosten aus dem Erlös gedeckt werden. ⁶Die Kosten können im Verwaltungszwangsverfahren beigetrieben werden.

(4) § 983 des Bürgerlichen Gesetzbuches bleibt unberührt.

§ 26a Sicherstellung privater Grundstücke, Gebäude oder Gebäude- oder Grundstücksteile zur Flüchtlingsunterbringung

(1) ¹Die zuständige Ortspolizeibehörde kann zum Zwecke der Unterbringung von Flüchtlingen oder Asylbegehrenden zur Abwehr von Gefahren für Leib oder Leben Grundstücke und Gebäude sowie Grundstücks- oder Gebäudeteile sicherstellen. ²Die Sicherstellung ist nur zulässig, wenn
1. das Grundstück, das Gebäude oder der Grundstücks- oder Gebäudeteil ungenutzt ist; der Nichtnutzung steht eine Nutzung gleich, die ausschließlich oder weit überwiegend den Zweck verfolgt, eine Sicherstellung nach Satz 1 zu vereiteln und
2. die in den vorhandenen Erstaufnahme- oder Folgeeinrichtungen zur Verfügung stehenden Plätze zur angemessenen Unterbringung der Flüchtlinge oder Asylbegehrenden nicht ausreichen.

³Eine Sicherstellung darf nicht erfolgen, wenn das Grundstück, das Gebäude oder der Grundstücks- oder Gebäudeteil eine Fläche von weniger als 300 qm aufweist.

(2) ¹Die zuständige Ortspolizeibehörde ist berechtigt, Grundstücke sowie Gebäude oder Teile davon zur Prüfung der Frage, ob die Voraussetzungen für eine Sicherstellung nach Absatz 1 vorliegen, zu betreten. ²Die Betretung ist vorher anzukündigen und darf nicht während der Nachtzeit (§ 104 Absatz 3 der Strafprozessordnung) erfolgen.

(3) Die Sicherstellung darf nur solange und soweit erfolgen, wie dies zu dem in Absatz 1 genannten Zwecke erforderlich ist.

(4) ¹Maßnahmen, insbesondere baulicher Art, in Bezug auf das sichergestellte Grundstück, das Gebäude oder Teile davon sind zu dulden, soweit sie zu dem in Absatz 1 genannten Zwecke erforderlich sind und keine unzumutbare Beeinträchtigung der Interessen der in Anspruch genommenen Person eintritt. ²Nach Beendigung der Sicherstellung kann die in Anspruch genommene Person die Wiederherstellung des ursprünglichen Zustands verlangen, sofern dies nicht unverhältnismäßig ist.

(5) ¹Für die Inanspruchnahme sowie für etwaige Nachteile, die aus Maßnahmen nach Absatz 4 entstehen, ist auf Antrag eine angemessene Entschädigung in Geld zu leisten. ²Die Entschädigung wird durch die zuständige Ortspolizeibehörde festgesetzt. ³Wird ein Grundstück oder ein Gebäude nur zum Teil in Anspruch genommen, kann die in Anspruch genommene Person verlangen, dass auch für den nicht in Anspruch genommenen Teil eine Entschädigung geleistet wird, wenn der nicht in Anspruch genommene Teil nicht mehr in angemessenem Umfang genutzt werden kann.

(6) Widerspruch und Anfechtungsklage gegen die Sicherstellung nach Absatz 1 haben keine aufschiebende Wirkung.

2. Unterabschnitt
Befugnisse zur Informationsverarbeitung

§ 27 Grundsätze der Datenerhebung

(1) ¹Personenbezogene Daten sind grundsätzlich bei der betroffenen Person mit ihrer Kenntnis zu erheben. ²Bei einer Behörde oder sonstigen öffentlichen Stelle oder bei einem Dritten dürfen personenbezogene Daten nur erhoben werden, wenn
1. eine Rechtsvorschrift dies zulässt,
2. Angaben der betroffenen Person überprüft werden müssen,
3. offensichtlich ist, dass die Erhebung im Interesse der betroffenen Person liegt und sie einwilligen würde,
4. die Daten aus allgemein zugänglichen Quellen erhoben werden,
5. die Erhebung bei der betroffenen Person nicht oder nur mit unverhältnismäßigem Aufwand möglich wäre und keine Anhaltspunkte bestehen, dass überwiegende schutzwürdige Interessen der betroffenen Person beeinträchtigt werden oder
6. die Erfüllung der polizeilichen Aufgaben erheblich gefährdet oder wesentlich erschwert würde.

³Betroffene oder Dritte sollen auf die Rechtsgrundlage der Datenerhebung hingewiesen werden.

(2) ¹Personenbezogene Daten sind offen zu erheben. ²Eine Datenerhebung, die nicht als Maßnahme der Gefahrenabwehr erkennbar sein soll, ist nur zulässig
1. in den Fällen der §§ 31 bis 35,
2. wenn andernfalls die Aufgabenerfüllung erheblich gefährdet würde oder
3. wenn dies dem Interesse der betroffenen Person entspricht.

³Die Polizei darf in Fällen der Nummern 2 und 3 keine Mittel einsetzen oder Methoden anwenden, die nach Art oder Schwere des Eingriffs den besonderen Mitteln und Methoden vergleichbar sind.

(3) ¹Die Datenerhebung nach § 29 Absatz 5, § 32 Abs. 1, §§ 33 bis 35 darf sich nicht gegen Personen richten, die in Strafverfahren aus beruflichen Gründen zur Verweigerung des Zeugnisses berechtigt sind (§§ 53 und 53a der Strafprozessordnung, § 12 Abs. 3 und § 23 Abs. 4 des Bundesdatenschutzgesetzes), soweit Sachverhalte betroffen sind, auf die sich ihr Zeugnisverweigerungsrecht bezieht. ²Der Polizeivollzugsdienst darf solche Personen nicht von sich aus als Vertrauenspersonen (§ 34 Abs. 1) in Anspruch nehmen.

§ 28 Datenerhebung

(1) Die Polizei darf über die in §§ 5, 6 oder 7 genannten Personen personenbezogene Daten erheben, soweit dies zur Abwehr einer Gefahr oder zur Wahrnehmung einer Aufgabe nach § 1 Abs. 3 oder 4 erforderlich ist.

(2) Der Polizeivollzugsdienst darf, wenn dies zur Verhütung von Straftaten erforderlich ist, über Absatz 1 hinaus Daten erheben über
1. Personen, bei denen Tatsachen die Annahme rechtfertigen, dass sie künftig Straftaten begehen werden
2. Personen, bei denen Tatsachen die Annahme rechtfertigen, dass sie Opfer von Straftaten werden
3. Personen, die sich im engen räumlichen Umfeld einer Person aufhalten, die auf Grund ihrer beruflichen Tätigkeit oder ihrer Stellung in der Öffentlichkeit besonders gefährdet erscheint, soweit dies zum Schutz von Leib, Leben oder Freiheit der gefährdeten Person erforderlich ist, und
4. Hinweisgeber oder sonstige Auskunftspersonen, die dazu beitragen können, einen bestimmten Sachverhalt aufzuklären.
(3) Der Polizeivollzugsdienst darf personenbezogene Daten zur Vorbereitung für die Abwehr von Gefahren für die öffentliche Sicherheit über folgende Personen erheben:
1. Personen, deren Kenntnisse oder Fähigkeiten zur Gefahrenabwehr benötigt werden,
2. Verantwortliche für Anlagen oder Einrichtungen, von denen eine erhebliche Gefahr ausgehen kann,
3. Verantwortliche für gefährdete Anlagen oder Einrichtungen,
4. Verantwortliche für Veranstaltungen in der Öffentlichkeit.
(4) [1]Es dürfen Namen, Vornamen, akademische Grade, Anschriften, Telefonnummern und andere personenbezogene Daten über die Erreichbarkeit sowie nähere Angaben über die Zugehörigkeit zu einer der genannten Personengruppen erhoben werden, soweit dies zur Vorbereitung für die Hilfeleistung in Gefahrenfällen erforderlich ist. [2]Im Falle des Absatzes 3 Nr. 4 sind die personenbezogenen Daten, die in einer Datei gespeichert worden sind, unverzüglich nach Beendigung des Anlasses zu löschen. [3]Dies gilt nicht, wenn es sich um regelmäßig wiederkehrende Veranstaltungen handelt oder wenn die personenbezogenen Daten zur Verfolgung einer Straftat oder Ordnungswidrigkeit verarbeitet werden, die im Zusammenhang mit der Veranstaltung begangen worden ist.

§ 29 Datenerhebung bei öffentlichen Veranstaltungen und Ansammlungen, an besonders gefährdeten Objekten und im öffentlichen Verkehrsraum

(1) [1]Der Polizeivollzugsdienst darf bei oder unmittelbar im Zusammenhang mit öffentlichen Veranstaltungen oder Ansammlungen, die nicht dem Versammlungsgesetz unterliegen, offene Bildaufnahmen sowie Bild- und Tonaufzeichnungen (Aufzeichnungen) über solche Personen anfertigen, bei denen Tatsachen die Annahme rechtfertigen, dass sie nicht geringfügige Ordnungswidrigkeiten oder Straftaten begehen werden und zu erwarten ist, dass ohne diese Maßnahme die Erfüllung polizeilicher Aufgaben nicht möglich wäre oder wesentlich erschwert würde. [2]Die Maßnahme darf auch durchgeführt werden, wenn Dritte unvermeidbar betroffen werden.
(2) Der Polizeivollzugsdienst darf Aufzeichnungen von einer Person anfertigen, wenn sie sich in einem Objekt im Sinne des § 11 Abs. 1 Nr. 4 oder in dessen unmittelbarer Nähe aufhält und die weiteren Voraussetzungen nach Absatz 1 erfüllt sind.
(3) [1]Öffentlich zugängliche Orte, an denen vermehrt Straftaten begangen werden oder bei denen aufgrund der örtlichen Verhältnisse die Begehung von Straftaten besonders zu erwarten ist, dürfen mittels Bildübertragung und -aufzeichnung durch den Polizeivollzugsdienst offen und erkennbar beobachtet werden, wenn dies zur Erfüllung von Aufgaben nach § 1 Abs. 1 erforderlich ist. [2]Die Anordnung der Bildübertragung darf nur durch die Behördenleitung erfolgen; § 30 gilt im Übrigen entsprechend. [3]In regelmäßigen Zeitabständen ist zu prüfen, ob die Voraussetzungen für die Anordnung weiter vorliegen. [4]Die Orte sind im Benehmen mit dem Senator für Inneres festzulegen.
(4) Die nach den Absätzen 1 und 2 hergestellten Aufzeichnungen und daraus gefertigte Unterlagen sind spätestens 2 Monate nach dem Zeitpunkt der Aufzeichnung zu löschen oder zu vernichten, nach Absatz 3 hergestellte Aufzeichnungen spätestens nach 48 Stunden, soweit nicht die Aufbewahrung im Einzelfall zur Verfolgung von Straftaten oder von Ordnungswidrigkeiten weiterhin erforderlich ist.
(5) [1]Der Polizeivollzugsdienst darf personenbezogene Daten bei Anhalte- und Kontrollsituationen im öffentlichen Verkehrsraum nach diesem Gesetz oder anderen Rechtsvorschriften mittels Aufzeichnungen kurzzeitig verdeckt technisch erfassen und soweit dies nach den Umständen zum Schutz von Polizeivollzugsbeamten, von Betroffenen oder von Dritten erforderlich ist, offen erheben und aufzeichnen. [2]Aufzeichnungen sind ferner auf Verlangen eines Betroffenen oder einer Betroffenen anzufertigen, sofern die technischen Mittel in der Anhalte- und Kontrollsituation verfügbar sind. [3]Die

Maßnahmen dürfen auch durchgeführt werden, wenn Dritte unvermeidbar betroffen werden. [4]Die Aufzeichnungen sind zwei Monate zu speichern. [5]Nach Ablauf dieser Frist sind sie zu löschen oder zu vernichten, soweit nicht die Aufbewahrung im Einzelfall zur Verfolgung von Straftaten weiterhin erforderlich ist.

§ 30 Datenerhebung mit besonderen Mitteln und Methoden

[1]Die Anordnung für die Erhebung von Daten mit besonderen Mitteln und Methoden (§§ 31, 32 Abs. 1, §§ 33 bis 35) durch den Polizeivollzugsdienst trifft die Behördenleitung, soweit nichts anderes bestimmt ist. [2]Sie kann ihre Befugnis auf besonders beauftragte Beamte der Laufbahngruppe 2 ab dem zweiten Einstiegsamt übertragen. [3]Die Anordnung ist aktenkundig zu machen. [4]Aus ihr müssen sich ergeben:
1. Art, Beginn und Ende der Maßnahme,
2. die beauftragte Organisationseinheit,
3. Tatsachen, die den Einsatz der Maßnahme begründen,
4. Zeitpunkt der Anordnung sowie Name und Dienststellung des Anordnenden.

[5]Die Anordnung ist zu befristen.

§ 31 Polizeiliche Beobachtung

(1) [1]Die Ausschreibung zur Beobachtung anlässlich von polizeilichen Kontrollen, die die Feststellung der Personalien zulassen, kann angeordnet werden, wenn
1. Tatsachen die Annahme rechtfertigen, dass die Person eine Straftat von erheblicher Bedeutung begehen wird oder
2. die auf Tatsachen beruhende Gesamtwürdigung der Person und ihrer bisher begangenen Straftaten die Annahme rechtfertigen, dass sie auch künftig Straftaten von erheblicher Bedeutung begehen wird,

und dies für die Verhütung dieser Straftaten erforderlich ist. [2]Die Anordnung darf sich nur gegen diese Person richten und nur dann getroffen werden, wenn andere Maßnahmen weniger erfolgversprechend oder nicht möglich wären. [3]Gegen andere Personen ist die Maßnahme zulässig, wenn auf Grund bestimmter Tatsachen anzunehmen ist, dass sie mit einer Person nach Satz 1 in Verbindung stehen oder eine solche Verbindung hergestellt wird, dass die Maßnahme zur Erforschung des Sachverhalts oder zur Feststellung des Aufenthaltsorts einer Person nach Satz 1 führen wird und andere Maßnahmen weniger erfolgversprechend oder nicht möglich wären.

(2) Das Kennzeichen eines Kraftfahrzeugs kann ausgeschrieben werden, wenn das Fahrzeug für eine nach Absatz 1 ausgeschriebene Person zugelassen ist oder von ihr benutzt wird.

(3) Im Falle eines Antreffens können auch personenbezogene Informationen eines Begleiters der ausgeschriebenen Person oder des Führers eines ausgeschriebenen Kraftfahrzeugs gemeldet werden.

(4) [1]Die Ausschreibung darf nur durch einen Richter angeordnet werden. [2]Zuständig ist das Gericht nach § 33 Abs. 3. [3]Bei Gefahr im Verzug kann die Anordnung durch den Polizeivollzugsdienst erfolgen. [4]Hat der Polizeivollzugsdienst die Anordnung getroffen, so beantragt er unverzüglich die richterliche Bestätigung der Anordnung. [5]Die Anordnung tritt außer Kraft, wenn sie nicht innerhalb von 3 Tagen von dem Amtsgericht bestätigt worden ist. [6]Die Anordnung ist auf höchstens 12 Monate zu befristen. [7]Eine Verlängerung um nicht mehr als jeweils 3 Monate ist zulässig, soweit die Voraussetzungen weiter vorliegen. [8]Liegen die Voraussetzungen für die Ausschreibung nicht mehr vor, ist der Zweck erreicht oder zeigt sich, dass er nicht erreicht werden kann, so ist die Ausschreibung unverzüglich zu beenden. [9]Die erhobenen personenbezogenen Daten sind zu löschen, soweit sie nicht zur Verfolgung einer Straftat oder Ordnungswidrigkeit erforderlich sind.

§ 32 Datenerhebung durch Observation

(1) [1]Eine planmäßig angelegte verdeckte Personenbeobachtung durch den Polizeivollzugsdienst, die durchgehend länger als 24 Stunden dauern oder an mehr als zwei Tagen stattfinden soll (längerfristige Observation), ist nur zulässig
1. zur Abwehr einer gegenwärtigen Gefahr für Leib, Leben oder Freiheit über die in den §§ 5 und 6 genannten Personen, wenn die Abwehr der Gefahr auf andere Weise nicht möglich erscheint,
2. zur Beobachtung von Personen, bei denen Tatsachen die Annahme rechtfertigen, dass sie Straftaten von erheblicher Bedeutung begehen werden, wenn die Verhütung der Straftaten auf andere Weise nicht möglich erscheint, sowie

3. zur Beobachtung von Kontakt- oder Begleitpersonen, wenn aufgrund bestimmter Tatsachen anzunehmen ist, dass sie mit einer Person nach Nummer 1 oder 2 in Verbindung stehen oder eine solche Verbindung hergestellt wird, dass die Maßnahme zur Erforschung des Sachverhalts oder zur Ermittlung des Aufenthalts der Person führen wird und auf andere Weise weniger Erfolg versprechend oder wesentlich erschwert wäre.
[2]Die Maßnahme darf auch durchgeführt werden, wenn Dritte unvermeidbar betroffen werden.
(2) [1]Die längerfristige Observation darf nur durch einen Richter angeordnet werden. [2]Zuständig ist das Gericht nach § 33 Abs. 3. [3]Bei Gefahr im Verzug kann die Anordnung durch den Polizeivollzugsdienst erfolgen. [4]Hat der Polizeivollzugsdienst die Anordnung getroffen, so beantragt er unverzüglich die richterliche Bestätigung der Anordnung. [5]Die Anordnung tritt außer Kraft, wenn sie nicht innerhalb von 3 Tagen von dem Amtsgericht bestätigt worden ist. [6]Die Anordnung ist auf die Dauer von längstens 1 Monat zu befristen. [7]Eine Verlängerung der Maßnahme um jeweils längstens 1 Monat ist zulässig, soweit die Voraussetzungen für die Anordnung der Maßnahme fortbestehen.
(3) [1]Auf eine Observation, die nicht die in Absatz 1 genannten Voraussetzungen erfüllt (kurzfristige Observation), finden die Absätze 1 und 2 keine Anwendung. [2]Durch eine kurzfristige Observation darf der Polizeivollzugsdienst personenbezogene Daten nur erheben, soweit dies zum Zwecke der Gefahrenabwehr (§ 1 Abs. 1) erforderlich ist und wenn ohne diese Maßnahme die Erfüllung der polizeilichen Aufgabe gefährdet würde.

§ 33 Datenerhebung durch den verdeckten Einsatz technischer Mittel

(1) [1]Der Polizeivollzugsdienst darf unter den in § 32 Abs. 1 Satz 1 Nr. 1 bis 3 genannten Voraussetzungen durch den verdeckten Einsatz technischer Mittel Bildaufnahmen und -aufzeichnungen anfertigen, das nichtöffentlich gesprochene Wort abhören und aufzeichnen sowie den jeweiligen Aufenthaltsort einer Person bestimmen. [2]Die Maßnahme darf auch durchgeführt werden, wenn Dritte unvermeidbar betroffen werden. [3]Das Brief-, Post- und Fernmeldegeheimnis bleibt unberührt.
(2) Ohne Wissen des Betroffenen darf durch den Polizeivollzugsdienst das in einer Wohnung nichtöffentlich gesprochene Wort mit technischen Mitteln abgehört und aufgezeichnet werden, wenn dies erforderlich ist zur Abwehr einer gegenwärtigen Gefahr für Leib, Leben oder Freiheit einer Person, wenn Tatsachen die Annahme rechtfertigen, dass sich die Person, der die Gefahr droht oder von der die Gefahr ausgeht, in der Wohnung aufhält und die Gefahr auf andere Weise nicht abgewehrt werden kann.
(3) [1]Das Abhören und Aufzeichnen des nichtöffentlich gesprochenen Wortes nach Absatz 1 und Absatz 2 bedürfen der richterlichen Anordnung. [2]Zuständig ist das Amtsgericht, in dessen Bezirk die Polizeidienststelle ihren Sitz hat. [3]Für das Verfahren gelten die Vorschriften des Gesetzes über das Verfahren in Familiensachen und in den Angelegenheiten der freiwilligen Gerichtsbarkeit entsprechend. [4]Die Anordnung ist auf höchstens 3 Monate zu befristen. [5]Bei einer Maßnahme nach Absatz 2 darf die Frist höchstens 4 Wochen betragen. [6]Eine Verlängerung um jeweils den gleichen Zeitraum ist zulässig, solange die Voraussetzungen für die Maßnahme fortbestehen. [7]Bei Gefahr im Verzug kann der Polizeivollzugsdienst die Anordnung treffen. [8]Die richterliche Bestätigung der Anordnung ist unverzüglich zu beantragen. [9]Die Anordnung tritt außer Kraft, wenn sie nicht binnen 3 Tagen durch einen Richter bestätigt wird. [10]Wird die Anordnung nicht bestätigt, sind die durch den Einsatz technischer Mittel gewonnenen Unterlagen unverzüglich zu vernichten.
(4) [1]Aufzeichnungen über Äußerungen, die dem Kernbereich privater Lebensgestaltung zuzurechnen sind, sind unverzüglich zu löschen. [2]Erkenntnisse über solche Äußerungen dürfen nicht verwertet werden. [3]Die Tatsache der Erfassung der Daten und ihrer Löschung ist zu dokumentieren. [4]Gespräche über die beabsichtigte Begehung von Straftaten oder ihre Fortführung gehören nicht zum Kernbereich privater Lebensgestaltung.
(5) [1]Personen, gegen die sich die Datenerhebung gerichtet hat oder die von ihr sonst betroffen wurden, sind nach Beendigung der Maßnahme darüber zu unterrichten, sobald dies ohne Gefährdung des Zwecks der Datenerhebung geschehen kann. [2]Erfolgt nach Beendigung einer Maßnahme nach Absatz 2 die Unterrichtung nicht innerhalb von sechs Monaten, bedarf die weitere Zurückstellung der Unterrichtung der richterlichen Zustimmung. [3]Entsprechendes gilt nach Ablauf von weiteren sechs

Monaten. [4]Über die Zurückstellung entscheidet das Gericht, das für die Anordnung der Maßnahme zuständig gewesen ist. [5]Eine Unterrichtung kann mit richterlicher Zustimmung unterbleiben, wenn
1. die Voraussetzungen einer Unterrichtung nach Satz 1 voraussichtlich auf Dauer nicht vorliegen oder
2. überwiegende schutzwürdige Belange eines Betroffenen entgegenstehen oder
3. die Identität oder der Aufenthaltsort eines Betroffenen nur mit unverhältnismäßigem Aufwand ermittelt werden kann.
(6) [1]Sind nach Absatz 2 erlangte personenbezogene Daten nicht mehr zur Aufgabenerfüllung erforderlich, sind sie zu löschen. [2]Die Löschung ist zu protokollieren. [3]Die Löschung unterbleibt, soweit die Daten für eine Mitteilung an den Betroffenen nach Absatz 5 oder für eine gerichtliche Nachprüfung der Rechtmäßigkeit einer Maßnahme nach Absatz 2 von Bedeutung sein können. [4]In diesem Fall sind die personenbezogenen Daten zu sperren und dürfen nur zu diesem Zweck verarbeitet werden. [5]Im Falle der Unterrichtung des Betroffenen sind gesperrte Daten nach Satz 4 zu löschen, wenn der Betroffene nach Ablauf eines Monats nach seiner Unterrichtung keine Rechtsmittel einlegt; auf diese Frist ist in der Unterrichtung hinzuweisen.
(7) [1]Liegen die Voraussetzungen für die Anordnung nicht mehr vor, so sind die Maßnahmen unverzüglich zu beenden. [2]Die Beendigung ist dem Richter mitzuteilen.
(8) Wird das technische Mittel ausschließlich zum Schutz von Leib, Leben oder Freiheit einer bei einem polizeilichen Einsatz tätigen Person eingesetzt, genügt die Anordnung des Polizeivollzugsdienstes.
(9) In den Fällen des § 53 Abs. 1 der Strafprozessordnung ist eine Maßnahme nach Absatz 2 unzulässig.

§ 34 Datenerhebung durch Vertrauenspersonen

(1) [1]Der Polizeivollzugsdienst darf unter den in § 32 Abs. 1 Nr. 1 bis 3 genannten Voraussetzungen personenbezogene Daten erheben durch die Verwendung von Personen, deren Zusammenarbeit mit der Polizei nicht bekannt ist (Vertrauenspersonen). [2]Die Maßnahme darf auch durchgeführt werden, wenn Dritte unvermeidbar betroffen werden.
(2) Die Frist für die Anordnung der Maßnahme beträgt höchstens 6 Monate; sie kann um diesen Zeitraum verlängert werden, wenn die Voraussetzungen für die Anordnung der Maßnahme weiter vorliegen.

§ 35 Datenerhebung durch den Einsatz verdeckt ermittelnder Personen

(1) [1]Der Polizeivollzugsdienst darf durch den Einsatz von Beamten, die unter einer ihnen verliehenen, auf Dauer angelegten veränderten Identität (Legende) eingesetzt werden (verdeckte Ermittler), personenbezogene Daten erheben
1. über die in § 32 Abs. 1 Satz 1 Nr. 1 genannten Personen unter den dort genannten Voraussetzungen,
2. über Personen, bei denen Tatsachen die Annahme rechtfertigen, dass sie Straftaten nach § 100c Abs. 1 Nr. 3 der Strafprozessordnung begehen werden, wenn die Verhütung dieser Straftaten auf andere Weise aussichtslos oder wesentlich erschwert wäre,
3. über Personen, die ein Verbrechen begangen haben und bei denen Tatsachen die Annahme rechtfertigen, dass die Gefahr der Wiederholung besteht,
4. über Personen, bei denen Tatsachen die Annahme rechtfertigen, dass sie ein Verbrechen begehen werden, die besondere Bedeutung der Tat den Einsatz gebietet und andere Maßnahmen aussichtslos wären, sowie
5. über Kontakt- oder Begleitpersonen der in Nummer 2 bis 4 genannten Personen, wenn dies zur Verhütung einer Straftat nach Nummer 2 bis 4 unerlässlich ist.
[2]Die Maßnahme darf auch durchgeführt werden, wenn Dritte unvermeidbar betroffen werden.
(2) [1]Ein verdeckter Ermittler darf zur Erfüllung seines Auftrags unter der Legende am Rechtsverkehr teilnehmen. [2]Er darf unter der Legende mit Einverständnis des Berechtigten dessen Wohnung betreten. [3]Das Einverständnis darf nicht durch ein über die Nutzung der Legende hinausgehendes Vortäuschen eines Zutrittsrechts herbeigeführt werden.
(3) [1]Über die Zulässigkeit des Einsatzes eines verdeckten Ermittlers entscheidet der Richter des Amtsgerichts Bremen auf Antrag des Landeskriminalamts. [2]Nach Ablauf von 6 Monaten hat das Landeskriminalamt die erneute Entscheidung des Richters des Amtsgerichts Bremen herbeizuführen.

³Für das Verfahren gelten die Vorschriften des Gesetzes über das Verfahren in Familiensachen und in den Angelegenheiten der freiwilligen Gerichtsbarkeit entsprechend.
(4) Absatz 4 findet keine Anwendung auf den Einsatz von verdeckten Ermittlern in der Freien Hansestadt Bremen durch ein anderes Land.
(5) Soweit es für den Aufbau oder die Aufrechterhaltung der Legende unerlässlich ist, dürfen entsprechende Urkunden hergestellt, verändert und gebraucht werden.

§ 36 Parlamentarische Kontrolle
(1) ¹Die Bürgerschaft bildet zur Kontrolle der nach den §§ 31, 32 Abs. 1, §§ 33 bis 35 und § 36i durchgeführten Maßnahmen einen Ausschuss. ²Der Ausschuss hat drei Mitglieder und drei stellvertretende Mitglieder. ³Hiernach nicht vertretene Fraktionen können einen Abgeordneten ihrer Fraktion als ständigen Gast benennen. ⁴Die stellvertretenden Mitglieder und ständigen Gäste können an den Sitzungen mit beratender Stimme teilnehmen.
(2) Der Senator für Inneres unterrichtet den Ausschuss in Abständen von höchstens sechs Monaten über Anlass und Dauer der Datenerhebungen nach Absatz 1.
(3) ¹Der Senator für Inneres ist verpflichtet, den Ausschuss umfassend über die im Zusammenhang mit den in Absatz 1 genannten Maßnahmen im Allgemeinen sowie über damit im Zusammenhang stehende Vorgänge von besonderer Bedeutung und über Vorgänge im Geltungsbereich dieses Gesetzes von besonderer Bedeutung, die als VS »Geheim« oder höher eingestuft sind, zu unterrichten. ²Im Übrigen haben der Ausschuss und seine Mitglieder die Rechte nach Artikel 105 Absatz 4 der Landesverfassung der Freien Hansestadt Bremen. ³Der Ausschuss hat auch das Recht, Einsicht in Ermittlungsakten der Staatsanwaltschaft zu nehmen, die im Zusammenhang mit seinen Kontrollaufgaben stehen. ⁴Er kann mit der Mehrheit seiner Mitglieder diese Rechte auch einem ständigen Gast übertragen.
(4) Die Verhandlungen des Ausschusses sind vertraulich.
(5) ¹Scheidet ein Mitglied oder stellvertretendes Mitglied aus der Bürgerschaft oder aus seiner Fraktion aus, verliert es seine Mitgliedschaft im Ausschuss; es ist unverzüglich ein neues Mitglied oder stellvertretendes Mitglied zu wählen. ²Scheidet ein ständiger Gast aus der Bürgerschaft oder aus seiner Fraktion aus, erlischt sein Gaststatus im Ausschuss; die jeweilige Fraktion kann einen anderen Abgeordneten ihrer Fraktion als ständigen Gast benennen. ³Das Gleiche gilt jeweils, wenn ein Mitglied oder ständiger Gast aus anderen Gründen aus dem Ausschuss ausscheidet.

§ 36a Speicherung, Veränderung und Nutzung personenbezogener Daten, Zweckbindung
(1) ¹Die Polizei darf personenbezogene Daten, die sie nach diesem Gesetz rechtmäßig erhoben hat, speichern, verändern und nutzen, soweit dies zur Erfüllung ihrer Aufgaben erforderlich ist. ²Die personenbezogenen Daten dürfen nur für den bestimmten Zweck verarbeitet werden, für den sie im Einzelfall erhoben worden sind; § 36b bleibt unberührt. ³Erlangt die Polizei rechtmäßig Kenntnis von personenbezogenen Daten, ohne sie erhoben zu haben, so darf sie diese Daten zu einem der Gefahrenabwehr dienenden Zweck speichern, verändern oder nutzen. ⁴Die Zweckbestimmung ist bei jeder Speicherung festzulegen.
(2) Personenbezogene Daten, die mit besonderen Mitteln oder Methoden erhoben worden sind oder die die Voraussetzungen des § 36b Abs. 7 erfüllen, sind zu kennzeichnen.
(3) ¹Personenbezogene Daten dürfen nur dann in Dateien der Polizei gespeichert werden, wenn sie aus Akten ersichtlich sind. ²Bei wertenden Angaben über eine Person muss in der Datei die Stelle angegeben sein, die die Akte führt. ³Die Sätze 1 und 2 gelten nicht für Dateien, die nur für einen Zeitraum von weniger als sechs Monaten eingerichtet werden oder für revisionssichere Datenverarbeitungsverfahren, die den Anforderungen des § 7 Abs. 4 des Bremischen Datenschutzgesetzes entsprechen.
(4) ¹Der Polizeivollzugsdienst darf fernmündlich über eine Notrufnummer an ihn gerichtete Hilfeersuchen und Mitteilungen auf einen Tonträger aufnehmen. ²Die Aufzeichnungen sind spätestens nach einem Monat zu löschen. ³Dies gilt nicht, wenn die Daten zur Verfolgung einer Straftat oder nicht geringfügigen Ordnungswidrigkeit oder zur Verhütung einer Straftat von erheblicher Bedeutung erforderlich sind.
(5) Die Polizei darf zur Vorgangsverwaltung, zur befristeten Dokumentation ihres Handelns, zu Zwecken der Datenschutzkontrolle und zur Sicherstellung des ordnungsgemäßen Betriebes einer Datenverarbeitungsanlage personenbezogene Daten speichern.

§ 36b Speicherung, Veränderung und Nutzung personenbezogener Daten zu anderen Zwecken

(1) Die Speicherung, Veränderung oder Nutzung von personenbezogenen Daten zu anderen als den in § 36a Abs. 1 genannten Zwecken ist nur zulässig, wenn
1. es sich um einen Zweck der Gefahrenabwehr handelt und die Daten hierfür erhoben werden dürften oder
2. die betroffene Person eingewilligt hat.

(2) Die Speicherung, Veränderung und Nutzung von personenbezogenen Daten zur Wahrnehmung von Aufsichts- und Kontrollbefugnissen, zur Rechnungsprüfung oder zur Durchführung von Organisationsuntersuchungen gilt nicht als Verarbeitung für andere Zwecke.

(3) Personenbezogene Daten, die einem Amts- oder Berufsgeheimnis unterliegen, dürfen zu einem anderen als dem Zweck, zu dem sie erhoben oder gespeichert worden sind, nur gespeichert, verändert oder genutzt werden, wenn dies zur Abwehr einer gegenwärtigen Gefahr für Leib oder Leben erforderlich ist oder wenn die betroffene Person eingewilligt hat.

(4) ¹Personenbezogene Daten, die
1. ausschließlich zur zeitlich befristeten Dokumentation oder zur Vorgangsverwaltung gespeichert,
2. zu Zwecken der Datenschutzkontrolle, der Datensicherung oder zur Sicherstellung des ordnungsgemäßen Betriebes einer Datenverarbeitungsanlage gespeichert oder
3. auf Grund einer auf einen bestimmten Zweck beschränkten Einwilligung der betroffenen Person

erhoben worden sind, dürfen zu einem anderen als dem Zweck, zu dem sie erhoben oder gespeichert worden sind, nur gespeichert, verändert oder genutzt werden, wenn dies zur Abwehr einer gegenwärtigen Gefahr für Leib oder Leben oder zur Aufklärung einer der in § 100a der Strafprozessordnung genannten Straftaten oder solcher Straftaten, die sich gegen Leib oder Leben oder gegen die sexuelle Selbstbestimmung richten, erforderlich ist. ²Die Entscheidung trifft die Behördenleitung. ³Sie kann ihre Entscheidungsbefugnis auf Bedienstete der Laufbahngruppe 2 ab dem zweiten Einstiegsamt übertragen. ⁴Die Entscheidung ist schriftlich zu begründen.

(5) ¹Der Polizeivollzugsdienst darf personenbezogene Daten, die er im Rahmen der Verfolgung von Straftaten über eine tatverdächtige Person und in Zusammenhang damit über Dritte rechtmäßig erhoben oder rechtmäßig erlangt hat, speichern, verändern und nutzen, wenn wegen der Art, Ausführung oder Schwere der Tat sowie der Persönlichkeit der tatverdächtigen Person anzunehmen ist, dass sie weitere Straftaten begehen wird und die Speicherung erforderlich ist, um diese Straftaten zu verhüten. ²Die Speicherung der nach Satz 1 über Dritte erhobenen personenbezogenen Daten in Dateien ist nur zulässig über die in § 28 Abs. 2 Nr. 2, 3 und 4 genannten Personen. ³Der Ausgang eines strafprozessrechtlichen Verfahrens ist zusammen mit den Daten nach Satz 1 zu speichern.

(6) ¹Sind personenbezogene Daten mit besonderen Mitteln oder Methoden erhoben worden, so ist deren Speicherung, Veränderung oder Nutzung zu einem anderen Zweck nur zur Abwehr einer gegenwärtigen Gefahr für Leib, Leben oder Freiheit, zur Verhütung von Straftaten von erheblicher Bedeutung oder zum Schutz der zur Erfüllung von Aufgaben nach diesem Gesetz tätigen Personen zulässig. ²Die Verarbeitung personenbezogener Daten, die zur Aufklärung von Vorgängen in einer Wohnung mit dem Einsatz technischer Mittel zum Schutz von Leib, Leben oder Freiheit einer bei einem polizeilichen Einsatz in einer Wohnung tätigen Person erhoben worden sind, ist nur zu den in Satz 1 genannten anderen Zwecken zulässig und bedarf der richterlichen Anordnung. ³§ 32 Abs. 2 gilt entsprechend. ⁴Satz 1 gilt nicht für die Speicherung von personenbezogenen Daten in einer Datei nach § 36a Abs. 4.

(7) ¹Absatz 6 ist auf die Speicherung, Veränderung oder Nutzung nach anderen Rechtsvorschriften erhobener personenbezogener Daten entsprechend anzuwenden, wenn erkennbar ist, dass die Daten mit Mitteln oder Methoden erhoben wurden, die nach Art und Schwere des Eingriffs den besonderen Mitteln oder Methoden vergleichbar sind. ²Die verarbeitende Stelle ist nicht verpflichtet, die Art und Weise der Datenerhebung zu ermitteln.

(8) ¹Die Speicherung, Veränderung oder Nutzung personenbezogener Daten über unvermeidbar betroffene Dritte (§ 29 Abs. 5, § 32 Abs. 1 Satz 2, § 33 Abs. 1 Satz 2, § 34 Abs. 1 Satz 2, § 35 Abs. 1 Satz 2) und über Personen, die mit einer ausgeschriebenen Person angetroffen worden sind (§ 31 Abs. 3), ist nur zulässig, wenn dies zur Verhütung von Straftaten von erheblicher Bedeutung erforderlich ist. ²Satz 1 ist auch auf die Veränderung und Nutzung von in Dateien gespeicherten personen-

bezogenen Daten anzuwenden, die nach § 28 Abs. 2 Nr. 4 erhoben worden sind, wenn die Dateien für länger als 6 Monate eingerichtet werden.

(9) ¹Daten, die zum Zweck der Gefahrenabwehr erhoben oder sonst verarbeitet worden sind, dürfen nach Maßgabe der Vorschriften der Strafprozessordnung zum Zwecke der Verfolgung von Straftaten gespeichert, verändert und genutzt werden. ²Personenbezogene Daten, die mit besonderen Mitteln oder Methoden erhoben worden sind, dürfen nur genutzt werden, wenn sie nach den Vorschriften der Strafprozessordnung für diesen Zweck hätten erhoben werden dürfen.

§ 36c Allgemeine Regeln der Datenübermittlung

(1) ¹Personenbezogene Daten dürfen zu einem anderen Zweck als dem, zu dem sie erlangt oder gespeichert worden sind, nur unter den Voraussetzungen des § 36b Abs. 1 und 4 übermittelt werden. ²Die Übermittlung zu einem anderen Zweck ist aktenkundig zu machen. ³Dies gilt nicht für mündliche Auskünfte, wenn zur betroffenen Person keine Unterlagen geführt werden, und nicht für automatisierte Abrufverfahren.

(2) Bewertungen (§ 36a Abs. 3 Satz 2), personenbezogene Daten über die in § 28 Abs. 2 Nr. 2 bis 4 genannten Personen sowie nach § 31 Abs. 3 übermittelte personenbezogene Daten über eine Person, die mit einer ausgeschriebenen Person angetroffen worden ist, dürfen nur Polizei- und Strafverfolgungsbehörden übermittelt werden.

(3) Die Datenübermittlung zwischen der Polizei und dem Verfassungsschutz erfolgt nach dem Gesetz über den Verfassungsschutz im Lande Bremen.

§ 36d Datenübermittlung innerhalb der Polizei

(1) ¹Die Behörden und Dienststellen der Polizei dürfen untereinander personenbezogene Daten übermitteln, wenn die Übermittlung zur Erfüllung einer Aufgabe der Gefahrenabwehr erforderlich ist. ²Dies gilt auch für Übermittlungen an die Polizei und sonstige Behörden der Gefahrenabwehr anderer Länder und des Bundes.

(2) Sollen personenbezogene Daten, die mit besonderen Mitteln oder Methoden erhoben oder nach § 36b Abs. 7 gespeichert worden sind, zu einem anderen Zweck übermittelt werden, so ist zuvor zu prüfen, ob die Verarbeitung dieser Daten durch den Empfänger nach § 36b Abs. 6 zulässig ist.

§ 36e Automatisiertes Abrufverfahren

(1) ¹Ein automatisiertes Verfahren, das die Übermittlung personenbezogener Daten zwischen den Behörden der Polizei durch Abruf aus einer Datei ermöglicht, darf mit Zustimmung des Senators für Inneres eingerichtet werden. ²§ 14 Abs. 2 Satz 3 und 4 des Bremischen Datenschutzgesetzes ist entsprechend anzuwenden.

(2) ¹Die Abrufe im Rahmen eines automatisierten Verfahrens sind für Zwecke der Datenschutzkontrolle zu protokollieren und in überprüfbarer Form aufzuzeichnen. ²Die Aufzeichnungen sind jeweils am Ende des Kalenderjahres, das dem Jahr ihrer Erstellung folgt, zu vernichten.

(3) Für die Einrichtung automatisierter Abrufverfahren unter Beteiligung von öffentlichen Stellen, die nicht Behörden der Polizei sind, gilt im übrigen § 14 des Bremischen Datenschutzgesetzes.

(4) Der Polizeivollzugsdienst darf zur Erfüllung von Aufgaben der Gefahrenabwehr, die nicht nur örtliche Bedeutung haben, an einem Datenverbund der Polizei mit anderen Ländern und dem Bund teilnehmen, der auch eine automatisierte Datenübermittlung ermöglicht, wenn in der hierüber getroffenen Vereinbarung festgelegt ist, welcher Behörde die nach diesem Gesetz oder nach anderen Rechtsvorschriften bestehenden Pflichten einer speichernden Stelle obliegen.

§ 36f Datenübermittlung an andere öffentliche Stellen, an ausländische öffentliche Stellen sowie an über- und zwischenstaatliche Stellen

(1) Die Polizei darf personenbezogene Daten an andere öffentliche Stellen übermitteln, soweit dies
1. zur Erfüllung der Aufgaben der übermittelnden Stelle,
2. zur Abwehr einer Gefahr durch den Empfänger oder
3. zur Abwehr erheblicher Nachteile für das Gemeinwohl oder zur Abwehr einer schwerwiegenden Beeinträchtigung der Rechte einer Person

erforderlich ist oder sie im Rahmen ihrer rechtmäßigen Aufgabenerfüllung Anhaltspunkte für das Bestehen einer erheblichen sozialen Notlage feststellt.

(2) Personenbezogene Daten dürfen an ausländische öffentliche Stellen sowie an über- und zwischenstaatliche Stellen übermittelt werden, soweit dies
1. in einem Gesetz, einem Rechtsakt der Europäischen Gemeinschaften oder einem internationalen Vertrag geregelt ist oder
2. zur Abwehr einer Gefahr durch die übermittelnde Stelle oder zur Abwehr einer erheblichen Gefahr durch den Empfänger

erforderlich ist.

(3) Für die Übermittlung von personenbezogenen Daten zu einem anderen Zweck als zu dem, zu dem sie mit besonderen Mitteln oder Methoden erhoben worden sind, gilt § 36b Abs. 6 Satz 1 und Abs. 7 in den Fällen der Absätze 1 und 2 Nr. 2 entsprechend.

(4) ¹In den Fällen des Absatzes 2 Nr. 2 darf die Übermittlung an eine ausländische öffentliche Stelle oder an eine über- und zwischenstaatliche Stelle nur erfolgen, wenn für diese Stelle den Vorschriften dieses Gesetzes vergleichbare Datenschutzregelungen gelten. ²Satz 1 gilt nicht, soweit unter Berücksichtigung der schutzwürdigen Belange der betroffenen Person und der Bedeutung, die der Erfüllung der Gefahrenabwehraufgabe zukommt, Belange der internationalen polizeilichen Zusammenarbeit überwiegen.

(5) Eine Übermittlung nach Absatz 2 darf nicht erfolgen, soweit Grund zu der Annahme besteht, dass die Übermittlung einen Verstoß gegen wesentliche Grundsätze des deutschen Rechts, insbesondere gegen Grundrechte, zur Folge haben würde.

§ 36g Datenübermittlung an Personen oder Stellen außerhalb des öffentlichen Bereichs, Bekanntgabe an die Öffentlichkeit

(1) ¹Die Polizei darf personenbezogene Daten an Personen oder Stellen außerhalb des öffentlichen Bereichs übermitteln, soweit dies zur Abwehr einer Gefahr erforderlich ist oder soweit der Empfänger ein rechtliches Interesse an der Kenntnis der zu übermittelnden Daten glaubhaft macht, er diese Kenntnis nicht auf ihm zumutbare andere Weise erhalten kann und schutzwürdige Belange des Betroffenen nicht entgegenstehen. ²Der Empfänger darf die übermittelten personenbezogenen Daten nur für die Zwecke verarbeiten, zu deren Erfüllung sie ihm übermittelt worden sind.

(2) ¹Der Polizeivollzugsdienst darf personenbezogene Daten und Abbildungen einer Person zum Zweck der Ermittlung der Identität oder des Aufenthaltsortes oder zur Warnung öffentlich bekannt geben, wenn
1. die Abwehr einer Gefahr für Leib oder Leben auf andere Weise nicht möglich erscheint oder
2. Tatsachen die Annahme rechtfertigen, dass diese Person eine Straftat von erheblicher Bedeutung begehen wird, und die Vorsorge für die Verfolgung oder die Verhütung dieser Straftat auf andere Weise nicht möglich erscheint.

²Die Daten können mit einer wertenden Angabe über die Person verbunden werden, wenn dies zur Abwehr der in den Nr. 1 und 2 genannten Gefahren erforderlich ist; § 36c Abs. 2 ist nicht anzuwenden. ³§ 30 gilt entsprechend.

§ 36h Datenabgleich

¹Der Polizeivollzugsdienst darf rechtmäßig erlangte personenbezogene Daten mit Dateien abgleichen, die der Suche nach Personen oder Sachen dienen. ²Der Polizeivollzugsdienst kann darüber hinaus jedes amtliche Kennzeichen von Kraftfahrzeugen mit den in Satz 1 genannten Dateien abgleichen, wenn dies zur Gefahrenabwehr erforderlich ist. ³Ein Abgleich der nach § 28 Abs. 3 erhobenen personenbezogenen Daten ist nur mit Zustimmung der betroffenen Person zulässig. ⁴Der Polizeivollzugsdienst kann personenbezogene Daten mit dem Inhalt anderer von ihr geführter Dateien im Rahmen der Zweckbestimmung dieser Dateien abgleichen, wenn Tatsachen die Annahme rechtfertigen, dass dies zur Erfüllung einer bestimmten Aufgabe der Gefahrenabwehr erforderlich ist.

§ 36i Datenabgleich mit anderen Dateien

(1) ¹Der Polizeivollzugsdienst darf von öffentlichen und nichtöffentlichen Stellen die Übermittlung personenbezogener Daten von Personen, die bestimmte Prüfungsmerkmale erfüllen, zum Zwecke des Abgleichs mit anderen Datenbeständen verlangen, soweit dies zur Abwehr einer Gefahr für den Bestand oder die Sicherheit des Bundes oder eines Landes, für Leib, Leben oder Freiheit einer Person oder zur Verhütung einer Straftat von erheblicher Bedeutung erforderlich ist. ²Die Maßnahme darf nur

angeordnet werden, wenn die Abwehr der Gefahr auf andere Weise weniger erfolgversprechend oder nicht möglich wäre.

(2) ¹Zu dem in Absatz 1 genannten Zweck hat die speichernde Stelle die für den Abgleich erforderlichen Daten unverzüglich aus den Datenbeständen auszusondern und dem Polizeivollzugsdienst zur Verfügung zu stellen. ²Die Übermittlung ist auf Namen, Anschriften, Tag und Ort der Geburt der betroffenen Personen sowie auf im Einzelfall festzulegende Merkmale zu beschränken. ³Soweit die zu übermittelnden Daten von anderen Daten nur mit unverhältnismäßigem Aufwand getrennt werden können, sind auch die anderen Daten zu übermitteln. ⁴Die Nutzung der anderen Daten ist nicht zulässig. ⁵Rechtsvorschriften über ein Berufs- oder Amtsgeheimnis bleiben unberührt.

(3) ¹Eine Maßnahme nach Absatz 1 darf nur durch die Behördenleitung mit Zustimmung des Senators für Inneres angeordnet werden. ²Der Landesbeauftragte für den Datenschutz ist unverzüglich zu unterrichten.

(4) ¹Sind die Daten auf Datenträgern übermittelt worden, so sind diese nach Beendigung des Abgleichs unverzüglich zurückzugeben. ²Personenbezogene Daten, die auf andere Datenträger übertragen wurden, sind unverzüglich zu löschen, sobald sie für den Zweck ihrer Erhebung nicht mehr benötigt werden. ³Über die Löschung der Daten ist eine Niederschrift anzufertigen, die gesondert aufzubewahren ist.

(5) § 36b Abs. 6 gilt entsprechend.

§ 36j Dateibeschreibung
¹Für die Dateibeschreibung der in einer polizeilichen Datei zu speichernden personenbezogenen Daten gilt § 8 des Bremischen Datenschutzgesetzes. ²Die Notwendigkeit der Weiterführung oder Änderung von Dateien ist spätestens nach Ablauf von 4 Jahren seit ihrer Errichtung zu prüfen.

§ 36k Berichtigung, Löschung und Sperrung von Daten
(1) ¹In Dateien gespeicherte personenbezogene Daten sind zu berichtigen, wenn sie unrichtig sind. ²Wird festgestellt, dass in Akten gespeicherte personenbezogene Daten unrichtig sind, ist dies in der Akte zu vermerken oder auf sonstige Weise festzuhalten.

(2) ¹In Dateien gespeicherte personenbezogene Daten sind zu löschen, wenn
1. ihre Speicherung unzulässig ist oder
2. bei der nach bestimmten Fristen vorzunehmenden Überprüfung oder aus Anlass einer Einzelfallbearbeitung festgestellt wird, dass ihre Kenntnis für die speichernde Stelle zur Erfüllung der in ihrer Zuständigkeit liegenden Aufgaben nicht mehr erforderlich ist.

²Ist eine Löschung wegen der besonderen Art der Speicherung nicht oder nur mit unverhältnismäßigem Aufwand möglich, kann an die Stelle der Löschung die Sperrung treten.

(3) ¹Sind personenbezogene Daten in Akten gespeichert, sind sie im Fall von Absatz 2 Nr. 1 durch Anbringung eines entsprechenden Vermerks zu sperren. ²Im Fall von Absatz 2 Nr. 2 sind die Akten spätestens zu vernichten, wenn die gesamte Akte zur Erfüllung der in der Zuständigkeit der speichernden Stelle liegenden Aufgaben nicht mehr erforderlich ist.

(4) ¹Der Senator für Inneres legt durch Verwaltungsvorschrift die Fristen fest, nach deren Ablauf zu prüfen ist, ob die weitere Speicherung der Daten zur Aufgabenerfüllung erforderlich ist. ²Die Fristen dürfen
1. bei Erwachsenen zehn Jahre,
2. bei Minderjährigen fünf Jahre und
3. bei Minderjährigen, die das 14. Lebensjahr nicht vollendet haben, zwei Jahre

nicht überschreiten, wobei nach dem Zweck der Speicherung sowie Art und Bedeutung des Anlasses zu unterscheiden ist. ³Die Frist beginnt regelmäßig mit dem letzten Anlass der Speicherung eines personenbezogenen Datums. ⁴Verbüßt die Person eine Freiheitsstrafe oder ist gegen sie eine mit Freiheitsentzug verbundene Maßregel der Besserung und Sicherung angeordnet, so beginnt die Frist mit der Entlassung.

(5) Die Pflicht, einzelne personenbezogene Daten unabhängig von einer nach Absatz 4 bestimmten Frist zu berichtigen, zu löschen oder zu sperren, bleibt unberührt.

(6) ¹An Stelle der Löschung tritt eine Sperrung, solange
1. Grund zu der Annahme besteht, dass durch die Löschung schutzwürdige Belange des Betroffenen beeinträchtigt werden oder

2. die Nutzung der personenbezogenen Daten zur Behebung einer bestehenden Beweisnot in einem gerichtlichen Verfahren oder einem Verwaltungsverfahren unerlässlich ist.
²Gesperrte Daten dürfen ohne Einwilligung des Betroffenen nur zu den in Satz 1 Nr. 2 genannten Zwecken verarbeitet werden.

3. Abschnitt
Vollzugshilfe

§ 37 Vollzugshilfe
(1) Der Polizeivollzugsdienst leistet anderen Behörden auf Ersuchen Vollzugshilfe, wenn unmittelbarer Zwang anzuwenden ist und die anderen Behörden ihre Maßnahmen nicht selbst durchsetzen können.
(2) ¹Der Polizeivollzugsdienst ist nur für die Art und Weise der Durchführung verantwortlich. ²Im Übrigen gelten die Grundsätze der Amtshilfe entsprechend.
(3) Die Verpflichtung zur Amtshilfe bleibt unberührt.

§ 38 Verfahren
(1) Vollzugshilfeersuchen sind schriftlich zu stellen; sie haben den Grund und die Rechtsgrundlage der Maßnahme anzugeben.
(2) ¹In Eilfällen kann das Ersuchen formlos gestellt werden. ²Es ist jedoch auf Verlangen unverzüglich schriftlich zu bestätigen.
(3) Die ersuchende Behörde ist von der Ausführung des Ersuchens zu verständigen.

§ 39 Vollzugshilfe bei Freiheitsentziehungen
(1) Hat das Vollzugshilfeersuchen eine Freiheitsentziehung zum Inhalt, so ist auch die richterliche Entscheidung über die Zulässigkeit der Freiheitsentziehung vorzulegen oder in dem Ersuchen zu bezeichnen.
(2) Ist eine vorherige richterliche Entscheidung nicht ergangen, so hat der Polizeivollzugsdienst die festgehaltene Person zu entlassen, wenn die ersuchende Behörde diese nicht übernimmt oder die richterliche Entscheidung nicht unverzüglich nachträglich beantragt.
(3) Die §§ 17 und 18 gelten entsprechend.

4. Abschnitt
Zwang

§ 40 Allgemeines
(1) Für die Anwendung des Verwaltungszwangs durch die Polizei gilt das Bremische Verwaltungsvollstreckungsgesetz mit der Maßgabe, dass
1. § 26 Abs. 3 dieses Gesetzes bei der Festsetzung der Kosten nach § 19 Abs. 3 des Bremischen Verwaltungsvollstreckungsgesetzes ergänzend gilt und
2. die Schriftform bei Maßnahmen des Polizeivollzugsdienstes nicht erforderlich ist.
(2) Wendet der Polizeivollzugsdienst nach dem Bremischen Verwaltungsvollstreckungsgesetz oder anderen Rechtsvorschriften unmittelbaren Zwang an, so gelten für die Art und Weise der Anwendung die §§ 41 bis 47.
(3) ¹Bei der Anwendung unmittelbaren Zwangs ist der Gebrauch von Hilfsmitteln der körperlichen Gewalt und von Waffen im Sinne des § 41 Abs. 3 und 4 dem Polizeivollzugsdienst vorbehalten. ²Verwaltungsbeamte, Hilfspolizeibeamte (§ 76) und andere mit polizeilichen Befugnissen betraute Personen dürfen Waffen nur gebrauchen, wenn sie dazu besonders ermächtigt sind. ³Zuständig für die Erteilung der Ermächtigung ist der Senator für Inneres im Einvernehmen mit dem fachlich zuständigen Senator.
(4) Die zivil- und strafrechtlichen Wirkungen nach den Vorschriften über Notwehr und Notstand bleiben unberührt.

§ 41 Unmittelbarer Zwang
(1) Unmittelbarer Zwang ist die Einwirkung auf Personen oder Sachen durch körperliche Gewalt, durch ihre Hilfsmittel und durch Waffen.
(2) Die körperliche Gewalt ist jede unmittelbare körperliche Einwirkung auf Personen oder Sachen.

(3) Hilfsmittel der körperlichen Gewalt sind insbesondere Fesseln, technische Sperren, Wasserwerfer, Diensthunde, Dienstfahrzeuge sowie zum Sprengen bestimmte Explosivstoffe (Sprengmittel).
(4) ¹Als Waffen sind Schlagstock, Distanz-Elektroimpulsgerät, Reizstoffe, Pistole, Revolver, Gewehr und Maschinenpistole zugelassen. ²Art, Wirkungsweise, Zweckbestimmung und Munition der polizeilichen Waffen sind in einer Rechtsverordnung des Senats zu beschreiben.
(5) ¹Die Polizei kann unmittelbaren Zwang anwenden, wenn andere Zwangsmittel nicht in Betracht kommen oder keinen Erfolg versprechen oder unzweckmäßig sind. ²Unmittelbarer Zwang zur Durchsetzung des Gebots, eine Erklärung abzugeben, ist unzulässig.
(6) Sprengmittel dürfen gegen Personen nicht angewendet werden.

§ 42 Handeln auf Anordnung
(1) ¹Die zur Anwendung unmittelbaren Zwangs befugten Personen sind verpflichtet, unmittelbaren Zwang anzuwenden, der von einem Weisungsberechtigten angeordnet wird. ²Dies gilt nicht, wenn die Anordnung die Menschenwürde verletzt oder nicht zu dienstlichen Zwecken erteilt worden ist.
(2) ¹Eine Anordnung darf nicht befolgt werden, wenn dadurch eine mit Strafe oder Geldbuße bedrohte rechtswidrige Handlung begangen würde. ²Befolgt die zur Anwendung unmittelbaren Zwangs befugte Person die Anordnung trotzdem, so trifft sie eine Schuld nur, wenn sie erkennt oder wenn es nach den ihr bekannten Umständen offensichtlich ist, dass dadurch eine Straftat begangen wird.
(3) Bedenken gegen die Rechtmäßigkeit der Anordnung sind dem Anordnenden gegenüber vorzubringen, soweit dies nach den Umständen möglich ist.
(4) (gestrichen)

§ 43 Hilfeleistung für Verletzte
Verletzten ist, wenn unmittelbarer Zwang angewandt worden ist, soweit es nötig ist, unverzüglich zu helfen und ärztliche Hilfe zu verschaffen.

§ 44 Androhung unmittelbaren Zwangs
(1) ¹Unmittelbarer Zwang ist vor seiner Anwendung mündlich oder auf andere Weise anzudrohen, es sei denn, dass dies die Umstände nicht zulassen, insbesondere, wenn die sofortige Anwendung des Zwangsmittels zu Abwehr einer gegenwärtigen Gefahr notwendig ist. ²Als Androhung des Schusswaffengebrauchs gilt auch die Abgabe eines Warnschusses.
(2) Schusswaffen dürfen nur dann ohne Androhung gebraucht werden, wenn das zu Abwehr einer gegenwärtigen Gefahr für Leib oder Leben erforderlich ist.
(3) ¹Gegenüber einer Menschenmenge ist die Anwendung unmittelbaren Zwangs so rechtzeitig anzudrohen, dass jedermann sich noch entfernen kann, es sei denn, dass die sofortige Anwendung des unmittelbaren Zwangs zur Abwehr einer gegenwärtigen erheblichen Gefahr notwendig ist. ²Der Gebrauch von Schusswaffen gegen Personen in einer Menschenmenge ist stets anzudrohen; die Androhung ist vor dem Schusswaffengebrauch zu wiederholen.
(4) Die Anwendung von technischen Sperren braucht nicht angedroht zu werden.

§ 45 Fesselung von Personen
Eine Person, die nach diesem Gesetz oder anderen Rechtsvorschriften festgehalten wird, darf gefesselt werden, wenn Tatsachen die Annahme rechtfertigen, dass sie
1. andere Personen angreifen, Widerstand leisten oder fremde Sachen von erheblichem Wert beschädigen wird,
2. fliehen wird oder befreit werden soll,
3. sich töten oder verletzen wird,

und diese Gefahr nicht anders abgewehrt werden kann.

§ 46 Allgemeine Vorschriften für den Schusswaffengebrauch
(1) ¹Schusswaffen dürfen nur gebraucht werden, wenn andere Maßnahmen des unmittelbaren Zwangs erfolglos angewendet worden sind oder offensichtlich keinen Erfolg versprechen. ²Gegen Personen ist ihr Gebrauch nur zulässig, wenn der Zweck nicht durch Schusswaffengebrauch gegen Sachen erreicht werden kann.
(2) ¹Schusswaffen dürfen gegen Personen nur gebraucht werden, um angriffs- oder fluchtunfähig zu machen. ²Gebraucht der Polizeivollzugsbeamte die Schusswaffe als das einzige Mittel und die erforderliche Verteidigung, um einen rechtswidrigen Angriff mit gegenwärtiger Lebensgefahr oder gegenwärtiger Gefahr einer schwerwiegenden Verletzung der körperlichen Unversehrtheit von sich

oder einem anderen abzuwehren, so ist sein Handeln auch dann zulässig, wenn es unvermeidbar zum Tode des Angreifers führt; insoweit wird das Grundrecht auf Leben (Art. 2 Abs. 2 Satz 1 des Grundgesetzes) eingeschränkt. ³§ 42 Abs. 1 S. 1 (Handeln auf Anordnung) findet im Falle des Satzes 2 keine Anwendung.

(3) Gegen Personen, die dem äußeren Eindruck nach noch nicht 14 Jahre alt sind, dürfen Schusswaffen nicht gebraucht werden.

(4) ¹Der Schusswaffengebrauch ist unzulässig, wenn Unbeteiligte, insbesondere in einer Menschenmenge, mit hoher Wahrscheinlichkeit gefährdet werden. ²Das gilt nicht, wenn der Schusswaffengebrauch das einzige Mittel zur Abwehr einer gegenwärtigen Lebensgefahr ist und durch den Schusswaffengebrauch keine Lebensgefahr für Unbeteiligte entsteht. ³Unbeteiligte sind nicht Mittäter und Teilnehmer der Tat, die den Schusswaffengebrauch erfordert.

§ 47 Schusswaffengebrauch gegen Personen

(1) Schusswaffen dürfen gegen Personen nur gebraucht werden,
1. um eine gegenwärtige Gefahr für Leib oder Leben abzuwehren,
2. um die unmittelbar bevorstehende Begehung oder Fortsetzung eines Verbrechens oder eines Vergehens unter Anwendung oder Mitführung von Schusswaffen oder Explosivmittel zu verhindern,
3. um eine Person anzuhalten, die sich der Festnahme oder Identitätsfeststellung durch Flucht zu entziehen versucht, wenn sie
   a) eines Verbrechens dringend verdächtig ist oder
   b) eines Vergehens dringend verdächtig ist und Tatsachen die Annahme rechtfertigen, dass sie Schusswaffen oder Explosivmittel mit sich führt,
4. um die Flucht einer Person zu vereiteln oder eine Person zu ergreifen, die in amtlichem Gewahrsam zuhalten oder ihm zuzuführen ist
   a) aufgrund richterlicher Entscheidung wegen eines Verbrechens oder aufgrund des dringenden Verdachtes eines Verbrechens oder
   b) aufgrund richterlicher Entscheidung wegen eines Vergehens oder aufgrund des dringenden Verdachtes eines Vergehens, sofern Tatsachen die Annahme rechtfertigen, dass sie Schusswaffen oder Explosivmittel mit sich führt,
5. um die gewaltsame Befreiung einer Person aus amtlichem Gewahrsam zu verhindern, es sei denn, die mit dem Gebrauch der Schusswaffe verbundene Gefahr steht erkennbar außer Verhältnis zu der Gefahr, die von dieser Person ausgeht.

(2) Schusswaffen dürfen nach Absatz 1 Nr. 4 nicht gebraucht werden, wenn es sich um den Vollzug eines Jugendarrestes oder eines Strafarrestes handelt, oder wenn die Flucht aus einer offenen Anstalt verhindert werden soll.

5. Abschnitt
Polizeiverordnungen

§ 48 Begriff
Polizeiverordnungen im Sinne dieses Gesetzes sind der Gefahrenabwehr dienende Gebote oder Verbote, die für eine unbestimmte Zahl von Fällen an eine unbestimmte Zahl von Personen gerichtet sind.

§ 49 Zuständigkeit
Die Landespolizeibehörden und die Ortspolizeibehörden dürfen innerhalb ihres Geschäftsbereiches für ihren Bezirk oder Teile ihres Bezirks Polizeiverordnungen erlassen.

§ 50 Vorlagepflicht – Zustimmungserfordernis

(1) ¹Die von den Landespolizeibehörden (§ 67 Abs. 1) erlassenen Polizeiverordnungen sind unverzüglich der Bürgerschaft (Landtag) vorzulegen. ²Sie sind auf Verlangen der Bürgerschaft (Landtag) abzuändern oder aufzuheben.

(2) ¹Die Polizeiverordnungen der Ortspolizeibehörden (§ 67 Abs. 2) bedürfen in der Stadtgemeinde Bremen der Zustimmung der Stadtbürgerschaft, in der Stadtgemeinde Bremerhaven der Zustimmung der Stadtverordnetenversammlung. ²In Fällen, die keinen Aufschub gestatten, kann die Polizeiverordnung auch ohne vorherige Zustimmung erlassen werden. ³Die Zustimmung ist unverzüglich einzuholen. ⁴Wird sie nicht innerhalb von 3 Monaten nach Verkündigung der Polizeiverordnung ausdrücklich versagt, so gilt sie als erteilt. ⁵Wird die Zustimmung versagt, so ist die Polizeiverordnung aufzuheben.

§ 51 Selbsteintrittsrecht der Fachaufsichtsbehörde

(1) Der zuständige Senator kann als Fachaufsichtsbehörde für den Bezirk oder für Teile des Bezirkes einer Ortspolizeibehörde eine Polizeiverordnung erlassen, wenn sich die Ortspolizeibehörde weigert, die nach Ansicht der Fachaufsichtsbehörde erforderliche Polizeiverordnung selbst zu erlassen.

(2) ¹Die Fachaufsichtsbehörden können Polizeiverordnungen nachgeordneter Polizeibehörden außer Kraft setzen. ²§ 50 Abs. 2 gilt entsprechend.

§ 52 Inhaltliche Grenzen

(1) Polizeiverordnungen dürfen nicht lediglich den Zweck haben, den Polizeibehörden die ihnen obliegende Aufsicht zu erleichtern.

(2) Polizeiverordnungen müssen in ihrem Inhalt bestimmt sein.

§ 53 Formerfordernisse

(1) Polizeiverordnungen müssen
1. eine ihren Inhalt kennzeichnende Überschrift tragen;
2. in der Überschrift als Polizeiverordnung bezeichnet werden;
3. im Eingang auf dieses Gesetz Bezug nehmen;
4. den örtlichen Geltungsbereich enthalten;
5. den Zeitpunkt des Erlasses angeben;
6. die Behörde bezeichnen, die die Verordnung erlassen hat.

(2) ¹Polizeiverordnungen sollen den Tag bestimmen, an dem sie in Kraft treten. ²Fehlt eine solche Bestimmung, so treten sie am Tage nach ihrer Verkündung in Kraft.

§ 54 Bußgeldvorschrift

(1) ¹Ordnungswidrig handelt, wer vorsätzlich oder fahrlässig der Vorschrift einer aufgrund dieses Gesetzes erlassenen Polizeiverordnung oder einer aufgrund einer solchen Polizeiverordnung ergangenen vollziehbaren Anordnung zuwiderhandelt, wenn die Polizeiverordnung für einen bestimmten Tatbestand auf diese Bußgeldvorschrift verweist. ²Die Verweisung ist nicht erforderlich, wenn die Polizeiverordnung vor dem Inkrafttreten dieses Gesetzes erlassen worden ist.

(2) Die Ordnungswidrigkeit kann mit einer Geldbuße bis zu 5 000 Euro geahndet werden.

(3) Gegenstände, auf die sich die Ordnungswidrigkeit bezieht oder die zu ihrer Vorbereitung oder Begehung verwendet worden sind, können eingezogen werden, falls die Polizeiverordnung für einen bestimmten Tatbestand auf diese Vorschrift verweist.

(4) Sachlich zuständige Verwaltungsbehörde für die Verfolgung und Ahndung von Ordnungswidrigkeiten nach Absatz 1 ist die Ortspolizeibehörde, wenn nichts anderes bestimmt ist.

§ 55 Geltungsdauer von Polizeiverordnungen

¹Polizeiverordnungen sollen Beschränkungen ihrer Geltungsdauer enthalten. ²Sie treten spätestens 20 Jahre nach ihrem Inkrafttreten außer Kraft.

6. Abschnitt
Schadensausgleich, Erstattungs- und Ersatzansprüche

§ 56 Zum Schadensausgleich verpflichtende Tatbestände

(1) ¹Erleidet jemand infolge einer rechtmäßigen Inanspruchnahme nach § 7 einen Schaden, so ist ihm ein angemessener Ausgleich zu gewähren. ²Das Gleiche gilt, wenn jemand durch eine rechtswidrige Maßnahme der Polizei einen Schaden erleidet. ³Ein Anspruch auf Ausgleich besteht nicht, soweit die Maßnahme zum Schutz der Person oder des Vermögens des Geschädigten getroffen worden ist.

(2) Der Ausgleich ist auch Personen zu gewähren, die mit Zustimmung der Polizei bei der Erfüllung von Aufgaben der Polizei freiwillig mitgewirkt oder Sachen zur Verfügung gestellt und dabei einen Schaden erlitten haben.

(3) Weitergehende Ersatzansprüche, insbesondere aus Amtspflichtverletzungen, bleiben unberührt.

§ 57 Schadensausgleich bei Vermögensschäden und bei Freiheitsentziehung

(1) ¹Der Ausgleich nach § 56 für Vermögensschäden umfasst entgangenen Gewinn, der über den Ausfall des gewöhnlichen Verdienstes oder Nutzungsentgeltes hinausgeht, und Nachteile, die nicht in unmittelbarem Zusammenhang mit der Maßnahme der Polizei stehen, nur, soweit dies zur Abwendung unbilliger Härten geboten erscheint. ²Bei einer Freiheitsentziehung ist auch der Schaden,

der nicht Vermögensschaden ist, angemessen auszugleichen. ³Der Anspruch ist erst übertragbar und vererblich, wenn er rechtshängig geworden oder durch Vertrag anerkannt worden ist.
(2) Der Ausgleich wegen einer Freiheitsentziehung wird in Geld gewährt.
(3) Stehen dem Geschädigten Ansprüche gegen Dritte zu, so ist, soweit diese Ansprüche nach Inhalt und Umfang dem Ausgleichsanspruch entsprechen, der Ausgleich nur gegen Abtretung dieser Ansprüche zu gewähren.
(4) ¹Bei der Bemessung des Ausgleichs wegen Vermögensschadens und wegen Freiheitsentziehung sind alle Umstände zu berücksichtigen, insbesondere Art und Vorhersehbarkeit des Schadens sowie der durch die polizeiliche Maßnahme erreichte Schutz des Geschädigten oder seines Vermögens. ²§ 254 des Bürgerlichen Gesetzbuches gilt entsprechend.

§ 58 Schadensausgleich bei Gesundheitsschäden
(1) Wer unter den Voraussetzungen des § 56 Abs. 1 oder wer mit Zustimmung der Polizei bei der Erfüllung von Aufgaben der Polizei freiwillig mitgewirkt oder Sachen zu Verfügung gestellt hat und dadurch eine gesundheitliche Schädigung erlitten hat, erhält wegen der gesundheitlichen und wirtschaftlichen Folgen auf Antrag Versorgung in entsprechender Anwendung der Vorschriften des Bundesversorgungsgesetzes.
(2) Eine Schädigung im Sinne des Absatzes 1 stehen Schädigungen gleich, die durch einen Unfall unter den Voraussetzungen des § 1 Abs. 2 Buchst. e oder f des Bundesversorgungsgesetzes herbeigeführt worden sind.
(3) Die Hinterbliebenen eines Geschädigten erhalten auf Antrag Versorgung in entsprechender Anwendung der Vorschriften des Bundesversorgungsgesetzes.
(4) Die Ansprüche nach diesem Gesetz entfallen, soweit aufgrund der Schädigung Ansprüche nach dem Bundesversorgungsgesetz oder nach einem anderen Gesetz, welches das Bundesversorgungsgesetz für anwendbar erklärt, bestehen.
(5) Treffen Ansprüche nach diesem Gesetz mit Ansprüchen aus einer Schädigung im Sinne des § 1 des Bundesversorgungsgesetzes oder nach anderen Gesetzen, die das Bundesversorgungsgesetz für anwendbar erklären, zusammen, so ist unter Berücksichtigung der durch die gesamten Schädigungsfolgen bedingten Minderung der Erwerbstätigkeit eine einheitliche Rente festzusetzen.
(6) In den Fällen des Absatzes 5 sind die Kosten, die durch das Hinzutreten der weiteren Schädigung verursacht werden, von dem Leistungsträger zu übernehmen, der für die Versorgung wegen der weiteren Schädigung zuständig ist.
(7) § 1 Abs. 3, §§ 64 bis 64f sowie § 89 des Bundesversorgungsgesetzes sind mit der Maßgabe anzuwenden, dass an die Stelle der Zustimmung des Bundesministers für Arbeit und Sozialordnung die Zustimmung der für die Kriegsopferversorgung zuständigen obersten Landesbehörde tritt.
(8) § 81a des Bundesversorgungsgesetzes gilt mit der Maßgabe, dass der gegen Dritte bestehende gesetzliche Schadensersatzanspruch auf das Land Bremen übergeht.
(9) ¹Die Teile I und X des Sozialgesetzbuches sind anzuwenden. ²Das Gesetz über das Verwaltungsverfahren der Kriegsopferversorgung mit Ausnahme der §§ 3 und 4 sowie die Vorschriften des Sozialgerichtsgesetzes über das Vorverfahren sind anzuwenden. ³Satz 2 gilt nicht, soweit der Ausgleich in der Gewährung von Leistungen besteht, die den Leistungen der Kriegsopferfürsorge nach den §§ 25 bis 27e des Bundesversorgungsgesetzes entsprechen.
(10) Den Ausgleich wegen gesundheitlichen Schadens führen die Behörden durch, denen auch die Durchführung des Bundesversorgungsgesetzes obliegt.

§ 59 Verjährung des Ausgleichsanspruches
Der Anspruch auf den Ausgleich verjährt in drei Jahren von dem Zeitpunkt an, in welchem der Geschädigte, im Falle des § 58 Abs. 3 die Hinterbliebenen, von dem Schaden und dem zum Ausgleich Verpflichteten Kenntnis erlangten, ohne Rücksicht auf diese Kenntnis in dreißig Jahren von dem Eintritt des schädigenden Ereignisses an.

§ 60 Ausgleichspflichtiger; Erstattungsansprüche
(1) Ausgleichspflichtig ist die Körperschaft, in deren Dienst derjenige steht, der die Maßnahme getroffen hat (Anstellungskörperschaft).
(2) Hat er für die Behörde einer anderen Körperschaft gehandelt, so ist diese Körperschaft ausgleichspflichtig.

(3) Ist in den Fällen des Absatzes 2 ein Ausgleich nur wegen der Art und Weise der Durchführung der Maßnahme zu gewähren, so kann die ausgleichspflichtige Körperschaft Erstattung ihrer Aufwendungen verlangen, es sei denn, dass sie selbst die Verantwortung für die Art und Weise der Durchführung trägt.

§ 61 Rückgriff gegen den Verantwortlichen
(1) Die nach § 60 ausgleichspflichtige Körperschaft kann von den nach den §§ 5 oder 6 Verantwortlichen, soweit sie nach den Vorschriften des Bürgerlichen Gesetzbuches haftbar sind, Ersatz ihrer Aufwendungen verlangen, wenn sie aufgrund des § 56 Abs. 1 oder 2 einen Ausgleich gewährt hat.
(2) Sind mehrere Personen nebeneinander verantwortlich, so haften sie als Gesamtschuldner.

§ 62 Rechtsweg
¹Für Ansprüche auf Schadensausgleich wegen Vermögensschadens und wegen Freiheitsentziehung ist der ordentliche Rechtsweg gegeben, für Ansprüche wegen Gesundheitsschäden gilt § 51 Abs. 1 und 2 des Sozialgerichtsgesetzes entsprechend. ²Für die Ansprüche auf die Erstattung und Ersatz von Aufwendungen nach § 60 Abs. 3 oder § 61 ist der Verwaltungsrechtsweg gegeben.

Zweiter Teil
Organisation der Polizei

1. Abschnitt
Polizeihoheit und Aufgabenverteilung

§ 63 Träger der Polizeihoheit
(1) Die Abwehr von Gefahren für die öffentliche Sicherheit ist Angelegenheit des Landes.
(2) Nehmen die Gemeinden Aufgaben nach Absatz 1 (polizeiliche Aufgaben) wahr, so handeln sie im Auftrage des Landes.

§ 64 Wahrnehmung polizeilicher Aufgaben
(1) ¹Die Polizeibehörden nehmen alle polizeilichen Aufgaben nach § 1 Abs. 1 Satz 1 wahr. ²Der Polizeivollzugsdienst ist bei der Gefahrenabwehr, soweit nichts anderes bestimmt ist, neben den Polizeibehörden nur für Maßnahmen zuständig, die nach pflichtgemäßem Ermessen unaufschiebbar notwendig erscheinen. ³Er unterrichtet die zuständigen Polizeibehörden über alle Vorgänge, die für deren Entschließung von Bedeutung sein können; im übrigen hat er im Rahmen dieses Gesetzes Gefahren zu ermitteln sowie die in § 1 Abs. 1 Satz 2 und 3, Absatz 2 und 3 genannten Aufgaben zu erfüllen.
(2) In den Polizeibehörden, denen Dienststellen des Polizeivollzugsdienstes eingegliedert sind, werden die Aufgaben der Polizeibehörde von den verwaltungsbehördlichen Dienststellen wahrgenommen.
(3) ¹Die Leiter der in Absatz 2 genannten Polizeibehörden können im Rahmen der Zuständigkeit ihrer Behörde den Dienststellen des Polizeivollzugsdienstes polizeibehördliche Aufgaben übertragen. ²Sie bedürfen dafür der Zustimmung des die Fachaufsicht führenden Senators, wenn durch eine solche Übertragung die Aufgabe dem Weisungsrecht der verwaltungsbehördlichen Dienststelle entzogen wird.

2. Abschnitt
Polizeibehörden

§ 65 Allgemeine Polizeibehörden
(1) Aufgaben der Gefahrenabwehr nehmen
1. das Land mit seinen senatorischen Behörden als Landespolizeibehörden und
2. die Gemeinden als Ortspolizeibehörden
wahr.
(2) Örtlicher Zuständigkeitsbereich (Bezirk) der Landespolizeibehörden ist das Gebiet des Landes Bremen, örtlicher Zuständigkeitsbereich (Bezirk) der Ortspolizeibehörden ist das Gemeindegebiet.

§ 66 Sonderpolizeibehörden
(1) Sonderpolizeibehörden sind alle übrigen Behörden des Landes, soweit ihnen durch Rechtsvorschrift bestimmte Zuständigkeiten für Aufgaben der Gefahrenabwehr übertragen worden sind.

(2) Örtlicher Zuständigkeitsbereich (Bezirk) der Sonderpolizeibehörden ist, soweit nichts anderes bestimmt ist, das Gebiet des Landes Bremen.

§ 67 Gliederung der allgemeinen Polizeibehörden
(1) Landespolizeibehörden (§ 65 Abs. 1 Nr. 1) sind die zuständigen Senatoren, denen durch Rechtsvorschrift oder durch die Geschäftsverteilung des Senats bestimmte Zuständigkeiten für Aufgaben der Gefahrenabwehr übertragen sind.
(2) Ortspolizeibehörden (§ 65 Abs. 1 Nr. 2) sind
1. in der Stadtgemeinde Bremen das Ordnungsamt sowie weitere kommunale Ämter, denen durch Rechtsvorschrift bestimmte Zuständigkeiten für Aufgaben der Gefahrenabwehr übertragen sind;
2. in der Stadtgemeinde Bremerhaven vorbehaltlich anderer gesetzlicher Regelung der Oberbürgermeister als Vertreter des Magistrats. Der Senat kann auf Antrag des Oberbürgermeisters an seiner Stelle einen Beauftragten mit der Verwaltung einzelner Aufgaben der Ortspolizeibehörde betrauen; er hat das gleiche Recht von Amts wegen, wenn und solange der geordnete Gang der Verwaltung oder sonstige Staatsnotwendigkeiten eine solche Maßnahme erfordern und die sonstigen Aufsichtsbefugnisse des Senats nicht ausreichen.

§ 67a Kommunaler Ordnungsdienst
¹Der Senat für die Stadtgemeinde Bremen und der Magistrat für die Stadtgemeinde Bremerhaven können durch Rechtsverordnung einen kommunalen Ordnungsdienst errichten und diesem die Wahrnehmung von Aufgaben und Befugnissen der Ortspolizeibehörden im Außendienst übertragen. ²Die Rechtsverordnung kann vorsehen, dass bei der Anwendung des Verwaltungszwangs durch den kommunalen Ordnungsdienst abweichend von den Vorschriften des Bremischen Verwaltungsvollstreckungsgesetzes die Schriftform nicht erforderlich ist und dass dem kommunalen Ordnungsdienst bei der Anwendung unmittelbaren Zwangs abweichend von § 40 Absatz 3 der Gebrauch von Fesseln, technischen Sperren, Dienstfahrzeugen, Schlagstock und Reizstoffen erlaubt ist.

§ 68 Aufsicht über die Polizeibehörden
(1) ¹Die Fachaufsicht über die Ortspolizeibehörden und die Sonderpolizeibehörden führt jeder Senator innerhalb seines fachlichen Zuständigkeitsbereiches. ²Die Fachaufsicht erstreckt sich auf die recht- und zweckmäßige Wahrnehmung der Aufgaben der Polizeibehörden. ³Der zuständige Senator kann sich als Fachaufsichtsbehörde jederzeit über Angelegenheiten der Polizeibehörden unterrichten.
(2) ¹Unabhängig von der Fachaufsicht nach Absatz 1 führt jeder Senator über die Polizeibehörden seines Geschäftsbereiches die Dienstaufsicht. ²Die Dienstaufsicht über den Oberbürgermeister der Stadt Bremerhaven als Ortspolizeibehörde führt der Senator für Inneres.

§ 69 Weisungsrecht, Selbsteintritt, Unterrichtungspflicht
(1) ¹Die zuständigen Senatoren können als Fachaufsichtsbehörden den ihrer Aufsicht unterstellten Polizeibehörden Weisungen erteilen. ²Die Polizeibehörden haben diesen Weisungen Folge zu leisten.
(2) ¹Leistet eine Polizeibehörde einer ihr erteilten Weisung keine Folge, so kann anstelle der an sich zuständigen Polizeibehörde der zuständige Senator als Fachaufsichtsbehörde die erforderlichen Maßnahmen treffen. ²Die Polizeibehörde ist hiervon unverzüglich zu unterrichten.
(3) Die Polizeibehörden sind verpflichtet, den zuständigen Senator als Fachaufsichtsbehörde von allen Wahrnehmungen zu unterrichten, die für dessen Entschließungen von Bedeutung sein können.

3. Abschnitt
Polizeivollzugsdienst

§ 70 Polizeivollzugsdienst des Landes
(1) ¹Landesbehörden des Polizeivollzugsdienstes sind:
1. die Polizei Bremen,
2. das Landeskriminalamt,
3. der Senator für Inneres, soweit er Aufgaben nach § 73 wahrnimmt.

²Die Wasserschutzpolizei und die Bereitschaftspolizei sind Teil der Polizei Bremen.
(2) ¹Örtlicher Zuständigkeitsbereich der Polizei Bremen und des Senators für Inneres, soweit er Aufgaben nach § 73 wahrnimmt, ist das Gebiet des Landes Bremen, soweit § 74 Abs. 2 nichts anderes bestimmt. ²Örtlicher Zuständigkeitsbereich des Landeskriminalamts ist das Gebiet des Landes Bremen.

§ 71 Aufgaben der Polizei Bremen
(1) Die Polizei Bremen nimmt alle Aufgaben des Polizeivollzugsdienstes wahr, soweit sie nicht dem Senator für Inneres, dem Landeskriminalamt oder der Stadtgemeinde Bremerhaven übertragen sind.
(2) Die Polizei Bremen nimmt als Wasserschutzpolizei
1. die Aufgaben wahr, die der Wasserschutzpolizei durch Rechtsvorschriften übertragen sind und
2. die Aufgaben des grenzpolizeilichen Einzeldienstes aufgrund einer mit dem Bund nach § 2 des Bundesgrenzschutzgesetzes geschlossenen Vereinbarung.
(3) Die Polizei Bremen nimmt als Bereitschaftspolizei folgende Aufgaben wahr:
1. Mitwirkung bei der Abwehr von drohenden Gefahren für den Bestand oder die freiheitliche demokratische Grundordnung des Bundes oder eines Landes nach Maßgabe der Artikel 91 und 115f des Grundgesetzes,
2. Mitwirkung bei Hilfeleistungen nach Artikel 35 Abs. 2 Satz 2 und Abs. 3 des Grundgesetzes,
3. Unterstützung des Polizeivollzugsdienstes der Stadtgemeinde Bremerhaven,
4. die ihr vom Senator für Inneres zugewiesenen Aufgaben der Aus- und Fortbildung des Polizeivollzugsdienstes.

§ 72 Aufgaben des Landeskriminalamts
(1) Das Landeskriminalamt ist die zentrale Dienststelle des Landes nach § 1 Abs. 2 des Gesetzes über das Bundeskriminalamt und die Zusammenarbeit des Bundes und der Länder in kriminalpolizeilichen Angelegenheiten; es hat die dort genannten Aufgaben.
(2) Das Landeskriminalamt hat ferner
1. die kriminalpolizeiliche Tätigkeit des Polizeivollzugsdienstes fachlich zu leiten und zu beaufsichtigen;
2. alle für die Verfolgung und vorbeugende Bekämpfung von Straftaten bedeutsamen Informationen und Unterlagen zu sammeln und auszuwerten;
3. die Kriminalstatistik zu führen;
4. den Polizeivollzugsdienst über den Stand der Kriminalität und über geeignete Maßnahmen zur Verfolgung und vorbeugenden Bekämpfung von Straftaten zu unterrichten;
5. kriminaltechnische und erkennungsdienstliche Untersuchungen durchzuführen und kriminaltechnische Gutachten zu erstatten;
6. Personenfeststellungsverfahren durchzuführen, soweit seine Mittel hierzu erforderlich sind oder die Mitwirkung anderer Landeskriminalämter, des Bundeskriminalamtes oder ausländischer Kriminalpolizeidienststellen erforderlich ist;
7. die Bevölkerung über die Möglichkeiten der Verhütung von Straftaten aufzuklären.
(3) Dem Landeskriminalamt können durch Rechtsverordnung des Senators für Inneres weitere Aufgaben in kriminalpolizeilichen Angelegenheiten übertragen werden.

§ 73 Vollzugspolizeiliche Aufgaben des Senators für Inneres
(1) Der Senator für Inneres nimmt die Aufgaben des Polizeivollzugsdienstes wahr, soweit es um die Verhütung und Verfolgung folgender Straftaten geht:
1. Straftaten nach den §§ 108b, 108e, 298 bis 300 und dem dreißigsten Abschnitt des Strafgesetzbuchs sowie Straftaten, die im Mindest- oder Höchstmaß mit einer höheren Strafe bedroht sind, wenn es sich bei dem Täter um einen Amtsträger oder einen für den öffentlichen Dienst besonders Verpflichteten handelt und sich der Tatvorwurf gegen einen Amtsträger oder einen für den öffentlichen Dienst besonders Verpflichteten richtet,
2. Straftaten, die mit Straftaten nach Nummer 1 in unmittelbarem sachlichen Zusammenhang stehen,
3. andere Straftaten, bei denen sich ein Tatvorwurf gegen Bedienstete der Polizei Bremen oder des Landeskriminalamts richtet.
(2) Der Senator für Inneres kann seine Zuständigkeit nach Absatz 1 im Einzelfall auf eine andere Behörde des Polizeivollzugsdienstes übertragen.

§ 74 Polizeivollzugsdienst der Stadtgemeinde Bremerhaven
(1) In der Stadtgemeinde Bremerhaven wird der Polizeivollzugsdienst von der Ortspolizeibehörde wahrgenommen, soweit gesetzlich nichts anderes bestimmt ist.
(2) ¹Örtlicher Zuständigkeitsbereich des Polizeivollzugsdienstes der Stadtgemeinde Bremerhaven ist das Gebiet der Stadtgemeinde Bremerhaven und das stadtbremische Überseehafengebiet Bremer-

haven. ²Ausgenommen sind die schiffbaren Wasserstraßen (Flüsse und Kanäle) bis zur Hochwassergrenze einschließlich der mit ihnen in unmittelbarer Verbindung stehenden Wasserbauten, Schleusen und Uferanlagen sowie die Wasserflächen in den Häfen.

(3) Die kriminalpolizeilichen Aufgaben in den in Absatz 2 Satz 2 bestimmten Gebieten werden vom Polizeivollzugsdienst der Stadtgemeinde Bremerhaven wahrgenommen.

(4) Der Senat kann durch Rechtsverordnung festlegen, dass in bestimmten örtlichen Bereichen oder für bestimmte Aufgaben im örtlichen Zuständigkeitsbereich des Polizeivollzugsdienstes der Stadtgemeinde Bremerhaven der Polizeivollzugsdienst des Landes zuständig ist.

§ 75 Unterstützung und gemeinsamer Einsatz

(1) ¹Der Senator für Inneres kann dem Polizeivollzugsdienst der Stadtgemeinde Bremerhaven Polizeivollzugsbeamte des Landes oder dem Polizeivollzugsdienst des Landes Polizeivollzugsbeamte der Stadtgemeinde Bremerhaven zur Unterstützung zuteilen. ²Er kann sich ferner die Kräfte des Polizeivollzugsdienstes des Landes und der Stadtgemeinde Bremerhaven zum gemeinsamen Einsatz unmittelbar unterstellen und ihre Leitung einem von ihm bestimmten Beamten übertragen, wenn und solange die öffentliche Sicherheit es erfordert.

(2) Die Kosten werden nicht erstattet.

§ 76 Hilfspolizeibeamte

(1) ¹Personen, die nicht Polizeivollzugsbeamte sind, können vom Senator für Inneres oder der Ortspolizeibehörde mit der hilfsweisen Wahrnehmung von Aufgaben des Polizeivollzugsdienstes betraut werden. ²Sie haben dann im Rahmen ihres Auftrages die Befugnisse nach den §§ 10 bis 26. ³Sie sind ferner berechtigt, Ersatzvornahme anzuordnen und unmittelbaren Zwang auszuüben. ⁴Befugnisse von Ermittlungspersonen der Staatsanwaltschaften haben sie nur dann, wenn sie hierzu bestellt sind.

(2) Personen, denen durch Gesetz die Rechte von Polizeivollzugsbeamten zuerkannt sind, haben zur Erfüllung ihrer besonderen Dienstaufgaben auch die Befugnisse von Polizeivollzugsbeamten nach diesem Gesetz.

(3) ¹Der Senator für Inneres kann auf Antrag anordnen, dass Ermittlungspersonen der Staatsanwaltschaft, die mit der Wahrnehmung bestimmter vollzugspolizeilicher Aufgaben betraut sind, ohne nach diesem Gesetz einer Polizeibehörde oder einer Behörde des Polizeivollzugsdienstes anzugehören, die Befugnisse von Polizeivollzugsbeamten im Sinne dieses Gesetzes haben. ²Anordnungen nach Satz 1 sind im Gesetzblatt der Freien Hansestadt Bremen bekannt zu machen.

§ 77 Aufsicht über den Polizeivollzugsdienst

(1) ¹Die Fachaufsicht über den Polizeivollzugsdienst sowie die Dienstaufsicht über den Polizeivollzugsdienst des Landes führt der Senator für Inneres. ²Der Senator für Inneres kann zur Ausübung der Fach- und Dienstaufsicht Weisungen allgemein oder für den Einzelfall erteilen; § 69 gilt entsprechend.

(2) ¹Die Fachaufsicht erstreckt sich auf die recht- und zweckmäßige Wahrnehmung der Aufgaben des Polizeivollzugsdienstes. ²Im Rahmen der Fachaufsicht kann der Senator für Inneres Regelungen über Stärke, Aufbau, Gliederung und Einsatz des Polizeivollzugsdienstes sowie über Bekleidung, Bewaffnung und Ausrüstung von Polizeivollzugsbeamten treffen. ³Der Senator für Inneres kann durch Rechtsverordnung Aufgaben der Fachaufsicht über den Polizeivollzugsdienst auf die Polizei Bremen übertragen.

(3) Die Dienstaufsicht erstreckt sich auf die innere Ordnung, die allgemeine Geschäftsführung und die Personalangelegenheiten.

4. Abschnitt
Zuständigkeiten

§ 78 Örtliche Zuständigkeit

(1) ¹Die Zuständigkeiten der Polizeibehörden und der Behörden des Polizeivollzugsdienstes sind auf ihren Bezirk beschränkt. ²Örtlich zuständig ist die Behörde in deren Bezirk eine polizeiliche Aufgabe wahrzunehmen ist.

(2) ¹Erfordert die Wahrnehmung von Aufgaben auch Maßnahmen in anderen Bezirken, so wirkt die Polizeibehörde des anderen Bezirks auf Ersuchen der nach Abs. 1 zuständigen Behörde mit; schriftliche Verwaltungsakte erlässt die zuständige Behörde stets selbst. ²Die nach Absatz 1 zuständige Be-

hörde kann Maßnahmen im anderen Bezirk auch ohne Mitwirkung der Polizeibehörde des anderen Bezirks treffen
1. bei Gefahr im Verzuge,
2. zur Fortsetzung einer im eigenen Bezirk begonnenen Maßnahme oder
3. mit Zustimmung der für den anderen Bezirk zuständigen Behörde.
³In den Fällen des Satzes 2 Nr. 1 und 2 unterrichtet sie unverzüglich die für den anderen Bezirk zuständige Behörde.
(3) ¹Ist es zweckmäßig, eine Aufgabe der Gefahrenabwehr in benachbarten Bezirken ganz oder zum Teil einheitlich wahrzunehmen, so bestimmt der den beteiligten Polizeibehörden als Fachaufsichtsbehörde vorgesetzte Senator die zuständige Polizeibehörde. ²Fehlt eine gemeinsame Fachaufsichtsbehörde, so treffen die fachlich zuständigen Senatoren die Entscheidung gemeinsam.
(4) Der Polizeivollzugsdienst ist im Gebiet des Landes Bremen befugt, Amtshandlungen auch außerhalb seines Bezirks vorzunehmen
1. bei Gefahr im Verzuge,
2. auf Anforderung oder mit Zustimmung der zuständigen Behörde,
3. aus Anlass der Begleitung oder Bewachung von Personen oder Sachen,
4. zur Verfolgung von Straftaten und Ordnungswidrigkeiten oder
5. zur Verfolgung und Wiederergreifung Entwichener.
(5) ¹In den Fällen des Absatzes 4 nimmt der Polizeivollzugsdienst die Amtshandlungen für die Polizeibehörde oder die Behörde des Polizeivollzugsdienstes wahr, in deren Bezirk er tätig wird. ²Er hat diese Behörde unverzüglich zu unterrichten, soweit es sich nicht um abschließende Amtshandlungen von geringfügiger Bedeutung handelt. ³Sind in den Fällen des Absatzes 4 Nr. 4 und 5 Maßnahmen von anderen Polizeibehörden oder Behörden des Polizeivollzugsdienstes eingeleitet worden, so nimmt der Polizeivollzugsdienst die Aufgaben für diese Behörden wahr.

§ 79 Sachliche Zuständigkeit
(1) Der Senat regelt, soweit gesetzlich nichts anderes bestimmt ist, die sachliche Zuständigkeit der Polizeibehörden durch Rechtsverordnung.
(2) Soweit gesetzlich nichts anderes bestimmt ist, sind die Ortspolizeibehörden, in der Stadtgemeinde Bremen das Ordnungsamt, zuständig.
(3) Der Senat kann durch Rechtsverordnung den Polizeibehörden Aufgaben übertragen, die sich aus Bundesgesetzen ergeben, welche die Länder als eigene Angelegenheiten oder im Auftrage des Bundes auszuführen haben.

§ 80 Außerordentliche sachliche Zuständigkeit
(1) Sachlich nicht zuständige Polizeibehörden können bei Gefahr im Verzuge einzelne Maßnahmen zur Abwehr einer gegenwärtigen erheblichen Gefahr anstelle und auf Kosten der zuständigen Polizeibehörde treffen.
(2) Die sachlich nicht zuständige Polizeibehörde hat im Falle des Absatzes 1 die zuständige Polizeibehörde unverzüglich zu unterrichten.

§ 81 Amtshandlungen von Polizeivollzugsbeamten anderer Länder und des Bundes
(1) ¹Polizeivollzugsbeamte eines anderen Landes können im Gebiet des Landes Bremen Amtshandlungen vornehmen
1. auf Ersuchen oder mit Zustimmung der zuständigen Behörde,
2. in Fällen des Artikels 35 Abs. 2 und 3 und des Artikels 91 des Grundgesetzes,
3. zur Abwehr einer gegenwärtigen erheblichen Gefahr, zur Verfolgung von Straftaten auf frischer Tat sowie zur Verfolgung und Wiederergreifung Entwichener, wenn die zuständige Behörde die erforderlichen Maßnahmen nicht rechtzeitig treffen kann,
4. zur Erfüllung polizeilicher Aufgaben bei Gefangenentransporten,
5. zur Verfolgung von Straftaten und Ordnungswidrigkeiten sowie zur Gefahrenabwehr in den durch Verwaltungsabkommen mit anderen Ländern geregelten Fällen.
²In den Fällen des Satzes 1 Nr. 3 bis 5 ist die zuständige Polizeibehörde unverzüglich zu unterrichten.
(2) ¹Werden Polizeivollzugsbeamte eines anderen Landes nach Absatz 1 tätig, so haben sie die gleichen Befugnisse wie die des Landes Bremen. ²Ihre Maßnahmen gelten als Maßnahmen derjenigen

Polizeibehörde oder Behörde des Polizeivollzugsdienstes, in deren örtlichen und sachlichen Zuständigkeitsbereich sie tätig geworden sind. ³Sie unterliegen insoweit auch deren Weisungen.
(3) Die Absätze 1 und 2 gelten für Polizeivollzugsbeamte des Bundes entsprechend.

§ 82 Amtshandlungen von bremischen Polizeivollzugsbeamten außerhalb des Zuständigkeitsbereichs des Landes Bremen
(1) Polizeivollzugsbeamte des Landes Bremen dürfen im Zuständigkeitsbereich eines anderen Landes oder des Bundes nur in den Fällen des § 81 Abs. 1 Satz 1 und nur dann, wenn das jeweilige Landesrecht oder das Bundesrecht es vorsehen, tätig werden.
(2) ¹Werden die Beamten auf Ersuchen eines anderen Landes oder des Bundes tätig, so soll das Ersuchen alle für die Entscheidung wesentlichen Merkmale des Auftrages, zu dessen Durchführung die bremischen Polizeivollzugsbeamten eingesetzt werden sollen, enthalten. ²Dem Ersuchen darf nicht entsprochen werden, wenn aus ihm ersichtlich ist, dass eine Amtshandlung, mit der die Beamten des Landes Bremen beauftragt werden sollen, nach dem Recht des ersuchenden Landes oder Bundes rechtswidrig ist; ihm braucht nicht entsprochen zu werden, wenn die Verwendung der angeforderten Vollzugspolizeibeamten im eigenen Lande dringender ist als die Unterstützung des Polizeivollzugsdienstes des anderen Landes oder des Bundes.

Dritter Teil
Die Kosten der Polizei

§ 83 Kosten
(1) Die Kosten der Polizei, die bei der Wahrnehmung von Aufgaben der Gefahrenabwehr entstehen, trägt die Körperschaft, deren Behörde für die Erfüllung der Aufgabe zuständig ist, soweit gesetzlich nichts anderes bestimmt ist.
(2) ¹Die Kosten, die dem Polizeivollzugsdienst durch Leistung von Vollzugshilfe entstehen, sind von der ersuchenden Behörde zu erstatten. ²Nicht zu erstatten sind Kosten unter 25 Euro, Personalkosten und Schulungskosten. ³Behörden des Landes Bremen oder seiner Stadtgemeinden sind von einer Kostenerstattung befreit.
(3) Die Kosten im Sinn der Absätze 1 und 2 sind die unmittelbaren und mittelbaren persönlichen und sächlichen Ausgaben.

Vierter Teil
Übergangs- und Schlussbestimmungen

§ 84 Überleitung der Zuständigkeiten
Soweit in Vorschriften des Bundes- oder Landesrechts die Polizei oder Polizeibehörden als zuständig bezeichnet werden oder auf ihr Zuständigkeit verwiesen wird, treten an ihre Stelle die nach diesem Gesetz nunmehr zuständigen Polizeibehörden oder der Polizeivollzugsdienst mit der Maßgabe, dass die Aufgaben der Kreispolizeibehörden auf die nach diesem Gesetz zuständigen Ortspolizeibehörden und die Aufgaben der Landespolizei- und obersten Landespolizeibehörden auf die nach diesem Gesetz zuständigen Landespolizeibehörden übergehen.

§ 85 Weitergeltung von Polizeiverordnungen und anderen Rechtsvorschriften
¹Die bis zum Inkrafttreten dieses Gesetzes erlassenen Polizeiverordnungen, Anordnungen, Bekanntmachungen und sonstigen Rechtsvorschriften im Range unter einem Gesetz und mit dem Inhalt von Polizeiverordnungen im Sinne des § 48 gelten als solche der nunmehr zuständigen Polizeibehörden. ²Die Geltungsdauer dieser Rechtsvorschriften richtet sich abweichend von § 55 nach dem vor Inkrafttreten dieses Gesetzes geltenden Recht.

§ 86 Anwendung unmittelbaren Zwanges durch Nichtpolizeibehörden
Die § 40 bis 47 in Verbindung mit den §§ 3 und 4 gelten sinngemäß für
1. die als Justizwachtmeister tätigen Personen der Gerichte und Staatsanwaltschaft und
2. die im Forst-, Jagd- und Fischereischutz verwendeten Beamten, Angestellten und sonstigen Personen, die entweder einen Diensteid geleistet haben oder aufgrund gesetzlicher Vorschriften als Forst- oder Jagdschutzberechtigte sowie als Fischereibeamte oder Fischereiaufseher eidlich oder amtlich bestätigt oder verpflichtet sind,
während der Ausübung ihres Dienstes.

§ 87 (Änderung von Landesgesetzen)
§ 87a (Übergangsvorschrift)
§ 88 (Inkrafttreten)
(1) ¹Dieses Gesetz tritt am 1. Mai 1983, § 73 Nr. 4 am 1. September 1983 in Kraft. ²Das Polizeigesetz vom 5. Juli 1960 (SaBremR 205-a-l), zuletzt geändert durch Gesetz vom 15. November 1976 (Brem.GBl. S. 243), tritt am 30. April 1983, § 76 am 31. August 1983 außer Kraft.
(2) Der 6. Abschnitt dieses Gesetzes (§§ 56 bis 62) über den Schadensausgleich gilt für Ansprüche aus Schäden, die nach dem Inkrafttreten dieses Gesetzes entstanden sind.
(3) ¹§ 26a tritt mit Ablauf des 31. März 2017 außer Kraft. ²Nach § 26a sichergestellte Grundstücke, Gebäude, Grundstücks- oder Gebäudeteile dürfen nicht über den 31. März 2017 hinaus sichergestellt bleiben.

Ortsgesetz
über die öffentliche Ordnung

Vom 27. September 1994 (Brem.GBl. S. 277)
(2183-a-2)
zuletzt geändert durch OrtsG vom 17. Mai 2011 (Brem.GBl. S. 371)

Der Senat verkündet das nachstehende von der Stadtbürgerschaft nach § 3a des Gesetzes über Rechtsetzungsbefugnisse der Gemeinden vom 16. Juni 1964 (Brem.GBl. S. 59 – 2012-a-1), das zuletzt durch das Gesetz vom 3. Mai 1994 (Brem.GBl. S. 123) geändert worden ist, sowie § 6 Abs. 4 der Rasenmäherlärm-Verordnung in der Fassung der Bekanntmachung vom 13. Juli 1992 (BGBl. I S. 1248), die zuletzt geändert durch Artikel 33 des Gesetzes vom 27. April 1993 (BGBl. I S. 512), geändert worden ist, in Verbindung mit Artikel 1 des Gesetzes zur Ausführung des Gesetzes über Ordnungswidrigkeiten und des Einführungsgesetzes zum Gesetz über Ordnungswidrigkeiten vom 1. Oktober 1968 (Brem.GBl. S. 147 – 45-c-1), beschlossene Ortsgesetz:

§ 1 Mißbräuchliche Formen der Bettelei
[1]Die Bettelei in Begleitung von Kindern oder durch Kinder ist untersagt. [2]Ferner ist die Bettelei untersagt, soweit Personen bedrängt, festgehalten oder berührt werden.

§ 2 Betäubungsmittelkonsum auf öffentlichen Flächen
Das Lagern sowie das dauerhafte Verweilen von Personen auf öffentlichen Flächen in einer für Dritte beeinträchtigenden Art zum Zwecke des Konsums von Betäubungsmitteln nach dem Betäubungsmittelgesetz ist untersagt.

§ 3 Verhalten auf Straßen und in der Öffentlichkeit
Es ist untersagt,
1. sich dauerhaft zum Zwecke des Alkoholkonsums auf Straßen, der Öffentlichkeit zugänglichen öffentlichen Flächen oder Bänken niederzulassen und dadurch die Nutzung durch andere unzumutbar zu beeinträchtigen,
2. auf der Straße oder der Öffentlichkeit zugänglichen öffentlichen Flächen zu urinieren oder seine Notdurft zu verrichten.

§ 4 Kennzeichnung von Wegen und Gärten in Kleingartengebieten
(1) [1]Wege in Kleingartengebieten sind mit einem unverwechselbaren Namen zu kennzeichnen. [2]Die Bezeichnung des Weges muß mindestens am Anfang und am Ende des Weges, bei Wegekreuzungen auch dort, durch ein deutlich lesbares und gut einsehbares Schild kenntlich gemacht werden. [3]Zur Beschaffung, Anbringung und Instandhaltung der Schilder sind die Kleingartenvereine oder, soweit nicht vorhanden, die Pächter oder Wegeeigentümer verpflichtet.
(2) [1]Der Kleingartenverein oder, falls ein solcher nicht vorhanden ist, der Pächter oder der Wegeeigentümer hat die Kleingärten für jeden Weg, beginnend mit der Nummer 1, fortlaufend zu numerieren und die Nummern den Besitzern zuzuteilen. [2]Am Eingang der Gärten sind Schilder mit den zugeteilten Kleingartennummern sowie mit Vor- und Zunamen der Besitzer deutlich lesbar anzubringen. [3]Zur Beschaffung, Anbringung und Instandhaltung der Schilder sind die Besitzer verpflichtet.
(3) § 38 des Bremischen Landesstraßengesetzes bleibt unberührt.

§ 5 Straßenmusik
[1]Straßenmusikanten müssen nach spätestens 30 Minuten ihren Darbietungsort wechseln. [2]Der neue Darbietungsort muß soweit entfernt sein, daß eine Geräuschbelästigung am vorherigen Darbietungsort ausgeschlossen ist; in jedem Fall muß ein Abstand von mindestens 100 m eingehalten werden. [3]Die Benutzung von Verstärkeranlagen ist nicht zulässig. [4]§ 18 des Bremischen Landesstraßengesetzes bleibt unberührt.

§ 6 Tierhaltung
(1) Tiere sind so zu halten, daß
a) andere Personen nicht gefährdet werden,
b) andere Personen durch Geräusche, Gerüche oder in sonstiger Weise nicht unzumutbar beeinträchtigt werden; dies gilt nicht für die Haltung von Nutztieren in landwirtschaftlichen Betrieben,

c) fremdes Eigentum nicht beschädigt werden kann.
(2) Wer Hunde führt, hat zu verhindern, daß das Tier
a) Personen oder Tiere ausdauernd anbellt, sie anspringt, anfällt oder sonst nicht unerheblich beunruhigt,
b) öffentliche Gehwege oder öffentliche Grünflächen verunreinigt oder beschädigt. Verunreinigungen sind unverzüglich zu beseitigen; die dazu erforderlichen Vorrichtungen sind stets mitzuführen.
(3) [1]In Fußgängerzonen und in den der Allgemeinheit zugänglichen umfriedeten oder anderweitig abgegrenzten Park-, Garten- und Grünanlagen dürfen Hunde nur angeleint geführt werden. [2]Auf dem Weserdeich im stadtbremischen Überseehafengebiet Bremerhaven von der Stadtgrenze Bremerhavens bis zur Kaiserschleuse sind Hunde in der Zeit vom 1. April bis 30. September angeleint zu führen.
(4) Hunde dürfen nicht auf Kinderspielplätze mitgenommen werden; auf Rasenflächen öffentlicher Parks, die als Liege- oder Spielwiese gekennzeichnet sind, dürfen Hunde nur in der Zeit vom 1. Oktober bis 31. März mitgenommen werden.
(5) Die Absätze 2 bis 4 gelten nicht für Blindenführhunde oder Diensthunde öffentlicher Stellen.
(6) [1]Wer Katzen hält und ihnen die Möglichkeit gewährt, sich außerhalb einer Wohnung oder eines Hauses aufzuhalten, hat diese durch einen Tierarzt oder eine Tierärztin kastrieren zu lassen. [2]Der Nachweis über die Kastration ist auf Verlangen der Ortspolizeibehörde vorzulegen. [3]Satz 1 gilt nicht für Katzen bis zu einem Alter von fünf Monaten.
(7) Für die Zucht von Katzen können auf Antrag bei der Ortspolizeibehörde Ausnahmen von Absatz 6 Satz 1 zugelassen werden, sofern die züchterische Tätigkeit sowie die Kontrolle und Versorgung der Nachzucht glaubhaft dargelegt wird.

§ 7 Abbrennen von Fackeln
[1]Fackeln dürfen auf öffentlichen Straßen und in öffentlichen Anlagen nur mit Erlaubnis der Ortspolizeibehörde abgebrannt werden; soweit das Abbrennen von Fackeln im Rahmen von Veranstaltungen erfolgt, genügt es, die Erlaubnis dem Veranstalter zu erteilen. [2]Die Erlaubnis kann mit Auflagen und Bedingungen versehen werden. [3]Sie ist mitzuführen und auf Verlangen der Polizei vorzuweisen. [4]Innerhalb des Hafenbereichs ist das Abbrennen von Fackeln verboten.

§ 8 Osterfeuer
(1) [1]Osterfeuer und sonstige im Zusammenhang mit dem Osterfest stehende Feuer dürfen nur am Ostersonnabend und am Ostersonntag in der Zeit von 19 bis 24 Uhr abgebrannt werden. [2]Die Feuer dürfen nur in einem Abstand von mindestens 200 m von Gebäuden oder brennbaren Gegenständen entzündet werden; bis zum Erlöschen des Feuers ist durch den Veranstalter eine Brandwache zu stellen, die mit feuerbekämpfenden Gerätschaften auszustatten ist. [3]Für die Feuer dürfen lediglich Gestrüpp, Äste, Zweige und Stämme verwendet werden. [4]Mit dem Aufschichten der Haufen darf frühestens 14 Tage vor dem Abbrennen begonnen werden. [5]Die aufgeschichteten Haufen sind unmittelbar vor dem Anzünden, frühestens am Tag zuvor umzuschichten; dabei gefundene Tiere sind an einen sicheren Platz zu verbringen. [6]Das Abbrennen von Feuern ist der Ortspolizeibehörde spätestens 14 Tage vorher anzuzeigen.
(2) [1]Die Ortspolizeibehörde kann im Einzelfall Ausnahmen von den Bestimmungen des Absatzes 1 Satz 1 zulassen. [2]Sie kann ferner Ausnahmen von den Bestimmungen des Absatzes 1 Satz 2 zulassen, wenn aus Sicht des vorbeugenden Brandschutzes keine Bedenken bestehen.
(3) Die Bestimmungen der Verordnung über die Beseitigung von Abfällen außerhalb von Abfallbeseitigungsanlagen vom 6. September 1976 (Brem.GBl. S. 196 – 2129-e-3) bleiben unberührt.

§ 9 Werksignale
[1]Werksignale dürfen außerhalb des Werkbereichs nicht störend hörbar sein. [2]Sie dürfen nicht zur Verwechslung mit den durch amtliche Bekanntmachung bekanntgegebenen Signalen für Feuer-, Katastrophen- und sonstige Alarme Anlaß geben.

§ 10 Ordnungswidrigkeiten
(1) Ordnungswidrig handelt, wer vorsätzlich oder fahrlässig
1. a) entgegen § 1 in Begleitung von Kindern bettelt,
   b) entgegen § 1 bettelt, indem Personen bedrängt, festgehalten oder berührt werden,

2. entgegen § 2 Satz 1 zum Zwecke des Betäubungsmittelkonsums auf öffentlichen Flächen in einer für Dritte beeinträchtigenden Art lagert oder dauerhaft verweilt,
3. a) sich entgegen § 3 Nr. 1 dauerhaft zum Zwecke des Alkoholkonsums auf Straßen, der Öffentlichkeit zugänglichen öffentlichen Flächen oder Bänken niederlässt und dadurch die Nutzung durch andere unzumutbar beeinträchtigt,
   b) entgegen § 3 Nr. 2 uriniert oder seine Notdurft verrichtet.
4. a) entgegen § 4 Abs. 1 Wege in Kleingartengebieten nicht kennzeichnet,
   b) entgegen § 4 Abs. 2 kein Schild mit der Kleingartennummer und dem Vor- und Zunamen anbringt oder instandhält,
5. entgegen § 5 den Darbietungsort nicht nach 30 Minuten wechselt, nicht einen Abstand von mindestens 100 m zum vorherigen Darbietungsort einhält oder Verstärkeranlagen benutzt,
6. a) entgegen § 6 Abs. 1 Tiere so hält, daß Personen gefährdet oder unzumutbar beeinträchtigt werden oder fremdes Eigentum beschädigt wird,
   b) entgegen § 6 Abs. 2 Buchstabe a) als Führer eines Hundes nicht verhindert, daß das Tier Menschen oder Tiere ausdauernd anbellt, sie anspringt, anfällt oder sonst beunruhigt,
   c) entgegen § 6 Abs. 2 Buchstabe b) Verunreinigungen nicht unverzüglich beseitigt oder die dazu erforderlichen Vorrichtungen nicht mit sich führt,
   d) entgegen § 6 Abs. 3 einen Hund nicht angeleint führt,
   e) entgegen § 6 Abs. 4 einen Hund auf Kinderspielplätze oder Rasenflächen öffentlicher Parks mitnimmt, die als Liege- oder Spielwiese gekennzeichnet sind,
   f) entgegen § 6 Absatz 6 eine Katze nicht kastrieren lässt,
7. entgegen § 7 ohne Erlaubnis der Ortspolizeibehörde oder innerhalb des Hafenbereichs Fackeln abbrennt,
8. a) entgegen § 8 Abs. 1 Satz 1 ohne Erlaubnis der Ortspolizeibehörde zu anderen als den zugelassenen Zeiten Osterfeuer oder im Zusammenhang mit dem Osterfest stehende Feuer abbrennt,
   b) entgegen § 8 Abs. 1 Satz 2 nicht den vorgeschriebenen Abstand einhält oder für die Dauer des Abbrennens keine Brandwache aufstellt,
   c) entgegen § 8 Abs. 1 Satz 3 andere Gegenstände verwendet,
   d) entgegen § 8 Abs. 1 Satz 4 den Haufen bereits früher als 14 Tage vor dem Abbrennen aufschichtet,
   e) entgegen § 8 Abs. 1 Satz 5 den aufgeschichteten Haufen nicht umschichtet oder dabei gefundene Tiere nicht an einen sicheren Platz verbringt,
   f) entgegen § 8 Abs. 1 Satz 6 Feuer abbrennt, ohne dies der Ortspolizeibehörde angezeigt zu haben,
9. entgegen § 9 Werksignale so einrichtet, daß sie außerhalb des Werkbereichs störend hörbar sind oder zur Verwechslung mit Signalen für Feuer-, Katastrophen- und sonstige Alarme Anlaß geben.

(2) Die Ordnungswidrigkeit kann mit einer Geldbuße bis 500 Euro geahndet werden.
(3) Die Ortspolizeibehörde ist zuständig für die Verfolgung und Ahndung von Ordnungswidrigkeiten nach diesem Ortsgesetz.

§ 11 Aufhebung von Vorschriften
Die §§ 5, 6, 14 bis 29 und 31 bis 42 der Straßenordnung für die Stadt Bremen in der Fassung der Bekanntmachung vom 1. September 1969 (Brem.GBl. S. 119 – 2183-a-1), zuletzt geändert durch Gesetz vom 8. September 1992 (Brem.GBl. S. 296), werden aufgehoben.

§ 12 Inkrafttreten
Diese Ortsgesetz tritt am Tage nach seiner Verkündung in Kraft.

Ortsgesetz über die öffentliche Ordnung in der Stadt Bremerhaven

In der Fassung der Bekanntmachung vom 27. 8. 2003[1]) (Brem.GBl. 2004 S. 1) zuletzt geändert durch Art. 1 ÄndOG vom 5. Juli 2012 (Brem.GBl. S. 350)

§ 1 Tierhaltung

(1) Tiere sind so zu halten, dass
a) andere Personen weder durch Geräusche noch in sonstiger Weise gefährdet oder unzumutbar belästigt werden;
b) fremde Sachen, Anpflanzungen oder Saaten nicht beschädigt werden.

(2) [1]Die nichtgewerbliche Haltung von Giftschlangen, tropischen Giftspinnen und giftigen Skorpionen ist verboten. [2]Die Ortspolizeibehörde kann befristet und unter dem Vorbehalt des jederzeitigen Widerrufs Ausnahmen nur unter den Bedingungen zulassen, dass
a) durch die Haltung des gefährlichen Tieres im Einzelfall keine Gefahren für Dritte entstehen und
b) die Bereitstellung der von ihr festgelegten Gegenmittel (Seren) und Behandlungsempfehlungen durch den Tierhalter gewährleistet sind.
[3]Soweit erforderlich, können Auflagen und weitere Bedingungen vorgesehen werden.

(3) [1]Wer Katzen hält und ihnen die Möglichkeit gewährt, sich außerhalb einer Wohnung oder eines Hauses aufzuhalten, hat diese durch einen Tierarzt oder eine Tierärztin kastrieren und mittels Tätowierung oder Mikrochip kennzeichnen zu lassen. [2]Der Nachweis über die Kastration und Kennzeichnung ist auf Verlangen der Ortspolizeibehörde vorzulegen. [3]Satz 1 gilt nicht für Katzen bis zu einem Alter von fünf Monaten.

(4) Für die Zucht von Katzen können auf Antrag bei der Ortspolizeibehörde Ausnahmen von Absatz 3 Satz 1 zugelassen werden, sofern die züchterische Tätigkeit sowie die Kontrolle und Versorgung der Nachzucht glaubhaft dargelegt wird.

§ 2 Führen von Hunden

(1) [1]Wer Hunde hält, hat sicherzustellen, dass sie nur von Personen geführt werden, die in der Lage sind, die Hunde auch zu beherrschen. [2]Vorsorglich muss unabhängig von den Bestimmungen über den Leinenzwang (§ 5) eine Hundeleine mitgeführt werden.

(2) Wer einen Hund hält oder führt, hat zu verhindern, dass der Hund Personen oder andere Tiere beunruhigt oder anfällt.

(3) [1]Wer ein Tier hält oder führt, hat die durch das Tier verursachten Kotverunreinigungen auf Straßen im Sinne des Bremischen Landesstraßengesetzes einschließlich der öffentlichen Park- und Grünanlagen als Abfall zu entsorgen. [2]Dies gilt auch für vom Hund erbrochene Mageninhalte. [3]Zu diesem Zweck sind verschließbare Behältnisse oder Beutel mitzuführen.

§ 3 Hundeverbot auf Kinderspiel- und Bolzplätzen, Spielparks und Schulhöfen

Auf Kinderspielplätzen, Bolzplätzen, Spielparks und Schulhöfen ist es verboten Hunde zu führen oder laufen zu lassen.

§ 4 Hundeverbot in öffentlichen Erholungsanlagen und auf Festen, Wochen- und Jahrmärkten

(1) Hunde dürfen auf den Rasenflächen öffentlicher Erholungsanlagen, die als Liege- oder Spielwiesen besonders gekennzeichnet sind, nicht geführt oder frei laufen gelassen werden.

(2) [1]Den Besuchern von Schützen-, Volks-, Stadt- und Stadtteilfesten sowie von Wochen- und Jahrmärkten ist es untersagt, Hunde oder andere Tiere, mit in den Veranstaltungsbereich zu bringen. [2]Dies gilt nicht für blinde Personen, die von Blindenführhunden begleitet werden.

§ 5 Leinenzwang im Stadtgebiet

[1]Sofern der Leinenzwang für bestimmte Flächen nicht ausdrücklich aufgehoben worden ist, müssen Hunde in folgenden Gebieten an der Leine geführt werden:
a) im Bereich der Innenstadt, die von folgenden Straßen, Wegen und Plätzen umschlossen wird:
   Am Strom, der H.-H.-Meier-Straße, dem Willy-Brandt-Platz, der Lohmannstraße (alle genannten Orte einschließlich Weserdeich mit Außendeich und Deichvorgelände), der Schleusenstraße, der Wiener Straße, der Pestalozzistraße zw. Wiener Straße und Hafenstraße, dem Geestheller Damm

---

1) Neubekanntmachung des Ortsgesetzes über die öffentliche Ordnung in der Stadt Bremerhaven v. 5. 12. 1996 (Brem.GBl. 1997 S. 79) in der ab 25. 3. 2003 geltenden Fassung.

einschließlich Am Geestebogen (Kapitänsviertel), dem Geestewanderweg, der Deichstraße zw. Wencke-Dock und Karlsburg, der Columbusstraße zw. Karlsburg und Am Alten Hafen sowie Van-Ronzelen-Straße bis zum Wasserstandsanzeiger,
b) im Bereich des Bürgerparks Geestemünde, der folgende Flächen umfasst: Mozartstraße zw. Frühlingstraße und Auf der Kogge, Adolf-Hoff-Weg, In den Nedderwiesen, Walter-Delius-Straße zw. Einfahrt Schulzentrum C. v. Ossietzky und Hartwigstraße sowie Frühlingstraße zw. Bismarckstraße und Mozartstraße,
c) im Bereich des Speckenbütteler Parks, der folgende Flächen umfasst: Wurster Straße zw. Parkstraße und Siebenbergensweg Siebenbergensweg, Am Parkbahnhof sowie der Parkstraße zw. Am Parkbahnhof und Wurster Straße,
d) im Landschaftsschutzgebiet Surheide-Süd/Ahnthammsmoor,
e) im Waldgebiet Reinkenheide,
f) im Gebiet der Erholungsanlage zwischen Nordholzweg, Johann-Wichels-Weg, Gagelstraße und Postbrookstraße,
g) im Stadtpark Lehe sowie im Saarpark Lehe,
h) in der Grünanlage Holzhafen Geestemünde,
i) auf den städtischen Friedhöfen,
j) im Stadtwerkewald Leherheide.
²Aus den beigefügten Kartenausschnitten (Anlage 1–4) ergeben sich die jeweiligen Begrenzungen.
³Die Bestimmungen des Gesetzes über das Halten von Hunden im Land Bremen (in der jeweils geltenden Fassung) bleiben hiervon unberührt.

§ 6 Benutzung von Altglascontainern
Das Entsorgen von Weiß- und Buntglas in Altglascontainern, die in Wohngebieten aufgestellt sind, ist nur werktags von 8 bis 13 Uhr und von 15 bis 19 Uhr erlaubt.

§ 7 Abbrennen von Fackeln
Fackeln dürfen auf öffentlichen Straßen und in öffentlichen Anlagen nur mit Erlaubnis der Ortspolizeibehörde abgebrannt werden.

§ 8 Lagerfeuer, Osterfeuer und sonstige auf Brauchtum oder Kult beruhende Feuer
(1) ¹Lagerfeuer, Osterfeuer und sonstige auf Brauchtum oder Kult beruhende Feuer dürfen nur mit Erlaubnis der Ortspolizeibehörde abgebrannt werden. ²Umweltschädliche Stoffe dürfen nicht als Brandgut verwendet oder beigefügt werden.
(2) Die Bestimmungen der Verordnung über die Beseitigung von Abfällen außerhalb von Abfallbeseitigungsanlagen vom 6. September 1976 (Brem. GBl. S. 196 – 2129-e-3) bleiben unberührt.

§ 9 Ordnungsstörende Stoffe
(1) Beim Transport auf öffentlichen Straßen müssen übelriechende, leicht verstreubare oder Staub verursachende Stoffe in dichten Behältern oder Wagen oder so verdeckt werden, dass unbeteiligte Personen durch sie nicht belästigt werden können.
(2) Die Bestimmungen der Verordnung über das Aufbringen von Gülle und Jauche (Gülleverordnung – GüV0 –) vom 25. April 1989 (Brem. GBl. S. 199) bleiben unberührt.

§ 10 Missbräuchliche Formen der Bettelei
(1) ¹Der Missbrauch von Kindern zur Bettelei ist untersagt. ²Sie dürfen weder von den Eltern/Erziehungsberechtigten noch von anderen Personen am Betteln beteiligt oder von diesen dazu aufgefordert werden. ³Ferner ist die aggressive Bettelei untersagt, insbesondere soweit Personen bedrängt, festgehalten oder berührt werden.
(2) Kind im Sinne des Absatzes 1 ist, wer das vierzehnte Lebensjahr noch nicht vollendet hat.

§ 11 Schutz von öffentlichen Einrichtungen
Es ist verboten, Gebäude, Denkmäler, Mauern, Einfriedungen, Tore, Straßen, Brücken, Bänke, Verteilerschränke, Brunnen, Bäume, Leitungsmasten, Papierkörbe, Abfall- und Wertstoffbehälter, Streumaterialkästen, Fahrgastwartehallen, Blumenkästen, Spielgeräte, Verkehrsschilder und sonstige Hinweisschilder zu bemalen, zu beschreiben, zu beschmieren oder zu bekleben; geschieht dies gleichwohl, ist der Verursacher zur Beseitigung im Einvernehmen mit dem Berechtigten verpflichtet.

§ 12 Schutz von Kinderspielplätzen

[1]Es ist verboten, auf Sport- und Spielplätzen, insbesondere Kinderspielplätzen, Bolzplätzen oder anderen Plätzen, wo ersichtlich Kinder spielen, zu Bruch gegangenes Glas, ausgetretene Zigaretten oder ähnliches die Kinder gefährdendes Material als Verursacher liegen zu lassen. [2]Verursacher sind verpflichtet, die Scherben, die Zigarettenkippen oder das Material schadlos einzusammeln und vorschriftsmäßig zu entsorgen.

§ 13 Verhalten auf Straßen und in der Öffentlichkeit

Es ist untersagt,
1. sich dauerhaft zum Zwecke des Alkoholkonsums auf Straßen, der Öffentlichkeit zugänglichen öffentlichen Flächen oder Bänken niederzulassen und dadurch die Nutzung durch andere unzumutbar zu beeinträchtigen,
2. auf die Straße oder der Öffentlichkeit zugänglichen öffentlichen Flächen zu urinieren oder seine Notdurft zu verrichten.

§ 14 Fütterung von Tauben

Es ist verboten, Wildtauben, verwilderte Haustauben oder Möwen zu füttern.

§ 15 [Ordnungswidrigkeiten]

(1) [1]Ordnungswidrig handelt, wer vorsätzlich oder fahrlässig
1. den in den §§ 1 bis 5 enthaltenen Ge- und Verboten über die Tierhaltung zuwiderhandelt,
2. außerhalb der in § 6 genannten Zeiten Altglascontainer benutzt,
3. entgegen § 7 Fackeln abbrennt,
4. entgegen § 8 Lagerfeuer, Osterfeuer und sonstige auf Brauchtum oder Kult beruhende Feuer abbrennt, ihnen umweltschädigende Stoffe beifügt oder als Brandgut verwendet,
5. entgegen § 9 die dort genannten Stoffe befördert,
6. a) entgegen § 10 Kinder zum Betteln missbraucht;
   b) entgegen § 10 aggressiv bettelt, indem insbesondere Personen bedrängt, festgehalten oder berührt werden,
7. entgegen § 11 die dort genannten Einrichtungen bemalt, beschreibt, beschmiert oder beklebt,
8. entgegen § 12 Sport- und Spielplätze oder andere Plätze verunreinigt,
9. den in § 13 enthaltenen Verboten zuwiderhandelt,
10. entgegen § 14 Wildtauben, verwilderte Haustauben oder Möwen füttert.

[2]Die Ordnungswidrigkeit kann mit einer Geldbuße bis zu 2 500 Euro geahndet werden.

(2) Sachlich zuständige Verwaltungsbehörde für die Verfolgung und Ahndung der Ordnungswidrigkeiten ist die Ortspolizeibehörde.

Anlagen 1–4
(hier nicht wieder gegeben)

Bremisches Gesetz zur Ausführung des Bundesmeldegesetzes (BremAGBMG)

Vom 24. März 2015 (Brem.GBl. S. 135)
(210-a-1)
zuletzt geändert durch Art. 3 d. G vom 8. Mai 2018 (Brem.GBl. S. 149, 151)

Der Senat verkündet das nachstehende, von der Bürgerschaft (Landtag) beschlossene Gesetz:

Abschnitt 1
Allgemeine Bestimmungen

§ 1 Zuständigkeiten

(1) [1]Meldebehörden sind in der Stadtgemeinde Bremen das Bürgeramt und in der Stadt Bremerhaven der Magistrat, soweit dieses Gesetz und die aufgrund dieses Gesetzes erlassenen Rechtsverordnungen nichts anderes bestimmen. [2]Die Meldebehörde führt für ihren Zuständigkeitsbereich das Melderegister.
(2) Fachaufsichtsbehörde für die Meldebehörden ist der Senator für Inneres.
(3) [1]Zuständig für die Einrichtung, die Führung und die Aufgaben des zentralen Meldedatenbestandes ist der Senator für Inneres, soweit dieses Gesetz und die aufgrund dieses Gesetzes erlassenen Rechtsverordnungen nichts anderes bestimmen. [2]Für die Erteilung der Zugangsberechtigungen zum zentralen Meldedatenbestand nach § 2 sind die Meldebehörden im Sinne des Absatzes 1 mit Wirkung für beide Stadtgemeinden zuständig. [3]Sie können die arbeitsteilige Aufgabenerfüllung durch eine Verwaltungsvereinbarung regeln.

Abschnitt 2
Zentraler Meldedatenbestand

§ 2 Zentraler Meldedatenbestand auf Landesebene

(1) Zum Zweck der Verarbeitung im Wege des automatisierten Abrufs und weiterer Aufgaben nach Maßgabe des Bundesmeldegesetzes, aufgrund des Bundesmeldegesetzes erlassener Rechtsverordnungen sowie landesrechtlicher Regelungen auf dem Gebiet des Meldewesens wird ein zentraler Meldedatenbestand auf Landesebene eingerichtet.
(2) Die Verarbeitung personenbezogener Daten im Auftrag der für den zentralen Meldedatenbestand zuständigen Behörde durch eine andere öffentliche Stelle ist zulässig.

§ 3 Aufgaben der für den zentralen Meldedatenbestand zuständigen Behörde

(1) [1]Die für den zentralen Meldedatenbestand zuständige Behörde stellt sicher, dass die in § 34 Absatz 4 Satz 1 des Bundesmeldegesetzes genannten Stellen sowie weitere durch Bundes- oder Landesrecht bestimmte öffentliche Stellen nach § 39 Absatz 3 Satz 1 des Bundesmeldegesetzes jederzeit Daten aus dem zentralen Meldedatenbestand abrufen können und gewährleistet den automatisierten Abruf von Daten nach § 38 des Bundesmeldegesetzes durch andere öffentliche Stellen. [2]§§ 38 und 39 des Bundesmeldegesetzes gelten dabei für den zentralen Meldedatenbestand entsprechend. [3]Die für den zentralen Meldedatenbestand zuständige Behörde hält ferner für die Anmeldung mit vorausgefülltem Meldeschein nach § 23 Absatz 3 des Bundesmeldegesetzes Daten zum Abruf durch die Meldebehörde des Zuzugsortes nach Maßgabe der Ersten Bundesmeldedatenübermittlungsverordnung bereit.
(2) Über die in Absatz 1 genannten Aufgaben hinaus hat die für den zentralen Meldedatenbestand zuständige Behörde die durch dieses Gesetz und aufgrund dieses Gesetzes erlassenen Rechtsverordnungen bestimmten weiteren Aufgaben wahrzunehmen.
(3) [1]Soweit die für den zentralen Meldedatenbestand zuständige Behörde Verarbeitungen nach Absatz 1 durchführt oder weitere Aufgaben nach Absatz 2 wahrnimmt, sind die Meldebehörden von der Pflicht zur Bereitstellung und zur Übermittlung der Daten befreit. [2]Im Übrigen bleibt die Zuständigkeit der Meldebehörden unberührt.

§ 4 Inhalt des zentralen Meldedatenbestandes auf Landesebene
(1) ¹Zur Erfüllung ihrer Aufgaben verarbeitet die für den zentralen Meldedatenbestand zuständige Behörde im zentralen Meldedatenbestand die in § 3 Absatz 1 und 2 des Bundesmeldegesetzes aufgeführten Daten und Hinweise sowie die Ordnungsmerkmale der Meldebehörde nach § 4 Absatz 1 und 2 des Bundesmeldegesetzes. ²Die Daten sind nach Meldebehörden getrennt zu verarbeiten.
(2) ¹Die für den zentralen Meldedatenbestand zuständige Behörde darf die verarbeiteten Daten nur zu den in § 2 Absatz 1 genannten Zwecken verarbeiten . ²Sie hat die dem jeweiligen Stand der Technik entsprechenden Maßnahmen zur Sicherstellung von Datenschutz und Datensicherheit zu treffen.
(3) Für die Aufbewahrung und Löschung von Daten und Hinweisen sowie das Anbieten von Daten an Archive gelten §§ 13 bis 16 des Bundesmeldegesetzes entsprechend.

§ 5 Datenübermittlung der Meldebehörden an die für den zentralen Meldedatenbestand zuständige Behörde
(1) Die Meldebehörden übermitteln der für den zentralen Meldedatenbestand zuständigen Behörde zur Inbetriebnahme des zentralen Meldedatenbestandes zu einem von dieser zu bestimmenden Stichtag aus den in ihren Melderegistern gespeicherten Daten die in § 4 Absatz 1 aufgeführten Daten, Hinweise und Ordnungsmerkmale (Initialdatenbestand).
(2) Zur Fortschreibung des zentralen Meldedatenbestandes übermitteln die Meldebehörden der für den zentralen Meldedatenbestand zuständigen Behörde Änderungen im Melderegister spätestens mit Ablauf des Tages, an dem die Daten gespeichert wurden.
(3) ¹Die Daten im zentralen Meldedatenbestand werden ausschließlich aufgrund der Datenübermittlungen der Meldebehörden verarbeitet. ²Für die Erhebung, Richtigkeit und Aktualität der zur Fortschreibung des zentralen Meldedatenbestandes verarbeiteten Daten, Hinweise und Ordnungsmerkmale sind die Meldebehörden zuständig und verantwortlich.

Abschnitt 3
Sonstige Vorschriften

§ 6 Datenübermittlung an öffentlich-rechtliche Religionsgesellschaften
¹Die feststellende Behörde nach § 42 Absatz 5 Satz 2 des Bundesmeldegesetzes ist der Senator für Inneres. ²Eine öffentlich-rechtliche Religionsgesellschaft, die nach § 42 Absatz 1 des Bundesmeldegesetzes übermittelte Daten zu empfangen beabsichtigt, hat der feststellenden Behörde gegenüber schriftlich darzulegen, dass sie ausreichende Maßnahmen zum Datenschutz getroffen hat. ³Die feststellende Behörde hat der Landesbeauftragten für Datenschutz und Informationsfreiheit Gelegenheit zur Stellungnahme zu geben.

§ 7 Besondere Meldescheine in Beherbergungsstätten
Neben den in § 34 Absatz 4 Satz 1 Nummer 1 bis 5 und 9 bis 11 des Bundesmeldegesetzes genannten Behörden sind die Meldescheine der Meldebehörde zur Erfüllung ihrer Aufgaben auf Verlangen zur Einsichtnahme vorzulegen.

Abschnitt 4
Schlussvorschriften

§ 8 Verordnungsermächtigungen
Der Senator für Inneres wird ermächtigt, durch Rechtsverordnung
1. die Muster der Meldescheine festzulegen,
2. zur Durchführung der Datenübermittlungen an den zentralen Meldedatenbestand nach § 6 die Voraussetzungen sowie Form und Verfahren der Datenübermittlungen zu bestimmen sowie das Nähere zur Einrichtung und zur Führung des zentralen Meldedatenbestandes sowie zu dessen Aufgaben, die dem Zweck nach § 2 Absatz 1 entsprechen, festzulegen,
3. zur Durchführung von automatisierten Abrufen nach §§ 38 und 39 des Bundesmeldegesetzes die Voraussetzungen festzulegen, unter denen Daten beim zentralen Meldedatenbestand durch öffentliche Stellen des Landes abgerufen werden dürfen, und zu bestimmen, dass der Datenabruf innerhalb des Landes abweichend von § 39 Absatz 3 des Bundesmeldegesetzes über landesinterne, nach dem Stand der Technik gesicherte Netze erfolgen darf,

4. weitere öffentliche Stellen des Landes zu bestimmen, die nach § 39 Absatz 3 des Bundesmeldegesetzes berechtigt sind, zur Erfüllung ihrer Aufgaben zu jeder Zeit Daten automatisiert beim zentralen Meldedatenbestand abzurufen,
5. den automatisierten Abruf weiterer Daten und Hinweise nach § 38 Absatz 5 Satz 1 des Bundesmeldegesetzes zur Erfüllung der Aufgaben der Datenempfänger unter Festlegung von Anlass und Zweck des Abrufs, der Datenempfänger sowie der zu übermittelnden Daten zuzulassen,
6. weitere Auswahldaten für automatisierte Abrufe nach § 38 Absatz 5 Satz 2 des Bundesmeldegesetzes unter Festlegung von Anlass und Zweck des Abrufs zur Erfüllung der Aufgaben der Datenempfänger zu bestimmen,
7. regelmäßige Datenübermittlungen der Meldebehörden nach § 36 Absatz 1 des Bundesmeldegesetzes an öffentliche Stellen des Landes zur Erfüllung ihrer Aufgaben unter Festlegung von Anlass und Zweck der Übermittlung, der Datenempfänger sowie Umfang, Form und Verfahren der Übermittlung zuzulassen sowie
8. die Zuständigkeit und das Verfahren bei automatisierten Abrufen von Melderegisterdaten durch bremische öffentliche Stellen in anderen Ländern an dortige zentrale Meldedatenbestände oder an die sonst durch Landesrecht dazu bestimmte Stellen zu regeln.

§ 9 Außerkrafttreten der Verordnung zur Durchführung des Meldegesetzes, insbesondere zur Durchführung von regelmäßigen Datenübermittlungen der Meldebehörden
[1]Die Verordnung zur Durchführung des Meldegesetzes, insbesondere zur Durchführung von regelmäßigen Datenübermittlungen der Meldebehörden vom 9. Juni 1990 (Brem.GBl. S.175), die zuletzt durch Verordnung vom 7. Januar 2014 (Brem.GBl. S.139) geändert worden ist, tritt spätestens mit Ablauf des 31. Oktober 2017 außer Kraft. [2]Der Senator für Inneres wird ermächtigt, in der Rechtsverordnung nach § 8 Nummer 7 zu bestimmen, dass die Verordnung zur Durchführung des Meldegesetzes, insbesondere zur Durchführung von regelmäßigen Datenübermittlungen der Meldebehörden, zu einem früheren Zeitpunkt, frühestens jedoch mit Inkrafttreten der Rechtsverordnung nach § 8 Nummer 7, außer Kraft tritt.

§ 10 Inkrafttreten, Außerkrafttreten
(1) [1]§ 1 Absatz 3, §§ 2, 4, 5 und 8 treten am Tag nach Verkündung dieses Gesetzes in Kraft. [2]Im Übrigen tritt das Gesetz am 1. November 2015 in Kraft.
(2) Das Gesetz über das Meldewesen in der Fassung der Bekanntmachung vom 20. Januar 1986 (Brem.GBl. S. 1, 120–210-a-1), das zuletzt durch Artikel 2 des Gesetzes vom 1. März 2011 (Brem.GBl. S. 79) geändert worden ist, tritt mit Ablauf des 31. Oktober 2015 außer Kraft.

Gesetz über Hilfen und Schutzmaßnahmen bei psychischen Krankheiten (PsychKG)[1)]

Vom 19. Dezember 2000 (Brem.GBl. S. 471)
(2120-a-2)
zuletzt geändert durch Geschäftsverteilung des Senats vom 28. Juli 2015, vgl. Bek. vom 2. August 2016 (Brem.GBl. S. 434, 438)

Der Senat verkündet das nachstehende von der Bürgerschaft (Landtag) beschlossene Gesetz:

Teil 1:
Allgemeines

§ 1 Anwendungsbereich
(1) Dieses Gesetz regelt
1. Hilfen für psychische Kranke, die wegen der Besonderheit psychischer Störungen und zur Erlangung der Ansprüche psychisch Kranker notwendig sind, um Erkrankungen zu heilen, deren Verschlimmerung zu verhüten, Krankheitsbeschwerden zu lindern und Wiedereingliederung zu fördern,
2. Schutzmaßnahmen für psychisch Kranke,
3. die Unterbringung psychisch Kranker und
4. den Vollzug von Maßregeln nach den §§ 63, 64 des Strafgesetzbuches sowie § 7 des Jugendgerichtsgesetzes (Maßregelvollzug).

(2) Psychisch Kranke im Sinne dieses Gesetzes sind Personen, die an einer Psychose, einer Suchtkrankheit, einer anderen krankhaften seelischen Störung oder an einer seelischen Behinderung leiden oder gelitten haben oder bei denen Anzeichen einer solchen Krankheit, Störung oder Behinderung vorliegen.

§ 2 Fürsorgegrundsatz
[1]Bei allen Maßnahmen aufgrund dieses Gesetzes ist auf die individuelle Situation der psychisch Kranken besondere Rücksicht zu nehmen. [2]Ihr Wille und ihre Würde sind zu achten. [3]Ihre Persönlichkeitsrechte sind zu wahren.

Teil 2:
Hilfen und Schutzmaßnahmen für psychisch Kranke

§ 3 Träger der Hilfen und Schutzmaßnahmen
(1) Die Aufgaben nach den §§ 5 und 7 dieses Gesetzes erfüllen die Stadtgemeinden Bremen und Bremerhaven als Auftragsangelegenheiten.
(2) [1]Die Senatorin für Wissenschaft, Gesundheit und Verbraucherschutz bestimmt in der Stadtgemeinde Bremen die zuständige Behörde oder Einrichtung. [2]In der Stadtgemeinde Bremerhaven ist der Magistrat die zuständige Behörde.
(3) Hilfen und Schutzmaßnahmen werden durch den Sozialpsychiatrischen Dienst oder durch das regionale Psychiatrische Behandlungszentrum, in das der Sozialpsychiatrische Dienst integriert ist (Sozialpsychiatrischer Dienst), durchgeführt und vermittelt.
(4) [1]Die Durchführung von Hilfen und Schutzmaßnahmen kann anderen Einrichtungen in öffentlich-rechtlicher Trägerschaft übertragen werden. [2]Die Senatorin für Wissenschaft, Gesundheit und Verbraucherschutz kann geeigneten juristischen Personen des privaten Rechts mit deren Zustimmung widerruflich die Befugnis verleihen, die Durchführung von Hilfen und Schutzmaßnahmen in eigenem Namen und in Handlungsformen des öffentlichen Rechts wahrzunehmen. [3]Die Senatorin für Wissenschaft, Gesundheit und Verbraucherschutz überträgt die Aufgaben nach Satz 1 und 2 durch Verwaltungsakt oder öffentlich-rechtlichen Vertrag. [4]Geeignet sind Einrichtungen, die die notwendige Fachkunde und Zuverlässigkeit nachweisen. [5]Das Nähere regelt der jeweilige Rechtsakt, mit dem die

---
1) Verkündet als Art. 1 d. G v. 19. 12. 2000 S. 471.

Aufgaben übertragen werden. ⁶Die Senatorin für Wissenschaft, Gesundheit und Verbraucherschutz übt die Fachaufsicht aus.

§ 4 Aufgaben des Sozialpsychiatrischen Dienstes
(1) Aufgabe des Sozialpsychiatrischen Dienstes ist es,
1. Hilfen nach § 5 anzubieten oder Hilfen zu vermitteln, wenn psychisch Kranke oder ihnen nahestehende Personen diese Hilfen in Anspruch nehmen wollen oder ihm bekannt wird, dass eine Person dieser Hilfen bedarf und
2. die Schutzmaßnahmen nach § 7 durchzuführen.

(2) Der Sozialpsychiatrische Dienst kann im Rahmen von Vereinbarungen zusätzliche Leistungen erbringen, die ihm von anderen Versorgungsträgern übertragen werden.

§ 5 Hilfen
(1) Im Rahmen einer bedarfsgerechten Versorgung für psychisch Kranke, zu der beratende, ambulant und stationär behandelnde, komplementäre und rehabilitative Angebote gehören, sind individuelle und institutionelle Hilfen gemeinde- und wohnortnah vorzuhalten.

(2) Ziel der Hilfen ist es, durch rechtzeitige und umfassende Beratung und Betreuung sowie durch Vermittlung oder Durchführung geeigneter Maßnahmen, insbesondere von Behandlung,
1. die selbständige Lebensführung beeinträchtigende und die persönliche Freiheit einschränkende Maßnahmen entbehrlich zu machen (vorsorgende Hilfen),
2. solche Maßnahmen zu verkürzen (begleitende Hilfen) oder
3. nach solchen Maßnahmen die Wiedereingliederung in die Gemeinschaft zu erleichtern und zu fördern (nachgehende Hilfen).

(3) ¹Die Hilfen sind in Kooperation mit anderen Anbietern und Trägern von Hilfen und Leistungen für psychisch Kranke zu erbringen. ²Die Träger der Hilfen und Schutzmaßnahmen beteiligen sich an der Koordination der Hilfs- und Leistungsangebote für psychisch Kranke. ³Zu den Hilfen gehören insbesondere:
1. Abhalten von regelmäßigen Sprechstunden unter der Leitung einer Fachärztin oder eines Facharztes für Psychiatrie, ausnahmsweise einer in der Psychiatrie erfahrenen Ärztin oder eines in der Psychiatrie erfahrenen Arztes,
2. Vornahme von Hausbesuchen, wenn dies zur Durchführung der Hilfen angezeigt ist,
3. Vermittlung von Hilfen und Leistungen für psychisch Kranke, die von anderen Anbietern und Trägern erbracht werden,
4. Kooperation mit Anbietern und Trägern von Hilfen und Leistungen für psychisch Kranke,
5. Beteiligung an der Koordination der Hilfs- und Leistungsangebote für psychisch Kranke.

(4) ¹Hilfen sind nur insoweit bereitzustellen, als psychisch Kranke Leistungen nach dem Sozialgesetzbuch nicht nutzen können oder von diesen nicht erreicht werden. ²Es ist darauf hinzuwirken, dass die Hilfen oder deren Kosten als Regelleistungen von anderen Anbietern oder Leistungsträgern übernommen werden.

(5) ¹Die Hilfen sind so auszugestalten, dass sie den Bedürfnissen der psychisch Kranken und den Besonderheiten ihrer Störungen gerecht werden. ²Eine stationäre Behandlung soll nur dann vermittelt werden, wenn das Ziel der Hilfen nicht auf anderem Wege erreicht werden kann.

(6) Psychisch Kranken nahestehende Personen sollen entlastet, unterstützt, ihre Bereitschaft zur Mitwirkung bei den Hilfen erhalten und gefördert werden.

(7) Ehrenamtliche Hilfe, Angehörigenarbeit und Selbsthilfe sind zu fördern und in die Versorgung psychisch Kranker einzubeziehen.

§ 6 Rechtsanspruch auf Hilfen
(1) ¹Auf die Hilfen nach diesem Gesetz besteht ein Rechtsanspruch. ²Art, Ausmaß und Dauer der Hilfen richten sich nach den Besonderheiten des Einzelfalles.

(2) Psychisch Kranke haben das Recht, die Hilfen abzulehnen.

(3) Die Hilfen sind zu leisten, sobald einem Träger der Hilfen und Schutzmaßnahmen bekannt wird, dass die Voraussetzungen für die Gewährung der Hilfen vorliegen.

§ 7 Schutzmaßnahmen
(1) ¹Wenn gewichtige Anzeichen dafür vorhanden sind, dass eine psychisch kranke Person ihre Gesundheit, ihr Leben oder andere eigene bedeutende Rechtsgüter oder bedeutende Rechtsgüter Dritter zu gefährden droht, hat der Sozialpsychiatrische Dienst
1. zunächst die betroffene Person aufzufordern, sich beraten und bei einer Ärztin oder einem Arzt ihrer Wahl untersuchen zu lassen,
2. wenn die betroffene Person dieser Aufforderung nicht folgt, einen Hausbesuch vorzunehmen und
3. wenn angezeigt, eine ärztliche Untersuchung durchzuführen.
²Im begründeten Ausnahmefall kann von der vorstehenden Reihenfolge abgewichen werden.
(2) ¹Die von der zuständigen Behörde beauftragten Personen sind befugt, die Wohnung der betroffenen Person zu betreten und die betroffene Person ärztlich zu untersuchen, wenn gewichtige Anhaltspunkte dafür vorhanden sind, dass dies zur Abwehr von gegenwärtigen Gefahren für Gesundheit, Leben oder andere bedeutende Rechtsgüter der betroffenen Person aufgrund ihrer psychischen Erkrankung erforderlich ist. ²Das gleiche gilt, wenn eine gegenwärtige Gefahr für Gesundheit, Leben oder andere bedeutende Rechtsgüter Dritter besteht.
(3) ¹Wird eine psychische Erkrankung festgestellt und ist zu befürchten, dass die betroffene Person ihre Gesundheit, ihr Leben oder andere eigene bedeutende Rechtsgüter oder bedeutende Rechtsgüter Dritter aufgrund ihrer psychischen Erkrankung gefährdet, ist sie aufzufordern, sich in ambulante oder stationäre Behandlung zu begeben. ²Dem Behandelnden werden die Untersuchungsergebnisse mitgeteilt.
(4) Folgt die betroffene Person der Aufforderung nach Absatz 3 Satz 1 nicht und liegen hinreichende Tatsachen dafür vor, dass eine Unterbringung in Betracht kommen kann, ist die Ortspolizeibehörde zu unterrichten.

Teil 3:
Unterbringung und Maßregelvollzug
§ 8 Begriff der Unterbringung
(1) Eine Unterbringung im Sinne dieses Gesetzes liegt vor, wenn eine psychisch kranke Person gegen ihren Willen oder im Zustand der Willenlosigkeit in ein psychiatrisches Krankenhaus oder in eine psychiatrische Abteilung eines Allgemeinkrankenhauses eingewiesen und dort zurückgehalten wird.
(2) Eine Unterbringung im Sinne dieses Gesetzes liegt auch dann vor, wenn die Einweisung oder das Zurückhalten ohne Einwilligung des oder der Personensorgeberechtigten oder, soweit die betroffene Person nicht einwilligungsfähig ist, ohne Zustimmung eines anderen gesetzlichen Vertreters erfolgt, dessen Aufgabenkreis das Recht zur Aufenthaltsbestimmung umfasst.
(3) Das Gericht kann die Zurückhaltung einer psychisch kranken Person in einem psychiatrischen Krankenhaus oder in einer psychiatrischen Abteilung eines Allgemeinkrankenhauses nach § 328 Abs. 1 des Gesetzes über das Verfahren in Familiensachen und in den Angelegenheiten der freiwilligen Gerichtsbarkeit mit der Auflage einer ambulanten oder teilstationären Behandlung aussetzen, wenn hinreichende Anhaltspunkte dafür vorliegen, dass hierdurch der Zweck der Unterbringung nach § 10 ohne die Zurückhaltung der psychisch kranken Person in einem psychiatrischen Krankenhaus oder in einer psychiatrischen Abteilung eines Allgemeinkrankenhauses erreicht werden kann.
(4) ¹Die für die psychisch kranke Person, deren Zurückhaltung nach Absatz 3 ausgesetzt ist, zuständige Einrichtung nach § 13 überwacht die Einhaltung der Auflage und führt diese durch. ²Der § 22 Abs. 1, 2 und 5 und die §§ 23 und 25 finden bei einer Aussetzung der Zurückhaltung im ambulanten Bereich entsprechende Anwendung. ³Im teilstationären Bereich gilt darüber hinaus § 26 Abs. 1 entsprechend.
(5) Das Gericht kann nach § 328 Abs. 2 des Gesetzes über das Verfahren in Familiensachen und in den Angelegenheiten der freiwilligen Gerichtsbarkeit die Aussetzung der Zurückhaltung nach Absatz 3 widerrufen, wenn die Patientin oder der Patient die vom Gericht angeordnete Auflage einer ambulanten oder teilstationären Behandlung nicht erfüllt.
(6) Wird die Aussetzung nach Absatz 3 durch das Gericht aufgehoben, weil die Patientin oder der Patient die Auflage nicht erfüllt, findet § 15 entsprechende Anwendung.

§ 9 Voraussetzungen der Unterbringung

(1) Eine Unterbringung nach diesem Gesetz kommt in Betracht, wenn Hilfen und Schutzmaßnahmen erfolglos waren, nicht durchgeführt werden konnten oder nicht möglich sind und die Voraussetzungen nach Absatz 2 vorliegen.

(2) Die Unterbringung einer psychisch kranken Person ist nur zulässig, wenn und solange durch ihr krankheitsbedingtes Verhalten eine gegenwärtige erhebliche Gefahr für
1. ihr Leben oder ihre Gesundheit oder
2. die Gesundheit, das Leben oder andere bedeutende Rechtsgüter Dritter besteht und diese Gefahr nicht anders abgewendet werden kann.

(3) Eine gegenwärtige erhebliche Gefahr im Sinne von Absatz 2 besteht dann, wenn infolge der psychischen Erkrankung ein schadenstiftendes Ereignis bereits eingetreten ist, unmittelbar bevorsteht oder zwar zeitlich nicht vorhersehbar, wegen besonderer Umstände jedoch jederzeit zu erwarten ist.

(4) Die fehlende Bereitschaft, sich einer notwendigen ärztlichen Behandlung zu unterziehen, oder die regelmäßige Einnahme schädigender Substanzen im Zusammenhang mit einer Suchterkrankung rechtfertigen für sich allein keine Unterbringung.

(5) Eine Unterbringung nach diesem Gesetz darf nicht angeordnet oder muss aufgehoben werden, wenn Maßnahmen nach den §§ 126a und 453c der Strafprozessordnung, nach § 7 des Jugendgerichtsgesetzes oder nach den §§ 63, 64 und 66 des Strafgesetzbuches getroffen werden.

§ 10 Zweck der Unterbringung

Zweck der Unterbringung ist es, durch Heilung, Besserung, Linderung oder Verhütung der Verschlimmerung der psychischen Krankheit oder der seelischen Behinderung der Patientin oder des Patienten die in § 9 genannten Gefahren abzuwenden.

§ 11 Zweck des Maßregelvollzuges

Der Maßregelvollzug ist darauf auszurichten, die Patientin oder den Patienten zur Erreichung des Vollzugszieles nach § 136 Satz 2 und § 137 des Strafvollzugsgesetzes insbesondere durch ärztliche, psychotherapeutische, soziotherapeutische oder heilpädagogische Maßnahmen zu behandeln sowie sie oder ihn sozial und beruflich einzugliedern.

§ 12 Rechts- und Pflichtenbelehrung der Patientin oder des Patienten

[1]Die Patientin oder der Patient ist über ihre oder seine Rechte und Pflichten während des Unterbringungsverfahrens, der Unterbringung und des Maßregelvollzuges zu belehren, soweit dies der Gesundheitszustand der Patientin oder des Patienten erlaubt. [2]Die Belehrung ist zu dokumentieren und von der Patientin oder dem Patienten mit Unterschrift zu bestätigen.

§ 13 Einrichtungen

(1) [1]Die Senatorin für Wissenschaft, Gesundheit und Verbraucherschutz bestimmt die an der Unterbringung und im Einvernehmen mit dem Senator für Justiz und Verfassung die an dem Maßregelvollzug beteiligten Einrichtungen. [2]Geeigneten Einrichtungen in nicht öffentlich-rechtlicher Trägerschaft kann mit deren Zustimmung widerruflich die Befugnis verliehen werden, diese Aufgabe in eigenem Namen und in Handlungsformen des öffentlichen Rechts wahrzunehmen. [3]Ausgenommen sind Entscheidungsbefugnisse im Rahmen des Maßregelvollzugs, für die das Gesetz die Wahrnehmung durch die ärztliche Leiterin oder den ärztlichen Leiter vorsieht, sowie entsprechende pflegerische Entscheidungen. [4]Satz 3 findet keine Anwendung auf die Unterbringung von einzelnen Maßregelvollzugspatientinnen und -patienten, die auf Stationen der regionalen psychiatrischen Behandlungszentren befristet behandelt und gesichert werden. [5]Die Senatorin für Wissenschaft, Gesundheit und Verbraucherschutz überträgt diese Aufgaben durch Verwaltungsakt oder öffentlich-rechtlichen Vertrag. [6]Geeignet sind Einrichtungen, die die notwendige Fachkunde und Zuverlässigkeit nachweisen. [7]Das Nähere regelt der jeweilige Rechtsakt, mit dem die Aufgaben übertragen werden. [8]Die Senatorin für Wissenschaft, Gesundheit und Verbraucherschutz übt die Fachaufsicht aus.

(2) Einrichtungen für die Unterbringung sind die regional zuständigen psychiatrischen Krankenhäuser, psychiatrischen Abteilungen an Allgemeinkrankenhäusern und psychiatrischen Behandlungszentren, die stationäre psychiatrische Behandlungsformen vorhalten.

(3) [1]Einrichtungen für den Maßregelvollzug sind insbesondere psychiatrische Krankenhäuser und Allgemeinkrankenhäuser mit einer psychiatrischen Abteilung. [2]Darüber hinaus können es Einrichtun-

gen kommunaler oder freier Träger sein die der psychiatrischen, psychotherapeutischen oder soziotherapeutischen Behandlung, Betreuung oder Rehabilitation dienen.

(4) ¹Mit anderen Bundesländern können Vollzugsgemeinschaften zur Durchführung des Maßregelvollzuges gegründet werden. ²Die Maßregeln können aufgrund besonderer Vereinbarungen auch in Einrichtungen außerhalb des Landes Bremen vollzogen werden.

(5) ¹Die Einrichtungen müssen so ausgestattet sein, dass eine auf die unterschiedlichen Anforderungen abgestimmte Behandlung und Betreuung der Patientinnen und Patienten gewährleistet ist. ²Dies schließt sowohl notwendige Sicherungsmaßnahmen als auch die Möglichkeit der offenen Unterbringung ein.

(6) Den Mitarbeiterinnen und Mitarbeitern der Einrichtungen sollen die für ihre Tätigkeit notwendigen zusätzlichen Kenntnisse und Fähigkeiten durch Fort- und Weiterbildungsmaßnahmen vermittelt werden.

§ 14 Unterbringungsverfahren

(1) Die Anordnung einer freiheitsentziehenden Unterbringung durch das zuständige Gericht erfolgt nur auf Antrag der Ortspolizeibehörde und unter den Voraussetzungen nach § 9.

(2) ¹Der Antrag ist zu begründen, das Ermittlungsergebnis und ein Zeugnis einer Fachärztin oder eines Facharztes für Psychiatrie sind beizufügen. ²Ein entsprechendes Zeugnis kann auch von einer Ärztin oder einem Arzt erstellt werden, die in einem psychiatrischen Fachdienst tätig sind. ³Aus dem Zeugnis muss hervorgehen, aus welchen Tatsachen und ärztlichen Beurteilungen sich ergibt, dass die Unterbringung geboten ist.

(3) Vor Anordnung einer Unterbringungsmaßnahme gibt das Gericht neben den in § 315 Abs. 1 Nr. 2, Abs. 3, Abs. 4 Nr. 1, 2 und 3 des Gesetzes über das Verfahren in Familiensachen und in den Angelegenheiten der freiwilligen Gerichtsbarkeit genannten Personen und Stellen
1. dem Sozialpsychiatrischen Dienst, der behandelnden niedergelassenen Ärztin, dem behandelnden niedergelassenen Arzt, der behandelnden niedergelassenen Psychotherapeutin oder dem behandelnden niedergelassenen Psychotherapeuten und
2. der behandelnden Ärztin oder dem behandelnden Arzt der Einrichtung, sofern eine sofortige Unterbringung vorgenommen worden ist oder die Patientin oder der Patient sich schon in der Einrichtung befindet,

Gelegenheit zur Äußerung.

§ 15 Vollzug der Unterbringung

(1) ¹Die vom Gericht angeordnete Unterbringung soll möglichst wohnortnah erfolgen. ²Sie wird von der Ortspolizeibehörde vollzogen. ³Der Verfahrenspfleger und der Sozialpsychiatrische Dienst sind zu unterrichten. ⁴Hat die Patientin oder der Patient einen Rechtsanwalt beauftragt, ist auch dieser zu unterrichten.

(2) ¹Der Vollzug durch die Ortspolizeibehörde endet mit der Aufnahme in der zuständigen Einrichtung. ²Der weitere Vollzug erfolgt durch die Einrichtung.

§ 16 Sofortige Unterbringung

(1) Eine Unterbringung ohne vorherige gerichtliche Entscheidung (sofortige Unterbringung) kann von der Ortspolizeibehörde vorgenommen werden, wenn
1. eine gerichtliche Entscheidung nicht rechtzeitig herbeigeführt werden kann,
2. die sofortige Unterbringung das einzige Mittel ist, um die von der psychisch kranken Person aufgrund ihres krankheitsbedingten Verhaltens ausgehende gegenwärtige erhebliche Gefahr im Sinne des § 9 abzuwenden und
3. ein ärztliches Zeugnis über den Gesundheitszustand der psychisch kranken Person aufgrund einer frühestens am Vortage durchgeführten Untersuchung vorliegt.

(2) ¹Nimmt die Ortspolizeibehörde eine sofortige Unterbringung vor, so hat sie unverzüglich beim Gericht einen Antrag auf Anordnung einer Unterbringung zu stellen. ²Die betroffene Person ist in geeigneter Weise zu unterrichten. ³Ihr ist Gelegenheit zu geben, Angehörige oder eine sonstige Person ihres Vertrauens zu benachrichtigen. ⁴Bei Minderjährigen sind die Personensorgeberechtigten zu unterrichten. ⁵Entsprechend ist bei Personen zu verfahren, für die ein gesetzlicher Vertreter bestellt ist, dessen Aufgabenkreis das Recht zur Aufenthaltsbestimmung oder die Sorge für die Gesundheit umfasst.

(3) ¹Wird eine Unterbringung nicht bis zum Ablauf des auf den Beginn der sofortigen Unterbringung folgenden Tages durch das Gericht angeordnet, ist die Patientin oder Patient durch die ärztliche Leiterin oder den ärztlichen Leiter der Einrichtung zu entlassen, es sei denn, sie oder er verbleibt aufgrund ihrer oder seiner rechtswirksamen Einwilligung in der Einrichtung. ²Von der Entlassung sind das Gericht, die in § 14 Abs. 3 dieses Gesetzes und in § 315 Abs. 1 Nr. 2, Abs. 3, Abs. 4 Nr. 1, 2 und 3 des Gesetzes über das Verfahren in Familiensachen und in den Angelegenheiten der freiwilligen Gerichtsbarkeit genannten Personen und Stellen, die Ortspolizeibehörde sowie die Ärztin oder der Arzt zu benachrichtigen, die oder der die Patientin oder den Patienten vor der Unterbringung wegen ihrer oder seiner psychischen Erkrankung behandelt hat.

(4) Lehnt das Gericht den Antrag der Ortspolizeibehörde nach Absatz 2 ab, hat die ärztliche Leiterin oder der ärztliche Leiter der Einrichtung den Patienten sofort zu entlassen, es sei denn, er verbleibt aufgrund seiner rechtswirksamen Einwilligung in der Einrichtung.

§ 17 Fürsorgliche Zurückhaltung

(1) ¹Befindet sich eine Patientin oder ein Patient in der Einrichtung, ohne aufgrund dieses Gesetzes untergebracht zu sein, so kann bei Gefahr im Verzug die behandelnde Ärztin oder der behandelnde Arzt der Einrichtung unter den Voraussetzungen des § 16 Abs. 1 Nrn. 1 und 2 entscheiden, die Patientin oder den Patienten gegen oder ohne ihren oder seinen Willen zurückzuhalten. ²Die Gründe hierfür sind zu dokumentieren.

(2) ¹Die Einrichtung hat unter Vorlage eines ärztlichen Zeugnisses die Ortspolizeibehörde sofort zu benachrichtigen. ²Für das weitere Verfahren gilt § 16 Abs. 2 bis 4 entsprechend.

(3) Der Patientin oder dem Patienten ist durch die Einrichtung Gelegenheit zu geben, Angehörige oder sonstige Personen ihres oder seines Vertrauens zu benachrichtigen.

§ 18 Maßnahmen vor Beginn der Unterbringung

(1) Vor Beginn der Unterbringung ist der psychisch kranken Person der Grund der Unterbringung mitzuteilen und ihr Gelegenheit zu geben, Angehörige oder Personen ihres Vertrauens zu benachrichtigen.

(2) Bei einer Abholung der psychisch kranken Person aus ihrer Wohnung ist ihr Gelegenheit zu geben, für die Zeit ihrer Abwesenheit Vorsorge zu treffen, soweit dies mit der Anordnung der Unterbringung vereinbar ist.

(3) ¹Ist die psychisch kranke Person nicht in der Lage, selbst Vorsorge für ihre häusliche Umgebung zu treffen, und werden weder Angehörige noch sonstige Vertrauenspersonen von der Unterbringung benachrichtigt, hat der Polizeivollzugsdienst zu prüfen, ob in der häuslichen Umgebung der unterzubringenden Person durch ihre Abwesenheit Personen, Tiere oder Sachen gefährdet werden, und die zur Abwehr dieser Gefahr erforderlichen Maßnahmen einzuleiten. ²Zu diesem Zweck darf die Wohnung der untergebrachten Person, die nicht erkennbar durch andere Personen betreut wird, durch den Polizeivollzugsdienst betreten werden. ³Die Maßnahmen sollen mit der psychisch kranken Person erörtert werden, soweit ihr Gesundheitszustand dies zulässt.

Teil 4:
Betreuung während der Unterbringung und des Maßregelvollzuges

§ 19 Entscheidungsbefugnisse

¹Für die Betreuung während der Unterbringung und des Maßregelvollzuges ist die ärztliche Leiterin oder der ärztliche Leiter der Einrichtung verantwortlich. ²Sie oder er kann ihre oder seine Entscheidungsbefugnisse auf Mitarbeiterinnen und Mitarbeiter übertragen, sofern nicht das Gesetz die Wahrnehmung von Aufgaben durch die ärztliche Leiterin oder durch den ärztlichen Leiter der Einrichtung nach § 13 oder die behandelnde Ärztin oder den behandelnden Arzt vorsieht.

§ 20 Rechtsstellung der Patientin oder des Patienten

(1) ¹Die Patientin oder der Patient unterliegt während der Unterbringung und des Maßregelvollzuges den in diesem Gesetz vorgesehenen Beschränkungen ihrer oder seiner Freiheit. ²Diese müssen im Hinblick auf den Zweck der Unterbringung und des Maßregelvollzuges oder zur Aufrechterhaltung der Sicherheit der Einrichtung oder zur Abwehr einer Gefahr für das geordnete Zusammenleben in der Einrichtung unerlässlich sein. ³Die Beschränkungen müssen in einem angemessenen Verhältnis

zu ihrem Zweck stehen und dürfen die Patientin oder den Patienten nicht mehr und nicht länger als notwendig beeinträchtigen.

(2) ¹Entscheidungen über die Eingriffe in die Rechte der Patientin oder des Patienten sind der betroffenen Person und ihrem gesetzlichen Vertreter gegenüber schriftlich zu erlassen und zu begründen. ²Bei Gefahr im Verzug können Entscheidungen nach Satz 1 auch mündlich getroffen werden. ³Sie sind unverzüglich schriftlich zu begründen.

§ 21 Eingangsuntersuchung

(1) ¹Die Patientin oder der Patient ist unverzüglich nach ihrer oder seiner Aufnahme ärztlich zu untersuchen. ²Hierbei soll die Art der vorzunehmenden Behandlung festgelegt werden.

(2) Ergibt die ärztliche Untersuchung, dass die Voraussetzungen der Unterbringung nach § 9 nicht oder nicht mehr vorliegen, hat die Einrichtung
1. die Ortspolizeibehörde, die die Unterbringung veranlasst hat,
2. die Ärztin oder den Arzt, die oder der die Person wegen ihrer psychischen Erkrankung vor der Unterbringung behandelt hat,
3. das Gericht und
4. soweit vorher beteiligt, den Sozialpsychiatrischen Dienst sowie die in § 315 Abs. 1 Nr. 2, Abs. 3, Abs. 4 Nr. 1, 2 und 3 des Gesetzes über das Verfahren in Familiensachen und in den Angelegenheiten der freiwilligen Gerichtsbarkeit genannten Personen, soweit deren Anschriften bekannt sind,

unverzüglich zu unterrichten sowie die betroffene Person sofort zu beurlauben.

§ 22 Behandlung

(1) Während der Unterbringung und des Maßregelvollzuges hat die Patientin oder der Patient Anspruch auf eine nach dem Stand der wissenschaftlichen Erkenntnis notwendige, angemessene und rechtlich zulässige Behandlung unter Berücksichtigung aller im Krankenhaus vorhandenen therapeutischen Angebote; die Behandlung schließt die notwendigen Untersuchungen mit ein.

(2) ¹Die Behandlung bedarf vorbehaltlich der Regelungen in den Absätzen 3 bis 4a der Einwilligung der Patientin oder des Patienten. ²Bei Minderjährigen ist die Einwilligung der Personensorgeberechtigten in die ärztliche Behandlung erforderlich. ³Kann die Patientin oder der Patient die Bedeutung und Tragweite des Eingriffs und der Einwilligung nicht beurteilen und ist ein Betreuer bestellt, dessen Aufgabenkreis die Sorge für die Gesundheit umfasst, so ist dessen Einwilligung in die ärztliche Behandlung erforderlich.

(3) Eine Behandlung der Patientin oder des Patienten ist gegen ihren oder seinen Willen zulässig, wenn
1. der Patientin oder dem Patienten aufgrund ihrer oder seiner psychischen Krankheit die Einsicht in die Behandlungsbedürftigkeit der Krankheit oder die Fähigkeit, nach dieser Einsicht zu handeln, fehlt,
2. die Behandlung zur Erreichung des Zwecks der Unterbringung nach § 10 oder zur Erreichung des Zwecks des Maßregelvollzugs nach § 11 zwingend notwendig ist,
3. die Behandlung hinreichende Aussicht auf Erfolg verspricht,
4. nach Art oder Dauer weniger eingreifende Maßnahmen aussichtslos sind,
5. der zu erwartende Nutzen der Behandlung den möglichen Schaden einer Nichtbehandlung und die zu erwartenden Beeinträchtigungen durch die Behandlung deutlich überwiegt und
6. die Patientin oder der Patient zuvor ärztlich über die beabsichtigte Behandlung aufgeklärt wurde und in einer ihren oder seinen Verständnismöglichkeiten entsprechenden Weise versucht wurde, die Zustimmung zur Behandlung zu erreichen.

(3a) ¹Eine Behandlung nach Absatz 3 darf nur die ärztliche Leitung der Einrichtung anordnen. ²Die Anordnung muss schriftlich erfolgen und Angaben zu den Voraussetzungen der Zulässigkeit der Behandlung und zu den beabsichtigten Behandlungsmaßnahmen enthalten. ³Die Anordnung bedarf im Rahmen der Unterbringung der Genehmigung des Betreuungsgerichts und im Rahmen des Maßregelvollzugs der Genehmigung der Strafvollstreckungskammer des Landgerichts. ⁴Die Behandlung muss unter ärztlicher Überwachung erfolgen. ⁵Art, Beginn und Ende der Behandlung, die maßgeblichen Gründe für ihre Anordnung sowie die Überwachung sind zu dokumentieren.

(4) Eine Behandlung der Patientin oder des Patienten ist gegen ihren oder seinen Willen auch zulässig, wenn
1. die Behandlung zur Abwendung einer gegenwärtigen Gefahr für das Leben oder einer gegenwärtigen erheblichen Gefahr für die Gesundheit der Patientin oder des Patienten oder Dritter zwingend erforderlich ist,
2. der Patientin oder dem Patienten die Einsicht in die sofortige Behandlungsbedürftigkeit oder die Fähigkeit, nach dieser Einsicht zu handeln, fehlt und
3. die Voraussetzungen nach Absatz 3 Nummer 3 bis 5 gegeben sind.

(4a) [1]Die Behandlung nach Absatz 4 darf nur auf schriftliche Anordnung einer Ärztin oder eines Arztes der Einrichtung und unter ärztlicher Überwachung erfolgen. [2]Die Anordnung ist der Patientin oder dem Patienten auszuhändigen. [3]Art, Beginn und Ende der Behandlung, die maßgeblichen Gründe für ihre Anordnung sowie die Überwachung sind zu dokumentieren.

(5) [1]Eine Behandlung, die die Persönlichkeit der psychisch kranken Person tiefgreifend und auf Dauer schädigen könnte, ist unzulässig. [2]Ebenfalls unzulässig ist eine Behandlung, die der Erprobung von Arzneimitteln oder Verfahren dient.

(6) Eine Ernährung gegen den Willen der Patientin oder des Patienten ist nur zulässig, wenn sie erforderlich ist, um eine gegenwärtige Gefahr für das Leben der Patientin oder des Patienten abzuwenden.

(7) Kann eine Krankheit der Patientin oder des Patienten in einer Einrichtung nach § 13 nicht erkannt oder behandelt werden, ist die Patientin oder der Patient in ein anderes Krankenhaus einzuweisen oder zu verlegen, das über entsprechende Erkennungs- und Behandlungsmöglichkeiten verfügt.

§ 23 Behandlungsplan
(1) [1]Die Behandlung erfolgt nach einem Behandlungsplan, der bei der Unterbringung unverzüglich und im Maßregelvollzug spätestens sechs Wochen nach der Aufnahme zu erstellen ist. [2]Der Behandlungsplan ist mit der psychisch kranken Person und seinem gesetzlichen Vertreter zu erörtern, im Abstand von längstens drei Monaten zu überprüfen und fortzuschreiben.

(2) [1]Der Behandlungsplan hat die Persönlichkeit, das Alter, den Entwicklungsstand und die Lebensverhältnisse der Patientin oder des Patienten zu berücksichtigen. [2]Er umfasst auch die erforderlichen Maßnahmen, die der Patientin oder dem Patienten nach der Entlassung ein eigenverantwortliches Leben in der Gemeinschaft ermöglichen sollen. [3]Der Behandlungsplan enthält Angaben insbesondere über:
1. die ärztliche, psychotherapeutische, soziotherapeutische oder heilpädagogische Behandlung,
2. die Einbeziehung von nahestehenden Personen in Behandlungsmaßnahmen,
3. Maßnahmen zur Freizeitgestaltung und
4. die in §§ 29 und 38 genannten Maßnahmen.

[4]Im Behandlungsplan für den Maßregelvollzug sind darüber hinaus Maßnahmen der beruflichen Ausbildung, Fortbildung oder Umschulung, die Teilnahme an Veranstaltungen der Weiterbildung und die in § 45 Abs. 2 genannten Maßnahmen aufzuführen.

§ 24 Gestaltung der Unterbringung und des Maßregelvollzuges
(1) Die Unterbringung und der Maßregelvollzug sollen unter Berücksichtigung medizinischer, therapeutischer und sicherungsbedingter Gesichtspunkte den allgemeinen Lebensverhältnissen soweit wie möglich angepasst werden, sofern der Zweck der Unterbringung und des Maßregelvollzuges dies zulässt.

(2) Kinder und Jugendliche sollen je nach Eigenart und Schwere ihrer Krankheit und nach ihrem Entwicklungsstand untergebracht werden.

(3) Der Patientin oder dem Patienten ist regelmäßig Aufenthalt im Freien zu gewähren.

(4) Der Patientin oder dem Patienten soll Gelegenheit zu sinnvoller Beschäftigung gegeben werden.

§ 25 Begleitende Hilfen während der Unterbringung
Der Sozialpsychiatrische Dienst leistet der Patientin oder dem Patienten während der Unterbringung begleitende Hilfen.

§ 26 Persönlicher Besitz
(1) [1]Die Patientin oder der Patient hat das Recht, ihre oder seine persönliche Kleidung zu tragen und persönliche Gegenstände sowie Geld und Wertsachen in ihrem oder seinem unmittelbaren Besitz

zu haben. ²Dieses Recht kann nur eingeschränkt werden, wenn und soweit für die Patientin oder den Patienten gesundheitliche Nachteile zu befürchten, die Sicherheit der Einrichtung oder das geordnete Zusammenleben in der Einrichtung gefährdet sind.
(2) Geld und Wertsachen können auch ohne Zustimmung der Patientin oder des Patienten in Gewahrsam genommen werden, wenn und soweit die Patientin oder der Patient zum Umgang damit nicht in der Lage ist und ein Verfahren zur Bestellung eines Betreuers für diesen Aufgabenkreis eingeleitet, aber noch nicht abgeschlossen ist.
(3) Die Patientin oder der Patient des Maßregelvollzuges kann über das Taschengeld frei verfügen, soweit dies im Einklang mit dem Behandlungsplan steht.

§ 27 Recht auf Postverkehr
(1) Die Patientin oder der Patient hat das Recht, Schreiben unbeschränkt und ungeöffnet abzusenden und zu empfangen.
(2) Schriftliche Mitteilungen der Patientin oder des Patienten und an die Patientin oder den Patienten dürfen in der Einrichtung durch die behandelnde Ärztin oder den behandelnden Arzt geöffnet und eingesehen werden, wenn tatsächliche Anhaltspunkte dafür vorliegen, dass eine Weiterleitung der Patientin oder dem Patienten erhebliche Nachteile zufügen oder die Sicherheit der Einrichtung gefährden könnte, insbesondere wenn die Gefahr des Einschmuggelns von Suchtstoffen oder gefährlichen Gegenständen oder der Verabredung von Straftaten besteht.
(3) ¹Der Schriftwechsel der Patientin oder des Patienten mit ihrem oder seinem gesetzlichen Vertreter oder Pfleger, der Besuchskommission, den Verteidigern, Rechtsanwälten und Notaren, den Gerichten und Behörden, mit einer Volksvertretung des Bundes oder der Länder sowie mit deren Mitgliedern, wird nicht überwacht. ²Entsprechendes gilt für Schreiben an das Europäische Parlament und dessen Mitglieder, den Europäischen Gerichtshof für Menschenrechte, den Europäischen Ausschuss zur Verhütung von Folter und unmenschlicher oder erniedrigender Behandlung oder Strafe sowie bei ausländischen Staatsangehörigen an die konsularischen oder die diplomatischen Vertretungen des Heimatlandes.
(4) ¹Schriftliche Mitteilungen der Patientin oder des Patienten, die eingesehen werden dürfen, können zurückgegeben werden, wenn sich aus der Weiterleitung für die Patientin oder den Patienten erhebliche Nachteile ergeben würden oder der Zweck der Unterbringung und des Maßregelvollzuges oder die Sicherheit der Einrichtung gefährden würde. ²Sofern die Patientin oder der Patient einen gesetzlichen Vertreter hat, erfolgt die Rückgabe an diesen.
(5) ¹Schriftliche Mitteilungen an die Patientin oder den Patienten, die eingesehen werden dürfen, können zurückgehalten werden, wenn sie geeignet sind, der Patientin oder dem Patienten gesundheitlichen Schaden zuzufügen oder den Zweck der Unterbringung und des Maßregelvollzuges, oder die Sicherheit der Einrichtung zu gefährden. ²Im Falle der Zurückhaltung ist der Absender zu verständigen oder die schriftliche Mitteilung zurückzusenden, wobei der Grund, weshalb sie der Patientin oder dem Patienten nicht ausgehändigt worden ist, anzugeben ist.
(6) ¹Die Absätze 1 bis 5 gelten entsprechend für Pakete, für Telegramme, Telefaxe und sonstige Mittel der Telekommunikation sowie für Datenträger und Zugänge zu Datennetzen. ²Pakete dürfen in Abweichung von Absatz 2 auch durch von der ärztlichen Leitung hierfür beauftragte Mitarbeiterinnen oder Mitarbeiter geöffnet und eingesehen werden. ³Die Einsichtnahme soll in Anwesenheit der Empfängerin oder des Empfängers erfolgen. ⁴Für Telefongespräche gelten die Vorschriften über den Besuch in § 28 Abs. 1 und 2 entsprechend.
(7) Kenntnisse, die bei der Überwachung und der Beschränkung des Postverkehrs gewonnen werden, sind, vertraulich zu behandeln.

§ 28 Recht auf Besuch
(1) Die Patientin oder der Patient hat das Recht, im Rahmen einer allgemeinen Besuchsregelung der Einrichtung Besuch zu empfangen.
(2) Besuche können beschränkt oder untersagt werden, wenn und soweit für die Patientin oder den Patienten gesundheitliche Nachteile zu befürchten oder die Sicherheit der Einrichtung oder das geordnete Zusammenleben in der Einrichtung gefährdet sind.
(3) ¹Aus Gründen der Sicherheit der Einrichtung kann ein Besuch davon abhängig gemacht werden, dass sich der Besucher durchsuchen lässt. ²Ein Besuch kann überwacht und abgebrochen oder die Übergabe von Gegenständen untersagt werden, wenn anderenfalls gesundheitliche Nachteile für die

Patientin oder den Patienten zu befürchten oder die Sicherheit der Einrichtung oder das geordnete Zusammenleben in der Einrichtung gefährdet wären.

(4) ¹Absatz 3 Satz 1 gilt für Besuche von Verteidigern, Rechtsanwälten und Notaren in einer die Patientin oder den Patienten betreffenden Rechtssache mit der Maßgabe, dass eine inhaltliche Überprüfung der von ihnen mitgeführten Schriftstücke und sonstigen Unterlagen unzulässig ist; die Übergabe dieser Schriftstücke oder Unterlagen an die Patientin oder den Patienten darf nicht untersagt werden. ²Für Besuche von Verteidigern bleiben die §§ 148 und 148a der Strafprozessordnung unberührt.

§ 29 Beurlaubung und Ausgang

(1) ¹Die ärztliche Leiterin oder der ärztliche Leiter der Einrichtung kann im Rahmen der Unterbringung die Patientin oder den Patienten bis zu zehn Tagen beurlauben, wenn der Zweck der Unterbringung dadurch nicht beeinträchtigt wird und eine Gefahr für Gesundheit, Leben oder andere bedeutende Rechtsgüter Dritter nicht zu befürchten ist. ²Vor Beginn der Beurlaubung sind, wenn ein gesetzlicher Vertreter für die Patientin oder den Patienten bestellt ist, dieser und der Sozialpsychiatrische Dienst, soweit sie beteiligt waren, rechtzeitig zu benachrichtigen.

(2) Im Maßregelvollzug kann der Patientin oder dem Patienten Urlaub bis zu 30 Kalendertagen im Kalendervierteljahr gewährt werden, soweit nicht Tatsachen die Befürchtung begründen, dass die Patientin oder der Patient sich dem Vollzug der Maßregel entzieht oder den Urlaub zu rechtswidrigen Taten missbraucht.

(3) ¹Die Beurlaubung kann mit Auflagen, insbesondere der Verpflichtung zur Weiterführung der ärztlichen Behandlung, verbunden werden. ²Sie kann jederzeit widerrufen werden, insbesondere wenn Auflagen nicht befolgt werden. ³Ein Anspruch auf Beurlaubung besteht nicht.

(4) Absatz 1 Satz 1 und Absatz 3 finden auf stundenweise Beurlaubung im Rahmen der Unterbringung (Ausgang) entsprechende Anwendung.

(5) ¹Die untergebrachte Patientin oder der untergebrachte Patient kann mit Zustimmung der ärztlichen Leiterin oder des ärztlichen Leiters der Einrichtung unter der Aufsicht einer Mitarbeiterin oder eines Mitarbeiters das Gelände der Einrichtung verlassen. ²Ein Anspruch auf begleiteten Ausgang besteht nicht.

§ 30 Hausordnung

(1) ¹Die Einrichtung erlässt eine Hausordnung, die vor Inkrafttreten der Senatorin für Wissenschaft, Gesundheit und Verbraucherschutz zur Kenntnis zu geben ist. ²Die Hausordnung regelt die Rechte und Pflichten der Patientinnen und Patienten; sie kann insbesondere Regelungen über die Einbringung von Gegenständen, die Ausgestaltung der Räume, die Einkaufsmöglichkeiten, ein Rauch-, Alkohol- und Drogenverbot, die Besuchszeiten, den Telefonverkehr, den Schriftwechsel, die Freizeitgestaltung und den Aufenthalt im Freien enthalten. ³Den Patientinnen und Patienten und der Besuchskommission ist Gelegenheit zur Mitwirkung beim Erlass der Hausordnung zu geben. ⁴Die Hausordnung ist durch ständigen Aushang in der Einrichtung allgemein bekannt zu machen.

(2) Durch die Hausordnung dürfen Rechte der Patientinnen und Patienten nicht weiter als nach diesem Gesetz zulässig eingeschränkt werden.

§ 31 Besondere Schutz- und Sicherungsmaßnahmen

(1) ¹Besondere Schutz- und Sicherungsmaßnahmen sind nur dann zulässig, wenn und solange von der Patientin oder dem Patienten die gegenwärtige Gefahr von Gewalttätigkeiten gegen Personen oder Sachen, der Selbstverletzung, der Selbsttötung oder der Flucht ausgeht und diese Gefahr nicht anders abgewendet werden kann. ²Als besondere Schutz- und Sicherungsmaßnahmen sind zulässig:
1. die Beschränkung des Aufenthaltes im Freien,
2. die Absonderung von anderen Patientinnen und Patienten,
3. die Unterbringung in einem besonders gesicherten Raum,
4. die Fixierung, namentlich die Fesselung bei Ausführungen, Vorführungen oder Transporten,
5. die vorübergehende Ruhigstellung durch Medikamente.

(2) ¹Besondere Schutz- und Sicherungsmaßnahmen dürfen nur von einer Ärztin oder einem Arzt der Einrichtung aufgrund eigener Untersuchung befristet angeordnet werden. ²Bei Gefahr im Verzug dürfen besondere Schutz- und Sicherungsmaßnahmen mit Ausnahme von Absatz 1 Nr. 5 auch von anderen Mitarbeiterinnen und Mitarbeitern der Einrichtung angeordnet werden; die Entscheidung der Ärztin oder des Arztes ist unverzüglich nachzuholen.

(3) Bei besonderen Schutz- und Sicherungsmaßnahmen nach Absatz 1 Nr. 3 ist eine angemessene und regelmäßige Überwachung und nach Absatz 1 Nr. 4 eine ständige Betreuung zu gewährleisten.
(4) Art, Beginn und Ende einer besonderen Schutz- und Sicherungsmaßnahme sowie die Gründe für ihre Anordnung sind zu dokumentieren.

§ 32 Durchsuchung und Untersuchung
(1) Die Patientin oder der Patient, ihre oder seine Sachen und die Räume der Einrichtung dürfen durchsucht werden, sofern der Zweck der Unterbringung und des Maßregelvollzuges oder die Sicherheit der Einrichtung gefährdet ist.
(2) [1]Eine mit einer Entkleidung verbundene Durchsuchung ist nur bei begründetem Verdacht zulässig, dass die Patientin oder der Patient Waffen, andere gefährliche Gegenstände oder Stoffe, die dem Betäubungsmittelgesetz unterliegen, am Körper führt. [2]Diese Durchsuchung muss in einem geschlossenen Raum durchgeführt werden; andere Patientinnen oder Patienten dürfen nicht anwesend sein. [3]Frauen dürfen nur durch weibliches Personal, Männer nur durch männliches Personal durchsucht werden. [4]Auf das Schamgefühl ist Rücksicht zu nehmen.
(3) Begründen Tatsachen den Verdacht, dass sich in Körperhöhlen oder im Körper der Patientin oder des Patienten Stoffe befinden, die dem Betäubungsmittelgesetz unterliegen, kann durch eine Ärztin oder einen Arzt eine Untersuchung der Patientin oder des Patienten vorgenommen werden.
(4) In den Fällen des Absatzes 2 und 3 kann die ärztliche Leiterin oder der ärztliche Leiter der Einrichtung auch allgemein anordnen, dass Patientinnen oder Patienten bei der Aufnahme, nach jeder Abwesenheit und nach jedem Besuch zu durchsuchen oder zu untersuchen sind.
(5) Bei suchtgefährdeten Patientinnen oder Patienten können die Untersuchungen durchgeführt werden, die zum Nachweis von im Körper befindlichen Stoffen notwendig sind.
(6) Über die Durchführung und die Untersuchung ist ein Protokoll zu fertigen, das der Patientin oder dem Patienten zur Kenntnis zu geben ist.

§ 33 Voraussetzung des unmittelbaren Zwangs
(1) Mitarbeiterinnen und Mitarbeiter der Einrichtung dürfen zur Durchsetzung der in diesem Gesetz vorgesehenen Einschränkungen der Rechte der Patientin oder des Patienten unmittelbaren Zwang anwenden.
(2) Unmittelbarer Zwang ist die Einwirkung auf Personen durch körperliche Gewalt.
(3) [1]Unmittelbarer Zwang ist vorher anzudrohen. [2]Die Androhung darf nur dann unterbleiben, wenn die Umstände sie nicht zulassen oder unmittelbarer Zwang sofort angewendet werden muss, um eine rechtwidrige Tat zu verhindern oder eine gegenwärtige Gefahr abzuwenden.

Teil 5:
Psychiatrieplan, Psychiatrieausschuss, Besuchskommission, Beschwerderecht

§ 34 Psychiatrieplan
(1) Die Senatorin für Wissenschaft, Gesundheit und Verbraucherschutz erstellt auf der Grundlage der kommunalen Psychiatriepläne einen Psychiatrieplan für das Land Bremen, der regelmäßig fortzuschreiben ist.
(2) Im Psychiatrieplan werden im Einvernehmen mit dem Magistrat der Stadtgemeinde Bremerhaven
1. die Koordinierungsfunktionen,
2. die Versorgungsregionen,
3. die Gesundheitsberichterstattung und
4. die Entwicklungsplanung

für die psychiatrische Versorgung einschließlich der Suchtkrankenhilfe auf kommunaler Ebene festgelegt.
(3) Bei der Aufstellung des Psychiatrieplans ist der Psychiatrieausschuss zu beteiligen.

§ 35 Psychiatrieausschuss
(1) [1]Für das Land Bremen wird ein Psychiatrieausschuss eingerichtet. [2]Der Psychiatrieausschuss hat die Aufgabe, die Senatorin für Wissenschaft, Gesundheit und Verbraucherschutz in grundsätzlichen Fragen zur Planung und Gewährleistung der Versorgung psychisch Kranker zu beraten und sich an der Aufstellung des Psychiatrieplans zu beteiligen.

(2) ¹Die Senatorin für Wissenschaft, Gesundheit und Verbraucherschutz wird ermächtigt, durch Rechtsverordnung das Nähere zu regeln. ²In der Rechtsverordnung sind insbesondere Regelungen über
1. die Aufgaben des Psychiatrieausschusses,
2. die Voraussetzungen für sein Tätigwerden,
3. die Zusammensetzung des Psychiatrieausschusses,
4. die Anforderungen an die Sachkunde und die Pflichten der Mitglieder,
5. das Verfahren,
6. die Geschäftsführung,
7. die Aufgaben des Vorsitzenden und
8. die Bekanntgabe der Beschlüsse
zu treffen.
(3) Der Magistrat der Stadtgemeinde Bremerhaven kann für die Stadtgemeinde Bremerhaven einen kommunalen Psychiatrieausschuss einrichten.

§ 36 Besuchskommission

(1) ¹Die Senatorin für Wissenschaft, Gesundheit und Verbraucherschutz beruft eine Besuchskommission, die in der Regel ohne Anmeldung jährlich mindestens einmal die Einrichtungen nach § 13 besucht und überprüft, ob die mit der Unterbringung, Behandlung, Betreuung und mit dem Maßregelvollzug verbundenen Aufgaben erfüllt und die Rechte der Patientinnen und Patienten gewahrt werden. ²Dabei ist den Patientinnen und Patienten Gelegenheit zu geben, Wünsche oder Beschwerden vorzutragen.
(2) ¹Der Besuchskommission ist ungehinderter Zugang zu den Einrichtungen nach § 13 und zu den Patientinnen und Patienten zu gewähren. ²Die Einsicht in die über die Patientin oder den Patienten vorhandenen Unterlagen ist mit Einverständnis der Patientin oder des Patienten oder des gesetzlichen Vertreters zu ermöglichen. ³Der Patientin oder dem Patienten oder ihrem oder seinem gesetzlichen Vertreter ist bei der Aufnahme Gelegenheit zu geben, der Besuchskommission die Einwilligung in die Einsichtnahme der Krankenunterlagen schriftlich zu erteilen.
(3) Die Besuchskommission soll sich darüber hinaus in anderen Einrichtungen, in denen psychisch Kranke behandelt oder betreut werden, einen Eindruck über die Versorgung psychisch Kranker verschaffen.
(4) ¹Innerhalb von zwei Monaten nach jedem Besuch einer Einrichtung fertigt die Besuchskommission einen Bericht an, der auch die Wünsche und Beschwerden der Betroffenen enthält und zu ihnen Stellung nimmt. ²Eine Zusammenfassung dieser Berichte übersendet der Senat der Bremischen Bürgerschaft mindestens alle zwei Jahre.
(5) ¹Der Besuchskommission gehören an:
1. eine Vertreterin oder ein Vertreter der Senatorin für Wissenschaft, Gesundheit und Verbraucherschutz,
2. eine Fachärztin oder ein Facharzt für Psychiatrie,
3. eine Vertreterin oder ein Vertreter aus dem Bereich der Kinder- und Jugendpsychiatrie,
4. eine Richterin oder ein Richter,
5. eine Mitarbeiterin oder ein Mitarbeiter des Trägers der Hilfen und Schutzmaßnahmen aus Bremen bei Besuchen in der Stadtgemeinde Bremen oder eine Mitarbeiterin oder ein Mitarbeiter des Trägers der Hilfen und Schutzmaßnahmen aus Bremerhaven bei Besuchen in der Stadtgemeinde Bremerhaven,
6. eine Vertreterin oder ein Vertreter des Landesverbandes der Psychiatrieerfahrenen e. V.,
7. eine Vertreterin oder ein Vertreter des Landesverbandes der Angehörigen psychisch kranker Menschen,
8. eine Vertreterin oder ein Vertreter der oder des Landesbehindertenbeauftragten der Freien Hansestadt Bremen.
²Die Senatorin für Wissenschaft, Gesundheit und Verbraucherschutz beruft die Mitglieder der Besuchskommission auf Vorschlag der Deputation für Gesundheit und benennt ein Mitglied, das Ansprechpartner für psychisch Kranke und deren Angehörige ist und deren Interessen vertritt. ³Für jedes Mitglied ist mindestens eine Stellvertreterin oder ein Stellvertreter zu berufen. ⁴Die Deputation für Gesundheit kann Mitglieder der Deputation und bei Besuchen in der Stadtgemeinde Bremerha-

ven auch Mitglieder der Stadtverordnetenversammlung als weitere Mitglieder der Besuchskommission der Senatorin für Wissenschaft, Gesundheit und Verbraucherschutz vorschlagen. [5]Darüber hinaus kann die Deputation für Gesundheit weitere Mitglieder auch für Einzelbesuche vorschlagen. [6]Der zuständigen Amtsärztin oder dem zuständigen Amtsarzt ist Gelegenheit zur Teilnahme an den Besuchen zu geben.
(6) [1]Die Mitglieder und ihre Stellvertreterinnen oder Stellvertreter werden für zwei Jahre berufen. [2]Eine erneute Berufung ist zulässig.
(7) [1]Die Mitglieder der Besuchskommission sind nicht an Weisungen gebunden. [2]Sie sind zur Verschwiegenheit verpflichtet. [3]Ihre Entschädigung richtet sich nach den Bestimmungen des Justizvergütungs- und -entschädigungsgesetzes über die Entschädigung der ehrenamtlichen Richterinnen und Richter.
(8) Die Besuchskommission gibt sich eine Geschäftsordnung.
(9) Das Petitionsrecht der Patientin oder des Patienten und die Aufsichtspflichten und -rechte der zuständigen Behörden bleiben unberührt.

§ 37 Beschwerderecht
[1]Die Patientin oder der Patient hat das Recht, sich mit Wünschen, Anregungen und Beschwerden in Angelegenheiten, die sie oder ihn selbst betreffen, an die ärztliche Leiterin oder den ärztlichen Leiter der Einrichtung und an die Senatorin für Wissenschaft, Gesundheit und Verbraucherschutz zu wenden. [2]Die Patientin oder der Patient hat im Rahmen der §§ 27, 28 und 29 das Recht, sich auch an andere Stellen zu wenden, die die Interessen von Patientinnen und Patienten wahrnehmen. [3]Ist eine Patientin oder ein Patient gehörlos, hochgradig hörbehindert oder stumm, so ist eine Dolmetscherin oder ein Dolmetscher für die Gebärdensprache beizuziehen, sofern sich die Patientin oder der Patient in dieser verständigen kann.

Teil 6:
Beendigung der Unterbringung und des Maßregelvollzuges

§ 38 Entlassung
(1) Die Einrichtung nach § 13 unterrichtet unverzüglich das Gericht, wenn nach ihrer Überzeugung die Voraussetzungen für eine Unterbringung nicht vorgelegen haben oder nicht mehr vorliegen.
(2) Die Patientin oder der Patient ist bei Aufhebung der Unterbringung durch das Gericht oder nach Beendigung des Maßregelvollzuges durch gerichtlichen Beschluss zu entlassen.
(3) Nach Ablauf der vom Gericht bestimmten Dauer für die Unterbringungsmaßnahme ist die Patientin oder der Patient zu entlassen, wenn nicht zum gleichen Zeitpunkt eine weitere Unterbringungsanordnung wirksam wird oder die Patientin oder der Patient aufgrund seiner oder ihrer rechtswirksamen Einwilligung in der Einrichtung verbleibt.

§ 39 Entlassungsvorbereitung
(1) [1]Die Vollziehung einer Unterbringungsmaßnahme kann nach § 328 Abs. 1 des Gesetzes über das Verfahren in Familiensachen und in den Angelegenheiten der freiwilligen Gerichtsbarkeit als Entlassungsvorbereitung ausgesetzt werden, wenn dies nach dem Gesundheitszustand und den persönlichen Verhältnissen der Patientin oder des Patienten gerechtfertigt erscheint. [2]Je nach Betreuungs- und Behandlungsbedarf kann die Anordnung des Gerichtes mit der Auflage, den Sozialpsychiatrischen Dienst im Rahmen der nachgehenden Hilfen in Anspruch zu nehmen, sich in ärztliche oder psychotherapeutische Behandlung zu begeben und die ärztlichen oder psychotherapeutischen Anordnungen zu befolgen, verbunden werden.
(2) Die Einrichtung nach § 13 hat nach Abstimmung mit dem Sozialpsychiatrischen Dienst dem Gericht und den an den nachgehenden Hilfen Beteiligten mitzuteilen, welche nachgehenden Hilfen notwendig sind und ob eine ärztliche oder psychotherapeutische Weiterbehandlung erforderlich ist.

§ 40 Nachgehende Hilfe
(1) [1]Der Sozialpsychiatrische Dienst hat nachgehende Hilfen zu erbringen. [2]Aufgabe der nachgehenden Hilfe ist es, den Personen, die aus der Unterbringung, dem Maßregelvollzug oder einer sonstigen stationären psychiatrischen Behandlung entlassen werden, durch individuelle medizinische und psychosoziale Beratung und Betreuung den Übergang in das Leben außerhalb des Krankenhauses zu erleichtern.

(2) Ist die Aussetzung der Vollziehung einer Unterbringung nach § 328 Abs. 1 des Gesetzes über das Verfahren in Familiensachen und in den Angelegenheiten der freiwilligen Gerichtsbarkeit mit Auflagen über eine ärztliche oder psychotherapeutische Behandlung und psychosoziale Beratung verbunden, gehört es zur Aufgabe der nachgehenden Hilfen, auf die Einhaltung dieser Auflagen hinzuwirken und die Patientin oder den Patienten über die Folgen einer Unterbrechung der notwendigen ärztlichen oder psychotherapeutischen Behandlung zu informieren.

(3) Die behandelnde Ärztin, der behandelnde Arzt, die behandelnde niedergelassene Psychotherapeutin oder der behandelnde niedergelassene Psychotherapeut hat die Einrichtung nach § 13 zu unterrichten, wenn die ärztlichen oder psychotherapeutischen Anordnungen von der Patientin oder dem Patienten nicht eingehalten werden oder eine ärztliche oder psychotherapeutische Behandlung nicht mehr erforderlich ist.

(4) Der Patientin oder dem Patienten des Maßregelvollzuges können durch das Gericht im Rahmen von Entlassungsvorbereitungen oder im Zusammenhang mit der Aufhebung des Maßregelvollzuges Auflagen erteilt werden, insbesondere der Aufenthalt in einer komplementären Einrichtung oder eine ärztliche oder psychotherapeutische Behandlung.

Teil 7:
Besondere Bestimmungen für den Maßregelvollzug

§ 41 Beschäftigungs- und Arbeitstherapie, Arbeit, Ausbildung und Weiterbildung

(1) ¹Die Patientin oder der Patient des Maßregelvollzuges erhält im Rahmen des Behandlungsplans beschäftigungs- und arbeitstherapeutische Angebote. ²Arbeitstherapeutische Angebote dienen insbesondere dem Ziel, Fähigkeiten für eine Erwerbstätigkeit nach der Entlassung zu vermitteln, zu erhalten oder zu fördern. ³Darüber hinaus soll die Patientin oder der Patient Gelegenheit zur Arbeit erhalten. ⁴Bundesgesetzliche Regelungen bleiben unberührt.

(2) ¹Im Rahmen des Maßregelvollzuges soll der Patientin oder dem Patienten Gelegenheit zur Berufsausbildung, beruflichen Fortbildung, Umschulung oder Teilnahme an anderen ausbildenden oder weiterbildenden Maßnahmen gegeben werden. ²Es kann der Patientin oder dem Patienten des Maßregelvollzuges auch gestattet werden, einer Arbeit, Berufsausbildung, beruflichen Fortbildung oder Umschulung außerhalb der Einrichtung nachzugehen oder an anderen ausbildenden oder weiterbildenden Maßnahmen teilzunehmen.

(3) ¹Patientinnen und Patienten des Maßregelvollzuges, die den Abschluss der Hauptschule nicht erreicht haben, soll Unterricht in den zum Hauptschulabschluss führenden Fächern erteilt oder Gelegenheit gegeben werden, an einem der Art und dem Grunde der Behinderung der Patientin oder dese Patienten entsprechenden Unterricht teilzunehmen. ²Bei der beruflichen Ausbildung oder Umschulung ist berufsbildender Unterricht zu ermöglichen. ³Absatz 2 Satz 2 findet entsprechende Anwendung.

§ 42 Gewährung von Arbeitsentgelt und Zuwendungen bei Eingliederungsmaßnahmen für Maßregelvollzugspatienten

(1) ¹Für geleistete Arbeit ist ein angemessenes Entgelt zu gewähren. ²Bei Teilnahme am Unterricht, an einer Maßnahme der Berufsausbildung, der beruflichen Fortbildung oder Umschulung, an heilpädagogischer Förderung oder an arbeitstherapeutischen Maßnahmen kann der Patientin oder dem Patienten eine Zuwendung gewährt werden. ³Von der Gewährung des Entgelts oder der Zuwendung kann aus Gründen des therapeutischen Konzepts der Einrichtung mit Zustimmung der Patientin oder des Patienten abgesehen werden.

(2) Die Senatorin für Wissenschaft, Gesundheit und Verbraucherschutz regelt im Einvernehmen mit dem Senator für Justiz und Verfassung im Einzelnen die Höhe des Arbeitsentgelts und der Zuwendung.

§ 43 Vollstreckungsplan

(1) Die Senatorin für Wissenschaft, Gesundheit und Verbraucherschutz und der Senator für Justiz und Verfassung regeln einvernehmlich die örtliche und sachliche Zuständigkeit der Einrichtungen des Maßregelvollzuges in einem Vollstreckungsplan.

(2) Abweichungen vom Vollstreckungsplan sind zulässig, wenn
1. die Behandlung der Patientin oder des Patienten oder ihre oder seine Eingliederung nach der Entlassung gefördert werden oder

2. Gründe der Vollzugsorganisation oder andere wichtige Gründe die Abweichung rechtfertigen.

§ 44 Verlegung
(1) Die Patientin oder der Patient darf mit ihrer oder seiner Zustimmung abweichend vom Vollstreckungsplan in eine andere für den Vollzug der Maßregeln der Besserung und Sicherung zuständige Einrichtung verlegt werden, wenn dies mit dem Zweck des Maßregelvollzuges in Einklang steht.
(2) Ohne Zustimmung der Patientin oder des Patienten darf ein Wechsel der Einrichtung angeordnet werden,
1. wenn dieser für eine Behandlung der Patientin oder des Patienten oder ihre oder seine Eingliederung nach der Entlassung notwendig ist,
2. wenn dieser aus Gründen der Vollzugsorganisation oder aus Sicherheitsgründen unerlässlich ist.

§ 45 Maß des Freiheitsentzuges
(1) ¹Das Maß des Freiheitsentzuges richtet sich nach dem Krankheitsbild der Patientin oder des Patienten. ²Daneben sind Gefährdungen, die von der Patientin oder dem Patienten ausgehen können, zu berücksichtigen. ³Das Maß des Freiheitsentzuges ist nach § 24 zu überprüfen und gegebenenfalls anzupassen.
(2) Die Behandlung schließt als Lockerungen des Maßregelvollzuges insbesondere ein, dass
1. die Patientin oder der Patient außerhalb der Einrichtung regelmäßig einer Beschäftigung unter Aufsicht oder ohne Aufsicht nachgeht,
2. die Patientin oder der Patient außerhalb der Einrichtung wohnt, weiterhin jedoch an den therapeutischen Maßnahmen der Einrichtung teilnimmt oder
3. der Patientin oder dem Patienten für eine bestimmte Zeit innerhalb eines Tages Ausgang mit oder ohne Begleitung gewährt wird.
(3) Ausgang mit oder ohne Begleitung kann auch zur Erledigung persönlicher, familiärer, rechtlicher oder geschäftlicher Angelegenheiten, zur Teilnahme an gerichtlichen Terminen oder aus anderen wichtigen Gründen bewilligt werden.
(4) ¹Lockerungen nach Absatz 2 dürfen nicht gegen den Willen der Patientin oder des Patienten angeordnet werden. ²Sie dürfen nicht bewilligt werden, wenn Tatsachen die Befürchtung begründen, dass sie oder er sich dem Vollzug der Maßregel entzieht oder die Lockerungen des Vollzuges zu rechtswidrigen Taten missbraucht.

Teil 8:
Datenschutz

§ 46 Grundsatz
¹Soweit in diesem Gesetz nichts anderes bestimmt ist, gelten die Vorschriften der §§ 31 bis 36 des Gesundheitsdienstgesetzes entsprechend. ²Hinsichtlich der Unterbringung in einem Krankenhaus und der Abrechnung der Institutsambulanz gelten die Vorschriften des Bremischen Krankenhausdatenschutzgesetzes.

§ 47 Besondere Zweckbindung
(1) ¹Personenbezogene Daten, die zur Erfüllung von Aufgaben nach diesem Gesetz von dem Träger der Hilfen und Schutzmaßnahmen oder von anderen an Schutzmaßnahmen beteiligten Diensten erhoben und gespeichert worden sind, insbesondere die Untersuchungsergebnisse, ärztlichen Zeugnisse und der Aufenthalt einer nach diesem Gesetz untergebrachten Person, dürfen abweichend von § 32 Abs. 2 des Gesundheitsdienstgesetzes für andere Zwecke nur verarbeitet werden, wenn
1. der oder die Betroffene eingewilligt hat oder
2. wenn eine gegenwärtige Gefahr für Leib oder Leben der betroffenen Person oder Dritter nicht anders abgewendet werden kann.

²Das gilt auch für Stellen, denen diese Daten übermittelt worden sind.
(2) ¹Die Verantwortung für die Zulässigkeit einer Übermittlung unter den in Absatz 1 Nrn. 1 und 2 genannten Voraussetzungen trägt die übermittelnde Stelle. ²Erfolgt die Übermittlung auf Ersuchen des Empfängers oder der Empfängerin, trägt dieser oder diese die Verantwortung für die Richtigkeit der Angaben in seinem oder ihrem Ersuchen.
(3) Personenbezogene Daten dürfen Angehörigen und Bezugspersonen der Patientinnen oder der Patienten mitgeteilt werden, wenn nur so die Hilfen nach § 5 gewährleistet werden können.

(4) ¹Die Verarbeitung personenbezogener Daten zur Erfüllung von Aufsichts- und Kontrollbefugnissen, zur Rechnungslegung und -prüfung oder zur Durchführung von Organisationsuntersuchungen ist zulässig, soweit diese Aufgaben nicht auf andere Weise, insbesondere mit anonymisierten Daten, erfüllt werden können. ²Die Verarbeitung der in Absatz 1 Satz 1 aufgeführten Daten für diese Zwecke ist nur mit Einwilligung des oder der Betroffenen zulässig.
(5) Eine Übermittlung an das zuständige Gericht ist auch zulässig, soweit dies zur Durchführung des Betreuungsgesetzes erforderlich ist.

§ 48 Benachrichtigung
¹Ist anzunehmen, dass der oder die Betroffene infolge seiner oder ihrer Krankheit oder Behinderung im Sinne von § 1 Abs. 2 das eigene Leben oder die eigene Gesundheit oder Leben, Gesundheit oder andere, in der Bedeutung vergleichbare Rechtsgüter eines Dritten gefährdet, so kann der Sozialpsychiatrische Dienst oder die Einrichtung nach § 13, in der der oder die Betroffene untergebracht ist, die für die Abwehr der Gefahr zuständige Behörde über die getroffenen Feststellungen unterrichten. ²Dem oder der Betroffenen ist Gelegenheit zu geben, sich zu der Unterrichtung zu äußern. ³§ 7 Abs. 4 bleibt unberührt.

§ 49 Datenschutz im Maßregelvollzug
(1) Im Rahmen des Maßregelvollzuges sind Ärztinnen oder Ärzte, Psychotherapeutinnen oder Psychotherapeuten, Psychologinnen oder Psychologen, Gerichte und Behörden befugt, der Einrichtung Strafurteile, staatsanwaltliche Ermittlungssachverhalte, psychiatrische und psychologische Gutachten aus gerichtlichen oder staatsanwaltlichen Verfahren, den Lebenslauf und Angaben über die bisherige Entwicklung sowie Angaben über Krankheiten, Körperschäden und Verhaltensauffälligkeiten des oder der Betroffenen zu übermitteln, es sei denn, dass Rechtsvorschriften außerhalb der allgemeinen Regelungen über die Berufs- und Amtsverschwiegenheit dies untersagen.
(2) Die Einrichtung im Rahmen des Maßregelvollzuges darf listenmäßig erfassen und speichern, welche Personen zu welchem Zeitpunkt und zu welchem Zweck die Einrichtung betreten oder verlassen haben.

Teil 9:
Kosten

§ 50 Kosten der Hilfen, der ärztlichen Behandlung und der Unterbringung
(1) Die Kosten der Hilfen nach den §§ 5, 25 und 40 und der Untersuchungen nach § 7 Abs. 1 Nr. 3 und Abs. 2 tragen die in § 3 Abs. 1 bestimmten Träger der Hilfen und Schutzmaßnahmen.
(2) Die Kosten einer ambulanten oder stationären ärztlichen Behandlung trägt die Patientin oder der Patient, soweit nicht ein Träger von Sozialleistungen oder ein anderer zur Gewährung gleichartiger Leistungen verpflichtet ist.
(3) Die Kosten einer nach diesem Gesetz durchgeführten Unterbringung in einer Einrichtung nach § 13 trägt die Patientin oder der Patient, soweit sie nicht einem Dritten, insbesondere einem Unterhaltspflichtigen, einem Träger der Sozialversicherung oder einem Träger der Sozialhilfe zur Last fallen.
(4) Die Kosten einer Unterbringung sind vom Land zu tragen, wenn der Antrag auf Anordnung einer Unterbringung abgelehnt oder zurückgenommen wird oder aus anderen Gründen seine Erledigung findet und die Voraussetzungen für eine Unterbringung von Anfang an nicht vorgelegen haben.
(5) Hat das Verfahren ergeben, dass ein begründeter Anlass zur Antragstellung nicht vorlag, so kann das Gericht die Kosten der Unterbringung ganz oder teilweise der Stadtgemeinde auferlegen, deren Ortspolizeibehörde den Antrag gestellt hat.
(6) ¹In den Fällen der Absätze 4 und 5 hat die in der Hauptsache ergehende Entscheidung auszusprechen, wer die Kosten der Unterbringung zu tragen hat. ²Wenn eine Entscheidung in der Hauptsache nicht ergeht, ist über die Kosten unter Berücksichtigung des bisherigen Sachstandes nach billigem Ermessen zu entscheiden.
(7) Die gerichtliche Entscheidung über die Kosten der Unterbringung ist nur mit der sofortigen Beschwerde selbständig anfechtbar.

§ 51 Kosten des Maßregelvollzuges
Die Kosten des Maßregelvollzuges werden durch das Land getragen, soweit nicht ein Sozialleistungsträger oder die Patientin oder der Patient zu den Kosten beizutragen hat.

Teil 10:
Übergangs- und Schlussbestimmungen

§ 52 Einschränkung von Grundrechten
Durch dieses Gesetz werden im Rahmen des Artikel 19 Abs. 2 des Grundgesetzes die Rechte auf körperliche Unversehrtheit und auf Freiheit der Person (Artikel 2 Abs. 2 des Grundgesetzes), auf Unverletzlichkeit des Briefgeheimnisses (Artikel 10 des Grundgesetzes) und auf Unverletzlichkeit der Wohnung (Artikel 13 des Grundgesetzes) eingeschränkt.

§ 53 Überleitung anhängiger Verfahren
Die beim Inkrafttreten dieses Gesetzes bei einem Gericht anhängigen Verfahren sind nach den Vorschriften dieses Gesetzes weiterzuführen.

§ 54 Evaluation und Außer-Kraft-Treten
(1) Die Erfahrungen mit diesem Gesetz sind bis zum 31. Dezember 2018 zu evaluieren und der Deputation für Gesundheit zu berichten.
(2) Dieses Gesetz tritt mit Ablauf des 31. Dezember 2019 außer Kraft.

Bremisches Hilfeleistungsgesetz (BremHilfeG)

Vom 21. Juni 2016 (Brem.GBl. S. 348)
(2132-a-1)
geändert durch Art. 7 d. G vom 8. Mai 2018 (Brem.GBl. S. 149, 156)

Der Senat verkündet das nachstehende, von der Bürgerschaft (Landtag) beschlossene Gesetz:

Inhaltsübersicht

Teil 1
Allgemeine Vorschriften
§ 1   Ziel und Anwendungsbereich des Gesetzes
§ 2   Integrierte Einsatzleitstellen
§ 3   Einsatzleitung
§ 4   Pflichten der Bevölkerung
§ 5   Heranziehung von Personen und Sachen

Teil 2
Brandschutz und technische Hilfeleistung

Kapitel 1
Allgemeine Vorschriften
§ 6   Aufgaben der Stadtgemeinden
§ 7   Aufgaben des Landes
§ 8   Rechtsstellung der Feuerwehren
§ 9   Landesfeuerwehrverband

Kapitel 2
Berufsfeuerwehren
§ 10   Angehörige der Berufsfeuerwehren
§ 11   Leitung
§ 12   Aufgaben im vorbeugenden Gefahrenschutz

Kapitel 3
Freiwillige Feuerwehren
§ 13   Verwaltung, Leitung und Mitgliedschaft
§ 14   Bereitschaftsführung und Bereichsführung
§ 15   Versicherungsschutz
§ 16   Aufwandsentschädigung
§ 17   Ersatz von Auslagen, Reisekosten

Kapitel 4
Pflichtfeuerwehren
§ 18   Aufstellung

Kapitel 5
Werkfeuerwehren
§ 19   Anerkennung, Aufstellung und Auflösung, Aufsicht
§ 20   Zusammenwirken mit öffentlichen Feuerwehren
§ 21   Einsatz außerhalb des Betriebsgeländes
§ 22   Kostenträger
§ 23   Einsatzbereitschaft

Teil 3
Rettungsdienst und Krankentransport

Kapitel 1
Allgemeine Vorschriften
§ 24   Aufgaben des Rettungsdienstes
§ 25   Aufgabenträger des Rettungsdienstes

Kapitel 2
Durchführung des Rettungsdienstes
§ 26   Luftrettung
§ 27   Bodengebundener Rettungsdienst
§ 28   Rettungsmittelbedarfsplan
§ 29   Mitwirkung anderer Stellen
§ 30   Besetzung der Rettungsmittel
§ 31   Ärztliche Leitung Rettungsdienst
§ 32   Fortbildung
§ 33   Qualitätsmanagement im Rettungsdienst

Kapitel 3
Private Unternehmen
§ 34   Betätigung im Krankentransport

Kapitel 4
Regelungen für den Großschadensfall im Rettungsdienst
§ 35   Massenanfall verletzter oder erkrankter Personen, Schnell-Einsatz-Gruppen
§ 36   Leitende Notärztin, Leitender Notarzt, Organisatorische Leitung Rettungsdienst

Teil 4
Katastrophenschutz

Kapitel 1
Allgemeine Vorschriften
§ 37   Aufgabe
§ 37a   Unterbringung und Versorgung von Asylbegehrenden und Flüchtlingen
§ 38   Aufgabenträger
§ 39   Mitwirkung im Katastrophenschutz
§ 40   Öffentliche Träger mit ihren Einheiten und Einrichtungen
§ 41   Private Träger mit ihren Einheiten und Einrichtungen

§ 42	Helferinnen und Helfer im Katastrophenschutz	Teil 7	
§ 43	Rechtsverhältnisse der Helferinnen und Helfer	\multicolumn{2}{l}{Entschädigung für Vermögensschäden}
§ 44	Entschädigung der Helferinnen und Helfer	§ 55	Entschädigungsregelung

Kapitel 2
Vorbereitende Maßnahmen

§ 45	Aufgaben der Katastrophenschutzbehörden
§ 46	Auskunftspflicht
§ 47	Externe Notfallpläne für schwere Unfälle mit gefährlichen Stoffen

Kapitel 3
Abwehrender Katastrophenschutz

§ 48 Aufgaben der Katastrophenschutzbehörden

Teil 5
Überörtliche Hilfe

§ 49	Nachbarliche Hilfe im Brandschutz und bei technischer Hilfeleistung
§ 50	Bereichsübergreifender Rettungsdienst
§ 51	Überörtliche Katastrophenschutzhilfe

Teil 6
Rechtsverhältnisse der ehrenamtlich tätigen Mitglieder der Freiwilligen Feuerwehren und Helferinnen und Helfer im Katastrophenschutz

§ 52	Freistellung, Lohnfortzahlung, Verdienstausfall
§ 53	Schadensersatzleistungen an die ehrenamtlich Tätigen
§ 54	Haftung der ehrenamtlich Tätigen

Teil 8
Kosten der Hilfeleistung

§ 56	Kostenträger
§ 57	Gebühren bei Brand- und Hilfeleistungseinsätzen der Feuerwehr und Katastrophenschutz
§ 58	Gebühren und Entgelte des Rettungsdienstes
§ 59	Kostenersatz

Teil 9
Ordnungswidrigkeiten

§ 60 Bußgeldvorschrift

Teil 10
Datenschutzregelungen

§ 61	Datenverarbeitung
§ 62	Datenverarbeitung für das Qualitätsmanagement im Rettungsdienst
§ 63	Datenerhebung und Zweckbindung
§ 64	Datenübermittlung
§ 65	Rechtsverordnung zu Datenschutzregelungen

Teil 11
Schlussvorschriften

§ 66	Einschränkung von Grundrechten
§ 67	Zuständigkeiten anderer Behörden
§ 68	Erlass von Verwaltungsvorschriften
§ 69	Übergangsregelungen
§ 70	Aufteilung der Feuerschutzsteuer
§ 71	Inkrafttreten, Außerkrafttreten

Teil 1
Allgemeine Vorschriften

§ 1 Ziel und Anwendungsbereich des Gesetzes

(1) ¹Ziel des Gesetzes ist es, ein effizient funktionierendes integriertes Hilfeleistungssystem mit Regelungen für die übergreifende Einbindung der in Brandschutz, Technischer Hilfeleistung, Rettungsdienst und Katastrophenschutz tätigen Feuerwehren und Hilfsorganisationen sowie weiterer fachlich zuständiger oder einbezogener Institutionen und Personen mit ihren personellen und materiellen Ressourcen in die Gefahrenabwehr zu schaffen. ²Die Gefahrenabwehr im Sinne dieses Gesetzes umfasst alle Maßnahmen
1. der Gefahrenbekämpfung
   a) Brandbekämpfung,
   b) Medizinische Rettung von Menschen,
   c) Technische Rettung von Menschen und Tieren aus lebensbedrohlichen Lagen,
   d) Schutz von Sachwerten,
   e) Technische Hilfeleistung bei Umweltschäden, Unglücksfällen und öffentlichen Notständen, die durch Naturereignisse, Wasser- und Gasausströmungen, Gebäudeeinstürze oder ähnliche Vorkommnisse verursacht werden.
2. des vorbeugenden Gefahrenschutzes zur Verhütung dieser Gefahren.

[3]Die Rettung von Menschen aus Gefahr, die Erhaltung des menschlichen Lebens und die Ausschöpfung aller Möglichkeiten zur Vermeidung oder Überwindung von Gesundheitsschäden haben Vorrang vor jeglichen anderen Maßnahmen zur Verhinderung materieller oder infrastruktureller Schäden gleich welchen Ausmaßes und welcher Art.

(2) Unbeschadet der sich im Folgenden für die Bürgerinnen und Bürger ergebenden Pflichten und Rechte findet dieses Gesetz Anwendung auf das Land Bremen und die Stadtgemeinden Bremen und Bremerhaven als Aufgabenträger des Brandschutzes oder der Technische Hilfeleistung, des Rettungsdienstes und des Katastrophenschutzes, ihre in die Gefahrenabwehr eingebundenen Institutionen und Personen sowie auf private Unternehmen im Rahmen ihrer Betätigung im Krankentransport.

(3) [1]Zur Gefahrenabwehr unterhält jede Stadtgemeinde eine Feuerwehr und einen Rettungsdienst, welche den örtlichen Verhältnissen entsprechend leistungsfähig sein müssen (Regelvorhalte der Gefahrenabwehr). [2]Die Aufgabenträger haben Vorkehrungen zu treffen, dass bei Großschadenslagen und Katastrophen den im ersten Angriff eingesetzten Kräften der Regelvorhalte geeignete personelle und materielle Unterstützung ergänzend nachgeführt und in die laufende Hilfemaßnahme eingegliedert wird. [3]Die in der Gefahrenabwehr eingesetzten Kräfte haben im Rahmen der geltenden Gesetze die nach pflichtgemäßem Ermessen erforderlichen Maßnahmen zur Verhütung von Schäden und zur Schadensbekämpfung zu treffen. [4]Soweit die Wahrnehmung der Gefahrenabwehr nicht beeinträchtigt wird, können von den Feuerwehren weitere Aufgaben insbesondere im Bereich der technischen Hilfe übernommen werden.

(4) Dienst- und Funktionsbezeichnungen werden von Frauen in der weiblichen Form geführt.

§ 2 Integrierte Einsatzleitstellen

(1) Zur Lenkung und Koordination der Einsätze zur Gefahrenbekämpfung haben die Stadtgemeinden bei den Berufsfeuerwehren jeweils eine Feuerwehr- und Rettungsleitstelle als integrierte Einsatzleitstelle einzurichten und zu unterhalten, die mit den notwendigen Führungs-, Fernmelde-, Notruf-, Alarmierungs- und Dokumentationseinrichtungen auszustatten und betriebsbereit zu halten ist.

(2) [1]Die Einsatzleitstelle muss ständig besetzt und über den Notruf 112 unmittelbar erreichbar sein. [2]Sie hat die Hilfeersuchen entgegenzunehmen und die notwendigen, geeigneten Einsatzmaßnahmen zu veranlassen, zu lenken und zu koordinieren. [3]Den im Einsatz tätigen Personen kann sie während der Einsatzbereitschaft und des Einsatzes Weisungen erteilen, ausgenommen in medizinischen Fragen gegenüber den im Rettungsdienst mitwirkenden Ärztinnen und Ärzten.

(3) [1]Die Einsatzleitstelle hat einen Bettennachweis mindestens für beatmungsbedürftige Patienten zu führen. [2]Die Einsatzleitstelle vereinbart mit den Krankenhäusern Form, Inhalt und Verfahren der dafür notwendigen Meldungen.

(4) Die Einsatzleitstelle kann weitere Aufgaben wie insbesondere die Disposition des kassenärztlichen Notfalldienstes oder medizinische Auskunftsdienste wahrnehmen.

§ 3 Einsatzleitung

(1) [1]Die bei einem Einsatz vor Ort tätigen Einheiten der Gefahrenbekämpfung unterstehen der Einsatzleitung der Berufsfeuerwehr; ist diese nicht vor Ort, unterstehen sie der Einsatzleitung der örtlich zuständigen Freiwilligen Feuerwehr. [2]Die Zuständigkeit einer Notärztin oder eines Notarztes oder einer Leitenden Notärztin oder eines Leitenden Notarztes in medizinischen Fragen bleibt unberührt.

(2) Bei gemeinsamem Einsatz vor Ort haben die Einsatzleitung der Feuerwehr und die polizeiliche Einsatzleitung in gegenseitiger Abstimmung zusammenzuarbeiten.

(3) Beim Einsatz einer Freiwilligen Feuerwehr und einer Werkfeuerwehr liegt die Einsatzleitung bei der Einsatzleitung der Werkfeuerwehr, wenn der Einsatz im eigenen Betrieb erfolgt, in sonstigen Fällen bei der Einsatzleitung der Freiwilligen Feuerwehr.

§ 4 Pflichten der Bevölkerung

(1) [1]Wer ein Schadensereignis oder eine drohende Gefahr für Menschen, Tiere, die Umwelt oder erhebliche Sachwerte im Sinne dieses Gesetzes bemerkt, ist verpflichtet, unverzüglich die Feuerwehr zu benachrichtigen, sofern er oder sie die Gefahr nicht sofort selbst beseitigen kann. [2]Wer um Übermittlung einer Gefahrmeldung ersucht wird, ist im Rahmen seiner oder ihrer Möglichkeiten hierzu verpflichtet, wenn der oder die Ersuchende zur Gefahrmeldung nicht imstande ist.

(2) Absatz 1 gilt nicht, wenn der oder die Verpflichtete Kenntnis davon hat, dass die Feuerwehr oder die Polizei benachrichtigt worden ist.

(3) Jede Person ist verpflichtet, die angeordneten Räumungs-, Sicherungs- und Absperrmaßnahmen zu befolgen, um es den Einsatzkräften zu ermöglichen, am Schadensort ungehindert tätig sein oder von dort ausgehende Gefahren abwehren zu können.

(4) ¹Eigentümerinnen und Eigentümer, Besitzerinnen und Besitzer oder Betreiberinnen und Betreiber von baulichen Anlagen oder Betrieben, die besonders brand- oder explosionsgefährlich sind oder von denen im Falle eines Brandes, einer Explosion oder eines sonstigen Gefahr bringenden Ereignisses ernste Gefahren für die Gesundheit oder das Leben einer größeren Zahl von Menschen, Gefahren für erhebliche Sachwerte oder akute Umweltgefahren ausgehen können, sind verpflichtet, die Aufgabenträger der Gefahrenabwehr bei der Vorbereitung der Gefahrenabwehr besonders zu unterstützen. ²Sie haben den Aufgabenträgern kostenlos die für die Alarm- und Einsatzplanung notwendigen Informationen und die erforderliche Beratung zu gewähren sowie bei einem Schadensereignis in der Anlage die zuständigen Aufgabenträger über zweckmäßige Maßnahmen der Gefahrenabwehr unverzüglich, sachkundig und umfassend zu beraten. ³Darüber hinaus können die Eigentümerinnen und Eigentümer, Besitzerinnen und Besitzer oder Betreiberinnen und Betreiber, soweit nicht eine gesetzliche Verpflichtung besteht, vom jeweils zuständigen Aufgabenträger verpflichtet werden, zum Zwecke der Verhütung oder Bekämpfung von Bränden, Explosionen oder sonstigen Gefahr bringenden Ereignissen auf eigene Kosten
1. die in der Anlage erforderlichen Ausrüstungen und Einrichtungen bereit zu stellen, zu unterhalten und für deren ordnungsgemäße Bedienung zu sorgen,
2. für die Bereitstellung von ausreichenden Löschmittelvorräten und anderen notwendigen Materialien in der Anlage und für die zur Entnahme der Löschmittel notwendigen technischen Einrichtungen auf dem Grundstück zu sorgen,
3. alle weiteren notwendigen organisatorischen Vorkehrungen zu treffen, insbesondere
    a) betriebliche Alarm- und Gefahrenabwehrpläne aufzustellen und fortzuschreiben,
    b) Übungen durchzuführen,
    c) sich an Übungen der Aufgabenträger zu beteiligen, die ein Schadensereignis in der betreffenden Anlage zum Gegenstand haben sowie
4. eine jederzeit verfügbare und gegen Missbrauch geschützte Verbindung zur zuständigen Leitstelle einzurichten und zu unterhalten.

⁴Die Einlagerung oder Verarbeitung von Sachen und Stoffen mit besonderer Brand-, Explosions- oder sonstiger Gefahr und das Erfordernis, im Falle von Bränden besondere Löschmittel einzusetzen sind der zuständigen Berufsfeuerwehr unverzüglich anzuzeigen. ⁵Soweit eine regelmäßig aktuelle Information über Ort, Art und Besonderheiten des Lager- oder Verarbeitungsgutes nicht auf andere Art und Weise sichergestellt wird, sind an den Zugängen zu den Lager- oder Verarbeitungsstätten entsprechende Hinweise über das aufbewahrte Gut anzubringen.

(5) Eigentümerinnen und Eigentümer, Besitzerinnen und Besitzer oder sonstige Nutzungsberechtigte Personen von abgelegenen baulichen Anlagen, die nicht an eine öffentliche Löschwasserversorgung angeschlossen sind, können vom Aufgabenträger des Brandschutzes verpflichtet werden, ausreichende Löschmittel bereit zu stellen.

(6) ¹Eigentümerinnen und Eigentümer, Besitzerinnen und Besitzer oder Betreiberinnen und Betreiber von baulichen Anlagen oder Betrieben sind verpflichtet, baurechtlich und brandschutztechnisch erforderliche Brandmeldeanlagen an die Empfangseinrichtungen der Feuerwehr anzuschließen. ²Dies gilt nicht bei Vorhaltung einer anerkannten Werkfeuerwehr mit ständig besetzter Alarmzentrale auf dem Betriebsgelände.

§ 5 Heranziehung von Personen und Sachen

(1) ¹Auf Anordnung der örtlichen Feuerwehr oder ihrer Einsatzleitung ist jede Person verpflichtet Hilfe zu leisten, um im Rahmen ihrer Fähigkeiten von der Allgemeinheit oder einer Einzelperson unmittelbare Gefahren abzuwenden. ²Die Hilfeleistung kann nur verweigern, wer durch sie Gefahr für Leib und Leben befürchten oder vorrangige Pflichten verletzen müsste.

(2) ¹Wer infolge der Heranziehung nach Absatz 1 oder mit Zustimmung der örtlichen Feuerwehr oder ihrer Einsatzleitung freiwillig Hilfe leistet, wird als Helferin oder Helfer im Auftrage der Stadtgemeinde tätig. ²Die Zustimmung der Einsatzleitung kann nachträglich ausgesprochen werden. ³Für Haftungs- und Entschädigungsansprüche gelten die §§ 53 bis 55 entsprechend.

(3) ¹Eigentümerinnen und Eigentümer sowie Besitzerinnen und Besitzer von Grundstücken, baulichen Anlagen, Fahrzeugen, Geräten, Luft- und Wasserfahrzeugen sind verpflichtet, diese auf Anordnung der örtlichen Feuerwehr oder ihrer Einsatzleitung für Zwecke der Gefahrenbekämpfung zur Verfügung zu stellen. ²Insbesondere haben sie
1. den Einsatzkräften Zutritt und Benutzung zur Vornahme der Gefahrenbekämpfung zu gestatten,
2. Wasservorräte, die sich in ihrem Besitz befinden oder mit ihrer Hilfe gewonnen werden können, auf Anforderung des Einsatzleiters zur Gefahrenbekämpfung zur Verfügung zu stellen,
3. die von der Einsatzleitung zur Verhütung größerer Gefahren angeordneten Maßnahmen zu dulden.

(4) ¹Eigentümerinnen und Eigentümer sowie Besitzerinnen und Besitzer von Grundstücken, baulichen Anlagen oder Schiffen sind verpflichtet, die Brandverhütungsschau und die Anbringung der notwendigen Brandmelde- und Alarmeinrichtungen sowie Hinweisschilder für Zwecke des Brandschutzes unentgeltlich zu dulden und die zur Verhütung von Gefahren im Sinne dieses Gesetzes notwendigen Maßnahmen durchzuführen. ²Sie haben den mit der Durchführung der Brandverhütungsschau beauftragten Personen Zutritt zu den Objekten zu gestatten sowie die zur Prüfung der Brandgefährlichkeit von Gegenständen, Herstellungs- und sonstigen Betriebsvorgängen und zur Einsatzvorbereitung der Feuerwehren erforderlichen Auskünfte zu erteilen und Unterlagen zur Einsicht vorzulegen. ³Diese Pflichten obliegen ihnen auch, soweit das Vorliegen der Voraussetzungen für eine Brandverhütungsschau geprüft wird. ⁴Die oder der Auskunftspflichtige kann die Auskunft auf solche Fragen verweigern, deren Beantwortung sie oder ihn selbst oder eine Angehörige oder einen Angehörigen der Gefahr strafrechtlicher Verfolgung oder eines Ordnungswidrigkeitenverfahrens aussetzen würde.

(5) Die Regelungen der Absätze 1 bis 3 gelten auch, wenn Leistungen im Rahmen der überörtlichen Hilfe nach Teil 5 in Anspruch genommen werden müssen.

Teil 2
Brandschutz und technische Hilfeleistung
Kapitel 1
Allgemeine Vorschriften

§ 6 Aufgaben der Stadtgemeinden

(1) Die Stadtgemeinden Bremen und Bremerhaven haben jeweils eine Berufsfeuerwehr zu unterhalten.

(2) In den Stadtgemeinden sind neben der Berufsfeuerwehr in den einzelnen Stadt- oder Ortsteilen Freiwillige Feuerwehren aufzustellen, wenn dieses zur Gewährleistung einer ausreichenden Gefahrenbekämpfung erforderlich ist.

(3) ¹Jede Stadtgemeinde hat den örtlichen Verhältnissen entsprechend in einem Brandschutzbedarfsplan ein Schutzziel zu definieren, das auf der Basis eines standardisierten Schadensereignisses bestimmt, wie viel Feuerwehrleute mit welchen Fahrzeugen in welcher Fahrzeit einen an einer befahrbaren Straße gelegenen Einsatzort regelmäßig erreichen müssen, um wirksame Gefahrenbekämpfung leisten zu können. ²Jede Stadtgemeinde kann das Schutzziel in einem Ortsgesetz definieren. ³Die organisatorische, personelle und materielle Vorhalteplanung der Feuerwehr ist an diesem Schutzziel auszurichten.

(4) ¹Die Stadtgemeinden stellen eine angemessene Löschwasserversorgung sowie die Vorhaltung geeigneter Empfangseinrichtungen für Gefahrenmeldungen sicher. ²Wenn die Baugenehmigungsbehörde auf der Grundlage einer Stellungnahme der zuständigen Brandschutzdienststelle die Erforderlichkeit einer besonderen Löschwasserversorgung wegen einer erhöhten Brandlast oder Brandgefährdung feststellt, hat hierfür die Eigentümerin oder der Eigentümer, die Besitzerin oder der Besitzer oder die oder der sonstige Nutzungsberechtigte Sorge zu tragen.

§ 7 Aufgaben des Landes

(1) Das Land ist Träger aller Aufgaben des Brandschutzes und der Technischen Hilfeleistung, die für mehr als eine Stadtgemeinde von Bedeutung sind.

(2) ¹Die Aufgaben der Landesfeuerwehrbehörde werden vom Senator für Inneres wahrgenommen. ²Ihm obliegen
1. die Aufsicht über die Einsatzbereitschaft und Leistungsfähigkeit der Feuerwehren der Stadtgemeinden – auch durch Besichtigung vor Ort –,

2. die zur Verhütung und Beseitigung öffentlicher Notstände erforderlichen Maßnahmen, soweit die Leistungsfähigkeit der örtlichen Feuerwehr nicht ausreicht,
3. der Erlass von Richtlinien über Organisation, Stärke und Ausrüstung von Pflichtfeuerwehren und Werkfeuerwehren,
4. die Förderung der Normung und der Forschung auf dem Gebiet des Brandschutzes und der technischen Hilfeleistung sowie die Beteiligung an technischen Prüfeinrichtungen,
5. die Verbindlich-Erklärung von feuerwehrtechnischen Normen sowie anderer den Brandschutz und die technische Hilfeleistung betreffenden Vorschriften,
6. die Mitwirkung an der Gestaltung des Versicherungsschutzes für die Feuerwehren.

§ 8 Rechtsstellung der Feuerwehren
(1) Berufsfeuerwehren, Freiwillige Feuerwehren und Pflichtfeuerwehren sind öffentliche Feuerwehren; in den Stadtgemeinden Bremen und Bremerhaven bilden sie die Feuerwehr der Gemeinde.
(2) Werkfeuerwehren sind Feuerwehren in wirtschaftlichen Unternehmen oder öffentlichen Einrichtungen.
(3) Polizeiliche Befugnisse werden von den Feuerwehren nicht ausgeübt, jedoch ist die Einsatzleitung an einer Schadensstelle befugt, bis zum Eintreffen der Polizei notwendige Räumungs-, Sicherungs- und Absperrmaßnahmen zu treffen, wenn ein Einsatz dies erfordert.

§ 9 Landesfeuerwehrverband
(1) Die Angehörigen der Feuerwehren können sich in einem Landesfeuerwehrverband Bremen zusammenschließen.
(2) ¹Der Landesfeuerwehrverband Bremen betreut seine Mitglieder und fördert insbesondere das Feuerwehrwesen sowie die Jugendarbeit, die Ausbildung, die Kameradschaft und die Tradition der Feuerwehren. ²Er wirkt bei der Brandschutzerziehung und der Brandschutzaufklärung mit.
(3) Die Träger des Brandschutzes/Technische Hilfeleistung sollen den Landesfeuerwehrverband Bremen fördern sowie vor allgemeinen Regelungen, welche seine Mitglieder berühren, rechtzeitig beteiligen.

Kapitel 2
Berufsfeuerwehren

§ 10 Angehörige der Berufsfeuerwehren
(1) ¹Die Angehörigen des feuerwehrtechnischen Dienstes der Berufsfeuerwehren müssen verbeamtete Personen sein. ²Angehörige der Berufsfeuerwehren, die in technischen Sonderdiensten tätig sind, sollen verbeamtete Personen sein. ³Die übrigen Angehörigen der Berufsfeuerwehren können als Arbeitnehmerinnen und Arbeitnehmer tätig sein.
(2) Angehörige der Berufsfeuerwehren dürfen Aufgaben der Gefahrenabwehr außerhalb ihrer Berufsfeuerwehr nur übernehmen, wenn hierdurch die Einsatzbereitschaft der Berufsfeuerwehr nicht beeinträchtigt ist.

§ 11 Leitung
(1) Die Leitung der Berufsfeuerwehr ist vorgesetzte Person der Angehörigen der Berufsfeuerwehr.
(2) Besteht neben der Berufsfeuerwehr eine Freiwillige Feuerwehr oder Pflichtfeuerwehr, ist diese der Leitung der Berufsfeuerwehr unterstellt.
(3) Die Leitung der Berufsfeuerwehr ist verantwortlich für die Einsatzbereitschaft sämtlicher öffentlicher Feuerwehren im Gemeindegebiet.
(4) Der Leitung der Berufsfeuerwehr obliegt die Feststellung des öffentlichen Notstandes gemäß § 1 Absatz 1 Satz 2 Nummer 1 Buchstabe e.
(5) ¹Der Leitung der Berufsfeuerwehr obliegt die Überprüfung des Leistungs- und Ausbildungsstandes der Werkfeuerwehren im Gemeindegebiet. ²Sie kann die Werkfeuerwehren mit Einverständnis der Leitung des Unternehmens oder der öffentlichen Einrichtung auch zur Teilnahme an Übungen außerhalb des Betriebsgeländes heranziehen.

§ 12 Aufgaben im vorbeugenden Gefahrenschutz
(1) Im Rahmen des vorbeugenden Gefahrenschutzes und unter Beachtung des Umweltschutzes obliegen den Berufsfeuerwehren
1. die Beratung der Baubehörden im bauaufsichtlichen Genehmigungsverfahren, der Gewerbeaufsichtsbehörden, der Hafenbehörden, der Betriebe und auf Antrag sonstiger juristischer und natürlicher Personen hinsichtlich erforderlicher Gefahrenabwehrmaßnahmen,
2. die Überwachung feuergefährlicher Arbeiten in den Häfen und des Gefahrgutumschlages im Rahmen der Bremischen Hafenordnung,
3. die Gestellung von Brandsicherheitswachen bei Veranstaltungen oder Maßnahmen, bei denen eine erhöhte Brand- oder Explosionsgefahr besteht oder eine größere Zahl von Menschen oder erhebliche Sachwerte gefährdet sein können,
4. die Gestellung von Brandwachen nach Beendigung von Brandbekämpfungsmaßnahmen, wenn die Gefahr eines Wiederaufflammens des Brandes nicht restlos beseitigt ist,
5. der Anschluss von baurechtlich und brandschutztechnisch erforderlichen Brandmeldeanlagen an die Empfangseinrichtungen bei der Feuerwehr, sofern sie die Anschlussbedingungen der Feuerwehr erfüllen und den allgemein anerkannten Regeln oder dem Stand der Technik entsprechen,
6. die Durchführung von anlassbezogenen Brandverhütungsschauen,
7. die Aufklärung der Bevölkerung über die Verhütung von Bränden, den sachgerechten Umgang mit Feuer, das richtige Verhalten im Brandfall und Möglichkeiten der Selbsthilfe (Brandschutzerziehung und Brandschutzaufklärung).
(2) In die Aufgaben nach Absatz 1 Nummer 3, 4 und 7 können Freiwillige Feuerwehren einbezogen werden.
(3) Soweit in Bundesgesetzen Aufgaben den Brandschutzdienststellen übertragen werden, werden diese von den Berufsfeuerwehren wahrgenommen.

Kapitel 3
Freiwillige Feuerwehren
§ 13 Verwaltung, Leitung und Mitgliedschaft
(1) Die Aufstellung und die Auflösung einer Freiwilligen Feuerwehr bedürfen der Zustimmung des Aufgabenträgers.
(2) [1]Verwaltung und Unterhaltung der Gerätehäuser und Fahrzeuge sowie Ausrüstung und Bekleidung der Mitglieder der Freiwilligen Feuerwehren obliegen der örtlichen Berufsfeuerwehr. [2]Diese ist auch für die Ausbildung und Weiterbildung sowie für die personellen und organisatorischen Angelegenheiten zuständig. [3]Sie kann sich bei der Durchführung ihrer Aufgaben der Unterstützung der Freiwilligen Feuerwehren bedienen.
(3) [1]Eine Freiwillige Feuerwehr besteht mindestens aus einer Einsatzabteilung. [2]Als weitere Abteilungen können auf Antrag der Wehrführung mit Zustimmung der Leitung der Berufsfeuerwehr angegliedert sein:
1. eine Reserve- und Unterstützungsabteilung,
2. eine Jugendabteilung (Kinderfeuerwehr und Jugendfeuerwehr) und
3. eine Alters- und Ehrenabteilung.
[3]Eine Mitgliedschaft ist nur in jeweils einer der genannten Abteilungen möglich.
(4) Die Mitglieder der Freiwilligen Feuerwehren verrichten ihren Dienst ehrenamtlich und unentgeltlich.
(5) [1]Die Aufnahme in eine Freiwillige Feuerwehr erfolgt durch
1. Abgabe einer schriftlichen Verpflichtung zum Dienst in einer bestimmten Abteilung der Freiwilligen Feuerwehr (Verpflichtungserklärung) gegenüber der jeweiligen Wehrführung und
2. schriftliche Annahme der Verpflichtungserklärung durch die Leitung der Berufsfeuerwehr.
[2]Ein Anspruch auf Aufnahme besteht nicht.
(6) [1]Die Mitgliedschaft in einer Freiwilligen Feuerwehr endet außer durch den Tod
1. mit Nichtbestehen der Probezeit,
2. mit dem Ende des Monats, in dem das Mitglied die für die Abteilung, der es angehört, festgelegte Altersgrenze erreicht, es sei denn das Mitglied wird in entsprechender Anwendung des Absatzes 5 in eine andere Abteilung, deren Altersgrenze es noch nicht überschritten hat, übernommen,

3. auf eigenen schriftlichen Antrag,
4. durch Entlassung oder
5. durch Auflösung der Wehr.
²Die Beendigung der Mitgliedschaft ist durch die Leitung der Berufsfeuerwehr festzustellen und dem Mitglied schriftlich bekannt zu geben.

(7) ¹Die Leitung einer Freiwilligen Feuerwehr (Wehrführung) und bis zu zwei Stellvertretungen (stellvertretende Wehrführungen) werden auf Vorschlag der Mitglieder der Einsatzabteilung der Freiwilligen Feuerwehr zu Ehrenbeamtinnen und Ehrenbeamten der Stadtgemeinde auf die Dauer von 6 Jahren, längstens jedoch bis zum Ende des Monats, in dem sie ihr 60. Lebensjahr vollenden ernannt. ²Auf Antrag der betroffenen Person kann die Altersgrenze bis zur Vollendung des 62. Lebensjahres angehoben werden, sofern dienstliche Interessen dem nicht entgegenstehen. ³Die Wehrführung ist Vorgesetzte der Mitglieder der Freiwilligen Feuerwehr. ⁴Sie ist der Stadtgemeinde gegenüber für die ordnungsgemäße Durchführung des Feuerwehrdienstes und die Einsatzbereitschaft der Freiwilligen Feuerwehr verantwortlich.

(8) Näheres zu Mitgliedschaft, Altersgrenzen, Probezeiten, Leitung, Dienstbezeichnungen und Funktionen in Freiwilligen Feuerwehren bestimmt der Senator für Inneres durch Erlass.

§ 14 Bereitschaftsführung und Bereichsführung

(1) ¹Bei Zusammenfassung von in der Regel drei Freiwilligen Feuerwehren eines Brandschutzabschnittes zu einer Feuerwehrbereitschaft, die als taktische Einheit bei Großschadenslagen, überörtlichen Hilfeleistungen, Katastrophen oder Katastrophenschutzübungen einsetzbar ist, ist eine Bereitschaftsführung zu bestellen. ²Darüber hinaus können Fachbereitschaften aufgestellt werden, deren Fähigkeiten auf spezielle überörtliche Einsatzlagen auszulegen sind.

(2) Für die Beratung der Leitung der Berufsfeuerwehr in Angelegenheiten der Freiwilligen Feuerwehren kann eine Bereichsführung bestellt werden.

(3) Näheres zur Bestellung von Bereitschaftsführung und Bereichsführung bestimmt der Senator für Inneres durch Erlass.

§ 15 Versicherungsschutz

¹Um den Mitgliedern der Einsatzabteilung einer Freiwilligen Feuerwehr neben der nach § 2 des Siebten Buches Sozialgesetzbuch bestehenden Unfallversicherung einen erhöhten Versicherungsschutz zu gewähren, ist zusätzlich mit einer privaten Versicherungsgesellschaft ein Versicherungsvertrag gegen die Folgen von Unfällen in Ausübung des Dienstes abzuschließen. ²§ 94 des Siebten Buches Sozialgesetzbuch bleibt unberührt.

§ 16 Aufwandsentschädigung

¹Aktive Mitglieder der Freiwilligen Feuerwehren erhalten nach Maßgabe des Haushaltsplanes Aufwandsentschädigungen. ²Diese können den Wehren auch insgesamt zugewiesen werden.

§ 17 Ersatz von Auslagen, Reisekosten

(1) Mitglieder der Einsatzabteilung einer Freiwilligen Feuerwehr erhalten auf Antrag Ersatz für notwendige bare Auslagen wie Fahrtkosten zwischen Wohnung oder Arbeitsstätte und Dienstleistungsstätte.

(2) Mitglieder einer Freiwilligen Feuerwehr erhalten auf Antrag Ersatz für
1. zusätzliche Verpflegungskosten bei Ausfall unentgeltlicher Verpflegung von Amts wegen bei Einsätzen und Übungen,
2. Aufwendungen aus Anlass von Dienstreisen.

(3) Das Bremische Reisekostengesetz sowie die dazu erlassenen Rechtsverordnungen und Verwaltungsvorschriften einschließlich der Bestimmungen über Abfindung bei Einsätzen und Übungen der Polizei werden entsprechend angewendet.

Kapitel 4
Pflichtfeuerwehren

§ 18 Aufstellung

(1) Wird in einer Stadtgemeinde die vorgeschriebene Mindeststärke einer Freiwilligen Feuerwehr nicht erreicht oder kommt die Bildung einer Freiwilligen Feuerwehr nicht zustande, so hat die Stadt-

gemeinde eine Pflichtfeuerwehr aufzustellen, wenn dieses zur Gewährleistung einer ausreichenden Gefahrenbekämpfung erforderlich ist.

(2) [1]Zum Dienst in der Pflichtfeuerwehr sind Einwohnerinnen und Einwohner der Stadtgemeinde im Alter von 18 bis 45 Jahren verpflichtet. [2]Sie werden nach Maßgabe eines von der Stadtgemeinde zu erlassenden Ortsgesetzes herangezogen.

(3) [1]Besteht neben der Pflichtfeuerwehr eine Freiwillige Feuerwehr, so ist deren Wehrführung auch die Leitung der Pflichtfeuerwehr. [2]§ 11 Absatz 2 bleibt unberührt.

(4) Besteht keine Freiwillige Feuerwehr, so wird die Wehrführung der Pflichtfeuerwehr von der Stadtgemeinde ernannt und abberufen.

(5) Auf die Pflichtfeuerwehren finden im Übrigen die Vorschriften über die Freiwilligen Feuerwehren entsprechende Anwendung.

Kapitel 5
Werkfeuerwehren

§ 19 Anerkennung, Aufstellung und Auflösung, Aufsicht

(1) Wirtschaftliche Unternehmen oder öffentliche Einrichtungen (Betriebe), von denen nach Größe, Lage, Zahl der Beschäftigten, baulicher Beschaffenheit des Betriebes, Erzeugung oder Lagerung von Rohstoffen, Halb- oder Fertigwaren erhöhte Brand- oder Explosionsgefahren oder andere besondere Gefahren ausgehen, können vom Senator für Inneres im Benehmen mit der zuständigen Fachsenatorin oder dem zuständigen Fachsenator durch Bescheid verpflichtet werden, eine den Erfordernissen entsprechende Werkfeuerwehr (anerkannte Werkfeuerwehr) aufzustellen.

(2) Auf Antrag eines wirtschaftlichen Unternehmens oder eines Trägers einer öffentlichen Einrichtung kann der Senator für Inneres eine privat eingerichtete Betriebsfeuerwehr als Werkfeuerwehr staatlich anerkennen, wenn ihr Aufbau, ihre Ausrüstung und die Ausbildung ihrer Angehörigen den an anerkannte Werkfeuerwehren oder öffentliche Feuerwehren gestellten Anforderungen entsprechen.

(3) [1]Durch die Anerkennung als Werkfeuerwehr gehen die Aufgaben der Brandbekämpfung oder der Behebung eines Notstandes für das Betriebsgelände auf die Werkfeuerwehr über. [2]Sie nimmt auch die Aufgaben des vorbeugenden Brandschutzes wahr; die bauaufsichtlichen Zuständigkeiten und das bauaufsichtliche Verfahren bleiben unberührt, ebenso die Zuständigkeit der Berufsfeuerwehr nach § 12.

(4) Näheres zu Mitgliedschaft, Leitung, Dienstbezeichnungen und Funktionen in Werkfeuerwehren sowie zur Ausbildung von Werkfeuerwehrangehörigen bestimmt der Senator für Inneres durch Erlass.

(5) [1]Die anerkannten Werkfeuerwehren unterliegen der Aufsicht des Senators für Inneres. [2]Dieser kann die Anerkennung widerrufen, wenn eine anerkannte Werkfeuerwehr ihre Aufgaben nicht erfüllt. [3]Die Auflösung einer anerkannten Werkfeuerwehr bedarf der Genehmigung des Senators für Inneres.

(6) Die Überprüfung des Leistungs- und Ausbildungsstandes der Werkfeuerwehren nach § 11 Absatz 4 kann jederzeit vorgenommen werden und sich umfassend auf das gesamte Betriebsgelände erstrecken.

§ 20 Zusammenwirken mit öffentlichen Feuerwehren

(1) [1]Die Leitung der Werkfeuerwehr ist für die Einsätze der Werkfeuerwehr auf dem Betriebsgelände verantwortlich. [2]Beim Eintreffen der Berufsfeuerwehr ist sie der Einsatzleitung der Berufsfeuerwehr (§ 3 Absatz 1) unterstellt, soweit nicht nur eine reine Unterstützungskomponente ohne Zugführerin oder Zugführer oder Einsatzleitdienst seitens der Berufsfeuerwehr gestellt wird. [3]Die Einsatzleitung der Berufsfeuerwehr kann der Leitung der Werkfeuerwehr die Leitung eines Einsatzes belassen oder übertragen, wenn diese allein die für den Einsatz erforderlichen Kenntnisse der Betriebsvorgänge des gefährdeten Betriebes besitzt. [4]Unberührt bleiben die Befugnisse der Leitung des Unternehmens oder der öffentlichen Einrichtung, die zur wirksamen Schadensbekämpfung erforderlichen betriebstechnischen Maßnahmen anzuordnen oder durchführen zu lassen.

(2) Die Leitung des Unternehmens oder der öffentlichen Einrichtung oder in ihrer Vertretung die Leitung der Werkfeuerwehr ist verpflichtet, die Berufsfeuerwehr über jeden Einsatz unverzüglich zu benachrichtigen.

(3) Die Aufgaben und Befugnisse der Berufsfeuerwehren, der Freiwilligen Feuerwehren und der Pflichtfeuerwehren bleiben im Übrigen unberührt.

§ 21 Einsatz außerhalb des Betriebsgeländes
¹Die Einsatzleitung kann nach pflichtgemäßem Ermessen Werkfeuerwehren zur Gefahrenbekämpfung außerhalb des Betriebsgeländes heranziehen. ²Dem Ersuchen hat die Werkfeuerwehr Folge zu leisten, wenn die Gefahrenbekämpfung des Unternehmens oder der öffentlichen Einrichtung gewährleistet bleibt.

§ 22 Kostenträger
(1) Die Unternehmen oder die öffentlichen Einrichtungen tragen die Kosten für Beschaffung und Unterhaltung der für ihre Werkfeuerwehr erforderlichen Ausrüstung, der Schutzkleidung und persönlichen Ausrüstung der Werkfeuerwehrangehörigen sowie für die Ausbildung ihrer Werkfeuerwehrangehörigen einschließlich der Lehrgänge an einer Feuerwehrschule.
(2) Die der Werkfeuerwehr durch die angeforderte Hilfeleistung nach § 21 entstandenen Kosten einschließlich der auf die Dauer der Heranziehung entfallenden Arbeitsentgelte für die nicht hauptberuflichen Werkfeuerwehrangehörigen sind von der Stadtgemeinde zu erstatten.

§ 23 Einsatzbereitschaft
(1) Die Einsatzbereitschaft der Werkfeuerwehr muss jederzeit sichergestellt sein.
(2) Die Mindeststärke einer Werkfeuerwehr während und außerhalb der Betriebszeit wird vom Senator für Inneres im Bescheid nach § 19 festgesetzt.

Teil 3
Rettungsdienst und Krankentransport

Kapitel 1
Allgemeine Vorschriften

§ 24 Aufgaben des Rettungsdienstes
(1) ¹Der Rettungsdienst dient der bedarfsgerechten und flächendeckenden Versorgung der Bevölkerung mit Leistungen der Notfallversorgung. ²Die Wahrnehmung des Rettungsdienstes obliegt aufgrund der besonderen Aufgabenstellung für die Gefahrenabwehr als hoheitliche Aufgabe ausschließlich den Aufgabenträgern. ³Zu den Aufgaben des Rettungsdienstes gehört auch die Bewältigung von Schadensereignissen mit einer größeren Anzahl Verletzter oder Kranker (Massenanfall) sowie die Mitwirkung im Katastrophenschutz. ⁴Zur Sicherstellung der Verfügbarkeit ausreichender personeller und materieller Kapazitäten insbesondere für den Massenanfall und zur Sicherstellung der Gesundheitsvorsorge in Erfüllung des Wirtschaftlichkeitsgebots nach § 12 Absatz 1 Satz 1 und § 70 Absatz 1 Satz 2 des Fünften Buches Sozialgesetzbuch hat der Rettungsdienst weiter den qualifizierten Krankentransport zu gewährleisten. ⁵Beide Aufgabenbereiche werden in medizinisch-organisatorischer Einheit wahrgenommen.
(2) Der Rettungsdienst hat im Rahmen der Notfallversorgung
1. bei Verletzten oder Kranken, die sich in Lebensgefahr befinden (Notfallpatientinnen oder Notfallpatienten), am Notfallort lebensrettende Maßnahmen durchzuführen (präklinische Versorgung) und soweit angezeigt, ihre Transportfähigkeit herzustellen und sie unter fachgerechter Betreuung in dafür besonders ausgestatteten Rettungsmitteln in eine für die weitere Behandlung geeignete Behandlungseinrichtung zu befördern (Notfallrettung),
2. sonstige Notfallpatientinnen oder Notfallpatienten, die sich nicht in unmittelbarer Lebensgefahr befinden, aber bei denen schwere gesundheitliche Schäden zu erwarten sind, wenn sie nicht in kurzer Zeit medizinische Hilfe erhalten, oder bei denen die Notwendigkeit einer präklinischen Versorgung nicht ausgeschlossen werden kann, unter fachlicher Betreuung in dafür besonders ausgestatteten Rettungsmitteln in eine für die weitere Behandlung geeignete Behandlungseinrichtung zu befördern (Notfalltransport),
3. zur Versorgung von Notfallpatientinnen und Notfallpatienten den Transport von lebenswichtigen Medikamenten, Blutversorgungen und von Organen für Transplantationen durchzuführen.
(3) ¹Im qualifizierten Krankentransport hat der Rettungsdienst sonstige verletzte, kranke oder hilfsbedürftige Personen, die keine Notfallpatientinnen oder Notfallpatienten sind, aber nach ärztlicher Beurteilung während einer Beförderung der fachlichen Betreuung oder eines besonders ausgestatteten Rettungsmittels bedürfen oder bei denen dies aufgrund ihres Zustandes zu erwarten ist, zu befördern. ²Notfallversorgung hat Vorrang vor Krankentransport.

(4) ¹Dieses Gesetz gilt nicht für Versorgungs- und Beförderungsleistungen
1. durch die Sanitätsdienste der Bundeswehr, des Bundesgrenzschutzes sowie der Polizei zu eigenen Zwecken,
2. mit eigenen oder unter Vertrag stehenden Fahrzeugen eines Krankenhauses oder einer Heilanstalt innerhalb ihres Betriebsbereichs sowie für Patientinnen- und Patientenfahrten zu diagnostischen und therapeutischen Zwecken,
3. mit Fahrzeugen innerhalb einer Veranstaltung mit einer Vielzahl von Teilnehmerinnen und Teilnehmern zur sanitätsdienstlichen Versorgung,
4. kranker Personen, die in der Regel nach ärztlicher Beurteilung keiner fachgerechten Hilfe oder Betreuung bedürfen, mit anderen als den in § 30 genannten Kraftfahrzeugen (Krankenfahrten),
5. nach den gesetzlichen Unfallversicherungsbestimmungen durch Fahrzeuge eines Betriebes (Betriebs- und Werksrettungsdienste) zu eigenen Zwecken,
6. durch im Rettungsdienst eines anderen Landes zugelassene Unternehmen, die ihren Betriebssitz außerhalb des Landes Bremen haben, es sei denn, dass Ausgangs- und Zielort der rettungsdienstlichen Tätigkeit im Land Bremen liegen oder dass ein Schwerpunkt der Tätigkeit des Unternehmens im Lande Bremen liegt.

²Im Fall der Nummer 3 können Notfallpatientinnen und Notfallpatienten oder sonstige verletzte, kranke oder hilfsbedürftige Personen nach Abstimmung mit der Einsatzleitstelle in jeweils geeigneten Rettungsmitteln und unter jeweils geeigneter fachlicher Betreuung auch über die Grenze des Veranstaltungsortes hinaus transportiert werden. ³Die Einsatzleitstelle ist in diesem Fall gegenüber dem eingesetzten Personal weisungsbefugt, ausgenommen in medizinischen Fragen gegenüber beteiligten Ärztinnen und Ärzten.

§ 25 Aufgabenträger des Rettungsdienstes
(1) Aufgabenträger des Rettungsdienstes sind
1. das Land für die Luftrettung,
2. die Stadtgemeinden Bremen und Bremerhaven für den bodengebundenen Rettungsdienst jeweils in ihrem Rettungsdienstbereich.

(2) ¹Aufsichtsbehörde ist der Senator für Inneres; im medizinischen Bereich die Senatorin für Wissenschaft, Gesundheit und Verbraucherschutz. ²Dem Senator für Inneres obliegt die Verbindlich-Erklärung rettungsdienstlicher Normen sowie anderer den Rettungsdienst betreffender Vorschriften.

Kapitel 2
Durchführung des Rettungsdienstes

§ 26 Luftrettung
¹Die Luftrettung durch Rettungshubschrauber und andere geeignete Luftfahrzeuge ergänzt den bodengebundenen Rettungsdienst. ²Auf- und Ausbau sowie die Organisation des Luftrettungsdienstes bestimmt der Senator für Inneres. ³Er kann sich zur Wahrnehmung der Aufgaben des Luftrettungsdienstes ganz oder teilweise durch öffentlich-rechtlichen Vertrag Dritter bedienen. ⁴Diese sind an Weisungen des Senators für Inneres gebunden. ⁵Die luftverkehrsrechtliche Zulassung und Genehmigung bleiben unberührt.

§ 27 Bodengebundener Rettungsdienst
(1) ¹Die Stadtgemeinden haben mit ihren Berufsfeuerwehren einen jederzeit einsatzbereiten Rettungsdienst einzurichten und zu betreiben. ²Sie können daneben als Leistungserbringer Hilfsorganisationen wie den Arbeiter-Samariter-Bund, das Deutsche Rote Kreuz, die Johanniter-Unfall-Hilfe und den Malteser-Hilfsdienst oder private Unternehmen in die Wahrnehmung dieser Aufgaben einbeziehen. ³Organisationen, die bei der Gefahrenbekämpfung bei Katastrophen im Rettungsdienstbereich mitwirken, sind vorrangig in den Rettungsdienst einzubinden. ⁴Die gegenseitigen Rechte und Pflichten werden durch öffentlich-rechtlichen Vertrag geregelt.

(2) ¹Die nach Absatz 1 neben den Berufsfeuerwehren mitwirkenden Leistungserbringer handeln als Verwaltungshelfer nach den Anweisungen der Aufgabenträger. ²Diese sind berechtigt, deren Einrichtungen, soweit sie dem Rettungsdienst zugeordnet sind, in personeller und sachlicher Hinsicht auf Ordnungsmäßigkeit und Leistungsstand zu überprüfen.

§ 28 Rettungsmittelbedarfsplan

(1) ¹Die Stadtgemeinden legen nach Bedarf die Standorte der Rettungswachen fest und bestimmen Anzahl und Art der einsatzbereit zu haltenden Rettungsmittel. ²Planungsgröße für Standorte und Anzahl der vorzuhaltenden Rettungsmittel ist die Vorgabe, mindestens 95 % aller Notfälle innerhalb einer Eintreffzeit von 10 Minuten bedienen zu können. ³Näheres bestimmt der vom Aufgabenträger aufzustellende Rettungsmittelbedarfsplan.

(2) Für die Kontrolle der Eintreffzeiten nach Absatz 1 ist die Zeitspanne von der Eröffnung des Einsatzes bis zum Eintreffen des ersten Rettungsmittels am Einsatzort an befestigter Straße maßgebend.

§ 29 Mitwirkung anderer Stellen

(1) Die Gesundheitsämter, die Ärztekammern, die Kassenärztlichen Vereinigungen, die Verbände der Krankenkassen im Lande Bremen und der Landesverband Nordwestdeutschland der gewerblichen Berufsgenossenschaften wirken unbeschadet weitergehender Befugnisse im Rettungsdienst beratend mit.

(2) Die Krankenhäuser sind nach Vorgaben des für das Gesundheitswesen zuständigen Senatsmitglieds verpflichtet, die Aufnahme von Notfallpatientinnen und Notfallpatienten so zu organisieren, dass diese im Regelfall ohne zeitliche Verzögerung aufgenommen werden können.

(3) Die Aufgabenträger wirken darauf hin, dass geeignete Krankenhäuser im Rahmen ihrer Aufgabenstellung und Leistungsfähigkeit
1. den klinischen Ausbildungsteil des Rettungsdienstpersonals durchführen,
2. Ärztinnen und Ärzte für den Einsatz als Notärztin oder Notarzt oder als Leitende Notärztin oder Leitender Notarzt in erforderlicher Anzahl gegen Erstattung der mit ihnen vereinbarten Kosten zur Verfügung stellen.

(4) Soweit im Einzelfall über die Regelungen nach Absatz 3 Nummer 2 hinaus Bedarf besteht, wirkt die zuständige Kassenärztliche Vereinigung im Rahmen ihrer Möglichkeiten unterstützend mit, um niedergelassene Ärztinnen und Ärzte zur Abdeckung dieses Bedarfs zu gewinnen.

§ 30 Besetzung der Rettungsmittel

(1) Rettungsmittel sind
1. Krankenkraftwagen:
Fahrzeuge, die für den Notfall- und Krankentransport besonders eingerichtet und nach dem Fahrzeugschein als Krankenkraftwagen anerkannt sind (Notarzt-, Rettungs-, Intensivtransport- und Krankentransportwagen),
2. Notarzteinsatzfahrzeuge:
Fahrzeuge mit spezieller Ausstattung zum Transport der Notärztin oder des Notarztes und der medizinisch-technischen Ausrüstung an den Einsatzort,
3. Luftrettungsfahrzeuge:
Rettungshubschrauber und andere für die Notfallversorgung oder den Krankentransport geeignete Luftfahrzeuge, die in ihrer Ausstattung, Ausrüstung und Wartung dem Stand von Medizin und Technik entsprechen.

(2) ¹Die in Rettungsmitteln eingesetzten Personen müssen für diese Aufgaben gesundheitlich, körperlich und fachlich geeignet sein. ²Die gesundheitliche und körperliche Eignung ist vor Aufnahme der Tätigkeit durch ein ärztliches Zeugnis nachzuweisen. ³Die ärztliche Untersuchung ist alle drei Jahre zu wiederholen. ⁴Es muss auch gewährleistet sein, dass die in Rettungsmitteln eingesetzten Personen im Einsatz die besondere Sorgfalt erbringen, die sich aus ihrer Aufgabe herleitet.

(3) ¹Die in Rettungsmitteln eingesetzten Personen sind vor Aufnahme ihrer Tätigkeit und im Weiteren mindestens im Abstand von drei Jahren von ihrer Arbeitgeberin oder ihrem Arbeitgeber oder Dienstherrin oder Dienstherrn über die gesundheitlichen Anforderungen und Mitwirkungspflichten in sinngemäßer Anwendung von § 35 des Gesetzes zur Verhütung und Bekämpfung von Infektionskrankheiten beim Menschen (Infektionsschutzgesetz) zu belehren. ²Über die Belehrung ist ein Protokoll zu erstellen, das bei der Arbeitgeberin oder dem Arbeitgeber oder der Dienstherrin oder dem Dienstherrn für die Dauer von drei Jahren aufzubewahren ist. ³Das eingesetzte Personal ist zu verpflichten, unverzüglich mitzuteilen, wenn einer der in § 34 Absätze 1, 2 oder 3 des Infektionsschutzgesetzes genannten Tatbestände eingetreten ist. ⁴Ein weiterer Einsatz im Rettungsdienst ist nur zulässig, wenn durch ärztliches Zeugnis im konkreten Einzelfall die Unbedenklichkeit nachgewiesen ist. ⁵Im Übrigen findet § 31 des Infektionsschutzgesetzes Anwendung.

(4) ¹In der Notfallversorgung sind Krankenkraftwagen im Einsatz mit mindestens zwei fachlich geeigneten Personen zu besetzen, von denen eine Person, die den Transport führt Rettungsassistentin oder Rettungsassistent nach dem Rettungsassistentengesetz oder Notfallsanitäterin oder Notfallsanitäter nach dem Notfallsanitätergesetz und die andere Person mindestens Rettungssanitäterin oder Rettungssanitäter ist. ²Im Krankentransport sind Krankenkraftwagen im Einsatz mit mindestens zwei fachlich geeigneten Personen zu besetzen, von denen eine Person, die den Transport führt, Rettungssanitäterin oder Rettungssanitäter und die andere mindestens Rettungshelferin oder Rettungshelfer sein muss.
(5) Die Besetzung weiterer rettungsdienstlicher Einsatzmittel, insbesondere von Notarzteinsatzfahrzeugen oder von Intensivtransportwagen, wird nach Vorgaben des kommunalen Trägers des Rettungsdienstes in den jeweiligen Rettungsmittelbedarfsplänen festgelegt.
(6) ¹Luftrettungsmittel sind im Einsatz neben den erforderlichen Personen, die das Flugzeug führen, mit einer Notärztin oder einem Notarzt und einer Rettungsassistentin oder einem Rettungsassistenten oder einer Notfallsanitäterin oder einem Notfallsanitäter zu besetzen. ²Die Rettungsassistentin oder der Rettungsassistent oder die Notfallsanitäterin oder der Notfallsanitäter muss über die erforderlichen Kenntnisse zur Unterstützung der Pilotin oder des Piloten verfügen, wenn die einschlägigen luftverkehrsrechtlichen Vorschriften dies erfordern.
(7) ¹In der Notfallversorgung eingesetzte Ärztinnen und Ärzte müssen über den Fachkundenachweis »Rettungsdienst« oder über eine von der zuständigen Ärztekammer anerkannte gleichwertige Qualifikation verfügen (Notarzt). ²Die Notärztin oder der Notarzt kann im Einsatz den im Rettungsdienst tätigen Personen in medizinischen Fragen Weisungen erteilen.

§ 31 Ärztliche Leitung Rettungsdienst
¹Der Rettungsdienst wird in medizinischen Fragen und Angelegenheiten des Qualitätsmanagements von einer Ärztlichen Leitung Rettungsdienst geleitet und überwacht, die in dieser Aufgabe den Organen der Aufgabentragung des bodengebundenen Rettungsdienstes unterstellt ist. ²Sie nimmt selbst am Notarztdienst teil und ist Mitglied der Gruppe Leitende Notärztinnen und Leitende Notärzte in einem Rettungsdienstbereich. ³Die Ärztliche Leitung Rettungsdienst muss den Fachkundenachweis »Ärztlicher Leiter Rettungsdienst« oder eine von der zuständigen Ärztekammer anerkannte gleichwertige Qualifikation besitzen.

§ 32 Fortbildung
¹Wer Notfallversorgung oder Krankentransport betreibt, ist verpflichtet, für eine regelmäßige angemessene Fortbildung des Personals zu sorgen. ²Die Fortbildung hat sich darauf zu richten, dass das Personal den jeweils aktuellen medizinischen und technischen Anforderungen gerecht wird. ³Sie wird von der Ärztlichen Leitung Rettungsdienst überwacht.

§ 33 Qualitätsmanagement im Rettungsdienst
(1) ¹Die medizinische und technische Weiterentwicklung erfordert eine regelmäßige Anpassung des Standards in der Notfallversorgung sowie ein Qualitätsmanagement. ²Aufgabenträger und Leistungserbringer erarbeiten hierzu dem jeweiligen Stand wissenschaftlicher Erkenntnisse entsprechende Zielvorstellungen, die in Abstimmung mit den Kostenträgern zur Gewährleistung einer am anerkannten Standard ausgerichteten wirtschaftlichen Leistungserbringung umzusetzen sind.
(2) ¹Die Personen in der Leistungserbringung im Rettungsdienst sind zu einer einheitlichen Dokumentation der Notfalleinsätze verpflichtet. ²Die Einsatzdokumentation ist der Ärztlichen Leitung Rettungsdienst auf Anforderung zu übermitteln. ³Die Ärztliche Leitung Rettungsdienst hat die Ergebnisqualität des Rettungsdienstes im Abgleich ausgewählter in der Notfallversorgung erhobenen Daten mit den Patientinnen- und Patientendaten des weiterbehandelnden Krankenhauses (§ 62 Absatz 1) zu analysieren. ⁴Die daraus gewonnenen Erkenntnisse und hieraus abzuleitende Vorschläge zur Veränderung der Strukturen oder Abläufe im Rettungsdienst sind in der weiteren Planung zu berücksichtigen.

Kapitel 3
Private Unternehmen

§ 34 Betätigung im Krankentransport
(1) Wer als Unternehmen außerhalb des Rettungsdienstes Krankentransport betreiben will, bedarf der Genehmigung.

(2) ¹Eine Genehmigung darf nur erteilt werden, wenn
1. die Sicherheit und Leistungsfähigkeit des Betriebes gewährleistet und
2. die Person, die das Unternehmen betreibt und die zur Führung der Geschäfte bestellten Personen zuverlässig und fachlich geeignet sind.

²Die Genehmigung kann mit Auflagen verbunden werden und ist auf längstens 4 Jahre zu befristen. ³Die Genehmigung wird wirksam zu dem in ihr festgelegten Zeitpunkt der Betriebsaufnahme, frühestens jedoch mit dem Abschluss einer Vereinbarung mit den Kostenträgern nach § 133 des Fünften Buches Sozialgesetzbuch.

(3) ¹Die Genehmigung ist zu versagen, wenn aufgrund des Ergebnisses einer mindestens dreimonatigen Untersuchung zu erwarten ist, dass durch ihre Erteilung das öffentliche Interesse an der Funktionsfähigkeit des Rettungsdienstes oder an der Gewährleistung des Wirtschaftlichkeitsgebots nach § 12 Absatz 1 Satz 1 und § 70 Absatz 1 Satz 2 des Fünften Buches Sozialgesetzbuch für die bedarfsgerechte Versorgung der Bevölkerung mit Leistungen der Notfallversorgung und des qualifizierten Krankentransports beeinträchtigt wird. ²Hierbei sind im Rahmen der Festlegungen des Rettungsmittelbedarfsplans insbesondere die flächendeckende Vorhaltung und Auslastung im Rettungsdienstbereich zu berücksichtigen, wobei auch die Einsatzzahlen, die Eintreffzeit und Dauer der Einsätze sowie die Entwicklung der Kosten- und Ertragslage zugrunde zu legen sind. ³Die Untersuchung darf zum Zeitpunkt der Antragstellung nicht länger als ein Jahr zurückliegen und muss auch eine Prognose für die überschaubare Zukunft beinhalten.

(4) Genehmigungsbehörde ist in der Stadtgemeinde Bremen der Senator für Inneres, in der Stadtgemeinde Bremerhaven der Magistrat der Stadt Bremerhaven.

(5) Das Nähere zum Genehmigungsverfahren, zur Vorhaltung, Ausstattung, personellen Besetzung, Entseuchung und Entwesung der Rettungsmittel und zur gesundheitlichen Eignung des Personals regelt der Senator für Inneres im Benehmen mit der Senatorin für Wissenschaft, Gesundheit und Verbraucherschutz durch Erlass.

Kapitel 4
Regelungen für den Großschadensfall im Rettungsdienst

§ 35 Massenanfall verletzter oder erkrankter Personen, Schnell-Einsatz-Gruppen

(1) ¹Für die Bewältigung von Schadensereignissen, die über die im Rettungsmittelbedarfsplan vorgeschriebene Regelvorhalte hinausgehen, treffen die Stadtgemeinden Vorbereitungen für den Einsatz des notwendigen Personals und zusätzlicher Rettungsmittel. ²Die Krankenhäuser sind unabhängig von ihren übrigen Aufgaben zur Zusammenarbeit mit der Einsatzleitstelle und der Einsatzleitung der Feuerwehr Bremen oder der Feuerwehr Bremerhaven verpflichtet.

(2) ¹Zur Sicherstellung ausreichender Versorgungs- und Transportkapazitäten können mit Zustimmung des Trägers des Rettungsdienstes Schnell-Einsatz-Gruppen für die Bereiche »Sanitätsdienstliche Versorgung« und »Betreuung« aufgestellt werden. ²Die Aufstellung soll Personal, Material und Fahrzeuge des Katastrophenschutzes einbeziehen.

§ 36 Leitende Notärztin, Leitender Notarzt, Organisatorische Leitung Rettungsdienst

(1) ¹Zur Sicherstellung der rettungsdienstlichen Versorgung bei Großschadensereignissen haben die Stadtgemeinden die Funktion einer Leitenden Notärztin oder eines Leitenden Notarztes zu schaffen. ²Die Leitende Notärztin oder der Leitende Notarzt wird tätig, wenn eine koordinierende ärztliche Führung erforderlich ist. ³Im Einsatzfall ist die Leitende Notärztin oder der Leitende Notarzt gegenüber Ärztinnen und Ärzten und medizinischem Hilfspersonal am Einsatzort fachlich weisungsberechtigt. ⁴Das Nähere regeln die Stadtgemeinden in einer Dienstordnung.

(2) Die Leitende Notärztin oder der Leitende Notarzt muss neben der notfallmedizinischen Qualifikation und Erfahrung den Fachkundenachweis »Leitender Notarzt« oder eine von der zuständigen Ärztekammer anerkannte gleichwertige Qualifikation besitzen und als Notärztin oder Notarzt in den Rettungsdienst eingebunden sein.

(3) Die Organisatorische Leitung Rettungsdienst wird von der Berufsfeuerwehr gestellt und unterstützt die Leitende Notärztin oder den Leitenden Notarzt bei der Durchführung der Aufgaben.

Teil 4
Katastrophenschutz
Kapitel 1
Allgemeine Vorschriften

§ 37 Aufgabe
(1) ¹Der Katastrophenschutz dient dem Schutz der Allgemeinheit vor Gefahren und Schäden, die durch Katastrophen hervorgerufen werden. ²Er umfasst die Vorbereitung der Katastrophenabwehr und die Bekämpfung von Katastrophen.
(2) Eine Katastrophe im Sinne dieses Gesetzes ist ein über die Schadensfälle des täglichen Lebens und eine Großschadenslage hinausgehendes Ereignis, das Leben, Gesundheit, die Umwelt, erhebliche Sachwerte oder die lebenswichtige Versorgung der Bevölkerung in einem solchen Maße gefährdet oder beeinträchtigt, dass zur Bekämpfung die für die Gefahrenabwehr zuständigen Behörden mit den Feuerwehren und Rettungsdiensten sowie den Einheiten und Einrichtungen des Katastrophenschutzes und sonstigen zur Hilfeleistung Herangezogenen unter zentraler Leitung zusammenwirken müssen.

§ 37a Unterbringung und Versorgung von Asylbegehrenden und Flüchtlingen
Für die Unterbringung und Versorgung von Asylbegehrenden und Flüchtlingen sind die Regelungen dieses Gesetzes entsprechend anzuwenden, soweit die Gefahr besteht, dass die Gesundheit und Versorgung dieser Bevölkerungsgruppe gefährdet ist.

§ 38 Aufgabenträger
(1) ¹Der Katastrophenschutz ist Aufgabe des Landes. ²Der Senator für Inneres als Landeskatastrophenschutzbehörde koordiniert den Katastrophenschutz auf Landesebene. ³Er führt die Aufsicht über die Ortskatastrophenschutzbehörden der Gemeinden. ⁴Die fachliche Zuständigkeit anderer Landesbehörden bleibt unberührt.
(2) Soweit die Gemeinden Aufgaben des Katastrophenschutzes wahrzunehmen haben, handeln sie im Auftrage des Landes.
(3) ¹Soweit nichts anderes bestimmt ist, sind in den Gemeinden die Ortskatastrophenschutzbehörden für die Durchführung des Katastrophenschutzes zuständig. ²Dies sind
1. für die Stadtgemeinde Bremen ohne das stadtbremische Überseehafengebiet Bremerhaven der Senator für Inneres,
2. für die Stadtgemeinde Bremerhaven und das stadtbremische Überseehafengebiet Bremerhaven der Oberbürgermeister der Stadt Bremerhaven.

§ 39 Mitwirkung im Katastrophenschutz
(1) Im Katastrophenschutz wirken außer den Katastrophenschutzbehörden mit:
1. neben den Feuerwehren und Rettungsdiensten weitere für Gefahrenverhütung und Gefahrenbekämpfung fachlich zuständige und andere in die Organisation des Katastrophenschutzes einbezogene Institutionen,
2. öffentliche und private Träger mit ihren Einheiten und Einrichtungen,
3. natürliche und juristische Personen sowie Personenvereinigungen, die von der Katastrophenschutzbehörde aufgrund einer Vereinbarung oder nach Maßgabe des § 5 zur Hilfeleistung im Katastrophenschutz herangezogen werden.
(2) ¹Mitwirkende Einheiten und Einrichtungen im Sinne von Absatz 1 Nummer 2 sind gegliederte Zusammenfassungen von Personen und Material, die unter einheitlicher Führung stehen, nach Fachaufgaben ausgerichtet sind und zu deren Aufgaben die Hilfeleistung bei Katastrophen gehört. ²Einheiten und Einrichtungen des Katastrophenschutzes können auch unterhalb des Katastrophenfalles zur Hilfeleistung bei Großschadenslagen durch die zuständige Feuerwehr eingesetzt werden. ³Bei Einsätzen und behördlich angeordneten Übungen für den Katastrophen- oder Großschadensfall handeln sie als Verwaltungshelferin oder Verwaltungshelfer.
(3) Öffentliche Einheiten und Einrichtungen des Katastrophenschutzes sind solche, deren Träger juristische Personen des öffentlichen Rechts sind.
(4) Private Einheiten und Einrichtungen des Katastrophenschutzes sind solche, deren Träger privatrechtlich organisiert sind.

§ 40 Öffentliche Träger mit ihren Einheiten und Einrichtungen
¹Einheiten und Einrichtungen öffentlicher Träger wirken im Katastrophenschutz mit, wenn sie hierzu bestimmt und dem örtlichen Katastrophenschutz zugeordnet sind oder wenn die örtliche Katastrophenschutzleitung ihre Hilfeleistung anfordert oder mit ihren Trägern vereinbart hat. ²Sie unterliegen den Weisungen der Katastrophenschutzbehörde.

§ 41 Private Träger mit ihren Einheiten und Einrichtungen
(1) ¹Einheiten und Einrichtungen privater Träger wirken im Katastrophenschutz mit, wenn sie hierzu geeignet sind und ihr Träger die Bereitschaft zur Mitwirkung erklärt. ²Die allgemeine Eignung eines Trägers wird durch die Landeskatastrophenschutzbehörde festgestellt, soweit sie nicht bereits vom Bund aufgrund des Zivilschutzgesetzes festgestellt worden ist. ³Die besondere Eignung der Einheiten und Einrichtungen wird durch die Ortskatastrophenschutzbehörde festgestellt. ⁴Ein Anspruch auf Feststellung besteht nicht.
(2) ¹Einheiten und Einrichtungen privater Träger unterstehen im Katastrophenfall und bei behördlich angeordneten Übungen der Ortskatastrophenschutzbehörde. ²Sie sind verpflichtet,
1. für ihre Einsatzbereitschaft zu sorgen,
2. an den von der Katastrophenschutzbehörde angeordneten oder genehmigten Einsätzen, Übungen und sonstigen Ausbildungsveranstaltungen auch außerhalb ihrer Stadtgemeinde und des Landes Bremen teilzunehmen und dabei die Weisungen der Katastrophenschutzbehörde zu befolgen.
(3) Die privaten Träger sind verpflichtet,
1. für den Katastrophenschutz eigene Kräfte und Sachmittel bereitzustellen,
2. in den Einheiten und Einrichtungen nur Helferinnen und Helfer einzusetzen, die zur Hilfeleistung beim Katastrophenschutz geeignet sind,
3. die Einsatzbereitschaft ihrer Einheiten und Einrichtungen sicherzustellen,
4. dem Land oder der Stadtgemeinde alle Schäden, auch solche wegen Ersatzleistungen nach Artikel 34 Satz 1 des Grundgesetzes, zu ersetzen, die ihr durch vorsätzliche oder grob fahrlässige Pflichtverletzungen von Helferinnen und Helfern während ihrer Mitwirkung beim Katastrophenschutz entstehen.
(4) Eine Ersatzpflicht nach Absatz 3 Nummer 4 besteht nicht, soweit die Einheiten oder Einrichtungen als Verwaltungshelferin oder Verwaltungshelfer gehandelt haben.

§ 42 Helferinnen und Helfer im Katastrophenschutz
(1) ¹Helferinnen und Helfer im Katastrophenschutz sind Frauen und Männer, die freiwillig und ehrenamtlich in den Einheiten und Einrichtungen des Katastrophenschutzes mitwirken. ²Sie verpflichten sich gegenüber dem Träger der Einheit oder Einrichtung für eine bestimmte oder unbestimmte Zeit zum Dienst im Katastrophenschutz, soweit ihre Mitwirkungspflicht nicht bereits aufgrund ihrer Zugehörigkeit zum Träger besteht.
(2) Der Dienst im Katastrophenschutz umfasst insbesondere die Verpflichtung, an der Katastrophenbekämpfung sowie an Katastrophenschutzübungen und Ausbildungsveranstaltungen auch außerhalb der jeweiligen Stadtgemeinde oder des Landes Bremen teilzunehmen.

§ 43 Rechtsverhältnisse der Helferinnen und Helfer
(1) ¹Soweit durch dieses Gesetz oder Rechtsvorschriften des Bundes nichts anderes bestimmt ist, bestehen Rechte und Pflichten der Helferinnen und Helfer nur gegenüber dem Träger der Einheit oder Einrichtung, der sie angehören. ²Die Rechtsverhältnisse richten sich, soweit sie nicht gesetzlich geregelt sind, nach der Satzung oder den sonstigen Vorschriften des Trägers. ³Fehlen solche Vorschriften oder sind die Rechtsverhältnisse durch Vorschriften des Trägers nicht abschließend geregelt, so hat der Träger insoweit die Vorschriften für die Angehörigen der Freiwilligen Feuerwehren entsprechend anzuwenden.
(2) ¹Die Ortskatastrophenschutzbehörde kann von einem Träger bei Vorliegen eines wichtigen Grundes die Entbindung einer Helferin oder eines Helfers von der Verpflichtung zum Dienst im Katastrophenschutz verlangen. ²Ein wichtiger Grund liegt insbesondere vor, wenn die Helferin oder der Helfer wiederholt Pflichten verletzt, wenn eine der Verpflichtung genügende Mitwirkung und Verfügbarkeit nicht mehr durch die Träger nachgewiesen werden kann oder wenn die Eignung zur Hilfeleistung beim Katastrophenschutz nicht mehr gegeben ist.

(3) ¹Die Berufung von Führungskräften in Funktionen von Zugführerinnen und Zugführern und zur Bereitschaftsführung oder in gleichwertige Funktionen durch die privaten Träger bedarf der Bestätigung durch die Ortskatastrophenschutzbehörde. ²Aus wichtigem Grunde kann die Ortskatastrophenschutzbehörde die Abberufung einer Führungskraft verlangen. ³Näheres zum Verfahren kann die Ortskatastrophenschutzbehörde durch Erlass regeln.

§ 44 Entschädigung der Helferinnen und Helfer
(1) Nehmen Helferinnen und Helfer an behördlich angeordneten oder genehmigten Einsätzen, Übungen oder Ausbildungsveranstaltungen teil, so werden sie nach Maßgabe der Vorschriften ihrer Träger entschädigt.

(2) Die Entschädigungen nach Absatz 1 werden den Trägern der Einheiten und Einrichtungen auf Antrag bis zu den Höchstbeträgen nach den Richtlinien der Gemeinden von der Behörde erstattet, die den Einsatz, die Übungen oder Ausbildungsveranstaltungen angeordnet oder genehmigt hat.

Kapitel 2
Vorbereitende Maßnahmen

§ 45 Aufgaben der Katastrophenschutzbehörden
(1) ¹Die Katastrophenschutzbehörden haben nach pflichtgemäßem Ermessen im Rahmen der geltenden Gesetze alle vorbereitenden Maßnahmen zu treffen, die einen wirksamen Katastrophenschutz gewährleisten. ²Dazu gehören insbesondere
1. die Festlegung der Stärke, Gliederung, Ausstattung und Ausbildung des Katastrophenschutzes, soweit gesetzlich nichts anderes bestimmt ist,
2. die Bildung einer Katastrophenschutzleitung bei der Behörde und die Regelung des Vorsitzes,
3. die Aufstellung von Katastrophenschutzplänen und die Koordinierung der Katastrophenschutzpläne der mitwirkenden Einheiten und Einrichtungen,
4. die Beaufsichtigung der Einheiten und Einrichtungen,
5. die Durchführung von Übungen und Ausbildungsveranstaltungen, soweit sie nicht durch die Träger der Einheiten und Einrichtungen erfolgt,
6. die Auswahl und Ausbildung des Leitungs- und Führungspersonals, soweit nichts anderes bestimmt ist,
7. Aufbau, Förderung und Leitung des Selbstschutzes sowie Aufklärung der Bevölkerung, insbesondere über die Bedeutung der Erste-Hilfe-Ausbildung.

(2) Die Katastrophenschutzbehörden stellen sicher, dass im Katastrophenfall bei Behörden oder Organisationen etwa erforderliche Personenauskunfts- und Schadensmeldestellen eingerichtet werden.

§ 46 Auskunftspflicht
Die Eigentümerinnen und Eigentümer sowie Besitzerinnen und Besitzer von Grundstücken und Anlagen, von denen Katastrophengefahren ausgehen können, sind der Katastrophenschutzbehörde zu Auskünften verpflichtet, die zur Vorbereitung der Katastrophenabwehr erforderlich sind.

§ 47 Externe Notfallpläne für schwere Unfälle mit gefährlichen Stoffen
(1) ¹Die Ortskatastrophenschutzbehörden haben externe Notfallpläne unter Beteiligung der Betreiberinnen oder des Betreibers und unter Berücksichtigung des internen Notfallplans für alle Betriebe zu erstellen, für die nach Artikel 10 der Richtlinie 2012/18/EU des Europäischen Parlaments und des Rates vom 4. Juli 2012 zur Beherrschung der Gefahren schwerer Unfälle mit gefährlichen Stoffen, zur Änderung und anschließenden Aufhebung der Richtlinie 96/82/EG des Rates (ABl. L 197 vom 24. Juli 2012, S. 1) von der Betreiberin oder vom Betreiber ein Sicherheitsbericht zu erstellen ist. ²Die Ortskatastrophenschutzbehörden können im Einvernehmen mit den für die Durchführung der Störfall-Verordnung zuständigen Behörden aufgrund der Informationen in dem Sicherheitsbericht entscheiden, dass sich die Erstellung externer Notfallpläne erübrigt; die Entscheidung ist zu begründen.

(2) Die externen Notfallpläne müssen gemäß Artikel 12 der Richtlinie erstellt werden, um
1. Schadensfälle einzudämmen und unter Kontrolle zu bringen, so dass die Auswirkungen möglichst gering gehalten und Schädigungen der menschlichen Gesundheit, der Umwelt und von Sachwerten begrenzt werden können,
2. die erforderlichen Maßnahmen zum Schutz der menschlichen Gesundheit und der Umwelt vor den Auswirkungen schwerer Unfälle einzuleiten,

3. notwendige Informationen an die Öffentlichkeit sowie betroffene Behörden oder Dienststellen in dem betreffenden Gebiet weiterzugeben,
4. Aufräumarbeiten und Maßnahmen zur Wiederherstellung der Umwelt nach einem schweren Unfall einzuleiten.

(3) Externe Notfallpläne müssen Angaben enthalten über:
1. Namen oder Stellung der Personen, die zur Einleitung von Notfallmaßnahmen oder zur Durchführung und Koordinierung von Maßnahmen außerhalb des Betriebsgeländes ermächtigt sind,
2. Vorkehrungen zur Entgegennahme von Frühwarnungen sowie zur Alarmauslösung und zur Benachrichtigung der Einsatzkräfte,
3. Vorkehrungen zur Koordinierung der zur Umsetzung des externen Notfallplans notwendigen Einsatzmittel,
4. Vorkehrungen zur Unterstützung von Abhilfemaßnahmen auf dem Betriebsgelände,
5. Vorkehrungen betreffend Abhilfemaßnahmen außerhalb des Betriebsgeländes, einschließlich Reaktionsmaßnahmen auf Szenarien schwerer Unfälle, wie im Sicherheitsbericht beschrieben, und Berücksichtigung möglicher Domino-Effekte, einschließlich solcher, die Auswirkungen auf die Umwelt haben,
6. Vorkehrungen zur Unterrichtung der Öffentlichkeit und aller benachbarten Betriebe oder Betriebsstätten, die nicht in den Geltungsbereich der Richtlinie 2012/18/EU fallen, gemäß Artikel 9 der Richtlinie 2012/18/EU über den Unfall sowie über das richtige Verhalten,
7. Vorkehrungen zur Unterrichtung der Notfall- und Rettungsdienste anderer Staaten im Falle eines schweren Unfalls mit möglichen grenzüberschreitenden Folgen.

(4) [1]Die Entwürfe der externen Notfallpläne sind von den Ortskatastrophenschutzbehörden im Gefährdungsbereich des Betriebes zur Anhörung der Öffentlichkeit für die Dauer eines Monats öffentlich auszulegen. [2]Die geheimhaltungsbedürftigen Teile der externen Notfallpläne, insbesondere dem Datenschutz unterliegende personenbezogene Angaben, verdeckte Telefonnummern oder interne Anweisungen, sind hiervon ausgenommen. [3]Ort und Dauer der Auslegung sind mindestens eine Woche vorher ortsüblich bekannt zu machen mit dem Hinweis, dass Anregungen während der Auslegungsfrist vorgebracht werden können. [4]Die fristgemäß vorgebrachten Anregungen sind zu prüfen; das Ergebnis ist mitzuteilen. [5]Haben mehr als 50 Personen Anregungen mit im wesentlichen gleichem Inhalt vorgebracht, kann die Mitteilung des Ergebnisses der Prüfung dadurch ersetzt werden, dass diesen Personen die Einsicht in das Ergebnis ermöglicht wird; die Stelle, bei der das Ergebnis der Prüfung während der Dienststunden eingesehen werden kann, ist ortsüblich bekannt zu machen. [6]Wird der Entwurf des externen Notfallplans nach der Auslegung geändert oder ergänzt, ist er erneut auszulegen; bei der erneuten Auslegung kann bestimmt werden, dass Anregungen nur zu den geänderten oder ergänzten Teilen vorgebracht werden können. [7]Werden durch die Änderung oder Ergänzung des Entwurfs die Grundzüge der Planung nicht berührt oder sind Änderungen oder Ergänzungen im Umfang geringfügig oder von geringer Bedeutung, kann von einer erneuten öffentlichen Auslegung abgesehen werden.

(5) [1]Die Ortskatastrophenschutzbehörden haben die von ihnen erstellten externen Notfallpläne in angemessenen Abständen von höchstens drei Jahren unter Beteiligung des Betreibers und unter Berücksichtigung des internen Notfallplans zu überprüfen, zu erproben und erforderlichenfalls zu überarbeiten und auf den neuesten Stand zu bringen. [2]Bei dieser Überprüfung sind Veränderungen in den Betrieben und den Notdiensten, neue technische Erkenntnisse und Erkenntnisse darüber, wie bei schweren Unfällen zu handeln ist, zu berücksichtigen.

Kapitel 3
Abwehrender Katastrophenschutz

§ 48 Aufgaben der Katastrophenschutzbehörden

[1]Bei Katastrophen treffen die Katastrophenschutzbehörden im Rahmen der geltenden Gesetze die nach pflichtgemäßem Ermessen notwendigen Maßnahmen für die Gefahrenbekämpfung. [2]Die jeweilige Katastrophenschutzleitung leitet und koordiniert im Auftrag der Katastrophenschutzbehörde die Gefahrenbekämpfung.

Teil 5
Überörtliche Hilfe
§ 49 Nachbarliche Hilfe im Brandschutz und bei technischer Hilfeleistung
(1) [1]Die öffentlichen Feuerwehren haben bis zu 15 km Luftlinie entfernt liegenden Nachbargemeinden, von der Grenze des Gebietes der Stadtgemeinde angerechnet, auf Ersuchen der Hauptverwaltungsbeamtin oder des Hauptverwaltungsbeamten des Einsatzortes oder der Leitung der im Einsatz befindlichen Feuerwehr vorbehaltlich Satz 2 unentgeltliche Hilfe zu leisten, sofern der Brandschutz und die Hilfeleistung der eigenen Gemeinde durch den auswärtigen Einsatz nicht wesentlich gefährdet wird. [2]Die nachbarliche Hilfe ist nur dann unentgeltlich, wenn die ersuchende Gemeinde eigene Vorkehrungen und Maßnahmen des Brandschutzes und der Hilfeleistung nicht vernachlässigt hat; im anderen Fall sind die entstandenen Kosten und besonderen Sachaufwendungen von der ersuchenden Gemeinde zu erstatten.
(2) Über die Gewährung und den Umfang der Hilfeleistung entscheidet die Leitung der Berufsfeuerwehr.
(3) Bei Großbränden oder öffentlichen Notständen kann die Landesfeuerwehrbehörde oder die Leitung der Berufsfeuerwehr die Hilfeleistung auch dann anordnen, wenn die Sicherheit der eigenen Stadtgemeinde dadurch vorübergehend gefährdet wird.
(4) [1]Innerhalb des Landes Bremen ist die gegenseitige Hilfe zwischen dem Land und den Stadtgemeinden untereinander unentgeltlich. [2]Die gegenseitige Hilfe erfolgt durch unmittelbare Absprache zwischen den Leitungen der Berufsfeuerwehren, gegebenenfalls zwischen dem diensthabenden Leitungspersonal.

§ 50 Bereichsübergreifender Rettungsdienst
[1]Die Zusammenarbeit mit benachbarten Rettungsdienstbereichen zur gegenseitigen Unterstützung ist anzustreben. [2]Einzelheiten dazu sollen in Verträgen geregelt werden. [3]Die gegenseitige Hilfe zwischen den Stadtgemeinden Bremen und Bremerhaven ist unentgeltlich.

§ 51 Überörtliche Katastrophenschutzhilfe
(1) Auf die überörtliche Katastrophenschutzhilfe finden die Vorschriften über die Amtshilfe nach dem Bremischen Verwaltungsverfahrensgesetz Anwendung.
(2) Die Stadtgemeinden Bremen und Bremerhaven leisten einander unentgeltlich Katastrophenschutzhilfe.

Teil 6
Rechtsverhältnisse der aktiven ehrenamtlich tätigen Mitglieder der Freiwilligen Feuerwehren sowie der Helferinnen und Helfer im Katastrophenschutz
§ 52 Freistellung, Lohnfortzahlung, Verdienstausfall
(1) Arbeitnehmerinnen und Arbeitnehmern dürfen aus ihrer Verpflichtung zum Dienst in der Feuerwehr oder im Katastrophenschutz und der Teilnahme an diesem Dienst keine Nachteile im Arbeitsverhältnis und in der Sozial- und Arbeitslosenversicherung sowie in der betrieblichen Altersversorgung erwachsen.
(2) [1]Soll eine Arbeitnehmerin oder ein Arbeitnehmer während der Arbeitszeit an Übungen, Lehrgängen oder sonstigen Ausbildungsveranstaltungen teilnehmen, hat er dieses seiner Arbeitgeberin oder seinem Arbeitgeber rechtzeitig mitzuteilen. [2]Übungen und sonstige Ausbildungsveranstaltungen sind in der Regel außerhalb der üblichen Arbeitszeit durchzuführen.
(3) Nehmen Arbeitnehmerinnen und Arbeitnehmer während der Arbeitszeit an behördlich angeordneten oder genehmigten Einsätzen, Übungen, Lehrgängen oder sonstigen Ausbildungsveranstaltungen teil, so sind sie für die Dauer der Teilnahme, bei Einsätzen auch für den notwendigen Zeitraum danach, unter Weitergewährung des Arbeitsentgeltes, das sie ohne die Teilnahme erhalten hätten, von der Arbeitsleistung freigestellt.
(4) [1]Privaten Arbeitgeberinnen und Arbeitgebern ist auf Antrag das weitergewährte Arbeitsentgelt einschließlich der Beiträge zur Sozialversicherung und zur Bundesanstalt für Arbeit sowie zur betrieblichen Altersversorgung im Einsatzfall für die gesamte Ausfallzeit, im Übrigen nur bei einem Ausfall von mehr als zwei Stunden am Tag oder mehr als sieben Stunden innerhalb von zwei Wochen für die gesamte Ausfallzeit durch die Trägerschaft der Einheiten oder Einrichtungen zu erstatten. [2]Diese ha-

ben den privaten Arbeitgeberinnen und Arbeitgebern auf Antrag auch das Arbeitsentgelt zu erstatten, das sie Arbeitnehmerinnen und Arbeitnehmern aufgrund der gesetzlichen Vorschriften oder aufgrund des Arbeitsvertrages während einer Arbeitsunfähigkeit infolge Krankheit weiterleisten, wenn die Arbeitsunfähigkeit auf den Dienst nach diesem Gesetz zurückzuführen ist. ³Ein Erstattungsanspruch besteht nur insoweit, als der privaten Arbeitgeberin oder dem privaten Arbeitgeber nicht nach anderen gesetzlichen Vorschriften ein Erstattungsanspruch zusteht.

(5) ¹Arbeitnehmerinnen und Arbeitnehmer im Sinne dieser Bestimmungen sind Angestellte sowie Arbeiterinnen und Arbeiter sowie die zu ihrer Ausbildung Beschäftigten. ²Für Beamtinnen, Beamte sowie Richterinnen und Richter gelten vorstehende Bestimmungen entsprechend.

(6) Den ehrenamtlich Tätigen, die Leistungen der Bundesanstalt für Arbeit, Sozialhilfe oder sonstige Unterstützungen oder Bezüge aus öffentlichen Mitteln erhalten, sind durch die Träger der Einheiten oder Einrichtungen auf Antrag diese Leistungen in voller Höhe zu erstatten, wenn sie aufgrund des Dienstes in der Feuerwehr oder im Katastrophenschutz wegfallen.

(7) ¹Ehrenamtlich Tätige, die beruflich selbständig sind, erhalten von den Trägern der Einheiten oder Einrichtungen auf Antrag für die Dauer der Teilnahme an behördlich angeordneten oder genehmigten Einsätzen, Übungen, Lehrgängen oder sonstigen Ausbildungsveranstaltungen eine Entschädigung für entstandenen Verdienstausfall. ²Die Entschädigung beträgt höchstens 15 Euro für jede angefangene Stunde und höchstens 120 Euro je Tag. ³Wird nachgewiesen, dass der Verdienstausfall die Entschädigung übersteigt, wird als Tagessatz der dreihundertste Teil der Jahreseinkünfte bis zum Höchstbetrag von 250 Euro je Tag erstattet. ⁴Der Berechnung sind die Einkünfte des letzten Kalenderjahres zugrunde zu legen, für das ein Nachweis erbracht werden kann. ⁵Kann der Nachweis nur für einen Teil des Kalenderjahres erbracht werden, so ist von den mutmaßlichen Jahreseinkünften auszugehen. ⁶Entschädigungen für Zeiträume unter acht Stunden am Tag sind anteilig zu berechnen. ⁷Bei der Ermittlung der Dauer der Teilnahme am Feuerwehr- oder Katastrophenschutzdienst ist auch die Zeit zu berücksichtigen, die für Wege zwischen der Wohnung oder Arbeitsstätte und der Dienstleistungsstätte erforderlich ist. ⁸Ohne Nachweis sind hierfür dreißig Minuten anzusetzen. ⁹Als Nachweis für eine darüber hinausgehende Wegezeit ist eine pflichtgemäße Erklärung des oder der ehrenamtlich Tätigen ausreichend.

(8) Wird der Betrieb oder die selbständige Tätigkeit während der Heranziehung durch eine Ersatzkraft oder einer eigens bestellten Vertretung fortgeführt, so werden auf Antrag anstelle der Entschädigung nach Absatz 7 die angemessenen Aufwendungen für die Ersatzkraft oder für die Vertretung erstattet, die jedoch nicht höher sein dürfen als die Entschädigung, die der oder dem ehrenamtlich Tätigen zu zahlen wäre.

§ 53 Schadensersatzleistungen an die ehrenamtlich Tätigen

(1) ¹In Ausübung dienstlicher Verrichtungen entstandene unmittelbare Schäden an Sachen einschließlich eines Kraftfahrzeuges eines Mitgliedes der Freiwilligen Feuerwehr, die üblicherweise bei der Wahrnehmung des Feuerwehrdienstes jeweils mitgeführt werden, sind durch die Stadtgemeinde auf Antrag zu ersetzen. ²Schäden, die auf dem Wege zum oder vom Dienstort eintreten, gelten als im Dienst entstanden. ³Anträge auf Schadenersatz sind innerhalb einer Ausschlussfrist von sechs Monaten zu stellen.

(2) Nicht ersetzt werden Schäden, wenn und soweit
1. eine anderweitige Ersatzmöglichkeit besteht,
2. es sich um Schäden handelt, die nach den Bestimmungen über den Kaskodeckungsschutz ausgeschlossen sind,
3. die Schäden vorsätzlich oder grob fahrlässig herbeigeführt worden sind.

(3) Tritt die Gemeinde für den Schaden ein und erlangt die oder der Geschädigte zu einem späteren Zeitpunkt einen Erstattungsanspruch gegenüber Dritten, so geht dieser auf die Stadtgemeinde in Höhe des von ihr geleisteten Ersatzes über.

(4) ¹Helferin oder Helfer im Katastrophenschutz erhalten Schadensersatz nach der Satzung oder den sonstigen Vorschriften des Trägers. ²§ 43 Absatz 1 Satz 3 gilt entsprechend.

§ 54 Haftung der ehrenamtlich Tätigen

(1) ¹Die Haftung für Schäden, die eine ehrenamtlich Tätige oder ein ehrenamtlich Tätiger in Ausübung des Dienstes bei Einsätzen, Übungen, Lehrgängen oder sonstigen Ausbildungsveranstaltungen Dritten zufügt, und die Zulässigkeit des Rückgriffs gegen die bestimmen sich nach § 839 des

Bürgerlichen Gesetzbuches und Artikel 34 des Grundgesetzes. ²Haftende Körperschaft im Sinne des Artikels 34 des Grundgesetzes ist bei Verpflichtung gegenüber einer öffentlichen Trägerschaft diese, bei Helferinnen und Helfern im Katastrophenschutz im Übrigen diejenige Körperschaft, deren Katastrophenschutzbehörde die besondere Eignung der Einheit oder Einrichtung festgestellt hat.

(2) Ehrenamtlich Tätige haften für Schäden, die sie in Ausübung ihres Dienstes bei Einsätzen, Übungen, Lehrgängen oder sonstigen Ausbildungsveranstaltungen am Eigentum der öffentlichen Hand verursachen, nur bei Vorsatz oder grober Fahrlässigkeit.

(3) Die Ersatzpflicht nach den Absätzen 1 und 2 besteht nicht, soweit der ehrenamtlich Tätige auf Weisung gehandelt hat.

(4) Für die Verjährung der Ansprüche gegen eine ehrenamtlich Tätige oder einen ehrenamtlich Tätigen und den Übergang von Ersatzansprüchen auf diese gelten die Vorschriften zur Haftungsregelung im Bremischen Beamtengesetz entsprechend.

(5) Bei Körperschäden, die eine Helferin oder ein Helfer im Katastrophenschutz einer anderen Helferin oder einem anderen Helfer zufügt, gilt die Haftungsbeschränkung nach § 106 Absatz 3 des Siebten Buches Sozialgesetzbuch.

Teil 7
Entschädigung für Vermögensschäden

§ 55 Entschädigungsregelung

(1) ¹In den Fällen des § 5 können Eigentümerinnen und Eigentümer sowie Besitzerinnen und Besitzer von der Stadtgemeinde eine Entschädigung verlangen, wenn durch die Inanspruchnahme ein Vermögensschaden an ihren beweglichen oder unbeweglichen Sachen eingetreten ist. ²Ein Ersatzanspruch ist ausgeschlossen, wenn die Maßnahmen zum Schutz des oder der Geschädigten, der zu ihrem oder seinem Haushalt gehörenden Personen oder ihrer oder seiner Betriebsangehörigen sowie ihres oder seines Vermögens getroffen worden sind. ³Entgangener Gewinn wird nicht ersetzt.

(2) Die Stadtgemeinde kann für Entschädigungen, die sie nach Absatz 1 leistet, von den von Schadensereignissen Betroffenen, denen die im Einsatz geleistete Hilfe zugute kommt, nach den Vorschriften des Bürgerlichen Gesetzbuches über die Geschäftsführung ohne Auftrag Ersatz verlangen.

(3) Für die Ansprüche nach den Absätzen 1 und 2 ist der ordentliche Rechtsweg gegeben.

(4) Die Absätze 1 bis 3 sind entsprechend anzuwenden, wenn eine Dritte oder ein Dritter, ohne nach § 5 in Anspruch genommen zu sein, durch Maßnahmen zur Schadensabwehr, die sie oder er nicht zu vertreten hat, einen billigerweise nicht zumutbaren Schaden erleidet.

Teil 8
Kosten der Hilfeleistung

§ 56 Kostenträger

(1) ¹Das Land und die Stadtgemeinden tragen jeweils diejenigen Kosten, die ihnen bei der Durchführung ihrer Aufgaben entstehen. ²§ 58 bleibt unberührt.

(2) ¹Die Stadtgemeinden gewähren Trägern der Einheiten und Einrichtungen des Katastrophenschutzes Zuweisungen nach Maßgabe ihrer Haushaltspläne. ²Sie erstatten den Trägern auf Antrag die Kosten, die durch behördlich angeordnete oder genehmigte Einsätze, Übungen oder Ausbildungsveranstaltungen entstehen.

(3) Über die bei der Durchführung des Gesetzes im stadtbremischen Überseehafengebiet Bremerhaven entstehenden Kosten wird zwischen den Stadtgemeinden Bremen und Bremerhaven eine Vereinbarung abgeschlossen.

(4) Für die vom Bund zu tragenden oder ihm zu erstattenden Kosten gilt die Kostenregelung des Zivilschutzgesetzes.

§ 57 Gebühren bei Brand- und Hilfeleistungseinsätzen der Feuerwehr und im Katastrophenschutz

(1) ¹Der Einsatz der öffentlichen Feuerwehren ist gebührenfrei bei
1. der Abwehr von Gefahren, die der Allgemeinheit oder einzelnen Personen durch Schadenfeuer drohen (abwehrender Brandschutz),
2. der Befreiung von Menschen aus lebensbedrohlichen Lagen,

3. der technischen Hilfeleistung aus Anlass von durch Naturereignisse oder Explosionen verursachten öffentlichen Notständen, Unglücksfällen oder Umweltschäden,
4. einem Einsatz, der aufgrund einer Meldung wegen vermeintlicher oder tatsächlicher Gasausströmung erfolgt,
5. der Überwachung feuergefährlicher Arbeiten in den Häfen und des Gefahrgutumschlags im Rahmen der Bremischen Hafenordnung.

²Für andere Leistungen werden Kosten nach Maßgabe der von den Stadtgemeinden zu erlassenden Feuerwehrkostenordnungen sowie anderer gebührenrechtlicher Vorschriften erhoben.
(2) ¹Katastropheneinsätze sind gebührenfrei. ²Für die überörtliche Katastrophenschutzhilfe gilt § 51.

§ 58 Gebühren und Entgelte des Rettungsdienstes
(1) ¹Für Leistungen des bodengebundenen Rettungsdienstes können zwischen den Aufgabenträgern einerseits und den Krankenkassenverbänden und zuständigen Berufsgenossenschaften (Kostenträger) andererseits Entgelte vereinbart werden. ²Diese Entgelte müssen die von den Aufgabenträgern, den Kostenträgern und den Leistungserbringern nach § 27 einvernehmlich festgestellten wirtschaftlichen Gesamtkosten des Rettungsdienstes einschließlich der Kosten nach dem Notfallsanitätergesetz vom 22. Mai 2013 (BGBl. I S. 1348) decken. ³In die wirtschaftlichen Gesamtkosten des Rettungsdienstes sind auch die Kosten für Fehleinsätze einzubeziehen. ⁴Die Vereinbarung ist zu befristen. ⁵Soweit eine Vereinbarung nach Satz 1 nicht besteht, können die Aufgabenträger Gebühren für Leistungen des Rettungsdienstes nach den jeweiligen Kostenordnungen festsetzen.
(2) ¹Sofern die Aufgabenträger mit den Kostenträgern nicht Entgelte nach Absatz 1 Satz 1 vereinbaren oder die Aufgabenträger die Gebühren für Leistungen des Rettungsdienstes nicht nach Absatz 1 Satz 5 festsetzen, können die Leistungserbringer mit den Kostenträgern Entgelte über die wirtschaftlichen Kosten des Rettungsdienstes vereinbaren. ²Hierfür bedarf es der ausdrücklichen Zustimmung des Aufgabenträgers. ³Die Entgelte können nur einheitlich für alle Leistungserbringer vereinbart werden.
(3) ¹Für Luftrettungseinsätze werden zwischen dem Aufgabenträger einerseits und den Krankenkassenverbänden und zuständigen Berufsgenossenschaften (Kostenträger) andererseits Entgelte vereinbart. ²Im Falle der Übertragung nach § 26 tritt an die Stelle des Aufgabenträgers der beauftragte Dritte. ³Im Übrigen gilt Absatz 1.

§ 59 Kostenersatz
(1) Soweit Leistungen gebührenfrei sind, bleiben Ansprüche auf Ersatz der Aufwendungen bei vorsätzlicher oder grob fahrlässiger Verursachung von Gefahr oder Schaden und in Fällen der Gefährdungshaftung unberührt.
(2) Der Aufgabenträger kann Kostenersatz von einem privaten Notruf- oder Sicherheitsdienst verlangen, wenn dessen Mitarbeiterin oder Mitarbeiter eine Notrufmeldung ohne eine für den Einsatz erforderliche Prüfung an die Einsatzleitstelle weitergeleitet hat.
(3) ¹Eigentümerinnen oder Eigentümer, Besitzerinnen oder Besitzer und Betreiberinnen oder Betreiber von Anlagen nach § 4 Absatz 4 und § 47 sind verpflichtet, dem Land und den Stadtgemeinden
1. die Kosten zu erstatten, die durch die Bekämpfung Gefahr bringender Freisetzungen aus ihrer Anlage sowie die vorläufige Beseitigung der dadurch verursachten Schäden entstanden sind,
2. die erforderlichen Mittel für
   a) Beschaffung, Installation, Erprobung der Betriebsbereitschaft,
   b) Unterhaltung und Ersatz von technischen Geräten sowie von Ausstattungs- und Ausrüstungsgegenständen, die in besonderer Weise zur Gefahrenbekämpfung bei Schadensereignissen in ihrer Anlage dienen,
   bereitzustellen und
3. die Kosten von Übungen zu erstatten, die denkbare Unfälle in ihrer Anlage zum Gegenstand haben.

²Die in Satz 1 genannten Mittel und Kosten werden durch Verwaltungsakt des Aufgabenträgers oder der Katastrophenschutzbehörde festgesetzt.
(4) ¹Werden Ausstattungsgegenstände, die im Eigentum des Landes oder der Stadtgemeinden stehen, von den Trägern der Einheiten und Einrichtungen des Katastrophenschutzes verwandt, so ist für Reparaturen, Ersatzbeschaffung, Verlust und Betrieb Kostenersatz zu leisten. ²Von dem Ersatz für

Abnutzung kann aus Billigkeitsgründen abgesehen werden. ³Das Land und die Stadtgemeinden sind von allen Ansprüchen Dritter freizustellen.

Teil 9
Ordnungswidrigkeiten

§ 60 Bußgeldvorschrift
(1) Ordnungswidrig handelt, wer vorsätzlich oder fahrlässig
1. entgegen § 4 eine Gefahr nicht meldet,
2. Räumungs-, Sicherungs- und Absperrmaßnahmen nach § 4 Absatz 3 nicht, nicht vollständig oder nicht rechtzeitig befolgt,
3. Auflagen zur Gefahrenvorbeugung nach § 4 Absatz 4 oder 5 oder seinen Verpflichtungen zur Information über gefährliche Stoffe nach § 4 Absatz 4 nicht nachkommt,
4. seiner Verpflichtung zur persönlichen Hilfeleistung nach § 5 Absatz 1 oder zu sonstigen Leistungen nach § 5 Absätze 3 bis 5 nicht, nicht vollständig oder nicht rechtzeitig nachkommt,
5. die Überprüfung nach § 19 Absatz 6 nicht zulässt, behindert oder erschwert,
6. Leistungen der Notfallversorgung nach § 24 Absatz 2 erbringt, ohne nach § 27 Absatz 1 in den öffentlichen Rettungsdienst eingebunden zu sein,
7. Personal einsetzt, das die Anforderungen nach § 30 nicht erfüllt,
8. Leistungen ohne Genehmigung nach § 34 erbringt oder Rettungsmittel einsetzt, die nicht in der Genehmigungsurkunde oder besonderen Rettungsmittellisten aufgeführt sind,
9. einer mit einer Genehmigung nach § 34 verbundenen vollziehbaren Auflage nicht, nicht vollständig oder nicht rechtzeitig nachkommt,
10. eine Auskunft nach § 46 nicht, nicht richtig, nicht vollständig oder nicht rechtzeitig erteilt.

(2) Die Ordnungswidrigkeit kann mit einer Geldbuße bis zu fünfzigtausend Euro geahndet werden.
(3) Sachlich zuständige Verwaltungsbehörde für die Verfolgung und Ahndung der Ordnungswidrigkeiten ist die jeweilige Ortspolizeibehörde.

Teil 10

§ 61 Datenverarbeitung
(1) Die für die Durchführung dieses Gesetzes zuständigen Behörden, öffentlichen Feuerwehren (§ 8), die Leistungserbringer im Rettungsdienst (§ 27) und die im Katastrophenschutz mitwirkenden privaten Träger (§ 41) dürfen im dafür erforderlichen Umfang personenbezogene Daten verarbeiten
1. von Eigentümerinnen und Eigentümern, Besitzerinnen und Besitzern oder sonstigen Verfügungsberechtigten oder Verantwortlichen von Grundstücken, baulichen Anlagen, Fahrzeugen aller Art, Betrieben, Tieren oder schutzwürdigen Sachen,
2. von Personen,
    1. die eine Gefahr melden oder nach diesem Gesetz dazu verpflichtet sind,
    2. die selbst oder deren Sachen nach diesem Gesetz zur Hilfeleistung herangezogen werden können,
    3. die sich aufgrund persönlicher oder beruflicher Voraussetzung zur Hilfeleistung schriftlich bereit erklärt haben,
    4. die aus dienstlichen, beruflichen oder mitgliedschaftlichen Gründen zur Hilfeleistung verpflichtet und über die Speicherung in geeigneter Form unterrichtet worden sind,
    5. welche die für die Gefahrenabwehr erforderlichen Angaben machen können oder
    6. die aus einer Gefahr befreit oder gerettet werden müssen.

(2) ¹Die nach Absatz 1 erhobenen Daten dürfen von den erhebenden Stellen zur Erfüllung der ihnen nach diesem Gesetz obliegenden Aufgaben für die Erstellung von Alarm- und Einsatzplänen im Rahmen des vorbeugenden Gefahrenschutzes, für die Planung und Durchführung von Aus- und Fortbildungsmaßnahmen einschließlich Übungen und für die Ausführung, zur Dokumentation und für die Abrechnung des Einsatzes verarbeitet werden. ²Sobald die genannten Zwecke erlauben, sind die Merkmale, mit deren Hilfe der Personenbezug hergestellt werden kann, gesondert zu speichern; die Merkmale sind zu löschen, sobald es die genannten Zwecke erlauben.

(3) Durch die Berufsfeuerwehren dürfen personenbezogene Daten im erforderlichen Umfang verarbeitet werden,
1. für die Beratung Betroffener über Brandverhütungsmaßnahmen,
2. für die Beratung anderer Behörden über die Durchführung von Brandverhütungsmaßnahmen,
3. für die Durchführung von Brandverhütungsschauen,
4. für die Durchführung von Brandsicherheitswachen,
5. für die Anbringung eines Sichtvermerks im Zusammenhang mit der Ausstellung eines Feuererlaubnisscheines nach der Bremischen Hafenordnung,
6. für die Überwachung feuergefährlicher Arbeiten in den Häfen und des Gefahrgutumschlags im Rahmen der Bremischen Hafenordnung einschließlich solcher, die zur Erfüllung dieser Aufgaben von Reedereien, Charterern, anderen Verfügungsberechtigten, Speditionen, Stauereien und Umschlagbetrieben beizuziehen sind.

(4) ¹Die Verarbeitung der Daten, die für die Aufgabenerfüllung einschließlich der Aufzeichnungen der Notrufe nicht mehr benötigt werden, aber aus Dokumentationsgründen aufzubewahren sind, ist einzuschränken. ²Die Einschränkung der Datenverarbeitung darf unter den in Artikel 18 der Verordnung (EU) 2016/679 des Europäischen Parlaments und des Rates vom 27. April 2016 zum Schutz natürlicher Personen bei der Verarbeitung personenbezogener Daten, zum freien Datenverkehr und zur Aufhebung der Richtlinie 95/46/EG (Datenschutz-Grundverordnung) (ABl. L 119 vom 4.5.2016, S. 1; L 314 vom 22.11.2016, S. 72) genannten Voraussetzungen nur mit Zustimmung der Leitung der Berufsfeuerwehr aufgehoben werden. ³Andere Daten, die für die Aufgabenerfüllung nicht mehr benötigt werden, sind zu löschen.

(5) Für Unternehmen, die Daten nach diesem Gesetz verarbeiten, gelten die Bestimmungen der Verordnung (EU) 2016/679 (Datenschutz-Grundverordnung) und des Bremischen Ausführungsgesetzes zur EU-Datenschutz-Grundverordnung.

§ 62 Datenverarbeitung für das Qualitätsmanagement im Rettungsdienst

(1) ¹Die von den Leistungserbringern im Rettungsdienst erhobenen personenbezogenen Daten von Notfallpatientinnen und Notfallpatienten dürfen durch die Ärztliche Leitung Rettungsdienst verarbeitet werden, soweit dies für die Kontrolle der Qualität der Erbringung ihrer Leistungen erforderlich ist. ²Zuvor ist insbesondere zu prüfen, ob diese Zwecke nicht auch durch die Verarbeitung anonymisierter oder pseudonymisierter Daten erreicht werden können. ³Soweit die Daten zum Zwecke der Qualitätskontrolle durch ein Krankenhaus (§ 4 des Bremischen Krankenhausdatenschutzgesetzes) übermittelt worden sind, dürfen sie nur zu diesem Zweck genutzt werden. ⁴Die Leistungserbringer haben diese Daten in demselben Umfang geheim zu halten wie das Krankenhaus selbst.

(2) Sobald es die genannten Zwecke erlauben, sind die Merkmale, mit deren Hilfe der Personenbezug hergestellt werden kann, gesondert zu speichern; Merkmale sind zu löschen, sobald die genannten Zwecke es erlauben.

(3) Die zum Zwecke der Qualitätskontrolle gespeicherten personenbezogenen Daten von Notfallpatientinnen und Notfallpatienten können nach Maßgabe des § 7 des Bremischen Krankenhausdatenschutzgesetzes für wissenschaftliche medizinische Forschungsvorhaben verarbeitet werden.

§ 63 Datenerhebung und Zweckbindung

(1) ¹Personenbezogene Daten, deren Verarbeitung nach § 61 zulässig ist, dürfen grundsätzlich nur bei Betroffenen mit deren Kenntnis erhoben werden. ²Ohne Kenntnis der Betroffenen dürfen sie für die Durchführung der Gefahrenabwehr bei Dritten erhoben werden, wenn sie bei der oder dem Betroffenen nicht oder nicht rechtzeitig erhoben werden können. ³Dies gilt insbesondere, wenn der Schutz von Leben und Gesundheit dieses erfordert. ⁴Satz 2 gilt entsprechend für die Erhebung von Daten zur Abrechnung des Einsatzes.

(2) Personenbezogene Daten, deren Verarbeitung nach § 62 zulässig ist, dürfen ohne Einwilligung und Kenntnis der Betroffenen nicht erhoben werden.

(3) ¹Für die Beratung anderer öffentlicher Stellen im Rahmen von Brandverhütungsmaßnahmen dürfen personenbezogene Daten auch bei ihnen erhoben werden. ²Das Erheben kann in diesen Fällen im automatisierten Verfahren erfolgen. ³Die Daten dürfen nur für die Beratung der anfordernden öffentlichen Stelle verwendet werden. ⁴Erfolgt die Beratung über Brandverhütungsmaßnahmen bei Gebäuden, Betrieben oder anderen Einrichtungen, bei denen eine erhöhte Brandgefahr besteht oder

eine größere Zahl von Menschen gefährdet sein kann, dürfen die erhobenen Daten im erforderlichen Umfange für die Erstellung von Einsatzplänen verwendet werden.

(4) [1]Wird von einer anderen öffentlichen Stelle eine Brandsicherheitswache angeordnet, können die für deren Durchführung erforderlichen personenbezogenen Daten bei der anordnenden Stelle erhoben werden. [2]Die Daten dürfen nur für die Durchführung der Brandsicherheitswache verwendet werden.

(5) [1]Für die Durchführung der Aufgaben nach § 12 Nummer 2 können die erforderlichen personenbezogenen Daten ohne Kenntnis der oder des Betroffenen bei den hierfür zuständigen öffentlichen Stellen erhoben werden, soweit keine Anhaltspunkte dafür bestehen, dass schutzwürdige Belange der oder des Betroffenen beeinträchtigt werden können. [2]Bei Dritten außerhalb des öffentlichen Bereichs dürfen solche Daten nur mit Einwilligung der oder des Betroffenen erhoben werden. [3]Ohne Einwilligung und Kenntnis der oder des Betroffenen dürfen Daten bei Dritten außerhalb des öffentlichen Bereichs nur erhoben werden, wenn es einen unverhältnismäßigen Aufwand erfordern würde, die Einwilligung einzuholen oder die oder den Betroffenen zu benachrichtigen, und keine Anhaltspunkte dafür bestehen, dass schutzwürdige Belange der oder des Betroffenen beeinträchtigt werden können. [4]Die Daten können im automatisierten Verfahren erhoben werden.

(6) Die Feuerwehr darf zur Personalverwaltung und zur Sicherstellung der Einsatzbereitschaft die erforderlichen personenbezogenen Daten der Mitglieder der Freiwilligen Feuerwehr verarbeiten.

(7) [1]Die Einsatzfahrzeuge des Rettungsdienstes dürfen zur Eigensicherung Bildaufzeichnungen von dem das Rettungsfahrzeug unmittelbar umgebenden Raum anfertigen. [2]Die Maßnahme darf auch durchgeführt werden, wenn Dritte unmittelbar betroffen werden. [3]Die Aufzeichnungen sind unverzüglich zu löschen oder zu vernichten, soweit nicht die Aufbewahrung zur Verfolgung von Straftaten gegen Rettungskräfte oder Güter des Rettungsdienstes weiterhin erforderlich ist.

(8) [1]Der Einsatz von unbemannten Luftfahrtsystemen ist zur Aufklärung eines Lagebildes zulässig. [2]Die Feuerwehr darf die daraus erhobenen Daten für einsatztaktische Entscheidungen, für die Planung und Durchführung von Aus- und Fortbildungsmaßnahmen einschließlich Übungen verarbeiten. [3]Die Maßnahmen dürfen auch durchgeführt werden, wenn Dritte unvermeidbar betroffen werden. [4]Die Daten, die für die Aufgabenerfüllung nicht mehr benötigt werden, sind zu löschen.

§ 64 Datenübermittlung

(1) Die im automatisierten und im nichtautomatisierten Verfahren erhobenen und gespeicherten personenbezogenen Daten dürfen aus aufgabenbezogenen Anlässen übermittelt werden,
1. wenn dies zur rechtmäßigen Erfüllung der in ihrer Zuständigkeit oder der Zuständigkeit der Empfängerin oder des Empfängers liegenden Aufgaben erforderlich ist,
2. an öffentliche Stellen zur Erfüllung ihrer Aufgaben nach § 61 Absatz 2.

(2) Eine Übermittlung an Dritte ist nur zulässig, soweit dies erforderlich ist
1. für die Festsetzung und Erhebung von Gebühren und Entgelten oder
2. zur Unterrichtung von Angehörigen oder anderen Bezugspersonen.

(3) Die von der Einsatzleitstelle übermittelten und die bei der Durchführung eines Einsatzes erhobenen personenbezogenen Daten dürfen nur verarbeitet werden, soweit dieses erforderlich ist für
1. Zwecke des Nachweises der ordnungsgemäßen Ausführung, der Dokumentation und der Abrechnung des Einsatzes,
2. Zwecke der Qualitätssicherung und -kontrolle des Rettungsdienstes durch die Ärztliche Leitung Rettungsdienst,
3. Zwecke der weiteren ärztlichen Versorgung der Patientin oder des Patienten,
4. Zwecke der Unterrichtung von Angehörigen, soweit die Patientin oder der Patient dieses wünscht oder Anhaltspunkte dafür bestehen, dass dieses ihrem oder seinem mutmaßlichen Willen entspricht.

(4) [1]In der Einsatzleitstelle erhobene personenbezogene Daten zu Notrufen, die ausschließlich polizeiliche Einsätze betreffen, dürfen nach Weiterleitung des Notrufs wie Daten für Feuerwehreinsätze dokumentiert werden. [2]Die personenbezogenen Daten sind für die Nutzung einzuschränken.

§ 65 Rechtsverordnung zu Datenschutzregelungen

Der Senator für Inneres wird ermächtigt, durch Rechtsverordnung nähere Bestimmungen insbesondere zu Speicherfristen und technischen und organisatorischen Maßnahmen über die nach §§ 61 bis 64 zu erhebenden und zu verarbeitenden personenbezogenen Daten, deren Verwendungszweck, die Datenempfängerin oder die Datenempfänger sowie die Form der Datenübermittlung zu treffen.

Teil 11
Schlussvorschriften

§ 66 Einschränkung von Grundrechten
Die Grundrechte auf körperliche Unversehrtheit (Artikel 2 Absatz 2 Satz 1 des Grundgesetzes), Freiheit der Person (Artikel 2 Absatz 2 Satz 2 des Grundgesetzes), Freizügigkeit (Artikel 11 des Grundgesetzes), Unverletzlichkeit der Wohnung (Artikel 13 des Grundgesetzes) und Unverletzlichkeit des Eigentums (Artikel 14 des Grundgesetzes) werden nach Maßgabe dieses Gesetzes eingeschränkt.

§ 67 Zuständigkeiten anderer Behörden
Die Zuständigkeiten anderer Behörden für die Gefahrenabwehr bleiben unberührt.

§ 68 Erlass von Verwaltungsvorschriften
Der Senator für Inneres erlässt die zur Durchführung des Gesetzes erforderlichen Verwaltungsvorschriften im Einvernehmen mit der jeweils zuständigen Fachsenatorin oder dem jeweils zuständigen Fachsenator.

§ 69 Übergangsregelungen
(1) [1]Anerkennungen als Werkfeuerwehr nach bisherigem Recht gelten fort. [2]Ihr Widerruf richtet sich nach den Vorschriften dieses Gesetzes.
(2) Genehmigungen zur unternehmerischen Betätigung im Krankentransport gelten bis zum Ablauf der Befristung fort.

§ 70 Aufteilung der Feuerschutzsteuer
[1]Die Einnahmen aus der Feuerschutzsteuer werden auf die Stadtgemeinden Bremen und Bremerhaven aufgeteilt. [2]Für die Berechnung der Anteile werden zunächst die Kosten für die Ausbildung bei den Berufsfeuerwehren Bremen und Bremerhaven von dem Gesamtaufkommen der Feuerschutzsteuer abgezogen. [3]Der verbleibende Betrag wird zu jeweils 50 Prozent nach dem Verhältnis der Bevölkerungszahlen und nach dem Verhältnis der Dienstposten in den Wachabteilungen in den Berufsfeuerwehren aufgeteilt. [4]Hierbei sind die Bevölkerungszahlen und die Anzahl der Dienstposten vom 1. Januar des dem Abrechnungsjahr vorausgegangenen Kalenderjahrs zugrunde zu legen. [5]Den so ermittelten Anteilen werden die zuvor abgezogenen Ausbildungskosten zugeschlagen.

§ 71 Inkrafttreten, Außerkrafttreten
(1) Dieses Gesetz tritt am Tage nach seiner Verkündung in Kraft.
(2) Gleichzeitig tritt das Bremische Hilfeleistungsgesetz in der Fassung der Bekanntmachung vom 19. März 2009 (Brem.GBl. S. 105 – 2132-a-1), das zuletzt durch Artikel 3 des Gesetzes vom 20. Oktober 2015 (Brem.GBl. S. 464) geändert worden ist, außer Kraft.

Verordnung über die Ermittlungspersonen der Staatsanwaltschaft

Vom 5. Dezember 1995 (Brem.GBl. S. 529)
(300-c-1)
zuletzt geändert durch VO vom 19. Oktober 2004 (Brem.GBl. S. 555)

Aufgrund des § 152 Abs. 2 Satz 1 des Gerichtsverfassungsgesetzes in der Fassung der Bekanntmachung vom 9. Mai 1975 (BGBl. I S. 1077), das zuletzt durch Artikel 2 des Gesetzes vom 16. Juni 1995 (BGBl. I S. 818) geändert worden ist, verordnet der Senat:

§ 1

(1) Die – männlichen und weiblichen – Angehörigen folgender Beamten- und Angestelltengruppen sind Ermittlungspersonen der Staatsanwaltschaft:

I. **bei der Bundesfinanzverwaltung:**
1. Außenprüfungs- und Steueraufsichtsdienst:
   Regierungsräte[1]
   Zolloberamtsräte[1]
   Zollamtsräte[1]
   Zollamtmänner
   Zolloberinspektoren
   Zollinspektoren
   Zollbetriebsinspektoren
   Zollhauptsekretäre
   Zollobersekretäre[2]
   Zollsekretäre[2]
2. Grenzaufsichtsdienst und Grenzabfertigungsdienst:
   Regierungsräte[1]
   Zolloberamtsräte[1]
   Zollamtsräte[1]
   Zollamtmänner
   Zolloberinspektoren
   Zollinspektoren
   Zollbetriebsinspektoren
   Zollschiffsbetriebsinspektoren
   Zollhauptsekretäre
   Zollschiffshauptsekretäre
   Zollobersekretäre[2]
   Zollschiffsobersekretäre[2]
   Zollsekretäre[2]
   Zollschiffssekretäre[2]
3. Forstdienst:
   Forstoberamtsräte
   Forstamtsräte
   Forstamtmänner
   Forstoberinspektoren
   Forstinspektoren
   Forstamtsinspektoren
   Forsthauptsekretäre
   Forstobersekretäre[2]
   Forstsekretäre[2]

---

1) Sofern sie nicht Leiter einer selbständigen Dienststelle sind.
2) Sofern sie mindestens vier Jahre in dem der Beamtengruppe entsprechenden Dienst oder im Polizeidienst des Bundes oder eines Landes tätig sind und das 21. Lebensjahr vollendet haben.

Forstassistenten[2)]
- als Forstbetriebsbeamte im Außendienst -
II. **bei der Polizei:**
1. Kriminalpolizei:
   Erste Kriminalhauptkommissare
   Kriminalhauptkommissare
   Kriminaloberkommissare
   Kriminalkommissare[2)]
   Kriminalhauptmeister
   Kriminalobermeister[2)]
   Kriminalmeister[2)]
2. Schutz-, Wasserschutz- und Bereitschaftspolizei:
   Erste Polizeihauptkommissare
   Polizeihauptkommissare
   Polizeioberkommissare
   Polizeikommissare[2)]
   Polizeihauptmeister
   Polizeiobermeister[2)]
   Polizeimeister[2)]
3. Verwaltungspolizei:
   Veterinärdirektoren
   Chemiedirektoren
   Veterinäroberräte
   Chemieoberräte
   Veterinärräte
   Chemieräte
   Amtsräte
   Verwaltungsamtmänner
   Verwaltungsoberinspektoren
   Verwaltungsinspektoren
   Amtsinspektoren
   Gewerbepolizeihauptsekretäre
   Gewerbepolizeiobersekretäre
   Gewerbepolizeisekretäre[2)]
   Gewerbepolizeiassistenten[2)]
   - als Beamte im Außendienst der Verwaltungspolizei -
III. **bei der Fischereiverwaltung:**
   Fischereidirektoren[1)]
   Fischereioberräte[1)]
   Fischereiräte[1)]
   Fischereiamtsinspektoren
   Fischereihauptsekretäre
   Fischereiobersekretäre
   Fischereisekretäre[2)]
   Fischereiassistenten[2)]
   nebenamtliche Fischereiaufseher[2)3)]

---

1) Sofern sie nicht Leiter einer selbständigen Dienststelle sind.
2) Sofern sie mindestens vier Jahre in dem der Beamtengruppe entsprechenden Dienst oder im Polizeidienst des Bundes oder eines Landes tätig sind und das 21. Lebensjahr vollendet haben.
3) Sofern sie mit der Fischereiaufsicht staatlich beauftragt und im Hauptamt Beamte des Bundes, des Landes, einer Gemeinde oder eines Gemeindeverbandes sind.

IV. bei der Bergverwaltung:
  Bergdirektoren[1]
  Bergoberräte[1]
  Bergräte
  Bergoberamtsräte
  Bergamtsräte
  Bergamtmänner
  Bergoberinspektoren
  Berginspektoren
  – an den Bergämtern –
V. bei der Staatsanwaltschaft:
  Wirtschaftsfachkräfte, sofern sie
  1. sich mindestens in der Besoldungsgruppe A11 befinden oder
  2. als Angestellte einer vergleichbaren Vergütungsgruppe angehören und mindestens zwei Jahre in einer der in dieser Verordnung bezeichneten Beamten- oder Angestelltengruppe tätig gewesen sind.

(2) Ermittlungspersonen der Staatsanwaltschaft sind auch die in einem anderen Bundesland als Ermittlungspersonen der Staatsanwaltschaft bezeichneten Beamten, die berechtigt sind, im Lande Bremen polizeiliche Aufgaben wahrzunehmen.

(3) Beamte im Beamtenverhältnis auf Probe stehen grundsätzlich den Beamten ihrer Laufbahngruppe gleich, Beamte im gehobenen Dienst jedoch nur, sofern sie ihre Fach- oder Laufbahnprüfung abgelegt haben oder mindestens zwei Jahre in einer der in dieser Verordnung bezeichneten Beamtengruppen tätig gewesen sind.

§ 2
Unberührt bleibt die Bestellung zu Ermittlungspersonen der Staatsanwaltschaft kraft Gesetzes.

§ 3
(1) Diese Verordnung tritt am 1. Januar 1996 in Kraft.
(2) Gleichzeitig tritt die Verordnung über die Hilfsbeamten der Staatsanwaltschaft vom 5. Februar 1991 (Brem.GBl. S. 61 – 300-c-1) außer Kraft.

---

1) Sofern sie nicht Leiter einer selbständigen Dienststelle sind.

Bremisches Nichtraucherschutzgesetz (BremNiSchG)

Vom 18. Dezember 2007 (Brem.GBl. S. 515)
(2127-g-1)
zuletzt geändert durch G vom 6. Juni 2018 (Brem.GBl. S. 254)

Der Senat verkündet das nachstehende von der Bürgerschaft (Landtag) beschlossene Gesetz:

§ 1 Ziel
(1) Ziel dieses Gesetzes ist es, das Leben und die Gesundheit von Nichtraucherinnen und Nichtrauchern vor den vom Rauchen ausgehenden Gesundheitsgefahren zu schützen und Vorsorge vor dem Entstehen solcher Gefahren zu treffen.
(2) Andere Vorschriften, die dem in Absatz 1 genannten Ziel dienen, bleiben unberührt.

§ 2 Rauchverbot
(1) ¹Das Rauchen ist verboten in vollständig oder weitgehend umschlossenen Räumen von
1. Behörden, Dienststellen und sonstigen Einrichtungen des Landes und der Stadtgemeinden, den der Aufsicht des Landes und der Stadtgemeinden unterstehenden juristischen Personen des öffentlichen Rechts sowie den Unternehmen in der Rechtsform des privaten Rechts, an denen das Land oder die Stadtgemeinden mit Mehrheit beteiligt sind;
2. Krankenhäusern sowie Vorsorge- und Rehabilitationseinrichtungen im Sinne des § 107 des Fünften Buches Sozialgesetzbuch unabhängig von ihrer Trägerschaft;
3. Heimen im Sinne des § 1 des Heimgesetzes;
4. Studierendenheimen;
5. Erziehungs- und Bildungseinrichtungen:
    a) Schulen in öffentlicher und privater Trägerschaft,
    b) Einrichtungen der Kinder- und Jugendhilfe nach § 45 Abs. 1 des Achten Buches Sozialgesetzbuch unabhängig davon, ob diese einer Erlaubnis bedürfen,
    c) Einrichtungen der Erwachsenenbildung unabhängig von ihrer Trägerschaft,
    d) staatlichen Hochschulen im Sinne des § 1 Abs. 2 des Bremischen Hochschulgesetzes sowie staatlich anerkannten und anderen nichtstaatlichen Universitäten;
6. Sporthallen, Hallenbädern und sonstigen Einrichtungen, die der Ausübung von Sport dienen;
7. Einrichtungen, die der Bewahrung, Vermittlung, Aufführung und Ausstellung insbesondere politischer, wirtschaftlicher, künstlerischer, unterhaltender, soziokultureller oder historischer Inhalte oder Werke dienen, unabhängig von ihrer Trägerschaft, soweit sie der Nutzung durch die Öffentlichkeit bestimmt sind;
8. Einrichtungen, in denen gewerbsmäßig Getränke oder zubereitete Speisen zum Verzehr an Ort und Stelle verabreicht werden (Gaststätten), Hotels sowie Diskotheken;
9. Einrichtungen in Häfen und auf Flughäfen, soweit sie von Passagieren genutzt werden;
10. Einkaufszentren und Einkaufspassagen;
11. Spielhallen oder ähnlichen Unternehmen im Sinne des § 1 des Bremischen Spielhallengesetzes.

²Das Rauchverbot nach Satz 1 erstreckt sich auch auf Dienstwagen, deren Halter Einrichtungen nach Nummer 1 sind.
(2) Bei Einrichtungen nach Absatz 1 Satz 1 Nr. 5 Buchstabe a und b gilt das Rauchverbot auch auf dem dazugehörigen Außengelände.
(3) Das Rauchen ist verboten auf öffentlich und temporär öffentlich zugänglichen Kinderspielplätzen.

§ 3 Ausnahmen vom Rauchverbot
(1) Das Rauchverbot nach § 2 Abs. 1 gilt nicht für Räume, die zu Wohnzwecken oder zur alleinigen privaten Nutzung überlassen sind.
(2) ¹In Justizvollzugsanstalten und vergleichbaren Einrichtungen gilt das Rauchverbot nach § 2 Abs. 1 nicht in den zur alleinigen Nutzung überlassenen Hafträumen und in den vollständig umschlossenen Räumen, in denen die Leitung der Einrichtung das Rauchen zulässt. ²Das Rauchverbot nach § 2 Abs. 1 gilt nicht in von der Leitung der Einrichtung ausgewiesenen Räumen der Staatsanwaltschaften

und der Behörden des Polizeivollzugsdienstes, soweit dort Vernehmungen durchgeführt werden und der zu vernehmenden Person das Rauchen gestattet wird.

(3) ¹In den in § 2 Abs. 1 Satz 1 Nr. 2 genannten Einrichtungen können Ausnahmen vom Rauchverbot nach § 2 Abs. 1 für solche Patientinnen und Patienten zugelassen werden, die sich im Bereich der Palliativmedizin befinden, sich zu einer psychiatrischen Behandlung oder aufgrund einer gerichtlich angeordneten Unterbringung in einer geschlossenen Abteilung des Krankenhauses aufhalten oder bei denen die Untersagung des Rauchens dem Therapieziel entgegensteht. ²Die Entscheidung, ob im Einzelfall das Rauchen erlaubt werden soll, trifft die behandelnde Ärztin oder der behandelnde Arzt. ³Die Leitung des Krankenhauses hat in den Fällen des Satzes 1 Vorkehrungen zu treffen, um die Rauchfreiheit im Krankenhaus und den gesundheitlichen Schutz der übrigen sich im Krankenhaus aufhaltenden Personen soweit wie möglich zu gewährleisten. ⁴Soweit die Leitung des Krankenhauses für die in Satz 1 genannten Patientinnen oder Patienten entsprechende Räumlichkeiten zur Verfügung stellt, sollen diese so gelegen und beschaffen sein, dass sie das Ziel dieses Gesetzes nicht beeinträchtigen.

(4) ¹In Heimen im Sinne des § 1 des Heimgesetzes kann die Leitung Ausnahmen für Raucherinnen und Raucher zulassen, denen kein Wohnraum zur alleinigen Nutzung überlassen ist oder wenn dieses zur Aufrechterhaltung eines ordnungsgemäßen Heimbetriebes erforderlich ist. ²Absatz 3 Satz 3 und 4 gilt entsprechend.

(5) ¹In Studierendenheimen kann die Leitung im Einzelfall Ausnahmen für Raucherinnen und Raucher zulassen, denen kein Wohnraum zur alleinigen Nutzung überlassen ist. ²Absatz 3 Satz 3 und 4 gilt entsprechend.

(6) ¹Abweichend von § 2 Absatz 1 können in den in § 2 Absatz 1 Satz 1 Nummer 8 und Nummer 11 genannten Gaststätten und Spielhallen oder ähnlichen Unternehmen vollständig umschlossene Nebenräume eingerichtet werden, in denen das Rauchen gestattet ist. ²Voraussetzung hierfür ist, dass diese Nebenräume baulich so abgetrennt werden, dass eine Gefährdung anderer durch passives Rauchen verhindert wird und die Nebenräume ausdrücklich als Raucherräume gekennzeichnet werden. ³In Diskotheken dürfen diese Nebenräume nicht mit einer Tanzfläche ausgestattet sein. ⁴Die in den Sätzen 1 und 3 genannten Nebenräume dürfen von Personen mit nicht vollendetem 18. Lebensjahr nicht betreten werden. ⁵Hierauf ist bei der Kennzeichnung dieser Nebenräume nach Satz 2 ausdrücklich hinzuweisen.

(7) ¹Abweichend von § 2 Abs. 1 kann die Betreiberin oder der Betreiber einer in § 2 Abs. 1 Satz 1 Nr. 8 genannten Gaststätte das Rauchen in der Gaststätte zulassen, wenn folgende Bedingungen erfüllt sind:
1. die Gaststätte verfügt über keinen abgetrennten Nebenraum,
2. der Gastraum überschreitet nicht die Fläche von 75 m²,
3. Personen mit nicht vollendetem 18. Lebensjahr ist der Zugang zu verwehren,
4. in der Gaststätte werden keine oder nur einfach zubereitete Speisen zum Verzehr an Ort und Stelle als untergeordnete Nebenleistung verabreicht und
5. die Gaststätte wird im Eingangsbereich deutlich als Rauchergaststätte gekennzeichnet, zu der Personen mit nicht vollendetem 18. Lebensjahr keinen Zutritt haben.

²Satz 1 gilt für Gaststätten in Einkaufszentren und Einkaufspassagen nach § 2 Abs. 1 Satz 1 Nr. 10 nur, wenn sie zur Verkehrsfläche abgeschlossen und nur durch eine Tür zu betreten sind, die geschlossen zu halten ist.

(8) Die Leitung einer Einrichtung nach § 2 Abs. 1 Satz 1 Nr. 1 kann auf Antrag im Einzelfall Ausnahmen vom Rauchverbot nach § 2 Abs. 1 zulassen, wenn Räume der Einrichtung für besondere historisch oder traditionell gewachsene Veranstaltungen genutzt werden sollen.

(9) Das Rauchverbot nach § 2 Abs. 1 gilt nicht bei künstlerischen Darbietungen in Einrichtungen nach § 2 Abs. 1 Satz 1 Nr. 7, bei denen das Rauchen als Teil der Darbietung Ausdruck der Kunstfreiheit ist.

§ 4 Hinweispflicht

An den Orten, für die nach § 2 ein Rauchverbot besteht, ist dies deutlich sichtbar kenntlich zu machen.

§ 5 Verantwortlichkeit für die Umsetzung des Rauchverbotes

[1]Verantwortlich für die Einhaltung des Rauchverbotes nach § 2 sowie für die Erfüllung der Hinweispflicht nach § 4 sind im Rahmen ihrer Befugnisse
1. die Leitung der jeweiligen Einrichtung im Sinne von § 2 Abs. 1 Satz 1 Nrn. 1 bis 7 und 9 sowie Satz 2,
2. der Betreiber oder die Betreiberin der Gaststätte, des Hotels oder der Diskothek im Sinne von § 2 Abs. 1 Satz 1 Nr. 8 oder der Spielhalle oder ähnlichen Unternehmen im Sinne von § 2 Absatz 1 Satz 1 Nummer 11.

[2]Soweit den Verantwortlichen nach Satz 1 ein Verstoß gegen das Rauchverbot bekannt wird, haben sie die notwendigen Maßnahmen zu ergreifen, um weitere Verstöße zu verhindern.

§ 6 Ordnungswidrigkeiten

(1) Ordnungswidrig handelt, wer vorsätzlich oder fahrlässig
1. entgegen § 2 in einem Rauchverbotsbereich raucht, ohne dass eine Ausnahme nach § 3 vorliegt,
2. einer Hinweispflicht nach § 3 Abs. 6 Satz 2 und 5, Abs. 7 Satz 1 Nr. 5 oder § 4 nicht nachkommt,
3. zulässt, dass in Gaststätten, Spielhallen oder ähnlichen Unternehmen geraucht wird, ohne dass die Voraussetzungen nach § 3 Abs. 6 oder 7 vorliegen oder in Spielhallen oder ähnlichen Unternehmen im Sinne von § 2 Absatz 1 Satz 1 Nummer 11 oder
4. entgegen seinen Verpflichtungen nach § 5 Satz 2 nicht die erforderlichen Maßnahmen ergreift, um weitere Verstöße zu verhindern.

(2) Die Ordnungswidrigkeit kann
1. im Fall von Absatz 1 Nr. 1 mit einer Geldbuße von bis zu 500 Euro,
2. im Fall von Absatz 1 Nr. 2 bis 4 mit einer Geldbuße von bis zu 2.500 Euro

geahndet werden.

(3) [1]Sachlich zuständige Verwaltungsbehörde für die Verfolgung und Ahndung von Ordnungswidrigkeiten nach Absatz 1 ist in der Stadtgemeinde Bremen das Ordnungsamt und in der Stadtgemeinde Bremerhaven der Magistrat der Stadt Bremerhaven. [2]Abweichend von Satz 1 ist zuständige Verwaltungsbehörde für die Verfolgung und Ahndung von Ordnungswidrigkeiten bei Verstößen gegen das Rauchverbot in den in § 2 Abs. 1 Satz 1 Nr. 5 Buchstabe a genannten Einrichtungen und dem dazu gehörenden Außengelände in der Stadtgemeinde Bremen die Senatorin für Wissenschaft, Gesundheit und Verbraucherschutz, in der Stadtgemeinde Bremerhaven der Magistrat der Stadt Bremerhaven.

§ 7 Inkrafttreten

[1]Dieses Gesetz tritt am 1. Januar 2008 in Kraft. [2]Gleichzeitig tritt das Bremische Gesetz zur Gewährleistung der Rauchfreiheit von Krankenhäusern, Tageseinrichtungen für Kinder und von Schulen vom 18. Juli 2006 (Brem.GBl. S. 349 – 2127-g-1) außer Kraft.

Verordnung über die Zuständigkeit der Verwaltungsbehörden nach dem Versammlungsgesetz

Vom 9. Februar 1993 (Brem.GBl. S. 63)
(2170-a-1)

Aufgrund des § 79 Abs. 3 des Bremischen Polizeigesetzes vom 21. März 1983 (Brem.GBl. S. 141, 301 – 205-a-1), das zuletzt durch Artikel 3 § 9 des Gesetzes vom 18. Februar 1992 (Brem.GBl. S. 31) geändert worden ist, verordnet der Senat:

§ 1

(1) Sachlich zuständige Verwaltungsbehörden nach § 14 Abs. 1, § 15 Abs. 1, § 17a Abs. 3 und 4 sowie § 18 Abs. 2 des Versammlungsgesetzes in der Fassung der Bekanntmachung vom 15. November 1978 (BGBl. I S. 1790), das zuletzt durch Artikel 3 Abs. 1 des Gesetzes vom 9. Juni 1989 (BGBl. I S. 1059) geändert worden ist, sind die Ortspolizeibehörden.

(2) Die zum Erscheinen mit Waffen zu einer öffentlichen Versammlung oder zu einem Aufzug nach § 2 Abs. 3 des Versammlungsgesetzes erforderlichen behördlichen Ermächtigungen erteilen

a) soweit es sich um Veranstaltungen handelt, bei denen es herkömmlichem Brauch entspricht, Waffen mitzuführen, die Ortspolizeibehörden,

b) in den übrigen Fällen der Senator für Inneres.

(3) Oberste Landesbehörde nach § 3 Abs. 2 Satz 2 des Versammlungsgesetzes ist die Senatorin für Soziales, Jugend, Frauen, Integration und Sport.

§ 2

[1]Diese Verordnung tritt am Tage nach ihrer Verkündung in Kraft. [2]Gleichzeitig tritt die Verordnung über die Zuständigkeit der Verwaltungsbehörden nach dem Versammlungsgesetz vom 21. Dezember 1965 (Brem.GBl. S. 158 – 2170-a-1) außer Kraft.

Bremisches Gesetz zum Schutz des Bodens (Bremisches Bodenschutzgesetz – BremBodSchG)[1)]

Vom 27. August 2002 (Brem.GBl. S. 385)
(2129-g-1)
zuletzt geändert durch Art. 1 des G vom 15. Dezember 2015 (Brem.GBl. S. 622)

Inhaltsübersicht

Teil 1:
Allgemeine Bestimmungen
§ 1 Aufgaben und Pflichten der zuständigen Behörden
§ 2 Pflichten anderer Behörden und öffentlicher Planungsträger
§ 3 Mitteilungspflichten
§ 4 Mitwirkungs- und Duldungspflichten
§ 5 Ergänzende Vorschriften bei schädlichen Bodenveränderungen
§ 6 Kosten

Teil 2:
Gebietsbezogener Bodenschutz
§ 7 Belange des flächenhaften Bodenschutzes
§ 8 Verfahren
§ 9 Dauerbeobachtungsflächen

Teil 3:
Erfassung und Überwachung von Boden- und Altlasteninformationen
§ 10 Bodeninformationssystem
§ 11 Übermittlung und Nutzung von Daten

Teil 4:
Entschädigungen und Schlussvorschriften
§ 12 Information der betroffenen Öffentlichkeit
§ 13 Zwangsmittel gegen Behörden und Personen des öffentlichen Rechts
§ 14 Ausgleichsleistungen und Schadenersatz
§ 15 Sachverständige
§ 16 Zuständigkeiten
§ 17 Ordnungswidrigkeiten

Teil 1
Allgemeine Bestimmungen

§ 1 Aufgaben und Pflichten der zuständigen Behörde
(1) Die zuständige Behörde hat darüber zu wachen, dass die Bestimmungen des Bundes-Bodenschutzgesetzes, dieses Gesetzes und der aufgrund dieser Gesetze erlassenen Rechtsverordnungen eingehalten und auferlegte Verpflichtungen erfüllt werden.
(2) Zur Erfüllung der sich aus diesem Gesetz und der darauf gestützten Rechtsverordnungen ergebenden Pflichten kann die zuständige Behörde die erforderlichen Anordnungen treffen.

§ 2 Pflichten anderer Behörden und öffentlicher Planungsträger
(1) Ist ein Vorhaben, das nach anderen Vorschriften einer Zulassung bedarf, geeignet, schädliche Bodenveränderungen oder die Besorgnis schädlicher Bodenveränderungen hervorzurufen, so ergeht die Entscheidung im Benehmen mit der zuständigen Behörde.
(2) [1]Behörden und sonstige Einrichtungen des Landes sowie die Körperschaften, Anstalten und Stiftungen des öffentlichen Rechts haben bei Planungen, Maßnahmen und sonstigen eigenen Vorhaben vor der Inanspruchnahme von nicht versiegelten, nicht baulich veränderten oder unbebauten Flächen zu prüfen, ob eine Wiedernutzung von ehemals genutzten und bereits versiegelten, baulich veränderten oder bebauten Flächen möglich ist. [2]Die Wiedernutzung soll erfolgen, soweit dies technisch möglich und wirtschaftlich zumutbar ist.
(3) Behörden und sonstige Einrichtungen des Landes sowie die Körperschaften, Anstalten und Stiftungen des öffentlichen Rechts sind verpflichtet, die ihnen vorliegenden Erkenntnisse über schädliche Bodenveränderungen oder Altlasten der zuständigen Behörde mitzuteilen.

---
1) Verkündet als Art. 1 d. G v. 27. 8. 2002 S. 385.

§ 3 Mitteilungspflichten

(1) [1]Die in § 4 Abs. 3 und 6 des Bundes-Bodenschutzgesetzes genannten Personen sind verpflichtet, konkrete Anhaltspunkte im Sinne von § 3 Abs. 1 und 2 der Bundes-Bodenschutz- und Altlastenverordnung sowie konkrete Umstände, die den Verdacht rechtfertigen, dass eine schädliche Bodenveränderung oder Altlast vorliegt, unverzüglich der zuständigen Behörde mitzuteilen. [2]Die Pflicht nach Satz 1 erstreckt sich bei Baumaßnahmen, Baugrundsondierungen, Ausschachtungen oder ähnlichen Eingriffen in den Untergrund auch auf den Bauherrn. [3]Der Bauleiter, der Unternehmer sowie der mit Untersuchungen des Baugrundes beauftragte Gutachter haben den jeweiligen Auftraggeber über Anhaltspunkte und Umstände im Sinne von Satz 1, die ihnen offenbart werden, unter Hinweis auf seine Mitteilungspflicht in Kenntnis zu setzen. [4]Die Anzeigepflichten nach § 102 des Bremischen Wassergesetzes bleiben unberührt.

(2) Führen Maßnahmen zur Abwehr und Sanierung schädlicher Bodenveränderungen oder Altlasten dazu, dass Bodenmaterialien als Abfälle zur Verwertung oder zur Beseitigung entsorgt werden sollen, hat der Entsorgungspflichtige die für Abfallüberwachung zuständige Behörde in Kenntnis zu setzen.

(3) [1]Wer Materialien auf oder in den Boden nach § 12 der Bundes-Bodenschutz- und Altlastenverordnung in einer Gesamtmenge je Vorhaben von über 1.600 m^3 auf- oder einbringt oder hierzu einen Auftrag erteilt, hat dies der zuständigen Behörde unter Angabe der Herkunft, der Lage der betroffenen Fläche, der Art und des Zwecks der Maßnahme, des Materials sowie dessen Inhaltsstoffe und Menge anzuzeigen. [2]Die Anzeigepflicht besteht nicht, wenn die Maßnahme Gegenstand eines verbindlichen Sanierungsplanes nach § 13 Abs. 6 des Bundes-Bodenschutzgesetzes oder einer anderen behördlichen Entscheidung ist, an der die zuständige Behörde zu beteiligen war. [3]Die Anzeige soll möglichst frühzeitig vor Beginn der Maßnahme bei der zuständigen Behörde eingehen.

(4) [1]Sanierungsmaßnahmen nach § 2 Abs. 7 des Bundes-Bodenschutzgesetzes, denen nicht eine Anordnung nach §§ 10 und 16 des Bundes-Bodenschutzgesetzes oder ein Sanierungsplan nach § 13 Abs. 1 des Bundes-Bodenschutzgesetzes zugrunde liegt, sollen der zuständigen Behörde möglichst frühzeitig vor ihrer Durchführung schriftlich angezeigt werden. [2]Anzeigepflichtig sind die in Absatz 1 Satz 1 und 2 genannten Personen. [3]Gegenstand der Anzeige ist das betroffene Grundstück, der Sanierungsgrund sowie das Ziel und die Maßnahmen der Sanierung.

(5) [1]Nach der Übertragung des Eigentums an einem Grundstück oder von Teilen an einem Grundstück hat der Grundstückseigentümer, der Adressat von auf das Grundstück bezogenen behördlichen Anordnungen zur Erfüllung der Pflichten nach §§ 4 und 9 Abs. 2 des Bundes-Bodenschutzgesetzes oder nach § 1 Abs. 2 war, die zuständige Behörde über den Eigentümerwechsel zu unterrichten. [2]Die Unterrichtung muss unverzüglich nach Erklärung der Auflassung schriftlich erfolgen.

§ 4 Mitwirkungs- und Duldungspflichten

(1) [1]Die in § 4 Abs. 3 und 6 des Bundes-Bodenschutzgesetzes genannten Personen haben der zuständigen Behörde und deren Beauftragten die verlangten Auskünfte zu erteilen und die geforderten Unterlagen vorzulegen, die diese zur Erfüllung der Aufgaben nach dem Bundes-Bodenschutzgesetz, nach diesem Gesetz und der aufgrund dieser Gesetze erlassenen Rechtsverordnungen benötigen. [2]Der nach Satz 1 Verpflichtete kann die Auskunft auf solche Fragen verweigern, deren Beantwortung ihn selbst oder einen der in § 383 Abs. 1 Nrn. 1 bis 3 der Zivilprozessordnung bezeichneten Angehörigen der Gefahr strafgerichtlicher Verfolgung oder eines Verfahrens nach dem Gesetz über Ordnungswidrigkeiten aussetzen würde.

(2) [1]Der Grundstückseigentümer und der Inhaber der tatsächlichen Gewalt über ein Grundstück sind verpflichtet, den zuständigen Behörden und deren Beauftragten zur Wahrnehmung der Aufgaben nach dem Bundes-Bodenschutzgesetz, nach diesem Gesetz und der aufgrund dieser Gesetze erlassenen Rechtsverordnungen den Zutritt zu Grundstücken, Anlagen und Einrichtungen und die Vornahme von Ermittlungen, insbesondere die Entnahme von Boden-, Wasser-, Bodenluft-, Deponiegas- und Aufwuchsproben zu gestatten und die Einrichtung und den Betrieb von Messstellen zu dulden. [2]Zur Verhütung von dringenden Gefahren für die öffentliche Sicherheit und Ordnung ist auch der Zutritt zu Wohnräumen und die Vornahme von Ermittlungen in Wohnräumen zur Durchführung von Boden- und Grundwasseruntersuchungen und von Sanierungsmaßnahmen zu gewähren. [3]Das Grundrecht der Unverletzlichkeit der Wohnung (Artikel 13 des Grundgesetzes) wird insoweit eingeschränkt.

§ 5 Ergänzende Vorschriften bei schädlichen Bodenveränderungen

¹Bei schädlichen Bodenveränderungen, von denen aufgrund von Art, Ausbreitung oder Menge der Schadstoffe in besonderem Maße Gefahren, erhebliche Nachteile oder erhebliche Belästigungen für den Einzelnen oder die Allgemeinheit ausgehen, kann die zuständige Behörde Sanierungsuntersuchungen, die Erstellung von Sanierungsplänen und die Durchführung von Eigenkontrollmaßnahmen von den Verpflichteten nach § 4 Abs. 3, 5 und 6 des Bundes-Bodenschutzgesetzes verlangen. ²Die §§ 13, 14, 15 Abs. 2 und 3 des Bundes-Bodenschutzgesetzes gelten entsprechend.

§ 6 Kosten

(1) Die Kosten der nach diesem Gesetz angeordneten Maßnahmen tragen die Verpflichteten; im Übrigen gilt § 24 des Bundes-Bodenschutzgesetzes entsprechend.

(2) Wenn eine Sanierung nach § 2 Abs. 7 des Bundes-Bodenschutzgesetzes durchzuführen ist, kann die zuständige Behörde die Kosten für die Maßnahmen nach § 9 Abs. 1 des Bundes-Bodenschutzgesetzes dem zur Sanierung Verpflichteten auferlegen.

(3) Die Kosten des Verfahrens nach § 12 trägt der Antragsteller.

Teil 2
Gebietsbezogener Bodenschutz

§ 7 Belange des flächenhaften Bodenschutzes

(1) Die oberste Bodenschutz- und Altlastenbehörde kann zur Durchführung gebietsbezogener Maßnahmen durch Rechtsverordnung Gebiete, in denen
1. flächenhaft schädliche Bodenveränderungen festgestellt werden oder
2. das Entstehen von schädlichen Bodenveränderungen wegen der Überschreitung von Vorsorgewerten, die aufgrund einer Rechtsverordnung nach § 8 Abs. 2 Nr. 1 des Bundes-Bodenschutzgesetzes bestimmt wurden, zu besorgen ist,

als Bodenbelastungsgebiete festsetzen.

(2) ¹In der Rechtsverordnung sind der Gegenstand, der wesentliche Zweck und die erforderlichen Verbote, Beschränkungen und Schutzmaßnahmen zu bestimmen. ²Insbesondere kann vorgeschrieben werden, dass in diesen Gebieten
1. der Boden auf Dauer oder je nach Art und Maß der schädlichen Bodenveränderung auf bestimmte Zeit nicht oder nur eingeschränkt genutzt werden darf,
2. nur bestimmte Nutzungen zugelassen sind,
3. bestimmte Stoffe nicht eingesetzt werden dürfen,
4. Änderungen der Bodennutzung und -bewirtschaftung sowie sonstige Veränderungen des Bodens anzeige- oder zulassungspflichtig sind,
5. der Grundstückseigentümer oder der Inhaber der tatsächlichen Gewalt über ein Grundstück näher festzulegende Maßnahmen zur Beseitigung oder Verminderung von schädlichen Bodenveränderungen zu dulden oder durchzuführen hat.

§ 8 Verfahren

(1) Die oberste Bodenschutz- und Altlastenbehörde soll die Behörden und Stellen, die Träger der öffentlichen Belange sind, möglichst frühzeitig beteiligen.

(2) ¹Die oberste Bodenschutz- und Altlastenbehörde hat den Entwurf der Rechtsverordnung nach § 7, bei Verweisungen auf eine Karte auch diese, für die Dauer eines Monats zur Einsicht während der Sprechzeiten öffentlich auszulegen. ²Ort und Dauer der Auslegung sind mindestens eine Woche vorher öffentlich bekannt zu machen. ³In der Bekanntmachung ist darauf hinzuweisen, dass Bedenken und Anregungen bei der obersten Bodenschutz- und Altlastenbehörde während der Auslegungsfrist vorgebracht werden können. ⁴Die nach Absatz 1 Beteiligten sollen von der Auslegung benachrichtigt werden.

(3) Die oberste Bodenschutz- und Altlastenbehörde prüft die fristgemäß vorgebrachten Bedenken und Anregungen und teilt den Einwendern das Ergebnis mit.

(4) Soll das Gebiet über den im Entwurf der Rechtsverordnung vorgesehenen Umfang räumlich erweitert oder sollen die Schutzbestimmungen nicht unerheblich geändert werden, so ist das Verfahren nach den Absätzen 1 und 2 zu wiederholen.

(5) Auf eine Auslegung kann verzichtet werden, wenn der Kreis der Betroffenen bekannt ist und ihnen innerhalb angemessener Frist Gelegenheit gegeben wird, den Entwurf der Rechtsverordnung einzusehen und Bedenken und Anregungen vorzutragen.

§ 9 Dauerbeobachtungsflächen
[1]Die oberste Bodenschutz- und Altlastenbehörde kann Veränderungen der physikalischen, chemischen und biologischen Beschaffenheit von Böden beobachten. [2]Dazu können aus Gründen des vorsorgenden Bodenschutzes Dauerbeobachtungsflächen eingerichtet und betreut werden. [3]Die Dauerbeobachtungsflächen sind in Abständen von mehreren Jahren auf Veränderungen der physikalischen, chemischen und biologischen Bodenbeschaffenheit zu untersuchen. [4]Neben den Angaben zur Bodenbeschaffenheit werden in Bezug auf die Dauerbeobachtungsflächen Lage, Größe, Nutzung und Eigentumsverhältnisse festgehalten.

Teil 3
Erfassung und Überwachung von Boden- und Altlasteninformationen

§ 10 Bodeninformationssystem
(1) [1]Die zuständige Behörde erhebt – soweit erforderlich – Informationen zu schädlichen Bodenveränderungen, Verdachtsflächen, Altlasten und altlastenverdächtigen Flächen und erfasst diese in einem zentral von der obersten Bodenschutz- und Altlastenbehörde geführten Bodeninformationssystem. [2]In dem Bodeninformationssystem sollen folgende Merkmale erfasst werden:
1. Standortangaben, insbesondere Kennzeichnung, Lage, Größe, Geländezustand, Geologie, Gewässersituation und Umfeld,
2. Nutzungs- und Eigentumsangaben, insbesondere Namen von ehemaligen und gegenwärtigen Nutzungsberechtigten und Eigentümern, Anschriften, Zeiträume, Nutzungsarten,
3. bei Altablagerungen: Ablagerungsverhältnisse, insbesondere Aufbau, Volumen, Abfallarten,
4. bei Altstandorten: Produktionsgeschichte, insbesondere Verfahren, Stoffe, Produkte und Anlagen,
5. Gefährdungsabschätzung, insbesondere Festlegung der Handlungspriorität und Untersuchungen,
6. geplante Maßnahmen, insbesondere zur Dekontamination, Sicherung oder Überwachung,
7. ausgeführte Maßnahmen, insbesondere deren Sanierungserfolg oder Überwachungsergebnisse sowie verbliebene Rest-Kontaminationen und Nutzungsbeschränkungen,
8. sonstige für die Ermittlung und Abwehr von Gefahren und die Festlegung der Ordnungspflichtigen bedeutsame Sachverhalte und Rechtsverhältnisse.

[3]Das Bodeninformationssystem ist laufend fortzuschreiben.

(2) [1]Um bodenkundliche und geowissenschaftliche Grundlagen für eine nachhaltige Sicherung der Funktionen des Bodens bereitzustellen, erhebt die oberste Bodenschutz- und Altlastenbehörde die erforderlichen Informationen und erfasst diese in dem Bodeninformationssystem. [2]Dazu gehören insbesondere die von den staatlichen oder sonstigen öffentlichen Stellen erhobenen Daten aus Untersuchungen über physikalische, chemische und biologische Beschaffenheit des Bodens und deren Auswertung. [3]Soweit erforderlich werden sonstige geowissenschaftliche Daten und Erkenntnisse erfasst.

(3) Die bei den Untersuchungen der Dauerbeobachtungsflächen nach § 9 gewonnenen Erkenntnisse werden in das Bodeninformationssystem eingestellt.

(4) [1]Für den Inhalt des Bodeninformationssystems besteht eine zeitlich unbeschränkte Aufbewahrungspflicht. [2]Die oberste Bodenschutz- und Altlastenbehörde kann Ausnahmen zulassen. [3]Bestätigt sich ein Verdacht auf eine schädliche Bodenveränderung oder Altlast nicht, ist die Einstufung als Verdachtsfläche oder altlastverdächtige Fläche zu löschen. [4]Die entsprechenden Daten können mit besonderer Kennzeichnung nachrichtlich übernommen werden, soweit dies für die Aufgabenerfüllung der zuständigen Behörde erforderlich ist. [5]Sind die über ein Grundstück im Bodeninformationssystem vorhandenen Daten unrichtig, kann der Grundstückseigentümer die Berichtigung oder Löschung der Daten verlangen.

§ 11 Übermittlung und Nutzung von Daten
(1) Die zuständige Behörde ist befugt, anderen Behörden und Einrichtungen des Landes sowie den Stadtgemeinden die von ihr erfassten Informationen aus dem Bodeninformationssystem zu übermitteln, soweit dies zur Wahrnehmung der diesen Stellen auf den Gebieten der Gefahrenermittlung, Ge-

fahrenabwehr, Überwachung oder Planung obliegenden Aufgaben und aus Gründen des fiskalischen Grundstücksverkehrs erforderlich ist.

(2) ¹Soweit Behörden oder andere Stellen Erkenntnisse über schädliche Bodenveränderungen, Verdachtsflächen, Altlasten oder altlastenverdächtige Flächen der Öffentlichkeit zugänglich machen, darf die Bekanntgabe keine Angaben enthalten, die einen Bezug auf eine bestimmte oder bestimmbare natürliche Person zulassen. ²Dies gilt nicht, wenn solche Angaben offenkundig sind oder im Einzelfall ihre Bekanntgabe zur Abwehr von Gefahren oder aus anderen, schutzwürdige Belange des Betroffenen überwiegenden Gründen des Gemeinwohls erforderlich ist. ³§ 8 Abs. 1 des Umweltinformationsgesetzes gilt entsprechend.

Teil 4
Entschädigungen und Schlussvorschriften

§ 12 Information der betroffenen Öffentlichkeit
Ist der Kreis der nach § 12 Satz 1 des Bundes-Bodenschutzgesetzes zu informierenden Betroffenen nicht in vollem Umfang bekannt, sind die Unterlagen auf Antrag des nach § 12 Satz 1 des Bundes-Bodenschutzgesetzes Verpflichteten von der zuständigen Behörde nach ortsüblicher Bekanntmachung über Ort und Zeit der Auslegung einen Monat zur Einsichtnahme auszulegen.

§ 13 Zwangsmittel gegen Behörden und Personen des öffentlichen Rechts
¹Soweit Anordnungen nach dem Bundes-Bodenschutzgesetz, diesem Gesetz oder aufgrund von Rechtsverordnungen, die auf die vorgenannten Gesetze gestützt sind, gegen Behörden und Personen des öffentlichen Rechts zulässig sind, können diese mit Zwangsmitteln im Sinne des Vollstreckungsrechts durchgesetzt werden. ²Dies gilt nicht, soweit Behörden und Personen des öffentlichen Rechts der Stadtgemeinden Bremen und Bremerhaven sowie des Landes Bremen betroffen sind.

§ 14 Ausgleichsleistungen und Schadenersatz
(1) Die oberste Bodenschutz- und Altlastenbehörde wird ermächtigt, durch Rechtsverordnung Bestimmungen über die Höhe des Ausgleichs nach § 10 Abs. 2 des Bundes-Bodenschutzgesetzes sowie über das Verfahren zur Gewährung der Zahlungen und deren Fälligkeit zu erlassen.

(2) Soweit Grundstückseigentümer und Inhaber der tatsächlichen Gewalt über ein Grundstück zur Duldung von Maßnahmen nach § 4 Abs. 2 verpflichtet sind, die ausschließlich für Bodeninformationssysteme einschließlich Dauerbeobachtungsflächen erforderlich sind, ist ihnen ein dadurch entstandener oder entstehender Schaden zu ersetzen.

§ 15 Sachverständige
(1) ¹Die oberste Bodenschutz- und Altlastenbehörde wird ermächtigt, durch Rechtsverordnung
1. die Anforderungen an die Sachkunde, Zuverlässigkeit sowie gerätetechnische Ausstattung der Sachverständigen und Untersuchungsstellen nach § 18 Satz 1 des Bundes-Bodenschutzgesetzes,
2. Art und Umfang der von ihnen wahrzunehmenden Aufgaben,
3. die Unabhängigkeit der Sachverständigen und Untersuchungsstellen von den zu Überwachenden,
4. die einzuhaltenden Pflichten im Rahmen der Überwachung,
5. die Vorlage der Ergebnisse ihrer Tätigkeit,
6. das Verfahren zur Anerkennung sowie deren Befristung, Widerruf und Erlöschen sowie eine Altersgrenze für Sachverständige und
7. die Bekanntgabe der anerkannten Sachverständigen und Untersuchungsstellen

festzulegen.
²Anerkennung oder Zulassungen anderer Bundesländer gelten auch im Land Bremen.

(2) Durch Rechtsverordnung kann die oberste Bodenschutz- und Altlastenbehörde die Anerkennung und Bekanntgabe von Sachverständigen nach § 18 des Bundes-Bodenschutzgesetzes auf die Handelskammer Bremen und die Industrie- und Handelskammer Bremerhaven als Selbstverwaltungsaufgabe übertragen.

§ 16 Zuständigkeiten
(1) Zuständige Behörde im Sinne des Bundes-Bodenschutzgesetzes, dieses Gesetzes und der aufgrund dieser Gesetze erlassenen Verordnungen ist die untere Bodenschutz- und Altlastenbehörde, soweit nichts anderes bestimmt ist.

(2) Im Sinne dieses Gesetzes sind
1. als oberste Bodenschutz- und Altlastenbehörde der Senator für Umwelt, Bau und Verkehr;
2. als untere Bodenschutz- und Altlastenbehörde
   a) der Senator für Umwelt, Bau und Verkehr für das Gebiet der Stadtgemeinde Bremen einschließlich des stadtbremischen Überseehafengebiets Bremerhaven,
   b) der Magistrat der Stadt Bremerhaven für das Gebiet der Stadtgemeinde Bremerhaven
(3) ¹Im Interesse einer ordnungsgemäßen Aufgabenerfüllung kann die oberste Bodenschutz- und Altlastenbehörde durch Rechtsverordnung die örtlichen Zuständigkeiten der unteren Bodenschutz- und Altlastenbehörden für bestimmte Gebiete abweichend von Absatz 2 Nummer 2 regeln. ²Die Rechtsverordnung bestimmt die Gebiete in Text und Karte.
(4) Die Vermittlung der Grundsätze der guten fachlichen Praxis nach Maßgabe des § 17 des Bundes-Bodenschutzgesetzes obliegt der Landwirtschaftskammer Bremen.

§ 17 Ordnungswidrigkeiten
(1) Ordnungswidrig handelt, wer vorsätzlich oder fahrlässig
1. entgegen § 3 Abs. 1 eine Mitteilung nicht oder nicht unverzüglich erstattet,
2. entgegen § 3 Abs. 3 das beabsichtigte Auf- und Einbringen von Materialien nicht anzeigt,
3. entgegen § 3 Abs. 4 die Sanierung nicht anzeigt,
4. entgegen § 3 Abs. 5 den beabsichtigten Eigentumsübergang nicht rechtzeitig oder nicht vollständig mitteilt,
5. entgegen § 4 Abs. 1 Auskünfte nicht, nicht richtig, nicht vollständig oder nicht rechtzeitig erteilt oder Unterlagen nicht vorlegt,
6. entgegen § 4 Abs. 2 den Zutritt zu Grundstücken und Wohnräumen und die Vornahme von Ermittlungen sowie die Entnahme von Boden-, Wasser-, Bodenluft-, Deponiegas- oder Aufwuchsproben nicht gestattet,
7. einer vollziehbaren Anordnung nach § 1 Abs. 2 in Verbindung mit § 13 Abs. 1 oder § 15 Abs. 2 Satz 1, 3 oder 4 des Bundes-Bodenschutzgesetzes zuwiderhandelt.
(2) Ordnungswidrigkeiten nach Absatz 1 können mit einer Geldbuße bis zu 10.000 Euro geahndet werden.

/ # 51 BremWG

Bremisches Wassergesetz (BremWG)[1)]

Vom 12. April 2011 (Brem.GBl. S. 262)
(2180-a-1)
zuletzt geändert durch G. v. 18. Dezember 2018 (Brem.GBl. S. 644)

Der Senat verkündet das nachstehende, von der Bürgerschaft (Landtag) beschlossene Gesetz:

Inhaltsübersicht

Kapitel 1
Allgemeine Bestimmungen

- § 1 Geltungsbereich
- § 2 Anwendungsbereich (Zu § 2 des Wasserhaushaltsgesetzes)
- § 3 Einteilung der oberirdischen Gewässer
- § 4 Uferlinien
- § 5 Gewässereigentum (Zu § 4 Absatz 5 des Wasserhaushaltsgesetzes)
- § 6 Unentgeltliche Benutzung (Zu § 4 Absatz 4 des Wasserhaushaltsgesetzes)

Kapitel 2
Bewirtschaftung von Gewässern

Abschnitt 1
Gemeinsame Bestimmungen

- § 7 Zuordnung der Gewässer zur Flussgebietseinheit; Bewirtschaftung und Koordinierung (Zu § 7 des Wasserhaushaltsgesetzes)
- § 8 Maßnahmen beim Erlöschen einer Erlaubnis oder einer Bewilligung (Zu §§ 18 und 20 des Wasserhaushaltsgesetzes)
- § 9 Erlaubnisverfahren für industrielle Vorhaben
- § 10 Alte Rechte und Befugnisse (Zu § 20 des Wasserhaushaltsgesetzes)
- § 11 Maßnahmen beim Erlöschen alter Rechte und Befugnisse
- § 12 Inhalt und Umfang alter Rechte und Befugnisse (Zu §§ 20, 21 des Wasserhaushaltsgesetzes)
- § 13 Kosten des Ausgleichverfahrens (Zu § 22 des Wasserhaushaltsgesetzes)

Abschnitt 2
Bewirtschaftung oberirdischer Gewässer

- § 14 Gemeingebrauch (Zu § 25 des Wasserhaushaltsgesetzes)
- § 15 Duldungspflicht der Anlieger (Zu § 25 des Wasserhaushaltsgesetzes)
- § 16 Benutzung von Grundstücken zum Zwecke der Erholung (Zu § 25 des Wasserhaushaltsgesetzes)
- § 17 Herrichtung von Gewässern für den Gemeingebrauch (Zu § 25 des Wasserhaushaltsgesetzes)
- § 18 Regelung des Gemeingebrauchs und der Benutzung von Grundstücken (Zu § 25 des Wasserhaushaltsgesetzes)
- § 19 Eigentümer- und Anliegergebrauch im Hafengebiet (Zu § 26 des Wasserhaushaltsgesetzes)
- § 20 Anlagen in, an, über und unter oberirdischen Gewässern (Zu § 36 des Wasserhaushaltsgesetzes)
- § 21 Gewässerrandstreifen (Abweichend von § 38 des Wasserhaushaltsgesetzes)
- § 22 Gewässerunterhaltung (Zu § 39 des Wasserhaushaltsgesetzes)
- § 23 Unterhaltung der Gewässer zweiter Ordnung (Zu § 40 des Wasserhaushaltsgesetzes)
- § 24 Übertragung der Unterhaltungslast (Zu § 40 des Wasserhaushaltsgesetzes)
- § 25 Unterhaltungslast aufgrund besonderen Titels (Zu § 40 des Wasserhaushaltsgesetzes)
- § 26 Beiträge zu den Kosten der Unterhaltung
- § 27 Kostenausgleich
- § 28 Gewässerschau (Zu § 41 des Wasserhaushaltsgesetzes)
- § 29 Unterhaltungspflicht (Zu § 42 des Wasserhaushaltsgesetzes)

Abschnitt 3
Stauanlagen

- § 30 Stauanlagen
- § 31 Staumarken
- § 32 Erhaltung der Staumarken
- § 33 Kosten
- § 34 Ablassen aufgestauten Wassers
- § 35 Höchst- und Mindeststau
- § 36 Größere Stauanlagen, Wasserspeicher

---

1) Verkündet als Art. 1 d. G v. 12. 4. 2011 S. 262.

§ 37 Aufsicht
§ 38 Duldung bei der Errichtung von Stauanlagen

Abschnitt 4
Bewirtschaftung des Grundwassers

§ 39 Erlaubnisfreie Benutzung des Grundwassers (Zu § 46 des Wasserhaushaltsgesetzes)

Kapitel 3
Besondere wasserwirtschaftliche Bestimmungen

Abschnitt 1
Öffentliche Wasserversorgung, Wasserschutzgebiete, Heilquellenschutz

§ 40 Genehmigungspflicht für Anlagen der öffentlichen Wasserversorgung
§ 41 Festsetzung von Wasserschutzgebieten (Zu § 51 des Wasserhaushaltsgesetzes)
§ 42 Wasserschutzgebietsbeauftragter (Zu § 52 des Wasserhaushaltsgesetzes)
§ 43 Anerkennung von Heilquellen (Zu § 53 des Wasserhaushaltsgesetzes)

Abschnitt 2
Abwasserbeseitigung

§ 44 Dezentrale Niederschlagswasserbeseitigung (Zu § 55 des Wasserhaushaltsgesetzes)
§ 45 Abwasserbeseitigungspflicht (Zu § 56 des Wasserhaushaltsgesetz)
§ 46 Beleihung
§ 47 Zusammenschlüsse, Mitbenutzung von Anlagen
§ 48 Genehmigung von Abwasseranlagen (Zu § 60 des Wasserhaushaltsgesetzes)

Abschnitt 3
Gewässerausbau, Deich-, Damm- und Küstenschutzbauten

§ 49 Grundsätze für den Ausbau (Zu § 67 des Wasserhaushaltsgesetzes)
§ 50 Versagung (Zu § 68 Absatz 3 des Wasserhaushaltsgesetzes)
§ 51 Verpflichtung zum Ausbau
§ 52 Entschädigung, Widerspruch
§ 53 Benutzung von Grundstücken
§ 54 Vorteilsausgleich
§ 55 Planfeststellung, Plangenehmigung (Abweichend von § 70 des Wasserhaushaltsgesetzes)
§ 56 Enteignung (Zu § 71 des Wasserhaushaltsgesetzes)

Abschnitt 4
Hochwasserschutz

§ 57 Hochwassergefährdetes Gebiet im tidebeeinflussten Bereich der Weser einschließlich der Nebengewässer (Zu § 76 des Wasserhaushaltsgesetzes)
§ 58 Festsetzung und Sicherstellung von Überschwemmungsgebieten (Zu § 76 Absatz 2 des Wasserhaushaltsgesetzes)

Abschnitt 5
Hochwasserschutzanlagen

§ 59 Begriffsbestimmungen zum Hochwasserschutz
§ 60 Grundsatz des Hochwasserschutzes und Ausbaupflichten
§ 61 Sicherstellungsauftrag
§ 62 Bemessungswasserstand und Hochwasserschutzlinie
§ 63 Prüfung der Hochwasserschutzanlagen
§ 64 Widmung von Hochwasserschutzanlagen
§ 65 Erhaltung der Hochwasserschutzanlagen
§ 66 Erhaltungspflicht
§ 67 Besondere Pflichten bei der Erhaltung
§ 68 Erhaltung des Vorlandes
§ 69 Verteidigung der Hochwasserschutzanlagen
§ 70 Notdeiche
§ 71 Hochwasserschutzbeitrag
§ 72 Herstellung, wesentliche Änderung oder Beseitigung von Hochwasserschutzanlagen
§ 73 Entschädigung bei Ausdeichung
§ 74 Benutzung
§ 75 Besondere Anlagen
§ 76 Anlagen landseitig von Hochwasserschutzanlagen
§ 77 Kostenerstattung
§ 78 Dokumentation
§ 79 Eigentum an Hochwasserschutzanlagen
§ 80 Bestehende Rechte
§ 81 Hochwassermeldeverordnung

Abschnitt 6
Wasserwirtschaftliche Planung und Dokumentation

§ 82 Veränderungssperre (Zu § 86 des Wasserhaushaltsgesetzes)
§ 83 Einsichtnahme in das Wasserbuch (Zu § 87 des Wasserhaushaltsgesetzes)
§ 84 Informationsbeschaffung und -übermittlung (Zu § 88 des Wasserhaushaltsgesetzes)
§ 85 Aufgaben des gewässerkundlichen Dienstes (Zu § 91 des Wasserhaushaltsgesetzes)

Kapitel 4
Entschädigung, Ausgleich

§ 86 Entschädigung, Ausgleich (Zu §§ 96 und 98 des Wasserhaushaltsgesetzes)
§ 87 Einigung
§ 88 Vollstreckbarkeit

Kapitel 5
Gewässeraufsicht

§ 89 Antragstellung (Zu § 100 des Wasserhaushaltsgesetzes)
§ 90 Überwachung
§ 91 Kosten

Kapitel 6
Zuständigkeiten und allgemeine Verfahrensregelungen

Abschnitt 1
Zuständigkeiten

§ 92 Zuständige Behörde
§ 93 Aufgaben der Wasserbehörden
§ 94 Gefahrenabwehr
§ 95 Wassergefahr

Abschnitt 2
Verfahrensregelungen

§ 96 Verfahrensbestimmung (Abweichend von § 18 Absatz 2 Satz 1, § 21 Absatz 1 Satz 2, § 70 Absatz 1 des Wasserhaushaltsgesetzes)
§ 97 Allgemeine Verfahrensvorschriften
§ 98 Erlaubnisverfahren
§ 99 Bewilligungsverfahren
§ 100 Rechtsnachfolge
§ 101 Verfahren bei Duldungs- und Gestattungsverpflichtungen (Zu §§ 95, 98 des Wasserhaushaltsgesetzes)
§ 102 Anzeige von Unfällen mit wassergefährdenden Stoffen

Kapitel 7
Bußgeld-, Überleitungs- und Schlussbestimmungen

Abschnitt 1
Bußgeldbestimmungen

§ 103 Bußgeldvorschriften (Zu § 103 des Wasserhaushaltsgesetzes)

Zweiter Abschnitt
Übergangs- und Schlussbestimmungen

§ 104 Einschränkung von Grundrechten
§ 105 Weitergehende Bestimmungen und Rechtstitel
§ 106 Übergangsvorschrift
Anlage (Zu § 7) Koordinierungsräume der Flussgebietseinheit Weser

Kapitel 1
Allgemeine Bestimmungen

§ 1 Geltungsbereich
Die Vorschriften dieses Gesetzes gelten in Ergänzung oder Abweichung des Wasserhaushaltsgesetzes vom 31. Juli 2009 (BGBl. I S. 2585) in der jeweils maßgebenden Fassung.

§ 2 Anwendungsbereich (Zu § 2 des Wasserhaushaltsgesetzes)
¹Kleine Gewässer von wasserwirtschaftlich untergeordneter Bedeutung sind von den Bestimmungen des Wasserhaushaltsgesetzes und dieses Gesetzes ausgenommen. ²Dies gilt nicht für die Haftung für Gewässerveränderungen nach den §§ 89 und 90 des Wasserhaushaltsgesetzes.

§ 3 Einteilung der oberirdischen Gewässer
(1) Die oberirdischen Gewässer mit Ausnahme des aus Quellen wild abfließenden Wassers werden nach ihrer wasserwirtschaftlichen Bedeutung eingeteilt in
1. Gewässer erster Ordnung:
   a) die Binnenwasserstraßen des Bundes gemäß Bundeswasserstraßengesetz,
   b) die Hafengewässer des Landes und der Stadtgemeinden Bremen und Bremerhaven,
   c) die Geeste von der Landesgrenze bis zur Einmündung in die Weser,
   d) die Ochtum innerhalb des bremischen Staatsgebietes,
   e) die Varreler Bäke innerhalb des bremischen Staatsgebietes,
   f) die Wümme von der Landesgrenze bis zur Einmündung in die Lesum.
2. Gewässer zweiter Ordnung:
   alle anderen Gewässer mit Ausnahme von Gräben, die nicht dazu dienen, die Grundstücke mehrerer Eigentümer zu bewässern oder zu entwässern.
3. Gewässer dritter Ordnung:
   Gräben, die nicht als Gewässer zweiter Ordnung erfasst sind.

(2) Nebenarme und Mündungsarme eines natürlichen fließenden Gewässers sind der Ordnung zuzuteilen, der das Hauptgewässer an der Abzweigstelle angehört, wenn sich nicht nachstehend etwas anderes ergibt.

(3) ¹Als künstliche Gewässer gelten die Hafengewässer sowie die in einem künstlich errichteten Bett stehenden oder fließenden Gewässer. ²Ein natürliches Gewässer gilt als solches auch nach seiner künstlichen Veränderung.

(4) Im Gebiet der Stadtgemeinde Bremerhaven gelten als natürliche fließende Gewässer zweiter Ordnung
1. die Neue Aue von der Batteriestraße bis zur Wurster Straße,
2. die Große Beek, soweit sie das Gebiet der Stadtgemeinde durchfließt,
3. der Ackmann von der Brücke an der Straße Thebushelmde bis zur Einmündung in die Geeste,
4. die Rohr von der Landesgrenze bis zur Mündung in die Lune und
5. die Lune.

(5) Im Gebiet der Stadtgemeinde Bremen gelten als natürliche fließende Gewässer zweiter Ordnung
1. die Schönebecker Aue,
2. die Blumenthaler Aue,
3. die Beckedorfer Beeke,
4. die Kleine Wümme,
5. das Mühlenhauser Fleet,
6. die Ihle,
7. der Deichschlot,
8. der Embser Mühlengraben und
9. das Huchtinger Fleet.

§ 4 Uferlinien

(1) ¹Zur Abgrenzung oberirdischer Gewässer gegen die sie umgebenden Landflächen kann die Wasserbehörde die Uferlinie feststellen. ²Die Uferlinie ist festzustellen, soweit es der Eigentümer oder der Unterhaltungspflichtige oder ein Anlieger eines Gewässers beantragt. ³Außerdem ist die Uferlinie zu kennzeichnen, wenn es erforderlich ist. ⁴Die Eigentümer der Grundstücke, die von der Feststellung betroffen werden, sollen gehört werden.

(2) Die Uferlinie wird nach der Höhe des mittleren Wasserstandes, bei Tidegewässern nach der Höhe des mittleren Tidehochwasserstandes bestimmt.

(3) ¹Als mittlerer Wasserstand und mittlerer Tidehochwasserstand gilt das Mittel der Wasserstände aus den zwanzig Kalenderjahren, die dem Feststellungsverfahren unmittelbar vorangegangen sind und deren letzte Jahreszahl durch zehn teilbar ist. ²Stehen Wasserstandsbeobachtungen nach Satz 1 nicht zur Verfügung, so ist das Mittel der Wasserstände der fünf Kalenderjahre vor der Feststellung der Uferlinie maßgebend. ³Fehlt es auch insoweit an hinreichenden Beobachtungen, ist die Uferlinie nach den vorhandenen natürlichen Merkmalen zu bestimmen.

§ 5 Gewässereigentum (Zu § 4 Absatz 5 des Wasserhaushaltsgesetzes)

(1) Die in § 3 Absatz 1 Nummer 1 Buchstabe c) bis f) aufgeführten Gewässer mit Ausnahme der Wümme von der östlichen Straßenbrücke (Borgfelder Allee) zwischen Lilienthal und Borgfeld bis zur Einmündung in die Lesum stehen im Eigentum der Freien Hansestadt Bremen.

(2) ¹Steht ein Gewässer zweiter Ordnung im Eigentum der Anlieger, so ist es Bestandteil der Ufergrundstücke. ²Gehören die Ufer verschiedenen Eigentümern und ist die Eigentumsgrenze nach bisherigem Recht nicht anders bestimmt worden, so ist Eigentumsgrenze
1. für gegenüberliegende Ufergrundstücke eine durch die Mitte des Gewässers zu ziehende Linie (Mittellinie),
2. für nebeneinander liegende Ufergrundstücke eine Gerade, die von dem Endpunkt der Landgrenze rechtwinklig zu der in Nummer 1 bestimmte Mittellinie zu ziehen ist.

§ 6 Unentgeltliche Benutzung (Zu § 4 Absatz 4 des Wasserhaushaltsgesetzes)

Der Eigentümer des Gewässers hat die Benutzung als solche, ausgenommen das Entnehmen fester Stoffe aus oberirdischen Gewässern, soweit sich dies auf die Gewässereigenschaften auswirkt, unentgeltlich zu dulden.

Kapitel 2
Bewirtschaftung von Gewässern

Abschnitt 1
Gemeinsame Bestimmungen

§ 7 Zuordnung der Gewässer zur Flussgebietseinheit; Bewirtschaftung und Koordinierung (Zu § 7 des Wasserhaushaltsgesetzes)
[1]Die im Einzugsgebiet der Weser liegenden oberirdischen Gewässer einschließlich des ihnen zugeordneten Grundwassers werden der Flussgebietseinheit »Weser« zugeordnet. [2]Das Einzugsgebiet und die Flussgebietseinheit sind in der Anlage dargestellt.

§ 8 Maßnahmen beim Erlöschen einer Erlaubnis oder einer Bewilligung (Zu §§ 18 und 20 des Wasserhaushaltsgesetzes)
(1) Ist eine Erlaubnis oder eine Bewilligung ganz oder teilweise erloschen, so kann die Wasserbehörde den bisherigen Genehmigungsinhaber verpflichten,
1. die Anlagen für die Benutzung des Gewässers auf seine Kosten ganz oder teilweise zu beseitigen und den früheren Zustand wiederherzustellen oder
2. auf seine Kosten Vorkehrungen zu treffen, die geeignet sind, nachteilige Folgen zu verhüten.
(2) [1]Anlagen zum Aufstauen, Absenken und Umleiten von Grundwasser dürfen nur mit Genehmigung der Wasserbehörde dauernd außer Betrieb gesetzt oder beseitigt werden. [2]Die Genehmigung darf nur versagt werden, wenn andere durch das Außerbetriebsetzen oder Beseitigen der Anlage geschädigt werden und sie sich dem Anlageeigentümer und der Wasserbehörde gegenüber verpflichten, nach Wahl des Anlageeigentümers die Kosten der Erhaltung der Anlage ihm zu ersetzen oder statt seiner die Anlage zu erhalten. [3]Sie müssen sich auch verpflichten, dem Anlageeigentümer andere Nachteile zu ersetzen und für Erfüllung ihrer Verpflichtung Sicherheit zu leisten. [4]Über die Höhe der hiernach zu erbringenden Leistungen entscheidet im Streitfalle die Wasserbehörde. [5]Die Wasserbehörde hat auf Antrag des Anlageeigentümers eine Frist zu bestimmen, binnen derer die in den Sätzen 2 und 3 bezeichneten Verpflichtungen übernommen werden müssen, widrigenfalls die Genehmigung erteilt wird. [6]Die Frist ist ortsüblich bekannt zu machen; die Kosten trägt der Anlageeigentümer.

§ 9 Erlaubnisverfahren für industrielle Vorhaben
(1) Sind Gewässerbenutzungen nach § 9 Absatz 1 Nummer 4 und 5 oder Absatz 2 Nummer 2 des Wasserhaushaltsgesetzes oder wesentliche Änderungen solcher Gewässerbenutzungen mit der Errichtung, dem Betrieb oder der wesentlichen Änderung einer genehmigungsbedürftigen Anlage nach § 4 des Bundes-Immissionsschutzgesetzes verbunden, gelten für das Erlaubnisverfahren oder für das Erlaubnisänderungsverfahren die Anforderungen nach Absatz 2 bis 9.
(2) Die vollständige Koordinierung dieses Erlaubnisverfahrens und des Genehmigungsverfahrens nach § 10 des Bundes-Immissionsschutzgesetzes ist sicherzustellen.
(3) [1]Unbeschadet der Antragserfordernisse nach dem Bundes-Immissionsschutzgesetz hat der Antragsteller das Vorhaben nach folgenden möglichen medienübergreifenden Umweltauswirkungen zu beschreiben:
1. Art, Menge und Herkunft der den Gegenstand der Benutzung betreffenden Stoffe,
2. Auswirkungen auf das Gewässer,
3. Ort des Anfalls und der Zusammenführung umweltbelastender Stoffe,
4. Maßnahmen zur Vermeidung oder, wenn dies nicht möglich ist, zur Verringerung umweltbelastender Stoffe und
5. den Maßnahmen zur Überwachung der Benutzung.
[2]Der Antrag muss eine allgemein verständliche Zusammenfassung der Angaben nach Satz 1 enthalten.
(4) [1]Für das Verfahren gilt § 99 Absatz 1 und 2 entsprechend. [2]Eine grenzüberschreitende Behörden- und Öffentlichkeitsbeteiligung ist entsprechend den Bestimmungen des Bundes-Immissionsschutzgesetzes und den auf dieses Gesetz gestützten Rechtsvorschriften durchzuführen. [3]Die Unterlagen und Ergebnisse einer Umweltverträglichkeitsprüfung der Anlage sind zu berücksichtigen. [4]Die Entscheidung über die Erlaubnis wird der Öffentlichkeit zugänglich gemacht.
(5) Die Erlaubnis für die Benutzung muss in Verbindung mit der Genehmigung nach dem Bundes-Immissionsschutzgesetz durch Bedingungen und Auflagen unter Berücksichtigung der Gefahr der Verlagerung der Verschmutzung von einem Schutzgut (Wasser, Luft, Boden) in ein anderes und unter

weitestgehender Verminderung der weiträumigen oder grenzüberschreitenden Umweltverschmutzung durch den Schutz von Wasser, Luft und Boden zur Wahrung eines hohen Schutzniveaus für die Umwelt insgesamt beitragen.
(6) Die Erlaubnis regelt auch
1. die Überwachung der Benutzung unter Festlegung der Methode und der Häufigkeit der Messungen sowie der Bewertungsverfahren,
2. die Vorlage von Daten für die Überprüfung der Einhaltung der Bedingungen und Auflagen der Erlaubnis sowie die Maßnahmen zur Abwehr von Gefahren, die insbesondere bei der Inbetriebnahme eines für die Benutzung bedeutsamen Anlagenteils, beim unbeabsichtigten Austreten von Stoffen, bei Störungen, beim kurzzeitigen Abfahren sowie bei der endgültigen Stilllegung des Anlagenteils entstehen können.
(7) ¹Die Erlaubnis für die Benutzung ist regelmäßig zu überprüfen und, so weit erforderlich, neuen rechtlichen Anforderungen, insbesondere dem aktuellen Stand der Technik, anzupassen. ²Die Überprüfung wird aus besonderem Anlass vorgenommen, wenn
1. Anhaltspunkte dafür bestehen, dass der Schutz der Gewässer nicht ausreichend ist und deshalb die in der Erlaubnis festgelegten Begrenzungen der Emissionen überprüft oder neu festgelegt werden müssen,
2. wesentliche Veränderungen des Standes der Technik eine erhebliche Verminderung der Emissionen ermöglichen, ohne unverhältnismäßig hohe Kosten zu verursachen,
3. für eine Verbesserung der Betriebssicherheit andere Techniken angewandt werden müssen oder
4. neue Rechtsvorschriften dies erfordern.
(8) Überprüfungen der Erlaubnis und die durch sie veranlassten Verfügungen erfolgen durch die Wasserbehörde im Benehmen mit der Immissionsschutzbehörde.
(9) Unbeschadet übriger Informationspflichten hat der Inhaber einer Erlaubnis nach Absatz 1 die Wasserbehörde über alle Störungen und Unfälle mit erheblichen Umweltauswirkungen unverzüglich zu unterrichten.

§ 10 Alte Rechte und Befugnisse (Zu § 20 des Wasserhaushaltsgesetzes)
Unbeschadet des § 20 des Wasserhaushaltsgesetzes ist eine Erlaubnis oder eine Bewilligung nicht erforderlich für Benutzungen auf Grund von Rechten, die nach
1. der Wasserordnung vom 27. Dezember 1878 (Brem.GBl. S. 296),
2. dem Wassergesetz vom 7. April 1913 (Preuß.Ges.Samml. S. 53)
erteilt oder in einem durch diese Gesetze geordneten Verfahren aufrechterhalten worden sind, wenn am 1. März 1960 rechtmäßige Anlagen zur Ausübung des Rechts vorhanden waren; ist bei der Erteilung des Rechtes eine spätere Zeit bestimmt worden, bis zu der eine Wasserbenutzungsanlage errichtet und in Betrieb gesetzt sein muss, so gilt dieser Zeitpunkt.

§ 11 Maßnahmen beim Erlöschen alter Rechte und Befugnisse
Ist ein altes Recht oder eine alte Befugnis ganz oder teilweise erloschen, so ist § 8 Absatz 1 und 2 entsprechend anzuwenden, soweit bei Erteilung nichts anderes bestimmt ist.

§ 12 Inhalt und Umfang alter Rechte und Befugnisse (Zu §§ 20, 21 des Wasserhaushaltsgesetzes)
(1) Inhalt und Umfang der alten Rechte und Befugnisse bestimmen sich, wenn sie auf besonderem Titel beruhen, nach diesem, sonst nach den bisherigen Gesetzen.
(2) Die obere Wasserbehörde kann von Amts wegen oder auf Antrag Inhalt und Umfang der alten Rechte und alten Befugnisse für die Zeit der Eintragung feststellen.

§ 13 Kosten des Ausgleichverfahrens (Zu § 22 des Wasserhaushaltsgesetzes)
Die Kosten des Ausgleichverfahrens nach § 22 des Wasserhaushaltsgesetzes tragen die Beteiligten nach ihrem zu schätzenden Vorteil.

Abschnitt 2
Bewirtschaftung oberirdischer Gewässer

§ 14 Gemeingebrauch (Zu § 25 des Wasserhaushaltsgesetzes)
(1) ¹Jede Person darf oberirdische Gewässer außer größeren Stauanlagen und Wasserspeicher, zum Baden, Schwimmen, Tauchen, Viehtränken, Schöpfen mit Handgefäßen, Eissport und Befahren mit

kleinen Fahrzeugen ohne motorische Triebkraft benutzen, soweit nicht Rechte anderer dem entgegenstehen, soweit Befugnisse oder der Eigentümer- oder Anliegergebrauch anderer nicht beeinträchtigt werden und soweit das Gewässer nicht nachteilig verändert wird. [2]Zum Gemeingebrauch gehört auch
1. das Einbringen von Geräten, die zur Ausübung des Gemeingebrauchs dienen,
2. das Betreten angrenzender Grundstücke zum Herumtragen kleiner Fahrzeuge um eine Stauanlage oder ein anderes Hindernis und
3. das Einbringen von Fischnahrung, Fischereigeräten und dergleichen zu Zwecken der Fischerei, soweit dadurch keine erheblichen nachteiligen Auswirkungen auf den Gewässerzustand, den Wasserabfluss, den Schiffsverkehr oder die Ausübung des sonstigen Gemeingebrauchs zu erwarten sind.

(2) Die Wasserbehörde kann andere Benutzungen, wie das Befahren mit kleinen Fahrzeugen mit motorischer Triebkraft als Gemeingebrauch für bestimmte Gewässer oder Gewässerteile unter den in Absatz 1 genannten Voraussetzungen zulassen.

(3) Die Absätze 1 und 2 gelten nicht für Gewässer dritter Ordnung sowie für Gewässer, die in Hofräumen, Betriebsgrundstücken, Gärten und Parkanlagen liegen und Eigentum der Anlieger sind.

(4) [1]An größeren Stauanlagen und Wasserspeichern sowie an den im Absatz 3 bezeichneten Gewässern kann die Wasserbehörde nach Anhörung des Eigentümers und des Unterhaltungspflichtigen den Gemeingebrauch zulassen. [2]Die Zulassung kann auf einzelne Arten des Gemeingebrauchs beschränkt werden. [3]Sie gilt als erteilt, soweit der Gemeingebrauch am 24. März 1962 ausgeübt worden ist.

(5) Die Schifffahrt ist jeder Person gestattet:
1. auf Gewässern erster Ordnung, die am 29. April 2011 zur Schifffahrt bestimmt waren (schiffbare Gewässer),
2. auf anderen Gewässern, soweit die Schifffahrt am 29. April 2011 allgemein zulässig war.

(6) Die öffentlichen Wasserflächen im Hafengebiet nach der Bremischen Hafengebietsverordnung unterliegen dem Gemeingebrauch, soweit nicht durch das Bremische Hafenbetriebsgesetz und die aufgrund des Bremischen Hafenbetriebsgesetzes erlassenen Rechtsverordnungen Einschränkungen vorgenommen werden.

§ 15 Duldungspflicht der Anlieger (Zu § 25 des Wasserhaushaltsgesetzes)

[1]Die Anlieger der zur Schifffahrt benutzten Gewässer (§ 14 Absatz 5) haben das Landen und Befestigen der Schiffe zu dulden. [2]Das gilt in Notfällen auch für private Ein- und Ausladestellen; die Anlieger haben in diesen Fällen auch das zeitweilige Aussetzen der Ladung zu dulden.

§ 16 Benutzung von Grundstücken zum Zwecke der Erholung (Zu § 25 des Wasserhaushaltsgesetzes)

(1) [1]Die Wasserbehörde kann Eigentümer und sonstige Nutzungsberechtigte von Grundstücken in der Nähe von Gewässern, an denen der Gemeingebrauch zugelassen ist, durch Verfügung verpflichten, die Benutzung des Grundstücks bis zu einer Tiefe von 50 Meter ab Uferlinie durch die Allgemeinheit zum Zwecke der Erholung zu dulden, wenn es im Interesse der Erholung suchenden Bevölkerung erforderlich ist. [2]Mit der Verpflichtung nach Satz 1 ist den Betroffenen jede Benutzung des bezeichneten Grundstücksteiles untersagt, durch die die Allgemeinheit bei der Benutzung belästigt, behindert oder gefährdet werden kann.

(2) Ist ein Grundstück mit einem Wohn- oder Wochenendhaus bebaut, darf eine Verpflichtung nach Absatz 1 nur in dem Umfange ausgesprochen werden, dass um das Gebäude herum mindestens die Grundfläche im Umkreis von 15 Meter ab Hausmittelpunkt von der Benutzung nach Absatz 1 ausgenommen bleibt.

(3) Eine Verpflichtung nach Absatz 1 darf nicht erfolgen, wenn die Benutzung gegen öffentlich-rechtliche Vorschriften verstößen, einen Gewerbebetrieb oder land-, forst- oder fischereiwirtschaftlichen Betrieb in seinem Bestand gefährden oder eine offenbar unbillige Härte darstellen würde.

(4) [1]Sofern es für die Benutzung eines nach Absatz 1 festgelegten Teiles eines Grundstückes erforderlich ist, kann die Wasserbehörde Eigentümer und sonstige Nutzungsberechtigte von Grundstücken durch Verfügung verpflichten, die Überwegung des Grundstückes durch die Allgemeinheit auf einem festzulegenden Weg zu dulden. [2]Absatz 1 Satz 2 und Absätze 2 und 3 gelten sinngemäß.

(5) Eine Verpflichtung nach Absatz 1 oder 4 ist aufzuheben, sobald die Voraussetzung für ihren Erlass entfällt.

(6) ¹Für die Dauer der Verpflichtung nach Absatz 1 oder 4 ist die Stadtgemeinde berechtigt, den nach Absatz 1 oder 4 festgelegten Grundstücksteil so herzurichten, dass die Benutzung gemäß Absatz 1 nach dem Ermessen der Stadtgemeinde möglich ist oder erleichtert wird. ²Die Berechtigung nach Satz 1 umfasst auch das Recht, bauliche Anlagen für nichtgewerbliche Zwecke zu errichten. ³Auf Verlangen des Grundstückseigentümers oder sonstigen Nutzungsberechtigten ist nach Aufhebung der Verpflichtung der alte Zustand auf Kosten der Stadtgemeinde wiederherzustellen.
(7) ¹Führt eine Verfügung nach Absatz 1 oder 4 zu einer unverhältnismäßigen Belastung, so hat der Eigentümer oder sonstige Nutzungsberechtigte einen Anspruch auf angemessenen Ausgleich in Geld. ²Über das Bestehen dieses Anspruchs ist gleichzeitig mit der dem Anspruch zugrunde liegenden Anordnung zu entscheiden. ³Die Entscheidung kann auf die Pflicht zur Entschädigung dem Grunde nach beschränkt werden.
(8) Für die Dauer einer Verpflichtung nach Absatz 1 und 4 trägt die Stadtgemeinde die Verkehrssicherungspflicht und die Unterhaltungspflicht an dem betroffenen Grundstücksteil und an solchen Anlagen, die der Benutzung nach Absatz 1 und 4 dienen.

§ 17 Herrichtung von Gewässern für den Gemeingebrauch (Zu § 25 des Wasserhaushaltsgesetzes)

(1) Die Wasserbehörde kann Eigentümern oder sonstigen Nutzungsberechtigten eines Gewässers, an dem der Gemeingebrauch zugelassen ist, durch Verfügung verpflichten zu dulden, dass die Stadtgemeinde das Gewässer und seine Ufer herrichtet und im Gewässer Anlagen errichtet, um den Gemeingebrauch zu erleichtern oder von der Allgemeinheit und dem einzelnen Gefahren abzuwehren, welche bei Ausübung des Gemeingebrauchs drohen.
(2) ¹Führt eine nach Absatz 1 zu treffende Maßnahme zu einer unverhältnismäßigen Belastung, so hat der Eigentümer oder sonstige Nutzungsberechtigte einen Anspruch auf angemessenen Ausgleich in Geld. ²Über das Bestehen dieses Anspruchs ist gleichzeitig mit der dem Anspruch zugrunde liegenden Anordnung zu entscheiden. ³Die Entscheidung kann auf die Pflicht zur Entschädigung dem Grunde nach beschränkt werden.
(3) ¹Die Stadtgemeinde unterhält die Anlagen nach Absatz 1. ²Im Übrigen erstattet sie dem zum Unterhalt des Gewässers Verpflichteten auf Antrag die durch die Maßnahme nach Absatz 1 verursachten Mehrkosten der Unterhaltung.

§ 18 Regelung des Gemeingebrauchs und der Benutzung von Grundstücken (Zu § 25 des Wasserhaushaltsgesetzes)

Die obere Wasserbehörde kann durch Rechtsverordnung
1. den Gemeingebrauch (§ 14) und die Benutzung von Grundstücken bis zu einer Tiefe von 50 Meter ab Uferlinie regeln, beschränken oder verbieten, um den ordnungsmäßigen Zustand der Gewässer und der Ufer, das tierische und pflanzliche Leben und die Landschaft zu schützen sowie Beeinträchtigungen, Belästigungen und Gefahren für die Allgemeinheit oder einzelne zu verhüten;
2. die zur Erhaltung der Sicherheit und Ordnung auf den Gewässern, insbesondere die für die Regelung des Verkehrs erforderlichen Bestimmungen treffen, soweit nicht bundesrechtlich etwas anderes bestimmt ist.

§ 19 Eigentümer- und Anliegergebrauch im Hafengebiet (Zu § 26 des Wasserhaushaltsgesetzes)

Die öffentlichen Wasserflächen im Hafengebiet nach der Bremischen Hafengebietsverordnung unterliegen dem Eigentümer- und Anliegergebrauch nach § 26 des Wasserhaushaltsgesetzes, soweit nicht durch das Hafenbetriebsgesetz und die auf Grund des Hafenbetriebsgesetzes erlassenen Rechtsverordnungen Einschränkungen vorgenommen werden.

§ 20 Anlagen in, an, über und unter oberirdischen Gewässern (Zu § 36 des Wasserhaushaltsgesetzes)

(1) ¹Anlagen in, an, über und unter Gewässern erster und zweiter Ordnung im Sinne des § 36 des Wasserhaushaltsgesetzes einschließlich der Lande- und Umschlagstellen dürfen nur mit Genehmigung der Wasserbehörde errichtet, wesentlich geändert oder beseitigt werden. ²Ausgenommen sind Anlagen, die nach anderen Vorschriften dieses Gesetzes einer Genehmigung bedürfen, einer erlaub-

nispflichtigen Benutzung oder der Unterhaltung eines Gewässers dienen oder beim Ausbau eines Gewässers errichtet werden.

(2) ¹Die Genehmigung darf nur versagt oder mit Bedingungen und Auflagen verbunden werden, wenn das Wohl der Allgemeinheit es erfordert. ²Auf die Schifffahrt und die ihr dienenden Häfen ist bei der Entscheidung Rücksicht zu nehmen.

(3) ¹Die Unterhaltung der Anlage obliegt dem Eigentümer und dem, der sie betreibt, als Gesamtschuldner. ²Die Wasserbehörde kann die Unterhaltungspflicht auf Antrag oder von Amts wegen mit öffentlich-rechtlicher Wirkung auf Dritte übertragen, soweit die Betroffenen zustimmen.

§ 21 Gewässerrandstreifen
(Abweichend von § 38 des Wasserhaushaltsgesetzes)

(1) Der Gewässerrandstreifen ist abweichend von § 38 Absatz 3 des Wasserhaushaltsgesetzes für Gewässer
1. innerhalb der im Zusammenhang bebauten Ortsteile fünf Meter,
2. im Außenbereich, mit Ausnahme von Be- und Entwässerungsgräben, zehn Meter breit.

(2) Der Gewässerrandstreifen für Be- und Entwässerungsgräben im Außenbereich ist fünf Meter breit.

(3) Im Gewässerrandstreifen natürlicher Gewässer sind die Anwendung von Pflanzenschutzmitteln sowie die Verwendung von Düngemitteln einschließlich Wirtschaftsdünger verboten.

§ 22 Gewässerunterhaltung (Zu § 39 des Wasserhaushaltsgesetzes)

Zur Gewässerunterhaltung im Sinne von § 39 Absatz 1 Satz 1 des Wasserhaushaltsgesetzes gehören auch die Erhaltung eines ordnungsgemäßen Abflusses und die Unterhaltung und der Betrieb der hierfür erforderlichen Anlagen.

§ 23 Unterhaltung der Gewässer zweiter Ordnung (Zu § 40 des Wasserhaushaltsgesetzes)

(1) Die Unterhaltung der natürlichen Gewässer zweiter Ordnung obliegt den Stadtgemeinden, soweit sie am 1. Oktober 2001 nicht Aufgabe von Wasser- und Bodenverbänden war.

(2) ¹Die Unterhaltung der künstlichen Gewässer zweiter Ordnung, die vor dem 24. Februar 2004 angelegt wurden, obliegt
1. den Wasser- und Bodenverbänden, soweit diese am 1. Oktober 2001 deren Aufgabe war,
2. im Übrigen den bisher unterhaltungspflichtigen Anliegern der Gewässer und zwar von der Grundstücksgrenze bis zur Mitte des Gewässers, wenn diese zu ermitteln sind.

²In allen anderen Fällen obliegt die Unterhaltungspflicht der künstlichen Gewässer zweiter Ordnung den Eigentümern der Gewässer.

(3) Ist der Wohnsitz des Unterhaltungspflichtigen nicht sofort zu ermitteln, so kann die Wasserbehörde den Besitzer des an das oberirdische Gewässer angrenzenden Grundstückes zur Unterhaltung heranziehen.

§ 24 Übertragung der Unterhaltungslast (Zu § 40 des Wasserhaushaltsgesetzes)

Die Wasserbehörde kann die Unterhaltungslast nach § 40 des Wasserhaushaltsgesetzes auf Antrag oder von Amts wegen mit öffentlich-rechtlicher Wirkung auf Dritte, insbesondere auf die Wasser- und Bodenverbände, übertragen, soweit die Betroffenen zustimmen.

§ 25 Unterhaltungslast aufgrund besonderen Titels (Zu § 40 des Wasserhaushaltsgesetzes)

(1) Am 24. März 1962 bestehende, auf besonderem Titel oder auf dem Besitzstande beruhende Verpflichtungen anderer zur Unterhaltung von Gewässerstrecken oder von Bauwerken (Anlagen) im und am Gewässer werden durch die Unterhaltungslast nach § 40 des Wasserhaushaltsgesetzes, sowie § 20 Absatz 3 und § 23 nicht berührt; wenn die Betroffenen zustimmen, kann die Wasserbehörde die Unterhaltungslast mit öffentlich-rechtlicher Wirkung demjenigen übertragen, der nach diesen Vorschriften Träger der Unterhaltungslast wäre.

(2) ¹Die Wasserbehörde ist ermächtigt, die Verpflichteten, und zwar zunächst die kraft besonderen Titels Verpflichteten, wenn ein solcher Titel bestritten wird und nicht sofort erweislich ist, die nach Maßgabe des Besitzstandes Verpflichteten, und wenn auch dieser nicht feststeht, die nach § 40 des Wasserhaushaltsgesetzes, sowie § 20 Absatz 2 und § 23 Verpflichteten, zur Unterhaltung der oberirdischen Gewässer heranzuziehen. ²Der Herangezogene kann vom Träger der Unterhaltungslast Ersatz der notwendigen Aufwendungen verlangen.

(3) Die Wasserbehörde hat die erforderlichen Unterhaltungsarbeiten auf Kosten des Pflichtigen durch einen Wasser- und Bodenverband oder die Stadtgemeinden ausführen zu lassen, wenn der Träger der Unterhaltungslast seine Verpflichtungen nicht erfüllt.

§ 26 Beiträge zu den Kosten der Unterhaltung
(1) [1]Erhöhen sich die Kosten der Unterhaltung, weil ein Grundstück in seinem Bestand besonders gesichert werden muss oder weil eine Anlage im oder am Gewässer die Unterhaltung erschwert, so hat der Eigentümer des Grundstückes oder der Anlage die Mehrkosten zu ersetzen. [2]Dazu ist auch verpflichtet, wer die Unterhaltung durch Einleiten von Abwasser erschwert.
(2) Zu den Kosten der Unterhaltung eines künstlichen Gewässers zweiter Ordnung haben die Eigentümer von Grundstücken und Anlagen beizutragen, die Vorteil von der Unterhaltung haben oder die sie erschweren; dabei ist von dem Maße des Vorteils oder der Erschwernis auszugehen.
(3) Das Recht der Wasser- und Bodenverbände bleibt unberührt.

§ 27 Kostenausgleich
(1) [1]Ein Wasser- und Bodenverband hat zu den Aufwendungen eines benachbarten Verbandes beizutragen, die aus der Unterhaltung und dem Betrieb besonderer Anlagen erwachsen, die zur gemeinsamen Abführung des Wassers dienen. [2]Die gemeinsamen Kosten sind nach dem Verhältnis der Flächengrößen der Verbandsgebiete zu verteilen, es sei denn, dass dies nach Lage des Einzelfalles offenbar unbillig ist. [3]Die Verbände können die Kostenbeteiligung durch Vereinbarung regeln; dabei sind sie an Satz 2 nicht gebunden.
(2) Absatz 1 gilt sinngemäß für die Stadtgemeinden.

§ 28 Gewässerschau (Zu § 41 des Wasserhaushaltsgesetzes)
(1) Zweck der Gewässerschau ist es, zu prüfen, ob ein oberirdisches Gewässer ordnungsgemäß unterhalten oder ob es unbefugt benutzt wird oder in sonstiger Weise gegen Bestimmungen dieses Gesetzes verstoßen wird.
(2) [1]Wenn die Gewässerschau nicht den Wasser- und Bodenverbänden obliegt, sind die Gewässer zweiter Ordnung nach Bedarf von der Wasserbehörde zu schauen. [2]Die Wasserbehörde kann einen Wasser- und Bodenverband, wenn dieser zustimmt, mit der Gewässerschau beauftragen.
(3) [1]Den Unterhaltungspflichtigen, den Eigentümern des Gewässerbettes, den Anliegern, den zur Benutzung des Gewässers Befugten und den beteiligten Behörden ist Gelegenheit zur Teilnahme und zur Äußerung zu geben. [2]Den im Sinne des § 63 Absatz 2 des Bundesnaturschutzgesetzes anerkannten Naturschutzvereinigungen kann Gelegenheit zur Stellungnahme und zur Einsicht in die einschlägigen Sachverständigengutachten gegeben werden.
(4) [1]Die Wasserbehörde trifft die erforderlichen Anordnungen zur Beseitigung festgestellter Mängel. [2]Durch Nachschau ist zu prüfen, ob die Mängel beseitigt worden sind. [3]Die Kosten der Nachschau hat derjenige zu tragen, der zur Beseitigung der Mängel verpflichtet ist.
(5) Die obere Wasserbehörde kann die Gewässerschau durch Rechtsverordnung regeln.

§ 29 Unterhaltungspflicht (Zu § 42 des Wasserhaushaltsgesetzes)
[1]Die Wasserbehörde stellt, wenn nötig, Art und Maß der Unterhaltungspflicht und der besonderen Pflichten im Interesse der Unterhaltung allgemein oder im Einzelfall fest. [2]Die obere Wasserbehörde kann die Unterhaltung durch Rechtsverordnung regeln.

Abschnitt 3
Stauanlagen

§ 30 Stauanlagen
(1) [1]Für Anlagen im Gewässer, die durch Hemmen des Wasserabflusses den Wasserspiegel heben oder Wasser ansammeln sollen (Stauanlagen), gelten, außer wenn sie nur vorübergehend bestehen, die §§ 31 bis 38. [2]Diese Bestimmungen gelten nicht für die in § 3 Absatz 1 Nummer 1 Buchstabe b) genannten Gewässer.
(2) § 8 Absatz 1 und 2 gilt entsprechend.

§ 31 Staumarken
(1) Jede Stauanlage ist mit Staumarken zu versehen, die deutlich anzeigen, auf welchen Stauhöhen und etwa festgelegten Mindesthöhen der Wasserstand im Sommer und im Winter zu halten ist.
(2) Die Höhenpunkte sind durch Beziehung auf amtliche Festpunkte zu sichern.

(3) ¹Die Wasserbehörde setzt und beurkundet die Staumarken. ²Der Betreiber der Stauanlage und, soweit tunlich, auch die anderen Beteiligten sind hinzuzuziehen.

§ 32 Erhaltung der Staumarken
(1) ¹Der Betreiber der Stauanlage hat dafür zu sorgen, dass die Staumarken und Festpunkte erhalten, sichtbar und zugänglich bleiben. ²Er hat jede Beschädigung und Änderung unverzüglich der Wasserbehörde anzuzeigen und bei amtlichen Prüfungen unentgeltlich Arbeitshilfe zu stellen.
(2) ¹Wer die Staumarken oder Festpunkte ändern oder beeinflussen will, bedarf der Genehmigung der instanziell zuständigen Wasserbehörde. ²Für das Erneuern, Versetzen und Berichtigen von Staumarken gilt § 31 Absatz 3 sinngemäß.

§ 33 Kosten
Die Kosten des Setzens oder Versetzens, der Erhaltung und Erneuerung einer Staumarke trägt der Betreiber.

§ 34 Ablassen aufgestauten Wassers
¹Aufgestautes Wasser darf nicht so abgelassen werden, dass Gefahren oder Nachteile für fremde Grundstücke oder Anlagen entstehen, die Ausübung von Wasserbenutzungsrechten und -befugnissen beeinträchtigt oder die Unterhaltung des Gewässers erschwert wird. ²Fischereirechtliche Vorschriften bleiben unberührt.

§ 35 Höchst- und Mindeststau
(1) Wenn Hochwasser zu erwarten ist, kann die Wasserbehörde dem Unternehmer aufgeben, die beweglichen Teile der Stauanlage zu öffnen und alle Hindernisse, wie beispielsweise Treibzeug, Eis, Geschiebe und dergleichen wegzuräumen, um das aufgestaute Wasser unter die Höhe der Staumarken zu senken und den Wasserstand möglichst auf dieser Höhe zu halten, bis das Hochwasser fällt.
(2) Muss das Oberwasser auf einer bestimmten Höhe bleiben, so darf das aufgestaute Wasser nicht darunter gesenkt werden.
(3) Die Wasserbehörde trifft die erforderlichen Anordnungen.
(4) Die Wasserbehörde kann durch Verfügung Ausnahmen von den Vorschriften der §§ 31 bis 35 Absatz 2 zulassen.

§ 36 Größere Stauanlagen, Wasserspeicher
(1) ¹Stauanlagen, deren Stauwerk von der Sohle des Gewässers bis zur Krone höher als fünf Meter ist und deren Sammelbecken mehr als 100 000 Kubikmeter fasst, bedürfen der Planfeststellung oder Plangenehmigung. ²Die Regelungen über den Gewässerausbau finden entsprechende Anwendung.
(2) ¹Absatz 1 gilt auch für andere als die in Absatz 1 bezeichneten Stauanlagen und für Wasserspeicher, wenn die Wasserbehörde feststellt, dass wegen der Gestaltung des Gewässers oder seiner Umgebung bei einem Bruch des Stauwerks erhebliche Gefahren zu befürchten sind. ²Die Feststellung ist dem Unternehmer mitzuteilen und ortsüblich bekannt zu machen.

§ 37 Aufsicht
¹Die Wasserbehörde überwacht Errichtung, Unterhaltung und Betrieb der Anlage. ²Sie kann dem Unternehmer auch nach Ausführung des Planes Sicherheitsmaßregeln aufgeben, die zum Schutz gegen Gefahren notwendig sind.

§ 38 Duldung bei der Errichtung von Stauanlagen
Will ein Anlieger auf Grund einer Erlaubnis, Bewilligung, Planfeststellung oder Plangenehmigung eine Stauanlage errichten, so können die Eigentümer der gegenüberliegenden Grundstücke gegen Entschädigung verpflichtet werden, den Anschluss zu dulden.

Abschnitt 4
Bewirtschaftung des Grundwassers

§ 39 Erlaubnisfreie Benutzung des Grundwassers (Zu § 46 des Wasserhaushaltsgesetzes)
(1) Keiner Erlaubnis oder Bewilligung bedarf das Entnehmen, Zutagefördern, Zutageleiten oder Ableiten von Grundwasser in geringen Mengen für den Gartenbau.
(2) Das Recht nach Absatz 1 gewährleistet keine bestimmte Qualität des Grundwassers.

Kapitel 3
Besondere wasserwirtschaftliche Bestimmungen

Abschnitt 1
Öffentliche Wasserversorgung, Wasserschutzgebiete, Heilquellenschutz

§ 40 Genehmigungspflicht für Anlagen der öffentlichen Wasserversorgung
(1) [1]Die Errichtung, die wesentliche Änderung und die Beseitigung von Wassergewinnungsanlagen, die der öffentlichen Wasserversorgung dienen, bedürfen der Genehmigung der Wasserbehörde. [2]Dasselbe gilt für andere Anlagen zur Wasserversorgung, die für einen Wasserbedarf von mehr als zehn Kubikmeter täglich bemessen sind. [3]Die Genehmigung erstreckt sich auf die technischen Grundzüge der Anlage. [4]Die Genehmigung darf nur versagt oder mit Bedingungen und Auflagen versehen werden, wenn das Wohl der Allgemeinheit dies erfordert. [5]Die baurechtlichen Vorschriften bleiben unberührt.
(2) Anlagen der öffentlichen Wasserversorgung dürfen nur nach den allgemein anerkannten Regeln der Technik errichtet, unterhalten und betrieben werden.

§ 41 Festsetzung von Wasserschutzgebieten (Zu § 51 des Wasserhaushaltsgesetzes)
(1) Die obere Wasserbehörde setzt das Wasserschutzgebiet nach § 51 des Wasserhaushaltsgesetzes durch Rechtsverordnung fest.
(2) [1]Vor dem Erlass der Rechtsverordnung nach § 51 des Wasserhaushaltsgesetzes ist ein Anhörungsverfahren durchzuführen. [2]Dieses wird von Amts wegen oder auf Antrag eingeleitet. [3]§ 73 des Bremischen Verwaltungsverfahrensgesetzes ist entsprechend anzuwenden. [4]An die Stelle der dort genannten Einwendungen treten Anregungen und Bedenken. [5]Diejenigen, deren Anregungen und Bedenken nicht berücksichtigt werden, sollen über die Gründe unterrichtet werden. [6]Bekannt zu machen sind auch die beabsichtigten Schutzbestimmungen.

§ 42 Wasserschutzgebietsbeauftragter (Zu § 52 des Wasserhaushaltsgesetzes)
[1]Die Wasserbehörde kann anordnen, dass der durch die Festsetzung eines Wasserschutzgebietes Begünstigte einen Wasserschutzgebietsbeauftragten bestellt. [2]Zu den Aufgaben des Wasserschutzgebietsbeauftragten gehört insbesondere
1. die zuständige Wasserbehörde unverzüglich über Gefährdungen für das Grundwasser zu unterrichten,
2. Eigentümer oder Nutzungsberechtigte von Grundstücken, insbesondere landwirtschaftliche Betriebe, gewerbliche und industrielle Betriebe, bei anstehenden Fragen über die erforderlichen Maßnahmen zur Vermeidung von Gefährdungen für das Grundwasser im Wasserschutzgebiet zu beraten.

[3]Der Wasserschutzgebietsbeauftragte kann verpflichtet werden, der oberen Wasserbehörde in angemessenen Abständen einen Bericht über seine Tätigkeit zu erstatten.

§ 43 Anerkennung von Heilquellen (Zu § 53 des Wasserhaushaltsgesetzes)
Über die staatliche Anerkennung von Heilquellen und deren Widerruf entscheidet die Senatorin für Bildung, Wissenschaft und Gesundheit im Einvernehmen mit der oberen Wasserbehörde.

Abschnitt 2
Abwasserbeseitigung

§ 44 Dezentrale Niederschlagswasserbeseitigung (Zu § 55 des Wasserhaushaltsgesetzes)
(1) [1]Dezentrale Niederschlagswasserbeseitigung liegt vor, wenn Niederschlagswasser von Grundstücken, die überwiegend der Wohnnutzung oder einer hinsichtlich der Qualität des Niederschlagswasserabflusses ihr vergleichbaren Nutzung dienen, weitestgehend dem natürlichen Wasserkreislauf zugeführt wird, sofern dies ohne Beeinträchtigung des Wohls der Allgemeinheit möglich ist und soweit dem weder wasserrechtliche noch sonstige öffentlichrechtliche Vorschriften noch wasserwirtschaftliche Belange entgegenstehen, insbesondere keine schädliche Verunreinigung eines Gewässers und keine sonstige nachteilige Veränderung seiner Eigenschaften zu erwarten ist. [2]Die Zuführung des Niederschlagswassers zum natürlichen Wasserkreislauf kann im Wege der Versickerung, Verrieselung, ortsnahen direkten Einleitung in ein Gewässer oder Einleitung über eine Kanalisation ohne Vermischung mit Schmutzwasser in ein Gewässer erfolgen.
(2) Dezentrale Niederschlagswasserbeseitigung bedarf keiner wasserrechtlichen Erlaubnis.

(3) ¹Die Beseitigung des Niederschlagswassers in ein Oberflächengewässer ist dem Wasser- und Bodenverband, in dessen Verbandsgebiet das betreffende Grundstück liegt, rechtzeitig vor der Herstellung der entsprechenden Entwässerungsanlagen anzuzeigen. ²Das Vorhaben kann durchgeführt werden, wenn der Wasser- und Bodenverband nicht innerhalb eines Monats widerspricht.
(4) ¹Die obere Wasserbehörde legt Anforderungen an die dezentrale Niederschlagswasserbeseitigung fest. ²§ 60 des Wasserhaushaltsgesetzes gilt entsprechend.

§ 45 Abwasserbeseitigungspflicht (Zu § 56 des Wasserhaushaltsgesetzes)

(1) ¹Die Stadtgemeinden haben das auf ihrem Gebiet anfallende Abwasser zu beseitigen, soweit nicht nach den folgenden Absätzen andere zur Abwasserbeseitigung verpflichtet sind. ²Sie nehmen diese Aufgabe als Selbstverwaltungsaufgabe wahr.
(2) Die Stadtgemeinden stellen sicher, dass die Anforderungen aus § 58 des Wasserhaushaltsgesetzes und der darin genannten Rechtsverordnungen eingehalten werden.
(3) ¹Die Stadtgemeinden stellen sicher, dass Abwasseranlagen, die an die städtische Kanalisation unmittelbar oder mittelbar angeschlossen sind und aus denen das Abwasser der städtischen Kanalisation zugeleitet wird, nach den allgemein anerkannten Regeln der Technik errichtet, betrieben und unterhalten werden. ²Satz 1 gilt auch für vorhandene Abwasseranlagen mit der Maßgabe, dass für die Durchführung der erforderlichen Anpassungsmaßnahmen eine angemessene Frist zu bestimmen ist.
(4) Abweichend von Absatz 1 obliegt anstelle der Stadtgemeinden
1. den Trägern öffentlicher Verkehrsanlagen die Beseitigung des Niederschlagswassers, soweit sie nach anderen Rechtsvorschriften zur Entwässerung ihrer Anlagen verpflichtet sind;
2. den Wasser- und Bodenverbänden in ihren Verbandsgebieten die Beseitigung des Niederschlagswassers, soweit ihnen nach den Verbandssatzungen diese Aufgabe obliegt;
3. widerruflich demjenigen die Beseitigung des Schmutzwassers, der am 1. August 1983 auf Grund einer Erlaubnis, einer Bewilligung, eines alten Rechts oder einer alten Befugnis das Schmutzwasser in ein Gewässer einleitet;
4. dem Nutzungsberechtigten eines Grundstücks, widerruflich die Beseitigung des Niederschlagswassers, soweit dieses nach § 44 dezentral beseitigt wird.

(5) ¹Die Wasserbehörde kann die Stadtgemeinden auf ihren Antrag befristet und widerruflich ganz oder teilweise von der Pflicht zur Beseitigung von Abwasser aus gewerblichen Betrieben und anderen Anlagen freistellen und diese Pflicht auf den Inhaber des gewerblichen Betriebes oder den Betreiber der Anlage übertragen, soweit das Abwasser wegen seiner Art und Menge zweckmäßiger von demjenigen beseitigt wird, bei dem es anfällt. ²Der Inhaber des Betriebes oder der Betreiber der Anlage ist vor der Entscheidung zu hören. ³Unter den gleichen Voraussetzungen kann die Wasserbehörde mit Zustimmung der Stadtgemeinde auf Antrag des Inhabers des gewerblichen Betriebes oder des Betreibers der Anlage diesem die Pflicht zur Beseitigung von Abwasser aus dem Betrieb oder der Anlage befristet und widerruflich ganz oder teilweise übertragen.
(6) ¹Die Wasserbehörde kann die Stadtgemeinden auf ihren Antrag befristet und widerruflich ganz oder teilweise von der Pflicht zur Abwasserbeseitigung freistellen und diese Pflicht auf den Nutzungsberechtigten des Grundstücks übertragen,
1. wenn auf Grund der Siedlungsstruktur eine Übernahme des Schmutzwassers wegen technischer Schwierigkeiten oder wegen des hohen Aufwandes nicht angezeigt ist und eine gesonderte Beseitigung des Schmutzwassers das Wohl der Allgemeinheit nicht beeinträchtigt,
2. wenn das Niederschlagswasser in anderen als den in § 44 geregelten Fällen ohne Beeinträchtigung des Wohls der Allgemeinheit von dem Nutzungsberechtigten des Grundstücks beseitigt werden kann.

²Absatz 5 Satz 2 und 3 gilt entsprechend.
(7) Abwasserbeseitigungspflichtige können sich zur Erfüllung dieser Pflicht Dritter bedienen.
(8) ¹Abwasser ist von demjenigen, bei dem es anfällt, dem nach den Absätzen 1, 4, 5 und 6 zur Abwasserbeseitigung Verpflichteten zu überlassen. ²Im Gebiet des Fischereihafens in Bremerhaven obliegt dem Land das Sammeln von Abwasser.
(9) Die Stadtgemeinden können durch Ortsgesetz bestimmen,
1. unter welchen Voraussetzungen Abwasser als angefallen gilt,
2. in welcher Weise, Menge und Zusammensetzung ihnen das Abwasser zu überlassen ist,

3. dass die Einleitung von Abwasser, das der nach Nummer 2 vorgeschriebenen Zusammensetzung nicht entspricht, in die öffentliche Kanalisation oder in Grundstücksentwässerungseinrichtungen, die von der Stadtgemeinde entleert werden, untersagt oder widerruflich genehmigt werden kann; die Genehmigung kann mit Nebenbestimmungen verbunden werden, insbesondere kann eine Vorbehandlung des Abwassers, eine kostenpflichtige behördliche Überwachung und eine Selbstüberwachung der Abwassereinleitung sowie die Vorlage der Untersuchungsergebnisse an die Stadtgemeinde verlangt werden,
4. dass sie für die Wahrnehmung ihrer Aufgabe Abwasserbeseitigung Daten bei denjenigen, bei denen Abwasser anfällt, erheben und verarbeiten sowie an die instanziell zuständigen Wasserbehörden und Bauordnungsbehörden bei begründetem Verdacht eines Verstoßes gegen wasserrechtliche oder bauordnungsrechtliche Vorschriften im Zusammenhang mit der Grundstücksentwässerung und an Dritte im Sinne des Absatzes 5 übermitteln dürfen und dass das Unternehmen der öffentlichen Trinkwasserversorgung die von ihm je Grundstück gelieferten Wassermengen an die Stadtgemeinde übermittelt.

§ 46 Beleihung

(1) Die Stadtgemeinden werden ermächtigt, Dritte auf deren Antrag durch Verwaltungsakt oder öffentlich-rechtlichen Vertrag befristet und widerruflich ganz oder teilweise mit der Wahrnehmung folgender Aufgaben im eigenen Namen und in den Handlungsformen des öffentlichen Rechts zu beleihen:
1. Vollzug ortsgesetzlicher Regelungen über nach § 45 Absatz 2 der Stadtgemeinde obliegende Aufgaben bei der Einleitung nichthäuslichen Schmutzwassers;
2. Vollzug ortsgesetzlicher Regelungen über nach § 45 Absatz 3 und 9 der Stadtgemeinde obliegende Überwachungsaufgaben bei der Benutzung der öffentlichen Abwasseranlagen sowie bei der Herstellung, Änderung, Instandhaltung, Beseitigung und Benutzung der Grundstücksentwässerungsanlagen;
3. Vollzug ortsgesetzlicher Regelungen über nach § 45 Absatz 9 der Stadtgemeinde obliegende Aufgaben bei der Einleitung von Abwasser;
4. Vollzug ortsgesetzlicher Regelungen über nach § 45 Absatz 9 Nummer 4 der Stadtgemeinde obliegende Aufgaben bei der Datenerhebung und -verarbeitung;
5. Vollzug ortsgesetzlicher Regelungen über nach § 45 Absatz 3 und 9 Nummer 2 der Stadtgemeinde obliegende Aufgaben hinsichtlich der Genehmigung oder Anzeige von Grundstücksentwässerungsanlagen;
6. Vollzug des durch Ortsgesetz auf der Grundlage von § 1 Absatz 1 des Gesetzes über Rechtsetzungsbefugnisse der Stadtgemeinden angeordneten Anschluss- und Benutzungszwanges für die Abwasserbeseitigung.
(2) Die Beleihung ist nur zulässig, wenn
1. der Antragsteller fachkundig und zuverlässig ist,
2. die Erfüllung der übertragenen Pflichten dauerhaft sichergestellt ist und
3. der Übertragung keine überwiegenden öffentlichen Interessen entgegenstehen.
(3) Der Beliehene unterliegt der Rechts- und Fachaufsicht der Stadtgemeinde.

§ 47 Zusammenschlüsse, Mitbenutzung von Anlagen

[1]Abwasserbeseitigungspflichtige können sich mit Genehmigung der oberen Wasserbehörde zur gemeinsamen Durchführung der Abwasserbeseitigung zusammenschließen. [2]Schließen sie sich zu einer öffentlich-rechtlichen Körperschaft zusammen, geht die Abwasserbeseitigungspflicht auf diese über, soweit sie die Abwasserbeseitigung übernimmt.

§ 48 Genehmigung von Abwasseranlagen (Zu § 60 des Wasserhaushaltsgesetzes)

(1) Der Errichtung, die wesentliche Änderung und die Beseitigung von Abwasseranlagen, die nicht unter § 60 Absatz 3 des Wasserhaushaltsgesetzes fallen, bedürfen der Genehmigung.
(2) Die Genehmigung nach Absatz 1 darf nur versagt oder mit Nebenbestimmungen versehen werden, wenn wasserwirtschaftliche Belange dies erfordern.

(3) Eine Genehmigung nach Absatz 1 ist nicht erforderlich für diejenigen Abwasseranlagen,
1. die zur Erfüllung der den Stadtgemeinden Bremen und Bremerhaven obliegenden Abwasserbeseitigungspflichten von den Stadtgemeinden Bremen, Bremerhaven oder von Dritten errichtet und betrieben werden,
2. die an die städtische Kanalisation unmittelbar oder mittelbar angeschlossen sind und aus denen das gesamte Abwasser der städtischen Kanalisation zugeleitet wird,
3. die zur Behandlung von nicht mehr als 8 m^3 häuslichen Abwassers täglich im Jahresdurchschnitt bemessen sind oder
4. die in einem bergbehördlich geprüften Betriebsplan zugelassen werden.

(4) Die Errichtung und der Betrieb sowie die Änderung einer Abwasserbehandlungsanlage, für die nach dem Gesetz über die Umweltverträglichkeitsprüfung oder nach dem Bremischen Landesgesetz über die Umweltverträglichkeitsprüfung eine Verpflichtung zur Durchführung einer Umweltverträglichkeitsprüfung besteht, bedürfen der Planfeststellung.

(5) Die obere Wasserbehörde trifft die erforderlichen Anordnungen für den Vollzug von § 60 Absatz 2 des Wasserhaushaltsgesetzes bei den städtischen Kanalisationsnetzen der Stadtgemeinden Bremen und Bremerhaven.

Abschnitt 3
Gewässerausbau, Deich-, Damm- und Küstenschutzbauten

§ 49 Grundsätze für den Ausbau (Zu § 67 des Wasserhaushaltsgesetzes)

(1) Über § 67 des Wasserhaushaltsgesetzes hinaus sollen bei Ausbaumaßnahmen in Linienführung und Bauweise das Landschaftsbild und die Erholungseignung der Gewässerlandschaft beachtet werden.

(2) [1]Der Träger des Vorhabens ist zu verpflichten, die Kosten zu tragen, die dadurch entstehen, dass infolge des Ausbaus öffentliche Verkehrs- und Versorgungsanlagen geändert werden müssen. [2]Dies gilt auch für die Unterhaltungskosten, soweit sie sich durch die Änderung erhöhen. [3]Die Vorschriften des Bremischen Landesstraßengesetzes bleiben unberührt.

(3) Der Träger des Vorhabens ist nicht zum Ausgleich verpflichtet, wenn sich Versorgungsanlagen bereits vor den Ausbaumaßnahmen im Deichkörper befanden und einer Ausnahmegenehmigung bedurften.

(4) [1]Der Träger des Vorhabens kann verpflichtet werden, Einrichtungen herzustellen und zu unterhalten, die nachteilige Wirkungen auf das Recht eines anderen oder der in § 14 Absatz 4 des Wasserhaushaltsgesetzes bezeichneten Art ausschließen. [2]Als Nachteil gilt nicht die Änderung des Grundwasserstandes, wenn der Ausbau der gewöhnlichen Bodenentwässerung von Grundstücken dient, deren natürlicher Vorfluter das Gewässer ist.

(5) Dem Träger des Vorhabens können angemessene Beiträge zu den Kosten von Maßnahmen auferlegt werden, die eine Körperschaft des öffentlichen Rechts trifft, um eine mit dem Ausbau verbundene Beeinträchtigung des Wohls der Allgemeinheit zu verhüten oder auszugleichen.

(6) [1]Der Träger des Vorhabens kann verpflichtet werden, das Gewässer ganz oder teilweise auf Kosten der Stadtgemeinde so herzurichten, dass der Gemeingebrauch erleichtert wird oder von der Allgemeinheit oder dem einzelnen Gefahren abgewehrt werden, welche bei Ausübung des Gemeingebrauchs drohen. [2]Über die Kosten ist in der Planfeststellung zu entscheiden. [3]Führt eine Verpflichtung nach Satz 1 zu einer unverhältnismäßigen Belastung, so hat der Eigentümer oder sonstige Nutzungsberechtigte einen Anspruch auf angemessenen Ausgleich in Geld. [4]Über das Bestehen dieses Anspruchs ist gleichzeitig mit der dem Anspruch zugrunde liegenden Anordnung zu entscheiden. [5]Die Entscheidung kann auf die Pflicht zur Entschädigung dem Grunde nach beschränkt werden.

§ 50 Versagung (Zu § 68 Absatz 3 des Wasserhaushaltsgesetzes)

Die Planfeststellung oder die Plangenehmigung darf nur festgestellt oder genehmigt werden, wenn von dem Ausbau eine Beeinträchtigung des Wohls der Allgemeinheit oder eine Behinderung der Schifffahrt, die nicht durch Einrichtungen oder Auflagen verhütet oder ausgeglichen werden kann, nicht zu erwarten ist.

§ 51 Verpflichtung zum Ausbau

(1) Bei Gewässern zweiter Ordnung kann die obere Wasserbehörde, wenn es das Wohl der Allgemeinheit erfordert, den Unterhaltungspflichtigen zum Ausbau des Gewässers oder seiner Ufer verpflichten.

(2) Die obere Wasserbehörde kann bestimmen, dass der zur Gewässerunterhaltung Verpflichtete durch Ausbaumaßnahmen in einem angemessenen Zeitraum einen naturnahen Zustand herbeiführt.

(3) Legt der Ausbau dem Pflichtigen Lasten auf, die in keinem angemessenen Verhältnis zu den ihm dadurch erwachsenen Vorteilen und seiner Leistungsfähigkeit stehen, so besteht eine Verpflichtung zum Ausbau nur dann, wenn das Land, andere öffentlich-rechtliche Körperschaften oder diejenigen, die von dem Ausbau Vorteil haben, sich an der Aufbringung der Kosten angemessen beteiligen und der Pflichtige hierdurch ausreichend entlastet wird.

§ 52 Entschädigung, Widerspruch

(1) [1]Von einer Auflage nach § 49 Absatz 4 ist abzusehen, wenn Einrichtungen der dort genannten Art wirtschaftlich nicht gerechtfertigt oder nicht mit dem Ausbau vereinbar sind. [2]In diesem Fall ist der Betroffene zu entschädigen; er kann dem Ausbau widersprechen, wenn dieser nicht dem Wohl der Allgemeinheit dient.

(2) Dient der Ausbau dem Wohl der Allgemeinheit, so ist der Betroffene wegen nachteiliger Änderung des Wasserstandes oder wegen Erschwerung der Unterhaltung nur zu entschädigen, wenn der Schaden erheblich ist.

(3) [1]§ 41 Absatz 1 Nummer 4 des Wasserhaushaltsgesetzes gilt sinngemäß. [2]Die Betroffenen sind zu entschädigen, wenn die Arbeiten zu einer dauernden oder unverhältnismäßig großen Benachteiligung führen.

§ 53 Benutzung von Grundstücken

(1) Soweit es zur Vorbereitung oder Ausführung des Unternehmens erforderlich ist, darf der Träger des Vorhabens oder sein Beauftragter nach vorheriger Ankündigung gegenüber Eigentümer oder Nutzungsberechtigten Grundstücke betreten und vorübergehend benutzen.

(2) [1]Entstehen dadurch Schäden, hat der Geschädigte gegen den Träger des Vorhabens Anspruch auf Schadenersatz, soweit nicht bundesrechtlich etwas anderes bestimmt ist. [2]Der Anspruch verjährt in einem Jahr.

§ 54 Vorteilsausgleich

[1]Hat ein anderer von dem Ausbau einen Vorteil, so kann er nach Maßgabe seines Vorteils zu den Kosten herangezogen werden. [2]Im Streitfall setzt die obere Wasserbehörde den Kostenanteil nach Anhörung der Beteiligten fest.

§ 55 Planfeststellung, Plangenehmigung
(Abweichend von § 70 des Wasserhaushaltsgesetzes)

Wird mit der Durchführung des Plans nach § 68 des Wasserhaushaltsgesetzes nicht innerhalb von fünf Jahren nach Eintritt der Unanfechtbarkeit begonnen, kann das Außerkrafttreten des Plans um höchstens fünf weitere Jahre auf Antrag verschoben werden.

§ 56 Enteignung (Zu § 71 des Wasserhaushaltsgesetzes)

(1) Eine vorzeitige Besitzeinweisung ist zulässig, wenn der nach § 71 des Wasserhaushaltsgesetzes festgestellte Plan bestandskräftig oder seine sofortige Vollziehung angeordnet ist.

(2) Im Übrigen gelten die Vorschriften des Enteignungsgesetzes für die Freie Hansestadt Bremen.

Abschnitt 4
Hochwasserschutz

§ 57 Hochwassergefährdetes Gebiet im tidebeeinflussten Bereich der Weser einschließlich der Nebengewässer (Zu § 76 des Wasserhaushaltsgesetzes)

(1) [1]Für Gebiete im Sinne des § 76 Absatz 1 Satz 1 des Wasserhaushaltsgesetzes, die überwiegend von Gezeiten beeinflusst sind, kann die obere Wasserbehörde zum Schutz von Leben oder zur Abwehr von erheblichen Gesundheits- oder Sachschäden eine Rechtsverordnung erlassen. [2]Soweit die Verordnung nach Satz 1 nichts Abweichendes bestimmt, gelten die §§ 76 bis 78 des Wasserhaushaltsgesetzes entsprechend. [3]Andere Vorschriften zur Gefahrenabwehr bleiben unberührt.

(2) Für den Erlass der Rechtsverordnung nach Absatz 1 gilt § 58 entsprechend.

§ 58 Festsetzung und Sicherstellung von Überschwemmungsgebieten (Zu § 76 Absatz 2 des Wasserhaushaltsgesetzes)

(1) Die Rechtsverordnung nach § 76 Absatz 2 des Wasserhaushaltsgesetzes bestimmt das Überschwemmungsgebiet in Text und Karte.

(2) ¹Vor dem Erlass der Rechtsverordnung nach § 76 Absatz 2 des Wasserhaushaltsgesetzes durch die obere Wasserbehörde unterrichtet die obere Wasserbehörde die Behörden und sonstigen Träger öffentlicher Belange, deren Aufgabenbereich durch die Rechtsverordnung berührt werden kann, über die beabsichtigten Schutzvorschriften und gibt ihnen Gelegenheit zu einer Äußerung und Erörterung. ²Anschließend ist ein Anhörungsverfahren durchzuführen. ³§ 73 des Bremischen Verwaltungsverfahrensgesetzes ist entsprechend anzuwenden. ⁴An die Stelle der dort genannten Einwendungen treten Anregungen und Bedenken. ⁵Diejenigen, deren Anregungen und Bedenken nicht berücksichtigt werden, sind über die Gründe zu unterrichten.

(3) ¹Die obere Wasserbehörde ermittelt die noch nicht nach § 76 Absatz 2 in Verbindung mit Absatz 1 des Wasserhaushaltsgesetzes festgesetzten Überschwemmungsgebiete, stellt sie in Kartenform dar und macht diese öffentlich bekannt (einstweilige Sicherstellung). ²Zur öffentlichen Bekanntmachung sind die Karten für die Dauer von vier Wochen in der oberen Wasserbehörde, der Wasserbehörde und der Stadtgemeinde, in der sich das Vorhaben auswirkt, öffentlich auszulegen; Orte und Zeiten der Auslegung sind von der oberen Wasserbehörde ortsüblich bekannt zu machen. ³Anschließend sind die Karten für die Dauer der vorläufigen Sicherung zur Einsicht bei der oberen Wasserbehörde aufzubewahren. ⁴Für Änderungen gelten die Sätze 2 und 3 entsprechend. ⁵Die einstweilige Sicherstellung endet mit der Festsetzung des Überschwemmungsgebietes nach § 76 Absatz 2 in Verbindung mit Absatz 1 des Wasserhaushaltsgesetzes; spätestens jedoch zehn Jahre nach Veröffentlichung der Karte, eine vorzeitige Aufhebung der einstweilige Sicherstellung ist ortsüblich bekannt zu machen.

(4) Die obere Wasserbehörde trifft in vorläufig sichergestellten Gebieten durch Verwaltungsakt die Maßnahmen, die aus den in § 78 Absatz 5 des Wasserhaushaltsgesetzes genannten Gründen erforderlich sind.

Abschnitt 5
Hochwasserschutzanlagen

§ 59 Begriffsbestimmungen zum Hochwasserschutz

(1) ¹Hochwasserschutzanlagen im Sinne dieses Gesetzes sind Anlagen, Grundstücke und Grundstücksteile, die dem Schutz eines Gebietes vor Hochwasser zu dienen bestimmt und nach § 64 gewidmet sind. ²Dies sind insbesondere
1. Deiche, einschließlich der dazu gehörenden Bestandteile; dazu gehören insbesondere dessen Schutzanlagen wie Fußbermen, Deichgräben, Verteidigungs- und Treibselräumwege, Fuß- und Böschungssicherungen,
2. Sperrwerke sowie
3. Anlagen, die neben anderen Zwecken auch dem Zweck des Hochwasserschutzes dienen.

³Zu den Hochwasserschutzanlagen gehören Anlagen, Grundstücke oder Grundstücksteile, die ihrerseits dem Schutz der Hochwasserschutzanlage zu dienen bestimmt sind. ⁴Bauten des Küstenschutzes stehen Hochwasserschutzanlagen gleich.

(2) Sperrwerke sind bauliche Anlagen mit Sperrvorrichtungen in Tidegewässern, die dem Schutz eines Gebietes vor erhöhten Tiden, vor allem vor Sturmfluten, zu dienen bestimmt sind.

(3) Vorland ist die zwischen Hochwasserschutzanlage und Uferlinie (mittleres Tidehochwasser oder Mittelwasser) liegende unbedeichte oder bedeichte Fläche.

(4) Das geschützte Gebiet ist die Gesamtheit aller im Schutz der Hochwasserschutzanlagen gelegenen Grundstücke und Grundstücksteile einschließlich der Bodenerhebungen, die von geschütztem Gebiet umschlossen sind.

(5) Erhaltung von Hochwasserschutzanlagen im Sinne dieses Gesetzes ist die Unterhaltung und Wiederherstellung von Hochwasserschutzanlagen.

(6) Die Hochwasserschutzlinie im Sinne dieses Gesetzes bestimmt den Verlauf der nach § 64 gewidmeten oder zu widmenden Hochwasserschutzanlagen.

§ 60 Grundsatz des Hochwasserschutzes und Ausbaupflichten

(1) Hochwasserschutzanlagen sind in ihrem Bestand zu sichern und im Hinblick auf die erforderlichen Abmessungen entsprechend dem jeweiligen Stand der neuesten allgemein anerkannten wissenschaftlichen Erkenntnissen zu verändern oder zu errichten, soweit es das Wohl der Allgemeinheit erfordert.

(2) [1]Der dem Wohl der Allgemeinheit dienende Schutz vor Hochwasser und Sturmflut sowie die Sicherung des Hochwasserabflusses sind öffentliche Aufgaben. [2]Sie begründen keinen Rechtsanspruch Dritter.

(3) [1]Die Pflicht zur Änderung oder Errichtung der Hochwasserschutzanlagen im Sinne des Absatzes 1 (Ausbaupflicht) obliegt den nach § 66 Erhaltungspflichtigen. [2]Die Regelungen zur Kostentragung nach § 72 Absatz 3 bleiben davon unberührt.

(4) [1]Abweichend von Absatz 3 ist das Land Bremen Ausbaupflichtiger für die Hochwasserschutzanlagen am linken Weserufer ab Deichkilometer 14+566 (Eisenbahnbrücke) bis Deichkilometer 17+360 (Am Dammacker). [2]Ausgenommen davon sind in diesen Anlagen vorhandene Schöpfwerke, Wehranlagen und Sielbauwerke.

§ 61 Sicherstellungsauftrag

(1) Die obere Wasserbehörde hat sicherzustellen, dass die den Erhaltungspflichtigen durch diesen Abschnitt des Gesetzes übertragenen Aufgaben erfüllt werden.

(2) [1]Die obere Wasserbehörde kann zur Erfüllung der Aufgabe Anordnungen für den Einzelfall erlassen. [2]Dazu gehört insbesondere, dass dem Erhaltungspflichtigen im Rahmen seiner Erhaltungspflicht einzelne Erhaltungsmaßnahmen und erforderliche Not- und Verteidigungsmaßnahmen sowie im Rahmen der Deichverteidigung einzelne Vorsorgemaßnahmen aufgeben werden.

§ 62 Bemessungswasserstand und Hochwasserschutzlinie

(1) Die obere Wasserbehörde setzt den örtlichen Bemessungswasserstand entsprechend dem Bemessungshochwasser fest.

(2) [1]Bei der Festsetzung der Abmessung der Hochwasserschutzanlagen ist deren Höhe und Maß nach dem maßgeblichen Bemessungshochwasser zu bestimmen. [2]Dabei ist der örtliche Wellenauflauf zu berücksichtigen.

(3) Die obere Wasserbehörde setzt den Verlauf der Hochwasserschutzlinie in Text und Karte in einer Rechtsverordnung fest.

§ 63 Prüfung der Hochwasserschutzanlagen

(1) Die obere Wasserbehörde prüft in regelmäßigen Abständen, spätestens jedoch in einem Abstand von fünfzehn Jahren, ob die Abmessungen der Hochwasserschutzanlagen den Anforderungen der allgemein anerkannten wissenschaftlichen Erkenntnisse entsprechen.

(2) [1]Der ordnungsgemäße Zustand der Hochwasserschutzanlagen sowie der für die Verteidigung der Hochwasserschutzanlagen erforderlichen Anlagen und Mittel ist in der Regel im Frühjahr und Herbst von der oberen Wasserbehörde zu prüfen. [2]Soweit die Wasser- und Bodenverbände Prüfungen der Hochwasserschutzanlagen durchführen, erfüllt die obere Wasserbehörde ihre Verpflichtung durch Teilnahme an diesen Prüfungen.

(3) Darüber hinaus kann die obere Wasserbehörde die Hochwasserschutzanlagen nach eigenem Ermessen prüfen, dies gilt insbesondere während bestehender Hochwasserlagen und nach Sturmfluten.

(4) Über die Prüfungen nach Absatz 2 und die Kontrollen nach Absatz 3 sind Niederschriften anzufertigen.

§ 64 Widmung von Hochwasserschutzanlagen

(1) [1]Anlagen die dem Schutz eines Gebietes vor Hochwasser nach dem Bemessungswasserstand nach § 62 zu dienen bestimmt sind, erhalten die Eigenschaft einer öffentlich-rechtlichen Hochwasserschutzanlage durch eine von der oberen Wasserbehörde vorzunehmende Widmung. [2]Soweit eine Hochwasserschutzanlage durch Planfeststellung oder Plangenehmigung zugelassen wird, erfolgt deren Widmung durch den Planfeststellungsbeschluss oder die Plangenehmigung der zuständigen Wasserbehörde, im Falle der Zuständigkeit einer anderen Behörde im Einvernehmen mit der zuständigen Wasserbehörde.

(2) [1]Die Widmung sämtlicher Hochwasserschutzanlagen im Geltungsbereich dieses Gesetzes erfolgt bis zum 31. Dezember 2025. [2]Die am 29. April 2011 in der Hochwasserschutzlinie vorhandenen

Hochwasserschutzanlagen gelten bis zum Widmungsakt nach Satz 1 entsprechend der ihnen erteilten Errichtungsgenehmigungen als gewidmet.

(3) Mit der Widmung setzt die obere Wasserbehörde nach Anhörung des Erhaltungspflichtigen die Abmessungen der Hochwasserschutzanlagen und deren Bestandteile fest.

(4) Privatrechtliche Verfügungen oder Verfügungen im Wege der Zwangsvollstreckung über die Grundfläche und die Hochwasserschutzanlage oder Rechte an ihnen berühren die Widmung nicht.

(5) [1]Entfällt die Hochwasserschutzfunktion einer gewidmeten Hochwasserschutzanlage, ist diese von der oberen Wasserbehörde zu entwidmen. [2]Der Erhaltungspflichtige ist vor der Entwidmung einer Hochwasserschutzanlage anzuhören. [3]Der Erhaltungspflichtige kann die Hochwasserschutzanlage nach Entwidmung beseitigen. [4]Die obere Wasserbehörde kann, wenn es das Wohl der Allgemeinheit erfordert, den Erhaltungspflichtigen zur Beseitigung der entwidmeten Hochwasserschutzanlagen verpflichten. [5]Das Land trägt im Falle des Satzes 4 die Kosten für die Beseitigung.

§ 65 Erhaltung der Hochwasserschutzanlagen

(1) Erhaltung und Sicherheit der Hochwasserschutzanlage dürfen nicht beeinträchtigt werden.

(2) [1]Hochwasserschutzanlagen sind entsprechend ihrer Widmung und so zu erhalten, dass sie ihren Zweck jederzeit erfüllen können. [2]Schäden an Hochwasserschutzanlagen sind so rechtzeitig zu beseitigen, dass die Hochwassersicherheit unverzüglich gewährleistet ist. [3]Dabei hat der Erhaltungspflichtige von Deichen insbesondere
1. beschädigte Deichstrecken unverzüglich instand zu setzen,
2. Deichstrecken, die mehr als zwanzig Zentimeter von ihrer vorgeschriebenen Höhe verloren haben, entsprechend zu verstärken und zu erhöhen,
3. die Grasnarbe so zu pflegen, dass sie dem Wasserangriff ausreichend Widerstand leisten kann, insbesondere Anschwemmungen (Treibsel) so rechtzeitig zu entfernen, dass die Grasnarbe keinen Schaden erleidet,
4. Beschädigungen der Grasnarbe unverzüglich zu beseitigen und
5. für den Deich schädliche Tiere und Pflanzen zu bekämpfen.

§ 66 Erhaltungspflicht

(1) Die Erhaltung einer Hochwasserschutzanlage obliegt, soweit sie nicht Aufgabe von Wasser- und Bodenverbänden ist, demjenigen, der die Hochwasserschutzanlage errichtet hat oder am 24. März 1962 erhaltungspflichtig war oder demjenigen, dem die Erhaltungspflicht nach Absatz 2 übertragen wurde (Erhaltungspflicht).

(2) [1]Die obere Wasserbehörde kann die Erhaltungspflicht einer Hochwasserschutzanlage auf Antrag oder von Amts wegen auf einen Dritten mit öffentlich-rechtlicher Wirkung übertragen, wenn die Betroffenen zustimmen. [2]Bei Übertragung der Erhaltungspflicht auf einen örtlich zuständigen Wasser- und Bodenverband kann die Zustimmung von diesem nur aus wichtigem Grund verweigert werden, insbesondere wenn sich die Übertragung der Erhaltungspflicht einer Hochwasserschutzanlage auf den Wasser- und Bodenverband als sachfremde Aufgabe erweist oder zu einer besonderen Härte führt. [3]Wird die Erhaltungspflicht einer Anlage, die auch einem anderen Zweck als dem des Hochwasserschutzes dient, auf einen Dritten übertragen, so ist der bisherige Erhaltungspflichtige zum Ersatz des zusätzlich erforderlichen Erhaltungsaufwandes verpflichtet. [4]Der Ersatz kann durch einmalige Gesamtentschädigung oder durch dauerhafte, anteilige Entschädigung geleistet werden.

(3) [1]Ist ungewiss oder streitig, wer zur Erhaltung der Hochwasserschutzanlage verpflichtet ist, so bestimmt die obere Wasserbehörde den Erhaltungspflichtigen. [2]Bis zur Entscheidung der oberen Wasserbehörde obliegt die Erhaltung den Stadtgemeinden. [3]Die Stadtgemeinden können in diesem Fall von dem Erhaltungspflichtigen oder den Eigentümern oder Erbbauberechtigten der Grundstücke im geschützten Gebiet Ersatz ihrer Aufwendungen verlangen.

§ 67 Besondere Pflichten bei der Erhaltung

(1) [1]Soweit es zur ordnungsgemäßen Erhaltung einer Hochwasserschutzanlage erforderlich ist, haben die Eigentümer und Nutzungsberechtigten der Hochwasserschutzanlage, des Vorlandes und der binnenseits angrenzenden Grundstücke nach vorheriger Anordnung jederzeit zu dulden, dass
1. Betriebsgrundstücke und -räume während der Betriebszeit betreten werden,

2. Wohnräume sowie Betriebsgrundstücke und -räume außerhalb der Betriebszeit, sofern dies zur Verhütung dringender Gefahren für die öffentliche Sicherheit und Ordnung erforderlich ist, betreten werden,
3. Grundstücke, die nicht zum unmittelbar angrenzenden befriedeten Besitztum von Räumen nach den Nummern 1 und 2 gehören, betreten werden und
4. im Falle der Wiederherstellung von Hochwasserschutzanlagen aus den Grundstücken Boden entnommen wird.

[2]Entstehen beim Betreten der Grundstücke oder der Räume oder der vorübergehenden Benutzung der Grundstücke oder der Entnahme von Bestandteilen Schäden, so hat der Geschädigte Anspruch auf Schadenersatz. [3]Der Anspruch verjährt ein Jahr nach Entstehen.

(2) Die Eigentümer und Nutzungsberechtigten der in der Umgebung von Hochwasserschutzanlagen liegenden Grundstücke haben alles zu unterlassen, was die Erhaltung oder Sicherheit der Hochwasserschutzanlage beeinträchtigen kann.

(3) Weitergehende Rechte der Wasser- und Bodenverbände bleiben unberührt.

§ 68 Erhaltung des Vorlandes

(1) [1]Das Vorland ist, soweit erforderlich, zum Schutz der Hochwasserschutzanlagen vom Eigentümer und Nutzungsberechtigten in der von der oberen Wasserbehörde zu bestimmenden Breite, in Höhe, Ausformung und Beschaffenheit zu erhalten. [2]Die obere Wasserbehörde kann im Einzelfall über Art und Umfang der Pflege entscheiden.

(2) [1]Reicht das im Abbruch liegende Vorland als Schutz der Hochwasserschutzanlage nicht mehr aus, so hat der Erhaltungspflichtige Schutzwerke zu errichten und zu erhalten. [2]Die Eigentümer des Vorlandes haben sich an den Kosten dieser Arbeiten nach dem Maße ihres Vorteils zu beteiligen, wenn der Erhaltungspflichtige es verlangt. [3]Die obere Wasserbehörde entscheidet im Streitfall nach Anhörung über die Höhe des Beitrages.

§ 69 Verteidigung der Hochwasserschutzanlagen

[1]Der Erhaltungspflichtige muss für die Verteidigung der Hochwasserschutzanlage vorsorgen. [2]Insbesondere müssen die für die Verteidigung notwendigen befestigten Wege vorhanden, die erforderlichen Geräte, Baustoffe und Beförderungsmittel bereitstehen und die Hochwasserschutzanlage jederzeit zugänglich sein.

§ 70 Notdeiche

(1) [1]Besteht die Gefahr, dass die Hochwasserschutzanlage einer Sturmflut, einem Wasserstau bei Sperrung des Tidegewässers oder einem Hochwasser nicht mehr standhalten wird, so hat der Erhaltungspflichtige auf Anordnung der oberen Wasserbehörde einen Notdeich anzulegen oder sonstige erforderliche Maßnahmen zu treffen und so lange zu erhalten, bis die gefährdete Hochwasserschutzanlage wieder instand gesetzt ist. [2]Zu den Kosten kann das Land dem Erhaltungspflichtigen auf dessen Antrag Zuwendungen gewähren.

(2) Wird der Notdeich nach Instandsetzung der Hochwasserschutzanlage nicht selbst als Hochwasserschutzanlage gewidmet, so können die Eigentümer, auf deren Grundstücken der Notdeich errichtet und aus deren Grundstücken der Deichboden entnommen worden ist, die Wiederherstellung des alten Zustandes innerhalb einer von der oberen Wasserbehörde zu bestimmenden Frist vom Erhaltungspflichtigen verlangen.

(3) [1]Die Eigentümer der Grundstücke, auf denen der Notdeich errichtet wurde, können für die Nutzungsbeschränkung von dem Erhaltungspflichtigen einen angemessenen Ausgleich in Geld verlangen. [2]Die Eigentümer der Grundstücke, aus denen Deichboden für Maßnahmen nach Absatz 1 entnommen worden ist, können von dem Erhaltungspflichtigen für die Nutzungsbeschränkung bis zur Wiederherstellung des alten Zustandes einen angemessenen Ausgleich in Geld verlangen.

§ 71 Hochwasserschutzbeitrag

(1) [1]Die Eigentümer oder Erbbauberechtigten der Grundstücke im geschützten Gebiet können vom Erhaltungspflichtigen der Hochwasserschutzanlage zu den Kosten der nach diesem Gesetz erforderlichen Erhaltung nach dem Maße ihres Vorteils herangezogen werden (Hochwasserschutzbeitrag). [2]Im Streitfall setzt die obere Wasserbehörde nach Anhörung der Beteiligten den Beitrag fest.

(2) [1]Soweit das Land zur Erhaltung von Hochwasserschutzanlagen verpflichtet ist, kann es nach Maßgabe einer von der oberen Wasserbehörde zu erlassenden Rechtsverordnung die Eigentümer der

geschützten Grundstücke durch Bescheid nach dem Maße ihres Vorteils zu den Kosten heranziehen.
²Soweit die Stadtgemeinden zur Erhaltung von Hochwasserschutzanlagen verpflichtet sind, können sie nach Maßgabe eines Ortsgesetzes die Eigentümer der geschützten Grundstücke durch Bescheid nach dem Maße ihres Vorteils zu den Kosten heranziehen. ³Die Rechtsverordnung nach Satz 1 und das Ortsgesetz nach Satz 2 bestimmen:
1. den maßgebenden Wasserstand sowie auf dessen Grundlage die Grenzen des geschützten Gebietes, für das Beiträge erhoben werden,
2. diejenigen Hochwasserschutzanlagen, zu deren Erhaltung die Beitragsheranziehung erfolgen soll,
3. die Grundlagen der Beitragsfestsetzung, -erhebung und -vollstreckung, insbesondere den Beitragsmaßstab,
4. dass das Beitragsaufkommen die nach betriebswirtschaftlichen Grundsätzen ansatzfähigen Kosten decken soll und § 12 Absatz 3 und 4 des Bremischen Gebühren- und Beitragsgesetzes entsprechend anzuwenden ist,
5. das Verfahren der Beitragsfestsetzung, -erhebung und -vollstreckung,
6. die Verpflichtung des Erhaltungspflichtigen zur jährlichen Feststellung des Beitragsbedarfs, der sich aus dem Erhaltungsbedarf sowie dem Aufwand nach Nummer 7 zusammensetzt,
7. dass der mit der Beitragsfestsetzung, -erhebung und -vollstreckung verbundene Aufwand in die Beitragsberechnung einzubeziehen ist,
8. das Nähere über die Auskunftspflicht der Beitragspflichtigen und die Verarbeitung ihrer personenbezogenen Daten,
9. die für die Durchführung von Rechtsbehelfsverfahren, Beitragsfestsetzung, -erhebung und -vollstreckung zuständige Behörde.

§ 72 Herstellung, wesentliche Änderung oder Beseitigung von Hochwasserschutzanlagen

(1) ¹Für einen Planfeststellungsbeschlusses oder eine Plangenehmigung nach § 68 Absatz 1 und 2 in Verbindung mit § 67 Absatz 2 Satz 3 des Wasserhaushaltsgesetzes gelten neben den §§ 69 bis 71 des Wasserhaushaltsgesetzes die Regelungen der §§ 49 Absatz 2 bis 6, 50, 52 bis 56 entsprechend. ²Die Entscheidung über die Erhaltungspflicht nach § 66 Absatz 2 kann auch im Rahmen des Planfeststellungsbeschlusses oder der Plangenehmigung getroffen werden.
(2) Die obere Wasserbehörde kann, wenn es das Wohl der Allgemeinheit erfordert, den Erhaltungspflichtigen zur wesentlichen Änderung von Hochwasserschutzanlagen verpflichten.
(3) ¹Das Land trägt im Falle der wesentlichen Änderung die Kosten für Maßnahmen, die zur Sicherung des Hochwasserschutzes erforderlich sind, soweit keine andere öffentliche Förderung in Anspruch genommen werden kann und soweit die obere Wasserbehörde den Maßnahmen vorher zugestimmt hat. ²Zu den Erhaltungskosten für Hochwasserschutzanlagen kann das Land dem Träger der Erhaltung der Hochwasserschutzanlagen auf dessen Antrag Zuwendungen gewähren, wenn
1. der dafür erforderliche Hochwasserschutzbeitrag (§ 71 Absatz 1) den durchschnittlichen Hochwasserschutzbeitrag in den Deichverbänden erheblich übersteigt,
2. die Schäden an der Hochwasserschutzanlage (§ 65 Absatz 2 Nummer 1) außergewöhnlich groß sind oder
3. besondere Umstände anderer Art eine Zuwendung erfordern.

(4) Sofern der öffentliche Hochwasserschutz auf Flächen ausgedehnt werden soll, die bislang nicht zum geschützten Gebiet gehörten und Wasser- und Bodenverbände Träger der Erhaltungspflicht werden sollen, ist das Land verpflichtet, die Kosten für die erstmalige Errichtung von Hochwasserschutzanlagen zu tragen.
(5) ¹Die Herstellung und die wesentliche Änderung von Hochwasserschutzanlagen sollen in der Zeit vom 1. Mai bis 1. Oktober durchgeführt werden. ²Auf Antrag können Baumaßnahmen an Hochwasserschutzanlagen, die den Hochwasserschutz und die Sicherheit verbessern und auch während der Bauphase keine Verringerung der bestehenden Hochwassersicherheit erwarten lassen, innerhalb der Ausschlusszeit zugelassen werden.

§ 73 Entschädigung bei Ausdeichung

Die Eigentümer der Grundstücke, die durch eine Verlegung einer Hochwasserschutzanlage ausgedeicht werden, können für die Wertminderung der ausgedeichten Flächen einen angemessenen Ausgleich in Geld verlangen.

§ 74 Benutzung

(1) Jede Nutzung oder Benutzung einer Hochwasserschutzanlage, die im Widerspruch zu ihrem Schutzzweck steht, ist verboten.

(2) ¹Die obere Wasserbehörde kann vom Verbot des Absatzes 1 Befreiung erteilen, wenn das Verbot im Einzelfall zu einer offenbar nicht beabsichtigten Härte führen würde und die Befreiung mit den Belangen der Hochwassersicherheit zu vereinbaren ist. ²Die Errichtung oder Erweiterung von Gebäuden darf nur in besonderen Fällen öffentlicher oder privater Belange mit Zustimmung der oberen Wasserbehörde zugelassen werden, wenn die Sicherheit der Hochwasserschutzanlage gewährleistet bleibt. ³Der Erhaltungspflichtige ist anzuhören. ⁴§ 72 Absatz 5 gilt entsprechend.

(3) ¹Die Befreiung ist widerruflich. ²Sie ist zu widerrufen, wenn die Nutzung oder Benutzung die Erhaltung oder erforderliche Änderung der Hochwasserschutzanlage erheblich beeinträchtigt.

(4) ¹Bei Widerruf der Befreiung hat deren Inhaber keinen Anspruch auf Entschädigung. ²Er hat auf seine Kosten Anlagen zu beseitigen und den alten Zustand wiederherzustellen. ³Dies gilt auch, wenn der Widerruf der Befreiung auf Grund von Änderungen der Abmessungen der Hochwasserschutzanlage erfolgt.

(5) Baugenehmigungen oder nach anderen Vorschriften erforderliche Genehmigungen für die Errichtung oder wesentliche Änderung von baulichen Anlagen dürfen nur erteilt werden, wenn die obere Wasserbehörde dem Antragsteller eine Befreiung nach Absatz 2 erteilt hat.

(6) Ist für die Errichtung oder wesentliche Änderung einer Anlage eine Befreiung nach Absatz 2 erteilt worden, so hat deren Inhaber dem Erhaltungspflichtigen alle Kosten zu ersetzen, die diesem dadurch bei der Erhaltung der Hochwasserschutzanlage zusätzlich entstehen; dies gilt auch, wenn die Abmessungen der Hochwasserschutzanlage geändert werden.

§ 75 Besondere Anlagen

(1) ¹Anlagen innerhalb der Grenzen einer Hochwasserschutzanlage, die der Ent- und Bewässerung oder dem öffentlichen Verkehr dienen, dürfen nur mit Genehmigung der oberen Wasserbehörde nach Anhörung des Erhaltungspflichtigen angelegt, geändert oder beseitigt werden. ²Das Gleiche gilt für Leitungen, die der öffentlichen Versorgung mit Wasser, Gas, Öl, Elektrizität, Wärme, der öffentlichen Abwasserbeseitigung oder dem Fernmeldewesen dienen. ³§ 72 Absatz 5 gilt entsprechend.

(2) ¹Die Genehmigung ist widerruflich. ²Sie ist insbesondere dann zu widerrufen, wenn die Anlage oder Leitung die Erhaltung der Hochwasserschutzanlage beeinträchtigt. ³§ 74 Absatz 3, 4 und 6 gilt entsprechend.

(3) ¹Die Anlagen oder Leitungen sind vom Inhaber der Genehmigung zu erhalten. ²§ 61 Absatz 2 gilt entsprechend. ³Erfüllt dieser seine Erhaltungspflicht nicht oder nicht genügend, so kann die obere Wasserbehörde die erforderlichen Arbeiten auf seine Kosten ausführen lassen.

§ 76 Anlagen landseitig von Hochwasserschutzanlagen

(1) Anlagen jeder Art dürfen in einer Entfernung bis zu 20 Meter der landseitigen Grenze einer Hochwasserschutzanlage nicht errichtet oder wesentlich geändert werden.

(2) ¹Die obere Wasserbehörde kann vom Verbot des Absatzes 1 auf Antrag Befreiung erteilen, wenn das Verbot im Einzelfall zu einer offenbar nicht beabsichtigten Härte führen würde und die Befreiung mit den Belangen des Hochwasserschutzes vereinbar ist. ²§ 72 Absatz 5 gilt entsprechend. ³Der Erhaltungspflichtige ist anzuhören. ⁴Die Befreiung ist widerruflich.

(3) Baugenehmigungen oder nach anderen Vorschriften erforderliche Genehmigungen für die Errichtung oder wesentliche Änderung von baulichen Anlagen dürfen nur erteilt werden, wenn die obere Wasserbehörde dem Antragsteller eine Befreiung nach Absatz 2 erteilt hat.

(4) ¹Wird durch die Anwendung des Absatzes 1 die bauliche Nutzung eines Grundstücks landseitig von einer Hochwasserschutzanlage, auf deren Zulassung bisher ein Rechtsanspruch bestand, ganz oder teilweise unmöglich, so kann der Eigentümer vom Erhaltungspflichtigen insoweit eine angemessene Entschädigung in Geld verlangen, als der Wert des Grundstücks wesentlich gemindert wird. ²Hatte der Grundstückseigentümer bereits Vorbereitungen getroffen, um das Grundstück in dem bisher zulässigen Umfang baulich zu nutzen, so kann er auch dafür eine angemessene Geldentschädigung verlangen, dass diese Vorbereitung an Wert verliert. ³Der Anspruch ist innerhalb eines Jahres nach Inkrafttreten dieser Vorschrift beim Erhaltungspflichtigen geltend zu machen.

§ 77 Kostenerstattung
¹Zwingt eine unbefugte Benutzung der Hochwasserschutzanlagen (§ 74), die unbefugte Errichtung oder Änderung einer besonderen Anlage (§ 75) oder die Verletzung von Pflichten aus diesem Abschnitt des Gesetzes oder einer dazu ergangenen Rechtsverordnung zu behördlichem Einschreiten, so gilt § 91 entsprechend. ²Dies gilt auch hinsichtlich der Kosten, die dadurch entstanden sind, dass die unbefugte Benutzung oder Errichtung, eine andere Pflichtverletzung oder der Umfang der zu treffenden Maßnahmen ermittelt werden musste.

§ 78 Dokumentation
(1) Die obere Wasserbehörde hat für alle Hochwasserschutzanlagen eine Dokumentation zu führen, in der die die Hochwasserschutzanlagen betreffenden Unterlagen gesammelt werden.
(2) Die Dokumentation muss mindestens enthalten;
1. die Widmung,
2. Erlaubnisse besonderer baulichen Anlagen (§ 75),
3. genehmigte Benutzungen, die nicht nur vorübergehenden Zwecken dienen und
4. Rechte aufgrund eines besonderen Rechtstitels nach § 80 Absatz 1 und Verpflichtungen Dritter.

§ 79 Eigentum an Hochwasserschutzanlagen
Das Eigentum an Hochwasserschutzanlagen im Sinne des § 59 Absatz 1 wird durch die Regelungen dieses Abschnittes dieses Gesetzes nicht berührt.

§ 80 Bestehende Rechte
(1) Am 29. April 2011 bestehende Rechte zur Nutzung oder Benutzung der Hochwasserschutzanlagen und des Vorlandes, die auf einem besonderen Rechtstitel beruhen, gelten mit dem bisherigen Inhalt fort.
(2) Am 29. April 2011 bestehende Rechte zur Nutzung oder Benutzung der Hochwasserschutzanlagen und des Vorlandes, die nicht auf einem besonderen Rechtstitel beruhen, gelten als Befreiungen nach Maßgabe des § 74 oder als Genehmigung nach § 75 fort.
(3) ¹Die in Absatz 1 bezeichneten Rechte hat die obere Wasserbehörde zu beschränken oder aufzuheben, wenn ihre weitere Ausübung die Erhaltung der Hochwasserschutzanlage oder des Vorlandes erheblich beeinträchtigen würde. ²Soweit erforderlich, kann hierbei auch die Beseitigung von Anlagen verlangt werden. ³Der Erhaltungspflichtige hat eine angemessene Entschädigung an den Rechtsinhaber in Geld zu leisten. ⁴Der Erhaltungspflichtige ist anzuhören. ⁵Die Rechte können ohne Entschädigung beschränkt oder aufgehoben werden, wenn das bestehende Recht dies zuließ.
(4) ¹Für den Widerruf der in Absatz 2 bezeichneten Rechte gelten die Vorschriften der §§ 74 und 75. ²Abweichend von § 74 Absatz 4 und § 75 Absatz 2 Satz 3 hat im Falle des Widerrufs der Befreiung der Erhaltungspflichtige eine angemessene Entschädigung an den Rechtsinhaber in Geld zu leisten, wenn das Recht nicht mit einem Widerrufsvorbehalt eingeräumt wurde.
(5) Ist eines der in Absatz 1 bezeichneten Rechte ganz oder teilweise erloschen, so kann die obere Wasserbehörde den bisherigen Inhaber verpflichten, auf seine Kosten Anlagen ganz oder teilweise zu beseitigen und den früheren Zustand wiederherzustellen.

§ 81 Hochwassermeldeverordnung
(1) Die obere Wasserbehörde wird ermächtigt, durch Rechtsverordnung für bestimmte Strecken fließender Gewässer einen Hochwasserbeobachtungs-, Melde- und Vorhersagedienst einzurichten.
(2) ¹Die Verordnung bestimmt die Hochwassermeldestellen und die Art der Nachrichtenübermittlung. ²Die Betreiber von Stauanlagen können gegen Erstattung der Kosten zur Hochwasserbeobachtung und zur Nachrichtenübermittlung verpflichtet werden.

Abschnitt 6
Wasserwirtschaftliche Planung und Dokumentation

§ 82 Veränderungssperre (Zu § 86 des Wasserhaushaltsgesetzes)
Zur Sicherung von Planungen im Sinne von § 86 des Wasserhaushaltsgesetzes kann die obere Wasserbehörde durch Rechtsverordnung Planungsgebiete nach § 86 des Wasserhaushaltsgesetzes festlegen.

§ 83 Einsichtnahme in das Wasserbuch (Zu § 87 des Wasserhaushaltsgesetzes)
(1) Jede Person darf das Wasserbuch und die Urkunden, auf die in den Eintragungen Bezug genommen wird, einsehen und auf ihre Kosten einen zu beglaubigenden Auszug fordern.

(2) Absatz 1 gilt nicht für Urkunden, die der Geheimhaltung unterliegen.

§ 84 Informationsbeschaffung und -übermittlung (Zu § 88 des Wasserhaushaltsgesetzes)
Personen, deren personenbezogene Daten im Sinne des § 88 des Wasserhaushaltsgesetzes verarbeitet werden können, sind unter anderen
1. Personen, die Gewässer benutzen,
2. Eigentümer oder Nutzungsberechtigte von Grundstücken, Gewässern und Anlagen an und in Gewässern,
3. durch erteilte Erlaubnisse oder Bewilligungen benachteiligte Personen,
4. durch Planfeststellung, Plangenehmigung, Bestimmungen von Wasserschutzgebiets und Überschwemmungsgebietsverordnungen betroffene Personen,
5. Personen und Personengruppen, die sich an Verfahren zur Beteiligung der Öffentlichkeit beteiligen, beispielsweise nach § 85 des Wasserhaushaltsgesetzes,
6. Betriebsbeauftragte,
7. Gewässerschutzbeauftragte,
8. Wasserschutzgebietsbeauftragte und
9. Sachverständige.

§ 85 Aufgaben des gewässerkundlichen Dienstes (Zu § 91 des Wasserhaushaltsgesetzes)
¹Zu den gewässerkundlichen Maßnahmen gehört auch die Ermittlung der Grundlagen des Wasserhaushalts und des Hochwasserschutzes sowie der für die wasserwirtschaftlichen Planungen, Entscheidungen, Maßnahmen und der für die Gewässeraufsicht erforderlichen gewässerkundlichen Daten sowie deren Veröffentlichung in geeigneter Weise. ²Für die Durchführung von gewässerkundlichen Maßnahmen ist die obere Wasserbehörde zuständig.

Kapitel 4
Entschädigung, Ausgleich

§ 86 Entschädigung, Ausgleich (Zu §§ 96 und 98 des Wasserhaushaltsgesetzes)
¹Für Entschädigungen oder Ausgleichsleistungen nach diesem Gesetz gelten die §§ 96 bis 99 des Wasserhaushaltsgesetzes entsprechend. ²Als Entschädigung können auch wasserwirtschaftliche oder andere Maßnahmen festgesetzt werden, wenn sie mit wirtschaftlich zumutbaren Mitteln durchgeführt werden können.

§ 87 Einigung
(1) ¹Die Einigung nach § 98 Absatz 2 des Wasserhaushaltsgesetzes ist zu beurkunden. ²Den Beteiligten ist auf Antrag eine Ausfertigung der Urkunde zuzustellen; der Entschädigungspflichtige, der Entschädigungsberechtigte sowie Art, Maß und Grund der Entschädigung sind zu nennen.
(2) ¹In den Fällen des § 96 Absatz 4 des Wasserhaushaltsgesetzes hat die obere Wasserbehörde unverzüglich das Grundbuchamt zu ersuchen, einen Vermerk über das mit der Verpflichtung verbundene Recht zum Grundstückserwerb einzutragen. ²Der Vermerk wirkt gegenüber dem öffentlichen Glauben des Grundbuchs wie eine Vormerkung zur Sicherung des Anspruchs auf Übertragung des Eigentums.

§ 88 Vollstreckbarkeit
¹Die Urkunde über die Einigung ist nach Zustellung vollstreckbar nach den Vorschriften der Zivilprozessordnung über die Vollstreckung von Urteilen in bürgerlichen Rechtsstreitigkeiten. ²Die vollstreckbare Ausfertigung erteilt der Urkundsbeamte des Amtsgerichts, in dessen Bezirk die festsetzende Wasserbehörde ihren Sitz hat. ³Dieses Gericht ist in den Fällen der §§ 731, 767 bis 770, 785 und 786 der Zivilprozessordnung zuständig.

Kapitel 5
Gewässeraufsicht

§ 89 Antragstellung (Zu § 100 des Wasserhaushaltsgesetzes)
¹Die Gewässeraufsicht obliegt der jeweils instanziell zuständigen Wasserbehörde. ²Diese ordnet nach pflichtgemäßem Ermessen die Maßnahmen an, die im Einzelfall notwendig sind, um Beeinträchtigungen des Wasserhaushalts zu vermeiden oder zu beseitigen oder die Erfüllung von Verpflichtungen nach § 100 Absatz 1 Satz 1 des Wasserhaushaltsgesetzes sicherzustellen. ³Werden Benutzungen ohne die erforderliche Erlaubnis oder Bewilligung ausgeübt, Gewässer ohne die erforderliche Planfeststellung oder Plangenehmigung ausgebaut oder Anlagen ohne die erforderliche Genehmigung, Eignungs-

feststellung oder Bauartzulassung errichtet, eingebaut, verwendet oder verändert, so kann die instanziell zuständige Wasserbehörde verlangen, dass ein entsprechender Antrag gestellt wird. [4]Die für die Entscheidung erforderlichen Pläne und Unterlagen hat derjenige vorzulegen, der die Entscheidung beantragt oder in dessen Interesse sie ergehen soll.

§ 90 Überwachung
Die Befugnisse der Gewässeraufsicht aus § 101 des Wasserhaushaltsgesetzes gelten sinngemäß demjenigen gegenüber, der im Rahmen der land- oder forstwirtschaftlichen Bodennutzung Pflanzenschutzmittel sowie Düngemittel einschließlich Wirtschaftsdünger verwendet.

§ 91 Kosten
(1) [1]Wer der behördlichen Überwachung nach § 101 des Wasserhaushaltsgesetzes unterliegt, trägt die Kosten dieser Überwachung. [2]Dies gilt nicht für den, der ausschließlich als Eigentümer oder Besitzer von Grundstücken der Überwachung unterliegt. [3]Zu den Kosten der Überwachung gehören auch die Kosten von Untersuchungen, die außerhalb des Betriebes und der Grundstücke des Benutzers, insbesondere in den benutzten und in gefährdeten Gewässern, erforderlich sind. [4]Die Kosten können als Pauschalbeträge erhoben werden. [5]Das Nähere regelt die Kostenverordnung der Umweltverwaltung.
(2) Werden Maßnahmen der Gewässeraufsicht dadurch veranlasst, dass jemand unbefugt ein Gewässer verunreinigt oder sonst dessen Eigenschaften nachteilig verändert oder in Abweichung von festgesetzten Auflagen oder Bedingungen benutzt oder Pflichten aus dem Wasserhaushaltsgesetz, diesem Gesetz und zu diesen Gesetzen ergangenen Vorschriften verletzt, so sind ihm die Kosten dieser Maßnahme aufzuerlegen.

Kapitel 6
Zuständigkeiten und allgemeine Verfahrensregelungen

Abschnitt 1
Zuständigkeiten

§ 92 Zuständige Behörde
(1) Wasserbehörden sind
1. der Senator für Umwelt, Bau und Verkehr für das Gebiet der Stadtgemeinde Bremen einschließlich des stadtbremischen Überseehafengebiets Bremerhaven,
2. der Magistrat der Stadt Bremerhaven für das Gebiet der Stadtgemeinde Bremerhaven.
(2) [1]Im Interesse einer ordnungsgemäßen Aufgabenerfüllung kann die obere Wasserbehörde durch Rechtsverordnung die örtlichen Zuständigkeiten der Wasserbehörden für bestimmte Gebiete abweichend von Absatz 1 regeln. [2]Die Rechtsverordnung bestimmt die Gebiete in Text und Karte.
(3) Obere Wasserbehörde ist der Senator für Umwelt, Bau und Verkehr.
(4) Instanziell zuständige Wasserbehörden sind die Wasserbehörden nach Absatz 1 und Absatz 3 in ihrer in diesem Gesetz geregelten Zuständigkeit.
(5) Begründet dieselbe Sache die Zuständigkeit einer Behörde eines anderen Landes, so kann die obere Wasserbehörde die Zuständigkeit mit der für die Wasserwirtschaft dieses Landes zuständigen obersten Wasserbehörde vereinbaren.

§ 93 Aufgaben der Wasserbehörden
(1) [1]Soweit in diesem Gesetz und den dazu erlassenen Vorschriften nichts anderes bestimmt ist, obliegt der Vollzug des Wasserhaushaltsgesetzes, dieses Gesetzes und der auf Grund dieser Gesetze erlassenen Verordnungen den Wasserbehörden. [2]Die Wasserbehörde entscheidet auch über die nach dem Wasserhaushaltsgesetz oder diesem Gesetz zu leistenden Entschädigungen.
(2) In Gebieten von Wasser- und Bodenverbänden sind diese bei den ihre Belange betreffenden Entscheidungen der Wasserbehörden zu hören.
(3) Den Wasserbehörden werden die in Absatz 1 bezeichneten Aufgaben als Auftragsangelegenheit übertragen.
(4) Die obere Wasserbehörde ist zuständig für
1. die Aufstellung, Überprüfung und Aktualisierung der Bewirtschaftungspläne und Maßnahmenprogramme in den Flussgebietseinheiten und für die Koordinierung und Steuerung der Maßnahmen und Verfahren zur Erreichung der Bewirtschaftungsziele und die Einstufung von Gewässern nach § 28 des Wasserhaushaltsgesetzes,

2. die Durchführung der Planfeststellungs- und Plangenehmigungsverfahren zum Ausbau von Gewässern erster Ordnung (§§ 68 bis 71 des Wasserhaushaltsgesetzes),
3. die Risikobewertung (§ 73 des Wasserhaushaltsgesetzes), die Erstellung von Gefahren- und Risikokarten (§ 74 des Wasserhaushaltsgesetzes), die Erstellung von Risikomanagementplänen (§§ 75, 79 bis 81 des Wasserhaushaltsgesetzes), die Aufstellung von Maßnahmenprogrammen nach § 82 des Wasserhaushaltsgesetzes sowie die Aufstellung von Bewirtschaftungsplänen nach § 83 des Wasserhaushaltsgesetzes,
4. die Festsetzung und Sicherstellung von Überschwemmungsgebieten gemäß § 76 des Wasserhaushaltsgesetzes, die Zulassung neuer Baugebiete in Überschwemmungsgebieten nach § 78 Absatz 2 des Wasserhaushaltsgesetzes sowie die Genehmigung der Errichtung oder Erweiterung einer baulichen Anlage in Überschwemmungsgebieten nach § 78 Absatz 3 des Wasserhaushaltsgesetzes,
5. das Führen des Wasserbuchs nach § 87 des Wasserhaushaltsgesetzes,
6. die Verpflichtung zur Gestattung der Mitbenutzung nach § 94 des Wasserhaushaltsgesetzes,
7. die Festsetzung von Wasserschutzgebieten nach § 51 des Wasserhaushaltsgesetzes einschließlich vorläufiger Anordnungen nach § 52 Absatz 2 des Wasserhaushaltsgesetzes,
8. die Durchführung der Fachplanverfahren für die Errichtung, die Beseitigung oder die wesentliche Änderung von Hochwasserschutzanlagen an Gewässern erster Ordnung (§§ 68 bis 71 des Wasserhaushaltsgesetzes) sowie
9. die Prüfung und Veröffentlichung der Möglichkeit der Wasserkraftnutzung gemäß § 35 Absatz 3 des Wasserhaushaltsgesetzes.

§ 94 Gefahrenabwehr
Sonderpolizeibehörde im Sinne des § 66 Absatz 2 des Bremischen Polizeigesetzes für die Gefahrenabwehr zum Schutz der Hochwasserschutzanlagen ist die nach § 92 Absatz 1 zuständige Wasserbehörde.

§ 95 Wassergefahr
[1]Werden zur Abwendung einer durch Hochwasser, Sturmflut, Eisgang oder andere Ereignisse entstehenden Wassergefahr sofortige Notmaßnahmen notwendig, so haben alle Bewohner der bedrohten und, falls erforderlich, der benachbarten Gebiete auf Anordnung der Wasserbehörde oder der zuständigen Polizeibehörde zu den Schutzarbeiten Hilfe zu leisten und die erforderlichen Arbeitsgeräte, Beförderungsmittel und Baustoffe zur Verfügung zu stellen. [2]Widerspruch und Anfechtungsklage gegen Anordnungen nach Satz 1 haben keine aufschiebende Wirkung. [3]Für entstandene Schäden hat die Stadtgemeinde denjenigen, die zur Hilfeleistung herangezogen worden sind, eine Entschädigung zu gewähren.

Abschnitt 2
Verfahrensregelungen

§ 96 Verfahrensbestimmung (Abweichend von § 18 Absatz 2 Satz 1, § 21 Absatz 1 Satz 2, § 70 Absatz 1 des Wasserhaushaltsgesetzes)
(1) Soweit das Wasserhaushaltsgesetz auf Bestimmungen des Verwaltungsverfahrensgesetzes verweist, finden die entsprechenden Regelungen des Bremischen Verwaltungsverfahrensgesetzes Anwendung.
(2) Soweit in diesem Gesetz oder in dem aufgrund dieses Gesetzes erlassenen Rechtsvorschriften nichts anderes bestimmt ist, gilt für das Verwaltungsverfahren das Bremische Verwaltungsverfahrensgesetz.

§ 97 Allgemeine Verfahrensvorschriften
(1) [1]Der Antragsteller hat die erforderlichen Unterlagen, beispielsweise Zeichnungen, Nachweise und Beschreibungen, zur Beurteilung des gesamten Vorhabens bei der instanziell zuständigen Wasserbehörde einzureichen. [2]Diese kann insbesondere Anforderungen an die einzureichenden Unterlagen stellen. [3]Die Unterlagen müssen insbesondere eine Beurteilung der Umweltauswirkungen des Vorhabens ermöglichen. [4]Hierzu gehören insbesondere Angaben über Maßnahmen, mit denen Beeinträchtigungen vermieden, vermindert oder soweit wie möglich ausgeglichen werden können.
(2) [1]Offensichtlich unzulässige Anträge kann die instanziell zuständige Wasserbehörde ohne vorheriges Verfahren zurückweisen; die Entscheidung ist zu begründen. [2]Dies gilt auch für unvollständige

Anträge, die der Antragsteller nicht innerhalb einer von der instanziell zuständigen Wasserbehörde bestimmten Frist ergänzt hat.

(3) ¹Zur Sicherung des Beweises von Tatsachen, die für eine Entscheidung von Bedeutung sein können, kann die instanziell zuständige Wasserbehörde auf Antrag oder von Amts wegen die erforderlichen Maßnahmen anordnen, wenn andernfalls die Feststellung unmöglich oder wesentlich erschwert werden würde. ²Antragsberechtigt ist, wer ein rechtliches Interesse an der Feststellung hat.

(4) ¹Die instanziell zuständige Wasserbehörde kann die Leistung einer Sicherheit verlangen, soweit diese erforderlich ist, um die Erfüllung von Bedingungen, Auflagen oder sonstigen Verpflichtungen zu sichern. ²Auf die Sicherheitsleistung sind die §§ 232, 234 bis 240 des Bürgerlichen Gesetzbuches anzuwenden. ³Der Bund, das Land und Körperschaften und Anstalten des öffentlichen Rechts sind von der Sicherheitsleistung frei.

(5) ¹Die Kosten des Verfahrens trägt der Antragsteller. ²Kosten, die durch eine offensichtlich unbegründete Einwendung entstanden sind, können demjenigen, der die Einwendung erhoben hat, auferlegt werden.

§ 98 Erlaubnisverfahren

(1) Sofern das Vorhaben eine erhebliche Bedeutung für den Wasserhaushalt hat oder einer Umweltverträglichkeitsprüfung bedarf, sind für das Erlaubnisverfahren die §§ 72 bis 78 des Bremischen Verwaltungsverfahrensgesetzes mit der Maßgabe, dass an die Stelle der Anhörungs- und Planfeststellungsbehörde die instanziell zuständige Wasserbehörde tritt, entsprechend anzuwenden.

(2) Die instanziell zuständige Wasserbehörde kann, wenn Einwendungen auf Grund eines Rechts erhoben werden, einen Streit über das Bestehen des Rechtes auf den Weg der gerichtlichen Entscheidung verweisen und das Verfahren bis zur Erledigung des Rechtsstreits aussetzen.

§ 99 Bewilligungsverfahren

(1) Für das Bewilligungsverfahren sind die §§ 72 bis 78 des Bremischen Verwaltungsverfahrensgesetzes mit der Maßgabe, dass an die Stelle der Anhörungs- und Planfeststellungsbehörde die Wasserbehörde tritt, entsprechend anzuwenden.

(2) In der Bekanntmachung des Bewilligungsantrags ist darauf hinzuweisen, dass nach Ablauf der Einwendungsfrist eingereichte Einwendungen nicht mehr berücksichtigt werden, Einwendungen aufgrund nachteiliger Wirkungen der Benutzung nach Ablauf der Einwendungsfrist nur nach § 14 Absatz 6 des Wasserhaushaltsgesetzes geltend gemacht werden können und vertragliche Ansprüche durch die Bewilligung nicht ausgeschlossen werden.

(3) ¹Der § 98 Absatz 2 gilt für das Bewilligungsverfahren entsprechend mit der Maßgabe, dass die Wasserbehörde das Verfahren aussetzen muss, wenn die Bewilligung bei Bestehen des Rechtes zu versagen wäre. ²Dem Antragsteller ist eine Frist für die Klage zu setzen. ³Wird die Prozessführung ungebührlich verzögert, so kann das Verfahren fortgesetzt werden. ⁴Wird die Bewilligung vor der rechtskräftigen Entscheidung über das Bestehen des Rechtes erteilt, so ist die Entscheidung über die Auflagen und über die Entschädigung insoweit vorzubehalten.

(4) Der Bewilligungsbescheid bestimmt:
1. das bewilligte Recht nach Art und Maß, Zweck und Plan sowie das Grundstück, wenn die Bewilligung für ein Grundstück erteilt wird,
2. die Dauer der Bewilligung, die Benutzungsbedingungen und die Auflagen, soweit ihre Festsetzung nicht einem späteren Verfahren vorbehalten wird,
3. die Frist, in der mit der Benutzung zu beginnen ist,
4. die Entscheidung über die Einwendungen,
5. die Entscheidung über eine Entschädigung, soweit sie nicht einem späteren Verfahren vorbehalten wird,
6. die Entscheidung über die Behandlung zusammentreffender Anträge,
7. einen etwaigen Vorbehalt der Entscheidung über die Auflagen und über die Entschädigung,
8. die Entscheidung über die Kosten des Verfahrens.

§ 100 Rechtsnachfolge

¹Die Erlaubnis, Bewilligung und Genehmigung sowie Plangenehmigung und Planfeststellungsbeschluss gehen mit der Wasserbenutzungsanlage oder, wenn für ein Grundstück erteilt, mit diesem auf

den Rechtsnachfolger über. ²Der Inhaber hat der instanziell zuständigen Wasserbehörde den Übergang auf einen Rechtsnachfolger innerhalb von sechs Wochen nach Übergang schriftlich anzuzeigen.

§ 101 Verfahren bei Duldungs- und Gestattungsverpflichtungen (Zu §§ 95, 98 des Wasserhaushaltsgesetzes)
(1) Über die Ansprüche nach den Vorschriften zu Duldungs- und Gestattungsverpflichtungen nach Abschnitt 9 des Wasserhaushaltsgesetzes entscheidet, wenn für das Unternehmen eine Planfeststellung der oberen Wasserbehörde erforderlich ist, die obere Wasserbehörde, im Übrigen die Wasserbehörde.
(2) ¹Lässt sich zur Zeit der Entscheidung nicht feststellen, ob und in welchem Maße eine Entschädigung zu gewähren ist, so ist die Entscheidung insoweit einem späteren Verfahren vorzubehalten. ²§ 14 Absatz 6 des Wasserhaushaltsgesetzes ist sinngemäß anzuwenden.

§ 102 Anzeige von Unfällen mit wassergefährdenden Stoffen
¹Treten wassergefährdende Stoffe im Sinne von § 62 Absatz 3 des Wasserhaushaltsgesetzes aus Rohrleitungen, Anlagen zum Umgang mit wassergefährdenden Stoffen oder aus Fahrzeugen oder Schiffen aus und ist zu befürchten, dass diese in den Untergrund, in die Kanalisation oder in ein oberirdisches Gewässer gelangen, so ist dies unverzüglich der zuständigen Wasserbehörde oder der nächsten Polizeidienststelle anzuzeigen. ²Dies gilt auch im Fall eines Verdachts.

Kapitel 7
Bußgeld-, Überleitungs- und Schlussbestimmungen

Abschnitt 1
Bußgeldbestimmungen

§ 103 Bußgeldvorschriften (Zu § 103 des Wasserhaushaltsgesetzes)
(1) Über die Bußgeldbestimmungen nach § 103 des Wasserhaushaltsgesetzes hinaus handelt ordnungswidrig, wer vorsätzlich oder fahrlässig
1. als Unternehmer die in § 8 Absatz 2 Satz 1 genannten Anlagen ohne wasserbehördliche Genehmigung dauernd außer Betrieb setzt oder beseitigt,
2. entgegen § 14 die Grenzen des Gemeingebrauchs überschreitet,
3. einer Verfügung nach § 16 Absatz 1 zuwiderhandelt,
4. einer Verfügung nach § 17 Absatz 1 zuwiderhandelt,
5. entgegen § 20 eine solche Anlage ohne wasserbehördliche Genehmigung errichtet oder wesentlich ändert,
6. entgegen § 21 Absatz 3 im Gewässerrandstreifen natürlicher Gewässer Pflanzenschutzmittel anwendet oder Düngemittel einschließlich Wirtschaftsdünger verwendet,
7. entgegen § 30 Absatz 2 in Verbindung mit § 8 Absatz 2 Stauanlagen ohne Genehmigung der Wasserbehörde dauernd außer Betrieb setzt oder beseitigt,
8. entgegen § 32 Absatz 2 Staumarken oder Festpunkte ohne Genehmigung der Wasserbehörde ändert oder beeinflusst,
9. als Unternehmer einer Stauanlage entgegen § 35 Absatz 1 und 2
    a) einer Anordnung der Wasserbehörde zuwider die beweglichen Teile der Stauanlage nicht öffnet, Hindernisse nicht wegräumt oder den Wasserstand nicht hält oder
    b) das aufgestaute Wasser unter die Höhe senkt, auf der das Oberwasser bleiben muss,
10. entgegen § 48 eine solche Anlage ohne die erforderliche wasserbehördliche Genehmigung errichtet, wesentlich ändert oder beseitigt,
11. als Erhaltungspflichtiger die Erhaltung der Hochwasserschutzanlagen nicht gemäß § 65 vornimmt,
12. entgegen § 67 Absatz 1 das Betreten von Grundstücken, Anlagen und Räumen nicht gestattet,
13. als Erhaltungspflichtiger das Vorland nicht gemäß § 68 erhält und pflegt,
14. als Erhaltungspflichtiger entgegen § 69 Maßnahmen unterlässt, um für die Verteidigung der Hochwasserschutzanlagen vorzusorgen,
15. entgegen einer behördlichen Anordnung nach § 70 als Erhaltungspflichtiger keinen Notdeich anlegt oder in anderer Weise die behördliche Anordnung nicht befolgt,

16. entgegen § 74 Absatz 1 eine Hochwasserschutzanlage im Widerspruch zu ihrem Schutzzweck nutzt oder benutzt,
17. entgegen § 75 Absatz 1 innerhalb der Grenzen einer Hochwasserschutzanlage bauliche Anlagen, die der Ent- und Bewässerung oder dem öffentlichen Verkehr dienen oder Leitungen, die der öffentlichen Versorgung mit Wasser, Gas, Öl, Elektrizität, Wärme, der öffentlichen Abwasserbeseitigung oder dem Fernmeldewesen dienen, ohne Erlaubnis der Wasserbehörde anlegt, ändert oder beseitigt,
18. entgegen § 76 Absatz 1 in einer Entfernung bis zu zwanzig Meter von der landseitigen Grenze der Hochwasserschutzanlage Anlagen ohne Befreiung durch die Wasserbehörde (§ 76 Absatz 2) errichtet oder wesentlich ändert,
19. seiner Anzeigepflicht nach § 100 nicht oder nicht fristgerecht nachkommt,
20. seiner Anzeigepflicht nach § 102 nicht oder nicht rechtzeitig nachkommt, obwohl er eine Rohrleitung, eine Anlage zum Umgang mit wassergefährdenden Stoffen, ein Fahrzeug oder ein Schiff betreibt, befüllt, entleert, instand hält, instand setzt, reinigt, überwacht oder prüft und das Austreten wassergefährdender Stoffe im Sinne von § 62 Absatz 3 des Wasserhaushaltsgesetzes aus diesen wahrgenommen hat oder das Austreten wassergefährdender Stoffe verursacht hat und zu befürchten ist, dass die wassergefährdenden Stoffe in den Untergrund, in die Kanalisation oder in ein oberirdisches Gewässer gelangen.

(2) Ordnungswidrig handelt ferner, wer vorsätzlich oder fahrlässig einer auf Grund
1. des § 18 zur Regelung des Gemeingebrauchs und der Benutzung von Grundstücken,
2. des § 28 zur Regelung der Gewässerschau,
3. des § 29 zur Regelung der Unterhaltungspflicht,
4. des § 45 Absatz 9 zur Regelung der Abwasserbeseitigung,
5. des § 57 Absatz 1 zur Regelung von hochwassergefährdeter Gebiete im tidebeeinflussten Bereich der Weser,
6. des § 81 zur Einrichtung eines Hochwasserbeobachtungs-, Melde- und Vorhersagedienstes oder
7. § 82 zur Anordnung einer Veränderungssperre
erlassenen Rechtsverordnung oder eines Ortsgesetzes zuwiderhandelt, soweit diese für einen bestimmten Tatbestand auf diese Bußgeldvorschrift verweist.

(3) Die Ordnungswidrigkeit kann geahndet werden
1. mit einer Geldbuße bis 10 000 Euro in den Fällen des Absatzes 1 Nummer 1, 2, 3, 5 und 20 und des Absatzes 2 Nummer 1, 2, 3 und 5,
2. mit einer Geldbuße bis 50 000 Euro in den übrigen Fällen.

(4) Die Wasserbehörde in ihrem jeweiligen örtlichen Zuständigkeitsbereich ist sachlich zuständige Verwaltungsbehörde nach § 36 Absatz 1 Nummer 1 des Gesetzes über Ordnungswidrigkeiten für die Verfolgung und Ahndung von Ordnungswidrigkeiten nach dem Wasserhaushaltsgesetz und diesem Gesetz.

Zweiter Abschnitt
Übergangs und Schlussbestimmungen

§ 104 Einschränkung von Grundrechten
Durch §§ 14, 53, 67 und 70 wird das Grundrecht auf Unverletzlichkeit der Wohnung (Artikel 13 Absatz 1 des Grundgesetzes) eingeschränkt.

§ 105 Weitergehende Bestimmungen und Rechtstitel
(1) Unberührt bleiben die Bestimmungen des Zusatzvertrages mit Bremen zu den §§ 1 und 2 Nummer 1 des Staatsvertrages betreffend den Übergang der Wasserstraßen von den Ländern auf das Reich (Anhang zum Gesetz über die vermögensrechtlichen Verhältnisse der Bundeswasserstraßen) in der im Bundesgesetzblatt Teil III, Gliederungsnummer 940-4, veröffentlichten bereinigten Fassung in Verbindung mit § 1 des Gesetzes über die vermögensrechtlichen Verhältnisse der Bundeswasserstraßen in der im Bundesgesetzblatt Teil III, Gliederungsnummer 940-4, veröffentlichten bereinigten Fassung, das zuletzt durch Artikel 311 der Verordnung vom 31. Oktober 2006 (BGBl. I S. 2407) geändert worden ist.

(2) Die am 24. März 1962 bestehenden, auf besonderem Titel beruhenden Rechte, ein Gewässer in anderer Weise als nach § 9 des Wasserhaushaltsgesetzes zu benutzen, bleiben mit dem bisherigen

Inhalt bestehen; sie dürfen jedoch nur so ausgeübt werden, dass die Ordnung des Wasserhaushaltes nicht gefährdet wird.
(3) Absatz 2 gilt sinngemäß für die nach bisherigem Recht festgestellten Zwangsrechte.

§ 106 Übergangsvorschrift
§ 60 Absatz 4 ist nicht anzuwenden, soweit für die Erfüllung von Ausbaupflichten vor dem 21. Dezember 2018 vertragliche Vereinbarungen getroffen oder Zuwendungen aus öffentlichen Mitteln gewährt wurden.

Anlage (Zu § 7)

Koordinierungsräume der Flussgebietseinheit Weser
(mit Sitzen der Koordinationsstellen)

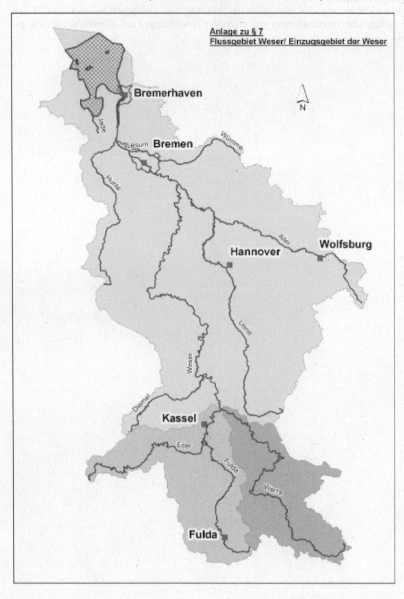

Bremisches Gesetz über Naturschutz und Landschaftspflege (BremNatG)

Vom 27. April 2010[1] (Brem.GBl. S. 315)
(790-a-1)
zuletzt geändert durch Art. 1 d. G vom 21. Dezember 2018 (Brem.GBl. S. 651)

Inhaltsübersicht

Kapitel 1
Allgemeine Vorschriften

§ 1 Naturschutzbehörden
§ 2 Übertragung von Zuständigkeiten
§ 3 Beobachtung von Natur und Landschaft

Kapitel 2
Landschaftsplanung

§ 4 Landschaftsprogramm, Grünordnungspläne
§ 5 Aufstellung des Landschaftsprogramms
§ 6 Strategische Umweltprüfung bei der Landschaftsplanung
§ 7 Kollisionsvorschrift

Kapitel 3
Eingriffsregelung

§ 8 Verursacherpflichten, Verfahren, Ermächtigung zum Erlass von Rechtsverordnungen
§ 9 Verfahren zur Bevorratung von Kompensationsmaßnahmen

Kapitel 4
Besondere Vorschriften über den Bodenabbau und Ödlandumwandlung

§ 10 Genehmigungsvorbehalt UVP-pflichtiger Bodenabbauvorhaben
§ 11 Genehmigung
§ 12 Erlöschen der Genehmigung
§ 13 Genehmigungsvorbehalt UVP-pflichtiger Projekte zur Verwendung von Ödland und naturnahen Flächen zu intensiver Landwirtschaftsnutzung

Kapitel 5
Schutz bestimmter Teile von Natur und Landschaft

§ 14 Naturschutzgebiete
§ 15 Nationalparke, Nationale Naturmonumente
§ 16 Biosphärenregion
§ 17 Landschaftsschutzgebiete
§ 18 Naturparke
§ 19 Naturdenkmäler

§ 20 Geschützte Landschaftsbestandteile
§ 21 Verfahren, einstweilige Sicherstellung
§ 22 Biotopschutz, ordnungsgemäße Gewässerunterhaltung
§ 23 Naturschutzbuch, Kennzeichnungen
§ 24 Aufbau und Schutz des Netzes »Natura 2000«
§ 24a Verträglichkeitsstudie
§ 25 Anzeigepflicht

Kapitel 6
Artenschutz

§ 26 Zuständige Naturschutzbehörde, Ermächtigung zum Erlass von Rechtsverordnungen
§ 27 Tiergehege, Ausnahmen von der Anzeigepflicht

Kapitel 7
Erholung in Natur und Landschaft

§ 28 Betretensrecht
§ 29 Erholung in öffentlichen Grünanlagen

Kapitel 8
Mitwirkung von anerkannten Naturschutzvereinigungen

§ 30 Anerkennung von Vereinigungen, Mitwirkungsrechte

Kapitel 9
Eigentumsbindung, Befreiungen und Ausnahmen

§ 31 Duldungspflicht
§ 32 Vorkaufsrecht
§ 33 Befreiungen und Ausnahmen
§ 34 Enteignung

---
[1] Verkündet als Art. 1 d. G v. 27. 4. 2010 S. 315.

52 BremNatG §§ 1–4

Kapitel 10
Unterstützung des Naturschutzes und der Landschaftspflege, Datenverarbeitung

§ 35 Naturschutzbeiräte
§ 36 Naturschutzwacht
§ 37 Datenverarbeitung

Kapitel 11
Bußgeldvorschriften, Maßnahmen der Naturschutzbehörden

§ 38 Ordnungswidrigkeiten
§ 39 Geldbuße
§ 40 Einziehung
§ 41 Maßnahmen der unteren Naturschutzbehörden
§ 42 Übergangsregelungen

Kapitel 1
Allgemeine Vorschriften

§ 1 Naturschutzbehörden
(1) Die für Naturschutz und Landschaftspflege zuständigen Behörden im Sinne des § 3 Absatz 1 Nummer 1 des Bundesnaturschutzgesetzes sind
1. als oberste Naturschutzbehörde der Senator für Umwelt, Bau und Verkehr,
2. als untere Naturschutzbehörde für die Stadtgemeinde Bremen der Senator für Umwelt, Bau und Verkehr und für die Stadtgemeinde Bremerhaven der Magistrat der Stadtgemeinde Bremerhaven.

(2) Die unteren Naturschutzbehörden nehmen ihre Aufgaben als Auftragsangelegenheit wahr.

§ 2 Übertragung von Zuständigkeiten
(1) Die oberste Naturschutzbehörde kann durch Rechtsverordnung Zuständigkeiten abweichend von den Bestimmungen dieses Gesetzes regeln und weitere, für den Vollzug der Naturschutzmaßnahmen zuständige, Behörden bestimmen.

(2) Die oberste Naturschutzbehörde kann im Einzelfall die Zuständigkeit für bestimmte Aufgaben auf sich selbst oder auf andere Behörden übertragen, wenn dies wegen der besonderen naturschutzfachlichen Bedeutung oder Schwierigkeit der Angelegenheit erforderlich oder für einen einheitlichen Vollzug des Naturschutzrechts zweckmäßig ist.

§ 3 Beobachtung von Natur und Landschaft
Die oberste Naturschutzbehörde ist zuständige Landesbehörde für die Beobachtung von Natur und Landschaft nach § 6 des Bundesnaturschutzgesetzes.

Kapitel 2
Landschaftsplanung

§ 4 Landschaftsprogramm, Grünordnungspläne
(1) Die überörtlichen und örtlichen Darstellungen der Landschaftsplanung im Sinne des § 11 Absatz 4 des Bundesnaturschutzgesetzes erfolgen im Landschaftsprogramm.

(2) [1]Die Zuständigkeit für die Aufstellung von Grünordnungsplänen im Sinne des § 11 Absatz 2 Satz 2 des Bundesnaturschutzgesetzes liegt bei den Stadtgemeinden. [2]Die Darstellungen der Grünordnungspläne können als Festsetzungen in die Bebauungspläne übernommen werden.

(3) Das Erfordernis zur örtlichen Landschaftsplanung im Sinne des § 11 Absatz 2 und 4 des Bundesnaturschutzgesetzes ergibt sich insbesondere in Bereichen,
1. die nachhaltigen Landschaftsveränderungen oder konkurrierenden Nutzungsanforderungen ausgesetzt sind,
2. die der Erholung dienen oder dafür vorgesehen sind,
3. in denen erhebliche Landschaftsschäden vorhanden oder zu erwarten sind,
4. die an oberirdische Gewässer angrenzen (Ufergebiete),
5. die zur Sicherung der Leistungsfähigkeit eines ausgewogenen Naturhaushaltes zu schützen sind oder
6. die für den Schutz und die Pflege historischer Kulturlandschaften und Landschaftsteile insbesondere hinsichtlich des Landschaftsbildes von besonders charakteristischer Bedeutung sind.

(4) Die Darstellungen der Erfordernisse und Maßnahmen im Sinne des § 9 Absatz 3 Satz 1 Nummer 4 des Bundesnaturschutzgesetzes können auch Angaben über die Zweckbestimmung von Flächen

sowie Schutz-, Pflege- und Entwicklungs- einschließlich Wiederherstellungsmaßnahmen enthalten, insbesondere
1. Maßnahmen zum Schutz und zur Pflege wild wachsender Pflanzen und wild lebender Tiere sowie ihrer Lebensstätten,
2. die Anlage von Flurgehölzen, Hecken, Gebüschen, Schutzpflanzungen, Alleen, Baumgruppen und Einzelbäumen, einschließlich Festsetzung der Arten und der Pflanzweise,
3. Maßnahmen zur Erhaltung und Pflege von Gehölzbeständen, Grünflächen und naturnahen Vegetationsflächen,
4. die Ausgestaltung, Erschließung und Nutzung von Wasser- und Feuchtflächen sowie von Ufergebieten,
5. die Herrichtung und Begrünung von Abgrabungsflächen, Deponien oder anderen Veränderungen der Bodenhöhe,
6. die Beseitigung von Anlagen, die das Landschaftsbild beeinträchtigen und auf Dauer nicht mehr genutzt werden,
7. Maßnahmen zum landschaftsgerechten und naturgemäßen Ausbau von Grün- und Erholungsanlagen, Sport- und Spielflächen, Wander-, Rad- und Reitwegen sowie Parkplätzen und Kleingärten.

§ 5 Aufstellung des Landschaftsprogramms

(1) [1]Der Entwurf des Landschaftsprogramms, der aus Text, Karte und Begründung besteht, wird von der obersten Naturschutzbehörde aufgestellt; dabei sind die örtlich betroffenen unteren Naturschutzbehörden möglichst frühzeitig zu beteiligen. [2]Für das Verfahren zur Beteiligung der Behörden und sonstigen Träger öffentlicher Belange, deren Aufgabenbereich durch die Planung berührt werden kann, und der Öffentlichkeit gelten die Vorschriften des Baugesetzbuchs für Bauleitpläne entsprechend.
(2) [1]Der Senat legt den Entwurf des Landschaftsprogramms mit einer Stellungnahme zu den nicht berücksichtigten Bedenken und Anregungen nach Anhörung der Stadtgemeinde, deren Gebiet von der beabsichtigten Landschaftsplanung betroffen ist, der Bürgerschaft (Landtag) zur Beschlussfassung vor. [2]Der Beschluss ist im Amtsblatt der Freien Hansestadt Bremen bekannt zu machen. [3]Hierbei ist anzugeben, wo und wann das Landschaftsprogramm eingesehen werden kann.
(3) [1]Die Absätze 1 und 2 gelten für Fortschreibungen und Änderungen des Landschaftsprogramms und für Teilpläne im Sinne des § 9 Absatz 4 Satz 2 des Bundesnaturschutzgesetzes entsprechend. [2]Sind durch die Änderung keine erheblichen Beeinträchtigungen von Natur und Landschaft zu erwarten, kann von der öffentlichen Auslegung abgesehen werden, wenn der betroffenen Öffentlichkeit Gelegenheit zur Stellungnahme innerhalb angemessener Frist gegeben wird.
(4) Soweit eine Fortschreibung oder Änderung des Landschaftsprogramms im Hinblick auf die Erfordernisse und Maßnahmen im Sinne des § 9 Absatz 3 Satz 1 Nummer 4 des Bundesnaturschutzgesetzes nicht bereits vorher erforderlich ist, soll das Landschaftsprogramm spätestens 15 Jahre nach seiner Aufstellung dahingehend überprüft werden.

§ 6 Strategische Umweltprüfung bei der Landschaftsplanung

(1) [1]Bei der Aufstellung oder Änderung des Landschaftsprogramms oder eines Teilplans im Sinne des § 9 Absatz 4 Satz 2 des Bundesnaturschutzgesetzes ist eine Strategische Umweltprüfung durchzuführen. [2]Das Verfahren richtet sich nach den Vorschriften des Bremischen Landesgesetzes über die Umweltverträglichkeitsprüfung.
(2) Ist die Strategische Umweltprüfung für das von der Landschaftsplanung betroffene Gebiet oder für Teile davon bereits in Landschaftsplanungen durchgeführt worden, soll sich die Strategische Umweltprüfung auf zusätzliche erhebliche Umweltauswirkungen beschränken.
(3) Die Beteiligung der Behörden und sonstigen Träger öffentlicher Belange und der Öffentlichkeit ist gleichzeitig mit dem Verfahren nach § 5 Absatz 1 durchzuführen.
(4) [1]Die Begründung zum Landschaftsprogramm erfüllt die Funktion eines Umweltberichts im Sinne des Gesetzes über die Umweltverträglichkeitsprüfung des Bundes. [2]Sie umfasst die Ermittlung, Beschreibung und Bewertung der unmittelbaren und mittelbaren Auswirkungen der Landschaftsplanung auf die in § 2 Absatz 1 Satz 2 des Gesetzes über die Umweltverträglichkeitsprüfung des Bundes genannten Schutzgüter.

§ 7 Kollisionsvorschrift
[1]Wenn Darstellungen und Festsetzungen in Landschaftsplänen, die aufgrund der bisher geltenden naturschutzrechtlichen Vorschriften erlassen wurden, den Darstellungen eines neu aufgestellten oder geänderten Landschaftsprogramms widersprechen, werden sie gegenstandslos. [2]Das Landschaftsprogramm benennt die nach Maßgabe des Satzes 1 außer Kraft getretenen Darstellungen und Festsetzungen des Landschaftsplans.

Kapitel 3
Eingriffsregelung
§ 8 Verursacherpflichten, Verfahren, Ermächtigung zum Erlass von Rechtsverordnungen
(1) Abweichend von § 17 Absatz 1 des Bundesnaturschutzgesetzes trifft die zuständige Behörde bei Eingriffen, die im Sinne des § 17 Absatz 4 Sätze 3 bis 5 des Bundesnaturschutzgesetzes aufgrund eines nach öffentlichem Recht vorgesehenen Fachplans vorgenommen werden sollen, die zur Durchführung des § 15 Absatz 2 des Bundesnaturschutzgesetzes erforderlichen Entscheidungen und Maßnahmen im Einvernehmen mit der ihr gleichgeordneten Naturschutzbehörde.
(2) [1]Über die nach § 17 Absatz 4 des Bundesnaturschutzgesetzes vorgelegten Unterlagen holt der Verursacher eines Eingriffs eine schriftliche, naturschutzfachliche Beurteilung der nach Absatz 1 zuständigen Naturschutzbehörde ein. [2]Die angeforderte Beurteilung soll innerhalb einer Frist von sechs Wochen vorgelegt werden. [3]Die Beurteilung enthält Angaben darüber, ob die Unterlagen nach Satz 1 die Anforderungen aus § 17 Absatz 4 des Bundesnaturschutzgesetzes erfüllen; sie ist Bestandteil der Antragsunterlagen.
(3) Zuständige Behörde für die Genehmigung nach § 17 Absatz 3 des Bundesnaturschutzgesetzes ist die untere Naturschutzbehörde.
(4) [1]Zuständige Behörde für die Führung eines Kompensationsverzeichnisses im Sinne des § 17 Absatz 6 des Bundesnaturschutzgesetzes ist die oberste Naturschutzbehörde. [2]In dem Kompensationsverzeichnis sind auch Maßnahmen zum Ausgleich und Ersatz im Sinne des § 18 Absatz 1 des Bundesnaturschutzgesetzes zu erfassen.
(5) [1]Die Ersatzzahlung nach § 15 Absatz 6 des Bundesnaturschutzgesetzes steht der unteren Naturschutzbehörde zu, in deren Zuständigkeitsbereich der Eingriff verwirklicht wird. [2]Diese kann eine Stelle bestimmen, durch die das Geld zu vereinnahmen ist, und verfügt eine zweckgebundene Verwendung im Sinne des § 15 Absatz 6 Satz 7 des Bundesnaturschutzgesetzes.
(6) Absatz 5 gilt entsprechend auch für Ersatzzahlungen, die im Rahmen einer Befreiung nach § 67 Absatz 3 Satz 2 des Bundesnaturschutzgesetzes oder einer Ausnahme nach § 61 Absatz 3 Nummer 2 des Bundesnaturschutzgesetzes oder aufgrund von Anordnungen nach § 41 Absatz 2 vereinnahmt werden.
(7) Abweichend von § 17 Absatz 11 des Bundesnaturschutzgesetzes kann der Senator für Umwelt, Bau und Verkehr das Nähere zu den in § 17 Absätze 1 bis 10 des Bundesnaturschutzgesetzes geregelten Verfahren einschließlich des Kompensationsverzeichnisses bestimmen.

§ 9 Verfahren zur Bevorratung von Kompensationsmaßnahmen
[1]Die Bevorratung und Anerkennung vorgezogener Ausgleichs- und Ersatzmaßnahmen im Sinne des § 16 des Bundesnaturschutzgesetzes mittels Flächenpool oder anderer vergleichbarer Maßnahmen erfolgt mit Zustimmung der unteren Naturschutzbehörde, und zwar unter der Voraussetzung, dass
1. eine von der unteren Naturschutzbehörde bestätigte Dokumentation des Ausgangszustandes der aufgewerteten Flächen vorliegt,
2. die aufgewertete Fläche als Vorratsfläche von der obersten Naturschutzbehörde in einem Kompensationsverzeichnis nach § 17 Absatz 6 des Bundesnaturschutzgesetzes erfasst wurde,
3. die Maßnahmen den Darstellungen der Landschaftsplanung entsprechen,
4. bei Durchführung der Maßnahmen durch einen Dritten dieser der Zuordnung der Maßnahmen zu einem späteren Eingriff zugestimmt hat und
5. die dauerhafte Inanspruchnahme der Grundstücke, auf denen Maßnahmen durchgeführt worden sind, als Grundstücke für Ausgleichs- oder Ersatzmaßnahmen für den jeweiligen Eigentümer tatsächlich und rechtlich, insbesondere durch Eintragung einer beschränkten persönlichen Dienstbarkeit, gesichert ist.

²Das Erfordernis einer Zustimmung nach Satz 1 Nummer 5 entfällt, wenn der Verursacher ein staatlicher Vorhabenträger ist und die Ausgleichs- oder Ersatzmaßnahmen durch einen Zulassungsbescheid oder Planfeststellungsbeschluss langfristig gesichert sind.

Kapitel 4
Besondere Vorschriften über den Bodenabbau und Ödlandumwandlung
§ 10 Genehmigungsvorbehalt UVP-pflichtiger Bodenabbauvorhaben

¹Vorhaben zum Abbau oder zur Gewinnung von Bodenschätzen, die nach § 3 des Bremischen Landesgesetzes über die Umweltverträglichkeitsprüfung UVP-pflichtig sind, bedürfen der Genehmigung der unteren Naturschutzbehörde. ²Der Antrag auf Genehmigung ist schriftlich bei der unteren Naturschutzbehörde einzureichen. ³Er hat eine naturschutzfachliche Bestandserfassung der für den Abbau vorgesehenen Flächen, einschließlich der Betriebsflächen, sowie einen fachgerecht ausgearbeiteten Plan zu enthalten, aus dem alle wesentlichen Einzelheiten des Abbauvorhabens ersichtlich sind.

§ 11 Genehmigung
(1) Die Genehmigung ist zu versagen, wenn dem Verfahren öffentlich-rechtliche Rechtsvorschriften, einschließlich der Erfordernisse des Naturschutzrechts und der Bauleitplanung, entgegenstehen oder durch das Vorhaben andere öffentliche Belange beeinträchtigt würden.
(2) ¹Das Genehmigungsverfahren muss den Anforderungen des Bremischen Landesgesetzes über die Umweltverträglichkeitsprüfung entsprechen. ²Die Genehmigung schließt die Baugenehmigung ein.

§ 12 Erlöschen der Genehmigung
¹Die Genehmigung erlischt, wenn nicht innerhalb von drei Jahren nach ihrer Erteilung mit dem Abbau begonnen oder wenn der Abbau länger als drei Jahre unterbrochen wird. ²Die Frist kann auf Antrag verlängert werden.

§ 13 Genehmigungsvorbehalt UVP-pflichtiger Projekte zur Verwendung von Ödland und naturnahen Flächen zu intensiver Landwirtschaftsnutzung
(1) ¹Handelt es sich bei einem Eingriff im Sinne des § 14 des Bundesnaturschutzgesetzes um Projekte zur Verwendung von
1. Flächen, die keiner wirtschaftlichen Nutzung unterliegen (Ödland) oder
2. sonstigen naturnahen Flächen,
zu intensiver Landwirtschaftsnutzung, die nach Anlage 1 Nummer 3 (zu § 3 Absatz 1 Satz 1) des Bremischen Landesgesetzes über die Umweltverträglichkeitsprüfung UVP-pflichtig sind, so bedürfen sie der Genehmigung durch die untere Naturschutzbehörde. ²Der Antrag auf Genehmigung ist schriftlich bei der unteren Naturschutzbehörde einzureichen. ³Er hat alle zur Beurteilung des Eingriffs erforderlichen Angaben zu enthalten; hierzu gehören auch Pläne und Beschreibungen.
(2) ¹Die Genehmigung ist zu erteilen, wenn die Verwendung zu intensiver Landwirtschaftsnutzung im Sinne des Absatzes 1 mit den Zielen von Naturschutz und Landschaftspflege vereinbar ist. ²Das Genehmigungsverfahren muss den Anforderungen des Bremischen Landesgesetzes über die Umweltverträglichkeitsprüfung entsprechen.

Kapitel 5
Schutz bestimmter Teile von Natur und Landschaft
§ 14 Naturschutzgebiete
Der Senat kann Gebiete im Sinne von § 23 Absatz 1 des Bundesnaturschutzgesetzes durch Rechtsverordnung als Naturschutzgebiet festsetzen.

§ 15 Nationalparke, Nationale Naturmonumente
(1) Gebiete im Sinne von § 24 Absatz 1 des Bundesnaturschutzgesetzes können durch Gesetz als Nationalpark festgesetzt werden.
(2) Der Senat kann Gebiete im Sinne von § 24 Absatz 4 des Bundesnaturschutzgesetzes durch Rechtsverordnung als Nationales Naturmonument festsetzen.

§ 16 Biosphärenregion
Gebiete im Sinne von § 25 Absatz 1 des Bundesnaturschutzgesetzes können durch Gesetz als Biosphärenregion festgesetzt werden.

§ 17 Landschaftsschutzgebiete
Der Senat kann Gebiete im Sinne von § 26 Absatz 1 des Bundesnaturschutzgesetzes durch Rechtsverordnung als Landschaftsschutzgebiet festsetzen.

§ 18 Naturparke
¹Der Senat kann Gebiete im Sinne von § 27 Absatz 1 des Bundesnaturschutzgesetzes zum Naturpark erklären. ²Die Erklärung ist einschließlich einer Übersichtskarte im Amtsblatt der Freien Hansestadt Bremen bekannt zu machen.

§ 19 Naturdenkmäler
Der Senat kann Einzelschöpfungen und Flächen im Sinne von § 28 Absatz 1 des Bundesnaturschutzgesetzes durch Rechtsverordnung als Naturdenkmal festsetzen.

§ 20 Geschützte Landschaftsbestandteile
Der Senat kann Teile von Natur und Landschaft im Sinne von § 29 Absatz 1 des Bundesnaturschutzgesetzes durch Rechtsverordnung als geschützten Landschaftsbestandteil festsetzen.

§ 21 Verfahren, einstweilige Sicherstellung
(1) Vor Erlass einer Rechtsverordnung im Sinne dieses Kapitels ist den Behörden, deren Belange berührt werden können, der Entwurf der Rechtsverordnung mit einer Übersichtskarte zur Stellungnahme zuzuleiten.

(2) ¹Die oberste Naturschutzbehörde hat den Verordnungsentwurf, bei Verweisungen auf eine Karte auch diese, einen Monat öffentlich auszulegen. ²Zeit und Ort der Auslegung sind mindestens eine Woche vorher öffentlich mit dem Hinweis bekannt zu machen, dass Bedenken und Anregungen während der Auslegungsfrist schriftlich oder zur Niederschrift vorgebracht werden können.

(3) Vor Erlass einer Rechtsverordnung nach § 19 sind auch die betroffenen Grundstückseigentümer und Nutzungsberechtigten zu hören.

(4) Von der Auslegung nach Absatz 2 kann abgesehen werden,
1. wenn die Personen, deren Belange von der Rechtsverordnung berührt werden, bekannt sind und ihnen Gelegenheit gegeben wird, den Entwurf der Rechtsverordnung und der dazugehörenden Karte innerhalb einer angemessenen Frist einzusehen und Bedenken und Anregungen vorzutragen,
2. wenn eine Rechtsverordnung aufgehoben oder geändert oder neu erlassen wird und Schutzgegenstand, Gebote und Verbote nicht erweitert werden,
3. wenn eine Rechtsverordnung nach § 20 in Verbindung mit § 29 Absatz 1 Satz 2 des Bundesnaturschutzgesetzes erlassen wird.

(5) ¹Die oberste Naturschutzbehörde prüft die fristgemäß vorgebrachten Bedenken und Anregungen. ²Das Ergebnis der Prüfung ist den Betroffenen bekannt zu geben.

(6) ¹Die Abgrenzung eines Schutzgebietes ist in der Rechtsverordnung
1. im Einzelnen zu beschreiben oder
2. grob zu beschreiben und zeichnerisch in Karten darzustellen, die
   a) als Bestandteil der Rechtsverordnung verkündet werden oder
   b) bei Behörden eingesehen werden können.

²Die Behörden nach Nummer 2 Buchstabe b), die in der Rechtsverordnung zu benennen sind, haben Ausfertigungen der Karten aufzubewahren. ³Die Karten müssen in hinreichender Klarheit erkennen lassen, welche Grundstücke zum Schutzgebiet gehören; bei Zweifeln gelten die Flächen als nicht betroffen.

(7) Die einstweilige Sicherstellung von Teilen von Natur und Landschaft im Sinne des § 22 Absatz 3 des Bundesnaturschutzgesetzes bestimmt die oberste Naturschutzbehörde durch Rechtsverordnung oder Einzelanordnung.

§ 22 Biotopschutz, ordnungsgemäße Gewässerunterhaltung
Die ordnungsgemäße Gewässerunterhaltung ist keine verbotene Handlung im Sinne des § 30 Absatz 2 des Bundesnaturschutzgesetzes.

§ 23 Naturschutzbuch, Kennzeichnungen
(1) Die nach den §§ 14 bis 20 geschützten Teile von Natur und Landschaft, die nach § 30 des Bundesnaturschutzgesetzes geschützten Biotope und die Schutzgebiete nach § 32 des Bundesnaturschutz-

gesetzes sind von der obersten Naturschutzbehörde in ein Verzeichnis (Naturschutzbuch) einzutragen, sofern sie nicht nach § 29 Absatz 1 Satz 2 des Bundesnaturschutzgesetzes geschützt sind.

(2) ¹Die Eintragung der nach § 30 des Bundesnaturschutzgesetzes geschützten Biotope nach Absatz 1 wird den Eigentümern der Grundstücke, auf denen sich die Biotope befinden, schriftlich und unter Hinweis auf die Verbots- und Ausnahmebestimmungen des § 30 Absatz 2 und 3 des Bundesnaturschutzgesetzes bekannt gegeben. ²Bei mehr als zehn Betroffenen kann eine öffentliche Bekanntgabe erfolgen.

(3) Die Eintragung im Naturschutzbuch begründet nicht die Vermutung der Richtigkeit.

(4) Das Naturschutzbuch kann kostenlos eingesehen werden.

(5) ¹Die nach den §§ 14 bis 19 geschützten Teile von Natur und Landschaft sollen an geeigneten Stellen gekennzeichnet werden. ²Eine Kennzeichnung kann auch bei nach § 20 geschützten Landschaftsbestandteilen und bei nach § 30 des Bundesnaturschutzgesetzes geschützten Biotopen erfolgen. ³Die nach § 32 des Bundesnaturschutzgesetzes geschützten Gebiete können zusätzlich zu ihrer Kennzeichnung als Naturschutz- oder Landschaftsschutzgebiet auch als Natura-2000-Gebiet gekennzeichnet werden. ⁴Die oberste Naturschutzbehörde wird ermächtigt, die Art der Kennzeichen zu bestimmen und die Kennzeichen festzulegen. ⁵Die Kennzeichen sind im Amtsblatt der Freien Hansestadt Bremen bekannt zu machen.

(6) Die Bezeichnungen »Naturschutzgebiet«, »Nationalpark«, »Nationales Naturmonument«, »Biosphärenregion«, »Landschaftsschutzgebiet«, »Naturparke«, »Naturdenkmal«, »geschützter Landschaftsbestandteil« und für nach § 30 des Bundesnaturschutzgesetzes geschützte Biotope »gesetzlich geschützter Biotop« sowie für Schutzgebiete nach § 32 des Bundesnaturschutzgesetzes »Natura-2000-Gebiet« dürfen nur für die in Absatz 1 genannten geschützten Teile von Natur und Landschaft verwendet werden.

§ 24 Aufbau und Schutz des Netzes »Natura 2000«

(1) ¹In dem Verfahren nach § 32 Absatz 1 des Bundesnaturschutzgesetzes beschließt der Senat auf Vorschlag der obersten Naturschutzbehörde, welche Flächen als Gebiete von gemeinschaftlicher Bedeutung und als Europäische Vogelschutzgebiete gegenüber der EU-Kommission genannt werden sollen. ²Die oberste Naturschutzbehörde teilt die ausgewählten Gebiete dem zuständigen Ministerium nach § 32 Absatz 1 des Bundesnaturschutzgesetzes zur Benennung gegenüber der Kommission mit.

(2) Für die Gebiete von gemeinschaftlicher Bedeutung und die Europäischen Vogelschutzgebiete, die in der Anlage genannt sind, gelten die Bestimmungen der Absätze 3 bis 6.

(3) ¹Es ist sicherzustellen, dass die in der Anlage benannten Lebensraumtypen und Arten im Gebiet in einem günstigen Erhaltungszustand verbleiben. ²Der Fortbestand oder gegebenenfalls die Wiederherstellung eines günstigen Erhaltungszustandes der in der Anlage benannten Lebensraumtypen und Arten im jeweiligen Gebiet ist zu gewährleisten.

(4) Die konkreten Erhaltungsziele für die einzelnen Arten und Lebensraumtypen des betreffenden Gebietes und die erforderlichen Erhaltungsmaßnahmen, mit welchen die Erhaltungsziele erreicht werden sollen, werden insbesondere durch Schutzverordnungen im Sinne von §§ 14 und 17, durch Managementpläne der obersten Naturschutzbehörde, durch Bewirtschaftungspläne, durch vertragliche Vereinbarungen oder durch Förderprogramme erreicht.

(5) ¹Die Abgrenzungen der Gebiete nach Absatz 2 sind in den diesem Gesetz beigefügten Karten im Maßstab von 1:10 000 eingetragen. ²Die Grenze läuft an der Außenseite der dargestellten Linien. ³Die Karten sind Bestandteil dieses Gesetzes. ⁴Sie werden bei der obersten Naturschutzbehörde aufbewahrt und können dort während der üblichen Dienstzeiten kostenfrei eingesehen werden. ⁵Eine Abschrift dieses Gesetzes mit den dazugehörigen Karten wird beim Staatsarchiv hinterlegt.

(6) Der Senat wird ermächtigt, durch Rechtsverordnung die Anlage und Karten hinsichtlich der Lebensraumtypen oder Arten oder in geringfügigem Umfang hinsichtlich der Gebietsabgrenzungen zu ändern oder zu ergänzen, wenn dies
1. zur Anpassung an tatsächliche Veränderungen, die im Rahmen der Bestandsaufnahmen oder des wissenschaftlichen Monitorings festgestellt wurden, oder
2. zur Anpassung an rechtliche Änderungen der Anhänge I und II zu Artikel 4 Absatz 1 der Richtlinie 92/43/EWG des Rates vom 21. Mai 1992 zur Erhaltung der natürlichen Lebensräume sowie wildlebenden Tiere und Pflanzen (ABl. L 206 vom 22. Juli 1992, S. 7) in der jeweils geltenden Fassung oder des Anhangs I zu Artikel 4 Absatz 1 der Richtlinie 2009/147/EG des Europäischen

Parlaments und des Rates vom 30. November 2009 über die Erhaltung der wildlebenden Vogelarten (kodifizierte Fassung) (ABl. L 20 vom 26. Januar 2010, S. 7) in der jeweils geltenden Fassung, erforderlich ist.

§ 24a Verträglichkeitsstudie
Die oberste Naturschutzbehörde prüft die Verträglichkeit von Projekten im Sinne des § 34 Absatz 1 Bundesnaturschutzgesetzes auf der Grundlage der vom Antragsteller vorzulegenden Unterlagen (Verträglichkeitsstudie) und gibt die Ergebnisse der Verträglichkeitsprüfung an die für die Zulassung des Projektes zuständige Behörde weiter.

§ 25 Anzeigepflicht
Die zuständige Behörde zur Entgegennahme einer Anzeige im Sinne des § 34 Absatz 6 Satz 1 des Bundesnaturschutzgesetzes ist die oberste Naturschutzbehörde.

Kapitel 6
Artenschutz

§ 26 Zuständige Naturschutzbehörde, Ermächtigung zum Erlass von Rechtsverordnungen
(1) Soweit den für Naturschutz und Landschaftspflege zuständigen Behörden der Länder nach Kapitel 5 des Bundesnaturschutzgesetzes Befugnisse übertragen wurden, sind hierfür die unteren Naturschutzbehörden zuständig.
(2) Die oberste Naturschutzbehörde kann durch Rechtsverordnung bei den Verboten des § 39 Absatz 5 Satz 1 Nummer 2 und 3 des Bundesnaturschutzgesetzes einen weitergehenden Schutz bestimmen.
(3) Neben den Ausnahmebestimmungen des § 39 Absatz 5 Satz 2 des Bundesnaturschutzgesetzes sind auch Maßnahmen der bremischen Deichverbände zur ordnungsgemäßen Gewässerunterhaltung zulässig.

§ 27 Tiergehege, Ausnahmen von der Anzeigepflicht
Einer Anzeige nach § 43 Absatz 3 des Bundesnaturschutzgesetzes bedarf es nicht für
1. Tiergehege, die eine Grundfläche von insgesamt 50 m^2 nicht überschreiten und in denen keine Tiere besonders oder streng geschützter Arten nach § 7 Absatz 2 Nummer 13 und 14 des Bundesnaturschutzgesetzes gehalten werden,
2. Auswilderungsvolieren für dem Jagdrecht unterliegende Tierarten, wenn die Volieren nicht länger als einen Monat aufgestellt werden,
3. Anlagen für höchstens zwei Greifvögel, wenn die Vögel zum Zweck der Beizjagd gehalten werden und der Halter einen Falknerschein besitzt,
4. Netzgehege, in denen Zucht- oder Speisefische gehalten werden,
5. Tiergehege, in denen ausschließlich zum Schalenwild im Sinne des § 2 Absatz 3 des Bundesjagdgesetzes gehörende Tierarten gehalten werden, und
6. Schau- und Sondergehege, die der Genehmigungspflicht nach Artikel 22 des Bremischen Landesjagdgesetzes unterliegen.

Kapitel 7
Erholung in Natur und Landschaft

§ 28 Betretensrecht
(1) ^{1}Der Eigentümer oder sonstige Nutzungsberechtigte darf das Betretensrecht durch Sperren, insbesondere Einfriedigungen, andere tatsächliche Hindernisse oder Beschilderungen, nur mit Genehmigung der unteren Naturschutzbehörde verwehren,
1. wenn andernfalls die zulässige Nutzung angrenzender Flächen unzumutbar behindert oder eingeschränkt würde oder erhebliche Schäden entstehen würden oder
2. wenn hierfür ein sonstiger wichtiger Grund, insbesondere zur Wahrung anderer schutzwürdiger Interessen von Grundstückseigentümern oder sonstigen Nutzungsberechtigten oder der Allgemeinheit vorliegt.

^{2}Die untere Naturschutzbehörde kann die Beseitigung bestehender, nicht nach Satz 1 genehmigter, Sperren und Beschilderungen anordnen.
(2) Der Eigentümer oder sonstige Nutzungsberechtigte hat das Anbringen von Markierungen und Wegetafeln durch die Ortspolizeibehörde zu dulden.

(3) Der Eigentümer oder sonstige Nutzungsberechtigte hat Beeinträchtigungen, die sich aus den vorstehenden Bestimmungen ergeben, als Eigentumsbindung im Sinne von Artikel 14 Absatz 1 Satz 2 und Absatz 2 des Grundgesetzes entschädigungslos zu dulden.
(4) Für die Überwachung der Erfüllung der sich aus Absatz 2 und 3 ergebenden Verpflichtungen und der sich daraus ergebenden Vollzugsmaßnahmen sind die Ortspolizeibehörden zuständig.

§ 29 Erholung in öffentlichen Grünanlagen
(1) [1]Öffentliche Grünanlagen sind gärtnerisch gestaltete Anlagen und Freiflächen, die der Erholung der Bevölkerung dienen, die für das Stadtbild sowie für die Umwelt von Bedeutung sind und die keine Sportanlagen, Freibäder, Kleingärten nach § 1 des Bundeskleingartengesetzes, Belegungsflächen von Friedhöfen oder Straßenbegleitgrün sind. [2]Öffentliche Grünanlagen sind für ihre Zweckbestimmung zu widmen. [3]Die Widmung ist ortsüblich bekannt zu machen. [4]Öffentliche Grünanlagen, die ohne gewidmet zu sein, bereits vor dem 18. März 2006 der Erholung der Bevölkerung dienten oder ihr kraft Privatrechts nicht entzogen werden können, gelten als gewidmet. [5]Für Schutz-, Pflege- und Entwicklungsmaßnahmen in öffentlichen Grünanlagen können der Größe und Bedeutung der jeweiligen Anlage angemessene Pflegewerke oder Pflegerichtlinien aufgestellt werden. [6]Die öffentlichen Grünanlagen sind in einem Grünflächeninformationssystem darzustellen.
(2) [1]Die Benutzer haben sich in den Grünanlagen so zu verhalten, dass kein Anderer gefährdet, geschädigt oder in seiner Erholungssuche gestört wird und dass die Anlagen und ihre Bestandteile und Einrichtungen nicht beschädigt, verunreinigt, verändert oder zweckentfremdet werden. [2]Die untere Naturschutzbehörde kann für öffentliche Grünanlagen oder Anlagenteile Beschränkungen auf bestimmte Nutzungsarten und Öffnungszeiten festlegen und die Benutzung durch Gebote und Verbote regeln, die sie durch Allgemeinverfügung öffentlich bekannt macht.
(3) Die Widmung der öffentlichen Grünanlagen im Sinne des Absatzes 1 für Zwecke der Allgemeinheit erstreckt sich nur auf den Aufenthalt in den Anlagen und die Benutzung der Anlagen und ihrer Einrichtungen in herkömmlicher oder ausdrücklich gestatteter Form zum Zwecke der Erholung (Gemeingebrauch).
(4) [1]Eine über den Gemeingebrauch hinausgehende Benutzung bedarf einer Sondernutzungserlaubnis. [2]Über den zu stellenden Antrag auf Erteilung einer Sondernutzungserlaubnis entscheidet die untere Naturschutzbehörde nach pflichtgemäßem Ermessen. [3]Die Sondernutzungserlaubnis darf nur auf Zeit oder auf Widerruf und sie kann unter Bedingungen und mit Auflagen erteilt werden. [4]Sie ist zu versagen, wenn überwiegende Gründe des Gemeinwohls dies erfordern. [5]Ist die Errichtung baulicher Anlagen, die nach der Bremischen Landesbauordnung nicht genehmigungspflichtig sind, Gegenstand der Sondernutzung, so darf die Sondernutzungserlaubnis nur erteilt werden, wenn die Sondernutzung mit den öffentlichen Interessen und der Zweckbestimmung gemäß Absatz 1 Satz 1 vereinbar ist. [6]Die artenschutzrechtlichen Bestimmungen nach Kapitel 5 des Bundesnaturschutzgesetzes bleiben unberührt.
(5) [1]Die Stadtgemeinden können nach Maßgabe des Bremischen Gebühren- und Beitragsgesetzes für Sondernutzungen finanzielle Ausgleiche fordern. [2]Bei der Bemessung der Ausgleiche soll der wirtschaftliche Wert der Sondernutzung berücksichtigt werden.
(6) Die Einnahmen aufgrund finanzieller Ausgleiche nach Absatz 5 sind zweckgebunden für die Unterhaltungspflege von Grünanlagen zu verwenden.
(7) Die Gemeinden werden ermächtigt, durch Ortsgesetz festzulegen, dass für bestimmte Sondernutzungen eine Gebrauchserlaubnis nicht erteilt werden darf und dass für andere ebenfalls zu bestimmende Sondernutzungen eine Gebrauchserlaubnis als widerruflich erteilt gilt oder dass sie von einer Gebrauchserlaubnis befreit sind, und die Ausübung dieser Sondernutzungen zu regeln.

Kapitel 8
Mitwirkung von anerkannten Naturschutzvereinigungen

§ 30 Anerkennung von Vereinigungen, Mitwirkungsrechte
(1) [1]Zuständige Behörde nach § 3 Absatz 3 des Umwelt-Rechtsbehelfsgesetzes für die Anerkennung, die Rücknahme und den Widerruf der Anerkennung von Vereinigungen, die im Schwerpunkt die Ziele des Naturschutzes und der Landschaftspflege fördern, ist der Senator für Umwelt, Bau und Verkehr. [2]Die Zuständigkeit nach Satz 1 erstreckt sich auch auf die Anerkennung von Vereinigungen im Sinne des § 3 Absatz 1 des Umwelt-Rechtsbehelfsgesetzes, die sonstige Ziele des Umweltschutzes

fördern. ³Die anerkannten Naturschutz- und sonstigen Umweltvereinigungen werden im Amtsblatt der Freien Hansestadt Bremen bekannt gemacht.

(2) In Fällen, in denen Auswirkungen auf Natur und Landschaft nicht oder nur in geringfügigem Umfang oder Ausmaß zu erwarten sind, kann von der Mitwirkung anerkannter Naturschutzvereinigungen im Sinne des § 63 Absatz 4 des Bundesnaturschutzgesetzes abgesehen werden.

(3) Gelegenheit zur Stellungnahme und zur Einsichtnahme in die einschlägigen Sachverständigengutachten im Sinne des § 63 Absatz 2 des Bundesnaturschutzgesetzes gibt die für die jeweilige Entscheidung zuständige Behörde.

(4) ¹In Verfahren, in denen anerkannte Naturschutzvereinigungen nach § 63 Absatz 2 Nummer 1 bis 4 des Bundesnaturschutzgesetzes beteiligt worden sind, teilt die zuständige Behörde ihnen die jeweiligen Entscheidungen mit. ²Entscheidungen nach § 63 Absatz 2 Nummer 6 und 7 des Bundesnaturschutzgesetzes stellt sie den beteiligten anerkannten Naturschutzvereinigungen mit einer Rechtsbehelfsbelehrung zu.

Kapitel 9
Eigentumsbindung, Befreiungen und Ausnahmen

§ 31 Duldungspflicht

(1) ¹Die erforderlichen Maßnahmen und Handlungen im Sinne § 65 Absatz 1 des Bundesnaturschutzgesetzes werden von den unteren Naturschutzbehörden bestimmt. ²Vor Durchführung der Maßnahmen gibt sie den Eigentümern und sonstigen Nutzungsberechtigten rechtzeitig deren Art und Umfang bekannt und ordnet an, von wem und in welcher Zeit die Maßnahmen durchgeführt werden. ³Sind mehr als 50 Benachrichtigungen vorzunehmen, so können diese Benachrichtigungen durch öffentliche Bekanntmachung ersetzt werden.

(2) ¹Eigentümer und sonstige Nutzungsberechtigte von Grundstücken haben zu dulden, dass Bedienstete und Beauftragte der unteren Naturschutzbehörden zur Erfüllung ihrer Aufgaben im Zusammenhang mit Maßnahmen im Sinne des § 65 Absatz 1 des Bundesnaturschutzgesetzes die Grundstücke betreten. ²Wohnungen und das unmittelbar dazugehörende befriedete Besitztum dürfen nur mit Einwilligung des Eigentümers oder sonstigen Nutzungsberechtigten betreten werden.

(3) Eigentümer und sonstige Nutzungsberechtigte haben den Bediensteten und Beauftragen der Naturschutzbehörden auf Verlangen die Auskünfte zu erteilen, die zur Durchführung der Maßnahmen nach § 65 Absatz 1 des Bundesnaturschutzgesetzes erforderlich sind.

§ 32 Vorkaufsrecht

(1) Über § 66 Absatz 1 Satz 1 des Bundesnaturschutzgesetzes hinaus steht dem Land ein Vorkaufsrecht zu an Grundstücken, die in Landschaftsschutzgebieten liegen oder auf denen sich ein nach § 30 des Bundesnaturschutzgesetzes geschütztes Biotop befindet.

(2) In den Fällen des Absatzes 1 und in den Fällen des § 66 Absatz 1 Nummer 1 und 2 des Bundesnaturschutzgesetzes übt die oberste Naturschutzbehörde das Vorkaufsrecht aus und in den Fällen des § 66 Absatz 1 Nummer 3 des Bundesnaturschutzgesetzes die untere Naturschutzbehörde.

§ 33 Befreiungen und Ausnahmen

(1) Befreiungen nach § 67 des Bundesnaturschutzgesetzes erteilt die untere Naturschutzbehörde, soweit nicht in aufgrund dieses Gesetzes erlassenen Rechtsverordnungen die Zuständigkeit der obersten Naturschutzbehörde bestimmt ist.

(2) Ausnahmen nach § 30 Absatz 3, § 45 Absatz 7 und § 61 Absatz 3 des Bundesnaturschutzgesetzes erteilt die untere Naturschutzbehörde.

§ 34 Enteignung

(1) Eine Enteignung ist zulässig, wenn sie erforderlich ist,
1. um Maßnahmen, die aufgrund von Vorschriften des Bundesnaturschutzgesetzes, dieses Gesetzes, Rechtsvorschriften, die aufgrund des Bundesnaturschutzgesetzes oder dieses Gesetzes erlassen worden sind oder fort gelten, durchzuführen oder
2. um besonders geeignete Grundstücke, insbesondere die Ufer von Seen und Flüssen für die Erholung der Allgemeinheit in Natur und Landschaft nutzbar zu machen.

(2) Im Übrigen gilt das Enteignungsgesetz für die Freie Hansestadt Bremen.

(3) Die Entscheidung über belastende Maßnahmen und über die Übernahme des Eigentums nach § 68 Absatz 1 und 2 des Bundesnaturschutzgesetzes trifft der Senator für Umwelt, Bau und Verkehr

unter entsprechender Anwendung der Vorschriften des Enteignungsgesetzes für die Freie Hansestadt Bremen.

Kapitel 10
Unterstützung des Naturschutzes und der Landschaftspflege, Datenverarbeitung

§ 35 Naturschutzbeiräte
(1) [1]Bei den unteren Naturschutzbehörden wird ein unabhängiger Beirat für Naturschutz und Landschaftspflege (Naturschutzbeirat) mit höchstens elf Mitgliedern gebildet. [2]Für Angelegenheiten der obersten Naturschutzbehörde wird der Naturschutzbeirat bei der unteren Naturschutzbehörde der Stadtgemeinde Bremen um zwei Mitglieder des Naturschutzbeirates bei der unteren Naturschutzbehörde der Stadtgemeinde Bremerhaven ergänzt.
(2) [1]Die Mitglieder des Naturschutzbeirates werden von der Naturschutzbehörde, bei der der Beirat besteht, auf Widerruf bestellt. [2]Für jedes Mitglied soll ein Vertreter bestellt werden. [3]Sie sind ehrenamtlich tätig und an Weisungen nicht gebunden. [4]Dem Beirat sollen sachverständige Personen aus den für Naturschutz und Landschaftspflege bedeutsamen naturwissenschaftlichen Fachbereichen, Personen, die aufgrund ihrer beruflichen oder sonstigen Tätigkeit mit Naturschutz und Landschaftspflege befasst sind, sowie für Fragen des Naturschutzes und der Landschaftspflege aufgeschlossene Personen aus den Bereichen, deren Belange von Naturschutz und Landschaftspflege berührt werden, angehören.
(3) Der Naturschutzbeirat soll insbesondere
1. die Naturschutzbehörde allgemein und bei bedeutsamen Entscheidungen beraten und ihr Vorschläge und Anregungen unterbreiten,
2. bei der Landschaftsplanung mitwirken,
3. das Verständnis für Naturschutz und Landschaftspflege in der Öffentlichkeit fördern.
(4) [1]Vorsitz und Geschäftsführung des Naturschutzbeirates obliegen der Naturschutzbehörde. [2]Der Beirat beschließt mit einfacher Mehrheit. [3]Das vorsitzende Mitglied hat kein Stimmrecht. [4]Für jede Sitzung ist eine Niederschrift anzufertigen, die vom vorsitzenden Mitglied und von der Protokollführung zu unterzeichnen und dem Beirat in seiner nächsten Sitzung zur Genehmigung vorzulegen ist. [5]Die Tagesordnung wird im Einvernehmen mit dem Sprecher oder der Sprecherin aufgestellt.
(5) [1]Der Naturschutzbeirat wählt aus seiner Mitte einen Sprecher oder eine Sprecherin und die Stellvertretung. [2]Der Sprecher oder die Sprecherin ist befugt, die Naturschutzbehörde namens des Beirates in Angelegenheiten, die keinen Aufschub dulden, sowie in Angelegenheiten von nicht grundsätzlicher Bedeutung zu beraten. [3]Er oder sie vertritt den Beirat in der Öffentlichkeit.

§ 36 Naturschutzwacht
[1]Zu ihrer Unterstützung bei der Überwachung der Verbote und Gebote nach dem Bundesnaturschutzgesetz, diesem Gesetz oder nach den aufgrund dieser Gesetze erlassenen Rechtsverordnungen kann die untere Naturschutzbehörde für die Naturschutzwacht Mitarbeiterinnen und Mitarbeiter bestellen. [2]Die Mitarbeiterinnen und Mitarbeiter der Naturschutzwacht sind ehrenamtlich tätig. [3]Hoheitliche Befugnisse stehen ihnen nicht zu. [4]Bei ihrer Tätigkeit haben sie den Ausweis über ihre Bestellung mit sich zu führen und auf Verlangen vorzuzeigen.

§ 37 Datenverarbeitung
(1) (aufgehoben)
(2) Die Naturschutzbehörden dürfen die zur Wahrnehmung ihrer Aufgaben nach diesem Gesetz, dem Bundesnaturschutzgesetz und den aufgrund dieser Gesetze erlassenen Rechtsverordnungen erforderlichen personenbezogenen Daten jeweils verarbeiten, insbesondere die nachstehenden:
1. Name (Familienname, Vorname) und Anschrift derjenigen, die in Verfahren der Landschaftsplanung nach §§ 4 bis 7 Bedenken und Anregungen vorgebracht haben;
2. Name, Anschrift und Geburtsdatum von Eigentümern und sonstigen Nutzungsberechtigten von Grundstücken, auf denen sich nach § 30 des Bundesnaturschutzgesetzes besonders geschützte Biotope befinden oder die im Geltungsbereich des Landschaftsprogramms nach § 5 oder einer Rechtsverordnung im Sinne des Kapitels 5 liegen, zur Berücksichtigung der Belange der Betroffenen in diesen Verfahren;
3. Name, Firmenname, sowie Anschrift der Verursacher von beantragten oder angezeigten Eingriffen im Rahmen eines Verfahrens nach §§ 15 bis 17 des Bundesnaturschutzgesetzes;

4. Name und Anschrift des Grundstückseigentümers oder Nutzungsberechtigten von Grundstücken, auf denen die Durchführung von Ausgleichs- und Ersatzmaßnahmen nach § 15 des Bundesnaturschutzgesetzes angeordnet ist;
5. Name, Anschrift und Bankverbindung der Mitglieder der Naturschutzbeiräte und ihrer Vertreter sowie der Mitarbeiterinnen und Mitarbeiter der Naturschutzwacht zum Zwecke der durch diese wahrzunehmenden Aufgaben;
6. Name und Anschrift von Personen, die im Auftrag der Naturschutzbehörden oder der Verursacher von Eingriffen Bestandserhebungen (Kartierungen) durchführen.

(3) Die in Absatz 2 Nummer 2 genannten Daten dürfen auch ohne Kenntnis der Betroffenen nur durch Auskunft aus dem Grundbuch, dem Liegenschaftskataster oder dem Altlastenkataster erhoben werden, soweit es für die in Absatz 2 genannten Aufgaben erforderlich ist.

(4) An die Behörden, deren Belange berührt werden, können folgende Angaben übermittelt werden
1. die in Absatz 2 Nummer 1 genannten, soweit dies zur Abgabe eigener Stellungnahmen der empfangenden Stelle in den in Absatz 2 Nummer 1 genannten Verfahren erforderlich ist;
2. die in Absatz 2 Nummern 3 und 4 genannten, soweit dies zur rechtmäßigen Wahrnehmung von Aufgaben der empfangenden Behörden im Zusammenhang mit dem eingreifenden Vorhaben erforderlich ist;
3. die in Absatz 2 Nummer 5 genannten Angaben mit Ausnahme der Bankverbindung, soweit dies zur rechtmäßigen Aufgabenerfüllung der empfangenden Behörde erforderlich ist.

(5) Soweit in diesem Gesetz keine besonderen Regelungen über die Verarbeitung personenbezogener Daten getroffen wurden, gelten für die Verarbeitung personenbezogener Daten durch die Naturschutzbehörden die Vorschriften der Verordnung (EU) 2016/679 des Europäischen Parlaments und des Rates vom 27. April 2016 zum Schutz natürlicher Personen bei der Verarbeitung personenbezogener Daten, zum freien Datenverkehr und zur Aufhebung der Richtlinie 95/46/EG (Datenschutz-Grundverordnung) (ABl. L 119 vom 4.5.2016, S. 1, L 314 vom 22.11.2016, S. 72) und des Bremischen Ausführungsgesetzes zur EU-Datenschutz-Grundverordnung vom 8. Mai 2018 (Brem.GBl. S. 131) in der jeweils geltenden Fassung.

Kapitel 11
Bußgeldvorschriften, Maßnahmen der Naturschutzbehörden

§ 38 Ordnungswidrigkeiten

(1) Über § 69 des Bundesnaturschutzgesetzes hinaus handelt ordnungswidrig, wer vorsätzlich oder fahrlässig
1. einer aufgrund dieses Gesetzes erlassenen Rechtsverordnung zuwiderhandelt, soweit sie für einen bestimmten Tatbestand auf diese Bußgeldvorschrift verweist,
2. einer aufgrund dieses Gesetzes erlassenen vollziehbaren schriftlichen Anordnung zuwiderhandelt, soweit sie auf diese Bußgeldvorschrift verweist,
3. eine vollziehbare Auflage, unter der eine Befreiung oder Ausnahme von den Vorschriften des Bundesnaturschutzgesetzes, dieses Gesetzes oder den Verboten einer aufgrund dieser Gesetze erlassenen Rechtsverordnung erteilt worden ist, nicht erfüllt,
4. das Betretensrecht ohne Genehmigung nach § 28 Absatz 1 einschränkt oder verwehrt,
5. Untersagungen aufgrund einer Allgemeinverfügung im Sinne des § 29 Absatz 2 Satz 2 in öffentlichen Grünanlagen missachtet oder öffentliche Grünanlagen über den Gemeingebrauch hinaus ohne Sondernutzungserlaubnis nach § 29 Absatz 4 benutzt,
6. Bodenabbauvorhaben ohne Genehmigung im Sinne der §§ 10 und 11 durchführt,
7. Vorhaben zur Umwandlung von Ödland oder sonstigen naturnahen Flächen ohne Genehmigung nach § 13 durchführt.

(2) Soweit sich die Zuständigkeit der Verwaltungsbehörde für die Verfolgung und Ahndung von Ordnungswidrigkeiten nicht aus § 70 Nummer 1 und 2 des Bundesnaturschutzgesetzes ergibt, ist die Ortspolizeibehörde sachlich zuständige Behörde.

§ 39 Geldbuße

Die Ordnungswidrigkeiten nach § 38 können mit einer Geldbuße bis zu 25 000 Euro geahndet werden.

§ 40 Einziehung
¹Ist eine Ordnungswidrigkeit nach diesem Gesetz begangen worden, so können Gegenstände, auf die sich die Ordnungswidrigkeit bezieht oder die zu ihrer Begehung oder Vorbereitung gebraucht worden oder bestimmt gewesen sind, eingezogen werden. ²Rechtskräftig eingezogene Gegenstände sind der unteren Naturschutzbehörde auf ihren Antrag zu gemeinnützigen Zwecken zu überlassen. ³§ 23 des Gesetzes über Ordnungswidrigkeiten ist anzuwenden.

§ 41 Maßnahmen der unteren Naturschutzbehörden
(1) Die unteren Naturschutzbehörden überwachen die Erfüllung der nach den naturschutzrechtlichen Vorschriften bestehenden Verpflichtungen und treffen nach pflichtgemäßem Ermessen die erforderlichen Entscheidungen und Maßnahmen zur Sicherstellung der Einhaltung dieser Rechtsvorschriften.

(2) ¹Sind Teile von Natur und Landschaft rechtswidrig zerstört, beschädigt oder verändert worden, kann die untere Naturschutzbehörde oder soweit die Zuständigkeit der obersten Naturschutzbehörde durch Rechtsverordnung bestimmt ist, kann diese Ausgleichs- und Ersatzmaßnahmen oder eine Ersatzzahlung anordnen. ²§ 15 Absatz 2 und 6 des Bundesnaturschutzgesetzes findet entsprechende Anwendung.

(3) Eine Anordnung, die ein Grundstück betrifft und sich an den Eigentümer oder Nutzungsberechtigten richtet, ist auch für dessen Rechtsnachfolger verbindlich.

§ 42 Übergangsregelungen
(1) ¹Die aufgrund der bisher geltenden naturschutzrechtlichen Vorschriften erlassenen Rechtsverordnungen zum Schutz von Naturschutzgebieten, Landschaftsschutzgebieten und geschützten Landschaftsbestandteilen bleiben in Kraft, bis sie geändert oder aufgehoben werden oder ihre Geltungsdauer abläuft. ²Für die Änderung oder Aufhebung gelten die Zuständigkeits- und Verfahrensvorschriften dieses Gesetzes, für Befreiungen von Geboten und Verboten für diese geschützten Teile von Natur und Landschaft gelten § 67 Absatz 1 und 3 des Bundesnaturschutzgesetzes und § 33 Absatz 1.

(2) ¹Soweit Rechtsverordnungen nach Absatz 1 Satz 1 für die Ahndung von Ordnungswidrigkeiten auf die §§ 21, 21a und 22 des Reichsnaturschutzgesetzes vom 26. Juni 1935 (SaBremR – ReichsR 790-a-1), das zuletzt durch Artikel 126 des Gesetzes vom 18. Dezember 1974 (Brem.GBl. S. 351) geändert worden ist, verweisen, treten an deren Stelle die §§ 69 und 71 des Bundesnaturschutzgesetzes in Verbindung mit den §§ 38 bis 40 dieses Gesetzes. ²Entsprechend gilt dies, soweit Rechtsverordnungen nach Absatz 1 Satz 1 zu den Ordnungswidrigkeitentatbeständen, zur Höhe der Geldbuße und zur Einziehung auf die §§ 49 bis 51 des Bremischen Naturschutzgesetzes in der Fassung der Bekanntmachung vom 19. April 2006 (Brem.GBl. S. 211 – 790-a-1), das zuletzt durch Artikel 2 des Gesetzes vom 21. November 2006 (Brem.GBl. S. 467) geändert worden ist, verweisen.

§ 43 (aufgehoben)

Anlage
(zu § 24 Absatz 2)

Gebiete des ökologischen Netzes »Natura 2000« in der Freien Hansestadt Bremen gemäß der Richtlinie 92/43/EWG des Rates vom 21. Mai 1992 zur Erhaltung der natürlichen Lebensräume sowie der wildlebenden Tiere und Pflanzen und der Richtlinie 2009/147/EG des Europäischen Parlaments und des Rates vom 30. November 2009 über die Erhaltung der wildlebenden Vogelarten (konsolodierte Fassung)

Erläuterung: FFH = Flora, Fauna, Habitat; LRT = Lebensraumtyp gemäß Anhang I der Richtlinie 92/43/EWG, VSG = Vogelschutzgebiet, * = prioritärer Lebensraumtyp oder prioritäre Art

Landes-interne Nr.	Typ	Gebietsname	Gebiets-nummer	Flächengröße (ha)	Lage (Koordinaten des Mittelpunktes)	Orts-/Stadtteil	Wertgebende LRT	wertgebende Arten
1	VSG	Borgfelder Wümmewiesen	DE2819-402	681,9	E 08 56 00 N 53 08 00	Borgfeld	–	Rohrweihe, Kornweihe, Wachtelkönig, Zwergschwan, Singschwan, Kampfläufer, Tüpfelralle, Bruchwasserläufer, Spießente, Löffelente, Krickente, Pfeifente, Stockente, Knäkente, Blessgans, Saatgans, Uferschnepfe, Großer Brachvogel, Rotschenkel, Kiebitz
2	VSG	Obermeulander Wümmeniederung	DE2919-402	294,5	E 08 58 00 N 53 06 00	Obermeuland	–	Kornweihe, Zwergschwan, Bruchwasserläufer, Raufußbussard, Großer Brachvogel, Rotschenkel, Kiebitz
3	VSG	Hollerland	DE2819-370	290,9	E 08 52 15 N 53 07 20	Horn-Lehe		Wachtelkönig, Schilfrohrsänger, Bekassine, Zwergschnepfe

Anlage BremNatG 52

Landes-interne Nr.	Typ	Gebietsname	Gebiets-nummer	Flächengröße (ha)	Lage (Koordinaten des Mittelpunktes)	Orts-/Stadtteil	Wertgebende LRT	wertgebende Arten
4	VSG	Blockland	DE2818-401	3.180,3	E 08 48 00 N 53 09 00	Blockland Burglesum	–	Eisvogel, Rohrweihe, Zwergschwan, Singschwan, Silberreiher, Blaukehlchen, Zwergsäger, Kampfläufer; Pfeifente, Blessgans, Bekassine, Uferschnepfe, Großer Brachvogel, Rotschenkel, Kiebitz
5	VSG	Werderland	DE2817-401	847,7	E 08 39 00 N 53 09 00	Burglesum Vegesack	–	Rohrweihe, Wachtelkönig, Silberreiher, Neuntöter, Blaukehlchen, Schilfrohrsänger, Bekassine, Braunkehlchen, Rotschenkel, Kiebitz
6	VSG	Niedervieland	DE2918-401	1.294,4	E 08 41 30 N 53 05 30	Strom Seehausen Huchting	–	Sumpfohreule, Weißstorch, Rohrweihe, Kornweihe, Wachtelkönig, Zwergschwan, Blaukehlchen, Zwergsäger, Kampfläufer, Goldregenpfeifer, Tüpfelralle, Bruchwasserläufer, Schilfrohrsänger, Spießente, Löffelente, Krickente, Pfeifente, Knäkente, Schnatterente, Bekassine, Uferschnepfe, Großer Brachvogel, Kormoran, Brandgans, Rotschenkel, Kiebitz
7	VSG	Weseraue	DE2919-401	303,3	E 08 54 00 N 53 01 00	Hemelingen Obervieland	–	Zwergschwan, Wanderfalke, Fischadler, Flussseeschwalbe, Löffelente, Kormoran, Rotschenkel
8	VSG	Ochtum bei Grolland	DE2918-402	24,9	E 08 45 30 N 53 03 15	Huchting	–	Bruchwasserläufer

52 BremNatG Anlage

Landes-interne Nr.	Typ	Gebietsname	Gebiets-nummer	Flächengröße (ha)	Lage (Koordinaten des Mittelpunktes)	Orts-/Stadtteil	Wertgebende LRT	wertgebende Arten
9	VSG	Luneplate	DE2417-401	940,0	E 08 31 30 N 53 36 00	Bremerhaven	–	Weißwangengans, Rohrweihe, Kornweihe, Silberreiher, Pfuhlschnepfe, Blaukehlchen, Goldregenpfeifer, Säbelschnäbler, Bruchwasserläufer, Schilfrohrsänger, Feldlerche, Löffelente, Krickente, Pfeifente, Blessgans, Graugans, Sandregenpfeifer, Feldschwirl, Braunkehlchen, Dunkler Wasserläufer, Rotschenkel, Kiebitz
21	FFH	Untere Wümme	DE2819-301	445,0	E 08 52 00 N 53 08 00	Blockland Borgfeld	6430 Feuchte Hochstaudenfluren der planaren und montanen bis alpinen Stufe	Flussneunauge, Meerneunauge, Otter
22	FFH	Kuhgrabensee	DE2819-302	32,3	E 08 50 45 N 53 07 10	Blockland	3140 Oligo- bis mesotrophe kalkhaltige Gewässer mit benthischer Vegetation aus Armleuchteralgen	–
23	FFH	Grambker Feldmarksee	DE2818-301	22,6	E 08 43 44 N 53 09 20	Burglesum	3140 Oligo- bis mesotrophe kalkhaltige Gewässer mit benthischer Vegetation aus Armleuchteralgen	–

Landes-interne Nr.	Typ	Gebietsname	Gebiets-nummer	Flächengröße (ha)	Lage (Koordinaten des Mittelpunktes)	Orts-/Stadtteil	Wertgebende LRT	wertgebende Arten
24	FFH	Heide und Heideweiher auf der Rekumer Geest	DE2717-301	23,0	E 08 33 00 N 53 12 15	Blumenthal	2310 Trockene Sandheiden mit Calluna und Genista 2330 Dünen mit offenen Grasflächen und mit Corynephorus und Agrostis 3110 Oligotrophe, sehr schwach mineralische Gewässer der Sandebenen (Littorelletalia uniflorae) 3130 Oligo- bis mesotrophe Gewässer mit Vegetation des Littorelletea uniflorae und/oder der Isoeto-Nanojuncetea 3160 Dystrophe Seen und Teiche 4010 Feuchte Heiden des nordatlantischen Raumes mit Erica tetralix 7150 Torfmoor-Schlenken (Rhynchosporion)	Kamm-Molch

Landes-interne Nr.	Typ	Gebietsname	Gebiets-nummer	Flächengröße (ha)	Lage (Koordinaten des Mittelpunktes)	Orts-/Stadtteil	Wertgebende LRT	wertgebende Arten
25	FFH	Zentrales Blockland	DE2818-302	1.080,4	E 08 48 15 N 53 08 15	Blockland	3150 Natürliche eutrophe Seen mit einer Vegetation des Magnopotamions oder Hydrocharitions 6410 Pfeifengraswiesen auf kalkhaltigem Boden, torfigen und tonig-schluffigen Böden (Molinion caeruleae)	Steinbeißer, Bitterling
26	FFH	Werderland	DE2817-301	392,5	E 08 39 00 N 53 08 30	Burglesum	3150 Natürliche eutrophe Seen mit einer Vegetation des Magnopotamions oder Hydrocharitions 6510 Magere Flachland-Mähwiesen (Alopecurus pratensis, Sanguisorba officinalis)	Steinbeißer
27	FFH	Hollerland	DE2819-370	290,9	E 08 52 15 N 53 07 20	Horn-Lehe	1340* Salzwiesen im Binnenland 6430 Feuchte Hochstau-denfluren der planaren und montanen bis alpinen Stufe	Schlammpeitzger, Zierliche Tellerschnecke, Schmalbindiger Breitflügel-Tauchkäfer
28	FFH	Binnensalzstelle Rethriehen	DE2918-302	8,9	E 08 45 25 N 53 02 45	Huchting	1340* Salzwiesen im Binnenland	–

Anlage BremNatG 52

Landes-interne Nr.	Typ	Gebietsname	Gebiets-nummer	Flächengröße (ha)	Lage (Koordinaten des Mittelpunktes)	Orts-/Stadtteil	Wertgebende LRT	wertgebende Arten
29	FFH	Niedervieland –Stromer Feldmark	DE2918-370	432,4	E 08 41 00 N 53 05 45	Strom Seehausen	–	Steinbeißer
30	FFH	Bremische Ochtum	DE2918-371	50,0	E 08 45 30 N 53 03 15	Strom Huchting Neustadt Obervieland	–	Flussneunauge, Meerneunauge
31	FFH	Lesum	DE2818-304	107,9	E 08 41 30 N 53 09 55	Burglesum Vegesack Blockland	–	Flussneunauge, Meerneunauge
32	FFH	Krietes Wald (Im Holze)	DE2919-370	5,8	E 08 57 40 N 53 03 40	Osterholz	–	Eremit*
33	FFH	Parks in Oberneuland	DE2919-371	27,0	E 08 56 20 N 53 05 50	Oberneuland	–	Eremit*
34	FFH	Weser zwischen Ochtummündung und Rekum	DE2817-370	447,0	E 08 35 30 N 53 10 28	Burglesum Vegesack Blumenthal	–	Finte, Flussneunauge, Meerneunauge
35	FFH	Weser bei Bremerhaven	DE2417-370	1.682,0	E 08 33 30 N 53 35 00	Bremerhaven	1130 Ästuarien 1140 vegetationsfreies Schlick-, Sand – und Mischwatt	Finte, Flussneunauge, Meerneunauge

Bremisches Klimaschutz- und Energiegesetz (BremKEG)
Vom 24. März 2015 (Brem.GBl. S. 124)
(752-d-1)

Der Senat verkündet das nachstehende von der Bürgerschaft (Landtag) beschlossene Gesetz:

Abschnitt 1
Ziele und Handlungsstrategien

§ 1 Ziele dieses Gesetzes, Klimaschutzziele

(1) ¹Ziel dieses Gesetzes ist es, eine umweltverträgliche, ressourcenschonende, risikoarme und gesamtwirtschaftlich kostengünstige Umwandlung, Verteilung und Verwendung von Energie zu gewährleisten. ²Insbesondere soll das Gesetz zur Verringerung der Treibhausgasemissionen beitragen und damit dem Schutz des Klimas dienen.

(2) ¹Ziel dieses Gesetzes ist es, die Kohlendioxidemissionen, die durch den Endenergieverbrauch im Land Bremen mit Ausnahme der Stahlindustrie verursacht werden, bis zum Jahr 2020 um mindestens 40 Prozent gegenüber dem Niveau des Jahres 1990 zu senken. ²Das Gesetz orientiert sich darüber hinaus an dem Leitziel, die Treibhausgasemissionen der Industrieländer bis zum Jahr 2050 um 80 bis 95 Prozent gegenüber dem Vergleichsjahr 1990 zu senken. ³Der Senat legt im Rahmen der Fortschreibung des Klimaschutz- und Energieprogramms bis spätestens zum 31. Dezember 2018 für 2030 und spätestens bis zum 31. Dezember 2028 für 2040 quantitative Zwischenziele fest, die geeignet sind, das Ziel bis 2050 zu erreichen.

(3) Ziel dieses Gesetzes ist es, das Land Bremen so gegenüber den negativen Folgen des Klimawandels zu entwickeln, dass volkswirtschaftliche Schäden minimiert, gute Lebens- und Arbeitsbedingungen erhalten und die Wettbewerbsfähigkeit gesichert werden.

§ 2 Handlungsstrategien für den Klimaschutz

(1) ¹Um die Gesetzesziele nach § 1 Absatz 1 und 2 zu erreichen, sollen die Umwandlung, Verteilung und Verwendung von Energie in sparsamer und effizienter Weise erfolgen und der Anteil der erneuerbaren Energien an der Energieversorgung gesteigert werden. ²Im Einzelnen sind insbesondere folgende Strategien zur Erreichung der Gesetzesziele geeignet:
1. Nutzenergie wird möglichst sparsam verwendet.
2. Nutzenergie wird mit einem geringen spezifischen Einsatz von Primärenergie erbracht.
3. Einrichtungen zur Umwandlung und Nutzung von Energie erreichen einen möglichst hohen Wirkungsgrad.
4. Zur Deckung des Bedarfs an Niedertemperaturwärme wird möglichst wenig technisch hochwertige Energie, insbesondere Elektrizität, sondern, soweit möglich, energetisch geringwertigere Umgebungs- oder Abwärme verwendet.
5. Die Wärmeversorgung von Gebäuden und Anlagen erfolgt in zunehmendem Maße aus erneuerbaren Energien, aus Kraft-Wärme-Kopplung oder aus Abwärmenutzung.
6. Bei der Erzeugung von elektrischem Strom und Wärmeenergie wird erneuerbaren Energien Vorrang eingeräumt. Es wird angestrebt, die Strom- und Wärmeversorgung im Land Bremen bis spätestens zum Jahr 2050 vollständig auf erneuerbare Energien umzustellen.

(2) Das Land und die Gemeinden berücksichtigen bei der Erfüllung ihrer gesetzlichen Aufgaben und ihren sonstigen Tätigkeiten die Ziele und Handlungsstrategien dieses Gesetzes, soweit dies nach anderen Rechtsvorschriften zulässig ist.

§ 3 Anpassungsstrategie an den Klimawandel

Der Senat entwickelt unter Einbeziehung der zuständigen Behörden und Einrichtungen des Landes und der Gemeinden eine Anpassungsstrategie an den Klimawandel, die geeignet ist, mit Hilfe von Anpassungsmaßnahmen die negativen Auswirkungen des Klimawandels im Sinne des § 1 Absatz 3 zu mildern beziehungsweise zu begrenzen.

Abschnitt 2
Programm und Berichte

§ 4 Klimaschutz- und Energieprogramm
(1) ¹Der Senat legt der Bürgerschaft (Landtag) ein Klimaschutz- und Energieprogramm vor. ²Das Programm ist alle vier Jahre fortzuschreiben. ³Die Fortschreibung ist der Bürgerschaft (Landtag) vorzulegen. ⁴Die Gemeinden wirken an der Erstellung und Fortschreibung des Programms mit. ⁵In dem Klimaschutz- und Energieprogramm und seinen Fortschreibungen sind insbesondere
1. die Strategien und Maßnahmen zur Erreichung der Ziele dieses Gesetzes,
2. der Stand und die voraussichtliche Entwicklung des Energieverbrauchs, der Energieversorgung und der Energienutzung und der hiervon ausgehenden Emissionen,
3. das Potenzial an Energieeinsparungen sowie der Nutzung erneuerbarer Energien und
4. die Ergebnisse und Wirkungen der unter Nummer 1 genannten Maßnahmen
darzulegen.
(2) ¹Der Senator für Umwelt, Bau und Verkehr richtet ein Klimaschutzmanagement ein. ²Das Klimaschutzmanagement unterstützt das Land und die Gemeinden bei der Umsetzung des Klimaschutz- und Energieprogramms sowie bei der Erreichung der Ziele dieses Gesetzes. ³Es soll insbesondere die Umsetzung des Klimaschutz- und Energieprogramms im Land Bremen koordinieren, die durchgeführten Klimaschutzmaßnahmen und ihre Wirkungen dokumentieren sowie den Informations- und Meinungsaustausch mit der Öffentlichkeit sowie mit weiteren Handlungsträgern im Land Bremen fördern.
(3) ¹Der Senat wird ermächtigt, durch Rechtsverordnung Energieversorgungsunternehmen nach § 3 Nummer 18 des Energiewirtschaftsgesetzes zu verpflichten, gegenüber dem Senator für Umwelt, Bau und Verkehr Auskunft über solche Umstände zu geben, deren Kenntnis für die Ausarbeitung des Klimaschutz- und Energieprogramms und seiner Fortschreibungen nachweislich erforderlich ist. ²Die Auskunftspflicht darf sich nur auf solche Informationen beziehen, die bei den Energieversorgungsunternehmen vorhanden und nicht aus anderen Quellen verfügbar sind. ³In der Rechtsverordnung nach Satz 1 sind der Gegenstand der Auskunftspflicht sowie das Verfahren der Auskunftserteilung einschließlich der Wahrung von Betriebs- und Geschäftsgeheimnissen näher zu regeln.

§ 5 Berichterstattung über Kohlendioxidemissionen
(1) Der Senator für Umwelt, Bau und Verkehr berichtet der zuständigen Fachdeputation einmal jährlich über die Entwicklung der Kohlendioxidemissionen im Land Bremen.
(2) ¹Die Berichterstattung nach Absatz 1 bezieht sich auf das Basisjahr 1990 sowie auf die jährliche Entwicklung der Kohlendioxidemissionen seit dem Jahr 2005. ²Der Bericht soll jeweils bis zum 31. Dezember des zweiten auf den Berichtszeitraum folgenden Kalenderjahres vorgelegt werden.
(3) Der Senator für Umwelt, Bau und Verkehr nimmt im Rahmen des jährlichen Berichts über die Entwicklung der Kohlendioxidemissionen zu der Frage Stellung, ob das im Klimaschutz- und Energieprogramm für die Minderung der Kohlendioxidemissionen festgelegte quantitative Ziel unter Berücksichtigung der bisherigen Emissionsentwicklung voraussichtlich erreicht werden kann.
(4) Auf der Grundlage der Stellungnahme gemäß Absatz 3 teilt der Senat der Bürgerschaft (Landtag) innerhalb eines Jahres mit, in welchem Ausmaß und aus welchen Gründen das Minderungsziel voraussichtlich verfehlt wird und inwieweit Maßnahmen ergriffen werden sollen, um der voraussichtlichen Verfehlung des Minderungsziels entgegenzuwirken.

§ 6 Wissenschaftlicher Beirat
(1) ¹Der Senat setzt einen interdisziplinären wissenschaftlichen Beirat in Fragen des Klimaschutzes und der Energiepolitik ein. ²Dem Beirat gehören fünf Persönlichkeiten an, die über herausragende fachliche Qualifikationen auf dem Gebiet der Klimaschutz- und Energiepolitik verfügen. ³Die Mitglieder des Beirats werden für die Dauer von fünf Jahren berufen und nehmen ihre Aufgabe ehrenamtlich wahr.
(2) ¹Der wissenschaftliche Beirat berät den Senat zu Fragen der Klimaschutz- und Energiepolitik. ²Er achtet auf die Einhaltung der Klimaschutzziele und begleitet die Fortschreibung des Klimaschutz- und Energieprogramms. ³Der Beirat kann sich auf eigene Initiative, auf Anregung der Bürgerschaft (Landtag) oder auf Anfrage des Senats oder des Magistrats der Stadt Bremerhaven mit spezifischen

Themen der Klimaschutz- und Energiepolitik befassen und insbesondere Vorschläge für zusätzliche Klimaschutzmaßnahmen im Land Bremen vorlegen.

Abschnitt 3
Gebäude, Einrichtungen und Beschaffungswesen der öffentlichen Hand
§ 7 Vorbildfunktion der öffentlichen Hand
(1) Dem Handeln des Landes und der Gemeinden sowie ihrer Betriebe und Sondervermögen kommt im Rahmen der Verwirklichung der Ziele dieses Gesetzes eine Vorbildfunktion nach Maßgabe der §§ 8 und 9 zu.
(2) Das Land und die Gemeinden wirken darauf hin, dass Gesellschaften des privaten Rechts, an denen sie einen bestimmenden Einfluss ausüben, der Vorbildfunktion nach Absatz 1 nachkommen.
§ 8 Errichtung, Instandhaltung und Betrieb von Gebäuden
(1) Der Senat für das Land und die Gemeinde Bremen sowie die Gemeinde Bremerhaven legen für ihren Zuständigkeitsbereich innerhalb eines Jahres nach dem 27. März 2015 für
1. die Errichtung und Änderung und
2. die Anmietung bei Neuverträgen
von beheizten oder gekühlten öffentlichen Gebäuden durch das Land, die Gemeinden oder ihre Betriebe oder Sondervermögen Anforderungen an die Begrenzung des Energiebedarfs fest und wenden diese an.
(2) ¹In den Festlegungen nach Absatz 1 können Ausnahmen von den Anforderungen allgemein oder im Einzelfall vorgesehen werden, soweit die Anforderungen aus technischen oder rechtlichen Gründen nicht eingehalten werden können oder die Einhaltung der Anforderungen wegen besonderer Umstände wirtschaftlich nicht vertretbar ist. ²Haben das Land oder die Gemeinden Anforderungen an die Begrenzung des Energiebedarfs von öffentlichen Gebäuden bereits vor dem 27. März 2015 festgelegt, gelten diese als Festlegungen nach Absatz 1.
§ 9 Beschaffung und Energiecontrolling
(1) ¹Der Senat für das Land und die Gemeinde Bremen sowie die Gemeinde Bremerhaven legen für ihren Zuständigkeitsbereich innerhalb von zwei Jahren nach dem 27. März 2015 Anforderungen an energie- und klimarelevante Beschaffungsvorgänge und für die Beschaffung ersetzende Dienstleistungen fest. ²Die Anforderungen sollen mindestens die Beschaffungsbereiche informations- und kommunikationstechnische Geräte, Kraftfahrzeuge, Leuchten und Leuchtmittel, bewegliche, Strom verbrauchende Geräte und Strom umfassen. ³Die Anforderungen sind an den Zielen und Handlungsstrategien nach den §§ 1 und 2 auszurichten.
(2) Die Anforderungen nach Absatz 1 sollen auch Grundsätze für die Organisation von Beschaffungs- und Betriebsprozessen enthalten, die an den Zielen und Handlungsstrategien der §§ 1 und 2 ausgerichtet sind.
(3) Der Senat für das Land und die Gemeinde Bremen sowie die Gemeinde Bremerhaven richten für ihren Zuständigkeitsbereich spätestens ein Jahr nach dem 27. März 2015 ein Controlling des Energieverbrauchs der öffentlichen Gebäude ein, die von dem Land, den Gemeinden oder ihren Betrieben oder Sondervermögen genutzt werden, und veröffentlichen die Ergebnisse in jährlichen Berichten.

Abschnitt 4
**Förderung von Maßnahmen zur Einsparung von
Energie und zur Nutzung erneuerbarer Energien**
§ 10 Förderung des Energiesparens in Gebäuden
(1) ¹Das Land fördert bei Wohn-, Gewerbe- und Geschäftsgebäuden, die nicht im Eigentum des Landes, der Gemeinden oder ihren Betrieben oder Sondervermögen stehen, bautechnische Maßnahmen und den Einbau von Anlagen zur Verwirklichung der Ziele nach § 1, soweit der Beitrag des einzelnen Fördervorhabens zur Verwirklichung dieser Ziele über das gesetzlich ohnehin einzuhaltende Maß hinausgeht. ²Gefördert werden insbesondere Maßnahmen zur Verbesserung des baulichen Wärmeschutzes im Gebäudebestand sowie der Ersatz von elektrischen Widerstandsheizungen durch klimaverträglichere Wärmeversorgungssysteme.
(2) Bei der Vergabe sonstiger öffentlicher Mittel des Landes oder der Gemeinden für Vorhaben der Errichtung, Erweiterung, Modernisierung von Gebäuden und gebäudetechnischen Anlagen oder

sonstiger für die Energienutzung wesentlicher Veränderungen sollen die Ziele nach § 1 berücksichtigt werden.

§ 11 Förderung in weiteren Handlungsfeldern
(1) [1]Das Land fördert sonstige Vorhaben, die eine den Zielen nach § 1 entsprechende Energienutzung gewährleisten, den örtlichen Verhältnissen angepasst sind und Energie verbrauchernah bereitstellen oder erneuerbare Energien nutzen. [2]Dies gilt insbesondere für Kraft-Wärme-Kopplungsanlagen. [3]Gefördert werden können Maßnahmen insbesondere der privaten Haushalte und der Wirtschaft.

(2) Das Land fördert Forschungs- oder Entwicklungsvorhaben sowie Pilot- und Demonstrationsanlagen von Wirtschaft und Wissenschaft in Technologiebereichen, die den Zielen nach § 1 entsprechen.

§ 12 Förderrichtlinien
(1) Die Einzelheiten über eine Förderung nach § 10 Absatz 1 und § 11 Absatz 1, insbesondere über Art und Höhe sowie das Verfahren der Förderung, werden durch Förderrichtlinien des Senators für Umwelt, Bau und Verkehr im Einvernehmen mit der Senatorin für Finanzen festgelegt.

(2) Gefördert werden Vorhaben, die im Lande Bremen durchgeführt werden.

(3) Die Förderung kann durch Zuschüsse, durch kreditverbilligende Maßnahmen oder durch die Gewährung von Darlehen oder Bürgschaften erfolgen.

(4) [1]Die Förderung erfolgt im Rahmen der verfügbaren Haushaltsmittel. [2]Ein Rechtsanspruch auf Förderung besteht nicht.

Abschnitt 5
Nutzung und Einsparung von Energie in Gebäuden

§ 13 Berücksichtigung des Klimaschutzes in städtebaulichen Konzepten
(1) [1]Die Gemeinden beschreiben in städtebaulichen Konzepten unter Berücksichtigung der Ziele und Handlungsstrategien nach den §§ 1 und 2 die kommunalen Ziele und Strategien zum Klimaschutz und zur Anpassung an die Folgen des Klimawandels. [2]Die Konzepte sollen insbesondere Aussagen zu kommunalen Maßnahmen
1. in der Bauleitplanung und
2. bei dem Abschluss von städtebaulichen Verträgen

enthalten. [3]Die Konzepte sind zu veröffentlichen und mindestens alle fünf Jahre zu überprüfen.

(2) In den Konzepten nach Absatz 1 sollen insbesondere Handlungsmöglichkeiten zu folgenden Themen einschließlich der Wechselwirkungen zwischen den Handlungsmöglichkeiten untersucht werden:
1. Energieversorgung von neuen Baugebieten einschließlich der dafür gegebenenfalls vorzusehenden Flächen,
2. Zuschnitt von Grundstücken, Anordnung und Orientierung von Bebauung und Dachflächen, Ausformung von Baukörpern im Hinblick auf den Energieverbrauch sowie Nutzung erneuerbarer Energien einschließlich der passiven Solarenergienutzung,
3. Errichtung von Anlagen zur Nutzung erneuerbarer Energien,
4. Verminderung des Energieverbrauchs von Gebäuden gegenüber dem ansonsten vorgeschriebenen Energiestandard, insbesondere zur Erprobung zukünftiger gesetzlicher Anforderungen im Rahmen von Modellprojekten und
5. Anpassung an die Folgen des Klimawandels unter Berücksichtigung der Zielsetzungen der Anpassungsstrategie nach § 3.

§ 14 Vollzug der Energieeinsparverordnung und des Erneuerbare-Energien-Wärmegesetzes
(1) [1]Der Senat wird ermächtigt, durch Rechtsverordnung die Art und das Verfahren der Überwachung zur Einhaltung des Erneuerbare-Energien-Wärmegesetzes einschließlich der Nachweispflichten zu regeln; dabei kann von den Verfahrensvorschriften des Erneuerbare-Energien-Wärmegesetzes abgewichen werden. [2]In der Rechtsverordnung nach Satz 1 können die Überwachungsaufgaben ganz oder teilweise auf geeignete Stellen, Fachvereinigungen oder Sachverständige übertragen sowie Anzeige- und Nachweispflichten vorgeschrieben werden.

(2) Der Senat kann die Ermächtigungen nach Absatz 3 sowie § 7 Absatz 2 und 4 des Energieeinsparungsgesetzes, soweit der Inhalt der vorzulegenden Nachweise sowie der Inhalt und der Umfang der

Prüfung von Nachweisen und der Überwachung der Bauausführung geregelt werden, durch Rechtsverordnung auf den Senator für Umwelt, Bau und Verkehr übertragen.

(3) ¹Der Senat wird ermächtigt, durch Rechtsverordnung Vorschriften über Sachverständige, auf die die Aufgaben zur Überwachung der Einhaltung des Erneuerbare-Energien-Wärmegesetzes und der Energieeinsparverordnung übertragen werden, zu erlassen. ²In der Rechtsverordnung können
1. die Voraussetzungen für die Anerkennung als Sachverständiger, insbesondere
    a) die berufliche Qualifikation,
    b) der Umfang der Fachkenntnisse,
    c) die in zeitlicher und sachlicher Hinsicht erforderliche Berufserfahrung,
    d) der Nachweis der persönlichen Zuverlässigkeit,
    e) der Nachweis einer ausreichenden Haftpflichtversicherung,
2. ein Verfahren für die Anerkennung als Sachverständiger, insbesondere
    a) die Prüfung der fachlichen Kenntnisse und der persönlichen Eignung,
    b) die Einrichtung und Zusammensetzung von Prüfungsorganen,
    c) die Bestellung der Mitglieder der Prüfungsorgane,
    d) die dem Antrag auf Anerkennung beizufügenden Unterlagen,
3. Anforderungen an die Ausübung der Sachverständigentätigkeit, insbesondere
    a) die unparteiische, unabhängige und gewissenhafte Ausübung der Sachverständigentätigkeit,
    b) Pflichten zur Fortbildung,
4. die Vergütung der Sachverständigen,
5. die Überwachung der Sachverständigentätigkeit und
6. die Voraussetzungen für den Widerruf, die Rücknahme und das Erlöschen der Anerkennung sowie die Untersagung der Sachverständigentätigkeit
geregelt werden.

(4) ¹Die Anerkennung von Sachverständigen nach Absatz 3, deren Widerruf oder Rücknahme und weitere mit der Anerkennung im Zusammenhang stehende Aufgaben sowie die Überwachung der Ausübung der Sachverständigentätigkeit kann der Senat durch Rechtsverordnung auf die Ingenieurkammer der Freien Hansestadt Bremen übertragen. ²Die Kammer kann für die Ausführung dieser Aufgaben in entsprechender Anwendung von § 22 des Bremischen Ingenieurgesetzes Gebühren erheben. ³§ 24 des Bremischen Ingenieurgesetzes findet entsprechende Anwendung.

§ 15 Verbot des Anschlusses elektrischer Heizungen

(1) ¹Der erstmalige Anschluss von elektrischen Widerstandsheizungen zur Wärmeversorgung von Räumen ist verboten. ²Ausgenommen ist der Anschluss von elektrischen Widerstandsheizungen in:
1. Wohngebäuden, sofern die elektrische Leistung der Heizung nicht mehr als 2 000 Watt je Wohnung beträgt,
2. sonstigen Gebäuden, sofern die elektrische Leistung der Heizung nicht mehr als 2 000 Watt je 100 Quadratmeter beheizter Nutzfläche beträgt,
3. Nichtwohngebäuden, die nach ihrer Zweckbestimmung
    a) auf eine Innentemperatur von unter 12 Grad Celsius oder
    b) jährlich weniger als vier Monate beheizt werden,
4. Gebäuden, die aus Raumzellen von jeweils bis zu 50 Quadratmeter Nutzfläche zusammengesetzt sind und für nicht mehr als eine Dauer von zwei Jahren aufgestellt werden,
5. Zelten und Gebäuden, die dazu bestimmt sind, wiederholt aufgestellt und zerlegt zu werden, sofern ihre Standzeit nicht mehr als drei Monate beträgt oder
6. Gebäuden im Passivhaus-Standard, sofern deren Jahresheizwärmebedarf höchstens 15 Kilowattstunden pro Quadratmeter Energiebezugsfläche beträgt.

(2) ¹Der Senator für Umwelt, Bau und Verkehr befreit auf Antrag von dem Verbot nach Absatz 1, sofern
1. die Heizleistung eines Gebäudes 20 Watt je Quadratmeter beheizter Nutzfläche nicht überschreitet oder
2. andere Arten der Raumheizung technisch nicht möglich, rechtlich nicht zulässig oder wirtschaftlich nicht vertretbar sind.

²Der Antrag ist zu begründen. ³Der Behörde sind alle für die Entscheidung notwendigen Informationen vorzulegen.

§ 16 Überwachung

(1) ¹Der Senator für Umwelt, Bau und Verkehr hat bei zu errichtenden und bei bestehenden Gebäuden über die Einhaltung der Energieeinsparverordnung, des Erneuerbare-Energien-Wärmegesetzes, der nach § 14 Absatz 1 erlassenen Rechtsverordnungen sowie über die Einhaltung der Anforderungen nach § 15 zu wachen. ²Er kann in Wahrnehmung dieser Aufgaben die erforderlichen Maßnahmen treffen.

(2) ¹Die mit dem Vollzug nach Absatz 1 beauftragten Personen sind berechtigt, in Ausübung ihres Amtes Grundstücke und bauliche Anlagen einschließlich der Wohnungen zu betreten. ²Die Absicht des Betretens soll unter Darlegung des Zwecks vorher mitgeteilt werden. ³Wohnungen dürfen nur zur Abwehr einer dringenden Gefahr für die öffentliche Sicherheit oder Ordnung betreten werden. ⁴Das Grundrecht der Unverletzlichkeit der Wohnung (Artikel 13 des Grundgesetzes) wird insoweit eingeschränkt.

§ 17 Ordnungswidrigkeiten

(1) Ordnungswidrig handelt, wer vorsätzlich oder fahrlässig
1. einer vollziehbaren schriftlichen Anordnung zuwiderhandelt, die aufgrund von § 16 Absatz 1 erlassen worden ist, sofern die Anordnung auf diese Bußgeldvorschrift verweist,
2. einer Rechtsverordnung nach § 14 zuwiderhandelt, sofern die Rechtsverordnung für einen bestimmten Tatbestand auf diese Bußgeldvorschrift verweist oder
3. eine elektrische Heizung entgegen § 15 anschließt.

(2) Die Ordnungswidrigkeit kann mit einer Geldbuße bis zu 50 000 Euro hinsichtlich des Absatzes 1 Nummer 1 und 2 und bis zu 5 000 Euro hinsichtlich des Absatzes 1 Nummer 3 geahndet werden.

(3) Sachlich zuständige Verwaltungsbehörde für die Verfolgung und Ahndung der Ordnungswidrigkeit ist der Senator für Umwelt, Bau und Verkehr.

Abschnitt 6
Schlussvorschriften

§ 18 Übergangsvorschriften

§ 4 Absatz 1 Satz 1 gilt durch die Vorlage des Klimaschutz- und Energieprogramms 2020 vom 15. Dezember 2009 bei der Bürgerschaft (Landtag) als erfüllt.

§ 19 Inkrafttreten, Außerkrafttreten

(1) Dieses Gesetz tritt am Tage nach seiner Verkündung in Kraft.
(2) Gleichzeitig tritt das Bremische Energiegesetz vom 17. September 1991 (Brem.GBl. S. 325 – 752-d-1), das zuletzt durch Gesetz vom 14. Dezember 2010 (Brem.GBl. S. 677) geändert worden ist, außer Kraft.

Umweltinformationsgesetz für das Land Bremen (BremUIG)*)**)

Vom 15. November 2005 (Brem.GBl. S. 573)
(2129-l-1)
geändert durch Art. 1 des G vom 19. Dezember 2014 (Brem.GBl. S. 780)

Inhaltsübersicht

§ 1	Zweck des Gesetzes; Anwendungsbereich	§ 5	Umweltzustandsbericht
§ 2	Informationspflichtige Stellen	§ 6	Überwachung
§ 3	Rechtsschutz	§ 7	Kosten
§ 4	Servicestelle	§ 8	Übergangsvorschrift

§ 1 Zweck des Gesetzes; Anwendungsbereich

(1) Zweck dieses Gesetzes ist es, den rechtlichen Rahmen für den freien Zugang zu Umweltinformationen bei informationspflichtigen Stellen im Sinne des § 2 sowie für die Verbreitung dieser Umweltinformationen zu schaffen.

(2) Für den Zugang zu Umweltinformationen sowie für die Verbreitung dieser Umweltinformationen gelten die Vorschriften des Umweltinformationsgesetzes des Bundes in der jeweils geltenden Fassung, soweit die §§ 2 bis 8 keine abweichenden Regelungen treffen.

§ 2 Informationspflichtige Stellen

(1) ¹Informationspflichtige Stellen der öffentlichen Verwaltung sind der Senat, die Behörden des Landes, der Stadtgemeinden Bremen und Bremerhaven und andere Stellen der öffentlichen Verwaltung des Landes und der Stadtgemeinden sowie die sonstigen der Aufsicht des Landes unterstehenden juristischen Personen des öffentlichen Rechts. ²Gremien, die diese Stellen beraten, gelten als Teil der Stelle, die deren Mitglieder beruft. ³Zu den informationspflichtigen Stellen der öffentlichen Verwaltung gehören jedoch nicht
1. der Senat und die Behörden, soweit und solange sie im Rahmen der Gesetzgebung tätig werden, und
2. Gerichte des Landes, soweit sie nicht Aufgaben der öffentlichen Verwaltung wahrnehmen.

(2) Informationspflichtige private Stellen sind natürliche oder juristische Personen des Privatrechts, soweit sie öffentliche Aufgaben wahrnehmen oder öffentliche Dienstleistungen erbringen, die im Zusammenhang mit der Umwelt stehen, insbesondere solche der umweltbezogenen Daseinsvorsorge, und dabei der Kontrolle des Landes, einer unter der Aufsicht des Landes stehenden juristischen Person des öffentlichen Rechts oder der Stadtgemeinden unterliegen.

(3) Kontrolle im Sinne des Absatzes 2 liegt vor, wenn
1. die Person des Privatrechts bei der Wahrnehmung der öffentlichen Aufgabe oder bei der Erbringung der öffentlichen Dienstleistung gegenüber Dritten besonderen Pflichten unterliegt oder über besondere Rechte verfügt, insbesondere ein Kontrahierungszwang oder ein Anschluss- und Benutzungszwang besteht, oder
2. eine oder mehrere der in Absatz 2 genannten juristischen Personen des öffentlichen Rechts allein oder zusammen, unmittelbar oder mittelbar
   a) die Mehrheit des gezeichneten Kapitals des Unternehmens besitzen,
   b) über die Mehrheit der mit den Anteilen des Unternehmens verbundenen Stimmrechte verfügen oder
   c) mehr als die Hälfte der Mitglieder des Verwaltungs-, Leitungs- oder Aufsichtsorgans des Unternehmens bestellen können, oder

---

*) Verkündet als Art. 1 d. G v. 15. 11. 2005 (Brem.GBl. S. 573).
**) Dieses Gesetz dient der Umsetzung der Richtlinie 2003/4/EG des Europäischen Parlaments und des Rates vom 28. Januar 2003 über den Zugang der Öffentlichkeit zu Umweltinformationen und zur Aufhebung der Richtlinie 90/313/EWG des Rates (Abl. EG Nr. L 41 S. 26).

3. mehrere juristische Personen des öffentlichen Rechts zusammen unmittelbar oder mittelbar über eine Mehrheit im Sinne der Nummer 2 verfügen und der überwiegende Anteil an dieser Mehrheit den in Absatz 2 genannten juristischen Personen des öffentlichen Rechts zuzuordnen ist.

§ 3 Rechtsschutz
(1) Gegen die Entscheidung durch eine Stelle der öffentlichen Verwaltung im Sinne des § 2 Abs. 1 ist ein Widerspruchsverfahren nach den §§ 68 bis 73 der Verwaltungsgerichtsordnung auch dann durchzuführen, wenn die Entscheidung von einer obersten Landesbehörde getroffen worden ist.
(2) Für Streitigkeiten um Ansprüche gegen informationspflichtige private Stellen auf Grund von Vorschriften dieses Gesetzes ist der Verwaltungsrechtsweg gegeben.

§ 4 Servicestelle
[1]Bei dem für den Umweltschutz zuständigen Mitglied des Senats wird ein Internet gestütztes Umweltinformationssystem mit einer Servicestelle eingerichtet, das gegenüber der Öffentlichkeit eine Servicefunktion wahrnimmt. [2]Mit dem Umweltinformationssystem wird ein zentraler Zugang zu allen in Bremen bei den informationspflichtigen Stellen vorhandenen Umweltinformationen im Sinne des § 10 Abs. 2 des Umweltinformationsgesetzes des Bundes angeboten. [3]Die informationspflichtigen Stellen im Sinne des § 2 Abs. 1 und 2 informieren die Servicestelle über die nach § 7 Abs. 2 des Umweltinformationsgesetzes des Bundes getroffenen Maßnahmen und über die nach § 10 des Umweltinformationsgesetzes des Bundes veröffentlichten Umweltinformationen. [4]Als Information reichen elektronische Verknüpfungen zu Internetseiten im Sinne des § 10 Abs. 4 des Umweltinformationsgesetzes des Bundes, auf denen die zu verbreitenden Informationen zu finden sind. [5]Die Aufgabe der Verbreitung der Umweltinformationen nach § 10 des Umweltinformationsgesetzes des Bundes bleibt in der Zuständigkeit der informationspflichtigen Stellen im Sinne des § 2 Abs. 1 und 2.

§ 5 Umweltzustandsbericht
[1]Das für den Umweltschutz zuständige Mitglied des Senats veröffentlicht regelmäßig im Abstand von nicht mehr als vier Jahren einen Bericht über den Zustand der Umwelt im Gebiet des Landes Bremen. [2]Hierbei berücksichtigt es die Anforderungen des § 10 Abs. 1, 3 und 6 des Umweltinformationsgesetzes des Bundes. [3]Der Bericht enthält Informationen über die Umweltqualität und vorhandene Umweltbelastungen. [4]Der erste Bericht ist spätestens am 31. Dezember 2007 zu veröffentlichen.

§ 6 Überwachung
(1) Die zuständigen Stellen der öffentlichen Verwaltung, die die Kontrolle im Sinne des § 2 Abs. 3 für das Land oder eine unter der Aufsicht des Landes stehende juristische Person des öffentlichen Rechts sowie die Stadtgemeinden ausüben, überwachen die Einhaltung dieses Gesetzes durch informationspflichtige private Stellen im Sinne des § 2 Abs. 2.
(2) Die informationspflichtigen privaten Stellen nach § 2 Abs. 2 haben den zuständigen Stellen auf Verlangen alle Informationen herauszugeben, die die Stellen zur Wahrnehmung ihrer Aufgaben nach Absatz 1 benötigen.
(3) Die nach Absatz 1 zuständigen Stellen können gegenüber den informationspflichtigen privaten Stellen die zur Einhaltung und Durchführung dieses Gesetzes erforderlichen Maßnahmen ergreifen oder Anordnungen treffen.

§ 7 Kosten
(1) [1]Für die Übermittlung von Informationen auf Grund dieses Gesetzes werden Kosten (Gebühren und Auslagen) erhoben. [2]Gebühren werden nicht erhoben für
1. die Erteilung mündlicher und einfacher schriftlicher Auskünfte,
2. die Einsichtnahme in Umweltinformationen vor Ort,
3. Maßnahmen und Vorkehrungen zur Unterstützung des Zugangs zu Umweltinformationen nach § 7 Abs. 1 und 2 des Umweltinformationsgesetzes des Bundes sowie die Unterrichtung der Öffentlichkeit nach § 10 des Umweltinformationsgesetzes des Bundes und den §§ 4 und 5.

(2) Die Gebühren sind auch unter Berücksichtigung des Verwaltungsaufwandes so zu bemessen, dass der Informationsanspruch nach § 3 Abs. 1 des Umweltinformationsgesetzes des Bundes wirksam in Anspruch genommen werden kann.
(3) Kosten für die Übermittlung von Informationen nach diesem Gesetz werden nach Maßgabe des Bremischen Gebühren- und Beitragsgesetzes erhoben.

(4) ¹Informationspflichtige private Stellen im Sinne des § 2 Abs. 2 können für die Übermittlung von Informationen nach diesem Gesetz von der antragstellenden Person Kostenerstattung entsprechend den Grundsätzen nach den Absätzen 1 und 2 verlangen. ²Die Höhe der erstattungsfähigen Kosten richtet sich gemäß Absatz 3 nach dem Bremischen Gebühren- und Beitragsgesetz.

§ 8 Übergangsvorschrift

¹Anträge auf Zugang zu Umweltinformationen, die vor dem 25. November 2005 gestellt worden sind, sind nach den Vorschriften des Umweltinformationsgesetzes des Bundes vom 22. Dezember 2004 (BGBl. I S. 3704) zu Ende zu führen. ²An die Stelle des Bundes tritt die Freie Hansestadt Bremen.

Bremisches Gesetz zum Schutz vor schädlichen Umwelteinwirkungen (Bremisches Immissionsschutzgesetz – BremImSchG)

Vom 26. Juni 2001 (Brem.GBl. S. 220)
(2129-a-1)
zuletzt geändert durch G vom 16. November 2010 (Brem.GBl. S. 567)

Der Senat verkündet das nachstehende von der Bürgerschaft (Landtag) beschlossene Gesetz:

§ 1 Anwendungsbereich
(1) Dieses Gesetz gilt
1. für die Errichtung und den Betrieb von nicht genehmigungsbedürftigen Anlagen sowie für Betriebsbereiche, die nicht gewerblichen Zwecken dienen und die nicht im Rahmen wirtschaftlicher Unternehmungen Verwendung finden, soweit von ihnen andere schädliche Umwelteinwirkungen als Luftverunreinigungen und Geräusche ausgehen können,
2. für den Betrieb von Geräten und Maschinen, soweit hierfür im Folgenden Betriebsregelungen getroffen worden sind.

(2) Andere Vorschriften, die dem Schutz vor schädlichen Umwelteinwirkungen, der Vorsorge gegen derartige Einwirkungen oder der allgemeinen Gefahrenabwehr dienen, werden durch dieses Gesetz nicht berührt.

§ 2 Begriffsbestimmungen
(1) Die Begriffsbestimmungen des § 3 des Bundes-Immissionsschutzgesetzes in der am 11. Mai 2000 geltenden Fassung finden entsprechende Anwendung.
(2) Geräusche, die von Kindern ausgehen, sind als Ausdruck selbstverständlicher kindlicher Entfaltung und zur Erhaltung kindgerechter Entwicklungsmöglichkeiten grundsätzlich sozialadäquat und damit zumutbar.

§ 3 Abwehr von Immissionen
Zur Abwehr anderer schädlicher Umwelteinwirkungen als Luftverunreinigungen oder Geräusche durch Anlagen und Betriebsbereiche, die nicht gewerblichen Zwecken dienen und nicht im Rahmen wirtschaftlicher Unternehmungen Verwendung finden, sind § 22 Abs. 1 Satz 1, §§ 24, 25 Abs. 1, §§ 26, 29 Abs. 2, §§ 31 und 52 des Bundes-Immissionsschutzgesetzes in der am 11. Mai 2000 geltenden Fassung entsprechend anzuwenden.

§ 3a Betrieb von Geräten und Maschinen
(1) Motorbetriebene Geräte und Maschinen, wie Rasenmäher, Rasentrimmer/Rasenkantenschneider, Vertikutierer, Heckenscheren, Schredder/Zerkleinerer, Kompressoren und Hochdruckwasserstrahlmaschinen sowie Handrasenmäher, dürfen an Werktagen in der Zeit von 13.00 Uhr bis 15.00 Uhr und von 19.00 Uhr bis 7.00 Uhr sowie an Sonn- und Feiertagen nicht betrieben werden.
(2) Freischneider, tragbare Motorkettensägen, Grastrimmer/Graskantenschneider, Laubbläser und Laubsammler dürfen an Werktagen in der Zeit von 13.00 Uhr bis 15.00 Uhr und von 17.00 Uhr bis 9.00 Uhr sowie an Sonn- und Feiertagen nicht betrieben werden.
(3) [1]Die Betriebsregelungen der Absätze 1 und 2 gelten nicht in Gewerbe- und Industriegebieten. [2]Sie gelten auch nicht in der Zeit von 13.00 Uhr bis 15.00 Uhr
1. für die in Absatz 1 genannten Geräte und Maschinen, soweit sie gewerblich eingesetzt werden,
2. für die in Absatz 1 genannten Geräte und Maschinen, soweit sie gewerblich eingesetzt werden und mit dem Umweltzeichen nach der Verordnung 1980/2000/EG gekennzeichnet sind.

§ 4 Umgang mit gefährlichen Stoffen
[1]Für Betriebsbereiche, die nicht gewerblichen Zwecken dienen und nicht im Rahmen wirtschaftlicher Unternehmungen Verwendung finden, sind § 20 Abs. 1a, §§ 24, 25 Abs. 1a und § 52 des Bundes-Immissionsschutzgesetzes in der am 11. Mai 2000 geltenden Fassung und die §§ 2 bis 16, 19 und 20 der Störfall-Verordnung in der am 3. Mai 2000 geltenden Fassung entsprechend anzuwenden.
[2]Diese Vorschrift dient der Umsetzung der Richtlinie 96/82/EG des Rates vom 9. Dezember 1996 zur Beherrschung der Gefahren bei schweren Unfällen mit gefährlichen Stoffen (ABl.EG Nr. L 10 S. 13).

§ 5 Zuständige Behörden
Für die Durchführung dieses Gesetzes sind zuständig:
1. für die Überwachung der Betriebszeitenregelung des § 3a die Ortspolizeibehörden,
2. für die der Bergaufsicht unterstehenden Anlagen das Landesbergamt Clausthal-Zellerfeld,
3. im Übrigen die Gewerbeaufsicht des Landes Bremen.

§ 6 Ordnungswidrigkeiten
(1) Ordnungswidrig handelt, wer im Anwendungsbereich des § 4 dieses Gesetzes vorsätzlich oder fahrlässig
1. den ergänzenden Anforderungen des § 6 Abs. 2 Satz 2, 3, 4 oder Abs. 4 der Störfall-Verordnung in der am 3. Mai 2000 geltenden Fassung zuwiderhandelt,
2. der Anzeigepflicht des § 7 Abs. 1 oder 2 oder § 20 Abs. 1 Satz 1 der Störfall-Verordnung zuwiderhandelt,
3. der Pflicht zur Ausarbeitung eines Konzeptes zur Verhinderung von Störfällen nach § 8 Abs. 2 oder § 20 Abs. 2 der Störfall-Verordnung zuwiderhandelt,
4. der Pflicht zur Erstellung eines Sicherheitsberichts nach § 9 Abs. 4 oder 5 Satz 2, jeweils auch in Verbindung mit § 20 Abs. 3 der Störfall-Verordnung zuwiderhandelt,
5. der Pflicht zur Erstellung und Übermittlung von Alarm- und Gefahrenplänen nach § 10 Abs. 1 Nr. 1 oder 2, auch in Verbindung mit § 10 Abs. 4 Satz 4, dieser auch in Verbindung mit § 20 Abs. 4 Satz 3, oder § 20 Abs. 4 Satz 1, auch in Verbindung mit Satz 2 der Störfall-Verordnung zuwiderhandelt,
6. der Pflicht zur Unterrichtung, Anhörung oder Unterweisung nach § 10 Abs. 3, auch in Verbindung mit § 20 Abs. 4 Satz 3 der Störfall-Verordnung zuwiderhandelt,
7. der Pflicht zur Erprobung oder Aktualisierung nach § 10 Abs. 4 Satz 1 oder 3, jeweils auch in Verbindung mit § 20 Abs. 4 Satz 3 der Störfall-Verordnung zuwiderhandelt,
8. der Pflicht zur Information nach § 11 Abs. 1 Satz 1 oder § 20 Abs. 5 Satz 1 der Störfall-Verordnung zuwiderhandelt,
9. der Pflicht zur Information nach § 11 Abs. 1 Satz 3 auch in Verbindung mit Abs. 2 Satz 2 oder § 20 Abs. 5 Satz 2 der Störfall-Verordnung zuwiderhandelt,
10. der Pflicht zur Bereithaltung des Sicherheitsberichts nach § 11 Abs. 3 Satz 1 der Störfall-Verordnung zuwiderhandelt,
11. der Pflicht zur Einrichtung einer Verbindung nach § 12 Abs. 1 Nr. 1 Störfall-Verordnung zuwiderhandelt,
12. der Pflicht zur Aufbewahrung einer Unterlage nach § 12 Abs. 2 Satz 2 Störfall-Verordnung zuwiderhandelt,
13. der Mitteilungspflicht nach § 19 Abs. 1 oder 2 der Störfall-Verordnung zuwiderhandelt,
14. der Betriebszeitenregelung für Geräte und Maschinen nach § 3a dieses Gesetzes zuwiderhandelt.

(2) Die Ordnungswidrigkeit kann mit einer Geldbuße bis zu 50 000 Euro geahndet werden.
(3) Sachlich zuständige Behörde für die Verfolgung und Ahndung von Ordnungswidrigkeiten sind
1. bei Zuwiderhandlungen nach Absatz 1 Nr. 14 die Ortspolizeibehörden,
2. für die der Bergaufsicht unterstehenden Anlagen das Landesbergamt Clausthal-Zellerfeld,
3. im Übrigen die Gewerbeaufsicht des Landes Bremen.

§ 7 In-Kraft-Treten/Außer-Kraft-Treten
[1]Dieses Gesetz tritt am Tage nach seiner Verkündung in Kraft. [2]Gleichzeitig tritt das Gesetz zum Schutz vor Luftverunreinigungen, Geräuschen und Erschütterungen vom 30. Juni 1970 (Brem.GBl. S. 71 – 2129-a-1), geändert durch Artikel 36 des Gesetzes vom 18. Dezember 1974 (Brem.GBl. S. 351), außer Kraft.

Bremisches Ausführungsgesetz zum Kreislaufwirtschafts- und Abfallgesetz

Vom 2. Februar 2010 (Brem.GBl. S. 125)
(2129-e-1)

Der Senat verkündet das nachstehende, von der Bürgerschaft (Landtag) beschlossene Gesetz:

Inhaltsübersicht

Abschnitt 1
Einleitende Bestimmungen

§ 1 Ziel des Gesetzes
§ 2 Pflichten der öffentlichen Hand

Abschnitt 2
Öffentliche Entsorgung

§ 3 Öffentlich-rechtliche Entsorgungsträger
§ 4 Ortsrechtliche Regelungsbefugnisse
§ 5 Abfallberatungspflicht
§ 6 Abfallwirtschaftskonzepte und Abfallbilanzen
§ 7 Andienung und Überlassung gefährlicher Abfälle
§ 8 Gebühren
§ 9 Datenerhebung und -verarbeitung

Abschnitt 3
Abfallwirtschaftsplanung

§ 10 Abfallwirtschaftsplanung
§ 11 Verbindlichkeitserklärung des Abfallwirtschaftsplanes

Abschnitt 4
Abfallentsorgungsanlagen

§ 12 Veränderungssperre
§ 13 Enteignung
§ 14 Stilllegungs- und Beseitigungsanordnung
§ 15 Pflichten des Eigentümers

Abschnitt 5
Abfallüberwachung

§ 16 Unzulässige Abfallentsorgung
§ 17 Kosten der abfallbehördlichen Überwachung
§ 18 Sachverständige
§ 19 Anordnung für den Einzelfall

Abschnitt 6
Zuständigkeiten, Ordnungswidrigkeiten, Inkrafttreten

§ 20 Sachlich und örtlich zuständige Behörden
§ 21 Ordnungswidrigkeiten
§ 22 Inkrafttreten/Außerkrafttreten

Abschnitt 1
Einleitende Bestimmungen

§ 1 Ziel des Gesetzes
Ziel dieses Gesetzes ist es, im Einklang mit dem Kreislaufwirtschafts- und Abfallgesetz die Kreislaufwirtschaft und umweltverträgliche Abfallentsorgung zu fördern.

§ 2 Pflichten der öffentlichen Hand
(1) Das Land Bremen, seine Behörden und die Stadtgemeinden sowie die sonstigen der Aufsicht des Landes unterstehenden Körperschaften, Anstalten und Stiftungen des öffentlichen Rechts sind verpflichtet, durch ihr Verhalten zur Verwirklichung der Ziele der Kreislauf- und Abfallwirtschaft beizutragen.
(2) ¹Die in Absatz 1 genannten Stellen haben unter Berücksichtigung der §§ 4 und 5 des Kreislaufwirtschafts- und Abfallgesetzes insbesondere die Gestaltung von Arbeitsabläufen und ihr Beschaffungswesen so auszurichten, dass die Entstehung von Abfällen, insbesondere wenn sie schadstoffhaltig sind, möglichst vermieden wird. ²Langlebigen, reparaturfreundlichen, wieder verwendbaren und wieder verwertbaren Erzeugnissen, bei deren Herstellung vergleichsweise umweltschonende Verfahren angewandt oder die aus Abfällen hergestellt wurden, ist der Vorzug zu geben, wenn diese für den vorgesehenen Verwendungszweck geeignet sind und dadurch keine unzumutbaren Mehrkosten entstehen. ³Satz 1 gilt entsprechend auch für Bauvorhaben und die Vergabe sonstiger Aufträge. ⁴Die in Absatz 1 genannten Stellen wirken im Rahmen ihrer Möglichkeiten darauf hin, dass die Gesellschaften des privaten Rechts, an denen sie beteiligt sind, entsprechend verfahren.

Abschnitt 2
Öffentliche Entsorgung

§ 3 Öffentlich-rechtliche Entsorgungsträger
(1) ¹Die Stadtgemeinden Bremen und Bremerhaven haben als öffentlich-rechtliche Entsorgungsträger die in ihrem jeweiligen Gemeindegebiet angefallenen und überlassenen Abfälle aus privaten Haushaltungen und Abfälle zur Beseitigung aus anderen Herkunftsbereichen nach Maßgabe des Kreislaufwirtschafts- und Abfallgesetzes zu entsorgen. ²Sie nehmen diese Aufgaben als Selbstverwaltungsaufgabe wahr.

(2) Der in § 15 Absatz 3 des Kreislaufwirtschafts- und Abfallgesetzes vorgesehene Ausschluss von Abfällen von der Entsorgung und dessen Widerruf kann allgemein durch Ortsgesetz oder nach Maßgabe des Ortsgesetzes durch Entscheidung im Einzelfall erfolgen und auf die bezeichneten Abfälle insgesamt oder auf Teilmengen erstreckt werden.

§ 4 Ortsrechtliche Regelungsbefugnisse
(1) ¹Die Stadtgemeinden regeln durch Ortsgesetz, unter welchen Voraussetzungen, in welcher Weise, wann und an welchem Ort ihnen die Abfälle zu überlassen sind und wann sie als angefallen gelten. ²Die Stadtgemeinden können vom Abfallbesitzer verlangen, Abfälle getrennt zu halten, zu lagern und zu entsorgen, wenn dies die ordnungsgemäße Verwertung oder Beseitigung der Abfälle fördert. ³Sie können durch Ortsgesetz Inhalt und Umfang der Entsorgungspflichten bei Abfallbehältern auf öffentlichen Straßen- und Grünflächen regeln. ⁴Die Gemeinden können Regelungen zur Entsorgung nicht funktionstüchtiger Fahrräder treffen, die auf öffentlichen Flächen oder außerhalb im Zusammenhang bebauter Ortsteile abgestellt sind und keine Anhaltspunkte für eine bestimmungsgemäße Nutzung aufweisen. ⁵Darüber hinaus regeln sie die Voraussetzungen für Erstattungsansprüche außerhalb des bürgerlichen Rechts, die wegen des Abhandenkommens oder der Beschädigung von Abfallbehältern entstehen.

(2) Die Stadtgemeinden können durch Ortsgesetz regeln, wann und in welcher Weise Sammelbehälter für Verkaufsverpackungen nach § 3 Absatz 1 der Verpackungsverordnung bereitgestellt oder diese Verkaufsverpackungen in öffentlich zugängliche Sammelcontainer eingeworfen werden dürfen.

§ 5 Abfallberatungspflicht
¹Die Stadtgemeinden wirken im Rahmen ihrer Zuständigkeit darauf hin, dass möglichst wenig Abfall entsteht. ²Sie beraten zu diesem Zweck die Abfallbesitzer sowie die Anschluss- und Benutzungspflichtigen und informieren sie regelmäßig über die Möglichkeiten zur Vermeidung und Verwertung von Abfällen sowie über die Verwendung abfallarmer Produkte und Verfahren. ³Sie können sich bei der Wahrnehmung dieser Aufgaben Dritter bedienen.

§ 6 Abfallwirtschaftskonzepte und Abfallbilanzen
(1) ¹Die öffentlich-rechtlichen Entsorgungsträger erstellen jährlich bis zum 1. April jeweils für das vorhergehende Kalenderjahr eine Abfallbilanz und legen diese der zuständigen Behörde vor. ²Die zuständige Behörde kann die Anforderungen an Form und Inhalt der Abfallbilanz bestimmen.

(2) ¹Die öffentlich-rechtlichen Entsorgungsträger erstellen ein Abfallwirtschaftskonzept über die Verwertung und Beseitigung der in ihrem Gebiet anfallenden und von ihnen zu entsorgenden Abfälle und schreiben es bei wesentlichen Änderungen, spätestens jedoch alle fünf Jahre, fort. ²Das Abfallwirtschaftskonzept dient als internes Planungsinstrument. ³Bei der Erstellung der Abfallwirtschaftskonzepte sind die Festlegungen der Abfallwirtschaftspläne zu berücksichtigen. ⁴Die zuständige Behörde kann die Anforderungen an Form und Inhalt des Abfallwirtschaftskonzepts bestimmen.

(3) Abfallwirtschaftskonzepte und Abfallwirtschaftsbilanzen sind in geeigneter Weise der Öffentlichkeit zugänglich zu machen.

§ 7 Andienung und Überlassung gefährlicher Abfälle
(1) Zur Sicherstellung der umweltverträglichen Abfallbeseitigung wird der Senat ermächtigt, für gefährliche Abfälle zur Beseitigung Andienungs- und Überlassungspflichten durch Rechtsverordnung zu regeln.

(2) Zur Sicherstellung der umweltverträglichen Abfallverwertung wird der Senat ermächtigt, Andienungs- und Überlassungspflichten für gefährliche Abfälle zur Verwertung durch Rechtsverordnung zu regeln, soweit eine ordnungsgemäße Verwertung nicht anderweitig gewährleistet werden kann.

§ 8 Gebühren

(1) Die Stadtgemeinden erheben, soweit nicht ein privatrechtliches Entgelt gefordert wird, für die Abfallentsorgung Gebühren nach Maßgabe der Absätze 2 bis 4 in Verbindung mit den Vorschriften des Bremischen Gebühren- und Beitragsgesetzes.

(2) [1]Das Aufkommen aus den Gebühren soll alle Kosten der Stadtgemeinden für die Wahrnehmung ihrer abfallwirtschaftlichen Aufgaben decken. [2]Die Gebühren sind so zu gestalten, dass die Vermeidung und Verwertung von Abfällen gefördert wird. [3]Hierbei ist sicherzustellen, dass das Ziel einer ordnungsgemäßen Entledigung der Abfälle durch die Abfallerzeuger und -besitzer gewährleistet wird. [4]Die Gebühren sollen in der Regel verursachergerecht bemessen werden, insbesondere entsprechend der Menge, der Behältergröße, der Abfuhrhäufigkeit, des Volumens und in Abhängigkeit des Aufwandes für die notwendige Behandlung oder Vorbehandlung der Abfälle.

(3) Zu den Kosten im Sinne des Absatzes 2 Satz 1 gehören insbesondere Kosten für
1. die Abfallberatung,
2. das Einsammeln und Befördern von Abfällen,
3. die Vermarktung von verwertbaren Stoffen aus Abfällen,
4. die Verwertung und Beseitigung von Abfällen,
5. die Bildung von Rückstellungen für vorhersehbare spätere Aufwendungen der Nachsorge für Anlagen der Abfallverwertung und Abfallbeseitigung, die periodenbezogen in Ansatz zu bringen sind,
6. Errichtung, Betrieb, Stilllegung und Nachsorge von Abfallverwertungs- oder Abfallbeseitigungsanlagen, einschließlich Maßnahmen zum Ausgleich und Ersatz oder zur Beseitigung von Eingriffen in Natur und Landschaft, wobei stillgelegte Anlagen der Abfallverwertung oder -beseitigung als Teil der bestehenden Gesamtanlage des öffentlich-rechtlichen Entsorgungsträgers gelten, solange sie der Nachsorge bedürfen,
7. die Verwertung und Beseitigung von in unzulässiger Weise auf öffentlichen Flächen oder außerhalb im Zusammenhang bebauter Ortsteile gelagerter Abfälle, einschließlich Fahrzeugen im Sinne des § 15 Absatz 4 des Kreislaufwirtschafts- und Abfallgesetzes, soweit die öffentlich-rechtlichen Entsorgungsträger zu deren Entsorgung verpflichtet sind und ein Pflichtiger nicht in Anspruch genommen werden kann.

(4) Bei der Ermittlung von Kosten für die Entsorgung ungetrennt überlassener Abfälle dürfen die Kosten für die Entsorgung getrennt überlassener Abfälle einbezogen werden, wenn dies geeignet ist, die Vermeidung, Wiederverwendung oder stoffliche Verwertung von Abfällen zu fördern oder den Schadstoffgehalt der Abfälle zu reduzieren.

§ 9 Datenerhebung und -verarbeitung

[1]Die Stadtgemeinden können bestimmen, dass sie für die Wahrnehmung ihrer Aufgaben der Abfallentsorgung sowie der Abfallgebührenerhebung Daten im erforderlichen Umfang bei den anschlusspflichtigen Grundstückseigentümern und den Abfallbesitzern erheben und verarbeiten. [2]Sie dürfen darüber hinaus bei Vorliegen tatsächlicher Anhaltspunkte für einen Verstoß gegen abfallrechtliche Vorschriften im Zusammenhang mit der Abfallentsorgung im erforderlichen Umfang Daten an die für die Verfolgung von Ordnungswidrigkeiten zuständigen Behörden und an Dritte im Sinne von § 16 Absatz 1 des Kreislaufwirtschafts- und Abfallgesetzes weitergeben. [3]Sie können bestimmen, dass Daten durch Übermittlung von anderen öffentlichen Stellen erhoben werden, soweit gesetzliche Vorschriften nicht entgegenstehen und dieses die Betroffenen weniger belastet oder die Datenerhebung bei den Betroffenen sonst nur mit unverhältnismäßig hohem Aufwand erfolgen könnte.

Abschnitt 3
Abfallwirtschaftsplanung

§ 10 Abfallwirtschaftsplanung

(1) [1]Die zuständige Behörde stellt nach § 29 und § 29a des Kreislaufwirtschafts- und Abfallgesetzes für das Land Bremen nach überörtlichen Gesichtspunkten einen Abfallwirtschaftsplan auf, mit dem die Ziele der Abfallvermeidung und -verwertung erreicht werden können. [2]Dieser kann in räumlichen und sachlichen Teilabschnitten aufgestellt und geändert werden. [3]Bei Neuaufstellung oder Änderung führt die zuständige Behörde die erforderliche Beteiligung der Öffentlichkeit nach § 29a des Kreislaufwirtschafts- und Abfallgesetzes durch.

(2) Der Abfallwirtschaftsplan wird mit der Bekanntgabe Richtlinie für alle behördlichen Entscheidungen, Maßnahmen und Planungen, die für die Abfallverwertung oder -beseitigung Bedeutung haben.

§ 11 Verbindlichkeitserklärung des Abfallwirtschaftsplanes
(1) [1]Der Senat wird ermächtigt, durch Rechtsverordnung den Abfallwirtschaftsplan für Entsorgungsträger und Beseitigungspflichtige vollständig oder teilweise für verbindlich zu erklären. [2]Die Rechtsverordnung kann hinsichtlich bestimmter Abfallarten oder für einzelne Gruppen von Beseitigungspflichtigen Ausnahmen von der Verpflichtung zulassen, sich einer der in dem Abfallwirtschaftsplan ausgewiesenen Abfallbeseitigungsanlage zu bedienen.
(2) Aufgrund veränderter Tatsachen oder Erkenntnisse kann die zuständige Behörde von den Festsetzungen des für verbindlich erklärten Abfallwirtschaftsplanes im Einzelfalle Abweichungen zulassen, wenn der Plan dadurch in seinen Grundzügen nicht berührt wird.

Abschnitt 4
Abfallentsorgungsanlagen

§ 12 Veränderungssperre
(1) Vom Beginn der Auslegung der Pläne im Planfeststellungsverfahren oder des Antrags und der Unterlagen im Genehmigungsverfahren nach § 10 des Bundes-Immissionsschutzgesetzes oder ab der Bestimmung der Einwendungsfrist in den Fällen des § 73 Absatz 3 Satz 2 oder Absatz 4 Satz 2 des Bremischen Verwaltungsverfahrensgesetzes dürfen bis zum rechtswirksamen Abschluss des Verfahrens auf den betroffenen Flächen wesentlich Wert steigernde Maßnahmen oder die Errichtung der geplanten öffentlich zugänglichen Abfallverwertungs- oder Abfallbeseitigungsanlage erheblich erschwerende Veränderungen nicht vorgenommen werden.
(2) [1]Dauert die Veränderungssperre länger als vier Jahre, so können die Eigentümer und die sonst zur Nutzung Berechtigten für die ihnen dadurch entstehenden Vermögensnachteile vom Träger der Abfallverwertungs- oder Abfallbeseitigungsanlage eine angemessene Entschädigung in Geld verlangen. [2]Kommt eine Einigung über die Höhe dieser Entschädigung nicht zustande, so kann deren Festsetzung von einem der Beteiligten bei der zuständigen Behörde beantragt werden. [3]Die Vorschriften über die Entschädigung im Zweiten Abschnitt des Fünften Teils des Baugesetzbuches gelten entsprechend.
(3) Die Eigentümer können anstelle der Entschädigung die Übernahme der von dem Vorhaben betroffenen Grundstücke durch den Träger der Abfallverwertungs- oder Abfallbeseitigungsanlage verlangen, wenn es ihnen mit Rücksicht auf die Veränderungssperre wirtschaftlich nicht zuzumuten ist, sie in der bisherigen oder einer anderen zulässigen Weise zu nutzen.
(4) [1]Kommt eine Einigung über die Übernahme nicht zustande, so können die Eigentümer die Entziehung des Eigentums zugunsten des Trägers der Abfallverwertungs- oder Abfallbeseitigungsanlage bei der Enteignungsbehörde beantragen. [2]Für das Verfahren vor der Enteignungsbehörde gelten die Vorschriften des Enteignungsgesetzes für die Freie Hansestadt Bremen.
(5) Die zuständige Behörde kann Befreiung von der Veränderungssperre zulassen, wenn die Veränderungssperre im Einzelfall zu einer nicht beabsichtigten Härte führen würde, die Befreiung mit den öffentlichen Belangen vereinbar ist oder wenn Gründe des öffentlichen Wohls die Befreiung erfordern.
(6) [1]Zur Sicherung der Planung neuer oder der geplanten Erweiterung bestehender öffentlich zugänglicher Abfallbeseitigungsanlagen kann die zuständige Behörde auf der Grundlage eines Abfallwirtschaftsplans Plangebiete festlegen. [2]Die Plangebiete sind in Karten einzutragen, die in der betroffenen Gemeinde während der Geltungsdauer der Festlegung zur Einsicht auszulegen sind. [3]Die Festlegung ist auf höchstens zwei Jahre zu befristen. [4]Die Festlegung tritt mit Beginn der Auslegung der Pläne im Planfeststellungsverfahren oder des Antrags und der Unterlagen im Genehmigungsverfahren nach § 10 des Bundes-Immissionsschutzgesetzes oder mit der Bestimmung der Einwendungsfrist in den Fällen des § 73 Absatz 3 Satz 2 oder Absatz 4 Satz 2 des Bremischen Verwaltungsverfahrensgesetzes in Kraft. [5]Vom Zeitpunkt der Festlegung an gilt Absatz 1 entsprechend. [6]Die Dauer der Veränderungsfrist ist auf die Vierjahresfrist nach Absatz 2 anzurechnen.

§ 13 Enteignung
(1) ¹Zur Ausführung eines Planes, der für eine Anlage zur Ablagerung von Abfällen nach dem Kreislaufwirtschafts- und Abfallgesetz rechtsbeständig festgestellt ist, ist die Enteignung zulässig. ²Der festgestellte Plan ist dem Enteignungsverfahren zugrunde zu legen und bindet die Enteignungsbehörde. ³Im Übrigen gelten die Vorschriften des Enteignungsgesetzes für die Freie Hansestadt Bremen.

(2) Die Enteignungsbehörde hat auf Antrag den Träger der Anlage zur Ablagerung von Abfällen vorzeitig in den Besitz des Grundstücks einzuweisen, wenn der Plan festgestellt und für sofort vollziehbar erklärt worden ist.

§ 14 Stilllegungs- und Beseitigungsanordnung
¹Wird eine Deponie ohne den erforderlichen Planfeststellungsbeschluss nach § 31 Absatz 2, ohne die erforderliche Genehmigung nach § 31 Absatz 3 oder entgegen einer Auflage nach § 32 Absatz 4 oder einer nachträglichen Anordnung aufgrund der §§ 35 oder 36 des Kreislaufwirtschafts- und Abfallgesetzes oder entgegen den darin enthaltenen Festsetzungen errichtet, betrieben oder geändert, kann die zuständige Behörde die Einstellung der Bauarbeiten oder die teilweise oder vollständige Stilllegung oder Beseitigung der Anlage anordnen, wenn nicht auf andere Weise ein rechtmäßiger Zustand hergestellt werden kann. ²Sie kann verlangen, dass ein Antrag auf Durchführung eines Planfeststellungsverfahrens oder Plangenehmigungsverfahrens gestellt wird. ³Anordnungen nach Satz 1 gelten auch gegenüber den Rechtsnachfolgern.

§ 15 Pflichten des Eigentümers
¹Wird der Betrieb einer bestehenden Deponie endgültig eingestellt oder nach § 35 Absatz 1 des Kreislaufwirtschafts- und Abfallgesetzes untersagt, so ist der ehemalige Betreiber der Deponie verpflichtet, die notwendigen Vorkehrungen zu treffen, um eine nachwirkende Beeinträchtigung des Wohls der Allgemeinheit zu verhüten oder zu unterbinden und die mit der Errichtung der Deponie verbundenen Eingriffe in den Naturhaushalt sowie das Stadt- und Landschaftsbild auszugleichen. ²Der Eigentümer des Grundstücks kann in gleicher Weise wie der ehemalige Betreiber der Deponie verpflichtet werden, sofern dieser die Pflichten nicht erfüllen kann oder eine Anordnung gegen ihn nicht möglich oder nicht erfolgversprechend ist.

Abschnitt 5
Abfallüberwachung

§ 16 Unzulässige Abfallentsorgung
(1) Wer in unzulässiger Weise Abfälle verwertet, behandelt, lagert oder ablagert, ist zur Beseitigung
1. des rechtswidrigen Zustandes,
2. der dadurch bewirkten reversiblen Beeinträchtigung des Wohls der Allgemeinheit und
3. der Beeinträchtigung des Stadt- oder Landschaftsbildes

verpflichtet.

(2) ¹Die öffentlich-rechtlichen Entsorgungsträger nach § 3 sind, soweit sich eine Verpflichtung nicht bereits aus § 15 Absatz 4 des Kreislaufwirtschafts- und Abfallgesetzes ergibt, zur Verwertung oder Beseitigung von Abfällen verpflichtet, die auf öffentlichen Flächen oder außerhalb im Zusammenhang bebauter Ortsteile in unzulässiger Weise abgelagert sind, wenn der Verursacher nicht ermittelt werden kann, keine andere Person aufgrund eines bestehenden Rechtsverhältnisses verpflichtet ist oder die Abfälle wegen ihrer Art und Menge das Wohl der Allgemeinheit beeinträchtigen. ²Die Reinigungspflichten nach den Regelungen des Bremischen Landesstraßengesetzes bleiben unberührt.

(3) Die Pflicht des öffentlich-rechtlichen Entsorgungsträgers gilt nicht, soweit andere Verwaltungsträger aufgrund vorrangiger Unterhaltungs-, Verkehrssicherungs- und Reinigungspflichten zur Einsammlung und ordnungsgemäßen Überlassung der in Absatz 1 genannten Abfälle an den öffentlich-rechtlichen Entsorgungsträger oder selbst zur Entsorgung verpflichtet sind.

§ 17 Kosten der abfallbehördlichen Überwachung
¹Die Kosten von Überwachungsmaßnahmen aufgrund des Kreislaufwirtschafts- und Abfallgesetzes, des Abfallverbringungsgesetzes und dieses Gesetzes, die bei der Überwachung einer Deponie oder einer genehmigungsbedürftigen Anlage nach § 4 des Bundes-Immissionsschutzgesetzes entstehen, trägt der Betreiber der Deponie oder Anlage. ²In sonstigen Fällen trägt der Überwachte die Kosten

der Überwachung, wenn die Ermittlungen ergeben, dass abfallrechtliche Vorschriften nicht beachtet oder auferlegte Verpflichtungen nicht erfüllt worden sind.

§ 18 Sachverständige
(1) ¹Die zuständigen Behörden können im Rahmen von abfallrechtlichen Zulassungsverfahren und von Überwachungen nach § 17 Sachverständige hinzuziehen. ²Diese können als Beauftragte oder beauftragte Personen im Sinne des § 40 Absatz 2 des Kreislaufwirtschafts- und Abfallgesetzes bestimmt werden.

(2) Antragsteller von Zulassungsverfahren und Kostenpflichtige im Sinne des § 17 haben die Kosten für Sachverständige zu erstatten, soweit eine Beauftragung unter Berücksichtigung der fachlichen Kenntnisse und besonderer Schwierigkeiten der Begutachtung, Prüfung und Untersuchung erforderlich ist.

(3) Sachverständige können darüber hinaus mit Einwilligung des Antragstellers auf deren Kosten herangezogen werden, wenn zu erwarten ist, dass hierdurch das Zulassungsverfahren beschleunigt wird.

§ 19 Anordnung für den Einzelfall
Die zuständige Behörde kann zur Abwehr und Beseitigung von Gefahren auf dem Gebiet der Abfallverwertung und der Abfallbeseitigung Anordnungen für den Einzelfall treffen, soweit eine solche Befugnis nicht in anderen abfallrechtlichen Vorschriften enthalten ist.

Abschnitt 6
Zuständigkeiten, Ordnungswidrigkeiten, Inkrafttreten

§ 20 Sachlich und örtlich zuständige Behörden
Der Senat wird ermächtigt, durch Rechtsverordnung die örtlichen und sachlichen Zuständigkeiten für die Wahrnehmung der Aufgaben einschließlich der Verfolgung und Ahndung von Ordnungswidrigkeiten nach den Vorschriften des Abfallrechts der Europäischen Union, des Kreislaufwirtschafts- und Abfallgesetzes, des Abfallverbringungsgesetzes, dieses Gesetzes und der aufgrund dieser Gesetze erlassenen Rechtsverordnungen zu regeln.

§ 21 Ordnungswidrigkeiten
(1) Ordnungswidrig handelt, wer vorsätzlich oder fahrlässig
1. entgegen § 12 Absatz 1 Satz 1 Änderungen vornimmt oder vornehmen lässt,
2. einer Anordnung wegen unzulässiger Abfallentsorgung gemäß § 16 Absatz 1 zuwiderhandelt.

(2) Ordnungswidrig handelt ferner, wer vorsätzlich oder fahrlässig einer aufgrund von § 4 Absatz 1 Satz 1 und Absatz 2 erlassenen Rechtsvorschrift zuwiderhandelt, soweit sie für einen bestimmten Tatbestand auf diese Bußgeldvorschrift verweist.

(3) Die Ordnungswidrigkeit kann mit einer Geldbuße bis zu 50 000 Euro geahndet werden.

§ 22 Inkrafttreten/Außerkrafttreten
(1) Dieses Gesetz tritt am Tage nach seiner Verkündung in Kraft.

(2) Gleichzeitig tritt das Bremische Ausführungsgesetz zum Kreislaufwirtschafts- und Abfallgesetz in der Fassung der Bekanntmachung vom 23. November 1998 (Brem.GBl. S. 289 – 2129-e-1), zuletzt geändert durch Artikel 3 des Gesetzes vom 27. August 2002 (Brem.GBl. S. 385), außer Kraft.

Bremisches Landesgesetz über die Umweltverträglichkeitsprüfung (BremUVPG)

In der Fassung der Bekanntmachung vom 5. Februar 2008[*)] (Brem.GBl. S. 47) (790-a-3)
zuletzt geändert durch Art. 1 d. G vom 4. September 2018 (Brem.GBl. S. 421)[1)]

§ 1 Anwendung des Gesetzes über die Umweltverträglichkeitsprüfung

Das Gesetz über die Umweltverträglichkeitsprüfung in der Fassung der Bekanntmachung vom 24. Februar 2010 (BGBl. I S. 94), das zuletzt durch Artikel 2 des Gesetzes vom 8. September 2017 (BGBl. I S. 3370) geändert worden ist, ist in der jeweils geltenden Fassung auch auf die Vorhaben der Anlagen 1 und 2 entsprechend anzuwenden, soweit sich aus diesem Gesetz nicht etwas anderes ergibt.

§ 2 Federführende Behörde

[1]Bedarf ein Vorhaben, für das nach Bundes- oder Landesrecht eine Umweltverträglichkeitsprüfung durchzuführen ist, der Zulassung durch mehrere Behörden, so ist die federführende Behörde im Sinne des § 31 des Gesetzes über die Umweltverträglichkeitsprüfung die Behörde, die für das Verfahren zuständig ist, das überwiegend der Zulassungsentscheidung für das Vorhaben zu Grunde liegt. [2]Bestehen Zweifel, welche Behörde federführend ist, entscheidet die oberste Landesbehörde, zu deren Geschäftsbereich die Behörden gehören. [3]Gehören die Behörden zum Geschäftsbereich verschiedener oberster Landesbehörden, so entscheiden diese im Einvernehmen. [4]Bei der Entscheidung über Zweifelsfälle ist stets der Senator für Umwelt, Bau und Verkehr zu beteiligen.

§ 3 Unterrichtung der Öffentlichkeit

(1) Die zuständige Behörde nutzt für die Zugänglichmachung nach folgenden Vorschriften des Gesetzes über die Umweltverträglichkeitsprüfung
1. des Inhalts der Bekanntmachung nach § 19 Absatz 1 und der nach § 19 Absatz 2 auszulegenden Unterlagen im Internet und
2. der Bekanntmachung der Entscheidung über die Zulassung oder Ablehnung des Vorhabens sowie der Bekanntmachung des Bescheides nach § 27

das hierfür vorgesehene zentrale Internetportal der Länder nach § 20 unter der Adresse »www.uvp-verbund.de«.

(2) Die nach anderen Vorschriften erforderliche Beteiligung oder Unterrichtung der Öffentlichkeit bleibt unberührt.

§ 4 Einbeziehung und Ausschluss von Vorhaben

Der Senat wird ermächtigt, durch Rechtsverordnung
1. Vorhaben in die Anlage 1 aufzunehmen, die auf Grund ihrer Art, ihrer Größe oder ihres Standortes erhebliche Auswirkungen auf die Umwelt haben können,
2. Vorhaben unter Beachtung der Rechtsakte der Europäischen Union aus der Anlage 1 herauszunehmen, die nach den vorliegenden Erkenntnissen keine erheblichen Auswirkungen auf die Umwelt besorgen lassen,
3. Pläne und Programme, die voraussichtlich erhebliche Auswirkungen auf die Umwelt haben, auch zur Umsetzung von bindenden Rechtsakten der Europäischen Union in die Anlage 2 aufzunehmen,
4. Pläne und Programme unter Beachtung der Rechtsakte der Europäischen Union aus der Anlage 2 herauszunehmen, wenn sie nach den vorliegenden Erkenntnissen voraussichtlich keine erheblichen Auswirkungen auf die Umwelt haben.

[*)] Neubekanntmachung des Bremischen Landesgesetzes über die Umweltverträglichkeitsprüfung vom 28. Mai 2002 (Brem.GBl. S. 103).
[1)] Artikel 1 dieses Gesetzes dient der Umsetzung der Richtlinie 2011/92/EU des Europäischen Parlaments und des Rates vom 13. Dezember 2011 über die Umweltverträglichkeitsprüfung bei bestimmten öffentlichen und privaten Projekten in der Fassung der Richtlinie 2014/52/EU (ABl. L 124 vom 25. April 2014, S. 1), der Richtlinie 2001/42/EG des Europäischen Parlaments und des Rates vom 27. Juni 2001 über die Prüfung der Umweltauswirkungen bestimmter Pläne und Programme (ABl. L 197 vom 21. Juli 2001, S. 30).

§ 5 Übergangsvorschrift
Vorhaben der Anlagen 1 und 2, für die das Verfahren vor dem 13. September 2018 eingeleitet worden ist, sind nach den Bestimmungen dieses Gesetzes in der bis zum Ablauf des 12. September 2018 geltenden Fassung zu Ende zu führen.

§ 6 (aufgehoben)

Anlage 1
(zu § 4 Nummer 1 und 2)

Liste der UVP-pflichtigen Vorhaben

Legende:
X = Vorhaben ist UVP-pflichtig
A = allgemeine Vorprüfung des Einzelfalls
S = standortbezogene Vorprüfung des Einzelfalls
Die Umweltverträglichkeitsprüfung ist nach obigen Kriterien für folgende Vorhaben durchzuführen:

Nr.	Vorhaben	Festlegungen zur UVP
1.	Errichtung und Betrieb von obertägigen Gewinnungsstätten für Bodenschätze, die nicht dem Bergrecht unterliegen, einschließlich Betriebsanlagen und -einrichtungen, die a) mehr als 10 ha Gesamtfläche beanspruchen b) 1 bis 10 ha Gesamtfläche beanspruchen	 X S
2.	Errichtung und Betrieb von Torfgewinnungsvorhaben, die einschließlich der Betriebsanlagen und -einrichtungen a) mehr als 10 ha Gesamtfläche beanspruchen b) bis zu 10 ha Gesamtfläche beanspruchen	 X A
3.	Projekte zur Verwendung von Ödland oder naturnahen Flächen zu intensiver Landwirtschaftsnutzung a) ab einer Größe von 2 ha b) bei einer Größe von 1 bis weniger als 2 ha	 A S
4.	Bau von Schnellstraßen im Sinne der Nr. 7 Buchstabe b des Anhangs I der Richtlinie 97/11/EG des Rates vom 3. März 1997 zur Änderung der Richtlinie 85/337/EWG über die Umweltverträglichkeitsprüfung bei bestimmten öffentlichen und privaten Projekten (dabei handelt es sich um eine Schnellstraße im Sinne der Begriffsbestimmung des Europäischen Übereinkommens über die Hauptstraßen des internationalen Verkehrs vom 15. November 1975)	X
5.	Bau einer vier- oder mehrspurigen Straße oder Verlegung und/oder Ausbau einer bestehenden Straße zu einer vier- oder mehrspurigen Straße, wenn diese neue Straße oder der verlegte oder ausgebaute Straßenabschnitt eine durchgehende Länge von 10 Kilometern oder mehr aufweisen würde	X
6.	Bau einer sonstigen Straße der Kategorie A und B gemäß § 3 Absatz 1 Nummer 1 und 2 des Bremischen Landesstraßengesetzes oder einer Privatstraße, jeweils ab einer durchgehenden Länge von 500 m	A
7.	Errichtung und Betrieb von Seilbahnen, einschließlich der zugehörigen Betriebsanlagen und -einrichtungen	A

Anlage 2
(zu § 4 Nummer 3 und 4)

Liste »SUP-pflichtiger Pläne und Programme«

Legende:
Nr. = Nummer des Plans oder Programms
Plan oder Programm = Art des Plans oder Programms mit obligatorischer Strategischer Umweltprüfung nach § 3 Abs. 2

Nr. Plan oder Programm
1. **Obligatorische Strategische Umweltprüfung nach § 35 Absatz 1 Nummer 1 UVPG**
1.1 Landschaftsprogramm nach § 4 Absatz 1 des Bremischen Gesetzes über Naturschutz und Landschaftspflege
2. **Strategische Umweltprüfung bei Rahmensetzung nach § 35 Absatz 1 Nummer 2 UVPG**
2.1 Nahverkehrspläne nach § 8 des Gesetzes über den öffentlichen Personennahverkehr im Land Bremen
2.2 Risikomanagementpläne nach § 75 des Wasserhaushaltsgesetzes

Bremisches Gaststättengesetz (BremGastG)

Vom 24. Februar 2009 (Brem.GBl. S. 45[1])
(711-b-1)
zuletzt geändert durch Art. 8 des G vom 14. März 2017 (Brem.GBl. S. 121, 123)

§ 1 Gaststättengewerbe
Ein Gaststättengewerbe betreibt, wer gewerbsmäßig Getränke oder Speisen zum Verzehr an Ort und Stelle verabreicht.

§ 2 Erlaubnis
(1) ¹Wer ein Gaststättengewerbe mit dem Ausschank alkoholischer Getränke betreibt, bedarf der Erlaubnis. ²Einer Erlaubnis bedarf nicht, wer ein nach Bundes- oder Landesrecht erlaubnispflichtiges Gaststättengewerbe in einem anderen Bundesland ausübt, für dessen Ausübung die Zuverlässigkeit erforderlich ist, und über die erforderliche Erlaubnis verfügt.
(2) ¹Die Erlaubnis ist zu versagen, wenn Tatsachen die Annahme rechtfertigen, dass der Antragsteller die für den Gaststättenbetrieb erforderliche Zuverlässigkeit nicht besitzt. ²Die Erlaubnis kann mit einer Befristung sowie mit Auflagen verbunden werden, soweit dies zum Schutze der Gäste oder der Allgemeinheit, insbesondere vor verhaltensbedingten erheblichen Belästigungen, erforderlich ist; unter denselben Voraussetzungen ist auch die nachträgliche Aufnahme, Änderung und Ergänzung von Auflagen zulässig. ³Unter den gleichen Voraussetzungen können Anordnungen gegenüber Gaststättenbetreibern, die ein erlaubnispflichtiges Gaststättengewerbe betreiben, erlassen werden.
(3) Auf Antrag darf die Erlaubnis vorübergehend auf Widerruf erteilt werden.
(4) Wird bei juristischen Personen nach Erteilung der Erlaubnis eine andere Person zur Vertretung nach Gesetz, Satzung oder Gesellschaftsvertrag berufen, so ist dies unverzüglich der zuständigen Behörde anzuzeigen.
(5) ¹Die Erlaubnis erlischt, wenn der Inhaber innerhalb eines Jahres nach der Erteilung den Betrieb nicht begonnen oder seit einem Jahr nicht mehr ausgeübt hat. ²Die Fristen können verlängert werden, wenn ein wichtiger Grund vorliegt.
(6) Gegenüber Gaststättenbetreibern, die ein erlaubnisfreies Gaststättengewerbe betreiben, können Anordnungen nach Maßgabe des Absatzes 2 erlassen werden.

§ 3 Nebenleistungen, Ausschank alkoholfreier Getränke und Barrierefreiheit
(1) Im Gaststättengewerbe dürfen der Gaststättenbetreiber oder Dritte auch während der Ladenschlusszeiten Zubehörwaren an Gäste abgeben und ihnen Zubehörleistungen erbringen.
(2) ¹Ist der Ausschank alkoholischer Getränke erlaubt, so sind auf Verlangen auch alkoholfreie Getränke zum Verzehr an Ort und Stelle zu verabreichen. ²Davon ist mindestens ein alkoholfreies Getränk nicht teurer als das billigste alkoholische Getränk zu verabreichen. ³Der Preisvergleich erfolgt hierbei auch auf der Grundlage des hochgerechneten Preises für einen Liter der betreffenden Getränke. ⁴Die zuständige Behörde kann für den Ausschank aus Automaten Ausnahmen von den Sätzen 1 und 2 zulassen.
(3) Vom Gaststättenbetreiber ist die nach den Bestimmungen der Bremischen Landesbauordnung hergestellte barrierefreie Benutzbarkeit und Erreichbarkeit der für Gäste bestimmten Räume dauerhaft sicherzustellen.

§ 4 Verbote
(1) Es ist verboten,
1. Branntwein, branntweinhaltige Getränke oder Lebensmittel, die Branntwein in nicht nur geringfügiger Menge enthalten, durch Automaten feilzuhalten,
2. in Ausübung eines Gewerbes alkoholische Getränke an erkennbar Betrunkene zu verabreichen,

---

[1] Erlassen als Art. 1 d. G v. 24. 2. 2009 S. 45. Inkrafttreten siehe Art. 4:
»**Artikel 4**
Inkrafttreten
(1) Dieses Gesetz tritt am 1. Mai 2009 in Kraft, soweit Absatz 2 nichts anderes bestimmt.
(2) Artikel 1 § 5 Abs. 3 und Artikel 1 § 6 treten am Tag nach der Verkündung in Kraft.«

3. im Gaststättengewerbe das Verabreichen von Speisen von der Bestellung von Getränken abhängig zu machen oder bei der Nichtbestellung von Getränken die Preise zu erhöhen,
4. im Gaststättengewerbe das Verabreichen alkoholfreier Getränke von der Bestellung alkoholischer Getränke abhängig zu machen oder bei der Nichtbestellung alkoholischer Getränke die Preise zu erhöhen,
5. im Gaststättengewerbe alkoholische Getränke in einer Art und Weise anzubieten, die darauf gerichtet ist, zu übermäßigem Alkoholkonsum zu verleiten.

(2) Aus besonderem Anlass kann der gewerbsmäßige Ausschank alkoholischer Getränke vorübergehend für bestimmte Zeit und für einen bestimmten örtlichen Bereich ganz oder teilweise verboten werden, wenn dies zur Aufrechterhaltung der öffentlichen Sicherheit erforderlich ist.

§ 5 Beschäftigte Personen

(1) Die Beschäftigung einer Person im Gaststättengewerbe kann dem Gaststättenbetreiber untersagt werden, wenn Tatsachen die Annahme rechtfertigen, dass die Person die für ihre Tätigkeit erforderliche Zuverlässigkeit nicht besitzt.

(2) [1]Im Gaststättengewerbe dürfen mit der Durchführung von Bewachungsaufgaben nur Personen beschäftigt werden, die zuverlässig sind und durch eine Bescheinigung einer Industrie- und Handelskammer nach den Bestimmungen der Bewachungsverordnung nachweisen, dass sie über die für die Ausübung dieses Gewerbes notwendigen rechtlichen Vorschriften unterrichtet worden sind und mit ihnen vertraut sind. [2]Für die Bewachung im Einlassbereich von gastgewerblichen Diskotheken ist der Nachweis einer vor der Industrie- und Handelskammer entsprechend den Regelungen der Bewachungsverordnung abgelegten Sachkundeprüfung erforderlich.

(3) Der Senator für Wirtschaft, Arbeit und Häfen wird ermächtigt, durch Rechtsverordnung zum Schutze der Allgemeinheit oder der Gäste Vorschriften über
1. die Zulassung, das Verhalten und die Art der Tätigkeit der im Gaststättengewerbe Beschäftigten und
2. die Pflichten des Gaststättenbetreibers bei der Einstellung und Entlassung der beschäftigten Personen im Sinne des Absatzes 2, über die Aufzeichnung von Daten dieser Personen durch den Gaststättenbetreiber und ihre Übermittlung an die Behörden sowie über Anforderungen, denen diese Personen genügen müssen,
zu erlassen.

§ 6 Sperrzeit

[1]Der Senator für Wirtschaft, Arbeit und Häfen wird ermächtigt, im Einvernehmen mit dem Senator für Inneres durch Rechtsverordnung Sperrzeiten für Gaststättenbetriebe sowie für öffentliche Vergnügungsstätten allgemein festzusetzen. [2]In der Rechtsverordnung kann bestimmt werden, dass die Sperrzeit bei Vorliegen eines öffentlichen Bedürfnisses oder besonderer örtlicher Verhältnisse allgemein oder für einzelne Betriebe verlängert, verkürzt oder aufgehoben werden kann.

§ 7 Auskunft und Nachschau

(1) Die Gaststättenbetreiber haben den zuständigen Behörden die für die Durchführung dieses Gesetzes und der aufgrund dieses Gesetzes erlassenen Rechtsverordnungen erforderlichen Auskünfte zu erteilen.

(2) [1]Die von der zuständigen Behörde mit der Überwachung des Betriebes beauftragten Personen sind befugt, zum Zwecke der Überwachung Grundstücke und Geschäftsräume des Auskunftspflichtigen während der üblichen Geschäftszeit zu betreten, dort Prüfungen und Besichtigungen vorzunehmen, sich die geschäftlichen Unterlagen vorlegen zu lassen und in diese Einsicht zu nehmen. [2]Der Auskunftspflichtige hat die Maßnahmen nach Satz 1 zu dulden. [3]Zur Verhütung dringender Gefahren für die öffentliche Sicherheit oder Ordnung können die Grundstücke und Geschäftsräume tagsüber auch außerhalb der in Satz 1 genannten Zeit sowie tagsüber auch dann betreten werden, wenn sie zugleich Wohnzwecken des Betroffenen dienen; das Grundrecht der Unverletzlichkeit der Wohnung (Artikel 13 des Grundgesetzes) wird insoweit eingeschränkt.

(3) Der zur Erteilung einer Auskunft Verpflichtete kann die Auskunft auf solche Fragen verweigern, deren Beantwortung ihn selbst oder einen der in § 383 Abs. 1 Nr. 1 bis 3 der Zivilprozessordnung bezeichneten Angehörigen der Gefahr strafgerichtlicher Verfolgung oder eines Verfahrens nach dem Gesetz über Ordnungswidrigkeiten aussetzen würde.

§ 8 Anwendbarkeit der Gewerbeordnung und des Bremischen Spielhallengesetzes

(1) Auf das den Vorschriften dieses Gesetzes unterliegende Gaststättengewerbe finden die Vorschriften der Gewerbeordnung Anwendung, soweit nicht in diesem Gesetz besondere Bestimmungen getroffen worden sind.

(2) [1]Werden im Gaststättengewerbe Spielgeräte mit Gewinnmöglichkeit im Sinne von § 33c Absatz 1 Satz 1 der Gewerbeordnung aufgestellt, sind § 2 Absatz 3, § 4 Absatz 1 Nummer 1 bis 4, Absatz 2 bis 5, § 5 Absatz 2 bis 3, § 6 Nummer 3 bis 11, § 9 Absatz 1 und § 10 Absatz 1 Nummer 2, 4 bis 9, 12 bis 22 und Absatz 2 bis 4 des Bremischen Spielhallengesetzes entsprechend anzuwenden; vor der Teilnahme am Spiel hat eine Kontrolle nach § 3 des Bremischen Spielhallengesetzes zu erfolgen. [2]Werbung für die Möglichkeit des Spiels darf im Fernsehen, im Internet sowie über Telekommunikationsanlagen nicht betrieben werden.

§ 9 Zuständigkeit und Verfahren

(1) Die Ausführung des Gesetzes und aufgrund dieses Gesetzes ergangener Rechtsverordnungen obliegt in der Stadtgemeinde Bremen dem Senator für Wirtschaft, Arbeit und Häfen als Ortspolizeibehörde und in der Stadtgemeinde Bremerhaven der Ortspolizeibehörde, soweit durch dieses Gesetz oder aufgrund dieses Gesetzes nichts anders bestimmt ist.

(2) Der Senator für Wirtschaft, Arbeit und Häfen wird ermächtigt, durch Rechtsverordnung das Verfahren, insbesondere bei Erteilung, Rücknahme und Widerruf von Erlaubnissen sowie bei Untersagungen, zu regeln.

(3) [1]Über einen Antrag auf Erlaubnis ist innerhalb einer Frist von vier Monaten zu entscheiden. [2]Ist die Entscheidung innerhalb dieser Frist nicht erfolgt, gilt die Erlaubnis als erteilt.

(4) Verwaltungsverfahren nach diesem Gesetz oder nach einer aufgrund dieses Gesetzes erlassenen Rechtsverordnung können über eine einheitliche Stelle nach den §§ 71a bis 71e des Bremischen Verwaltungsverfahrensgesetzes abgewickelt werden.

(5) [1]Soweit in diesem Gesetz oder einer aufgrund dieses Gesetzes erlassenen Rechtsverordnung die Zuverlässigkeit einer Person zu prüfen ist, sind als Nachweis für die Zuverlässigkeit von Gaststättenbetreibern aus einem anderen Mitgliedsstaat der Europäischen Union oder einem Vertragsstaat des Abkommens über den Europäischen Wirtschaftsraum Unterlagen als ausreichend anzuerkennen, die im Herkunftsstaat ausgestellt wurden und die belegen, dass die Anforderungen an die Zuverlässigkeit der Person erfüllt werden. [2]Dabei kann verlangt werden, dass die Unterlagen in beglaubigter Kopie und in beglaubigter deutscher Übersetzung vorgelegt werden. [3]Werden im Herkunftsstaat solche Unterlagen nicht ausgestellt, so können sie durch eidesstattliche Erklärung des Gaststättenbetreibers oder nach dem Recht des Herkunftsstaates vergleichbare Handlungen ersetzt werden.

§ 10 Vereine und Gesellschaften

(1) Die Vorschriften dieses Gesetzes finden auch auf Vereine und Gesellschaften Anwendung, die nicht gewerbsmäßig alkoholische Getränke ausschenken; dies gilt nicht für den Ausschank an Arbeitnehmer dieser Vereine und Gesellschaften.

(2) Werden in Räumen, die im Eigentum dieser Vereine und Gesellschaften stehen oder ihnen zum Gebrauch überlassen sind, alkoholische Getränke an Mitglieder der Vereine und Gesellschaften ausgeschenkt, so finden die Vorschriften dieses Gesetzes mit Ausnahme von § 2 Abs. 6, § 3 Abs. 2, §§ 6, 7 sowie § 12 Abs. 1 Nr. 2, 12, 13, 14 und Abs. 2 keine Anwendung.

§ 11 Anwendungsbereich

Dieses Gesetz gilt nicht für die Verabreichung von alkoholischen Getränken
1. in Kantinen für Betriebsangehörige, in Betreuungseinrichtungen der stationierten ausländischen Streitkräfte, der Bundeswehr, der Bundespolizei oder der Polizei und
2. in Luftfahrzeugen, Personenwagen von Eisenbahnunternehmen und anderen Schienenbahnen, Schiffen und Reisebussen anlässlich der Beförderung von Personen.

§ 12 Ordnungswidrigkeiten

(1) Ordnungswidrig handelt, wer vorsätzlich oder fahrlässig
1. ohne die nach § 2 Abs. 1 erforderliche Erlaubnis ein Gaststättengewerbe betreibt,
2. einer Auflage nach § 2 Abs. 2 Satz 2 oder einer Anordnung nach § 2 Abs. 2 Satz 3 oder nach § 2 Abs. 6 nicht, nicht vollständig oder nicht rechtzeitig nachkommt,
3. die nach § 2 Abs. 4 erforderliche Anzeige nicht oder nicht unverzüglich erstattet,

4. über den in § 3 Abs. 1 erlaubten Umfang hinaus Waren abgibt oder Leistungen erbringt,
5. entgegen § 3 Abs. 2 Satz 1 keine alkoholfreien Getränke verabreicht oder entgegen § 3 Abs. 2 Satz 2 nicht mindestens ein alkoholfreies Getränk nicht teurer als das billigste alkoholische Getränk verabreicht,
6. entgegen § 3 Abs. 3 die barrierefreie Benutzbarkeit oder Erreichbarkeit nicht sicherstellt,
7. einem Verbot des § 4 Absatz 1 Nr. 1 über das Feilhalten von Branntwein, branntweinhaltigen Getränken oder Lebensmitteln, die Branntwein in nicht nur geringfügiger Menge enthalten, zuwiderhandelt oder entgegen dem Verbot des § 4 Absatz 1 Nr. 3 das Verabreichen von Speisen von der Bestellung von Getränken abhängig macht oder entgegen dem Verbot des § 4 Absatz 1 Nr. 4 das Verabreichen alkoholfreier Getränke von der Bestellung alkoholischer Getränke abhängig macht,
8. entgegen dem Verbot des § 4 Absatz 1 Nr. 2 in Ausübung eines Gewerbes alkoholische Getränke verabreicht oder in den Fällen des § 4 Absatz 1 Nr. 4 bei Nichtbestellung alkoholischer Getränke die Preise erhöht oder entgegen dem Verbot des § 4 Absatz 1 Nr. 5 in Ausübung seines Gewerbes alkoholische Getränke in einer Art und Weise anbietet, die dazu geeignet ist, zu übermäßigem Alkoholkonsum zu verleiten,
9. entgegen einem Verbot nach § 4 Absatz 2 alkoholische Getränke verabreicht;
10. Personen beschäftigt, deren Beschäftigung ihm nach § 5 Abs. 1 untersagt worden ist,
11. entgegen § 5 Abs. 2 Satz 1 und 2 eine Person mit der Durchführung von Bewachungsaufgaben beschäftigt,
12. als Betreiber einer Gaststätte oder öffentlichen Vergnügungsstätte duldet, dass ein Gast nach Beginn der Sperrzeit in den Betriebsräumen verweilt,
13. entgegen § 7 eine Auskunft nicht, nicht richtig, nicht vollständig oder nicht rechtzeitig erteilt, den Zutritt zu den für den Betrieb benutzten Grundstücken und Räumen nicht gestattet oder die Einsicht in geschäftliche Unterlagen nicht gewährt,
14. den Vorschriften einer aufgrund des § 5 Abs. 3, des § 6 oder des § 9 Abs. 2 erlassenen Rechtsverordnung zuwiderhandelt, soweit die Rechtsverordnung für einen bestimmten Tatbestand auf diese Bußgeldvorschrift verweist,
15. einer Person wegen der ethnischen Herkunft, einer Behinderung, der sexuellen oder geschlechtlichen Identität oder der Religion oder Weltanschauung den Einlass in ein Gaststättengewerbe verwehrt oder eine Person aus diesen Gründen während des Aufenthalts in einem Gaststättengewerbe benachteiligt.

(2) Ordnungswidrig handelt auch, wer als Gast in den Räumen einer Gaststätte oder einer öffentlichen Vergnügungsstätte über den Beginn der Sperrzeit hinaus verweilt, obwohl der Gewerbetreibende, ein in seinem Betrieb Beschäftigter oder ein Beauftragter der zuständigen Behörde ihn ausdrücklich aufgefordert hat, sich zu entfernen.

(3) Die Ordnungswidrigkeit kann mit einer Geldbuße bis zu fünftausend Euro geahndet werden.

(4) Für die Verfolgung und Ahndung von Ordnungswidrigkeiten ist in der Stadtgemeinde Bremen der Senator für Wirtschaft, Arbeit und Häfen als Ortspolizeibehörde und in der Stadtgemeinde Bremerhaven die Ortspolizeibehörde sachlich zuständig.

§ 13 Übergangsvorschriften

(1) Eine vor dem 1. Mai 2009 erteilte Erlaubnis oder Gestattung gilt im bisherigen Umfang als Erlaubnis im Sinne dieses Gesetzes.

(2) Soweit nach diesem Gesetz eine Erlaubnis erforderlich ist, gilt sie demjenigen als erteilt, der bei Inkrafttreten dieses Gesetzes ohne Erlaubnis eine nach diesem Gesetz erlaubnisbedürftige Tätigkeit befugt ausübt.

(3) ¹Der in Absatz 2 bezeichnete Erlaubnisinhaber oder derjenige, der eine vor Inkrafttreten dieses Gesetzes erteilte Erlaubnis nicht nachweisen kann, hat seinen Betrieb der zuständigen Behörde anzuzeigen. ²Die zuständige Behörde bestätigt dem Gaststättenbetreiber kostenfrei und schriftlich, dass er zum Betrieb einer Gaststätte berechtigt ist. ³Wird die Anzeige nicht innerhalb von sechs Monaten nach Inkrafttreten dieses Gesetzes erstattet, so erlischt die Erlaubnis.

(4) ¹Personen im Sinne des § 5 Abs. 2 Satz 1, die am 1. Januar 2008 in einem Gaststättenbetrieb Bewachungsaufgaben durchgeführt haben, sind von der Unterrichtung befreit. ²Der Gaststättenbetrei-

ber bescheinigt Personen im Sinne des § 5 Abs. 2 Satz 1, dass sie die Voraussetzungen des Satzes 1 erfüllen.

(5) ¹Für Personen im Sinne von § 5 Abs. 2 Satz 2, die am 1. Januar 2008 seit mindestens drei Jahren befugt und ohne Unterbrechung den Einlassbereich von gastgewerblichen Diskotheken bewachen, gilt der Nachweis der Sachkundeprüfung als erbracht. ²Personen, die am 1. Januar 2008 weniger als drei Jahre den Einlassbereich von gastgewerblichen Discotheken bewachen, haben den Nachweis einer erfolgreich abgelegten Sachkundeprüfung bis zum 1. April 2010 zu erbringen. ³Der Gaststättenbetreiber bescheinigt Personen im Sinne des § 5 Abs. 2 Satz 2, dass sie die Voraussetzungen des Satzes 1 erfüllen.

§ 14 (aufgehoben)

Verordnung zur Ausführung des Bremischen Gaststättengesetzes (Bremische Gaststättenverordnung – BremGastV)

Vom 13. März 2009 (Brem.GBl. S. 64)
(711-b-2)
zuletzt geändert durch Art. 3 der VO vom 28. Februar 2017 (Brem.GBl. S. 115, 116)

Aufgrund des § 5 Abs. 3 und des § 6 des Bremischen Gaststättengesetzes vom 24. Februar 2009 (Brem.GBl. S. 45 – 711-b-1) wird im Einvernehmen mit dem Senator für Inneres und Sport verordnet:

§ 1 Allgemeine Sperrzeit
(1) Die Sperrzeit für Gaststättenbetriebe sowie für öffentliche Vergnügungsstätten beginnt um 2 Uhr und endet um 6 Uhr.
(2) In der Nacht
vom Freitag zum Sonnabend,
vom Sonnabend zum Sonntag,
zum 1. Januar,
vom Ostersonntag zum Ostermontag,
zum 1. Mai und zum 2. Mai,
zum Himmelfahrtstag,
vom Pfingstsonntag zum Pfingstmontag,
zum 3. Oktober und zum 4. Oktober und
vom 1. zum 2. Weihnachtstag
ist die Sperrzeit aufgehoben.

§ 2 Sperrzeit für bestimmte Betriebsarten
(1) Die Sperrzeit für Spielhallen und für Wettvermittlungsstellen beginnt um 2.00 Uhr und endet um 6.00 Uhr.
(2) ¹Die Sperrzeit für unterhaltende Tätigkeiten als Schausteller oder nach Schaustellerart, einschließlich der im Zusammenhang damit betriebenen Gaststätten, beginnt um 24 Uhr und endet um 6 Uhr. ²Dies gilt nicht für nach § 69 der Gewerbeordnung festgesetzte Veranstaltungen.
(3) Für den Betrieb eines Gaststättengewerbes oder einer öffentlichen Vergnügungsstätte in Schiffen und Kraftfahrzeugen gilt keine Sperrzeit, wenn sich der Betrieb auf die Bewirtung der Fahrgäste beschränkt.

§ 3 Allgemeine Ausnahmen
(1) Der Senator für Wirtschaft, Arbeit und Häfen kann im Einvernehmen mit dem Senator für Inneres bei Vorliegen eines öffentlichen Bedürfnisses die Sperrzeit allgemein verlängern, verkürzen oder aufheben.
(2) Die zuständige Behörde kann bei Vorliegen eines öffentlichen Bedürfnisses oder besonderer örtlicher Verhältnisse allgemein oder für Teile des Gemeindebezirks während der Dauer von nach § 69 der Gewerbeordnung festgesetzten Veranstaltungen die in den §§ 1 und 2 bestimmten Sperrzeiten verkürzen oder aufheben.

§ 4 Ausnahmen für einzelne Betriebe
(1) ¹Die zuständige Behörde kann bei Vorliegen eines öffentlichen Bedürfnisses oder besonderer örtlicher Verhältnisse für einzelne Betriebe den Beginn der Sperrzeit bis 19 Uhr vorverlegen und das Ende der Sperrzeit bis 10 Uhr hinausschieben oder die Sperrzeit befristet oder widerruflich verkürzen oder aufheben. ²In den Fällen der Verkürzung oder Aufhebung der Sperrzeit können jederzeit Auflagen erteilt werden.
(2) Die zuständige Behörde kann bei Vorliegen eines öffentlichen Bedürfnisses oder besonderer örtlicher Verhältnisse an den Tagen, an denen gemäß § 1 Abs. 2 die Sperrzeit aufgehoben ist, für einzelne Betriebe eine Sperrzeit nach § 1 Abs. 1 einführen, ihren Beginn bis 19 Uhr vorverlegen und ihr Ende bis 10 Uhr hinausschieben.

§ 5 Beschäftigte Personen und Anzeigepflicht

(1) [1]Soweit dies zum Schutze der Gäste oder der Allgemeinheit erforderlich ist, kann der Gaststättenbetreiber verpflichtet werden, über die in seinem Betrieb beschäftigten Personen innerhalb einer Woche nach Beginn der Beschäftigung Anzeige bei der zuständigen Behörde zu erstatten. [2]In der Anzeige sind Vor- und Zuname, ggf. auch der Geburtsname, sowie Geburtsort und Geburtsdatum, der letzte Aufenthaltsort und die vorhergehende Beschäftigungsstelle der beschäftigten Person sowie der Beginn der Beschäftigung anzugeben.

(2) [1]Der Gaststättenbetreiber hat die Personen, die er mit Aufgaben nach § 5 Abs. 2 des Bremischen Gaststättengesetzes beschäftigen will, der zuständigen Behörde unter Übersendung des Unterrichtungs- oder Sachkundenachweises vorher zu melden. [2]Der Gaststättenbetreiber hat der zuständigen Behörde für jedes Kalenderjahr Namen und Vornamen der bei ihm ausgeschiedenen Wachpersonen unter Angabe des Beschäftigungsbeginns bis zum 31. März des darauf folgenden Jahres zu melden.

(3) [1]Zur Überprüfung der Zuverlässigkeit von Personen, die mit Aufgaben nach § 5 Abs. 2 des Bremischen Gaststättengesetzes beschäftigt werden sollen, hat die Person unverzüglich ein Führungszeugnis nach § 30 Abs. 5 des Bundeszentralregistergesetzes zur Vorlage bei der Behörde zu beantragen. [2]Kommt sie dieser Verpflichtung nicht nach, hat die Behörde diese Auskunft von Amts wegen einzuholen.

§ 6 Ordnungswidrigkeiten

(1) Ordnungswidrig im Sinne des § 12 Abs. 1 Nr. 13 des Bremischen Gaststättengesetzes handelt, wer vorsätzlich oder fahrlässig
1. einer Auflage nach § 4 Abs. 1 Satz 2 nicht, nicht vollständig oder nicht rechtzeitig nachkommt,
2. entgegen der aufgrund des § 5 Abs. 1 begründeten Verpflichtung die Anzeige nicht, nicht richtig, nicht vollständig oder nicht rechtzeitig erstattet,
3. entgegen § 5 Abs. 2 Satz 1 und 2 eine Meldung nicht, nicht richtig, nicht vollständig, nicht in der vorgeschriebenen Weise oder nicht rechtzeitig macht.

(2) Die Ordnungswidrigkeit kann mit einer Geldbuße bis zu fünftausend Euro geahndet werden.

(3) Für die Verfolgung und Ahndung der Ordnungswidrigkeiten ist in der Stadtgemeinde Bremen der Senator für Wirtschaft, Arbeit und Häfen als Ortspolizeibehörde und in der Stadtgemeinde Bremerhaven die Ortspolizeibehörde sachlich zuständig.

§ 7 Inkrafttreten

Diese Verordnung tritt am 1. Mai 2009 in Kraft.

Der Senator für Wirtschaft und Häfen

Bremisches Ladenschlussgesetz
Vom 22. März 2007 (Brem.GBl. S. 221)
(8050-a-1)
zuletzt geändert durch Art. 10 des G vom 14. März 2017 (Brem.GBl. S. 121, 123)

Der Senat verkündet das nachstehende von der Bürgerschaft (Landtag) beschlossene Gesetz:

§ 1 Anwendungsbereich
Dieses Gesetz regelt die Ladenschlusszeiten für Verkaufsstellen und das gewerbliche Feilhalten außerhalb von Verkaufsstellen an Sonn- und Feiertagen sowie am 24. und 31. Dezember und die damit in Verbindung stehenden Beschäftigungszeiten der Arbeitnehmerinnen und Arbeitnehmer.

§ 2 Begriffsbestimmungen
(1) Verkaufsstellen im Sinne dieses Gesetzes sind Ladengeschäfte aller Art, Apotheken, Tankstellen und Verkaufseinrichtungen auf Bahnhöfen und Flughäfen, Verkaufseinrichtungen von Genossenschaften und Hofläden sowie sonstige Verkaufsstände und -buden, Kioske, Basare und ähnliche Einrichtungen, falls in ihnen ebenfalls von einer festen Stelle aus ständig Waren zum Verkauf an jedermann feilgehalten werden.
(2) [1]Feilhalten im Sinne dieses Gesetzes ist das gewerbliche Anbieten von Waren zum Verkauf innerhalb und außerhalb von Verkaufsstellen. [2]Dem Feilhalten steht das Zeigen von Mustern, Proben und ähnlichem gleich, wenn dabei Warenbestellungen entgegengenommen werden können.
(3) Reisebedarf im Sinne dieses Gesetzes sind Zeitungen, Zeitschriften, Straßenkarten, Stadtpläne, Reiselektüre, Schreibmaterialien, Tabakwaren, Schnittblumen, Reisetoilettenartikel, Bild- und Tonträger aller Art, Bedarf für Reiseapotheken, Reiseandenken und Spielzeug geringeren Wertes, Lebens- und Genussmittel in kleinen Mengen sowie ausländische Geldsorten.
(4) Waren des täglichen Ge- und Verbrauchs im Sinne dieses Gesetzes sind Lebensmittel, Drogerie- und Bekleidungsartikel.
(5) Feiertage im Sinne dieses Gesetzes sind die staatlich anerkannten Feiertage.

§ 3 Ladenschlusszeiten
(1) Verkaufsstellen müssen zu folgenden Zeiten für den geschäftlichen Verkehr mit Kunden geschlossen sein:
1. an Sonn- und Feiertagen,
2. am 24. Dezember und am 31. Dezember, wenn diese Tage auf einen Werktag fallen, ab 14 Uhr.
(2) Die beim Ladenschluss anwesenden Kunden dürfen noch bedient werden.

§ 4 Apotheken
(1) Apotheken dürfen abweichend von den Vorschriften des § 3 Abs. 1 an Sonn- und Feiertagen sowie am 24. Dezember und am 31. Dezember während des ganzen Tages für die Abgabe von Arznei-, Krankenpflege-, Säuglingspflege- und Säuglingsnährmitteln, hygienischen Artikeln sowie Desinfektionsmittel geöffnet sein.
(2) [1]Ist durch die Apothekerkammer Bremen eine Dienstbereitschaft eingerichtet, gilt Absatz 1 nur für die zur Dienstbereitschaft bestimmten Apotheken. [2]An den geschlossenen Apotheken ist an sichtbarer Stelle ein Aushang anzubringen, der die zur Zeit offenen Apotheken bekannt gibt. [3]Dienstbereitschaft der Apotheken steht der Offenhaltung gleich.

§ 5 Tankstellen
(1) Tankstellen dürfen abweichend von den Vorschriften des § 3 Abs. 1 an Sonn- und Feiertagen sowie am 24. Dezember und am 31. Dezember während des ganzen Tages geöffnet sein.
(2) Während der Ladenschlusszeiten nach § 3 Abs. 1 ist nur die Abgabe von Betriebsstoffen und Reisebedarf, sowie von Ersatzteilen für Kraftfahrzeuge, soweit dies für die Erhaltung oder Wiederherstellung der Fahrbereitschaft notwendig ist, gestattet.
(3) Der Senat kann durch Rechtsverordnung die Größe der Verkaufsflächen auf das für die Bedürfnisse des Reiseverkehrs erforderliche Maß beschränken.

§ 6 Verkaufsstellen auf Personenbahnhöfen

(1) Verkaufsstellen auf Personenbahnhöfen von Eisenbahnen dürfen abweichend von den Vorschriften des § 3 Abs. 1 an Sonn- und Feiertagen während des ganzen Tages sowie am 24. Dezember und am 31. Dezember bis 17 Uhr geöffnet sein.
(2) Während der Ladenschlusszeiten nach § 3 Abs. 1 ist nur die Abgabe von Reisebedarf gestattet.
(3) Für Apotheken bleibt es bei den Vorschriften des § 4.

§ 7 Verkaufsstellen auf dem Flughafen Bremen

(1) Verkaufsstellen auf dem Flughafen Bremen dürfen abweichend von den Vorschriften des § 3 Abs. 1 an Sonn- und Feiertagen während des ganzen Tages sowie am 24. Dezember und am 31. Dezember bis 17 Uhr geöffnet sein.
(2) Während der Ladenschlusszeiten nach § 3 Abs. 1 ist nur die Abgabe von Reisebedarf, von Waren des täglichen Ge- und Verbrauchs sowie von Geschenkartikeln gestattet.
(3) Der Senat kann durch Rechtsverordnung die Größe der Verkaufsflächen auf das für die Bedürfnisse des Reiseverkehrs erforderliche Maß begrenzen.
(4) Für Apotheken bleibt es bei den Vorschriften des § 4.

§ 8 Sonstiger Verkauf an Sonn- und Feiertagen

(1) An Sonn- und Feiertagen dürfen abweichend von den Vorschriften des § 3 Abs. 1 Nr. 1 im Zeitraum von 8 bis 16 Uhr, jedoch am 24. Dezember und am 31. Dezember, wenn diese Tage auf einen Sonntag fallen, bis längstens 14 Uhr, geöffnet sein:
1. Verkaufsstellen von Betrieben, die Bäcker- oder Konditorwaren herstellen, für die Dauer von drei Stunden zur Abgabe frischer Back- und Konditorwaren,
2. Verkaufsstellen, in denen zum überwiegenden Teil Blumen und Pflanzen oder Weihnachtsbäume feilgehalten werden, für die Dauer von drei Stunden, jedoch am 1. November, am Volkstrauertag, am Totensonntag und am 1. Adventssonntag für die Dauer von sechs Stunden zur Abgabe von Schnittblumen, Topfpflanzen, pflanzlichen Gebinden oder Weihnachtsbäumen,
3. Verkaufsstellen, in denen zum überwiegenden Teil Zeitungen und Zeitschriften feilgehalten werden, für die Dauer von drei Stunden zur Abgabe von Zeitungen und Zeitschriften,
4. Hofläden, die landwirtschaftliche Erzeugnisse feilhalten, für die Dauer von drei Stunden zur Abgabe von diesen Waren.

(2) Absatz 1 Nr. 1, 2 und 4 gilt nicht für die Abgabe am Ostermontag, Pfingstmontag und am 2. Weihnachtstag.
(3) Verkaufsstellen im Gebäude oder auf dem Gelände von Museen, Theatern und Kinos, Musik- und Sportveranstaltungen oder anderen kulturellen Veranstaltungen, sowie von Dienstleistungsbetrieben dürfen abweichend von den Vorschriften des § 3 Abs. 1 in den für die Versorgung der Besucher erforderlichen Zeiten für die Abgabe von Lebensmitteln zum sofortigen Verzehr sowie von Zubehörwaren, die einen Bezug zu der Veranstaltung oder der Einrichtung haben, geöffnet sein.
(4) Ist eine Verkaufsstelle an Sonn- und Feiertagen geöffnet, ist an der Verkaufsstelle gut sichtbar auf die Öffnungszeiten an Sonn- und Feiertagen hinzuweisen.

§ 9 Ausflugsorte

(1) In den Gebieten Schnoorviertel und Böttcherstraße in der Stadtgemeinde Bremen sowie dem Gebiet um den Fischereihafen I und dem Gebiet zwischen Alter Hafen, Museumshafen und Weser in der Stadtgemeinde Bremerhaven dürfen abweichend von den Vorschriften des § 3 an jährlich höchstens 40 Sonn- und Feiertagen bis zur Dauer von acht Stunden Lebensmittel zum sofortigen Verzehr, Tabakwaren, Schnittblumen, Zeitungen sowie Waren, die für diese Orte kennzeichnend sind, verkauft werden.
(2) Die Begrenzung der in Absatz 1 genannten Gebiete legt der Senat durch Rechtsverordnung fest.
(3) Die infrage kommenden Sonn- und Feiertage sowie die Öffnungszeiten werden für den Bereich der Stadtgemeinde Bremen vom Senat und für den Bereich der Stadtgemeinde Bremerhaven vom Magistrat der Stadt Bremerhaven durch Rechtsverordnung bestimmt.
(4) Bei der Festsetzung der Öffnungszeiten soll eine Freigabe nicht vor 11 Uhr erfolgen.

61 LadenSchlussG §§ 9a–13

§ 9a Zusätzlicher Verkauf im Gebiet zwischen Alter Hafen, Museumshafen und Weser in der Stadtgemeinde Bremerhaven

(1) In dem Gebiet zwischen Alter Hafen, Museumshafen und Weser in der Stadtgemeinde Bremerhaven dürfen an 20 der 40 in der Rechtsverordnung nach § 9 Abs. 3 bestimmten Sonn- und Feiertage zusätzlich Waren, die für die touristische Nutzung von Bedeutung sind, verkauft werden.

(2) Die nach Absatz 1 infrage kommenden Sonn- und Feiertage, die Öffnungszeiten sowie die zum Verkauf zugelassenen Waren werden vom Magistrat der Stadt Bremerhaven durch Rechtsverordnung bestimmt.

(3) [1]Bei der Festsetzung der Öffnungszeiten soll eine Freigabe nicht vor 11 Uhr erfolgen. [2]Für die 20 nach Absatz 1 bestimmten Sonn- und Feiertage gilt § 10 Abs. 3 entsprechend. [3]Sonn- und Feiertage nach Absatz 1 dürfen nur freigegeben werden, soweit die Zahl dieser Tage zusammen mit den nach § 10 Absatz 1 freigegebenen Sonn- und Feiertagen 20 nicht übersteigt.

§ 10 Weitere Verkaufssonntage

(1) [1]Abweichend von der Vorschrift des § 3 dürfen Verkaufsstellen aus Anlass von Märkten, Messen oder ähnlichen Veranstaltungen an jährlich höchstens 4 Sonn- und Feiertagen geöffnet sein. [2]Diese Tage werden für den Bereich der Stadtgemeinde Bremen vom Senat und für den Bereich der Stadtgemeinde Bremerhaven vom Magistrat der Stadt Bremerhaven durch Rechtsverordnung freigegeben. [3]Die Verbände des Einzelhandels können Veranstaltungen nach Satz 1 vorschlagen.

(2) [1]Bei der Freigabe kann die Offenhaltung von Verkaufsstellen auf bestimmte Bereiche und Handelszweige beschränkt werden. [2]Der Zeitraum, während dessen die Verkaufsstellen geöffnet sein dürfen, ist anzugeben. [3]Er darf fünf zusammenhängende Stunden nicht überschreiten, soll nicht vor 11 Uhr beginnen und muss spätestens um 18 Uhr enden.

(3) Der Neujahrstag, Karfreitag, Ostersonntag, Ostermontag, Himmelfahrt, Pfingstsonntag, Pfingstmontag, Volkstrauertag, Totensonntag, die vier Adventssonntage und die anderen Sonn- und Feiertage im Dezember sowie der 1. Mai und der 3. Oktober und, wenn diese auf einen Montag fallen, die direkt vorher liegenden Sonntage dürfen nicht freigegeben werden.

(4) [1]Bei Werbemaßnahmen des Veranstalters haben die jeweiligen Anlässe gemäß Absatz 1 für die Öffnung der Verkaufsstellen im Vordergrund zu stehen. [2]Eine alleinige Werbung mit der Öffnung von Verkaufsstellen ist nicht zulässig.

§ 11 Marktverkehr und sonstiges gewerbliches Feilhalten

(1) [1]Während der Ladenschlusszeiten nach § 3 Abs. 1 dürfen auf behördlich festgesetzten Großmärkten keine Waren für den Verkauf an Endverbraucherinnen oder Endverbraucher feilgehalten werden. [2]Dies gilt nicht während der auf der Grundlage der §§ 9 und 10 zugelassenen Öffnungszeiten. [3]Im Übrigen finden die Bestimmungen dieses Gesetzes für die nach anderen Rechtsvorschriften festgesetzten Messen, Märkte und Ausstellungen keine Anwendung.

(2) Während der Ladenschlusszeiten nach § 3 Abs. 1 ist auch das gewerbliche Feilhalten von Waren zum Verkauf an jedermann außerhalb von Verkaufsstellen verboten; dies gilt nicht für Volksfeste, die nach anderen Rechtsvorschriften von der zuständigen Behörde genehmigt worden sind, sowie während der auf der Grundlage der §§ 9 und 10 zugelassenen Öffnungszeiten.

(3) Die Senatorin für Wissenschaft, Gesundheit und Verbraucherschutz als Ortspolizeibehörde in der Stadtgemeinde Bremen und der Magistrat in der Stadtgemeinde Bremerhaven können abweichend von den Vorschriften des Absatzes 2 Ausnahmen für das Feilhalten von leicht verderblichen Waren und Waren zum sofortigen Verzehr zulassen, sofern dies zur Befriedigung örtlich auftretender Bedürfnisse notwendig ist.

§ 12 Ausnahmen im öffentlichen Interesse

Die Senatorin für Wissenschaft, Gesundheit und Verbraucherschutz kann in Einzelfällen befristete Ausnahmen von den Vorschriften dieses Gesetzes bewilligen, wenn diese Ausnahmen im öffentlichen Interesse dringend notwendig werden.

§ 13 Schutz der Arbeitnehmerinnen und Arbeitnehmer

(1) Arbeitnehmerinnen und Arbeitnehmer in Verkaufsstellen dürfen nur während der zugelassenen Öffnungszeiten an jährlich höchstens 22 Sonn- und Feiertagen und, falls dies zur Erledigung von Vorbereitungs- und Abschlussarbeiten unerlässlich ist, während insgesamt weiterer 30 Minuten beschäftigt werden.

(2) ¹Die Dauer der Beschäftigungszeit der einzelnen Arbeitnehmerinnen und Arbeitnehmer an Sonn- und Feiertagen darf 8 Stunden einschließlich der zur Erledigung von Vorbereitungs- und Abschlussarbeiten erforderlichen Zeit nicht überschreiten. ²Bei einer Arbeitszeit von mehr als sechs Stunden ist die Arbeitszeit durch eine Ruhepause von mindestens 30 Minuten zu unterbrechen.
(3) ¹Arbeitnehmerinnen und Arbeitnehmer, die an Sonn- und Feiertagen beschäftigt werden, haben Anspruch auf folgende Ausgleichszeiten:
1. wenn die Beschäftigung bis zu drei Stunden dauert, muss jeder zweite Sonntag oder in jeder zweiten Woche ein Nachmittag ab 13 Uhr beschäftigungsfrei bleiben;
2. wenn die Beschäftigung länger als drei Stunden dauert, muss an einem Werktag derselben Woche ein Nachmittag ab 13 Uhr, wenn die Beschäftigung länger als sechs Stunden dauert, ein ganzer Werktag derselben Woche beschäftigungsfrei bleiben; außerdem muss mindestens jeder dritte Sonntag beschäftigungsfrei bleiben.

²Statt an einem Nachmittag darf die Freizeit am Sonnabend- oder Montagvormittag bis 14 Uhr gewährt werden. ³Während der Zeiten, zu denen die Verkaufsstelle geschlossen sein muss, darf die Freizeit nicht gegeben werden.
(4) ¹Der Arbeitgeber hat Nachtarbeitnehmerinnen und Nachtarbeitnehmer auf deren Verlangen auf einen geeigneten Tagesarbeitsplatz umzusetzen, wenn
1. nach arbeitsmedizinischer Feststellung die weitere Verrichtung von Nachtarbeit die Arbeitnehmerin oder den Arbeitnehmer in seiner Gesundheit gefährdet oder
2. im Haushalt der Arbeitnehmerin oder des Arbeitnehmers ein Kind unter zwölf Jahren lebt, das nicht von einer anderen im Haushalt lebenden Person betreut werden kann, oder
3. die Arbeitnehmerin oder der Arbeitnehmer einen schwerpflegebedürftigen Angehörigen zu versorgen hat, der nicht von einem anderen im Haushalt lebenden Angehörigen versorgt werden kann,

sofern dem nicht dringende betriebliche Erfordernisse entgegenstehen. ²Stehen der Umsetzung der Nachtarbeitnehmerin oder des Nachtarbeitnehmers auf einen für ihn geeigneten Tagesarbeitsplatz nach Auffassung des Arbeitgebers dringende betriebliche Erfordernisse entgegen, so ist der Betriebs- oder Personalrat zu hören. ³Der Betriebs- oder Personalrat kann dem Arbeitgeber Vorschläge für eine Umsetzung unterbreiten. ⁴Soweit keine tarifvertraglichen Ausgleichsregelungen bestehen, hat der Arbeitgeber der Nachtarbeitnehmerin oder dem Nachtarbeitnehmer für die während der Nachtzeit geleisteten Arbeitsstunden eine angemessene Zahl bezahlter freier Tage oder einen angemessenen Zuschlag auf das ihm hierfür zustehende Bruttoarbeitsentgelt zu gewähren.
(5) Die §§ 2 bis 8 des Arbeitszeitgesetzes finden Anwendung.
(6) Inhaberinnen oder Inhaber einer Verkaufsstelle sind verpflichtet,
1. einen Abdruck dieses Gesetzes und der auf Grund dieses Gesetzes erlassenen Rechtsverordnungen an geeigneter Stelle zur Einsichtnahme in der Verkaufsstelle auszulegen oder auszuhängen,
2. ein Verzeichnis mit Namen, Tag, Beschäftigungsart und Beschäftigungsdauer der an Sonn- und Feiertagen beschäftigten Arbeitnehmerinnen und Arbeitnehmer und über die zum Ausgleich für die Beschäftigung an Sonn- und Feiertagen gewährte Freistellung zu führen. Das Verzeichnis ist zwei Jahre aufzubewahren.
(7) ¹Die Gewerbeaufsicht des Landes Bremen kann in begründeten Einzelfällen Ausnahmen von den Vorschriften der Absätze 1 bis 3 genehmigen. ²Die Genehmigung kann jederzeit widerrufen werden.

§ 14 Aufsicht und Auskunft
(1) Die Aufsicht über die Einhaltung der Vorschriften dieses Gesetzes und der auf Grund dieses Gesetzes erlassenen Rechtsverordnungen übt die Gewerbeaufsicht des Landes Bremen aus.
(2) Die Aufsichtsbehörde kann die erforderlichen Maßnahmen zur Erfüllung der sich aus diesem Gesetz und den auf Grund dieses Gesetzes erlassenen Rechtsverordnungen ergebenden Pflichten anordnen.
(3) Inhaberinnen oder Inhaber von Verkaufsstellen sowie Gewerbetreibende, die Waren innerhalb und außerhalb von Verkaufsstellen gewerblich feilhalten, sind verpflichtet, den Aufsichtsbehörden auf Verlangen die zur Erfüllung der Aufgaben dieser Behörden erforderlichen Angaben wahrheitsgemäß und vollständig zu machen.

(4) ¹Die Beauftragten der Aufsichtbehörden sind berechtigt, die Verkaufsstellen während der Öffnungszeiten zu betreten und zu besichtigen. ²Inhaberinnen oder Inhaber von Verkaufsstellen haben das Betreten und Besichtigen der Verkaufsstelle zu gestatten.

§ 15 Ordnungswidrigkeiten

(1) Ordnungswidrig handelt, wer vorsätzlich oder fahrlässig als Inhaberin oder Inhaber einer Verkaufsstelle oder als Gewerbetreibender im Sinne des § 11 Abs. 2
1. a) den Bestimmungen der § 3 Abs. 1, § 4 Abs. 2, § 5 Abs. 2, § 6 Abs. 1 und 2, § 7 Abs 1 und 2, § 8, § 10 Absatz 4 und § 13 Abs. 1 bis 6 zuwider handelt,
   b) einer Anordnung nach § 4 Abs. 3 zuwider handelt,
   c) einer Anordnung nach § 14 Abs. 2 zuwider handelt,
   d) Angaben nach § 14 Abs. 3 nicht wahrheitsgemäß oder nicht vollständig macht oder
   e) entgegen § 14 Abs. 4 Satz 2 eine Maßnahme nicht gestattet,
2. entgegen § 9 Absatz 1 oder § 9a Absatz 1 in Verbindung mit der Rechtsverordnung nach § 9a Absatz 2 andere als die zum Verkauf zugelassenen Waren feilhält.

(2) Die Ordnungswidrigkeit nach Absatz 1 kann mit einer Geldbuße bis zu 15 000 Euro geahndet werden.

(3) Sachlich zuständige Verwaltungsbehörde für die Verfolgung und Ahndung der Ordnungswidrigkeiten nach Absatz 1 ist die Gewerbeaufsicht des Landes Bremen.

§ 16 Vorrang von Landesrecht

Im Geltungsbereich dieses Gesetzes finden das Gesetz über den Ladenschluss in der Fassung vom 2. Juni 2003 (BGBl. I S. 744), geändert durch Artikel 2 des Gesetzes vom 7. Juli 2005 (BGBl. I S. 1954), und die Verordnung über den Verkauf bestimmter Waren an Sonn- und Feiertagen vom 21. Dezember 1957 (BGBl. I S. 1881), geändert durch Gesetz vom 30. Juli 1996 (BGBl. I S. 1186), keine Anwendung.

§ 17 Änderung bisherigen Rechts

§ 26 der Verordnung über die Zuständigkeit für die Verfolgung und Ahndung von Ordnungswidrigkeiten vom 11. März 1975 (Brem.GBl. S. 151 – 45-c-68), zuletzt geändert durch Verordnung vom 2. März 2004 (Brem.GBl. S. 137), wird aufgehoben.

§ 18 Inkrafttreten, Außerkrafttreten bisherigen Rechts

(1) Dieses Gesetz tritt am 1. April 2007 in Kraft.
(2) Gleichzeitig treten
1. die Verordnung über die Öffnungszeiten der Verkaufsstellen für den Verkauf bestimmter Waren an Sonn- und Feiertagen vom 27. Dezember 1957 (Brem.GBl. S. 174 – 7102-a-2), zuletzt geändert durch Verordnung vom 7. Januar 1997 (Brem.GBl. S.118), und
2. die Verordnung über die Zuständigkeit der Verwaltungsbehörden nach dem Gesetz über den Ladenschluss vom 6. April 2004 (Brem.GBl. S. 186 – 8050-a-1) außer Kraft.
(3) Am 1. Juni 2007 treten
1. die Verordnung über den Ladenschluss auf dem Flughafen Bremen vom 19. Juli 1994 (Brem.GBl. S. 211, S. 246 – 8050-a-3),
2. die Verordnung über den Ladenschluss im Schnoorviertel und in der Böttcherstraße vom 17. März 1987 (Brem.GBl. S. 145 – 8050-a-2), zuletzt geändert durch Verordnung vom 25. März 2003 (Brem.GBl. S. 113), und
3. die Verordnung über den Ladenschluss im Fischereihafen von Bremerhaven vom 19. Juli 1994 (Brem.GBl. S. 211), geändert durch Verordnung vom 4. März 2003 (Brem.GBl. S. 81), außer Kraft.
(4) §§ 9a und 10 treten mit Ablauf des 31. März 2020 außer Kraft.

Gesetz
über die Sonn- und Feiertage

Vom 12. November 1954 (Brem.GBl. S. 115)
(113-c-1)
zuletzt geändert durch G vom 26. Juni 2018 (Brem.GBl. S. 302)

Der Senat verkündet das nachstehende, von der Bürgerschaft (Landtag) beschlossene Gesetz:

§ 1
(1) Die Sonntage, die staatlich anerkannten Feiertage und die religiösen Feiertage werden nach Maßgabe dieses Gesetzes geschützt.
(2) Dieser Schutz gilt, soweit über seine Dauer nichts anderes bestimmt ist, von 0.00 Uhr bis 24.00 Uhr.

I. Abschnitt
Die Sonntage und die staatlich anerkannten Feiertage

§ 2
(1) Staatlich anerkannte Feiertage sind:
a) der Neujahrstag,
b) der Karfreitag,
c) der Ostermontag,
d) der 1. Mai,
e) der Himmelfahrtstag,
f) der Pfingstmontag,
g) der 3. Oktober – Tag der deutschen Einheit –,
h) der 1. Weihnachtstag,
i) der 2. Weihnachtstag,
j) der Reformationstag.
(2) Diese Tage sind Festtage, allgemeine oder gesetzliche Feiertage und allgemeine öffentliche Ruhetage im Sinne bundes- oder landesrechtlicher Vorschriften, insbesondere auch nach dem Entgeltfortzahlungsgesetz.

§ 3
Die Sonntage und die staatlich anerkannten Feiertage sind Tage allgemeiner Arbeitsruhe.

§ 4
(1) Öffentlich bemerkbare Arbeiten, die die äußere Ruhe stören oder dem Wesen der Sonn- und Feiertage widersprechen, sind verboten.
(2) Von dem Verbot nach Abs. 1 sind diejenigen Handlungen ausgenommen, die nach Bundes- oder Landesrecht besonders zugelassen oder nachstehend aufgeführt sind:
a) der Betrieb der Post, der Eisenbahn- und Straßenbahnverkehr, der Hafenumschlag, die Schiffahrt, die Luftfahrt, der Güterfernverkehr, der Kraftomnibuslinien- und sonstige Personenverkehr, die Versorgungsbetriebe sowie die Hilfseinrichtungen für diese Betriebe und Verkehrsarten;
b) unaufschiebbare Arbeiten, die zur Befriedigung häuslicher oder landwirtschaftlicher Bedürfnisse, zur Abwendung eines erheblichen Schadens an Gesundheit oder Eigentum, im Interesse öffentlicher Einrichtungen und Anstalten, zur Verhütung eines Notstandes oder zur Vorbereitung der am folgenden Tage stattfindenden Märkte erforderlich sind;
c) nichtgewerbsmäßige leichtere Betätigung in Haus und Garten, es sei denn, daß durch sie eine unmittelbare Störung des Gottesdienstes eintritt.
(3) Die Öffnung von Videotheken ist an Sonntagen und an gesetzlichen Feiertagen ab 13 Uhr zugelassen.
(4) ¹Die Ortspolizeibehörde kann die Durchführung von nicht nach den §§ 68 oder 69 der Gewerbeordnung festgesetzten Märkten oder marktähnlichen Veranstaltungen, insbesondere Flohmärkten, erlauben, wenn diese überwiegend der Freizeitgestaltung dienen und der Veranstalter sicherstellt, daß keine gewerblichen Anbieter teilnehmen. ²Die Erteilung der Erlaubnis ist ausgeschlossen, wenn durch

die Veranstaltung eine unmittelbare Störung des Gottesdienstes zu befürchten ist. ³Die Erlaubnis kann mit Auflagen und Bedingungen versehen werden; sie kann widerrufen werden, wenn die Voraussetzungen ihrer Erteilung nicht mehr vorliegen.

§ 5

(1) ¹An den in § 3 genannten Tagen sind während der Zeit von 7.00 bis 11.00 Uhr morgens folgende Veranstaltungen und Handlungen verboten, soweit sie nicht nach Bundesrecht besonders zugelassen oder nach Landesrecht gestattet und unaufschiebbar sind:
a) sportliche, turnerische und ähnliche Veranstaltungen gewerblicher Art;
b) Veranstaltungen, Handlungen, Versammlungen unter freiem Himmel und öffentliche Aufzüge, durch die der Gottesdienst unmittelbar gestört wird.

²Das Grundrecht der Versammlungsfreiheit (Artikel 8 Abs. 2 des Grundgesetzes) wird insoweit eingeschränkt.

(2) Die Einschränkungen des Absatzes 1 gelten nicht für den 1. Mai und den 3. Oktober.

§ 6

¹Am Karfreitag, am Volkstrauertag und am Totensonntag (letzter Sonntag vor dem 1. Advent) sind verboten:
a) Veranstaltungen in Räumen mit Schankbetrieb, die über den Schank- und Speisebetrieb hinausgehen;
b) sportliche, turnerische und ähnliche Veranstaltungen gewerblicher Art;
c) sportliche, turnerische und ähnliche Veranstaltungen nichtgewerblicher Art, sofern sie mit Auf- und Umzügen, mit Unterhaltungsmusik oder Festveranstaltungen verbunden sind;
d) alle anderen öffentlichen Veranstaltungen, sofern bei ihnen nicht der diesen Tagen entsprechende ernste Charakter gewahrt ist.

²Die Verbote gelten am Volkstrauertag und am Totensonntag von 6.00 bis 17.00 Uhr, am Karfreitag von 6.00 bis 21.00 Uhr.

§ 7 Verbot von Glücksspiel

¹Am Karfreitag, am Volkstrauertag, am Totensonntag sowie am 24. und 25. Dezember ist der Betrieb von Annahmestellen, Verkaufsstellen von Lotterien, Wettvermittlungsstellen, Buchmacherörtlichkeiten, Spielhallen und Spielbanken verboten. ²Hat der Betrieb eine gesetzliche Sperrzeit einzuhalten, darf der Spielbetrieb des Vortags bis zu deren Beginn fortgeführt werden. ³Am 24. Dezember gilt das Verbot erst ab 14 Uhr.

II. Abschnitt
Religiöse Feiertage

§ 8

(1) ¹An den folgenden religiösen Feiertagen sind in der Nähe der gottesdienstlichen Häuser und Räume des jeweiligen Bekenntnisses alle Veranstaltungen und Handlungen zu unterlassen, durch die der Gottesdienst unmittelbar gestört wird:
a) am 31. Oktober – Reformationsfest – (evangelischer Feiertag);
b) am Buß- und Bettag (evangelischer Feiertag);
c) am Donnerstag nach Trinitatis – Fronleichnam – (katholischer Feiertag);
d) am 1. November – Allerheiligen – (katholischer Feiertag);
e) Rosch Haschana (Neujahrsfest) – (jüdischer Feiertag); zwei Tage am 1. und 2. Tischri, beginnend am Vorabend;
f) Jom Kippur (Versöhnungstag) – (jüdischer Feiertag); einen Tag am Tischri, beginnend am Vorabend;
g) Sukkoth (Laubhüttenfest) – (jüdischer Feiertag); zwei Tage am 15. und 16. Tischri, beginnend am Vorabend;
h) Schemini Azereth (Schlussfest) – (jüdischer Feiertag); einen Tag am 22. Tischri, beginnend am Vorabend;
i) Simchat Thora (Fest der Gesetzesfreude) – (jüdischer Feiertag); einen Tag am 23. Tischri, beginnend am Vorabend;
j) Pessach (Fest zum Auszug aus Ägypten)

aa) zwei Tage am 15. und 16. Nissan, beginnend am Vorabend;
bb) zwei Tage am 21. und 22. Nissan, beginnend am Vorabend – (jüdische Feiertage);
k) Schawuoth (Wochenfest) – (jüdischer Feiertag); zwei Tage am 6. und 7. Siwan, beginnend am Vorabend.

²Die Daten der jüdischen Feiertage bestimmen sich nach dem jüdischen Mondkalender unter Beachtung der allgemein geltenden Kalenderregeln; Vorabendbeginn ist jeweils 17.00 Uhr. ³Die Senatskanzlei veröffentlicht die Daten im Amtsblatt der Freien Hansestadt Bremen.

(2) ¹Die folgenden islamischen Feiertage sind religiöse Feiertage:
a) Opferfest (Id-ul-Adha oder Kurban Bayramı); die vier Tage ab dem zehnten Tag des Dhul-Hiddscha;
b) Ramadanfest (Id-ul-Fitr oder Ramazan Bayramı); die drei Tage ab dem ersten Tag des Schawwal;
c) Aschura; der zehnte Tag des Muharram.

²Die Daten der Feiertage bestimmen sich nach dem islamischen Mondkalender. ³Absatz 1 Satz 3 gilt entsprechend.

(3) ¹Die folgenden alevitischen Feiertage sind religiöse Feiertage:
a) Aşure-Tag; beweglich – der 13. Tag des Muharrem;
b) Hızır-Lokması; 16. Februar;
c) Nevruz und Andacht Hz. Ali; 21. März.

²Die Daten des Aşure-Tages bestimmen sich nach dem alevitischen Mondkalender. ³Absatz 1 Satz 3 gilt entsprechend.

§ 9
¹Den in einem Beschäftigungs- oder Ausbildungsverhältnis stehenden Angehörigen der Religionsgesellschaften ist, soweit betriebliche Notwendigkeiten nicht entgegenstehen, an den im § 8 genannten Feiertagen ihres Bekenntnisses Gelegenheit zu geben, am Gottesdienst teilzunehmen. ²Bei Feiertagen gemäß § 8 Absatz 2 Buchstabe a und b gilt dies für die Einzelne oder den Einzelnen jeweils nur für einen der geschützten Kalendertage.

§ 10
(1) ¹Schüler der allgemeinbildenden Schulen sowie der Fach- und Berufsfachschulen haben an den im § 8 genannten Feiertagen ihrer Religionsgesellschaften unterrichtsfrei. ²Bei Feiertagen gemäß § 8 Absatz 2 Buchstabe a und b gilt dies jeweils nur für einen der geschützten Kalendertage; die Senatorin für Bildung und Wissenschaft bestimmt den unterrichtsfreien Tag. ³Die Schüler der Berufsschulen werden auf Antrag vom Unterricht befreit.

(2) Die Senatorin für Bildung und Wissenschaft wird ermächtigt, an anderen als den im § 8 genannten Feiertagen Unterrichtsbefreiung zu gewähren.

III. Abschnitt
Schlußbestimmungen

§ 11
Der Senator für Inneres kann im Einzelfall von den in diesem Gesetz vorgesehenen Beschränkungen und Verboten aus wichtigen Gründen Befreiung erteilen.

§ 12
Der Senat wird ermächtigt:
a) den Tag zu bestimmen, an dem der Volkstrauertag begangen wird;
b) aus besonderem Anlaß im Einzelfall Vorschriften dieses Gesetzes auch für in § 3 nicht genannte Tage ganz oder teilweise für anwendbar zu erklären.

§ 13
(1) Ordnungswidrig handelt, wer
1. entgegen § 4 an Sonntagen oder staatlich anerkannten Feiertagen öffentlich bemerkbare Arbeiten ausführt, die die äußere Ruhe stören oder
2. entgegen § 5 an Sonntagen oder staatlich anerkannten Feiertagen während der Zeit von 7.00 bis 11.00 Uhr morgens Veranstaltungen, Handlungen, Versammlungen unter freiem Himmel oder öffentliche Aufzüge, durch die der Gottesdienst unmittelbar gestört wird, durchführt.

(2) Ordnungswidrig handelt, wer vorsätzlich oder fahrlässig
1. entgegen § 5 an Sonntagen oder staatlich anerkannten Feiertagen während der Zeit von 7.00 bis 11.00 Uhr morgens sportliche, turnerische oder ähnliche Veranstaltungen gewerblicher Art,
2. entgegen § 6 am Karfreitag, am Volkstrauertag oder am Totensonntag während der geschützten Zeiten
    a) Veranstaltungen in Räumen mit Schankbetrieb, die über den Schank- und Speisebetrieb hinausgehen,
    b) sportliche, turnerische oder ähnliche Veranstaltungen gewerblicher Art oder
    c) sportliche, turnerische oder ähnliche Veranstaltungen nichtgewerblicher Art, sofern sie mit Auf- und Umzügen, mit Unterhaltungsmusik oder Festveranstaltungen verbunden sind,
   durchführt, oder
3. entgegen § 7 am Karfreitag, am Volkstrauertag, am Totensonntag oder am 24. und 25. Dezember Einrichtungen zum Glücksspiel betreibt.
(3) Die Ordnungswidrigkeit kann mit einer Geldbuße geahndet werden.
(4) Sachlich zuständige Verwaltungsbehörde für die Verfolgung und Ahndung von Ordnungswidrigkeiten ist die Ortspolizeibehörde.

§ 14
Dieses Gesetz tritt einen Tag nach seiner Verkündung in Kraft.

Mindestlohngesetz für das Land Bremen (Landesmindestlohngesetz)

Vom 17. Juli 2012 (Brem.GBl. S. 300[1])
(2043-b-1)
zuletzt geändert durch Art. 1 d. G vom 12. Dezember 2017 (Brem.GBl. S. 767)

§ 1 Zweck des Gesetzes
In Umsetzung des Schutzauftrags des Artikels 49 Absatz 2 der Landesverfassung der Freien Hansestadt Bremen ist der Zweck dieses Gesetzes die Festlegung und Durchsetzung eines Mindestlohns für Arbeitnehmerinnen und Arbeitnehmer nach Maßgabe der nachstehenden Vorschriften.

§ 2 Arbeitnehmerinnen und Arbeitnehmer
(1) Arbeitnehmerin oder Arbeitnehmer im Sinne dieses Gesetzes ist, wer sich durch einen privatrechtlichen Vertrag verpflichtet hat, in sozialversicherungspflichtiger Form oder als geringfügig Beschäftigter gegen Entgelt Dienste zu leisten, die in unselbstständiger Arbeit im Inland zu erbringen sind.
(2) Als Arbeitnehmerinnen oder Arbeitnehmer gelten nicht Auszubildende, Umschülerinnen und Umschüler nach dem Berufsbildungsgesetz und Personen, die in Verfolgung ihres Ausbildungszieles eine praktische Tätigkeit nachweisen müssen.

§ 3 Mindestlohn für Arbeitnehmerinnen und Arbeitnehmer des Landes und der Stadtgemeinden
Arbeitnehmerinnen und Arbeitnehmern der Freien Hansestadt Bremen und der Stadtgemeinden Bremen und Bremerhaven sollen mindestens Ansprüche auf Zahlung des Mindestlohns eingeräumt werden.

§ 4 Mindestlohn für Arbeitnehmerinnen und Arbeitnehmer öffentlicher Unternehmen und Einrichtungen
[1]Das Land Bremen und die Stadtgemeinden Bremen und Bremerhaven stellen im Rahmen ihrer rechtlichen Zuständigkeiten und Befugnisse sicher, dass andere juristische Personen des öffentlichen und privaten Rechts ihren Arbeitnehmerinnen und Arbeitnehmern mindestens den Mindestlohn zahlen, soweit das Land oder die Stadtgemeinden sie einzeln oder gemeinsam durch Beteiligung oder auf sonstige Weise überwiegend finanzieren oder über ihre Leitung die Aufsicht ausüben oder mehr als die Hälfte der Mitglieder eines ihrer zur Geschäftsführung oder zur Aufsicht berufenen Organe bestimmt haben. [2]Satz 1 gilt auch für juristische Personen des öffentlichen Rechts im Lande Bremen, die sich durch Gebühren oder Beiträge finanzieren.

§ 5 Mindestlohn für Arbeitnehmerinnen und Arbeitnehmer der Zuwendungsempfänger
(1) [1]Die Freie Hansestadt Bremen und die Stadtgemeinden Bremen und Bremerhaven gewähren Zuwendungen im Sinne von § 23 der Landeshaushaltsordnung nur, wenn sich die Empfänger verpflichten, ihren Arbeitnehmerinnen und Arbeitnehmern mindestens den Mindestlohn zu zahlen. [2]Satz 1 gilt entsprechend für die Gewährung sonstiger staatlicher oder aus staatlichen Mitteln gewährten direkten oder indirekten Vorteile jeder Art, soweit es sich nicht um Sachleistungen oder Leistungen handelt, auf die der Empfänger einen dem Grund und der Höhe nach unmittelbar durch Rechtsvorschriften begründeten Anspruch hat. [3]Die gewährende Stelle kann das Erfordernis eines Mindestlohns auf weitere Arbeitnehmerinnen und Arbeitnehmer erstrecken, um rechtlichen Gestaltungen zu begegnen, die geeignet sind, einer Umgehung des Mindestlohnerfordernisses nach den Sätzen 1 und 2 zu dienen.
(2) Absatz 1 gilt entsprechend, wenn Einrichtungen nach § 4 Zuwendungen oder andere Vorteile gewähren.
(3) Diese Vorschrift findet bei der Förderung aus Mitteln der Ausgleichsabgabe nach § 77 des Neunten Buches Sozialgesetzbuch keine Anwendung.

§ 6 Mindestlohn bei Entgeltvereinbarungen im Sozialrecht
Die Freie Hansestadt Bremen und die Stadtgemeinden Bremen und Bremerhaven vereinbaren auch in Leistungserbringungs- und Versorgungsverträgen nach den Büchern des Sozialgesetzbuchs die Zahlung eines Mindestlohns an die Arbeitnehmerinnen und Arbeitnehmer des Leistungserbringers, soweit dies bundesgesetzlich nicht ausgeschlossen ist.

---
1) Verkündet als Art. 1 d. G v. 17. 7. 2012 S. 300.

§ 7 Mindestlohn bei der Vergabe öffentlicher Aufträge
Die Durchsetzung des Mindestlohns im Bereich der Vergabe öffentlicher Aufträge regelt das Tariftreue- und Vergabegesetz.

§ 8 (aufgehoben)

§ 9 Höhe des Mindestlohns
[1]Die Höhe des Mindestlohns entspricht der jeweils geltenden Höhe des Mindestlohns nach dem Mindestlohngesetz in Verbindung mit der Mindestlohnanpassungsverordnung. [2]Er beträgt jedoch mindestens brutto 8,84 Euro je Zeitstunde.

Bremisches Spielhallengesetz (BremSpielhG)

Vom 17. Mai 2011 (Brem.GBl. S. 327)
(2191-d-1)
zuletzt geändert durch Art. 2 des G vom 14. März 2017 (Brem.GBl. S. 121)

Der Senat verkündet das nachstehende, von der Bürgerschaft (Landtag) beschlossene Gesetz:

§ 1 Spielhallengewerbe
Ein Spielhallengewerbe übt aus, wer gewerbsmäßig eine Spielhalle oder ein ähnliches Unternehmen betreibt, das ausschließlich oder überwiegend der Aufstellung von Spielgeräten im Sinne von § 33c Absatz 1 Satz 1 der Gewerbeordnung oder der Veranstaltung anderer Spiele im Sinne von § 33d Absatz 1 Satz 1 der Gewerbeordnung dient.

§ 2 Erlaubnis
(1) [1]Wer ein Spielhallengewerbe ausüben will, bedarf der Erlaubnis. [2]Die Erlaubnis wird für eine Dauer von bis zu fünf Jahren erteilt.
(2) Die Erlaubnis ist zu versagen, wenn
1. Tatsachen die Annahme rechtfertigen, dass der Antragsteller die zum Betrieb einer Spielhalle erforderliche Zuverlässigkeit nicht besitzt,
2. die zum Betrieb des Gewerbes bestimmten Räume wegen ihrer Beschaffenheit oder Lage den polizeilichen Anforderungen oder den Anforderungen dieses Gesetzes nicht genügen,
3. der Betrieb des Gewerbes eine Gefährdung der Jugend, eine übermäßige Ausnutzung des Spieltriebs oder eine nicht zumutbare Belästigung einer im öffentlichen Interesses bestehenden Einrichtung befürchten lässt,
4. eine Spielhalle einen Mindestabstand von 250 Metern Luftlinie zu einer Spielhalle unterschreitet,
5. eine Spielhalle in baulichem Verbund mit einer oder mehreren Spielhallen oder Wettvermittlungsstellen steht, insbesondere in einem gemeinsamen Gebäude oder Gebäudekomplex untergebracht wird oder
6. ein Sozialkonzept gemäß § 4 Absatz 1 Satz 2 Nummer 1 nicht vorgelegt wird.
(3) [1]Die Erlaubnis kann mit Auflagen verbunden werden, soweit dies zum Schutze der Gäste oder der Allgemeinheit, insbesondere vor verhaltensbedingten erheblichen Belästigungen, erforderlich ist. [2]Unter denselben Voraussetzungen ist auch die nachträgliche Aufnahme, Änderung und Ergänzung von Auflagen zulässig.
(4) Wird bei juristischen Personen nach Erteilung der Erlaubnis eine andere Person zur Vertretung nach Gesetz, Satzung oder Gesellschaftsvertrag berufen, so ist dies unverzüglich der zuständigen Behörde anzuzeigen.
(5) [1]Die Erlaubnis erlischt, wenn die Inhaberin oder der Inhaber innerhalb eines Jahres nach Erteilung den Betrieb nicht begonnen oder seit einem Jahr nicht mehr ausgeübt hat. [2]Die Fristen können verlängert werden, wenn ein wichtiger Grund vorliegt.

§ 3 Überprüfung der Volljährigkeit
Die Betreiberin oder der Betreiber einer Spielhalle stellt durch eine Kontrolle des amtlichen Ausweises oder eine vergleichbare Identitätskontrolle vor Gewährung des Zutritts sicher, dass Minderjährige keinen Zutritt haben.

§ 4 Spielerschutz
(1) [1]Die Betreiberin oder der Betreiber einer Spielhalle ist verpflichtet, die Spielerinnen und Spieler zu verantwortungsbewusstem Spiel anzuhalten und der Entstehung von Spielsucht vorzubeugen. [2]Zu diesem Zweck hat sie oder er
1. ein Sozialkonzept zu entwickeln, in dem dargelegt wird, mit welchen Maßnahmen den sozialschädlichen Auswirkungen des Spiels vorgebeugt werden soll und wie diese behoben werden sollen,
2. die für die Umsetzung des Sozialkonzepts verantwortlichen Personen zu benennen,
3. das Personal der Spielhalle vom Spiel auszuschließen und regelmäßig in der Früherkennung problematischen und pathologischen Spielverhaltens fachkundig schulen zu lassen,

4. vor Ablauf der ersten drei Monate eines Jahres gegenüber der zuständigen Behörde über die im Vorjahr getroffenen Maßnahmen zur Umsetzung des Sozialkonzepts zu berichten und Nachweise über die Schulung des Personals zu erbringen und
5. eine Spielersperrliste zu führen, die Identität sämtlicher Spielerinnen und Spieler vor Spielbeginn anhand eines amtlichen Ausweises mit der Spielersperrliste abzugleichen und Personen, die eine Aufnahme in die Liste verlangen (freiwillige Selbstsperre), während des vereinbarten Zeitraums, mindestens für die Dauer eines Jahres, vom Spiel auszuschließen und dies schriftlich zu bestätigen.

(2) ¹Die Betreiberin oder der Betreiber einer Spielhalle hat über die Suchtrisiken der von ihr oder ihm angebotenen Spielgeräte mit Gewinnmöglichkeit und anderen Spielen mit Gewinnmöglichkeit, das Verbot der Teilnahme Minderjähriger und Möglichkeiten der Beratung und Therapie aufzuklären. ²Sie oder er hat Informationsmaterial über die Risiken des übermäßigen Spielens und Informationen zu Angeboten und Kontaktdaten von qualifizierten Beratungsstellen sichtbar auszulegen sowie auf eine Telefonberatung mit einer einheitlichen Telefonnummer hinzuweisen.

(3) ¹Die Betreiberin oder der Betreiber hat den Spielern vor der Spielteilnahme die spielrelevanten Informationen zur Verfügung zu stellen. ²Spielrelevante Informationen sind insbesondere
1. alle Kosten, die mit der Teilnahme veranlasst sind,
2. die Höhe aller Gewinne,
3. wann und wo die Gewinne veröffentlicht werden,
4. der Prozentsatz der Auszahlungen für Gewinne vom Einsatz (Auszahlungsquote),
5. Informationen zu den Gewinn- und Verlustwahrscheinlichkeiten,
6. das Verfahren nach dem der Gewinner ermittelt wird, insbesondere die Information über den Zufallsmechanismus, der der Generierung der zufallsabhängigen Spielergebnisse zugrunde liegt,
7. den Namen der Erlaubnisinhaberin oder des Erlaubnisinhabers sowie ihre oder seine Kontaktdaten (Anschrift, E-Mail, Telefon),
8. die Handelsregisternummer,
9. wie die Spielerin oder der Spieler Beschwerden vorbringen kann und
10. das Datum der erteilten Erlaubnis.

(4) Während der Öffnungszeiten muss ausreichendes Aufsichtspersonal dauerhaft anwesend sein.

(5) Die Räume einer Spielhalle müssen geeignet sein, das Entstehen von Glücksspielsucht zu verhindern, insbesondere muss das Aufsichtspersonal von seinem regelmäßigen Aufenthaltsort aus, auch unter Zuhilfenahme technischer Einrichtungen, alle Spielgeräte einsehen und Spieler beobachten können.

(6) Der Senator für Wirtschaft, Arbeit und Häfen wird ermächtigt durch Rechtsverordnung Mindestanforderungen an ein Sozialkonzept nach Absatz 1 Satz 2 Nummer 1, über die Anerkennung von Schulungsangeboten nach Absatz 1 Satz 2 Nummer 4 und über die Gestaltung von Räumen nach Absatz 5 zu regeln.

§ 5 Ausgestaltung und Werbung

(1) Eine Spielhalle darf nicht einsehbar sein.
(2) Das äußere Erscheinungsbild einer Spielhalle darf nicht durch Werbung zum Spielen auffordern oder anreizen.
(3) ¹Werbung für eine Spielhalle darf sich nicht an Minderjährige oder an von Spielsucht Gefährdete richten. ²Sie darf nicht irreführend sein und muss deutliche Hinweise auf das Verbot der Teilnahme Minderjähriger, die Wahrscheinlichkeit von Gewinn und Verlust, die von dem jeweiligen Spiel ausgehende Suchtgefahr und Hilfsmöglichkeiten enthalten.

§ 6 Verbote

Es ist verboten,
1. in Spielhallen alkoholische Getränke auszuschenken,
2. in Spielhallen entgeltlich oder unentgeltlich Speisen anzubieten,
3. als Betreiberin oder Betreiber am Spiel teilzunehmen, andere Personen mit der Spielteilnahme zu beauftragen oder die Spielteilnahme von beschäftigten Personen zu gestatten oder zu dulden oder als beschäftigte Person am Spiel teilzunehmen, soweit nicht im Zulassungsschein oder in der Unbedenklichkeitsbescheinigung nach § 33e Absatz 1 der Gewerbeordnung Ausnahmen zugelassen sind,

4. einer Spielerin oder einem Spieler für weitere Spiele hinsichtlich der Höhe der Einsätze Vergünstigungen, insbesondere unentgeltlichen Spiele, Nachlässe des Einsatzes oder auf den Einsatz oder darüber hinausgehende sonstige finanzielle Vergünstigungen, zu gewähren; Freispiele, die während des Spiels gewonnen werden, bleiben hiervon unberührt,
5. als Warengewinn Gegenstände anzubieten, deren Gestehungskosten den Wert von 60 Euro überschreiten,
6. gewonnene Gegenstände zurückzukaufen,
7. einer Spielerin oder einem Spieler neben der Ausgabe von Gewinnen über die gemäß den §§ 33c und 33d der Gewerbeordnung zugelassenen Spielgeräte oder anderen Spiele sonstige Gewinnchancen in Aussicht zu stellen oder Zahlungen oder sonstige finanzielle Vergünstigungen zu gewähren,
8. in Spielhallen Wetten abzuschließen oder zu vermitteln,
9. in Spielhallen Geräte aufzustellen oder zu betreiben, an denen Glücksspiel im Internet ermöglicht wird,
10. in Spielhallen einer Spielerin oder einem Spieler Kredit zu gewähren,
11. in einer Spielhalle Geldausgabeautomaten und andere Geräte aufzustellen, bereitzuhalten oder zu dulden, mit deren Hilfe sich die Gäste einer Spielhalle Bargeld beschaffen können,
12. in Spielhallen Dienste nach § 1 Absatz 2 und 10 Nummer 4, 6 und 10 des Zahlungsdiensteaufsichtsgesetzes anzubieten, zu betreiben oder zu dulden,
13. in einer Spielhalle erkennbar Spielsüchtige am Spiel teilnehmen zu lassen oder
14. im Fernsehen, im Internet sowie über Telekommunikationsanlagen für Spielhallen zu werben.

§ 7 Auskunft und Nachschau

(1) Die Betreiberin oder der Betreiber einer Spielhalle hat den zuständigen Behörden die für die Durchführung dieses Gesetzes und der aufgrund dieses Gesetzes erlassenen Rechtsverordnungen erforderlichen Auskünfte zu erteilen.

(2) ¹Die von der zuständigen Behörde mit der Überwachung des Betriebes beauftragten Personen sind befugt, zum Zwecke der Überwachung Grundstücke und Geschäftsräume der oder des Auskunftspflichtigen während der üblichen Geschäftszeit zu betreten, dort Prüfungen und Besichtigungen vorzunehmen, sich die geschäftlichen Unterlagen vorlegen zu lassen und in diese Einsicht zu nehmen. ²Der oder die Auskunftspflichtige hat die Maßnahmen nach Satz 1 zu dulden. ³Zur Verhütung dringender Gefahren für die öffentliche Sicherheit oder Ordnung können die Grundstücke und Geschäftsräume tagsüber auch außerhalb der in Satz 1 genannten Zeit sowie tagsüber auch dann betreten werden, wenn sie zugleich Wohnzwecken der oder des Betroffenen dienen; das Grundrecht der Unverletzlichkeit der Wohnung (Artikel 13 des Grundgesetzes) wird insoweit eingeschränkt.

(3) Der zur Erteilung einer Auskunft Verpflichtete kann die Auskunft auf solche Fragen verweigern, deren Beantwortung ihn selbst oder einen der in § 383 Absatz 1 Nummer 1 bis 3 der Zivilprozessordnung bezeichneten Angehörigen der Gefahr strafgerichtlicher Verfolgung oder eines Verfahrens nach dem Gesetz über Ordnungswidrigkeiten aussetzen würden.

§ 8 Anwendbarkeit der Gewerbeordnung und des Glücksspielstaatsvertrags

(1) Auf das den Vorschriften dieses Gesetzes unterliegende Spielhallengewerbe finden die Vorschriften der Gewerbeordnung und der hierzu erlassenen Rechtsverordnungen Anwendung, soweit nicht in diesem Gesetz oder aufgrund dieses Gesetzes oder im Glücksspielstaatsvertrag vom 15. Dezember 2011 (Brem.GBl. 2012 S. 241) (Glücksspielstaatsvertrag) besondere Bestimmungen getroffen worden sind.

(2) ¹Eine Erlaubnis nach diesem Gesetz schließt eine Erlaubnis nach dem Glücksspielstaatsvertrag ein. ²Übrige Erlaubniserfordernisse bleiben unberührt.

§ 9 Befugnisse und zuständige Behörde

(1) Die zuständige Behörde kann die zur Einhaltung der §§ 3 bis 7 erforderlichen Anordnungen treffen.

(2) Klagen gegen Anordnungen gemäß Absatz 1 haben keine aufschiebende Wirkung.

(3) Die Ausführung dieses Gesetzes und aufgrund dieses Gesetzes ergangener Rechtsverordnungen obliegt in der Stadtgemeinde Bremen dem Senator für Wirtschaft, Arbeit und Häfen als Ortspolizei-

behörde und in der Stadtgemeinde Bremerhaven der Ortspolizeibehörde, soweit durch dieses Gesetz oder aufgrund dieses Gesetzes nichts anderes bestimmt ist.

(4) Der Senator für Wirtschaft, Arbeit und Häfen wird ermächtigt, durch Rechtsverordnung die Einzelheiten des Verfahrens, insbesondere bei Erteilung, Rücknahme und Widerruf von Erlaubnissen, zu regeln.

§ 10 Ordnungswidrigkeiten

(1) Ordnungswidrig handelt, wer vorsätzlich oder fahrlässig
1. ohne die nach § 2 Absatz 1 erforderliche Erlaubnis eine Spielhalle betreibt,
2. einer Auflage nach § 2 Absatz 3 nicht, nicht vollständig oder nicht rechtzeitig nachkommt,
3. die nach § 2 Absatz 4 erforderliche Anzeige nicht oder nicht unverzüglich erstattet,
4. entgegen § 3 die Volljährigkeit nicht prüft,
5. entgegen § 4 Absatz 1 seiner Verpflichtung nicht oder nicht vollständig nachkommt, die Spielerinnen und Spieler zu verantwortungsbewusstem Spiel anzuhalten und der Entstehung von Spielsucht vorzubeugen, insbesondere ein Sozialkonzept zu entwickeln, sein Personal zu schulen, über die Maßnahmen zur Umsetzung des Sozialkonzepts zu berichten und Nachweise über die Schulung des Personals zu erbringen, eine Spielersperrliste zu führen und freiwillig gesperrte Spielerinnen und Spieler vom Spiel auszuschließen,
6. entgegen § 4 Absatz 2 seinen Aufklärungspflichten nicht nachkommt,
7. entgegen § 4 Absatz 3 spielrelevante Informationen nicht, nicht richtig, nicht vollständig oder nicht rechtzeitig zur Verfügung stellt,
8. entgegen § 4 Absatz 4 die dauerhafte Anwesenheit von ausreichendem Aufsichtspersonal nicht sicherstellt,
9. entgegen § 5 die Vorgaben zur Ausgestaltung der Spielhalle oder zur Werbung nicht befolgt,
10. entgegen § 6 Nummer 1 in Spielhallen alkoholische Getränke ausschenkt,
11. entgegen § 6 Nummer 2 in Spielhallen entgeltlich oder unentgeltlich Speisen anbietet,
12. entgegen § 6 Nummer 3 als Betreiberin oder Betreiber am Spiel teilnimmt, andere Personen mit der Spielteilnahme beauftragt oder die Spielteilnahme von beschäftigten Personen gestattet oder duldet oder als beschäftigte Person am Spiel teilnimmt, soweit nicht im Zulassungsschein oder in der Unbedenklichkeitsbescheinigung nach § 33e Absatz 1 der Gewerbeordnung Ausnahmen zugelassen sind,
13. entgegen § 6 Nummer 4 einer Spielerin oder einem Spieler für weitere Spiele hinsichtlich der Höhe der Einsätze Vergünstigungen oder darüber hinausgehende sonstige finanzielle Vergünstigungen gewährt,
14. entgegen § 6 Nummer 5 als Warengewinn Gegenstände anbietet, deren Gestehungskosten den Wert von 60 Euro überschreiten,
15. entgegen § 6 Nummer 6 gewonnene Gegenstände zurückkauft,
16. entgegen § 6 Nummer 7 einer Spielerin oder einem Spieler neben der Ausgabe von Gewinnen über die gemäß den §§ 33c und 33d der Gewerbeordnung zugelassene Spielgeräte oder andere Spiele sonstige Gewinnchancen in Aussicht stellt oder Zahlungen oder sonstige finanzielle Vergünstigungen gewährt,
17. entgegen § 6 Nummer 8 in Spielhallen Wetten abschließt oder vermittelt,
18. entgegen § 6 Nummer 9 in Spielhallen Geräte aufstellt oder betreibt, an denen Glücksspiel im Internet ermöglicht wird,
19. entgegen § 6 Nummer 10 einer Spielerin oder einem Spieler als Betreiberin oder Betreiber oder als beschäftige Personen Kredit gewährt oder die Kreditgewährung durch andere duldet,
20. entgegen § 6 Nummer 11 in einer Spielhalle Geldausgabeautomaten und andere Geräte aufstellt, bereithält oder duldet, mit deren Hilfe sich die Gäste einer Spielhalle Bargeld beschaffen können,
21. entgegen § 6 Nummer 12 in Spielhallen Dienste nach § 1 Absatz 2 und 10 Nummer 4, 6 oder 10 des Zahlungsdiensteaufsichtsgesetzes anbietet, betreibt oder duldet,
22. entgegen § 6 Nummer 13 erkennbar Spielsüchtige am Spiel teilnehmen lässt,
23. entgegen § 6 Nummer 14 im Fernsehen, im Internet oder über Telekommunikationsanlagen für eine Spielhalle wirbt,

24. entgegen § 7 eine Auskunft nicht, nicht richtig, nicht vollständig oder nicht rechtzeitig erteilt, den Zutritt zu den für den Betrieb benutzten Räumen nicht gestattet oder die Einsicht in geschäftliche Unterlagen nicht gewährt oder
25. den Vorschriften einer aufgrund des § 4 Absatz 6 oder des § 9 Absatz 4 erlassenen Rechtsverordnung zuwiderhandelt, soweit die Rechtsverordnung für einen bestimmten Tatbestand auf diese Bußgeldvorschrift verweist.
(2) Die Ordnungswidrigkeiten nach Absatz 1 können mit Geldbußen bis zu 50 000 Euro geahndet werden.
(3) [1]Ist eine Ordnungswidrigkeit nach Absatz 1 begangen worden, so können die Gegenstände, auf die sich die Ordnungswidrigkeit bezieht oder die durch sie hervorgebracht oder zu ihrer Begehung oder Vorbereitung gebraucht worden oder bestimmt gewesen sind, eingezogen werden. [2]§ 23 des Gesetzes über Ordnungswidrigkeiten ist anzuwenden.
(4) Für die Verfolgung und Ahndung von Ordnungswidrigkeiten ist in der Stadtgemeinde Bremen der Senator für Wirtschaft, Arbeit und Häfen als Ortspolizeibehörde und in der Stadtgemeinde Bremerhaven die Ortspolizeibehörde sachlich zuständig.

§ 11 Übergangsbestimmungen

(1) Ist für eine Spielhalle eine Erlaubnis gemäß § 33i Absatz 1 Satz 1 der Gewerbeordnung bis zum Ablauf des 19. Mai 2011 erteilt worden, gilt § 2 Absatz 2 Nummer 6 nicht für die bestehende Erlaubnis für diese Spielhalle.
(2) [1]Ist für eine Spielhalle bis zum Ablauf des 19. Mai 2011 eine Erlaubnis gemäß § 33i Absatz 1 Satz 1 der Gewerbeordnung erteilt worden, hat die Betreiberin oder der Betreiber die Pflichten gemäß § 4 Absatz 1 und § 5 ab dem 1. August 2011 zu erfüllen. [2]Das Sozialkonzept gemäß § 4 Absatz 1 Satz 2 Nummer 1 ist in diesem Fall bis zum Ablauf des 31. Juli 2011 vorzulegen.
(3) [1]Eine vor dem 1. Juli 2012 erteilte Erlaubnis zum Betrieb einer Spielhalle oder eines ähnlichen Gewerbes nach § 33i Absatz 1 Satz 1 der Gewerbeordnung erlischt mit Ablauf des 30. Juni 2017. [2]Soll eine Spielhalle nach diesem Zeitpunkt betrieben werden, so hat die Betreiberin oder der Betreiber eine Erlaubnis nach diesem Gesetz zu beantragen. [3]Der Antrag kann frühestens am 1. Januar 2016 und spätestens am 30. Juni 2016 bei der zuständigen Behörde gestellt werden.
(3a) Die Antragstellerin oder der Antragsteller soll nach Absatz 3 Satz 2 und 3 von den Voraussetzungen des § 2 Absatz 2 Nummer 4 und 5 befreit werden, wenn
1. die beantragte Erlaubnis ausschließlich wegen Fehlens dieser Voraussetzungen nicht mehr erteilt werden könnte und
2. ein Vergleich der den Mindestabstand unterschreitenden oder im baulichen Verbund stehenden Spielhallen ergibt, dass die betroffenen Betriebe eine Standortbetriebsdauer von mindestens 20 Jahren haben, in den letzten 10 Jahren durch den gleichen Inhaber geführt wurde und dieser durch eine Bescheinigung des für die betriebsbedingten Steuern zuständigen Finanzamtes seine steuerliche Zuverlässigkeit nachweist. Werden diese Voraussetzungen durch im Vergleich stehende einzelne Spielhallen nicht erfüllt, können die Antragstellerin oder der Antragsteller nur nach Maßgabe des § 11 Absatz 5 eine Erlaubnis erhalten.
(4) [1]In begründeten Einzelfällen kann die Antragstellerin oder der Antragsteller nach Absatz 3 Satz 2 und 3 von den Voraussetzungen des § 2 Absatz 2 Nummer 4 und 5 befreit werden, wenn
1. die beantragte Erlaubnis ausschließlich wegen Fehlens dieser Voraussetzungen nicht mehr erteilt werden könnte und
2. die Betreiberin oder der Betreiber auf den Bestand der ursprünglichen Erlaubnis vertraut hat und dieses Vertrauen unter Abwägung mit dem öffentlichen Interesse und der Ziele des Glücksspielstaatsvertrags schutzwürdig ist.
[2]Das Vertrauen ist in der Regel schutzwürdig, wenn die Erlaubnisinhaberin oder der Erlaubnisinhaber eine Vermögensdisposition getroffen hat, die sie oder er nicht mehr oder nur unter unzumutbaren Nachteilen rückgängig machen kann. [3]§ 48 Absatz 2 Satz 3 des Bremischen Verwaltungsverfahrensgesetzes gilt entsprechend.
(5) Zum Nachweis von Vermögensdispositionen nach Absatz 4 Satz 2 kann die zuständige Behörde Einsicht in die erforderlichen Unterlagen, insbesondere Jahresabschlüsse, Geschäftsbericht und Bücher oder deren Vorlage verlangen und sich hierzu sachverständiger Personen bedienen.

§ 12 Inkrafttreten
Dieses Gesetz tritt am Tag nach seiner Verkündung in Kraft.

Bremische Landesbauordnung

Vom 4. September 2018 (Brem.GBl. S. 320)
(2130-d-1)

Der Senat verkündet das nachstehende, von der Bürgerschaft (Landtag) beschlossene Gesetz:

Inhaltsverzeichnis

Teil 1
Allgemeine Vorschriften

§ 1	Anwendungsbereich
§ 2	Begriffe
§ 3	Allgemeine Anforderungen

Teil 2
Das Grundstück und seine Bebauung

§ 4	Bebauung der Grundstücke mit Gebäuden
§ 5	Zugänge und Zufahrten auf den Grundstücken
§ 6	Abstandsflächen, Abstände
§ 7	Teilung von Grundstücken
§ 8	Nicht überbaute Flächen der bebauten Grundstücke, Kinderspielplätze

Teil 3
Bauliche Anlagen

Abschnitt 1
Gestaltung

§ 9	Gestaltung
§ 10	Anlagen der Außenwerbung, Automaten

Abschnitt 2
Allgemeine Anforderungen an die Bauausführung

§ 11	Baustelle
§ 12	Standsicherheit
§ 13	Schutz gegen schädliche Einflüsse
§ 14	Brandschutz
§ 15	Wärme-, Schall-, Erschütterungsschutz
§ 16	Verkehrssicherheit
§ 16a	Bauarten

Abschnitt 3
Bauprodukte

§ 16b	Allgemeine Anforderungen für die Verwendung von Bauprodukten
§ 16c	Anforderungen für die Verwendung von CE-gekennzeichneten Bauprodukten
§ 17	Verwendbarkeitsnachweise
§ 18	Allgemeine bauaufsichtliche Zulassung
§ 19	Allgemeines bauaufsichtliches Prüfzeugnis
§ 20	Nachweis der Verwendbarkeit von Bauprodukten im Einzelfall
§ 21	Übereinstimmungsbestätigung
§ 22	Übereinstimmungserklärung der Herstellerin oder des Herstellers
§ 23	Zertifizierung
§ 24	Prüf-, Zertifizierungs-, Überwachungsstellen
§ 25	Besondere Sachkunde- und Sorgfaltsanforderungen

Abschnitt 4
Brandverhalten von Baustoffen und Bauteilen; Wände, Decken, Dächer

§ 26	Allgemeine Anforderungen an das Brandverhalten von Baustoffen und Bauteilen
§ 27	Tragende Wände, Stützen
§ 28	Außenwände
§ 29	Trennwände
§ 30	Brandwände
§ 31	Decken
§ 32	Dächer

Abschnitt 5
Rettungswege, Öffnungen, Umwehrungen

§ 33	Erster und zweiter Rettungsweg
§ 34	Treppen
§ 35	Notwendige Treppenräume, Ausgänge
§ 36	Notwendige Flure, offene Gänge
§ 37	Fenster, Türen, sonstige Öffnungen
§ 38	Umwehrungen

Abschnitt 6
Technische Gebäudeausrüstung

§ 39	Aufzüge
§ 40	Leitungsanlagen, Installationsschächte und -kanäle
§ 41	Lüftungsanlagen
§ 42	Feuerungsanlagen, sonstige Anlagen zur Wärmeerzeugung, Brennstoffversorgung
§ 43	Sanitäre Anlagen, Wasserzähler
§ 44	Kleinkläranlagen, Gruben
§ 45	Aufbewahrung fester Abfallstoffe
§ 46	Blitzschutzanlagen

Abschnitt 7
Nutzungsbedingte Anforderungen

§ 47 Aufenthaltsräume
§ 48 Wohnungen
§ 49 Stellplätze und Fahrradabstellplätze
§ 50 Barrierefreies Bauen
§ 51 Sonderbauten

Teil 4
Die am Bau Beteiligten

§ 52 Grundpflichten
§ 53 Bauherrin oder Bauherr
§ 54 Entwurfsverfasserin oder Entwurfsverfasser
§ 55 Unternehmerin oder Unternehmer
§ 56 Bauleiterin oder Bauleiter

Teil 5
Bauaufsichtsbehörden, Verfahren

Abschnitt 1
Bauaufsichtsbehörden

§ 57 Aufbau und Zuständigkeit der Bauaufsichtsbehörden
§ 58 Aufgaben und Befugnisse der Bauaufsichtsbehörden

Abschnitt 2
Genehmigungspflicht, Genehmigungsfreiheit

§ 59 Grundsatz
§ 60 Vorrang anderer Gestattungsverfahren
§ 61 Verfahrensfreie Bauvorhaben, Beseitigung von Anlagen, Vorhaben des Bundes
§ 62 Genehmigungsfreistellung

Abschnitt 3
Genehmigungsverfahren

§ 63 Vereinfachtes Baugenehmigungsverfahren
§ 64 Baugenehmigungsverfahren
§ 64a Bauaufsichtliche Zustimmung
§ 65 Bauvorlageberechtigung

§ 66 Bautechnische Nachweise
§ 67 Abweichungen
§ 68 Bauantrag und Bauvorlagen
§ 69 Behandlung des Bauantrags
§ 70 Beteiligung der Nachbarinnen und Nachbarn und der Öffentlichkeit
§ 71 Verarbeitung personenbezogener Daten
§ 72 Baugenehmigung, Baubeginn
§ 73 Geltungsdauer der Baugenehmigung
§ 74 Teilbaugenehmigung
§ 75 Vorbescheid
§ 76 Genehmigung Fliegender Bauten

Abschnitt 4
Bauaufsichtliche Maßnahmen

§ 77 Verbot unrechtmäßig gekennzeichneter Bauprodukte
§ 78 Einstellung von Arbeiten
§ 79 Beseitigung von Anlagen, Nutzungsuntersagung

Abschnitt 5
Bauüberwachung

§ 80 Bauüberwachung
§ 81 Bauzustandsanzeigen, Aufnahme der Nutzung

Abschnitt 6
Baulasten

§ 82 Baulasten, Baulastenverzeichnis

Teil 6
Ordnungswidrigkeiten, Rechtsvorschriften, Übergangs- und Schlussvorschriften

§ 83 Ordnungswidrigkeiten
§ 84 Rechtsvorschriften
§ 85 Technische Baubestimmungen
§ 86 Örtliche Bauvorschriften
§ 87 Übergangsvorschriften
§ 88 Inkrafttreten, Außerkrafttreten

Teil 1
Allgemeine Vorschriften

§ 1 Anwendungsbereich

(1) [1]Dieses Gesetz gilt für bauliche Anlagen und Bauprodukte. [2]Es gilt auch für Grundstücke sowie für andere Anlagen und Einrichtungen, an die in diesem Gesetz oder in Vorschriften aufgrund dieses Gesetzes Anforderungen gestellt werden.
(2) Dieses Gesetz gilt nicht für
1. Anlagen des öffentlichen Verkehrs, einschließlich Zubehör, Nebenanlagen und Nebenbetrieben, ausgenommen Gebäude,
2. Anlagen, die der Bergaufsicht unterliegen, ausgenommen Gebäude,
3. Leitungen, die der öffentlichen Versorgung mit Wasser, Gas, Elektrizität, Wärme, der öffentlichen Abwasserentsorgung oder der Telekommunikation dienen,
4. Rohrleitungen, die dem Ferntransport von Stoffen dienen,
5. Kräne und Krananlagen,

6. Messestände in Messe- und Ausstellungsgebäuden,
7. Regale und Regalanlagen in Gebäuden, soweit sie nicht Teil der Gebäudekonstruktion sind und keine Erschließungsfunktion haben.

§ 2 Begriffe

(1) ¹Bauliche Anlagen sind mit dem Erdboden verbundene, aus Bauprodukten hergestellte Anlagen; eine Verbindung mit dem Boden besteht auch dann, wenn die Anlage durch eigene Schwere auf dem Boden ruht oder auf ortsfesten Bahnen begrenzt beweglich ist oder wenn die Anlage nach ihrem Verwendungszweck dazu bestimmt ist, überwiegend ortsfest benutzt zu werden. ²Bauliche Anlagen sind auch
1. Aufschüttungen und Abgrabungen,
2. Lagerplätze, Abstellplätze und Ausstellungsplätze und Freisitze vor Gaststättenbetrieben,
3. Sport- und Spielflächen,
4. Campingplätze, Wochenendplätze und Zeltplätze,
5. Freizeit- und Vergnügungsparks,
6. Stellplätze für Kraftfahrzeuge und Fahrradabstellplätze,
7. Gerüste,
8. Hilfseinrichtungen zur statischen Sicherung von Bauzuständen,
9. Werbeanlagen (§ 10),
10. Automaten, die vom öffentlichen Verkehrsraum aus sichtbar sind.
11. Regale im Freien, Regale, die Teil der Gebäudekonstruktion sind oder Erschließungsfunktion haben.

³Anlagen sind bauliche Anlagen und sonstige Anlagen und Einrichtungen im Sinne des § 1 Absatz 1.
(2) Gebäude sind selbständig benutzbare, überdeckte bauliche Anlagen, die von Menschen betreten werden können und geeignet oder bestimmt sind, dem Schutz von Menschen, Tieren oder Sachen zu dienen.
(3) ¹Gebäude werden in folgende Gebäudeklassen eingeteilt:
1. Gebäudeklasse 1:
    a) frei stehende Gebäude mit einer Höhe bis zu 7 m und nicht mehr als zwei Nutzungseinheiten von insgesamt nicht mehr als 400 m² und
    b) frei stehende land- oder forstwirtschaftlich genutzte Gebäude,
2. Gebäudeklasse 2:
    Gebäude mit einer Höhe bis zu 7 m und nicht mehr als zwei Nutzungseinheiten von insgesamt nicht mehr als 400 m²,
3. Gebäudeklasse 3:
    sonstige Gebäude mit einer Höhe bis zu 7 m,
4. Gebäudeklasse 4:
    Gebäude mit einer Höhe bis zu 13 m und Nutzungseinheiten mit jeweils nicht mehr als 400 m²,
5. Gebäudeklasse 5:
    sonstige Gebäude, einschließlich unterirdischer Gebäude.

²Höhe im Sinne des Satzes 1 ist das Maß der Fußbodenoberkante des höchstgelegenen Geschosses, in dem ein Aufenthaltsraum möglich ist, über der Geländeoberfläche im Mittel. ³Die Grundflächen der Nutzungseinheiten im Sinne dieses Gesetzes sind die Bruttogrundflächen; bei der Berechnung der Bruttogrundflächen nach Satz 1 bleiben Flächen in Kellergeschossen außer Betracht.
³Abweichend von der Höhenbestimmung nach Satz 2 ist ein Gebäude in die Gebäudeklasse 2 einzustufen, wenn
a) von der Höhe der Fußbodenoberkante des höchstgelegenen Aufenthaltsraumes über der Stelle der Geländeoberfläche, von der ein Aufenthaltsraum jeder Nutzungseinheit über die Rettungsgeräte der Feuerwehr erreichbar ist, die Höhe des Gebäudes 7 Meter nicht überschreitet,
b) es in geschlossener Bauweise errichtet ist,
c) es sich um ein Wohngebäude im Sinne des Absatzes 5 handelt und
d) es aus nicht mehr als zwei Nutzungseinheiten von insgesamt nicht mehr als 400 m² besteht.
⁴Die Berufsfeuerwehr hat vor Einreichung des Bauantrags schriftlich zu bestätigen, dass hinsichtlich der Personenrettung bei Vorhaben nach Satz 4 keine Bedenken bestehen.

(4) Sonderbauten sind Anlagen und Räume besonderer Art oder Nutzung, die einen der nachfolgenden Tatbestände erfüllen:
1. Hochhäuser (Gebäude mit einer Höhe nach Absatz 3 Satz 2 von mehr als 22 m),
2. bauliche Anlagen mit einer Höhe von mehr als 30 m,
3. Gebäude mit mehr als 1 600 m² Grundfläche des Geschosses mit der größten Ausdehnung, ausgenommen Wohngebäude und Garagen,
4. Verkaufsstätten, deren Verkaufsräume und Ladenstraßen eine Grundfläche von insgesamt mehr als 800 m² haben,
5. Gebäude mit Räumen, die einer Büro- oder Verwaltungsnutzung dienen und einzeln eine Grundfläche von mehr als 400 m² haben,
6. Gebäude mit Räumen, die einzeln für die Nutzung durch mehr als 100 Personen bestimmt sind,
7. Versammlungsstätten
    a) mit Versammlungsräumen, die insgesamt mehr als 200 Besucherinnen und Besucher fassen, wenn diese Versammlungsräume gemeinsame Rettungswege haben,
    b) im Freien mit Szenenflächen sowie Freisportanlagen jeweils mit Tribünen, die keine Fliegenden Bauten sind und insgesamt mehr als 1 000 Besucherinnen und Besucher fassen,
8. Schank- und Speisegaststätten mit mehr als 40 Gastplätzen in Gebäuden oder mehr als 1 000 Gastplätzen im Freien, Beherbergungsstätten mit mehr als 12 Betten und Spielhallen mit mehr als 150 m² Grundfläche,
9. Gebäude mit Nutzungseinheiten zum Zwecke der Pflege oder Betreuung von Personen mit Pflegebedürftigkeit oder Behinderung, deren Selbstrettungsfähigkeit eingeschränkt ist, wenn die Nutzungseinheiten
    a) einzeln für mehr als 6 Personen oder
    b) für Personen mit Intensivpflegebedarf bestimmt sind, oder
    c) einen gemeinsamen Rettungsweg haben und für insgesamt mehr als 12 Personen bestimmt sind,
10. Krankenhäuser,
11. Wohnheime,
12. Tageseinrichtungen für Kinder, Menschen mit Behinderungen und alte Menschen, sonstige Einrichtungen zur Unterbringung von Personen, ausgenommen Tageseinrichtungen einschließlich Tagespflege für nicht mehr als zehn Kinder,
13. Schulen, Hochschulen und ähnliche Einrichtungen,
14. Justizvollzugsanstalten und bauliche Anlagen für den Maßregelvollzug,
15. Camping- und Wochenendplätze,
16. Freizeit- und Vergnügungsparks,
17. Fliegende Bauten, soweit sie einer Ausführungsgenehmigung bedürfen,
18. Regallager mit einer Oberkante Lagerguthöhe von mehr als 7,50 m,
19. bauliche Anlagen, deren Nutzung durch Umgang oder Lagerung von Stoffen mit Explosions- oder erhöhter Brandgefahr verbunden ist,
20. Anlagen und Räume, die in den Nummern 1 bis 19 nicht aufgeführt und deren Art oder Nutzung mit vergleichbaren Gefahren verbunden sind.

(5) Wohngebäude sind Gebäude, die überwiegend der Wohnnutzung dienen und außer Wohnungen allenfalls Räume für die Berufsausübung freiberuflich oder in ähnlicher Art Tätiger sowie die zugehörigen Garagen und Nebenräume enthalten.

(6) ¹Vollgeschosse sind Geschosse, die mit der Oberkante der Rohdecke im Mittel mehr als 1,40 m über die Straßenhöhe oder im Mittel mehr als 2,00 m über die Geländeoberfläche hinausragen (oberirdische Geschosse) und eine Höhe von mindestens 2,30 m haben. ²Die beiden obersten Geschosse sind nur dann Vollgeschosse, wenn sie diese Höhe über mehr als zwei Drittel des darunter liegenden Geschosses haben. ³Die Höhe der Geschosse wird von Oberkante Rohdecke bis Oberkante Rohdecke der darüber liegenden Decke, bei Geschossen mit Dachflächen bis zur Unterkante Dachkonstruktion gemessen.

(7) ¹Oberste Geschosse nach Absatz 6 Satz 2 sind Geschosse mit geneigten Dachflächen (Dachgeschosse) und Geschosse, die gegenüber allen Außenwänden des jeweils darunter liegenden Geschosses um mindestens ein Drittel ihrer Wandhöhe zurücktreten (Staffelgeschosse). ²Eine von Satz 1 ab-

weichende Ausbildung ist nach § 67 zuzulassen, wenn die Abweichung städtebaulich und unter Würdigung der Belange der Nachbarn vertretbar ist; sie ist zulässig zur Einhaltung einer geschlossenen Bauweise. ³Hohlräume zwischen der obersten Decke und der Dachkonstruktion, in denen Aufenthaltsräume nicht möglich sind, gelten nicht als Geschosse.
(8) Kellergeschosse sind Geschosse, deren rohbaufertige Fußbodenoberkanten ganz oder teilweise mindestens 70 cm unter der Geländeoberfläche liegen.
(9) Geländeoberfläche ist die Höhe der natürlichen Geländeoberfläche, soweit nicht durch die Festsetzungen eines Bebauungsplanes oder durch die Bauaufsichtsbehörde eine andere Höhe bestimmt wird.
(10) ¹Straßenhöhe im Sinne dieses Gesetzes ist die Höhe der Straße an der Grundstücksgrenze im Bereich der baulichen Anlage; bei geneigtem Gelände ist die mittlere Höhe maßgebend. ²Ist die Straße noch nicht hergestellt, wird die Straßenhöhe durch die Bauaufsichtsbehörde bestimmt.
(11) Aufenthaltsräume sind Räume, die zum nicht nur vorübergehenden Aufenthalt von Menschen bestimmt oder geeignet sind.
(12) Feuerstätten sind in oder an Gebäuden ortsfest benutzte Anlagen oder Einrichtungen, die dazu bestimmt sind, durch Verbrennung Wärme zu erzeugen.
(13) ¹Stellplätze sind Flächen, die dem Abstellen von Kraftfahrzeugen außerhalb der öffentlichen Verkehrsflächen dienen. ²Garagen sind Gebäude oder Gebäudeteile zum Abstellen von Kraftfahrzeugen. ³Ausstellungs-, Verkaufs-, Werk- und Lagerräume für Kraftfahrzeuge sind keine Stellplätze oder Garagen.
(14) Barrierefrei sind bauliche Anlagen, soweit sie für Menschen mit Behinderungen in der allgemein üblichen Weise, ohne besondere Erschwernis und grundsätzlich ohne fremde Hilfe zugänglich und nutzbar sind.
(15) Bauprodukte sind
1. Produkte, Baustoffe, Bauteile und Anlagen sowie Bausätze gemäß Artikel 2 Nummer 2 der Verordnung (EU) Nummer 305/2011 des Europäischen Parlaments und des Rates vom 9. März 2011 zur Festlegung harmonisierter Bedingungen für die Vermarktung von Bauprodukten und zur Aufhebung der Richtlinie 89/106/EWG des Rates (ABl. L 88 vom 4.4.2011, S. 5; ABl. L 103 vom 12.4.2013, S. 10; ABl. L 92 vom 8.4.2015, S. 118), die zuletzt durch die Verordnung vom 21. Februar 2014 (ABl. L 159 vom 28.5.2015, S. 41) geändert worden ist, die hergestellt werden, um dauerhaft in bauliche Anlagen eingebaut zu werden,
2. aus Produkten, Baustoffen, Bauteilen sowie Bausätzen gemäß Artikel 2 Nummer 2 der Verordnung (EU) Nummer 305/2011 vorgefertigte Anlagen, die hergestellt werden, um mit dem Erdboden verbunden zu werden

und deren Verwendung sich auf die Anforderungen nach § 3 Satz 1 auswirken kann.
(16) Bauart ist das Zusammenfügen von Bauprodukten zu baulichen Anlagen oder Teilen von baulichen Anlagen.

§ 3 Allgemeine Anforderungen
¹Anlagen sind so anzuordnen, zu errichten, zu ändern und instand zu halten, dass die öffentliche Sicherheit oder Ordnung, insbesondere Leben und Gesundheit nicht gefährdet sowie die natürlichen Lebensgrundlagen geschont und keine unzumutbaren Belästigungen verursacht werden. ²Dabei soll auf die Belange von Menschen mit Behinderung Rücksicht genommen werden und es sind die Grundanforderungen an Bauwerke gemäß Anhang I der Verordnung (EU) Nummer 305/2011 zu berücksichtigen. ³Dies gilt auch für die Beseitigung von Anlagen und bei der Änderung ihrer Nutzung.

Teil 2
Das Grundstück und seine Bebauung

§ 4 Bebauung der Grundstücke mit baulichen Anlagen
(1) ¹Gebäude dürfen nur errichtet oder geändert werden, wenn das Grundstück in angemessener Breite an einer befahrbaren öffentlichen Verkehrsfläche liegt oder wenn das Grundstück eine befahrbare, öffentlich-rechtlich gesicherte Zufahrt zu einer befahrbaren öffentlichen Verkehrsfläche hat. ²Für Wohngebäude der Gebäudeklassen 1 und 2 sind nicht befahrbare Wohnwege von nicht mehr als 50 m Länge zulässig. ³Einer öffentlich-rechtlichen Sicherung der Zufahrt bedarf es nicht, wenn die Benut-

zung durch Miteigentumsanteile, die im Bestandsverzeichnis des Grundbuchblatts unter der Nummer des Baugrundstücks eingetragen sind, gesichert ist.
(2) [1]Bauliche Anlagen auf mehreren Grundstücken sind nur zulässig, wenn öffentlich-rechtlich gesichert ist, dass dadurch keine Verhältnisse eintreten können, die Vorschriften dieses Gesetzes oder aufgrund dieses Gesetzes widersprechen. [2]Dies gilt bei bestehenden Gebäuden nicht für eine Außenwand- und Dachdämmung, die über die Bauteilanforderungen der Energieeinsparverordnung für bestehende Gebäude nicht hinausgeht. [3]Satz 2 gilt entsprechend für die mit der Wärmedämmung zusammenhängenden notwendigen Änderungen von Bauteilen.

§ 5 Zugänge und Zufahrten auf den Grundstücken
(1) [1]Von öffentlichen Verkehrsflächen ist insbesondere für die Feuerwehr ein geradliniger Zu- oder Durchgang zu rückwärtigen Gebäuden zu schaffen; zu anderen Gebäuden ist er zu schaffen, wenn der zweite Rettungsweg dieser Gebäude über Rettungsgeräte der Feuerwehr führt. [2]Zu Gebäuden, bei denen die Oberkante der Brüstung von zum Anleitern bestimmten Fenstern oder Stellen mehr als 8 m über Gelände liegt, ist in den Fällen des Satzes 1 anstelle eines Zu- oder Durchgangs eine Zu- oder Durchfahrt zu schaffen. [3]Ist für die Personenrettung der Einsatz von Hubrettungsfahrzeugen erforderlich, sind die dafür erforderlichen Aufstell- und Bewegungsflächen vorzusehen. [4]Bei Gebäuden, die ganz oder mit Teilen mehr als 50 m von einer öffentlichen Verkehrsfläche entfernt sind, sind Zufahrten oder Durchfahrten nach Satz 2 zu den vor und hinter den Gebäuden gelegenen Grundstücksteilen und Bewegungsflächen herzustellen, wenn sie aus Gründen des Feuerwehreinsatzes erforderlich sind.
(2) [1]Zu- und Durchfahrten, Aufstellflächen und Bewegungsflächen müssen für Feuerwehrfahrzeuge ausreichend befestigt und tragfähig sein; sie sind als solche zu kennzeichnen und ständig frei zu halten; die Kennzeichnung von Zufahrten muss von der öffentlichen Verkehrsfläche aus sichtbar sein. [2]Fahrzeuge dürfen auf den Flächen nach Satz 1 nicht abgestellt werden.

§ 6 Abstandsflächen, Abstände
(1) [1]Vor den Außenwänden von Gebäuden sind Abstandsflächen von oberirdischen Gebäuden frei zu halten. [2]Satz 1 gilt entsprechend für andere Anlagen, von denen Wirkungen wie von Gebäuden ausgehen, gegenüber Gebäuden und Grundstücksgrenzen. [3]Eine Abstandsfläche ist nicht erforderlich vor Außenwänden, die an Grundstücksgrenzen errichtet werden, wenn nach planungsrechtlichen Vorschriften an die Grenze gebaut werden muss oder gebaut werden darf.
(2) [1]Abstandsflächen sowie Abstände nach § 30 Absatz 2 Nummer 1 und § 32 Absatz 2 müssen auf dem Grundstück selbst liegen. [2]Sie dürfen auch auf öffentlichen Verkehrs-, Grün- und Wasserflächen liegen, jedoch nur bis zu deren Mitte. [3]Abstandsflächen sowie Abstände im Sinne des Satzes 1 dürfen sich ganz oder teilweise auf andere Grundstücke erstrecken, wenn öffentlich-rechtlich gesichert ist, dass sie nicht überbaut werden; Abstandsflächen dürfen auf die auf diesen Grundstücken erforderlichen Abstandsflächen nicht angerechnet werden.
(3) Die Abstandsflächen dürfen sich nicht überdecken; dies gilt nicht für
1. Außenwände, die in einem Winkel von mehr als 75 Grad zueinander stehen,
2. Außenwände zu einem fremder Sicht entzogenen Gartenhof bei Wohngebäuden der Gebäudeklassen 1 und 2,
3. Gebäude und andere bauliche Anlagen, die in den Abstandsflächen zulässig sind.
(4) [1]Die Tiefe der Abstandsfläche bemisst sich nach der Wandhöhe; sie wird senkrecht zur Wand gemessen. [2]Wandhöhe ist das Maß von der Geländeoberfläche bis zum Schnittpunkt der Wand mit der Dachhaut oder bis zum oberen Abschluss der Wand. [3]Die Höhe von Dächern mit einer Neigung von weniger als 70 Grad wird zu einem Drittel der Wandhöhe hinzugerechnet. [4]Andernfalls wird die Höhe des Daches voll hinzugerechnet. [5]Die Sätze 1 bis 4 gelten für Dachaufbauten entsprechend. [6]Das sich ergebende Maß ist H.
(5) [1]Die Tiefe der Abstandsflächen beträgt 0,4 H, mindestens 3 m. [2]In Gewerbe- und Industriegebieten genügt eine Tiefe von 0,2 H, mindestens 3 m. [3]Vor den Außenwänden von Wohngebäuden der Gebäudeklassen 1 und 2 mit nicht mehr als drei oberirdischen Geschossen genügt als Tiefe der Abstandsfläche 3 m. [4]Nachbarschützende Wirkung kommt nur Dreiviertel der Tiefe der nach Satz 1 bis 3 erforderlichen Abstandsfläche, mindestens jedoch einer Tiefe von 2,50 m zu. [5]Zwingende Festsetzungen einer städtebaulichen Satzung, die abweichende Maße der Abstandsflächentiefe ergeben, haben den Vorrang. [6]Eine von Satz 1 abweichende Abstandsflächentiefe kann nach § 67 in innerstädtisch

dicht bebauten Gebieten zugelassen werden, wenn die Gebäudehöhe städtebaulich vertretbar und mit den nachbarlichen Belangen vereinbar ist.

(6) ¹Bei der Bemessung der Abstandsflächen bleiben außer Betracht
1. vor die Außenwände vortretende Bauteile wie Gesimse und Dachüberstände,
2. Aufschüttungen und nicht überdachte Terrassen, soweit sie nicht höher als 1,00 m über der natürlichen Geländeoberfläche sind,
3. überdachte Terrassen sowie untergeordnete eingeschossige Wintergärten, die nicht zum dauernden Aufenthalt geeignet sind und nicht in offener Verbindung zu einem Aufenthaltsraum stehen,
4. untergeordnete Vorbauten wie eingeschossige Erker und Balkone, die insgesamt nicht mehr als ein Drittel der Breite der jeweiligen Außenwand in Anspruch nehmen und nicht mehr als 1,50 m vor die jeweilige Außenwand vortreten,
5. bei Gebäuden an der Grundstücksgrenze die Seitenwände von Vorbauten und Dachaufbauten, auch wenn sie nicht an der Grundstücksgrenze errichtet werden.

²Von der gegenüberliegenden Nachbargrenze müssen Vorbauten nach den Nummern 3 und 4 mindestens 2,50 m entfernt bleiben.

(7) ¹Bei der Bemessung der Abstandsflächen bleiben Maßnahmen zum Zwecke der Energieeinsparung und Solaranlagen an bestehenden Gebäuden unabhängig davon, ob diese den Anforderungen der Absätze 2 bis 6 entsprechen, außer Betracht, wenn sie
1. eine Stärke von nicht mehr als 0,25 m aufweisen und
2. mindestens 2,50 m von der Nachbargrenze zurückbleiben.

²§ 67 Absatz 1 Satz 1 bleibt unberührt.

(8) ¹In den Abstandsflächen eines Gebäudes sowie ohne eigene Abstandsflächen sind, auch wenn sie nicht an die Grundstücksgrenze oder an das Gebäude angebaut werden, zulässig
1. Garagen und Gebäude ohne Aufenthaltsräume und Feuerstätten mit einer mittleren Wandhöhe an der Grenze bis zu 3 m und einer Gesamtlänge je Grundstücksgrenze von 9 m, wobei Dachüberstände und Gesimse von insgesamt nicht mehr als 0,50 m unberücksichtigt bleiben; abweichend von Absatz 4 wird die Höhe von Giebelflächen lediglich zu einem Drittel der Wandhöhe hinzugerechnet und die Höhe von Dächern mit einer Neigung bis zu 45 Grad bleibt unberücksichtigt,
2. gebäudeunabhängige Solaranlagen mit einer Höhe bis zu 3 m und einer Gesamtlänge je Grundstücksgrenze von 9 m,
3. Stützmauern und geschlossene Einfriedungen in Gewerbe- und Industriegebieten, außerhalb dieser Baugebiete mit einer Höhe bis zu 2 m.

²Die Länge der die Abstandsflächentiefe gegenüber den Grundstücksgrenzen nicht einhaltenden Bebauung nach Nummern 1 und 2 darf auf einem Grundstück insgesamt 18 m nicht überschreiten.

§ 7 Teilung von Grundstücken

(1) ¹Durch die Teilung eines Grundstücks, das bebaut ist oder aufgrund einer Baugenehmigung oder einer Genehmigungsfreistellung nach § 62 bebaut werden darf, dürfen keine Verhältnisse geschaffen werden, die Vorschriften dieses Gesetzes oder aufgrund dieses Gesetzes widersprechen. ²§ 79 gilt entsprechend.

(2) Soll bei einer Teilung nach Absatz 1 von Vorschriften dieses Gesetzes oder aufgrund dieses Gesetzes abgewichen werden, ist § 67 entsprechend anzuwenden.

§ 8 Nicht überbaute Flächen der bebauten Grundstücke, Kinderspielplätze

(1) ¹Die Grundstücksflächen von Baugrundstücken, die nicht für bauliche Anlagen genutzt werden (Freiflächen), dürfen nicht in einer die Wasserdurchlässigkeit wesentlich mindernden Weise befestigt werden. ²Sie dürfen nicht verunstaltet wirken und auch ihre Umgebung nicht verunstalten. ³Satz 1 findet keine Anwendung, soweit Bebauungspläne oder andere Satzungen Festsetzungen zu den nicht überbauten Flächen treffen.

(2) ¹Die Grundstücksflächen, die zulässigerweise für bauliche Anlagen, wie Stellplätze, Zufahrten, Gehwege, Abstell- und Lagerplätze, benötigt werden, dürfen nur soweit befestigt werden, wie es für deren Nutzung erforderlich ist, sofern nicht die Belastung des Niederschlagswassers oder eine zu geringe Durchlässigkeit des Bodens eine Versiegelung erfordert. ²Absatz 1 Satz 3 gilt entsprechend.

(3) ¹Bei der Errichtung von Gebäuden mit insgesamt mehr als drei Wohnungen mit jeweils mehr als 40 m² Wohnfläche ist auf dem Baugrundstück oder in unmittelbarer Nähe auf einem anderen geeigneten Grundstück, dessen dauerhafte Nutzung für diesen Zweck öffentlich-rechtlich gesichert sein muss,

ein ausreichend großer Kinderspielplatz anzulegen und instand zu halten. ²Dies gilt nicht, wenn in unmittelbarer Nähe eine Gemeinschaftsanlage geschaffen oder erweitert wird oder ein solcher Spielplatz wegen der Art und der Lage der Wohnung nicht erforderlich ist. ³Die Größe der Kinderspielplätze richtet sich nach der Art und Anzahl der Wohnungen auf dem Grundstück.

(4) ¹Kann der Kinderspielplatz nicht oder nur unter großen Schwierigkeiten hergestellt werden, so ist diese Verpflichtung durch die Zahlung eines Geldbetrages für die Errichtung, Gestaltung und Unterhaltung von Kinderspielmöglichkeiten an die zuständige Gemeinde zu erfüllen. ²Die Ablösung ist auch zulässig, wenn in unmittelbarer Nähe eine öffentliche Spielfläche geschaffen wird oder vorhanden ist.

Teil 3
Bauliche Anlagen

Abschnitt 1
Gestaltung

§ 9 Gestaltung
¹Bauliche Anlagen müssen nach Form, Maßstab, Verhältnis der Baumassen und Bauteile zueinander, Werkstoff und Farbe so gestaltet sein, dass sie nicht verunstaltet wirken. ²Bauliche Anlagen dürfen das Straßen-, Orts- und Landschaftsbild nicht verunstalten.

§ 10 Anlagen der Außenwerbung, Automaten
(1) ¹Anlagen der Außenwerbung (Werbeanlagen) sind alle ortsfesten Einrichtungen, die der Ankündigung oder Anpreisung oder als Hinweis auf Gewerbe oder Beruf dienen und vom öffentlichen Verkehrsraum aus sichtbar sind. ²Hierzu zählen insbesondere Schilder, Beschriftungen, Bemalungen, Lichtwerbungen, Schaukästen sowie für Zettelanschläge und Bogenanschläge oder Lichtwerbung bestimmte Säulen, Tafeln und Flächen.

(2) ¹Werbeanlagen dürfen die der architektonischen Gliederung dienenden Bauteile nicht überschneiden oder verdecken; von den Gebäudekanten müssen sie mindestens 1,00 m entfernt sein. ²An Vorbauten, wie Erker oder Balkone, dürfen Werbeanlagen nicht nach vorn oder seitlich abstehend angebracht werden. ³Die störende Häufung von Werbeanlagen ist unzulässig.

(3) ¹Außerhalb der im Zusammenhang bebauten Ortsteile sind Werbeanlagen unzulässig. ²Ausgenommen sind, soweit in anderen Vorschriften nichts anderes bestimmt ist,
1. Werbeanlagen an der Stätte der Leistung,
2. einzelne Hinweiszeichen an Verkehrsstraßen und Wegabzweigungen, die im Interesse des Verkehrs auf außerhalb der Ortsdurchfahrten liegende Betriebe oder versteckt liegende Stätten aufmerksam machen,
3. Schilder, die Inhaber und Art gewerblicher Betriebe kennzeichnen (Hinweisschilder), wenn sie vor Ortsdurchfahrten auf einer Tafel zusammengefasst sind,
4. Werbeanlagen an und auf Flugplätzen, Sportanlagen und Versammlungsstätten, soweit sie nicht in die freie Landschaft wirken,
5. Werbeanlagen auf Ausstellungs- und Messegeländen.

(4) ¹In Kleinsiedlungsgebieten, Dorfgebieten, reinen Wohngebieten und allgemeinen Wohngebieten sind nur zulässig:
1. Werbeanlagen an der Stätte der Leistung, in reinen Wohngebieten nur als Hinweisschilder und
2. Anlagen für amtliche Mitteilungen und zur Unterrichtung der Bevölkerung über kirchliche, kulturelle, politische, sportliche oder ähnliche Veranstaltungen; die jeweils freie Fläche dieser Anlagen darf auch für andere Werbung verwendet werden.

²Auf Verkehrsflächen öffentlicher Straßen sind auch andere Werbeanlagen zulässig, soweit diese die Eigenart des Gebietes und das Ortsbild nicht beeinträchtigen.

(5) Die Absätze 1 bis 3 gelten für Automaten entsprechend.

(6) Die Vorschriften dieses Gesetzes sind nicht anzuwenden auf
1. Anschläge und Lichtwerbung an dafür genehmigten Säulen, Tafeln und Flächen,
2. Werbemittel an Zeitungs- und Zeitschriftenverkaufsstellen,
3. Auslagen und Dekorationen in Fenstern und Schaukästen,
4. Wahlwerbung für die Dauer eines Wahlkampfs.

Abschnitt 2
Allgemeine Anforderungen an die Bauausführung

§ 11 Baustelle
(1) Baustellen sind so einzurichten, dass bauliche Anlagen ordnungsgemäß errichtet, geändert oder beseitigt werden können und Gefahren oder vermeidbare Belästigungen nicht entstehen.

(2) ¹Bei Bauarbeiten, durch die unbeteiligte Personen gefährdet werden können, ist die Gefahrenzone abzugrenzen oder durch Warnzeichen zu kennzeichnen. ²Soweit erforderlich, sind Baustellen mit einem Bauzaun abzugrenzen, mit Schutzvorrichtungen gegen herabfallende Gegenstände zu versehen und zu beleuchten.

(3) Bei der Ausführung nicht verfahrensfreier Bauvorhaben hat die Bauherrin oder der Bauherr an der Baustelle ein Schild, das die Bezeichnung des Bauvorhabens sowie die Namen und Anschriften der Bauherrin oder des Bauherrn, der Entwurfsverfasserin oder des Entwurfsverfassers, der Bauleiterin oder des Bauleiters und der Unternehmerin oder des Unternehmers für den Rohbau enthalten muss, dauerhaft und von der öffentlichen Verkehrsfläche aus sichtbar anzubringen.

(4) Bäume, Sträucher oder sonstige Landschaftsbestandteile, die aufgrund öffentlich-rechtlicher Vorschriften zu erhalten sind, müssen während der Bauausführung durch geeignete fachgerechte Vorkehrungen geschützt und bei Grundwasserabsenkung während der Vegetationszeit ausreichend bewässert werden.

§ 12 Standsicherheit
(1) ¹Jede bauliche Anlage muss im Ganzen und in ihren einzelnen Teilen für sich allein standsicher sein. ²Die Standsicherheit anderer baulicher Anlagen und die Tragfähigkeit des Baugrundes der Nachbargrundstücke dürfen nicht gefährdet werden.

(2) Die Verwendung gemeinsamer Bauteile für mehrere bauliche Anlagen ist zulässig, wenn öffentlich-rechtlich gesichert ist, dass die gemeinsamen Bauteile bei der Beseitigung einer der baulichen Anlagen bestehen bleiben können.

§ 13 Schutz gegen schädliche Einflüsse
(1) ¹Bauliche Anlagen müssen so angeordnet, beschaffen und gebrauchstauglich sein, dass durch chemische, physikalische oder biologische Einflüsse aus Wasser, Boden und Luft, insbesondere aus Altlasten, Gefahren oder unzumutbare Belästigungen nicht entstehen. ²Baugrundstücke müssen nach ihrer Lage und Beschaffenheit für bauliche Anlagen so geeignet sein, dass durch Einflüsse im Sinne des Satzes 1 Gefahren oder unzumutbare Belästigungen nicht entstehen.

(2) Bei Vorhaben, die eine Klärung der Eignung des Baugrundstücks im Sinne des Absatzes 1 erfordern, ist die Entwurfsverfasserin oder der Entwurfsverfasser bei der Erstellung des Entwurfs verpflichtet,
1. der für den Bodenschutz zuständigen Stelle die zu diesem Zweck erforderlichen Angaben über das geplante Vorhaben zu übermitteln,
2. mit den Bauvorlagen Angaben zu machen
    a) über die Sondierungspflicht nach § 5 des Gesetzes zur Verhütung von Schäden durch Kampfmittel und
    b) ob es sich um die Errichtung, Änderung oder Nutzungsänderung einer schutzbedürftigen Nutzung nach § 70 Absatz 3 Satz 2 handelt, die innerhalb eines von der Immissionsschutzbehörde im Amtsblatt der Freien Hansestadt Bremen bekanntgemachten Achtungsabstandes oder angemessenen Sicherheitsabstandes im Sinne des § 3 Absatz 5a des Bundesimmissionsschutzgesetzes liegt.

§ 14 Brandschutz
Bauliche Anlagen sind so anzuordnen, zu errichten, zu ändern und instand zu halten, dass der Entstehung eines Brandes und der Ausbreitung von Feuer und Rauch (Brandausbreitung) vorgebeugt wird und bei einem Brand die Rettung von Menschen und Tieren sowie wirksame Löscharbeiten möglich sind.

§ 15 Wärme-, Schall-, Erschütterungsschutz
(1) Gebäude müssen einen ihrer Nutzung und den klimatischen Verhältnissen entsprechenden Wärmeschutz haben.

(2) ¹Gebäude müssen einen ihrer Nutzung entsprechenden Schallschutz haben. ²Geräusche, die von ortsfesten Einrichtungen in baulichen Anlagen oder auf Baugrundstücken ausgehen, sind so zu dämmen, dass Gefahren oder unzumutbare Belästigungen nicht entstehen.

(3) Erschütterungen oder Schwingungen, die von ortsfesten Einrichtungen in baulichen Anlagen oder auf Baugrundstücken ausgehen, sind so zu dämmen, dass Gefahren oder unzumutbare Belästigungen nicht entstehen.

§ 16 Verkehrssicherheit

(1) Bauliche Anlagen und die dem Verkehr dienenden nicht überbauten Flächen von bebauten Grundstücken müssen verkehrssicher sein.

(2) Die Sicherheit und Leichtigkeit des öffentlichen Verkehrs darf durch bauliche Anlagen oder deren Nutzung nicht gefährdet werden.

§ 16a Bauarten

(1) Bauarten dürfen nur angewendet werden, wenn bei ihrer Anwendung die baulichen Anlagen bei ordnungsgemäßer Instandhaltung während einer dem Zweck entsprechenden angemessenen Zeitdauer die Anforderungen dieses Gesetzes oder aufgrund dieses Gesetzes erfüllen und für ihren Anwendungszweck tauglich sind.

(2) ¹Bauarten, die von Technischen Baubestimmungen nach § 85 Absatz 2 Nummer 2 oder Nummer 3 Buchstabe a wesentlich abweichen oder für die es allgemein anerkannte Regeln der Technik nicht gibt, dürfen bei der Errichtung, Änderung und Instandhaltung baulicher Anlagen nur angewendet werden, wenn für sie
1. eine allgemeine Bauartgenehmigung durch das Deutsche Institut für Bautechnik oder
2. eine vorhabenbezogene Bauartgenehmigung durch die oberste Bauaufsichtsbehörde
erteilt worden ist. ²§ 18 Absatz 2 bis 7 gelten entsprechend.

(3) ¹Anstelle einer allgemeinen Bauartgenehmigung genügt ein allgemeines bauaufsichtliches Prüfzeugnis für Bauarten, wenn die Bauart nach allgemein anerkannten Prüfverfahren beurteilt werden kann. ²In der Verwaltungsvorschrift nach § 85 werden diese Bauarten mit der Angabe der maßgebenden technischen Regeln bekannt gemacht. ³§ 19 Absatz 2 gilt entsprechend.

(4) Wenn Gefahren im Sinne des § 3 nicht zu erwarten sind, kann die oberste Bauaufsichtsbehörde im Einzelfall oder für genau begrenzte Fälle allgemein festlegen, dass eine Bauartgenehmigung nicht erforderlich ist.

(5) ¹Bauarten bedürfen einer Bestätigung ihrer Übereinstimmung mit den Technischen Baubestimmungen nach § 85 Absatz 2, den allgemeinen Bauartgenehmigungen, den allgemeinen bauaufsichtlichen Prüfzeugnissen für Bauarten oder den vorhabenbezogenen Bauartgenehmigungen; als Übereinstimmung gilt auch eine Abweichung, die nicht wesentlich ist. ²§ 21 Absatz 2 gilt für den Anwender der Bauart entsprechend.

(6) ¹Bei Bauarten, deren Anwendung in außergewöhnlichem Maß von der Sachkunde und Erfahrung der damit betrauten Personen oder von einer Ausstattung mit besonderen Vorrichtungen abhängt, kann in der Bauartgenehmigung oder durch Rechtsverordnung der obersten Bauaufsichtsbehörde vorgeschrieben werden, dass die Anwenderin oder der Anwender über solche Fachkräfte und Vorrichtungen verfügt und den Nachweis hierüber gegenüber einer Prüfstelle nach § 24 Satz 1 Nummer 6 zu erbringen hat. ²In der Rechtsverordnung können Mindestanforderungen an die Ausbildung, die durch Prüfung nachzuweisende Befähigung und die Ausbildungsstätten einschließlich der Anerkennungsvoraussetzungen gestellt werden.

(7) Für Bauarten, die einer außergewöhnlichen Sorgfalt bei Ausführung oder Instandhaltung bedürfen, kann in der Bauartgenehmigung oder durch Rechtsverordnung der obersten Bauaufsichtsbehörde die Überwachung dieser Tätigkeiten durch eine Überwachungsstelle nach § 24 Satz 1 Nummer 5 vorgeschrieben werden.

Abschnitt 3
Bauprodukte

§ 16b Allgemeine Anforderungen für die Verwendung von Bauprodukten

(1) Bauprodukte dürfen nur verwendet werden, wenn bei ihrer Verwendung die baulichen Anlagen bei ordnungsgemäßer Instandhaltung während einer dem Zweck entsprechenden angemessenen Zeit-

dauer die Anforderungen dieses Gesetzes oder aufgrund dieses Gesetzes erfüllen und gebrauchstauglich sind.
(2) Bauprodukte, die in Vorschriften anderer Vertragsstaaten des Abkommens vom 2. Mai 1992 über den Europäischen Wirtschaftsraum genannten technischen Anforderungen entsprechen, dürfen verwendet werden, wenn das geforderte Schutzniveau gemäß § 3 gleichermaßen dauerhaft erreicht wird.

§ 16c Anforderungen für die Verwendung von CE-gekennzeichneten Bauprodukten
[1]Ein Bauprodukt, das die CE-Kennzeichnung trägt, darf verwendet werden, wenn die erklärten Leistungen den in diesem Gesetz oder aufgrund dieses Gesetzes festgelegten Anforderungen für diese Verwendung entsprechen. [2]Die §§ 17 bis 25 Absatz 1 gelten nicht für Bauprodukte, die die CE-Kennzeichnung aufgrund der Verordnung (EU) Nummer 305/2011 tragen.

§ 17 Verwendbarkeitsnachweise
(1) Ein Verwendbarkeitsnachweis nach den §§ 18 bis 20 ist für ein Bauprodukt erforderlich, wenn
1. es keine Technische Baubestimmung und keine allgemein anerkannte Regel der Technik gibt,
2. das Bauprodukt von einer Technischen Baubestimmung (§ 85 Absatz 2 Nummer 3) wesentlich abweicht oder
3. eine Verordnung nach § 84 Absatz 4a es vorsieht.
(2) Ein Verwendbarkeitsnachweis ist nicht erforderlich für ein Bauprodukt,
1. das von einer allgemein anerkannten Regel der Technik abweicht oder
2. das für die Erfüllung der Anforderungen dieses Gesetzes oder auf Grund dieses Gesetzes nur eine untergeordnete Bedeutung hat.
(3) Die Technischen Baubestimmungen nach § 85 enthalten eine nicht abschließende Liste von Bauprodukten, die keines Verwendbarkeitsnachweises nach Absatz 1 bedürfen.
(4) Bei der Errichtung, Änderung und Instandhaltung baulicher Anlagen sollen möglichst umweltverträgliche Bauprodukte verwendet werden, unter Berücksichtigung ihrer Eigenschaften in den Phasen Herstellung, Nutzung und Entsorgung oder Wiederverwendung.

§ 18 Allgemeine bauaufsichtliche Zulassung
(1) Das Deutsche Institut für Bautechnik erteilt unter den Voraussetzungen des § 17 Absatz 1 eine allgemeine bauaufsichtliche Zulassung für Bauprodukte, wenn deren Verwendbarkeit im Sinne des § 16b Absatz 1 nachgewiesen ist.
(2) [1]Die zur Begründung des Antrags erforderlichen Unterlagen sind beizufügen. [2]Soweit erforderlich, sind Probestücke von der Antragstellerin oder dem Antragsteller zur Verfügung zu stellen oder durch Sachverständige, die das Deutsche Institut für Bautechnik bestimmen kann, zu entnehmen oder Probeausführungen unter Aufsicht der Sachverständigen herzustellen. [3]§ 69 Absatz 2 gilt entsprechend.
(3) Das Deutsche Institut für Bautechnik kann für die Durchführung der Prüfung die sachverständige Stelle und für Probeausführungen die Ausführungsstelle und Ausführungszeit vorschreiben.
(4) [1]Die allgemeine bauaufsichtliche Zulassung wird widerruflich und für eine bestimmte Frist erteilt, die in der Regel fünf Jahre beträgt. [2]Die Zulassung kann mit Nebenbestimmungen erteilt werden. [3]Sie kann auf schriftlichen oder elektronischen Antrag in der Regel um fünf Jahre verlängert werden; § 73 Absatz 2 Satz 2 gilt entsprechend.
(5) Die Zulassung wird unbeschadet der privaten Rechte Dritter erteilt.
(6) Das Deutsche Institut für Bautechnik macht die von ihm erteilten allgemeinen bauaufsichtlichen Zulassungen nach Gegenstand und wesentlichem Inhalt öffentlich bekannt.
(7) Allgemeine bauaufsichtliche Zulassungen nach dem Recht anderer Länder gelten auch im Land Bremen.

§ 19 Allgemeines bauaufsichtliches Prüfzeugnis
(1) [1]Bauprodukte, die nach allgemein anerkannten Prüfverfahren beurteilt werden, bedürfen anstelle einer allgemeinen bauaufsichtlichen Zulassung nur eines allgemeinen bauaufsichtlichen Prüfzeugnisses. [2]Dies wird mit der Angabe der maßgebenden technischen Regeln in den Technischen Baubestimmungen nach § 85 bekanntgemacht.
(2) [1]Ein allgemeines bauaufsichtliches Prüfzeugnis wird von einer Prüfstelle nach § 24 Satz 1 Nummer 1 für Bauprodukte nach Absatz 1 erteilt, wenn deren Verwendbarkeit im Sinne des § 16b Absatz 1

nachgewiesen ist. [2]§ 18 Absatz 2 und 4 bis 7 gilt entsprechend. [3]Die Anerkennungsbehörde für Stellen nach § 24 Satz 1 Nummer 1, § 84 Absatz 4 Nummer 2 kann allgemeine bauaufsichtliche Prüfzeugnisse zurücknehmen oder widerrufen; §§ 48 und 49 des Bremischen Verwaltungsverfahrensgesetzes finden Anwendung.

§ 20 Nachweis der Verwendbarkeit von Bauprodukten im Einzelfall
[1]Mit Zustimmung der obersten Bauaufsichtsbehörde dürfen unter den Voraussetzungen des § 17 Absatz 1 im Einzelfall Bauprodukte verwendet werden, wenn ihre Verwendbarkeit im Sinne des § 16b Absatz 1 nachgewiesen ist. [2]Wenn Gefahren im Sinne des § 3 Satz 1 nicht zu erwarten sind, kann die oberste Bauaufsichtsbehörde im Einzelfall erklären, dass ihre Zustimmung nicht erforderlich ist.

§ 21 Übereinstimmungsbestätigung
(1) Bauprodukte bedürfen einer Bestätigung ihrer Übereinstimmung mit den Technischen Baubestimmungen nach § 85 Absatz 2, den allgemeinen bauaufsichtlichen Zulassungen, den allgemeinen bauaufsichtlichen Prüfzeugnissen oder den Zustimmungen im Einzelfall; als Übereinstimmung gilt auch eine Abweichung, die nicht wesentlich ist.
(2) Die Bestätigung der Übereinstimmung erfolgt durch Übereinstimmungserklärung der Herstellerin oder des Herstellers nach § 22.
(3) Die Übereinstimmungserklärung hat die Herstellerin oder der Hersteller durch Kennzeichnung der Bauprodukte mit dem Übereinstimmungszeichen unter Hinweis auf den Verwendungszweck abzugeben.
(4) Das Übereinstimmungszeichen ist auf dem Bauprodukt, auf einem Beipackzettel oder auf seiner Verpackung oder, wenn dies Schwierigkeiten bereitet, auf dem Lieferschein oder auf einer Anlage zum Lieferschein anzubringen.
(5) Übereinstimmungszeichen aus anderen Ländern und aus anderen Staaten gelten auch im Land Bremen.

§ 22 Übereinstimmungserklärung der Herstellerin oder des Herstellers
(1) Die Herstellerin oder der Hersteller darf eine Übereinstimmungserklärung nur abgeben, wenn sie oder er durch werkseigene Produktionskontrolle sichergestellt hat, dass das von ihr oder ihm hergestellte Bauprodukt den maßgebenden technischen Regeln, der allgemeinen bauaufsichtlichen Zulassung, dem allgemeinen bauaufsichtlichen Prüfzeugnis oder der Zustimmung im Einzelfall entspricht.
(2) [1]In den Technischen Baubestimmungen nach § 85, in den allgemeinen bauaufsichtlichen Zulassungen, in den allgemeinen bauaufsichtlichen Prüfzeugnissen oder in den Zustimmungen im Einzelfall kann eine Prüfung der Bauprodukte durch eine Prüfstelle vor Abgabe der Übereinstimmungserklärung vorgeschrieben werden, wenn dies zur Sicherung einer ordnungsgemäßen Herstellung erforderlich ist. [2]In diesen Fällen hat die Prüfstelle das Bauprodukt daraufhin zu überprüfen, ob es den maßgebenden technischen Regeln, der allgemeinen bauaufsichtlichen Zulassung, dem allgemeinen bauaufsichtlichen Prüfzeugnis oder der Zustimmung im Einzelfall entspricht.
(3) [1]In den Technischen Baubestimmungen nach § 85, in den allgemeinen bauaufsichtlichen Zulassungen oder in den Zustimmungen im Einzelfall kann eine Zertifizierung vor Abgabe der Übereinstimmungserklärung vorgeschrieben werden, wenn dies zum Nachweis einer ordnungsgemäßen Herstellung eines Bauproduktes erforderlich ist. [2]Die oberste Bauaufsichtsbehörde kann im Einzelfall die Verwendung von Bauprodukten ohne Zertifizierung gestatten, wenn nachgewiesen ist, dass diese Bauprodukte den technischen Regeln, Zulassungen, Prüfzeugnissen oder Zustimmungen nach Absatz 1 entsprechen.
(4) Bauprodukte, die nicht in Serie hergestellt werden, bedürfen nur einer Übereinstimmungserklärung nach Absatz 1, sofern nichts anderes bestimmt ist.

§ 23 Zertifizierung
(1) Der Herstellerin oder dem Hersteller ist ein Übereinstimmungszertifikat von einer Zertifizierungsstelle nach § 24 zu erteilen, wenn das Bauprodukt
1. den Technischen Baubestimmungen nach § 85 Absatz 2, der allgemeinen bauaufsichtlichen Zulassung, dem allgemeinen bauaufsichtlichen Prüfzeugnis oder der Zustimmung im Einzelfall entspricht und
2. einer werkseigenen Produktionskontrolle sowie einer Fremdüberwachung nach Maßgabe des Absatzes 2 unterliegt.

(2) ¹Die Fremdüberwachung ist von Überwachungsstellen nach § 24 durchzuführen. ²Die Fremdüberwachung hat regelmäßig zu überprüfen, ob das Bauprodukt den Technischen Baubestimmungen nach § 85 Absatz 2, der allgemeinen bauaufsichtlichen Zulassung, dem allgemeinen bauaufsichtlichen Prüfzeugnis oder der Zustimmung im Einzelfall entspricht.

§ 24 Prüf-, Zertifizierungs-, Überwachungsstellen
Die oberste Bauaufsichtsbehörde kann eine natürliche oder juristische Person als
1. Prüfstelle für die Erteilung allgemeiner bauaufsichtlicher Prüfzeugnisse (§ 19 Absatz 2),
2. Prüfstelle für die Überprüfung von Bauprodukten vor Bestätigung der Übereinstimmung (§ 22 Absatz 2),
3. Zertifizierungsstelle (§ 23 Absatz 1),
4. Überwachungsstelle für die Fremdüberwachung (§ 23 Absatz 2),
5. Überwachungsstelle für die Überwachung nach § 16a Absatz 7 und § 25 Absatz 2 oder
6. Prüfstelle für die Überprüfung nach § 16a Absatz 6 und 25 Absatz 1
anerkennen, wenn sie oder die bei ihr Beschäftigten nach ihrer Ausbildung, Fachkenntnis, persönlichen Zuverlässigkeit, ihrer Unparteilichkeit und ihren Leistungen die Gewähr dafür bieten, dass diese Aufgaben den öffentlich-rechtlichen Vorschriften entsprechend wahrgenommen werden, und wenn sie über die erforderlichen Vorrichtungen verfügen. ¹Satz 1 ist entsprechend auf Behörden anzuwenden, wenn sie ausreichend mit geeigneten Fachkräften besetzt und mit den erforderlichen Vorrichtungen ausgestattet sind. ²Die Anerkennung von Prüf-, Zertifizierungs- und Überwachungsstellen anderer Länder gilt auch im Land Bremen.

§ 25 Besondere Sachkunde- und Sorgfaltsanforderungen
(1) ¹Bei Bauprodukten, deren Herstellung in außergewöhnlichem Maß von der Sachkunde und Erfahrung der damit betrauten Personen oder von einer Ausstattung mit besonderen Vorrichtungen abhängt, kann in der allgemeinen bauaufsichtlichen Zulassung, in der Zustimmung im Einzelfall oder durch Rechtsverordnung der obersten Bauaufsichtsbehörde vorgeschrieben werden, dass der Hersteller oder der Hersteller über solche Fachkräfte und Vorrichtungen verfügt und den Nachweis hierüber gegenüber einer Prüfstelle nach § 24 Satz 1 Nummer 6 zu erbringen hat. ²In der Rechtsverordnung können Mindestanforderungen an die Ausbildung, die durch Prüfung nachzuweisende Befähigung und die Ausbildungsstätten einschließlich der Anerkennungsvoraussetzungen gestellt werden.
(2) Für Bauprodukte, die wegen ihrer besonderen Eigenschaften oder ihres besonderen Verwendungszwecks einer außergewöhnlichen Sorgfalt bei Einbau, Transport, Instandhaltung oder Reinigung bedürfen, kann in der allgemeinen bauaufsichtlichen Zulassung, in der Zustimmung im Einzelfall oder durch Rechtsverordnung der obersten Bauaufsichtsbehörde die Überwachung dieser Tätigkeiten durch eine Überwachungsstelle nach § 24 Satz 1 Nummer 5 vorgeschrieben werden, soweit diese Tätigkeiten nicht bereits durch die Verordnung (EU) Nummer 305/2011 erfasst sind.

Abschnitt 4
Brandverhalten von Baustoffen und Bauteilen; Wände, Decken, Dächer
§ 26 Allgemeine Anforderungen an das Brandverhalten von Baustoffen und Bauteilen
(1) ¹Baustoffe werden nach den Anforderungen an ihr Brandverhalten unterschieden in
1. nichtbrennbare,
2. schwerentflammbare,
3. normalentflammbare.
²Baustoffe, die nicht mindestens normalentflammbar sind (leichtentflammbare Baustoffe), dürfen nicht verwendet werden; dies gilt nicht, wenn sie in Verbindung mit anderen Baustoffen nicht leichtentflammbar sind.
(2) ¹Bauteile werden nach den Anforderungen an ihre Feuerwiderstandsfähigkeit unterschieden in
1. feuerbeständige,
2. hochfeuerhemmende,
3. feuerhemmende;
die Feuerwiderstandsfähigkeit bezieht sich bei tragenden und aussteifenden Bauteilen auf deren Standsicherheit im Brandfall, bei raumabschließenden Bauteilen auf deren Widerstand gegen die Brandausbreitung. ²Bauteile werden zusätzlich nach dem Brandverhalten ihrer Baustoffe unterschieden in

1. Bauteile aus nichtbrennbaren Baustoffen,
2. Bauteile, deren tragende und aussteifende Teile aus nichtbrennbaren Baustoffen bestehen und die bei raumabschließenden Bauteilen zusätzlich eine in Bauteilebene durchgehende Schicht aus nichtbrennbaren Baustoffen haben,
3. Bauteile, deren tragende und aussteifende Teile aus brennbaren Baustoffen bestehen und die allseitig eine brandschutztechnisch wirksame Bekleidung aus nichtbrennbaren Baustoffen (Brandschutzbekleidung) und Dämmstoffe aus nichtbrennbaren Baustoffen haben,
4. Bauteile aus brennbaren Baustoffen.

[3]Soweit in diesem Gesetz oder in Vorschriften aufgrund dieses Gesetzes nichts anderes bestimmt ist, müssen
1. Bauteile, die feuerbeständig sein müssen, mindestens den Anforderungen des Satzes 2 Nummer 2,
2. Bauteile, die hochfeuerhemmend sein müssen, mindestens den Anforderungen des Satzes 2 Nummer 3
entsprechen.

§ 27 Tragende Wände, Stützen

(1) [1]Tragende und aussteifende Wände und Stützen müssen im Brandfall ausreichend lang standsicher sein. [2]Sie müssen
1. in Gebäuden der Gebäudeklasse 5 feuerbeständig,
2. in Gebäuden der Gebäudeklasse 4 hochfeuerhemmend,
3. in Gebäuden der Gebäudeklassen 2 und 3 feuerhemmend
sein. [3]Satz 2 gilt
1. für Geschosse im Dachraum nur, wenn darüber noch Aufenthaltsräume möglich sind; § 29 Absatz 4 bleibt unberührt,
2. nicht für Balkone, ausgenommen offene Gänge, die als notwendige Flure dienen.

(2) Im Kellergeschoss müssen tragende und aussteifende Wände und Stützen
1. in Gebäuden der Gebäudeklassen 3 bis 5 feuerbeständig,
2. in Gebäuden der Gebäudeklassen 1 und 2 feuerhemmend
sein.

§ 28 Außenwände

(1) Außenwände und Außenwandteile wie Brüstungen und Schürzen sind so auszubilden, dass eine Brandausbreitung auf und in diesen Bauteilen ausreichend lang begrenzt ist.

(2) [1]Nichttragende Außenwände und nichttragende Teile tragender Außenwände müssen aus nichtbrennbaren Baustoffen bestehen; sie sind aus brennbaren Baustoffen zulässig, wenn sie als raumabschließende Bauteile feuerhemmend sind. [2]Satz 1 gilt nicht für
1. Türen und Fenster,
2. Fugendichtungen und
3. brennbare Dämmstoffe in nichtbrennbaren geschlossenen Profilen der Außenwandkonstruktionen.

(3) [1]Oberflächen von Außenwänden sowie Außenwandbekleidungen müssen einschließlich der Dämmstoffe und Unterkonstruktionen schwerentflammbar sein; Unterkonstruktionen aus normalentflammbaren Baustoffen sind zulässig, wenn die Anforderungen nach Absatz 1 erfüllt sind. [2]Balkonbekleidungen, die über die erforderliche Umwehrungshöhe hinaus hochgeführt werden, und mehr als zwei Geschosse überbrückende Solaranlagen an Außenwänden müssen schwerentflammbar sein. [3]Baustoffe, die schwerentflammbar sein müssen, in Bauteilen nach Satz 1 Halbsatz 1 und Satz 2 dürfen nicht brennend abfallen oder abtropfen.

(4) [1]Bei Außenwandkonstruktionen mit geschossübergreifenden Hohl- oder Lufträumen wie hinterlüfteten Außenwandbekleidungen sind gegen die Brandausbreitung besondere Vorkehrungen zu treffen. [2]Satz 1 gilt für Doppelfassaden entsprechend.

(5) Absätze 2, 3 und 4 Satz 1 gelten nicht für Gebäude der Gebäudeklassen 1 bis 3; Absatz 4 Satz 2 gilt nicht für Gebäude der Gebäudeklassen 1 und 2.

§ 29 Trennwände

(1) Trennwände nach Absatz 2 müssen als raumabschließende Bauteile von Räumen oder Nutzungseinheiten innerhalb von Geschossen ausreichend lang widerstandsfähig gegen die Brandausbreitung sein.

(2) Trennwände sind erforderlich
1. zwischen Nutzungseinheiten sowie zwischen Nutzungseinheiten und anders genutzten Räumen, ausgenommen notwendigen Fluren,
2. zum Abschluss von Räumen mit Explosions- oder erhöhter Brandgefahr,
3. zwischen Aufenthaltsräumen und anders genutzten Räumen im Kellergeschoss.

(3) ¹Trennwände nach Absatz 2 Nummer 1 und 3 müssen die Feuerwiderstandsfähigkeit der tragenden und aussteifenden Bauteile des Geschosses haben, jedoch mindestens feuerhemmend sein. ²Trennwände nach Absatz 2 Nummer 2 müssen feuerbeständig sein.

(4) Die Trennwände nach Absatz 2 sind bis zur Rohdecke, im Dachraum bis unter die Dachhaut zu führen; werden in Dachräumen Trennwände nur bis zur Rohdecke geführt, ist diese Decke als raumabschließendes Bauteil, einschließlich der sie tragenden und aussteifenden Bauteile, feuerhemmend herzustellen.

(5) Öffnungen in Trennwänden nach Absatz 2 sind nur zulässig, wenn sie auf die für die Nutzung erforderliche Zahl und Größe beschränkt sind; sie müssen feuerhemmende, dicht- und selbstschließende Abschlüsse haben.

(6) Die Absätze 1 bis 5 gelten nicht für Wohngebäude der Gebäudeklassen 1 und 2.

§ 30 Brandwände

(1) Brandwände müssen als raumabschließende Bauteile zum Abschluss von Gebäuden (Gebäudeabschlusswand) oder zur Unterteilung von Gebäuden in Brandabschnitte (innere Brandwand) ausreichend lang die Brandausbreitung auf andere Gebäude oder Brandabschnitte verhindern.

(2) Brandwände sind erforderlich
1. als Gebäudeabschlusswand, ausgenommen von Gebäuden ohne Aufenthaltsräume und ohne Feuerstätten mit nicht mehr als 50 m³ Bruttorauminhalt, wenn diese Abschlusswände an oder mit einem Abstand von weniger als 2,50 m gegenüber der Grundstücksgrenze errichtet werden, es sei denn, dass ein Abstand von mindestens 5 m zu bestehenden oder nach den baurechtlichen Vorschriften zulässigen künftigen Gebäuden öffentlich-rechtlich gesichert ist,
2. als innere Brandwand zur Unterteilung ausgedehnter Gebäude in Abständen von nicht mehr als 40 m,
3. als innere Brandwand zur Unterteilung landwirtschaftlich genutzter Gebäude in Brandabschnitte von nicht mehr als 10 000 m³ Bruttorauminhalt,
4. als Gebäudeabschlusswand zwischen Wohngebäuden und angebauten landwirtschaftlich genutzten Gebäuden sowie als innere Brandwand zwischen dem Wohnteil und dem landwirtschaftlich genutzten Teil eines Gebäudes.

(3) ¹Brandwände müssen auch unter zusätzlicher mechanischer Beanspruchung feuerbeständig sein und aus nichtbrennbaren Baustoffen bestehen. ²Anstelle von Brandwänden sind in den Fällen des Absatzes 2 Nummer 1 bis 3 zulässig
1. für Gebäude der Gebäudeklasse 4 Wände, die auch unter zusätzlicher mechanischer Beanspruchung hochfeuerhemmend sind,
2. für Gebäude der Gebäudeklassen 1 bis 3 hochfeuerhemmende Wände,
3. für Gebäude der Gebäudeklassen 1 bis 3 Gebäudeabschlusswände, die jeweils von innen nach außen die Feuerwiderstandsfähigkeit der tragenden und aussteifenden Teile des Gebäudes, mindestens jedoch feuerhemmende Bauteile, und von außen nach innen die Feuerwiderstandsfähigkeit feuerbeständiger Bauteile haben.

³In den Fällen des Absatzes 2 Nummer 4 sind anstelle von Brandwänden feuerbeständige Wände zulässig, wenn der Bruttorauminhalt des landwirtschaftlich genutzten Gebäudes oder Gebäudeteils nicht größer als 2 000 m³ ist.

(4) ¹Brandwände müssen bis zur Bedachung durchgehen und in allen Geschossen übereinander angeordnet sein. ²Abweichend davon dürfen anstelle innerer Brandwände Wände geschossweise versetzt angeordnet werden, wenn
1. die Wände im Übrigen Absatz 3 Satz 1 entsprechen,

2. die Decken, soweit sie in Verbindung mit diesen Wänden stehen, feuerbeständig sind, aus nichtbrennbaren Baustoffen bestehen und keine Öffnungen haben,
3. die Bauteile, die diese Wände und Decken unterstützen, feuerbeständig sind und aus nichtbrennbaren Baustoffen bestehen,
4. die Außenwände in der Breite des Versatzes in dem Geschoss oberhalb oder unterhalb des Versatzes feuerbeständig sind und
5. Öffnungen in den Außenwänden im Bereich des Versatzes so angeordnet oder andere Vorkehrungen so getroffen sind, dass eine Brandausbreitung in andere Brandabschnitte nicht zu befürchten ist.

(5) [1]Brandwände sind 0,30 m über die Bedachung zu führen oder in Höhe der Dachhaut mit einer beiderseits 0,50 m auskragenden feuerbeständigen Platte aus nichtbrennbaren Baustoffen abzuschließen; darüber dürfen brennbare Teile des Daches nicht hinweggeführt werden. [2]Bei Gebäuden der Gebäudeklassen 1 bis 3 sind Brandwände mindestens bis unter die Dachhaut zu führen. [3]Verbleibende Hohlräume sind vollständig mit nichtbrennbaren Baustoffen auszufüllen.

(6) Müssen Gebäude oder Gebäudeteile, die über Eck zusammenstoßen, durch eine Brandwand getrennt werden, so muss der Abstand dieser Wand von der inneren Ecke mindestens 5 m betragen; das gilt nicht, wenn der Winkel der inneren Ecke mehr als 120 Grad beträgt oder mindestens eine Außenwand auf 5 m Länge als öffnungslose feuerbeständige Wand aus nichtbrennbaren Baustoffen, bei Gebäuden der Gebäudeklassen 1 bis 4 als öffnungslose hochfeuerhemmende Wand ausgebildet ist.

(7) [1]Bauteile mit brennbaren Baustoffen dürfen über Brandwände nicht hinweggeführt werden. [2]Bei Außenwandkonstruktionen, die eine seitliche Brandausbreitung begünstigen können, wie hinterlüfteten Außenwandbekleidungen oder Doppelfassaden, sind gegen die Brandausbreitung im Bereich der Brandwände besondere Vorkehrungen zu treffen. [3]Außenwandbekleidungen von Gebäudeabschlusswänden müssen einschließlich der Dämmstoffe und Unterkonstruktionen nichtbrennbar sein. [4]Bauteile dürfen in Brandwände nur soweit eingreifen, dass deren Feuerwiderstandsfähigkeit nicht beeinträchtigt wird; für Leitungen, Leitungsschlitze und Schornsteine gilt dies entsprechend.

(8) [1]Öffnungen in Brandwänden sind unzulässig. [2]Sie sind in inneren Brandwänden nur zulässig, wenn sie auf die für die Nutzung erforderliche Zahl und Größe beschränkt sind; die Öffnungen müssen feuerbeständige, dicht- und selbstschließende Abschlüsse haben.

(9) In inneren Brandwänden sind feuerbeständige Verglasungen nur zulässig, wenn sie auf die für die Nutzung erforderliche Zahl und Größe beschränkt sind.

(10) Absatz 2 Nummer 1 gilt nicht für seitliche Wände von Vorbauten im Sinne des § 6 Absatz 6 Nummer 3 und 4, wenn sie von dem Nachbargebäude oder der Nachbargrenze einen Abstand einhalten, der ihrer eigenen Ausladung entspricht, mindestens jedoch 1 m beträgt.

(11) Die Absätze 4 bis 10 gelten entsprechend auch für Wände, die nach Absatz 3 Satz 2 und 3 anstelle von Brandwänden zulässig sind.

§ 31 Decken

(1) [1]Decken müssen als tragende und raumabschließende Bauteile zwischen Geschossen im Brandfall ausreichend lang standsicher und widerstandsfähig gegen die Brandausbreitung sein. [2]Sie müssen
1. in Gebäuden der Gebäudeklasse 5 feuerbeständig,
2. in Gebäuden der Gebäudeklasse 4 hochfeuerhemmend,
3. in Gebäuden der Gebäudeklassen 2 und 3 feuerhemmend
sein. [3]Satz 2 gilt
1. für Geschosse im Dachraum nur, wenn darüber Aufenthaltsräume möglich sind; § 29 Absatz 4 bleibt unberührt,
2. nicht für Balkone, ausgenommen offene Gänge, die als notwendige Flure dienen.

(2) [1]Im Kellergeschoss müssen Decken
1. in Gebäuden der Gebäudeklassen 3 bis 5 feuerbeständig,
2. in Gebäuden der Gebäudeklassen 1 und 2 feuerhemmend
sein. [2]Decken müssen feuerbeständig sein
1. unter und über Räumen mit Explosions- oder erhöhter Brandgefahr, ausgenommen in Wohngebäuden der Gebäudeklassen 1 und 2,
2. zwischen dem landwirtschaftlich genutzten Teil und dem Wohnteil eines Gebäudes.

(3) Der Anschluss der Decken an die Außenwand ist so herzustellen, dass er den Anforderungen aus Absatz 1 Satz 1 genügt.
(4) Öffnungen in Decken, für die eine Feuerwiderstandsfähigkeit vorgeschrieben ist, sind nur zulässig
1. in Gebäuden der Gebäudeklassen 1 und 2,
2. innerhalb derselben Nutzungseinheit mit nicht mehr als insgesamt 400 m² in nicht mehr als zwei Geschossen,
3. im Übrigen, wenn sie auf die für die Nutzung erforderliche Zahl und Größe beschränkt sind und Abschlüsse mit der Feuerwiderstandsfähigkeit der Decke haben.

§ 32 Dächer

(1) Bedachungen müssen gegen eine Brandbeanspruchung von außen durch Flugfeuer und strahlende Wärme ausreichend lang widerstandsfähig sein (harte Bedachung).
(2) ¹Bedachungen, die die Anforderungen nach Absatz 1 nicht erfüllen, sind zulässig bei Gebäuden der Gebäudeklassen 1 bis 3, wenn die Gebäude
1. einen Abstand von der Grundstücksgrenze von mindestens 12 m,
2. von Gebäuden auf demselben Grundstück mit harter Bedachung einen Abstand von mindestens 15 m,
3. von Gebäuden auf demselben Grundstück mit Bedachungen, die die Anforderungen nach Absatz 1 nicht erfüllen, einen Abstand von mindestens 24 m,
4. von Gebäuden auf demselben Grundstück ohne Aufenthaltsräume und ohne Feuerstätten mit nicht mehr als 50 m³ Bruttorauminhalt einen Abstand von mindestens 5 m
einhalten. ²Soweit Gebäude nach Satz 1 Abstand halten müssen, genügt bei Wohngebäuden der Gebäudeklassen 1 und 2 in den Fällen
1. der Nummer 1 ein Abstand von mindestens 6 m,
2. der Nummer 2 ein Abstand von mindestens 9 m,
3. der Nummer 3 ein Abstand von mindestens 12 m.
(3) Die Absätze 1 und 2 gelten nicht für
1. Gebäude ohne Aufenthaltsräume und ohne Feuerstätten mit nicht mehr als 50 m³ Bruttorauminhalt,
2. lichtdurchlässige Bedachungen aus nichtbrennbaren Baustoffen; brennbare Fugendichtungen und brennbare Dämmstoffe in nichtbrennbaren Profilen sind zulässig,
3. Dachflächenfenster, Oberlichte und Lichtkuppeln von Wohngebäuden,
4. Eingangsüberdachungen und Vordächer aus nichtbrennbaren Baustoffen,
5. Eingangsüberdachungen aus brennbaren Baustoffen, wenn die Eingänge nur zu Wohnungen führen.
(4) Abweichend von den Absätzen 1 und 2 sind
1. lichtdurchlässige Teilflächen aus brennbaren Baustoffen in Bedachungen nach Absatz 1 und
2. begrünte Bedachungen
zulässig, wenn eine Brandentstehung bei einer Brandbeanspruchung von außen durch Flugfeuer und strahlende Wärme nicht zu befürchten ist oder Vorkehrungen hiergegen getroffen werden.
(5) ¹Dachüberstände, Dachgesimse und Dachaufbauten, lichtdurchlässige Bedachungen, Dachflächenfenster, Lichtkuppeln, Oberlichte und Solaranlagen sind so anzuordnen und herzustellen, dass Feuer nicht auf andere Gebäudeteile und Nachbargrundstücke übertragen werden kann. ²Von Brandwänden und von Wänden, die anstelle von Brandwänden zulässig sind, müssen mindestens 1,25 m entfernt sein
1. Dachflächenfenster, Oberlichte, Lichtkuppeln und Öffnungen in der Bedachung, wenn diese Wände nicht mindestens 30 cm über die Bedachung geführt sind,
2. Solaranlagen, Dachgauben und ähnliche Dachaufbauten aus brennbaren Baustoffen, wenn sie nicht durch diese Wände gegen Brandübertragung geschützt sind.
(6) ¹Dächer von traufseitig aneinandergebauten Gebäuden müssen als raumabschließende Bauteile für eine Brandbeanspruchung von innen nach außen, einschließlich der sie tragenden und aussteifenden Bauteile, feuerhemmend sein. ²Öffnungen in diesen Dachflächen müssen waagerecht gemessen mindestens 2 m von der Brandwand oder der Wand, die anstelle der Brandwand zulässig ist, entfernt sein.

(7) ¹Dächer von Anbauten, die an Außenwände mit Öffnungen oder ohne Feuerwiderstandsfähigkeit anschließen, müssen innerhalb eines Abstands von 5 m von diesen Wänden als raumabschließende Bauteile für eine Brandbeanspruchung von innen nach außen, einschließlich der sie tragenden und aussteifenden Bauteile, die Feuerwiderstandsfähigkeit der Decken des Gebäudeteils haben, an den sie angebaut werden. ²Dies gilt nicht für Anbauten an Wohngebäude der Gebäudeklassen 1 bis 3.
(8) Dächer an Verkehrsflächen und über Eingängen müssen Vorrichtungen zum Schutz gegen das Herabfallen von Schnee und Eis haben, wenn dies die Verkehrssicherheit erfordert.
(9) Für vom Dach aus vorzunehmende Arbeiten sind sicher benutzbare Vorrichtungen anzubringen.

Abschnitt 5
Rettungswege, Öffnungen, Umwehrungen

§ 33 Erster und zweiter Rettungsweg
(1) Für Nutzungseinheiten mit mindestens einem Aufenthaltsraum, wie Wohnungen, Praxen, selbstständige Betriebsstätten, müssen in jedem Geschoss mindestens zwei voneinander unabhängige Rettungswege ins Freie vorhanden sein; beide Rettungswege dürfen jedoch innerhalb des Geschosses über denselben notwendigen Flur führen.
(2) ¹Für Nutzungseinheiten nach Absatz 1, die nicht zu ebener Erde liegen, muss der erste Rettungsweg über eine notwendige Treppe führen. ²Der zweite Rettungsweg kann eine weitere notwendige Treppe oder eine mit Rettungsgeräten der Feuerwehr erreichbare Stelle der Nutzungseinheit sein. ³Bei Sonderbauten ist der zweite Rettungsweg über Rettungsgeräte der Feuerwehr nur zulässig, wenn keine Bedenken wegen der Personenrettung bestehen. ⁴Ein zweiter Rettungsweg ist nicht erforderlich, wenn die Rettung über einen sicher erreichbaren Treppenraum möglich ist, in den Feuer und Rauch nicht eindringen können (Sicherheitstreppenraum).

§ 34 Treppen
(1) ¹Jedes nicht zu ebener Erde liegende Geschoss und der benutzbare Dachraum eines Gebäudes müssen über mindestens eine Treppe zugänglich sein (notwendige Treppe). ²Statt notwendiger Treppen sind Rampen mit flacher Neigung zulässig.
(2) ¹Einschiebbare Treppen und Rolltreppen sind als notwendige Treppen unzulässig. ²In Gebäuden der Gebäudeklassen 1 und 2 sind einschiebbare Treppen und Leitern als Zugang zu einem Dachraum ohne Aufenthaltsraum zulässig.
(3) ¹Notwendige Treppen sind in einem Zuge zu allen angeschlossenen Geschossen zu führen; sie müssen mit den Treppen zum Dachraum unmittelbar verbunden sein. ²Dies gilt nicht für Treppen
1. in Gebäuden der Gebäudeklassen 1 bis 3,
2. nach § 35 Absatz 1 Satz 3 Nummer 2.
(4) ¹Die tragenden Teile notwendiger Treppen müssen
1. in Gebäuden der Gebäudeklasse 5 feuerhemmend und aus nichtbrennbaren Baustoffen,
2. in Gebäuden der Gebäudeklasse 4 aus nichtbrennbaren Baustoffen,
3. in Gebäuden der Gebäudeklasse 3 aus nichtbrennbaren Baustoffen oder feuerhemmend
sein. ²Tragende Teile von Außentreppen nach § 35 Absatz 1 Satz 3 Nummer 3 für Gebäude der Gebäudeklassen 3 bis 5 müssen aus nichtbrennbaren Baustoffen bestehen.
(5) Die nutzbare Breite der Treppenläufe und Treppenabsätze notwendiger Treppen muss für den größten zu erwartenden Verkehr ausreichen.
(6) ¹Treppen müssen einen festen und griffsicheren Handlauf haben. ²Notwendige Treppen müssen beiderseits Handläufe haben; der zweite Handlauf darf sich in der nutzbaren Breite befinden. ³Bei großer nutzbarer Breite der Treppen sind Zwischenläufe vorzusehen, soweit die Verkehrssicherheit dies erfordert. ⁴Satz 2 gilt nicht in Wohngebäuden der Gebäudeklassen 1 und 2 sowie innerhalb von Wohnungen.
(7) Eine Treppe darf nicht unmittelbar hinter einer Tür beginnen, die in Richtung der Treppe aufschlägt; zwischen Treppe und Tür ist ein ausreichender Treppenabsatz anzuordnen.

§ 35 Notwendige Treppenräume, Ausgänge
(1) ¹Jede notwendige Treppe muss zur Sicherstellung der Rettungswege aus den Geschossen ins Freie in einem eigenen, durchgehenden Treppenraum liegen (notwendiger Treppenraum). ²Notwendige Treppenräume müssen so angeordnet und ausgebildet sein, dass die Nutzung der notwendigen

Treppen im Brandfall ausreichend lang möglich ist. ³Notwendige Treppen sind ohne eigenen Treppenraum zulässig
1. in Gebäuden der Gebäudeklassen 1 und 2,
2. für die Verbindung von höchstens zwei Geschossen innerhalb derselben Nutzungseinheit von insgesamt nicht mehr als 200 m², wenn in jedem Geschoss ein anderer Rettungsweg erreicht werden kann,
3. als Außentreppe, wenn ihre Nutzung ausreichend sicher ist und im Brandfall nicht gefährdet werden kann.

(2) ¹Von jeder Stelle eines Aufenthaltsraumes sowie eines Kellergeschosses muss mindestens ein Ausgang in einen notwendigen Treppenraum oder ins Freie in höchstens 35 m Entfernung erreichbar sein. ²Übereinanderliegende Kellergeschosse müssen jeweils mindestens zwei Ausgänge in notwendige Treppenräume oder ins Freie haben. ³Sind mehrere notwendige Treppenräume erforderlich, müssen sie so verteilt sein, dass sie möglichst entgegengesetzt liegen und dass die Rettungswege möglichst kurz sind.

(3) ¹Jeder notwendige Treppenraum muss einen unmittelbaren Ausgang ins Freie haben. ²Sofern der Ausgang eines notwendigen Treppenraumes nicht unmittelbar ins Freie führt, muss der Raum zwischen dem notwendigen Treppenraum und dem Ausgang ins Freie
1. mindestens so breit sein wie die dazugehörigen Treppenläufe,
2. Wände haben, die die Anforderungen an die Wände des Treppenraumes erfüllen,
3. rauchdichte und selbstschließende Abschlüsse zu notwendigen Fluren haben und
4. ohne Öffnungen zu anderen Räumen, ausgenommen zu notwendigen Fluren, sein.

(4) ¹Die Wände notwendiger Treppenräume müssen als raumabschließende Bauteile
1. in Gebäuden der Gebäudeklasse 5 die Bauart von Brandwänden haben,
2. in Gebäuden der Gebäudeklasse 4 auch unter zusätzlicher mechanischer Beanspruchung hochfeuerhemmend und
3. in Gebäuden der Gebäudeklasse 3 feuerhemmend
sein. ²Dies ist nicht erforderlich für Außenwände von Treppenräumen, die aus nichtbrennbaren Baustoffen bestehen und durch andere an diese Außenwände anschließende Gebäudeteile im Brandfall nicht gefährdet werden können. ³Der obere Abschluss notwendiger Treppenräume muss als raumabschließendes Bauteil die Feuerwiderstandsfähigkeit der Decken des Gebäudes haben; dies gilt nicht, wenn der obere Abschluss das Dach ist und die Treppenraumwände bis unter die Dachhaut reichen.

(5) In notwendigen Treppenräumen und in Räumen nach Absatz 3 Satz 2 müssen
1. Bekleidungen, Putze, Dämmstoffe, Unterdecken und Einbauten aus nichtbrennbaren Baustoffen bestehen,
2. Wände und Decken aus brennbaren Baustoffen eine Bekleidung aus nichtbrennbaren Baustoffen in ausreichender Dicke haben,
3. Bodenbeläge, ausgenommen Gleitschutzprofile, aus mindestens schwerentflammbaren Baustoffen bestehen.

(6) ¹In notwendigen Treppenräumen müssen Öffnungen
1. zu Kellergeschossen, zu nicht ausgebauten Dachräumen, Werkstätten, Läden, Lager und ähnlichen Räumen sowie zu sonstigen Räumen und Nutzungseinheiten mit einer Fläche von mehr als 200 m², ausgenommen Wohnungen, mindestens feuerhemmende, rauchdichte und selbstschließende Abschlüsse,
2. zu notwendigen Fluren rauchdichte und selbstschließende Abschlüsse,
3. zu sonstigen Räumen und Nutzungseinheiten mindestens dicht- und selbstschließende Abschlüsse haben. ²Die Feuerschutz- und Rauchschutzabschlüsse dürfen lichtdurchlässige Seitenteile und Oberlichte enthalten, wenn der Abschluss insgesamt nicht breiter als 2,50 m ist.

(7) ¹Notwendige Treppenräume müssen zu beleuchten sein. ²Notwendige Treppenräume ohne Fenster müssen in Gebäuden mit einer Höhe nach § 2 Absatz 3 Satz 2 von mehr als 13 m eine Sicherheitsbeleuchtung haben.

(8) ¹Notwendige Treppenräume müssen belüftet und zur Unterstützung wirksamer Löscharbeiten entraucht werden können. ²Sie müssen
1. in jedem oberirdischen Geschoss unmittelbar ins Freie führende Fenster mit einem freien Querschnitt von mindestens 0,50 m² haben, die geöffnet werden können, oder

2. an der obersten Stelle eine Öffnung zur Rauchableitung haben.
[3]In den Fällen des Satzes 2 Nummer 1 ist in Gebäuden der Gebäudeklasse 5 an der obersten Stelle eine Öffnung zur Rauchableitung erforderlich; in den Fällen des Satzes 2 Nummer 2 sind in Gebäuden der Gebäudeklassen 4 und 5, soweit dies zur Erfüllung der Anforderungen nach Satz 1 erforderlich ist, besondere Vorkehrungen zu treffen. [4]Öffnungen zur Rauchableitung nach Satz 2 und 3 müssen in jedem Treppenraum einen freien Querschnitt von mindestens 1 m^2 und Vorrichtungen zum Öffnen ihrer Abschlüsse haben, die vom Erdgeschoss sowie vom obersten Treppenabsatz aus bedient werden können.

§ 36 Notwendige Flure, offene Gänge
(1) [1]Flure, über die Rettungswege aus Aufenthaltsräumen oder aus Nutzungseinheiten mit Aufenthaltsräumen zu Ausgängen in notwendige Treppenräume oder ins Freie führen (notwendige Flure), müssen so angeordnet und ausgebildet sein, dass die Nutzung im Brandfall ausreichend lang möglich ist. [2]Notwendige Flure sind nicht erforderlich
1. in Wohngebäuden der Gebäudeklassen 1 und 2,
2. in sonstigen Gebäuden der Gebäudeklassen 1 und 2, ausgenommen in Kellergeschossen,
3. innerhalb von Nutzungseinheiten mit nicht mehr als 200 m^2 und innerhalb von Wohnungen,
4. innerhalb von Nutzungseinheiten, die einer Büro- oder Verwaltungsnutzung dienen, mit nicht mehr als 400 m^2; das gilt auch für Teile größerer Nutzungseinheiten, wenn diese Teile nicht größer als 400 m^2 sind, Trennwände nach § 29 Absatz 2 Nummer 1 haben und jeder Teil unabhängig von anderen Teilen Rettungswege nach § 33 Absatz 1 hat.
(2) [1]Notwendige Flure müssen so breit sein, dass sie für den größten zu erwartenden Verkehr ausreichen. [2]In den Fluren ist eine Folge von weniger als drei Stufen unzulässig.
(3) [1]Notwendige Flure sind durch nicht abschließbare, rauchdichte und selbstschließende Abschlüsse in Rauchabschnitte zu unterteilen. [2]Die Rauchabschnitte sollen nicht länger als 30 m sein. [3]Die Abschlüsse sind bis an die Rohdecke zu führen; sie dürfen bis an die Unterdecke der Flure geführt werden, wenn die Unterdecke feuerhemmend ist. [4]Notwendige Flure mit nur einer Fluchtrichtung, die zu einem Sicherheitstreppenraum führen, dürfen nicht länger als 15 m sein. [5]Die Sätze 1 bis 4 gelten nicht für offene Gänge nach Absatz 5.
(4) [1]Die Wände notwendiger Flure müssen als raumabschließende Bauteile feuerhemmend, in Kellergeschossen, deren tragende und aussteifende Bauteile feuerbeständig sein müssen, feuerbeständig sein. [2]Die Wände sind bis an die Rohdecke zu führen. [3]Sie dürfen bis an die Unterdecke der Flure geführt werden, wenn die Unterdecke feuerhemmend und ein demjenigen nach Satz 1 vergleichbarer Raumabschluss sichergestellt ist. [4]Türen in diesen Wänden müssen dicht schließen; Öffnungen zu Lagerbereichen im Kellergeschoss müssen feuerhemmende, dicht- und selbstschließende Abschlüsse haben.
(5) [1]Für Wände und Brüstungen notwendiger Flure mit nur einer Fluchtrichtung, die als offene Gänge vor den Außenwänden angeordnet sind, gilt Absatz 4 entsprechend. [2]Fenster sind in diesen Außenwänden ab einer Brüstungshöhe von 0,90 m zulässig.
(6) In notwendigen Fluren sowie in offenen Gängen nach Absatz 5 müssen
1. Bekleidungen, Putze, Unterdecken und Dämmstoffe aus nichtbrennbaren Baustoffen bestehen,
2. Wände und Decken aus brennbaren Baustoffen eine Bekleidung aus nichtbrennbaren Baustoffen in ausreichender Dicke haben.

§ 37 Fenster, Türen, sonstige Öffnungen
(1) Können die Fensterflächen nicht gefahrlos vom Erdboden, vom Innern des Gebäudes, von Loggien oder Balkonen aus gereinigt werden, so sind Vorrichtungen, wie Aufzüge, Halterungen oder Stangen, anzubringen, die eine Reinigung von außen ermöglichen.
(2) [1]Glastüren und andere Glasflächen, die bis zum Fußboden allgemein zugänglicher Verkehrsflächen herabreichen, sind so zu kennzeichnen, dass sie leicht erkannt werden können. [2]Weitere Schutzmaßnahmen sind für größere Glasflächen vorzusehen, wenn dies die Verkehrssicherheit erfordert.
(3) [1]Jedes Kellergeschoss ohne Fenster muss mindestens eine Öffnung ins Freie haben, um eine Rauchableitung zu ermöglichen. [2]Gemeinsame Kellerlichtschächte für übereinanderliegende Kellergeschosse sind unzulässig.
(4) [1]Fenster, die als Rettungswege nach § 33 Absatz 2 Satz 2 dienen, müssen im Lichten mindestens 0,90 m x 1,20 m groß und nicht höher als 1,20 m über der Fußbodenoberkante angeordnet sein.

²Liegen diese Fenster in Dachschrägen oder Dachaufbauten, so darf ihre Unterkante oder ein davor liegender Austritt von der Traufkante horizontal gemessen nicht mehr als 1 m entfernt sein.

§ 38 Umwehrungen
(1) In, an und auf baulichen Anlagen sind zu umwehren oder mit Brüstungen zu versehen:
1. Flächen, die im Allgemeinen zum Begehen bestimmt sind und unmittelbar an mehr als 1 m tiefer liegende Flächen angrenzen; dies gilt nicht, wenn die Umwehrung dem Zweck der Flächen widerspricht,
2. nicht begehbare Oberlichte und Glasabdeckungen in Flächen, die im Allgemeinen zum Begehen bestimmt sind, wenn sie weniger als 0,50 m aus diesen Flächen herausragen,
3. Dächer oder Dachteile, die zum auch nur zeitweiligen Aufenthalt von Menschen bestimmt sind,
4. Öffnungen in begehbaren Decken sowie in Dächern oder Dachteilen nach Nummer 3, wenn sie nicht sicher abgedeckt sind,
5. nicht begehbare Glasflächen in Decken sowie in Dächern oder Dachteilen nach Nummer 3,
6. die freien Seiten von Treppenläufen, Treppenabsätzen und Treppenöffnungen (Treppenaugen),
7. Kellerlichtschächte und Betriebsschächte, die an Verkehrsflächen liegen, wenn sie nicht verkehrssicher abgedeckt sind.

(2) ¹In Verkehrsflächen liegende Kellerlichtschächte und Betriebsschächte sind in Höhe der Verkehrsfläche verkehrssicher abzudecken. ²An und in Verkehrsflächen liegende Abdeckungen müssen gegen unbefugtes Abheben gesichert sein. ³Fenster, die unmittelbar an Treppen liegen und deren Brüstungen unter der notwendigen Umwehrungshöhe liegen, sind zu sichern.

(3) ¹Fensterbrüstungen von Flächen mit einer Absturzhöhe von 1 m bis zu 12 m müssen mindestens 0,80 m, von Flächen mit mehr als 12 m Absturzhöhe mindestens 0,90 m hoch sein. ²Geringere Brüstungshöhen sind zulässig, wenn durch andere Vorrichtungen, wie Geländer, die nach Absatz 4 vorgeschriebenen Mindesthöhen eingehalten werden.

(4) Andere notwendige Umwehrungen müssen folgende Mindesthöhen haben:
1. Umwehrungen zur Sicherung von Öffnungen in begehbaren Decken und Dächern sowie Umwehrungen von Flächen mit einer Absturzhöhe von 1 m bis zu 12 m 0,90 m,
2. in Arbeitsstätten müssen Umwehrungen nach Nummer 1 mindestens 1,00 m hoch sein. Die Höhe der Umwehrungen darf bei Brüstungen bis auf 0,80 m verringert werden, wenn die Tiefe der Umwehrung mindestens 0,20 m beträgt und durch die Tiefe der Brüstung ein gleichwertiger Schutz gegen Absturz gegeben ist,
3. Umwehrungen von Flächen mit mehr als 12 m Absturzhöhe 1,10 m.

(5) ¹In, an und auf Gebäuden, bei denen üblicherweise mit der Anwesenheit von Kindern gerechnet werden muss, sind Umwehrungen und Geländer so zu gestalten, dass ein Überklettern erschwert wird; der Abstand von Umwehrungs- und Geländerteilen darf in einer Richtung nicht mehr als 0,12 m betragen. ²Bis zu einer Höhe von 0,50 m über der zu sichernden Fläche dürfen waagerechte Zwischenräume nicht größer als 0,02 m sein.

Abschnitt 6
Technische Gebäudeausrüstung

§ 39 Aufzüge
(1) ¹Aufzüge im Innern von Gebäuden müssen eigene Fahrschächte haben, um eine Brandausbreitung in andere Geschosse ausreichend lang zu verhindern. ²In einem Fahrschacht dürfen bis zu drei Aufzüge liegen. ³Aufzüge ohne eigene Fahrschächte sind zulässig
1. innerhalb eines notwendigen Treppenraumes, ausgenommen in Hochhäusern,
2. innerhalb von Räumen, die Geschosse überbrücken,
3. zur Verbindung von Geschossen, die offen miteinander in Verbindung stehen dürfen,
4. in Gebäuden der Gebäudeklassen 1 und 2; sie müssen sicher umkleidet sein.

(2) ¹Die Fahrschachtwände müssen als raumabschließende Bauteile
1. in Gebäuden der Gebäudeklasse 5 feuerbeständig und aus nichtbrennbaren Baustoffen,
2. in Gebäuden der Gebäudeklasse 4 hochfeuerhemmend,
3. in Gebäuden der Gebäudeklasse 3 feuerhemmend

sein; Fahrschachtwände aus brennbaren Baustoffen müssen schachtseitig eine Bekleidung aus nichtbrennbaren Baustoffen in ausreichender Dicke haben. ²Fahrschachttüren und andere Öffnungen in

Fahrschachtwänden mit erforderlicher Feuerwiderstandsfähigkeit sind so herzustellen, dass die Anforderungen nach Absatz 1 Satz 1 nicht beeinträchtigt werden.

(3) [1]Fahrschächte müssen zu lüften sein und eine Öffnung zur Rauchableitung mit einem freien Querschnitt von mindestens 2,5 v. H. der Fahrschachtgrundfläche, mindestens jedoch 0,10 m^2 haben. [2]Diese Öffnung darf einen Abschluss haben, der im Brandfall selbsttätig öffnet und von mindestens einer geeigneten Stelle aus bedient werden kann. [3]Die Lage der Rauchaustrittsöffnungen muss so gewählt werden, dass der Rauchaustritt durch Windeinfluss nicht beeinträchtigt wird.

(4) [1]Gebäude mit einer Höhe nach § 2 Absatz 3 Satz 2 von mehr als 10,25 m müssen Aufzüge in ausreichender Zahl und Größe haben. [2]Dabei sind Räume im obersten Geschoss nicht zu berücksichtigen, die eine Nutzungseinheit mit Aufenthaltsräumen im darunter liegenden Geschoss bilden. [3]Von diesen Aufzügen muss mindestens ein Aufzug Kinderwagen, Rollstühle, Krankentragen und Lasten aufnehmen und Haltestellen in allen Geschossen haben. [4]Dieser Aufzug muss von der öffentlichen Verkehrsfläche sowie allen Geschossen aus barrierefrei erreichbar und nutzbar sein. [5]Haltestellen im obersten Geschoss sind nicht erforderlich, wenn sie nur unter besonderen Schwierigkeiten hergestellt werden können. [6]Satz 1 gilt nicht beim nachträglichen Ausbau oberster Geschosse nach § 2 Absatz 7 Satz 1 in den am 1. Januar 1996 bestehenden Gebäuden.

(5) Alle Aufzüge, die barrierefrei erreichbar sind, müssen unabhängig von einer entsprechenden Verpflichtung nach Absatz 4 zur Aufnahme von Rollstühlen geeignet sein.

(6) [1]Aufzugsanlagen müssen weitergehenden Anforderungen nach den aufgrund § 34 Produktsicherheitsgesetzes erlassenen Vorschriften auch dann entsprechen, wenn sie weder gewerblichen noch wirtschaftlichen Zwecken dienen und in ihrem Gefahrenbereich keine Arbeitnehmer beschäftigt werden. [2]Dies gilt auch für die Vorschriften über die Prüfung durch zugelassene Überwachungsstellen.

§ 40 Leitungsanlagen, Installationsschächte und -kanäle

(1) Leitungen dürfen durch raumabschließende Bauteile, für die eine Feuerwiderstandsfähigkeit vorgeschrieben ist, nur hindurchgeführt werden, wenn eine Brandausbreitung ausreichend lang nicht zu befürchten ist oder Vorkehrungen hiergegen getroffen sind; dies gilt nicht
1. für Gebäude der Gebäudeklassen 1 und 2,
2. innerhalb von Wohnungen,
3. innerhalb derselben Nutzungseinheit mit nicht mehr als insgesamt 400 m^2 in nicht mehr als zwei Geschossen.

(2) In notwendigen Treppenräumen, in Räumen nach § 35 Absatz 3 Satz 2 und in notwendigen Fluren sind Leitungsanlagen nur zulässig, wenn eine Nutzung als Rettungsweg im Brandfall ausreichend lang möglich ist.

(3) Für Installationsschächte und -kanäle gelten Absatz 1 sowie § 41 Absatz 2 Satz 1 und Absatz 3 entsprechend.

§ 41 Lüftungsanlagen

(1) Lüftungsanlagen müssen betriebssicher und brandsicher sein; sie dürfen den ordnungsgemäßen Betrieb von Feuerungsanlagen nicht beeinträchtigen.

(2) [1]Lüftungsleitungen sowie deren Bekleidungen und Dämmstoffe müssen aus nichtbrennbaren Baustoffen bestehen; brennbare Baustoffe sind zulässig, wenn ein Beitrag der Lüftungsleitung zur Brandentstehung und Brandweiterleitung nicht zu befürchten ist. [2]Lüftungsleitungen dürfen raumabschließende Bauteile, für die eine Feuerwiderstandsfähigkeit vorgeschrieben ist, nur überbrücken, wenn eine Brandausbreitung ausreichend lang nicht zu befürchten ist oder wenn Vorkehrungen hiergegen getroffen sind.

(3) Lüftungsanlagen sind so herzustellen, dass sie Gerüche und Staub nicht in andere Räume übertragen.

(4) [1]Lüftungsanlagen dürfen nicht in Abgasanlagen eingeführt werden; die gemeinsame Nutzung von Lüftungsleitungen zur Lüftung und zur Ableitung der Abgase von Feuerstätten ist zulässig, wenn keine Bedenken wegen der Betriebssicherheit und des Brandschutzes bestehen. [2]Die Abluft ist ins Freie zu führen. [3]Nicht zur Lüftungsanlage gehörende Einrichtungen sind in Lüftungsleitungen unzulässig.

(5) Die Absätze 2 und 3 gelten nicht
1. für Gebäude der Gebäudeklassen 1 und 2,
2. innerhalb von Wohnungen,

3. innerhalb derselben Nutzungseinheit mit nicht mehr als 400 m² in nicht mehr als zwei Geschossen.

(6) Für raumlufttechnische Anlagen und Warmluftheizungen gelten die Absätze 1 bis 5 entsprechend.

§ 42 Feuerungsanlagen, sonstige Anlagen zur Wärmeerzeugung, Brennstoffversorgung

(1) Feuerstätten und Abgasanlagen (Feuerungsanlagen) müssen betriebssicher und brandsicher sein.

(2) Feuerstätten dürfen in Räumen nur aufgestellt werden, wenn nach der Art der Feuerstätte und nach Lage, Größe, baulicher Beschaffenheit und Nutzung der Räume Gefahren nicht entstehen.

(3) [1]Abgase von Feuerstätten sind durch Abgasleitungen, Schornsteine und Verbindungsstücke (Abgasanlagen) so abzuführen, dass keine Gefahren oder unzumutbaren Belästigungen entstehen. [2]Abgasanlagen sind in solcher Zahl und Lage und so herzustellen, dass die Feuerstätten des Gebäudes ordnungsgemäß angeschlossen werden können. [3]Sie müssen leicht gereinigt werden können.

(4) [1]Behälter und Rohrleitungen für brennbare Gase und Flüssigkeiten müssen betriebssicher und brandsicher sein. [2]Diese Behälter sowie feste Brennstoffe sind so aufzustellen oder zu lagern, dass keine Gefahren oder unzumutbaren Belästigungen entstehen.

(5) Für die Aufstellung von ortsfesten Verbrennungsmotoren, Blockheizkraftwerken, Brennstoffzellen und Verdichtern sowie die Ableitung ihrer Verbrennungsgase gelten die Absätze 1 bis 3 entsprechend.

§ 43 Sanitäre Anlagen, Wasserzähler

(1) [1]Jede Nutzungseinheit mit Aufenthaltsräumen ist mit zweckentsprechenden sanitären Anlagen auszustatten. [2]Für bauliche Anlagen, die für einen größeren Personenkreis bestimmt sind, ist eine ausreichende Zahl von Toilettenräumen herzustellen. [3]§ 48 Absatz 3 und § 50 Absatz 4 sowie die arbeitsstättenrechtlichen Anforderungen an sanitäre Anlagen bleiben unberührt.

(2) Fensterlose Bäder und Toiletten sind nur zulässig, wenn eine wirksame Lüftung gewährleistet ist.

(3) [1]Jede Wohnung ist mit Einrichtungen zur Messung des Wasserverbrauchs auszustatten. [2]Bei der Änderung baulicher Anlagen sowie bei Nutzungsänderungen gilt dies nur, wenn dadurch keine unzumutbaren Mehrkosten verursacht werden.

§ 44 Kleinkläranlagen, Gruben

[1]Kleinkläranlagen und Gruben müssen wasserdicht und ausreichend groß sein. [2]Sie müssen eine dichte und sichere Abdeckung sowie Reinigungs- und Entleerungsöffnungen haben. [3]Diese Öffnungen dürfen nur vom Freien aus zugänglich sein. [4]Die Anlagen sind so zu entlüften, dass Gesundheitsschäden oder unzumutbare Belästigungen nicht entstehen. [5]Die Zuleitungen zu Abwasserentsorgungsanlagen müssen geschlossen, dicht und, soweit erforderlich, zum Reinigen eingerichtet sein.

§ 45 Aufbewahrung fester Abfallstoffe

Feste Abfallstoffe dürfen innerhalb von Gebäuden vorübergehend aufbewahrt werden, in Gebäuden der Gebäudeklassen 3 bis 5 jedoch nur, wenn die dafür bestimmten Räume
1. Trennwände und Decken als raumabschließende Bauteile mit der Feuerwiderstandsfähigkeit der tragenden Wände und
2. Öffnungen vom Gebäudeinnern zum Aufstellraum mit feuerhemmenden, dicht- und selbstschließenden Abschlüssen haben,
3. unmittelbar vom Freien entleert werden können und
4. eine ständig wirksame Lüftung haben.

§ 46 Blitzschutzanlagen

Bauliche Anlagen, bei denen nach Lage, Bauart oder Nutzung Blitzschlag leicht eintreten oder zu schweren Folgen führen kann, sind mit dauernd wirksamen Blitzschutzanlagen zu versehen.

Abschnitt 7
Nutzungsbedingte Anforderungen

§ 47 Aufenthaltsräume

(1) [1]Aufenthaltsräume müssen eine lichte Raumhöhe von mindestens 2,40 m haben. [2]Bei Aufenthaltsräumen in Dachgeschossen und im Dachraum genügt eine lichte Raumhöhe von 2,30 m über

mindestens der Hälfte der Grundfläche des Aufenthaltsraumes; Raumteile mit einer lichten Höhe bis 1,50 m bleiben dabei außer Betracht.
(2) ¹Aufenthaltsräume müssen ausreichend belüftet und mit Tageslicht belichtet werden können. ²Sie müssen Fenster mit einem Rohbaumaß der Fensteröffnungen von mindestens 1/8 der Nettogrundfläche des Raumes, einschließlich der Nettogrundfläche verglaster Vorbauten, und Loggien haben.
(3) Aufenthaltsräume, deren Nutzung eine Belichtung mit Tageslicht verbietet, sowie Verkaufsräume, Schank- und Speisegaststätten, ärztliche Behandlungs-, Sport-, Spiel-, Werk- und ähnliche Räume sind ohne Fenster zulässig, wenn dies durch besondere Maßnahmen ausgeglichen wird.

§ 48 Wohnungen
(1) ¹Jede Wohnung muss eine Küche oder Kochnische haben. ²Fensterlose Küchen oder Kochnischen sind zulässig, wenn eine wirksame Lüftung gewährleistet ist.
(2) ¹In Wohngebäuden mit mehr als zwei Wohnungen oder auf dem Baugrundstück sind in der Nähe des Hauseingangs barrierefrei erreichbare Abstellräume für Kinderwagen, Fahrräder, und Mobilitätshilfen herzustellen. ²Jede Wohnung muss über einen ausreichend großen Abstellraum verfügen.
(3) Jede Wohnung muss ein Bad mit Badewanne oder Dusche und eine Toilette haben.
(4) ¹In Wohnungen müssen Schlafräume und Kinderzimmer sowie Flure, über die Rettungswege von Aufenthaltsräumen führen, jeweils mindestens einen Rauchwarnmelder haben. ²Die Rauchwarnmelder müssen so eingebaut oder angebracht und betrieben werden, dass Brandrauch frühzeitig erkannt und gemeldet wird. ³Die Eigentümerinnen und Eigentümer vorhandener Wohnungen sind verpflichtet, jede Wohnung bis zum 31. Dezember 2015 entsprechend auszustatten. ⁴Die Sicherstellung der Betriebsbereitschaft obliegt den unmittelbaren Besitzerinnen und Besitzern, es sei denn, der die Eigentümerin oder der Eigentümer übernimmt diese Verpflichtung selbst.

§ 49 Stellplätze und Fahrradabstellplätze
(1) Die notwendigen Stellplätze sowie die notwendigen Fahrradabstellplätze (§ 86 Absatz 1 Nummer 4) sind auf dem Baugrundstück oder in zumutbarer Entfernung davon auf einem geeigneten Grundstück herzustellen, dessen Benutzung für diesen Zweck öffentlich-rechtlich gesichert wird; § 48 Absatz 2 bleibt unberührt.
(2) Die Gemeinde hat den Geldbetrag für die Ablösung von Stellplätzen und Fahrradabstellplätzen zu verwenden für
1. die Herstellung zusätzlicher oder die Instandhaltung, die Instandsetzung oder die Modernisierung bestehender Parkeinrichtungen,
2. sonstige Maßnahmen zur Entlastung der Straßen vom ruhenden Verkehr, einschließlich investiver Maßnahmen des öffentlichen Personennahverkehrs.

§ 50 Barrierefreies Bauen
(1) ¹In Gebäuden mit mehr als zwei Wohnungen müssen die Wohnungen eines Geschosses einschließlich eines möglichen Freisitzes barrierefrei erreichbar und nutzbar sein; ausgenommen sind Abstell-, Funktions- sowie mehrfach vorhandene Sanitärräume. ²In Gebäuden, die nach § 39 Absatz 4 Satz 1 Aufzüge haben, müssen alle Wohnungen nach Satz 1 barrierefrei, aber nicht uneingeschränkt mit dem Rollstuhl nutzbar sein. ³Ab 1. Oktober 2021 müssen von den Wohnungen nach Satz 1 und 2 in Gebäuden mit mehr als acht Wohnungen eine und bei mehr als zwanzig Wohnungen mindestens zwei Wohnungen uneingeschränkt mit dem Rollstuhl nutzbar sein. ⁴Die Verpflichtung nach Satz 1 kann auch durch entsprechende Wohnungen in mehreren Geschossen erfüllt werden. ⁵§ 39 Absatz 4 bleibt unberührt.
(2) ¹Bauliche Anlagen, die öffentlich zugänglich sind, müssen in den dem allgemeinen Besucher- und Benutzerverkehr dienenden Teilen barrierefrei sein. ²Diese Anforderungen gelten insbesondere für
1. Einrichtungen des Kultur- und Bildungswesens,
2. Versammlungsstätten, Anlagen für kirchliche und soziale Zwecke,
3. Sport- und Freizeitstätten, Spielplätze,
4. Krankenhäuser, Einrichtungen des Gesundheitswesens, Apotheken, Praxisräume,
5. Büro-, Verwaltungs- und Gerichtsgebäude mit weniger als 500 m² Nutzfläche,
6. Verkaufsstätten und Ladenpassagen, Messe- und Ausstellungsbauten,
7. Gast- und Beherbergungsstätten, Kantinen,

8. Einrichtungen und Anlagen von Post-, Mobilitäts- und Versorgungsdienstleistern sowie Kreditinstituten,
9. Vergnügungsstätten,
10. Allgemein zugängliche Stellplätze und Garagen mit mehr als 1 000 m² Nutzfläche, Fahrradabstellanlagen und sanitäre Anlagen.

³Für die der zweckentsprechenden Nutzung dienenden Räume und Anlagen genügt es, wenn sie in dem erforderlichen Umfang barrierefrei sind.

(3) Büro-, Verwaltungs- und Gerichtsgebäude ab 500 m² Nutzfläche sowie bauliche Anlagen und andere Anlagen und Einrichtungen, die überwiegend oder ausschließlich von Menschen mit Behinderungen, alten Menschen oder Personen mit Kleinkindern genutzt oder betreten werden, wie
1. Tageseinrichtungen zur Betreuung und Pflege,
2. stationäre Einrichtungen zur Unterbringung, Betreuung und Pflege,
3. Schulen, Ausbildungs- und Werkstätten für Menschen mit Behinderungen,

müssen in allen der zweckentsprechenden Nutzung dienenden Teile barrierefrei sein.

(4) ¹Sanitärräume und notwendige Stellplätze für Besucherinnen und Besucher sowie Benutzerinnen und Benutzer müssen bei Anlagen nach Absatz 2 und 3 in der erforderlichen Anzahl barrierefrei und entsprechend gekennzeichnet sein; § 51 bleibt unberührt. ²§ 39 Absatz 4 Satz 3 und 4 gilt entsprechend, wenn die Anforderungen nach Absatz 2 Satz 1 durch den Einbau eines sonst nicht erforderlichen Aufzugs erfüllt werden.

(5) ¹Von den Absätzen 1 bis 4 dürfen Abweichungen gemäß § 67 nur zugelassen werden, soweit die Anforderungen wegen
1. schwieriger Geländeverhältnisse,
2. ungünstiger vorhandener Bebauung,
3. Bezug auf die Sicherheit der Menschen mit Behinderungen oder mobilitätseingeschränkten Personen,
4. atypischer Nutzung,
5. Änderungen oder Nutzungsänderungen im vorhandenen Bestand oder
6. bei Anlagen nach Absatz 1 und 4 auch wegen des Einbaus eines sonst nicht erforderlichen Aufzugs

nur mit einem unverhältnismäßigen Mehraufwand erfüllt werden können. ²Bei der Zulassung von Abweichungen sind die Belange von Menschen mit Behinderungen, alten Menschen und Personen mit Kleinkindern angemessen zu berücksichtigen.

§ 51 Sonderbauten

¹An Sonderbauten können im Einzelfall zur Verwirklichung der allgemeinen Anforderungen nach § 3 Absatz 1 besondere Anforderungen gestellt werden. ²Erleichterungen können gestattet werden, soweit es der Einhaltung von Vorschriften wegen der besonderen Art oder Nutzung baulicher Anlagen oder Räume oder wegen besonderer Anforderungen nicht bedarf. ³Dasselbe gilt, wenn die besondere Art oder Nutzung in besonderem Maße Anlass oder Möglichkeit zur Schonung der natürlichen Lebensgrundlagen bietet. ⁴Die Anforderungen und Erleichterungen nach den Sätzen 1 bis 3 können sich insbesondere erstrecken auf
1. die Anordnung der baulichen Anlagen auf dem Grundstück,
2. die Abstände von Nachbargrenzen, von anderen baulichen Anlagen auf dem Grundstück und von öffentlichen Verkehrsflächen sowie auf die Größe der freizuhaltenden Flächen der Grundstücke,
3. die Öffnungen nach öffentlichen Verkehrsflächen und nach angrenzenden Grundstücken,
4. die Anlage von Zu- und Abfahrten,
5. die Anlage von Grünstreifen, Baumpflanzungen und anderen Pflanzungen sowie die Begrünung oder Beseitigung von Halden und Gruben,
6. die Bauart und Anordnung aller für die Stand- und Verkehrssicherheit, den Brand-, Wärme-, Schall- oder Gesundheitsschutz wesentlichen Bauteile und die Verwendung von Baustoffen,
7. Brandschutzanlagen, -einrichtungen und -vorkehrungen,
8. die Löschwasserrückhaltung,
9. die Anordnung und Herstellung von Aufzügen, Treppen, Treppenräumen, Fluren, Ausgängen und sonstigen Rettungswegen,
10. die Beleuchtung und Energieversorgung,

11. die Lüftung und Rauchableitung,
12. die Feuerungsanlagen und Heizräume,
13. die Wasserversorgung und Wasserversorgungsanlagen, einschließlich besonderer Einrichtungen oder Verfahren zur Verminderung des Wasserverbrauchs,
14. die Aufbewahrung und Entsorgung von Abwässern und von festen Abfall- und Wertstoffen sowie das Sammeln, Versickern und Verwenden von Niederschlagswasser,
15. die Stellplätze und Garagen,
16. die barrierefreie Nutzbarkeit,
17. die zulässige Zahl der Benutzerinnen und Benutzer, Anordnung und Zahl der zulässigen Sitz- und Stehplätze bei Versammlungsstätten, Tribünen und Fliegenden Bauten,
18. die Zahl der Toiletten für Besucherinnen und Besucher,
19. Umfang, Inhalt und Zahl besonderer Bauvorlagen, insbesondere eines Brandschutzkonzepts,
20. weitere zu erbringende Bescheinigungen,
21. die Bestellung und Qualifikation der Bauleiterin oder des Bauleiters und Fachbauleiterinnen und der Fachbauleiter,
22. den Betrieb und die Nutzung, einschließlich der Bestellung und der Qualifikation einer oder eines Brandschutzbeauftragten,
23. Erst-, Wiederholungs- und Nachprüfungen und die Bescheinigungen, die hierüber zu erbringen sind.

Teil 4
Die am Bau Beteiligten

§ 52 Grundpflichten

(1) Bei der Errichtung, Änderung, Nutzungsänderung und der Beseitigung von Anlagen sind die Bauherrin oder der Bauherr und im Rahmen ihres Wirkungskreises die anderen am Bau Beteiligten dafür verantwortlich, dass die öffentlich-rechtlichen Vorschriften eingehalten werden.

(2) [1]Die Eigentümer sind dafür verantwortlich, dass Anlagen, Grundstücke und die Nutzung dem öffentlichen Baurecht entsprechen und dementsprechend instand gehalten werden, dies gilt auch für Gemeinschaftsanlagen. [2]Erbbauberechtigte treten an die Stelle der Eigentümer. [3]Wer die tatsächliche Gewalt über eine Anlage oder ein Grundstück ausübt, ist neben der Eigentümerin oder dem Eigentümer oder der oder dem Erbbauberechtigten verantwortlich und kann von den Bauaufsichtsbehörden ebenfalls als verantwortliche Adressatin oder verantwortlicher Adressat in Anspruch genommen werden.

§ 53 Bauherrin oder Bauherr

(1) [1]Die Bauherrin oder der Bauherr hat zur Vorbereitung, Überwachung und Ausführung eines nicht verfahrensfreien Bauvorhabens sowie der Beseitigung von Anlagen geeignete Beteiligte nach Maßgabe der §§ 54 bis 56 zu bestellen, soweit sie oder er nicht selbst zur Erfüllung der Verpflichtungen nach diesen Vorschriften geeignet ist. [2]Der Bauherrin oder dem Bauherrn obliegen außerdem die nach den öffentlich-rechtlichen Vorschriften erforderlichen Anträge, Anzeigen und Nachweise. [3]Sie oder er hat die zur Erfüllung der Anforderungen dieses Gesetzes oder aufgrund dieses Gesetzes erforderlichen Nachweise und Unterlagen zu den verwendeten Bauprodukten und den angewandten Bauarten bereitzuhalten. [4]Werden Bauprodukte verwendet, die die CE-Kennzeichnung nach der Verordnung (EU) Nummer 305/2011 tragen, ist die Leistungserklärung bereitzuhalten. [5]Die Bauherrin oder der Bauherr hat vor Baubeginn den Namen der Bauleiterin oder des Bauleiters und während der Bauausführung einen Wechsel dieser Person unverzüglich der Bauaufsichtsbehörde schriftlich mitzuteilen. [6]Wechselt die Bauherrin oder der Bauherr, hat die neue Bauherrin oder der neue Bauherr dies der Bauaufsichtsbehörde unverzüglich schriftlich mitzuteilen.

(2) [1]Treten bei einem Bauvorhaben mehrere Personen als Bauherr auf, so kann die Bauaufsichtsbehörde verlangen, dass ihr gegenüber eine Vertreterin oder ein Vertreter bestellt wird, die oder der die der Bauherrin oder dem Bauherrn nach den öffentlich-rechtlichen Vorschriften obliegenden Verpflichtungen zu erfüllen hat. [2]Im Übrigen findet § 18 Absatz 1 Satz 2 und 3 sowie Absatz 2 des Bremischen Verwaltungsverfahrensgesetzes entsprechende Anwendung.

§ 54 Entwurfsverfasserin oder Entwurfsverfasser

(1) ¹Die Entwurfsverfasserin oder der Entwurfsverfasser muss nach Sachkunde und Erfahrung zur Vorbereitung des jeweiligen Bauvorhabens geeignet sein. ²Sie oder er ist für die Vollständigkeit und Brauchbarkeit ihres oder seines Entwurfs verantwortlich. ³Die Entwurfsverfasserin oder der Entwurfsverfasser hat dafür zu sorgen, dass die für die Ausführung notwendigen Einzelzeichnungen, Einzelberechnungen und Anweisungen den öffentlich-rechtlichen Vorschriften entsprechen.

(2) ¹Hat die Entwurfsverfasserin oder der Entwurfsverfasser auf einzelnen Fachgebieten nicht die erforderliche Sachkunde und Erfahrung, so sind geeignete Fachplanerinnen und Fachplaner heranzuziehen. ²Diese sind für die von ihnen gefertigten Unterlagen, die sie zu unterzeichnen haben, verantwortlich. ³Für das ordnungsgemäße Ineinandergreifen aller Fachplanungen bleibt die Entwurfsverfasserin oder der Entwurfsverfasser verantwortlich.

§ 55 Unternehmerin oder Unternehmer

(1) ¹Jede Unternehmerin oder jeder Unternehmer ist für die mit den öffentlich-rechtlichen Anforderungen übereinstimmende Ausführung der von ihr oder ihm übernommenen Arbeiten und insoweit für die ordnungsgemäße Einrichtung und den sicheren Betrieb der Baustelle verantwortlich. ²Sie oder er hat die zur Erfüllung der Anforderungen dieses Gesetzes oder aufgrund dieses Gesetzes erforderlichen Nachweise und Unterlagen zu den verwendeten Bauprodukten und den angewandten Bauarten zu erbringen und auf der Baustelle bereitzuhalten. ³Bei Bauprodukten, die die CE-Kennzeichnung nach der Verordnung (EU) Nummer 305/2011 tragen, ist die Leistungserklärung bereitzuhalten.

(2) Jede Unternehmerin oder jeder Unternehmer hat auf Verlangen der Bauaufsichtsbehörde für Arbeiten, bei denen die Sicherheit der Anlage in außergewöhnlichem Maße von der besonderen Sachkenntnis und Erfahrung der Unternehmerin oder des Unternehmers oder von einer Ausstattung des Unternehmens mit besonderen Vorrichtungen abhängt, nachzuweisen, dass sie oder er für diese Arbeiten geeignet ist und über die erforderlichen Vorrichtungen verfügt.

§ 56 Bauleiterin oder Bauleiter

(1) ¹Die Bauleiterin oder der Bauleiter hat darüber zu wachen, dass die Baumaßnahme entsprechend den öffentlich-rechtlichen Anforderungen durchgeführt wird und die dafür erforderlichen Weisungen zu erteilen. ²Sie oder er hat im Rahmen dieser Aufgabe auf den sicheren bautechnischen Betrieb der Baustelle, insbesondere auf das gefahrlose Ineinandergreifen der Arbeiten der Unternehmerinnen oder Unternehmer zu achten. ³Die Verantwortlichkeit der Unternehmerinnen oder Unternehmer bleibt unberührt.

(2) ¹Die Bauleiterin oder der Bauleiter muss über die für seine Aufgabe erforderliche Sachkunde und Erfahrung verfügen. ²Verfügt sie oder er auf einzelnen Teilgebieten nicht über die erforderliche Sachkunde, so sind geeignete Fachbauleiterinnen oder Fachbauleiter heranzuziehen. ³Diese treten insoweit an die Stelle der Bauleiterin des Bauleiters. ⁴Die Bauleiterin oder der Bauleiter hat die Tätigkeit der Fachbauleiterinnen oder Fachbauleiter und ihre oder seine Tätigkeit aufeinander abzustimmen.

Teil 5
Bauaufsichtsbehörden, Verfahren

Abschnitt 1
Bauaufsichtsbehörden

§ 57 Aufbau und Zuständigkeit der Bauaufsichtsbehörden

(1) ¹Bauaufsichtsbehörden sind:
1. als oberste Bauaufsichtsbehörde das für das Bauordnungswesen, das Bauordnungsrecht und die Bautechnik zuständige Senatsmitglied,
2. als untere Bauaufsichtsbehörden die Stadtgemeinden Bremen und Bremerhaven.

²Für den Vollzug dieses Gesetzes sowie anderer öffentlich-rechtlicher Vorschriften für die Errichtung, Änderung, Nutzungsänderung und Beseitigung sowie die Nutzung und die Instandhaltung von Anlagen ist die untere Bauaufsichtsbehörde zuständig, soweit nichts anderes bestimmt ist.

(2) ¹Die oberste Bauaufsichtsbehörde übt die Fachaufsicht über die unteren Bauaufsichtsbehörden sowie über die bevollmächtigten Bezirksschornsteinfegerinnen oder der bevollmächtigten Bezirksschornsteinfeger hinsichtlich der Aufgaben nach § 81 Absatz 2 Satz 3 aus. ²Befolgen diese innerhalb

einer gesetzten Frist eine erteilte Weisung nicht oder ist Gefahr im Verzuge, kann die oberste Bauaufsichtsbehörde an ihrer Stelle tätig werden.
(3) ¹Die Bauaufsichtsbehörden sind zur Durchführung ihrer Aufgaben ausreichend mit geeigneten Fachkräften zu besetzen und mit den erforderlichen Vorrichtungen auszustatten. ²Den Bauaufsichtsbehörden müssen insbesondere Beamtinnen und Beamte, die die Befähigung zum höheren bautechnischen Verwaltungsdienst und die erforderlichen Kenntnisse der Bautechnik, der Baugestaltung und des öffentlichen Baurechts haben, und Beamtinnen und Beamte, die die Befähigung zum Richteramt oder zum höheren Verwaltungsdienst haben, angehören. ³Die oberste Bauaufsichtsbehörde kann Ausnahmen gestatten.

§ 58 Aufgaben und Befugnisse der Bauaufsichtsbehörden

(1) Die Aufgaben der Bauaufsichtsbehörden sind Staatsaufgaben; sie werden von den Gemeinden als Auftragsangelegenheit wahrgenommen.
(2) ¹Die Bauaufsichtsbehörden haben bei der Errichtung, Änderung, Nutzungsänderung und Beseitigung sowie bei der Nutzung und Instandhaltung von Anlagen darüber zu wachen, dass die öffentlich-rechtlichen Vorschriften eingehalten werden, soweit nicht andere Behörden zuständig sind. ²Sie können in Wahrnehmung dieser Aufgaben die erforderlichen Maßnahmen treffen. ³Im Rahmen ihrer Zuständigkeit haben sie die verantwortlichen Personen (§ 52) zu beraten.
(3) ¹Bei bestandgeschützten Anlagen können Anforderungen gestellt werden, soweit dies zur Abwehr von erheblichen Gefahren für Leben und Gesundheit oder von schweren Nachteilen für die Allgemeinheit notwendig ist. ²Die Vorschriften der §§ 48 und 49 des Bremischen Verwaltungsverfahrensgesetzes bleiben unberührt.
(4) Bei wesentlichen Änderungen rechtmäßig bestehender Anlagen kann gefordert werden, dass auch die nicht unmittelbar berührten Teile der Anlage mit diesem Gesetz oder mit den aufgrund dieses Gesetzes erlassenen Vorschriften in Einklang gebracht werden, wenn die Teile der Anlage, die diesen Vorschriften nicht mehr entsprechen, mit den zu ändernden Teilen in einem konstruktiven oder funktionellen Zusammenhang stehen und durch diese Forderung keine unzumutbaren Mehrkosten entstehen.
(5) Bauaufsichtliche Genehmigungen und sonstige Maßnahmen gelten auch für und gegen Rechtsnachfolger.
(6) ¹Die mit dem Vollzug dieses Gesetzes beauftragten Personen sind berechtigt, in Ausübung ihres Amtes Grundstücke und Anlagen, einschließlich der Wohnungen, zu betreten. ²Die Absicht des Betretens soll unter Darlegung des Zwecks vorher mitgeteilt werden; dies gilt nicht für Maßnahmen der Bauüberwachung nach § 80. ³Wohnungen sowie Betriebsgrundstücke und -räume außerhalb der Betriebszeit dürfen nur zur Abwehr dringender Gefahren für die öffentliche Sicherheit oder Ordnung betreten werden. ⁴Die oder der Verfügungsberechtigte oder die Besitzerin oder der Besitzer hat diese Maßnahmen zu dulden. ⁵Das Grundrecht der Unverletzlichkeit der Wohnung (Artikel 13 des Grundgesetzes) wird insoweit eingeschränkt.
(7) ¹Bedienstete und Beauftragte der zuständigen Bauaufsichtsbehörde sind im Rahmen der Aufgabenwahrnehmung nach Absatz 2 befugt zu verlangen, dass unentgeltlich Auskünfte erteilt und Unterlagen vorgelegt werden. ²Die oder der Auskunftspflichtige kann die Auskunft auf solche Fragen verweigern, deren Beantwortung sie oder ihn selbst oder einen der in § 383 Absatz 1 Nummer 1 bis 3 der Zivilprozessordnung bezeichneten Angehörigen der Gefahr strafrechtlicher Verfolgung oder eines Verfahrens nach dem Gesetz über Ordnungswidrigkeiten aussetzen würde.
(8) Soweit Maßnahmen nach diesem Gesetz im Wege der Ersatzvornahme nach § 15 des Bremischen Verwaltungsvollstreckungsgesetzes ausgeführt werden, ruhen die entstehenden Kosten als öffentliche Last auf dem betroffenen Grundstück.

Abschnitt 2
Genehmigungspflicht, Genehmigungsfreiheit

§ 59 Grundsatz

(1) ¹Die Errichtung, Änderung, Nutzungsänderung und die Beseitigung von Anlagen bedürfen der Baugenehmigung, soweit in den §§ 60 bis 62 und 76 nichts anderes bestimmt ist. ²Die Bauaufsichtsbehörde kann bei geringfügigen genehmigungsbedürftigen Vorhaben auf die Durchführung eines Genehmigungsverfahrens verzichten.

(2) Die Genehmigungsfreiheit nach Absatz 1, den §§ 60 bis 62 und 76 sowie die Beschränkung der bauaufsichtlichen Prüfung nach §§ 63, 64 und § 66 Absatz 5 entbinden nicht von der Verpflichtung zur Einhaltung der Anforderungen, die durch öffentlich-rechtliche Vorschriften an Anlagen gestellt werden, und lassen die bauaufsichtlichen Eingriffsbefugnisse unberührt.

§ 60 Vorrang anderer Gestattungsverfahren

¹Keiner Baugenehmigung, Abweichung, Genehmigungsfreistellung und Bauüberwachung nach diesem Gesetz bedürfen
1. nach anderen Rechtsvorschriften zulassungsbedürftige Anlagen in oder an oberirdischen Gewässern und Anlagen, die dem Ausbau, der Unterhaltung oder der Nutzung eines Gewässers dienen oder als solche gelten, ausgenommen Gebäude, die Sonderbauten sind,
2. nach anderen Rechtsvorschriften zulassungsbedürftige Anlagen für die öffentliche Versorgung mit Elektrizität, Gas, Wärme, Wasser und für die öffentliche Verwertung oder Entsorgung von Abwässern, ausgenommen Gebäude, die Sonderbauten sind,
3. Anlagen, die nach dem Kreislaufwirtschafts- und Abfallgesetz einer Genehmigung bedürfen,
4. Anlagen, die nach dem Produktsicherheitsrecht oder der Betriebssicherheitsverordnung einer Genehmigung oder Erlaubnis bedürfen,
5. Anlagen, die einer Errichtungsgenehmigung nach dem Atomgesetz bedürfen.

²Für Anlagen, bei denen ein anderes Gestattungsverfahren die Baugenehmigung oder die Abweichung einschließt oder die nach Satz 1 keiner Baugenehmigung bedürfen, nimmt die für den Vollzug der entsprechenden Rechtsvorschriften zuständige Behörde die Aufgaben und Befugnisse der Bauaufsichtsbehörde wahr.

§ 61 Verfahrensfreie Bauvorhaben, Beseitigung von Anlagen, Vorhaben des Bundes

(1) Verfahrensfrei sind
1. folgende Gebäude:
    a) eingeschossige, auch gewerblich genutzte Gebäude mit einer Bruttogrundfläche bis zu 10 m², außer im Außenbereich,
    b) Garagen, einschließlich überdachter Stellplätze, die keine notwendigen Stellplätze enthalten, mit einer mittleren Wandhöhe nach § 6 Absatz 8 Satz 1 Nummer 1 bis zu 3 m und einer Bruttogrundfläche bis zu insgesamt 50 m² je Baugrundstück, außer im Außenbereich,
    c) Gebäude ohne Feuerungsanlagen mit einer traufseitigen Wandhöhe bis zu 5 m, die einem land- oder forstwirtschaftlichen Betrieb im Sinne des § 35 Absatz 1 Nummer 1 und 2 und des § 201 des Baugesetzbuches dienen, höchstens 100 m² Bruttogrundfläche haben und nur zur Unterbringung von Sachen oder zum vorübergehenden Schutz von Tieren bestimmt sind,
    d) Gewächshäuser mit einer Firsthöhe bis zu 5 m, die einem landwirtschaftlichen Betrieb im Sinne des § 35 Absatz 1 Nummer 1 und 2 und des § 201 des Baugesetzbuches dienen und höchstens 100 m² Bruttogrundfläche haben,
    e) Fahrgastunterstände, die dem öffentlichen Personenverkehr oder der Schülerbeförderung dienen,
    f) Schutzhütten für Wandernde, die allen zugänglich sind und keine Aufenthaltsräume haben,
    g) der Ausbau von Räumen zu Wohnzwecken in fertiggestellten Wohngebäuden, wenn auch nach erfolgtem Ausbau die Gebäudeklasse 2 nicht überschritten wird,
    h) vor die Außenwand eines Gebäudes vortretende eingeschossige Gebäudeteile ohne Feuerstätten, außer im Geltungsbereich örtlicher Bauvorschriften nach § 86 Absatz 1 Nummer 1:
        aa) Eingangsvorbauten (Windfänge, Eingangsüberdachungen) bis zu 1,50 m Tiefe und 2,00 m Breite, die, soweit sie auf Vorgartengrund hergestellt werden, nicht tiefer als 1/3 der Vorgartentiefe und nicht breiter als 1/3 der Gebäudebreite sind,
        bb) Terrassen einschließlich möglicher Überdachungen sowie überwiegend verglaste, nur zum vorübergehenden Aufenthalt bestimmte Vorbauten (Veranden, Wintergärten) bis zu einer Grundfläche von 30 m² und einer Tiefe bis 3,50 m,
    i) Balkonverglasungen sowie Balkonüberdachungen bis zu einer Tiefe von 3 m, außer im Geltungsbereich örtlicher Bauvorschriften nach § 86 Absatz 1 Nummer 1,
    j) Wochenendhäuser bis 40 m² Grundfläche und 4 m Firsthöhe in festgesetzten Wochenendausgebieten,

k) Gartenlauben und bis zu 6 m² große Nebengebäude in Dauerkleingärten oder Kleingärten im Sinne des Bundeskleingartengesetzes, soweit sie insgesamt
   aa) unter Anrechnung des überdachten Freisitzes das zulässige Maß von 24 m² Grundfläche nicht überschreiten,
   bb) gegenüber den Grenzen benachbarter Parzellen eine Abstandsfläche mit einer Tiefe von mindestens 2,50 m einhalten,
   cc) eine maximale Firsthöhe von 3,50 m und eine Traufhöhe von 2,50 m nicht überschreiten und
   dd) ohne Unterkellerung errichtet werden;
2. Anlagen der technischen Gebäudeausrüstung ausgenommen freistehende Abgasanlagen mit einer Höhe von mehr als 10 m;
3. folgende Anlagen zur Nutzung erneuerbarer Energien außer im Geltungsbereich örtlicher Bauvorschriften nach § 86 Absatz 1 Nummer 1,
   a) Solaranlagen in, an und auf Dach- und Außenwandflächen ausgenommen bei Hochhäusern sowie die damit verbundene Änderung der Nutzung oder der äußeren Gestalt des Gebäudes,
   b) gebäudeunabhängige Solaranlagen mit einer Höhe bis zu 3 m und einer Gesamtlänge bis zu 9 m,
   c) Windenergieanlagen bis zu 10 m Höhe gemessen von der Geländeoberfläche bis zum höchsten Punkt der vom Rotor bestrichenen Fläche und einem Rotordurchmesser bis zu drei Metern in Gewerbe- und Industriegebieten sowie im Außenbereich, wenn sie einem nach § 35 Absatz 1 des Baugesetzbuches zulässigen Vorhaben dienen;
4. folgende Anlagen der Ver- und Entsorgung:
   a) Brunnen,
   b) Anlagen, die der Telekommunikation, der öffentlichen Versorgung mit Elektrizität, Gas, Öl oder Wärme dienen, mit einer Höhe bis zu 5 m und einer Bruttogrundfläche bis zu 10 m²,
   c) Anlagen der Abfallentsorgung, die den im Rahmen des Absatzes 1 ansonsten zulässigen baulichen Umfang nicht überschreiten;
5. folgende Masten, Antennen und ähnliche Anlagen:
   a) unbeschadet der Nummer 4 Buchstabe b Antennen, auch mit Reflektorschalen mit einem Durchmesser bis 1,20 m, einschließlich der Masten mit einer Höhe bis zu 10 m, und zugehöriger Versorgungseinheiten mit einem Bruttorauminhalt bis zu 10 m³ sowie, soweit sie in, auf oder an bestehenden baulichen Anlage errichtet werden, die damit verbundene Änderung der Nutzung oder der äußeren Gestalt der Anlage,
   b) Masten und Unterstützungen für Fernsprechleitungen, für Leitungen zur Versorgung mit Elektrizität, für Seilbahnen und für Leitungen sonstiger Verkehrsmittel, für Sirenen und für Fahnen, soweit sie nicht der Werbung dienen,
   c) Masten, die aus Gründen des Brauchtums errichtet werden,
   d) Flutlichtmasten mit einer Höhe bis zu 10 m;
6. **folgende Behälter:**
   a) ortsfeste Behälter für Flüssiggas mit einem Fassungsvermögen von weniger als 3 t, für nicht verflüssigte Gase mit einem Bruttorauminhalt bis zu 6 m³,
   b) ortsfeste Behälter für brennbare oder wassergefährdende Flüssigkeiten mit einem Bruttorauminhalt bis zu 10 m³,
   c) ortsfeste Behälter sonstiger Art mit einem Bruttorauminhalt bis zu 50 m³ und einer Höhe bis zu 3 m,
   d) Gärfutterbehälter mit einer Höhe bis zu 6 m und Schnitzelgruben,
   e) Fahrsilos, Kompost- und ähnliche Anlagen,
   f) Wasserbecken mit einem Beckeninhalt bis zu 100 m³;
7. **folgende Mauern und Einfriedungen:**
   a) Mauern, einschließlich Stützmauern, und Einfriedungen mit einer **Höhe bis zu 2 m**, außer im Außenbereich und im Geltungsbereich örtlicher Bauvorschriften nach § 86 Absatz 1 Nummer 1,

b) offene, sockellose Einfriedungen für Grundstücke, die einem land- oder forstwirtschaftlichen Betrieb im Sinne des § 35 Absatz 1 Nummer 1 und 2 und § 201 des Baugesetzbuches dienen;
8. private Verkehrsanlagen, einschließlich Brücken und Durchlässen, mit einer lichten Weite bis zu 5 m und Untertunnelungen mit einem Durchmesser bis zu 3 m;
9. Aufschüttungen und Abgrabungen mit einer Höhe oder Tiefe bis zu 2 m und einer Grundfläche bis zu 50 m², im Außenbereich bis zu 300 m²;
10. folgende Anlagen in Gärten und zur Freizeitgestaltung:
    a) Schwimmbecken mit einem Beckeninhalt bis zu 100 m³, einschließlich dazugehöriger luftgetragener Überdachungen, außer im Außenbereich,
    b) Sprungschanzen sowie Sprungtürme und Rutschbahnen in genehmigten Bädern mit einer Höhe bis zu 10 m,
    c) Anlagen, die der zweckentsprechenden Einrichtung von Spiel-, Abenteuerspiel-, Bolz- und Sportplätzen, Reit- und Wanderwegen, Trimm- und Lehrpfaden dienen, ausgenommen Gebäude und Tribünen,
    d) Wohnwagen, Zelte und bauliche Anlagen, die keine Gebäude sind, auf genehmigten Camping-, Zelt- und Wochenendplätzen,
    e) Anlagen, die der Gartennutzung, der Gartengestaltung oder der zweckentsprechenden Einrichtung von Gärten dienen, ausgenommen Gebäude und Einfriedungen;
11. folgende tragende und nichttragende Bauteile:
    a) nichttragende und nichtaussteifende Bauteile in baulichen Anlagen,
    b) die Änderung tragender oder aussteifender Bauteile innerhalb von Wohngebäuden der Gebäudeklassen 1 und 2,
    c) Fenster und Türen sowie die dafür bestimmten Öffnungen, außer im Geltungsbereich örtlicher Bauvorschriften nach § 86 Absatz 1 Nummer 1,
    d) Außenwandbekleidungen einschließlich Maßnahmen der Wärmedämmung, ausgenommen bei Hochhäusern, Verblendungen und Verputz baulicher Anlagen, außer im Geltungsbereich örtlicher Bauvorschriften nach § 86 Absatz 1 Nummer 1,
    e) Bedachung von fertiggestellten Wohngebäuden, einschließlich der Dachkonstruktion ohne Änderung der bisherigen Abmessungen mit Ausnahme von Maßnahmen der Wärmedämmung, sowie Dachflächenfenster, außer bei Hochhäusern und nicht im Geltungsbereich örtlicher Bauvorschriften nach § 86 Absatz 1 Nummer 1;
12. folgende Werbeanlagen:
    a) Werbeanlagen mit einer Ansichtsfläche bis zu 1 m², außer im Geltungsbereich örtlicher Bauvorschriften nach § 86 Absatz 1 Nummer 1 und 2,
    b) Waren- und Leistungsautomaten sowie Packstationen von Post- und Paketdienstleistern, außer im Geltungsbereich örtlicher Bauvorschriften nach § 86 Absatz 1 Nummer 1 und 2,
    c) Werbeanlagen, die nach ihrem erkennbaren Zweck nur vorübergehend für höchstens zwei Monate angebracht werden, außer im Außenbereich,
    d) Schilder, die Inhaberin oder Inhaber und Art gewerblicher Betriebe kennzeichnen (Hinweisschilder), wenn sie vor Ortsdurchfahrten auf einer einzigen Tafel zusammengefasst sind,
    e) Werbeanlagen in durch Bebauungsplan festgesetzten Gewerbe-, Industrie- und vergleichbaren Sondergebieten an der Stätte der Leistung mit einer Höhe bis zu 10 m,
    f) Werbeanlagen, die genehmigte Anlagen in den bisherigen Abmessungen unverändert ersetzen, außer im Geltungsbereich örtlicher Bauvorschriften nach § 86 Absatz 1 Nummer 1 und 2,
    g) vorübergehende Werbeanlagen auf Baustellen,
    h) Werbeanlagen, die baulicher Bestandteil von Fahrgastunterständen nach Nummer 1 Buchstabe e sind,
    i) Servicesäulen und Hinweistafeln für Mobilitätsdienstleistungen;
    sowie, soweit sie in, auf oder an einer bestehenden baulichen Anlage errichtet werden, die damit verbundene Änderung der Nutzung oder der äußeren Gestalt der Anlage;
13. folgende vorübergehend aufgestellte oder benutzbare Anlagen:
    a) Baustelleneinrichtungen, einschließlich der Lagerhallen, Schutzhallen und Unterkünfte,

- b) Gerüste, die der Regelausführung entsprechen und eingeschossige Traggerüste bis zu einer Gerüsthöhe von 5 m,
- c) Toilettenwagen,
- d) Behelfsbauten, die der Landesverteidigung, dem Katastrophenschutz oder der Unfallhilfe dienen,
- e) bauliche Anlagen, die für höchstens drei Monate auf genehmigtem Messe- und Ausstellungsgelände errichtet werden, ausgenommen Fliegende Bauten,
- f) Verkaufsstände und andere bauliche Anlagen auf Straßenfesten, Volksfesten und Märkten, ausgenommen Fliegende Bauten;

14. folgende Plätze:
    - a) unbefestigte Lager- und Abstellplätze, die einem land- oder forstwirtschaftlichen Betrieb im Sinne des § 35 Absatz 1 Nummer 1 und 2 und § 201 des Baugesetzbuches dienen,
    - b) Lager-, Abstell- und Ausstellungsplätze bis 300 m² Fläche in festgesetzten Gewerbe- und Industriegebieten,
    - c) nicht notwendige Stellplätze mit einer Fläche bis zu insgesamt 50 m² je Baugrundstück und deren Zufahrten,
    - d) notwendige Kinderspielplätze im Sinne des § 8 Absatz 3 Satz 1;
15. folgende sonstige Anlagen:
    - a) nicht notwendige Fahrradabstellanlagen,
    - b) Zapfsäulen und Tankautomaten genehmigter Tankstellen,
    - c) Regale mit einer Höhe bis zu 7,50 m Oberkante Lagergut,
    - d) Grabdenkmäler auf Friedhöfen, Feldkreuze, Denkmäler und sonstige Kunstwerke jeweils mit einer Höhe bis zu 4 m,
    - e) andere unbedeutende Anlagen oder unbedeutende Teile von Anlagen, wie Hauseingangsüberdachungen, Markisen, Rollläden, Maschinenfundamente, Straßenfahrzeugwaagen, Pergolen, Jägerstände, Wildfütterungen, Bienenfreistände, Taubenhäuser, Hofeinfahrten und Teppichstangen.
    - f) Treppenlifte in Wohngebäuden der Gebäudeklassen 1 bis 3,
    - g) Ladesäulen für Elektromobilität.

(2) Verfahrensfrei ist die Änderung der Nutzung von Anlagen, wenn
1. für die neue Nutzung keine anderen öffentlich-rechtlichen Anforderungen nach § 64 in Verbindung mit § 66 als für die bisherige Nutzung in Betracht kommen,
2. die Errichtung oder Änderung der Anlagen nach Absatz 1 verfahrensfrei wäre.

(3) ¹Verfahrensfrei ist die Beseitigung von
1. Anlagen nach Absatz 1,
2. frei stehenden Gebäuden der Gebäudeklassen 1 und 3, die keine geschützten Kulturdenkmäler sind und nicht in deren Umgebung liegen,
3. sonstigen Anlagen, die keine Gebäude sind, mit einer Höhe bis zu 10 m.

²Mit Ausnahme der in Satz 1 genannten Anlagen ist die beabsichtigte Beseitigung von Anlagen mindestens einen Monat zuvor der Bauaufsichtsbehörde anzuzeigen. ³Mit der Beseitigung von Anlagen darf nach Ablauf eines Monats nach Eingang der vollständigen Anzeige begonnen werden, sofern die Bauaufsichtsbehörde der Bauherrin oder dem Bauherrn nicht vor Ablauf dieser Frist schriftlich mitteilt, dass ein Baugenehmigungsverfahren nach § 64 durchgeführt werden soll; § 62 Absatz 4 gilt entsprechend. ⁴Bei nicht freistehenden Gebäuden muss die Standsicherheit des Gebäudes oder der Gebäude, an die das zu beseitigende Gebäude angebaut ist, durch eine Tragwerksplanerin oder einen Tragwerksplaner im Sinn des § 66 Absatz 2 beurteilt und im erforderlichen Umfang nachgewiesen werden. ⁵Die Beseitigung ist in der Gebäudeklasse 2 und bei nicht frei stehenden Gebäuden der Gebäudeklasse 3 – soweit notwendig – durch die Tragwerksplanerin oder den Tragwerksplaner zu überwachen. ⁶Die nach Satz 4 erforderliche Bestätigung der Standsicherheit oder der erforderliche Standsicherheitsnachweis ist in den Gebäudeklassen 4 und 5 bauaufsichtlich zu prüfen. ⁷Die Sätze 4 bis 6 gelten nicht, soweit an verfahrensfreie Gebäude angebaut ist. ⁸§ 66 Absatz 3 Satz 3, 69 Absatz 2, § 72 Absatz 5 Nummer 3, Absatz 7 und § 80 Absatz 2 Nummer 1 gilt entsprechend.

(4) Verfahrensfrei sind Instandhaltungsarbeiten; dies gilt bei Gebäuden, die von örtlichen Bauvorschriften nach § 86 Absatz 1 Nummer 1 erfasst werden nur, wenn die Instandhaltungsarbeiten keine Änderung der äußeren Gestaltung zur Folge haben.

(5) ¹Nicht verfahrensfreie Vorhaben des Bundes, die der Landesverteidigung, dienstlichen Zwecken der Bundespolizei oder dem zivilen Bevölkerungsschutz dienen, sind der obersten Bauaufsichtsbehörde durch eine qualifizierte Baudienststelle vor Baubeginn in geeigneter Weise zur Kenntnis zu bringen. ²Darüber hinaus wirken die Bauaufsichtsbehörden nicht mit. ³Auf Fliegende Bauten, die der Landesverteidigung, dienstlichen Zwecken der Bundespolizei oder dem zivilen Bevölkerungsschutz dienen, finden Satz 1 und § 76 Absatz 2 bis 10 keine Anwendung; sie bedürfen auch keiner Baugenehmigung.

§ 62 Genehmigungsfreistellung

(1) ¹Keiner Genehmigung bedarf unter den Voraussetzungen des Absatzes 2 die Errichtung, Änderung und Nutzungsänderung von
a) Wohngebäuden, auch mit Räumen zur Ausübung freier Berufe nach § 13 der Baunutzungsverordnung,
b) sonstigen baulichen Anlagen, die keine Gebäude sind,
c) Garagen, Stellplätzen, Nebengebäuden und Nebenanlagen zu Bauvorhaben nach den Buchstaben a und b,

ausgenommen Sonderbauten und Werbeanlagen. ²Satz 1 gilt auch für Änderungen und Nutzungsänderungen von Anlagen, deren Errichtung oder Änderung nach vorgenommener Änderung oder bei geänderter Nutzung nach Satz 1 genehmigungsfrei wäre. ³Die Sätze 1 und 2 gelten nicht für die Errichtung, Änderung oder Nutzungsänderung eines oder mehrerer Gebäude, wenn dadurch dem Wohnen dienende Nutzungseinheiten mit einer Größe von insgesamt mehr als 5 000 m² Brutto-Grundfläche geschaffen werden, die innerhalb eines nach § 13 Absatz 2 Nummer 2 Buchstabe b bekannt gemachten Abstandes liegen.

(2) Nach Absatz 1 ist ein Bauvorhaben genehmigungsfrei gestellt, wenn
1. es im Geltungsbereich eines Bebauungsplans im Sinne des § 30 Absatz 1, des § 12 oder des § 30 Absatz 2 des Baugesetzbuches mit Festsetzungen nach der Baunutzungsverordnung liegt,
2. es den Festsetzungen des Bebauungsplans nicht widerspricht oder erforderliche planungsrechtliche Ausnahmen oder Befreiungen nach § 31 des Baugesetzbuches sowie städtebauliche Ermessensentscheidungen nach der Baunutzungsverordnung bereits erteilt worden sind,
3. die Erschließung im Sinne des Baugesetzbuches gesichert ist und die Anforderungen der §§ 4 und 5 erfüllt sind,
4. die Gemeinde nicht innerhalb der Frist nach Absatz 3 Satz 2 erklärt, dass das vereinfachte Baugenehmigungsverfahren durchgeführt werden soll oder eine vorläufige Untersagung nach § 15 Absatz 1 Satz 2 des Baugesetzbuches beantragt.

(3) ¹Die Bauherrin oder der Bauherr hat die erforderlichen Bauvorlagen bei der Gemeinde einzureichen. ²Mit dem Bauvorhaben darf einen Monat nach Vorlage der erforderlichen Bauvorlagen bei der Gemeinde begonnen werden. ³Teilt die Gemeinde der Bauherrin oder dem Bauherrn vor Ablauf der Frist schriftlich mit, dass kein Genehmigungsverfahren durchgeführt werden soll und sie eine Untersagung nach § 15 Absatz 1 Satz 2 des Baugesetzbuches nicht beantragen wird, darf die Bauherrin oder der Bauherr mit der Ausführung des Bauvorhabens beginnen. ⁴Will die Bauherrin oder der Bauherr mit der Ausführung des Bauvorhabens mehr als drei Jahre, nachdem die Bauausführung nach den Sätzen 2 und 3 zulässig geworden ist, beginnen, gelten die Sätze 1 bis 3 entsprechend.

(4) ¹Die Erklärung der Gemeinde nach Absatz 2 Nummer 4 erste Alternative kann insbesondere deshalb erfolgen, weil sie eine Überprüfung der sonstigen Voraussetzungen des Absatzes 2 oder des Bauvorhabens aus anderen Gründen für erforderlich hält. ²Darauf, dass die Gemeinde von ihrer Erklärungsmöglichkeit keinen Gebrauch macht, besteht kein Rechtsanspruch. ³Erklärt die Gemeinde, dass das vereinfachte Baugenehmigungsverfahren durchgeführt werden soll, hat sie der Bauherrin oder dem Bauherrn die vorgelegten Bauvorlagen zurückzureichen; dies gilt nicht, wenn die Bauherrin oder der Bauherr bei der Vorlage der Bauvorlagen bestimmt hat, dass ihre oder seine Vorlage im Fall der Erklärung nach Absatz 2 Nummer 4 als Bauantrag zu behandeln ist.

(5) ¹§ 66 bleibt unberührt. ²§ 59 Absatz 1 Satz 2, § 68 Absatz 2 Satz 1, Absatz 4 Satz 1 und 2, § 69 Absatz 2 Satz 2 und 3, § 71, § 72 Absatz 6 und 7 sind entsprechend anzuwenden.

Abschnitt 3
Genehmigungsverfahren

§ 63 Vereinfachtes Baugenehmigungsverfahren

¹Bei
a) Wohngebäuden, auch mit Räumen zur Ausübung freier Berufe nach § 13 der Baunutzungsverordnung,
b) sonstigen baulichen Anlagen, die keine Gebäude sind,
c) Garagen, Stellplätzen, Nebengebäuden und Nebenanlagen zu Bauvorhaben nach den Buchstaben a und b,
ausgenommen Sonderbauten und Werbeanlagen,
prüft die Bauaufsichtsbehörde
1. die Übereinstimmung mit den Vorschriften über die Zulässigkeit der baulichen Anlagen nach den §§ 29 bis 38 des Baugesetzbuches,
2. beantragte Abweichungen im Sinne des § 67 Absatz 1 und 2 Satz 2 sowie
3. andere öffentlich-rechtliche Anforderungen, soweit wegen der Baugenehmigung eine Entscheidung nach anderen öffentlich-rechtlichen Vorschriften entfällt oder ersetzt wird.
²§ 66 bleibt unberührt.

§ 64 Baugenehmigungsverfahren

¹Bei genehmigungsbedürftigen baulichen Anlagen, die nicht unter § 63 fallen, prüft die Bauaufsichtsbehörde
1. die Vorschriften des Baugesetzbuches und aufgrund des Baugesetzbuches,
2. die Vorschriften dieses Gesetzes und aufgrund dieses Gesetzes,
3. andere öffentlich-rechtliche Anforderungen, ausgenommen die Anforderungen nach der Energieeinsparverordnung und des Arbeitsstättenrechts, soweit die öffentlich-rechtlichen Anforderungen nicht in einem anderen als in einem Baugenehmigungsverfahren zu prüfen sind.

²Satz 1 gilt für die Beseitigung von baulichen Anlagen entsprechend, soweit für diese nach § 61 Absatz 3 Satz 3 die Durchführung eines Baugenehmigungsverfahrens gefordert wird. ³§ 66 bleibt unberührt.

§ 64a Bauaufsichtliche Zustimmung

¹Die Bauaufsichtsbehörde kann bei Bauvorhaben mit öffentlicher Trägerschaft auf die Durchführung eines Baugenehmigungsverfahrens nach § 64 verzichten, wenn
1. die Leitung der Entwurfsarbeiten und die Bauüberwachung einer qualifizierten Baudienststelle des Bundes, eines Landes oder der Gemeinde übertragen ist und
2. die Baudienststelle mindestens mit einer Bediensteten oder einem Bediensteten mit der Befähigung zum höheren bautechnischen Verwaltungsdienst und mit sonstigen geeigneten Fachkräften ausreichend besetzt ist.

²Solche baulichen Anlagen bedürfen jedoch der Zustimmung der unteren Bauaufsichtsbehörde. ³Der Antrag auf Zustimmung ist bei der unteren Bauaufsichtsbehörde einzureichen. ⁴Die untere Bauaufsichtsbehörde prüft bei Verzichtsentscheidung nach Satz 1 nur die Übereinstimmung mit den Vorschriften über die Zulässigkeit der baulichen Anlagen nach den §§ 29 bis 38 des Baugesetzbuches und entscheidet über Maßnahmen zur Sicherung der Bauleitplanung nach den §§ 14 und 15 des Baugesetzbuches. ⁵Die qualifizierte Baudienststelle nimmt stattdessen die Aufgaben und Befugnisse der unteren Bauaufsichtsbehörde wahr. ⁶Hierzu gehören auch die Vollzugsaufgaben des § 66 und die Entscheidung über Abweichungen nach § 67. ⁷Im Übrigen sind die Vorschriften über das Baugenehmigungsverfahren nach §§ 68 bis 72 und § 81 Absatz 2 von der qualifizierten Baudienststelle entsprechend anzuwenden, die allein die Verantwortung dafür trägt, dass der Entwurf, die Ausführung und das Vorhaben den öffentlich-rechtlichen Vorschriften entsprechen.

§ 65 Bauvorlageberechtigung

(1) ¹Bauvorlagen für die nicht verfahrensfreie Errichtung und Änderung von Gebäuden müssen von einer Entwurfsverfasserin oder einem Entwurfsverfasser unterschrieben sein, der bauvorlageberechtigt ist. ²Dies gilt nicht für
1. Bauvorlagen, die üblicherweise von Fachkräften mit anderer Ausbildung als nach Absatz 2 verfasst werden, und

2. geringfügige oder technisch einfache Bauvorhaben.
(2) Bauvorlageberechtigt ist, wer
1. die Berufsbezeichnung »Architektin« oder »Architekt« führen darf,
2. in die von der Ingenieurkammer der Freien Hansestadt Bremen geführte Liste der Bauvorlageberechtigten eingetragen ist; Eintragungen anderer Länder gelten auch im Land Bremen,
3. die Berufsbezeichnung »Innenarchitektin« oder »Innenarchitekt« führen darf, für die mit der Berufsaufgabe der Innenarchitektin oder des Innenarchitekten verbundenen baulichen Änderungen von Gebäuden, oder
4. einen berufsqualifizierenden Hochschulabschluss eines Studiums der Architektur, Hochbau oder des Bauingenieurwesens nachweist, danach mindestens zwei Jahre in den genannten Fachrichtungen auf dem Gebiet der Objektplanung praktisch tätig gewesen ist und Bedienstete oder Bediensteter einer juristischen Person des öffentlichen Rechts ist, für die dienstliche Tätigkeit.
(3) [1]Bauvorlageberechtigt für
1. Einfamilienhäuser, einschließlich einer Einliegerwohnung, mit einer Geschossfläche bis zu 200 m^2, ausgenommen sind Vorhaben an Kulturdenkmälern oder in ihrer Umgebung,
2. gewerbliche Gebäude mit nicht mehr als einem oberirdischen Geschoss bis zu 250 m^2 Grundfläche und bis zu 5 m Wandhöhe im Sinne von § 6 Absatz 4,
3. landwirtschaftliche Betriebsgebäude mit nicht mehr als 2 oberirdischen Geschossen bis 250 m^2 Grundfläche,
4. Garagen bis 100 m^2 Nutzfläche,
5. einfache Änderungen von sonstigen Gebäuden
sind auch die Handwerksmeisterinnen oder Handwerksmeister des Maurer-, des Beton- oder Stahlbetonbauer- oder Zimmererhandwerks und Personen, die diesen handwerksrechtlich gleichgestellt sind, die staatlich geprüften Technikerin und Techniker der Fachrichtung Bautechnik mit Schwerpunkt Hochbau, die Berufsangehörigen der Fachrichtung Bauingenieurwesen, die aufgrund des Bremischen Ingenieurgesetzes zur Führung der Berufsbezeichnung »Ingenieurin« oder »Ingenieur« berechtigt sind. [2]Die Bauvorlageberechtigung nach Satz 1 entsteht acht Jahre nach Erwerb der dort genannten Qualifikation. [3]Staatsangehörige eines anderen Mitgliedstaates der Europäischen Union oder eines nach dem Recht der Europäischen Gemeinschaft gleichgestellten Staates sind im Sinn des Satzes 1 bauvorlageberechtigt, wenn sie eine entsprechende Berechtigung besitzen und dafür vergleichbare Qualifikationen erfüllen mussten oder vergleichbare Qualifikationen besitzen.
(4) [1]Befugnisse, die sich aus den durch die oberste Bauaufsichtsbehörde bisher erteilten Bauvorlageberechtigungen ergeben, bleiben unberührt. [2]Abweichend von Absatz 3 Satz 2 bleiben die in Absatz 3 Satz 1 genannten Personen für die dort aufgeführten Vorhaben bauvorlageberechtigt, wenn sie vor dem 1. Mai 2003 mindestens zwei Jahre Bauvorlagen nach § 90 Absatz 3 Nummer 2 Buchstabe a bis f der bisherigen Bremischen Landesbauordnung vom 23. März 1983 erstellt haben.

§ 66 Bautechnische Nachweise
(1) [1]Die Einhaltung der Anforderungen an die Standsicherheit, den Brand-, Schall-, und Erschütterungsschutz ist nach näherer Maßgabe der Verordnung aufgrund § 84 Absatz 3 nachzuweisen (bautechnische Nachweise); dies gilt nicht für verfahrensfreie Bauvorhaben, einschließlich der Beseitigung von Anlagen, soweit nicht in diesem Gesetz oder in der Rechtsverordnung aufgrund § 84 Absatz 3 anderes bestimmt ist. [2]Die Bauvorlageberechtigung nach § 65 Absatz 2 Nummer 1, 2, 4 und Absatz 3 schließt die Berechtigung zur Erstellung der bautechnischen Nachweise ein, soweit nicht nachfolgend Abweichendes bestimmt ist.
(2) [1]Bei
1. Gebäuden der Gebäudeklassen 1 bis 3,
2. sonstigen baulichen Anlagen, die keine Gebäude sind,
muss der Standsicherheitsnachweis von einer Person erstellt sein, die in einer von der Ingenieurkammer Bremen zu führenden Liste der Tragwerksplanerin oder Tragwerksplaner eingetragen ist; Eintragungen anderer Länder gelten auch im Land Bremen. [2]Auch bei anderen Bauvorhaben darf der Standsicherheitsnachweis von einer Tragwerksplanerin oder einem Tragwerksplaner nach Satz 1 erstellt werden.
(3) [1]Der Standsicherheitsnachweis muss
1. bei Gebäuden der Gebäudeklassen 4 und 5,

2. wenn dies nach Maßgabe eines in der Rechtsverordnung nach § 84 Absatz 3 geregelten Kriterienkatalogs erforderlich ist, bei
   a) Gebäuden der Gebäudeklassen 1 bis 3,
   b) Behältern, Brücken, Stützmauern, Tribünen,
   c) sonstigen baulichen Anlagen, die keine Gebäude sind, mit einer Höhe von mehr als 10 m

bauaufsichtlich geprüft sein; das gilt nicht für Wohngebäude der Gebäudeklassen 1 und 2. ²Abweichend von Satz 1 kann die Bauaufsichtsbehörde im begründeten Einzelfall hinsichtlich des Risikopotenzials eine bauaufsichtliche Prüfung des Standsicherheitsnachweises fordern.

(4) Der Brandschutznachweis muss bei
1. Sonderbauten,
2. Mittel- und Großgaragen im Sinne der Verordnung nach § 84 Absatz 1 Nummer 3,
3. Gebäuden der Gebäudeklassen 4 und 5,

bauaufsichtlich geprüft sein.

(5) ¹Außer in den Fällen der Absätze 3 und 4 werden bautechnische Nachweise nicht geprüft; § 67 bleibt unberührt. ²Darüber hinaus kann die Bauaufsichtsbehörde bei Vorhaben mit geringem Risikopotenzial und untergeordneter Bedeutung auf eine ansonsten nach Absatz 3 oder 4 erforderliche bauaufsichtliche Prüfung der bautechnischen Nachweise verzichten. ³Einer bauaufsichtlichen Prüfung bedarf es ferner nicht, soweit für das Bauvorhaben Standsicherheitsnachweise vorliegen, die von einem Prüfamt für Standsicherheit allgemein geprüft sind (Typenprüfung); Typenprüfungen anderer Länder gelten auch im Land Bremen.

§ 67 Abweichungen

(1) ¹Die Bauaufsichtsbehörde kann Abweichungen von Anforderungen dieses Gesetzes und aufgrund dieses Gesetzes erlassener Vorschriften zulassen, wenn sie unter Berücksichtigung des Zwecks der jeweiligen Anforderung und unter Würdigung der öffentlich-rechtlich geschützten nachbarlichen Belange mit den öffentlichen Belangen, insbesondere den Anforderungen des § 3 vereinbar ist. ²§ 85 Absatz 1 Satz 3 bleibt unberührt.

(2) ¹Die Zulassung von Abweichungen nach Absatz 1, von Ausnahmen und Befreiungen von den Festsetzungen eines Bebauungsplans oder einer sonstigen städtebaulichen Satzung oder von Regelungen der Baunutzungsverordnung ist gesondert schriftlich oder elektronisch zu beantragen; der Antrag ist zu begründen. ²Für Anlagen, die keiner Genehmigung bedürfen sowie für Abweichungen von Vorschriften, die im Genehmigungsverfahren nicht geprüft werden, gilt Satz 1 entsprechend.

§ 68 Bauantrag, Bauvorlagen

(1) Der Bauantrag ist schriftlich bei der unteren Bauaufsichtsbehörde einzureichen.

(2) ¹Mit dem Bauantrag sind alle für die Beurteilung des Bauvorhabens und die Bearbeitung des Bauantrags erforderlichen Unterlagen (Bauvorlagen) einzureichen. ²Es kann gestattet werden, dass einzelne Bauvorlagen nachgereicht werden.

(3) In besonderen Fällen kann zur Beurteilung der Einwirkung des Bauvorhabens auf die Umgebung verlangt werden, dass es in geeigneter Weise auf dem Baugrundstück dargestellt wird.

(4) ¹Die Bauherrin oder der Bauherr und die Entwurfsverfasserin oder der Entwurfsverfasser haben den Bauantrag, die Entwurfsverfasserin oder der Entwurfsverfasser die Bauvorlagen zu unterschreiben. ²Die von Fachplanerinnen und Fachplanern nach § 54 Absatz 2 bearbeiteten Unterlagen müssen auch von diesen unterschrieben sein. ³Ist die Bauherrin oder der Bauherr nicht Grundstückseigentümerin oder Grundstückseigentümer, kann die Zustimmung der Grundstückseigentümerin oder des Grundstückseigentümers zu dem Bauvorhaben gefordert werden.

§ 69 Behandlung des Bauantrags

(1) ¹Die Bauaufsichtsbehörde hört zum Bauantrag diejenigen Stellen,
1. deren Beteiligung oder Anhörung für die Entscheidung über den Bauantrag durch Rechtsvorschrift vorgeschrieben ist oder
2. ohne deren Stellungnahme die Genehmigungsfähigkeit des Bauantrags nicht beurteilt werden kann.

²Die Beteiligung oder Anhörung entfällt, wenn die jeweilige Stelle dem Bauantrag bereits vor Einleitung des Baugenehmigungsverfahrens zugestimmt hat. ³Bedarf die Erteilung der Baugenehmigung der Zustimmung oder des Einvernehmens einer Behörde oder sonstigen Stelle, so gilt diese als erteilt,

wenn sie nicht einen Monat nach Eingang des Ersuchens unter Angabe von Gründen verweigert wird; von der Frist nach Halbsatz 1 abweichende Regelungen durch Rechtsvorschrift bleiben unberührt. [4]Stellungnahmen bleiben unberücksichtigt, wenn sie nicht innerhalb eines Monats nach Aufforderung zur Stellungnahme bei der Bauaufsichtsbehörde eingehen, es sei denn, die verspätete Stellungnahme ist für die Rechtmäßigkeit der Entscheidung über den Bauantrag von Bedeutung.

(2) [1]Sobald der Bauantrag und die Bauvorlagen vollständig sind, bestätigt die Bauaufsichtsbehörde der Bauherrin oder dem Bauherrn schriftlich den Zeitpunkt des vollständigen Eingangs von Bauantrag und Bauvorlagen. [2]Ist der Bauantrag unvollständig oder weist er sonstige erhebliche Mängel auf, fordert die Bauaufsichtsbehörde die Bauherrin oder den Bauherrn zur Behebung der Mängel innerhalb einer angemessenen Frist auf. [3]Werden die Mängel innerhalb der Frist nicht behoben, gilt der Antrag als zurückgenommen.

(3) [1]Die Bauaufsichtsbehörde entscheidet innerhalb von zwölf Wochen über den Bauantrag. [2]Die Frist nach Satz 1 beginnt mit dem bestätigten Eingangsdatum nach Absatz 2 Satz 1; sie kann unter Angabe eines wichtigen Grundes um höchstens einen Monat verlängert werden. [3]Ist die Prüfung eines Bauantrages besonders schwierig oder umfangreich, kann die Bauaufsichtsbehörde mit der Eingangsbestätigung erklären, dass die Frist nach Satz 1 voraussichtlich nicht eingehalten wird. [4]Auf die Einhaltung der Frist nach Satz 1 kann die Bauherrin oder der Bauherr nicht wirksam verzichten. [5]Wenn die vollständigen Bauvorlagen und alle für die Entscheidung notwendigen Stellungnahmen, Zustimmungen und Nachweise vorliegen, entscheidet die Bauaufsichtsbehörde ohne Verlängerung der Frist nach Satz 1 innerhalb von einem Monat über den Bauantrag. [6]Die Fristen nach Satz 1 und Satz 5 beginnen neu, wenn die Prüfung des Bauantrages zu einer wesentlichen Änderung des Bauantrages führt.

§ 70 Beteiligung der Nachbarinnen und Nachbarn und der Öffentlichkeit

(1) [1]Die Bauaufsichtsbehörde soll die Eigentümerinnen und Eigentümer benachbarter Grundstücke (Nachbarinnen und Nachbarn) vor Erteilung von Abweichungen und Befreiungen benachrichtigen, die öffentlich-rechtlich geschützte nachbarliche Belange berühren können. [2]Entsprechend kann verfahren werden, wenn nicht ausgeschlossen werden kann, dass durch die Baugenehmigung öffentlich-rechtlich geschützte nachbarliche Belange beeinträchtigt werden. [3]Einwendungen sind innerhalb von zwei Wochen nach Zugang der Benachrichtigung bei der Bauaufsichtsbehörde schriftlich oder zur Niederschrift vorzubringen. [4]Die schriftlich benachrichtigten Nachbarinnen und Nachbarn werden mit allen Einwendungen ausgeschlossen, die im Rahmen der Beteiligung nicht fristgemäß geltend gemacht worden sind; auf diese Rechtsfolge ist in der Benachrichtigung hinzuweisen.

(2) [1]Die Benachrichtigung entfällt, wenn die zu benachrichtigenden Nachbarinnen und Nachbarn die Lagepläne und Bauzeichnungen unterschrieben oder dem Bauvorhaben auf andere Weise zugestimmt haben. [2]Die Nachbarinnen und Nachbarn sind berechtigt, die eingereichten Bauvorlagen bei der Bauaufsichtsbehörde einzusehen, soweit das Vorhaben nachbarliche Belange berühren kann. [3]Wird den Einwendungen der Nachbarinnen und Nachbarn nicht entsprochen, so ist ihnen eine Ausfertigung der Baugenehmigung oder der Entscheidung über die Abweichung oder Befreiung zuzustellen. [4]§§ 13, 28, 39 und § 41 Absatz 1 des Bremischen Verwaltungsverfahrensgesetzes finden keine Anwendung.

(3) [1]Bei baulichen Anlagen, die aufgrund ihrer Beschaffenheit oder ihres Betriebs geeignet sind, die Allgemeinheit oder die Nachbarschaft zu gefährden, zu benachteiligen oder zu belästigen, kann die Bauaufsichtsbehörde auf Antrag und Kosten der Bauherrin oder des Bauherrn das Bauvorhaben im Amtsblatt der Freien Hansestadt Bremen und außerdem entweder im Internet oder in örtlichen Tageszeitungen, die im Bereich des Standortes der Anlage verbreitet sind, öffentlich bekannt machen. [2]Bei der Errichtung, Änderung oder Nutzungsänderung
1. eines oder mehrerer Gebäude, wenn dadurch dem Wohnen dienende Nutzungseinheiten mit einer Größe von insgesamt mehr als 5 000 m² Bruttogrundfläche geschaffen werden,
2. baulicher Anlagen, die öffentlich zugänglich sind, wenn dadurch die gleichzeitige Nutzung durch mehr als 100 zusätzliche Besucher ermöglicht wird, und
3. baulicher Anlagen, die nach Durchführung des Bauvorhabens Sonderbauten nach § 2 Absatz 4 Nummer 9, 10, 12, 13, 15 oder 16 sind,

ist das Bauvorhaben nach Satz 1 bekannt zu machen, wenn es innerhalb des angemessenen Sicherheitsabstands eines Betriebsbereichs im Sinne des § 3 Absatz 5a des Bundesimmissionsschutzgesetzes

liegt; ist der angemessene Sicherheitsabstand nicht bekannt, ist maßgeblich, ob sich das Vorhaben innerhalb des Achtungsabstands des Betriebsbereichs befindet. ³Satz 2 gilt nicht, wenn die Bauaufsichtsbehörde zu dem Ergebnis kommt, dass dem Gebot, den angemessenen Sicherheitsabstand zu wahren, bereits in einem Bebauungsplan Rechnung getragen ist. ⁴Verfährt die Bauaufsichtsbehörde nach Satz 1 oder 2, finden Absatz 1 und 2 keine Anwendung.
(4) ¹In der Bekanntmachung nach Absatz 3 Satz 1 und 2 ist über folgendes zu informieren:
1. über den Gegenstand des Vorhabens,
2. über die für die Genehmigung zuständige Behörde, bei der der Antrag nebst Unterlagen zur Einsicht ausgelegt wird sowie wo und wann Einsicht genommen werden kann,
3. darüber, dass Personen, deren Belange berührt sind, und Vereinigungen, welche die Anforderungen von § 3 Absatz 1 oder § 2 Absatz 2 des Umwelt-Rechtsbehelfsgesetzes erfüllen (betroffene Öffentlichkeit), Einwendungen bei einer in der Bekanntmachung bezeichneten Stelle bis zu zwei Wochen nach Ablauf der Auslegungsfrist erheben können; dabei ist darauf hinzuweisen, dass mit Ablauf der Frist alle öffentlich-rechtlichen Einwendungen ausgeschlossen sind und der Ausschluss von umweltbezogenen Einwendungen nur für das Genehmigungsverfahren gilt,
4. dass die Zustellung der Entscheidung über die Einwendungen durch öffentliche Bekanntmachung ersetzt werden kann.

²Bei der Bekanntmachung nach Absatz 3 Satz 2 ist zusätzlich über Folgendes zu informieren:
1. gegebenenfalls die Feststellung der Pflicht zur Umweltverträglichkeitsprüfung des Vorhabens nach § 3a des Gesetzes über die Umweltverträglichkeitsprüfung sowie erforderlichenfalls die Durchführung einer grenzüberschreitenden Beteiligung nach den §§ 8 und 9a des Gesetzes über die Umweltverträglichkeitsprüfung,
2. die Art möglicher Entscheidungen oder, soweit vorhanden, den Entscheidungsentwurf,
3. gegebenenfalls weitere Einzelheiten des Verfahrens zur Unterrichtung der Öffentlichkeit und Anhörung der betroffenen Öffentlichkeit.

(5) ¹Nach der Bekanntmachung sind der Antrag und die Bauvorlagen sowie die entscheidungserheblichen Berichte und Empfehlungen, die der Bauaufsichtsbehörde im Zeitpunkt der Bekanntmachung vorliegen, einen Monat zur Einsicht auszulegen. ²Bauvorlagen, die Geschäfts- oder Betriebsgeheimnisse enthalten, sind nicht auszulegen; für sie gilt § 10 Absatz 2 des Bundesimmissionsschutzgesetzes entsprechend. ³Bis zwei Wochen nach Ablauf der Auslegungsfrist kann die Öffentlichkeit gegenüber der zuständigen Behörde schriftlich Einwendungen erheben; mit Ablauf dieser Frist sind alle öffentlich-rechtlichen Einwendungen ausgeschlossen. ⁴Satz 3 gilt für umweltbezogene Einwendungen nur für das Genehmigungsverfahren.
(6) ¹Bei mehr als 20 Nachbarn, denen die Baugenehmigung nach Absatz 2 Satz 3 zuzustellen ist, kann die Zustellung durch öffentliche Bekanntmachung ersetzt werden; wurde eine Öffentlichkeitsbeteiligung nach Absatz 4 durchgeführt, ist der Genehmigungsbescheid öffentlich bekannt zu machen. ²Die öffentliche Bekanntmachung wird dadurch bewirkt, dass der verfügende Teil des Bescheids und die Rechtsbehelfsbelehrung in entsprechender Anwendung des Absatzes 3 Satz 1 bekannt gemacht werden; auf Auflagen ist hinzuweisen. ³Eine Ausfertigung des gesamten Genehmigungsbescheids ist vom Tage nach der Bekanntmachung an zwei Wochen zur Einsicht auszulegen. ⁴Ist eine Öffentlichkeitsbeteiligung nach Absatz 3 Satz 2 erfolgt, sind in die Begründung die wesentlichen tatsächlichen und rechtlichen Gründe, die die Behörde zu ihrer Entscheidung bewogen haben, die Behandlung der Einwendungen sowie Angaben über das Verfahren zur Beteiligung der Öffentlichkeit aufzunehmen; § 72 Absatz 2 bleibt unberührt. ⁵In der öffentlichen Bekanntmachung ist anzugeben, wo und wann der Bescheid und seine Begründung eingesehen und nach Satz 6 angefordert werden können. ⁶Mit dem Ende der Auslegungsfrist gilt der Bescheid auch Dritten gegenüber, die keine Einwendungen erhoben haben, als zugestellt; darauf ist in der Bekanntmachung hinzuweisen. ⁷Nach der öffentlichen Bekanntmachung können der Bescheid und seine Begründung bis zum Ablauf der Widerspruchsfrist von den Personen, die Einwendungen erhoben haben, schriftlich angefordert werden.

§ 71 Verarbeitung personenbezogener Daten
(1) ¹Die Bauaufsichtsbehörden sind befugt, zur Durchführung der Verfahren nach §§ 63, 64, 74, 75 und 76, zur Wahrnehmung ihrer Aufgaben nach § 58, einschließlich der Erhebung von Gebühren, zur Führung des Baulastenverzeichnisses nach § 82 sowie zur Verfolgung von Ordnungswidrigkeiten nach § 83 die erforderlichen personenbezogenen Daten von den nach §§ 53 bis 56 am Bau verant-

wortlich Beteiligten, Grundstückseigentümern, Nachbarn, Baustoffproduzenten sowie sonstigen am Verfahren zu Beteiligenden zu verarbeiten. ²Darüber hinaus ist eine Verarbeitung personenbezogener Daten vorbehaltlich des Absatzes 3 Satz 1 Nummern 1 bis 3 nur mit Einwilligung der betroffenen Person rechtmäßig.
(2) ¹Personenbezogene Daten sind bei der betroffenen Person mit ihrer Kenntnis zu erheben. ²Soweit dies zur Erfüllung der Aufgaben nach Absatz 1 Satz 1 erforderlich ist, dürfen personenbezogene Daten abweichend von Satz 1 auch bei öffentlichen oder privaten Stellen erhoben werden.
(3) ¹Eine Übermittlung personenbezogener Daten an Dritte ohne Einwilligung der betroffenen Person ist nur rechtmäßig, wenn
1. deren Beteiligung in einem Verfahren erforderlich ist,
2. diese die Daten zur Erfüllung von Aufgaben benötigen, die im öffentlichen Interesse liegen und dem Schutz eines der in Artikel 23 Absatz 1 der Verordnung (EU) 2016/679 des Europäischen Parlamentes und des Rates vom 27. April 2016 zum Schutz natürlicher Personen bei der Verarbeitung personenbezogener Daten, zum freien Datenverkehr und zur Aufhebung der Richtlinie 95/46/EG (Datenschutz-Grundverordnung) (ABl. L 119 vom 4.5.2016, S.1; ABl. L 314 vom 22.11.2016, S. 72) genannten Ziele dienen oder
3. sie zur Durchsetzung zivilrechtlicher Ansprüche erforderlich ist.
²Der Dritte darf die übermittelten Daten nur für den Zweck verarbeiten, zu dem sie ihm übermittelt wurden, oder für einen hiermit vereinbarten Zweck. ³Zusätzlich gilt bei einer Übermittlung nach den Nummern 2 und 3, dass diese nur rechtmäßig ist, sofern nicht die Interessen oder Grundrechte und Grundfreiheiten der betroffenen Person, die den Schutz personenbezogener Daten erfordern, überwiegen. ⁴Regelmäßige Datenübermittlungen sind nach den Nummern 1 und 2 rechtmäßig unter Einhaltung der in der Rechtsverordnung nach Absatz 4 Nummer 3 festgelegten Vorgaben. ⁵Gesetzliche Übermittlungs- und Veröffentlichungspflichten bleiben unberührt.
(4) Die oberste Bauaufsichtsbehörde erlässt durch Rechtsverordnung nähere Bestimmungen über Art, Umfang und Zweck
1. der Datenerhebung in den verschiedenen Verfahren,
2. der Datenübermittlung unter Festlegung der zu übermittelnden Daten und der Empfängerinnen und Empfänger,
3. regelmäßiger Datenübermittlungen unter Festlegung des Anlasses, der Empfängerinnen und Empfänger und der zu übermittelnden Daten.
(5) ¹Soweit in diesem Gesetz keine besonderen Regelungen über die Verarbeitung personenbezogener Daten getroffen wurden, sind die Regelungen des Bremischen Ausführungsgesetzes zur EU-Datenschutz-Grundverordnung in der jeweils geltenden Fassung ergänzend anzuwenden. ²Die Verordnung (EU) 2016/670 des Europäischen Parlaments und des Rates vom 27. April 2016 zum Schutz natürlicher Personen bei der Verarbeitung personenbezogener Daten, zum freien Datenverkehr und zur Aufhebung der Richtlinie 95/46/EG (Datenschutz-Grundverordnung) (ABl. L 119 vom 04.05.2016, S. 1 L 314 vom 22.11.2016, S. 72) in der jeweils geltenden Fassung und sonstige datenschutzrechtliche Regelungen, die diesem Gesetz oder dem Bremischen Ausführungsgesetz zur EU-Datenschutz-Grundverordnung vorgehen, bleiben unberührt

§ 72 Baugenehmigung, Baubeginn

(1) ¹Die Baugenehmigung ist zu erteilen, wenn dem Bauvorhaben keine öffentlich-rechtlichen Vorschriften entgegenstehen, die im bauaufsichtlichen Genehmigungsverfahren zu prüfen sind und alle neben der Baugenehmigung nach anderen öffentlich-rechtlichen Vorschriften erforderlichen Zulassungsentscheidungen erteilt sind. ²Die durch eine Umweltverträglichkeitsprüfung ermittelten, beschriebenen und bewerteten Umweltauswirkungen sind nach Maßgabe der hierfür geltenden Vorschriften bei der Erteilung der Baugenehmigung zu berücksichtigen. ³Die Baugenehmigung kann auch unter den aufschiebenden Bedingungen erteilt werden, dass bautechnische Nachweise nachgereicht und die in der Baugenehmigung zu benennenden öffentlich-rechtlichen Zulassungsentscheidungen nach Satz 1 eingeholt werden; dies gilt nicht für die Nachreichung des Brandschutznachweises.
(2) ¹Die Baugenehmigung bedarf der Schriftform; sie ist nur insoweit zu begründen, als Abweichungen oder Befreiungen von nachbarschützenden Vorschriften zugelassen werden und die Nachbarin oder der Nachbar nicht nach § 70 Absatz 2 zugestimmt hat. ²Für Baugenehmigungen, die in elektro-

nischer Form erteilt werden, gilt § 37 Absatz 3 Satz 2 des Bremischen Verwaltungsverfahrensgesetzes nicht.
(3) ¹Die Baugenehmigung kann unter Auflagen, Bedingungen und dem Vorbehalt der nachträglichen Aufnahme, Änderung oder Ergänzung einer Auflage sowie befristet erteilt werden. ²Wird die Baugenehmigung mit einer Nebenbestimmung versehen, kann eine Sicherheitsleistung verlangt werden.
(4) Die Baugenehmigung wird unbeschadet der Rechte Dritter erteilt.
(5) Mit der Bauausführung oder mit der Ausführung des jeweiligen Bauabschnitts darf erst begonnen werden, wenn
1. die Baugenehmigung der Bauherrin oder dem Bauherrn zugegangen ist,
2. die entsprechend Absatz 1 Satz 3 nach Erteilung der Baugenehmigung eingereichten bautechnischen Nachweise nach Maßgabe des § 66 geprüft und die in der Baugenehmigung benannten öffentlich-rechtlichen Zulassungsentscheidungen erteilt sind,
3. die Baubeginnanzeige der Bauaufsichtsbehörde vorliegt.
(6) ¹Vor Baubeginn eines Gebäudes müssen die Grundrissfläche abgesteckt und seine Höhenlage festgelegt sein. ²Baugenehmigungen, Bauvorlagen, einschließlich der bautechnischen Nachweise, müssen an der Baustelle von Baubeginn an vorliegen.
(7) ¹Die Bauherrin oder der Bauherr hat den Ausführungsbeginn genehmigungsbedürftiger Vorhaben und die Wiederaufnahme der Bauarbeiten nach einer Unterbrechung von mehr als drei Monaten mindestens eine Woche vorher der Bauaufsichtsbehörde schriftlich oder elektronisch mitzuteilen (Baubeginnanzeige). ²Mit dieser Anzeige sind alle der Bauaufsichtsbehörde noch nicht vorliegenden Bauvorlagen einzureichen.

§ 73 Geltungsdauer der Genehmigung
(1) Die Baugenehmigung und die Teilbaugenehmigung erlöschen, wenn innerhalb von drei Jahren nach ihrer Erteilung mit der Ausführung des Bauvorhabens nicht begonnen oder die Bauausführung länger als ein Jahr unterbrochen worden ist.
(2) ¹Die Frist für den Baubeginn nach Absatz 1 kann auf schriftlichen oder elektronischen Antrag einmal um zwei Jahre verlängert werden. ²Sie kann auch rückwirkend verlängert werden, wenn der Antrag vor Fristablauf bei der Bauaufsichtsbehörde eingegangen ist.

§ 74 Teilbaugenehmigung
¹Ist ein Bauantrag eingereicht, kann der Beginn der Bauarbeiten für die Baugrube und für einzelne Bauteile oder Bauabschnitte auf schriftlichen Antrag schon vor Erteilung der Baugenehmigung gestattet werden (Teilbaugenehmigung). ²§ 72 gilt entsprechend.

§ 75 Vorbescheid
¹Vor Einreichung des Bauantrags ist auf Antrag der Bauherrin oder des Bauherrn zu einzelnen Fragen des Bauvorhabens ein Vorbescheid zu erteilen. ²Der Vorbescheid gilt drei Jahre. ³Die Frist kann auf schriftlichen oder elektronischen Antrag um jeweils bis zu drei Jahre verlängert werden. ⁴§§ 68 bis 70, § 72 Absatz 1 bis 4 und § 73 Absatz 2 Satz 2 gelten entsprechend.

§ 76 Genehmigung Fliegender Bauten
(1) ¹Fliegende Bauten sind bauliche Anlagen, die geeignet und bestimmt sind, an verschiedenen Orten wiederholt aufgestellt und zerlegt zu werden. ²Baustelleneinrichtungen und Baugerüste sind keine Fliegenden Bauten.
(2) ¹Fliegende Bauten bedürfen, bevor sie erstmals aufgestellt und in Gebrauch genommen werden, einer Ausführungsgenehmigung. ²Dies gilt nicht für
1. Fliegende Bauten mit einer Höhe bis zu 5 m, die nicht dazu bestimmt sind, von Besucherinnen und Besuchern betreten zu werden,
2. Fliegende Bauten mit einer Höhe bis zu 5 m, die für Kinder betrieben werden und eine Geschwindigkeit von höchstens 1 m/s haben,
3. Bühnen, die Fliegende Bauten sind, einschließlich Überdachungen und sonstigen Aufbauten, mit einer Höhe bis zu 5 m, einer Grundfläche bis zu 100 m² und einer Fußbodenhöhe bis zu 1,50 m,
4. erdgeschossige Zelte und betretbare Verkaufsstände, die Fliegende Bauten sind, jeweils mit einer Grundfläche bis zu 75 m²,

5. aufblasbare Spielgeräte mit einer Höhe des betretbaren Bereichs von bis zu 5 m oder mit überdachten Bereichen, bei denen die Entfernung zum Ausgang nicht mehr als 3 m, sofern ein Absinken der Überdachung konstruktiv verhindert wird, nicht mehr als 10 m, beträgt.

(3) ¹Die Ausführungsgenehmigung wird von der unteren Bauaufsichtsbehörde erteilt, in deren Bereich die Antragstellerin oder der Antragsteller ihre oder seine Hauptwohnung oder ihre oder seine gewerbliche Niederlassung hat. ²Hat die Antragstellerin oder der Antragsteller ihre oder seine Hauptwohnung und ihre oder seine gewerbliche Niederlassung außerhalb der Bundesrepublik Deutschland, so ist die Bauaufsichtsbehörde zuständig, in deren Bereich der Fliegende Bau erstmals aufgestellt und in Gebrauch genommen werden soll.

(4) Die oberste Bauaufsichtsbehörde kann
1. bestimmen, dass Ausführungsgenehmigungen für Fliegende Bauten nur durch bestimmte Bauaufsichtsbehörden erstellt werden dürfen,
2. widerruflich oder befristet die Aufgaben der Bauaufsichtsbehörde nach § 76 ganz oder teilweise auf eine andere Stelle zur Ausübung unter der Aufsicht der obersten Bauaufsichtsbehörde übertragen und die Vergütung dieser Stelle regeln.

(5) ¹Die Genehmigung wird für eine bestimmte Frist erteilt, die höchstens fünf Jahre betragen soll; sie kann auf schriftlichen oder elektronischen Antrag von der für die Erteilung der Ausführungsgenehmigung zuständigen Behörde jeweils bis zu fünf Jahren verlängert werden; § 73 Absatz 2 Satz 2 gilt entsprechend. ²Die Genehmigungen werden in ein Prüfbuch eingetragen, dem eine Ausfertigung der mit einem Genehmigungsvermerk zu versehenden Bauvorlagen beizufügen ist. ³Ausführungsgenehmigungen anderer Länder gelten auch im Land Bremen.

(6) ¹Die Inhaberin oder der Inhaber der Ausführungsgenehmigung hat den Wechsel ihres oder seines Wohnsitzes oder ihrer oder seiner gewerblichen Niederlassung oder die Übertragung eines Fliegenden Baus an Dritte der Bauaufsichtsbehörde anzuzeigen, die die Ausführungsgenehmigung erteilt hat. ²Die Behörde hat die Änderungen in das Prüfbuch einzutragen und sie, wenn mit den Änderungen ein Wechsel der Zuständigkeit verbunden ist, der nunmehr zuständigen Behörde mitzuteilen.

(7) ¹Fliegende Bauten, die nach Absatz 2 Satz 1 einer Ausführungsgenehmigung bedürfen, dürfen unbeschadet anderer Vorschriften nur in Gebrauch genommen werden, wenn ihre Aufstellung der Bauaufsichtsbehörde des Aufstellungsortes unter Vorlage des Prüfbuches angezeigt ist. ²Die Bauaufsichtsbehörde kann die Inbetriebnahme dieser Fliegenden Bauten von einer Gebrauchsabnahme abhängig machen. ³Das Ergebnis der Abnahme ist in das Prüfbuch einzutragen. ⁴In der Ausführungsgenehmigung kann bestimmt werden, dass Anzeigen nach Satz 1 nicht erforderlich sind, wenn eine Gefährdung im Sinne des § 3 nicht zu erwarten ist.

(8) ¹Die für die Erteilung der Gebrauchsabnahme zuständige Bauaufsichtsbehörde kann Auflagen machen oder die Aufstellung oder den Gebrauch Fliegender Bauten untersagen, soweit dies nach den örtlichen Verhältnissen oder zur Abwehr von Gefahren erforderlich ist, insbesondere weil die Betriebssicherheit oder Standsicherheit nicht oder nicht mehr gewährleistet ist oder weil von der Ausführungsgenehmigung abgewichen wird. ²Wird die Aufstellung oder der Gebrauch untersagt, ist dies in das Prüfbuch einzutragen. ³Die ausstellende Behörde ist zu benachrichtigen, das Prüfbuch ist einzuziehen und der ausstellenden Behörde zuzuleiten, wenn die Herstellung ordnungsgemäßer Zustände innerhalb angemessener Frist nicht zu erwarten ist.

(9) ¹Bei Fliegenden Bauten, die von Besucherinnen und Besuchern betreten und längere Zeit an einem Aufstellungsort betrieben werden, kann die für die Gebrauchsabnahme zuständige Bauaufsichtsbehörde aus Gründen der Sicherheit Nachabnahmen durchführen. ²Das Ergebnis der Nachabnahme ist in das Prüfbuch einzutragen.

(10) § 68 Absatz 1, 2 und 4, § 80 Absatz 1 und 4 gelten entsprechend.

Abschnitt 4
Bauaufsichtliche Maßnahmen
§ 77 Verbot unrechtmäßig gekennzeichneter Bauprodukte
Sind Bauprodukte entgegen § 21 mit dem Übereinstimmungszeichen gekennzeichnet, kann die Bauaufsichtsbehörde die Verwendung dieser Bauprodukte untersagen und deren Kennzeichnung entwerten oder beseitigen lassen.

§ 78 Einstellung von Arbeiten

(1) ¹Werden Anlagen im Widerspruch zu öffentlich-rechtlichen Vorschriften errichtet, geändert oder beseitigt, kann die Bauaufsichtsbehörde die Einstellung der Arbeiten anordnen. ²Dies gilt auch dann, wenn
1. die Ausführung oder Beseitigung eines Vorhabens entgegen den Vorschriften des § 61 Absatz 3 oder § 72 Absatz 5 und 7 begonnen wurde oder
2. bei der Ausführung
   a) eines genehmigungsbedürftigen Bauvorhabens von den genehmigten Bauvorlagen,
   b) eines genehmigungsfreigestellten Bauvorhabens von den eingereichten Bauvorlagen abgewichen wird,
3. Bauprodukte verwendet werden, die entgegen der Verordnung (EU) Nummer 305/2011 keine CE-Kennzeichnung oder entgegen § 21 kein Übereinstimmungszeichen tragen,
4. Bauprodukte verwendet werden, die unberechtigt mit der CE-Kennzeichnung oder dem Übereinstimmungszeichen nach § 21 Absatz 3 gekennzeichnet sind.

(2) Werden unzulässige Arbeiten trotz einer schriftlich oder mündlich verfügten Einstellung fortgesetzt, kann die Bauaufsichtsbehörde die Baustelle versiegeln oder die an der Baustelle vorhandenen Bauprodukte, Geräte, Maschinen und Bauhilfsmittel in amtlichen Gewahrsam bringen.

§ 79 Beseitigung von Anlagen, Nutzungsuntersagung

(1) ¹Werden Anlagen im Widerspruch zu öffentlich-rechtlichen Vorschriften errichtet oder geändert, kann die Bauaufsichtsbehörde die teilweise oder vollständige Beseitigung der Anlagen anordnen, wenn nicht auf andere Weise rechtmäßige Zustände hergestellt werden können. ²Werden Anlagen im Widerspruch zu öffentlich-rechtlichen Vorschriften genutzt, kann diese Nutzung untersagt werden.

(2) Soweit bauliche Anlagen nicht genutzt werden und im Verfall begriffen sind, kann die Bauaufsichtsbehörde den Abbruch oder die Beseitigung anordnen, es sei denn, dass ein öffentliches oder schutzwürdiges privates Interesse an ihrer Erhaltung besteht.

(3) Die Bauaufsichtsbehörde kann verlangen, dass ein erforderliches Verfahren durchgeführt wird oder Bauvorlagen nach § 68 Absatz 2 oder § 62 Absatz 3 eingereicht werden.

Abschnitt 5
Bauüberwachung

§ 80 Bauüberwachung

(1) Die Bauaufsichtsbehörde kann die Einhaltung der öffentlich-rechtlichen Vorschriften und Anforderungen und die ordnungsgemäße Erfüllung der Pflichten der am Bau Beteiligten überprüfen.

(2) Die Bauaufsichtsbehörde überwacht die Bauausführung bei baulichen Anlagen
1. nach § 66 Absatz 3 hinsichtlich des von ihr bauaufsichtlich geprüften Standsicherheitsnachweises,
2. nach § 66 Absatz 4 hinsichtlich des von ihr bauaufsichtlich geprüften Brandschutznachweises nach näherer Maßgabe der Rechtsverordnung nach § 84 Absatz 2.

(3) Im Rahmen der Bauüberwachung können Proben von Bauprodukten, soweit erforderlich, auch aus fertigen Bauteilen zu Prüfzwecken entnommen werden.

(4) Im Rahmen der Bauüberwachung ist jederzeit Einblick in die Genehmigungen, Zulassungen, Prüfzeugnisse, Übereinstimmungszertifikate, Zeugnisse und Aufzeichnungen über die Prüfungen von Bauprodukten, in die CE-Kennzeichnungen und Leistungserklärungen nach der Verordnung (EU) Nummer 305/2011, in die Bautagebücher und andere vorgeschriebene Aufzeichnungen zu gewähren.

(5) Die Bauaufsichtsbehörde soll, soweit sie im Rahmen der Bauüberwachung Erkenntnisse über systematische Rechtsverstöße gegen die Verordnung (EU) Nummer 305/2011 erlangen, diese der für die Marktüberwachung zuständigen Stelle mitteilen.

(6) Die Bauaufsichtsbehörde kann die Vorlage von Bescheinigungen, Bestätigungen oder sonstige Erklärungen der herstellenden Unternehmen oder sachkundigen Lieferfirmen über die ordnungsgemäße Beschaffenheit und den fachgerechten Einbau von Bauprodukten verlangen.

§ 81 Bauzustandsanzeigen, Aufnahme der Nutzung

(1) ¹Die Bauaufsichtsbehörde kann verlangen, dass ihr Beginn und Beendigung bestimmter Bauarbeiten angezeigt werden. ²Die Bauarbeiten dürfen erst fortgesetzt werden, wenn die Bauaufsichtsbehörde der Fortführung der Bauarbeiten zugestimmt hat.

(2) ¹Die Bauherrin oder der Bauherr hat die beabsichtigte Aufnahme der Nutzung einer nicht verfahrensfreien baulichen Anlage mindestens zwei Wochen vorher der Bauaufsichtsbehörde anzuzeigen. ²Eine bauliche Anlage darf erst benutzt werden, wenn sie selbst, Zufahrtswege, Wasserversorgungs- und Abwasserentsorgungs- sowie Gemeinschaftsanlagen in dem erforderlichen Umfang sicher benutzbar sind, nicht jedoch vor dem in Satz 1 bezeichneten Zeitpunkt. ³Feuerstätten oder andere ortsfeste Feuerungsanlagen dürfen erst in Betrieb genommen werden, wenn die bevollmächtigte Bezirksschornsteinfegerin oder der bevollmächtigte Bezirksschornsteinfeger ihre sichere Benutzbarkeit sowie die Tauglichkeit und sichere Benutzbarkeit der zugehörigen Abgasanlagen oder Lüftungsanlagen, in die Abgase eingeleitet werden, geprüft und bescheinigt hat; Verbrennungsmotoren und Blockheizkraftwerke dürfen erst dann in Betrieb genommen werden, wenn er oder sie die Tauglichkeit und sichere Benutzbarkeit der Leitungen zur Abführung von Verbrennungsgasen bescheinigt hat. ⁴Satz 3 gilt auch bei einer wesentlichen Änderung von Anlagen.

Abschnitt 6
Baulasten

§ 82 Baulasten, Baulastenverzeichnis

(1) ¹Durch Erklärung gegenüber der Bauaufsichtsbehörde können Grundstückseigentümerinnen und Grundstückseigentümer öffentlich-rechtliche Verpflichtungen zu einem ihre Grundstücke betreffenden Tun, Dulden oder Unterlassen übernehmen, die sich nicht schon aus öffentlich-rechtlichen Vorschriften ergeben. ²Baulasten werden unbeschadet der Rechte Dritter mit der Eintragung in das Baulastenverzeichnis wirksam und wirken auch gegenüber Rechtsnachfolgern.
(2) Die Erklärung nach Absatz 1 bedarf der Schriftform, wobei die elektronische Form ausgeschlossen ist; die Unterschrift muss öffentlich beglaubigt oder vor der Bauaufsichtsbehörde geleistet oder vor ihr anerkannt werden.
(3) ¹Die Baulast geht durch schriftlichen Verzicht der Bauaufsichtsbehörde unter. ²Der Verzicht ist zu erklären, wenn ein öffentliches Interesse an der Baulast nicht mehr besteht. ³Vor dem Verzicht sollen die oder der Verpflichtete und die durch die Baulast Begünstigten angehört werden. ⁴Der Verzicht wird mit der Löschung der Baulast im Baulastenverzeichnis wirksam.
(4) ¹Das Baulastenverzeichnis wird von der Bauaufsichtsbehörde geführt. ²In das Baulastenverzeichnis können auch eingetragen werden
1. andere baurechtliche Verpflichtungen der Grundstückseigentümerin oder des Grundstückseigentümers zu einem ihr oder sein Grundstück betreffendes Tun, Dulden oder Unterlassen,
2. Auflagen, Bedingungen, Befristungen und Widerrufsvorbehalte.
(5) Wer ein berechtigtes Interesse darlegt, kann in das Baulastenverzeichnis Einsicht nehmen oder sich Abschriften erteilen lassen.

Teil 6
Ordnungswidrigkeiten, Rechtsvorschriften, Übergangs- und Schlussvorschriften

§ 83 Ordnungswidrigkeiten

(1) ¹Ordnungswidrig handelt, wer vorsätzlich oder fahrlässig
1. einer nach § 84 Absatz 1 bis 3 erlassenen Rechtsverordnung oder einer nach § 86 Absatz 1 und 2 erlassenen Satzung zuwiderhandelt, sofern die Rechtsverordnung oder die Satzung für einen bestimmten Tatbestand auf diese Bußgeldvorschrift verweist,
2. einer vollziehbaren schriftlichen Anordnung der Bauaufsichtsbehörde zuwiderhandelt, die aufgrund dieses Gesetzes oder aufgrund einer nach diesem Gesetz zulässigen Rechtsverordnung oder Satzung erlassen worden ist, sofern die Anordnung auf die Bußgeldvorschrift verweist,
3. als Verfügungsberechtigte oder Verfügungsberechtigter entgegen § 5 Absatz 2 Zu- oder Durchfahrten sowie Aufstell- und Bewegungsflächen nicht ständig frei hält oder Fahrzeuge dort abstellt,
4. entgegen der Vorschrift des § 7 Absatz 1 Grundstücke teilt,
5. bei der Errichtung und dem Betrieb einer Baustelle der Vorschrift in § 11 Absatz 3 zuwiderhandelt,
6. bei Herstellung, Änderung oder Instandhaltung von Anlagen den Vorschriften über die barrierefreie und behindertengerechte bauliche Gestaltung in § 39 Absatz 4 und 5, § 50 Absatz 1 bis 4

sowie den ergänzend als Technische Baubestimmungen eingeführten technischen Regeln zuwiderhandelt,
7. ohne die erforderliche Baugenehmigung (§ 59 Absatz 1), Teilbaugenehmigung (§ 74) oder Abweichung (§ 67) oder abweichend davon bauliche Anlagen errichtet, ändert, benutzt oder entgegen § 61 Absatz 3 Satz 2 bis 4 beseitigt,
8. den Standsicherheitsnachweis nicht entsprechend § 66 Absatz 2 Satz 1 erstellen lässt,
9. entgegen der Vorschrift des § 62 Absatz 3 Satz 2 bis 4 mit der Ausführung eines Bauvorhabens beginnt oder abweichend von den nach § 62 Absatz 3 Satz 1 eingereichten Bauvorlagen ausführt,
10. Fliegende Bauten ohne Ausführungsgenehmigung (§ 76 Absatz 2) in Gebrauch nimmt oder ohne Anzeige und Abnahme (§ 76 Absatz 7) in Gebrauch nimmt,
11. entgegen der Vorschrift in § 72 Absatz 6 mit Bauarbeiten beginnt, entgegen der Vorschrift in § 61 Absatz 3 Satz 6 mit der Beseitigung einer Anlage beginnt, entgegen den Vorschriften in § 81 Absatz 1 Bauarbeiten fortsetzt oder entgegen der Vorschrift in § 81 Absatz 2 Satz 1 und 2 bauliche Anlagen nutzt oder entgegen § 81 Absatz 2 Satz 3 Feuerstätten oder Verbrennungsmotoren und Blockheizkraftwerke in Betrieb nimmt,
12. entgegen § 72 Absatz 7 Satz 1 die Baubeginnanzeige nicht oder nicht fristgerecht erstattet oder entgegen § 72 Absatz 7 Satz 2 Bauvorlagen nicht oder nicht fristgerecht einreicht,
13. Bauprodukte mit dem Übereinstimmungszeichen kennzeichnet, ohne dass dafür die Voraussetzungen nach § 21 Absatz 3 vorliegen,
14. Bauprodukte entgegen § 21 Absatz 3 ohne das Übereinstimmungszeichen verwendet,
15. Bauarten entgegen § 16a ohne Bauartgenehmigung oder allgemeines bauaufsichtliches Prüfzeugnis für Bauarten anwendet,
16. als Bauherrin oder Bauherr, Entwurfsverfasserin oder Entwurfsverfasser, Unternehmerin oder Unternehmer, Bauleiterin oder Bauleiter oder als deren Vertreterin oder Vertreter den Vorschriften der § 53 Absatz 1 Satz 1, 2, 4 und 5, § 54 Absatz 1 Satz 3, § 55 Absatz 1 Satz 1 und 2 oder § 56 Absatz 1 zuwiderhandelt,
17. entgegen § 58 Absatz 6 Satz 4 eine Maßnahme nicht duldet oder entgegen § 58 Absatz 7 eine Auskunft nicht vollständig oder nicht innerhalb der gesetzten Frist erteilt, oder die verlangte Unterlage innerhalb der gesetzten Frist nicht vorlegt.
²Ist eine Ordnungswidrigkeit nach Satz 1 Nummer 14 bis 16 begangen worden, können Gegenstände, auf die sich die Ordnungswidrigkeit bezieht, eingezogen werden; § 19 des Gesetzes über Ordnungswidrigkeiten ist anzuwenden.
(2) Ordnungswidrig handelt auch, wer wider besseres Wissen
1. unrichtige Angaben macht oder unrichtige Pläne oder Unterlagen vorlegt, um eine nach diesem Gesetz vorgesehene Genehmigungsfreistellung, Prüfpflicht oder einen nach diesem Gesetz vorgesehenen Verwaltungsakt zu erwirken oder zu verhindern,
2. als Prüfingenieurin oder Prüfingenieur unrichtige Prüfberichte erstellt,
3. unrichtige Angaben im Kriterienkatalog nach § 66 Absatz 3 Satz 1 Nummer 2 macht.
(3) Die Ordnungswidrigkeit kann mit einer Geldbuße bis zu 500 000 Euro geahndet werden.
(4) Verwaltungsbehörde im Sinne des § 36 Absatz 1 Nummer 1 des Gesetzes über Ordnungswidrigkeiten ist in den Fällen des Absatzes 1 Satz 1 Nummer 14 bis 16 die oberste Bauaufsichtsbehörde, in den übrigen Fällen die untere Bauaufsichtsbehörde.

§ 84 Rechtsvorschriften
(1) Zur Verwirklichung der in §§ 3, 16a Absatz 1 und § 16b Absatz 1 bezeichneten Anforderungen wird die oberste Bauaufsichtsbehörde ermächtigt, durch Rechtsverordnung Vorschriften zu erlassen über
1. die nähere Bestimmung allgemeiner Anforderungen der §§ 4 bis 48,
2. Anforderungen an Feuerungsanlagen (§ 42),
3. Anforderungen an Garagen,
4. besondere Anforderungen oder Erleichterungen, die sich aus der besonderen Art oder Nutzung der baulichen Anlagen für Errichtung, Änderung, Unterhaltung, Betrieb und Nutzung ergeben (§ 51), sowie über die Anwendung solcher Anforderungen auf bestehende bauliche Anlagen dieser Art,

5. Erst-, Wiederholungs- und Nachprüfung von Anlagen, die zur Verhütung erheblicher Gefahren oder Nachteile ständig ordnungsgemäß unterhalten werden müssen, und die Erstreckung dieser Nachprüfungspflicht auf bestehende Anlagen,
6. die Anwesenheit fachkundiger Personen beim Betrieb technisch schwieriger baulicher Anlagen und Einrichtungen, wie Bühnenbetriebe und technisch schwierige Fliegende Bauten, einschließlich des Nachweises der Befähigung dieser Personen.

(2) ¹Die oberste Bauaufsichtsbehörde wird ermächtigt, durch Rechtsverordnung Vorschriften zu erlassen über
1. Prüfingenieurinnen, Prüfingenieure und Prüfämter, denen bauaufsichtliche Prüfaufgaben, einschließlich der Bauüberwachung und der Bauzustandsbesichtigung, übertragen werden, sowie
2. Prüfsachverständige, die im Auftrag der Bauherrin oder des Bauherrn oder der oder des sonstigen nach Bauordnungsrecht Verantwortlichen die Einhaltung bauordnungsrechtlicher Anforderungen prüfen und bescheinigen.

²Die Rechtsverordnungen nach Satz 1 regeln, soweit erforderlich,
1. die Fachbereiche und die Fachrichtungen, in denen Prüfingenieurinnen, Prüfingenieure, Prüfämter und Prüfsachverständige tätig werden,
2. die Anerkennungsvoraussetzungen und das Anerkennungsverfahren,
3. Erlöschen, Rücknahme und Widerruf der Anerkennung, einschließlich der Festlegung einer Altersgrenze,
4. die Aufgabenerledigung,
5. die Vergütung.

(3) ¹Die oberste Bauaufsichtsbehörde wird ermächtigt, durch Rechtsverordnung Vorschriften zu erlassen über
1. Umfang, Inhalt und Zahl der erforderlichen Bauvorlagen, einschließlich der Bauvorlagen bei der Anzeige der beabsichtigten Beseitigung von Anlagen nach § 61 Absatz 3 Satz 2 und bei der Genehmigungsfreistellung nach § 62,
2. die erforderlichen Anträge, Anzeigen, Nachweise, Bescheinigungen und Bestätigungen, auch bei verfahrensfreien Bauvorhaben,
3. das Verfahren im Einzelnen,
4. die Verarbeitung personenbezogener Daten nach § 71.

²Sie kann dabei für verschiedene Arten von Bauvorhaben unterschiedliche Anforderungen und Verfahren festlegen.

(4) Die oberste Bauaufsichtsbehörde wird ermächtigt, durch Rechtsverordnung
1. die Zuständigkeit für die vorhabenbezogene Bauartgenehmigung nach § 16a Absatz 2 Satz 1 Nummer 2 und den Verzicht darauf im Einzelfall nach § 16a Absatz 4 sowie die Zustimmung und den Verzicht auf Zustimmung im Einzelfall (§ 20)
   a) auf unmittelbar der obersten Bauaufsichtsbehörde nachgeordnete Behörden oder auf das Deutsche Institut für Bautechnik in Berlin,
   b) für Bauprodukte, die in Baudenkmälern nach Denkmalschutzgesetz verwendet werden sollen, allgemein oder für bestimmte Bauprodukte auf die untere Bauaufsichtsbehörde
   zu übertragen,
2. die Zuständigkeit für die Anerkennung von Prüf-, Zertifizierungs- und Überwachungsstellen (§ 25) auf andere Behörden zu übertragen; die Zuständigkeit kann auch auf eine Behörde eines anderen Landes übertragen werden, die der Aufsicht einer obersten Bauaufsichtsbehörde untersteht oder an deren Willensbildung die oberste Bauaufsichtsbehörde mitwirkt,
3. das Übereinstimmungszeichen festzulegen und zu diesem Zeichen zusätzliche Angaben zu verlangen,
4. das Anerkennungsverfahren nach § 25, die Voraussetzungen für die Anerkennung, ihre Rücknahme, ihren Widerruf und ihr Erlöschen zu regeln, insbesondere auch Altersgrenzen festzulegen, sowie eine ausreichende Haftpflichtversicherung zu fordern.

(4a) Die oberste Bauaufsichtsbehörde kann durch Rechtsverordnung vorschreiben, dass für bestimmte Bauprodukte und Bauarten, auch soweit sie Anforderungen nach anderen Rechtsvorschriften unterliegen, hinsichtlich dieser Anforderungen § 16a Absatz 2, §§ 17 bis 25 ganz oder teilweise anwendbar sind, wenn die anderen Rechtsvorschriften dies verlangen oder zulassen.

(5) ¹Die oberste Bauaufsichtsbehörde wird ermächtigt, durch Rechtsverordnung zu bestimmen, dass die Anforderungen der aufgrund des § 34 des Produktsicherheitsgesetzes und des § 49 Absatz 4 des Energiewirtschaftsgesetzes erlassenen Rechtsverordnungen entsprechend für Anlagen gelten, die weder gewerblichen noch wirtschaftlichen Zwecken dienen und in deren Gefahrenbereich auch keine Arbeitnehmerinnen und Arbeitnehmer beschäftigt werden. ²Sie kann auch die Verfahrensvorschriften dieser Verordnungen für anwendbar erklären oder selbst das Verfahren bestimmen sowie Zuständigkeiten und Gebühren regeln. ³Dabei kann sie auch vorschreiben, dass danach zu erteilende Erlaubnisse die Baugenehmigung, einschließlich der zugehörigen Abweichungen, einschließen sowie dass § 35 Absatz 2 des Produktsicherheitsgesetzes insoweit Anwendung findet.
(6) Die oberste Bauaufsichtsbehörde erlässt die zur Durchführung dieses Gesetzes erforderlichen Verwaltungsvorschriften.

§ 85 Technische Baubestimmungen

(1) ¹Die Anforderungen nach § 3 können durch Technische Baubestimmungen konkretisiert werden. ²Die Technischen Baubestimmungen sind zu beachten. ³Von den in den Technischen Baubestimmungen enthaltenen Planungs-, Bemessungs- und Ausführungsregelungen kann abgewichen werden, wenn mit einer anderen Lösung in gleichem Maße die Anforderungen erfüllt werden und in der Technischen Baubestimmung eine Abweichung nicht ausgeschlossen ist; § 16a Absatz 2, § 17 Absatz 1 und § 67 Absatz 1 bleiben unberührt.
(2) Die Konkretisierungen können durch Bezugnahmen auf technische Regeln und deren Fundstellen oder auf andere Weise erfolgen, insbesondere in Bezug auf:
1. bestimmte bauliche Anlagen oder ihre Teile,
2. die Planung, Bemessung und Ausführung baulicher Anlagen und ihrer Teile,
3. die Leistung von Bauprodukten in bestimmten baulichen Anlagen oder ihren Teilen, insbesondere:
   a) Planung, Bemessung und Ausführung baulicher Anlagen bei Einbau eines Bauprodukts,
   b) Merkmale von Bauprodukten, die sich für einen Verwendungszweck auf die Erfüllung der Anforderungen nach § 3 auswirken,
   c) Verfahren für die Feststellung der Leistung eines Bauproduktes im Hinblick auf Merkmale, die sich für einen Verwendungszweck auf die Erfüllung der Anforderungen nach § 3 auswirken,
   d) zulässige oder unzulässige besondere Verwendungszwecke,
   e) die Festlegung von Klassen und Stufen in Bezug auf bestimmte Verwendungszwecke,
   f) die für einen bestimmten Verwendungszweck anzugebende oder erforderliche und anzugebende Leistung in Bezug auf ein Merkmal, das sich für einen Verwendungszweck auf die Erfüllung der Anforderungen nach § 3 auswirkt, soweit vorgesehen in Klassen und Stufen,
4. die Bauarten und die Bauprodukte, die nur eines allgemeinen bauaufsichtlichen Prüfzeugnisses nach § 16a Absatz 3 oder nach § 19 Absatz 1 bedürfen,
5. Voraussetzungen zur Abgabe der Übereinstimmungserklärung für ein Bauprodukt nach § 22,
6. die Art, den Inhalt und die Form technischer Dokumentation.
(3) Die Technischen Baubestimmungen sollen nach den Grundanforderungen gemäß Anhang I der Verordnung (EU) Nummer 305/2011 gegliedert sein.
(4) Die Technischen Baubestimmungen enthalten die in § 17 Absatz 3 genannte Liste.
(5) ¹Das Deutsche Institut für Bautechnik macht nach Anhörung der beteiligten Kreise im Einvernehmen mit der obersten Bauaufsichtsbehörde zur Durchführung dieses Gesetzes und der auf Grund dieses Gesetzes erlassenen Rechtsverordnungen die Technischen Baubestimmungen nach Absatz 1 als Verwaltungsvorschrift bekannt. ²Die nach Satz 1 bekannt gemachte Verwaltungsvorschrift gilt als Verwaltungsvorschrift des Landes Bremen, soweit die oberste Bauaufsichtsbehörde keine abweichende Verwaltungsvorschrift erlässt.

§ 86 Örtliche Bauvorschriften

(1) Die Gemeinden können durch Satzung örtliche Bauvorschriften erlassen über
1. besondere Anforderungen an die äußere Gestaltung baulicher Anlagen sowie von Werbeanlagen und Automaten zur Erhaltung und Gestaltung von Ortsbildern,
2. über das Verbot und die Beschränkung von Werbeanlagen und Automaten aus ortsgestalterischen Gründen,

3. die Lage, Größe, Beschaffenheit, Ausstattung und Unterhaltung von Kinderspielplätzen, die Höhe und Verwendung von Ablösungsbeträgen nach § 8 Absatz 3 und 4,
4. Zahl, Größe und Beschaffenheit der Stellplätze und Fahrradabstellplätze einschließlich deren Zubehörnutzungen (§ 49 Absatz 1), die unter Berücksichtigung der Sicherheit und Leichtigkeit des Verkehrs, der Bedürfnisse des ruhenden Verkehrs, der städtebaulichen Situation und der Erschließung durch Einrichtungen des öffentlichen Personennahverkehrs für Anlagen erforderlich sind, bei denen ein Zu- und Abgangsverkehr mit Kraftfahrzeugen und Fahrrädern oder fahrradähnlichen Leichtkrafträdern zu erwarten ist (notwendige Stellplätze, notwendige Fahrradabstellplätze), einschließlich des Mehrbedarfs bei Änderungen und Nutzungsänderungen der Anlagen, sowie die Ablösung der Herstellungspflicht und die Höhe der Ablösungsbeträge, die nach Art der Nutzung und Lage der Anlage unterschiedlich geregelt werden kann,
5. die Gestaltung der Gemeinschaftsanlagen, der Lagerplätze, der Stellplätze für Kraftfahrzeuge, der Stellplätze für bewegliche Abfall- und Wertstoffbehälter sowie über die Notwendigkeit, Art, Gestaltung und Höhe von Abgrenzungen oder Einfriedungen; hierzu können auch Anforderungen an die Bepflanzung gestellt oder die Verwendung von Pflanzen, insbesondere Hecken, als Einfriedung verlangt werden,
6. die Begrünung von baulichen Anlagen sowie über die Gestaltung der Freiflächen von Baugrundstücken; dabei kann die Bepflanzung der Freiflächen mit Bäumen und Sträuchern geregelt oder allgemein oder für bestimmte Bereiche, wie Vorgärten, eine gärtnerische Anlegung und Unterhaltung verlangt werden,
7. andere als in § 6 vorgeschriebenen Tiefen der Abstandsflächen zur Wahrung der bauhistorischen Bedeutung oder der sonstigen erhaltenswerten Eigenart eines Gemeindeteiles,
8. die Bestimmung, dass abweichend von § 2 Absatz 6 Satz 2 und Absatz 7 beide oberste Geschosse als Vollgeschoss gelten oder nur ein oberstes Geschoss als Vollgeschoss gilt.

(2) Die Gemeinden können ferner durch Satzung bestimmen, dass im Gemeindegebiet oder in Teilen davon die Verwendung bestimmter Brennstoffe untersagt oder der Anschluss an Einrichtungen zur Versorgung mit Nah- und Fernwärme und deren Benutzung vorgeschrieben wird, wenn dies nach den örtlichen Verhältnissen zur Vermeidung von Gefahren, Umweltbelastungen oder unzumutbaren Belästigungen oder aus Gründen der Schonung der natürlichen Lebensgrundlagen, insbesondere zur rationellen Verwendung von Energie, zur Nutzung erneuerbarer Energien oder zur Nutzung von Biomasse, gerechtfertigt ist.

(3) [1]Örtliche Bauvorschriften können auch durch Bebauungsplan oder, soweit das Baugesetzbuch dies vorsieht, durch andere Satzungen nach den Vorschriften des Baugesetzbuchs erlassen werden. [2]In diesen Fällen sind, soweit das Baugesetzbuch kein abweichendes Verfahren regelt, die Vorschriften des Ersten und des Dritten Abschnitts des Ersten Teils, des Ersten Abschnitts des Zweiten Teils des Ersten Kapitels, die §§ 13, 13a, 30, 31, 33, 36, 214 und 215 des Baugesetzbuches entsprechend anzuwenden.

(4) [1]Anforderungen nach Absätzen 1 und 2 können innerhalb der örtlichen Bauvorschrift auch in Form zeichnerischer Darstellungen gestellt werden. [2]Ihre Bekanntgabe kann dadurch ersetzt werden, dass dieser Teil der örtlichen Bauvorschrift bei der Gemeinde zur Einsicht ausgelegt wird; hierauf ist in den örtlichen Bauvorschriften hinzuweisen.

§ 87 Übergangsvorschriften

(1) [1]Die vor dem Inkrafttreten dieses Gesetzes eingeleiteten Verfahren sind nach den davor geltenden Verfahrensvorschriften fortzuführen. [2]In diesen Fällen sind die materiellen Vorschriften dieses Gesetzes nur insoweit anzuwenden, als sie für die Antragstellerin oder den Antragsteller eine günstigere Regelung enthalten als das zur Zeit der Antragstellung geltende Recht.

(2) [1]Die Verwendung des Ü-Zeichens auf Bauprodukten, die die CE-Kennzeichnung aufgrund der Verordnung (EU) Nummer 305/2011 tragen, ist ab Inkrafttreten dieses Gesetzes nicht mehr zulässig. [2]Sind bereits in Verkehr gebrachte Bauprodukte, die die CE-Kennzeichnung aufgrund der Verordnung (EU) Nummer 305/2011 tragen, mit dem Ü-Zeichen gekennzeichnet, verliert das Ü-Zeichen mit Inkrafttreten dieses Gesetzes seine Gültigkeit.

(3) Bis zum Inkrafttreten dieses Gesetzes für Bauarten erteilte allgemeine bauaufsichtliche Zulassungen oder Zustimmungen im Einzelfall gelten als Bauartgenehmigung fort.

70 BremLBO § 88

(4) ¹Bestehende Anerkennungen als Prüf-, Überwachungs- und Zertifizierungsstellen bleiben in dem bis zum Inkrafttreten dieses Gesetzes geregelten Umfang wirksam. ²Vor dem Inkrafttreten dieses Gesetzes gestellte Anträge gelten als Anträge nach diesem Gesetz.
(5) Bis zum Inkrafttreten angepasster örtlicher Bauvorschriften nach § 86 Absatz 1 Nummer 3 für die Stadtgemeinden Bremen und Bremerhaven ist § 8 Absatz 4 Satz 2 der Bremische Landesbauordnung vom 6. Oktober 2009 (Brem.GBl. S.401), die zuletzt durch Gesetz vom 27. Mai 2014 (Brem.GBl. S. 263) geändert worden ist, weiter anzuwenden.

§ 88 Inkrafttreten, Außerkrafttreten
(1) ¹Dieses Gesetz tritt am 1. Oktober 2018 in Kraft. ²Gleichzeitig tritt die Bremische Landesbauordnung vom 6. Oktober 2009 (Brem.GBl. S.401), die zuletzt durch Gesetz vom 27. Mai 2014 (Brem.GBl. S. 263) geändert worden ist, außer Kraft.
(2) Dieses Gesetz tritt mit Ablauf des 31. Dezember 2023 außer Kraft.

Bremisches Gesetz zur Pflege und zum Schutz der Kulturdenkmäler (Bremisches Denkmalschutzgesetz – BremDSchG)

Vom 18. Dezember 2018 (Brem.GBl. S. 631)
(2131-a-1)

Der Senat verkündet das nachstehende, von der Bürgerschaft (Landtag) beschlossene Gesetz:

Abschnitt 1
Allgemeine Bestimmungen

§ 1 Denkmalpflege und Denkmalschutz

(1) Denkmalpflege und Denkmalschutz haben die Aufgabe, Kulturdenkmäler wissenschaftlich zu erforschen, zu pflegen, zu schützen und zu erhalten sowie auf ihre Einbeziehung in die städtebauliche Entwicklung, die Raumordnung und die Landespflege hinzuwirken.

(2) [1]Denkmalpflege und Denkmalschutz sind Angelegenheiten des Landes. [2]Bei der Durchführung der Denkmalpflege und des Denkmalschutzes arbeiten die zuständigen Behörden des Landes und der Stadtgemeinden mit den Eigentümern von Kulturdenkmälern und den sonstigen Verfügungsberechtigten zusammen. [3]Soweit das Land oder die Stadtgemeinden oder Einrichtungen, auf die das Land oder die Stadtgemeinden aufgrund Eigentum, finanzieller Beteiligung, Satzung oder sonstiger Bestimmungen, die deren Tätigkeit regeln, unmittelbar oder mittelbar einen beherrschenden Einfluss ausüben kann, nach § 9 Absatz 2 Verpflichtete sind, haben sich die zuständigen Behörden und Einrichtungen in besonderem Maße der Denkmalpflege und des Denkmalschutzes anzunehmen.

§ 2 Begriffsbestimmungen

(1) Kulturdenkmäler im Sinne dieses Gesetzes sind Sachen, Mehrheiten von Sachen oder Teile von Sachen, deren Erhaltung aus geschichtlichen, wissenschaftlichen, künstlerischen, technikgeschichtlichen, heimatgeschichtlichen oder städtebaulichen Gründen im öffentlichen Interesse liegt.

(2) Kulturdenkmäler im Sinne des Absatzes 1 können sein:
1. unbewegliche Denkmäler, wie Baudenkmäler, andere feststehende Denkmäler der Kunst, Kultur oder Technik und deren Inneres, Gartenanlagen und andere flächenhafte Anlagen einschließlich der mit ihnen verbundenen Frei- und Wasserflächen, jeweils auch als Sachgesamtheiten;
2. Mehrheiten unbeweglicher Sachen, die aufgrund eines übergeordneten Bezugs Kulturdenkmäler sind, ohne dass jeder einzelne Bestandteil die Voraussetzungen des Satzes 1 erfüllen muss (Ensembles), wie Orts- und Platzgefüge, Siedlungen oder Straßenzüge;
3. bewegliche Denkmäler einschließlich Urkunden und Sammlungen;
4. Bodendenkmäler als mit dem Boden verbundene oder im Boden verborgene Sachen, Sachgesamtheiten und Spuren von Sachen, die von Menschen geschaffen oder bearbeitet wurden oder Aufschluss über menschliches Leben in vergangener Zeit geben.

(3) Zu einem Kulturdenkmal gehört auch das Zubehör, soweit es mit der Hauptsache eine kulturelle Einheit bildet.

(4) Dem Schutz dieses Gesetzes unterliegt auch die Umgebung der unbeweglichen Kulturdenkmäler im Sinne von Absatz 2 Nummer 1, 2 und 4.

§ 3 Geschützte Kulturdenkmäler

(1) [1]Kulturdenkmäler nach § 2 werden unter Denkmalschutz gestellt. [2]Aufgrund der Unterschutzstellung unterliegen sie den Schutzvorschriften dieses Gesetzes.

(2) Kulturdenkmäler nach § 2 Absatz 2 Nummer 4 unterliegen der Schutzvorschrift des § 10 bereits vor der Unterschutzstellung.

(3) Die Belange des Denkmalschutzes und der Denkmalpflege sowie die Anforderungen des unmittelbar geltenden europäischen Rechts und der ratifizierten internationalen und europäischen Übereinkommen zum Schutz des materiellen kulturellen Erbes sind in die städtebauliche Entwicklung und die Landesplanung einzubeziehen und bei allen öffentlichen Planungen und Maßnahmen angemessen zu berücksichtigen.

§ 4 Denkmalschutzbehörden

(1) ¹Denkmalschutzbehörden für den Bereich der Stadtgemeinde Bremen sind das Landesamt für Denkmalpflege und die Landesarchäologie; für den Bereich Stadtgemeinde Bremerhaven werden die Aufgaben dem Magistrat übertragen. ²Ist die Zuständigkeit nicht eindeutig bestimmbar oder wird sie bestritten, entscheidet die obere Denkmalschutzbehörde über die Zuständigkeit.
(2) Obere Denkmalschutzbehörde ist der Senator für Kultur.
(3) ¹Den Denkmalschutzbehörden nach Absatz 1 und 2 obliegt es, die unter Denkmalschutz gestellten Kulturdenkmäler zu schützen. ²Soweit gesetzlich nicht anders bestimmt, obliegt es den Denkmalschutzbehörden nach Absatz 1, zu diesem Zweck die notwendigen Maßnahmen zu ergreifen, um die Erfüllung der Pflichten nach diesem Gesetz zu gewährleisten. ³Die Denkmalschutzbehörden sind Träger öffentlicher Belange. ⁴Sie sind bei allen Planungen und Maßnahmen, die Belange des Denkmalschutzes und der Denkmalpflege berühren können, frühzeitig zu beteiligen.
(4) ¹Die obere Denkmalschutzbehörde entscheidet nach Anhörung der Denkmalfachbehörden. ²Die Denkmalschutzbehörden entscheiden im Einvernehmen mit den Denkmalfachbehörden; kommt kein Einvernehmen zu Stande, entscheidet die obere Denkmalschutzbehörde.
(5) ¹Die Denkmalschutzbehörden nach Absatz 1 und 2 dürfen Kontaktdaten der Personen nach § 9 Absatz 2 sowie weitere personenbezogene Daten verarbeiten, soweit dies zur Erfüllung ihrer Aufgaben nach diesem Gesetz erforderlich ist. ²An andere Behörden dürfen personenbezogene Daten gemäß Satz 1 übermittelt werden, wenn und soweit diese die Denkmalschutzbehörden nach diesem oder einem anderen Gesetz in ihre Aufgabenerfüllung einbeziehen und die personenbezogenen Daten auf Grundlage einer entsprechenden gesetzlichen Ermächtigung für die Erfüllung ihrer jeweiligen Aufgaben benötigen.

§ 5 Denkmalfachbehörden

(1) Denkmalfachbehörden sind das Landesamt für Denkmalpflege und die Landesarchäologie.
(2) ¹Den Denkmalfachbehörden obliegt es, die Kulturdenkmäler nach § 2 nach anerkannten wissenschaftlichen Standards zu erfassen, zu erforschen, zu dokumentieren und zu pflegen sowie ihre Erkenntnisse in geeigneter Form der Öffentlichkeit zu vermitteln. ²§ 4 Absatz 5 gilt entsprechend.
(3) Die Denkmalfachbehörden können zur Erfüllung ihrer Aufgaben Fachwerkstätten einrichten und betreiben.

§ 6 Denkmalrat

(1) ¹Für die Denkmalfachbehörden wird ein unabhängiger und sachverständiger Denkmalrat gebildet. ²Der Denkmalrat soll die Denkmalfachbehörden beraten und von diesen in allen Angelegenheiten von grundsätzlicher Bedeutung gehört werden.
(2) ¹Die Mitglieder des Denkmalrates werden von der oberen Denkmalschutzbehörde bestellt. ²Die obere Denkmalschutzbehörde wird ermächtigt, durch Rechtsverordnung das Nähere, insbesondere die Zusammensetzung des Denkmalrates, die Bestimmung des Vorsitzenden des Denkmalrates, die Anzahl der Mitglieder, die Amtszeit der Mitglieder und das Vorschlagsrecht für die Benennung der Mitglieder zu regeln.

§ 7 Unterschutzstellung und Eintragung in die Denkmalliste

(1) ¹Die Unterschutzstellung der Kulturdenkmäler erfolgt von Amts wegen. ²Die zuständige Denkmalfachbehörde nimmt durch Bescheid die Unterschutzstellung vor; im Falle des Landeseigentums tritt an die Stelle eines Bescheides die Mitteilung an die zuständige Stelle des Landes.
(2) ¹Der Bescheid ist dem Eigentümer oder dem Erbbauberechtigten oder Nießbraucher bekannt zu geben. ²Ist dieser der zuständigen Denkmalfachbehörde nicht bekannt oder nicht zweifelsfrei durch oder aufgrund von öffentlichen Urkunden bestimmbar, steht der Bekanntgabe durch Bescheid eine öffentliche Bekanntmachung der Unterschutzstellung nach dem Bremischen Bekanntmachungsgesetz gleich. ³Widerspruch und Klage gegen die Unterschutzstellung haben keine aufschiebende Wirkung. ⁴Die Unterschutzstellung soll auf Ersuchen der Denkmalfachbehörde ins Grundbuch eingetragen werden. ⁵Die obere Denkmalschutzbehörde wird ermächtigt, durch Rechtsverordnung die Einzelheiten des Verfahrens der Unterschutzstellung zu regeln.
(3) ¹Die obere Denkmalschutzbehörde wird ermächtigt, Kulturdenkmäler nach § 2 Absatz 2 Nummer 2 abweichend von Absatz 1 Satz 2 durch Rechtsverordnung unter Denkmalschutz zu stellen. ²Mit

Behörden, deren Belange unmittelbar betroffen sind, ist Einvernehmen über die Unterschutzstellung im Wege der Rechtsverordnung herzustellen. ³Absatz 2 Satz 4 gilt entsprechend.
(4) Die nach Absatz 1 oder 3 unter Denkmalschutz gestellten Kulturdenkmäler werden nachrichtlich in die Denkmalliste eingetragen.
(5) ¹Die Denkmallisten dienen als Verzeichnis aller unter Denkmalschutz gestellten Kulturdenkmäler; sie werden bei den Denkmalfachbehörden geführt und enthalten Angaben zur Kennzeichnung des Kulturdenkmals, insbesondere zu Straße, Hausnummer, Liegenschaftskataster und baurechtlichen Festsetzungen, sowie Name und Anschrift der Personen nach § 9 Absatz 2. ²Ihr wesentlicher Inhalt wird ohne Name und Anschrift der Personen nach § 9 Absatz 2 in geeigneter Form der Öffentlichkeit zugänglich gemacht. ³Unabhängig hiervon können die Denkmallisten von jeder Person eingesehen werden; eine Einsichtnahme in die personenbezogenen Daten, insbesondere Name und Anschrift der Personen nach § 9 Absatz 2, ist jedoch nur zulässig, wenn dies zur Wahrung eines berechtigten Interesses erforderlich ist und kein schutzwürdiges, überwiegendes Interesse dieser Personen entgegensteht. ⁴Auf Verlangen erteilen die Denkmalfachbehörden und der Magistrat der Stadtgemeinde Bremerhaven Auskunft darüber, ob ein Kulturdenkmal besteht oder ein Verfahren zur Unterschutzstellung eingeleitet wurde.
(6) ¹Nach dem Verlust der Eigenschaft als Kulturdenkmal wird die Unterschutzstellung von Amts wegen durch die zuständige Denkmalfachbehörde aufgehoben. ²Die Vorschriften der Absätze 1 und 2 gelten für die Aufhebungsentscheidung entsprechend.

§ 8 Vorläufiger Schutz
(1) ¹Teilt die Denkmalfachbehörde dem Eigentümer oder dem Erbbauberechtigten oder Nießbraucher die Absicht der Einleitung eines Unterschutzstellungsverfahrens über ein Kulturdenkmal nach § 2 mit, unterliegt das Kulturdenkmal ab Zugang der Mitteilung vorläufig den Schutzvorschriften dieses Gesetzes (vorläufiger Schutz). ²Die Denkmalfachbehörde weist in ihrer Mitteilung auf den vorläufigen Schutz hin. ³§ 7 Absatz 2 Sätze 2 und 3 gelten entsprechend.
(2) Der vorläufige Schutz entfällt, wenn das Kulturdenkmal nicht binnen 6 Monaten nach der Mitteilung nach Absatz 1 unter Denkmalschutz gestellt wird.

Abschnitt 2
Allgemeine Schutzvorschriften

§ 9 Erhaltungspflicht
(1) ¹Kulturdenkmäler sind zu pflegen. ²Sie sind vor Gefährdung zu schützen, zu erhalten und, soweit notwendig, instand zu setzen. ³Maßnahmen nach Satz 1 und 2 sind fachgerecht durchzuführen.
(2) ¹Verpflichtet zu Maßnahmen in Erfüllung des Absatzes 1 sind der Eigentümer oder Erbbauberechtigte oder der Nießbraucher, neben diesen jeder, der die tatsächliche Gewalt über das Kulturdenkmal ausübt (sonstige Verfügungsberechtigte). ²Das Land und die Stadtgemeinden tragen zur Erfüllung der Maßnahmen nach Absatz 1 durch Zuschüsse nach Maßgabe der ihnen zur Verfügung stehenden Haushaltsmittel bei.
(3) ¹Soll in ein Kulturdenkmal eingegriffen werden, es insbesondere von seinem Standort entfernt oder ganz oder teilweise beseitigt oder der Zusammenhang einer Sachgesamtheit zerstört werden, trägt der Verursacher des Eingriffs alle Kosten, die für die Erhaltung, fachgerechte Instandsetzung, Bergung und wissenschaftliche Dokumentation anfallen. ²Mehrere Verursacher tragen die Kosten gesamtschuldnerisch.
(4) ¹Die Verpflichtungen nach Absatz 1 Satz 2 und Absatz 3 gelten nur, wenn und soweit eine Maßnahme hinsichtlich der Beeinträchtigung oder der Kosten für den Verpflichteten zumutbar ist. ²Unzumutbar ist eine Maßnahme insbesondere nicht, wenn
1. der Gebrauch des Kulturdenkmals für den Verpflichteten nur vorübergehend oder unter Berücksichtigung der Eigenart und der Bedeutung des jeweiligen Kulturdenkmals unwesentlich eingeschränkt wird oder
2. die Kosten der Maßnahme in einem angemessenen Verhältnis zur Eigenart und Bedeutung des jeweiligen Kulturdenkmals stehen und in diesem Rahmen durch den Gebrauchs- oder Verkehrswert des Kulturdenkmals oder im Fall von Absatz 3 durch den wirtschaftlichen oder sonstigen Nutzen des Eingriffs aufgewogen werden.

[3]Der Verpflichtete kann sich nicht auf Umstände berufen, die aus einer Unterlassung der Verpflichtungen nach Absatz 1 resultieren oder die sich aus einer Nutzung ergeben, die nicht der Eigenart und Bedeutung des jeweiligen Kulturdenkmals entspricht.
(5) [1]Bei öffentlichen Bauvorhaben sind Aufwendungen zum Schutz von Kulturdenkmälern sowie zur Herstellung der Barrierefreiheit Teil der Baukosten. [2]Dies gilt auch für öffentliche Bauvorhaben in privatrechtlicher Trägerschaft.

§ 10 Genehmigungspflichtige Maßnahmen
(1) Ein nach §§ 3 und 8 geschütztes Kulturdenkmal darf nur mit Genehmigung der Denkmalschutzbehörde
1. zerstört oder beseitigt werden;
2. von seinem Standort entfernt werden;
3. in seinem Bestand oder Erscheinungsbild beeinträchtigt oder verändert werden;
4. wieder hergestellt oder instandgesetzt werden;
5. mit An- oder Aufbauten, Aufschriften oder Werbeeinrichtungen versehen werden.

(2) Der Genehmigung der Denkmalschutzbehörde bedürfen ferner Maßnahmen nach Absatz 1 in der Umgebung geschützter unbeweglicher Kulturdenkmäler.
(3) [1]Die Genehmigung nach Absatz 1 und 2 ist zu erteilen, wenn Belange des Denkmalschutzes nicht entgegenstehen oder ein überwiegendes öffentliches Interesse die Maßnahme verlangt. [2]Ein öffentliches Interesse ist unter anderem gegeben, wenn die Zugänglichkeit für Menschen mit Behinderungen hergestellt oder verbessert wird.
(4) [1]Die Genehmigung kann unter Bedingungen oder Auflagen erteilt werden. [2]Insbesondere kann die Genehmigung an die Bedingung geknüpft werden, dass die Ausführung der Arbeiten nur nach einem von der Denkmalschutzbehörde genehmigten Plan und unter Aufsicht einer Denkmalschutzbehörde oder eines von ihr benannten Sachverständigen erfolgt. [3]Ist für die Prüfung der Genehmigungsfähigkeit oder für die Durchführung der genehmigten Maßnahmen die Hinzuziehung eines Sachverständigen notwendig, trägt der Antragsteller im Rahmen des Zumutbaren die dadurch entstehenden Kosten.
(5) Die Denkmalschutzbehörden beachten bei ihren Entscheidungen die Rechte von Menschen mit Behinderungen mit dem Ziel, die Barrierefreiheit im Sinne des Bremischen Behindertengleichstellungsgesetzes bei allen öffentlich zugänglichen Denkmälern möglichst zu erreichen.
(6) Wer eine Maßnahme im Sinne der Absätze 1 und 2 ohne Genehmigung der zuständigen Denkmalschutzbehörde beginnt oder eine genehmigte anders ausführt als in der Genehmigung vorgeschrieben wurde, hat auf Anordnung der Denkmalschutzbehörde den früheren Zustand wiederherzustellen oder das Kulturdenkmal auf eine andere von der zuständigen Denkmalschutzbehörde zu bestimmende Weise instand zu setzen.
(7) [1]Ist für eine Maßnahme nach Absatz 1 und 2 die Genehmigung durch eine Bauordnungsbehörde erforderlich, so entscheidet die Bauordnungsbehörde im Einvernehmen mit der Denkmalschutzbehörde. [2]Bedingungen und Auflagen nach Absatz 4 werden Inhalt des Genehmigungsbescheids. [3]Der Denkmalschutzbehörde obliegt hierbei die Überwachung des in ihren Aufgabenbereich fallenden Teils nach den Bestimmungen dieses Gesetzes.
(8) Die Denkmalfachbehörden können Eigentümer oder sonstige Verfügungsberechtigte von beweglichen Denkmälern einschließlich Urkunden und Sammlungen durch Bescheid von der Genehmigungspflicht nach Absatz 1 ganz oder teilweise befreien, soweit das Kulturdenkmal von einer geeigneten Institution fachlich betreut wird.

§ 11 Anzeigepflichten
(1) Eigentümer, Besitzer und sonstige Verfügungsberechtigte haben Schäden oder Mängel, die an geschützten Kulturdenkmälern auftreten und die ihre Erhaltung gefährden können, unverzüglich einer Denkmalschutzbehörde zu melden.
(2) Jeder Eigentumswechsel an einem geschützten Kulturdenkmal ist von dem bisherigen Eigentümer unverzüglich, spätestens bis zum Ablauf eines Monats nach dem Eigentumsübergang einer Denkmalfachbehörde anzuzeigen.
(3) Bei jedem Eigentumswechsel an einem geschützten Kulturdenkmal ist der bisherige Eigentümer verpflichtet, den neuen Eigentümer auf den bestehenden Denkmalschutz hinzuweisen.

§ 12 Sicherung der Erhaltung eines geschützten Kulturdenkmals
(1) ¹Wenn der Eigentümer oder der sonstige Verfügungsberechtigte nicht für die Erhaltung eines geschützten Kulturdenkmals sorgt, kann die zuständige Denkmalschutzbehörde ihm eine Frist zur Durchführung der erforderlichen Maßnahmen setzen; nach Ablauf der Frist kann sie die unabweisbar gebotenen Sicherungsmaßnahmen durchführen. ²Der Eigentümer oder der sonstige Verfügungsberechtigte ist zur Duldung dieser Maßnahmen verpflichtet.
(2) Der nach Absatz 1 Satz 1 zur Durchführung verpflichtete Eigentümer oder sonstige Verfügungsberechtigte kann zur Deckung der Kosten der unabweisbar gebotenen Sicherungsmaßnahmen im Rahmen des § 9 Absatz 4 herangezogen werden.

§ 13 Auskunfts- und Duldungspflichten
(1) Der Eigentümer und der sonstige Verfügungsberechtigte sind verpflichtet, Auskünfte zu erteilen, die zur Erfüllung der Aufgaben des Denkmalschutzes notwendig sind.
(2) ¹Denkmalschutzbehörden und Denkmalfachbehörden sind nach vorheriger Benachrichtigung der Eigentümer und der Besitzer berechtigt, Grundstücke und zur Abwehr einer dringenden Gefahr für ein Kulturdenkmal auch Wohnungen zu betreten, soweit dies zur Durchführung dieses Gesetzes notwendig ist. ²Sie dürfen geschützte Kulturdenkmäler und Anlagen, bei denen Anlass zu der Annahme besteht, dass sie nach § 3 zu schützen sein werden, besichtigen und die notwendigen Erfassungsmaßnahmen durchführen. ³Die Unverletzlichkeit der Wohnung nach Artikel 13 des Grundgesetzes wird insoweit eingeschränkt.

§ 14 Zugang zu Kulturdenkmälern
Geschützte Kulturdenkmäler sollen der Öffentlichkeit zugänglich gemacht werden, sofern es ihre Zweckbestimmung und die Wahrung der schutzwürdigen Belange der Eigentümer, der sonstigen Verfügungsberechtigten und der Nutzer erlauben.

Dritter Abschnitt
Ausgrabungen und Funde

§ 15 Funde
(1) Wer Anlass zu der Annahme hat, eine Sache entdeckt oder gefunden zu haben, die ein Kulturdenkmal oder Überreste oder Spuren eines solchen sein oder beinhalten kann, hat dies unverzüglich einer Denkmalfachbehörde mitzuteilen.
(2) ¹Diese Verpflichtung obliegt auch dem Eigentümer oder dem sonst Verfügungsberechtigten des Grundstücks, auf dem die Entdeckung oder der Fund erfolgt ist, sowie der leitenden Person der Arbeiten, die zur Entdeckung oder zu dem Fund geführt haben. ²Die Mitteilung eines Verpflichteten befreit die Übrigen.
(3) ¹Die nach Absatz 1 und 2 Verpflichteten haben das Kulturdenkmal und die Fundstätte, wenn und soweit dies ohne Gefährdung der Allgemeinheit möglich ist, in unverändertem Zustand zu belassen und vor Gefahren für die Erhaltung zu schützen. ²Diese Verpflichtung erlischt nach Aufhebung durch die zuständige Denkmalfachbehörde, spätestens nach Ablauf einer Woche seit Zugang der Mitteilung nach Absatz 1.
(4) ¹Die zuständige Denkmalfachbehörde oder von ihr beauftragte Personen sind, auch nach Ablauf der Frist nach Absatz 3 Satz 2, berechtigt, die Fundstätte zu betreten und dort die gebotenen Maßnahmen für die Erhaltung, fachgerechte Instandsetzung, Bergung und wissenschaftliche Dokumentation der Funde durchzuführen. ²§ 13 Absatz 2 gilt entsprechend.

§ 16 Ausgrabungen
(1) ¹Wer nach Bodendenkmälern gräbt oder diese mit technischen Hilfsmitteln sucht, bedarf hierfür der schriftlichen Genehmigung der Landesarchäologie. ²Dies gilt entsprechend für das Suchen und Bergen von Kulturdenkmälern aus einem Gewässer. ³Wer ohne Genehmigung gräbt oder birgt, hat auf Anforderung der Landesarchäologie unverzüglich den früheren Zustand wiederherzustellen.
(2) ¹Die Genehmigung kann unter Bedingungen oder Auflagen erteilt werden. ²Die Auflagen können insbesondere die Ausführung der Grabung, die Mitteilung von gefundenen und entdeckten Sachen und deren Sicherung und Erhaltung betreffen. ³Wer die Bedingungen oder Auflagen nicht erfüllt, hat auf Anordnung der Landesarchäologie den früheren Zustand wiederherzustellen.

§ 17 Grabungsschutzgebiet
(1) ¹Die obere Denkmalschutzbehörde wird ermächtigt, abgegrenzte Gebiete, in denen Bodendenkmäler vermutet werden, durch Rechtsverordnung zu Grabungsschutzgebieten zu erklären. ²Die Behörden, deren Belange berührt werden, sind zu beteiligen.
(2) In Grabungsschutzgebieten bedürfen Arbeiten, die Bodendenkmäler gefährden können, der Genehmigung der oberen Denkmalschutzbehörde.
(3) ¹Die Denkmalschutzbehörden können in Grabungsschutzgebieten die wirtschaftliche Nutzung eines Grundstücks oder eines Grundstücksteils beschränken, auf dem sich ein geschütztes Kulturdenkmal befindet oder vermutet wird. ²Die Beschränkung ist auf Ersuchen der Denkmalschutzbehörde im Grundbuch einzutragen.

§ 18 Ablieferung
(1) Eigentümer und sonstige Verfügungsberechtigte eines gefundenen beweglichen Kulturdenkmals sind verpflichtet, es auf Verlangen der zuständigen Denkmalfachbehörde dieser oder einer von ihr beauftragten Person vorübergehend zur wissenschaftlichen Auswertung und Durchführung der wissenschaftlich gebotenen Maßnahmen für die Erhaltung, fachgerechte Instandsetzung, Bergung und wissenschaftliche Dokumentation zugänglich zu machen oder an sie auszuhändigen.
(2) ¹Nach Absatz 1 ausgehändigte Kulturdenkmäler sind an den Berechtigten zurückzugeben, sobald die gebotenen Maßnahmen durchgeführt sind, spätestens nach 12 Monaten seit der Ablieferung. ²Der Zeitraum kann angemessen verlängert werden, wenn die gebotenen Maßnahmen dies erfordern und eine Unterschutzstellung des Kulturdenkmals erfolgt ist.

§ 19 Schatzregal
(1) Bewegliche Kulturdenkmäler, die herrenlos sind oder die solange verborgen waren, dass ihr Eigentümer nicht mehr zu ermitteln ist, werden mit der Entdeckung Eigentum des Landes, wenn sie bei staatlichen Nachforschungen, in Grabungsschutzgebieten oder bei nicht genehmigten Grabungen oder Suchen entdeckt werden oder wenn sie einen hervorragenden wissenschaftlichen Wert besitzen.
(2) Das Land kann sie einer geeigneten Kulturgut bewahrenden Einrichtung überlassen oder sein Eigentum an den Finder, den Veranlasser eines Bodeneingriffs oder den Eigentümer des Grundstücks übertragen, auf dem der Fund erfolgt ist.

Abschnitt 4
Enteignung und Entschädigung

§ 20 Enteignung
(1) Die Enteignung ist zulässig zu Gunsten des Landes oder einer Stadtgemeinde, wenn und soweit auf andere Weise nicht sichergestellt werden kann, dass
1. ein geschütztes Kulturdenkmal in seinem Bestand oder Erscheinungsbild erhalten bleibt;
2. ein Kulturdenkmal nach § 2 Absatz 2 Nummer 4 ausgegraben, wissenschaftlich ausgewertet oder der Allgemeinheit zugänglich gemacht werden kann;
3. in einem Grabungsschutzgebiet planmäßige Nachforschungen betrieben werden können.
(2) Die Enteignung kann auf Zubehör, das mit der Hauptsache eine Einheit bildet, ausgedehnt werden.
(3) Ein beweglicher Bodenfund kann enteignet werden, wenn
1. Tatsachen vorliegen, nach denen zu befürchten ist, dass er wesentlich verschlechtert wird, und die Erhaltung nicht auf andere Weise sichergestellt werden kann,
2. nicht auf andere Weise sichergestellt werden kann, dass er für die Allgemeinheit zugänglich ist und hieran ein erhebliches Interesse besteht, oder
3. nicht auf andere Weise sichergestellt werden kann, dass er für die wissenschaftliche Forschung zur Verfügung gehalten wird.
(4) Für die Enteignung ist Entschädigung zu leisten.
(5) ¹Für das Enteignungs- und Entschädigungsverfahren und für die bei einer Enteignung zu leistende Entschädigung gelten die Vorschriften des Enteignungsgesetzes für die Freie Hansestadt Bremen. ²Antragsberechtigt ist die obere Denkmalschutzbehörde.

§ 21 Sonstige entschädigungspflichtige Maßnahmen
¹Soweit Maßnahmen auf Grund dieses Gesetzes enteignende Wirkung haben, ist eine angemessene Entschädigung zu zahlen. ²§ 20 Absatz 4 und 5 gilt entsprechend.

Abschnitt 5
Ordnungswidrigkeiten und Straftaten
§ 22 Ordnungswidrigkeiten
(1) Ordnungswidrig handelt, wer vorsätzlich oder fahrlässig
1. einer Verordnung, die aufgrund dieses Gesetzes erlassen wurde, zuwiderhandelt, soweit sie für einen bestimmten Tatbestand auf diese Bußgeldvorschrift verweist,
2. in § 10 Absatz 1 und 2 und § 16 Absatz 1 Satz 1 und 2 bezeichnete Handlungen ohne Genehmigung oder entgegen einer Auflage oder Bedingung nach § 10 Absatz 4 oder § 16 Absatz 2 Satz 1 vornimmt,
3. der Duldungspflicht nach § 12 Absatz 1 Satz 2 zuwiderhandelt,
4. der Anzeige- und Auskunftspflicht nach §§ 11 und 13 Absatz 1 nicht nachkommt oder entgegen § 13 Absatz 2 Satz 1 und 2 den Beauftragten der zuständigen Behörde das Betreten oder das Besichtigen nicht gestattet,
5. ein Kulturdenkmal, dessen Ablieferung nach § 18 Absatz 1 verlangt worden ist, beiseiteschafft, beschädigt oder zerstört,
6. der Anzeigepflicht nach § 15 Absatz 1 oder den Verpflichtungen nach § 15 Absatz 3 Satz 1 nicht nachkommt,
7. entgegen § 15 Absatz 4 der zuständigen Denkmalfachbehörde oder von ihr beauftragten Personen nicht gestattet, die Fundstätte zu betreten oder dort die gebotenen Maßnahmen durchzuführen.
(2) Ordnungswidrig handelt auch, wer wider besseres Wissen
1. unrichtige Angaben macht oder
2. unrichtige Pläne oder Unterlagen vorlegt,
um ein Tätigwerden der nach diesem Gesetz zuständigen Behörden zu erwirken oder zu verhindern.
(3) ¹Gegenstände, auf die sich eine Ordnungswidrigkeit bezieht oder die zur Vorbereitung oder Begehung einer Ordnungswidrigkeit verwendet worden sind, können eingezogen werden. ²§ 23 des Gesetzes über Ordnungswidrigkeiten findet Anwendung.
(4) ¹Ordnungswidrigkeiten können mit einer Geldbuße bis zu hunderttausend Euro, in besonders schweren Fällen bis zu fünfhunderttausend Euro geahndet werden. ²Zuständige Verwaltungsbehörden nach § 36 Absatz 1 Nummer 1 des Gesetzes über Ordnungswidrigkeiten sind die Denkmalschutzbehörden nach § 4 Absatz 1.

§ 23 Straftaten
(1) Wer vorsätzlich
1. ohne die nach § 10 Absatz 1 erforderliche Genehmigung handelt und dadurch ein Kulturdenkmal beschädigt oder zerstört oder
2. ohne die in § 16 Absatz 1 oder § 17 Absatz 2 erforderliche Genehmigung handelt und dadurch ein Kulturdenkmal von hervorragendem wissenschaftlichen Wert oder seinen Fundzusammenhang beschädigt oder zerstört,
wird mit Freiheitsstrafe von bis zu zwei Jahren oder Geldstrafe bestraft, wenn die Tat nicht nach anderen Vorschriften mit schwererer Strafe bedroht ist.
(2) Die zur Begehung einer Tat nach Absatz 1 verwendeten Gegenstände können eingezogen werden.

§ 24 Inkrafttreten, Außerkrafttreten
(1) Dieses Gesetz tritt am Tag nach seiner Verkündung in Kraft.
(2) Gleichzeitig tritt das Denkmalschutzgesetz vom 27. Mai 1975 (Brem.GBl. S. 265 – 2131-a-1), das zuletzt durch Artikel 2 § 5 des Gesetzes vom 17. Dezember 2002 (Brem.GBl. S. 605) geändert worden ist, außer Kraft.

Enteignungsgesetz
für die Freie Hansestadt Bremen

Vom 5. Oktober 1965 (Brem.GBl. S. 129)
(214-a-1)
zuletzt geändert durch G vom 27. Mai 2014 (Brem.GBl. S. 263)

Der Senat verkündet das nachstehende von der Bürgerschaft (Landtag) beschlossene Gesetz:

§ 1
(1) Nach diesem Gesetz kann gegen Entschädigung enteignet werden, wenn die Enteignung
a) aufgrund bundesrechtlicher Vorschriften zulässig und das Verfahren nach Landesrecht durchzuführen ist, oder
b) aufgrund landesrechtlicher Vorschriften zulässig ist, oder
c) aus sonstigen Gründen des allgemeinen Wohls erforderlich ist.
(2) Wird nach diesem Gesetz enteignet, so können Grundstücke zur Entschädigung in Land durch Enteignung beschafft und durch Enteignung entzogene Rechte durch neue Rechte im Wege der Enteignung ersetzt werden.

§ 2
(1) Soweit nicht nach anderen Vorschriften ein Planfeststellungsverfahren durchzuführen ist, hat die Enteignungsbehörde mit dem Enteignungsbeschluß einen Plan festzustellen, der das die Enteignung rechtfertigende Vorhaben darstellt.
(2) ¹Die Enteignungsbehörde hat den Plan mit den ihn erläuternden Unterlagen vor Einleitung des Enteignungsverfahrens für die Dauer eines Monats öffentlich auszulegen. ²Zeit und Ort der Auslegung sind in den bremischen Tageszeitungen mit dem Hinweis öffentlich bekanntzumachen, daß Einwendungen und Anregungen während der Auslegungsfrist schriftlich oder zur Niederschrift der Enteignungsbehörde vorgebracht werden können.
(3) Über die Einwendungen und Anregungen wird im Enteignungsbeschluß entschieden.

§ 3
(1) Durch Enteignung nach diesem Gesetz können
a) das Eigentum an Grundstücken entzogen oder belastet werden;
b) andere Rechte an Grundstücken entzogen oder belastet werden;
c) Rechte entzogen werden, die zum Erwerb, zum Besitz oder zur Nutzung von Grundstücken berechtigen oder die den Verpflichteten in der Benutzung von Grundstücken beschränken;
d) Rechtsverhältnisse begründet werden, die Rechte der unter c) bezeichneten Art gewähren;
e) die Änderung oder Beseitigung vorhandener baulicher Anlagen entsprechend den Festsetzungen des festgestellten Plans angeordnet werden.
(2) Auf die Enteignung des Zubehörs eines Grundstücks sowie von Sachen, die nur zu einem vorübergehenden Zweck mit dem Grundstück verbunden oder in ein Gebäude eingefügt sind, ist § 92 Absatz 4 des Bundesbaugesetzes entsprechend anzuwenden.
(3) Die für die Entziehung oder Belastung des Eigentums an Grundstücken geltenden Vorschriften sind auf die Entziehung, Belastung oder Begründung der in Absatz 1 Buchstaben b) bis d) bezeichneten Rechte sinngemäß anzuwenden.

§ 4
¹Die Enteignung ist im Einzelfall nur zulässig, wenn der Enteignungszweck auf andere zumutbare Weise nicht erreicht werden kann. ²Die §§ 87, Absatz 2, 90–92 und 102 des Bundesbaugesetzes gelten entsprechend.

§ 5
Für die Entschädigung gelten die §§ 93–101 und 103 des Bundesbaugesetzes entsprechend.

§ 6
(1) Enteignungsbehörde ist die für Enteignungsverfahren nach dem Bundesbaugesetz zuständige Behörde.

(2) ¹Für Enteignungen nach dem Gesetz zur Förderung der Energiewirtschaft (Energiewirtschaftsgesetz) vom 13. Dezember 1935 (RGBl. I S. 1451) ist die Energieaufsichtsbehörde zuständig. ²An ihren Entscheidungen wirken ehrenamtliche Beisitzer (§ 104 Abs. 2 des Bundesbaugesetzes) nicht mit.
(3) Für das Enteignungsverfahren gelten die §§ 107–122, 145, 146 und 149–154 des Bundesbaugesetzes entsprechend.

§ 7

(1) ¹Für die Kosten des Enteignungsverfahrens gilt § 121 des Bundesbaugesetzes entsprechend mit folgender Maßgabe: ²Hatte der zu Enteignende einen Rechtsanwalt oder Rechtsbeistand mit der Wahrnehmung seiner Interessen vor der Enteignungsbehörde beauftragt, so hat der Enteignungsbegünstigte ihm die Auslagen des Bevollmächtigten und die Gebühren bis zu einer vollen Gebühr zu erstatten, wenn die Enteignungsbehörde die Zuziehung eines Bevollmächtigten für erforderlich erklärt. ³Geschäftswert ist in diesem Fall der Betrag der rechtswirksam festgesetzten oder durch Einigung erzielten Entschädigung. ⁴Übersteigt die festgesetzte oder durch Einigung erzielte Entschädigung das Angebot des Enteignungsbegünstigten, so hat er dem zu Enteignenden auch die weiteren insoweit entstandenen Gebühren zu erstatten. ⁵Geschäftswert ist für diese weiteren Gebühren der Unterschiedsbetrag zwischen der endgültigen Entschädigung und dem letzten Angebot des Enteignungsbegünstigten vor Einleitung des Enteignungsverfahrens.
(2) Der Geschäftswert wird durch Beschluß der Enteignungsbehörde festgesetzt, und zwar auch dann, wenn das Enteignungsverfahren vor seinem rechtswirksamen Abschluß gegenstandslos wird.

§ 8

¹Verwaltungsakte nach diesem Gesetz können nur durch Antrag auf gerichtliche Entscheidung angefochten werden. ²Die §§ 157 Absatz 1 Satz 2, Absätze 2–4 sowie 158–171 des Bundesbaugesetzes gelten entsprechend.

§ 9

Das Bremische Gesetz über die Enteignung von Grundeigentum vom 18. Juli 1899 (GBl. S. 354 ff) mit sämtlichen bisher ergangenen Änderungen sowie das Preußische Gesetz über die Enteignung von Grundeigentum vom 11. Juni 1874 (GS S. 221) und das Preußische Gesetz über ein vereinfachtes Enteignungsverfahren vom 26. Juli 1922 (GS S. 211), soweit letztere im Gebiet der Freien Hansestadt gelten, werden aufgehoben.

§ 10

¹Nach den gemäß § 9 aufgehobenen Gesetzen eingeleitete Verfahren werden nach den bisherigen Bestimmungen durchgeführt. ²Als eingeleitet gilt ein Verfahren, wenn im Einzelfall die Verleihung des Enteignungsrechts oder die Enteignung selbst beantragt worden ist.

§ 11

Soweit in anderen Gesetzen auf Bestimmungen der mit diesem Gesetz aufgehobenen Gesetze verwiesen wird, treten an ihre Stelle die Vorschriften dieses Gesetzes bzw. des Bundesbaugesetzes in ihrer jeweils gültigen Fassung.

§ 12

Dieses Gesetz tritt mit dem auf seine Verkündung folgenden Tage in Kraft.

73 BremLStrG

Bremisches Landesstraßengesetz (BremLStrG)

Vom 20. Dezember 1976 (Brem.GBl. S. 341)
(2182-a-1)
zuletzt geändert durch G vom 12. Dezember 2017 (Brem.GBl. S. 768)

Der Senat verkündet das nachstehende von der Bürgerschaft (Landtag) beschlossene Gesetz:

Inhaltsverzeichnis

1. Abschnitt
Einleitende Bestimmungen
§ 1 Geltungsbereich
§ 2 Begriff der Straße
§ 3 Einteilung der Straßen
§ 4 Anlieger

2. Abschnitt
Widmung
§ 5 Widmung
§ 6 Umstufung
§ 7 Entwidmung
§ 8 Ansprüche des Anliegers bei Bau, Änderung, Umstufung oder Entwidmung von Straßen

3. Abschnitt
Straßenbau und -unterhaltung
§ 9 Hoheitsverwaltung
§ 10 Straßenbaulast
§ 11 Träger der Straßenbaulast
§ 12 Bautechnische Sicherheit
§ 13 Kreuzungen mit Gewässern
§ 14 Unterhaltung der Kreuzungen mit Gewässern

4. Abschnitt
Straßenbenutzung
§ 15 Gemeingebrauch
§ 16 Beschränkungen des Gemeingebrauchs
§ 17 Überfahrten
§ 18 Sondernutzungen
§ 19 Nutzungen nach bürgerlichem Recht
§ 20 Kostentragung für besondere Maßnahmen an Straßen
§ 21 Folgenbeseitigungspflicht

5. Abschnitt
Schutzmaßnahmen und Duldungspflichten
§ 22 Sichtflächen
§ 23 Schutzmaßnahmen
§ 24 Böschungen und Verankerungen
§ 25 Umleitungen
§ 26 Duldungspflichten des Anliegers

6. Abschnitt
Besondere Vorschriften für Straßen A und UVP-pflichtige Straßen
§ 27 Bauverbote
§ 28 Sonstige Beschränkungen
§ 29 Beschränkungen bei geplanten Straßen
§ 30 Entschädigung für Bauverbote und Beschränkungen
§ 31 Veränderungssperre
§ 32 Vorarbeiten
§ 33 Planfeststellung
§ 34 Vorzeitige Besitzeinweisung
§ 35 Enteignung

7. Abschnitt
Entschädigungsverfahren
§ 36 Entschädigungsverfahren

8. Abschnitt
Straßenbenennung
§ 37 Straßenbenennung
§ 38 Namen für Privatwege
§ 38a Hausnumerierung

9. Abschnitt
Straßenreinigung
§ 39 Straßenreinigung
§ 40 Verunreinigungen
§ 41 Reinigungspflichten der Anlieger
§ 42 Reinigungspflichtige, Vertreter und Beauftragte

10. Abschnitt
Benutzung von Privatstraßen, -wegen und -plätzen
§ 43 Benutzung von Privatstraßen, -wegen und -plätzen

11. Abschnitt
Übergangsvorschriften
§ 44 Bestehende Nutzungsverhältnisse
§ 45 Bestehende Regelungen über die Verteilung der Straßenbaulast

12. Abschnitt
Behörden, Zuständigkeiten und Kostenfestsetzung

§ 46 Behörden
§ 46a Behörden nach dem Bundesfernstraßengesetz
§ 47 Zuständigkeiten
§ 47a Kostenfestsetzung

13. Abschnitt
Ordnungswidrigkeiten
§ 48 Ordnungswidrigkeiten

14. Abschnitt
Schlußvorschriften
§ 49 Aufhebung und Änderung von Vorschriften
§ 50 Inkrafttreten

1. Abschnitt
Einleitende Bestimmungen

§ 1 Geltungsbereich
[1]Dieses Gesetz regelt die Rechtsverhältnisse an öffentlichen Straßen (§ 2). [2]Auf Privatstraßen, -wegen und -plätzen ist das Gesetz nur anzuwenden, soweit es ausdrücklich bestimmt ist. [3]Für Bundesfernstraßen gilt dieses Gesetz nur, soweit das Bundesfernstraßengesetz keine Regelung trifft.

§ 2 Begriff der Straße
(1) [1]Straßen im Sinne dieses Gesetzes sind diejenigen Straßen, Wege und Plätze, die dem öffentlichen Verkehr gewidmet sind. [2]Innerhalb der Gemeinden bilden die Straßen ein zusammenhängendes Verkehrsnetz zur Erschließung der bestehenden und zur Entwicklung neuer Siedlungsräume. [3]Planung, Bau, Erhaltung und Unterhaltung von Straßen erfolgen unter besonderer Berücksichtigung der Sicherheit und Leichtigkeit des Verkehrs.
(2) Zu den Straßen gehören:
1. der Straßenkörper; das sind insbesondere der Straßenuntergrund, der Straßenunterbau, der Straßenoberbau, Brücken, Tunnel, Durchlässe, Gräben, Straßenentwässerungsanlagen, Böschungen, Stützmauern, Lärmschutzanlagen, Trenn-, Seiten-, Rand- und Sicherheitsstreifen, Parkflächen, Grünanlagen, Verkehrsinseln, Haltestellenbuchten sowie Rad- und Gehwege einschließlich Treppen und Überfahrten; Rad- und Gehwege auch dann, wenn sie einen eigenen Straßenkörper besitzen; zu den Brücken, Tunnels und Stützmauern gehören auch Verankerungen; bei Straßen auf Deichen gehören die dem Hochwasserschutz dienenden Anlagen nicht zum Straßenkörper;
2. der Luftraum über dem Straßenkörper;
3. das Zubehör; das sind die Beleuchtung, die amtlichen Verkehrszeichen und -einrichtungen sowie Verkehrsanlagen aller Art, die der Sicherheit oder Leichtigkeit des Straßenverkehrs, dem Schutz der Anlieger oder der Ordnung auf der Straße zu dienen bestimmt sind, und der Bewuchs.
(3) Nebenanlagen der Straßen sind solche Anlagen, die für den Bau, den Betrieb oder die Unterhaltung der Straßen erforderlich sind, wie Straßenmeistereien, Gerätehöfe, Lagerplätze, Lager, Entnahmestellen, Hilfsbetriebe und -einrichtungen, Flächen für die dauernde oder befristete Lagerung von Boden.

§ 3 Einteilung der Straßen
(1) Die Straßen werden nach ihrer Verkehrsbedeutung in folgende Straßengruppen eingeteilt:
1. Straßen A; das sind nicht dem Anbau dienende Straßen mit besonderer Verkehrsbedeutung, die zusammen mit den Bundesfernstraßen ein übergeordnetes Verkehrsnetz bilden;
2. Straßen B; das sind Straßen, die ihrer Verkehrsbedeutung nach überwiegend dem Verkehr innerhalb einer Gemeinde dienen;
3. Straßen C; das sind Straßen, die nur einem untergeordneten Verkehr dienen und nicht in die Gruppen A und B fallen.
(2) [1]Die Straßen der Gruppen A und C sind in Straßenverzeichnisse einzutragen. [2]Das Nähere über die Zuständigkeit der Behörden, die Einrichtung und den Inhalt der Verzeichnisse und deren Einsichtnahme regelt der zuständige Senator (§ 46 Abs. 1) durch Rechtsverordnung.

§ 4 Anlieger
(1) [1]Anlieger im Sinne dieses Gesetzes sind die Eigentümer der Grundstücke, die an die Straßen angrenzen. [2]Ist an einem derartigen Grundstück ein Erbbaurecht oder ein Nießbrauch bestellt, so ist der Erbbauberechtigte oder der Nießbraucher ebenfalls Anlieger.

(2) Ist ein Grundstück von der Straße durch ein Gewässer, durch Gleisanlagen oder andere nicht zur Straße gehörende Geländestreifen getrennt, so bleibt die trennende Fläche außer Betracht, wenn eine Verbindung des Grundstücks mit der Straße durch eine geeignete Anlage wie eine Brücke oder eine Überfahrt hergestellt ist oder hergestellt werden darf.

(3) Liegt ein Grundstück oder ein Gebäude auf einem Grundstück an einer Straße, die unterirdisch oder in einer Ebene über der Erdoberfläche liegt, so ist der Eigentümer oder Erbbauberechtigte oder Nießbraucher dann Anlieger, wenn ein Anschluß besteht oder hergestellt wird.

2. Abschnitt
Widmung

§ 5 Widmung

(1) ¹Die Widmung für den Gemeingebrauch (§ 15) wird durch die Straßenbaubehörde ausgesprochen. ²Dabei ist die Straßengruppe, zu der die Straße gehört, festzulegen. ³Soweit die Widmung sich auf den verkehrlichen Gemeingebrauch bezieht, kann sie auf einzelne Verkehrsarten sowie auf einzelne Verkehrszwecke, insbesondere den Anlieger-, den Lade-, den »Park-and-ride«- oder den öffentlichen Personennahverkehr beschränkt werden.

(2) Voraussetzung für die Widmung ist, daß der Träger der Straßenbaulast Eigentümer der der Straße dienenden Grundstücke ist oder der Eigentümer und ein sonst zur Nutzung dinglich Berechtigter der Widmung zugestimmt haben oder der Träger der Straßenbaulast den Besitz durch Vertrag, durch Einweisung nach § 34 oder in einem sonstigen gesetzlich geregelten Verfahren erlangt hat.

(3) Die Widmung ist durch ortsübliche Bekanntmachung öffentlich bekanntzugeben.

(4) Wird eine Straße verbreitert, begradigt, unerheblich verlegt oder ergänzt, so gilt der neue Straßenteil durch die Verkehrsübergabe als gewidmet, sofern die Voraussetzungen des Absatzes 2 vorliegen.

(5) Durch privatrechtliche Verfügungen oder durch Verfügungen im Wege der Zwangsvollstreckung über die der Straße dienenden Grundstücke oder Rechte an ihnen wird die Widmung nicht berührt.

(6) Straßen, die, ohne gewidmet zu sein, bereits vor dem Inkrafttreten dieses Gesetzes dem öffentlichen Verkehr dienten und diesem kraft Privatrechts nicht entzogen werden können, gelten als gewidmet.

§ 6 Umstufung

(1) Hat sich die Verkehrsbedeutung einer Straße geändert, so ist sie von der Straßenbaubehörde in die entsprechende Straßengruppe (§ 3) umzustufen (Aufstufung, Abstufung).

(2) ¹Die Absicht der Umstufung ist ortsüblich bekanntzugeben. ²In der Bekanntmachung ist die Einwendungsfrist anzugeben und die Behörde zu benennen, bei der Einwendungen gegen die beabsichtigte Umstufung erhoben werden können. ³Es ist darauf hinzuweisen, daß verspätete Einwendungen bei der Entscheidung unberücksichtigt bleiben können.

(3) Gegen die Umstufung können die Betroffenen innerhalb eines Monats nach der Bekanntmachung der Absicht der Umstufung schriftlich oder zur Niederschrift bei einer in der Bekanntmachung zu benennenden Behörde Einwendungen erheben.

(4) ¹Die Umstufung ist durch ortsübliche Bekanntmachung öffentlich bekanntzugeben. ²Darüber hinaus sollen die Betroffenen, die Einwendungen erhoben haben, von der Umstufung und der Behandlung ihrer Einwendungen unterrichtet werden.

§ 7 Entwidmung

(1) ¹Hat eine Straße keine Verkehrsbedeutung mehr oder liegt ein öffentliches Interesse an ihrer Aufhebung vor, kann sie von der Straßenbaubehörde entwidmet werden. ²Die Entwidmung kann auf bestimmte Verkehrsarten und Verkehrszwecke beschränkt werden. ³Eine Entwidmung entfällt für solche Straßen, deren Aufhebung Gegenstand eines Planfeststellungsverfahrens ist. ⁴Soweit Straßen in einem Bebauungsplan nach dem Bundesbaugesetz nicht mehr als Verkehrsflächen festgesetzt sind, beschränkt sich das Entwidmungsverfahren nach Absatz 2 auf die Festsetzung des Zeitpunktes der Entwidmung.

(2) § 6 Abs. 2 bis 4 gilt entsprechend.

(3) Von der Bekanntmachung der Absicht der Entwidmung (§ 6 Abs. 2) kann abgesehen werden, wenn Teilstrecken unwesentlicher Bedeutung entwidmet werden sollen.

(4) Wird im Zusammenhang mit einer Maßnahme nach § 5 Abs. 4 ein Teil einer Straße dem Verkehr auf Dauer entzogen, so gilt dieser Straßenteil durch die Sperrung als entwidmet.
(5) Mit der Entwidmung einer Straße entfallen der Gemeingebrauch (§ 15) und die Sondernutzungen (§§ 17, 18).

§ 8 Ansprüche des Anliegers bei Bau, Änderung, Umstufung oder Entwidmung von Straßen
(1) Einem Anlieger steht ein Recht auf Fortbestand der Straße nicht zu.
(2) Bei Änderung (z. B. Höher-, Tieferlegung oder Verbreiterung) einer Straße hat der Anlieger Anspruch auf eine angemessene Entschädigung für die aufgrund der Änderung an seinem Grundstück und den baulichen Anlagen erforderlichen Maßnahmen.
(3) [1]Wird durch den Bau, die Änderung, Umstufung oder Entwidmung einer Straße einem Anlieger der rechtmäßige Zugang oder der Zutritt von Licht und Luft zu seinem Grundstück auf Dauer entzogen oder wesentlich beschränkt, so hat der Träger der Straßenbaulast einen angemessenen Ersatz zu schaffen oder, falls die Herstellung des Ersatzes nicht oder nur mit unverhältnismäßigen Aufwendungen möglich wäre, eine angemessene Entschädigung in Geld zu leisten. [2]Die Verpflichtung nach Satz 1 besteht nicht, wenn das Grundstück eine anderweitige ausreichende Verbindung zu dem öffentlichen Straßennetz besitzt oder wenn die Zufahrt oder der Zugang auf einer widerruflichen Erlaubnis beruht.

3. Abschnitt
Straßenbau und -unterhaltung

§ 9 Hoheitsverwaltung
Die mit dem Bau und der Unterhaltung sowie der Überwachung und Erhaltung der Verkehrssicherheit der Straßen zusammenhängenden Aufgaben obliegen den Bediensteten der damit befaßten Körperschaften und Behörden als Amtspflichten in Ausübung hoheitlicher Verwaltung.

§ 10 Straßenbaulast
(1) [1]Die Straßenbaulast umfasst alle mit dem Bau und der Unterhaltung der Straßen zusammenhängenden Aufgaben. [2]Die Träger der Straßenbaulast haben nach ihrer Leistungsfähigkeit die Straßen so zu bauen, zu unterhalten, zu erweitern oder zu verbessern, dass sie dem regelmäßigen Verkehrsbedürfnis genügen; dabei sind die sonstigen öffentlichen Belange einschließlich des Umweltschutzes sowie behinderter und anderer Menschen mit Mobilitätsbeeinträchtigung mit dem Ziel, möglichst weitreichende Barrierefreiheit zu erreichen, zu berücksichtigen. [3]Die Träger der Straßenbaulast haben auf einen nicht verkehrssicheren Straßenzustand hinzuweisen, es sei denn, die Straßenverkehrsbehörde trifft weitergehende Anordnungen.
(2) [1]Bei Straßen auf Deichen umfaßt die Straßenbaulast auch die Pflicht zur Beseitigung von Schäden am Deichkörper, die durch Benutzung der Straße entstehen, sowie die Wiederherstellung der Straße, falls eine Veränderung des Deichkörpers aus Gründen der Deichverteidigung oder der Landessicherung erforderlich ist. [2]Die nach Deichrecht zuständige Behörde kann aus Gründen der Deichverteidigung oder der Landessicherung verlangen, daß der Träger der Straßenbaulast die zur Unterhaltung der Straße notwendigen Arbeiten gegen Erstattung der Kosten dem Träger der Deicherhaltung überträgt.
(3) Veränderungen am Straßenkörper dürfen nur vom Träger der Straßenbaulast oder mit Erlaubnis der Straßenbaubehörde vorgenommen werden.

§ 11 Träger der Straßenbaulast
(1) Träger der Straßenbaulast für die Straßen A, B und C ist unbeschadet des § 45 die Gemeinde, soweit nicht die Straßenbaulast oder eine sonstige Verpflichtung zur Herstelluhg oder Unterhaltung von Straßen oder Straßenteilen nach anderen gesetzlichen Vorschriften Dritten auferlegt oder von diesen in öffentlich-rechtlicher wirksamer Weise übernommen worden ist.
(2) Bürgerlich-rechtliche Vereinbarungen über die Erfüllung der Aufgaben aus der Straßenbaulast lassen diese unberührt.
(3) [1]Das sonstige Sondervermögen Fischereihafen trägt in dem in der Anlage kartographisch dargestellten Bereich die Straßenbaulast. [2]Es kann Aufgaben der Straßenbaulast nach Maßgabe der Absätze 1 und 2 auf Dritte übertragen.

§ 12 Bautechnische Sicherheit
Die Träger der Straßenbaulast haben dafür einzustehen, daß ihre Bauwerke technisch allen Anforderungen der Sicherheit und Ordnung genügen.

§ 13 Kreuzungen mit Gewässern
(1) [1]Werden Straßen neu angelegt oder geändert und müssen dazu Kreuzungen mit Gewässern (Brücken oder Unterführungen) hergestellt oder bestehende Kreuzungen geändert werden, so hat der Träger der Straßenbaulast die dadurch entstehenden Kosten zu tragen. [2]Die Kreuzungsanlagen sind so auszuführen, daß unter Berücksichtigung der übersehbaren Entwicklung der wasserwirtschaftlichen Verhältnisse der Wasserabfluß nicht nachteilig beeinflußt wird.
(2) [1]Werden Gewässer ausgebaut und werden dazu Kreuzungen mit Straßen hergestellt oder bestehende Kreuzungen geändert, so hat der Träger des Ausbauvorhabens die dadurch entstehenden Kosten zu tragen. [2]Wird eine neue Kreuzung erforderlich, weil ein Gewässer hergestellt wird, so ist die übersehbare Verkehrsentwicklung auf der Straße zu berücksichtigen. [3]Wird die Herstellung oder Änderung einer Kreuzung erforderlich, weil das Gewässer wesentlich umgestaltet wird, so sind die gegenwärtigen Verkehrsbedürfnisse zu berücksichtigen. [4]Verlangt der Träger der Straßenbaulast weitergehende Änderungen, so hat er die Mehrkosten hierfür zu tragen.
(3) Wird eine Straße neu angelegt und wird gleichzeitig ein Gewässer hergestellt oder aus anderen als straßenbaulichen Gründen wesentlich umgestaltet, so daß eine neue Kreuzung entsteht, so haben der Träger der Straßenbaulast und der Unternehmer des Gewässerausbaus die Kosten der Kreuzung je zur Hälfte zu tragen.

§ 14 Unterhaltung der Kreuzungen mit Gewässern
(1) Der Träger der Straßenbaulast hat die Kreuzungsanlagen von Straßen und Gewässern auf seine Kosten zu unterhalten, soweit nichts anderes vereinbart oder durch Planfeststellung bestimmt wird.
(2) [1]Wird im Falle des § 13 Abs. 2 eine neue Kreuzung hergestellt, hat der Träger des Ausbauvorhabens die Mehrkosten für die Unterhaltung und den Betrieb der Kreuzungsanlage zu erstatten oder abzulösen. [2]Ersparte Unterhaltungskosten für den Fortfall vorhandener Kreuzungsanlagen sind anzurechnen.

4. Abschnitt
Straßenbenutzung

§ 15 Gemeingebrauch
(1) Der Gebrauch der Straße ist jedermann im Rahmen der Widmung und der Verkehrsvorschriften gestattet (Gemeingebrauch).
(2) Auf die Aufrechterhaltung des Gemeingebrauchs besteht kein Rechtsanspruch.

§ 16 Beschränkungen des Gemeingebrauchs
[1]Der Gemeingebrauch kann durch die Straßenbaubehörde vorübergehend beschränkt werden, soweit dies wegen der Vorbereitung und Ausführung von Arbeiten in oder an der Straße oder zur Verhütung von außerordentlichen Schäden an der Straße, die durch deren baulichen Zustand bedingt sind, notwendig ist. [2]§ 45 der Straßenverkehrsordnung vom 16. November 1970 (BGBl. I S. 1565) bleibt unberührt. [3]Die Beschränkungen sind in einer den Verkehrsbedürfnissen entsprechenden Weise nach den Vorschriften der Straßenverkehrsordnung kenntlich zu machen. [4]Die Gemeinden, welche die Straße berührt, sind von wesentlichen Beschränkungen zu unterrichten.

§ 17 Überfahrten
(1) [1]Straßenflächen, die nicht dazu bestimmt sind, einen allgemeinen Kraftfahrzeugverkehr aufzunehmen, dürfen mit Fahrzeugen nur mit Erlaubnis der Straßenbaubehörde auf einer Überfahrt benutzt werden. [2]Antragsberechtigt ist der Anlieger sowie der Eigentümer, der Erbbauberechtigte, Nießbraucher eines der Straße benachbarten Grundstücks, das ausschließlich durch einen befahrbaren, öffentlich-rechtlich gesicherten Zugang über ein Anliegergrundstück mit der Straße verbunden ist. [3]Die Erlaubnis darf nur versagt werden, wenn die Benutzung der Überfahrt den Gemeingebrauch erheblich beeinträchtigen würde; sie kann unter Bedingungen und mit Auflagen erteilt werden. [4]In der Erlaubnis wird die Lage der Überfahrt und die Art ihrer Ausführung nach den Anforderungen des Verkehrs bestimmt.

(2) ¹Die Erlaubnis kann widerrufen oder geändert werden, wenn die Verkehrsverhältnisse oder der Zustand der Straße es erfordern oder ein Bedürfnis für die Überfahrt nicht mehr besteht. ²Eine Änderung ist auch zulässig, wenn die Art der Benutzung durch den Erlaubnisnehmer diese notwendig macht.
(3) ¹Die Überfahrt wird von dem Träger der Straßenbaulast hergestellt, unterhalten und beseitigt. ²Die Kosten der Herstellung und die Kosten der Änderung oder Beseitigung, die infolge der Benutzung oder durch den Wegfall des Bedürfnisses notwendig wird, trägt der Erlaubnisnehmer. ³Im übrigen werden die Kosten vom Träger der Straßenbaulast getragen.
(4) Wird die Überfahrt beseitigt, so ist der ordnungsmäßige Straßenzustand auf Kosten des Erlaubnisnehmers herzustellen.

§ 18 Sondernutzungen

(1) ¹Der Gebrauch der Straße über den Gemeingebrauch hinaus (Sondernutzung) bedarf der Erlaubnis. ²Eine Erlaubnis soll nicht erteilt werden, wenn behinderte Menschen durch die Sondernutzung in der Ausübung des Gemeingebrauchs erheblich beeinträchtigt werden.
(2) ¹Keine Sondernutzung stellt die nichtgewerbliche Werbung durch das Tragen von Plakaten, das Verteilen von Handzetteln oder Werbemitteln und durch den Handverkauf von Zeitungen dar. ²Das gilt nicht für solche Gebiete, in denen die Ausübung der in Satz 1 genannten Tätigkeiten mit besonderen Gefahren verbunden ist. ³Die Gemeinden werden ermächtigt, Gebiete im Sinne von Satz 2 durch Ortsgesetze festzulegen.
(3) ¹Für Sondernutzungen, die zugleich einer Baugenehmigung nach der Bremischen Landesbauordnung oder einer Erlaubnis oder Ausnahmegenehmigung nach der Straßenverkehrs-Ordnung bedürfen, gilt die Erlaubnis nach Absatz 1 mit der Baugenehmigung, Erlaubnis oder Ausnahmegenehmigung als erteilt. ²Die Absätze 4 bis 10 gelten entsprechend. ³Ist ein wesentlicher Bestandteil eines Gebäudes auf einem Anliegergrundstück Gegenstand der Sondernutzung, darf abweichend von Absatz 4 Satz 2 mit Zustimmung des Trägers der Straßenbaulast auf eine Befristung oder einen Widerrufsvorbehalt verzichtet werden. ⁴Mit der Baugenehmigung, Erlaubnis oder Ausnahmegenehmigung sind auf Anforderung des Trägers der Straßenbaulast nach Absatz 5 zu erstattende Kosten, Vorschüsse oder Sicherheiten festzusetzen.
(4) ¹Über die Erteilung einer Erlaubnis entscheidet die Ortspolizeibehörde nach pflichtgemäßem Ermessen. ²Die Erlaubnis darf nur auf Zeit oder auf Widerruf und kann unter Bedingungen und mit Auflagen erteilt werden. ³Sie darf ferner nur erteilt werden, wenn der Träger der Straßenbaulast zugestimmt hat. ⁴Obliegt die Unterhaltung der Straße nicht dem Träger der Straßenbaulast, so ist außerdem die Unterhaltungspflichtige zu hören, wenn seine Belange durch die Sondernutzung berührt werden. ⁵Begründet die Sondernutzung eine dauerhafte bauliche Veränderung der Straße, entscheidet die Straßenbaubehörde über die Erteilung der Erlaubnis. ⁶Die Erlaubnis ist zu versagen, wenn die Sondernutzung die Sicherheit oder Leichtigkeit des Verkehrs oder straßen- oder städtebauliche oder andere öffentliche Belange beeinträchtigen würde oder ihr Gründe der öffentlichen Sicherheit oder Ordnung entgegenstehen.
(5) ¹Der Erlaubnisnehmer hat dem Träger der Straßenbaulast alle Kosten zu ersetzen, die diesem durch die Sondernutzung zusätzlich entstehen. ²Hierfür können angemessene Vorschüsse und Sicherheiten verlangt werden.
(6) ¹Der Erlaubnisnehmer ist verpflichtet, die mit der Sondernutzung verbundenen Anlagen nach den gesetzlichen Vorschriften und den anerkannten Regeln der Technik zu errichten und zu unterhalten. ²Er hat auf Verlangen die Anlagen auf seine Kosten zu ändern. ³§ 10 Abs. 3 bleibt unberührt.
(7) Wechselt der Träger der Straßenbaulast, so bleibt eine gemäß Absatz 1 erteilte Erlaubnis bestehen.
(8) Bei Widerruf der Erlaubnis oder bei Sperrung, Änderung oder Entwidmung der Straße steht dem Erlaubnisnehmer kein Ersatzanspruch gegen den Träger der Straßenbaulast zu.
(9) Die Gemeinden werden ermächtigt, durch Ortsgesetz festzulegen, daß für bestimmte Sondernutzungen eine Gebrauchserlaubnis nicht erteilt werden darf und daß für andere ebenfalls zu bestimmende Sondernutzungen eine Gebrauchserlaubnis als widerruflich erteilt gilt oder dass sie von einer Gebrauchserlaubnis befreit sind, und die Ausübung dieser Sondernutzungen zu regeln.

(10) ¹Die Gemeinden können nach Maßgabe des Bremischen Gebühren- und Beitragsgesetzes für Sondernutzungen finanzielle Ausgleiche fordern. ²Bei der Bemessung der Ausgleiche soll der wirtschaftliche Wert der Sondernutzung berücksichtigt werden.

§ 19 Nutzungen nach bürgerlichem Recht
Die Einräumung von Rechten zur Benutzung der Straßen richtet sich nach bürgerlichem Recht, wenn sie den Gemeingebrauch nicht beeinträchtigt, wobei eine Beeinträchtigung von nur kurzer Dauer für Zwecke der öffentlichen Versorgung außer Betracht bleibt.

§ 20 Kostentragung für besondere Maßnahmen an Straßen
(1) ¹Wenn eine Straße wegen der Art des Gebrauchs durch einen anderen aufwendiger hergestellt oder ausgebaut werden muß, als es dem regelmäßigen Verkehrsbedürfnis entspricht, hat der andere dem Träger der Straßenbaulast die Mehrkosten für den Bau und die Unterhaltung zu vergüten. ²Hierfür kann der Träger der Straßenbaulast angemessene Vorschüsse, Sicherheiten oder Ablösungen verlangen. ³Liegt der Gebrauch überwiegend im öffentlichen Interesse, kann von einer Erstattung der Mehrkosten abgesehen werden.
(2) Absatz 1 ist auf Haltestellenbuchten und besondere Fahrstreifen für Kraftfahrzeuge, die der Personenbeförderung im Linienverkehr dienen, nicht anzuwenden.

§ 21 Folgenbeseitigungspflicht
¹Wer eine nach diesem Gesetz unzulässige Handlung vorgenommen hat, ist verpflichtet, die Folgen dieser Handlung zu beseitigen und den ordnungsmäßigen Zustand wiederherzustellen. ²An seiner Stelle und auf seine Kosten handelt die Straßenbaubehörde, wenn dazu in die Straße eingegriffen oder diese instand gesetzt werden muß.

5. Abschnitt
Schutzmaßnahmen und Duldungspflichten

§ 22 Sichtflächen
(1) ¹Bauliche Anlagen dürfen nicht errichtet oder geändert werden, wenn dadurch bei höhengleichen Kreuzungen von Straßen oder von Straßen mit schienengebundenen Bahnen sowie mit Anschlußbahnen im Sinne des Eisenbahnkreuzungsgesetzes in der Fassung der Bekanntmachung vom 21. März 1971 (BGBl. I S. 337) die Sicht behindert und dadurch die Verkehrssicherheit beeinträchtigt wird. ²Das gleiche gilt für höhengleiche Einmündungen von Straßen. ³§ 30 gilt entsprechend.
(2) Absatz 1 gilt nicht, soweit die Voraussetzungen des § 27 Abs. 4 vorliegen.

§ 23 Schutzmaßnahmen
(1) ¹Sind zum Schutze der Straße vor nachteiligen Einwirkungen der Natur, wie Schneeverwehungen oder Überschwemmungen, Vorkehrungen oder Anlagen auf benachbarten Grundstücken notwendig, so haben die Grundstückseigentümer und -besitzer sie zu dulden. ²Dem Eigentümer kann gestattet werden, die Schutzmaßnahmen im Einvernehmen mit der Straßenbaubehörde selbst durchzuführen. ³Die Kosten der Schutzmaßnahmen hat der Träger der Straßenbaulast zu tragen oder, wenn der Eigentümer die Schutzmaßnahmen durchgeführt hat, diesem zu erstatten. ⁴Wird durch die Schutzmaßnahmen die Nutzung des Grundstückes nicht nur unerheblich beeinträchtigt, seine Benutzung wesentlich erschwert, oder hat die Schutzmaßnahme eine wesentliche Wertminderung des Grundstückes zur Folge, so hat der Träger der Straßenbaulast den Berechtigten angemessen zu entschädigen.
(2) Werden die Schutzmaßnahmen nachträglich notwendig, weil auf einem benachbarten Grundstück Änderungen eingetreten sind, so entfällt eine Entschädigungspflicht, und der Grundstückseigentümer hat die Kosten zu tragen, es sei denn, daß die Änderungen durch natürliche Ereignisse oder höhere Gewalt verursacht worden sind.
(3) ¹Auf Grundstücken, die der Straße benachbart sind, dürfen Anpflanzungen, Stapel, Haufen und ähnliches nicht angelegt werden, soweit dadurch die Sicherheit oder Leichtigkeit des Verkehrs beeinträchtigt wird. ²Wenn solche Anlagen vorhanden sind, hat der Eigentümer sie auf Verlangen der Straßenbaubehörde zu beseitigen. ³Der Träger der Straßenbaulast hat die durch die Beseitigung der Anlage entstehenden Kosten zu tragen, wenn die Anlage schon beim Inkrafttreten dieses Gesetzes vorhanden war oder die Voraussetzungen für ihre Beseitigung deswegen eintreten, weil die Straße neu angelegt oder geändert worden ist. ⁴Die Vorschriften des Naturschutzrechts bleiben unberührt.

§ 24 Böschungen und Verankerungen

(1) Der Träger der Straßenbaulast kann vom Eigentümer eines Grundstücks, das noch nicht oder nur teilweise baulich genutzt wird und das nach den baurechtlichen Vorschriften für eine solche Nutzung bestimmt ist, verlangen, daß zur Überbrückung eines Höhenunterschiedes zwischen der Straße und dem Grundstück auf dem Grundstück eine Böschung aufgenommen wird.

(2) Ist für die Standsicherheit einer Brücke oder einer Stützmauer die Herstellung von unterirdischen Verankerungen außerhalb des Straßenkörpers erforderlich, so haben die Eigentümer, in deren Grundstücken diese Verankerungen hergestellt werden müssen, die Maßnahme zu dulden.

(3) ¹Wird durch eine Maßnahme nach Absatz 1 oder 2 die Nutzung eines Grundstückes nicht nur unerheblich beeinträchtigt, seine Benutzung wesentlich erschwert, oder hat die Maßnahme eine wesentliche Wertminderung des Grundstückes zur Folge, so ist der Betroffene vom Träger der Straßenbaulast angemessen zu entschädigen. ²Im Falle des Absatzes 1 kann der Eigentümer statt einer Geldentschädigung verlangen, daß der Träger der Straßenbaulast den als Böschung dienenden Grundstücksteil übernimmt.

§ 25 Umleitungen

(1) Wird der Verkehr auf einer Straße nach § 16 dieses Gesetzes oder nach § 45 Abs. 2 der Straßenverkehrsordnung vom 16. November 1970 (BGBl. I S. 1565) vorübergehend beschränkt, so sind die Träger der Straßenbaulast anderer Straßen verpflichtet, die Umleitung des Verkehrs auf ihre Straße zu dulden.

(2) ¹Der Träger der Straßenbaulast hat auf seine Kosten die Maßnahmen durchzuführen, die notwendig sind, um die Umleitungsstrecke für die Aufnahme des zusätzlichen Verkehrs verkehrssicher zu machen und in diesem Zustand zu erhalten. ²Ist die Umleitung aufgehoben, so hat der Träger der Straßenbaulast die Umleitungsstrecke unter Berücksichtigung der früheren Zweckbestimmung in einem ordnungsgemäßen Zustand zu übergeben. ³Wenn die künftige Unterhaltung der Umleitungsstrecke wegen der ausgeführten Ausbauarbeiten erheblich höhere Aufwendungen erfordert und deshalb für den Betroffenen eine unbillige Härte darstellen würde, hat die Straßenbaubehörde auf Antrag des Betroffenen die Straßenbaulast für die Umleitungsstrecke auf den Träger der Straßenbaulast der Straße, auf der der Verkehr beschränkt worden ist, zu übertragen.

(3) ¹Muß eine Umleitung wegen einer vorübergehenden Verkehrsbeschränkung nach § 16 dieses Gesetzes oder nach § 45 Abs. 2 der Straßenverkehrsordnung vom 16. November 1970 (BGBl. I S. 1565) über private Wege, die dem öffentlichen Verkehr dienen, geführt werden, so ist der Eigentümer auf schriftliche Anforderung der Straßenbaubehörde zur Duldung der Umleitung verpflichtet. ²Absatz 2 gilt entsprechend mit der Maßgabe, daß die Straßenbaubehörde auf Antrag des Eigentümers den alten Zustand wiederherzustellen hat.

(4) ¹Das Recht der Polizei, zur Aufrechterhaltung der Sicherheit oder Ordnung den Verkehr kurzfristig auf andere Straßen oder Wege umzuleiten, bleibt unberührt. ²Das gleiche gilt für die Rechte der Straßenverkehrsbehörde zur Umleitung des Verkehrs.

§ 26 Duldungspflichten des Anliegers

(1) Anlieger haben auf ihren Grundstücken das Anbringen oder Aufstellen von Straßennamen- und Zusatzschildern, Markzeichen, Feuer- und Polizeimeldern, Papierkörben, Verkehrszeichen, Lichtzeichen und Verkehrseinrichtungen, Fundamenten und Pfosten von Schilderbrücken, Halte- und Schaltvorrichtungen für die öffentliche Straßenbeleuchtung sowie von Hinweisschildern zum öffentlichen Versorgungs- und Straßennetz zu dulden.

(2) ¹Die Absicht der Anbringung oder Aufstellung von Anlagen nach Absatz 1 ist dem Anlieger rechtzeitig bekanntzugeben. ²Der Veranlasser der Maßnahme hat Schäden, die dem Anlieger durch die Anbringung, Aufstellung, Änderung, Unterhaltung oder Entfernung der Anlagen entstehen, zu beseitigen; er kann statt dessen eine angemessene Entschädigung leisten.

(3) ¹Die Anlieger haben die Entwässerung der Straße auf ihr Grundstück zu dulden, solange die Herstellung und der Anschluß einer Anlage zur Straßenentwässerung wegen fehlender Vorflut nicht möglich ist oder wenn die Herstellung einer solchen Anlage im öffentlichen Interesse unterbleiben muß. ²Die Duldungspflicht besteht nicht, wenn der Anlieger durch das von der Straße ablaufende Oberflächenwasser in der Nutzung seines Grundstückes nicht nur unwesentlich beeinträchtigt wird.

(4) ¹Die Anlieger haben alle vorübergehenden Maßnahmen zu dulden, die im Interesse zur Erhaltung und Ergänzung der auf dem Straßenkörper befindlichen Pflanzungen auf ihren Grundstücken

erforderlich sind. ²§ 23 Abs. 1 Satz 2 gilt entsprechend. ³Wenn Anlieger die auf ihr Grundstück eingedrungenen Wurzeln oder herüberragende Äste eines Straßenbaumes beseitigen wollen, haben sie das dem Träger der Straßenbaulast rechtzeitig vorher anzuzeigen. ⁴Die Vorschriften des Naturschutzrechts bleiben unberührt.

6. Abschnitt
Besondere Vorschriften für Straßen A

§ 27 Bauverbote
(1) ¹Hochbauten jeder Art dürfen an Straßen A in einer Entfernung bis zu 20 m, jeweils vom äußeren Rand der befestigten, für den Kraftfahrzeugverkehr bestimmten Fahrbahn, nicht errichtet werden. ²Anlagen der Außenwerbung im Außenbereich stehen den Hochbauten gleich. ³An Brücken über Straßen A dürfen Anlagen der Außenwerbung nicht angebracht werden.
(2) Überfahrten und Zufahrten zu Fahrbahnen der Straßen A sind unzulässig.
(3) Die Straßenbaubehörde kann unbeschadet sonstiger Beschränkungen Ausnahmen von den Vorschriften der Absätze 1 und 2 zulassen, wenn die Durchführung der Verbote im Einzelfall zu einer offenbar nichtbeabsichtigten Härte führen würde und die Ausnahme mit den öffentlichen Belangen vereinbar ist oder wenn Gründe des Wohles der Allgemeinheit die Ausnahme erfordern.
(4) Absatz 1 gilt nicht, soweit das Bauvorhaben den Festsetzungen eines Bebauungsplanes im Sinne des Bundesbaugesetzes in der Fassung der Bekanntmachung vom 18. August 1976 (BGBl. I S. 2256) entspricht, der mindestens die Begrenzung der Verkehrsflächen enthält und unter Mitwirkung der Straßenbaubehörde zustande gekommen ist.

§ 28 Sonstige Beschränkungen
(1) Baurechtliche oder nach anderen Vorschriften erforderliche Genehmigungen für die Errichtung oder Änderung von baulichen Anlagen an Straßen A in einer Entfernung bis zu 40 m, jeweils gemessen vom äußeren Rand der befestigten, für den Kraftfahrzeugverkehr bestimmten Fahrbahn, dürfen nur im Einvernehmen mit der Straßenbaubehörde erteilt werden.
(2) Bedürfen die Bauanlagen im Sinne des Absatzes 1 keiner Baugenehmigung oder keiner Genehmigung nach anderen Vorschriften, so tritt an die Stelle des Einvernehmens die Genehmigung der Straßenbaubehörde.
(3) Das Einvernehmen nach Absatz 1 und die Genehmigung nach Absatz 2 dürfen nur versagt oder mit Auflagen erteilt werden, wenn dieses für die Sicherheit oder Leichtigkeit des Verkehrs, insbesondere wegen der Sichtverhältnisse, Ausbauabsichten und Straßengestaltung nötig ist.
(4) Absatz 1 gilt nicht, soweit die Voraussetzungen des § 27 Abs. 4 vorliegen.

§ 29 Beschränkungen bei geplanten Straßen
Bei geplanten Straßen A gelten die Beschränkungen der §§ 27 und 28 vom Beginn der Auslegung des Plans im Planfeststellungsverfahren an oder von dem Zeitpunkt an, zu dem den Betroffenen Gelegenheit gegeben wird, den Plan einzusehen.

§ 30 Entschädigung für Bauverbote und Beschränkungen
(1) ¹Wird durch die Anwendung der §§ 27 und 28 die bauliche Nutzung eines Grundstückes, auf deren Zulassung bisher ein Rechtsanspruch bestand, ganz oder teilweise aufgehoben, so kann der Eigentümer eine angemessene Entschädigung in Geld verlangen, soweit seine Vorbereitungen zur baulichen Nutzung des Grundstücks in dem bisher zulässigen Umfang für ihn an Wert verlieren oder eine wesentliche Wertminderung des Grundstückes eintritt. ²Zur Entschädigung ist der Träger der Straßenbaulast verpflichtet.
(2) Im Falle des § 29 entsteht der Anspruch nach Absatz 1 erst, wenn der Plan festgestellt ist, spätestens jedoch vier Jahre nach der Auslegung des Planes.

§ 31 Veränderungssperre
(1) ¹Vom Beginn der Auslegung des Plans im Planfeststellungsverfahren an oder von dem Zeitpunkt an, zu dem den Betroffenen Gelegenheit gegeben wird, den Plan einzusehen, dürfen auf den vom Plan betroffenen Flächen bis zu ihrer Übernahme durch den Träger der Straßenbaulast wesentlich wertsteigernde oder den geplanten Straßenbau erheblich erschwerende Veränderungen nicht vorgenommen werden (Veränderungssperre). ²Veränderungen, die in zulässiger Weise vorher begonnen worden sind,

Unterhaltungsarbeiten und die Fortführung einer bisher ausgeübten Nutzung werden hiervon nicht berührt.

(2) ¹Dauert die Veränderungssperre länger als vier Jahre, so können die Eigentümer für die dadurch entstandenen Vermögensnachteile vom Träger der Straßenbaulast eine angemessene Entschädigung verlangen. ²Sie können ferner die Übernahme der vom Plan betroffenen Grundstücke oder Grundstücksteile verlangen, wenn es ihnen mit Rücksicht auf die Veränderungssperre wirtschaftlich nicht zuzumuten ist, die Grundstücke oder Grundstücksteile in der bisherigen oder einer anderen zulässigen Art zu nutzen. ³Kommt keine Einigung über die Übernahme zustande, so können die Eigentümer die Entziehung des Eigentums an den Grundstücken oder Grundstücksteilen verlangen. ⁴Im übrigen gilt § 35.

(3) ¹ Um die Planung einer planfeststellungspflichtigen Straße zu sichern, kann der für den Straßenbau zuständige Senator durch Rechtsverordnung ein Planungsgebiet festlegen. ²Für Planungsgebiete gilt Absatz 1 sinngemäß. ³Die Festlegung ist auf höchstens drei Jahre zu befristen. ⁴Die Frist kann, wenn besondere Umstände es erfordern, durch Rechtsverordnung auf höchstens vier Jahre verlängert werden. ⁵Die Festlegung tritt mit dem Beginn der Auslegung der Pläne im Planfeststellungsverfahren oder zu dem Zeitpunkt, zu dem den Betroffenen Gelegenheit gegeben wird, den Plan einzusehen, außer Kraft. ⁶Ihre Dauer ist auf die Vierjahresfrist nach Absatz 3 anzurechnen.

(4) Die Festlegung eines Planungsgebietes ist mit einem Hinweis auf den Eintritt der Veränderungssperre ortsüblich bekanntzumachen.

(5) Der zuständige Senator (§ 46 Abs. 1) kann Ausnahmen von der Veränderungssperre zulassen, wenn überwiegende öffentliche Belange nicht entgegenstehen.

§ 32 Vorarbeiten

(1) ¹Eigentümer und sonstige Nutzungsberechtigte haben zur Vorbereitung der Planung notwendige Vermessungen, Boden- und Grundwasseruntersuchungen, die vorübergehende Anbringung von Markierungszeichen und sonstige Vorarbeiten durch die Straßenbaubehörde oder von ihr Beauftragte zu dulden. ²Wohnungen dürfen nur mit Zustimmung des Wohnungsinhabers betreten werden. ³Satz 2 gilt nicht für Arbeits-, Betriebs- oder Geschäftsräume während der jeweiligen Arbeits-, Geschäfts- oder Aufenthaltszeit.

(2) ¹Die Absicht, solche Arbeiten auszuführen, ist dem Eigentümer oder dem sonstigen Nutzungsberechtigten mindestens zwei Wochen vorher bekanntzugeben. ²Vom Beginn und Ende der Arbeiten ist der Eigentümer oder sonstige Nutzungsberechtigte zu unterrichten.

(3) ¹Nach Abschluß der Vorarbeiten ist der ursprüngliche Zustand wieder herzustellen; statt dessen kann eine angemessene Entschädigung gewährt werden. ²Der Träger der Straßenbaulast hat dem Eigentümer oder dem Nutzungsberechtigten eine angemessene Entschädigung zu leisten, soweit durch Maßnahmen nach Absatz 1 unmittelbare Vermögensnachteile entstanden sind.

§ 33 Planfeststellung

(1) ¹Neue Straßen A einschließlich der Straßen, für die nach § 3 des Bremischen Landesgesetzes über die Umweltverträglichkeitsprüfung eine Umweltverträglichkeitsprüfung durchzuführen ist, dürfen nur gebaut, bestehende nur geändert werden, wenn der Plan vorher festgestellt ist. ²Dies gilt auch für Radverkehrs- und Gehweganlagen, soweit die Planfeststellungsbehörde einem entsprechenden Antrag des Vorhabenträgers zugestimmt hat. ³Nebenanlagen (§ 2 Abs. 3) der Straßen nach Satz l können zum Gegenstand der Planfeststellung gemacht werden. ⁴Bei der Planfeststellung sind die von dem Vorhaben berührten öffentlichen und privaten Belange einschließlich der Umweltverträglichkeit im Rahmen der Abwägung zu berücksichtigen. ⁵In dem Planfeststellungsbeschluß soll auch darüber entschieden werden, welche Kosten andere Beteiligte zu tragen haben.

(1a) ¹Für den Neubau oder die Änderung einer öffentlichen Straße innerhalb des Einwirkungsbereiches von Betrieben im Sinne von Artikel 2 der Richtlinie 2012/18/EU des Europäischen Parlaments und des Rates vom 4. Juli 2012 zur Beherrschung der Gefahren schwerer Unfälle mit gefährlichen Stoffen, zur Änderung und anschließenden Aufhebung der Richtlinie 96/82/EG des Rates (ABl. L 197 vom 24.7.2012, S. 1) ist ein Planfeststellungsverfahren durchzuführen, soweit eine Prüfung der geplanten Maßnahme ergeben hat, dass
1. diese im Gefährdungsbereich eines solchen Betriebes belegen wäre,
2. sie Ursache von schweren Unfällen sein kann,
3. durch sie das Risiko eines schweren Unfalls vergrößert werden kann oder

4. durch sie die Folgen eines solchen Unfalls verschlimmert werden können.
²Die Planung einer solchen Straße erfolgt unter Wahrung angemessener Sicherheitsabstände zu den unter die Richtlinie 2012/18/EU fallenden Betrieben oder unter Sicherstellung sonstiger baulich-technischer oder organisatorischer Vorkehrungen. ³Der Plan ist der betroffenen Öffentlichkeit nach Maßgabe des jeweiligen Fachrechts zugänglich zu machen. ⁴Neben Zeichnungen und Erläuterungen enthält er die erforderlichen Angaben nach Artikel 15 Absatz 3 der Richtlinie 2012/18/EU.

(2) ¹Bebauungspläne nach dem Bundesbaugesetz in der Fassung der Bekanntmachung vom 18. August 1976 (BGBl. I S. 2256) ersetzen die Planfeststellung nach Absatz 1. ²Wird eine Ergänzung notwendig oder soll von Festsetzungen des Bebauungsplanes abgewichen werden, so ist die Planfeststellung insoweit zusätzlich durchzuführen.

(3) ¹An Stelle eines Planfeststellungsbeschlusses kann eine Plangenehmigung erteilt werden, wenn
1. Rechte anderer nicht wesentlich beeinträchtigt werden oder die Betroffenen sich mit einer Inanspruchnahme ihres Eigentums oder eines anderen Rechts einverstanden erklärt haben,
2. mit den Trägern öffentlicher Belange, deren Aufgabenbereich berührt wird, dass das Benehmen hergestellt worden ist und
3. es sich bei der Straße nicht um ein Vorhaben handelt, für das nach § 3 des Bremischen Landesgesetzes über die Umweltverträglichkeitsprüfung eine Umweltverträglichkeitsprüfung durchzuführen ist.

²Die Plangenehmigung hat die Rechtswirkungen der Planfeststellung; auf ihre Erteilung finden die Vorschriften über das Planfeststellungsverfahren keine Anwendung. ³Vor Erhebung einer verwaltungsgerichtlichen Klage bedarf es keiner Nachprüfung in einem Vorverfahren. ⁴§ 75 Abs. 4 des Bremischen Verwaltungsverfahrensgesetzes gilt entsprechend.

(4) ¹Planfeststellung und Plangenehmigung entfallen in Fällen von unwesentlicher Bedeutung. ²Fälle unwesentlicher Bedeutung liegen vor, wenn
1. es sich bei dem Vorhaben nicht um ein Vorhaben handelt, für das nach § 3 des Bremischen Landesgesetzes über die Umweltverträglichkeitsprüfung eine Umweltverträglichkeitsprüfung durchzuführen ist,
2. andere öffentliche Belange nicht berührt sind oder die erforderlichen behördlichen Entscheidungen vorliegen und sie dem Plan nicht entgegen stehen und
3. Rechte anderer nicht beeinflusst werden oder mit den vom Plan betroffenen entsprechende Vereinbarungen getroffen werden.

(5) ¹Im Planfeststellungsbeschluß sind dem Träger der Straßenbaulast die Errichtung und die Unterhaltung der Anlagen aufzuerlegen, die für das öffentliche Wohl oder zur Sicherung der Benutzung der benachbarten Grundstücke gegen Gefahren, erhebliche Nachteile oder erhebliche Belästigungen notwendig sind. ²Sind solche Anlagen mit dem Vorhaben unvereinbar oder stehen ihre Kosten außer Verhältnis zu dem angestrebten Schutzzweck, so hat der Betroffene gegen den Träger der Straßenbaulast Anspruch auf angemessene Entschädigung in Geld. ³Die §§ 41 und 42 des Bundesimmissionsschutzgesetzes vom 15. März 1974 (BGBl. I S. 721) bleiben unberührt.

(6) ¹Ist der Planfeststellungsbeschluß unanfechtbar geworden, so sind Ansprüche auf Unterlassung des Vorhabens, auf Beseitigung oder Änderung der Anlagen oder auf Unterlassung ihrer Benutzung ausgeschlossen. ²Treten nicht vorhersehbare Wirkungen des Vorhabens oder der dem festgestellten Plan entsprechenden Anlagen auf die benachbarten Grundstücke erst nach Unanfechtbarkeit des Plans auf, so kann der Betroffene die Errichtung und Unterhaltung von Anlagen verlangen, die zur Vermeidung der nachteiligen Wirkungen nach Absatz 4 auf die benachbarten Grundstücke notwendig sind. ³Sie sind dem Träger der Straßenbaulast durch Beschluß der Planfeststellungsbehörde aufzuerlegen. ⁴Sind solche Anlagen mit dem Vorhaben unvereinbar oder stehen ihre Kosten außer Verhältnis zu dem angestrebten Schutzzweck, so hat der Betroffene gegen den Träger der Straßenbaulast Anspruch auf angemessene Entschädigung in Geld. ⁵Soweit die Entschädigung für Schallschutzmaßnahmen zu leisten ist, sind die Vorschriften des § 42 Abs. 2 und 3 des Bundesimmissionsschutzgesetzes vom 15. März 1974 (BGBl. I S. 721) anzuwenden. ⁶Werden Anlagen im Sinne des Satzes 2 notwendig, weil nach Abschluß des Planfeststellungsverfahrens auf einem benachbarten Grundstück Veränderungen eingetreten sind, so hat die hierdurch entstehenden Kosten der Eigentümer des benachbarten Grundstücks zu tragen, es sei denn, daß die Veränderungen durch natürliche Ereignisse oder durch höhere Gewalt verursacht worden sind; Satz 4 ist nicht anzuwenden.

(7) ¹Wird mit der Durchführung des Planes nicht innerhalb von fünf Jahren nach Eintritt der Unanfechtbarkeit begonnen, so wird er unwirksam. ²Die Planfeststellungsbehörde kann vor Ablauf dieser Frist die Wirksamkeit des Planes um höchstens fünf Jahre verlängern. ³Diese Verlängerung ist öffentlich bekanntzugeben.

(8) Im übrigen gelten für die Planfeststellung die Vorschriften des Bremischen Verwaltungsverfahrensgesetzes vom 15. November 1976 (Brem.GBl. S. 243) in der jeweils geltenden Fassung.

(9) Planfeststellungsbehörde, Anhörungsbehörde und Plangenehmigungsbehörde im Sinne des Bremischen Verwaltungsverfahrensgesetzes ist der zuständige Senator (§ 46 Abs. 1).

§ 34 Vorzeitige Besitzeinweisung

(1) ¹Ist der sofortige Beginn von Bauarbeiten geboten und weigert sich der Eigentümer oder Besitzer, das für den Straßenbau benötigte Grundstück durch Vereinbarung unter Vorbehalt aller Entschädigungsansprüche zu überlassen, so hat die Enteignungsbehörde den Träger der Straßenbaulast auf Antrag nach Feststellung des Planes oder Erteilung der Plangenehmigung in den Besitz einzuweisen. ²Der Planfeststellungsbeschluss oder die Plangenehmigung müssen vollziehbar sein. ³Weiterer Voraussetzungen bedarf es nicht.

(2) ¹Die Enteignungsbehörde hat spätestens zwei Monate nach Eingang des Antrages auf Besitzeinweisung mit den Beteiligten mündlich zu verhandeln. ²Hierzu sind die Straßenbaubehörde und die Betroffenen zu laden. ³Dabei ist den Betroffenen der Antrag auf Besitzeinweisung mitzuteilen. ⁴Die Ladungsfrist beträgt mindestens drei Wochen. ⁵Mit der Ladung sind die Betroffenen aufzufordern, etwaige Einwendungen gegen den Antrag möglichst vor der mündlichen Verhandlung bei der Enteignungsbehörde einzureichen. ⁶Sie sind außerdem darauf hinzuweisen, daß auch bei Nichterscheinen über den Antrag auf Besitzeinweisung und andere im Verfahren zu erledigende Anträge entschieden werden kann.

(3) ¹Soweit der Zustand des Grundstücks von Bedeutung ist, hat ihn die Enteignungsbehörde vor der Besitzeinweisung in einer Niederschrift festzustellen. ²Den Beteiligten ist eine Abschrift der Niederschrift zu übersenden.

(4) ¹Der Beschluß über die Besitzeinweisung soll dem Antragsteller und den Betroffenen spätestens zwei Wochen nach der mündlichen Verhandlung zugestellt werden. ²Die Besitzeinweisung wird in dem von der Enteignungsbehörde bezeichneten Zeitpunkt wirksam. ³Auf Antrag des unmittelbaren Besitzers ist dieser Zeitpunkt auf mindestens zwei Wochen nach Zustellung der Anordnung über die vorzeitige Besitzeinweisung an ihn festzusetzen. ⁴Durch die Besitzeinweisung wird dem Besitzer der Besitz entzogen und der Träger der Straßenbaulast Besitzer. ⁵Der Träger der Straßenbaulast darf auf dem Grundstück das im Antrag auf Besitzeinweisung bezeichnete Bauvorhaben ausführen und die dafür erforderlichen Maßnahmen treffen.

(5) ¹Der Träger der Straßenbaulast hat für die durch die vorzeitige Besitzeinweisung entstehenden Vermögensnachteile Entschädigung zu leisten, soweit die Nachteile nicht durch die Verzinsung der Geldentschädigung für die Einziehung oder Beschränkung des Eigentums oder eines anderen Rechtes ausgeglichen werden. ²Art und Höhe der Entschädigung sind von der Enteignungsbehörde in einem Beschluß festzusetzen.

(6) ¹Wird der festgestellte Plan oder die Plangenehmigung aufgehoben, so ist auch die vorzeitige Besitzeinweisung aufzuheben und der vorherige Besitzer wieder in den Besitz einzuweisen. ²Der Träger der Straßenbaulast hat für alle durch die vorzeitige Besitzeinweisung entstandenen besonderen Nachteile Entschädigung zu leisten.

§ 35 Enteignung

(1) ¹Die Träger der Straßenbaulast für Straßen, die nach § 33 der Planfeststellung unterliegen, haben zur Erfüllung ihrer Aufgaben das Enteignungsrecht. ²Die Enteignung ist nur zulässig, wenn sie zur Ausführung eines festgestellten oder genehmigten Plans erforderlich ist, dessen Umsetzung zur Erhöhung der Verkehrssicherheit, der Verbesserung des gemeindlichen Verkehrsnetzes, der Verbesserung der überörtlichen Verkehrsbeziehungen oder im Interesse des Umweltschutzes vernünftigerweise geboten ist.

(2) Der festgestellte oder genehmigte Plan ist dem Enteignungsverfahren zugrunde zu legen und für die Enteignungsbehörde bindend.

(3) Im übrigen gelten die Vorschriften des Enteignungsgesetzes für die Freie Hansestadt Bremen vom 5. Oktober 1965 (Brem.GBl. S. 129 – 214-a-1).

7. Abschnitt
Entschädigungsverfahren

§ 36 Entschädigungsverfahren
(1) Wird für eine Verfügung oder Maßnahme nach diesem Gesetz eine Entschädigung beantragt, so hat die Behörde zunächst auf eine gütliche Einigung mit dem Betroffenen hinzuwirken.
(2) ¹Kommt eine Einigung nicht zustande, so entscheidet die Behörde über den Antrag durch Bescheid. ²Der Bescheid ist zu begründen, mit einer Rechtsmittelbelehrung zu versehen und den Betroffenen zuzustellen.
(3) Die Entscheidung über die Entschädigung trifft die Behörde, die für die die Entschädigungspflicht auslösende Verfügung oder Maßnahme zuständig ist.
(4) Gegen die Entscheidung über die Entschädigung können die Betroffenen innerhalb eines Monats nach Zustellung des Bescheides Klage vor den ordentlichen Gerichten erheben.

8. Abschnitt
Straßenbenennung

§ 37 Straßenbenennung
(1) ¹Straßen müssen mit einem Namen gekennzeichnet sein. ²Mehrere Straßen in einer Gemeinde dürfen nicht mit demselben Namen bezeichnet sein. ³Namen lebender Personen dürfen für Straßennamen, soweit sie sich auf diese Personen beziehen, nicht verwendet werden. ⁴In die Benennungsentscheidung soll die Gemeinde die Erfüllung der Verpflichtungen aus der Europäischen Charta der Regional- oder Minderheitensprachen in Bezug auf die Regionalsprache Niederdeutsch einbeziehen; die Benennung kann ausschließlich in Niederdeutsch erfolgen.
(2) Die Straßennamen werden von der Gemeinde bestimmt.
(3) Die Art der Straßenschilder sowie den Ort der Anbringung bestimmt die Straßenbaubehörde, soweit nicht die Straßenverkehrsbehörde zuständig ist.
(4) Von der Benennung der Straßen C kann abgesehen werden, sofern nicht an ihnen Bauwerke mit Aufenthaltsräumen errichtet sind.

§ 38 Namen für Privatwege
(1) Für Privatwege, an denen Bauwerke mit Aufenthaltsräumen errichtet sind, gilt § 37 entsprechend, sofern sich im folgenden nichts anderes ergibt.
(2) Vor Bestimmung des Namens ist der Wegeeigentümer zu hören.
(3) Zur Beschaffung, Anbringung und Instandhaltung der Straßennamensschilder sind die Wegeeigentümer verpflichtet.

§ 38a Hausnumerierung
(1) Für Grundstücke, auf denen Bauwerke errichtet sind, die gewerblichen Zwecken oder dem nicht nur vorübergehenden Aufenthalt von Menschen dienen, sind von den Gemeinden Hausnummern festzusetzen.
(2) ¹Die Art der Nummernschilder und ihre Anbringung können die Gemeinden durch Ortsgesetz regeln. ²In dem Ortsgesetz können dem Grundstückseigentümer die Kosten der Hausnumerierung auferlegt werden.

9. Abschnitt
Straßenreinigung

§ 39 Straßenreinigung
(1) Die Straßen sind zu reinigen.
(2) ¹Die Straßenreinigungspflicht ist vom Träger der Straßenbaulast wahrzunehmen, soweit sie nicht nach §§ 40 bis 42 anderen Personen zugewiesen oder in öffentlich-rechtlich verbindlicher Weise übertragen worden ist. ²Soweit den Gemeinden die Straßenreinigung nach Satz 1 obliegt, können sie die daraus entstehenden Kosten durch Ortsgesetze den Anliegern nach § 4 auferlegen.
(3) ¹Art und Umfang der Reinigung richten sich nach den Erfordernissen der öffentlichen Sicherheit und Ordnung. ²Zur Reinigung gehören das Beseitigen von Abfällen, das Beseitigen von Laub und Früchten, das Entfernen übermäßigen Bewuchses auf dem Gehweg, das Räumen von Schnee sowie

das Abstumpfen von Eis- und Schneeglätte auf Gehwegen, Fußgängerüberwegen, Verkehrsflächen für den Radverkehr, Straßeneinmündungen und gefährlichen Fahrbahnstrecken, soweit ein nicht unbedeutender Kraftfahrzeug-, Fußgänger- oder Fahrradverkehr stattfindet.
(4) Der zuständige Senator (§ 46 Abs. 1) kann durch Rechtsverordnung oder Allgemeinverfügung die Verwendung von Streumitteln, die sich auf den Straßenkörper, die Straßenbenutzer, Pflanzen oder Gewässer nachteilig auswirken können, regeln und untersagen.

§ 40 Verunreinigungen
(1) [1]Wer eine Straße verunreinigt, hat die Verunreinigung unverzüglich zu beseitigen. [2]Ist die besondere Verunreinigung der Straße Folge der Benutzung eines Grundstückes, trifft die Verpflichtung daneben den Eigentümer, Erbbauberechtigten oder Nießbraucher dieses Grundstückes.
(2) [1]Inhaber von Betrieben, aus denen nach der Straße hin Waren zum Verbrauch an Ort und Stelle abgegeben werden, haben den dem Betrieb vorgelagerten Gehweg auf voller Breite und in ganzer Tiefe einschließlich der Treppen im Umkreis von 20 m von Papier und sonstigen aus dem Warenverkauf anfallenden Abfällen sauber zu halten. [2]Sie sind verpflichtet, geeignete Abfallbehälter vor ihren Betrieben anzubringen oder aufzustellen und sie entsprechend dem Bedarf – mindestens jedoch einmal täglich – zu entleeren.

§ 41 Reinigungspflichten der Anlieger
(1) In geschlossener Ortslage obliegt den Anliegern nach § 4 die Reinigung der dem Fußgängerverkehr dienenden Straßen und Straßenteile. [1]Die Verpflichtung erstreckt sich auf die Straßenstrecke entlang des angrenzenden Grundstücks einschließlich vorhandener Treppenanlagen und nach Maßgabe der folgenden Bestimmungen.
(2) [1]Eine geschlossene Ortslage ist vorhanden, wenn die Grundstücke im wesentlichen in einem räumlichen Zusammenhang bebaut sind. [2]Einzelne unbebaute Grundstücke, zur Bebauung ungeeignetes oder ihr entzogenes Gelände oder einseitige Bebauung unterbrechen den Zusammenhang nicht. [3]Dies gilt nicht für feld- und forstwirtschaftlich genutzte Flächen.
(3) Die Reinigungspflicht besteht nicht für Strecken der Straßen und Straßenteile, zu denen vom Anlieger ein Zugang nicht genommen werden darf.
(4) Die Verpflichtungen nach Absatz 1 erstrecken sich an Werktagen auf die Zeit von 7.00 Uhr bis 20.30 Uhr und an Sonn- und Feiertagen auf die Zeit von 9.00 Uhr bis 20.00 Uhr.
(5) Gegenstand der Reinigungspflicht sind:
1. die von der Fahrbahn abgesetzten Gehwege jeweils bis zu einer Breite von 5 m, jedoch mit Ausnahme der für das Aufstellen von Kraftfahrzeugen bestimmten Teile,
2. bei Straßen ohne von der Fahrbahn abgesetzten Gehweg ein Randstreifen beiderseits der Straße in einer Breite von 1,5 m,
3. die für den allgemeinen Kraftfahrzeugverkehr nicht zugelassenen Straßen, insbesondere Wohnwege, Fußgängerstraßen und -plätze, mit Ausnahme der darin vorhandenen Gleiszonen und Fahrbahnen für öffentliche Verkehrsmittel jeweils bis zur Straßenmitte, höchstens jedoch bis zu einer Breite von jeweils 5 m entlang des angrenzenden Grundstücks. Bei Grundstücken, die im Eckbereich zweier öffentlicher Straßen anliegen, ist der Gehweg jeweils bis an den Fahrbahnrand der einmündenden Straße zu reinigen. Bei Grundstücken, vor denen sich ein Fußgängerüberweg, eine signalisierte Fußgängerfurt oder eine öffentliche Haltestelle befindet, ist auf einer Breite von 1,5 m bis an den Fahrbahnrand oder bis an die öffentliche Haltestelle zu reinigen. Die Verpflichtung zum Schneeräumen und Abstumpfen von Eis- und Schneeglätte ist auf den in Nummern 1 und 3 bezeichneten Gehwegen und Straßen auf eine Breite von 1,5 m und in Fußgängerzonen auf 3 m begrenzt.
(6) [1]Der Kehricht ist aufzunehmen und ordnungsgemäß als Abfall zu entsorgen. [2]Der wegzuräumende Schnee ist im Falle des Absatzes 5 Satz 1 Nummer 1 auf dem Gehweg oder auf dem Randstreifen zur Fahrbahn hin anzuhäufen. [3]Auf dem Fahrbahnrand darf der Schnee in diesem Falle nur gelagert werden, soweit nicht für den Fußgängerverkehr ein mindestens 1,5 m breiter Streifen des Gehweges verbleibt. [4]In den in Absatz 5 Satz 1 Nummer 2 genannten Straßen ist der wegzuräumende Schnee auf dem Fahrbahnrand, sofern ein Randstreifen vorhanden ist, auf diesem zu lagern. [5]Auf Verkehrsflächen für den Radverkehr darf Schnee nicht gelagert werden. [6]An Haltestellen, Straßeneinmündungen und Fußgängerüberwegen sind genügend breite Durchgänge zu schaffen. [7]Vorbehaltlich einer Regelung nach § 39 Absatz 4 dürfen Salze und salzhaltige Streumittel nur in geringen Mengen

und nur bei Glatteis sowie zum Auftauen festgetretener Eis- und Schneerückstände gestreut werden; bei Straßen, in denen Bäume stehen oder die auf anliegende begrünte oder baumbestandene Grundstücke entwässern, dürfen Salze oder salzhaltige Streumittel nicht verwendet werden. [8]Schacht- und Hydrantendeckel sowie Überflurhydranten sind freizuhalten; das Gleiche gilt für Kanalrosten und Straßenbahnschienen im Falle der Lagerung auf dem Fahrbahnrand. [9]Die nach dem Abtauen von Eis und Schnee verbleibenden Rückstände sind zu beseitigen.

(7) In Zweifelsfällen bestimmt die Ortspolizeibehörde den Reinigungspflichtigen und entscheidet über den Umfang der Reinigungspflicht durch schriftlichen Bescheid.

§ 42 Reinigungspflichtige, Vertreter und Beauftragte

(1) [1]Sind mehrere Personen für ein Grundstück zur Reinigung verpflichtet, so trifft die volle Verpflichtung jede von ihnen. [2]Die Reinigungspflichtigen müssen eine geeignete Person mit der Ausführung der Reinigung (§ 41) beauftragen, wenn sie
1. eine Personenmehrheit ohne eigene Rechtspersönlichkeit sind,
2. nicht auf dem Grundstück oder in seiner Nähe wohnen oder
3. wegen Krankheit oder aus sonstigen Gründen nicht in der Lage sind, die Pflicht zur Reinigung zu erfüllen.

(2) [1]Hat für den Reinigungspflichtigen ein anderer der Ortspolizeibehörde gegenüber mit deren Zustimmung durch Erklärung zu Protokoll oder schriftlich die Ausführung der Reinigung übernommen, so tritt dieser an die Stelle des gesetzlich Verpflichteten (Vertreter). [2]Die Zustimmung gilt als erteilt, wenn sie nicht innerhalb von zwei Wochen nach Eingang der Erklärung durch die zuständige Ortspolizeibehörde versagt wird. [3]Sie kann widerrufen werden, wenn die übernommene Verpflichtung nicht erfüllt wird. [4]Erlischt das mit dem Vertreter bestehende Rechtsverhältnis, so entfällt auch dessen öffentlich-rechtliche Verpflichtung. [5]Der Reinigungspflichtige hat die Beendigung des Rechtsverhältnisses unverzüglich der Ortspolizeibehörde anzuzeigen.

(3) (aufgehoben)

(4) Befinden sich auf einem Grundstück mehrere Haushaltungen, so hat der Anlieger den Namen und die Anschrift des Reinigungspflichtigen oder seines Vertreters oder Beauftragten durch Anschlag im Hausflur oder an sonst geeigneter Stelle des Gebäudes bekanntzugeben.

10. Abschnitt
Benutzung von Privatstraßen, -wegen und -plätzen

§ 43 (aufgehoben)

11. Abschnitt
Übergangsvorschriften

§ 44 Bestehende Nutzungsverhältnisse

(1) [1]Nutzungsrechte an Straßen, die bei Inkrafttreten dieses Gesetzes bestehen, bleiben aufrechterhalten. [2]Sie können, soweit dieses zur Erfüllung der Aufgaben des Trägers der Straßenbaulast erforderlich ist, durch Enteignung aufgehoben oder beschränkt werden.

(2) [1]Für Überfahrten, die aufgrund des § 192 der Bauordnung für die Stadt Bremen und das Landgebiet vom 21. Oktober 1906 (SaBremR 2130-d-1) festgesetzt oder mit schriftlicher behördlicher Zustimmung hergestellt worden sind, gilt die Erlaubnis nach diesem Gesetz als erteilt. [2]In Straßen, bei denen die Gemeinde Träger der Straßenbaulast ist, geht die Unterhaltungspflicht für die Überfahrt mit Inkrafttreten dieses Gesetzes auf den Träger der Straßenbaulast über; im übrigen verbleibt sie beim Erlaubnisnehmer.

(3) Erlaubnisse, die nach der Straßenordnung für die Stadt Bremen in der Fassung der Bekanntmachung vom 1. September 1969 (Brem.GBl. S. 119 – 2183-a-1), zuletzt geändert durch Ortsgesetz und Polizeiverordnung vom 30. Juni 1970 (Brem.GBl. S. 73), und nach dem Ortsgesetz über die Inanspruchnahme und Reinigung der Straßen in der Stadt Bremerhaven in der Fassung der Bekanntmachung vom 14. Juli 1969 (Brem.GBl. S. 90) erteilt worden sind, gelten als nach diesem Gesetz erteilt.

§ 45 Bestehende Regelungen über die Verteilung der Straßenbaulast
(1) Bestehende Regelungen über die Verteilung der Straßenbaulast gelten mit folgenden Einschränkungen fort:
1. Die Gemeinde kann die Straßenbaulast übernehmen, wenn der bisherige Träger der Straßenbaulast die Übernahme beantragt.
2. Die Gemeinde soll die Straßenbaulast übernehmen, wenn dem bisherigen Träger der Straßenbaulast die Aufrechterhaltung oder Herstellung eines dem Verkehr in dieser Straße genügenden Zustandes nicht mehr zugemutet werden kann.
3. Die Straßenbaulast für die bisherigen Landstraßen I. Ordnung im Gebiet der Stadtgemeinde Bremerhaven ist gegen Ablösung der Unterhaltungslast von der Gemeinde zu übernehmen. Soweit eine Straße den Anforderungen des Verkehrs unter Berücksichtigung seiner übersehbaren Entwicklung nicht genügt, ist der bisherige Träger der Straßenbaulast auf Verlangen der Gemeinde verpflichtet, die Straße vor dem Übergang der Straßenbaulast auszubauen. Mit der Übernahme der Straßenbaulast geht das Eigentum an der Straße mit allen Rechten und Pflichten auf die Gemeinde über.

(2) Die Unterhaltungspflichten für Bestandteile und Zubehör von Straßen bleiben unverändert bestehen.

12. Abschnitt
Behörden, Zuständigkeiten und Kostenfestsetzung

§ 46 Behörden
(1) Zuständiger Senator im Sinne dieses Gesetzes ist
1. der Senator für Umwelt, Bau und Verkehr,
2. bei Entscheidungen nach § 18, ausgenommen die Entscheidungen nach § 18 Absatz 3 und 4 Satz 5, der Senator für Inneres..

(2) Entscheidungen der nach Absatz 1 zuständigen Senatoren, die die Hafengebiete in Bremen oder Bremerhaven betreffen, ergehen im Einvernehmen mit dem Senator für Wirtschaft, Arbeit und Häfen.

(3) Straßenbaubehörden sind
1. das Amt für Straßen und Verkehr für das Gebiet der Stadtgemeinde Bremen einschließlich des stadtbremischen Überseehafengebietes Bremerhaven,
2. der Magistrat der Stadt Bremerhaven für das Gebiet der Stadtgemeinde Bremerhaven.

§ 46a Behörden nach dem Bundesfernstraßengesetz
[1]Oberste Landesstraßenbaubehörde im Sinne des § 22 Absatz 4 des Bundesfernstraßengesetzes ist der nach § 46 Absatz 1 Nummer 1 bestimmte Senator. [2]Dieser Senator wird ermächtigt, durch Rechtsverordnung die ihm nach dem Bundesfernstraßengesetz obliegenden Aufgaben den Straßenbaubehörden zuzuweisen sowie ihm zustehende Befugnisse auf das Amt für Straßen und Verkehr als Obere Landesstraßenbaubehörde zu übertragen.

§ 47 Zuständigkeiten
(1) Soweit im Einzelnen oder durch andere Rechtsvorschriften nichts anderes bestimmt ist, obliegt der Vollzug dieses Gesetzes den Straßenbaubehörden.

(2) [1]Für die Überwachung der Erfüllung der sich aus den §§ 18, 40 bis 42 ergebenden Verpflichtungen und sich daraus ergebenden Vollzugsmaßnahmen sind die Ortspolizeibehörden zuständig. [2]Für die Festsetzung der Hausnummern nach § 38a Absatz 1 sind die unteren Bauaufsichtsbehörden zuständig.

(3) Die Straßenbau- und Ortspolizeibehörden der Gemeinden nehmen die Aufgaben nach diesem Gesetz als Auftragsangelegenheiten wahr.

§ 47a Kostenfestsetzung
(1) Sind nach den Bestimmungen dieses Gesetzes Kosten zu erstatten, so werden diese einschließlich eines Gemeindekostenzuschlags von der Straßenbaubehörde durch Bescheid festgesetzt.

(2) [1]Der Gemeindekostenzuschlag dient der Abwälzung des mit der Durchführung der kostenpflichtigen Maßnahme unmittelbar verbundenen Verwaltungsaufwandes und beträgt zehn vom Hundert der zu erstattenden Kosten. [2]Enthalten die zu erstattenden Kosten Beträge für Maßnahmen an Anlagen Dritter im Straßengrund, so sind diese Beträge bei der Berechnung des Gemeindekostenzuschlags nicht zu berücksichtigen.

(3) Im übrigen gelten für die Kostenfestsetzung die §§ 15 und 16 sowie §§ 22 bis 28 des Bremischen Gebühren- und Beitragsgesetzes vom 16. Juli 1979 (Brem.GBl. S. 279 – 203-b-1) in der jeweils geltenden Fassung entsprechend.

13. Abschnitt
Ordnungswidrigkeiten

§ 48 Ordnungswidrigkeiten
(1) Ordnungswidrig handelt, wer vorsätzlich oder fahrlässig
1. unerlaubt eine Sondernutzung (§§ 17, 18) an einer Straße ausübt oder mit einer Gebrauchserlaubnis verbundenen Bedingungen oder Auflagen zuwiderhandelt,
2. einer nach § 39 Abs. 4 erlassenen Rechtsverordnung oder Allgemeinverfügung zuwiderhandelt, wenn die Verordnung oder Verfügung auf diese Bußgeldbestimmung verweist,
3. entgegen § 40 Abs. 1 eine Verunreinigung nicht unverzüglich beseitigt,
4. entgegen § 40 Absatz 2 der Verpflichtung zur Sauberhaltung von Gehwegen und Treppen sowie zur Anbringung oder Entleerung von Abfallbehältern zuwiderhandelt,
5. seine Pflicht zur Reinigung, zur Beseitigung von Laub und Früchten sowie zum Schneeräumen und Abstumpfen von Eis- und Schneeglätte auf den dem Fußgängerverkehr vorbehaltenen Straßen und Straßenteilen nach § 41 verletzt oder dabei über das dort zugelassene Maß hinaus Salze oder salzhaltige Streumittel verwendet,
6. (aufgehoben)
7. (aufgehoben)
(2) Die Ordnungswidrigkeit kann mit einer Geldbuße geahndet werden.
(3) Sachlich zuständige Verwaltungsbehörde für die Verfolgung und Ahndung der Ordnungswidrigkeiten ist die Ortspolizeibehörde.

14. Abschnitt
Schlußvorschriften

§ 49 Aufhebung und Änderung von Vorschriften
(1) Mit dem Inkrafttreten dieses Gesetzes treten folgende Vorschriften außer Kraft, soweit sie nicht schon vorher gegenstandslos geworden sind:
1. die Wegeordnung vom 28. Oktober 1909 (SaBremR 2182-a-1);
2. die Verordnung über die Einführung der Wegeordnung in den am 1. November 1939 mit der Stadt Bremen vereinigten Gebietsteilen vom 10. Juni 1941 (SaBremR 2182-a-2);
3. das Gesetz über Gemeindewege und Landstraßen vom 28. Juli 1851 (Hann.G.S. Abt. I S. 142) in seiner am 1. September 1965 geltenden Fassung (Anl. B Nr. 1 des Zweiten Gesetzes zur Einführung bremischen Rechts in Bremerhaven vom 6. Juli 1965 – Brem.GBl. S. 107 – 101-a-2);
4. das Gesetz, betreffend einige Abänderungen der Wegegesetzgebung in der Provinz Hannover vom 5. März 1871 (GS S. 153) (Anlage B Nr. 2 des Zweiten Gesetzes zur Einführung bremischen Rechts in Bremerhaven vom 6. Juli 1965 – Brem.GBl. S. 107 – 101-a-2);
5. das Gesetz, betreffend Abänderungen der Wegegesetzgebung der Provinz Hannover vom 19. März 1873 (GS S. 129) (Anlage B Nr. 4 des Zweiten Gesetzes zur Einführung bremischen Rechts in Bremerhaven vom 6. Juli 1965 – Brem.GBl. S. 107 – 101-a-2);
6. das Gesetz über die Reinigung öffentlicher Wege vom 1. Juli 1912 (GS S. 187) (Anlage B Nr. 13 des Zweiten Gesetzes zur Einführung bremischen Rechts in Bremerhaven vom 6. Juli 1965 Brem.GBl. S. 107 – 101-a-2);
7. das Gesetz über die einstweilige Neuregelung des Straßenwesens und der Straßenverwaltung vom 26. März 1934 (SaBremR-ReichsR 91-a-1);
8. die Verordnung zur Durchführung des Gesetzes über die einstweilige Neuregelung des Straßenwesens und der Straßenverwaltung vom 7. Dezember 1934 (SaBremR-ReichsR 91-a-2);
9. die Verordnung über die Straßenverzeichnisse vom 27. September 1935 (SaBremR-ReichsR 91-a-3);
10. die §§ 1 bis 4 mit Ausnahme von § 2 Abs. 3 und 4 und die §§ 7 bis 11 und 30 der Straßenordnung für die Stadt Bremen in der Fassung der Bekanntmachung vom 1. September 1969 (Brem.GBl.

S. 119 – 2183-a-1), zuletzt geändert durch Ortsgesetz und Polizeiverordnung vom 30. Juni 1970 (Brem.GBl. S. 73);
11. der § 9 Abs. 1 Buchstabe c) und Absatz 2 des Ortsgesetzes über Ortsämter und Außenstellen der bremischen Verwaltung vom 22. Juni 1971 (Brem.GBl. S. 170 – 2011-b-1);
12. die §§ 2 bis 5, mit Ausnahme von § 3 Abs. 3 Buchstaben a) bis e) und Abs. 4 und die §§ 8, 9 und 11 des Ortsgesetzes über die Inanspruchnahme und Reinigung der Straßen in der Stadt Bremerhaven in der Fassung der Bekanntmachung vom 14. Juli 1969 (Brem.GBl. S. 90);
13. die §§ 2, 3 und 18 der Polizeiverordnung über die öffentliche Ordnung und Reinlichkeit in der Stadt Bremerhaven vom 18. April 1962 (Brem.GBl. S. 134), zuletzt geändert durch die Polizeiverordnung zur Angleichung von Bußgeldvorschriften in Polizeiverordnungen an das Gesetz über Ordnungswidrigkeiten (OWiG) in Bremerhaven vom 14. November 1968 (Brem.GBl. S. 195).

(2)

(3) § 2 Absätze 3 und 4 der Straßenordnung für die Stadt Bremen in der Fassung der Bekanntmachung vom 1. September 1969 (Brem.GBl. S. 119 – 2183-a-1), zuletzt geändert durch Ortsgesetz und Polizeiverordnung vom 30. Juni 1970 (Brem.GBl. S. 73), und § 3 Abs. 3 Buchstaben a) bis e) und Abs. 4 des Ortsgesetzes über die Inanspruchnahme und Reinigung der Straßen in der Stadt Bremerhaven in der Fassung der Bekanntmachung vom 14. Juli 1969 (Brem.GBl. S. 90) treten erst zum Zeitpunkt des Inkrafttretens eines für den jeweiligen Geltungsbereich der genannten Vorschriften nach § 18 Abs. 9 erlassenen Ortsgesetzes außer Kraft.

(4) Bis zum Inkrafttreten eines nach § 18 Abs. 2 Satz 3 erlassenen Ortsgesetzes gelten die in § 24 Abs. 2 der Straßenordnung für die Stadt Bremen vom 10. Mai 1960 in der Fassung der Bekanntmachung vom 1. September 1969 (Brem.GBl. S. 119 – 2183-a-1), zuletzt geändert durch Ortsgesetz und Polizeiverordnung vom 30. Juni 1970 (Brem.GBl. S. 73), und § 12 der Polizeiverordnung über die öffentliche Ordnung und Reinlichkeit in der Stadt Bremerhaven vom 18. April 1962 (Brem.GBl. S. 134), zuletzt geändert durch die Polizeiverordnung zur Angleichung von Bußgeldvorschriften in Polizeiverordnungen an das Gesetz über Ordnungswidrigkeiten (OWiG) in Bremerhaven vom 14. November 1968 (Brem.GBl. S. 195), bezeichneten Hafengebiete als Gebiete im Sinne von § 18 Abs. 2 Satz 2.

(5) Außer den in Absatz 1 genannten Vorschriften, jedoch mit Ausnahme der in den Absätzen 2 und 3 aufgeführten Bestimmungen, tritt mit dem Inkrafttreten dieses Gesetzes alles entgegenstehende oder inhaltsgleiche Recht außer Kraft.

§ 50 Inkrafttreten
Dieses Gesetz tritt am 2. Januar 1977 in Kraft.

73 BremLStrG

Anlage
(zu § 11 Absatz 3)

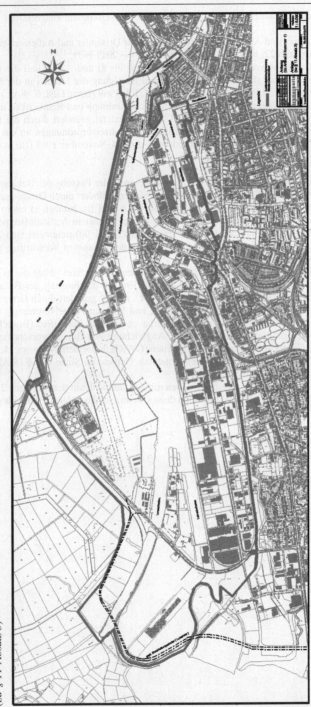

Gesetz
zu dem Staatsvertrag zwischen dem Land Niedersachsen und der Freien Hansestadt Bremen zu einer grenzüberschreitenden Raumordnung und Landesentwicklung

Vom 6. Oktober 2009 (Brem.GBl. S. 377)
(2136-a-1)

Der Senat verkündet das nachstehende, von der Bürgerschaft (Landtag) beschlossene Gesetz:

Artikel 1
(1) Dem am 5. Mai 2009 unterzeichneten Staatsvertrag zwischen dem Land Niedersachsen und der Freien Hansestadt Bremen zu einer grenzüberschreitenden Raumordnung und Landesentwicklung wird zugestimmt.
(2) Der Staatsvertrag wird nachstehend veröffentlicht.

Artikel 2
(1) Dieses Gesetz tritt am Tage nach seiner Verkündung in Kraft.
(2) ¹Der Tag, an dem der Staatsvertrag nach seinem Artikel 4 Absatz 1 in Kraft tritt, ist im Gesetzblatt der Freien Hansestadt Bremen bekannt zu machen.[1] ²Das Gleiche gilt für den Tag, an dem der Staatsvertrag nach seinem Artikel 4 Absatz 2 außer Kraft tritt.

---

1) lt. Bek. v. 28. 1. 2010 (Brem.GBl. S. 121) am 1. 1. 2010 in Kraft getreten.

Staatsvertrag
zwischen dem Land Niedersachsen und der Freien Hansestadt Bremen zu einer grenzüberschreitenden Raumordnung und Landesentwicklung

Das Land Niedersachsen, vertreten durch den Ministerpräsidenten, und die Freie Hansestadt Bremen, vertreten durch den Präsidenten des Senats, schließen vorbehaltlich der Zustimmung ihrer verfassungsmäßig berufenen Organe nachfolgenden Staatsvertrag:

Präambel

Es ist Anliegen und gemeinsames Interesse der Länder Niedersachsen und Bremen, die Rahmenbedingungen für die wirtschaftliche und strukturelle Entwicklung in den Verflechtungsbereichen der Oberzentren Bremen und Bremerhaven mit Niedersachsen durch eine verbindliche, grenzübergreifende raumordnerische Zusammenarbeit weiter zu verbessern.

Beide Länder begrüßen die vielfältigen regionalen Aktivitäten von Städten, Gemeinden, Flecken, Samtgemeinden und Landkreisen zur vertieften regionalen Abstimmung und Vernetzung in den Verflechtungsbereichen und wollen diese aktiv unterstützen. Dabei anerkennen sie die Bedeutung der Landkreise und kreisfreien Städte in ihrer Funktion als Träger der Regionalplanung sowie die Bedeutung der Städte und Gemeinden als Träger der kommunalen Planungshoheit. Die Länder bekennen sich gemeinsam mit diesen Akteuren zur partnerschaftlichen Entwicklung der Region auf verlässlicher Basis. Die nachfolgenden Vereinbarungen zu einer größeren Verbindlichkeit sind ein erster Schritt auf dem Wege zu einer gemeinsame Landesgrenzen überschreitenden Raumordnung und Landesentwicklung.

Die raumstrukturelle Gesamtentwicklung soll sich am Leitbild der dezentralen Konzentration der Siedlungsentwicklung orientieren, das durch Stärkung der regionalen Qualitäten den Anforderungen der Nachhaltigkeit, der demografischen Entwicklung und der wirtschaftlichen Wettbewerbsfähigkeit gerecht wird.

Grundlagen hierfür sind

- das von den niedersächsischen Städten Achim, Bassum, Delmenhorst, Osterholz-Scharmbeck, Sulingen, Syke, Twistringen und Verden, den Gemeinden Berne, Dötlingen, Ganderkesee, Grasberg, Hude, Kirchlinteln, Lemwerder, Lilienthal, Oyten, Ritterhude, Schwanewede, Stuhr, Weyhe und Worpswede, den Flecken Langwedel und Ottersberg sowie den Samtgemeinden Bruchhausen-Vilsen, Hambergen, Harpstedt, Grafschaft Hoya und Thedinghausen gemeinsam mit den Landkreisen Diepholz, Oldenburg, Osterholz, Verden und Wesermarsch sowie der Stadtgemeinde Bremen erarbeitete Interkommunale Raumstrukturkonzept Region Bremen (INTRA),
- der von den niedersächsischen Städten Cuxhaven, Langen und Nordenham, den Gemeinden Butjadingen, Loxstedt, Nordholz und Schiffdorf sowie den Samtgemeinden Bederkesa, Beverstedt, Hadeln, Hagen und Land Wursten gemeinsam mit den Landkreisen Cuxhaven und Wesermarsch sowie der Stadtgemeinde Bremerhaven eingerichtete Prozess des Regionalforums Bremerhaven,
- die für die raumordnerische Zusammenarbeit beider Länder relevanten Regelungen des Landes-Raumordnungsprogramms Niedersachsen, insbesondere diejenigen zur Entwicklung in den Verflechtungsbereichen Bremen/Niedersachsen.

Diese Grundlagen werden in Bremen zeitnah durch eine nach zentralörtlichen Prinzipien differenzierte raumstrukturelle Gliederung ergänzt.

Anliegen und gemeinsames Interesse der Länder Niedersachsen und Bremen ist auch eine Verfahrensbeschleunigung bei grenzüberschreitenden Infrastrukturmaßnahmen. Daraus resultierend und in Umsetzung ihrer gemeinsamen Verantwortung für eine erfolgreiche regionale Entwicklung schließen die Länder Niedersachsen und Bremen folgenden Staatsvertrag:

Artikel 1 Festlegung gemeinsamer Erfordernisse der Raumordnung auf Ebene der beiden Länder, oberzentrale Funktionen der Städte Bremen und Bremerhaven
(1) Die Städte Bremen und Bremerhaven stellen für die niedersächsischen Gebietskörperschaften im jeweiligen Verflechtungsbereich oberzentrale Funktionen bereit und werden insofern raumordnungsrechtlich den innerhalb von Niedersachsen liegenden Oberzentren gleichgestellt.
(2) Das Land Bremen legt neben oberzentralen Standorten eine nach zentralörtlichen Prinzipien differenzierte raumstrukturelle Gliederung sowie ggf. weitere Erfordernisse der Raumordnung fest.
(3) Die Länder Niedersachsen und Bremen stimmen die jeweiligen Zentralitätsfestlegungen ihrer Landesplanungen sowie grenzüberschreitende Leitlinien zu einer verträglichen und nachhaltigen Entwicklung beider Länder untereinander und mit den Trägern der Regionalplanung in Niedersachsen ab.
(4) Die obersten Landesplanungsbehörden werden ermächtigt, zwischen beiden Ländern einvernehmlich abgestimmte Zentralitätsfestlegungen sowie entsprechende Leitlinien für gegenseitig verbindlich zu erklären.
(5) [1]Beide Länder erklären die für die raumordnerische Zusammenarbeit beider Länder relevanten Regelungen des Landes-Raumordnungsprogramms Niedersachsen 2008 (Ziffern 1.2 (05) und 1.3) für gegenseitig verbindlich. [2]Bremen übernimmt zeitnah die für die raumordnerische Zusammenarbeit beider Länder relevanten Regelungen als Grundsätze der Raumordnung in seine Raumordnungsplanung gemäß § 8 (1) ROG.

Artikel 2 Rahmenregelung für einen raumordnerischen Vertrag zur verbindlichen Zusammenarbeit auf regionaler Ebene
(1) [1]Die Länder Bremen und Niedersachsen bekräftigen das gemeinsame Länderinteresse an einer dauerhaften verlässlichen grenzüberschreitenden Abstimmung im engeren Verflechtungsbereich der Oberzentren Bremen und Bremerhaven auch auf regionaler Ebene. [2]Sie erklären ihre Bereitschaft, hierzu mit den regionalen Akteuren verbindliche vertragliche Vereinbarungen zu entwickeln.
(2) Sie wirken in enger Zusammenarbeit mit den verantwortlichen regionalen Akteuren darauf hin, dass die gemeinsam erarbeiteten regionalen Zielsetzungen als Grundsätze und Ziele in die jeweiligen Regionalen Raumordnungsprogramme sowie mit einer vergleichbaren raumordnungsrechtlichen Bindungswirkung in die Flächennutzungspläne Bremen, Bremerhaven und Delmenhorst übernommen werden.
(3) [1]Für den Verflechtungsbereich des Oberzentrums Bremen gilt dabei:
[2]Die Länder bewerten das auf freiwilliger Basis entstandene Interkommunale Raumstrukturkonzept Region Bremen (INTRA) als inhaltliche Ausgangsbasis für eine kontinuierliche weitere Verbesserung der regionalen Zusammenarbeit im Verflechtungsbereich. [3]Die räumliche Entwicklung im Verflechtungsbereich soll durch eine besondere Form der interkommunalen Abstimmung und Kooperation auf folgende Schwerpunkte ausgerichtet werden:
– Stärkung der lokalen Siedlungsschwerpunkte, der Zentren und der Ortskerne,
– Zusammenführung lokaler Siedlungsentwicklungen mit regionalen Planungen des ÖPNV,
– Ausbau der Voraussetzungen für Mobilität in der Region,
– Regionale Steuerung des großflächigen Einzelhandels,
– Bündelung regionaler Wirtschaftskompetenzen und Entwicklung gemeinsamer Gewerbestandorte,
– Sicherung und Weiterentwicklung regionaler Landschafts- und Freiräume.
(4) [1]Um die gemeinsam angestrebte verbindliche Ausgestaltung der regionalen Zusammenarbeit im Verflechtungsbereich des Oberzentrums Bremens zu unterstützen, erklären die Länder Bremen und Niedersachsen in einem ersten Schritt ihre Bereitschaft zum Abschluss eines Raumordnerischen Vertrages mit den regionalen Akteuren zur Stärkung der Innenstädte und Ortskerne durch Steuerung des großflächigen Einzelhandels auf allen Ebenen der raumbedeutsamen Planung. [2]Dieser raumordnerische Vertrag soll verbindliche Regelungen zu folgenden Kernelementen beinhalten:
– Standortkonzept,
– Sortimentslisten,
– Moderationsverfahren.
(5) Für den Verflechtungsbereich des Oberzentrums Bremerhaven gilt, dass der gemeinsam von niedersächsischen Kommunen und der Stadtgemeinde Bremerhaven eingerichtete Prozess des Regionalforums ausgestaltet und vertieft werden soll.

Artikel 3 Verfahrensabstimmung über Infrastrukturmaßnahmen
Beide Länder streben an, zur Verfahrensbeschleunigung von grenzüberschreitenden Infrastrukturmaßnahmen Planungsabläufe und Verfahrenszuständigkeiten im Vorfeld einer Vorhabenplanung einvernehmlich zu regeln.

Artikel 4 Inkrafttreten
(1) ¹Der Staatsvertrag bedarf der Ratifikation. ²Die Ratifikationsurkunden werden ausgetauscht. ³Der Vertrag tritt am ersten Tag des auf den Austausch der Ratifikationsurkunden folgenden Monats in Kraft.
(2) ¹Dieser Staatsvertrag wird auf unbestimmte Zeit abgeschlossen. ²Er tritt außer Kraft, wenn er jeweils bis zum Ende eines Kalenderjahres zum Ablauf des übernächsten Jahres gekündigt wird. ³Die Kündigung ist schriftlich gegenüber der obersten Raumordnungsbehörde der anderen Vertragspartei zu erklären.

Wilhelmshaven, den 5. Mai 2009

Für das Land Niedersachsen
Der Niedersächsische Ministerpräsident
gez. Christian Wulff

Für die Freie Hansestadt Bremen
Der Präsident des Senats
gez. Jens Böhrnsen
Bürgermeister

Bremisches Abgabengesetz

Vom 15. Mai 1962 (Brem.GBl. S. 139)
(60-a-1)
zuletzt geändert durch Art. 2 des G vom 14. November 2017 (Brem.GBl. S. 482, 485)

Der Senat verkündet das nachstehende von der Bürgerschaft (Landtag) beschlossene Gesetz:

§ 1 Örtliche Verbrauch- und Aufwandsteuern
(1) Die Gemeinden können örtliche Verbrauch- und Aufwandsteuern einschließlich der abgabenrechtlichen Nebenleistungen erheben.
(2) ¹Die örtlichen Verbrauch- und Aufwandsteuern werden in der Stadtgemeinde Bremen von den Landesfinanzbehörden, in der Stadtgemeinde Bremerhaven von der Stadtgemeinde Bremerhaven verwaltet. ²Die Tourismusabgabe wird für die Stadtgemeinden Bremen und Bremerhaven von der Stadtgemeinde Bremerhaven verwaltet.
(3) ¹Wird im Gerichtsverfahren eine Abgabenregelung für rechtsungültig erklärt, so kann eine neue Abgabenregelung, die die gleiche oder eine gleichartige Abgabe betrifft, rückwirkend in Kraft gesetzt werden. ²Die Rückwirkung erstreckt sich auf die Zeit seit dem Inkrafttreten der für ungültig erklärten Abgabenregelung und auf die Bestimmungen der neuen Abgabenregelung, durch welche die Abgabepflichtigen nicht ungünstiger gestellt werden, als nach der für ungültig erklärten Abgabenregelung beabsichtigt war. ³Sie erstreckt sich nicht auf die unanfechtbar gewordenen Fälle nach der für ungültig erklärten Abgabenregelung.

§ 2 Verwaltung der Realsteuern
(1) In der Stadtgemeinde Bremen wird die Gewerbesteuer von den Landesfinanzbehörden verwaltet; die Grundsteuer wird von den Landesfinanzbehörden verwaltet.
(2) In der Stadtgemeinde Bremerhaven wird die Gewerbesteuer unbeschadet der Regelung in § 8 Abs. 3 von den Landesfinanzbehörden verwaltet; die Grundsteuer wird von der Stadtgemeinde Bremerhaven verwaltet.

§ 3 Anwendung von Bundesrecht
(1) Auf Steuern, die von den Landesfinanzbehörden oder von der Stadtgemeinde Bremerhaven verwaltet werden, finden, wenn sich ihre Geltung nicht schon aus Bundesrecht ergibt, nachstehende Gesetze und die Rechtsvorschriften zu ihrer Durchführung in der jeweiligen bundesrechtlichen Fassung sinngemäß Anwendung, soweit nicht andere Gesetze Abweichendes bestimmen:
1. die Abgabenordnung vom 16. März 1976 (BGBl. I S. 613), § 30 mit der Maßgabe, dass
   a) bei der Hundesteuer in Schadensfällen Auskunft über Namen und Anschrift des Hundehalters an Behörden und Schadensbeteiligte gegeben werden darf,
   b) bei Verdacht von Verstößen gegen § 284 des Strafgesetzbuches oder Verstößen gegen §§ 2 und 4 bis 6 Bremisches Spielhallengesetzes mit der Maßgabe, dass die insoweit erlangten Kenntnisse der nach dem Bremischen Spielhallengesetz zuständigen Behörde übermittelt werden dürfen,
   c) bei Verdacht von Verstößen gegen § 284 des Strafgesetzbuches oder Verstößen gegen §§ 5 und 5a des Bremischen Glücksspielgesetzes mit der Maßgabe, dass die insoweit erlangten Kenntnisse der nach dem Bremischen Glücksspielgesetz zuständigen Behörde übermittelt werden dürfen.
2. die Übergangsvorschriften des Artikels 97 des Einführungsgesetzes zur Abgabenordnung vom 14. Dezember 1976 (BGBl. I S. 3341),
3. das Steuerberatungsgesetz in der Fassung der Bekanntmachung vom 4. November 1975 (BGBl. I S. 2735),
4. die allgemeinen Bewertungsvorschriften des Bewertungsgesetzes in der Fassung der Bekanntmachung vom 26. September 1974 (BGBl. I S. 2369),
5. § 77 des Lastenausgleichsgesetzes in der Fassung der Bekanntmachung vom 1. Oktober 1969 (BGBl. I S. 1909).

(2) Absatz 1 findet auch Anwendung auf nichtsteuerliche öffentlich-rechtliche Abgaben im Sinne des § 22 des Gesetzes über die Arbeitnehmerkammern im Lande Bremen vom 3. Juli 1956 (SaBremR

70-c-1) und des § 23 des Gesetzes über die Landeswirtschaftskammer Bremen vom 20. März 1956 (SaBremR 780-a-1) sowie die von der Landeshauptkasse Bremen erhobenen Verbandsbeiträge im Sinne des § 28 des Wasserverbandsgesetzes vom 12. Februar 1991 (BGBl. I S. 405) in der jeweils geltenden Fassung.
(3) ¹Absätze 1 und 2 finden keine Anwendung auf die Vollstreckung von Geldforderungen im Sinne des § 1 des Bremischen Gesetzes über die Vollstreckung von Geldforderungen im Verwaltungswege vom 29. September 2015 (Brem.GBl. S. 448). ²Der siebente Teil der Abgabenordnung (Absatz 1 Nr. 1) findet keine Anwendung auf die von der Landeshauptkasse Bremen erhobenen Verbandsbeiträge (Absatz 2 Nr. 2).
(4) Auf die örtlichen Aufwand- und Verbrauchsteuern ist § 169 Absatz 2 Satz 1 Nummer 2 der Abgabenordnung entsprechend anzuwenden.

§ 4 Zuständige Behörden
Bei Anwendung der in § 3 Abs. 1 genannten Gesetze und Rechtsvorschriften treten
1. bei den von der Stadtgemeinde Bremerhaven verwalteten Steuern an die Stelle des Finanzamts und an die Stelle der Oberfinanzdirektion die Behörden der Stadtgemeinde Bremerhaven,
2. bei den in § 3 Abs. 2 bezeichneten Abgaben, soweit sie von der Landeshauptkasse Bremen verwaltet werden, diese an die Stelle des Finanzamts.

§ 5 Veranlagung durch öffentliche Bekanntmachung
(1) Die nach gleichbleibenden Bemessungsgrundlagen zu erhebenden öffentlich-rechtlichen Abgaben können ohne Zustellung neuer Heranziehungsbescheide durch öffentliche Bekanntmachung allgemein festgesetzt werden.
(2) Die Festsetzung durch öffentliche Bekanntmachung ist unzulässig, wenn
a) die Abgabenpflicht neu begründet wird,
b) der Abgabenschuldner wechselt,
c) der Abgabensatz sich gegenüber der letzten Veranlagung ändert.

§ 6 Wirkungen der öffentlichen Bekanntmachung
(1) Die Festsetzung durch öffentliche Bekanntmachung bewirkt, daß die Abgabenschuldner die Abgaben weiterhin in der Höhe zu entrichten haben, wie sie sich im einzelnen Fall aus dem letzten schriftlichen Heranziehungsbescheid ergeben.
(2) Für die Abgabenschuldner treten mit dem Tage der öffentlichen Bekanntmachung die gleichen Rechtswirkungen ein, als wenn ihnen an diesem Tage ein schriftlicher Heranziehungsbescheid zugegangen wäre.

§ 7 Durchführungsvorschriften
(1) Der Senator für Inneres kann Verwaltungsvorschriften zur Durchführung dieses Gesetzes erlassen.
(2) Verwaltungsvorschriften, die auch für die Stadtgemeinde Bremerhaven gelten, sind im Einvernehmen mit dem Senator für Inneres zu erlassen.

§ 8 Überleitungsvorschriften
(1) ¹Die Ertragshoheit bei örtlichen Verbrauch- und Aufwandsteuern, wie sie bei Inkrafttreten dieses Gesetzes tatsächlich gilt, bleibt unberührt. ²Zu ihrer Änderung bedarf es eines Landesgesetzes.
(2) Die aufgrund des bisher geltenden Rechts erlassenen Abgabengesetze, Abgabensatzungen oder sonstigen abgabenrechtlichen Vorschriften bleiben bis zu ihrer Änderung, Ergänzung oder Aufhebung in Kraft.
(3) Soweit die Lohnsummensteuer bisher von der Stadtgemeinde Bremerhaven verwaltet wird, behält es dabei sein Bewenden.

Haushaltsordnung der Freien Hansestadt Bremen (Landeshaushaltsordnung – LHO)

Vom 25. Mai 1971 (Brem.GBl. S. 143)
(63-c-1)
zuletzt geändert durch G vom 14. November 2017 (Brem.GBl. S. 470)

Der Senat verkündet das nachstehende von der Bürgerschaft (Landtag) beschlossene Gesetz:

Teil I
Allgemeine Vorschriften zum Haushaltsplan

§ 1 Feststellung des Haushaltsplans
[1]Der Haushaltsplan wird vor Beginn des Rechnungsjahres durch das Haushaltsgesetz festgestellt. [2]Mit dem Haushaltsgesetz wird nur der Gesamtplan (§ 13 Abs. 4) verkündet.

§ 2 Bedeutung des Haushaltsplans
[1]Der Haushaltsplan dient der Feststellung und Deckung des Finanzbedarfs, der zur Erfüllung der Aufgaben der Freien Hansestadt Bremen im Bewilligungszeitraum voraussichtlich notwendig ist. [2]Der Haushaltsplan ist Grundlage für die Haushalts- und Wirtschaftsführung. [3]Bei seiner Aufstellung und Ausführung ist den Erfordernissen des gesamtwirtschaftlichen Gleichgewichts Rechnung zu tragen.

§ 3 Wirkungen des Haushaltsplans
(1) Der Haushaltsplan ermächtigt die Verwaltung, Ausgaben zu leisten und Verpflichtungen einzugehen.
(2) Durch den Haushaltsplan werden Ansprüche oder Verbindlichkeiten weder begründet noch aufgehoben.

§ 4 Haushaltsjahr
[1]Rechnungsjahr (Haushaltsjahr) ist das Kalenderjahr. [2]Durch Gesetz kann für einzelne Bereiche etwas anderes bestimmt werden.

§ 5 Verwaltungsvorschriften
Die allgemeinen Verwaltungsvorschriften zu diesem Gesetz und die Verwaltungsvorschriften zur vorläufigen und endgültigen Haushalts- und Wirtschaftsführung erläßt der Senator für Finanzen.

§ 6 Notwendigkeit der Ausgaben und Verpflichtungsermächtigungen
Bei Aufstellung und Ausführung des Haushaltsplans sind nur die Ausgaben und die Ermächtigungen zum Eingehen von Verpflichtungen zur Leistung von Ausgaben in künftigen Jahren (Verpflichtungsermächtigungen) zu berücksichtigen, die zur Erfüllung der Aufgaben der Freien Hansestadt Bremen notwendig sind.

§ 7 Wirtschaftlichkeit und Sparsamkeit, Kosten- und Leistungsrechnung
(1) Bei Aufstellung und Ausführung des Haushaltsplans sind die Grundsätze der Wirtschaftlichkeit und Sparsamkeit zu beachten.
(2) Für alle finanzwirksamen Maßnahmen sind angemessene Wirtschaftlichkeitsuntersuchungen durchzuführen.
(3) Die Kosten- und Leistungsrechnung soll in allen Organisationseinheiten eingeführt werden.

§ 7a Leistungsbezogene Planaufstellung und -bewirtschaftung
(1) [1]Die Einnahmen, Ausgaben und Verpflichtungsermächtigungen können im Rahmen eines Systems der dezentralen Verantwortung einer Organisationseinheit veranschlagt werden. [2]Dabei wird die Finanzverantwortung auf der Grundlage der Haushaltsermächtigung auf die Organisationseinheiten übertragen, die die Fach- und Sachverantwortung haben. [3]Voraussetzung sind geeignete Informations- und Steuerungsinstrumente, mit denen insbesondere sichergestellt wird, daß das jeweils verfügbare Ausgabevolumen nicht überschritten wird. [4]Durch Gesetz oder den Haushaltsplan sollen Art und Umfang der zu erbringenden Leistungen festgelegt werden.

(2) In den Fällen des Absatzes 1 soll durch Gesetz oder Haushaltsplan für die jeweilige Organisationseinheit bestimmt werden, welche
1. Einnahmen für bestimmte Zwecke verwendet werden sollen,
2. Ausgaben übertragbar sind und
3. Ausgaben und Verpflichtungsermächtigungen jeweils gegenseitig oder einseitig deckungsfähig sind.

§ 8 Grundsatz der Gesamtdeckung
[1]Alle Einnahmen dienen als Deckungsmittel für alle Ausgaben. [2]Auf die Verwendung für bestimmte Zwecke dürfen Einnahmen beschränkt werden, soweit dies durch Gesetz vorgeschrieben oder im Haushaltsplan zugelassen ist.

§ 9 Beauftragter für den Haushalt
(1) [1]Bei jeder Dienststelle, die Einnahmen oder Ausgaben bewirtschaftet, ist ein Beauftragter für den Haushalt zu bestellen, soweit der Leiter der Dienststelle diese Aufgabe nicht selbst wahrnimmt. [2]Der Beauftragte soll dem Leiter der Dienststelle unmittelbar unterstellt werden.
(2) [1]Dem Beauftragten obliegen die Aufstellung der Unterlagen für die Finanzplanung und der Unterlagen für den Entwurf des Haushaltsplans (Voranschläge) sowie die Ausführung des Haushaltsplans. [2]Im übrigen ist der Beauftragte bei allen Maßnahmen von finanzieller Bedeutung zu beteiligen. [3]Er kann mit Zustimmung des Leiters der Dienststelle Aufgaben bei der Ausführung des Haushaltsplans übertragen.

§ 10 Unterrichtung der Bürgerschaft
(1) [1]Der Senat fügt seinen Gesetzesvorlagen einen Überblick über die Auswirkungen auf die Haushalts- und die Finanzwirtschaft der Freien Hansestadt Bremen, der Gemeinden und des Bundes bei. [2]Außerdem soll angegeben werden, auf welche Weise für die vorgesehenen Mehrausgaben oder die zu erwartenden Mindereinnahmen ein Ausgleich gefunden werden kann.
(2) Der Senat unterrichtet die Bürgerschaft über erhebliche Änderungen der Haushaltsentwicklung und deren Auswirkung auf die Finanzplanung.
(3) Der Senat leistet den Fraktionen der Bürgerschaft Hilfe bei der Ermittlung der finanziellen Auswirkungen von Anträgen, die eine Verminderung der Einnahmen oder eine Vermehrung der Ausgaben zur Folge haben.

§ 10a Unterrichtung der Bürgerschaft bei Staatsverträgen
[1]Der Senat setzt die Bürgerschaft von Verhandlungen mit dem Bund oder einem anderen Land über einen Staatsvertrag mit finanziellen Auswirkungen so frühzeitig in Kenntnis, daß die Bürgerschaft Gelegenheit hat, zu dem Staatsvertrag Stellung zu nehmen. [2]Der Senat unterrichtet die Bürgerschaft über die Grundzüge des angestrebten Vertrages und über wesentliche Abweichungen von diesen Grundzügen, die sich im Verlaufe der Verhandlungen ergeben. [3]Die Unterrichtung erfolgt schriftlich in den Deputationen und Ausschüssen der Bürgerschaft.

Teil II
Aufstellung des Haushaltsplans

§ 11 Vollständigkeit und Einheit, Fälligkeitsprinzip
(1) Für jedes Haushaltsjahr ist ein Haushaltsplan aufzustellen.
(2) Der Haushaltsplan enthält alle im Haushaltsjahr
1. zu erwartenden Einnahmen,
2. voraussichtlich zu leistenden Ausgaben und
3. voraussichtlich benötigten Verpflichtungsermächtigungen.

§ 12 Geltungsdauer der Haushaltspläne
Der Haushaltsplan kann für zwei Haushaltsjahre, nach Jahren getrennt, aufgestellt werden.

§ 13 Einzelpläne, Gesamtplan, Gruppierungsplan
(1) Der Haushaltsplan besteht aus den Einzelplänen und dem Gesamtplan.
(2) [1]Die Einzelpläne enthalten die Einnahmen, Ausgaben und Verpflichtungsermächtigungen eines einzelnen Verwaltungszweigs oder bestimmte Gruppen von Einnahmen, Ausgaben und Verpflichtungsermächtigungen. [2]Die Einzelpläne sind in Kapitel und Titel einzuteilen. [3]Die Einteilung in Titel

richtet sich nach Verwaltungsvorschriften über die Gruppierung der Einnahmen und Ausgaben des Haushaltsplans nach Arten (Gruppierungsplan).
(3) In dem Gruppierungsplan sind mindestens gesondert darzustellen
1. bei den Einnahmen: Steuern, Verwaltungseinnahmen, Einnahmen aus Vermögensveräußerungen, Darlehensrückflüsse, Zuweisungen und Zuschüsse, Einnahmen aus Krediten, wozu nicht Kredite zur Aufrechterhaltung einer ordnungsmäßigen Kassenwirtschaft (Kassenverstärkungskredite) zählen, Entnahmen aus Rücklagen;
2. bei den Ausgaben: Personalausgaben, sächliche Verwaltungsausgaben, Zinsausgaben, Zuweisungen an Gebietskörperschaften, Zuschüsse an Unternehmen, Tilgungsausgaben, Schuldendiensthilfen, Zuführungen an Rücklagen, Ausgaben für Investitionen. Ausgaben für Investitionen sind die Ausgaben für
    a) Baumaßnahmen,
    b) den Erwerb von beweglichen Sachen, soweit sie nicht als sächliche Verwaltungsausgaben veranschlagt werden,
    c) den Erwerb von unbeweglichen Sachen,
    d) den Erwerb von Beteiligungen und sonstigem Kapitalvermögen, von Forderungen und Anteilsrechten an Unternehmen, von Wertpapieren sowie für die Heraufsetzung des Kapitals von Unternehmen,
    e) Darlehen,
    f) die Inanspruchnahme aus Gewährleistungen,
    g) Zuweisungen und Zuschüsse zur Finanzierung von Ausgaben für die in den Buchstaben a bis f genannten Zwecke.
(4) Der Gesamtplan enthält
1. eine Zusammenfassung der Einnahmen, Ausgaben und Verpflichtungsermächtigungen der Einzelpläne (Haushaltsübersicht),
2. eine Finanzierungsübersicht. Sie besteht aus einer Gegenüberstellung der Einnahmen mit Ausnahme der Einnahmen aus Krediten vom Kreditmarkt, der Einnahmen aus Rücklagen sowie der Einnahmen aus kassenmäßigen Überschüssen einerseits und der Ausgaben mit Ausnahme der Schuldentilgungen am Kreditmarkt, der Zuführungen an Rücklagen sowie der Ausgaben zur Deckung eines kassenmäßigen Fehlbetrages andererseits und dem sich dabei ergebenden Saldo,
3. einen Kreditfinanzierungsplan. Er enthält jeweils getrennt eine Gegenüberstellung der Kreditaufnahmen am Kreditmarkt und der Schuldentilgungen am Kreditmarkt sowie der Kreditaufnahmen im öffentlichen Bereich und der Schuldentilgungen im öffentlichen Bereich.

§ 14 Übersichten zum Haushaltsplan, Funktionenplan
(1) ¹Der Haushaltsplan hat folgende Anlagen:
1. Darstellungen der Einnahmen und Ausgaben
    a) in einer Gruppierung nach bestimmten Arten (Gruppierungsübersicht),
    b) in einer Gliederung nach bestimmten Aufgabengebieten (Funktionenübersicht),
    c) in einer Zusammenfassung nach Buchstabe a und Buchstabe b (Haushaltsquerschnitt);
2. eine Übersicht über die den Haushalt in Einnahmen und Ausgaben durchlaufenden Posten.
²Die Anlagen sind dem Entwurf des Haushaltsplans beizufügen.
(2) Die Funktionenübersicht richtet sich nach Verwaltungsvorschriften über die Gliederung der Einnahmen und Ausgaben des Haushaltsplans nach Aufgabengebieten (Funktionenplan).

§ 15 Bruttoveranschlagung, Selbstbewirtschaftungsmittel
(1) ¹Die Einnahmen und Ausgaben sind in voller Höhe und getrennt voneinander zu veranschlagen. ²Ausnahmen von Satz 1 können im Haushaltsgesetz oder im Haushaltsplan zugelassen werden, insbesondere für
1. die Veranschlagung der Einnahmen aus Krediten am Kreditmarkt und der hiermit zusammenhängenden Tilgungsausgaben sowie
2. für Nebenkosten und Nebenerlöse bei Erwerbs- und Veräußerungsgeschäften. In den Fällen des Satzes 2 ist die Berechnung des veranschlagten Betrages dem Haushaltsplan als Anlage beizufügen oder in die Erläuterungen aufzunehmen.
(2) ¹Ausgaben können zur Selbstbewirtschaftung veranschlagt werden, wenn hierdurch eine sparsame Bewirtschaftung gefördert wird. ²Selbstbewirtschaftungsmittel stehen über das laufende Haus-

haltsjahr hinaus zur Verfügung. ³Bei der Bewirtschaftung aufkommende Einnahmen fließen den Selbstbewirtschaftungsmitteln zu. ⁴Bei der Rechnungslegung ist nur die Zuweisung der Mittel an die beteiligten Stellen als Ausgabe nachzuweisen.

§ 16 Verpflichtungsermächtigungen

¹Die Verpflichtungsermächtigungen sind bei den jeweiligen Ausgaben gesondert zu veranschlagen. ²Wenn Verpflichtungen zu Lasten mehrerer Haushaltsjahre veranschlagt werden, sollen die Jahresbeträge im Haushaltsplan angegeben werden.

§ 17 Einzelveranschlagung, Erläuterungen, Stellenplan

(1) ¹Die Einnahmen sind nach dem Entstehungsgrund, die Ausgaben und die Verpflichtungsermächtigungen nach Zwecken getrennt zu veranschlagen und, soweit erforderlich, zu erläutern. ²Erläuterungen können für verbindlich erklärt werden.

(2) ¹Bei Ausgaben für eine sich auf mehrere Jahre erstreckende Maßnahme sind im Haushaltsplan die Gesamtkosten und die finanzielle Abwicklung darzulegen. ²Das gilt nicht für Verträge im Rahmen der laufenden Verwaltung.

(3) Zweckgebundene Einnahmen und die dazugehörigen Ausgaben sind kenntlich zu machen.

(4) Für denselben Zweck sollen weder Ausgaben noch Verpflichtungsermächtigungen bei verschiedenen Titeln veranschlagt werden.

(5) ¹Planstellen sind nach Besoldungsgruppen und Amtsbezeichnungen, Stellen für Angestellte und Arbeiter nach Vergütungs- oder Lohngruppen im Haushaltsplan (Stellenplan) auszubringen. ²Planstellen dürfen nur für Aufgaben eingerichtet werden, zu deren Wahrnehmung die Begründung eines Beamtenverhältnisses zulässig ist und die in der Regel Daueraufgaben sind.

§ 18 Kreditermächtigungen

(1) Einnahmen aus Krediten dürfen nur bis zur Höhe der Summe der Ausgaben für Investitionen in den Haushaltsplan eingestellt werden; Ausnahmen sind nur zulässig zur Abwehr einer Störung des gesamtwirtschaftlichen Gleichgewichts.

(2) Das Haushaltsgesetz bestimmt, bis zu welcher Höhe Kredite aufgenommen werden dürfen
1. zur Deckung von Ausgaben,
2. zur Aufrechterhaltung einer ordnungsmäßigen Kassenwirtschaft. Soweit diese Kredite zurückgezahlt sind, kann die Ermächtigung wiederholt in Anspruch genommen werden. Kassenverstärkungskredite dürfen nicht später als sechs Monate nach Ablauf des Haushaltsjahres, für das sie aufgenommen worden sind, fällig werden.

(3) ¹Die Ermächtigungen nach Absatz 2 Nr. 1 gelten bis zum Ende des nächsten Haushaltsjahres und, wenn das Haushaltsgesetz für das zweitnächste Haushaltsjahr nicht rechtzeitig verkündet wird, bis zur Verkündung dieses Haushaltsgesetzes. ²Kreditermächtigungen dürfen nach Ablauf des Haushaltsjahres, für das sie erteilt wurden, nur mit Zustimmung des Haushalts- und Finanzausschusses in Anspruch genommen werden. ³Die Ermächtigungen nach Absatz 2 Nr. 2 gelten bis zum Ende des laufenden Haushaltsjahres und, wenn das Haushaltsgesetz für das nächste Haushaltsjahr nicht rechtzeitig verkündet wird, bis zur Verkündung dieses Haushaltsgesetzes.

§ 18a Konsolidierungsverpflichtungen für die Haushalte 2011 bis 2019

¹Zur Einhaltung der Konsolidierungsverpflichtungen in den Jahren 2011 bis 2019 gemäß Artikel 143d Absatz 2 Satz 4 und 5 des Grundgesetzes in Verbindung mit § 4 des Konsolidierungshilfengesetzes sind die in der zwischen der Bundesrepublik Deutschland und der Freien Hansestadt Bremen vom 15. April 2011 abgeschlossenen Verwaltungsvereinbarung für die Jahre 2011 bis 2019 festgelegten Obergrenzen des strukturellen Finanzierungsdefizits einzuhalten. ²Das Land und die Stadtgemeinden Bremen und Bremerhaven erfüllen gemeinsam die sich hieraus ergebenden Verpflichtungen der Freien Hansestadt Bremen.

§ 19 Übertragbarkeit

¹Ausgaben für Investitionen und Ausgaben aus zweckgebundenen Einnahmen sind übertragbar. ²Andere Ausgaben können im Haushaltsplan für übertragbar erklärt werden, wenn dies ihre wirtschaftliche und sparsame Verwendung fördert.

§ 20 Deckungsfähigkeit

(1) ¹Die Ausgaben für Dienst- und Versorgungsbezüge, Beihilfen und Unterstützungen der Beamten, Angestellten und Arbeiter sind innerhalb des gesamten Haushalts gegenseitig deckungsfähig. ²Die

Verstärkungsmittel für Personalausgaben sind einseitig zugunsten der vorgenannten Ausgaben deckungsfähig.
(2) Darüber hinaus können Ausgaben im Haushaltsplan für gegenseitig oder einseitig deckungsfähig erklärt werden, wenn ein verwaltungsmäßiger oder sachlicher Zusammenhang besteht oder eine wirtschaftliche Mittelverwendung gefördert wird.
(3) Ausgaben, die ohne nähere Angabe des Verwendungszwecks veranschlagt sind, dürfen nicht für deckungsfähig erklärt werden.

§ 21 Wegfall- und Umwandlungsvermerke
(1) Ausgaben, Planstellen und Stellen für Angestellte und Arbeiter sind als künftig wegfallend zu bezeichnen, soweit sie in den folgenden Haushaltsjahren voraussichtlich nicht mehr benötigt werden.
(2) Planstellen und Stellen für Angestellte und Arbeiter sind als künftig umzuwandeln zu bezeichnen, soweit sie in den folgenden Haushaltsjahren voraussichtlich in Stellen einer niedrigeren Besoldungs-, Vergütungs- oder Lohngruppe umgewandelt werden können.
(3) Planstellen sind als künftig umzuwandeln zu bezeichnen, soweit sie in den folgenden Haushaltsjahren voraussichtlich in Stellen für Angestellte und Arbeiter umgewandelt werden können.

§ 22 Sperrvermerk
(1) [1]Ausgaben, die aus besonderen Gründen zunächst noch nicht geleistet oder zu deren Lasten noch keine Verpflichtungen eingegangen werden sollen, sind im Haushaltsplan als gesperrt zu bezeichnen. [2]Entsprechendes gilt für Verpflichtungsermächtigungen. [3]In Ausnahmefällen kann durch Sperrvermerk bestimmt werden, daß die Leistung von Ausgaben oder die Inanspruchnahme von Verpflichtungsermächtigungen der vorherigen Zustimmung (Einwilligung) der Bürgerschaft bedarf.
(2) Alle Ausgaben und Verpflichtungsermächtigungen für Baumaßnahmen sind gesperrt.

§ 23 Zuwendungen
Ausgaben und Verpflichtungsermächtigungen für Leistungen an Stellen außerhalb der bremischen Verwaltung zur Erfüllung bestimmter Zwecke (Zuwendungen) dürfen nur veranschlagt werden, wenn die Freie Hansestadt Bremen an der Erfüllung durch solche Stellen ein erhebliches Interesse hat, das ohne die Zuwendungen nicht oder nicht in notwendigem Umfang befriedigt werden kann.

§ 24 Baumaßnahmen, größere Beschaffungen, größere Entwicklungsvorhaben
(1) [1]Ausgaben und Verpflichtungsermächtigungen für Baumaßnahmen dürfen erst veranschlagt werden, wenn Pläne, Kostenermittlungen, Erläuterungen und Wirtschaftlichkeitsuntersuchungen vorliegen, aus denen die Art der Ausführung, die Kosten der Baumaßnahme, die Kosten des Grunderwerbs und die Kosten der Einrichtungen sowie die vorgesehene Finanzierung und ein Zeitplan ersichtlich sind. [2]Den Unterlagen ist eine Schätzung der nach Fertigstellung der Maßnahme entstehenden jährlichen Haushaltsbelastungen beizufügen.
(2) [1]Ausgaben und Verpflichtungsermächtigungen für größere Beschaffungen und größere Entwicklungsvorhaben dürfen erst veranschlagt werden, wenn Planungen und Schätzungen der Kosten und Kostenbeteiligungen vorliegen. [2]Absatz 1 Satz 2 gilt entsprechend.
(3) Ausnahmen von den Absätzen 1 und 2 sind nur zulässig, wenn es im Einzelfall nicht möglich ist, die Unterlagen rechtzeitig fertigzustellen und aus einer späteren Veranschlagung der Freien Hansestadt Bremen ein Nachteil erwachsen würde.
(4) Auf einzeln veranschlagte Ausgaben und Verpflichtungsermächtigungen für Zuwendungen sind die Absätze 1 bis 3 entsprechend anzuwenden, wenn insgesamt mehr als 50 vom Hundert der Kosten durch Zuwendungen von Bund, Ländern und Gemeinden gedeckt werden.

§ 25 Überschuß, Fehlbetrag
(1) Der Überschuß oder der Fehlbetrag ist der Unterschied zwischen den tatsächlich eingegangenen Einnahmen (Ist-Einnahmen) und den tatsächlichen geleisteten Ausgaben (Ist-Ausgaben).
(2) [1]Übersteigen die Einnahmen die Ausgaben, soll der übersteigende Betrag vorrangig zur Verminderung des Kreditbedarfs oder zur Tilgung von Schulden verwendet oder einer Rücklage zugeführt werden. [2]Ein danach verbleibender Überschuß ist in den nächsten festzustellenden Haushaltsplan als Einnahme einzustellen. [3]§ 6 Absatz 1 Satz 3 in Verbindung mit § 14 des Gesetzes zur Förderung der Stabilität und des Wachstums der Wirtschaft – StWG – vom 8. Juni 1967 (BGBl. I S. 582) bleibt unberührt.

(3) ¹Ein Fehlbetrag ist spätestens in den Haushaltsplan für das zweitnächste Haushaltsjahr einzustellen. ²Er darf durch Einnahmen aus Krediten nur gedeckt werden, soweit die Möglichkeiten einer Kreditaufnahme nicht ausgeschöpft sind.

§ 26 Betriebe, Sondervermögen, Zuwendungsempfänger
(1) ¹Betriebe der Freien Hansestadt Bremen haben einen Wirtschaftsplan aufzustellen, wenn ein Wirtschaften nach Einnahmen und Ausgaben des Haushaltsplans nicht zweckmäßig ist. ²Der Wirtschaftsplan oder eine Übersicht über den Wirtschaftsplan ist dem Haushaltsplan als Anlage beizufügen oder in die Erläuterungen aufzunehmen. ³Im Haushaltsplan sind nur die Zuführungen oder die Ablieferungen zu veranschlagen. ⁴Planstellen und Stellen für Angestellte und Arbeiter sind im Haushaltsplan (Stellenplan) auszubringen.
(2) ¹Bei Sondervermögen sind nur die Zuführungen oder die Ablieferungen im Haushaltsplan zu veranschlagen. ²Über die Einnahmen, Ausgaben und Verpflichtungsermächtigungen der Sondervermögen sind Übersichten dem Haushaltsplan als Anlagen beizufügen oder in die Erläuterungen aufzunehmen.
(3) ¹Über die Einnahmen und Ausgaben von
1. juristischen Personen des öffentlichen Rechts, die von der Freien Hansestadt Bremen ganz oder zum Teil zu unterhalten sind, und
2. Stellen außerhalb der Verwaltung der Freien Hansestadt Bremen, die von der Freien Hansestadt Bremen Zuwendungen zur Deckung der gesamten Ausgaben oder eines nicht abgegrenzten Teils der Ausgaben erhalten,

sind Übersichten dem Haushaltsplan als Anlagen beizufügen oder in die Erläuterungen aufzunehmen. ²Das Nähere bestimmt der Senator für Finanzen. ³Er kann Ausnahmen zulassen.

§ 27 Voranschläge
Die Voranschläge sind von der für den Einzelplan oder das Kapitel zuständigen Stelle dem Senator für Finanzen zu dem von ihm zu bestimmenden Zeitpunkt zu übersenden.

§ 28 Aufstellung des Entwurfs des Haushaltsplans
¹Der Senator für Finanzen prüft die Voranschläge und stellt den Entwurf des Haushaltsplans auf. ²Er kann die Entwürfe nach Benehmen mit den beteiligten Stellen ändern.

§ 29 Vorlage an die Bürgerschaft
(1) Der Entwurf des Haushaltsgesetzes wird mit dem Entwurf des Haushaltsplans vom Senat eingebracht.
(2) Weicht der Entwurf des Haushaltsplans von den Voranschlägen des Vorstandes der Bürgerschaft, der Präsidenten des Staatsgerichtshofs oder des Rechnungshofs ab und ist den Änderungen nicht zugestimmt worden, so sind die Teile, über die kein Einvernehmen erzielt worden ist, unverändert dem Entwurf des Haushaltsplans beizufügen.

§ 30 Vorlagefrist
Der Entwurf des Haushaltsgesetzes mit dem Entwurf des Haushaltsplanes ist der Bürgerschaft vor Beginn des Haushaltsjahres zuzuleiten, in der Regel zu der auf den 1. September folgenden Parlamentssitzung des dem Haushaltsjahr vorhergehenden Kalenderjahres.

§ 31 Finanzplanung, Berichterstattung zur Finanzwirtschaft
(1) ¹Der Senator für Finanzen stellt entsprechend den Bestimmungen des Gesetzes zur Förderung der Stabilität und des Wachstums der Wirtschaft vom 8. Juni 1967 – StWG – (BGBl. I S. 582) sowie des Gesetzes über die Grundsätze des Haushaltsrechts des Bundes und der Länder (Haushaltsgrundsätzegesetz – HGrG) vom 19. August 1969 (BGBl. I S. 1273) in den jeweiligen Fassungen eine fünfjährige Finanzplanung auf. ²Er kann hierzu von den zuständigen Stellen die notwendigen Unterlagen anfordern und diese im Benehmen mit den beteiligten Stellen abändern.
(2) Der Senator für Finanzen soll im Zusammenhang mit der Vorlage des Entwurfs des Haushaltsplans sowie der Finanzplanung die Bürgerschaft über den Stand und die voraussichtliche Entwicklung der bremischen Finanzwirtschaft unterrichten.

§ 32 Ergänzungen zum Entwurf des Haushaltsplans
Auf Ergänzungen zu den Entwürfen des Haushaltsgesetzes und des Haushaltsplans sind die Teile I und II sinngemäß anzuwenden.

§ 33 Nachtragshaushaltsgesetze
¹Auf Nachträge zum Haushaltsgesetz und zum Haushaltsplan sind die Teile I und II sinngemäß anzuwenden. ²Der Entwurf ist bis zum Ende des Haushaltsjahres einzubringen.

Teil III
Ausführung des Haushaltsplans
§ 34 Erhebung der Einnahmen, Bewirtschaftung der Ausgaben
(1) Einnahmen sind rechtzeitig und vollständig zu erheben.
(2) ¹Ausgaben dürfen nur soweit und nicht eher geleistet werden, als sie zur wirtschaftlichen und sparsamen Verwaltung erforderlich sind. ²Die Ausgabemittel sind so zu bewirtschaften, daß sie zur Deckung aller Ausgaben ausreichen, die unter die einzelne Zweckbestimmung fallen.
(3) Absatz 2 gilt für die Inanspruchnahme von Verpflichtungsermächtigungen entsprechend.

§ 35 Bruttonachweis, Einzelnachweis
(1) ¹Alle Einnahmen und Ausgaben sind mit ihrem vollen Betrag bei dem hierfür vorgesehenen Titel zu buchen, soweit sich aus § 15 Abs. 1 Satz 2 nichts anderes ergibt. ²Der Senator für Finanzen kann im Einvernehmen mit dem Rechnungshof der Freien Hansestadt Bremen bestimmen, daß die Rückzahlung zuviel erhobener Einnahmen bei dem Einnahmetitel und zuviel geleisteter Ausgaben bei dem Ausgabetitel abgesetzt wird.
(2) ¹Für denselben Zweck dürfen Ausgaben aus verschiedenen Titeln nur geleistet werden, soweit der Haushaltsplan dies zuläßt. ²Entsprechendes gilt für die Inanspruchnahme von Verpflichtungsermächtigungen.

§ 36 Aufhebung der Sperre
(1) Nur mit Einwilligung des Senators für Finanzen dürfen Ausgaben, die durch Gesetz oder im Haushaltsplan als gesperrt bezeichnet sind, geleistet sowie Verpflichtungen zur Leistung solcher Ausgaben eingegangen werden.
(2) ¹In den Fällen des § 22 Abs. 1 Satz 3 ist die Einwilligung der Bürgerschaft einzuholen. ²Erklärt der Senator für Finanzen die Aufhebung für dringend, ist die nachträgliche Zustimmung (Genehmigung) der Bürgerschaft einzuholen.

§ 37 Über- und außerplanmäßige Ausgaben
(1) Die Bewilligung über- und außerplanmäßiger Ausgaben (Nachbewilligungen) obliegt dem Haushalts- und Finanzausschuß nach Maßgabe der Bestimmungen des jeweiligen Haushaltsgesetzes.
(2) ¹Der Senator für Finanzen ist berechtigt, im Falle eines unvorhergesehenen und unabweisbaren Bedürfnisses seine Einwilligung zu über- und außerplanmäßigen Ausgaben zu erteilen, wenn die Ausgabe nicht bis zur Verabschiedung des nächsten Haushaltsgesetzes zurückgestellt oder im Wege der Nachbewilligung bereitgestellt werden können. ²Für Mittel, die ohne nähere Angabe des Verwendungszwecks veranschlagt sind, darf der Senator für Finanzen nicht die Einwilligung zu über- und außerplanmäßigen Ausgaben erteilen.
(3) Über- und außerplanmäßige Ausgaben sollen durch Einsparungen bei anderen Ausgaben in demselben Einzelplan ausgeglichen werden.
(4) Über- und außerplanmäßige Ausgaben nach Absatz 2 sind dem Haushalts- und Finanzausschuß unverzüglich mitzuteilen.
(5) ¹Mehrausgaben bei übertragbaren Ausgaben (Vorgriffe) sind auf die nächstjährige Bewilligung für den gleichen Zweck anzurechnen. ²Der Senator für Finanzen kann Ausnahmen zulassen.

§ 38 Verpflichtungsermächtigungen
(1) ¹Maßnahmen, die die Freie Hansestadt Bremen zur Leistung von Ausgaben in künftigen Haushaltsjahren verpflichten können, sind nur zulässig, wenn der Haushaltsplan dazu ermächtigt. ²Der Senator für Finanzen kann unter den Voraussetzungen des § 37 Abs. 2 Ausnahmen zulassen.
(2) Der Haushalts- und Finanzausschuß kann durch Haushaltsgesetz ermächtigt werden, anstelle veranschlagter Verpflichtungsermächtigungen andere Verpflichtungsermächtigungen zu erteilen oder anstelle von Verpflichtungsermächtigungen Vorgriffe zu bewilligen.
(3) Die Inanspruchnahme von Verpflichtungsermächtigungen bedarf der Einwilligung des Senators für Finanzen.

(4) Der Senator für Finanzen ist bei Maßnahmen nach Absatz 1 von grundsätzlicher oder erheblicher finanzieller Bedeutung über den Beginn und Verlauf von Verhandlungen zu unterrichten.
(5) [1]Verpflichtungen für laufende Geschäfte dürfen eingegangen werden, ohne daß die Voraussetzungen der Absätze 1 bis 3 vorliegen. [2]Das Nähere regelt der Senator für Finanzen.

§ 39 Gewährleistungen, Kreditzusagen
(1) Die Übernahme von Bürgschaften, Garantien oder sonstigen Gewährleistungen, die zu Ausgaben in künftigen Haushaltsjahren führen können, bedarf einer Ermächtigung durch Gesetz, die der Höhe nach bestimmt ist.
(2) [1]Kreditzusagen sowie die Übernahme von Bürgschaften, Garantien oder sonstigen Gewährleistungen bedürfen der Einwilligung des Senators für Finanzen. [2]Er ist an den Verhandlungen zu beteiligen. [3]Er kann auf seine Befugnisse verzichten.
(3) [1]Bei Maßnahmen nach Absatz 2 haben die zuständigen Dienststellen auszubedingen, daß sie oder ihre Beauftragten bei den Beteiligten jederzeit prüfen können,
1. ob die Voraussetzungen für die Kreditzusage oder ihre Erfüllung vorliegen oder vorgelegen haben,
2. ob im Falle der Übernahme einer Gewährleistung eine Inanspruchnahme der Freien Hansestadt Bremen in Betracht kommen kann oder die Voraussetzungen für eine solche vorliegen oder vorgelegen haben.

[2]Von der Ausbedingung eines Prüfungsrechts kann ausnahmsweise mit Einwilligung des Senators für Finanzen abgesehen werden.

§ 40 Andere Maßnahmen von finanzieller Bedeutung
[1]Der Erlaß von Rechtsverordnungen und Verwaltungsvorschriften, der Abschluß von Tarifverträgen und die Gewährung von über- und außertariflichen Leistungen sowie die Festsetzung oder Änderung von Entgelten für Verwaltungsleistungen bedürfen der Einwilligung des Senators für Finanzen, wenn diese Regelungen zu Einnahmeminderungen oder zu zusätzlichen Ausgaben im laufenden Haushaltsjahr oder in künftigen Haushaltsjahren führen können. [2]Satz 1 ist auf sonstige Maßnahmen von grundsätzlicher oder erheblicher finanzieller Bedeutung anzuwenden, wenn sie zu Einnahmeminderungen im laufenden Haushaltsjahr oder in künftigen Haushaltsjahren führen können.

§ 41 Hauswirtschaftliche Sperre
Wenn die Entwicklung der Einnahmen oder Ausgaben es erfordert, kann der Senat es von der Einwilligung des Senators für Finanzen abhängig machen, ob Verpflichtungen eingegangen oder Ausgaben geleistet werden.

§ 42 Konjunkturpolitisch bedingte zusätzliche Ausgaben
(1) Ausgaben nach § 6 Abs. 2 Sätze 1 und 2 in Verbindung mit § 14 des Gesetzes zur Förderung der Stabilität und des Wachstums der Wirtschaft dürfen nur mit Einwilligung der Bürgerschaft und nur insoweit geleistet werden, als Einnahmen aus der Konjunkturausgleichsrücklage oder aus Krediten vorhanden sind.
(2) Bei Vorlagen, die der Bürgerschaft nach Absatz 1 zugeleitet werden, kann diese die Ausgaben kürzen.

§ 43 Kassenmittel
Der Senator für Finanzen soll nicht sofort benötigte Kassenmittel so anlegen, daß über sie bei Bedarf verfügt werden kann.

§ 44 Zuwendungen, Verwaltung von Mitteln oder Vermögensgegenständen
(1) [1]Zuwendungen dürfen nur unter den Voraussetzungen des § 23 gewährt werden. [2]Dabei ist zu bestimmen, wie die zweckentsprechende Verwendung der Zuwendungen nachzuweisen ist. [3]Außerdem ist ein Prüfungsrecht der zuständigen Dienststelle oder ihrer Beauftragten festzulegen. [4]Verwaltungsvorschriften, welche die Regelung des Verwendungsnachweises und die Prüfung durch den Rechnungshof der Freien Hansestadt Bremen (§ 91) betreffen, werden im Einvernehmen mit dem Rechnungshof der Freien Hansestadt Bremen erlassen.
(2) Sollen Mittel oder Vermögensgegenstände der Freien Hansestadt Bremen von Stellen außerhalb der Verwaltung der Freien Hansestadt Bremen verwaltet werden, ist Absatz 1 entsprechend anzuwenden.
(3) [1]Juristischen Personen des privaten Rechts kann mit ihrem Einverständnis die Befugnis verliehen werden, Verwaltungsaufgaben auf dem Gebiet der Zuwendungen im eigenen Namen und in den

Handlungsformen des öffentlichen Rechts wahrzunehmen, wenn sie die Gewähr für eine sachgerechte Erfüllung der ihnen übertragenen Aufgaben bieten und die Beleihung im öffentlichen Interesse liegt. ²Die Verleihung und die Entziehung der Befugnis obliegen dem zuständigen Senator; die Verleihung bedarf der Einwilligung des Senators für Finanzen. ³Der Beliehene unterliegt der Aufsicht des zuständigen Senators.

§ 44a (entfällt)

§ 45 Sachliche und zeitliche Bindung
(1) ¹Ausgaben und Verpflichtungsermächtigungen dürfen nur zu dem im Haushaltsplan bezeichneten Zweck, soweit und solange er fortdauert, und nur bis zum Ende des Haushaltsjahres geleistet oder in Anspruch genommen werden. ²Nicht in Anspruch genommene Verpflichtungsermächtigungen gelten, wenn das Haushaltsgesetz für das nächste Haushaltsjahr nicht rechtzeitig verkündet wird, bis zur Verkündung dieses Haushaltsgesetzes.
(2) ¹Bei übertragbaren Ausgaben können Ausgabereste gebildet werden, die für die jeweilige Zweckbestimmung über das Haushaltsjahr hinaus bis zum Ende des auf die Bewilligung folgenden zweitnächsten Haushaltsjahres verfügbar bleiben. ²Bei Bauten tritt an die Stelle des Haushaltsjahres der Bewilligung das Haushaltsjahr, in dem der Bau in seinen wesentlichen Teilen in Gebrauch genommen ist. ³Der Senator für Finanzen kann im Einzelfall Ausnahmen zulassen.
(3) ¹Die Inanspruchnahme von Ausgaberesten bedarf der Einwilligung des Senators für Finanzen. ²Die Einwilligung bei Ausgaberesten von investiven Ausgaben (§ 13 Abs. 3 Nr. 2 Satz 2) ist nur zulässig, wenn an anderer Stelle des Haushalts investive Ausgaben in gleicher Höhe bis zum Ende des Haushaltsjahres nicht geleistet werden.
(4) Der Haushalts- und Finanzausschuß kann in besonders begründeten Einzelfällen die Übertragbarkeit von Ausgaben zulassen, soweit Ausgaben für bereits bewilligte Maßnahmen noch im nächsten Haushaltsjahr zu leisten sind.

§ 46 Deckungsfähigkeit
Deckungsfähige Ausgaben dürfen, solange sie verfügbar sind, nach Maßgabe des § 20 Abs. 1 oder des Deckungsvermerks zugunsten einer anderen Ausgabe verwendet werden.

§ 47 Wegfall- und Umwandlungsvermerke
(1) ¹Über Ausgaben, die der Haushaltsplan als künftig wegfallend bezeichnet, darf von dem Zeitpunkt an, mit dem die im Haushaltsplan bezeichnete Voraussetzung für den Wegfall erfüllt ist, nicht mehr verfügt werden. ²Entsprechendes gilt für Planstellen.
(2) Ist eine Planstelle ohne nähere Angabe als künftig wegfallend bezeichnet, gilt diese Planstelle nach ihrem Freiwerden als weggefallen.
(3) Ist eine Planstelle ohne Bestimmung der Voraussetzungen als künftig umzuwandeln bezeichnet, gilt diese Planstelle nach ihrem Freiwerden als in eine Planstelle der nächst niedrigeren Besoldungsgruppe umgewandelt.
(4) Die Absätze 1 bis 3 gelten für Stellen der Angestellten und Arbeiter entsprechend.

§ 48 Einstellung und Versetzung von Beamten
(1) ¹Beamte dürfen erstmalig ernannt oder in den Dienst der Freien Hansestadt Bremen versetzt werden, wenn die Bewerber das 45. Lebensjahr, bei Hochschullehrern das 55. Lebensjahr noch nicht vollendet haben. ²Satz 1 gilt nicht für Versetzungen, wenn die Versorgungslasten mit dem bisherigen Dienstherrn geteilt werden.
(2) Die oberste Dienstbehörde lässt eine Ausnahme von Absatz 1 Satz 1 zu, wenn die Ernennung oder die Versetzung einen erheblichen Vorteil für die Freie Hansestadt Bremen bedeutet oder ein dringendes dienstliches Interesse besteht, den Bewerber zu gewinnen.

§ 49 Einweisung in eine Planstelle, Besetzung von Planstellen und Stellen für Angestellte und Arbeiter
(1) Ein Amt darf nur zusammen mit der Einweisung in eine besetzbare Planstelle verliehen werden.
(2) ¹Wer als Beamter befördert wird, kann mit Wirkung vom Ersten des Monats, in dem seine Ernennung wirksam geworden ist, in die entsprechende, zu diesem Zeitpunkt besetzbare Planstelle eingewiesen werden. ²Er kann mit Zustimmung des Senats mit Rückwirkung von höchstens weiteren drei Monaten eingewiesen werden, soweit er während dieser Zeit die Obliegenheiten dieser oder

einer gleichartigen Stelle tatsächlich wahrgenommen hat, und die Stelle, in die er eingewiesen wird, besetzbar war.
(3) ¹Jede Planstelle darf nur mit einer Person oder mit zwei teilzeitbeschäftigten Personen besetzt werden. ²Entsprechendes gilt auch für die Besetzung von Stellen für Angestellte und Arbeiter; für diese kann der Senator für Finanzen weitere Ausnahmen zulassen. ³Bei der Besetzung von Planstellen und Stellen für Angestellte und Arbeiter mit teilzeitbeschäftigten Personen darf die insgesamt maßgebende Arbeitszeit nicht überschritten werden.

§ 50 Umsetzung von Planstellen mit Stellen für Angestellte und Arbeiter
¹Der Senat wird ermächtigt, durch Wegfall von Aufgaben oder durch Rationalisierungsmaßnahmen eingesparte Planstellen und Stellen für Angestellte und Arbeiter in den Haushalt des Senators für Finanzen umzusetzen. ²Über den weiteren Verbleib ist im nächsten Haushaltsplan zu bestimmen.

§ 51 Besondere Personalausgaben
Personalausgaben, die nicht auf Gesetz oder Tarifvertrag beruhen, dürfen nur geleistet werden, wenn dafür Ausgabemittel besonders zur Verfügung gestellt sind.

§ 52 Nutzungen und Sachbezüge
¹Nutzungen und Sachbezüge dürfen Angehörigen des öffentlichen Dienstes nur gegen angemessenes Entgelt gewährt werden, soweit nicht durch Rechtsvorschriften oder Tarifvertrag oder im Haushaltsplan etwas anderes bestimmt ist. ²Der Senat kann für die Benutzung von Dienstfahrzeugen Ausnahmen zulassen. ³Das Nähere für die Zuweisung, Nutzung, Verwaltung und Festsetzung des Nutzungswertes von Dienstwohnungen regelt der Senator für Finanzen.

§ 53 Billigkeitsleistungen
Leistungen aus Gründen der Billigkeit dürfen nur gewährt werden, wenn dafür Ausgabemittel besonders zur Verfügung gestellt sind.

§ 54 Baumaßnahmen, größere Beschaffungen, größere Entwicklungsvorhaben
(1) ¹Baumaßnahmen dürfen nur begonnen werden, wenn ausführliche Entwurfszeichnungen und Kostenberechnungen vorliegen, es sei denn, daß es sich um kleine Maßnahmen handelt. ²In den Zeichnungen und Berechnungen darf von den in § 24 bezeichneten Unterlagen nur insoweit abgewichen werden, als die Änderung nicht erheblich ist; weitergehende Ausnahmen bedürfen der Einwilligung des Senators für Finanzen.
(2) ¹Größeren Beschaffungen und größeren Entwicklungsvorhaben sind ausreichende Unterlagen zugrunde zu legen. ²Absatz 1 Satz 2 gilt entsprechend.

§ 55 Öffentliche Ausschreibung
(1) ¹Dem Abschluss von Verträgen über Lieferungen und Leistungen muss eine öffentliche Ausschreibung oder eine beschränkte Ausschreibung mit Teilnahmewettbewerb vorausgehen, sofern nicht die Natur des Geschäfts oder besondere Umstände eine Ausnahme rechtfertigen. ²Teilnahmewettbewerb ist ein Verfahren, bei dem der öffentliche Auftraggeber nach vorheriger öffentlicher Aufforderung zur Teilnahme eine beschränkte Anzahl von geeigneten Unternehmen nach objektiven, transparenten und nichtdiskriminierenden Kriterien auswählt und zur Abgabe von Angeboten auffordert.
(2) Für das Verfahren beim Abschluß von Verträgen kann der Senator für Finanzen einheitliche Richtlinien aufstellen.

§ 56 Vorleistungen
(1) Leistungen der Freien Hansestadt Bremen dürfen vor Empfang der Gegenleistung (Vorleistungen) nur vereinbart oder bewirkt werden, wenn dies allgemein üblich oder durch besondere Umstände gerechtfertigt ist.
(2) Werden Zahlungen vor Fälligkeit an die Freie Hansestadt Bremen entrichtet, kann mit Einwilligung des Senators für Finanzen ein angemessener Abzug gewährt werden.

§ 57 Verträge mit Angehörigen des öffentlichen Dienstes
¹Zwischen Angehörigen des öffentlichen Dienstes und ihrer Dienststelle dürfen Verträge nur mit Einwilligung des zuständigen Senators abgeschlossen werden. ²Das gilt nicht bei öffentlichen Ausschreibungen und Versteigerungen sowie in Fällen, für die allgemein Entgelte festgesetzt sind.

§ 58 Änderung von Verträgen, Vergleiche

(1) ¹Der zuständige Senator darf,
1. Verträge nur in besonders begründeten Ausnahmefällen zum Nachteil der Freien Hansestadt Bremen aufheben oder ändern,
2. einen Vergleich nur abschließen, wenn dies für die Freie Hansestadt Bremen zweckmäßig und wirtschaftlich ist.

²Der zuständige Senator kann seine Befugnisse übertragen.

(2) Maßnahmen nach Absatz 1 bedürfen der Einwilligung des Senators für Finanzen, soweit er nicht darauf verzichtet.

§ 59 Veränderung von Ansprüchen

(1) ¹Der zuständige Senator darf Ansprüche nur
1. stunden, wenn die sofortige Einziehung mit erheblichen Härten für den Anspruchsgegner verbunden wäre und der Anspruch durch die Stundung nicht gefährdet wird. Die Stundung soll gegen angemessene Verzinsung und in der Regel nur gegen Sicherheitsleistung gewährt werden;
2. niederschlagen, wenn feststeht, daß die Einziehung keinen Erfolg haben wird, oder wenn die Kosten der Einziehung außer Verhältnis zur Höhe des Anspruchs stehen;
3. erlassen, wenn die Einziehung nach Lage des einzelnen Falles für den Anspruchsgegner eine besondere Härte bedeuten würde. Das gleiche gilt für die Erstattung oder Anrechnung von geleisteten Beträgen und für die Freigabe von Sicherheiten.

²Der zuständige Senator kann seine Befugnisse übertragen.

(2) Maßnahmen nach Absatz 1 bedürfen der Einwilligung des Senators für Finanzen, soweit er nicht darauf verzichtet.

(3) Andere Regelungen in Rechtsvorschriften bleiben unberührt.

(4) ¹Juristischen Personen des privaten Rechts kann mit ihrem Einverständnis die Befugnis verliehen werden, Ansprüche, die sich aufgrund der Befugnis, Verwaltungsaufgaben auf dem Gebiet der Zuwendungen wahrzunehmen, ergeben, unter den in Abs. 1 Nr. 1 bis 3 und Abs. 2 genannten Voraussetzungen zu stunden, niederzuschlagen und zu erlassen. ²Die Verleihung und die Entziehung der Befugnis obliegen dem zuständigen Senator; die Verleihung bedarf der Einwilligung des Senators für Finanzen. ³Der Beliehene unterliegt der Aufsicht des zuständigen Senators.

§ 60 Vorschüsse, Verwahrungen

(1) ¹Als Vorschuß darf eine Ausgabe nur gebucht werden, wenn die Verpflichtung zur Leistung zwar feststeht, die Ausgabe aber noch nicht nach der im Haushaltsplan oder sonst vorgesehenen Ordnung gebucht werden kann. ²Ein Vorschuß ist bis zum Ende des zweiten auf seine Entstehung folgenden Haushaltsjahres abzuwickeln; Ausnahmen bedürfen der Einwilligung des Senators für Finanzen.

(2) ¹In Verwahrung darf eine Einzahlung nur genommen werden, solange sie nicht nach der im Haushaltsplan oder sonst vorgesehenen Ordnung gebucht werden kann. ²Aus den Verwahrgeldern dürfen nur die mit ihnen im Zusammenhang stehenden Auszahlungen geleistet werden.

(3) Kassenverstärkungskredite sind wie Verwahrungen zu behandeln.

§ 61 Interne Verrechnungen (Erstattungen)

(1) ¹Der Senator für Finanzen bestimmt, ob und unter welchen Voraussetzungen bei der Abgabe von Vermögensgegenständen innerhalb der bremischen Verwaltung ein Wertausgleich vorgenommen wird. ²Das gleiche gilt für die Erstattung von Aufwendungen einer Dienststelle innerhalb der bremischen Verwaltung für eine andere. ³Andere Regelungen in Rechtsvorschriften bleiben unberührt. ⁴Ein Schadensausgleich zwischen Dienststellen unterbleibt.

(2) ¹Der Wert der abgegebenen Vermögensgegenstände und die Aufwendungen sind stets zu erstatten, wenn Betriebe oder Sondervermögen der Freien Hansestadt Bremen beteiligt sind. ²Entsprechendes gilt für den Ausgleich von Schäden. ³Über Ausnahmen entscheidet der Haushalts- und Finanzausschuß. ⁴Im Wege der Verwaltungsvereinbarung können von Satz 1 und 2 abweichende Regelungen getroffen werden, soweit sie aus Gründen der Verwaltungsvereinfachung dringend geboten sind.

(3) Für die Nutzung von Vermögensgegenständen gelten die Absätze 1 und 2 entsprechend.

§ 62 Kassenverstärkungsrücklage, sonstige Rücklagen

(1) Zur Aufrechterhaltung einer ordnungsmäßigen Kassenwirtschaft ohne Inanspruchnahme von Kreditermächtigungen (§ 18 Abs. 2 Nr. 2) soll durch möglichst regelmäßige Zuführung von Haushaltsmitteln eine Kassenverstärkungsrücklage angesammelt werden.

(2) Zur Aufrechterhaltung einer ordnungsmäßigen Kassenwirtschaft können auch sonstige Rücklagen eingesetzt werden.

§ 63 Erwerb von Veräußerungen und Vermögensgegenständen

(1) Vermögensgegenstände sollen nur erworben werden, soweit sie zur Erfüllung der Aufgaben der Freien Hansestadt Bremen in absehbarer Zeit erforderlich sind.

(2) Vermögensgegenstände dürfen nur veräußert werden, wenn sie zur Erfüllung der Aufgaben der Freien Hansestadt Bremen in absehbarer Zeit nicht benötigt werden.

(3) [1]Vermögensgegenstände dürfen nur zu ihrem vollen Wert veräußert werden. [2]Ausnahmen können im Haushaltsplan zugelassen werden.

(4) Ist der Wert gering oder besteht ein dringendes Interesse der Freien Hansestadt Bremen, so kann der Senator für Finanzen Ausnahmen zulassen.

(5) Für die Überlassung der Nutzung eines Vermögensgegenstandes gelten die Absätze 2 bis 4 entsprechend.

§ 64 Grundstücke

(1) Grundstücke der Freien Hansestadt Bremen dürfen nur mit Einwilligung des Senators für Finanzen veräußert werden; der Senator für Finanzen kann auf seine Einwilligung verzichten.

(2) Für zu erwerbende oder zu veräußernde Grundstücke ist eine Wertermittlung durchzuführen.

(3) [1]Dingliche Rechte dürfen an Grundstücken der Freien Hansestadt Bremen nur gegen angemessenes Entgelt bestellt werden. [2]Die Bestellung bedarf der Einwilligung des Senators für Finanzen; der Senator für Finanzen kann auf seine Einwilligung verzichten.

(4) [1]Beim Erwerb von Grundstücken können in Ausnahmefällen mit Einwilligung des Senators für Finanzen Hypotheken, Grund- und Rentenschulden unter Anrechnung auf den Kaufpreis ohne die Voraussetzungen des § 38 Abs. 1 übernommen werden. [2]In Fällen der Übernahme ist der anzurechnende Betrag beim zuständigen Haushaltsansatz einzusparen.

§ 65 Beteiligung an privatrechtlichen Unternehmen

(1) Die Freie Hansestadt Bremen soll sich, außer in den Fällen des Absatzes 5, an der Gründung eines Unternehmens in einer Rechtsform des privaten Rechts oder an einem bestehenden Unternehmen in einer solchen Rechtsform nur beteiligen, wenn
1. ein wichtiges Interesse der Freien Hansestadt Bremen vorliegt und sich der von der Freien Hansestadt Bremen angestrebte Zweck nicht besser und wirtschaftlicher auf andere Weise erreichen läßt;
2. die Einzahlungsverpflichtung der Freien Hansestadt Bremen auf einen bestimmten Betrag begrenzt ist;
3. die Freie Hansestadt Bremen einen angemessenen Einfluß, insbesondere im Aufsichtsrat oder in einem entsprechenden Überwachungsorgan erhält;
4. gewährleistet ist, daß der Jahresabschluß und der Lagebericht, soweit nicht weitergehende gesetzliche Vorschriften gelten oder andere gesetzliche Vorschriften entgegenstehen, in entsprechender Anwendung der Vorschriften des Dritten Buchs des Handelsgesetzbuchs für große Kapitalgesellschaften aufgestellt und geprüft werden.

(2) [1]Der zuständige Senator hat die Einwilligung des Senators für Finanzen einzuholen, bevor die Freie Hansestadt Bremen Anteile an einem wirtschaftlichen Unternehmen erwirbt, ihre Beteiligung erhöht oder sie ganz oder zum Teil veräußert. [2]Entsprechendes gilt bei einer Änderung des Nennkapitals oder des Gegenstandes des Unternehmens oder bei einer Änderung des Einflusses der Freien Hansestadt Bremen. [3]Der Senator für Finanzen ist an den Verhandlungen zu beteiligen.

(3) [1]Der zuständige Senator hat darauf hinzuwirken, daß ein Unternehmen, an dem die Freie Hansestadt Bremen unmittelbar oder mittelbar mit Mehrheit beteiligt ist, nur mit seiner Zustimmung eine Beteiligung von mehr als dem vierten Teil der Anteile eines anderen Unternehmens erwirbt, eine solche Beteiligung erhöht oder sie ganz oder zum Teil veräußert. [2]Er hat vor Erteilung seiner Zustim-

mung die Einwilligung des Senators für Finanzen einzuholen. [3]Die Grundsätze des Absatzes 1 Nr. 3 und 4 sowie des Absatzes 2 Satz 3 gelten entsprechend.

(4) Der Senator für Finanzen kann auf die Ausübung der Befugnisse nach den Absätzen 2 und 3 verzichten.

(5) [1]An einer Genossenschaft soll sich die Freie Hansestadt Bremen nur beteiligen, wenn die Haftpflicht der Genossen für die Verbindlichkeiten der Genossenschaft dieser gegenüber im voraus auf eine bestimmte Summe beschränkt ist. [2]Die Beteiligung der Freien Hansestadt Bremen an einer Genossenschaft bedarf der Einwilligung des Senators für Finanzen.

(6) Der zuständige Senator soll darauf hinwirken, daß die auf Veranlassung der Freien Hansestadt Bremen gewählten oder entsandten Mitglieder der Aufsichtsorgane der Unternehmen bei ihrer Tätigkeit auch die besonderen Interessen der Freien Hansestadt Bremen berücksichtigen.

(7) [1]Haben Anteile an Unternehmen besondere Bedeutung und ist deren Veräußerung im Haushaltsplan nicht vorgesehen, so dürfen sie nur mit Einwilligung der Bürgerschaft veräußert werden, soweit nicht aus zwingenden Gründen eine Ausnahme geboten ist. [2]Ist die Zustimmung nicht eingeholt worden, so ist die Bürgerschaft alsbald von der Veräußerung zu unterrichten.

§ 66 Unterrichtung des Rechnungshofes

Besteht eine Mehrheitsbeteiligung im Sinne des § 53 des Haushaltsgrundsätzegesetzes, so hat der zuständige Senator darauf hinzuwirken, daß dem Rechnungshof der Freien Hansestadt Bremen die in § 54 des Haushaltsgrundsätzegesetzes bestimmten Befugnisse eingeräumt werden.

§ 67 Prüfungsrecht durch Vereinbarung

[1]Besteht keine Mehrheitsbeteiligung im Sinne des § 53 des Haushaltsgrundsätzegesetzes, so soll der zuständige Senator, soweit das Interesse der Freien Hansestadt Bremen dies erfordert, bei Unternehmen, die nicht Aktiengesellschaften, Kommanditgesellschaften auf Aktien oder Genossenschaften sind, darauf hinwirken, daß der Freien Hansestadt Bremen in der Satzung oder im Gesellschaftsvertrag die Befugnisse nach den §§ 53 und 54 des Haushaltsgrundsätzegesetzes eingeräumt werden. [2]Bei mittelbaren Beteiligungen gilt dies nur, wenn die Beteiligung den vierten Teil der Anteile übersteigt und einem Unternehmen zusteht, an dem die Freie Hansestadt Bremen allein oder zusammen mit anderen Gebietskörperschaften mit Mehrheit im Sinne des § 53 des Haushaltsgrundsätzegesetzes beteiligt ist.

§ 68 Zuständigkeitsregelungen

(1) [1]Die Rechte nach § 53 Abs. 1 des Haushaltsgrundsätzegesetzes übt der für die Beteiligung zuständige Senator aus. [2]Bei der Wahl oder Bestellung der Prüfer nach § 53 Abs. 1 Nr. 1 des Haushaltsgrundsätzegesetzes übt der zuständige Senator die Rechte der Freien Hansestadt Bremen im Einvernehmen mit dem Rechnungshof der Freien Hansestadt Bremen aus.

(2) Einen Verzicht auf die Ausübung der Rechte des § 53 Abs. 1 des Haushaltsgrundsätzegesetzes erklärt der zuständige Senator im Einvernehmen mit dem Senator für Finanzen und dem Rechnungshof der Freien Hansestadt Bremen.

§ 69 Unterrichtung des Rechnungshofes

[1]Der zuständige Senator übersendet dem Rechnungshof der Freien Hansestadt Bremen innerhalb von drei Monaten nach der Haupt- oder Gesellschafterversammlung, die den Jahresabschluß für das abgelaufene Geschäftsjahr entgegennimmt oder festzustellen hat,
1. die Unterlagen, die der Freien Hansestadt Bremen als Aktionär oder Gesellschafter zugänglich sind,
2. Berichte, welche die auf ihre Veranlassung gewählten oder entsandten Mitglieder des Überwachungsorgans erstatten,
3. die ihm nach § 53 des Haushaltsgrundsätzegesetzes und nach § 67 zu übersendenden Prüfungsberichte.

[2]Er teilt dabei das Ergebnis seiner Prüfung mit.

Teil IV
Zahlungen, Buchführung und Rechnungslegung

§ 70 Zahlungen

[1]Zahlungen dürfen nur von Kassen und Zahlstellen angenommen oder geleistet werden. [2]Die Anordnung der Zahlung muß durch den zuständigen Senator oder die von ihm ermächtigte Dienststelle

schriftlich oder auf elektronischem Wege erteilt werden. ³Der Senator für Finanzen kann Ausnahmen zulassen.

§ 71 Buchführung
(1) Über Zahlungen ist nach der im Haushaltsplan oder sonst vorgesehenen Ordnung in zeitlicher Folge Buch zu führen.
(2) Der Senator für Finanzen kann für eingegangene Verpflichtungen und Geldforderungen, die durch Behörden des Landes verwaltet werden, sowie für andere Bewirtschaftungsvorgänge die Buchführung anordnen.
(3) Einnahmen und Ausgaben auf Einnahme- und Ausgabereste (Haushaltsreste) aus Vorjahren,
1. für die im Haushaltsplan des laufenden Haushaltsjahres wiederum ein Titel vorgesehen ist, sind bei diesem zu buchen,
2. für die im Haushaltsplan des laufenden Haushaltsjahres kein Titel vorgesehen ist, sind an der Stelle zu buchen, an der sie im Falle der Veranschlagung im Haushaltsplan vorzusehen gewesen wären.
(4) Absatz 3 Nr. 2 gilt entsprechend für außerplanmäßige Einnahmen und Ausgaben.

§ 71a Buchführung und Bilanzierung nach den Grundsätzen des Handelsgesetzbuches
¹Die Buchführung kann zusätzlich nach den Grundsätzen ordnungsgemäßer Buchführung und Bilanzierung in sinngemäßer Anwendung der Vorschriften des Handelsgesetzbuches erfolgen. ²Die §§ 71 bis 73, 75 und 76 sowie 80 bis 84 bleiben unberührt.

§ 72 Buchung nach Haushaltsjahren
(1) Zahlungen sowie eingegangene Verpflichtungen, Geldforderungen und andere Bewirtschaftungsvorgänge, für die nach § 71 Abs. 2 die Buchführung angeordnet ist, sind nach Haushaltsjahren getrennt zu buchen.
(2) Alle Zahlungen, mit Ausnahme der Fälle nach den Absätzen 3 und 4 sind für das Haushaltsjahr zu buchen, in dem sie eingegangen oder geleistet worden sind.
(3) Zahlungen, die im abgelaufenen Haushaltsjahr fällig waren, jedoch erst später eingehen oder geleistet werden, sind in den Büchern des abgelaufenen Haushaltsjahres zu buchen, solange die Bücher nicht abgeschlossen sind.
(4) Für das neue Haushaltsjahr sind zu buchen:
1. Einnahmen, die im neuen Haushaltsjahr fällig werden, jedoch vorher eingehen;
2. Ausgaben, die im neuen Haushaltsjahr fällig werden, jedoch wegen des fristgerechten Eingangs beim Empfänger vorher gezahlt werden müssen;
3. im voraus zu zahlende Dienst-, Versorgungs- und entsprechende Bezüge sowie Renten für den ersten Monat des neuen Haushaltsjahres.
(5) Die Absätze 3 und 4 Nr. 1 gelten nicht für Steuern, Gebühren, andere Abgaben, Geldstrafen, Geldbußen sowie damit zusammenhängende Kosten.
(6) Ausnahmen von den Absätzen 2 bis 4 können vom Senator für Finanzen zugelassen werden.

§ 73 Vermögensnachweis
¹Über das Vermögen und die Schulden ist ein Nachweis zu erbringen. ²Das Nähere regelt der Senator für Finanzen im Einvernehmen mit dem Rechnungshof der Freien Hansestadt Bremen.

§ 74 Buchführung bei Betrieben der Freien Hansestadt Bremen
(1) Betriebe der Freien Hansestadt Bremen, die nach § 26 Abs. 1 Satz 1 einen Wirtschaftsplan aufstellen und bei denen eine Buchführung nach den §§ 71 bis 79 nicht zweckmäßig ist, haben nach den Regeln der kaufmännischen doppelten Buchführung zu buchen.
(2) Der zuständige Senator kann im Einvernehmen mit dem Senator für Finanzen und dem Rechnungshof der Freien Hansestadt Bremen anordnen, daß bei Betrieben der Freien Hansestadt Bremen zusätzlich eine Betriebsbuchführung eingerichtet wird, wenn dies aus betriebswirtschaftlichen Gründen zweckmäßig ist.
(3) ¹Geschäftsjahr ist das Haushaltsjahr. ²Ausnahmen kann der zuständige Senator im Einvernehmen mit dem Senator für Finanzen zulassen.

§ 75 Belegpflicht
Alle Buchungen sind zu belegen.

§ 76 Abschluß der Bücher

(1) [1]Die Bücher sind jährlich abzuschließen. [2]Der Senator für Finanzen bestimmt den Zeitpunkt des Abschlusses.
(2) Nach dem Abschluß der Bücher dürfen Einnahmen oder Ausgaben nicht mehr für den abgelaufenen Zeitraum gebucht werden.

§ 77 Kassensicherheit

[1]Wer Anordnungen im Sinne des § 70 erteilt oder an ihnen verantwortlich mitwirkt, darf an Zahlungen oder Buchungen nicht beteiligt sein. [2]Der Senator für Finanzen kann zulassen, daß die Kassensicherheit auf andere Weise gewährleistet wird.

§ 78 Unvermutete Prüfungen

[1]Für Zahlungen und Buchungen zuständige Stellen sind mindestens jährlich, für die Verwaltung von Vorräten zuständige Stellen mindestens alle fünf Jahre unvermutet zu prüfen. [2]Der Senator für Finanzen kann Ausnahmen zulassen.

§ 79 Landeskassen, Verwaltungsvorschriften

(1) Die Aufgaben der Kassen bei der Annahme und der Leistung von Zahlungen für die Freie Hansestadt Bremen und für die juristischen Personen des öffentlichen Rechts im Sinne des § 26 Abs. 3 Nr. 1 werden für alle Stellen innerhalb und außerhalb der bremischen Verwaltung von der Landeshauptkasse Bremen wahrgenommen, soweit nichts anderes bestimmt ist.
(2) [1]Zur Erfüllung der Aufgaben nach Absatz 1 dürfen der Landeshauptkasse von der zuständigen Meldebehörde Familienname, frühere Namen, Vornamen, Geschlecht, Tag der Geburt, Sterbetag und Anschriften nur von solchen Zahlungspflichtigen oder Zahlungsempfängern übermittelt werden, deren vorgenannte Daten hierfür nicht im erforderlichen Umfange bekannt sind. [2]Diese Daten dürfen auch übermittelt werden, wenn sich aus den Gesamtumständen die hinreichende Vermutung ergibt, daß sich Familienname, Vornamen oder Anschriften geändert haben oder unrichtig sind. [3]Die übermittelten Daten dürfen nur für die in den Sätzen 2 und 3 genannten Zwecke verwendet werden. [4]Die Übermittlung dieser Daten kann im automatisierten Abrufverfahren erfolgen. [5]Der Abruf im automatisierten Verfahren ist nur zulässig, wenn durch organisatorische und technische Maßnahmen sichergestellt wird, daß nur berechtigte Bedienstete diese Daten abrufen können.
(3) Der Senator für Finanzen regelt das Nähere
1. über die Einrichtung, den Zuständigkeitsbereich und das Verwaltungsverfahren der für Zahlungen und Buchungen zuständigen Stellen,
2. über die Einrichtung der Bücher und Belege im Einvernehmen mit dem Rechnungshof der Freien Hansestadt Bremen.
(4) Der Senator für Finanzen kann im Einvernehmen mit dem Rechnungshof der Freien Hansestadt Bremen Vereinfachungen für die Buchführung und die Belegung der Buchungen anordnen.

§ 80 Rechnungslegung

(1) [1]Die zuständigen Stellen haben für jedes Haushaltsjahr auf der Grundlage der abgeschlossenen Bücher Rechnung zu legen. [2]Der Senator für Finanzen kann im Einvernehmen mit dem Rechnungshof der Freien Hansestadt Bremen bestimmen, daß für einen anderen Zeitraum Rechnung zu legen ist.
(2) (aufgehoben)
(3) Auf der Grundlage der abgeschlossenen Bücher stellt der Senator für Finanzen für jedes Haushaltsjahr die Haushaltsrechnung auf.

§ 81 Gliederung der Haushaltsrechnung

(1) In der Haushaltsrechnung sind die Einnahmen und Ausgaben nach der in § 71 bezeichneten Ordnung den Ansätzen des Haushaltsplans unter Berücksichtigung der Haushaltsreste und der Vorgriffe gegenüberzustellen.
(2) Bei den einzelnen Titeln und entsprechend bei den Schlußsummen sind besonders anzugeben:
1. bei den Einnahmen:
   a) die Ist-Einnahmen,
   b) die zu übertragenden Einnahmereste,
   c) die Summe der Ist-Einnahmen und der zu übertragenden Einnahmereste,
   d) die veranschlagten Einnahmen,
   e) die aus dem Vorjahr übertragenen Einnahmereste,

f) die bei Nachbewilligungen nach § 37 Abs. 1 erwarteten Mehreinnahmen,
g) die Summe der veranschlagten Einnahmen, der übertragenen Einnahmereste und der Beträge nach Buchstabe f),
h) der Mehr- oder Minderbetrag der Summe aus Buchstabe c) gegenüber der Summe aus Buchstabe g);
2. bei den Ausgaben:
a) die Ist-Ausgaben,
b) die zu übertragenden Ausgabereste oder die Vorgriffe,
c) die Summe der Ist-Ausgaben und der zu übertragenden Ausgabereste oder der Vorgriffe,
d) die veranschlagten Ausgaben,
e) die aus dem Vorjahr übertragenen Ausgabereste oder die Vorgriffe,
f) die Nachbewilligungen nach § 37 Abs. 1 und die zu ihrer Deckung bestimmten Einsparungen,
g) die Summe der veranschlagten Ausgaben, der übertragenen Ausgabereste oder der Vorgriffe und der Beträge nach Buchstabe f),
h) der Mehr- oder Minderbetrag der Summe aus Buchstabe c) gegenüber der Summe aus Buchstabe g),
i) der Betrag der über- und außerplanmäßigen Ausgaben sowie der Vorgriffe, soweit sie aufgrund des § 37 Abs. 2 geleistet worden sind.

(3) Für die jeweiligen Titel und entsprechend für die Schlußsummen ist die Höhe der eingegangenen Verpflichtungen und der Geldforderungen besonders anzugeben, soweit nach § 71 Abs. 2 die Buchführung angeordnet worden ist.

(4) In den Fällen des § 25 Abs. 2 ist die Verminderung des Kreditbedarfs zugleich mit dem Nachweis des Überschusses darzustellen.

§ 82 Kassenmäßiger Abschluß

In dem kassenmäßigen Abschluß sind nachzuweisen:
1. a) die Summe der Ist-Einnahmen,
b) die Summe der Ist-Ausgaben,
c) der Unterschied aus Buchstabe a) und Buchstabe b) (kassenmäßiges Jahresergebnis),
d) die haushaltsmäßig noch nicht abgewickelten kassenmäßigen Jahresergebnisse früherer Jahre,
e) das kassenmäßige Gesamtergebnis aus Buchstabe c) und Buchstabe d);
2. a) die Summe der Ist-Einnahmen mit Ausnahme der Einnahmen aus Krediten vom Kreditmarkt, der Entnahmen aus Rücklagen und der Einnahmen aus kassenmäßigen Überschüssen,
b) die Summe der Ist-Ausgaben mit Ausnahme der Ausgaben zur Schuldentilgung am Kreditmarkt, der Zuführungen an Rücklagen und der Ausgaben zur Deckung eines kassenmäßigen Fehlbetrages,
c) der Finanzierungssaldo aus Buchstabe a) und Buchstabe b).

§ 83 Haushaltsabschluß

In dem Haushaltsabschluß sind nachzuweisen:
1. a) das kassenmäßige Jahresergebnis nach § 82 Nr. 1 Buchstabe c),
b) das kassenmäßige Gesamtergebnis nach § 82 Nr. 1 Buchstabe e);
2. a) die aus dem Vorjahr übertragenen Einnahmereste und Ausgabereste,
b) die in das folgende Haushaltsjahr zu übertragenden Einnahmereste und Ausgabereste,
c) der Unterschied aus Buchstabe a) und Buchstabe b),
d) das rechnungsmäßige Jahresergebnis aus Nr. 1 Buchstabe a) und Nr. 2 Buchstabe c),
e) das rechnungsmäßige Gesamtergebnis aus Nr. 1 Buchstabe b) und Nr. 2 Buchstabe b);
3. die Höhe der eingegangenen Verpflichtungen und der Geldforderungen, soweit nach § 71 Abs. 2 die Buchführung angeordnet worden ist.

§ 84 Abschlußbericht

Der kassenmäßige Abschluß und der Haushaltsabschluß sind in einem Bericht zu erläutern.

§ 85 Übersichten zur Haushaltsrechnung

(1) Der Haushaltsrechnung sind Übersichten beizufügen über
1. die über- und außerplanmäßigen Ausgaben einschließlich der Vorgriffe, soweit sie aufgrund des § 37 Abs. 2 geleistet worden sind, und ihre Begründung in wesentlichen Fällen,

2. die Einnahmen und Ausgaben sowie den Bestand an Sondervermögen und Rücklagen,
3. den Jahresabschluß der Betriebe der Freien Hansestadt Bremen,
4. die Gesamtbeträge der nach § 59 erlassenen Ansprüche nach Geschäftsbereichen.
(2) Der Senator für Finanzen kann im Einvernehmen mit dem Rechnungshof der Freien Hansestadt Bremen auf die Vorlage der Unterlagen nach Absatz 1 Nr. 3 und 4 verzichten.

§ 86 Vorlage des Vermögensnachweises
Der Vermögensnachweis ist der Bürgerschaft und dem Rechnungshof der Freien Hansestadt Bremen zusammen mit der Haushaltsrechnung vorzulegen.

§ 87 Rechnungslegung der Betriebe der Freien Hansestadt Bremen
(1) [1]Betriebe der Freien Hansestadt Bremen, die nach den Regeln der kaufmännischen doppelten Buchführung buchen, stellen einen Jahresabschluß sowie einen Lagebericht in entsprechender Anwendung der Vorschrift des § 264 Abs. 1 Satz 1 des Handelsgesetzbuchs auf. [2]Der zuständige Senator kann im Einvernehmen mit dem Senator für Finanzen auf die Aufstellung des Lageberichts verzichten. [3]Die §§ 80 bis 85 sollen angewandt werden, soweit sie mit den Regeln der kaufmännischen doppelten Buchführung zu vereinbaren sind.
(2) Ist eine Betriebsbuchführung eingerichtet, so ist die Betriebsergebnisrechnung dem Senator für Finanzen und dem Rechnungshof der Freien Hansestadt Bremen zu übersenden.

Teil V
Rechnungsprüfung

§ 88 Aufgaben des Rechnungshofes
(1) [1]Der Rechnungshof der Freien Hansestadt Bremen prüft und überwacht die gesamte Haushalts- und Wirtschaftsführung der Freien Hansestadt Bremen einschließlich ihrer Sondervermögen und Betriebe. [2]Hierbei kann er auch Untersuchungen über die zweckmäßigste und wirtschaftlichste Gestaltung von Behörden und Einrichtungen anstellen.
(2) [1]Der Rechnungshof der Freien Hansestadt Bremen kann aufgrund von Prüfungserfahrungen die Bürgerschaft, den Senat und einzelne Senatoren beraten. [2]Soweit der Rechnungshof der Freien Hansestadt Bremen die Bürgerschaft berät, unterrichtet er gleichzeitig den Senat.

§ 89 Prüfung
(1) Der Rechnungshof der Freien Hansestadt Bremen prüft insbesondere
1. die Einnahmen, Ausgaben, Verpflichtungen zur Leistung von Ausgaben, das Vermögen und die Schulden,
2. Maßnahmen, die sich finanziell auswirken können,
3. Verwahrungen und Vorschüsse,
4. die Verwendung der Mittel, die zur Selbstbewirtschaftung zugewiesen sind.
(2) Der Rechnungshof der Freien Hansestadt Bremen kann nach seinem Ermessen die Prüfung beschränken und Rechnungen ungeprüft lassen.

§ 90 Inhalt der Prüfung
Die Prüfung erstreckt sich auf die Einhaltung der für die Haushalts- und Wirtschaftsführung geltenden Vorschriften und Grundsätze, insbesondere darauf, ob
1. das Haushaltsgesetz und der Haushaltsplan eingehalten worden sind,
2. die Einnahmen und Ausgaben begründet und belegt sind und die Haushaltsrechnung und der Vermögensnachweis ordnungsmäßig aufgestellt sind,
3. wirtschaftlich und sparsam verfahren wird,
4. die Aufgabe mit geringerem Personal- oder Sachaufwand oder auf andere Weise wirksamer erfüllt werden kann.

§ 91 Prüfung bei Stellen außerhalb der bremischen Verwaltung
(1) Der Rechnungshof der Freien Hansestadt Bremen ist berechtigt, bei Stellen außerhalb der bremischen Verwaltung zu prüfen, wenn sie
1. Teile der bremischen Haushaltspläne ausführen oder von der Freien Hansestadt Bremen Ersatz von Aufwendungen erhalten,
2. bremische Mittel oder Vermögensgegenstände verwalten oder
3. von der Freien Hansestadt Bremen Zuwendungen erhalten.

Leiten diese Stellen die Mittel an Dritte weiter, so kann der Rechnungshof der Freien Hansestadt Bremen auch bei diesen prüfen.

(2) ¹Die Prüfung erstreckt sich auf die bestimmungsmäßige und wirtschaftliche Verwaltung und Verwendung. ²Bei Zuwendungen kann sie sich auch auf die sonstige Haushalts- und Wirtschaftsführung des Empfängers erstrecken, soweit es der Rechnungshof der Freien Hansestadt Bremen für seine Prüfung für notwendig hält.

(3) Bei der Gewährung von Krediten aus Haushaltsmitteln sowie bei der Übernahme von Bürgschaften, Garantien oder sonstigen Gewährleistungen durch die Freie Hansestadt Bremen kann der Rechnungshof der Freien Hansestadt Bremen bei den Beteiligten prüfen, ob sie ausreichende Vorkehrungen gegen Nachteile für die Freie Hansestadt Bremen getroffen oder ob die Voraussetzungen für eine Inanspruchnahme der Freien Hansestadt Bremen vorgelegen haben.

§ 92 Prüfung staatlicher Betätigung bei privatrechtlichen Unternehmen

(1) Der Rechnungshof der Freien Hansestadt Bremen überwacht und prüft die Betätigungen der Freien Hansestadt Bremen bei Unternehmen in einer Rechtsform des privaten Rechts, an denen die Freie Hansestadt Bremen unmittelbar oder mittelbar beteiligt ist, unter Beachtung kaufmännischer Grundsätze.

(2) Absatz 1 gilt entsprechend bei Genossenschaften, in denen die Freie Hansestadt Bremen Mitglied ist.

§ 93 Gemeinsame Prüfung

¹Ist für die Prüfung sowohl der Rechnungshof der Freien Hansestadt Bremen als auch der Bundesrechnungshof oder ein anderer Landesrechnungshof zuständig, so soll gemeinsam geprüft werden. ²Der Rechnungshof der Freien Hansestadt Bremen kann durch Vereinbarung Prüfungsaufgaben mit Ausnahme der Prüfung der Rechnung auf die anderen Rechnungshöfe übertragen. ³Er kann durch Vereinbarung auch Prüfungsaufgaben von ihnen übernehmen.

§ 94 Zeit und Art der Prüfung

(1) Der Rechnungshof der Freien Hansestadt Bremen bestimmt Zeit und Art der Prüfung und läßt erforderliche örtliche Erhebungen durch Beauftragte vornehmen.

(2) Der Rechnungshof der Freien Hansestadt Bremen kann Sachverständige hinzuziehen.

§ 95 Auskunftspflicht

(1) Unterlagen, die der Rechnungshof der Freien Hansestadt Bremen zur Erfüllung seiner Aufgaben für erforderlich hält, sind ihm auf Verlangen innerhalb einer bestimmten Frist zu übersenden oder seinen Beauftragten vorzulegen.

(2) Dem Rechnungshof der Freien Hansestadt Bremen und seinen Beauftragten sind die erbetenen Auskünfte zu erteilen.

(3) ¹Die Vorlage- und Auskunftspflichten nach den Absätzen 1 und 2 bestehen auch, soweit für die Übermittlung, einschließlich eines automatisierten Abrufs, nach anderen Bestimmungen eine besondere Rechtsvorschrift erforderlich ist. ²Der Rechnungshof kann entsprechend § 14 Abs. 7 des Bremischen Datenschutzgesetzes verlangen, zum automatisierten Datenabruf berechtigt zu werden. ³Der Landesbeauftragte für den Datenschutz ist vorher anzuhören.

§ 96 Prüfungsergebnis

(1) ¹Der Rechnungshof der Freien Hansestadt Bremen teilt die bei der Prüfung festgestellten Mängel und Verstöße, soweit sie nicht unerheblich sind, den zuständigen Dienststellen zur Äußerung innerhalb einer von ihm zu bestimmenden Frist mit. ²Er kann sie auch anderen Dienststellen mitteilen, soweit er dies aus besonderen Gründen für erforderlich hält.

(2) Prüfungsergebnisse von grundsätzlicher oder erheblicher finanzieller Bedeutung teilt der Rechnungshof der Freien Hansestadt Bremen auch dem Senator für Finanzen mit.

(3) ¹Der Rechnungshof der Freien Hansestadt Bremen ist zu hören, wenn die Verwaltung Ansprüche der Freien Hansestadt Bremen, die in Prüfungsmitteilungen erörtert worden sind, nicht verfolgen will. ²Er kann auf die Anhörung verzichten.

§ 97 Bericht

(1) Der Rechnungshof der Freien Hansestadt Bremen faßt das Ergebnis seiner Prüfung, soweit es für die Entlastung des Senats wegen der Haushaltsrechnung und für die Vermögensnachweisung von Be-

deutung sein kann, jährlich für die Bürgerschaft in einem Bericht zusammen, den er der Bürgerschaft und dem Senat zuleitet.

(2) Er hat zur Haushaltsführung insbesondere zu berichten,
1. ob die in der Haushaltsrechnung und die in den Büchern aufgeführten Beträge übereinstimmen und die geprüften Einnahmen und Ausgaben ordnungsmäßig belegt sind,
2. ob und in welcher Weise vom Haushaltsplan oder von Nachbewilligungen ohne Genehmigung der Bürgerschaft oder des Haushalts- und Finanzausschusses abgewichen wurde,
3. ob gegen Gesetze, Verordnungen und Verwaltungsvorschriften über die Einnahmen und Ausgaben oder den Erwerb und die Verwaltung öffentlichen Eigentums verstoßen wurde,
4. ob bei der Ausführung des Haushaltsplanes die gebotene Wirtschaftlichkeit beachtet wurde.

(3) Der Rechnungshof der Freien Hansestadt Bremen hat weiterhin Erfahrungen und Feststellungen aus der laufenden Überwachung der Wirtschaftsführung und der organisatorischen Überprüfung von Behörden und Einrichtungen mitzuteilen und zu berichten, ob und in welcher Weise die Verwaltung Einsparungs- oder Vereinfachungsvorschläge des Rechnungshofes aufgegriffen oder sonstige Hinweise berücksichtigt hat.

(4) Der Bericht soll auch Bemerkungen über wesentliche Beanstandungen aus der Prüfung der Betätigung bei Unternehmen mit eigener Rechtspersönlichkeit enthalten.

(5) In den Bericht können Feststellungen auch über spätere oder frühere Haushaltsjahre aufgenommen werden.

(6) Feststellungen zu geheimzuhaltenden Angelegenheiten werden dem Präsidenten der Bürgerschaft sowie dem Präsidenten des Senats mitgeteilt.

§ 98 Aufforderung zum Schadensausgleich
Der Rechnungshof der Freien Hansestadt Bremen macht der zuständigen Stelle unverzüglich Mitteilung, wenn nach seiner Auffassung ein Schadensersatzanspruch geltend zu machen ist.

§ 99 Angelegenheiten von besonderer Bedeutung
[1]Über Angelegenheiten von besonderer Bedeutung kann der Rechnungshof der Freien Hansestadt Bremen die Bürgerschaft und den Senat jederzeit unterrichten. [2]Berichtet er der Bürgerschaft, so unterrichtet er gleichzeitig den Senat.

§ 100 Vorprüfung
(1) Die Verwaltungsbehörden können nach Bedarf im Einvernehmen mit dem Rechnungshof der Freien Hansestadt Bremen und dem Senator für Finanzen Vorprüfungsstellen einrichten, die die Belege rechnerisch prüfen und bescheinigen, wenn dies durch die Behörden nicht schon früher geschehen ist, und die die Rechnungen mit den Belegen in formeller und sachlicher Hinsicht zu prüfen haben.

(2) Die Vorprüfungsstellen legen besondere Prüfungsfeststellungen auch dem Rechnungshof der Freien Hansestadt Bremen vor.

(3) Das Nähere regelt der Senator für Finanzen im Einvernehmen mit dem Rechnungshof der Freien Hansestadt Bremen.

§ 101 Rechnung des Rechnungshofes
Die Rechnung des Rechnungshofes der Freien Hansestadt Bremen wird von der Bürgerschaft geprüft, die auch die Entlastung erteilt.

§ 102 Unterrichtung des Rechnungshofes
(1) Der Rechnungshof der Freien Hansestadt Bremen ist unverzüglich zu unterrichten, wenn
1. oberste Landesbehörden allgemeine Vorschriften erlassen oder erläutern, welche die Bewirtschaftung der Haushaltsmittel der Freien Hansestadt Bremen betreffen oder sich auf deren Einnahmen und Ausgaben auswirken,
2. den Haushalt der Freien Hansestadt Bremen berührende Verwaltungseinrichtungen oder Betriebe geschaffen, wesentlich geändert oder ausgelöst werden,
3. unmittelbare Beteiligungen der Freien Hansestadt Bremen oder mittelbare Beteiligungen im Sinne des § 65 Abs. 3 an Unternehmen begründet, wesentlich geändert oder aufgegeben werden,
4. Vereinbarungen zwischen der Freien Hansestadt Bremen und einer Stelle außerhalb der bremischen Verwaltung oder zwischen obersten Landesbehörden über die Bewirtschaftung von Haushaltsmitteln der Freien Hansestadt Bremen getroffen werden,

5. von den obersten Landesbehörden organisatorische oder sonstige Maßnahmen von erheblicher finanzieller Tragweite getroffen werden.

(2) Dem Rechnungshof der Freien Hansestadt Bremen sind auf Anforderung Vorschriften oder Erläuterungen der in Absatz 1 Nr. 1 genannten Art auch dann mitzuteilen, wenn andere Stellen der Freien Hansestadt Bremen sie erlassen.

(3) Der Rechnungshof der Freien Hansestadt Bremen kann sich jederzeit zu den in den Absätzen 1 und 2 genannten Maßnahmen äußern.

§ 103 Anhörung des Rechnungshofes

(1) Der Rechnungshof der Freien Hansestadt Bremen ist vor dem Erlaß von Verwaltungsvorschriften zur Durchführung der Landeshaushaltsordnung zu hören.

(2) Zu den Verwaltungsvorschriften im Sinne des Absatzes 1 gehören auch allgemeine Dienstanweisungen über die Verwaltung der Kassen und Zahlstellen, über die Buchführung und den Nachweis des Vermögens.

§ 104 Prüfung der juristischen Personen des privaten Rechts

(1) Der Rechnungshof der Freien Hansestadt Bremen prüft die Haushalts- und Wirtschaftsführung der juristischen Personen des privaten Rechts, wenn
1. sie aufgrund eines Gesetzes von der Freien Hansestadt Bremen Zuschüsse erhalten oder eine Garantieverpflichtung der Freien Hansestadt Bremen gesetzlich begründet ist oder
2. sie von der Freien Hansestadt Bremen oder einer von ihr bestellten Person allein oder überwiegend verwaltet werden oder
3. mit dem Rechnungshof der Freien Hansestadt Bremen eine Prüfung durch ihn vereinbart ist oder
4. sie nicht Unternehmen sind und in ihrer Satzung mit Zustimmung des Rechnungshofes der Freien Hansestadt Bremen eine Prüfung durch ihn vorgesehen ist.

(2) Absatz 1 ist auf die von der Freien Hansestadt Bremen verwalteten Treuhandvermögen anzuwenden.

(3) Steht der Freien Hansestadt Bremen vom Gewinn eines Unternehmens, an dem sie nicht beteiligt ist, mehr als der vierte Teil zu, so prüft der Rechnungshof der Freien Hansestadt Bremen den Abschluß und die Geschäftsführung daraufhin, ob die Interessen der Freien Hansestadt Bremen nach den bestehenden Bestimmungen gewahrt worden sind.

Teil Va
Innenrevision

§ 104a Rechtsstellung und Aufgaben der Innenrevision

(1) [1]In allen Dienststellen und Betrieben nach § 26 Absatz 1 der Freien Hansestadt Bremen sind Innenrevisionen einzurichten. [2]Die obersten Landesbehörden können die Aufgaben der Innenrevisionen der zu ihrem Geschäftsbereich gehörenden Dienststellen und Betriebe ihrer Innenrevision übertragen. [3]Die Bremische Bürgerschaft, der Rechnungshof der Freien Hansestadt Bremen und die Landesbeauftragte für Datenschutz und Informationsfreiheit regeln die Aufgabe der Innenrevision in eigener Zuständigkeit. [4]Die Stadtgemeinde Bremerhaven regelt die Aufgabe der Innenrevision im Rahmen der kommunalen Selbstverwaltung in Abstimmung mit den Aufgaben des Rechnungsprüfungsamtes durch Ortsgesetz. [5]Die Organisation der Innenrevision wird vom Magistrat bestimmt.

(2) [1]Die Tätigkeit der Innenrevision umfasst das gesamte Verwaltungshandeln. [2]Sie hat insbesondere folgende Aufgaben:
1. Untersuchung der Recht- und der Ordnungsmäßigkeit, der Zweckmäßigkeit und der Wirtschaftlichkeit des Verwaltungshandelns,
2. Prüfung der Verwaltungs- und Arbeitsabläufe auf Qualität, Effizienz und Effektivität; dabei soll sie auch Verbesserungen vorschlagen,
3. Prüfung der Wirksamkeit von Dienst- und Fachaufsicht und des Risikomanagements,
4. Unterstützung der Dienststellenleitung etwa bei der Wahrnehmung ihrer Gesamtverantwortung.

(3) [1]Die Innenrevision ist unmittelbar der Dienststellenleitung unterstellt, wird in deren Auftrag tätig und hat ein unmittelbares Vortragsrecht. [2]Sie hat ein uneingeschränktes Prüfungs- und Informationsrecht. [3]Die Tätigkeit in der Innenrevision ist mit der Ausübung von Fachaufgaben nicht vereinbar; über Ausnahmen ist das Einvernehmen mit dem Senator für Finanzen herzustellen.

(4) Bei Beteiligungen im Sinne des § 65 wirkt der zuständige Senator darauf hin, dass die Vorschriften des Teils Va entsprechend angewendet werden.
(5) Ein Anspruch auf Informationszugang nach dem Bremer Informationsfreiheitsgesetz für Vorgänge der Innenrevision besteht nicht.
(6) Der Senat wird ermächtigt, durch Rechtsverordnung die Aufgaben und die Organisation, die Prüfungsplanung und -durchführung und die Qualitätssicherung zu regeln.

Teil VI
Landesunmittelbare juristische Personen des öffentlichen Rechts
§ 105 Grundsatz
(1) [1]Für landesunmittelbare juristische Personen des öffentlichen Rechts gelten
1. die §§ 106 bis 110,
2. die §§ 1 bis 87 entsprechend,

soweit nicht durch Gesetz oder aufgrund eines Gesetzes etwas anderes bestimmt ist. [2]Die Zuständigkeiten in § 5, § 55 Abs. 2, § 70 Satz 2, § 71 Abs. 2, § 73, § 76 Abs. 1 und § 79 Abs. 3 gelten auch für die bremischen Hochschulen.
(2) Für landesunmittelbare juristische Personen des öffentlichen Rechts kann der zuständige Senator im Einvernehmen mit dem Senator für Finanzen und dem Rechnungshof der Freien Hansestadt Bremen Ausnahmen von den in Absatz 1 bezeichneten Vorschriften zulassen, soweit kein erhebliches finanzielles Interesse der Freien Hansestadt Bremen besteht.

§ 106 Haushaltsplan
(1) [1]Das zur Geschäftsführung berufene Organ einer landesunmittelbaren juristischen Person des öffentlichen Rechts hat vor Beginn jedes Haushaltsjahres einen Haushaltsplan festzustellen. [2]Er muß alle im Haushaltsjahr zu erwartenden Einnahmen, voraussichtlich zu leistenden Ausgaben und voraussichtlich benötigten Verpflichtungsermächtigungen enthalten und ist in Einnahme und Ausgabe auszugleichen. [3]In den Haushaltsplan dürfen nur die Ausgaben und Verpflichtungsermächtigungen eingestellt werden, die zur Erfüllung der Aufgaben der juristischen Person notwendig sind.
(2) [1]Hat die juristische Person neben dem zur Geschäftsführung berufenen Organ ein besonderes Beschlußorgan, das in wichtigen Verwaltungsangelegenheiten zu entscheiden oder zuzustimmen oder die Geschäftsführung zu überwachen hat, so hat dieses den Haushaltsplan festzustellen. [2]Das zur Geschäftsführung berufene Organ hat den Entwurf dem Beschlußorgan vorzulegen.

§ 107 Umlagen, Beiträge
Ist die landesunmittelbare juristische Person des öffentlichen Rechts berechtigt, von ihren Mitgliedern Umlagen oder Beiträge zu erheben, so ist die Höhe der Umlagen oder der Beiträge für das neue Haushaltsjahr gleichzeitig mit der Feststellung des Haushaltsplans festzusetzen.

§ 108 Genehmigung des Haushaltsplans
[1]Der Haushaltsplan und die Festsetzung der Umlagen oder der Beiträge bedürfen bei landesunmittelbaren juristischen Personen des öffentlichen Rechts der Genehmigung des zuständigen Senators. [2]Die Festsetzung der Umlagen oder der Beiträge bedarf außerdem der Genehmigung des Senators für Finanzen. [3]Der Haushaltsplan und der Beschluß über die Festsetzung der Umlagen oder der Beiträge sind dem zuständigen Senator spätestens einen Monat vor Beginn des Haushaltsjahres vorzulegen. [4]Der Haushaltsplan und der Beschluß können nur gleichzeitig in Kraft treten.

§ 109 Rechnungslegung, Prüfung, Entlastung
(1) [1]Das zur Geschäftsführung berufene Organ der landesunmittelbaren juristischen Person des öffentlichen Rechts hat unverzüglich, spätestens bis zum Ablauf des nächsten Haushaltsjahres, eine Rechnung aufzustellen. [2]Eine Verpflichtung, entsprechend § 80 für jedes Haushaltsjahr durch die abgeschlossenen Bücher Rechnung zu legen, bleibt unberührt.
(2) [1]Die Rechnung ist, unbeschadet einer Prüfung durch den Rechnungshof der Freien Hansestadt Bremen nach § 111, von der durch Gesetz oder Satzung bestimmten Stelle alsbald zu prüfen. [2]Die Satzungsvorschrift über die Durchführung der Prüfung bedarf der Zustimmung des zuständigen Senators im Einvernehmen mit dem Senator für Finanzen und dem Rechnungshof der Freien Hansestadt Bremen.

(3) ¹Die Entlastung erteilt der zuständige Senator. ²Ist ein besonderes Beschlußorgan vorhanden, obliegt ihm die Entlastung; über sie ist innerhalb eines Jahres nach Aufstellung der Rechnung zu entscheiden. ³Die Entlastung bedarf dann der Genehmigung des zuständigen Senators.

§ 110 Wirtschaftsplan

¹Landesunmittelbare juristische Personen des öffentlichen Rechts, bei denen ein Wirtschaften nach Einnahmen und Ausgaben des Haushaltsplans nicht zweckmäßig ist, haben einen Wirtschaftsplan aufzustellen. ²Buchen sie nach den Regeln der kaufmännischen doppelten Buchführung, stellen sie einen Jahresabschluß sowie einen Lagebericht in entsprechender Anwendung der Vorschrift des § 264 Abs. 1 Satz 1 des Handelsgesetzbuchs auf.

§ 111 Prüfung durch den Rechnungshof

(1) ¹Der Rechnungshof der Freien Hansestadt Bremen prüft die Haushalts- und Wirtschaftsführung der landesunmittelbaren juristischen Personen des öffentlichen Rechts. ²Die §§ 89 bis 99, §§ 102, 103 sind entsprechend anzuwenden.
(2) ¹Für landesunmittelbare juristische Personen des öffentlichen Rechts kann der zuständige Senator im Einvernehmen mit dem Senator für Finanzen und dem Rechnungshof der Freien Hansestadt Bremen Ausnahmen von Absatz 1 zulassen, soweit kein erhebliches finanzielles Interesse der Freien Hansestadt Bremen besteht. ²Die nach bisherigem Recht zugelassenen Ausnahmen bleiben unberührt.

§ 112 Sonderregelungen

(1) ¹Auf die landesunmittelbaren Träger der gesetzlichen Krankenversicherung, der gesetzlichen Unfallversicherung und der gesetzlichen Rentenversicherung einschließlich der Altershilfe für Landwirte ist nur § 111 anzuwenden, und zwar nur dann, wenn sie aufgrund eines Gesetzes der Freien Hansestadt Bremen von der Freien Hansestadt Bremen Zuschüsse erhalten oder eine Garantieverpflichtung der Freien Hansestadt Bremen gesetzlich begründet ist. ²Auf die Verbände der in Satz 1 genannten Sozialversicherungsträger ist unabhängig von ihrer Rechtsform § 111 anzuwenden, wenn Mitglieder dieser Verbände der Prüfung durch den Rechnungshof der Freien Hansestadt Bremen unterliegen. ³Auf sonstige Vereinigungen auf dem Gebiet der Sozialversicherung finden die Vorschriften dieses Gesetzes keine Anwendung.
(2) ¹Auf Unternehmen in der Rechtsform einer landesunmittelbaren juristischen Person des öffentlichen Rechts sind unabhängig von der Höhe der Beteiligung der Freien Hansestadt Bremen § 65 Abs. 1 Nr. 3 und 4 und Abs. 2, 3 und 4, § 68 Abs. 1 und § 69 entsprechend, § 111 unmittelbar anzuwenden. ²Für Unternehmen in der Rechtsform einer juristischen Person des privaten Rechts, an denen die in Satz 1 genannten Unternehmen unmittelbar oder mittelbar mit Mehrheit beteiligt sind, gelten die §§ 53 und 54 des Haushaltsgrundsätzegesetzes und die §§ 65 bis 69 entsprechend.
(3) Auf Kirchen, Religions- und Weltanschauungsgemeinschaften im Sinne von Artikel 137 der Verfassung des Deutschen Reiches vom 11. August 1919 ist Teil VI nicht anzuwenden.
(4) ¹Auf Wasser- und Bodenverbände sind die Genehmigungsvorbehalte in § 108 Satz 1 und 2 und § 109 Abs. 3 Satz 3 für den Haushaltsplan, die Festsetzung der Beiträge und die Entlastung der Verbandsorgane sowie die Monatsfrist in § 108 Satz 3 für die Vorlage des Haushaltsplans und des Beitragsbeschlusses nicht anzuwenden. ²Die Verbandssatzung kann weitere Ausnahmen von entsprechend geltenden Vorschriften der §§ 1 bis 87 vorsehen; die nach diesen Vorschriften im Verband zuständigen Stellen sind in der Satzung zu bestimmen.

Teil VII
Sondervermögen

§ 113 Grundsatz

¹Auf Sondervermögen der Freien Hansestadt Bremen sind die Teile I bis IV, Va, VIII und IX dieses Gesetzes entsprechend anzuwenden, soweit nicht durch Gesetz oder aufgrund eines Gesetzes etwas anderes bestimmt ist. ²Der Rechnungshof der Freien Hansestadt Bremen prüft die Haushalts- und Wirtschaftsführung der Sondervermögen, Teil V dieses Gesetzes ist entsprechend anzuwenden.

Teil VIII
Entlastung
§ 114 Entlastung
(1) ¹Der Senat hat der Bürgerschaft über alle Einnahmen und Ausgaben im Laufe des nächsten Rechnungsjahres Rechnung zu legen. ²Die Bürgerschaft beschließt aufgrund der Rechnung und des jährlichen Berichts des Rechnungshofes der Freien Hansestadt Bremen über die Entlastung des Senats.
(2) ¹Die Bürgerschaft stellt die wesentlichen Sachverhalte fest und beschließt über einzuleitende Maßnahmen. ²Sie kann Sachverhalte wieder aufgreifen, soweit Maßnahmen nicht zu dem beabsichtigten Erfolg geführt haben.
(3) Die Bürgerschaft kann den Rechnungshof zur weiteren Aufklärung einzelner Sachverhalte auffordern.

Teil IX
Übergangs- und Schlußbestimmungen
§ 115 Öffentlich-rechtliche Dienst- oder Amtsverhältnisse
Vorschriften dieses Gesetzes für Beamte sind auf andere öffentlich-rechtliche Dienst- oder Amtsverhältnisse entsprechend anzuwenden.
§ 116 Endgültige Entscheidung
(1) Soweit dieses Gesetz Befugnisse des Senators für die Finanzen enthält, kann der zuständige Senator über die Maßnahme des Senators für die Finanzen die Entscheidung des Senats einholen; der Senat entscheidet anstelle des Senators für die Finanzen endgültig.
(2) ¹Der Einwilligung des Senators für die Finanzen bedarf es ausnahmsweise nicht, wenn sofortiges Handeln zur Abwendung einer der Freien Hansestadt Bremen drohenden unmittelbar bevorstehenden Gefahr erforderlich ist, das durch die Notlage gebotene Maß nicht überschritten wird und die Einwilligung nicht rechtzeitig eingeholt werden kann. ²Zu den getroffenen Maßnahmen ist die Genehmigung des Senators für Finanzen unverzüglich einzuholen.
§ 117 (aufgehoben)
§ 118 Geltung in den Gemeinden
(1) Die Vorschriften dieses Gesetzes gelten auch für die Stadtgemeinde Bremen.
(2) ¹Für die Stadtgemeinde Bremerhaven gelten die Vorschriften dieses Gesetzes mit Ausnahme der §§ 88 bis 94, 96 bis 104 und § 114 entsprechend. ²Die in der Stadtgemeinde Bremerhaven zuständigen Stellen sind unter Beachtung der Verfassung für die Stadt Bremerhaven durch Ortsgesetz zu bestimmen. ³Die Zuständigkeiten nach § 5, soweit es sich um den Erlaß allgemeiner Vorschriften zu diesem Gesetz handelt, sowie nach § 55 Abs. 2, § 71 Abs. 2, § 73, § 76 Abs. 1 und § 79 Abs. 3 gelten auch für die Stadtgemeinde Bremerhaven.
(2a)
(3) ¹Die Stadtgemeinde Bremerhaven hat ein vom Magistrat unabhängiges Rechnungsprüfungsamt einzurichten, das die Rechnungen, das Vermögen und die Schulden, die Verwahrungen und Vorschüsse, die Wirtschaftsführung der wirtschaftlichen Unternehmen und die Betätigung der Stadtgemeinde Bremerhaven als Gesellschafter oder Aktionär in Unternehmen mit eigener Rechtspersönlichkeit nach näherer Bestimmung des Ortsrechts zu prüfen hat. ²Die Stadtverordnetenversammlung kann dem Rechnungsprüfungsamt weitere Aufgaben übertragen.
(3a) Dem Rechnungsprüfungsamt sind personenbezogene Daten aus Personalakten zur Verfügung zu stellen, soweit sie zur Aufgabenerfüllung des Rechnungsprüfungsamtes erforderlich sind.
(4) Für die Stadtgemeinde Bremerhaven bedürfen der Genehmigung der Aufsichtsbehörde
1. die Haushaltssatzung hinsichtlich
   a) des Gesamtbetrages der Verpflichtungsermächtigungen
   b) des Gesamtbetrages der Kredite
   c) des Höchstbetrages der Kassenverstärkungskredite
   d) der Höhe der Steuersätze (Hebesätze),
2. die Aufnahme der einzelnen Kredite, sobald die Kreditaufnahmen nach § 19 des Gesetzes zur Förderung der Stabilität und des Wachstums der Wirtschaft beschränkt worden sind,

3. Rechtsgeschäfte, die der Aufnahme von Krediten wirtschaftlich gleichkommen, soweit es sich nicht um Geschäfte der laufenden Verwaltung handelt,
4. die Veräußerung von Vermögensgegenständen unter ihrem Wert,
5. der Verkauf oder Tausch von Grundstücken oder grundstücksgleichen Rechten sowie Rechtsgeschäfte, die diesen wirtschaftlich gleichkommen,
6. die Veräußerung von Beteiligungen an wirtschaftlichen Unternehmen,
7. die Veräußerung oder wesentliche Veränderung von Sachen, die einen besonderen wissenschaftlichen, geschichtlichen oder künstlerischen Wert haben.

(4a) [1]Die Genehmigungen der Aufsichtsbehörde nach Absatz 4 Nr. 1 Buchstabe a und b sollen unter dem Gesichtspunkt einer geordneten Haushaltswirtschaft erteilt oder versagt werden; sie können unter Bedingungen und Auflagen erteilt werden. [2]Die Aufsichtsbehörde soll den Gesamtbetrag der vorgesehenen Kredite ab dem Haushaltsjahr 1990 nur insoweit genehmigen, als die Steigerung der volkswirtschaftlichen Gesamtausgaben dem Zuwachs der volkswirtschaftlichen Gesamteinnahmen entspricht und der Haushaltsplan für das Antragsjahr sowie die Finanzplanung für das Folgejahr für die laufende Rechnung keinen Fehlbetrag ausweisen.

(5) Die Aufsichtsbehörde kann Rechtsgeschäfte der Stadtgemeinde Bremerhaven nach Absatz 4 Nrn. 4 bis 7 von der Genehmigungspflicht freistellen, wenn sie zur Erfüllung bestimmter Aufgaben abgeschlossen oder ihrer Natur nach regelmäßig wiederkehren oder wenn bestimmte, von der Aufsichtsbehörde festzusetzende Wertgrenzen nicht überschritten werden.

(6) Geschäfte des bürgerlichen Rechtsverkehrs, die ohne die nach Absatz 4 Nrn. 2 bis 7 erforderliche Genehmigung der Aufsichtsbehörde abgeschlossen werden, sind unwirksam.

(7) Der § 5 Abs. 1, §§ 9 bis 11, § 12 Abs. 1 des Gesetzes zur Förderung der Stabilität und des Wachstums der Wirtschaft sowie § 50 des Gesetzes über die Grundsätze des Haushaltsrechts des Bundes und der Länder gelten sinngemäß für die Haushaltswirtschaft der Stadtgemeinde Bremen und Bremerhaven.

§ 119 Änderung des Gesetzes über die Rechnungsprüfung in der Freien Hansestadt Bremen

§ 120 Inkrafttreten

(1) Dieses Gesetz tritt vorbehaltlich Absatz 2 am 1. Januar 1972 in Kraft.

(2) [1]§ 118 Abs. 2 Satz 2 tritt am Tage nach der Verkündung dieses Gesetzes in Kraft. [2]Die Stadtgemeinde Bremerhaven ist verpflichtet, die zuständigen Stellen bis zum 1. Januar 1972 zu bestimmen.

(3) Zugleich treten als Landesrecht außer Kraft:
1. die Reichshaushaltsordnung vom 31. Dezember 1922 in der Fassung der Bekanntmachung vom 14. April 1930 (SaBremR – ReichsR 63-c-1) und die dazu ergangenen Änderungs- und Ergänzungsgesetze,
2. das Gesetz über die Haushaltsführung, Rechnungslegung und Rechnungsprüfung der Länder und über die vierte Änderung der Reichshaushaltsordnung vom 17. Juni 1936 (SaBremR – ReichsR 63-c-2),
3. das Gesetz zur Erhaltung und Hebung der Kaufkraft vom 24. März 1934 (SaBremR – ReichsR 63-d-1),
4. die Dritte Verordnung des Reichspräsidenten zur Sicherung von Wirtschaft und Finanzen und zur Bekämpfung politischer Ausschreitungen vom 6. Oktober 1931 (SaBremR – ReichsR 63-e-1), Fünfter Teil: Handels- und Wirtschaftspolitik, Kapitel VIII,
5. die Verordnung zur Durchführung der Vorschriften über die Prüfungspflicht der Wirtschaftsbetriebe der öffentlichen Hand vom 30. März 1933 (SaBremR – ReichsR 63-e-2),
6. die Verordnung über die Rechnungslegung und Rechnungsprüfung während des Krieges vom 5. Juli 1940 (SaBremR – ReichsR 63-d-2),
7. die Rücklagenverordnung vom 5. Mai 1936 (SaBremR – ReichsR 2013-a-1),
8. die Verordnung über die Aufstellung und Ausführung des Haushaltsplans der Gemeinden (GemHVO) vom 4. September 1937 (SaBremR – ReichsR 2013-a-2),
9. die Verordnung über das Kassen- und Rechnungswesen der Gemeinden (KuRVO) vom 2. November 1938 (SaBremR – ReichsR 2013-a-3),
10. die Eigenbetriebsverordnung vom 21. November 1938 (SaBremR – ReichsR 2013-a-4),
11. die in Gesetzen über die einzelnen landesunmittelbaren juristischen Personen des öffentlichen Rechts enthaltenen Vorschriften, soweit sie mit § 111 und § 112 Abs. 2 nicht vereinbar sind;

entsprechende Satzungsbestimmungen sind dem § 111 anzupassen. Ferner treten diejenigen Vorschriften anderer Gesetze außer Kraft, die mit den Bestimmungen dieses Gesetzes nicht vereinbar sind.

(4) Soweit in anderen Gesetzen auf die nach Absatz 3 aufgehobenen Bestimmungen Bezug genommen wird, treten an ihre Stelle die Vorschriften dieses Gesetzes.

Bremisches Gesetz für Eigenbetriebe und sonstige Sondervermögen des Landes und der Stadtgemeinden (Bremisches Sondervermögensgesetz – BremSVG)

Vom 24. November 2009 (Brem.GBl. S. 505)
(63-d-1)
geändert durch G vom 28. April 2015 (Brem.GBl. S. 266)

Der Senat verkündet das nachstehende, von der Bürgerschaft (Landtag) beschlossene Gesetz:

Inhaltsübersicht

Teil 1
Allgemeiner Teil

§ 1 Begriffsbestimmungen
§ 2 Zweck
§ 3 Rechtsgrundlagen
§ 4 Rechtsstellung

Teil 2
Vorschriften für Eigenbetriebe

Abschnitt 1
Organisation

§ 5 Leitung
§ 6 Vertretung
§ 7 Aufgaben der Betriebsleitung
§ 8 Betriebsausschuss
§ 9 Erweiterung des Betriebsausschusses
§ 10 Innere Ordnung des Betriebsausschusses, Auslagen
§ 11 Aufgaben des Betriebsausschusses
§ 12 Aufsicht

Abschnitt 2
Wirtschaftsführung, Rechnungswesen und Controlling

§ 13 Vermögen des Eigenbetriebs
§ 14 Erhaltung des Vermögens und der Leistungsfähigkeit
§ 15 Kassenwirtschaft, Aufnahme von Krediten
§ 16 Wirtschaftsjahr
§ 17 Wirtschaftsplan
§ 18 Erfolgsplan
§ 19 Vermögensplan
§ 20 Investitionsplan
§ 21 Personalplan
§ 22 Finanzplan
§ 23 Buchführung, Kosten- und Leistungsrechnung
§ 24 Gebühren und Beiträge
§ 25 Berichterstattung
§ 26 Jahresabschluss
§ 27 Bilanz
§ 28 Gewinn- und Verlustrechnung, Erfolgsübersicht
§ 29 Anhang, Anlagennachweis
§ 30 Lagebericht
§ 31 Vorlagefrist
§ 32 Prüfung des Jahresabschlusses
§ 33 Rechenschaft

Teil 3
Vorschriften für sonstige Sondervermögen

§ 34 Bewirtschaftung
§ 35 Sondervermögensausschuss
§ 36 Wirtschaftsführung, Rechnungswesen und Controlling
§ 37 Auskunfts- und Unterrichtungspflichten

Teil 4
Schluss- und Übergangsvorschriften

§ 38 Nähere Bestimmungen im Errichtungsgesetz
§ 39 Erlass von Verwaltungsvorschriften
§ 40 Stadt Bremerhaven
§ 41 Anpassung bestehender Errichtungsgesetze
§ 42 Inkrafttreten, Außerkrafttreten

Teil 1
Allgemeiner Teil

§ 1 Begriffsbestimmungen
(1) Eigenbetriebe sind nicht rechtsfähige Unternehmen des Landes oder der Stadtgemeinden (Rechtsträger).

(2) Sonstige Sondervermögen im Sinne dieses Gesetzes sind Sondervermögen, die kein Personal führen.

§ 2 Zweck
Sondervermögen können errichtet werden, wenn der öffentliche Zweck unter Beachtung der Grundsätze der Wirtschaftlichkeit und Sparsamkeit es erfordert.

§ 3 Rechtsgrundlagen
(1) Sondervermögen des Landes werden durch Gesetz, Sondervermögen einer Stadtgemeinde werden durch Ortsgesetz errichtet (Errichtungsgesetze).
(2) Das Errichtungsgesetz regelt den Namen des Sondervermögens, der das Land oder die jeweilige Stadtgemeinde als Rechtsträger und die Rechtsform als Eigenbetrieb oder sonstiges Sondervermögen erkennen lassen muss.

§ 4 Rechtsstellung
(1) Sondervermögen handeln im Rahmen ihres Aufgabenbereichs mit unmittelbarer Wirkung für und gegen ihren Rechtsträger.
(2) Sondervermögen können im Rechtsverkehr unter ihrem Namen auftreten, klagen und verklagt werden, wenn dies im Errichtungsgesetz bestimmt ist.
(3) Die bei dem Eigenbetrieb beschäftigten Arbeitnehmerinnen und Arbeitnehmer sowie Beamtinnen und Beamte stehen im Dienst des Rechtsträgers.

Teil 2
Vorschriften für Eigenbetriebe

Abschnitt 1
Organisation

§ 5 Leitung
(1) ¹Der Eigenbetrieb wird von einer Betriebsleitung geleitet. ²Die Zahl der Mitglieder der Betriebsleitung soll zwei nicht übersteigen. ³Wird eine Erste Betriebsleiterin oder ein Erster Betriebsleiter eingesetzt, entscheidet sie oder er bei Stimmengleichheit innerhalb der Betriebsleitung. ⁴Ein befristeter Einsatz von Betriebsleitungen ist nur aufgrund des Teilzeit- und Befristungsgesetzes zulässig.
(2) Besteht die Betriebsleitung aus mehreren Mitgliedern, so ist einem Mitglied die Leitung des Aufgabenbereichs Wirtschaftsführung und Rechnungswesen zu übertragen.
(3) Außertarifliche Anstellungsverträge und vergleichbare Vereinbarungen mit den Mitgliedern der Betriebsleitung bedürfen der Mitzeichnung durch die Senatorin für Finanzen.

§ 6 Vertretung
(1) ¹Die Betriebsleitung vertritt den Rechtsträger außergerichtlich und, wenn die durch Errichtungsgesetz bestimmt ist, gerichtlich in Angelegenheiten des Eigenbetriebs. ²Ist nur eine Person zur Betriebsleitung bestellt, vertritt diese den Rechtsträger alleine; sind mehrere Personen zur Betriebsleitung bestellt, so wird der Rechtsträger durch zwei Mitglieder der Betriebsleitung gemeinschaftlich vertreten.
(2) Die Betriebsleitung darf die Vertretungsmacht durch Vollmacht auf Bedienstete übertragen, und zwar in der Weise, dass entweder neben einem Mitglied der Betriebsleitung eine sonstige Bedienstete oder ein sonstiger Bediensteter zeichnen kann oder zwei Bedienstete gemeinsam zeichnen können.
(3) Die Betriebsleitung stellt im Falle des Absatzes 2 mit Zustimmung des Betriebsausschusses eine verbindliche Zeichnungsrichtlinie auf, die im Amtsblatt der Freien Hansestadt Bremen zu veröffentlichen ist.

§ 7 Aufgaben der Betriebsleitung
(1) ¹Die Betriebsleitung leitet den Eigenbetrieb selbstständig und unter eigener Verantwortung, soweit nicht durch dieses Gesetz oder andere gesetzliche Vorschriften etwas anderes bestimmt ist. ²Sie ist insbesondere für die wirtschaftliche Führung des Eigenbetriebs verantwortlich.
(2) ¹Bei Eigenbetrieben des Landes und der Stadtgemeinde Bremen entscheidet die Betriebsleitung über Einstellung, Eingruppierung und Entlassung der Arbeitnehmerinnen und Arbeitnehmer, Ernennung, Beförderung, Entlassung, Eintritt und Versetzung in den Ruhestand der Beamtinnen und Beamten sowie deren sonstige Personalangelegenheiten im Umfang der vom Senat übertragenen Befug-

nisse. ²Bei Eigenbetrieben der Stadt Bremerhaven werden die personellen Entscheidungsbefugnisse der Betriebsleitung durch Ortsrecht bestimmt.
(3) ¹Die Betriebsleitung entscheidet über die Eintragung des Eigenbetriebs ins Handelsregister. ²Sie hat das zuständige Mitglied des Senats und den Betriebsausschuss hierüber zu informieren.
(4) Die Betriebsleitung hat geeignete Maßnahmen zu treffen, insbesondere ein Überwachungssystem einzurichten, damit den Fortbestand des Eigenbetriebs gefährdende Entwicklungen früh erkannt werden.
(5) ¹Die Betriebsleitung hat dem zuständigen Mitglied des Senats in allen Angelegenheiten Auskunft zu erteilen und auf Anforderung Bericht zu erstatten. ²In Angelegenheiten von finanzieller Bedeutung hat sie über das zuständige Mitglied des Senats der Senatorin für Finanzen Auskunft zu erteilen und auf Anforderung Bericht zu erstatten.

§ 8 Betriebsausschuss
(1) ¹Für jeden Eigenbetrieb ist ein Betriebsausschuss zu bilden. ²Für mehrere Eigenbetriebe desselben Rechtsträgers und mit gleichartiger Aufgabe kann durch die Errichtungsgesetze ein gemeinsamer Betriebsausschuss zugelassen werden.
(2) Die Bürgerschaft (Landtag) oder die Stadtbürgerschaft entscheidet über die Anzahl der von ihr zu wählenden Mitglieder und stellvertretenden Mitglieder der einzelnen Betriebsausschüsse.
(3) ¹In der Stadt Bremerhaven wird der Betriebsausschuss durch die Stadtverordnetenversammlung gebildet. ²Für die Zusammensetzung und Geschäftsführung gelten die Vorschriften der Verfassung sowie der Geschäftsordnung der Stadtverordnetenversammlung für die Stadt Bremerhaven.
(4) ¹Der Betriebsausschuss soll zwei Sitzungen im Kalenderhalbjahr abhalten. ²Er kann in begründeten Fällen beschließen, dass nur eine Sitzung im Kalenderhalbjahr abzuhalten ist.
(5) Vertreterinnen und Vertreter der zuständigen Senatsressorts und der Senatorin für Finanzen sind berechtigt, als Gäste an den Betriebsausschusssitzungen von Eigenbetrieben teilzunehmen, deren Rechtsträger das Land oder die Stadtgemeinde Bremen ist.

§ 9 Erweiterung des Betriebsausschusses
(1) ¹Dem Betriebsausschuss gehören zusätzlich zwei Vertreterinnen oder Vertreter der Bediensteten als Mitglieder an, wobei eine Vertreterin oder ein Vertreter nicht Bedienstete oder Bediensteter des Eigenbetriebes sein darf. ²Bei einem gemeinsamen Betriebsausschuss darf bei einer der beiden Vertreterinnen oder Vertreter der Bediensteten nicht Bedienstete oder Bediensteter eines der Eigenbetriebe sein, für die der gemeinsame Betriebsausschuss gebildet worden ist.
(2) Dem Betriebsausschuss der Werkstatt Bremen, Eigenbetrieb der Stadtgemeinde Bremen, gehört zusätzlich eine Vertreterin oder ein Vertreter der arbeitnehmerähnlichen Beschäftigten nach § 138 Absatz 1 des Neunten Buches Sozialgesetzbuch als Mitglied an.
(3) Die Wahlberechtigung bestimmt sich in den Fällen des Absatzes 1 nach § 9 des Bremischen Personalvertretungsgesetzes und im Falle des Absatzes 2 nach § 139 Absatz 3 des Neunten Buches Sozialgesetzbuch.
(4) ¹Die in den Fällen des Absatzes 1 wahlberechtigten Bediensteten der Eigenbetriebe wählen je gesondert
1. die Vertreterin oder den Vertreter, die oder der Bedienstete oder Bediensteter des Eigenbetriebs sein muss,
2. die Vertreterin oder den Vertreter, die oder der nicht Bedienstete oder Bediensteter des Eigenbetriebs sein darf,

für eine Amtszeit, die der Amtszeit des für den Eigenbetrieb gewählten Personalrates entspricht. ²Für jede Vertreterin und jeden Vertreter wird jeweils ein stellvertretendes Mitglied gewählt.
(5) ¹Die im Falle des Absatzes 2 wahlberechtigten arbeitnehmerähnlichen Beschäftigten wählen ihre Vertreterin oder ihren Vertreter für eine Amtszeit, die der Amtszeit des Werkstattrates der Werkstatt Bremen, Eigenbetrieb der Stadtgemeinde Bremen, entspricht. ²Für die Vertreterin oder den Vertreter wird ein stellvertretendes Mitglied gewählt.
(6) Die Vertreterinnen oder Vertreter der Bediensteten und der arbeitnehmerähnlichen Beschäftigten werden in geheimer und unmittelbarer Wahl in getrennten Wahlgängen gewählt.
(7) ¹Für die Wählbarkeit und das Vorschlagsrecht findet in den Fällen des Absatzes 1 § 68 Absatz 5 und 7 des Bremischen Personalvertretungsgesetzes entsprechende Anwendung. ²Für die Wählbarkeit im Falle des Absatzes 2 gilt § 139 Absatz 3 des Neunten Buches Sozialgesetzbuch entsprechend.

[3]Für das Vorschlagsrecht gilt im Falle des Absatzes 2 § 19 der Werkstätten-Mitwirkungsverordnung entsprechend.

(8) [1]Machen die Bediensteten oder die arbeitnehmerähnlichen Beschäftigten von ihrem Recht, in dem Betriebsausschuss vertreten zu sein, keinen oder nicht in vollem Umfang Gebrauch, so verlieren sie insoweit ihren Anspruch auf Vertretung bis zur nächsten Wahl der Mitglieder nach Absatz 4 und 5. [2]Die Wirksamkeit der Beschlüsse des Betriebsausschusses wird hierdurch nicht berührt. [3]Scheidet eine Vertreterin oder ein Vertreter aus, so ist eine Nachwahl durchzuführen.

(9) Der Senat wird ermächtigt, die Vorbereitung und Durchführung der Wahl der Vertreterinnen oder Vertreter der Bediensteten und der arbeitnehmerähnlichen Beschäftigten im Betriebsausschuss durch Rechtsverordnung zu regeln.

§ 10 Innere Ordnung des Betriebsausschusses, Auslagen

(1) [1]Den Vorsitz im Betriebsausschuss führt das zuständige Senatsmitglied. [2]Im Verhinderungsfall wird es durch seine Vertreterin oder seinen Vertreter im Amt vertreten.

(2) [1]Die Mitglieder der Betriebsleitung nehmen an den Sitzungen des Betriebsausschusses teil. [2]Von dieser Regelung kann der Betriebsausschuss im Einzelfall aus wichtigem Grund abweichen.

(3) [1]Die Mitglieder des Betriebsausschusses haben Anspruch auf Ersatz ihrer notwendigen Auslagen. [2]Der Betriebsausschuss kann mit Zustimmung der Senatorin für Finanzen eine pauschale Aufwandsentschädigung pro Sitzung (Sitzungsgeld) festlegen.

(4) Der Senat wird ermächtigt, die Geschäftsordnung der Betriebsausschüsse der Eigenbetriebe des Landes und der Stadtgemeinde Bremen durch Rechtsverordnung zu regeln.

§ 11 Aufgaben des Betriebsausschusses

(1) [1]Der Betriebsausschuss berät und beschließt über
1. die Bestellung und Abberufung von Mitgliedern der Betriebsleitung und stellvertretenden Mitgliedern der Betriebsleitung, die Bestimmung ihres Geschäftsbereichs sowie alle ihr Anstellungsverhältnis berührenden Angelegenheiten,
2. die Zustimmung zur Unterschriftenrichtlinie gemäß § 6 Absatz 3,
3. die Festsetzung des Wirtschaftsplanes gemäß § 17 Absatz 1,
4. die Feststellung des Jahresabschlusses und die Entlastung der Betriebsleitung,
5. die Zustimmung zu erfolgsgefährdenden Mehraufwendungen gemäß § 18 Absatz 3,
6. die Festsetzung von abweichenden Betragsgrenzen gemäß § 20 Absatz 1 Satz 3,
7. die Aufhebung von Sperrvermerken gemäß § 20 Absatz 4 Satz 2,
8. Zustimmung zu Mehrausgaben für Einzelvorhaben gemäß § 20 Absatz 6,
9. Empfehlungen für durch Gesetz oder Ortsgesetz festzusetzende Gebühren und Beiträge,
10. die Festsetzung von Entgelten, soweit öffentlich-rechtliche Gebühren nicht bestimmt sind,
11. die Berichte der Betriebsleitung nach § 25,
12. die Bestellung des Abschlussprüfers für den Jahresabschluss gemäß § 32 Absatz 1 und
13. alle weiteren durch dieses Gesetz oder das Errichtungsgesetz zugewiesenen Gegenstände.

[2]Durch die Beratung und Beschlussfassung nach Nummer 1 bleibt die Mitbestimmung des Personalrats nach § 66 Absatz 1 Buchstabe d des Bremischen Personalvertretungsgesetzes unberührt.

(2) In der Stadt Bremerhaven können dem Betriebsausschuss durch Ortsgesetz nach Maßgabe der Verfassung für die Stadt Bremerhaven weitere Aufgaben übertragen werden.

§ 12 Aufsicht

(1) [1]Die Aufsicht über den Eigenbetrieb übt das für den Aufgabenbereich des Eigenbetriebs zuständige Mitglied des Senats aus. [2]Das Nähere regelt das Errichtungsgesetz.

(2) [1]Das für den Aufgabenbereich des Eigenbetriebs zuständige Mitglied des Senats kann, unbeschadet des Rechts des Senats, in personellen Angelegenheiten und Angelegenheiten, die für die gesamte Verwaltung von Bedeutung sind, Entscheidungen zu treffen, der Betriebsleitung Weisungen erteilen. [2]Unberührt bleibt das Weisungsrecht des für den Eigenbetrieb zuständigen Mitglieds des Senats in Angelegenheiten, für die es Widerspruchsbehörde im Sinne von § 73 der Verwaltungsgerichtsordnung ist.

(3) Werden die Weisungen nicht befolgt, so kann der Senat auf Antrag des zuständigen Mitglieds des Senats einen Beauftragten bestellen, der einzelne oder alle Befugnisse der Betriebsleitung ausübt; der Betriebsausschuss ist von den getroffenen Maßnahmen unverzüglich zu unterrichten.

(4) ¹Zur Wahrung der Einheitlichkeit der Aufgabenerfüllung, insbesondere der Personalverwaltung und der Datenverarbeitung, kann der Senat in Angelegenheiten, die für die gesamte Verwaltung von Bedeutung sind, unmittelbar für den Eigenbetrieb bindende Regelungen erlassen. ²Er kann ferner bestimmen, dass aus Gründen einer einheitlichen Personalverwaltung zentral zu bearbeitende Aufgaben, insbesondere die berufliche Ausbildung, die fachübergreifende Fort- und Weiterbildung, die Personalförderung und der Personalausgleich, von Dienststellen des Rechtsträgers wahrgenommen werden.

(5) Der Abschluss von Dienstvereinbarungen bedarf der vorherigen Zustimmung der obersten Dienstbehörde.

Abschnitt 2
Wirtschaftsführung, Rechnungswesen und Controlling

§ 13 Vermögen des Eigenbetriebs

(1) Der Eigenbetrieb ist mit einem angemessenen Stammkapital auszustatten.

(2) ¹Der Eigenbetrieb hat eine angemessene Verzinsung des Stammkapitals zu erwirtschaften und diese grundsätzlich an den Rechtsträger abzuführen. ²Die Höhe der Verzinsung wird für das Land oder die Stadtgemeinde Bremen durch den Senat und für die Stadt Bremerhaven durch den Magistrat der Stadt Bremerhaven bestimmt. ³Die Abführung der Verzinsung des Stammkapitals ist für den Betrieb Aufwand und in die Entgelt- oder Gebührenkalkulation einzubeziehen.

(3) ¹Insbesondere bei Eigenbetrieben, die ganz oder überwiegend durch Zuführungen aus öffentlichen Haushalten finanziert werden, kann der Senat oder der Magistrat ganz oder teilweise auf die Abführung der Verzinsung verzichten. ²Gleiches gilt im Rahmen von Konsolidierungsprozessen.

§ 14 Erhaltung des Vermögens und der Leistungsfähigkeit

(1) ¹Für die dauernde technische und wirtschaftliche Leistungsfähigkeit des Eigenbetriebs ist zu sorgen. ²Insbesondere sind alle notwendigen Instandhaltungsarbeiten rechtzeitig durchzuführen.

(2) ¹Sämtliche Lieferungen, Leistungen und Kreditgewährungen zwischen dem Eigenbetrieb und dem Land oder den Stadtgemeinden, einem anderen Eigenbetrieb des Landes oder der Stadtgemeinden oder einer Gesellschaft, an der das Land oder eine Stadtgemeinde beteiligt ist, sind angemessen zu vergüten. ²§ 61 Absatz 2 der Landeshaushaltsordnung bleibt unberührt. ³Der Senat oder der Magistrat kann in geeigneten Fällen verbindliche Regelungen zur Auslastung der Kapazitäten des Eigenbetriebes treffen.

(3) Für die technische und wirtschaftliche Fortentwicklung des Eigenbetriebs und, soweit die Abschreibungen nicht ausreichen, für Erneuerungen sollen aus dem Jahresüberschuss Rücklagen gebildet werden.

(4) In begründeten Ausnahmefällen ist eine Kreditfinanzierung von Investitionen neben einer Eigenfinanzierung möglich, sofern
1. die Maßnahme der Wahrnehmung der dem Eigenbetrieb übertragenen Aufgaben dient,
2. im Rahmen der Finanzplanung sichergestellt ist, dass die notwendigen Zinsen und Tilgungen aus Mitteln des Eigenbetriebs erbracht werden können und
3. Eigenkapital und Fremdkapital in einem angemessenen Verhältnis zueinander stehen.

(5) ¹Ein etwaiger Jahresfehlbetrag ist, soweit er nicht aus Haushaltsmitteln des Rechtsträgers ausgeglichen wird, auf neue Rechnung vorzutragen. ²Die Überschüsse der folgenden fünf Jahre sind zunächst zur Tilgung des Fehlbetrages zu verwenden. ³Ein nach Ablauf von fünf Jahren nicht getilgter Vortrag von Fehlbeträgen ist durch Abbuchung von den Rücklagen auszugleichen, wenn dies die Eigenkapitalausstattung zulässt. ⁴Wenn die Eigenkapitalausstattung dies nicht zulässt, sind die Fehlbeträge durch den Rechtsträger auszugleichen.

§ 15 Kassenwirtschaft, Aufnahme von Krediten

(1) Für jeden Eigenbetrieb ist eine Sonderkasse einzurichten.

(2) ¹Der Eigenbetrieb ist für die ordnungsgemäße Bewirtschaftung seiner vorübergehend nicht benötigten Kassenbestände verantwortlich. ²Sie sind dem Rechtsträger zur Verfügung zu stellen oder in Abstimmung mit diesem anzulegen.

(3) ¹Die Höhe der Kreditaufnahme des Eigenbetriebes wird im jeweiligen Haushaltsgesetz des Rechtsträgers festgesetzt. ²Die Aufnahme und Verwaltung der Kredite obliegt der Senatorin für Finanzen.

(4) ¹Der Eigenbetrieb darf vorübergehend Kassenkredite in der von ihm benötigten Höhe im Einvernehmen mit der Senatorin für Finanzen aufnehmen. ²Das Nähere regelt das jeweilige Haushaltsgesetz.
(5) Für Kredite und Kassenkredite, die der Rechtsträger dem Eigenbetrieb oder dieser dem Rechtsträger zur Verfügung stellt, sind die marktüblichen Zinsen zu entrichten.

§ 16 Wirtschaftsjahr
Wirtschaftsjahr des Eigenbetriebs ist das Kalenderjahr.

§ 17 Wirtschaftsplan
(1) ¹Der Eigenbetrieb hat vor Beginn einer jeden Haushaltsperiode im Rahmen des Haushaltsaufstellungsverfahrens des Rechtsträgers einen Wirtschaftsplan für ein oder zwei Wirtschaftsjahre aufzustellen, der durch den Betriebsausschuss und als Anlage zum Haushaltsplan von der Bürgerschaft festzusetzen ist. ²Einzelheiten des Verfahrens regelt die Senatorin für Finanzen durch die Richtlinien für die Aufstellung der Haushalte.
(2) ¹Der Wirtschaftsplan besteht aus dem Erfolgsplan, dem Vermögensplan, dem Investitionsplan und dem Personalplan. ²Der Betriebsausschuss kann zusätzliche Anforderungen an den Inhalt des ihm vorzulegenden Wirtschaftsplans stellen.
(3) ¹Der Wirtschaftsplan kann insbesondere geändert werden, wenn
1. das Jahresergebnis sich gegenüber dem Erfolgsplan erheblich verschlechtern wird und diese Verschlechterung eine Änderung des Vermögensplanes bedingt oder
2. zum Ausgleich des Vermögensplanes erheblich höhere Zuführungen des Rechtsträgers oder höhere Kredite erforderlich werden oder
3. eine erhebliche Vermehrung oder Hebung der in der Stellenübersicht vorgesehenen Stellen erforderlich wird, es sei denn, dass es sich um eine vorübergehende Einstellung von Aushilfskräften handelt.
²Die Änderung des Wirtschaftsplanes ist durch den Betriebsausschuss und die Bürgerschaft zu beschließen. ³Die Bürgerschaft kann über Änderungen des Wirtschaftsplans ohne vorherige Beteiligung des Betriebsausschusses entscheiden. ⁴Der Betriebsausschuss ist in diesem Fall nachträglich zu unterrichten.
(4) Ist der Wirtschaftsplan zu Beginn des Wirtschaftsjahres noch nicht beschlossen, so gelten die Vorschriften des Artikels 132a der Landesverfassung der Freien Hansestadt Bremen über die vorläufige Haushaltsführung entsprechend.

§ 18 Erfolgsplan
(1) ¹Der Erfolgsplan muss alle voraussehbaren Erträge und Aufwendungen des Wirtschaftsjahres enthalten. ²Er ist mindestens wie die Gewinn- und Verlustrechnung (§ 28 Absatz 1) zu gliedern.
(2) ¹Die veranschlagten Erträge, Aufwendungen und Zuweisungen zu den Rücklagen sind ausreichend zu begründen, insbesondere soweit sie von den Vorjahreszahlen erheblich abweichen. ²Zum Vergleich sind die Zahlen des Erfolgsplanes des laufenden Jahres und die abgerundeten Zahlen der Gewinn- und Verlustrechnung des Vorjahres daneben zu stellen. ³Erträge, die aus dem Haushaltsplan des Rechtsträgers stammen, müssen mit den hierfür vorgesehenen Ansätzen im Haushaltsplan des Rechtsträgers übereinstimmen.
(3) ¹Sind bei der Ausführung des Erfolgsplanes erfolgsgefährdende Mindererträge zu erwarten, hat die Betriebsleitung den Betriebsausschuss und die Aufsicht unverzüglich zu unterrichten. ²Erfolgsgefährdende Mehraufwendungen bedürfen der Zustimmung des Betriebsausschusses und der Bürgerschaft, wenn sie einen bestimmten Betrag überschreiten, es sei denn, dass sie unabweisbar sind. ³Der Betrag nach Satz 2 wird mit dem Beschluss über den Wirtschaftsplan festgesetzt. ⁴Sind erfolgsgefährdende Mehraufwendungen unabweisbar, so sind der Betriebsausschuss, die Aufsicht und die Bürgerschaft unverzüglich zu unterrichten. ⁵Bei Eilbedürftigkeit tritt an die Stelle der Zustimmung des Betriebsausschusses und der Bürgerschaft die des Vorsitzenden Mitglieds des Betriebsausschusses; der Betriebsausschuss und die Bürgerschaft sind unverzüglich zu unterrichten.

§ 19 Vermögensplan
(1) Der Vermögensplan enthält eine Übersicht über die Mittelherkunft und die Mittelverwendung des Wirtschaftsjahres.

(2) ¹Auf der Mittelherkunftsseite des Vermögensplanes sind die vorhandenen oder zu beschaffenden Deckungsmittel nachzuweisen. ²Deckungsmittel, die aus dem Haushalt des Rechtsträgers stammen, müssen mit den Ansätzen im Haushaltsplan des Rechtsträgers übereinstimmen.
(3) Auf der Mittelverwendungsseite ist die Mittelverwendung zu veranschlagen und zu erläutern.

§ 20 Investitionsplan

(1) ¹Der Investitionsplan hat die einzelnen Vorhaben maßnahmebezogen zu veranschlagen und zu erläutern. ²Investitionen mit Anschaffungskosten unter 250 000 Euro dürfen in einer Sammelposition ausgewiesen werden. ³Der Betriebsausschuss und die Bürgerschaft können abweichende Betragsgrenzen festsetzen.
(2) ¹Der Investitionsplan enthält die notwendigen Verpflichtungsermächtigungen, soweit sie nicht im Haushalt des Rechtsträgers aufgenommen sind. ²Für die Inanspruchnahme einer Verpflichtungsermächtigung ist die Einwilligung der Senatorin für Finanzen erforderlich. ³Das Nähere regelt das jeweilige Haushaltsgesetz.
(3) Maßnahmebezogene Investitionen dürfen erst veranschlagt werden, wenn Pläne und Kostenberechnungen vorliegen.
(4) ¹Liegt für eine maßnahmebezogene Investition ausnahmsweise keine Kostenberechnung vor, darf mit der Verausgabung der Mittel nicht begonnen werden (Sperrvermerk). ²Über eine Aufhebung der Sperre entscheidet der Betriebsausschuss, nachdem Kostenberechnungen vorliegen.
(5) Für die Deckungsfähigkeit der einzelnen Investitionsmaßnahmen gilt das jeweilige Haushaltsgesetz entsprechend.
(6) ¹Mehrausgaben für ein Einzelvorhaben, die einen im Investitionsplan festgesetzten Betrag überschreiten, soweit das Haushaltsgesetz nichts anderes regelt, bedürfen der Zustimmung des Betriebsausschusses und der Bürgerschaft. ²Bei Eilbedürftigkeit tritt an die Stelle der Zustimmung des Betriebsausschusses und der Bürgerschaft die des Vorsitzenden Mitglieds des Betriebsausschusses; der Betriebsausschuss und die Bürgerschaft sind unverzüglich zu unterrichten.

§ 21 Personalplan

(1) ¹Der Personalplan besteht aus einer Übersicht über das durchschnittliche Beschäftigungsvolumen im Planungszeitraum und einem Stellenplan, der die Planstellen und Stellen für Arbeitnehmerinnen und Arbeitnehmer umfasst. ²Die Bewertung der im Stellenplan ausgewiesenen Stellen erfolgt im Einvernehmen mit der für die Bewertung von Dienstposten und Arbeitsplätzen zuständigen Stelle des Rechtsträgers. ³Beamtinnen und Beamte, die bei dem Eigenbetrieb beschäftigt werden, sind im Stellenplan des Rechtsträgers zu führen und im Stellenplan des Eigenbetriebs nachrichtlich anzugeben. ⁴Das Beschäftigungsvolumen ist nach Arbeitnehmerinnen und Arbeitnehmern einerseits und Beamtinnen und Beamten andererseits getrennt auszuweisen.
(2) Zum Vergleich sind die Zahlen der im laufenden Wirtschaftsjahr vorgesehenen und der tatsächlich besetzten Stellen anzugeben.

§ 22 Finanzplan

(1) ¹Der fünfjährige Finanzplan besteht aus:
1. einer Übersicht über die Entwicklung des Erfolges,
2. einer Übersicht über die Entwicklung des Vermögens,
3. einer Übersicht über die Entwicklung des Personals sowie
4. einer Übersicht über die Entwicklung der Investitionsausgaben,

jeweils nach Jahren gegliedert. ²Er ist dem Betriebsausschuss und der Bürgerschaft mit dem Wirtschaftsplan zur Kenntnis zu geben.
(2) Im Finanzplan sollen in einer Übersicht die Auswirkungen auf die Entwicklung der Gebühren-, Beitrags- und Entgeltsätze dargestellt werden, die zum Ausgleich des Erfolgsplans notwendig sind.

§ 23 Buchführung, Kosten- und Leistungsrechnung

(1) ¹Der Eigenbetrieb führt seine Rechnung nach den Regeln der kaufmännischen doppelten Buchführung. ²Die Art der Buchungen muss die zwangsläufige Fortschreibung der Vermögens- und Schuldenteile ermöglichen. ³Die Buchführung muss zusammen mit der Bestandsaufnahme die Aufstellung von Jahresabschlüssen gestatten, die den Anforderungen nach § 26 entsprechen. ⁴Eine Anlagenbuchführung muss vorhanden sein.

(2) Die Vorschriften des Dritten Buches des Handelsgesetzbuches über Buchführung und Inventar finden entsprechend Anwendung.
(3) Der Eigenbetrieb hat die für Kosten- und Leistungsrechnungen erforderlichen Unterlagen zu führen und Kosten- und Leistungsrechnungen zu erstellen.

§ 24 Gebühren und Beiträge
(1) Es gilt das Bremische Gebühren- und Beitragsgesetz.
(2) Durch das Errichtungsgesetz kann bestimmt werden, dass die den Gebühren- und Beitragsberechnungen zugrunde liegenden Kostenrechnungen unter Beachtung der maßgebenden Rechtsvorschriften vor der Empfehlung nach § 11 Absatz 1 Nummer 9 durch einen Wirtschaftsprüfer oder eine Wirtschaftsprüfungsgesellschaft zu prüfen sind.

§ 25 Berichterstattung
(1) Die Betriebsleitung hat die Bürgerschaft, das zuständige Mitglied des Senats und den Betriebsausschuss mindestens halbjährlich über den Vollzug des Wirtschaftsplanes schriftlich zu unterrichten.
(2) ¹Die Betriebsleitung hat das zuständige Mitglied des Senats und den Betriebsausschuss über alle wichtigen Vorkommnisse rechtzeitig zu unterrichten. ²Zudem erstattet die Betriebsleitung über das zuständige Mitglied des Senats der Senatorin für Finanzen unverzüglich Bericht bei erheblichen negativen Planabweichungen und akuten Risiken für die Unternehmensentwicklung.

§ 26 Jahresabschluss
¹Für den Schluss eines jeden Wirtschaftsjahres ist ein Jahresabschluss aufzustellen, der aus der Bilanz, der Gewinn- und Verlustrechnung und dem Anhang besteht. ²Auf den Jahresabschluss sind die allgemeinen Vorschriften, die Vorschriften über die Bilanz, die Gewinn- und Verlustrechnung und den Anhang sowie die Vorschriften über Ansätze und Bewertung für Kapitalgesellschaften gemäß § 267 des Handelsgesetzbuchs sinngemäß anzuwenden, soweit sich aus diesem Gesetz nichts anderes ergibt. ³Die Senatorin für Finanzen wird ermächtigt, in Abstimmung mit dem Haushalts- und Finanzausschuss eine Zuordnung der Eigenbetriebe und sonstigen Sondervermögen nach § 267 des Handelsgesetzbuches vorzunehmen.

§ 27 Bilanz
(1) Die Aufstellung der Bilanz erfolgt nach Formblatt.
(2) ¹Eine weitergehende Gliederung ist zulässig. ²Wenn der Gegenstand des Betriebes eine andere Gliederung verlangt, muss diese der nach Satz 1 bestimmten Gliederung gleichwertig sein. ³§ 268 Absatz 1 bis 3, §§ 270, 272 sowie 274 des Handelsgesetzbuches finden keine Anwendung.

§ 28 Gewinn- und Verlustrechnung, Erfolgsübersicht
(1) ¹Die Gliederung der Gewinn- und Verlustrechnung erfolgt nach Formblatt. ²Auf die Aufstellung der Gewinn- und Verlustrechnung findet § 275 des Handelsgesetzbuches keine Anwendung.
(2) ¹Eigenbetriebe mit mehr als einem Betriebszweig haben zum Ende eines jeden Wirtschaftsjahrs eine Erfolgsübersicht aufzustellen. ²Dabei sind gemeinsame Aufwendungen und Erträge sachgerecht auf die Betriebszweige aufzuteilen, soweit Lieferungen und Leistungen nicht gesondert verrechnet werden.

§ 29 Anhang, Anlagennachweis
(1) Für die Darstellung im Anhang gilt § 285 Nummer 9 und 10 des Handelsgesetzbuches mit folgender Maßgabe:
1. Die Angaben nach Nummer 9 sind über die vom Eigenbetrieb gewährten Leistungen für die Mitglieder der Betriebsleitung und für die Mitglieder des Betriebsausschusses zu machen. Für außertariflich vergütete Mitglieder der Betriebsleitung erfolgen die Angaben unter entsprechender Anwendung der Regelung für eine börsennotierte Aktiengesellschaft. Gleiches gilt für verbeamtete Mitglieder der Betriebsleitung, sofern sie Zusatzleistungen zur gesetzlichen Besoldung erhalten.
2. Die Angaben nach Nummer 10 sind für die Mitglieder der Betriebsleitung und des Betriebsausschusses zu machen. § 285 Nummer 8 und § 286 Absatz 2 und 3 des Handelsgesetzbuches finden keine Anwendung.

(2) In einem Anlagennachweis als Bestandteil des Anhanges ist die Entwicklung der einzelnen Posten des Anlagevermögens, einschließlich der Finanzanlagen, darzustellen.

§ 30 Lagebericht

(1) ¹Gleichzeitig mit dem Jahresabschluss ist ein Lagebericht aufzustellen. ²Darin sind zumindest der Geschäftsverlauf und die Lage des Eigenbetriebes so darzustellen, dass ein den tatsächlichen Verhältnissen entsprechendes Bild vermittelt wird. ³Er hat eine ausgewogene und umfassende, dem Umfang und der Komplexität der Geschäftstätigkeit entsprechende Analyse des Geschäftsverlaufs und der Lage des Eigenbetriebes zu enthalten. ⁴In die Analyse sind die für die Geschäftstätigkeit bedeutsamsten finanziellen Leistungsindikatoren einzubeziehen und unter Bezugnahme auf die im Jahresabschluss ausgewiesenen Beträge und Angaben zu erläutern. ⁵Ferner ist im Lagebericht die voraussichtliche Entwicklung mit ihren wesentlichen Chancen und Risiken zu beurteilen und zu erläutern; zugrunde liegende Annahmen sind anzugeben. ⁶Die Mitglieder der Betriebsleitung haben zu versichern, dass nach bestem Wissen und Gewissen im Lagebericht der Geschäftsverlauf, einschließlich des Geschäftsergebnisses, und die Lage des Eigenbetriebes so dargestellt sind, dass ein den tatsächlichen Verhältnissen entsprechendes Bild vermittelt wird und dass die wesentlichen Chancen und Risiken im Sinne des Satzes 5 beschrieben sind.

(2) Im Lagebericht ist auch einzugehen auf:
1. die Änderungen im Bestand der zum Eigenbetrieb gehörenden Grundstücke und grundstücksgleichen Rechte,
2. die Änderungen in Bestand, Leistungsfähigkeit und Ausnutzungsgrad der wichtigsten Anlagen,
3. den Stand der Anlagen im Bau und der geplanten Bauvorhaben,
4. bei den Finanzanlagen den Stand am Anfang des Wirtschaftsjahres, die Zugänge, die Abgänge und die Abschreibungen, den Stand am Abschlussstichtag durch Angabe der Nennwerte, Bilanzansätze und, soweit es sich um börsengängige Werte handelt, den Kurswert am Abschlussstichtag,
5. die Entwicklung des Eigenkapitals und der Rückstellungen jeweils unter Angabe von Anfangsstand, Zugängen und Entnahmen,
6. die Umsatzerlöse mittels einer Mengen- und Tarifstatistik des Berichtsjahres im Vergleich zum Vorjahr,
7. den Personalaufwand mittels einer Statistik über die zahlenmäßige Entwicklung der Belegschaft unter Angabe der Gesamtsummen der Löhne, Gehälter, Vergütungen, sozialen Abgaben, Aufwendungen für Altersversorgung und Unterstützung einschließlich der Beihilfen und der sonstigen sozialen Aufwendungen für das Wirtschaftsjahr,
8. Maßnahmen mit besonderer Bedeutung für den Umweltschutz,
9. Vorgänge von besonderer Bedeutung, die nach dem Schluss des Geschäftsjahrs eingetreten sind, sowie
10. a) die Risikomanagementziele und -methoden des Eigenbetriebs, einschließlich ihrer Methoden zur Absicherung aller wichtigen Arten von Transaktionen, die im Rahmen der Bilanzierung von Sicherungsgeschäften erfasst werden, sowie
    b) die Preisänderungs-, Ausfall- und Liquiditätsrisiken sowie die Risiken aus Zahlungsstromschwankungen, denen der Betrieb ausgesetzt ist, jeweils in Bezug auf die Verwendung von Finanzinstrumenten durch den Betrieb und sofern dies für die Beurteilung der Lage oder der voraussichtlichen Entwicklung von Belang ist.

§ 31 Vorlagefrist

¹Der Jahresabschluss, der Lagebericht, die Erfolgsübersicht und die Ergebnisse der Kosten- und Leistungsrechnung sind zusammen mit dem Prüfbericht innerhalb von spätestens sechs Monaten nach Schluss des Wirtschaftsjahres vorzulegen. ²Besteht die Betriebsleitung aus mehreren Mitgliedern, haben sämtliche Mitglieder zu unterschreiben.

§ 32 Prüfung des Jahresabschlusses

(1) Der Jahresabschluss ist unter Einbeziehung der Buchführung und des Lageberichts durch einen Wirtschaftsprüfer oder eine Wirtschaftsprüfungsgesellschaft (Abschlussprüfer) zu prüfen, der im Einvernehmen mit der Senatorin für Finanzen durch den Betriebsausschuss bestellt wird.

(2) ¹Der Abschlussprüfer wird durch die Vorsitzende oder den Vorsitzenden des Betriebsausschusses beauftragt. ²Dabei soll sie oder er besondere Prüfungsschwerpunkte festlegen. ³In der Stadt Bremerhaven wird der Wirtschaftsprüfer oder die Wirtschaftsprüfungsgesellschaft vorab durch den Magistrat gewählt.

(3) ¹Im Rahmen der Prüfung des Jahresabschlusses ist in entsprechender Anwendung des § 53 Absatz 1 Nummer 1 und 2 des Haushaltsgrundsätzegesetzes ferner die Ordnungsmäßigkeit der Geschäftsführung zu prüfen und über die wirtschaftlich bedeutsamen Sachverhalte zu berichten. ²Die Prüfung erstreckt sich auch auf die zweckentsprechende Verwendung der öffentlichen Fördermittel. ³Für die Durchführung der Prüfung können weitere Einzelheiten durch das Errichtungsgesetz festgelegt werden.

(4) Die Prüfungsrechte des Rechnungshofes der Freien Hansestadt Bremen nach § 88 Absatz 1 der Landeshaushaltsordnung und des Rechnungsprüfungsamtes der Stadt Bremerhaven nach § 118 Absatz 3 der Landeshaushaltsordnung bleiben unberührt.

§ 33 Rechenschaft

Die Bilanz und die Gewinn- und Verlustrechnung sind mit dem Prüfungsvermerk des Abschlussprüfers und nachrichtlichen Angaben über die Behandlung des Jahresergebnisses im Amtsblatt der Freien Hansestadt Bremen zu veröffentlichen.

Teil 3
Vorschriften für sonstige Sondervermögen

§ 34 Bewirtschaftung

(1) ¹Das nach dem Errichtungsgesetz zuständige Mitglied des Senats bewirtschaftet das sonstige Sondervermögen anhand strategischer und finanzieller Ziele. ²Es kann Dritte mit der Geschäftsführung beauftragen.

(2) ¹Im Falle der Beauftragung Dritter vereinbart das zuständige Mitglied des Senats mit dem mit der Geschäftsführung beauftragten Dritten die strategischen und finanziellen Ziele durch Kontrakte, Leistungsvereinbarungen oder Geschäftsbesorgungsverträge und überwacht deren Umsetzung. ²Die Geschäftsbesorgungsverträge sind der Senatorin für Finanzen zur Kenntnis zu geben.

(3) Das zuständige Mitglied des Senats hat sich gegenüber einem mit der Geschäftsführung beauftragten Dritten ein unbeschränktes Weisungsrecht vorzubehalten.

§ 35 Sondervermögensausschuss

Für den Sondervermögensausschuss gelten die Vorschriften der §§ 8 und 11 sinngemäß.

§ 36 Wirtschaftsführung, Rechnungswesen und Controlling

(1) Für die Wirtschaftsführung, das Rechnungswesen und das Controlling gelten die Regelungen des Teils 2 Abschnitt 2 mit Ausnahme der §§ 13, 14 Absatz 4 und § 21 sinngemäß, soweit nachfolgend keine abweichenden Regelungen getroffen sind.

(2) Die Senatorin für Finanzen kann Ausnahmeregelungen für das Wirtschafts- und Rechnungswesen kameral geführter sonstiger Sondervermögen erteilen.

(3) § 268 Absatz 1 des Handelsgesetzbuches findet für die Aufstellung der Bilanz der sonstigen Sondervermögen Anwendung.

(4) ¹Kreditaufnahmen zulasten der sonstigen Sondervermögen sind grundsätzlich nicht zulässig. ²Ausnahmen bedürfen der Zustimmung der Bürgerschaft.

(5) ¹Soweit sich Minderausgaben aus einzelnen Investitionsvorhaben ergeben, die auf Unterschreitung des festgestellten Kostenrahmens zurückzuführen sind, verbleiben sie dem Sondervermögen. ²Über die Verwendung entscheidet der Sondervermögensausschuss. ³Bei Verwendungssummen von mehr als 1 Million Euro im Einzelfall entscheidet zusätzlich die Bürgerschaft.

§ 37 Auskunfts- und Unterrichtungspflichten

(1) ¹Das für die Bewirtschaftung zuständige Mitglied des Senats erteilt der Senatorin für Finanzen in allen Angelegenheiten Auskunft und erstattet auf Anforderung Bericht. ²Im Übrigen gelten die Berichterstattungspflichten gemäß § 25 sinngemäß.

(2) Das zuständige Mitglied des Senats hat einen mit der Geschäftsführung beauftragten Dritten so zu verpflichten, dass die Erfüllung der Auskunfts- und Berichtspflichten gemäß Absatz 1 sichergestellt ist.

Teil 4
Schluss- und Übergangsvorschriften

§ 38 Nähere Bestimmungen im Errichtungsgesetz
(1) Durch das Errichtungsgesetz können insbesondere nähere Bestimmungen getroffen werden:
1. zu § 5 Absatz 1 und 2 hinsichtlich einer anderen als der hierin enthaltenen Bezeichnung der Betriebsleitung sowie die Zahl der Mitglieder und der Dauer ihrer Bestellung,
2. zu § 7 Absatz 1 zum Aufgabenumfang der Betriebsleitung,
3. zu § 8 und § 35 in Verbindung mit § 7 hinsichtlich einer anderen als der hierin enthaltenen Bezeichnung des Betriebs- oder Sondervermögensausschusses sowie zur Zahl der zu wählenden Mitglieder,
4. zu § 8 Absatz 4 und § 35 in Verbindung mit § 8 Absatz 4 hinsichtlich der Zahl der abzuhaltenden Sitzungen,
5. zu § 11 und § 35 in Verbindung mit § 11 zur näheren Festlegung des Aufgabenumfangs,
6. zu § 11 Nummer 10 und § 35 in Verbindung mit § 10 Absatz 1 Nummer 10 hinsichtlich einer abweichenden Zuständigkeitsregelung,
7. zu § 36 Absatz 1 in Verbindung mit § 20 Absatz 4 dahingehend, dass anstelle des zuständigen Betriebsausschusses die zuständige Deputation über eine Aufhebung des Sperrvermerks entscheidet,
8. zu § 34 zum näheren Aufgabenumfang der Bewirtschaftung.

(2) Durch das Errichtungsgesetz können Ausnahmen von den nach Maßgabe des § 113 der Landeshaushaltsordnung geltenden Rechtsvorschriften durch das zuständige Mitglied des Senats im Einvernehmen mit der Senatorin für Finanzen und dem Rechnungshof der Freien Hansestadt Bremen zugelassen werden, soweit kein erhebliches finanzielles Interesse des Rechtsträgers besteht.

§ 39 Erlass von Verwaltungsvorschriften
Der Senat kann die Wirtschaftsführung, das Rechnungswesen, die Rechnungslegung und das Berichtswesen sowie die hierzu einheitlichen Formblätter und Berichtsstrukturen durch Verwaltungsvorschriften regeln.

§ 40 Stadt Bremerhaven
(1) In der Stadt Bremerhaven tritt an die Stelle des zuständigen Mitglieds des Senats sowie der Senatorin für Finanzen der Magistrat der Stadt Bremerhaven und an die Stelle der Bürgerschaft die Stadtverordnetenversammlung, es sei denn, durch Ortsgesetz erfolgt eine andere Bestimmung der Zuständigkeiten.
(2) Durch das Errichtungsgesetz können für Eigenbetriebe und sonstige Sondervermögen der Stadt Bremerhaven von § 6 Absatz 2 und 3 abweichende Regelungen getroffen werden.

§ 41 Anpassung bestehender Errichtungsgesetze
[1]Errichtungsgesetze für Eigenbetriebe und sonstige Sondervermögen, die vor Inkrafttreten dieses Gesetzes erlassen wurden, sind bis zum 31. Dezember 2010 an die Regelungen dieses Gesetzes anzupassen. [2]Vorschriften in den Errichtungsgesetzen, die die Festsetzung des Wirtschaftsplans betreffen, finden nach dem 1. Dezember 2009 keine Anwendung mehr. [3]Diesem Gesetz entgegenstehende Vorschriften der Errichtungsgesetze finden nach dem 31. Dezember 2010 keine Anwendung mehr.

§ 42 Inkrafttreten, Außerkrafttreten
(1) Dieses Gesetz tritt mit Wirkung vom 1. Dezember 2009 in Kraft.
(2) Gleichzeitig tritt das Bremische Gesetz für Eigenbetriebe des Landes und der Stadtgemeinden in der Fassung der Bekanntmachung vom 3. September 2001 (Brem.GBl. S. 287 – 63-d-1) mit Ausnahme des § 6 Absatz 2 Satz 1 außer Kraft.
(3)[*]) § 6 Absatz 2 Satz 1 des Bremischen Gesetzes für Eigenbetriebe des Landes und der Stadtgemeinden in der Fassung der Bekanntmachung vom 3. September 2001 (Brem.GBl. S. 287 – 63-d-1) tritt mit Ablauf des 31. Dezember 2010 außer Kraft.

---

*) Wortlaut aus § 6 Abs. 2 Satz 1:
»Im Land Bremen und in der Stadtgemeinde Bremen gelten für den Betriebsausschuss die Vorschriften des Gesetzes über die Deputationen entsprechend.«

Bremisches Gesetz zur Sicherung von Tariftreue, Sozialstandards und Wettbewerb bei öffentlicher Auftragsvergabe (Tariftreue- und Vergabegesetz)

Vom 24. November 2009 (Brem.GBl. S. 476)
(63-h-2)
zuletzt geändert durch G vom 12. Dezember 2017 (Brem.GBl. S. 773)

Der Senat verkündet das nachstehende, von der Bürgerschaft (Landtag) beschlossene Gesetz:

Abschnitt 1
Allgemeines

§ 1 Zweck
Dieses Gesetz regelt die Vergabe von öffentlichen Aufträgen und wirkt Verzerrungen im Wettbewerb um öffentliche Aufträge entgegen, die durch den Einsatz von Niedriglohnkräften entstehen.

§ 2 Anwendungsbereich
(1) [1]Dieses Gesetz gilt für die Vergabe öffentlicher Aufträge über Bau-, Liefer- und Dienstleistungen durch öffentliche Auftraggeber im Sinne des § 99 und durch Sektorenauftraggeber im Sinne des § 100 des Gesetzes gegen Wettbewerbsbeschränkungen (Auftraggeber). [2]Auf Rahmenvereinbarungen im Sinne des § 103 Absatz 5 des Gesetzes gegen Wettbewerbsbeschränkungen ist dieses Gesetz entsprechend anwendbar. [3]Aufträge im Sinne dieses Gesetzes umfassen auch Rahmenvereinbarungen.
(2) [1]Im Bereich des öffentlichen Personennahverkehrs auf Straße und Schiene gilt dieses Gesetz für öffentliche Dienstleistungsaufträge, auch in Form von Dienstleistungskonzessionen, und für Linienverkehrsgenehmigungen, soweit diese nach Maßgabe der Richtlinie 2014/25/EU des Europäischen Parlaments und des Rates vom 26. Februar 2014 über die Vergabe von Aufträgen durch Auftraggeber im Bereich der Wasser-, Energie- und Verkehrsversorgung sowie der Postdienste und zur Aufhebung der Richtlinie 2004/17/EG (ABl. L 094 vom 28. März 2014, S. 243), die durch die delegierte Verordnung (EU) 2015/2171 (ABl. L 307 vom 25. November 2015, S. 7) geändert worden ist, der Richtlinie 2014/24/EU des Europäischen Parlaments und des Rates vom 26. Februar 2014 über die öffentliche Auftragsvergabe und zur Aufhebung der Richtlinie 2004/18/EG (ABl. L 94 vom 28. März 2014, S. 65), die durch die delegierte Verordnung (EU) Nr. 2015/2170 (ABl. L 307 vom 25. November 2015, S. 5) geändert worden ist, und der Richtlinie 2014/23/EU des Europäischen Parlaments und des Rates vom 26. Februar 2014 über die Konzessionsvergabe (ABl. L 94 vom 28. März 2014, S. 1, L 114 vom 5. Mai 2015, S. 24), die durch die delegierte Verordnung (EU) 2015/2172 (ABl. L 307 vom 25. November 2015, S. 9) geändert worden ist, oder gemäß Artikel 5 der Verordnung (EG) Nr. 1370/2007 des Europäischen Parlaments und des Rates vom 23. Oktober 2007 über öffentliche Personenverkehrsdienste auf Schiene und Straße und zur Aufhebung der Verordnungen (EWG) Nr. 1191/69 und (EWG) Nr. 1107/70 des Rates (ABl. L 315 vom 3. Dezember 2007, S. 1) vergeben oder erteilt werden. [2]Es gilt insbesondere auch für die Direktvergabe gemäß Artikel 5 Absatz 4 bis 6 sowie für die Betrauung eines internen Betreibers gemäß Artikel 5 Absatz 2 der Verordnung (EG) Nr. 1370/2007. [3]Dieses Gesetz gilt auch für Verkehre im Sinne von § 1 der Freistellungs-Verordnung in der im Bundesgesetzblatt Teil III, Gliederungsnummer 9240-1-1, veröffentlichten bereinigten Fassung, geändert durch Artikel 1 der Verordnung vom 4. Mai 2012 (BGBl. I S. 1037).
(3) Dieses Gesetz gilt nicht in den Fällen der §§ 107 bis 109, 116 und 117, 137 bis 140 und 145 des Gesetzes gegen Wettbewerbsbeschränkungen.
(4) Abschnitt 2 gilt nicht für die Vergabe öffentlicher Aufträge, deren Auftragswerte die Schwellenwerte des § 106 Absatz 2 des Gesetzes gegen Wettbewerbsbeschränkungen erreichen und nicht für öffentliche Aufträge, die zum Zweck der Ausübung einer Sektorentätigkeit gemäß § 102 des Gesetzes gegen Wettbewerbsbeschränkungen vergeben werden.
(5) Abschnitt 3 gilt nicht für die Vergabe öffentlicher Aufträge über Lieferleistungen.

§ 3 Auftragswerte
(1) Für die Schätzung der Auftragswerte nach diesem Gesetz ist die Regelung des § 3 Absatz 1 der Vergabeverordnung entsprechend anzuwenden.
(2) ¹Der Wert des beabsichtigten Auftrags darf nicht in der Absicht geschätzt oder aufgeteilt werden, ihn der Anwendung dieses Gesetzes zu entziehen. ²Die Verpflichtung gemäß § 4 bleibt davon unberührt.

§ 4 Mittelstandsförderung, Generalunternehmeraufträge
(1) ¹Bei der Vergabe öffentlicher Aufträge sind Leistungen, soweit es die wirtschaftlichen und technischen Voraussetzungen zulassen, nach Art und Menge so in Lose zu zerlegen, dass sich Unternehmen der mittelständischen Wirtschaft mit Angeboten beteiligen können. ²Generalunternehmervergaben stellen die Ausnahme dar und bedürfen einer gesonderten Begründung.
(2) ¹Die Organisation von Vergaben erfolgt ab dem 1. Mai 2015 nach einheitlichen Vertragsbedingungen, Verfahrens- und Formvorschriften über eine zentrale Service- und Koordinierungsstelle, soweit es sich nicht um Lieferleistungen handelt. ²Das Nähere regelt eine Rechtsverordnung.

Abschnitt 2
Anwendung von Vergaberegelungen

§ 5 Vergabe von Aufträgen nach Einholung von Vergleichsangeboten
(1) ¹Öffentliche Aufträge werden, soweit nicht die §§ 6 und 7 etwas anderes bestimmen, ohne vorherige Bekanntmachung nach Einholung von Vergleichsangeboten vergeben. ²Dies ist zu dokumentieren.
(2) ¹Von der Einholung von Vergleichsangeboten kann in Fällen abgesehen werden, in denen
a) eine freihändige Vergabe nach Abschnitt 1 § 3a Absatz 4 Satz 1 Nummer 1, 2 und 6 des Teils A der Vergabe- und Vertragsordnung für Bauleistungen zugelassen ist;
b) eine Verhandlungsvergabe mit nur einem Unternehmen nach § 12 Absatz 3 in Verbindung mit § 8 Absatz 4 Nummer 9 bis 14 der Unterschwellenvergabeordnung zugelassen ist;
c) ein Direktauftrag nach § 14 der Unterschwellenvergabeordnung zugelassen ist;
d) die Leistung des beabsichtigten Auftrages im Rahmen einer freiberuflichen Tätigkeit oder im Wettbewerb mit freiberuflich Tätigen erbracht wird (freiberufliche Leistung) und die Vergütung für diese freiberufliche Leistung in ihren wesentlichen Bestandteilen nach Festbeträgen oder unter Einhaltung der Mindestsätze nach einer verbindlichen Gebühren- oder Honorarordnung abgerechnet wird;
e) die zu vergebende freiberufliche Leistung nach Art und Umfang, insbesondere ihre technischen Anforderungen, vor der Vergabe nicht eindeutig und erschöpfend beschrieben werden kann, die Einholung von Vergleichsangeboten einen Aufwand für den Auftraggeber oder die Bewerber oder Bieter verursachen würde, der zu dem erreichten Vorteil oder dem Wert der Leistung im Missverhältnis stehen würde und ein Auftragswert von 50 000 Euro nicht überschritten wird;
f) ein Bauauftrag oder ein Auftrag über eine freiberufliche Leistung vergeben wird und dieser einen Auftragswert von 5 000 Euro nicht überschreitet.
²Der Verzicht auf die Einholung von Vergleichsangeboten ist zu begründen.

§ 6 Vergabe von Bauaufträgen
(1) Bei der Vergabe von Bauaufträgen sind ab einem Auftragswert von 50 000 Euro die Bestimmungen des Abschnitts 1 des Teils A der Vergabe- und Vertragsordnung für Bauleistungen anzuwenden.
(2) ¹Die Vergabe von Bauaufträgen nach Absatz 1 in einem anderen Verfahren als einer öffentlichen Ausschreibung ist zu begründen. ²Die Begründung ist zu dokumentieren.
(3) ¹Aufträge nach Absatz 1, die einen Auftragswert von 500 000 Euro nicht erreichen, können ohne weitere Einzelfallbegründung im Wege der beschränkten Ausschreibung ohne Teilnahmewettbewerb vergeben werden. ²Das Verfahren ist in transparenter und nicht diskriminierender Weise durchzuführen.

§ 7 Vergabe von Liefer- und Dienstleistungsaufträgen
(1) ¹Bei der Vergabe von Liefer- und Dienstleistungsaufträgen sind ab einem Auftragswert von 50 000 Euro die Bestimmungen der Unterschwellenvergabeordnung anzuwenden. ²Hiervon ausgenommen ist die Vergabe von freiberuflichen Leistungen.

(2) ¹Die Vergabe von Aufträgen nach Absatz 1 in einem anderen Verfahren als einer öffentlichen Ausschreibung oder einer beschränkten Ausschreibung mit Teilnahmewettbewerb ist zu begründen. ²Die Begründung ist zu dokumentieren.

(3) ¹Aufträge nach Absatz 1, die einen Auftragswert von 100 000 Euro nicht erreichen, können ohne weitere Einzelfallbegründung im Wege der beschränkten Ausschreibung ohne Teilnahmewettbewerb vergeben werden. ²Das Verfahren ist in transparenter und nicht diskriminierender Weise durchzuführen.

§ 8 Präqualifikation
Der Senat kann neben den in Abschnitt 1 des Teils A der Vergabe- und Vertragsordnung für Bauleistungen und in der Unterschwellenvergabeordnung genannten Präqualifikationsmöglichkeiten weitere Präqualifikationsverfahren durch Richtlinien regeln.

Abschnitt 3
Tariftreue/Mindestarbeitsbedingungen

§ 9 Mindestlohn
(1) Öffentliche Aufträge werden nur an solche Unternehmen vergeben, die sich bei der Angebotsabgabe schriftlich verpflichten, ihren Beschäftigten, abgesehen von Auszubildenden, bei der Ausführung der Leistung ein Entgelt in Höhe des Mindestlohns nach § 9 des Landesmindestlohngesetzes zu bezahlen.

(2) ¹Der Auftraggeber fordert die Erklärung nach Absatz 1 nicht, wenn der Auftrag für den Binnenmarkt Europäischen Union von Bedeutung ist. ²Satz 1 gilt nicht für die Vergabe von Dienstleistungen im Bereich des öffentlichen Personennahverkehrs auf Straße und Schiene.

§ 10 Tariftreueerklärung
(1) ¹Öffentliche Aufträge für Dienstleistungen oder Genehmigungen im Bereich des öffentlichen Personennahverkehrs auf Straße und Schiene gemäß § 2 Absatz 2 sowie Bauaufträge im Sinne des § 103 Absatz 3 des Gesetzes gegen Wettbewerbsbeschränkungen werden nur an Unternehmen vergeben oder erteilt, die sich bei der Angebotsabgabe oder im Antrag auf Erteilung der Genehmigung schriftlich verpflichten, ihren Beschäftigten bei der Ausführung der Leistungen mindestens das am Ort der Ausführung für die jeweilige Leistung tarifvertraglich vorgesehene Entgelt (Tariflohn), einschließlich der Überstundenzuschläge, zum tarifvertraglich vorgesehenen Zeitpunkt zu bezahlen. ²In den Ausschreibungsunterlagen ist anzugeben, welcher Tariflohn für die Leistung jeweils als maßgeblich im Sinne des Satzes 1 anzusehen ist; im Bereich des öffentlichen Personennahverkehrs erfolgt dies in der Vorabbekanntmachung im Amtsblatt der Europäischen Union.

(2) Der Auftraggeber fordert die Erklärung nach Absatz 1 nur bei Bauaufträgen, die für den Binnenmarkt der Europäischen Union nicht von Bedeutung sind.

(3) ¹Gelten am Ort der Leistung mehrere Tarifverträge für dieselbe Leistung, so hat der Auftraggeber den Tariflohn eines repräsentativen Tarifvertrags zugrunde zu legen, der mit einer tariffähigen Gewerkschaft vereinbart wurde. ²Haustarifverträge sind hiervon ausgenommen. ³Der Senat bestimmt durch Rechtsverordnung, in welchem Verfahren festgestellt wird, welche Tarifverträge als repräsentativ im Sinne der Sätze 1 und 2 anzusehen sind. ⁴Die Rechtsverordnung kann auch die Vorbereitung der Entscheidung durch einen Beirat vorsehen; sie regelt in diesem Fall auch die Zusammensetzung des Beirats.

(4) Gelten für eine Leistung mehrere Tarifverträge (gemischte Leistungen), ist der Tariflohn desjenigen Tarifvertrags maßgeblich, in dem der überwiegende Teil der Leistung liegt.

§ 11 Mindestlohn nach Bundesgesetzen
¹Öffentliche Aufträge werden nur an solche Unternehmen vergeben, die sich bei der Angebotsabgabe schriftlich verpflichten, ihren Arbeitnehmerinnen und Arbeitnehmern bei der Ausführung der Leistung den gesetzlichen Mindestlohn nach § 1 Absatz 2 des Mindestlohngesetzes zu zahlen. ²Satz 1 gilt entsprechend für die in § 1 Absatz 3 des Mindestlohngesetzes aufgeführten sonstigen Mindestentgelte, soweit das Unternehmen an diese gesetzlich gebunden ist.

§ 12 Günstigkeitsklausel

Erfüllt die Vergabe eines öffentlichen Auftrages oder Erteilung einer Genehmigung im öffentlichen Personennahverkehr gemäß § 2 Absatz 2 die Voraussetzungen von mehr als nur einer der in §§ 9 bis 11 getroffenen Regelungen, so ist die für die Beschäftigten jeweils günstigste Regelung maßgeblich.

§ 13 Auftragnehmer- und Nachunternehmerklausel

(1) Der Auftraggeber hat mit dem Auftragnehmer vertraglich zu vereinbaren, dass er befugt ist, Kontrollen im Sinne des § 16 Absatz 1 und 4 durchzuführen.

(2) [1]Zwischen dem Auftraggeber und dem Auftragnehmer ist zu vereinbaren, dass dem Auftraggeber Einsichtnahme in die zum Nachweis einer ordnungsgemäßen Entgeltleistung geeigneten Unterlagen, insbesondere Entgeltabrechnungen, Stundennachweise und Arbeitsverträge, sämtlicher zur Erfüllung des Auftrages eingesetzten Beschäftigten, auch der eingesetzten Nachunternehmer, gewährt wird. [2]Zudem ist zu vereinbaren, dass dem Auftraggeber Einsicht in sämtliche Unterlagen, insbesondere Meldeunterlagen, Bücher, Nachunternehmerverträge sowie andere Geschäftsunterlagen und Aufzeichnungen, aus denen sich Umfang, Art, Dauer und tatsächliche Entlohnung der Beschäftigten ergeben oder abgeleitet werden, gewährt wird.

(3) [1]Zwischen dem Auftraggeber und dem Auftragnehmer ist weiter zu vereinbaren, dass der Auftragnehmer für den Fall einer Kontrolle nach § 16 Absatz 1 und 4 aktuelle und prüffähige Unterlagen im Sinne des Absatzes 2 bereitzuhalten und diese auf Verlangen des Auftraggebers unverzüglich, spätestens mit Ablauf einer vom Auftraggeber gesetzten Frist am Sitz des Auftraggebers zum Zwecke der Einsichtnahme vorzulegen hat. [2]Zudem ist zu vereinbaren, dass der Auftragnehmer den Auftraggeber im Falle nicht, nicht rechtzeitig oder nicht vollständig vorhandener Unterlagen im Sinne des Absatzes 2 unverzüglich in Kenntnis setzt.

(4) [1]Zwischen dem Auftraggeber und dem Auftragnehmer ist zu vereinbaren, dass der Auftraggeber befugt ist, die Beschäftigten zu ihrer Entlohnung und den weiteren Arbeitsbedingungen zu befragen. [2]Der Auftragnehmer ist durch den Auftraggeber zu verpflichten, seine Beschäftigten auf die Möglichkeit einer solchen Kontrolle hinzuweisen.

(5) [1]Der Auftraggeber verpflichtet die Bieter, bei Abgabe der Angebote anzugeben, welche Leistungen an Nachunternehmer vergeben werden sollen. [2]Der Auftraggeber verpflichtet den Auftragnehmer, mit dem Nachunternehmer zu vereinbaren, dass dieser die dem Auftragnehmer nach § 9 Absatz 1, § 10 Absatz 1, §§ 11 und 12 sowie nach den Absätzen 2 bis 7 aufzuerlegenden Pflichten im Rahmen der Nachunternehmerleistung entsprechend erfüllt. [3]Der Auftraggeber verpflichtet den Auftragnehmer, ihm gegenüber den Einsatz eines Nachunternehmers und dessen Nachunternehmer vor dessen Beginn mit der Ausführung der Leistung schriftlich anzuzeigen.

(6) [1]Der Auftraggeber verpflichtet den Auftragnehmer, die in Absatz 5 Satz 2 genannten Pflichten des Nachunternehmers zu überwachen. [2]Der Auftraggeber lässt sich durch den Auftragnehmer mit der Möglichkeit bevollmächtigen, gegenüber den Nachunternehmern Kontrollen nach § 16 Absatz 1 und 4 durchzuführen, von diesen Unterlagen zum Nachweis der Erfüllung der in Absatz 5 Satz 2 genannten Pflichten des Nachunternehmers nach Maßgabe der Absätze 2 und 3 anzufordern und die eingesetzten Beschäftigten nach Maßgabe des Absatzes 4 Satz 1 zu befragen; der Auftragnehmer wird dadurch nicht von seiner Überwachungspflicht nach Satz 1 entbunden. [3]Der Auftraggeber verpflichtet den Auftragnehmer, dem Nachunternehmer die Pflicht aufzuerlegen, die Beschäftigten auf die Möglichkeit einer solchen Kontrolle hinzuweisen.

(7) [1]Um die Einhaltung der in den Absätzen 5 und 6 genannten Pflichten zu gewährleisten, verpflichtet der Auftraggeber den Auftragnehmer, gegenüber jedem von ihm bei der Ausführung der Leistung eingesetzten Nachunternehmer eine vom Auftraggeber zur Verfügung gestellte vorformulierte Erklärung zu verwenden. [2]Diese Erklärung ist im Rahmen der Anzeige nach Absatz 5 Satz 3 vorzulegen.

§ 14 Wertung unangemessen niedriger Angebote

(1) [1]Erscheint ein Angebot, auf das der Zuschlag erteilt werden könnte, im Hinblick auf die Lohnkalkulation unangemessen niedrig, so hat der öffentliche Auftraggeber das Angebot vertieft zu prüfen. [2]Dies gilt unabhängig von der nach Teil A der Vergabe- und Vertragsordnung für Bauleistungen und nach der Unterschwellenvergabeordnung vorgegebenen Prüfung unangemessen niedrig erscheinender Angebote.

(2) Soweit ein Auftrag nicht nach § 5 vergeben werden kann, ist eine vertiefte Prüfung durchzuführen, wenn die Lohnkalkulation der rechnerisch geprüften Angebotssumme um mindestens 20 Prozent

unter der Kostenschätzung des Auftraggebers liegt oder um mehr als 10 Prozent von der des nächst höheren Angebotes abweicht.

(3) Im Rahmen der Überprüfung nach Absatz 1 Satz 1 und Absatz 2 ist der Bieter verpflichtet, nach Aufforderung durch den Auftraggeber eine transparente und nachvollziehbare Kalkulation, insbesondere im Hinblick auf die Entgelte, einschließlich der Überstundenzuschläge, nachzuweisen.

§ 15 Nachweise, Angebotsausschluss

(1) Kommt der Bieter der Verpflichtung nach § 14 Absatz 3 nicht nach oder kann er die begründeten Zweifel des Auftraggebers an seiner Absicht, die Verpflichtungen nach § 9 Absatz 1, § 10 Absatz 1, §§ 11, 12 und 13 Absatz 5 und 6 zu erfüllen, nicht beseitigen, so ist sein Angebot auszuschließen.

(2) [1]Ein Angebot soll von der Wertung ausgeschlossen werden, wenn der Bieter trotz Aufforderung eine Mindestlohnerklärung nach § 9 Absatz 1, eine Tariftreueerklärung nach § 10 Absatz 1 oder eine Mindestlohnerklärung nach § 11 nicht abgibt. [2]Ein Angebot soll auch dann von der Wertung ausgeschlossen werden, wenn der Bieter trotz Aufforderung eine Erklärung über die Verpflichtung seiner Nachunternehmer nach § 13 Absatz 5 und 6 nicht abgibt.

(3) [1]Ein Angebot für eine Bauleistung soll von der Wertung ausgeschlossen werden, wenn der Bieter trotz Aufforderung eine aktuelle Unbedenklichkeitsbescheinigung der Sozialkasse, der er kraft Tarifbindung angehört, nicht abgibt. [2]Die Bescheinigung enthält mindestens die Zahl der zurzeit gemeldeten Arbeitnehmerinnen und Arbeitnehmer und gibt Auskunft darüber, ob den Zahlungsverpflichtungen nachgekommen wurde. [3]Ausländische Unternehmen haben einen vergleichbaren Nachweis zu erbringen. [4]Bei fremdsprachigen Bescheinigungen ist eine Übersetzung in deutscher Sprache beizufügen. [5]Bei Aufträgen über Bauleistungen, deren Auftragswert 10 000 Euro nicht erreicht, tritt an Stelle des Nachweises nach Satz 1 die Erklärung des Bieters, seinen Zahlungsverpflichtungen nachgekommen zu sein.

(4) Soll die Ausführung eines Teils der Leistung einem Nachunternehmer übertragen werden, so soll das Angebot von der Wertung ausgeschlossen werden, wenn der Bieter nach Aufforderung und vor der Auftragserteilung keine auf den Nachunternehmer lautenden Nachweise und Erklärungen nach den Absätzen 2 und 3 vorlegt.

(5) Die in Abschnitt 1 des Teils A der Vergabe- und Vertragsordnung für Bauleistungen und in der Unterschwellenvergabeordnung genannten Nachweispflichten bestehen unbeschadet der Nachweispflichten in den Absätzen 2 bis 4.

(6) [1]Hat ein Bieter im Kalenderjahr einem Auftraggeber bereits den Nachweis nach Absatz 3 oder andere Eignungsnachweise nach Teil A der Vergabe- und Vertragsordnung für Bauleistungen oder nach der Unterschwellenvergabeordnung vorgelegt, so fordert derselbe Auftraggeber von dem Bieter dieselben Eignungsnachweise nur noch einmal an, wenn begründete Zweifel an der Eignung des Bieters bestehen. [2]Satz 1 gilt für Nachunternehmer entsprechend.

§ 16 Kontrollen und Sonderkommission

(1) Der Auftraggeber ist verpflichtet, die Einhaltung der gemäß § 9 Absatz 1, § 10 Absatz 1, § 11, § 12 und § 13 Absatz 2 bis 7 vereinbarten Vertragsbedingungen zu überprüfen.

(2) Der Senat richtet eine Sonderkommission für die Kontrolle der Arbeitsbedingungen ein, zu deren Gewährung sich der Auftragnehmer gemäß § 9 Absatz 1, § 10 Absatz 1, § 11 und § 12 oder der Nachunternehmer nach Maßgabe des § 13 Absatz 5 und 6 verpflichtet hat.

(3) [1]Der Auftraggeber hat die Sonderkommission unverzüglich über die von ihm vergebenen Aufträge zu unterrichten. [2]Der Auftraggeber ist verpflichtet, der Sonderkommission auf Anforderung weitere Informationen über den Auftrag und seine Ausführung zur Verfügung zu stellen.

(4) [1]Die Sonderkommission ordnet auf der Grundlage der Informationen des Auftraggebers Kontrollen an, die der Auftraggeber auf Anforderung der Sonderkommission unverzüglich durchzuführen hat. [2]Der Auftraggeber unterrichtet die Sonderkommission jeweils über die Ergebnisse der von ihm gemäß Absatz 1 durchgeführten Kontrollen sowie über verhängte Sanktionen gemäß § 17. [3]Die Sonderkommission kann sich im Rahmen ihrer Aufgaben bei anderen öffentlichen Stellen, insbesondere den Gewerbeämtern, den Zollbehörden und den Sozialkassen des Baugewerbes informieren und diesen Informationen erteilen.

(5) Der Senat kann das weitere Verfahren zur Vornahme der Kontrollen durch Richtlinien regeln.

(6) Der Senat wird ermächtigt, der Sonderkommission weitere Kontrollaufgaben durch Rechtsverordnung zu übertragen, wenn dies zur ordnungsgemäßen Abwicklung öffentlicher Aufträge notwendig erscheint.
(7) ¹Erhält der Auftraggeber durch eine Kontrolle nach den Absätzen 1 und 4 oder auf sonstige Weise Kenntnis davon, dass der Auftragnehmer oder ein Nachunternehmer einer am Ort der Leistung eingesetzten Arbeitnehmerin oder einem am Ort der Leistung eingesetzten Arbeitnehmer nicht mindestens die nach dem Arbeitnehmer-Entsendegesetz oder § 1 des Mindestlohngesetzes geltenden Mindestarbeitsbedingungen gewährt, so ist er zur Anzeige des Auftragnehmers oder des Nachunternehmers bei dem zuständigen Hauptzollamt verpflichtet. ²Der Auftragnehmer ist hierauf hinzuweisen und zu verpflichten, seine Nachunternehmer entsprechend zu unterrichten.
(8) ¹Die Sonderkommission legt dem Senat jeweils zum 30. April jedes zweiten Jahres einen Bericht über ihre Tätigkeit vor. ²Dieser Bericht wird vom Senat veröffentlicht.
(9) Für die Kontrollen im Rahmen der Erteilung einer Genehmigung im öffentlichen Personennahverkehr nach § 2 Absatz 2 gelten die Prüfungsbefugnisse der Genehmigungsbehörde nach § 54a des Personenbeförderungsgesetzes entsprechend.

§ 17 Sanktionen

(1) Im Rahmen der Prüfung der von ihr angeordneten Kontrollen im Sinne des § 16 Absatz 1 und 4 kann die Sonderkommission Empfehlungen für vertragliche Sanktionen im Sinne der Absätze 2 und 3 gegenüber dem Auftraggeber aussprechen.
(2) ¹Um die Einhaltung der dem Auftragnehmer nach § 9 Absatz 1, § 10 Absatz 1, §§ 11, 12, 13 Absatz 2, 3 und 4 Satz 2, Absatz 5 Satz 2 und 3, Absatz 6 und 7 sowie § 16 Absatz 7 Satz 2 aufzuerlegenden Pflichten zu sichern, hat der Auftraggeber mit dem Auftragnehmer für jede Verletzung dieser Pflichten die Verwirkung einer Vertragsstrafe in Höhe von 1 Prozent des bezuschlagten Auftragswertes zu vereinbaren. ²Der Auftragnehmer ist zur Zahlung einer Vertragsstrafe nach Satz 1 auch für den Fall zu verpflichten, dass der Verstoß durch einen von ihm eingesetzten Nachunternehmer oder durch dessen Nachunternehmer begangen wird. ³Ist die verwirkte Vertragsstrafe unverhältnismäßig hoch, so ist sie vom Auftraggeber auf einen angemessenen Betrag herabzusetzen. ⁴Die Summe der Vertragsstrafen nach diesem Gesetz darf insgesamt 10 Prozent des bezuschlagten Auftragswertes nicht überschreiten.
(3) ¹Der Auftraggeber vereinbart mit dem Auftragnehmer, dass die Nichterfüllung der dem Auftragnehmer nach § 9 Absatz 1, § 10 Absatz 1, §§ 11, 12, 13 Absatz 2 und 4 Satz 2, Absatz 5 Satz 2, Absatz 6 und 7 Satz 1 und § 16 Absatz 7 Satz 2 aufzuerlegenden Pflichten durch ihn, durch einen von ihm eingesetzten Nachunternehmer oder durch dessen Nachunternehmer zur fristlosen Kündigung berechtigen. ²Satz 1 gilt entsprechend bei mehrfachen Verstößen gegen die dem Auftragnehmer nach § 13 Absatz 3, 5 Satz 3 und Absatz 7 Satz 2 aufzuerlegenden Pflichten durch ihn, durch einen von ihm eingesetzten Nachunternehmer oder durch dessen Nachunternehmer. ³Der Auftraggeber vereinbart mit dem Auftragnehmer, dass der Auftragnehmer den dem Auftraggeber aus einer fristlosen Kündigung nach den Sätzen 1 und 2 entstandenen Schaden zu ersetzen hat.
(4) ¹Hat ein Auftragnehmer die ihm nach § 9 Absatz 1, § 10 Absatz 1, §§ 11, 12, 13 Absatz 2 und 4 Satz 2, Absatz 5 Satz 2, Absatz 6 und 7 Satz 1 und § 16 Absatz 7 Satz 2 aufzuerlegenden Pflichten oder hat ein von ihm eingesetzter Nachunternehmer oder dessen Nachunternehmer diese im Rahmen einer Erklärung nach § 13 Absatz 7 Satz 1 zu übernehmenden Pflichten verletzt, so können ihn der Auftraggeber oder die Sonderkommission Mindestlohn von der öffentlichen Auftragsvergabe für die Dauer von bis zu zwei Jahren ausschließen. ²Satz 1 gilt entsprechend bei einer mehrfachen Verletzung von nach § 13 Absatz 3 und 5 Satz 3 und Absatz 7 Satz 2, auch in Verbindung mit § 13 Absatz 5 Satz 2, auferlegten Pflichten. ³Für den Fall, dass durch einen vom Auftragnehmer eingesetzten Nachunternehmer oder dessen Nachunternehmer gegen die im Rahmen einer Erklärung nach § 13 Absatz 7 Satz 1 übernommenen Pflichten verstoßen wird, kann auch dieses Unternehmen nach Maßgabe der Sätze 1 und 2 von der öffentlichen Auftragsvergabe ausgeschlossen werden.
(5) ¹Der Senat richtet ein Register über Unternehmen ein, die nach Absatz 4 von der Vergabe öffentlicher Aufträge ausgeschlossen worden sind. ²Der Senat wird ermächtigt, durch Rechtsverordnung zu regeln
1. die im Register zu speichernden Daten, den Zeitpunkt ihrer Löschung und die Einsichtnahme in das Register,
2. die Verpflichtung der Auftraggeber, Entscheidungen nach Absatz 4 an das Register zu melden und

3. die Verpflichtung der Auftraggeber, zur Prüfung der Zuverlässigkeit von Unternehmen Auskünfte aus dem Register einzuholen.

Abschnitt 4
Berücksichtigung sozialer und weiterer Kriterien bei der Auftragsvergabe
§ 18 Berücksichtigung sozialer und weiterer Kriterien

(1) [1]Für die Auftragsausführung können zusätzliche Anforderungen an Auftragnehmer gestellt werden, die insbesondere soziale, umweltbezogene und innovative Aspekte betreffen, wenn sie im sachlichen Zusammenhang mit dem Auftragsgegenstand stehen und sich aus der Leistungsbeschreibung ergeben. [2]Bei der Vergabe öffentlicher Aufträge über Lieferleistungen können diese Anforderungen an den Herstellungsprozess gestellt werden.

(2) [1]Bei der Vergabe von Bau-, Liefer- oder Dienstleistungen ist darauf hinzuwirken, dass keine Waren Gegenstand der Leistung sind, die unter Missachtung der in den Kernarbeitsnormen der Internationalen Arbeitsorganisation (ILO) festgelegten Mindeststandards gewonnen oder hergestellt worden sind. [2]Diese Mindeststandards ergeben sich aus:
1. dem Übereinkommen Nr. 29 über Zwangs- oder Pflichtarbeit vom 28. Juni 1930 (BGBl. 1956 II S. 641),
2. dem Übereinkommen Nr. 87 über die Vereinigungsfreiheit und den Schutz des Vereinigungsrechtes vom 9. Juli 1948 (BGBl. 1956 II S. 2073),
3. dem Übereinkommen Nr. 98 über die Anwendung der Grundsätze des Vereinigungsrechtes und des Rechtes zu Kollektivverhandlungen vom 1. Juli 1949 (BGBl. 1955 II S. 1123),
4. dem Übereinkommen Nr. 100 über die Gleichheit des Entgelts männlicher und weiblicher Arbeitskräfte für gleichwertige Arbeit vom 29. Juni 1951 (BGBl. 1956 II S. 24),
5. dem Übereinkommen Nr. 105 über die Abschaffung der Zwangsarbeit vom 25. Juni 1957 (BGBl. 1959 II S. 442),
6. dem Übereinkommen Nr. 111 über die Diskriminierung in Beschäftigung und Beruf vom 25. Juni 1958 (BGBl. 1961 II S. 98),
7. dem Übereinkommen Nr. 138 über das Mindestalter für die Zulassung zur Beschäftigung vom 26. Juni 1973 (BGBl. 1976 II S. 202),
8. dem Übereinkommen Nr. 182 über das Verbot und unverzügliche Maßnahmen zur Beseitigung der schlimmsten Formen der Kinderarbeit vom 17. Juni 1999 (BGBl. 2001 II S. 1291).

[3]Der Senat bestimmt durch Rechtsverordnung den Mindestinhalt der vertraglichen Regelungen nach Satz 1, insbesondere die Einbeziehung von Produktgruppen oder Herstellungsverfahren. [4]Die Rechtsverordnung trifft Vorgaben zu Zertifizierungen und Nachweisen sowie zur Ausgestaltung von Kontrollen und von Sanktionen bei der Nichteinhaltung der vertraglichen Regelungen.

(3) [1]Bei der Vergabe öffentlicher Aufträge über Bau- und Dienstleistungen erhält bei wirtschaftlich gleichwertigen Angeboten derjenige Bieter den Zuschlag, der die Pflicht zur Beschäftigung schwerbehinderter Menschen nach § 71 des Neunten Buches Sozialgesetzbuch erfüllt sowie Ausbildungsplätze bereitstellt, sich an tariflichen Umlageverfahren zur Sicherung der beruflichen Erstausbildung oder an Ausbildungsverbünden beteiligt. [2]Gleiches gilt für Bieter, die die Chancengleichheit von Frauen und Männern im Beruf fördern. [3]Ausbildungsplätze nach Satz 1 sind Beschäftigungsverhältnisse, die mit dem Ziel geschlossen werden, den Auszubildenden den Abschluss einer Berufsausbildung zu ermöglichen.

(4) Werden von ausländischen Bietern Angebote abgegeben, findet ihnen gegenüber eine Bevorzugung nach Absatz 3 nicht statt.

(5) Als Nachweis der Voraussetzungen nach Absatz 3 sind von den Bietern Bescheinigungen der jeweils zuständigen Stellen vorzulegen oder darzulegen, wie sie die Chancengleichheit von Frauen und Männern im Beruf fördern.

(6) [1]Die Regelung nach Absatz 3 ist den Bietern in den Vergabeunterlagen bekannt zu machen. [2]Dabei ist auf die Nachweispflicht nach Absatz 5 hinzuweisen.

§ 19 Umweltverträgliche Beschaffung
(1) Bei der Vergabe von Bau-, Liefer- oder Dienstleistungen müssen Umwelteigenschaften einer Ware, die Gegenstand der Leistung ist, berücksichtigt werden.

(2) ¹Schreibt der Auftraggeber Umwelteigenschaften in Form von Leistungs- und Funktionsanforderungen vor, so kann er diejenigen Spezifikationen oder Teile davon verwenden, die in europäischen, multinationalen oder anderen Umweltzeichen definiert sind, wenn
1. diese Spezifikationen geeignet sind, die Merkmale derjenigen Waren oder Dienstleistungen zu definieren, die Gegenstand des Auftrags sind,
2. die Anforderungen des Umweltzeichens auf der Grundlage von wissenschaftlich abgesicherten Information ausgearbeitet werden,
3. die Umweltzeichen im Rahmen eines Verfahrens erlassen werden, an dem alle interessierten Kreise, wie staatliche Stellen, Verbraucher, Hersteller, Händler und Umweltorganisationen, teilnehmen können, und
4. die Umweltzeichen für alle Betroffenen zugänglich und verfügbar sind.

²Der Auftraggeber kann in den Vergabeunterlagen festlegen, dass bei Waren oder Dienstleistungen, die mit einem Umweltzeichen nach Satz 1 ausgestattet sind, davon ausgegangen wird, dass sie den in der Leistungs- und Aufgabenbeschreibung festgelegten Spezifikationen genügen. ³Er muss jedes andere Beweismittel, wie geeignete technische Unterlagen des Herstellers oder Prüfberichte anerkannter Stellen, akzeptieren.

(3) ¹Anerkannte Stelle nach Absatz 2 Satz 2 sind Prüf- und Eichlaboratorien im Sinne des Eichgesetzes sowie die Inspektions- und Zertifizierungsstellen, die die jeweils anwendbaren europäischen Normen erfüllen. ²Der Auftraggeber muss Bescheinigungen nach Absatz 2 von staatlich anerkannten Stellen, die in anderen Mitgliedstaaten der EU ansässig sind, anerkennen.

Abschnitt 5
Schlussvorschriften

§ 19a Evaluation
Der Senat legt der Bürgerschaft (Landtag) bis zum 31. Mai 2021 einen Bericht über die Anwendung und Auswirkungen der Vergaberegelungen nach den §§ 5, 6 und 7 vor.

§ 20 Übergangsregelungen
Dieses Gesetz findet keine Anwendung auf öffentliche Aufträge, deren Vergabe vor seinem Inkrafttreten eingeleitet worden ist.

§ 21 Inkrafttreten, Außerkrafttreten
(1) Dieses Gesetz tritt am Tage nach seiner Verkündung in Kraft.
(2) Gleichzeitig tritt das Vergabegesetz für das Land Bremen vom 17. Dezember 2002 (Brem.GBl. S. 594 – 63-h-2) außer Kraft.

Gesetz zur Übertragung von Aufgaben staatlicher Förderung auf juristische Personen des privaten Rechts

Vom 26. Mai 1998 (Brem.GBl. S. 134)
(63-i-1)
zuletzt geändert durch G vom 1. März 2011 (Brem.GBl. S. 80)

Der Senat verkündet das nachstehende von der Bürgerschaft (Landtag) beschlossene Gesetz:

§ 1 Übertragung von Förderaufgaben
Soweit die Freie Hansestadt Bremen Maßnahmen in den Bereichen
1. gewerbliche Wirtschaft, Infrastruktur und Verkehr,
2. Häfen und Außenwirtschaft,
3. Wohnungs- und Städtebau,
4. Land-, Forstwirtschaft, Fischerei,
5. Umweltschutz und
6. Arbeitsmarkt

durch Zuwendungen fördert, kann der zuständige Senator juristischen Personen des privaten Rechts die Befugnis verleihen, Förderaufgaben auf dem Gebiet der Zuwendung in eigenem Namen und in den Handlungsformen des öffentlichen Rechts wahrzunehmen.

§ 2 Gegenstand und Form der Übertragung von Förderaufgaben
(1) Der zuständige Senator überträgt die Erfüllung von Förderaufgaben nach § 1 durch Verwaltungsakt oder öffentlich-rechtlichen Vertrag nach Maßgabe der Anlagen 1 bis 4 und bestimmt das Nähere zur Durchführung der übertragenen Aufgaben.

(2) [1]Die Geschäftsführung der mit der Erfüllung von Förderaufgaben beauftragten juristischen Personen des privaten Rechts ist berechtigt, zur Durchführung von Fördermaßnahmen in ihrem Geschäftsbereich Verwaltungsakte zu erlassen und öffentlich-rechtliche Verträge zu schließen. [2]Die für das Verwaltungsverfahren geltenden Vorschriften sind anzuwenden. [3]Abweichend von Artikel 9 Abs. 1 des Gesetzes zur Ausführung der Verwaltungsgerichtsordnung gilt für den Erlaß des Widerspruchsbescheides zu Verwaltungsakten nach Satz 1 § 73 Abs. 1 Nr. 2 der Verwaltungsgerichtsordnung.

(3) [1]Die Rechts- und Fachaufsicht über die mit Förderaufgaben beauftragte juristische Person des privaten Rechts führt der zuständige Senator. [2]Die Rechtsbeziehungen zwischen der Freien Hansestadt Bremen und der mit Förderaufgaben beauftragten juristischen Person des privaten Rechts sind so zu gestalten, dass die Einwirkungsmöglichkeiten des zuständigen Senators nicht durch entgegenstehende private Rechte der mit Förderaufgaben beauftragten juristischen Person oder ihrer Träger beschränkt werden. [3]Insbesondere ist sicherzustellen, dass sich die Informationsrechte des zuständigen Senators auch auf andere Tätigkeitsbereiche der mit Förderaufgaben beauftragten juristischen Person beziehen, soweit diese Tätigkeiten Einfluss auf die Erfüllung der Förderaufgaben haben können. [4]Die wirksame Ausübung der Rechts- und Fachaufsicht ist durch organisatorische und personelle Maßnahmen zu gewährleisten.

§ 3 Durchführung von Fördermaßnahmen
(1) Für die Durchführung der Fördermaßnahmen im Rahmen der übertragenen Förderaufgaben sind die für die Fördermaßnahmen erlassenen Richtlinien und sonstigen Vorschriften des Bundes, des Landes und der Europäischen Union in der jeweils geltenden Fassung anzuwenden.

(2) Die nach Maßgabe der Anlagen 1 bis 4 beauftragte juristische Person des privaten Rechts bewilligt, gewährt und verwaltet Zuwendungen, Darlehen und sonstige Fördermaßnahmen.

(3) [1]Die mit Förderaufgaben beauftragte juristische Person des privaten Rechts kann für Handlungen im Zusammenhang mit der Durchführung der Fördermaßnahmen den Ersatz von Aufwendungen nach einer Entgeltordnung erheben. [2]Die Entgeltordnung wird durch den zuständigen Senator erlassen.

§ 4 Berichte
Der Senat legt der Bürgerschaft (Landtag) einmal jährlich einen Bericht über die Tätigkeit der mit Förderaufgaben beauftragten juristischen Personen des privaten Rechts vor.

§ 5 Rechte des Rechnungshofes
Die mit Förderaufgaben beauftragten juristischen Personen des privaten Rechts unterliegen im Rahmen der Beleihung der Prüfung durch den Rechnungshof.

§ 5a Haftungsübernahme für die Bremer Aufbau-Bank
Die Freie Hansestadt Bremen haftet für die von der Bremer Aufbau-Bank Gesellschaft mit beschränkter Haftung oder der Hanseatische Gesellschaft für öffentliche Finanzierungen mbH Bremen (Kreditinstitut) nach dem Inkrafttreten dieses Gesetzes aufgenommenen Gelddarlehen, begebenen Inhaber- und Orderschuldverschreibungen, Verbindlichkeiten des Kreditinstituts aus Derivaten im Sinne von § 1 Abs. 11 Satz 4 des Gesetzes über das Kreditwesen in der Fassung der Bekanntmachung vom 22. Januar 1996 (BGBl. I S. 64, 519), das zuletzt durch Artikel 4 des Gesetzes vom 16. Juli 1998 (BGBl. I S. 1842) geändert worden ist, sowie für Kredite an Dritte, soweit sie von dem Kreditinstitut ausdrücklich gewährleistet werden.

§ 6 (Änderungsvorschrift)

§ 7 Inkrafttreten
Dieses Gesetz tritt am Tage nach seiner Verkündung in Kraft.

Anlagen 1–3 AufgÜG 84

Anlage 1
(zu § 2 Abs. 1)

Auf die Bremer Investitionsgesellschaft mbH (BIG) werden Aufgaben wie folgt übertragen:
1. Die Gesellschaft hat im Rahmen der staatlichen Wirtschaftspolitik Vorhaben, die geeignet sind, die Investitionsbereitschaft zu erhöhen, die technologische Entwicklung und Innovationskraft zu steigern und die Bereitschaft zur Gründung selbständiger Existenzen zu stärken, finanziell zu fördern. Sie führt diese Aufgaben nach den Richtlinien und Weisungen des zuständigen Senators aus.
   Für die Durchführung gelten insbesondere
   – der Rahmenplan der Gemeinschaftsaufgabe zur Verbesserung der regionalen Wirtschaftsstruktur
   – das Landesinvestitionsförderprogramm
   – die Mittelstandsförderungsprogramme
   – die Technologieförderungsprogramme.
2. Die Gesellschaft führt die Programme der Wohnungsbau- und Städtebauförderung nach den Richtlinien und Weisungen des zuständigen Senators aus.
3. Die Förderungen erfolgen durch die Gewährung von Zuwendungen, Darlehen und sonstigen Finanzierungshilfen.
4. Die Gesellschaft kann ihr zugeordnete Tochtergesellschaften mit der Erledigung ihr nach diesem Gesetz übertragener Aufgaben beauftragen. Der Auftrag bedarf der Genehmigung des zuständigen Senators. Die Aufsicht des zuständigen Senators erstreckt sich insoweit auch unmittelbar auf diese Tochtergesellschaften.

Anlage 2
(zu § 2 Abs. 1)

Auf die Bremerhavener Gesellschaft für Investitionsförderung und Stadtentwicklung mbH (BIS) werden Aufgaben wie folgt übertragen:
1. Die Gesellschaft hat im Rahmen der staatlichen Wirtschaftspolitik Vorhaben, die geeignet sind, die Investitionsbereitschaft zu erhöhen, die technologische Entwicklung und Innovationsbereitschaft zu steigern und die Bereitschaft zur Gründung selbständiger Existenzen zu stärken, in Bremerhaven finanziell zu fördern. Sie führt diese Aufgaben nach den Richtlinien und Weisungen des zuständigen Senators aus.
   Für die Durchführung gelten insbesondere
   – der Rahmenplan der Gemeinschaftsaufgabe zur Verbesserung der regionalen Wirtschaftsstruktur
   – der Rahmenplan der Gemeinschaftsaufgabe zur Verbesserung der Agrarstruktur und des Küstenschutzes in Verbindung mit der fischwirtschaftlichen Förderung des EU-Finanzinstruments zur Ausrichtung der Fischerei (FIAF)
   – das Landesinvestitionsförderprogramm
   – die Mittelstandsförderungsprogramme
   – die Technologieförderungsprogramme.
2. Die Förderung erfolgt durch die Gewährung von Zuwendungen, Darlehen und sonstigen Finanzierungshilfen.

Anlage 3
(zu § 2 Abs. 1)

Auf Bremen Business International GmbH (BBI) werden Aufgaben wie folgt übertragen:
1. Die Gesellschaft hat im Rahmen der staatlichen Wirtschaftspolitik Vorhaben zu fördern, die geeignet sind, zur Entwicklung der Außenwirtschaft der Freien und Hansestadt Bremen beizutragen. Sie führt diese Aufgaben nach den Richtlinien und Weisungen des zuständigen Senators aus.
   Für die Durchführung gelten insbesondere
   – das Außenwirtschaftskonzept
   – die Außenwirtschaftsförderprogramme.

2. Die Förderungen erfolgen durch die Gewährung von Zuwendungen, Darlehen und sonstigen Finanzierungshilfen.

Anlage 4
(zu § 2 Absatz 1)

Auf die Bremer und Bremerhavener Arbeit GmbH (BBA) werden Aufgaben wie folgt übertragen:
1. Die Gesellschaft führt die arbeitsmarktpolitischen Fördermaßnahmen im Rahmen der staatlichen Arbeitsmarktpolitik in der Freien Hansestadt Bremen operativ durch. Dabei hat sie Vorhaben finanziell zu fördern, die geeignet sind, Arbeitslose und insbesondere arbeitsmarktpolitische Zielgruppen zu fördern, ihre (Re-)Integrationsfähigkeit in den Ausbildungs- und Arbeitsmarkt zu verbessern, den Strukturwandel zu begleiten und zu unterstützen und dadurch Arbeitslosigkeit zu verhindern oder abzubauen. Sie führt diese Aufgaben nach den Richtlinien und Weisungen des zuständigen Senators aus.
Für die Durchführung gelten die arbeitsmarktpolitischen Förderprogramme
   – des Landes Bremen,
   – der Bundesagentur für Arbeit,
   – des Bundes sowie
   – der Europäischen Union.
2. Die Förderung erfolgt durch die Gewährung von Zuwendungen oder Darlehen.

Anlage 5
(aufgehoben)

Bremisches Schulgesetz (BremSchulG)

In der Fassung der Bekanntmachung vom 28. Juni 2005*⁾ (Brem.GBl. S. 260)
(223-a-5)
zuletzt geändert durch G vom 26. Juni 2018 (Brem.GBl. S. 304)

Der Senat verkündet das nachstehende von der Bürgerschaft (Landtag) beschlossene Gesetz:

Inhaltsübersicht

Teil 1
Geltungsbereich, Begriffsbestimmungen
§ 1 Geltungsbereich
§ 2 Begriffsbestimmungen

Teil 2
Die Schule

Kapitel 1
Auftrag der Schule
§ 3 Allgemeines
§ 4 Allgemeine Gestaltung des Schullebens
§ 5 Bildungs- und Erziehungsziele
§ 6 Zusammenarbeit mit den Erziehungsberechtigten
§ 6a Unterrichtung der Eltern volljähriger Schülerinnen und Schüler
§ 7 Biblischer Geschichtsunterricht
§ 8 Schule und Beruf
§ 9 Eigenständigkeit der Schule
§ 10 Koedukation
§ 11 Sexualerziehung
§ 12 Zusammenarbeit mit anderen Institutionen

Kapitel 2
Schulstruktur

Abschnitt 1
Allgemeines
§ 13 Schulversuche und Reformschulen
§ 14 Weiterentwicklung des Schulsystems
§ 15 (aufgehoben)
§ 16 Schularten
§ 17 Schulstufen

Abschnitt 2
Allgemeinbildende Schulen
§ 18 Grundschule
§ 19 (aufgehoben)
§ 19a (aufgehoben)
§ 20 Oberschule und Gymnasium
§ 21 Erwerb der Abschlüsse in den allgemeinbildenden Schulen

Abschnitt 3
Besondere Organisationsformen
§ 22 Zentrum für unterstützende Pädagogik
§ 23 Ganztagsschulen
§ 23a (weggefallen)
§ 24 Schule für Erwachsene

Abschnitt 4
Berufsbildende Schulen
§ 25 Berufsschule
§ 25a Werkschule
§ 26 Berufsfachschule
§ 27 Berufsaufbauschule
§ 28 Fachoberschule
§ 28a Berufliches Gymnasium
§ 28b Berufsoberschule
§ 29 Fachschule
§ 30 Ausbildungsvorbereitende Bildungsgänge
§ 31 Doppelqualifizierende Bildungsgänge
§ 32 Weiterführende Abschlüsse
§ 33 Zulassung und Ausbildung

Teil 3
Die Schülerin und der Schüler

Kapitel 1
Rechte der Schülerin und des Schülers
§ 34 Bildungsanspruch
§ 35 Sonderpädagogische Förderung
§ 36 Einschulungsvoraussetzungen, Sprachförderung
§ 37 Aufbauender Bildungsweg
§ 37a Übergang von der Grundschule in weiterführende Bildungsgänge
§ 37b (aufgehoben)

---

*⁾ Neubekanntmachung des Bremischen Schulgesetzes vom 20. Dezember 1994 (Brem.GBl. S. 327, 1995 S. 129).

§ 38	Leistungskontrollen, Zeugnisse
§ 39	Zeugnisse für Externe
§ 40	Prüfungen
§ 41	(aufgehoben)
§ 42	Versetzung, Nichtversetzung
§ 43	Andere Formen der Anpassung des Bildungswegs an die Lernentwicklung
§ 44	Verlassen des Bildungsganges
§ 45	Verordnungsermächtigung
§ 46	Ordnungsmaßnahmen
§ 47	Arten der Ordnungsmaßnahmen
§ 47a	Maßnahmen zur Sicherheit der Schule
§ 48	Ferien
§ 49	Schülerinnen und Schüler mit Migrationshintergrund
§ 50	Gastschülerinnen und Gastschüler
§ 51	Schülereigene Medien

Kapitel 2
Allgemeine Schulpflicht

§ 52	Geltungsbereich
§ 53	Beginn der Schulpflicht
§ 54	Dauer der Schulpflicht
§ 55	Erfüllung der Schulpflicht
§ 56	Ruhen der Schulpflicht
§ 56a	Meldepflicht durch Privatschulen
§ 57	Ausnahmen
§ 58	Pflicht zur Teilnahme am Unterricht

Teil 4
Rechte und Pflichten des schulischen Personals, der Erziehungsberechtigten und der Ausbildenden

§ 59	Aufgaben der Lehrerinnen und Lehrer
§ 59a	Aufgaben der sozialpädagogischen Fachkräfte und Betreuungskräfte
§ 59b	Aufgaben des schulischen Personals insgesamt
§ 60	Rechte und Pflichten der Erziehungsberechtigten
§ 61	Informations- und Hospitationsrecht der Erziehungsberechtigten
§ 62	Rechte und Pflichten der Ausbildenden

Teil 5
Gemeinsame Bestimmungen

| § 63 | Schuljahr, Schulwoche |

Teil 6
Zwangsmaßnahmen, Bußgeld- und Strafvorschriften

§ 64	Unmittelbarer Zwang
§ 65	Ordnungswidrigkeiten
§ 66	Strafvorschriften
§ 67	Ermächtigung zum Erlass von Rechtsverordnungen

Teil 7
Übergangs- und Schlussbestimmungenen

§ 68	Sechsjährige Grundschule
§ 69	Gymnasien
§ 70	Sekundarschule, Gesamtschule, Gymnasium und Gymnasiale Oberstufe am Schulzentrum
§ 70a	Förderzentrum
§ 71	Zweijähriger Bildungsgang Berufseingangsstufe/Berufsfachschule
§ 72	Werkschulen
§ 72a	Schuljahre 2018/2019 und 2019/2020
§ 73	Inkrafttreten

Teil 1
Geltungsbereich, Begriffsbestimmungen

§ 1 Geltungsbereich

(1) [1]Dieses Gesetz gilt für alle öffentlichen Schulen. [2]Öffentliche Schulen sind die Schulen, deren Träger das Land oder die Stadtgemeinden Bremen oder Bremerhaven sind. [3]Öffentliche Schulen im Sinne von Satz 2 sind nicht
1. die Hochschulen;
2. die Einrichtungen der Weiterbildung und der Jugendbildung;
3. die Schulen der öffentlichen Verwaltung;
4. die Schulen für Gesundheitsfachberufe.

(2) Für Privatschulen gelten, sofern sie nicht Schulen für Gesundheitsfachberufe sind oder es sich um Bildungsgänge von Schulen handelt, die einen Abschluss im Sinne von § 15 Absatz 2 des Privatschulgesetzes vermitteln, die §§ 2 bis 6a, 8, 11, 16 bis 18, 20 bis 29 und § 35 Absatz 1 und 2 ebenfalls, soweit in ihnen der allgemeine Bildungs- und Erziehungsauftrag der Schule, die Gliederung des bremischen Schulsystems und die einzelnen Schularten und Schulstufen inhaltlich und organisatorisch bestimmt sind.

(3) Für den Lehrgang zum Pharmazeutisch-technischen Assistenten und zur Pharmazeutisch-technischen Assistentin gelten abweichend vom Absatz 1 Satz 3 Nr. 4 mit Ausnahme der Bestimmungen über die Abschlussprüfung die Vorschriften über die Berufsfachschulen entsprechend.

(4) Wird an einer Schule der öffentlichen Verwaltung Berufsschulunterricht für nach dem Berufsbildungsgesetz geregelte Ausbildungsberufe des öffentlichen Dienstes erteilt, gelten insoweit die Bestimmungen für die öffentlichen Berufsschulen entsprechend.

§ 2 Begriffsbestimmungen

(1) Im Sinne dieses Gesetzes sind:
1. **Allgemeine Schulen**, alle allgemeinbildenden und berufsbildenden Schulen;
2. **Bildungsgänge** in allgemeinbildenden Schulen durch ihre Länge und ihre am Ende verliehene Berechtigung, in berufsbildenden Schulen zusätzlich durch den jeweiligen fachlichen Schwerpunkt bestimmt;
3. **Lehrerinnen und Lehrer** alle an einer Schule beschäftigten Bediensteten der Stadtgemeinden oder in ihrem Auftrag dort tätigen Personen, soweit jene verantwortlich unterrichten;
4. **Lehrkräfte** alle an einer Schule beschäftigten Bediensteten der Stadtgemeinden oder in ihrem Auftrag dort tätigen Personen, die unterrichten oder unterweisen;
5. **Sozialpädagogische Fachkräfte und Betreuungskräfte** alle an einer Schule beschäftigten sozialpädagogischen Fachkräfte, die an einer Schule erzieherisch und sozialpädagogisch tätig sind und die Schülerinnen und Schüler bilden und betreuen ohne zu unterrichten oder zu unterweisen sowie Personen, die im Rahmen von unterrichtsergänzenden und außerunterrichtlichen Angeboten Schülerinnen und Schüler betreuen;
6. **Standards** die von der Senatorin für Kinder und Bildung oder die im Rahmen gesetzter Freiräume von der Schule bestimmten Anforderungen an die Kompetenzen der Schülerinnen und Schüler sowie an die Qualität des Unterrichts und des übrigen Schullebens.

(2) Im Sinne dieses Gesetzes ist:
1. **Bildungsweg** der persönliche schulische Werdegang der Schülerin und des Schülers.
2. **Eigenständigkeit** der Schule der ihr durch Gesetz oder auf Grund eines Gesetzes eingeräumte, der Fachaufsicht unterliegende Handlungsfreiraum.
3. **Satzungsbefugnis** der Schule die Befugnis, nach Maßgabe des Bremischen Schulverwaltungsgesetzes verbindliches, der Fachaufsicht unterliegendes Recht für die Angelegenheiten der Schule zu setzen.
4. **Schulart** durch die in den §§ 18 bis 29 benannten übergreifenden gemeinsamen Inhalte und Aufträge bestimmt.
5. **Schulform** die Einheit, die mehrere Schularten organisatorisch zusammenfasst.

Teil 2
Die Schule

Kapitel 1
Auftrag der Schule

§ 3 Allgemeines

(1) Der Auftrag der Schule wird bestimmt durch den Erziehungs- und Bildungsauftrag der Landesverfassung, ergänzt durch die sich wandelnden gesellschaftlichen Anforderungen an die Schule.

(2) Der Auftrag der Schule umfasst die allgemeine Gestaltung des Schullebens (§ 4), und die Gestaltung von Teilbereichen des Unterrichts (§§ 7, 10 und 11), Verpflichtungen gegenüber dem einzelnen Schüler und der einzelnen Schülerin sowie gegenüber den Erziehungsberechtigten (§§ 5 und 6), die Verpflichtung zur eigenen Fortentwicklung (§§ 8 und 9) und die Verpflichtung, zur Fortentwicklung des gesamten Schulwesens beizutragen (§ 14).

(3) Die Schule soll ihren Auftrag im Zusammenwirken von Schülerinnen und Schülern, Erziehungsberechtigten, Lehrkräften, nicht-unterrichtendem Personal sowie betrieblichem Ausbildungspersonal mit dem Ziel einer größtmöglichen Konsensbildung auch unterschiedlicher Interessen und Positionen verwirklichen.

(4) [1]Bremische Schulen haben den Auftrag, sich zu inklusiven Schulen zu entwickeln. [2]Sie sollen im Rahmen ihres Erziehungs- und Bildungsauftrages die Inklusion aller Schülerinnen und Schüler unabhängig von ihrer ethnischen Herkunft, ihrer Staatsbürgerschaft, Religion oder einer Beeinträchtigung in das gesellschaftliche Leben und die schulische Gemeinschaft befördern und Ausgrenzungen Einzelner vermeiden.

§ 4 Allgemeine Gestaltung des Schullebens

(1) Die Schule hat allen Kindern und Jugendlichen zu ermöglichen, ihr Recht auf Bildung im Sinne des Artikels 27 der Landesverfassung zu verwirklichen.

(2) ¹Die Schule ist Lebensraum ihrer Schülerinnen und Schüler, soll ihren Alltag einbeziehen und eine an den Lebensbedingungen der Schülerinnen und Schüler und ihrer Familien orientierte Betreuung, Erziehung und Bildung gewährleisten. ²Schülerinnen und Schüler sollen altersangemessen den Unterricht und das weitere Schulleben selbst- oder mitgestalten und durch Erfahrung lernen.

(3) ¹Die Schule hat die Aufgabe, gegenseitiges Verständnis und ein friedliches Zusammenleben in der Begegnung und in der wechselseitigen Achtung der sozialen, kulturellen und religiösen Vielfalt zu fördern und zu praktizieren. ²Die Schule hat im Rahmen ihres Erziehungs- und Bildungsauftrages die Integration der Schülerinnen und Schüler mit Migrationshintergrund in das gesellschaftliche Leben und die schulische Gemeinschaft zu befördern und Ausgrenzungen einzelner zu vermeiden. ³Sie soll der Ungleichheit von Bildungschancen entgegenwirken und soziale Benachteiligungen abbauen sowie Voraussetzungen zur Förderung der Gleichberechtigung der Geschlechter schaffen. ⁴Insbesondere im Rahmen der Berufsorientierung soll der geschlechtsspezifischen Ausgrenzung beruflicher Bereiche entgegengewirkt werden.

(4) ¹Die Schule ist so zu gestalten, dass eine wirkungsvolle Förderung die Schülerinnen und Schüler zu überlegtem persönlichen, beruflichen und gesellschaftlichen Handeln befähigt. ²Grundlage hierfür sind demokratisches und nachvollziehbares Handeln und der gegenseitige Respekt aller an der Schule Beteiligten. ³Die Schule muss in ihren Unterrichtsformen und -methoden dem Ziel gerecht werden, Schülerinnen und Schüler zur Selbsttätigkeit zu erziehen.

(5) ¹Der Unterricht und das weitere Schulleben sollen für behinderte und nicht behinderte Schülerinnen und Schüler gemeinsam gestaltet werden. ²Die Schule hat der Ausgrenzung von jungen Menschen mit Behinderungen entgegenzuwirken. ³Sie soll Beeinträchtigungen in der Entwicklung der Kinder und Jugendlichen durch geeignete Maßnahmen vorbeugen sowie Auswirkungen von Behinderungen mindern und ausgleichen und auf die gleichberechtigte Teilhabe behinderter Schülerinnen und Schüler am Schulleben unter Berücksichtigung ihrer Beeinträchtigungen hinwirken.

(6) ¹Die Schule ist Teil des öffentlichen Lebens ihrer Region und prägt deren soziales und kulturelles Bild mit. ²Sie ist offen für außerschulische, insbesondere regionale Initiativen und wirkt im Rahmen ihrer Möglichkeiten an ihnen mit. ³Ihre Unterrichtsinhalte sollen regionale Belange berücksichtigen. ⁴Alle Beteiligten sollen schulische Angebote und das Schulleben so gestalten, dass die Schule ihrem Auftrag je nach örtlichen Gegebenheiten gerecht wird.

(7) ¹Das Mitführen von Waffen ist an Schulen und auf schulischen Veranstaltungen grundsätzlich untersagt. ²Als Waffen gelten dabei alle Waffen im Sinne des Waffengesetzes in der jeweils geltenden Fassung, unabhängig von dort geregelten Einzelerlaubnissen oder von dortigen Regelungen, nach denen der Umgang erlaubnisfrei gestellt ist.

(8) Der Senat wird ermächtigt, durch Rechtsverordnung vorzusehen, dass das Mitführen gefährlicher Gegenstände, die ihrer Art und den Umständen nach als Angriffs- oder Verteidigungsmittel mitgeführt werden, an Schulen und deren unmittelbaren räumlichem Umfeld und auf schulischen Veranstaltungen verboten werden kann.

§ 5 Bildungs- und Erziehungsziele

(1) ¹Schulische Bildung und Erziehung ist den allgemeinen Menschenrechten, den in Grundgesetz und Landesverfassung formulierten Werten sowie den Zielen der sozialen Gerechtigkeit und Mitmenschlichkeit verpflichtet. ²Die Schule hat ihren Auftrag gemäß Satz 1 gefährdenden Äußerungen religiöser, weltanschaulicher oder politischer Intoleranz entgegenzuwirken.

(2) Die Schule soll insbesondere erziehen:
1. zur Bereitschaft, politische und soziale Verantwortung zu übernehmen;
2. zur Bereitschaft, kritische Solidarität zu üben;
3. zur Bereitschaft, sich für Gerechtigkeit und für die Gleichberechtigung der Geschlechter einzusetzen;
4. zum Bewusstsein, für Natur und Umwelt verantwortlich zu sein, und zu eigenverantwortlichem Gesundheitshandeln;
5. zur Teilnahme am kulturellen Leben;

6. zum Verständnis für Menschen mit körperlichen, geistigen und seelischen Beeinträchtigungen und zur Notwendigkeit gemeinsamer Lebens- und Erfahrungsmöglichkeiten;
7. zum Verständnis für die Eigenart und das Existenzrecht anderer Völker sowie ethnischer Minderheiten und Zuwanderer in unserer Gesellschaft und für die Notwendigkeit friedlichen Zusammenlebens;
8. zur Achtung der Werte anderer Kulturen sowie der verschiedenen Religionen;
9. zur Bereitschaft, Minderheiten in ihren Eigenarten zu respektieren, sich gegen ihre Diskriminierung zu wenden und Unterdrückung abzuwehren,
10. zu Gewaltfreiheit und friedlicher Konfliktbearbeitung.

(3) [1]Die Schule hat den Auftrag, Basiskompetenzen und Orientierungswissen sowie Problemlösefähigkeiten zu vermitteln, die Leistungsfähigkeit und -bereitschaft von Schülerinnen und Schülern zu fördern und zu fordern und sie zu überlegtem persönlichen, beruflichen und gesellschaftlichen Handeln zu befähigen. [2]Die Schülerinnen und Schüler sollen insbesondere lernen,
1. Informationen kritisch zu nutzen, sich eigenständig an Werten zu orientieren und entsprechend zu handeln;
2. Wahrheit zu respektieren und den Mut zu haben, sie zu bekennen;
3. eigene Rechte zu wahren und die Rechte anderer auch gegen sich selbst gelten zu lassen;
4. Pflichten zu akzeptieren und ihnen nachzukommen;
5. eigene Verhaltensweisen einschätzen und verändern zu können und gegebenenfalls Hilfe anzunehmen;
6. das als richtig und notwendig Erkannte zu tun;
7. Toleranz gegenüber den Meinungen und Lebensweisen anderer zu entwickeln und sich sachlich mit ihnen auseinander zu setzen;
8. selbstkritisch selbstbewusst zu werden;
9. ihre Wahrnehmungs-, Empfindungs- und Ausdrucksfähigkeit zu entfalten, Kreativität und Eigeninitiative zu entwickeln sowie ständig lernen zu können;
10. eigenständig wie auch gemeinsam Leistungen zu erbringen;
11. den Wert der Gleichberechtigung von Mann und Frau auch über die Anerkennung der Leistungen von Frauen in Geschichte, Wissenschaft, Kultur und Gesellschaft einzuschätzen.

§ 6 Zusammenarbeit mit den Erziehungsberechtigten

[1]Erziehung und Bildung in der Schule berücksichtigen die Verantwortung der Erziehungsberechtigten für die Erziehung ihrer Kinder. [2]Die Erziehungsberechtigten sind daher so weit wie möglich in die Gestaltung des Unterrichts und des weiteren Schullebens einzubeziehen.

§ 6a Unterrichtung der Eltern volljähriger Schülerinnen und Schüler

(1) [1]Die Eltern volljähriger Schülerinnen und Schüler haben das Recht, sich über deren Ausbildungsweg zu unterrichten. [2]Auskünfte über den Leistungsstand darf die Schule den Eltern erteilen, wenn die Schülerin oder der Schüler dem nicht widersprochen hat. [3]Über den Widerspruch einer volljährigen Schülerin oder eines volljährigen Schülers werden die Eltern unterrichtet.
(2) Unbeschadet dessen soll die Schule die Eltern volljähriger Schülerinnen und Schüler über wesentliche den Bildungsgang der Schülerin oder des Schülers betreffende Entscheidungen und andere schwerwiegende Sachverhalte, die das Schulverhältnis wesentlich berühren, unterrichten.
(3) [1]Absatz 2 findet keine Anwendung, soweit die Schülerin oder der Schüler das 21. Lebensjahr vollendet oder den bestehenden Bildungsgang nach Vollendung des 18. Lebensjahres begonnen hat. [2]Stimmt die Schülerin oder der Schüler zu, können die Eltern auch in diesen Fällen unterrichtet werden.
(4) Eltern im Sinne dieser Bestimmung sind die im Zeitpunkt der Vollendung des 18. Lebensjahres für die Person der Schülerin oder des Schülers Sorgeberechtigten.
(5) Das Nähere über die Entscheidungen und Sachverhalte nach Absatz 2 sowie zur Benachrichtigung der volljährigen Schülerinnen und Schüler über die Elterninformation regelt eine Rechtsverordnung.

§ 7 Biblischer Geschichtsunterricht

(1) Nach Art. 32 der Landesverfassung erteilen die allgemeinbildenden öffentlichen Schulen in der Primarstufe und der Sekundarstufe I bekenntnismäßig nicht gebundenen Unterricht in Biblischer Ge-

schichte auf allgemein christlicher Grundlage; in der Gymnasialen Oberstufe können die Schüler und Schülerinnen Kurse mit entsprechenden Inhalten an bestimmten Standorten anwählen.

(2) Schülerinnen und Schüler, die in der Sekundarstufe I nicht am Unterricht in Biblischer Geschichte teilnehmen, besuchen den Unterricht in einem von der Senatorin für Kinder und Bildung bestimmten geeigneten Alternativfach.

§ 8 Schule und Beruf
(1) Berufliche Bildung und Allgemeinbildung sind gleichwertig.

(2) ¹Die Schule öffnet sich den gesellschaftlichen, ökonomischen und demokratischen Anforderungen eines lebenslangen Lernens. ²Deshalb müssen bereits in der Schule Kompetenzen für spätere verantwortliche Teilhabe an einem kontinuierlichen Bildungsprozess vermittelt werden.

(3) ¹Weiterbildung knüpft an schulische und berufliche Lernerfahrungen an. ²Die Schulen sollen zur Erfüllung der Ziele und Intentionen des Bremischen Weiterbildungsgesetzes mit den anerkannten und den kommunalen Einrichtungen der Weiterbildung kooperieren.

(4) ¹Zur Abstimmung der Berufsausbildung und der Weiterbildung mit dem Beschäftigungssystem sollen die Schulen der Sekundarstufe II Perspektiven einer zukunftsträchtigen Profilierung als regionale Berufsbildungszentren in Zusammenarbeit mit den Betrieben und den anerkannten und den kommunalen Einrichtungen der Weiterbildung entwickeln. ²Diese Profilierung soll die Wahrnehmung des originären schulischen Erziehungs- und Bildungsauftrags stärken.

(5) Die zuständigen Senatoren sollen die Grundlagen für die Kooperationsvorhaben durch Rahmenvereinbarungen regeln.

§ 9 Eigenständigkeit der Schule
(1) ¹Jede Schule ist eine eigenständige pädagogische Einheit und verwaltet sich selbst nach Maßgabe dieses Gesetzes und des Bremischen Schulverwaltungsgesetzes. ²Sie ist aufgefordert,
1. unter Nutzung der Freiräume für die Ausgestaltung von Unterricht und weiterem Schulleben eine eigene Entwicklungsperspektive herauszuarbeiten, die in pädagogischer und sozialer Verantwortung die Interessen der Schülerinnen und Schüler entsprechend den §§ 4 und 5 berücksichtigt und individuell angemessene Lern- und Entwicklungsmöglichkeiten eröffnet; das so zu entwickelnde Profil soll durch ein Schulprogramm gestaltet und fortgeschrieben werden. Das Schulprogramm ist mit den Verbundschulen, den zugeordneten und den benachbarten Schulen abzustimmen. Den örtlichen Beiräten ist vor der Entscheidung der Schule Gelegenheit zur Stellungnahme zu geben. Die Senatorin für Kinder und Bildung genehmigt das Schulprogramm, wenn es geltenden Regelungen nicht widerspricht und nicht Ressourcen benötigt, die der Schule nicht zur Verfügung stehen;
2. die Ergebnisse schulischer Arbeit zu sichern und die Qualität von Unterricht und Schulleben systematisch weiter zu entwickeln. Dazu legt sie im Rahmen gesetzter Freiräume die notwendigen Qualitätsstandards für Unterricht und Schulleben fest. Sie sichert die Standards und die Vergleichbarkeit durch schulinterne Evaluation und schulübergreifende Beratungen. Die externe Evaluation und Qualitätssicherung wird in der Verantwortung der Senatorin für Kinder und Bildung durchgeführt;
3. die Angelegenheiten des Schulbetriebs im wirtschaftlichen Bereich und im Bereich der Personalauswahl und Personalentwicklung im Rahmen der ihr übertragenen Möglichkeiten als wichtiges Element der Weiterentwicklung selbständig durchzuführen;
4. die Schulentwicklung durch die demokratischen Prinzipien entsprechende Einbeziehung aller Beteiligten zu verstetigen.

³Die Schule wird hierbei von den Schulbehörden unterstützt und insbesondere hinsichtlich der Weiterentwicklung durch geeignete Angebote gefördert.

(2) ¹Der Unterricht und das weitere Schulleben sollen für alle Schülerinnen und Schüler gemeinsam sein, eine Benachteiligung bestimmter sozialer, ethnischer oder kultureller Gruppen vermeiden und zum Abbau sozialer Schranken beitragen. ²Inklusive Unterrichtung und Erziehung sollen Maßnahmen der individuellen Förderung und Herausforderung sowie des sozialen Lernens ausgewogen miteinander verknüpfen. ³Die Förderung von behinderten Schülerinnen und Schülern soll im gemeinsamen Unterricht erfolgen.

(3) ¹Die Durchlässigkeit zwischen den Bildungsgängen ist zu fördern auch mit dem Ziel bildungsgangsübergreifender Integration einschließlich einer möglichen eigenen Gestaltung eingerichteter und

Entwicklung neuer Bildungsgänge. ²In den Schulen aller Schularten ist die integrative Vermittlung von allgemeinen und beruflichen Inhalten anzustreben.
(4) Die Eigenständigkeit der Schule verpflichtet die in ihr Beschäftigten, über ihre Arbeit gegenüber den jeweiligen Vorgesetzten Rechenschaft abzulegen.
(5) Die Eigenständigkeit der Schule verpflichtet im Interesse der Weiterentwicklung im Sinne der Absätze 1 bis 3 jede Schule zur Kooperation zwischen den Bildungsgängen sowie Schulstufen, auch schulstandortübergreifend.

§ 10 Koedukation
¹Im Unterricht findet eine Trennung nach Geschlechtern nicht statt; sofern es pädagogisch sinnvoll ist, kann in Teilbereichen nach Geschlechtern getrennt unterrichtet werden. ²Lerninteressen und Lernzugänge beider Geschlechter sind angemessen zu berücksichtigen.

§ 11
¹Sexualerziehung ist nach verbindlichen Standards der Senatorin für Kinder und Bildung zu unterrichten. ²Die Erziehungsberechtigten sind über Ziel, Inhalt und Form der Sexualerziehung ihrer Kinder jeweils rechtzeitig und umfassend zu informieren. ³Sexualerziehung wird fächerübergreifend durchgeführt. ⁴Sie ist dem Prinzip der sexuellen Selbstbestimmung aller Menschen verpflichtet. ⁵Sie hat auch der Diskriminierung aufgrund sexueller Orientierung oder Identität entgegenzuwirken.

§ 12 Zusammenarbeit mit anderen Institutionen
(1) ¹Zur Erfüllung ihres Auftrages arbeitet die Schule zusammen mit Institutionen, die allgemein für die Angebote und Hilfe in gesundheitlichen, sozialen, kriminalpräventiven und berufsbezogenen Fragen zuständig sind, insbesondere mit den außerschulischen Bildungs-, Förderungs- und Beratungsangeboten der Kinder- und Jugendhilfe, mit Institutionen des Gesundheitswesens, mit der Polizei, mit den örtlichen Beiräten sowie sozialen und kulturellen Einrichtungen der Region, einschließlich der Kirchen, der im Sinne von Artikel 61 der Landesverfassung anerkannten Religions- und Weltanschauungsgemeinschaften und der Einrichtungen der Weltreligionen sowie mit der Arbeitswelt der Region. ²Die Schule soll sich auch bemühen, internationale Kontakte zu pflegen.
(2) ¹Die Schulen sind berechtigt und sollen das Jugendamt über offenkundige Anhaltspunkte einer Gefährdung des Kindeswohls im Sinne des § 8a des Achten Sozialgesetzbuches SGB VIII unterrichten, soweit die Gefährdung nicht durch schulische Maßnahmen oder die Zusammenarbeit mit den Erziehungsberechtigten nach § 6 zu beheben ist. ²Die Erziehungsberechtigten sind über die Mitteilung in Kenntnis zu setzen. ³Eine Verpflichtung zur Kenntnisgabe besteht nicht, soweit dadurch eine zusätzliche Gefährdung des Kindes entsteht oder mit hoher Wahrscheinlichkeit anzunehmen ist. ⁴Die Schule wirkt in ihrem Rahmen an abgestimmten Hilfeplanmaßnahmen des Jugendamtes mit.

Kapitel 2
Schulstruktur

Abschnitt 1
Allgemeines

§ 13 Schulversuche und Reformschulen
(1) ¹Schulversuche erproben neue Konzeptionen zur Weiterentwicklung der Schulen im Sinne der §§ 4 bis 6 sowie 8 und 9 oder neue Formen der Schulorganisation. ²Schulversuche weichen von den geltenden Vorschriften ab und werden befristet eingerichtet.
(2) ¹Reformschulen sind Schulen, die einem geschlossenen reformpädagogischen Gesamtkonzept folgen. ²Sie können von den Regelungen für die eingerichteten Schularten insbesondere in ihrer Organisation und in der Gestaltung des Unterrichts abweichen und dauerhaft eingerichtet werden.
(3) ¹Schulversuche und Reformschulen werden von der Senatorin für Kinder und Bildung eingerichtet und aufgelöst oder auf Antrag genehmigt. ²Die jeweiligen Abweichungen von den eingerichteten Schularten werden durch Ziel- und Leistungsvereinbarungen zwischen der Fachaufsicht und der Schule konkretisiert. ³Eingerichtete und genehmigte Reformschulen werden öffentlich bekannt gemacht. ⁴Der Besuch von Schulversuchen und Reformschulen ist freiwillig.
(4) Das Nähere über Inhalt und Form der Ziel- und Leistungsvereinbarungen, die Mindestanforderungen an Schulversuche und Reformschulen sowie die Veröffentlichung der eingerichteten oder genehmigten Reformschulen regelt eine Rechtsverordnung.

§ 14 Weiterentwicklung des Schulsystems

(1) Das bremische Schulwesen ist im Zusammenwirken von Schulbehörden und Schulen und vorrangig durch Maßnahmen und Initiativen der einzelnen Schulen zur Ausfüllung ihres Auftrages nach § 9 schrittweise und differenziert weiterzuentwickeln zu einem Schulsystem, das im Sinne der in den §§ 3 bis 9 formulierten Ziele und Aufgaben personale, soziale, kulturelle und ethnische Besonderungen, Bildungsgänge und allgemeine sowie berufliche Bildung integriert.

(2) ¹Zur Weiterentwicklung des Schulwesens einschließlich der Schulorganisation werden von den zuständigen Schulbehörden für das Land oder für ihre Stadtgemeinde unter Berücksichtigung der durch dieses Gesetz definierten Schulstruktur, Ziele und Aufgaben Schulentwicklungspläne erstellt. ²Der Schulentwicklungsplan einer Stadtgemeinde soll zeigen, wie sich die Schulen und die Schulstruktur unter Berücksichtigung von Entscheidungen der Erziehungsberechtigten und der Schülerinnen und Schüler und von Diskussionsprozessen in den Schulen sowie in Abhängigkeit von der Schülerzahlentwicklung und den finanziellen und räumlichen Mitteln entwickeln werden.

§ 15 (aufgehoben)

§ 16 Schularten

(1) Schularten sind
1. als allgemeinbildende Schulen
   a) die Grundschule
   b) die Oberschule
   c) das Gymnasium
   d) die Schule für Erwachsene
2. als berufsbildende Schulen
   a) die Berufsschule
   b) die Berufsfachschule
   c) die Berufsaufbauschule
   d) das Berufliche Gymnasium
   e) die Fachoberschule
   f) die Berufsoberschule
   g) die Fachschule.

(2) ¹Eine Schulart kann verschiedene Bildungsgänge umfassen. ²Werkschule, ausbildungsvorbereitende und doppelqualifizierende Bildungsgänge können einer Schulart zugeordnet werden.

§ 17 Schulstufen

(1) Die Primarstufe umfasst die Jahrgangsstufen 1 bis 4.

(2) Die Sekundarstufe I umfasst die Jahrgangsstufen 5 bis 10, im achtjährigen zum Abitur führenden Bildungsgang die Jahrgangsstufen 5 bis 9.

(3) Die Sekundarstufe II umfasst die Gymnasiale Oberstufe und die Bildungsgänge der berufsbildenden Schulen.

Abschnitt 2
Allgemeinbildende Schulen

§ 18 Grundschule

(1) Die Grundschule umfasst die Jahrgangsstufen 1 bis 4.

(2) ¹Die Grundschule vermittelt ihren Schülerinnen und Schülern grundlegende Kenntnisse und Fertigkeiten und entwickelt die unterschiedlichen Fähigkeiten in einem für alle Schülerinnen und Schüler gemeinsamen Bildungsgang. ²Grundlage der Unterrichtsgestaltung sind die individuellen Entwicklungen der Schülerinnen und Schüler mit ihren unterschiedlichen kognitiven, sozialen, emotionalen und motorischen Voraussetzungen. ³Eine enge Kooperation mit den Institutionen des Elementarbereichs soll einen bestmöglichen Übergang der einzelnen Schülerinnen und Schüler in den schulischen Bildungsweg sichern.

(3) Die Grundschule bereitet die Schülerinnen und Schüler auf die Fortsetzung ihres Bildungsweges in weiterführenden Bildungsgängen vor.

(4) ¹Der Unterricht in der Grundschule kann jahrgangsstufenübergreifend erteilt werden. ²Er kann auch jahrgangsstufenunabhängig der individuellen Lernentwicklung der Schülerinnen und Schüler entsprechend organisiert werden.

(5) ¹Die Grundschule soll verlässliche Schulzeiten im Umfang von 5 Stunden täglich mit einer gleichmäßigen Verteilung der Unterrichts-, Lern-, Spiel- und Betreuungszeiten vorsehen. ²Die Schule legt die nähere Ausgestaltung des Zeitrahmens in Wochenstrukturplänen in eigener Verantwortung fest.

(6) Das Nähere über die Organisation der Grundschule, über die Einstufung in Lerngruppen und über die Höchstverweildauer regelt eine Rechtsverordnung.

§ 19 (aufgehoben)

§ 19a (aufgehoben)

§ 20 Oberschule und Gymnasium

(1) ¹Die an die Grundschule anschließenden Schularten sind die Oberschule und das Gymnasium. ²Sie vermitteln ihren Schülerinnen und Schülern eine grundlegende, erweiterte und vertiefte allgemeine Bildung unter Einbeziehung der Bedingungen der Wirtschafts- und Arbeitswelt, ermöglichen eine individuelle Schwerpunktbildung und bieten an der persönlichen Leistungsfähigkeit orientierte Förderung und Herausforderungen. ³Damit unterstützen sie die Schülerinnen und Schüler beim Erreichen des jeweiligen Abschlusses an der gewählten Schule. ⁴Sie befähigen die Schülerinnen und Schüler, nach Maßgabe der Abschlüsse ihren Bildungsweg in einer Berufsausbildung, in berufs- oder studienqualifizierenden Bildungsgängen oder im Studium fortzusetzen. ⁵Mit der Unterrichtung mehrerer Fächer in einer Fremdsprache oder durch ein verstärktes Unterrichtsangebot in der jeweiligen Fremdsprache (bilinguale Profile) können weitere Berechtigungen verbunden sein.

(2) ¹Die Oberschule führt in einem neunjährigen Bildungsgang zum Abitur, der einen sechsjährigen zur Erweiterten Berufsbildungsreife oder zum Mittleren Schulabschluss führenden Bildungsgang einschließt. ²Die Oberschule kann auch in einem achtjährigen Bildungsgang zum Abitur führen. ³Ihr Unterrichtsangebot ist auf die unterschiedlichen Abschlüsse ausgerichtet. ⁴Der Unterricht in der Oberschule berücksichtigt die Neigungen und die Lernfähigkeit der einzelnen Schülerinnen und Schüler durch eine zunehmende Differenzierung auf unterschiedlichen Anforderungsniveaus und führt zu den entsprechenden Abschlüssen. ⁵Schülerinnen und Schülern in der Sekundarstufe I der Oberschule wird ermöglicht, mindestens zwei Fremdsprachen zu erlernen. ⁶Oberschulen können nach Entscheidung der Stadtgemeinden auch die Jahrgangsstufen 1 bis 4 umfassen. ⁷Das Nähere zu der Gestaltung der Bildungsgänge und zum Wechsel zwischen ihnen sowie das Maß und das Verfahren von Differenzierung und Individualisierung regelt eine Rechtsverordnung.

(3) ¹Das Gymnasium führt in einem achtjährigen Bildungsgang zum Abitur. ²Sein Unterrichtsangebot ist auf das Abitur ausgerichtet. ³Der Unterricht im Gymnasium berücksichtigt die Lernfähigkeit der Schülerinnen und Schüler mit einem erhöhten Lerntempo auf einem Anforderungsniveau, ermöglicht aber auch den Erwerb der anderen Abschlüsse. ⁴Schülerinnen und Schüler in der Sekundarstufe I des Gymnasiums müssen mindestens zwei Fremdsprachen erlernen. ⁵Das Nähere zu der Gestaltung des Bildungsganges regelt eine Rechtsverordnung.

(4) ¹Die Gymnasiale Oberstufe beginnt mit der einjährigen Einführungsphase. ²Ihr folgt die zweijährige Qualifikationsphase. ³Der Unterricht wird in einem System von verbindlichen und fakultativen Unterrichtsveranstaltungen mit individuell wählbaren Profilen und Schwerpunktbildungen organisiert. ⁴Die Gymnasiale Oberstufe schließt mit der Abiturprüfung, in bilingualen Profilen gegebenenfalls auch mit zusätzlichen Prüfungen für internationale Berechtigungen ab. ⁵Die Unterrichtsorganisation in der Einführungsphase und der Qualifikationsphase sowie das Nähere über Kursbelegungsverpflichtungen und die Höchstverweildauer regelt eine Rechtsverordnung.

§ 21 Erwerb der Abschlüsse in den allgemeinbildenden Schulen

(1) Die Abschlüsse werden durch eine Prüfung erworben.

(2) Abweichend von Absatz 1 kann durch Rechtsverordnung bestimmt werden, dass die Einfache Berufsbildungsreife nach der Jahrgangsstufe 9, der Mittlere Schulabschluss oder der schulische Teil der Fachhochschulreife nach dem ersten Jahr der Qualifikationsphase zuerkannt wird, wenn bestimmte Mindestleistungen erbracht wurden.

Abschnitt 3
Besondere Organisationsformen

§ 22 Zentrum für unterstützende Pädagogik

(1) [1]Sonderpädagogische und weitere unterstützende pädagogische Förderung wird in den allgemeinen Schulen durch eingegliederte Zentren für unterstützende Pädagogik gewährleistet. [2]Das Zentrum für unterstützende Pädagogik unterstützt die Schule bei der inklusiven Unterrichtung.

(2) [1]Zentren für unterstützende Pädagogik haben die Aufgabe, die allgemeine Schule in allen Fragen sonderpädagogischer und weiterer unterstützender pädagogischer Förderung zu beraten und zu unterstützen. [2]Sie fördern die Begegnung, gegenseitige Unterstützung sowie den Erfahrungsaustausch von den behinderten Schülerinnen und Schülern untereinander. [3]Sie wirken an der Betreuung und Erziehung entsprechend der Behinderung, des sonderpädagogischen Förderbedarfs und der individuellen Problemlagen der Schülerinnen und Schüler mit. [4]Soweit auf die jeweilige Behinderung bezogene spezielle Fertigkeiten und Kompetenzen vermittelt werden, können sie die Schülerinnen und Schüler auch unterrichten. [5]Sie können dafür auch therapeutische, soziale und sonstige Hilfen außerschulischer Träger einbeziehen.

(3) [1]In den allgemeinen Schulen können Zentren für unterstützende Pädagogik eingerichtet werden, die sich nach der Art ihrer sonderpädagogischen Förderschwerpunkte und nach dem Angebot an Bildungsgängen unterscheiden. [2]Die einzelnen Förderschwerpunkte von Zentren für unterstützende Pädagogik, ihre jeweiligen Bildungsgänge und deren Dauer sowie das Nähere über die wegen der Form der Behinderung notwendigen Abweichungen von den Zeugnis- und Versetzungsbestimmungen regelt eine Rechtsverordnung.

§ 23 Ganztagsschulen

(1) Die Schularten nach §§ 18 bis 20 und 22 können auch als Ganztagsschulen betrieben werden.

(2) [1]Die Ganztagsschule verbindet Unterricht und unterrichtsergänzende Angebote zu einer pädagogischen und organisatorischen Einheit (Lernzeit) an Vor- und Nachmittagen. [2]Die Schule kann zusätzliche Betreuungsangebote vorhalten.

(3) [1]Die Ganztagsschule verpflichtet alle Schülerinnen und Schüler zur Teilnahme an der Lernzeit. [2]Die Teilnahme an zusätzlichen Betreuungsangeboten kann ganz oder teilweise verpflichtend sein. [3]Sie hält geeignete Unterstützungs- und Förderangebote für behinderte Schülerinnen und Schüler bereit.

(4) Das Nähere über die Voraussetzungen einer Umwandlung einer Schule in eine Ganztagsschule, über die Dauer und Gestaltung der täglichen Lernzeit und der verbindliche durch die jeweilige Schulkonferenz auszufüllende Rahmen für die Teilnahmepflicht an den zusätzlichen Betreuungsangeboten sowie die organisatorischen, personellen und sächlichen Voraussetzungen regelt eine Rechtsverordnung.

§ 24 Schule für Erwachsene

(1) [1]Die Schule für Erwachsene gibt Gelegenheit, außerhalb des üblichen Weges der Schulbildung in erwachsenengerechter Weise die Erweiterte Berufsbildungsreife, den Mittleren Schulabschluss und das Abitur zu erreichen. [2]Die Bildungsgänge können in Tages- und in Abendform eingerichtet werden; sie können in sich geschlossen oder, auch in integrierter Form, in einzelne sich ergänzende Teileinheiten strukturiert sein. [3]Der unmittelbare Unterricht kann durch Formen des Fernunterrichts ersetzt werden.

(2) [1]Die zum Erwerb der Erweiterten Berufsbildungsreife und zum Mittleren Schulabschluss führenden Bildungsgänge dauern je nach Vorbildung der Schülerinnen und Schüler und dem Ziel des Bildungsganges ein bis zwei Jahre. [2]Der Unterricht der Bildungsgänge schließt mit einer Prüfung ab.

(3) Diese Bildungsgänge beginnen mit einer Eingangsphase, an deren Ende über die Weiterführung der Schullaufbahn entschieden wird.

(4) [1]Das Abendgymnasium und das Kolleg (Gymnasiale Oberstufe in Tagesform) umfassen je nach Vorbildung zwei- bis vierjährige Bildungsgänge. [2]Sie gliedern sich in eine Einführungsphase und in eine Hauptphase, in der Unterricht in einem System von verbindlichen und fakultativen Grund- und Leistungsfächern organisiert ist. [3]Je nach Vorbildung kann am Abendgymnasium der Einführungsphase eine Anfangsphase vorangestellt werden. [4]Zur besseren Vorbereitung auf das Kolleg kann ein Wechsel in einen anderen Bildungsgang vorgeschrieben werden.

(5) ¹Die Zulassung zu den Bildungsgängen ist so zu regeln, dass der jeweilige Abschluss nicht eher erreicht werden kann als auf dem üblichen Weg. ²Qualifizierte Absolventinnen und Absolventen der Bildungsgänge der Schule für Erwachsene können im Rahmen der vorhandenen Plätze unmittelbar in einen anderen Bildungsgang der Schule für Erwachsene wechseln.
(6) ¹Das Nähere regeln Rechtsverordnungen. ²Sie müssen insbesondere regeln:
1. die Dauer und die Struktur der Bildungsgänge;
2. die Voraussetzungen für die Weiterführung oder die Beendigung der zum Erwerb der Erweiterten Berufsbildungsreife und zum Mittleren Schulabschluss führenden Bildungsgänge und gegebenenfalls besondere Formen der Weiterführung;
3. den Erwerb von Zwischenqualifikationen als Voraussetzung für den weiteren Besuch eines Bildungsganges und für die Zulassung zu Abschlussprüfungen;
4. die Zulassungsvoraussetzungen zu den einzelnen Bildungsgängen, insbesondere über die Berücksichtigung von Berufsausbildung und Berufstätigkeit sowie der Kenntnisse der deutschen Sprache, und die Leistungsanforderungen für den unmittelbaren Wechsel nach Absatz 5 Satz 2.

³Rechtsverordnungen können regeln:
1. Abweichungen von den Versetzungsbestimmungen des § 42, insbesondere über die Wiederholungsmöglichkeit eines Schuljahres oder Schulhalbjahres;
2. das Zuweisungsverfahren nach Absatz 5 Satz 2, wenn die Anzahl der Bewerberinnen und Bewerber die Anzahl der vorhandenen Plätze übersteigt.

(7) ¹Der zum Erwerb der Erweiterten Berufsbildungsreife und des Mittleren Schulabschlusses führende Schulbereich ist im Sinne dienstrechtlicher Vorschriften der Sekundarstufe I zugeordnet, der gymnasiale Bereich der Sekundarstufe II. ²Die Erwachsenenschulen können eine Abteilung für außerschulische und schulische Prüfungen enthalten.

Abschnitt 4
Berufsbildende Schulen

§ 25 Berufsschule
(1) ¹Die Berufsschule ist Teil der gemeinsam von ihr und den Ausbildungsbetrieben durchzuführenden Berufsausbildung. ²Das nach Berufsbereichen gegliederte Berufsgrundbildungsjahr ist im jeweiligen Berufsbereich Grundstufe der Berufsausbildung. ³Der Unterricht im Berufsgrundbildungsjahr wird in Vollzeitform erteilt. ⁴Der Unterricht in der Berufsschule hat die Aufgabe, den Schülerinnen und Schülern allgemeine und fachliche Kenntnisse und Kompetenzen unter besonderer Berücksichtigung der Anforderungen der Berufsausbildung zu vermitteln. ⁵Die Bildungsgänge können mit einer Prüfung abschließen.
(2) ¹Die Länge der Bildungsgänge der Berufsschule entspricht der Dauer des jeweiligen betrieblichen Ausbildungsverhältnisses. ²Der Unterricht wird in Teilzeitform oder zusammengefasst als Blockunterricht erteilt. ³Er steht inhaltlich in enger Beziehung zum betrieblichen Teil der Berufsausbildung. ⁴Der Unterricht soll, bezogen auf ein Schuljahr von 40 Wochen, 12 Stunden wöchentlich betragen. ⁵Die Hälfte der Unterrichtszeit soll für fachübergreifenden und gesellschaftskundlichen Unterricht vorgesehen werden.
(3) Schülerinnen und Schüler, die im Berufsbildungsbereich einer Werkstatt für behinderte Menschen gefördert werden, können nach Erfüllung der Schulpflicht in der Berufsschule unterrichtet werden, sofern die personellen, räumlichen und schulorganisatorischen Voraussetzungen dafür vorhanden sind und die erforderliche Betreuung durch die außerschulischen Kostenträger des Berufsbildungsbereichs gesichert ist.

§ 25a Werkschule
(1) ¹Die Stadtgemeinden können Werkschulen einrichten, die an berufsbildenden Schulen angegliedert werden. ²Sie können ausnahmsweise als eigenständige Schulen organisiert werden.
(2) ¹Schülerinnen und Schüler der Jahrgangsstufe 8 können sich um Aufnahme in den Bildungsgang bewerben. ²Die Anwahl dieses Bildungsganges ist freiwillig. ³Eine Aufnahmekommission entscheidet über die Aufnahme.
(3) ¹Der Bildungsgang dauert drei Jahre und umfasst die Jahrgangsstufen 9 bis 11. ²Mit einem bestimmten Notenbild kann am Ende der Jahrgangsstufe 10 die Einfache Berufsbildungsreife erlangt werden. ³Am Ende der Jahrgangsstufe 11 steht die Prüfung zur Erweiterten Berufsbildungsreife.

(4) Das Nähere zum Aufnahmeverfahren, zu dem Notenbild nach Absatz 3 sowie zu den organisatorischen, personellen und sächlichen Voraussetzungen und der Gestaltung des Bildungsganges regelt eine Rechtsverordnung.

§ 26 Berufsfachschule

(1) [1]Die Berufsfachschule umfasst Bildungsgänge von mindestens einjähriger Dauer, für deren Besuch keine Berufsausbildung oder berufliche Tätigkeit vorausgesetzt wird. [2]Ihre Bildungsgänge umfassen allgemeine und fachliche Lerninhalte mit dem Ziel, die Schülerinnen und Schüler auf einen Beruf vorzubereiten, ihnen einen Teil der Berufsausbildung in einem oder mehreren anerkannten Ausbildungsberufen zu vermitteln oder sie zu einem Berufsabschluss zu führen. [3]Die Bildungsgänge schließen mit einer Prüfung ab. [4]Innerhalb der Bildungsgänge können einzelne Abschnitte oder Fächer mit einer Teilprüfung abgeschlossen werden.

(2) Durch Rechtsverordnung kann bestimmt werden, dass an die Stelle einer Prüfung nach Absatz 1 eine gleichwertige außerschulische Prüfung tritt.

(3) [1]Setzt der Erwerb der Berufsqualifikation ein Praktikum voraus, schließt dieses in Form einer gelenkten fachpraktischen Ausbildung an die bestandene, den Vollzeitunterricht abschließende Prüfung an. [2]Die Art und die Dauer des jeweiligen Bildungsganges, die Zulassungsvoraussetzungen sowie die Voraussetzungen des Abschlusses regelt eine Rechtsverordnung.

§ 27 Berufsaufbauschule

[1]Die Berufsaufbauschule wird neben der Berufsschule oder nach erfüllter Schulpflicht von Personen besucht, die in einer Berufsausbildung oder Berufstätigkeit stehen oder gestanden haben. [2]Ihre Bildungsgänge vermitteln eine über das Ziel der Berufsschule hinausgehende allgemeine und fachtheoretische Bildung und führen zur Fachschulreife. [3]Die Bildungsgänge umfassen in Vollzeitform ein Schuljahr, in Teilzeitform einen entsprechend längeren Zeitraum. [4]Die Bildungsgänge schließen mit einer Prüfung ab.

§ 28 Fachoberschule

(1) [1]Die Fachoberschule baut auf dem Mittleren Schulabschluss auf und vermittelt vertiefte allgemeine, fachtheoretische und fachpraktische Kenntnisse und Kompetenzen und führt zur Fachhochschulreife. [2]Die Fachoberschule gliedert sich in einen zweijährigen Bildungsgang mit den Jahrgangsstufen 11 und 12 sowie einen einjährigen Bildungsgang mit der Jahrgangsstufe 12. [3]Die Bildungsgänge schließen mit einer Prüfung ab.

(2) [1]Der Unterricht in dem zweijährigen Bildungsgang erfolgt in der Jahrgangsstufe 11 in Teilzeitform und wird von einer gelenkten fachpraktischen Ausbildung in geeigneten Betrieben oder anderen geeigneten außerschulischen Einrichtungen begleitet. [2]Die fachpraktische Ausbildung kann in besonderen Fällen in schuleigenen Einrichtungen erfolgen. [3]Der Unterricht in der Jahrgangsstufe 12 erfolgt in Vollzeitform.

(3) [1]Der Unterricht in dem einjährigen Bildungsgang der Jahrgangsstufe 12 erfolgt in Vollzeitform oder zwei Jahre in Teilzeitform. [2]Wird er mit einer einschlägigen Berufsausbildung verbunden, dauert er mindestens drei Jahre. [3]Mischformen können zugelassen werden. [4]Voraussetzung für die Aufnahme in den einjährigen Bildungsgang ist eine abgeschlossene, einschlägige Berufsausbildung oder eine einschlägige Berufserfahrung von mindestens fünf Jahren.

(4) Die Art und die Dauer des jeweiligen Bildungsganges sowie die Zulassungsvoraussetzungen regelt eine Rechtsverordnung.

§ 28a Berufliches Gymnasium

(1) [1]Das Berufliche Gymnasium gliedert sich in Fachrichtungen und vermittelt den Schülerinnen und Schülern allgemeine und berufsbezogene Unterrichtsinhalte und Kompetenzen. [2]Der Bildungsgang dauert drei Jahre. [3]Er beginnt mit einer einjährigen Einführungsphase. [4]Ihr folgt die zweijährige Qualifikationsphase. [5]Das Berufliche Gymnasium schließt mit einer Abiturprüfung ab. [6]Das Nähere über die Zulassung, die Unterrichtsorganisation in den jeweiligen Fachrichtungen und die Höchstverweildauer regeln Rechtsverordnungen.

(2) Verlässt ein Schüler oder eine Schülerin des Beruflichen Gymnasiums am Ende der Eingangsphase ohne Versetzungsentscheidung den Bildungsgang, ist eine Prüfung Voraussetzung für den Erwerb des Mittleren Schulabschlusses.

§ 28b Berufsoberschule
[1]Die Berufsoberschule umfasst Bildungsgänge, für deren Besuch der Abschluss der Fachoberschule (Fachhochschulreife) und der Abschluss einer einschlägigen Berufsausbildung oder der Nachweis einer einschlägigen Berufstätigkeit von mindestens fünf Jahren vorausgesetzt wird. [2]Sie gliedert sich in Ausbildungsrichtungen und vermittelt eine allgemeine und fachtheoretische Bildung. [3]Der Bildungsgang dauert ein Jahr. [4]Die Berufsoberschule führt zur Fachgebundenen Hochschulreife und beim Nachweis der notwendigen Kenntnisse in einer zweiten Fremdsprache zur Allgemeinen Hochschulreife und schließt mit einer Prüfung ab.

§ 29 Fachschule
[1]Die Fachschule umfasst Bildungsgänge, für deren Besuch der Abschluss einer einschlägigen Berufsausbildung und eine zusätzliche Berufsausübung oder der Nachweis einer einschlägigen Berufstätigkeit von mindestens fünf Jahren vorausgesetzt wird. [2]Für Fachschulen besonderer Art können besondere berufspraktische Zugangsvoraussetzungen festgelegt werden. [3]Ihre Bildungsgänge führen zu beruflicher Spezialisierung und zu stärkerer theoretischer Vertiefung des beruflichen Fachwissens und fördern die allgemeine Bildung. [4]Die Bildungsgänge in Vollzeitform umfassen mindestens ein Schuljahr, in Teilzeitform einen entsprechend längeren Zeitraum. [5]Die Bildungsgänge schließen mit einer Prüfung ab. [6]Innerhalb der Bildungsgänge können einzelne Abschnitte oder Fächer mit einer Teilprüfung abgeschlossen werden.

§ 30 Ausbildungsvorbereitende Bildungsgänge
[1]In den berufsbildenden Schulen können für Schulpflichtige ausbildungsvorbereitende Bildungsgänge eingerichtet werden. [2]Sie sind, soweit sie Maßnahmen der beruflichen Rehabilitation oder Lehrgänge zur Vorbereitung auf die berufliche Erstausbildung begleiten, als Teilzeitunterricht, im Übrigen als Vollzeitunterricht organisiert. [3]Der Unterricht schließt mit einer Prüfung ab, wenn die Schülerin oder der Schüler dadurch einen gegenüber seinen oder ihren bisherigen Abschlüssen höherwertigen Abschluss erreichen kann. [4]Die Art und die Dauer des jeweiligen Bildungsganges, die Zulassungsvoraussetzungen sowie die förderungsrechtliche Einstufung der Schülerinnen und Schüler regelt eine Rechtsverordnung.

§ 31 Doppelqualifizierende Bildungsgänge
[1]Durch inhaltliche und organisatorische Verbindung zweier Bildungsgänge in der Sekundarstufe II können zwei schulische Abschlüsse oder durch Verbindung einer Berufsausbildung mit einem weiteren schulischen Bildungsgang eine Berufsqualifikation und ein weiterer schulischer Abschluss erworben werden. [2]Der Unterricht schließt mit einer Prüfung oder zwei getrennten Prüfungen ab. [3]Die Art der Bildungsgänge, die jeweiligen Zulassungsvoraussetzungen zu ihnen, deren Dauer sowie die förderungsrechtliche Einstufung der Schülerinnen und Schüler regelt eine Rechtsverordnung.

§ 32 Weiterführende Abschlüsse
[1]In den berufsbildenden Schulen können über ein Angebot von Ergänzungskursen und Zusatzprüfungen weiterführende Abschlüsse und Zusatzqualifikationen erworben werden. [2]Das Nähere über die Art der Abschlüsse und Zusatzqualifikationen, die Art und Dauer der Zusatzprüfungen und Ergänzungskurse sowie deren Zulassungsvoraussetzungen regelt eine Rechtsverordnung.

§ 33 Zulassung und Ausbildung
(1) Das Nähere über die Ausbildung in den Bildungsgängen der berufsbildenden Schulen und in den ausbildungsvorbereitenden und doppelqualifizierenden Bildungsgängen, über die Zulassung zu ihnen und über das Probejahr oder Probehalbjahr nach dem Eintritt in diese Bildungsgänge wird durch Rechtsverordnung geregelt.
(2) [1]Erfordert der mit der Ausbildung angestrebte Beruf eine besondere gesundheitliche Eignung, kann die Zulassung versagt werden, wenn über die Eignung keine schulärztliche Bescheinigung vorgelegt wird. [2]Die jeweilige Rechtsverordnung hat den Inhalt und den Zeitpunkt der ärztlichen Untersuchung im Einvernehmen mit der Senatorin für Wissenschaft, Gesundheit und Verbraucherschutz festzulegen.
(3) Hinsichtlich der Ausbildung hat die jeweilige Rechtsverordnung mindestens die allgemeinen Unterrichtsgrundsätze und die jeweiligen Stundentafeln sowie gegebenenfalls Anzahl und Zeitpunkt von Teilprüfungen und Anzahl, Zeitpunkt, Dauer und Anforderungen von Praktika festzulegen.

(4) ¹Erwachsen während der Ausbildung Zweifel an der Eignung des Schülers oder der Schülerin nach Absatz 2, hat er oder sie sich auf Anordnung des Schulleiters oder der Schulleiterin ärztlich untersuchen zu lassen und die ärztliche Bescheinigung vorzulegen. ²Legt der Schüler oder die Schülerin diese nicht in angemessener Zeit vor, kann auf Antrag des Schulleiters oder der Schulleiterin eine schulärztliche Untersuchung angeordnet werden. ³Verweigert der Schüler oder die Schülerin diese oder ergibt das ärztliche Gutachten die fehlende Eignung, kann auf Antrag des Schulleiters oder der Schulleiterin die Fachaufsicht die Zulassung zur Ausbildung widerrufen.

Teil 3
Die Schülerin und der Schüler

Kapitel 1
Rechte der Schülerin und des Schülers

§ 34 Bildungsanspruch

(1) ¹Mit Beginn der Schulpflicht haben alle Schülerinnen und Schüler nach Maßgabe ihrer Interessen und ihren Fähigkeiten das Recht, einen Bildungsweg einzuschlagen, der ihnen den Erwerb der von ihnen angestrebten abschließenden Berechtigung eröffnet. ²Der Bildungsanspruch erlischt nach Erfüllung der Schulpflicht grundsätzlich mit der Beendigung des Besuches des jeweiligen Bildungsganges.
(2) Wird eine Schülerin oder ein Schüler in eine Schule aufgenommen, nachdem die Schulpflicht erfüllt ist, umfasst der Bildungsanspruch nach Maßgabe der Fähigkeiten den Besuch des jeweiligen Bildungsganges bis zu dessen Abschluss.
(3) Ist der Besuch eines Bildungsganges oder mehrerer bestimmter aufbauender Bildungsgänge Teil eines in sich geschlossenen Bildungsweges, erlischt der Bildungsanspruch bei fortlaufendem Schulbesuch abweichend von Absatz 1 erst mit Beendigung des letzten Bildungsganges.
(4) ¹Schülerinnen und Schüler verlieren nach Erfüllung der Schulpflicht ihren Bildungsanspruch, wenn sie aus von ihnen zu vertretenden Gründen nicht regelmäßig am Unterricht teilnehmen und dadurch dem Unterricht ihrer Klasse oder Lerngruppe nicht mehr folgen können. ²Das Nähere bestimmt dieses Gesetz.

§ 35 Sonderpädagogische Förderung

(1) ¹Behinderte und von Behinderung bedrohte Schülerinnen und Schüler haben einen Anspruch auf sonderpädagogische Förderung. ²Sie unterstützt und begleitet diese Schülerinnen und Schüler durch individuelle Hilfen zu einer angemessenen Schulbildung im Rahmen der Schulpflicht und zum Besuch weiterführender Bildungsgänge.
(2) ¹Sonderpädagogischer Förderbedarf umschreibt individuelle Förderbedürfnisse im Sinne spezieller unterrichtlicher und erzieherischer Erfordernisse, deren Einlösung eine sonderpädagogische Unterstützung oder Intervention nötig macht. ²Sonderpädagogischer Förderbedarf besteht bei Kindern und Jugendlichen, die in ihren Bildungs-, Entwicklungs- und Lernmöglichkeiten so beeinträchtigt sind, dass sie im Unterricht ohne sonderpädagogische Unterstützung nicht hinreichend gefördert werden können.
(3) ¹Auf der Grundlage förderdiagnostischer Gutachten werden die individuellen Förderbedürfnisse ermittelt. ²Das Verfahren zur Feststellung des sonderpädagogischen Förderbedarfs bei Schülerinnen und Schülern wird vor der Einschulung oder während des späteren Schulbesuchs auf Antrag der jeweiligen Schule nach Beratung mit dem zuständigen Zentrum für unterstützende Pädagogik, der Erziehungsberechtigten, des zuständigen Gesundheitsamtes oder auf eigene Entscheidung in Verantwortung der Fachaufsicht durchgeführt. ³Die Ermittlung des sonderpädagogischen Förderbedarfs setzt die Beteiligung der Erziehungsberechtigten, ein förderdiagnostisches Gutachten, ein schulärztliches Gutachten und auf Wunsch der Erziehungsberechtigten auch ein schulpsychologisches Gutachten voraus. ⁴Die jeweiligen Schülerinnen und Schüler sind verpflichtet, an den notwendigen Untersuchungen, einschließlich schulischer Testverfahren, mitzuwirken und sich der schulärztlichen Untersuchung zu unterziehen. ⁵Widersprechen Erziehungsberechtigte dem Verfahren zur Ermittlung des sonderpädagogischen Förderbedarfs, kann bei Nachteilen für die Schülerin oder den Schüler die zuständige Schulbehörde auf der Grundlage einer weiteren Überprüfung, die durch Rechtsverordnung zu regeln ist, die Durchführung des Verfahrens veranlassen.

(4) ¹Ein Entwicklungsplan des Landes zur schulischen Förderung von Schülerinnen und Schülern mit Bedarf an unterstützender Pädagogik und sonderpädagogischer Förderung soll einen Zeitrahmen für den Übergang nach § 70a, Perspektiven und Maßnahmen für die Realisierung des Auftrags nach § 4 Abs. 5 aufzeigen und fortschreiben. ²Die schulische Förderung von Schülerinnen und Schülern mit Bedarf an unterstützender Pädagogik und sonderpädagogischer Förderung ist Auftrag des gesamten Schulsystems. ³Alle Schulen müssen Perspektiven und Maßnahmen für die Realisierung des Auftrags nach § 4 Abs. 5 erarbeiten.

(5) Das Nähere über das Verfahren zur Feststellung des Förderbedarfs nach Absatz 3, über den Förderort, über die Art der zu erwerbenden Berechtigungen und über das Verfahren zur Entscheidung über Form und Inhalt der sonderpädagogischen Förderung in der allgemeinen Schule regelt eine Rechtsverordnung.

§ 36 Einschulungsvoraussetzungen, Sprachförderung

(1) Bis zum 31. Mai eines jeden Jahres findet in der Regel am Standort der zuständigen Grundschule bei allen Kindern, die im folgenden Kalenderjahr regelmäßig schulpflichtig werden, eine Feststellung der Kenntnisse der deutschen Sprache (Sprachstandsfeststellung) statt, an der teilzunehmen jedes Kind verpflichtet ist.

(2) ¹Kinder, deren deutsche Sprachkenntnisse nach der Sprachstandsfeststellung nicht ausreichen, um dem Unterricht sprachlich zu folgen, sind verpflichtet, im Jahr vor der Einschulung nach näherer Bestimmung durch die Senatorin für Kinder und Bildung an besonderen schulischen oder außerschulischen Sprachfördermaßnahmen teilzunehmen. ²Das Nähere, insbesondere zur Form und zu den Anforderungen der Sprachstandsfeststellung, Ort, Dauer und Trägerschaft der Maßnahmen regelt eine Rechtsverordnung.

(3) ¹Schülerinnen und Schüler, die nicht über die für den Schulbesuch erforderlichen deutschen Sprachkenntnisse verfügen, beginnen ihre Schulzeit mit einem mehrmonatigen Sprachförderkurs, nach dessen erfolgreicher Teilnahme, spätestens mit Beendigung des Kurses, sie in die Jahrgangsstufe überwechseln, der sie bereits zu Beginn zugeordnet wurden. ²Das Nähere über die Anforderungen an die Sprachkenntnisse als Voraussetzung für die Einschulung regelt eine Rechtsverordnung.

(4) ¹Im Jahr vor der Einschulung findet eine schulärztliche Untersuchung statt, an der teilzunehmen jedes Kind verpflichtet ist. ²Wenn Schülerinnen und Schüler, deren Einschulung in eine höhere als die 1. Jahrgangsstufe erfolgen soll, noch nicht in einem anderen Bundesland eine öffentliche Schule oder private Ersatzschule besucht haben, sind auch sie zur Teilnahme an einer schulärztlichen Untersuchung verpflichtet.

(5) Kinder mit Behinderungen können auf Antrag der Erziehungsberechtigten zusätzlich bereits im Jahr vor der Untersuchung nach Absatz 4 an einer schulärztlichen Untersuchung teilnehmen.

§ 37 Aufbauender Bildungsweg

(1) ¹Der schulische Bildungsweg fängt mit Beginn der Schulpflicht in der Grundschule an. ²Schülerinnen und Schüler, die in einem anderen Land der Bundesrepublik zur Schule gegangen sind, werden in eine Jahrgangsstufe eines Bildungsganges aufgenommen, die dem bisherigen Schulbesuch entspricht.

(2) Nach Aufnahme in einen Bildungsgang durchlaufen ihn die Schülerinnen oder die Schüler jahrgangsweise aufsteigend bis zum Abschluss, sofern dies Gesetz nichts anderes vorsieht.

(3) ¹Das Überspringen und das freiwillige Wiederholen einer Jahrgangsstufe innerhalb eines Bildungsganges (Vorrücken und Zurückgehen) ist im Einvernehmen zwischen der Schule und der Schülerin oder dem Schüler, bei Minderjährigkeit ihrer Erziehungsberechtigten, zulässig, wenn zu erwarten ist, dass der Schüler oder die Schülerin in der neuen Jahrgangsstufe hinsichtlich seiner oder ihrer Fähigkeiten angemessener gefördert werden kann. ²Die Jahrgangsstufe am Ende eines Bildungsganges kann im Einvernehmen zwischen der Schule und der Schülerin oder dem Schüler, bei Minderjährigkeit ihrer Erziehungsberechtigten, freiwillig auch dann einmal wiederholt werden, wenn zu erwarten ist, dass die Schülerin oder der Schüler in der neuen Jahrgangsstufe seinen oder ihren Abschluss verbessern kann, um die Berechtigung zur Fortsetzung seines Bildungsweges in bestimmten weiterführenden Bildungsgängen zu erlangen.

(4) ¹Die Abschlüsse, die in den in § 20 genannten Schularten erworben werden können, berechtigen je nach Art des Bildungsganges zum Eintritt in bestimmte weiterführende Bildungsgänge. ²Der Ein-

tritt kann für einzelne Bildungsgänge von einem qualifizierten Abschluss sowie von außerschulischen Qualifikationen abhängig gemacht werden.

§ 37a Übergang von der Grundschule in weiterführende Bildungsgänge

[1]Am Ende des Bildungsganges der Grundschule wählen die Erziehungsberechtigten nach Beratung durch die Grundschule den weiteren Bildungsgang für ihr Kind. [2]Nehmen die Erziehungsberechtigten nicht an der Beratung teil, weist die Grundschule die Schülerin oder den Schüler einer Schulart zu. [3]Die Aufnahme an der jeweiligen Schule erfolgt nach §§ 6 bis 6b des Bremischen Schulverwaltungsgesetzes.

§ 37b (aufgehoben)

§ 38 Leistungskontrollen, Zeugnisse

(1) Zur Feststellung der Lernergebnisse sowie zur Überprüfung des Lernfortschrittes sind Leistungskontrollen durchzuführen.

(2) [1]Unter Berücksichtigung der Ergebnisse dieser Leistungskontrollen wird in jedem Fach am Ende eines bestimmten Zeitraums eine Beurteilung der Lernentwicklung und der Leistung des Schülers oder der Schülerin abgegeben. [2]Diese Beurteilungen werden in Zeugnissen oder Lernentwicklungsberichten zusammengefasst und von der Zeugniskonferenz beschlossen.

(3) Ein Abschlusszeugnis wird erteilt, wenn der Schüler oder die Schülerin das Ziel des Bildungsganges erreicht hat.

(4) Ein Abgangszeugnis wird erteilt, wenn der Schüler oder die Schülerin den Bildungsgang verlässt, ohne dessen Ziel erreicht zu haben, es sei denn, die Pflicht zum Besuch einer allgemeinbildenden Schule ist noch nicht erfüllt.

(5) [1]Das Nähere regelt eine Zeugnisordnung. [2]Die Zeugnisordnung hat mindestens den Beurteilungszeitraum, den Inhalt, die Form und die Termine der Zeugnisse und Lernentwicklungsberichte, die Anforderungen für die ohne Prüfung zu erteilenden Abschlusszeugnisse sowie die Bewertungs- und Beurteilungsgrundlagen und die Zusammensetzung der Zeugniskonferenz zu regeln. [3]Durch Rechtsverordnung kann auch bestimmt werden, dass Zeugnisse weitere Abschlüsse oder andere Berechtigungen einschließen. [4]Die Zuerkennung weiterer Abschlüsse oder anderer Berechtigungen kann von zusätzlichen, vorher zu erfüllenden Qualifikationen oder Bedingungen abhängig gemacht werden.

§ 39 Zeugnisse für Externe

(1) [1]Personen, die keine öffentliche Schule besuchen, können, in der Regel auf Grund einer Prüfung, das Abschlusszeugnis einer öffentlichen Schule erhalten. [2]In Ausnahmefällen kann ihnen ein mit dem Abschluss einer öffentlichen Schule vergleichbarer Bildungsstand zuerkannt werden, wenn der berufliche Werdegang oder sonstige Nachweise ihn zweifelsfrei erkennen lassen.

(2) [1]Das Nähere kann eine Rechtsverordnung regeln. [2]Die Rechtsverordnung kann insbesondere Anforderungen an das Lebensalter und an die Schulbildung regeln sowie, wenn es für den Erwerb des vergleichbaren Bildungsstandes erforderlich ist, Anforderungen an die Berufsausbildung, an Dauer und Inhalt einer Berufstätigkeit oder entsprechender Tätigkeiten und an zusätzliche Bildungsmaßnahmen. [3]Darüber hinaus kann die Senatorin für Kinder und Bildung in Einzelfällen einen mit dem Abschluss einer öffentlichen Schule vergleichbaren Bildungsstand zuerkennen, wenn die Voraussetzungen nach Absatz 1 Satz 2 erfüllt sind.

§ 40 Prüfungen

(1) [1]Prüfungen am Ende eines Bildungsganges oder innerhalb eines Bildungsganges haben den Zweck nachzuweisen, dass der Schüler oder die Schülerin das jeweilige Ziel erreicht hat. [2]Ein Bildungsgang kann so strukturiert sein, dass das Bestehen mehrerer Teilprüfungen zu seinem Abschluss führt.

(2) Prüfungen für Externe haben den Zweck nachzuweisen, dass der Prüfling die für den Abschluss einer öffentlichen Schule erforderlichen Kenntnisse und Fähigkeiten besitzt.

(3) [1]Prüfungen werden von einem Ausschuss abgenommen, der mit Stimmenmehrheit entscheidet. [2]Bei Stimmengleichheit entscheidet die Stimme des oder der Vorsitzenden.

(4) [1]Versucht ein Prüfling, das Ergebnis der Prüfung durch Täuschung zu beeinflussen, ist die gesamte Prüfung für nicht bestanden zu erklären. [2]In leichteren Fällen ist die betroffene Teilleistung für nicht bestanden zu erklären.

(5) ¹Behindert ein Prüfling durch sein Verhalten die Prüfung so schwerwiegend, dass es nicht möglich ist, seine Prüfung oder die anderer Schülerinnen oder Schüler ordnungsgemäß durchzuführen, so kann er von der weiteren Prüfung ausgeschlossen werden. ²Die Prüfung ist dann für nicht bestanden zu erklären.

(6) ¹Versäumt ein Prüfling aus von ihm zu vertretenden Gründen einen Prüfungstermin, sind die deswegen nicht erbrachten Prüfungsleistungen mit »ungenügend« oder null Punkten zu bewerten. ²In leichteren Fällen ist der entsprechende Prüfungsteil zu wiederholen. ³Versäumt der Prüfling aus von ihm zu vertretenden Gründen mehr als einen Prüfungstermin, ist die gesamte Prüfung für nicht bestanden zu erklären.

(7) ¹Eine nicht bestandene Prüfung kann einmal wiederholt werden. ²Die Wiederholung kann sich auf einzelne Prüfungsteile beschränken. ³Eine zweite Wiederholung kann für Teilprüfungen ausgeschlossen werden. ⁴Die Senatorin für Kinder und Bildung kann auf Antrag eine zweite Wiederholung der Prüfung gestatten, wenn ihr Bestehen hinreichend wahrscheinlich ist. ⁵§ 44 Abs. 2 gilt entsprechend.

(8) ¹Das Nähere regeln Prüfungsordnungen. ²Die Prüfungsordnungen haben mindestens die Voraussetzungen für die Zulassung zur Prüfung, die Zusammensetzung des Prüfungsausschusses, das Prüfungsverfahren, die Berücksichtigung der besonderen Belange der Behinderten, die Einbeziehung der vor der Prüfung erbrachten Leistungen sowie die Bedingungen für das Bestehen oder Nichtbestehen der Prüfungen zu regeln. ³Prüfungsordnungen können die Einsetzung von Teilprüfungsausschüssen regeln.

§ 41 (aufgehoben)

§ 42 Versetzung, Nichtversetzung

(1) ¹Am Ende der Sekundarstufe I der zum Abitur führenden Bildungsgänge wird über die Zuweisung einer Schülerin oder eines Schülers in die Gymnasiale Oberstufe entschieden. ²In der Gymnasialen Oberstufe, im Beruflichen Gymnasium, im doppelqualifizierenden Bildungsgang der Berufsfachschule für Assistenten mit dem Abschluss der Allgemeinen Hochschulreife, im Abendgymnasium und im Kolleg wird am Ende der Eingangsphase oder des ersten Ausbildungsjahres über die Zuweisung in die Qualifikationsphase oder in den nächsten Ausbildungsabschnitt entschieden. ³An den berufsbildenden Schulen, die nicht zum Abitur führen, mit Ausnahme der Berufsschule und der einjährigen beruflichen Bildungsgänge wird nach jedem Ausbildungsabschnitt über den Wechsel in den nächsthöheren Ausbildungsabschnitt entschieden. ⁴Der Ausbildungsabschnitt kann ein Schuljahr oder ein Schulhalbjahr umfassen.

(2) ¹Die Zuweisung in die Gymnasiale Oberstufe, in die Qualifikationsphase der Gymnasialen Oberstufe oder in den nächsten Ausbildungsabschnitt erfolgt, wenn eine erfolgreiche Teilnahme am Unterricht der jeweils nächsten Stufe oder des nächsten Ausbildungsabschnitts zu erwarten ist (Versetzung). ²Entsprechen die Lernfortschritte nicht den Anforderungen und ist zu erwarten, dass die Versetzung die Entwicklung der Schülerin oder des Schülers beeinträchtigt, muss die Stufe oder der Ausbildungsabschnitt wiederholt werden (Nichtversetzung). ³Die Entscheidung trifft die Versetzungskonferenz, in Ausnahmefällen die Fachaufsicht.

§ 43 Andere Formen der Anpassung des Bildungswegs an die Lernentwicklung

(1) ¹In den Jahrgangsstufen, in denen der Unterricht leistungsdifferenziert erfolgt, entscheiden über die Ersteinstufung die Erziehungsberechtigten unter Berücksichtigung der Empfehlung der Schule. ²Über Umstufungen entscheidet die Zeugniskonferenz aufgrund der erbrachten Leistungen in den einzelnen Fächern unter angemessener Berücksichtigung der Lernentwicklung während des Schulhalbjahres und der Gesamtpersönlichkeit der Schülerin oder des Schülers.

(2) Wird in Bildungsgängen der berufsbildenden Schulen ein Abschnitt in einem Bildungsgang mit einer Teilprüfung abgeschlossen, ist das Bestehen Voraussetzung für die Aufnahme in die nächsthöhere Jahrgangsstufe oder den nächsthöheren Ausbildungsabschnitt.

(3) ¹Hat eine Schülerin oder ein Schüler eine Prüfung am Ende oder während eines Bildungsganges nicht bestanden, ist sie oder er berechtigt, die letzte Jahrgangsstufe einmal zu wiederholen. ²Wird auch dann die Prüfung nicht bestanden, verlässt sie oder er die Schule ohne Abschluss. ³Ein Anspruch auf Wiederholung der Jahrgangsstufe besteht nicht, wenn der Schülerin oder dem Schüler bei der Aufnahme in den Bildungsgang bekannt war, dass mit ihrem Jahrgang der Bildungsgang ausläuft.

§ 44 Verlassen des Bildungsganges

(1) Hat eine Schülerin oder ein Schüler eine Prüfung während eines Bildungsganges oder an dessen Ende oder eine Teilprüfung nach § 43 Abs. 2 auch im Wiederholungsfall nicht bestanden, muss sie oder er durch Entscheidung der Schulleiterin oder des Schulleiters den Bildungsgang verlassen ohne Anspruch auf Aufnahme in einen anderen Bildungsgang derselben Schulart.

(2) ^{1}Das Gleiche gilt, wenn eine Schülerin oder ein Schüler trotz eines Angebots von besonderen Fördermaßnahmen zweimal in derselben Jahrgangsstufe oder in zwei aufeinanderfolgenden Jahrgangsstufen eines Bildungsganges nicht versetzt werden konnte. ^{2}In der Gymnasialen Oberstufe, im Beruflichen Gymnasium, im doppeltqualifizierenden Bildungsgang der Berufsfachschule für Assistenten mit dem Abschluss der Allgemeinen Hochschulreife, im Abendgymnasium und im Kolleg muss die Schülerin oder der Schüler den Bildungsgang verlassen, wenn sie oder er wegen Nichterfüllung der Prüfungsvoraussetzungen innerhalb der Höchstverweildauer nicht zur Abiturprüfung zugelassen werden kann. ^{3}Schülerinnen und Schüler von beruflichen Vollzeitbildungsgängen müssen den Bildungsgang ohne Anspruch auf Wiederholung verlassen, wenn sie nicht innerhalb des ersten Schulhalbjahres, bei zweijährigen Bildungsgängen des ersten Schuljahres, bestimmte Mindestleistungen erbracht haben.

(3) ^{1}Bleibt eine nicht mehr schulpflichtige Schülerin oder ein nicht mehr schulpflichtiger Schüler im Verlauf eines Zeitraums von vier Unterrichtswochen mindestens drei Tage oder innerhalb eines Schulhalbjahres mindestens sechs Tage dem Unterricht unentschuldigt fern, entscheidet auf Antrag der Schulleiterin oder des Schulleiters die Fachaufsicht über die Entlassung; dies gilt auch, wenn die Schülerin oder der Schüler im Verlauf von vier Unterrichtswochen mindestens acht Unterrichtsstunden auf mehr als drei Tage verteilt oder innerhalb eines Schulhalbjahres mindestens 21 Unterrichtsstunden auf mehr als sechs Tage verteilt dem Unterricht unentschuldigt fernbleibt. ^{2}Ein Anspruch auf Aufnahme in eine andere Schule besteht nicht. ^{3}Hat die Schülerin oder der Schüler das 21. Lebensjahr noch nicht vollendet, ist das Jugendamt zu beteiligen, wenn die Besonderheit des Falles dies angezeigt erscheinen lässt.

§ 45 Verordnungsermächtigung

^{1}Das Nähere zu den §§ 42 bis 44 regeln Rechtsverordnungen. ^{2}Dabei sind die Zusammensetzung der Versetzungskonferenz und die Bedingungen für eine Versetzung sowie die jeweilige Dauer eines Ausbildungsabschnittes in Bildungsgängen an berufsbildenden Schulen festzulegen.

§ 46 Ordnungsmaßnahmen

(1) Ordnungsmaßnahmen dürfen nur getroffen werden, wenn dies zur Sicherung der Unterrichts- und Erziehungsarbeit oder zum Schutz von beteiligten Personen erforderlich ist.

(2) Ordnungsmaßnahmen können getroffen werden, wenn Schüler oder Schülerinnen vorsätzlich und nachweisbar
1. gegen eine Rechtsnorm oder die durch Verwaltungsanordnung oder Beschluss der Schulkonferenz festgelegte Schulordnung verstoßen oder
2. Anordnungen der Schulleitung oder einzelner Lehrkräfte nicht befolgen, die zur Erfüllung des Unterrichts- und Erziehungsauftrages der Schule notwendig sind.

§ 47 Arten der Ordnungsmaßnahmen

(1) Erfordert das Verhalten eines Schülers oder einer Schülerin eine Ordnungsmaßnahme, so kommt folgendes in Betracht:
1. Beauftragung mit Aufgaben, die geeignet sind, den Schüler oder die Schülerin das eigene Fehlverhalten erkennen zu lassen;
2. Ausschluss von der Teilnahme am Unterricht bis zu höchstens einer Woche;
3. Ausschluss von Klassen- oder Schulveranstaltungen;
4. Erteilung eines schriftlichen Verweises;
5. Überweisung in eine parallele Klasse oder Lerngruppe;
6. Überweisung in eine andere Schule.

(2) ^{1}Die Maßnahmen nach Absatz 1 Nr. 5 und 6 sollen nur bei schwerem oder wiederholtem Fehlverhalten der Schülerin oder des Schülers angewandt werden. ^{2}Die Maßnahme nach Absatz 1 Nr. 6 setzt voraus, dass ihr nach wiederholtem Fehlverhalten und Erteilung eines schriftlichen Verweises eine schriftliche individuelle Verhaltensvereinbarung zwischen der Schülerin oder dem Schüler, in der

Primarstufe und der Sekundarstufe I auch ihren oder seinen Erziehungsberechtigten, und der Schule vorausgegangen ist, in der die wechselseitigen Pflichten vereinbart werden (Androhung der Überweisung in eine andere Schule). [3]In der Sekundarstufe II sind die Eltern über die abgeschlossene Verhaltensvereinbarung zu informieren; § 6a bleibt unberührt. [4]Wird in der Sekundarstufe II in dieser Verhaltensvereinbarung ausdrücklich darauf hingewiesen, kann bei einem erheblichen Verstoß der Schülerin oder des Schülers gegen ihre oder seine Pflichten aus dieser Vereinbarung die Ordnungsmaßnahme nach Absatz 1 Nr. 6 durch die Schulleitung ausgesprochen werden, sofern die Schule ihre Verpflichtungen aus der Vereinbarung eingehalten hat. [5]Kommt eine Vereinbarung nicht zustande, kann nach pflichtgemäßem Ermessen der Schule die Ordnungsmaßnahme nach Absatz 1 Nr. 6 im vom Verordnungsgeber nach Absatz 5 festgelegten regulären Verfahren ausgesprochen werden.

(3) [1]Ordnungsmaßnahmen können mit Auflagen verbunden werden und müssen besonders pädagogisch begleitet werden. [2]Erforderlich ist die besondere pädagogische Begleitung insbesondere in Fällen der Verletzung der Würde von Mädchen, Frauen, Homosexuellen und der von kulturellen, ethnischen und religiösen Gruppen durch alle Formen der Gewalt. [3]In besonderen Fällen ist ein Schulpsychologe oder eine Schulpsychologin hinzuzuziehen.

(4) [1]Bevor eine Ordnungsmaßnahme erlassen wird, ist dem Schüler oder der Schülerin Gelegenheit zu geben, sich zu den für die Entscheidung erheblichen Tatsachen zu äußern. [2]Vor schwereren Maßnahmen soll den Erziehungsberechtigten diese Gelegenheit ebenfalls gegeben werden, in Fällen des Absatzes 1 Nr. 5 und 6 ist sie ihnen zu geben. [3]Die zur Entscheidung befugte Stelle hat die Erziehungsberechtigten und den Schüler oder die Schülerin unverzüglich von einer getroffenen Ordnungsmaßnahme schriftlich in Kenntnis zu setzen. [4]In Fällen des Absatzes 1 Nr. 1 bis 3 kann dies auch mündlich geschehen.

(5) Das Nähere über das Verfahren zu den Maßnahmen nach Absatz 1, 3 und 4, über Anforderungen an Verhaltensvereinbarung nach Absatz 2 sowie über das Anhörungsrecht nach Absatz 5 Satz 2 sowie über vorläufige Maßnahmen, die in den Fällen des Absatzes 1 Nr. 6 aus Gründen des § 46 Abs. 1 bis zur endgültigen Entscheidung erforderlich sind, regelt eine Rechtsverordnung.

§ 47a Maßnahmen zur Sicherheit der Schule

(1) [1]Eine Schülerin oder ein Schüler, durch deren oder dessen Schulbesuch die Sicherheit von Menschen erheblich gefährdet wird, kann vom Besuch aller öffentlichen Schulen im Land Bremen ausgeschlossen werden, wenn eine Änderung des schulischen Verhaltens der Schülerin oder des Schülers auch für die Zukunft nicht erwartet werden kann. [2]Der Ausschluss darf nur in der Sekundarstufe II und der Schule für Erwachsene angeordnet werden.

(2) [1]Über den Ausschluss entscheidet die Fachaufsicht auf Antrag der Schulleiterin oder des Schulleiters. [2]Bis zur Entscheidung kann die Schulleiterin oder der Schulleiter der Schülerin oder dem Schüler mit sofortiger Wirkung den Schulbesuch untersagen.

(3) Bevor die Fachaufsicht entscheidet, hat sie der Schülerin oder dem Schüler sowie den Erziehungsberechtigten und dem Jugendamt Gelegenheit zu geben, sich zu den für die Entscheidung erheblichen Tatsachen zu äußern.

(4) Wird eine schulpflichtige Schülerin oder ein schulpflichtiger Schüler vom Schulbesuch ausgeschlossen, wirkt die Fachaufsicht auf geeignete Maßnahmen, insbesondere der Jugendhilfe, für diese Schülerin oder diesen Schüler hin; diese Maßnahmen sollen schulisch begleitet werden.

(5) [1]Eine vom Schulbesuch ausgeschlossene Schülerin oder ein vom Schulbesuch ausgeschlossener Schüler ist von der Fachaufsicht auf Antrag wieder zum Schulbesuch zuzulassen, wenn Tatsachen die Erwartung rechtfertigen, dass durch den Schulbesuch der Schülerin oder des Schülers die Sicherheit von Menschen nicht mehr erheblich gefährdet wird. [2]Der Antrag kann erstmalig sechs Monate nach der Entscheidung über den Ausschluss gestellt werden.

§ 48 Ferien

(1) Schülerinnen und Schüler haben ein Recht auf Ferien.

(2) Die Gesamtdauer der Ferien eines Jahres sowie deren Aufteilung in einzelne zusammenhängende Ferienabschnitte regelt eine Rechtsverordnung.

§ 49 Schülerinnen und Schüler mit Migrationshintergrund

Zur besseren Eingliederung von schulpflichtigen Schülerinnen und Schüler mit Migrationshintergrund in das bremische Schulwesen können durch Rechtsverordnung
1. besondere Vorschriften für die Aufnahme in die Schule und die endgültige Zuordnung des Schülers oder der Schülerin erlassen werden;
2. Abweichungen von den Versetzungsbestimmungen getroffen werden;
3. unbeschadet anderer Regelungen über die Berücksichtigung der Sprache des Herkunftslandes die durch eine Prüfung festgestellte Note in der Sprache des Herkunftslandes an die Stelle der Note in einer Fremdsprache gesetzt werden, wenn in der Sprache des Herkunftslandes kein Unterricht erteilt werden kann. Für das Prüfungsverfahren finden die Bestimmungen des § 40 keine Anwendung.

§ 50 Gastschülerinnen und Gastschüler

(1) Die Schulen können Personen, die am Unterricht teilnehmen wollen, aber keinen berechtigenden Abschluss anstreben, als Gastschülerinnen oder Gastschüler aufnehmen, wenn hierdurch die Unterrichtung der anderen Schülerinnen und Schüler nicht beeinträchtigt wird.

(2) ¹Die Beschulung und die Leistungsbeurteilung erfolgt in Absprache mit den Gastschülerinnen oder Gastschülern. ²Sie können durch die Schulleiterin oder den Schulleiter oder durch die Schulaufsicht jederzeit entlassen werden; der Angabe der Gründe für die Entlassung bedarf es nicht.

§ 51 Schülereigene Medien

(1) ¹Schülerzeitungen sind periodische Druckschriften, die von Schülerinnen und Schülern einer oder mehrerer Schulen für Schülerinnen und Schüler gestaltet und herausgegeben werden, aber nicht der Verantwortung einer Schule unterliegen. ²Schülerzeitungen dürfen in jeder Schule vertrieben werden. ³Ein Exemplar ist mit Beginn der Verteilung der Schulleiterin oder dem Schulleiter zur Kenntnis zuzuleiten.

(2) ¹Für Schülerzeitungen gilt das Bremische Pressegesetz. ²Im Impressum müssen die im Sinne des Presserechts verantwortlichen Schülerinnen und Schüler in Verbindung mit ihrer Schule angegeben werden. ³Durch die Gestaltung oder Herausgabe einer Schülerzeitung dürfen der Schülerin oder dem Schüler keine schulischen Nachteile entstehen.

(3) Für andere von Schülerinnen und Schülern gestaltete oder herausgegebene Medien gelten Absatz 1 und 2 entsprechend.

Kapitel 2
Allgemeine Schulpflicht

§ 52 Geltungsbereich

Die Vorschriften über die Schulpflicht gelten für alle, die im Lande Bremen ihre Wohnung oder, bei mehreren Wohnungen, ihre Hauptwohnung oder ihre Ausbildungsstätte haben.

§ 53 Beginn der Schulpflicht

(1) ¹Die Schulpflicht beginnt für alle Kinder, die bis zum 30. Juni eines Jahres das sechste Lebensjahr vollenden, am 1. August desselben Jahres. ²Schulpflichtige Kinder können aus erheblichen gesundheitlichen Gründen für ein Jahr zurückgestellt werden. ³Die Entscheidung trifft die Fachaufsicht auf der Grundlage eines schulärztlichen Gutachtens.

(2) Kinder, die in der Zeit vom 1. Juli bis zum 30. September eines Jahres das sechste Lebensjahr vollenden, werden auf schriftlichen Antrag der Erziehungsberechtigten innerhalb der Anmeldefrist ebenfalls zum 1. August desselben Jahres schulpflichtig, sofern das schulärztliche Gutachten nicht eine Zurückstellung des Kindes empfiehlt.

(3) Kinder, die in der Zeit vom 1. Oktober eines Jahres bis zum 31. Januar des Folgejahres das sechste Lebensjahr vollenden, werden auf schriftlichen Antrag der Erziehungsberechtigten innerhalb der Anmeldefrist ebenfalls zum 1. August dieses Jahres schulpflichtig, sofern die Grundschule insbesondere aufgrund des schulärztlichen Gutachtens feststellt, dass das Kind hinsichtlich seiner sprachlichen, kognitiven und sozialen Fähigkeiten durch den Unterricht und das übrige Schulleben nicht überfordert werden wird.

§ 54 Dauer der Schulpflicht

(1) Die Schulpflicht dauert 12 Jahre, soweit gesetzlich nichts anderes bestimmt ist.

(2) ¹Auszubildende, die in einem Ausbildungsverhältnis in einem anerkannten oder gleichwertig geregelten Ausbildungsberuf stehen, sind für die Dauer des Ausbildungsverhältnisses schulpflichtig. ²Dies gilt nicht, wenn es sich um eine Maßnahme handelt, die als berufliche Umschulung gefördert werden kann. ³War die Schulpflicht beendet, lebt sie in den Fällen des Satzes 1 wieder auf.
(3) ¹Die Schulpflicht endet vor Ablauf von 12 Jahren, wenn ein mindestens einjähriger beruflicher Bildungsgang erfolgreich abgeschlossen wurde. ²Sie endet spätestens zum Ende des Schuljahres, in dem das 18. Lebensjahr vollendet wird. ³Absatz 2 bleibt unberührt.

§ 55 Erfüllung der Schulpflicht

(1) Die Schüler und Schülerinnen müssen während ihrer Schulpflicht eine öffentliche Schule oder eine private Ersatzschule im Lande Bremen besuchen.
(2) ¹Die Schulpflichtigen besuchen mindestens 10 Jahre oder bis zum Erreichen der Erweiterten Berufsbildungsreife oder des Mittleren Schulabschlusses eine allgemeinbildende Schule oder die Werkschule (Vollzeitschulpflicht). ²Der Besuch der Primarstufe wird mit vier Jahren auf die Schulpflicht angerechnet.
(3) ¹Jugendliche können ihre Schulpflicht nach der 8. Jahrgangsstufe in der Werkschule an einer berufsbildenden Schule erfüllen. ²Der Besuch der Werkschule wird mit zwei Jahren auf die Vollzeitschulpflicht angerechnet.
(4) ¹Schülerinnen und Schüler können von der Fachaufsicht zur Erfüllung ihrer Schulpflicht vorübergehend einem Regionalen Beratungs- und Unterstützungszentrum nach § 14 Abs. 2 des Bremischen Schulverwaltungsgesetzes zugewiesen werden, wenn ihr oder sein Lern- und Sozialverhalten dies erforderlich macht oder von ihr oder ihm dauerhafte Störungen der Unterrichts- und Erziehungsarbeit in ihrer oder seiner Schule ausgehen und die Maßnahmen nach §§ 46, 47 zuvor erfolglos geblieben sind. ²Die Zuweisung kann angeordnet werden, ohne dass die Maßnahmen nach den §§ 46, 47 zuvor ergriffen wurden, wenn das Verhalten der Schülerin oder des Schülers während des Schulbesuchs die Sicherheit von Menschen erheblich gefährdet oder den Schulbetrieb nachhaltig und schwer beeinträchtigt. ³Ihre Dauer soll zwei Schuljahre nicht überschreiten. ⁴Das Nähere über das Verfahren der Zuweisung, der Rückführung und der Beteiligung der Erziehungsberechtigten regelt eine Rechtsverordnung.
(5) Auszubildende erfüllen ihre Schulpflicht durch den Besuch der Berufsschule.
(6) ¹Die Schulpflicht wird ebenfalls erfüllt durch den Besuch einer Schule nach § 1 Abs. 1 Satz 3 Nr. 3 und 4, wenn der im Rahmen einer Ausbildung vermittelte Unterricht von der Fachaufsicht als ausreichend angesehen wird. ²Schülerinnen und Schüler mit Migrationshintergrund können Teile ihrer Schulpflicht durch den Besuch eines Intensivsprachkurses anderer Träger erfüllen, wenn der Unterricht in diesem Sprachkurs von der Fachaufsicht als ausreichend angesehen wird.
(7) ¹Schülerinnen und Schüler, die außerhalb des Landes Bremen schulpflichtig waren und nach den Bestimmungen des jeweiligen Landes die Schulpflicht erfüllt haben, wird die Zeit der Erfüllung auf die Schulpflicht im Lande Bremen angerechnet. ²Haben sie außerhalb des Landes Bremen nach neunjährigem Schulbesuch den Bestimmungen des jeweiligen Landes entsprechend bereits die Verpflichtung erfüllt, eine allgemeinbildende Schule besuchen zu müssen, können sie abweichend von Absatz 2 Satz 1 eine berufsbildende Schule besuchen. ³Lässt sich die Dauer des Schulbesuchs außerhalb des Landes Bremen nicht hinreichend sicher feststellen, wird die Dauer der noch verbleibenden Schulpflicht nach dem Lebensalter festgelegt; wird der Schüler oder die Schülerin in einen Bildungsgang an einer berufsbildenden Schule eingeschult, beträgt die Dauer seiner oder ihrer Schulpflicht drei Jahre unbeschadet der Vorschriften des § 54 Abs. 2.
(8) ¹Die Schulpflicht erstreckt sich auf die regelmäßige Teilnahme am Unterricht sowie auf die Teilnahme an Schulfahrten und an den übrigen verbindlichen Veranstaltungen der Schule. ²Die Schulpflicht verpflichtet ebenfalls zur Teilnahme an Maßnahmen der Qualitätsuntersuchung durch die Schulen und die zuständigen Schulbehörden sowie zur Angabe der von der Schule und den zuständigen Schulbehörden erhobenen Daten.
(9) ¹Können Schulpflichtige wegen Krankheit oder aus sonstigen Gründen den in Absatz 7 genannten Verpflichtungen vorübergehend nicht nachkommen, ist hierüber ein Nachweis zu führen. ²Bestehen Zweifel an gesundheitlichen Gründen für ein Schulversäumnis, kann die Schule eine schulärztliche Bescheinigung verlangen. ³Das Nähere regelt eine Rechtsverordnung.

§ 56 Ruhen der Schulpflicht

(1) Die Pflicht zum Besuch einer Schule nach § 55 ruht vor und nach einer Niederkunft für die Zeit des Beschäftigungsverbots nach dem Mutterschutzgesetz oder wenn nachgewiesen wird, dass durch den Schulbesuch die Betreuung des Kindes des oder der Schulpflichtigen gefährdet wäre.
(2) ¹Die Pflicht zum Besuch einer Schule nach § 55 ruht ferner für die Dauer des Besuchs
1. einer anerkannten Ergänzungsschule,
2. des Wehr- und Zivildienstes,
3. eines freiwilligen sozialen oder freiwilligen ökologischen Jahres.
²Diese Zeit wird auf die Dauer der Schulpflicht angerechnet. ³Sie wird in den Fällen der Nummern 2 und 3 auf Antrag der Schülerin oder des Schülers nicht angerechnet.

§ 56a Meldepflicht durch Privatschulen

Ersatzschulen sowie anerkannte Ergänzungsschulen sind verpflichtet,
1. der Senatorin für Kinder und Bildung, in Bremerhaven dem Magistrat die Schülerinnen und Schüler mitzuteilen, die den Schulpflichtbestimmungen dieses Gesetzes unterliegen;
2. der Senatorin für Kinder und Bildung, in Bremerhaven den Magistrat unverzüglich zu benachrichtigen, sobald Schülerinnen und Schüler, deren Schulpflicht ruht, die Einrichtung nicht regelmäßig besuchen oder sie verlassen haben.

§ 57 Ausnahmen

(1) ¹Schulpflichtige, die mit Genehmigung der zuständigen Schulbehörde außerhalb des Landes Bremen eine Schule besuchen oder den Wehr- und Zivildienst oder ein freiwilliges soziales oder ökologisches Jahr ableisten, haben auf Verlangen hierüber einen Nachweis zu führen. ²Ist ein regelmäßiger Besuch einer auswärtigen Schule nicht gesichert, haben sie innerhalb des Landes Bremen eine Schule gemäß § 55 zu besuchen. ³Wird der Wehr- und Zivildienst oder ein freiwilliges soziales oder ökologisches Jahr abgebrochen, lebt die Schulpflicht wieder auf.
(2) ¹Über die nur in besonderen Ausnahmefällen mögliche Befreiung von der Pflicht zum Besuch einer öffentlichen Schule oder einer staatlich genehmigten privaten Ersatzschule entscheidet die Fachaufsicht. ²Es besteht eine Schule für Krankenhaus- und Hausunterricht als besonderes Angebot für schulpflichtige Kinder und Jugendliche aller Schularten und Schulstufen, die aufgrund einer Krankheit nicht schulbesuchsfähig sind. ³Sie soll verhindern, dass Schulpflichtbefreiungen nach Satz 1 erteilt werden müssen. ⁴Ihre Organisationsform und die Zusammenarbeit mit Regionalen Beratungs- und Unterstützungszentren kann in einer Rechtsverordnung geregelt werden.

§ 58 Pflicht zur Teilnahme am Unterricht

Für Schülerinnen und Schüler, die nicht der Schulpflicht unterliegen und die eine öffentliche Schule besuchen, gilt § 55 Abs. 7 entsprechend.

Teil 4
Rechte und Pflichten des schulischen Personals, der Erziehungsberechtigten und der Ausbildenden

§ 59 Aufgaben der Lehrerinnen und Lehrer

(1) ¹Die Lehrerin und der Lehrer trägt die unmittelbare pädagogische Verantwortung für den Unterricht und die Erziehung der Schülerinnen und Schüler im Rahmen der Gesetze, Rechtsverordnungen, Verwaltungsanordnungen und Entscheidungen der zuständigen schulischen Gremien und Personen, insbesondere der Schulleitung und der Schulleiterin oder des Schulleiters. ²Die Lehrerin und der Lehrer betreut die ihm anvertrauten Schülerinnen und Schüler, soweit dies untrennbarer Bestandteil ihres oder seines unterrichtlichen und erzieherischen Auftrages ist. ³Die Befugnisse der Fach- und Dienstaufsicht bleiben unberührt.
(2) Neben den unterrichtlichen, erzieherischen und betreuenden Aufgaben hat die Lehrerin und der Lehrer auch Aufgaben, die zur Schulentwicklung notwendig sind, zu übernehmen.
(3) ¹Die Arbeit der Lehrerinnen und Lehrer soll in Teams erfolgen. ²Dies gilt auch für die Vorbereitung, Durchführung und Auswertung des Unterrichts.
(4) Die Lehrerinnen und Lehrer sind zur schulinternen und schulübergreifenden Fortbildung verpflichtet.

(5) Die Lehrerinnen und Lehrer sind unbeschadet ihrer Verantwortung gegenüber den Schülerinnen und Schülern verpflichtet, Aufgaben der Ausbildung von Studierenden sowie von Referendarinnen und Referendaren zu übernehmen.

§ 59a Aufgaben der Betreuungskräfte
¹Sozialpädagogische Fachkräfte und Betreuungskräfte unterstützen und ergänzen die pädagogische Arbeit der Lehrerinnen und Lehrer, ohne selbst zu unterrichten. ²Sie sind verantwortlich für die Betreuung der Schülerinnen und Schüler außerhalb des Unterrichts und setzen den Erziehungsauftrag der Schule in den unterrichtsergänzenden und unterrichtsfreien Zeiten um.

§ 59b Aufgaben des schulischen Personals insgesamt
(1) Neben der besonderen Aufgaben der Lehrerinnen und Lehrer nach § 59 werden die Aufgaben des schulischen Personals im Übrigen durch den in den §§ 3 bis 12 beschriebenen Auftrag der Schule bestimmt.
(2) ¹Die konkrete Wahrnehmung dieser Aufgaben erfolgt nach Maßgabe der für die jeweiligen Personen und Aufgaben geltenden Rechtsvorschriften, Verwaltungsanordnungen, verbindlichen überschulischen Absprachen und Konferenzbeschlüsse sowie dienstlicher Anweisungen. ²Referendarinnen und Referendare unterrichten sowie Lehrmeisterinnen und Lehrmeister unterweisen auch unter Anleitung von Lehrerinnen und Lehrern.
(3) Die unterrichtenden, erziehenden und betreuenden Personen haben bei ihrer Tätigkeit die enge Zusammenarbeit mit den Erziehungsberechtigten zu suchen.
(4) ¹Die öffentlichen Schulen haben religiöse und weltanschauliche Neutralität zu wahren. ²Dieser Verpflichtung muss das Verhalten der Lehr-, sozialpädagogischen Fach- und Betreuungskräfte in der Schule gerecht werden. ³Die Lehrkräfte, die sozialpädagogischen Fachkräfte und die Betreuungskräfte müssen in jedem Fach auf die religiösen und weltanschaulichen Empfindungen aller Schülerinnen und Schüler sowie auf das Recht der Erziehungsberechtigten Rücksicht nehmen, ihren Kindern in Glaubens- und Weltanschauungsfragen Überzeugungen zu vermitteln. ⁴Diese Pflichten der Lehrkräfte und des betreuenden Personals erstrecken sich auf die Art und Weise einer Kundgabe des eigenen Bekenntnisses. ⁵Auch das äußere Erscheinungsbild der Lehrkräfte und des betreuenden Personals darf in der Schule nicht dazu geeignet sein, die religiösen und weltanschaulichen Empfindungen der Schülerinnen und Schüler oder der Erziehungsberechtigten zu stören oder Spannungen, die den Schulfrieden durch Verletzung der religiösen und weltanschaulichen Neutralität gefährden, in die Schule zu tragen.
(5) Für Referendare und Referendarinnen gilt Absatz 4 nur, soweit sie Unterricht erteilen.
(6) Für Lehrmeisterinnen und Lehrmeister gilt § 59 Abs. 3 und Abs. 4 entsprechend.
(7) ¹Die grundsätzlichen Aufgaben der verschiedenen Personengruppen können durch Rechtsverordnung geregelt werden. ²Die weitere Konkretisierung der einzelnen Aufgaben bleibt unter Berücksichtigung der Vorgaben des § 22 Abs. 3 des Bremischen Schulverwaltungsgesetzes Dienstanweisungen der Anstellungsbehörden vorbehalten.

§ 60 Rechte und Pflichten der Erziehungsberechtigten
(1) ¹Erziehungsberechtigte sind diejenigen Personen, denen das Personensorgerecht für das Kind zusteht. ²Als Erziehungsberechtigter gilt auch
1. die Person, die mit einem personensorgeberechtigten Elternteil verheiratet ist oder mit ihm in einer eingetragenen Lebenspartnerschaft oder eheähnlichen Gemeinschaft zusammenlebt, wenn das Kind ständig im gemeinsamen Haushalt wohnt;
2. das nicht personensorgeberechtigte Elternteil;
3. die Person, die anstelle der Personensorgeberechtigten das Kind in ständiger Obhut hat;
4. die Person, die bei Heimunterbringung mit der Erziehung des Kindes betraut ist (Betreuungsperson),

sofern die Personensorgeberechtigten dem zugestimmt haben. ³Sind mehr als zwei Personen im Sinne dieser Vorschrift Erziehungsberechtigte, können nur zwei Wahlrechte nach dem Bremischen Schulverwaltungsgesetz wahrnehmen.
(2) Die Erziehungsberechtigten, deren Kind eine öffentliche Schule besucht, sind verpflichtet,
1. bei der Erziehung und Bildung ihrer Kinder mit den Lehrern und Lehrerinnen zusammenzuarbeiten;

2. sich über grundsätzliche und aktuelle Schulfragen durch die Lehrer und Lehrerinnen informieren zu lassen;
3. bei der Gestaltung des Schullebens mitzuwirken;
4. die für die Erfüllung der Aufgaben de jeweiligen Schule und der zuständigen Schulbehörde erforderlichen Angaben zu machen.

(3) Erziehungsberechtigten sollen durch Fortbildung die notwendigen Kenntnisse und Befähigungen für eine Mitarbeit in der Schule verschafft und gesichert werden.

(4) Die Erziehungsberechtigten sind für die Erfüllung der Schulpflicht ihrer und der ihnen anvertrauten Kinder verantwortlich.

§ 61 Informations- und Hospitationsrecht der Erziehungsberechtigten

(1) Die Erziehungsberechtigten haben ein Recht auf regelmäßige Information durch die Lehr-, sozialpädagogischen Fach- und Betreuungskräfte.

(2) Die Erziehungsberechtigten haben im Rahmen eines geordneten Unterrichtsbetriebes ein Recht auf Unterrichtsbesuch, und zwar
1. die Erziehungsberechtigten in den Klassen ihrer Kinder;
2. Mitglieder des Schulelternbeirats in jeder Klasse ihrer Schule;
3. Mitglieder der Zentralelternbeiräte in jeder Klasse der Schulen ihrer Stadtgemeinde.

(3) [1]Bei Prüfungen von Schülern und Schülerinnen können jeweils ein Mitglied des Zentralelternbeirats und ein Mitglied des Elternbeirats zuhören. [2]Bei der Prüfung des eigenen Kindes darf kein Elternvertreter und keine Elternvertreterin anwesend sein.

(4) Näheres regelt die Schulkonferenz der jeweiligen Schule.

§ 62 Rechte und Pflichten der Ausbildenden

(1) [1]Die Ausbildenden sowie deren Bevollmächtigte sind für die Erfüllung der Schulpflicht der von ihnen beschäftigten Jugendlichen verantwortlich. [2]Sie haben ihre Schulpflichtigen nach Vertragsabschluss unverzüglich bei der zuständigen Berufsschule anzumelden.

(2) [1]Sie sind berechtigt, bei der Gestaltung des Schullebens mitzuwirken. [2]Das Nähere regelt die Senatorin für Kinder und Bildung.

(3) [1]Der oder die Ausbildende sowie deren Bevollmächtigte haben ihren Schulpflichtigen die für den Besuch des Unterrichts und der übrigen verbindlichen Veranstaltungen der Schule erforderliche Zeit zu gewähren. [2]Diese Zeit ist Teil der Ausbildungszeit. [3]Satz 1 und 2 gelten auch für die Zeit, die ein Schüler oder eine Schülerin einer Berufsschule zur Wahrung seiner oder ihrer Mitwirkungsrechte benötigt, sofern sie drei Stunden in der Woche nicht überschreitet.

Teil 5
Gemeinsame Bestimmungen

§ 63 Schuljahr, Schulwoche

(1) Das Schuljahr beginnt am 1. August und endet am 31. Juli des nächsten Jahres.

(2) [1]Der Unterricht an den Vollzeitschulen kann nach Wahl der Schulen an sechs oder an fünf Tagen in der Woche durchgeführt werden. [2]Die Rechte der Fachaufsicht und die des Magistrats Bremerhaven bleiben unberührt.

Teil 6
Zwangsmaßnahmen, Bußgeld- und Strafvorschriften

§ 64 Unmittelbarer Zwang

Schüler und Schülerinnen, die die Schulpflicht nicht erfüllen, können der Schule zwangsweise zugeführt werden.

§ 65 Ordnungswidrigkeiten

(1) [1]Ordnungswidrig handelt, wer vorsätzlich oder fahrlässig
1. als Schulpflichtige oder Schulpflichtiger den ihm oder ihr nach § 55 obliegenden Pflichten zuwider handelt;
2. die ihr oder ihm nach § 60 Abs. 4 und § 62 obliegenden Pflichten verletzt oder
3. die ihr nach § 56a obliegenden Pflichten verletzt,

4. einer Rechtsverordnung nach § 4 Abs. 8 zuwiderhandelt, soweit die Rechtsverordnung auf diese Bußgeldvorschrift verweist.

²Die Ordnungswidrigkeit nach Nummer 1 kann mit einer Geldbuße bis zu 500 Euro, die nach Nummer 2 mit einer Geldbuße bis zu 1 000 Euro, die nach Nummer 3 mit einer Geldbuße bis zu 2 000 Euro und die nach Nummer 4 mit einer Geldbuße bis zu 10 000 Euro geahndet werden. ³Ist eine Ordnungswidrigkeit nach Nummer 4 begangen worden, so werden die gefährlichen Gegenstände eingezogen.

(2) ¹Ordnungswidrig handelt auch, wer vorsätzlich Schulpflichtige, Erziehungsberechtigte sowie Ausbildende oder deren Bevollmächtigte dazu bestimmt, den Vorschriften über die Schulpflicht zuwiderzuhandeln. ²Die Ordnungswidrigkeit kann mit einer Geldbuße bis zu 2 000 Euro geahndet werden.

(3) Sachlich zuständige Verwaltungsbehörde für die Verfolgung und Ahndung der Ordnungswidrigkeiten ist in der Stadtgemeinde Bremen die Senatorin für Kinder und Bildung, in der Stadtgemeinde Bremerhaven der Magistrat.

§ 66 Strafvorschriften

(1) Wer jemand der Schulpflicht gänzlich oder beharrlich vorübergehend entzieht, wird mit Freiheitsstrafe bis zu sechs Monaten oder Geldstrafe bis zu einhundertachtzig Tagessätzen bestraft.

(2) Die Tat wird nur auf Antrag verfolgt.

§ 67 Ermächtigung zum Erlass von Rechtsverordnungen

Soweit dieses Gesetz den Erlass von Rechtsverordnungen vorsieht und nicht ausdrücklich etwas anderes geregelt ist, ist die Senatorin für Kinder und Bildung ermächtigt, sie zu erlassen.

Teil 7
Übergangs- und Schlussbestimmungen

§ 68 Sechsjährige Grundschule

Schülerinnen und Schüler, die sich am 1. August 2009 in den Jahrgangsstufen 5 und 6 der sechsjährigen Grundschule befinden, durchlaufen sie bis zum Ende der Jahrgangsstufe 6.

§ 69 Gymnasien

¹Schülerinnen und Schüler, die zum Schuljahr 2003/2004 den gymnasialen Bildungsgang besuchten oder aus der Orientierungsstufe in den gymnasialen Bildungsgang übergingen, der am Ende der Jahrgangsstufe 13 mit dem Abitur abschließt, durchlaufen ihn noch bis einschließlich dieser Jahrgangsstufe. ²Müssen sie eine Jahrgangsstufe wiederholen, müssen sie in den Bildungsgang, der am Ende der Jahrgangsstufe 12 mit dem Abitur abschließt, wechseln, sofern keine Jahrgangsstufe mit dem längeren Bildungsgang nachfolgt, oder können freiwillig in den neunjährigen zum Abitur führenden Bildungsgang einer Oberschule wechseln. ³Auf Schülerinnen und Schüler, die am 31. Juli 2009 das Gymnasium besuchen, sind § 37 Abs. 4 und § 42 in der am 31. Juli 2009 geltenden Fassung bis zum Verlassen dieses Bildungsganges anzuwenden.

§ 70 Sekundarschule, Gesamtschule, Gymnasium und Gymnasiale Oberstufe am Schulzentrum

¹Allgemeinbildende Schulen, die sich nicht bereits am 1. August 2009 entsprechend der neuen Schulstruktur nach §§ 16 bis 21 neu organisieren, passen ihre Schulstruktur aufwachsend ab Jahrgang 5 des Schuljahres 2011/2012 den Bestimmungen dieses Gesetzes an. ²Für die anderen Jahrgangsstufen gelten die bisherigen Bestimmungen fort. ³Mit Genehmigung in der Stadtgemeinde Bremen durch die Senatorin für Kinder und Bildung und in der Stadtgemeinde Bremerhaven durch den Magistrat, können sich Schulen auch bereits ab dem Schuljahr 2010/2011 beginnend aufwachsend neu organisieren. ⁴Auf Schülerinnen und Schüler, die am 31. Juli 2009 die Sekundarschule besuchen, ist § 42 in der am 31. Juli 2009 geltenden Fassung bis zum Verlassen dieses Bildungsganges anzuwenden.

§ 70a Förderzentrum

(1) ¹Abweichend von § 22 bestehen in den Stadtgemeinden Förderzentren übergangsweise bis zur bedarfsdeckenden Einführung von in den allgemeinen Schulen eingegliederten Zentren für unterstützende Pädagogik fort. ²Die Einführung von in den allgemeinen Schulen eingegliederten Zentren für unterstützende Pädagogik beginnt mit dem Schuljahr 2010/2011. ³Schülerinnen und Schüler, die sich am 31. Juli 2013 in einem Förderzentrum befinden, durchlaufen den Bildungsgang nach den bis zum Ablauf dieses Tages geltenden Bestimmungen. ⁴Bestehen bleiben als Wahlangebot für Schülerinnen

und Schüler mit dem sonderpädagogischen Förderbedarf Hören die Schule für Hörgeschädigte An der Marcusallee, für Schülerinnen und Schüler mit dem sonderpädagogischen Förderbedarf Sehen die Schule für Sehgeschädigte An der Gete und für Schülerinnen und Schüler mit dem sonderpädagogischen Förderbedarf körperliche und motorische Entwicklung in Fällen einer schweren umfänglichen multiplen Beeinträchtigung die Schule für körperliche und motorische Entwicklung An der Louis-Seegelken-Straße.

(2) Erziehungsberechtigte von Schülerinnen und Schülern mit sonderpädagogischem Förderbedarf in den Bereichen Sehen, Hören oder körperliche und motorische Entwicklung haben, so lange die in Absatz 1 Satz 4 genannten Schulen bestehen, das Recht darüber zu entscheiden, ob die sonderpädagogische Förderung in den allgemeinen Schulen oder im Rahmen der Kapazitäten der in den in Absatz 1 Satz 4 genannten Schulen stattfindet.

(3) Die Entscheidung über den Förderort des Kindes oder der oder des Jugendlichen trifft nach Beteiligung der Erziehungsberechtigten in der Stadtgemeinde Bremen die Senatorin für Kinder und Bildung, in der Stadtgemeinde Bremerhaven der Magistrat.

(4) [1]Abweichend von § 22 besteht bis zum 31. Juli 2024 das Förderzentrum für den Förderbedarf im Bereich sozial-emotionale Entwicklung. [2]Schulpflichtige Schülerinnen und Schüler mit sonderpädagogischem Förderbedarf, die durch ihr Verhalten während des Schulbesuchs die Sicherheit von Menschen erheblich gefährden oder den Schulbetrieb nachhaltig und schwer beeinträchtigen, können von der Fachaufsicht dem Förderzentrum für sozial-emotionale Entwicklung zugewiesen werden, wenn eine Änderung des schulischen Verhaltens für die Zukunft nicht erwartet werden kann und eine vorübergehende Zuweisung an ein Regionales Beratungs- und Unterstützungszentrum nach § 55 Absatz 4 zuvor erfolglos geblieben ist oder mit hoher Wahrscheinlichkeit voraussichtlich nicht erfolgreich sein wird. [3]Der Fortbestand der Zuweisung ist mindestens jährlich zu überprüfen und der Deputation für Kinder und Bildung hierüber zu berichten. [4]Eine Rückführung in die allgemeine Schule ist anzustreben. [5]Die Voraussetzungen und das Verfahren der Zuweisung und der Rückführung regelt eine Rechtsverordnung.

§ 71 Zweijähriger Bildungsgang Berufseingangsstufe/Berufsfachschule

[1]Schülerinnen und Schüler, die sich am 1. August 2009 in der Berufseingangsstufe der Berufsfachschule befinden, beenden ihren Bildungsweg nach den bisherigen Bestimmungen. [2]Eine Wiederholungsmöglichkeit besteht nicht.

§ 72 Werkschulen

Werkschulen nach § 25a beginnen ihren Regelbetrieb frühestens mit Beginn des Schuljahres 2012/2013.

§ 72a Schuljahre 2018/2019 und 2019/2020

(1) § 53 in der Fassung des Gesetzes zur Änderung des Bremischen Schulgesetzes vom 28. Juni 2018 (Brem.GBl. S. 304) ist erstmals auf die Einschulung zum Schuljahr 2019/2020 anzuwenden.

(2) Auf das Schuljahr 2018/2019 ist § 53 des Bremischen Schulgesetzes in der Fassung der Bekanntmachung vom 28. Juni 2005 (Brem.GBl. S. 260, 388, 398 – 223-a-5), das zuletzt durch Gesetz vom 20. März 2018 (Brem.GBl. S. 52) geändert worden ist, weiter anzuwenden.

§ 73 Inkrafttreten

Bremisches Schulverwaltungsgesetz (BremSchVwG)

In der Fassung der Bekanntmachung vom 28. Juni 2005[*)] (Brem.GBl. S. 280, berichtigt Brem.GBl. S. 388, 399, berichtigt Brem.GBl. 2008 S. 358)
(223-b-1)
zuletzt geändert durch G vom 13. November 2018 (Brem.GBl. S. 452)

Der Senat verkündet das nachstehende von der Bürgerschaft (Landtag) beschlossene Gesetz:

Inhaltsübersicht

Teil 1
Schulverwaltung und Qualitätssicherung

§	
§ 1	Allgemeines
§ 2	Verwaltung des öffentlichen Schulwesens
§ 3	Aufgaben des Landes
§ 4	Aufgaben der Stadtgemeinden
§ 5	Landeshaushaltsordnung
§ 6	Schulangebot, Kapazitäten und stadtweite Anwählbarkeit
§ 6a	Aufnahmeverfahren an allgemeinbildenden Schulen der Sekundarstufen
§ 6b	Aufnahmeverfahren an berufsbildenden Schulen
§ 7	Feststellung von Hochschulzugangsberechtigungen
§ 8	Anstellungskörperschaften
§ 9	Personalentwicklung
§ 10	Fortbildung
§ 11	Organisation der Aufsicht
§ 12	Umfang der Fachaufsicht
§ 13	Externe Evaluation
§ 14	Schulpsychologische Beratung
§ 15	(aufgehoben)
§ 16	Landesinstitut für Schule
§ 16a	(aufgehoben)
§ 17	Schulgesundheitspflege

Teil 2
Die Schulen

Abschnitt 1
Allgemeine Rechtsverhältnisse

§ 18	Anwendungsbereich
§ 19	Begriff der Schule
§ 20	Zugeordnete Schulen, Schulverbund
§ 21	Rechtsstellung der Schule und Selbstbewirtschaftung
§ 22	Handlungsfreiraum der Schulen
§ 23	Satzungsbefugnis der Schule

Abschnitt 2
Gremien der Schulen

Titel 1
Allgemeines

§ 24	Überschulische Kooperationsgremien
§ 25	Zusammenwirken
§ 26	Entscheidungsgremien der Schule
§ 27	Beiräte
§ 28	(aufgehoben)
§ 29	(aufgehoben)
§ 30	Grenzen der Mitwirkung

Titel 2
Vetorechte

§ 31	Vetorechte bei Entscheidungen der Schulkonferenz
§ 32	Vetorechte bei Entscheidungen der Gesamtkonferenz, der Schulleitung und der Fachkonferenzen

Titel 3
Konferenzen

§ 33	Aufgaben der Schulkonferenz
§ 34	Zusammensetzung der Schulkonferenz
§ 35	Rechte der Mitglieder der Schulkonferenz
§ 36	Aufgaben der Gesamtkonferenz des Kollegiums (Gesamtkonferenz)
§ 37	Zusammensetzung der Gesamtkonferenz
§ 38	Teilkonferenzen
§ 39	(aufgehoben)
§ 40	Beanstandungen
§ 41	Klassenkonferenzen
§ 42	Zusammensetzung der Klassenkonferenz
§ 43	Aufgaben der Klassenkonferenz
§ 44	Jahrgangskonferenzen

[*)] Neubekanntmachung des Bremischen Schulverwaltungsgesetzes vom 20. Dezember 1994 (Brem.GBl. S. 327, 342, 1995 S. 129.

Titel 4
Fachkonferenzen und Klassenversammlungen

§ 45 Fachkonferenzen
§ 46 Klassenversammlung

Titel 5
Schülervertretungen

§ 47 Schülerbeirat
§ 48 Aufgaben
§ 49 Schülerversammlung
§ 50 Klassenschülersprecher/Klassenschülersprecherin
§ 51 Kassenprüfung
§ 52 Schülervereinigungen
§ 53 Vertrauenslehrer/Vertrauenslehrerin

Titel 6
Elternvertretungen

§ 54 Elternbeirat
§ 55 Aufgaben
§ 56 Elternversammlung
§ 57 Klassenelternversammlung, Klassenelternsprecher/Klassenelternsprecherin

Titel 7
Beirat des nicht-unterrichtenden Personals

§ 58 Zusammensetzung des Beirats des nicht-unterrichtenden Personals
§ 59 Aufgaben

Titel 8
Ausbildungsbeirat

§ 60 Einrichtung und Zusammensetzung des Ausbildungsbeirats
§ 61 Aufgaben

Abschnitt 3
Die Schulleitung

§ 62 Die Schulleitung
§ 63 Schulleiter/Schulleiterin
§ 64 Kollegiale Schulleitung
§ 65 Abteilungsleiter/Abteilungsleiterin, Jahrgangsleiter/Jahrgangsleiterin
§ 66 Lehrkräfte in besonderer Funktion
§ 67 Bestellung der Schulleiterin oder des Schulleiters
§ 68 (aufgehoben)

§ 69 Findungsverfahren
§ 70 Die Bestellung
§ 71 (aufgehoben)
§ 72 Verfahren nach Ablauf der Probezeit
§ 73 Ausnahmen
§ 74 Verfahren bei der Besetzung sonstiger Schulleiterfunktionen
§ 74a Verfahren bei der Besetzung der übrigen besoldungsmäßig herausgehobenen Stellen in der Schule
§ 75 Kommissarischer Leiter/Kommissarische Leiterin
§ 76 Personalausschuss

Abschnitt 4
Überschulische Gremien

§ 77 Gesamtvertretungen der Schülerinnen und Schüler und der Eltern
§ 78 Gesamtvertretung der Eltern
§ 79 Gesamtvertretung der Schüler und Schülerinnen
§ 80 Landesausschuss für Berufsbildung

Teil 3
Gemeinsame Wahl- und Verfahrensvorschriften

§ 81 Allgemeines
§ 82 Wahlen
§ 83 Stellvertreter/Stellvertreterin
§ 84 Vorsitzender/Vorsitzende
§ 85 Geschäftsordnung
§ 86 (aufgehoben)
§ 87 Einberufung und Öffentlichkeit
§ 88 Weisungsunabhängigkeit
§ 89 Beschlussregelungen
§ 90 Niederschrift
§ 91 Pflicht zur Vertraulichkeit in Konferenzen
§ 92 Ermächtigung zum Erlass von Rechtsverordnungen

Teil 4
Übergangs- und Schlussbestimmungen

§ 93 Übergangsbestimmungen
§ 94 Inkrafttreten

Teil 1
Schulverwaltung und Qualitätssicherung

§ 1 Allgemeines

(1) Die Aufsicht des Staates über das Schulwesen im Sinne von Artikel 7 Abs. 1 des Grundgesetzes und Artikel 28 der Bremischen Landesverfassung umfasst unbeschadet anderer gesetzlicher Bestimmungen die Verwaltung des öffentlichen Schulwesens (§§ 2 bis 6), die Rechtsaufsicht in Angelegenheiten der den Stadtgemeinden obliegenden äußeren Schulverwaltung und die Fachaufsicht über die

Schulen (§§ 11 und 12), die Schulinspektion (§ 13), sowie die Aufsicht über die Erfüllung der Schulpflicht.
(2) Schulen im Sinne dieses Gesetzes sind nicht die Hochschulen und die Einrichtungen der Weiterbildung.
(3) Für dieses Gesetz gelten die Begriffsbestimmungen des § 2 des Bremischen Schulgesetzes.

§ 2 Verwaltung des öffentlichen Schulwesens
(1) Die Verwaltung des öffentlichen Schulwesens (Schulverwaltung) umfasst die Gesamtheit der Befugnisse zur Planung, Leitung, Organisation und Durchführung von Maßnahmen zur Erfüllung des staatlichen Erziehungs- und Bildungsauftrages.
(2) [1]Die Schulverwaltung obliegt dem Land und nach Maßgabe dieses Gesetzes den Stadtgemeinden. [2]Sie umfasst Angelegenheiten der äußeren Schulverwaltung und Angelegenheiten der inneren Schulverwaltung.

§ 3 Aufgaben des Landes
(1) Dem Land obliegt insbesondere die innere Schulverwaltung.
(2) [1]Die innere Schulverwaltung umfasst alle Maßnahmen, die sich auf die Organisation und die Inhalte des Lehrens und Lernens in der Schule und deren Qualitätssicherung beziehen. [2]Sie umfasst die Formen und Inhalte von Prüfungen, die einen schulischen Bildungsgang abschließen und zur Feststellung eines gleichwertigen Bildungsstandes dienen, sowie die Führung von schulbezogenen Statistiken.
(3) [1]Die innere Schulverwaltung wird von der Senatorin für Kinder und Bildung als oberster Landesbehörde wahrgenommen. [2]Er kann neben den sich aus dem Bremischen Schulgesetz ergebenden Befugnissen insbesondere Bestimmungen treffen über
1. die Inhalte und Organisation des Unterrichts;
2. die Grundsätze und Maßnahmen der Qualitätsentwicklung von Unterricht und Erziehung sowie der Evaluation;
3. zentrale Prüfungen und deren Anforderungen;
4. die Zahl der Schülerstunden und die Dauer des Unterrichts;
5. die Aufteilung der Arbeitszeit der Lehrerinnen und Lehrer, soweit sie nicht durch Gesetz oder auf Grund eines Gesetzes geregelt ist;
6. das Zahlenverhältnis von Schülerinnen und Schülern zu den Lehrerinnen und Lehrern;
7. die räumlichen Erfordernisse;
8. die Anforderungen, die an Lehr- und Lernmittel zu stellen sind;
9. den Mindestumfang der Beratung im Schulwesen;
10. Grundsätze der Personalentwicklungsmaßnahmen für das schulische Personal, insbesondere der Fort- und Weiterbildung;
11. grundsätzliche Fragen der Informations- und Kommunikationsmedien.
(4) [1]Die innere Schulverwaltung für Schulen der öffentlichen Verwaltung sowie für Schulen für Gesundheitsfachberufe mit Ausnahme des Lehrgangs zum Pharmazeutisch-technischen Assistenten und zur Pharmazeutisch-technischen Assistentin wird von dem jeweils fachlich zuständigen Senator wahrgenommen. [2]Seine Befugnisse ergeben sich im Einzelnen aus den für seinen Geschäftsbereich geltenden Gesetzen und Verordnungen. [3]Wird an einer Schule der öffentlichen Verwaltung Berufsschulunterricht für die nach dem Berufsbildungsgesetz geregelten Ausbildungsberufe des öffentlichen Dienstes erteilt, wird die innere Schulverwaltung gemeinsam mit der Senatorin für Kinder und Bildung wahrgenommen; soweit von der Senatorin für Kinder und Bildung nach Absatz 3 Bestimmungen getroffen werden, die auch für öffentliche Schulen im Sinne des § 1 Abs. 1 des Bremischen Schulgesetzes gelten, nimmt er die innere Schulverwaltung wahr.

§ 4 Aufgaben der Stadtgemeinden
(1) Den Stadtgemeinden obliegt die äußere Schulverwaltung als Selbstverwaltungsangelegenheit, soweit es sich nicht um Schulen der öffentlichen Verwaltung, um an Hochschulen angegliederte Bildungsgänge oder um die Schule für Technische Assistenten in der Medizin handelt.
(2) [1]Die äußere Schulverwaltung umfasst die Maßnahmen, die zur Schaffung der äußeren Voraussetzungen für das Lehren und Lernen in der Schule erforderlich sind. [2]Hierzu zählt insbesondere, die Schulen und ihre Einrichtungen zu bauen, auszustatten, zu betreiben und zu unterhalten oder dafür

Sorge zu tragen sowie Schularten und Bildungsgänge an den einzelnen Organisationseinheiten einzurichten und zuzuordnen (Trägerschaft). ³Die Stadtgemeinden sollen darauf hinwirken, dass die Schulentwicklungsplanung mit der Jugendhilfeplanung sowie mit anderen örtlichen Planungen abgestimmt wird.

(3) ¹Die Stadtgemeinden stellen den Schulen nach Maßgabe des Haushaltes sowie nach nachvollziehbaren Kriterien die zur Erfüllung ihrer Aufgaben erforderlichen Haushaltsmittel sowie Einrichtungen zur Verfügung. ²Sie schaffen die nötigen Rahmenbedingungen für den Unterricht und das weitere Schulleben, auch durch Ausgleich besonderer sozialer Belastungen der einzelnen Schule sowie unter Berücksichtigung des baulichen Zustands der Schulgebäude und des dazugehörigen Schulgeländes.

(4) ¹Die Stadtgemeinden stellen zur Umsetzung des Auftrags, in der einzelnen Schule eine eigenständige wirtschaftliche Organisation des Schulbetriebs im Rahmen ihrer Möglichkeiten aufzubauen und durchzuführen, Haushaltsmittel nach Absatz 3 den einzelnen Schulen zur Selbstbewirtschaftung zur Verfügung. ²Die Stadtgemeinden beraten und unterstützen die einzelnen Schulen bei der Selbstbewirtschaftung.

(5) ¹Die Stadtgemeinden üben im Auftrag des Landes die Aufsicht über die Erfüllung der Schulpflicht aus. ²Den Stadtgemeinden obliegen Aufgaben der inneren Schulverwaltung, soweit sie durch Rechtsverordnung des Senats mit deren Durchführung beauftragt werden.

§ 5 Landeshaushaltsordnung

¹Die Bestimmungen der Landeshaushaltsordnung finden Anwendung, wobei den Besonderheiten der Schulen, insbesondere den Erfordernissen der Selbstbewirtschaftung der Schulen, Rechnung zu tragen ist. ²Das Nähere zur Selbstbewirtschaftung, insbesondere über die gegenseitige Deckungsfähigkeit, die Übertragbarkeit und die Verwendung von Einnahmen für Mehrausgaben der Schule ist durch Rechtsverordnung zu regeln, die der Senator für Finanzen in Abstimmung mit der Senatorin für Kinder und Bildung erlässt. ³Die Rechtsverordnung kann Abweichungen von der Landeshaushaltsordnung zulassen.

§ 6 Schulangebot, Kapazitäten und stadtweite Anwählbarkeit

(1) ¹Die Einrichtung, Verlegung und Auflösung von Schulen, die Verlegung von Jahrgangsstufen und Klassen sowie die Einrichtung, Verlegung und Beendigung von Bildungsgängen liegen unter Berücksichtigung pädagogischer und finanzieller Notwendigkeiten im Ermessen der Stadtgemeinden. ²Die Stadtgemeinden haben bis zur Jahrgangsstufe 10 ein Schulangebot vorzuhalten, das jeder Schülerin und jedem Schüler ermöglicht, bei einem zumutbaren Schulweg den Bildungsgang zu besuchen, der den Erwerb der angestrebten abschließenden Berechtigung eröffnet. ³Die Einrichtung von Bildungsgängen ist nur zulässig, wenn sie grundsätzlich vom Land vorgesehen sind. ⁴Eine Entscheidung nach Satz 1 wird öffentlich bekannt gegeben.

(2) ¹Die Kapazität der einzelnen Schulen, Schularten oder Bildungsgänge wird von den Stadtgemeinden festgesetzt. ²Maßgebend sind im Rahmen der insgesamt zur Verfügung stehenden Ressourcen der jeweilige pädagogische Anspruch der Schulen, Schularten oder der Bildungsgänge und die räumlichen Möglichkeiten der jeweiligen Schule. ³Die Kriterien der Kapazitätsfestsetzung und die generellen, auch pädagogisch bedingten maximalen Schul-, Klassen- oder Lerngruppengrößen regelt eine Rechtsverordnung. ⁴Die untere vertretbare Grenze der Auslastung der Klassen, Gruppen oder Jahrgangsstufen an den Schulstandorten wird durch die Stadtgemeinden festgesetzt.

(3) ¹Kinder, die ab dem folgenden Schuljahr schulpflichtig sind, werden im Rahmen der festgesetzten Aufnahmekapazität in der Grundschule aufgenommen, in deren Einzugsbezirk sie wohnen (Anmeldeschule). ²Auf Antrag gleichrangig aufgenommen werden aus anderen Einzugsbezirken
1. Härtefälle oder
2. Geschwisterkinder,
    a) deren älteres Geschwisterkind der Grundschule nach Absatz 3a Satz 2 zugewiesen wurde oder
    b) die aufgrund einer Änderung des Einzugsbezirks nicht mehr als Kinder aus dem Einzugsbezirk gelten.

(3a) ¹Übersteigt die Anzahl der Anmeldungen nach Absatz 3 die festgesetzte Aufnahmekapazität der Grundschule (Anmeldeüberhang), erfolgt die Aufnahme in die Anmeldeschule nach Maßgabe der folgenden Kriterien:
1. Härtefälle,
2. Geschwisterkinder und

3. Betreuungsbedarf aufgrund beruflicher Erfordernisse der Erziehungsberechtigten im Sinne von § 60 Absatz 1 des Bremischen Schulgesetzes.
²Kinder, die nicht in der Anmeldeschule aufgenommen werden können, werden anderen wohnortnahen Grundschulen zugewiesen, soweit deren Aufnahmekapazität nach Aufnahme der Kinder aus dem eigenen Einzugsbezirk und den gleichrangig aufzunehmenden Kindern dies zulässt.

(3b) ¹Auf Antrag wird ein Kind in einer Grundschule eines anderen Einzugsbezirks (Anwahlschule) aufgenommen, soweit deren Aufnahmekapazität nach Aufnahme der Kinder aus dem eigenen Einzugsbezirk und den gleichrangig aufzunehmenden Kindern dies zulässt und die funktionsgerechte Auslastung der Anmeldeschule dadurch nicht beeinträchtigt wird. ²Übersteigt die Zahl der Anträge nach Satz 1 die Zahl der freien Plätze an der Anwahlschule, erfolgt die Aufnahme nach Maßgabe der folgenden Kriterien:
1. Kinder aus einer Grundschule mit einem Anmeldeüberhang,
2. Geschwisterkinder,
3. Betreuungsbedarf aufgrund beruflicher Erfordernisse der Erziehungsberechtigten im Sinne von § 60 Absatz 1 des Bremischen Schulgesetzes,
4. Anwahl oder Abwahl der gebundenen Ganztagsbeschulung und
5. Schulweglänge.

(3c) Bei einer Grundschule mit einem von der Fachaufsicht genehmigten besonderen Fremdsprachen- oder Sportangebot entscheidet über die Aufnahme die Eignung des Kindes; bei gleicher Eignung werden Kinder aus dem Einzugsbezirk vorrangig berücksichtigt.

(3d) Das Nähere zur Aufnahme an der Grundschule nach den Absätzen 3 bis 3c, insbesondere zum Verfahren sowie zu den Aufnahme- und Eignungskriterien und deren Rangfolge und den Kriterien für Härtefälle regelt eine Rechtsverordnung.

(4) ¹Nach dem Besuch der Grundschule wählen die Erziehungsberechtigten innerhalb der Stadtgemeinden die Schule, die ihr Kind besuchen soll. ²Schülerinnen und Schüler, die eine an eine Oberschule angegliederte Primarstufe besuchen, setzen den Bildungsweg an dieser Oberschule fort; die Erziehungsberechtigten können jedoch entscheiden, ob ihr Kind auf eine andere Schule wechseln soll. ³Das Gleiche gilt für Schülerinnen und Schüler der Primarstufe, deren Schule mit einer Schule der Sekundarstufe I einen Schulverbund bilden. ⁴Übersteigt die Zahl der Anmeldungen für eine Schule deren Aufnahmefähigkeit oder ist sie niedriger als der für die Bildung einer Klasse, Gruppe oder Jahrgangsstufe festgelegte Mindestwert, kann die Aufnahme abgelehnt werden.

(5) Stehen in einer anderen Schule derselben Schulart Plätze zur Verfügung, werden abgewiesene Schülerinnen und Schüler unter Berücksichtigung des Zweit- und Drittwunsches im erforderlichen Umfang dort aufgenommen; steht keine Schule derselben Schulart zur Verfügung, kann die Schülerin oder der Schüler einer anderen Schulart, die dieselbe abschließende Berechtigung vermittelt, zugewiesen werden.

§ 6a Aufnahmeverfahren an allgemeinbildenden Schulen der Sekundarstufen

(1) Übersteigt die Zahl der Anmeldungen an einer allgemeinbildenden Schule der Sekundarstufen deren Aufnahmefähigkeit, erfolgt die Aufnahme in die angewählte Schule nach Maßgabe der Absätze 2 bis 6.

(2) ¹Vorab werden bis zu 10 vom Hundert der zur Verfügung stehenden Plätze an Schülerinnen und Schüler vergeben, für die die Versagung eine besondere Härte bedeuten würde (Härtefälle), insbesondere bei denen ein Geschwisterkind bereits dieselbe allgemeinbildende Schule der Sekundarstufe I besucht und eine Versagung der Aufnahme zu familiären Problemen führen würde. ²Dies gilt im Falle des Absatzes 3 nicht für Geschwisterkinder, deren durch das Zeugnis oder den Lernentwicklungsbericht des ersten Schulhalbjahres im vierten Jahrgang ausgewiesene Leistung nicht über dem Regelstandard liegt. ³Schülerinnen und Schüler, die in einer in der Stadtgemeinde Bremen von der Senatorin für Kinder und Bildung oder in der Stadtgemeinde Bremerhaven vom Magistrat genehmigten Grundschule mit besonderem Sprachangebot eine Fremdsprache erlernt haben, die nur in bestimmten Schulen fortgeführt werden kann, werden ebenfalls vorab aufgenommen.

(3) Die verbleibenden Plätze werden an Schülerinnen und Schüler vergeben, deren durch das Zeugnis oder den Lernentwicklungsbericht des ersten Schulhalbjahres im vierten Jahrgang ausgewiesene Leistung über dem Regelstandard liegt.

(4) ¹An Oberschulen darf die bevorzugte Aufnahme nach Leistung nicht für mehr als ein Drittel der an der jeweiligen Schule zur Verfügung stehenden Plätze erfolgen. ²Diese und die verbleibenden Plätze werden an Schülerinnen und Schüler vergeben, deren Grundschulen der aufnehmenden Schule durch Entscheidung der Stadtgemeinde regional zugeordnet sind. ³Schülerinnen und Schüler, die in den Einzugsbezirk einer Grundschule gezogen sind oder nachweislich zum kommenden Schuljahr dorthin ziehen werden, werden auf Antrag so behandelt, als würden sie die für ihren neuen Wohnort zuständige Grundschule besuchen (Schulbesuchsfiktion). ⁴Sind dann noch Plätze vorhanden, werden auch andere Bewerberinnen und Bewerber aufgenommen.

(5) An Gymnasien werden die nach der Vergabe nach Absatz 3 verbleibenden Plätze an andere Bewerberinnen und Bewerber vergeben.

(6) Übersteigt die Zahl der Schülerinnen und Schüler innerhalb einer der in den Absätzen 2 bis 5 genannten Gruppen die für sie jeweils zur Verfügung stehenden Plätze, entscheidet in der Gruppe nach Absatz 2 Satz 1 der Grad der Härte, in den anderen Gruppen das Los.

(7) ¹Ab Jahrgangstufe 5 kann die Schule gewechselt werden, wenn an der aufnehmenden Schule im Rahmen der festgesetzten Kapazitäten noch Platz ist. ²Übersteigt die Zahl der Bewerberinnen und Bewerber die Zahl der freien Plätze, erfolgt die Aufnahme nach den in den Absätzen 2 bis 6 festgelegten Grundsätzen. ³Schülerinnen und Schüler, die Schulen der Sekundarstufe I besuchen, die mit einer Schule der Sekundarstufe II einen Schulverbund bilden oder die einer Schule der Sekundarstufe II zugeordnet sind, können ihren Bildungsweg in der gymnasialen Oberstufe der verbundenen Schule fortsetzen.

(8) ¹Das Nähere zum Aufnahmeverfahren, die Kriterien für die Härtefälle sowie das Verfahren eines freiwilligen Schulwechsels in höheren Jahrgangsstufen regelt eine Rechtsverordnung. ²Die Verordnung kann vorsehen, dass die Aufnahme in eine Schule davon abhängig gemacht werden darf, dass ein entsprechender Praktikumplatz vorhanden ist, wenn an dieser Schule ein Bildungsgang in Kooperation mit einem Dritten durchgeführt wird oder die besondere sportliche Eignung durch einen der im Landessportbund Bremen organisierten Fachverbände nachgewiesen wird, wenn an dieser Schule durch die Senatorin für Kinder und Bildung sportbetonte Klassen eingerichtet sind.

§ 6b Aufnahmeverfahren an berufsbildenden Schulen

(1) Übersteigt die Zahl der Anmeldungen in beruflichen Vollzeitbildungsgängen einer Schule deren Aufnahmefähigkeit, erfolgt die Aufnahme in die angewählte Schule nach Maßgabe der Absätze 2 bis 5.

(2) ¹Vorab werden bis zu 25 vom Hundert der zur Verfügung stehenden Plätze an Bewerberinnen und Bewerber vergeben, die sich bereits einmal oder mehrmals für den jeweiligen Bildungsgang beworben haben. ²Übersteigt die Zahl dieser Bewerberinnen und Bewerber die für sie zur Verfügung stehenden Plätze, werden die Plätze unter ihnen nach der im berechtigenden Zeugnis ausgewiesenen Leistung vergeben.

(3) ¹Bis zu 10 vom Hundert der zur Verfügung stehenden Plätze werden an Bewerberinnen und Bewerber vergeben, für die die Versagung eine besondere Härte bedeuten würde (Härtefälle). ²Übersteigt die Zahl der Härtefälle die für sie zur Verfügung stehenden Plätze, entscheidet der Grad der Härte.

(4) Die übrigen Plätze werden nach der im berechtigenden Zeugnis ausgewiesenen Leistung vergeben.

(5) Bei gleicher im berechtigenden Zeugnis ausgewiesener Leistung entscheidet das Los.

(6) Das Nähere zum Aufnahmeverfahren und die Kriterien für die Härtefälle regelt eine Rechtsverordnung.

§ 7 Feststellung von Hochschulzugangsberechtigungen

¹Die Senatorin für Kinder und Bildung ist zuständig für die Anerkennung und außerschulische Feststellung von Hochschulzugangsberechtigungen. ²Sie führt die hierfür erforderlichen Prüfungen durch. ³§ 39 des Bremischen Schulgesetzes gilt entsprechend. ⁴§ 33 Abs. 1 Nr. 2, Abs. 2, 5 und 6 sowie § 53 Abs. 2 des Bremischen Hochschulgesetzes bleiben unberührt.

§ 8 Anstellungskörperschaften

(1) ¹Anstellungskörperschaften des schulischen Personals an Schulen der Stadtgemeinden sind die Stadtgemeinden. ²Soweit es um die Aufgaben nach den §§ 59 bis 59b des Bremischen Schulgesetzes geht, üben sie die Dienstaufsicht über sie nach Maßgabe des § 12 Abs. 2 bis 4 aus. ³Anstellungskör-

perschaft des schulischen Personals an Schulen des Landes und Anstellungskörperschaft der Referendarinnen und Referendare ist das Land. [4]Die Befugnis, zur Erfüllung schulischer Aufgaben Verträge mit anderen Institutionen zu schließen, bleibt unberührt.

(2) [1]Unbeschadet der Befugnis und Verpflichtungen des Landes ist es Aufgabe der Anstellungskörperschaften, für die Fortbildung ihres schulischen Personals zu sorgen. [2]Die Zuständigkeit für die Fortbildung des Personals, das auf Grund von Verträgen mit anderen Institutionen in der Schule tätig ist, richtet sich nach den jeweiligen Verträgen.

(3) Die Anstellungskörperschaften sollen darauf hinwirken, dass die Lehrerinnen und Lehrer im Laufe ihres Berufslebens an verschiedenen Schulen arbeiten.

§ 9 Personalentwicklung

(1) Das Land, die Stadtgemeinden und die Schulen wirken bei der Personalentwicklung zusammen.

(2) [1]Die Personalentwicklung hat zum Ziel, das Personal der Schulen und der Schulbehörden zu befähigen, die Schulen nach §§ 9 und 14 des Bremischen Schulgesetzes weiterzuentwickeln und die damit verbundenen sich wandelnden Arbeitsanforderungen zu bewältigen, sowie es entsprechend einzusetzen. [2]Die Personalentwicklung dient auch im Sinne der Personalförderung den Interessen und Bedürfnissen der Mitarbeiterinnen und Mitarbeiter. [3]Sie soll eine umfassende Frauenförderung im Sinne von §§ 6 bis 10 des Landesgleichstellungsgesetzes gewährleisten, eine Genderregelung beinhalten sowie Mitarbeiterinnen und Mitarbeiter mit Migrationshintergrund fördern.

(3) [1]Das Land, die Stadtgemeinden und die Schulen arbeiten gemeinsam an einem das gesamte bremische Schulwesen umfassenden Personalentwicklungsplan. [2]Sie unterstützen sich bei der Durchführung ihrer Programme und Maßnahmen der Personalentwicklung, die sich aufeinander beziehen und ergänzen sollen. [3]Land und Stadtgemeinden stellen die erforderlichen Mittel für die Personalentwicklung nach Maßgabe der Haushalte bereit.

§ 10 Fortbildung

(1) Fortbildung ist Teil der Personalentwicklung.

(2) [1]Die Fortbildung dient der Sicherung und der Ergänzung der beruflichen Qualifikation der Lehrkräfte und des nicht-unterrichtenden Personals. [2]Sie soll diesem Personal die notwendigen Qualifikationen vermitteln, die für die differenzierten Anforderungen in der Schule und die sich wandelnde Arbeitsorganisation und Aufgabenteilung erforderlich sind.

(3) [1]Die Fortbildung der Lehrkräfte ist Voraussetzung für die Qualitätssicherung der unterrichtlichen und sonstigen schulischen Arbeit. [2]Sie soll befähigen, professionell auf veränderte Anforderungen zu reagieren, und auch zur kritischen Auseinandersetzung mit der eigenen Berufsausübung und damit zur Verbesserung der Arbeit der Lehrkräfte beitragen. [3]Sie umfasst pädagogische, didaktische, fachwissenschaftliche und arbeitsorganisatorische Inhalte und soll, soweit ein Praxisbezug geboten ist, möglichst in Verbindung mit dem Arbeitsplatz in der Schule durchgeführt werden. [4]Die Fortbildung ist Bestandteil jeder pädagogischen Berufstätigkeit. [5]Alle Lehrerinnen und Lehrer und Lehrmeisterinnen und Lehrmeister der Schule sind zur Fortbildung verpflichtet.

(4) Jede Schule erstellt für sich ein Fortbildungsprogramm, das alle in der Schule Tätigen erfasst und sich an den konkreten schulischen Anforderungen orientiert, führt eigene Fortbildungsmaßnahmen durch und beteiligt sich an externen Angeboten.

(5) Das Nähere zu den Anforderungen des Fortbildungsprogramms sowie der Inhalt und der Umfang der Fortbildungspflicht des schulischen Personals wird durch Rechtsverordnung geregelt.

§ 11 Organisation der Aufsicht

(1) Die Rechtsaufsicht in Angelegenheiten der den Stadtgemeinden obliegenden äußeren Schulverwaltung, die Fachaufsicht über die Schulen des Landes und der Stadtgemeinden sowie über die Auftragsangelegenheiten nach § 4 Abs. 5 sind Aufgaben des Landes.

(2) [1]Die Rechtsaufsicht in Angelegenheiten der den Stadtgemeinden obliegenden äußeren Schulverwaltung wird durch den Senat wahrgenommen. [2]Die Fachaufsicht über die Schulen der Stadtgemeinden nimmt die Senatorin für Kinder und Bildung wahr und organisiert deren Ausübung. [3]Die Fachaufsicht über die Schulen der öffentlichen Verwaltung und über die Schulen für Gesundheitsfachberufe übt der jeweils fachlich zuständige Senator aus. [4]Ist eine Schule der öffentlichen Verwaltung oder eine Schule für Gesundheitsfachberufe eine Schule im Sinne des § 1 Abs. 1 des Bremischen Schulgesetzes, vermittelt sie einen ihnen gleichwertigen Abschluss oder wird an ihr Unterricht nach § 1 Abs. 4 des

Bremischen Schulgesetzes erteilt, wird die Fachaufsicht insoweit gemeinsam mit der Senatorin für Kinder und Bildung ausgeübt.

§ 12 Umfang der Fachaufsicht
(1) Die Fachaufsicht über die öffentlichen Schulen umfasst die Gewährleistung der Qualität der Arbeit der einzelnen Schule sowie die Gewährleistung der Rechtmäßigkeit der schulischen Arbeit im Rahmen der Vorgaben der inneren Schulverwaltung (§ 3).
(2) [1]Die Fachaufsicht soll durch Ziel- und Leistungsvereinbarungen auf eine ziel- und ergebnisorientierte überprüfbare Arbeit der einzelnen Schule hinwirken. [2]Sie kann schulische Entscheidungen und Maßnahmen aufheben, zur erneuten Entscheidung oder Beschlussfassung zurückweisen oder erforderlichenfalls selbst entscheiden. [3]Sie kann fehlende schulische Entscheidungen durch Anweisung anfordern oder erforderlichenfalls selbst entscheiden.
(3) Die Rechtsaufsicht als Teil der Fachaufsicht greift ein, wenn
1. gegen Rechts- oder Verwaltungsvorschriften, auch gegen verbindliche überregionale Vereinbarungen, gegen den Grundsatz der Gleichbehandlung der Schülerinnen und Schüler oder gegen das Erziehungsrecht der Eltern verstoßen worden ist oder
2. von unrichtigen Voraussetzungen oder sachfremden Erwägungen ausgegangen oder gegen den Grundsatz der Verhältnismäßigkeit der Mittel verstoßen worden ist.
(4) [1]Aufsichtsmaßnahmen nach den Absätzen 2 und 3 müssen darauf gerichtet sein, dass die Schule ihre Aufgaben eigenverantwortlich in dem gesetzlich vorgegebenen Rahmen erfüllen kann. [2]Aufsichtsmaßnahmen sind so zu gestalten, dass die konzeptionell begründete pädagogische Arbeit von Lehrkräften und Schulleitung sowie deren Handlungsspielräume in der Personal- und Qualitätsentwicklung in der erforderlichen Eigenständigkeit sowie die Beteiligung von Eltern und Schülerinnen und Schülern weitestmöglich gewahrt und gestützt werden.
(5) Der Umfang der Aufsicht über die privaten Schulen richtet sich nach dem Privatschulgesetz.

§ 13 Externe Evaluation
(1) [1]Von der Senatorin für Kinder und Bildung beauftragte externe Evaluatorinnen und Evaluatoren haben die Aufgabe, die Arbeit der öffentlichen Schulen im Sinne von § 1 Abs. 1 des Bremischen Schulgesetzes in regelmäßigen Abständen zu untersuchen, auch nach den Prinzipien des Gender Mainstreamings, und dabei über ihre Aktivitäten, Erfahrungen und Erkenntnisse an die einzelnen Schulen sowie an die Senatorin für Kinder und Bildung zu berichten.
(2) Die externen Evaluatorinnen und Evaluatoren haben nach Maßgabe der vertraglichen Vereinbarung im Benehmen mit der Schulleitung Zugang zu allen Veranstaltungen und Unterlagen der Schulen und Anspruch auf Information durch das schulische Personal.

§ 14 Schulpsychologische Beratung
(1) [1]Die Stadtgemeinden organisieren die schulpsychologische Beratung und die schulische Drogenberatung und andere Beratungs- und Unterstützungsleistungen. [2]Die Beraterinnen und Berater sind verpflichtet, sich entsprechend den fachlichen Aufgaben ihrer Beratungsdienste fortzubilden.
(2) Sie können Regionale Beratungs- und Unterstützungszentren einrichten, die im Rahmen ihrer Unterstützungsaufgaben auch Schülerinnen und Schüler vorübergehend beschulen, wenn ihr Lern- und Sozialverhalten eine Beschulung in der allgemeinen Schule nicht zulässt.
(3) [1]Unbeschadet der beamten- und dienstrechtlichen Schweigepflicht unterliegen die Schulpsychologinnen und Schulpsychologen sowie die schulischen Drogenberaterinnen und Drogenberater der besonderen Verschwiegenheit zur Wahrung des Persönlichkeitsschutzes der Betroffenen. [2]Diese Verpflichtung gilt sowohl für persönliche Mitteilungen als auch für Daten, die im Rahmen von Tests und empirischen Felduntersuchungen erhoben werden. [3]Würde eine Unterrichtung der Erziehungsberechtigten Gesundheit und Wohlergehen betroffener Minderjähriger gefährden, gilt diese Schweigepflicht auch gegenüber den Erziehungsberechtigten.
(4) [1]Von der besonderen Schweigepflicht können diese Beraterinnen und Berater nur durch die Betroffenen befreit werden, sofern deren natürliche Einsichtsfähigkeit die Bedeutung und Tragweite ihrer Entscheidung einzuschätzen vermag. [2]Andernfalls geht dieses Recht auf die Erziehungsberechtigten über. [3]Absatz 2 Satz 3 bleibt unberührt. [4]Die Beraterinnen und Berater haben im Einverständnis mit der Schulleiterin oder dem Schulleiter Zugang zum Unterricht und zu den Konferenzen, soweit die Beratungsaufgaben ihre Teilnahme erforderlich machen.

§ 15 (aufgehoben)

§ 16 Landesinstitut für Schule

(1) ¹Das Landesinstitut für Schule hat den Auftrag, Referendarinnen und Referendare auszubilden, die an der Schule Beteiligten für ihre Aufgaben zu qualifizieren und die Schulen bei ihrer qualitativen Entwicklung zu unterstützen sowie im Auftrag der Senatorin für Kinder und Bildung inhaltliche Rahmenvorgaben für die Schulen zu entwickeln. ²Die Senatorin für Kinder und Bildung kann das Landesinstitut beauftragen, weitere Aufgaben zu übernehmen.

(2) Fachleiterinnen und Fachleitern obliegen Aufgaben der Lehrerausbildung, insbesondere die Ausbildung der Referendarinnen und Referendare, die Fortbildung der Lehrerinnen und Lehrer, die Mitwirkung an der Curriculumentwicklung und an Innovationsprojekten.

(3) Sie erteilen Unterricht an öffentlichen Schulen des Landes Bremen.

(4) Soweit gesetzlich nichts anderes bestimmt ist, gelten für Fachleiterinnen und Fachleiter des Landesinstituts für Schule die dienstrechtlichen Regelungen für Lehrerinnen und Lehrer entsprechend.

§ 16a (aufgehoben)

§ 17 Schulgesundheitspflege

(1) ¹Die Gesundheitspflege für Schüler und Schülerinnen hat das Ziel, in Zusammenarbeit mit Schule und Erziehungsberechtigten die gesundheitliche Entwicklung der Schüler und Schülerinnen durch Vorsorge zu fördern, gesundheitliche Störungen frühzeitig zu erkennen. ²Maßnahmen zu ihrer Behebung einzuleiten und Probleme der allgemeinen Schulhygiene mitzulösen. ³Dazu dienen die ärztlichen und zahnärztlichen Untersuchungen der Schüler und Schülerinnen, die Sprechstunden für Eltern, Lehrkräfte und Schüler und Schülerinnen sowie die hygienische Überwachung der Schulen.

(2) Die Stadtgemeinden organisieren die schulärztliche und schulzahnärztliche Gesundheitspflege.

(3) Schulärzte und Schulärztinnen und Schulzahnärzte und Schulzahnärztinnen haben Zugang zum Unterricht und zu den Konferenzen, soweit die Aufgaben der Schulgesundheitspflege ihre Teilnahme erforderlich machen.

(4) Die Senatorin für Wissenschaft, Gesundheit und Verbraucherschutz wird ermächtigt, im Einvernehmen mit der Senatorin für Kinder und Bildung durch Rechtsverordnung die Untersuchungen festzulegen, an denen teilzunehmen die Schüler und Schülerinnen verpflichtet sind.

Teil 2
Die Schulen

Abschnitt 1
Allgemeine Rechtsverhältnisse

§ 18 Anwendungsbereich

(1) Die Vorschriften der Teile 2 bis 4 gelten für alle Schulen, deren Träger die Stadtgemeinden sind, sofern sie nicht Schulen für Gesundheitsfachberufe mit Ausnahme des Lehrgangs zum Pharmazeutisch-technischen Assistenten und zur Pharmazeutisch-technischen Assistentin sind.

(2) ¹Für die angegliederten Bildungsgänge an den Hochschulen gelten die Vorschriften der Teile 2 bis 4 entsprechend, soweit nicht die Eigenart dieser Bildungsgänge Abweichungen erforderlich macht. ²Das Nähere regelt eine Rechtsverordnung.

(3) ¹Wird an einer Schule der öffentlichen Verwaltung Berufsschulunterricht für die nach dem Berufsbildungsgesetz geregelten Ausbildungsberufe des öffentlichen Dienstes erteilt, gelten insoweit die Vorschriften der Teile 2 bis 4 entsprechend, sofern nicht die Eigenarten dieser Schule Abweichungen erforderlich machen. ²Das Nähere regeln die Senatorin für Kinder und Bildung und der fachlich zuständige Senator einvernehmlich durch Rechtsverordnung.

§ 19 Begriff der Schule

(1) Eine Schule im Sinne dieses Gesetzes ist jede als solche eingerichtete Organisationseinheit.

(2) Werden selbständige Schulen zusammengeführt, können sie für eine Übergangszeit organisatorisch selbständige Schulen bleiben.

§ 20 Zugeordnete Schulen, Schulverbund

(1) ¹Die Schulen der Primarstufe und der Sekundarstufe I gewährleisten durch Kooperation durchgängige Bildungsgänge im Stadtteil. ²Die Schulen der Sekundarstufe I und der Sekundarstufe II kooperieren regions- und profilbezogen.

(2) Schulen, die aufeinander aufbauende Bildungsgänge anbieten oder mehrere durchgehende Bildungsgänge bilden, können in der Stadtgemeinde Bremen durch die Senatorin für Kinder und Bildung, in der Stadtgemeinde Bremerhaven durch den Magistrat, einander zugeordnet werden.

(3) ¹Selbstständige Schulen können sich zu einem Schulverbund zusammenschließen. ²Der Schulverbund bedarf in der Stadtgemeinde Bremen der Genehmigung der Senatorin für Kinder und Bildung in der Stadtgemeinde Bremerhaven des Magistrats.

(4) In zugeordneten Schulen und in einem Schulverbund werden die curricularen Inhalte aufeinander abgestimmt, um insbesondere einen schulübergreifenden Lehrkräfteeinsatz zu ermöglichen und den stufenübergreifenden Übergang für Schülerinnen und Schüler zu erleichtern.

(5) ¹Die Schulleiterinnen und Schulleiter von Verbünden und von zugeordneten Schulen bilden ein Leitungsteam, dessen Vorsitz im Zweijahresrhythmus rotierend durch eine oder einen der beteiligten Schulleiterinnen oder Schulleiter ausgeübt wird. ²Verbünde und zugeordnete Schulen geben sich darüber hinaus Geschäftsordnungen, mit deren Hilfe die Zusammenarbeit der Schulen geregelt wird.

(6) ¹Die Zuweisung der Lehrkräfte zu einer dieser Schulen umfasst zugleich den wechselseitigen Einsatz in einzelnen Bildungsgängen oder Abteilungen dieser Schulen; insoweit bilden diese Schulen eine gemeinsame Dienststelle im Sinne des Bremischen Beamtengesetzes. ²Der wechselseitige Einsatz soll im Einvernehmen mit der jeweiligen Lehrkraft und nur stufenübergreifend erfolgen.

(7) ¹Über den Einsatz der Lehrkräfte in Schulverbünden und in zugeordneten Schulen entscheiden die Schulleiterinnen oder Schulleiter und die zuständigen Abteilungsleiterinnen oder Abteilungsleiter gemeinsam. ²Wird zwischen den Schulleiterinnen und Schulleitern kein Einvernehmen erzielt, entscheidet die Dienstaufsicht.

(8) Die Absätze 3 bis 6 gelten nicht für die Zusammenarbeit zwischen den Schulen der Sekundarstufen und den ihnen zugeordneten Schulen der Primarstufe.

(9) ¹Die Schulen des Schulverbundes bilden nach Maßgabe einer Rechtsverordnung gemeinsame Gremien. ²Die Rechtsverordnung kann bestimmen, dass den Erfordernissen entsprechend von den Vorschriften des Teils 3 abgewichen wird.

§ 21 Rechtsstellung der Schule und Selbstbewirtschaftung

(1) ¹Die Schule ist nicht rechtsfähig. ²Sie kann auf der Grundlage einer allgemeinen Zustimmung der Stadtgemeinde im Rahmen der ihr zur Verfügung stehenden Mittel Rechtsgeschäfte mit Wirkung für die Stadtgemeinde abschließen und für sie im Rahmen dieser Mittel Verpflichtungen eingehen oder Nutzungsverträge über ihre Räume oder ihr Grundstück abschließen. ³Die der Schule zur Verfügung stehenden Mittel unterliegen der haushaltsrechtlichen Bewirtschaftung durch die Schule, die eine Beauftragte oder einen Beauftragten für den Haushalt zu bestellen hat. ⁴Voraussetzung für die Zustimmung nach Satz 2 ist, dass die jeweilige Schule durch ein geeignetes Bewirtschaftungsverfahren sicherstellen kann, dass das verfügbare Ausgabenvolumen nicht überschritten wird und die Mittelbewirtschaftung jederzeit überprüfbar ist.

(2) ¹Rechtsgeschäfte im Rahmen der Selbstbewirtschaftung dürfen nur mit dem Ziel abgeschlossen werden, unmittelbar oder mittelbar zur Erfüllung des Auftrags der Schule zu dienen. ²Nutzungsverträge über Räume und Grundstück dürfen nicht zur Beeinträchtigung des ordnungsgemäßen Unterrichts und des übrigen Schullebens führen.

(3) ¹Die Schule hat eine vom Schulleiter oder von der Schulleiterin unabhängige schulinterne Haushaltsprüfung einzurichten, die zur jederzeitigen Überprüfung der Einnahmen und Ausgaben berechtigt ist und verpflichtet ist, einmal im Schuljahr der Schulkonferenz einen Prüfbericht vorzulegen, der auch zur Zweckmäßigkeit im Sinne von Absatz 2 Satz 1 Stellung nimmt. ²Die Schule ist verpflichtet, jederzeit auf Verlangen der zuständigen Schulbehörde Einsicht in die Unterlagen über die Selbstbewirtschaftung zu geben und geeignete Vorkehrungen dafür zu treffen. ³Die Stadtgemeinden stellen den Schulen ein geeignetes Instrumentarium für ihre Selbstbewirtschaftung zur Verfügung und können weitere Auflagen zur angemessenen betriebswirtschaftlichen Überprüfung machen.

(4) ¹Auch das im Rahmen der Selbstbewirtschaftung der Schule zur Verfügung gestellte und das durch die Schule erworbene Vermögen ist von der Schule sorgfältig zu behandeln und zu verwalten.

[2]Die Stadtgemeinde wird über ihr in Satz 1 genanntes Vermögen nur verfügen, sofern zwingende Gründe es erfordern.

§ 22 Handlungsfreiraum der Schulen
(1) Die Schulen ordnen ihre internen Angelegenheiten im Rahmen der Gesetze, Rechtsverordnungen, Verwaltungsvorschriften sowie der Entscheidungen der Schulbehörden selbst.
(2) [1]Soweit die Senatorin für Kinder und Bildung durch Gesetz ermächtigt ist, im Bereich des Schulwesens Rechtsverordnungen zu erlassen, dürfen diese die Eigenständigkeit der Schule nur insoweit einschränken, als es zur Förderung und Sicherung der Gleichwertigkeit im Bildungswesen und der Chancengleichheit der Schülerinnen und Schüler erforderlich ist. [2]Die Rechtsverordnungen sollen jeweils deutlich machen, welcher Bereich der geregelten Materie durch die Satzungsbefugnis der Schule abweichend geregelt werden kann. [3]Die Übertragung der Regelungsbefugnis soll mit Rahmenvorgaben verbunden sein, die alle Schulen einhalten müssen.
(3) [1]Im Rahmen von Ziel- und Leistungsvereinbarungen zwischen der zuständigen Schulbehörde und der Schule kann die Schule durch die zuständige Schulbehörde von Bestimmungen von Rechtsverordnungen und Verwaltungsvorschriften entpflichtet werden. [2]Dies gilt insbesondere für Schulversuche und Reformschulen nach § 13 des Bremischen Schulgesetzes. [3]Von den Regelungen in Rechtsverordnungen darf nur insoweit entpflichtet werden, als sie nicht für die Verwirklichung von Grundrechten maßgeblich sind. [4]Insbesondere darf nicht entpflichtet werden von Regelungen über die Zulassung zu Bildungsgängen, über die Durchführung von Prüfungen und den Erwerb von Abschlüssen, über den Übergang und die Überführung in andere Bildungsgänge sowie von den Regelungen der Ordnungsmaßnahmenverordnung.

§ 23 Satzungsbefugnis der Schule
(1) Die Entscheidungen der Organe und der Schulleitung der Schule (§ 26) sind verbindliche Entscheidungen der Schule.
(2) [1]Jede Schule kann sich eine Satzung geben. [2]Durch die Satzung können neben den in diesem Gesetz besonders benannten Regelungsbefugnissen andere Formen der schulischen Entscheidungsfindung als die nach diesem Gesetz vorgesehenen beschlossen werden. [3]§ 30 Abs. 2 bleibt unberührt. [4]Die Satzung bedarf der Zustimmung von jeweils zwei Dritteln der stimmberechtigten Mitglieder der Gesamtkonferenz und der Schulkonferenz. [5]Die Satzung bedarf der Genehmigung der Senatorin für Kinder und Bildung, in Bremerhaven auch der des Magistrats. [6]Die Genehmigung ist zu erteilen, wenn die Satzung demokratischen Prinzipien entspricht, eine angemessene Einflussnahme aller in der Schule vertretenen Personengruppen gewährleistet ist und die staatliche Verantwortung für die Schule nicht beeinträchtigt wird.

Abschnitt 2
Gremien der Schulen

Titel 1
Allgemeines

§ 24 Überschulische Kooperationsgremien
(1) [1]Überschulische Kooperationsgremien sind einzurichten, wenn dies zur Abstimmung schulübergreifender Fragen notwendig ist. [2]Sie müssen bei Vorliegen dieser Voraussetzung eingerichtet werden, wenn mindestens ein Viertel der Schulleitungen derjenigen Schulen, die in die Kooperation einbezogen werden müssen, dies verlangt. [3]Die einzubeziehenden Schulen sind in dem Antrag, der ihnen zugeleitet werden muss, namentlich zu benennen. [4]Die Fachaufsicht kann bestimmen, dass sie eingerichtet werden müssen. [5]§ 45 Abs. 3 bleibt unberührt.
(2) [1]Auf entsprechende Entscheidung der Fachaufsicht erhalten diese überschulische Kooperationsgremien Entscheidungsbefugnis. [2]Sind ihre Entscheidungen nicht mit den verbindlichen Entscheidungen der Organe einer der beteiligten Schulen zu vereinbaren, muss die Schulleitung dieser Schule hierüber erneut entscheiden.

§ 25 Zusammenwirken
Die schulischen Gremien und ihre Mitglieder sowie die Funktionsträgerinnen und Funktionsträger wirken in der Schule zusammen mit dem Ziel, auch zur Förderung der Qualitätsentwicklung der

Schule unterschiedliche Interessen und Positionen zu einer größtmöglichen Konsensbildung zu vermitteln.

§ 26 Entscheidungsgremien der Schule
[1]Die Schule hat folgende Entscheidungsgremien:
1. die Schulkonferenz,
2. die Gesamtkonferenz und deren Teilkonferenzen,
3. die Schulleitung,
4. die Fachkonferenzen und Fachbereichskonferenzen,
und
5. die Klassenkonferenzen oder Jahrgangskonferenzen.

[2]Diese Gremien sind Organe der Schule. [3]Die Zusammensetzung und die Aufgaben der Zeugniskonferenzen und der Versetzungskonferenzen werden durch Zeugnis- und Versetzungsordnungen bestimmt. [4]Für sie gelten die §§ 81 bis 91 dieses Gesetzes nur, soweit in diesen Verordnungen nichts anderes bestimmt ist.

§ 27 Beiräte
(1) [1]Es gibt den Schülerbeirat, den Elternbeirat, den Beirat des nicht-unterrichtenden Personals und den Ausbildungsbeirat. [2]Ihre Beschlüsse sind Äußerungen der durch sie vertretenen Personengruppen.
(2) Die Beiräte können ihre Aufgaben auf Beiräte einzelner Abteilungen, Stufen oder Bildungsgänge übertragen, soweit sie die jeweilige Organisationseinheit allein betreffen.
(3) Beiräte haben das Recht, über ihre Vertreter und Vertreterinnen in der Schulkonferenz Anträge in der Schulkonferenz und in der Gesamtkonferenz zu stellen.

§ 28 (aufgehoben)
§ 29 (aufgehoben)
§ 30 Grenzen der Mitwirkung
(1) [1]Die Verantwortung des Staates und der Gemeinden für das Schulwesen wird durch die nachstehenden Vorschriften nicht eingeschränkt. [2]Die an der Mitwirkung Beteiligten sind bei ihrer Tätigkeit in den Gremien der Schule verpflichtet, die Rechtsvorschriften und Verwaltungsvorschriften zu beachten. [3]Zu den Verwaltungsvorschriften gehören insbesondere die Richtlinien für den Unterricht, die Bildungspläne, die Stundentafeln sowie die allgemein verbindlichen Richtlinien über den Schulbau und das Schulbauprogramm.
(2) Entscheidungen der Gremien der Schule dürfen nur ausgeführt werden, soweit die personellen, sachlichen und haushaltsmäßigen Voraussetzungen gegeben sind.

Titel 2
Vetorechte

§ 31 Vetorechte bei Entscheidungen der Schulkonferenz
[1]Berührt ein Beschluss der Schulkonferenz die Interessen einer Personengruppe, kann der jeweilige Beirat oder die Gesamtkonferenz innerhalb von 14 Tagen nach Beschlussfassung den Beschluss anfechten. [2]Nach einem Beratungs- und Schlichtungsverfahren beschließt die Schulkonferenz erneut. [3]Der erneute Beschluss ist bindend.

§ 32 Vetorechte bei Entscheidungen der Gesamtkonferenz, der Schulleitung und der Fachkonferenzen
(1) [1]Beschlüsse der Gesamtkonferenz oder ihrer Teilkonferenzen und Beschlüsse der Fachkonferenzen können innerhalb von 14 Tagen nach der Beschlussfassung von der Schulkonferenz oder von jeweils zwei Dritteln der Mitglieder einer Personengruppe in der Schulkonferenz schriftlich angefochten und damit ausgesetzt werden, so dass das entsprechende Gremium erneut beraten und beschließen muss. [2]Der erneute Beschluss ist bindend; hat die Schulkonferenz angefochten, ist er bindend, wenn er mit Zweidrittelmehrheit gefasst wird, es sei denn, die Schulkonferenz hebt ihn mit Dreiviertelmehrheit auf.
(2) Für Entscheidungen der Schulleitung, die Beschlüsse der Schulkonferenz oder der Gesamtkonferenz ersetzen, gilt Absatz 1 entsprechend mit der Maßgabe, dass die Schulkonferenz eine Entscheidung, die nach § 33 in ihre Zuständigkeit fällt, unmittelbar durch eine eigene ersetzen kann, soweit sie nicht schon ausgeführt ist und Rechte Dritter begründet hat.

(3) ¹Die Schulkonferenz hat stets das Recht, einen eigenen Vorschlag zu unterbreiten, der einen etwaigen entgegenstehenden Beschluss des zuständigen Gremiums aussetzt. ²Dieser Vorschlag gilt als angenommen, wenn nicht mit der Mehrheit der Mitglieder des Gremiums dagegen gestimmt wird.

Titel 3
Konferenzen

§ 33 Aufgaben der Schulkonferenz

(1) ¹Die Schulkonferenz ist das Organ gemeinsamer Beratung und Beschlussfassung der an der Schule beteiligten Personengruppen. ²Sie ist oberstes Entscheidungsorgan der Schule nach Maßgabe dieses Gesetzes. ³Sie soll mindestens zweimal in einem Schulhalbjahr zusammenkommen.

(2) ¹Die Schulkonferenz berät über die Schule betreffenden grundsätzlichen Angelegenheiten. ²Sie beschließt über diese Angelegenheiten, soweit dieses Gesetz nichts anderes vorsieht, und legt dabei Beschlüsse und Vorschläge der anderen Gremien, insbesondere der Gesamtkonferenz zugrunde. ³Sie beschließt insbesondere

1. das Schulprogramm nach § 9 Abs. 1 des Bremischen Schulgesetzes und die sich daraus ergebenden Konsequenzen für die Organisation von Schule und Unterricht sowie für die Evaluation der gesamten schulischen Arbeit;
2. Grundsätze zur Zweckbestimmung der der Schule zur Verfügung stehenden Arbeitsstunden sowie zum Angebot freiwilliger Unterrichts- und Schulveranstaltungen, über Kooperations- und Integrationsvorhaben sowie besondere Veranstaltungen der Schule;
3. die Schulordnung. Sie enthält neben der Hausordnung die Regelung der gegenseitigen Information der Gremien sowie des Antragsrechts der Gremien untereinander, soweit es nicht bereits durch dieses Gesetz vorgegeben ist;
4. Grundsätze der Unterrichtsorganisation;
5. die Aufteilung der der Schule zur eigenen Bewirtschaftung zur Verfügung stehenden Haushaltsmittel;
6. über die Kooperation mit anderen Schulen und Institutionen der Region, insbesondere bei der Erarbeitung des Schulprogramms;
7. schulinterne Grundsätze für Schullandheimaufenthalte, Klassenfahrten und Wandertage;
8. die Regelung des Hospitationsrechts nach § 61 des Bremischen Schulgesetzes in Abstimmung mit der Gesamtkonferenz; soweit keine Regelung getroffen wird, gilt für das Hospitationsrecht die von der Senatorin für Kinder und Bildung erlassene Musterordnung;
9. die ihr durch besondere Rechtsvorschriften übertragenen Aufgaben;
10. die Fortbildung für das nicht-unterrichtende Personal, für Eltern und gruppenübergreifende Fortbildung.

⁴Die Schulkonferenz ist über alle für die Arbeit der Schule wesentlichen Entscheidungen der Gremien und einzelner Entscheidungsträger unverzüglich zu informieren.

(3) ¹Der Schulkonferenz ist Gelegenheit zur Stellungnahme vor der Entscheidung über
1. die Teilung, Verlegung oder Schließung der Schule sowie die Zusammenlegung der Schule mit einer anderen Schule;
2. die Verlegung von Schulstufen, Jahrgangsstufen oder einzelner Klassen an eine andere Schule;
3. die Unterbringung von Schulstufen, Jahrgangsstufen oder einzelner Klassen in anderen Gebäuden und
4. die Einbeziehung der Schule in Schulversuche durch die Senatorin für Kinder und Bildung zu geben.

(4) ¹Für die Schulkonferenz sind die erforderlichen, ihrer Aufgabe angemessenen Arbeitsbedingungen in der Schule zu schaffen, insbesondere durch die Schulleitung und mit Unterstützung der zuständigen Schulbehörden. ²Für alle Mitglieder der Schulkonferenz sind geeignete Fortbildungs- und Qualifizierungsmaßnahmen durch die Schule oder andere geeignete Fortbildungsträger mit Unterstützung der zuständigen Schulbehörden durchzuführen; die dafür erforderlichen Ressourcen sind nach Maßgabe des Haushalts und der Selbstbewirtschaftung der Schule bereitzustellen.

(5) ¹Für eine intensive Mitarbeit von Elternvertretern und -vertreterinnen in der Schulkonferenz muss die Schule, insbesondere die Schulleitung und das Lehrpersonal, die nötigen Voraussetzungen schaffen. ²Dazu gehört auch, den Kontakt und Austausch zwischen den Elternvertretern und -vertrete-

rinnen in der Schulkonferenz und der gesamten Elternschaft der Schule mit Unterstützung der Schule, insbesondere der Schulleitung zu verstärken.

§ 34 Zusammensetzung der Schulkonferenz
(1) ¹Die Zahl der stimmberechtigten Mitglieder der Schulkonferenz neben der Schulleiterin oder dem Schulleiter beträgt an Schulen mit
1. bis zu 400 Schülerinnen und Schülern zehn,
2. 401 bis 600 Schülerinnen und Schülern zwölf,
3. 601 bis 800 Schülerinnen und Schülern 16,
4. über 800 Schülerinnen und Schülern und an Schulen nur der Sekundarstufe II 20.

²An Schulen mit Ausbildungsbeirat sind zusätzlich vier Vertreterinnen oder Vertreter des Ausbildungsbeirats stimmberechtigte Mitglieder der Schulkonferenz. ³Die Schulleiterin oder der Schulleiter führt den Vorsitz; bei Stimmengleichheit gibt ihre oder seine Stimme den Ausschlag. ⁴Die Schulleiterin oder der Schulleiter kann den Vorsitz auf ein anderes Mitglied der Schulkonferenz delegieren.
(2) ¹Die Zahl der Mitglieder nach Absatz 1 Satz 1 Nr. 1 bis 4 besteht zur einen Hälfte aus Mitgliedern der Gesamtkonferenz und einem Mitglied des nicht-unterrichtenden Personals. ²Unter den Mitgliedern der Gesamtkonferenz müssen Lehrkräfte, sozialpädagogische Fachkräfte und Betreuungskräfte nach Möglichkeit im Verhältnis ihres stellenmäßigen Anteils in der Gesamtkonferenz zum Zeitpunkt der Wahl vertreten sein, wobei gegebenenfalls zugunsten der Anzahl der Lehrkräfte aufgerundet wird. ³Die andere Hälfte wird aufgeteilt
1. in Schulen mit Jahrgangsstufen der Sekundarstufe I zu gleichen Teilen auf Vertreterinnen und Vertreter des Schülerbeirats und des Elternbeirats, in Schulen nach Absatz 1 Satz 1 Nr.1 auf drei Vertreterinnen und Vertreter des Elternbeirats und zwei Vertreterinnen und Vertreter des Schülerbeirats;
2. in Schulen nur der Sekundarstufe II zu zwei Dritteln auf Vertreterinnen und Vertreter des Schülerbeirats und zu einem Drittel auf Vertreterinnen und Vertreter des Elternbeirats. Lässt sich diese Hälfte nicht entsprechend aufteilen, erhält der Elternbeirat einen Sitz mehr als ein Drittel, der Schülerbeirat einen Sitz weniger als zwei Drittel.

(3) Maßgebend für die Größe der Schulkonferenz ist die Zahl der Schülerinnen und Schüler zehn Unterrichtstage nach Schuljahresbeginn.

§ 35 Rechte der Mitglieder der Schulkonferenz
(1) Die Mitglieder der Schulkonferenz haben das Recht, an den Sitzungen der Konferenzen und an den Sitzungen der Beiräte mit beratender Stimme teilzunehmen.
(2) Jedes Mitglied der Schulkonferenz kann eine andere Person aus seiner Personengruppe mit der Teilnahme an Fachkonferenzsitzungen beauftragen.
(3) ¹Das Teilnahmerecht gilt nicht für die Tagesordnungspunkte, in denen Gremien Angelegenheiten beraten, die einzelne Mitglieder ihrer Personengruppe persönlich betreffen. ²Hiervon kann nur mit Zustimmung der Betroffenen abgewichen werden.

§ 36 Aufgaben der Gesamtkonferenz des Kollegiums (Gesamtkonferenz)
(1) ¹Die Gesamtkonferenz berät über grundsätzliche Fragen der pädagogischen und fachlichen Gestaltung der Bildungs- und Erziehungsarbeit der Schule sowie über grundsätzliche Fragen der Gestaltung der unterrichtsergänzenden und -unterstützenden Arbeit. ²Sie wählt ihre Vertreterinnen und Vertreter in die Schulkonferenz aus ihrer Mitte.
(2) Die Gesamtkonferenz entscheidet in folgenden Angelegenheiten:
1. Koordinierung, Vorbereitung und Auswertung der Unterrichtsgestaltung und der Unterrichtsmethoden sowie der Leistungsbewertung, insbesondere durch Teamarbeit;
2. Ausfüllung der durch die Senatorin für Kinder und Bildung gesetzten Standards;
3. Konzeption der besonderen Förderung von Schülerinnen und Schülern;
4. Formen der Evaluation und Qualitätssicherung der pädagogischen Arbeit;
5. Koordinierung, Vorbereitung und Auswertung der unterrichtsergänzenden und -unterstützenden Arbeit;
6. Erarbeitung von Grundsätzen für die Vertretung von Lehrkräften und der übrigen Mitglieder der Gesamtkonferenz;
7. Fortbildungsprogramm und die schulinternen Fortbildungsmaßnahmen;

8. ihr durch besondere Rechtsvorschriften übertragene Aufgaben sowie
9. unterrichtliche Kooperations- und Integrationsvorhaben.

(3) ¹Soweit die Gesamtkonferenz von ihrem Recht zur Entscheidung nicht Gebrauch gemacht hat, entscheidet die Schulleitung. ²Die Schulleitung informiert die Gesamtkonferenz unverzüglich über getroffene Entscheidungen in den Angelegenheiten nach den Nummern 1 bis 9 des Absatzes 2. ³Die Gesamtkonferenz kann die Entscheidung innerhalb von 14 Tagen nach Bekanntgabe durch die Schulleitung durch eine andere Entscheidung ersetzen.

§ 37 Zusammensetzung der Gesamtkonferenz

(1) ¹Stimmberechtigte Mitglieder der Gesamtkonferenz sind alle an der Schule tätigen Lehrkräfte, sozialpädagogischen Fachkräfte und Betreuungskräfte, soweit sie mit mindestens einem Viertel der Stunden einer Vollzeitstelle an der Schule beschäftigt sind. ²Alle anderen Lehrkräfte, sozialpädagogischen Fachkräfte und Betreuungskräfte sind Mitglieder mit beratender Stimme; sie wählen jedoch gleichberechtigt die Vertreter und Vertreterinnen der Gesamtkonferenz in die Schulkonferenz.
(2) Die Gesamtkonferenz kann weitere Personen, die an der pädagogischen Arbeit beteiligt sind, zu ihren Sitzungen einladen.
(3) Die Lehrkräfte der Schule und die an der Schule selbstverantwortlich erzieherisch tätigen Personen sind verpflichtet, an den Sitzungen der Gesamtkonferenz teilzunehmen.
(4) Die Schulleiterin oder der Schulleiter ist Vorsitzende oder Vorsitzender der Gesamtkonferenz; bei Stimmengleichheit gibt ihre oder seine Stimme den Ausschlag.

§ 38 Teilkonferenzen

(1) ¹Die Gesamtkonferenz kann die Bildung von Teilkonferenzen beschließen. ²Sie sind zulässig für einzelne Abteilungen, Stufen oder Bildungsgänge.
(2) Teilkonferenzen für eine Abteilung sind einzurichten, wenn ein Abteilungsleiter oder eine Abteilungsleiterin für diese Organisationseinheit eingesetzt ist.
(3) ¹Die Teilkonferenzen nehmen die Aufgaben der Gesamtkonferenz wahr, soweit sie die jeweilige Organisationseinheit (Abteilung, Stufe oder Bildungsgang) allein betreffen. ²§ 37 gilt entsprechend.

§ 39 (aufgehoben)

§ 40 Beanstandungen

(1) ¹Der Schulleiter oder die Schulleiterin muss einen Beschluss der Schulkonferenz oder der Gesamtkonferenz durch eine in der Sitzungsniederschrift festzuhaltende Erklärung oder schriftlich innerhalb von zwei Wochen beanstanden, wenn
1. er oder sie den Beschluss für unvereinbar mit Rechts- oder Verwaltungsvorschriften oder erteilten Anordnungen hält oder
2. er oder sie für die Durchführung des Beschlusses nicht die Verantwortung übernehmen kann.

²Die Beanstandung hat aufschiebende Wirkung.
(2) Hält die Schulkonferenz oder die Gesamtkonferenz ihren Beschluss in einer zweiten Sitzung, die frühestens am Tage nach der Beanstandung stattfinden darf, aufrecht, so hat der Schulleiter oder die Schulleiterin unverzüglich die endgültige Entscheidung der zuständigen Schulbehörde einzuholen.
(3) ¹Absätze 1 und 2 gelten entsprechend für die Vorsitzenden von anderen Konferenzen für die dort gefassten Beschlüsse mit der Maßgabe, dass an die Stelle der zuständigen Schulbehörde je nach Zuständigkeit die Schulkonferenz oder die Schulleitung tritt. ²Das Recht der Schulleiterin oder des Schulleiters, diese Beschlüsse zu beanstanden, bleibt unberührt.
(4) Absätze 1 und 2 gelten für Beschlüsse der Schulleitung entsprechend mit der Maßgabe, dass die Entscheidung der zuständigen Schulbehörde ohne erneute Beratung und Beschlussfassung eingeholt wird.

§ 41 Klassenkonferenzen

(1) In Bereichen, in denen die Schüler und die Schülerinnen in Klassen unterrichtet werden, sind Klassenkonferenzen zu bilden.
(2) Klassen im Sinne dieses Gesetzes sind auch Lerngruppen, die anstelle von Klassen gebildet werden.
(3) ¹An Berufsschulen und an Schulen mit einem entsprechenden Bereich kann die Schulkonferenz beschließen, auf Klassenkonferenzen zu verzichten. ²Beschließt die Schulkonferenz, auf Klassenkon-

ferenzen zu verzichten, werden deren Aufgaben von Konferenzen wahrgenommen, deren Zusammensetzung die Schulkonferenz bestimmt. ³§ 42 Abs. 1 gilt entsprechend.

§ 42 Zusammensetzung der Klassenkonferenz
(1) Mitglieder der Klassenkonferenz sind alle die Schülerinnen und Schüler der Klasse unterrichtenden und unterweisenden Lehrkräfte sowie die Klassenelternsprecher und Klassenelternsprecherinnen und ab Jahrgangstufe 5 die Klassenschülersprecher und Klassenschülersprecherinnen.
(2) ¹Hat der Ausbildungsbeirat an Berufsschulen nach § 86 einen für den Bildungsgang der Klasse zuständigen Ausschuss eingesetzt, haben zwei Mitglieder dieses Ausschusses das Recht, an den Sitzungen der Klassenkonferenz mit beratender Stimme teilzunehmen. ²§ 37 Abs. 3 gilt entsprechend.
(3) Der oder die Vorsitzende hat einzelne Mitglieder der Klassenkonferenz von der Beratung auszuschließen, wenn dies zum Schutze der Persönlichkeit eines Schülers oder einer Schülerin oder deren Erziehungsberechtigten geboten erscheint.

§ 43 Aufgaben der Klassenkonferenz
¹Die Klassenkonferenz berät und beschließt über alle Angelegenheiten, die für die Arbeit der betreffenden Klasse von wesentlicher Bedeutung sind, vornehmlich über die Bildungs- und Erziehungsarbeit und über die Koordinierung der Unterrichtsgestaltung in der Klasse. ²Aufgabe der Klassenkonferenz ist es insbesondere
1. die Zusammenarbeit der Fachlehrer oder Fachlehrerinnen zu gewährleisten;
2. über Umfang und Verteilung der Hausaufgaben und über die Koordinierung der schriftlichen Arbeiten zu beraten;
3. das Verhalten der Schülerinnen und Schüler zu beraten;
4. Schülerinnen und Schüler einer Schulart nach § 37a des Bremischen Schulgesetzes zuzuweisen;
5. über besondere Maßnahmen für einzelne Schüler oder Schülerinnen zu beraten und zu beschließen;
6. die Erprobung neuer curricularer Elemente zu beraten;
7. über Anträge der Klassenversammlung zu beschließen;
8. die ihr durch besondere Rechtsvorschriften übertragenen Aufgaben zu erfüllen.

§ 44 Jahrgangskonferenzen
(1) In Bereichen, in denen die Schüler und Schülerinnen nicht in Klassen unterrichtet werden, nimmt die Jahrgangskonferenz für diesen Bereich der Jahrgangsstufe die Aufgabe der Klassenkonferenz wahr.
(2) ¹Die Jahrgangskonferenz besteht aus allen in diesem Bereich der Jahrgangsstufe unterrichtenden und unterweisenden Lehrkräften sowie den Jahrgangselternsprechern und Jahrgangselternsprecherinnen und den Jahrgangsschülersprechern und Jahrgangsschülersprecherinnen. ²§ 37 Abs. 3 und § 42 Abs. 3 gelten entsprechend.
(3) Entscheidungen, die lediglich den einzelnen Schüler oder die einzelne Schülerin, insbesondere seine oder ihre schulischen Leistungen oder seinen oder ihren weiteren schulischen Bildungsweg betreffen, werden von Ausschüssen der jeweiligen Jahrgangskonferenz getroffen.
(4) ¹Mitglieder der Jahrgangsausschüsse sind die Lehrkräfte, die den betroffenen Schüler oder die betroffene Schülerin im laufenden Schulhalbjahr unterrichtet oder unterwiesen haben, sowie ein Jahrgangselternsprecher oder eine Jahrgangselternsprecherin und ein Jahrgangsschülersprecher oder eine Jahrgangsschülersprecherin. ²§ 37 Abs. 3 und § 42 Abs. 3 gelten entsprechend.

Titel 4
Fachkonferenzen und Klassenversammlungen

§ 45 Fachkonferenzen
(1) ¹Mitglieder der Fachkonferenzen sind alle Lehrkräfte eines Faches, unter ihnen die Fachsprecherin oder der Fachsprecher als Vorsitzende oder Vorsitzender. ²Die Fachkonferenzen erarbeiten die Entscheidungsvorlagen für die Schulleitung und die Beschlussvorlagen für die Gesamtkonferenz. ³Sie koordinieren die Angelegenheiten des entsprechenden Fachunterrichts und entscheiden hierüber. ⁴Die Beschlüsse der Fachkonferenzen sind verbindlich im Rahmen der Vorgaben.
(2) ¹Die Fachkonferenzen können in Fachbereichskonferenzen zusammengefasst werden. ²Absatz 1 gilt im Übrigen entsprechend.
(3) ¹In allgemeinbildenden Schulen sind schulübergreifende Fachkonferenzen zu bilden, wenn ein Fach an einer Schule durch nicht mehr als zwei Lehrkräfte vertreten ist oder wenn die Mehrzahl

der Jahrgangsstufen in einem Bildungsgang einzügig geführt wird. ²Absatz 1 gilt entsprechend. ³Sind ihre Entscheidungen nicht mit den verbindlichen Vorgaben einer Schule zu vereinbaren, muss die Schulleitung dieser Schule hierüber erneut entscheiden. ⁴Führt diese Entscheidung nicht zu einer Vereinbarkeit, entscheiden die Schulleitungen der beteiligten Schulen in einer gemeinsamen Sitzung.

§ 46 Klassenversammlung
(1) ¹Der Klassenlehrer oder die Klassenlehrerin, die Eltern und ab Jahrgangsstufe 5 die Schüler und Schülerinnen einer Klasse bilden die Klassenversammlung. ²In der Klassenversammlung werden allgemeine Fragen des Unterrichts und der Erziehung in der Klasse besprochen. ³Die Klassenversammlung wird einberufen, wenn der Klassenlehrer oder die Klassenlehrerin, der Klassenelternsprecher oder die Klassenelternsprecherin oder der Klassenschülersprecher oder die Klassenschülersprecherin es verlangen.
(2) ¹Der Klassenlehrer oder die Klassenlehrerin kann Fachlehrer oder Fachlehrerinnen zur Klassenversammlung hinzuziehen. ²Er oder sie hat sie hinzuzuziehen, wenn der Klassenelternsprecher oder die Klassenelternsprecherin es verlangt.
(3) ¹In Bereichen, in denen die Schüler und Schülerinnen nicht in Klassen unterrichtet werden, besteht die Klassenversammlung aus einem Tutor oder einer Tutorin, der Tutandengruppe und den Eltern der Mitglieder der Tutandengruppe. ²Absatz 2 gilt entsprechend.
(4) ¹In Klassen oder Tutandengruppen, in denen nur volljährige Schüler und Schülerinnen sind, sowie an berufsbildenden Schulen beruft der Klassenlehrer oder die Klassenlehrerin oder der Tutor oder die Tutorin die Klassenversammlung nach eigenem Ermessen ein. ²§ 87 Abs. 1 Satz 2 bleibt unberührt.

Titel 5
Schülervertretungen

§ 47 Schülerbeirat
(1) ¹In allen Schulen mit Ausnahme der Schulen, die nur Jahrgangsstufe 1 bis 4 umfassen, wird ein Schülerbeirat gebildet. ²Er besteht aus sämtlichen Klassenschülersprechern und Klassenschülersprecherinnen und Jahrgangsschülersprecherinnen und Jahrgangsschülersprechern von der 5. Jahrgangsstufe an.
(2) ¹Der Schülerbeirat kann durch Satzung bestimmen, dass die Schülervertretung anders als in diesem Gesetz vorgesehen organisiert und dass der Vertrauenslehrer oder die Vertrauenslehrerin auf eine andere Weise gewählt wird. ²Eine Erweiterung der Befugnisse der Schülerversammlung ist unzulässig. ³Die Satzung wird mit zwei Drittel der stimmberechtigten Mitglieder des Schülerbeirats beschlossen und bedarf der Zustimmung der Schulleiterin oder des Schulleiters.
(3) ¹Der Schülerbeirat kann für seine Sitzungen im Schuljahr zehnmal zwei Unterrichtsstunden, an Berufsschulen fünfmal zwei Unterrichtsstunden, in Anspruch nehmen. ²Weitere Sitzungen während der Unterrichtszeit bedürfen der Zustimmung der Schulkonferenz. ³§ 87 Abs. 2 bleibt unberührt.
(4) Schülervertreter und Schülervertreterinnen sollen durch geeignete schulische und überschulische Maßnahmen die notwendigen Kenntnisse und Befähigungen für ihre Arbeit erhalten.

§ 48 Aufgaben
(1) ¹Der Schülerbeirat berät und beschließt über alle Angelegenheiten, die die Schüler und Schülerinnen in der Schule betreffen, soweit nicht eine Konferenz zuständig ist. ²Ihm ist vor Beschlüssen von Konferenzen, die von grundsätzlicher Bedeutung für die Unterrichts- und Erziehungsarbeit sein werden, Gelegenheit zur Stellungnahme zu geben. ³Der Schülerbeirat hat weiterhin folgende Aufgaben:
1. Vertretung der fachlichen, kulturellen und sozialen Interessen der Schüler und Schülerinnen;
2. Auswertung von Beschlüssen der Schulkonferenz und der Gesamtkonferenz;
3. Verwendung der dem Schülerbeirat zur Verfügung stehenden finanziellen Mittel;
4. Wahl der Schülervertreter und Schülervertreterinnen in die Schulkonferenz und in die Gesamtvertretung.
(2) Der Schülerbeirat vertritt die Schülerschaft gegenüber der Schulleitung und den Schulbehörden, sofern ihre Anliegen nicht durch die Schulkonferenz geregelt oder vertreten werden.

§ 49 Schülerversammlung

(1) ¹Auf Beschluss des Schülerbeirats beruft der Vorsitzende oder die Vorsitzende unter Berücksichtigung der räumlichen Möglichkeiten die Schüler und Schülerinnen der Schule, einzelner Abteilungen oder Stufen zur Unterrichtung und Aussprache über grundsätzliche Angelegenheiten der Schule ein. ²Die Schülerversammlung kann Empfehlungen an den Schülerbeirat beschließen.

(2) ¹Schülerversammlungen können im Schuljahr insgesamt zehn Unterrichtsstunden in Anspruch nehmen. ²Weitere Sitzungen während der Unterrichtszeit bedürfen der Zustimmung der Schulkonferenz. ³§ 87 Abs. 2 bleibt unberührt.

(3) Die Senatorin für Kinder und Bildung wird ermächtigt, für die Berufsschulen oder Schulen mit einem entsprechenden Bereich abweichende Regelungen zu treffen.

§ 50 Klassenschülersprecher/Klassenschülersprecherin

(1) ¹Jede Klasse wählt unverzüglich nach Beginn des Schuljahres zwei Klassenschülersprecher oder Klassenschülersprecherinnen. ²Dabei sollen nach Möglichkeit beide Geschlechter vertreten sein.

(2) Bei Blockunterricht an Berufsschulen wird die Wahl unmittelbar nach Beginn des Unterrichts für die Dauer des gesamten Blockunterrichts in einem Schuljahr durchgeführt.

(3) ¹Die Klassenschülersprecher und Klassenschülersprecherinnen vertreten die Schüler und Schülerinnen ihrer Klasse in allen sie betreffenden Fragen der Schule und des Unterrichts. ²Sie vermitteln bei Meinungsverschiedenheiten zwischen Schülern oder Schülerinnen und Lehrkräften.

(4) ¹In Bereichen, in denen die Schüler und Schülerinnen nicht in Klassen unterrichtet werden, wählt sich jede Jahrgangsstufe dieses Bereichs ihre Jahrgangsschülersprecher oder -sprecherinnen und deren Stellvertreter oder Stellvertreterin neu aus ihrer Mitte. ²Für je 20 Schüler und Schülerinnen sind zwei Jahrgangsschülersprecher oder Jahrgangsschülersprecherinnen zu wählen. ³Absatz 3 gilt entsprechend.

§ 51 Kassenprüfung

¹Beabsichtigen Schüler und Schülerinnen, innerhalb der Schule finanzielle Mittel für andere Schüler und Schülerinnen zu verwalten, haben sie der Schulkonferenz zwei Personen als Kassenprüfer oder Kassenprüferin zu benennen, von denen mindestens eine oder einer voll geschäftsfähig sein muss. ²Sie sind zu jederzeitiger Überprüfung der Kasse berechtigt und haben mindestens einmal im Schuljahr der Schulkonferenz einen Prüfbericht vorzulegen. ³Die Kassenprüfer oder Kassenprüferinnnen bedürfen der Bestätigung durch die Schulkonferenz.

§ 52 Schülervereinigungen

¹Das Recht, Vereinigungen zu bilden, bleibt für die Schüler und Schülerinnen unberührt. ²Diese Vereinigungen sind keine Schülervertretungen im Sinne dieses Gesetzes.

§ 53 Vertrauenslehrer/Vertrauenslehrerin

(1) ¹Die Schüler und Schülerinnen der Schule können sich Lehrkräfte ihres Vertrauens (Vertrauenslehrer oder Vertrauenslehrerin) zur Unterstützung ihrer Interessen wählen. ²Die Vertrauenslehrer und Vertrauenslehrerinnen unterliegen der besonderen Verschwiegenheit zur Wahrung des Persönlichkeitsschutzes der sich ihnen Anvertrauenden. ³§ 14 Absatz 3 und 4 gilt entsprechend.

(2) Ein Vertrauenslehrer oder eine Vertrauenslehrerin kann an allen Beratungen und Konferenzen teilnehmen, zu denen Schüler und Schülerinnen zugelassen sind.

Titel 6
Elternvertretung

§ 54 Elternbeirat

(1) An jeder Schule mit minderjährigen Schülern und Schülerinnen wird ein Elternbeirat gebildet.

(2) ¹Der Elternbeirat besteht aus allen ersten und zweiten Klassenelternsprechern und Klassenelternsprecherinnen und aus den Jahrgangselternsprechern und Jahrgangselternsprecherinnen der Schule. ²Sind in der Schule junge Menschen mit Behinderungen, soll im Elternbeirat mindestens ein Mitglied aus dem Kreise der Eltern von jungen Menschen mit Behinderungen vertreten sein.

§ 55 Aufgaben

(1) ¹Der Elternbeirat berät und beschließt über alle Angelegenheiten, die die Erziehungsberechtigten betreffen, soweit nicht eine Konferenz zuständig ist. ²Er soll mit der Schulleitung und mit dem Kollegium in der Erfüllung des Unterrichts- und Erziehungsauftrages der Schule zusammenwirken.

³Ihm ist vor Beschlüssen der Konferenzen, die von grundsätzlicher Bedeutung für die Unterrichts- und Erziehungsarbeit sein werden, Gelegenheit zur Stellungnahme zu geben. ⁴Der Elternbeirat hat zudem die Aufgabe, die Beschlüsse der Schulkonferenz und der Gesamtkonferenz auszuwerten. ⁵Der Elternbeirat wählt aus seiner Mitte zwei gleichberechtigte Sprecher oder Sprecherinnen als Vorsitzende (Schulelternsprecher/Schulelternsprecherin), die Elternvertreter oder Elternvertreterinnen in andere Gremien und die Abteilungssprecher oder Abteilungssprecherinnen sowie gegebenenfalls nach § 78 die Delegierten für den Gesamtelternbeirat. ⁶Die Wahlen durch den Elternbeirat erfolgen auf zwei Jahre.

(2) Der Elternbeirat vertritt die Schulelternschaft gegenüber der Schulleitung und den Schulbehörden, sofern ihre Anliegen nicht durch die Schulkonferenz geregelt oder vertreten werden.

§ 56 Elternversammlung

¹Auf Beschluss des Elternbeirats beruft der oder die Vorsitzende unter Berücksichtigung der räumlichen Möglichkeiten die Erziehungsberechtigten der Schule oder einzelner Abteilungen oder Stufen zur Unterrichtung und Aussprache über grundsätzliche Angelegenheiten der Schule ein. ²Die Elternversammlung kann Empfehlungen an den Elternbeirat beschließen.

§ 57 Klassenelternversammlung, Elternsprecher/Elternsprecherinnen

(1) ¹Die Erziehungsberechtigten jeder Klasse bilden die Klassenelternversammlung. ²Die Klassenelternversammlung dient der Information und dem Meinungsaustausch; in ihr sollen pädagogische und organisatorische Fragen von allgemeinem Interesse besprochen und die Erziehungsberechtigten über wesentliche Vorgänge aus der Arbeit der Klasse informiert werden. ³Sie hat unverzüglich nach Beginn eines jeden Schuljahres die ersten und zweiten Klassenelternsprecher oder Klassenelternsprecherinnen aus ihrer Mitte zu wählen.

(2) ¹Die Klassenelternsprecher oder Klassenelternsprecherinnen vertreten die Interessen der Klassenelternschaft. ²Insbesondere haben sie die Aufgabe,
1. die gegenseitige Unterrichtung zwischen den Erziehungsberechtigten und den Lehrkräften der Klasse zu fördern;
2. bei Meinungsverschiedenheiten zwischen den einzelnen Erziehungsberechtigten und Lehrkräften zu vermitteln,
3. die Erziehungsberechtigten über aktuelle Schulfragen zu informieren;
4. an der Klassenkonferenz teilzunehmen;
5. mindestens einmal im Schuljahr Klassenelternversammlungen einzuberufen.

(3) ¹In Bereichen, in denen die Schüler und Schülerinnen nicht in Klassen unterrichtet werden, wählt sich jede Jahrgangsstufe dieses Bereichs ihre Jahrgangselternsprecher und Jahrgangselternsprecherinnen aus ihrer Mitte. ²Ihre Zahl entspricht höchstens der Zahl der Jahrgangsschülersprecher und Jahrgangsschülersprecherinnen. ³Absatz 2 gilt entsprechend. ⁴In Berufsschulen gilt dies, wenn der Elternbeirat entsprechend beschlossen hat.

(4) Die Amtszeit der Elternsprecher und Elternsprecherinnen in Schulen der Sekundarstufe II umfasst zwei Schuljahre, sofern es sich nicht um einen einjährigen Bildungsgang handelt.

Titel 7
Beirat des nicht-unterrichtenden Personals

§ 58 Zusammensetzung des Beirats des nicht-unterrichtenden Personals

¹Mitglieder des Beirats des nicht-unterrichtenden Personals sind alle an der Schule tätigen Bediensteten, die nicht Mitglieder der Gesamtkonferenz sind und die nicht nur im Auftrag von privaten Institutionen für die Pflege und Unterhaltung des Schulgebäudes oder des Schulgrundstückes zuständig sind. ²Stimmberechtigt sind jene Mitglieder, die länger als ein Jahr an der Schule tätig sind.

§ 59 Aufgaben

¹Der Beirat des nicht-unterrichtenden Personals berät und beschließt über alle Angelegenheiten, die diese Personengruppe betreffen, soweit nicht eine Konferenz zuständig ist. ²Er wählt seine Vertreter oder Vertreterinnen in die Schulkonferenz aus seiner Mitte.

Titel 8
Ausbildungsbeirat
§ 60 Einrichtung und Zusammensetzung des Ausbildungsbeirats
(1) An Berufsschulen und an Schulen mit einem entsprechenden Bereich wird ein Ausbildungsbeirat gebildet.
(2) ¹Der Ausbildungsbeirat besteht zu gleichen Teilen aus Vertretern und Vertreterinnen der Arbeitgeber und Arbeitgeberinnen und der Arbeitnehmer und Arbeitnehmerinnen. ²Ein Mitglied der Schulleitung und ein Fachlehrer oder eine Fachlehrerin sind als Vertreter oder als Vertreterinnen der Schule Mitglieder ohne Stimmrecht. ³Die stimmberechtigten Mitglieder des Ausbildungsbeirats sowie deren Stellvertreterinnen und Stellvertreter werden auf Vorschlag der für sie zuständigen Kammern in der Stadtgemeinde Bremen von der Senatorin für Kinder und Bildung und in der Stadtgemeinde Bremerhaven vom Magistrat für die Dauer von vier Jahren berufen.
(3) Die Kammern sind berechtigt, je einen Vertreter oder eine Vertreterin ohne Stimmrecht zu den Sitzungen der Ausbildungsbeiräte zu entsenden, für die sie ein Vorschlagsrecht für die Besetzung des betreffenden Ausbildungsbeirats haben.

§ 61 Aufgaben
Der Ausbildungsbeirat hat die Aufgabe,
1. die Zusammenarbeit zwischen allen an der beruflichen Bildung Beteiligten und der Schule zu fördern;
2. bei der Koordinierung der Durchführung von Bildungsplänen für die schulische Berufsbildung und von Plänen der sachlichen und zeitlichen Gliederung der betrieblichen und überbetrieblichen Berufsausbildung mitzuwirken;
3. die Schule in organisatorischen Fragen sowie bei Auf- und Ausbau der Werkstätten und Lehrmittelsammlungen zu unterstützen;
4. die Schule bei der Durchführung der Schulpflicht sowie der ihr übertragenen Aufgaben der Schulfürsorge und der Jugendpflege zu unterstützen;
5. die Beschlüsse der Schulkonferenz und der Gesamtkonferenz auszuwerten;
6. seine Vertreter oder Vertreterinnen in die Schulkonferenz zu wählen.

Abschnitt 3
Die Schulleitung
§ 62 Die Schulleitung
(1) ¹Zur Schulleitung gehören die Schulleiterin oder der Schulleiter und deren oder dessen Stellvertretung, die Abteilungsleiterinnen und Abteilungsleiter. ²Den Vorsitz führt die Schulleiterin oder der Schulleiter.
(2) ¹Die Schulleitung entscheidet in allen schulischen Angelegenheiten soweit nicht andere Konferenzen zuständig sind oder diese die notwendigen Entscheidungen nicht treffen. ²Die jeweiligen Konferenzen sind unverzüglich über die Entscheidungen zu informieren. ³Die Befugnisse der Schulleiterin oder des Schulleiters bleiben unberührt.
(3) ¹Zur erweiterten Schulleitung gehören zusätzlich die Lehrkräfte in besonderer Funktion (§ 66). ²Sie trifft sich regelmäßig zur umfassenden gegenseitigen Information und Beratung sowie zur Zusammenarbeit bei der Wahrnehmung übergreifender Aufgaben.

§ 63 Schulleiter/Schulleiterin
(1) ¹Die Schulleiterin oder der Schulleiter leitet die Schule. ²Sie oder er trägt die Gesamtverantwortung für die Schule. ³Sie oder er entscheidet in allen Angelegenheiten der Organisation des schulischen Lebens und der Wirtschaftsführung im Rahmen der grundsätzlichen Beschlüsse der Schulkonferenz. ⁴Sie oder er hat für die Qualitätsentwicklung und die Qualitätssicherung des Unterrichts Sorge zu tragen und hat in diesem Bereich das Letztentscheidungsrecht. ⁵Die Ausübung dieses Rechts setzt eine eingehende Erörterung mit dem Gremium oder der Person voraus, das oder die eine abweichende Entscheidung getroffen hatte. ⁶Das Letztentscheidungsrecht gilt nicht für Entscheidungen der Schulkonferenz, die sie im Verfahren nach § 32 Abs. 1 mit Dreiviertelmehrheit getroffen hat.
(2) ¹Die Schulleiterin oder der Schulleiter ist Vorgesetzte oder Vorgesetzter der Lehrkräfte, der sozialpädagogischen Fachkräfte, der Betreuungskräfte und des nicht-unterrichtenden Personals. ²Gegen-

über Referendarinnen und Referendaren und anderen in der Schule Tätigen ist sie oder er weisungsberechtigt, soweit es die Erfüllung ihrer oder seiner Aufgaben erforderlich macht. ³Sie oder er hat die Entscheidungen der in der Schule tätigen Personen aufzuheben, wenn sie oder er für die Entscheidung nicht die Verantwortung übernehmen kann. ⁴Sie oder er ist als Vorgesetzte oder Vorgesetzter verantwortlich für eine den beruflichen Anforderungen entsprechende Personalentwicklung ihrer oder seiner Lehrkräfte.

(3) ¹Sie oder er beauftragt Lehrkräfte, bestimmte Aufgaben im Sinne von § 59 Abs. 2 Bremisches Schulgesetz zu übernehmen. ²Sie oder er bestellt befristet Lehrkräfte in besonderer Funktion, soweit die Übertragung von bestimmten Funktionen nicht der Anstellungsbehörde vorbehalten ist; diese Bestellung kann jederzeit zurückgenommen werden.

(4) ¹Die Schulleiterin oder der Schulleiter vertritt die Schule nach außen. ²Erklärungen und Verpflichtungen sind unmittelbar verbindlich für die Schule und alle ihre Personengruppen.

(4a) ¹Die Schulleitung ist verpflichtet, unverzüglich die Polizei zu informieren, sobald sie Kenntnis davon erhält, dass schwere Straftaten, insbesondere Straftaten gegen das Leben, die körperliche Unversehrtheit und Raubstraftaten, sowie Verstöße gegen das Waffengesetz, die an ihrer Schule oder im unmittelbaren Zusammenhang mit der Schule gegen oder durch ihre Schülerinnen und Schüler versucht oder begangen worden sind. ²Antragsdelikte gemäß § 230 des Strafgesetzbuches sind von dieser Anzeigepflicht ausgenommen.

(5) Die Schulleiterin oder der Schulleiter kann einzelne ihrer oder seiner Aufgaben auf andere an der Schule tätige Bediensteten übertragen.

(6) Die grundsätzlichen Aufgaben im Einzelnen regelt eine Rechtsverordnung.

§ 64 Kollegiale Schulleitung

(1) Die Satzung der Schule kann im Rahmen der Weiterentwicklung der inneren Schulstruktur eine kollegiale Schulleitung vorsehen.

(2) ¹Zu den Mitgliedern einer kollegialen Schulleitung gehören die Mitglieder der Schulleitung nach § 62 und nach Maßgabe der Satzung weitere Mitglieder. ²Die weiteren Mitglieder führen ihr Amt unentgeltlich als Ehrenamt. ³Die Dauer deren Mitgliedschaft bestimmt die Satzung.

(3) Jedes Mitglied der kollegialen Schulleitung nimmt seinen Aufgabenbereich selbständig wahr.

(4) ¹Die kollegiale Schulleitung regelt die Verteilung der Schulleitungsaufgaben und beschließt die Übertragung einzelner Aufgaben auf Mitglieder der Schulleitung sowie Inhalt und Form der Leitungsausübung, soweit das Gesetz sie nicht bestimmt; dabei ist sicherzustellen, dass die Mitglieder der Schulleitung, die höherwertige Ämter innehaben, amtsangemessene Aufgaben und Funktionen wahrnehmen. ²§ 40 Abs. 1 und 2 gilt entsprechend. ³§ 63 Abs. 5 gilt entsprechend für die einzelnen Mitglieder der Schulleitung.

(5) ¹Je ein Vertreter oder eine Vertreterin des Elternbeirates, des Schülerbeirates, des nicht-unterrichtenden Personals sowie an Schulen mit Ausbildungsbeirat zwei Vertreter oder Vertreterinnen des Ausbildungsbeirates können an den Sitzungen der kollegialen Schulleitung mit beratender Stimme teilnehmen. ²Das Teilnahmerecht gilt nicht für Angelegenheiten, die die Dienstausübung einzelner Bediensteter ganz oder sonst persönlich betreffen.

(6) Die Satzung kann auch für einzelne Untergliederungen der Schule gelten.

§ 65 Abteilungsleiter/Abteilungsleiterin, Jahrgangsleiter/Jahrgangsleiterin

(1) ¹Die Abteilungsleiterin oder der Abteilungsleiter leitet ihre oder seine Abteilung. ²Sie oder er ist für die Umsetzung der für ihre oder seine Abteilung verbindlichen Vorgaben und der Beschlüsse der schulischen Organe und schulübergreifenden Gremien verantwortlich. ³Sie oder er ist in ihrer oder seiner Abteilung verantwortlich für die Organisation und Durchführung der Unterrichts- und Erziehungsarbeit sowie für die Evaluation und Qualitätssicherung dieser Arbeit und insoweit gegenüber den Lehrkräften weisungsberechtigt.

(2) Für Jahrgangsleiter und Jahrgangsleiterinnen in Oberschulen gilt Absatz 1 entsprechend.

§ 66 Lehrkräfte in besonderer Funktion

(1) ¹Lehrkräfte in besonderer Funktion sind verantwortlich für die ihnen übertragenen Aufgaben. ²Die Lehrkräfte in besonderer Funktion sind verpflichtet, die Lehrkräfte ihres Aufgabenbereichs zu Beratungen zusammenzurufen. ³Die Lehrkräfte in besonderer Funktion führen den Vorsitz in ihren Beratungen.

(2) [1]Lehrkräfte in besonderer Funktion sind verantwortlich für die den verbindlichen Vorgaben entsprechende Entwicklung ihres Verantwortungsbereichs. [2]Sie haben für die Erstellung eines entsprechenden Konzeptes, dessen Umsetzung und für die Ergebnissicherung Sorge zu tragen.

§ 67 Bestellung der Schulleiterin oder des Schulleiters

(1) Die Schulleiter und die Schulleiterinnen werden nach Maßgabe der folgenden Bestimmungen in der Stadtgemeinde Bremen von der Senatorin für Kinder und Bildung, in der Stadtgemeinde Bremerhaven vom Magistrat als den zuständigen Behörden bestellt (Übertragung der Funktion).

(2) Bei der Bestellung wird insbesondere berücksichtigt, ob über die Fachkenntnis für das Lehramt hinausgehende Qualifikationen für die Leitung von Schulen und Erfahrungen in unterschiedlichen schulbezogenen Institutionen vorliegen.

(3) [1]Neben den in Absatz 2 geforderten Eignungsvoraussetzungen können weitere für die Auswahl zugrundezulegende Kriterien der Eignung, Befähigung und fachlichen Leistung sowie Grundsätze des Findungsverfahrens durch Rechtsverordnung festgelegt werden. [2]Die Rechtsverordnung kann auch Näheres über die Kriterien und das Verfahren für die Feststellung der Bewährung und die Übertragung des Amtes der Schulleiterin oder des Schulleiters auf Lebenszeit nach § 5 Abs. 6 des Bremischen Beamtengesetzes sowie Eignungskriterien für die Ämter der Mitglieder der Schulleitung festlegen.

§ 68 (aufgehoben)

§ 69 Findungsverfahren

(1) [1]Das Findungsverfahren wird unverzüglich nach dem Ende der Bewerbungsfrist eingeleitet. [2]Die zuständige Behörde prüft, ob die Bewerber und Bewerberinnen die rechtlichen Voraussetzungen für die Übertragung des Amtes sowie die Anforderungen der Ausschreibung erfüllen und anhand der festgelegten Kriterien gegen deren Ernennung aus fachlichen oder persönlichen Gründen schwerwiegende Bedenken bestehen; im letzteren Fall ist die Bewerbung auszuschließen.

(2) [1]Die Durchführung des Findungsverfahrens obliegt dem Findungsausschuss. [2]Er besteht aus:
1. einer Vertreterin oder einem Vertreter der zuständigen Behörde als Vorsitzender oder Vorsitzendem,
2. je einem von der zuständigen Behörde und dem zuständigen Zentralelternbeirat benannten Mitglied und
3. zwei Mitgliedern der Schulkonferenz (je eine Vertreterin oder ein Vertreter des Lehrerkollegiums und der Elternschaft oder bei Schulen der Sekundarstufe II der Schülerschaft).

[3]Ein Mitglied des Personalrats und die zuständige Frauenbeauftragte nehmen mit beratender Stimme teil. [4]Die Mitglieder nach Nummer 2 werden aus einer Liste von Personen benannt, die bezogen auf die jeweilige Schulform bei der zuständigen Behörde im Benehmen mit den zuständigen Gesamtvertretungen den Frauenbeauftragten und Personalräten der Lehrerinnen und Lehrer und dem Landesausschuss für Berufsbildung gebildet wird. [5]Bei der Aufstellung der Liste soll auf die paritätische Repräsentanz von Männern und Frauen geachtet werden. [6]Ist ein Schulleiter oder eine Schulleiterin mit der Qualifikation für berufsbildende Schulen ausgeschrieben, tritt in Nummer 2 an die Stelle des zuständigen Zentralelternbeirats der Landesausschuss für Berufsbildung. [7]Darüber hinaus wird als zusätzliches Mitglied der Schulkonferenz ein Vertreter oder eine Vertreterin des Ausbildungsbeirats benannt.

(3) [1]Der Findungsausschuss sichtet die nach Absatz 1 vorgeprüften Bewerbungen und schlägt bis zu drei Bewerberinnen oder Bewerber zur Bestellung vor; dabei hat er eine schriftlich begründete Rangfolge zu bilden. [2]Der Vorschlag ergeht gegenüber der Anstellungsbehörde.

(4) [1]Die Mitglieder haben auch nach ihrem Ausscheiden aus dem Findungsausschuss über dienstliche Angelegenheiten oder Tatsachen, die ihnen auf Grund ihrer Zugehörigkeit zum Findungsausschuss bekannt geworden sind, Stillschweigen zu bewahren. [2]Die Vertreter und Vertreterinnen der Schulkonferenz sowie andere Mitglieder, die nicht in Ausübung ihrer Funktion zur Verschwiegenheit verpflichtet sind, sind nach § 1 des Verpflichtungsgesetzes auf die gewissenhafte Erfüllung ihrer Obliegenheiten zu verpflichten.

§ 70 Die Bestellung

[1]Die zuständige Behörde wählt aus dem vom Findungsausschuss vorgelegten Aufsatz eine Bewerberin oder einen Bewerber aus. [2]Sie kann den Aufsatz zurückweisen und ein neues Bewerbungsverfahren durchführen.

§ 71 (aufgehoben)

§ 72 Verfahren nach Ablauf der Probezeit

¹Drei Monate vor Ablauf der Probezeit nach § 5 Abs. 6 des Bremischen Beamtengesetzes wird der Gesamtkonferenz der Schule sowie den Beiräten nach § 27 Abs.1 Gelegenheit zur Stellungnahme gegeben. ²Die Stadtgemeinden können die Beteiligung weiterer örtlicher Gremien vorsehen. ³Die Stellungnahmen sind innerhalb von vier Wochen bei der zuständigen Behörde abzugeben. ⁴Unter Berücksichtigung der eingegangenen Stellungnahmen entscheidet die zuständige Behörde über die Übertragung des Amtes auf Lebenszeit.

§ 73 Ausnahmen

Die §§ 69 bis 72 finden keine Anwendung
1. bei der Umsetzung einer Lehrkraft, die in entsprechender Stellung
   a) in einer Schulbehörde,
   b) in einer öffentlichen zwischenstaatlichen oder überstaatlichen Organisation oder einer ähnlichen Einrichtung oder
   c) in der Lehrerbildung oder im Auslandsschuldienst tätig ist;
2. in Fällen der Veränderung der bestehenden Schulorganisation, insbesondere der Auflösung sowie Zusammenlegung von Schulen, und sich daraus ergebender Versetzungszwänge;
3. bei der Errichtung neuer Schulen, insbesondere bei Schulen im Entstehen;
4. in besonderen Einzelfällen, in denen aus fachlichen oder persönlichen Gründen eine amtsangemessene Weiterverwendung eines Schulleiters oder einer Schulleiterin geboten ist.

§ 74 Verfahren bei der Besetzung sonstiger Schulleitungsfunktionen

(1) Bewerberinnen und Bewerber für ein Amt in der Schulleitung sollen bereits Erfahrungen als Lehrerin oder Lehrer in besonderer Funktion an einer anderen Schule erworben haben.
(2) ¹Die Durchführung des Findungsverfahrens obliegt dem Findungsausschuss. ²Er besteht aus:
1. einer Vertreterin oder einem Vertreter der zuständigen Behörde als Vorsitzender oder Vorsitzendem;
2. der Schulleiterin oder dem Schulleiter der Schule;
3. einem weiteren von der Schulkonferenz benanntem Mitglied.

³Ein Mitglied des Personalrats und die zuständige Frauenbeauftragte nehmen mit beratender Stimme teil.
(3) Die §§ 70 und 73 gelten entsprechend.

§ 74a Verfahren bei der Besetzung der übrigen besoldungsmäßig herausgehobenen Stellen in der Schule

Bei den übrigen besoldungsmäßig herausgehobenen Stellen in der Schule macht die Schulleiterin oder der Schulleiter aus den eingegangenen Bewerbungen der zuständigen Behörde einen begründeten Vorschlag für die Besetzung der jeweiligen Stelle.

§ 75 Kommissarischer Leiter/Kommissarische Leiterin

¹Für die Zeit bis zur Bestellung des Schulleiters oder der Schulleiterin setzt die Senatorin für Kinder und Bildung, in Bremerhaven der Magistrat, einen kommissarischen Leiter oder eine kommissarische Leiterin ein, der oder die jederzeit abberufen werden kann. ²Dies gilt für Abteilungsleiter und Abteilungsleiterinnen in Schulzentren entsprechend.

§ 76 Personalausschuss

(1) ¹Die Gesamtkonferenz und der Beirat des nicht-unterrichtenden Personals können in gemeinsamer Sitzung über die Einrichtung eines Personalausschusses entscheiden und ihn in gemeinsamer Sitzung wählen. ²Ihm gehören drei Beschäftigte an. ³Ein Mitglied wird vom Beirat des nicht-unterrichtenden Personals und zwei von der Gesamtkonferenz gewählt, die jeweils auch Stellvertreter oder Stellvertreterinnen wählen.
(2) Der Personalausschuss berät die Schulleiterin oder den Schulleiter in Angelegenheiten der Beschäftigten und vermittelt auf Wunsch in deren dienstlichen Angelegenheiten.

Abschnitt 4
Überschulische Gremien
§ 77 Gesamtvertretungen der Schülerinnen und Schüler und der Eltern

(1) ¹In den Stadtgemeinden Bremen und Bremerhaven werden Gesamtvertretungen jeweils als Interessenvertretungen der Schüler und Schülerinnen und der Erziehungsberechtigten gebildet. ²Sie können zu allen besonders bedeutsamen Schul- und Erziehungsfragen ihrer Stadtgemeinde und des Landes, besonders zu Gesetzentwürfen, Stellung nehmen und Vorschläge machen. ³Besonders bedeutsame Maßnahmen sind zwischen der zuständigen Behörde und den Gesamtvertretungen mit dem Ziel einer Verständigung zu erörtern. ⁴Hierfür ist eine Zeit von mindestens 10 Unterrichtswochen vorzusehen, sofern die Eilbedürftigkeit der Maßnahme nicht nur eine kürzere Frist zulässt. ⁵Sie können darüber hinaus von den Schulbehörden Auskünfte einholen, die ihnen im Rahmen ihrer Aufgabenbereiche erteilt werden, soweit nicht rechtliche Hinderungsgründe entgegenstehen.
(2) Erhebt eine Gesamtvertretung gegen ein Vorhaben einer Schulbehörde nach Absatz 1 grundsätzliche Einwendungen, so hat die Schulbehörde diese Einwendungen in Vorlagen, die zur Vorbereitung der Entscheidung dienen, darzulegen.
(3) ¹Die Gesamtvertretungen können in Arbeitsgruppen der Schulbehörden, die der Erarbeitung einer besonders bedeutsamen Maßnahme im Sinne von Absatz 1 dienen, Vertretern oder Vertreterinnen entsenden, wenn auch die Teilnahme von Vertreterinnen und Vertretern der Schulen vorgesehen ist. ²Das Recht zur Entsendung von Vertretern und Vertreterinnen gilt auch für dienstliche Besprechungen der Behörde mit Vertretern und Vertreterinnen der Schulen über allgemeine grundsätzliche Fragen des Schulwesens.
(4) ¹Die Arbeit der Gesamtvertretungen wird nach Maßgabe des Haushaltsplanes und unter den Voraussetzungen des Satzes 4 gefördert. ²Der Schulträger hat im Rahmen seiner Möglichkeiten in dem erforderlichen Umfang Räume zur Verfügung zu stellen und die Benutzung technischer Einrichtungen zu gestatten. ³Die der Gesamtvertretung zur Verfügung stehenden Mittel unterliegen der Bewirtschaftung durch die Gesamtvertretung. ⁴Die Gesamtvertretung hat durch ein geeignetes Bewirtschaftungsverfahren sicherzustellen, dass das verfügbare Ausgabenvolumen nicht überschritten wird und die Mittelbewirtschaftung jederzeit überprüfbar ist. ⁵Rechtsgeschäftliche Erklärungen können nur vom Vorsitzenden oder von der Vorsitzenden, bei einem Vorstand von dem oder der Vorstandsvorsitzenden, gemeinsam mit der Kassenführerin oder dem Kassenführer abgegeben werden.
(5) Die Gesamtvertretungen unterliegen der Rechtsaufsicht der Senatorin für Kinder und Bildung, in der Stadtgemeinde Bremerhaven der des Magistrats.

§ 78 Gesamtvertretung der Eltern
(1) ¹Die Gesamtvertretungen der Eltern sind die Zentralelternbeiräte. ²Sie bestehen aus den Vorsitzenden der schulartbezogenen Ausschüsse des Gesamtelternbeirats der jeweiligen Stadtgemeinde. ³Statt der Vorsitzenden können auch andere gewählte Vertreter oder Vertreterinnen der Ausschüsse Mitglied des Zentralelternbeirats sein. ⁴Ein Gesamtelternbeirat besteht aus den Schulelternsprecherinnen und Schulelternsprechern sowie aus den Sprecherinnen und Sprechern der Abteilungen, sofern sie eine Schulart im Sinne des Bremischen Schulgesetzes ist. ⁵Statt der Schulelternsprecher und Schulelternsprecherinnen können auch gewählte Vertreter oder Vertreterinnen des Elternbeirats sowie der Abteilungen Mitglieder des Gesamtelternbeirats sein.
(2) ¹Die Zentralelternbeiräte können in Einzelfällen ihre Befugnisse auf ihren Gesamtelternbeirat oder auf einzelne Ausschüsse ihres Gesamtelternbeirats übertragen. ²Die zuständige Schulbehörde ist hierüber zu unterrichten.
(3) Die Bildung, Zusammensetzung und Befugnisse von Ausschüssen regelt der jeweilige Zentralelternbeirat durch Geschäftsordnung.

§ 79 Gesamtvertretung der Schüler und Schülerinnen
(1) Die Gesamtvertretungen der Schülerinnen und Schüler bestehen aus den Delegierten der Schulen, wobei jede Schule für jede angefangenen 400 Schüler einen Delegierten oder eine Delegierte stellt.
(2) ¹In der Gesamtvertretung der Schülerinnen und Schüler wird ein Vorstand gewählt. ²Er hat die Rechte der Gesamtvertretung, soweit diese sie nicht selbst wahrnimmt.

(3) ¹Die Kassenführung und die Bewirtschaftung der Verfügungsmittel in der Gesamtvertretung der Schülerinnen und Schüler wird durch den Verbindungslehrer oder die Verbindungslehrerin überprüft. ²Er oder sie legt der Senatorin für Kinder und Bildung, in Bremerhaven dem Magistrat, mindestens einmal im Schuljahr einen Prüfbericht vor.

§ 80 Landesausschuss für Berufsbildung
¹Der Landesausschuss für Berufsbildung berät den Senat und die Schulbehörden in grundsätzlichen Fragen der schulischen Berufsbildung, auch soweit sie in die Zuständigkeit der Stadtgemeinden fallen. ²Die Aufgaben nach dem Berufsbildungsgesetz bleiben unberührt.

Teil 3
Gemeinsame Wahl- und Verfahrensvorschriften

§ 81 Allgemeines
Die Vorschriften dieses Teils gelten, soweit das Gesetz nichts anderes vorsieht.

§ 82 Wahlen
(1) ¹Die nach diesem Gesetz möglichen Wahlen werden geheim durchgeführt. ²Die Wahl der Klassenelternsprecher und Klassenelternsprecherinnen und die der Klassenschülersprecher und Klassenschülersprecherinnen sowie jede Wahl für nur ein einzelnes Amt werden auf Antrag geheim durchgeführt.

(2) ¹Die Vertreter und Vertreterinnen für ein schulisches Gremium werden auf zwei Schuljahre, für ein überschulisches Gremium auf drei Schuljahre gewählt. ²Schülervertreter und Schülervertreterinnen werden auf ein Schuljahr gewählt. ³Die Amtszeit beginnt mit der Wahl und dauert regelmäßig bis zu den Neuwahlen. ⁴Bei den Wahlen soll darauf hingewiesen werden, dass Frauen und Männer in den jeweiligen Gremien zu gleichen Anteilen vertreten sind.

(3) ¹Ein gewählter Vertreter oder gewählte Vertreterin kann jederzeit zurücktreten. ²Er oder sie scheidet vorzeitig aus seinem oder ihrem Amt, wenn mit der Mehrheit von zwei Dritteln der anwesenden Wahlberechtigten ein Nachfolger oder eine Nachfolgerin gewählt wird oder durch Zusammenlegung von Schulen, Schulstufen oder Klassen sein oder ihr Amt doppelt besetzt wäre. ³Er oder sie scheidet ebenfalls vorzeitig aus seinem oder ihrem Amt, wenn seine oder ihre Zugehörigkeit zu denen, die ihn oder sie gewählt haben, endet; dies gilt nicht für Eltern, die ihren Status als Erziehungsberechtigte verlieren.

(4) ¹Jeweils zu Beginn eines Schuljahres werden die aus ihrem Amt ausgeschiedenen Vertreter und Vertreterinnen durch Neuwahl ersetzt. ²Wiederwahl ist zulässig. ³Scheidet ein Vertreter oder eine Vertreterin während des laufenden Schuljahres aus seinem oder ihrem Amt, tritt außer im Fall der Wahl eines Nachfolgers oder einer Nachfolgerin bis zum Schuljahresende an seine oder ihre Stelle der betreffende Stellvertreter oder die betreffende Stellvertreterin. ⁴Wird ein Nachfolger oder eine Nachfolgerin gewählt, gilt das Schuljahr, in dem er oder sie gewählt ist, als volles Schuljahr im Sinne von Absatz 2.

(5) ¹Das Nähere über die Wählbarkeit, Stimmberechtigung, Durchführung und Gültigkeit der Wahlen sowie über die Berücksichtigung der gleichmäßigen Vertretung von Frauen und Männern regelt eine Wahlordnung. ²Die Wahlordnung hat sicherzustellen, dass in den Gremien, die für mehrere Schularten zuständig sind, jede Schulart angemessen vertreten ist.

§ 83 Stellvertreter/Stellvertreterin
(1) ¹Für jedes gewählte stimmberechtigte Mitglied eines Gremiums wird ein Stellvertreter oder eine Stellvertreterin gewählt. ²Der Stellvertreter oder die Stellvertreterin ist berechtigt, an den Sitzungen des Gremiums mit beratender Stimme teilzunehmen. ³In Abwesenheit des stimmberechtigten Mitglieds gehen dessen Rechte auf den Stellvertreter oder die Stellvertreterin über.

(2) Ist bei einem Elternvertreter oder bei einer Elternvertreterin, bei einem Vertreter oder einer Vertreterin des Ausbildungsbeirats oder bei einem Schülervertreter oder bei einer Schülervertreterin auch der Stellvertreter oder die Stellvertreterin verhindert, kann ein anderer Vertreter oder eine andere Vertreterin, der oder die vom stimmberechtigten Mitglied benannt wird, mit beratender Stimme teilnehmen.

§ 84 Vorsitzender/Vorsitzende

(1) Jedes Gremium wählt sich einen Vorsitzenden oder eine Vorsitzende und dessen oder deren Stellvertreter oder Stellvertreterin aus seiner Mitte.

(2) ¹Der oder die Vorsitzende leitet die Sitzungen und führt die laufenden Geschäfte zwischen den Sitzungen. ²Er oder sie ist Sprecher oder Sprecherin des Gremiums. ³Die Leitung einer oder mehrerer Sitzungen kann er oder sie auf ein anderes Mitglied übertragen.

(3) ¹Die Aufgaben eines oder einer Vorsitzenden können von mehreren Personen (Vorstand) wahrgenommen werden, wenn es die Geschäftsordnung vorsieht und der Vorsitz nicht durch dieses Gesetz bestimmt ist. ²Überschulische Gremien können weitere Aufgaben auf den Vorstand übertragen. ³Wird ein Vorstand gebildet, gilt § 82 entsprechend.

(4) Die Dauer der Wahlperiode des oder der Vorsitzenden wird durch die Geschäftsordnung bestimmt, die Wahlperiode der Vorstandsmitglieder durch § 82, wenn die Geschäftsordnung nichts anderes vorsieht.

§ 85 Geschäftsordnung

¹Konferenzen geben sich Geschäftsordnungen, die demokratischen und rechtsstaatlichen Grundsätzen entsprechen müssen. ²Andere Gremien sollen sich Geschäftsordnungen geben, die denselben Grundsätzen entsprechen müssen. ³Die Senatorin für Kinder und Bildung wird ermächtigt, für die jeweiligen Gremien Mustergeschäftsordnungen zu erstellen. ⁴Soweit Konferenzen und deren mit Entscheidungsbefugnis versehene Ausschüsse nichts anderes beschließen, gilt die jeweilige Mustergeschäftsordnung.

§ 86 (aufgehoben)

§ 87 Einberufung und Öffentlichkeit

(1) ¹Die in diesem Gesetz vorgesehenen Gremien werden von ihrem oder ihrer Vorsitzenden unter Beifügung der Tagesordnung einberufen. ²Der oder die Vorsitzende hat das Gremium unverzüglich einzuberufen, wenn mindestens ein Viertel der stimmberechtigten Mitglieder es beantragt. ³Zwischen der Einladung und der Sitzung muss eine Frist von mindestens einer Woche liegen. ⁴In Eilfällen kann diese Frist bis auf 24 Stunden verkürzt werden. ⁵Die Sitzungen sollen zeitlich so angesetzt werden, dass den berufstätigen Mitgliedern und Vertretern oder Vertreterinnen die Teilnahme möglich ist.

(2) Sitzungen in der Schule sind mit dem Schulleiter oder der Schulleiterin abzustimmen, wenn in durch dieses Gesetz vorgegebenem Rahmen Unterricht durch die Sitzungen ausfällt; im Übrigen sind sie ihm oder ihr rechtzeitig, spätestens durch Übermittlung der Einladung anzuzeigen.

(3) ¹Die Sitzungen der Schulkonferenz sind schulöffentlich. ²Die Sitzungen der übrigen in diesem Gesetz vorgesehenen Gremien sind grundsätzlich nicht öffentlich. ³Durch die Geschäftsordnung oder durch Beschluss kann die Schulöffentlichkeit für einzelne Tagesordnungspunkte hergestellt werden; in Ausnahmefällen können weitere Personen auf Beschluss des Gremiums an einer Sitzung teilnehmen. ⁴Soweit in Sitzungen Angelegenheiten, die einzelne Schüler oder Schülerinnen, Bedienstete der Schule oder Eltern persönlich betreffen, beraten werden, sind sie ausnahmslos nicht öffentlich.

(4) Vertreter und Vertreterinnen der Schulbehörden sind berechtigt, an den Sitzungen der Konferenzen oder ihrer Ausschüsse beratend teilzunehmen.

§ 88 Weisungsunabhängigkeit

Die Mitglieder der Schulkonferenz sind an Weisungen des Gremiums, das sie gewählt hat, nicht gebunden.

§ 89 Beschlussregelungen

¹Die in diesem Gesetz vorgesehenen Gremien sind beschlussfähig, wenn mehr als die Hälfte der stimmberechtigten Mitglieder anwesend ist und eine Geschäftsordnung nichts anderes vorsieht. ²Klassenversammlungen, Klassenelternversammlungen und die sie ersetzenden Gremien auf Jahrgangsebene sind stets beschlussfähig, wenn zu ihnen ordnungsgemäß eingeladen worden ist. ³Beschlüsse werden, sofern die Geschäftsordnung nichts anderes bestimmt, mit einfacher Mehrheit gefasst.

§ 90 Niederschrift

(1) Über das Ergebnis jeder Sitzung einer Konferenz oder ihrer Ausschüsse ist eine Niederschrift anzufertigen, die der oder die Vorsitzende und der Schriftführer oder die Schriftführerin zu unterzeichnen haben.

(2) ¹Beschlüsse sind eindeutig zu formulieren und als solche zu kennzeichnen. ²Durch Rechtsvorschrift, Verwaltungsanordnung oder Anweisung kann vorgeschrieben werden, dass die Niederschrift ausführlicher zu gestalten ist. ³Die Niederschriften sind dem Schulleiter oder der Schulleiterin zuzuleiten. ⁴Jedes Mitglied hat das Recht, die Protokolle seines Gremiums einzusehen.

§ 91 Pflicht zur Vertraulichkeit in Konferenzen
(1) ¹Angelegenheiten, die einzelne Schüler oder Schülerinnen, Lehrer oder Lehrerinnen, Erziehungsberechtigte oder Mitglieder des nicht-unterrichtenden Personals der Schule persönlich betreffen oder deren Vertraulichkeit die Konferenz beschlossen hat, unterliegen der Geheimhaltungspflicht; innerhalb eines Verwaltungsverfahrens gilt § 30 des Bremischen Verwaltungsverfahrensgesetzes. ²Die Pflicht, dienstliche Auskünfte zu erteilen, bleibt unberührt.

(2) ¹Verstoßen Schüler oder Schülerinnen, Erziehungsberechtigte, Mitglieder des Ausbildungsbeirats oder Vertreter des nicht-unterrichtenden Personals gegen ihre Geheimhaltungspflicht, so können sie durch Beschluss zeitweise oder dauernd von der weiteren Teilnahme an den Sitzungen des Gremiums ausgeschlossen werden. ²§ 83 Abs. 1 Satz 3 findet keine Anwendung.

§ 92 Ermächtigung zum Erlass von Rechtsverordnungen
Soweit dieses Gesetz den Erlass von Rechtsverordnungen vorsieht, ist die Senatorin für Kinder und Bildung ermächtigt, sie zu erlassen, sofern nicht ausdrücklich etwas anderes bestimmt ist.

Teil 4
Übergangs- und Schlussbestimmungen

§ 93 Übergangsbestimmungen
Das Aufnahmeverfahren an allgemeinbildenden Schulen für das Schuljahr 2009/2010 richtet sich nach den bis zum 31. Juli 2009 geltenden Bestimmungen.

§ 94 Inkrafttreten

# Bremisches Hochschulgesetz (BremHG)

In der Fassung der Bekanntmachung vom 9. Mai 2007*) (Brem.GBl. S. 339)
(221-a-1)
zuletzt geändert durch Art. 1 d. G vom 8. Mai 2018 (Brem.GBl. S. 168)

Inhaltsverzeichnis

Teil I
– Grundlagen –

- § 1 Geltungsbereich
- § 2 Rechtsstellung
- § 3 Satzungen
- § 4 Aufgaben
- § 5 Mitglieder und Angehörige
- § 5a Ombudsperson
- § 6 Zentrale Kommission für Frauenfragen, Frauenbeauftragte
- § 7 Freiheit von Wissenschaft und Kunst, Forschung, Lehre und Studium
- § 7a Grundsätze guter wissenschaftlicher Praxis
- § 7b Zivilklausel
- § 8 Verwendung von Tieren
- § 9 Selbstverwaltungsangelegenheiten
- § 10 Staatliche Angelegenheiten
- § 11 Verarbeitung personenbezogener Daten

Teil II
– Weiterentwicklung des Hochschulwesens –

- § 12 Vereinbarungen der Hochschulen über die Zusammenarbeit
- § 13 Einrichtungen mehrerer Hochschulen
- § 13a Reformklausel

Teil III
– Personal –

Kapitel 1
– Gemeinsame Bestimmungen –

- § 14 Personalwesen
- § 14a Rahmenkodex
- § 15 Zuständigkeiten innerhalb der Hochschule

Kapitel 2
– Wissenschaftliches und künstlerisches Personal –

Abschnitt 1
Hochschullehrerinnen und Hochschullehrer

- § 16 Hochschullehrerinnen und Hochschullehrer
- § 17 Akademische Bezeichnung »Professor« oder »Professorin«
- § 18 Ausschreibung von und Berufung auf Professuren und Juniorprofessuren
- § 18a Verfahren bei verbindlicher Zusage (tenure track) zur Übertragung einer unbefristeten Professur
- § 19 Nebentätigkeit der Hochschullehrerinnen und Hochschullehrer
- § 20 Gemeinsames Berufungsverfahren

Abschnitt 2
Personal des akademischen Mittelbaus

- § 21 Mitarbeiter und Mitarbeiterinnen nach altem Recht
- § 21a (weggefallen)
- § 21b (weggefallen)
- § 21c Sonderregelungen für befristete Angestelltenverhältnisse
- § 22 (weggefallen)
- § 23 Wissenschaftliche Mitarbeiterinnen und Mitarbeiter mit dem Ziel der weiteren wissenschaftlichen Qualifizierung
- § 23a Wissenschaftliche Mitarbeiterinnen und Mitarbeiter in der Dienstleistung
- § 23b Künstlerische Mitarbeiterinnen und Mitarbeiter
- § 24 Lektorinnen und Lektoren – Funktionen als lecturer (senior lecturer) oder researcher (senior researcher)

Abschnitt 3
Honorarprofessorinnen und Honorarprofessoren, Lehrkräfte für besondere Aufgaben und studentische Hilfskräfte

- § 25 Honorarprofessoren und Honorarprofessorinnen
- § 26 Lehrkräfte für besondere Aufgaben
- § 26a Lehrbeauftragte
- § 27 Studentische Hilfskräfte

---

*) Neubekanntmachung des Bremischen Hochsulgesetzes vom 14. November 1977 (Brem.GBl. S. 317).

Abschnitt 4
Lehrbefähigung und Lehrverpflichtung

§ 28 Lehrbefähigung
§ 29 Lehrverpflichtung

Kapitel 3
– Sonstige Bestimmungen –

§ 30 Mitarbeiterinnen und Mitarbeiter in Technik und Verwaltung
§ 31 Nachteilsausgleich für behinderte und chronisch kranke Studierende
§ 31a Inanspruchnahme von Rechten aus dem Mutterschutzgesetz und Beschäftigungsverbote nach dem Mutterschutzgesetz

Teil IV
– Studierende –

Kapitel 1
– Hochschulzugang und Immatrikulation –

§ 32 Hochschulzugang
§ 33 Hochschulzugangsberechtigung
§ 34 Immatrikulation
§ 35 Immatrikulation mit Kleiner Matrikel
§ 36 Immatrikulationsvoraussetzungen
§ 37 Immatrikulationshindernisse, Befristung
§ 38 Rücknahme der Immatrikulation
§ 39 Rückmeldung
§ 40 Beurlaubung
§ 41 Nebenhörer und Nebenhörerinnen sowie Gasthörer und Gasthörerinnen
§ 42 Exmatrikulation
§ 43 Vorbereitungsstudium
§ 44 Immatrikulationsordnung

Kapitel 2
– Studierendenschaft –

§ 45 Rechtsstellung und Aufgaben
§ 46 Beiträge
§ 47 Haushaltswirtschaft

Teil V
– Studium, Prüfungen und Studienreform –

Kapitel 1
– Allgemeines –

§ 48 Semesterzeiten
§ 49 Teilnahme an Lehrveranstaltungen
§ 50 Lehrangebot
§ 51 Studienberatung

Kapitel 2
– Studium –

§ 52 Studienziele
§ 53 Studiengänge
§ 54 Bachelor- und Masterstudiengänge
§ 55 Regelstudienzeit
§ 56 Anrechnung von Studienzeiten, Studienleistungen und Prüfungsleistungen
§ 57 Einstufungsprüfung
§ 58 Anpassungslehrgang für Personen in der Berufsqualifikationsfeststellung
§ 58a (weggefallen)
§ 59 Fernstudium, Multimedia
§ 60 Weiterbildung

Kapitel 3
– Prüfungen und Hochschulgrade –

§ 61 Prüfungen und Leistungspunktsystem
§ 62 Prüfungsordnungen
§ 63 (weggefallen)
§ 64 Hochschulgrade
§ 64a (weggefallen)
§ 64b Führung von in- und ausländischen Hochschulgraden, Hochschultätigkeitsbezeichnungen und Hochschultiteln
§ 65 Promotion
§ 66 Habilitation
§ 67 Akademische Ehrungen

Kapitel 4
– Studienreform –

§ 68 Studienreform
§ 68a Zentrum für Lehrerbildung
§ 69 Qualitätsmanagementsystem

Teil VI
– Forschung –

§ 70 Aufgaben und Förderung der Forschung
§ 71 Koordination der Forschung
§ 72 Forschungsschwerpunkte
§ 73 (weggefallen)
§ 74 Voraussetzungen für Forschung mit Mitteln Dritter
§ 75 Durchführung von Forschung mit Mitteln Dritter
§ 76 (weggefallen)
§ 77 Künstlerische Entwicklungsvorhaben und Kunstausübung

Teil VII
– Aufbau und Organisation der Hochschulen –

Kapitel 1
– Zentrale Organe und Hochschulleitung –

§ 78 Zentrale Organe
§ 79 (weggefallen)
§ 80 Akademischer Senat
§ 81 Aufgaben des Rektorats und des Rektors oder der Rektorin

§ 82	Rechtsstellung des Rektors oder der Rektorin	§ 98	(weggefallen)
§ 83	Wahl des Rektors oder der Rektorin	§ 99	Wahlen
§ 84	Konrektoren oder Konrektorinnen	§ 100	Öffentlichkeit
§ 85	Kanzler oder Kanzlerin	§ 101	Beschlüsse
§ 85a	Weiterbeschäftigung von Rektoratsmitgliedern	§ 102	(weggefallen)

Kapitel 2
– Fachbereiche –

- § 86 Fachbereiche
- § 87 Aufgaben des Fachbereichsrats
- § 88 Fachbereichsrat
- § 89 Dekanat
- § 90 Studienkommission
- § 91 Institute

Kapitel 3
– Sonstige Organisationseinheiten –

- § 92 Wissenschaftliche Einrichtungen
- § 93 (weggefallen)
- § 94 (weggefallen)
- § 95 (weggefallen)

Kapitel 4

- § 96 Wissenschaftliche Einrichtungen außerhalb der Hochschule

Kapitel 5
– Staats- und Universitätsbibliothek –

- § 96a Rechtsstellung
- § 96b Direktor oder Direktorin
- § 96c Aufgaben
- § 96d Haushalt
- § 96e (weggefallen)
- § 96f (weggefallen)

Kapitel 6
– Gemeinsame Bestimmungen –

- § 97 Rechte und Pflichten in der Selbstverwaltung

Teil VIII
– Hochschulplanung –

- § 103 Hochschulentwicklungsplan
- § 104 Hochschulgesamt- und Wissenschaftsplan
- § 105 Beschlussfassung über den Hochschulgesamt- oder Wissenschaftsplan
- § 105a Ziel- und Leistungsvereinbarungen

Teil IX
– Haushalt –

- § 106 Haushalt
- § 107 Wirtschafts-/Haushaltspläne der Hochschulen
- § 108 Vermögens- und Haushaltswirtschaft
- § 109 Gebühren und Entgelte
- § 109a Studienkonten
- § 109b Verwaltungskostenbeitrag

Teil X
– Genehmigungen und Aufsicht –

- § 110 Genehmigungen
- § 111 Aufsicht

Teil XI
– Besondere Bestimmungen –

- § 112 Nichtstaatliche Hochschulen
- § 113 (weggefallen)
- § 114 Staatliche Anerkennung
- § 115 (weggefallen)
- § 116 Ordnungswidrigkeit
- § 117 Übergangsvorschriften

Teil I
Grundlagen

§ 1 Geltungsbereich

(1) Dieses Gesetz gilt für die staatlichen Hochschulen der Freien Hansestadt Bremen nach Absatz 2 Satz 1; für staatlich anerkannte und andere nichtstaatliche Hochschulen gilt es nur, soweit dies gesetzlich bestimmt ist.

(2) ¹Staatliche Hochschulen im Sinne dieses Gesetzes sind die Universität Bremen als wissenschaftliche Hochschule, die Hochschule für Künste als künstlerische Hochschule und als Fachhochschulen die Hochschule Bremen und die Hochschule Bremerhaven. ²Die Rechtsverhältnisse der Hochschule für Öffentliche Verwaltung werden durch besonderes Gesetz geregelt.

(3) Die Errichtung, Zusammenlegung und Auflösung von staatlichen Hochschulen bedürfen eines Gesetzes.

(4) Andere als die staatlichen oder die nach § 112 staatlich anerkannten Hochschulen oder genehmigten Niederlassungen dürfen die Bezeichnung »Universität« oder »Hochschule« oder eine entsprechende fremdsprachige Bezeichnung weder allein noch in einer Wortverbindung führen.

§ 2 Rechtsstellung
(1) [1]Die Hochschulen sind Körperschaften des öffentlichen Rechts und zugleich Einrichtungen der Freien Hansestadt Bremen. [2]Sie haben das Recht und die Pflicht der Selbstverwaltung im Rahmen der Gesetze. [3]Jede Hochschule erfüllt ihre Aufgaben, auch soweit es sich um staatliche Angelegenheiten handelt, durch eine Einheitsverwaltung.
(2) Die Hochschulen sind berechtigt, Dienstsiegel mit dem mittleren bremischen Wappen zu führen.

§ 3 Satzungen
[1]Die Hochschulen geben sich Grundordnungen. [2]Diese und ihre Änderungen werden vom Akademischen Senat mit der Mehrheit von zwei Dritteln der Mitglieder beschlossen. [3]Die Grundordnung kann weitere, in diesem Gesetz nicht geregelte Rechte und Verfahrensbeteiligungen von Frauenbeauftragten nach § 6 sowie Mitgliedern und Angehörigen nach § 5 vorsehen, sofern besondere Belange einer Gruppe berührt sind. [4]Die Hochschulen können sich weitere Satzungen zur Regelung ihrer Angelegenheiten geben.

§ 4 Aufgaben
(1) [1]Die Hochschulen dienen entsprechend ihrer Aufgabenstellung im Zusammenwirken aller ihrer Mitglieder der Pflege und der Entwicklung der Wissenschaften und der Künste durch Forschung, Lehre, Weiterbildung und Studium im Bewusstsein ihrer Verantwortung vor der Gesellschaft in einem freiheitlichen demokratischen und sozialen Rechtsstaat. [2]Diese und die Hochschulen verfolgen in Forschung, Lehre und Studium ausschließlich friedliche Zwecke. [3]Die den Hochschulen vom Land und von Dritten zur Verfügung gestellten Mittel sollen ausschließlich für Vorhaben verwendet werden, die diesen Zwecken dienen. [4]Die Hochschulen bereiten die Studierenden durch ein wissenschaftliches oder künstlerisches Studium auf berufliche Tätigkeiten vor, die die Anwendung wissenschaftlicher Erkenntnisse und wissenschaftlicher Methoden oder die Fähigkeit zu künstlerischer Gestaltung erfordern. [5]Sie tragen den berechtigten Interessen ihres Personals an guten Beschäftigungsbedingungen angemessen Rechnung.
(2) [1]Die Hochschulen wirken bei der Wahrnehmung ihrer Aufgaben auf die Beseitigung der für Frauen in der Wissenschaft bestehenden Nachteile hin und tragen allgemein zur Gleichberechtigung der Geschlechter und zum Abbau der Benachteiligung von Frauen bei. [2]Insbesondere stellen die Hochschulen hierzu Programme zur Förderung von Frauen in Studium, Lehre und Forschung auf, in denen auch Maßnahmen und Zeitvorstellungen enthalten sind, wie in allen Fächern bei Lehrenden und Lernenden eine vorhandene Unterrepräsentanz von Frauen abgebaut werden kann. [3]Die Hochschulen erlassen Frauenförderungsrichtlinien, in denen auch bestimmt wird, dass Frauen in Bereichen, in denen sie unterrepräsentiert sind, bei gleicher Qualifikation wie männliche Mitbewerber zu bevorzugen sind, sofern nicht in der Person eines Mitbewerbers liegende Gründe überwiegen, und dass in Berufungskommissionen in der Regel 40 vom Hundert der stimmberechtigten Mitglieder Frauen sind, von denen eine Professorin sein soll.
(3) Die Hochschulen fördern entsprechend ihrer Aufgabenstellung den wissenschaftlichen und künstlerischen Nachwuchs.
(4) [1]Die Hochschulen fördern den Wissens- und Technologietransfer sowie den künstlerischen Transfer. [2]Zu diesem Zweck können sie Einrichtungen außerhalb der Hochschule gründen oder sich an solchen beteiligen.
(5) [1]Die Hochschulen dienen der Weiterbildung insbesondere durch Forschung, weiterbildendes Studium und Beteiligung an Veranstaltungen der Weiterbildung. [2]Sie fördern die Weiterbildung ihres Personals.
(6) [1]Die Hochschulen wirken an der sozialen Förderung der Studierenden mit; sie berücksichtigen die besonderen Bedürfnisse von Studierenden mit Kindern und von behinderten Studierenden. [2]Sie tragen dafür Sorge, dass behinderte Studierende in ihrem Studium nicht benachteiligt werden und die Angebote der Hochschule selbstständig und barrierefrei in Anspruch nehmen können.
(7) [1]Die Hochschulen fördern in ihrem Bereich den Sport. [2]Personen, die nicht Mitglieder der Hochschule sind, können zur Teilnahme an Veranstaltungen des Hochschulsports zugelassen werden.

(8) Die Hochschulen fördern die internationale, insbesondere die europäische Zusammenarbeit im Hochschulbereich und den Austausch zwischen deutschen und ausländischen Hochschulen; sie berücksichtigen die besonderen Bedürfnisse ausländischer Studierender.
(9) Die Hochschulen unterrichten die Öffentlichkeit über die Erfüllung ihrer Aufgaben.
(10) ¹Die Hochschulen pflegen die Kontakte zu ihren ehemaligen Studierenden, Absolventen und Absolventinnen durch Information und sonstige geeignete Maßnahmen. ²Die Hochschulen bemühen sich um private Förderung, Stiftungen und Stipendienübernahmen für die Einwerbung von zusätzlichen Finanzmitteln und sonstigen Ressourcen.
(11) ¹Die Hochschulen wirken bei der Wahrnehmung ihrer Aufgaben auf die Beseitigung der für Menschen mit Behinderung in der Forschung und Wissenschaft bestehenden Nachteile hin und tragen allgemein zu einer gleichberechtigten Teilhabe und zum Abbau der Benachteiligung von Menschen mit Behinderung bei. ²Die Hochschulen fühlen sich dem Schutz aller ihrer Mitglieder und Angehörigen vor Benachteiligung im Sinne der Regelungen des Allgemeinen Gleichbehandlungsgesetzes verpflichtet.
(12) ¹Die Senatorin für Wissenschaft, Gesundheit und Verbraucherschutz kann den Hochschulen mit ihrer Zustimmung andere, mit den Aufgaben nach Absatz 1 zusammenhängende Aufgaben übertragen und ihnen fachverwandte berufsqualifizierende Bildungsgänge angliedern, für die eine Zugangsberechtigung nach § 33 nicht erforderlich ist. ²Die Senatorin für Wissenschaft, Gesundheit und Verbraucherschutz kann im Einvernehmen mit den Hochschulen bestimmen, dass duale Studiengänge in Kooperation der Hochschulen mit Unternehmen durchgeführt werden, die studienbegleitend eine berufspraktische Ausbildung sowie einen entsprechenden Abschluss vermitteln. ³Die Einzelheiten werden durch vertragliche Vereinbarung der Hochschulen mit den Unternehmen geregelt. ⁴Es gelten die Zulassungsvoraussetzungen des Bremischen Hochschulzulassungsgesetzes und der dazu ergangenen Rechtsverordnung sowie der jeweiligen Hochschulordnung. ⁵Zugangsvoraussetzung ist der Abschluss eines Ausbildungsvertrages mit dem für die berufspraktische, studienbegleitende Ausbildung verantwortlichen Unternehmen.

§ 5 Mitglieder und Angehörige

(1) ¹Mitglieder der Hochschule sind die an der Hochschule nicht nur vorübergehend oder gastweise hauptberuflich Tätigen sowie die immatrikulierten Studierenden, Doktorandinnen und Doktoranden. ²Die hauptberuflich Tätigen im Sinne des Satzes 1 sind:
1. die Rektorin oder der Rektor,
2. die Hochschullehrerinnen und Hochschullehrer (Professorinnen und Professoren sowie Juniorprofessorinnen und Professoren),
3. die wissenschaftlichen Mitarbeiterinnen und Mitarbeiter in der Qualifizierung und in der Dienstleistung und die künstlerischen Mitarbeiterinnen und Mitarbeiter,
3a. die Lektorinnen und Lektoren, auch soweit sie die Funktionen als lecturer, senior lecturer, researcher oder senior researcher ausüben,
4. die Lehrkräfte für besondere Aufgaben,
5. die Mitarbeiterinnen und Mitarbeiter in Technik und Verwaltung,
6. die Mitarbeiterinnen und Mitarbeiter nach altem Recht gemäß § 21.

³Die Konrektoren und Konrektorinnen der Hochschulen können hauptberuflich Tätige sein. ⁴An der Hochschule für Künste sind auch die Lehrbeauftragten Mitglieder der Hochschule. ⁵Die Mitgliedschaft endet mit der Beendigung des Lehrbeauftragtenverhältnisses.
(2) ¹Den Mitgliedern gleichgestellt sind auch Personen, die, ohne Mitglieder nach Absatz 1 zu sein, in der Hochschule mit Zustimmung des Rektors oder der Rektorin hauptberuflich tätig sind. ²Sie werden entsprechend ihrer Qualifikation, Funktion, Verantwortung und Betroffenheit vom Rektor oder der Rektorin im Einzelfall den Gruppen nach Absatz 3 zugeordnet.
(3) ¹Für die Vertretung in den Gremien bilden
1. die Hochschullehrer und Hochschullehrerinnen,
2. die wissenschaftlichen Mitarbeiterinnen und Mitarbeiter in der Qualifizierung und in der Dienstleistung und die künstlerischen Mitarbeiterinnen und Mitarbeiter, die Lektorinnen und Lektoren nach Absatz 1 Nummer 3a, auch soweit sie die Funktionen als lecturer, senior lecturer, researcher oder senior researcher wahrnehmen, die Lehrkräfte für besondere Aufgaben mit Hochschulab-

schluss als Einstellungsvoraussetzung und die Mitarbeiterinnen und Mitarbeiter gemäß § 21 sowie die Doktorandinnen und Doktoranden,
3. die Studierenden,
4. Mitarbeiterinnen und Mitarbeiter in Technik und Verwaltung
je eine Gruppe. ²Die an der Hochschule für Künste tätigen Lehrbeauftragten bilden eine eigene Gruppe. ³Die an der Hochschule für Künste in den Fachbereichen Musik und Kunst und an der Hochschule Bremen sowie an der Hochschule Bremerhaven tätigen Mitarbeiter und Mitarbeiterinnen in Forschung und Lehre mit Hochschulabschluss werden der Gruppe nach Satz 1 Nummer 2 zugeordnet.
(4) ¹Ohne Mitglieder zu sein, gehören der Hochschule an: Die entpflichteten oder in den Ruhestand getretenen Professoren und Professorinnen, die Privatdozenten und Privatdozentinnen nach § 66 Absatz 2 in Verbindung mit § 17 Absatz 1 Satz 3, die Honorarprofessoren und Honorarprofessorinnen, die nebenberuflich oder gastweise an der Hochschule Tätigen, die Lehrbeauftragten und wissenschaftlichen Hilfskräfte, soweit sie nicht Mitglieder nach Absatz 1 sind, die Ehrenbürger und Ehrenbürgerinnen sowie die Ehrensenatoren und Ehrensenatorinnen, die Nebenhörer und Nebenhörerinnen sowie die Gasthörer und Gasthörerinnen sowie die Teilnehmer und Teilnehmerinnen angegliederter Bildungsgänge. ²Angehörige nehmen an Wahlen nicht teil. ³Sie können im Einzelfall vom Rektor oder der Rektorin Mitgliedern ganz oder teilweise gleichgestellt werden; Absatz 2 Satz 2 gilt entsprechend.
(5) Die Mitglieder, die ihnen gleichgestellten Personen und die Angehörigen haben das Recht, alle Einrichtungen der Hochschule im Rahmen der Benutzungsordnung und der Weisungen des zuständigen Personals zu benutzen.

§ 5a Ombudsperson
(1) ¹Jede Hochschule setzt eine Ombudsperson als neutrale und weisungsunabhängige Vertrauensperson und Ansprechstelle für Studierende und Doktorandinnen und Doktoranden ein. ²Die Ombudsperson wird tätig bei Problemen, Beschwerden und Verbesserungsvorschlägen im Zusammenhang mit Studien- und Prüfungsangelegenheiten. ³Die Ombudsperson arbeitet mit anderen Beratungs- und Unterstützungsstellen der Hochschule zusammen.
(2) Die Ombudsperson wird auf Vorschlag der Studierenden-Vertreterinnen und Studierenden-Vertreter im Akademischen Senat aus dem Kreis der Hochschullehrerinnen und Hochschullehrer vom Rektor oder der Rektorin jeweils für die Dauer von zwei Jahren bestellt und ist nur dem Rektorat verantwortlich.
(3) Die §§ 97 und 99 gelten entsprechend.

§ 6 Zentrale Kommission für Frauenfragen, Frauenbeauftragte
(1) ¹Die Verantwortung für die Erfüllung der Aufgaben nach § 4 Abs. 2 sowie für die Umsetzung der danach erlassenen Richtlinie der jeweiligen Hochschule liegt beim Rektor oder der Rektorin, für die Fachbereiche beim Dekan oder der Dekanin, soweit sie nicht durch Gesetz dem Fachbereichsrat übertragen ist. ²Sie werden darin von der Zentralen Kommission für Frauenfragen unterstützt.
(2) Abweichend von den Bestimmungen des Landesgleichstellungsgesetzes haben nur die Frauen der Gruppe nach § 5 Abs. 3 Nr. 4 das Wahlrecht zur Frauenbeauftragten nach dem Landesgleichstellungsgesetz; die so gewählte Frauenbeauftragte nimmt die Aufgaben und Rechte nach dem Landesgleichstellungsgesetz nur hinsichtlich dieser Frauen wahr.
(3) Der Akademische Senat bildet eine Zentrale Kommission für Frauenfragen, in der die Gruppen nach § 5 Abs. 3 Nr. 1 bis 3 angemessen vertreten sind; darüber hinaus ist die Frauenbeauftragte nach Absatz 2 Mitglied dieser Kommission.
(4) ¹Die Zentrale Kommission für Frauenfragen unterstützt die Hochschule bei allen Maßnahmen zum Abbau von Nachteilen für Frauen in der Wissenschaft. ²Sie macht Vorschläge und nimmt Stellung gegenüber allen zuständigen Stellen der Hochschule. ³Sie berichtet dem Akademischen Senat regelmäßig über ihre Arbeit. ⁴Sie hat das Recht, sich jederzeit über alle Angelegenheiten der Frauenförderung zu unterrichten. ⁵Bei Verstößen gegen § 4 Abs. 2 oder gegen danach erlassene Richtlinien der Hochschule hat sie das Recht, diese über den Rektor oder die Rektorin zu beanstanden.
(5) ¹Die Zentrale Kommission für Frauenfragen wählt aus ihrer Mitte bis zu zwei Sprecherinnen und schlägt sie dem Akademischen Senat zur Bestellung für die Dauer von zwei bis fünf Jahren als Zentrale Frauenbeauftragte vor. ²Die Zentralen Frauenbeauftragten sind von ihren Dienstaufgaben angemessen zu entlasten.

(6) ¹Die Zentralen Frauenbeauftragten sind an den Entscheidungen des Rektorats beratend zu beteiligen, insbesondere bei der Hochschulstrukturplanung, bei Neuorganisations- und Strukturierungsprozessen, bei der Mittelvergabe nach § 81 Abs. 2, bei Berufungs- und Personalentscheidungen im Bereich des wissenschaftlichen Personals sowie bei der Entwicklung, Umsetzung und Evaluierung der Frauengleichstellungsrichtlinien der Hochschulen. ²Sie haben das Recht, an allen Sitzungen des Akademischen Senats, der Fachbereichsräte sowie aller Kommissionen und Ausschüsse mit beratender Stimme teilzunehmen und Anträge zu stellen.

(7) ¹Die Zentrale Kommission für Frauenfragen und die zentralen Frauenbeauftragten haben einen Anspruch auf eine angemessene Arbeitsausstattung. ²Die Ausstattung ist von der Hochschule bereit zu stellen.

(8) Nach Maßgabe der Richtlinie nach Absatz 1 können die Zentralen Frauenbeauftragten ihre Aufgaben zum Teil auf in den Fachbereichen und anderen Organisationseinheiten gewählte Dezentrale Frauenbeauftragte übertragen; Absatz 5 Satz 2 und Absatz 6 gelten entsprechend.

§ 7 Freiheit von Wissenschaft und Kunst, Forschung, Lehre und Studium

(1) ¹Das Land und die Hochschulen haben im Rahmen ihres Haushalts sicherzustellen, dass die Mitglieder der Hochschulen die durch Artikel 5 Abs. 3 Satz 1 des Grundgesetzes und Artikel 11 der Landesverfassung verbürgten Grundrechte wahrnehmen können. ²Die Inanspruchnahme der Freiheit der Forschung, der Kunst, der Lehre und des Studiums entbindet nicht von der Rücksicht auf die Rechte anderer und von der Beachtung der Regelungen, die das Zusammenleben in der Hochschule ordnen. ³Zu beachten sind der Schutz der natürlichen Lebensgrundlagen und der Tiere gemäß Artikel 20a des Grundgesetzes und Artikel 11a und b der Landesverfassung. ⁴Alle an Forschung und Lehre Beteiligten haben die gesellschaftlichen Folgen wissenschaftlicher Erkenntnisse mitzubedenken. ⁵Werden ihnen im Rahmen ihrer Tätigkeit an der Hochschule Forschungsmethoden oder -ergebnisse bekannt, die die Menschenwürde, die freie Entfaltung der Persönlichkeit, das friedliche Zusammenleben der Menschen oder die natürlichen Lebensgrundlagen bedrohen können, soll dies öffentlich gemacht und in der Hochschule erörtert werden.

(2) ¹Die Freiheit der Forschung (Artikel 5 Abs. 3 Satz 1 des Grundgesetzes und Artikel 11 der Landesverfassung) umfasst insbesondere die Fragestellung, die Grundsätze der Methodik sowie die Bewertung des Forschungsergebnisses und seine Verbreitung. ²Entscheidungen der zuständigen Hochschulorgane in Fragen der Forschung sind insoweit zulässig, als sie sich auf die Organisation des Forschungsbetriebes, die Förderung und Abstimmung von Forschungsvorhaben und auf die Bildung von Forschungsschwerpunkten beziehen; sie dürfen die Freiheit im Sinne von Satz 1 nicht über die dem Grundrecht innewohnenden Schranken hinaus beeinträchtigen. ³Die Sätze 1 und 2 gelten für künstlerische Entwicklungsvorhaben und für die Kunstausübung entsprechend.

(3) ¹Die Freiheit der Lehre (Artikel 5 Abs. 3 Satz 1 des Grundgesetzes und Artikel 11 der Landesverfassung) umfasst, unbeschadet des Artikels 5 Abs. 3 Satz 2 des Grundgesetzes, im Rahmen der zu erfüllenden Lehraufgaben insbesondere die Abhaltung von Lehrveranstaltungen und deren inhaltliche und methodische Gestaltung sowie das Recht auf Äußerung von wissenschaftlichen und künstlerischen Lehrmeinungen. ²Entscheidungen der zuständigen Hochschulorgane in Fragen der Lehre sind insoweit zulässig, als sie sich auf die Organisation des Lehrbetriebes und auf die Aufstellung und Einhaltung von Prüfungsordnungen beziehen; sie dürfen die Freiheit im Sinne von Satz 1 nicht über die dem Grundrecht innewohnenden Schranken hinaus beeinträchtigen.

(4) ¹Die Freiheit des Studiums umfasst, unbeschadet der Prüfungsordnungen, insbesondere die freie Wahl von Lehrveranstaltungen, das Recht, innerhalb eines Studienganges Schwerpunkte nach eigener Wahl zu bestimmen sowie die Erarbeitung und Äußerung wissenschaftlicher und künstlerischer Meinungen. ²Sie umfasst auch im Rahmen der einzelnen Lehrveranstaltungen die der Form der Lehrveranstaltung entsprechende Meinungsäußerung zu deren Inhalt, Gestaltung und Durchführung. ³Entscheidungen der zuständigen Hochschulorgane in Fragen des Studiums sind insoweit zulässig, als sie sich auf die Organisation und ordnungsgemäße Durchführung des Lehr- und Studienbetriebes und auf die Gewährleistung eines ordnungsgemäßen Studiums beziehen.

(5) ¹Die Freiheit der Kunst (Artikel 5 Absatz 3 Satz 1 des Grundgesetzes und Artikel 11 der Landesverfassung) und der künstlerischen Entwicklung umfasst das Recht der Herstellung, Verbreitung und Darbietung von Kunstwerken. ²Die Freiheit der Kunstausübung entbindet nicht von der Treue zur Verfassung.

§ 7a Grundsätze guter wissenschaftlicher Praxis

¹Alle an einer Hochschule wissenschaftlich Tätigen sind verpflichtet, die allgemein anerkannten Grundsätze guter wissenschaftlicher Praxis einzuhalten. ²Sie sind zu wissenschaftlicher Redlichkeit verpflichtet. ³Sie haben anerkannte ethische Verfahrensweisen und Grundprinzipien einzuhalten, sie müssen Plagiarismus jeder Art vermeiden und den Grundsatz des geistigen Eigentums wahren, die gesellschaftliche Relevanz ihrer Forschung sicherstellen sowie erforderliche Genehmigungen einholen. ⁴Alle an einer Hochschule Lehrenden sind den Grundsätzen guter wissenschaftlicher Lehre im Hinblick auf die Lehr- und Prüfungsinhalte, die Sicherstellung des geregelten Lehr- und Prüfungsbetriebes und die Beratung der Studierenden verpflichtet. ⁵Das Nähere regeln die Hochschulen durch Satzung.

§ 7b Zivilklausel

¹Die Hochschulen geben sich in Umsetzung von § 4 Absatz 1 eine Zivilklausel. ²Sie legen ein Verfahren zur Einhaltung der Zivilklausel fest. ³In den Hochschulen kann eine Kommission zur Umsetzung der Zivilklausel gebildet werden.

§ 8 Verwendung von Tieren

(1) ¹Sofern es die mit dem Studium bezweckte Berufsbefähigung zulässt, andere Lehrmethoden und -materialien einzusetzen, soll in der Lehre auf die Verwendung von eigens hierfür getöteten Tieren verzichtet werden. ²Auf begründeten Antrag kann der Prüfungsausschuss im Einzelfall zulassen, dass einzelne in der Prüfungsordnung vorgeschriebene Studien- oder Prüfungsleistungen ohne die Verwendung eigens hierfür getöteter Tiere erbracht werden können.

(2) Die Hochschulen fördern in Lehre und Forschung in den entsprechenden Fächern die Entwicklung von Methoden und Materialien, die die Verwendung von lebenden oder eigens hierfür getöteten Tieren verringern oder ganz ersetzen können.

(3) Die Hochschulen setzen Kommissionen ein oder beteiligen sich an Kommissionen nach § 15 des Tierschutzgesetzes, die die ethische Vertretbarkeit von Tierversuchen unter Beachtung von Artikel 20a des Grundgesetzes, Artikel 11b der Landesverfassung und den Anforderungen des Tierschutzgesetzes begutachten und Empfehlungen aussprechen.

(4) § 7 Abs. 1 bis 3 bleibt unberührt.

§ 9 Selbstverwaltungsangelegenheiten

¹Selbstverwaltungsangelegenheiten sind alle Angelegenheiten der Hochschulen, die nicht durch Gesetz oder nach § 4 Abs. 12 als staatliche Angelegenheiten übertragen sind. ²Die Hochschulen nehmen diese Aufgaben eigenverantwortlich unter der Rechtsaufsicht der Senatorin für Wissenschaft, Gesundheit und Verbraucherschutz wahr.

§ 10 Staatliche Angelegenheiten

(1) ¹Die Hochschulen nehmen die Wirtschafts- und Personalverwaltung als staatliche Angelegenheiten wahr. ²Das sind:
1. die Bewirtschaftung der den Hochschulen zugewiesenen Haushaltsmittel,
2. das Gebühren-, Kassen- und Rechnungswesen,
3. die Verwaltung des den Hochschulen zur Verfügung gestellten Vermögens, insbesondere der Grundstücke und Einrichtungen,
4. Bau- und Beschaffungsangelegenheiten, soweit sie der Hochschule nicht durch Ziel- und Leistungsvereinbarung übertragen sind,
5. die Personalangelegenheiten im Rahmen der ihr übertragenen Zuständigkeiten.

(2) Zu den von den Hochschulen wahrzunehmenden staatlichen Angelegenheiten gehören ferner der Hochschule übertragene Aufgaben
1. bei der Ermittlung der Ausbildungskapazität und im Rahmen des Verfahrens bei der Anordnung von Zulassungsbeschränkungen,
2. bei der Vergabe von Studienplätzen nach der Anordnung von Zulassungsbeschränkungen,
3. bei der Durchführung von angegliederten Bildungsgängen und dualen Studienangeboten nach § 4 Abs. 12,
4. bei der Durchführung und Abnahme von Staatsprüfungen.

(3) Die Senatorin für Wissenschaft, Gesundheit und Verbraucherschutz kann den Hochschulen weitere staatliche Angelegenheiten, die mit den in § 4 genannten Aufgaben zusammenhängen, mit ihrer Zustimmung übertragen.

(4) [1]In staatlichen Angelegenheiten sind die staatlichen Vorschriften anzuwenden. [2]Die Hochschulen unterliegen der Fach- und Rechtsaufsicht der Senatorin für Wissenschaft, Gesundheit und Verbraucherschutz gemäß § 111.

§ 11 Verarbeitung personenbezogener Daten

(1) [1]Die Hochschulen dürfen von Studienbewerbern und Studienbewerberinnen, Studierenden, Prüfungskandidaten und Prüfungskandidatinnen, auch soweit sie nicht Mitglieder der Hochschulen (Externe) sind, Absolventen und Absolventinnen (Alumni und Alumnae), Angehörigen und Mitgliedern der Hochschulen nach § 5, auch soweit sie nicht in einem Dienstverhältnis zu den Hochschulen stehen, Nutzern und Nutzerinnen von Hochschuleinrichtungen sowie von Vertragspartnern und Vertragspartnerinnen der Hochschulen im Rahmen der Aufgabenwahrnehmung nach § 4 diejenigen Daten verarbeiten, die für folgende Zwecke erforderlich sind:
1. Zulassung
2. Immatrikulation
3. Rückmeldung
4. Beurlaubung
5. Exmatrikulation
6. Teilnahme an Lehrveranstaltungen und Prüfungen
7. Durchführung von Praktika und Auslandssemestern
8. Nutzung von Hochschuleinrichtungen und Studienberatung
9. Hochschulplanung, Evaluation und Akkreditierung
10. Kontaktpflege mit Alumni und Alumnae
11. Bereitstellung von Lernmitteln und multimediagestützten Studienangeboten
12. Berechnung des Studienguthabens nach § 109a in Verbindung mit dem Bremischen Studienkontengesetz einschließlich Festsetzung, Stundung, Ermäßigung oder Erlass von Studiengebühren nach dem Bremischen Studienkontengesetz in der jeweils geltenden Fassung
13. Berechnung von Gebühren, Entgelten und Beiträgen nach § 109 und § 109b
14. Hochschulstatistik
15. Ziel- und Leistungsvereinbarungen nach § 105a
16. Prüfung und Berechnung von Leistungsbezügen sowie Forschungs- und Lehrzulagen einschließlich der Entscheidung über die Ruhegehaltsfähigkeit, die Dauer der Gewährung und die Teilnahme an Besoldungsanpassungen gemäß der Hochschul-Leistungsbezügeverordnung in der jeweils geltenden Fassung nach Maßgabe der dazu ergangenen Hochschulsatzungen
17. Berechnung, Erhöhung und Ermäßigung der Lehrverpflichtung sowie Nachweis der Erfüllung der Lehrverpflichtung gemäß der Lehrverpflichtungs- und Lehrnachweisverordnung in der jeweils geltenden Fassung nach Maßgabe der dazu ergangenen Hochschulsatzungen
18. Vertragsbeziehungen der Hochschulen zu Dritten im Rahmen der Aufgabenwahrnehmung nach § 4.

[2]Die Hochschulen dürfen auch Daten über die Gesundheit der Studienbewerber und Studienbewerberinnen sowie Studierenden verarbeiten, soweit dies zum Zweck der Stundung, Ermäßigung oder des Erlasses von Studiengebühren nach § 6 des Bremischen Studienkontengesetzes erforderlich ist. [3]Das gilt auch, soweit die Verarbeitung zum Zweck der Inanspruchnahme von Rechten aus dem Mutterschutzgesetz oder zur Erfüllung von Pflichten der Hochschulen aus dem Mutterschutzgesetz erforderlich ist. [4]Eine Verarbeitung von Gesundheitsdaten zu anderen Zwecken ist ausgeschlossen. [5]Die Hochschulen ergreifen angemessene und spezifische Maßnahmen zur Wahrung der Interessen der betroffenen Personen bei der Verarbeitung von Gesundheitsdaten.

(2) Die Hochschulen dürfen die von Studierenden und Nutzern sowie Nutzerinnen von Hochschuleinrichtungen nach Absatz 1 verarbeiteten Daten für die Ausgabe von maschinenlesbaren Ausweisen nutzen.

(3) ¹Soweit nach Absatz 1 Satz 1 verarbeitete personenbezogene Daten zur Erfüllung der gesetzlichen Aufgaben
- einer anderen bremischen oder einer durch Hochschulkooperation verbundenen außerbremischen Hochschule,
- der Staats- und Universitätsbibliothek,
- der Studierendenschaft,
- der Teilkörperschaften nach § 13a Absatz 3,
- anderer Teilkörperschaften des öffentlichen Rechts unter Beteiligung der Hochschulen,
- des Studierendenwerks,
- öffentlich geförderter Forschungseinrichtungen,
- der Stiftung für Hochschulzulassung oder
- der Stiftung zur Akkreditierung von Studiengängen in Deutschland

notwendig sind, sind diese von der Hochschule je nach Zweck der Aufgabe im erforderlichen Umfang zu übermitteln. ²§ 6 des Bremischen Ausführungsgesetzes zur EU-Datenschutz-Grundverordnung findet Anwendung.

(4) Die Hochschulen regeln das Nähere durch Satzung, insbesondere
1. unter Benennung und Berücksichtigung des Zwecks welche Daten nach Absatz 1 in welcher Form verarbeitet werden dürfen und die Aufbewahrungsfrist
2. das Verfahren bei der Ausübung des Auskunfts- und Einsichtsrechts bezüglich der zu wissenschaftlichen Forschungszwecken verarbeiteten Daten nach Maßgabe des § 13 Absatz 3 des Bremischen Ausführungsgesetzes zur EU-Datenschutz-Grundverordnung
3. nach Maßgabe des Hochschulstatistikgesetzes die für die Zwecke der Hochschulstatistik zu verarbeitenden Daten
4. die Daten und Funktionen eines maschinenlesbaren Ausweises für Studierende und Nutzer sowie Nutzerinnen, die in diesem Zusammenhang nötigen Verfahrensregelungen sowie die Daten, die zur Erteilung des Ausweises verarbeitet werden dürfen.

Teil II
Weiterentwicklung des Hochschulwesens

§ 12 Vereinbarungen der Hochschulen über die Zusammenarbeit

(1) Zur besseren Aufgabenerfüllung wirken die staatlichen Hochschulen untereinander und mit anderen Hochschulen und öffentlichen oder öffentlich geförderten Forschungs- und Bildungseinrichtungen, auch außerhalb der Landesgrenzen und im europäischen und außereuropäischen Raum, zusammen.

(2) ¹Führen Hochschulen einen oder mehrere Studiengänge gemeinsam durch, wird jeweils eine gemeinsame Prüfungsordnung erlassen. ²Die Hochschulen haben durch die Gestaltung des Studiums und der Prüfungen die Voraussetzungen einer gegenseitigen Anrechnung und Anerkennung gleichwertiger Studien- und Prüfungsleistungen zu schaffen. ³Sie haben Regelungen zur Berechnung von Studienguthaben und zur Erhebung von Gebühren im Rahmen der gesetzlichen Vorgaben zu treffen.

(3) Zur Erfüllung ihrer Aufgaben nach Absatz 1 treffen die Hochschulen untereinander oder mit den in Absatz 1 genannten anderen Einrichtungen Vereinbarungen, die gemeinsame Gremien mit bestimmten Entscheidungsbefugnissen vorsehen sollen.

(4) Zur Erfüllung der Aufgaben in Lehre und Forschung für einen integrierten Studiengang, der mehrere Hochschulen betrifft, setzen die betroffenen Hochschulen durch Vereinbarung ein gemeinsames Gremium ein, das für den Bereich dieses Studiengangs Aufgaben des Fachbereichsrates wahrnimmt.

(5) ¹Soweit es für das Zusammenwirken der Hochschulen im Sinne des Absatzes 1 erforderlich ist, können hauptberuflich tätige Angehörige des öffentlichen Dienstes im Sinne von § 5 Abs. 1 Satz 1 mehreren, auch auswärtigen Hochschulen als Mitglieder zugeordnet werden. ²Die Zuordnung bestimmt das Maß der Wahrnehmung ihrer hauptberuflichen Aufgaben an der einzelnen Hochschule. ³Die Rechtsstellung der Bediensteten wird im Übrigen durch die ursprüngliche Zugehörigkeit zu einer Hochschule, ansonsten durch die Zuordnung bei der Einstellung bestimmt.

§ 13 Einrichtungen mehrerer Hochschulen

(1) ¹Mehrere Hochschulen können zur Sicherstellung ihrer angemessenen Versorgung gemeinsame Verwaltungseinrichtungen, Betriebseinheiten oder wissenschaftliche Einrichtungen bilden, ändern oder auflösen. ²Die Einrichtung ist einer Hochschule federführend zuzuordnen.

(2) ¹Die Hochschulen im Sinne von § 1 Absatz 2 können hochschulübergreifende gemeinsame wissenschaftliche Organisationseinheiten für Forschung und Lehre bilden. ²Den Rektoraten der Hochschulen steht das Initiativrecht zu. ³Die Akademischen Senate aller beteiligten Hochschulen beschließen über die Errichtung, Änderung und Auflösung. ⁴Das Nähere regelt eine gemeinsame Satzung der Hochschulen, die von den Akademischen Senaten zu beschließen und von den Rektoren oder Rektorinnen zu genehmigen ist. ⁵Die Satzung bestimmt insbesondere die Aufgaben, die Struktur, die Zuständigkeiten und Entscheidungskompetenzen, die Leitung, die Haushaltsmittel und die Personalsowie die sonstigen Ressourcen der gemeinsamen wissenschaftlichen Organisationseinheit. ⁶In der Satzung ist die Hochschule zu bestimmen, der die gemeinsame wissenschaftliche Organisationseinheit zuzuordnen ist. ⁷Der Rektor oder die Rektorin dieser Hochschule ist Dienstvorgesetzter oder Dienstvorgesetzte der in der gemeinsamen wissenschaftlichen Organisationseinheit tätigen Beamten und Beamtinnen und Vorgesetzter oder Vorgesetzte der sonstigen Beschäftigten. ⁸§ 15 Absatz 3 findet entsprechende Anwendung. ⁹Die Auswahl des Leiters oder der Leiterin der Organisationseinheit erfolgt nach dem in der Satzung festgelegten Verfahren. ¹⁰Der Rektor oder die Rektorin nach Satz 6 und 7 bestellt den Leiter oder die Leiterin. ¹¹Ihm oder ihr ist der Leiter oder die Leiterin der Organisationseinheit verantwortlich. ¹²Dem Leiter oder der Leiterin der Organisationseinheit kann der Erlass von Widerspruchsbescheiden in allen die Organisationseinheit betreffenden Angelegenheiten übertragen werden.

§ 13a Reformklausel

(1) ¹Abweichend von den §§ 86 bis 88, 90 sowie 92 können die Hochschulen eine abweichende Organisationsstruktur durch eine nach § 110 Abs. 1 Nr. 1 genehmigungspflichtige Grundordnung oder sonstige genehmigungspflichtige Hochschulordnung vorsehen. ²Die Hochschulen können Fachbereiche zusammenfassen und anstelle von Fachbereichen andere Organisationseinheiten und Untereinheiten vorsehen sowie Forschung und Lehre in neu gestalteter Weise verbinden. ³Die Hochschulordnung regelt das Nähere über die Bezeichnung, die Zusammensetzung, die Organe und die Aufgaben der Organisationseinheiten und Untereinheiten sowie die Wahl der Mitglieder des Dekanats oder eines entsprechenden Leitungsorgans. ⁴Den jeweiligen Leitungsorganen können abweichend von den Regelungen dieses Gesetzes Rechte hinsichtlich der Gestaltung der Lehre und der Prüfungen übertragen werden.

(2) ¹Dem Rektorat steht das Initiativrecht zu. ²Das Rektorat legt die vom Akademischen Senat beschlossene Ordnung gemäß Absatz 1 der Senatorin für Wissenschaft, Gesundheit und Verbraucherschutz zur Genehmigung vor.

(3) ¹Für einzelne Forschungs- und Lehrbereiche von besonderer Bedeutung und Dauer können rechtsfähige Teilkörperschaften des öffentlichen Rechts unter Beteiligung und Mitgliedschaft von staatlichen und nicht staatlichen Hochschulen, staatlich geförderten Forschungseinrichtungen und Hochschulen, auch mit Sitz außerhalb der Freien Hansestadt Bremen gebildet werden. ²Mitglieder der Teilkörperschaft sind die an dem jeweiligen Forschungs- oder Lehrbereich beteiligten Mitglieder und Angehörigen gemäß den geltenden Hochschulgesetzen sowie durch Gründungssatzung bestimmte sonstige natürliche oder juristische Personen. ³Die Bildung einer Teilkörperschaft bedarf bei den Hochschulen nach § 1 Absatz 2 eines Beschlusses des Rektorats und des Akademischen Senats. ⁴Die Teilkörperschaft nimmt insbesondere die Aufgaben nach § 4 wahr und verwaltet ihre Angelegenheit selbst. ⁵Ihre Organisationsstruktur bestimmt sie im Rahmen dieses Gesetzes selbst. ⁶Das Nähere regelt sie durch eine Grundordnung, die im Hinblick auf die Beteiligung von Hochschulen nach § 1 Absatz 2 der Genehmigung der Senatorin für Wissenschaft, Gesundheit und Verbraucherschutz bedarf. ⁷Die Teilkörperschaft hat das Recht, Studierende aufzunehmen und einzuschreiben, Prüfungen abzunehmen und akademische Grade zu verleihen sowie Mitarbeiter und Mitarbeiterinnen zu beschäftigen. ⁸Die Wahrnehmung dienstrechtlicher Befugnisse verbleibt bei den beteiligten Hochschulen, soweit diese nicht durch Rechtsakt übertragen worden sind. ⁹Die Erhebung von Beiträgen, Gebühren und Entgelten erfolgt nach Maßgabe der geltenden Gesetze. ¹⁰Der Teilkörperschaft werden Haushaltsmittel als globale Zuschüsse zu den Personal-, Sachkosten und Investitionen zugewiesen.

[11]Die Regelungen zur Haushalts- und Wirtschaftsführung einschließlich der Wahrung der Rechte eines Landesrechnungshofs sind durch die Grundordnung festzulegen. [12]Die Senatorin für Wissenschaft, Gesundheit und Verbraucherschutz kann ergänzende Bestimmungen zur Ausgestaltung der Rechte und Pflichten, die der Teilkörperschaft übertragen werden, und zur Leitungs- und Selbstverwaltungsstruktur der Teilkörperschaft durch Rechtsverordnung treffen.

Teil III
Personal

Kapitel 1
Gemeinsame Bestimmungen

§ 14 Personalwesen
(1) [1]Die an den Hochschulen tätigen Beamten und Beamtinnen sowie die Arbeitnehmer und Arbeitnehmerinnen stehen im Dienste der Freien Hansestadt Bremen. [2]Die Befugnisse der obersten Dienstbehörde werden von den Hochschulen wahrgenommen, soweit sie vom Senat nach Artikel 118 Abs. 3 der Landesverfassung übertragen worden sind. [3]Der Rektor oder die Rekorin entscheidet nach Anhörung der betroffenen Organisationseinheiten.
(2) Soweit der Hochschule die Einstellungsbefugnis nach Absatz 1 Satz 2 nicht übertragen worden ist, werden die Bediensteten auf Vorschlag der Hochschule eingestellt.

§ 14a Rahmenkodex
[1]Die Senatorin für Wissenschaft, Gesundheit und Verbraucherschutz vereinbart gemeinsam mit den Hochschulen und Interessenvertretungen der Beschäftigten einen Rahmenkodex, welcher den berechtigten Interessen des Personals der Hochschulen an guten Beschäftigungsbedingungen angemessen Rechnung trägt. [2]Dieser Rahmenkodex wird von der durch die Senatorin für Wissenschaft, Gesundheit und Verbraucherschutz bei Bedarf erneut einzuberufenden Arbeitsgruppe evaluiert und weiterentwickelt.

§ 15 Zuständigkeiten innerhalb der Hochschule
(1) Die Zuweisung der Stellen und sonstigen Personalmittel an die Einrichtungen und Organisationseinheiten, auch soweit sie auf der Grundlage von § 13 Absatz 2 oder § 13a eingerichtet sind, nimmt das jeweilige Rektorat nach Maßgabe des Haushalts und des Bedarfs sowie der Ziel- und Leistungsvereinbarungen mit der Senatorin für Wissenschaft, Gesundheit und Verbraucherschutz nach § 105a unter Beachtung der hochschulinternen Grundsätze zur Qualitätssicherung von Forschung und Lehre sowie zur leistungsbezogenen Mittelvergabe vor.
(2) [1]Der Rektor oder die Rektorin führt die Entscheidungen nach Absatz 1 herbei. [2]Die Leiter, Leiterinnen oder Sprecher oder Sprecherinnen der Einrichtungen und Organisationseinheiten im Sinne von Absatz 1 führen die Entscheidungen für die von ihnen vertretenen Einrichtungen und Organisationseinheiten herbei. [3]Kommt eine notwendige Entscheidung nicht fristgerecht zustande, gilt § 81 Absatz 6 entsprechend.
(3) [1]Der Rektor oder die Rektorin ist Dienstvorgesetzter oder Dienstvorgesetzte der Beamten und Beamtinnen an der Hochschule. [2]Dienstvorgesetzter des Rektors oder der Rektorin ist die Senatorin für Wissenschaft, Gesundheit und Verbraucherschutz. [3]Satz 1 gilt entsprechend für die übrigen Bediensteten der Hochschule. [4]Vorgesetzter oder Vorgesetzte der den Einrichtungen und Organisationseinheiten zugewiesenen Bediensteten, mit Ausnahme der Hochschullehrer und Hochschullehrerinnen, ist der oder die jeweilige Leiter oder Leiterin oder Sprecher oder Sprecherin. [5]Wer im Übrigen Vorgesetzte oder Vorgesetzter ist, bestimmt sich nach dem Organisationsaufbau der Hochschule. [6]Soweit die Bediensteten für Aufgaben unmittelbar in Forschung und Lehre eingesetzt sind, ohne eigenverantwortlich tätig zu werden, unterliegen sie den fachlichen Weisungen des verantwortlichen Hochschullehrers oder der verantwortlichen Hochschullehrerin.
(4) [1]Die Leiter, Leiterinnen, Sprecher oder Sprecherinnen der Einrichtungen und Organisationseinheiten nach Absatz 1, für die zentrale Verwaltung der Rektor oder die Rektorin, sind für die Personalauswahl zuständig; dabei ist die Beteiligung der betroffenen Bereiche sicherzustellen. [2]Absatz 5 bleibt unberührt.
(5) Über die Umsetzung oder Versetzung eines Bediensteten entscheidet nach Anhörung der betroffenen Organisationseinheiten oder Einrichtungen der Rektor oder die Rektorin.

(6) ¹Der Rektor oder die Rektorin hat das Recht zur Teilnahme an den Verfahren der Personalauswahl. ²Er oder sie überprüft die Personalentscheidung und kann erneute Befassung verlangen.
(7) ¹Der Rektor oder die Rektorin ist für die Beteiligung des Personalrats zuständig; er oder sie soll den Leiter oder die Leiterin, den Sprecher oder die Sprecherin der betroffenen Organisationseinheiten oder Einrichtungen nach Absatz 1 hinzuziehen. ²Der Rektor oder die Rektorin kann diese Aufgabe einem anderen Rektoratsmitglied übertragen.

Kapitel 2
Wissenschaftliches und künstlerisches Personal

Abschnitt 1
Hochschullehrerinnen und Hochschullehrer

§ 16 Hochschullehrer und Hochschullehrerinnen

(1) Die Hochschullehrer und Hochschullehrerinnen nehmen die ihrer Hochschule jeweils obliegenden Aufgaben in Wissenschaft und Kunst, Forschung und Lehre in ihren Fächern sowie die sonstigen Aufgaben der Hochschule nach § 4 nach näherer Ausgestaltung ihres Dienstverhältnisses selbstständig wahr.
(2) ¹Im Rahmen der für ihr Dienstverhältnis geltenden Regelungen haben die Hochschullehrer und Hochschullehrerinnen an der eigenen Hochschule oder im Rahmen des Zusammenwirkens nach § 12 oder § 13 Abs. 2 an anderen Hochschulen oder an anderen Einrichtungen nach § 13a Absatz 3 Lehrveranstaltungen ihrer Fächer in allen Studiengängen einschließlich der fachspezifischen Beteiligung an fächerübergreifenden Lehrveranstaltungen abzuhalten sowie die zur Sicherstellung des erforderlichen Lehrangebots gefassten Entscheidungen des Dekanats zu verwirklichen, insbesondere die ihnen zu diesem Zweck übertragenen Lehraufgaben wahrzunehmen. ²Zu ihren hauptberuflichen Aufgaben gehört es auch, sich an der berufspraktischen Ausbildung, soweit sie Teil des Studiengangs ist, sowie an der Lehre in dualen Studiengängen nach § 4 Abs.12, an Aufgaben der Studienreform und Studienberatung sowie der Betreuung der Studierenden, an der Förderung des Wissens- und Technologietransfers und an der wissenschaftlichen Weiterbildung zu beteiligen. ³Sie wirken an der Selbstverwaltung der Hochschule und an Prüfungen sowie Prüfungsverfahren mit und beteiligen sich insbesondere im Rahmen ihrer Betreuungsfunktion an der Förderung des wissenschaftlichen Nachwuchses. ⁴Die Hochschullehrer und Hochschullehrerinnen erfüllen ihre Dienstpflichten am Dienstort, ausgenommen davon sind Aufgaben, die aus sachlichen Gründen die Abwesenheit erfordern. ⁵Die Dekane und Dekaninnen haben ergänzend zu den Regelungen in der Lehrverpflichtungs- und Lehrnachweisverordnung und den abgeschlossenen Ziel- und Leistungsvereinbarungen für eine angemessene Anwesenheit und Erreichbarkeit der Hochschullehrer und Hochschullehrerinnen auch außerhalb der Veranstaltungszeit Sorge zu tragen. ⁶Lehre, die über die nach Maßgabe der Lehrverpflichtungs- und Lehrnachweisverordnung in Verbindung mit der Berufungsvereinbarung zu erteilenden Lehrveranstaltungsstunden hinaus im Rahmen eines Lehrauftrages ohne Zeitausgleich erteilt wird, gehört nicht zum Hauptamt. ⁷Lehre im Sinne von Satz 6 ist gesondert zu vergüten.
(3) ¹Zu den hauptberuflichen Pflichten der Hochschullehrer und Hochschullehrerinnen gehört die Erstattung von Gutachten einschließlich der dazu erforderlichen Untersuchungen auch ohne besondere Vergütung auf Anforderung ihrer Hochschule oder der Senatorin für Wissenschaft, Gesundheit und Verbraucherschutz. ²Die Wahrnehmung von Aufgaben in Einrichtungen der überregionalen Wissenschaftsförderung, die überwiegend aus staatlichen Mitteln finanziert werden, soll auf Antrag des Hochschullehrers oder der Hochschullehrerin vom Rektor oder der Rektorin zur Dienstaufgabe erklärt werden, wenn es mit der Erfüllung der übrigen Aufgaben des Hochschullehrers oder der Hochschullehrerin vereinbar ist.
(4) Bei der Festlegung des Umfangs der Lehrverpflichtung nach § 29 muss jedem Hochschullehrer und jeder Hochschullehrerin mindestens die Zeit für wissenschaftliche oder künstlerische Arbeiten belassen werden, die für eine den Dienstaufgaben und den Zielen des § 4 entsprechende Qualität der Lehre erforderlich ist.
(5) ¹Art und Umfang der von dem einzelnen Hochschullehrer oder der einzelnen Hochschullehrerin wahrzunehmenden Aufgaben richten sich unter Beachtung der Absätze 1 und 2 nach der Ausgestaltung des jeweiligen Dienstverhältnisses und der Funktionsbeschreibung der Stelle. ²Die Festlegung in der Berufungsvereinbarung steht unter dem Vorbehalt einer Überprüfung in Abständen von in der

Regel fünf Jahren. [3]Eine Änderung wird entsprechend den Erfordernissen der Hochschulentwicklung und Wissenschaftsplanung auf Antrag der Hochschule vorgenommen. [4]Der Rektor oder die Rektorin oder der Senatorin für Wissenschaft, Gesundheit und Verbraucherschutz kann im Benehmen mit dem Rektor oder der Rektorin Hochschullehrern und Hochschullehrerinnen auf ihren Antrag für begrenzte Zeit ausschließlich oder überwiegend Aufgaben der Forschung oder künstlerischen Entwicklung nach § 77 übertragen, wenn in dem Fachbereich das Lehrangebot und die Wahrnehmung der sonstigen Dienstaufgaben im Rahmen der vorhandenen Haushaltsmittel gewährleistet sind. [5]Für die Dauer der Aufgabenübertragung kann die Lehrverpflichtung abweichend von der Lehrverpflichtungs- und Lehrnachweisverordnung geregelt werden.

(6) [1]Den Professoren und Professorinnen stehen nach dem Eintritt in den Ruhestand die mit der Lehrbefugnis verbundenen Rechte zur Abhaltung von Lehrveranstaltungen und zur Beteiligung an Prüfungsverfahren zu; Aufgaben in der Forschung und in der Kunst dürfen in der Hochschule wahrgenommen werden, soweit nicht nach den Feststellungen des zuständigen Dekans oder der Dekanin dadurch die Erfüllung von Aufgaben der Hochschule und die Rechte und Pflichten von Hochschulmitgliedern beeinträchtigt werden. [2]Den in den Ruhestand getretenen Professoren und Professorinnen können Lehraufträge erteilt werden. [3]Diese können entgeltlich sein.

§ 17 Akademische Bezeichnung »Professor« oder »Professorin«

(1) [1]Mit der Ernennung zum Professor oder zur Professorin, zum Juniorprofessor oder zur Juniorprofessorin, der Begründung eines Angestelltenverhältnisses als Professor, Professorin, Juniorprofessor oder Juniorprofessorin, der Bestellung zum Honorarprofessor oder zur Honorarprofessorin wird zugleich die akademische Bezeichnung »Professor« oder »Professorin« verliehen. [2]Mit der Übertragung der Leitung einer Nachwuchsgruppe kann der Rektor oder die Rektorin der Universität Bremen befristet für die Dauer der Wahrnehmung der Leitungsfunktion die akademische Bezeichnung »Professor« oder »Professorin« verleihen. [3]Privatdozenten und Privatdozentinnen nach § 66 Absatz 2 kann der Rektor oder die Rektorin der Hochschule nach mindestens fünfjähriger Bewährung in Forschung und Lehre die akademische Bezeichnung »Professor« oder »Professorin« verleihen. [4]Die Senatorin für Wissenschaft, Gesundheit und Verbraucherschutz kann ihnen unter den Voraussetzungen des § 25 Absatz 1 die mitgliedschaftlichen Rechte eines hauptamtlichen Professors oder einer hauptamtlichen Professorin nach § 5 übertragen. [5]§ 25 Absatz 1 Sätze 2 bis 5 gelten entsprechend.

(2) [1]Nach dem Ausscheiden darf nur im Falle der Beendigung eines Dienstverhältnisses wegen Eintritts oder Versetzung in den Ruhestand oder beim Ruhen der Rechte und Pflichten aus einem Dienstverhältnis als Professor oder Professorin die akademische Bezeichnung »Professor« oder »Professorin« weitergeführt werden. [2]Die Bezeichnung kann aberkannt werden, wenn Gründe vorliegen, die eine Rücknahme der Ernennung zum Beamten oder zur Beamtin rechtfertigen würden.

§ 18 Ausschreibung von und Berufung auf Professuren und Juniorprofessuren

(1) Die Rektorin oder der Rektor entscheidet unter Beachtung der Ziel- und Leistungsvereinbarung über die Besetzung oder Wiederbesetzung der Stellen für Hochschullehrerinnen und Hochschullehrer und Juniorprofessuren und schreibt sie im Einvernehmen mit der Senatorin für Wissenschaft, Gesundheit und Verbraucherschutz überregional und nach Maßgabe der Bedeutung der Stelle auch international aus.

(2) Im Einvernehmen mit der Senatorin für Wissenschaft, Gesundheit und Verbraucherschutz kann von einer Ausschreibung abgesehen werden, wenn

1. ein Professor oder eine Professorin in einem Beamtenverhältnis auf Zeit oder in einem befristeten Beschäftigungsverhältnis auf dieselbe Professur in einem Beamtenverhältnis auf Lebenszeit oder in einem unbefristeten Beschäftigungsverhältnis berufen werden soll,
2. ein Juniorprofessor oder eine Juniorprofessorin, dessen oder deren herausragende Eignung, Leistung und Befähigung festgestellt worden ist, auf eine Professur in einem Beamtenverhältnis auf Lebenszeit oder in einem unbefristeten Beschäftigungsverhältnis berufen werden soll,
3. ein Juniorprofessor oder eine Juniorprofessorin in einem Beamtenverhältnis auf Zeit oder in einem befristeten Angestelltenverhältnis auf eine Professur in einem Beamtenverhältnis auf Lebenszeit oder in einem unbefristeten Beschäftigungsverhältnis berufen werden soll, weil er oder sie ein entsprechendes Einstellungsangebot eines anderen Dienstherrn oder ein vergleichbares Angebot eines Arbeitgebers nachweisen kann,

4. einem hauptamtlichen Mitglied des Rektorats eine Berufung auf eine Professur nach Beendigung seiner Amtszeit angeboten wird,
5. ein Professor oder eine Professorin in einem Beamtenverhältnis auf Lebenszeit nach der Besoldungsgruppe W 2 der Bremischen Besoldungsordnung in ein solches nach der Besoldungsgruppe W 3 überführt werden soll, weil er oder sie ein entsprechendes Einstellungsangebot eines anderen Dienstherrn oder ein vergleichbares Angebot eines Arbeitgebers nachweisen kann,
6. mit Zustimmung der Senatorin für Wissenschaft, Gesundheit und Verbraucherschutz eine gemeinsame Berufung von Hochschulen und Forschungseinrichtungen nach § 20 durchgeführt wird und eine ausgewiesene Leitungspersönlichkeit der beteiligten Forschungseinrichtung zur Professorin oder zum Professor berufen werden soll, die oder der die Einstellungsvoraussetzungen gemäß § 116 Absatz 3 bis 6 des Bremischen Beamtengesetzes erfüllt und durch ein an das Berufungsverfahren nach § 18 Absatz 7 Satz 2 angelehntes Begutachtungsverfahren die hervorragende Leistung, Eignung und Befähigung in fachlicher und pädagogischer Hinsicht festgestellt ist,
7. eine Professur besetzt werden soll, die durch ein überregionales Förderprogramm finanziert wird, dessen Vergabebestimmungen ein eigenes Bewerbungs- und Begutachtungsverfahren vorsehen, das die erforderliche wissenschaftliche Qualität sicherstellt.

(3) Für die Berufung von Vertretungs- und Gastprofessoren und -professorinnen ist eine Ausschreibung nicht erforderlich.

(4) Die Hochschulen regeln durch Satzung das Nähere zu den Bestimmungen der Absätze 1 bis 3, insbesondere zu Ausschreibung, Ausschreibungsverzicht, verbindlichen Zusagen nach § 18a, Strukturen, Verfahren sowie zu Einhaltung und Nachweis von Qualitätsstandards.

(5) Die Hochschulen regeln das Verfahren für die Aufstellung eines Berufungsvorschlages durch Satzung.

(6) ¹Die Hochschulen sichern eine angemessene Beteiligung der betroffenen Fachbereiche oder sonstigen Organisationseinheiten, aller Gruppen nach § 5, wobei den Mitarbeiterinnen und Mitarbeitern in Technik und Verwaltung nur beratende Stimme zukommt, die Beteiligung von Frauen in der Regel zu mindestens 40 vom Hundert der stimmberechtigten Mitglieder, davon mindestens eine Hochschullehrerin, sowie den angemessenen Einfluss der Hochschullehrergruppe auf die Entscheidung. ²In der Regel sind Hochschullehrerinnen und Hochschullehrer aus anderen Fachbereichen, Organisationseinheiten, Hochschulen oder außeruniversitären Forschungseinrichtungen zu beteiligen.

(7) ¹Es ist eine angemessene Frist von der Ausschreibung bis zur Vorlage des Berufungsvorschlages an das Rektorat vorzusehen. ²Die Satzung sieht Regelungen vor, die eine gutachterlich gestützte Begründung des Berufungsvorschlages unter Würdigung der fachlichen, pädagogischen und sonst erforderlichen Eignung und Leistung unter angemessener Leistungsbewertung im Bereich der Lehre zur Erfüllung der Aufgaben nach § 4 sichern sowie die Bedingungen für ein Abweichen von der Vorlage einer Dreier-Liste festlegen. ³Die Frauenbeauftragte hat das Recht zur Stellungnahme zum Berufungsvorschlag. ⁴Diese ist dem Rektorat vorzulegen. ⁵Das Rektorat soll den Berufungsvorschlag zurückverweisen, wenn die Frauenbeauftragte eine Verletzung des Gleichberechtigungsauftrages nach § 4 Absatz 2 geltend macht. ⁶In derselben Angelegenheit ist die Rüge nach Satz 5 nur einmal zulässig. ⁷Die Stellungnahme der Frauenbeauftragten ist dem Berufungsvorschlag der Hochschule an die Senatorin für Wissenschaft, Gesundheit und Verbraucherschutz beizufügen.

(8) ¹Das Rektorat kann den ihm nach Maßgabe des in der Satzung der Hochschule geregelten Berufungsverfahrens vorgelegten Berufungsvorschlag übernehmen und an die Senatorin für Wissenschaft, Gesundheit und Verbraucherschutz weiterleiten. ²Es kann den Vorschlag mit geänderter Reihenfolge weiterleiten, wenn es zuvor dem nach der Satzung zuständigen Gremium Gelegenheit zur Stellungnahme gegeben hat. ³Es kann gegenüber dem betroffenen Fachbereich oder der Organisationseinheit Bedenken äußern und Gelegenheit zur Stellungnahme innerhalb von vier Wochen geben, ein vergleichendes oder ergänzendes Gutachten einholen oder das Verfahren abbrechen und eine erneute Ausschreibung nach den Vorschriften dieses Gesetzes einleiten.

(9) ¹Die Berufung erfolgt auf Grund des Berufungsvorschlages des Rektorats der Hochschule durch die Senatorin für Wissenschaft, Gesundheit und Verbraucherschutz in der Regel innerhalb von sechs Wochen nach Vorlage des ordnungsgemäßen Berufungsvorschlages. ²Aus Gründen, die nicht auf die Beurteilung der fachlichen Qualifikation des Bewerbers oder der Bewerberin gestützt sind, kann die Senatorin für Wissenschaft, Gesundheit und Verbraucherschutz von der Reihenfolge des Vorschlags

des Rektorats der Hochschule abweichend die Berufung vornehmen. ³Die Senatorin für Wissenschaft, Gesundheit und Verbraucherschutz kann den Berufungsvorschlag an das Rektorat zurückgeben und begründete Bedenken geltend machen sowie die Einholung von vergleichenden Gutachten verlangen und die erneute Vorlage eines Berufungsvorschlages unter Berücksichtigung der geltend gemachten Bedenken innerhalb einer angemessenen Frist verlangen. ⁴Werden die Bedenken nicht hinreichend berücksichtigt, ein Gutachten nicht eingeholt oder die gesetzte Frist nicht eingehalten, kann die Senatorin für Wissenschaft, Gesundheit und Verbraucherschutz von dem Berufungsvorschlag abweichend eine Berufung vornehmen.
(10) Die Ausschreibung und Berufung auf eine erste Professorenstelle erfolgt in ein Beamtenverhältnis auf Zeit oder in ein befristetes Angestelltenverhältnis, wenn die Hochschule und die Senatorin für Wissenschaft, Gesundheit und Verbraucherschutz dies im Einvernehmen vorsehen.
(11) Wird bei der Berufung von Gast- oder Vertretungsprofessoren oder -professorinnen ein Berufungsverfahren durchgeführt, kann von der Vorlage einer Dreier-Liste abgesehen werden.
(12) ¹Bei der Berufung von Hochschullehrern und Hochschullehrerinnen können die Mitglieder der eigenen Hochschule nur in besonders begründeten Ausnahmefällen berücksichtigt werden. ²Bei der Berufung auf eine Professur können Juniorprofessoren und Juniorprofessorinnen der eigenen Hochschule nur dann berücksichtigt werden, wenn sie nach der Promotion die Hochschule gewechselt hatten oder mindestens zwei Jahre außerhalb der berufenden Hochschule wissenschaftlich tätig waren.
(13) ¹Berufungs- und Bleibeverhandlungen führen die Senatorin für Wissenschaft, Gesundheit und Verbraucherschutz und die Hochschule gemeinschaftlich; die Entscheidung über die Berufungs- und Bleibeleistungsbezüge trifft die Hochschule. ²Die Verhandlungen über die Ausstattung einschließlich der Ausstattung von Juniorprofessuren mit einer Zusage nach § 18a Absatz 1 führt der Rektor oder die Rektorin unter Beteiligung des oder der zuständigen Fachbereiche oder Organisationseinheiten. ³Zusagen über die Ausstattung des vorgesehenen Aufgabenbereichs dürfen nur angemessen befristet, höchstens jedoch für fünf Jahre, gegeben werden und stehen unter dem Vorbehalt, dass die längerfristige Entwicklungsplanung der Hochschule oder die Ziel- und Leistungsvereinbarung nach § 105a keine grundlegende Veränderung hinsichtlich des vorgesehenen Aufgabenbereichs vornimmt und ausreichende Haushaltsmittel vorhanden sind. ⁴Zusagen über die Ausstattung nach Satz 2, die Professoren oder Professorinnen vor dem 1. Juni 1999 unbefristet gegeben worden sind, gelten als bis zum 31. Mai 2005 befristet.

§ 18a Verfahren bei verbindlicher Zusage (tenure track) zur Übertragung einer unbefristeten Professur

(1) ¹Die Ausschreibung und Einstellung auf eine Juniorprofessur oder auf eine Professur auf Zeit kann mit der Zusage verbunden werden, dass im Falle des Nachweises herausragender Eignung, Leistung und Befähigung ohne weitere Ausschreibung eine Professur im Beamtenverhältnis auf Lebenszeit oder in einem unbefristeten Angestelltenverhältnis übertragen wird (tenure track). ²Der Nachweis nach Satz 1 erfolgt im Rahmen einer qualitätsgesicherten Evaluierung. ³Die Hochschule kann zusätzlich eine Zwischenevaluierung vorsehen. ⁴Die Hochschule entscheidet vor der Ausschreibung, ob Ausschreibung und Einstellung mit einer Zusage nach Satz 1 verbunden werden. ⁵Die Stellenausschreibung steht in diesem Fall nicht unter Stellenvorbehalt. ⁶Die Stellenausschreibung für Juniorprofessuren sowie für Professuren mit einer verbindlichen Zusage zur Übertragung einer unbefristeten Professur erfolgt mit dem Hinweis auf die verbindliche Zusage und in der Regel international.
(2) Juniorprofessorinnen und Juniorprofessoren sowie Professorinnen und Professoren, die vor dem 23. Juni 2017 befristet oder auf Zeit eingestellt wurden, können bei Vorliegen im Übrigen gleicher Voraussetzungen in eine Juniorprofessur oder Professur nach Absatz 1 einbezogen werden.
(3) Die Besetzung der Juniorprofessuren und Professuren mit verbindlicher Zusage zur Übertragung einer unbefristeten Professur erfordert zusätzlich zu den Anforderungen aus § 18 in der Regel die Beteiligung international ausgewiesener Gutachterinnen und Gutachter im Berufungsverfahren und in den Fällen, in denen dies vom fachlichen Profil der Professur her geboten ist, auch ausländischer Gutachterinnen und Gutachter.
(4) Soweit in den Absätzen 1 bis 3 nicht anders geregelt, gilt § 18 Absatz 6 bis 9 und 13 entsprechend.

§ 19 Nebentätigkeit der Hochschullehrer und Hochschullehrerinnen

(1) Die Anzeige nach § 72 Absatz 2 des Bremischen Beamtengesetzes ist über den Dekan oder die Dekanin oder das sonst zuständige Organ der Einrichtung, an der der Hochschullehrer oder die Hochschullehrerin tätig ist, zu leiten.

(2) ¹Der Dekan oder die Dekanin oder das sonst zuständige Organ soll zu der Frage Stellung nehmen, ob die Nebentätigkeit die Wahrnehmung der dem Hochschullehrer oder der Hochschullehrerin obliegenden Aufgaben beeinträchtigt. ²Das Gleiche gilt für genehmigungspflichtige und sonstige anzeigepflichtige Nebentätigkeiten.

(3) Die Übernahme eines Lehrauftrages nach § 16 Absatz 2 Satz 6 unterliegt nicht der Anzeige- und Genehmigungspflicht.

§ 20 Gemeinsames Berufungsverfahren

(1) Ist mit der ausgeschriebenen Professur die Übernahme einer Leitungsfunktion in einer staatlichen oder staatlich geförderten Forschungseinrichtung verbunden, wird ein gemeinsames Berufungsverfahren der Hochschule und der Forschungseinrichtung durchgeführt.

(2) ¹Es wird ein gemeinsames Gremium gebildet, das seinen Berufungsvorschlag dem Rektorat der Hochschule und dem satzungsgemäß zuständigen Leitungsorgan der Forschungseinrichtung zur Entscheidung und zum weiteren Verfahren nach § 18 und § 18a vorlegt. ²Das gemeinsame Gremium gibt dem beteiligten Fachbereich oder dem auf der Grundlage von § 13a sonst zuständigen Organ vorab Gelegenheit, binnen einer Frist von in der Regel zwei Wochen zu dem Berufungsvorschlag Stellung zu nehmen.

(3) Die Berufungsordnung der Hochschule sichert für das gemeinsame Berufungsverfahren durch geeignete Bestimmungen, dass in dem Berufungsgremium der betroffene Fachbereich oder die betroffenen Fachbereiche oder die sonstigen Organisationseinheiten angemessen vertreten sind.

(4) ¹In dem gemeinsamen Berufungsgremium muss die Vertretung der Gruppe der Hochschullehrerschaft der Hochschule und diejenige Vertretung der Forschungseinrichtung, die der Hochschullehrerschaft nach Funktion und Qualifikation gleichzusetzen ist, gemeinsam über die Mehrheit der Stimmen verfügen. ²Die Berufungsordnung der Hochschule sichert für das gemeinsame Berufungsverfahren durch geeignete Bestimmungen, dass in dem Berufungsgremium Vertreter des oder der betroffenen Fachbereiche oder sonstigen Organisationseinheiten angemessen vertreten sind.

(5) Der gemeinsame Berufungsvorschlag ist entsprechend der Beschlussfassung des Rektorats der Hochschule und des Leitungsorgans der Forschungseinrichtung an die Senatorin für Wissenschaft, Gesundheit und Verbraucherschutz weiterzuleiten.

(6) Nach Maßgabe einer für den Einzelfall oder allgemein als Kooperationsvereinbarung abzuschließenden vertraglichen Regelung zwischen der Hochschule und der Forschungseinrichtung kann mit Zustimmung der Senatorin für Wissenschaft, Gesundheit und Verbraucherschutz von den Bestimmungen des § 18 und § 18a abgewichen werden.

(7) Die Absätze 1 bis 6 gelten vorbehaltlich des Landesrechts der weiteren beteiligten Hochschule entsprechend, wenn die ausgeschriebene Professur eine Kooperationsprofessur mehrerer Hochschulen verschiedener Bundesländer ist.

Abschnitt 2
Personal des akademischen Mittelbaus

§ 21 Mitarbeiter und Mitarbeiterinnen nach altem Recht

¹Die am 1. Juni 2003 vorhandenen wissenschaftlichen und künstlerischen Assistenten und Assistentinnen, Oberassistenten und Oberassistentinnen, Oberingenieure und Oberingenieurinnen sowie Hochschuldozenten und Hochschuldozentinnen verbleiben in ihren bisherigen Dienstverhältnissen. ²Ihre mitgliedschaftsrechtliche Stellung bleibt unberührt. ³Dies gilt entsprechend für die zum 21. Juni 2017 vorhandenen wissenschaftlichen und künstlerischen Mitarbeiterinnen und Mitarbeiter.

§ 21a (weggefallen)

§ 21b (weggefallen)

§ 21c Sonderregelungen für befristete Angestelltenverhältnisse

¹Soweit für Hochschullehrerinnen und Hochschullehrer, wissenschaftliche oder künstlerische Mitarbeiterinnen und Mitarbeiter nach den §§ 23, 23a und 23b sowie Lektorinnen und Lektoren, auch so-

weit sie in der Funktion als lecturer, researcher, senior lecturer oder senior researcher beschäftigt werden, ein befristetes Angestelltenverhältnis begründet worden ist, gilt § 119 Absatz 3 des Bremischen Beamtengesetzes entsprechend. [2]Erfolgt für diesen Personenkreis eine Förderung aus einem überregionalen Förderprogramm, kann abweichend von Satz 1 auch eine Verlängerung der Beschäftigung um ein Jahr pro Kind und höchstens insgesamt zwei Jahre bei zwei und mehr Kindern ab der Geburt oder Adoption vorgesehen werden, wenn das Programm diese Möglichkeit eröffnet. [3]§ 117 Absatz 1 Satz 2 2. Halbsatz des Bremischen Beamtengesetzes gilt entsprechend.

§ 22 (aufgehoben)

§ 23 Wissenschaftliche Mitarbeiterinnen und Mitarbeiter mit dem Ziel der weiteren wissenschaftlichen Qualifizierung

(1) [1]Wissenschaftliche Mitarbeiterinnen und Mitarbeiter mit dem Ziel der weiteren wissenschaftlichen Qualifizierung werden befristet im Beamten- oder im Angestelltenverhältnis eingestellt. [2]Ihre weitere wissenschaftliche Qualifikation durch selbstbestimmte Forschung, insbesondere zur Arbeit an einer Dissertation (Phase 1) oder an zusätzlichen wissenschaftlichen Leistungen (Phase 2), die auch zur Erlangung der Berufungsfähigkeit auf eine ordentliche Professur führen können, wird ihnen als Dienstaufgabe übertragen. [3]Ihnen wird dafür mindestens ein Drittel ihrer Arbeitszeit zur Verfügung gestellt.

(2) [1]Nach Maßgabe der Ausgestaltung ihres Dienstverhältnisses obliegt ihnen wissenschaftliche Lehre und Forschung unter fachlicher Verantwortung und Betreuung einer Hochschullehrerin oder eines Hochschullehrers. [2]Ihnen können Aufgaben in Forschung und Lehre zur selbständigen Wahrnehmung übertragen werden.

(3) Einstellungsvoraussetzung für wissenschaftliche Mitarbeiterinnen und Mitarbeiter ist neben den allgemeinen dienstrechtlichen Voraussetzungen in der Regel ein zur Promotion berechtigendes abgeschlossenes Hochschulstudium (Phase 1) und zusätzlich eine abgeschlossene Promotion für die Weiterqualifikation zur Erlangung der Berufungsfähigkeit auf eine ordentliche Professur (Phase 2).

(4) Die Lehrverpflichtung richtet sich nach der Lehrverpflichtungs- und Lehrnachweisverordnung.

§ 23a Wissenschaftliche Mitarbeiterinnen und Mitarbeiter in der Dienstleistung

(1) [1]Wissenschaftliche Mitarbeiterinnen und Mitarbeiter in der Dienstleistung werden als Beamtinnen oder Beamte auf Zeit oder unter den Voraussetzungen des § 118 Absatz 2 Satz 3 des Bremischen Beamtengesetzes auf Lebenszeit oder als Angestellte befristet oder unbefristet beschäftigt. [2]Sie werden dem Aufgabenbereich einer oder mehrerer Hochschulprofessuren zugewiesen; ihnen obliegen nach Maßgabe der Ausgestaltung ihres Dienstverhältnisses wissenschaftliche Dienstleistungen unter deren fachlicher Verantwortung und Betreuung. [3]Zu den wissenschaftlichen Dienstleistungen gehört es auch, den Studierenden Fachwissen und praktische Fertigkeiten zu vermitteln und sie in der Anwendung wissenschaftlicher Methoden zu unterweisen. [4]In besonders begründeten Einzelfällen kann unbefristet beschäftigten wissenschaftlichen Mitarbeiterinnen und Mitarbeitern auch die selbständige Wahrnehmung von Aufgaben in Forschung und Lehre übertragen werden.

(2) Einstellungsvoraussetzung für wissenschaftliche Mitarbeiterinnen und Mitarbeiter ist neben den allgemeinen dienstrechtlichen Voraussetzungen in der Regel ein zur Promotion berechtigendes abgeschlossenes Hochschulstudium, bei wissenschaftlichen Mitarbeiterinnen und Mitarbeitern auf Lebenszeit oder in einem unbefristeten Beschäftigungsverhältnis in der Regel eine Promotion.

(3) Die Lehrverpflichtung richtet sich nach der Lehrverpflichtungs- und Lehrnachweisverordnung.

§ 23b Künstlerische Mitarbeiterinnen und Mitarbeiter

(1) [1]Künstlerische Mitarbeiterinnen und Mitarbeiter werden als Beamtinnen oder Beamte auf Zeit oder als Angestellte befristet oder unbefristet sowie bei Vorliegen der Voraussetzungen des § 118 Absatz 2 Satz 3 des Bremischen Beamtengesetzes im Beamtenverhältnis auf Lebenszeit beschäftigt. [2]Sie können nach Maßgabe der Ausgestaltung ihres Dienstverhältnisses dem Aufgabenbereich einer oder mehrerer Hochschulprofessuren zugewiesen werden und erbringen dann unter ihrer oder seiner Verantwortung künstlerische Dienstleistungen.

(2) Einstellungsvoraussetzung für künstlerische Mitarbeiterinnen und Mitarbeiter ist neben den allgemeinen dienstrechtlichen Voraussetzungen in der Regel ein abgeschlossenes Hochschulstudium.

(3) Die Lehrverpflichtung richtet sich nach der Lehrverpflichtungs- und Lehrnachweisverordnung.

§ 24 Lektorinnen und Lektoren – Funktionen als lecturer (senior lecturer) oder researcher (senior researcher)

(1) [1]Lektorinnen und Lektoren nehmen nach Maßgabe ihres Dienstverhältnisses Aufgaben in Forschung und wissenschaftlicher Lehre selbständig war. [2]Weitere Aufgaben können ihnen durch Entscheidung des Rektors oder der Rektorin nach Anhörung des Dekanats zur selbständigen Wahrnehmung übertragen werden. [3]Einstellungsvoraussetzung sind ein abgeschlossenes Hochschulstudium und in der Regel eine Promotion. [4]Sie können nach Maßgabe des Absatzes 2 Satz 5 befristet oder unbefristet im Angestelltenverhältnis oder im Beamtenverhältnis auf Zeit sowie unter den Voraussetzungen des § 118a Absatz 1 Satz 3 des Bremischen Beamtengesetzes im Beamtenverhältnis auf Lebenszeit beschäftigt werden. [5]Die Lehrverpflichtung richtet sich im Einzelnen nach der Lehrverpflichtungs- und Lehrnachweisverordnung.

(2) [1]An der Universität können sie in der Funktion als researcher, senior researcher, lecturer oder senior lecturer beschäftigt werden. [2]Die Beschäftigung in der Funktion als senior researcher oder senior lecturer erfolgt dann, wenn über die Promotion hinaus weitere wissenschaftliche Leistungen in Lehre oder Forschung nachgewiesen sind. [3]Solche wissenschaftlichen Leistungen sind insbesondere Publikationen, Erfahrungen in Forschung oder Lehre nach der Promotion, Einwerbung von Drittmitteln, Betreuung von Doktoranden sowie der Erwerb von Leitungs- und Auslandserfahrungen im Wissenschaftsbereich. [4]Einer Lektorin oder einem Lektor in der Funktion als lecturer oder researcher kann bei der Einstellung die Zusage erteilt werden, ihr oder ihm im Falle des Nachweises herausragender Eignung, Leistung und Befähigung und nach erfolgreichem Bestehen einer Evaluation ohne weitere Ausschreibung die Funktion als senior lecturer oder als senior researcher zu übertragen. [5]Senior researcher und senior lecturer werden im Angestelltenverhältnis unbefristet oder im Beamtenverhältnis auf Lebenszeit beschäftigt, researcher und lecturer im befristeten Angestelltenverhältnis oder im Beamtenverhältnis auf Zeit.

(3) Die Hochschulen regeln das Nähere zur Ausschreibung, zu den Aufgaben, zur Ausgestaltung des Verfahrens und zur Evaluation durch Satzung.

Abschnitt 3
Honorarprofessorinnen und Honorarprofessoren, Lehrkräfte für besondere Aufgaben und studentische Hilfskräfte

§ 24a (aufgehoben)

§ 25 Honorarprofessoren und Honorarprofessorinnen

(1) [1]Das Rektorat einer Hochschule kann Persönlichkeiten, die nach ihren wissenschaftlichen oder künstlerischen Leistungen die an ein Professorenamt zu stellenden Anforderungen erfüllen oder durch eine entsprechende Berufspraxis in hervorragender Weise ausgewiesen sind, auf Vorschlag des Fachbereichs zu Honorarprofessoren oder Honorarprofessorinnen bestellen und ihnen in besonders begründeten Einzelfällen die mitgliedschaftlichen Rechte eines hauptamtlichen Professors oder einer hauptamtlichen Professorin nach § 5 übertragen. [2]Die Dekane haben ein Vorschlagsrecht. [3]Das Recht, das Amt eines Rektors, einer Rektorin, eines Konrektors, einer Konrektorin oder eines Dekans oder einer Dekanin auszuüben, ist ausgeschlossen. [4]Die Bestellung kann befristet erfolgen. [5]Durch die Bestellung wird kein Dienstverhältnis begründet.

(2) [1]Zugleich mit der Bestellung zum Honorarprofessor oder zur Honorarprofessorin ist festzulegen, in welchem Umfang eine Lehrverpflichtung einschließlich der Beteiligung an Prüfungen, eine Forschungsverpflichtung oder eine Verpflichtung in Forschung und Lehre besteht. [2]Satz 1 gilt entsprechend für eine Verpflichtung zur Kunstausübung oder zur Durchführung von künstlerischen Entwicklungsvorhaben. [3]In besonders zu begründenden Fällen kann von der Bestimmung einer Verpflichtung nach Satz 1 und Satz 2 abgesehen werden.

(3) [1]Die Entscheidung des Rektorats erfolgt auf der Grundlage eines qualifizierten Beurteilungsverfahrens. [2]Sie ist zu begründen. [3]Das Nähere regelt eine Satzung der Hochschule.

(4) [1]Ist die Bestellung unbefristet erfolgt, endet die Rechtsstellung eines Honorarprofessors oder einer Honorarprofessorin durch Verzicht, Rücknahme oder durch Widerruf der Bestellung. [2]Die Bestellung ist zu widerrufen aus Gründen, die bei einem in das Beamtenverhältnis auf Lebenszeit berufenen Professor oder einer solchen Professorin zur Rücknahme der Ernennung, zum Verlust der Beamtenrechte oder zur Entfernung aus dem Dienst führen würden. [3]Sie kann zurückgenommen wer-

den, wenn der Honorarprofessor oder die Honorarprofessorin vor Erreichen des 65. Lebensjahres ohne zureichenden Grund den Verpflichtungen nach Absatz 2 nicht nachkommt. ⁴Über die Rücknahme oder den Widerruf entscheidet das Rektorat nach Anhörung des oder der Betroffenen.

§ 26 Lehrkräfte für besondere Aufgaben
¹Soweit überwiegend eine Vermittlung praktischer Fertigkeiten und Kenntnisse erforderlich ist, die nicht die Einstellungsvoraussetzungen für Hochschullehrer oder Hochschullehrerinnen erfordert, kann diese hauptberuflichen Lehrkräften für besondere Aufgaben übertragen werden. ²Sie werden in der Regel unbefristet beschäftigt. ³Bei Vorliegen besonderer Voraussetzungen ist eine befristete Beschäftigung möglich.

§ 26a Lehrbeauftragte
(1) ¹Lehraufträge können zeitlich befristet erteilt werden
1. zur Ergänzung und Erweiterung des Lehrangebots sowie im Fachbereich Musik an der Hochschule für Künste auch zur Sicherstellung des Lehrangebots,
2. für einen durch hauptberufliche Lehrkräfte vorübergehend nicht gedeckten Lehrbedarf,
3. für einen Lehrbedarf, dessen zeitlicher Umfang den Einsatz hauptberuflicher Lehrkräfte nicht rechtfertigt,
4. für Lehrveranstaltungen, für die ein Praxisbezug erforderlich oder erwünscht ist.

²Die Lehrbeauftragten nehmen die ihnen übertragenen Lehraufgaben selbstständig wahr.
(2) ¹Der Umfang des Lehrauftrags soll in der Regel die Hälfte der Lehrverpflichtung entsprechender hauptberuflicher Lehrkräfte nicht überschreiten. ²Der Lehrauftrag ist zu vergüten. ³Dies gilt nicht, wenn die durch den Lehrauftrag entstehende Belastung bei der Bemessung der Dienstaufgaben entsprechend berücksichtigt wird oder der Verzicht auf eine Vergütung erklärt wurde.
(3) Die Lehrbeauftragten stehen in einem befristeten öffentlich-rechtlichen Rechtsverhältnis.
(4) Die Begründung des Lehrbeauftragtenverhältnisses wird von der Hochschule wahrgenommen.
(5) Für das Verfahren der Erteilung von Lehraufträgen erlässt die Hochschule eine Ordnung, in der insbesondere die verantwortliche Überprüfung des inhaltlichen Bedarfs für den Lehrauftrag als Bestandteil des Lehrangebots sowie des Vorliegens der erforderlichen Qualifikation des Bewerbers oder der Bewerberin durch den Studiendekan, die Studiendekanin oder einen vom Dekanat beauftragten Hochschullehrer oder eine solche Hochschullehrerin zu regeln ist.

§ 27 Studentische Hilfskräfte
Studentische Hilfskräfte haben neben dem Studium die Aufgabe, Studierende durch Tutorien in ihrem Studium zu unterstützen oder Dienstleistungen in Forschung, künstlerischen Entwicklungsvorhaben und Lehre zu erbringen, die zugleich der eigenen Ausbildung dienen sollen.

Abschnitt 4
Lehrbefähigung und Lehrverpflichtung

§ 28 Lehrbefähigung
(1) Die Hochschulen haben die Aufgabe, geeignete Verfahren für den Erwerb und den Nachweis der pädagogischen Eignung im Sinne von § 116 Absatz 3 Nummer 2 des Bremischen Beamtengesetzes sowie für eine entsprechende Fortbildung zu entwickeln und anzuwenden.
(2) Die in der Lehre tätigen Mitglieder der Hochschulen haben die Pflicht, ihre pädagogische Eignung durch hochschuldidaktische Fortbildung aufrechtzuerhalten.

§ 29 Lehrverpflichtung
(1) ¹Der Umfang der Lehrverpflichtung der Hochschullehrer und Hochschullehrerinnen, Lehrkräfte für besondere Aufgaben, der Lektorinnen und Lektoren, der wissenschaftlichen und künstlerischen Mitarbeiter und Mitarbeiterinnen im Rahmen der 23, 23a und 23b sowie der Mitarbeiter und Mitarbeiterinnen nach § 21 kann von der Senatorin für Wissenschaft, Gesundheit und Verbraucherschutz durch Rechtsverordnung bestimmt werden. ²Die Rechtsverordnung regelt, in welchem Umfang eine Lehrverpflichtung im Rahmen der Dienstaufgaben besteht und in welchem Umfang Aufgaben in der Lehre, Studienberatung und Betreuung der Studierenden und des wissenschaftlichen Nachwuchses in der Hochschule wahrzunehmen sind. ³Sie legt die Erbringung regelmäßiger schriftlicher Nachweise über die Erfüllung der Lehrverpflichtungen gegenüber dem Rektor oder der Rektorin oder gegenüber

anderen Organen der Hochschule fest. [4]Die Regelung kann auch in einer gesonderten Verordnung erfolgen.
(2) [1]Im Benehmen mit dem Dekanat kann der Rektor oder die Rektorin Hochschullehrer und Hochschullehrerinnen nach Maßgabe der unterschiedlichen Aufgabenstellung ihrer Hochschule und der für ihr Dienstverhältnis geltenden Regelungen in angemessenen Zeitabständen von ihren sonstigen Verpflichtungen für die Dauer von bis zu zwei Semestern ganz oder teilweise zugunsten bestimmter Forschungsvorhaben, künstlerischer Entwicklungsvorhaben oder Vorhaben, die der Aktualisierung berufspraktischer Erfahrungen oder der Entwicklung von besonderen didaktischen Projekten dienen, freistellen, wenn die ordnungsgemäße Vertretung des Faches in der Lehre und bei der Durchführung von Prüfungen gewährleistet ist. [2]Eine Freistellung nach Satz 1 kann auch von der Senatorin für Wissenschaft, Gesundheit und Verbraucherschutz im Zusammenwirken mit dem Rektor oder der Rektorin vorgenommen werden, wenn an der Freistellung ein dringendes öffentliches Interesse besteht.

Kapitel 3
Sonstige Bestimmungen

§ 30 Mitarbeiterinnen und Mitarbeiter in Technik und Verwaltung
Mitarbeiterinnen und Mitarbeiter in Technik und Verwaltung sind die im technischen Dienst und in der Verwaltung der Hochschule tätigen Beamten und Beamtinnen sowie Arbeitnehmer und Arbeitnehmerinnen, die Dienstleistungen im Verwaltungs-, Bibliotheks- oder Betriebsdienst sowie im technischen oder einem sonstigen Dienst für Lehre und Forschung erbringen und nicht zum wissenschaftlichen und künstlerischen Personal gehören.

§ 31 Nachteilsausgleich für behinderte und chronisch kranke Studierende
(1) [1]Behinderten und chronisch kranken Studierenden im Sinne von § 2 des Bremischen Behindertengleichstellungsgesetzes soll das Absolvieren von Studien- und Prüfungsleistungen unter gleichwertigen Bedingungen wie nicht behinderten Studierenden ermöglicht werden. [2]Dazu werden möglichst alle studienbezogenen Angebote von Hochschulen barrierefrei gestaltet. [3]Behinderten und chronisch kranken Studierenden können insbesondere beim Studium, bei der Studienorganisation und -gestaltung sowie bei den Prüfungen Nachteilsausgleiche gewährt werden. [4]Angemessen zu berücksichtigen sind insbesondere studienzeitverlängernde Auswirkungen einer Behinderung beim Studien- und Prüfungsverlauf, der Bedarf besonderer Hilfsmittel oder Assistenzleistungen und das Erbringen von Studien- und Prüfungsleistungen in einer anderen als der vorgesehenen Organisationsform.
(2) Die fachlichen Anforderungen bei Studien- und Prüfungsleistungen werden dadurch nicht tangiert.

§ 31a Inanspruchnahme von Rechten aus dem Mutterschutzgesetz und Beschäftigungsverbote nach dem Mutterschutzgesetz
Die studienzeitverlängernde Inanspruchnahme der nach dem Mutterschutzgesetz gewährten Rechte und der nach dem Mutterschutzgesetz bestehenden Zeiten eines Beschäftigungsverbots sind zu berücksichtigen und dürfen nicht zu Nachteilen für die betroffenen Studentinnen führen.

Teil IV
Studierende
Kapitel 1
Hochschulzugang und Immatrikulation

§ 32 Hochschulzugang
(1) Jeder Deutsche und jede Deutsche im Sinne des Artikels 116 des Grundgesetzes ist zu dem selbst gewählten Hochschulstudium berechtigt, wenn er oder sie die für das Studium erforderliche Qualifikation (Allgemeine Qualifikationsvoraussetzungen in Form einer allgemeinen oder fachgebundenen Hochschulzugangsberechtigung und besondere, fachbezogene Qualifikationsvoraussetzungen) nachweist und keine Immatrikulationshindernisse vorliegen.
(2) Rechtsvorschriften, nach denen andere Personen Deutschen nach Absatz 1 gleichgestellt sind, bleiben unberührt.
(3) Andere Personen können unter den Voraussetzungen des Absatzes 1 immatrikuliert werden.

(4) Zulassungsbeschränkungen, deren Voraussetzungen und das Verfahren werden durch besonderes Gesetz geregelt.

(5) Über Widersprüche, die gegen die Ablehnung eines Antrages auf Zulassung zum Studium und in Immatrikulationsangelegenheiten eingelegt worden sind, entscheidet der Rektor oder die Rektorin.

§ 33 Hochschulzugangsberechtigung

(1) Die Hochschulzugangsberechtigung zum Studium an der Universität Bremen wird erworben durch
1. das Bestehen der Reifeprüfung oder Abiturprüfung an einer öffentlichen oder staatlich anerkannten Schule oder durch das Bestehen der Reifeprüfung oder Abiturprüfung für Nichtschülerinnen und Nichtschüler (allgemeine Hochschulreife) im Geltungsbereich des Grundgesetzes;
2. das Bestehen der Zwischen- oder der Abschlussprüfung an einer Fachhochschule oder der Hochschule für Künste der Freien Hansestadt Bremen oder an einer staatlichen oder staatlich anerkannten Fachhochschule oder Kunst- oder Musikhochschule im Geltungsbereich des Grundgesetzes, soweit deren Zwischen- oder Abschlussprüfung nach dem Recht des jeweiligen Landes als Hochschulzugangsberechtigung anerkannt ist; im Falle einer nach dem 31. März 2002 abgelegten Zwischenprüfung an einer Fachhochschule (Datum der Feststellung des Prüfungsergebnisses) beschränkt sich die Zugangsberechtigung auf die der Zwischenprüfung zugrunde liegende Fachrichtung; § 56 Abs. 1 bleibt unberührt;
3. das Bestehen der Prüfung für die Zulassung zum Hochschulstudium ohne Reifeprüfung oder einer entsprechenden Prüfung im Geltungsbereich des Grundgesetzes, soweit sie als Hochschulzugangsberechtigung nach dem Recht des jeweiligen Landes anerkannt ist;
4. eine von der Senatorin für Wissenschaft, Gesundheit und Verbraucherschutz gemäß § 39 des Bremischen Schulgesetzes durch Rechtsverordnung oder im Einzelfall als der allgemeinen Hochschulreife gleichwertig anerkannte Vorbildung;
5. eine im Ausland erworbene Hochschulzugangsberechtigung, wenn sie in einem Mitgliedstaat der Europäischen Union erworben wurde oder wenn und soweit sie auf Grund zwischenstaatlicher Vereinbarungen oder nach einer Entscheidung der Universität allein oder in Verbindung mit einer Prüfung zur Feststellung der Hochschulreife der allgemeinen Hochschulreife nach Nummer 1 gleichwertig ist. Das Nähere regelt die Universität Bremen durch eine Ordnung.

(2) [1]Zum Studium an der Hochschule für Künste wird die Hochschulzugangsberechtigung erworben durch den Nachweis der besonderen künstlerischen Befähigung für das gewählte Studium oder durch eine Zugangsberechtigung nach den Absätzen 1, 3, 3a, 3b, 4 oder 5 in Verbindung mit dem Nachweis der künstlerischen Befähigung für das gewählte Studium. [2]Das Nähere regelt die Senatorin für Wissenschaft, Gesundheit und Verbraucherschutz durch Rechtsverordnung. [3]Der Nachweis der künstlerischen Befähigung oder der besonderen künstlerischen Befähigung wird durch eine Prüfung nach einer von der Hochschule erlassenen Prüfungsordnung durchgeführt; für die Zulassung zur Prüfung und ihren Umfang sowie die Leistungsbewertung und das Prüfungsverfahren gilt § 62 sinngemäß.

(3) Die Hochschulzugangsberechtigung zum Studium an den Fachhochschulen wird erworben durch
1. die Hochschulreife nach Absatz 1;
2. ein im Geltungsbereich des Grundgesetzes erworbenes Zeugnis der Fachhochschulreife;
3. eine von der Senatorin für Wissenschaft, Gesundheit und Verbraucherschutz gemäß § 39 des Bremischen Schulgesetzes durch Rechtsverordnung oder im Einzelfall als der Fachhochschulreife gleichwertig anerkannte Vorbildung;
4. eine im Ausland erworbene Hochschulzugangsberechtigung, wenn sie in einem Mitgliedstaat der Europäischen Union erworben wurde oder wenn und soweit sie auf Grund zwischenstaatlicher Vereinbarungen oder nach einer Entscheidung der Hochschule allein oder in Verbindung mit anderen Zugangsvoraussetzungen der Fachhochschulreife nach Nummer 2 gleichwertig ist. Das Nähere regelt die Hochschule durch eine Ordnung.

(3a) [1]Eine Hochschulzugangsberechtigung zum Studium im Sinne von Absatz 1 bis 3 hat auch, wer
1. eine Meisterprüfung bestanden hat,
2. eine nach Zugangsvoraussetzungen, Dauer, erteilter Gesamtunterrichtsstundenzahl und Abschlussziel der Meisterfortbildung vergleichbare Ausbildung absolviert und eine der Meisterprüfung vergleichbare Prüfung bestanden hat,

3. einen Bildungsgang einer zweijährigen Fachschule mit staatlicher Prüfung oder einen nach Aufnahmevoraussetzungen, Dauer, erteilter Gesamtunterrichtsstundenzahl und Abschlussziel vergleichbaren Bildungsgang absolviert und jeweils die Abschlussprüfung bestanden hat,
4. über einen Fortbildungsabschluss nach den §§ 53 oder 54 des Berufsbildungsgesetzes oder den §§ 42 oder 42a der Handwerksordnung verfügt, sofern der Lehrgang mindestens 400 Unterrichtsstunden umfasst hat oder
5. über einen Abschluss nach vergleichbarer Fortbildung für Berufe im Gesundheitswesen sowie im Bereich der sozialpflegerischen oder sozialpädagogischen Berufe verfügt.
²Die Senatorin für Wissenschaft, Gesundheit und Verbraucherschutz ist ermächtigt, durch Verordnung die Einzelheiten für die erforderliche Feststellung der Vergleichbarkeit festzulegen und die Vergleichbarkeit bestimmter Bildungsgänge festzustellen.

(3b) ¹Eine Hochschulzugangsberechtigung zum Studium im Sinne von Absatz 1 und 3 hat auch, wer nach dem erfolgreichen Besuch einer Bildungseinrichtung im Ausland dort zum Studium berechtigt ist und die Zugangsprüfung an einer bremischen Hochschule bestanden hat. ²Durch die Zugangsprüfung wird festgestellt, ob die fachliche Eignung und die methodischen Fähigkeiten für das Studium eines Studiengangs oder für das Studium bestimmter fachlich verwandter Studiengänge bestehen. ³Zur Vorbereitung auf die Zugangsprüfung können die Hochschulen die verpflichtende Teilnahme an einem Vorbereitungsstudium entsprechend § 43 verlangen. ⁴Das Nähere regelt die Senatorin für Wissenschaft, Gesundheit und Verbraucherschutz durch Rechtsverordnung.

(4) ¹Bewerber und Bewerberinnen mit einer Hochschulzugangsberechtigung, die nur zu einem Studium in bestimmten Studiengängen oder Studienfächern an einer bestimmten Hochschulart berechtigt (fachgebundene Hochschulreife), können nur ein entsprechendes Studium aufnehmen. ²Absatz 1 Nr. 2 gilt entsprechend; die bestandene Zwischenprüfung an der Universität hebt die Fachbindung auf.

(5) ¹Eine fachgebundene Hochschulreife erwirbt auch, wer die Einstufungsprüfung gemäß § 57 bestanden hat. ²Absatz 1 Nummer 2 gilt entsprechend; die bestandene Zwischenprüfung an der Universität oder der Erwerb von 60 Leistungspunkten (CP) gemäß Studienverlaufsplan heben die Fachbindung auf. ³Die Senatorin für Wissenschaft, Gesundheit und Verbraucherschutz regelt durch Rechtsverordnung die näheren Voraussetzungen einschließlich des Verfahrens für den Erwerb der fachgebundenen Hochschulreife.

(6) ¹Der Zugang zu einem nicht weiterbildenden Masterstudiengang setzt voraus, dass ein berufsqualifizierendes Hochschulstudium absolviert und alle Studien- und Prüfungsleistungen für den Abschluss spätestens zwei Wochen nach Lehrveranstaltungsbeginn des Masterstudiengangs gemäß § 48 Absatz 1 erbracht sind; das Abschlusszeugnis, das zugleich das Bestehen der Abschlussprüfung nachweist, kann innerhalb einer von den Hochschulen zu bestimmenden, angemessenen Frist nachgereicht werden. ²Die Hochschulen bestimmen weitere Zugangsvoraussetzungen. ³Satz 1 gilt nicht für das Lehramtsstudium; die Zugangsvoraussetzungen werden insoweit durch das Bremische Lehrerausbildungsgesetz und die dazu ergangenen Ordnungen festgelegt.

(7) ¹Neben den allgemeinen Qualifikationsvoraussetzungen und der Hochschulzugangsberechtigung im Sinne von § 32 Abs. 1 können die Hochschulen für einzelne Studiengänge sowie das Lehramtsstudium über die Absätze 1 bis 5 hinausgehend besondere Kenntnisse oder Eingangsvoraussetzungen oder den Nachweis der Eignung in einem Eignungsfeststellungsverfahren verlangen, wenn das betreffende Studium zwingend besondere qualitative Anforderungen stellt, die jeweils zu begründen sind. ²Die besonderen qualitativen Anforderungen können in geeigneten Fällen während des Studiums erfüllt werden. ³Die Hochschulen können bei Vorliegen der Voraussetzungen nach Satz 1 bestimmen, dass der Zugang zu bestimmten Studiengängen vom Nachweis einer praktischen Ausbildung oder Tätigkeit, besonderer Sprachkenntnisse, sportlicher, musischer oder künstlerischer oder sonstiger studiengangsspezifischer Eignung abhängig ist. ⁴Für das Eignungsfeststellungsverfahren können fachspezifische Mindestnoten, Auswahlgespräche oder Tests oder eine Kombination dieser Kriterien zugrunde gelegt werden. ⁵Die Einzelheiten des Eignungsfeststellungsverfahrens, insbesondere die zugrunde zu legenden Auswahlkriterien, das Verfahren, die Rechtsmittel und die Anforderungen an die Begründung der Erforderlichkeit besonderer Qualifikationsvoraussetzungen werden durch Hochschulsatzung festgelegt. ⁶Die Satzung bedarf der Genehmigung durch die Senatorin für Wissenschaft, Gesundheit und Verbraucherschutz.

(8) Der Zugang zu weiterbildenden Masterstudiengängen und weiterbildenden Zertifikatsstudienangeboten setzt eine in der Regel mindestens einjährige einschlägige Berufstätigkeit oder entsprechende einschlägige Tätigkeiten voraus, in der Bewerber und Bewerberinnen ohne die Voraussetzungen der Absätze 1 bis 4 oder ohne abgeschlossenes Hochschulstudium zugleich die für eine Teilnahme erforderliche Eignung erworben haben.

(9) Zu anderen Maßnahmen und Veranstaltungen der Weiterbildung (§ 60) haben Bewerber und Bewerberinnen auch ohne Vorliegen der Voraussetzungen der Absätze 1 bis 8 Zugang.

(10) Schülern und Schülerinnen, die nach dem einvernehmlichen Urteil von Schule und Hochschule besonders begabt sind, kann im Einzelfall genehmigt werden, ohne Hochschulzugangsberechtigung und ohne Immatrikulation an Lehrveranstaltungen teilzunehmen sowie Studien- und Prüfungsleistungen zu erbringen, die bei einem späteren einschlägigen Studium nach Maßgabe der Prüfungsordnungen anerkannt werden.

§ 34 Immatrikulation

(1) [1]Die Immatrikulation erfolgt durch die Eintragung in die Immatrikulationsliste der Hochschule für einen Studiengang. [2]Für einen weiteren Studiengang kann nur immatrikuliert werden, wenn dies im Hinblick auf das Studienziel sinnvoll ist und dadurch andere Bewerber und Bewerberinnen nicht vom Studium ausgeschlossen werden. [3]Im Rahmen von Hochschulkooperationen können Studierende auch an mehreren Hochschulen immatrikuliert sein; dies wird in der Immatrikulationsbescheinigung ausgewiesen.

(2) [1]Mit der Immatrikulation werden die Studierenden Mitglieder der Hochschule und zum gewählten Studium zugelassen. [2]Die Immatrikulation ist auf den ersten Teil des Studiengangs zu beschränken, soweit an einer Hochschule für diesen eine höhere Ausbildungskapazität als für spätere Teile des Studiengangs besteht; es muss gewährleistet sein, dass die Studierenden ihr Studium an einer anderen Hochschule im Geltungsbereich des Grundgesetzes fortsetzen können.

(3) [1]Personen, die eine Doktorarbeit anfertigen, werden für ein Promotionsstudium als Doktoranden oder Doktorandinnen an der Hochschule immatrikuliert. [2]Die Immatrikulation kann nach näherer Bestimmung der Immatrikulationsordnung in einer gesonderten Immatrikulationsliste erfolgen. [3]Die Hochschule stellt die wissenschaftliche Betreuung der Doktoranden und Doktorandinnen sicher. [4]Sie soll ihnen forschungsorientierte Studien anbieten und den Erwerb von akademischen Schlüsselqualifikationen ermöglichen. [5]Die Sätze 1 bis 4 gelten entsprechend für Meisterschüler und Meisterschülerinnen sowie Studierende mit dem Ziel des Konzertexamens an der Hochschule für Künste mit der Maßgabe, dass die Hochschulen die künstlerische Betreuung sicherstellen.

(4) Studienanfänger und Studienanfängerinnen werden in der Regel zum Wintersemester immatrikuliert.

(5) In allen Angelegenheiten der Immatrikulation entscheidet der Rektor oder die Rektorin.

§ 35 Immatrikulation mit Kleiner Matrikel

(1) Die Hochschulen können Bewerber und Bewerberinnen ohne Hochschulzugangsberechtigung nach § 33, die entweder eine abgeschlossene Berufsausbildung und eine fünfjährige Erwerbstätigkeit oder entsprechende Ersatzzeiten nachweisen, jeweils für die Dauer eines Semesters, insgesamt jedoch längstens für vier Semester, für einen Studiengang mit Kleiner Matrikel immatrikulieren, wenn glaubhaft gemacht wird, dass sie innerhalb von zwei Jahren die Hochschulzugangsberechtigung erwerben wollen.

(2) [1]Die Immatrikulation für ein Probestudium ist nur zum ersten Fachsemester des betreffenden Studiengangs möglich. [2]Die Hochschule entscheidet über die endgültige Immatrikulation nach § 34 Absatz 1 und zugleich über die Anrechnung von Studienleistungen aus dem Probestudium auf das weitere Studium.

(3) [1]Die Absätze 1 und 2 gelten in modularisierten Studiengängen auf der Grundlage von Leistungspunkten entsprechend. [2]Ein Semester entspricht in der Regel jeweils 30 Leistungspunkten.

(4) [1]Das Nähere regeln die Immatrikulationsordnungen. [2]Einzelheiten zum Probestudium können auch in einer eigenen Probestudiums-Ordnung geregelt werden.

§ 36 Immatrikulationsvoraussetzungen
Allgemeine Immatrikulationsvoraussetzungen sind:
1. der Nachweis der Hochschulzugangsberechtigung nach § 33 oder der Studienberechtigung nach § 35,
2. die Erfüllung von Verpflichtungen, die durch Gesetz oder auf Grund eines Gesetzes zur Immatrikulationsvoraussetzung gemacht worden sind,
3. soweit erforderlich, der Nachweis nach § 33 Abs. 6 oder 7,
4. bei Bewerbern und Bewerberinnen, die ihre Hochschulzugangsberechtigung nicht an einer deutschsprachigen Einrichtung erworben haben, der Nachweis deutscher Sprachkenntnisse, der die erfolgreiche Teilnahme an den Lehrveranstaltungen ermöglicht; bei Fremdsprachenstudiengängen oder Studiengängen mit fremdsprachigen Lehrveranstaltungen oder Praktika ist der Nachweis entsprechender Kenntnisse der jeweiligen Sprache erforderlich,
5. soweit für den betreffenden Studiengang Höchstzulassungszahlen festgesetzt sind, die Zuweisung eines Studienplatzes,
6. die Mitteilung über den ersten Wohnsitz,
7. der Nachweis der Zahlung von Beiträgen, Gebühren und Entgelten nach den §§ 46 und 109 Abs. 3 sowie nach § 109a in Verbindung mit dem Bremischen Studienkontengesetz und § 12 des Studierendenwerksgesetzes; dies gilt nicht, wenn im Falle der Doppelimmatrikulation nach § 34 Abs. 1 Satz 3 die entsprechenden Beiträge an der anderen Hochschule gezahlt worden sind,
8. ein Bewerbungsschreiben, das Aufschluss über die Motivation und Eignung des Studienbewerbers oder der Studienbewerberin für das gewählte Studienfach gibt und zur Grundlage der Studienberatung durch die Hochschulen gemacht werden kann. Die Abgabe eines Bewerbungsschreibens kann durch Satzung der Hochschulen verbindlich festgelegt und als Ergänzung zum Nachweis der Hochschulzugangsberechtigung verlangt werden. Der Hochschulzugang ist nicht von einer Bewertung der Inhalte des Bewerbungsschreibens abhängig.

§ 37 Immatrikulationshindernisse, Befristung
(1) Die Immatrikulation ist zu versagen, wenn der Studienbewerber oder die Studienbewerberin
1. die Voraussetzungen des § 36 nicht erfüllt,
2. an einer anderen Hochschule, außer im Falle des § 34 Abs. 1 Satz 3, immatrikuliert ist,
3. in dem Studiengang, unabhängig von den belegten Fächern, für den er oder sie die Immatrikulation beantragt, oder in einem fachlich entsprechenden Studiengang an einer Hochschule im Geltungsbereich des Grundgesetzes eine nach der Prüfungsordnung erforderliche Prüfung endgültig nicht bestanden oder eine für das Bestehen erforderliche Prüfungsleistung endgültig nicht erbracht hat,
4. durch Widerruf oder Rücknahme der Immatrikulation oder durch Exmatrikulation, verbunden mit einem Verbot der Wieder-Immatrikulation, vom Studium im Geltungsbereich des Grundgesetzes auf Grund von landesrechtlichen Vorschriften zum Ordnungsrecht ausgeschlossen ist; das Immatrikulationshindernis besteht für die Dauer des verhängten Ausschlusses, es sei denn, dass für den Bereich der Hochschule die Gefahr einer Beeinträchtigung wegen der Ausschlussgründe nicht oder nicht mehr besteht.

(2) Die Immatrikulation kann versagt werden, wenn der Studienbewerber oder die Studienbewerberin
1. die in der Immatrikulationsordnung der Hochschule geforderten Unterlagen nicht vorlegt,
2. die für die Immatrikulation vorgeschrieben Formen und Fristen nicht einhält.

§ 38 Rücknahme der Immatrikulation
Die Immatrikulation wird mit Wirkung für die Zukunft oder die Vergangenheit nur zurückgenommen, wenn
1. sie durch Zwang, arglistige Täuschung oder Bestechung herbeigeführt wurde,
2. sich nachträglich Immatrikulationshindernisse herausstellen, bei deren Bekanntsein die Immatrikulation hätte versagt werden müssen.

§ 39 Rückmeldung
Die Studierenden müssen sich zu dem zweiten und jedem weiteren Semester bei der Hochschule innerhalb der von der Hochschule festgesetzten Frist zurückmelden; § 37 gilt entsprechend.

§ 40 Beurlaubung
¹Die Studierenden können nach Maßgabe der Immatrikulationsordnung frühestens nach Ablauf des ersten Studiensemesters vom Studium beurlaubt werden. ²Die Hochschule kann eine frühere Beurlaubung zulassen, wenn und soweit die Eigenart des Studiengangs auf Grund der Prüfungsordnung oder der Immatrikulationsordnung dies gebietet. ³Die Beurlaubung soll zwei Semester nicht übersteigen. ⁴Nicht auf die Beurlaubungszeiten angerechnet werden die Zeiten, in denen Schutzfristen nach dem Mutterschutzgesetz in Anspruch genommen werden, Beschäftigungsverbote nach dem Mutterschutzgesetz bestehen sowie die Elternzeit nach dem Bundeselterngeld- und Elternzeitgesetz. ⁵Diese Zeiten unterliegen auch nicht der Einschränkung aus Satz 1. ⁶Die Beurlaubungen nach Satz 1 bis 3 sollen nicht im Anschluss an Zeiten nach Satz 4 gewährt werden. ⁷Die Rückmeldepflichten nach § 39 in Verbindung mit § 37 bleiben von einer Beurlaubung unberührt.

§ 41 Nebenhörer und Nebenhörerinnen sowie Gasthörer und Gasthörerinnen
(1) ¹Die Hochschulen können Studierende anderer Hochschulen jeweils für die Dauer eines Semesters als Nebenhörer oder Nebenhörerinnen zu einzelnen Lehrveranstaltungen zulassen. ²Die Zugelassenen sind berechtigt, in den entsprechenden Lehrveranstaltungen Prüfungsleistungen oder Prüfungsvorleistungen zu erbringen.
(2) Die Hochschulen können Bewerber und Bewerberinnen, die nicht Studierende sind, als Gasthörer oder Gasthörerinnen zu Maßnahmen und Veranstaltungen der Weiterbildung oder jeweils für die Dauer eines Semesters zu einzelnen Lehrveranstaltungen zulassen.
(3) Das Nähere bestimmen die Immatrikulationsordnungen.

§ 42 Exmatrikulation
(1) Die Studierenden sind auf ihren Antrag jederzeit zu exmatrikulieren.
(2) Die Exmatrikulation erfolgt ohne Antrag, wenn die Studierenden die Abschlussprüfung ihres Studiengangs bestanden oder eine Zwischen- oder Abschlussprüfung endgültig nicht bestanden oder eine für das Bestehen der Prüfung nach der Prüfungsordnung erforderliche Prüfungsleistung endgültig nicht erbracht haben.
(3) Die Studierenden werden ohne Antrag exmatrikuliert, wenn sie sich aus von ihnen zu vertretenden Gründen nach Mahnung unter Fristsetzung und Androhung der Exmatrikulation nicht zurückgemeldet haben, oder die Rückmeldung versagt worden ist.
(4) ¹Studierende, die mehrfach oder in besonders schwerwiegender Weise vorsätzlich gegen eine die Täuschung über Prüfungsleistungen betreffende Regelung einer Hochschulprüfungsordnung verstoßen, werden in der Regel exmatrikuliert. ²Gleiches gilt, wenn Gewalt, Drohungen oder sexuelle Belästigungen oder Diskriminierungen gegenüber Mitgliedern, Angehörigen oder Gästen der Hochschule ausgeübt werden oder wenn Studierende an den genannten Handlungen teilnehmen, dazu anstiften oder mindestens dreimal schuldhaft Anordnungen im Rahmen des Hausrechts zuwiderhandeln.
(5) Die Exmatrikulation erfolgt durch Löschung aus der Immatrikulationsliste; mit ihr wird die Mitgliedschaft in der Hochschule beendet.
(6) Mit der Exmatrikulation nach Absatz 4 ist eine Frist von in der Regel zwei Jahren festzusetzen, innerhalb derer eine erneute Immatrikulation an einer Hochschule im Geltungsbereich des Bremischen Hochschulgesetzes ausgeschlossen ist.

§ 43 Vorbereitungsstudium
(1) ¹Die Hochschulen können ausländische Studienbewerber und Studienbewerberinnen, denen sie die Aufnahme eines Fachstudiums nach bestandener Feststellungsprüfung an einem auswärtigen Studienkolleg zugesagt haben (Studienplatzgarantie) für die Dauer des Besuchs des Studienkollegs als Studierende im Vorbereitungsstudium immatrikulieren. ²Satz 1 gilt entsprechend für Bewerber und Bewerberinnen, die eine Zugangsprüfung nach § 33 Absatz 3b anstreben sowie für Bewerber und Bewerberinnen, die nach § 36 Abs. 1 Nr. 4 deutsche Sprachkenntnisse nachweisen müssen, für die Dauer der vorbereitenden Sprachkurse.
(2) Die Immatrikulation als Studierender oder Studierende im Vorbereitungsstudium berechtigt zur Inanspruchnahme der mit der Immatrikulation verbundenen sozialen Vergünstigungen und zur Nutzung der Einrichtungen der Hochschule, soweit andere Rechtsvorschriften dem nicht entgegenstehen.

§ 44 Immatrikulationsordnung
(1) Die Hochschulen geben sich Immatrikulationsordnungen nach Maßgabe dieses Gesetzes.

(2) Die Immatrikulationsordnungen regeln die Voraussetzungen, Hindernisse und das Verfahren der Immatrikulation, der Rückmeldung, der Beurlaubung und der Exmatrikulation.

Kapitel 2
Studierendenschaft
§ 45 Rechtsstellung und Aufgaben

(1) [1]Die immatrikulierten Studierenden einer Hochschule bilden die Studierendenschaft. [2]Diese ist eine rechtsfähige Teilkörperschaft der Hochschule. [3]Sie verwaltet ihre Angelegenheiten im Rahmen der Gesetze und trägt alle damit verbundenen Aufwendungen selbst.
(2) [1]Die Studierendenschaft hat die Belange der Studierenden in Hochschule und Gesellschaft wahrzunehmen und die Verwirklichung der Ziele und Aufgaben der Hochschule zu fördern. [2]In diesem Sinne nimmt sie im Namen ihrer Mitglieder ein Mandat wahr. [3]Die Studierendenschaft und ihre Organe können für die Erfüllung ihrer nachfolgend unter Satz 4 Nummer 1 bis 6 beschriebenen Aufgaben Medien aller Art nutzen. [4]Die Studierendenschaft hat insbesondere folgende Aufgaben:
1. die Mitwirkung bei der sozialen und wirtschaftlichen Selbsthilfe und die Vermittlung von Dienstleistungen für Studierende,
2. die Verwaltung und Verwendung der aus Beiträgen und Zuwendungen stammenden Gelder der Studierendenschaft,
3. im Bewusstsein der Verantwortung vor der Gesellschaft die Förderung der politischen Bildung der Studierenden,
4. die Unterstützung kultureller und sportlicher Interessen der Studierenden,
5. die Pflege der Verbindung mit Studierendenorganisationen und Studierendenschaften anderer Hochschulen, auch überregional und international,
6. die Förderung der Integration ausländischer Studierender.

(3) [1]Die Studierendenschaft gibt sich eine Grundordnung. [2]Sie kann sich weitere Satzungen geben. [3]Die Grundordnung und die weiteren Satzungen bedürfen der Genehmigung des Rektors oder der Rektorin. [4]Satzungen und Satzungsänderungen werden vom Studierendenrat mit Mehrheit, die Grundordnung mit einer Mehrheit von zwei Dritteln seiner Mitglieder beschlossen. [5]Vor Beschlussfassung kann der Studierendenrat eine Abstimmung in der Studierendenschaft durchführen.
(4) [1]Organe der Studierendenschaft sind der Studierendenrat und der Allgemeine Studierendenausschuss. [2]Die Grundordnung kann weitere Organe vorsehen.
(5) [1]Dem Studierendenrat gehören 25 Studierende an. [2]Sind an einer Hochschule weniger als 1000 Studierende immatrikuliert, verringert sich die Zahl der Mitglieder auf 15.
(6) [1]Der Allgemeine Studierendenausschuss vertritt die Studierendenschaft gerichtlich und außergerichtlich; rechtsgeschäftliche Erklärungen können nur schriftlich von der oder dem 1. oder 2. Vorsitzenden jeweils gemeinsam mit dem Finanzreferenten oder der Finanzreferentin abgegeben werden. [2]Der Allgemeine Studierendenausschuss besteht aus dem oder der 1. und 2. Vorsitzenden, dem Finanzreferenten oder der Finanzreferentin und zwei weiteren Referenten oder Referentinnen. [3]Die Grundordnung kann darüber hinaus bis zu sieben weitere Referenten oder Referentinnen vorsehen; sie bestimmt ihre Funktion.
(7) [1]Die Teilnehmer und Teilnehmerinnen an angegliederten Bildungsgängen entsenden zwei Personen in den Studierendenrat und eine Person in den Allgemeinen Studierendenausschuss. [2]Sie haben in ihren Angelegenheiten volles Stimmrecht, im Übrigen nur beratende Stimme.
(8) [1]§ 99 Absatz 1 ist auf Wahlen innerhalb der Studierendenschaft mit der Maßgabe entsprechend anzuwenden, dass die Mitglieder des Allgemeinen Studierendenausschusses vom Studierendenrat nach den Grundsätzen der Mehrheitswahl gewählt werden. [2]Die Abwahl des Allgemeinen Studierendenausschusses oder einzelner seiner Mitglieder ist bei gleichzeitiger Neuwahl zulässig. [3]Die Abwahl bedarf der Mehrheit der Mitglieder des Studierendenrates. [4]Das Nähere zum Wahlverfahren regelt die Studierendenschaft durch Satzung.
(9) Die Wahlen zu den Organen der Studierendenschaft sollen nach Möglichkeit gleichzeitig mit den Wahlen zu den Organen der Hochschule durchgeführt werden.
(10) [1]Die Studierendenschaft untersteht der Rechtsaufsicht des Rektorats, das auch insoweit der Rechtsaufsicht der Senatorin für Wissenschaft, Gesundheit und Verbraucherschutz unterliegt. [2]Unbeschadet der Regelungen des § 111 Absatz 9 ist das Rektorat im Rahmen seiner Rechtsaufsicht berech-

tigt, die Studierendenschaft zur recht- und gesetzmäßigen Wahrnehmung ihrer Aufgaben anzuhalten. [3]Werden Beiträge nach § 46 für Zwecke verwandt, die nicht zu den Aufgaben der Studierendenschaft nach § 45 gehören, kann das Rektorat befristet die von der Landeshauptkasse Bremen eingezogenen Beiträge ganz oder teilweise sperren. [4]Das Nähere regelt die Hochschule durch Ordnung.

§ 46 Beiträge
(1) Die Studierendenschaft kann von ihren Mitgliedern nach Maßgabe einer Beitragssatzung zur Erfüllung ihrer Aufgaben Beiträge erheben.
(2) [1]Die Beitragssatzung muss insbesondere Bestimmungen enthalten über die Beitragspflicht und die Höhe des Beitrags. [2]Der Beitrag ist so festzusetzen, dass er unter angemessener Berücksichtigung der sozialen Verhältnisse der Studierenden und anderer Einnahmen der Studierendenschaft in einem angemessenen Verhältnis zu dem Umfang der von ihr zu erfüllenden Aufgaben steht.
(3) Der Beitrag wird über die Landeshauptkasse Bremen eingezogen.

§ 47 Haushaltswirtschaft
(1) [1]Für das Haushalts-, Kassen-, und Rechnungswesen der Studierendenschaft sind die Vorschriften des Teils VI der Landeshaushaltsordnung anzuwenden, soweit dieses Gesetz nichts anderes bestimmt. [2]In den Fällen der §§ 108 und 109 Absatz 3 der Landeshaushaltsordnung tritt der Rektor oder die Rektorin an die Stelle der senatorischen Behörden. [3]Der Rektor oder die Rektorin kann die kaufmännische Buchführung gemäß § 110 der Landeshaushaltsordnung zulassen.
(2) [1]Der Allgemeine Studierendenausschuss stellt für jedes Haushaltsjahr einen Haushaltsplan auf und legt ihn dem Studierendenrat zur Beschlussfassung und dem Rektor oder der Rektorin zur Genehmigung vor. [2]Das Haushaltsjahr beginnt mit dem Sommersemester und endet mit Ablauf des Wintersemesters.
(3) [1]Die Wirtschaftsführung des Allgemeinen Studierendenausschusses ist am Ende eines jeden Wintersemesters zu prüfen. [2]Scheidet der Finanzreferent oder die Finanzreferentin während des Haushaltsjahres aus, ist die Prüfung unverzüglich nach dem Ausscheiden vorzunehmen. [3]Die Prüfung wird von mindestens drei vom Studierendenrat zu wählenden Studierenden oder von einer vom Studierendenrat zu bestimmenden, zur Wirtschaftsprüfung berechtigten Person vorgenommen. [4]Sind an einer Hochschule mehr als 7500 Studierende immatrikuliert, ist die Prüfung von einer zur Wirtschaftsprüfung berechtigten Person durchzuführen. [5]Der Bericht über die Prüfung ist dem Studierendenrat zum Beginn eines jeden Sommersemesters, im Fall des Satzes 2 innerhalb einer Frist von sechs Wochen nach dem Ausscheiden vorzulegen. [6]Der Rektor oder die Rektorin ist über das Ergebnis der Prüfung zu unterrichten.
(4) [1]Der Studierendenrat entscheidet über die Entlastung. [2]Sie bedarf der Zustimmung des Rektors oder der Rektorin.
(5) Der Rechnungshof der Freien Hansestadt Bremen prüft die Haushalts- und Wirtschaftsführung der Studierendenschaft.
(6) [1]Die Studierendenschaft kann eigenes Vermögen haben. [2]Für Verbindlichkeiten haftet nur dieses Vermögen.

Teil V
Studium, Prüfungen und Studienreform
Kapitel 1
Allgemeines

§ 48 Semesterzeiten
(1) Die Senatorin für Wissenschaft, Gesundheit und Verbraucherschutz erlässt unter Beachtung überregionaler Regelungen Grundsätze, in deren Rahmen die Hochschulen die Semester- und die Lehrveranstaltungszeiten selbst festsetzen.
(2) In der lehrveranstaltungsfreien Zeit sollen Möglichkeiten zur Studienberatung und Vertiefung des Studiums geboten werden.

§ 49 Teilnahme an Lehrveranstaltungen
(1) Die Studierenden haben das Recht, an allen Lehrveranstaltungen der Hochschule teilzunehmen, soweit nicht der Besuch einzelner Lehrveranstaltungen beschränkt oder von einem fortgeschrittenen Stand des Studiums abhängig gemacht ist, wenn dies zur ordnungsgemäßen Durchführung der Lehr-

veranstaltung und zur vorrangigen Berücksichtigung der Studierenden des betreffenden Studiengangs geboten ist.
(2) ¹Die Hochschulen müssen Vorkehrungen treffen, dass die Studierenden ihr Recht zur Teilnahme an den einzelnen Lehrveranstaltungen einschließlich des Rechts auf freie Meinungsäußerung zu Inhalt, Gestaltung und Durchführung der Lehrveranstaltung in angemessener Weise ausüben können und dass die Durchführung der Lehrveranstaltung unter Wahrung der Freiheit von Forschung und Lehre gewährleistet ist. ²Für den Fall von Konflikten ist ein Schlichtungsverfahren durch die Organe der zuständigen Organisationseinheit vorzusehen. ³In Eilfällen entscheidet der Rektor oder die Rektorin vorläufig.
(3) Eine verpflichtende Teilnahme der Studierenden an Lehrveranstaltungen darf als Teilnahmevoraussetzung für Prüfungsleistungen nicht geregelt werden, es sei denn, bei der Lehrveranstaltung handelt es sich insbesondere um eine Laborveranstaltung, eine Exkursion, einen Sprachkurs, ein Praktikum oder eine Sicherheitseinweisung.

§ 50 Lehrangebot
(1) ¹Die Hochschule stellt auf der Grundlage einer nach Gegenstand, Zeit und Ort abgestimmten jährlichen Studienplanung das erforderliche Lehrangebot sicher. ²Dabei sind auch Möglichkeiten des Selbststudiums zu nutzen und Maßnahmen zu dessen Förderung zu treffen. ³Das Lehrangebot soll die Arbeit in kleinen Gruppen fördern und eine selbstständige Mitwirkung der Studierenden an der Gestaltung des Studiums ermöglichen.
(2) Die Lehrangebotsplanung soll auch die Bedürfnisse von Studierenden berücksichtigen, die kein Vollzeitstudium absolvieren.

§ 51 Studienberatung
(1) ¹Die Hochschule berät Studienbewerber und Studienbewerberinnen sowie Studierende in allen Angelegenheiten des Studiums und unterrichtet sie insbesondere über die Studienmöglichkeiten und über Inhalte, Aufbau und Anforderungen eines Studiums. ²Die Studienberatung unterstützt die Studierenden in ihrem Studium, insbesondere bei der Wahl des Studienfachs und von Studienschwerpunkten sowie im Hinblick auf einen für ein berufliches Tätigkeitsfeld verwendbaren Studienabschluss, durch eine studienbegleitende Betreuung und Beratung.
(2) ¹In der Hochschule obliegt einer zentralen Stelle die allgemeine Studienberatung. ²Diese ist mit der studienbegleitenden Fachberatung abzustimmen. ³Die studienbegleitende fachliche Beratung ist durch die Hochschullehrer und Hochschullehrerinnen in den Fachbereichen zu gewährleisten.
(3) Die zentrale Stelle erstellt Unterlagen über allgemeine und fächerübergreifende Studieninformationen sowie über einzelne Studiengänge und Ausbildungsmöglichkeiten unter Berücksichtigung möglicher Übergänge zwischen den Hochschulen.
(4) ¹Die Hochschule informiert sich bis zum Ende des ersten Studienjahres über den bisherigen Studienverlauf und führt gegebenenfalls eine Studienberatung durch. ²Sie gewährleistet darüber hinaus transparente, sowohl studienbegleitende als auch die Zwischen- und Abschlussprüfung vorbereitende Studienberatungsangebote und wirkt auf die Wahrnehmung dieser Angebote durch die Studierenden hin. ³Das Nähere regelt die Hochschule durch Ordnung.
(5) ¹Die Hochschulen arbeiten bei der Studienberatung insbesondere mit den für die Bildungsberatung, die Berufsberatung und die staatlichen Prüfungen zuständigen Stellen zusammen. ²Sie arbeiten mit den für die soziale Betreuung und die psychologisch-therapeutische Beratung zuständigen Stellen zusammen, insbesondere im Rahmen der studienbegleitenden Beratung bei der damit verbundenen Konfliktberatung sowie bei der Bewältigung von persönlichen Schwierigkeiten im Studienverlauf.

Kapitel 2
Studium

§ 52 Studienziele
(1) ¹Ziel der Ausbildung ist es, den Studierenden eine in einem beruflichen Tätigkeitsfeld anwendbare wissenschaftliche oder künstlerische Qualifikation zu vermitteln. ²Die Studierenden sollen lernen, problemorientiert, fächerübergreifend und unter Einbeziehung gesellschaftswissenschaftlicher Fragestellungen zu arbeiten. ³Lehre und Studium sollen die dafür erforderlichen fachlichen Methoden und Kenntnisse einschließlich einer fachbezogenen Ethik sowie die Fähigkeit zu selbstständigem Lernen und kritischer Überprüfung des beruflichen Tätigkeitsfeldes vermitteln, die Befähigung zu Ko-

operation, Solidarität und Toleranz fördern und zu verantwortlichem Handeln in einem freiheitlichen, demokratischen und sozialen Rechtsstaat befähigen.
(2) Die Ausbildung soll auf berufliche Tätigkeitsfelder vorbereiten und sich an deren Realität und Wandel orientieren; sie soll in den von ihr vermittelten Inhalten und Methoden durch Integration von berufspraktischer Qualifikation und gesellschaftlicher Handlungsorientierung die Verbindung von Theorie und Praxis fördern.

§ 53 Studiengänge

(1) [1]Die Studiengänge werden durch Prüfungsordnungen geregelt und führen in der Regel zu einem berufsqualifizierenden Abschluss. [2]Als berufsqualifizierend im Sinne dieses Gesetzes gilt auch der Abschluss eines Studiengangs, durch den die fachliche Eignung für einen beruflichen Vorbereitungsdienst oder eine berufliche Einführung vermittelt wird. [3]Soweit das jeweilige Studienziel eine berufs- oder fachpraktische Tätigkeit erfordert, ist sie mit den übrigen Teilen des Studiums inhaltlich und zeitlich abzustimmen und nach Möglichkeit in den Studiengang einzuordnen.
(2) Die Einrichtung eines neuen Studiengangs setzt ein Planungsverfahren voraus, das die Hochschule einleitet, wenn es nicht auf Grund der Hochschulgesamt- und Wissenschaftsplanung oder einer Ziel- und Leistungsvereinbarung von der Senatorin für Wissenschaft, Gesundheit und Verbraucherschutz eingeleitet wird.
(3) [1]Das Planungsverfahren wird von einer oder mehreren Hochschulen durchgeführt. [2]Sachverständige aus benachbarten Hochschulen sollen an dem Planungsverfahren beteiligt werden.
(4) [1]Vor der Einrichtung eines Studienganges ist ein Verfahren zur Sicherung und Entwicklung der Qualität in Studium und Lehre, bezogen auf die Qualitätssicherung und Qualitätsentwicklung einzelner Studiengänge, mit externer Beteiligung gemäß Artikel 3 Absatz 1 Satz 1 Nummer 2 und Absatz 2 des Staatsvertrages über die Organisation eines gemeinsamen Akkreditierungssystems zur Qualitätssicherung in Studium und Lehre an deutschen Hochschulen (Studienakkreditierungsstaatsvertrag) vom 28. September 2017 in Verbindung mit der dazu ergangenen Rechtsverordnung (Programmakkreditierung) durchzuführen. [2]Auf der Grundlage der Akkreditierung entscheidet die Senatorin für Wissenschaft, Gesundheit und Verbraucherschutz unter Berücksichtigung der Übereinstimmung des geplanten Studienangebots mit der Wissenschafts- und Hochschulgesamtplanung sowie der Hochschulentwicklungsplanung, der Wirtschaftlichkeit und Effizienz gemäß § 110 Absatz 1 Nummer 2 über die Einrichtungsgenehmigung. [3]Liegt die Akkreditierungsentscheidung noch nicht vor, kann die Senatorin für Wissenschaft, Gesundheit und Verbraucherschutz die Einrichtung des Studienangebots befristet genehmigen, wenn eine Prüfungsordnung in Kraft gesetzt ist. [4]Eine Befristung kann auch auf andere Gründe gestützt werden. [5]Eingerichtete Studienangebote sind in entsprechender Anwendung des Satzes 1 in einem angemessenen Zeitraum zu akkreditieren. [6]Alle Studienangebote sind regelmäßig und in den durch die Rechtsverordnung zum Studienakkreditierungsstaatsvertrag festgelegten Zeitabständen zu reakkreditieren; Satz 1 gilt entsprechend. [7]Wird die Akkreditierung oder die Reakkreditierung verweigert, entscheidet die Senatorin für Wissenschaft, Gesundheit und Verbraucherschutz nach § 110 Absatz 1 Nummer 2 über die Schließung des Studiengangs. [8]Das Gleiche gilt, wenn Akkreditierungsauflagen nicht erfüllt werden.
(5) [1]Wenn ein Verfahren zur Sicherung der Leistungsfähigkeit hochschulinterner Qualitätsmanagementsysteme mit externer Beteiligung gemäß Artikel 3 Absatz 1 Satz 1 Nummer 1 und Absatz 2 des Studienakkreditierungsstaatsvertrages in Verbindung mit der dazu ergangenen Rechtsverordnung (Systemakkreditierung) erfolgreich durchlaufen wurde und die Hochschule systemakkreditiert ist, erfolgt die Programmakkreditierung durch die Hochschule. [2]Die hochschulinternen Qualitätsmanagementsysteme sind regelmäßig und in den durch die Rechtsverordnung zum Studienakkreditierungsstaatsvertrag festgelegten Zeitabständen zu reakkreditieren.
(6) [1]Die Verfahren nach den Absätzen 4 und 5 können durch andere Verfahren ersetzt werden, wenn diese mit dem Akkreditierungsrat gemäß Artikel 9 des Studienakkreditierungsstaatsvertrages und der Senatorin für Wissenschaft, Gesundheit und Verbraucherschutz abgestimmt sind. [2]Es gelten die Kriterien des Artikels 2 und die Verfahrensvorschriften des Artikels 3 Absatz 1 Nummer 3 des Studienakkreditierungsstaatsvertrages. [3]Die Pflicht zur regelmäßigen Reakkreditierung in den durch die Rechtsverordnung zum Studienakkreditierungsstaatsvertrag festgelegten Zeitabständen gilt entsprechend.

§ 54 Bachelor- und Masterstudiengänge

[1]Die Abschlussgrade der Studiengänge der Hochschulen sind der Bachelor und der Master. [2]Dies gilt für alle Studiengänge mit Ausnahme der Rechtswissenschaft an der Universität Bremen. [3]Der Masterstudiengang kann einen Bachelorstudiengang fachlich fortführen und vertiefen oder – soweit der fachliche Zusammenhang gewahrt bleibt – fächerübergreifend erweitern, inhaltlich unabhängig von dem Bachelorstudiengang eine zusätzliche wissenschaftliche, künstlerische oder berufliche Qualifikation vermitteln oder als weiterbildender Studiengang auf qualifizierte berufspraktische Erfahrung nach einem ersten berufsqualifizierenden Abschluss aufbauen. [4]Die Hochschulen strukturieren ihre Studiengänge in Modulform und führen ein einheitliches Leistungspunktesystem ein.

§ 55 Regelstudienzeit

(1) [1]In den Prüfungsordnungen sind Studienzeiten vorzusehen, in denen ein berufsqualifizierender oder weiterer Abschluss erworben werden kann (Regelstudienzeit). [2]Die Regelstudienzeit schließt Zeiten einer in den Studiengang eingeordneten berufspraktischen Tätigkeit, praktische Studiensemester und Prüfungszeiten ein.

(2) Die Regelstudienzeit ist maßgebend für die Gestaltung der Studiengänge durch die Hochschule, für die Sicherstellung des Lehrangebots, für die Gestaltung des Prüfungsverfahrens sowie die Ermittlung und Festsetzung der Ausbildungskapazitäten und die Berechnung von Studierendenzahlen bei der Hochschulplanung.

(3) [1]Die Regelstudienzeit in Studiengängen, die mit einem Bachelorgrad abgeschlossen werden und zu einem ersten berufsqualifizierenden Abschluss führen, beträgt mindestens sechs und höchstens acht Semester. [2]In Studiengängen, die mit einem Mastergrad abgeschlossen werden und zu einem weiteren berufsqualifizierenden Abschluss führen, beträgt die Regelstudienzeit mindestens zwei und höchstens vier Semester. [3]Die Gesamtregelstudienzeit bis zum Masterabschluss beträgt höchstens 10 Semester, soweit nicht für Studiengänge, die mit einer durch Landesrecht geregelten staatlichen Prüfung abgeschlossen werden, gesetzlich etwas anderes geregelt ist. [4]In den künstlerischen Kernfächern Gesang, Komposition, Dirigieren, in der Instrumentalausbildung und im Fach Freie Kunst an der Hochschule für Künste kann die Regelstudienzeit für konsekutive Bachelor- und Masterstudiengänge abweichend auf höchstens 12 Semester festgelegt werden. [5]Für Studiengänge, die nicht mit einem Bachelor- oder Mastergrad abgeschlossen werden, gelten die in den Prüfungsordnungen festgelegten Regelstudienzeiten fort. [6]Die Hochschulen können die Bestimmung von Regelstudienzeiten durch die Festlegung von Leistungspunkten (credit points) ersetzen. [7]Ein Semester entspricht dem Erwerb von in der Regel 30 Leistungspunkten.

(4) [1]Die Hochschulen können ein Teilzeitstudium zulassen. [2]Die Regelstudienzeiten nach Absatz 3 erhöhen sich in diesem Fall entsprechend. [3]Die erhöhten Regelstudienzeiten sind bei der Studienberatung und der Berechnung des Studienguthabens nach § 109a und dem Bremischen Studienkontengesetz zu berücksichtigen. [4]Das Nähere regeln die Hochschulen durch Ordnung.

§ 56 Anrechnung von Studienzeiten, Studienleistungen und Prüfungsleistungen

(1) [1]Studienzeiten, Studienleistungen und Prüfungsleistungen werden von Amts wegen angerechnet, soweit keine wesentlichen Unterschiede bestehen. [2]Bei Studienzeiten, Studienleistungen und Prüfungsleistungen, die außerhalb der Bundesrepublik Deutschland erbracht wurden, sind Äquivalenzvereinbarungen und Vereinbarungen im Rahmen von Hochschulpartnerschaften zu beachten.

(2) [1]Über die Anrechnung und gegebenenfalls das Nichtbestehen wesentlicher Unterschiede entscheidet die Hochschule. [2]Nachgewiesene Kompetenzen und Fähigkeiten, die außerhalb des Hochschulbereichs erworben wurden und keine wesentlichen Unterschiede zu den in einer Hochschule erworbenen Kompetenzen und Fähigkeiten aufweisen, sind bis zur Hälfte der für das Studienangebot vorgesehenen Leistungspunkte anzurechnen.

§ 57 Einstufungsprüfung

[1]Auf Grund und nach Maßgabe der Prüfungsordnungen über die Einstufungsprüfung können Kenntnisse und Fähigkeiten, die für ein erfolgreiches Studium erforderlich sind, von Studienbewerbern und Studienbewerberinnen, die sie in anderer Weise als durch ein Studium erworben haben, in einer besonderen Hochschulprüfung (Einstufungsprüfung) nachgewiesen werden. [2]Nach dem Ergebnis dieser Prüfung soll der Bewerber oder die Bewerberin gegebenenfalls unter Anrechnung der nach Satz 1

nachgewiesenen Kenntnisse und Fähigkeiten in einem entsprechenden Abschnitt oder Modul des Studiums zugelassen werden.

§ 58 Anpassungslehrgang für Personen in der Berufsqualifikationsfeststellung

(1) [1]Die Universität Bremen ermöglicht Personen, die einen Anpassungslehrgang im Rahmen eines Berufsqualifikationsfeststellungsverfahrens absolvieren müssen, einzelne Module oder ein vollständiges Fach im Rahmen der Lehrerausbildung zu studieren, soweit dies dem Umfang nach durch Bescheid des Staatlichen Prüfungsamtes und dem Inhalt nach von der Universität bestimmt worden ist. [2]Die Universität gewährt auf dieser Grundlage die Berechtigung, an allen erforderlichen Lehrveranstaltungen teilzunehmen sowie die erforderlichen Studien- und Prüfungsleistungen zu erbringen.

(2) [1]Es gelten die allgemeinen prüfungsrechtlichen Bestimmungen des Bremischen Hochschulgesetzes und des Allgemeinen Teils der Prüfungsordnungen. [2]Die Universität Bremen stellt nach Abschluss des universitären Teils des Anpassungslehrgangs ein Zeugnis über das Bestehen oder Nichtbestehen der im Rahmen des Anpassungslehrgangs erbrachten Studien- und Prüfungsleistungen aus.

(3) [1]Abweichend von § 34 findet eine Immatrikulation nicht statt. [2]Die Aufnahme erfolgt durch das Zentrum für Lehrerbildung.

(4) Das Nähere zur Durchführung des Anpassungslehrgangs und zum Verfahren kann die Universität durch eine Satzung regeln.

§ 58a (weggefallen)

§ 59 Fernstudium, Multimedia

(1) [1]Bei der Reform von Studium und Lehre und bei der Bereitstellung des Lehrangebots sollen neben dem Präsenzstudium die Möglichkeiten eines Fernstudiums und der Informations- und Kommunikationstechnologie genutzt werden. [2]Das Land und die Hochschulen fördern dessen Entwicklung und Einsatz in Zusammenarbeit mit dem Bund, den Ländern und staatlichen oder staatlich geförderten Einrichtungen des Fernstudiums.

(2) [1]Eine Studien- oder Prüfungsleistung kann auch durch die erfolgreiche Teilnahme an einer anerkannten Fernstudieneinheit nachgewiesen werden, soweit diese im Rahmen von Absatz 1 Satz 2 entwickelt worden und dem entsprechenden Lehrangebot oder der entsprechenden Prüfungsleistung des Präsenzstudiums inhaltlich gleichwertig ist. [2]Bei Hochschulprüfungen wird die inhaltliche Gleichwertigkeit von der Hochschule festgestellt. [3]Wird das Studium durch eine staatliche Prüfung abgeschlossen, so regelt die Senatorin für Wissenschaft, Gesundheit und Verbraucherschutz die Feststellung der Gleichwertigkeit im Einvernehmen mit den zuständigen Behörden; die betroffenen Hochschulen sind zu hören.

(3) Die Anerkennung kann einer überregionalen Stelle übertragen oder durch Abkommen mit anderen Ländern geregelt werden; dabei ist eine angemessene Mitwirkung der Hochschulen am Anerkennungsverfahren zu gewährleisten.

§ 60 Weiterbildung

(1) [1]Die Weiterbildungsmaßnahmen der Hochschulen sollen im Rahmen eines koordinierten Gesamtangebots von Weiterbildungsmaßnahmen im Lande Bremen der allgemeinen, beruflichen, politischen, wissenschaftlichen und künstlerischen Weiterbildung durch weiterbildende Studien sowie durch sonstige Maßnahmen und Veranstaltungen der wissenschaftlichen Weiterbildung dienen. [2]Auf die Weiterbildung sind die Zielsetzungen des § 2 des Gesetzes über die Weiterbildung im Lande Bremen vom 18. Juni 1996 und des § 52 sinngemäß anzuwenden.

(2) [1]Die Hochschulen sollen zur Erfüllung der in Absatz 1 genannten Zielsetzungen Möglichkeiten der Weiterbildung entwickeln und anbieten, die mit Weiterbildungsangeboten der nach den § 4 des Bremischen Weiterbildungsgesetzes anerkannten Einrichtungen und Trägern der Weiterbildung sowie den zuständigen staatlichen Stellen abgestimmt sind. [2]Das weiterbildende Studium steht Personen mit abgeschlossenem Hochschulstudium offen sowie denen, die die für eine Teilnahme erforderliche Eignung im Beruf oder auf andere Weise erworben haben. [3]Hierbei ist die besondere Lebenssituation von Frauen zu berücksichtigen. [4]Zugangsvoraussetzungen, Immatrikulation, Organisation, Entgeltpflichtigkeit nach § 109 Abs. 3 und der Abschluss (Zertifikat) sowie der Erwerb von Leistungspunkten weiterbildender Studien werden in Hochschulordnungen geregelt. [5]Das Lehrangebot für Studiengänge nach den §§ 53 und 54 muss sichergestellt bleiben.

Kapitel 3
Prüfungen und Hochschulgrade

§ 61 Prüfungen und Leistungspunktsystem

(1) Das Studium wird in der Regel durch eine Hochschulprüfung oder eine staatliche Prüfung abgeschlossen.

(2) ¹Für die Prüfungen in Studiengängen, die zum Lehramt führen, gelten ergänzend die Bestimmungen des Bremischen Lehrerausbildungsgesetzes und die auf Grund dieses Gesetzes ergangenen rechtlichen Regelungen. ²Die Zwischenprüfung im Studiengang Rechtswissenschaft an der Universität wird durch eine Hochschulprüfungsordnung, die von der Senatorin für Wissenschaft, Gesundheit und Verbraucherschutz im Einvernehmen mit dem Senator für Justiz und Verfassung zu genehmigen ist, geregelt.

(3) Abschlussprüfungen können nach Maßgabe der Prüfungsordnungen gemäß § 62 in Abschnitte geteilt und studienbegleitend durchgeführt werden.

(4) Die Ergebnisse der Prüfungen, mit denen ein Studienabschnitt oder ein Studiengang abgeschlossen werden, sind zu benoten, die Ergebnisse der Prüfungen, mit denen ein Modul abgeschlossen wird, können benotet werden.

(5) ¹In modularisierten Studiengängen führen die Hochschulen ein anerkanntes Leistungspunktesystem ein, das die internationale Vergleichbarkeit sichert und die Übertragung erbrachter Studien- und Prüfungsleistungen in andere Hochschulen und Studiengänge erleichtert. ²Zugleich sollen die Hochschulen von der Möglichkeit Gebrauch machen, gemäß § 54 Satz 4 die Studiensemester (Semesterstruktur) der Studiengänge durch ein Leistungspunktesystem zu ersetzen.

§ 62 Prüfungsordnungen

(1) ¹Prüfungen können nur auf Grund vom Rektor oder der Rektorin genehmigter oder staatlich erlassener Prüfungsordnungen abgenommen werden. ²Die Prüfungsordnungen sind so zu gestalten, dass die Gleichwertigkeit einander entsprechender Studienabschlüsse und die Möglichkeit des Hochschulwechsels im Geltungsbereich des Grundgesetzes gewährleistet sind. ³Soweit gesetzlich nicht anderes bestimmt ist, bestehen sie aus einem auf die einzelnen bestehenden Hochschulgrade bezogenen allgemeinen Teil und einem die fachspezifischen Bestimmungen enthaltenden besonderen Teil und entsprechen den nachfolgend geregelten Anforderungen.

(2) ¹Die Prüfungsordnungen regeln insbesondere:
1. Inhalt, Aufbau und Ziel des Studiums
2. den Gegenstand der Prüfung und die Gliederung in Prüfungsabschnitte
3. Prüfungsvoraussetzungen, -anforderungen und -verfahren sowie die Anrechnung nachgewiesener Kompetenzen und Fähigkeiten, die außerhalb des Hochschulbereichs erworben wurden und keine wesentlichen Unterschiede zu hochschulischen Studien- und Prüfungsleistungen aufweisen
4. die Prüfenden im Sinne von Absatz 3 und die Prüfungsorgane
5. die Beteiligung studentischer Vertreter oder studentischer Vertreterinnen und die Zulassung von Studierenden als Zuhörende
6. die Zulassung von Gruppenleistungen mit individuell abgrenzbaren Leistungen
7. Zahl, Art, Gewichtung und Bewertung von Prüfungsleistungen
8. bei studienbegleitenden Prüfungen die Abfolge der Prüfungsleistungen
9. die Fristen, innerhalb derer Prüfungsleistungen zu bewerten sind
10. die Regelstudienzeit oder die erforderliche Leistungspunktezahl
11. die Fristen für die Meldung zu den Prüfungen und zum Ablegen der Prüfung sowie die Voraussetzungen zum Ablegen der Prüfung vor Ablauf der für die Meldung festgesetzten Fristen und das Nähere zum Freiversuch
12. die Anrechnung von Prüfungsleistungen und Studienzeiten oder erworbenen Leistungspunkten
13. die Mitteilung von Ergebnissen und das Recht zur Akteneinsicht
14. die Wiederholbarkeit von Prüfungen und Fristenregelung
15. Rechtsmittel und Verfahren
16. Hochschulgrade oder sonstige Zeugnisse und Bewertungen.

²Die Prüfungsordnungen müssen die Inanspruchnahme von Elternzeit nach dem Bundeselterngeld- und Elternzeitgesetz und die Einhaltung von Beschäftigungsverboten sowie die Inanspruchnahme von

Schutzfristen und Maßnahmen des Gesundheitsschutzes nach dem Mutterschutzgesetz gewährleisten sowie die besonderen Belange behinderter und chronisch kranker Menschen zur Wahrung der Chancengleichheit berücksichtigen. ³Die Prüfungsordnungen können für im Teilzeitstudium erbrachte Prüfungsleistungen gesonderte Regelungen zur Prüfungsart vorsehen. ⁴Durch geeignete Maßnahmen ist sicherzustellen, dass die Abschlussprüfung innerhalb der Regelstudienzeit, ersatzweise unmittelbar nach dem Erwerb der erforderlichen Leistungspunkte, abgelegt werden kann.
(3) ¹Zu Prüfenden können alle, die das Prüfungsfach in der Regel haupt- oder nebenberuflich lehren, auch soweit sie als Wissenschaftler oder Wissenschaftlerinnen außerhalb der Hochschulen an wissenschaftlichen Einrichtungen einschlägig tätig sind, bestellt werden. ²Zu Beisitzern oder Beisitzerinnen dürfen nur Personen bestellt werden, die die entsprechende Hochschulprüfung abgelegt haben oder eine gleichwertige Qualifikation besitzen. ³Abschlussprüfungen, Teile davon sowie Prüfungen, die nicht wiederholt werden können, sind von mindestens zwei Prüfenden zu bewerten.
(4) Überschreiten Studierende die in der Prüfungsordnung festgelegte Regelstudienzeit um vier Semester, ohne sich zur Abschlussprüfung gemeldet zu haben, so werden sie von der Hochschule unter Fristsetzung aufgefordert, an einer besonderen Studienberatung teilzunehmen; bei erfolglosem Fristablauf können die Studierenden gemäß § 42 exmatrikuliert werden.

§ 63 (weggefallen)
§ 64 Hochschulgrade
(1) ¹Die Hochschulen verleihen auf Grund einer Hochschulprüfung, mit der ein erster berufsqualifizierender Abschluss erworben wird, einen Diplom- oder Bachelorgrad; das Abschlusszeugnis weist die Fachrichtung aus. ²Der Diplomgrad, der von einer Fachhochschule verliehen wird, erhält den Zusatz »Fachhochschule (FH)«. ³Universitäten und gleichgestellte Hochschulen können als ersten berufsqualifizierenden Abschluss auch einen Magistergrad verleihen. ⁴Für die Ausbildung zum Lehramt gilt das Bremische Lehrerausbildungsgesetz. ⁵Bei staatlichen Abschlussprüfungen können die Hochschulen nach Maßgabe einer besonderen Ordnung einen Diplomgrad verleihen. ⁶Auf Grund einer Hochschulprüfung, mit der ein weiterer berufsqualifizierender Abschluss erworben wird, verleiht die Hochschule einen Mastergrad mit Angabe der Fachrichtung.
(2) Mit Zustimmung der Senatorin für Wissenschaft, Gesundheit und Verbraucherschutz können für den berufsqualifizierenden Abschluss eines Studiums an der Hochschule für Künste andere als die in Absatz 1 genannten Grade verliehen werden.
(3) Frauen wird der Hochschulgrad in der weiblichen Form verliehen.
(4) ¹Hochschulgrade dürfen nur von staatlichen Hochschulen oder staatlich anerkannten Hochschulen verliehen werden. ²Bezeichnungen, die ihrem Wortlaut oder Schriftbild nach zu einer Verwechslung mit Hochschulgraden führen können, dürfen weder von Hochschulen nach Satz 1 noch von anderen Stellen verliehen werden.

§ 64a (weggefallen)
§ 64b Führung von in- und ausländischen Hochschulgraden, Hochschultätigkeitsbezeichnungen und Hochschultiteln
¹Ausländische Hochschulgrade, Hochschultätigkeitsbezeichnungen und Hochschultitel sowie entsprechende staatliche oder kirchliche Grade, Bezeichnungen und Titel dürfen in der verliehenen Form unter Angabe der verleihenden Stelle geführt werden, wenn sie von einer ausländischen, im Herkunftsland anerkannten und zur Verleihung berechtigten Hochschule oder von einer entsprechenden staatlichen oder kirchlichen Stelle nach ordnungsgemäß durchgeführtem und durch Prüfung abgeschlossenem Hochschulstudium verliehen worden sind. ²Dabei kann die verliehene Form in die lateinische Schrift übertragen und die im Herkunftsland zugelassene oder nachweislich allgemein übliche Abkürzung geführt sowie eine wörtliche Übersetzung in Klammern hinzugefügt werden. ³Grade, Bezeichnungen und Titel aus Staaten, mit denen die Bundesrepublik Deutschland ein Abkommen über die Anerkennung von Gleichwertigkeiten im Hochschulbereich geschlossen hat, dürfen nach Maßgabe des jeweiligen Abkommens geführt werden. ⁴Das gilt sinngemäß auch für sonstige Vereinbarungen zur Führung von Graden, Bezeichnungen und Titeln. ⁵Grade, Bezeichnungen und Titel aus Mitgliedstaaten der Europäischen Union und des Europäischen Wirtschaftsraums sowie des Europäischen Hochschulinstituts Florenz dürfen in der Originalform ohne Herkunftsbezeichnung geführt werden. ⁶Entgeltlich erworbene Grade, Bezeichnungen und Titel dürfen nicht geführt werden.

[7]Für ehrenhalber verliehene Grade, Bezeichnungen und Titel gelten die Sätze 1 bis 6 entsprechend. [8]Es gelten jeweils die für die Betroffenen günstigsten Regelungen. [9]Ausländische Grade, Bezeichnungen und Titel, die von einer inländischen, zur Vergabe berechtigten Einrichtung oder Organisationseinheit im Sinne der §§ 13 und 13a vergeben werden, dürfen nach Maßgabe der Sätze 1 bis 8 geführt werden.Über die Führung von sonstigen Graden, Bezeichnungen und Titeln, für die nach Maßgabe der Sätze 1 bis 9 keine gesetzliche Allgemeingenehmigung erteilt wurde, entscheidet die Senatorin für Wissenschaft, Gesundheit und Verbraucherschutz, soweit die Aufgabe nicht nach den §§ 4 und 12 übertragen ist. [10]Wird ein Hochschulgrad, eine Hochschultätigkeitsbezeichnung oder ein Hochschultitel abweichend von den Regelungen in den Sätzen 1 bis 9 geführt oder ist der Inhaber oder die Inhaberin wegen einer Straftat, die ihn oder sie als eines akademischen Grades, Titels oder einer Hochschultätigkeitsbezeichnung unwürdig erscheinen lässt, rechtskräftig verurteilt worden, kann die Senatorin für Wissenschaft, Gesundheit und Verbraucherschutz die Führung untersagen. [11]Widerspruch und Anfechtungsklage haben keine aufschiebende Wirkung. [12]Auf Verlangen der Senatorin für Wissenschaft, Gesundheit und Verbraucherschutz hat derjenige oder diejenige, der oder die einen Hochschulgrad, eine Hochschultätigkeitsbezeichnung oder einen Hochschultitel führt, die Berechtigung urkundlich nachzuweisen. [13]Weitergehende Einzelfallentscheidungen der Senatorin für Wissenschaft, Gesundheit und Verbraucherschutz finden nicht statt.

§ 65 Promotion

(1) [1]Die Promotion dient dem Nachweis der Befähigung zu vertiefter wissenschaftlicher Arbeit. [2]Aufgrund der Promotion verleiht die Universität den Doktorgrad. [3]Die Universität Bremen hat das Recht zur Promotion. [4]Die Senatorin für Wissenschaft, Gesundheit und Verbraucherschutz kann einer anderen staatlichen oder staatlich anerkannten, privaten Hochschule oder einer nach den §§ 13 oder 13a eingerichteten sonstigen Organisationseinheit nach Maßgabe ihrer Fortentwicklung im Rahmen der Weiterentwicklung des Hochschulwesens durch Rechtsverordnung das Recht zur Promotion verleihen.

(2) [1]Zur Promotion kann zugelassen werden, wer einen Diplom-, Master- oder Magistergrad an einer Hochschule oder ein Staatsexamen erworben hat. [2]Besonders qualifizierte Bewerber oder Bewerberinnen mit einem Bachelorabschluss können auf der Grundlage eines Eignungsfeststellungsverfahrens zur Promotion zugelassen werden.

(3) [1]Die Universität einerseits und die Fachhochschulen oder die Hochschule für Künste andererseits sollen Kooperationsvereinbarungen zur gemeinsamen Durchführung und Betreuung von Promotionsvorhaben unter Beachtung von Absatz 3 schließen. [2]In Promotionsverfahren nach Satz 1 sollen Fachhochschulprofessorinnen oder Fachhochschulprofessoren beteiligt werden, die in der Forschung in besonderer Weise ausgewiesen sind. [3]Satz 2 gilt entsprechend für Professorinnen und Professoren der Hochschule für Künste. [4]Sie können Prüfende sein, Betreuung übernehmen und Erst- oder Zweitgutachten erstellen.

(4) Das Nähere zu den Absätzen 1 bis 3 haben die Promotionsordnungen der Hochschulen zu regeln, insbesondere
1. die Zulassung zur Promotion,
2. die Durchführung des Prüfungsverfahrens und die Bestellung von Gutachtern oder Gutachterinnen, Betreuern oder Betreuerinnen und Prüfern oder Prüferinnen,
3. das Eignungsfeststellungsverfahren nach Absatz 2 einschließlich der Festlegung der zusätzlich zu erbringenden Studienleistungen,
4. die gemeinsame Betreuung und Durchführung von Promotionsvorhaben mit Fachhochschulen oder der Hochschule für Künste, die Beteiligung von in der Forschung ausgewiesenen Fachhochschullehrerinnen oder -lehrern oder Hochschullehrerinnen oder -lehrern der Hochschule für Künste und den Abschluss von Kooperationsvereinbarungen mit den Fachhochschulen oder der Hochschule für Künste,
5. die Qualitätssicherung einschließlich der Abgabe einer eidesstattlichen Versicherung nach Absatz 5.

(5) [1]§ 62 Absatz 2 Satz 2 gilt entsprechend. [2]In den Promotionsordnungen kann vorgesehen werden, dass die Hochschule eine Versicherung an Eides statt über die Eigenständigkeit der erbrachten wissenschaftlichen Leistungen und über die Einhaltung der Standards guter wissenschaftlicher Praxis verlangen und abnehmen kann. [3]Die Promotionsordnung soll auch Regelungen zur Qualitätssicherung

in Promotionsverfahren vorsehen, die sich auf die Feststellung der fachwissenschaftlichen Qualifikation und der persönlichen Eignung der Doktorandinnen und Doktoranden, auf die verantwortliche Betreuung durch Hochschullehrerinnen und Hochschullehrer sowie begleitende Studien- und Graduiertenprogramme und die Gewährleistung der unabhängigen Beurteilung und Bewertung aller promotionsrelevanten Leistungen beziehen sollen.
(6) [1]Die Befähigung im Sinne von Absatz 1 Satz 1 wird durch die Vorlage einer Dissertation und durch ein Kolloquium nachgewiesen. [2]Mehrere Einzelarbeiten können bei wissenschaftlich fundierter Darlegung des Forschungszusammenhangs zu einer Dissertation verbunden werden. [3]Wenn die Dissertation aus gemeinsamer Forschungsarbeit entstanden ist, muss der individuelle Beitrag deutlich abgrenzbar und als Dissertation bewertbar sein.

§ 66 Habilitation
(1) [1]Die Universität Bremen kann Habilitationsverfahren durchführen. [2]Das Nähere regelt die Habilitationsordnung, die der Senatorin für Wissenschaft, Gesundheit und Verbraucherschutz anzuzeigen ist.
(2) [1]Habilitierte können selbstständig lehren (Lehrbefugnis). [2]Sie haben das Recht, die akademische Bezeichnung »Privatdozent« oder »Privatdozentin« zu führen, solange die Lehrbefugnis besteht. [3]Für den Verlust der Lehrbefugnis gilt § 25 Absatz 4 entsprechend.

§ 67 Akademische Ehrungen
(1) Die Hochschulen können für besondere Verdienste um die Hochschule die Würde eines Ehrenbürgers, einer Ehrenbürgerin oder eines Ehrensenators, einer Ehrensenatorin oder andere akademische Ehrungen verleihen.
(2) Das Nähere zum Verfahren der Ehrung und zu den sich daraus ergebenden Rechten regelt die Hochschule durch eine Ordnung, die der Senatorin für Wissenschaft, Gesundheit und Verbraucherschutz anzuzeigen ist.

Kapitel 4
Studienreform

§ 68 Studienreform
[1]Die Hochschulen haben die ständige Aufgabe, im Zusammenwirken mit den zuständigen staatlichen Stellen Inhalte und Formen des Studiums im Hinblick auf die Entwicklungen in Wissenschaft und Kunst, die Bedürfnisse der beruflichen Praxis und die notwendigen Veränderungen in der Berufswelt zu überprüfen und weiterzuentwickeln. [2]Die Studienreform soll gewährleisten, dass das Studium unter Wahrung von Interdisziplinarität erfolgt und unter besonderer Berücksichtigung der Verbindung zwischen Wissenschaft und Praxis sowie überregional und international ausgerichtet ist.

§ 68a Zentrum für Lehrerbildung
[1]Das Zentrum für Lehrerbildung ist eine wissenschaftliche Einrichtung der Universität Bremen gemäß § 92. [2]Das Zentrum für Lehrerbildung an der Universität Bremen steuert und koordiniert die strukturelle, curriculare, fachbezogene, fachdidaktische und bildungswissenschaftliche Entwicklung und Umsetzung der Lehrerbildung und ist im Benehmen mit den Studiendekanen und Studiendekaninnen zuständig für die Beratung der Studierenden nach § 51. [3]Im Rahmen eines gesamtuniversitären Qualitätsmanagements für Lehre und Studium nach § 69 ist das Zentrum in der Lehrerausbildung zuständig für die Qualitätssicherung und das Qualitätsmanagementsystem sowie die dazu erforderliche Umsetzung fachbereichsübergreifender Maßnahmen und Instrumente. [4]Es kann Vorhaben und Projekte der Forschung im Bereich der Lehrerausbildung und zur Förderung des wissenschaftlichen Nachwuchses initiieren und durchführen. [5]Das Zentrum stellt die enge Kooperation von Bildungswissenschaften, Fachdidaktik und den an der Lehrerausbildung beteiligten Fächern und Fachbereichen in der universitären Phase der Lehrerausbildung und in Zusammenarbeit mit dem Landesinstitut für Schule in der zweiten Phase der Lehrerausbildung nach näherer Maßgabe des Bremischen Lehrerausbildungsgesetzes sicher. [6]Bei Entscheidungen über die curriculare Ausgestaltung von Studiengängen, die an der Lehrerausbildung beteiligt sind, ist das Zentrum für Lehrerbildung zu beteiligen. [7]Das Nähere zur Einrichtung, Verantwortlichkeit und zu den Aufgaben sowie der Mittelzuweisung regelt die Universität durch Ordnung.

§ 69 Qualitätsmanagementsystem

(1) ¹Die Hochschule sichert die Qualität ihrer Lehre durch die Einrichtung eines Qualitätsmanagementsystems unter Berücksichtigung der Regelungen des Artikels 2 des Studienakkreditierungsstaatsvertrages und der dazu ergangenen Rechtsverordnung. ²Dieses Qualitätsmanagementsystem hat eine laufende Evaluation der Lehre und Lehrveranstaltungen durch systematische Begleitung, Erfassung, Messung, Rückmeldung und Auswertung des Lehr- und Lernerfolges sowie der Ergebnisse der Ausbildung zu gewährleisten. ³Mit diesem System wird ein Regelkreislauf zur fortlaufenden Verbesserung der Lehr- und Lernprozesse, der Kompetenzvermittlung und des Ausbildungserfolges implementiert. ⁴Das Nähere regelt die Hochschule unter Berücksichtigung der Festlegungen des Studienakkreditierungsstaatsvertrages und der dazu ergangenen Rechtsverordnung durch eine Ordnung.

(2) ¹Das Rektorat entscheidet unter Beachtung der Artikel 2 und 3 des Studienakkreditierungsstaatsvertrages und der dazu ergangenen Rechtsverordnung über Vorgaben zur Struktur und Organisation sowie zum Ablauf des Qualitätsmanagementsystems. ²Auf der dezentralen Ebene sind die Dekaninnen und Dekane im Einvernehmen mit den Studiendekaninnen und Studiendekanen für die Umsetzung des Qualitätsmanagements im Sinne von Absatz 1 zuständig. ³Alle Statusgruppen, insbesondere auch Studierende, sind angemessen zu beteiligen. ⁴In Fragen, die den Bereich der Lehrfreiheit und insbesondere die fachlich-inhaltlichen Kriterien der Qualitätssicherung und -entwicklung im Qualitätssicherungsmanagement betreffen, verfügen die Mitglieder der Hochschule, die der Hochschullehrergruppe angehören, über die absolute Mehrheit der Stimmen, soweit Entscheidungen getroffen werden.

(3) ¹Die Dekaninnen und Dekane berichten jährlich dem Rektorat über die Ergebnisse und eingeleitete Maßnahmen im Sinne von Absatz 1. ²Das Rektorat legt den Zeitpunkt für die Berichterstattung fest. ³Der Rektor oder die Rektorin legt den Bericht der Hochschule binnen vier Wochen der Senatorin für Wissenschaft, Gesundheit und Verbraucherschutz vor.

Teil VI
Forschung

§ 70 Aufgaben und Förderung der Forschung

(1) ¹Die Forschung in den Hochschulen dient der Gewinnung wissenschaftlicher Erkenntnisse sowie der wissenschaftlichen Grundlegung und Weiterentwicklung von Lehre und Studium. ²Gegenstand der Forschung in den Hochschulen können unter Berücksichtigung der Aufgabenstellung der Hochschule alle wissenschaftlichen Bereiche sowie die Anwendung wissenschaftlicher Erkenntnisse in der Praxis einschließlich der Folgen sein, die sich aus der Anwendung wissenschaftlicher Erkenntnisse ergeben können. ³Forschungsvorhaben sind innerhalb der Hochschule mit dem Ziel zu koordinieren, die Forschungstätigkeit der Hochschulmitglieder zu fördern und die bereitgestellten Mittel bestmöglich zu nutzen.

(2) ¹Die Forschung in den Hochschulen dient auch der Analyse von Problemen in allen Bereichen des gesellschaftlichen Lebens und zeigt wissenschaftlich begründbare Lösungsmöglichkeiten auf. ²Sie soll auch die besonderen Aufgaben, die sich in der Freien Hansestadt Bremen und in ihrem Umland stellen, berücksichtigen.

§ 71 Koordination der Forschung

¹Zur gegenseitigen Abstimmung von Forschungsvorhaben und Schwerpunkten der Forschung sowie zur Planung und Durchführung gemeinsamer Forschungsvorhaben wirken die Hochschulen zusammen. ²Die Hochschulen sollen die Zusammenarbeit mit anderen Hochschulen und Forschungseinrichtungen auch außerhalb der Freien Hansestadt Bremen und mit Einrichtungen der überregionalen Forschungsplanung und Forschungsförderung anstreben.

§ 72 Forschungsschwerpunkte

(1) Die Universität richtet nach Maßgabe ihrer Hochschulentwicklungsplanung für in der Regel zeitlich befristete interdisziplinäre Forschungen Forschungsschwerpunkte ein und berücksichtigt vorrangig ihren besonderen Bedarf an Personal, Sachmitteln und Einrichtungen.

(2) Ein Forschungsschwerpunkt kann als wissenschaftliche oder zentrale wissenschaftliche Einrichtung nach § 92, als Institut nach § 91 oder als gemeinsame wissenschaftliche Organisationseinheit nach § 13 sowie im Falle der Anwendung der Reformklausel nach § 13a eingerichtet werden.

(3) ¹Über die Einrichtung, Fortführung, Beendigung sowie über die Organisationsform entscheidet das Rektorat auf der Grundlage der Beschlussfassung des Akademischen Senats nach der Anhörung der Fachbereiche. ²Die Begutachtung durch externe Sachverständige sowie Bewertungen im Rahmen des Qualitätsmanagements nach § 69 sind zu berücksichtigen.
(4) Die Absätze 1 und 2 gelten entsprechend für die Durchführung von Sonderforschungsbereichen und anderen langfristigen Forschungsschwerpunkten, die mit den Mitteln Dritter durchgeführt werden.

§ 73 (weggefallen)

§ 74 Voraussetzungen für Forschung mit Mitteln Dritter
(1) Hochschulmitglieder, soweit zu deren Dienstaufgaben die selbstständige Forschung gehört, sind berechtigt, im Rahmen ihrer dienstlichen Aufgaben auch solche Forschungsvorhaben durchzuführen, die nicht oder nur zum Teil aus den der Hochschule zur Verfügung stehenden Haushaltsmitteln, sondern aus Mitteln Dritter finanziert werden; ihre Verpflichtung zur Erfüllung der übrigen Dienstaufgaben bleibt unberührt.
(2) Ein Hochschulmitglied ist berechtigt, ein Forschungsvorhaben nach Absatz 1 in der Hochschule durchzuführen, wenn die Erfüllung anderer Aufgaben der Hochschule sowie die Rechte und Pflichten anderer Personen dadurch nicht beeinträchtigt werden, entstehende Folgelasten angemessen berücksichtigt sind und damit gerechnet werden kann, dass die Forschungsergebnisse in absehbarer Zeit zur Veröffentlichung vorliegen.
(3) Die Hochschulen regeln durch Satzung das Nähere zu den Voraussetzungen und der Durchführung von Forschung mit Mitteln Dritter.

§ 75 Durchführung von Forschung mit Mitteln Dritter
(1) Bei Vorliegen der Voraussetzungen nach § 74 Abs. 2 fördert die Hochschule nach Maßgabe der bestehenden Möglichkeiten die Durchführung eines mit Mitteln Dritter finanzierten Forschungsvorhabens.
(2) ¹Die Mittel für Forschungsvorhaben, die nach § 74 Abs. 2 in der Hochschule durchgeführt werden, sollen von der Hochschule verwaltet werden. ²Die Mittel sind für den von dem Dritten bestimmten Zweck zu verwenden und vorbehaltlich des Absatzes 3 nach dessen Bedingungen zu bewirtschaften, soweit gesetzliche Bestimmungen nicht entgegenstehen. ³Treffen die Bedingungen keine Regelung, so gelten ergänzend die Bestimmungen des Landes. ⁴Auf Antrag des Hochschulmitglieds, das das Vorhaben durchführt, soll von der Verwaltung der Mittel durch die Hochschule abgesehen werden, sofern dies mit den Bedingungen der Mittel gebenden Stelle vereinbar ist; Satz 3 gilt in diesem Falle nicht.
(3) ¹Aus Mitteln Dritter bezahlte Mitarbeiter und Mitarbeiterinnen an Forschungsvorhaben, die nach § 74 Abs. 2 in der Hochschule durchgeführt werden, sollen als an der Hochschule tätige Bedienstete des Landes befristet für den Zeitraum der Mittelbewilligung eingestellt werden. ²Die Einstellung setzt voraus, dass der Mitarbeiter oder die Mitarbeiterin von dem Hochschulmitglied, das das Forschungsvorhaben durchführt, vorgeschlagen wurde.
(4) Finanzielle Erträge der Hochschule aus Forschungsvorhaben, die in der Hochschule durchgeführt werden, insbesondere aus Einnahmen, die der Hochschule als Entgelt für die Inanspruchnahme von Personal, Sachmitteln und Einrichtungen zufließen, stehen der Hochschule für die Erfüllung ihrer Aufgaben zur Verfügung.
(5) ¹Es soll ein kostenloser Zugang zu wissenschaftlichen Veröffentlichungen in digitaler Form gewährt (open access) werden, soweit nicht berechtigte Interessen der Hochschulen oder der betroffenen Wissenschaftlerinnen und Wissenschaftler entgegenstehen. ²Dies kann im Wege der Primärpublikation in digitaler Form oder im Wege der zeitgleichen oder nachträglichen Bereitstellung von bereits anderweitig veröffentlichten Wissenschaftstexten oder Forschungsdaten erfolgen.
(6) ¹Die Hochschule führt eine öffentlich zugängliche Forschungsdatenbank für Drittmittelprojekte, die mindestens alle Projekttitel, wesentliche Inhalte und Zielsetzungen von Drittmittelprojekten, die Identität der Drittmittelgeber, die Fördersumme und die Laufzeit der Projekte umfasst. ²Die Datenbank enthält nur Daten, deren Veröffentlichung nicht gegen gesetzliche Schutzrechte verstößt.
(7) ¹Das Rektorat veröffentlicht Drittmittelverträge in geeigneter Form, soweit dem nicht gesetzliche oder vertragliche Verpflichtungen entgegenstehen. ²§ 11 Absatz 4, 5 und 6 des Bremer Informati-

onsfreiheitsgesetzes gilt entsprechend. ³Die §§ 6, 6a und 6b des Bremer Informationsfreiheitsgesetzes gelten entsprechend mit der Maßgabe, dass an die Stelle des antragsabhängigen Informationszugangs die Veröffentlichung von Amts wegen tritt. ⁴Durch vertragliche Verpflichtungen kann die Veröffentlichungspflicht nach Absatz 6 nicht eingeschränkt werden.

(8) ¹Soweit ein Zugang nach Absatz 5 nicht geschaffen werden konnte, ist sicherzustellen, dass Forschungsergebnisse in der Regel in absehbarer Zeit veröffentlicht werden. ²Die Möglichkeit der Veröffentlichung kann nicht durch Vereinbarung ausgeschlossen werden.

§ 76 (weggefallen)

§ 77 Künstlerische Entwicklungsvorhaben und Kunstausübung

(1) Die Kunstausübung umfasst die Herstellung, Darbietung und Verbreitung von Kunstwerken.

(2) Durch künstlerische Entwicklungsvorhaben werden künstlerische Formen und Ausdrucksmittel kunsttheoretisch, künstlerisch-praktisch und methodisch entwickelt.

(3) Die Vorschriften dieses Teils gelten für künstlerische Entwicklungsvorhaben sinngemäß.

Teil VII
Aufbau und Organisation der Hochschulen

Kapitel 1
Zentrale Organe und Hochschulleitung

§ 78 Zentrale Organe

Zentrale Organe der Hochschule sind der Akademische Senat, der Rektor oder die Rektorin und das Rektorat.

§ 79 (weggefallen)

§ 80 Akademischer Senat

(1) ¹Der Akademische Senat entscheidet in den ihm nach diesem Gesetz zugewiesenen Angelegenheiten. ²Er kann vom Rektorat und allen Organisationseinheiten Auskunft über alle Angelegenheiten der Hochschule verlangen. ³Er beschließt über die Grundordnung der Hochschule, die allgemeinen Teile der Prüfungsordnungen und sonstige Satzungen, soweit das Gesetz diese Zuständigkeit nicht einem anderen Organ der Hochschule zuweist, über die Einrichtung, Änderung und Auflösung von Studiengängen, Fachbereichen und zentralen wissenschaftlichen Einrichtungen, Betriebseinheiten und übergreifenden Organisationseinheiten nach den §§ 13 und 13a, die Wahl des Rektors oder der Rektorin, den Vorschlag des Rektors oder der Rektorin zur Bestellung der Konrektoren oder Konrektorinnen und des Kanzlers oder der Kanzlerin, unbeschadet eines Letztentscheidungsrechts des Rektorats über den vom Rektorat vorgelegten Hochschulentwicklungsplan nach § 103 sowie über die Grundsätze der Mittelbewirtschaftung. ⁴Er nimmt zu allen Selbstverwaltungsaufgaben von grundsätzlicher Bedeutung Stellung und nimmt den jährlichen Rechenschaftsbericht des Rektorats entgegen und berät ihn. ⁵Er bestellt zur Wahrnehmung der Aufgaben nach § 6 zentrale Frauenbeauftragte.

(2) ¹Dem Akademischen Senat der Universität Bremen gehören bis zu 22 Vertreter und Vertreterinnen der Gruppen nach § 5 Abs. 3 an, der Hochschule Bremen bis zu 22, der Hochschule Bremerhaven bis zu 17 und der Hochschule für Künste bis zu 17, soweit nicht in der Grundordnung der Hochschule abweichende Regelungen getroffen sind. ²Die Dekane und Dekaninnen sind innerhalb der Höchstzahlen nach Satz 1 angemessen zu berücksichtigen. ³Die Hochschullehrergruppe nach § 5 Abs. 3 Nr. 1 hat jeweils die absolute Mehrheit.

(3) ¹Die Mitglieder des Rektorats beraten den Akademischen Senat. ²Der Rektor oder die Rektorin führt den Vorsitz ohne Stimmrecht. ³Je ein Mitglied des Personalrats und des Allgemeinen Studierendenausschusses können mit beratender Stimme an den Sitzungen teilnehmen.

(4) Der Akademische Senat kann zu seiner Beratung ständige und nicht ständige Kommissionen und Ausschüsse bilden.

§ 81 Aufgaben des Rektorats und des Rektors oder der Rektorin

(1) ¹Das Rektorat besteht aus dem Rektor oder der Rektorin, ein bis drei Konrektoren oder Konrektorinnen und dem Kanzler oder der Kanzlerin. ²Der Rektor oder die Rektorin führt den Vorsitz und legt die Grundsätze fest, nach denen die Hochschule geleitet und verwaltet werden soll. ³Das Rektorat regelt die Geschäftsverteilung, soweit sie nicht in diesem Gesetz geregelt ist, durch eine Geschäfts-

ordnung. ⁴Die Mitglieder des Rektorats nehmen die ihnen zugewiesenen Aufgaben des Rektorats in eigener Zuständigkeit wahr.
(2) ¹Das Rektorat entscheidet in allen Angelegenheiten, die das Gesetz keinem anderen Organ zuweist. ²Unter Beachtung der Beschlüsse des Akademischen Senats und der Grundsätze des Rektors oder der Rektorin sowie der Ziel- und Leistungsvereinbarungen mit der Senatorin für Wissenschaft, Gesundheit und Verbraucherschutz leitet es die Hochschule. ³Es verteilt die Stellen und Mittel unter Berücksichtigung der Leistungen und Belastungen in Forschung und Lehre und der Förderung des wissenschaftlichen Nachwuchses sowie der Fortschritte bei der Erfüllung des Gleichstellungsauftrages. ⁴Es legt jährlich gegenüber dem Akademischen Senat Rechenschaft ab. ⁵Es nimmt seine Rechte und Pflichten nach § 18 in Berufungsverfahren wahr. ⁶Das Rektorat übt seine Rechte zur Einrichtung einer hochschulübergreifenden gemeinsamen wissenschaftlichen Einrichtung nach § 13 sowie seine Rechte im Rahmen der Reformklausel nach § 13a aus. ⁷Es kann zu allen Angelegenheiten der Hochschule Stellung nehmen. ⁸Es sorgt für die Erfüllung der Aufgaben der Hochschule für das Zusammenwirken ihrer Organe, Organisationseinheiten und Mitglieder. ⁹Es unterrichtet die Organe über die wichtigen Angelegenheiten und hat das Recht, an den Sitzungen aller Gremien mit beratender Stimme teilzunehmen. ¹⁰Auf sein Verlangen ist es über alle Angelegenheiten unverzüglich zu unterrichten.
(3) ¹Der Rektor oder die Rektorin vertritt die Hochschule gerichtlich und außergerichtlich nach außen und nach innen. ²Er oder sie bestimmt die Anzahl der Konrektoren oder Konrektorinnen unter Beachtung von § 81 Absatz 1 Satz 1 sowie die Dauer ihrer Amtszeit in einem Rahmen von zwei bis fünf Jahren und bestellt sie sowie den Kanzler oder die Kanzlerin nach Beschlussfassung durch den Akademischen Senat. ³Er oder sie wahrt die Ordnung der Hochschule und übt das Hausrecht aus. ⁴Er oder sie kann einzelne Mitglieder der Hochschule für bestimmte Bereiche mit der internen Ausübung des Hausrechts betrauen. ⁵Das Recht, um Amtshilfe zu ersuchen oder einen Strafantrag wegen Verletzung des Hausrechts zu stellen, bleibt dem Rektor oder der Rektorin vorbehalten. ⁶Der Rektor oder die Rektorin entscheidet auf Vorschlag der Dekane und Dekaninnen nach § 89 Absatz 5 Satz 1 Nummer 4 über alle Fragen der Gewährung von Leistungsbezügen, soweit diese Entscheidungen durch Rechtsverordnung der Hochschule übertragen worden sind. ⁷Der Rektor oder die Rektorin kann auch ohne Vorschlag eines Dekans oder einer Dekanin über die Gewährung von Leistungsbezügen entscheiden, wenn die Voraussetzungen für die Gewährung gegeben sind.
(4) ¹Der Rektor oder die Rektorin ist verpflichtet, Entscheidungen oder Maßnahmen von Organen und Gremien, die er oder sie für rechtswidrig hält, binnen zwei Wochen nach Kenntnisnahme unter Angabe der Gründe zu beanstanden und auf Abhilfe hinzuwirken. ²Die Beanstandung hat aufschiebende Wirkung. ³Bleibt die Beanstandung erfolglos, so entscheidet die Senatorin für Wissenschaft, Gesundheit und Verbraucherschutz. ⁴Die Beanstandung entfällt spätestens drei Monate nach dem Widerspruch des Organs oder Gremiums, wenn bis dahin keine andere Entscheidung erfolgt ist.
(5) ¹Der Rektor oder die Rektorin kann in dringenden Fällen unter Angabe der Gründe die kurzfristige Einberufung eines jeden Organs und Gremiums fordern und verlangen, dass über bestimmte Angelegenheiten beraten und entschieden wird. ²Der Rektor oder die Rektorin kann eine angemessene Frist zur Beratung und Entscheidung setzen.
(6) ¹Bei unaufschiebbaren Angelegenheiten, in denen eine Entscheidung des zuständigen Organs nicht rechtzeitig herbeigeführt werden kann, kann der Rektor oder die Rektorin anstelle des zuständigen Organs Maßnahmen und Entscheidungen treffen. ²Er oder sie unterrichtet das zuständige Organ unverzüglich. ³Das zuständige Organ kann die Maßnahme durch eine eigene Regelung der Angelegenheit aufheben oder abändern; entstandene Rechte Dritter bleiben unberührt.
(7) ¹Der Rektor oder die Rektorin kann Verfahrensweisen und Entscheidungen von Organen und Gremien, die geeignet sind, der Hochschule erheblichen Schaden zuzufügen, unter Angabe der Gründe beanstanden. ²Auf Antrag des Rektors oder der Rektorin hat sich der Akademische Senat mit der Beanstandung zu befassen.

§ 82 Rechtsstellung des Rektors oder der Rektorin
(1) ¹Die Rektoren oder Rektorinnen der Universität und der Hochschule Bremen üben ihr Amt hauptberuflich aus; die Rektoren oder Rektorinnen der Hochschule Bremerhaven und der Hochschule für Künste können das Amt hauptberuflich ausüben. ²Die Rektoren und Rektorinnen können auch im Angestelltenverhältnis beschäftigt werden.

(2) Soweit die Rektoren oder Rektorinnen ihr Amt nicht hauptberuflich ausüben, werden sie für die Dauer ihrer Amtstätigkeit von ihren sonstigen Aufgaben befreit.
(3) Nicht in das Beamtenverhältnis auf Zeit berufene Rektoren oder Rektorinnen sind nach Ablauf ihrer Amtszeit verpflichtet, die Amtsgeschäfte bis zum Amtsantritt ihres Nachfolgers oder ihrer Nachfolgerin weiterzuführen.
(4) Rektoren und Rektorinnen können nicht in Organe der Hochschule gewählt werden.

§ 83 Wahl des Rektors oder der Rektorin

(1) [1]Für die Wahl des Rektors oder der Rektorin stellt der Akademische Senat nach öffentlicher Ausschreibung einen Wahlvorschlag auf, der bis zu drei Personen umfassen soll. [2]Der Akademische Senat kann eine Findungskommission einsetzen, in der die Hochschullehrergruppe über die Mehrheit der Stimmen verfügt.
(2) [1]Die Rektoren oder Rektorinnen der Hochschulen werden vom jeweiligen Akademischen Senat in geheimer Abstimmung mit der Mehrheit der Stimmen seiner Mitglieder für die Dauer von in der Regel fünf Jahren gewählt und von der Senatorin für Wissenschaft, Gesundheit und Verbraucherschutz bestellt. [2]Wiederwahl ist zulässig. [3]Das Nähere zum hochschulinternen Auswahlverfahren regeln die Hochschulen durch Satzung. [4]Zum Rektor oder zur Rektorin kann gewählt werden, wer eine abgeschlossene Hochschulausbildung besitzt und aufgrund einer mehrjährigen verantwortlichen beruflichen Tätigkeit, insbesondere in Wissenschaft, Wirtschaft, Verwaltung, Rechtspflege, in der Kunst oder Kultur erwarten lässt, dass er oder sie den Aufgaben des Amtes gewachsen ist.
(3) Der Rektor oder die Rektorin kann mit der Mehrheit von zwei Dritteln der Mitglieder des Akademischen Senats abgewählt werden, indem gleichzeitig ein kommissarischer Rektor oder eine kommissarische Rektorin aus der Mitte der Professorenschaft der jeweiligen Hochschule gewählt und das Verfahren zur Neuwahl eingeleitet wird.

§ 84 Konrektoren und Konrektorinnen

(1) Die Konrektoren und Konrektorinnen nehmen ihre Aufgaben im Rahmen der Aufgabenzuweisung durch die Geschäftsordnung sowie der Entscheidungen des Rektorats eigenverantwortlich wahr.
(2) [1]Die Konrektoren und Konrektorinnen werden vom Rektor oder der Rektorin nach Maßgabe des § 81 Absatz 3 Satz 2 bestellt. [2]§ 83 Absatz 2 Satz 4 gilt entsprechend. [3]Der Rektor oder die Rektorin kann bestimmen, dass ein oder mehrere Konrektoren oder Konrektorinnen ihr Amt hauptberuflich ausüben. [4]In diesem Fall hat eine öffentliche Ausschreibung und ein förmliches Auswahlverfahren stattzufinden. [5]Satz 1 gilt entsprechend. [6]Hauptberufliche Konrektoren und Konrektorinnen können auch im Angestelltenverhältnis beschäftigt werden.
(3) [1]Die Konrektoren und Konrektorinnen können vom Rektor oder von der Rektorin aus ihrem Amt abberufen werden, wenn zugleich die Neubestellung eines anderen Konrektors oder einer anderen Konrektorin unter Beachtung der Grundsätze des Absatzes 2 erfolgt. [2]Während ihrer Amtszeit werden sie zur Wahrnehmung ihrer Rektoratsaufgaben angemessen von ihren sonstigen Aufgaben befreit. [3]Die Geschäftsordnung regelt ihre Vertretung untereinander und im Verhältnis zum Rektor oder zur Rektorin und zum Kanzler oder zur Kanzlerin, soweit dieses Gesetz keine Regelung trifft.

§ 85 Kanzler oder Kanzlerin

(1) [1]Als Mitglied des Rektorats leitet der Kanzler oder die Kanzlerin die Hochschulverwaltung und ist verantwortlich für die verwaltungsmäßige Durchführung der Beschlüsse des Rektorats und des Akademischen Senats. [2]Er oder sie wirkt darauf hin, dass die Verwaltung die für die Erfüllung der Hochschulaufgaben notwendigen Dienstleistungsfunktionen wahrnimmt und übt die Dienstaufsicht über die Bediensteten des Dienstleistungsbereichs aus.
(2) [1]Der Kanzler oder die Kanzlerin bereitet für das Rektorat den Vorschlag zur Aufstellung des Haushaltsplans und einen Vorschlag für die Mittelzuweisung nach § 15 Absatz 1 vor. [2]Er oder sie ist Beauftragter oder Beauftragte für den Haushalt und kann in dieser Eigenschaft Entscheidungen des Rektorats mit aufschiebender Wirkung widersprechen. [3]Kommt eine Einigung nicht zustande, so berichtet das Rektorat der Senatorin für Wissenschaft, Gesundheit und Verbraucherschutz.
(3) [1]Der Kanzler oder die Kanzlerin wird aufgrund einer öffentlichen Ausschreibung und eines förmlichen Auswahlverfahrens vom Rektor oder der Rektorin der Hochschule gemäß § 81 Absatz 3 in der Regel für einen befristeten Zeitraum von acht Jahren bestellt. [2]Wiederholte Bestellung ist zulässig. [3]Der Kanzler oder die Kanzlerin kann auch im Angestelltenverhältnis beschäftigt werden.

§ 85a Weiterbeschäftigung von Rektoratsmitgliedern

[1]Hauptamtlichen Mitgliedern des Rektorats, die neben ihrem Beamten- oder Angestelltenverhältnis auf Zeit in keinem weiteren Beamten- oder Angestelltenverhältnis stehen, kann eine Tätigkeit an ihrer oder einer anderen Hochschule oder im öffentlichen Dienst der Freien Hansestadt Bremen nach Beendigung ihrer Amtszeit im Rektorat einer Hochschule angeboten werden. [2]Das Angebot setzt ein Einvernehmen der Senatorin für Wissenschaft, Gesundheit und Verbraucherschutz der betreffenden Hochschule voraus. [3]Das Angebot kann mit der Bestellung zum Rektoratsmitglied oder zu einem späteren Zeitpunkt, spätestens am letzten Tag der Amtszeit, erfolgen. [4]Die angebotene Beschäftigung erfolgt im Beamtenverhältnis auf Zeit, auf Lebenszeit oder in einem entsprechenden Angestelltenverhältnis. [5]Sind die Einstellungsvoraussetzungen nach § 116 des Bremischen Beamtengesetzes erfüllt, kann die Berufung auf eine Professur unter Beachtung von § 18 Absatz 2 Nummer 4 nach Beendigung der Amtszeit angeboten werden. [6]Es gelten die Sätze 1 bis 4 entsprechend.

Kapitel 2
Fachbereiche

§ 86 Fachbereiche

(1) [1]Die Hochschule gliedert sich – vorbehaltlich der §§ 13 und 13a – in Fachbereiche als die organisatorischen Grundeinheiten. [2]Der Fachbereich soll verwandte oder benachbarte Studiengänge oder Teilstudiengänge umfassen. [3]Größe und Abgrenzung der Fachbereiche müssen gewährleisten, dass die dem einzelnen Fachbereich obliegenden Aufgaben angemessen erfüllt werden können.

(2) [1]Der Fachbereich erfüllt unbeschadet der Gesamtverantwortung der Hochschule und der Zuständigkeiten der zentralen Hochschulorgane für sein Gebiet die Aufgaben der Hochschule, soweit nicht im Rahmen der §§ 13 und 13a anderen Organen die Zuständigkeit übertragen ist. [2]Er trägt dafür Sorge, dass seine Mitglieder, wissenschaftlichen Einrichtungen und Betriebseinheiten die ihnen obliegenden Aufgaben erfüllen.

(3) Organe des Fachbereichs sind der Fachbereichsrat, das Dekanat, der Dekan oder die Dekanin und der Studiendekan oder die Studiendekanin.

(4) Dem Fachbereich zugeordnet sind die in ihm tätigen oder besonders zugeordneten Mitglieder der Hochschule nach § 5 Abs. 1 und diesen Gleichgestellten.

§ 87 Aufgaben des Fachbereichsrats

[1]Im Rahmen der Aufgaben des Fachbereichs nach § 86 beschließt der Fachbereichsrat über
1. Vorschläge für die Einführung, Änderung und Aufhebung von Studiengängen,
2. Studienpläne, fachspezifische Teile der Prüfungsordnungen und Promotionsordnungen,
3. Grundsätze für die Maßnahmen zur Förderung des wissenschaftlichen Nachwuchses,
4. Förderung und Koordination der Abstimmung von Forschungs- und künstlerischen Entwicklungsvorhaben,
5. Vorschläge für die Ernennung von Honorarprofessoren und Honorarprofessorinnen,
6. Grundsätze des Qualitätsmanagements der Lehre nach § 69 auf der Grundlage der Berichte gemäß § 89 Absatz 4 Satz 4,
7. Vorschläge für die Verleihung der Bezeichnung »Professor« oder »Professorin« an Privatdozenten oder Privatdozentinnen,
8. Grundsätze der Mittelbewirtschaftung.

[2]Beschlüsse nach Nummer 2, soweit Studienpläne betroffen sind, und Nummer 6 hat der Fachbereichsrat im Benehmen mit dem Studiendekan oder der Studiendekanin zu fassen. [3]Der Fachbereichsrat berät die Ziel- und Leistungsvereinbarungen nach § 105a Abs. 3 sowie den jährlichen Bericht des Dekanats.

§ 88 Fachbereichsrat

(1) [1]Der Fachbereichsrat besteht aus bis zu 13 Vertretern oder Vertreterinnen der Gruppen nach § 5 Abs. 3 Satz 1 bis 4. [2]Die Stimmenmehrheit der Hochschullehrergruppe wird gewährleistet. [3]Im Fall des § 4 Abs. 12 nimmt ein Vertreter oder eine Vertreterin des angegliederten berufsqualifizierenden Bildungsgangs oder des an dem dualen Studiengang beteiligten Unternehmens mit beratender Stimme an den Sitzungen des Fachbereichsrats teil.

(2) Der Fachbereichsrat kann vom Dekanat oder einzelnen Dekanatsmitgliedern und vom Rektor oder der Rektorin Auskünfte über alle Angelegenheiten des Fachbereichs verlangen.

(3) ¹Der Fachbereichsrat kann Ausschüsse bilden und auf sie Entscheidungsbefugnisse für bestimmte Aufgaben übertragen (beschließende Ausschüsse). ²Für die Entscheidung bestimmter Angelegenheiten, die mehrere Fachbereiche berühren und eine aufeinander abgestimmte Erfüllung erfordern, sollen die beteiligten Fachbereichsräte gemeinsame beschließende Ausschüsse bilden. ³Die Übertragung von Entscheidungsbefugnissen ist jederzeit widerruflich.

§ 89 Dekanat

(1) ¹Der Fachbereichsrat wählt aus dem Kreis der dem Fachbereich angehörenden Hochschullehrerschaft einen Dekan oder eine Dekanin und auf deren Vorschlag einen Stellvertreter oder eine Stellvertreterin sowie aus dem Kreis der dem Fachbereich angehörenden Hochschullehrerschaft, der wissenschaftlichen oder künstlerischen Mitarbeiterinnen und Mitarbeiter nach den §§ 23, 23a und 23b, der Lektorinnen und Lektoren sowie der Mitarbeiter und Mitarbeiterinnen nach § 21 einen Studiendekan oder eine Studiendekanin für die Dauer von zwei bis vier Jahren. ²Die Wahl bedarf außer der Mehrheit des Fachbereichsrats auch der Mehrheit der ihm angehörenden Hochschullehrerschaft. ³Wiederwahl ist zulässig. ⁴Der Dekan oder die Dekanin, der Stellvertreter oder die Stellvertreterin und der Studiendekan oder die Studiendekanin bilden das Dekanat.

(2) ¹Das Dekanat leitet den Fachbereich, setzt im Übrigen die Entscheidungen des Fachbereichsrats um und ist ihm verantwortlich. ²Der Dekan oder die Dekanin vertritt den Fachbereich innerhalb der Hochschule und in überregionalen fach- und studiengangsspezifischen Gremien. ³Der Dekan oder die Dekanin führt den Vorsitz im Fachbereichsrat und im Dekanat. ⁴Mitglieder des Dekanats können nicht zugleich Mitglieder des Fachbereichsrats sein.

(3) ¹Das Dekanat ist für alle Angelegenheiten des Fachbereichs zuständig, soweit sie nicht durch dieses Gesetz einem anderen Organ zugewiesen sind. ²Es entscheidet im Rahmen der Richtlinien des Dekans oder der Dekanin, der Entscheidungen und Beschlüsse des Rektors oder der Rektorin, des Rektorats, des Akademischen Senats und des Fachbereichsrats insbesondere über abzuschließende Ziel- und Leistungsvereinbarungen mit dem Rektorat nach § 105a Absatz 3 und aufzustellende Ausstattungspläne im Rahmen von Hochschulentwicklungsplänen nach § 103. ³Das Dekanat entscheidet mit einfacher Stimmenmehrheit. ⁴Das Dekanat gibt sich eine Geschäftsordnung, in der insbesondere die Geschäftsverteilung und die Rechenschaftspflicht geregelt werden. ⁵Sie kann vorsehen, dass bestimmte Aufgaben einem Mitglied des Dekanats zur selbstständigen Wahrnehmung übertragen werden. ⁶Dem Studiendekan oder der Studiendekanin können weitere als die in Absatz 4 genannten Aufgaben zur selbständigen Wahrnehmung übertragen werden.

(4) ¹Der Studiendekan oder die Studiendekanin entscheidet über
1. Musterstudienpläne über den sachgerechten Verlauf des gesamten Studiums für jeden Studiengang in Übereinstimmung mit der jeweiligen Prüfungsordnung im Rahmen der Befugnisse nach § 87 Satz 2,
2. Maßnahmen zur Verbesserung und Weiterentwicklung der Lehre und der Studienberatung nach § 51,
3. Maßnahmen zum Qualitätsmanagement in der Lehre nach § 69 und
4. Maßnahmen zur Sicherstellung des erforderlichen Lehrangebots, soweit nicht der Dekan oder die Dekanin oder der Rektor oder die Rektorin als Dienstvorgesetzte zuständig sind.

²Der Studiendekan oder die Studiendekanin hat dabei die Beschlüsse des Dekanats und des Fachbereichsrats zu beachten. ³Er oder sie wirkt in den gesetzlich vorgesehenen Fällen an den Entscheidungen der anderen Organe des Fachbereichs mit, unterbreitet dem Dekan, der Dekanin oder dem Dekanat Vorschläge für den Einsatz von Mitteln, Stellen und Einrichtungen für die Lehre, koordiniert die Umsetzung der Beschlüsse der Studienkommissionen und ist berechtigt, an den Sitzungen teilzunehmen. ⁴Er oder sie ist für die Erstellung des Lehrberichts und die angemessene Berücksichtigung studentischer Interessen verantwortlich.

(5) ¹Der Dekan oder die Dekanin legt die Richtlinien für das Dekanat fest und entscheidet im Rahmen der Zuständigkeit nach Absatz 3 über
1. die Verwendung der dem Fachbereich zugewiesenen Mittel, Stellen und Einrichtungen,
2. die Mittelbewirtschaftung,
3. die Übertragung bestimmter Lehraufgaben zur Sicherstellung des erforderlichen Lehr- und Prüfungsangebots entsprechend der Prüfungsordnung und dem Musterstudienplan auf die in der Lehre Tätigen im Rahmen der für ihr Dienstverhältnis geltenden Regelungen und

4. Vorschläge zur Gewährung von Leistungsbezügen.
²Bei unaufschiebbaren Angelegenheiten, in denen eine notwendige Entscheidung des zuständigen Organs nicht rechtzeitig herbeigeführt werden kann, kann der Dekan oder die Dekanin anstelle dieses Organs die erforderlichen Maßnahmen und Entscheidungen treffen. ³Er oder sie unterrichtet unverzüglich das zuständige Organ. ⁴Das zuständige Organ kann die Maßnahme oder Entscheidung aufheben oder abändern, bei Unaufschiebbarkeit jedoch nur durch eine eigene Regelung der Angelegenheit; entstandene Rechte Dritter bleiben unberührt. ⁵Dem Dekan oder der Dekanin können durch Beschluss des Dekanats weitere Angelegenheiten zur alleinigen Entscheidung übertragen werden.

(6) Beschlüsse des Dekanats, des Studiendekans oder der Studiendekanin oder des Fachbereichsrats, die der Dekan oder die Dekanin für rechtswidrig hält, sind zu beanstanden und erneute Beschlussfassung zu verlangen; wird nicht abgeholfen, erfolgt ein Bericht an den Rektor oder die Rektorin.

(7) ¹Der Fachbereichsrat kann mit der Mehrheit seiner Mitglieder ein Mitglied des Dekanats oder das Dekanat als Ganzes abwählen, indem er gleichzeitig den oder die Nachfolger wählt. ²Absatz 1 gilt entsprechend.

(8) ¹Der Fachbereichsrat kann zum Zeitpunkt der Wahl nach Absatz 1 für die Dauer der dort vorgesehenen Amtsperiode beschließen, von der Wahl eines Stellvertreters oder einer Stellvertreterin des Dekans oder der Dekanin abzusehen. ²Absätze 2 bis 7 bleiben unberührt.

§ 90 Studienkommission
¹In den Fachbereichen können Studienkommissionen gebildet werden, die folgende Aufgaben wahrnehmen:
1. Ermittlung des Lehrbedarfs auf der Grundlage der Prüfungsordnungen,
2. Mitwirkung bei der Erstellung des Lehrangebots und der mittelfristigen Lehrangebotsplanung,
3. Mitwirkung bei der Erstellung des Lehrberichts und dem Qualitätsmanagement in der Lehre,
4. Mitwirkung an Prüfungsordnungen und Musterstudienplänen.

²Der Fachbereichsrat oder der Studiendekan oder die Studiendekanin können einer Studienkommission weitere sachlich und zeitlich begrenzte Aufgaben übertragen. ³Die Beschlüsse der Studienkommissionen sollen bei den Ziel- und Leistungsvereinbarungen der Fachbereiche mit dem Rektor oder der Rektorin nach § 105a Abs. 3 berücksichtigt werden.

§ 91 Institute
¹Mindestens zwei Angehörige der Hochschullehrerschaft und, soweit zu ihren Dienstaufgaben die selbstständige Forschung gehört, andere Wissenschaftler oder Wissenschaftlerinnen eines Fachbereichs, können durch Einbringung der ihnen zur Verfügung stehenden Sach- und Personalmittel mit Zustimmung des Dekanats ein wissenschaftliches oder künstlerisches Institut bilden. ²Über Ausnahmen von den Anforderungen des Satzes 1 entscheidet der Rektor oder die Rektorin. ³Die Bildung, Änderung oder Auflösung kann nur versagt werden, wenn es die Funktionsfähigkeit von Forschung und Lehre erfordert.

Kapitel 3
Sonstige Organisationseinheiten

§ 92 Wissenschaftliche Einrichtungen
(1) ¹Die Hochschulen können wissenschaftliche Einrichtungen unter der Verantwortung eines oder mehrerer Fachbereiche oder des Akademischen Senats für längerfristige oder Dauer-Aufgaben in Forschung, Lehre, Kunst und Weiterbildung bilden. ²Die Einrichtungen sind nach Maßgabe des § 69 regelmäßigen Qualitätsmanagementmaßnahmen zu unterziehen. ³Die Einrichtungen haben eine Leitung, die aus einem Hochschullehrer oder einer Hochschullehrerin oder mehreren Hochschullehrern oder Hochschullehrerinnen besteht. ⁴Das Nähere zur Leitung und internen Organisation einschließlich des sonstigen wissenschaftlichen und nicht wissenschaftlichen Personals regelt eine Hochschulsatzung. ⁵Diese ist bei wissenschaftlichen Einrichtungen unter Fachbereichsverantwortung vom Fachbereichsrat, im Übrigen vom Akademischen Senat zu beschließen.

(2) ¹Absatz 1 gilt entsprechend für Betriebseinheiten, die Dienstleistungen bei der Wahrnehmung der Aufgaben erbringen. ²In der Regel sind Betriebseinheiten keinem Fachbereich zugeordnet. ³Die Leitung einer Betriebseinheit wird vom Rektor oder der Rektorin, bei Zuordnung zu einem Fachbereich vom Dekan oder der Dekanin bestellt und ist der bestellenden Person verantwortlich.

§ 93 (weggefallen)
§ 94 (weggefallen)
§ 95 (weggefallen)

Kapitel 4
§ 96 Wissenschaftliche Einrichtungen außerhalb der Hochschule
[1]Der Rektor oder die Rektorin kann mit Zustimmung der Senatorin für Wissenschaft, Gesundheit und Verbraucherschutz einer wissenschaftlichen Einrichtung außerhalb der Hochschule, an der die Freiheit der Forschung und Lehre gesichert ist, mit deren Zustimmung befristet oder unbefristet die Befugnis verleihen, die Bezeichnung einer wissenschaftlichen Einrichtung an der Hochschule zu führen. [2]Die Verleihung soll nur erteilt werden, wenn eine enge Zusammenarbeit zwischen der Hochschule und der wissenschaftlichen Einrichtung stattfindet oder beabsichtigt ist. [3]Die Verleihung kann widerrufen werden.

Kapitel 5
Staats- und Universitätsbibliothek
§ 96a Rechtsstellung
(1) [1]Die bibliothekarischen Einrichtungen für die Universität und die anderen Hochschulen nach § 1 Abs. 2 bilden als einheitliches Bibliothekssystem die Staats- und Universitätsbibliothek. [2]Weitere wissenschaftliche Bibliotheken können einbezogen werden.
(2) [1]Die Staats- und Universitätsbibliothek ist eine gemeinsame zentrale Betriebseinheit der Hochschulen und als solche eine Organisationseinheit der Universität. [2]Auf die zentrale Betriebseinheit sind die Vorschriften dieses Gesetzes anzuwenden, soweit sich nicht auf Grund der Bestimmungen dieses Kapitels etwas anderes ergibt oder Vorschriften von der Anwendung ausdrücklich ausgenommen sind.

§ 96b Direktor oder Direktorin
(1) [1]Die Staats- und Universitätsbibliothek wird von einem Direktor oder einer Direktorin geleitet, der oder die dem Rektor oder der Rektorin der Universität verantwortlich ist. [2]Der Direktor oder die Direktorin entscheidet in allen Angelegenheiten der Bibliothek. [3]Er oder sie legt die Grundsätze fest, nach denen die Bibliothek unter Beachtung der Beschlüsse der Bibliothekskommission und der Ziel- und Leistungsvereinbarungen mit der Senatorin für Wissenschaft, Gesundheit und Verbraucherschutz geleitet und verwaltet werden soll.
(2) [1]Durch Rechtsverordnung des Senats erhält der Direktor oder die Direktorin die Dienstvorgesetztenfunktion gegenüber den in der Staats- und Universitätsbibliothek tätigen Bediensteten. [2]In diesem Fall ist der Direktor oder die Direktorin für den Bereich der Staats- und Universitätsbibliothek die Dienststellenleitung im Sinne des § 8 Bremisches Personalvertretungsgesetz; höherer Dienstvorgesetzter oder höhere Dienstvorgesetzte ist der Rektor oder die Rektorin der Universität. [3]Bei einer Regelung nach Satz 1 entscheidet abweichend von § 15 Absatz 5 der Direktor oder die Direktorin über die Umsetzung von Bediensteten innerhalb der Staats- und Universitätsbibliothek.
(3) Dem Direktor oder der Direktorin obliegt der Erlass von Widerspruchsbescheiden in Angelegenheiten des § 109 Absatz 3 in Verbindung mit § 96c.
(4) [1]Der Direktor oder die Direktorin wird nach einer öffentlichen Ausschreibung und der Durchführung eines förmlichen Auswahlverfahrens vom Rektor oder der Rektorin der Universität Bremen bestellt. [2]Die Rektoren oder Rektorinnen der anderen Hochschulen erhalten vor der Bestellung durch den Rektor oder die Rektorin der Universität die Möglichkeit der Stellungnahme.

§ 96c Aufgaben
(1) [1]Die Staats- und Universitätsbibliothek versorgt die Hochschulen mit Medien (Literatur und andere Medien) für Forschung, Lehre und Studium. [2]Sie nimmt zugleich als staatliche Angelegenheit Funktionen einer Landesbibliothek der Freien Hansestadt Bremen wahr und berücksichtigt dabei insbesondere den Bedarf der wissenschaftlichen Institute im Lande Bremen.
(2) [1]Sie erfüllt ihre Aufgaben in Zusammenarbeit mit anderen bibliothekarischen Einrichtungen in der Freien Hansestadt Bremen, mit denen sie insbesondere ihre Erwerbungen abstimmt. [2]Sie nimmt das presserechtliche Pflichtexemplarrecht wahr.

(3) Zur Verbesserung ihres Dienstleistungsangebots nutzt sie Fremdleistungen anderer Bibliotheks-, Informations- und Dokumentationseinrichtungen, insbesondere beteiligt sie sich an überregionalen Verbundsystemen.
(4) ¹Das Nähere zur Aufgabenwahrnehmung und -organisation regelt die Universität durch Satzung, die der Zustimmung der Rektoren oder der Rektorinnen der anderen Hochschulen bedarf. ²Die Satzung hat mindestens vorzusehen, dass alle Hochschulen angemessen an der Aufteilung der Mittel (Ressourcen) zu beteiligen sind, dass ein Entwicklungsplan aufzustellen und fortzuentwickeln ist und dass die Pflicht zur kontinuierlichen Zusammenarbeit mit den Fachebenen aller beteiligten Hochschulen besteht.

§ 96d Haushalt
¹Für die Wirtschaftsführung der Staats- und Universitätsbibliothek gelten die §§ 106 bis 109 mit der Maßgabe, dass an der Stelle der Hochschulen jeweils die Staats- und Universitätsbibliothek tritt. ²Für die Staats- und Universitätsbibliothek ist der Verwaltungsleiter oder die Verwaltungsleiterin der Staats- und Universitätsbibliothek Beauftragter oder Beauftragte für den Haushalt.

§ 96e (weggefallen)
§ 96f (weggefallen)

Kapitel 6
Gemeinsame Bestimmungen

§ 97 Rechte und Pflichten in der Selbstverwaltung
¹Die Mitwirkung an der Selbstverwaltung ist Recht und Pflicht der Mitglieder der Hochschule und der ihnen gleichgestellten Personen. ²Die Besetzung der Gremien erfolgt auf der Grundlage dieses Gesetzes. ³Es gilt der Grundsatz, dass alle Mitgliedergruppen angemessen vertreten sein sollen. ⁴Eine angemessene Vertretung von Frauen und Männern ist anzustreben. ⁵Mindestens 40 vom Hundert der stimmberechtigten Mitglieder sollen Frauen sein. ⁶In Angelegenheiten, die die Forschung und Lehre unmittelbar berühren, muss die Hochschullehrergruppe über die absolute Mehrheit der Stimmen verfügen. ⁷Soweit nicht durch dieses Gesetz oder auf Grund dieses Gesetzes anderes bestimmt ist, werden Beschlüsse mit der Mehrheit der abgegebenen gültigen Stimmen gefasst. ⁸Im Falle der Angelegenheiten, die Forschung und Lehre unmittelbar berühren, zusätzlich mit der Mehrheit der Stimmen der Hochschullehrergruppe. ⁹Die Mitglieder der Selbstverwaltungsgremien sind an Weisungen und Aufträge nicht gebunden. ¹⁰Das Nähere zu den Verfahrensgrundsätzen, den Verfahren in den einzelnen Selbstverwaltungsgremien einschließlich der Beschlussfassung und Anhörungsrechte regeln die Hochschulen durch ihre Grundordnungen oder sonstige Satzungen, die der Genehmigung nach § 110 bedürfen.

§ 98 (weggefallen)

§ 99 Wahlen
(1) ¹Die Mitglieder der nach Gruppen zusammengesetzten Selbstverwaltungsgremien werden von den jeweiligen Mitgliedergruppen in unmittelbarer, freier, gleicher und geheimer Wahl gewählt. ²Briefwahl ist möglich.
(2) ¹Die Amtszeit der Mitglieder der nach Gruppen zusammengesetzten Selbstverwaltungsgremien soll zwei Jahre, die der Studierenden ein Jahr betragen, soweit nicht in diesem Gesetz oder auf der Grundlage dieses Gesetzes eine andere Amtszeit festgelegt ist. ²Die Vertreter und Vertreterinnen im Akademischen Senat und in den Fachbereichsräten bleiben so lange im Amt, bis eine Neuwahl erfolgt ist. ³Das gilt auch für Vertreter und Vertreterinnen in Gremien, die nicht Organe im Sinne dieses Gesetzes sind.
(3) Die Durchführung der Wahlen einschließlich der Wahlprüfung regelt die Hochschule durch die Wahlordnung.

§ 100 Öffentlichkeit
(1) Die Hochschulgremien tagen öffentlich, soweit dieses Gesetz nichts anderes vorsieht.
(2) ¹Personalangelegenheiten und Entscheidungen in einzelnen Prüfungsangelegenheiten werden in nichtöffentlicher Sitzung behandelt. ²Bei Berufungsangelegenheiten ist die Erörterung der wissenschaftlichen Qualifikation eines Bewerbers oder einer Bewerberin, im Übrigen die Anhörung von Stellenbewerbern oder Stellenbewerberinnen nicht als Personalangelegenheit im Sinne von Satz 1

anzusehen. ³Aus einem Gutachten in einem Berufungsverfahren darf in öffentlicher Sitzung nur mit Einverständnis des Verfassers oder der Verfasserin zitiert werden; es darf nicht an andere Bewerber oder Bewerberinnen herausgegeben oder ihnen auf sonstige Weise bekannt gemacht werden.
(3) Tagesordnungen, Empfehlungen und Beschlüsse der Gremien sind hochschulöffentlich bekanntzumachen.

§ 101 Beschlüsse
(1) ¹Gremien sind beschlussfähig, wenn die Sitzung ordnungsgemäß einberufen wurde und die Mehrheit der stimmberechtigten Mitglieder anwesend ist. ²Ist ein Gremium nicht beschlussfähig, kann der Sprecher oder die Sprecherin des Gremiums nach Feststellung der Beschlussunfähigkeit zur Behandlung desselben Gegenstandes eine zweite Sitzung einberufen, in der das Gremium in jedem Fall beschlussfähig ist; bei der Einladung zu dieser Sitzung ist hierauf hinzuweisen. ³Der Akademische Senat beschließt eine allgemeine Geschäftsordnung zum Verfahren der Kollegialorgane. ⁴Der Akademische Senat und die Fachbereichsräte können für sich und die von ihnen eingesetzten Gremien ergänzende Bestimmungen treffen. ⁵Das Rektorat und das Dekanat geben sich jeweils eine eigene Geschäftsordnung; § 100 Abs. 1 findet keine Anwendung.
(2) Entscheidungen über Personalangelegenheiten erfolgen in geheimer Abstimmung.
(3) Für notwendige Beschlüsse der Kollegialorgane in der veranstaltungsfreien Zeit muss die Hochschule Regelungen vorsehen, die der besonderen Situation der Hochschule und den Grundsätzen dieses Gesetzes Rechnung tragen.

§ 102 (weggefallen)

Teil VIII
Hochschulplanung

§ 103 Hochschulentwicklungsplan
¹Die Hochschulen stellen zur Vorbereitung der nach § 105a abzuschließenden Ziel- und Leistungsvereinbarungen und unter Berücksichtigung der Wissenschaftsplanungen des Landes einschließlich des Hochschulgesamtplans nach § 104 mehrjährige Hochschulentwicklungspläne auf und schreiben sie regelmäßig fort. ²Die Entwicklungspläne stellen die vorgesehenen fachlichen, strukturellen, personellen, baulichen und finanziellen Entwicklungen dar und treffen Festlegungen für die künftige Verwendung freiwerdender und neuer Hochschullehrerstellen sowie Stellen für sonstiges wissenschaftliches Personal. ³Die Entwicklungspläne bezeichnen die Schwerpunkte insbesondere in Lehre und Studium, Forschung, künstlerischer Entwicklung, Wissenstransfer, Frauenförderung, Qualitätsmanagement sowie in hochschulübergreifender, überregionaler und internationaler Zusammenarbeit.

§ 104 Hochschulgesamt- und Wissenschaftsplan
(1) ¹Die Hochschulplanung des Landes ist in einem mehrjährigen Hochschulgesamtplan oder als Bestandteil eines Wissenschaftsplanes unter Einbeziehung der Planung der außeruniversitären Forschungseinrichtungen darzulegen. ²Der Plan wird regelmäßig fortgeschrieben.
(2) ¹Der Plan stellt unter Beachtung der Ziele für das Hochschulwesen des Landes und für jede Hochschule den gegenwärtigen Ausbaustand und die vorgesehene Entwicklung dar. ²Er enthält die für die Weiterentwicklung der Hochschulen erforderlichen Angaben, insbesondere über strukturelle Entwicklungen, Studienplätze sowie über die personelle, sachliche und räumliche Ausstattung. ³Er setzt fachliche Schwerpunkte fest und greift die strategischen Möglichkeiten der hochschul- und länderübergreifenden Kooperationen im Wissenschaftsbereich und deren Umsetzung auf.

§ 105 Beschlussfassung über den Hochschulgesamt- oder Wissenschaftsplan
(1) ¹Die Senatorin für Wissenschaft, Gesundheit und Verbraucherschutz entwirft den Hochschulgesamt- oder Wissenschaftsplan und seine Fortschreibung. ²Den Entwurf leitet er den Hochschulen zur Stellungnahme zu.
(2) Der Senat beschließt den Hochschulgesamt- oder Wissenschaftsplan und unterrichtet die Bürgerschaft, einschließlich abweichender Stellungnahmen der Hochschulen.

§ 105a Ziel- und Leistungsvereinbarungen
(1) ¹Die Hochschulen im Sinne von § 1 Abs. 2, die Staats- und Universitätsbibliothek und hochschulübergreifende Organisationseinheiten nach § 13a sowie die Senatorin für Wissenschaft, Gesundheit und Verbraucherschutz schließen in der Regel alle zwei Jahre auf der Grundlage der Hoch-

schulentwicklungsplanung nach § 103, der Wissenschaftsplanung des Landes und der Hochschulgesamtplanung nach § 104 jeweils Ziel- und Leistungsvereinbarungen (Hochschulvertrag) für einen bestimmten Zeitraum ab. ²In der Ziel- und Leistungsvereinbarung werden die vom Land zur Verfügung zu stellenden Finanzmittel nach leistungs- und belastungsorientierten Kriterien verbindlich festgelegt. ³Erfolgt aus zwingenden Gründen eine Reduzierung der Finanzmittel, sind die Leistungsverpflichtungen der Hochschule angemessen an die Reduzierung der Finanzmittel anzupassen. ⁴Die Ziel- und Leistungsvereinbarung regelt zugleich bezogen auf die Laufzeit des Vertrages verbindlich hinsichtlich Qualität und Quantität die von der Hochschule in den Bereichen Lehre und Studium, wissenschaftliche Weiterbildung, Forschung und künstlerische Entwicklung, Wissenstransfer, Frauenförderung und Erfüllung des Gleichstellungsauftrags auch bei Einstellungen, Ernennungen, Beförderungen und Berufungen, überregionale und internationale Zusammenarbeit, Entwicklung der Hochschulstruktur und Qualitätsmanagement zu erbringenden Leistungen. ⁵Es können weitere Leistungen vereinbart werden. ⁶Die Rektorate der Hochschulen haben der Senatorin für Wissenschaft, Gesundheit und Verbraucherschutz in regelmäßigen Abständen über die Erfüllung der vereinbarten Leistungen einen schriftlichen Bericht vorzulegen. ⁷Werden die vereinbarten Leistungen von der Hochschule nicht oder nicht vollständig erbracht, ist das zu begründen. ⁸Bei Nichterfüllung der vertraglich vereinbarten Verpflichtungen durch die Hochschule kann die Senatorin für Wissenschaft, Gesundheit und Verbraucherschutz die vereinbarten Finanzmittel für die Zukunft angemessen kürzen. ⁹Das Rektorat der Hochschule ist vor der Kürzung anzuhören.
(2) Über den Zeitraum der Vertragslaufzeit hinausgehend sind mittelfristige Entwicklungsperspektiven der Hochschulen, bezogen auf die in Absatz 1 Satz 4 genannten und gegebenenfalls weitere Leistungsbereiche, in die Ziel- und Leistungsvereinbarung aufzunehmen.
(3) ¹Die Rektoren oder Rektorinnen schließen mit den Fachbereichen, anderen Organisationseinheiten oder hochschulübergreifenden Organisationseinheiten Ziel- und Leistungsvereinbarungen zur Umsetzung der Leistungsverpflichtungen aus dem Hochschulvertrag nach Absatz 1. ²Zugleich werden die dafür erforderlichen Ressourcen vereinbart.
(4) Die Ziel- und Leistungsvereinbarungen werden vier Jahre nach dem 6. März 2007 auf ihre Bewährung hin auf geeignete, zwischen der Senatorin für Wissenschaft, Gesundheit und Verbraucherschutz und den Hochschulen zu vereinbarende, Weise hinsichtlich ihrer praktischen Umsetzung, der Gewährleistung der Verlässlichkeit und der sonstigen Erfahrungen überprüft.

Teil IX
Haushalt

§ 106 Haushalt

(1) Die Freie Hansestadt Bremen stellt den Hochschulen im Sinne von § 1 Abs. 2 die zur Erfüllung ihrer Aufgaben erforderlichen Grundstücke und Einrichtungen zur Verfügung.
(2) ¹Die Freie Hansestadt Bremen deckt den Finanzbedarf der Hochschulen nach Maßgabe der Haushaltsbewilligungen der Bremischen Bürgerschaft (Landtag), unbeschadet der Regelungen des § 105a Abs. 1 Satz 3 bis 5. ²Die staatliche Finanzierung für die einzelnen Hochschulen erfolgt in Abhängigkeit von der Erfüllung der in den Ziel- und Leistungsvereinbarungen nach § 105a vorgesehenen Leistungen.
(3) ¹Die Mittel für die Hochschulen werden, soweit es sich nicht um zentral veranschlagte Mittel handelt, im Haushalt der Freien Hansestadt Bremen als globale Zuschüsse zu den Personal-, Sachkosten und Investitionen ausgewiesen. ²Die Zuschüsse zu den Personal- und Sachkosten sind für gegenseitig deckungsfähig und zugunsten der Investitionen für einseitig deckungsfähig zu erklären. ³Die am Ende eines Haushaltsjahres nicht verbrauchten Zuschüsse dürfen einer Rücklage zugeführt werden. ⁴Das Nähere regelt das jeweilige Haushaltsgesetz.
(4) ¹Für die Hochschulen gilt Teil VI der Landeshaushaltsordnung, soweit in diesem Gesetz nichts anderes bestimmt ist. ²Bei der Anwendung der Landeshaushaltsordnung ist den Besonderheiten des Hochschulwesens, insbesondere den Erfordernissen von Forschung und Lehre, Rechnung zu tragen. ³Die Senatorin für Wissenschaft, Gesundheit und Verbraucherschutz regelt im Einvernehmen mit dem Senator für Finanzen durch Rechtsverordnung die Zulassung der kaufmännischen Buchführung gemäß § 110 Landeshaushaltsordnung für die Hochschulen im Sinne von § 1 Abs. 2 und bei hochschul-

übergreifende Organisationseinheiten nach § 13a sowie für die Staats- und Universitätsbibliothek nach § 96a und trifft die dazu erforderlichen näheren Bestimmungen.

(5) ¹Die Eigenverantwortlichkeit der Hochschulen im Investitions- und Baumanagement sowie bei der Bewirtschaftung von Liegenschaften ist zu stärken. ²Die Bauherrenfunktion liegt grundsätzlich bei den Hochschulen. ³Die Senatorin für Wissenschaft, Gesundheit und Verbraucherschutz kann im Benehmen mit der jeweiligen Hochschule für den Einzelfall eine andere Regelung treffen.

§ 107 Wirtschafts-/Haushaltspläne der Hochschulen

Die Wirtschaftspläne oder Haushaltspläne der Hochschulen sind als Anlage Bestandteil des Haushaltsplans der Freien Hansestadt Bremen.

§ 108 Vermögens- und Haushaltswirtschaft

(1) ¹Für die Hochschulen gelten die allgemeinen staatlichen Vorschriften über die Bewirtschaftung öffentlicher Mittel. ²Bei der Anwendung dieser Vorschriften ist den Besonderheiten des Hochschulwesens, insbesondere den Erfordernissen von Forschung und Lehre, Rechnung zu tragen.

(2) ¹Bei der Aufstellung der Ausstattungsprogramme für apparative Ersteinrichtungen und im Rahmen der Bewirtschaftung der zugewiesenen Haushaltsmittel haben die Hochschulen unter Berücksichtigung von Belastungs- und Leistungskriterien für eine angemessene Grundausstattung aller Bereiche und ihrer Schwerpunkte Sorge zu tragen. ²Dazu sollen die Hochschulen Grundsätze aufstellen, die auch sicherstellen, dass jedem Hochschulmitglied, das nach seiner dienstlichen Aufgabenstellung mit der selbstständigen Wahrnehmung von Aufgaben in Forschung und Lehre betraut ist, ein angemessener Anteil an den der Hochschule zugewiesenen Mitteln für Forschung und Lehre als Mindestausstattung zur Verfügung steht.

(3) Der Zustimmung der Senatorin für Wissenschaft, Gesundheit und Verbraucherschutz bedürfen:
1. die Annahme von Zuwendungen, die Ausgaben zur Folge haben, für die die Einnahmen der Hochschule nicht ausreichen,
2. Erwerb, Veräußerung und Belastung von Grundstücken,
3. die Errichtung und der Betrieb von Unternehmen und sonstigen Einrichtungen außerhalb der Hochschule sowie die Beteiligung an Unternehmen oder sonstigen Einrichtungen.

(4) ¹Vermögensgegenstände, die von den Hochschulen oder der Staats- und Universitätsbibliothek allein oder überwiegend mit Landesmitteln angeschafft werden, gehen in das Eigentum des Landes über. ²Die wirtschaftliche Zuordnung von Vermögensgegenständen im Rahmen der kaufmännischen Buchführung wird durch Rechtsverordnung nach § 106 Abs. 4 geregelt.

(5) Die den Hochschulen gehörenden Vermögensgegenstände sind unter Beachtung der für das Landesvermögen geltenden Bestimmungen zu verwalten und zu unterhalten; die Senatorin für Wissenschaft, Gesundheit und Verbraucherschutz kann im Einvernehmen mit dem Senator für Finanzen Abweichungen gestatten.

§ 109 Gebühren und Entgelte

(1) ¹Auf die Hochschulen finden das Bremische Gebühren- und Beitragsgesetz und die Kostenverordnung der Bildungs- und Wissenschaftsverwaltung Anwendung. ²Über Widersprüche gegen Gebühren-, Kosten- und Entgeltbescheide der Hochschulen entscheidet der Rektor oder die Rektorin.

(2) ¹Das Studium ist bis zu einem ersten berufsqualifizierenden Abschluss, bei nicht weiterbildenden Studiengängen bis zu einem zweiten berufsqualifizierenden Abschluss nach Maßgabe des § 109a und des Bremischen Studienkontengesetzes gebührenfrei. ²Prüfungs- und Verwaltungsgebühren werden nur erhoben, soweit eine gesetzliche Regelung dies vorsieht.

(3) ¹Die Hochschulen erheben auf Grund von Entgeltordnungen Entgelte für die Teilnahme an Lehrveranstaltungen und Studienangeboten in Gasthörerschaft, für weiterbildende Master-Studiengänge und sonstige weiterbildende Studienangebote, für die Benutzung des Bibliothekssystems und die Teilnahme am Hochschulsport sowie sonstige Dienstleistungsangebote und die Bereitstellung von Lernmitteln. ²Die Senatorin für Wissenschaft, Gesundheit und Verbraucherschutz kann abweichend von Satz 1 für die Benutzung des Bibliothekssystems Gebühren durch Gebührenordnung nach Absatz 5 vorsehen. ³Soweit Entgelte für weiterbildende Master-Studiengänge und sonstige weiterbildende Studienangebote erhoben werden, sind keine Studiengebühren nach dem Bremischen Studienkontengesetz zu erheben. ⁴Bei multimediagestützten Studienangeboten können Medienbezugsentgelte bis zur Höhe der tatsächlich entstehenden Kosten erhoben werden. ⁵Die Hochschulen erheben für Zweitstu-

dien, die für den angestrebten Beruf weder gesetzlich vorgeschrieben noch tatsächlich notwendig sind, Gebühren nach dem Bremischen Studienkontengesetz. [6]Wird der Nachweis über die Zahlung des Studierendenschafts- oder des Studentenwerksbeitrages, der Gebühren und Entgelte nach diesem Absatz für Gasthörerschaft, in weiterbildenden Studienangeboten, für Lernmittel oder Medienbezug oder der Nachweis über die Zahlung der Studiengebühren nach § 109a und dem Bremischen Studienkontengesetz aus Gründen, die der oder die Studierende zu vertreten hat, nicht fristgerecht erbracht, können Entgelte in Höhe der durch den Verzug entstehenden Verwaltungskosten erhoben werden.

(4) [1]Für die Inanspruchnahme von Personal, Sachmitteln und Einrichtungen der Hochschulen durch Dritte soll ein angemessenes Entgelt erhoben werden. [2]Das gilt auch für die Inanspruchnahme für Forschungen mit Mitteln Dritter, soweit sie nicht zum Zweck der Forschungsförderung aus öffentlichen Mitteln oder aus Mitteln gemeinnütziger Einrichtungen und Stiftungen, die zur Wahrnehmung öffentlicher Aufgaben der Wissenschaftsförderung verpflichtet sind, finanziert werden.

(5) [1]Die Gebührenordnungen erlässt die Senatorin für Wissenschaft, Gesundheit und Verbraucherschutz. [2]Die Entgeltordnungen nach den Absätzen 3 und 4 erlässt das Rektorat der Hochschule. [3]Die Senatorin für Wissenschaft, Gesundheit und Verbraucherschutz kann im Einvernehmen mit dem Senator für Finanzen Grundsätze für die Entgelterhebung festlegen.

(6) Die Vorschriften über die Ausübung von Nebentätigkeiten bleiben unberührt.

§ 109a Studienkonten
[1]Die Studierenden erhalten mit der Einschreibung ein Studienkonto mit einem Studienguthaben. [2]Die Höhe des Studienguthabens, Art und Umfang der Berücksichtigung besonderer Lebens- und Studienumstände der Studierenden, die Gebührenhöhe nach Verbrauch des Studienguthabens und die Nutzung von nicht verbrauchten Studienguthaben werden durch gesondertes Gesetz bestimmt.

§ 109b Verwaltungskostenbeitrag
(1) [1]Die in § 1 Abs. 2 Satz 1 Bremisches Hochschulgesetz genannten Hochschulen erheben von den Studierenden für die Verwaltungsdienstleistungen, die sie außerhalb der fachlichen Betreuung allgemein erbringen, einen Verwaltungskostenbeitrag. [2]Hierzu zählen insbesondere die Leistungen im Zusammenhang mit der Immatrikulation, Beurlaubung, Rückmeldung, Exmatrikulation und der zentralen Studienberatung sowie die Leistungen der Auslandsämter und die Leistungen bei der Vermittlung von Praktika und der Förderung des Überganges in das Berufsleben.

(2) [1]Der Verwaltungskostenbeitrag beträgt 50 Euro für jedes Semester. [2]Die Zahlung des Verwaltungskostenbeitrages ist, ohne dass es eines Bescheides bedarf, mit dem Immatrikulationsantrag, im Übrigen mit der Rückmeldung nachzuweisen. [3]Der Zahlungsnachweis ist Immatrikulations- und Rückmeldevoraussetzung im Sinne von § 36 Nr. 2 in Verbindung mit § 37 Abs. 1 Nr. 1 und § 39. [4]§ 109 Abs. 1 und Abs. 3 Satz 6 gilt entsprechend.

(3) Die Senatorin für Wissenschaft, Gesundheit und Verbraucherschutz wird ermächtigt, den Verwaltungskostenbeitrag nach Absatz 2 durch Rechtsverordnung der Preis- und Kostenentwicklung anzupassen.

(4) Ausgenommen von der Beitragspflicht sind
1. ausländische Studierende, die im Rahmen von zwischenstaatlichen oder übernationalen Abkommen oder von Hochschulvereinbarungen, die Abgabenfreiheit garantieren, oder im Rahmen von Förderprogrammen, die überwiegend aus öffentlichen Mitteln des Bundes oder der Länder oder von der Europäischen Union finanziert werden, immatrikuliert werden oder sind,
2. Studierende, die bereits an einer anderen Hochschule zum Studium in einem gemeinsamen Studiengang eingeschrieben sind und an der anderen Hochschule Verwaltungsgebühren zahlen,
3. Studierende, die für mehr als ein Semester beurlaubt sind.

Teil X
Genehmigungen und Aufsicht

§ 110 Genehmigungen
(1) Der Genehmigung der Senatorin für Wissenschaft, Gesundheit und Verbraucherschutz bedürfen:
1. Grundordnungen und weitere Satzungen, soweit es gesetzlich oder durch Rechtsverordnung ausdrücklich bestimmt ist,

2. die Errichtung, Änderung und Auflösung von Studiengängen, Studienangeboten, die zur fachgebundenen Hochschulreife nach § 33 führen können, zentralen wissenschaftlichen Einrichtungen, übergreifenden Organisationseinheiten nach § 13 und von abweichenden Organisationsstrukturen im Rahmen der Reformklausel nach § 13a.

(2) ¹Die Senatorin für Wissenschaft, Gesundheit und Verbraucherschutz kann die Genehmigungsbefugnis nach Absatz 1 für weitere Aufgaben auf den Rektor oder die Rektorin der Hochschule übertragen. ²Die Übertragung kann durch Verwaltungsakt oder Ziel- und Leistungsvereinbarung nach § 105a Abs. 1 erfolgen. ³Auflagen und Bedingungen für die Übertragung sind im Bescheid festzulegen, bei Übertragung im Rahmen einer Ziel- und Leistungsvereinbarung sind die Voraussetzungen für die Übertragung und die Rechtsfolgen zu vereinbaren. ⁴Die Übertragung kann unabhängig von der Übertragungsart aus Sachgründen jeder Zeit widerrufen werden. ⁵Die erteilten Genehmigungen sind der Senatorin für Wissenschaft, Gesundheit und Verbraucherschutz anzuzeigen.

(3) Alle nicht durch die Senatorin für Wissenschaft, Gesundheit und Verbraucherschutz zu genehmigenden Satzungen werden vom Rektor oder der Rektorin nach Prüfung, die auch eine Prüfung der Rechtmäßigkeit umfasst, genehmigt.

(4) ¹Die vom Rektor oder der Rektorin genehmigten Satzungen sind der Senatorin für Wissenschaft, Gesundheit und Verbraucherschutz unverzüglich anzuzeigen. ²Die Genehmigungen nach Absatz 1 Nr. 1 können aus Rechtsgründen versagt werden, die weiteren Genehmigungen auch aus Sachgründen. ³Genehmigungen können befristet, teilweise erteilt oder mit Bedingungen oder Auflagen versehen werden.

(5) ¹Genehmigungen können ganz oder teilweise widerrufen werden, wenn zwingende Gründe, nach denen sie versagt werden können, dies erfordern. ²Der Widerruf wird nach Ablauf einer angemessenen, festzusetzenden Frist wirksam. ³Aus Gründen, die eine Versagung der Genehmigung nach Absatz 4 zulassen, kann die Senatorin für Wissenschaft, Gesundheit und Verbraucherschutz nach Anhörung der Hochschule eine Änderung der bestehenden Regelung innerhalb einer angemessenen Frist verlangen.

(6) ¹Ist beabsichtigt, eine Genehmigung zu befristen, teilweise zu erteilen, mit Bedingungen oder Auflagen zu versehen, zu versagen oder zu widerrufen, so ist der Hochschule zuvor Gelegenheit zur Stellungnahme zu geben. ²Bei der Genehmigung können Schreibfehler, Rechenfehler und weitere offenbare Unrichtigkeiten berichtigt, Unstimmigkeiten und Unklarheiten des Wortlauts beseitigt werden.

(7) ¹Die Senatorin für Wissenschaft, Gesundheit und Verbraucherschutz kann die Hochschule zur Sicherstellung der Wahrnehmung ihrer Aufgaben nach § 4 sowie auf der Grundlage des Hochschulgesamtplans, des Wissenschaftsplanes des Landes und der Ziel- und Leistungsvereinbarung nach § 105a auffordern, innerhalb einer bestimmten Frist Maßnahmen nach Absatz 1 zu treffen. ²Kommt die Hochschule der Aufforderung nicht innerhalb der gesetzten Frist nach, so kann die Senatorin für Wissenschaft, Gesundheit und Verbraucherschutz die Maßnahme nach Anhörung der Hochschule treffen.

(8) ¹Prüfungsordnungen und Immatrikulationsordnungen sind im Amtsblatt der Freien Hansestadt Bremen zu veröffentlichen. ²Alle anderen Ordnungen, Satzungen und Akkreditierungsentscheidungen sind in der Hochschule bekannt zu machen.

§ 111 Aufsicht

(1) ¹Die Hochschulen unterstehen in Selbstverwaltungsangelegenheiten der Rechtsaufsicht der Senatorin für Wissenschaft, Gesundheit und Verbraucherschutz, soweit nicht gesetzlich anders geregelt. ²Das gilt sinngemäß für übergreifende Organisationseinheiten nach § 13a.

(2) Die Senatorin für Wissenschaft, Gesundheit und Verbraucherschutz kann sich jederzeit über die Angelegenheiten der Hochschulen unterrichten; auf sein Verlangen hat der Rektor oder die Rektorin schriftlich über einzelne Angelegenheiten zu berichten und die Unterlagen vorzulegen.

(3) ¹Die Senatorin für Wissenschaft, Gesundheit und Verbraucherschutz kann alle rechtswidrigen Beschlüsse, Entscheidungen und Maßnahmen der Hochschulen und ihrer Organe unter Angabe von Gründen beanstanden und ihre Aufhebung oder Änderung innerhalb einer angemessenen Frist verlangen. ²Die Beanstandung hat aufschiebende Wirkung. ³Bleibt die Beanstandung erfolglos, kann die Senatorin für Wissenschaft, Gesundheit und Verbraucherschutz die beanstandeten Beschlüsse und Entscheidungen aufheben.

(4) ¹Erfüllt ein Organ einer Hochschule seine für die Wahrnehmung der Funktionen der Hochschule erforderlichen rechtlichen Pflichten nicht, so kann die Senatorin für Wissenschaft, Gesundheit und Verbraucherschutz die Hochschule auffordern, innerhalb einer bestimmten, angemessenen Frist das Erforderliche zu veranlassen. ²Werden die Pflichten nicht innerhalb dieser Frist erfüllt, kann die Senatorin für Wissenschaft, Gesundheit und Verbraucherschutz die für die Wahrnehmung der Funktionen der Hochschule erforderlichen Maßnahmen anstelle des Organs treffen, insbesondere die erforderlichen Vorschriften erlassen; Entsprechendes gilt, wenn ein Organ handlungsunfähig ist.

(5) ¹Ist ein Kollegialorgan der Hochschule dauernd beschlussunfähig, obwohl mehr als die Hälfte der Sitze besetzt ist, oder übt die Mehrheit dauernd ihr Amt nicht aus, so kann die Senatorin für Wissenschaft, Gesundheit und Verbraucherschutz das Organ auflösen und dessen unverzügliche Neuwahl anordnen. ²Übt die Mehrheit der Vertreter oder Vertreterinnen einer Gruppe in einem Kollegialorgan dauernd ihr Amt nicht aus, so kann die Senatorin für Wissenschaft, Gesundheit und Verbraucherschutz eine Neuwahl der Gruppenvertretung anordnen. ³Maßnahmen nach den Sätzen 1 und 2 dürfen nur getroffen werden, wenn sie vorher angedroht worden sind und die Hochschule dazu gehört worden ist.

(6) ¹Wenn und solange die Funktionsfähigkeit der Hochschule nicht gewährleistet ist und die Aufsichtsmittel nach den Absätzen 3 bis 5 nicht ausreichen, kann die Senatorin für Wissenschaft, Gesundheit und Verbraucherschutz Beauftragte bestellen, die die Aufgaben einzelner oder mehrerer Organe wahrnehmen. ²Absatz 5 Satz 3 gilt entsprechend.

(7) ¹Aufsichtsmaßnahmen nach den Absätzen 3 bis 6 müssen darauf gerichtet sein, die Wahrnehmung der Aufgaben der Hochschule nach den Vorschriften dieses Gesetzes zu gewährleisten. ²Sie sind so zu treffen, dass die Hochschule ihre Aufgaben alsbald wieder selbst erfüllen kann.

(8) ¹Zur Fachaufsicht in staatlichen Angelegenheiten kann die Senatorin für Wissenschaft, Gesundheit und Verbraucherschutz der Hochschule darüber hinaus Weisungen, in besonders begründeten Ausnahmefällen nach Anhörung der Hochschule auch im Einzelfall, erteilen. ²Die Hochschule kann gegen eine fachaufsichtliche Weisung Einwendungen erheben, über die das zuständige Senatsmitglied unverzüglich entscheidet; die Einwendungen haben keine aufschiebende Wirkung. ³Bei Gefahr im Vorzuge oder in sonstigen Fällen eines dringenden öffentlichen Interesses sowie bei Nichtbefolgung von Weisungen kann die zuständige Behörde eine einzelne Angelegenheit an sich ziehen und die erforderlichen Maßnahmen treffen; die Hochschule ist unverzüglich zu unterrichten. ⁴Maßnahmen der Fachaufsicht sind so zu gestalten, dass der Grundsatz der Einheitsverwaltung unter Berücksichtigung der Selbstverwaltungsrechte der Hochschule gewährleistet bleibt.

(9) Die Absätze 2, 3 und 7 sowie hinsichtlich der Haushaltswirtschaft der Studierendenschaft Absatz 4 gelten im Rahmen des § 45 Abs. 10 entsprechend.

Teil XI
Besondere Bestimmungen
§ 112 Nichtstaatliche Hochschulen

(1) ¹Die Senatorin für Wissenschaft, Gesundheit und Verbraucherschutz erkennt Bildungseinrichtungen mit eigener Rechtspersönlichkeit, die nach § 1 oder anderen Gesetzen nicht staatliche Hochschulen sind, im Rahmen der Hochschulgesamt- und Wissenschaftsplanung des Landes als Hochschule staatlich an, wenn gewährleistet ist, dass
1. die Hochschule die Aufgaben nach § 4 Abs. 1 wahrnimmt,
2. das Studium an den in § 52 genannten Zielen ausgerichtet ist,
3. Verfahren zur Sicherung und Entwicklung der Qualität in Studium und Lehre, die sich auf die Qualitätssicherung und Qualitätsentwicklung einzelner Studiengänge (Programmakkreditierung) oder die Sicherung der Leistungsfähigkeit hochschulinterner Qualitätsmanagementsysteme (Systemakkreditierung) beziehen, durchgeführt werden. Ergänzend findet § 53 Absatz 6 Anwendung. Es gelten die Regelungen der Artikel 2 und 3 des Studienakkreditierungsstaatsvertrages entsprechend.

²Die Hochschule hat durch gutachtliche Sachverständigenfeststellungen oder sonstige geeignete Unterlagen zu belegen, dass der wirtschaftliche Bestand der Einrichtung nachhaltig gesichert ist. ³Die Hochschulen können die von ihnen angebotenen Studiengänge in sinngemäßer Anwendung des § 53 Abs. 4 akkreditieren lassen.

(2) ¹Niederlassungen ausländischer Hochschulen bedürfen der Genehmigung durch die Senatorin für Wissenschaft, Gesundheit und Verbraucherschutz; diese wird unter den Voraussetzungen des Absatzes 1 erteilt. ²Hinsichtlich der Niederlassungen von Hochschulen aus Mitgliedstaaten der Europäischen Union wird die Genehmigung abweichend von Absatz 1 mit folgenden Maßgaben erteilt:
1. es müssen Studienprogramme angeboten werden, die zum Erwerb von Hochschulqualifikationen, insbesondere Hochschulgraden führen;
2. die Hochschule muss im Herkunftsstaat eine staatliche oder staatlich anerkannte Hochschule nach dem Recht des jeweiligen Staates sein;
3. die Hochschule muss nach dem Recht des Herkunftsstaates zur Verleihung von Hochschulqualifikationen und Hochschulgraden berechtigt sein;
4. das in Bremen durchgeführte Studienprogramm und sein Abschluss müssen wie ein im Herkunftsstaat erworbener Abschluss anerkannt sein.

(3) Unter den Voraussetzungen des Absatzes 1 erteilt die Senatorin für Wissenschaft, Gesundheit und Verbraucherschutz die Genehmigung, die Bezeichnung »Universität«, »Fachhochschule«, »Kunsthochschule«, »Gesamthochschule«, »Hochschule« allein oder in einer Wortverbindung oder eine entsprechende fremdsprachliche Bezeichnung zu führen, wenn das Ausbildungsziel dem an bremischen staatlichen Hochschulen vergleichbar ist.

(4) ¹Eine nach Absatz 1 staatlich anerkannte Hochschule kann in den entsprechenden Studiengängen Prüfungen abnehmen und die in den Prüfungsordnungen bestimmten Hochschulgrade verleihen. ²Einer Universität wird von der Senatorin für Wissenschaft, Gesundheit und Verbraucherschutz das Recht verliehen, in entsprechender Anwendung des § 66 Habilitationsverfahren durchzuführen. ³Die Senatorin für Wissenschaft, Gesundheit und Verbraucherschutz erteilt der Hochschule nach der Genehmigung, hauptberuflich Lehrenden unter den Voraussetzungen des § 17 die akademische Bezeichnung »Professor« oder »Professorin« zu verleihen und in entsprechender Anwendung des § 25 Honorarprofessoren oder Honorarprofessorinnen für die Zeit ihrer Lehrtätigkeit an der Hochschule zu bestellen.

(5) ¹Alle Verleihungen, Genehmigungen und Anerkennungen nach den Absätzen 1 bis 4 bedürfen der Antragstellung und der Vorlage der zur Prüfung erforderlichen Unterlagen und Nachweise. ²Die Entscheidung durch die Senatorin für Wissenschaft, Gesundheit und Verbraucherschutz erfolgt binnen drei Monaten nach Vorliegen aller Unterlagen und Nachweise nach Satz 1.

(6) ¹Die Verleihung nach Absatz 1 und die Genehmigungen nach den Absätzen 2 bis 4 sind zu widerrufen, wenn die Voraussetzungen ihrer Erteilung nicht mehr vorliegen oder nachträglich Tatsachen bekannt werden, die ihre Versagung zur Folge gehabt hätten. ²Die Verleihung nach Absatz 1 und die Genehmigungen nach den Absätzen 2 bis 4 können mit Auflagen und Bedingungen verbunden werden. ³Sie können auch nachträglich befristet werden.

(7) ¹Die beabsichtigte Auflösung einer nichtstaatlichen Hochschule ist der Senatorin für Wissenschaft, Gesundheit und Verbraucherschutz anzuzeigen. ²Bei der Auflösung ist zu gewährleisten, dass die Studierenden ihr Studium ordnungsgemäß abschließen können.

(8) Für die Bearbeitung von Anträgen nach Absatz 1 und Absatz 2 werden Gebühren nach der Bremischen Kostenverordnung der Bildungs- und Wissenschaftsverwaltung erhoben.

§ 113 (weggefallen)

§ 114 Staatliche Anerkennung

¹Die Senatorin für Kinder und Bildung wird ermächtigt, im Einvernehmen mit der Senatorin für Soziales, Jugend, Frauen, Integration und Sport durch Rechtsverordnung die Voraussetzungen für die Verleihung der staatlichen Anerkennung an Absolventen und Absolventinnen des Fachbereichs Sozialwesen der Hochschule Bremen sowie an Absolventen und Absolventinnen des Studiengangs Fachbezogene Bildungswissenschaften, Schwerpunkt Elementarpädagogik, mit dem Abschluss Bachelor of Arts, der Universität Bremen festzulegen. ²Die staatliche Anerkennung ist von einem prüfungsmäßigen Nachweis praktischer Berufserfahrung abhängig zu machen.

§ 115 (weggefallen)

§ 116 Ordnungswidrigkeit

¹Ordnungswidrig handelt, wer vorsätzlich oder fahrlässig
1. ohne Berechtigung Hochschulgrade oder Bezeichnungen verleiht, die Hochschulgraden zum Verwechseln ähnlich sind, oder

2. ausländische Hochschulgrade, Hochschulbezeichnungen oder Hochschultitel oder entsprechende staatliche Grade, Bezeichnungen oder Titel gegen Entgelt vermittelt,
3. ohne Genehmigung eine Niederlassung einer ausländischen Hochschule betreibt,
4. unbefugt eine Einrichtung unter einer der nach § 112 Abs. 3 möglichen Bezeichnungen führt.
²Die Ordnungswidrigkeit kann mit einer Geldbuße bis zu 50.000 EURO geahndet werden. ³Zuständige Verwaltungsbehörde für die Verfolgung und Ahndung von Ordnungswidrigkeiten nach Satz 1 ist die Senatorin für Wissenschaft, Gesundheit und Verbraucherschutz.

§ 117 Übergangsvorschriften
(1) Studienkonten werden zum Wintersemester 2004/2005 eingerichtet.
(2) Medienbezugsentgelte und Entgelte zur Abdeckung von zusätzlichen Verwaltungskosten bei Zahlungsverzug nach § 109 Abs. 3 können erstmals ab dem Wintersemester 2003/2004 erhoben werden.
(3) ¹Die Einführung von Leistungspunktesystemen und einer gestuften Studienstruktur, die Modularisierung der Studienangebote unter Beachtung der Bestimmungen in § 54 Satz 2 sowie die Einleitung der nach diesem Gesetz erforderlichen Akkreditierungen erfolgen bis zum 31. Dezember 2010. ²Die Senatorin für Wissenschaft, Gesundheit und Verbraucherschutz kann das Studienangebot Freie Kunst der Hochschule für Künste von der Verpflichtung nach Satz 1 ausnehmen oder die Übergangsfrist verlängern.
(4) ¹Die Hochschulordnungen, die die Zusammensetzung der Akademischen Senate und Fachbereichsräte regeln, sind bis zum Ablauf der nach dem 6. März 2007 folgenden Amtszeiten in Kraft zu setzen. ²Alle anderen nach diesem Gesetz zu erlassenden Hochschulsatzungen werden bis zum 31. Dezember 2008 in Kraft gesetzt.
(5) Bis zum 15. Oktober 2007 können die Hochschulen für den Zugang zu einem Masterstudiengang abweichend von § 33 Abs. 6 Studien- und Prüfungsleistungen, die einem abgeschlossenen Studium gleichwertig sind, als Zugangsvoraussetzung anerkennen.
(6) Die Beitragspflicht nach § 109b entsteht erstmals für das Wintersemester 2004/2005.
(7) Die Regelung des § 13a Absatz 3 gilt befristet bis zum Ablauf des 31. Dezember 2015.

Gesetz über die Presse (Pressegesetz)

Vom 16. März 1965 (Brem.GBl. S. 63)
(225-a-1)
zuletzt geändert durch Art. 4 d. G vom 8. Mai 2018 (Brem.GBl. S. 149, 152)

Der Senat verkündet das nachstehende von der Bürgerschaft (Landtag) beschlossene Gesetz:

§ 1 Freiheit der Presse
(1) ¹Die Presse ist frei. ²Sie dient der freiheitlichen demokratischen Grundordnung.
(2) Die Freiheit der Presse unterliegt nur den Beschränkungen, die durch das Grundgesetz unmittelbar und in seinem Rahmen durch die Landesverfassung der Freien Hansestadt Bremen und durch dieses Gesetz zugelassen sind.
(3) Sondermaßnahmen jeder Art, die die Pressefreiheit beeinträchtigen, sind verboten.
(4) Berufsorganisationen der Presse mit Zwangsmitgliedschaft und eine mit hoheitlicher Gewalt ausgestattete Standesgerichtsbarkeit der Presse sind unzulässig.

§ 2 Zulassungsfreiheit
Die Pressetätigkeit einschließlich der Errichtung eines Verlagsunternehmens oder eines sonstigen Betriebes der Presse bedarf keiner Zulassung.

§ 3 Öffentliche Aufgabe der Presse
Die Presse erfüllt eine öffentliche Aufgabe.

§ 4 Informationsrecht der Presse
(1) Die Behörden des Landes und der Gemeinden sowie die der Aufsicht des Landes unterliegenden Körperschaften des öffentlichen Rechts sind verpflichtet, den Vertretern der Presse in Angelegenheiten von öffentlichem Interesse Auskünfte zu erteilen, die dazu dienen, Nachrichten zu beschaffen und zu verbreiten, Stellung zu nehmen, Kritik zu üben oder in anderer Weise an der Meinungsbildung mitzuwirken.
(2) Auskünfte können verweigert werden, soweit
1. durch ihre Erteilung die sachgemäße Durchführung eines schwebenden Verfahrens vereitelt, erschwert, verzögert oder gefährdet werden könnte oder
2. Vorschriften über die Geheimhaltung entgegenstehen oder
3. ein überwiegendes öffentliches oder schutzwürdiges privates Interesse verletzt würde.
(3) Allgemeine Anordnungen, die einer Behörde Auskünfte an die Presse verbieten, sind unzulässig.
(4) Der Verleger einer Zeitung oder Zeitschrift kann von den Behörden verlangen, daß ihm deren amtliche Bekanntmachungen nicht später als seinen Mitbewerbern zur Verwendung zugeleitet werden.

§ 5 Datenverarbeitung zu journalistischen und literarischen Zwecken
(1) ¹Soweit Unternehmen der Presse und deren Hilfsunternehmen personenbezogene Daten zu journalistischen oder literarischen Zwecken verarbeiten, ist es den hiermit befassten Personen untersagt, diese personenbezogenen Daten zu anderen Zwecken zu verarbeiten (Datengeheimnis). ²Bei der Aufnahme ihrer Tätigkeit sind diese Personen auf das Datengeheimnis zu verpflichten. ³Das Datengeheimnis besteht auch bei Beendigung der Tätigkeit fort.
(2) ¹Im Übrigen finden für die Datenverarbeitung zu journalistischen oder literarischen Zwecken durch Unternehmen der Presse und deren Hilfsunternehmen von den Kapiteln II bis VII und IX der Verordnung (EU) 2016/679 des Europäischen Parlaments und des Rates vom 27. April 2016 zum Schutz natürlicher Personen bei der Verarbeitung personenbezogener Daten, zum freien Datenverkehr und zur Aufhebung der Richtlinie 95/46/EG (ABl. L 119 vom 4.5.2016, S. 1; L 314 vom 22.11.2016, S. 72) nur Artikel 5 Absatz 1 Buchstabe f in Verbindung mit Absatz 2, Artikel 24 und 32 sowie § 83 des Bundesdatenschutzgesetzes Anwendung. ²Artikel 82 der Verordnung (EU) 2016/679 gilt mit der Maßgabe, dass nur für unzureichende Maßnahmen nach Artikel 5 Absatz 1 Buchstabe f in Verbindung

mit Absatz 2, Artikel 24 und 32 sowie § 83 des Bundesdatenschutzgesetzes mit der Maßgabe, dass nur für eine Verletzung des Datengeheimnisses nach Absatz 1 gehaftet wird.
(3) Führt die journalistische oder literarische Verarbeitung personenbezogener Daten zur Verbreitung von Gegendarstellungen der *betroffenen* Person oder zu Verpflichtungserklärungen, Beschlüssen oder Urteilen über die Unterlassung der Verbreitung oder über den Widerruf des Inhalts der Daten, so sind diese Gegendarstellungen, Verpflichtungserklärungen und Widerrufe zu den gespeicherten Daten zu nehmen und dort für dieselbe Zeitdauer aufzubewahren wie die Daten selbst sowie bei einer Übermittlung der Daten gemeinsam mit diesen zu übermitteln.

§ 6 Sorgfaltspflicht der Presse
¹Die Presse hat alle Nachrichten vor ihrer Verbreitung mit der nach den Umständen gebotenen Sorgfalt auf Wahrheit, Inhalt und Herkunft zu prüfen. ²Die Verpflichtung, Druckwerke von strafbarem Inhalt freizuhalten oder Druckwerke strafbaren Inhalts nicht zu verbreiten, bleibt unberührt.

§ 7 Begriffsbestimmungen
(1) Medienwerke im Sinne dieses Gesetzes sind alle mittels der Buchdruckerpresse, eines sonstigen zur Massenherstellung geeigneten Vervielfältigungsverfahrens hergestellten oder in Netzen in elektronischer Form zur Verbreitung bestimmten Darstellungen in Schrift, Bild, gesprochener Sprache und Musikalien.
(2) ¹Zu den Medienwerken gehören auch die vervielfältigten Mitteilungen, mit denen Nachrichtenagenturen, Pressekorrespondenzen, Materndienste und ähnliche Unternehmen die Presse mit Beiträgen in Wort, Bild oder ähnlicher Weise versorgen. ²Als Medienwerke gelten ferner die von einem presseredaktionellen Hilfsunternehmen gelieferten Mitteilungen ohne Rücksicht auf die technische Form, in der sie geliefert werden.
(3) Den Bestimmungen dieses Gesetzes über Medienwerke unterliegen nicht
1. amtliche Medienwerke, soweit sie ausschließlich amtliche Mitteilungen enthalten,
2. die nur Zwecken des Gewerbes und Verkehrs, des häuslichen und geselligen Lebens dienenden Medienwerke, wie Formulare, Preislisten, Werbedrucksachen, Familienanzeigen, Geschäfts-, Jahres- und Verwaltungsberichte und dergleichen sowie Stimmzettel für Wahlen.
(4) Periodische Medienwerke sind Zeitungen, Zeitschriften und andere Medienwerke, die in ständiger, wenn auch unregelmäßiger Folge und im Abstand von nicht mehr als sechs Monaten erscheinen.

§ 8 Impressum
(1) Auf jedem im Geltungsbereich dieses Gesetzes erscheinenden Druckwerk müssen Name oder Firma und Anschrift des Druckers und des Verlegers, beim Selbstverlag Name und Anschrift des Verfassers oder des Herausgebers genannt sein.
(2) ¹Auf den periodischen Druckwerken sind ferner der Name und die Anschrift des verantwortlichen Redakteurs anzugeben. ²Sind mehrere Redakteure verantwortlich, so muß das Impressum die in Satz 1 geforderten Angaben für jeden von ihnen enthalten. ³Hierbei ist kenntlich zu machen, für welchen Teil oder sachlichen Bereich des Druckwerks jeder einzelne verantwortlich ist. ⁴Für den Anzeigenteil ist ein Verantwortlicher zu benennen; für diesen gelten die Vorschriften über den verantwortlichen Redakteur entsprechend.
(3) Zeitungen und Anschlußzeitungen, die regelmäßig wesentliche Teile fertig übernehmen, haben im Impressum auch den für den übernommenen Teil verantwortlichen Redakteur zu benennen.

§ 9 Persönliche Anforderungen an den verantwortlichen Redakteur
(1) Als verantwortlicher Redakteur kann nicht tätig sein und beschäftigt werden, wer
1. seinen ständigen Aufenthalt außerhalb des Geltungsbereichs des Grundgesetzes hat,
2. infolge Richterspruchs die Fähigkeit zur Bekleidung öffentlicher Ämter, die Fähigkeit, Rechte aus öffentlichen Wahlen zu erlangen oder das Recht, in öffentlichen Angelegenheiten zu wählen oder zu stimmen, nicht besitzt,
3. Grundrechte verwirkt hat,
4. das 21. Lebensjahr nicht vollendet hat,
5. nicht oder nur beschränkt geschäftsfähig ist,
6. nicht unbeschränkt strafgerichtlich verfolgt werden kann.
(2) Die Vorschriften des Absatzes 1 Nr. 4 und 5 gelten nicht für Druckwerke, die von Jugendlichen für Jugendliche herausgegeben werden.

(3) Von der Voraussetzung des Absatzes 1 Nr. 1 kann der Senator für Inneres im Einvernehmen mit dem Senator für Justiz und Verfassung in besonderen Fällen auf Antrag Befreiung erteilen.

§ 10 Kennzeichnung entgeltlicher Veröffentlichungen
Hat der Verleger eines periodischen Druckwerks für eine Veröffentlichung ein Entgelt erhalten, gefordert oder sich versprechen lassen, so hat er diese Veröffentlichung, soweit sie nicht schon durch Anordnung und Gestaltung allgemein als Anzeige zu erkennen ist, deutlich mit dem Wort »Anzeige« zu bezeichnen.

§ 11 Gegendarstellungsanspruch
(1) ¹Der verantwortliche Redakteur und der Verleger eines periodischen Druckwerkes sind verpflichtet, eine Gegendarstellung der Person oder Stelle zum Ausdruck zu bringen, die durch eine in dem Druckwerk aufgestellte Tatsachenbehauptung betroffen ist. ²Die Verpflichtung erstreckt sich auf alle Nebenausgaben des Druckwerkes, in denen die Tatsachenbehauptung erschienen ist.
(2) ¹Die Pflicht zum Abdruck einer Gegendarstellung besteht nicht, wenn
1. die betroffene Person oder Stelle kein berechtigtes Interesse an der Veröffentlichung hat oder
2. die Gegendarstellung ihrem Umfang nach nicht angemessen ist oder
3. es sich um eine Anzeige handelt, die ausschließlich dem geschäftlichen Verkehr dient.
²Überschreitet die Gegendarstellung nicht den Umfang des beanstandeten Textes, so gilt sie als angemessen. ³Die Gegendarstellung muß sich auf tatsächliche Angaben beschränken und darf keinen strafbaren Inhalt haben. ⁴Sie bedarf der Schriftform. ⁵Der Betroffene kann den Abdruck nur verlangen, wenn die Gegendarstellung unverzüglich, spätestens 3 Monate nach der Veröffentlichung, dem verantwortlichen Redakteur oder dem Verleger zugeht.
(3) ¹Die Gegendarstellung muß in der nach Empfang der Einsendung nächstfolgenden für den Druck nicht abgeschlossenen Nummer, in dem gleichen Teil des Druckwerks und mit gleichwertiger Plazierung, gleicher Schriftgröße und Auszeichnung wie der beanstandete Text ohne Einschaltung und Weglassungen abgedruckt werden. ²Die Gegendarstellung darf nicht in Form eines Leserbriefes erscheinen. ³Der Abdruck ist kostenfrei, es sei denn, daß es sich um eine Gegendarstellung zu einer im Anzeigenteil verbreiteten Tatsachenbehauptung handelt. ⁴Wer sich zu der Gegendarstellung in derselben Nummer äußert, muß sich auf tatsächliche Angaben beschränken. ⁵Druckt ein Unternehmen in § 7 Absatz 2 genannten Art, eine Zeitung oder Zeitschrift, eine Gegendarstellung ab, so hat die Gegendarstellung gleichfalls unverzüglich zu veröffentlichen, wer die behaupteten Tatsachen übernommen hatte.
(4) ¹Für die Durchsetzung des vergeblich geltend gemachten Gegendarstellungsanspruchs ist der ordentliche Rechtsweg gegeben. ²Auf Antrag des Betroffenen kann das Gericht anordnen, daß der verantwortliche Redakteur und der Verleger eine Gegendarstellung in der Form des Absatzes 3 veröffentlichen. ³Auf dieses Verfahren sind die Vorschriften der Zivilprozeßordnung über das Verfahren auf Erlaß einer einstweiligen Verfügung entsprechend anzuwenden. ⁴Eine Gefährdung des Anspruchs braucht nicht glaubhaft gemacht zu werden. ⁵Ein Hauptverfahren findet nicht statt.
(5) Die Absätze 1 bis 4 gelten nicht für wahrheitsgetreue Berichte über öffentliche Sitzungen der gesetzgebenden oder beschließenden Organe des Bundes, der Länder und der Gemeinden (Gemeindeverbände) sowie der Gerichte.

§ 12 Anbietungspflicht der Verleger und Hersteller
(1) ¹Verleger haben von jedem Medienwerk, das im Geltungsbereich dieses Gesetzes verlegt wird, unabhängig von dessen Herstellungsart oder Wiedergabeform, der Staats- und Universitätsbibliothek Bremen ein Exemplar (Pflichtexemplar) anzubieten und auf Verlangen abzuliefern. ²Die Staats- und Universitätsbibliothek Bremen sammelt und erschließt die Medienwerke, sichert sie auf Dauer in geeigneter Form und hält sie für die Allgemeinheit nutzbar bereit.
(2) Absatz 1 gilt entsprechend für den Hersteller, wenn das Medienwerk keinen Verleger hat oder außerhalb des Geltungsbereichs dieses Gesetzes verlegt wird.
(3) Verleger und Hersteller periodischer Medienwerke genügen ihrer Pflicht nach den Absätzen 1 und 2, wenn sie das von ihnen verlegte oder gedruckte periodische Medienwerk beim erstmaligen Erscheinen und am Beginn jedes Kalenderjahres zum laufenden Bezug anbieten.

(4) Die Senatorin für Wissenschaft, Gesundheit und Verbraucherschutz wird ermächtigt, im Einvernehmen mit dem Senator für Inneres durch Rechtsverordnung Bestimmungen über die Ausgestaltung der Pflichten für die Verleger und Hersteller zu erlassen.

(5) [1]Mit der Abgabe der elektronischen Form räumt der Verleger der Staats- und Universitätsbibliothek Bremen das Recht ein, die Daten zu speichern, zu vervielfältigen und verändern, soweit dies zur dauerhaften Archivierung notwendig ist. [2]Ebenso wird das Recht zur öffentlichen Zugänglichkeit in den Räumen der Bibliothek unter Beachtung der Bestimmungen des Urheberrechts eingeräumt, sofern der Herausgeber dies nicht ausdrücklich einschränkt oder untersagt. [3]Ein Anspruch auf Vergütung oder Entschädigung der abliefernden Stelle entsteht nur, wenn das Medienwerk für die Öffentlichkeit nutzbar ist.

§ 13 Anordnung und Beschlagnahme

(1) Die Beschlagnahme eines Druckwerks kann nur der Richter anordnen.
(2) Die Beschlagnahme darf nur angeordnet werden, wenn
1. dringende Gründe für die Annahme vorliegen, daß die Einziehung des Druckwerks angeordnet oder vorbehalten wird und
2. in den Fällen, in denen die Einziehung einen Antrag oder eine Ermächtigung voraussetzt, dringende Gründe für die Annahme vorliegen, daß der Antrag gestellt oder die Ermächtigung erteilt wird.
(3) Die Beschlagnahme darf nicht angeordnet werden, wenn
1. der mit ihr verfolgte und erreichbare Rechtsschutz offensichtlich geringer wiegt als ein durch die Beschlagnahme gefährdetes öffentliches Interesse an unverzögerter Unterrichtung durch das Druckwerk oder
2. ohne weiteres feststeht, daß die nachteiligen Folgen der Beschlagnahme außer Verhältnis zu der Bedeutung der Sache stehen.

§ 14 Umfang der Beschlagnahme

(1) [1]Die Anordnung der Beschlagnahnme erfaßt nur die Stücke eines Druckwerks, die sich im Besitz des Verfassers, Verlegers, Herausgebers, Redakteurs, Druckers, Händlers, oder anderer bei der Herstellung, Veröffentlichung oder Verbreitung mitwirkender Personen befinden, sowie die öffentlich ausgelegten oder öffentlich angebotenen oder sonst zur Verbreitung oder Vervielfältigung bestimmten Druckstücke; die Beschlagnahme kann in der Anordnung noch weiter beschränkt werden. [2]Die Beschlagnahme kann auf Druckformen, Platten und Matrizen oder entsprechende, den gedanklichen Inhalt der Veröffentlichung tragende Vervielfältigungsmittel ausgedehnt werden.
(2) [1]In der Beschlagnahmeanordnung sind die Stellen des Druckwerkes unter Anführung der verletzten Gesetze zu bezeichnen, die zur Beschlagnahme Anlaß geben. [2]Ausscheidbare Teile, die nichts Strafbares enthalten, sind von der Beschlagnahme auszuschließen.
(3) Die Beschlagnahme kann dadurch abgewendet werden, daß der Betroffene den Teil des Druckwerkes, der zur Beschlagnahme Anlaß gegeben hat, von der Vervielfältigung oder der Verbreitung unverzüglich ausschließt.

§ 15 Verbreitungsverbot für beschlagnahmte Druckwerke

Während der Dauer einer Beschlagnahme ist die Verbreitung des von ihr betroffenen Druckwerkes oder der Wiederdruck des Teiles, der zur Beschlagnahme Anlaß gegeben hat, verboten.

§ 16 Aufhebung der Beschlagnahme

(1) Die Beschlagnahmeanordnung ist aufzuheben, wenn nicht binnen eines Monats die öffentliche Klage erhoben oder die selbständige Einziehung beantragt ist.
(2) [1]Reicht die in Absatz 1 bezeichnete Frist wegen des Umfangs des Verfahrens oder infolge erheblicher Beweisschwierigkeiten nicht aus, so kann das Gericht auf Antrag der Staatsanwaltschaft die Frist verlängern. [2]Der Antrag kann einmal wiederholt werden.
(3) [1]Solange weder die öffentliche Klage erhoben noch ein Antrag auf selbständige Einziehung gestellt ist, ist die Beschlagnahmeanordnung aufzuheben, wenn die Staatsanwaltschaft dies beantragt. [2]Gleichzeitig mit dem Antrag tritt das Verbot nach § 15 außer Kraft. [3]Die Staatsanwaltschaft hat die Betroffenen von der Antragstellung zu unterrichten.

§ 17 Entschädigung für fehlerhafte Beschlagnahme

(1) [1]War die Beschlagnahme unzulässig oder erweist sich ihre Anordnung als nicht begründet, so ist dem durch die Beschlagnahme unmittelbar Betroffenen auf Antrag eine angemessene Entschädigung in Geld zu gewähren. [2]Dies gilt auch, wenn die Beschlagnahmeanordnung fortbesteht, obwohl sie nach § 16 Absatz 1 aufzuheben war.

(2) [1]Der Anspruch kann nur geltend gemacht werden, wenn die Beschlagnahmeanordnung aufgehoben oder wenn weder im Hauptverfahren noch im Einziehungsverfahren (§§ 430 ff. der Strafprozeßordnung) die Einziehung oder die Unbrauchbarmachung des Druckwerks angeordnet worden ist. [2]Der Anspruch entfällt, wenn Bestrafung oder Einziehung nur deshalb unterblieben sind, weil kein Antrag gestellt oder keine Ermächtigung erteilt worden ist.

(3) [1]Die Entschädigung wird für den durch die Beschlagnahme verursachten Vermögensschaden geleistet. [2]Entschädigungspflichtig ist das Land.

(4) [1]Der Antrag nach Absatz 1 ist binnen drei Monaten nach der Bekanntmachung der in Absatz 2 genannten Entscheidung bei der Staatsanwaltschaft des Landgerichts zu stellen. [2]Über den Antrag entscheidet der Senator für Justiz und Verfassung. [3]Gegen diesen Bescheid ist binnen einer Ausschlußfrist von sechs Monaten nach Zustellung die Klage zulässig. [4]Das Landgericht ist ohne Rücksicht auf den Wert des Streitgegenstandes ausschließlich zuständig.

§ 18 Vorläufige Sicherstellung

(1) Die Staatsanwaltschaft oder ihre Hilfsbeamten dürfen ein Druckwerk ohne richterliche Beschlagnahme zu anderen Zwecken als zur Beweissicherung vorläufig sicherstellen, wenn seine Herstellung oder Verbreitung eine rechtswidrige Tat darstellt, die den Tatbestand
1. des Friedensverrats, des Hochverrats, der Gefährdung des demokratischen Rechtsstaates, des Landesverrates, der Gefährdung der äußeren Sicherheit oder
2. der §§ 90a, 90b, 109g, 111, 129, 130, 131, 184 des Strafgesetzbuches
verwirklicht, und wenn eine richterliche Anordnung der Beschlagnahme nicht rechtzeitig herbeigeführt werden kann.

(2) Die vorläufige Sicherstellung ist unzulässig bei Tageszeitungen und bei solchen periodisch erscheinenden Zeitungen und Zeitschriften, die auf dem bei Zeitungen und Zeitschriften üblichen Wege verbreitet werden.

(3) [1]Über die Bestätigung oder Aufhebung der vorläufigen Sicherstellung entscheidet das zuständige Gericht. [2]Die Staatsanwaltschaft hat die Entscheidung binnen 24 Stunden nach der Sicherstellung zu beantragen. [3]Das Gericht hat binnen 24 Stunden nach Eingang des Antrags zu entscheiden.

(4) Ist die vorläufige Sicherstellung von einem Hilfsbeamten der Staatsanwaltschaft angeordnet worden, so muß er die Vorgänge spätestens innerhalb 12 Stunden der Staatsanwaltschaft vorlegen.

(5) Die vorläufige Sicherstellung wird unwirksam, wenn nicht binnen 5 Tagen seit ihrer Anordnung der Beschlagnahmebeschluß der Behörde mitgeteilt ist, die die Sicherstellung angeordnet hat; die vorläufig sichergestellten Stücke des Druckwerkes sind unverzüglich freizugeben.

(6) Der Beschluß des Gerichts, der die vorläufige Sicherstellung aufhebt, ist unanfechtbar.

(7) Im übrigen finden die Vorschriften des § 13 Absätze 2 und 3, des § 14 und des § 17 auf die vorläufige Sicherstellung entsprechende Anwendung.

§ 19 Beschlagnahme zur Beweissicherung

Auf die Beschlagnahme einzelner Stücke eines Druckwerks zur Sicherung des Beweises sind die §§ 13 bis 18 nicht anzuwenden.

§ 20 Strafrechtliche Verantwortung

Ist mittels eines Druckwerkes eine rechtswidrige Tat begangen worden, die den Tatbestand eines Strafgesetzes verwirklicht, und hat
1. bei periodischen Druckwerken der verantwortliche Redakteur oder
2. bei sonstigen Druckwerken der Verleger
vorsätzlich oder fahrlässig seine Verpflichtung verletzt, Druckwerke von strafbarem Inhalt freizuhalten, so wird er mit Freiheitsstrafe bis zu einem Jahr oder mit Geldstrafe bestraft, wenn er nicht wegen der Tat schon nach den allgemeinen Strafgesetzen als Täter oder Teilnehmer bestraft werden kann.

§ 21 Strafbare Verletzung der Presseordnung
Mit Freiheitsstrafe bis zu einem Jahr oder mit Geldstrafe wird bestraft, wer
1. als Verleger eine Person zum verantwortlichen Redakteur bestellt, die nicht den Anforderungen des § 9 entspricht,
2. als verantwortlicher Redakteur zeichnet, obwohl er die Voraussetzungen des § 9 nicht erfüllt,
3. als verantwortlicher Redakteur oder Verleger – beim Selbstverlage als Verfasser oder Herausgeber – bei einem Druckwerk strafbaren Inhalts den Vorschriften über das Impressum (§ 8) zuwiderhandelt,
4. entgegen dem Verbot des § 15 ein beschlagnahmtes Druckwerk verbreitet oder wieder abdruckt.

§ 22 Ordnungswidrigkeiten
(1) Ordnungswidrig handelt, wer vorsätzlich oder fahrlässig
1. als verantwortlicher Redakteur oder Verleger – beim Selbstverlag als Verfasser oder Herausgeber – den Vorschriften über das Impressum (§ 8) zuwiderhandelt oder als Unternehmer Druckwerke verbreitet, in denen die nach § 8 vorgeschriebenen Angaben (Impressum) ganz oder teilweise fehlen,
2. als Verleger oder als Verantwortlicher (§ 8 Absatz 2 Satz 4) eine Veröffentlichung gegen Entgelt nicht als Anzeige kenntlich macht oder kenntlich machen läßt (§ 10).
(2) Ordnungswidrig handelt auch, wer fahrlässig eine der in § 21 bezeichneten Handlungen begeht.
(3) Die Ordnungswidrigkeit kann mit einer Geldbuße bis zu 5 000 Euro geahndet werden.
(4) Sachlich zuständige Verwaltungsbehörde für die Verfolgung und Ahndung der Ordnungswidrigkeit ist die Ortspolizeibehörde.

§ 23

§ 24 Verjährung
(1) ¹Die Verfolgung von Straftaten,
1. die durch die Veröffentlichung oder Verbreitung von Druckwerken strafbaren Inhalts begangen werden oder
2. die sonst den Tatbestand einer Strafbestimmung dieses Gesetzes verwirklichen,

verjährt bei Verbrechen in einem Jahr, bei Vergehen in sechs Monaten. ²Bei Vergehen nach § 131 Abs. 1 und § 184 Abs. 3 und 4 des Strafgesetzbuches gelten die Vorschriften des Strafgesetzbuches über die Verfolgungsverjährung.
(2) ¹Die Verjährung beginnt mit der Veröffentlichung oder Verbreitung des Druckwerks. ²Wird das Druckwerk in Teilen veröffentlicht oder verbreitet oder wird es neu aufgelegt, so beginnt die Verjährung erneut mit der Veröffentlichung oder Verbreitung der weiteren Teile oder Auflagen.

§ 25 Geltung für den Rundfunk
(1) Die Grundsätze der Freiheit der Presse (§ 1), der öffentlichen Aufgabe der Presse (§ 3), der Sorgfaltspflicht der Presse (§ 6) gelten auch für den Rundfunk.
(2) Die Strafvorschrift des § 20 gilt auch für den Rundfunk. An die Stelle des Verlegers tritt der Intendant, der Veranstalter oder der Verantwortliche.
(3) Das Radio-Bremen-Gesetz, der ZDF-Staatsvertrag und das Bremische Landesmediengesetz in der jeweils geltenden Fassung bleiben unberührt.

§ 26 Schlußbestimmungen
(1) Dieses Gesetz tritt am Tage nach der Verkündung in Kraft.
(2) Gleichzeitig treten außer Kraft
a) § 6 des preußischen Gesetzes über die Presse vom 12. Mai 1851 (GS S. 273),
b) das Reichsgesetz über die Presse vom 7. Mai 1874 (RGBl. S. 65), zuletzt geändert durch das Gesetz zur Änderung des Strafgesetzbuches vom 28. Juni 1935 (RGBl. I S. 839),
c) das Gesetz zum Schutz der Freiheit der Presse vom 20. Dezember 1948 (SaBremR 225-a-1),
d) das Gesetz über die Abgabe von Freistücken der Druckwerke an die Staatsbibliothek vom 25. Juli 1933 (SaBremR 221-b-1).

Radio-Bremen-Gesetz (RBG)

Vom 22. März 2016 (Brem.GBl. S. 158)
(225-b-1)

Der Senat verkündet das nachstehende von der Bürgerschaft (Landtag) beschlossene Gesetz:

Inhaltsübersicht

Abschnitt 1
Die Anstalt und ihr Programm
§ 1 Rechtsform
§ 2 Auftrag
§ 3 Allgemeine Grundsätze
§ 4 Angebote
§ 5 Unzulässige Sendungen, Jugendschutz
§ 6 Aufzeichnungspflicht, Beweissicherung
§ 7 Verantwortung

Abschnitt 2
Die Organe der Anstalt
§ 8 Organe
§ 9 Aufgaben des Rundfunkrats
§ 10 Zusammensetzung des Rundfunkrats
§ 11 Mitgliedschaft, persönliche Voraussetzungen
§ 12 Wahl und Amtszeit der Mitglieder des Rundfunkrats
§ 13 Arbeitsweise des Rundfunkrats
§ 14 Zusammensetzung, Wahl und Amtszeit des Verwaltungsrats
§ 15 Aufgaben des Verwaltungsrats
§ 16 Arbeitsweise des Verwaltungsrats
§ 17 Veröffentlichung von Beanstandungen
§ 18 Wahl und Abberufung der Intendantin oder des Intendanten und der Direktorinnen oder Direktoren

§ 19 Aufgaben und Arbeitsweise der Intendantin oder des Intendanten sowie des Direktoriums
§ 20 Organisationsplan und Entwicklungsbericht
§ 21 Berufsgruppenvertretung
§ 22 Personalvertretungsrecht

Abschnitt 3
Die Wirtschaft der Anstalt
§ 23 Einnahmen
§ 24 Kommerzielle Tätigkeiten
§ 25 Jahresabschluss und Rechnungsprüfung

Abschnitt 4
Rechte Dritter
§ 26 Eingaben
§ 27 Gegendarstellungsrecht

Abschnitt 5
Staatliche Befugnisse
§ 28 Verlautbarungsrecht
§ 29 Rechtsaufsicht
§ 30 Inkrafttreten, Außerkrafttreten, Übergangsvorschriften

Abschnitt 1
Die Anstalt und ihr Programm

§ 1 Rechtsform
(1) ¹Die vom Land Bremen errichtete Rundfunkanstalt trägt den Namen »Radio Bremen«. ²Die Anstalt hat ihren Sitz in Bremen.
(2) ¹Die Anstalt ist eine gemeinnützige Anstalt des öffentlichen Rechts. ²Sie hat das Recht der Selbstverwaltung im Rahmen dieses Gesetzes. ³Sie gibt sich eine Satzung.
(3) Ein Insolvenzverfahren über das Vermögen der Anstalt ist unzulässig.
(4) Der Rundfunkstaatsvertrag, der Rundfunkbeitragsstaatsvertrag, der Rundfunkfinanzierungsstaatsvertrag, der ARD-Staatsvertrag und der Jugendmedienschutz-Staatsvertrag bleiben unberührt.

§ 2 Auftrag
(1) Die Anstalt hat die Aufgabe, nach Maßgabe dieses Gesetzes sowie des ARD-Staatsvertrages und des Rundfunkstaatsvertrages im Land Bremen Rundfunk zu veranstalten und Telemedien anzubieten.
(2) ¹Sie hat den Auftrag, durch die Herstellung und Verbreitung ihrer Angebote als Medium und Faktor des Prozesses freier individueller und öffentlicher Meinungsbildung zu wirken und dadurch die demokratischen, sozialen und kulturellen Bedürfnisse der Gesellschaft zu erfüllen. ²Ihrem Auftrag

kommt die Anstalt durch zeitgemäße Angebote nach; sie soll zu diesem Zweck auch neue Medienformen, insbesondere soziale Netzwerke, nutzen und mitgestalten. ³Die Anstalt hat das Recht, sachlich begründete Kritik an gesellschaftlichen Missständen, an Einrichtungen und Personen des öffentlichen Lebens zu üben.

(3) ¹Die Anstalt hat in ihren Angeboten einen umfassenden Überblick über das regionale, nationale, europäische und internationale Geschehen, insbesondere in politischer, gesellschaftlicher, kultureller und wissenschaftlicher Hinsicht, in allen wesentlichen Lebensbereichen zu geben. ²Sie soll hierdurch die internationale Verständigung, die europäische Integration und den gesellschaftlichen Zusammenhalt in Bund und Ländern fördern. ³Ihr Angebot hat der Bildung, Information, Beratung, Kultur und Unterhaltung zu dienen. ⁴Auch Unterhaltung soll einem öffentlich-rechtlichen Angebotsprofil entsprechen. ⁵Ihr Angebot hat auch zur Erfüllung der Verpflichtungen aus Artikel 11 der Europäischen Charta der Regional- oder Minderheitensprachen in Bezug auf die Regionalsprache Niederdeutsch zu dienen.

(4) ¹Die Anstalt hat bei der Erfüllung ihres Auftrages die Grundsätze der Objektivität und Unparteilichkeit der Berichterstattung, die Meinungsvielfalt sowie die Ausgewogenheit ihrer Angebote zu berücksichtigen. ²Sie hat dabei alle Meinungsrichtungen, auch die von Minderheiten, zu berücksichtigen.

(5) Der Auftrag der Anstalt umfasst,
1. mit anderen Rundfunkveranstaltern auf vertraglicher Grundlage Gemeinschaftsprogramme zu veranstalten und zu verbreiten,
2. in ihr Programm Eigenbeiträge nicht erwerbswirtschaftlich orientierter Dritter einzubeziehen,
3. mit anderen öffentlich-rechtlichen Rundfunkanstalten bei der Erfüllung ihres Auftrages mittels öffentlich-rechtlicher Verträge im Sinne des § 54 Satz 1 des Bremischen Verwaltungsverfahrensgesetzes zu kooperieren,
4. programmbegleitend Druckwerke mit programmbezogenem Inhalt, auch in Gemeinschaft mit anderen Rundfunkanstalten, zu veröffentlichen, wenn dies zur Erfüllung ihrer Aufgabe erforderlich ist,
5. die erforderlichen Anlagen des Hörfunks und des Fernsehens, einschließlich von Sendeanlagen, zu betreiben und
6. bei ihren Fernsehprogrammen ganztägig die Leerzeilen des Fernsehsignals auch für Fernsehtext zu nutzen.

(6) ¹Die Anstalt kann ihrem gesetzlichen Auftrag durch Nutzung geeigneter Übertragungswege nachkommen. ²Bei der Auswahl des Übertragungswegs sind die Grundsätze der Wirtschaftlichkeit und Sparsamkeit zu beachten. ³Die analoge Verbreitung bisher ausschließlich digital verbreiteter Programme ist unzulässig.

(7) ¹Die Anstalt ist verpflichtet, für eine größtmögliche Transparenz gegenüber der Öffentlichkeit Sorge zu tragen. ²Zu diesem Zwecke macht sie insbesondere Satzungen, Richtlinien, Selbstverpflichtungen und Beschlüsse von wesentlicher Bedeutung auf ihren Internetseiten bekannt. ³Dabei ist die Schutzwürdigkeit von personenbezogenen Daten, journalistisch-redaktionellen Informationen und Betriebsgeheimnissen zu berücksichtigen.

(8) Die Anstalt soll eine Außenstelle in Bremerhaven unterhalten.

§ 3 Allgemeine Grundsätze

(1) ¹Die Angebote der Anstalt dürfen nicht Verfassung und Gesetze verletzen. ²Die sittlichen und religiösen Überzeugungen der Bevölkerung sind zu achten. ³Keine Person darf wegen ihrer Nationalität, ihrer Abstammung, ihrer politischen Überzeugung oder ihres religiösen oder weltanschaulichen Bekenntnisses, ihres Geschlechtes, ihrer sexuellen Orientierung, ihrer Behinderung und ihres Berufes in einer ihre Persönlichkeit, ihr Ansehen und ihre Menschenwürde schädigenden Weise angegriffen werden.

(2) ¹Die Angebote der Anstalt sollen von demokratischer Gesinnung und unbestechlicher Sachlichkeit getragen werden. ²Die Anstalt hat sich mit allen Kräften für Frieden und Verständigung unter den Völkern, Freiheit und Gerechtigkeit, Wahrheit, Achtung vor der einzelnen Persönlichkeit, Gleichberechtigung von Frauen und Männern und den Schutz der natürlichen Umwelt einzusetzen. ³Die Anstalt hat bei ihren Angeboten die besonderen Belange behinderter Menschen, insbesondere durch barrierefreie Angebote, zu beachten.

(3) [1]Die Angebote der Anstalt haben die besonderen Belange von Migrantinnen und Migranten zu berücksichtigen. [2]Die Integration von Menschen mit Migrationshintergrund und Flüchtlingen ist nachhaltig zu unterstützen.
(4) [1]Die Gestaltung der Angebote der Anstalt muss frei sein von Beeinflussung durch die Regierung oder von einseitiger Einflussnahme durch politische, wirtschaftliche, religiöse und andere Interessengruppen. [2]Die Angebote dürfen keinen Sonderinteressen, insbesondere politischer, wirtschaftlicher oder persönlicher Art, dienen. [3]Für Schleichwerbung, Produkt- und Themenplatzierung gelten die Vorschriften des Rundfunkstaatsvertrages.
(5) [1]Alle Nachrichten müssen nach Inhalt, Stil und Wiedergabe wahrheitsgetreu und sachlich sein. [2]Bei Nachrichtenübermittlung ist nur solches Material zu benutzen, das aus Nachrichtenagenturen und Quellen stammt, die in Beurteilung und Wiedergabe einen objektiven Standpunkt erkennen lassen. [3]Ist diese Gewähr nicht gegeben, so ist dies unmissverständlich zum Ausdruck zu bringen. [4]Kommentare sind deutlich von Nachrichten zu trennen und unter Nennung der Verfasserin oder des Verfassers als solche zu kennzeichnen. [5]Wertende und analysierende Einzelbeiträge haben dem Gebot journalistischer Fairness zu entsprechen.
(6) Die Angebote der Anstalt sollen von kulturellem Verantwortungsbewusstsein zeugen und die kulturelle Aufgabe des Rundfunks deutlich werden lassen.
(7) Sendungen in niederdeutscher Sprache müssen in angemessenem Umfang und Regelmäßigkeit im Programm vertreten sein.

§ 4 Angebote
(1) Die Anstalt veranstaltet im Hörfunk vier Programme.
(2) Die Anstalt kann ein weiteres Hörfunkprogramm veranstalten, das ausschließlich terrestrisch in digitaler Technik verbreitet werden darf.
(3) [1]Darüber hinaus veranstaltet sie dem Gesamtprogrammangebot angemessene, ausschließlich im Internet verbreitete Hörfunkprogramme nach Maßgabe der Vorschriften des Rundfunkstaatsvertrages aus Inhalten aus den in Absatz 1 und 2 aufgeführten Programmen, soweit diese aus dem von der Kommission zur Ermittlung des Finanzbedarfs der Rundfunkanstalten (KEF) anerkannten Bestandsbedarf finanziert werden können. [2]Werbung und Sponsoring findet in den ausschließlich im Internet verbreiteten Programmen nicht statt.
(4) [1]Die Anstalt veranstaltet ein Drittes Fernsehprogramm. [2]Darüber hinaus liefert sie Beiträge zu den Gemeinschaftsprogrammen nach dem Rundfunkstaatsvertrag zu.
(5) Die Anstalt bietet nach Maßgabe der Vorschriften des Rundfunkstaatsvertrages Telemedien an.
(6) [1]Terrestrisch verbreitete Hörfunkprogramme dürfen gegen andere terrestrisch verbreitete Hörfunkprogramme der Anstalt ausgetauscht werden, wenn dadurch insgesamt keine Mehrkosten entstehen und sich die Gesamtzahl der Programme nach § 11c Absatz 2 des Rundfunkstaatsvertrages nicht erhöht. [2]Ein Programm nach Absatz 1 darf nicht durch ein Fremdprogramm ersetzt werden.

§ 5 Unzulässige Sendungen, Jugendschutz
(1) Die für Radio Bremen geltenden Bestimmungen des Jugendmedienschutz-Staatsvertrages finden Anwendung.
(2) [1]Zuständiges Organ im Sinne des § 8 des Jugendmedienschutz-Staatsvertrages ist die Intendantin oder der Intendant. [2]Der Rundfunkrat ist zuständiges Organ im Sinne des § 9 Absatz 1 des Jugendmedienschutz-Staatsvertrages.
(3) Die Intendantin oder der Intendant beruft eine Person zur oder zum Beauftragten für den Jugendschutz.
(4) Die oder der Beauftragte für den Jugendschutz erstattet dem Rundfunkrat jährlich einen Bericht.

§ 6 Aufzeichnungspflicht, Beweissicherung
(1) [1]Alle Sendungen des Hörfunks und Fernsehens sind vollständig aufzuzeichnen und aufzubewahren. [2]Bei Sendungen, die unter Verwendung einer Aufzeichnung oder eines Films verbreitet werden, kann abweichend von Satz 1 die Aufzeichnung oder der Film aufbewahrt oder die Wiederbeschaffung sichergestellt werden.
(2) [1]Die Pflichten nach Absatz 1 enden zwei Monate nach dem Tag der Verbreitung. [2]Wird innerhalb dieser Frist eine Sendung beanstandet, enden die Pflichten nach Absatz 1 erst, wenn die Beanstandun-

gen durch rechtskräftige gerichtliche Entscheidungen, durch gerichtlichen Vergleich oder auf andere Weise erledigt sind.
(3) ¹Soweit die Anstalt Fernsehtext veranstaltet, stellt sie in geeigneter Weise sicher, dass berechtigten Interessen Dritter auf Beweissicherung angemessen Rechnung getragen wird. ²Absatz 2 gilt entsprechend.
(4) ¹Jedes ordentliche Mitglied des Rundfunkrats hat das Recht, die Aufbewahrung einer Aufzeichnung oder eines Films über die Frist des Absatzes 2 hinaus bis zur nächsten Rundfunkratssitzung zu verlangen. ²Der Rundfunkrat entscheidet auf Antrag eines ordentlichen Mitglieds über die weitere Verlängerung der Aufbewahrungsfrist.
(5) ¹Der Rundfunkrat und die Rechtsaufsicht können innerhalb der Fristen nach Absatz 2 und Absatz 4 Aufzeichnungen und Filme jederzeit kostenlos einsehen. ²Auf Verlangen sind Ausfertigungen, Abzüge oder Abschriften von der Aufzeichnung oder dem Film zu übersenden.
(6) ¹Wer schriftlich oder elektronisch glaubhaft macht, durch eine Sendung in seinen Rechten berührt zu sein, kann innerhalb der Fristen nach Absatz 2 Einsicht in die Aufzeichnungen und Filme verlangen. ²Auf Antrag sind ihr oder ihm gegen Erstattung der Selbstkosten Ausfertigungen, Abzüge oder Abschriften von der Aufzeichnung oder dem Film zu übersenden.

§ 7 Verantwortung
(1) Die Intendantin oder der Intendant und die Direktorinnen oder Direktoren tragen die Verantwortung für Inhalt und Gestaltung der Sendungen nach Maßgabe der allgemeinen Gesetze und der besonderen Vorschriften dieses Gesetzes, insbesondere nach § 19 Absatz 1 bis 3.
(2) Für Inhalt und Gestaltung der Sendungen nach § 28 ist derjenige verantwortlich, dem die Sendezeit zugebilligt worden ist.
(3) Die Verantwortlichkeit anderer Personen, insbesondere des Verfassers, Herstellers oder Gestalters eines Beitrags, bleibt unberührt.

Abschnitt 2
Die Organe der Anstalt

§ 8 Organe
Die Organe der Anstalt sind:
1. der Rundfunkrat,
2. der Verwaltungsrat,
3. die Intendantin oder der Intendant und
4. das Direktorium.

§ 9 Aufgaben des Rundfunkrats
(1) ¹Die Mitglieder des Rundfunkrats vertreten die Interessen der Allgemeinheit im Hinblick auf die Anstalt. ²Der Rundfunkrat trägt der Vielfalt der Meinungen in der Bevölkerung Rechnung. ³Er wacht darüber, dass die Anstalt ihre Aufgaben gemäß den gesetzlichen Vorschriften, Satzungen, Richtlinien und Selbstverpflichtungen erfüllt und übt die ihm hierzu eingeräumten Kontrollrechte aus. ⁴Die Mitglieder sind ehrenamtlich tätig und an Aufträge oder Weisungen nicht gebunden. ⁵Eine Kontrolle einzelner Angebote vor ihrer Ausstrahlung oder Veröffentlichung ist nicht zulässig.
(2) ¹Der Rundfunkrat berät und beschließt über alle Fragen von grundsätzlicher Bedeutung für die Anstalt. ²Er hat insbesondere folgende Aufgaben:
1. Erlass und Änderung von Satzungen,
2. Wahl und Abberufung der Intendantin oder des Intendanten,
3. Wahl und Abberufung der Direktorinnen oder Direktoren,
4. Wahl von sechs Mitgliedern des Verwaltungsrats,
5. Überwachung der Einhaltung der Vorschriften in §§ 2, 3 und 4,
6. Genehmigung des Wirtschaftsplanes, des Jahresabschlusses und des Vorschlags zur Verwendung des etwa vorhandenen Überschusses auf Vorschlag des Verwaltungsrats,
7. Entlastung des Verwaltungsrats,
8. Entlastung der Intendantin oder des Intendanten und der Direktorinnen oder Direktoren,
9. Entscheidung über Programmbeschwerden nach § 26 Absatz 4,
10. Kenntnisnahme von neu abgeschlossenen oder geänderten Tarifverträgen,
11. die Durchführung des Verfahrens nach § 11f des Rundfunkstaatsvertrages und

12. Erlass von Richtlinien nach § 11e und § 16f des Rundfunkstaatsvertrages.

(3) Der Rundfunkrat berät die Intendantin oder den Intendanten in allen Programmangelegenheiten und wirkt auf die Erfüllung des Programmauftrages hin.

(4) ¹Entscheidungen der Intendantin oder des Intendanten, die von grundsätzlicher Bedeutung für das Programm oder die Entwicklung der Anstalt sind, bedürfen der vorherigen Zustimmung des Rundfunkrates. ²Hierzu gehören insbesondere
1. Entscheidungen über die Übernahme von Verpflichtungen aus dem Haushalt der Anstalt im Wert von mehr als einer Million Euro bei Verträgen über die Herstellung oder den Erwerb von einzelnen Programmbeiträgen oder von mehr als zwei Millionen Euro bei Programmteilen, die aus mehreren Beiträgen bestehen,
2. Kooperationsverträge von grundsätzlicher Bedeutung für das Programm, den Haushalt oder die Personalwirtschaft der Anstalt.

(5) ¹Der Rundfunkrat ist zur Erfüllung seiner Aufgaben berechtigt, Expertisen und Gutachten in Auftrag zu geben oder besondere Sachverständige hinzuzuziehen. ²Er ist berechtigt, von der Intendantin oder dem Intendanten und vom Verwaltungsrat die erforderlichen Auskünfte zu verlangen und Einsicht in die Unterlagen der Anstalt zu nehmen. ³Die anderen Organe der Anstalt unterstützen die Arbeit des Rundfunkrats nach Maßgabe der Satzung.

(6) Mitglieder im Sinne der §§ 9 bis 13 und 24 Absatz 2 dieses Gesetzes sind ordentliche und stellvertretende Mitglieder des Rundfunkrats.

§ 10 Zusammensetzung des Rundfunkrats

(1) ¹Der Rundfunkrat besteht aus folgenden ordentlichen Mitgliedern:
1. eins des Deutschen Gewerkschaftsbundes Region Bremen-Elbe-Weser,
2. eins der Unternehmensverbände im Lande Bremen e.V.,
3. eins der Arbeitnehmerkammer Bremen,
4. eins der Handelskammer Bremen – IHK für Bremen und Bremerhaven oder eins der Handwerkskammer Bremen in turnusmäßigem Wechsel,
5. eins der Bremischen Evangelischen Kirche,
6. eins der Katholischen Kirche,
7. eins der Jüdischen Gemeinde im Lande Bremen,
8. eins der im Land Bremen lebenden Musliminnen und Muslime,
9. eins der im Land Bremen lebenden Alevitinnen und Aleviten,
10. eins des Bremer Jugendrings,
11. eins des Landessportbundes Bremen e.V.,
12. eins der Frauenorganisationen im Lande Bremen, gewählt durch den Bremer Frauenausschuss e.V., Landesfrauenrat Bremen,
13. eins des Gesamtverbands Natur- und Umweltschutz Unterweser e.V.
    – GNUU – oder eins des Verbraucherzentrale Bremen e.V. in turnusmäßigem Wechsel,
14. eins des Landesmusikrates Bremen e.V.,
15. eins der Deutschen Journalistinnen und Journalisten-Union (dju) Landesfachgruppe Niedersachsen/Bremen oder eins des Deutschen Journalisten-Verbandes Bremen e.V. (DJV) in turnusmäßigem Wechsel,
16. eins der Landesseniorenvertretung im Lande Bremen,
17. eins mit Migrationshintergrund, das vom Bremer Rat für Integration gewählt wird,
18. vier, die gesellschaftlich relevante Gruppen vertreten und besondere Kenntnisse in folgenden Bereichen haben:
    – Wirtschaftsprüfung, Betriebswirtschaft und Unternehmensberatung
    – Medienwirtschaft und Medientechnik
    – Medienwissenschaft und Medienpädagogik
    – Journalistik und Publizistik
    – Kultur, insbesondere der bildenden Künste und Musik,
19. eins des Bundesraats för Nedderdüütsch,
20. eins der Stadtgemeinde Bremen, gewählt vom Senat der Freien Hansestadt Bremen,
21. eins der Stadtgemeinde Bremerhaven, gewählt vom Magistrat der Stadt Bremerhaven und

22. je eins von den politischen Parteien und Wählervereinigungen, die in dem durch Satzung der Anstalt bezeichneten Zeitpunkt über die Aufforderung der in Satz 1 genannten Organisationen zur Wahl oder Benennung ihrer Vertreterinnen oder Vertreter in Fraktionsstärke gemäß § 36 des Bremischen Abgeordnetengesetzes in Verbindung mit der Geschäftsordnung der Bremischen Bürgerschaft in der Bremischen Bürgerschaft (Landtag) vertreten sind, wobei insgesamt nicht mehr als zehn Mitglieder entsandt werden dürfen, und deren Reihenfolge sich nach der Anzahl der Sitze in der Bremischen Bürgerschaft (Landtag) richtet,
23. eins des Lesben- und Schwulenverbands Niedersachsen-Bremen e.V. aus dem Land Bremen,
24. eins der Humanistischen Union e.V. aus dem Land Bremen,
25. eins des Landesteilhabebeirats.

²Aus der Anzahl der ordentlichen Mitglieder nach Satz 1 ergibt sich die Gesamtzahl der Stimmen des Rundfunkrats.

(2) ¹Für jedes ordentliche Mitglied ist ein stellvertretendes Mitglied zu benennen, das nur bei Verhinderung des ordentlichen Mitglieds stimmberechtigt an den Sitzungen des Rundfunkrats teilnimmt. ²Die stellvertretenden Mitglieder werden in gleicher Weise wie die ordentlichen Mitglieder durch die Anstalt informiert.

(3) Solange und soweit die ordentlichen Mitglieder in den Rundfunkrat nicht entsandt werden, verringert sich die Mitgliederzahl entsprechend.

(4) ¹Kein Mitglied des Rundfunkrates darf als Inhaber oder Inhaberin, Gesellschafter oder Gesellschafterin oder Vertreter oder Vertreterin eines Unternehmens unmittelbar oder mittelbar mit Radio Bremen für eigene oder fremde Rechnung Rechtsgeschäfte abschließen. ²Dies gilt auch für Unternehmen gemeinnütziger Art.

(5) Die Regelungen zur Zusammensetzung des Rundfunkrates gemäß Absatz 1 sollen jeweils nach Ablauf von höchstens zwei Amtsperioden überprüft werden.

§ 11 Mitgliedschaft, persönliche Voraussetzungen

(1) Die Mitglieder des Rundfunkrates dürfen keine wirtschaftlichen oder sonstigen Interessen haben, die geeignet wären, die Erfüllung ihrer Aufgaben als Mitglieder des Rundfunkrates zu beeinträchtigen (Interessenkollision).

(2) ¹Dem Rundfunkrat dürfen nicht angehören
1. Angehörige der gesetzgebenden oder beschließenden Organe der Europäischen Union, des Europarates, des Bundes oder eines Landes,
2. Mitglieder der Bundesregierung, einer Landesregierung und Bedienstete einer obersten Bundes- oder Landesbehörde sowie politische Beamte und kommunale Wahlbeamte,
3. Mitglieder im Vorstand einer Partei nach § 2 Absatz 1 Satz 1 des Parteiengesetzes einschließlich der Mitglieder im Vorstand etwaiger Landesverbände, wobei die alleinige Mitgliedschaft in einem Parteischiedsgericht nach § 14 des Parteiengesetzes einer Mitgliedschaft im Rundfunkrat nicht entgegensteht,
4. Personen, die in einem Arbeits- oder Dienstverhältnis oder in einem arbeitnehmerähnlichen Verhältnis zu einer öffentlich-rechtlichen Rundfunkanstalt oder einem Unternehmen, an welchem eine öffentlich-rechtlich Rundfunkanstalt mittelbar oder unmittelbar beteiligt ist oder einem hierzu verbundenen Unternehmen im Sinne des § 15 des Aktiengesetzes stehen,
5. Personen, die den Organen oder Gremien eines anderen öffentlich-rechtlichen Rundfunkveranstalters angehören,
6. Anbieter von privaten Rundfunkprogrammen und vergleichbaren Telemedien, die an ihnen oder einem hierzu verbundenen Unternehmen im Sinne des § 15 des Aktiengesetzes Beteiligten, Personen, die zu ihnen in einem Dienst- oder Arbeitsverhältnis oder in einem arbeitnehmerähnlichen Verhältnis stehen sowie Personen, die Organ oder Mitglied eines Organs eines privaten Anbieters sind,
7. Organe einer Landesmedienanstalt, Mitglieder von Organen einer Landesmedienanstalt sowie Personen, die in einem Arbeits- oder Dienstverhältnis oder in einem arbeitnehmerähnlichen Verhältnis zu einer Landesmedienanstalt stehen,
8. Geschäftsunfähige, beschränkt Geschäftsfähige unbeschadet des Absatzes 3 Satz 1, Personen, für die ein Betreuer bestellt ist, oder

9. Personen, die die Fähigkeit, öffentliche Ämter zu bekleiden, Rechte aus öffentlichen Wahlen zu erlangen oder in öffentlichen Angelegenheiten zu wählen oder zu stimmen, durch Richterspruch verloren haben oder das Grundrecht der freien Meinungsäußerung nach Artikel 18 des Grundgesetzes verwirkt haben.

²Die Mitglieder nach § 10 Absatz 1 Satz 1 Nummer 18 dürfen darüber hinaus nicht Mitglieder einer Deputation, der Stadtbürgerschaft, der Stadtverordnetenversammlung der Stadt Bremerhaven oder des Magistrats der Stadt Bremerhaven sein. ³Satz 1 Nummer 1 bis 3 gilt nicht für Mitglieder, die nach § 10 Absatz 1 Satz 1 Nummer 20 bis 22 in den Rundfunkrat entsandt werden.

(3) ¹Mitglied des Rundfunkrates kann nur sein, wer das 16. Lebensjahr vollendet hat. ²Die Mitglieder des Rundfunkrates sollen ihre Hauptwohnung im Lande Bremen haben.

(4) ¹Der in Absatz 2 Satz 1 Nummer 1 bis 7 genannte Personenkreis kann frühestens 18 Monate nach dem Ausscheiden aus den dort genannten Funktionen als Mitglied in den Rundfunkrat entsandt oder gewählt werden. ²Für den in Absatz 2 Satz 1 Nummer 1 bis 3 genannten Personenkreis gilt Absatz 2 Satz 3 entsprechend.

(5) ¹Tritt nachträglich einer der in Absatz 2 genannten Ausschlussgründe oder der Tod des Mitglieds ein, scheidet das betroffene Mitglied des Rundfunkrats aus. ²Das Vorliegen dieser Gründe gibt die oder der Vorsitzende dem Rundfunkrat bekannt.

(6) ¹Ein Mitglied scheidet auch dann aus dem Rundfunkrat aus, wenn der Rundfunkrat mit der Mehrheit seiner stimmberechtigten Mitglieder entscheidet, dass eine Interessenkollision nach Absatz 1 eingetreten ist. ²Bis zur Entscheidung nach Satz 1 behält das Mitglied seine Rechte und Pflichten, es sei denn, der Rundfunkrat beschließt mit einer Mehrheit von mindestens zwei Dritteln seiner stimmberechtigten Mitglieder, dass das betroffene Mitglied bis zur Entscheidung nicht an den Arbeiten des Rundfunkrates teilnehmen kann. ³Von der Beratung und Beschlussfassung im Verfahren nach Satz 1 und 2 ist das betroffene Mitglied ausgeschlossen.

§ 12 Wahl und Amtszeit der Mitglieder des Rundfunkrats

(1) ¹Die in § 10 Absatz 1 Satz 1 Nummer 1 bis 7, 10 bis 17, 19 und 22 bis 25 aufgeführten Mitglieder werden durch die dort genannten Organisationen gewählt. ²Dabei soll nach demokratischen Grundsätzen im Rahmen der jeweils geltenden Statuten verfahren werden. ³Soweit mehrere Organisationen ein gemeinsames Mitglied stellen und ein turnusmäßiger Wechsel vorzunehmen ist, stellt die Organisation das stellvertretende Mitglied, die in der vorangegangenen Amtsperiode das ordentliche Mitglied entsandt hat. ⁴Bei Einvernehmen zwischen den jeweiligen Organisationen kann von diesen Regelungen abgewichen werden.

(2) ¹Das nach § 10 Absatz 1 Satz 1 Nummer 8 gewählte Mitglied wird durch übereinstimmende Erklärung der Vorstände nach § 26 des Bürgerlichen Gesetzbuches der Vereine »SCHURA – Islamische Religionsgemeinschaft Bremen e.V.«, »DITIB – Landesverband der Islamischen Religionsgemeinschaften Niedersachsen und Bremen e.V.« und des Bremer Mitgliedsvereins des Dachverbandes »VIKZ -Verband der Islamischen Kulturzentren e.V.« bestimmt. ²Eine entsprechende Erklärung gilt auch als abgegeben, wenn neben SCHURA und DITIB die Mehrheit der Mitgliedsvereine des VIKZ der Bestimmung zustimmt.

(3) Das nach § 10 Absatz 1 Satz 1 Nummer 9 gewählte Mitglied wird durch übereinstimmende Erklärung der Vorstände nach § 26 des Bürgerlichen Gesetzbuches der Vereine »Alevitische Gemeinde in Bremen und Umgebung e.V.«, »Alevitisches Kulturzentrum in Bremen und Umgebung e.V.« und »Alevitischer Kulturverein in Bremerhaven und Umgebung e.V.« bestimmt.

(4) Die Mitglieder nach § 10 Absatz 1 Satz 1 Nummer 18 werden von dem für Medien zuständigen Ausschuss der Bremischen Bürgerschaft mit einer Mehrheit von drei Vierteln der abgegebenen Stimmen gewählt.

(5) Die Stellvertreterinnen oder die Stellvertreter werden in gleicher Weise gewählt beziehungsweise von der gleichen Organisation entsandt wie die jeweiligen ordentlichen Mitglieder.

(6) ¹Frauen und Männer sollen bei der Wahl der Mitglieder jeweils zu fünfzig Prozent berücksichtigt werden. ²Sofern eine Stelle oder Organisation als ordentliches Mitglied einen Mann entsendet, hat sie als stellvertretendes Mitglied eine Frau zu entsenden und umgekehrt. ³Wurde ein Mann als ordentliches Mitglied entsandt, ist für die folgende Amtsperiode, in welcher diese Stelle oder Organisation erneut ein ordentliches Mitglied entsendet, eine Frau als ordentliches Mitglied zu entsenden und um-

gekehrt, soweit keine Wiederberufung erfolgt. [4]Die Anforderungen der Sätze 2 und 3 entfallen bei einer Entsendung nach § 10 Absatz 1 Satz 1 Nummer 12.

(7) [1]Die Amtsperiode des Rundfunkrats beträgt vier Jahre. [2]Sie beginnt mit seinem ersten Zusammentritt. [3]Nach Ablauf der Amtsperiode führt der Rundfunkrat die Geschäfte bis zum Zusammentritt des neuen Rundfunkrats weiter. [4]Die Wahl der neuen Mitglieder wird frühestens zwei Monate vor Ablauf der Amtsperiode durchgeführt. [5]Die Namen der gewählten Mitglieder und das jeweilige Auswahlgremium sind dem vorsitzführenden Mitglied des Rundfunkrats mitzuteilen. [6]Eine Person darf dem Rundfunkrat maximal für 12 Jahre als Mitglied angehören, unabhängig von etwaigen Unterbrechungen der Mitgliedschaftszeiten.

(8) [1]Scheidet ein Mitglied aus dem Rundfunkrat vorzeitig aus, so ist für den Rest seiner Amtszeit ein Nachfolgemitglied nach den für die Entsendung des ausgeschiedenen Mitglieds geltenden Vorschriften zu wählen. [2]Absatz 6 Satz 3 und 4 gilt entsprechend.

(9) [1]Die nach § 10 Absatz 1 Satz 1 Nummer 20 bis 22 gewählten Mitglieder können vor Ablauf ihrer Amtszeit von den entsendungsberechtigten Stellen abberufen werden. [2]Dies gilt auch für die übrigen Mitglieder, wenn sie aus der entsendungsberechtigten Stelle oder Organisation ausgeschieden sind.

§ 13 Arbeitsweise des Rundfunkrats

(1) [1]Der Rundfunkrat ist beschlussfähig, wenn die Anzahl der anwesenden stimmberechtigten Mitglieder mindestens der Hälfte der Stimmen des Rundfunkrates entspricht. [2]Jedes stimmberechtigte Mitglied hat eine Stimme. [3]Sofern in diesem Gesetz nichts anderes bestimmt ist, werden Beschlüsse mit der Mehrheit der abgegebenen Stimmen gefasst. [4]Bei Wahlen nach § 9 Absatz 2 Satz 2 Nummer 2, 3 und 4 sowie bei Entscheidungen nach § 9 Absatz 2 Satz 2 Nummer 1 und 8 ist die Mehrheit der Stimmen des Rundfunkrats erforderlich. [5]Bei Abberufungen nach § 9 Absatz 2 Satz 2 Nummer 2 und 3 ist eine Mehrheit von zwei Dritteln der Stimmen des Rundfunkrats erforderlich.

(2) [1]Der Rundfunkrat wählt für die Amtsperiode aus dem Kreis der ordentlichen Mitglieder ein vorsitzführendes Mitglied und ein Mitglied für dessen Stellvertretung. [2]Das stellvertretende Mitglied vertritt das vorsitzführende Mitglied bei dessen Verhinderung umfassend. [3]Abberufungen sind mit der Mehrheit von zwei Dritteln der Stimmen des Rundfunkrats zulässig.

(3) Das vorsitzführende Mitglied vertritt den Rundfunkrat nach außen und lädt zu den Sitzungen ein.

(4) [1]Der Rundfunkrat gibt sich eine Geschäftsordnung. [2]Er bildet Ausschüsse. [3]Der Anteil der Mitglieder gemäß § 10 Absatz 1 Satz 1 Nummer 20 bis 22 soll in den Ausschüssen ein Drittel der Mitglieder nicht übersteigen. [4]Entsprechendes gilt für die Gesamtheit der Vorsitzenden des Rundfunkrates und seiner Ausschüsse sowie deren Stellvertreterinnen und Stellvertreter.

(5) [1]Der Rundfunkrat tagt möglichst sechs, mindestens vier Mal jährlich. [2]Auf Antrag von mindestens einem Drittel der ordentlichen Mitglieder oder auf Antrag der Intendantin oder des Intendanten muss das vorsitzführende Mitglied eine außerordentliche Sitzung einberufen.

(6) [1]Das vorsitzführende Mitglied und seine Stellvertretung sowie die Vorsitzenden der Ausschüsse, die ordentliche Mitglieder sein müssen, bilden gemeinsam das Präsidium. [2]Es bereitet die Sitzungen des Rundfunkrats vor und erstellt die Tagesordnung. [3]Spätestens zu Beginn eines Jahres stellt das Präsidium die Jahresplanung für die Sitzungen des Rundfunkrats sowie Maßnahmen nach Absatz 10 auf. [4]Insbesondere stellt es sicher, dass Berichte nach § 20 Absatz 2 sowie nach § 5a des Rundfunkfinanzierungsstaatsvertrages sowie der Jahresabschluss in angemessenem Umfang beraten werden.

(7) [1]Die Sitzungen des Rundfunkrats sind öffentlich. [2]In begründeten Ausnahmefällen kann der Rundfunkrat mit der Mehrheit der Stimmen seiner Mitglieder den Ausschluss der Öffentlichkeit beschließen. [3]Personalangelegenheiten, die aus Gründen des Persönlichkeitsschutzes vertraulich sind, sind stets in nichtöffentlicher Sitzung zu behandeln. [4]Gleiches gilt für Angelegenheiten, in denen die Offenlegung von Betriebs- und Geschäftsgeheimnissen Dritter unvermeidlich ist. [5]Die Sitzungen der nach Absatz 4 Satz 2 gebildeten Ausschüsse finden unter Ausschluss der Öffentlichkeit statt.

(8) [1]Das vorsitzführende Mitglied des Verwaltungsrats kann an den Sitzungen teilnehmen und ist auf seinen Wunsch anzuhören. [2]Beratend nehmen an den Sitzungen des Rundfunkrates drei Beschäftigte der Anstalt, die vom Personalrat entsandt werden sowie die Frauenbeauftragte der Anstalt teil. [3]Das Nähere zur Teilnahme der in Satz 2 genannten Personen in Ausschüssen und bei vertraulichen Beratungsgegenständen des Rundfunkrates regelt die Satzung. [4]Eine Vertreterin oder ein Vertreter der Rechtsaufsicht kann ohne Stimmrecht an allen Sitzungen teilnehmen, einschließlich der unter Ausschluss der Öffentlichkeit stattfindenden Sitzungen oder Sitzungsteile.

(9) ¹Die Zusammensetzung und die Tagesordnungen der Sitzungen des Rundfunkrates und seiner Ausschüsse nach Absatz 4 Satz 2, die Beschlüsse und Protokolle der öffentlichen Sitzungen des Rundfunkrates nebst Anwesenheitslisten sowie die Zusammenfassungen der wesentlichen Ergebnisse der Sitzungen der vorbereitenden Ausschüsse sind durch die Anstalt in geeigneter Form auf ihren Internetseiten zu veröffentlichen, § 2 Absatz 7 Satz 3 gilt entsprechend. ²Die Tagesordnungen sind spätestens eine Woche vor den jeweiligen Sitzungen zu veröffentlichen, die Beschlüsse, Protokolle, Anwesenheitslisten und Zusammenfassungen der wesentlichen Ergebnisse im Anschluss an die Sitzungen des Rundfunkrates und nach Genehmigung der Protokolle durch den Rundfunkrat.

(10) ¹Die Mitglieder des Rundfunkrats nehmen regelmäßig an Fortbildungsveranstaltungen zu journalistischen, technischen, betriebswirtschaftlichen und medienrelevanten Themen und zum Datenschutz teil. ²Sie sollen die konkreten Arbeits- und Sendeabläufe der Anstalt kennenlernen.

(11) ¹Das Nähere regelt die Satzung. ²In der Satzung können auch Fragen des Kostenersatzes und der Zahlung von Entschädigungen an die Mitglieder geregelt werden.

§ 14 Zusammensetzung, Wahl und Amtszeit des Verwaltungsrats

(1) ¹Der Verwaltungsrat besteht aus neun Mitgliedern. ²Sechs Mitglieder werden vom Rundfunkrat gewählt, drei weitere Mitglieder, von denen mindestens eins eine Frau und mindestens eins ein Mann sein soll, von den Beschäftigten der Anstalt. ³Von den vom Rundfunkrat gewählten Mitgliedern, von denen die Hälfte Frauen und die Hälfte Männer sein sollen, muss jeweils ein Mitglied über
1. ein Wirtschaftsprüfungsexamen,
2. einen betriebswirtschaftlichen Hochschulabschluss,
3. Kenntnisse im Bereich der Personalwirtschaft,
4. Kenntnisse auf dem Gebiet der digitalen Medien und der sozialen Netzwerke,
5. Kenntnisse im Bereich der Unternehmensberatung,
6. die Befähigung zum Richteramt und Erfahrungen bevorzugt auf dem Gebiet des Medienrechts

verfügen.

(2) ¹Die Mitglieder des Verwaltungsrats dürfen nicht gleichzeitig dem Rundfunkrat oder dem Direktorium angehören. ²§ 11 Absatz 1, Absatz 2 Satz 1 Nummer 2, 3 und 5 bis 7, Satz 2, Absatz 3 Satz 2, Absatz 4 Satz 1 und Absätze 5 und 6 gelten mit der Maßgabe entsprechend, dass dem Verwaltungsrat höchsten drei Mitglieder im Sinne von § 11 Absatz 2 Satz 1 Nummer 1 angehören dürfen.

(3) ¹Für die Wahl der von den Beschäftigten der Anstalt zu wählenden Mitglieder des Verwaltungsrats können die bei der Anstalt vertretenen Gewerkschaften und der Personalrat Wahlvorschläge machen. ²Wahlvorschläge der Beschäftigten der Anstalt müssen von mindestens fünf Prozent der Wahlberechtigten unterschrieben sein. ³Wahlberechtigt ist, wer nach dem Bremischen Personalvertretungsgesetz das Wahlrecht für den Personalrat besitzt. ⁴Die von den Beschäftigten der Anstalt gewählten Mitglieder des Verwaltungsrats müssen Beschäftigte der Anstalt sein.

(4) ¹Der Rundfunkrat wählt die Mitglieder im Sinne des Absatzes 1 Satz 3 nach Durchführung eines in der Geschäftsordnung zu regelnden Bewerbungsverfahrens. ²Bewerbungsverfahren und Bewerbungsfristen sind durch die Anstalt in geeigneter Form auf ihren Internetseiten zu veröffentlichen. ³Bei der Wahl sind ausschließlich solche Bewerberinnen und Bewerber zu berücksichtigen, die die erforderlichen Qualifikationen nach Absatz 1 Satz 3 aufweisen.

(5) ¹Die Amtsperiode des Verwaltungsrats beträgt vier Jahre. ²Sie beginnt mit seinem ersten Zusammentritt. ³Nach Ablauf der Amtsperiode führt der Verwaltungsrat die Geschäfte bis zum Zusammentritt des neuen Verwaltungsrats weiter.

(6) Scheidet ein Mitglied vorzeitig aus dem Verwaltungsrat aus, so ist für den Rest seiner Amtszeit nach den für die Entsendung des ausgeschiedenen Mitglieds geltenden Vorschriften ein Nachfolgemitglied zu wählen.

§ 15 Aufgaben des Verwaltungsrats

(1) Der Verwaltungsrat überwacht und berät die Intendantin oder den Intendanten und die Direktorinnen oder Direktoren in der gesamten Geschäftsführung.

(2) Folgende Rechtsgeschäfte bedürfen der vorherigen Zustimmung des Verwaltungsrats:
1. Einstellung und Kündigung der Beschäftigten, deren Vergütung über der höchsten Gehaltsgruppe des für die Anstalt geltenden Tarifvertrages liegt,
2. Erwerb und Veräußerung von Beteiligungen sowie Änderungen von Gesellschaftsverträgen und Kapitalanteilen bei Beteiligungen nach § 16b des Rundfunkstaatsvertrages,

3. Beschaffungen und Abschlüsse von Verträgen, soweit der Gegenstand im Einzelfall 100 000 Euro übersteigt und es sich nicht um Verträge über die Herstellung und Lieferung von Programmteilen handelt. Bei Verträgen über die Herstellung und Lieferung von Programmteilen über 200 000 Euro soll der Verwaltungsrat vor Abschluss der Verträge unterrichtet werden,
4. die Aufnahme kommerzieller Tätigkeiten nach § 16a Absatz 1 Satz 2 des Rundfunkstaatsvertrages.

(3) Änderungen der organisatorischen Struktur des Hauses bedürfen der Genehmigung des Verwaltungsrats.

(4) [1]Darüber hinaus hat der Verwaltungsrat insbesondere die folgenden Aufgaben:
1. die Dienstverträge mit der Intendantin oder dem Intendanten abzuschließen,
2. die von der Intendantin oder dem Intendanten vorgeschlagenen Dienstverträge mit den Direktorinnen oder Direktoren abzuschließen,
3. den von der Intendantin oder dem Intendanten vorgelegten Wirtschaftsplan, Jahresabschluss sowie Vorschlag zur Verwendung eines etwa entstehenden Überschusses zu prüfen und dem Rundfunkrat mit einer schriftlichen Stellungnahme zuzuleiten,
4. eine Finanzordnung zu erlassen, die auch Regelungen zur Aufnahme von Krediten und zur Übernahme von fremden Verbindlichkeiten, soweit dies rechtlich zulässig ist, enthält.

[2]Der Verwaltungsrat ist das zuständige Aufsichtsgremium nach § 16c und § 16d des Rundfunkstaatsvertrages. [3]Er überwacht die Einhaltung der Vorschriften der §§ 16a bis 16e des Rundfunkstaatsvertrages.

(5) Alle unmittelbar die Angebote der Anstalt betreffenden Angelegenheiten gehören mit Ausnahme der in Absatz 2 bis 4 genannten Fragen nicht zu den Aufgaben des Verwaltungsrats.

(6) Der Verwaltungsrat vertritt die Anstalt bei Rechtsgeschäften und Rechtsstreitigkeiten gegenüber der Intendantin oder dem Intendanten.

(7) [1]Der Verwaltungsrat ist zur Erfüllung seiner Aufgaben berechtigt, Expertisen und Gutachten in Auftrag zu geben oder besondere Sachverständige hinzuzuziehen. [2]Er ist berechtigt, von der Intendantin oder dem Intendanten die erforderlichen Auskünfte zu verlangen und Einsicht in die Unterlagen der Anstalt zu nehmen.

§ 16 Arbeitsweise des Verwaltungsrats

(1) Die Mitglieder des Verwaltungsrats sind ehrenamtlich tätig und an Aufträge und Weisungen nicht gebunden.

(2) [1]Der Verwaltungsrat tagt in nichtöffentlicher Sitzung. [2]Er ist beschlussfähig, wenn die Mehrheit seiner Mitglieder anwesend ist. [3]Jedes Mitglied des Verwaltungsrates hat eine Stimme. [4]Die Beschlüsse werden, sofern in diesem Gesetz nichts anderes bestimmt ist, mit der Mehrheit der Stimmen seiner Mitglieder gefasst. [5]Sofern eine Beschlussfassung wegen fehlender Beschlussfähigkeit nicht erfolgen kann, kann das vorsitzführende Mitglied zu einer erneuten Sitzung mit gleicher Tagesordnung einladen, die innerhalb von drei Wochen nach der ersten Sitzung erfolgen muss. [6]In dieser zweiten Sitzung werden die Beschlüsse mit der Mehrheit der Stimmen der anwesenden stimmberechtigten Mitglieder gefasst, sofern in der Einladung auf diese Folge hingewiesen wurde.

(3) [1]Der Verwaltungsrat wählt ein vorsitzführendes Mitglied und ein Mitglied für dessen Stellvertretung. [2]Das vorsitzführende Mitglied muss ein vom Rundfunkrat gewähltes Mitglied, die Stellvertretung ein von den Beschäftigten der Anstalt gewähltes Mitglied sein. [3]Das stellvertretende Mitglied vertritt das vorsitzführende Mitglied bei dessen Verhinderung umfassend.

(4) [1]Der Verwaltungsrat soll mindestens jeden zweiten Monat zusammentreten. [2]Er ist darüber hinaus einzuberufen, wenn drei seiner Mitglieder oder die Intendantin oder der Intendant dies beantragen.

(5) Das vorsitzführende Mitglied des Rundfunkrats kann an den Sitzungen teilnehmen und ist auf seinen Wunsch anzuhören.

(6) [1]Die Zusammensetzung des Verwaltungsrates, die Tagesordnungen der Sitzungen, die Anwesenheitslisten, die gefassten Beschlüsse sowie die Zusammenfassungen der wesentlichen Ergebnisse der Sitzungen sind durch die Anstalt in geeigneter Form auf ihren Internetseiten zu veröffentlichen, § 2 Absatz 7 Satz 3 gilt entsprechend. [2]Die Tagesordnungen sind spätestens eine Woche vor den jeweiligen Sitzungen zu veröffentlichen, die Beschlüsse, Anwesenheitslisten und Zusammenfassungen der wesentlichen Ergebnisse im Anschluss an die Sitzungen. [3]Im Falle einer Zustimmung des Verwaltungsrates zum Abschluss von Anstellungsverträgen mit außertariflichen Angestellten nach § 15 Ab-

satz 2 Nummer 1 enthält die Veröffentlichung der Zusammenfassung der wesentlichen Ergebnisse der Sitzungen auch eine Darstellung der jährlichen Vergütungen sowie etwaiger vertraglich vereinbarter Zusatzleistungen unter Namensnennung. [4]Entsprechendes gilt für Verträge mit freien Mitarbeitern, die der Zustimmung des Verwaltungsrates bedürfen.

(7) [1]Die Mitglieder des Verwaltungsrats nehmen regelmäßig an Fortbildungsveranstaltungen zu betriebswirtschaftlichen, technischen und medienrelevanten Themen und zum Datenschutz teil. [2]Sie sollen die konkreten Geschäftsabläufe der Anstalt kennenlernen.

(8) [1]Das Nähere regelt die Satzung. [2]In der Satzung können auch Fragen des Kostenersatzes und der Zahlung von Entschädigungen an die Mitglieder geregelt werden.

§ 17 Veröffentlichung von Beanstandungen

Bei Rechtsverstößen hat die Intendantin oder der Intendant Beanstandungen des Rundfunkrates oder des Verwaltungsrates auf deren Verlangen im Programm zu veröffentlichen.

§ 18 Wahl und Abberufung der Intendantin oder des Intendanten und der Direktorinnen oder Direktoren

(1) [1]Die Intendantin oder der Intendant wird vom Rundfunkrat auf fünf Jahre gewählt. [2]Wiederwahl ist zulässig.

(2) [1]Zur Vorbereitung der Wahl der Intendantin oder des Intendanten bildet der Rundfunkrat eine Findungskommission unter Beteiligung des Verwaltungsrats. [2]Der Verwaltungsrat kann Wahlvorschläge machen, an die der Rundfunkrat nicht gebunden ist.

(3) [1]Die Direktorinnen oder Direktoren werden vom Rundfunkrat auf Vorschlag der Intendantin oder des Intendanten auf fünf Jahre gewählt. [2]Wiederwahl ist zulässig. [3]In der Satzung sind die Geschäftsbereiche und die Anzahl der Direktorinnen oder Direktoren (mindestens zwei weitere Personen neben der Intendantin oder dem Intendanten) zu bestimmen.

(4) [1]Die Intendantin oder der Intendant kann aus wichtigem Grund durch Beschluss des Rundfunkrats abberufen werden. [2]Der Rundfunkrat holt vor der Beschlussfassung eine Stellungnahme des Verwaltungsrats ein. [3]Die Intendantin oder der Intendant ist vor der Entscheidung zu hören.

(5) [1]Die Direktorinnen oder Direktoren können aus wichtigem Grund durch Beschluss des Rundfunkrats abberufen werden. [2]Die Betroffenen sind vor der Entscheidung zu hören.

(6) Mitglieder des Direktoriums sind die Intendantin oder der Intendant und die Direktorinnen oder Direktoren.

§ 19 Aufgaben und Arbeitsweise der Intendantin oder des Intendanten sowie des Direktoriums

(1) [1]Die Intendantin oder der Intendant leitet die Anstalt. [2]Sie oder er hat den besonderen Erfordernissen einer öffentlich-rechtlichen Rundfunkanstalt Rechnung zu tragen und sorgt für eine größtmögliche Transparenz gegenüber der Öffentlichkeit und den sonstigen Organen der Anstalt.

(2) [1]Sie oder er hat die Verantwortung für den gesamten Betrieb der Anstalt und für die Programmgestaltung. [2]Sie oder er führt den Vorsitz des Direktoriums und bestimmt, wer aus dem Direktorium die Stellvertretung übernimmt. [3]Sie oder er vertritt die Anstalt gerichtlich und außergerichtlich. [4]§ 15 Absatz 6 bleibt unberührt.

(3) Das Direktorium ist unter Beachtung der Gesamtverantwortung der Intendantin oder des Intendanten zuständig, insbesondere für
1. alle Angelegenheiten, die für die Anstalt von Bedeutung sind, wie
   a) die Struktur des Programms,
   b) Aufstellung des Wirtschaftsplans und des Jahresabschlusses,
   c) Erwerb, Veräußerung und Belastung von Grundstücken,
   d) Erwerb und Veräußerung von Unternehmungen und Beteiligungen,
   e) Einstellung, Entlassung und Umgruppierung von Personal,
2. Meinungsverschiedenheiten über Angelegenheiten, die mehrere Geschäftsbereiche berühren, auf Antrag einer Direktorin oder eines Direktors.

(4) Unter Beachtung der Gesamtverantwortung der Intendantin oder des Intendanten sowie im Rahmen der Beschlüsse der Aufsichtsgremien und der Beratungen im Direktorium leitet jedes Mitglied des Direktoriums seinen Geschäftsbereich selbstständig und in eigener Verantwortung.

(5) Das Direktorium gibt sich eine Geschäftsordnung.

(6) ¹Die Intendantin oder der Intendant und die Direktorinnen oder Direktoren können mit beratender Stimme an den Sitzungen des Rundfunkrats und des Verwaltungsrats teilnehmen, soweit nicht über sie selbst verhandelt wird. ²Sie sind auf Beschluss zur Teilnahme verpflichtet.

§ 20 Organisationsplan und Entwicklungsbericht

(1) Die Intendantin oder der Intendant legt einen Organisationsplan vor, der der Zustimmung des Verwaltungsrats bedarf.

(2) ¹Zur ersten Sitzung des letzten Quartals eines Geschäftsjahres ist die Intendantin oder der Intendant verpflichtet, sowohl dem Rundfunkrat als auch dem Verwaltungsrat einen Entwicklungsbericht für das zukünftige Geschäftsjahr zur Stellungnahme vorzulegen. ²Der Bericht ist auf den Internetseiten der Anstalt zu veröffentlichen.

(3) ¹Leitungsfunktionen im Programmbereich werden für eine Zeit von höchstens fünf Jahren besetzt. ²Wiederbesetzung ist zulässig. ³Der Organisationsplan kann festlegen, welche weiteren Leitungsfunktionen auf Zeit zu besetzen sind. ⁴Die Festlegung, welches auf Zeit zu besetzende Leitungsfunktionen sind, bedarf der Zustimmung des Rundfunkrats.

§ 21 Berufsgruppenvertretung

(1) ¹Für die einzelnen Berufsgruppen, die bei der Anstalt beschäftigt sind, werden Berufsgruppenausschüsse von den jeweiligen Angehörigen der einzelnen Berufsgruppen gewählt. ²Den Berufsgruppenausschüssen obliegt die Wahrnehmung der berufsspezifischen Interessen der einzelnen Berufsgruppen. ³Soweit es sich um Angelegenheiten handelt, die in die Zuständigkeit des Personalrats fallen, können sie Empfehlungen beschließen, die an den Personalrat zu richten sind.

(2) Die Angehörigen der jeweiligen Berufsgruppe haben jederzeit das Recht, den Berufsgruppenausschuss anzurufen.

(3) Die Intendantin oder der Intendant und der Personalrat regeln in einer Dienstvereinbarung nach § 62 des Bremischen Personalvertretungsgesetzes insbesondere:
1. für welche Berufsgruppen Berufsgruppenausschüsse eingerichtet werden,
2. die Zusammensetzung der Berufsgruppenausschüsse,
3. Näheres über die Zuständigkeit der Berufsgruppenausschüsse und
4. Näheres über Organisation und Verfahren für die Berufsgruppenausschüsse.

(4) ¹Der Berufsgruppenausschuss der Programm-Mitarbeiterinnen und Programm-Mitarbeiter ist der Redakteursausschuss. ²Ihm obliegt insbesondere die Aufgabe, sich um eine Einigung bei Konflikten in Programmfragen zu bemühen. ³Absatz 3 Nummer 2 bis 4 gilt mit der Maßgabe, dass die Dienstvereinbarung zwischen der Intendantin oder dem Intendanten und dem Redakteursausschuss geschlossen wird (Redaktionsstatut). ⁴Der Personalrat ist zu beteiligen.

(5) ¹Der Redakteursausschuss hat ein Vortragsrecht vor dem Rundfunkrat, wenn in einer Programmangelegenheit eine Einigung mit der Intendantin oder dem Intendanten nicht erzielt worden ist und die Intendantin oder der Intendant oder der Redakteursausschuss die Nichteinigung festgestellt hat. ²Der Personalrat ist bei den Einigungsgesprächen zu beteiligen.

(6) Der Rundfunkrat kann in einer solchen Angelegenheit eine Stellungnahme abgeben, die eine Empfehlung darstellt, jedoch die Intendantin oder den Intendanten nicht von einer eigenverantwortlichen Entscheidung entbindet.

§ 22 Personalvertretungsrecht

(1) Für Radio Bremen finden nach § 1 des Bremischen Personalvertretungsgesetzes die Bestimmungen des Bremischen Personalvertretungsgesetzes nach Maßgabe der nachfolgenden Bestimmungen Anwendung.

(2) Bei Beschäftigten, deren Vergütung sich nach der Gehaltsgruppe XII des Gehaltstarifvertrages Radio Bremen bemisst oder deren Vergütung über der höchsten Gehaltsgruppe liegt, wird der Personalrat in den Fällen des § 63 Absatz 1 Buchstabe f bis k und des § 65 des Bremischen Personalvertretungsgesetzes nicht beteiligt.

(3) Bei im Programmbereich Beschäftigten der Gehaltsgruppe XI des Gehaltstarifvertrages Radio Bremen tritt in Fällen des § 63 Absatz 1 Buchstabe f bis k und des § 65 des Bremischen Personalvertretungsgesetzes an die Stelle der Mitbestimmung des Personalrats die Mitwirkung entsprechend des § 72 Absatz 1 bis 3 und 6 des Bundespersonalvertretungsgesetzes.

(4) ¹Die Beschlüsse der Einigungsstelle sind bindend in den Angelegenheiten, die in ihrem Schwerpunkt die Beschäftigten in ihrem Beschäftigungsverhältnis betreffen und nur unerheblich die Wahrnehmung der Aufgaben der Anstalt berühren. ²In allen anderen Angelegenheiten und in Angelegenheiten des Satzes 1, bei denen im Einzelfall die Entscheidung von Bedeutung für die Erfüllung der Aufgaben der Anstalt ist, sind die Beschlüsse der Einigungsstelle nicht bindend und hat die Intendantin oder der Intendant das Recht, die endgültige Entscheidung zu treffen.
(5) Als Bedienstete im Sinne des Bremischen Personalvertretungsgesetzes gelten auch die arbeitnehmerähnlichen Personen.

Abschnitt 3
Die Wirtschaft der Anstalt

§ 23 Einnahmen
¹Die Einnahmen der Anstalt dürfen nur zur Erfüllung ihres gesetzlichen Auftrages verwendet werden. ²Zuschüsse des Staates sowie politischer, wirtschaftlicher oder anderer Organisationen sind unzulässig.

§ 24 Kommerzielle Tätigkeiten
(1) ¹Die Anstalt ist berechtigt, nach Maßgabe des Rundfunkstaatsvertrages kommerzielle Tätigkeiten auszuüben. ²Für die Beteiligung an Unternehmen gelten zusätzlich die Bestimmungen der nachfolgenden Absätze.
(2) Angehörige der Anstalt sowie Mitglieder des Rundfunkrates oder des Verwaltungsrates dürfen an Unternehmen, an denen Radio Bremen unmittelbar oder mittelbar beteiligt ist, nicht persönlich beteiligt sein.
(3) Radio Bremen hat sicherzustellen, dass Mitglieder der Geschäftsführung sowie leitende Angestellte von juristischen Personen oder Unternehmen, deren Geschäftsanteile sich ausschließlich in der Hand der Anstalt befinden, nicht ihrerseits an anderen juristischen Personen oder Unternehmen dieser Art beteiligt sind.
(4) Alle Beteiligungen der Anstalt sind auf ihren Internetseiten zu veröffentlichen.
(5) ¹Die Intendantin oder der Intendant unterrichtet den Rundfunkrat regelmäßig über die wesentlichen Vorgänge in den Beteiligungsunternehmen. ²Ihre oder seine Mitteilungspflichten gegenüber dem Verwaltungsrat ergeben sich aus dem Rundfunkstaatsvertrag.

§ 25 Jahresabschluss und Rechnungsprüfung
(1) ¹Die Intendantin oder der Intendant hat nach Abschluss des Geschäftsjahres den Jahresabschluss, den Lagebericht, den Konzernabschluss und den Konzernlagebericht zu erstellen. ²Der Konzernlagebericht hat einen umfassenden Einblick in die Vermögens- und Ertragsverhältnisse der Anstalt einschließlich ihrer Beziehungen zu Unternehmen, an denen sie unmittelbar oder mittelbar beteiligt ist, zu vermitteln.
(2) ¹Der Jahresabschluss und der Konzernabschluss sind nach den Vorschriften des Handelsgesetzbuches für große Kapitalgesellschaften aufzustellen und vor der Feststellung durch einen vom Verwaltungsrat im Einvernehmen mit dem Rechnungshof der Freien Hansestadt Bremen beauftragten Wirtschaftsprüfer zu prüfen. ²Der Abschlussprüfer ist auch mit den Feststellungen und Berichten nach § 53 des Haushaltsgrundsätzegesetzes zu beauftragen. ³Nach Genehmigung des Jahresabschlusses veröffentlicht die Intendantin oder der Intendant entsprechend den Regelungen des § 13 Absatz 9 Satz 1 und nach näherer Bestimmung der Satzung eine Gesamtübersicht über den Jahresabschluss und eine Zusammenfassung der wesentlichen Teile des Konzernlageberichts.
(3) ¹Jahresabschluss, Lagebericht, Konzernabschluss, Konzernlagebericht und Prüfungsberichte werden von der Intendantin oder dem Intendanten dem Senat und dem Rechnungshof der Freien Hansestadt Bremen übermittelt. ²Weitergehende Anforderungen aus dem Rundfunkstaatsvertrag, insbesondere § 16d Rundfunkstaatsvertrages bleiben unberührt.
(4) ¹Die Haushaltsführung, Rechnungslegung, Prüfung und Entlastung der Anstalt richtet sich nach § 105 Absatz 1 Satz 1 der Landeshaushaltsordnung; keine Anwendung finden § 108 und § 109 Absatz 3 Satz 3 der Landeshaushaltsordnung. ²Der Rechnungshof der Freien Hansestadt Bremen prüft nach § 111 Absatz 1 der Landeshaushaltsordnung die Haushalts- und Wirtschaftsführung.
(5) ¹Der Rechnungshof der Freien Hansestadt Bremen teilt das Ergebnis seiner Prüfung der Intendantin oder dem Intendanten, dem Verwaltungsrat sowie der KEF mit. ²Er gibt der Intendantin oder

dem Intendanten Gelegenheit zur Stellungnahme zu dem Ergebnis der Prüfung und berücksichtigt die Stellungnahme. ³Den auf dieser Grundlage erstellten abschließenden Bericht über das Ergebnis der Prüfung teilt der Rechnungshof der Freien Hansestadt Bremen der Bremischen Bürgerschaft, dem Senat der Freien Hansestadt Bremen sowie der KEF mit und veröffentlicht ihn anschließend.

(6) ¹Der Rechnungshof der Freien Hansestadt Bremen prüft nach § 92 der Landeshaushaltsordnung die Haushalts- und Wirtschaftsführung bei solchen Unternehmen des privaten Rechts, an denen Radio Bremen unmittelbar oder mittelbar oder zusammen mit sonstigen Anstalten oder Körperschaften des öffentlichen Rechts mit Mehrheit beteiligt ist und deren Gesellschaftsvertrag oder Satzung diese Prüfungen durch den Rechnungshof vorsieht. ²Radio Bremen ist verpflichtet, für die Aufnahme der erforderlichen Regelungen in den Gesellschaftsverträgen oder der Satzung der Unternehmen zu sorgen. ³Absatz 5 Satz 1 bis 3 gilt mit der Maßgabe, dass die Mitteilung des Ergebnisses der Prüfung durch den Rechnungshof der Freien Hansestadt Bremen zusätzlich an die Geschäftsführung des geprüften Beteiligungsunternehmens zu richten und dieser ebenfalls Gelegenheit zur Abgabe einer zu berücksichtigenden Stellungnahme zu geben ist. ⁴Bei der Veröffentlichung hat der Rechnungshof der Freien Hansestadt Bremen darauf zu achten, dass die Wettbewerbsfähigkeit des geprüften Beteiligungsunternehmens nicht beeinträchtigt wird und insbesondere Betriebs- und Geschäftsgeheimnisse gewahrt werden. ⁵Weitergehende Anforderungen aus dem Rundfunkstaatsvertrag, insbesondere § 16d des Rundfunkstaatsvertrages bleiben unberührt.

(7) ¹Über die Mitteilungspflichten aus dem Rundfunkstaatsvertrag hinaus teilt der Rechnungshof der Freien Hansestadt Bremen den abschließenden Bericht über das Ergebnis seiner Prüfung dem Rundfunkrat mit. ²Dabei achtet der Rechnungshof der Freien Hansestadt Bremen darauf, dass die Wettbewerbsfähigkeit der geprüften Unternehmen nicht beeinträchtigt wird und insbesondere Betriebs- und Geschäftsgeheimnisse gewahrt werden.

(8) Radio Bremen veröffentlicht sämtliche für die Tätigkeit im Geschäftsjahr gewährten Bezüge, Vergütungen und Leistungen der Intendantin oder des Intendanten und der vom Rundfunkrat gewählten Direktorinnen und Direktoren unter Nennung des Namens in geeigneter Form auf ihren Internetseiten.

Abschnitt 4
Rechte Dritter

§ 26 Eingaben

(1) ¹Jede Person hat das Recht, sich mit Beschwerden und Anregungen zu Rundfunkprogrammen und Telemedien an die Anstalt zu wenden. ²Auf den Internetseiten der Anstalt ist auf die Möglichkeit von Eingaben deutlich hinzuweisen.

(2) ¹Bei der Anstalt wird eine unabhängige Publikumsstelle eingerichtet. ²Sie nimmt alle Eingaben und Anfragen der Rezipienten entgegen, die nicht an eine bestimmte Person oder Redaktion gerichtet sind und sorgt unter Einbeziehung der zuständigen Stelle für eine sachgerechte Behandlung. ³Der Publikumsstelle ist Gelegenheit zu geben, zu Programmbeschwerden nach Absatz 3 und sonstigen Eingaben Stellung zu nehmen. ⁴Die Intendantin oder der Intendant berücksichtigt die Stellungnahme bei der Beantwortung.

(3) ¹Programmbeschwerden, in denen die Verletzung von Programmgrundsätzen nach § 3 behauptet wird, sind von der Intendantin oder dem Intendanten innerhalb eines Monats schriftlich zu beantworten. ²In der Antwort ist auf die Beschwerdemöglichkeit nach Absatz 4 hinzuweisen.

(4) ¹Ist der Beschwerdeführer mit der Antwort nach Absatz 2 nicht einverstanden oder hat er innerhalb der Monatsfrist keine Antwort erhalten, so kann er sich mit seiner Beschwerde unmittelbar an den Rundfunkrat wenden. ²Der Beschwerdeführer ist nach Behandlung seiner Beschwerde durch den Rundfunkrat vom vorsitzführenden Mitglied über den Ausgang des Verfahrens zu unterrichten.

(5) ¹Soweit der Beschwerdeführer sich mit einer Beschwerde unmittelbar an den Rundfunkrat oder das vorsitzführende Mitglied wendet, wird die Beschwerde der Intendantin oder dem Intendanten zugeleitet. ²Das vorsitzführende Mitglied teilt die Abgabe dem Beschwerdeführer mit. ³Absatz 3 gilt entsprechend.

(6) ¹Die Intendantin oder der Intendant berichtet dem Rundfunkrat zu jeder Sitzung über eingegangene Programmbeschwerden nach Absatz 3 und weitere wesentliche Eingaben und deren Behandlung.

²Ebenso berichtet die Publikumsstelle. ³Die Berichte werden unter Wahrung der datenschutzrechtlichen Belange auf den Internetseiten der Anstalt veröffentlicht.
(7) Das Nähere regelt die Satzung.

§ 27 Gegendarstellungsrecht
(1) Die Anstalt ist verpflichtet, eine Gegendarstellung der Person, Gruppe oder Stelle zu verbreiten, die durch eine von der Anstalt in einer Sendung verbreitete Tatsachenbehauptung betroffen ist.
(2) Die Pflicht zur Verbreitung der Gegendarstellung besteht nicht, wenn
1. die Person, Gruppe oder Stelle kein berechtigtes Interesse an der Verbreitung hat, oder
2. die Gegendarstellung ihrem Umfang nach nicht angemessen ist. Überschreitet die Gegendarstellung nicht den Umfang des beanstandeten Teils der Sendung, gilt sie als angemessen.
(3) ¹Die Gegendarstellung muss sich auf tatsächliche Angaben beschränken und darf keinen strafbaren Inhalt haben. ²Sie bedarf der Schriftform und muss von der Person, Gruppe oder Stelle oder ihrem gesetzlichen Vertreter unterzeichnet sein. ³Die Verbreitung kann nur verlangt werden, wenn die Gegendarstellung unverzüglich, spätestens innerhalb von drei Monaten, der Anstalt zugeht. ⁴Die Gegendarstellung muss die beanstandete Sendung und Tatsachenbehauptung bezeichnen.
(4) ¹Die Gegendarstellung muss unverzüglich innerhalb des gleichen Programms wie die beanstandete Tatsachenbehauptung sowie zur gleichen Tageszeit verbreitet werden. ²Wenn dies nicht möglich ist, muss die Gegendarstellung innerhalb der gleichen Programmsparte und zu einer gleichwertigen Sendezeit verbreitet werden. ³Die Verbreitung erfolgt ohne Einschaltungen und Weglassungen. ⁴Eine Erwiderung auf die verbreitete Gegendarstellung muss sich auf tatsächliche Angaben beschränken.
(5) ¹Wird eine Sendung zum beliebigen zeitlichen Empfang bereitgestellt, so ist die Gegendarstellung für die Dauer der Bereitstellung mit der Sendung zu verbinden. ²Wird die Sendung nicht mehr bereitgestellt oder endet die Bereitstellung vor Ablauf eines Monats nach Aufnahme der Gegendarstellung, so ist die Gegendarstellung an vergleichbarer Stelle so lange bereitzustellen, wie die oder der Betroffene es verlangt, höchstens jedoch einen Monat.
(6) ¹Die Verbreitung der Gegendarstellung erfolgt unentgeltlich. ²Dies gilt nicht, wenn sich die Gegendarstellung gegen eine Tatsachenbehauptung richtet, die in einer Werbesendung verbreitet worden ist.
(7) ¹Für die Durchsetzung des Anspruchs ist der ordentliche Rechtsweg gegeben. ²Auf das Verfahren sind die Vorschriften der Zivilprozessordnung über das Verfahren auf Erlass einer einstweiligen Verfügung entsprechend anzuwenden. ³Eine Gefährdung des Anspruchs braucht nicht glaubhaft gemacht zu werden. ⁴Ein Verfahren zur Hauptsache findet nicht statt.
(8) ¹Die Absätze 1 bis 7 gelten nicht für wahrheitsgetreue Berichte über öffentliche Sitzungen des Europäischen Parlamentes, der gesetzgebenden Organe des Bundes, der Länder und der Vertretungen der Gemeinden und Gemeindeverbände, der Gerichte sowie für Sendungen nach § 28. ²Zu einer Gegendarstellung kann eine Gegendarstellung nicht verlangt werden.

Abschnitt 5
Staatliche Befugnisse

§ 28 Verlautbarungsrecht
¹Die Anstalt hat auf Verlangen der Bundesregierung oder des Senats der Freien Hansestadt Bremen unentgeltlich Gesetze und Verordnungen sowie andere amtliche Verlautbarungen durch Hörfunk und Fernsehen zu verbreiten, soweit dies erforderlich ist, um einer Gefahr für die Allgemeinheit oder für Menschenleben zu begegnen oder wenn das Gesetz, die Verordnung oder die Verlautbarung nicht auf ordnungsgemäßem Wege verkündet werden kann. ²Die Bundesregierung und der Senat der Freien Hansestadt Bremen haben das Recht, den Zeitpunkt der Verbreitung zu bestimmen.

§ 29 Rechtsaufsicht
(1) ¹Die Rechtsaufsicht über die Anstalt obliegt dem Senat der Freien Hansestadt Bremen. ²Ihm sind die zur Wahrnehmung dieser Aufgabe erforderlichen Auskünfte zu erteilen und Einsicht in die Unterlagen zu gewähren.
(2) Die Rechtsaufsicht ist berechtigt, die Anstalt schriftlich auf Maßnahmen oder Unterlassungen hinzuweisen, die dieses Gesetz oder die allgemeinen Rechtsvorschriften verletzen, und sie aufzufordern, die Rechtsverletzung zu beseitigen.

(3) Wird die Rechtsverletzung nicht innerhalb einer angemessenen Frist behoben, weist die Rechtsaufsicht die Anstalt an, auf deren Kosten innerhalb einer angemessenen Frist im Einzelnen festgelegte Maßnahmen durchzuführen.

§ 30 Inkrafttreten, Außerkrafttreten, Übergangsvorschriften

(1) ¹Dieses Gesetz tritt am Tage nach seiner Verkündung in Kraft. ²Gleichzeitig tritt das Radio-Bremen-Gesetz vom 23. Januar 2008 (Brem.GBl. S. 13 – 225-b-1), das zuletzt durch Gesetz vom 1. April 2014 (Brem.GBl. S. 241) geändert worden ist, außer Kraft.

(2) Für die am 24. März 2016 laufenden Amtsperioden des Rundfunkrates und des Verwaltungsrates sind die Vorschriften des Abschnittes 2 des Radio-Bremen Gesetzes in der am 23. März 2016 geltenden Fassung bis zum Ende der jeweiligen Amtsperiode weiter anzuwenden.

95 BremLMG

Bremisches Landesmediengesetz (BremLMG)

Vom 8. Mai 2018 (Brem.GBl. S. 177)
(225-h-1)

Der Senat verkündet das nachstehende, von der Bürgerschaft (Landtag) beschlossene Gesetz:

Inhaltsübersicht

Abschnitt 1
Allgemeine Vorschriften

§ 1 Geltungsbereich
§ 2 Begriffsbestimmungen

Abschnitt 2
Zulassung von Rundfunkprogrammen

§ 3 Zulassung
§ 4 Zulassungsvoraussetzungen
§ 5 Zulassungsgrundsätze zur Sicherung der Vielfalt
§ 6 Inhalt der Zulassung
§ 7 Antragsverfahren, Mitwirkungspflicht
§ 8 Auskunftsrecht und Ermittlungsbefugnisse
§ 9 Vereinfachtes Zulassungsverfahren
§ 10 Rücknahme
§ 11 Widerruf

Abschnitt 3
Anforderungen an Rundfunkprogramme und Veranstalter

§ 12 Programmauftrag
§ 13 Vielfalt
§ 14 Programmgrundsätze
§ 15 Werbung, Sponsoring, Teleshopping, Gewinnspiele
§ 16 Verantwortlichkeit
§ 17 Eingabe- und Beschwerderecht, Auskunftspflicht
§ 18 Aufzeichnungspflicht und Einsichtnahmerecht
§ 19 Gegendarstellungsrecht
§ 20 Verlautbarungsrecht
§ 21 Besondere Finanzierungsarten

Abschnitt 4
Weiterverbreitung

§ 22 Zulässigkeit der Weiterverbreitung
§ 23 Weiterverbreitungsgrundsätze
§ 24 Weitere Voraussetzungen

Abschnitt 5
Übertragungskapazitäten

Unterabschnitt 1
Terrestrik und Satelliten

Kapitel 1
Zuordnung

§ 25 Zuordnung von Übertragungskapazitäten
§ 26 Zuordnungsverfahren
§ 27 Rücknahme und Widerruf
§ 28 Zuordnung von Übertragungskapazitäten zwischen Ländern

Kapitel 2
Zuweisung

§ 29 Zuweisung von Übertragungskapazitäten durch die Landesmedienanstalt
§ 30 Verfahren, Antrag, Mitwirkungspflichten
§ 31 Auswahlkriterien
§ 32 Inhalt der Zuweisung
§ 33 Rücknahme der Zuweisung
§ 34 Widerruf der Zuweisung

Unterabschnitt 2
Kabelnetze

§ 35 Anwendungsbereich
§ 36 Digitalisierung der Kabelnetze
§ 37 Rangfolge
§ 38 Mitwirkungspflichten
§ 39 Untersagung

Abschnitt 6
Bürgermedien

§ 40 Aufgabe und Nutzung
§ 41 Offener Kanal
§ 42 Ereignisrundfunk
§ 43 Medienpädagogische Ziele
§ 44 Verbreitung
§ 45 Satzungsermächtigung

Abschnitt 7
Landesmedienanstalt

§ 46	Aufgaben, Rechtsform und Organe
§ 47	Medienkompetenz
§ 48	Modellversuche
§ 49	Aufsicht über private Veranstalter
§ 50	Zusammensetzung des Medienrates
§ 51	Mitgliedschaft, persönliche Voraussetzungen
§ 52	Wahl und Amtszeit des Medienrates
§ 53	Aufgaben und Arbeitsweise des Medienrates, Kostenerstattung
§ 54	Aufgaben der Direktorin oder des Direktors
§ 55	Wahl, Amtsdauer, Abberufung der Direktorin oder des Direktors
§ 56	Finanzierung und Haushaltswesen
§ 57	Rechtsaufsicht

Abschnitt 8
Datenschutz

§ 58	Geltung von Datenschutzvorschriften
§ 59	Datenschutzkontrolle

Abschnitt 9
Bußgeld-, Übergangs- und Schlussvorschriften

§ 60	Ordnungswidrigkeiten
§ 61	Ausführungsbestimmung zu § 35 des Rundfunkstaatsvertrages
§ 62	Aufsicht bei Telemedien
§ 63	Zuständigkeit bei Ordnungswidrigkeiten
§ 64	Übergangsvorschrift
§ 65	Überprüfungsklausel
§ 66	Inkrafttreten, Außerkrafttreten

Abschnitt 1
Allgemeine Vorschriften

§ 1 Geltungsbereich
(1) Dieses Gesetz gilt für
1. die Veranstaltung, Verbreitung und Weiterverbreitung von Rundfunkprogrammen sowie für die Verbreitung von Telemedien,
2. die Zuordnung und Zuweisung von Übertragungskapazitäten,
3. die Bürgermedien,
4. Sendungen in Einrichtungen, in Wohneinheiten und bei öffentlichen Veranstaltungen und
5. Modellversuche

im Land Bremen.

(2) Auf die Rundfunkanstalten des öffentlichen Rechts findet dieses Gesetz keine Anwendung, soweit nicht ausdrücklich etwas Anderes bestimmt ist.
(3) Der Rundfunkstaatsvertrag und der Jugendmedienschutz-Staatsvertrag bleiben unberührt.
(4) § 6 Absatz 5, §§ 12 und 13 gelten nicht für Teleshoppingprogramme.

§ 2 Begriffsbestimmungen
(1) Die Begriffsbestimmungen des Rundfunkstaatsvertrages sowie des Jugendmedienschutz-Staatsvertrages gelten auch für die Anwendung dieses Gesetzes, soweit dieses Gesetz keine abweichenden Bestimmungen enthält.
(2) Programmkategorien im Sinne dieses Gesetzes sind Vollprogramm, Spartenprogramm sowie Hauptprogramm und Fensterprogramm.
(3) Die Finanzierungsart ist die Angabe, ob der Empfang eines Programms ohne besonderes Entgelt oder nur gegen besonderes Entgelt möglich ist.
(4) Programmschema ist die nach Wochentagen gegliederte Übersicht über die Verteilung der täglichen Sendezeit auf die Bereiche Information, Bildung, Beratung und Unterhaltung.
(5) Veranstalter ist, wer nach dem Recht seines Herkunftslandes ein Rundfunkprogramm veranstalten und verbreiten darf.
(6) Angebote sind Rundfunkprogramme oder Telemedien.
(7) Verbreitungsarten sind die drahtlose Verbreitung durch erdgebundene Sender, die drahtlose Verbreitung durch Satellit und die leitungsgebundene Verbreitung durch Kabelanlagen.
(8) Übertragungskapazität ist die Kapazität auf einer terrestrischen Hörfunk- oder Fernsehfrequenz, auf einem Kabel oder einem Satellitenkanal für die analoge oder digitale Verbreitung von Rundfunk oder Telemedien.
(9) Multiplex ist ein Datencontainer, in dem Rundfunkprogramme oder Telemedien gebündelt sind und der über digitale Verbreitungswege übertragen werden kann.

(10) Landesmedienanstalt ist die »Bremische Landesmedienanstalt (brema)«, die nach § 46 errichtet ist.

Abschnitt 2
Zulassung von Rundfunkprogrammen

§ 3 Zulassung

(1) Die Veranstaltung von Rundfunk bedarf einer Zulassung.

(2) ¹Wer Hörfunkprogramme ausschließlich im Internet verbreitet, bedarf keiner Zulassung. ²Er hat das Angebot der Landesmedienanstalt anzuzeigen. ³Im Übrigen gilt § 4 entsprechend.

(3) ¹Sendungen in Einrichtungen wie Beherbergungsbetrieben, Krankenhäusern, Heimen und Anstalten, die sich auf ein Gebäude oder einen zusammengehörigen Gebäudekomplex beschränken und im funktionellen Zusammenhang mit den dort zu erfüllenden Aufgaben stehen, bedürfen keiner Zulassung. ²Die Aufnahme des Sendebetriebs ist der Landesmedienanstalt zwei Wochen im Voraus anzuzeigen. ³§ 9 Absatz 5 und § 49 gelten entsprechend.

§ 4 Zulassungsvoraussetzungen

(1) Die Zulassung kann nur erteilt werden an
1. eine natürliche Person,
2. eine juristische Person des Privatrechts oder
3. eine nicht rechtsfähige Personenvereinigung des Privatrechts, die auf Dauer angelegt ist.

(2) ¹Die Zulassung setzt voraus, dass Antragstellende
1. unbeschränkt geschäftsfähig sind und dass für sie keine Betreuung angeordnet ist,
2. die Fähigkeit, öffentliche Ämter zu bekleiden, Rechte aus öffentlichen Wahlen zu erlangen oder in öffentlichen Angelegenheiten zu wählen oder zu stimmen, nicht durch Richterspruch verloren haben und das Grundrecht der freien Meinungsäußerung nicht nach Artikel 18 des Grundgesetzes verwirkt haben,
3. ihren Wohnsitz, Sitz oder ständigen Aufenthalt in einem Mitgliedstaat der Europäischen Union haben,
4. die Gewähr dafür bieten, dass sie als Veranstalter die rechtlichen Vorschriften beachten und
5. erwarten lassen, dass sie wirtschaftlich und organisatorisch in der Lage sind, das Programm entsprechend ihrem Antrag zu veranstalten und zu verbreiten.

²Bei einem Antrag einer juristischen Person oder einer nicht rechtsfähigen Personenvereinigung müssen auch die gesetzlichen oder satzungsmäßigen Vertreter die in den Nummern 1 bis 4 genannten Voraussetzungen erfüllen.

(3) Nicht zugelassen werden dürfen
1. Mitglieder der gesetzgebenden oder beschließenden Organe der Europäischen Union, des Europarates, des Bundes oder eines Landes, der Bundesregierung, einer Landesregierung oder einer ausländischen Regierung,
2. Personen, die in leitender Funktion in einem Arbeits- oder Dienstverhältnis zu einer juristischen Person des öffentlichen Rechts stehen,
3. Mitglieder des Organs einer öffentlich-rechtlichen Rundfunkanstalt oder Personen, die in einem Arbeits- oder Dienstverhältnis oder in einem arbeitnehmerähnlichen Verhältnis zu einer öffentlich-rechtlichen Rundfunkanstalt stehen,
4. politische Parteien und Wählervereinigungen,
5. Unternehmen und Vereinigungen, die von einer juristischen Person des öffentlichen Rechts, von politischen Parteien oder Wählergruppen abhängig sind (§ 17 des Aktiengesetzes) und
6. Personenvereinigungen und juristische Personen, deren Mitglieder, Gesellschafterinnen und Gesellschafter, gesetzliche oder satzungsmäßige Vertretungen nach den Nummern 1 bis 3 nicht zugelassen werden dürfen.

(4) ¹Die Zulassung eines Fensterprogrammveranstalters nach § 25 Absatz 4 Satz 3 des Rundfunkstaatsvertrages setzt voraus, dass die Veranstalter von Fensterprogrammen und Hauptprogrammen zueinander nicht im Verhältnis eines verbundenen Unternehmens nach § 28 des Rundfunkstaatsvertrages stehen. ²Die Zulassung wird abweichend von Satz 1 erteilt, wenn der Hauptprogrammveran-

stalter durch organisatorische Maßnahmen die Unabhängigkeit der Berichterstattung gewährleistet.
³Maßnahmen zur Sicherung der Unabhängigkeit sind insbesondere
1. die Vereinbarung eines Redaktionsstatuts mit den redaktionellen Mitarbeiterinnen und Mitarbeitern, das auch ein Verfahren zur Mitwirkung und zur Klärung von Meinungsverschiedenheiten in Programmfragen enthält,
2. die Errichtung eines Programmbeirats gemäß § 32 des Rundfunkstaatsvertrages oder
3. vertragliche Vereinbarungen mit den Programmverantwortlichen, die das erforderliche Maß an persönlicher und redaktioneller Unabhängigkeit für eine unbeeinflusste Berichterstattung gewährleisten.

§ 5 Zulassungsgrundsätze zur Sicherung der Vielfalt
(1) ¹Ein Veranstalter darf im Hörfunk und im Fernsehen jeweils nur maximal ein Vollprogramm oder ein Spartenprogramm mit Schwerpunkt Information im Land Bremen veranstalten. ²Dabei sind auch Programme einzubeziehen, die dem Veranstalter in entsprechender Anwendung des § 28 des Rundfunkstaatsvertrages zuzurechnen sind.
(2) ¹Antragstellende für ein regionales Voll- oder Fensterprogramm oder für ein Spartenprogramm mit dem Schwerpunkt Information, die bei Tageszeitungen in der Stadt Bremen oder der Stadt Bremerhaven eine marktbeherrschende Stellung haben, können nicht zugelassen werden. ²Sie dürfen sich an einem Veranstalter mit höchstens fünfundzwanzig vom Hundert der Stimmrechte beteiligen. ³Wenn bestimmte Sendeanteile der an einem Veranstalter Beteiligten vorgesehen sind, darf seine Sendezeit hinsichtlich des Programms insgesamt und hinsichtlich der Informationssendungen als Teil des Programms ebenfalls höchstens fünfundzwanzig vom Hundert der gesamten Sendezeit betragen.
(3) Programme im Sinne des Absatzes 1 Satz 1 sowie des Absatzes 2 sind Programme mit regionalem oder lokalem Schwerpunkt.

§ 6 Inhalt der Zulassung
(1) Die Zulassung wird durch schriftlichen Bescheid der Landesmedienanstalt für mindestens zwei und höchstens zehn Jahre mit der Möglichkeit der Verlängerung erteilt.
(2) Die Zulassung enthält die Programmkategorie, die Finanzierungsart, die Programmdauer, das Programmschema und die Beteiligungsverhältnisse.
(3) ¹Eine dauerhafte Änderung des Programmschemas oder der festgelegten Programmdauer ist zulässig, wenn sie von der Landesmedienanstalt genehmigt wird. ²Bei einer unwesentlichen Änderung ist die Genehmigung zu erteilen.
(4) Die Zulassung ist nicht übertragbar.
(5) ¹Geplante Veränderungen der Beteiligungsverhältnisse des Veranstalters und der sonstigen Einflüsse im Sinne des § 28 des Rundfunkstaatsvertrages sind bei der Landesmedienanstalt vor ihrem Vollzug anzumelden und bedürfen einer Unbedenklichkeitsbescheinigung. ²Anmeldepflichtig sind der Veranstalter und die an ihm unmittelbar oder mittelbar im Sinne des § 28 Absatz 1 bis 3 des Rundfunkstaatsvertrages Beteiligten. ³Veränderungen dürfen nur dann von der Landesmedienanstalt als unbedenklich bestätigt werden, wenn unter den veränderten Voraussetzungen dem Veranstalter eine Zulassung erteilt werden könnte.

§ 7 Antragsverfahren, Mitwirkungspflicht
(1) ¹Der Antrag muss alle für die Erteilung der Zulassung nach diesem Abschnitt erforderlichen Angaben und Nachweise enthalten. ²Die Antragstellenden haben der Landesmedienanstalt alle Auskünfte zu erteilen, die zur Prüfung der Zulassungsvoraussetzungen und -grundsätze von Bedeutung sind und ihr entsprechende Unterlagen vorzulegen.
(2) Kommen Antragstellende ihrer Mitwirkungspflicht innerhalb einer von der Landesmedienanstalt bestimmten angemessenen Frist nicht nach, gilt ihr Antrag als zurückgenommen.
(3) ¹Antragstellende haben der Landesmedienanstalt alle Änderungen bei den für den Antrag erforderlichen Angaben unverzüglich mitzuteilen. ²Satz 1 gilt entsprechend für Änderungen, die nach der Zulassung eintreten.

§ 8 Auskunftsrecht und Ermittlungsbefugnisse
Der Landesmedienanstalt stehen für die Zulassung von Rundfunkprogrammen mit lokalem oder regionalem Schwerpunkt die Auskunftsrechte und Ermittlungsbefugnisse nach § 22 des Rundfunkstaatsvertrages zu.

§ 9 Vereinfachtes Zulassungsverfahren
(1) Für Sendungen,
1. die drahtlos oder leitungsgebunden gleichzeitig in verschiedenen Einrichtungen nach § 3 Absatz 3 übertragen und dort weiterverbreitet werden,
2. die außerhalb von Einrichtungen, in einem Gebäude oder zusammengehörigen Gebäudekomplex mittels einer Kabelanlage mit bis zu einhundert angeschlossenen Wohneinheiten veranstaltet und verbreitet werden oder
3. die im örtlichen Bereich einer öffentlichen Veranstaltung und im zeitlichen Zusammenhang damit veranstaltet und verbreitet werden,

führt die Landesmedienanstalt ein vereinfachtes Zulassungsverfahren durch.

(2) Zulassungen nach Absatz 1 Nummer 3 werden von der Direktorin oder dem Direktor erteilt.

(3) ¹Der Antrag ist rechtzeitig vor Beginn der Sendungen bei der Landesmedienanstalt zu stellen. ²Darin sind anzugeben
1. Art, zeitlicher Umfang und räumliche Reichweite der Sendungen und
2. Name und Anschrift der Person oder der Personengruppe, die die Sendung als Veranstalter verbreiten will.

(4) ¹§ 4 Absatz 3 sowie die §§ 5, 6 und 8 finden keine Anwendung. ²§ 14 Absatz 1 und 2 sowie die §§ 16, 18, 19 gelten entsprechend. ³Kommt ein Veranstalter der Pflicht zur Aufzeichnung nicht nach, hat er jedem geltend gemachten Anspruch auf Gegendarstellung zu entsprechen.

(5) Sendungen nach Absatz 1 Nummer 1 und 2 dürfen nicht der Öffentlichkeitsarbeit einzelner Parteien oder Wählervereinigungen dienen, soweit sie nicht in deren eigenen Einrichtungen verbreitet werden.

(6) Bei Verstößen gegen die Bestimmungen der Absätze 4 bis 5 findet § 49 entsprechende Anwendung.

(7) Die Zulassung wird in den Fällen des Absatzes 1 Nummer 3 für die Dauer der Veranstaltung und in den Fällen des Absatzes 1 Nummer 1 und 2 für höchstens drei Jahre erteilt.

§ 10 Rücknahme
(1) Die Zulassung ist zurückzunehmen, wenn
1. im Zeitpunkt der Entscheidung eine Zulassungsvoraussetzung nach § 4 dieses Gesetzes oder nach § 26 des Rundfunkstaatsvertrages nicht gegeben war oder ein Zulassungsgrundsatz nach § 5 dieses Gesetzes nicht berücksichtigt wurde und innerhalb einer von der Landesmedienanstalt gesetzten Frist keine Abhilfe geschaffen wird,
2. der Veranstalter die Zulassung durch Täuschung, Drohung oder sonstige rechtswidrige Mittel erlangt hat.

(2) ¹Im Übrigen gilt für die Rücknahme das Bremische Verwaltungsverfahrensgesetz. ²Ein durch die Rücknahme entstehender Vermögensnachteil ist nicht nach § 48 Absatz 3 des Bremischen Verwaltungsverfahrensgesetzes auszugleichen.

§ 11 Widerruf
(1) Die Zulassung ist zu widerrufen, wenn
1. nachträglich eine Zulassungsvoraussetzung nach § 4 dieses Gesetzes oder nach § 26 des Rundfunkstaatsvertrages entfällt oder ein Zulassungsgrundsatz nach § 5 dieses Gesetzes nicht mehr eingehalten wird und innerhalb eines von der Landesmedienanstalt bestimmten angemessenen Zeitraums keine Abhilfe erfolgt,
2. eine Veränderung von Beteiligungsverhältnissen oder sonstigen Einflüssen vollzogen wird, die von der Landesmedienanstalt nicht nach § 6 Absatz 5 dieses Gesetzes als unbedenklich bestätigt worden ist.

(2) ¹Die Zulassung kann widerrufen werden, wenn der Veranstalter gegen seine Verpflichtungen auf Grund dieses Gesetzes, des Rundfunkstaatsvertrages sowie des Jugendmedienschutz-Staatsvertrages, insbesondere hinsichtlich der Gewährleistung der Meinungsvielfalt, der Programmgrundsätze, des Jugendschutzes und der Werberegelungen wiederholt schwerwiegend verstoßen hat. ²Der Widerruf ist nur zulässig, wenn die Landesmedienanstalt gegenüber dem Veranstalter bereits zweimal eine Beanstandung nach § 49 Absatz 3 Satz 2 dieses Gesetzes ausgesprochen hat.

(3) ¹Im Übrigen gilt für den Widerruf das Bremische Verwaltungsverfahrensgesetz. ²Wird die Zulassung widerrufen, so ist ein dadurch entstehender Vermögensnachteil nicht nach § 49 Absatz 6 des Bremischen Verwaltungsverfahrensgesetzes zu entschädigen.

Abschnitt 3
Anforderungen an Rundfunkprogramme und Veranstalter
§ 12 Programmauftrag
¹Die Veranstalter verbreiten Rundfunk als Teil der freien Meinungsbildung und als Sache der Allgemeinheit; sie nehmen insofern eine öffentliche Aufgabe wahr. ²Die Vollprogramme haben zu einer umfassenden Information und freien individuellen und öffentlichen Meinungsbildung beizutragen, der Bildung, Beratung und Unterhaltung zu dienen und dem kulturellen Auftrag des Rundfunks zu entsprechen.

§ 13 Vielfalt
(1) ¹Jedes Programm hat die Vielfalt der Meinungen im Wesentlichen zum Ausdruck zu bringen. ²Die bedeutsamen politischen, weltanschaulichen und gesellschaftlichen Kräfte und Gruppen müssen, insbesondere in Informationssendungen, angemessen zu Wort kommen. ³Auffassungen von Minderheiten sind zu berücksichtigen. ⁴Kein Programm darf einseitig nur einzelne Meinungsrichtungen berücksichtigen oder einseitig einer Partei oder Gruppe, einer Interessengemeinschaft, einem Bekenntnis oder einer Weltanschauung dienen.
(2) ¹Die Programme sollen die besonderen Belange von Migrantinnen und Migranten berücksichtigen. ²Die Integration von Flüchtlingen und von Menschen mit Migrationshintergrund soll nachhaltig unterstützt werden.
(3) Sendungen in niederdeutscher Sprache sollen in privaten Programmen in angemessenem Umfang und in Regelmäßigkeit vertreten sein.

§ 14 Programmgrundsätze
(1) ¹Für die nach diesem Gesetz zugelassenen Rundfunkprogramme gilt die verfassungsmäßige Ordnung. ²Die Vorschriften der allgemeinen Gesetze und die gesetzlichen Bestimmungen zum Schutz der persönlichen Ehre sind einzuhalten.
(2) ¹Die Programme haben die Würde des Menschen zu achten und zu schützen. ²Sie sollen dazu beitragen, die Achtung vor Leben, Freiheit und körperlicher Unversehrtheit sowie die Toleranz gegenüber Meinung und Glauben anderer zu stärken. ³Die Programme sollen die internationale Verständigung fördern, zum Frieden und zur sozialen Gerechtigkeit mahnen, demokratische Freiheiten verteidigen, zur Verwirklichung der Gleichberechtigung von Frauen und Männern beitragen und der Wahrheit verpflichtet sein.
(3) Die Programme haben die besonderen Belange des Jugendmedienschutzes zu berücksichtigen.
(4) Veranstalter haben bei ihren Angeboten die besonderen Belange von Menschen mit Behinderungen, insbesondere durch barrierefreie Angebote, zu beachten.
(5) ¹Informationssendungen haben den anerkannten journalistischen Grundsätzen zu entsprechen. ²Insbesondere die Nachrichtengebung muss unabhängig und sachlich sein. ³Nachrichten sind vor ihrer Verbreitung mit der nach den Umständen gebotenen Sorgfalt auf Inhalt, Herkunft und Wahrheit zu prüfen. ⁴Kommentare sind deutlich von Nachrichten zu trennen und unter Nennung der Verfasserin oder des Verfassers als solche zu kennzeichnen. ⁵Bei der Wiedergabe von Meinungsumfragen ist anzugeben, ob sie repräsentativ sind.
(6) Sendungen, einschließlich Werbesendungen, sind unzulässig, wenn sie über die Vorbereitung der Wahlen entsprechend § 5 Absatz 1 bis 3 des Parteiengesetzes hinaus einzelnen Parteien oder Wählervereinigungen im Geltungsbereich des Grundgesetzes zur Öffentlichkeitsarbeit dienen.
(7) Zum Programm eines Veranstalters zugelieferte Sendungen eines öffentlich-rechtlichen Rundfunkveranstalters müssen als solche gekennzeichnet werden.
(8) § 6 des Rundfunkstaatsvertrages gilt entsprechend.
(9) Die privaten Veranstalter von Rundfunk und Anbieter von Telemedien haben der Landesmedienanstalt auf Anfrage über die Umsetzung von § 13 Absatz 2 und 3 und § 14 Absatz 4 zu berichten.

§ 15 Werbung, Sponsoring, Teleshopping, Gewinnspiele

(1) Für Werbung, Sponsoring, Teleshopping und Gewinnspiele gelten die Bestimmungen des Rundfunkstaatsvertrages, soweit in diesem Gesetz nichts anderes bestimmt ist.

(2) [1]Für lokale oder regionale Fernsehprogramme, die im Land Bremen veranstaltet werden, gilt Absatz 1 mit folgenden Maßgaben:
1. § 7 Absatz 4 Satz 2 des Rundfunkstaatsvertrages findet keine Anwendung.
2. § 7a Absatz 3 des Rundfunkstaatsvertrages findet außer auf Nachrichten keine Anwendung.
3. § 45 Absatz 1 des Rundfunkstaatsvertrages findet keine Anwendung.

[2]Die Einzelheiten regelt die Landesmedienanstalt durch Satzung.

§ 16 Verantwortlichkeit

[1]Jeder Veranstalter muss der Landesmedienanstalt eine für den Inhalt des Rundfunkprogramms verantwortliche Person benennen. [2]Werden mehrere Verantwortliche benannt, ist zusätzlich anzugeben, für welchen Teil des Rundfunkprogramms jede einzelne verantwortlich ist. [3]Die Pflichten des Veranstalters bleiben unberührt. [4]Zur verantwortlichen Person darf nur bestellt werden, wer die Zulassungsvoraussetzungen nach § 4 Absatz 2 erfüllt.

§ 17 Eingabe- und Beschwerderecht, Auskunftspflicht

(1) [1]Jede Person hat das Recht, sich mit Eingaben und Anregungen zum Rundfunkprogramm an den Veranstalter zu wenden. [2]Die Landesmedienanstalt teilt auf Verlangen den Namen und die Anschrift des Veranstalters und der für den Inhalt des Rundfunkprogramms verantwortlichen Person mit.

(2) [1]Über Beschwerden, in denen die Verletzung von Programmgrundsätzen behauptet wird, entscheidet der Veranstalter innerhalb eines Monats mit schriftlicher Begründung. [2]Hilft sie oder er der Beschwerde innerhalb der Frist nach Satz 1 nicht ab, so kann die Beschwerdeführerin oder der Beschwerdeführer die Landesmedienanstalt anrufen. [3]In der Beschwerdeentscheidung ist die Beschwerdeführerin oder der Beschwerdeführer vom Veranstalter auf diese Möglichkeit hinzuweisen. [4]Die Landesmedienanstalt hat der Beschwerdeführerin oder dem Beschwerdeführer innerhalb einer angemessenen Frist mitzuteilen, ob und gegebenenfalls in welcher Weise sie tätig geworden ist.

(3) [1]Wird in einer Beschwerde nach Absatz 2 zugleich die Verletzung von Vorschriften des Datenschutzes behauptet, so holt der Veranstalter vor ihrer oder seiner Entscheidung eine Stellungnahme der oder des Landesbeauftragten für Datenschutz und Informationsfreiheit ein. [2]Für das weitere Verfahren gilt Absatz 2. [3]Der oder dem Landesbeauftragten für Datenschutz und Informationsfreiheit stehen die Befugnisse gemäß Artikel 58 der Verordnung (EU) 2016/679 des Europäischen Parlaments und des Rates vom 27. April 2016 zum Schutz der natürlichen Personen bei der Verarbeitung personenbezogener Daten, zum freien Datenverkehr und zur Aufhebung der Richtlinie 95/46/EG (Datenschutz-Grundverordnung) (ABl. L 119 vom 4.5.2016, S. 1; L 314 vom 22.11.2016, S. 72) zu, sofern Artikel 58 der Verordnung (EU) 2016/679 nicht durch § 58 Absatz 2 ausgeschlossen ist. [4]Auf solche Fragen, deren Beantwortung den Auskunftserteilenden selbst oder einen der in § 383 Absatz 1 Nummer 1 bis 3 der Zivilprozessordnung bezeichneten Angehörigen der Gefahr strafrechtlicher Verfolgung oder eines Verfahrens nach dem Gesetz über Ordnungswidrigkeiten aussetzen würde, kann die Auskunft verweigert werden.

§ 18 Aufzeichnungspflicht und Einsichtnahmerecht

(1) [1]Die Sendungen sind vom Veranstalter vollständig aufzuzeichnen und aufzubewahren. [2]Bei Sendungen, die unter Verwendung einer Aufzeichnung oder eines Films verbreitet werden, kann abweichend von Satz 1 die Aufzeichnung oder der Film aufbewahrt oder die Wiederbeschaffung sichergestellt werden.

(2) [1]Die Pflichten nach Absatz 1 enden zwei Monate nach dem Tag der Verbreitung. [2]Wird innerhalb dieser Frist eine Sendung beanstandet, enden die Pflichten nach Absatz 1 erst, wenn die Beanstandungen durch rechtskräftige gerichtliche Entscheidungen, durch gerichtlichen Vergleich oder auf andere Weise erledigt sind.

(3) [1]Die Landesmedienanstalt kann innerhalb der Fristen des Absatzes 2 Aufzeichnungen und Filme jederzeit kostenlos einsehen. [2]Auf Verlangen sind ihr Ausfertigungen, Abzüge oder Abschriften von der Aufzeichnung oder dem Film kostenfrei zu übersenden.

(4) [1]Wer schriftlich oder elektronisch glaubhaft macht, durch eine Sendung in seinen Rechten berührt zu sein, kann vom Veranstalter innerhalb der Fristen nach Absatz 2 Einsicht in die Aufzeichnun-

gen und Filme verlangen. ²Auf Antrag sind ihm gegen Erstattung der Selbstkosten Ausfertigungen, Abzüge oder Abschriften von der Aufzeichnung oder dem Film zu übersenden.
(5) ¹Veranstalter haben sicherzustellen, dass die Landesmedienanstalt unentgeltlich auf verschlüsselte Programme zugreifen oder verschlüsselte Programme abrufen kann. ²Sie dürfen ihre Programme nicht gegen Abruf oder Zugriff durch die Landesmedienanstalt sperren.

§ 19 Gegendarstellungsrecht
(1) ¹Der Veranstalter ist verpflichtet, eine Gegendarstellung der Person, Gruppe oder Stelle zu verbreiten, die durch eine in einer Sendung aufgestellte Tatsachenbehauptung betroffen ist. ²Diese Pflicht besteht nicht, wenn die betroffene Person, Gruppe oder Stelle kein berechtigtes Interesse an der Verbreitung hat oder wenn die Gegendarstellung ihrem Umfang nach nicht angemessen ist. ³Überschreitet die Gegendarstellung nicht den Umfang des beanstandeten Teils der Sendung, gilt sie als angemessen.
(2) ¹Die Gegendarstellung muss sich auf tatsächliche Angaben beschränken und darf keinen strafbaren Inhalt haben. ²Sie bedarf der Schriftform und muss von der Person, Gruppe oder Stelle oder ihrer gesetzlichen Vertreterin oder ihrem gesetzlichen Vertreter unterzeichnet sein. ³Die Person, Gruppe oder Stelle oder ihre Vertreterin oder ihr Vertreter kann die Verbreitung nur verlangen, wenn die Gegendarstellung unverzüglich, spätestens innerhalb von drei Monaten, dem Veranstalter zugeht. ⁴Die Gegendarstellung muss die beanstandete Sendung und Tatsachenbehauptung bezeichnen.
(3) ¹Die Gegendarstellung muss unverzüglich in dem gleichen Programmbereich zu einer Sendezeit verbreitet werden, die der Zeit der beanstandeten Sendung gleichwertig ist. ²Sie muss ohne Einschaltungen und Weglassungen verbreitet werden. ³Eine Erwiderung auf die verbreitete Gegendarstellung muss sich auf tatsächliche Angaben beschränken.
(4) ¹Wird eine Sendung zum beliebigen zeitlichen Empfang bereitgestellt, so ist die Gegendarstellung für die Dauer der Bereitstellung mit der Sendung zu verbinden. ²Wird die Sendung nicht mehr bereitgestellt oder endet die Bereitstellung vor Ablauf eines Monats nach Aufnahme der Gegendarstellung, so ist die Gegendarstellung an vergleichbarer Stelle so lange bereitzuhalten, wie die oder der Betroffene es verlangt, höchstens jedoch einen Monat.
(5) ¹Die Verbreitung der Gegendarstellung erfolgt unentgeltlich. ²Dies gilt nicht, wenn sich die Gegendarstellung gegen eine Tatsachenbehauptung richtet, die in einer Werbesendung verbreitet worden ist.
(6) ¹Für die Durchsetzung des Anspruches ist der ordentliche Rechtsweg gegeben. ²Auf das Verfahren sind die Vorschriften der Zivilprozessordnung über das Verfahren auf Erlass einer einstweiligen Verfügung entsprechend anzuwenden. ³Eine Gefährdung des Anspruchs braucht nicht glaubhaft gemacht zu werden. ⁴Ein Verfahren zur Hauptsache findet nicht statt.
(7) ¹Die Absätze 1 bis 6 gelten nicht für wahrheitsgetreue Berichte über öffentliche Sitzungen des Europäischen Parlaments, der gesetzgebenden Organe des Bundes, der Länder und Vertretungen der Gemeinden und der Gemeindeverbände und der Gerichte sowie für Sendungen nach § 20 Absatz 1. ²Zu einer Gegendarstellung kann eine Gegendarstellung nicht verlangt werden.

§ 20 Verlautbarungsrecht
(1) ¹Der Veranstalter hat auf Verlangen der Bundesregierung oder des Senats der Freien Hansestadt Bremen unentgeltlich Gesetze und Verordnungen sowie andere amtliche Verlautbarungen durch Hörfunk, Fernsehen und Telemedien zu verbreiten, soweit dies erforderlich ist, um einer Gefahr für die Allgemeinheit oder für Menschenleben zu begegnen oder wenn das Gesetz, die Verordnung oder die Verlautbarung nicht auf ordnungsgemäßem Wege verkündet werden kann. ²Die Bundesregierung und der Senat der Freien Hansestadt Bremen haben das Recht, den Zeitpunkt der Verbreitung zu bestimmen.
(2) Für Inhalt und Gestaltung einer Sendung oder eines Angebots nach Absatz 1 ist derjenige verantwortlich, dem die Sendezeit gewährt worden ist.

§ 21 Besondere Finanzierungsarten
(1) ¹Sollen Rundfunkprogramme, für die ein Entgelt erhoben wird, auch Werbung oder Sponsoring enthalten, so ist dies in den Entgeltbedingungen ausdrücklich anzukündigen. ²Bei Sendungen, für die ein Einzelentgelt erhoben wird, muss vor dem Empfang der Sendung die Entgeltlichkeit und die Höhe des Entgelts erkennbar sein.

(2) ¹Wird ein Rundfunkprogramm auch durch Spenden finanziert, so ist der Veranstalter dafür verantwortlich, dass die Spenderin oder der Spender keinen Einfluss auf das Rundfunkprogramm ausüben kann. ²Der Veranstalter hat Spenden einer Person oder einer Personenvereinigung, die einzeln oder in ihrer Summe in einem Kalenderjahr zehntausend Euro übersteigen, unter Angabe des Namens und der Anschrift der spendenden Person oder Personenvereinigung sowie der Gesamthöhe der Spenden der Landesmedienanstalt mitzuteilen. ³Spenden politischer Parteien und Wählervereinigungen sind unzulässig. ⁴Einzelheiten regelt die Landesmedienanstalt durch Satzung.

Abschnitt 4
Weiterverbreitung

§ 22 Zulässigkeit der Weiterverbreitung
Die inhaltlich unveränderte, vollständige und zeitgleiche Weiterverbreitung nicht im Land Bremen veranstalteter Rundfunkprogramme in einer Kabelanlage oder über terrestrische Frequenzen ist nach Maßgabe der Vorschriften des Abschnitts 5 zulässig, wenn diese den gesetzlichen Vorschriften des Ursprungslandes sowie den nachfolgenden Bestimmungen entsprechen.

§ 23 Weiterverbreitungsgrundsätze
(1) ¹Die weiterverbreiteten Rundfunkprogramme sind zu sachgemäßer, umfassender und wahrheitsgemäßer Information verpflichtet. ²Sie müssen Betroffenen eine ausreichende Gegendarstellungsmöglichkeit oder ein ähnliches Recht einräumen. ³Sie haben die Würde des Menschen und die sittlichen, religiösen und weltanschaulichen Überzeugungen anderer zu achten. ⁴Sie dürfen nicht den Tatbestand eines Strafgesetzes erfüllen. ⁵Die gesetzlichen Bestimmungen zum Schutz der Menschenwürde und zum Jugendschutz sowie zum Schutz der persönlichen Ehre sind einzuhalten.
(2) Kein Rundfunkprogramm darf einseitig nur einzelne Meinungsrichtungen berücksichtigen oder einseitig einer Partei oder Gruppe, einer Interessengemeinschaft oder einer Weltanschauung dienen.
(3) Sendungen, einschließlich Werbesendungen, dürfen nicht weiterverbreitet werden, wenn sie über die nach dem Recht des Ursprungslandes vorgesehenen besonderen Sendezeiten hinaus einzelnen Parteien oder an Wahlen beteiligten Wählergruppen im Geltungsbereich des Grundgesetzes zur Öffentlichkeitsarbeit dienen.
(4) Die §§ 16, 17 Absatz 1 Satz 2 und § 20 gelten entsprechend.

§ 24 Weitere Voraussetzungen
¹Die Weiterverbreitung ist erst zulässig, wenn die Landesmedienanstalt schriftlich bestätigt hat, dass die Voraussetzungen dieses Abschnitts erfüllt sind. ²§§ 6, 7, 8, 10 und 11 finden entsprechende Anwendung. ³Die Verbreitung eines Fernsehprogramms kann abweichend von §§ 23 bis 24 nicht untersagt werden, wenn dieses Programm in rechtlich zulässiger Weise und entsprechend den Bestimmungen des Europäischen Übereinkommens über das grenzüberschreitende Fernsehen oder der Richtlinie 2010/13/EU des Europäischen Parlaments und des Rates vom 10. März 2010 zur Koordinierung bestimmter Rechts- und Verwaltungsvorschriften der Mitgliedstaaten über die Bereitstellung audiovisueller Mediendienste – Richtlinie über audiovisuelle Mediendienste – (ABl. L 95 vom 15.4.2010, S. 1) in der jeweils geltenden Fassung veranstaltet wird; die Weiterverbreitung kann nur unter Beachtung europäischer rundfunkrechtlicher Regelungen ausgesetzt werden.

Abschnitt 5
Übertragungskapazitäten

Unterabschnitt 1
Terrestrik und Satelliten

Kapitel 1
Zuordnung

§ 25 Zuordnung von Übertragungskapazitäten
(1) ¹Freie terrestrische Übertragungskapazitäten und Satellitenkanäle, die dem Land Bremen zustehen, werden öffentlich-rechtlichen Rundfunkanstalten des Landesrechts oder der Landesmedienanstalt zugeordnet. ²Die Zuordnung kann für vollständige Rundfunkkanäle, Programmäquivalente oder sonstige Teilkapazitäten erfolgen. ³Bei der Zuordnung von Teilkapazitäten gilt § 32 Absatz 3 entsprechend. ⁴Freie terrestrische Übertragungskapazitäten sind auch solche, die in einem Rundfunkkanal

auf Grund technischen Fortschritts, insbesondere bei der Datenkompression, zusätzlich zur Verfügung stehen.
(2) ¹Bei Zuordnungsentscheidungen sollen die gesetzlich für das Land Bremen bestimmten Programme vorrangig berücksichtigt werden. ²Im Übrigen ist die zu erwartende Steigerung der inhaltlichen Auswahlmöglichkeiten im Gesamtangebot des Hörfunks und des Fernsehens maßgebend.
(3) Die Zuordnung von Übertragungskapazitäten kann tageszeitlich begrenzt vorgenommen werden.
(4) Zuordnungsentscheidungen gelten für einen Zeitraum von mindestens zwei und höchstens zehn Jahren.
(5) Die am 1. April 2005 bestehenden Nutzungen von analogen terrestrischen Übertragungsmöglichkeiten durch Radio Bremen bleiben unberührt, solange die Anstalt auf einer weiteren Nutzung besteht.
(6) ¹Soweit Übertragungskapazitäten öffentlich-rechtlichen Rundfunkanstalten zugeordnet werden, ist in der Zuordnungsentscheidung anzugeben, für welche Angebote die jeweiligen Übertragungskapazitäten bestimmt sind. ²Unbeschadet der Regelungen in § 4 Absatz 6 des Radio-Bremen-Gesetzes in Verbindung mit § 11c Absatz 2 Satz 3 des Rundfunkstaatsvertrages dürfen die Rundfunkanstalten auf digitalen Übertragungskapazitäten andere als in der Zuordnungsentscheidung angegebene öffentlich-rechtliche Angebote übertragen, sofern sie die Grundsätze des Absatzes 2 sowie die Belange der Rundfunkteilnehmer beachten. ³Eine Änderung ist der Senatskanzlei einen Monat im Voraus anzuzeigen.

§ 26 Zuordnungsverfahren

(1) ¹Die Senatskanzlei informiert die potentiellen Antragstellenden schriftlich über freiwerdende, bereits koordinierte Übertragungskapazitäten und gibt eine Ausschlussfrist für die Stellung eines Antrages auf Zuordnung der Übertragungskapazitäten an. ²Antragsberechtigt sind öffentlich-rechtliche Rundfunkanstalten des Landesrechts und die Landesmedienanstalt. ³Der Bedarf an weiteren, noch nicht von der Bundesnetzagentur koordinierten Übertragungskapazitäten ist von den Beteiligten nach Satz 2 bei der Senatskanzlei zu beantragen. ⁴Die Anträge bedürfen der Schriftform und sind zu begründen. ⁵Anträge nach Satz 3 haben darüber hinaus Angaben zum konkreten Bedarf für die zu koordinierende Übertragungskapazität zu enthalten und haben insbesondere das Versorgungsgebiet, die Übertragungstechnik, die Versorgungsqualität und den Zeitrahmen der beabsichtigten Nutzung darzulegen. ⁶Öffentlich-rechtliche Rundfunkanstalten haben in den Anträgen auch anzugeben, für welche Programme oder sonstige Angebote sie die Übertragungskapazitäten nutzen werden.
(2) ¹Die Angaben zum konkreten Bedarf für die Übertragungskapazität nach Absatz 1 Satz 3 teilt die Senatskanzlei der Bundesnetzagentur im Rahmen der Bedarfsanmeldung im Sinne des § 57 Absatz 1 Satz 2 des Telekommunikationsgesetzes mit. ²Soweit der Versorgungsbedarf nach Angabe der Bundesnetzagentur erfüllbar ist, gibt die Senatskanzlei den übrigen potentiellen Antragsberechtigten im Sinne des Absatzes 1 Satz 2 Gelegenheit zur Stellungnahme und zur Stellung eines eigenen Antrages auf Zuordnung unter Bekanntgabe der bis dahin von der Bundesnetzagentur mitgeteilten Bedingungen der Erfüllbarkeit des Versorgungsbedarfes. ³Zugleich bestimmt die Senatskanzlei eine Ausschlussfrist für die Antragstellung. ⁴Bei der Bemessung der Frist ist insbesondere § 30 Absatz 1 Satz 2 zu berücksichtigen.
(3) ¹Liegt nur ein Antrag vor, ordnet die Senatskanzlei die Übertragungskapazitäten entsprechend zu. ²Liegen mehrere Anträge vor, wirkt sie auf eine sachgerechte Verständigung unter den Antragstellenden hin. ³Wird eine Verständigung erzielt, so ordnet sie die Übertragungskapazitäten entsprechend der Verständigung zu. ⁴Noch nicht von der Bundesnetzagentur koordinierte Übertragungskapazitäten werden dabei unter dem Vorbehalt der abschließenden Koordinierung und Zuteilung durch die Bundesnetzagentur zugeordnet.
(4) ¹Kommt es zu keiner Verständigung nach Absatz 3, wird ein Schiedsverfahren vor der Schiedsstelle durchgeführt. ²Die Mitglieder der Schiedsstelle sollen ihren Wohnsitz im Land Bremen haben. ³Sie werden je zur Hälfte von der Landesmedienanstalt sowie von allen betroffenen öffentlich-rechtlichen Rundfunkanstalten benannt. ⁴Jede Rundfunkanstalt kann maximal zwei Personen benennen. ⁵Die nach Satz 3 benannten Personen wählen mit Dreiviertelmehrheit ein zusätzliches Mitglied als gemeinsame Vorsitzende oder gemeinsamen Vorsitzenden. ⁶Eine Vertreterin oder ein Vertreter der Senatskanzlei nimmt ohne Stimmrecht an den Sitzungen der Schiedsstelle teil.

(5) ¹Die Senatskanzlei beruft die Sitzungen der Schiedsstelle in Abstimmung mit der oder dem Vorsitzenden ein. ²Die Schiedsstelle ist beschlussfähig, wenn mindestens zwei Drittel ihrer Mitglieder anwesend sind. ³Die Zahl der anwesenden Mitglieder ist für die Beschlussfähigkeit ohne Bedeutung, wenn die Schiedsstelle zum zweiten Male zur Behandlung desselben Gegenstandes einberufen ist; bei der zweiten Einberufung ist hierauf ausdrücklich hinzuweisen.
(6) ¹Die Schiedsstelle trifft ihre Entscheidung auf der Grundlage der Regelungen des § 25. ²Darüber hinaus soll sie insbesondere folgende Kriterien berücksichtigen:
1. die Sicherung der flächendeckenden Grundversorgung mit Rundfunkprogrammen öffentlich-rechtlicher Rundfunkveranstalter,
2. die Sicherung eines gleichwertigen und vielfältigen Programmangebotes privater Veranstalter,
3. die Vermeidung von Doppelversorgungen,
4. die programmliche Berücksichtigung landesweiter oder lokaler Belange,
5. die Schließung von Versorgungslücken,
6. die Berücksichtigung programmlicher Interessen von Minderheiten,
7. die Teilnahme des Rundfunks an der weiteren Entwicklung in sendetechnischer Hinsicht und
8. die Förderung des publizistischen Wettbewerbs.
³Bei der Entscheidung hat die Sicherstellung der Grundversorgung Vorrang. ⁴Die Schiedsstelle entscheidet mit der Mehrheit der abgegebenen Stimmen und begründet ihre Entscheidung. ⁵Bei Stimmengleichheit gibt die Stimme des vorsitzenden Mitgliedes den Ausschlag. ⁶Die Senatskanzlei ordnet die Übertragungskapazitäten entsprechend der Entscheidung der Schiedsstelle und unter Berücksichtigung des Absatzes 3 Satz 4 zu, es sei denn, die Senatskanzlei widerspricht der Entscheidung aus Rechtsgründen. ⁷In diesem Fall entscheidet die Schiedsstelle unter Berücksichtigung der geltend gemachten Bedenken erneut.
(7) ¹Der Zuordnungsempfänger hat der Senatskanzlei den gewählten Sendernetzbetreiber für das zu veranstaltende Programm mitzuteilen. ²Dies gilt auch, wenn der Programmveranstalter den Sendernetzbetrieb selbst durchführen will. ³Die Senatskanzlei passt ihre Zuordnungsentscheidung, soweit dies erforderlich ist, dem Vorbehalt entsprechend an.

§ 27 Rücknahme und Widerruf
(1) ¹Die Rücknahme einer Zuordnungsentscheidung richtet sich nach dem Bremischen Verwaltungsverfahrensgesetz. ²Ein durch die Rücknahme entstehender Vermögensnachteil ist nicht nach § 48 Absatz 3 des Bremischen Verwaltungsverfahrensgesetzes auszugleichen.
(2) ¹Die Zuordnung ist zu widerrufen, wenn die Übertragungskapazität telekommunikationsrechtlich nicht mehr zur Versorgung des Landes Bremen zur Verfügung steht. ²Sie kann widerrufen werden, wenn die Übertragungskapazität nicht oder nicht mehr genutzt wird. ³Im Übrigen gilt für den Widerruf das Bremische Verwaltungsverfahrensgesetz. ⁴Wird die Zuordnung widerrufen, so ist ein dadurch entstehender Vermögensnachteil nicht nach § 49 Absatz 6 des Bremischen Verwaltungsverfahrensgesetzes zu entschädigen.

§ 28 Zuordnung von Übertragungskapazitäten zwischen Ländern
(1) ¹Der Senat kann zum Zweck der Verbesserung der Nutzung von Übertragungskapazitäten mit anderen Ländern neue Zuordnungen für Übertragungskapazitäten vereinbaren. ²In der Vereinbarung sind zu bestimmen:
1. die Übertragungskapazität sowie gegebenenfalls ihr bisheriger und künftiger Standort und
2. das anzuwendende Landesrecht für die neu zugeordnete Übertragungskapazität.
(2) Für die Zuordnung einer Übertragungskapazität aus dem Land Bremen an ein anderes Land ist in der Vereinbarung auch die weitere Nutzung für den Fall zu regeln, dass nach Ablauf der Vereinbarung die Übertragungskapazität nicht an das Land Bremen rückgeführt werden kann und ersatzweise eine gleichwertige Frequenz von dem anderen Land nicht zur Verfügung gestellt worden ist oder wird.
(3) Bei einer Zuordnung nach Absatz 2 bedarf es für den Abschluss der Vereinbarung der Anhörung der Landesmedienanstalt sowie der Rundfunkanstalten, die gesetzlich für das Land Bremen bestimmte Programme veranstalten.

Kapitel 2
Zuweisung
§ 29 Zuweisung von Übertragungskapazitäten durch die Landesmedienanstalt
(1) ¹Die Landesmedienanstalt weist die ihr zugeordneten freien Übertragungskapazitäten auf Antrag privaten Anbietern zu. ²Eine Zuweisung ist zulässig,
1. zur Verbreitung der nach diesem Gesetz zugelassenen Rundfunkprogramme,
2. zur Weiterverbreitung von Rundfunkprogrammen, die außerhalb des Geltungsbereichs dieses Gesetzes im Inland rechtmäßig veranstaltet werden,
3. zur Weiterverbreitung von Fernsehprogrammen, die in einem anderen Mitgliedstaat der Europäischen Union rechtmäßig veranstaltet werden oder
4. zur Weiterverbreitung von Fernsehprogrammen, die entsprechend den Bestimmungen des Europäischen Übereinkommens über das grenzüberschreitende Fernsehen rechtmäßig veranstaltet werden.

³In den Fällen der Nummern 2 bis 4 müssen die Voraussetzungen der §§ 22 und 23 erfüllt sein.

(2) Die Zuweisung kann für vollständige Rundfunkkanäle, Programmäquivalente oder sonstige Teilkapazitäten erfolgen.

(3) ¹Die Zuweisung darf nicht an Veranstalter bundesweiter Programme erteilt werden, wenn bei Berücksichtigung medienrelevanter verwandter Märkte eine vorherrschende Meinungsmacht im Land Bremen entstünde. ²§ 26 des Rundfunkstaatsvertrages gilt entsprechend.

(4) Eine Abschrift des Zuweisungsbescheides ist der Rechtsaufsicht zuzuleiten.

§ 30 Verfahren, Antrag, Mitwirkungspflichten
(1) ¹Die Landesmedienanstalt macht bekannt, dass Übertragungskapazitäten für private Anbieter zur Verfügung stehen. ²In der Bekanntmachung wird eine einmonatige Ausschlussfrist für die Antragstellung gesetzt. ³Bei Versäumnis dieser Frist ist eine Wiedereinsetzung in den vorigen Stand ausgeschlossen.

(2) ¹Der Zuweisungsantrag muss enthalten
1. die Angabe, welche Übertragungskapazität beantragt wird,
2. die Angabe des Zeitrahmens der beabsichtigten Nutzung,
3. den Nachweis, dass die Antragstellenden wirtschaftlich in der Lage sind, die terrestrische Verbreitung ihres Angebots zu finanzieren,
4. für Rundfunkprogramme
    a) Angaben über die vorgesehene Programmkategorie und die Finanzierungsart,
    b) ein Programmschema, das erkennen lässt, wie die Antragstellenden den Anforderungen der jeweiligen Programmkategorie gerecht werden,
    c) in den Fällen des § 29 Absatz 1 Satz 2 Nummer 2 bis 4 eine beglaubigte Kopie der Zulassung,
5. für Telemedien eine Beschreibung ihres Konzepts.

²Der Antrag auf Zuweisung einer noch nicht von der Bundesnetzagentur koordinierten Übertragungskapazität muss darüber hinaus enthalten
1. die Angabe über das Versorgungsgebiet,
2. die Angabe der Übertragungstechnik und
3. die Angabe der Versorgungsqualität.

(3) ¹In den Fällen des § 29 Absatz 1 Satz 2 Nummer 2 bis 4 haben die Antragstellenden glaubhaft zu machen, dass urheberrechtliche Hindernisse der Weiterverbreitung nicht entgegenstehen. ²Der Antrag muss die Erklärung enthalten, dass die Landesmedienanstalt von Urheberrechtsansprüchen Dritter freigestellt wird. ³Die Antragstellenden haben darzulegen, in welcher Weise das Recht der Gegendarstellung gewährleistet ist. ⁴Sie haben die Namen der für die Programmgestaltung verantwortlichen Personen zu nennen. ⁵Die Antragstellenden haben glaubhaft zu machen, dass sie in der Lage sind, der Landesmedienanstalt auf Anforderung Aufzeichnungen der weiterverbreiteten Sendungen bis zu zwei Monaten seit dem Tag ihrer Verbreitung zugänglich zu machen. ⁶Auf Anforderung der Landesmedienanstalt haben die Antragstellenden diese Aufzeichnungen auf eigene Kosten zu übermitteln.

(4) Stellt eine juristische Person des Privatrechts den Antrag, so hat sie ihre Eigentumsverhältnisse und ihre Rechtsbeziehungen zu mit ihr verbundenen Unternehmen (§ 15 des Aktiengesetzes) offen zu legen.

(5) [1]Antragstellende haben der Landesmedienanstalt alle Angaben zu machen, die zur Prüfung der Anforderungen und Grundsätze dieses Unterabschnitts von Bedeutung sind, und ihr entsprechende Unterlagen vorzulegen. [2]§ 7 Absatz 2 und 3 gilt entsprechend.

§ 31 Auswahlkriterien

(1) [1]Die Landesmedienanstalt berücksichtigt bei der Zuweisung, dass das Gesamtangebot der im Fernsehen oder im Hörfunk verbreiteten öffentlich-rechtlichen und privaten Angebote die Vielfalt der bestehenden Meinungen in möglichster Breite und Vollständigkeit zum Ausdruck bringt. [2]Kein Angebot darf einseitig nur einzelne Meinungsrichtungen berücksichtigen oder einseitig einer Partei oder Gruppe, einer Interessengemeinschaft oder einer Weltanschauung dienen.

(2) [1]Bestehen keine ausreichenden Übertragungskapazitäten für alle Antragstellenden, so trifft die Landesmedienanstalt eine Vorrangentscheidung. [2]Bei der Entscheidung sind zur Sicherung einer pluralistischen, am Gebot der Meinungsvielfalt orientierten Medienordnung die Meinungsvielfalt in den Angeboten (Angebotsvielfalt) und die Vielfalt der Anbieter (Anbietervielfalt) zu berücksichtigen.

(3) [1]Bei der Beurteilung der Angebotsvielfalt berücksichtigt die Landesmedienanstalt insbesondere folgende Kriterien:
1. die inhaltliche Vielfalt des Angebots, insbesondere den Anteil an Information, Bildung, Beratung und Unterhaltung,
2. den Beitrag zur Vielfalt des Gesamtangebots, insbesondere zur Angebots- und Spartenvielfalt, zur regionalen und kulturellen Vielfalt und zur Erfüllung der Verpflichtungen des Landes Bremen aus Artikel 11 der Europäischen Charta der Regional- oder Minderheitensprachen in Bezug auf die Regionalsprache Niederdeutsch,
3. den Anteil von Eigen- und Auftragsproduktionen der Antragstellenden und
4. den Umfang des journalistischen Angebots an lokaler und regionaler Information.

[2]Rundfunk und vergleichbare Telemedien haben in der Regel Vorrang vor sonstigen Angeboten.

(4) Bei der Beurteilung der Anbietervielfalt berücksichtigt die Landesmedienanstalt insbesondere folgende Kriterien:
1. die Erfahrungen der Antragstellenden im Medienbereich und deren Beitrag zur publizistischen Vielfalt,
2. die Einrichtung eines Programmbeirats und seinen Einfluss auf die Programmgestaltung,
3. den Umfang, in dem Antragstellende ihren redaktionell Beschäftigten im Rahmen der inneren Medienfreiheit Einfluss auf die Gestaltung des Angebots einräumen (Redaktionsstatut),
4. den Anteil der ausgestrahlten Beiträge, die von unabhängigen Produzentinnen oder Produzenten unter Berücksichtigung von Interessentinnen oder Interessenten aus dem Land Bremen zugeliefert werden und
5. die Bereitschaft, Produktionsmöglichkeiten für Hörfunk, Fernsehen oder Film im Land Bremen zu fördern, um den kulturellen Bezug des Programms zur Region zu gewährleisten.

(5) Die Landesmedienanstalt kann auf einen Zusammenschluss von verschiedenen Antragstellenden hinwirken sowie eine Übertragungskapazität zeitpartagiert unterschiedlichen Antragstellenden zuweisen.

(6) Im Interesse einer pluralistischen Medienordnung, insbesondere zur Gewährleistung der Angebots- und Spartenvielfalt sowie einer ausreichenden lokalen und regionalen Berichterstattung, kann die Landesmedienanstalt Übertragungskapazitäten für zielgruppenorientierte oder für regionale und lokale Angebote ausschreiben.

(7) Widerspruch und Anfechtungsklage gegen Entscheidungen der Landesmedienanstalt über die Zuweisung einer Übertragungskapazität haben keine aufschiebende Wirkung.

§ 32 Inhalt der Zuweisung

(1) [1]Die Landesmedienanstalt gibt in der Zuweisung an, welche Übertragungskapazitäten für welche Angebote genutzt werden dürfen. [2]Bei Rundfunkprogrammen sind Programmkategorie, Finanzierungsart, Programmdauer und Programmschema zu nennen. [3]Die Zuweisung von nicht von der Bundesnetzagentur koordinierter Übertragungskapazitäten erfolgt unter dem Vorbehalt der abschließenden Koordinierung und Zuteilung durch die Bundesnetzagentur. [4]Nach erfolgter Koordinierung durch die Bundesnetzagentur passt die Landesmedienanstalt ihre Zuweisungsentscheidung, soweit dies erforderlich ist, dem Vorbehalt entsprechend an.

(2) Die Zuweisung ist nicht übertragbar.

(3) [1]Werden in einem Kanal Angebote mehrerer Anbieter verbreitet, so verständigen sich diese über die Zuweisung von Datenraten bei der Zusammenstellung des Datenstromes (Multiplexing). [2]Wird keine Einigung erzielt, trifft die Landesmedienanstalt eine Entscheidung. [3]Das Nähere regelt die Landesmedienanstalt durch Satzung.
(4) [1]Eine dauerhafte Änderung des Programmschemas oder der festgelegten Programmdauer bedarf der Genehmigung der Landesmedienanstalt. [2]Die Landesmedienanstalt genehmigt die Änderung, wenn dadurch die Meinungsvielfalt mindestens in gleichem Maße gewährleistet ist. [3]Die Landesmedienanstalt kann die Genehmigung versagen, wenn sie bei Vorliegen eines entsprechenden Programmschemas zum Zeitpunkt über die Entscheidung die Zuweisung einem oder einer anderen Antragstellenden erteilt hätte. [4]Die Sätze 1 bis 3 gelten entsprechend, wenn das Konzept von Telemedien wesentlich verändert wird oder wenn ein Anbieter einzelne Angebote innerhalb eines digitalen Bouquets austauschen möchte.

§ 33 Rücknahme der Zuweisung

(1) Die Zuweisung ist zurückzunehmen, wenn
1. eine der in § 29 genannten Voraussetzungen im Zeitpunkt der Entscheidung nicht gegeben war und auch nicht innerhalb einer von der Landesmedienanstalt gesetzten Frist erfüllt wird,
2. die Zuweisung durch Täuschung, Drohung oder sonstige rechtswidrige Mittel erlangt wurde.
(2) [1]Im Übrigen gilt für die Rücknahme das Bremische Verwaltungsverfahrensgesetz. [2]Ein durch die Rücknahme entstehender Vermögensnachteil ist nicht nach § 48 Absatz 3 des Bremischen Verwaltungsverfahrensgesetzes auszugleichen.
(3) Die Rücknahme ist der Rechtsaufsicht unverzüglich anzuzeigen.

§ 34 Widerruf der Zuweisung

(1) Die Zuweisung ist zu widerrufen, wenn
1. nachträglich eine der in § 29 Absatz 1 Satz 1 und 2 oder Absatz 3 genannten Voraussetzungen entfällt,
2. die Nutzung der zugewiesenen Übertragungskapazität aus Gründen, die von dem Anbieter zu vertreten sind, innerhalb des dafür von der Landesmedienanstalt bestimmten angemessenen Zeitraums nicht oder nicht in dem festgesetzten Umfang begonnen oder fortgesetzt wird,
3. bei Rundfunkprogrammen eine erforderliche Zulassung nicht mehr besteht,
4. der Veranstalter nach dem für ihn geltenden Recht zur Veranstaltung von Rundfunk nicht befugt ist oder wenn die im Ursprungsland zuständige Stelle festgestellt hat, dass das Programm den dort geltenden Rechtsvorschriften nicht entspricht oder
5. die durch die Zuweisung verliehene Übertragungskapazität nicht mehr zur Verfügung steht.
(2) Die Zuweisung kann widerrufen werden, wenn
1. das Rundfunkprogramm entgegen § 22 inhaltlich verändert, unvollständig oder zeitversetzt weiterverbreitet wird,
2. der Veranstalter gegen die Weiterverbreitungsgrundsätze des § 23 verstößt, insbesondere die Vielfalt erheblich beeinträchtigt oder
3. die in § 29 Absatz 3 genannten Voraussetzungen entfallen sind und die vorherrschende Meinungsmacht nicht durch vielfaltsichernde Maßnahmen im Sinne des § 30 des Rundfunkstaatsvertrages abgewandt werden kann.
(3) [1]Vor einer Entscheidung nach Absatz 1 Nummer 1, 2 und 4 weist die Landesmedienanstalt den jeweils Verpflichteten schriftlich auf den festgestellten Untersagungsgrund hin und gibt ihm Gelegenheit zur Abhilfe innerhalb einer angemessenen Frist. [2]Vor einer Entscheidung nach Absatz 2 Nummer 1 und 2 weist die Landesmedienanstalt den jeweils Verpflichteten schriftlich auf den festgestellten Untersagungsgrund hin und droht für den Fall eines fortgesetzten oder wiederholten Verstoßes den Widerruf der Zuweisung an. [3]Der Widerruf ist nur zulässig, wenn eine Untersagung nach § 49 Absatz 5 nicht in Betracht kommt oder als nicht ausreichend erscheint.
(4) [1]Im Übrigen gilt für den Widerruf das Bremische Verwaltungsverfahrensgesetz. [2]Wird die Zuweisung widerrufen, so ist ein dadurch entstehender Vermögensnachteil nicht nach § 49 Absatz 6 des Bremischen Verwaltungsverfahrensgesetzes zu entschädigen.
(5) § 33 Absatz 3 gilt entsprechend.

Unterabschnitt 2
Kabelnetze

§ 35 Anwendungsbereich
(1) Der Betreiber einer Kabelanlage, die der Weiterverbreitung von Rundfunkprogrammen in fünfzig oder mehr Haushalte dient, hat der Landesmedienanstalt den Betrieb anzuzeigen.
(2) [1]Für die Belegung von Plattformen gelten die Vorschriften des Rundfunkstaatsvertrages. [2]Erfüllt der Anbieter der Plattform nicht die Voraussetzungen des § 52b Absatz 1 bis 3 des Rundfunkstaatsvertrages, trifft die Landesmedienanstalt die Auswahlentscheidung gemäß § 52b Absatz 4 Satz 4 des Rundfunkstaatsvertrages nach Maßgabe des Rundfunkstaatsvertrages und des § 37. [3]Für die Belegung analog genutzter Kapazitäten einer Kabelanlage gelten die nachfolgenden Bestimmungen. [4]§ 39 findet auch auf Plattformen Anwendung.
(3) Auf die Verbreitung von Rundfunkprogrammen in einem Gebäude oder einem Gebäudekomplex, wenn diese nicht zum dauernden Wohnen bestimmt sind oder unselbstständige oder weniger als fünfzig selbstständige Wohneinheiten mit dem Programm versorgen, finden die Vorschriften dieses Abschnittes mit Ausnahme von § 37 Absatz 2 Satz 1 Nummer 1 keine Anwendung.

§ 36 Digitalisierung der Kabelnetze
(1) Der Senat und die Landesmedienanstalt wirken darauf hin, dass die Verbreitung von Angeboten in Kabelnetzen in digitaler Technik erfolgt.
(2) [1]Die Betreiber der Kabelnetze und die Wohnungswirtschaft verständigen sich mit der Landesmedienanstalt auf der Grundlage einer Vereinbarung über die Voraussetzungen und Maßnahmen für einen Umstieg von der analogen zur digitalen Verbreitung in den Kabelnetzen. [2]Sie setzen sich diesbezüglich mit Veranstaltern sowie Anbietern von Telemedien, die analoge Übertragungskapazitäten im Kabelnetz nutzen, ins Benehmen. [3]Bei der Vereinbarung nach Satz 1 sind insbesondere die Belange der Verbraucherinnen und Verbraucher und die Sozialverträglichkeit des Umstiegs zu berücksichtigen.
(3) Die analoge Verbreitung von Angeboten in den Kabelnetzen ist spätestens mit Ablauf des 31. Dezember 2018 zu beenden.

§ 37 Rangfolge
(1) Reicht die Übertragungskapazität der Kabelanlage nicht aus, um die Angebote aller Interessentinnen und Interessenten zu verbreiten, so gelten zur Sicherung einer pluralistischen, am Gebot der Meinungsvielfalt orientierten Medienordnung die nachfolgenden Belegungsregelungen.
(2) [1]Wer eine Kabelanlage betreibt, ist verpflichtet, darin die folgenden Rundfunkprogramme zeitgleich, vollständig und unverändert weiterzuverbreiten:
1. für das Land Bremen gesetzlich bestimmte Rundfunkprogramme,
2. Rundfunkprogramme, deren terrestrischer Empfang am 1. Dezember 2003 im Land Bremen ohne besonderen Antennenaufwand allgemein möglich war,
3. sonstige im Land Bremen veranstaltete Rundfunkprogramme, mit Ausnahme der Programme nach § 3 Absatz 3 und § 9 sowie entgeltpflichtiger Programme.

[2]Fensterprogramme müssen in dem jeweiligen Bereich, für den sie zugelassen oder gesetzlich bestimmt sind, weiterverbreitet werden. [3]§ 44 bleibt unberührt. [4]Der Betreiber einer Kabelanlage hat die zur Erfüllung der Verpflichtung nach den Sätzen 1 und 2 und nach § 44 erforderlichen technischen Vorkehrungen zu schaffen. [5]Die Landesmedienanstalt kann bestimmen, dass Programme, die ganz oder überwiegend inhaltsgleich sind und in mehrfacher Verbreitungsart vorhanden sind, in der Kabelanlage nicht in ihrer Gesamtheit übertragen werden müssen.
(3) [1]Die Entscheidung über die Belegung der von Absatz 2 nicht erfassten Kanäle trifft
1. im Umfang von einem Drittel der noch verfügbaren Übertragungskapazität der Betreiber der Kabelanlage,
2. im Übrigen die Landesmedienanstalt; die Landesmedienanstalt wirkt durch ihre Belegungsentscheidung darauf hin, dass die Gesamtheit der in der Kabelanlage verbreiteten Rundfunkprogramme die Vielfalt der bestehenden Meinungen in möglichster Breite und Vollständigkeit zum Ausdruck bringt sowie die Angebots- und Anbietervielfalt gewährleistet ist; dabei sind insbesondere Vollprogramme, andere Dritte Programme des öffentlich-rechtlichen Rundfunks, Spartenprogramme Information und Bildung, fremdsprachige Programme, Spartenprogramme Musik und Sport zu berücksichtigen und die Teilnehmerinteressen zu beachten; die Landesmedienanstalt

kann konkrete Angebote benennen, die in die Kabelanlage einzuspeisen sind; alternativ oder kumulativ kann sie allgemein über die Anzahl der aus den verschiedenen Programmgruppen jeweils einzuspeisenden Programme bestimmen; sie kann innerhalb der einzelnen Programmgruppen eine Rangfolge unter den gruppenangehörigen Programmen festlegen oder die Gleichrangigkeit mehrerer Programme feststellen; Mediendienste sind angemessen zu berücksichtigen. [2]Die Landesmedienanstalt und der Betreiber der Kabelanlage setzen sich hinsichtlich der Belegung ins Benehmen.

(4) [1]Die Landesmedienanstalt erlässt für die Programme und Angebote nach Absatz 2 und 3 Satz 1 Nummer 2 eine Kabelbelegungssatzung, die bekannt zu machen ist. [2]Die Satzung gilt für höchstens zwei Jahre. [3]Sie ist für die Betreiber von Kabelanlagen bindend.

(5) [1]Die Landesmedienanstalt macht rechtzeitig vor Ablauf der Geltungsdauer einer Kabelbelegungssatzung bekannt, dass der Erlass einer neuen Kabelbelegungssatzung geplant ist. [2]Innerhalb einer Frist von mindestens einem Monat können Anbieter gegenüber der Landesmedienanstalt Interesse an der Verbreitung ihrer Angebote im Kabelnetz bekunden. [3]Hierauf ist in der Bekanntmachung hinzuweisen.

(6) [1]Während der Geltungsdauer einer Kabelbelegungssatzung ist die Landesmedienanstalt befugt, Änderungen bei der Belegung einzelner Programmplätze vorzunehmen. [2]Absatz 4 findet insoweit keine Anwendung. [3]Die Änderungen sind bekannt zu machen.

(7) Widerspruch und Anfechtungsklage gegen Entscheidungen der Landesmedienanstalt über die Belegung einer Kabelanlage haben keine aufschiebende Wirkung.

§ 38 Mitwirkungspflichten

(1) [1]Der Betreiber der Kabelanlage hat der Landesmedienanstalt die geplante Belegung nach § 37 Absatz 3 Satz 1 Nummer 1 sowie die Änderung der Belegung mindestens zwei Monate vor der Verbreitung anzuzeigen. [2]Er hat glaubhaft zu machen, dass urheberrechtliche Hindernisse der Weiterverbreitung des Programms nicht entgegenstehen und zu erklären, dass die Landesmedienanstalt von Urheberrechtsansprüchen Dritter freigestellt wird.

(2) Auf Anforderung der Landesmedienanstalt hat der Veranstalter eines Rundfunkprogramms, das in einer Kabelanlage im Geltungsbereich dieses Gesetzes verbreitet wird oder künftig verbreitet werden soll,
1. darzulegen, in welcher Weise das Recht der Gegendarstellung gewährleistet ist,
2. glaubhaft zu machen, dass urheberrechtliche Hindernisse der Weiterverbreitung des Programms nicht entgegenstehen und zu erklären, dass die Landesmedienanstalt von Urheberrechtsansprüchen Dritter freigestellt wird,
3. glaubhaft zu machen, dass er in der Lage ist, der Landesmedienanstalt auf Anforderung Aufzeichnungen der weiterverbreiteten Sendungen bis zu zwei Monate seit dem Tag ihrer Verbreitung zugänglich zu machen. Auf Anforderung der Landesmedienanstalt hat er diese Aufzeichnungen auf eigene Kosten zu übermitteln.

(3) [1]Der Veranstalter und der Betreiber der Kabelanlage sind verpflichtet, der Landesmedienanstalt unverzüglich die zur Erfüllung ihrer Aufgaben nach diesem Unterabschnitt erforderlichen Auskünfte zu erteilen und ihr entsprechende Unterlagen vorzulegen. [2]§ 7 Absatz 2 und 3 gilt entsprechend.

§ 39 Untersagung

(1) Die Landesmedienanstalt kann die Weiterverbreitung eines herangeführten Rundfunkprogramms zeitweise oder dauerhaft untersagen, wenn
1. der Veranstalter nach dem für ihn geltenden Recht zur Veranstaltung von Rundfunk nicht befugt ist oder wenn die im Ursprungsland zuständige Stelle festgestellt hat, dass das Programm den dort geltenden Rechtsvorschriften nicht entspricht,
2. die Bestätigung der Landesmedienanstalt nach § 24 nicht vorliegt,
3. der Veranstalter gegen die Weiterverbreitungsgrundsätze des § 23 verstößt, insbesondere die Vielfalt erheblich beeinträchtigt,
4. das Rundfunkprogramm entgegen § 22 inhaltlich verändert, unvollständig oder zeitversetzt weiterbreitet wird oder
5. entgegen § 38 Unterlagen nicht vollständig oder nicht fristgerecht vorgelegt, Auskünfte nicht vollständig oder fristgerecht erteilt oder wissentlich unrichtige Angaben gemacht werden.

(2) ¹Die Verbreitung eines Fernsehprogramms kann abweichend von Absatz 1 nicht untersagt werden, wenn dieses Programm in rechtlich zulässiger Weise und entsprechend den Bestimmungen des Europäischen Übereinkommens über das grenzüberschreitende Fernsehen oder der Richtlinie 2010/13/EU des Europäischen Parlaments und des Rates vom 10. März 2010 zur Koordinierung bestimmter Rechts- und Verwaltungsvorschriften der Mitgliedstaaten über die Ausübung der Fernsehtätigkeit (ABl. L 95 vom 15.4.2010, S. 1) in der jeweils geltenden Fassung veranstaltet wird. ²Die Weiterverbreitung kann nur unter den in den europäischen rundfunkrechtlichen Regelungen genannten Voraussetzungen ausgesetzt werden.

(3) ¹Vor einer Entscheidung nach Absatz 1 Nummer 1, 2 oder 5 weist die Landesmedienanstalt die jeweils Verpflichtete oder den jeweils Verpflichteten schriftlich auf den festgestellten Untersagungsgrund hin und gibt ihr oder ihm Gelegenheit zur Abhilfe innerhalb einer angemessenen Frist. ²Vor einer Entscheidung nach Absatz 1 Nummer 3 oder 4 weist die Landesmedienanstalt die oder den jeweils Verpflichteten schriftlich auf den festgestellten Untersagungsgrund hin und droht für den Fall eines fortgesetzten oder wiederholten Verstoßes die Untersagung an. ³Dauert der Rechtsverstoß fort oder wiederholt er sich, kann die Landesmedienanstalt die Weiterverbreitung

1. in den Fällen des Absatzes 1 Nummer 1, 2 und 5 endgültig untersagen,
2. in den Fällen des Absatzes 1 Nummer 3 und 4 unter Berücksichtigung der Schwere und Häufigkeit des Verstoßes für einen bestimmten Zeitraum untersagen; hat die Landesmedienanstalt vor der Entscheidung bereits zweimal eine Untersagung für einen bestimmten Zeitraum ausgesprochen, untersagt sie die Weiterverbreitung endgültig.

(4) Der Bescheid über Maßnahmen nach den Absätzen 1 bis 3 ist dem Betreiber der Kabelanlage und dem Veranstalter zuzustellen.

(5) Veranstalter sowie Betreiber von Kabelanlagen werden für Vermögensnachteile nicht entschädigt, die sie infolge einer Maßnahme nach den Absätzen 1 bis 3 erleiden.

Abschnitt 6
Bürgermedien

§ 40 Aufgabe und Nutzung

(1) Die Bürgermedien haben die Aufgabe
1. den Bürgerinnen und Bürgern den Zugang zur Produktion und Verbreitung von Rundfunk und Telemedien zu gewähren (Offener Kanal),
2. einen programmlichen Beitrag zum lokalen und regionalen Geschehen im Land Bremen zu leisten (Ereignisrundfunk),
3. die Medienkompetenz der Bürgerinnen und Bürger zu fördern und
4. zur Produktion und Verbreitung von Audio- und audiovisuellen Werken in der Regionalsprache Niederdeutsch zu ermutigen und sie zu erleichtern.

(2) ¹Trägerin der Bürgermedien ist die Landesmedienanstalt. ²Die Finanzierung der Angebote stellt sie im Rahmen ihrer Haushaltsführung sicher.

(3) Werbung, Sponsoring, Teleshopping sowie Gewinnspiele durch die oder in den Bürgermedien sind unzulässig.

§ 41 Offener Kanal

(1) Der Offene Kanal gibt Bürgerinnen und Bürgern die Möglichkeit, Beiträge für Hörfunk, Fernsehen und Telemedien zu produzieren und zu verbreiten.

(2) ¹Auf die Beiträge des Offenen Kanals findet § 14 Absatz 1 bis 3 und 6 entsprechende Anwendung. ²Die Beiträge sind unentgeltlich zu erbringen.

(3) ¹Die Nutzungsberechtigten sind für ihre Beiträge selbst verantwortlich. ²Sie tragen dafür Sorge, dass ihre Beiträge Rechte Dritter, insbesondere urheberrechtlicher Art, nicht verletzen. ³Am Anfang und am Ende jedes Beitrages ist die oder der Verantwortliche zu nennen. ⁴Die Person oder Gruppe muss sich schriftlich verpflichten, die Landesmedienanstalt von Schadensersatz- und sonstigen Ansprüchen Dritter freizustellen.

(4) ¹Die Landesmedienanstalt stellt sicher, dass alle Beiträge der Bürgermedien aufgezeichnet und die Aufzeichnungen aufbewahrt werden. ²§ 18 gilt entsprechend. ³Die Landesmedienanstalt gewährleistet ferner die Verbreitung der Gegendarstellung. ⁴§ 19 gilt entsprechend. ⁵Für die Kosten der Ge-

gendarstellung haften Nutzungsberechtigte und Verantwortliche gesamtschuldnerisch. [6]§ 58 Absatz 1 und 2 sowie § 59 Absatz 1, 3 und 4 finden entsprechende Anwendung.
(5) Die Beiträge des Offenen Kanals sind von Personen oder Gruppen zu erbringen, die selbst nicht Veranstalter im Sinne dieses Gesetzes sind und ihre Wohnung oder ihren Sitz im Land Bremen haben; weiteren Personen kann die Nutzung auf Antrag gestattet werden.
(6) [1]Der Offene Kanal soll mit Einrichtungen im Land Bremen insbesondere aus den Bereichen Kultur, Jugend, Frauen, Bildung, Schule, Hochschulen, Sport, Film und Journalismus kooperieren. [2]Ziele dieser Kooperationen sind, dass der Offene Kanal einen Beitrag zum Medien- und Kulturangebot im Land Bremen leistet sowie dass den Nutzerinnen und Nutzern ein Zugang zu weiteren Inhalten und zum Erwerb technischer und filmkünstlerischer/-ästhetischer Fertigkeiten bei der Produktion von Medienangeboten eröffnet wird.

§ 42 Ereignisrundfunk
(1) Örtliche Veranstaltungen, die nicht Gegenstand eines Beitrags nach § 41 Absatz 1 sind, können von der Landesmedienanstalt in eigener redaktioneller Verantwortung übertragen werden.
(2) Die Übertragung von Sitzungen der Bürgerschaft (Landtag), der Stadtbürgerschaft, der Stadtverordnetenversammlung Bremerhaven und der Beiräte in Fernsehen, Hörfunk und Telemedien ist in der Regel aus allgemeinem gesellschaftlichen Interesse zulässig, sofern diese in vollem Umfang, zeitgleich und unkommentiert erfolgt.
(3) Die Auswahl der Veranstaltungen hat die Vielfalt der Meinungen der unterschiedlichen gesellschaftlichen Kräfte im Land Bremen widerzuspiegeln.
(4) [1]Die kostenfreie Übernahme von Programmteilen anderer Veranstalter von Bürgermedien ist zulässig. [2]Die Landesmedienanstalt kann mit Veranstaltern Vereinbarungen über die kostenfreie Lieferung von Programmteilen treffen. [3]Die Beiträge sind zu kennzeichnen. [4]Die Eigenständigkeit der Bürgermedien ist dabei zu wahren.
(5) § 41 Absatz 2 Satz 2 und § 58 Absatz 1 und 2 finden entsprechende Anwendung.

§ 43 Medienpädagogische Ziele
[1]Die Bürgermedien fördern die Medienkompetenz der Bürgerinnen und Bürger insbesondere durch
1. die Beratung der Nutzungsberechtigten bei der Erstellung von Beiträgen,
2. die Durchführung von oder Beteiligung an medienpädagogischen Projekten,
3. Hilfestellung bei der Produktion von Medien in der Regionalsprache Niederdeutsch und
4. das Angebot von Ausbildungsplätzen im Bereich der Medientechnik.
[2]§ 47 bleibt unberührt.

§ 44 Verbreitung
(1) [1]Soweit die Beiträge linear verbreitet werden, erfolgt dies in der Regel in der Reihenfolge ihres Eingangs; die Landesmedienanstalt kann Wünsche zu besonderen Sendezeiten berücksichtigen. [2]Abweichend von Satz 1 kann die Landesmedienanstalt bestimmen, dass Beiträge verschiedener Personen, die in einem besonderen Zusammenhang stehen, nacheinander verbreitet werden. [3]Ein Teil der Sendezeit kann abweichend von den Sätzen 1 und 2 mit einem festen Sendeschema veranstaltet werden.
(2) [1]Auf Verlangen der Landesmedienanstalt hat jeder Betreiber einer Kabelanlage die Programme der Bürgermedien in ihrer oder seiner Kabelanlage zu verbreiten. [2]Plattformbetreiber haben die Programme nach Maßgabe des § 52b Absatz 1 Nummer 1 des Rundfunkstaatsvertrages zu verbreiten, wenn die Landesmedienanstalt dies verlangt. [3]Die Verpflichtung nach den Sätzen 1 und 2 ist von Betreibern von Kabelanlagen und Plattformen mit einer Kapazität von mehr als 15 Kanälen und mehr als 5 000 angeschlossenen Haushalten unentgeltlich zu erfüllen. [4]Die technischen Kapazitäten müssen im Verhältnis zu anderen Kapazitäten gleichwertig sein.
(3) [1]Beiträge sollen zum zeitautonomen und langfristigen Abruf im Internet bereitgestellt werden. [2]Ziel ist es, die digitale Verbreitung von Beiträgen der Bürgermedien schrittweise zu verbessern. [3]Die Landesmedienanstalt schafft im Rahmen ihrer Möglichkeiten die Voraussetzungen für die digitale Herstellung, die Verbreitung und die Auffindbarkeit der Beiträge.
(4) Die Vorgaben gemäß Absatz 3 Satz 1 und 3 sollen bis zum 31. Dezember 2020 umgesetzt werden.

§ 45 Satzungsermächtigung
(1) Die Landesmedienanstalt bestimmt durch Satzung die Regelungen zur Veranstaltung der Bürgermedien, insbesondere zu § 41 Absatz 5 und 6 sowie zu § 42, sowie die Regelungen zu Verstößen von Nutzungsberechtigten gegen die Pflichten aus diesem Gesetz oder der Satzung.
(2) ¹Die Landesmedienanstalt berichtet dem Senat alle zwei Jahre, erstmals zum 31. Dezember 2019, über die Erfüllung der Verpflichtungen Bremens aus Artikel 11 der Europäischen Charta der Regional- oder Minderheitensprachen in Bezug auf die Regionalsprache Niederdeutsch, soweit diese Verpflichtungen den Geltungsbereich oder Regelungen dieses Gesetzes betreffen. ²Der Senat leitet den Bericht an die Bürgerschaft (Landtag).
(3) ¹Die Landesmedienanstalt erstattet dem Senat alle zwei Jahre, erstmals zum 31. Dezember 2019, einen Bericht über die Fortentwicklung der Bürgermedien. ²Der Senat leitet den Bericht an die Bürgerschaft (Landtag) weiter.

Abschnitt 7
Landesmedienanstalt

§ 46 Aufgaben, Rechtsform und Organe
(1) ¹Die Aufgaben nach diesem Gesetz sowie nach dem Rundfunkstaatsvertrag und dem Jugendmedienschutz-Staatsvertrag nimmt, soweit nicht anders bestimmt, die Anstalt des öffentlichen Rechts »Bremische Landesmedienanstalt (brema)« wahr. ²Sie nimmt ferner die Aufgaben wahr, die ihr durch andere Gesetze und Staatsverträge zugewiesen werden.
(2) Die Landesmedienanstalt hat das Recht der Selbstverwaltung und gibt sich eine Satzung.
(3) ¹Organe der Landesmedienanstalt sind der Medienrat und die Direktorin oder der Direktor. ²Weitere Organe der Landesmedienanstalt sind die durch den Rundfunkstaatsvertrag und den Jugendmedienschutz-Staatsvertrag bestimmten Organe im Rahmen ihrer dort geregelten Aufgabenstellung.
(4) ¹Die Landesmedienanstalt ist verpflichtet, für eine größtmögliche Transparenz gegenüber der Öffentlichkeit Sorge zu tragen. ²Zu diesem Zweck macht sie insbesondere alle Satzungen sowie Informationen, die von wesentlicher Bedeutung für die Landesmedienanstalt sind, in weiterverarbeitbarer und für Personen mit Behinderung wahrnehmbarer Form in einem maschinenlesbaren Format auf ihren Internetseiten bekannt. ³Dabei ist die Schutzwürdigkeit von personenbezogenen Daten und Betriebsgeheimnissen zu berücksichtigen.

§ 47 Medienkompetenz
(1) Die Landesmedienanstalt unterbreitet Angebote zur Förderung des aktiven und bewussten Umgangs mit Medieninhalten für alle Bremerinnen und Bremer.
(2) ¹Der Landesmedienanstalt obliegt die Koordinierung von landesweiten Initiativen zur Förderung der Medienkompetenz. ²Zu diesem Zwecke soll sie unter anderem in eigener Verantwortung
1. Veranstaltungen und Initiativen zur Förderung von Medienkompetenz durchführen, hierbei sind besonders Formen von Gewalt im Netz zu berücksichtigen,
2. entsprechende Veranstaltungen und Initiativen anderer Einrichtungen unterstützen,
3. Kooperationsprojekte mit anderen Einrichtungen durchführen,
4. Beiträge zur Förderung von Medienkompetenz über die Bürgermedien zugänglich machen, insbesondere im Bereich von Schule, Ausbildung und Fortbildung, und
5. innovative Bildungsprojekte für junge Menschen durchführen.
(3) ¹Die Landesmedienanstalt soll angemessene Teile der ihr zur Verfügung stehenden Haushaltsmittel zur Nachwuchsförderung im Bereich der Medien- und Filmproduktion verwenden. ²Die Förderung ist auf Medien- und Filmproduktionen, die überwiegend im Land Bremen produziert werden, zu beschränken.
(4) Die Landesmedienanstalt fördert im Rahmen ihrer Möglichkeiten Medienkompetenz auch durch Maßnahmen zur Aus- und Fortbildung in Medienberufen.

§ 48 Modellversuche
(1) Um neue Übertragungstechniken, Programmformen sowie Telemedien zu erproben, kann die Landesmedienanstalt befristete Modellversuche zulassen oder durchführen.
(2) Für Modellversuche gelten die Vorschriften dieses Gesetzes sinngemäß.
(3) ¹Die Regelungen für einen konkreten Modellversuch bestimmt die Landesmedienanstalt jeweils durch eine Satzung, die der Rechtsaufsicht anzuzeigen ist. ²Soweit der Versuchszweck dies erfordert,

kann die Satzung Abweichungen von den nach Absatz 2 geltenden Vorgaben vorsehen. ³Soweit erforderlich, kann die Satzung Regelungen für die Übertragungskapazitäten treffen, die für Modellversuche genutzt werden sollen.
(4) Die Landesmedienanstalt kann wissenschaftliche Begleituntersuchungen in Auftrag geben.
(5) Die Landesmedienanstalt kann im Rahmen ihrer verfügbaren Haushaltsmittel Projekte für neue Übertragungstechniken fördern.

§ 49 Aufsicht über private Veranstalter
(1) Die Landesmedienanstalt überwacht die Einhaltung der für die privaten Veranstalter nach diesem Gesetz, nach dem Rundfunkstaatsvertrag und nach den allgemeinen Rechtsvorschriften geltenden Bestimmungen.
(2) ¹Soweit es zur Wahrnehmung ihrer Aufgaben erforderlich ist, kann die Landesmedienanstalt von den Veranstaltern Auskunft und die Vorlage von Aufzeichnungen und sonstigen Unterlagen verlangen. ²Die zur Erteilung einer Auskunft Verpflichteten können die Auskunft auf solche Fragen verweigern, deren Beantwortung sie selbst oder einen der in § 383 Absatz 1 Nummer 1 bis 3 der Zivilprozessordnung bezeichneten Angehörigen der Gefahr strafgerichtlicher Verfolgung oder eines Verfahrens nach dem Gesetz über Ordnungswidrigkeiten aussetzen würde.
(3) ¹Die Landesmedienanstalt weist die Veranstalter schriftlich auf Maßnahmen oder Unterlassungen hin, die gegen Verpflichtungen verstoßen, die ihnen nach diesem Gesetz, den auf seiner Grundlage erlassenen Rechtsvorschriften oder -entscheidungen, nach dem Rundfunkstaatsvertrag oder nach allgemeinen Rechtsvorschriften obliegen und fordert die Veranstalter auf, einen solchen Verstoß nicht fortzusetzen und künftig zu unterlassen. ²Handelt es sich um einen schwerwiegenden Verstoß, so beanstandet die Landesmedienanstalt dies und weist zugleich auf die Folgen eines weiteren Verstoßes hin.
(4) Die Landesmedienanstalt kann bestimmen, dass Beanstandungen nach Absatz 3 von dem betroffenen Veranstalter in seinem Rundfunkprogramm verbreitet werden.
(5) ¹Hat die Landesmedienanstalt bereits einen Rechtsverstoß nach Absatz 3 beanstandet, so kann sie bei Fortdauer des Rechtsverstoßes oder bei einem weiteren Rechtsverstoß nach dieser Beanstandung zusammen mit einer Anweisung nach Absatz 3 für einen bestimmten Zeitraum die Verbreitung des Programms des Veranstalters untersagen. ²Die Untersagung kann sich auf einzelne Teile des Programms beziehen. ³Einzelheiten regelt die Landesmedienanstalt unter Berücksichtigung der Schwere und Häufigkeit des Rechtsverstoßes durch Satzung.
(6) Die Landesmedienanstalt untersagt die Veranstaltung von Rundfunk, wenn die erforderliche Zulassung nicht erteilt wurde oder bei anzeigepflichtigen Programmen nach § 3 Absatz 2 die Voraussetzungen des § 4 nicht erfüllt sind.
(7) Die Landesmedienanstalt kann Maßnahmen zur Sicherstellung der Netzneutralität treffen.

§ 50 Zusammensetzung des Medienrates
(1) In den Medienrat entsenden
1. ein Mitglied der Deutsche Gewerkschaftsbund Region Bremen-Elbe-Weser,
2. ein Mitglied der Unternehmensverbände im Land Bremen e.V.,
3. ein Mitglied die Arbeitnehmerkammer Bremen,
4. ein Mitglied die Handelskammer Bremen – IHK für Bremen und Bremerhaven,
5. ein Mitglied die Handwerkskammer Bremen,
6. ein Mitglied die Bremische Evangelische Kirche,
7. ein Mitglied die Katholische Kirche,
8. ein Mitglied die Jüdische Gemeinde im Land Bremen,
9. ein Mitglied der Bremer Jugendring,
10. ein Mitglied der Landessportbund Bremen e.V.,
11. ein Mitglied die Frauenorganisationen im Land Bremen, gewählt durch den Bremer Frauenausschuss e.V., Landesfrauenrat Bremen,
12. ein Mitglied der Verbraucherzentrale Bremen e.V.,
13. ein Mitglied der Gesamtverband Natur- und Umweltschutz Unterweser e.V. – GNUU,
14. ein Mitglied der Sozialverband Deutschland e.V., Landesverband Bremen,
15. ein Mitglied der Bremerhavener Volkshilfe e.V.,
16. ein Mitglied der »bremen digitalmedia e.V.«,

17. ein Mitglied der »Stadtkultur Bremen e.V.«,
18. ein Mitglied die Deutsche Journalistinnen und Journalisten-Union (dju) Landesfachgruppe Niedersachsen/Bremen,
19. ein Mitglied der Deutsche Journalisten-Verband Bremen e.V. (DJV),
20. ein Mitglied die Landesseniorenvertretung im Land Bremen,
21. ein Mitglied die Studierendenschaft, entsandt durch die Landes-Asten-Konferenz Bremen,
22. ein Mitglied der Bremer Rat für Integration,
23. ein Mitglied die Blinden und Hörgeschädigten im Land Bremen, das von dem »Landesarbeitsgemeinschaft Selbsthilfe behinderter Menschen e.V.« benannt wird,
24. ein Mitglied die im Land Bremen lebenden Musliminnen und Muslime,
25. ein Mitglied die im Land Bremen lebenden Alevitinnen und Aleviten,
26. ein Mitglied der Bundesraat för Nedderdüütsch,
27. ein Mitglied die Stadtgemeinde Bremen, gewählt vom Senat der Freien Hansestadt Bremen,
28. ein Mitglied die Stadtgemeinde Bremerhaven, gewählt vom Magistrat der Stadt Bremerhaven und
29. je ein Mitglied die politischen Parteien und Wählervereinigungen, die zu dem Zeitpunkt, an dem nach § 52 Absatz 6 Satz 4 die Wahl eines neuen Medienrates jeweils frühestens möglich ist, in Fraktionsstärke gemäß § 36 des Bremischen Abgeordnetengesetzes in Verbindung mit der Geschäftsordnung der Bremischen Bürgerschaft in der Bremischen Bürgerschaft (Landtag) vertreten sind, wobei insgesamt nicht mehr als elf Mitglieder entsandt werden dürfen und deren Reihenfolge sich nach der Anzahl der Sitze in der Bremischen Bürgerschaft (Landtag) richtet,
30. ein Mitglied des Landesteilhaberats.

(2) Aus der Anzahl der Mitglieder ergibt sich die Gesamtzahl der Stimmen des Medienrates.

(3) Solange und soweit Mitglieder in den Medienrat nicht entsandt werden, verringert sich die Mitgliederzahl entsprechend.

(4) Die Regelungen zur Zusammensetzung des Medienrates gemäß Absatz 1 sollen jeweils nach Ablauf von höchstens zwei Amtsperioden überprüft werden.

§ 51 Mitgliedschaft, persönliche Voraussetzungen

(1) [1]Mitglied des Medienrates darf nicht werden, wer wirtschaftliche oder sonstige Interessen hat, die geeignet sind, die Erfüllung seiner Aufgaben als Mitglied des Medienrats zu beeinträchtigen (Interessenkollision). [2]Eine Beeinträchtigung liegt insbesondere vor, wenn ein Mitglied unmittelbar oder mittelbar Rechtsgeschäfte für sich oder eine ihm nahestehende dritte Person mit der Landesmedienanstalt oder ihren Einrichtungen abschließt.

(2) [1]Dem Medienrat dürfen nicht angehören:
1. Angehörige der gesetzgebenden oder beschließenden Organe der Europäischen Union, des Europarates,
2. Mitglieder der Bundesregierung, einer Landesregierung und Bedienstete einer obersten Bundes- oder Landesbehörde, politische Beamtinnen und Beamte sowie kommunale Wahlbeamte,
3. Mitglieder im Vorstand einer Partei nach § 2 Absatz 1 Satz 1 des Parteiengesetzes, wobei die alleinige Mitgliedschaft in einem Parteischiedsgericht nach § 14 des Parteiengesetzes einer Mitgliedschaft im Medienrat nicht entgegen steht,
4. Mitglieder einer Deputation, der Stadtbürgerschaft der Stadt Bremen, der Stadtverordnetenversammlung der Stadt Bremerhaven oder des Magistrats der Stadt Bremerhaven,
5. Organe oder Mitglieder eines Organs einer öffentlich-rechtlichen Rundfunkanstalt oder einer anderen Landesmedienanstalt, oder Personen, die in einem Arbeits- oder Dienstverhältnis oder in einem arbeitnehmerähnlichen Verhältnis zu einer öffentlich-rechtlichen Rundfunkanstalt oder einer Landesmedienanstalt oder einem Unternehmen, an welchem eine öffentlich-rechtliche Rundfunkanstalt mittelbar oder unmittelbar beteiligt ist oder welches zu einer öffentlich-rechtlichen Rundfunkanstalt verbunden ist (§ 15 des Aktiengesetzes), stehen,
6. Personen, die Rundfunkprogramme oder gewerblich vergleichbare Telemedien anbieten oder eine Kabelanlage betreiben,
7. Personen, die an entsprechend Nummer 6 tätigen Unternehmen sowie dazu verbundenen Unternehmen (§ 15 des Aktiengesetzes) beteiligt sind,

8. Personen, die als Arbeitnehmer, in einem Dienstverhältnis oder in freier Mitarbeit für entsprechend nach Nummer 6 tätige Personen oder Unternehmen sowie dazu verbundenen Unternehmen (§ 15 des Aktiengesetzes) tätig sind,
9. Geschäftsunfähige, beschränkt Geschäftsfähige, Personen, für die eine Betreuung angeordnet ist, oder
10. Personen, die die Fähigkeit, öffentliche Ämter zu bekleiden, Rechte aus öffentlichen Wahlen zu erlangen oder in öffentlichen Angelegenheiten zu wählen oder zu stimmen, durch Richterspruch verloren haben oder das Grundrecht der freien Meinungsäußerung nach Artikel 18 des Grundgesetzes verwirkt haben.

²Satz 1 Nummer 1 bis 4 gilt nicht für Mitglieder, die nach § 50 Absatz 1 Nummer 27 bis 29 in den Medienrat entsandt werden.

(3) ¹Mitglied des Medienrates kann nur sein, wer das 16. Lebensjahr vollendet hat. ²Die Mitglieder des Medienrates sollen ihre Hauptwohnung im Land Bremen haben.

(4) ¹Der in Absatz 2 Satz 1 genannte Personenkreis kann frühestens 18 Monate nach dem Ausscheiden aus den dort genannten Funktionen als Mitglied in den Medienrat entsandt oder gewählt werden. ² Für den in Absatz 2 Satz 1 Nummern 1 bis 4 genannten Personenkreis gilt Absatz 2 Satz 2 entsprechend. ³Für den in Absatz 2 Satz 1 Nummer 5 genannten Personenkreis beginnt die Frist nach Absatz 4 Satz 2 mit dem Ablauf der auf das Ausscheiden der Person folgenden Amtsperiode.

(5) ¹Tritt nachträglich für ein Mitglied des Medienrates einer der in Absatz 2 genannten Ausschlussgründe ein, hat das betreffende Mitglied dies dem Medienrat unverzüglich anzuzeigen und scheidet aus dem Medienrat aus. ²Das Vorliegen dieser Gründe gibt das vorsitzführende Mitglied des Medienrates bekannt.

(6) ¹Ein Mitglied scheidet auch dann aus dem Medienrat aus, wenn der Medienrat mit der Mehrheit seiner stimmberechtigten Mitglieder entscheidet, dass eine Interessenkollision nach Absatz 1 eingetreten ist. ²Bis zur Entscheidung nach Satz 1 behält das Mitglied seine Rechte und Pflichten, es sei denn, der Medienrat beschließt mit einer Mehrheit von mindestens zwei Dritteln seiner stimmberechtigten Mitglieder, dass das betroffene Mitglied bis zur Entscheidung nicht an den Arbeiten des Medienrates teilnehmen kann. ³Von der Beratung und Beschlussfassung im Verfahren nach Satz 1 und 2 ist das betroffene Mitglied ausgeschlossen.

(7) Der Medienrat schließt ein Mitglied, das noch nicht das 18. Lebensjahr vollendet hat, von der Arbeit des Medienrates oder der Ausschüsse des Medienrates im Einzelfall aus, soweit jugendgefährdende oder entwicklungsgefährdende Inhalte im Medienrat oder seinen Ausschüssen behandelt werden.

§ 52 Wahl und Amtszeit des Medienrates

(1) ¹Die in § 50 Absatz 1 Nummer 1 bis 23 und 26 bis 29 aufgeführten Mitglieder werden durch die dort genannten Organisationen gewählt. ²Dabei soll nach demokratischen Grundsätzen im Rahmen der jeweils geltenden Statuten verfahren werden.

(2) ¹Das nach § 50 Absatz 1 Nummer 24 gewählte Mitglied wird durch übereinstimmende Erklärung der Vorstände nach § 26 des Bürgerlichen Gesetzbuches der Vereine »SCHURA – Islamische Religionsgemeinschaft Bremen e.V.«, »DITIB Landesverband der Islamischen Religionsgemeinschaften Niedersachsen und Bremen e.V.« und des Bremer Mitgliedsvereins des Dachverbandes »VIKZ – Verband der Islamischen Kulturzentren e.V.« bestimmt. ²Eine entsprechende Erklärung gilt auch als abgegeben, wenn neben SCHURA und DITIB die Mehrheit der Mitgliedsvereine des VIKZ der Bestimmung zustimmt.

(3) Das nach § 50 Absatz 1 Nummer 25 gewählte Mitglied wird durch übereinstimmende Erklärung der Vorstände nach § 26 des Bürgerlichen Gesetzbuches der Vereine »Alevitische Gemeinde in Bremen und Umgebung e.V.«, »Alevitisches Kulturzentrum in Bremen und Umgebung e.V.« und »Alevitischer Kulturverein Bremerhaven und Umgebung e.V.« bestimmt.

(4) ¹Frauen und Männer sollen bei der Wahl der Mitglieder jeweils zu fünfzig Prozent berücksichtigt werden. ²Wurde ein Mann als Mitglied entsandt, ist für die folgende Amtsperiode eine Frau als Mitglied zu entsenden und umgekehrt, soweit keine Wiederberufung erfolgt. ³Die Anforderungen der Sätze 1 und 2 entfallen bei einer Entsendung nach § 50 Absatz 1 Nummer 11.

(5) ¹Die nach § 50 Absatz 1 gewählten Mitglieder sollen als Vertreter gesellschaftlich relevanter Gruppen nach Alter, Geschlecht, Religionszugehörigkeit, Tätigkeit und Herkunft die Gesellschaft

im Land Bremen in ihrer demografischen Gestalt widerspiegeln. ²Mindestens fünf Mitglieder sollen ihren Hauptwohnsitz in der Stadt Bremerhaven haben und mindestens fünf Mitglieder sollen ihren Hauptwohnsitz in der Stadt Bremen haben.
(6) ¹Die Amtsperiode des Medienrates beträgt vier Jahre. ²Sie beginnt mit seinem ersten Zusammentritt. ³Nach Ablauf der Amtsperiode führt der Medienrat die Geschäfte bis zum Zusammentritt des neuen Medienrates weiter. ⁴Die Wahl der neuen Mitglieder wird frühestens zwei Monate vor Ablauf der Amtsperiode durchgeführt. ⁵Die Namen der gewählten Mitglieder und das jeweilige Auswahlgremium sind dem vorsitzführenden Mitglied des Medienrates mitzuteilen. ⁶Eine Person darf dem Medienrat, unabhängig von Unterbrechungen der Mitgliedschaftszeiten, maximal zwölf Jahre als Mitglied angehören.
(7) ¹Scheidet ein Mitglied aus dem Medienrat vorzeitig aus, so ist für den Rest seiner Amtszeit ein Nachfolgemitglied nach den für die Entsendung des ausgeschiedenen Mitglieds geltenden Vorschriften zu wählen. ²Absatz 4 Satz 2 und 3 gilt entsprechend.
(8) ¹Die nach § 50 Absatz 1 Nummer 27 bis 29 gewählten Mitglieder können vor Ablauf ihrer Amtszeit von den entsendungsberechtigten Stellen abberufen werden. ²Dies gilt auch für die übrigen Mitglieder, wenn sie aus der entsendungsberechtigten Stelle oder Organisation ausgeschieden sind.

§ 53 Aufgaben und Arbeitsweise des Medienrates, Kostenerstattung

(1) ¹Der Medienrat nimmt die Aufgaben der Landesmedienanstalt wahr, soweit sie nicht der Direktorin oder dem Direktor übertragen sind. ²Die Mitglieder des Medienrates vertreten die Interessen der Allgemeinheit. ³Sie sind ehrenamtlich tätig und an Aufträge oder Weisungen nicht gebunden.
(2) ¹Der Medienrat ist beschlussfähig, wenn alle Mitglieder des Medienrates nach näherer Bestimmung der Geschäftsordnung geladen worden sind und mindestens die Hälfte der stimmberechtigten Mitglieder anwesend ist. ²Ist der Medienrat beschlussunfähig, sind alle Mitglieder innerhalb angemessener Frist mit der gleichen Tagesordnung erneut zu laden. ³In der folgenden Sitzung ist der Medienrat unabhängig von der Zahl der Erschienenen beschlussfähig, sofern in der Einladung auf diese Folge hingewiesen wurde. ⁴Jedes Mitglied hat eine Stimme. ⁵Der Medienrat fasst seine Beschlüsse mit der Mehrheit der abgegebenen Stimmen, sofern in diesem Gesetz nichts anderes bestimmt ist. ⁶Beschlüsse über die Erteilung, die Rücknahme und den Widerruf einer Zulassung, über die Zuweisung von Übertragungskapazitäten und über deren Rücknahme oder Widerruf, über eine Untersagung nach § 39 sowie die Wahl der Direktorin oder des Direktors bedürfen der Zustimmung der Mehrheit der Mitglieder. ⁷Beschlüsse über die Abberufung der Direktorin oder des Direktors bedürfen der Zustimmung von zwei Dritteln der Mitglieder.
(3) ¹Der Medienrat wählt für die Amtsperiode aus seiner Mitte ein vorsitzführendes Mitglied und ein Mitglied für dessen Stellvertretung. ²Das stellvertretende Mitglied vertritt das vorsitzführende Mitglied bei dessen Verhinderung umfassend. ³Abberufungen mit der Mehrheit von zwei Dritteln der Stimmen des Medienrates sind zulässig.
(4) Das vorsitzführende Mitglied vertritt den Medienrat nach außen.
(5) ¹Der Medienrat gibt sich eine Geschäftsordnung. ²Er kann Ausschüsse bilden. ³Der Anteil der Mitglieder gemäß § 50 Absatz 1 Nummer 27 bis 29 soll in den Ausschüssen ein Drittel der Mitglieder nicht übersteigen. ⁴Entsprechendes gilt für die Gesamtheit der Vorsitzenden des Medienrates und seiner Ausschüsse sowie deren Stellvertreterinnen und Stellvertreter.
(6) ¹Die Sitzungen des Medienrates werden nach Bedarf, mindestens jedoch vier Mal jährlich, von dem vorsitzführenden Mitglied einberufen. ²Auf Antrag von mindestens einem Viertel der Mitglieder und auf Antrag der Direktorin oder des Direktors muss das vorsitzführende Mitglied eine außerordentliche Sitzung einberufen. ³Der Antrag muss den Beratungsgegenstand angeben.
(7) ¹Der Medienrat tagt in öffentlicher Sitzung. ²In begründeten Ausnahmefällen kann der Medienrat mit der Mehrheit der Stimmen seiner Mitglieder den Ausschluss der Öffentlichkeit beschließen. ³Personalangelegenheiten, die aus Gründen des Persönlichkeitsschutzes vertraulich sind, sind stets in nicht öffentlicher Sitzung zu behandeln. ⁴Gleiches gilt für Angelegenheiten, in denen die Offenlegung von Betriebs- und Geschäftsgeheimnissen Dritter unvermeidlich ist. ⁵Die Sitzungen der nach Absatz 5 Satz 2 gebildeten Ausschüsse finden unter Ausschluss der Öffentlichkeit statt.
(8) ¹Die Direktorin oder der Direktor nimmt an den Beratungen des Medienrates, einschließlich der unter Ausschluss der Öffentlichkeit stattfindenden Sitzungen oder Sitzungsteile, mit beratender Stimme teil, soweit nicht über sie oder ihn selbst verhandelt wird, und ist auf ihren oder seinen

Wunsch anzuhören. ²Die Teilnahme anderer Personen ist durch die Geschäftsordnung zu regeln. ³Eine Vertreterin oder ein Vertreter der Rechtsaufsicht kann ohne Stimmrecht an allen Sitzungen teilnehmen, einschließlich der unter Ausschluss der Öffentlichkeit stattfindenden Sitzungen oder Sitzungsteile.

(9) ¹Die Zusammensetzung und die Tagesordnung der Sitzungen des Medienrates und seiner Ausschüsse nach Absatz 5 Satz 2, die Beschlüsse und Protokolle der öffentlichen Sitzungen des Medienrates nebst Anwesenheitslisten, die Zusammenfassungen der wesentlichen Ergebnisse der Sitzungen der vorbereitenden Ausschüsse sowie Kurzbiografien der Mitglieder des Medienrats sind durch die Landesmedienanstalt in geeigneter Form auf ihren Internetseiten zu veröffentlichen; § 46 Absatz 4 Satz 3 gilt entsprechend. ²Die Tagesordnungen sind spätestens eine Woche vor den jeweiligen Sitzungen zu veröffentlichen, die Beschlüsse, Protokolle, Anwesenheitslisten und Zusammenfassungen der wesentlichen Ergebnisse im Anschluss an die Sitzungen des Medienrates und nach Genehmigung der Protokolle durch den Medienrat.

(10) ¹Die Mitglieder des Medienrates sind zur Teilnahme an den Sitzungen des Medienrates verpflichtet. ²Sie haben Anspruch auf Zahlung von Sitzungsgeldern und auf Ersatz von Reisekosten einschließlich von Fahrtkostenpauschalen und auf Tages- und Übernachtungsgeld in gleicher Höhe wie die Mitglieder des Rundfunkrates von »Radio Bremen«. ³Die Mitglieder des Medienrates erhalten eine Aufwandsentschädigung. ⁴Die Reisekostenerstattung wird entsprechend dem Bundesreisekostengesetz geregelt. ⁵Das Nähere ist durch Satzung zu regeln. ⁶§ 46 Absatz 4 gilt entsprechend.

(11) ¹Die Mitglieder des Medienrates nehmen regelmäßig an Fortbildungsveranstaltungen zu journalistischen, technischen, betriebswirtschaftlichen und medienrelevanten Themen und zum Datenschutz teil. ²Sie sollen die konkreten Arbeits- und Sendeabläufe der Landesmedienanstalt kennenlernen.

(12) Das Nähere regelt die Satzung.

§ 54 Aufgaben der Direktorin oder des Direktors

(1) ¹Die Direktorin oder der Direktor leitet die Landesmedienanstalt. ²Sie oder er sorgt für eine größtmögliche Transparenz gegenüber der Öffentlichkeit und den sonstigen Organen der Landesmedienanstalt.

(2) Sie oder er hat insbesondere die Aufgaben,
1. Beschlüsse des Medienrates vorzubereiten und zu vollziehen,
2. die laufenden Geschäfte zu führen,
3. die Maßnahmen zu treffen, die erforderlich sind, um die Einhaltung der Vorschriften dieses Gesetzes zu überwachen,
4. Veranstalter, Betreiber von Kabelanlagen und andere, deren Rechte und Pflichten dieses Gesetz und der Rundfunkstaatsvertrag regeln, zu beraten und
5. mit anderen Landesmedienanstalten unter Beteiligung des Medienrates zusammenzuarbeiten, insbesondere beim Erlass gemeinsamer Regelungen auf Grund des Rundfunkstaatsvertrages.

(3) ¹Die Direktorin oder der Direktor vertritt die Landesmedienanstalt gerichtlich und außergerichtlich. ²§ 55 Absatz 3 bleibt unberührt.

(4) Die Direktorin oder der Direktor regelt im Einvernehmen mit dem vorsitzführenden Mitglied des Medienrates ihre oder seine Vertretung.

§ 55 Wahl, Amtsdauer, Abberufung der Direktorin oder des Direktors

(1) ¹Die Direktorin oder der Direktor darf nicht dem Medienrat angehören und muss ihren oder seinen Hauptwohnsitz im Land Bremen haben. ²Sie oder er wird vom Medienrat auf fünf Jahre gewählt, zweimalige Wiederwahl ist zulässig. ³Der Medienrat hat sich bei der Auswahl eines geeigneten Auswahlverfahrens zu bedienen. ⁴Die Neuberufung oder Wiederwahl einer Direktorin oder eines Direktors bedarf einer vorherigen öffentlichen Ausschreibung. ⁵Für die zu treffende Auswahl gelten § 51 Absatz 1, Absatz 2 Satz 1, Absatz 4 Satz 1 und Absatz 5 Satz 1 mit der Maßgabe entsprechend, dass in Abweichung von § 51 Absatz 2 Satz 1 Nummer 5 ein Dienstverhältnis im Sinne des Absatzes 3 zulässig ist. ⁶Tritt für die Direktorin oder den Direktor einer der in § 51 Absatz 1 oder Absatz 2 Satz 1 genannten Ausschlussgründe ein, endet das Amt, es sei denn, der Anlass folgt aus der Tätigkeit als Direktorin oder Direktor der Landesmedienanstalt oder liegt im Interesse der Wahrnehmung der Aufgaben der Landesmedienanstalt und das Interesse ist seitens des Medienrates festgestellt worden.

(2) ¹Bei gröblicher Verletzung der ihr oder ihm obliegenden Pflichten kann die Direktorin oder der Direktor vor Ablauf der Amtszeit vom Medienrat abberufen werden. ²Sie oder er ist vor der Entscheidung zu hören.
(3) Das vorsitzführende Mitglied des Medienrates schließt den Dienstvertrag mit der Direktorin oder dem Direktor und vertritt die Landesmedienanstalt gegenüber dieser oder diesem gerichtlich und außergerichtlich.

§ 56 Finanzierung und Haushaltswesen

(1) ¹Die Landesmedienanstalt deckt den Finanzbedarf aus dem zusätzlichen Anteil am Rundfunkbeitrag nach § 40 Absatz 1 des Rundfunkstaatsvertrages, aus Bußgeldern für Ordnungswidrigkeiten, die sie verhängt, sowie durch Gebühren und Auslagen. ²Die Erhebung von Gebühren und Auslagen regelt die Landesmedienanstalt durch Satzung, die von der Rechtsaufsicht zu genehmigen ist.
(2) ¹Die Haushalts- und Wirtschaftsführung der Landesmedienanstalt bestimmt sich nach dem vom Medienrat jährlich zu beschließenden Haushaltsplan. ²Der Haushaltsplan kann die Bildung von Rücklagen vorsehen, soweit und solange dies zu einer wirtschaftlichen und sparsamen Aufgabenerfüllung für im Voraus vom Medienrat festgelegte Maßnahmen notwendig ist, die nicht aus den Mitteln eines Haushaltsjahres finanziert werden können. ³Notwendigkeit, Ansammlungshöhe und -zeitraum einer jeden Rücklage ist für jedes Haushaltsjahr gesondert festzustellen. ⁴Die Rücklagen sollen in ihrer Gesamtheit drei Zehntel des jährlichen Haushaltsvolumens nicht überschreiten. ⁵Der Haushaltsplan bedarf der Genehmigung der Rechtsaufsicht. ⁶Die Genehmigung darf nur versagt werden, wenn gegen Bestimmungen dieses Gesetzes oder des Landeshaushaltsrechts, insbesondere gegen die Grundsätze der Wirtschaftlichkeit und Sparsamkeit verstoßen wird.
(3) Die Landesmedienanstalt erstellt eine mehrjährige Finanzplanung, in der alle Rücklagen ausgewiesen werden.
(4) ¹Die Direktorin oder der Direktor stellt die Jahresrechnung und einen jährlichen Geschäftsbericht auf, der in Kurzfassung gemeinsam mit einer Zusammenfassung über die geprüfte Jahresrechnung in weiterverarbeitbarer und für Personen mit Behinderung wahrnehmbarer Form in einem maschinenlesbaren Format auf den Internetseiten der Landesmedienanstalt zu veröffentlichen ist. ²Darin enthalten sind sämtliche Bezüge, Vergütungen und geldwerte Leistungen, die der Direktorin oder dem Direktor im jeweiligen Geschäftsjahr gewährt wurden. ³Der Geschäftsbericht und die geprüfte Jahresrechnung sind der Rechtsaufsicht vorzulegen. ⁴Die Rechnungsprüfung gemäß § 109 Absatz 2 Satz 1 der Landeshaushaltsordnung erfolgt durch eine sachverständige Prüferin oder einen sachverständigen Prüfer.
(5) ¹Die Haushaltsführung, Rechnungslegung, Prüfung und Entlastung der Landesmedienanstalt richtet sich nach § 105 Absatz 1 Satz 1 der Landeshaushaltsordnung. ²Der Rechnungshof der Freien Hansestadt Bremen prüft nach § 111 Absatz 1 der Landeshaushaltsordnung die Haushalts- und Wirtschaftsführung.
(6) ¹Die Landesmedienanstalt gibt sich eine Finanzordnung. ²Diese ist in weiterverarbeitbarer und für Personen mit Behinderung wahrnehmbarer Form in einem maschinenlesbaren Format auf den Internetseiten der Landesmedienanstalt zu veröffentlichen.
(7) ¹Radio Bremen verwendet die Finanzmittel nach § 40 Absatz 1 und 3 des Rundfunkstaatsvertrages, die in einem Kalenderjahr nicht für die Landesmedienanstalt benötigt werden, für die Förderung von innovativen und unabhängig Film- und Medienprojekten, die im Land Bremen produziert werden. ²Die Verwendung des Überschusses ist von Radio Bremen in weiterverarbeitbarer und für Personen mit Behinderung wahrnehmbarer Form in einem maschinenlesbaren Format auf seiner Internetseite bekannt zu machen.

§ 57 Rechtsaufsicht

(1) ¹Die Rechtsaufsicht über die Landesmedienanstalt obliegt dem Senat der Freien Hansestadt Bremen. ²Ihm sind die zur Wahrnehmung dieser Aufgabe erforderlichen Auskünfte zu erteilen und Einsicht in die Unterlagen zu gewähren.
(2) Die Rechtsaufsicht ist berechtigt, die Landesmedienanstalt schriftlich auf Maßnahmen oder Unterlassungen hinzuweisen, die dieses Gesetz oder die allgemeinen Rechtsvorschriften verletzen und sie aufzufordern, die Rechtsverletzung zu beseitigen.

(3) Wird die Rechtsverletzung nicht innerhalb einer angemessenen Frist behoben, weist die Rechtsaufsicht die Landesmedienanstalt an, auf deren Kosten innerhalb einer bestimmten Frist im Einzelnen festgelegte Maßnahmen durchzuführen.

Abschnitt 8
Datenschutz

§ 58 Geltung von Datenschutzvorschriften
(1) [1]Soweit in diesem Gesetz nichts anderes bestimmt ist, sind die jeweils geltenden Vorschriften über den Schutz personenbezogener Daten anzuwenden, auch wenn die Daten nicht in Dateien verarbeitet und genutzt werden.
(2) § 9c und § 57 des Rundfunkstaatsvertrages finden auf Veranstalter Anwendung.
(3) Kabelnetze und ihre Zusatzeinrichtungen sind so auszugestalten und zu betreiben, dass ein angemessenes Schutzniveau im Sinne des Artikels 32 der Verordnung (EU) 2016/679 für personenbezogene Daten gewährleistet ist.

§ 59 Datenschutzkontrolle
(1) [1]Die oder der Landesbeauftragte für Datenschutz und Informationsfreiheit überwacht die Einhaltung der Datenschutzbestimmungen im Anwendungsbereich dieses Gesetzes. [2]Sie oder er teilt Beanstandungen der Landesmedienanstalt mit, damit diese die nach den Absätzen 3 und 4 vorgesehenen Maßnahmen treffen kann. [3]Der oder dem Landesbeauftragten für Datenschutz und Informationsfreiheit stehen die Befugnisse gemäß Artikel 58 der Verordnung (EU) 2016/679 zu, sofern Artikel 58 der Verordnung (EU) 2016/679 nicht durch § 58 Absatz 2 ausgeschlossen ist. [4]Auf solche Fragen, deren Beantwortung den Auskunftserteilenden selbst oder einen der in § 383 Absatz 1 Nummer 1 bis 3 der Zivilprozessordnung bezeichneten Angehörigen der Gefahr strafrechtlicher Verfolgung oder eines Verfahrens nach dem Gesetz über Ordnungswidrigkeiten aussetzen würde, kann die Auskunft verweigert werden.
(2) [1]Veranstalter und Betreiber von Kabelanlagen sind verpflichtet, eine Datenschutzbeauftragte oder einen Datenschutzbeauftragten zu bestellen. [2]Für die Bestellung und die Aufgaben der oder des Datenschutzbeauftragten finden Artikel 37 bis 39 der Verordnung (EU) 2016/679 sowie § 38 des Bundesdatenschutzgesetzes Anwendung.
(3) [1]Die Landesmedienanstalt kann bei Verstößen gegen die Datenschutzbestimmungen das Betreiben der Kabelanlage oder die jeweiligen Angebote untersagen, in der Regel jedoch erst nach vorheriger Beanstandung. [2]Die Untersagung ist unzulässig, wenn sie außer Verhältnis zur Bedeutung des Betriebs der Kabelanlage oder der Angebote für den Betreiber der Kabelanlage, den Veranstalter des Rundfunkprogramms oder den für den Beitrag oder die Sendung Verantwortlichen sowie die Allgemeinheit steht. [3]Die Landesmedienanstalt darf das Betreiben der Kabelanlage oder die Angebote nur untersagen, wenn die Einhaltung der Datenschutzbestimmungen auf andere Weise nicht erreicht werden kann. [4]Die Untersagung ist auf bestimmte Arten oder Teile von Angeboten zu beschränken, wenn die Einhaltung der Datenschutzbestimmungen dadurch erreicht werden kann.
(4) Soweit eine Untersagung ausgesprochen wird, kann die Landesmedienanstalt auch anordnen, dass in diesem Umfang Angebote zu sperren sind.

Abschnitt 9
Bußgeld-, Übergangs- und Schlussvorschriften

§ 60 Ordnungswidrigkeiten
(1) Ordnungswidrig handelt, wer vorsätzlich oder fahrlässig
1. ohne die nach § 3 Absatz 1 erforderliche Zulassung der Landesmedienanstalt oder die nach § 3 Absatz 2 erforderliche Anzeige Rundfunk veranstaltet,
2. entgegen § 7 in Verbindung mit § 6 Absatz 2 falsche Angaben über seine Beteiligungsverhältnisse macht,
3. gegen die in § 9 Absatz 5 aufgestellten Grundsätze verstößt,
4. eine Änderung entgegen § 6 Absatz 5 Satz 1 und Satz 2 oder § 7 Absatz 3 nicht unverzüglich mitteilt,
5. gegen die in §§ 14 und 23 aufgestellten Grundsätze verstößt,

6. entgegen § 16 Satz 1 keine oder keinen für den Inhalt des Rundfunkprogramms Verantwortliche oder Verantwortlichen benennt oder entgegen § 16 Satz 2 bei der Benennung mehrerer Verantwortlicher die jeweilige Verantwortlichkeit nicht angibt,
7. ihrer oder seiner Aufzeichnungs- oder Aufbewahrungspflicht entgegen § 18 Absatz 1, der hierauf bezogenen Einsichts- und Übersendungspflicht nach § 18 Absatz 3 oder Absatz 4 oder den Verpflichtungen des § 18 Absatz 5 nicht, nicht richtig oder nicht vollständig nachkommt,
8. Gegendarstellungen entgegen § 19 nicht unverzüglich in der vorgeschriebenen Form und Dauer verbreitet,
9. entgegen § 20 Absatz 1 amtliche Verlautbarungen nicht verbreitet,
10. ihrer oder seiner Offenlegungspflicht nach § 21 Absatz 2 Satz 2 nicht nachkommt,
11. ein Rundfunkprogramm ohne die nach § 24 erforderliche Bestätigung der Landesmedienanstalt weiterverbreitet,
12. entgegen § 30 Absatz 4 falsche Angaben über seine Beteiligungsverhältnisse macht,
13. ohne die nach § 32 Absatz 4 erforderliche Genehmigung der Landesmedienanstalt das Programmschema oder das digitale Bouquet ändert,
14. entgegen § 35 Absatz 1 den Betrieb einer Kabelanlage nicht anzeigt,
15. die in § 37 Absatz 2 genannten Rundfunkprogramme nicht weiterverbreitet oder gegen Vorschriften der Kabelbelegungssatzung nach § 37 Absatz 4 verstößt,
16. entgegen § 38 Absatz 1 die geplante Belegung einer Kabelanlage nicht rechtzeitig anzeigt,
17. im Offenen Kanal oder im Ereignisrundfunk einen Tatbestand des § 49 Absatz 1 Satz 1 Nummer 1 bis 22 des Rundfunkstaatsvertrages erfüllt,
18. entgegen § 49 Absatz 3 einen Rechtsverstoß trotz Anweisung der Landesmedienanstalt fortsetzt oder nicht unterlässt,
19. entgegen § 49 Absatz 4 Beanstandungen in ihrem oder seinem Rundfunkprogramm nicht verbreitet,
20. als Veranstalter landesweiten Rundfunks einen Tatbestand des § 49 Absatz 1 Satz 1 Nummer 1 bis 22 des Rundfunkstaatsvertrages erfüllt.

(2) Die Ordnungswidrigkeit kann mit einer Geldbuße bis zu 500 000 Euro geahndet werden.
(3) Sachlich zuständige Verwaltungsbehörde im Sinne des § 36 Absatz 1 Nummer 1 des Gesetzes über Ordnungswidrigkeiten ist die Landesmedienanstalt.
(4) Für die Verjährung der Verfolgung von Ordnungswidrigkeiten nach Absatz 1 gilt § 49 Absatz 5 des Rundfunkstaatsvertrages entsprechend.

§ 61 Ausführungsbestimmung zu § 35 des Rundfunkstaatsvertrages

(1) [1]Gesetzliche Vertreterin oder gesetzlicher Vertreter der Landesmedienanstalt im Sinne von § 35 Absatz 3 Satz 1 Halbsatz 1 und § 35 Absatz 5 Satz 1 Nummer 2 des Rundfunkstaatsvertrages ist die Direktorin oder der Direktor. [2]Ständige Vertreterin oder ständiger Vertreter im Sinne von § 35 Absatz 3 Satz 1 Halbsatz 2 des Rundfunkstaatsvertrages ist die Person, die nach § 54 Absatz 4 hierzu bestimmt wird.
(2) Das plural besetzte Beschlussgremium im Sinne von § 35 Absatz 4 des Rundfunkstaatsvertrages ist der Medienrat.

§ 62 Aufsicht bei Telemedien

(1) Zuständige Behörde im Sinne von § 59 Absatz 1 Satz 1 des Rundfunkstaatsvertrages ist die oder der Landesbeauftragte für Datenschutz und Informationsfreiheit.
(2) [1]Zuständige Aufsichtsbehörde im Sinne von § 59 Absatz 2 des Rundfunkstaatsvertrages ist bei Verstößen gegen § 54 Absatz 1 Satz 3 des Rundfunkstaatsvertrages die Behörde, die für die Überwachung des jeweils betroffenen Gesetzes zuständig ist. [2]Im Übrigen ist zuständige Aufsichtsbehörde im Sinne von § 59 Absatz 2 des Rundfunkstaatsvertrages die Landesmedienanstalt.

§ 63 Zuständigkeit bei Ordnungswidrigkeiten

Sachlich zuständige Behörde für die Verfolgung und Ahndung von Ordnungswidrigkeiten nach
1. § 49 Absatz 1 Satz 2 Nummer 5 bis 29 des Rundfunkstaatsvertrages ist die Landesmedienanstalt,
2. § 16 Absatz 1 und 2 Nummer 1 des Telemediengesetzes ist die Landesmedienanstalt,
3. § 16 Absatz 2 Nummer 2 bis 6 des Telemediengesetzes ist die oder der Landesbeauftragte für Datenschutz und Informationsfreiheit.

4. § 12 des Rundfunkbeitragsstaatsvertrages ist die Ortspolizeibehörde.

§ 64 Übergangsvorschrift

(1) ¹Dieses Gesetz findet auch auf Entscheidungen über die Zulassungen privater Veranstalter sowie über die Zuordnung und Zuweisung von Übertragungskapazitäten Anwendung, die vor dem 1. April 2005 getroffen wurden. ²§ 10 Absatz 2 des Bremischen Landesmediengesetzes vom 22. Juni 1993 (Brem.GBl. S. 197, 203 – 225-h-1), das zuletzt durch Artikel 1 des Gesetzes vom 11. Mai 2004 (Brem.GBl. S. 203) geändert worden ist, findet auf Veranstalter, die vor dem 1. April 2005 zugelassen wurden, weiterhin Anwendung.
(2) Für die am 25. Mai 2018 laufende Amtsperiode des Medienrates sind die Vorschriften des Abschnittes 7 des Bremischen Landesmediengesetzes in der am 24. Mai 2018 geltenden Fassung bis zum Ende der Amtsperiode weiter anzuwenden.
(3) Auf die sich am 25. Mai 2018 im Amt befindliche Direktorin ist § 55 Absatz 1 Satz 2 mit der Maßgabe anzuwenden, dass die Einschränkung der maximal zweimaligen Wiederwahl für sie nicht gilt.

§ 65 Überprüfungsklausel

Die §§ 35 bis 39 werden regelmäßig alle drei Jahre, erstmals zum 1. Januar 2008 entsprechend Artikel 31 Absatz 1 der Richtlinie 2002/22/EG des Europäischen Parlaments und des Rates vom 7. März 2002 über den Universaldienst und Nutzerrechte bei elektronischen Kommunikationsnetzen und -diensten – Universaldienstrichtlinie – (ABl. L 108 vom 24.4.2002, S. 51) überprüft.

§ 66 Inkrafttreten, Außerkrafttreten

¹Dieses Gesetz tritt am 25. Mai 2018 in Kraft. ²Gleichzeitig tritt das Bremische Landesmediengesetz vom 17. Juli 2012 (Brem.GBl. S. 309, S. 377, 2013 S. 85), das zuletzt durch Gesetz vom 22. März 2016 (Brem.GBl. S. 185) geändert worden ist, außer Kraft.

Gesetz zur Ausführung des Gerichtsverfassungsgesetzes (AGGVG)

In der Fassung der Bekanntmachung vom 21. August 1974 (Brem.GBl. S. 297)[*]
(300-a-1)
zuletzt geändert durch Art. 2 des G vom 25. November 2014 (Brem.GBl. S. 639, 697)

1. Abschnitt
Gerichte
1. Titel
Allgemeine Bestimmungen

§ 1
(1) Im Lande Bremen bestehen die folgenden ordentlichen Gerichte:
1. ein Oberlandesgericht mit dem Sitz in Bremen,
2. ein Landesgericht mit dem Sitz in Bremen,
3. ein Amtsgericht mit dem Sitz in Bremen,
4. ein Amtsgericht mit dem Sitz in Bremerhaven,
5. ein Amtsgericht mit dem Sitz in Bremen, Stadtteil Blumenthal.
(2) Das Oberlandesgericht führt die Bezeichnung »Hanseatisches Oberlandesgericht in Bremen«.

§ 2
Das Geschäftsjahr der Gerichte ist das Kalenderjahr.

2. Titel
Amtsgerichte

§ 3
(1) Der Bezirk des Amtsgerichts Bremen umfaßt das Gebiet der Stadtgemeinde Bremen mit Ausnahme der den Amtsgerichten Bremerhaven und Bremen-Blumenthal zugeteilten Stadtbezirke und Ortsteile.
(2) Der Bezirk des Amtsgerichts Bremerhaven umfaßt das Gebiet der Stadtgemeinde Bremerhaven und den zur Stadtgemeinde Bremen gehörenden Ortsteil stadtbremisches Überseehafengebiet Bremerhaven.
(3) Der Bezirk des Amtsgerichts Bremen-Blumenthal umfaßt das Gebiet des stadtbremischen Stadtbezirks Nord.
(4) Die den Amtsgerichten Bremerhaven und Bremen-Blumenthal zugewiesenen Stadtbezirke und Ortsteile gehören dem Bezirk dieser Gerichte in ihrem jeweiligen Gebietsumfang an.

§ 4
Die Amtsgerichte Bremen und Bremerhaven sind mit Präsidenten besetzt.

§ 5
Der Senator für Justiz und Verfassung kann für die Präsidenten und den aufsichtführenden Richter der Amtsgerichte ständige Vertreter bestellen.

3. Titel
Landgericht

§ 6
Der Bezirk des Landgerichts umfaßt das Gebiet des Landes Bremen.

§ 7
Das Landgericht ist ohne Rücksicht auf den Wert des Streitgegenstandes ausschließlich zuständig
1. für Ansprüche gegen den Staat oder eine Körperschaft des öffentlichen Rechts wegen Verfügungen der Verwaltungsbehörden,

---

[*] Neubekanntmachung des Gesetzes zur Ausführung des Gerichtsverfassungsgesetzes vom 11. Oktober 1960 (Brem.GBl. S. 123).

2. für Ansprüche wegen öffentlicher Abgaben,
soweit für diese Ansprüche der ordentliche Rechtsweg eröffnet ist.

§ 8
Der Senat kann einen Vorsitzenden Richter am Landgericht zum Vizepräsidenten des Landgerichts bestellen.

§ 9
¹Die Zahl der Zivil- und Strafkammern wird im Rahmen des Stellenplanes vom Präsidenten des Landgerichts bestimmt. ²Dem Präsidenten des Landgerichts können hierfür Weisungen im Dienstaufsichtswege erteilt werden.

§ 10
Die ehrenamtlichen Richter der Kammern für Handelssachen werden aufgrund gutachtlicher Vorschläge der Handelskammer Bremen und der Industrie- und Handelskammer Bremerhaven vom Senator für Justiz und Verfassung ernannt.

§ 11
§ 12 (aufgehoben)

4. Titel
Hanseatisches Oberlandesgericht in Bremen

§ 13
Der Bezirk des Hanseatischen Oberlandesgerichts in Bremen umfaßt das Gebiet des Landes Bremen.

§ 14
Der Senat kann einen Vorsitzenden Richter am Oberlandesgericht zum Vizepräsidenten des Oberlandesgerichts bestellen.

§ 15
¹Die Zahl der Zivil- und Strafsenate wird im Rahmen des Stellenplanes vom Präsidenten des Hanseatischen Oberlandesgerichts in Bremen bestimmt. ²Dem Präsidenten des Hanseatischen Oberlandesgerichts in Bremen können hierfür Weisungen im Dienstaufsichtswege erteilt werden.

2. Abschnitt
Staatsanwaltschaft

§ 16
(1) Es bestehen
1. eine Staatsanwaltschaft bei dem Hanseatischen Oberlandesgericht in Bremen,
2. eine Staatsanwaltschaft bei dem Landgericht.
(2) Durch die Staatsanwaltschaft bei dem Landgericht werden zugleich die staatsanwaltlichen Geschäfte bei den Amtsgerichten erledigt.

§ 17
Bei den Amtsgerichten können durch Anordnung des Senators für Justiz und Verfassung Zweigstellen der Staatsanwaltschaft bei dem Landgericht eingerichtet werden.

§ 18
Der Leitende Oberstaatsanwalt kann in geeigneten Fällen Gerichtsreferendaren die Vertretung des Staatsanwalts oder des Amtsanwalts in der Hauptverhandlung vor dem Richter beim Amtsgericht übertragen, soweit dieser allein entscheidet.

3. Abschnitt
Geschäftsstellen

§ 19
Urkundsbeamte der Geschäftsstelle sind die vom Senator für Justiz und Verfassung bestimmten Beamten.

§ 20
(1) Referendare sowie Anwärter für den gehobenen oder den mittleren Justizdienst können mit der selbständigen Wahrnehmung von Aufgaben des Urkundsbeamten der Geschäftsstelle beauftragt werden.
(2) Mit der selbständigen Wahrnehmung von Aufgaben des Urkundsbeamten der Geschäftsstelle können widerruflich auch Angestellte beauftragt werden.
(3) Zuständig für die Beauftragung sind der Senator für Justiz und Verfassung und die von ihm bestimmten Stellen.

4. Abschnitt
Gerichtsvollzieher

§ 21
(1) Die Gerichtsvollzieher sind außer für die Aufgaben, die ihnen nach Bundesrecht oder nach anderen Vorschriften des Landesrechts obliegen, für folgende Geschäfte zuständig:
1. Wechsel- und Scheckproteste aufzunehmen,
2. Siegelungen, Entsiegelungen und die Aufstellung von Vermögensverzeichnissen im Auftrag des Gerichts oder des Insolvenzverwalters vorzunehmen,
3. freiwillige Versteigerungen von beweglichen Sachen und von Früchten, die vom Boden noch nicht getrennt sind, durchzuführen,
4. das tatsächliche Angebot einer Leistung zu beurkunden,
5. den Wert beweglicher Sachen zu schätzen,

(2) [1]Die Gerichtsvollzieher können Aufträge zu freiwilligen Versteigerungen nach ihrem Ermessen ablehnen. [2]Das gleiche gilt für Aufträge zur Schätzung des Wertes von beweglichen Sachen, soweit sie von Privatpersonen ausgehen.
(3) Der Senator für Justiz und Verfassung kann den Gerichtsvollziehern weitere Aufgaben zuweisen.

§ 22
§ 155 des Gerichtsverfassungsgesetzes ist in den Angelegenheiten, die durch die Zivil- und Strafprozeßordnung nicht betroffen werden, entsprechend anzuwenden.

5. Abschnitt
Justizverwaltung

§ 23
[1]Die Präsidenten der Gerichte, der aufsichtführende Richter des Amtsgerichts Bremen-Blumenthal sowie die Leiter der Staatsanwaltschaften, des Strafvollzugsamts und der Justiz vollzugsanstalten haben die ihnen durch den Senator für Justiz und Verfassung zugewiesenen Geschäften der Justizverwaltung zu erledigen und auf Verlangen Gutachten über Angelegenheiten der Gesetzgebung oder der Justizverwaltung zu erstatten. [2]Sie können die ihrer Dienstaufsicht unterstellten Richter und sonstige Bediensteten zur Erledigung dieser Geschäfte heranziehen.

§ 24
Das Recht der Dienstaufsicht steht zu:
1. dem Senator für Justiz und Verfassung über sämtliche Gerichte und Staatsanwaltschaften,
2. dem Präsidenten des Hanseatischen Oberlandesgerichts in Bremen über sämtliche Gerichte,
3. dem Generalstaatsanwalt über die Staatsanwaltschaften,
4. dem Präsidenten des Landgerichts über das Landgericht und das Amtsgericht Bremen-Blumenthal,
5. dem Leitenden Oberstaatsanwalt über die Staatsanwaltschaft,
6. den Präsidenten der Amtsgerichte über das Gericht, dem sie angehören,
7. dem aufsichtführenden Richter des Amtsgerichts Bremen-Blumenthal über dieses Gericht.

§ 25
(1) Die Dienstaufsicht über eine Behörde erstreckt sich zugleich auf die bei ihr beschäftigten Richter, Beamten, Angestellten und Arbeiter.

(2) Dem aufsichtführenden Richter des Amtsgerichts Bremen-Blumenthal steht das Recht der Dienstaufsicht lediglich hinsichtlich der nichtrichterlichen Bediensteten des Amtsgerichts Bremen-Blumenthal zu.

§ 26 (aufgehoben)

§ 27 (aufgehoben)

§ 28

Soweit in anderen Gesetzen nichts Abweichendes bestimmt ist, werden Beschwerden in Angelegenheiten der Justizverwaltung im Dienstaufsichtswege erledigt.

6. Abschnitt
Dolmetscher und Übersetzer in justiziellen und notariellen Angelegenheiten

§ 28a Dolmetscher und Übersetzer

(1) Zur mündlichen und schriftlichen Sprachübertragung für gerichtliche, staatsanwaltliche und notarielle Zwecke werden für das Gebiet des Landes Bremen Dolmetscherinnen und Dolmetscher allgemein beeidigt (§ 189 Absatz 2 des Gerichtsverfassungsgesetzes) und Übersetzerinnen oder Übersetzer ermächtigt (§ 142 Absatz 3 der Zivilprozessordnung).

(2) Die Tätigkeit der Dolmetscherinnen und Dolmetscher umfasst die mündliche Sprachübertragung, die der Übersetzerinnen und Übersetzer die schriftliche Sprachübertragung.

(3) Sprache im Sinne dieses Gesetzes sind auch sonstige anerkannte Kommunikationstechniken, insbesondere die Gebärdensprache, die Blindenschrift, das Lorm- und das Fingeralphabet.

§ 28b Verzeichnis

(1) Die Präsidentin des Landgerichts führt ein Verzeichnis der in ihrem Bezirk allgemein beeidigten Dolmetscherinnen und Dolmetscher und ermächtigten Übersetzerinnen und Übersetzer.

(2) [1]In das Verzeichnis sind Name, Anschrift, Telekommunikationsanschlüsse, Beruf, etwaige Zusatzqualifikationen und die jeweilige Sprache aufzunehmen. [2]Die hierfür erforderlichen Daten dürfen gespeichert werden. [3]Das Verzeichnis darf in automatisierte Abrufverfahren eingestellt sowie im Internet veröffentlicht werden. [4]Für die Veröffentlichung nach Satz 3 bedarf es der schriftlichen Einwilligung der betroffenen Person.

(3) [1]Die Einsichtnahme in das Verzeichnis ist jeder Person gestattet. [2]Eine Gewähr für die Zuverlässigkeit der in das Verzeichnis eingetragenen Personen und die Aktualität der Eintragungen bietet das Verzeichnis nicht.

(4) Die Eintragung ist auf eigenen Antrag, im Todesfall oder nach Aufhebung der allgemeinen Beeidigung oder der Ermächtigung zu löschen.

§ 28c Voraussetzungen der allgemeinen Beeidigung und der Ermächtigung

(1) [1]Wer persönlich und fachlich geeignet ist, kann auf Antrag als Dolmetscherin oder Dolmetscher allgemein beeidigt, als Übersetzerin oder Übersetzer zur Bescheinigung der Richtigkeit und Vollständigkeit von Übersetzungen ermächtigt werden. [2]Der Antrag ist schriftlich unter Beifügung der für den Nachweis der persönlichen und fachlichen Eignung erforderlichen Unterlagen und mit Angabe der betroffenen Sprache zu stellen. [3]Der Antrag kann als elektronisches Dokument übermittelt werden.

(2) Die persönliche Eignung besitzt insbesondere nicht, wer

1. in den letzten fünf Jahren vor Stellung des Antrages wegen eines Verbrechens oder Vergehens nach dem neunten Abschnitt des Strafgesetzbuchs (falsche uneidliche Aussage und Meineid), wegen falscher Verdächtigung, wegen Vergehens nach dem fünfzehnten Abschnitt des Strafgesetzbuchs (Verletzung des persönlichen Lebens- und Geheimbereichs), wegen Begünstigung, Strafvereitelung, Betruges oder Urkundenfälschung rechtskräftig verurteilt worden ist, oder
2. in den letzten fünf Jahren vor Stellung des Antrags zu einer Strafe oder Maßregel der Besserung und Sicherung wegen einer Straftat rechtskräftig verurteilt worden ist, aus der sich ihre oder seine Ungeeignetheit ergibt, oder
3. wegen geistiger oder körperlicher Gebrechen oder infolge gerichtlicher Anordnung in der Verfügung über ihr oder sein Vermögen beschränkt ist, oder
4. in ungeordneten Vermögensverhältnissen lebt, insbesondere über wessen Vermögen das Insolvenzverfahren eröffnet worden ist oder wer in das vom Insolvenzgericht oder vom zentralen Vollstre-

ckungsgericht zu führende Verzeichnis (§ 26 Absatz 2 Insolvenzordnung, § 882b Zivilprozessordnung) eingetragen ist, oder
5. nicht bereit oder nicht tatsächlich in der Lage ist, den bremischen Gerichten und der Staatsanwaltschaft auf Anforderung kurzfristig zur Verfügung zu stehen, oder
6. nicht volljährig ist.

(3) Die fachliche Eignung erfordert
1. Sprachkenntnisse, mit denen die Antragstellerin oder der Antragsteller in der Regel praktisch alles, was sie oder er hört oder liest, mühelos verstehen, sich spontan, sehr flüssig und genau ausdrücken und auch bei komplexeren Sachverhalten feinere Bedeutungsnuancen deutlich machen kann, sowohl in der deutschen als auch in der fremden Sprache, und
2. sichere Kenntnisse der deutschen Rechtssprache.

(4) [1]Die Antragstellerin oder der Antragsteller haben die persönliche Eignung insbesondere durch Vorlage eines Führungszeugnisses nachzuweisen. [2]Die fachliche Eignung haben sie durch Vorlage geeigneter Unterlagen nachzuweisen. [3]Die über die Sprachkenntnisse vorzulegenden Unterlagen sollen auch eine Beurteilung von sprachmittlerischen Kenntnissen und Fähigkeiten ermöglichen. [4]Als Nachweis der fachlichen Eignung ist insbesondere der Nachweis über eine erfolgreich abgeschlossene Hochschul-, Fachhochschul-, Industrie- und Handelskammer- oder staatliche oder staatlich anerkannte Prüfung vorzulegen. [5]Der Nachweis kann auch durch den erfolgreichen Abschluss einer gleichwertigen Prüfung in einem anderen Staat erbracht werden. [6]Das Bremische Berufsqualifikationsfeststellungsgesetz findet mit Ausnahme seines § 17 keine Anwendung.

§ 28d Widerruf
[1]Die Übersetzungsermächtigung und das Recht, sich auf die allgemeine Beeidigung zu berufen, können insbesondere widerrufen werden, wenn die Dolmetscherin oder der Dolmetscher oder die Übersetzerin oder der Übersetzer die Voraussetzungen des § 28c nicht mehr erfüllt. [2]Im Falle der Aufhebung der allgemeinen Beeidigung oder der Ermächtigung hat die Dolmetscherin oder der Dolmetscher oder die Übersetzerin oder der Übersetzer den Nachweis nach § 28e Absatz 3 an die Präsidentin des Landgerichts zurückzugeben.

§ 28e Beeidigung, Ermächtigung, Verpflichtung
(1) [1]Zur allgemeinen Beeidigung haben Dolmetscherinnen und Dolmetscher einen Eid oder eine eidesgleiche Bekräftigung nach § 189 Absatz 1 des Gerichtsverfassungsgesetzes zu leisten. [2]Die Eidesformel beinhaltet, dass die Dolmetscherin oder der Dolmetscher treu und gewissenhaft übersetzen werde, wenn sie oder er von einem Gericht oder der Staatsanwaltschaft der Freien Hansestadt Bremen berufen oder von einer Notarin oder einem Notar der Freien Hansestadt Bremen zugezogen wird. [3]Die §§ 478, 480, 481, 483 und 484 der Zivilprozessordnung gelten entsprechend.
(2) Dolmetscherinnen oder Dolmetscher und Übersetzerinnen und Übersetzer sind zur Geheimhaltung besonders zu verpflichten.
(3) [1]Über die Beeidigung, die Ermächtigung und die Verpflichtung ist eine Niederschrift zu fertigen. [2]Die Dolmetscherin oder der Dolmetscher oder die Übersetzerin oder der Übersetzer erhält eine beglaubigte Abschrift der Niederschrift als Nachweis zur Vorlage bei Gerichten und Staatsanwaltschaften.

§ 28f Bezeichnung
[1]Nach Aushändigung der Abschrift gemäß § 28e Absatz 3 ist die Dolmetscherin oder der Dolmetscher berechtigt, die Bezeichnung »Allgemein beeidigte Dolmetscherin oder beeidigter Dolmetscher für (Angabe der Sprache) für die Gerichte, die Staatsanwaltschaft und die Notarinnen und Notare der Freien Hansestadt Bremen« zu führen. [2]Die Übersetzerin oder der Übersetzer ist berechtigt, die Bezeichnung »Durch die Präsidentin des Landgerichts Bremen ermächtigte Übersetzerin oder Übersetzer für (Angabe der Sprache) für die Gerichte, die Staatsanwaltschaft und die Notarinnen und Notare der Freien Hansestadt Bremen« zu führen.

§ 28g Bestätigungsvermerk der Übersetzung
(1) [1]Die Richtigkeit und Vollständigkeit von schriftlichen Sprachübertragungen ist durch die Übersetzerin oder den Übersetzer zu bestätigen. [2]Der Bestätigungsvermerk lautet:

»Die Richtigkeit und Vollständigkeit vorstehender Übersetzung aus der … Sprache wird bescheinigt.
Ort, Datum, Unterschrift
Durch die Präsidentin des Landgerichts Bremen ermächtigte Übersetzerin oder ermächtigter Übersetzer für die … Sprache.«
(2) ¹Der Bestätigungsvermerk ist auf die Übersetzung zu setzen und zu unterschreiben. ²Dabei ist kenntlich zu machen, wenn das übersetzte Dokument kein Original ist oder nur ein Teil des Dokumentes übersetzt wurde. ³Auf Auffälligkeiten des übersetzten Dokumentes, insbesondere unleserliche Worte, Änderungen oder Auslassungen soll hingewiesen werden, sofern sich dies nicht aus der Übersetzung ergibt. ⁴Die Bestätigung kann auch in elektronischer Form erteilt werden.
(3) Die Absätze 1 und 2 gelten entsprechend, wenn eine zur Prüfung der Richtigkeit und Vollständigkeit vorgelegte Übersetzung eines anderen als richtig und vollständig bestätigt wird.

§ 28h Zuständigkeit und Verfahren
(1) Für die Aufgaben nach dem 6. Abschnitt ist die Präsidentin des Landgerichts Bremen zuständig.
(2) Das Verfahren kann über eine einheitliche Stelle nach den §§ 71a bis 71e des Bremischen Verwaltungsverfahrensgesetzes abgewickelt werden, soweit es nicht die Eidesleistung und die Verpflichtung betrifft.

§ 28i Kosten
Gebühren werden nach Nummer 4 des Gebührenverzeichnisses zum Bremischen Justizkostengesetz (Anlage zu § 1 Absatz 2) erhoben.

§ 28j Vorübergehende Dienstleistungen
(1) ¹Natürliche Personen, die in einem anderen Mitgliedstaat der Europäischen Union oder in einem anderen Vertragsstaat des Abkommens über den Europäischen Wirtschaftsraum zur Ausübung einer in § 28a genannten oder einer vergleichbaren Tätigkeit rechtmäßig niedergelassen sind, dürfen diese Tätigkeit in der Freien Hansestadt Bremen mit denselben Befugnissen wie eine nach § 28e allgemein beeidigte oder ermächtigte Person vorübergehend und gelegentlich ausüben. ²Wenn weder der Beruf noch die Ausbildung zu diesem Beruf im Staat der Niederlassung reglementiert sind, gilt dies nur, wenn die Person den Beruf dort während der vorhergehenden zehn Jahre mindestens zwei Jahre ausgeübt hat. ³Sie werden unter Erfüllung der Voraussetzungen nach Absatz 2 für die Dauer eines Jahres in das Verzeichnis nach § 28b eingetragen.
(2) ¹Die Aufnahme in das Verzeichnis setzt voraus, dass der Präsidentin des Landgerichts Bremen die Aufnahme vorübergehender Dienstleistungen im Inland vorher schriftlich gemeldet wird. ²Die Meldung muss die in das Verzeichnis nach § 28b Absatz 2 Satz 1 aufzunehmenden Angaben enthalten. ³Ihr sind folgende Unterlagen beizufügen:
1. eine Bescheinigung darüber, dass die Person im Niederlassungsstaat zur Ausübung der in § 28a genannten oder einer vergleichbaren Tätigkeit rechtmäßig niedergelassen ist und dass ihr die Ausübung dieser Tätigkeit nicht, auch nicht vorübergehend untersagt ist,
2. ein Berufsqualifikationsnachweis,
3. wenn die Tätigkeit im Niederlassungsstaat nicht reglementiert ist, einen Nachweis darüber, dass die Person die Tätigkeit dort während der vorhergehenden zehn Jahre mindestens zwei Jahre lang rechtmäßig ausgeübt hat, und
4. ein Nachweis darüber, unter welcher Berufsbezeichnung die Tätigkeit im Niederlassungsstaat ausgeübt wird.
(3) ¹Die Eintragung in das Verzeichnis wird um jeweils ein Jahr verlängert, wenn die Person rechtzeitig vor Ablauf eines Jahres anzeigt, dass sie weiterhin vorübergehende Dienstleistungen im Inland erbringen will. ²In diesem Fall ist erneut eine Bescheinigung nach Absatz 2 Satz 3 Nummer 1 vorzulegen.
(4) ¹Bei Vorliegen der vollständigen Meldung nimmt die Präsidentin des Landgerichts die Eintragung in das Verzeichnis vor. ²Neben den nach § 28b Absatz 2 Satz 1 aufzunehmenden Angaben sind folgende Angaben in das Verzeichnis aufzunehmen:
1. die Berufsbezeichnung, unter der die Tätigkeit im Niederlassungsstaat ausgeübt wird,
2. die im Niederlassungsstaat zuständige Behörde oder die Angabe, dass die Tätigkeit im Niederlassungsstaat nicht reglementiert ist,

3. ein Hinweis darauf, dass eine allgemeine Beeidigung als Dolmetscherin oder Dolmetscher oder eine Ermächtigung als Übersetzerin oder Übersetzer in der Freien Hansestadt Bremen nicht erfolgt ist.

(5) [1]Vorübergehende Dienstleistungen sind unter der Berufsbezeichnung auszuüben, unter der sie im Niederlassungsstaat erbracht werden. [2]Eine Verwechslung mit den in § 28f aufgeführten Bezeichnungen muss ausgeschlossen sein.

(6) [1]Die Präsidentin des Landgerichts kann die Eintragung nach Absatz 1 Satz 3 löschen, wenn Tatsachen die Annahme dauerhaft unqualifizierter Dolmetscher- oder Übersetzertätigkeit rechtfertigen. [2]Das ist in der Regel der Fall, wenn die Person im Niederlassungsstaat nicht mehr zugelassen ist, ihr die Ausübung der Tätigkeit dort untersagt ist oder wenn sie beharrlich entgegen Absatz 5 eine unrichtige Berufsbezeichnung führt.

(7) Die Absätze 1 bis 6 gelten entsprechend für Staatsangehörige von Drittstaaten, soweit diese Staatsangehörigen wegen besonderer persönlicher Merkmale hinsichtlich der Richtlinie 2005/36/EG nach dem Recht der Europäischen Gemeinschaft gleichzustellen sind.

(8) [1]Das Verfahren kann über eine einheitliche Stelle nach den §§ 71a bis 71e des Bremischen Verwaltungsverfahrensgesetzes abgewickelt werden. [2]Über die Aufnahme in das Verzeichnis ist unverzüglich spätestens innerhalb von drei Monaten zu entscheiden. [3]§ 42a des Bremischen Verwaltungsverfahrensgesetzes gilt entsprechend.

§ 28k Übergangsbestimmung

Rechte, sich auf die allgemeine Beeidigung zu berufen und Ermächtigungen von Übersetzerinnen und Übersetzern, die vor dem 8. November 2014 erteilt worden sind, gelten in ihrem jeweiligen Bestand fort.

7. Abschnitt
Aufbewahrung von Schriftgut in der Justiz und der Justizverwaltung

§ 29 Aufbewahrung von Schriftgut

(1) [1]Schriftgut der ordentlichen Gerichtsbarkeit, der Fachgerichtsbarkeiten, der Staatsanwaltschaften und der Justizvollzugsbehörden, das für das Verfahren nicht mehr erforderlich ist, darf nach Beendigung des Verfahrens nur so lange aufbewahrt werden, wie schutzwürdige Interessen der Verfahrensbeteiligten oder sonstiger Personen oder öffentliche Interessen dies erfordern. [2]Entsprechendes gilt für das Schriftgut der Justizverwaltung.

(2) Schriftgut im Sinne des Absatzes 1 sind unabhängig von ihrer Speicherungsform insbesondere Akten, Aktenregister, öffentliche Register, Grundbücher, Namensverzeichnisse, Karteien, Urkunden und Blattsammlungen sowie einzelne Schriftstücke, Bücher, Drucksachen, Kalender, Karten, Pläne, Zeichnungen, Lichtbilder, Bild-, Ton- und Datenträger und sonstige Gegenstände, die Bestandteile oder Anlagen der Akten geworden sind.

(3) [1]Dieses Gesetz gilt für die Aufbewahrung von Schriftgut der in Absatz 1 genannten Gerichte und Justizbehörden, soweit nicht Rechtsvorschriften des Bundes oder besondere Rechtsvorschriften des Landes inhaltsgleiche oder entgegenstehende Bestimmungen enthalten. [2]Die Regelungen über die Anbietungs- und Übergabepflichten nach den Vorschriften des Bremischen Archivgesetzes bleiben unberührt.

§ 29a Verordnungsermächtigung, Aufbewahrungsfristen

(1) Der Senator für Justiz und Verfassung bestimmt durch Rechtsverordnung das Nähere über das aufzubewahrende Schriftgut und die hierbei zu beachtenden Aufbewahrungsfristen.

(2) [1]Die Regelungen zur Aufbewahrung des Schriftguts haben den Grundsatz der Verhältnismäßigkeit, insbesondere der Beschränkung der Aufbewahrungsfristen auf das Erforderliche, Rechnung zu tragen. [2]Bei der Bestimmung der Aufbewahrungsfristen sind insbesondere zu berücksichtigen:
1. das Interesse der Betroffenen daran, dass die zu ihrer Person erhobenen Daten nicht länger als erforderlich gespeichert werden,
2. ein Interesse der Verfahrensbeteiligten, auch nach Beendigung des Verfahrens Ausfertigungen, Auszüge oder Abschriften aus den Akten erhalten zu können,
3. ein rechtliches Interesse nicht am Verfahren Beteiligter, Auskünfte aus den Akten erhalten zu können,

4. das Interesse von Verfahrensbeteiligten, Gerichten und Justizbehörden, dass die Akten nach Beendigung des Verfahrens noch für Wiederaufnahmeverfahren, zur Wahrung der Rechtseinheit, zur Fortbildung des Rechts oder für sonstige verfahrensübergreifende Zwecke der Rechtspflege zur Verfügung stehen.

(3) Die Aufbewahrungsfristen beginnen, soweit in der gemäß § 28a Absatz 1 erlassenen Rechtsverordnung keine anderweitigen Regelungen getroffen wurden, mit dem Ablauf des Jahres, in dem nach Beendigung des Verfahrens die Weglegung der Akten angeordnet wurde.

8. Abschnitt
Schlußbestimmungen

§ 29b

(1) Richter, Staatsanwälte, Amtsanwälte und Urkundsbeamte der Geschäftsstelle tragen nach näherer Bestimmung des Senators für Justiz und Verfassung in den Sitzungen der Gerichte eine Amtstracht.

(2) Der Senator für Justiz und Verfassung kann nach Anhörung des Vorstandes der Rechtsanwaltskammer bestimmen, daß auch Rechtsanwälte in den öffentlichen Sitzungen der Gerichte eine Amtstracht zu tragen haben.

§ 30 (aufgehoben)

§ 31

Dieses Gesetz tritt am 1. Januar 1961 in Kraft.

Gesetz
zur Ausführung der Zivilprozeßordnung, der Insolvenzordnung und des Zwangsversteigerungsgesetzes

Vom 19. März 1963 (Brem.GBl. S. 51)
(310-a-1)
zuletzt geändert durch Art. 2 des G vom 28. Mai 2002 (Brem.GBl. S. 131)

Der Senat verkündet das nachstehende, von der Bürgerschaft (Landtag) beschlossene Gesetz:

Erster Teil
Ausführung der Zivilprozeßordnung

§ 1 (aufgehoben)

§ 2
Bei Aufgeboten nach den §§ 808 Absatz 2 und 1162 des Bürgerlichen Gesetzbuches kann die Aufgebotsfrist auf mindestens sechs Wochen herabgesetzt werden.

§ 3
Die Vorschriften des § 882a der Zivilprozeßordnung über die Zwangsvollstreckung gegen juristische Personen des öffentlichen Rechts sind auf die Zwangsvollstreckung gegen bremische Gemeinden entsprechend anzuwenden.

Zweiter Teil
Ausführung der Insolvenzordnung

§ 4
(1) Über das Vermögen einer unter der Aufsicht des Landes stehenden juristischen Person des öffentlichen Rechts ist das Involvenzverfahren unzulässig.
(2) Absatz 1 gilt nicht für öffentlich-rechtliche Versicherungsunternehmen und für öffentlich-rechtliche Bank- und Kreditinstitute einschließlich der Sparkassen.

Dritter Teil
Ausführung des Gesetzes über die Zwangsversteigerung und die Zwangsverwaltung

§ 5
(1) Öffentliche Lasten eines Grundstücks im Sinne des § 10 Absatz 1 Nr. 3 und des § 156 Absatz 1 des Gesetzes über die Zwangsversteigerung und die Zwangsverwaltung sind die Abgaben und Leistungen, die auf einem Grundstück ruhen und nicht auf einer privatrechtlichen Verpflichtung beruhen.
(2) Zu den öffentlichen Lasten gehören insbesondere die Leistungen zur Erfüllung der Deichpflicht, die Reallasten, welche den Grundbesitzern als Mitgliedern politischer oder kirchlicher Gemeinden zu den gemeinschaftlichen Anstalten und Einrichtungen obliegen, sowie die Verbindlichkeiten in Beziehung auf Straßen, Wege, Leinpfade, Flüsse, Gräben, Fleete, Brücken, Siele, Kanalisationsanlagen und dergleichen, die nach Gesetz, Satzung oder Herkommen zugunsten des Staates oder einer Gemeinde auf einem Grundstück ruhen.

§ 6
Für Gebote von kommunalen Körperschaften, von Kreditanstalten des öffentlichen Rechts, von öffentlichen Sparkassen und für Gebote der Sparkasse in Bremen kann keine Sicherheitsleistung verlangt werden.

§ 7 (aufgehoben)

Vierter Teil
Schlußvorschriften

§ 8 (Aufhebungsvorschrift)

§ 9
Dieses Gesetz tritt am 1. August 1963 in Kraft.

Bremisches Gesetz zur Ausführung der Insolvenzordnung

Vom 24. November 1998 (Brem.GBl. S. 305)
(310-a-2)
zuletzt geändert durch Geschäftsverteilung des Senats vom 28. Juli 2015,
vgl. Bek. vom 2. August 2016 (Brem.GBl. S. 434, 465)

Der Senat verkündet das nachstehende von der Bürgerschaft (Landtag) beschlossene Gesetz:

§ 1 Geeignete Stellen im Verbraucherinsolvenzverfahren

(1) Geeignet im Sinne vom § 305 Abs. 1 Nr. 1 der Insolvenzordnung sind nur solche Stellen, die von der nach § 3 Abs. 1 zuständigen Behörde als geeignet anerkannt worden sind.

(2) Die in einem anderen Land erfolgte Anerkennung einer Stelle als geeignet steht der Anerkennung nach Absatz 1 gleich.

§ 2 Anerkennungsvoraussetzungen

¹Eine Stelle kann als geeignet anerkannt werden, wenn
1. sie ihren Sitz in der Freien Hansestadt Bremen hat und von einer im Sinne der Abgabenordnung gemeinnützigen oder mildtätigen Organisation oder von einer öffentlich-rechtlichen Körperschaft getragen wird,
2. sie von einer zuverlässigen Person geleitet wird, die auch die Zuverlässigkeit der einzelnen Mitarbeiter der Stelle gewährleistet,
3. sie auf Dauer angelegt ist und Schuldnerberatung in organisatorisch und rechnungsmäßig abgegrenzter Form betreibt,
4. in ihr mindestens eine Person mit ausreichender praktischer Erfahrung in der Schuldnerberatung tätig ist,
5. die erforderliche Rechtsberatung sichergestellt ist,
6. sie über zeitgemäße technische, organisatorische und räumliche Voraussetzungen für eine leistungsfähige, wirtschaftliche und ordnungsgemäße Schuldnerberatung verfügt.

²Ausreichende praktische Erfahrung nach Satz 1 Nr. 4 liegt in der Regel bei dreijähriger Tätigkeit vor. ³Der Leiter oder eine sonstige in der Stelle tätige Person soll über eine Ausbildung als Diplom-Sozialarbeiter, als Diplom-Sozialpädagoge, als Bankkaufmann, als Betriebswirt, als Ökonom oder als Ökotrophologe oder eine Ausbildung im gehobenen Verwaltungs- oder Justizdienst oder eine zur Ausübung des Anwaltsberufs befähigende Ausbildung oder eine vergleichbare Ausbildung verfügen. ⁴Sofern in der Stelle keine Person mit einer Ausbildung tätig ist, die zur Ausübung des Anwaltsberufs befähigt, muß die nach Satz 1 Nr. 5 erforderliche Rechtsberatung auf andere Weise sichergestellt sein, insbesondere durch Zusammenarbeit mit einem Rechtsanwalt oder einer Stelle der öffentlichen Rechtsberatung.

§ 3 Anerkennungsverfahren

(1) Zuständig für die Anerkennung ist die Senatorin für Soziales, Jugend, Frauen, Integration und Sport.

(2) ¹Die Anerkennung ist schriftlich zu beantragen. ²Dem Antrag sind Nachweise über die Anerkennungsvoraussetzungen nach § 2 beizufügen.

(3) ¹Die Anerkennung ist widerruflich und kann unter Auflagen erteilt werden. ²Die Stelle ist verpflichtet, die nach Absatz 1 zuständige Behörde über den Wegfall oder die Änderung von Anerkennungsvoraussetzungen nach § 2 zu unterrichten. ³Die Behörde kann verlangen, daß das Fortbestehen der Anerkennungsvoraussetzungen nachgewiesen wird.

§ 4 Aufgaben der Stelle

(1) Aufgabe der Stelle ist die Beratung und Vertretung von Schuldnern bei der Schuldenbereinigung, insbesondere bei der außergerichtlichen Einigung mit den Gläubigern auf der Grundlage eines Planes nach den Vorschriften über das Verbraucherinsolvenzverfahren nach dem Neunten Teil der Insolvenzordnung.

(2) Scheitert eine außergerichtliche Einigung, hat die Stelle den Schuldner über die Voraussetzungen des Verbraucherinsolvenzverfahrens und des Restschuldbefreiungsverfahrens zu unterrichten und eine Bescheinigung über den erfolglosen Einigungsversuch auszustellen.

(3) [1]Die Stelle leistet Unterstützung bei dem Ausfüllen von Vordrucken sowie dem Zusammenstellen aller Unterlagen, die mit einem Antrag auf Eröffnung des Insolvenzverfahrens vorzulegen sind. [2]Sie ist befugt, die Schuldner in dem anschließenden Verfahren vor dem Insolvenzgericht zu beraten. [3]Die Vorschriften des Rechtsberatungsgesetzes bleiben unberührt.

(4) [1]Die Stelle ist verpflichtet, der nach § 3 Abs. 1 zuständigen Behörde jährlich einen Tätigkeitsbericht vorzulegen. [2]Die Stelle hat eine Statistik über Art und Umfang ihrer Tätigkeit in der Schuldnerberatung nach diesem Gesetz zu führen. [3]Das Nähere bestimmt die nach § 3 Abs. 1 zuständige Behörde.

§ 5 Datenschutz

[1]Die Verarbeitung personenbezogener Daten durch die geeigneten Stellen richtet sich nach den jeweils geltenden Vorschriften. [2]Die für nichtöffentliche Stellen geltenden datenschutzrechtlichen Vorschriften sind auf nichtöffentliche Stellen auch insoweit anzuwenden, als Daten nicht in oder aus Dateien verarbeitet werden.

§ 6 Übergangsregelung

(1) [1]Die vor Inkrafttreten dieses Gesetzes in der Freien Hansestadt Bremen ganz oder überwiegend in der Schuldnerberatung tätigen Stellen können auf Antrag eine vorläufige Anerkennung erhalten, wenn Art und Umfang der bisherigen Tätigkeit erwarten lassen, daß die Stelle für die Erfüllung der Aufgaben nach § 4 geeignet ist. [2]Dem Antrag sind Nachweise über die bisherige Tätigkeit in der Schuldnerberatung beizufügen.

(2) [1]Wird eine vorläufige Anerkennung nach Absatz 1 erteilt, hat die Stelle innerhalb von zwei Jahren nach Inkrafttreten dieses Gesetzes die Erfüllung der Anerkennungsvoraussetzungen nach § 2 nachzuweisen. [2]Werden die Anerkennungsvoraussetzungen nicht nachgewiesen, ist die vorläufige Anerkennung zu widerrufen.

Gesetz zur Ausführung der Verwaltungsgerichtsordnung

Vom 15. März 1960 (Brem.GBl. S. 25)
(34-a-1)
zuletzt geändert durch Art. 6 des G vom 12. Juni 2012 (Brem.GBl. S. 255, 265)

Der Senat verkündet das nachstehende von der Bürgerschaft (Landtag) beschlossene Gesetz:

I. Abschnitt

Artikel 1 (zu § 3 VwGO)
[1]Im Lande Bremen bestehen ein Verwaltungsgericht und ein Oberverwaltungsgericht. [2]Sie haben ihren Sitz in Bremen. [3]Ihr Gerichtsbezirk ist das Land Bremen.

Artikel 2 (zu § 5 Abs. 2, § 9 Abs. 2 und 3 VwGO)
(1) [1]Die Zahl der Kammern bei dem Verwaltungsgericht wird vom Präsidenten des Verwaltungsgerichts, die Zahl der Senate bei dem Oberverwaltungsgericht wird vom Präsidenten des Oberverwaltungsgerichts nach Anhörung des jeweils zuständigen Präsidiums und im Rahmen des Stellenplans bestimmt. [2]Der Präsident des Oberverwaltungsgerichts kann dem Präsidenten des Verwaltungsgerichts hierfür Weisungen erteilen.
(2) [1]Die Senate des Oberverwaltungsgerichts entscheiden in der Besetzung von drei Richtern und zwei ehrenamtlichen Richtern. [2]Bei Beschlüssen außerhalb der mündlichen Verhandlung wirken die ehrenamtlichen Richter nicht mit.

Artikel 2a (zu § 13 VwGO)
(1) Urkundsbeamte der Geschäftsstelle sind die vom Senator für Justiz und Verfassung bestimmten Beamten.
(2) Beamte auf Widerruf des gehobenen und mittleren Dienstes können mit der selbständigen Wahrnehmung von Aufgaben des Urkundsbeamten der Geschäftsstelle beauftragt werden.
(3) Mit der selbständigen Wahrnehmung von Aufgaben des Urkundsbeamten der Geschäftsstelle können widerruflich auch Angestellte beauftragt werden.
(4) Zuständig für die Beauftragung sind der Senator für Justiz und Verfassung und die von ihm bestimmten Stellen.

Artikel 3 (zu §§ 16 und 17 VwGO)
(1) Richtern des Oberverwaltungsgerichts kann ein Richteramt beim Finanzgericht übertragen werden.
(2) Die Ernennung nach § 16 der Verwaltungsgerichtsordnung nimmt der Senat vor.

Artikel 4 (zu §§ 26 und 34 VwGO)
(1) [1]Die Vertrauensleute des Ausschusses zur Wahl der ehrenamtlichen Verwaltungsrichter des Verwaltungsgerichts (§ 26 VwGO) und ihre Vertreter werden von der Bürgerschaft (Landtag) für die Dauer ihrer Wahlperiode gewählt. [2]Eine Ersatzwahl gilt nur für den Rest der Wahlperiode.
(2) Mindestens ein Vertrauensmann und ein Vertreter müssen in der Stadtgemeinde Bremerhaven wohnhaft sein.
(3) Bis zur Neuwahl bleiben die bisherigen Vertrauensleute und Stellvertreter im Amt.
(4) Die Vertrauensleute und ihre Vertreter im Ausschuß zur Wahl der ehrenamtlichen Richter des Verwaltungsgerichts sind zugleich Vertrauensleute und Vertreter im Ausschuß zur Wahl der ehrenamtlichen Richter des Oberverwaltungsgerichts.

Artikel 5 (zu § 38 VwGO)
Die Gerichte der Verwaltungsgerichtsbarkeit gehören zum Geschäftsbereich des Senators für Justiz und Verfassung.

Artikel 6 (zu § 40 VwGO)
Soweit in bisherigen Landesgesetzen öffentlich-rechtliche Streitigkeiten auf dem Gebiete des Landesrechts ausdrücklich anderen Gerichten zugewiesen worden sind, verbleibt es dabei.

Artikel 7 (zu § 47 VwGO)

(1) Das Oberverwaltungsgericht entscheidet nach Maßgabe des § 47 der Verwaltungsgerichtsordnung auf Antrag über die Gültigkeit einer landesrechtlichen Verordnung oder einer anderen im Range unter dem Landesgesetz stehenden Rechtsvorschrift.

(2) Antragsgegner ist der Staat oder die Körperschaft, die die bestrittene Rechtsvorschrift erlassen hat.

(3) Die öffentliche Bekanntmachung der Entscheidung kann auf den Entscheidungssatz beschränkt werden.

Artikel 8 (zu § 68 VwGO)

(1) Vor Erhebung einer Anfechtungs- oder Verpflichtungsklage bedarf es keiner Nachprüfung in einem Vorverfahren bei Verwaltungsakten auf den Gebieten
1. des Gewerbe-, Gaststätten- und Spielhallenrechts sowie des Handwerksrechts,
1a. des Glücksspielrechts,
2. des Landwirtschaftsrechts,
3. des Staatsangehörigkeitsrechts,
4. des Melderechts,
5. des Namensrechts,
6. des Pass- und Ausweisrechts,
7. des Versammlungsrechts,
8. des Fahrerlaubnisrechts,
9. des Naturschutzrechts und
10. des Rechts der Zuwendungen nach dem Städtebauförderungsrecht.

(2) ¹Vor Erhebung einer Anfechtungs- oder Verpflichtungsklage bedarf es keiner Nachprüfung in einem Vorverfahren bei Verwaltungsakten, die ein Senator oder der Senat erlassen, abgelehnt oder unterlassen hat. ²Abweichend hiervon bedarf es der Nachprüfung in einem Vorverfahren bei Verwaltungsakten
1. auf dem Gebiet des Beamtenrechts einschließlich des Disziplinarrechts; § 102 Absatz 1 des Bremischen Beamtengesetzes bleibt unberührt,
2. auf dem Gebiet des Ausbildungs- und Studienförderungsrechts,
3. über Zuweisungen an Schulen,
4. auf dem Gebiet des Krankenhausplanungs- und Krankenhausförderungsrechts,
5. auf dem Gebiet des Tierschutzes,
6. auf dem Gebiet der Heimaufsicht,
7. auf dem Gebiet der Finanzierung der Altenpflegeausbildung,
8. auf dem Gebiet des Rundfunkrechts.

(3) Abweichend von Absatz 2 Satz 1 bedürfen Verwaltungsakte, die der Senator für Kultur oder der Senator für Umwelt, Bau und Verkehr erlassen, abgelehnt oder unterlassen hat, einer Nachprüfung in einem Vorverfahren; Absatz 1 bleibt unberührt.

(4) Absatz 1 und 2 Satz 1 gelten nicht für den Erlass oder die Ablehnung von Verwaltungsakten, für die Bundesrecht oder das Recht der Europäischen Union die Durchführung eines Vorverfahrens vorschreiben oder denen die Bewertung einer Leistung im Rahmen einer berufsbezogenen Prüfung zugrunde liegt.

(5) Bedarf es nach den Absätzen 1 oder 2 oder nach anderen Rechtsvorschriften des Landesrechts keiner Nachprüfung in einem Vorverfahren, so gilt dies auch für Nebenbestimmungen sowie Vollstreckungs- und Kostenentscheidungen zu solchen Verwaltungsakten.

Artikel 9 (zu §§ 73 und 185 Abs. 2 VwGO)

(1) Abweichend von der Vorschrift des § 73 Abs. 1 Satz 2 Nr. 2 der Verwaltungsgerichtsordnung erlässt den Widerspruchsbescheid der zuständige Senator, sofern nicht eine andere Stelle die nächsthöhere Behörde ist.

(2) Entsprechendes gilt abweichend von § 73 Abs. 1 Nr. 3 der Verwaltungsgerichtsordnung in Selbstverwaltungsangelegenheiten der Stadtgemeinde Bremen.

(3) (gestrichen)

Artikel 10 (zu § 187 Abs. 1 und 2 VwGO)
(1) ¹Den Gerichten der Verwaltungsgerichtsbarkeit sind die Berufsgerichte für die Heilberufe angegliedert. ²Für die Besetzung und das Verfahren dieser Gerichte gelten die Vorschriften des Bremischen Gesetzes über die Berufsvertretung und Berufsgerichtsbarkeit der Ärzte, Zahnärzte, Tierärzte und Apotheker vom 9. Juni 1959 (Brem.GBl. Seite 95) in der jeweils geltenden Fassung.
(2) Bei Entscheidungen der Gerichte der Verwaltungsgerichtsbarkeit nach dem Bremischen Personalvertretungsgesetz gelten für die Besetzung und für das Verfahren des Verwaltungsgerichts und des Oberverwaltungsgerichts § 70 Abs. 2 und § 71 des Bremischen Personalvertretungsgesetzes vom 5. März 1974 (Brem.GBl. S. 131 – 2044-a-1) in ihrer jeweils geltenden Fassung.

Artikel 11 (zu § 80 Abs. 2 Satz 2 VwGO)
¹Rechtsbehelfe, die sich gegen Maßnahmen in der Verwaltungsvollstreckung zur Beitreibung von Geldbeträgen nach Bundesrecht richten, haben keine aufschiebende Wirkung. ²§ 80 Abs. 4 bis 8 und § 80b der Verwaltungsgerichtsordnung findet entsprechende Anwendung.

II. Abschnitt

Artikel 12 (Änderungsvorschrift)

III. Abschnitt

Artikel 13 Überleitung früherer Zuständigkeiten
(1) Soweit in Gesetzen und Rechtsverordnungen der Senat oder der Regierende Bürgermeister zur Entscheidung über Beschwerden für zuständig erklärt worden ist, erläßt an ihrer Stelle der zuständige Senator den Widerspruchsbescheid.
(2) Soweit in anderen bremischen Gesetzen oder Verordnungen noch die Bezeichnung Verwaltungsgerichtshof erscheint, gilt sie künftig für das Oberverwaltungsgericht.

Artikel 13a Amtstracht
¹Der Senator für Justiz und Verfassung kann bestimmen, daß Richter, Rechtsanwälte und Urkundsbeamte der Geschäftsstelle in den Sitzungen der Gerichte eine Amtstracht tragen. ²Vor einer Regelung über die Amtstracht der Rechtsanwälte ist der Vorstand der Rechtsanwaltskammer zu hören.

Artikel 13b Übergangsregelung
(1) Für Verwaltungsakte, die bis zum Ablauf des 14. Februar 2011 erlassen worden sind oder deren Vornahme bis zum Ablauf des 14. Februar 2011 abgelehnt worden ist, gilt Artikel 8 in der bis zu diesem Tage geltenden Fassung.
(2) Artikel 8 Absatz 1 Nummer 1a findet keine Anwendung auf Vorverfahren, die am 1. Januar 2008 anhängig waren.

Artikel 14 Inkrafttreten und aufgehobene Vorschriften
(1) Dieses Gesetz tritt am 1. April 1960 in Kraft.
(2) (Aufhebungsvorschrift)
(3) (vollzogene Ermächtigung)

Bremisches Justizkostengesetz

In der Fassung der Bekanntmachung vom 4. August 1992 (Brem.GBl. S. 257)*)
(36-a-1)
zuletzt geändert durch Art. 2 des G vom 26. September 2017 (Brem.GBl. S. 394)

§ 1
(1) ¹In Justizverwaltungsangelegenheiten erheben die Justizbehörden des Landes Kosten (Gebühren und Auslagen) nach dem Justizverwaltungskostengesetz in der jeweils geltenden Fassung. ²Hiervon ausgenommen sind Nummer 2001 der Anlage zu § 4 Absatz 1 des Justizverwaltungskostengesetzes sowie § 2 Absatz 1 des Justizverwaltungskostengesetzes, soweit er der Freien Hansestadt Bremen und den von ihr verwalteten öffentlichen Anstalten und Kassen persönliche Gebührenfreiheit gewährt.
(2) Ergänzend gelten die §§ 2 bis 7 dieses Gesetzes und das anliegende Gebührenverzeichnis.

§ 2
Die Justizbeitreibungsordnung vom 11. März 1937 (RGBl. I S. 298) in der jeweils für die Justizbehörden des Bundes geltenden Fassung gilt für die Einziehung der dort in § 1 Abs. 1 genannten Ansprüche auch insoweit, als diese Ansprüche nicht auf bundesrechtlicher Regelung beruhen.

§ 3
Soweit Vollstreckungsbeamte der Justizverwaltung im Verwaltungszwangsverfahren für andere als Justizbehörden tätig werden, sind die Vorschriften des Gerichtsvollzieherkostengesetzes in der jeweils geltenden bundesrechtlichen Fassung anzuwenden.

§ 4
In Hinterlegungssachen setzt bei den Rahmengebühren nach Nummer 3.1 des Gebührenverzeichnisses die Hinterlegungsstelle, bei den Rahmengebühren nach den Nummern 3.3 und 3.4 des Gebührenverzeichnisses die Stelle, die über die Beschwerde zu entscheiden hat, die Höhe der Gebühr fest.

§ 5
In Hinterlegungssachen werden als Auslagen erhoben
1. die Auslagen nach Teil 2 der Anlage zu § 4 Absatz 1 des Justizverwaltungskostengesetzes mit Ausnahme von Nummer 2001,
2. die Beträge, die bei der Umwechslung von Zahlungsmitteln nach § 11 Absatz 2 Satz 2 des Hinterlegungsgesetzes oder bei der Besorgung von Geschäften nach § 14 des Hinterlegungsgesetzes an Banken oder an andere Stellen zu zahlen sind,
3. die Dokumentpauschale für Ablichtungen oder Ausdrucke, die anzufertigen sind, weil ein Antrag auf Annahme nicht in der erforderlichen Anzahl von Stücken vorgelegt worden ist.

§ 6
(1) Die Kosten in Hinterlegungssachen werden bei der Hinterlegungsstelle angesetzt.
(2) ¹Zuständig für Entscheidungen nach § 22 des Justizverwaltungskostengesetzes ist das Amtsgericht, bei dem die Hinterlegungsstelle eingerichtet ist. ²Das gleiche gilt für Einwendungen gegen Maßnahmen nach Absatz 3 Nr. 2 und 3.
(3) Im übrigen gilt für die Kosten in Hinterlegungssachen abweichend von dem Justizverwaltungskostengesetz folgendes:
1. Zur Zahlung der Kosten sind auch die empfangsberechtigte Person, an die oder für deren Rechnung die Herausgabe verfügt wurde, sowie die Person verpflichtet, in deren Interesse eine Behörde um die Hinterlegung ersucht hat.
2. Die Kosten können der Masse entnommen werden, soweit es sich um Geld handelt, das in das Eigentum des Landes übergangen ist.
3. Die Herausgabe hinterlegter Sachen kann von der Zahlung der Kosten abhängig gemacht werden.
4. Die Nummern 1 bis 3 sind auf Kosten, die für das Verfahren über Beschwerden erhoben werden, nur anzuwenden, soweit diejenige Person, der die Kosten dieses Verfahrens auferlegt worden sind, empfangsberechtigt ist.
5. Kosten sind nicht zu erheben oder sind, falls sie erhoben wurden, zu erstatten, wenn die Hinterlegung aufgrund des § 116 Abs. 1 Nr. 4 und des § 116a der Strafprozeßordnung erfolgte, um

---
*) Neubekanntmachung des Bremischen Justizkostengesetzes vom 11. März 1958 (Brem.GBl. S. 26).

eine beschuldigte Person von der Untersuchungshaft zu verschonen, und die beschuldigte Person rechtskräftig außer Verfolgung gesetzt oder freigesprochen oder das Verfahren gegen sie eingestellt wird; ist der Verfall der Sicherheit rechtskräftig ausgesprochen worden, so werden bereits erhobene Kosten nicht erstattet.
6. Ist bei Vormundschaften sowie bei Betreuungen, Pflegschaften für Minderjährige und in den Fällen des § 1667 des Bürgerlichen Gesetzbuches aufgrund gesetzlicher Verpflichtung oder Anordnung des Vormundschaftsgerichts hinterlegt, gilt die Vorbemerkung 1.1 Absatz 1 und die Vorbemerkung 3.1 Absatz 2 Satz 1 der Anlage 1 zu § 3 Absatz 2 des Gerichts- und Notarkostengesetzes entsprechend.
7. Die Verjährung des Anspruchs auf Zahlung der Kosten hindert das Land nicht, nach den Nummern 2 und 3 zu verfahren.
8. § 4 Absatz 3 des Justizverwaltungskostengesetzes findet keine Anwendung.

§ 7
Soweit landesrechtliche Kostenvorschriften auf bundesrechtliche Kostenvorschriften verweisen, sind diese in der jeweils geltenden Fassung anzuwenden.

§ 8
Wenn die Gegenseitigkeit verbürgt ist, sind von der Zahlung der Gebühren befreit:
1. ausländische Staaten,
2. Gemeinden und Gemeindeverbände anderer deutscher Länder.

§ 9
(1) Die einem Beteiligten zustehende Gebührenfreiheit darf einem anderen Beteiligten nicht zum Nachteil gereichen.
(2) ¹Die Gebührenfreiheit entbindet nicht von der Verpflichtung zur Zahlung von Beträgen, zu deren Entrichtung der Befreite sich Dritten gegenüber vertragsmäßig verpflichtet hat. ²Sie hat keinen Einfluß auf die Ersatzpflicht des in die Kosten verurteilten Gegners.

§ 10
Die Gebührenfreiheit erstreckt sich nicht auf die Beurkundungs- und Beglaubigungsgebühren.

§ 11
Die Gebührenfreiheit entbindet nicht von der Verpflichtung zur Zahlung der Auslagen.

§ 12
(1) ¹Gerichtskosten, nach § 59 des Rechtsanwaltsvergütungsgesetzes auf die Landeskasse übergegangene Ansprüche und Ansprüche nach § 1 Abs. 1 Nr. 4a bis 9 der Justizbeitreibungsordnung in der jeweils geltenden Fassung können ganz oder zum Teil erlassen oder gestundet werden:
1. wenn es zur Förderung öffentlicher, gemeinnütziger oder mildtätiger Zwecke angezeigt erscheint,
2. wenn die Einziehung mit besonderen Härten für den Zahlungspflichtigen verbunden wäre,
3. wenn es sonst aus besonderen Gründen der Billigkeit entspricht.
²Unter den gleichen Voraussetzungen können bereits entrichtete Beträge erstattet oder angerechnet werden.
(2) ¹Zuständig für die Entscheidung ist der Senator für Justiz und Verfassung. ²Für den Erlaß von Ansprüchen sowie die Erstattung oder Anrechnung bereits entrichteter Beträge von mehr als 10 000 Euro, bedarf es der Zustimmung des Senators für Finanzen. ³Soweit der Senator für Justiz und Verfassung allein entscheiden kann, kann er die Befugnis ganz oder teilweise oder für bestimmte Arten von Fällen auf nachgeordnete Behörden übertragen.

104 BremJustizkostenG Anlage

Anlage
(zu § 1 Abs. 2)

Gebührenverzeichnis

Nr.	Gegenstand	Gebühren
1	Feststellungserklärung nach § 1059a Abs. 1 Nr. 2, Abs. 2, § 1059e, § 1092 Abs. 2 § 1098 Abs. 3 des Bürgerlichen Gesetzbuches	25 bis 385 Euro
2	Schuldnerverzeichnis	
2.1	Entscheidung über den Antrag auf Bewilligung des laufenden Bezugs von Abdrucken (§ 882g der Zivilprozessordnung)	525 Euro
2.2	Erteilung von Abdrucken (§§ 882b, 882g der Zivilprozessordnung) Neben den Gebühren für die Erteilung von Abdrucken werden die Dokumentenpauschale und die Datenträgerpauschale nicht erhoben.	0,50 Euro je Eintragung, mindestens 17 Euro
2.3	Einsicht in das Schuldnerverzeichnis (§ 882f der Zivilprozessordnung) je übermitteltem Datensatz Die Gebühr entsteht auch, wenn die Information übermittelt wird, dass für den Schuldner kein Eintrag verzeichnet ist (Negativauskunft). Die Gebühr entsteht nicht im Fall einer Selbstauskunft.	4,50 Euro
2.4	Entscheidung über den Antrag auf Bewilligung des laufenden Bezugs von Abdrucken (§ 915d der Zivilprozessordnung in der bis zum 31. Dezember 2012 geltenden Fassung in Verbindung mit § 39 Nummer 5 des Gesetzes betreffend die Einführung der Zivilprozessordnung)	525 Euro
2.5	Erteilung von Abdrucken (§§ 915, 915d der Zivilprozessordnung in der bis zum 31. Dezember 2012 geltenden Fassung in Verbindung mit § 39 Nummer 5 des Gesetzes betreffend die Einführung der Zivilprozessordnung). Neben den Gebühren für die Erteilung von Abdrucken werden die Dokumentenpauschale und die Datenträgerpauschale nicht erhoben.	0,50 Euro je Eintragung, mindestens 17 Euro
3	Hinterlegungssachen	
3.1	Hinterlegung von Wertpapieren, sonstigen Urkunden, Kostbarkeiten und von unverändert aufzubewahrenden Zahlungsmitteln (§ 11 Absatz 2 Satz 1 des Hinterlegungsgesetzes) in jeder Angelegenheit, in der eine besondere Annahmeverfügung ergeht	8 bis 255 Euro
3.2	Anzeige nach § 15 Absatz 1 Satz 2 des Hinterlegungsgesetzes Neben der Gebühr für die Anzeige werden nur die Auslagen nach Nummern 31002 und 31003 der Anlage 1 zu § 3 Absatz 2 des Gerichts- und Notarkostengesetzes erhoben.	8 Euro
3.3	Zurückweisung der Beschwerde	8 bis 255 Euro
3.4	Zurücknahme der Beschwerde	8 bis 65 Euro
4	Allgemeine Beeidigung von Dolmetscherinnen und Dolmetschern und Ermächtigung von Übersetzerinnen und Übersetzern Verfahren über einen Antrag auf allgemeine Beeidigung von Dolmetscherinnen und Dolmetschern und Ermächtigung von Übersetzerinnen und Übersetzern	150 Euro

Anmerkungen:

a) Die Gebühr wird mit der Einreichung des Antrags fällig.
b) Die Gebühr ermäßigt sich auf 100 Euro, wenn der Antrag vor einer Entscheidung zurückgenommen wird.

c) Die Gebühr wird nur einmal erhoben, wenn die allgemeine Beeidigung als Dolmetscherin oder Dolmetscher und die Ermächtigung als Übersetzerin oder Übersetzer gleichzeitig und für dieselbe Fremd- oder Gebärdensprache beantragt werden.

d) Wird die allgemeine Beeidigung als Dolmetscherin oder Dolmetscher und die Ermächtigung als Übersetzerin oder Übersetzer gleichzeitig für mehr als eine Fremdsprache oder Gebärdensprache beantragt, so erhöht sich für die zweite und jede weitere Fremd- oder Gebärdensprache die Gebühr um jeweils 100 Euro. Im Fall von Buchstabe b erhöht sich die Gebühr um jeweils 60 Euro.

5.	Notarangelegenheiten	
5.1	Bestellung zur Notarin oder zum Notar (§§ 6, 6b und 12 der Bundesnotarordnung)	500 Euro
5.2	Versagung der Bestellung zur Notarin oder zum Notar	350 Euro
5.3	Rücknahme der Bewerbung	225 Euro
5.4	Entscheidung über einen Antrag auf Genehmigung einer Nebentätigkeit (§ 8 Absatz 3 der Bundesnotarordnung)	175 Euro
5.5	Entscheidung über die Notarvertreterbestellung (§ 39 Absatz 1 der Bundesnotarordnung)	
5.5.1	für eine ständige Notarvertretung oder eine länger als drei Monate dauernde Notarvertretung	100 Euro
5.5.2	in den übrigen Fällen	50 Euro
5.6	Regelmäßige Prüfung der Amtsführung nach § 93 Absatz 1 Satz 1 der Bundesnotarordnung	
5.6.1	bei weniger als 400 in der Urkundenrolle zu notierenden Geschäften im Jahresdurchschnitt des Prüfungszeitraums	300 Euro
5.6.2	bei 400 bis 2000 in der Urkundenrolle zu notierenden Geschäften im Jahresdurchschnitt des Prüfungszeitraums	600 Euro
5.6.3	in den übrigen Fällen	900 Euro
6.	Gebühren in Vorverfahren im Rahmen des Bremischen Gesetzes über die Juristenausbildung und die erste juristische Prüfung, soweit Einwendungen gegen Verwaltungsakte, denen eine Bewertung von Prüfungsleistungen zugrunde liegt, betroffen sind	
6.1	Vollständige oder teilweise Zurückweisung des Widerspruchs	50 bis 300 Euro
6.2	Rücknahme des Widerspruchs	30 bis 200 Euro

Ausführungsgesetz zum Bürgerlichen Gesetzbuch

Vom 18. Juli 1899 (Brem.GBl. S. 61)
(400-a-1)
zuletzt geändert durch Art. 5 des G vom 14. März 2017 (Brem.GBl. S. 121, 122)

Der Senat verordnet im Einverständnis mit der Bürgerschaft:

Erster Abschnitt
Vorschriften zum allgemeinen Teil

§ 1 (überholte Übergangsbestimmung)

§ 2
Die Verleihung der Rechtsfähigkeit an einen Verein, dessen Zweck auf einen wirtschaftlichen Geschäftsbetrieb gerichtet ist, und die Genehmigung einer Änderung in der Satzung eines solchen Vereins steht dem *Senator für Inneres* zu.

§ 3
Zuständig für den Einspruch gegen die Eintragung eines Vereins *ist das Ordnungsamt*, für die Entscheidung, durch welche einem rechtsfähigen Verein die Rechtsfähigkeit entzogen wird, *der Senator für Inneres.*)
...

§§ 4 bis 7 (aufgehoben)
§ 8 (außer Kraft)
§ 9 (aufgehoben)

Zweiter Abschnitt
Vorschriften zum Rechte der Schuldverhältnisse

§ 10 (überholt)
§ 11 (außer Kraft)
§ 12
Zuständige *Behörde* im Sinne des § 525, Absatz 2, des Bürgerlichen Gesetzbuches *ist* in der Stadt Bremen *das Ordnungsamt.*

§ 13
[1]Bei Wohnungsmieten, welche mit dem Schlusse eines Kalendervierteljahres endigen, beginnt die Räumungsfrist am letzten Tage des Mietverhältnisses mittags 12 Uhr und endigt mit Beginn der Mittagsstunde des folgenden Tages. [2]Ist der folgende Tag ein Sonntag oder allgemeiner Feiertag, so beginnt die Räumungsfrist am letzten Tage des Mietverhältnisses 8 Uhr morgens und endigt an demselben Tage 8 Uhr abends. [3]Der Vermieter oder derjenige, welcher die Wohnung bezieht, ist von Beginn der Räumungsfrist an zur Mitbenutzung der Wohnung berechtigt.
Fällt das Ende des Mietverhältnisses auf einen Sonntag oder einen allgemeinen Feiertag, so tritt als letzter Tag des Mietverhältnisses der nächstfolgende Werktag an seine Stelle.
...
Der Senat kann die in Abs. 1 festgelegten Räumungsfristen im Verordnungswege für bestimmte Umzugstermine verlängern, wenn und soweit besondere Verhältnisse es erfordern.

§ 14 (außer Kraft)

Dritter Abschnitt
Vorschriften zum Sachenrecht

§ 15 (aufgehoben)

§ 15a
¹Rechte auf Ausübung der Binnenfischerei an den im bremischen Staatsgebiet belegenen, nicht geschlossenen Gewässern bedürfen zu ihrer Wirksamkeit gegenüber dem öffentlichen Glauben des Grundbuchs nicht der Eintragung in das Grundbuch. ²Sie werden nur auf Antrag des Berechtigten oder des Grundstückseigentümers in das Grundbuch eingetragen.

§ 16
Zur Übertragung des Eigentums an einem Grundstück, das im Grundbuche nicht eingetragen ist und nach den Vorschriften des § 90 der Grundbuchordnung und der hierzu erlassenen Ausführungsvorschrift auch nach der Übertragung nicht eingetragen zu werden braucht, ist erforderlich und genügend, daß das Grundstück im Flurbuch auf den Namen des Erwerbers umgeschrieben wird.
Die Umschreibung erfolgt auf Anordnung des Amtsgerichts, sobald der Veräußerer und der Erwerber sie beantragen.

§ 17
Die zur Übertragung des Eigentums an einem Grundstücke sowie zur Bestellung oder Übertragung eines Erbbaurechts erforderliche Einigung des Veräußerers und des Erwerbers kann bei gleichzeitiger Anwesenheit beider Teile außer vor dem Grundbuchamt auch vor einem Bremischen Notar erklärt werden.
Der Notar ist verpflichtet, die Urschrift oder eine Ausfertigung der Erklärung unverzüglich bei dem Grundbuchamt mit dem Antrage auf Eintragung einzureichen.

§ 18
Der gleichzeitigen Anwesenheit beider Teile bei der Auflassung eines Grundstücks bedarf es nicht, wenn das Grundstück durch ein Gericht oder einen Bremischen Notar versteigert worden ist und die Auflassung noch in dem Versteigerungstermin stattfindet.

§§ 19 bis 22 (gestrichen)

§ 23 (aufgehoben)

§ 24
Werden zwei Grundstücke durch eine Mauer geschieden, zu deren Benutzung die Eigentümer der Grundstücke gemeinschaftlich berechtigt sind, so kann der Eigentümer des einen Grundstücks dem Eigentümer des benachbarten Grundstücks nicht verbieten, die Mauer ihrer ganzen Dicke nach zu erhöhen, wenn ihm nachgewiesen wird, daß durch die Erhöhung die Mauer nicht gefährdet wird.
¹Der Eigentümer des Grundstücks, von dem aus die Erhöhung erfolgt ist, hat den Mehraufwand, den die Unterhaltung der Mauer infolge der Erhöhung verursacht, so lange zu tragen, als der Aufbau nicht auch von dem Eigentümer des benachbarten Grundstücks ganz oder teilweise benutzt wird. ²Er kann dem Eigentümer des benachbarten Grundstücks die Benutzung des Aufbaus verbieten, bis ihm für die Hälfte oder, wenn nur ein Teil des Aufbaus benutzt werden soll, für den entsprechenden Teil der Baukosten Ersatz geleistet wird.
¹Wird die Mauer zum Zweck der Erhöhung verstärkt, so ist die Verstärkung auf dem Grundstück anzubringen, dessen Eigentümer die Erhöhung unternimmt. ²Will der Eigentümer des benachbarten Grundstücks den Aufbau benutzen, so erhöht sich der nach Absatz 2 von ihm zu ersetzende Betrag um den entsprechenden Teil der Baukosten der Verstärkung und des Wertes der zu der Verstärkung verwendeten Grundfläche.
Soweit nichts anderes vereinbart ist, finden diese Vorschriften auch dann Anwendung, wenn eine Mauer der bezeichneten Art schon vor dem Inkrafttreten des Bürgerlichen Gesetzbuches erhöht worden ist, es sei denn, daß die Vergütung für die Benutzung des Aufbaus seitens des Eigentümers des benachbarten Grundstücks schon vor diesem Zeitpunkt fällig geworden ist.

§ 24a Überbauung von Grundstücksgrenzen
Bei Gebäuden, die nach baurechtlichen Vorschriften zulässigerweise an eine Grundstücksgrenze gebaut wurden, hat der Eigentümer des Nachbargrundstücks zu dulden, dass nachträgliche Wärmedäm-

mungen der Außenwände sowie in deren Folge sonstige untergeordnete Bauteile auf sein Grundstück übergreifen, soweit diese baurechtlich zulässig oder zugelassen sind und die Nutzung seines Grundstücks nicht oder nur geringfügig beeinträchtigen.
Kann die Geringfügigkeit durch bauliche Folgemaßnahmen auf dem Nachbargrundstück erreicht werden, so hat der die übergreifenden Bauteile planende Grundstückseigentümer diese auf seine Kosten durchzuführen und der Eigentümer des Nachbargrundstücks auch diese zu dulden.
Der Eigentümer der übergreifenden Bauteile hat diese auf seine Kosten zu ändern oder, soweit erforderlich, zu entfernen, sobald und soweit der Eigentümer des Nachbargrundstücks durch diese bei der beabsichtigten Realisierung einer baurechtlich zulässigen oder zugelassenen baulichen Anlage oder Nutzungsänderung mehr als nur geringfügig beeinträchtigt wird.

§ 25
Steht zur Zeit des Inkrafttretens des Bürgerlichen Gesetzbuches ein Grundstück, das nach seiner Lage oder Einrichtung bestimmten wirtschaftlichen Zwecken anderer Grundstücke zu dienen bestimmt ist, im Miteigentum der jeweiligen Eigentümer dieser Grundstücke, so gilt es, soweit nichts anderes vereinbart ist, als zu deren Gunsten mit einer Dienstbarkeit des Inhalts belastet, daß sie es zu jenen Zwecken benutzen dürfen.

§ 26
Mit einer Reallast kann ein Grundstück durch Rechtsgeschäft in Zukunft nur für wiederkehrende Leistungen belastet werden, zu denen sich der Eigentümer des Grundstücks längstens auf Lebenszeit des Berechtigten verpflichtet (Altenteil, Leibgedinge).
[1]Zu Gunsten einer juristischen Person kann als Reallast nur das Recht auf die regelmäßig wiederkehrende Leistung einer festbestimmten Geldrente bestellt werden. [2]Neu bestellte Reallasten dieser Art, deren Dauer unbestimmt ist oder den Zeitraum von hundert Jahren übersteigt, können von dem Eigentümer des belasteten Grundstücks unter Beobachtung einer Kündigungsfrist von sechs Monaten mit dem zwanzigfachen Betrage der jährlichen Geldrente abgelöst werden. [3]Eine Vereinbarung, durch die das Kündigungsrecht ausgeschlossen oder erschwert oder eine höhere Ablösungssumme festgesetzt wird, hat gegenüber dem künftigen Erwerber des belasteten Grundstücks keine rechtliche Wirkung.
Zu Gunsten des bremischen Staates und des *Deutschen Reiches* können auch andere Reallasten bestellt werden.

§ 27
Steht bei Landstellen mit der Übernahme eines Grundstückes ein Altenteilsvertrag oder steht bei ländlichen Besitzungen, welche dem Anerbenrecht unterliegen, mit der Übernahme des Grundstücks eine Abfindungspflicht des Anerben in Verbindung, so ist der Übernehmer des Grundstücks verpflichtet, die Ansprüche der Altenteiler oder der Stellabfindlinge in das Grundbuch eintragen zu lassen.
Abweichende Vereinbarungen sind zulässig.

§ 28
Zuständige Behörde im Sinne der §§ 965 bis 967 und 973 bis 976 des Bürgerlichen Gesetzbuches ist die Ortspolizeibehörde.
Der Senator für Inneres wird ermächtigt, durch Rechtsverordnung das Verfahren der Fundbehörde bei der Behandlung der Fundsachen näher zu regeln.

§ 29
Für die Aufnahme des nach § 1035 des Bürgerlichen Gesetzbuchs erforderlichen Verzeichnisses sind innerhalb der Grenzen ihrer örtlichen Zuständigkeit außer den Notaren auch die Gerichtsvollzieher zuständig.

§§ 30 bis 32 (überholt)
§§ 33 und 34 (aufgehoben)
§§ 35 und 36 (überholt)

§ 37
Rechte an einem Grundstück und Rechte an diesen Rechten, welche beim Beginn der für die allgemeine Abkündigung geltenden Frist bestehen, namentlich Eigentumsrechte, Reallasten und Handfestenrechte, die auf einem meierrechtlichen oder ähnlichen Verhältnisse beruhenden Lasten, sowie bei Landstellen die Vorzugsrechte der Altenteile und Abfindungsberechtigten erlöschen, wenn sie nicht

spätestens bis zum Ablauf der Abkündigungsfrist von dem Eigentümer des Grundstücks oder dem Berechtigten bei dem für die Anlegung des Grundbuchs zuständigen Amtsgerichts angemeldet werden.
¹Der im Absatz 1 bezeichnete Rechtsnachteil trifft nicht
1) solche Rechte, welche auch nach Anlegung des Grundbuchs zur Erhaltung ihrer Wirksamkeit gegenüber dem öffentlichen Glauben des Grundbuchs der Eintragung in das Grundbuch nicht bedürfen,
2) solche Rechte, deren Vorhandensein aus der letzten vor dem 1. Oktober 1905 erteilten Eigentumsurkunde (Lassung, Zuschlagsprotokoll, Überweisungsprotokoll) des Grundstücks hervorgeht,
3) solche Rechte, welche in Gemäßheit des Gesetzes vom 6. Juni 1905, betreffend die Dienstbarkeiten und andere Rechte an solchen Grundstücken, für die das Grundbuch noch nicht als angelegt anzusehen ist (Gesetzbl. S. 83) in die Grundakte oder in Gemäßheit des Gesetzes vom 24. Juni 1909, betreffend Erbbaurechte an solchen Grundstücken, für die das Grundbuch noch nicht als angelegt anzusehen ist (Gesetzbl. S. 164) in das Grundstücksblatt oder aufgrund des Gesetzes vom 28. Juni 1923, betreffend die Voranlegung des Grundbuchs, in das Grundaktenformular eingetragen sind.
4) diejenigen handfestarischen Forderungen, welche nach der Vorschrift der §§ 34, 94 ff. der Erbe- und Handfestenordnung zur Erhaltung ihrer Wirksamkeit der Anmeldung zum Angabeprotokoll nicht bedürfen,
5) Überwegungsrechte an Grundstücken, die als Interessentenwege in das nach Maßgabe der Wegeordnung geführte und rechtskräftig bestätigte Wegeregister aufgenommen sind.
²Für Grunddienstbarkeiten, welche nicht nach den Vorschriften des zweiten Absatzes von der Anmeldepflicht befreit sind, hat die allgemeine Abkündigung nur zur Folge, daß sie gegenüber dem öffentlichen Glauben des Grundbuchs ihre Wirksamkeit verlieren, sofern sie nicht bis zum Ablauf der für die allgemeine Abkündigung geltenden Frist angemeldet werden.

§§ 38 und 39 (aufgehoben)
§§ 40 bis 52 (überholt)

Vierter Abschnitt
Vorschriften zum Familienrecht
§§ 53 und 53a (überholt)
§ 54
Die nach bisherigem Rechte durch Arrogation oder Adoption verbundenen Personen können durch Vertrag bestimmen, daß für das zwischen ihnen bestehende Rechtsverhältnis die für die Wirkungen der Annahme an Kindesstatt geltenden Vorschriften des Bürgerlichen Gesetzbuches maßgebend sein sollen.
Auf den Vertrag finden die für die Annahme an Kindesstatt geltenden Vorschriften der §§ 1741 Satz 2, 1750, 1751, 1753 bis 1755 des Bürgerlichen Gesetzbuches entsprechende Anwendung.
§ 55 (aufgehoben)
§ 56
Eine Hypothek, eine Grundschuld oder eine Rentenschuld ist nur dann als sicher anzusehen, wenn sie innerhalb der ersten Hälfte *des gemeinen Wertes (Verkehrswertes)* zu stehen kommt, *der nach den Vorschriften des 7. Teiles des Bundesbaugesetzes vom 23. Juni 1960 (BGBl. I. S. 341) ermittelt worden ist.*
Für den Betrag einer Rentenschuld ist die Ablösungssumme maßgebend.
Auf Gebäude, welche nicht oder nicht in einem für die Sicherheit der Belegung ausreichenden Maße gegen Feuergefahr versichert sind, dürfen Mündelgelder nicht belegt werden.
...
§ 57
¹Die Erklärung, daß eine im Bremischen Staatsgebiete ansässige öffentliche Sparkasse zur Anlegung von Mündelgeldern geeignet sei, steht dem Senate zu. ²Die Erklärung kann zurückgenommen werden. Die Erklärung und die Rücknahme ist durch die Gesetzsammlung zu veröffentlichen.

§§ 58 bis 61 (aufgehoben)

Fünfter Abschnitt
Vorschriften zum Erbrecht

§ 62 (Änderungsvorschrift)

§ 63
Zur Aufnahme des Nachlaßinventars und der in den §§ 2121, 2215 und 2314 des Bürgerlichen Gesetzbuchs erwähnten Verzeichnisse sind außer den Notaren auch die Gerichtsvollzieher zuständig. Eine Aufnahme des Nachlaßinventars durch das Nachlaßgericht findet nicht statt.

§§ 64 und 65 (überholt)

§ 66
Zuständige Behörde im Falle des § 2194 Satz 2 des Bürgerlichen Gesetzbuches ist in der Stadt Bremen *das Stadtamt*.

Sechster Abschnitt
Schlußbestimmungen

§ 67 (aufgehoben)

§ 68 (entbehrlich)

§ 69 (vollzogen)

§ 70
Dieses Gesetz tritt gleichzeitig mit dem Bürgerlichen Gesetzbuch in Kraft.

Bremisches Ausführungsgesetz zum Personenstandsgesetz (BremAGPStG)

Vom 16. Dezember 2008 (Brem.GBl. S. 418)
(211-a-1)
zuletzt geändert durch G vom 27. September 2016 (Brem.GBl. S. 590)

§ 1 Zuständige Behörde für das Personenstandswesen
¹Die Aufgaben der nach § 1 Abs. 2 des Personenstandsgesetzes für das Personenstandswesen zuständigen Behörden (Standesämter) werden den Stadtgemeinden Bremen und Bremerhaven übertragen. ²Sie nehmen diese Aufgaben als Auftragsangelegenheit wahr.

§ 2 Standesamtsbezirk
Die Standesamtsbezirke werden vom Senator für Inneres gebildet.

§ 3 Standesamtsaufsicht
Die Fachaufsicht über die Standesämter im Lande Bremen führt der Senator für Inneres.

§ 4 Besondere Zuständigkeiten
(1) Zuständige Gemeindebehörde im Sinne von § 24 Abs. 1 Satz 1 und § 30 Abs. 2 des Personenstandsgesetzes sowie zuständige Verwaltungsbehörde für die Verfolgung und Ahndung von Ordnungswidrigkeiten nach § 70 Abs. 1 des Personenstandsgesetzes ist
1. für die Stadtgemeinde Bremen der Senator für Inneres,
2. für die Stadtgemeinde Bremerhaven der Magistrat.
(2) Der Senator für Inneres ist oberste Landesbehörde im Sinne von § 40 Abs. 3 und § 66 Abs. 2 und 3 des Personenstandsgesetzes sowie zuständige Verwaltungsbehörde für die
1. Entgegennahme der Benachrichtigung nach § 24 Abs. 1 Satz 2 des Personenstandsgesetzes,
2. Bestimmung des Namens sowie Festsetzung von Ort und Tag der Geburt nach § 24 Abs. 2 Satz 1 des Personenstandsgesetzes,
3. Bestimmung des Geburtsortes, des Geburtstages und des Namens nach § 25 Satz 1 des Personenstandsgesetzes.
(3) Für die schriftliche Anzeige eines Sterbefalls nach § 30 Abs. 3 des Personenstandsgesetzes ist die Behörde zuständig, die die amtliche Ermittlung führt.

§ 5 Abweichung vom Bundesrecht
Abweichend von § 43 Abs. 1 Satz 2 des Personenstandsgesetzes können für die Beglaubigung oder Beurkundung von Erklärungen über die Angleichung von Familiennamen und Vornamen nach Artikel 47 des Einführungsgesetzes zum Bürgerlichen Gesetzbuch Kosten erhoben werden.

§ 6 Übergangsregelung
Die am 1. Januar 2009 bestehende Abgrenzung der Standesamtsbezirke Bremen-Mitte, Bremen-Nord und Bremerhaven gilt bis zu einer Änderung oder Aufhebung nach § 2 fort.

Verordnung
über den elektronischen Rechtsverkehr im Land Bremen

Vom 18. Dezember 2006 (Brem.GBl. S. 548[1])
(300-g-1)
zuletzt geändert durch VO vom 11. Dezember 2017 (Brem.GBl. S. 813)

Auf Grund
1. des § 130a Abs. 2 Satz 1 der Zivilprozessordnung in der Fassung der Bekanntmachung vom 5. Dezember 2005 (BGBl. I S. 3202; 2006 I S. 431), die zuletzt durch Artikel 50 des Gesetzes vom 19. April 2006 (BGBl. I S. 866) geändert worden ist,
2. des § 21 Abs. 3 Satz 1 des Gesetzes über die Angelegenheiten der freiwilligen Gerichtsbarkeit in der im Bundesgesetzblatt Teil III, Gliederungsnummer 315-1, veröffentlichten bereinigten Fassung, das zuletzt durch Artikel 2 des Gesetzes vom 10. November 2006 (BGBl. I S. 2606) geändert worden ist,
3. des § 8a Abs. 2 Satz 1 des Handelsgesetzbuchs in der im Bundesgesetzblatt Teil III, Gliederungsnummer 4100-1, veröffentlichten bereinigten Fassung, das zuletzt durch Artikel 3 des Gesetzes vom 17. November 2006 (BGBl. I S. 2606) geändert worden ist,
4. des § 156 Abs. 1 Satz 1 des Genossenschaftsgesetzes in der Fassung der Bekanntmachung vom 16. Oktober 2006 (BGBl. I S. 2230), das durch Artikel 3 des Gesetzes vom 10. November 2006 (BGBl. I S. 2553) geändert worden ist, in Verbindung mit § 8a Abs. 2 Satz 1 des Handelsgesetzbuchs in der im Bundesgesetzblatt Teil III, Gliederungsnummer 4100-1, veröffentlichten bereinigten Fassung, das zuletzt durch Artikel 3 des Gesetzes vom 17. November 2006 (BGBl. I S. 2606) geändert worden ist,
5. des § 5 Abs. 2 des Partnerschaftsgesellschaftsgesetzes vom 25. Juli 1994 (BGBl. I S. 1744), das zuletzt durch Artikel 12 Abs. 12 des Gesetzes vom 10. November 2006 (BGBl. I S. 2553) geändert worden ist, in Verbindung mit § 8a Abs. 2 Satz 1 des Handelsgesetzbuchs in der im Bundesgesetzblatt Teil III, Gliederungsnummer 4100-1, veröffentlichten bereinigten Fassung, das zuletzt durch Artikel 3 des Gesetzes vom 17. November 2006 (BGBl. I S. 2606) geändert worden ist,
6. des § 81 Abs. 4 Satz 1 der Grundbuchordnung in der Fassung der Bekanntmachung vom 26. Mai 1994 (BGBl. I S. 1114), die zuletzt durch Artikel 88 des Gesetzes vom 19. April 2006 (BGBl. I S. 866) geändert worden ist,
7. des § 55a Abs. 1 Satz 1 der Verwaltungsgerichtsordnung in der Fassung der Bekanntmachung vom 19. März 1991 (BGBl. I S. 686), die zuletzt durch Artikel 13 des Gesetzes vom 15. Juli 2006 (BGBl. I S. 1619) geändert worden ist,
8. des § 52a Abs. 1 Satz 1 der Finanzgerichtsordnung in der Fassung der Bekanntmachung vom 28. März 2001 (BGBl. I S. 442, 2262; 2002 I S. 679), die zuletzt durch Artikel 10 des Gesetzes vom 5. September 2006 (BGBl. I S. 2098) geändert worden ist,
9. des § 65a Abs. 1 Satz 1 des Sozialgerichtsgesetzes in der Fassung der Bekanntmachung vom 23. September 1975 (BGBl. I S. 2535), das zuletzt durch Artikel 95 der Verordnung vom 31. Oktober 2006 (BGBl. I S. 2407) geändert worden ist,
10. des § 46b Abs. 2 Satz 1 des Arbeitsgerichtsgesetzes in der Fassung der Bekanntmachung vom 2. Juli 1979 (BGBl. I S. 853, 1036), das zuletzt durch Artikel 94 der Verordnung vom 31. Oktober 2006 (BGBl. I S. 2407) geändert worden ist,
11. des § 41a Abs. 2 Satz 1 der Strafprozessordnung in der Fassung der Bekanntmachung vom 7. April 1987 (BGBl. I S. 1074, 1319), die zuletzt durch Artikel 1 des Gesetzes vom 24. Oktober 2006 (BGBl. S. 2350) geändert worden ist,

---

1) Die Verpflichtungen aus der Richtlinie 98/34/EG des Europäischen Parlaments und des Rates vom 22. Juni 1998 über ein Informationsverfahren auf dem Gebiet der Normen und technischen Vorschriften und der Vorschriften für die Dienste der Informationsgesellschaft (ABl. EG Nr. L 204 S. 37), geändert durch Richtlinie 98/48/EG des Europäischen Parlaments und des Rates vom 20. Juli 1998 (ABl. EG Nr. L 217 S. 18), sind beachtet worden.

12. des § 110a Abs. 2 Satz 1 des Gesetzes über Ordnungswidrigkeiten in der Fassung der Bekanntmachung vom 19. Februar 1987 (BGBl. I S. 602), das zuletzt durch Artikel 3 Abs. 6 des Gesetzes vom 12. Juli 2006 (BGBl. I S. 1466) geändert worden ist,
in Verbindung mit §§ 1 und 2 der Verordnung zur Übertragung von Ermächtigungen in Zusammenhang mit dem elektronischen Rechtsverkehr vom 15. November 2005 (Brem.GBl. S. 577) und § 1 der Verordnung zur Übertragung von Ermächtigungen aus dem Bereich der Rechtspflege vom 5. Dezember 2006 (Brem.GBl. S. 485) wird verordnet:

§ 1 Zulassung der elektronischen Kommunikation
(1) Bei den Gerichten im Land Bremen ist in allen Verfahren nach dem Handelsgesetzbuch, dem Genossenschaftsgesetz, dem Partnerschaftsgesellschaftsgesetz und der Schiffregisterordnung die Einreichung elektronischer Dokumente zugelassen.
(2) Für die Einreichung elektronischer Dokumente bei dem Landessozialgericht Niedersachsen – Bremen gilt die Niedersächsische Verordnung über den elektronischen Rechtsverkehr in der Justiz vom 21. Oktober 2011 (Niedersächsisches Gesetz- und Verordnungsblatt S. 367) in der jeweils geltenden Fassung.

§ 2 Form der Einreichung
(1) ¹Zur Entgegennahme elektronischer Dokumente ist die elektronische Poststelle der Gerichte und Staatsanwaltschaften in Bremen bestimmt. ²Die elektronische Poststelle ist über die auf der Internetseite www.justiz.bremen.de bestimmten Kommunikationswege erreichbar. ³Zur Entgegennahme von in elektronischer Form gestellten Eintragungsanträgen und sonstigen elektronischen Dokumenten in Schiffsregistersachen ist ausschließlich das direkt adressierbare elektronische Postfach des Schiffsregisters beim Amtsgericht Bremen bei der elektronischen Poststelle bestimmt.
(2) Die Einreichung erfolgt durch Übertragung des elektronischen Dokuments in die elektronische Poststelle.
(3) ¹Sofern für Einreichungen die Schriftform oder die elektronische Form vorgeschrieben ist, sind, soweit kein Fall des § 12 Abs. 2 Satz 2 Halbsatz 1 des Handelsgesetzbuchs vorliegt, die elektronischen Dokumente mit einer qualifizierten elektronischen Signatur nach § 2 Nr. 3 des Signaturgesetzes zu versehen. ²Die qualifizierte elektronische Signatur und das ihr zugrunde liegende Zertifikat müssen durch das adressierte Gericht oder die adressierte Staatsanwaltschaft oder durch eine andere von der Landesjustizverwaltung mit der automatisierten Überprüfung beauftragte Stelle prüfbar sein. ³Die Eignungsvoraussetzungen für eine Prüfung werden gemäß § 3 Nr. 2 bekannt gegeben.
(4) ¹Das elektronische Dokument muss eines der folgenden Formate in einer für das adressierte Gericht oder die adressierte Staatsanwaltschaft bearbeitbaren Version aufweisen:
1. ASCII (American Standard Code for Information Interchange) als reiner Text ohne Formatierungscodes und ohne Sonderzeichen,
2. Unicode,
3. Microsoft RTF (Rich Text Format),
4. Adobe PDF (Portable Document Format),
5. XML (Extensive Markup Language),
6. TIFF (Tag Image File Format),
7. Microsoft Word, soweit keine aktiven Komponenten, beispielsweise Makros, verwendet werden.
²Nähere Informationen, insbesondere zu den bearbeitbaren Versionen der zulässigen Dateiformate, werden gemäß § 3 Nr. 3 bekannt gegeben.
(5) ¹Elektronische Dokumente, die einem der in Absatz 4 genannten Dateiformate in der nach § 3 Nr. 3 bekannt gegebenen Version entsprechen, können auch in komprimierter Form als ZIP-Datei eingereicht werden. ²Die ZIP-Datei darf keine anderen ZIP-Dateien und keine Verzeichnisstrukturen enthalten. ³Beim Einsatz von Dokumentensignaturen muss sich die Signatur auf das Dokument und nicht auf die ZIP-Datei beziehen. ⁴Die ZIP-Datei darf zusätzlich signiert werden.
(6) Sofern strukturierte Daten übermittelt werden, sollen sie im UNICODE-Zeichensatz UTF-8 codiert sein.

§ 3 Bekanntgabe der Bearbeitungsvoraussetzungen

¹Auf der Internetseite www.justiz.bremen.de gibt der Senator für Justiz und Verfassung bekannt:
1. die Einzelheiten des Verfahrens, das bei einer vorherigen Anmeldung zur Teilnahme am elektronischen Rechtsverkehr sowie für die Authentifizierung bei der jeweiligen Nutzung der elektronischen Poststelle einzuhalten ist, einschließlich der für die datenschutzgerechte Administration elektronischer Postfächer zu speichernden personenbezogenen Daten,
2. die Zertifikate, Anbieter und Versionen elektronischer Signaturen, die nach seiner Prüfung für die Bearbeitung durch die Gerichte und Staatsanwaltschaften oder durch eine andere mit der automatisierten Prüfung beauftragte Stelle geeignet sind. Dabei ist mindestens die Prüfbarkeit qualifizierter elektronischer Signaturen sicherzustellen, die dem Profil Common PKI entsprechen,
3. die nach seiner Prüfung den in § 2 Absatz 3 und 4 festgelegten Formatstandards entsprechenden und für die Bearbeitung durch die Gerichte und Staatsanwaltschaften geeigneten Versionen der genannten Formate sowie die bei dem in § 2 Absatz 4 Nummer 5 bezeichneten XML-Format zu Grunde zu legenden Definitions- oder Schemadateien,
4. die zusätzlichen Angaben, die bei der Übermittlung oder bei der Bezeichnung des einzureichenden elektronischen Dokuments gemacht werden sollen, um die Zuordnung und Weiterverarbeitung innerhalb des adressierten Gerichts oder der adressierten Staatsanwaltschaft zu gewährleisten.
5. Angaben zu geeigneten Datenträgern im Fall des § 4 Absatz 1 sowie Angaben zu Dokumentenanzahl und Volumengrenzen.

²Die Bekanntgabe kann auch dadurch erfolgen, dass auf der Internetseite www.justiz.bremen.de auf eine andere Internetseite verwiesen wird, die die Angaben gemäß Nummer 1 bis 4 enthält.

§ 4 Ersatzeinreichung

(1) ¹Ist eine Übermittlung an die elektronische Poststelle (§ 2) nicht möglich, so kann die Einreichung abweichend von § 2 Absatz 1 und 2 auf einem Datenträger nach § 3 Nummer 5 bei dem Gericht oder der Staatsanwaltschaft erfolgen. ²Die Unmöglichkeit der Übermittlung nach § 2 ist darzulegen.
(2) Soweit Einreichungen die in § 3 Nummer 5 angegebene Dokumentenzahl oder Volumengrenze überschreiten, können diese gemäß der Einreichung nach Absatz 1 übermittelt werden.
(3) Die Bearbeitungsvoraussetzungen gemäß § 3 sind auch in den Fällen der Absätze 1 und 2 einzuhalten, soweit sie nicht den elektronischen Übermittlungsvorgang betreffen.
(4) Ist die Entgegennahme elektronischer Dokumente über die elektronische Poststelle (§ 2) und gemäß Absatz 1 nicht möglich, trifft der Vorstand des Gerichts oder der Leiter der Staatsanwaltschaft im Einzelfall Anordnungen zur Einreichung von Dokumenten.

§ 5 Inkrafttreten/Außerkrafttreten

¹Diese Verordnung tritt am 1. Januar 2007 in Kraft. ²Gleichzeitig tritt die Verordnung über den elektronischen Rechtsverkehr mit den Gerichten und Staatsanwaltschaften im Land Bremen vom 16. November 2005 (Brem.GBl. S. 579) außer Kraft.

Der Senator für Justiz und Verfassung

Bremisches Gesetz
über die Juristenausbildung und die erste juristische Prüfung (JAPG)

Vom 20. Mai 2003 (Brem.GBl. S. 251[1])
(301-b-5)

zuletzt geändert durch Geschäftsverteilung des Senats vom 28. Juli 2015,
vgl. Bek. vom 2. August 2016 (Brem.GBl. S. 434, 437)

Der Senat verkündet das nachstehende von der Bürgerschaft (Landtag) beschlossene Gesetz:

Inhaltsübersicht

Teil 1
Allgemeines
§ 1 Ausbildungsgang, Ausbildungsziel

Teil 2

Abschnitt 1
Universitätsstudium
§ 2 Studiendauer
§ 3 Anrechnung von Vorstudien
§ 4 Gegenstand des Studiums
§ 5 Pflichtfächer
§ 6 Schwerpunktbereiche
§ 7 Praktische Studienzeiten
§ 8 Zwischenprüfung

Abschnitt 2
Erste juristische Prüfung

Unterabschnitt 1
Erste juristische Prüfung im Allgemeinen
§ 9 Zweck der Prüfung
§ 10 Stoff der Prüfung, Ablauf, Zuständigkeiten
§ 11 Bestehen der Prüfung, Zeugnis

Unterabschnitt 2
Justizprüfungsamt
§ 12 Justizprüfungsamt
§ 13 Prüfungsfachausschüsse
§ 14 Prüfer, Prüfungskommission

Unterabschnitt 3
Staatliche Pflichtfachprüfung
§ 15 Gegenstand, Vorbereitung und Durchführung
§ 16 Zulassungsvoraussetzungen
§ 17 Versagung der Zulassung

§ 18 Aufsichtsarbeiten
§ 19 Bewertung der schriftlichen Prüfungsleistungen
§ 20 Notenstufen und Punktezahlen
§ 21 Zulassung zur mündlichen Prüfung
§ 22 Mündliche Prüfung
§ 23 Gesamtnote, Zeugnis
§ 24 Prüfungsniederschrift
§ 25 Rücktritt, Unterbrechung
§ 26 Freiversuch
§ 27 Wiederholung zur Notenverbesserung
§ 28 Wiederholung der Prüfung
§ 29 Täuschungsversuch
§ 30 Ablehnung von Prüfern
§ 31 Einsicht in die Prüfungsakten

Unterabschnitt 4
Universitäre Schwerpunktbereichsprüfung und Prüfungsordnungen
§ 32 Universitäre Schwerpunktbereichsprüfung
§ 33 Universitäre Prüfungsordnungen

Teil 3
Vorbereitungsdienst
§ 34 Aufnahme in den Vorbereitungsdienst
§ 35 Leitung der Ausbildung
§ 36 Grundsätze der Ausbildung
§ 37 Dauer und Gliederung des Vorbereitungsdienstes
§ 38 Pflichtstationen
§ 39 Einführungslehrgänge
§ 40 Praxisbegleitende Ausbildungslehrgänge
§ 41 Wahlstationen
§ 42 Stationszeugnisse
§ 43 Rechte und Pflichten der Referendare
§ 44 Unterhaltsbeihilfe
§ 45 Urlaub

---

[1] Verkündet als Art. 1 d. G v. 20. 5. 2003 S. 251; lt. Art. 6 am 1. Juli 2003 in Kraft getreten.

§ 46	Gastreferendare, Übernahme aus anderen Ländern	Teil 4 **Übergangs- und Schlussbestimmungen**	
§ 47	Zweite juristische Staatsprüfung	§ 49	Personenbezeichnungen
§ 47a	Ergänzungsvorbereitungsdienst	§ 50	Übergangsvorschriften
§ 48	Beendigung des Vorbereitungsdienstes		

Teil 1
Allgemeines
§ 1 Ausbildungsgang, Ausbildungsziel
(1) ¹Die juristische Ausbildung gliedert sich in das Universitätsstudium und den Vorbereitungsdienst. ²Das Universitätsstudium schließt ab mit der ersten juristischen Prüfung, die aus einer staatlichen Pflichtfachprüfung und einer universitären Schwerpunktbereichsprüfung besteht. ³Der Vorbereitungsdienst schließt mit der zweiten juristischen Staatsprüfung ab.
(2) Die Ausbildung soll zu einer Berufspraxis befähigen, die im zusammenwachsenden Europa und in einer sich ständig wandelnden Gesellschaft dem Anspruch einer rechtsstaatlichen, demokratischen und sozialstaatlichen Verfassung genügt.
(3) ¹Die Ausbildung vermittelt durch geeignete Stoffauswahl und Erarbeitung des kritischen Verständnisses der wissenschaftlichen Methoden die Kenntnisse und die Lernfähigkeit, die für die rechtsprechende, verwaltende und rechtsberatende Berufspraxis erforderlich sind. ²Die Ausbildung hat in den von ihr vermittelten Inhalten und Methoden, insbesondere durch sozialwissenschaftliche Grundlegung und Ausrichtung sowie durch die Berücksichtigung der Anforderungen der Berufspraxis einer Trennung von Theorie und Praxis entgegenzuwirken. ³Demgemäß sollen zur Durchführung der universitären Ausbildung auch Praktiker und zur Durchführung der praktischen Ausbildung auch Hochschullehrer herangezogen werden.

Teil 2

Abschnitt 1
Universitätsstudium
§ 2 Studiendauer
(1) Das Studium der Rechtswissenschaft dauert einschließlich der Prüfungszeit viereinhalb Jahre (Regelstudienzeit).
(2) Die Regelstudienzeit kann unterschritten werden, sofern die jeweils für die Zulassung zur universitären Schwerpunktbereichsprüfung und zur staatlichen Pflichtfachprüfung erforderlichen Leistungen nachgewiesen sind.
§ 3 Anrechnung von Vorstudien
(1) ¹Auf das Studium der Rechtswissenschaft können angerechnet werden:
1. eine erfolgreich abgeschlossene Ausbildung für den gehobenen Justizdienst oder für den gehobenen nichttechnischen Verwaltungsdienst bis zur Dauer von einem Jahr,
2. ein Rechtsstudium an einer Universität außerhalb des Geltungsbereichs des Deutschen Richtergesetzes bis zu drei Semestern und
3. ein Universitätsstudium anderer Fachrichtung mit bis zu zwei Semestern, wenn Studierende hierdurch in der rechtswissenschaftlichen Ausbildung gefördert wurden.
²§ 16 Abs. 1 Nr. 2 bleibt unberührt.
(2) ¹Anträge nach Absatz 1 sind an das Justizprüfungsamt zu richten. ²Sie können vor Aufnahme des Studiums gestellt werden.
§ 4 Gegenstand des Studiums
(1) Gegenstand des Studiums sind Pflichtfächer und Schwerpunktbereiche mit Wahlmöglichkeiten.
(2) ¹Die Lehrveranstaltungen berücksichtigen in wissenschaftlicher Vertiefung die rechtsprechende, verwaltende und rechtsberatende Praxis einschließlich der hierfür erforderlichen Schlüsselqualifikationen wie Verhandlungsmanagement, Gesprächsführung, Rhetorik, Streitschlichtung, Mediation, Vernehmungslehre und Kommunikationsfähigkeit. ²Sie vermitteln auch fachspezifische Fremdsprachenkompetenz.

(3) Grundlagenfächer wie Rechtsgeschichte, Rechtsphilosophie, Rechtssoziologie, Rechtsvergleichung, rechtswissenschaftliche Methoden, Rechtspolitik sowie Wirtschafts- und Sozialwissenschaften sind angemessen einzubeziehen.

§ 5 Pflichtfächer
(1) Pflichtfächer sind:
1. im Bereich des Bürgerlichen Rechts:
    a) Grundlagen des Privatrechts und die ersten drei Bücher des Bürgerlichen Gesetzbuches;
    b) Produkthaftungsgesetz und Haftpflichtrecht des Straßenverkehrsgesetzes;
    c) Familienrecht und Erbrecht jeweils im Überblick;
    d) Handelsrecht (ohne drittes Buch: Handelsbücher) und Gesellschaftsrecht jeweils im Überblick;
    e) aus dem Arbeitsrecht
        aa) Individualarbeitsrecht,
        bb) kollektives Arbeitsrecht im Überblick;
    f) europa- und internationalrechtliche Aspekte des Privatrechts sowie Internationales Privatrecht jeweils im Überblick;
    g) Zivilprozessrecht (Erkenntnisverfahren) und Gerichtsverfassungsrecht jeweils im Überblick;
2. im Bereich Kriminalwissenschaften/Strafrecht:
    a) Allgemeine Lehren des Strafrechts;
    b) Straftatbestände des Strafgesetzbuches und des Nebenstrafrechts, die für die Rechtspraxis bedeutsam sind;
    c) strafrechtliche Sanktionen;
    d) Strafprozessrecht inklusive Bezüge zur Europäischen Menschenrechtskonvention im Überblick;
3. im Bereich Öffentliches Recht:
    a) aa) Verfassungsrecht einschließlich der völker- und europarechtlichen Bezüge,
        bb) Verfassungsprozessrecht im Überblick,
        cc) Bremisches Staatsrecht im Überblick;
    b) aa) Allgemeines Verwaltungsrecht mit
        bb) Staatshaftungsrecht im Überblick,
        cc) Recht der öffentlichen Sachen im Überblick,
        dd) Verwaltungsprozessrecht,
        ee) Verwaltungsvollstreckungsrecht im Überblick;
    c) aus dem Besonderen Verwaltungsrecht:
        aa) Polizei- und Ordnungsrecht,
        bb) Baurecht,
        cc) Kommunal- und Umweltrecht jeweils im Überblick;
    d) aus dem Europarecht im Überblick:
        aa) Organe, Rechtsquellen, Kompetenzen und Handlungsformen der Europäischen Gemeinschaft und der Europäischen Union,
        bb) Verhältnis von Gemeinschaftsrecht und mitgliedstaatlichem Recht,
        cc) die Grundfreiheiten, Grundrechte und ausgewählte Beispiele von Sekundärrecht,
        dd) Vertragsverletzungsverfahren, Nichtigkeitsklage und Vorabentscheidungsverfahren nach dem Vertrag zur Gründung der Europäischen Gemeinschaft.

(2) [1]Soweit Rechtsgebiete »im Überblick« Gegenstand des Prüfungsstoffes sind, wird die Kenntnis der Systematik und der wichtigsten Rechtsfiguren ohne Einzelwissen verlangt. [2]Andere als die in Absatz 1 genannten Rechtsgebiete dürfen im Zusammenhang mit dem Pflichtfächern zum Gegenstand der Prüfung gemacht werden, soweit lediglich Verständnis und Arbeitsmethode festgestellt werden sollen und Einzelwissen nicht vorausgesetzt wird.

(3) Die Vorlesungen in den Pflichtfächern werden durch Lehrveranstaltungen begleitet und ergänzt, in denen in Kleingruppen der behandelte Lehrstoff auch aus Sicht der beruflichen Praxis aufbereitet wird.

§ 6 Schwerpunktbereiche

(1) Die Schwerpunktbereiche dienen der Ergänzung des Studiums, der Vertiefung der mit ihnen zusammenhängenden Pflichtfächer sowie der Vermittlung interdisziplinärer und internationaler Bezüge des Rechts.
(2) Lehrveranstaltungen zur Vermittlung von Schlüsselqualifikationen und Fremdsprachenkompetenz können auch Bestandteil der Ausbildung im Schwerpunktbereich sein.
(3) Die Studierenden wählen einen Schwerpunktbereich, dessen Studium sich über mindestens 16 Semesterwochenstunden erstreckt.
(4) [1]Die Schwerpunktbereiche werden in einer nach § 33 zu erlassenden Prüfungsordnung festgelegt. [2]Der Stoff der Schwerpunktbereiche ist so zu bemessen, dass das Studium unter Einbeziehung der Pflichtfächer nach viereinhalb Jahren mit der ersten juristischen Prüfung abgeschlossen werden kann.

§ 7 Praktische Studienzeiten

(1) [1]Die Studierenden haben während der vorlesungsfreien Zeiten des Studiums an praktischen Studienzeiten von mindestens drei Monaten teilzunehmen. [2]Die praktischen Studienzeiten können bei Gerichten, Staatsanwaltschaften, öffentlichen Verwaltungen des Bundes und der Länder einschließlich der Anstalten und Körperschaften des öffentlichen Rechts, öffentlichen Verwaltungen der Europäischen Gemeinschaft, Rechtsanwälten, Notaren sowie Rechtsabteilungen von Gewerkschaften, Verbänden und Wirtschaftsunternehmen sowie internationalen Organisationen und sonstigen vergleichbar geeigneten Stellen im In- und Ausland abgeleistet werden. [3]Die Mindestdauer bei einer Stelle soll einen Monat nicht unterschreiten. [4]Die praktischen Studienzeiten sollen in geeigneter Weise in den Lehrveranstaltungen der Universität vorbereitet werden.
(2) [1]Zu Beginn der praktischen Studienzeit sind die Studierenden nach Maßgabe des Verpflichtungsgesetzes vom 2. März 1974 (BGBl. I S. 469, 547) in der jeweils geltenden Fassung zur Verschwiegenheit zu verpflichten. [2]Die ausbildende Stelle bescheinigt die Ableistung der praktischen Studienzeit.
(3) Das Nähere regelt das Justizprüfungsamt.

§ 8 Zwischenprüfung

[1]Die Studierenden haben eine Zwischenprüfung als Hochschulprüfung abzulegen. [2]Das Nähere wird in einer nach § 33 zu erlassenden Prüfungsordnung geregelt.

Abschnitt 2
Erste juristische Prüfung

Unterabschnitt 1
Erste juristische Prüfung im Allgemeinen

§ 9 Zweck der Prüfung

[1]Die erste juristische Prüfung schließt das Studium der Pflichtfächer und des gewählten Schwerpunktbereiches ab. [2]Sie soll feststellen, ob Prüflinge in der Ausbildung so weit fortgeschritten sind, dass sie für den Vorbereitungsdienst fachlich geeignet sind. [3]Sie soll zeigen, dass Prüflinge das Recht mit Verständnis erfassen und anwenden können, über die hierzu erforderlichen Rechtskenntnisse in den Pflichtfächern und in dem jeweiligen Schwerpunktbereich verfügen, genügende Einsichten in die philosophischen, geschichtlichen und gesellschaftlichen Grundlagen des Rechts – einschließlich der geschlechtsspezifischen Bezüge – besitzen sowie fachbezogene Fremdsprachenkompetenz und Schlüsselqualifikationen erworben haben.

§ 10 Stoff der Prüfung, Ablauf, Zuständigkeiten

(1) [1]Die erste juristische Prüfung gliedert sich in eine staatliche Pflichtfachprüfung und eine universitäre Schwerpunktbereichsprüfung. [2]Beide Prüfungen berücksichtigen die rechtsprechende, verwaltende und rechtsberatende Praxis einschließlich der hierfür erforderlichen Schlüsselqualifikationen. [3]Der mündliche Teil der staatlichen Pflichtfachprüfung schließt vorbehaltlich der Regelung in § 21 Abs. 5 die erste juristische Prüfung ab.
(2) [1]Die staatliche Pflichtfachprüfung wird von dem Justizprüfungsamt abgenommen. [2]Sie bezieht sich auf die Pflichtfächer.
(3) [1]Die universitäre Schwerpunktbereichsprüfung wird von der Universität Bremen abgenommen. [2]Sie bezieht sich auf einen von dem Prüfling gewählten Schwerpunktbereich.

§ 11 Bestehen der Prüfung, Zeugnis

(1) Die erste juristische Prüfung ist bestanden, wenn der Prüfling in der staatlichen Pflichtfachprüfung und einer im Geltungsbereich des deutschen Richtergesetzes abgelegten universitären Schwerpunktbereichsprüfung jeweils eine Mindestpunktzahl von 4 Punkten erreicht hat.

(2) [1]Das Zeugnis für die erste juristische Prüfung wird vom Justizprüfungsamt erteilt. [2]Dieses weist die Ergebnisse der bestandenen universitären Schwerpunktbereichsprüfung und der bestandenen staatlichen Pflichtfachprüfung sowie zusätzlich eine Gesamtnote aus, in die das Ergebnis der bestandenen staatlichen Pflichtfachprüfung mit 70 v. H. und das Ergebnis der bestandenen universitären Schwerpunktbereichsprüfung mit 30 v. H. einfließt. [3]In dem Zeugnis wird der Gegenstand der universitären Schwerpunktbereichsprüfung angegeben.

Unterabschnitt 2
Justizprüfungsamt

§ 12 Justizprüfungsamt

(1) [1]Das Justizprüfungsamt ist Teil der Behörde des Senators für Justiz und Verfassung. [2]Es führt im Zusammenwirken mit der Universität Bremen die erste juristische Prüfung durch.

(2) [1]Dem Justizprüfungsamt obliegt die Vorbereitung und Durchführung der staatlichen Pflichtfachprüfung. [2]Es trifft die Entscheidungen in diesem Prüfungsverfahren, soweit dieses Gesetz nicht andere Stellen für zuständig erklärt.

(3) [1]Der Vorsitzende des Justizprüfungsamtes und sein Stellvertreter werden vom Senator für Justiz und Verfassung auf Zeit bestellt. [2]Sie müssen die Befähigung zum Richteramt haben. [3]Eine mehrmalige Bestellung ist zulässig.

(4) [1]Das Justizprüfungsamt setzt die Prüfungskommissionen für die staatliche Pflichtfachprüfung zusammen. [2]Das Justizprüfungsamt entscheidet über Widersprüche gegen Entscheidungen der Prüfungskommissionen sowie über Widersprüche gegen die Versagung der Zulassung zur mündlichen Prüfung. [3]Die Nachprüfung im Rahmen des Widerspruchsverfahrens ist beschränkt auf die Prüfung der Rechtmäßigkeit der angefochtenen Entscheidung.

§ 13 Prüfungsfachausschüsse

(1) Zur abschließenden Beratung der Aufgaben der schriftlichen Prüfungsarbeiten der staatlichen Pflichtfachprüfung werden für die Bereiche Bürgerliches Recht, Kriminalwissenschaften/Strafrecht und Öffentliches Recht drei Prüfungsfachausschüsse gebildet.

(2) [1]Jeder Prüfungsfachausschuss besteht aus dem Vorsitzenden des Justizprüfungsamtes und dessen Stellvertreter sowie einem Hochschullehrer und einem Praktiker als weiteres Mitglied. [2]Diese sind zur Vertraulichkeit verpflichtet. [3]Für jedes Mitglied ist ein Vertreter vorzusehen, der im Falle der Verhinderung des Mitglieds an dessen Stelle tritt. [4]Der Senator für Justiz und Verfassung bestellt die Hochschullehrer und die Praktiker für die Dauer von vier Jahren. [5]Die Bestellung der Hochschullehrer erfolgt auf Vorschlag des Fachbereichs Rechtswissenschaft der Universität Bremen. [6]Eine mehrmalige Bestellung ist zulässig.

(3) [1]Die Prüfungsfachausschüsse werden von dem Vorsitzenden des Justizprüfungsamtes geleitet. [2]Sie sind beschlussfähig, wenn mehr als die Hälfte ihrer Mitglieder anwesend ist. [3]Die Beschlüsse werden mit Stimmenmehrheit gefasst. [4]Bei Stimmengleichheit gibt die Stimme des Vorsitzenden den Ausschlag.

(4) [1]Der Vorsitzende des Justizprüfungsamtes kann Personen, die den Prüfungsfachausschüssen nicht angehören, zu deren Beratungen hinzuziehen. [2]Absatz 2 Satz 2 gilt entsprechend.

§ 14 Prüfer, Prüfungskommission

(1) [1]Der Vorsitzende des Justizprüfungsamtes bestellt die Prüfer und die Vorsitzenden der Prüfungskommissionen zur Abnahme der staatlichen Pflichtfachprüfung auf unbestimmte Zeit. [2]Wer das Hauptamt beendet oder das 65. Lebensjahr vollendet hat, kann nach Ablauf des Monats, in dieses Ereignis gefallen ist, noch für die Dauer von fünf Jahren prüfen. [3]Die Bestellung kann aus wichtigem Grund widerrufen werden. [4]Bei der Bestellung zu Vorsitzenden der Prüfungskommissionen sollen Hochschullehrer und Praktiker in gleich großer Anzahl herangezogen werden.

(2) Die Prüfer sind bei der Beurteilung von Prüfungsleistungen unabhängig und an Weisungen nicht gebunden.

(3) Jede Prüfungskommission besteht aus drei Prüfern, von denen mindestens einer Hochschullehrer sein muss.
(4) Die Prüfungskommissionen entscheiden auf Grund mündlicher Beratung aller Mitglieder mit Stimmenmehrheit.

Unterabschnitt 3
Staatliche Pflichtfachprüfung

§ 15 Gegenstand, Vorbereitung und Durchführung
(1) ¹Die staatliche Pflichtfachprüfung bezieht sich auf die Pflichtfächer nach § 5. ²Sie besteht aus sechs schriftlichen Aufsichtsarbeiten und der mündlichen Prüfung.
(2) Die Aufgaben für die schriftlichen Arbeiten werden vom Justizprüfungsamt gestellt.

§ 16 Zulassungsvoraussetzungen
(1) Die Zulassung zur staatlichen Pflichtfachprüfung setzt voraus:
1. einen Antrag,
2. ein mindestens zweieinhalbjähriges Studium der Rechtswissenschaft, davon mindestens zwei Jahre im Geltungsbereich des Deutschen Richtergesetzes,
3. die Immatrikulation im Fachbereich Rechtswissenschaft der Universität Bremen in den zwei der Prüfung unmittelbar vorausgegangenen Semestern,
4. den Nachweis der bestandenen Zwischenprüfung,
5. den Erwerb der großen Leistungsnachweise in den Bereichen Bürgerliches Recht, Kriminalwissenschaften/Strafrecht und Öffentliches Recht, die in einer nach § 33 zu erlassenden Prüfungsordnung vorgesehen sind,
6. den Erwerb eines Leistungsnachweises in einem Grundlagenfach,
7. den Nachweis der erfolgreichen Teilnahme an einer mit schriftlichen Arbeiten verbundenen fremdsprachigen rechtswissenschaftlichen Veranstaltung oder an einem rechtswissenschaftlich ausgerichteten Sprachkurs,
8. den Nachweis der Teilnahme an einer Lehrveranstaltung, in der Schlüsselqualifikationen nach § 4 Abs. 2 vermittelt worden sind,
9. den Nachweis über die Ableistung der praktischen Studienzeiten (§ 7 Abs. 1).
(2) ¹Eine Leistung, die während des Studiums an einer Universität außerhalb des Geltungsbereiches des Deutschen Richtergesetzes erbracht worden ist, kann als großer Leistungsnachweis nach Absatz 1 Nr. 5 oder als Leistungsnachweis nach Absatz 1 Nr. 6 anerkannt werden, wenn die Universität Bremen die Gleichwertigkeit bestätigt. ²Der Nachweis der Fremdsprachenkompetenz kann auch durch ein rechtswissenschaftliches Studium von mindestens einem Jahr an einer ausländischen Universität im nicht deutschen Sprachgebiet geführt werden, wenn der Studierende nachweist, dass er in angemessenem Umfang, in der Regel mindestens acht Semesterwochenstunden, rechtswissenschaftliche Lehrveranstaltungen im ausländischen Recht besucht und je Semester mindestens einen Leistungsnachweis im ausländischen Recht erworben hat.
(3) Von dem Erfordernis nach Absatz 1 Nr. 3 kann das Justizprüfungsamt aus wichtigem Grund eine Ausnahme zulassen.
(4) Zahl und Art der Leistungsnachweise nach Absatz 1 Nr. 5 und 6 und das Nähere zum Nachweis der Fremdsprachenkompetenz nach Absatz 1 Nr. 7 sowie zum Nachweis nach Absatz 1 Nr. 8 regelt eine nach § 33 zu erlassende Prüfungsordnung.

§ 17 Versagung der Zulassung
Die Zulassung zur staatlichen Pflichtfachprüfung ist zu versagen, wenn
1. eine der in § 16 Abs. 1 vorgeschriebenen Voraussetzungen nicht erfüllt ist,
2. Studierende die Zulassung bei einem anderen Prüfungsamt beantragt haben oder das Prüfungsverfahren nicht abgeschlossen ist oder wenn die Prüfung bei einem anderen Prüfungsamt nicht bestanden worden ist und die Voraussetzungen des § 28 Abs. 4 nicht vorliegen.

§ 18 Aufsichtsarbeiten
(1) ¹Die Prüfung beginnt mit der Anfertigung von sechs Aufsichtsarbeiten. ²Für jede Aufgabe stehen fünf Stunden zur Verfügung. ³Das Justizprüfungsamt verlängert auf Antrag behinderten Prüflingen die

Bearbeitungszeit und ordnet die nach Art und Umfang der Behinderung angemessenen Erleichterungen an, soweit dies zum Ausgleich der Behinderung notwendig ist.
(2) [1]Zu fertigen sind:
1. drei Arbeiten aus dem Bereich des Bürgerlichen Rechts, eine davon mit dem Schwerpunkt im Handels-, Gesellschafts- oder Arbeitsrecht,
2. zwei Arbeiten aus dem Bereich des Öffentlichen Rechts,
3. eine Arbeit aus dem Bereich Kriminalwissenschaften/Strafrecht.
[2]Die Aufgaben sollen das jeweilige Verfahrensrecht, die europarechtlichen Bezüge und rechtsgestaltende Fragestellungen angemessen einbeziehen.
.(3) [1]Die Prüflinge dürfen nur zugelassene Hilfsmittel benutzen. [2]Sie haben diese selbst zu stellen.
(4) [1]Der Aufsichtführende soll die Befähigung zum Richteramt haben. [2]Er fertigt eine Niederschrift an, in der besondere Vorkommnisse vermerkt werden. [3]Er kann Prüflinge bei Ordnungsverstößen oder Täuschungsversuchen von der Fortsetzung der Arbeit ausschließen, falls dies als Sofortmaßnahme unerlässlich ist. [4]Der Aufsichtführende verschließt die Arbeiten nach ihrer Ablieferung und leitet sie dem Justizprüfungsamt zu.
(5) [1]Die Prüflinge versehen die Arbeiten anstelle des Namens mit der ihnen zugeteilten Kennzahl. [2]Ihnen obliegt es, Störungen des äußeren Prüfungsablaufs, die sich auf die Prüfungsleistungen auswirken können, unverzüglich gegenüber dem Aufsichtführenden geltend zu machen.

§ 19 Bewertung der schriftlichen Prüfungsleistungen

(1) [1]Die Aufsichtsarbeiten werden jeweils von zwei Prüfern abschließend bewertet. [2]Ein Prüfer soll Hochschullehrer sein. [3]Weichen die Bewertungen der Prüfer einer Arbeit um nicht mehr als drei Punkte voneinander ab, so gilt der Durchschnitt als Note. [4]Bei größeren Abweichungen sind die Prüfer gehalten, ihre Bewertungen bis auf drei Punkte anzugleichen. [5]Gelingt dies nicht, setzt das Justizprüfungsamt die Note mit einer Punktzahl fest, die nicht höher als die höchste und nicht niedriger als die niedrigste der von den Prüfern erteilten Punktzahlen sein darf.
(2) Wird eine schriftliche Arbeit nicht oder nicht rechtzeitig abgegeben, so erteilt das Justizprüfungsamt die Note »ungenügend« (0 Punkte).
(3) [1]Die Ergebnisse der schriftlichen Arbeiten werden den Prüflingen unverzüglich mitgeteilt. [2]§ 21 Abs. 2 Satz 2 bleibt unberührt.
(4) Ist ein für die Bewertung der schriftlichen Arbeiten bestimmter Prüfer verhindert, so wird er durch das Justizprüfungsamt durch einen anderen Prüfer ersetzt.

§ 20 Notenstufen und Punktezahlen

(1) Für die Bewertung der schriftlichen und mündlichen Prüfungsleistungen gilt die Verordnung über die Noten- und Punkteskala für die erste und zweite juristische Prüfung vom 3. Dezember 1981 (BGBl. I S. 1243) in der jeweils geltenden Fassung.
(2) Soweit Einzelbewertungen zu Durchschnittsbewertungen oder Gesamtnoten zusammengefasst werden, ist die Punktzahl der Durchschnittsnote oder Gesamtnote bis auf zwei Dezimalstellen ohne Auf- oder Abrundung rechnerisch zu ermitteln.

§ 21 Zulassung zur mündlichen Prüfung

(1) Prüflinge werden auf Antrag zur mündlichen Prüfung zugelassen, wenn die Voraussetzungen des Absatzes 2 Satz 1 vorliegen und der fristgerechte Nachweis nach Absatz 3 erbracht ist.
(2) [1]In den Aufsichtsarbeiten muss
1. eine durchschnittliche Punktzahl von mindestens 3,75 und in mindestens 3 Aufsichtsarbeiten jeweils mindestens 4 Punkte oder
2. in mindestens 4 Aufsichtsarbeiten mindestens 4 Punkte erzielt worden sein.
[2]Stellt das Prüfungsamt das Vorliegen der Voraussetzungen des Satzes 1 fest, gibt es diese Feststellung unverzüglich ohne Namensnennung unter Angabe der bei der Anmeldung zur ersten juristischen Prüfung vom Justizprüfungsamt zugeteilten Prüfungsnummer durch Aushang im Justizprüfungsamt und im Fachbereich 6 der Universität Bremen bekannt.

(3) ¹Innerhalb von 18 Monaten nach Bekanntgabe der Feststellung nach Absatz 2 Satz 2 ist dem Prüfungsamt nachzuweisen, dass die universitäre Schwerpunktbereichsprüfung bestanden wurde. ²Die Frist nach Satz 1 wird auf Antrag verlängert,
1. um Zeiten, in denen Studierende wegen längerer schwerer Krankheit oder aus einem anderen zwingenden Grund am Studium, an der Ablegung der Schwerpunktbereichsprüfung oder an der Vorlage eines Prüfungszeugnisses über die bestandene Prüfung gehindert waren,
2. um Zeiten bis zu drei Monaten, wenn dies als angemessener Ausgleich für unvermeidbare und erhebliche Verzögerungen im Studium oder der Ablegung der Schwerpunktbereichsprüfung, die Folge einer Behinderung sind, notwendig ist.

³Das Nichtbestehen der Schwerpunktbereichsprüfung stellt keinen zwingenden Grund im Sinne von Satz 2 Nr. 1 dar.
(4) Wer nach Absatz 1 zur mündlichen Prüfung nicht zugelassen werden kann, hat die staatliche Pflichtfachprüfung nicht bestanden.
(5) ¹Die erstmalige Zulassung zur mündlichen Prüfung erfolgt abweichend von Absatz 1 ohne Erbringung des Nachweises nach Absatz 3, wenn sich der Prüfling innerhalb von drei Jahren nach Aufnahme des Studiums der Rechtswissenschaft zur schriftlichen Prüfung gemeldet, gleichzeitig die Zulassung zur mündlichen Prüfung nach dieser Vorschrift beantragt und die schriftliche Prüfung im nächsten auf die Meldung folgenden Termin abgelegt hat. ²Für eine Verlängerung der Frist nach Satz 1 gilt § 26 Abs. 2 Satz 1 bis 3 entsprechend.

§ 22 Mündliche Prüfung
(1) ¹Die mündliche Prüfung findet zum nächstmöglichen auf die Zulassung folgenden Termin statt. ²Prüflinge, die zur mündlichen Prüfung zugelassen sind, sollen spätestens zwei Wochen vor dem Prüfungstermin geladen werden.
(2) ¹Die mündliche Prüfung umfasst die Pflichtfächer und wird durch deren drei Bereiche gegliedert. ²Der Vorsitzende der Prüfungskommission leitet die mündliche Prüfung.
(3) Bleiben Prüflinge ohne zwingenden Grund der mündlichen Prüfung fern, so gilt die Prüfung als nicht bestanden.
(4) ¹Die Dauer der mündlichen Prüfung soll so bemessen sein, dass auf jeden Prüfling etwa 45 Minuten entfallen. ²Weniger als drei Prüflinge sollen nicht, mehr als fünf Prüflinge dürfen nicht in einem Termin geprüft werden. ³Das Justizprüfungsamt kann die Prüfungskommissionen für die mündliche Prüfung so ordnen, dass den in Satz 2 genannten Grenzen möglichst entsprochen wird. ⁴§ 19 Abs. 4 gilt entsprechend.
(5) Die Prüfungskommission bewertet die Leistungen in jedem Prüfungsteil der mündlichen Prüfung mit einer Note und einer Punktzahl nach § 20.
(6) ¹Die mündliche Prüfung ist mit Ausnahme der Beratung und der Bekanntgabe des Prüfungsergebnisses öffentlich. ²Auf Wunsch eines Prüflings kann der Vorsitzende der Prüfungskommission die Öffentlichkeit ganz oder teilweise ausschließen.
(7) ¹Prüflingen und Zuhörern ist es untersagt, Aufzeichnungen über den Ablauf der mündlichen Prüfung mittels technischer Hilfsmittel anzufertigen. ²Zuhörer dürfen ferner keine Aufzeichnungen in schriftlicher Form erstellen. ³Die von den Prüflingen angefertigten Notizen sind nach Abschluss der mündlichen Prüfung dem Vorsitzenden der Prüfungskommission auszuhändigen.
(8) Zur Überprüfung, ob das Verbot des Absatzes 7 Satz 1 beachtet wird, können in Vertretung oder im Auftrage des Vorsitzenden des Justizprüfungsamts handelnde Personen Prüflinge und Zuhörer dazu veranlassen, mitgebrachte Aktenkoffer, Aktentaschen oder andere Behältnisse zu öffnen, ihnen Einblick in dieselben zu gestatten sowie diese für die Dauer der mündlichen Prüfung unter Ausschluss eigener Zugangsmöglichkeit abzustellen.
(9) Zuhörer, die gegen das Verbot des Absatzes 7 Satz 1 oder 2 verstoßen, haben den Prüfungsraum zu verlassen.

§ 23 Gesamtnote, Zeugnis
(1) ¹Im Anschluss an die mündliche Prüfung berät die Prüfungskommission über deren Ergebnis und setzt die Gesamtnote fest. ²Dabei sind die Punktzahlen der Aufsichtsarbeiten sowie der Prüfungsteile der mündlichen Prüfung zu je ein Neuntel zu berücksichtigen. ³Die Prüfungskommission kann bei der Entscheidung über das Ergebnis der Prüfung von der rechnerisch ermittelten Gesamtnote abweichen, wenn dies auf Grund des Gesamteindrucks den Leistungsstand des Prüflings besser kenn-

zeichnet und die Abweichung auf das Bestehen keinen Einfluss hat; die Abweichung darf ein Drittel des durchschnittlichen Umfangs einer Notenstufe nicht überschreiten.
(2) Die Prüfung ist für bestanden zu erklären als

sehr gut	bei einer Punktzahl der Abschlussnote von 14,00 bis 18,00,
gut	bei einer Punktzahl der Abschlussnote von 11,50 bis 13,99,
vollbefriedigend	bei einer Punktzahl der Abschlussnote von 9,00 bis 11,49,
befriedigend	bei einer Punktzahl der Abschlussnote von 6,50 bis 8,99,
ausreichend	bei einer Punktzahl der Abschlussnote von 4,00 bis 6,49.

(3) [1]Im Anschluss an die Beratung der Prüfungskommission soll das Ergebnis den Prüflingen mitgeteilt und unter Bekanntgabe der Bewertung der Einzelleistungen mündlich kurz begründet werden. [2]Ist die Prüfung nicht bestanden, ist das Ergebnis schriftlich bekannt zu geben.
(4) Der Vorsitzende der Prüfungskommission teilt das Prüfungsergebnis dem Justizprüfungsamt mit.

§ 24 Prüfungsniederschrift
(1) Über den Hergang der Prüfung ist eine Niederschrift aufzunehmen, in der festgestellt werden:
1. die Besetzung der Prüfungskommission und die Namen der Prüflinge,
2. die Bewertung der Aufsichtsarbeiten,
3. die Einzelbewertungen der mündlichen Prüfung und
4. die Gesamtnote.

(2) Die Niederschrift ist vom Vorsitzenden der Prüfungskommission zu unterzeichnen.

§ 25 Rücktritt, Unterbrechung
(1) Treten Prüflinge nach Zulassung zur staatlichen Pflichtfachprüfung zurück, so gilt diese als nicht bestanden.
(2) [1]Bei Krankheit oder einem anderen wichtigen Grund ist auf schriftlichen Antrag die Prüfung zu unterbrechen, ohne dass dadurch die bis dahin erbrachten Leistungen eines abgeschlossenen Prüfungsabschnitts berührt werden. [2]Der Antrag ist abzulehnen, wenn er nicht unverzüglich nach Eintritt des wichtigen Grundes gestellt wird.
(3) [1]Krankheit gilt nur dann als wichtiger Grund, wenn sie die Prüfungsunfähigkeit begründet und unverzüglich durch ein amtsärztliches Zeugnis nachgewiesen wird. [2]Sind Prüflinge offensichtlich prüfungsunfähig, kann auf die Vorlage eines amtsärztlichen Zeugnisses verzichtet werden.
(4) [1]Erfolgt die Unterbrechung während der Anfertigung der Aufsichtsarbeiten, so nimmt der Prüfling nach Wegfall des wichtigen Grundes im nächsten dafür vorgesehenen Prüfungstermin erneut an sämtlichen Aufsichtsarbeiten teil. [2]Einer gesonderten Ladung bedarf es nicht. [3]Der Prüfling ist darauf besonders hinzuweisen. [4]Erfolgt die Unterbrechung während der mündlichen Prüfung, so nimmt der Prüfling nach Wegfall des wichtigen Grundes im nächsten dafür vorgesehenen Prüfungstermin an einer vollständigen neuen mündlichen Prüfung teil.
(5) [1]Hat sich ein Prüfling in Kenntnis oder fahrlässiger Unkenntnis eines wichtigen Grundes im Sinne des Absatzes 2 der schriftlichen Prüfung unterzogen, kann eine Unterbrechung wegen dieses Grundes nicht genehmigt werden. [2]Fahrlässige Unkenntnis liegt insbesondere vor, wenn der Prüfling bei Anhaltspunkten für eine gesundheitliche Beeinträchtigung nicht unverzüglich eine Klärung herbeigeführt hat. [3]In jedem Fall ist die Geltendmachung einer Unterbrechung ausgeschlossen, wenn nach Abschluss des schriftlichen Teils der Prüfung ein Monat verstrichen ist.

§ 26 Freiversuch
(1) [1]Eine nicht bestandene staatliche Pflichtfachprüfung gilt als nicht unternommen, wenn
1. die Zulassung zur schriftlichen Prüfung innerhalb von vier Jahren nach Aufnahme des Studiums der Rechtswissenschaft beantragt wird,
2. die Aufsichtsarbeiten im nächsten auf die Meldung folgenden dafür vorgesehenen Termin angefertigt werden und
3. der Antrag auf Zulassung zur mündlichen Prüfung innerhalb einer Frist von sechs Monaten nach Bekanntgabe der Feststellung nach § 21 Abs. 2 Satz 2 gestellt wird.

[2]In den Fällen des § 21 Abs. 5 findet Satz 1 Nr. 3 keine Anwendung.

(2) ¹Auf einen Antrag, der vor Ablauf der Frist nach Absatz 1 Nr. 1 und vor der Meldung zur schriftlichen Prüfung zu stellen ist, kann die Meldefrist verlängert werden
1. um bis zu vier Monate, wenn Prüflinge nachweislich wegen schwerer Krankheit, Tätigkeit als gewähltes Mitglied in einem auf Gesetz beruhenden Gremium der Universität oder aus einem anderen schwerwiegenden Grund längerfristig am Studium gehindert waren,
2. um bis zu zwei Studienhalbjahre, wenn dies notwendig ist als angemessener Ausgleich für unvermeidbare und erhebliche Verzögerungen im Studium, die Folge einer schweren Behinderung sind.

²In den Fällen des Satzes 1 Nr. 1 kann die Verlängerung ausnahmsweise bis zu zwölf Monate betragen. ³Die Meldefrist ist um bis zu zwei Studienhalbjahre zu verlängern, wenn Prüflinge nachweisen, dass sie in angemessenem Umfang, in der Regel mindestens acht Semesterwochenstunden, an einer rechtswissenschaftlichen Fakultät im Ausland ausländisches Recht studiert haben und hierüber für jedes Studienhalbjahr einen Leistungsnachweis vorlegen. ⁴Prüflinge haben im Antrag auf Zulassung zur Pflichtfachprüfung anzugeben, ob von der Möglichkeit des Freiversuchs Gebrauch gemacht wird. ⁵Von der Möglichkeit des Freiversuchs kann nur einmal Gebrauch gemacht werden.

(3) ¹Wer vom Freiversuch wegen Krankheit oder aus einem anderen wichtigen Grund Abstand nimmt, kann die Fortsetzung der Prüfung ohne die Maßgabe des § 26 Abs. 1 beantragen. ²§ 25 Abs. 2 bis 5 gilt entsprechend.

§ 27 Wiederholung zur Notenverbesserung

(1) ¹Prüflinge, die eine erstmals abgelegte Pflichtfachprüfung vor dem Justizprüfungsamt Bremen bestanden haben, können diese zur Notenverbesserung einmal wiederholen. ²Die Prüfung ist vollständig zu wiederholen. ³Der Antrag auf Wiederholung der Prüfung ist innerhalb eines Monats nach Bekanntgabe des Prüfungsergebnisses zu stellen. ⁴Als Verzicht auf die Wiederholungsprüfung gilt es, wenn Prüflinge ohne genügende Entschuldigung eine schriftliche Prüfungsleistung nicht erbringen oder an der mündlichen Prüfung nicht teilnehmen.

(2) ¹Für das Verfahren der Notenverbesserung wird, sofern nicht die zu verbessernde staatliche Pflichtfachprüfung unter den Voraussetzungen des § 26 (Freiversuch) bestanden wurde, eine Gebühr von 300 Euro erhoben. ²Die Entrichtung der Gebühr ist bei der Anmeldung zur Prüfung nachzuweisen. ³Nimmt der Prüfling vor Anfertigung der ersten Aufsichtsarbeit vom Prüfungsversuch Abstand, so wird die Hälfte der entrichteten Gebühr erstattet. ⁴Dasselbe gilt, wenn vom Prüfungsversuch Abstand genommen wird, bevor die Zuleitung der Aufsichtsarbeiten an die Prüfer zur Bewertung verfügt worden ist.

§ 28 Wiederholung der Prüfung

(1) ¹Haben Prüflinge eine Pflichtfachprüfung, die weder als Freiversuch noch als Wiederholungsprüfung zur Notenverbesserung abgelegt worden ist, nicht bestanden, so darf sie einmal wiederholt werden. ²Die Meldung zu einer Wiederholungsprüfung ist nur innerhalb von zwei Jahren nach Bekanntgabe des Ergebnisses der vorangegangenen Prüfung zulässig. ³Das Justizprüfungsamt kann Ausnahmen zulassen, wenn die Frist unverschuldet versäumt worden ist.

(2) Die Prüfung ist grundsätzlich vollständig zu wiederholen.

(3) ¹Prüflinge können beantragen, ihnen die erneute Anfertigung der Aufsichtsarbeiten zu erlassen und deren Ergebnis aus der nicht bestandenen Prüfung anzurechnen. ²Dem Antrag ist stattzugeben, wenn diese im Durchschnitt mit mindestens 4 Punkten bewertet worden sind.

(4) Wer bei einem anderen Prüfungsamt einmal ohne Erfolg an einer Pflichtfachprüfung teilgenommen hat, kann zur Wiederholungsprüfung in Bremen zugelassen werden, wenn ein wichtiger Grund den Wechsel rechtfertigt und das andere Prüfungsamt dem Wechsel zustimmt.

§ 29 Täuschungsversuch

(1) ¹Unternehmen es Prüflinge, das Ergebnis einer Aufsichtsarbeit oder der mündlichen Prüfung durch Täuschung oder Benutzung nicht zugelassener Hilfsmittel zu beeinflussen, so ist für diese Prüfungsleistung die Note >ungenügend< (0 Punkte) festzusetzen. ²In besonders schwerwiegenden Fällen können Prüflinge von der Prüfung ausgeschlossen werden. ³Betrifft der Ausschluss eine Prüfung nach § 26 Abs. 1, so gilt diese nicht als Freiversuch.

(2) ¹Stellt sich nachträglich heraus, dass die Voraussetzungen des Absatzes 1 vorlagen, so kann die Prüfung für nicht bestanden erklärt oder die Gesamtnote zum Nachteil des Prüflings abgeändert werden. ²Das Zeugnis ist einzuziehen.
(3) Entscheidungen nach Absatz 2 können bis zu fünf Jahre nach Bekanntgabe des Prüfungsergebnisses, längstens jedoch bis zum Bestehen der zweiten juristischen Staatsprüfung, getroffen werden.
(4) Entscheidungen wegen eines Täuschungsversuchs in der mündlichen Prüfung trifft die Prüfungskommission.

§ 30 Ablehnung von Prüfern
(1) Die Namen der Mitglieder der Prüfungskommission werden den Prüflingen in der Regel zwei Wochen vor dem Termin der mündlichen Prüfung schriftlich mitgeteilt.
(2) Hat ein Antrag auf Ablehnung eines Mitglieds der Prüfungskommission wegen Befangenheit Erfolg, so nimmt der Prüfling an einer anderen mündlichen Prüfung teil.

§ 31 Einsicht in die Prüfungsakten
¹Innerhalb von zwei Jahren nach Bekanntgabe des Ergebnisses der Pflichtfachprüfung können Prüflinge die sie betreffenden Prüfungsakten beim Justizprüfungsamt unter Aufsicht einsehen. ²Bei der Einsichtnahme ist eine Aufzeichnung über den Inhalt der Akten oder die Anfertigung auszugsweiser Abschriften der Beurteilungen zu gestatten.

Unterabschnitt 4
Universitäre Schwerpunktbereichsprüfung und Prüfungsordnungen

§ 32 Universitäre Schwerpunktbereichsprüfung
(1) Die Universität Bremen führt die universitäre Schwerpunktbereichsprüfung im Rahmen der nachfolgenden Vorschriften selbständig und in eigener Verantwortung durch.
(2) ¹Gegenstand der Schwerpunktbereichsprüfung ist der vom Prüfling nach § 6 gewählte Schwerpunktbereich. ²Die Schwerpunktbereichsprüfung darf einmal wiederholt werden. ³Hat der Prüfling die staatliche Pflichtfachprüfung nach § 21 Abs. 5 vollständig absolviert, muss er die Schwerpunktbereichsprüfung erstmalig innerhalb der Frist des § 21 Abs. 3 beendet haben. ⁴Für Prüfungsleistungen, die innerhalb der in Satz 3 genannten Frist nicht erbracht werden, wird die Note ungenügend (0 Punkte) erteilt.
(3) ¹Das Nähere zur universitären Schwerpunktbereichsprüfung regelt eine nach § 33 zu erlassende Prüfungsordnung. ²Die Prüfungsordnung muss mindestens eine schriftliche Leistung in Form einer Studienarbeit sowie eine mündliche Prüfung vorsehen; sie kann zudem eine Aufsichtsarbeit beinhalten. ³Sie gewährleistet, dass Prüflinge, die sich in Bremen zur staatlichen Pflichtfachprüfung gemeldet haben, die Schwerpunktbereichsprüfung unmittelbar im Anschluss an die schriftliche Pflichtfachprüfung und auch im Wiederholungsfall innerhalb der Frist des § 21 Abs. 3 ablegen können sowie bei Bestehen der Prüfung den nach dieser Vorschrift erforderlichen Nachweis rechtzeitig führen können. ⁴Sie kann bestimmen, dass nicht in Satz 2 genannte Prüfungsleistungen bereits während des Studiums erbracht werden, jedoch nicht vor Ablauf von zweieinhalb Studienjahren. ⁵Bei der Bewertung von Prüfungsleistungen sind die Notenstufen und Punktezahlen nach § 20, bei der Festsetzung der Gesamtnote sind die Notenstufen nach § 23 Abs. 2 anzuwenden.
(4) Entscheidungen in Angelegenheiten der Schwerpunktbereichsprüfung treffen die nach der Prüfungsordnung der Universität zuständigen Stellen.
(5) Die Universität Bremen teilt dem Justizprüfungsamt die Teilnehmer und die Ergebnisse der Schwerpunktbereichsprüfung schriftlich mit.

§ 33 Universitäre Prüfungsordnungen
¹Die Universität Bremen erlässt Prüfungsordnungen, der der im Einvernehmen mit dem Senator für Justiz und Verfassung erteilten Genehmigung durch die Senatorin für Wissenschaft, Gesundheit und Verbraucherschutz nach § 110 Abs. 1 Nr. 5 des Bremischen Hochschulgesetzes bedürfen. ²Diese regeln das Nähere über
1. die Schwerpunktbereiche (§ 6),
2. die Zwischenprüfung (§ 8),

3. die Zahl und Art der schriftlichen Arbeiten, die für die großen Leistungsnachweise in den Bereichen Bürgerliches Recht, Kriminalwissenschaften/Strafrecht und Öffentliches Recht und in einem Grundlagenfach zu erbringen sind (§ 16 Abs. 1 Nr. 5 und 6),
4. die Anerkennung von an anderen Universitäten erbrachten Leistungen (§ 16 Abs. 2 Satz 1),
5. den Nachweis der Fremdsprachenkompetenz (§ 16 Abs. 2 Satz 2) und den Nachweis über die Teilnahme an einer Lehrveranstaltung, in der Schlüsselqualifikationen nach § 4 Abs. 2 vermittelt worden sind (§ 16 Abs. 1 Nr. 8) sowie
6. die Schwerpunktbereichsprüfung (§ 32).

Teil 3
Vorbereitungsdienst

§ 34 Aufnahme in den Vorbereitungsdienst
(1) Wer die erste juristische Prüfung bestanden hat, wird auf Antrag in den juristischen Vorbereitungsdienst im Rahmen eines öffentlich-rechtlichen Ausbildungsverhältnisses mit der Dienstbezeichnung »Referendar« oder »Referendarin« aufgenommen.
(2) ¹Die Aufnahme in den Vorbereitungsdienst ist abzulehnen, wenn der Bewerber für den Vorbereitungsdienst ungeeignet ist. ²Dies ist insbesondere dann der Fall, wenn der Bewerber wegen einer vorsätzlich begangenen Straftat zu einer Freiheitsstrafe von mindestens einem Jahr rechtskräftig verurteilt und die Strafe noch nicht getilgt worden ist.
(3) Bewerber, die nach dem Ausscheiden aus dem juristischen Vorbereitungsdienst ihre Ausbildung fortsetzen oder neu beginnen wollen, werden nur aufgenommen, wenn ein wichtiger Grund dies rechtfertigt.

§ 35 Leitung der Ausbildung
(1) Die Ausbildung der Referendare im Vorbereitungsdienst leitet der Präsident des Hanseatischen Oberlandesgerichts in Bremen.
(2) ¹Der Leiter der Ausbildung erlässt Richtlinien für die Stationsausbildung, die Einführungslehrgänge, die praxisbegleitenden Ausbildungslehrgänge und den Ergänzungsvorbereitungsdienst mit dem anschließenden allgemeinen Vorbereitungsdienst. ²Vor Erlass der Richtlinien und bei sonstigen Ausbildungs- und Prüfungsfragen von grundsätzlicher Bedeutung hört er den nach Absatz 3 zu bildenden Ausbildungsausschuss an.
(3) ¹Der beim Leiter der Ausbildung gebildete Ausbildungsausschuss besteht aus
1. dem Leiter der Ausbildung als Vorsitzenden,
2. bis zu vier Praktikern sowie
3. je einem Vertreter des Ausbildungspersonalrats der Referendare und der Hanseatischen Rechtsanwaltskammer.
²Die Mitglieder des Ausbildungsausschusses werden vom Leiter der Ausbildung auf Zeit bestellt, die Mitglieder nach Satz 1 Nr. 3 jeweils auf Vorschlag der vertretenen Stellen.

§ 36 Grundsätze der Ausbildung
(1) ¹Während des Vorbereitungsdienstes sollen die Referendare lernen, ihre bislang erworbenen und fortlaufend zu ergänzenden Kenntnisse und Fähigkeiten auch in den Schlüsselqualifikationen in die berufliche Praxis umzusetzen. ²Zu diesem Zweck sind sie möglichst umfassend mit den rechtspraktischen Aufgabenstellungen des Feststellens von Tatsachen, des Planens, Beratens, Schlichtens, Verhandelns und Entscheidens vertraut zu machen.
(2) Die Referendare sollen die institutionellen Bedingungen berufspraktischen Handelns kennen lernen und Gelegenheit erhalten, ihre in der praktischen Ausbildung gesammelten Erfahrungen kritisch aufzuarbeiten.
(3) ¹Die Referendare sind möglichst frühzeitig an selbständiges Arbeiten heranzuführen. ²Soweit es die Art der Tätigkeit zulässt, sollen sie diese eigenverantwortlich erledigen. ³Am Ende ihrer Ausbildung sollen sie imstande sein, sich in angemessener Zeit auch in solchen juristischen Arbeitsbereichen zurechtzufinden, in denen sie nicht ausgebildet worden sind.

§ 37 Dauer und Gliederung des Vorbereitungsdienstes
(1) ¹Der Vorbereitungsdienst dauert zwei Jahre. ²Davon entfallen 21 Monate auf Pflichtstationen und drei Monate auf eine Wahlstation.

(2) ¹Der Leiter der Ausbildung kann im Einzelfall aus zwingenden Gründen, jedoch nicht wegen unzureichender Leistungen, die Ausbildung um bis zu sechs Monate verlängern; § 47a bleibt unberührt. ²Er kann dabei die Reihenfolge der Stationen ändern, Stationen verlängern und anordnen, dass eine oder mehrere Stationen ganz oder teilweise zu wiederholen sind.
(3) Der Leiter der Ausbildung kann auf Antrag des Referendars die Reihenfolge und die Dauer der Ausbildungsstellen ändern, wenn das im Interesse der Ausbildung geboten ist.

§ 38 Pflichtstationen
(1) Die Ausbildung findet bei folgenden Pflichtstationen statt:
1. bei einem ordentlichen Gericht in Zivilsachen fünf Monate,
2. bei einer Staatsanwaltschaft oder einem Gericht in Strafsachen 3,5 Monate,
3. bei einer Verwaltungsbehörde 3,5 Monate,
4. bei einem Rechtsanwalt neun Monate.

(2) ¹Die Ausbildung bei einem ordentlichen Gericht in Zivilsachen kann in zwei Abschnitte von drei und zwei Monaten Dauer geteilt werden. ²Die Ausbildung bei einer Verwaltungsbehörde kann ganz oder teilweise bei einem Gericht der Verwaltungs-, Finanz- oder Sozialgerichtsbarkeit stattfinden. ³Auf die Ausbildung bei einer Verwaltungsbehörde kann eine Ausbildung an einer rechtswissenschaftlichen Fakultät sowie an der Deutschen Hochschule für Verwaltungswissenschaften Speyer angerechnet werden.
(3) Die Ausbildung in der Anwaltsstation kann bis zu einer Dauer von drei Monaten bei einem Notar, einem Unternehmen, einem Verband oder bei einer sonstigen Ausbildungsstelle stattfinden, bei der eine sachgerechte rechtsberatende Ausbildung gewährleistet ist.

§ 39 Einführungslehrgänge
¹Die Ausbildung in den Pflichtstationen beginnt jeweils mit einem Einführungslehrgang, der in der Anwaltsstation mindestens eine Woche, in den übrigen Stationen drei Wochen dauert. ²In den Einführungslehrgängen wird die praktisch-juristische Arbeitsweise im jeweiligen Ausbildungsbereich dargestellt, eingeübt und wissenschaftlich aufgearbeitet.

§ 40 Praxisbegleitende Ausbildungslehrgänge
(1) ¹Die praktische Ausbildung in den Pflichtstationen wird nach Beendigung der Einführungslehrgänge von Ausbildungslehrgängen begleitet. ²Die durchgängige Teilnahme an ihnen ist Dienstpflicht und geht jedem anderen Dienst vor.
(2) ¹Die Ausbildungslehrgänge können gemeinsam von Praktikern und Hochschullehrern durchgeführt werden. ²Die Hochschullehrer werden auf Vorschlag des Fachbereichs Rechtswissenschaft der Universität Bremen, die Rechtsanwälte auf Vorschlag der Hanseatischen Rechtsanwaltskammer in Bremen vom Leiter der Ausbildung bestellt.
(3) ¹Die Ausbildungslehrgänge dienen in erster Linie der Vertiefung des in der Praxisausbildung Erlernten sowie der kritischen Aufarbeitung der Praxiserfahrung. ²Daneben sollen die Referendare Gelegenheit erhalten, sich in den einschlägigen, auf die Ausbildung in den Pflichtstationen bezogenen schriftlichen Prüfungsleistungen zu üben.
(4) ¹Weitere Ausbildungsveranstaltungen können eingerichtet werden. ²Die Teilnahme daran kann angeordnet werden.
(5) Die Referendare sind verpflichtet, die in den Ausbildungsgängen angebotenen Klausuren anzufertigen und abzugeben.

§ 41 Wahlstationen
(1) ¹An die Pflichtstationen schließt sich die Wahlstation an. ²Nach Wahl des Referendars findet die Ausbildung in einem der folgenden Wahlbereiche statt:
1. Wahlbereich Internationales Recht und Recht der Europäischen Gemeinschaft
   a) überstaatliche, zwischenstaatliche oder ausländische Ausbildungsstellen
   b) deutsche Auslandsvertretungen
   c) ausländischer Rechtsanwalt
2. Wahlbereich Bürgerliches Recht (allgemein)
   a) Gericht in Zivilsachen
   b) Rechtsanwalt mit Allgemeinpraxis
   c) Notar

3. Wahlbereich Familie
   a) Amtsgericht – Familiengericht
   b) Oberlandesgericht – Senat für Familiensachen
   c) Jugendamt
   d) Rechtsanwalt
4. Wahlbereich Wirtschaft, Handel (einschließlich steuerrechtlicher Fragen)
   a) Gericht in Zivilsachen
   b) Rechtsanwalt
   c) Wirtschaftsprüfer, Steuerberater
   d) Notar
   e) Wirtschaftsunternehmen
   f) Körperschaft wirtschaftlicher Selbstverwaltung
   g) Verwaltungsbehörde mit wirtschaftsrechtlichen Zuständigkeiten
   h) Finanzgericht und Behörde der Finanzverwaltung
5. Wahlbereich Kriminalwissenschaften
   a) Staatsanwaltschaft
   b) Gericht in Strafsachen
   c) Justizvollzugsanstalt
   d) Polizeibehörde
   e) Einrichtung der sozialen Dienste der Justiz
   f) Rechtsanwalt
6. Wahlbereich Staat und Verwaltung
   a) Verwaltungsbehörde, auch Ministerialebene
   b) Gericht der Verwaltungs-, Sozial- oder Finanzgerichtsbarkeit
   c) Gesetzgebende Körperschaft des Bundes oder eines Landes
   d) überstaatliche oder zwischenstaatliche Institution
   e) Deutsche Hochschule für Verwaltungswissenschaften in Speyer
   f) deutsche Auslandsvertretung
   g) Rechtsanwalt
7. Wahlbereich Arbeit und Soziales
   a) Verwaltungsbehörde
   b) Gericht der Arbeitsgerichtsbarkeit oder der Sozialgerichtsbarkeit
   c) Gewerkschaft
   d) Arbeitgeberverband
   e) Körperschaft sozialer oder beruflicher Selbstverwaltung
   f) Rechtsanwalt

(2) § 16 Abs. 4 Satz 2 der Übereinkunft der Länder Freie Hansestadt Bremen, Freie und Hansestadt Hamburg und Schleswig-Holstein über ein Gemeinsames Prüfungsamt und die Prüfungsordnung für die zweite Staatsprüfung für Juristen vom 25. Juli 2005 (Brem.GBl. S. 393 – 301-c-7) bleibt unberührt.

(3) ¹Bis spätestens drei Monate vor Ende der letzten Pflichtstation zeigen die Referendare dem Leiter der Ausbildung die Wahl des Wahlbereiches an. ²Bei der Zuweisung zu der Ausbildungsstelle ist Wünschen der Referendare nach Möglichkeit Rechnung zu tragen. ³Der Leiter der Ausbildung kann in den Wahlbereichen weitere Ausbildungsstellen, bei denen eine sachgerechte Ausbildung gewährleistet ist, bestimmen.

(4) Eine Ausbildung bei der Deutschen Hochschule für Verwaltungswissenschaften Speyer und die Ausbildung an einer rechtswissenschaftlichen Fakultät, die nicht bereits auf die Pflichtstation nach § 37 Abs. 2 angerechnet worden sind, können auf die Ausbildung bei der Wahlstation mit bis zu drei Monaten angerechnet werden.

§ 42 Stationszeugnisse
(1) Für die praktische Ausbildung werden von jedem Ausbilder Zeugnisse erteilt, die die Fähigkeiten und Leistungen des Referendars darstellen, bewerten und eine zusammenfassende Note und Punktzahl nach § 20 enthalten.

(2) ¹Das Zeugnis der letzten Ausbildungsstation ist dem Leiter der Ausbildung mit Beendigung der Ausbildung vorzulegen. ²Ansonsten beträgt die Frist zur Vorlage der Zeugnisse einen Monat nach Beendigung der jeweiligen Stationsausbildung. ³Der Referendar erhält eine Ausfertigung des Zeugnisses.
(3) Über Widersprüche gegen Zeugnisse entscheidet der Leiter der Ausbildung.

§ 43 Rechte und Pflichten der Referendare
(1) ¹Die Referendare haben sich mit voller Kraft der Ausbildung zu widmen. ²Soweit sie mit Dienstgeschäften betraut sind, haben sie diese uneigennützig, unparteiisch und gerecht zu erledigen; Geschenke oder Belohnungen dürfen sie nicht annehmen. ³Die Referendare sind zu Beginn ihrer Ausbildung nach § 1 des Verpflichtungsgesetzes vom 2. März 1974 (BGBl. I S. 469, 547) in der jeweils geltenden Fassung auf die gewissenhafte Erfüllung ihrer Obliegenheiten zu verpflichten.
(2) ¹Für die Rechte und Pflichten der Referendare sowie für die Beendigung des öffentlich-rechtlichen Ausbildungsverhältnisses sind die für Beamte auf Widerruf geltenden Bestimmungen sowie § 4 Absatz 2 Satz 3 und 4 des Bremischen Beamtengesetzes, mit Ausnahme von § 7 Absatz 1 Nummer 2, § 33 Absatz 1 Satz 3 und § 38 des Beamtenstatusgesetzes, §§ 47, 52 und 80 des Bremischen Beamtengesetzes entsprechend anzuwenden, soweit in diesem Gesetz nichts Abweichendes geregelt ist. ²Bei schuldhafter Verletzung der dem Referendar obliegenden Pflichten sind die für Beamte auf Widerruf geltenden Bestimmungen des Bremischen Disziplinargesetzes entsprechend anwendbar. ³Bei der Anwendung des Bremischen Personalvertretungsgesetzes stehen die Referendare den Personen gleich, die sich in der Ausbildung zum Beamten- oder Richterberuf befinden.
(3) ¹Über jeden Referendar wird eine Personalakte geführt. ²Die §§ 85 bis 92 des Bremischen Beamtengesetzes sind entsprechend anzuwenden.

§ 44 Unterhaltsbeihilfe
(1) ¹Referendare erhalten eine monatliche Unterhaltsbeihilfe. ²Ihnen wird nach beamtenrechtlichen Vorschriften Anwartschaft auf Versorgung bei verminderter Erwerbsfähigkeit und im Alter sowie auf Hinterbliebenenversorgung gewährleistet. ³Das Gesetz über die Zahlung des Arbeitsentgelts an Feiertagen und im Krankheitsfall findet Anwendung. ⁴Das Nähere regelt der Senat durch Rechtsverordnung.
(2) ¹Der Leiter der Ausbildung kann die monatliche Unterhaltsbeihilfe um bis zu 25 % kürzen, wenn der Referendar die zweite juristische Staatsprüfung nicht bestanden hat oder sich der Vorbereitungsdienst aus einem vom Referendar zu vertretenden Grund verzögert. ²Von der Kürzung ist abzusehen bei Verlängerung des Vorbereitungsdienstes infolge genehmigten Fernbleibens oder Rücktritts von der Prüfung und in besonderen Härtefällen.
(3) ¹Das Mutterschutzgesetz und das Bundeserziehungsgeldgesetz finden Anwendung. ²Tarifrechtliche Regelungen bleiben unberührt.

§ 45 Urlaub
¹Referendare erhalten unter Belassung der Unterhaltsbeihilfe Erholungsurlaub sowie Urlaub aus besonderen Anlässen. ²Die Ausbildung in den einzelnen Abschnitten darf durch den Urlaub nicht beeinträchtigt werden. ³Die Verordnung über den Urlaub für bremische Beamte und Richter gilt entsprechend mit den Maßgaben, dass Referendare im Einstellungsjahr unabhängig vom Einstellungsdatum für jeden vollen Monat des Vorbereitungsdienstes ein Zwölftel des ihnen zustehenden Jahresurlaubs erhalten und eine Wartezeit bei der Beantragung von Urlaub nicht einzuhalten ist. ⁴Abweichend davon können Referendare vom Senator für Justiz und Verfassung aus dienstlichen oder persönlichen Gründen unter Wegfall der Unterhaltsbeihilfe beurlaubt werden, ohne dass es ihres Antrags bedarf.

§ 46 Gastreferendare, Übernahme aus anderen Ländern
(1) Referendare können mit Genehmigung des jeweils zuständigen Leiters der Ausbildung oder der jeweils zuständigen Verwaltungsbehörde für einzelne Ausbildungsabschnitte als Gast in einen anderen Oberlandesgerichtsbezirk oder Verwaltungsbezirk zur Ausbildung überwiesen oder von dort übernommen werden.
(2) Bei Referendaren, die einen Teil des Vorbereitungsdienstes in einem anderen Bundesland abgeleistet haben oder die nach einer früheren Entlassung wieder in den Vorbereitungsdienst aufgenommen worden sind, trifft der Leiter der Ausbildung Bestimmungen über den weiteren Vorbereitungsdienst.

§ 47 Zweite juristische Staatsprüfung
(1) Mit dem Bestehen der zweiten juristischen Staatsprüfung sind Referendare befugt, die Bezeichnung »Assessor« oder »Assessorin« zu tragen.
(2) Für die zweite juristische Staatsprüfung gilt die Übereinkunft der Länder Freie Hansestadt Bremen, Freie und Hansestadt Hamburg und Schleswig-Holstein über ein Gemeinsames Prüfungsamt und die Prüfungsordnung für die zweite juristische Staatsprüfung für Juristen vom 25. Juli 2005 (Brem.GBl. S. 393 – 301-c-7) in der jeweils geltenden Fassung.

§ 47a Ergänzungsvorbereitungsdienst
(1) [1]Hat ein Referendar die zweite juristische Staatsprüfung erstmalig nicht bestanden, verweist der Leiter der Ausbildung den Referendar zurück in den Vorbereitungsdienst (Ergänzungsvorbereitungsdienst). [2]Der Ergänzungsvorbereitungsdienst dauert vier Monate; der Leiter der Ausbildung kann ihn in Ausnahmefällen verkürzen oder wegfallen lassen.
(2) [1]Während des Ergänzungsvorbereitungsdienstes hat der Referendar ein besonderes Ausbildungsprogramm abzuleisten. [2]Eine Stationsausbildung findet nicht statt.
(3) [1]Der Referendar hat die Aufsichtsarbeiten der zweiten juristischen Staatsprüfung in den auf den Abschluss des Ergänzungsvorbereitungsdienstes folgenden Terminen anzufertigen. [2]Danach wird der Vorbereitungsdienst fortgesetzt.

§ 48 Beendigung des Vorbereitungsdienstes
(1) Referendare, die die zweite juristische Staatsprüfung bestanden oder wiederholt nicht bestanden haben, scheiden mit dem Ablauf des Tages, an dem ihnen das Ergebnis der Prüfung bekannt gegeben wird, aus dem Vorbereitungsdienst und aus dem öffentlich-rechtlichen Ausbildungsverhältnis aus.
(2) [1]Referendare sollen bei Vorliegen eines wichtigen Grundes aus dem juristischen Vorbereitungsdienst entlassen werden, insbesondere wenn sie ihre Pflichten gröblich verletzen oder sich als ungeeignet erweisen. [2]Ungeeignetheit ist insbesondere dann festzustellen, wenn in zwei aufeinanderfolgenden Ausbildungsabschnitten keine ausreichenden Leistungen erzielt wurden und deshalb im Hinblick auf die Prüfungsanforderungen kein hinreichender Fortschritt in der Ausbildung erkennbar ist. [3]Referendare sollen ferner entlassen oder unter Wegfall der Unterhaltsbeihilfe beurlaubt werden, wenn sie den Vorbereitungsdienst nicht planmäßig absolvieren oder das Prüfungsverfahren nicht in angemessener Frist beenden.

Teil 4
Übergangs- und Schlussbestimmungen

§ 49 Personenbezeichnungen
Werden in diesem Gesetz für Personen Bezeichnungen in der männlichen Form verwendet, so gelten diese Bezeichnungen für Frauen in der weiblichen Form.

§ 50 Übergangsvorschriften
(1) [1]Für Studierende, die vor Inkrafttreten dieses Gesetzes das Studium aufgenommen haben und sich bis zum 1. Juli 2006 zur ersten juristischen Staatsprüfung gemeldet haben, finden die bis zum 30. Juni 2003 geltenden Vorschriften weiter Anwendung. [2]Ab dem 1. April 2006 können Studierende auf Antrag nach den Vorschriften dieses Gesetzes und des Deutschen Richtergesetzes in der ab dem 1. Juli 2003 geltenden Fassung geprüft werden. [3]§ 16 Abs. 1 Nr. 4 und Nr. 7 finden auch nach dem 30. Juni 2006 für solche Studierende keine Anwendung, die vor Inkrafttreten dieses Gesetzes das Studium aufgenommen haben.
(2) Referendare, die den Vorbereitungsdienst nach § 5b des Deutschen Richtergesetzes in der bis zum 30. Juni 2003 geltenden Fassung aufgenommen haben, können den Vorbereitungsdienst bis zum 30. Juni 2006 nach dem bis zum 30. Juni 2003 geltenden Recht beenden.
(3) Für Referendare, die den Vorbereitungsdienst nach dem 30. Juni 2003 aufnehmen, gelten die Vorschriften dieses Gesetzes.

Bremisches Strafvollzugsgesetz

Vom 25. November 2014 (Brem.GBl. S. 639[1])
(312-h-1)
geändert durch G vom 20. Oktober 2015 (Brem.GBl. S. 468)

Abschnitt 1
Allgemeine Bestimmungen

§ 1	Anwendungsbereich
§ 2	Ziel und Aufgabe des Vollzugs
§ 3	Grundsätze der Vollzugsgestaltung
§ 4	Stellung der Gefangenen, Mitwirkung
§ 5	Soziale Hilfe

Abschnitt 2
Aufnahme, Diagnose, Vollzugs- und Eingliederungsplanung

§ 6	Aufnahmeverfahren
§ 7	Diagnoseverfahren
§ 8	Vollzugs- und Eingliederungsplanung
§ 9	Inhalt des Vollzugs- und Eingliederungsplans

Abschnitt 3
Unterbringung, Verlegung

§ 10	Trennung von männlichen und weiblichen Gefangenen
§ 11	Unterbringung während der Einschlusszeiten
§ 12	Aufenthalt außerhalb der Einschlusszeiten
§ 13	Wohngruppenvollzug
§ 14	Unterbringung von Müttern mit Kindern
§ 15	Geschlossener und offener Vollzug
§ 16	Verlegung und Überstellung

Abschnitt 4
Sozialtherapie, psychologische Intervention und Psychotherapie

§ 17	Sozialtherapie
§ 18	Psychologische Intervention und Psychotherapie

Abschnitt 5
Arbeitstherapeutische Maßnahmen, Arbeitstraining, schulische und berufliche Qualifizierungsmaßnahmen, Arbeit

§ 19	Arbeitstherapeutische Maßnahmen
§ 20	Arbeitstraining
§ 21	Schulische und berufliche Qualifizierungsmaßnahmen
§ 22	Arbeit

§ 23	Freies Beschäftigungsverhältnis, Selbstbeschäftigung
§ 24	Freistellung von der Arbeit

Abschnitt 6
Besuche, Telefongespräche, Schriftwechsel, andere Formen der Telekommunikation und Pakete

§ 25	Grundsatz
§ 26	Besuch
§ 27	Untersagung der Besuche
§ 28	Durchführung der Besuche
§ 29	Überwachung der Gespräche
§ 30	Telefongespräche
§ 31	Schriftwechsel
§ 32	Untersagung des Schriftwechsels
§ 33	Sichtkontrolle, Weiterleitung und Aufbewahrung von Schreiben
§ 34	Überwachung des Schriftwechsels
§ 35	Anhalten von Schreiben
§ 36	Andere Formen der Telekommunikation
§ 37	Pakete

Abschnitt 7
Lockerungen und sonstige Aufenthalte außerhalb der Anstalt

§ 38	Lockerungen zur Erreichung des Vollzugsziels
§ 39	Lockerungen aus sonstigen Gründen
§ 40	Weisungen für Lockerungen
§ 41	Ausführungen, Außenbeschäftigung, Vorführung, Ausantwortung

Abschnitt 8
Vorbereitung der Eingliederung, Entlassung und nachgehende Betreuung

§ 42	Vorbereitung der Eingliederung
§ 43	Entlassung
§ 44	Nachgehende Betreuung
§ 45	Verbleib oder Aufnahme auf freiwilliger Grundlage

Abschnitt 9
Grundversorgung und Freizeit

§ 46	Einbringen von Gegenständen
§ 47	Gewahrsam an Gegenständen
§ 48	Ausstattung des Haftraums

---

[1]) Verkündet als Art. 1 d. G v. 25. 11. 2014 S. 639.

§ 49 Aufbewahrung und Vernichtung von Gegenständen
§ 50 Zeitungen und Zeitschriften, religiöse Schriften und Gegenstände
§ 51 Rundfunk, Informations- und Unterhaltungselektronik
§ 52 Kleidung
§ 53 Verpflegung und Einkauf
§ 54 Freizeit

Abschnitt 10
Vergütung, Gelder der Gefangenen und Kosten

§ 55 Vergütung und Anrechnung der Freistellung auf den Entlassungszeitpunkt
§ 56 Überbrückungsgeld
§ 57 Eigengeld
§ 58 Taschengeld
§ 59 Konten, Bargeld
§ 60 Hausgeld
§ 61 Zweckgebundene Einzahlungen
§ 62 Haftkostenbeitrag, Kostenbeteiligung

Abschnitt 11
Gesundheitsfürsorge

§ 63 Art und Umfang der medizinischen Leistungen, Kostenbeteiligung
§ 64 Durchführung der medizinischen Leistungen, Forderungsübergang
§ 65 Ärztliche Behandlung zur sozialen Eingliederung
§ 66 Gesundheitsschutz und Hygiene
§ 67 Krankenbehandlung während Lockerungen
§ 68 Zwangsmaßnahmen auf dem Gebiet der Gesundheitsfürsorge
§ 69 Benachrichtigungspflicht

Abschnitt 12
Religionsausübung

§ 70 Seelsorge
§ 71 Religiöse Veranstaltungen
§ 72 Weltanschauungsgemeinschaften

Abschnitt 13
Sicherheit und Ordnung

§ 73 Grundsatz
§ 74 Allgemeine Verhaltenspflichten
§ 75 Absuchung, Durchsuchung
§ 76 Sichere Unterbringung
§ 77 Maßnahmen zur Feststellung von Suchtmittelgebrauch
§ 77a Überflugverbot
§ 78 Festnahmerecht
§ 79 Besondere Sicherungsmaßnahmen
§ 80 Anordnung besonderer Sicherungsmaßnahmen, Verfahren
§ 81 Ärztliche Überwachung

Abschnitt 14
Unmittelbarer Zwang

§ 82 Begriffsbestimmungen
§ 83 Allgemeine Voraussetzungen
§ 84 Grundsatz der Verhältnismäßigkeit
§ 85 Androhung
§ 86 Schusswaffengebrauch

Abschnitt 15
Disziplinarverfahren

§ 87 Disziplinarmaßnahmen
§ 88 Vollzug der Disziplinarmaßnahmen, Aussetzung zur Bewährung
§ 89 Disziplinarbefugnis
§ 90 Verfahren

Abschnitt 16
Aufhebung von Maßnahmen, Beschwerde

§ 91 Aufhebung von Maßnahmen
§ 92 Beschwerderecht

Abschnitt 17
Kriminologische Forschung

§ 93 Evaluation, kriminologische Forschung

Abschnitt 18
Aufbau und Organisation der Anstalten

§ 94 Anstalten
§ 95 Festsetzung der Belegungsfähigkeit, Verbot der Überbelegung
§ 96 Anstaltsleitung
§ 97 Bedienstete
§ 98 Seelsorger und Seelsorgerinnen
§ 99 Medizinische Versorgung
§ 100 Interessenvertretung der Gefangenen
§ 101 Hausordnung

Abschnitt 19
Aufsicht, Vollstreckungsplan, Vollzugsgemeinschaften, Beirat

§ 102 Aufsichtsbehörde
§ 103 Vollstreckungsplan, Vollzugsgemeinschaften
§ 104 Beirat

Abschnitt 20
Vollzug des Strafarrests

§ 105 Grundsatz
§ 106 Besondere Bestimmungen

Abschnitt 21
Datenschutz

§ 107	Anwendung des Bremischen Datenschutzgesetzes
§ 108	Grundsatz, Begriffsbestimmungen
§ 109	Erhebung von Daten über Gefangene bei Dritten
§ 110	Erhebung von Daten über andere Personen
§ 111	Unterrichtungspflichten
§ 112	Besondere Formen der Datenerhebung
§ 113	Übermittlung und Nutzung für weitere Zwecke
§ 114	Datenübermittlung an öffentliche Stellen
§ 115	Verarbeitung besonders erhobener Daten
§ 116	Mitteilung über Haftverhältnisse
§ 117	Überlassung von Akten
§ 118	Kenntlichmachung in der Anstalt, Lichtbildausweise
§ 119	Offenbarungspflichten und -befugnisse der Berufsgeheimnisträger
§ 120	Schutz der Daten in Akten und Dateien
§ 121	Auskunft an die Betroffenen, Akteneinsicht
§ 122	Auskunft und Akteneinsicht für wissenschaftliche Zwecke
§ 123	Löschung
§ 124	Löschung besonders erhobener Daten
§ 125	Sperrung und Verwendungsbeschränkungen
§ 126	Aufbewahrungsfristen, Fristberechnung

Abschnitt 21a
Bußgeldvorschriften

§ 126a	Bußgeldvorschriften

Abschnitt 22
Schlussbestimmungen

§ 127	Einschränkung von Grundrechten
§ 128	Verhältnis zum Bundesrecht
§ 129	Übergangsbestimmungen

Abschnitt 1
Allgemeine Bestimmungen

§ 1 Anwendungsbereich
Dieses Gesetz regelt den Vollzug der Freiheitsstrafe (Vollzug) und des Strafarrests in Justizvollzugsanstalten der Freien Hansestadt Bremen (Anstalten).

§ 2 Ziel und Aufgabe des Vollzugs
[1]Der Vollzug dient dem Ziel, die Gefangenen zu befähigen, künftig in sozialer Verantwortung ein Leben ohne Straftaten zu führen. [2]Er hat die Aufgabe, die Allgemeinheit vor weiteren Straftaten zu schützen.

§ 3 Grundsätze der Vollzugsgestaltung
(1) Der Vollzug ist auf die Auseinandersetzung der Gefangenen mit ihren Straftaten und deren Folgen auszurichten.
(2) Der Vollzug wirkt von Beginn an auf die Eingliederung der Gefangenen in das Leben in Freiheit hin.
(3) [1]Gefangene mit angeordneter oder vorbehaltener Sicherungsverwahrung sind individuell und intensiv zu betreuen, um ihre Unterbringung in der Sicherungsverwahrung entbehrlich zu machen. [2]Soweit standardisierte Maßnahmen nicht ausreichen oder keinen Erfolg versprechen, sind individuelle Maßnahmen zu entwickeln.
(4) Das Leben im Vollzug ist den allgemeinen Lebensverhältnissen soweit wie möglich anzugleichen.
(5) Schädlichen Folgen des Freiheitsentzugs ist entgegenzuwirken.
(6) [1]Der Bezug der Gefangenen zum gesellschaftlichen Leben ist zu wahren und zu fördern. [2]Personen und Einrichtungen außerhalb des Vollzugs sollen in den Vollzugsalltag einbezogen werden. [3]Den Gefangenen ist sobald wie möglich die Teilnahme am Leben in der Freiheit zu gewähren.
(7) Die unterschiedlichen Bedürfnisse der Gefangenen, insbesondere im Hinblick auf Geschlecht, Alter und Herkunft, werden bei der Vollzugsgestaltung im Allgemeinen und im Einzelfall berücksichtigt.

§ 4 Stellung der Gefangenen, Mitwirkung
(1) [1]Die Persönlichkeit der Gefangenen ist zu achten. [2]Ihre Selbstständigkeit im Vollzugsalltag ist soweit wie möglich zu erhalten und zu fördern.
(2) [1]Die Gefangenen werden an der Gestaltung des Vollzugsalltags beteiligt. [2]Vollzugliche Maßnahmen sollen ihnen erläutert werden.

(3) ¹Zur Erreichung des Vollzugsziels bedarf es der Mitwirkung der Gefangenen. ²Ihre Bereitschaft hierzu ist zu wecken und zu fördern.
(4) ¹Die Gefangenen unterliegen den in diesem Gesetz vorgesehenen Beschränkungen ihrer Freiheit. ²Soweit das Gesetz eine besondere Regelung nicht enthält, dürfen ihnen nur Beschränkungen auferlegt werden, die zur Aufrechterhaltung der Sicherheit oder zur Abwendung einer schwerwiegenden Störung der Ordnung der Anstalt erforderlich sind.

§ 5 Soziale Hilfe
(1) ¹Die Gefangenen werden darin unterstützt, ihre persönlichen, wirtschaftlichen und sozialen Schwierigkeiten zu beheben. ²Sie sollen dazu angeregt und in die Lage versetzt werden, ihre Angelegenheiten selbst zu regeln, insbesondere eine Schuldenregulierung herbeizuführen.
(2) Die Gefangenen sollen angehalten werden, den durch die Straftat verursachten materiellen und immateriellen Schaden wieder gutzumachen.

Abschnitt 2
Aufnahme, Diagnose, Vollzugs- und Eingliederungsplanung

§ 6 Aufnahmeverfahren
(1) ¹Mit den Gefangenen wird unverzüglich nach der Aufnahme ein Zugangsgespräch geführt, in dem ihre gegenwärtige Lebenssituation erörtert wird und sie über ihre Rechte und Pflichten informiert werden. ²Ihnen wird ein Exemplar der Hausordnung ausgehändigt. ³Dieses Gesetz, die von ihm in Bezug genommenen Gesetze sowie die zu seiner Ausführung erlassenen Rechtsverordnungen und Verwaltungsvorschriften sind den Gefangenen auf Verlangen zugänglich zu machen.
(2) Während des Aufnahmeverfahrens dürfen andere Gefangene nicht zugegen sein.
(3) Die Gefangenen werden alsbald ärztlich untersucht.
(4) Die Gefangenen werden dabei unterstützt, etwa notwendige Maßnahmen für hilfsbedürftige Angehörige, zur Erhaltung des Arbeitsplatzes und der Wohnung und zur Sicherung ihrer Habe außerhalb der Anstalt zu veranlassen.
(5) Bei Gefangenen, die eine Ersatzfreiheitsstrafe verbüßen, sind die Möglichkeiten der Abwendung der Vollstreckung durch freie Arbeit oder ratenweise Tilgung der Geldstrafe zu erörtern und zu fördern, um so auf eine möglichst frühzeitige Entlassung hinzuwirken.

§ 7 Diagnoseverfahren
(1) An das Aufnahmeverfahren schließt sich zur Vorbereitung der Vollzugs- und Eingliederungsplanung das Diagnoseverfahren an.
(2) ¹Das Diagnoseverfahren muss wissenschaftlichen Erkenntnissen genügen. ²Insbesondere bei Gefangenen mit angeordneter oder vorbehaltener Sicherungsverwahrung ist es von Personen mit einschlägiger wissenschaftlicher Qualifikation durchzuführen.
(3) ¹Das Diagnoseverfahren erstreckt sich auf die Persönlichkeit, die Lebensverhältnisse, die Ursachen und Umstände der Straftat sowie alle sonstigen Gesichtspunkte, deren Kenntnis für eine zielgerichtete und wirkungsorientierte Vollzugsgestaltung und die Eingliederung der Gefangenen nach der Entlassung notwendig erscheint. ²Neben den Unterlagen aus der Vollstreckung und dem Vollzug vorangegangener Freiheitsentziehungen sind insbesondere auch Erkenntnisse der Gerichts- und Bewährungshilfe sowie der Führungsaufsichtsstellen einzubeziehen.
(4) ¹Im Diagnoseverfahren werden die im Einzelfall die Straffälligkeit begünstigenden Faktoren ermittelt. ²Gleichzeitig sollen die Fähigkeiten der Gefangenen ermittelt werden, deren Stärkung einer erneuten Straffälligkeit entgegenwirken kann.
(5) ¹Bei einer voraussichtlichen Vollzugsdauer bis zu einem Jahr kann das Diagnoseverfahren auf die Umstände beschränkt werden, deren Kenntnis für eine angemessene Vollzugsgestaltung unerlässlich und für die Eingliederung erforderlich ist. ²Unabhängig von der Vollzugsdauer gilt dies auch, wenn ausschließlich Ersatzfreiheitsstrafen zu vollziehen sind.

§ 8 Vollzugs- und Eingliederungsplanung
(1) ¹Auf der Grundlage des Ergebnisses des Diagnoseverfahrens wird innerhalb der ersten drei Monate nach der Aufnahme ein Vollzugs- und Eingliederungsplan erstellt. ²Diese Frist verkürzt sich bei einer voraussichtlichen Vollzugsdauer von unter einem Jahr auf vier Wochen. ³Der Vollzugs- und Eingliederungsplan zeigt den Gefangenen bereits zu Beginn der Strafhaft unter Berücksichtigung

der voraussichtlichen Vollzugsdauer die zur Erreichung des Vollzugsziels erforderlichen Maßnahmen auf. [4]Daneben kann er weitere Hilfsangebote und Empfehlungen enthalten. [5]Auf die Fähigkeiten, Fertigkeiten und Neigungen der Gefangenen ist Rücksicht zu nehmen.

(2) [1]Der Vollzugs- und Eingliederungsplan sowie die darin vorgesehenen Maßnahmen werden regelmäßig alle sechs Monate, spätestens aber alle zwölf Monate überprüft und fortgeschrieben. [2]Die Entwicklung der Gefangenen und die in der Zwischenzeit gewonnenen Erkenntnisse sind zu berücksichtigen. [3]Die durchgeführten Maßnahmen sind zu dokumentieren.

(3) [1]Die Vollzugs- und Eingliederungsplanung wird mit den Gefangenen erörtert. [2]Dabei werden deren Anregungen und Vorschläge einbezogen, soweit sie der Erreichung des Vollzugsziels dienen.

(4) [1]Zur Erstellung und Fortschreibung des Vollzugs- und Eingliederungsplans führt die Anstaltsleitung eine Konferenz mit den an der Vollzugsgestaltung maßgeblich Beteiligten durch. [2]Standen die Gefangenen vor ihrer Inhaftierung unter Bewährungs- oder Führungsaufsicht, kann auch der für sie bislang zuständige Bewährungshelfer oder die für sie bislang zuständige Bewährungshelferin an der Konferenz beteiligt werden. [3]Den Gefangenen wird der Vollzugs- und Eingliederungsplan in der Konferenz eröffnet und erläutert. [4]Sie können auch darüber hinaus an der Konferenz beteiligt werden. [5]In den Fällen des § 7 Absatz 5 kann auch ein vereinfachtes Verfahren Anwendung finden.

(5) [1]An der Eingliederung mitwirkende Personen außerhalb des Vollzugs sind nach Möglichkeit in die Planung einzubeziehen. [2]Sie können mit Zustimmung der Gefangenen auch an der Konferenz beteiligt werden.

(6) Werden die Gefangenen nach der Entlassung voraussichtlich unter Bewährungs- oder Führungsaufsicht gestellt, so ist dem künftig zuständigen Bewährungshelfer oder der künftig zuständigen Bewährungshelferin in den letzten zwölf Monaten vor dem voraussichtlichen Entlassungszeitpunkt die Teilnahme an der Konferenz zu ermöglichen und sind ihm oder ihr der Vollzugs- und Eingliederungsplan und seine Fortschreibungen zu übersenden.

(7) Der Vollzugs- und Eingliederungsplan und seine Fortschreibungen werden den Gefangenen ausgehändigt.

§ 9 Inhalt des Vollzugs- und Eingliederungsplans

(1) [1]Der Vollzugs- und Eingliederungsplan sowie seine Fortschreibungen enthalten insbesondere folgende Angaben:
1. Zusammenfassung der für die Vollzugs- und Eingliederungsplanung maßgeblichen Ergebnisse des Diagnoseverfahrens,
2. voraussichtlicher Entlassungszeitpunkt,
3. Unterbringung im geschlossenen oder offenen Vollzug,
4. Maßnahmen zur Förderung der Mitwirkungsbereitschaft,
5. Unterbringung in einer Wohngruppe und Teilnahme am Wohngruppenvollzug,
6. Unterbringung in einer sozialtherapeutischen Abteilung und Teilnahme an deren Behandlungsprogrammen,
7. Teilnahme an einzelnen oder gruppentherapeutischen Maßnahmen, insbesondere psychologische Intervention und Psychotherapie,
8. Teilnahme an psychiatrischen Behandlungsmaßnahmen,
9. Teilnahme an Maßnahmen zur Behandlung von Suchtmittelabhängigkeit und -missbrauch,
10. Teilnahme an Trainingsmaßnahmen zur Verbesserung der sozialen Kompetenz,
11. Teilnahme an schulischen und beruflichen Qualifizierungsmaßnahmen einschließlich Alphabetisierungs- und Deutschkursen,
12. Teilnahme an arbeitstherapeutischen Maßnahmen oder am Arbeitstraining,
13. Arbeit,
14. freies Beschäftigungsverhältnis, Selbstbeschäftigung,
15. Teilnahme an Sportangeboten und Maßnahmen zur strukturierten Gestaltung der Freizeit,
16. Ausführungen, Außenbeschäftigung,
17. Lockerungen zur Erreichung des Vollzugsziels,
18. Aufrechterhaltung, Förderung und Gestaltung von Außenkontakten,
19. Schuldnerberatung, Schuldenregulierung und Erfüllung von Unterhaltspflichten,
20. Ausgleich von Tatfolgen,
21. Maßnahmen zur Vorbereitung von Entlassung, Eingliederung und Nachsorge und

22. Frist zur Fortschreibung des Vollzugs- und Eingliederungsplans.
²Bei angeordneter oder vorbehaltener Sicherungsverwahrung enthalten der Vollzugs- und Eingliederungsplan sowie seine Fortschreibungen darüber hinaus Angaben zu sonstigen Maßnahmen im Sinne des § 3 Absatz 3 Satz 2 und einer Antragstellung im Sinne des § 119a Absatz 2 Strafvollzugsgesetz.
(2) ¹Maßnahmen nach Absatz 1 Satz 1 Nummer 6 bis 13 und Satz 2, die nach dem Ergebnis des Diagnoseverfahrens als zur Erreichung des Vollzugsziels zwingend erforderlich erachtet werden, sind als solche zu kennzeichnen und gehen allen anderen Maßnahmen vor. ²Andere Maßnahmen dürfen nicht gestattet werden, soweit sie die Teilnahme an Maßnahmen nach Satz 1 beeinträchtigen würden.
(3) ¹Spätestens ein Jahr vor dem voraussichtlichen Entlassungszeitpunkt hat die Planung zur Vorbereitung der Eingliederung zu beginnen. ²Anknüpfend an die bisherige Vollzugsplanung werden ab diesem Zeitpunkt die Maßnahmen nach Absatz 1 Satz 1 Nummer 21 konkretisiert oder ergänzt. ³Insbesondere ist Stellung zu nehmen zu:
1. Unterbringung im offenen Vollzug,
2. Unterkunft sowie Arbeit oder Ausbildung nach der Entlassung,
3. Unterstützung bei notwendigen Behördengängen und der Beschaffung der notwendigen persönlichen Dokumente,
4. Beteiligung der Bewährungshilfe und der forensischen Ambulanzen,
5. Kontaktaufnahme zu Einrichtungen der Entlassenenhilfe,
6. Fortsetzung von im Vollzug noch nicht abgeschlossenen Maßnahmen,
7. Auflagen und Weisungen für die Bewährungs- oder Führungsaufsicht in Abstimmung mit der Bewährungshilfe,
8. Vermittlung in nachsorgende Maßnahmen,
9. nachgehende Betreuung durch Vollzugsbedienstete.

Abschnitt 3
Unterbringung, Verlegung

§ 10 Trennung von männlichen und weiblichen Gefangenen
¹Männliche und weibliche Gefangene werden getrennt untergebracht. ²Eine gemeinsame Unterbringung zum Zweck der medizinischen Behandlung sowie gemeinsame Maßnahmen, insbesondere zur schulischen und beruflichen Qualifizierung, sind zulässig.

§ 11 Unterbringung während der Einschlusszeiten
(1) Die Gefangenen werden in ihren Haftäumen einzeln untergebracht.
(2) ¹Mit ihrer Zustimmung können sie gemeinsam untergebracht werden, wenn schädliche Einflüsse nicht zu befürchten sind. ²Bei einer Gefahr für Leben oder Gesundheit oder bei Hilfsbedürftigkeit ist die Zustimmung der gefährdeten oder hilfsbedürftigen Gefangenen zur gemeinsamen Unterbringung entbehrlich.
(3) Darüber hinaus ist eine gemeinsame Unterbringung nur vorübergehend und aus zwingenden Gründen zulässig.

§ 12 Aufenthalt außerhalb der Einschlusszeiten
(1) Außerhalb der Einschlusszeiten dürfen sich die Gefangenen in Gemeinschaft aufhalten.
(2) Der gemeinschaftliche Aufenthalt kann eingeschränkt werden,
1. wenn ein schädlicher Einfluss auf andere Gefangene zu befürchten ist,
2. wenn es die Sicherheit oder Ordnung der Anstalt erfordert oder
3. während des Diagnoseverfahrens.

§ 13 Wohngruppenvollzug
(1) ¹Der Wohngruppenvollzug dient der Einübung sozialverträglichen Zusammenlebens, insbesondere von Toleranz sowie der Übernahme von Verantwortung für sich und andere. ²Er ermöglicht den dort untergebrachten Gefangenen, ihren Vollzugsalltag weitgehend selbstständig zu regeln.
(2) ¹Eine Wohngruppe wird in einem baulich abgegrenzten Bereich eingerichtet, zu dem neben den Haftäumen weitere Räume und Einrichtungen zur gemeinsamen Nutzung gehören. ²Sie wird in der Regel von fest zugeordneten Bediensteten betreut.

§ 14 Unterbringung von Müttern mit Kindern

(1) ¹Ist das Kind einer Gefangenen noch nicht drei Jahre alt, kann es mit Zustimmung des Aufenthaltsbestimmungsberechtigten in der Anstalt untergebracht werden, wenn die baulichen Gegebenheiten dies zulassen und Sicherheitsgründe nicht entgegenstehen. ²Vor der Unterbringung ist das Jugendamt zu hören.
(2) ¹Die Unterbringung erfolgt auf Kosten der für das Kind Unterhaltspflichtigen. ²Von der Geltendmachung des Kostenersatzanspruchs kann ausnahmsweise abgesehen werden, wenn hierdurch die gemeinsame Unterbringung von Mutter und Kind gefährdet würde.

§ 15 Geschlossener und offener Vollzug

(1) ¹Die Gefangenen werden im geschlossenen oder offenen Vollzug untergebracht. ²Abteilungen des offenen Vollzugs sehen keine oder nur verminderte Vorkehrungen gegen Entweichungen vor.
(2) Die Gefangenen sollen im offenen Vollzug untergebracht werden, wenn sie dessen besonderen Anforderungen genügen und namentlich nicht zu befürchten ist, dass sie sich dem Vollzug entziehen oder die Möglichkeiten des offenen Vollzugs zu Straftaten missbrauchen werden.
(3) Genügen die Gefangenen den besonderen Anforderungen der Unterbringung im offenen Vollzug nicht mehr, werden sie im geschlossenen Vollzug untergebracht.

§ 16 Verlegung und Überstellung

(1) Die Gefangenen können abweichend vom Vollstreckungsplan in eine andere Anstalt verlegt werden, wenn die Erreichung des Vollzugsziels hierdurch gefördert wird oder wenn Gründe der Vollzugsorganisation oder andere wichtige Gründe dies erfordern.
(2) Die Gefangenen dürfen aus wichtigem Grund in eine andere Anstalt überstellt werden.

Abschnitt 4
Sozialtherapie, psychologische Intervention und Psychotherapie

§ 17 Sozialtherapie

(1) ¹Sozialtherapie dient der Verringerung einer erheblichen Gefährlichkeit der Gefangenen. ²Auf der Grundlage einer therapeutischen Gemeinschaft bedient sie sich insbesondere psychotherapeutischer, sozialpädagogischer und arbeitstherapeutischer Methoden, die in umfassenden Behandlungsprogrammen verbunden werden. ³Personen aus dem Lebensumfeld der Gefangenen außerhalb des Vollzugs können in die Behandlung einbezogen werden.
(2) ¹Gefangene sind in einer sozialtherapeutischen Abteilung unterzubringen, wenn ihre Teilnahme an den dortigen Behandlungsprogrammen zur Verringerung ihrer erheblichen Gefährlichkeit angezeigt ist. ²Eine erhebliche Gefährlichkeit liegt vor, wenn schwerwiegende Straftaten gegen Leib oder Leben, die persönliche Freiheit oder gegen die sexuelle Selbstbestimmung zu erwarten sind.
(3) Andere Gefangene können in einer sozialtherapeutischen Abteilung untergebracht werden, wenn die Teilnahme an den dortigen Behandlungsprogrammen zur Erreichung des Vollzugsziels angezeigt ist.
(4) ¹Die Unterbringung soll zu einem Zeitpunkt erfolgen, der entweder den Abschluss der Behandlung zum voraussichtlichen Entlassungszeitpunkt erwarten lässt oder die Fortsetzung der Behandlung nach der Entlassung ermöglicht. ²Ist Sicherungsverwahrung angeordnet oder vorbehalten, soll die Unterbringung zu einem Zeitpunkt erfolgen, der den Abschluss der Behandlung noch während des Vollzugs der Freiheitsstrafe erwarten lässt.
(5) Die Unterbringung wird beendet, wenn das Ziel der Behandlung aus Gründen, die in der Person der Gefangenen liegen, nicht erreicht werden kann.

§ 18 Psychologische Intervention und Psychotherapie

¹Psychologische Intervention und Psychotherapie im Vollzug dienen insbesondere der Behandlung psychischer Störungen des Verhaltens und Erlebens, die in einem Zusammenhang mit der Straffälligkeit stehen. ²Sie werden durch systematische Anwendung psychologisch wissenschaftlich fundierter Methoden der Gesprächsführung mit einer oder mehreren Personen durchgeführt.

Abschnitt 5
Arbeitstherapeutische Maßnahmen, Arbeitstraining, schulische und berufliche Qualifizierungsmaßnahmen, Arbeit

§ 19 Arbeitstherapeutische Maßnahmen
Arbeitstherapeutische Maßnahmen dienen dazu, dass die Gefangenen Eigenschaften wie Selbstvertrauen, Durchhaltevermögen und Konzentrationsfähigkeit einüben, um sie stufenweise an die Grundanforderungen des Arbeitslebens heranzuführen.

§ 20 Arbeitstraining
[1]Arbeitstraining dient dazu, Gefangenen, die nicht in der Lage sind, einer regelmäßigen und erwerbsorientierten Beschäftigung nachzugehen, Fähigkeiten und Fertigkeiten zu vermitteln, die eine Eingliederung in das leistungsorientierte Arbeitsleben fördern. [2]Die dafür vorzuhaltenden Maßnahmen sind danach auszurichten, dass sie den Gefangenen für den Arbeitsmarkt relevante Qualifikationen vermitteln.

§ 21 Schulische und berufliche Qualifizierungsmaßnahmen
(1) [1]Schulische und berufliche Aus- und Weiterbildung und vorberufliche Qualifizierung im Vollzug (schulische und berufliche Qualifizierungsmaßnahmen) haben das Ziel, die Fähigkeiten der Gefangenen zur Eingliederung und zur Aufnahme einer Erwerbstätigkeit nach der Haftentlassung zu vermitteln, zu verbessern oder zu erhalten. [2]Sie werden in der Regel als Vollzeitmaßnahme durchgeführt. [3]Bei der Festlegung von Inhalten, Methoden und Organisationsformen der Bildungsangebote werden die Besonderheiten der jeweiligen Zielgruppe berücksichtigt.
(2) Berufliche Qualifizierungsmaßnahmen sind darauf auszurichten, den Gefangenen für den Arbeitsmarkt relevante Qualifikationen zu vermitteln.
(3) Geeigneten Gefangenen soll die Teilnahme an einer schulischen oder beruflichen Ausbildung ermöglicht werden, die zu einem anerkannten Abschluss führt.
(4) [1]Bei der Vollzugsplanung ist darauf zu achten, dass die Gefangenen Qualifizierungsmaßnahmen während ihrer Haftzeit abschließen oder danach fortsetzen können. [2]Können Maßnahmen während der Haftzeit nicht abgeschlossen werden, trägt die Anstalt in Zusammenarbeit mit außervollzuglichen Einrichtungen dafür Sorge, dass die begonnene Qualifizierungsmaßnahme nach der Haft fortgesetzt werden kann.
(5) Nachweise über schulische und berufliche Qualifizierungsmaßnahmen dürfen keinen Hinweis auf die Inhaftierung enthalten.

§ 22 Arbeit
[1]Die Zuweisung von Arbeit dient dazu, die Gefangenen an ein strukturiertes Arbeitsleben heranzuführen. [2]Die Gefangenen sind im Rahmen des § 9 Absatz 2 verpflichtet, die ihnen zugewiesene Arbeit auszuüben, soweit sie zu deren Verrichtung körperlich in der Lage sind. [3]Es gelten die von der Anstalt festgelegten Arbeitsbedingungen.

§ 23 Freies Beschäftigungsverhältnis, Selbstbeschäftigung
(1) [1]Gefangenen, die zum Freigang im Sinne des § 38 Absatz 1 Nummer 4 zugelassen sind, soll gestattet werden, einer Arbeit, Berufsausbildung oder beruflichen Weiterbildung auf der Grundlage eines freien Beschäftigungsverhältnisses oder der Selbstbeschäftigung außerhalb der Anstalt nachzugehen, wenn die Beschäftigungsstelle geeignet ist und nicht überwiegende Gründe des Vollzugs entgegenstehen. [2]§ 40 gilt entsprechend.
(2) Das Entgelt ist der Anstalt zur Gutschrift für die Gefangenen zu überweisen.

§ 24 Freistellung von der Arbeit
(1) [1]Haben die Gefangenen ein halbes Jahr lang gearbeitet, so können sie beanspruchen, zehn Arbeitstage von der Arbeit freigestellt zu werden. [2]Zeiten, in denen die Gefangenen infolge Krankheit an der Arbeitsleistung verhindert waren, werden auf das Halbjahr mit bis zu 15 Arbeitstagen angerechnet. [3]Der Anspruch verfällt, wenn die Freistellung nicht innerhalb eines Jahres nach seiner Entstehung erfolgt ist.
(2) [1]Auf die Zeit der Freistellung wird Langzeitausgang nach § 38 Absatz 1 Nummer 3 angerechnet, soweit er in die Arbeitszeit fällt. [2]Gleiches gilt für einen Langzeitausgang nach § 39 Absatz 1, soweit er nicht wegen des Todes oder einer lebensgefährlichen Erkrankung naher Angehöriger erteilt worden ist.

(3) Der Zeitraum der Freistellung muss mit den betrieblichen Belangen vereinbar sein.
(4) Die Gefangenen erhalten für die Zeit der Freistellung ihr Arbeitsentgelt weiter.
(5) Urlaubsregelungen freier Beschäftigungsverhältnisse bleiben unberührt.
(6) Für Maßnahmen nach §§ 19, 20 oder 21 Absatz 1 gelten die Absätze 1 bis 5 entsprechend, sofern diese den Umfang der regelmäßigen wöchentlichen Arbeitszeit erreichen.

Abschnitt 6
Besuche, Telefongespräche, Schriftwechsel, andere Formen der Telekommunikation und Pakete

§ 25 Grundsatz
Die Gefangenen haben das Recht, mit Personen außerhalb der Anstalt im Rahmen der Bestimmungen dieses Gesetzes zu verkehren.

§ 26 Besuch
(1) ¹Die Gefangenen dürfen regelmäßig Besuch empfangen. ²Die Gesamtdauer beträgt mindestens zwei Stunden im Monat, bei Besuchen von Kindern unter 14 Jahren erhöht sich die Gesamtdauer um eine weitere Stunde.
(2) Besuche von Angehörigen im Sinne des § 11 Absatz 1 Nummer 1 des Strafgesetzbuchs werden besonders unterstützt.
(3) Besuche sollen darüber hinaus zugelassen werden, wenn sie die Eingliederung der Gefangenen fördern oder persönlichen, rechtlichen oder geschäftlichen Angelegenheiten dienen, die nicht von den Gefangenen schriftlich erledigt, durch Dritte wahrgenommen oder bis zur Entlassung aufgeschoben werden können.
(4) ¹Die Anstaltsleitung kann über Absatz 1 hinausgehend mehrstündige, unbeaufsichtigte Besuche (Langzeitbesuche) zulassen, wenn dies zur Pflege der familiären, partnerschaftlichen oder ihnen gleichzusetzenden Kontakte der Gefangenen geboten erscheint und die Gefangenen hierfür geeignet sind. ²Ungeeignet sind in der Regel Gefangene, die zu einer Freiheitsstrafe von mindestens 2 Jahren wegen einer vorsätzlichen Straftat verurteilt sind, die sich gegen das Leben, die körperliche Unversehrtheit, die persönliche Freiheit oder die sexuelle Selbstbestimmung richtet. ³Langzeitbesuche, an denen Kinder unter 18 Jahren teilnehmen, werden beaufsichtigt.
(5) Besuche von Verteidigern und Verteidigerinnen sowie von Rechtsanwälten, Rechtsanwältinnen und Notaren und Notarinnen in einer die Gefangenen betreffenden Rechtssache sind zu gestatten.

§ 27 Untersagung der Besuche
Die Anstaltsleitung kann Besuche untersagen, wenn
1. die Sicherheit oder Ordnung der Anstalt gefährdet würde,
2. bei Personen, die nicht Angehörige der Gefangenen im Sinne des § 11 Absatz 1 Nummer 1 des Strafgesetzbuchs sind, zu befürchten ist, dass sie einen schädlichen Einfluss auf die Gefangenen haben oder die Erreichung des Vollzugsziels behindern, oder
3. bei Personen, die Opfer der Straftat waren, zu befürchten ist, dass die Begegnung mit den Gefangenen einen schädlichen Einfluss auf sie hat.

§ 28 Durchführung der Besuche
(1) ¹Aus Gründen der Sicherheit können Besuche davon abhängig gemacht werden, dass sich die Besucher mit technischen Hilfsmitteln absuchen oder durchsuchen lassen. ²Eine inhaltliche Überprüfung der von Verteidigern oder Verteidigerinnen mitgeführten Schriftstücke und sonstigen Unterlagen ist nicht zulässig. ³§ 34 Absatz 2 Satz 2 und 3 bleibt unberührt.
(2) ¹Besuche werden regelmäßig beaufsichtigt. ²Über Ausnahmen entscheidet die Anstaltsleitung. ³Die Beaufsichtigung kann mit technischen Hilfsmitteln durchgeführt werden; die betroffenen Personen sind vorher darauf hinzuweisen.
(3) Besuche von Verteidigern oder Verteidigerinnen werden nicht beaufsichtigt.
(4) ¹Besuche dürfen abgebrochen werden, wenn Besucher oder Gefangene gegen dieses Gesetz oder aufgrund dieses Gesetzes getroffene Anordnungen trotz Abmahnung verstoßen. ²Die Abmahnung unterbleibt, wenn es unerlässlich ist, den Besuch sofort abzubrechen.
(5) ¹Gegenstände dürfen beim Besuch nicht übergeben werden. ²Dies gilt nicht für die bei dem Besuch der Verteidiger oder Verteidigerinnen übergebenen Schriftstücke und sonstigen Unterlagen

sowie für die bei dem Besuch von Rechtsanwälten oder Notaren oder Rechtsanwältinnen oder Notarinnen zur Erledigung einer die Gefangenen betreffenden Rechtssache übergebenen Schriftstücke und sonstigen Unterlagen. ³Bei dem Besuch von Rechtsanwälten, Rechtsanwältinnen oder Notaren und Notarinnen kann die Übergabe aus Gründen der Sicherheit oder Ordnung der Anstalt von der Erlaubnis der Anstaltsleitung abhängig gemacht werden. ⁴§ 34 Absatz 2 Satz 2 und 3 bleibt unberührt.
(6) Die Anstaltsleitung kann im Einzelfall die Nutzung einer Trennvorrichtung anordnen, wenn dies zum Schutz von Personen oder zur Verhinderung einer Übergabe von Gegenständen erforderlich ist.

§ 29 Überwachung der Gespräche
(1) Gespräche dürfen nur überwacht werden, soweit es im Einzelfall wegen einer Gefährdung der Erreichung des Vollzugsziels oder aus Gründen der Sicherheit erforderlich ist.
(2) Gespräche mit Verteidigern und Verteidigerinnen werden nicht überwacht.

§ 30 Telefongespräche
(1) ¹Den Gefangenen kann gestattet werden, Telefongespräche zu führen. ²Telefongespräche mit Angehörigen der Gefangenen im Sinne des § 11 Absatz 1 Nummer 1 des Strafgesetzbuchs sind zu gestatten. ³Die Bestimmungen über den Besuch gelten entsprechend. ⁴Eine beabsichtigte Überwachung teilt die Anstalt den Gefangenen rechtzeitig vor Beginn des Telefongesprächs und den Gesprächspartnern der Gefangenen unmittelbar nach Herstellung der Verbindung mit.
(2) ¹Die Kosten der Telefongespräche tragen die Gefangenen. ²Sind sie dazu nicht in der Lage, kann die Anstalt die Kosten in begründeten Fällen in angemessenem Umfang übernehmen.
(3) ¹Der Besitz und die Benutzung von Geräten zur funkbasierten Übertragung von Informationen sind auf dem Anstaltsgelände verboten, soweit diese nicht dienstlich zugelassen sind. ²Die Anstaltsleitung kann abweichende Regelungen treffen.
(4) ¹Die Anstalt darf technische Geräte betreiben, die
1. das Auffinden von Geräten zur Funkübertragung ermöglichen,
2. Geräte zur Funkübertragung zum Zwecke des Auffindens aktivieren können oder
3. Frequenzen stören oder unterdrücken, die der Herstellung oder Aufrechterhaltung unerlaubter Funkverbindungen auf dem Anstaltsgelände dienen.

²Sie hat die von der Bundesnetzagentur gemäß § 55 Absatz 1 Satz 5 des Telekommunikationsgesetzes festgelegten Rahmenbedingungen zu beachten. ³Frequenznutzungen außerhalb des Anstaltsgeländes dürfen nicht erheblich gestört werden.

§ 31 Schriftwechsel
(1) Die Gefangenen haben das Recht, Schreiben abzusenden und zu empfangen.
(2) ¹Die Kosten des Schriftwechsels tragen die Gefangenen. ²Sind sie dazu nicht in der Lage, kann die Anstalt die Kosten in begründeten Fällen in angemessenem Umfang übernehmen.

§ 32 Untersagung des Schriftwechsels
Die Anstaltsleitung kann den Schriftwechsel mit bestimmten Personen untersagen, wenn
1. die Sicherheit oder Ordnung der Anstalt gefährdet würde,
2. bei Personen, die nicht Angehörige der Gefangenen im Sinne des § 11 Absatz 1 Nummer 1 des Strafgesetzbuchs sind, zu befürchten ist, dass der Schriftwechsel einen schädlichen Einfluss auf die Gefangenen hat oder die Erreichung des Vollzugsziels behindert oder
3. bei Personen, die Opfer der Straftat waren, zu befürchten ist, dass der Schriftwechsel einen schädlichen Einfluss auf sie hat.

§ 33 Sichtkontrolle, Weiterleitung und Aufbewahrung von Schreiben
(1) ¹Die Gefangenen haben das Absenden und den Empfang von Schreiben durch die Anstalt vermitteln zu lassen, soweit nichts anderes gestattet ist. ²Ein- und ausgehende Schreiben sind unverzüglich weiterzuleiten.
(2) Ein- und ausgehende Schreiben werden in der Regel in Anwesenheit der Gefangenen auf verbotene Gegenstände kontrolliert.
(3) ¹Die Gefangenen haben eingehende Schreiben unverschlossen zu verwahren, sofern nichts anderes gestattet wird. ²Sie können sie verschlossen zu ihrer Habe geben.

§ 34 Überwachung des Schriftwechsels
(1) Der Schriftwechsel darf nur überwacht werden, soweit es im Einzelfall wegen einer Gefährdung der Erreichung des Vollzugsziels oder aus Gründen der Sicherheit erforderlich ist.

(2) ¹Der Schriftwechsel der Gefangenen mit ihren Verteidigern und Verteidigerinnen wird nicht überwacht. ²Liegt dem Vollzug eine Straftat nach § 129a, auch in Verbindung mit § 129b Absatz 1 des Strafgesetzbuchs zugrunde, gelten § 148 Absatz 2 und § 148a der Strafprozessordnung entsprechend; dies gilt nicht, wenn die Gefangenen sich im offenen Vollzug befinden oder wenn ihnen Lockerungen nach § 38 gewährt worden sind und ein Grund, der die Anstaltsleitung zum Widerruf von Lockerungen ermächtigt, nicht vorliegt. ³Satz 2 gilt auch, wenn eine Freiheitsstrafe wegen einer Straftat nach § 129a, auch in Verbindung mit § 129b Absatz 1 des Strafgesetzbuchs erst im Anschluss an den Vollzug der Freiheitsstrafe, der eine andere Verurteilung zugrunde liegt, zu vollstrecken ist.

(3) ¹Nicht überwacht werden ferner Schreiben der Gefangenen an Volksvertretungen des Bundes und der Länder sowie an deren Mitglieder, soweit die Schreiben an die Anschriften dieser Volksvertretungen gerichtet sind und den Absender zutreffend angeben. ²Entsprechendes gilt für Schreiben an das Europäische Parlament und dessen Mitglieder, den Europäischen Gerichtshof für Menschenrechte, den Europäischen Ausschuss zur Verhütung von Folter und unmenschlicher oder erniedrigender Behandlung oder Strafe, den Ausschuss der Vereinten Nationen gegen Folter und die entsprechenden Nationalen Präventionsmechanismen, die konsularische Vertretung ihres Heimatlandes und weitere Einrichtungen, mit denen der Schriftverkehr aufgrund völkerrechtlicher Verpflichtungen der Bundesrepublik Deutschland geschützt ist. ³Satz 1 gilt auch für den Schriftverkehr mit den Bürgerbeauftragten der Länder und den Datenschutzbeauftragten des Bundes und der Länder. ⁴Nicht überwacht werden ferner Schreiben der Gefangenen an Gerichte, Staatsanwaltschaften und die Aufsichtsbehörde. ⁵Schreiben der in den Sätzen 1 bis 4 genannten Stellen, die an die Gefangenen gerichtet sind, werden nicht überwacht, sofern die Identität des Absenders zweifelsfrei feststeht.

§ 35 Anhalten von Schreiben
(1) Die Anstaltsleitung kann Schreiben anhalten, wenn
1. die Erreichung des Vollzugsziels oder die Sicherheit oder Ordnung der Anstalt gefährdet würde,
2. die Weitergabe in Kenntnis ihres Inhalts einen Straf- oder Bußgeldtatbestand verwirklichen würde,
3. sie grob unrichtige oder erheblich entstellende Darstellungen von Anstaltsverhältnissen oder grobe Beleidigungen enthalten,
4. sie die Eingliederung anderer Gefangener gefährden können oder
5. sie in Geheim- oder Kurzschrift, unlesbar, unverständlich oder ohne zwingenden Grund in einer fremden Sprache abgefasst sind.

(2) Ausgehenden Schreiben, die unrichtige Darstellungen enthalten, kann ein Begleitschreiben beigefügt werden, wenn die Gefangenen auf dem Absender bestehen.

(3) ¹Sind Schreiben angehalten worden, wird das den Gefangenen mitgeteilt. ²Angehaltene Schreiben werden an den Absender zurückgegeben oder, sofern dies unmöglich oder aus besonderen Gründen nicht angezeigt ist, verwahrt.

(4) Schreiben, deren Überwachung ausgeschlossen ist, dürfen nicht angehalten werden.

§ 36 Andere Formen der Telekommunikation
¹Nach Zulassung anderer Formen der Telekommunikation im Sinne des Telekommunikationsgesetzes durch die Aufsichtsbehörde kann die Anstaltsleitung den Gefangenen gestatten, diese Formen auf ihre Kosten zu nutzen. ²Die Bestimmungen dieses Abschnitts gelten entsprechend.

§ 37 Pakete
(1) ¹Den Gefangenen kann gestattet werden, Pakete zu empfangen. ²Der Empfang von Paketen mit Nahrungs- und Genussmitteln ist untersagt. ³Die Anstalt kann Anzahl, Gewicht und Größe von Sendungen und einzelnen Gegenständen festsetzen. ⁴Über § 46 Absatz 1 Satz 2 hinaus kann sie Gegenstände und Verpackungsformen ausschließen, die einen unverhältnismäßigen Kontrollaufwand bedingen.

(2) Die Anstalt kann die Annahme von Paketen, deren Einbringung nicht gestattet ist oder die die Voraussetzungen des Absatzes 1 nicht erfüllen, ablehnen oder solche Pakete an den Absender zurücksenden.

(3) ¹Pakete sind in Gegenwart der Gefangenen zu öffnen, an die sie adressiert sind. ²Mit nicht zugelassenen oder ausgeschlossenen Gegenständen ist gemäß § 49 Absatz 3 zu verfahren. ³Sie können auch auf Kosten der Gefangenen zurückgesandt werden.

(4) Der Empfang von Paketen kann vorübergehend versagt werden, wenn dies wegen der Gefährdung der Sicherheit oder Ordnung unerlässlich ist.
(5) ¹Den Gefangenen kann gestattet werden, Pakete zu versenden. ²Der Inhalt kann aus Gründen der Sicherheit oder Ordnung überprüft werden.
(6) ¹Die Kosten des Paketversandes tragen die Gefangenen. ²Sind sie dazu nicht in der Lage, kann die Anstalt die Kosten in begründeten Fällen in angemessenem Umfang übernehmen.

Abschnitt 7
Lockerungen und
sonstige Aufenthalte außerhalb der Anstalt

§ 38 Lockerungen zur Erreichung des Vollzugsziels
(1) Aufenthalte außerhalb der Anstalt ohne Aufsicht (Lockerungen) können den Gefangenen zur Erreichung des Vollzugsziels gewährt werden, namentlich
1. das Verlassen der Anstalt für eine bestimmte Tageszeit in Begleitung einer von der Anstalt zugelassenen Person (begleiteter Ausgang),
2. das Verlassen der Anstalt für eine bestimmte Tageszeit ohne Begleitung (unbegleiteter Ausgang),
3. das Verlassen der Anstalt für mehrere Tage (Langzeitausgang) und
4. die regelmäßige Beschäftigung außerhalb der Anstalt (Freigang).
(2) ¹Diese Lockerungen dürfen angeordnet werden, wenn nicht zu befürchten ist, dass die Gefangenen sich dem Vollzug der Freiheitsstrafe entziehen oder die Lockerungen zu Straftaten missbrauchen werden. ²Die Anordnung bedarf der Zustimmung des Gefangenen.
(3) ¹Langzeitausgang nach Absatz 1 Nummer 3 soll in der Regel erst gewährt werden, wenn die Gefangenen sich mindestens sechs Monate im Strafvollzug befunden haben. ²Zu lebenslanger Freiheitsstrafe verurteilte Gefangene können einen Langzeitausgang in der Regel erst erhalten, wenn sie sich einschließlich einer vorhergehenden Untersuchungshaft oder einer anderen Freiheitsentziehung zehn Jahre im Vollzug befunden haben oder wenn sie im offenen Vollzug untergebracht sind.
(4) Durch Lockerungen wird die Vollstreckung der Freiheitsstrafe nicht unterbrochen.

§ 39 Lockerungen aus sonstigen Gründen
(1) ¹Lockerungen können auch aus wichtigem Anlass gewährt werden. ²Wichtige Anlässe sind insbesondere die Teilnahme an gerichtlichen Terminen, die medizinische Behandlung der Gefangenen sowie der Tod oder eine lebensgefährliche Erkrankung naher Angehöriger der Gefangenen.
(2) § 38 Absatz 2 und 4 gilt entsprechend.

§ 40 Weisungen für Lockerungen
¹Für Lockerungen sind die nach den Umständen des Einzelfalles erforderlichen Weisungen zu erteilen. ²Bei der Ausgestaltung der Lockerungen ist auch den berechtigten Belangen der Opfer Rechnung zu tragen. ³Lockerungen sollen versagt werden, wenn sie im Einzelfall den berechtigten Belangen der Opfer widersprechen.

§ 41 Ausführungen, Außenbeschäftigung, Vorführung, Ausantwortung
(1) ¹Den Gefangenen kann das Verlassen der Anstalt unter ständiger und unmittelbarer Aufsicht gestattet werden, wenn dies aus besonderen Gründen notwendig ist (Ausführung). ²Die Gefangenen können auch gegen ihren Willen ausgeführt werden. ³Liegt die Ausführung ausschließlich im Interesse der Gefangenen, können ihnen die Kosten auferlegt werden, soweit dies die Behandlung oder die Eingliederung nicht behindert.
(2) ¹Den Gefangenen kann gestattet werden, außerhalb der Anstalt einer regelmäßigen Beschäftigung unter ständiger Aufsicht oder unter Aufsicht in unregelmäßigen Abständen (Außenbeschäftigung) nachzugehen. ²§ 38 Absatz 2 gilt entsprechend.
(3) Auf Ersuchen eines Gerichts werden Gefangene vorgeführt, sofern ein Vorführungsbefehl vorliegt.
(4) Gefangene dürfen befristet dem Gewahrsam eines Gerichts, einer Staatsanwaltschaft oder einer Polizei-, Zoll- oder Finanzbehörde auf Antrag überlassen werden (Ausantwortung).

Abschnitt 8
Vorbereitung der Eingliederung, Entlassung und nachgehende Betreuung

§ 42 Vorbereitung der Eingliederung
(1) ¹Die Maßnahmen zur sozialen und beruflichen Eingliederung sind auf den Zeitpunkt der Entlassung in die Freiheit abzustellen. ²Die Gefangenen sind bei der Ordnung ihrer persönlichen, wirtschaftlichen und sozialen Angelegenheiten zu unterstützen. ³Dies umfasst die Vermittlung in nachsorgende Maßnahmen.
(2) ¹Die Anstalt arbeitet frühzeitig mit Personen und Einrichtungen außerhalb des Vollzugs zusammen, insbesondere, um zu erreichen, dass die Gefangenen nach ihrer Entlassung über eine geeignete Unterkunft und eine Arbeits- oder Ausbildungsstelle verfügen. ²Bewährungshilfe und Führungsaufsicht beteiligen sich frühzeitig an der sozialen und beruflichen Eingliederung der Gefangenen.
(3) ¹Haben sich die Gefangenen mindestens sechs Monate im Vollzug befunden, kann ihnen auch ein zusammenhängender Langzeitausgang bis zu sechs Monaten gewährt werden, wenn dies zur Vorbereitung der Eingliederung erforderlich ist. ²§ 38 Absatz 2 und 4 sowie § 40 gelten entsprechend.
(4) In einem Zeitraum von sechs Monaten vor der voraussichtlichen Entlassung sind den Gefangenen die zur Vorbereitung der Eingliederung erforderlichen Lockerungen zu gewähren, sofern nicht mit hoher Wahrscheinlichkeit zu erwarten ist, dass die Gefangenen sich dem Vollzug der Freiheitsstrafe entziehen oder die Lockerungen zu Straftaten missbrauchen werden.

§ 43 Entlassung
(1) Die Gefangenen sollen am letzten Tag ihrer Strafzeit möglichst frühzeitig, jedenfalls noch am Vormittag, entlassen werden.
(2) Fällt das Strafende auf einen Sonnabend oder Sonntag, einen gesetzlichen Feiertag, den ersten Werktag nach Ostern oder Pfingsten oder in die Zeit vom 22. Dezember bis zum 6. Januar, so können die Gefangenen an dem diesem Tag oder Zeitraum vorhergehenden Werktag entlassen werden, wenn dies gemessen an der Dauer der Strafzeit vertretbar ist und fürsorgerische Gründe nicht entgegenstehen.
(3) Der Entlassungszeitpunkt kann bis zu zwei Tage vorverlegt werden, wenn die Gefangenen zu ihrer Eingliederung hierauf dringend angewiesen sind.
(4) Bedürftigen Gefangenen kann eine Entlassungsbeihilfe in Form eines Reisekostenzuschusses, angemessener Kleidung oder einer sonstigen notwendigen Unterstützung gewährt werden.

§ 44 Nachgehende Betreuung
¹Mit Zustimmung der Anstaltsleitung können Bedienstete an der nachgehenden Betreuung Entlassener mit deren Einverständnis mitwirken, wenn ansonsten die Eingliederung gefährdet wäre. ²Die nachgehende Betreuung kann auch außerhalb der Anstalt erfolgen. ³In der Regel ist sie auf die ersten sechs Monate nach der Entlassung beschränkt.

§ 45 Verbleib oder Aufnahme auf freiwilliger Grundlage
(1) ¹Sofern es die Belegungssituation zulässt, können die Gefangenen auf Antrag ausnahmsweise vorübergehend in der Anstalt verbleiben oder wieder aufgenommen werden, wenn die Eingliederung gefährdet und ein Aufenthalt in der Anstalt aus diesem Grunde gerechtfertigt ist. ²Die Unterbringung erfolgt auf vertraglicher Basis.
(2) Gegen die in der Anstalt untergebrachten Entlassenen dürfen Maßnahmen des Vollzugs nicht mit unmittelbarem Zwang durchgesetzt werden.
(3) Bei Störung des Anstaltsbetriebs durch die Entlassenen oder aus vollzugsorganisatorischen Gründen kann die Unterbringung jederzeit beendet werden.

Abschnitt 9
Grundversorgung und Freizeit

§ 46 Einbringen von Gegenständen
(1) ¹Gegenstände dürfen durch oder für die Gefangenen nur mit Zustimmung der Anstalt eingebracht werden. ²Die Anstalt kann die Zustimmung verweigern, wenn die Gegenstände geeignet sind, die Sicherheit oder Ordnung der Anstalt oder die Erreichung des Vollzugsziels zu gefährden oder ihre Aufbewahrung nach Art oder Umfang offensichtlich nicht möglich ist.

(2) ¹Das Einbringen von Nahrungs- und Genussmitteln ist nicht gestattet. ²Die Anstaltsleitung kann eine abweichende Regelung treffen.

§ 47 Gewahrsam an Gegenständen
(1) Die Gefangenen dürfen Gegenstände nur mit Zustimmung der Anstalt in Gewahrsam haben, annehmen oder abgeben.
(2) Ohne Zustimmung dürfen sie Gegenstände von geringem Wert an andere Gefangene weitergeben und von anderen Gefangenen annehmen; die Abgabe und Annahme dieser Gegenstände und der Gewahrsam daran können von der Zustimmung der Anstalt abhängig gemacht werden.

§ 48 Ausstattung des Haftraums
¹Die Gefangenen dürfen ihren Haftraum in angemessenem Umfang mit eigenen Gegenständen ausstatten oder diese dort aufbewahren. ²Gegenstände, die geeignet sind, die Sicherheit oder Ordnung der Anstalt, insbesondere die Übersichtlichkeit des Haftraums, oder die Erreichung des Vollzugsziels zu gefährden, dürfen nicht in den Haftraum eingebracht werden oder werden daraus entfernt.

§ 49 Aufbewahrung und Vernichtung von Gegenständen
(1) Gegenstände, die die Gefangenen nicht im Haftraum aufbewahren dürfen oder wollen, werden von der Anstalt aufbewahrt, soweit dies nach Art und Umfang möglich ist.
(2) ¹Den Gefangenen wird Gelegenheit gegeben, ihre Gegenstände, die sie während des Vollzugs und für ihre Entlassung nicht benötigen, zu versenden. ² § 37 Absatz 6 gilt entsprechend.
(3) ¹Werden Gegenstände, deren Aufbewahrung nach Art oder Umfang nicht möglich ist, von den Gefangenen trotz Aufforderung nicht aus der Anstalt verbracht, so darf die Anstalt diese Gegenstände auf Kosten der Gefangenen außerhalb der Anstalt verwahren, verwerten oder vernichten. ²Für die Voraussetzungen und das Verfahren der Verwertung und Vernichtung gilt § 25 des Bremischen Polizeigesetzes entsprechend.
(4) Aufzeichnungen und andere Gegenstände, die Kenntnisse über Sicherungsvorkehrungen der Anstalt vermitteln oder Schlussfolgerungen auf diese zulassen, dürfen vernichtet oder unbrauchbar gemacht werden.

§ 50 Zeitungen und Zeitschriften, religiöse Schriften und Gegenstände
(1) ¹Die Gefangenen dürfen auf eigene Kosten Zeitungen und Zeitschriften in angemessenem Umfang durch Vermittlung der Anstalt beziehen. ²Ausgeschlossen sind lediglich Zeitungen und Zeitschriften, deren Verbreitung mit Strafe oder Geldbuße bedroht ist. ³Einzelne Ausgaben können den Gefangenen vorenthalten oder entzogen werden, wenn deren Inhalte die Erreichung des Vollzugsziels oder die Sicherheit oder Ordnung der Anstalt erheblich gefährden würden.
(2) ¹Die Gefangenen dürfen grundlegende religiöse Schriften sowie in angemessenem Umfang Gegenstände des religiösen Gebrauchs besitzen. ²Diese dürfen den Gefangenen nur bei grobem Missbrauch entzogen werden.

§ 51 Rundfunk, Informations- und Unterhaltungselektronik
(1) Der Zugang zum Rundfunk ist zu ermöglichen.
(2) ¹Eigene Hörfunk- und Fernsehgeräte werden zugelassen, wenn nicht Gründe des § 48 Satz 2 entgegenstehen. ²Andere Geräte der Informations- und Unterhaltungselektronik können unter diesen Voraussetzungen zugelassen werden. ³Die Gefangenen können auf Mietgeräte oder auf ein Haftraummediensystem verwiesen werden. ⁴ § 36 bleibt unberührt.
(3) Der Rundfunkempfang kann vorübergehend ausgesetzt oder einzelnen Gefangenen untersagt werden, wenn dies zur Aufrechterhaltung der Sicherheit oder Ordnung der Anstalt unerlässlich ist.

§ 52 Kleidung
(1) Die Gefangenen tragen Anstaltskleidung.
(2) ¹Die Anstaltsleitung kann eine abweichende Regelung treffen. ²Für Reinigung und Instandsetzung eigener Kleidung haben die Gefangenen auf ihre Kosten zu sorgen.

§ 53 Verpflegung und Einkauf
(1) ¹Zusammensetzung und Nährwert der Anstaltsverpflegung entsprechen den Anforderungen an eine gesunde Ernährung und werden ärztlich überwacht. ²Auf ärztliche Anordnung wird besondere Verpflegung gewährt. ³Den Gefangenen ist zu ermöglichen, Speisevorschriften ihrer Religionsgemeinschaft zu befolgen.

(2) ¹Den Gefangenen wird ermöglicht einzukaufen. ²Die Anstalt wirkt auf ein Angebot hin, das auf Wünsche und Bedürfnisse der Gefangenen Rücksicht nimmt. ³Das Verfahren des Einkaufs regelt die Anstaltsleitung. ⁴Nahrungs-, Genuss- und Körperpflegemittel können nur vom Haus- und Taschengeld, andere Gegenstände in angemessenen Umfang auch vom Eigengeld eingekauft werden.

§ 54 Freizeit
(1) ¹Zur Ausgestaltung der Freizeit hat die Anstalt insbesondere Angebote zur sportlichen und kulturellen Betätigung und Bildungsangebote vorzuhalten. ²Die Anstalt stellt eine angemessen ausgestattete Bücherei zur Verfügung.
(2) Die Gefangenen sind zur Teilnahme und Mitwirkung an Angeboten der Freizeitgestaltung zu motivieren und anzuleiten.

Abschnitt 10
Vergütung, Gelder der Gefangenen und Kosten

§ 55 Vergütung und Anrechnung der Freistellung auf den Entlassungszeitpunkt
(1) Die Gefangenen erhalten eine Vergütung in Form von
1. finanzieller Anerkennung für die Teilnahme an Maßnahmen nach § 9 Absatz 1 Satz 1 Nummer 7 bis 10 und Satz 2, soweit sie nach § 9 Absatz 2 für zwingend erforderlich erachtet wurden oder Teil des Behandlungsprogramms der sozialtherapeutischen Abteilung sind,
2. Ausbildungsbeihilfe für die Teilnahme an schulischen und beruflichen Qualifizierungsmaßnahmen nach § 9 Absatz 1 Satz 1 Nummer 11 oder
3. Arbeitsentgelt für die Teilnahme an Maßnahmen nach § 9 Absatz 1 Satz 1 Nummer 12 und 13.
(2) ¹Der Bemessung der Vergütung sind 9 Prozent der Bezugsgröße nach § 18 des Vierten Buches Sozialgesetzbuch zugrunde zu legen (Eckvergütung). ²Ein Tagessatz ist der 250. Teil der Eckvergütung; die Vergütung kann nach einem Stundensatz bemessen werden.
(3) ¹Die Vergütung kann je nach Art der Maßnahme und Leistung der Gefangenen gestuft werden. ²Sie beträgt mindestens 60 Prozent der Eckvergütung. ³Der Senator für Justiz und Verfassung wird ermächtigt, in einer Rechtsverordnung Vergütungsstufen zu bestimmen.
(4) Soweit Beiträge zur Bundesagentur für Arbeit zu entrichten sind, kann vom Arbeitsentgelt oder der Ausbildungsbeihilfe ein Betrag einbehalten werden, der dem Anteil der Gefangenen am Beitrag entsprechen würde, wenn sie diese Vergütung als Arbeitnehmer erhielten.
(5) Die Höhe der Vergütung ist den Gefangenen schriftlich bekannt zu geben.
(6) Die Gefangenen, die an einer Maßnahme nach § 21 teilnehmen, erhalten hierfür nur eine Ausbildungsbeihilfe, soweit kein Anspruch auf Leistungen zum Lebensunterhalt besteht, die außerhalb des Vollzugs aus solchem Anlass gewährt werden.
(7) ¹Haben Gefangene drei Monate lang zusammenhängend eine Tätigkeit nach den §§ 19 bis 22 ausgeübt, so erhalten sie eine Freistellung von zwei Arbeitstagen. ²Die Regelung des § 24 Absatz 1 bleibt unberührt. ³Durch Zeiten, in denen Gefangene ohne ihr Verschulden durch Krankheit, Lockerungen, Freistellung von der Arbeit oder sonstige nicht von ihnen zu vertretende Gründe an der Tätigkeit nach §§ 19 bis 22 gehindert sind, wird die Frist nach Satz 1 gehemmt. ⁴Beschäftigungszeiträume von weniger als drei Monaten bleiben unberücksichtigt.
(8) ¹Die Gefangenen können beantragen, dass die Freistellung nach Absatz 7 in Form von Langzeitausgang gewährt wird. ²§ 38 Absatz 2 bis 4 und § 40 gelten entsprechend.
(9) § 24 Absatz 4 gilt entsprechend.
(10) ¹Nehmen die Gefangenen nicht innerhalb eines Jahres nach Vorliegen der Voraussetzungen die Freistellung nach Absatz 7 Satz 1 in Anspruch, so wird diese von der Anstalt auf den Entlassungszeitpunkt angerechnet. ²Eine Anrechnung nach Satz 1 ist ausgeschlossen,
1. bei Gefangenen, die eine lebenslange Freiheitsstrafe verbüßen oder bei denen Sicherungsverwahrung angeordnet oder vorbehalten wurde und ein Entlassungszeitpunkt noch nicht bestimmt ist,
2. bei einer Aussetzung der Vollstreckung des Restes einer Freiheitsstrafe zur Bewährung, soweit wegen des von der Entscheidung des Gerichts bis zur Entlassung verbleibenden Zeitraums eine Anrechnung nicht mehr möglich ist,
3. wenn dies vom Gericht angeordnet wird, weil bei einer Aussetzung der Vollstreckung des Restes einer Freiheitsstrafe zur Bewährung die Lebensverhältnisse der Gefangenen oder die Wirkungen,

die von der Aussetzung für sie zu erwarten sind, die Vollstreckung bis zu einem bestimmten Zeitpunkt erfordern,
4. wenn nach § 456a Absatz 1 der Strafprozessordnung von der Vollstreckung abgesehen wird oder
5. wenn die Gefangenen im Gnadenwege aus der Haft entlassen werden.

(11) ¹Soweit eine Anrechnung nach Absatz 10 ausgeschlossen ist, erhalten die Gefangenen bei ihrer Entlassung für ihre Tätigkeit als Ausgleichsentschädigung zusätzlich 15 vom Hundert der ihnen gewährten Vergütung. ²Der Anspruch entsteht erst mit der Entlassung. ³Gefangenen, bei denen eine Anrechnung nach Absatz 10 Satz 2 Nummer 1 ausgeschlossen ist, wird die Ausgleichszahlung bereits nach Verbüßung von jeweils zehn Jahren Freiheitsstrafe zum Eigengeld nach § 57 gutgeschrieben, soweit sie nicht vor diesem Zeitpunkt entlassen werden. ⁴§ 57 Absatz 4 des Strafgesetzbuches gilt entsprechend.

§ 56 Überbrückungsgeld

(1) Aus den in diesem Gesetz geregelten Bezügen und aus den Bezügen der Gefangenen, die in einem freien Beschäftigungsverhältnis stehen oder denen gestattet ist, sich selbst zu beschäftigen, ist ein Überbrückungsgeld zu bilden, das den notwendigen Lebensunterhalt der Gefangenen und ihrer Unterhaltsberechtigten in den ersten vier Wochen nach der Entlassung sichern soll.

(2) ¹Das Überbrückungsgeld wird den Gefangenen bei der Entlassung in die Freiheit ausbezahlt. ²Die Anstalt kann es ganz oder zum Teil der Bewährungshilfe oder einer mit der Entlassenenbetreuung befassten Stelle überweisen, die darüber entscheiden, wie das Geld innerhalb der ersten vier Wochen nach der Entlassung an die Entlassenen ausbezahlt wird. ³Die Bewährungshilfe und die mit der Entlassenenbetreuung befasste Stelle sind verpflichtet, das Überbrückungsgeld von ihrem Vermögen gesondert zu halten. ⁴Mit Zustimmung der Gefangenen kann das Überbrückungsgeld auch an Unterhaltsberechtigte überwiesen werden.

(3) ¹Die Anstaltsleitung kann gestatten, dass das Überbrückungsgeld für Ausgaben in Anspruch genommen wird, die der Eingliederung der Gefangenen dienen. ²Dies gilt auch für die Entrichtung einer Geldstrafe.

§ 57 Eigengeld

(1) Das Eigengeld besteht aus den Beträgen, die die Gefangenen bei Strafantritt mitbringen und die sie während der Haftzeit erhalten, und den Teilen der Vergütung, die nicht als Hausgeld, Haftkostenbeitrag oder Überbrückungsgeld in Anspruch genommen werden.

(2) ¹Die Gefangenen können über das Eigengeld verfügen. ²§ 53 Absatz 2, §§ 60 und 61 bleiben unberührt.

§ 58 Taschengeld

(1) ¹Bedürftigen Gefangenen wird auf Antrag Taschengeld gewährt. ²Bedürftig sind Gefangene, soweit ihnen aus Hausgeld nach § 60 und Eigengeld nach § 57 monatlich ein Betrag bis zur Höhe des Taschengelds voraussichtlich nicht zur Verfügung steht. ³Finanzielle Anerkennungen nach § 55 Absatz 1 Nummer 1 bleiben bis zur Höhe des Taschengeldbetrages unberücksichtigt.

(2) Gefangene gelten nicht als bedürftig, wenn ihnen ein Betrag nach Absatz 1 Satz 2 deshalb nicht zur Verfügung steht, weil sie eine ihnen zugewiesene zumutbare Arbeit nicht angenommen haben oder eine ausgeübte Arbeit verschuldet verloren haben.

(3) ¹Das Taschengeld beträgt 14 Prozent der Eckvergütung nach § 55 Absatz 2. ²Es wird zu Beginn des Monats im Voraus gewährt. ³Gehen den Gefangenen im Laufe des Monats Gelder zu, wird zum Ausgleich ein Betrag bis zur Höhe des gewährten Taschengelds einbehalten.

(4) ¹Die Gefangenen dürfen über das Taschengeld im Rahmen der Bestimmungen dieses Gesetzes verfügen. ²Es wird dem Hausgeldkonto gutgeschrieben.

§ 59 Konten, Bargeld

(1) Gelder der Gefangenen werden auf Hausgeld- und Eigengeldkonten in der Anstalt geführt.

(2) ¹Der Besitz von Bargeld in der Anstalt ist den Gefangenen nicht gestattet. ²Über Ausnahmen entscheidet die Anstaltsleitung.

(3) Geld in Fremdwährung wird zur Habe genommen.

§ 60 Hausgeld

(1) Das Hausgeld wird aus drei Siebteln der in diesem Gesetz geregelten Vergütung gebildet.

(2) Für Gefangene, die aus einem freien Beschäftigungsverhältnis, aus einer Selbstbeschäftigung oder anderweitig regelmäßige Einkünfte haben, wird daraus ein angemessenes monatliches Hausgeld festgesetzt.
(3) Für Gefangene, die über Eigengeld nach § 57 verfügen und keine hinreichende Vergütung nach diesem Gesetz erhalten, gilt Absatz 2 entsprechend.
(4) [1]Die Gefangenen dürfen über das Hausgeld im Rahmen der Bestimmungen dieses Gesetzes verfügen. [2]Der Anspruch auf Auszahlung ist nicht übertragbar.

§ 61 Zweckgebundene Einzahlungen
[1]Für Maßnahmen der Eingliederung, insbesondere Kosten der Gesundheitsfürsorge und der Aus- und Fortbildung, und für Maßnahmen der Pflege sozialer Beziehungen, insbesondere Telefonkosten und Fahrtkosten anlässlich Lockerungen, kann zweckgebunden Geld eingezahlt werden. [2]Das Geld darf nur für diese Zwecke verwendet werden. [3]Der Anspruch auf Auszahlung ist nicht übertragbar.

§ 62 Haftkostenbeitrag, Kostenbeteiligung
(1) [1]Die Anstalt erhebt von Gefangenen, die sich in einem freien Beschäftigungsverhältnis befinden, sich selbst beschäftigen oder über anderweitige regelmäßige Einkünfte verfügen, für diese Zeit einen Haftkostenbeitrag. [2]Von Gefangenen, die sich selbst beschäftigen, kann der Haftkostenbeitrag monatlich im Voraus ganz oder teilweise gefordert werden. [3]Vergütungen nach diesem Gesetz bleiben unberücksichtigt. [4]Den Gefangenen muss täglich ein Tagessatz gemäß § 55 Absatz 2 Satz 2 verbleiben. [5]Von der Geltendmachung des Anspruches ist abzusehen, soweit die Wiedereingliederung der Gefangenen hierdurch gefährdet würde.
(2) [1]Der Haftkostenbeitrag wird in Höhe des Betrages erhoben, der nach § 17 Absatz 1 Nummer 4 des Vierten Buches Sozialgesetzbuch durchschnittlich zur Bewertung der Sachbezüge festgesetzt ist. [2]Bei Selbstverpflegung entfallen die für die Verpflegung vorgesehenen Beträge. [3]Für den Wert der Unterkunft ist die festgesetzte Belegungsfähigkeit maßgebend.
(3) Die Gefangenen können an den Betriebskosten der in ihrem Gewahrsam befindlichen Geräte beteiligt werden.

Abschnitt 11
Gesundheitsfürsorge

§ 63 Art und Umfang der medizinischen Leistungen, Kostenbeteiligung
(1) [1]Die Gefangenen haben einen Anspruch auf notwendige, ausreichende und zweckmäßige medizinische Leistungen unter Beachtung des Grundsatzes der Wirtschaftlichkeit und unter Berücksichtigung des allgemeinen Standards der gesetzlichen Krankenversicherung. [2]Der Anspruch umfasst auch Vorsorgeleistungen, ferner die Versorgung mit medizinischen Hilfsmitteln, soweit diese mit Rücksicht auf die Dauer des Freiheitsentzuges nicht ungerechtfertigt ist und die Hilfsmittel nicht als allgemeine Gebrauchsgegenstände des täglichen Lebens anzusehen sind.
(2) [1]An den Kosten nach Absatz 1 können die Gefangenen in angemessenem Umfang beteiligt werden, höchstens jedoch bis zum Umfang der Beteiligung vergleichbarer gesetzlich Versicherter. [2]Für Leistungen, die über Absatz 1 hinausgehen, können den Gefangenen die gesamten Kosten auferlegt werden.
(3) [1]Erhalten Gefangene Leistungen nach Absatz 1 infolge einer mutwilligen Selbstverletzung, sind sie in angemessenem Umfang an den Kosten zu beteiligen. [2]Die Kostenbeteiligung unterbleibt, wenn hierdurch die Erreichung des Vollzugszieles, insbesondere die Eingliederung der Gefangenen, gefährdet würde.

§ 64 Durchführung der medizinischen Leistungen, Forderungsübergang
(1) Medizinische Diagnose, Behandlung und Versorgung kranker und hilfsbedürftiger Gefangener erfolgen in der Anstalt, erforderlichenfalls in einer hierfür besser geeigneten Anstalt oder einem Vollzugskrankenhaus, ausnahmsweise auch außerhalb des Vollzuges.
(2) Wird die Strafvollstreckung während einer Behandlung von Gefangenen unterbrochen oder beendet, so hat das Land nur diejenigen Kosten zu tragen, die bis zur Unterbrechung oder Beendigung der Strafvollstreckung angefallen sind.
(3) [1]Gesetzliche Schadensersatzansprüche, die Gefangenen infolge einer Körperverletzung gegen Dritte zustehen, gehen insoweit auf das Land über, als den Gefangenen Leistungen nach § 63 Absatz 1

zu gewähren sind. ²Von der Geltendmachung der Ansprüche ist im Interesse Gefangener abzusehen, wenn hierdurch die Erreichung des Vollzugsziels gefährdet würde.

§ 65 Ärztliche Behandlung zur sozialen Eingliederung
¹Mit Zustimmung der Gefangenen soll die Anstalt ärztliche Behandlungen, insbesondere Operationen oder prothetische Maßnahmen, durchführen lassen, die die soziale Eingliederung fördern. ²Die Kosten tragen die Gefangenen. ³Sind sie dazu nicht in der Lage, kann die Anstalt die Kosten in begründeten Fällen in angemessenem Umfang übernehmen.

§ 66 Gesundheitsschutz und Hygiene
(1) ¹Die Anstalt unterstützt die Gefangenen bei der Wiederherstellung und Erhaltung ihrer körperlichen, geistigen und seelischen Gesundheit. ²Sie fördert das Bewusstsein für gesunde Ernährung und Lebensführung. ³Die Gefangenen haben die notwendigen Anordnungen zum Gesundheitsschutz und zur Hygiene zu befolgen.
(2) Den Gefangenen wird ermöglicht, sich täglich mindestens eine Stunde im Freien aufzuhalten.

§ 67 Krankenbehandlung während Lockerungen
(1) ¹Während Lockerungen haben die Gefangenen einen Anspruch auf medizinische Leistungen gegen das Land nur in der für sie zuständigen Anstalt. ²§ 39 bleibt unberührt.
(2) Der Anspruch auf Leistungen ruht, solange die Gefangenen aufgrund eines freien Beschäftigungsverhältnisses krankenversichert sind.

§ 68 Zwangsmaßnahmen auf dem Gebiet der Gesundheitsfürsorge
(1) Medizinische Untersuchung und Behandlung sowie Ernährung sind zwangsweise gegen den natürlichen Willen Gefangener nur zulässig bei
1. Lebensgefahr,
2. erheblicher Gefahr einer schwerwiegenden Schädigung der Gesundheit der Gefangenen oder
3. erheblicher Gefahr einer schwerwiegenden Schädigung der Gesundheit anderer Personen.
(2) Zwangsmaßnahmen nach Absatz 1 dürfen nur angeordnet werden, wenn
1. eine Patientenverfügung im Sinne des § 1901a Absatz 1 Satz 1 des Bürgerlichen Gesetzbuches, deren Festlegungen auf die aktuelle Lebens- und Behandlungssituation zutreffen und gegen die Durchführung der Maßnahmen gerichtet sind, nicht vorliegt,
2. erfolglos versucht worden ist, die auf Vertrauen gegründete Zustimmung der Gefangenen zu der Untersuchung, Behandlung oder Ernährung zu erwirken,
3. deren Anordnung den Gefangenen angekündigt wurde und sie über Art, Umfang, Dauer und zu erwartende Folgen und Risiken der Maßnahme in einer der Auffassungsgabe und dem Gesundheitszustand der Gefangenen angemessenen Weise durch einen Arzt oder eine Ärztin aufgeklärt wurden,
4. die Maßnahme zur Abwendung der Lebens- oder Gesundheitsgefahr geeignet, erforderlich, für die Betroffenen nicht mit unverhältnismäßigen Belastungen und Folgen verbunden ist und mildere Mittel keinen Erfolg versprechen und
5. der zu erwartende Nutzen der Maßnahme die mit der Maßnahme verbundenen Belastungen und den möglichen Schaden der Nichtbehandlung deutlich überwiegt.
(3) ¹Zur Durchführung von Zwangsmaßnahmen in den Fällen des Absatz 1 Nummer 1 und 2 ist die Anstalt nicht berechtigt, solange von einer freien Willensbestimmung der Gefangenen ausgegangen werden kann. ²Liegen Anhaltspunkte vor, dass Gefangene zur Einsicht in die Notwendigkeit von medizinischen Behandlungsmaßnahmen oder zum Handeln gemäß solcher Einsicht krankheitsbedingt nicht fähig sind, hat die Anstaltsleitung bei dem zuständigen Gericht unverzüglich die Bestellung einer Betreuung von Amts wegen anzuregen. ³Die Entscheidung des Gerichts ist abzuwarten.
(4) ¹Zwangsmaßnahmen nach Absatz 1 werden durch einen Arzt oder eine Ärztin angeordnet, geleitet und überwacht. ²Die Anordnung bedarf der Zustimmung der Anstaltsleitung. ³Gleiches gilt für Erklärungen der Gefangenen, die im Zusammenhang mit Zwangsmaßnahmen von Bedeutung sein können. ⁴Die Gründe für die Anordnung der Maßnahmen nach Absatz 1, das Vorliegen der Voraussetzungen nach Absatz 2 sowie die ergriffenen Maßnahmen, einschließlich ihres Zwangscharakters, der Durchsetzungsweise, der Wirkungsüberwachung sowie der Untersuchungs- und Behandlungsverlauf sind zu dokumentieren.

(5) ¹Anordnungen nach Absatz 4 sind den Gefangenen unverzüglich bekannt zu geben. ²Sie sind darüber zu belehren, dass sie gegen die Anordnung Antrag auf gerichtliche Entscheidung stellen und bei Gericht um einstweiligen Rechtsschutz ersuchen können. ³Mit dem Vollzug einer Anordnung ist zuzuwarten, bis die Gefangenen Gelegenheit hatten, eine gerichtliche Entscheidung herbeizuführen.
(6) Von den Anforderungen nach Absatz 2 Nummer 2 und 3, Absatz 3 Satz 3 und Absatz 5 Satz 3 kann abgesehen werden, wenn Gefahr im Verzug besteht.
(7) Zur Gewährleistung des Gesundheitsschutzes und der Hygiene ist die zwangsweise körperliche Untersuchung der Gefangenen zulässig, wenn sie nicht mit einem körperlichen Eingriff verbunden ist.

§ 69 Benachrichtigungspflicht
(1) ¹Erkranken Gefangene schwer oder versterben sie, werden die Angehörigen benachrichtigt. ²Dem Wunsch, auch andere Personen zu benachrichtigen, soll nach Möglichkeit entsprochen werden.
(2) ¹Eine Benachrichtigung nach Absatz 1 Satz 1 setzt die Einwilligung der Gefangenen voraus. ²Kann die Einwilligung nicht erlangt werden, erfolgt die Benachrichtigung, wenn die Gefangenen einer Benachrichtigung nicht widersprochen haben und keine sonstigen Anhaltspunkte dafür bestehen, dass eine Benachrichtigung nicht angebracht ist.

Abschnitt 12
Religionsausübung

§ 70 Seelsorge
¹Den Gefangenen darf religiöse Betreuung durch einen Seelsorger oder eine Seelsorgerin ihrer Religionsgemeinschaft nicht versagt werden. ²Auf Wunsch ist ihnen zu helfen, mit einem Seelsorger oder einer Seelsorgerin in Verbindung zu treten.

§ 71 Religiöse Veranstaltungen
(1) Die Gefangenen haben das Recht, am Gottesdienst und an anderen religiösen Veranstaltungen ihres Bekenntnisses teilzunehmen.
(2) Die Zulassung zu Gottesdiensten oder religiösen Veranstaltungen einer anderen Religionsgemeinschaft bedarf der Zustimmung des Seelsorgers oder der Seelsorgerin der Religionsgemeinschaft.
(3) Gefangene können von der Teilnahme am Gottesdienst oder anderen religiösen Veranstaltungen ausgeschlossen werden, wenn dies aus überwiegenden Gründen der Sicherheit oder Ordnung geboten ist; der Seelsorger oder die Seelsorgerin soll vorher gehört werden.

§ 72 Weltanschauungsgemeinschaften
Für Angehörige weltanschaulicher Bekenntnisse gelten § 50 Absatz 2, §§ 70 und 71 entsprechend.

Abschnitt 13
Sicherheit und Ordnung

§ 73 Grundsatz
(1) Sicherheit und Ordnung der Anstalt bilden die Grundlage des auf die Erreichung des Vollzugsziels ausgerichteten Anstaltslebens und tragen dazu bei, dass in der Anstalt ein gewaltfreies Klima herrscht.
(2) Die Pflichten und Beschränkungen, die den Gefangenen zur Aufrechterhaltung der Sicherheit oder Ordnung der Anstalt auferlegt werden, sind so zu wählen, dass sie in einem angemessenen Verhältnis zu ihrem Zweck stehen und die Gefangenen nicht mehr und nicht länger als notwendig beeinträchtigen.

§ 74 Allgemeine Verhaltenspflichten
(1) ¹Die Gefangenen sind für das geordnete Zusammenleben in der Anstalt mitverantwortlich und müssen mit ihrem Verhalten dazu beitragen. ²Ihr Bewusstsein hierfür ist zu entwickeln und zu stärken. ³Die Gefangenen sind zu einvernehmlicher Streitbeilegung zu befähigen.
(2) ¹Die Gefangenen haben die Anordnungen der Bediensteten zu befolgen, auch wenn sie sich durch diese beschwert fühlen. ²Einen ihnen zugewiesenen Bereich dürfen die Gefangenen nicht ohne Erlaubnis verlassen.
(3) Die Gefangenen haben ihren Haftraum und die ihnen von der Anstalt überlassenen Sachen in Ordnung zu halten und schonend zu behandeln.

(4) Die Gefangenen haben Umstände, die eine Gefahr für das Leben oder eine erhebliche Gefahr für die Gesundheit einer Person bedeuten, unverzüglich zu melden.

§ 75 Absuchung, Durchsuchung
(1) ¹Die Gefangenen, ihre Sachen und die Hafträume dürfen mit technischen Mitteln oder sonstigen Hilfsmitteln abgesucht und durchsucht werden. ²Die Durchsuchung männlicher Gefangener darf nur von Männern, die Durchsuchung weiblicher Gefangener darf nur von Frauen vorgenommen werden. ³Das Schamgefühl ist zu schonen.
(2) ¹Nur bei Gefahr im Verzug oder auf Anordnung der Anstaltsleitung im Einzelfall ist es zulässig, eine mit einer Entkleidung verbundene körperliche Durchsuchung vorzunehmen. ²Sie darf bei männlichen Gefangenen nur in Gegenwart von Männern, bei weiblichen Gefangenen nur in Gegenwart von Frauen erfolgen. ³Sie ist in einem geschlossenen Raum durchzuführen. ⁴Andere Gefangene dürfen nicht anwesend sein.
(3) Die Anstaltsleitung kann allgemein anordnen, dass die Gefangenen in der Regel bei der Aufnahme, vor und nach Kontakten mit Besuchspersonen sowie vor und nach jeder Abwesenheit von der Anstalt nach Absatz 2 zu durchsuchen sind.

§ 76 Sichere Unterbringung
Gefangene können in eine Anstalt verlegt werden, die zu ihrer sicheren Unterbringung besser geeignet ist, wenn in erhöhtem Maße die Gefahr der Entweichung oder Befreiung gegeben ist oder sonst ihr Verhalten oder ihr Zustand eine Gefahr für die Sicherheit der Anstalt darstellt.

§ 77 Maßnahmen zur Feststellung von Suchtmittelgebrauch
(1) ¹Zur Aufrechterhaltung der Sicherheit oder Ordnung der Anstalt kann die Anstaltsleitung allgemein oder im Einzelfall Maßnahmen anordnen, die geeignet sind, den Gebrauch von Suchtmitteln festzustellen. ²Diese Maßnahmen dürfen nicht mit einem körperlichen Eingriff verbunden sein.
(2) Verweigern Gefangene die Mitwirkung an Maßnahmen nach Absatz 1 ohne hinreichenden Grund, ist davon auszugehen, dass Suchtmittelfreiheit nicht gegeben ist.
(3) Wird verbotener Suchtmittelgebrauch festgestellt, können die Kosten der Maßnahmen den Gefangenen auferlegt werden.

§ 77a Überflugverbot
(1) Über dem Anstaltsgelände und in einer Entfernung von weniger als 100 m von dessen Begrenzung ist der Betrieb von Flugmodellen und unbemannten Luftfahrtsystemen in einer Höhe von bis zu 150 m über Grund und Wasser verboten.
(2) Für vollzugliche oder sonstige öffentliche Zwecke kann die Anstaltsleitung den Betrieb im Einzelfall gestatten.
(3) Für den Bereich außerhalb des Anstaltsgeländes kann die Gestattung auch für private Zwecke erteilt werden, wenn keine Gefährdung für die Sicherheit und Ordnung der Anstalt zu befürchten ist.

§ 78 Festnahmerecht
¹Gefangene, die entwichen sind oder sich sonst ohne Erlaubnis außerhalb der Anstalt aufhalten, können durch die Anstalt oder auf deren Veranlassung festgenommen und zurückgebracht werden. ²Führt die Verfolgung oder die von der Anstalt veranlasste Fahndung nicht alsbald zur Wiederergreifung, so sind die weiteren Maßnahmen der Vollstreckungsbehörde zu überlassen.

§ 79 Besondere Sicherungsmaßnahmen
(1) Gegen Gefangene können besondere Sicherungsmaßnahmen angeordnet werden, wenn nach ihrem Verhalten oder aufgrund ihres seelischen Zustandes in erhöhtem Maße die Gefahr der Entweichung, von Gewalttätigkeiten gegen Personen oder Sachen, der Selbsttötung oder der Selbstverletzung besteht.
(2) Als besondere Sicherungsmaßnahmen sind zulässig:
1. der Entzug oder die Vorenthaltung von Gegenständen,
2. die Beobachtung der Gefangenen, auch mit technischen Hilfsmitteln,
3. die Trennung von allen anderen Gefangenen (Absonderung),
4. der Entzug oder die Beschränkung des Aufenthalts im Freien,
5. die Unterbringung in einem besonders gesicherten Haftraum ohne gefährdende Gegenstände und
6. die Fesselung.

(3) Maßnahmen nach Absatz 2 Nummer 1 und 3 bis 5 sind auch zulässig, wenn die Gefahr einer Befreiung oder eine erhebliche Störung der Ordnung anders nicht vermieden oder behoben werden kann.
(4) Eine Absonderung von mehr als vierundzwanzig Stunden Dauer ist nur zulässig, wenn sie zur Abwehr einer in der Person der Gefangenen liegenden Gefahr unerlässlich ist.
(5) ¹In der Regel dürfen Fesseln nur an den Händen oder an den Füßen angelegt werden. ²Im Interesse der Gefangenen kann die Anstaltsleitung eine andere Art der Fesselung anordnen. ³Die Fesselung wird zeitweise gelockert, soweit dies notwendig ist.
(6) Besteht die Gefahr der Entweichung, dürfen die Gefangenen bei einer Ausführung, Vorführung oder beim Transport gefesselt werden.

§ 80 Anordnung besonderer Sicherungsmaßnahmen, Verfahren
(1) ¹Besondere Sicherungsmaßnahmen ordnet die Anstaltsleitung an. ²Bei Gefahr im Verzug können auch andere Bedienstete diese Maßnahmen vorläufig anordnen; die Entscheidung der Anstaltsleitung ist unverzüglich einzuholen.
(2) ¹Werden die Gefangenen ärztlich behandelt oder beobachtet oder bildet ihr seelischer Zustand den Anlass der besonderen Sicherungsmaßnahme, ist vorher eine ärztliche Stellungnahme einzuholen. ²Ist dies wegen Gefahr im Verzug nicht möglich, wird die Stellungnahme unverzüglich nachträglich eingeholt.
(3) Die Entscheidung wird den Gefangenen von der Anstaltsleitung mündlich eröffnet und mit einer kurzen Begründung schriftlich abgefasst.
(4) Besondere Sicherungsmaßnahmen sind in angemessenen Abständen daraufhin zu überprüfen, ob und in welchem Umfang sie aufrechterhalten werden müssen.
(5) ¹Besondere Sicherungsmaßnahmen nach § 79 Absatz 2 Nummer 3, 5 und 6 sind der Aufsichtsbehörde unverzüglich mitzuteilen, wenn sie länger als drei Tage aufrechterhalten werden. ²Absonderung und Unterbringung im besonders gesicherten Haftraum von mehr als 30 Tagen Gesamtdauer innerhalb von zwölf Monaten bedürfen der Zustimmung der Aufsichtsbehörde.
(6) ¹Während der Absonderung und Unterbringung im besonders gesicherten Haftraum sind die Gefangenen in besonderem Maße zu betreuen. ²Sind die Gefangenen darüber hinaus gefesselt, sind sie durch einen Bediensteten ständig und in unmittelbarem Sichtkontakt zu beobachten.

§ 81 Ärztliche Überwachung
(1) ¹Sind die Gefangenen in einem besonders gesicherten Haftraum untergebracht oder gefesselt, sucht sie der Arzt oder die Ärztin alsbald und in der Folge möglichst täglich auf. ²Dies gilt nicht bei einer Fesselung während einer Ausführung, Vorführung oder eines Transportes sowie bei Bewegungen innerhalb der Anstalt.
(2) Der Arzt oder die Ärztin ist regelmäßig zu hören, solange den Gefangenen der tägliche Aufenthalt im Freien entzogen ist oder sie länger als vierundzwanzig Stunden abgesondert sind.

Abschnitt 14
Unmittelbarer Zwang

§ 82 Begriffsbestimmungen
(1) Unmittelbarer Zwang ist die Einwirkung auf Personen oder Sachen durch körperliche Gewalt, ihre Hilfsmittel oder durch Waffen.
(2) Körperliche Gewalt ist jede unmittelbare körperliche Einwirkung auf Personen oder Sachen.
(3) ¹Hilfsmittel der körperlichen Gewalt sind insbesondere Fesseln und Reizstoffe. ²Waffen sind Hieb- und Schusswaffen.
(4) Es dürfen nur dienstlich zugelassene Hilfsmittel und Waffen verwendet werden.

§ 83 Allgemeine Voraussetzungen
(1) Bedienstete dürfen unmittelbaren Zwang anwenden, wenn sie Vollzugs- und Sicherungsmaßnahmen rechtmäßig durchführen und der damit verfolgte Zweck auf keine andere Weise erreicht werden kann.
(2) Gegen andere Personen als Gefangene darf unmittelbarer Zwang angewendet werden, wenn sie es unternehmen, Gefangene zu befreien oder widerrechtlich in die Anstalt einzudringen, oder wenn sie sich unbefugt darin aufhalten.

(3) Das Recht zu unmittelbarem Zwang aufgrund anderer Regelungen bleibt unberührt.

§ 84 Grundsatz der Verhältnismäßigkeit
(1) Unter mehreren möglichen und geeigneten Maßnahmen des unmittelbaren Zwangs sind diejenigen zu wählen, die den Einzelnen und die Allgemeinheit voraussichtlich am wenigsten beeinträchtigen.
(2) Unmittelbarer Zwang unterbleibt, wenn ein durch ihn zu erwartender Schaden erkennbar außer Verhältnis zu dem angestrebten Erfolg steht.

§ 85 Androhung
^{1}Unmittelbarer Zwang ist vorher anzudrohen. ^{2}Die Androhung darf nur dann unterbleiben, wenn die Umstände sie nicht zulassen oder unmittelbarer Zwang sofort angewendet werden muss, um eine rechtswidrige Tat, die den Tatbestand eines Strafgesetzes erfüllt, zu verhindern oder eine gegenwärtige Gefahr abzuwenden.

§ 86 Schusswaffengebrauch
(1) ^{1}Schusswaffen dürfen nur gebraucht werden, wenn andere Maßnahmen des unmittelbaren Zwangs bereits erfolglos waren oder keinen Erfolg versprechen. ^{2}Gegen Personen ist ihr Gebrauch nur zulässig, wenn der Zweck nicht durch Waffenwirkung gegen Sachen erreicht werden kann.
(2) ^{1}Schusswaffen dürfen nur die dazu bestimmten Bediensteten gebrauchen und nur, um angriffs- oder fluchtunfähig zu machen. ^{2}Ihr Gebrauch unterbleibt, wenn dadurch erkennbar Unbeteiligte mit hoher Wahrscheinlichkeit gefährdet würden.
(3) ^{1}Der Gebrauch von Schusswaffen ist vorher anzudrohen. ^{2}Als Androhung gilt auch ein Warnschuss. ^{3}Ohne Androhung dürfen Schusswaffen nur dann gebraucht werden, wenn dies zur Abwehr einer gegenwärtigen Gefahr für Leib oder Leben erforderlich ist.
(4) ^{1}Gegen Gefangene dürfen Schusswaffen gebraucht werden,
1. wenn sie eine Waffe oder ein anderes gefährliches Werkzeug trotz wiederholter Aufforderung nicht ablegen,
2. wenn sie eine Meuterei im Sinne des § 121 des Strafgesetzbuchs unternehmen oder
3. um ihre Entweichung zu vereiteln oder um sie wiederzugreifen.

^{2}Um die Flucht aus einer Anstalt des offenen Vollzugs zu vereiteln, dürfen keine Schusswaffen gebraucht werden.
(5) Gegen andere Personen dürfen Schusswaffen gebraucht werden, wenn sie es unternehmen, Gefangene gewaltsam zu befreien oder gewaltsam in eine Anstalt einzudringen.

Abschnitt 15
Disziplinarverfahren

§ 87 Disziplinarmaßnahmen
(1) Disziplinarmaßnahmen können angeordnet werden, wenn die Gefangenen rechtswidrig und schuldhaft
1. andere Personen verbal oder tätlich angreifen,
2. Lebensmittel oder fremde Sachen zerstören oder beschädigen,
3. in sonstiger Weise gegen Strafgesetze verstoßen oder eine Ordnungswidrigkeit begehen,
4. verbotene Gegenstände in die Anstalt einbringen, sich an deren Einbringung beteiligen, sie besitzen oder weitergeben,
5. unerlaubt Betäubungsmittel oder andere berauschende Stoffe konsumieren,
6. entweichen oder zu entweichen versuchen,
7. gegen Weisungen im Zusammenhang mit der Gewährung von Lockerungen verstoßen oder
8. wiederholt oder schwerwiegend gegen sonstige Pflichten verstoßen, die ihnen durch dieses Gesetz oder aufgrund dieses Gesetzes auferlegt sind, und dadurch das geordnete Zusammenleben in der Anstalt stören.

(2) Zulässige Disziplinarmaßnahmen sind:
1. der Verweis,
2. die Beschränkung oder der Entzug des Fernsehempfangs bis zu drei Monaten,
3. die Beschränkung oder der Entzug der Gegenstände für die Freizeitbeschäftigung mit Ausnahme des Lesestoffs bis zu drei Monaten,

4. die Beschränkung oder der Entzug der Teilnahme an einzelnen Freizeitveranstaltungen bis zu drei Monaten,
5. die Beschränkung des Einkaufs bis zu drei Monaten,
6. die getrennte Unterbringung während der Freizeit bis zu vier Wochen,
7. die Kürzung des Arbeitsentgelts um zehn Prozent bis zu drei Monaten,
8. der Entzug der zugewiesenen Arbeit bis zu vier Wochen unter Wegfall der in diesem Gesetz geregelten Bezüge und
9. der Arrest bis zu vier Wochen.
(3) Arrest darf nur wegen schwerer oder wiederholter Verfehlungen verhängt werden.
(4) Mehrere Disziplinarmaßnahmen können miteinander verbunden werden.
(5) Disziplinarmaßnahmen sind auch zulässig, wenn wegen derselben Verfehlung ein Straf- oder Bußgeldverfahren eingeleitet wird.

§ 88 Vollzug der Disziplinarmaßnahmen, Aussetzung zur Bewährung
(1) [1]Disziplinarmaßnahmen werden in der Regel sofort vollstreckt. [2]Die Vollstreckung ist auszusetzen, soweit es zur Gewährung eines effektiven Rechtsschutzes erforderlich ist.
(2) [1]Disziplinarmaßnahmen können ganz oder teilweise bis zu sechs Monaten zur Bewährung ausgesetzt werden. [2]Die Aussetzung zur Bewährung kann ganz oder teilweise widerrufen werden, wenn die Gefangenen die ihr zugrundeliegenden Erwartungen nicht erfüllen.
(3) [1]Für die Dauer des Arrests werden die Gefangenen abgesondert. [2]Sie können in einem besonderen Arrestraum untergebracht werden, der den Anforderungen entsprechen muss, die an einen zum Aufenthalt bei Tag und Nacht bestimmten Haftraum gestellt werden. [3]Soweit nichts anderes angeordnet wird, ruhen die Befugnisse der Gefangenen zur Teilnahme an Maßnahmen außerhalb des Raumes, in dem der Arrest vollstreckt wird, sowie die Befugnisse zur Ausstattung des Haftraums mit eigenen Gegenständen, zum Fernsehempfang und Einkauf. [4]Gegenstände für die Freizeitbeschäftigung mit Ausnahme des Lesestoffs sind nicht zugelassen. [5]Die Rechte zur Teilnahme am Gottesdienst und auf Aufenthalt im Freien bleiben unberührt.

§ 89 Disziplinarbefugnis
(1) [1]Disziplinarmaßnahmen ordnet die Anstaltsleitung an. [2]Bei einer Verfehlung auf dem Weg in eine andere Anstalt zum Zweck der Verlegung ist die Leitung der Bestimmungsanstalt zuständig.
(2) Die Aufsichtsbehörde entscheidet, wenn sich die Verfehlung gegen die Anstaltsleitung richtet.
(3) [1]Disziplinarmaßnahmen, die gegen die Gefangenen in einer anderen Anstalt oder während einer Untersuchungshaft angeordnet worden sind, werden auf Ersuchen vollstreckt. [2]§ 88 Absatz 2 bleibt unberührt.

§ 90 Verfahren
(1) [1]Der Sachverhalt ist zu klären. [2]Hierbei sind sowohl belastende als auch entlastende Umstände zu ermitteln. [3]Die betroffenen Gefangenen werden gehört. [4]Sie werden darüber unterrichtet, welche Verfehlungen ihnen zur Last gelegt werden. [5]Sie sind darauf hinzuweisen, dass es ihnen freisteht sich zu äußern oder nicht zur Sache auszusagen. [6]Die Erhebungen werden in einer Niederschrift festgelegt; die Einlassung der Gefangenen wird vermerkt.
(2) [1]In geeigneten Fällen können zur Abwendung von Disziplinarmaßnahmen im Wege einvernehmlicher Streitbeilegung Vereinbarungen getroffen werden. [2]Insbesondere kommen die Wiedergutmachung des Schadens, die Entschuldigung bei Geschädigten, die Erbringung von Leistungen für die Gemeinschaft und der vorübergehende Verbleib auf dem Haftraum in Betracht. [3]Erfüllen die Gefangenen die Vereinbarung, ist die Anordnung einer Disziplinarmaßnahme aufgrund dieser Verfehlung unzulässig.
(3) Mehrere Verfehlungen, die gleichzeitig zu beurteilen sind, werden durch eine Entscheidung geahndet.
(4) [1]Die Anstaltsleitung soll sich vor der Entscheidung mit Personen besprechen, die maßgeblich an der Vollzugsgestaltung mitwirken. [2]Bei Schwangeren, stillenden Müttern oder bei Gefangenen, die sich in ärztlicher Behandlung befinden, ist ein Arzt oder eine Ärztin zu hören.
(5) [1]Vor der Entscheidung über eine Disziplinarmaßnahme erhalten die Gefangenen die Gelegenheit, sich zu dem Ergebnis der Ermittlungen zu äußern. [2]Die Entscheidung wird den Gefangenen von der Anstaltsleitung mündlich eröffnet und mit einer kurzen Begründung schriftlich abgefasst.

(6) ¹Bevor Arrest vollzogen wird, ist ein Arzt oder eine Ärztin zu hören. ²Während des Arrests stehen die Gefangenen unter ärztlicher Aufsicht. ³Der Vollzug unterbleibt oder wird unterbrochen, wenn ansonsten die Gesundheit der Gefangenen gefährdet würde.

Abschnitt 16
Aufhebung von Maßnahmen, Beschwerde

§ 91 Aufhebung von Maßnahmen
(1) Die Aufhebung von Maßnahmen zur Regelung einzelner Angelegenheiten auf dem Gebiet des Vollzugs richtet sich nach den nachfolgenden Absätzen, soweit dieses Gesetz keine abweichende Bestimmung enthält.
(2) Rechtswidrige Maßnahmen können ganz oder teilweise mit Wirkung für die Vergangenheit und die Zukunft zurückgenommen werden.
(3) Rechtmäßige Maßnahmen können ganz oder teilweise mit Wirkung für die Zukunft widerrufen werden, wenn
1. aufgrund nachträglich eingetretener oder bekannt gewordener Umstände die Maßnahmen hätten versagt werden können,
2. die Maßnahmen missbraucht werden oder
3. Weisungen nicht befolgt werden.
(4) ¹Begünstigende Maßnahmen dürfen nach den Absätzen 2 oder 3 nur aufgehoben werden, wenn die vollzuglichen Interessen an der Aufhebung in Abwägung mit dem schutzwürdigen Vertrauen der Betroffenen auf den Bestand der Maßnahmen überwiegen. ²Davon ist auszugehen, wenn die Aufhebung einer Maßnahme unerlässlich ist, um die Sicherheit der Anstalt zu gewährleisten.
(5) Der gerichtliche Rechtsschutz bleibt unberührt.

§ 92 Beschwerderecht
(1) Die Gefangenen erhalten Gelegenheit, sich in Angelegenheiten, die sie selbst betreffen, mit Wünschen, Anregungen und Beschwerden an die Anstaltsleitung zu wenden.
(2) Besichtigen Vertreter oder Vertreterinnen der Aufsichtsbehörde die Anstalt, so ist zu gewährleisten, dass die Gefangenen sich in Angelegenheiten, die sie selbst betreffen, an diese wenden können.
(3) Die Möglichkeit der Dienstaufsichtsbeschwerde bleibt unberührt.

Abschnitt 17
Kriminologische Forschung

§ 93 Evaluation, kriminologische Forschung
(1) Behandlungsprogramme für die Gefangenen sind auf der Grundlage wissenschaftlicher Erkenntnisse zu konzipieren, zu standardisieren und auf ihre Wirksamkeit hin zu überprüfen.
(2) Der Strafvollzug, insbesondere seine Aufgabenerfüllung und Gestaltung, die Umsetzung seiner Leitlinien sowie die Behandlungsprogramme und deren Wirkungen auf die Erreichung des Vollzugsziels, soll regelmäßig durch den kriminologischen Dienst, durch eine Hochschule oder durch eine andere Stelle wissenschaftlich begleitet und erforscht werden.

Abschnitt 18
Aufbau und Organisation der Anstalten

§ 94 Anstalten
(1) ¹Es werden Anstalten und Abteilungen eingerichtet, die den unterschiedlichen vollzuglichen Anforderungen Rechnung tragen. ²Insbesondere sind sozialtherapeutische Abteilungen vorzusehen.
(2) ¹Es ist eine bedarfsgerechte Anzahl und Ausstattung von Plätzen für therapeutische Maßnahmen, schulische und berufliche Qualifizierung, Arbeitstraining und Arbeitstherapie sowie zur Ausübung von Arbeit vorzusehen. ²Entsprechendes gilt für Besuche, Freizeit, Sport und Seelsorge.
(3) Haft- und Funktionsräume sind zweckentsprechend auszustatten.
(4) Unterhalten private Unternehmen Betriebe in Anstalten, kann die technische und fachliche Leitung ihren Mitarbeitern übertragen werden.

§ 95 Festsetzung der Belegungsfähigkeit, Verbot der Überbelegung
(1) ¹Die Aufsichtsbehörde setzt die Belegungsfähigkeit der Anstalt so fest, dass eine angemessene Unterbringung der Gefangenen gewährleistet ist. ²§ 94 Absatz 2 ist zu berücksichtigen.
(2) Haftraume dürfen nicht mit mehr Gefangenen als zugelassen belegt werden.
(3) Ausnahmen von Absatz 2 sind nur vorübergehend und nur mit Zustimmung der Aufsichtsbehörde zulässig.

§ 96 Anstaltsleitung
(1) ¹Für jede Anstalt ist ein Beamter des höheren Dienstes zum hauptamtlichen Leiter zu bestellen (Anstaltsleitung). ²Aus besonderen Gründen kann eine Anstalt auch von einem Beamten des gehobenen Dienstes geleitet werden.
(2) ¹Die Anstaltsleitung trägt die Verantwortung für den gesamten Vollzug und vertritt die Anstalt nach außen. ²Sie kann einzelne Aufgabenbereiche auf andere Bedienstete übertragen. ³Die Aufsichtsbehörde kann sich die Zustimmung zur Übertragung vorbehalten.

§ 97 Bedienstete
(1) ¹Die Anstalt wird mit dem für die Erreichung des Vollzugsziels und die Erfüllung ihrer Aufgaben erforderlichen Personal ausgestattet. ²Fortbildung sowie Praxisberatung und -begleitung für die Bediensteten sind zu gewährleisten.
(2) ¹Für die Betreuung von Gefangenen mit angeordneter oder vorbehaltener Sicherungsverwahrung ist besonders qualifiziertes Personal vorzusehen und eine fachübergreifende Zusammenarbeit zu gewährleisten. ²Soweit erforderlich, sind externe Fachkräfte einzubeziehen.

§ 98 Seelsorger und Seelsorgerinnen
(1) Seelsorger und Seelsorgerinnen werden im Einvernehmen mit der jeweiligen Religionsgemeinschaft im Hauptamt bestellt oder vertraglich verpflichtet.
(2) Wenn die geringe Anzahl der Angehörigen einer Religionsgemeinschaft eine Seelsorge nach Absatz 1 nicht rechtfertigt, ist die seelsorgerische Betreuung auf andere Weise zuzulassen.
(3) Mit Zustimmung der Anstaltsleitung darf der Anstaltsseelsorger oder die Anstaltsseelsorgerin sich freier Seelsorgehelfer und freier Seelsorgehelferinnen bedienen und diese für Gottesdienste sowie für andere religiöse Veranstaltungen von außen zuziehen.

§ 99 Medizinische Versorgung
(1) Die ärztliche Versorgung ist sicherzustellen.
(2) ¹Die Pflege der Kranken soll von Bediensteten ausgeführt werden, die eine Erlaubnis nach dem Krankenpflegegesetz besitzen. ²Solange diese nicht zur Verfügung stehen, können auch Bedienstete eingesetzt werden, die eine sonstige Ausbildung in der Krankenpflege erfahren haben.

§ 100 Interessenvertretung der Gefangenen
¹Den Gefangenen soll ermöglicht werden, Vertretungen zu wählen. ²Diese können in Angelegenheiten von gemeinsamem Interesse, die sich ihrer Eigenart nach für eine Mitwirkung eignen, Vorschläge und Anregungen an die Anstalt herantragen. ³Diese sollen mit der Vertretung erörtert werden.

§ 101 Hausordnung
¹Die Anstaltsleitung erlässt zur Gestaltung und Organisation des Vollzugsalltags eine Hausordnung auf der Grundlage dieses Gesetzes. ²Die Aufsichtsbehörde kann sich die Genehmigung der Hausordnung vorbehalten.

Abschnitt 19
Aufsicht, Vollstreckungsplan, Vollzugsgemeinschaften, Beirat

§ 102 Aufsichtsbehörde
(1) Der Senator oder die Senatorin für Justiz und Verfassung führt die Aufsicht über die Anstalt (Aufsichtsbehörde).
(2) Die Aufsichtsbehörde kann sich Entscheidungen über Verlegungen und Überstellungen vorbehalten.

§ 103 Vollstreckungsplan, Vollzugsgemeinschaften
(1) Die Aufsichtsbehörde regelt die örtliche und sachliche Zuständigkeit der Anstalten in einem Vollstreckungsplan.

(2) Im Rahmen von Vollzugsgemeinschaften kann der Vollzug auch in Vollzugseinrichtungen anderer Länder vorgesehen werden.

§ 104 Beirat
(1) [1]Bei der Anstalt ist ein Beirat zu bilden. [2]Die Bestellung der Mitglieder des Beirats erfolgt durch den Rechtsausschuss. [3]Bedienstete dürfen nicht Mitglieder des Beirats sein.
(2) [1]Die Mitglieder des Beirats wirken beratend bei der Gestaltung des Vollzugs und der Eingliederung der Gefangenen mit. [2]Sie fördern das Verständnis für den Vollzug und seine gesellschaftliche Akzeptanz und vermitteln Kontakte zu öffentlichen und privaten Anstalten.
(3) Der Beirat steht der Anstaltsleitung, den Bediensteten und den Gefangenen als Ansprechpartner zur Verfügung.
(4) [1]Die Mitglieder des Beirats können sich über die Unterbringung der Gefangenen und die Gestaltung des Vollzugs unterrichten und die Anstalt besichtigen. [2]Sie können die Gefangenen in ihren Hafträumen aufsuchen. [3]Unterhaltung und Schriftwechsel werden nicht überwacht.
(5) [1]Die Mitglieder des Beirats sind verpflichtet, außerhalb ihres Amtes über alle Angelegenheiten, die ihrer Natur nach vertraulich sind, besonders über Namen und Persönlichkeit der Gefangenen, Verschwiegenheit zu bewahren. [2]Dies gilt auch nach Beendigung ihres Amtes.

Abschnitt 20
Vollzug des Strafarrests

§ 105 Grundsatz
(1) Für den Vollzug des Strafarrests in Anstalten gelten die Bestimmungen dieses Gesetzes entsprechend, soweit § 106 nicht Abweichendes bestimmt.
(2) § 106 Absatz 1 bis 3, 7 und 8 gilt nicht, wenn Strafarrest in Unterbrechung einer anderen freiheitsentziehenden Maßnahme vollzogen wird.

§ 106 Besondere Bestimmungen
(1) Strafarrestierte sollen im offenen Vollzug untergebracht werden.
(2) Eine gemeinsame Unterbringung ist nur mit Einwilligung der Strafarrestierten zulässig.
(3) Besuche, Telefongespräche und Schriftwechsel dürfen nur untersagt oder überwacht werden, wenn dies aus Gründen der Sicherheit oder Ordnung der Anstalt notwendig ist.
(4) Den Strafarrestierten soll gestattet werden, einmal wöchentlich Besuch zu empfangen.
(5) Strafarrestierte dürfen eigene Kleidung tragen und eigenes Bettzeug benutzen, wenn Gründe der Sicherheit nicht entgegenstehen und sie für Reinigung, Instandsetzung und regelmäßigen Wechsel auf eigene Kosten sorgen.
(6) Sie dürfen Nahrungs- und Genussmittel sowie Mittel zur Körperpflege in angemessenem Umfang durch Vermittlung der Anstalt auf eigene Kosten erwerben.
(7) Eine mit einer Entkleidung verbundene körperliche Durchsuchung ist nur bei Gefahr im Verzug zulässig.
(8) Zur Vereitelung einer Entweichung und zur Wiederergreifung dürfen Schusswaffen nicht gebraucht werden.

Abschnitt 21
Datenschutz

§ 107 Anwendung des Bremischen Datenschutzgesetzes
Das Bremische Datenschutzgesetz findet Anwendung, soweit in diesem Gesetz nichts Abweichendes geregelt ist.

§ 108 Grundsatz, Begriffsbestimmungen
(1) Die Anstalt und die Aufsichtsbehörde dürfen personenbezogene Daten verarbeiten, soweit deren Verarbeitung für vollzugliche Zwecke erforderlich ist.
(2) Vollzugliche Zwecke sind die Erreichung des Vollzugsziels, der Schutz der Allgemeinheit vor weiteren Straftaten der Gefangenen, die Aufrechterhaltung der Sicherheit und Ordnung der Anstalt sowie die Sicherung des Vollzugs.

§ 109 Erhebung von Daten über Gefangene bei Dritten
Daten über Gefangene dürfen ohne deren Kenntnis bei Dritten nur erhoben werden, wenn
1. eine Rechtsvorschrift dies vorsieht oder zwingend voraussetzt oder
2. a) die zu erfüllende Aufgabe nach Art oder Zweck eine Erhebung bei anderen Personen oder Stellen erforderlich macht oder
   b) die Erhebung bei den Gefangenen einen unverhältnismäßigen Aufwand erfordern würde und keine Anhaltspunkte dafür bestehen, dass überwiegende schutzwürdige Interessen der Gefangenen beeinträchtigt werden.

§ 110 Erhebung von Daten über andere Personen
Daten über andere Personen als die Gefangenen dürfen für vollzugliche Zwecke ohne deren Kenntnis nur erhoben werden, wenn dies unerlässlich ist und die Art der Erhebung schutzwürdige Interessen dieser Personen nicht beeinträchtigt.

§ 111 Unterrichtungspflichten
¹Die Betroffenen werden über eine ohne ihre Kenntnis vorgenommene Erhebung ihrer Daten unterrichtet, soweit vollzugliche Zwecke dadurch nicht gefährdet werden. ²Sind die Daten bei anderen Personen oder Stellen erhoben worden, kann die Unterrichtung unterbleiben, wenn
1. die Daten nach einer Rechtsvorschrift oder ihrem Wesen nach, namentlich wegen des überwiegenden berechtigten Interesses Dritter, geheim gehalten werden müssen oder
2. der Aufwand der Unterrichtung außer Verhältnis zum Schutzzweck steht und keine Anhaltspunkte dafür bestehen, dass überwiegende schutzwürdige Interessen der Betroffenen beeinträchtigt werden.

§ 112 Besondere Formen der Datenerhebung
(1) Zur Sicherung des Vollzugs und zur Aufrechterhaltung der Sicherheit oder Ordnung der Anstalt, insbesondere zur Identitätsfeststellung, sind mit Kenntnis der Gefangenen folgende erkennungsdienstliche Maßnahmen zulässig:
1. die Abnahme von Finger- und Handflächenabdrücken,
2. die Aufnahme von Lichtbildern,
3. die Feststellung und Messung äußerlicher körperlicher Merkmale,
4. die elektronische Erfassung biometrischer Merkmale des Gesichts, der Augen, der Hände, der Stimme oder der Unterschrift.

(2) ¹Aus Gründen der Sicherheit oder Ordnung ist die Beobachtung einzelner Bereiche des Anstaltsgebäudes einschließlich des Gebäudeinneren, des Anstaltsgeländes oder der unmittelbaren Umgebung der Anstalt mit optisch-elektronischen Einrichtungen (Videoüberwachung) zulässig. ²Eine Aufzeichnung der Videobilder darf nur erfolgen, wenn dies aus Gründen der Sicherheit oder Ordnung oder zur Verhinderung oder Verfolgung von Straftaten sowie zur Verhinderung oder Verfolgung von Ordnungswidrigkeiten, durch welche die Sicherheit oder Ordnung der Anstalt gefährdet werden, erforderlich ist. ³Die Videoüberwachung ist durch geeignete Maßnahmen erkennbar zu machen, soweit ihr Zweck dadurch nicht vereitelt wird. ⁴Die Videoüberwachung von Hafträumen sowie von Toiletten und Duschräumen ist ausgeschlossen.

(3) Das Betreten des Anstaltsgeländes durch vollzugsfremde Personen kann davon abhängig gemacht werden, dass diese zur Identitätsfeststellung
1. ihren Vornamen, ihren Namen und ihre Anschrift angeben und durch amtliche Ausweise nachweisen,
2. das Auslesen der in § 5 Absatz 4 des Personalausweisgesetzes genannten Daten dulden und
3. die Erfassung biometrischer Merkmale des Gesichts, der Augen, der Hände, der Stimme oder der Unterschrift dulden, soweit dies erforderlich ist, um den Austausch von Gefangenen zu verhindern.

(4) ¹Die Anstaltsleitung kann das Auslesen von elektronischen Datenspeichern sowie elektronischen Geräten mit Datenspeichern anordnen, die Gefangene ohne Erlaubnis besitzen, wenn konkrete Anhaltspunkte die Annahme rechtfertigen, dass dies für vollzugliche Zwecke erforderlich ist. ²Die Gefangenen sind bei der Aufnahme über die Möglichkeit des Auslesens von Datenspeichern zu belehren.

§ 113 Übermittlung und Nutzung für weitere Zwecke

(1) Für eine Übermittlung oder Nutzung von personenbezogenen Daten stehen die Zwecke des gerichtlichen Rechtsschutzes im Zusammenhang mit diesem Gesetz den vollzuglichen Zwecken des § 108 Absatz 2 gleich.

(2) Die Übermittlung und Nutzung von personenbezogenen Daten ist über Absatz 1 hinaus auch zulässig, soweit dies
1. zur Abwehr von sicherheitsgefährdenden oder geheimdienstlichen Tätigkeiten für eine fremde Macht oder von Bestrebungen im Geltungsbereich des Grundgesetzes, die durch Anwendung von Gewalt oder darauf gerichtete Vorbereitungshandlungen
   a) gegen die freiheitliche demokratische Grundordnung, den Bestand oder die Sicherheit des Bundes oder eines Landes gerichtet sind,
   b) eine ungesetzliche Beeinträchtigung der Amtsführung der Verfassungsorgane des Bundes oder eines Landes oder ihrer Mitglieder zum Ziel haben oder
   c) auswärtige Belange der Bundesrepublik Deutschland gefährden,
2. zur Abwehr erheblicher Nachteile für das Gemeinwohl oder einer Gefahr für die öffentliche Sicherheit,
3. zur Abwehr einer schwerwiegenden Beeinträchtigung der Rechte einer anderen Person,
4. zur Verhinderung oder Verfolgung von Straftaten sowie zur Verhinderung oder Verfolgung von Ordnungswidrigkeiten, durch welche die Sicherheit oder Ordnung der Anstalt gefährdet werden oder
5. für Maßnahmen der Strafvollstreckung oder strafvollstreckungsrechtliche Entscheidungen

erforderlich ist.

§ 114 Datenübermittlung an öffentliche Stellen

(1) ¹Den zuständigen öffentlichen Stellen dürfen personenbezogene Daten übermittelt werden, soweit dies für
1. die Vorbereitung und Durchführung von Maßnahmen der Gerichtshilfe, Jugendgerichtshilfe, Bewährungshilfe, Führungsaufsicht oder forensischen Ambulanzen,
2. Entscheidungen in Gnadensachen,
3. gesetzlich angeordnete Statistiken der Rechtspflege,
4. sozialrechtliche Maßnahmen,
5. die Einleitung von Hilfsmaßnahmen für Angehörige der Gefangenen im Sinne des § 11 Absatz 1 Nummer 1 des Strafgesetzbuchs,
6. dienstliche Maßnahmen der Bundeswehr im Zusammenhang mit der Aufnahme und Entlassung von Soldaten,
7. ausländerrechtliche Maßnahmen oder
8. die Durchführung der Besteuerung

erforderlich ist. ²Eine Übermittlung für andere Zwecke ist auch zulässig, soweit eine andere gesetzliche Bestimmung dies vorsieht und sich dabei ausdrücklich auf Daten über Gefangene bezieht.

(2) Absatz 1 gilt entsprechend, wenn sich die öffentlichen Stellen zur Erfüllung ihrer Aufgaben nichtöffentlicher Stellen bedienen und deren Mitwirkung ohne Übermittlung der Daten unmöglich oder wesentlich erschwert würde.

§ 115 Verarbeitung besonders erhobener Daten

(1) Bei der Überwachung der Besuche, der Telefongespräche, anderer Formen der Telekommunikation oder des Schriftwechsels sowie bei der Überprüfung des Inhalts von Paketen bekannt gewordene personenbezogene Daten dürfen für die in § 108 Absatz 2 und § 113 genannten Zwecke verarbeitet werden.

(2) ¹Die aufgrund von erkennungsdienstlichen Maßnahmen nach § 112 Absatz 1 gewonnenen Daten und Unterlagen werden zu den Personalakten der Gefangenen genommen oder in personenbezogenen Dateien gespeichert. ²Sie dürfen nur für die in § 112 Absatz 1, § 113 Absatz 2 Nummer 4 genannten Zwecke verarbeitet oder den Vollstreckungs- und Strafverfolgungsbehörden zum Zwecke der Fahndung und Festnahme der entwichenen oder sich sonst ohne Erlaubnis außerhalb der Anstalt aufhaltenden Gefangenen übermittelt werden.

(3) Die zur Identifikation von vollzugsfremden Personen nach § 112 Absatz 3 erhobenen Daten dürfen ausschließlich verarbeitet werden
1. zum Zweck des Abgleichs beim Verlassen der Anstalt oder
2. zur Verfolgung von während des Aufenthalts in der Anstalt begangenen Straftaten; in diesem Fall können die Daten auch an Strafverfolgungsbehörden ausschließlich zum Zwecke der Verfolgung dieser Straftaten übermittelt werden.

(4) ¹Die beim Auslesen von Datenspeichern nach § 112 Absatz 4 erhobenen Daten dürfen nur verarbeitet werden, soweit dies zu den dort genannten Zwecken erforderlich ist. ²Sie dürfen nicht weiterverarbeitet werden, soweit sie
1. zum Kernbereich der privaten Lebensgestaltung Dritter gehören oder
2. zum Kernbereich der privaten Lebensgestaltung Gefangener gehören und die weitere Verarbeitung nach Abwägung der in § 112 Absatz 4 genannten vollzuglichen Interessen an der Verarbeitung und der Interessen der Gefangenen an der illegalen Speicherung der Daten unzumutbar ist.

(5) Nach § 110 erhobene Daten über Personen, die nicht Gefangene sind, dürfen nur zur Erfüllung des Erhebungszwecks oder für die in § 113 Absatz 2 Nummer 1 bis 3 geregelten Zwecke oder zur Verhinderung oder Verfolgung von Straftaten von erheblicher Bedeutung verarbeitet werden.

§ 116 Mitteilung über Haftverhältnisse

(1) Die Anstalt oder die Aufsichtsbehörde darf öffentlichen oder nichtöffentlichen Stellen auf schriftlichen Antrag mitteilen, ob sich eine Person in Haft befindet und ob die Entlassung voraussichtlich innerhalb eines Jahres bevorsteht, soweit
1. die Mitteilung zur Erfüllung der in der Zuständigkeit der öffentlichen Stelle liegenden Aufgaben erforderlich ist oder
2. von nichtöffentlichen Stellen
   a) ein berechtigtes Interesse an dieser Mitteilung glaubhaft dargelegt wird und
   b) die Gefangenen kein schutzwürdiges Interesse an dem Ausschluss der Übermittlung haben.

(2) Die Mitteilung ist in der Personalakte der Gefangenen zu dokumentieren.

(3) Den Verletzten einer Straftat sowie deren Rechtsnachfolgern können darüber hinaus auf schriftlichen Antrag Auskünfte über die Entlassungsadresse oder die Vermögensverhältnisse von Gefangenen erteilt werden, wenn die Erteilung zur Feststellung oder Durchsetzung von Rechtsansprüchen im Zusammenhang mit der Straftat erforderlich ist.

(4) ¹Die Gefangenen werden vor der Mitteilung gehört, es sei denn, es ist zu besorgen, dass dadurch die Verfolgung des Interesses der Antragsteller vereitelt oder wesentlich erschwert würde, und eine Abwägung ergibt, dass dieses Interesse das Interesse der Gefangenen an ihrer vorherigen Anhörung überwiegt. ²Ist die Anhörung unterblieben, werden die betroffenen Gefangenen über die Mitteilung nachträglich unterrichtet.

§ 117 Überlassung von Akten

(1) Akten dürfen nur
1. anderen Anstalten und Aufsichtsbehörden,
2. der Gerichtshilfe, der Jugendgerichtshilfe, der Bewährungshilfe, den Führungsaufsichtsstellen und den forensischen Ambulanzen,
3. den für strafvollzugs-, strafvollstreckungs- und strafrechtliche Entscheidungen zuständigen Gerichten,
4. den Strafvollstreckungs- und Strafverfolgungsbehörden und
5. dem Europäischen Ausschuss zur Verhütung von Folter und unmenschlicher oder erniedrigender Behandlung oder Strafe im Rahmen eines Besuchs der Anstalt
überlassen oder im Falle elektronischer Aktenführung in Form von Duplikaten übermittelt werden.

(2) ¹Die Überlassung an andere öffentliche Stellen und nichtöffentliche Stellen nach § 114 Absatz 2 ist zulässig, soweit die Erteilung einer Auskunft einen unvertretbaren Aufwand erfordert oder nach Darlegung der Akteneinsicht begehrenden Stellen für die Erfüllung der Aufgabe nicht ausreicht. ²Entsprechendes gilt für die Überlassung von Akten an die von einer Anstalt oder Aufsichtsbehörde, einer Strafvollstreckungsbehörde oder einem Gericht mit Gutachten beauftragten Stellen.

§ 118 Kenntlichmachung in der Anstalt, Lichtbildausweise

(1) ¹Personenbezogene Daten von Gefangenen dürfen in der Anstalt allgemein kenntlich gemacht werden, soweit dies für ein geordnetes Zusammenleben unerlässlich ist. ²Besondere Arten personenbezogener Daten von Gefangenen dürfen in der Anstalt nicht allgemein kenntlich gemacht werden.
(2) ¹Die Anstalt kann die Gefangenen verpflichten, einen Lichtbildausweis mit sich zu führen, wenn dies aus Gründen der Sicherheit oder Ordnung der Anstalt erforderlich ist. ²Dieser ist bei der Verlegung in eine andere Anstalt oder bei der Entlassung einzuziehen oder zu vernichten.

§ 119 Offenbarungspflichten und -befugnisse der Berufsgeheimnisträger

(1) Hinsichtlich der ihnen als Berufsgeheimnisträger von Gefangenen anvertrauten oder sonst über Gefangene bekanntgewordenen Geheimnisse unterliegen
1. Ärzte oder Ärztinnen, Zahnärzte oder Zahnärztinnen oder Angehörige eines anderen Heilberufs, der für die Berufsausübung oder die Führung der Berufsbezeichnung eine staatlich geregelte Ausbildung erfordert,
2. Psychologen oder Psychologinnen mit staatlich anerkannter wissenschaftlicher Abschlussprüfung oder
3. staatlich anerkannte Sozialarbeiter oder Sozialarbeiterinnen oder staatlich anerkannte Sozialpädagogen oder Sozialpädagoginnen

auch gegenüber der Anstalt und der Aufsichtsbehörde der Schweigepflicht, soweit in den Absätzen 2 bis 6 nichts Abweichendes geregelt ist.
(2) Die in Absatz 1 genannten Personen haben sich gegenüber der Anstaltsleitung zu offenbaren, soweit dies für die Aufgabenerfüllung der Anstalt oder der Aufsichtsbehörde oder zur Abwehr von erheblichen Gefahren für Leib oder Leben von Gefangenen oder Dritten erforderlich ist.
(3) ¹Ärzte oder Ärztinnen sind gegenüber der Anstaltsleitung zur Offenbarung ihnen im Rahmen der allgemeinen Gesundheitsfürsorge bekannt gewordener Geheimnisse verpflichtet, soweit dies für die Aufgabenerfüllung der Anstalt oder der Aufsichtsbehörde unerlässlich oder zur Abwehr von erheblichen Gefahren für Leib oder Leben von Gefangenen oder Dritten erforderlich ist. ²Sonstige Offenbarungsbefugnisse und -pflichten bleiben unberührt.
(4) Die Gefangenen sind vor der Erhebung über die nach Absatz 2 und 3 bestehenden Offenbarungspflichten zu unterrichten.
(5) ¹Die nach Absatz 2 und 3 offenbarten Daten dürfen nur für den Zweck, für den sie offenbart wurden oder für den eine Offenbarung zulässig gewesen wäre, und nur unter denselben Voraussetzungen verarbeitet oder genutzt werden, unter denen eine in Absatz 1 genannte Person selbst hierzu befugt wäre. ²Die Anstaltsleitung kann unter diesen Voraussetzungen die unmittelbare Offenbarung gegenüber bestimmten Bediensteten allgemein zulassen.
(6) Sofern Ärzte oder Ärztinnen oder Psychologen oder Psychologinnen außerhalb des Vollzugs mit der Untersuchung, Behandlung oder Betreuung von Gefangenen beauftragt werden, gelten die Absätze 1 bis 3 mit der Maßgabe entsprechend, dass die beauftragten Personen auch zur Unterrichtung des in der Anstalt tätigen Arztes oder der in der Anstalt tätigen Ärztin oder des in der Anstalt mit der Behandlung oder Betreuung der Gefangenen betrauten Psychologen oder der in der Anstalt mit der Behandlung oder Betreuung der Gefangenen betrauten Psychologin befugt sind.
(7) Die in Absatz 1 und 6 genannten Personen haben sich gegenüber dem Europäischen Ausschuss zur Verhütung von Folter und unmenschlicher oder erniedrigender Behandlung oder Strafe im Rahmen eines Besuchs der Anstalt zu offenbaren, soweit dies zur Aufgabenerfüllung dieses Ausschusses erforderlich ist.

§ 120 Schutz der Daten in Akten und Dateien

(1) Die Bediensteten dürfen sich von personenbezogenen Daten nur Kenntnis verschaffen, soweit dies zur Erfüllung der ihnen obliegenden Aufgaben oder für die zur gemeinsamen Aufgabenerfüllung notwendige Zusammenarbeit erforderlich ist.
(2) ¹Akten und Dateien mit personenbezogenen Daten sind durch die erforderlichen technischen und organisatorischen Maßnahmen gegen unbefugten Zugang und unbefugten Gebrauch zu schützen. ²Gesundheits- und Therapieakten, psychologische und pädagogische Testunterlagen und Krankenblätter sind getrennt von anderen Unterlagen zu führen und besonders zu sichern.

§ 121 Auskunft an die Betroffenen, Akteneinsicht
Die Auskunftserteilung und die Gewährung von Akteneinsicht unterbleiben, soweit die Auskunft oder die Einsichtnahme die ordnungsgemäße Erfüllung der Aufgaben der Daten verarbeitenden Stelle oder die Erreichung des Vollzugsziels gefährden würden.

§ 122 Auskunft und Akteneinsicht für wissenschaftliche Zwecke
§ 476 der Strafprozessordnung gilt mit der Maßgabe entsprechend, dass auch elektronisch gespeicherte Daten übermittelt werden können.

§ 123 Löschung
[1]Die in Dateien mit Ausnahme der in Gefangenenpersonalakten, Gesundheitsakten, Therapieakten, psychologischen und pädagogischen Testunterlagen und Krankenblättern sowie Gefangenenbüchern gespeicherten personenbezogenen Daten sind spätestens zwei Jahre nach der Entlassung oder der Verlegung der Gefangenen in eine andere Anstalt zu löschen. [2]Hiervon können bis zum Ablauf der Aufbewahrungsfrist nach § 126 die Angaben über Familienname, Vorname, Geburtsname, Geburtstag, Geburtsort, Eintritts- und Austrittsdatum der Gefangenen ausgenommen werden, soweit dies für das Auffinden der Gefangenenpersonalakte erforderlich ist.

§ 124 Löschung besonders erhobener Daten
(1) Erkennungsdienstliche Unterlagen mit Ausnahme von Lichtbildern und der Beschreibung von körperlichen Merkmalen der Gefangenen, die nach § 112 Absatz 1 erkennungsdienstlich behandelt worden sind, sind nach ihrer Entlassung aus dem Vollzug unverzüglich zu löschen, sobald die Vollstreckung der richterlichen Entscheidung, die dem Vollzug zugrunde gelegen hat, abgeschlossen ist.
(2) Mittels optisch-elektronischen Einrichtungen nach § 112 Absatz 2 erhobene Daten sind spätestens nach 72 Stunden zu löschen, soweit nicht die weitere Aufbewahrung im Einzelfall zu Beweiszwecken unerlässlich ist.
(3) Nach § 112 Absatz 3 Nummer 3 erhobene Daten sind unverzüglich zu löschen, nachdem die Personen die Anstalt verlassen haben.
(4) [1]Nach § 112 Absatz 4 erhobene Daten sind unverzüglich zu löschen, soweit eine Verarbeitung nach § 115 Absatz 4 unzulässig ist. [2]Die Daten sind spätestens 72 Stunden nach dem Ende des Auslesens zu löschen, soweit nicht die weitere Aufbewahrung im Einzelfall zu Beweiszwecken unerlässlich ist.

§ 125 Sperrung und Verwendungsbeschränkungen
(1) Personenbezogene Daten in den in § 123 Satz 1 genannten Dateien sind nach Ablauf von zwei Jahren seit der Entlassung oder der Verlegung der Gefangenen in eine andere Anstalt zu kennzeichnen, um ihre weitere Verarbeitung oder Nutzung einzuschränken (Sperrung).
(2) Die nach Absatz 1 gesperrten Daten dürfen nur übermittelt oder genutzt werden soweit dies
1. zur Verfolgung von Straftaten,
2. für die Durchführung wissenschaftlicher Forschungsvorhaben gemäß § 93,
3. zur Behebung einer bestehenden Beweisnot oder
4. zur Feststellung, Durchsetzung oder Abwehr von Rechtsansprüchen im Zusammenhang mit dem Vollzug der Freiheitsstrafe
unerlässlich ist.
(3) Die Sperrung nach Absatz 1 endet, wenn die Gefangenen erneut zum Vollzug einer Freiheitsstrafe aufgenommen werden oder die Betroffenen eingewilligt haben.

§ 126 Aufbewahrungsfristen, Fristberechnung
(1) Bei der Aufbewahrung der nach § 125 gesperrten Daten darf eine Frist von dreißig Jahren nicht überschritten werden.
(2) Die Aufbewahrungsfrist beginnt mit dem auf das Jahr der aktenmäßigen Weglegung folgenden Kalenderjahr.
(3) Die Bestimmungen des Bremischen Archivgesetzes bleiben unberührt.

Abschnitt 21a
Bußgeldvorschriften

§ 126a Bußgeldvorschriften
(1) Ordnungswidrig handelt, wer vorsätzlich oder fahrlässig Flugmodelle oder unbemannte Luftfahrtsysteme entgegen § 77a unbefugt betreibt.
(2) Die Ordnungswidrigkeit und der Versuch einer Ordnungswidrigkeit können mit einer Geldbuße bis zu 10 000 Euro geahndet werden.
(3) ¹Gegenstände, auf die sich die Ordnungswidrigkeit bezieht oder die zu ihrer Vorbereitung oder Begehung gebraucht oder bestimmt worden sind, können eingezogen werden. ²§ 23 des Gesetzes über Ordnungswidrigkeiten ist anzuwenden.
(4) Sachlich zuständige Verwaltungsbehörde für die Verfolgung und Ahndung von Ordnungswidrigkeiten ist die Justizvollzugsanstalt Bremen.

Abschnitt 22
Schlussbestimmungen

§ 127 Einschränkung von Grundrechten
Durch dieses Gesetz werden die Grundrechte aus Artikel 2 Absatz 2 Satz 1 und 2 (körperliche Unversehrtheit und Freiheit der Person) und Artikel 10 Absatz 1 (Brief-, Post- und Fernmeldegeheimnis) des Grundgesetzes eingeschränkt.

§ 128 Verhältnis zum Bundesrecht
¹Dieses Gesetz ersetzt gemäß Artikel 125a Absatz 1 des Grundgesetzes in der Freien Hansestadt Bremen das Strafvollzugsgesetz vom 16. März 1976 (BGBl. I. S. 581, 2088, 1977 I S. 436), das zuletzt durch Artikel 7 des Gesetzes vom 25. April 2013 (BGBl. I S. 935) geändert worden ist. ²Die Vorschriften des Strafvollzugsgesetzes über
1. den Pfändungsschutz (§ 50 Absatz 2 Satz 5, § 51 Absatz 4 und 5, § 75 Absatz 3),
2. das gerichtliche Verfahren (§§ 109 bis 121, 50 Absatz 5 Satz 2),
3. die Unterbringung in einem psychiatrischen Krankenhaus und in einer Entziehungsanstalt (§§ 136 bis 138),
4. den Vollzug von Ordnungs-, Sicherungs-, Zwangs- und Erzwingungshaft (§§ 171 bis 175),
5. den unmittelbaren Zwang in Justizvollzugsanstalten für andere Arten des Freiheitsentzugs (§ 178)
gelten fort.

§ 129 Übergangsbestimmungen
Bis zum Inkrafttreten einer Verordnung nach § 55 Absatz 3 gilt die Strafvollzugsvergütungsordnung vom 11. Januar 1977 (BGBl. I S. 57), die durch Artikel 6 des Gesetzes vom 13. Dezember 2007 (BGBl. I S. 2894) geändert worden ist, in der jeweils geltenden Fassung, für die Anwendung des § 55 fort.

Gesetz
über den Vollzug der Jugendstrafe im Land Bremen
(Bremisches Jugendstrafvollzugsgesetz – BremJStVollzG)
Vom 27. März 2007 (Brem.GBl. S. 233)
(312-d-1)

Der Senat verkündet das nachstehende von der Bürgerschaft (Landtag) beschlossene Gesetz:

Inhaltsübersicht

Abschnitt 1
Allgemeine Bestimmungen

§ 1	Anwendungsbereich
§ 2	Ziel und Aufgabe
§ 3	Erziehungsauftrag, Vollzugsgestaltung
§ 4	Pflicht zur Mitwirkung
§ 5	Leitlinien der Erziehung und Förderung
§ 6	Stellung der Gefangenen
§ 7	Zusammenarbeit und Einbeziehung Dritter
§ 8	Soziale Hilfe

Abschnitt 2
Vollzugsplanung

§ 9	Aufnahme
§ 10	Feststellung des Erziehungs- und Förderbedarfs
§ 11	Vollzugsplan
§ 12	Verlegung und Überstellung
§ 13	Geschlossener und offener Vollzug
§ 14	Sozialtherapie
§ 15	Vollzugslockerungen
§ 16	Urlaub
§ 17	Weisungen für Vollzugslockerungen und Urlaub, Widerruf
§ 18	Vorführung, Ausantwortung
§ 19	Entlassungsvorbereitung
§ 20	Entlassungszeitpunkt
§ 21	Hilfe zur Entlassung, Nachsorge
§ 22	Fortführung von Maßnahmen nach Entlassung

Abschnitt 3
Unterbringung und Versorgung der Gefangenen

§ 23	Trennung von männlichen und weiblichen Gefangenen
§ 24	Unterbringung während der Ausbildung, Arbeit und Freizeit
§ 25	Unterbringung während der Ruhezeit
§ 26	Wohngruppen
§ 27	Unterbringung von Müttern mit Kindern
§ 28	Persönlicher Gewahrsam, Kostenbeteiligung
§ 29	Ausstattung des Haftraums
§ 30	Kleidung
§ 31	Verpflegung und Einkauf
§ 32	Gesundheitsfürsorge
§ 33	Zwangsmaßnahmen auf dem Gebiet der Gesundheitsfürsorge
§ 34	Medizinische Leistungen, Kostenbeteiligung
§ 35	Verlegung und Überstellung zur medizinischen Behandlung
§ 36	Krankenbehandlung in besonderen Fällen

Abschnitt 4
Schule, Ausbildung, Weiterbildung und Arbeit

§ 37	Schulische und berufliche Aus- und Weiterbildung, Arbeit

Abschnitt 5
Freizeit, Sport

§ 38	Freizeit
§ 39	Sport
§ 40	Zeitungen und Zeitschriften
§ 41	Rundfunk
§ 42	Besitz von Gegenständen für die Freizeitbeschäftigung

Abschnitt 6
Religionsausübung

§ 43	Seelsorge
§ 44	Religiöse Veranstaltungen
§ 45	Weltanschauungsgemeinschaften

Abschnitt 7
Besuche, Schriftwechsel und Telefongespräche

§ 46	Grundsatz
§ 47	Recht auf Besuch
§ 48	Besuchsverbot
§ 49	Besuche von Verteidigern, Rechtsanwälten, Notaren und Beiständen
§ 50	Überwachung der Besuche
§ 51	Recht auf Schriftwechsel
§ 52	Überwachung des Schriftwechsels
§ 53	Weiterleitung von Schreiben, Aufbewahrung
§ 54	Anhalten von Schreiben
§ 55	Telefongespräche
§ 56	Pakete

Abschnitt 8
Gelder der Gefangenen, Freistellung von der Arbeit

§ 57 Ausbildungsbeihilfe, Arbeitsentgelt
§ 58 Freistellung von der Arbeit
§ 59 Taschengeld
§ 60 Hausgeld
§ 61 Eigengeld

Abschnitt 9
Sicherheit und Ordnung

§ 62 Grundsatz
§ 63 Verhaltensvorschriften
§ 64 Absuchung, Durchsuchung
§ 65 Sichere Unterbringung
§ 66 Erkennungsdienstliche Maßnahmen
§ 67 Lichtbildausweise
§ 68 Maßnahmen zur Feststellung von Suchtmittelkonsum
§ 69 Festnahmerecht
§ 70 Besondere Sicherungsmaßnahmen
§ 71 Einzelhaft
§ 72 Fesselung
§ 73 Anordnung besonderer Sicherungsmaßnahmen, Verfahren
§ 74 Ärztliche Überwachung
§ 75 Ersatz von Aufwendungen

Abschnitt 10
Unmittelbarer Zwang

§ 76 Begriffsbestimmungen
§ 77 Allgemeine Voraussetzungen
§ 78 Grundsatz der Verhältnismäßigkeit
§ 79 Handeln auf Anordnung
§ 80 Androhung
§ 81 Schusswaffengebrauch

Abschnitt 11
Erzieherische Maßnahmen, Disziplinarmaßnahmen

§ 82 Erzieherische Maßnahmen
§ 83 Disziplinarmaßnahmen
§ 84 Vollzug der Disziplinarmaßnahmen, Aussetzung zur Bewährung
§ 85 Disziplinarbefugnis
§ 86 Verfahren

Abschnitt 12
Beschwerde

§ 87 Beschwerderecht

Abschnitt 13
Datenschutz

§ 88 Erhebung personenbezogener Daten
§ 89 Verarbeitung
§ 90 Zentrale Datei, Einrichtung automatisierter Übermittlungs- und Abrufverfahren
§ 91 Zweckbindung
§ 92 Schutz besonderer Daten
§ 93 Schutz der Daten in Akten und Dateien
§ 94 Berichtigung, Löschung und Sperrung
§ 95 Auskunft an die Betroffenen, Akteneinsicht
§ 96 Anwendung des Bremischen Datenschutzgesetzes

Abschnitt 14
Kriminologische Forschung

§ 97 Evaluation, kriminologische Forschung

Abschnitt 15
Aufbau der Jugendstrafvollzugsanstalt

§ 98 Jugendstrafvollzugsanstalt
§ 99 Festsetzung der Belegungsfähigkeit, Verbot der Überbelegung
§ 100 Einrichtungen zur schulischen und beruflichen Bildung, Arbeitsbetriebe
§ 101 Anstaltsleitung
§ 102 Bedienstete
§ 103 Seelsorger
§ 104 Medizinische Versorgung
§ 105 Sozialtherapeutisches Angebot
§ 106 Konferenzen
§ 107 Mitverantwortung der Gefangenen
§ 108 Hausordnung

Abschnitt 16
Aufsicht, Beirat

§ 109 Aufsichtsbehörde
§ 110 Vollstreckungsplan
§ 111 Beirat

Abschnitt 17
Schlussbestimmungen

§ 112 Einschränkung von Grundrechten
§ 113 Gleichstellungsbestimmung
§ 114 Inkrafttreten

Abschnitt 1
Allgemeine Bestimmungen

§ 1 Anwendungsbereich

Dieses Gesetz regelt den Vollzug der Jugendstrafe (Vollzug).

§ 2 Ziel und Aufgabe
¹Der Vollzug dient dem Ziel, die Gefangenen zu befähigen, künftig in sozialer Verantwortung ein Leben ohne Straftaten zu führen. ²Gleichermaßen hat er die Aufgabe, die Allgemeinheit vor weiteren Straftaten zu schützen.

§ 3 Erziehungsauftrag, Vollzugsgestaltung
(1) ¹Der Vollzug ist erzieherisch zu gestalten. ²Die Gefangenen sind in der Entwicklung ihrer Fähigkeiten und Fertigkeiten so zu fördern, dass sie zu einer eigenverantwortlichen und gemeinschaftsfähigen Lebensführung in Achtung der Rechte Anderer befähigt werden. ³Die Einsicht in die beim Opfer verursachten Tatfolgen soll geweckt werden.
(2) Personelle Ausstattung, sachliche Mittel und Organisation der Anstalt (§ 98 Abs. 1 Satz 1) werden an Zielsetzung und Aufgabe des Vollzugs sowie den besonderen Bedürfnissen der Gefangenen ausgerichtet.
(3) ¹Das Leben in der Anstalt ist den allgemeinen Lebensverhältnissen so weit wie möglich anzugleichen. ²Schädlichen Folgen der Freiheitsentziehung ist entgegenzuwirken. ³Der Vollzug wird von Beginn an darauf ausgerichtet, den Gefangenen bei der Eingliederung in ein Leben in Freiheit ohne Straftaten zu helfen. ⁴Die Belange von Sicherheit und Ordnung der Anstalt sowie die Belange der Allgemeinheit sind zu beachten.
(4) Die unterschiedlichen Lebenslagen und Bedürfnisse von weiblichen und männlichen Gefangenen werden bei der Vollzugsgestaltung und bei Einzelmaßnahmen berücksichtigt.

§ 4 Pflicht zur Mitwirkung
(1) ¹Die Gefangenen sind verpflichtet, an der Erreichung des Vollzugsziels mitzuwirken. ²Ihre Bereitschaft hierzu ist zu wecken und zu fördern.
(2) ¹Gefangenen, die durch besondere eigene Anstrengungen und Leistungen bestrebt sind, ihrer Mitwirkungspflicht nachzukommen und das Vollzugsziel zu erreichen, können Vergünstigungen im Vollzug gewährt werden. ²Das Nähere regelt der Senator für Justiz und Verfassung durch Verwaltungsvorschrift.

§ 5 Leitlinien der Erziehung und Förderung
(1) Erziehung und Förderung erfolgen durch Maßnahmen und Programme zur Entwicklung und Stärkung der Fähigkeiten und Fertigkeiten der Gefangenen im Hinblick auf die Erreichung des Vollzugsziels.
(2) Durch differenzierte Angebote soll auf den jeweiligen Entwicklungsstand und den unterschiedlichen Erziehungs- und Förderbedarf der Gefangenen eingegangen werden.
(3) Die Maßnahmen und Programme richten sich insbesondere auf die Auseinandersetzung mit den eigenen Straftaten, deren Ursachen und Folgen, die schulische Bildung, berufliche Qualifizierung, soziale Integration und die verantwortliche Gestaltung des alltäglichen Zusammenlebens, der freien Zeit sowie der Außenkontakte.

§ 6 Stellung der Gefangenen
(1) ¹Die Gefangenen unterliegen den in diesem Gesetz vorgesehenen Beschränkungen ihrer Freiheit. ²Soweit das Gesetz eine besondere Regelung nicht enthält, dürfen ihnen nur Beschränkungen auferlegt werden, die zur Aufrechterhaltung der Sicherheit oder zur Abwendung einer schwerwiegenden Störung der Ordnung der Anstalt unerlässlich sind.
(2) Vollzugsmaßnahmen sollen den Gefangenen erläutert werden.

§ 7 Zusammenarbeit und Einbeziehung Dritter
(1) Alle in der Anstalt Tätigen arbeiten zusammen und wirken daran mit, das Vollzugsziel zu erreichen.
(2) ¹Die Anstalt arbeitet mit außervollzuglichen Einrichtungen und Organisationen sowie Personen und Vereinen eng zusammen, deren Mitwirkung die Eingliederung fördern kann. ²Dies gilt insbesondere für Schulen und Schulbehörden, Einrichtungen für berufliche Bildung, Stellen der Straffälligenhilfe, die Bewährungshilfe, die Jugendgerichtshilfe, die Jugendhilfe, Jugendämter, Polizeibehörden, Agenturen für Arbeit, Gesundheitsbehörden, Ausländerbehörden, Suchtberatungsstellen, Schuldnerberatungen, Träger der Sozialversicherung und der Sozialhilfe, Hilfeeinrichtungen anderer Behörden und Träger der freien Wohlfahrtspflege.

(3) Die Personensorgeberechtigten sind, soweit dies möglich ist und dem Vollzugsziel nicht zuwiderläuft, in die Planung und Gestaltung des Vollzugs einzubeziehen.
(4) ¹Der in Absatz 2 genannte Personenkreis ist verpflichtet, außerhalb seiner Tätigkeit im Rahmen dieses Gesetzes über alle Angelegenheiten, die ihrer Natur nach vertraulich sind, besonders über Namen und Persönlichkeiten der Gefangenen, Verschwiegenheit zu bewahren. ²Dies gilt auch nach Beendigung seiner Tätigkeit.

§ 8 Soziale Hilfe
(1) ¹Die Gefangenen werden darin unterstützt, ihre persönlichen, wirtschaftlichen und sozialen Schwierigkeiten zu beheben. ²Sie sollen dazu angeregt und in die Lage versetzt werden, ihre Angelegenheiten selbst zu regeln, insbesondere den durch die Straftat verursachten materiellen und immateriellen Schaden wieder gutzumachen und eine Schuldenregulierung herbeizuführen.
(2) Die Gefangenen sind, soweit erforderlich, über die notwendigen Maßnahmen zur Aufrechterhaltung ihrer sozialversicherungsrechtlichen Ansprüche zu beraten.

Abschnitt 2
Vollzugsplanung

§ 9 Aufnahme
(1) ¹Mit den Gefangenen wird unverzüglich ein Zugangsgespräch geführt, in dem ihre gegenwärtige Lebenssituation erörtert wird und sie über ihre Rechte und Pflichten informiert werden. ²Ihnen ist die Hausordnung auszuhändigen. ³Dieses Gesetz, die von ihm in Bezug genommenen Gesetze sowie die zu seiner Ausführung erlassenen Rechtsverordnungen und Verwaltungsvorschriften sind den Gefangenen auf Verlangen zugänglich zu machen.
(2) Beim Zugangsgespräch dürfen andere Gefangene in der Regel nicht zugegen sein.
(3) Die Gefangenen werden alsbald ärztlich untersucht.
(4) Die Personensorgeberechtigen und das Jugendamt werden von der Aufnahme unverzüglich unterrichtet.
(5) Die Gefangenen sollen dabei unterstützt werden, etwa notwendige Maßnahmen für hilfsbedürftige Angehörige und die Sicherung ihrer Habe außerhalb der Anstalt zu veranlassen.

§ 10 Feststellung des Erziehungs- und Förderbedarfs
(1) Nach der Aufnahme wird den Gefangenen das Ziel ihres Aufenthalts in der Anstalt verdeutlicht sowie das Angebot an Unterricht, Aus- und Fortbildung, Arbeit, therapeutischer Behandlung und Freizeit erläutert.
(2) ¹Der Erziehungs- und Förderbedarf der Gefangenen wird in einem Diagnoseverfahren ermittelt. ²Es erstreckt sich auf die Persönlichkeit, die Lebensverhältnisse, die Ursachen und Umstände der Straftat sowie alle sonstigen Gesichtspunkte, deren Kenntnis für eine zielgerichtete Vollzugsgestaltung und die Eingliederung der Gefangenen nach der Entlassung notwendig erscheint. ³Erkenntnisse der Jugendgerichtshilfe und Bewährungshilfe sind einzubeziehen.
(3) ¹Die Vollzugsplanung wird mit den Gefangenen erörtert. ²Dabei werden deren Anregungen und Vorschläge einbezogen, soweit sie dem Vollzugsziel dienen.

§ 11 Vollzugsplan
(1) Auf der Grundlage des festgestellten Erziehungs- und Förderbedarfs wird regelmäßig innerhalb der ersten sechs Wochen nach der Aufnahme ein Vollzugsplan erstellt.
(2) ¹Der Vollzugsplan wird regelmäßig alle vier Monate auf seine Umsetzung überprüft, mit den Gefangenen erörtert und fortgeschrieben. ²Bei Jugendstrafen von mehr als drei Jahren verlängert sich die Frist auf sechs Monate. ³Bei der Fortschreibung sind die Entwicklung der Gefangenen und in der Zwischenzeit gewonnene Erkenntnisse zu berücksichtigen.
(3) Der Vollzugsplan und seine Fortschreibungen enthalten, je nach Stand des Vollzugs, insbesondere folgende Angaben:
1. die dem Vollzugsplan zugrunde liegenden Annahmen zur Vorgeschichte der Straftaten sowie die Erläuterung der Ziele, Inhalte und Methoden der Erziehung und Förderung der Gefangenen,
2. Unterbringung im geschlossenen oder offenen Vollzug,
3. Zuweisung zu einer Wohngruppe oder einem anderen Unterkunftsbereich,
4. Unterbringung in einer sozialtherapeutischen Abteilung,

5. Teilnahme an schulischen, berufsorientierenden, qualifizierenden oder arbeitstherapeutischen Maßnahmen oder Zuweisung von Arbeit,
6. Teilnahme an therapeutischen Behandlungen oder anderen Hilfs- oder Fördermaßnahmen,
7. Teilnahme an Sport- und Freizeitangeboten,
8. Vollzugslockerungen und Urlaub,
9. Pflege der familiären Beziehungen und Gestaltung der Außenkontakte,
10. Maßnahmen und Angebote zum Ausgleich von Tatfolgen,
11. Schuldenregulierung,
12. Maßnahmen zur Vorbereitung von Entlassung, Wiedereingliederung und Nachsorge und
13. Fristen zur Fortschreibung des Vollzugsplans.
(4) [1]Der Vollzugsplan und seine Fortschreibungen werden den Gefangenen ausgehändigt. [2]Sie werden dem Vollstreckungsleiter und auf Verlangen den Personensorgeberechtigten mitgeteilt.

§ 12 Verlegung und Überstellung
(1) Die Gefangenen können abweichend vom Vollstreckungsplan in eine andere Anstalt verlegt werden, wenn
1. die Erreichung des Vollzugsziels oder die Eingliederung nach der Entlassung hierdurch gefördert wird oder
2. Gründe der Vollzugsorganisation oder andere wichtige Gründe dies erforderlich machen.
(2) Die Personensorgeberechtigten, der Vollstreckungsleiter und das Jugendamt werden von der Verlegung unverzüglich unterrichtet.
(3) Die Aufsichtsbehörde kann sich Entscheidungen über Verlegungen vorbehalten.
(4) Die Gefangenen dürfen aus wichtigem Grund in eine andere Anstalt oder Justizvollzugsanstalt überstellt werden.

§ 13 Geschlossener und offener Vollzug
(1) Die Gefangenen werden im geschlossenen oder offenen Vollzug untergebracht.
(2) Sie sollen im offenen Vollzug untergebracht werden, wenn sie dessen besonderen Anforderungen genügen, insbesondere verantwortet werden kann zu erproben, dass sie sich dem Vollzug nicht entziehen und die Möglichkeiten des offenen Vollzugs nicht zur Begehung von Straftaten missbrauchen werden.

§ 14 Sozialtherapie
Gefangene können in einer sozialtherapeutischen Abteilung untergebracht werden, wenn deren besondere therapeutische Mittel und soziale Hilfen zum Erreichen des Vollzugsziels angezeigt sind.

§ 15 Vollzugslockerungen
(1) [1]Als Vollzugslockerungen kommen insbesondere in Betracht:
1. Verlassen der Anstalt für eine bestimmte Tageszeit unter Aufsicht von Bediensteten (Ausführung) oder ohne Aufsicht (Ausgang),
2. regelmäßige Beschäftigung außerhalb der Anstalt unter Aufsicht von Bediensteten (Außenbeschäftigung) oder ohne Aufsicht (Freigang) und
3. Unterbringung in besonderen Erziehungseinrichtungen oder in Übergangseinrichtungen freier Träger.

[2]Vollzugslockerungen nach Satz 1 Nummer 3 werden nach Anhörung des Vollstreckungsleiters gewährt.
(2) [1]Vollzugslockerungen dürfen gewährt werden, wenn verantwortet werden kann zu erproben, dass die Gefangenen sich dem Vollzug nicht entziehen und die Vollzugslockerungen nicht zur Begehung von Straftaten missbrauchen werden. [2]Sie können versagt werden, wenn die Gefangenen ihren Mitwirkungspflichten nicht nachkommen.
(3) [1]Im Übrigen dürfen Gefangene ausgeführt werden, wenn dies aus besonderen Gründen notwendig ist. [2]Liegt die Ausführung ausschließlich im Interesse der Gefangenen, können ihnen die Kosten auferlegt werden, soweit dies die Erziehung oder die Eingliederung nicht behindert.

§ 16 Urlaub
(1) [1]Zur Förderung der Wiedereingliederung in das Leben in Freiheit, insbesondere zur Aufrechterhaltung sozialer Bindungen, kann nach Maßgabe des Vollzugsplans Urlaub gewährt werden. [2]Der Urlaub darf 24 Tage in einem Vollstreckungsjahr nicht übersteigen.

(2) Darüber hinaus kann Urlaub aus wichtigem Anlass bis zu sieben Tagen im Vollstreckungsjahr gewährt werden, zur Teilnahme an gerichtlichen Terminen, wegen des Todes oder einer lebensbedrohenden Erkrankung naher Angehöriger auch darüber hinaus.
(3) § 15 Abs. 2 gilt entsprechend.
(4) Durch Urlaub wird die Vollstreckung der Jugendstrafe nicht unterbrochen.

§ 17 Weisungen für Vollzugslockerungen und Urlaub, Widerruf
(1) Für Vollzugslockerungen und Urlaub können Weisungen erteilt werden.
(2) Vollzugslockerungen und Urlaub können widerrufen werden, wenn
1. sie auf Grund nachträglich eingetretener oder bekannt gewordener Umstände versagt werden könnten,
2. sie missbraucht werden oder
3. Weisungen nicht befolgt werden.

§ 18 Vorführung, Ausantwortung
(1) Auf Ersuchen eines Gerichts werden Gefangene vorgeführt, sofern ein Vorführungsbefehl vorliegt.
(2) Gefangene dürfen befristet dem Gewahrsam eines Gerichts, einer Staatsanwaltschaft oder einer Polizei-, Zoll- oder Finanzbehörde auf Antrag überlassen werden (Ausantwortung).

§ 19 Entlassungsvorbereitung
(1) ¹Die Anstalt arbeitet frühzeitig mit außervollzuglichen Einrichtungen, Organisationen sowie Personen und Vereinen zusammen, um zu erreichen, dass die Gefangenen nach ihrer Entlassung über eine geeignete Unterbringung und eine Arbeits- oder Ausbildungsstelle verfügen. ²Dazu gehört insbesondere eine Zusammenarbeit der ambulanten sozialen Dienste (Bewährungshilfe, Führungsaufsicht) mit der Anstalt zum Zweck der sozialen und beruflichen Integration der Gefangenen. ³Die Personensorgeberechtigten und das Jugendamt werden unterrichtet.
(2) Zur Vorbereitung der Entlassung soll der Vollzug gelockert werden (§ 15).
(3) ¹Zur Vorbereitung der Entlassung können die Gefangenen bis zu sieben Tage Urlaub erhalten. ²Zum Freigang zugelassene Gefangene können innerhalb von neun Monaten vor der Entlassung Urlaub bis zu sechs Tagen im Monat erhalten; Satz 1 findet keine Anwendung. ³§ 15 Abs. 2, § 16 Abs. 4 und § 17 gelten entsprechend.
(4) ¹Darüber hinaus können die Gefangenen nach Anhörung des Vollstreckungsleiters bis zu vier Monate beurlaubt werden. ²Hierfür sollen Weisungen erteilt werden. ³Der im laufenden Vollstreckungsjahr gewährte Urlaub nach § 16 Abs. 1 wird auf diese Zeit angerechnet. ⁴§ 15 Abs. 2, § 16 Abs. 4 und § 17 Abs. 2 gelten entsprechend.

§ 20 Entlassungszeitpunkt
(1) Die Gefangenen sollen am letzten Tag ihrer Strafzeit möglichst frühzeitig, jedenfalls noch am Vormittag, entlassen werden.
(2) Fällt das Strafende auf einen Sonnabend oder Sonntag, einen gesetzlichen Feiertag, den ersten Werktag nach Ostern oder Pfingsten oder in die Zeit vom 22. Dezember bis zum 6. Januar, so können die Gefangenen an dem diesem Tag oder Zeitraum vorhergehenden Werktag entlassen werden, wenn dies gemessen an der Dauer der Strafzeit vertretbar ist und fürsorgerische Gründe nicht entgegenstehen.
(3) Der Entlassungszeitpunkt kann bis zu zwei Tage vorverlegt werden, wenn die Gefangenen zu ihrer Eingliederung hierauf dringend angewiesen sind.

§ 21 Hilfe zur Entlassung, Nachsorge
(1) ¹Zur Vorbereitung der Entlassung sind die Gefangenen bei der Ordnung ihrer persönlichen, wirtschaftlichen und sozialen Angelegenheiten zu unterstützen. ²Dies umfasst die Vermittlung in nachsorgende Maßnahmen. ³Nachgehende Betreuung kann unter Mitwirkung von Bediensteten erfolgen.
(2) Bedürftigen Gefangenen kann eine Entlassungsbeihilfe in Form eines Reisekostenzuschusses, angemessener Kleidung oder einer sonstigen notwendigen Unterstützung gewährt werden.

§ 22 Fortführung von Maßnahmen nach Entlassung
(1) ¹Die Gefangenen können auf Antrag nach ihrer Entlassung ausnahmsweise im Vollzug begonnene Ausbildungs- oder Behandlungsmaßnahmen fortführen, soweit diese nicht anderweitig durchge-

führt werden können. ²Hierzu können die Entlassenen auf vertraglicher Basis vorübergehend in einer Anstalt untergebracht werden, sofern es die Belegungssituation zulässt.

(2) Bei Störung des Anstaltsbetriebes durch die Entlassenen oder aus vollzugsorganisatorischen Gründen können die Unterbringung und die Maßnahme jederzeit beendet werden.

Abschnitt 3
Unterbringung und Versorgung der Gefangenen

§ 23 Trennung von männlichen und weiblichen Gefangenen
¹Männliche und weibliche Gefangene werden getrennt untergebracht. ²Gemeinsame Maßnahmen, insbesondere eine gemeinsame Schul- und Berufsausbildung, sind zulässig.

§ 24 Unterbringung während der Ausbildung, Arbeit und Freizeit
(1) Ausbildung und Arbeit finden grundsätzlich in Gemeinschaft statt.
(2) ¹Den Gefangenen kann gestattet werden, sich während der Freizeit in Gemeinschaft mit anderen Gefangenen aufzuhalten. ²Für die Teilnahme an gemeinschaftlichen Veranstaltungen kann der Anstaltsleiter mit Rücksicht auf die räumlichen, personellen oder organisatorischen Verhältnisse der Anstalt besondere Regelungen treffen.
(3) Die gemeinschaftliche Unterbringung kann eingeschränkt werden,
1. wenn ein schädlicher Einfluss auf andere Gefangene zu befürchten ist,
2. wenn es die Sicherheit oder Ordnung der Anstalt erfordert,
3. wenn dies aus erzieherischen Gründen angezeigt ist oder
4. bis zur Erstellung des Vollzugsplans, jedoch nicht länger als zwei Monate.

§ 25 Unterbringung während der Ruhezeit
(1) ¹Während der Ruhezeit werden die Gefangenen in ihren Hafträumen einzeln untergebracht. ²Mit ihrer Zustimmung können sie gemeinsam untergebracht werden, wenn schädliche Einflüsse nicht zu befürchten sind.
(2) ¹Eine gemeinsame Unterbringung ist auch zulässig, wenn Gefangene hilfsbedürftig sind oder eine Gefahr für Leben oder Gesundheit besteht. ²Darüber hinaus ist eine gemeinsame Unterbringung nur vorübergehend und aus zwingenden Gründen zulässig.

§ 26 Wohngruppen
¹Geeignete Gefangene werden regelmäßig in Wohngruppen untergebracht. ²Nicht geeignet sind in der Regel Gefangene, die auf Grund ihres Verhaltens nicht gruppenfähig sind.

§ 27 Unterbringung von Müttern mit Kindern
(1) ¹Ist das Kind einer Gefangenen noch nicht drei Jahre alt, kann es mit Zustimmung des Aufenthaltsbestimmungsberechtigten in der Anstalt untergebracht werden, wenn die baulichen Gegebenheiten dies zulassen und Sicherheitsgründe nicht entgegenstehen. ²Vor der Unterbringung ist das Jugendamt zu hören.
(2) ¹Die Unterbringung erfolgt auf Kosten des für das Kind Unterhaltspflichtigen. ²Von der Geltendmachung des Kostenersatzanspruchs kann ausnahmsweise abgesehen werden, wenn hierdurch die gemeinsame Unterbringung von Mutter und Kind gefährdet würde.

§ 28 Persönlicher Gewahrsam, Kostenbeteiligung
(1) ¹Die Gefangenen dürfen nur Sachen in Gewahrsam haben oder annehmen, die ihnen von der Anstalt oder mit deren Zustimmung überlassen werden. ²Ohne Zustimmung dürfen sie Sachen von geringem Wert von anderen Gefangenen annehmen; die Annahme dieser Sachen und der Gewahrsam daran können von der Zustimmung der Anstalt abhängig gemacht werden.
(2) ¹Eingebrachte Sachen, die die Gefangenen nicht in Gewahrsam haben dürfen, sind für sie aufzubewahren, sofern dies nach Art und Umfang möglich ist. ²Den Gefangenen wird Gelegenheit gegeben, ihre Sachen, die sie während des Vollzugs und für ihre Entlassung nicht benötigen, zu verschicken. ³Geld wird ihnen als Eigengeld gutgeschrieben.
(3) Werden eingebrachte Sachen, deren Aufbewahrung nach Art oder Umfang nicht möglich ist, von den Gefangenen trotz Aufforderung nicht aus der Anstalt verbracht, so ist die Anstalt berechtigt, diese Sachen auf Kosten der Gefangenen aus der Anstalt entfernen zu lassen.

(4) Aufzeichnungen und andere Sachen, die Kenntnisse über Sicherungsvorkehrungen der Anstalt vermitteln oder Schlussfolgerungen auf diese zulassen, dürfen vernichtet oder unbrauchbar gemacht werden.
(5) Die Zustimmung nach Absatz 1 kann widerrufen werden, wenn dies zur Aufrechterhaltung der Sicherheit, zur Abwendung einer erheblichen Störung der Ordnung der Anstalt oder zur Vermeidung einer erheblichen Gefährdung des Vollzugsziels erforderlich ist.
(6) Die Gefangenen können an den Betriebskosten der in ihrem Gewahrsam befindlichen Geräte beteiligt werden.

§ 29 Ausstattung des Haftraums
^{1}Die Gefangenen dürfen ihren Haftraum in angemessenem Umfang mit eigenen Sachen ausstatten. ^{2}Sachen, die geeignet sind, das Vollzugsziel oder die Sicherheit oder Ordnung der Anstalt zu gefährden, sind ausgeschlossen.

§ 30 Kleidung
(1) Die Gefangenen tragen eigene Kleidung, für deren Reinigung, Instandsetzung und regelmäßigen Wechsel sie selbst zu sorgen haben.
(2) Der Anstaltsleiter kann das Tragen von Anstaltskleidung allgemein oder im Einzelfall anordnen.
(3) Bei Bedürftigkeit und in den Fällen des Absatzes 2 wird Anstaltskleidung ausgehändigt.

§ 31 Verpflegung und Einkauf
(1) ^{1}Zusammensetzung und Nährwert der Anstaltsverpflegung entsprechen den besonderen Anforderungen an eine gesunde Ernährung junger Menschen und werden ärztlich überwacht. ^{2}Auf ärztliche Anordnung wird besondere Verpflegung gewährt. ^{3}Den Gefangenen ist zu ermöglichen, Speisevorschriften ihrer Religionsgemeinschaft zu befolgen.
(2) ^{1}Die Gefangenen können aus einem von der Anstalt vermittelten Angebot einkaufen. ^{2}Die Anstalt soll für ein Angebot sorgen, das auf Wünsche und Bedürfnisse der Gefangenen Rücksicht nimmt.
(3) ^{1}Den Gefangenen soll die Möglichkeit eröffnet werden, unmittelbar oder über Dritte Gegenstände über den Versandhandel zu beziehen. ^{2}Zulassung und Verfahren des Einkaufs über den Versandhandel regelt der Anstaltsleiter.
(4) Gegenstände, die geeignet sind, das Vollzugsziel oder die Sicherheit oder Ordnung der Anstalt zu gefährden, sind vom Einkauf ausgeschlossen.

§ 32 Gesundheitsfürsorge
(1) ^{1}Die Anstalt unterstützt die Gefangenen bei der Wiederherstellung und Erhaltung ihrer körperlichen und geistigen Gesundheit. ^{2}Die Gefangenen haben die notwendigen Anordnungen zum Gesundheitsschutz und zur Hygiene zu befolgen.
(2) Den Gefangenen wird ermöglicht, sich täglich mindestens eine Stunde im Freien aufzuhalten.
(3) ^{1}Erkranken Gefangene schwer oder versterben, werden die Angehörigen, insbesondere die Personensorgeberechtigten, benachrichtigt. ^{2}Dem Wunsch der Gefangenen, auch andere Personen zu benachrichtigen, soll nach Möglichkeit entsprochen werden.

§ 33 Zwangsmaßnahmen auf dem Gebiet der Gesundheitsfürsorge
(1) ^{1}Medizinische Untersuchung und Behandlung sowie Ernährung sind unbeschadet der Rechte der Personensorgeberechtigten zwangsweise nur bei Lebensgefahr, bei schwerwiegender Gefahr für die Gesundheit der Gefangenen oder bei Gefahr für die Gesundheit anderer Personen zulässig; die Maßnahmen müssen für die Beteiligten zumutbar sein und dürfen nicht mit erheblicher Gefahr für Leben oder Gesundheit der Gefangenen verbunden sein. ^{2}Zur Durchführung der Maßnahmen ist die Anstalt nicht verpflichtet, solange von einer freien Willensbestimmung der Gefangenen ausgegangen werden kann.
(2) Zum Gesundheitsschutz und zur Hygiene ist die zwangsweise körperliche Untersuchung außer im Fall des Absatzes 1 zulässig, wenn sie nicht mit einem körperlichen Eingriff verbunden ist.
(3) Die Maßnahmen dürfen nur auf Anordnung und unter Leitung eines Arztes durchgeführt werden, unbeschadet der Leistung erster Hilfe für den Fall, dass ein Arzt nicht rechtzeitig erreichbar und mit einem Aufschub Lebensgefahr verbunden ist.

§ 34 Medizinische Leistungen, Kostenbeteiligung

(1) ¹Die Gefangenen haben einen Anspruch auf notwendige, ausreichende und zweckmäßige medizinische Leistungen unter Beachtung des Grundsatzes der Wirtschaftlichkeit. ²Der allgemeine Standard der gesetzlichen Krankenkassen ist zu berücksichtigen.

(2) Der Anspruch umfasst auch Untersuchungen zur Früherkennung von Krankheiten und Vorsorgeleistungen entsprechend dem allgemeinen Standard der gesetzlichen Krankenkassen.

(3) ¹Der Anspruch umfasst weiter die Versorgung mit Hilfsmitteln wie Seh- und Hörhilfen, Körperersatzstücken, orthopädischen und anderen Hilfsmitteln, die im Einzelfall erforderlich sind, um den Erfolg der Krankenbehandlung zu sichern, eine Behinderung auszugleichen oder einer drohenden Behinderung vorzubeugen, sofern dies mit Rücksicht auf die Dauer des Freiheitsentzugs nicht ungerechtfertigt ist und soweit die Hilfsmittel nicht als allgemeine Gebrauchsgegenstände des täglichen Lebens anzusehen sind. ²Der Anspruch umfasst auch die notwendige Änderung, Instandsetzung und Ersatzbeschaffung von Hilfsmitteln sowie die Ausbildung in ihrem Gebrauch. ³Ein erneuter Anspruch auf Versorgung mit Sehhilfen besteht nur bei einer Änderung der Sehfähigkeit um mindestens 0,5 Dioptrien. ⁴Anspruch auf Versorgung mit Kontaktlinsen besteht nur in medizinisch zwingend erforderlichen Ausnahmefällen.

(4) An den Kosten für zahntechnische Leistungen und Zahnersatz können volljährige Gefangene beteiligt werden.

(5) Für Leistungen, die über die in Absatz 1 Satz 1, Absatz 2 und Absatz 3 genannten Leistungen hinausgehen, können den Gefangenen die gesamten Kosten auferlegt werden.

§ 35 Verlegung und Überstellung zur medizinischen Behandlung

(1) Kranke oder hilfsbedürftige Gefangene können in eine zur Behandlung ihrer Krankheit oder zu ihrer Versorgung besser geeignete Anstalt, Justizvollzugsanstalt oder in ein Vollzugskrankenhaus verlegt oder überstellt werden.

(2) Erforderlichenfalls können Gefangene auch in ein Krankenhaus außerhalb des Vollzugs gebracht werden.

(3) § 12 Abs. 2 und 3 gilt entsprechend.

§ 36 Krankenbehandlung in besonderen Fällen

(1) Während eines Urlaubs und in Vollzugslockerungen haben Gefangene einen Anspruch auf medizinische Leistungen gegen das Land nur in der für sie zuständigen Anstalt.

(2) Der Anspruch auf Leistungen nach § 34 ruht, solange Gefangene auf Grund eines freien Beschäftigungsverhältnisses krankenversichert sind.

(3) Wird die Strafvollstreckung während einer Behandlung von Gefangenen unterbrochen oder beendet, so hat das Land nur diejenigen Kosten zu tragen, die bis zur Unterbrechung oder Beendigung der Strafvollstreckung angefallen sind.

Abschnitt 4
Schule, Ausbildung, Weiterbildung und Arbeit

§ 37 Schulische und berufliche Aus- und Weiterbildung, Arbeit

(1) ¹Ausbildung, Weiterbildung, arbeitstherapeutische Beschäftigung und Arbeit dienen insbesondere dem Ziel, die Fähigkeit der Gefangenen zur Aufnahme einer Erwerbstätigkeit nach der Entlassung zu vermitteln, zu erhalten oder zu fördern. ²Sofern den Gefangenen Arbeit zugewiesen wird, soll diese möglichst deren Fähigkeiten, Fertigkeiten und Neigungen entsprechen.

(2) ¹Die Gefangenen sind vorrangig zur Teilnahme an schulischen und beruflichen Orientierungs-, Aus- und Weiterbildungsmaßnahmen oder speziellen Maßnahmen zur Förderung ihrer schulischen, beruflichen oder persönlichen Entwicklung verpflichtet. ²Im Übrigen sind die Gefangenen zu Arbeit, arbeitstherapeutischer oder sonstiger Beschäftigung verpflichtet, wenn und soweit sie dazu in der Lage sind.

(3) Das Zeugnis oder der Nachweis über eine Bildungsmaßnahme darf keinen Hinweis auf die Inhaftierung enthalten.

(4) ¹Den Gefangenen soll gestattet werden, einer Berufsausbildung, beruflichen Weiterbildung, Umschulung oder Arbeit auf der Grundlage eines freien Beschäftigungsverhältnisses außerhalb der Anstalt nachzugehen oder sich innerhalb oder außerhalb des Vollzugs selbst zu beschäftigen, wenn sie hierfür geeignet sind. ²§ 13 Abs. 2, § 15 Abs. 2 und § 17 gelten entsprechend. ³Die Anstalt kann ver-

langen, dass ihr das Entgelt für das freie Beschäftigungsverhältnis zur Gutschrift für die Gefangenen überwiesen wird.
(5) ¹Sind die Gefangenen ein Jahr lang ununterbrochen ihrer Verpflichtung nach Absatz 2 nachgekommen, können sie beanspruchen, im darauf folgenden Jahr für die Dauer von 18 Werktagen freigestellt zu werden. ²Zeiten, in denen die Gefangenen unverschuldet infolge Krankheit an der Teilnahme, Arbeit oder an der Beschäftigung gehindert waren, werden bis zur Dauer von sechs Wochen auf das Jahr angerechnet. ³Auf die Zeit der Freistellung wird der Urlaub nach § 16 Abs. 1 angerechnet, soweit er in die Arbeitszeit fällt. ⁴Die Gefangenen erhalten für die Zeit der Freistellung ihre zuletzt gezahlten Bezüge weiter. ⁵Urlaubsregelungen der Beschäftigungsverhältnisse außerhalb des Vollzugs bleiben unberührt.

Abschnitt 5
Freizeit, Sport

§ 38 Freizeit
¹Die Ausgestaltung der Freizeit orientiert sich am Vollzugsziel. ²Dazu sind geeignete Angebote vorzuhalten. ³Die Gefangenen sind zur Teilnahme und Mitwirkung an Freizeitangeboten verpflichtet.

§ 39 Sport
¹Dem Sport kommt bei der Erreichung des Vollzugsziels besondere Bedeutung zu. ²Er kann neben der sinnvollen Freizeitgestaltung auch zur Diagnostik und gezielten Behandlung eingesetzt werden. ³Es sind ausreichende und geeignete Angebote vorzuhalten, um den Gefangenen eine sportliche Betätigung von mindestens zwei Stunden wöchentlich zu ermöglichen.

§ 40 Zeitungen und Zeitschriften
(1) ¹Die Gefangenen dürfen auf eigene Kosten Zeitungen und Zeitschriften in angemessenem Umfang durch Vermittlung der Anstalt beziehen. ²Ausgeschlossen sind Zeitungen und Zeitschriften, deren Verbreitung mit Strafe oder Geldbuße bedroht ist.
(2) Einzelne Ausgaben einer Zeitung oder Zeitschrift können den Gefangenen auch vorenthalten werden, wenn deren Inhalte das Vollzugsziel oder die Sicherheit oder Ordnung der Anstalt erheblich gefährden würden.

§ 41 Rundfunk
(1) ¹Die Gefangenen können am Hörfunkempfang sowie am gemeinschaftlichen Fernsehempfang teilnehmen. ²Der Rundfunkempfang kann vorübergehend ausgesetzt oder einzelnen Gefangenen untersagt werden, wenn dies zur Aufrechterhaltung der Sicherheit oder Ordnung der Anstalt unerlässlich ist.
(2) Eigene Fernsehgeräte können zugelassen werden, wenn erzieherische Gründe nicht entgegenstehen.

§ 42 Besitz von Gegenständen für die Freizeitbeschäftigung
(1) Die Gefangenen dürfen in angemessenem Umfang Gegenstände zur Freizeitbeschäftigung besitzen.
(2) Dies gilt nicht, wenn deren Besitz, Überlassung oder Benutzung das Vollzugsziel oder die Sicherheit oder Ordnung der Anstalt gefährden würde.
(3) ¹Elektronische Medien können zugelassen werden, wenn erzieherische Gründe nicht entgegenstehen. ²Absatz 2 gilt entsprechend.

Abschnitt 6
Religionsausübung

§ 43 Seelsorge
(1) ¹Den Gefangenen darf religiöse Betreuung durch einen Seelsorger ihrer Religionsgemeinschaft nicht versagt werden. ²Auf Wunsch ist ihnen zu helfen, mit einem Seelsorger ihrer Religionsgemeinschaft in Verbindung zu treten.
(2) ¹Die Gefangenen dürfen grundlegende religiöse Schriften besitzen. ²Sie dürfen ihnen nur bei grobem Missbrauch entzogen werden.
(3) Den Gefangenen sind Gegenstände des religiösen Gebrauchs in angemessenem Umfang zu belassen.

§ 44 Religiöse Veranstaltungen
(1) Die Gefangenen haben das Recht, am Gottesdienst und an anderen religiösen Veranstaltungen ihres Bekenntnisses teilzunehmen.
(2) Die Zulassung zu den Gottesdiensten oder zu religiösen Veranstaltungen einer anderen Religionsgemeinschaft bedarf der Zustimmung des Seelsorgers der Religionsgemeinschaft.
(3) Gefangene können von der Teilnahme am Gottesdienst oder anderen religiösen Veranstaltungen ausgeschlossen werden, wenn dies aus überwiegenden Gründen der Sicherheit oder Ordnung geboten ist; der Seelsorger soll vorher gehört werden.

§ 45 Weltanschauungsgemeinschaften
Für Angehörige weltanschaulicher Bekenntnisse gelten §§ 43 und 44 entsprechend.

Abschnitt 7
Besuche, Schriftwechsel und Telefongespräche

§ 46 Grundsatz
[1]Die Gefangenen haben das Recht, mit Personen außerhalb der Anstalt im Rahmen der Bestimmungen dieses Gesetzes zu verkehren. [2]Der Kontakt mit Personen, von denen ein günstiger Einfluss erwartet werden kann, wird gefördert.

§ 47 Recht auf Besuch
(1) [1]Die Gefangenen dürfen regelmäßig Besuch empfangen. [2]Die Gesamtdauer beträgt mindestens vier Stunden im Monat.
(2) [1]Kontakte der Gefangenen zu ihren Kindern werden besonders gefördert. [2]Deren Besuche werden nicht auf die Regelbesuchszeiten angerechnet.
(3) Besuche sollen darüber hinaus zugelassen werden, wenn sie die Erziehung oder Eingliederung der Gefangenen fördern oder persönlichen, rechtlichen oder geschäftlichen Angelegenheiten dienen, die nicht von den Gefangenen schriftlich erledigt, durch Dritte wahrgenommen oder bis zur Entlassung aufgeschoben werden können.
(4) Aus Gründen der Sicherheit können Besuche davon abhängig gemacht werden, dass sich die Besucher mit technischen Hilfsmitteln absuchen oder durchsuchen lassen.

§ 48 Besuchsverbot
Der Anstaltsleiter kann Besuche untersagen,
1. wenn die Sicherheit oder Ordnung der Anstalt gefährdet würde,
2. bei Besuchern, die nicht Angehörige (§ 11 Abs. 1 Nr. 1 des Strafgesetzbuchs) der Gefangenen sind, wenn zu befürchten ist, dass sie einen schädlichen Einfluss auf die Gefangenen haben oder ihre Eingliederung behindern, oder
3. wenn Personensorgeberechtigte nicht einverstanden sind.

§ 49 Besuche von Verteidigern, Rechtsanwälten, Notaren und Beiständen
[1]Besuche von Verteidigern sowie von Rechtsanwälten und Notaren in einer die Gefangenen betreffenden Rechtssache sind zu gestatten. [2]Dasselbe gilt für Besuche von Beiständen nach § 69 des Jugendgerichtsgesetzes. [3]§ 47 Abs. 4 gilt entsprechend. [4]Eine inhaltliche Überprüfung der vom Verteidiger mitgeführten Schriftstücke und sonstigen Unterlagen ist nicht zulässig. [5]§ 52 Abs. 1 Satz 2 und 3 bleibt unberührt.

§ 50 Überwachung der Besuche
(1) [1]Besuche dürfen aus Gründen der Erziehung oder der Sicherheit oder Ordnung der Anstalt überwacht werden, es sei denn, es liegen im Einzelfall Erkenntnisse dafür vor, dass es der Überwachung nicht bedarf. [2]Die Unterhaltung darf nur überwacht werden, soweit dies im Einzelfall aus diesen Gründen erforderlich ist.
(2) [1]Besuche dürfen abgebrochen werden, wenn Besucher oder Gefangene gegen dieses Gesetz oder auf Grund dieses Gesetzes getroffene Anordnungen trotz Abmahnung verstoßen. [2]Die Abmahnung unterbleibt, wenn es unerlässlich ist, den Besuch sofort abzubrechen.
(3) Besuche dürfen auch abgebrochen werden, wenn von Besuchern ein schädlicher Einfluss ausgeht.
(4) Besuche von Verteidigern und Beiständen nach § 69 des Jugendgerichtsgesetzes werden nicht überwacht.

(5) ¹Gegenstände dürfen den Gefangenen beim Besuch nicht übergeben werden. ²Dies gilt nicht für die bei dem Besuch der Verteidiger übergebenen Schriftstücke und sonstigen Unterlagen sowie für die bei dem Besuch von Rechtsanwälten oder Notaren zur Erledigung einer die Gefangenen betreffenden Rechtssache übergebenen Schriftstücke und sonstigen Unterlagen. ³Bei dem Besuch von Rechtsanwälten oder Notaren kann die Übergabe aus Gründen der Sicherheit oder Ordnung der Anstalt von der Erlaubnis des Anstaltsleiters abhängig gemacht werden. ⁴§ 52 Abs. 1 Satz 2 und 3 bleibt unberührt.

§ 51 Recht auf Schriftwechsel
(1) Die Gefangenen haben das Recht, auf eigene Kosten Schreiben abzusenden und zu empfangen.
(2) Der Anstaltsleiter kann den Schriftwechsel mit bestimmten Personen untersagen,
1. wenn die Sicherheit oder Ordnung der Anstalt gefährdet würde,
2. bei Personen, die nicht Angehörige (§ 11 Abs. 1 Nr. 1 des Strafgesetzbuchs) der Gefangenen sind, wenn zu befürchten ist, dass der Schriftwechsel einen schädlichen Einfluss auf die Gefangenen hat oder ihre Eingliederung behindert, oder
3. wenn Personensorgeberechtigte nicht einverstanden sind.

§ 52 Überwachung des Schriftwechsels
(1) ¹Der Schriftwechsel der Gefangenen mit ihrem Verteidiger oder Beistand nach § 69 des Jugendgerichtsgesetzes wird nicht überwacht. ²Liegt dem Vollzug eine Straftat nach § 129a, auch in Verbindung mit § 129b Abs. 1, des Strafgesetzbuchs zugrunde, gelten § 148 Abs. 2 und § 148a der Strafprozessordnung entsprechend; dies gilt nicht, wenn die Gefangenen sich in einer Einrichtung des offenen Vollzugs befinden oder wenn ihnen Vollzugslockerungen nach § 15 oder Urlaub nach § 16 Abs. 1 gewährt worden sind und ein Grund, der die Anstaltsleitung nach § 17 Abs. 2 oder 3 zum Widerruf oder zur Rücknahme von Vollzugslockerungen und Urlaub ermächtigt, nicht vorliegt. ³Satz 2 gilt auch, wenn eine Jugendstrafe oder Freiheitsstrafe wegen einer Straftat nach § 129a, auch in Verbindung mit § 129b Abs. 1, des Strafgesetzbuchs erst im Anschluss an den Vollzug der Jugendstrafe, der eine andere Verurteilung zugrunde liegt, zu vollstrecken ist.
(2) ¹Nicht überwacht werden ferner Schreiben der Gefangenen an Volksvertretungen des Bundes und der Länder sowie an deren Mitglieder, soweit die Schreiben an die Anschriften dieser Volksvertretungen gerichtet sind und den Absender zutreffend angeben. ²Entsprechendes gilt für Schreiben an das Europäische Parlament und dessen Mitglieder, den Europäischen Gerichtshof für Menschenrechte, den Europäischen Ausschuss zur Verhütung von Folter und unmenschlicher oder erniedrigender Behandlung oder Strafe und weitere Einrichtungen, mit denen der Schriftverkehr auf Grund völkerrechtlicher Verpflichtungen der Bundesrepublik Deutschland geschützt ist. ³Satz 1 gilt auch für den Schriftverkehr mit den Bürgerbeauftragten der Länder und den Datenschutzbeauftragten des Bundes und der Länder. ⁴Schreiben der in den Sätzen 1 bis 3 genannten Stellen, die an die Gefangenen gerichtet sind, werden nicht überwacht, sofern die Identität des Absenders zweifelsfrei feststeht.
(3) Der übrige Schriftwechsel darf überwacht werden, soweit es aus Gründen der Erziehung oder der Sicherheit oder Ordnung der Anstalt erforderlich ist.

§ 53 Weiterleitung von Schreiben, Aufbewahrung
(1) Die Gefangenen haben das Absenden und den Empfang ihrer Schreiben durch die Anstalt vermitteln zu lassen, soweit nichts anderes gestattet ist.
(2) Eingehende und ausgehende Schreiben sind unverzüglich weiterzuleiten.
(3) ¹Die Gefangenen haben eingehende Schreiben unverschlossen zu verwahren, sofern nichts anderes gestattet wird. ²Sie können sie verschlossen zu ihrer Habe geben.

§ 54 Anhalten von Schreiben
(1) Der Anstaltsleiter kann Schreiben anhalten, wenn
1. das Vollzugsziel oder die Sicherheit oder Ordnung der Anstalt gefährdet würde,
2. die Weitergabe in Kenntnis ihres Inhalts einen Straf- oder Bußgeldtatbestand verwirklichen würde,
3. sie grob unrichtige oder erheblich entstellende Darstellungen von Anstaltsverhältnissen enthalten,
4. sie grobe Beleidigungen enthalten,
5. sie die Eingliederung anderer Gefangener gefährden können oder
6. sie in Geheimschrift, unlesbar, unverständlich oder ohne zwingenden Grund in einer fremden Sprache abgefasst sind.

(2) Ausgehenden Schreiben, die unrichtige Darstellungen enthalten, kann ein Begleitschreiben beigefügt werden, wenn die Gefangenen auf das Absenden bestehen.
(3) ¹Sind Schreiben angehalten worden, wird das den Gefangenen mitgeteilt. ²Angehaltene Schreiben werden an den Absender zurückgegeben oder, sofern dies unmöglich oder aus besonderen Gründen untunlich ist, verwahrt.
(4) Schreiben, deren Überwachung nach § 52 Abs. 1 und 2 ausgeschlossen ist, dürfen nicht angehalten werden.

§ 55 Telefongespräche
¹Den Gefangenen kann gestattet werden, auf eigene Kosten Telefongespräche zu führen. ²Die Bestimmungen über den Besuch gelten entsprechend. ³Ist die Überwachung des Telefongesprächs erforderlich, ist die beabsichtigte Überwachung dem Gesprächspartner der Gefangenen unmittelbar nach Herstellung der Verbindung durch die Anstalt oder die Gefangenen mitzuteilen. ⁴Die Gefangenen sind rechtzeitig vor Beginn des Telefongesprächs über die beabsichtigte Überwachung und die Mitteilungspflicht nach Satz 3 zu unterrichten.

§ 56 Pakete
(1) ¹Der Empfang von Paketen mit Nahrungs- und Genussmitteln ist den Gefangenen nicht gestattet. ²Der Empfang von Paketen mit anderem Inhalt bedarf der Erlaubnis der Anstalt, welche Zeitpunkt und Höchstmenge für die Sendung und für einzelne Gegenstände festsetzen kann. ³Für den Ausschluss von Gegenständen gilt § 31 Abs. 4 entsprechend.
(2) ¹Pakete sind in Gegenwart der Gefangenen zu öffnen, an die sie adressiert sind. ²Ausgeschlossene Gegenstände können zu ihrer Habe genommen oder dem Absender zurückgesandt werden. ³Nicht ausgehändigte Gegenstände, durch die bei der Versendung oder Aufbewahrung Personen verletzt oder Sachschäden verursacht werden können, dürfen vernichtet werden. ⁴Die hiernach getroffenen Maßnahmen werden den Gefangenen eröffnet.
(3) Der Empfang von Paketen kann vorübergehend versagt werden, wenn dies wegen der Gefährdung der Sicherheit oder Ordnung der Anstalt unerlässlich ist.
(4) ¹Den Gefangenen kann gestattet werden, Pakete zu versenden. ²Die Anstalt kann ihren Inhalt aus Gründen der Sicherheit oder Ordnung der Anstalt überprüfen.

Abschnitt 8
Gelder der Gefangenen, Freistellung von der Arbeit
§ 57 Ausbildungsbeihilfe, Arbeitsentgelt
(1) Gefangene, die während der Arbeitszeit ganz oder teilweise an einer schulischen oder beruflichen Orientierungs-, Aus- oder Weiterbildungsmaßnahme oder an speziellen Maßnahmen zur Förderung ihrer schulischen, beruflichen oder persönlichen Entwicklung teilnehmen und die zu diesem Zweck von ihrer Arbeitspflicht freigestellt sind, erhalten hierfür eine Ausbildungsbeihilfe, soweit kein Anspruch auf Leistungen zum Lebensunterhalt besteht, die freien Personen aus solchem Anlass zustehen.
(2) Wer eine Arbeit, arbeitstherapeutische oder sonstige Beschäftigung ausübt, erhält Arbeitsentgelt.
(3) ¹Der Bemessung der Ausbildungsbeihilfe und des Arbeitsentgelts ist 9 v. H. der Bezugsgröße nach § 18 des Vierten Buches Sozialgesetzbuch zugrunde zu legen (Eckvergütung). ²Ein Tagessatz ist der zweihundertfünfzigste Teil der Eckvergütung; die Ausbildungsbeihilfe und das Arbeitsentgelt können nach einem Stundensatz bemessen werden.
(4) ¹Die Ausbildungsbeihilfe und das Arbeitsentgelt können je nach Leistung der Gefangenen und der Art der Ausbildung oder Arbeit gestuft werden. ²75 v. H. der Eckvergütung dürfen nur dann unterschritten werden, wenn die Leistungen der Gefangenen den Mindestanforderungen nicht genügen.
(5) Die Höhe der Ausbildungsbeihilfe und des Arbeitsentgeltes ist den Gefangenen schriftlich bekannt zu geben.
(6) Der Senator für Justiz und Verfassung wird ermächtigt, eine Rechtsverordnung über die Vergütungsstufen nach Absatz 4 zu erlassen.
(7) Soweit Beiträge zur Bundesagentur für Arbeit zu entrichten sind, kann vom Arbeitsentgelt oder der Ausbildungsbeihilfe ein Betrag einbehalten werden, der dem Anteil der Gefangenen am Beitrag entsprechen würde, wenn sie diese Bezüge als Arbeitnehmer erhielten.

§ 58 Freistellung von der Arbeit

(1) Die Arbeit der Gefangenen wird neben der Gewährung von Arbeitsentgelt (§ 57 Abs. 2) durch Freistellung von der Arbeit (Freistellung) anerkannt, die auch als Arbeitsurlaub genutzt oder auf den Entlassungszeitpunkt angerechnet werden kann.

(2) [1]Haben die Gefangenen zwei Monate lang zusammenhängend eine Arbeit, arbeitstherapeutische oder sonstige Beschäftigung ausgeübt, so werden sie auf Antrag einen Werktag von der Arbeit freigestellt. [2]§ 37 Abs. 5 bleibt unberührt. [3]Durch Zeiten, in denen die Gefangenen ohne ihr Verschulden durch Krankheit, Ausführung, Ausgang, Urlaub, Freistellung von der Arbeit oder sonstige nicht von ihnen zu vertretende Gründe an der Arbeitsleistung gehindert sind, wird die Frist nach Satz 1 gehemmt. [4]Beschäftigungszeiträume von weniger als zwei Monaten bleiben unberücksichtigt.

(3) [1]Die Gefangenen können beantragen, dass die Freistellung nach Absatz 2 in Form von Arbeitsurlaub gewährt wird. [2]§ 15 Abs. 2, § 16 Abs. 4 und § 17 gelten entsprechend.

(4) Die Gefangenen erhalten für die Zeit der Freistellung von der Arbeit ihre zuletzt gezahlten Bezüge weiter.

(5) Stellen die Gefangenen keinen Antrag nach Absatz 2 Satz 1 oder Absatz 3 Satz 1 oder kann die Freistellung von der Arbeit nach Maßgabe der Regelung des Absatzes 3 Satz 2 nicht gewährt werden, so wird sie nach Absatz 2 Satz 1 von der Anstalt auf den Entlassungszeitpunkt der Gefangenen angerechnet.

(6) Eine Anrechnung nach Absatz 5 ist ausgeschlossen
1. bei einer Aussetzung der Vollstreckung des Restes einer Jugendstrafe zur Bewährung, soweit wegen des von der Entscheidung des Vollstreckungsleiters bis zur Entlassung verbleibenden Zeitraums eine Anrechnung nicht mehr möglich ist,
2. wenn dies vom Vollstreckungsleiter angeordnet wird, weil bei einer Aussetzung der Vollstreckung des Restes einer Jugendstrafe zur Bewährung die Lebensverhältnisse der Gefangenen oder die Wirkungen, die von der Aussetzung für sie zu erwarten sind, die Vollstreckung bis zu einem bestimmten Zeitpunkt erfordern,
3. wenn nach § 2 des Jugendgerichtsgesetzes in Verbindung mit § 456a Abs. 1 der Strafprozessordnung von der Vollstreckung abgesehen wird oder
4. wenn die Gefangenen im Gnadenwege aus der Haft entlassen werden.

(7) [1]Soweit eine Anrechnung nach Absatz 6 ausgeschlossen ist, erhalten die Gefangenen bei ihrer Entlassung für eine Tätigkeit nach § 57 Abs. 2 als Ausgleichsentschädigung zusätzlich 15 v. H. des Entgelts oder der Ausbildungsbeihilfe nach § 57 Abs. 3 und 4. [2]Der Anspruch entsteht erst mit der Entlassung.

§ 59 Taschengeld

(1) [1]Erhalten Gefangene ohne ihr Verschulden weder Ausbildungsbeihilfe noch Arbeitsentgelt, wird ihnen bei Bedürftigkeit auf Antrag ein angemessenes Taschengeld gewährt. [2]Bedürftig sind Gefangene, soweit ihnen im laufenden Monat aus Hausgeld (§ 60) und Eigengeld (§ 61) nicht ein Betrag bis zur Höhe des Taschengeldes zur Verfügung steht.

(2) Das Taschengeld beträgt 14 v. H. der Eckvergütung (§ 57 Abs. 3).

§ 60 Hausgeld

(1) Die Gefangenen dürfen von ihren in diesem Gesetz geregelten Bezügen drei Siebtel monatlich (Hausgeld) und das Taschengeld (§ 59) für den Einkauf (§ 31 Abs. 2) oder anderweitig verwenden.

(2) Für Gefangene, die in einem freien Beschäftigungsverhältnis stehen oder denen gestattet ist, sich selbst zu beschäftigen (§ 37 Abs. 4), wird aus ihren Bezügen ein angemessenes Hausgeld festgesetzt.

(3) Für Gefangene, die über Eigengeld (§ 61) verfügen und unverschuldet keine Bezüge nach diesem Gesetz erhalten, gilt Absatz 2 entsprechend.

§ 61 Eigengeld

(1) Das Eigengeld besteht aus den Beträgen, die die Gefangenen bei Strafantritt in die Anstalt mitbringen, Geldern, die ihnen während der Haftzeit zugehen und Bezügen, die nicht als Hausgeld in Anspruch genommen werden.

(2) [1]Die Gefangenen können über das Eigengeld verfügen. [2]§ 31 Abs. 3 und 4 und § 60 bleiben unberührt.

Abschnitt 9
Sicherheit und Ordnung
§ 62 Grundsatz
(1) Sicherheit und Ordnung der Anstalt bilden die Grundlage des auf die Erziehung und Förderung aller Gefangenen ausgerichteten Anstaltslebens und tragen dazu bei, dass in der Anstalt ein gewaltfreies Klima herrscht.
(2) Die Pflichten und Beschränkungen, die den Gefangenen zur Aufrechterhaltung der Sicherheit oder Ordnung der Anstalt auferlegt werden, sind so zu wählen, dass sie in einem angemessenen Verhältnis zu ihrem Zweck stehen und die Gefangenen nicht mehr und nicht länger als notwendig beeinträchtigen.

§ 63 Verhaltensvorschriften
(1) [1]Die Gefangenen sind für das geordnete Zusammenleben in der Anstalt mitverantwortlich und müssen mit ihrem Verhalten dazu beitragen. [2]Ihr Bewusstsein hierfür ist zu entwickeln und zu stärken.
(2) Die Gefangenen haben sich nach der Tageseinteilung der Anstalt (Arbeitszeit, Freizeit, Ruhezeit) zu richten.
(3) [1]Die Gefangenen haben die Anordnungen der Bediensteten zu befolgen, auch wenn sie sich durch diese beschwert fühlen. [2]Einen ihnen zugewiesenen Bereich dürfen sie nicht ohne Erlaubnis verlassen.
(4) Die Gefangenen haben ihren Haftraum und die ihnen von der Anstalt überlassenen Sachen in Ordnung zu halten und schonend zu behandeln.
(5) Die Gefangenen haben Umstände, die eine Gefahr für das Leben oder eine erhebliche Gefahr für die Gesundheit einer Person bedeuten, unverzüglich zu melden.

§ 64 Absuchung, Durchsuchung
(1) [1]Die Gefangenen, ihre Sachen und die Haftraume dürfen mit technischen Mitteln abgesucht und durchsucht werden. [2]Die Durchsuchung männlicher Gefangener darf nur von Männern, die Durchsuchung weiblicher Gefangener darf nur von Frauen vorgenommen werden. [3]Das Schamgefühl ist zu schonen.
(2) [1]Nur bei Gefahr im Verzug oder auf Anordnung des Anstaltsleiters im Einzelfall ist es zulässig, eine mit einer Entkleidung verbundene körperliche Durchsuchung vorzunehmen. [2]Sie darf bei männlichen Gefangenen nur in Gegenwart von Männern, bei weiblichen Gefangenen nur in Gegenwart von Frauen erfolgen. [3]Sie ist in einem geschlossenen Raum durchzuführen. [4]Andere Gefangene dürfen nicht anwesend sein.
(3) Der Anstaltsleiter kann allgemein anordnen, dass Gefangene bei der Aufnahme, vor und nach Kontakten mit Besuchern sowie vor und nach jeder Abwesenheit von der Anstalt nach Absatz 2 zu durchsuchen sind.

§ 65 Sichere Unterbringung
(1) Gefangene können in eine Anstalt verlegt werden, die zu ihrer sicheren Unterbringung besser geeignet ist, wenn in erhöhtem Maße Fluchtgefahr gegeben ist oder sonst ihr Verhalten oder ihr Zustand eine Gefahr für die Sicherheit oder Ordnung der Anstalt darstellt.
(2) § 12 Abs. 2 und 3 gilt entsprechend.

§ 66 Erkennungsdienstliche Maßnahmen
(1) Zur Sicherung des Vollzugs, zur Aufrechterhaltung der Sicherheit oder Ordnung der Anstalt oder zur Identitätsfeststellung mit Kenntnis der Gefangenen zulässig:
1. die Abnahme von Finger- und Handflächenabdrücken,
2. die Aufnahme von Lichtbildern,
3. die Feststellung äußerlicher körperlicher Merkmale,
4. die elektronische Erfassung biometrischer Merkmale und
5. Messungen.
(2) [1]Die hierbei gewonnenen Unterlagen oder Daten werden zu den Gefangenenpersonalakten genommen oder in personenbezogenen Dateien gespeichert. [2]Sie können auch in kriminalpolizeilichen Sammlungen verwahrt werden. [3]Die nach Absatz 1 erhobenen Daten dürfen nur für die in Absatz 1, in § 69 Abs. 2 und in § 89 Abs. 2 Nr. 4 genannten Zwecke verarbeitet werden.

(3) Werden die Gefangenen entlassen oder in eine andere Anstalt verlegt, sind diese in Dateien gespeicherten personenbezogenen Daten nach spätestens zwei Jahren zu löschen.

§ 67 Lichtbildausweise
¹Die Anstalt kann die Gefangenen verpflichten, einen Lichtbildausweis mit sich zu führen, wenn dies aus Gründen der Sicherheit oder Ordnung der Anstalt erforderlich ist. ²Dieser ist bei der Entlassung oder bei der Verlegung in eine andere Anstalt einzuziehen und zu vernichten.

§ 68 Maßnahmen zur Feststellung von Suchtmittelkonsum
(1) ¹Zur Aufrechterhaltung der Sicherheit oder Ordnung der Anstalt kann der Anstaltsleiter allgemein oder im Einzelfall Maßnahmen anordnen, die geeignet sind, den Missbrauch von Suchtmitteln festzustellen. ²Diese Maßnahmen dürfen nicht mit einem körperlichen Eingriff verbunden sein.
(2) Wird Suchtmittelmissbrauch festgestellt, können die Kosten der Maßnahmen den Gefangenen auferlegt werden.

§ 69 Festnahmerecht
(1) Gefangene, die entwichen sind oder sich sonst ohne Erlaubnis außerhalb der Anstalt aufhalten, können durch die Anstalt oder auf deren Veranlassung festgenommen und zurückgebracht werden.
(2) Nach § 66 Abs. 1 und § 88 erhobene und zur Identifizierung oder Festnahme erforderliche Daten dürfen den Vollstreckungs- und Strafverfolgungsbehörden übermittelt werden, soweit dies für Zwecke der Fahndung und Festnahme der entwichenen oder sich sonst ohne Erlaubnis außerhalb der Anstalt aufhaltenden Gefangenen erforderlich ist.

§ 70 Besondere Sicherungsmaßnahmen
(1) Gegen Gefangene können besondere Sicherungsmaßnahmen angeordnet werden, wenn nach ihrem Verhalten oder auf Grund ihres seelischen Zustandes in erhöhtem Maße Fluchtgefahr oder die Gefahr von Gewalttätigkeiten gegen Personen oder Sachen oder die Gefahr der Selbsttötung oder der Selbstverletzung besteht.
(2) Als besondere Sicherungsmaßnahmen sind zulässig:
1. der Entzug oder die Vorenthaltung von Gegenständen,
2. die Beobachtung der Gefangenen, auch mit technischen Hilfsmitteln,
3. die Absonderung von anderen Gefangenen,
4. der Entzug oder die Beschränkung des Aufenthalts im Freien,
5. die Unterbringung in einem besonders gesicherten Haftraum ohne gefährdende Gegenstände und
6. die Fesselung.
(3) Maßnahmen nach Absatz 2 Nr. 1, 3 und 5 sind auch zulässig, wenn die Gefahr einer Befreiung oder eine erhebliche Störung der Hausordnung anders nicht vermieden oder behoben werden kann.
(4) Bei einer Ausführung, Vorführung oder beim Transport ist die Fesselung auch dann zulässig, wenn Fluchtgefahr besteht.

§ 71 Einzelhaft
¹Die unausgesetzte Absonderung von Gefangenen (Einzelhaft) ist nur zulässig, wenn dies aus Gründen, die in deren Person liegen, unerlässlich ist. ²Einzelhaft von mehr als zwei Monaten Gesamtdauer im Jahr bedarf der Zustimmung der Aufsichtsbehörde. ³Während des Vollzugs der Einzelhaft sind die Gefangenen in besonderem Maße zu betreuen.

§ 72 Fesselung
¹In der Regel dürfen Fesseln nur an den Händen oder an den Füßen angelegt werden. ²Im Interesse der Gefangenen kann der Anstaltsleiter eine andere Art der Fesselung anordnen. ³Die Fesselung wird zeitweise gelockert, soweit dies notwendig ist.

§ 73 Anordnung besonderer Sicherungsmaßnahmen, Verfahren
(1) ¹Besondere Sicherungsmaßnahmen ordnet der Anstaltsleiter an. ²Bei Gefahr im Verzug können auch andere Bedienstete diese Maßnahmen vorläufig anordnen. ³Die Entscheidung des Anstaltsleiters ist unverzüglich einzuholen.
(2) ¹Werden Gefangene ärztlich behandelt oder beobachtet oder bildet ihr seelischer Zustand den Anlass der Sicherungsmaßnahme, ist vorher eine ärztliche Stellungnahme einzuholen. ²Ist dies wegen Gefahr im Verzug nicht möglich, wird die Stellungnahme unverzüglich nachträglich eingeholt.
(3) Die Entscheidung wird den Gefangenen von dem Anstaltsleiter mündlich eröffnet und mit einer kurzen Begründung schriftlich abgefasst.

(4) Besondere Sicherungsmaßnahmen sind in angemessenen Abständen daraufhin zu überprüfen, ob und in welchem Umfang sie aufrechterhalten werden müssen.
(5) Besondere Sicherungsmaßnahmen nach § 70 Abs. 2 Nr. 5 und 6 sind der Aufsichtsbehörde unverzüglich mitzuteilen, wenn sie länger als drei Tage aufrechterhalten werden.

§ 74 Ärztliche Überwachung
(1) ¹Sind Gefangene in einem besonders gesicherten Haftraum untergebracht oder gefesselt (§ 70 Abs. 2 Nr. 5 und 6), sucht sie der Arzt alsbald und in der Folge möglichst täglich auf. ²Dies gilt nicht bei einer Fesselung während einer Ausführung, Vorführung oder eines Transports (§ 70 Abs. 4).
(2) Der Arzt ist regelmäßig zu hören, solange eine besondere Sicherungsmaßnahme nach § 70 Abs. 2 Nr. 4 oder Einzelhaft nach § 71 andauert.

§ 75 Ersatz von Aufwendungen
(1) ¹Die Gefangenen sind verpflichtet, der Anstalt Aufwendungen zu ersetzen, die sie durch eine vorsätzliche oder grob fahrlässige Selbstverletzung oder Verletzung anderer Gefangener verursacht haben. ²Ansprüche aus sonstigen Rechtsvorschriften bleiben unberührt.
(2) Von der Aufrechnung oder Vollstreckung wegen der in Absatz 1 genannten Forderungen ist abzusehen, soweit hierdurch die Erziehung und Förderung der Gefangenen oder ihre Eingliederung behindert würde.

Abschnitt 10
Unmittelbarer Zwang

§ 76 Begriffsbestimmungen
(1) Unmittelbarer Zwang ist die Einwirkung auf Personen oder Sachen durch körperliche Gewalt, ihre Hilfsmittel und durch Waffen.
(2) Körperliche Gewalt ist jede unmittelbare körperliche Einwirkung auf Personen oder Sachen.
(3) Hilfsmittel der körperlichen Gewalt sind insbesondere Fesseln und Reizstoffe.
(4) Waffen sind die dienstlich zugelassenen Hieb- und Schusswaffen.

§ 77 Allgemeine Voraussetzungen
(1) Die Bediensteten dürfen unmittelbaren Zwang anwenden, wenn sie Vollzugs- und Sicherungsmaßnahmen rechtmäßig durchführen und der damit verfolgte Zweck auf keine andere Weise erreicht werden kann.
(2) Gegen andere Personen als Gefangene darf unmittelbarer Zwang angewendet werden, wenn sie es unternehmen, Gefangene zu befreien oder widerrechtlich in die Anstalt einzudringen, oder wenn sie sich unbefugt darin aufhalten.
(3) Das Recht zu unmittelbarem Zwang auf Grund anderer Regelungen bleibt unberührt.

§ 78 Grundsatz der Verhältnismäßigkeit
(1) Unter mehreren möglichen und geeigneten Maßnahmen des unmittelbaren Zwangs sind diejenigen zu wählen, die den Einzelnen und die Allgemeinheit voraussichtlich am wenigsten beeinträchtigen.
(2) Unmittelbarer Zwang unterbleibt, wenn ein durch ihn zu erwartender Schaden erkennbar außer Verhältnis zu dem angestrebten Erfolg steht.

§ 79 Handeln auf Anordnung
(1) Wird unmittelbarer Zwang von einem Vorgesetzten oder einer sonst befugten Person angeordnet, sind die Bediensteten verpflichtet, ihn anzuwenden, es sei denn, die Anordnung verletzt die Menschenwürde oder ist nicht zu dienstlichen Zwecken erteilt worden.
(2) ¹Die Anordnung darf nicht befolgt werden, wenn dadurch eine Straftat begangen würde. ²Befolgen die Bediensteten sie trotzdem, trifft sie eine Schuld nur, wenn sie erkennen oder wenn es nach den ihnen bekannten Umständen offensichtlich ist, dass dadurch eine Straftat begangen wird.
(3) ¹Bedenken gegen die Rechtmäßigkeit der Anordnung haben Bedienstete dem Anordnenden gegenüber vorzubringen, soweit das nach den Umständen möglich ist. ²Abweichende Bestimmungen des allgemeinen Beamtenrechts über die Mitteilung solcher Bedenken an Vorgesetzte (§ 57 Abs. 2 und 3 des Bremischen Beamtengesetzes) sind nicht anzuwenden.

§ 80 Androhung
¹Unmittelbarer Zwang ist vorher anzudrohen. ²Die Androhung darf nur dann unterbleiben, wenn die Umstände sie nicht zulassen oder unmittelbarer Zwang sofort angewendet werden muss, um eine rechtswidrige Tat, die den Tatbestand eines Strafgesetzes erfüllt, zu verhindern oder eine gegenwärtige Gefahr abzuwenden.

§ 81 Schusswaffengebrauch
(1) ¹Der Gebrauch von Schusswaffen durch Bedienstete innerhalb der Anstalt ist verboten. ²Das Recht zum Schusswaffengebrauch auf Grund anderer Vorschriften durch Polizeivollzugsbedienstete bleibt hiervon unberührt.
(2) ¹Außerhalb der Anstalt dürfen Schusswaffen durch Bedienstete nach Maßgabe der folgenden Absätze nur gebraucht werden, wenn andere Maßnahmen des unmittelbaren Zwangs bereits erfolglos waren oder keinen Erfolg versprechen. ²Gegen Personen ist ihr Gebrauch nur zulässig, wenn der Zweck nicht durch Waffenwirkung gegen Sachen erreicht wird.
(3) ¹Schusswaffen dürfen nur die dazu bestimmten Bediensteten gebrauchen und nur, um angriffs- oder fluchtunfähig zu machen. ²Ihr Gebrauch unterbleibt, wenn dadurch erkennbar Unbeteiligte mit hoher Wahrscheinlichkeit gefährdet würden.
(4) ¹Der Gebrauch von Schusswaffen ist vorher anzudrohen. ²Als Androhung gilt auch ein Warnschuss. ³Ohne Androhung dürfen Schusswaffen nur dann gebraucht werden, wenn dies zur Abwehr einer gegenwärtigen Gefahr für Leib oder Leben erforderlich ist.
(5) ¹Gegen Gefangene dürfen Schusswaffen gebraucht werden,
1. wenn sie eine Waffe oder ein anderes gefährliches Werkzeug trotz wiederholter Aufforderung nicht ablegen,
2. wenn sie eine Meuterei (§ 121 des Strafgesetzbuchs) unternehmen oder
3. um ihre Flucht zu vereiteln oder sie wiederzuergreifen.
²Satz 1 Nr. 2 und 3 findet auf minderjährige Gefangene keine Anwendung.
(6) Gegen andere Personen dürfen Schusswaffen gebraucht werden, wenn sie es unternehmen, Gefangene gewaltsam zu befreien.

Abschnitt 11
Erzieherische Maßnahmen, Disziplinarmaßnahmen

§ 82 Erzieherische Maßnahmen
(1) ¹Verstöße der Gefangenen gegen Pflichten, die ihnen durch oder auf Grund dieses Gesetzes auferlegt sind, sind unverzüglich im erzieherischen Gespräch aufzuarbeiten. ²Daneben können Maßnahmen angeordnet werden, die geeignet sind, den Gefangenen ihr Fehlverhalten bewusst zu machen (erzieherische Maßnahmen). ³Als erzieherische Maßnahmen kommen namentlich in Betracht die Erteilung von Weisungen und Auflagen, die Beschränkung oder der Entzug einzelner Gegenstände für die Freizeitbeschäftigung oder der Ausschluss von gemeinsamer Freizeit oder von einzelnen Freizeitveranstaltungen bis zur Dauer einer Woche.
(2) Der Anstaltsleiter legt fest, welche Bediensteten befugt sind, erzieherische Maßnahmen anzuordnen.
(3) Es sollen solche erzieherischen Maßnahmen angeordnet werden, die mit der Verfehlung in Zusammenhang stehen.

§ 83 Disziplinarmaßnahmen
(1) ¹Disziplinarmaßnahmen dürfen nur angeordnet werden, wenn erzieherische Maßnahmen nach § 82 nicht ausreichen, um den Gefangenen das Unrecht ihrer Handlung zu verdeutlichen. ²Zu berücksichtigen ist ferner eine aus demselben Anlass angeordnete besondere Sicherungsmaßnahme.
(2) Disziplinarmaßnahmen können angeordnet werden, wenn Gefangene rechtswidrig und schuldhaft
1. gegen Strafgesetze verstoßen oder eine Ordnungswidrigkeit begehen,
2. andere Personen verbal oder tätlich angreifen,
3. Lebensmittel oder fremdes Eigentum zerstören oder beschädigen,
4. sich zugewiesenen Aufgaben entziehen,
5. verbotene Gegenstände in die Anstalt bringen,
6. sich am Einschmuggeln verbotener Gegenstände beteiligen oder sie besitzen,

7. entweichen oder zu entweichen versuchen oder
8. in sonstiger Weise wiederholt oder schwerwiegend gegen die Hausordnung verstoßen oder das Zusammenleben in der Anstalt stören.

(3) Zulässige Disziplinarmaßnahmen sind
1. die Beschränkung oder der Entzug des Rundfunkempfangs bis zu zwei Monaten,
2. die Beschränkung oder der Entzug der Gegenstände für die Freizeitbeschäftigung oder der Ausschluss von gemeinsamer Freizeit oder von einzelnen Freizeitveranstaltungen bis zu zwei Monaten,
3. die Beschränkung des Einkaufs bis zu zwei Monaten und
4. Arrest bis zu zwei Wochen.

(4) Disziplinarmaßnahmen sind auch zulässig, wenn wegen derselben Verfehlung ein Straf- oder Bußgeldverfahren eingeleitet wird.
(5) Mehrere Disziplinarmaßnahmen können miteinander verbunden werden.
(6) Arrest darf nur wegen schwerer oder wiederholter Verfehlungen verhängt werden.

§ 84 Vollzug der Disziplinarmaßnahmen, Aussetzung zur Bewährung
(1) Disziplinarmaßnahmen werden in der Regel sofort vollstreckt.
(2) Disziplinarmaßnahmen können ganz oder teilweise bis zu sechs Monaten zur Bewährung ausgesetzt werden.
(3) [1]Arrest wird in Einzelhaft vollzogen. [2]Er ist erzieherisch auszugestalten. [3]Die Gefangenen können in einem besonderen Arrestraum untergebracht werden, der den Anforderungen entsprechen muss, die an einen zum Aufenthalt bei Tag und Nacht bestimmten Haftraum gestellt werden. [4]Soweit nichts anderes angeordnet wird, ruhen die Befugnisse der Gefangenen aus § 29, § 30 Abs. 2, § 31 Abs. 2 und 3, § 37 und §§ 40 bis 42.

§ 85 Disziplinarbefugnis
(1) [1]Disziplinarmaßnahmen ordnet der Anstaltsleiter an. [2]Bei einer Verfehlung auf dem Weg in eine andere Anstalt zum Zweck der Verlegung ist die aufnehmende Anstalt zuständig.
(2) Die Aufsichtsbehörde entscheidet, wenn sich die Verfehlung gegen den Anstaltsleiter richtet.
(3) [1]Disziplinarmaßnahmen, die gegen die Gefangenen in einer anderen Anstalt oder während einer Untersuchungshaft angeordnet worden sind, werden auf Ersuchen vollstreckt. [2]§ 84 Abs. 2 bleibt unberührt.

§ 86 Verfahren
(1) [1]Der Sachverhalt ist zu klären. [2]Die betroffenen Gefangenen werden gehört. [3]Sie sind darauf hinzuweisen, dass es ihnen freisteht sich zu äußern. [4]Die Erhebungen werden in einer Niederschrift festgelegt; die Einlassung der Gefangenen wird vermerkt.
(2) Bei schweren Verfehlungen soll sich der Anstaltsleiter vor der Entscheidung mit Personen besprechen, die an der Erziehung der Gefangenen mitwirken.
(3) Vor der Anordnung von Disziplinarmaßnahmen gegen Gefangene, die sich in ärztlicher Behandlung befinden, oder gegen Schwangere oder stillende Mütter ist ein Arzt zu hören.
(4) Die Entscheidung wird den Gefangenen von dem Anstaltsleiter mündlich eröffnet und mit einer kurzen Begründung schriftlich abgefasst.
(5) [1]Bevor Arrest vollzogen wird, ist ein Arzt zu hören. [2]Während des Arrestes stehen die Gefangenen unter ärztlicher Aufsicht. [3]Der Vollzug unterbleibt oder wird unterbrochen, wenn die Gesundheit der Gefangenen gefährdet würde.

Abschnitt 12
Beschwerde

§ 87 Beschwerderecht
(1) Die Gefangenen erhalten Gelegenheit, sich mit Wünschen, Anregungen und Beschwerden in Angelegenheiten, die sie selbst betreffen, an den Anstaltsleiter zu wenden.
(2) Besichtigen Vertreter der Aufsichtsbehörde die Anstalt, so ist zu gewährleisten, dass die Gefangenen sich in Angelegenheiten, die sie selbst betreffen, an diese wenden können.
(3) Die Möglichkeit der Dienstaufsichtsbeschwerde bleibt unberührt.

Abschnitt 13
Datenschutz

§ 88 Erhebung personenbezogener Daten
(1) Die Anstalt und die Aufsichtsbehörde dürfen personenbezogene Daten erheben, soweit dies für den Vollzug erforderlich ist.
(2) ¹Personenbezogene Daten sind bei den Betroffenen zu erheben. ²Ohne ihre Mitwirkung dürfen sie nur erhoben werden, wenn
1. eine Rechtsvorschrift dies vorsieht oder zwingend voraussetzt oder
2. a) die zu erfüllende Verwaltungsaufgabe nach Art oder Geschäftszweck eine Erhebung bei anderen Personen oder Stellen erforderlich macht oder
   b) die Erhebung bei den Betroffenen einen unverhältnismäßigen Aufwand erfordern würde und keine Anhaltspunkte dafür bestehen, dass überwiegende schutzwürdige Interessen der Betroffenen beeinträchtigt werden.
(3) ¹Werden personenbezogene Daten bei den Betroffenen erhoben, so sind diese, sofern sie nicht bereits auf andere Weise Kenntnis erlangt haben, von der verantwortlichen Stelle über
1. die Identität der verantwortlichen Stelle,
2. die Zweckbestimmungen der Erhebung, Verarbeitung oder Nutzung und
3. die Kategorien von Empfängern nur, soweit die Betroffenen nach den Umständen des Einzelfalls nicht mit der Übermittlung an diese rechnen müssen,
zu unterrichten. ²Werden personenbezogene Daten bei den Betroffenen auf Grund einer Rechtsvorschrift erhoben, die zur Auskunft verpflichtet, oder ist die Erteilung der Auskunft Voraussetzung für die Gewährung von Rechtsvorteilen, so sind die Betroffenen hierauf, sonst auf die Freiwilligkeit ihrer Angaben hinzuweisen. ³Soweit nach den Umständen des Einzelfalles erforderlich oder auf Verlangen, sind sie über die Rechtsvorschrift und über die Folgen der Verweigerung von Angaben aufzuklären.
(4) Daten über Personen, die nicht Gefangene sind, dürfen ohne ihre Mitwirkung bei Personen oder Stellen außerhalb der Anstalt oder Aufsichtsbehörde nur erhoben werden, wenn sie für die Behandlung von Gefangenen, die Sicherheit der Anstalt oder die Sicherung des Vollzugs einer Jugend- oder Freiheitsstrafe unerlässlich sind und die Art der Erhebung schutzwürdige Interessen der Betroffenen nicht beeinträchtigt.
(5) ¹Über eine ohne ihre Kenntnis vorgenommene Erhebung personenbezogener Daten werden die Betroffenen unter Angabe dieser Daten unterrichtet, soweit der in Absatz 1 genannte Zweck dadurch nicht gefährdet wird. ²Sind die Daten bei anderen Personen oder Stellen erhoben worden, kann die Unterrichtung unterbleiben, wenn
1. die Daten nach einer Rechtsvorschrift oder ihrem Wesen nach, namentlich wegen des überwiegenden berechtigten Interesses Dritter, geheim gehalten werden müssen oder
2. der Aufwand der Unterrichtung außer Verhältnis zum Schutzzweck steht und keine Anhaltspunkte dafür bestehen, dass überwiegende schutzwürdige Interessen der Betroffenen beeinträchtigt werden.
(6) Werden personenbezogene Daten statt bei den Betroffenen bei einer nichtöffentlichen Stelle erhoben, so ist die Stelle auf die Rechtsvorschrift, die zur Auskunft verpflichtet, sonst auf die Freiwilligkeit ihrer Angaben hinzuweisen.

§ 89 Verarbeitung
(1) Die Anstalt und die Aufsichtsbehörde dürfen personenbezogene Daten verarbeiten, soweit dies für den Vollzug erforderlich ist.
(2) Die Verarbeitung personenbezogener Daten für andere Zwecke ist zulässig, soweit dies
1. zur Abwehr von sicherheitsgefährdenden oder geheimdienstlichen Tätigkeiten für eine fremde Macht oder von Bestrebungen im Geltungsbereich des Grundgesetzes, die durch Anwendung von Gewalt oder darauf gerichtete Vorbereitungshandlungen
   a) gegen die freiheitliche demokratische Grundordnung, den Bestand oder die Sicherheit des Bundes oder eines Landes gerichtet sind,
   b) eine ungesetzliche Beeinträchtigung der Amtsführung der Verfassungsorgane des Bundes oder eines Landes oder ihrer Mitglieder zum Ziele haben oder
   c) auswärtige Belange der Bundesrepublik Deutschland gefährden,

2. zur Abwehr erheblicher Nachteile für das Gemeinwohl oder einer Gefahr für die öffentliche Sicherheit,
3. zur Abwehr einer schwerwiegenden Beeinträchtigung der Rechte einer anderen Person,
4. zur Verhinderung oder Verfolgung von Straftaten sowie zur Verhinderung oder Verfolgung von Ordnungswidrigkeiten, durch welche die Sicherheit oder Ordnung der Anstalt gefährdet werden oder
5. für Maßnahmen der Strafvollstreckung oder strafvollstreckungsrechtliche Entscheidungen erforderlich ist.

(3) Eine Verarbeitung für andere Zwecke liegt nicht vor, soweit sie dem gerichtlichen Rechtsschutz im Zusammenhang mit diesem Gesetz oder den in § 12 Abs. 3 des Bremischen Datenschutzgesetzes genannten Zwecken dient.

(4) [1]Über die in den Absätzen 1 und 2 geregelten Zwecke hinaus dürfen zuständigen öffentlichen Stellen personenbezogene Daten übermittelt werden, soweit dies für
1. Maßnahmen der Gerichtshilfe, Jugendgerichtshilfe, Bewährungshilfe oder Führungsaufsicht,
2. Entscheidungen in Gnadensachen,
3. gesetzlich angeordnete Statistiken der Rechtspflege,
4. sozialrechtliche Maßnahmen,
5. die Einleitung von Hilfsmaßnahmen für Angehörige (§ 11 Abs. 1 Nr. 1 des Strafgesetzbuchs) der Gefangenen,
6. dienstliche Maßnahmen der Bundeswehr im Zusammenhang mit der Aufnahme und Entlassung von Soldaten,
7. ausländerrechtliche Maßnahmen oder
8. die Durchführung der Besteuerung
erforderlich ist. [2]Eine Übermittlung für andere Zwecke ist auch zulässig, soweit eine andere gesetzliche Bestimmung dies vorsieht und sich dabei ausdrücklich auf personenbezogene Daten über Gefangene bezieht.

(5) [1]Die Anstalt oder die Aufsichtsbehörde darf öffentlichen oder nichtöffentlichen Stellen auf schriftlichen Antrag mitteilen, ob sich eine Person in Haft befindet sowie ob und wann ihre Entlassung voraussichtlich innerhalb eines Jahres bevorsteht, soweit
1. die Mitteilung zur Erfüllung der in der Zuständigkeit der öffentlichen Stelle liegenden Aufgaben erforderlich ist oder
2. von nichtöffentlichen Stellen ein berechtigtes Interesse an dieser Mitteilung glaubhaft dargelegt wird und die Gefangenen kein schutzwürdiges Interesse an dem Ausschluss der Übermittlung haben.

[2]Den Verletzten einer Straftat können darüber hinaus auf schriftlichen Antrag Auskünfte über die Entlassungsadresse oder die Vermögensverhältnisse von Gefangenen erteilt werden, wenn die Erteilung zur Feststellung oder Durchsetzung von Rechtsansprüchen im Zusammenhang mit der Straftat erforderlich ist. [3]Die Gefangenen werden vor der Mitteilung gehört, es sei denn, es ist zu besorgen, dass dadurch die Verfolgung des Interesses der Antragsteller vereitelt oder wesentlich erschwert werden würde, und eine Abwägung ergibt, dass dieses Interesse das Interesse der Gefangenen an ihrer vorherigen Anhörung überwiegt. [4]Ist die Anhörung unterblieben, werden die betroffenen Gefangenen über die Mitteilung der Anstalt oder Aufsichtsbehörde nachträglich unterrichtet.

(6) [1]Akten mit personenbezogenen Daten dürfen nur anderen Anstalten, Aufsichtsbehörden, den für strafvollzugs-, strafvollstreckungs- und strafrechtliche Entscheidungen zuständigen Gerichten sowie den Strafvollstreckungs- und Strafverfolgungsbehörden überlassen werden. [2]Die Überlassung an andere öffentliche Stellen ist zulässig, soweit die Erteilung einer Auskunft einen unvertretbaren Aufwand erfordert oder nach Darlegung der Akteneinsicht begehrenden Stellen für die Erfüllung der Aufgabe nicht ausreicht. [3]Entsprechendes gilt für die Überlassung von Akten an die von der Vollzugsbehörde mit Gutachten beauftragten Stellen.

(7) [1]Sind mit personenbezogenen Daten, die nach Absatz 1, Absatz 2 oder Absatz 4 übermittelt werden dürfen, weitere personenbezogene Daten von Betroffenen oder von Dritten in Akten so verbunden, dass eine Trennung nicht oder nur mit unvertretbarem Aufwand möglich ist, so ist die Übermittlung auch dieser Daten zulässig, soweit nicht berechtigte Interessen von Betroffenen oder Dritten an

deren Geheimhaltung offensichtlich überwiegen. ²Eine Verarbeitung dieser Daten durch die Empfänger ist unzulässig.
(8) Bei der Überwachung der Besuche oder des Schriftwechsels sowie bei der Überwachung des Inhaltes von Paketen bekannt gewordene personenbezogene Daten dürfen nur
1. für die in Absatz 2 aufgeführten Zwecke,
2. für den gerichtlichen Rechtsschutz im Zusammenhang mit diesem Gesetz,
3. zur Wahrung der Sicherheit oder Ordnung der Anstalt oder
4. nach Anhörung der Gefangenen für Zwecke der Behandlung
verarbeitet werden.
(9) Personenbezogene Daten, die nach § 88 Abs. 4 über Personen, die nicht Gefangene sind, erhoben worden sind, dürfen nur zur Erfüllung des Erhebungszwecks, für die in Absatz 2 Nr. 1 bis 3 geregelten Zwecke oder zur Verhinderung oder Verfolgung von Straftaten von erheblicher Bedeutung verarbeitet werden.
(10) Die Übermittlung von personenbezogenen Daten unterbleibt, soweit die in § 92 Abs. 2 oder § 94 Abs. 2 und 4 geregelten Einschränkungen oder besondere gesetzliche Verwendungsregulierungen entgegenstehen.
(11) ¹Die Verantwortung für die Zulässigkeit der Übermittlung trägt die übermittelnde Anstalt oder Aufsichtsbehörde. ²Erfolgt die Übermittlung auf Ersuchen einer öffentlichen Stelle, trägt diese die Verantwortung. ³In diesem Fall prüft die übermittelnde Anstalt oder Aufsichtsbehörde nur, ob das Übermittlungsersuchen im Rahmen der Aufgaben des Empfängers liegt und die Absätze 8 bis 10 der Übermittlung nicht entgegenstehen, es sei denn, dass besonderer Anlass zur Prüfung der Zulässigkeit der Übermittlung besteht.

§ 90 Zentrale Datei, Einrichtung automatisierter Übermittlungs- und Abrufverfahren
(1) Die nach § 88 erhobenen Daten können für die Anstalt und die Aufsichtsbehörde in einer zentralen Datei gespeichert werden.
(2) ¹Die Einrichtung eines automatisierten Verfahrens, das die Übermittlung oder den Abruf personenbezogener Daten aus der zentralen Datei nach § 89 Abs. 2 und 4 ermöglicht, ist zulässig, soweit diese Form der Datenübermittlung oder des Datenabrufs unter Berücksichtigung der schutzwürdigen Belange der betroffenen Personen und der Erfüllung des Zwecks der Übermittlung angemessen ist. ²Die für § 13 Abs. 1 Satz 3 des Bundeskriminalamtsgesetzes erforderlichen personenbezogenen Daten können automatisiert übermittelt werden.
(3) Die speichernde Stelle hat zu gewährleisten, dass die Übermittlung und der Abruf zumindest durch geeignete Stichprobenverfahren festgestellt und überprüft werden kann.
(4) ¹Der Senator für Justiz und Verfassung bestimmt durch Rechtsverordnung die Einzelheiten der Einrichtung automatisierter Übermittlungs- und Abrufverfahren. ²Der Landesbeauftragte für den Datenschutz ist vorher zu beteiligen. ³Die Rechtsverordnung hat den Datenempfänger, die Datenart und den Zweck des Abrufs festzulegen. ⁴Sie hat Maßnahmen zur Datensicherung und zur Kontrolle vorzusehen, die in einem angemessenen Verhältnis zu dem angestrebten Schutzzweck stehen.
(5) Die am Übermittlungs- und Abrufverfahren beteiligten Stellen haben die nach § 7 des Bremischen Datenschutzgesetzes erforderlichen Maßnahmen zu treffen.

§ 91 Zweckbindung
¹Von der Anstalt oder der Aufsichtsbehörde übermittelte personenbezogene Daten dürfen nur zu dem Zweck verarbeitet werden, zu dessen Erfüllung sie übermittelt worden sind. ²Die Empfänger dürfen die Daten für andere Zwecke nur verarbeiten, soweit sie ihnen auch für diese Zwecke hätten übermittelt werden dürfen, und wenn im Fall einer Übermittlung an nichtöffentliche Stellen die übermittelnde Anstalt oder Aufsichtsbehörde zugestimmt hat. ³Die Anstalt oder die Aufsichtsbehörde hat die nichtöffentlichen Empfänger auf die Zweckbindung nach Satz 1 hinzuweisen.

§ 92 Schutz besonderer Daten
(1) ¹Das religiöse oder weltanschauliche Bekenntnis und personenbezogene Daten von Gefangenen, die anlässlich ärztlicher Untersuchungen erhoben worden sind, dürfen in der Anstalt nicht allgemein kenntlich gemacht werden. ²Andere personenbezogene Daten von Gefangenen dürfen innerhalb der Anstalt allgemein kenntlich gemacht werden, soweit dies für ein geordnetes Zusammenleben in der Anstalt erforderlich ist. ³§ 89 Abs. 8 bis 10 bleibt unberührt.

(2) Personenbezogene Daten, die
1. Ärzten, Zahnärzten oder Angehörigen eines anderen Heilberufs, der für die Berufsausübung oder die Führung der Berufsbezeichnung eine staatlich geregelte Ausbildung erfordert,
2. Berufspsychologen mit staatlich anerkannter wissenschaftlicher Abschlussprüfung oder
3. staatlich anerkannten Sozialarbeitern oder staatlich anerkannten Sozialpädagogen von Gefangenen als Geheimnis anvertraut oder über Gefangene sonst bekannt geworden sind, unterliegen auch gegenüber der Anstalt und der Aufsichtsbehörde der Schweigepflicht. ²Die in Satz 1 genannten Personen haben sich gegenüber dem Anstaltsleiter zu offenbaren, soweit dies für die Aufgabenerfüllung der Anstalt oder der Aufsichtsbehörde oder zur Abwehr von erheblichen Gefahren für Leib oder Leben von Gefangenen oder Dritten erforderlich ist. ³Ärzte sind zur Offenbarung ihnen im Rahmen der allgemeinen Gesundheitsfürsorge bekannt gewordener Geheimnisse verpflichtet, soweit dies für die Aufgabenerfüllung der Anstalt oder der Aufsichtsbehörde unerlässlich oder zur Abwehr von erheblichen Gefahren für Leib oder Leben von Gefangenen oder Dritten erforderlich ist. ⁴Sonstige Offenbarungsbefugnisse bleiben unberührt. ⁵Die Gefangenen sind vor der Erhebung über die nach den Sätzen 2 und 3 bestehenden Offenbarungsbefugnisse zu unterrichten.
(3) ¹Die nach Absatz 2 offenbarten Daten dürfen nur für den Zweck, für den sie offenbart wurden oder für den eine Offenbarung zulässig gewesen wäre, und nur unter denselben Voraussetzungen verarbeitet werden, unter denen eine in Absatz 2 Satz 1 genannte Person selbst hierzu befugt wäre. ²Der Anstaltsleiter kann unter diesen Voraussetzungen die unmittelbare Offenbarung gegenüber bestimmten Bediensteten allgemein zulassen.
(4) Sofern Ärzte oder Psychologen außerhalb des Vollzugs mit der Untersuchung oder Behandlung von Gefangenen beauftragt werden, gilt Absatz 2 mit der Maßgabe entsprechend, dass die beauftragte Person auch zur Unterrichtung in der Anstalt tätigen Arztes oder des in der Anstalt mit der Behandlung der Gefangenen betrauten Psychologen befugt sind.

§ 93 Schutz der Daten in Akten und Dateien
(1) Die Bediensteten dürfen sich von personenbezogenen Daten nur Kenntnis verschaffen, soweit dies zur Erfüllung der ihnen obliegenden Aufgaben oder für die Zusammenarbeit nach § 7 erforderlich ist.
(2) ¹Akten und Dateien mit personenbezogenen Daten sind durch die erforderlichen technischen und organisatorischen Maßnahmen gegen unbefugten Zugang und unbefugten Gebrauch zu schützen. ²Gesundheitsakten und Krankenblätter sind getrennt von anderen Unterlagen zu führen und besonders zu sichern. ³Im Übrigen gilt für die Art und den Umfang der Schutzvorkehrungen § 7 Abs. 3 und 4 des Bremischen Datenschutzgesetzes.

§ 94 Berichtigung, Löschung und Sperrung
(1) ¹Die in Dateien gespeicherten personenbezogenen Daten sind spätestens fünf Jahre nach der Entlassung der Gefangenen oder der Verlegung der Gefangenen in eine andere Anstalt zu löschen. ²Hiervon können bis zum Ablauf der Aufbewahrungsfrist für die Gefangenenpersonalakte die Angaben über Familienname, Vorname, Geburtsname, Geburtstag, Geburtsort, Eintritts- und Austrittsdatum der Gefangenen ausgenommen werden, soweit dies für das Auffinden der Gefangenenpersonalakte erforderlich ist.
(2) ¹Personenbezogene Daten in Akten dürfen nach Ablauf von fünf Jahren seit der Entlassung der Gefangenen nur übermittelt oder genutzt werden, soweit dies
1. zur Verfolgung von Straftaten,
2. für die Durchführung wissenschaftlicher Forschungsvorhaben nach § 97,
3. zur Behebung einer bestehenden Beweisnot oder
4. zur Feststellung, Durchsetzung oder Abwehr von Rechtsansprüchen im Zusammenhang mit dem Vollzug einer Jugend- oder Freiheitsstrafe
unerlässlich ist. ²Diese Verwendungsbeschränkungen enden, wenn die Gefangenen erneut zum Vollzug einer Jugend- oder Freiheitsstrafe aufgenommen werden oder die Betroffenen eingewilligt haben.
(3) ¹Bei der Aufbewahrung von Akten mit nach Absatz 2 gesperrten Daten dürfen folgende Fristen nicht überschritten werden:
1. Gefangenenpersonalakten, Gesundheitsakten und Krankenblätter   20 Jahre.
2. Gefangenenbücher   30 Jahre.

²Dies gilt nicht, wenn auf Grund bestimmter Tatsachen anzunehmen ist, dass die Aufbewahrung für die in Absatz 2 Satz 1 genannten Zwecke weiterhin erforderlich ist. ³Die Aufbewahrungsfrist beginnt mit dem auf das Jahr der aktenmäßigen Weglegung folgenden Kalenderjahr. ⁴Die Bestimmungen des Landesarchivgesetzes bleiben unberührt.
(4) Wird festgestellt, dass unrichtige Daten übermittelt worden sind, ist dies den Empfängern mitzuteilen, wenn dies zur Wahrung schutzwürdiger Interessen der Betroffenen erforderlich ist.
(5) Im Übrigen gelten für die Berichtigung, Löschung und Sperrung personenbezogener Daten § 22 des Bremischen Datenschutzgesetzes.

§ 95 Auskunft an die Betroffenen, Akteneinsicht
Die Betroffenen erhalten nach Maßgabe des § 21 des Bremischen Datenschutzgesetzes Auskunft und Akteneinsicht.

§ 96 Anwendung des Bremischen Datenschutzgesetzes
Im Übrigen gelten für die Verarbeitung personenbezogener Daten durch die Anstalt und die Aufsichtsbehörde die Vorschriften des Bremischen Datenschutzgesetzes.

Abschnitt 14
Kriminologische Forschung
§ 97 Evaluation, kriminologische Forschung
(1) Behandlungsprogramme für die Gefangenen sind auf der Grundlage wissenschaftlicher Erkenntnisse zu konzipieren, zu standardisieren und auf ihre Wirksamkeit hin zu überprüfen.
(2) ¹Der Vollzug, insbesondere seine Aufgabenerfüllung und Gestaltung, die Umsetzung seiner Leitlinien sowie die Behandlungsprogramme und deren Wirkungen auf das Vollzugsziel, soll regelmäßig durch den kriminologischen Dienst, durch eine Hochschule oder durch eine andere Stelle wissenschaftlich begleitet und erforscht werden. ²§ 476 der Strafprozessordnung gilt mit der Maßgabe entsprechend, dass auch elektronisch gespeicherte personenbezogene Daten übermittelt werden können.

Abschnitt 15
Aufbau der Jugendstrafvollzugsanstalt
§ 98 Jugendstrafvollzugsanstalt
(1) ¹Die Jugendstrafe wird in Teilanstalten oder in getrennten Abteilungen einer Anstalt des Erwachsenenvollzugs (Anstalt) vollzogen. ²Lässt die geringe Anzahl der Gefangenen eine getrennte Unterbringung organisatorisch nicht zu, so können die Gefangenen ausnahmsweise gemeinsam mit nach allgemeinem Strafrecht Verurteilten untergebracht werden, sofern dadurch das Vollzugsziel nicht gefährdet wird. ³Gemeinsame Aus- und Fortbildungsmaßnahmen von nach Jugendstrafrecht und nach allgemeinem Strafrecht Verurteilten sind zulässig. ⁴In jedem Fall erfolgt der Vollzug der Jugendstrafe nach diesem Gesetz.
(2) Räume für den Aufenthalt während der Ruhe- und Freizeit sowie Gemeinschafts- und Besuchsräume sind zweckentsprechend auszugestalten.
(3) Die Abteilungen der Anstalt sollen in Wohngruppen gegliedert sein, zu denen neben den Haftäumen weitere Räume zur gemeinsamen Nutzung gehören.

§ 99 Festsetzung der Belegungsfähigkeit, Verbot der Überbelegung
(1) ¹Die Aufsichtsbehörde setzt die Belegungsfähigkeit der Anstalt so fest, dass eine angemessene Unterbringung während der Ruhezeit gewährleistet ist. ²Dabei ist zu berücksichtigen, dass eine ausreichende Anzahl von Plätzen für Aus- und Weiterbildung, Arbeit sowie von Räumen für Seelsorge, Freizeit, Sport, therapeutische Maßnahmen und Besuche zur Verfügung steht.
(2) Haftäume dürfen nicht mit mehr Gefangenen als zugelassen belegt werden.
(3) Ausnahmen von Absatz 2 sind nur vorübergehend und nur mit Zustimmung der Aufsichtsbehörde zulässig.

§ 100 Einrichtungen zur schulischen und beruflichen Bildung, Arbeitsbetriebe
(1) ¹Die erforderlichen Einrichtungen zur schulischen und beruflichen Bildung, arbeitstherapeutischen Beschäftigung und die notwendigen Betriebe für die Arbeit sind vorzuhalten. ²Sie sind den Verhältnissen außerhalb der Anstalt anzugleichen.

(2) ¹Bildung und Beschäftigung können auch in geeigneten privaten Einrichtungen und Betrieben erfolgen. ²Die technische und fachliche Leitung kann Angehörigen dieser Einrichtungen und Betriebe übertragen werden.

§ 101 Anstaltsleitung
(1) ¹Der Anstaltsleiter des Jugendvollzuges trägt die fachliche Verantwortung für den Vollzug und vertritt die Anstalt nach außen. ²Er kann einzelne Aufgabenbereiche auf andere Bedienstete übertragen. ³Die Aufsichtsbehörde kann sich die Zustimmung zur Übertragung vorbehalten.
(2) ¹Für jede Anstalt ist ein Beamter des höheren Dienstes zum hauptamtlichen Leiter zu bestellen. ²Aus besonderen Gründen kann eine Anstalt auch von einem Beamten des gehobenen Dienstes geleitet werden.

§ 102 Bedienstete
¹Die Anstalt wird mit dem für das Erreichen des Vollzugsziels erforderlichen Personal ausgestattet. ²Es muss für die erzieherische Gestaltung des Vollzugs geeignet und qualifiziert sein. ³Fortbildung sowie Praxisberatung und -begleitung für die Bediensteten sind zu gewährleisten.

§ 103 Seelsorger
(1) Die Seelsorger werden im Einvernehmen mit der jeweiligen Religionsgemeinschaft im Hauptamt bestellt oder vertraglich verpflichtet.
(2) Wenn die geringe Anzahl der Angehörigen einer Religionsgemeinschaft eine Seelsorge nach Absatz 1 nicht rechtfertigt, ist die seelsorgerische Betreuung auf andere Weise zuzulassen.
(3) Mit Zustimmung des Anstaltsleiters darf der Anstaltsseelsorger sich freier Seelsorgehelfer bedienen und diese für Gottesdienste sowie für andere religiöse Veranstaltungen von außen zuziehen.

§ 104 Medizinische Versorgung
(1) Die ärztliche Versorgung ist sicherzustellen.
(2) ¹Die Pflege der Kranken soll von Bediensteten ausgeübt werden, die eine Erlaubnis nach dem Krankenpflegegesetz besitzen. ²Solange diese nicht zur Verfügung stehen, können auch Bedienstete eingesetzt werden, die eine sonstige Ausbildung in der Krankenpflege erfahren haben.

§ 105 Sozialtherapeutisches Angebot
Das notwendige Angebot an sozialtherapeutischen Plätzen wird in einer Abteilung der Anstalt oder in länderübergreifender Zusammenarbeit in anderen Anstalten vorgehalten.

§ 106 Konferenzen
Zur Erstellung und Fortschreibung des Vollzugsplans und zur Vorbereitung anderer wichtiger Vollzugsentscheidungen führt der Anstaltsleiter Konferenzen mit an der Erziehung maßgeblich Beteiligten durch.

§ 107 Mitverantwortung der Gefangenen
Den Gefangenen soll ermöglicht werden, an der Verantwortung für Angelegenheiten von gemeinsamem Interesse teilzunehmen, die sich ihrer Eigenart und der Aufgabe der Anstalt nach für ihre Mitwirkung eignen.

§ 108 Hausordnung
(1) ¹Der Anstaltsleiter erlässt eine Hausordnung. ²Die Aufsichtsbehörde kann sich die Genehmigung vorbehalten.
(2) In die Hausordnung sind namentlich Anordnungen aufzunehmen über die
1. Besuchszeiten, Häufigkeit und Dauer der Besuche,
2. Arbeitszeit, Freizeit und Ruhezeit sowie
3. Gelegenheit, Anträge und Beschwerden anzubringen oder sich an einen Vertreter der Aufsichtsbehörde zu wenden.

Abschnitt 16
Aufsicht, Beirat

§ 109 Aufsichtsbehörde
Der Senator für Justiz und Verfassung führt die Aufsicht über die Anstalt.

§ 110 Vollstreckungsplan
Die Aufsichtsbehörde regelt die örtliche und sachliche Zuständigkeit der Anstalt in einem Vollstreckungsplan.

§ 111 Beirat
(1) ¹Aus den Mitgliedern des bei der Justizvollzugsanstalt Bremen gebildeten Beirats sind Mitglieder in angemessener Zahl für den Jugendvollzug zu benennen. ²Bedienstete dürfen nicht Mitglieder des Beirats sein.
(2) ¹Die Mitglieder des Beirats wirken bei der Gestaltung des Vollzugs und bei der Betreuung der Gefangenen mit. ²Sie unterstützen den Anstaltsleiter durch Anregungen und Verbesserungsvorschläge und helfen bei der Eingliederung der Gefangenen nach der Entlassung.
(3) ¹Die Mitglieder des Beirats können namentlich Wünsche, Anregungen und Beanstandungen entgegennehmen. ²Sie können sich über die Unterbringung, Beschäftigung, berufliche Bildung, Verpflegung, ärztliche Versorgung und Behandlung unterrichten sowie die Anstalt besichtigen. ³Sie können die Gefangenen in ihren Räumen aufsuchen. ⁴Unterhaltung und Schriftwechsel werden nicht überwacht.
(4) ¹Die Mitglieder des Beirats sind verpflichtet, außerhalb ihres Amtes über alle Angelegenheiten, die ihrer Natur nach vertraulich sind, besonders über Namen und Persönlichkeit der Gefangenen, Verschwiegenheit zu bewahren. ²Dies gilt auch nach Beendigung ihres Amtes.

Abschnitt 17
Schlussbestimmungen

§ 112 Einschränkung von Grundrechten
Durch dieses Gesetz werden die Rechte auf körperliche Unversehrtheit und Freiheit der Person (Artikel 2 Abs. 2 des Grundgesetzes) und auf Unverletzlichkeit des Brief-, Post- und Fernmeldegeheimnisses (Artikel 10 des Grundgesetzes) eingeschränkt.

§ 113 Gleichstellungsbestimmung
Status- und Funktionsbezeichnungen in diesem Gesetz gelten jeweils in männlicher und weiblicher Form.

§ 114 Inkrafttreten
Dieses Gesetz tritt am 1. Januar 2008 in Kraft.

Bremisches Gesetz
über den Vollzug der Untersuchungshaft
(Bremisches Untersuchungshaftvollzugsgesetz – BremUVollzG)

Vom 2. März 2010 (Brem.GBl. S. 191)
(312-f-1)

Der Senat verkündet das nachstehende, von der Bürgerschaft (Landtag) beschlossene Gesetz:

Inhaltsübersicht

Abschnitt 1
Allgemeine Bestimmungen

§ 1 Anwendungsbereich
§ 2 Aufgabe des Untersuchungshaftvollzugs
§ 3 Zuständigkeit und Zusammenarbeit
§ 4 Stellung der Untersuchungsgefangenen
§ 5 Vollzugsgestaltung
§ 6 Soziale Hilfe

Abschnitt 2
Vollzugsverlauf

§ 7 Aufnahme
§ 8 Verlegung und Überstellung
§ 9 Vorführung, Ausführung und Ausantwortung
§ 10 Entlassung

Abschnitt 3
Unterbringung und Versorgung der Untersuchungsgefangenen

§ 11 Trennungsgrundsätze
§ 12 Unterbringung während der Arbeit, Bildung und Freizeit
§ 13 Unterbringung während der Ruhezeit
§ 14 Unterbringung von Müttern mit Kindern
§ 15 Persönlicher Gewahrsam, Kostenbeteiligung
§ 16 Ausstattung des Haftraums
§ 17 Kleidung
§ 18 Verpflegung und Einkauf
§ 19 Annehmlichkeiten
§ 20 Gesundheitsfürsorge
§ 21 Zwangsmaßnahmen auf dem Gebiet der Gesundheitsfürsorge
§ 22 Medizinische Leistungen, Kostenbeteiligung
§ 23 Verlegung, Überstellung und Ausführung zur medizinischen Behandlung

Abschnitt 4
Arbeit, Bildung, Freizeit

§ 24 Arbeit und Bildung
§ 25 Arbeitsentgelt und Ausbildungsbeihilfe, Taschengeld
§ 26 Freizeit und Sport

§ 27 Zeitungen und Zeitschriften
§ 28 Rundfunk

Abschnitt 5
Religionsausübung

§ 29 Seelsorge
§ 30 Religiöse Veranstaltungen
§ 31 Weltanschauungsgemeinschaften

Abschnitt 6
Besuche, Schriftwechsel, Telefongespräche und Pakete

§ 32 Grundsatz
§ 33 Recht auf Besuch
§ 34 Besuche von Verteidigerinnen und Verteidigern, Rechtsanwältinnen und Rechtsanwälten sowie Notarinnen und Notaren
§ 35 Überwachung der Besuche
§ 36 Recht auf Schriftwechsel
§ 37 Überwachung des Schriftwechsels
§ 38 Weiterleitung von Schreiben, Aufbewahrung
§ 39 Anhalten von Schreiben
§ 40 Telefongespräche
§ 41 Pakete

Abschnitt 7
Sicherheit und Ordnung

§ 42 Grundsatz
§ 43 Verhaltensvorschriften
§ 44 Absuchung, Durchsuchung
§ 45 Erkennungsdienstliche Maßnahmen, Lichtbildausweise
§ 46 Videoüberwachung
§ 47 Maßnahmen zur Feststellung von Suchtmittelkonsum
§ 48 Festnahmerecht
§ 49 Besondere Sicherungsmaßnahmen
§ 50 Einzelhaft
§ 51 Fesselung
§ 52 Anordnung besonderer Sicherungsmaßnahmen, Verfahren
§ 53 Ärztliche Überwachung

Abschnitt 8
Unmittelbarer Zwang

§ 54 Begriffsbestimmungen
§ 55 Allgemeine Voraussetzungen
§ 56 Grundsatz der Verhältnismäßigkeit
§ 57 Handeln auf Anordnung
§ 58 Androhung
§ 59 Schusswaffengebrauch

Abschnitt 9
Disziplinarmaßnahmen

§ 60 Voraussetzungen
§ 61 Arten der Disziplinarmaßnahmen
§ 62 Vollzug der Disziplinarmaßnahmen, Aussetzung zur Bewährung
§ 63 Disziplinarbefugnis
§ 64 Verfahren

Abschnitt 10
Beschwerde

§ 65 Beschwerderecht

Abschnitt 11
Ergänzende Vorschriften für junge Untersuchungsgefangene

§ 66 Anwendungsbereich
§ 67 Vollzugsgestaltung
§ 68 Zusammenarbeit und Einbeziehung Dritter
§ 69 Ermittlung des Förder- und Erziehungsbedarfs, Maßnahmen
§ 70 Unterbringung
§ 71 Schulische und berufliche Aus- und Weiterbildung, Arbeit
§ 72 Besuche, Schriftwechsel, Telefongespräche
§ 73 Freizeit und Sport
§ 74 Besondere Sicherungsmaßnahmen, Schusswaffengebrauch
§ 75 Erzieherische Maßnahmen, Disziplinarmaßnahmen

Abschnitt 12
Aufbau der Anstalt

§ 76 Gliederung, Räume
§ 77 Festsetzung der Belegungsfähigkeit, Verbot der Überbelegung
§ 78 Arbeitsbetriebe, Einrichtungen zur schulischen und beruflichen Bildung
§ 79 Anstaltsleitung
§ 80 Bedienstete
§ 81 Seelsorgerinnen und Seelsorger
§ 82 Medizinische Versorgung
§ 83 Mitverantwortung der Untersuchungsgefangenen
§ 84 Hausordnung

Abschnitt 13
Aufsicht, Beirat

§ 85 Aufsichtsbehörde
§ 86 Vollstreckungsplan
§ 87 Beirat

Abschnitt 14
Datenschutz

§ 88 Erhebung personenbezogener Daten
§ 89 Verarbeitung und Nutzung
§ 90 Zentrale Datei, Einrichtung automatisierter Übermittlungsverfahren
§ 91 Zweckbindung
§ 92 Schutz besonderer Daten
§ 93 Schutz der Daten in Akten und Dateien
§ 94 Berichtigung, Löschung und Sperrung
§ 95 Auskunft an die Betroffenen, Akteneinsicht
§ 96 Auskunft und Akteneinsicht für wissenschaftliche Zwecke
§ 97 Anwendung des Bremischen Datenschutzgesetzes

Abschnitt 15
Schlussbestimmungen

§ 98 Einschränkung von Grundrechten
§ 99 Inkrafttreten

Abschnitt 1
Allgemeine Bestimmungen

§ 1 Anwendungsbereich
(1) Dieses Gesetz regelt den Vollzug der Untersuchungshaft.
(2) Es gilt entsprechend für den Vollzug der Haft nach § 127b Absatz 2, § 230 Absatz 2, §§ 236, 329 Absatz 4 Satz 1, § 412 Satz 1 und § 453c der Strafprozessordnung sowie der einstweiligen Unterbringung nach § 275a Absatz 5 der Strafprozessordnung.
(3) Für den Vollzug der einstweiligen Unterbringung nach § 126a der Strafprozessordnung gelten, soweit eine verfahrenssichernde Anordnung (§ 3 Absatz 2) nicht entgegensteht, die Vorschriften über den Vollzug der Unterbringung gemäß den §§ 63 und 64 des Strafgesetzbuchs entsprechend.

§ 2 Aufgabe des Untersuchungshaftvollzugs
Der Vollzug der Untersuchungshaft hat die Aufgabe, durch sichere Unterbringung der Untersuchungsgefangenen die Durchführung eines geordneten Strafverfahrens zu gewährleisten und der Gefahr weiterer Straftaten zu begegnen.

§ 3 Zuständigkeit und Zusammenarbeit

(1) ¹Entscheidungen nach diesem Gesetz trifft die Justizvollzugsanstalt, in der die Untersuchungshaft vollzogen wird (Anstalt). ²Sie arbeitet eng mit Gericht und Staatsanwaltschaft zusammen, um die Aufgabe des Untersuchungshaftvollzugs zu erfüllen und die Sicherheit und Ordnung der Anstalt zu gewährleisten.

(2) Die Anstalt hat Anordnungen, die das Gericht oder die an dessen statt zum Handeln ermächtigte Behörde trifft, um einer Flucht-, Verdunkelungs- oder Wiederholungsgefahr zu begegnen (verfahrenssichernde Anordnungen), zu beachten und umzusetzen.

§ 4 Stellung der Untersuchungsgefangenen

(1) ¹Die Untersuchungsgefangenen gelten als unschuldig. ²Sie sind so zu behandeln, dass der Anschein vermieden wird, sie würden zur Verbüßung einer Strafe festgehalten.

(2) ¹Soweit dieses Gesetz eine besondere Regelung nicht enthält, dürfen den Untersuchungsgefangenen nur Beschränkungen auferlegt werden, die zur Aufrechterhaltung der Sicherheit, zur Abwehr einer schwerwiegenden Störung der Ordnung der Anstalt oder zur Umsetzung einer verfahrenssichernden Anordnung unerlässlich sind. ²Die Beschränkungen müssen in einem angemessenen Verhältnis zu den damit verfolgten Zwecken stehen und dürfen die Untersuchungsgefangenen nicht mehr und nicht länger als notwendig beeinträchtigen.

§ 5 Vollzugsgestaltung

(1) ¹Das Leben im Vollzug ist den allgemeinen Lebensverhältnissen anzugleichen, soweit die Aufgabe des Untersuchungshaftvollzugs und die Erfordernisse eines geordneten Zusammenlebens in der Anstalt dies zulassen. ²Schädlichen Folgen des Freiheitsentzugs ist entgegenzuwirken. ³Die Verhütung von Selbsttötungen kommt hiebei eine besondere Bedeutung zu.

(2) ¹Die unterschiedlichen Lebenslagen und Bedürfnisse von weiblichen und männlichen Untersuchungsgefangenen werden bei der Vollzugsgestaltung und bei Einzelmaßnahmen berücksichtigt. ²Dies gilt auch für junge Untersuchungsgefangene.

§ 6 Soziale Hilfe

(1) ¹Die Untersuchungsgefangenen werden darin unterstützt, ihre persönlichen, wirtschaftlichen und sozialen Schwierigkeiten zu beheben. ²Sie sollen dazu angeregt und in die Lage versetzt werden, ihre Angelegenheiten selbst zu regeln.

(2) ¹Die Anstalt arbeitet mit außervollzuglichen Einrichtungen und Organisationen sowie mit Personen und Vereinen, die soziale Hilfestellung leisten können, eng zusammen. ²Der in Satz 1 genannte Personenkreis ist verpflichtet, außerhalb seiner Tätigkeit im Rahmen dieses Gesetzes über alle Angelegenheiten, die ihrer Natur nach vertraulich sind, besonders über Namen der Untersuchungsgefangenen, Verschwiegenheit zu bewahren. ³Dies gilt auch nach Beendigung der Tätigkeit.

(3) Die Untersuchungsgefangenen sind, soweit erforderlich, über die notwendigen Maßnahmen zur Aufrechterhaltung ihrer sozialversicherungsrechtlichen Ansprüche zu beraten.

(4) ¹Die Beratung soll die Benennung von Stellen und Einrichtungen außerhalb der Anstalt umfassen, die sich um eine Vermeidung der weiteren Untersuchungshaft bemühen. ²Auf Wunsch sind den Untersuchungsgefangenen Stellen und Einrichtungen zu benennen, die sie in ihrem Bestreben unterstützen können, einen Ausgleich mit dem Tatopfer zu erreichen.

Abschnitt 2
Vollzugsverlauf

§ 7 Aufnahme

(1) ¹Mit den Untersuchungsgefangenen wird unverzüglich ein Zugangsgespräch geführt, in dem ihre gegenwärtige Lebenssituation erörtert wird und sie über ihre Rechte und Pflichten in einer für sie verständlichen Form informiert werden. ²Ihnen ist die Hausordnung auszuhändigen. ³Dieses Gesetz, die von ihm in Bezug genommenen Gesetze sowie die zu seiner Ausführung erlassenen Rechtsverordnungen und Verwaltungsvorschriften sind den Untersuchungsgefangenen auf Verlangen zugänglich zu machen.

(2) Beim Zugangsgespräch dürfen andere Gefangene nicht zugegen sein.

(3) ¹Die Untersuchungsgefangenen werden alsbald ärztlich untersucht. ²§ 5 Absatz 1 Satz 3 ist zu beachten.

(4) Den Untersuchungsgefangenen ist Gelegenheit zu geben, einen Angehörigen, eine Verteidigerin oder einen Verteidiger oder eine Vertrauensperson von der Aufnahme in die Anstalt zu benachrichtigen, soweit eine verfahrenssichernde Anordnung nicht entgegensteht.
(5) Die Untersuchungsgefangenen sollen dabei unterstützt werden, etwa notwendige Maßnahmen für hilfsbedürftige Angehörige, zur Erhaltung des Arbeitsplatzes und der Wohnung und zur Sicherung ihrer Habe außerhalb der Anstalt zu veranlassen.

§ 8 Verlegung und Überstellung
(1) ¹Untersuchungsgefangene können in eine andere Anstalt verlegt oder überstellt werden, wenn es
1. zur Umsetzung einer verfahrenssichernden Anordnung,
2. aus Gründen der Sicherheit oder Ordnung der Anstalt oder
3. aus Gründen der Vollzugsorganisation oder aus anderen wichtigen Gründen erforderlich ist.
²Zuvor ist dem Gericht und der Staatsanwaltschaft Gelegenheit zur Stellungnahme zu geben. ³Von der Verlegung wird die Verteidigerin oder der Verteidiger unterrichtet.
(2) ¹Unter den Voraussetzungen des Absatzes 1 können Untersuchungsgefangene mit Zustimmung des Senators für Justiz und Verfassung in eine Anstalt eines anderen Landes verlegt werden, wenn die zuständige Behörde des anderen Landes der Verlegung in die dortige Anstalt zustimmt. ²Dabei ist sicherzustellen, dass die nach diesem Gesetz erworbenen Ansprüche auf Arbeitsentgelt und Ausbildungsbeihilfe entweder durch das Land Bremen erfüllt oder in dem anderen Land anerkannt werden.
(3) Gefangene aus einer Anstalt eines anderen Landes können mit Zustimmung des Senators für Justiz und Verfassung in eine Anstalt des Landes Bremen aufgenommen werden.
(4) § 7 Absatz 4 gilt entsprechend.

§ 9 Vorführung, Ausführung und Ausantwortung
(1) ¹Auf Ersuchen eines Gerichts oder einer Staatsanwaltschaft werden Untersuchungsgefangene vorgeführt. ²Über Vorführungsersuchen in anderen als dem der Inhaftierung zugrunde liegenden Verfahren sind das Gericht und die Staatsanwaltschaft unverzüglich zu unterrichten.
(2) ¹Aus besonderen Gründen können Untersuchungsgefangene ausgeführt werden. ²Ausführungen zur Befolgung einer gerichtlichen Ladung sind zu ermöglichen, soweit darin das persönliche Erscheinen angeordnet ist und eine verfahrenssichernde Anordnung nicht entgegensteht. ³Vor der Entscheidung ist dem Gericht und der Staatsanwaltschaft Gelegenheit zur Stellungnahme zu geben.
(3) ¹Untersuchungsgefangene dürfen befristet dem Gewahrsam eines Gerichts, einer Staatsanwaltschaft oder einer Polizei-, Zoll- oder Finanzbehörde auf Antrag überlassen werden (Ausantwortung). ²Absatz 2 Satz 3 gilt entsprechend.

§ 10 Entlassung
(1) Auf Anordnung des Gerichts oder der Staatsanwaltschaft entlässt die Anstalt die Untersuchungsgefangenen unverzüglich aus der Haft, es sei denn, es ist in anderer Sache eine richterlich angeordnete Freiheitsentziehung zu vollziehen.
(2) ¹Aus fürsorgerischen Gründen kann Untersuchungsgefangenen der freiwillige Verbleib in der Anstalt bis zum Vormittag des zweiten auf den Eingang der Entlassungsanordnung folgenden Werktags gestattet werden. ²Der freiwillige Verbleib setzt das schriftliche Einverständnis der Untersuchungsgefangenen voraus, dass die bisher bestehenden Beschränkungen aufrechterhalten bleiben.
(3) Bedürftigen Untersuchungsgefangenen soll eine Entlassungsbeihilfe in Form eines Reisekostenzuschusses, angemessener Kleidung oder einer sonstigen notwendigen Unterstützung gewährt werden.

Abschnitt 3
Unterbringung und Versorgung der Untersuchungsgefangenen

§ 11 Trennungsgrundsätze
(1) ¹Untersuchungsgefangene werden von Gefangenen anderer Haftarten, namentlich von Strafgefangenen, getrennt untergebracht. ²Ausnahmen sind zulässig
1. mit Zustimmung der einzelnen Untersuchungsgefangenen,
2. zur Umsetzung einer verfahrenssichernden Anordnung oder
3. aus Gründen der Sicherheit oder Ordnung der Anstalt.

³Darüber hinaus können Untersuchungsgefangene ausnahmsweise mit Gefangenen anderer Haftarten untergebracht werden, wenn die geringe Anzahl der Untersuchungsgefangenen eine getrennte Unterbringung nicht zulässt.
(2) ¹Junge Untersuchungsgefangene (§ 66 Absatz 1) werden von den übrigen Untersuchungsgefangenen und von Gefangenen anderer Haftarten getrennt untergebracht. ²Hiervon kann aus den in Absatz 1 Satz 2 genannten Gründen abgewichen werden, wenn eine Vollzugsgestaltung nach § 67 gewährleistet bleibt und schädliche Einflüsse auf die jungen Untersuchungsgefangenen nicht zu befürchten sind.
(3) Weibliche und männliche Untersuchungsgefangene werden getrennt untergebracht.
(4) Gemeinsame Maßnahmen, insbesondere gemeinsame Arbeit und eine gemeinsame Berufs- und Schulausbildung, sind zulässig.

§ 12 Unterbringung während der Arbeit, Bildung und Freizeit
(1) Arbeit und Bildung finden regelmäßig in Gemeinschaft statt.
(2) ¹Den Untersuchungsgefangenen kann gestattet werden, sich während der Freizeit in Gemeinschaft mit anderen Gefangenen aufzuhalten. ²Für die Teilnahme an gemeinschaftlichen Veranstaltungen kann die Anstaltsleiterin oder der Anstaltsleiter mit Rücksicht auf die räumlichen, personellen oder organisatorischen Verhältnisse der Anstalt besondere Regelungen treffen.
(3) Die gemeinschaftliche Unterbringung kann eingeschränkt werden, soweit es zur Umsetzung einer verfahrenssichernden Anordnung oder zur Gewährleistung der Sicherheit oder Ordnung der Anstalt erforderlich ist.

§ 13 Unterbringung während der Ruhezeit
(1) ¹Während der Ruhezeit werden die Untersuchungsgefangenen in ihren Hafträumen einzeln untergebracht. ²Mit ihrer Zustimmung können sie gemeinsam untergebracht werden. ³Bei einer Gefahr für Leben oder Gesundheit ist die Zustimmung der gefährdeten Untersuchungsgefangenen zur gemeinsamen Unterbringung entbehrlich.
(2) Darüber hinaus ist eine gemeinsame Unterbringung nur vorübergehend und aus zwingenden Gründen zulässig.

§ 14 Unterbringung von Müttern mit Kindern
(1) ¹Ist das Kind einer Untersuchungsgefangenen noch nicht drei Jahre alt, kann es mit Zustimmung der Aufenthaltsbestimmungsberechtigten in der Anstalt untergebracht werden, wenn die baulichen Gegebenheiten dies zulassen und Sicherheitsgründe nicht entgegenstehen. ²Vor der Unterbringung ist das Jugendamt zu hören.
(2) ¹Die Unterbringung erfolgt auf Kosten der für das Kind Unterhaltspflichtigen. ²Von der Geltendmachung des Kostenersatzanspruchs kann ausnahmsweise abgesehen werden, wenn hierdurch die gemeinsame Unterbringung von Mutter und Kind gefährdet würde.

§ 15 Persönlicher Gewahrsam, Kostenbeteiligung
(1) ¹Die Untersuchungsgefangenen dürfen nur Sachen in Gewahrsam haben oder annehmen, die ihnen von der Anstalt oder mit deren Zustimmung überlassen werden. ²Ohne Zustimmung dürfen sie Sachen von geringem Wert von anderen Gefangenen annehmen; die Annahme dieser Sachen und der Gewahrsam daran können von der Zustimmung der Anstalt abhängig gemacht werden.
(2) ¹Eingebrachte Sachen, die die Untersuchungsgefangenen nicht in Gewahrsam haben dürfen, sind für sie aufzubewahren, sofern dies nach Art und Umfang möglich ist. ²Den Untersuchungsgefangenen wird Gelegenheit gegeben, ihre Sachen, die sie während des Vollzugs und für ihre Entlassung nicht benötigen, zu verschicken. ³Geld wird ihnen gutgeschrieben.
(3) Werden eingebrachte Sachen, deren Aufbewahrung nach Art oder Umfang nicht möglich ist, von den Untersuchungsgefangenen trotz Aufforderung nicht aus der Anstalt verbracht, so ist die Anstalt berechtigt, diese Sachen auf Kosten der Untersuchungsgefangenen aus der Anstalt entfernen zu lassen.
(4) Aufzeichnungen und andere Sachen, die Kenntnisse über Sicherungsvorkehrungen der Anstalt vermitteln oder Schlussfolgerungen auf diese zulassen, dürfen vernichtet oder unbrauchbar gemacht werden.
(5) Die Zustimmung nach Absatz 1 kann widerrufen werden, wenn es zur Umsetzung einer verfahrenssichernden Anordnung oder zur Aufrechterhaltung der Sicherheit oder zur Abwendung einer erheblichen Störung der Ordnung der Anstalt erforderlich ist.

(6) Die Untersuchungsgefangenen können an den Betriebskosten der in ihrem Gewahrsam befindlichen Geräte beteiligt werden.

§ 16 Ausstattung des Haftraums
[1]Die Untersuchungsgefangenen dürfen ihren Haftraum in angemessenem Umfang mit eigenen Sachen ausstatten. [2]Sachen, deren Überlassung eine verfahrenssichernde Anordnung entgegensteht oder die geeignet sind, die Sicherheit oder Ordnung der Anstalt zu gefährden, sind ausgeschlossen.

§ 17 Kleidung
(1) [1]Die Untersuchungsgefangenen dürfen eigene Kleidung tragen, soweit sie für Reinigung, Instandhaltung und regelmäßigen Wechsel sorgen. [2]Die Anstaltsleiterin oder der Anstaltsleiter kann anordnen, dass Reinigung und Instandhaltung nur durch Vermittlung der Anstalt erfolgen dürfen.
(2) Soweit es zur Umsetzung einer verfahrenssichernden Anordnung oder zur Gewährleistung der Sicherheit oder Ordnung der Anstalt erforderlich ist, kann das in Absatz 1 genannte Recht eingeschränkt oder ausgeschlossen werden.

§ 18 Verpflegung und Einkauf
(1) [1]Zusammensetzung und Nährwert der Anstaltsverpflegung entsprechen den Anforderungen an eine gesunde Ernährung und werden ärztlich überwacht. [2]Auf ärztliche Anordnung wird besondere Verpflegung gewährt. [3]Den Untersuchungsgefangenen ist zu ermöglichen, Speisevorschriften ihrer Religionsgemeinschaft zu befolgen.
(2) [1]Die Untersuchungsgefangenen können aus einem von der Anstalt vermittelten Angebot einkaufen. [2]Die Anstalt soll für ein Angebot sorgen, das auf Wünsche und Bedürfnisse der Untersuchungsgefangenen Rücksicht nimmt.
(3) [1]Den Untersuchungsgefangenen soll die Möglichkeit eröffnet werden, unmittelbar oder über Dritte Gegenstände über den Versandhandel zu beziehen. [2]Zulassung und Verfahren des Einkaufs über den Versandhandel regelt die Anstaltsleiterin oder der Anstaltsleiter.
(4) Gegenstände, deren Überlassung eine verfahrenssichernde Anordnung entgegensteht oder die geeignet sind, die Sicherheit oder Ordnung der Anstalt zu gefährden, sind vom Einkauf ausgeschlossen.

§ 19 Annehmlichkeiten
Von den §§ 16 bis 18 nicht umfasste Annehmlichkeiten dürfen sich die Untersuchungsgefangenen auf ihre Kosten verschaffen, soweit und solange weder eine verfahrenssichernde Anordnung entgegensteht noch die Sicherheit oder Ordnung der Anstalt gefährdet wird.

§ 20 Gesundheitsfürsorge
(1) [1]Die Anstalt unterstützt die Untersuchungsgefangenen bei der Wiederherstellung und Erhaltung ihrer körperlichen und geistigen Gesundheit. [2]Die Untersuchungsgefangenen haben die notwendigen Anordnungen zum Gesundheitsschutz und zur Hygiene zu befolgen.
(2) Den Untersuchungsgefangenen wird ermöglicht, sich täglich mindestens eine Stunde im Freien aufzuhalten.
(3) [1]Erkranken Untersuchungsgefangene schwer oder versterben sie, werden die Angehörigen benachrichtigt, sofern die Untersuchungsgefangenen dem nicht widersprochen haben. [2]Dem Wunsch, auch andere Personen zu benachrichtigen, soll nach Möglichkeit entsprochen werden.
(4) [1]Eine Benachrichtigung nach Absatz 3 Satz 1 setzt die Einwilligung des Untersuchungsgefangenen voraus. [2]Kann die Einwilligung nicht erlangt werden, erfolgt die Benachrichtigung, wenn der Untersuchungsgefangene einer Benachrichtigung nicht widersprochen hat und keine sonstigen Anhaltspunkte dafür bestehen, dass eine Benachrichtigung nicht angebracht ist.

§ 21 Zwangsmaßnahmen auf dem Gebiet der Gesundheitsfürsorge
(1) [1]Medizinische Untersuchung und Behandlung sowie Ernährung sind unbeschadet der Rechte Personensorgeberechtigter zwangsweise nur bei Lebensgefahr, bei schwerwiegender Gefahr für die Gesundheit der Untersuchungsgefangenen oder bei Gefahr für die Gesundheit anderer Personen zulässig; die Maßnahmen müssen für die Beteiligten zumutbar und dürfen nicht mit erheblicher Gefahr für Leben oder Gesundheit der Untersuchungsgefangenen verbunden sein. [2]Zur Durchführung der Maßnahmen ist die Anstalt nicht verpflichtet, solange von einer freien Willensbestimmung der Untersuchungsgefangenen ausgegangen werden kann.

(2) Zum Gesundheitsschutz und zur Hygiene ist die zwangsweise körperliche Untersuchung außer im Fall des Absatzes 1 zulässig, wenn sie nicht mit einem körperlichen Eingriff verbunden ist.
(3) Die Maßnahmen dürfen nur auf Anordnung und unter Leitung einer Ärztin oder eines Arztes durchgeführt werden, unbeschadet der Leistung erster Hilfe für den Fall, dass eine Ärztin oder ein Arzt nicht rechtzeitig erreichbar und mit einem Aufschub Lebensgefahr verbunden ist.

§ 22 Medizinische Leistungen, Kostenbeteiligung
(1) ¹Die Untersuchungsgefangenen haben einen Anspruch auf notwendige, ausreichende und zweckmäßige medizinische Leistungen unter Beachtung des Grundsatzes der Wirtschaftlichkeit. ²Der allgemeine Standard der gesetzlichen Krankenkassen ist zu berücksichtigen.
(2) Der Anspruch umfasst auch Untersuchungen zur Früherkennung von Krankheiten und Vorsorgeleistungen entsprechend dem allgemeinen Standard der gesetzlichen Krankenkassen.
(3) ¹Der Anspruch umfasst weiter entsprechend dem Standard der gesetzlichen Krankenkassen auch die Versorgung mit Hilfsmitteln wie Seh- und Hörhilfen, Körperersatzstücken, orthopädischen und anderen Hilfsmitteln, die im Einzelfall erforderlich sind, um den Erfolg der Krankenbehandlung zu sichern, eine Behinderung auszugleichen oder einer drohenden Behinderung vorzubeugen, sofern dies mit Rücksicht auf die voraussichtliche Dauer des Untersuchungshaftvollzugs zwingend geboten ist und soweit die Hilfsmittel nicht als allgemeine Gebrauchsgegenstände des täglichen Lebens anzusehen sind. ²Der Anspruch umfasst auch die notwendige Änderung, Instandsetzung und Ersatzbeschaffung von Hilfsmitteln sowie die Ausbildung in ihrem Gebrauch.
(4) An den Kosten für Leistungen nach den Absätzen 1 bis 3 können die Untersuchungsgefangenen in angemessenem Umfang beteiligt werden.
(5) Für Leistungen, die über die in Absatz 1 Satz 1, Absatz 2 und 3 genannten Leistungen hinausgehen, können den Untersuchungsgefangenen die gesamten Kosten auferlegt werden.
(6) ¹Die Anstaltsleiterin oder der Anstaltsleiter soll nach Anhörung des ärztlichen Dienstes der Anstalt den Untersuchungsgefangenen auf ihren Antrag hin gestatten, auf ihre Kosten externen ärztlichen Rat einzuholen. ²Die Erlaubnis kann versagt werden, wenn die Untersuchungsgefangenen die gewählte ärztliche Vertrauensperson und den ärztlichen Dienst der Anstalt nicht wechselseitig von der Schweigepflicht entbinden oder wenn es zur Umsetzung einer verfahrenssichernden Anordnung oder zur Aufrechterhaltung der Sicherheit oder Ordnung der Anstalt erforderlich ist. ³Die Konsultation soll in der Anstalt stattfinden.

§ 23 Verlegung, Überstellung und Ausführung zur medizinischen Behandlung
(1) Kranke oder hilfsbedürftige Untersuchungsgefangene können in eine zur Behandlung ihrer Krankheit oder zu ihrer Versorgung besser geeignete Anstalt oder in ein Vollzugskrankenhaus verlegt oder überstellt werden.
(2) Erforderlichenfalls sollen Untersuchungsgefangene zur medizinischen Behandlung ausgeführt oder in ein Krankenhaus außerhalb des Vollzugs gebracht werden.
(3) ¹Zuvor ist dem Gericht und der Staatsanwaltschaft nach Möglichkeit Gelegenheit zur Stellungnahme zu geben. ²Bei Verlegungen und Überstellungen gilt § 7 Absatz 4 entsprechend.
(4) Werden Untersuchungsgefangene während einer Behandlung aus der Haft entlassen, hat das Land Bremen nur diejenigen Kosten zu tragen, die bis zur Entlassung angefallen sind.

Abschnitt 4
Arbeit, Bildung, Freizeit

§ 24 Arbeit und Bildung
(1) Die Untersuchungsgefangenen sind nicht zur Arbeit verpflichtet.
(2) ¹Ihnen soll nach Möglichkeit Arbeit oder sonstige Beschäftigung angeboten werden, die ihre Fähigkeiten, Fertigkeiten und Neigungen berücksichtigt. ²Nehmen sie eine Arbeit auf, gelten die von der Anstalt festgelegten Arbeitsbedingungen. ³Die Arbeit darf nicht zur Unzeit niedergelegt werden.
(3) Geeigneten Untersuchungsgefangenen soll nach Möglichkeit Gelegenheit zum Erwerb oder zur Verbesserung schulischer und beruflicher Kenntnisse oder zur Teilnahme an Maßnahmen zur Förderung ihrer persönlichen Entwicklung gegeben werden, soweit es die besonderen Bedingungen der Untersuchungshaft zulassen.
(4) Das Zeugnis oder der Nachweis über eine Bildungsmaßnahme darf keinen Hinweis auf die Inhaftierung enthalten.

§ 25 Arbeitsentgelt und Ausbildungsbeihilfe, Taschengeld
(1) Wer eine Arbeit oder sonstige Beschäftigung ausübt, erhält Arbeitsentgelt.
(2) [1]Der Bemessung des Arbeitsentgelts sind neun vom Hundert der Bezugsgröße nach § 18 des Vierten Buchs Sozialgesetzbuch zugrunde zu legen (Eckvergütung). [2]Ein Tagessatz ist der zweihundertfünfzigste Teil der Eckvergütung; das Arbeitsentgelt kann nach einem Stundensatz bemessen werden.
(3) [1]Das Arbeitsentgelt kann je nach Leistung der Untersuchungsgefangenen und der Art der Arbeit gestuft werden. [2]75 vom Hundert der Eckvergütung dürfen nur dann unterschritten werden, wenn die Arbeitsleistungen der Untersuchungsgefangenen den Mindestanforderungen nicht genügen. [3]Der Senator für Justiz und Verfassung wird ermächtigt, die Vergütungsstufen durch Rechtsverordnung zu regeln.
(4) Die Höhe des Arbeitsentgelts ist den Untersuchungsgefangenen schriftlich bekannt zu geben.
(5) Soweit Beiträge zur Bundesagentur für Arbeit zu entrichten sind, kann vom Arbeitsentgelt ein Betrag einbehalten werden, der dem Anteil der Untersuchungsgefangenen am Beitrag entsprechen würde, wenn sie diese Bezüge als Arbeitnehmerinnen oder Arbeitnehmer erhielten.
(6) [1]Nehmen Untersuchungsgefangene während der Arbeitszeit an einer Bildungsmaßnahme teil, erhalten sie eine Ausbildungsbeihilfe. [2]Die Absätze 2 bis 5 gelten entsprechend.
(7) [1]Kann Untersuchungsgefangenen weder Arbeit noch die Teilnahme an einer Bildungsmaßnahme angeboten werden, wird ihnen bei Bedürftigkeit auf Antrag ein Taschengeld gewährt. [2]Bedürftig sind Untersuchungsgefangene, soweit ihnen im laufenden Monat nicht ein Betrag bis zur Höhe des Taschengeldes aus eigenen Mitteln zur Verfügung steht. [3]Das Taschengeld beträgt 14 vom Hundert der Eckvergütung.

§ 26 Freizeit und Sport
[1]Zur Freizeitgestaltung sind geeignete Angebote vorzuhalten. [2]Insbesondere sollen Sportmöglichkeiten und Gemeinschaftsveranstaltungen angeboten werden.

§ 27 Zeitungen und Zeitschriften
(1) [1]Die Untersuchungsgefangenen dürfen auf eigene Kosten Zeitungen und Zeitschriften in angemessenem Umfang durch Vermittlung der Anstalt beziehen. [2]Ausgeschlossen sind Zeitungen und Zeitschriften, deren Verbreitung mit Strafe oder Geldbuße bedroht ist.
(2) [1]Zeitungen oder Zeitschriften können den Untersuchungsgefangenen vorenthalten werden, wenn dies zur Umsetzung einer verfahrenssichernden Anordnung erforderlich ist. [2]Für einzelne Ausgaben gilt dies auch dann, wenn deren Inhalte die Sicherheit oder Ordnung der Anstalt erheblich gefährden würden.

§ 28 Rundfunk
[1]Die Untersuchungsgefangenen können am Hörfunk- und Fernsehempfang (Rundfunkempfang) teilnehmen. [2]Der Rundfunkempfang kann vorübergehend ausgesetzt oder einzelnen Untersuchungsgefangenen untersagt werden, wenn dies zur Umsetzung einer verfahrenssichernden Anordnung oder zur Aufrechterhaltung der Sicherheit oder Ordnung der Anstalt unerlässlich ist.

Abschnitt 5
Religionsausübung

§ 29 Seelsorge
(1) [1]Den Untersuchungsgefangenen darf religiöse Betreuung durch eine Seelsorgerin oder einen Seelsorger ihrer Religionsgemeinschaft nicht versagt werden. [2]Auf Wunsch ist ihnen zu helfen, mit einer Seelsorgerin oder einem Seelsorger ihrer Religionsgemeinschaft in Verbindung zu treten.
(2) [1]Die Untersuchungsgefangenen dürfen grundlegende religiöse Schriften besitzen. [2]Sie dürfen ihnen nur bei grobem Missbrauch entzogen werden.
(3) Den Untersuchungsgefangenen sind Gegenstände des religiösen Gebrauchs in angemessenem Umfang zu belassen.

§ 30 Religiöse Veranstaltungen
(1) Die Untersuchungsgefangenen haben das Recht, am Gottesdienst und an anderen religiösen Veranstaltungen ihres Bekenntnisses teilzunehmen.

(2) Die Zulassung zu den Gottesdiensten oder zu religiösen Veranstaltungen einer anderen Religionsgemeinschaft bedarf der Zustimmung der Seelsorgerin oder des Seelsorgers der Religionsgemeinschaft.
(3) Untersuchungsgefangene können von der Teilnahme am Gottesdienst oder an anderen religiösen Veranstaltungen ausgeschlossen werden, wenn dies zur Umsetzung einer verfahrenssichernden Anordnung oder aus überwiegenden Gründen der Sicherheit oder Ordnung der Anstalt geboten ist; die Seelsorgerin oder der Seelsorger soll vorher gehört werden.

§ 31 Weltanschauungsgemeinschaften
Für Angehörige weltanschaulicher Bekenntnisse gelten die §§ 29 und 30 entsprechend.

Abschnitt 6
Besuche, Schriftwechsel, Telefongespräche und Pakete

§ 32 Grundsatz
Die Untersuchungsgefangenen haben das Recht, mit Personen außerhalb der Anstalt im Rahmen der Bestimmungen dieses Gesetzes zu verkehren, soweit eine verfahrenssichernde Anordnung nicht entgegensteht.

§ 33 Recht auf Besuch
(1) ¹Die Untersuchungsgefangenen dürfen Besuch empfangen. ²Die Gesamtdauer beträgt mindestens zwei Stunden im Monat, bei Besuchen von Kindern unter 14 Jahren erhöht sich die Gesamtdauer auf vier Stunden.
(2) Kontakte der Untersuchungsgefangenen zu ihren Angehörigen werden besonders gefördert.
(3) Besuche sollen darüber hinaus zugelassen werden, wenn sie persönlichen, rechtlichen oder geschäftlichen Angelegenheiten dienen, die nicht von den Untersuchungsgefangenen schriftlich erledigt, durch Dritte wahrgenommen oder bis zur voraussichtlichen Entlassung aufgeschoben werden können.
(4) Aus Gründen der Sicherheit der Anstalt können Besuche davon abhängig gemacht werden, dass sich die Besucherinnen und Besucher mit technischen Mitteln absuchen oder durchsuchen lassen.
(5) Besuche können untersagt werden, wenn die Sicherheit oder Ordnung der Anstalt gefährdet würde.

§ 34 Besuche von Verteidigerinnen und Verteidigern, Rechtsanwältinnen und Rechtsanwälten sowie Notarinnen und Notaren
¹Besuche von
1. Verteidigerinnen und Verteidigern,
2. Rechtsanwältinnen und Rechtsanwälten sowie
3. Notarinnen und Notaren

in einer die Untersuchungsgefangenen betreffenden Rechtssache sind zu gestatten. ²§ 33 Absatz 4 gilt entsprechend. ³Eine inhaltliche Überprüfung der von ihnen mitgeführten Schriftstücke und sonstigen Unterlagen ist nicht zulässig.

§ 35 Überwachung der Besuche
(1) Besuche dürfen aus Gründen der Sicherheit oder Ordnung der Anstalt optisch überwacht werden.
(2) Die Anstaltsleiterin oder der Anstaltsleiter kann die akustische Überwachung im Einzelfall anordnen, wenn sie aus Gründen der Sicherheit der Anstalt oder zur Abwendung einer schwerwiegenden Störung der Ordnung der Anstalt erforderlich ist.
(3) ¹Die Überwachung kann mit technischen Hilfsmitteln durchgeführt werden; die betroffenen Personen sind vorher darauf hinzuweisen. ²Eine Aufzeichnung findet nicht statt.
(4) ¹Besuche dürfen abgebrochen werden, wenn Besucherinnen oder Besucher oder Untersuchungsgefangene gegen dieses Gesetz oder aufgrund dieses Gesetzes getroffene Anordnungen verstoßen. ²Dies gilt auch bei einem Verstoß gegen verfahrenssichernde Anordnungen.
(5) Besuche von Verteidigerinnen und Verteidigern werden nicht überwacht.
(6) ¹Gegenstände dürfen beim Besuch nicht übergeben werden. ²Dies gilt nicht für die bei dem Besuch der Verteidigerinnen und Verteidiger übergebenen Schriftstücke und sonstigen Unterlagen sowie für die bei dem Besuch von Rechtsanwältinnen und Rechtsanwälten sowie Notarinnen und Notaren zur Erledigung einer die Untersuchungsgefangenen betreffenden Rechtssache übergebenen Schriftstücke und sonstigen Unterlagen. ³Bei dem Besuch von Rechtsanwältinnen und Rechtsanwälten oder

Notarinnen und Notaren kann die Übergabe aus Gründen der Sicherheit oder Ordnung der Anstalt von der Erlaubnis der Anstaltsleiterin oder des Anstaltsleiters abhängig gemacht werden.

§ 36 Recht auf Schriftwechsel
(1) Die Untersuchungsgefangenen haben das Recht, auf eigene Kosten Schreiben abzusenden und zu empfangen.
(2) Die Anstaltsleiterin oder der Anstaltsleiter kann den Schriftwechsel mit bestimmten Personen untersagen, wenn die Sicherheit oder Ordnung der Anstalt gefährdet würde.

§ 37 Überwachung des Schriftwechsels
(1) [1]Ein- und ausgehende Schreiben werden auf verbotene Gegenstände überwacht. [2]Die Anstaltsleiterin oder der Anstaltsleiter kann die Textkontrolle anordnen, wenn sie aus Gründen der Sicherheit oder zur Abwendung einer schwerwiegenden Störung der Ordnung der Anstalt erforderlich ist.
(2) Der Schriftwechsel der Untersuchungsgefangenen mit ihren Verteidigerinnen und Verteidigern wird nicht überwacht.
(3) [1]Nicht überwacht werden Schreiben der Untersuchungsgefangenen an Volksvertretungen des Bundes und der Länder sowie an deren Mitglieder, soweit die Schreiben an die Anschriften dieser Volksvertretungen gerichtet sind und den Absender zutreffend angeben. [2]Entsprechendes gilt für Schreiben an das Europäische Parlament und dessen Mitglieder, den Europäischen Gerichtshof für Menschenrechte, den Europäischen Ausschuss zur Verhütung von Folter und unmenschlicher oder erniedrigender Behandlung oder Strafe und weitere Einrichtungen, mit denen der Schriftverkehr aufgrund völkerrechtlicher Verpflichtungen der Bundesrepublik Deutschland geschützt ist. [3]Satz 1 gilt auch für Schreiben an die Bürgerbeauftragten der Länder und die Datenschutzbeauftragten des Bundes und der Länder. [4]Schreiben der in den Sätzen 1 bis 3 genannten Stellen, die an die Untersuchungsgefangenen gerichtet sind, werden nicht überwacht, sofern die Identität der Absenderin und des Absenders zweifelsfrei feststeht.

§ 38 Weiterleitung von Schreiben, Aufbewahrung
(1) Die Untersuchungsgefangenen haben das Absenden und den Empfang ihrer Schreiben durch die Anstalt vermitteln zu lassen, soweit nichts anderes gestattet ist.
(2) Eingehende und ausgehende Schreiben sind unverzüglich weiterzuleiten.
(3) [1]Die Untersuchungsgefangenen haben eingehende Schreiben unverschlossen zu verwahren, sofern nichts anderes gestattet wird. [2]Sie können sie verschlossen zu ihrer Habe geben.

§ 39 Anhalten von Schreiben
(1) Die Anstaltsleiterin oder der Anstaltsleiter kann Schreiben anhalten, wenn
1. es die Aufgabe des Untersuchungshaftvollzugs oder die Sicherheit oder Ordnung der Anstalt erfordert,
2. die Weitergabe in Kenntnis ihres Inhalts einen Straf- oder Bußgeldtatbestand verwirklichen würde,
3. sie grob unrichtige oder erheblich entstellende Darstellungen von Anstaltsverhältnissen oder grobe Beleidigungen enthalten oder
4. sie in Geheim- oder Kurzschrift, unlesbar, unverständlich oder ohne zwingenden Grund in einer fremden Sprache abgefasst sind.
(2) Ausgehenden Schreiben, die unrichtige Darstellungen enthalten, kann ein Begleitschreiben beigefügt werden, wenn die Untersuchungsgefangenen auf dem Absenden bestehen.
(3) [1]Sind Schreiben angehalten worden, wird das den Untersuchungsgefangenen mitgeteilt. [2]Hiervon kann abgesehen werden, wenn und solange es die Aufgabe des Untersuchungshaftvollzugs erfordert. [3]Soweit angehaltene Schreiben nicht beschlagnahmt werden, werden sie an die Absender zurückgegeben oder, sofern dies unmöglich oder aus besonderen Gründen untunlich ist, verwahrt.
(4) Schreiben, deren Überwachung nach § 37 Absatz 2 und 3 ausgeschlossen ist, dürfen nicht angehalten werden.

§ 40 Telefongespräche
(1) [1]Den Untersuchungsgefangenen kann gestattet werden, auf eigene Kosten Telefongespräche zu führen. [2]Die Bestimmungen über den Besuch gelten entsprechend. [3]Ist die Überwachung des Telefongesprächs erforderlich, ist die beabsichtigte Überwachung den Gesprächspartnerinnen und Gesprächspartnern der Untersuchungsgefangenen unmittelbar nach Herstellung der Verbindung durch die An-

stalt oder die Untersuchungsgefangenen mitzuteilen. ⁴Die Untersuchungsgefangenen sind rechtzeitig vor Beginn des Telefongesprächs über die beabsichtigte Überwachung und die Mitteilungspflicht nach Satz 3 zu unterrichten.
(2) Der Besitz und die Benutzung von Mobilfunkendgeräten innerhalb des Geländes der Anstalt sind verboten.
(3) ¹Die Anstalt darf technische Geräte
1. zur Auffindung von Mobilfunkendgeräten,
2. zur Aktivierung von Mobilfunkendgeräten zum Zwecke der Auffindung und
3. zur Störung von Frequenzen, die der Herstellung unerlaubter Mobilfunkverbindungen auf dem Anstaltsgelände dienen,
betreiben. ²Dabei hat sie die von der Bundesnetzagentur gemäß § 55 Absatz 1 Satz 5 des Telekommunikationsgesetzes festgelegten Rahmenbedingungen zu beachten. ³Der Mobilfunkverkehr außerhalb des Anstaltsgeländes darf nicht beeinträchtigt werden.

§ 41 Pakete
(1) ¹Der Empfang von Paketen mit Nahrungs- und Genussmitteln ist den Untersuchungsgefangenen nicht gestattet. ²Der Empfang von Paketen mit anderem Inhalt bedarf der Erlaubnis der Anstalt, welche Zeitpunkt und Höchstmenge für die Sendung und für einzelne Gegenstände festsetzen kann. ³Für den Ausschluss von Gegenständen gilt § 18 Absatz 4 entsprechend.
(2) ¹Pakete sind in Gegenwart der Untersuchungsgefangenen zu öffnen, an die sie adressiert sind. ²Ausgeschlossene Gegenstände können zu ihrer Habe genommen oder den Absendern zurückgesandt werden. ³Nicht ausgehändigte Gegenstände, durch die bei der Versendung oder Aufbewahrung Personen verletzt oder Sachschäden verursacht werden können, dürfen vernichtet werden. ⁴Die hiernach getroffenen Maßnahmen werden den Untersuchungsgefangenen eröffnet.
(3) Der Empfang von Paketen kann vorübergehend versagt werden, wenn dies wegen der Gefährdung der Sicherheit oder Ordnung der Anstalt unerlässlich ist.
(4) ¹Den Untersuchungsgefangenen kann gestattet werden, Pakete zu versenden. ²Die Anstalt kann ihren Inhalt aus Gründen der Sicherheit oder Ordnung der Anstalt überprüfen.

Abschnitt 7
Sicherheit und Ordnung

§ 42 Grundsatz
Die Pflichten und Beschränkungen, die den Untersuchungsgefangenen zur Aufrechterhaltung der Sicherheit oder Ordnung der Anstalt auferlegt werden, sind so zu wählen, dass sie in einem angemessenen Verhältnis zu ihrem Zweck stehen und die Untersuchungsgefangenen nicht mehr und nicht länger als notwendig beeinträchtigen.

§ 43 Verhaltensvorschriften
(1) ¹Die Untersuchungsgefangenen dürfen durch ihr Verhalten gegenüber Bediensteten, Mitgefangenen und anderen Personen das geordnete Zusammenleben in der Anstalt nicht stören. ²Sie haben sich nach der Tageseinteilung der Anstalt (Arbeitszeit, Freizeit, Ruhezeit) zu richten.
(2) ¹Die Untersuchungsgefangenen haben die Anordnungen der Bediensteten zu befolgen, auch wenn sie sich durch diese beschwert fühlen. ²Einen ihnen zugewiesenen Bereich dürfen sie nicht ohne Erlaubnis verlassen.
(3) Die Untersuchungsgefangenen haben ihren Haftraum und die ihnen von der Anstalt überlassenen Sachen in Ordnung zu halten und schonend zu behandeln.
(4) Die Untersuchungsgefangenen haben Umstände, die eine Gefahr für das Leben oder eine erhebliche Gefahr für die Gesundheit einer Person bedeuten, unverzüglich zu melden.

§ 44 Absuchung, Durchsuchung
(1) ¹Die Untersuchungsgefangenen, ihre Sachen und die Crafträume dürfen mit technischen Mitteln abgesucht und durchsucht werden. ²Die Durchsuchung männlicher Untersuchungsgefangener darf nur von Männern, die Durchsuchung weiblicher Untersuchungsgefangener darf nur von Frauen vorgenommen werden. ³Das Schamgefühl ist zu schonen.
(2) ¹Nur bei Gefahr im Verzug oder auf Anordnung der Anstaltsleiterin oder des Anstaltsleiters im Einzelfall ist es zulässig, eine mit einer Entkleidung verbundene körperliche Durchsuchung vorzu-

nehmen. ²Sie darf bei männlichen Untersuchungsgefangenen nur in Gegenwart von Männern, bei weiblichen Untersuchungsgefangenen nur in Gegenwart von Frauen erfolgen. ³Sie ist in einem geschlossenen Raum durchzuführen. ⁴Andere Gefangene dürfen nicht anwesend sein.
(3) ¹Die Anstaltsleiterin oder der Anstaltsleiter kann allgemein anordnen, dass Untersuchungsgefangene in der Regel bei der Aufnahme, vor und nach Kontakten mit Besucherinnen und Besuchern sowie vor und nach jeder Abwesenheit von der Anstalt nach Absatz 2 zu durchsuchen sind. ²Die Entkleidung im Einzelfall unterbleibt, wenn hierdurch die Sicherheit oder Ordnung der Anstalt nicht gefährdet wird.

§ 45 Erkennungsdienstliche Maßnahmen, Lichtbildausweise
(1) Zur Sicherung des Vollzugs, zur Aufrechterhaltung der Sicherheit oder Ordnung der Anstalt oder zur Identitätsfeststellung sind mit Kenntnis der Untersuchungsgefangenen zulässig:
1. die Abnahme von Finger- und Handflächenabdrücken,
2. die Aufnahme von Lichtbildern,
3. die Feststellung äußerlicher körperlicher Merkmale,
4. die elektronische Erfassung biometrischer Merkmale und
5. Messungen.
(2) ¹Die hierbei gewonnenen Unterlagen oder Daten werden zu den Gefangenenpersonalakten genommen oder in personenbezogenen Dateien gespeichert. ²Sie können auch in kriminalpolizeilichen Sammlungen verwahrt werden. ³Die nach Absatz 1 erhobenen Daten dürfen nur für die in Absatz 1, in § 48 Absatz 2 und in § 89 Absatz 2 Nummer 4 genannten Zwecke verarbeitet werden.
(3) ¹Werden die Untersuchungsgefangenen entlassen, sind diese in Dateien gespeicherten personenbezogenen Daten spätestens nach drei Monaten zu löschen. ²Werden die Untersuchungsgefangenen in eine andere Anstalt verlegt oder wird unmittelbar im Anschluss an den Vollzug oder in Unterbrechung der Untersuchungshaft eine andere Haftart vollzogen, können die nach Absatz 1 erhobenen Daten der betreffenden Anstalt übermittelt und von dieser für die in Absatz 2 Satz 3 genannten Zwecke verarbeitet werden.
(4) ¹Personen, die aufgrund des Absatzes 1 erkennungsdienstlich behandelt worden sind, können bei einer nicht nur vorläufigen Einstellung des Verfahrens, einer unanfechtbaren Ablehnung der Eröffnung des Hauptverfahrens oder einem rechtskräftigen Freispruch nach der Entlassung verlangen, dass die gewonnenen erkennungsdienstlichen Unterlagen unverzüglich vernichtet werden. ²Sie sind über dieses Recht bei der erkennungsdienstlichen Behandlung und bei der Entlassung aufzuklären.
(5) ¹Die Anstalt kann die Untersuchungsgefangenen verpflichten, einen Lichtbildausweis mit sich zu führen, wenn dies aus Gründen der Sicherheit oder Ordnung der Anstalt erforderlich ist. ²Dieser ist bei der Entlassung oder bei der Verlegung in eine andere Anstalt einzuziehen und zu vernichten.

§ 46 Videoüberwachung
(1) ¹Die Beobachtung des Anstaltsgebäudes, einschließlich des Gebäudeinneren, des Anstaltsgeländes und der unmittelbaren Umgebung der Anstalt mit optisch-elektronischen Einrichtungen (Videoüberwachung) sowie die Anfertigung von Aufzeichnungen hiervon sind zulässig, wenn dies für die Sicherheit oder Ordnung der Anstalt erforderlich ist. ²Die Videoüberwachung von Haftäumen ist ausgeschlossen, soweit in diesem Gesetz nichts anderes bestimmt ist.
(2) ¹Auf die Videoüberwachung und die Anfertigung von Videoaufzeichnungen ist durch geeignete Maßnahmen hinzuweisen. ²Die Videoüberwachung und die Anfertigung von Videoaufzeichnungen dürfen auch durchgeführt werden, wenn Dritte unvermeidbar betroffen werden.
(3) ¹Die Betroffenen sind über eine Verarbeitung und Nutzung ihrer durch Videotechnik erhobenen personenbezogenen Daten zu benachrichtigen, sofern die Daten nicht innerhalb der Anstalt verbleiben und binnen eines Monats gelöscht werden. ²Eine Pflicht zur Benachrichtigung besteht nicht, sofern die Betroffenen auf andere Weise Kenntnis von der Verarbeitung und Nutzung erlangt haben oder die Unterrichtung einen unverhältnismäßigen Aufwand erfordert. ³Die Unterrichtung kann unterbleiben, solange durch sie der Zweck der Maßnahme vereitelt würde.

§ 47 Maßnahmen zur Feststellung von Suchtmittelkonsum
(1) ¹Zur Aufrechterhaltung der Sicherheit oder Ordnung der Anstalt kann die Anstaltsleiterin oder der Anstaltsleiter allgemein oder im Einzelfall Maßnahmen anordnen, die geeignet sind, den Miss-

brauch von Suchtmitteln festzustellen. ²Diese Maßnahmen dürfen nicht mit einem körperlichen Eingriff verbunden sein.
(2) Wird Suchtmittelmissbrauch festgestellt, können die Kosten der Maßnahmen den Untersuchungsgefangenen auferlegt werden.

§ 48 Festnahmerecht
(1) Untersuchungsgefangene, die entwichen sind oder sich sonst ohne Erlaubnis außerhalb der Anstalt aufhalten, können durch die Anstalt oder auf deren Veranlassung festgenommen und zurückgebracht werden.
(2) Nach § 45 Absatz 1 und § 88 erhobene und zur Identifizierung oder Festnahme erforderliche Daten dürfen den Vollstreckungs- und Strafverfolgungsbehörden übermittelt werden, soweit dies für Zwecke der Fahndung und Festnahme der entwichenen oder sich sonst ohne Erlaubnis außerhalb der Anstalt aufhaltenden Untersuchungsgefangenen erforderlich ist.

§ 49 Besondere Sicherungsmaßnahmen
(1) Gegen Untersuchungsgefangene können besondere Sicherungsmaßnahmen angeordnet werden, wenn nach ihrem Verhalten oder aufgrund ihres seelischen Zustands in erhöhtem Maße die Gefahr der Entweichung, von Gewalttätigkeiten gegen Personen oder Sachen, der Selbsttötung oder der Selbstverletzung besteht.
(2) Als besondere Sicherungsmaßnahmen sind zulässig:
1. der Entzug oder die Vorenthaltung von Gegenständen,
2. die Beobachtung der Untersuchungsgefangenen, auch mit technischen Hilfsmitteln, insbesondere auch mittels Videoüberwachung,
3. die Absonderung von anderen Gefangenen,
4. der Entzug oder die Beschränkung des Aufenthalts im Freien,
5. die Unterbringung in einem besonders gesicherten Haftraum ohne gefährdende Gegenstände und
6. die Fesselung.
(3) Maßnahmen nach Absatz 2 Nummer 1, 3 bis 5 sind auch zulässig, wenn die Gefahr einer Befreiung oder eine erhebliche Störung der Ordnung der Anstalt anders nicht vermieden oder behoben werden kann.
(4) Bei einer Ausführung, Vorführung oder beim Transport ist die Fesselung auch dann zulässig, wenn die Gefahr einer Entweichung besteht.

§ 50 Einzelhaft
¹Die unausgesetzte Absonderung der Untersuchungsgefangenen (Einzelhaft) ist nur zulässig, wenn dies aus Gründen, die in deren Person liegen, unerlässlich ist. ²Einzelhaft von mehr als einem Monat Gesamtdauer im Jahr bedarf der Zustimmung der Aufsichtsbehörde und wird dem Gericht und der Staatsanwaltschaft von der Anstalt mitgeteilt. ³Während des Vollzugs der Einzelhaft sind die Untersuchungsgefangenen in besonderem Maße zu betreuen.

§ 51 Fesselung
¹In der Regel dürfen Fesseln nur an den Händen oder an den Füßen angelegt werden. ²Im Interesse der Untersuchungsgefangenen kann die Anstaltsleiterin oder der Anstaltsleiter eine andere Art der Fesselung anordnen. ³Die Fesselung wird zeitweise gelockert, soweit dies notwendig ist.

§ 52 Anordnung besonderer Sicherungsmaßnahmen, Verfahren
(1) ¹Besondere Sicherungsmaßnahmen ordnet die Anstaltsleiterin oder der Anstaltsleiter an. ²Bei Gefahr im Verzug können auch andere Bedienstete diese Maßnahmen vorläufig anordnen. ³Die Entscheidung der Anstaltsleiterin oder des Anstaltsleiters ist unverzüglich einzuholen.
(2) ¹Werden Untersuchungsgefangene ärztlich behandelt oder beobachtet oder bildet ihr seelischer Zustand den Anlass für die Sicherungsmaßnahme, ist vorher eine ärztliche oder psychologische Stellungnahme einzuholen. ²Ist dies wegen Gefahr im Verzug nicht möglich, wird die Stellungnahme unverzüglich nachträglich eingeholt.
(3) Die Entscheidung wird den Untersuchungsgefangenen von der Anstaltsleiterin oder dem Anstaltsleiter mündlich eröffnet und mit einer kurzen Begründung schriftlich abgefasst.
(4) Besondere Sicherungsmaßnahmen sind in angemessenen Abständen daraufhin zu überprüfen, ob und in welchem Umfang sie aufrechterhalten werden müssen.

(5) Besondere Sicherungsmaßnahmen nach § 49 Absatz 2 Nummer 5 und 6 sind der Aufsichtsbehörde, dem Gericht und der Staatsanwaltschaft unverzüglich mitzuteilen, wenn sie länger als drei Tage aufrechterhalten werden.

§ 53 Ärztliche Überwachung
(1) [1]Sind Untersuchungsgefangene in einem besonders gesicherten Haftraum untergebracht oder gefesselt (§ 49 Absatz 2 Nummer 5 und 6), sucht sie die Ärztin oder der Arzt alsbald und in der Folge möglichst täglich auf. [2]Dies gilt nicht bei einer Fesselung während einer Ausführung, Vorführung oder eines Transports (§ 49 Absatz 4).
(2) Die Ärztin oder der Arzt ist regelmäßig zu hören, solange eine besondere Sicherungsmaßnahme nach § 49 Absatz 2 Nummer 4 oder Einzelhaft nach § 50 andauert.

Abschnitt 8
Unmittelbarer Zwang

§ 54 Begriffsbestimmungen
(1) Unmittelbarer Zwang ist die Einwirkung auf Personen oder Sachen durch körperliche Gewalt, ihre Hilfsmittel und durch Waffen.
(2) Körperliche Gewalt ist jede unmittelbare körperliche Einwirkung auf Personen oder Sachen.
(3) Hilfsmittel der körperlichen Gewalt sind insbesondere Fesseln und Reizstoffe.
(4) Waffen sind die dienstlich zugelassenen Hieb- und Schusswaffen.

§ 55 Allgemeine Voraussetzungen
(1) Die Bediensteten dürfen unmittelbaren Zwang anwenden, wenn sie Vollzugs- und Sicherungsmaßnahmen rechtmäßig durchführen und der damit verfolgte Zweck auf keine andere Weise erreicht werden kann.
(2) Gegen andere Personen als Untersuchungsgefangene darf unmittelbarer Zwang angewendet werden, wenn sie es unternehmen, Gefangene zu befreien oder widerrechtlich in die Anstalt einzudringen, oder wenn sie sich unbefugt darin aufhalten.
(3) Das Recht zu unmittelbarem Zwang aufgrund anderer Regelungen bleibt unberührt.

§ 56 Grundsatz der Verhältnismäßigkeit
(1) Unter mehreren möglichen und geeigneten Maßnahmen des unmittelbaren Zwangs sind diejenigen zu wählen, die den Einzelnen und die Allgemeinheit voraussichtlich am wenigsten beeinträchtigen.
(2) Unmittelbarer Zwang unterbleibt, wenn ein durch ihn zu erwartender Schaden erkennbar außer Verhältnis zu dem angestrebten Erfolg steht.

§ 57 Handeln auf Anordnung
(1) Wird unmittelbarer Zwang von Vorgesetzten oder sonst befugten Personen angeordnet, sind die Bediensteten verpflichtet, ihn anzuwenden, es sei denn, die Anordnung verletzt die Menschenwürde oder ist nicht zu dienstlichen Zwecken erteilt worden.
(2) [1]Die Anordnung darf nicht befolgt werden, wenn dadurch eine Straftat begangen würde. [2]Befolgen die Bediensteten sie trotzdem, trifft sie eine Schuld nur, wenn sie erkennen oder wenn es nach den ihnen bekannten Umständen offensichtlich ist, dass dadurch eine Straftat begangen wird.
(3) [1]Bedenken gegen die Rechtmäßigkeit der Anordnung haben Bedienstete dem Anordnenden gegenüber vorzubringen, soweit das nach den Umständen möglich ist. [2]Abweichende Bestimmungen des allgemeinen Beamtenrechts über die Mitteilung solcher Bedenken an Vorgesetzte (§ 36 Absatz 2 und 3 des Beamtenstatusgesetzes) sind nicht anzuwenden.

§ 58 Androhung
[1]Unmittelbarer Zwang ist vorher anzudrohen. [2]Die Androhung darf nur dann unterbleiben, wenn die Umstände sie nicht zulassen oder unmittelbarer Zwang sofort angewendet werden muss, um eine rechtswidrige Tat, die den Tatbestand eines Strafgesetzes erfüllt, zu verhindern oder eine gegenwärtige Gefahr abzuwenden.

§ 59 Schusswaffengebrauch
(1) [1]Schusswaffen dürfen nur gebraucht werden, wenn andere Maßnahmen des unmittelbaren Zwangs bereits erfolglos waren oder keinen Erfolg versprechen. [2]Gegen Personen ist ihr Gebrauch nur zulässig, wenn der Zweck nicht durch Waffenwirkung gegen Sachen erreicht wird.

(2) ¹Schusswaffen dürfen nur die dazu bestimmten Bediensteten gebrauchen und nur, um angriffs- oder fluchtunfähig zu machen. ²Ihr Gebrauch unterbleibt, wenn dadurch erkennbar Unbeteiligte mit hoher Wahrscheinlichkeit gefährdet würden.
(3) ¹Der Gebrauch von Schusswaffen ist vorher anzudrohen. ²Als Androhung gilt auch ein Warnschuss. ³Ohne Androhung dürfen Schusswaffen nur dann gebraucht werden, wenn dies zur Abwehr einer gegenwärtigen Gefahr für Leib oder Leben erforderlich ist.
(4) Gegen Untersuchungsgefangene dürfen Schusswaffen gebraucht werden,
1. wenn sie eine Waffe oder ein anderes gefährliches Werkzeug trotz wiederholter Aufforderung nicht ablegen,
2. wenn sie eine Meuterei (§ 121 des Strafgesetzbuchs) unternehmen oder
3. um ihre Entweichung zu vereiteln oder um sie wieder zu ergreifen.
(5) Gegen andere Personen dürfen Schusswaffen gebraucht werden, wenn sie es unternehmen, Gefangene gewaltsam zu befreien oder gewaltsam in eine Anstalt einzudringen.

Abschnitt 9
Disziplinarmaßnahmen

§ 60 Voraussetzungen
(1) Disziplinarmaßnahmen können angeordnet werden, wenn Untersuchungsgefangene rechtswidrig und schuldhaft
1. gegen Strafgesetze verstoßen oder eine Ordnungswidrigkeit begehen,
2. gegen eine verfahrenssichernde Anordnung verstoßen,
3. andere Personen verbal oder tätlich angreifen,
4. Lebensmittel oder fremdes Eigentum zerstören oder beschädigen,
5. verbotene Gegenstände in die Anstalt bringen,
6. sich am Einschmuggeln verbotener Gegenstände beteiligen oder sie besitzen,
7. entweichen oder zu entweichen versuchen oder
8. in sonstiger Weise wiederholt oder schwerwiegend gegen die Hausordnung verstoßen oder das Zusammenleben in der Anstalt stören.
(2) Von einer Disziplinarmaßnahme wird abgesehen, wenn es genügt, die Untersuchungsgefangenen zu verwarnen.
(3) Disziplinarmaßnahmen sind auch zulässig, wenn wegen derselben Verfehlung ein Straf- oder Bußgeldverfahren eingeleitet wird.

§ 61 Arten der Disziplinarmaßnahmen
(1) Zulässige Disziplinarmaßnahmen sind
1. Verweis,
2. die Beschränkung oder der Entzug des Einkaufs bis zu zwei Monaten,
3. die Beschränkung oder der Entzug von Annehmlichkeiten nach § 19 bis zu zwei Monaten,
4. die Beschränkung oder der Entzug des Rundfunkempfangs bis zu zwei Monaten; der gleichzeitige Entzug des Hörfunk- und Fernsehempfangs jedoch nur bis zu zwei Wochen,
5. die Beschränkung oder der Entzug der Gegenstände für die Freizeitbeschäftigung oder der Ausschluss von gemeinsamer Freizeit oder von einzelnen Freizeitveranstaltungen bis zu zwei Monaten,
6. der Entzug der zugewiesenen Arbeit oder Beschäftigung bis zu vier Wochen unter Wegfall der in diesem Gesetz geregelten Bezüge und
7. Arrest bis zu vier Wochen.
(2) Mehrere Disziplinarmaßnahmen können miteinander verbunden werden.
(3) Arrest darf nur wegen schwerer oder wiederholter Verfehlungen verhängt werden.
(4) ¹Bei der Auswahl der Disziplinarmaßnahmen sind Grund und Zweck der Haft sowie die psychischen Auswirkungen der Untersuchungshaft und des Strafverfahrens auf die Untersuchungsgefangenen zu berücksichtigen. ²Durch die Anordnung und den Vollzug einer Disziplinarmaßnahme dürfen die Verteidigung, die Verhandlungsfähigkeit und die Verfügbarkeit der Untersuchungsgefangenen für die Verhandlung nicht beeinträchtigt werden.

§ 62 Vollzug der Disziplinarmaßnahmen, Aussetzung zur Bewährung
(1) Disziplinarmaßnahmen werden in der Regel sofort vollstreckt.

(2) Disziplinarmaßnahmen können ganz oder teilweise bis zu sechs Monaten zur Bewährung ausgesetzt werden.
(3) ¹Arrest wird in Einzelhaft vollzogen. ²Die Untersuchungsgefangenen können in einem besonderen Arrestraum untergebracht werden, der den Anforderungen entsprechen muss, die an einen zum Aufenthalt bei Tag und Nacht bestimmten Haftraum gestellt werden. ³Soweit nichts anderes angeordnet wird, ruhen die Befugnisse der Untersuchungsgefangenen aus den §§ 16, 17 Absatz 1, § 18 Absatz 2 und 3, §§ 19, 24 Absatz 2 und 3, §§ 26, 27 Absatz 1 und § 28.

§ 63 Disziplinarbefugnis
(1) ¹Disziplinarmaßnahmen ordnet die Anstaltsleiterin oder der Anstaltsleiter an. ²Bei einer Verfehlung auf dem Weg in eine andere Anstalt zum Zweck der Verlegung ist die aufnehmende Anstalt zuständig.
(2) Die Aufsichtsbehörde entscheidet, wenn sich die Verfehlung gegen die Anstaltsleiterin oder den Anstaltsleiter richtet.
(3) ¹Disziplinarmaßnahmen, die gegen die Untersuchungsgefangenen in einer anderen Anstalt oder während einer anderen Haft angeordnet worden sind, werden auf Ersuchen vollstreckt. ²§ 62 Absatz 2 gilt entsprechend.

§ 64 Verfahren
(1) ¹Der Sachverhalt ist zu klären. ²Die betroffenen Untersuchungsgefangenen werden gehört. ³Sie sind darauf hinzuweisen, dass es ihnen freisteht, sich zu äußern. ⁴Die Erhebungen werden in einer Niederschrift festgehalten; die Einlassung der Untersuchungsgefangenen wird vermerkt.
(2) Bei schweren Verfehlungen soll sich die Anstaltsleiterin oder der Anstaltsleiter vor der Entscheidung mit Personen besprechen, die an der Betreuung der Untersuchungsgefangenen mitwirken.
(3) Vor der Anordnung von Disziplinarmaßnahmen gegen Untersuchungsgefangene, die sich in ärztlicher Behandlung befinden, oder gegen Schwangere oder stillende Mütter ist eine Ärztin oder ein Arzt zu hören.
(4) Die Entscheidung wird den Untersuchungsgefangenen von der Anstaltsleiterin oder dem Anstaltsleiter mündlich eröffnet und mit einer kurzen Begründung schriftlich abgefasst.
(5) ¹Bevor Arrest vollzogen wird, ist eine Ärztin oder ein Arzt zu hören. ²Während des Arrests stehen die Untersuchungsgefangenen unter ärztlicher Aufsicht. ³Der Vollzug unterbleibt oder wird unterbrochen, wenn die Gesundheit der Untersuchungsgefangenen oder der Fortgang des Strafverfahrens gefährdet würde.

Abschnitt 10
Beschwerde

§ 65 Beschwerderecht
(1) Die Untersuchungsgefangenen erhalten Gelegenheit, sich mit Wünschen, Anregungen und Beschwerden in vollzuglichen Angelegenheiten, die sie selbst betreffen, an die Anstaltsleiterin oder den Anstaltsleiter zu wenden.
(2) Besichtigen Vertreterinnen oder Vertreter der Aufsichtsbehörde die Anstalt, so ist zu gewährleisten, dass die Untersuchungsgefangenen sich in vollzuglichen Angelegenheiten, die sie selbst betreffen, an diese wenden können.
(3) Die Möglichkeit der Dienstaufsichtsbeschwerde bleibt unberührt.

Abschnitt 11
Ergänzende Bestimmungen für junge Untersuchungsgefangene

§ 66 Anwendungsbereich
(1) Auf Untersuchungsgefangene, die zur Tatzeit das 21. Lebensjahr noch nicht vollendet hatten und die das 24. Lebensjahr noch nicht vollendet haben (junge Untersuchungsgefangene), findet dieses Gesetz nach Maßgabe der Bestimmungen dieses Abschnitts Anwendung.
(2) ¹Von einer Anwendung der Bestimmungen dieses Abschnitts sowie des § 11 Absatz 2 auf volljährige junge Untersuchungsgefangene kann abgesehen werden, wenn die erzieherische Ausgestaltung des Vollzugs für diese nicht oder nicht mehr angezeigt ist. ²Die Bestimmungen dieses Abschnitts können ausnahmsweise auch über die Vollendung des 24. Lebensjahres hinaus angewendet werden,

wenn dies im Hinblick auf die voraussichtlich nur noch geringe Dauer der Untersuchungshaft zweckmäßig erscheint.

§ 67 Vollzugsgestaltung

(1) ¹Der Vollzug ist erzieherisch zu gestalten. ²Die Fähigkeiten der jungen Untersuchungsgefangenen zu einer eigenverantwortlichen und gemeinschaftsfähigen Lebensführung in Achtung der Rechte Anderer sind zu fördern.

(2) ¹Den jungen Untersuchungsgefangenen sollen neben altersgemäßen Bildungs-, Beschäftigungs- und Freizeitmöglichkeiten auch sonstige entwicklungsfördernde Hilfestellungen angeboten werden. ²Die Bereitschaft zur Annahme der Angebote ist zu wecken und zu fördern.

(3) In diesem Gesetz vorgesehene Beschränkungen können minderjährigen Untersuchungsgefangenen auch auferlegt werden, soweit es dringend geboten ist, um sie vor einer Gefährdung ihrer Entwicklung zu bewahren.

(4) ¹Das im Untersuchungshaftvollzug an jungen Untersuchungsgefangenen eingesetzte Personal muss für die erzieherische Gestaltung des Vollzugs geeignet und qualifiziert sein. ²Im Übrigen gilt § 80 dieses Gesetzes.

§ 68 Zusammenarbeit und Einbeziehung Dritter

(1) Die Zusammenarbeit der Anstalt mit staatlichen und privaten Institutionen erstreckt sich insbesondere auch auf Jugendgerichtshilfe, Jugendamt, Schulen und Einrichtungen für berufliche Bildung.

(2) Die Personensorgeberechtigten sind, soweit dies möglich ist und eine verfahrenssichernde Anordnung nicht entgegensteht, in die Gestaltung des Vollzugs einzubeziehen.

(3) Die Personensorgeberechtigten und das Jugendamt werden von der Aufnahme, von einer Verlegung und der Entlassung unverzüglich unterrichtet, soweit eine verfahrenssichernde Anordnung nicht entgegensteht.

§ 69 Ermittlung des Förder- und Erziehungsbedarfs, Maßnahmen

(1) Nach der Aufnahme wird der Förder- und Erziehungsbedarf der jungen Untersuchungsgefangenen unter Berücksichtigung ihrer Persönlichkeit und ihrer Lebensverhältnisse ermittelt.

(2) ¹In einer Konferenz mit an der Erziehung maßgeblich beteiligten Bediensteten werden unter Beteiligung der Jugendhilfe ein möglicher Förder- und Erziehungsbedarf erörtert und die sich daraus ergebenden Maßnahmen festgelegt. ²Diese werden mit den jungen Untersuchungsgefangenen besprochen und den Personensorgeberechtigten auf Verlangen mitgeteilt. ³Die Ergebnisse sind dem Jugendgericht mitzuteilen.

(3) Zur Erfüllung der Aufgabe nach Absatz 1 dürfen personenbezogene Daten abweichend von § 88 Absatz 2 ohne Mitwirkung der Betroffenen erhoben werden bei Stellen, die Aufgaben der Jugendhilfe wahrnehmen, bei der Jugendgerichtshilfe und bei Personen und Stellen, die bereits Kenntnis von der Inhaftierung haben.

§ 70 Unterbringung

(1) Die jungen Untersuchungsgefangenen können in Wohngruppen untergebracht werden, zu denen neben den Haftträumen weitere Räume zur gemeinsamen Nutzung gehören.

(2) Die gemeinschaftliche Unterbringung während der Bildung, Arbeit und Freizeit kann über § 12 Absatz 3 hinaus auch eingeschränkt oder ausgeschlossen werden, wenn dies aus erzieherischen Gründen angezeigt ist, schädliche Einflüsse auf die jungen Untersuchungsgefangenen zu befürchten sind oder während der ersten zwei Wochen nach der Aufnahme.

(3) Eine gemeinsame Unterbringung nach § 13 Absatz 1 Satz 2 ist nur zulässig, wenn schädliche Einflüsse auf die jungen Untersuchungsgefangenen nicht zu befürchten sind.

§ 71 Schulische und berufliche Aus- und Weiterbildung, Arbeit

(1) Schulpflichtige Untersuchungsgefangene nehmen in der Anstalt am allgemein- oder berufsbildenden Unterricht in Anlehnung an die für öffentliche Schulen geltenden Bestimmungen teil.

(2) Minderjährige Untersuchungsgefangene können zur Teilnahme an schulischen und beruflichen Orientierungs-, Aus- und Weiterbildungsmaßnahmen oder speziellen Maßnahmen zur Förderung ihrer schulischen, beruflichen oder persönlichen Entwicklung verpflichtet werden.

(3) Den übrigen jungen Untersuchungsgefangenen soll nach Möglichkeit die Teilnahme an den in Absatz 2 genannten Maßnahmen angeboten werden.

(4) Im Übrigen bleibt § 24 Absatz 2 unberührt.

§ 72 Besuche, Schriftwechsel, Telefongespräche

(1) ¹Abweichend von § 33 Absatz 1 Satz 2 beträgt die Gesamtdauer des Besuchs für junge Untersuchungsgefangene mindestens vier Stunden im Monat. ²Über § 33 Absatz 3 hinaus sollen Besuche auch dann zugelassen werden, wenn sie die Erziehung fördern.
(2) Besuche von Kindern junger Untersuchungsgefangener werden nicht auf die Regelbesuchszeiten angerechnet.
(3) Bei minderjährigen Untersuchungsgefangenen können Besuche, Schriftwechsel und Telefongespräche auch untersagt werden, wenn Personensorgeberechtigte nicht einverstanden sind.
(4) Besuche dürfen über § 35 Absatz 3 hinaus auch abgebrochen werden, wenn von den Besucherinnen und Besuchern ein schädlicher Einfluss ausgeht.
(5) Der Schriftwechsel kann über § 36 Absatz 2 hinaus bei Personen, die nicht Angehörige der jungen Untersuchungsgefangenen sind, auch untersagt werden, wenn zu befürchten ist, dass der Schriftwechsel einen schädlichen Einfluss auf die jungen Untersuchungsgefangenen hat.
(6) Für Besuche, Schriftwechsel und Telefongespräche mit Beiständen nach § 69 des Jugendgerichtsgesetzes gelten die §§ 34, 35 Absatz 4 und § 37 Absatz 2 entsprechend.

§ 73 Freizeit und Sport

(1) ¹Zur Ausgestaltung der Freizeit sind geeignete Angebote vorzuhalten. ²Die jungen Untersuchungsgefangenen sind zur Teilnahme und Mitwirkung an Freizeitangeboten zu motivieren.
(2) Über § 16 Satz 2 hinaus ist der Besitz eigener Fernsehgeräte und elektronischer Medien ausgeschlossen, wenn erzieherische Gründe entgegenstehen.
(3) ¹Dem Sport kommt bei der Gestaltung des Vollzugs an jungen Untersuchungsgefangenen besondere Bedeutung zu. ²Es sind ausreichende und geeignete Angebote vorzuhalten, um den jungen Untersuchungsgefangenen eine sportliche Betätigung von mindestens zwei Stunden wöchentlich zu ermöglichen.

§ 74 Besondere Sicherungsmaßnahmen, Schusswaffengebrauch

(1) § 49 Absatz 3 gilt mit der Maßgabe, dass der Entzug oder die Beschränkung des Aufenthalts im Freien nicht zulässig ist.
(2) Innerhalb von Jugendstrafvollzugsanstalten ist § 59 nicht anzuwenden.

§ 75 Erzieherische Maßnahmen, Disziplinarmaßnahmen

(1) ¹Verstöße der jungen Untersuchungsgefangenen gegen Pflichten, die ihnen durch dieses Gesetz oder aufgrund dieses Gesetzes auferlegt sind, sind unverzüglich im erzieherischen Gespräch aufzuarbeiten. ²Daneben können Maßnahmen angeordnet werden, die geeignet sind, den jungen Untersuchungsgefangenen ihr Fehlverhalten bewusst zu machen (erzieherische Maßnahmen). ³Als erzieherische Maßnahmen kommen namentlich in Betracht die Erteilung von Weisungen und Auflagen, die Beschränkung oder der Entzug einzelner Gegenstände für die Freizeitbeschäftigung und der Ausschluss von gemeinsamer Freizeit oder von einzelnen Freizeitveranstaltungen bis zur Dauer einer Woche.
(2) Die Anstaltsleiterin oder der Anstaltsleiter legt fest, welche Bediensteten befugt sind, erzieherische Maßnahmen anzuordnen.
(3) Es sollen solche erzieherischen Maßnahmen angeordnet werden, die mit der Verfehlung in Zusammenhang stehen.
(4) ¹Disziplinarmaßnahmen dürfen nur angeordnet werden, wenn erzieherische Maßnahmen nach Absatz 1 nicht ausreichen, um den jungen Untersuchungsgefangenen das Unrecht ihrer Handlung zu verdeutlichen. ²Zu berücksichtigen ist ferner eine aus demselben Anlass angeordnete besondere Sicherungsmaßnahme.
(5) ¹Gegen junge Untersuchungsgefangene dürfen Disziplinarmaßnahmen nach § 61 Absatz 1 Nummer 1 und 6 nicht verhängt werden. ²Arrest nach § 61 Absatz 1 Nummer 7 ist nur bis zu zwei Wochen zulässig und erzieherisch auszugestalten.

Abschnitt 12
Aufbau der Anstalt

§ 76 Gliederung, Räume

(1) Soweit es nach § 11 zur Umsetzung der Trennungsgrundsätze erforderlich ist, werden in der Anstalt gesonderte Abteilungen für den Vollzug der Untersuchungshaft eingerichtet.

(2) Räume für den Aufenthalt während der Ruhe- und Freizeit sowie Gemeinschafts- und Besuchsräume sind zweckentsprechend auszugestalten.

§ 77 Festsetzung der Belegungsfähigkeit, Verbot der Überbelegung
(1) [1]Die Aufsichtsbehörde setzt die Belegungsfähigkeit der Anstalt so fest, dass eine angemessene Unterbringung während der Ruhezeit gewährleistet ist. [2]Dabei ist zu berücksichtigen, dass eine ausreichende Anzahl von Plätzen für Arbeit und Bildung sowie von Räumen für Seelsorge, Freizeit, Sport und Besuche zur Verfügung steht.
(2) Haftträume dürfen nicht mit mehr Gefangenen als zugelassen belegt werden.
(3) Ausnahmen von Absatz 2 sind nur vorübergehend und nur mit Zustimmung der Aufsichtsbehörde zulässig.

§ 78 Arbeitsbetriebe, Einrichtungen zur schulischen und beruflichen Bildung
(1) Arbeitsbetriebe und Einrichtungen zur schulischen und beruflichen Bildung sollen vorgehalten werden.
(2) [1]Beschäftigung und Bildung können auch in geeigneten privaten Einrichtungen und Betrieben erfolgen. [2]Die technische und fachliche Leitung kann Angehörigen dieser Einrichtungen und Betriebe übertragen werden.

§ 79 Anstaltsleitung
[1]Die Anstaltsleiterin oder der Anstaltsleiter trägt die Verantwortung für den gesamten Vollzug und vertritt die Anstalt nach außen. [2]Sie oder er kann einzelne Aufgabenbereiche auf andere Bedienstete übertragen. [3]Die Aufsichtsbehörde kann sich die Zustimmung zur Übertragung vorbehalten.

§ 80 Bedienstete
[1]Die Anstalt wird mit dem für den Vollzug der Untersuchungshaft erforderlichen Personal ausgestattet. [2]Fortbildung sowie Praxisberatung und -begleitung für die Bediensteten sind zu gewährleisten.

§ 81 Seelsorgerinnen und Seelsorger
(1) Seelsorgerinnen und Seelsorger werden im Einvernehmen mit der jeweiligen Religionsgemeinschaft im Hauptamt bestellt oder vertraglich verpflichtet.
(2) Wenn die geringe Anzahl der Angehörigen einer Religionsgemeinschaft eine Seelsorge nach Absatz 1 nicht rechtfertigt, ist die seelsorgerische Betreuung auf andere Weise zuzulassen.
(3) Mit Zustimmung der Anstaltsleiterin oder des Anstaltsleiters darf die Anstaltsseelsorgerin oder der Anstaltsseelsorger sich freier Seelsorgehelferinnen oder Seelsorgehelfer bedienen und diese für Gottesdienste sowie für andere religiöse Veranstaltungen von außen zuziehen.

§ 82 Medizinische Versorgung
(1) Die ärztliche Versorgung ist sicherzustellen.
(2) [1]Die Pflege der Kranken soll von Bediensteten ausgeübt werden, die eine Erlaubnis nach dem Krankenpflegegesetz besitzen. [2]Solange diese nicht zur Verfügung stehen, können auch Bedienstete eingesetzt werden, die eine sonstige Ausbildung in der Krankenpflege erfahren haben.

§ 83 Mitverantwortung der Untersuchungsgefangenen
Den Untersuchungsgefangenen soll ermöglicht werden, an der Verantwortung für Angelegenheiten von gemeinsamem Interesse teilzunehmen, die sich ihrer Eigenart und der Aufgabe der Anstalt nach für ihre Mitwirkung eignen.

§ 84 Hausordnung
(1) [1]Die Anstaltsleiterin oder der Anstaltsleiter erlässt eine Hausordnung. [2]Die Aufsichtsbehörde kann sich die Genehmigung vorbehalten.
(2) In die Hausordnung sind namentlich Anordnungen aufzunehmen über die
1. Besuchszeiten, Häufigkeit und Dauer der Besuche,
2. Arbeitszeit, Freizeit und Ruhezeit sowie
3. Gelegenheit, Anträge und Beschwerden anzubringen oder sich an eine Vertreterin oder einen Vertreter der Aufsichtsbehörde zu wenden.

Abschnitt 13
Aufsicht, Beirat

§ 85 Aufsichtsbehörde
Der Senator für Justiz und Verfassung führt die Aufsicht über die Anstalt.

§ 86 Vollstreckungsplan
[1]Der Senator für Justiz und Verfassung regelt die örtliche und sachliche Zuständigkeit der Anstalt in einem Vollstreckungsplan. [2]Im Rahmen von Vollzugsgemeinschaften kann der Vollzug auch in Vollzugseinrichtungen anderer Länder vorgesehen werden.

§ 87 Beirat
(1) [1]Aus den Mitgliedern des bei der Justizvollzugsanstalt Bremen gebildeten Beirats sind Mitglieder in angemessener Zahl für den Untersuchungshaftvollzug zu benennen. [2]Bedienstete dürfen nicht Mitglieder des Beirats sein.
(2) [1]Die Mitglieder des Beirats wirken bei der Gestaltung des Vollzugs und bei der Betreuung der Untersuchungsgefangenen mit. [2]Sie unterstützen die Anstaltsleiterin oder den Anstaltsleiter durch Anregungen und Verbesserungsvorschläge.
(3) [1]Die Mitglieder des Beirats können namentlich Wünsche, Anregungen und Beanstandungen entgegennehmen. [2]Sie können sich über die Unterbringung, Verpflegung, ärztliche Versorgung, Beschäftigung, Bildung und Betreuung unterrichten sowie die Anstalt besichtigen. [3]Sie können die Untersuchungsgefangenen in ihren Räumen aufsuchen. [4]Unterhaltung und Schriftwechsel werden vorbehaltlich einer verfahrenssichernden Anordnung nicht überwacht.
(4) [1]Die Mitglieder des Beirats sind verpflichtet, außerhalb ihres Amtes über alle Angelegenheiten, die ihrer Natur nach vertraulich sind, besonders über Namen und Persönlichkeit der Untersuchungsgefangenen, Verschwiegenheit zu bewahren. [2]Dies gilt auch nach Beendigung ihres Amtes.

Abschnitt 14
Datenschutz

§ 88 Erhebung personenbezogener Daten
(1) Die Anstalt und die Aufsichtsbehörde dürfen personenbezogene Daten erheben, soweit dies für den Vollzug erforderlich ist.
(2) [1]Personenbezogene Daten sind bei den Betroffenen zu erheben. [2]Ohne ihre Mitwirkung dürfen sie nur erhoben werden, wenn
1. eine Rechtsvorschrift dies vorsieht oder zwingend voraussetzt oder
2. a) die zu erfüllende Verwaltungsaufgabe nach Art oder Geschäftszweck eine Erhebung bei anderen Personen oder Stellen erforderlich macht oder
   b) die Erhebung bei den Betroffenen einen unverhältnismäßigen Aufwand erfordern würde
und keine Anhaltspunkte dafür bestehen, dass überwiegende schutzwürdige Interessen der Betroffenen beeinträchtigt werden.
(3) [1]Werden personenbezogene Daten bei den Betroffenen erhoben, so sind diese von der verantwortlichen Stelle über
1. die Identität der verantwortlichen Stelle,
2. die Zweckbestimmungen der Erhebung, Verarbeitung oder Nutzung und
3. die Kategorien von Empfängern nur, soweit die Betroffenen nach den Umständen des Einzelfalles nicht mit der Übermittlung an diese rechnen müssen,
zu unterrichten. [2]Werden personenbezogene Daten bei den Betroffenen aufgrund einer Rechtsvorschrift erhoben, die zur Auskunft verpflichtet, oder ist die Erteilung der Auskunft Voraussetzung für die Gewährung von Rechtsvorteilen, so sind die Betroffenen hierauf, sonst auf die Freiwilligkeit ihrer Angaben hinzuweisen. [3]Soweit nach den Umständen des Einzelfalles erforderlich oder auf Verlangen, sind sie über die Rechtsvorschrift und über die Folgen der Verweigerung von Angaben aufzuklären.
(4) Daten über Personen, die nicht Untersuchungsgefangene sind, dürfen ohne ihre Mitwirkung bei Personen oder Stellen außerhalb der Anstalt oder Aufsichtsbehörde nur erhoben werden, wenn die Daten für die Sicherheit der Anstalt oder die Sicherung des Vollzugs der Untersuchungshaft unerlässlich sind und die Art der Erhebung schutzwürdige Interessen der Betroffenen nicht beeinträchtigt.

(5) ¹Über eine ohne ihre Kenntnis vorgenommene Erhebung personenbezogener Daten werden die Betroffenen unter Angabe dieser Daten unterrichtet, soweit der in Absatz 1 genannte Zweck dadurch nicht gefährdet wird. ²Sind die Daten bei anderen Personen oder Stellen erhoben worden, kann die Unterrichtung unterbleiben, wenn
1. die Daten nach einer Rechtsvorschrift oder ihrem Wesen nach, namentlich wegen des überwiegenden berechtigten Interesses Dritter, geheim gehalten werden müssen oder
2. der Aufwand der Unterrichtung außer Verhältnis zum Schutzzweck steht und keine Anhaltspunkte dafür bestehen, dass überwiegende schutzwürdige Interessen der Betroffenen beeinträchtigt werden.
(6) Werden personenbezogene Daten statt bei den Betroffenen bei einer nicht öffentlichen Stelle erhoben, so ist die Stelle auf die Rechtsvorschrift, die zur Auskunft verpflichtet, sonst auf die Freiwilligkeit ihrer Angaben hinzuweisen.

§ 89 Verarbeitung und Nutzung

(1) Die Anstalt und die Aufsichtsbehörde dürfen personenbezogene Daten verarbeiten, soweit dies für den Vollzug erforderlich ist.
(2) Die Verarbeitung und Nutzung personenbezogener Daten für andere Zwecke ist zulässig, soweit dies
1. zur Abwehr von sicherheitsgefährdenden oder geheimdienstlichen Tätigkeiten für eine fremde Macht oder von Bestrebungen im Geltungsbereich des Grundgesetzes, die durch Anwendung von Gewalt oder darauf gerichtete Vorbereitungshandlungen
   a) gegen die freiheitliche demokratische Grundordnung, den Bestand oder die Sicherheit des Bundes oder eines Landes gerichtet sind,
   b) eine ungesetzliche Beeinträchtigung der Amtsführung der Verfassungsorgane des Bundes oder eines Landes oder ihrer Mitglieder zum Ziele haben oder
   c) auswärtige Belange der Bundesrepublik Deutschland gefährden,
2. zur Abwehr erheblicher Nachteile für das Gemeinwohl oder einer Gefahr für die öffentliche Sicherheit,
3. zur Abwehr einer schwerwiegenden Beeinträchtigung der Rechte einer anderen Person,
4. zur Verhinderung oder Verfolgung von Straftaten sowie zur Verhinderung oder Verfolgung von Ordnungswidrigkeiten, durch welche die Sicherheit oder Ordnung der Anstalt gefährdet werden, oder
5. für Maßnahmen der Strafvollstreckung oder strafvollstreckungsrechtliche Entscheidungen erforderlich ist.
(3) Eine Verarbeitung oder Nutzung für andere Zwecke liegt nicht vor, soweit sie dem gerichtlichen Rechtsschutz im Zusammenhang mit diesem Gesetz oder den in § 12 Absatz 3 des Bremischen Datenschutzgesetzes genannten Zwecken dient.
(4) ¹Über die in den Absätzen 1 und 2 geregelten Zwecke hinaus dürfen zuständigen öffentlichen Stellen personenbezogene Daten übermittelt werden, soweit dies für
1. Maßnahmen der Gerichtshilfe, Jugendgerichtshilfe, Bewährungshilfe oder Führungsaufsicht,
2. Entscheidungen in Gnadensachen,
3. gesetzlich angeordnete Statistiken der Rechtspflege,
4. sozialrechtliche Maßnahmen,
5. die Einleitung von Hilfsmaßnahmen für Angehörige der Untersuchungsgefangenen,
6. dienstliche Maßnahmen der Bundeswehr im Zusammenhang mit der Aufnahme und Entlassung von Soldaten,
7. ausländerrechtliche Maßnahmen oder
8. die Durchführung der Besteuerung
erforderlich ist. ²Eine Übermittlung für andere Zwecke ist auch zulässig, soweit eine andere gesetzliche Bestimmung dies vorsieht und sich dabei ausdrücklich auf personenbezogene Daten über Untersuchungsgefangene bezieht. ³Die Übermittlung unterbleibt, wenn für die übermittelnde Stelle erkennbar ist, dass unter Berücksichtigung der Art der Information und der Rechtsstellung der Untersuchungsgefangenen die Betroffenen ein schutzwürdiges Interesse an dem Ausschluss der Übermittlung haben.

(5) ¹Die Anstalt oder die Aufsichtsbehörde darf öffentlichen oder nicht öffentlichen Stellen auf schriftlichen Antrag mitteilen, ob sich eine Person in der Anstalt im Untersuchungshaftvollzug befindet, soweit
1. die Mitteilung zur Erfüllung der in der Zuständigkeit der öffentlichen Stelle liegenden Aufgaben erforderlich ist oder
2. von nicht öffentlichen Stellen ein berechtigtes Interesse an dieser Mitteilung glaubhaft dargelegt wird und die Untersuchungsgefangenen kein schutzwürdiges Interesse an dem Ausschluss der Übermittlung haben.

²Die Untersuchungsgefangenen werden vor der Mitteilung gehört, es sei denn, es ist zu besorgen, dass dadurch die Verfolgung des Interesses der Antragsteller vereitelt oder wesentlich erschwert werden würde und eine Abwägung ergibt, dass dieses Interesse der Antragsteller das Interesse der Untersuchungsgefangenen an ihrer vorherigen Anhörung überwiegt. ³Ist die Anhörung unterblieben, werden die betroffenen Untersuchungsgefangenen über die Mitteilung der Anstalt oder Aufsichtsbehörde nachträglich unterrichtet.

(6) ¹Bei einer nicht nur vorläufigen Einstellung des Verfahrens, einer unanfechtbaren Ablehnung der Eröffnung des Hauptverfahrens oder einem rechtskräftigen Freispruch sind auf Antrag der betroffenen Untersuchungsgefangenen die Stellen, die eine Mitteilung nach Absatz 5 erhalten haben, über den Verfahrensausgang in Kenntnis zu setzen. ²Die betroffenen Untersuchungsgefangenen sind bei der Anhörung oder nachträglichen Unterrichtung nach Absatz 5 auf ihr Antragsrecht hinzuweisen.

(7) ¹Akten mit personenbezogenen Daten dürfen nur anderen Anstalten oder Aufsichtsbehörden, den für strafvollzugs-, strafvollstreckungs- und strafrechtliche Entscheidungen zuständigen Gerichten sowie den Strafvollstreckungs- und Strafverfolgungsbehörden überlassen werden. ²Die Überlassung an andere öffentliche Stellen ist zulässig, soweit die Erteilung einer Auskunft einen unvertretbaren Aufwand erfordert oder nach Darlegung der Akteneinsicht begehrenden Stellen für die Erfüllung der Aufgabe nicht ausreicht. ³Entsprechendes gilt für die Überlassung von Akten an die von der Anstalt mit Gutachten beauftragten Stellen.

(8) ¹Sind mit personenbezogenen Daten, die nach den Absätzen 1, 2 oder 4 übermittelt werden dürfen, weitere personenbezogene Daten von Betroffenen oder von Dritten in Akten so verbunden, dass eine Trennung nicht oder nur mit unvertretbarem Aufwand möglich ist, so ist die Übermittlung auch dieser Daten zulässig, soweit nicht berechtigte Interessen von Betroffenen oder Dritten an deren Geheimhaltung offensichtlich überwiegen. ²Eine Verarbeitung oder Nutzung dieser Daten durch die Empfänger ist unzulässig.

(9) Bei der Überwachung der Besuche oder des Schriftwechsels sowie bei der Überwachung des Inhalts von Paketen bekannt gewordene personenbezogene Daten dürfen nur
1. für die in Absatz 2 aufgeführten Zwecke,
2. für den gerichtlichen Rechtsschutz im Zusammenhang mit diesem Gesetz,
3. zur Wahrung der Sicherheit oder Ordnung der Anstalt,
4. zur Abwehr von Gefährdungen der Untersuchungshaft oder
5. zur Umsetzung einer verfahrenssichernden Anordnung
verarbeitet und genutzt werden.

(10) Personenbezogene Daten, die nach § 88 Absatz 4 über Personen, die nicht Untersuchungsgefangene sind, erhoben worden sind, dürfen nur zur Erfüllung des Erhebungszwecks und für die in Absatz 2 Nummer 1 bis 4 geregelten Zwecke oder zur Verhinderung oder Verfolgung von Straftaten von erheblicher Bedeutung verarbeitet oder genutzt werden.

(11) Die Übermittlung von personenbezogenen Daten unterbleibt, soweit die in § 92 Absatz 2 oder § 94 Absatz 3 und 6 geregelten Einschränkungen oder besondere gesetzliche Verwendungsregelungen entgegenstehen.

(12) ¹Die Verantwortung für die Zulässigkeit der Übermittlung trägt die übermittelnde Anstalt oder Aufsichtsbehörde. ²Erfolgt die Übermittlung auf Ersuchen einer öffentlichen Stelle, trägt diese die Verantwortung. ³In diesem Fall prüft die übermittelnde Anstalt oder Aufsichtsbehörde nur, ob das Übermittlungsersuchen im Rahmen der Aufgaben des Empfängers liegt und die Absätze 9 bis 11 der Übermittlung nicht entgegenstehen, es sei denn, dass besonderer Anlass zur Prüfung der Zulässigkeit der Übermittlung besteht.

§ 90 Zentrale Datei, Einrichtung automatisierter Übermittlungsverfahren
(1) Die nach § 88 erhobenen Daten können für die Anstalt und die Aufsichtsbehörde in einer zentralen Datei gespeichert werden.
(2) ¹Die Einrichtung eines automatisierten Verfahrens, das die Übermittlung oder den Abruf personenbezogener Daten aus der zentralen Datei nach § 89 Absatz 2 und 4 ermöglicht, ist zulässig, soweit diese Form der Datenübermittlung oder des Datenabrufs unter Berücksichtigung der schutzwürdigen Belange der betroffenen Personen und der Erfüllung des Zwecks der Übermittlung angemessen ist. ²Die für § 13 Absatz 1 Satz 3 des Bundeskriminalamtgesetzes erforderlichen personenbezogenen Daten können automatisiert übermittelt werden.
(3) Die speichernde Stelle hat zu gewährleisten, dass die Übermittlung und der Abruf zumindest durch geeignete Stichprobenverfahren festgestellt und überprüft werden kann.
(4) ¹Der Senator für Justiz und Verfassung bestimmt durch Rechtsverordnung die Einzelheiten der Einrichtung automatisierter Übermittlungs- und Abrufverfahren. ²Die oder der Landesbeauftragte für den Datenschutz ist vorher zu beteiligen. ³Die Rechtsverordnung hat den Datenempfänger, die Datenart und den Zweck der Übermittlung und des Abrufs festzulegen. ⁴Sie hat Maßnahmen zur Datensicherung und zur Kontrolle vorzusehen, die in einem angemessenen Verhältnis zu dem angestrebten Schutzzweck stehen.
(5) Der Senator für Justiz und Verfassung kann mit anderen Ländern und dem Bund einen Datenverbund vereinbaren, der eine automatisierte Datenübermittlung ermöglicht.
(6) Die am Übermittlungs- und Abrufverfahren beteiligten Stellen haben die nach § 7 des Bremischen Datenschutzgesetzes erforderlichen Maßnahmen zu treffen.

§ 91 Zweckbindung
¹Von der Anstalt oder der Aufsichtsbehörde übermittelte personenbezogene Daten dürfen nur zu dem Zweck verarbeitet werden, zu dessen Erfüllung sie übermittelt worden sind. ²Die Empfänger dürfen die Daten für andere Zwecke nur verarbeiten, soweit sie ihnen auch für diese Zwecke hätten übermittelt werden dürfen, und wenn im Fall einer Übermittlung an nicht öffentliche Stellen die übermittelnde Anstalt oder Aufsichtsbehörde zugestimmt hat. ³Die Anstalt oder die Aufsichtsbehörde hat die nicht öffentlichen Empfänger auf die Zweckbindung nach Satz 1 hinzuweisen.

§ 92 Schutz besonderer Daten
(1) ¹Das religiöse oder weltanschauliche Bekenntnis und personenbezogene Daten von Untersuchungsgefangenen, die anlässlich ärztlicher Untersuchungen erhoben worden sind, dürfen in der Anstalt nicht allgemein kenntlich gemacht werden. ²Andere personenbezogene Daten von Untersuchungsgefangenen dürfen innerhalb der Anstalt allgemein kenntlich gemacht werden, soweit dies für ein geordnetes Zusammenleben in der Anstalt erforderlich ist. ³§ 89 Absatz 9 bis 11 bleibt unberührt.
(2) ¹Personenbezogene Daten, die
1. Ärztinnen oder Ärzten, Zahnärztinnen oder Zahnärzten oder Angehörigen eines anderen Heilberufs, der für die Berufsausübung oder die Führung der Berufsbezeichnung eine staatlich geregelte Ausbildung erfordert,
2. Berufspsychologinnen oder Berufspsychologen mit staatlich anerkannter wissenschaftlicher Abschlussprüfung,
3. staatlich anerkannten Sozialarbeiterinnen oder Sozialarbeitern oder staatlich anerkannten Sozialpädagoginnen oder Sozialpädagogen,

von Untersuchungsgefangenen als Geheimnis anvertraut oder über Untersuchungsgefangene sonst bekannt geworden sind, unterliegen auch gegenüber der Anstalt und der Aufsichtsbehörde der Schweigepflicht. ²Die in Satz 1 genannten Personen haben sich gegenüber der Anstaltsleiterin oder dem Anstaltsleiter zu offenbaren, soweit dies für die Aufgabenerfüllung der Anstalt oder der Aufsichtsbehörde oder zur Abwehr von erheblichen Gefahren für Leib oder Leben von Gefangenen oder Dritten erforderlich ist. ³Ärztinnen und Ärzte sind zur Offenbarung ihnen im Rahmen der allgemeinen Gesundheitsfürsorge bekannt gewordener Geheimnisse verpflichtet, soweit dies für die Aufgabenerfüllung der Anstalt oder der Aufsichtsbehörde unerlässlich ist oder zur Abwehr von erheblichen Gefahren für Leib oder Leben von Gefangenen oder Dritten erforderlich ist. ⁴Sonstige Offenbarungsbefugnisse bleiben unberührt. ⁵Die Untersuchungsgefangenen sind vor der Erhebung der Daten über die nach den Sätzen 2 und 3 bestehenden Offenbarungsbefugnisse zu unterrichten.

(3) ¹Die nach Absatz 2 offenbarten Daten dürfen nur für den Zweck, für den sie offenbart wurden oder für den eine Offenbarung zulässig gewesen wäre, und nur unter denselben Voraussetzungen verarbeitet werden, unter denen eine in Absatz 2 Satz 1 genannte Person selbst hierzu befugt wäre. ²Die Anstaltsleiterin oder der Anstaltsleiter kann unter diesen Voraussetzungen die unmittelbare Offenbarung gegenüber bestimmten Bediensteten allgemein zulassen.
(4) Sofern Ärztinnen und Ärzte oder Psychologinnen und Psychologen außerhalb des Vollzugs mit der Untersuchung oder Behandlung von Untersuchungsgefangenen beauftragt werden, gilt Absatz 2 mit der Maßgabe entsprechend, dass die beauftragten Personen auch zur Unterrichtung der in der Anstalt tätigen Ärztinnen und Ärzte oder der in der Anstalt mit der Behandlung der Untersuchungsgefangenen betrauten Psychologinnen und Psychologen befugt sind.

§ 93 Schutz der Daten in Akten und Dateien
(1) Bedienstete dürfen sich von personenbezogenen Daten nur Kenntnis verschaffen, soweit dies zur Erfüllung der ihnen obliegenden Aufgaben oder für die Zusammenarbeit in der Anstalt und nach § 3 Absatz 1 Satz 2 erforderlich ist.
(2) ¹Akten und Dateien mit personenbezogenen Daten sind durch die erforderlichen technischen und organisatorischen Maßnahmen gegen unbefugten Zugang und unbefugten Gebrauch zu schützen. ²Gesundheitsakten und Krankenblätter sind getrennt von anderen Unterlagen zu führen und besonders zu sichern. ³Im Übrigen gilt für die Art und den Umfang der Schutzvorkehrungen § 7 Absatz 3 und 4 des Bremischen Datenschutzgesetzes.

§ 94 Berichtigung, Löschung und Sperrung
(1) ¹Die in Dateien gespeicherten personenbezogenen Daten sind spätestens fünf Jahre nach der Entlassung der Untersuchungsgefangenen oder der Verlegung der Untersuchungsgefangenen in eine andere Anstalt zu löschen. ²Hiervon können bis zum Ablauf der Aufbewahrungsfrist für die Gefangenenpersonalakte die Angaben über Familienname, Vorname, Geburtsname, Geburtstag, Geburtsort, Eintritts- und Austrittsdatum der Untersuchungsgefangenen ausgenommen werden, soweit dies für das Auffinden der Gefangenenpersonalakte erforderlich ist.
(2) ¹Die mittels Videoüberwachung erhobenen und gespeicherten personenbezogenen Daten sind einen Monat nach ihrer Erhebung zu löschen, sofern nicht ihre Speicherung zu den in § 89 Absatz 2 Nummer 1, 2 oder 4 genannten Zwecken weiterhin erforderlich ist. ²Sie sind unverzüglich zu löschen, soweit schutzwürdige Belange der Betroffenen einer weiteren Speicherung entgegenstehen.
(3) ¹Personenbezogene Daten in Akten dürfen nach Ablauf von fünf Jahren seit der Entlassung der Untersuchungsgefangenen nur übermittelt oder genutzt werden, soweit dies
1. zur Verfolgung von Straftaten,
2. für die Durchführung wissenschaftlicher Forschungsvorhaben,
3. zur Behebung einer Beweisnot oder
4. zur Feststellung, Durchsetzung oder Abwehr von Rechtsansprüchen im Zusammenhang mit dem Vollzug der Untersuchungshaft

unerlässlich ist. ²Diese Verwendungsbeschränkungen enden, wenn die Untersuchungsgefangenen erneut zum Vollzug einer Freiheitsentziehung aufgenommen werden oder die Betroffenen eingewilligt haben.
(4) Erhält die Anstalt von einer nicht nur vorläufigen Einstellung des Verfahrens, einer unanfechtbaren Ablehnung der Eröffnung des Hauptverfahrens oder einem rechtskräftigen Freispruch Kenntnis, so tritt an die Stelle der in Absatz 1 Satz 1 genannten Frist eine Frist von einem Monat ab Kenntniserlangung.
(5) ¹Bei der Aufbewahrung von Akten mit nach Absatz 3 gesperrten Daten dürfen folgende Fristen nicht überschritten werden:

Gefangenenpersonalakten, Gesundheitsakten und Krankenblätter 20 Jahre.
Gefangenenbücher 30 Jahre.

²Dies gilt nicht, wenn aufgrund bestimmter Tatsachen anzunehmen ist, dass die Aufbewahrung für die in Absatz 3 Satz 1 genannten Zwecke weiterhin erforderlich ist. ³Die Aufbewahrungsfrist beginnt mit dem auf das Jahr der aktenmäßigen Weglegung folgenden Kalenderjahr. ⁴Die Bestimmungen des Bremischen Archivgesetzes bleiben unberührt.
(6) Wird festgestellt, dass unrichtige Daten übermittelt worden sind, ist dies den Empfängern mitzuteilen, wenn es zur Wahrung schutzwürdiger Interessen der Betroffenen erforderlich ist.

(7) Im Übrigen gilt für die Berichtigung, Löschung und Sperrung personenbezogener Daten § 22 des Bremischen Datenschutzgesetzes.

§ 95 Auskunft an die Betroffenen, Akteneinsicht
¹Die Betroffenen erhalten nach Maßgabe des § 21 des Bremischen Datenschutzgesetzes Auskunft und Akteneinsicht. ²Eine Auskunft unterbleibt, soweit eine verfahrenssichernde Anordnung entgegensteht oder sie deren Umsetzung gefährden würde.

§ 96 Auskunft und Akteneinsicht für wissenschaftliche Zwecke
§ 476 der Strafprozessordnung gilt mit der Maßgabe entsprechend, dass auch elektronisch gespeicherte personenbezogene Daten übermittelt werden können.

§ 97 Anwendung des Bremischen Datenschutzgesetzes
Im Übrigen gelten für die Verarbeitung personenbezogener Daten durch die Anstalt und die Aufsichtsbehörde die Vorschriften des Bremischen Datenschutzgesetzes.

Abschnitt 15
Schlussbestimmungen

§ 98 Einschränkung von Grundrechten
Durch dieses Gesetz werden die Rechte auf körperliche Unversehrtheit und Freiheit der Person (Artikel 2 Absatz 2 des Grundgesetzes) und auf Unverletzlichkeit des Brief-, Post- und Fernmeldegeheimnisses (Artikel 10 des Grundgesetzes) eingeschränkt.

§ 99 Inkrafttreten
Dieses Gesetz tritt am Tage nach seiner Verkündung in Kraft.

Schaubild

Verwaltungsgliederungsplan

Verwaltungsgliederungsplan

Senat der Freien Hansestadt Bremen

Präsident des Senats: Bürgermeister Dr. Carsten Sieling
Stellvertreterin: Bürgermeisterin Karoline Linnert
Senatorinnen und Senatoren: Ulrich Mäurer, Martin Günthner, Prof. Dr. Eva Quante-Brandt, Anja Stahmann, Dr. Claudia Bogedan, Dr. Joachim Lohse

Senatskanzlei (SK) / Der Senator für Angelegenheiten der Religionsgemeinschaften (SfAR)		Die Bevollmächtigte der Freien Hansestadt Bremen beim Bund, für Europa und Entwicklungszusammenarbeit (BBEE)	Der Senator für Inneres (SI)	Der Senator für Justiz und Verfassung (SJV)	Die Senatorin für Kinder und Bildung (SKB)	Der Senator für Kultur (SfK)
Herr Bürgermeister Dr. Sieling Herr Staatsrat Dr. Joachim		Frau Staatsrätin Hiller	Herr Senator Mäurer Herr Staatsrat Ehmke	Herr Senator Günthner Herr Staatsrat Schulz	Frau Senatorin Dr. Bogedan Herr Staatsrat Pietrzok	Herr Bürgermeister Dr. Sieling Frau Staatsrätin Emigholz
3041 Ortsamt Blockland	3041 Ortsamt Oberneuland		3054 Feuerwehr	0102 Soziale Dienste der Justiz im Lande Bremen	3210 - 3217 Schulen der Stadtgemeinde Bremen	0256 Landesamt für Denkmalpflege
3041 Ortsamt Blumenthal	3041 Ortsamt Obervieland		0034 Polizei Bremen	0110 Generalstaatsanwaltschaft Bremen		0258 Staatsarchiv Bremen
3041 Ortsamt Borgfeld	3041 Ortsamt Osterholz		0036 Statistisches Landesamt	0111 Staatsanwaltschaft Bremen	0230 Landesinstitut für Schule	0259 Der Landesarchäologe
			3056 Migrationsamt	0120 Justizvollzugsanstalt Bremen		
3041 Ortsamt Burglesum	3041 Ortsamt Schwachhausen/Vahr		3057 Ordnungsamt	0130 Hanseatisches Oberlandesgericht in Bremen	0257 Landeszentrale für politische Bildung	
			3058 Bürgeramt	0131 Landgericht Bremen	--- Regionale Beratungs- und Unterstützungszentren Quartierbildungszentren	
3041 Ortsamt Hemelingen	3041 Ortsamt Seehausen			0132 Amtsgericht Bremen		
				0133 Amtsgericht Bremerhaven		
3041 Ortsamt Horn-Lehe	3041 Ortsamt Strom			0134 Amtsgericht Bremen-Blumenthal		
3041 Ortsamt Huchting	3041 Ortsamt Vegesack			0150 Landesarbeitsgericht		
				0151 Arbeitsgericht Bremen-Bremerhaven		
3041 Ortsamt Mitte/Östliche Vorstadt	3041 Ortsamt West			0160 Finanzgericht		
				0170 Landessozialgericht		
3041 Ortsamt Neustadt/ Woltmershausen				0171 Sozialgericht		
				0180 Oberverwaltungsgericht		
				0181 Verwaltungsgericht		
				--- Anwaltsgericht		
				--- Anwaltsgerichtshof		
Zum Geschäftsbereich gehörende Körperschaften, Stiftungen, Anstalten oder Eigenbetriebe:					--- Kita Bremen	--- Bremer Volkshochschule
						--- Stadtbibliothek Bremen
						--- Musikschule Bremen
						--- Überseemuseum Bremen
						--- Focke-Museum

Schaubild

0010 Bremische Bürgerschaft Herr Präsident Weber	0011 Rechnungshof der Freien Hansestadt Bremen Frau Präsidentin Sokol	Die Senatskommissarin für den Datenschutz Frau Bürgermeisterin Linnert	Die Senatskommissarin für die Verwirklichung der Gleichberechtigung der Frau Frau Senatorin Stahmann	Gesamtpersonalrat für das Land und die Stadtgemeinde Bremen Frau Hülsmeier
Der Landesbehindertenbeauftragte der Freien Hansestadt Bremen Herr Dr. Steinbrück	0012 Staatsgerichtshof der Freien Hansestadt Bremen Frau Präsidentin Meyer	0029 Die Landesbeauftragte für Datenschutz und Informationsfreiheit Frau Dr. Sommer	0045 Bremische Zentralstelle für die Verwirklichung der Gleichberechtigung der Frau Frau Wilhelm	Gesamtschwerbehindertenvertretung für das Land und die Stadtgemeinde Bremen

Die Senatorin für Soziales, Jugend, Frauen, Integration und Sport (SJFIS) Frau Senatorin Stahmann Herr Staatsrat Fries	Die Senatorin für Wissenschaft, Gesundheit und Verbraucherschutz (SWGV) Frau Senatorin Prof. Dr. Quante-Brandt Herr Staatsrat Kück	Der Senator für Umwelt, Bau und Verkehr (SUBV) Herr Senator Dr. Lohse Herr Staatsrat Meyer	Der Senator für Wirtschaft, Arbeit und Häfen (SWAH) Herr Senator Günthner Herr Staatsrat Siering Herr Staatsrat Schulz	Die Senatorin für Finanzen (SF) Frau Bürgermeisterin Linnert Herr Staatsrat Strehl Herr Staatsrat Lühr
3490 Amt für Soziale Dienste	3510 Gesundheitsamt Bremen	0682 GeoInformation Bremen-Landesamt für Kataster – Vermessung - Immobilienbewertung - Informationssysteme	0331 Amt für Versorgung und Integration Bremen	0910 Landeshauptkasse Bremen
	2525 Landesuntersuchungsamt für Chemie, Hygiene und Veterinärmedizin		0854 Hansestadt Bremisches Hafenamt	0923 Verwaltungsschule der Freien Hansestadt Bremen
	0515 Lebensmittelüberwachungs-, Tierschutz- und Veterinärdienst des Landes Bremen	3687 Amt für Straßen und Verkehr		0926 Aus- und Fortbildungszentrum für den bremischen öffentlichen Dienst
		3691 Bauamt Bremen-Nord		
	0517 Gewerbeaufsicht des Landes Bremen			0955 Finanzamt Bremerhaven
	0518 Eichamt des Landes Bremen			0957 Finanzamt für Außenprüfung Bremen
				0958 Finanzamt Bremen
--- Werkstatt Bremen	--- Universität Bremen	--- Umweltbetrieb Bremen		0927 Hochschule für Öffentliche Verwaltung
	--- Staats- und Universitätsbibliothek Bremen	--- Die Bremer Stadtreinigung		
	--- Studentenwerk Bremen			--- Performa Nord
	2510 Hochschule Bremen			--- dataport
	2511 Hochschule für Künste			--- Immobilien Bremen
	2512 Hochschule Bremerhaven			--- Anstalt des öffentlichen Rechts zur Bildung einer Rücklage für
	0291 Alfred-Wegener-Institut Helmholtz-Zentrum für Polar- und Meeresforschung			

Stand: März 2018

Register

Die **fetten** Zahlen verweisen auf die laufenden Nummern der Gesetze (vgl. Inhaltsverzeichnis), die **mageren** auf die Artikel, Paragraphen und Nummern. Nähere Hinweise zu Unterstichworten sind kursiv gedruckt.

Abfallentsorgung, -wirtschaft Datenerhebung, -verarbeitung **56** 9, Enteignung **56** 13, Gebühren **56** 8, Ordnungswidrigkeiten **56** 21, unzulässige – **56** 16
Abfallentsorgungsanlagen 56 12 ff.
Abwasserbeseitigung 51 44 ff.
Akteneinsicht Betroffene **113** 95, wissenschaftliche Zwecke **113** 96
Altglascontainer 42 6
Amtshilfe 20 4 ff.
Angebotsausschluss 83 15
Anstalt 113 76 ff., -sleitung **113** 79
Anstalten Aufbau und Organisation **111** 94 ff., Aufsichtsbehörde **111** 102, Hausordnung **111** 101, Überflugverbot **111** 77a
Arbeit, Wirtschaft 10 37 ff.
Arbeitstherapie 111 19 ff.
Artenschutz 26, 52 27
Aufsichtsbehörde 113 85
Ausbaupflichten 51 60
Auskunft Pflicht zur – **64** 7
Bauaufsichtsbehörden Bau- **70** 57 ff., Baulasten **70** 82, Bauüberwachung **70** 80, Genehmigungspflicht **70** 59 ff., Genehmigungsverfahren **70** 63 ff., Maßnahmen **70** 77 ff.
Bauliche Anlagen Bauausführung **70** 11 ff., Bauprodukte **70** 16b ff., Rettungswege **70** 33 ff., technische Gebäudeausrüstung **70** 39 ff.
Baustoffe Brandverhalten **70** 26 ff.
Beamtengruppen Bürgerschaft **25** 106, Feuerwehr **25** 113, Hochschulen **25** 115 ff., Justizvollzug **25** 114, Polizeivollzug **25** 107 ff., Rechnungshof **25** 123, Schulen **25** 122
Beamtenverhältnis 25 4 ff., Abordnung **25** 28, Beendigung **25** 30 ff., Dienstunfähigkeit **25** 41 ff., Entlassung **25** 30 ff., Fürsorge **25** 80 ff., Nebentätigkeit **25** 70 ff., Personalakten **25** 85 ff., rechtliche Stellung **25** 46 ff., Ruhestand **25** 35 ff., Ruhestandsaufschub **25** 130b, Versetzung **25** 29
Beglaubigung 20 33, 34
Behördliches Disziplinarverfahren 29 17 ff., Abschlussentscheidung **29** 32 ff., Ausdehnung **29** 19, Beschränkung **29** 19, Durchführung **29** 20 ff., Einleitung **29** 17 f., Vorläufige Dienstenthebung **29** 38 ff., Widerspruchsverfahren **29** 41 ff.
Beirat 113 87
Beiräte 32, Arbeitsweise **32** 12 ff., Aufgaben, Rechte **32** 5 ff., Ausschüsse **32** 23, Beschlüsse **32** 15, 16, Beteiligungen **32** 6, Bildung **32** 1 ff., Mitglieder **32** 18 ff.
Beiräte Stadt Bremen 13 48 ff.
Bekanntmachungsgesetz 16
Berufsgruppenvertretung 94
Beschleunigungsgebot 29 2
Beschwerden 25 101 ff.
Betäubungsmittelkonsum 41 2
Betriebs- und Geschäftsgeheimnisse Schutz **10** 105

Betriebsvertretungen s. auch Personalrat, 47
Bettelei 41 1, **42** 10
Bildung Recht auf **10** 26 ff.
Biosphärenregion 52 16
Biotopschutz 52 22
Bodenabbau 52 10 ff.
Bodenschutz 50, Belange **50** 7, Bodeninformationssystem **50** 10 ff., Datenübermittlung **50** 11, Kosten **50** 6, Pflichten **50** 2 ff., Schadensersatz **50** 14, Verfahren **50** 8 ff.
Brandschutz 45 6 ff., nachbarliche Hilfe **45** 49
Bremerhaven, Verfassung 33
Bürgerliches Gesetzbuch Ausführungsgesetz **105**, Erbrecht **105** 62 ff., Familienrecht **105** 53 ff., Sachrecht **105** 15 ff., Schuldrecht **105** 10 ff.
Bürgermedien 95 40 ff.
Bürgerschaft Akteneinsicht **10** 99, Ausschluss eines Mitglieds **10** 85, Ausschüsse **10** 105 ff., Beschlussfassung **10** 89 ff., 101, Deputationen **11** 1 ff., Erwerb und Verlust der Mitgliedschaft **13** 33 ff., Fraktionen **10** 75 ff., 77 ff., 100, Geschäftsordnung **10** 77, 100, Mandat, freies **10** 82 ff., Mandat, ruhendes **10** 108, Opposition **10** 78 ff., Präsident **10** 86, 92, Rechte und Pflichten **11** 5, Wahl **10** 75 ff.
Datenschutz 28, 45 61 ff., **52** 37, **95** 58 f., **113** 88 ff., behördliche Entscheidungen **28** 4, Betriebs- und Geschäftsgeheimnisse **28** 6, Daseinsvorsorge **28** 6a, geistiges Eigentum **28** 6, Gutachten **28** 6b, personenbezogene Daten **28** 5
Datenübermittlung 43 5
Datenverarbeitung bei Insolvenz **102** 5, durch Presse **93** 5, im Rundfunk **94** 57 ff.
Demokratieprinzip 10 65 ff.
Denkmalliste 71 7, 14a
Denkmalrat 71 6
Denkmalschutz Ausgrabungen **71** 16, Begriffsbestimmungen **71** 2, Behörden **71** 4 ff., Funde **71** 15, Schutzvorschriften **71** 9 ff.
Deponien 61 12 ff.
Deputationen Arbeitsweise **11** 6, Aufgaben **11** 2, Aufwandsentschädigung **11** 7, Mitglieder **11** 3 ff., Zusammensetzung **10** 129 ff.
Diskriminierungsverbot 10 2
Disziplinarmaßnahmen 29 5 ff., Arten **29** 5 ff., Bemessung **29** 13, Verbot **29** 15, Verwertungsverbot **29** 16, Zulässigkeit **29** 14
Dolmetscher 100 28a ff.
Ehrenamtliche Tätigkeit 20 81 ff.
Eigenbetrieb Organisation **82** 5 ff., Rechnungswesen **82** 13 ff., Rechtsstellung **82** 4
Eigentum 10 13, 42 ff.
Eigentumsbindung 52 31 ff.
Eingliederungsplanung Gefangene **111** 9
Einsatzleitstellen 45 2

Einsatzleitung 45 3
Elektronische Kommunikation 20 3a, 107 1 ff.
Elektronischer Rechtsverkehr Bearbeitungsvoraussetzung 107 3, Ersatzeinreichung 107 3, Zulassung 107 1 ff.
Energie 53, -controlling 53 9, -einsparung 53 13 ff., Fördermaßnahmen 53 10 ff.
Enteignung 56 13, 71 20 ff., 72 2 ff., 73 35
Entlassung Gefangene 111 38
Entschädigungsregelung 45 55
Europa 10 64 ff.
Fackeln 41 7
Familie 10 21 ff.
Feiertage religiöse 62 8 ff., staatlich anerkannte 62 2 ff.
Feuer 42 7, 8
Feuerwehr Berufs- 45 10 ff., freiwillige 45 13 ff., 52 ff., Gebühren bei Einsätzen der – 45 57, Pflicht- 45 18, Werks- 45 19 ff.
Flüchtlingsunterbringung 40 26a
Förderaufgaben 84 1 ff.
Freizügigkeit 10 18
Führen von Hunden 42 2
Gaststätten beschäftigte Personen 60 5, 60a 5, Nebenleistungen 60 3, Sperrzeit 60a 1, 2, Verbote 60 4, Vereine, Gesellschaften 60 10, zuständige Behörde 60 9
Gebührenfreiheit 104 10
Gebührenverzeichnis 104
Gebührenwesen 24, Auslagen 24 11, Benutzungsgebühren 24 12, Kosten 24 22 ff., Realsteuern 80 2, Rechtsgrundlagen 24 3, Verbrauchs- und Aufwandsteuern 80 1, Verjährung 24 27, Verwaltungsgebühren 24 4
Gefahrenabwehr 51 94
Gefährliche Stoffe Umgang mit 55 4
Gefangene Besuche 111 25 ff., Betreuung, nachgehende 111 44, Disziplinarmaßnahmen 111 87 ff., Eingliederung 111 42, Einschlusszeiten 111 11 f., Entlassung 111 43, Freizeit 111 54, Gesundheitsfürsorge 111 63 ff., Interessenvertretung 111 100, Kleidung 111 52, Lockerungen 111 38 ff., Mitwirkung 111 4, Pakete 111 37, Schriftwechsel 111 31 ff., Stellung 111 4, Suchtmittelgebrauch 111 77, Taschengeld 111 58, Telefongespräche 111 30, Überbrückungsgeld 111 56, Unterbringung 111 10 ff., Verlegung 111 16
Gegendarstellung 93 11, 94 24
Geldforderungen 23, Einziehung 23 7, Pfändung 23 7, Rechtsweg 23 12, vollstreckbare – 23 1, Vollstreckungsbehörden 23 5
Geltungsbereich 29 1 ff.
Gemeinden 10 143 ff., Stadtgemeinde Bremen 10 148, Verfassungsautonomie 10 143 ff.
Gerichte Amtsgericht 100 3 ff., Landgericht 100 6 ff., Oberlandesgericht 100 13 ff., Oberverwaltungsgericht 103, Verwaltungsgericht 103
Gerichtliches Disziplinarverfahren 29 45 ff., Kostenentscheidung 29 78 ff., vor dem Bundesverwaltungsgericht 29 70 ff., vor dem Sächsischen Oberverwaltungsgericht 29 65 ff., vor dem Verwaltungsgericht 29 53 ff., Wiederaufnahme 29 72 ff.

Gerichtsvollzieher 100 21
Gesetzgebung 10 123 ff.
Gesundheitsfürsorge Gefangene 111 63 ff.
Gewaltenteilung 10 67, 135
Gewässeraufsicht 51 89 ff.
Gewässerausbau 51 49 ff.
Gewässerbewirtschaftung 51 7 ff.
Gewissensfreiheit 10 4
Gleichberechtigung, -stellung 10 2, 22, 24, 27, 53, 27, 27a, Fördermaßnahmen 27 6 ff., Frauenbeauftragte 27 11 ff., Quotierung 27 3 ff., Zentralstelle für die Verwirklichung der Gleichberechtigung der Frau 27a 1 ff., Zusammenarbeit der Behörden 27a 3
Gleichheit 10 2
Grundrechte Einschränkung 23 9
Grundrechte, -pflichten 10 1 ff., Einschränkung 40 9, verfassungsmäßige 10 15
Grundstück Abstandsflächen 70 6, Bebauung 70 4 ff., Teilung 70 7
Grundwasser 51 39
Haftkostenbeitrag 111 62
Haftungsübernahme 84 5a
Haushalt, Haushaltsplan 10 131 ff., 81, – der Hochschulen 10 106 ff., Aufstellung 81 11 ff., 23, Ausführung 81 34 ff., Besetzung von Planstellen 81 49, Entlastung 81 114, Feststellung 81 1 ff., Kreditermächtigung 81 18, Nachtragshaushalt 81 33, Rechnungslegung 81 80 ff., 109, Rechnungsprüfung 81 88 ff., Verpflichtungsermächtigung 81 38, Zahlungen 81 70 ff.
Haushaltsordnung s. Haushalt, Haushaltsplan
Heilquellenschutz 51 43
Hochschule 10 34, Bibliothek 92 96a ff., Fachbereiche 92 86 ff., Forschung 92 70 ff., Haushalt 92 106 ff., Immatrikulation 92 32 ff., Leitung 92 81 ff., Organisation, Hochschulleitung 92 78 ff., Personal 92 14 ff., 16 ff., Prüfungen 92 61 ff., Rektor 92 81 ff., Senat 92 80 ff., Studentenschaft 92 45 ff., Studienreform 92 68 ff., Studium 92 52 ff.
Hochwasserschutz 51 57 ff.
Hundeverbot auf Kinderspielplätzen 42 3, auf Schulhöfen 42 2
Immissionenabwehr 55 3
Informationsfreiheit Berichtspflicht 28 12, Kosten 28 10, Nutzung 28 11a, Rechte Dritter 28 8, Verfahren 28 7, Veröffentlichungspflicht 28 11
Insolvenz 91, 102, Ausführung Insolvenzordnung 101 4, Verbraucher- 102 1 ff.
Jugendstrafvollzug 112, Anstaltsleitung 112 101, Arbeit/Freistellung 112 58, Ausbildung 112 37, Beirat 112 111, Beschwerderecht 112 87, Besuche 112 47 bis50, Briefkontrolle 112 54, Datenschutz 112 88 ff., Disziplinarmassnahmen 112 83, Eigengeld 112 61, Entlassungsvorbereitung 112 19, Erzieherische Maßnahmen 112 82, Fernsehen 112 41, Festnahmerecht 112 69, Hausgeld 112 60, Jugendstrafvollzugsanstalt 112 98, Pakete 112 56, Religionsausübung 112 43 ff., Rundfunk 112 41, Sicherheit und Ordnung 112 62, Sicherungsmaßnahmen,

besondere **112** 70, Taschengeld **112** 59, Telefongespräche **112** 55, Urlaub **112** 16, Verhaltensvorschriften **112** 63, Vollstreckungsplan **112** 110, Vollzugslockerungen **112** 15, Vollzugsplanung **112** 9 ff., Vorführung **112** 18, Zeitschriften **112** 40
Juristenausbildung Erste juristische Staatsprüfung **108** 9 ff., Justizprüfungsamt **108** 12 ff., Pflichtfächer **108** 15 ff., Prüfungsordnungen **108** 32 ff., Universitätsstudium **108** 2 ff., Vorbereitungsdienst **108** 34 ff.
Justiz -kosten **104** 1 ff., -verwaltung **100** 23 ff.
Justizgarantien 10 5 ff., 141
Kabelnetze 95 35 ff.
Katastrophenschutz 45 37 ff., -behörden **45** 45, 48, Gebühren **45** 57, Helfer **45** 42, öffentliche Träger **45** 40, private Träger **45** 41
Katastrophenschutzhilfe überörtliche **45** 51
Kirchen s. Religionsgemeinschaften
Kleingartengebiete 41 4
Klimaschutz 53, -programm **53** 4, Städtebau **53** 13, Strategien **53** 2, 3, Ziele **53** 1
Kohlendioxidemissionen 53 5
Krankentransport 45 34
Kulturdenkmäler Erhaltung **71** 9, 12, Schäden **71** 11, Zugang **71** 14
Kunstfreiheit 10 11
Ladenschluss 61, Arbeitnehmerschutz **61** 13, Ladenschlusszeiten **61** 3 ff., Ordnungswidrigkeiten **61** 15, Verkauf an Sonn- und Feiertagen **61** 8, 10
Landesbeamtenausschuss 25 94 ff.
Landeshaushaltsordnung s. Haushalt, Haushaltsplan
Landesmedienanstalt 95 46 ff.
Landesregierung s. Senat
Landesstraßen 73, Bau, Unterhaltung **73** 9 ff., Begriff, Einteilung **73** 2 ff., Behörden **73** 46 ff., Benennung **73** 37 ff., Benutzung **73** 51 ff., 43 ff., Duldungspflichten **73** 22 ff., Kostenfestsetzung **73** 47a, Reinigung **73** 39 ff., Widmung, Umwidmung **73** 6 ff.
Landesverfassung 10, Arbeit, Wirtschaft **10** 37 ff., Betriebsvertretungen **10** 47, Bildung, Recht auf – **10** 26 ff., Demokratieprinzip **10** 63 ff., Diskriminierungsverbot **10** 2, Eigentum **10** 13, 42 ff., Europa **10** 64 ff., Familie **10** 21 ff., Freizügigkeit **10** 18, Gemeinden **10** 143 ff., Gesetzgebung **10** 123 ff., Gewaltenteilung **10** 67, 135, Gewissensfreiheit **10** 4, Gleichberechtigung **10** 2, 22, 24, 27, 53, Gleichheit **10** 2, Grundrechte, -pflichten **10** 1 ff., Haushalt **10** 131 ff., Hochschulen **10** 34, Justizgarantien **10** 5 ff., 141, Kirchen **10** 59 ff., Kunstfreiheit **10** 11, Landesregierung **10** 107 ff., Landtag **10** 75 ff., Meinungsäußerungsfreiheit **10** 15, Naturschutz **10** 11a ff., Person, Freiheit der – **10** 5, Rechnungshof **10** 133a, Rechtspflege **10** 134 ff., Rechtssetzung **10** 122 ff., Religionsfreiheit **10** 4, 59 ff., Religionsunterricht **10** 32, Schule **10** 28 ff., Staatsziele **10** 65, Stadtgemeinde Bremen **10** 148, Vereinigungsfreiheit **10** 17, Verfassungsänderung **10** 20, 125, Verordnungen **10** 124, Versammlungsfreiheit **10** 16, Verwaltung **10** 127 ff., Völkerrecht **10** 122, Volkssouveränität **10** 66, Widerstandsrecht **10** 19, Wissenschaftsfreiheit **10** 11, Wohnung, Recht auf – **10** 14

Landschaftsplanung s. Planung, **52** 4 ff.
Landschaftsschutzgebiete 52 17
Landtag s. Bürgerschaft
Laufbahnen 25 13 ff.
Leinenzwang 42 5
Luftrettung 45 26
Maßregelvollzug 44 8 ff., 19 ff., 41 ff.
Medienrat 95 50 ff.
Meldedatenbestand 43 2 ff.
Mindestlohn 63 3 ff., **83** 11, Höhe **63** 9
Mitwirkungsverbote 31
Nationalparke 52 18
Natura 2000 52 24
Naturdenkmäler 52 19
Naturmonumente 52 15
Naturschutz 10 11a ff.
Naturschutzbehörden 1, **52** 38 ff.
Naturschutzbeiräte 52 35
Naturschutzbuch 52 23
Naturschutzgebiete 52 14
Naturschutzvereinigungen 52 30
Naturschutzwacht 52 36
Nichtraucherschutz Ordnungswidrigkeiten **47** 6
Ödlandumwandlung 52 13
Ortsämter Aufgabe **32** 29, Ortsamtsleitung **32** 35
Osterfeuer 41 8
Person Freiheit der – **10** 5
Personalrat Amtszeit **26** 23 ff., Gesamt- **26** 48 ff., Geschäftsführung **26** 30 ff., Jugendvertreter **26** 22 f., Mitbestimmung **26** 52 ff., Wahl **26** 9 ff.
Personalversammlung 26 43 ff.
Planfeststellungsverfahren Änderung **20** 76, Anwendung **20** 72 ff., **73** 33 ff., Aufhebung **20** 78, Rechtswirkung **20** 75
Polizei 40, Aufgaben **40** 1 ff., Befugnisse **40** 10, -behörden **40** 65 ff., Datenerhebung, -übermittlung **40** 27 ff., -hoheit **40** 63, Kosten **40** 83, parlamentarische Kontrolle **40** 36, Schadensausgleich, Ersatzansprüche **10** 56 ff., Schusswaffengebrauch **10** 46 ff., -verordnungen **40** 48 ff., -vollzugsdienst **40** 70 ff., Vollzugshilfe **10** 37 ff., **40** 37 ff., Zwang **40** 40 ff.
Presse 93, Beschlagnahme **93** 13 ff., Freiheit der – **93** 1, Gegendarstellung **93** 11, Sorgfaltspflicht **93** 6
Professoren 92 22, 25
Psychische Krankheiten 44, Anspruch auf Hilfen **44** 6 ff., Beschwerderecht **44** 34 ff., Datenschutz **44** 46 ff., Einrichtungen **44** 1 ff., Fürsorgegrundsatz **44** 2, Hilfe **44** 3, 5, Psychiatrieplan **44** -ausschuss **44** 34 ff., Unterbringung **44** 8 ff., 41 ff., 49 ff.
Psychotherapie 111 18
Radio Bremen Angebote **94** 4, Auftrag **94** 2, Jugendschutz **94** 4a, Organe **94** 7 ff., Programmgrundsätze **94** 4, Wirtschaft **94** 19 ff.
Rauchverbot Ausnahmen **47** 3, in Räumen **47** 2, Verantwortlichkeit **47** 5
Rechnungshof 10 133a, **81** 101 ff., **84** 5
Rechtsbefugnisse der Gemeinden Anschluss- und Benutzungszwang **30** 1, Ehrenamtliche Tätigkeit **30** 3, Ortsgesetz **30** 2 ff.

Rechtsbereinigung 17
Rechtspflege 10 134 ff.
Rechtssetzung 10 122 ff.
Rechtsverordnung 15, Erlass, Arten **15** 1 ff.
Rektor 92 82 ff.
Religionsausübung Gefangene **111** 70 ff.
Religionsfreiheit 10 4, 32 ff., 59 ff.
Religionsgemeinschaften 10 59 ff., Datenübermittlung an – **43** 6
Religionsunterricht 10 32
Rettungsdienst Aufgaben **45** 24, bereichsübergreifender – **45** 50, bodengebundener – **45** 27, Gebühren und Entgelte **45** 58, Großschadensfall **45** 35 ff., Qualitätsmanagement **45** 33
Rettungsmittelbedarfsplan 45 28
Rundfunkprogramme Anforderungen **95** 12 ff., Weiterverbreitung **95** 22 ff., Zulassung **95** 3 ff.
Rundfunkrat 94, Amtszeit **94** 10, Arbeitsweise **94** 11, Aufgaben **94** 8, Mitglieder **94** 9a, Wahl **94** 10
Schriftgut Aufbewahrung **100** 29, Aufbewahrungsfristen **100** 29a
Schule 90, 91, Auftrag **90** 3 ff., Ausbildungsbeirat **91** 60 ff., Berufsbildung **90** 25 ff., Elternvertretungen **91** 54 ff., Gremien **91** 24 ff., 77 ff., Konferenzen **91** 33 ff., -leitung **91** 62 ff., -pflicht **90** 52 ff., Rechte der Schülerin, des Schülers **90** 34 ff., Rechte und Pflichten des Personals **90** 59 ff., Verwaltung **91** 1 ff., Ziele **90** 5 ff.
Schüler, -in 90, Rechte **90** 34 ff.
Schülervertretungen 91 47 ff., 79
Schusswaffengebrauch 40 46 ff.
Schutz von Kinderspielplätzen **42** 12, von öffentlichen Einrichtungen **42** 11
Senat 10 107 f, Aufgaben **10** 118 ff., Beschlussfassung **10** 117, Entziehung des Vertrauens **10** 110, Geschäftsverteilung **10** 120, Mitglieder **10** 107 ff., Präsident **10** 114, Rücktritt **10** 110
Sicherungsmaßnahmen Gefangene **111** 79
Sondervermögen 82 34 ff.
Sonntage Arbeitsruhe **62** 1
Sozialtherapie 111 17
Spielerschutz 64 4
Spielhalle Ausgestaltung **64** 5, Erlaubnis **64** 2, Gewerbe **64** 1, Werbung **64** 5
Staatsanwaltschaft 100 16
Staatsgerichtshof 10 139 ff., Aufwandsentschädigung **12** 6, Beschwerde **12** 30, Entscheidung **12** 16 ff., Vereidigung **12** 4, Verfahrensvorschriften **12** 11 ff., **20** ff., Volksentscheid **12** 30 ff., Zusammensetzung **12** 2 ff.
Staatsziele 10 65
Stadtverordnetenversammlung Bremerhaven 13 42 ff.
Stauanlagen 51 30 ff.
Sternverfahren 20 71d
Straßenmusik 41 5
Suchtmittelgebrauch Gefangene **111** 77
Tariftreue 83 9 ff.
Taubenfütterung 42 14
Tierhaltung 41 6, **42** 1
Überbrückungsgeld Gefangene **111** 56

Übersetzer 100 28a ff.
Übertragungskapazitäten Terrestrisch **95** 25 ff., Zuweisung **95** 29 ff., Zuweisungsantrag **95** 30
Umweltinformation 54, Anwendungsbereich **54** 1, Informationspflichtige Stellen **54** 2, Kosten **54** 7, Rechtsschutz **54** 3, Servicestelle **54** 4, Überwachung **54** 6, Umweltzustandsbericht **54** 5
Umweltverträglichkeit 83 19
Umweltverträglichkeitsprüfung Anwendung **57** 1, Ausschluss von Vorhaben **57** 4, Einbeziehung von Vorhaben **57** 4, federführende Behörde **57** 2, Unterrichtung der Öffentlichkeit **57** 3
Untersuchungsgefangene Annehmlichkeiten **113** 19, Arbeit **113** 24 ff., Beschwerderecht **113** 65, Besuche **113** 32 ff., Bildung **113** 24 ff., Disziplinarmaßnahmen **113** 60 ff., Durchsuchung **113** 44, Einzelhaft **113** 50, Fesselung **113** 51, Festnahmerecht **113** 48, Freizeit **113** 24 ff., Gesundheitsfürsorge **113** 20 ff., junge – **113** 66 ff., Mitverantwortung **113** 83, Religionsausübung **113** 29 ff., Schriftwechsel **113** 36 ff., Suchtmittelkonsum **113** 47, Telefongespräche **113** 40, Trennungsgrundsatz **113** 11, Unmittelbarer Zwang **113** 54 ff., Unterbringung **113** 12 ff., Verhaltensvorschriften **113** 43, Verpflegung und Einkauf **113** 18, Videoüberwachung **113** 46
Verbote 64 6
Vereinigungsfreiheit 10 17
Verfassungsänderung 10 25, 125
Vergaberegelungen 83 5 ff.
Verhalten auf Straßen 42 14
Verordnungen 10 124, 151
Versammlungsfreiheit 10 16
Versammlungsgesetz 48, Zuständigkeit **48** 1
Verursacherpflichten 52 8
Verwaltung 10 127 ff.
Verwaltungsakt Begriff **20** 35, Begründung **20** 39, Bekanntgabe **10** 41, Bestandskraft **10** 43 ff., Form **20** 27, Öffentliche Bekanntmachung im Internet **20** 27a, Rechtsbehelf **20** 79, Verfahren **10** 47 ff., Widerruf **10** 49 ff., Wirksamkeit **10** 53 ff.
Verwaltungsverfahren Amtshilfe **20** 4 ff., Anwendungsbereich **20** 1 ff., Begriff **20** 9 ff., Bestandskraft **20** 43 ff., ehrenamtliche Tätigkeit **20** 81 ff., einheitliche Stelle **20** 71a ff., elektronische Kommunikation **20** 3a, Fristen, Termine **20** 31 ff., Planfeststellungsverfahren **20** 72 ff., Rechtsbehelf **20** 79 ff., Verfahrensgrundsätze **20** 9 ff., Verwaltungsverfahren, förmliches **20** 63 ff., Zuständigkeit **20** 3
Verwaltungsvollstreckung 22, Geltungsbereich **22** 1, Vollzugsbehörden **22** 12, Zwangsmittel **22** 13 ff.
Verwaltungszusammenarbeit europäische **20** 8a ff.
Verwaltungszustellung 21
Völkerrecht 10 122
Volljährigkeit 64 5
Vollstreckung 23, Kosten **23** 2, 10, 11, -shilfe **23** 9, -sverfahren **23** 2
Vollzugsgestaltung Grundsätze **111** 3
Vollzugsplanung 111 9
Vollzugsverlauf 113 7 ff.
Wahlbezirke 13 9

Wahlergebnis 13 30 ff.
Wahlgesetz 13
Wahlhandlung 13 26 ff.
Wahlkosten 13 58
Wahlorgane 13 10 ff.
Wahlperiode vorzeitige Beendigung **13** 59
Wahlprüfung 13 36, 47, 53
Wahlrecht 13 1 ff.
Wahlsystem 13 5 ff.
Wahlvorbereitung 13 14 ff.
Wasserbehörden 51 93
Wasserbuch 51 83
Wassergefährdende Stoffe 51 102
Wasserschutzgebiete 51 41
Werksignale 41 9
Wissenschaftsfreiheit 10 11
Wohnung Recht auf – **10** 14
Zentralstelle für die Verwirklichung der Gleichstellung der Frau 27a
Zwangsgeld 22 14, 18
Zwangsversteigerung 101, Ausführung der – **101** 5

Das Studienbuch zum Landesrecht Bremen

Landesrecht Bremen
Studienbuch
Herausgegeben von Prof. Dr. Andreas Fischer-Lescano, LL.M. (EUI) und PräsVG Prof. Peter Sperlich
2018, 338 S., brosch., 28,– €
ISBN 978-3-8487-3704-8
nomos-shop.de/28722

Das Studienbuch zum Bremer Landesrecht versammelt alle zentralen landesrechtlichen Themen, angefangen beim Landesverfassungsrecht über das allgemeine Landesverwaltungsrecht die Spezialmaterien des Polizeirechts, des Kommunalrechts, des Umwelt-, Bau- und Planungsrechts. Die Materien des Hochschulrechts, des Wirtschaftsverwaltungsrechts, Fragen der Diversität und des Datenschutzrechts werden ebenfalls prägnant dargestellt.

Bestellen Sie jetzt telefonisch unter (+49)7221/2104-37
Portofreie Buch-Bestellungen unter www.nomos-shop.de
Alle Preise inkl. Mehrwertsteuer

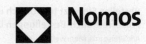

Frische Gesetze!

1 **Zivilrecht**
Wirtschaftsrecht
27. Auflage 2019, 2.461 S., brosch., 22,90 €
ISBN 978-3-8487-5208-9

2 **Strafrecht**
Textsammlung
27. Auflage 2019, 1.803 S., brosch., 22,90 €
ISBN 978-3-8487-5207-2

3 **Öffentliches Recht**
Textsammlung
27. Auflage 2019, 2.176 S., brosch., 22,90 €
ISBN 978-3-8487-5206-5

GESETZES-PAKET
Drei Bände nur **62,- €**
ISBN 978-3-8487-5209-6

Bereits in der 27. Auflage bieten die Textausgaben der Reihe »Nomos Gesetze« auf aktuellem Stand die wichtigsten Gesetze und Verordnungen aus dem Öffentlichen Recht, dem Strafrecht und dem Zivilrecht.

Die Vorteile auf einen Blick:
Die **prüfungsgerechte und praxisorientierte Auswahl** berücksichtigt gleichermaßen die Bedürfnisse von Studierenden, Rechtsreferendaren, Rechtsanwälten, Richtern, Staatsanwaltschaft und Verwaltung.

Eine **sorgfältige redaktionelle Aufbereitung** der Normtexte in konsolidierter Fassung erspart eine aufwändige Recherche im Internet und steht für Anwendungssicherheit.

Eine **schnelle Orientierung** wird durch die alphabetische Schnellübersicht auf der Rückseite und umfangreiche Stichwortregister ermöglicht.

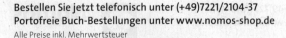

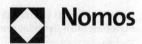

Bestellen Sie jetzt telefonisch unter (+49)7221/2104-37
Portofreie Buch-Bestellungen unter www.nomos-shop.de
Alle Preise inkl. Mehrwertsteuer